日本史人物辞典

日本史広辞典編集委員会 編

山川出版社

まえがき

歴史を織りなしていくのは所詮は人である。戦乱や政争はいうまでもなく、多くの文化遺産や社会的制度・施設にいたるまで、関係した人物や集団の生い立ち、環境が大きく影響していることは見逃せない。

この辞典は歴史を読み解いたり、史跡や文化財を訪ねる際に関係人物を手軽に調べるのに役立つよう、先に刊行された『日本史広辞典』の人物項目を抜き出し、若干の新規項目を追加し、記述内容を補筆するなどして編集したものである。神話・伝承に登場する人物をはじめ、日本を訪れ、あるいは日本に長く住んで大きな足跡を残した異国育ちの人にとどまらず、日本の外交史に深い関係のある外国人を含めて、北海道から沖縄まで地域的にも時代的にも活動分野のうえでも日本の歴史にかかわった人物を幅広く収載した。さらに個人個人の人物だけではなく、姓氏や家名も項目としてとりあげ、血縁的なつながりのなかで人物と、人物の織りなす歴史を理解できるような試みもとりいれてある。

この人物辞典を手軽に活用されることで歴史の理解が深まり、日常の文芸作品・美術作品や映像などの歴史的鑑賞がいっそう豊かになるよう期待する次第である。

二〇〇〇年三月

日本史広辞典編集委員会

凡例

本辞典の構成

◎実在人物のほか、架空・伝承上の人物、神名、姓氏、家名、宮号、また日本との歴史的関係の深い外国人など、約一万二〇〇〇項目（全送り項目を含む）を収載した。

◎おもな姓氏・家名には略系図を付した。

◎巻末付録として、天皇家略系図、別名・異訓索引、難読画引き索引、外国人欧文索引を収載した。

見出し語

◎仮名見出し、本見出しの順に掲げた。

◎仮名見出しについては、日本人名は現代仮名遣いによるひらがなとした。外国人名は漢字表記が慣用とされている場合を除いて、カタカナとした。カタカナ表記にはヴは用いず、バ行音で表記した。

◎日本人名は姓、名の順としたが、近世以前の俳人・連歌師は号のみとした。

◎中国・朝鮮の人名は日本語読みの仮名見出しを付し、近代以降の人名は本見出しのあとに中国人名には拼音字(ピンイン)母を、朝鮮人名にはマッキューン・ライシャワー方式で表記したものを付した。

◎日本人および日本で没した外国人は、生没年は西暦、生没月日は和暦で示した。明治改暦以前の月日は西暦換算をしていない。それ以外の外国人は西暦年月日を用いた。

配列

◎五十音順に配列し、促音、拗音も音順に加え、清音→濁音→半濁音の順とした。長音符（ー）は音順に含めなかった。

◎同音の漢字項目は、第一字目の画数の少ないものを先にし、第一字目が同字画のときは、順次第二字目以降の画数順により配列した。

◎同音同字の項目が複数あるときは一項目にまとめ、❶❷❸を付して区別した。配列については日本人名は生年順、外国人名はパーソナルネームの欧文アルファベット順とした。

本文

◎漢字まじりのひらがな口語文とし、平易な記述を心がけた。

◎仮名遣いは「現代仮名遣い」により、固有名詞、引用文などは旧仮名遣いも用いた。

◎漢字は「常用漢字表」「人名用漢字表」による字体を用いた。それ以外は慣用のものを除いて正字を用いた。
◎本文中の書名・引用などは「　」を用いた。
◎全送り項目は⇩で送り先を示した。
◎系図参照の送り先は●で示した。
◎系図の記号は、実子は|、養子は=、また中略は…で示した。〈　〉は幕末・維新期に改名した藩名。なお、近世大名家で転封先が三藩以上にわたる場合は、最初と最後のみ示した。

年次・元号・時代

◎年次は原則として西暦で表記し、初出に（　）で日本年号を付した。崇峻天皇以前は西暦を用いず、天皇年紀で表記した。外国に関する記述でとくに日本と関係しない場合は西暦のみとした。
◎一八七二年（明治五）一二月三日の改暦以前は西暦と和暦とは一カ月前後のずれがあるが、月日の西暦換算は行わず西暦年に和暦の月日を続けて記した。ただし、外交関係など必要に応じ両暦の年月日を並記した。
◎改元の年は新元号で示した。
◎南北朝時代は北朝、南朝の順で示した。
◎歴史時代の呼称は、古代・中世・近世・近代・現代を用いた。また、飛鳥時代・奈良時代・平安時代（前・中・後期）、鎌倉時代（前・中・後期）、室町時代（南北朝期・室町中期・戦国期）、安土桃山時代（織豊期）、江戸時代（前・中・後・幕末期）、明治期、大正期、昭和期、平成期などの時代区分も用いた。

●編集委員

石井　進
大口　勇次郎
大津　透
勝俣　鎮夫
加藤　陽子
久留島　浩
合田　芳正
小風　秀雅
坂上　康俊
笹山　晴生
高村　直助
田村　晃一
鳥海　靖
宮田　登
宮本　袈裟雄
安田　次郎
山室　恭子
山本　博文
義江　彰夫
吉田　伸之
蜷川　壽惠

●執筆者

會田　実
青山　忠正
赤嶺　政信
秋本　鈴史
秋山　喜代子
浅倉　有子
安達　宏昭
安達　義弘
阿部　武司
阿部　安成
新井　勝紘
有山　輝雄
安在　邦夫
飯尾　秀幸
飯田　勇
飯野　正子
井川　克彦
池田　忍
池田　節子
池田　尚隆
井ヶ田　良治
池山　晃
石井　孝
石田　千尋
石田　佳也
石橋　健一郎
石山　悦子
石山　洋
石山　禎一
市沢　哲
伊藤　貞夫
伊藤　孝幸
伊藤　久子
伊藤　正直
稲本　万里子
井上　攻
井上　勝生
井上　寿一
揖斐　高
今井　明
今井　典子
岩城　卓二
岩佐　光晴
岩下　哲典
印藤　英明
上江洲　均
上杉　和彦
宇佐見　隆之
牛山　敬二
宇田　敏彦
内海　孝
江島　香
榎本　勝己
榎本　淳一
榎本　正敏
海老原　由香
遠藤　正治
老川　慶喜
追塩　千尋
大石　利雄
大石　学
大木　毅
大口　勇次郎
大沢　眞澄
大隅　清陽
大津　透
大藤　修
大友　一雄
大西　比呂志
大貫　良夫
大橋　幸泰
大平　聡
大豆生田　稔
大森　映子
大山　誠一
小笠原　信夫
岡田　和喜
岡田　陽一
岡戸　敏幸
岡野　智子
岡野　友彦
荻　美津夫
荻野　喜弘
奥　健夫
奥田　環
小口　雅史
小椋　喜一郎
小倉　慈司
小田部　雄次
小野　征一郎

小原 仁
海津 一朗
賀川 隆行
籠谷 直人
笠松 郁子
梶田 明宏
粕谷 誠
片岡 豊
片桐 一男
片山 倫太郎
勝俣 鎮夫
勝又 壽久
桂島 宣弘
加藤 榮一
加藤 貴
加藤 陽子
金澤 史男
鐘江 宏之
金子 修一

兼子 昭一郎
金子 文夫
鎌倉 佐保
紙屋 敦之
神山 彰
神山 恒雄
亀井 若菜
蒲生 美津子
鴨川 達夫
河合 仁
川添 裕
川村 肇
川本 桂子
神作 研一
神田 文人
神田 由築
菊池 勇夫
北 啓太
北河 賢三

橘川 武郎
狐塚 裕子
鬼頭 清明
樹下 文隆
木村 昌人
吉良 芳恵
國岡 啓子
救仁郷 秀明
久野 幸子
久保 貴子
熊田 亮介
倉田 喜弘
倉本 一宏
久留島 浩
黒田 洋子
小池 進
小池 聖一
河内 祥輔
神野志 隆光

小風 秀雅
小熊 伸一
小路田 泰直
小関 和弘
小曽戸 洋
古藤 真平
後藤 治
後藤 康二
小橋 孝子
小林 和幸
小林 信也
駒込 武
小松 大秀
小宮 木代良
薦田 治子
近藤 好和
斎藤 潔
齋藤 憲
斎藤 多喜夫

齋藤 融
佐伯 俊源
酒井 和子
坂井 孝一
酒井 信彦
酒入 陽子
坂上 早魚
坂上 康俊
栄原 永遠男
阪口 弘之
佐口 卓
佐久間 正
桜井 英治
桜井 弘
佐々木 馨
佐々木 恵介
佐々木 隆
佐々木 利和
佐々木 寛司

佐々木 文昭
笹原 昭五
笹山 晴生
佐島 顕子
里井 洋一
佐藤 孝
佐藤 道信
佐藤 弘夫
佐藤 信
佐藤 正広
佐藤 林平
沢井 実
澤野 泉
三田 武繁
塩崎 文雄
篠原 進
島尾 新
清水 康幸
清水 洋二

下平 和夫
白井 哲哉
白石 仁章
末柄 豊
末永 國紀
菅井 益郎
杉立 義一
杉本 史子
鈴木 英一
鈴木 浩平
鈴木 淳
鈴木 淳
鈴木 恒夫
鈴木 眞弓
関 周一
関 俊彦
関口 隆一
曾根 正人
曾根 勇二

平 智之
田浦 雅徳
高木 俊輔
高嶋 祐一郎
高野 信治
高橋 章則
高橋 慎一朗
高橋 正衛
高橋 昌郎
高橋 陽一
高村 直助
高良 倉吉
竹内 美砂子
竹村 信治
田沢 裕賀
田嶋 信雄
田島 佳也
舘 かおる
田付 茉莉子

舘野 和己
田名 真之
田中 秀和
田中 博美
玉城 司
田村 英恵
趙 景達
塚田 孝
辻本 雅史
土屋 直樹
土屋 礼子
鶴田 啓
鉄野 昌弘
寺内 直子
照沼 康孝
土居 郁雄
豊見山 和行
鳥海 靖
長井 純市

長岡 新吉
中川 すがね
長崎 一
長島 修
中武 香奈美
長妻 廣至
長門谷 洋治
中野 栄夫
中野 等
中村 節子
中村 文
中村 理平
永山 修一
永由 徳夫
生井 知子
成田 賢太郎
成田 龍一
西形 節子
西川 誠

西里 喜行
西澤 一光
西村 はつ
新田 一郎
仁藤 智子
蜷川 壽惠
布川 弘
沼倉 延幸
野島 博之
野村 実
法月 敏彦
橋本 朝生
橋本 哲哉
槗本 直子
畠山 秀樹
波多野 澄雄
服部 英里子
波戸 祥晃
馬場 章

浜田 耕策
浜田 雄介
林 温
林 久美子
林 譲
原 直史
原 秀成
原 美和子
原田 一敏
針谷 武志
春名 徹
春名 宏昭
半田 淳子
東島 誠
樋口 隆正
日暮 吉延
日隈 正守
平石 直昭
平野 正裕

廣井 隆
深沢 眞二
福井 淳
福島 恒徳
福田 千鶴
福地 惇
藤井 恵介
古川 淳一
古川 隆久
古谷 稔
保谷 徹
保坂 智
保坂 裕興
星野 鈴
細井 浩志
細江 光
堀 新
堀 勇良
堀内 祐子

本郷 和人
本郷 隆盛
本田 康雄
前田 禎彦
前坊 洋
真栄平 房昭
前山 亮吉
増川 宏一
増渕 徹
松井 洋子
松尾 剛次
松尾 知子
松重 充浩
松原 誠司
松村 敏
松村 潤
松本 良太
松山 幹秀
丸山 士郎

丸山 伸彦
丸山 裕美子
三谷 博
三谷 芳幸
宮川 康子
宮城 公子
宮崎 ふみ子
宮﨑 昌喜
宮澤 正明
宮島 英昭
宮田 登
宮本 袈裟雄
村井 早苗
村瀬 信一
茂木 陽一
持田 泰彦
本宮 一男
森 公章
森 節子

森 哲也
森 幸夫
森山 優
森山 茂徳
八重樫 直比古
八百 啓介
安岡 昭男
安国 陽子
安田 次郎
柳谷 慶子
矢羽 勝幸
矢部 誠一郎
矢部 良明
山内 弘一
山内 常正
山川 直治
山口 和夫
山口 研一
山口 輝臣

山崎 誠
山崎 有恒
山下 信一郎
山室 恭子
山本 和重
山本 敏子
山本 博文
山家 浩樹
行武 和博
横井 敏郎
横田 冬彦
横山 真一
義江 彰夫
義江 明子
吉田 早苗
吉田 ゆり子
劉 傑
若林 正丈
渡辺 昭夫

渡辺 江美子
渡辺 尚志
渡辺 奈穂子

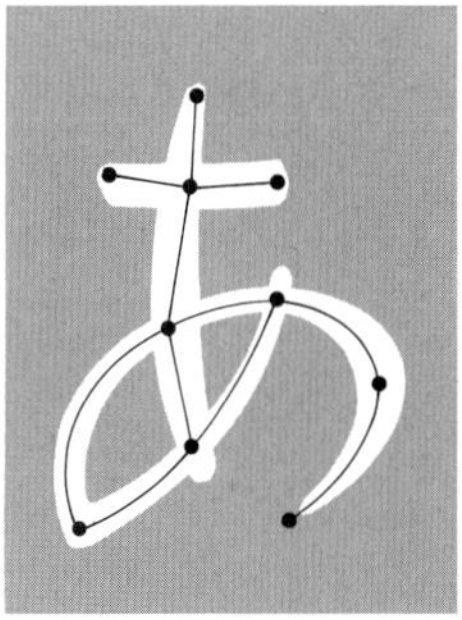

あいかわよしすけ【鮎川義介】 1880.11.6～1967.2.13　明治～昭和期の実業家・政治家。山口県出身。東大卒。一九一〇年(明治四三)戸畑鋳物を設立。二八年(昭和三)経営が破綻した久原(くはら)鉱業の社長に就任し、同社を日本産業に改組。満州事変以後の軍需景気による株価高騰を利用して傘下企業の株をプレミアムつきで公開し、その資金で拡大をはかり、日産コンツェルンをつくった。三七年関東軍の要請をうけて日本産業を満州へ移転し、満州重工業開発会社に改組。しかし軍部の干渉や外資導入の不成功などのために失敗、四二年退いて帰国。第二次大戦後は公職追放解除後、五二年中小企業助成会、五六年中小企業政治連盟を結成。五三年に参議院議員となるが、五九年次男金次郎の選挙違反問題で引責辞任。

あいくおう【阿育王】 ⇨アショーカ王(アショーカおう)

アイケルバーガー **Robert Lawrence Eichelberger** 1886.3.9～1961.9.26　アメリカの軍人。米陸軍士官学校卒。一九四二年第一軍司令官として対日戦でマッカーサーを補佐。四四年第八軍司令官に転出。翌年来日し、民政関係の政策遂行を監督。占領軍中でマッカーサーにつぐ地位にあった。親日的立場をとり、四八年の帰国後は陸軍省顧問として日本再軍備論を唱え、マッカーサー批判を展開。五四年大将。

あいこうし【愛甲氏】 武蔵七党横山党の一族。小野氏。本拠は相模国愛甲荘。「小野氏系図」に横山党の隆兼が源為義から愛甲荘を与えられたとある。源頼朝に従った愛甲三郎季隆(すえたか)は「吾妻鏡」にその名が散見し、一二〇五年(元久二)畠山重忠を射止めるなど、弓の名手として知られた。一二一三年(建保元)五月、季隆が和田合戦で討たれて以降、一族は鎌倉幕府内で勢力を失った。

あいざわせいしさい【会沢正志斎】 1782.5.25～1863.7.14　江戸後期の儒学者。常陸国水戸藩士。父は恭敬。名は安(やすし)、字は伯民、通称は恒蔵。正志斎は号。水戸生れ。藤田幽谷(ゆうこく)に儒学を学び、彰考館で「大日本史」編纂に従事。二三歳で徳川斉昭(なりあき)ら諸公子の侍読となる。一八二四年(文政七)藩領へのイギリス人船員上陸に遭遇し対外的危機感を深め、翌年「新論」を著して国体神学にもとづく富国強兵論と民心統合策を体系的に提示。二九年藩主の継嗣問題では斉昭擁立派として活躍。藩主斉昭のもとで郡奉行・彰考館総裁を歴任し、藩校弘道館の初代総教(教授頭取)にも就任。尊王攘夷思想の体系的提唱者として幕末の志士に影響を与えた。五八年(安政五)の戊午(ぼご)の密勅をめぐる藩内対立では、鎮派として尊攘激派の武力弾圧を主張した。著書「下学邇言(かがくじげん)」。

あいざわただひろ【相沢忠洋】 1926.6.21～89.5.22　昭和期の考古学者。東京都出身。一九四五年(昭和二〇)から群馬県桐生市内で縄文早期の遺跡の踏査を行い、翌年岩宿(いわじゅく)遺跡で関東ローム層中から石器を発見。四九年に杉原荘介らがここを発掘し、日本に縄文土器以前の石器文化が存在したことを実証した。これ以降、各地で縄文文化以前の石器文化の存在が明らかにされた。旧石器発見の功により吉川英治賞を受賞。著書「岩宿の発見」「赤城山麓の旧石器」「赤土への執念」。

あいざわやすかた【愛沢寧堅】 1849.7.15～1929.3.4　明治・大正期の政治家。陸奥国中村藩士出身。藩儒に漢学を学ぶ。戊辰(ぼしん)戦争に参加し、一八七四年(明治七)小学校教員となるが民権運動に共鳴し、七八年北辰社に入る。同年福島県会の議員となる。河野広中と交わり、八一年福島自由党結成に尽力。福島事件で検挙され、軽禁獄六年となる。九二年以降衆議院議員に当選五回。

あいし【安威氏】 鎌倉・室町両幕府の奉行人家、のち奉公衆。神氏(みわし)。本拠は摂津国島下郡安威荘(現、大阪府茨木市)か。鎌倉末～南北朝期の奉行人として資脩(ししゅう)・性遵(しょうじゅん)らがいる。室町時代、「文安年中御番帳」ほかに幕府奉公衆二番衆としてその名がみえ、「大館常興(おおだちじょうこう)日記」などに活躍が記される。また、戦国期に安威城を本拠とした安威弥四郎の名が「細川両家記」にみえる。

アイシンギョロ【愛新覚羅】 Aixinjueluo　清朝皇帝の姓。アイシンは満州語で金を、ギョロは由緒ある家柄の姓を意味する。一六世紀末にヌルハチ(太祖)が女真族を統一し(のちにホンタイジにより満州族と改称)、一六一六年に後金国を建国するなか、みずからの出自を権威化するために案出したといわれる。ホンタイジ(太宗)が三六年国号を清(しん)と改めてからも使用された。

アイシンギョロふぎ【愛新覚羅溥儀】 ⇨溥儀(ふぎ)

あいすし【愛洲氏】 「あいそ」とも。愛曾氏・会洲氏とも。南北朝期～戦国期の武家。清和源氏武田氏の一族。伊勢・志摩・紀伊諸国に栄えた。伊勢国の愛洲氏は南朝方として知られ、「太平記」に愛洲伊勢守の活躍がみえる。一五世紀中頃北畠氏の家臣となったが、一五七五年(天正三)北畠氏に滅ぼされた。紀伊国の愛洲氏は室町時代、南部(みなべ)荘(現、和歌山県南部町周辺)の領主であった。

アイゼンハワー Dwight David Eisenhower 1890.10.14～1969.3.28 アメリカの陸軍軍人。第三四代大統領(共和党、在職一九五三～六一)。第二次大戦後半、西ヨーロッパ連合国軍最高司令官としてノルマンジー上陸作戦などを指揮。一九五二年大統領選挙で大勝して六一年まで二期八年共和党政権を維持し、その間朝鮮戦争終結を実現。六〇年の訪日は安保闘争激化のため中止された。

あいだにろう【相田二郎】 1897.5.12～1945.6.22 大正・昭和期の古文書学・中世史学者。神奈川県出身。東大卒。史料編纂官兼東京帝国大学文学部講師。「大日本古文書」の編纂のかたわら各地の古文書の収集・研究を行い、文書の様式を重視して雄大かつ精緻な古文書学をうちたてた。著書「中世の関所」「日本の古文書」「蒙古襲来の研究」。

あいだやすあき【会田安明】 1747.2.10～1817.10.26 江戸後期の数学者。通称算左衛門、字は子貫、号は自在亭。出羽国前明石(現、山形市)の内海家に生まれ、のちに会田となる。山形で数学を習い、江戸に出て関東一円の水利・治水工事の現場監督となる。藤田貞資の弟子神谷定令に頼み藤田の弟子になろうとしたが失敗、のちに藤田との論争が始まる。公式集「算法天生法指南」には等号にあたる記号も記される。著書は経世・地理・人生訓など多方面にわたる。

あいだゆうじ【会田雄次】 1916.3.5～97.9.17 昭和後期～平成期の西洋史学者・評論家。京都府出身。京大史学科卒。西洋文化史・ルネッサンス史専攻。神戸大助教授・京大人文科学研究所助教授・同教授を歴任。第二次大戦に際してのビルマでの英軍捕虜体験にもとづく「アーロン収容所」は鋭い西洋文明批判として高く評価された。保守リベラル派知識人として西洋近代主義批判・日本文化論の論陣を展開。多くの著作は「会田雄次著作集」全一一巻に収録。

あいちきいち【愛知揆一】 1907.10.10～73.11.23 昭和期の官僚・政治家。宮城県出身。東大卒。大蔵省に入り大臣官房長などを歴任。一九五〇年(昭和二五)参議院議員、五五年衆議院議員となる。吉田茂に評価され、五三年には池田・ロバートソン会談の政府代表となり、以後、歴代内閣で通産相・法相・外相・蔵相などを歴任。佐藤内閣の外相時代には沖縄返還交渉に尽力した。七二年田中角栄と福田赳夫が争った自由民主党の総裁選では田中を支持。田中内閣を蔵相として支えたが、第一次石油危機による混乱のなかで急逝。

あいづのこてつ【会津小鉄】 1845～85.3.19 幕末～明治期の博徒。のちに上坂仙吉と称する。出身地不詳。一八六二年(文久二)会津藩主松平容保が京都守護職に任じられると、上京してその藩邸に出入りした。そこから会津部屋の小鉄とよばれ、その後も博徒として知られた。鳥羽・伏見の戦では、子分に命じて会津・桑名両藩士の遺体を会津墓地に葬った。

あいづやいち【会津八一】 1881.8.1～1956.11.21 大正・昭和期の美術史家・歌人・書家。雅号秋艸道人・渾斎。新潟県出身。早大卒。大和旅行を機に奈良美術研究を志す。一九二六年(昭和元)以降早稲田大学で日本・東洋両美術史を講義。博士論文「法隆寺・法起寺・法輪寺建立年代の研究」。大和国の風物をよんだ歌集「南京新唱」は万葉調を借りながら独自の澄明な歌境をうちたてている。ほかに歌集「鹿鳴集」。書の道にもすぐれ、個展をしばしば開催。

あいづやはちえもん【会津屋八右衛門】 ?～1836 江戸後期の石見国浜田の商人・密貿易家。父清助の漂流談を聞いて海外渡航を企て、浜田藩家老とともに天保初年頃から竹島(鬱陵島)をはじめ各地に密航。幕府の知るところとなり、一八三六年(天保七)逮捕、死罪。家老二人は切腹し、藩主松井家も陸奥国棚倉へ転封された。

あいはらし【粟飯原氏】 ❶武蔵七党横山党の一族。小野氏。本拠は相模国粟飯原(現、神奈川県相模原市)。一二一三年(建保元)五月、粟飯原太郎らは和田合戦で和田義盛に加担し討死。子孫には北条氏得宗家の被官となった者もいる。❷桓武平氏千葉氏の一族。鎌倉時代には千葉氏の臣となっている。南北朝期、二度にわたって室町幕府政所執事を勤めた粟飯原清胤はこの出身か。また室町時代には奉公衆四番衆としても粟飯原氏がみえる。

あいみつ【靉光】 1907.6.24～46.1.19 昭和期の洋画家。本名は石村日郎。のち靉川光郎と称し、靉光と号した。広島県出身。太平洋画会研究所に学び、一九二六年(昭和元)二科会展に初入選、以後一九三〇年協会・NOVA・独立美術協会・美術文化協会などの各展覧会に出品。四三年には新人画会を結成し、前衛的活動を展開した。四四年出征し、上海で戦病死。代表作「眼のある風景」。

アウンサン Aung San 1915.2.13～47.7.19 オンサンとも。ビルマ(現、ミャンマー)の独立運動指導者。ラングーン大学時代に学生ストを敢行。一九三八年タキン党入党。四〇年反英運動を追及され厦門に脱出、ここで日本陸軍と接触して来日。太平洋戦争勃発後、日本と連携し、ビルマ独立義勇軍を率いてビルマに帰還、バモオ政権の国防相に就任した。戦争末期には抗日組織を結成して蜂起。戦後、ビルマ独立の対英交渉などを主導したが、四七年に暗殺された。

あえばこうそん【饗庭篁村】 1855.8.15～1922.6.20 明治期の小説家・劇評家。江戸生れ。本名与三郎。別号竹の屋(舎)主人など。見習いとして預けられた質商の家で和漢の書を乱読。一八七四年(明治七)読売新聞社入社。八六年小説「当世商人気質」で文壇に出る。以後、E・A・ポー、ディケンズらを翻訳。八九年から小説・紀行文集「叢竹」二〇巻六八編を出版。同年より「東京朝日新聞」に移り劇評を執筆した。「巣林子撰註」「雀躍」など近世文学関係の著述もある。

あおいえつぐ【青家次】 生没年不詳。織豊期の鏡師。青家は禁裏御用鏡師で、京都寺町一条に住んだ。家次は現在残る青家の作品で名前が知られる最古の人で、天下一を名のる。現存作はまったく同文の桐竹鏡が二面あるのみで、天正一六年（一五八八）・天正二〇年の銘を鋳出。前者は東京国立博物館蔵で、後陽成天皇の御料と伝える。

あおうどうでんぜん【亜欧堂田善】 1748～1822.5.7 江戸後期の洋風画家。本名は永田善吉。陸奥国須賀川生れ。松平定信に才能をみいだされ、その命をうけて洋風画・銅版画を学ぶ。「新訂万国全図」（一八一〇）は実用銅版画の高い到達点を示すが、その天分は風俗画の要素を色濃くもつ江戸名所図の連作に最もよくいかされた。文化年間を中心に制作された田善の作品は、高い技術と絵画性を示し、司馬江漢以降の銅版画の展開のうえで重要な位置を占める。

あおかたし【青方氏】 中世肥前国の豪族。本拠は肥前国宇野御厨中通島青方郷（現、長崎県上五島町）。藤原氏。鎌倉幕府の成立後、玄城房尋覚は御厨内小値賀島（現、同県小値賀町）の地頭職を安堵されて御家人となり、その子家高以来、青方氏を名のる。南北朝期には、はじめ足利尊氏に従い、一時南朝方にも属した。この頃から松浦一族を称し、松浦党の一員となる。近世には福江藩士。「青方文書」を伝える。

あおきかずお【青木一男】 1889.11.28～1982.6.25 大正・昭和期の経済官僚・政治家。長野県出身。東大卒。大蔵省に入り外国為替管理部長・理財局長を歴任。一九三七年（昭和一二）企画院次長。阿部内閣で蔵相兼企画院総裁を務めたのち、中国の汪兆銘政権の経済顧問となる。四二年九月からの東条内閣では国務相・初代大東亜相に就任した。第二次大戦後は参議院議員。

あおきこんよう【青木昆陽】 1698.5.12～1769.10.12 江戸中期の儒者・蘭学者。名は敦書、字は厚甫、通称は文蔵。昆陽は号。江戸日本橋小田原町生れ。京都古学派の伊藤東涯に入門し実証的な学風を身につける。町奉行大岡忠相にみいだされ、一七三五年（享保二〇）「蕃薯考」を刊行した。甘藷（サツマイモ）の栽培普及を積極的に進めた功績は大きい。御書物御用達をへて、四〇年（元文五）将軍徳川吉宗から野呂元丈とともに蘭語学習を命じられ、四二年（寛保二）以降は江戸参府のカピタン一行やオランダ通詞から言語・文化・社会などを学んだ。四七年（延享四）評定所勤務の儒者、六七年（明和四）幕府紅葉山文庫の書物奉行。昆陽の修得した成果は前野良沢にうけつがれる。著書「和蘭文字略考」「和蘭貨幣考」「和蘭文訳」。

あおきし【青木氏】 ㊀鎌倉時代の武家。武蔵七党丹党の一族。丹治氏。本拠は武蔵国青木（現、埼玉県飯能市）。「吾妻鏡」によれば、青木丹五真直は一一九〇年（建久元）・九五年の二度の源頼朝上洛に従った。また重元は、承久の乱の功により、幕府から播磨国鵤荘（現、兵庫県太子町）久岡名地頭に任じられたが、一二二七年（安貞元）解任。なお青木氏にはこのほか、清和源氏武田氏一族や藤原利仁流などがあった。㊁近世の大名家。系譜が確実なのは重直からで、土岐頼芸・斎藤道三・織田信長・豊臣秀吉と主をかえ、一五九五年（文禄四）摂津国で一七〇〇石余を領する。その子一重は、一六一五年（元和元）同国豊島郡で一万二〇〇〇石を領し、初代麻田藩主となり、代々同藩主。維新後、子爵。

あおきしげる【青木繁】 1882.7.13～1911.3.25 明治期の洋画家。福岡県出身。森三美に洋画を学び、中学を中退して上京、小山正太郎の不同舎に入門した。一九〇〇年（明治三三）東京美術学校西洋画科選科に入学、黒田清輝らの指導をうける。哲学・宗教・神話・文学書などにも親しみ、第八回白馬会展で「黄泉比良坂」などの神話画稿により第一回白馬会賞を受賞、脚光を浴びた。卒業の夏に坂本繁二郎らと房州布良に滞在、「海の幸」を第九回白馬会展に出品。明治浪漫主義絵画を代表する作品を生み出す。〇七年「わだつみのいろこの宮」を東京府勧業博覧会に出品するがふるわず帰省。のち九州北部を放浪し、文展落選などで中央画壇復帰はならず、福岡市で病没。

あおきしゅうすけ【青木周弼】 1803.1.3～63.12.16 幕末期の蘭学者。周防国大島郡の医家に生まれる。周弼は通称、字は士圃、号は月橋。萩藩医能美洞庵に入門後、江戸の坪井信道・宇田川玄真に蘭方医学を学び、長崎にも遊学。一八三九年（天保一〇）萩藩医となり、翌年藩の南苑医学所の蘭学教授、四九年（嘉永二）同所会頭、五一年侍医に進む。藩主毛利敬親の信任をえ、藩内の種痘の普及や西洋医学・兵学の発展に貢献した。訳著書「察病論」「袖珍内外方叢」。

あおきしゅうぞう【青木周蔵】 1844.1.15～1914.2.16 明治期の政治家・外交官。号は琴城。長門国生れ。蘭方医の子に生まれ萩藩医青木研蔵の養子となる。維新後ドイツに留学、外務省に入る。一八七四年（明治七）駐独公使、八六年外務次官。八九年第一次山県内閣の外相に就任して対等条約の実現に尽力したが、九一年大津事件の突発で退任した。九二年ドイツ公使兼ベルギー公使に転出し、九四年駐英公使を兼ねて陸奥宗光外相の条約改正を助けた。その後、第二次山県内閣で外相、駐米大使・枢密顧問官などを歴任した。子爵。

あおきしゅくや【青木夙夜】 ?~1802.10.23 江戸中期の画家。名は浚明(俊明)。字は大初、のち夙夜と改め、号は春塘・八岳。京都生れ。池大雅に学ぶが、画風は師と異なり硬く細密。師の没後、京都東山の双林寺内の大雅堂に住み、大雅堂二世を名のる。大雅の友人だった書家の韓天寿は従兄といわれる。

あおきながひろ【青木永弘】 1656~1724.1.10 藤原長広とも。江戸中期の神道家。長崎諏訪神社の祠官。京都の吉田家で神道を学び、学頭まで勤める。東山天皇に「日本書紀」神代巻を進講後、諸国を歴遊して神書の講読を行い、復古神道の基礎を作った。主著「神道大意聞書」「六根清浄大祓松風鈔」。

あおきのぶみつ【青木信光】 1869.9.20~1949.12.27 明治~昭和期の政治家。茨城県出身。一八九〇年(明治二三)東京法学院卒。九七年貴族院議員に当選し、以後一九四六年(昭和二一)まで在任。子爵。水野直らとともに研究会幹部として重きをなす。第五一議会当時、第一次若槻内閣と政友本党との提携を仲介。日本銀行監事なども務めた。

あおきもくべい【青木木米】 1767~1833.5.15 江戸後期の文人陶工・絵師。通称は木屋佐兵衛または八十八、木屋と八十八を縮めて木米と称した。青来・百六散人・九々鱗・古器観・聾米などの号を用いた。年少の頃から文芸・古器を好み、二七~二八歳のとき陶芸を志して奥田穎川の門をたたき、京都粟田に開窯。中国文人趣味に従って煎茶道具や、白磁・染付・青磁・赤絵・交趾焼などに細かい技を発揮。文政年間に作風は円熟し、南画にも力作を残した。

あおちりんそう【青地林宗】 1775~1833.2.22 江戸後期の蘭学者・蘭方医。窮理学(物理学)の開拓者。名は盈、字は林宗。松山藩医の家に生まれ、蘭学を馬場佐十郎らに学ぶ。一八二二年(文政五)幕府天文台訳官、三二年(天保三)水戸藩主徳川斉昭に招かれ侍医・西学都講となる。早くから窮理学に関心をもち、二七年ボイス理科書などをもとに日本最初の物理学の刊本「気海観瀾」を著す。「遭厄日本紀事」「依百乙薬性論」などの医書を翻訳、「厚生新編」翻訳にも参加した。

あおとつなよし【青砥綱義】 生没年不詳。江戸中期の漁業指導者。越後国村上藩士。通称武平次。三面川における鮭の増産と養殖に努め、安永~寛政年間に種川の制と称する鮭卵の人工孵化法を確立した。これにより漁獲がふえて、藩は一〇〇〇~一六〇〇両の運上金をえた。晩年衛士となり、一〇石の加増をうけて八〇石となった。

あおとふじつな【青砥藤綱】 生没年不詳。鎌倉中期の武士で、幕府に出仕、左衛門尉となって公平な裁判をしたと伝えられる。鎌倉の滑川に落とした銭一〇文を、五〇文の松明を買って探させたという「太平記」中の逸話で名高い。「弘長記」には北条時頼の時代に評定衆を勧めたとあるが、「吾妻鏡」や「関東評定伝」などの記録には名がみえず、この説は疑わしい。しかし引付の奉行人に青砥左衛門尉という人物が実在した可能性は高い。

あおのすえきち【青野季吉】 1890.2.24~1961.6.23 大正・昭和期の文芸評論家。新潟県出身。早大卒。読売新聞社・国際通信社などに勤務中に社会主義に傾倒し、一九二二年(大正一一)日本共産党に入党するがまもなく離党。芸術を運動のなかに位置づけた「自然生長と目的意識」(一九二六)でプロレタリア文学を主導した。三八年(昭和一三)の人民戦線事件で検挙される。第二次大戦後は日本ペンクラブ再建に尽力した。

あおやまかげみち【青山景通】 1819~91.12.11 幕末~明治期の国学者。美濃国生れ。苗木藩士。幼名は直意、通称稲吉。平田篤胤の門に入り国学を学ぶ。維新後は神祇事務局、神祇官の権判事・神祇少祐に任ぜられ、一八七一年(明治四)の伊勢神宮改革にも参加。苗木藩の神仏分離を推進した。

あおやまし【青山氏】 江戸時代の譜代大名家。南北朝期末の元中年間、新田氏が尹良親王を上野国寺尾城に迎えた際、師重がこれに従い同国吾妻郡青山郷に住み、青山氏を称したのがはじめ。その子忠治は三河に移り、孫光教が松平信光に仕えた。九代忠成は徳川家康の小姓を勤め、子忠俊は父の遺領を継ぐが、一六二〇年(元和六)武蔵国岩槻藩主四万五〇〇〇石に転じた。一七四八年(寛延元)一五代忠朝のとき丹波国亀山から同国篠山に入封、五万石。以後六代の篠山藩主。また忠成の子幸成は一六三五年(寛永一二)摂津国尼崎藩主五万石となり、一七五八年(宝暦八)幸道のとき美濃国郡上藩主四万八〇〇〇石となって以後七代の郡上藩主。維新後、両家とも子爵。

あおやますぎさく【青山杉作】 1889.7.22~1956.12.26 大正・昭和期の演出家。新潟県出身。早大を中退して新劇団での活動を始め、一九二四年(大正一三)築地小劇場の同人となる。その後、松竹歌劇団の指導なども行い、四四年(昭和一九)千田是也らと俳優座を結成して、演出や後進の指導にあたった。

あおやまただとし【青山忠俊】 1578~1643.4.15 江戸初期の大名。父は忠成。伯耆守。遠江国浜松生れ。幼時から徳川秀忠に近侍し、一六一〇年(慶長一五)書院番頭。一五年(元和元)から徳川家光の補佐役となり、翌年酒井忠利とともに家光付の年寄となる。二〇年(元和六)武蔵国岩槻藩主四万五〇〇〇石となるが、家光へのきびしい諫言で、二三年とがめをうけ上総国大多喜二万石に減転封。のち大多喜を返上して蟄居。老中というよりも、家光の家老としての面が強かった。

あおやまただなり【青山忠成】 1551～1613.2.20　江戸初期の大名。父は忠門(ただかど)。常陸介・播磨守。三河国岡崎生れ。幼時から徳川家康の小姓を勤め、のち徳川秀忠に付けられ、一五九〇年(天正一八)家康関東入国の際、諸事の裁断を命じられる。一六〇一年(慶長六)一万八〇〇〇石となり本多正信・内藤清成(きよなり)とともに関東総奉行として関東の領国経営に手腕を発揮したが、〇六年秀忠のとがめをうけ失脚。のちゆるされ相模国などで二万八〇〇〇石を領した。

あおやまただやす【青山忠裕】 1768.5.8～1836.3.27　江戸後期の老中。丹波国篠山(ささやま)藩主。父は忠高。下野守。一七八五年(天明五)兄忠講(ただつぐ)の没後に相続。教育の振興に努め「孝経補義」などを刊行。奏者番・寺社奉行兼帯・若年寄・大坂城代・京都所司代をへて、一八〇四年(文化元)老中。のち一万石加増。老中在任中、尊号事件・相馬大作事件があった。

あおやまたねみち【青山胤通】 1859.5.15～1917.12.23　明治・大正期の医学者。江戸生れ。東大医学部卒業後、ドイツのベルリン大学で病理解剖学・内科学を、パリ大学で神経病学を学ぶ。一八九三年(明治二六)帝国大学医科大学教授、一九〇一年医科大学学長に就任し、医学教育改善に尽力した。ペスト流行地の香港で研究中これに感染し九死に一生を得た。明治天皇の病気の際、診察にあたった。

あおやまのぶみつ【青山延光】 1807.10.23～71.9.29　江戸後期の儒学者。常陸国水戸藩士。延于(のぶゆき)の長子。通称は量太郎、号は佩弦斎また晩翠。一八二四年(文政七)彰考館雇、天保年間に彰考館総裁代役、弘道館教授・教授頭取と進む。四九年(嘉永二)「大日本史」紀伝刊行に際し前藩主徳川斉昭(なりあき)の跋文を代作。六〇年(万延元)側用人に取り立てられ藩政にも参与。藩内の党争には超然とした態度を保持した。代表作「国史紀事本末」は「大日本史」の紀伝に依拠しつつも、歴史事象を主題別に整理した通史として独自性をもつ。

あおやまのぶゆき【青山延于】 1776～1843.9.6　江戸後期の儒学者。常陸国水戸藩士。通称は量介、号は拙斎・雲竜。立原翠軒(たちはらすいけん)に学び、一九歳のとき彰考館に雇われ、二七歳で編修、四八歳で総裁となり、「大日本史」の校訂・刊行の作業を促進した。「東藩文献志」編纂にも従事。藤田幽谷(ゆうこく)と同門。文章と史学に優れ、当時の藩内の対立にも巻き込まれず、学者らしい独立不羈(ふき)の生き方を貫いた。主著は「大日本史」の紀伝を簡略化した「皇朝史略」「明徴録」。

あかいかげあき【赤井景韶】 1859.9.25～85.7.27　明治前期の自由民権家。越後国生れ。一八八二年(明治一五)一一月政府高官の暗殺を計画し、このとき作成した「天誅党旨意書」が八三年の高田事件の証拠とみなされた。内乱陰謀予備罪で重禁獄九年の判決をうけたが脱獄。殺人を犯して捕縛され、八五年七月絞首刑に処せられた。

あかいよねきち【赤井米吉】 1887.6.1～1974.2.26　大正期の新教育運動の指導者。石川県出身。広島高等師範卒。愛媛師範学校などの教員をへて、一九二二年(大正一一)に成城小学校幹事となり、個人別指導法をとるドルトン・プランを紹介した。二四年に明星学園小学校、四六年(昭和二一)には金沢女子専門学校を創設した。著書「愛と理性の教育」。

あかいんこ【赤犬子】 阿嘉犬子とも。沖縄県に伝承される英雄伝説の主人公。読谷村(よみたんそん)方面では、ノビルや五穀の種子を沖縄にはじめてもたらした人物として語られる。また琉歌に「歌と三味線の昔始まりや　犬子音上がりの神の御作」とあり、三味線音楽の始祖とされる。「おもろさうし」にも「あかいんこ」の名前はみえ、古琉球以来、音楽とかかわりが深い人物とされている。

あかおびん【赤尾敏】 1899.1.15～1990.2.6　昭和期の右翼運動指導者。愛知県出身。中学在学中から社会主義運動へと傾斜したが、一九二五年(大正一四)に逮捕され転向。天皇中心の国家革新を唱えるようになった。以後、建国会(会長上杉慎吉)を組織し共産主義排撃運動などを展開。四二年(昭和一七)には翼賛選挙で当選(非推薦)し、東条内閣の批判を行った。第二次大戦後は五一年の大日本愛国党結成を機に活動を本格化。東京銀座の数寄屋橋で連日行われた辻説法スタイルの演説などで知られた。

あかぎただはる【赤木忠春】 1816.10.13～65.4.16　黒住(くろずみ)教の四高弟・六高弟の一人。幼名は宗一郎。美作国の庄屋の家に生まれ、二〇歳で赤木常五郎の養子となる。二二歳のときに失明したが、黒住宗忠の講釈を聞いて目が治り、黒住教信者となった。宗忠の死後、京都で布教を行い、公家などにも広めた。吉田家に交渉して宗忠に大明神号を贈らせ、一八六二年(文久二)京都神楽岡に宗忠神社を建立。晩年、教団との対立から一時破門されたが、死後、撤回された。

あかざわともつね【赤沢朝経】 ?～1507.6.26　戦国期の武将。経隆の子か。入道して沢蔵軒(たくぞうけん)宗益。信濃小笠原氏の庶流。一四九一年(延徳三)頃細川政元の被官となり、畿内近国で軍事活動にあたる。一五〇四年(永正元)薬師寺元一(もとかず)について政元に背くが、翌年ゆるされて河内・大和両国の平定を任された。〇七年、丹後で一色(いっしき)義有と対陣中に政元暗殺の報をえて上洛の途上、宮津で一色方の国人一揆に包囲されて自害。

あかざわぶんじ【赤沢文治】 ⇨川手文治郎(かわてぶんじろう)

あかしかくいち【明石覚一】 ?～1371.6.- 覚一検校とも。南北朝期の琵琶法師。七〇歳を過ぎて没したという。平曲一方流の祖如一の弟子となり、一方流の基盤を固めた。検校の位に至る。それまでの「平家物語」の詞章を整理し、灌頂巻をたて、曲節を新たにつけた覚一本を完成させた。平曲中興の祖とされるが、出自は不詳。播磨国書写山の僧だったが盲目となったため琵琶法師になったともいう。「太平記」には、高師直の病床で真一とともに平曲を語り、絶賛されたとある。

あかしかもん【明石掃部】 ?～1617 織豊期～江戸初期の武将。名は全登・守重。道斎。宇喜多秀家の臣で三万三〇〇〇石を得ていた。一五九六年(慶長元)大坂で受洗。洗礼名ジョアン。一六〇〇年関ケ原の敗勢のなか、姻戚関係にある黒田長政に出会い、筑前国下座郡で一二五四石をうけた。その後禄を離れて畿内で牢人。一五年(元和元)豊臣秀頼の招きに応じて大坂夏の陣で戦い、落城後潜伏した。

あかししがのすけ【明石志賀之助】 生没年不詳。江戸初期の相撲力士。下野国宇都宮の生れと伝えられ、本名を山内鹿之助という武士ともいうが不詳。一六二四年(寛永元)に四谷塩町の笹寺で最初の勧進相撲を興行した江戸相撲の開祖とする伝承が江戸後期にはすでに流布し、明治期になり初代横綱に擬せられた。侠客夢の市郎兵衛との親交や、好敵手仁王仁太夫との勝負などの逸話が伝えられるが、いずれも伝承であり、確実な史料に欠ける。

あかしじろう【明石次郎】 生没年不詳。江戸中期の小千谷縮の創始者。播磨国明石の牢人で、本名は堀次郎将俊といわれる。寛文年間に妻と女二人をつれて越後国小千谷に移住したという。明石の縮織技術を当地にもたらし、従来粗品であった越後縮を改良して苧麻による縮織の優品を制作したといわれ、これが小千谷縮の始まりとされる。小千谷縮の祖と讃えられるが、実在の人物かどうか明確ではない。

あかしてるお【明石照男】 1881.3.30～1956.9.29 明治～昭和前期の銀行家。岡山県出身。渋沢栄一の女婿。東大卒。第一銀行に入り、取締役をへて一九三五年(昭和一〇)頭取に就任。四三年に三井銀行との合併で帝国銀行を創立し会長に就任した。第二次大戦後は公職追放で第一線より引退。著書「日本金融史」三巻。

あかしひろあきら【明石博高】 1839.10.4～1910.1.5 明治期の医師・歌人・社会事業家。実名は博人、号は静瀾。京都生れ。西洋医学を祖父から、理化学を大阪舎密局で学び、明治初年に京都御所内病院・大阪病院・娼妓黴毒治療所・京都府療病院を次々に開設した。また勧業場・養蚕場・製紙場などをおこした。著書「日本薬泉考」「化学撮要」。

あかしもとじろう【明石元二郎】 1864.8.1～1919.10.26 明治・大正期の陸軍軍人。筑前国生れ。陸軍士官学校・陸軍大学校卒業、ドイツに留学。日清戦争では近衛師団参謀として出征。ロシア公使館付武官などをへて、日露戦争中にはストックホルムで諜報活動を行い、ロシア革命派を側面から支援。韓国併合に際しては、韓国駐劄憲兵隊司令官などを歴任し、憲兵隊指揮官として義兵運動を弾圧。一九一八年(大正七)台湾総督に任じられ大将となったが、在職中に死去。

あかしもととも【明石元知】 ?～1595 織豊期の武将。黒田孝高の従弟。通称は与四郎。則実・則春・全豊とも称する。左近将監。豊臣秀吉に仕え、一五八四年(天正一二)の小牧・長久手の戦から小田原攻めまで各地に転戦。八五年に但馬国豊岡一万石、ついで播磨国明石に移された。九二年(文禄元)文禄の役に出陣。九五年関白秀次事件に連坐して自殺した。

あかぞめえもん【赤染衛門】 生没年不詳。平安中期の歌人。赤染時用の女だが、母ははじめ平兼盛の妻で、身籠ったまま時用と再婚したともいう。大江匡衡の妻。子に挙周・江侍従。藤原道長の女上東門院彰子に仕えた。良妻賢母として知られ、長寿を保ち晩年まで歌壇で活躍した。一〇四一年(長久二)までの生存が確認できる。「栄花物語」正編三〇巻の作者の有力候補。中古三十六歌仙の一人。家集「赤染衛門集」。「拾遺集」以下の勅撰集に約九三首入集。

あがたいぬかいうじ【県犬養氏】 古代に県で犬の飼育にあたる犬養部を統轄した伴造氏族。「弘仁式」に宮城門の一つとして県犬養門がみえ、同門の警備にあたったらしい。「新撰姓氏録」左京神別によれば、神魂命の八世孫阿居太都命の後裔。六八四年(天武一三)連姓から宿禰姓になる。一族に壬申の乱で活躍した大伴、三野王・藤原不比等の妻で光明皇后の母の三千代、聖武天皇夫人の広刀自らがいる。

あがたいぬかいのあねめ【県犬養姉女】 生没年不詳。淳仁・称徳朝の女官。七六三年(天平宝字七)従五位下、翌年大宿禰姓を得る。七六九年(神護景雲三)聖武天皇の皇女不破内親王とはかり、塩焼王と不破の子氷上志計志麻呂を皇位につけようとして称徳天皇を呪詛したことが発覚し、犬部と改姓されて遠流に処せられる。七七一年(宝亀二)事件は丹比乙女の誣告であったことが判明し、九月本姓に復し、翌年従五位下に叙された。

あがたいぬかいのひろとじ【県犬養広刀自】 ?～762.10.14 聖武天皇の夫人。県犬養唐の女。聖武が皇太子のときに入内し、安積親王・井上内親王・不破(わふ)内親王を生む。七三七年(天平九)正五位下から従三位に昇り、のち正三位に至る。七六一年(天平宝字五)近江国保良宮(ほらのみや)行幸の際、稲四万束を賜る。広刀自は、元明・元正両天皇の信任のあつかった県犬養三千代(みちよ)の親族で、その推挙による入内であろう。

あがたいぬかいのみちよ【県犬養三千代】 ?～733.1.11　奈良前期の高級女官。東人(あずまひと)の女。はじめ三野(みの)王に嫁して葛城王(橘諸兄(もろえ))・牟漏(むろ)女王(藤原房前(ふささき)の妻)らをもうけるが、のちに藤原不比等(ふひと)の後妻となり、光明皇后らを生む。七〇八年(和銅元)元明天皇の大嘗会のとき、天武朝以来の奉仕を賞されて杯に浮かぶ橘とともに橘宿禰(すくね)姓を賜る。七二一年(養老五)正三位に叙され、同年元明の危篤を契機に出家。死後に従一位、のち正一位と大夫人の称号を贈られる。

あがたいぬかいのやえ【県犬養八重】 ?～760.5.7　奈良中期の女官。葛井(ふじい)広成の室。七四二年(天平一四)正八位上から外従五位下に叙され、七四五年従五位下。七四八年邸宅に聖武天皇が宿泊し、その恩賞で正五位上に叙され、のち従四位下に至る。正倉院文書に「犬甘八重」「県犬養命婦(みょうぶ)」として散見する。

あがたそうち【県宗知】 1656～1721.6.27　江戸中期の庭師・茶人。名は俊正、号は玉泉子。遠州流茶人上柳甫斎(かみやなぎほさい)の門弟で、江戸幕府の御庭方を勤めた。著書に茶道伝書「県宗知茶書」がある。小堀遠州作と伝える庭には宗知の作が多いという。

あかつかじとく【赤塚自得】 1871～1936.2.1　明治～昭和期の漆芸作家。東京都出身。漆工を業とする赤塚家の七代目。日本画・洋画などを学び、それを伝統的な蒔絵の手法にとりいれ、独自の精細な作風を確立。昭和初期漆芸界の重鎮で、一九三〇年(昭和五)帝国芸術院会員となる。代表作は東京国立近代美術館蔵の竹林図蒔絵文台硯箱。

あかねたけと【赤根武人】 1838.1.15～66.1.25　赤禰とも。幕末期の萩藩士。名は貞一、通称幹之丞。医師松崎家に生まれ、のち赤根家の養子。はじめ吉田松陰、ついで梅田雲浜(うんぴん)に学ぶ。一八六三年(文久三)高杉晋作らと奇兵隊を組織。六四年(元治元)の禁門の変後、朝廷への恭順を主張し高杉らと対立、脱藩。六五年(慶応元)生家近くの周防国大島郡柱島で捕らえられ、翌年斬首。

あかはしし【赤橋氏】 鎌倉時代の武家。桓武平氏北条氏の一族。北条義時の三男重時の邸宅が鎌倉鶴岡八幡宮の赤橋近くにあったことにちなみ、重時の子長時から赤橋を称した。長時・義宗・久時・守時と続き、長時と守時は執権に、長時から久時の三代は六波羅探題に任じられた。守時の弟英時も鎮西(ちんぜい)探題となったが、兄弟ともに鎌倉幕府滅亡に殉じた。その後、一三三五年(建武二)守時の甥重時は伊予国に挙兵したが敗死、一族は滅亡。

●●赤橋氏略系図

長時―義宗―久時┬守時
　　　　　　　　├宗時―重時
　　　　　　　　├英時
　　　　　　　　└登子(足利尊氏室　義詮・基氏母)

あかはしひでとき【赤橋英時】 ?～1333.5.25　鎌倉後期の武士。最後の鎮西探題。父は北条久時、母は不詳。一三二一年(元亨元)鎮西探題に任じられて九州に赴く。三三年(元弘三)菊池武時の反乱がおこるが、いったんはこれを討ちとる。鎌倉陥落の直後、大友貞宗・少弐(しょうに)貞経などに攻撃されて博多の探題館で自殺。

あかはしもりとき【赤橋守時】 ?～1333.5.18　鎌倉後期の武士。鎌倉幕府最後の執権。父は北条久時、母は北条宗頼の女。一三一一年(応長元)評定衆に加えられ、二六年(嘉暦元)執権となる。ただし実権は得宗(とくそう)の北条高時が握っていた。三三年(元弘三)新田義貞の鎌倉攻めのとき、前線で奮戦ののち切腹。妹登子が足利尊氏の妻であったことにより、幕府への忠義を疑われないためと伝える。

あかばねげんぞう【赤埴源三】 1669～1703.2.4　一七〇二年(元禄一五)の赤穂事件で、吉良義央(よしなか)邸に討ち入った浪士の一人。名は重賢(しげかた)。もと赤穂藩馬廻、二〇〇石。小説などでは赤垣源蔵(あかがきげんぞう)の名となっている。討入り後、熊本藩下屋敷に預けられ、翌年幕命により自刃。

あかぼりしろう【赤堀四郎】 1900.10.20～92.11.3　昭和期の化学者。静岡県出身。東北大卒。欧米留学後、大阪帝国大学教授・理化学研究所所長を歴任。アミノ酸の有機化学的側面に力点をおいたが、のち合成によるタンパク質の構造研究に入る。アミノ酸配列を決定する新しい方法を考案し、多くのアミノ酸を合成。また生命起源論について独自の説を提唱した。学士院賞・文化勲章をうけた。

あかまつうじのり【赤松氏範】 1330～86.9.2　南北朝期の武将。則村の四男。弾正少弼(しょうひつ)。父の死後、観応の擾乱では南朝方に属し、護良(もりよし)親王の子赤松宮(興良(おきよし)親王)に従った。一三六〇年(延文五・正平一五)足利義詮(よしあきら)に通じた赤松宮とともに南朝に背き大和国賀名生行宮(あのうのあんぐう)を焼打したが、反撃され播磨国へのがれた。その後再び南朝に属し、八六年(至徳三・元中三)播磨国清水に挙兵して敗北、一族郎党一四〇人余とともに討死。

あかまつかつまろ【赤松克麿】 1894.12.4～1955.12.13　大正・昭和期の社会運動家。山口県出身。

●赤松氏略系図

則景―家範―久範―茂則―則村┬範資―光範
　　　　　　　　　　　　　├貞範―顕則―満貞―貞村
　　　　　　　　　　　　　├則祐―義則┬満祐―教康
　　　　　　　　　　　　　│　　　　└義雅―性存―政則＝義村―晴政―義祐―則房
　　　　　　　　　　　　　└氏範

東大卒。在学中、宮崎竜介らと新人会を結成。一九二一年(大正一〇)総同盟に参加、翌年共産党に入党したが、第一次共産党事件で検挙され、科学的日本主義を主張。以後右派社会民主主義・国家社会主義から日本主義に転向、満州事変を肯定、大政翼賛会企画部長に就任、第二次大戦後公職追放処分となる。追放解除後、日本産業協力連盟理事長に就任したが振るわなかった。

あかまつさだむら【赤松貞村】 1393～1447　室町中期の武将。満貞の子。伊豆守。将軍足利義教(よしのり)の近習で、寵臣の随一であった。一四四〇年(永享一二)義教は赤松氏惣領満祐(みつすけ)の弟義雅の所領を没収、一部を貞村に与えた。さらに満祐のもつ播磨国以下の守護職も貞村にかえるとの風聞があり、これが嘉吉(かきつ)の乱の誘因となった。乱後、満祐追討のため播磨国にむかったが、ほとんど戦うことなく終わった。

あかまつし【赤松氏】 中世播磨国の守護大名。村上源氏。鎌倉初期の則景(のりかげ)のとき、播磨国佐用(さよ)荘の地頭に任じられたという。則景の子家範の頃、荘内の赤松村に住み、赤松氏を名のる。家範の曾孫則村(のりむら)は、元弘の乱に際し宮方として六波羅探題攻略に活躍。当初、幕府方に属していたことから建武政権下では冷遇され、一三三五年(建武二)足利尊氏が反旗をひるがえすとこれに従い、播磨国守護に任じられた。その後、義則のときに備前・美作両国の守護を兼ね、侍所所司ともなり、四職家の一つとして重んじられた。一四四一年(嘉吉元)義則の長男、満祐(みつすけ)が将軍足利義教を殺害、幕府軍によって追討され、一時没落した。その後、一族の政則が再興したが、その死後はふるわず、家臣浦上氏らに勢力を奪われた。嫡流は一五八五年(天正一三)に絶える。

あかまつそうしゅう【赤松滄洲】 1721～1801.1.8　江戸中・後期の儒者。播磨国生れ。京都で宇野明霞(めいか)に学び、折衷学を奉じた。赤穂藩に儒者として仕え、のち家老に登用され国政を担当。一七六〇年(宝暦一〇)職を辞し、京都に出て儒学を講じた。寛政異学の禁(一七九〇)には意見書を柴野栗山(りつざん)に書き送り強く反対した。著書「静思亭集」。

あかまつそくゆう【赤松則祐】 1311～71.11.29　南北朝期の武将。則村の三男。はじめ比叡山に入り帥律師妙善と号す。元弘の乱では、護良(もりよし)親王の令旨(りょうじ)をもって播磨国に戻り、父を挙兵させた。兄範資(のりすけ)の死後、播磨国守護職を継承。観応の擾乱ではおおむね足利尊氏方にあった。その後、備前国守護職も兼任。禅宗に深く帰依し、備前に宝林寺(のち播磨に移す)を創建。

あかまつつねこ【赤松常子】 1897.8.11～1965.7.21　大正・昭和期の労働運動家。山口県出身。克麿の妹。京都女子専門学校中退。賀川豊彦の影響をうけた。一九二五年(大正一四)総同盟婦人部に属し、婦人運動・労働運動に従事。産業報国運動にも参加。第二次大戦後も婦人運動や社会党に参加、第一回参議院選挙に当選、芦田内閣の厚生政務次官を勤めた。

あかまつとしひで【赤松俊秀】 1907.4.28～79.1.24　昭和期の古代・中世史学者。北海道出身。京大卒。京都大学教授。業績は鎌倉仏教・荘園・座・商業・寺院史・平家物語など多方面にわたる。なかでも供御人(くごにん)の起源や史料についてすぐれた研究を行った。古文書・古記録など史料の公刊にも尽力。著書「鎌倉仏教の研究」「古代中世社会経済史の研究」。

あかまつのみや【赤松宮】 ⇨興良親王(おきよししんのう)

あかまつのりすけ【赤松範資】 ?～1351.4.8　南北朝期の武将。則村の嫡男。信濃守。倒幕の挙兵以降、父とともに赤松一族の中心として活躍。足利尊氏に従って建武政権に背き、室町幕府成立とともに初代の摂津国守護に任じられる。則村の死後家督を継承し、播磨国守護を兼ねた。観応の擾乱では尊氏方に属すが、まもなく病死。子孫は、則村以来の京都堀川七条の邸を相続したので、赤松七条家とよぶ。

あかまつのりむら【赤松則村】 1277～1350.1.11　鎌倉後期～南北朝期の武将。播磨国佐用(さよ)荘地頭茂則の子。次郎。法名円心(えんしん)。同荘の代官で六波羅探題被官小串氏のもとにあった。元弘の乱に際し、護良(もりよし)親王の令旨(りょうじ)をうけて同荘内の苔縄(こけなわ)城で挙兵。播磨国人を集めて東上、足利尊氏らとともに六波羅を攻め落とした。建武政権によって播磨国守護職を与えられたが、まもなく没収、恩賞は佐用荘の安堵に限られた。そのため、尊氏が建武政権に離反するとただちに呼応、尊氏が九州にのがれた際、追走する新田義貞軍を佐用荘内の白旗城で支えるなど、室町幕府の成立に大いに貢献。初代の播磨国守護に任じられ、同氏の守護大名としての発展の基礎を築いた。

あかまつのりよし【赤松則良】 1841.11.1～1920.9.23　明治期の海軍軍人・造船技術者。幼名大三郎。幕臣の家に生まれ、長崎で航海術を学び、オランダに留学して造船学を修得。一八七二年(明治五)海軍大丞。台湾出兵に従軍し、のち横須賀造船所所長・主船局局長・造船会議議長などをへて、八七年中将となる。佐世保・横須賀鎮守府司令長官を歴任。

あかまつほういん【赤松法印】 生没年不詳。江戸初期の軍書読み。講釈師の祖。播磨国赤松氏の後裔ともいうが出自は不明。慶長頃活躍、徳川家康や諸侯に「源平盛衰記」「太平記」などの軍記物をたびたび進講した。彼を称し太平記読といったが、この呼称はいつしか講釈師を意味するようになった。

あかまつまさのり【赤松政則】 1455～96.4.25 室町中期～戦国期の武将。満祐の弟義雅の孫。次郎法師丸。兵部少輔・左京大夫。赤松本宗家は嘉吉の乱で中絶したが、一四五八年(長禄二)後南朝に奪われていた神璽を奪回した功で再興され、政則が加賀半国守護に任じられた。応仁・文明の乱では東軍に属し、赤松家旧領播磨・備前・美作三国の守護職を回復。八八年(長享二)までには重臣浦上則宗らの活動によって前守護山名氏の駆逐に成功。

あかまつみつすけ【赤松満祐】 1373～1441.9.10 室町中期の武将。播磨・備前・美作三国守護。侍所所司も三度歴任。赤松本宗家義則の嫡子。兵部少輔・左京大夫・大膳大夫。法名性具。一四二七年(応永三四)義則死没直後、将軍足利義持から播磨国を没収されたが、まもなく回復。翌年には播磨の正長の土一揆を鎮定し、守護大名として最も整備された領国支配機構を確立。しかし将軍義教が満祐の弟義雅の所領を没収するなど赤松本宗家を圧迫。そのため満祐は嫡子教康らとはかり、四一年(嘉吉元)六月義教を自邸へ招いて殺害。播磨国木山城にこもるが、山名持豊らの追討軍の攻撃で落城、自刃。教康は伊勢国司北畠教具を頼るが殺害され、赤松本宗家は断絶。

あかまつみつのり【赤松光範】 1320～81.10.3 南北朝期の武将。範資の嫡男。信濃次郎左衛門尉・信濃大夫判官。一三五一年(観応二・正平六)父の没後、摂津国守護職を継承。七三年(応安六・文中二)までほぼ光範が在職し、南朝方の攻撃をよく防いだ。しかし摂津国守護は管領細川頼之の弟頼元にかえられ、領国を失った。

あかまつよしのり【赤松義則】 1358～1427.9.21 南北朝期～室町中期の武将。則祐の嫡男。母は佐々木高氏の女。兵部少輔・上総介・大膳大夫。法名性松。父の没後、播磨・備前両国守護を継承。さらに明徳の乱(一三九一)の軍功により美作国守護職をえて、領国支配の拡充を進めた。赤松氏ではじめて侍所所司となり、幕閣内での同氏の地位を確立。

あかまつよしむら【赤松義村】 1472～1521.9.17 戦国期の武将。範資の末裔政資の次男。兵部少輔。政則の婿養子となり、播磨・備前・美作三国守護を継承、播磨国置塩を居城とした。しかし、赤松家の実権は浦上村宗と政則の後室洞松院(細川勝元の女)が掌握していたため、義村と村宗は対立。村宗は義村を同国室津に幽閉、のち暗殺。

あかまつりんさく【赤松麟作】 1878.10.20～1953.11.24 明治～昭和期の洋画家。岡山県出身。東京美術学校西洋画科で黒田清輝に師事。中学校教員や新聞社勤務のかたわら、白馬会展や文展などで活躍。「汽車(夜汽車)」など光の効果を生かし風俗を主題とした作品が多い。一九一〇年(明治四三)赤松洋画研究所を開設、大阪市立美術研究所教授を務めるなど、美術教育への功績も大きい。

あかまつれんじょう【赤松連城】 1841.1.17～1919.7.20 明治期の宗教家。浄土真宗本願寺派僧侶。加賀国生れ。大洲鉄然・島地黙雷とともに本山改革を推進した。一八七二年(明治五)イギリスに留学。帰国後、宗門の教育改革を進め、教部省管轄下の大教院での真宗分離運動にも尽力。宗門の要職を歴任したが、本山の財政不正事件に連坐して辞職。

あきおさうじ【商長氏】 「新撰姓氏録」左京皇別下にみえる氏族。姓は首。多奇波世君(竹葉瀬)の後裔。上毛野氏と同祖。多奇波世君の三世の孫にあたる久比が、崇峻朝に呉(中国隋)に派遣され、帰国後天皇に万物を懸け定めて交易する「秤(呉権)」を献上したため、その子宗麿が舒明朝に商長の姓を賜ったという。奈良時代の実例としては、造東大寺司の写経所の校生商長智麻呂、駿河国の人で防人として筑紫に赴いた商長麻呂の二例が知られる。

あきさぶろうざえもん【安芸三郎左衛門】 1597～1671.10.- 江戸初期の製紙業家。土佐紙中興の祖。名は家友。もと土佐国安芸城主備後国虎の子と伝えるが、安芸氏滅亡後は土佐郡成山村に帰農して、伊予の人彦兵衛から修善寺紙の製法を学ぶ。のちに七色紙製造を考案して成功。土佐国高知藩主山内一豊に作品を献上し、御用紙方役および幡多郡代官に任じられた。

あきし【安芸氏】 中世土佐国の豪族。本拠は安芸郡。土佐国に流された蘇我赤兄の後裔ともいうが、不詳。源氏方の安芸大領実康の子安芸太郎実光兄弟が、壇ノ浦の戦で平教経を討とうとし、逆に捕らえられてともに入水したことが「平家物語」にみえる。戦国期、土佐国東部に勢力をもったが、一五六九年(永禄一二)国虎のとき長宗我部氏に攻められ滅亡。家伝の「安芸文書」が伝来する。

あきしのやすひと【秋篠安人】 752～821.1.10 平安初期の公卿。父は土師宿禰宇庭(宇遅)。七八二年(延暦元)土師から秋篠と改姓、七九〇年朝臣を賜る。桓武朝では文人官僚として『続日本紀』の編纂にかかわり、参議。平城朝では北陸道観察使に任命されたが、八〇七年(大同二)伊予親王事件に連坐し、造西寺長官に左遷。嵯峨朝では「弘仁格式」「官曹事類」「延暦交替式」の編纂に加わる。最高位は従三位。八二〇年(弘仁一一)上表して致仕。

あきたうじゃく【秋田雨雀】 1883.1.31?～1962.5.12 明治～昭和期の劇作家・小説家・児童文学者。本名徳三。青森県出身。早大英文科卒。小山内薫を知り戯曲への興味を深め、一九一一年(明治四四)戯曲・小説集「幻影と夜曲」を刊行。一三年(大正二)島村抱月の芸術座結成に加わるが脱退し、沢田正二郎の美術劇場に入った。その後エスペラント運動を進めるとともに社会運動に傾き、プロレタリア文化運動の長老となった。

あきたきよし【秋田清】 1881.8.29～1944.12.3 大正・昭和前期の政治家。徳島県出身。日本法律学校卒。一九一一年(明治四四)二六新報社の社長に就任し、翌年衆議院議員に当選。立憲同志会の旗揚げに参加し、立憲国民党・革新倶楽部をへて立憲政友会に入る。三二年(昭和七)衆議院議長、三四年政友会を脱党。三九年阿部内閣厚相、翌年第二次近衛内閣拓務相。

あきたさねすえ【秋田実季】 1576～1659.11.29 織豊期～江戸初期の武将・大名。出羽国檜山城主安藤愛季の子。秋田城介を名のり、秋田を姓とする。湊城(現、秋田市土崎)を拠点とし、天正末年には出羽を制圧。一五九一年(天正一九)豊臣秀吉に旧領五万二〇〇〇石を安堵され、出羽国内の豊臣蔵入地二万六〇〇〇石の代官にも任命された。伏見城普請では秋田杉など大量の材木を供給。一六〇二年(慶長七)常陸国宍戸五万石へ移封。三〇年(寛永七)失政を理由に伊勢国朝熊へ追放。子の俊季は四五年(正保二)陸奥国三春五万五〇〇〇石へ転封。

あきたし【秋田氏】 出羽国の武家、近世の大名家。安倍貞任の子孫で、もと安藤氏と称したという。室町時代、鹿季が出羽国秋田城主となり、秋田湊氏と称し、上国家ともいった。一方、兄盛季は下国家を称した。天正初年頃、上国家の友季に嗣子がなく、下国家の愛季がこれを継ぎ、両流が統合。その子実季のとき秋田城介となり、はじめて秋田氏を名のり、戦国大名となった。近世には、常陸国宍戸藩、ついで陸奥国三春藩主五万五〇〇〇石となり、維新後、子爵。

あきづきさつお【秋月左都夫】 1858.2.24～1945.6.25 明治～昭和前期の外交官。日向国生れ。司法省法学校卒。いったん司法省に入るが外交官に転じて累進し、スウェーデン、ベルギー、オーストリアの各公使を歴任後、一九一四年(大正三)退官。大正期には読売新聞社と京城日報社の社長も務めた。親英米・国際協調派の外交官OBとして昭和期にも影響力を残した。

あきづきし【秋月氏】 中世筑前国の豪族、近世の大名家。大宰府官人大蔵氏の一族で、原田氏の支流。本拠は秋月荘(現、福岡県甘木市付近)。種雄のときはじめて秋月氏を名のった。鎌倉御家人で、南北朝期には南朝方として活躍。戦国期、種方が秋月党を率いて毛利氏に従い、大友氏と敵対した。一五八七年(天正一五)種長のとき、豊臣秀吉の九州攻めにより降伏し、日向国財部(のち高鍋)に移封。以後、高鍋藩主二万七〇〇〇石。維新後、子爵。

あきづきたねざね【秋月種実】 1545～96.9.26 織豊期の武将。筑前国古処山城主。筑前守。一五五七年(弘治三)父種方が大友義鎮(宗麟)に敗死したため毛利領に逃れる。その後許されて筑前に戻るが、毛利氏の九州進出に協力して挙兵。六九年(永禄一二)から一時期大友氏に降るが、耳川の戦後再挙兵。島津・竜造寺氏の和平を工作し、反大友勢力の結集を図った。八七年(天正一五)豊臣秀吉軍と戦ったが、剃髪して降り、名物の肩衝「ならしば」を献じた。

あきづきたねたつ【秋月種樹】 1833.10.-～1904.10.17 幕末～明治期の政治家。日向国高鍋藩主種任の三男。兄種殷の世子。幕末には学問所奉行・若年寄に任じられ、維新後は参与として明治政府に出仕。のち公議所議長・大学大監・民部大丞・元老院議官・貴族院議員などを歴任。明治天皇の侍読も務めた。

あきづきたねなが【秋月種長】 1567.8.14～1614.6.13 織豊期～江戸前期の武将・大名。日向国高鍋藩初代藩主。種実の子。三郎。長門守。一五八七年(天正一五)日向国児湯郡で三万石。文禄の役では朝鮮の江原道を侵した。九九年(慶長四)日向国庄内の乱に徳川家康の命で出動。翌年の関ケ原の戦でははじめ西軍に属したが、大垣城で東軍に応じ本領安堵。一六〇四年財部(のち高鍋)城に移り、〇九年岩山牧を開いた。

アギナルド Emilio Aguinaldo 1869.3.22～1964.2.6 フィリピン独立運動の指導者。ルソン島出身。一八九六年スペイン支配打倒をめざすが失敗し、九七年香港に亡命。九八年米西戦争に乗じてフィリピン共和国を樹立、初代大統領となる。九九年に対米戦争を開始するが一九〇一年降伏し、政治的には隠遁生活に入る。三五年大統領選挙でケソンに敗れた。

あきばつ【阿只抜都】 生没年不詳。朝鮮の高麗時代に高麗側でよんだ倭寇の大将の名。一三八〇年の南原山城の戦で、のちの李氏朝鮮の建国者李成桂に討たれた。このとき年齢は一五～一六歳、容姿端麗で、白馬にのり戦陣を駆けめぐったという。「阿只 a-ki」は朝鮮語で幼児、「拔都 batur」はモンゴル語で勇敢無敵の士の意。

あきひとしんのう【彰仁親王】 ⇩小松宮彰仁親王

あきひろへいろく【秋広平六】 1757〜1817.4.22 江戸後期の殖産興業家。名は盛信。上総国周准郡秋元村生れ。八丈島などへの炭焼き技術の伝授、利島への桜・椿など植樹に従事。その間噴火口跡の池であった伊豆大島波浮池の開削を発案、一八〇〇年(寛政一二)三月に着工し、同年中に完成した。没後その功を讃える碑が波浮港に建立された。

あきもとし【秋元氏】 江戸時代の譜代大名家。宇都宮頼綱の子泰業が、一三世紀前半の嘉禄年間、上総国周准郡秋元荘を領して秋元氏を併称、九代師朝のとき秋元を姓としたという。織豊期に一六代長朝が徳川家康に仕え、一六〇一年(慶長六)上野国総社城主一万石となった。その子泰朝は、家康の近習出頭人から三三年(寛永一〇)甲斐国谷村藩主一万八〇〇〇石に移る。孫喬知は寺社奉行・老中を歴任し、一七〇四年(宝永元)武蔵国川越藩主として五万石(のち六万石)を領した。その後涼朝のとき出羽国山形藩六万石に移され、一八四五年(弘化二)二五代志朝は上野国館林藩主六万石となる。維新後子爵。

あきもとながとも【秋元長朝】 1546〜1628.8.29 江戸初期の大名。越中守。武蔵国深谷生れ。はじめ父元景と上杉憲政に属したが、一五九二年(文禄元)井伊直政の斡旋ではじめて徳川家康に会い、以後徳川氏に属する。一六〇一年(慶長六)上野国総社城主となり一万石を領する。翌年から利根川の水を引き、天狗岩堰(越中堀)を開削し、新田開発を行うなど民政に尽くした。大坂の陣にも家康のもとに参陣。二二年(元和八)隠居。

あきもとやすとも【秋元泰朝】 1580〜1642.10.23 江戸初期の大名。父は長朝。但馬守。一五九二年(文禄元)徳川家康に会い、家康の駿府引退後は松平正綱らとともに近習出頭人となる。家康死後、徳川秀忠に仕え小姓組番頭。一六三三年(寛永一〇)上野国総社藩から甲斐国谷村藩主として入封、一万八〇〇〇石を領する。徳川家光の日光東照宮大改築の惣奉行を勤めた。

あきもとゆきとも【秋元志朝】 1820.3.8〜76.7.26 幕末期の大名。出羽国山形・上野国館林藩主。父は周防国徳山藩主毛利広鎮。但馬守。山形藩主秋元久朝の養子となり、一八三九年(天保一〇)家督相続。四五年(弘化二)転封。安政の藩政改革を推進、文武を奨励した。長州戦争では、朝廷・幕府・萩藩の間を斡旋したが、幕府に疑われて隠居させられた。

あきもりさだ【安芸守定】 生没年不詳。日本最初の産婦人科医。一三五八年(延文三・正平一三)足利義詮の夫人紀良子の懐妊にあたって侍医となり、男子(義満)が出生したことで幕府から賞をうけ、やがて尚薬として宮中でも出産のことをつかさどった。江戸前期成立の「雍州府志」によれば、治療した少女から贈られた一書によって安産のための神仙散・安栄湯の処方を知ったという。

あきやまぎょくざん【秋山玉山】 1702.6.29〜63.12.11 江戸中期の儒学者。肥後国熊本藩儒。通称儀右衛門、名は定政・儀、字は子羽、玉山は号。もと中山氏で父は藩大工。叔父の藩医秋山需庵の養子。水足屏山に師事し、選ばれて江戸昌平黌に遊学。のち藩主細川重賢の侍読となり、藩校時習館建設を献策、その初代教授となる。学問は新古折衷。江戸では服部南郭・高野蘭亭ら蘐園社中、渋井太室・細井平洲らと交わり、詩名もあった。おおらかな人柄が慕われた。「玉山遺稿」がある。

あきやまさねゆき【秋山真之】 1868.3.20〜1918.2.4 明治・大正期の海軍軍人。愛媛県出身。一八九〇年(明治二三)海軍兵学校卒。日清戦争に砲艦筑紫の航海士として参加し、戦後アメリカに留学して米西戦争を観戦。米・英駐在の三年間に海軍の戦略・戦術・戦務の三概念を具体化し、帰国後海軍大学校教官となり普及させた。日露戦争では連合艦隊作戦参謀として活躍。一九一四年(大正三)海軍省軍務局長となり、第一次大戦で艦隊の地中海派遣を推進した。中将で没。

あきやまていすけ【秋山定輔】 1868.7.7〜1950.1.19 「さだすけ」とも。明治後期の大衆新聞「二六新報」の主宰者。岡山県出身。東大卒。一時会計検査院に勤めたのち、一八九三年(明治二六)一〇月「二六新報」を創刊。社会問題のキャンペーンを張り、一九〇二年衆議院議員に当選したが、桂内閣からロシアのスパイであるとの濡衣を着せられ議員を辞任(露探事件)。一一年同紙社長を秋田清に譲る。孫文への援助など日中関係の強化にも奔走した。

あきやまよしふる【秋山好古】 1859.1.7〜1930.11.4 明治・大正期の陸軍軍人。伊予国生れ。海軍中将秋山真之の兄。陸軍士官学校卒。陸軍大学校をへてフランスに留学し、一九一六年(大正五)大将となる。その間、乗馬学校校長・騎兵監などを歴任、騎兵科の確立に尽力し、日清・日露戦争では騎兵部隊指揮官としても活躍した。

あくたがわりゅうのすけ【芥川竜之介】 1892.3.1〜1927.7.24 大正期の小説家。東京都出身。東大卒。乳児期に実母が発狂し、母方の実家で育てられた。東京帝国大学在学中の一九一四年(大正三)に第三次「新思潮」の同人となり、一六年第四次「新思潮」の創刊号に発表した「鼻」が夏目漱石に絶賛され文壇にデビュー。初期作品には「羅生門」「芋粥」「地獄変」「奉教人の死」「戯作三昧」

まい」「枯野抄」など古今東西の文献から材料をえて、さまざまなスタイルを工夫した技巧的作品が多い。その後しだいに現代小説や「点鬼簿」「歯車」など自己の周辺を描いた作品が増えていった。肉体や精神の衰弱、トラブル、自分の芸術への自信喪失などが重なり、二七年(昭和二)自殺。

あくたし【芥田氏】 播磨国野里(のざと)(現、兵庫県姫路市)の鋳物師(いもじ)の棟梁。播磨国は平安時代から鋳物が盛んで、芥田氏の家伝書によれば本国は河内国で、宝徳年間(一四四九〜五二)播磨に定住したという。領主小寺氏の被官となって、近隣の鋳物独占販売権を得、勢力を拡大。一六一四年(慶長一九)の京都方広寺の梵鐘(ぼんしょう)鋳造には惣棟梁名越三昌(なごしさんしょう)のもと、脇棟梁として播磨鋳物師一六七人を率いて上京した。

あけえなし【阿賢移那斯】 名は延那斯とも。生没年不詳。六世紀の加羅(から)地方の有力者。親新羅(しらぎ)派で日本の百済(くだら)による任那(みまな)地方の再興計画に反対し、その阻止を企てた。下級官人であったと考えられるが、佐魯麻都(さろまつ)とともに当地の支配力を有し、百済の聖明(せいめい)王、日本の欽明天皇の命に従わなかった。

あけがらすはや【暁烏敏】 1877.7.12〜1954.8.27 明治〜昭和期の宗教家。真宗大谷派の僧侶。石川県出身。父は真宗僧侶。一八九六年(明治二九)真宗大学本科に入学するが、清沢満之(まんし)の宗門革新運動に同調して一時退学処分をうける。その後東京に出て清沢の門に入り、全国を伝道。一九五一年(昭和二六)に東本願寺宗務総長となる。

あけちし【明智氏】 織豊期の武家。美濃国守護土岐(とき)氏の支流で、頼基のとき美濃国恵那郡明智荘の地頭であったことから明智氏を称したとされるが、光秀以前は未詳。光秀は足利義昭・織田信長に仕え、和歌・連歌・茶の湯にもすぐれた。室は妻木範熙(のりひろ)の女。一五八二年(天正一〇)本能寺で信長を倒すが山崎の戦後敗死し、一族は坂本城で滅亡した。

あけちひでみつ【明智秀満】 ?〜1582.6.15 織豊期の武将。明智光秀の女婿。はじめ三宅弥平次と称した。光秀の丹波攻略に従い、一五八一年(天正九)頃丹波国福知山城主となった。八二年本能寺の変で先鋒、安土城の守備にあたったが、山崎の戦の敗報により近江国坂本城に入った。堀秀政に包囲され、明智一族とともに自刃。

あけちみつひで【明智光秀】 ?〜1582.6.13 織豊期の武将。十兵衛。日向守。朝倉義景に仕えていた一五六八年(永禄一一)、足利義昭の織田信長上洛依頼に参画した。上洛が実現すると、京都支配に政治力を発揮し、義昭に属しながら信長に仕えた。信長軍として各地を転戦し、七一年(元亀二)近江国坂本城主となり、七五年(天正三)惟任(これとう)の名字を得、信長の丹波攻略の先鋒となった。七九年平定終了後、丹波一国支配を認められた。八二年信長が中国赴援に向かったおりに、京都の宿所の本能寺を襲撃し、戻って近江・美濃を支配下においた(本能寺の変)。しかし豊臣秀吉の反撃をうけ、山崎の戦で敗れ、山城国小栗栖(おぐるす)(現、京都市伏見区)で自刃した。女の玉(ガラシャ)は細川忠興の室。

あけらかんこう【朱楽菅江】 1740〜98.12.12 江戸後期の戯作者・狂歌作者。本名山崎景貫、字は道甫。俳名は貫立、別号は朱楽館・淮南堂など。下級の幕臣で、江戸二十騎町に住み、若いときから俳諧に親しみ、川柳にすぐれ和歌にも堪能だったが、放逸な性格で遊蕩も激しかった。四方赤良(よものあから)(大田南畝)とは天明文壇の盟友。妻の節松嫁々(ふしまつのかか)とともに朱楽連を率いて狂歌壇で活躍。狂歌に「狂言鶯蛙集(おうあしゅう)」、前句付に「川傍柳(かわぞいやなぎ)」の撰があり、洒落本に「売花新駅(ばいかしんえき)」「大抵御覧(たいていごらん)」などの著がある。

あごいんしょうしち【安居院庄七】 1789〜1863.8.13 江戸後期の報徳社運動の指導者。諱は義道。号は蘆翁(ろおう)・乾坤斎。庄七は通称。相模国大住郡蓑毛(みのげ)村の修験密正院に生まれる。同郡曾屋村の米屋安居院家に入婿し、商売に失敗。二宮尊徳の報徳の教えを実行し、家業再建後、万人講を結成して社会奉仕に努める。畿内の先進農業技術を報徳仕法に加味して駿河・遠江・三河などに広め、同地方の報徳社設立を指導した。

アーサー James Hope Arther 1842.6.-〜77.12.9 アメリカのバプティスト教会宣教師。一八七三年(明治六)来日、翌年東京駿河台の森有礼(ありのり)邸内で女子教育を開始、A・H・キダーの援助をうけて駿台英和女学校に発展した。七六年東京第一浸礼教会を組織し、翌年帰国。

あさいし【浅井氏】 近江国の戦国大名。出自については、正親町三条公綱(おおぎまちさんじょうきんつな)落胤説、物部守屋(もののべのもりや)後裔説などがあるが、実際は江北浅井郡の土豪だったとみられる。守護京極氏に仕えていたが、亮政(すけまさ)は同氏の内紛に乗じて国人一揆を組織するなど、たくみに主導権を握り、一五二五年(大永五)京極高清を居城の小谷(おだに)城に擁した。亮政や子の久政の代には、京極氏や六角氏の

●浅井氏略系図

直政＝亮政―久政┬女子(京極高吉室・マリア)
　　　　　　　　└長政┬万福丸
　　　　　　　　　　　├茶々(豊臣秀吉側室・淀殿)
　　　　　　　　　　　├初(京極高次室・常高院)
　　　　　　　　　　　└江(徳川秀忠室・崇源院)

侵略をうけながらも、越前国朝倉氏らと結び、戦国大名としてしだいに成長。長政の代には、六角氏の内紛につけこみ、江南まで勢力を拡大し、織田信長とも結んで地盤を固めた。七〇年(元亀元)近江国姉川で織田・徳川連合軍と戦って敗れ、七三年(天正元)信長に小谷城を攻められ滅亡。

あさいすけまさ【浅井亮政】 ?～1542.1.6　戦国期の北近江の大名。備前守。浅井直種の子。同家嫡流直政の女婿。新三郎。一五二三年(大永三)主家京極氏の家督相続をめぐる内紛のなかで国人一揆に参加し、当主高清を追放。その後、一揆の実権を掌握したが、浅井氏の台頭を警戒する六角定頼の攻撃にあって没落。しかしまもなく越前国朝倉氏の後援により北近江を回復。三四年(天文三)京極高清父子を居城小谷城に迎えて、北近江の覇権を確立。以後、国人層の被官化や郷村の掌握を進める。高清死後、その子高延(のち高広)は亮政との対立を深めて挙兵するが、戦のさなか亮政は同城に没した。

あさいちゅう【浅井忠】 1856.6.21～1907.12.16　明治期の洋画家。江戸の佐倉藩邸に生まれる。号は黙語。国沢新九郎に師事、さらに新設の工部美術学校に入学し、フォンタネージの指導をうけた。明治美術会を創立、中心作家として「春畝」「収穫」など明治洋画の代表的作品を発表し、東京美術学校教授となる。一九〇〇年(明治三三)フランスに留学、帰国後京都に移り、京都高等工芸学校教授・関西美術院初代院長を務めるなど、関西洋画壇の指導者として活躍した。門下に安井曾太郎・梅原竜三郎らがいる。

あさいながまさ【浅井長政】 1545～73.8.28　戦国期の北近江の大名。久政の子。初名賢政。新九郎。備前守。一五六〇年(永禄三)父の隠退で家督を継承すると六角氏との関係を絶ち、六七年頃織田信長の妹お市(小谷の方)をめとって同盟を結ぶ。翌年信長上洛の際には観音寺城攻撃の先鋒を勤める。七〇年(元亀元)四月、信長が越前に侵攻すると朝倉義景と結んで離反。同年六月には織田・徳川連合軍の攻撃をうけ、朝倉氏の援軍とともに姉川で大敗。以後、朝倉氏・武田信玄・延暦寺・石山本願寺などと連携し信長を苦しめた。七三年(天正元)八月、朝倉氏を滅ぼした信長は続いて小谷城を攻め、久政・長政父子は自害し、浅井氏は滅亡。

あさいのそうずい【阿佐井野宗瑞】 ?～1531.5.17　室町後期の医師。堺の人。婦人科医として活躍したと伝えるが不明。屋号を野遠屋という商人だったともいう。「論語集解」その他の儒書を刊行したが、一五二八年(享禄元)明版の医書「医書大全」一〇巻を私費を投じて板刻し、日本最初の医書刊行をなしとげた。交流のあった建仁寺の月舟寿桂の跋文によれば、この刊行にあたって明本三写の誤りを正したというから、かなりの医学知識をもっていたらしい。堺の南宗寺をおこした大徳寺の僧大林宗套に帰依した。法名雪庭宗瑞居士。一説に没したとき六〇歳。

あさいひさまさ【浅井久政】 1526?～73.8.28　戦国期の北近江の大名。亮政の子。新九郎。下野守。父の死で家督を継承。京極高延(のち高広)との抗争が続くなか、六角義賢の侵攻をうけて敗北。このため六角氏と実質的な服属関係を結ぶ。一五六〇年(永禄三)家臣団の意志に従い、子賢政(長政)に家督を譲って隠退。七三年(天正元)織田信長軍による小谷城の落城で自害。

あさいりょうい【浅井了意】 1612?～91.1.1　江戸前期の仮名草子作者・僧侶。号は松雲など。東本願寺の末寺本照寺の住職だった父の追放により流浪。容膝に師事し、儒仏神の三教に通じる。生涯の著書は六〇点余。仮名草子だけでも三〇部余あり、仮名草子最大の作者。著書は「堪忍記」「東海道名所記」「本朝女鑑」「伽婢子」など多岐にわたるが、とりわけ浮世坊を造型した「浮世物語」は画期的で、井原西鶴の登場を促した。

あさおくざえもん【浅尾工左衛門】 上方の歌舞伎俳優。屋号は金田屋。俳名鬼丸。江戸後期～大正期に六世を数える。初世と二世が著名。初世(一七五八～一八二四)は化政期の実悪役者。本領は親仁方の実事にあったという。二世(一七八六～一八四五)は天保期の実悪役者。二世大谷友右衛門の門弟。

あさおためじゅうろう【浅尾為十郎】 歌舞伎俳優。江戸後期に四世を数える。上方で活躍。初世(一七三五～一八〇四)は安永～寛政期に活躍した実悪役者。京都生れ。万事器用に勤め、平敵(軽い敵役)・手代敵を得意とした。屋号銭屋。俳名奥山。三世(一七八〇～一八三六)は化政・天保期の敵役。平敵と半道敵を本領とした。初世の門弟。屋号銭屋のち河内屋。俳名山道、のち奥山。

あさかごんさい【安積艮斎】 1791～1861.3.30　江戸後期の儒学者。父は陸奥国安積郡郡山の神主安藤親重。名は重信、字は思順、別号は見山楼。江戸に出て佐藤一斎の学僕となり、ついで昌平黌の林述斎の門人となり、のち神田駿河台に私塾見山楼を開く。陸奥国二本松藩儒官をへて一八五〇年(嘉永三)昌平黌儒官となり、人材を育成。詩文にすぐれ、「艮斎文略」により名声をえた。幕末期には対外問題に関心をもち「洋外紀略」などを著した。

あさかしんのう【安積親王】 728～744.閏1.13　聖武天皇の皇子。母は県犬養宿禰唐の女で夫人の広刀自。七四四年(天平一六)閏一月、恭仁から難波への天皇行幸に供奉したとき、脚の病により桜井頓宮(河内国河内郡桜井郷)から恭仁にもどり、二日後に没した。時に一七歳。当時すでに光明皇后の子の阿倍内親王(孝謙天皇)が聖武の皇太子となっていたが、親王は聖武のただ一人の皇子で皇位継承の有力候補だったため、暗殺されたのではないかとする説がある。

あさかたんぱく【安積澹泊】 1656.11.13〜1737.12.10 江戸前・中期の儒学者。常陸国水戸藩士。父は貞吉。名は覚、字は子先、通称は覚兵衛、澹泊斎・老圃と号した。祖父以来水戸藩に仕え、水戸藩の賓客であった明の遺臣朱舜水に師事して儒学を学ぶ。一六八三年(天和三)彰考館編修、九三年(元禄六)同総裁となり、二代藩主徳川光圀のもとで「大日本史」編纂の中心的役割をはたし、また「論賛」を執筆。致仕後も紀伝稿本の筆削補訂に従事。新井白石・室鳩巣・荻生徂徠らと親交があり、前期水戸学を代表する学者。著書「西山遺事」「烈祖成績」「澹泊史論」「澹泊斎文集」。

あさかのみや【朝香宮】 久邇宮朝彦親王の第八王子鳩彦王が、一九〇六年(明治三九)三月に明治天皇から朝香宮の称号を得て創立した宮家。鳩彦王は陸軍士官学校・陸軍大学校卒業後フランスに留学。のち近衛師団長・上海派遣軍司令官・軍事参議官などを歴任。陸軍大将。妻は明治天皇の第八皇女允子内親王。四七年(昭和二二)皇籍を離脱して朝香家となった。

あさかわかんいち【朝河貫一】 1873.12.22〜1948.8.11 明治〜昭和期の歴史学者。福島県出身。東京専門学校卒。アメリカに留学、ダートマス大学・イェール大学に学び大化の改新の研究で博士号を取得。ダートマス大学で極東史、イェール大学で日本史・ヨーロッパ中世史を講じた。入来文書や荘園史の研究などにすぐれた業績をのこし、アメリカにおける日本研究、日米間の学術・文化交流の発展に貢献した。日露戦争後、日米関係の悪化を憂い、アメリカで日本の立場を説明するとともに、日本の指導者にむけ日本の進路について数々の忠告を行った。著書「入来文書」「荘園研究」「日本の禍機」。

あさかわぜんあん【朝川善庵】 1781〜1849.2.7 江戸後期の儒学者。名は鼎、字は五鼎。父は儒学者片山兼山。幼少時に父を亡くし、母が医者朝川黙翁に再嫁したため、朝川氏を称す。折衷学派の山本北山に学ぶ。養父に従い京坂や九州を遊歴。好学の大名肥前国平戸藩主松浦静山の厚遇をえた。著書は「古文孝経私記」「大学原本釈義」「春秋左氏伝聞書」など経学に関するもの十数点を中心に多岐にわたる。

あさかわたくみ【浅川巧】 1891.1.15〜1931.4.2 大正〜昭和前期の古陶磁を中心とした朝鮮民芸の研究家。山梨県出身。山梨県立農林学校卒。秋田県大館営林署勤務をへて、一九一四年(大正三)朝鮮総督府の林業試験所に勤務。植林事業に従事するかたわら朝鮮語を学び、民芸を研究、深く朝鮮に親しみ朝鮮で没した。著書「朝鮮陶磁名考」。

あさかわどうさい【朝川同斎】 1814〜57.10.22 江戸後期の儒者。本姓は横江、名は鼐、通称は晋四郎。同斎は号。別号は嘉遯・眠雲山房・小泉漁夫。加賀国生れ。一五歳で江戸に出て、唐様書家の市河米庵の塾僕となり、苦学して書法を修得。筆力気韻は師に迫るといわれた。二五歳で平戸藩儒朝川善庵の女を妻として養子となり、善庵の家学をついで教授にあたった。

●朝倉氏略系図

広景―高景……教景―家景―孝景(敏景)―┬氏景―貞景―孝景―義景
　　　　　　　　　　　　　　　　　　　└教景(宗滴)

あさくらさだかげ【朝倉貞景】 1473.2.5〜1512.3.25 越前国の戦国大名。氏景の嫡子。孫次郎。弾正左衛門。法名天沢宗清。一四八六年(文明一八)父の死で家督を継承。斯波義寛による越前国回復要求を退け、加賀の一向一揆の侵攻を撃退するなど、朝倉氏の越前国支配を確立。一五〇三年(文亀三)四月、敦賀郡司朝倉景豊が謀反をおこすと、敦賀城に景豊を自害させ、一族内の反対勢力を滅ぼした。

あさくらし【朝倉氏】 越前国の戦国大名。日下部氏。但馬国朝倉(現、兵庫県八鹿町)からおこった。鎌倉時代、一族が御家人長井氏に仕えた。南北朝期には、広景が斯波高経に従って越前国に転戦、守護斯波氏に仕えた。その後、応仁・文明の乱頃、孝景の代に斯波氏の内紛に乗じて守護代甲斐氏を抑え、越前一国を支配。一乗谷(現、福井市)を本拠として戦国家法の「朝倉孝景条々」を制定。以後、氏景・貞景・孝景・義景と続き、一向一揆などとの戦いをくり返した。一五七三年(天正元)織田信長に一乗谷を攻められ滅亡。

あさくらたかかげ【朝倉孝景】 ■1428.4.19〜81.7.26 室町中期の武将。家景の子。初名教景。「朝倉始末記」などは敏景とする。法名英林宗雄。越前国における管領斯波氏の被官。守護代斯波義廉を家督に擁し、寺社本所領の押領を進めた。応仁・文明の乱でははじめ西軍に属したが、越前国支配権の公認を条件に東軍に転じる。越前国回復をめざす斯波義良との対陣中に病没。子の氏景のために家訓「朝倉孝景条々」を残す。❷1493.11.22～1548.3.22 越前国の戦国大名。貞景の嫡子。法名大岫宗淳。一五四二年(天文一〇)本願寺と和議を結んで加賀の一向一揆の鎮静化に成功、朝倉氏は最盛期を迎える。将軍足利義稙・同義晴を支援して、御供衆さらに相伴衆になった。

あさくらたかかげ【朝倉高景】 1314～72.5.2 南北朝期の武将。広景の子。初名正景。彦三郎。弾正左衛門尉・遠江守。はじめ但馬国にあったが、一三三三年(元弘三)足利尊氏が丹波国篠村に挙兵すると父とともに加わり、ついで主家斯波高経に属して越前国に入る。高経が幕府に離反した際には幕府に従い、越前での基盤を強化した。

あさくらとしかげ【朝倉敏景】 ① ⇨朝倉孝景

あさくらのりかげ【朝倉教景】 ❶1380～1463.7.19 室町中期の武将。貞景の子。孝景の祖父。小太郎。孫右衛門尉・美作守。法名心月宗覚。一四三九年(永享一一)の永享の乱、翌年の結城合戦に将軍足利義教の命で出陣して軍功をあげたという。❷1474～1555.9.8 戦国期の武将。孝景の末子。小太郎。太郎左衛門尉。法名照葉宗滴。一四八三年(文明一五)兄教景(以千宗勝)が庶兄景総(元景)に殺害されたため家督を継ぐ。一五〇三年(文亀三)越前国敦賀郡司朝倉景豊の謀反を当主貞景に密告、その功により敦賀郡司となる。その後は軍奉行として加賀の一向一揆への攻撃をはじめ、近隣諸国に多く出征。「朝倉宗滴話記」はその談話を筆記したもの。

あさくらふみお【朝倉文夫】 1883.3.1～1964.4.18 明治～昭和期の彫刻家。大分県出身。東京美術学校卒。一九〇八年(明治四一)の第二回文展から第八回まで「墓守」などで連続受賞し、二一年(大正一〇)母校教授、二四年帝国美術院会員。二七年(昭和二)から朝倉塾展を開催し、三六年朝倉彫塑塾と改め、彫刻界の重鎮として後進を育成した。四四年帝室技芸員となり、四八年文化勲章受章。日本画家の摂は長女、彫塑家の響子は次女。

あさくらよしかげ【朝倉義景】 1533.9.24～73.8.20 越前国一乗谷を本拠とした戦国大名。孝景の子、母は若狭国武田氏の女。初名延景。孫次郎。左衛門督。法名松雲院大球宗光。一五五二年(天文二一)将軍足利義輝の一字をうけて義景と改名。六五年(永禄八)義輝が殺害されると、その弟一乗院覚慶(のち義昭)は義景を頼って越前に下った。六八年元服した義昭は、上洛を願うが義景が応じなかったため、織田信長を頼って上洛をはたす。信長は七〇年(元亀元)四月、越前国敦賀に侵攻。義景は浅井長政と結んで信長をいったんは撤退させたものの、六月に信長と徳川家康の連合軍に近江国姉川で敗れた。七三年(天正元)義景は信長を討つため出兵したが大敗。追撃され、一乗谷に火を放ったのち越前国大野郡賢松寺で自害。

あさたいし【阿佐太子】 生没年不詳。「日本書紀」推古五年(五九七)四月条にみえる百済王(威徳王か)の使者として来朝した王子。「三国史記」など朝鮮側文献にはみえない。後世さまざまな伝承が生じ、「聖徳太子伝暦」に、来朝した阿佐が聖徳太子を救世観音の化身として合掌し、太子も阿佐を前世の弟子と告げたとあり、鎌倉時代の顕真の「聖徳太子伝私記」にはじめて阿佐を太子とする。御物「聖徳太子像」の筆者とする所伝もある。

あさだごうりゅう【麻田剛立】 1734.2.6～99.5.22 江戸中期の天文学者・医師。豊後国杵築藩の儒者綾部絅斎の子。名は妥彰、剛立は号。幼時から天文を好み独学で研究を積んだ。その間に医術を修め、一七六七年(明和四)藩医。辞職を許されず脱藩し、大坂に出て麻田と改姓。医師を生業とし、暦学研究に没頭した。家暦「時中法」を作成し、官暦よりも正確であることから名声があがった。九五年(寛政七)幕府改暦で招請されるが応じず、門下の高橋至時・間重富を推挙した。遺著「実験録推歩法」「消長法」。

あさだぜんのすけ【朝田善之助】 1902.5.25～83.4.29 大正・昭和期の部落解放運動の指導者。京都府出身。小学校卒業後、丁稚、鐘紡の工員などを経験。一九二二年(大正一一)の全国水平社創立大会に参加。一九三〇年代には部落委員会活動、高松差別裁判取消要求運動などを指導。四〇年(昭和一五)部落厚生皇民運動に参加し、戦争に協力。第二次大戦後再び部落解放運動に尽力。六七年から七五年まで部落解放同盟中央執行委員長。

あさだそうはく【浅田宗伯】 1815.5.22～94.3.16 幕末～明治期の漢方医。名は直民、のち惟常。号は栗園。信濃国生れ。一八三二年(天保三)京都にいき中西深斎塾で医学、頼山陽に儒学を学ぶ。三六年江戸で開業。五五年(安政二)多紀元堅の推薦で幕府の御目見医師となり、江戸医学館で「医心方」安政版の校合に従事。六一年(文久元)将軍徳川家茂に謁見し、徴士の列に加えられ、維新後、皇太子明宮(大正天皇)の治療にもあたる。西洋医学を排して漢方医学の優位を唱え、七四年(明治七)医制公布の際、漢方医を糾合して東洋医学の伝統保持と理論の確立をはかった。七八年温知社を結成、漢方医の存続に尽力。著書「勿誤薬室方函口訣」「傷寒論識」「皇国名医伝」「橘窓書影」。墓所は東京の谷中墓地。

あさだのやす【麻田陽春】 名は「ようしゅん」とも。生没年不詳。万葉第三期の歌人。もと渡来系の答本氏。七二四年(神亀元)正八位上、麻田連の姓を賜る。七三〇年(天平二)から七三一年にかけて大宰大典。在任中、大伴旅人を送別す

浅野氏略系図

長勝＝長政〔真壁藩〕
- 幸長〔和歌山藩〕〔広島藩〕＝長晟
  - 光晟―綱晟―綱長―吉長―宗恒―重晟―斉賢―斉粛―慶熾＝長訓＝長勲(侯爵)
  - 〔三次藩〕長治＝長照＝長澄―長経＝長寔
  - 〔広島新田藩〕長賢
- 〔笠間藩〕長重―〔赤穂藩〕長直―長友―長矩

る短歌二首、大伴熊凝(くまこり)を哀悼する短歌二首を「万葉集」に残す。七三九年外従五位下。「懐風藻」に藤原仲麻呂に和した五言詩一首があり、外従五位下石見守、年五六とある。

あさぬまいねじろう【浅沼稲次郎】 1898.12.27～1960.10.12 大正・昭和期の社会運動家・政治家。東京都三宅島出身。早大在学中に建設者同盟を組織し、卒業後は農民組合運動に投じた。一九二五年(大正一四)農民労働党書記長、翌年麻生久(あそうひさし)らの日本労農党結成に参加、三二年(昭和七)無産諸党が合同し社会大衆党ができると常任中央委員。三六年以来衆議院議員に当選九回。四五年日本社会党の結成に参加。社会党分裂時は右派に属し書記長。五五年統一後も書記長。党内調整や遊説に力を注いだ。六〇年委員長となって安保闘争を指揮したが、一〇月一二日、日比谷公会堂の三党首演説会で演説中、右翼少年山口二矢(おとや)に刺され死亡。

あさねぼうむらく【朝寝坊夢羅久】 1777～1831.1.17 江戸後期の落語家。江戸生れ。本名里見晋兵衛。最初豊竹宮戸太夫の門人で、戸志太夫と称し義太夫を学ぶ。のち初代三笑亭可楽に入門。珍蝶亭夢楽を名のるが、朝寝坊夢羅久と改名し、亭号の無断変更で破門。烏亭焉馬(うていえんば)門に転じて笑語楼(しょうごろう)夢羅久。義太夫修業を生かした人情噺(ばなし)に長じ、芸のうえで旧師可楽にまさるといわれた。芸名は昭和期まで九代を数える。

あさのし【浅野氏】 近世の大名家。清和源氏頼光流の美濃土岐氏の一族といわれるが、藤原姓も称した。長勝のとき織田信長に仕え、養女がのちの豊臣秀吉と結婚。その縁で養子長政は秀吉に重用され、政権の中枢を占めた。関ケ原の戦後、長政は常陸国真壁五万石を、子の幸長(よしなが)は紀伊国和歌山三七万六〇〇〇石余を与えられた。幸長没後に弟長晟(ながあきら)が襲封し、一六一九年(元和五)安芸・備後四二万六〇〇〇石余を与えられ広島に移る。以後明治期に至り侯爵。一方、三二年(寛永九)長晟の庶子長治は備後国三次(みよし)五万石を分知され、一七二〇年(享保五)まで続いた。また長政の三男長重は真壁を襲封し、一六四五年(正保二)長直のとき播磨国赤穂に転封されたが、一七〇一年(元禄一四)長矩(ながのり)の代で断絶した。

あさのそういちろう【浅野総一郎】 1848.3.10～1930.11.9 明治・大正期の浅野財閥を築きあげた実業家。越中国生れ。一八七三年(明治六)横浜で薪炭・石炭販売店を開設し、実業家としてスタート。八三年渋沢栄一の斡旋で工部省深川工作分局のセメント工場を借りうけ、翌年払下げをうけてセメント事業に乗りだし成功を収めた。その後金融面で安田財閥のバックアップをうけて磐城炭鉱・東洋汽船など事業分野を広げ、明治末から第一次大戦前後にかけて事業の範囲を急速に拡大した。また京浜工業地帯の埋立事業を行い傘下の企業を誘致し、臨海工業地帯の建設に貢献した。

あさのながあきら【浅野長晟】 1586～1632.9.3 江戸初期の大名。父は長政。但馬守。近江国坂本生れ。幼少から豊臣秀吉に近侍し、秀吉没後徳川家康に仕える。一六一〇年(慶長一五)備中国に二万四〇〇〇石を領したが、一三年兄幸長(よしなが)の死で遺領を継ぎ、和歌山藩主となり三七万六〇〇〇石余を領する。大坂夏の陣では大野治房・塙(ばん)直之らと戦い大功をあげた。一九年(元和五)安芸国広島藩主となり四二万六〇〇〇石余を領した。

あさのながこと【浅野長勲】 1842.7.23～1937.2.1 明治初期の広島藩主、明治～昭和前期の華族(侯爵)。広島新田藩主長訓(ながみち)の弟懋昭(としてる)の長男。長訓の養嗣子となり、一八五八年(安政五)家督相続。六二年(文久二)本藩の世子。尊王攘夷派寄りの立場から国事にあたり、長州再征問題では幕府と萩藩の関係調整に従事。六七年(慶応三)には薩長芸同盟・小御所会議などで王政復古に重要な役割をはたした。維新後、議定・参与などを務める一方、広島藩主を継ぎ版籍奉還で広島藩知事。その後駐伊公使・華族局長官・貴族院議員を歴任。

あさのながのり【浅野長矩】 1667～1701.3.14 江戸前期の大名。播磨国赤穂藩主。内匠頭(たくみのかみ)。一六七五年(延宝三)父長友の遺領五万三〇〇〇石余を継ぐ。九三年(元禄六)水谷勝美(みずのやかつよし)改易の際、備中国松山城を守衛。一七〇一年、年頭の勅使の饗応役を命じられたが、指導役の吉良義央(よしなか)と対立し、三月一四日江戸城中松之廊下で義央に斬りつけ、即日切腹に処される。浅野家は改易、これが赤穂事件に発展した。

あさのながまさ【浅野長政】 1547～1611.4.7 織豊期の武将。尾張国春日井の安井重継の子。通称は弥兵衛尉。初名は長吉(ながよし)。弾正少弼。伯父浅野長勝の養子となり織田信長に仕える。一五七三年(天正元)以来豊臣秀吉麾下として勢力を伸張し、奉行として検地・軍事などを担った。九三年(文禄二)甲斐国二二万五〇〇〇石(一万石は公領)

を子の幸長とともに得たが、関白秀次事件の影響で一時政治の中枢から離れた。九八年(慶長三)五奉行の一人となったが、翌年引退。関ケ原の戦では東軍に属した。

あさのながみち【浅野長訓】 1812.7.29～72.7.26 幕末期の大名。安芸国広島藩主。安芸守。九代斉粛の叔父長懋の五男として生まれ、青山内証分家(広島新田藩主)長容の遺跡を相続。一八五八年(安政五)本家一〇代藩主慶熾の遺領を相続。辻将曹を年寄に抜擢して藩政改革を断行、洋式軍制を採用し、大砲鋳造を行った。二度の長州戦争では広島が幕府軍の本営となったが、幕府と萩藩の間にたって和平に尽くした。六七年(慶応三)薩長連合に参加したが、高知藩とともに徳川慶喜に大政奉還を建白した。

あさののかとり【朝野鹿取】 774～843.6.11 平安初期の公卿・文人。忍海原連鷹取の子。朝野道長の養子。大学寮で漢籍を学び、八〇三年(延暦二二)遣唐准録事として渡唐。帰朝後、嵯峨天皇の皇太子時代に侍講を勤め、即位後の八一〇年(弘仁元)蔵人、八二三年(天長一〇)参議に至る。八四二年(承和九)従三位、朝臣姓を賜る。「内裏式」「日本後紀」の撰修に参加。「文華秀麗集」に漢詩六首を収める。

あさののなかい【朝野魚養】 生没年不詳。奈良末期の官人・書家。もと忍海原連。七八八年(延暦七)外従五位下で典薬頭に任じられる。七九一年奏上して、祖先が六八一年(天武一〇)連姓におとされて以来の旧号を除き、居地にちなんだ朝野宿禰姓を賜った。薬師寺の扁額と「大般若経」(魚養経)などが魚養の書と伝えられる。

あさのよしなが【浅野吉長】 1681.7.1～1752.1.13 江戸中期の大名。安芸国広島藩主。中興の藩主といわれる。父は綱長。安芸守。一七〇八年(宝永五)遺領を相続。家老を執政から遠ざけ、小姓組を登用、御用屋敷・御用達所・郡役所を設置して行政の公正化を図った。農村では「郡中新格」を定め、豪農に郡役所の所務役人を勤めさせるなど支配の強化を図ったが、一八年(享保三)大一揆を招き撤回。また商業に統制を加え株仲間を認め保護した。一方、藩士の学問・武芸を奨励し、講学館を開設。

あさのよしなが【浅野幸長】 1576～1613.8.25 織豊期～江戸初期の武将・大名。長政の子。長満・長継・長慶。左京大夫・紀伊守。一五九〇年(天正一八)小田原攻めに出陣、九三年(文禄二)父に同行して朝鮮に渡り、晋州攻撃に加わり、帰国後甲斐国二二万五〇〇〇石のうち一六万石を分知した。九五年関白秀次事件に連坐して能登国に流されたが、翌年許され、慶長の役では西生浦・蔚山を守った。関ケ原の戦では東軍として戦い、紀伊国三七万六〇〇〇石余を得た。嗣子なく没し、弟長晟が襲封した。

あさはらけんぞう【浅原健三】 1897.2.28～1967.7.19 大正・昭和期の労働運動家。福岡県出身。一九一九年(大正八)一〇月、八幡製鉄所で日本労友会結成。翌年八幡製鉄所争議を指導し、治安警察法違反で懲役四カ月。釈放後は筑豊の鉱山労働運動に従事。二五年四月九州民憲党を結成し、二八年(昭和三)第一回普通選挙で当選。同年の七党合同で解党して日本大衆党の中央執行委員に就任した。三六年社会大衆党を脱党。石原莞爾らに接近し、三七年林銑十郎内閣組閣時に暗躍したが、翌年一二月東京憲兵隊に検挙され、釈放後は実業家に転じた。著書「鎔鉱炉の火は消えたり」。

あさはらためより【浅原為頼】 ?～1290.3.9 鎌倉中・後期の武士。父は頼行、母は不詳。八郎と称する。甲斐源氏小笠原氏の一族という。一二九〇年(正応三)子らとともに内裏に乱入、持明院統の伏見天皇と皇太子(のちの後伏見天皇)を殺害しようとしたがはたせず清涼殿内で自害。事件の背景に大覚寺統の亀山上皇の関与も疑われたが真相は謎である。

あさひぎょくざん【旭玉山】 1843～1923 明治・大正期の牙彫家。本名富三郎。江戸生れ。僧侶だったが二四歳で還俗。東京美術学校教授・帝室技芸員となり、牙彫界の重鎮として活躍した。

あさひこしんのう【朝彦親王】 ⇨中川宮朝彦親王

あさひし【朝日氏】 中世の武家。藤原氏。斎藤氏の一族で、近江国朝日郷(現、滋賀県湖北町)からおこったといわれる。「御的日記」によれば、一四〇二年(応永九)を初見に室町幕府の弓始射手を勤めた。室町幕府奉公衆で、「文安年中御番帳」ほかには三番衆としてその名がみえる。朝日郷のほか、播磨・因幡・加賀諸国などに所領をもった。

あさひなし【朝比奈氏】 「あさいなし」とも。戦国大名今川氏の重臣。藤原氏。駿河国朝夷郷(現、静岡県岡部町)からおこる。備中守泰熙は、今川氏親の家老。子孫は遠江国掛川城主として代々今川氏に仕え、一五六九年(永禄一二)今川氏の滅亡に及んだ。なお鎌倉御家人和田義盛の子義秀は、安房国朝夷郡(現、千葉県千倉町)を本拠とし、朝比奈三郎と称した。

あさひなちせん【朝比奈知泉】 1862.4.25～1939.5.22 明治期の新聞記者。号は珂南・碌堂。水戸藩士の子。大学予備門をへて東大法科に入学。在学中の新聞投稿が認められ、一八八八年(明治二一)大学を中退して山県有朋の「東京新報」主筆になり、九一年から一九〇三年まで伊東巳代治の「東京日日新聞」主筆。明治中期までは藩閥を代弁する記者として活躍した。

あさひなやすひこ【朝比奈泰彦】 1881.4.12～19

75.6.30　明治～昭和期の薬学者。東京都出身。東大卒。ヨーロッパに留学し、帰国後東京帝国大学で生薬学講座を担当。植物の成分構造、樟脳からビタカンファを製造する研究、地衣類の成分の研究など植物化学・生薬学を発展させた。正倉院の薬物調査を指揮。学士院恩賜賞・文化勲章をうけた。

あさひなよしひで【朝比奈義秀】　和田義秀とも。生没年不詳。鎌倉前期の武士。父は和田義盛。安房国朝夷郡を本拠としたので、朝比奈三郎と称した。一二一三年(建保元)の和田義盛一族の北条氏襲撃(和田合戦)の際には縦横無尽の活躍をしたが敗れ、船で安房国へのがれたらしい。その後は不明。水練の技にすぐれ、勇猛な人物として小説や戯曲の題材とされた。

あさひひめ【旭姫】　1543～90.1.14　朝日姫・駿河御前とも。豊臣秀吉の妹、徳川家康の継室。法号南明院。はじめ尾張国人の佐治日向守(一説に副田吉成)と結婚。一五八六年(天正一四)家康との提携を図る秀吉の命で離別、家康と再婚。八八年、母大政所の病気見舞いのために家康とともに上洛、そのまま京都・大坂に滞在。聚楽第で死去。

あさひへいご【朝日平吾】　1890.7.～1921.9.28　実業家安田善次郎を殺害した大正期の国家主義者。佐賀県出身。一九一六年(大正五)満蒙独立運動に参加し満州・朝鮮を放浪。帰国後、憲政会に入り、平民青年党の組織化などに関与。二一年神奈川県大磯の邸で安田を刺殺し、現場で自殺。斬奸状「死の叫び声」はその後の右翼テロリズムに影響を与えた。

あさぶきえいじ【朝吹英二】　1849.2.18～1918.1.31　明治期の実業家。豊前国生れ。福沢諭吉の玄関番となり、慶応義塾出版社主任をへて、一八七八年(明治一一)三菱商会に入社。八〇年貿易商会支配人に転じたが、明治十四年の政変などの影響で失敗して半浪人状態となった。九二年義兄中上川彦次郎の推薦で鐘淵紡績に入り、専務取締役に就任。三井工業部・三井呉服店専務理事、王子製紙専務取締役(のち会長)、三井同族会管理部理事、三井合名会社参事などを歴任。

あさみけいさい【浅見絅斎】　1652.8.13～1711.12.1　江戸前期の儒学者。名は安正、通称は重次郎、絅斎は号。崎門三傑の一人。近江国生れ。はじめ医師だったが、二八歳のとき山崎闇斎の門に入り朱子学を学ぶ。塾を開いて弟子をとり、生涯仕官せず、江戸の地も踏まなかった。師説を忠実に継承したが、闇斎の神道説はとらず、また闇斎の敬義内外の説を批判して破門された。中国の忠臣義士を顕彰した編著「靖献遺言」は、幕末の尊王攘夷派の志士たちに大きな影響を与えた。ほかに筆録「箚録」。

あさやまにちじょう【朝山日乗】　?～1577　戦国期～織豊期の日蓮宗の僧。出雲国の名族朝山氏の出身か。荒廃した皇居の修理費を集める念願を上奏し、後奈良天皇から日乗上人の号を与えられたという。一五六八年(永禄一一)織田信長に起用され、皇居の造築を担当し、のち信長から伊勢国に領地を与えられた。信長の前で宣教師フロイスらとの宗論に敗れ、以後、イエズス会から法敵とされた。七三年(天正元)頃に信長の寵を失う。

あさやまぼんとうあん【朝山梵灯庵】　⇨梵灯庵

あしかがいえとき【足利家時】　生没年不詳。鎌倉中・後期の武士。父は頼氏、母は上杉重房の女。太郎と称する。足利尊氏の祖父。「難太平記」によれば、自分の命を縮めるかわりに「三代のうちに天下をとらせたまえ」と書きおいて切腹したというが、鎌倉幕府内部の政争にまきこまれた結果の死であろう。その時期には諸説あるが、近年は一二八五年(弘安八)とする説が有力。

あしかがうじみつ【足利氏満】　1359～98.11.4　南北朝期～室町中期の武将。二代鎌倉公方。初代基氏の子。従四位下左兵衛督。幼名金王丸。法名永安寺璧山道全。一三六七年(貞治六・正平二二)父の死により九歳で鎌倉公方となる。その直後、鎌倉府の武蔵国支配に不満をもつ河越・高坂両氏を中心とした武州平一揆の反乱を鎮圧。七九年(康暦元・天授五)には京都の政変に乗じて将軍足利義満の打倒をはかるが、関東管領上杉憲春の諫死で思いとどまる。その後は関東有数の大豪族小山義政・若犬丸父子二代にわたる反乱鎮圧に努めた。九二年(明徳三・元中九)には幕府から陸奥・出羽両国の管轄権を与えられた。

あしかがさだうじ【足利貞氏】　1273～1331.9.5　鎌倉後期の武将。家時の子。母は北条時茂の女。正室は金沢顕時の女。尊氏・直義の父。三郎。讃岐守。城妙寺殿。贈従一位。法名義観。家時を継いで三河・上総両国の守護となる。北条氏との関係強化に努め、元弘の乱の際に首謀者の一人、浄土寺の忠円の身柄を預けられた。

あしかがし【足利氏】　❶清和源氏。源義家の孫義康が下野国足利荘(現、栃木県足利市)を本拠としたのに始まる。義康は保元の乱に源義朝と行動をともにし、その子義兼は源平の争乱に源頼朝に従い、北条時政の女を妻とした。以後、代々北条氏と姻戚関係を結び、鎌倉幕府に重んじられ、上総・三河両国の守護となる。一三三三年(元弘三)足利尊氏は北条氏に背き、建武政府の成立に協力したが、三五年(建武二)これに反旗をひるがえし、翌年室町幕府を開いた。三代将軍義満から六代義教の頃が最盛期。義教は赤松満祐によって殺され、八代義政のときには応仁・文明の乱がおこり、以後、幕府は有名無実化した。一五七三年(天正元)一五代義昭は織田信長に追われ、幕府は滅亡。他方、尊氏の子基氏は鎌倉公方(くぼう)として東国を支配したが、持氏のとき幕府と対立し滅ぼされた。その子成氏(しげうじ)は、下総国古河(こが)を本拠としたので古河公方とよばれ、子孫は喜連川(きつれがわ)氏を名のったが、明治期に入って足利氏に復し、子爵に列した。支族に斯波(しば)・畠山・細川・今川・吉良(きら)氏など。

■二 平安末期の下野国の豪族。藤原秀郷(ひでさと)の子孫。足利を本拠に、成行の代から足利氏を名のり、平安末期には小山氏と下野国内の権威を争う。その後、源平争乱期に俊綱・忠綱父子は平家に属したため、源頼朝に滅ぼされた。

●● 足利氏㊀略系図 1〜15は室町幕府将軍代数

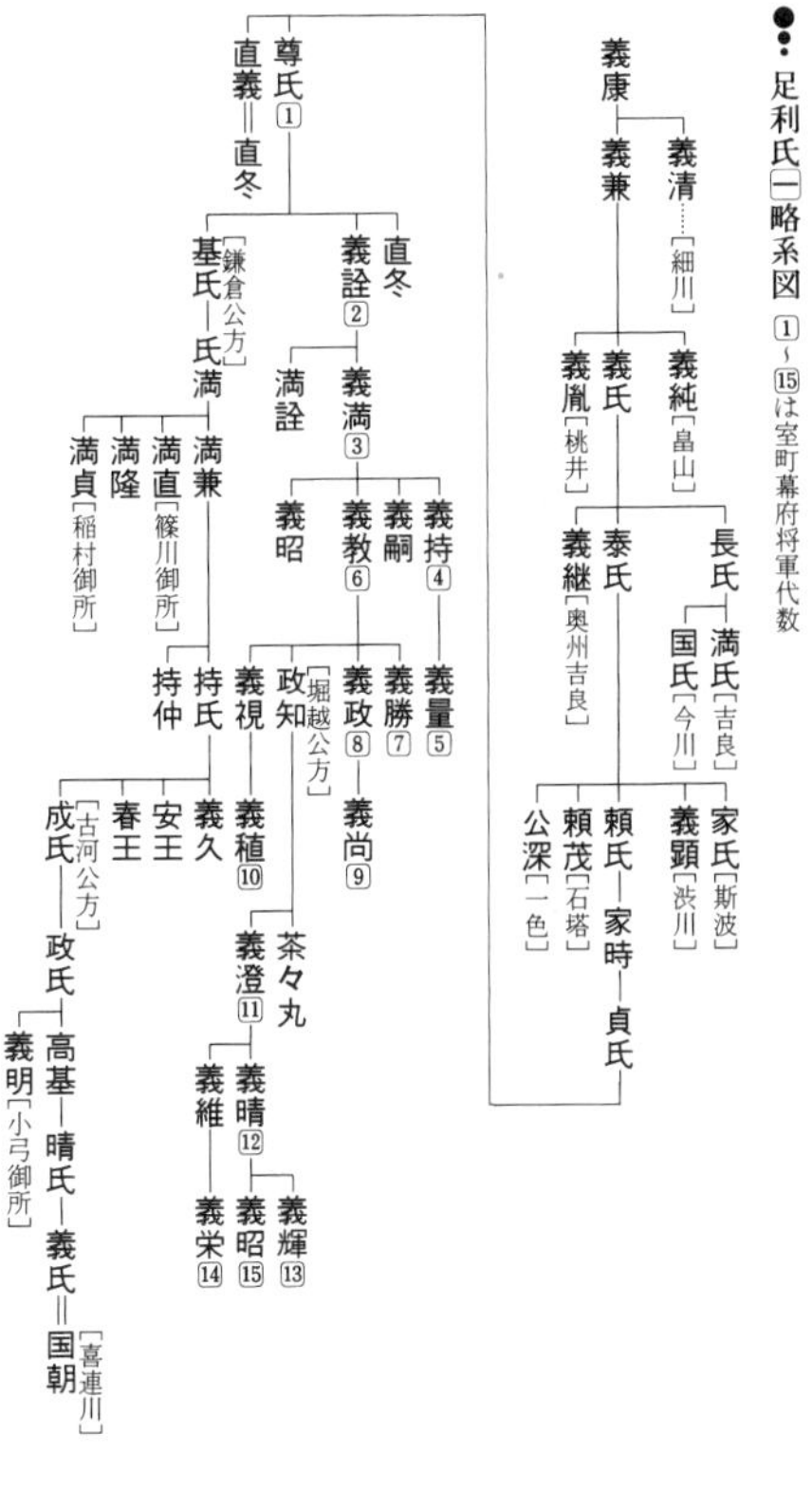

あしかがしげうじ【足利成氏】

1434?〜97.9.30 室町中期〜戦国期の武将。初代古河公方(こがくぼう)。鎌倉公方持氏の子。従四位下左兵衛督。幼名万寿王丸。法名乾亨院久山道昌。永享の乱(一四三八〜三九)後、鎌倉からのがれて信濃の国人大井持光を頼る。一四四七年(文安四)公方就任と鎌倉帰還をはたした。四九年元服、将軍足利義成(のち義政)から一字をうける。五四年(享徳三)上杉氏勢力一掃のため関東管領上杉憲忠を謀殺、幕府と上杉氏に対抗しようと古河に拠を移した。幕府から派遣された堀越(ほりごえ)公方に対し、これを古河公方という。以後長く上杉氏と戦うが、七七年(文明九)和睦。ついで八二年幕府とも和睦した。

あしかがたかうじ【足利尊氏】

1305〜58.4.30 室町幕府の初代将軍(一三三八・八・一一〜五八・四・三〇)。貞氏の次男、母は上杉清子。初名高氏。法名等持院殿仁山妙義、鎌倉では長寿寺殿。従二位権大納言。贈従一位左大臣、太政大臣を追贈。一三三三年(元弘三)後醍醐天皇が隠岐を脱出すると鎌倉幕府の命で西上、丹波で倒幕に転じ六波羅探題を滅ぼした。建武政権でも隠然たる勢力を保持し、対立する護良(もりよし)親王を失脚させる。三五年(建武二)中先代(なかせんだい)の乱で下向した鎌倉で建武政権に離反、新田義貞を破って翌年正月入京。いったんは九州へ敗走したが、湊川の戦をへて六月に再度入京。七月光明天皇の践祚(せんそ)を実現。一一月に建武式目を制定し、事実上幕府を開設した。南北朝の抗争は北朝の優位で推移したが、尊氏と弟直義(ただよし)による二頭政治の矛盾から五一年(観応二・正平六)観応の擾乱が勃発、直義追討のため一時南朝へ帰降した。直義死後も関東平定に努め、五三年(文和二・正平八)京都を占拠した南朝軍を排除して入京。のち九州南朝軍の勢威を恐れて遠征を企てるが病没。

あしかがたかもと【足利高基】

?〜1535.6.8 戦国期の武将。三代古河公方(こがくぼう)。政氏の長子。幼名亀王丸。初名高氏。左兵衛佐。法名潜光院高山貴公。一五〇六年(永正三)以降、上杉顕定・同顕実との関係強化をはかる父と対立。顕定が越後で戦死すると、北条早雲の勢力を背景に顕実を追放、古河から去った父にかわって公方となる。その頃から弟の小弓(おゆみ)御所義明との抗争が始まり、晩年には子晴氏との間にも内紛を生じた。

あしかがただつな【足利忠綱】

生没年不詳。平安末〜鎌倉初期の武将。秀郷流足利氏の俊綱の嫡子。又太郎と称する。本拠は下野国足利荘。「平家物語」によると、一一八〇年(治承四)以仁王(もちひとおう)・源頼政の挙兵に際し宇治川で先陣をはたすなど、平家方として一門郎党を率いて活躍。ときに一七歳という。その後、八三年(寿永二)常陸国の志田義広と結び、源頼朝に反旗を翻したが、下野国野木宮(現、栃木県野木町)の戦で小山朝政らの軍に敗れ、西海に脱出したという。

あしかがただふゆ【足利直冬】 生没年不詳。南北朝期の武将。尊氏の庶子。母は越前局。はじめ鎌倉東勝寺の喝食。尊氏が将軍になると上洛するが、実子と認められず、叔父直義の養子になる。一三四九年(貞和五・正平四)山陰・山陽八カ国を管轄する長門探題として下向途中、備後で高師直方の杉原又四郎に襲われ九州にのがれる。鎮西探題一色範氏と南朝征西将軍宮の対立を利用して勢力を拡大、尊氏と直義が和すると鎮西探題に任じられた。直義没後、長門に移って南朝に帰降、尊氏・義詮と対抗。五四年(文和三・正平九)山名時氏らとともに京都へ侵入するが敗退、のち安芸にのがれた。六三年(貞治二・正平一八)時氏の幕府帰参後の活動は不明。

あしかがただよし【足利直義】 1306~52.2.26 南北朝期の武将。父は貞氏。尊氏の同母弟。従三位左兵衛督。元弘の乱では尊氏とともに行動し、建武政権では成良親王を奉じて鎌倉に下り、関東の政務にあたる。中先代の乱で鎌倉から退却するが尊氏の来援で回復。以後、幕府の創始まで尊氏と同行。当初幕府の権限は尊氏が軍事指揮権を、直義が裁判などの政務を担当。直義の政策は鎌倉幕府執権政治の踏襲にあり、豪族的大領主層や寺社本所勢力には支持されたが、畿内周辺の新興武士団や足利氏根本被官を組織する高師直との対立を招いた。一三四九年(貞和五・正平四)師直のクーデタに始まる抗争は尊氏との不和を生じ(観応の擾乱)、直義は鎌倉にのがれたが、追撃する尊氏に敗れて降伏し、まもなく病没。尊氏による毒殺ともいう。

あしかがちゃちゃまる【足利茶々丸】 ?~1498.8.- 堀越公方政知の子。一四九一年(延徳三)四月、父の病死で家督を継ぐ。同七月に異母弟潤童子とその母円満院を殺害、さらに重臣を誅殺するなどで家臣の離反を招いた。そのため九三年(明応二)北条早雲の伊豆侵攻をうけ、堀越公方府は滅亡。その後は武蔵・甲斐などを流浪し、九八年八月、早雲によって自害に追いこまれた。

あしかがとしつな【足利俊綱】 ?~1183 平安末期の武将。秀郷流足利氏の家綱の子。太郎と称する。下野国足利荘を本拠に、小山氏と同国を二分して争い、上野国にも勢力を広げた。源頼朝の挙兵に際しては、平家方として敵対。一一八三年(寿永二)子の忠綱が志田義広と結んで頼朝と戦ったことから追討をうけ、郎党の桐生六郎に殺害された。これにより秀郷流足利氏の正統は滅亡。

あしかがはるうじ【足利晴氏】 ?~1560.5.27 戦国期の四代古河公方。高基の子。母は宇都宮成綱の女。幼名亀王丸。法名永仙院系山道統。従四位下左兵衛督。一五二八年(享禄元)元服。三八年(天文七)北条氏綱とともに下総国国府台で小弓御所足利義明・里見義尭と戦い、義明を敗死させた。氏綱の女芳春院を妻とするが、四五年、氏綱の跡を継いだ氏康と絶ち、北条方の武蔵国河越城を攻めるが敗北。五四年には古河城を落とされて相模国波多野に幽閉。のち下総国関宿に隠退。

あしかがはるおう【足利春王】 ⇨足利安王・春王

あしかがまさうじ【足利政氏】 1466~1531.7.18 二代古河公方。成氏の長子。法名甘棠院吉山道長。従四位下左馬頭。扇谷・山内両上杉氏の対立のなか、はじめ扇谷定正、その死後は山内顕定と結ぶ。一五〇五年(永正二)の両上杉氏の和睦後は、両者と共同して北条早雲に対抗。顕定の死後、早雲の勢力を背景にもつ長子高基に古河を追われ、一二年、下野国小山に移る。翌年武蔵国岩付城で出家。一九年同国久喜に隠退して同地甘棠院の開基となり、ここで没した。

あしかがまさとも【足利政知】 1435.7.12~91.4.5 堀越公方。六代将軍義教の三子。母は斎藤朝日氏。法名勝幢院九山。従三位左衛門督。はじめ禅僧となり天竜寺香厳院主。一四五四年(享徳三)足利成氏が関東管領上杉憲忠を謀殺し、関東は争乱状態に陥った。幕府は古河による成氏に対抗するため、五七年(長禄元)将軍義政の弟香厳院主の還俗および下向を決定。翌年下向したが、関東諸将に支持されず、関東管領上杉氏とも疎遠のため、駿河国守護今川氏を頼み、伊豆国堀越に居館を構えた。結局、関東への政治的影響力はほとんど保持できなかった。八二年(文明一四)幕府と古河公方は和睦、伊豆だけが政知の料国として確保された。

あしかがみつかね【足利満兼】 1378~1409.7.22 三代鎌倉公方。二代氏満の長子。法名勝光院泰岳道安。従四位下左兵衛督。一三九八年(応永五)父の死後鎌倉公方となる。翌年の春に奥羽支配強化のため、弟満貞を陸奥国岩瀬郡稲村に、同じく満直を同安積郡篠川に下向させた。同年一〇月、大内義弘が将軍足利義満に反乱をおこすと(応永の乱)、これに呼応して武蔵国府中まで軍を進めたが、一二月、義弘が和泉国堺で敗死したため、翌年三月、鎌倉へ帰還。六月、伊豆国三島社に願文を納めて野心の断念を表明。以後、一四〇二年陸奥国の伊達政宗の反乱の際には上杉氏憲を派遣して鎮圧し、さらに南奥州の国人の一揆結合の把握に努めるなど、領国内の安定に尽力。

あしかがみつさだ【足利満貞】 ?~1439.2.10 室

町中期の武将。稲村御所。二代鎌倉公方氏満の子。一三九九年(応永六)春、鎌倉府の奥羽支配強化のため、兄鎌倉公方満兼の命で陸奥国岩瀬郡稲村(現、福島県須賀川市)に下向。同時に兄弟の満直も同国安積郡篠川に下され、満貞の補佐にあたった。かつての奥州探題と同じ権限をもったが、その支配は白河結城氏ら南奥州国人の一揆結合に依存したものにすぎなかった。満兼死後も鎌倉公方持氏を支持し、上杉禅秀の乱以降は反持氏の立場にたった満直と対立抗争した。一四三八年(永享一〇)永享の乱が始まると鎌倉に移り、翌年幕府軍の追討をうけて鎌倉永安寺で持氏とともに自害。稲村御所に満直をあてる説もある。

あしかがみつたか【足利満隆】 ?～1417.1.10　二代鎌倉公方氏満の子。一四〇九年(応永一六)甥持氏の鎌倉公方就任直後から謀反の風聞があり、鎌倉に混乱を招く。関東管領上杉憲定の調停により、満隆が持氏の弟持仲を養子に迎えることで和解したが、一六年、上杉禅秀(氏憲)に擁されて挙兵。いったんは持氏を追放して鎌倉府の実権を掌握するが、幕府が持氏を支持したため敗北、翌年持仲・禅秀とともに鶴岡八幡宮雪下御坊で自害。

あしかがみつただ【足利満直】 ?～1440.6.10　室町中期の武将。篠川御所。二代鎌倉公方氏満の子。一三九九年(応永六)春、稲村御所満貞の補佐のため、兄鎌倉公方満兼の命で陸奥国安積郡篠川(現、福島県郡山市)に下向。元来は鎌倉府の奥羽支配強化を担う存在だったが、上杉禅秀の乱では反鎌倉府方となる。以後も幕府や反持氏(鎌倉公方)の白河結城氏らとの連携を強めた。永享の乱では幕府の支持をうけて南奥州・関東の国人の結集に努める。結城合戦で石川・畠山ら南奥州諸氏に攻められ自害。

あしかがもちうじ【足利持氏】 1398～1439.2.10　四代鎌倉公方。三代満兼の子。従三位左兵衛督。幼名幸王丸。法名長春院楊山道継。一四一六年(応永二三)上杉禅秀の乱で一時鎌倉をのがれたが幕府の援助で鎮圧、以後政治基盤の強化をはかる。二三年、勢力増大を恐れた幕府と全面対決の危機を招くが、持氏が将軍足利義持に謝罪の誓書を送り和睦。しかし足利義教が将軍になると関係は再び悪化。三八年(永享一〇)持氏が、幕府と結ぶ関東管領上杉憲実を追討するため出陣すると、幕府は持氏討伐をはかり、永享の乱がはじまった。幕府軍と憲実軍の包囲、さらに三浦時高らの裏切りによって敗れ、武蔵国金沢の称名寺で出家、翌年鎌倉永安寺で自害。

あしかがもちなか【足利持仲】 ?～1417.1.10　三代鎌倉公方満兼の次子。幼名乙若丸。一四一〇年(応永一七)兄持氏とともに元服、叔父満隆の養子となる。一六年、前関東管領上杉禅秀(氏憲)に擁されて満隆とともに挙兵、持氏を鎌倉から追放。しかし翌年幕府軍に攻囲され、満隆・禅秀とともに鶴岡八幡宮雪下御坊で自害。

あしかがもとうじ【足利基氏】 1340～67.4.26　初代鎌倉公方。尊氏の四男、母は赤橋登子。法名瑞泉寺玉岩道昕。従三位左兵衛督。一三四九年(貞和五・正平四)兄義詮の上洛により鎌倉へ下向、高師冬と上杉憲顕を執事とする。のち憲顕は南朝方に呼応、基氏は尊氏とともに、これを武蔵野合戦で破った。五三年(文和二・正平八)上洛した尊氏の命で、南朝方新田義興を牽制するため、執事畠山国清とともに武蔵国入間川に布陣。六年間の在陣で義興の謀殺をはたし関東平定を進める。六一年(康安元・正平一六)関東諸将の支持を失った国清を追討、六三年(貞治二・正平一八)憲顕を関東管領に復帰させ、鎌倉府による関東支配体制の確立に尽力。

あしかがやすおう・はるおう【足利安王・春王】 安王1429～41.5.16　春王1431～41.5.16　四代鎌倉公方持氏の次男・三男。一四三九年(永享一一)永享の乱で敗れた父と兄義久が自刃すると、鎌倉から常陸に脱出。四〇年三月、同国木所城(現、茨城県岩瀬町)で挙兵、結城氏朝に迎えられ下総国結城城に入る(結城合戦)。翌年四月、幕府軍により落城すると兄弟は捕らえられ、京都への護送途中、美濃国垂井の金蓮寺で殺された。

あしかがよしあき【足利義明】 1493?～1538.10.7　戦国期の武将。古河公方政氏の子。高基の弟。はじめ出家して雪下殿(鶴岡八幡宮若宮別当)空然。一五一〇年(永正七)父と対立して下野へ移ったのち宗済と改名、その後還俗して義明。一七年頃上総国武田氏に擁されて下総国小弓城に入り小弓御所と称し、北条氏と結ぶ古河公方高基・晴氏と対立。三八年(天文七)里見義尭と結んで下総国国府台で北条氏綱・氏康と戦い、子義純・弟基頼とともに敗死。

あしかがよしあき【足利義昭】 1537.11.3～97.8.28　室町幕府の一五代将軍(一五六八・一〇・一八～七三・七・一八)。一二代義晴の次男。母は近衛尚通の女。初名義秋。法名霊陽院昌山道休。従三位権大納言・准三宮。はじめ興福寺一乗院に入室、覚慶と称して門跡となる。一五六五年(永禄八)兄の将軍義輝が殺害されると、細川藤孝らにたすけられて近江に逃れた。翌年還俗、越前の朝倉義景を頼る。六八年七月、織田信長に迎えられて岐阜に移り、九月入京、一〇月将軍となる。独自の政治活動のため信長と不和を生じ、七二年(元亀三)本願寺顕如、浅井長政、朝倉義景、武田信玄ら反信長勢力を集めて包囲網を形成。翌年山城国槙島で挙兵するが、敗れて将軍位を追われ、室町幕府は滅亡。その後紀伊国由良に退き、ついで備後国鞆に移る。毛利氏に依頼して幕府再興をはかるがはたせなかった。八八年(天正一六)に帰京して出家、秀吉から一万石を与えられた。文禄の役(一五九二)では肥前国名護屋に従軍。大坂で没した。

あしかがよしあきら【足利義詮】 1330.6.18～67.12.7　室町幕府の二代将軍(一三五八・一二・八～六七・一二・七)。初代尊氏の三男。母は赤橋登子。幼名千寿王。法名宝篋院瑞山道権。正二位権大納言・贈従一位左大臣。一三三三年(元弘三)父の名代として新田義貞とともに鎌倉攻めに参加。以後も鎌倉に留まって関東を掌握した。四九年(貞和五・正平四)叔父直義にかわって政務をとるため上洛。五一年(観応二・正平六)父とともにいったん南朝に降るが、翌年南朝軍を男山合戦で破り、後光厳天皇を践祚させた。その後三度にわたって南朝の京都占拠を撃退。尊氏の死後将軍となり、斯波義将を執事として幕政の安定をはかり、六三年(貞治二・正平一八)大内・山名両氏を帰服させた。六七年、死に臨んで幼少の嫡子義満に家督を譲り、細川頼之を管領に任じ後事を託した。

あしかがよしうじ【足利義氏】 ㊀1189～1254.11.21　鎌倉前・中期の武士。父は義兼、母は北条時政の女。三郎と称する。検非違使・武蔵守・陸奥守・左馬頭を歴任。一二四七年(宝治元)三浦氏の乱の鎮圧で戦功をあげた。北条泰時の女を妻とし、幕府内で重んじられた。四一年(仁治二)出家して正義と号す。「続拾遺集」に入集。

㊁1541?～83.1.21　最後の古河公方。父は晴氏、母は北条氏綱の女芳春院。幼名梅千代王丸。法名香雲院長山周善。従四位下右兵衛佐。一五五二年(天文二一)後北条氏の意向で嫡子(異母兄)藤氏を差しおいて家督をつぐ。晴氏が後北条氏に幽閉されると、母とともに鎌倉葛西ケ谷に移った。その後、後北条氏の庇護をうけて下総国関宿などを転々としたが、六九年(永禄一二)頃古河に復帰、死没まで在城した。

あしかがよしかず【足利義量】 1407.7.24～25.2.27　室町幕府の五代将軍(一四二三・三・一八～二五・二・二七)。四代義持の子。母は日野栄子。法名長得院鞏山道基。正四位下参議・贈従一位左大臣。一四二三年(応永三〇)三月一八日、父の辞職とともに将軍職就任。義持から大酒を戒められており、酒宴を好んで健康を害したことが知られる。在職わずか二年で病死。

あしかがよしかつ【足利義勝】 1434.2.9～43.7.21　室町幕府の七代将軍(一四四二・一一・七～四三・七・二一)。六代義教の長子。母は日野重子。幼名千也茶丸。法名慶雲院栄山道春。正五位下左中将・贈従一位左大臣。一四四一年(嘉吉元)義教が赤松満祐に殺害されたため、管領細川持之らに擁され家督を継承。翌年九歳で元服、将軍となった。管領畠山持国の補佐をうけるが、在職一年たらずで赤痢によって没した。

あしかがよしかね【足利義兼】 ?～1199.3.8　鎌倉前期の武士。父は義康、母は熱田大宮司範忠の女。三郎と称する。安楽寿院の荘園である下野国足利荘を本拠とする。一一八〇年(治承四)の源頼朝の挙兵以来つき従い、北条時政の女(政子の妹)を妻とするなど重く用いられた。九五年出家。足利市の鑁阿寺を開いた。

あしかがよしきよ【足利義清】 ?～1183.閏10.1　平安末期の武将。義康の長子。細川・仁木両氏の祖。矢田判官(代)・足利太郎と称する。「尊卑分脈」は、上西門院および八条院に仕えて判官代となり、一一五六年(保元元)保元の乱の功で昇殿したとする。源平争乱では、丹波国の平氏を討ち、源義仲の命をうけて屋島に赴く途中、備中国水島(現、岡山県倉敷市)の戦で討死。

あしかがよしずみ【足利義澄】 1480.12.15～1511.8.14　室町幕府の一一代将軍(一四九四・一二・二七～一五〇八・四・一六)。堀越公方政知の次子。母は武者小路隆光の女。法名法住院旭山清晃。従三位参議・贈従一位太政大臣。一四八七年(長享元)上洛し、天竜寺香厳院の喝食となり清晃と称する。上洛前後から細川政元との連携がうわさされ、九三年(明応二)将軍足利義稙の河内出陣中、政元は京都で清晃を擁立して義稙を廃した。清晃は還俗して義遐、ついで義高と改名。翌年征夷大将軍に任じられる。一五〇二年(文亀二)義澄と改名。〇八年(永正五)前将軍義稙が大内義興に奉じられて京都に迫ると、九里氏を頼って近江国岡山城にのがれた。子義晴・義維を赤松義村に託し、同城で没した。

あしかがよしたね【足利義稙】 1466.7.30～1523.4.9　室町幕府の一〇代将軍(一四九〇・七・五～九三・六・二九、一五〇八・七・一～二一・一二・二五)。初名義材、のち義尹。父は義視、母は日野政光の女(富子の妹)。法名恵林院厳山道舜。従二位権大納言。九代将軍義尚没後、日野富子の支持で義尚継嗣とされ、義政死後将軍となる。奉公衆の掌握のため、義尚にならい六角高頼の討伐に出陣。さらに畠山政長の要請で河内国正覚寺へ出陣したが、細川政元に将軍職を廃されて幽閉。のち越中へ逃れ、一四九九年(明応八)京都回復をはかるが失敗、周防の大内義興を頼った。義興に擁され上洛後、再度将軍位につく。しかし義興帰国後、細川高国との対立から、一五二一年(大永元)淡路へ出奔、将軍職を廃された。阿波国撫養で死去。

あしかがよしつぐ【足利義嗣】 1394～1418.1.24　室町中期の武将。三代将軍義満の子。実母は摂津能秀の女。従二位権大納言。梶井門跡に入室したが、父に愛され日野康子の猶子として北山第に迎えられた。一四〇八年(応永一五)童殿上、ついで内裏で親王に準じた元服の儀を挙行。義満死後、兄将軍義持との対立から、一六年上杉禅秀の乱に呼応するが、発覚して高雄山神護寺で出家。相国寺林光院に幽閉ののち殺された。

あしかがよしつな【足利義維】 1509～73.10.8 戦国期の武将。一一代将軍義澄の子。初名義賢、のち義冬とも。従五位下左馬頭。はじめ赤松義村の庇護をうけるが、一五二〇年(永正一七)細川澄元により阿波へ移された。その後同国にのがれた義稙の養子となり、兄義晴に対抗。二七年(大永七)三好元長らに擁されて和泉国堺に入り、畿内の実権を握って堺公方と称される。元長敗死後の三四年(天文三)阿波国平島荘(現、徳島県那賀川町)に帰り、六六年(永禄九)には三好三人衆に擁されて子義栄と摂津国富田に入ったが、六八年義栄の死後再び平島に戻り、同地で没した。

あしかがよしてる【足利義輝】 1536.3.10～65.5.19 室町幕府の一三代将軍(一五四六・一二・二〇～六五・五・一九)。一二代義晴の長子。母は近衛尚通の女。初名義藤。法名光源院融山道円。従四位下参議。細川晴元らに擁立され、一一歳で将軍職を譲られ、当初は父義晴の補佐をうける。一五四七年(天文一六)細川氏綱と結んだため、晴元から京都を追われる。翌年講和したが、四九年晴元が三好長慶に敗れると近江国坂本へのがれ、義晴没後朽木に移った。五二年に一時帰京するが、まもなく朽木に戻る。五八年(永禄元)六角義賢の尽力で長慶と和して京都に帰還。交戦中の戦国大名間に和議を勧めるなど将軍権威の回復に努めた。しかし長慶没後に実権を握った松永久秀や三好三人衆に居館を襲撃され、奮戦ののち自害。

あしかがよしのり【足利義教】 1394.6.13～1441.6.24 室町幕府の六代将軍(一四二九・三・一五～四一・六・二四)。三代義満の子。四代義持の同母弟。法名普広院善山道恵。従一位左大臣・贈太政大臣。はじめ青蓮院に入室して義円と称し、天台座主となる。一四二八年(正長元)義持の死後神籤で選ばれ、還俗して義宣と改名。翌年元服、将軍就任と同時に義教と改名。はじめ諸重臣の意見を求めつつ政務を行ったが、徐々に将軍専制の志向を強め、有力守護大名の家督改めや、前代まで重用された勧修寺・日野など諸家に対する圧迫を進めた。永享の乱では幕府に対立した鎌倉府を討滅。しかし一色義貫と土岐持頼の謀殺など、そのきびしすぎる政策は諸大名の不満・不安を招き、赤松満祐に誘殺された。

あしかがよしはる【足利義晴】 1511.3.5～50.5.4 室町幕府の一二代将軍(一五二一・一二・二五～四六・一二・二〇)。一一代義澄の長子。法名万松院曄山道照。従三位権大納言・贈従一位左大臣。近江国岡山城で生まれ、播磨国守護赤松義村のもとで養育された。一五二一年(大永元)将軍義稙の淡路への出奔後、播磨から細川高国に迎えられて将軍となる。二七年、高国が桂川の戦で敗れると、近江国坂本へのがれた。翌年、足利義維を擁して京都を支配した細川晴元との和議をはかるが失敗、同国朽木へ移る。三四年(天文三)晴元と和して京都へ帰還。将軍職を長子義輝に譲った翌四七年、晴元と同氏綱の争いで氏綱に与したため、晴元により坂本へ追われた。翌年晴元と和し帰京するが、四九年晴元が三好長慶に背かれて敗れ、またも坂本へ逃走。翌年近江国穴太に移り、同地で病没。

あしかがよしひさ【足利義尚】 1465.11.23～89.3.26 室町幕府の九代将軍(一四七三・一二・一九～八九・三・二六)。八代義政の長子。母は日野富子。のち義熙と改名。法名常徳院悦山道治。従一位内大臣・贈太政大臣。一四七三年(文明五)九歳で将軍となる。七九年に御判始・評定始・御前沙汰始を行うが、政務はいぜん義政がとった。八三年頃から政務に関与するようになるが、実権は義政が握っており、八五年には義尚の不満が奉公衆と奉行人との抗争事件というかたちで顕在化した。義尚は奉公衆を中心に自己の基盤の強化を企て、八七年(長享元)六角高頼征討のため近江出陣を断行。二年後、鈎(現、滋賀県栗東町)の陣中で病没。和歌をよくし、歌集「常徳院集」がある。

あしかがよしひで【足利義栄】 1538～68.9.30 室町幕府の一四代将軍(一五六八・二・八～六八・九・三〇)。一二代義晴の弟義維の長子。母は大内義興の女。初名義親。法名光徳院玉山。従五位下左馬頭。阿波国平島荘(現、徳島県那賀川町)で誕生。三好長慶の支持がえられず、一時大内氏を頼って周防に移る。六三年(永禄六)阿波に帰還。六五年、松永久秀らによる将軍足利義輝殺害後三好三人衆に擁され、翌年摂津国富田に入るが、久秀と三人衆の対立で入京できなかった。六七年、将軍宣下を請うが許されず、翌年二月に宣下。同年九月に織田信長に奉じられた義昭が上洛、義栄は対戦を前に病没。

あしかがよしまさ【足利義政】 1436.1.2～90.1.7 室町幕府の八代将軍(一四四九・四・二九～七三・一二・一九)。六代義教の子、母は日野重子。初名義成。法名慈照院喜山道慶。従一位左大臣・准三宮・贈太政大臣。同母兄義勝の早世で後嗣となる。当初、管領畠山持国・細川勝元が幕政を主導したが、成長とともに将軍親裁の傾向を強め、政所執事伊勢貞親を重用して守護大名抑制策を進めた。一四六六年(文正元)諸大名が共同して貞親を失脚させると、義政の政治的基盤は弱体化し、翌年畠山氏の家督争いに際し双方の実力による解決を容認するにいたる。これが細川勝元・山名持豊の対立を激化させ、大名勢力を二分する応仁・文明の乱の勃発を招いた。七三年(文明五)嫡子義尚に将軍職を譲り、八三年東山山荘に移って東山殿と称されたが、義尚の近江出陣まで政務に関与し続けた。八九年(延徳元)義尚の死で再度執政するが、翌年病没。芸能風流を好み、芸能者・文化人を庇護するなど、東山文化の興隆を支えた。家集「源義政公集」。

あしかがよしみ【足利義視】 1439.閏1.18～91.1.7 室町中期の武将。六代将軍義教の子。正二位権大納言・贈従一位太政大臣。はじめ浄土寺に入室して義尋。一四六四年(寛正五)兄将軍義政の継嗣として還俗、義視と改名。翌年、義政に実子義尚が誕生、両者の継嗣争いが応仁・文明の乱の一因になる。乱の勃発直後伊勢へ下る。翌六八年(応仁二)義政の要請で上洛して東軍の陣へ入るが、義政との不和は解消せず、比叡山をへて西軍の陣に迎えられた。七七年(文明九)京都での戦闘が終息すると美濃へ下向、義政と和睦後も同地に留まった。八九年(長享三)義尚の死後子義材と上洛、通玄寺で剃髪。翌年義材(義稙)が将軍になると准三宮とされたが、まもなく病没。

あしかがよしみつ【足利義満】 1358.8.22～1408.5.6 室町幕府の三代将軍(一三六八・一二・三〇～九四・一二・一七)。二代義詮の子、母は紀良子。法名鹿苑院天山道義・道有。一三六七年(貞治六・正平二二)父の死で家督を譲られ、翌年一一歳で将軍、管領細川頼之に補佐された。七八年(永和四・天授四)北小路室町の新第(花御所)に移る。翌年頼之を解任して斯波義将にかえた。父祖の例をこえて内大臣に進むと、諸儀を摂関家にならい、武家としてはじめて准三宮ともされた。九一年(明徳二・元中八)山名氏清を滅ぼし、翌年南北朝合一を達成。九四年(応永元)将軍職を辞したのち太政大臣に任じられたが、翌年出家。九九年、仙洞を模した北山第へ移り、みずからを法皇に擬す。同年大内義弘らを討って西国支配を強化、一四〇一年には明に国書を送って国交を開き、冊封をうけて日本国王と認められた。〇六年、妻日野康子が天皇の准母として北山院の院号宣下をうけ、〇八年四月に愛児義嗣が内裏で親王に准じて元服の儀を行うなど、天皇家との一体化を推進。没後、朝廷は太上法皇号を贈ろうとしたが、子の義持は固辞した。

あしかがよしもち【足利義持】 1386.2.12～1428.1.18 室町幕府四代将軍(一三九四・一二・一七～一四二三・三・一八)。三代義満の子。母は三宝院坊官安芸法眼の女藤原慶子。法名勝定院顕山道詮。従一位内大臣・贈太政大臣。将軍就任後も、父義満は依然実権を掌握し、義持の異母弟義嗣を偏愛した。父の死後、斯波義将の補佐で家督の地位を再確立するため、義将ほか管領を重用し、義満への太上法皇号宣下の辞退や対明通交の停止などを行った。また、北畠満雅の挙兵や上杉禅秀の乱を鎮定し、義嗣を殺害。のち富樫満成や赤松持貞ら近習が、将軍専制をめざして守護大名勢力と対立するが、いずれも大名側の反撃にあって失脚。嫡子義量に将軍職を譲り出家するが、義量はまもなく早世。その後、後嗣未決定のまま没す。

あしかがよしやす【足利義康】 ?～1157.5.29 平安後期の武将。源義家の孫で、義国の次男、母は源有房の女。足利氏の祖。足利蔵人判官・足利陸奥判官と称する。父から下野国足利荘(現、栃木県足利市)などを譲与され本拠とする。鳥羽上皇が建立した安楽寿院に足利荘を寄進したのをきっかけに、上皇に仕えて北面の武士となった。一一五二年(仁平二)に検非違使。五六年(保元元)保元の乱で後白河天皇側として活躍。その功により従五位下、蔵人となり昇殿を許された。母の姉の子は藤原通憲(信西)。

あじすきたかひこねのかみ【味耜高彦根神】 「古事記」では阿遅鉏高日子根神など。「古事記」「日本書紀」「風土記」などにみえる神名。アジ・タカヒコネは称辞で、スキは農具の鉏の意。「古事記」ではスキを志貴と記す箇所もあり、また迦毛大御神とも称すると記す。「日本書紀」本文は系譜関係を記さないが、「古事記」などではオオナムチの子でシタデルヒメの兄とする。アメワカヒコの喪を弔った際にその親族が死者が蘇生したものと誤解したため、怒って喪屋を切り伏せた。その行動を神名中の鉏と関連させる説や、雷神の象徴として説明する説がある。奈良県御所市の高鴨神社の祭神。

あしだえのすけ【芦田恵之助】 1873.1.8～1951.12.9 大正・昭和期の国語教育者。兵庫県出身。一六歳から小学校で教え、一八九八年(明治三一)に上京して東京高等師範付属小学校訓導となる。樋口勘次郎に師事。従来の定型的な綴方を批判し、随意選題の綴方教育を提唱した。一九二一年(大正一〇)朝鮮総督府編修官として「朝鮮国語読本」を編集。二五年以降は公職につかずに全国の学校を教壇行脚し、三〇年(昭和五)雑誌「同志同行」を創刊した。

あしだこれと【蘆田伊人】 1877.9.28～1960.6.6 明治～昭和期の歴史地理学者。福井県出身。東京専門学校卒。東京帝国大学史料編纂所で南北朝期の歴史編纂に従事したのち、嘱託として松平慶永(春嶽)の伝記・全集や小浜酒井家史料の編纂などにかかわる。その間、吉田東伍・喜田貞吉らの影響で歴史地理学の研究を進め、古地図・地誌の収集・研究で先駆的な業績をあげた。

あしだひとし【芦田均】 1887.11.15～1959.6.20

昭和期の外交官・政治家。京都府出身。東大卒。外交官試験に合格し、最初の任地ペテルブルクでロシア帝国の崩壊を目撃。満州事変を機にベルギー大使館勤務を最後に辞職、立憲政友会に入党した。「ジャパン・タイムス」社長に就任。第二次大戦後は日本自由党創立に参画するが、吉田茂とのライバル意識からしだいに離れ、新憲法制定時の衆議院憲法改正特別委員会委員長として、憲法解釈に独自の立場をとる。一九四七年(昭和二二)民主党総裁となり、社会党との連立内閣に外相として入閣。さらに翌年首相となるが、昭和電工疑獄で総辞職においこまれ、晩年は志を得なかった。「芦田均日記」(全七冊)がある。

あしなし【蘆名氏】 中世陸奥国の豪族。桓武平氏。三浦義明の子佐原義連が、奥州平定の功で源頼朝から会津を与えられ、孫光盛のとき蘆名氏を名のったという。本拠地の三浦半島蘆名(現、神奈川県横須賀市)にちなむ。南北朝期、会津門田荘黒川(現、福島県会津若松市)を根拠地に定め、勢力を張った。戦国期には、伊達氏・佐竹氏らと対抗する戦国大名に成長、盛氏のときに最盛期を迎えた。盛重の代の一五八九年(天正一七)伊達政宗により滅ぼされた。

あしなづち・てなづち【脚摩乳・手摩乳】 「古事記」では足名椎・手名椎。記紀の神話で天から降ったスサノオが出会った国津神の夫婦。女を足なで手なでするチ(霊)の意。「古事記」ではアシナヅチはオオヤマヅミの子とする。女の奇稲田姫(櫛名田比売)をスサノオが八岐大蛇から救って妻とした。スサノオは出雲国須賀の地に宮を造り、二人を宮の長官として稲田宮主神(「日本書紀」)または稲田宮主須賀之八耳神(「古事記」)の名を与えたという。

あしなもりうじ【蘆名盛氏】 1521~80.6.17 戦国期の武将。陸奥国黒川城(現、福島県会津若松市)城主。入道して止々斎。蘆名氏を南奥有数の大名に成長させた。山内・長沼両氏と戦って会津地方の制圧に努める一方、天文~永禄年間に仙道(中通り)地方に勢力圏を拡大。安積・安達・岩瀬諸郡に進出、安積・畠山・二階堂諸氏を従え、田村氏と戦った。また越後方面でも活動した。勢力圏拡大の結果、北方では伊達氏、南方では佐竹氏と対立、伊達氏とは一五六六年(永禄九)ひとまず和睦。佐竹氏とはしばしば交戦したが、七七年(天正五)協調に転じた。以後南奥では、蘆名・佐竹氏と伊達・田村氏の二大勢力が争うことになった。嫡子盛興は早世し、二階堂氏出身の盛隆を継嗣とした。

あしなもりしげ【蘆名盛重】 1575~1631.6.7 織豊期~江戸初期の武将・大名。初名は義広。常陸国太田城主佐竹義重の次男。白川義親の養子。一五八七年(天正一五)蘆名家を相続。蘆名・佐竹連合の形成で、伊達氏との対立が強まった。八九年磨上原の戦で伊達政宗に大敗し常陸に退く。翌年豊臣秀吉から常陸国竜ケ崎・江戸崎で四万五〇〇〇石を安堵される。関ケ原の戦に従軍せず、徳川家康に所領を没収され、一六〇二年(慶長七)兄佐竹義宣の家臣として秋田へ移住。翌年出羽国佐竹領で角館一万六〇〇〇石を領す。

あしなもりたか【蘆名盛隆】 1561~84.10.6 織豊期の武将。陸奥国須賀川城主二階堂盛義の子。人質として会津黒川へ送られ、蘆名盛氏に育てられる。一五七四年(天正二)盛氏の子盛興が没したため、盛氏の養子として蘆名家を相続。家臣との対立が続き、八四年城中で家臣に殺された。

あじまたてわき【安島帯刀】 1812~59.8.27 幕末期の水戸藩士。戸田忠之の次男で母方の安島信順の養子。名は忠誨、のち信立。水戸藩改革派に属し徳川斉昭を擁立、郡奉行・勘定奉行・小姓頭に進み、斉昭の雪冤運動に奔走したため禁錮処分をうける。のち再登用され、安政の大獄時は執政(家老)として奔走、密勅降下の責任者として切腹刑に処せられた。

あじまなおのぶ【安島直円】 1732~98.4.5 江戸中期の数学・天文・暦学者。通称万蔵、字は伯規、号は南山。江戸の出羽国新庄藩邸で生まれる。勘定吟味役などをへて郡奉行となる。一〇〇石。和算などを関流の入江応忠と山路主住に学ぶ。「弧背術解」を著し、二重積分を創始する。二項級数の完成、逆対数表、多数の円を内外接させたときの直径の間の関係式、マルファッティの問題の解、行列式のラプラス展開など独創にみちている。

あしやどうまん【蘆屋道満】 道摩法師とも。生没年不詳。平安中期に活躍したといわれる僧形の陰陽師。確実な行跡はほとんどないが、播磨国と関係があったと思われる。今日残る話は多くが藤原道長の呪詛を請け負って安倍晴明に術を破られたというもので、近世に義太夫節「蘆屋道満大内鑑」が作られてその名が知られ、現代でも忍者物・怪奇物の敵役としてその名が使われる。

アショーカおう【アショーカ王】 漢訳は阿育王・阿輸迦王・無憂王。古代インドのマウリヤ朝第三代の王(在位前二六八/二七〇~前二三二)。カリンガ征服戦の殺生を反省して仏教に帰依、法大官を設置して仏法による統治を行った。統治の様相や信仰告白、僧俗への訓戒を各地の岩壁(磨崖法勅)や石柱(石柱法勅)に刻み、一部は現存。治世下に第三回の経典編纂がなされた。八万四〇〇〇の新造仏塔に仏舎利を再分配した所伝は中国・日本にも影響を与えた。

あじろひろのり【足代弘訓】 1784.11.26~1856.11.5 江戸後期の国学者。父は足代弘早。伊勢外宮祠官。通称式部・権太夫、号は寛居。伊

●飛鳥井家略系図

雅経―教定―雅有―雅孝―雅家―雅縁―雅世―雅親―雅俊……雅春……雅庸―雅宣＝雅章……雅望(伯爵)

勢国山田生れ。内宮の荒木田久老に国学を学び、久老没後は本居春庭・同大平に入門。山田の鈴屋の指導者として活躍。京・大坂・江戸に出て多くの文人と交わった。神宮内では祠官の堕落に対して弊風粛正運動を展開。天保の大飢饉では窮民救済運動を行った。大塩平八郎との交流は有名。幕末期、多くの志士らと交流し、弟子の教育に努めた。著書「日本紀人名部類」「寛居雑纂」。

あすかいけ【飛鳥井家】 藤原氏北家師実流の難波家庶流。羽林家。鎌倉前期、難波頼経の子雅経に始まる。和歌・鞠の師範家。祖父の頼輔は本朝蹴鞠一道の長と称された蹴鞠の名手だったが、雅経も蹴鞠に長じ、飛鳥井流の蹴鞠をおこした。蹴鞠を好んだ将軍源頼家に厚遇される一方、後鳥羽上皇にも親近して藤原定家らと「新古今集」を撰進し、和歌・鞠の師範家として重用される基礎を築いた。室町時代には将軍に親近した雅世・雅親父子が歌壇の中心的存在として活躍。雅親は能書でもあり、その書流を飛鳥井流という。江戸時代の家禄はおおむね九二八石。幕末の雅典は最後の武家伝奏。維新後、雅望のとき伯爵。

あすかいまさあき【飛鳥井雅章】 1611.3.1～79.10.12 江戸前期の公家・歌人。飛鳥井雅庸の三男で、のち次兄雅宣の養子。初名雅昭。一六五二年(承応元)権大納言、六一年(寛文元)から一〇年間武家伝奏。七七年(延宝五)従一位。家学の和歌に秀で後水尾院歌壇で活躍、五七年(明暦三)には院から古今伝授をうけた。蹴鞠・書もよくした。法号究竟院原道文雅。著書「雅章卿詠草」「芳野紀行」「蹴鞠之記」。

あすかいまさちか【飛鳥井雅親】 1417～90.12.22 室町中期の歌人。法名栄雅。号は柏木。父は雅世。一四六六年(文正元)正二位権大納言、七三年(文明五)出家。一四二八年(正長元)以降内裏・将軍家歌会に参加、五二年(享徳元)飛鳥井家を継ぎ、六五年(寛正六)勅撰集撰進の院宣をうけるが、応仁の乱により中絶。乱後は近江国柏木に隠棲、文明末期以降は在京して判者を勤め、歌壇に影響を与えた。家集「亜槐集」、歌学書「筆のまよひ」、子の雅俊編の注釈書「古今栄雅抄」がある。「新続古今集」に入集。

あすかいまさつね【飛鳥井雅庸】 1569.10.20～1615.12.22 名は「まさもち」とも。江戸前期の公家・歌人。飛鳥井雅敦の子。初名雅継・雅枝。一六一三年(慶長一八)従二位、一五年(元和元)権大納言。昭高院准后道澄から古今伝授を、藤木成定から入木道(書道)伝授をうけ、後水尾上皇・徳川秀忠・細川忠興・島津家久に蹴鞠を指南するなど諸道に通じた。法号芳光院尚雅(尊雅とも)。日記「雅継卿記」、作品「入道大納言雅庸卿百首」。

あすかいまさつね【飛鳥井雅経】 1170～1221.3.11 鎌倉前期の歌人。刑部卿藤原(難波)頼経の次男。母は源顕雅の女。後鳥羽上皇の近臣として院歌壇で活躍。一二〇一年(建仁元)和歌所寄人となり、「新古今集」の撰者の一人となる。鎌倉幕府の重臣大江広元の女を妻とし、鎌倉へたびたび下向し、源実朝と藤原定家・鴨長明との仲介役もした。家集「明日香井和歌集」。飛鳥井流蹴鞠の祖でもあり、「蹴鞠略記」などの著作もある。「新古今集」以下に入集。

あすかいまさよ【飛鳥井雅世】 1390～1452.2.1 室町中期の歌人。初名雅氏・雅幸・雅清。法名祐雅。父は雅縁。雅親の父。一四三〇年(永享二)正三位権中納言、四一年(嘉吉元)出家。権大納言追贈。幼少から父の人望と評判を背景に公武の儀式歌会に参席、父没後も将軍足利義教の信任をえ、その推挙で三九年に「新続古今集」を撰進し、当代歌壇に名をなした。家集「雅世集」は四系統ある。ほかに鞠道書「蹴鞠条々大概」や「富士紀行」「後小松天皇御凶事記」の著述もある。

あすかたいちお【飛鳥田一雄】 1915.4.2～90.10.11 昭和期の政治家。横浜市出身。明治大学卒。弁護士となり、一九四五年(昭和二〇)日本社会党の結成に参加、横浜市議会議員・神奈川県議会議員をへて、五三年以降通算六回衆議院議員に当選。安保問題追及の急先鋒として知られる。六三年四月以降横浜市長に四選、革新市長のリーダーとして反戦・反公害・市民参加重視の市政を展開した。七七年一二月社会党委員長になったが、党の再建は進まず、八三年八月辞任。

あすかべおう【安宿王】 生没年不詳。長屋王の子。七二九年(天平元)の長屋王の変では、母が藤原不比等の女であったため死をまぬかれた。七五七年(天平宝字元)橘奈良麻呂らの謀反の計画に加わったとして捕らえられ、妻子とともに佐渡に流された。のち許されたらしく、七七三年(宝亀四)高階真人の姓を賜った。

あすかべのつねのり【飛鳥部常則】 生没年不詳。平安中期の宮廷絵師。九五四年(天暦八)村上天皇宸筆の「法華経」表紙絵や、九六四年(康保元)清涼殿の白沢王像などを描いたが、現存作品はない。九九九年(長保元)藤原彰子入内のための倭絵屏風は「故常則絵」と記され(「権記」)、没年の下限を示すとともに、「倭絵」の語の初見として著名。やまと絵の様式展開に大きな役割をはたしたと考えられている。

あすけしげのり【足助重範】 ?～1332.5.3 鎌倉後期の武士。父は貞親。次郎または三郎と称する。三河国加茂郡足助(現、愛知県足助町)を本拠とする。後醍醐天皇の倒幕計画に参加、一三三一年(元弘元)計画が露見して天皇が笠置に脱出した際には、幕府軍を相手に奮戦。笠置の陥落後、幕府方に捕らえられ、京都の六条河原で斬られた。「太平記」に足助重成としてみえる人物と同一人物とする説もある。

アストン William George Aston 1841.4.9～1911.11.22 イギリスの外交官・日本学者。一八六四年(元治元)江戸駐在のイギリス公使館日本語通訳として来日。八〇年(明治一三)兵庫領事に昇進、八四年に朝鮮総領事としてソウルに赴任。八六年東京駐在イギリス公使館書記官となり、八九年帰国。日本語・神道をはじめとする日本文化に強い関心をもち、多くの著作・論文を発表した。九〇年にクイーンズ大学より名誉博士号を取得。

あずみうじ【安曇氏】 阿曇氏とも。海人部を統轄した伴造系の古代豪族。「古事記」には綿津見神を祖神と仰ぐとあり、「新撰姓氏録」は海神綿積豊玉彦神の子穂高見命の後裔とする。「日本書紀」応神三年一一月条に、祖の大浜宿禰が海人の騒動を鎮めて「海人之宰」となったという職掌起源をのせ、履中即位前紀に、浜子が住吉仲皇子の乱に加担したとある。舒明朝以降、朝鮮半島との交渉に関与した比羅夫が有名。六八一年(天武一〇)稲敷が「帝紀及上古諸事」記定の一員となった。六八四年、連から宿禰に改姓。六九一年(持統五)他の有力な一七氏とともに墓記の進上を命じられた。令制下には、高橋氏とともに内膳司の長官(奉膳)に任じられる負名氏の地位を確保した。のち高橋氏としばしば衝突し、七九二年(延暦一一)継成が流罪となり、以後没落した。

あずみのおおはま【阿曇大浜】 安(阿)曇氏の祖とされる伝説上の人物。「日本書紀」によると、応神三年、諸所の海人が騒いで命令に従わなかったので、阿曇連の祖大浜宿禰を遣わして平定させ、「海人之宰」としたという。「筑紫国風土記」逸文には、神功皇后の新羅行幸の従者に大浜・小浜がみえるが、この大浜も同一人か。

あずみのひらふ【阿曇比羅夫】 名は比良夫とも。生没年不詳。七世紀中頃、朝鮮半島との外交・軍事にあたった人物。氏姓は阿曇山背連。舒明天皇の死去に際し、六四二年(皇極元)百済弔使を伴い帰国。葬送奉仕を請い、百済大乱を報告し、百済弔使に国状を問うた。また百済王子の翹岐を自家に迎えた。時に大仁。六六一年(斉明七)百済救援軍の将軍となり、翌年、百済王子の豊璋を守護して百済におもむいた。時に大花下。のちに大錦中を授かった。

あそうじ【阿蘇氏】 阿蘇神社の大宮司の一族。伝承では、神武天皇の孫にあたる健磐竜命が阿蘇に移り、子の速瓶玉命が阿蘇国造となって阿蘇氏を名のり、景行天皇の頃に阿蘇神社を創祀して、天武天皇の代に宇治宿禰に改姓したとされる。延喜年間(九〇一～九二三)の友成から大宮司に補任されたとする。実際には、古代以来、阿蘇谷を拠点に勢力をもった豪族を起源とし、開発祖神を祭ったのが神社の創祀と考えられる。阿蘇氏はその後も大宮司職とともに地域武士団の中核となり、上島・恵良・竹崎などの庶子家も形成されたが、鎌倉・南北朝期を通じて分裂、戦国期以降は勢力が衰えた。江戸時代には阿蘇神社の神主家として存続し、明治期には男爵を授けられた。「阿蘇文書」を伝える。

あそうたきち【麻生太吉】 1857.7.7～1933.12.8 明治～昭和前期の炭鉱経営者。筑前国生れ。筑豊御三家として著名。一八七一年(明治四)から石炭採掘に従事、八〇年代後半から本格的に炭鉱開発に着手、麻生商店のもとで芳雄・豆田・吉隈などの諸炭鉱を経営。一九一八年(大正七)麻生商店を株式会社化。経営多角化に努力、とくにセメント事業をおこしてポスト石炭の基盤を築いた。衆議院議員・貴族院議員・筑豊石炭鉱業組合総長・石炭鉱業連合会会長を歴任。

あそうひさし【麻生久】 1891.5.24～1940.9.6 大正・昭和前期の社会運動家・政治家。大分県出身。東大卒。新人会に先輩グループとして合流。一九一九年(大正八)友愛会に入り、その戦闘化に関与。無産政党組織問題では右派に反対して、二六年(昭和元)日本労農党を結成。以後合同問題で中心的な役割をはたし、三二年社会大衆党を結成し、書記長に就任。三四年の陸軍パンフレットに支持を表明。三六・三七年代議士に当選。四〇年には新体制運動に参画したが、病没。著書「濁流に泳ぐ」「黎明」。

あそこれずみ【阿蘇惟澄】 ?～1364.9.29 南北朝期の肥後国の武将。阿蘇大宮司。宇治・恵良姓を称する。通称小次郎。父は惟景とも惟国ともいわれるが詳細は不明。阿蘇一族の庶子。南北朝の抗争期、立場の不鮮明な惣領阿蘇惟時と異なり、惟澄は終始南朝方として戦い、征西将軍宮懐良親王の信頼も厚かった。たびたびの恩賞要求に対して、一三六一年(康安元・正平一六)惟時の後をうけ大宮司に任じられた。

あそこれたけ【阿蘇惟武】 ?～1377.1.13 南北朝期の肥後国の武将。八郎次郎。阿蘇大宮司。父は惟澄。惟村の弟。父とともに終始南朝方に属し、北朝方に味方して大宮司職を安堵された兄惟村に対し、南朝方征西府から大宮司に任じられ、兄と抗争。一三七五年(永和元・天授元)日向国国司・守護職に任命。七七年、良成親王・菊池武朝とともに肥前国千布・蜷打で今川了俊と戦い、征西府方は大敗。惟武も同地で戦死。

あそこれとき【阿蘇惟時】 ?～1353 鎌倉後期～南北朝期の肥後国の武将。阿蘇大宮司。父は惟国。大宮司職を子惟直に譲って上京、朝廷軍に参加し、足利尊氏と戦う。その後、筑前国多々良浜の合戦(一三三六)で討死した惟直にかわり、帰国して大宮司に復帰。足利尊氏から任命された北朝方大宮司孫熊丸と争う。しかし、九州全域の南北朝抗争に対しては、積極的に南朝方に肩入れすることなく、終始不明確な態度をとり続けた。一三五一年(観応二・正平六)惟澄の子惟村を養子にして隠居。

あそこれなお【阿蘇惟直】 ?～1336.3.- 鎌倉後期～南北朝期の肥後国の武将。阿蘇大宮司。父は惟時。元弘の乱(一三三一)後、後醍醐天皇方として挙兵し、一三三三年(元弘三)鎮西探題赤橋英時攻めに参加。三六年(建武三・延元元)菊池武敏と協力して、朝廷方に背き九州に敗走した足利尊氏の軍と筑前国多々良浜で戦い敗死。

あそこれまさ【阿蘇惟政】 生没年不詳。南北朝期の肥後国の武将。乙丞丸。阿蘇大宮司。一三七七年(永和三・天授三)今川了俊と戦って敗死した父惟武の後をうけ、菊池氏と連携を保ち征西将軍宮良成親王を支えた。九二年(明徳三・元中九)の南北朝合一後も、抵抗を続ける征西府方の中心勢力として期待されたが、勢力回復はならなかった。

あそこれむら【阿蘇惟村】 ?～1406 南北朝期の肥後国の武将。幼名丞丸。父は惟澄。一三五一年(観応二・正平六)惟時の養子となり、阿蘇大宮司職を継ぐ。武家方に属し、宮方の実父惟澄・弟惟武と対立。惟澄は、病没前に惟村の家督を承認するが、惟武との対立は続いた。九州探題今川了俊・渋川満頼に協力し、幕府から肥後国守護職に任じられた。

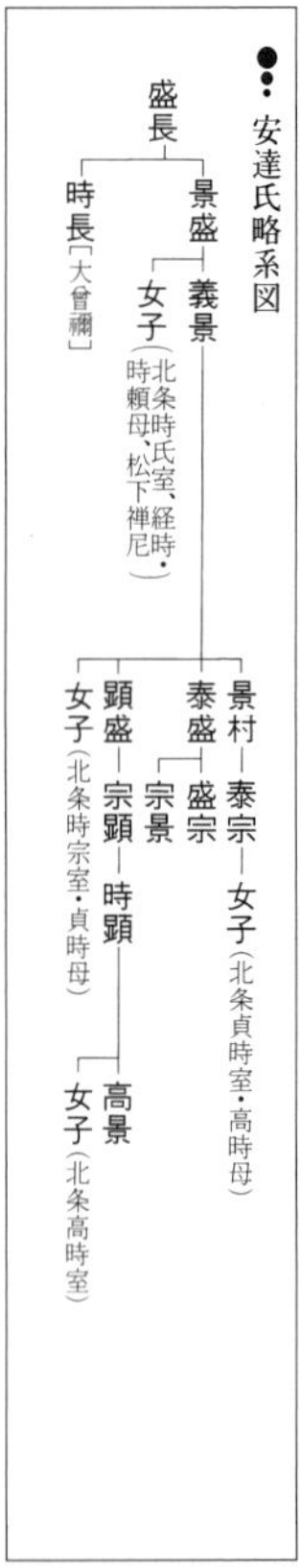

あだちかげもり【安達景盛】 ?～1248.5.18 鎌倉前・中期の武士。父は盛長、母は比企尼の女。弥九郎と称する。父とともに源頼朝に仕える。一二一八年(建保六)秋田城介となり、この職は以後安達氏の世襲となる。一九年(承久元)将軍源実朝の死を機に出家し、覚智と号す。やがて高野山に登り、金剛三昧院を建立。執権北条経時・同時頼の外祖父として、高野山にいながらしばしば幕府政治にも関与。とくに時頼と子の義景に有力御家人三浦氏への警戒を説き、四七年(宝治元)三浦氏を攻め滅ぼさせた(宝治合戦)。

あだちけんぞう【安達謙蔵】 1864.10.23～1948.8.2 明治～昭和期の政治家。肥後国生れ。済々黌卒。ソウルで「漢城新報」を発刊。一八九五年(明治二八)閔妃殺害事件に加わるが不起訴釈放。一九〇二年衆議院議員初当選。憲政会・民政党の党人派の中心となり、巧妙な選挙采配から「選挙の神様」とよばれた。三一年(昭和六)満州事変勃発後、挙国一致の協力内閣を提唱して第二次若槻内閣を退陣に追い込み脱党。翌年国民同盟を結成したが、四〇年解党し、大政翼賛会顧問に就任。

あだちけんちゅう【安達憲忠】 1857.8.3～1930.12.2 明治・大正期の社会事業家。備前国生れ。幼名は林吉。天台宗に帰依し改名。新聞活動を通じ岡山の自由民権運動をになう。一八九一年(明治二四)に東京市養育院幹事となり、棄児・遺児・迷児・行旅病人・窮民を保護。著書「窮児悪化の状況」「貧か富か」。

あだちこう【足立康】 1898.7.10～1941.12.29 昭和前期の建築史家。神奈川県出身。東大卒業後、工学部建築学科大学院に進学。古代建築の文献的研究を進め、福山敏男・大岡実らと昭和前期の建築史研究を主導。法隆寺・薬師寺の建築の年代などについて、喜田貞吉らと論争を展開。また日本古文化研究所を黒板勝美らと運営し、藤原京の発掘調査に先鞭をつけた。「足立康著作集」全三冊。

あだちし【安達氏】 鎌倉時代の武家。藤原北家魚名流。陸奥国安達郡からおこったといわれ、盛長のとき安達氏を名のる。盛長は源頼朝の乳母比企尼の女婿で、頼朝挙兵に従い功をたてた。その子景盛が秋田城介となって以後、同職を世襲、城氏ともよばれた。景盛は北条氏と姻戚となり、一二四七年(宝治元)執権時頼を動かし三浦氏を滅ぼした。泰盛の代には、執権貞時の外戚となり、外様御家人として権勢をふるった。その後、内管領平頼綱と対立、八五年(弘安八)貞時に討たれ、一族の多くは滅びた。

あだちし【足立氏】 平安～戦国期の豪族。武蔵国足立郡を本拠とする。武蔵国造の後裔といい、藤原北家魚名流で、安達氏と同族とする説もある。遠元は平治の乱に際し源義朝に従軍。鎌倉幕府草創期には公文所寄人となり、政務にも通じた御家人であった。孫の遠政は丹波国氷上郡佐治郷(現、兵庫県青垣町)を与えられ、以後子孫は同郡北西部に勢力をはったが、戦国末期、明智光秀によって所領を攻略された。

あだちしんとう【足立信頭】 1769～1845.7.1 江戸後期の暦学者。大坂の医師北谷琳筑の子。鉄砲奉行同心足立左内の養子。字は子季、号は渓隣、通称左内。麻田剛立の門人。一七九六年(寛政八)高橋至時の手付として寛政改暦に従事。一八一三年(文化一〇)松前に出張し、ロシアと交渉。三五年(天保六)天文方になり「魯西亜語辞書」を、翌年天保暦を作成。渋川景佑をたすけて「新巧暦書」「新修五星法」の撰述を完成。

あだちただし【足立正】 1883.2.28～1973.3.29 昭和期の財界人。鳥取県出身。東京高等商業卒。三井物産に入社。一九四二年(昭和一七)王子製紙社長。第二次大戦後、経済団体連合会など経済団体役員に就任し、財界入り。四七年公職追放、五〇年復帰し東京商工会議所会頭・日本商工会議所会頭・日本生産性本部会長などを歴任。財界に大きな発言力をもった。

あだちちょうしゅん【足立長雋】 1776～1836.11.26 江戸後期の蘭方医。本姓は井上氏、名は世茂、号は無涯。江戸生れ。鹿児島藩医足立梅庵に師事して養嗣子となり、のち丹波国篠山藩の侍医となった。吉田長淑に蘭方医学を学び、日本で最初の西洋産科医として後進を育成。訳著書「産科礎」「女科集成」「医方研幾」「眼科礎」。

あだちときあき【安達時顕】 ?～1333.5.22 鎌倉後期の武士。父は宗顕、母は山河重光の女。得宗北条高時の舅として、内管領の長崎高綱とともに高時を補佐して政務の中心となった。鎌倉幕府滅亡時に、北条一門とともに鎌倉東勝寺で自殺。

あだちみねいちろう【安達峰一郎】 1869.6.9～1934.12.28 明治～昭和前期の外交官。山形県出身。東大卒。外務省に入り、メキシコ公使・ベルギー大使・フランス大使を歴任後、国際連盟の日本代表を務める。一九三〇年(昭和五)常設国際司法裁判所判事、翌年所長となる。国際法学者としても著名。

あだちもりなが【安達盛長】 1135～1200.4.26 鎌倉前期の武士。父は小野田兼広。藤九郎と称する。妻の母(比企尼)が源頼朝の乳母だったので、早くから頼朝に仕えた。一一八四年(元暦元)頃上野国の国奉行人に任じられる。九九年(正治元)頼朝の死を契機に出家し蓮西と号したが、将軍頼家にかわって訴訟を扱う一三人の有力御家人の一人に選ばれた。三河国守護でもあった。

あだちもりむね【安達盛宗】 ?～1285.11.- 鎌倉中期の武士。父は泰盛。肥後国守護代。一二八四年(弘安七)九州地方を三分して訴訟を担当する鎮西特殊合議制訴訟機関が設置され、豊前・豊後・日向三国を担当。八五年泰盛が討たれたときに、博多で同じく討たれた。

あだちやすもり【安達泰盛】 1231～85.11.17 鎌倉中・後期の武士。父は義景、母は伴野時長の女。通称城九郎。得宗の外戚の家に生まれ、幕政の中心にあった。一二五六年(康元元)評定衆となり、さらに越訴奉行・肥後国守護・秋田城介などにつく。元寇の際には御恩奉行として御家人の恩賞の審査にあたった。八四年(弘安七)得宗北条時宗の死後は、内管領の平頼綱とともに新得宗の北条貞時を補佐し、弘安徳政とよばれる政治改革を推進。やがて頼綱と対立、八五年頼綱の訴えをいれた貞時の命により、謀反の疑いありとして攻め滅ぼされた(霜月騒動)。

あだちよしかげ【安達義景】 1210～53.6.3 鎌倉中期の武士。父は景盛、母は武藤頼資の女。城太郎と称する。一二三九年(延応元)評定衆に加わる。北条経時・同時頼の執権の時期、外戚として幕政の中心にあった。四七年(宝治元)時頼に訴え、かねて対立していた三浦氏を攻め滅ぼした(宝治合戦)。五三年(建長五)病により出家して高野山に入山。

あだのひめ【吾田媛】 「日本書紀」で武埴安彦命の妻とされる伝説上の人物。崇神一〇年、夫とともに謀反をおこし、吾田媛は倭の香山の土を領巾に包んで呪詛し、武埴安彦命は山背から、吾田媛は大坂から磯城瑞籬宮を攻めようとしたが、崇神に派遣された吉備津彦命によって大坂で殺された。

アタハイ【阿塔海】 1234～89.12.- 中国の元の武将。モンゴルのスルドス(遜都思)氏。卜花の子。諡は武敏。南宋の討伐に活躍。一二八一年、病気のアラハン(阿剌罕)にかわって、征日本行省の右丞相に任じられ、弘安の役で江南軍の総司令官となる。日本に進発するが大風にあって遠征は失敗。八三年、再び征日本行省の右丞相に任じられたが、第三次遠征は中止された。死後、順昌郡王に追封。

アダムズ William Adams 1564.9.24～1620.4.24 日本に来日した最初のイギリス人で徳川家康の側近。ケント州ジリンガム生れ。造船業を学び、地中海航路で働いた後、一五九八年オランダのロッテルダム会社東洋派遣艦隊の水先案内としてリーフデ号に乗船。一六〇〇年(慶長五)豊後国臼杵湾に漂着し、大坂で家康と会見。以後その側近・外交顧問として仕え、幾何学・数学・地理学などを講じ、イギリス型の帆船を建造。江戸の日本橋近辺(按針町)に邸を、相模国三浦郡逸見に二〇〇余石の知行地を与えられ三浦按針と名のった。一三年イギリス東インド会社が日本にクロープ号を派遣すると、その司令官セーリスの平戸イギリス商館開設を援助し、会社の使用人としてシャム貿易に、またみずから朱印船主として安南・トンキン貿易に従事。二〇年(元和六)平戸で病死。

あちき【阿直岐】 「古事記」では阿知吉師。阿直岐氏の祖とされる伝説上の人物。「日本書紀」応神一五年に、百済王が阿直岐を派遣して良馬二匹を献じ、阿直岐は太子の菟道稚郎子の師となったが、さらに優れた博士として王仁を推薦したという。阿直岐の名は、応神朝に日本に派遣された阿華王の王子直支の変化したもので、本来は阿知使主と同一人物であったと思われる。

あちのおみ【阿知使主】 阿智使主・阿智王・阿知直とも。東漢氏の祖とされる伝説上の人物。「日本書紀」によれば応神二〇年に子の都加使主と党類一七県を率いて渡来し、三七年には工女を求めて呉に派遣されたという。阿知使主の名は阿直岐と酷似し、応神朝に日本に派遣された百済の阿華王の王子直支の名が、直支→阿直岐→阿知使主のように変化したものであろう。坂上系図などでは、後漢の霊帝の子孫とするが、八世紀以後に造作された伝承である。

あちゃのつぼね【阿茶局】 1555.2.13～1637.1.22 徳川家康の側室。甲斐国武田氏の家臣飯田直政の女。名は須和。今川氏の家臣神尾忠重の妻となるが、その没後家康に仕えて阿茶局と称した。陣中にも従い、大坂冬の陣では和睦の使者も勤めた。徳川秀忠の女和子(東福門院)入内の際には母の名代として上洛。一六二三年(元和九)皇女(明正天皇)誕生のおりも在京して従一位に叙された。二六年(寛永三)徳川秀忠・家光の上洛にも加わるなど、家康没後も活躍し、秀忠没後は雲光院と称した。

あつあきらしんのう【敦明親王】 994.5.9～1051.1.8 三条天皇の第一皇子。母は藤原済時の女娍子。一〇一六年(長和五)三条天皇は後一条天皇に譲位すると同時に、敦明を皇太子に立てた。しかし、彼の立太子には敦良親王(後朱雀天皇)を立てたい藤原道長らの反発があり、翌一七年(寛仁元)父三条の死後、敦明は孤立にたえきれず皇太子を辞退。以後院号をうけて小一条院と号し、太上天皇に準じる待遇をうけた。

あつただいぐうじけ【熱田大宮司家】 熱田神宮大宮司の一族。尾張国造となった小豊命を祖とする尾張氏を起源とし、古代以来、この地を支配していた有力豪族により神宮の祭祀権も伝えられた。平安時代頃から大宮司職が形成されて相伝され、国内でも一定の勢力をもった。一一世紀末には一族の松御前と尾張目代藤原季兼との間に生まれた季範に大宮司職が補任され、以後、藤原氏により継承された。季範以降、公家や幕府との関係を深くして京官に補任され、経済的にも発展をとげる一方で、一族が分裂し、季範の孫の憲朝の家系の千秋氏により大宮司職が継承された。明治期には男爵を授けられた。

あつただいぐうじすえのり【熱田大宮司季範】 1090～1155 藤原季範のこと。藤原南家貞嗣流で、藤原氏系熱田大宮司家の祖。その女は源義朝との間に頼朝を生む。父は尾張国の目代藤原季兼、母は熱田大宮司尾張員職の女。父季兼とともに三河国額田郡に住んでいたらしく額田冠者とも号した。のちに外祖父の員職から熱田大宮司職を譲りうけ、熱田大宮司は旧国造である尾張氏から藤原氏の手に移った。

あつただいぐうじのりなお【熱田大宮司範直】 生没年不詳。鎌倉前期の熱田大宮司。但馬守。熱田大宮司保範の子。母は不詳。京都白川に居住したため白川大宮司と号した。京官だったが、一二二〇年(承久二)大宮司に就任。承久の乱では後鳥羽上皇側についたため、乱後に大宮司職を解任。

あつただいぐうじまさよし【熱田大宮司昌能】 生没年不詳。南北朝期の熱田大宮司。南朝方に属し、建武の新政後は武者所の結番にその名がみえ、一三三六年(建武三・延元元)後醍醐天皇の比叡山行幸にも従った。東海地区の南朝方の拠点として知多半島の波豆城をおさえ、東国や伊勢大湊などとの海上交通を確保したことで知られ、美濃国守護代などとの合戦の記録もみえる。

あつみかいえん【渥美契縁】 1840.7.～1906.4.16 明治期の真宗の僧侶。別称見白山人。伊勢国生れ。明治初年以降、宗政家の道を歩む。東本願寺寺務総長・権大僧正。

あつみきよし【渥美清】 1928.3.10～96.8.4 昭和期の俳優。東京都出身。本名田所康雄。旧制巣鴨中学卒。浅草フランス座のコメディアンとして芸を磨き、一九六九年(昭和四四)にスタートした「男はつらいよ」(監督山田洋次、松竹)の主役車寅次郎役で人気を博し、全四八作の長期シリーズとなった。葛飾の柴又帝釈天近くの団子屋を舞台とした下町人情話が国民的人気を獲得できたのは、テキヤの啖呵売の名調子などにみられる渥美清の芸術性によるところが大きい。九六年(平成八)国民栄誉賞追贈。

あつみしんのう【敦実親王】 893～967.3.2 宇多天皇の第八皇子。母は藤原高藤の女胤子。醍醐天皇の同母弟。一五歳で親王になり、上野太守・中務卿・式部卿を歴任、一品に昇る。九五〇年(天暦四)僧となり(法名覚真)、仁和寺に住した。諸般の芸能に通じた才人で六条宮を称した。室は藤原時平の女。その子雅信・重信らは源朝臣を賜姓され、宇多源氏の祖となる。

あつみちしんのう【敦道親王】 981～1007.10.2 冷泉天皇の第四皇子。母は藤原兼家の女超子。三条天皇の同母弟。大宰帥に任じられた。藤原道隆の女、同済時の女を妃としたが別離し、和泉式部と恋愛関係にあったことが「和泉式部日記」「栄花物語」、和泉式部の詠歌などにみえる。

あつやすしんのう【敦康親王】 999.11.7～1018.12.17 一条天皇の第一皇子。母は藤原道隆の女定子。二歳で親王となり、大宰帥・式部卿を歴任、一品・准三宮に昇る。母の死去と外戚家の没落により、幼時から藤原彰子(一条天皇中宮)に養育され、同道長の庇護をうけた。一条天皇は譲位に際し(一〇一一年)、敦康の立太子も考慮したが、道長の外孫ではないことにより断念した。室は具平親王の女(藤原頼通の室妹)。女の嫄子は頼通の養女となり、後朱雀天皇の中宮に立てられている。

あてるい【阿弖流為】 ?～802.8.13 大墓公阿弖利為とも。八世紀後半～九世紀初頭の陸奥国胆沢地方の蝦夷の首長。七八九年(延暦八)征東大将軍紀古佐美以下の政府軍を迎え討ち勝利した。しかし征夷大将軍となった坂上田村麻呂が八〇一年に征討を始めると、翌年四月、盤具公母礼とともに五〇〇余人を率いて降伏した。七月、京に送られ、田村麻呂の助命嘆願の甲斐なく、八月に河内国杜(椙)山で斬首された。

アトキンソン Robert William Atkinson 1850～1929.12.10 イギリスの化学者。一八七四年(明治七)御雇外国人として来日。東京開成学校で化学を教え、日本の伝統的な産業を研究した。著書「日本酒造篇」。

アドネ Mathieu Adnet 1813.12.8～48.7.1 パリ外国宣教会司祭。フランス人。パリ外国宣教会は、一六五三年フランス語を母国語とする神父たちのアジア伝道をめざす宣教会として創設。一八四六年(弘化三)同教会司祭フォルカードの命令で琉球の那覇にいたる。日本入国をめざしたが、天久の聖現寺に軟禁され、四八年(嘉永元)同地で病死。

あとのおたり【安都雄足】 生没年不詳。奈良後期の下級官人。山城国紀伊郡拝志郷出身か。はじめ造東大寺司に勤務していたが、手腕をかわれて越前国史生として赴任し、東大寺領荘園の経営にあたった。帰京後は造東大寺司主典となる。近江国造石山寺所別当としても活躍し、職務にともなう私富形成が注目されている。

あとべよしあきら【跡部良顕】 1658～1729.1.27 江戸前・中期の神道家。初名は良賢、宮内と称し、号は重舒斎、霊社号は光海。家は二五〇〇石取の旗本。一六八三年(天和三)駿府御定番中に浅間神社神主から神道説を聞き、のち伴部安崇・佐藤直方らに儒学を学ぶ。山崎闇斎の弟子から排斥されたため闇斎の学問を独学し、正親町公通から垂加神道の奥義を伝授された。著書に「南山編年録」「神道中国之説」などがあり、闇斎の神儒合一思想を発展させた。

あとべよしすけ【跡部良弼】 ?～1868.12.20 幕末期の幕臣。老中水野忠邦の実弟。大坂東町奉行時代、大坂から江戸への米回送を強行して大塩平八郎の乱を招いた。大目付・勘定奉行・南町奉行を歴任して天保の改革を推進したが、兄忠邦とともに失脚。一八五一年(嘉永四)復帰し、講武所総裁や北町奉行として活躍したが、井伊直弼政権では再び左遷。六〇年(万延元)に復帰、和宮降嫁や文久の改革に尽力。側御用取次・若年寄まで昇進し、最後まで幕府の要職にいた。

あとみかけい【跡見花蹊】 1840.4.9～1926.1.10 明治・大正期の女性教育者。本名滝野。摂津国生れ。和漢学や円山派の絵画に優れ、郷士の父跡見重敬の私塾を助けた。のち京都に移って私塾を開き、上流家庭の子女に絵画・書・詩文を教える。一八七〇年(明治三)上京、七五年神田神保町に跡見学校(現、跡見学園)を創立し教育にあたった。

あなほべのはしひとのひめみこ【穴穂部間人皇女】 ?～621.12.21 用明天皇の皇后。穴太部間人王(「上宮聖徳法王帝説」)・孔部間人公主(「天寿国繡帳」)・泥部穴穂部皇女(「日本書紀」)などとも記す。欽明天皇の皇女。母は蘇我稲目の女小姉君。聖徳太子・来目皇子・殖栗皇子・茨田皇子を生む。用明没後、田目皇子(用明の皇子、母は稲目の女石寸名)に嫁して佐富女王をもうける。大和国平群郡に陵墓(竜田清水墓)がある。

あなほべのみこ【穴穂部皇子】 ?～587.6.7? 天香子皇子・住迹皇子・泥部穴穂部皇子とも。欽明天皇の皇子。母は蘇我稲目の女小姉君。崇峻天皇の同母兄。敏達天皇の殯宮に仕えていた炊屋姫皇后を犯そうとしたが、三輪君逆に制せられたので、彼を物部守屋に殺させた。用明天皇の死後、守屋に推されて皇位を狙ったが、蘇我馬子の命をうけた軍に宮を囲まれ、殺された。

あなみこれちか【阿南惟幾】 1887.2.21～1945.8.15 昭和前期の軍人。陸軍大将。大分県出身。陸軍士官学校(一八期)・陸軍大学校卒。参謀本部員・侍従武官・陸軍省人事局長などを歴任。一九三九年(昭和一四)陸軍次官となり、翌年の陸軍による米内内閣倒閣に関与。のち第二方面軍司令官・航空総監などをへて、四五年四月鈴木貫太郎内閣に陸相として入閣。ポツダム宣言の条件付き受諾を主張した。同年八月一五日自決。

あなやまし【穴山氏】 戦国大名甲斐武田氏の一族。室町中期、武田信重の子信介が穴山村(現、山梨県韮崎市)を支配して以来、穴山氏を名のった。信君(梅雪)は父信友のあとをうけて、下山(現、身延町)を本拠に甲斐南部を支配、一五七五年(天正三)駿河国江尻城主となった。八二年、武田氏滅亡直前に織田信長に降伏。本能寺の変後、徳川家康とともに和泉国堺から帰国の途中、一揆により殺される。八七年、その子勝千代の死により断絶。

あなやまばいせつ【穴山梅雪】 1541～82.6.4 戦国期の武将。甲斐国河内(富士川流域)の領主。信友の子。実名信君。入道して梅雪斎不白。武田氏の親族で有力な部将。武田氏の駿河進出にともない、一五七五年(天正三)江尻城主となる。駿河経営にあたったが、八二年徳川家康に攻められ降伏。直後に織田信長は武田氏を滅ぼしたが、梅雪は本領を安堵された。同年安土で信長と対面、和泉国堺で本能寺の変を知り、急ぎ帰国する途中、山城国宇治田原で一揆に殺害された。

あねがこうじきんさと【姉小路公知】 1839.12.5～63.5.20 幕末期の公家。公前の長男。母は中院通繫の女。一八五七年(安政四)家督、のち正四位下右近衛権少将。五八年日米修好通商条約勅許に反対し尊攘派として活躍。六二年(文久二)三条実美と攘夷督促の勅使として江戸に赴く。同年国事御用掛、翌年国事参政。六三年勅命により摂海防備を巡見。同年御所から退出の途中暗殺される。贈参議左近衛中将。

あねがこうじけ【姉小路家】 ㊀飛騨国司家。三国司家の一つ。藤原師尹の子済時が姉小路を称したのに始まるという。建武新政のとき家綱が飛騨国司に任じられ、南朝方として活躍。のち三家に分立し国司を世襲。一六世紀中頃、絶家となっていた古河姉小路家の名跡を三木良頼が継承、子の自綱が飛騨一国を制した。一五八五年(天正一三)豊臣秀吉軍に攻められ滅亡。㊁藤原氏北家閑院流三条実房の子公宣を始祖とする公家。南北朝期、六代実広の代で中絶。一六一三年(慶長一八)同流の阿野実顕の子公景が家名を再興するが、新家とされる。家格は羽林家。家禄二〇〇石。江戸中期の姉小路公文は議奏・武家伝奏を歴任、妹の定子は桃園天皇の生母。幕末の公知は尊攘派公家として有名。維新後、公義のとき伯爵。

あねがこうじのつぼね【姉小路局】 1795～1880.8.9 江戸後期の大奥上臈年寄。公家の橋本実誠の女。名はいよ。一八〇九年(文化六)有栖川宮喬子女王が徳川家慶に入輿する際同行し江戸城大奥に入る。一一代将軍徳川家斉の女和姫が毛利斉広に嫁ぐときに小女臈として従ったが、和姫没後に大奥へ戻る。家慶の代には上臈年寄として勢力をもつ。五三年(嘉永六)家慶没後、落飾して勝光院と号し、毛利家檜屋敷に隠退。和宮降嫁問題では生家の縁もあり上京して奔走した。

あねがこうじよりつな【姉小路自綱】 1540～87.4.- 戦国期～織豊期の武将。初名光頼。父三木嗣頼(良頼)は飛騨の国人で、のち同国守護。国司古河姉小路家の名跡を称する。一五八二年(天正一〇)頃には白川を除く飛騨一円を支配下に収めた。越中の佐々成政と結んで豊臣秀吉に敵対したため、八五年、秀吉の命をうけた金森長近に攻撃され降伏。京都に逃れ隠退した。

あねさきまさはる【姉崎正治】 1873.7.25～1949.7.24 明治～昭和期の宗教学者。京都府出身。号は嘲風。東大卒。ドイツ留学をへて一九〇五年(明治三八)東京帝国大学に宗教学講座を開設。ハルトマンの「宗教哲学」の翻訳や宗教学・仏教研究、キリシタン史研究など多数の著作がある。ハーバード大学で日本文学・日本文化の客員教授も務めた。帝国学士院会員・貴族院議員。

あのけ【阿野家】 藤原氏閑院流の滋野井家庶流。滋野井実国の養子公佐(実父は後白河上皇の近臣藤原成親)に始まる。四代公廉の女廉子は後醍醐天皇の寵愛をうけ、後村上天皇・恒良親王らを生み権勢をふるった。その関係から南朝に伺候する者が多く、後亀山天皇に仕えた実為は内大臣に任じられた。江戸時代の家格は羽林家、家禄は四七八石余。神楽の家。幕末の公誠は議奏を勤めた。維新後、実允のとき子爵。

あのさねかど【阿野実廉】 1288～? 鎌倉後期～建武新政期の公卿。公廉の子。後醍醐天皇の妃新待賢門院廉子の兄。鎌倉に下向して将軍守邦親王に仕えた。一三三三年(元弘三)幕府滅亡直前に北条高時の追討をうけ、のがれて新田義貞と合流し討幕に参加。同年帰京し、成良親王に従い鎌倉に入るが、中先代の乱で鎌倉を離れた。三六年(建武三・延元元)出家。

あのさねため【阿野実為】 ?～1399? 南北朝期の南朝方の公卿。父は実村。一三七七年(永和三・天授三)当時大納言であったことが「嘉喜門院集」袖書からわかる。のち内大臣。後亀山天皇の生母の父にあたるらしい。南北朝合一ののち天皇に従って京都嵯峨に隠棲し出家、法名巨円。

あのぜんじょう【阿野全成】 1153～1203.6.23 平安後期～鎌倉前期の武将・僧侶。「ぜんせい」とも。父は源義朝、母は常盤御前。幼名は今若。悪禅師と称する。義朝の死後、京都醍醐寺に入り僧となる。一一八〇年(治承四)兄頼朝の挙兵を知り合流。のち駿河国阿野(現、静岡県沼津市周辺)に住む。一二〇三年(建仁三)謀反の疑いで、将軍源頼家の命により殺された。

あのときもと【阿野時元】 ?～1219.2.22 鎌倉前期の武将。父は全成、母は北条時政の女阿波局。源氏の一門。一二一九年(承久元)将軍源実朝の暗殺直後、謀反の疑いで幕府軍に攻められ自害。

アーノルド Edwin Arnold 1832.6.10～1904.3.24 イギリスのケント州生れ。ロンドン大学・オックスフォード大学卒。イギリスとインドで教師を務めたのち、本国で「デーリー・テレグラフ」の記者・主筆となる。特派記者として世界巡遊の途中、一八八九年(明治二二)来日して約二年間滞在。東洋や日本を欧米に紹介した。詩人としても知られ、長編詩「アジアの光」は著名。

あのれんし【阿野廉子】 ⇩新待賢門院

アビラ・ヒロン　Bernardino de Avila Girón 生没年不詳。一五九四～一六一九年(文禄三～元和五)長崎に居住したスペイン商人。フランシスコ会使節とともに平戸に上陸し、長崎を拠点に薩摩・有馬・口之津など日本各地のほか、東南アジア方面へ旅行した。日本で見聞したことをもとに「日本王国記」を著した。

あぶつに【阿仏尼】 ?～1283.4.8　鎌倉中期の歌人。女房名は安嘉門院四条。実父母は不詳。平度繁の養女。日記「うたたね」は若き日の失恋の顛末を記したもの。三〇歳頃藤原為家の側室となり、冷泉為相らを生む。為家没後、播磨国細川荘の相続をめぐり、嫡妻の子為氏と争い、一二七九年(弘安二)訴訟のため鎌倉に赴く。その折の紀行と鎌倉滞在の記が「十六夜日記」である。訴訟の結果をみずに六〇余歳で鎌倉で没した(帰京後没したとする説もある)。「弘安百首」などに参加。関東一〇社に勝訴を祈願して奉納した「安嘉門院四条五百首」や「安嘉門院四条百首」などがある。歌論書に「夜の鶴」があり、為相にはじまる冷泉派歌学の礎を築いた。

あぶらのこうじけ【油小路家】 藤原氏北家末茂流の西大路家支流。羽林家。南北朝期、西大路隆政の次男隆蔭に始まる。一五三五年(天文四)隆継の死により中絶。一六一九年(元和五)内大臣広橋兼勝の子隆基が相続して再興。江戸時代の家禄は一五〇石。江戸中期の隆前は議奏・武家伝奏を歴任し、従一位に任じられた。維新後、隆晃のとき伯爵。

あぶらやじょうゆう【油屋常祐】 ?～1579.7.4　浄祐とも。戦国期～織豊期の堺の商人・茶人。本姓伊達。父常言、息子常悦など一族で茶をたしなむ。油屋肩衝、曜変天目などの名物茶器を所持。「天王寺屋会記」によると一五六九年(永禄一二)一月九日、七二年(元亀三)閏一月二五日に、天王寺屋津田宗及ら堺の商人を招いて茶会を行っている。

あべいいわね【安部井磐根】 1832.3.17～1916.11.19　明治期の政治家。陸奥国二本松藩士の子。維新後若松県監査・同参事などを歴任。一八七八年(明治一一)福島県議、ついで同議長。安達郡郡長となるが三島通庸県令と対立して辞職。第一回総選挙から衆議院議員四回当選。大日本協会を組織して対外硬運動を推進、第二次伊藤内閣と対立。のちに国民同盟会にも参加した。

あべいそお【安部磯雄】 1865.2.4～1949.2.10　明治～昭和期の社会主義者。筑前国生れ。同志社に学び、海外留学から帰国後、東京専門学校講師となる。キリスト教的人道主義の立場から社会主義を唱え、一九〇一年(明治三四)社会民主党を結成した。一〇年の大逆事件以後、社会主義運動から退き、学生野球などのスポーツ振興に尽力。二四年(大正一三)日本フェビアン協会を創立、同年六月大山郁夫らと政治研究会をつくる。二六年(昭和元)労働農民党の結成を指導し、同年一二月右派の社会民衆党を結成して委員長、三二年七月にはその後身の社会大衆党の委員長となった。その間二八年の総選挙から四度衆議院議員に当選し、第二次大戦後は日本社会党の顧問となる。

あべいちろべえ【阿部市郎兵衛】 布市・紅市とよばれた近江国神崎郡能登川の近江商人の世襲名。麻布の行商に従事し、とくに五代目(一八三五没)は自宅で延売りによる麻布販売を採用して発展の基礎を固め、六代目(一八五六没)は蝦夷地の魚肥、奥羽の紅花、丹後の縮緬も取り扱って商圏を広げた。七代目(一九〇四没)はペイント製造所・製紙所・化学肥料製造所をおこし、金巾製織・近江鉄道の発起人兼社長を務めるなど近代産業の設立経営につくした。

あべうじ【安倍氏】 ❶平安時代東北地方の豪族。中央氏族の阿倍氏と同じく大彦命を祖と称する系譜もあるが不詳。一一世紀前半の忠頼・忠良父子以来、奥六郡(陸奥国北部、衣川以北の胆沢・江刺・和賀・稗貫・紫波・岩手の六郡)で俘囚の長として勢力を振う。忠良の子頼時に至り、支配圏を拡大しようとして中央政府と衝突。この前九年の役の過程で頼時および子の貞任は戦死、宗任は捕虜となり、安倍氏は滅亡した。津軽安藤氏・出羽秋田氏・九州松浦党などは安倍氏の子孫と称する。

❷平安中期以降陰陽道・天文道に多くの人材を輩出した氏。すべて安倍晴明の子孫。この安倍氏も吉志舞を奉仕することから大化前代以来の名族阿倍氏とつながっていると思われるが、詳細は不明。系図類では右大臣阿倍御主人の末裔とするが疑問。平安後期以降は天文道での支配的地位を独占し、陰陽道でも賀茂氏とその地位を二分。近世以降は嫡流の土御門家が陰陽道・暦道をも独占的に支配した。

あべうじ【阿倍氏】 安倍とも。❶大和国十市郡安倍(現、奈良県桜井市)を本拠としたと考えられる古代の豪族。その祖は「日本書紀」では孝元天皇の皇子大彦命、「古事記」では大彦命の子建沼河別命とする。大化の改新で左大臣に任じられた阿倍内(倉梯)麻呂、斉明朝で蝦夷を討ち粛慎に兵を進めた阿倍比羅夫はこの系譜に属すると考えられるが、相互の関係などは明らかでない。六八四年(天武一三)朝臣姓

阿部氏略系図

```
正勝┬忠吉—忠秋〔壬生藩・忍藩〕＝正能—正武—正喬＝正允＝正敏—正識＝正由—正権〔白河藩〕＝正篤＝正瞭＝正備＝正定＝正者＝正外＝正静〔棚倉藩〕＝正功(子爵)
    └正次〔武蔵一宮藩・岩槻藩〕┬政澄—正令〔大多喜藩〕(正能)
                              └重次┬定高—正邦〔宮津藩・福山藩〕—正福—正右—正倫—正精—正寧＝正弘＝正教＝正方＝正桓(伯爵)
                                    └正春〔大多喜藩・刈谷藩〕—正鎮〔佐貫藩〕
```

を賜ったが、その頃には布勢・引田などの数系統にわかれ、六九四年(持統八)布勢御主人が阿倍諸氏の氏上となった。🈔古代東北地方の豪族。なかでも七六九年(神護景雲三)以降数回にわたって賜姓された阿倍磐城臣・阿倍会津臣・阿倍信夫臣・阿倍安積臣・阿倍柴田臣・阿倍陸奥臣などは郡司クラスの豪族であり、もとは丈部を称する者が多い。中央氏族の阿倍氏との関係は不明であるが、大化前代の阿倍氏の管掌下に丈部がおかれたことにかかわるか。前九年の役で滅んだ安倍氏との関係は不明。

あべこうぼう【安部公房】 1924.3.7～93.1.22 昭和期の小説家・劇作家。本名公房。東京都出身。東大医学部卒。敗戦で満州から引き揚げ、文筆活動に入る。「壁—S・カルマ氏の犯罪」で一九五一年(昭和二六)芥川賞受賞。閉塞状況下の人間を超現実的な手法で描いた作品は国際的にも評価された。代表作「砂の女」「他人の顔」「方舟さくら丸」。演劇分野でも岸田演劇賞受賞。

あべさだゆき【阿部貞行】 1827.7.17～85.6.23 明治前期の土地開拓指導者。陸奥国安積郡郡山の商家小野屋に生まれる。通称茂兵衛。藺の輸出で巨利を得、福島県令の奨励に応じ一八七三年(明治六)商人二四人を募り開成社を組織、安積郡大槻原を開墾し、桑を植え桑野村を開いた。この事業は安積疏水開墾工事にひきつがれた。

あべし【阿部氏】 江戸時代の譜代大名家。代々徳川氏に仕え、三代正勝は家康の今川人質時代からの側近で、関東入国後武蔵国で五〇〇〇石を領した。その子正次は一六二三年(元和九)武蔵国岩槻で五万五〇〇〇石余を領し、のち加増。また大坂城代を勤めた。子の重次は徳川家光のもとで老中となり、四八年(慶安元)には岩槻で九万九〇〇〇石を領した。その後数度の転封をへて、一七一〇年(宝永七)正邦のとき備後国福山一〇万石に移り、以後代々福山藩主。維新後伯爵。幕末の老中阿部正弘は同藩主。分家に陸奥国棚倉藩主一〇万石(のち六万石)、上総国佐貫藩主一万六〇〇〇石などがあり、いずれも維新後子爵。

あべしげたか【阿部重孝】 1890.2.11～1939.6.5 昭和前期の教育学者。新潟県出身。東大卒。文部省普通学務局第一課主任を務め、一九一九年(大正八)に東京帝大助教授、のち教授となる。教育の実証的・統計的研究の分野を切り開いて教育制度改革論を展開し、近衛文麿のブレーン組織の教育改革同志会に参加し中心的な役割をはたした。第二次大戦後の六・三・三制の学制案などにも影響を与えた。「阿部重孝著作集」がある。

あべしげつぐ【阿部重次】 1598～1651.4.20 江戸前期の老中。父は正次。山城守・対馬守。はじめ三浦重成の養子となり、徳川秀忠の近習を勤めた。一六一九年(元和五)従五位下山城守。二八年(寛永五)兄政澄の死で阿部家に復する。三二年小姓組番頭に進み、翌年六人衆となり幕政に参画、対馬守に改める。三五年一万三〇〇〇石。三八年武蔵国岩槻藩主を継ぎ、五万九〇〇〇石余を領した。同年一一月七日老中。四八年(慶安元)父の遺領とあわせ九万九〇〇〇石。五一年四月徳川家光に殉死。

あべしょうおう【阿部将翁】 ?～1753.1.26 江戸中期の本草家。名は照任、通称は友之進。陸奥国盛岡生れ。一七二二年(享保七)幕府の本草家募集に応じて採薬使に任じられ、のち植村政勝・松井重康らと諸国に採薬。二六年「御注書」を上申、人参・甘蔗・古貝(パンヤ)・黄芩(コガネヤナギ)などの栽培を建議。二八年江戸紺屋町の薬用植物の管理を命じられる。延宝年間(一六七三～八一)に清国に漂着し医学と本草学を学んだという説もある。著書「上言本草」「採薬使記」。

あべじろう【阿部次郎】 1883.8.27～1959.10.20 明治～昭和期の哲学者。山形県出身。東大卒。夏目漱石の門下。一九二二年(大正一一)文部省在外研究員として渡欧、翌年帰国して東北帝国大学教授となり、四五年(昭和二〇)の定年退官まで美学を担当した。一八年に刊行した「三太郎の日記」によって大正教養主義を代表した。昭和期に入って「徳川時代の芸術と社会」「世界文化と日本文化」で日本の文化を論じた。

あべしんぞう【阿部真造】 1831～88.3.21 幕末～明治期のキリスト教徒。本名貞方良輔(次平太)。長崎生れ。唐通事書役。一八六七年(慶応三)頃受洗、大浦天主堂に隠れプティジャン版教書出版を手伝う。六九年(明治二)浦上四番崩れの際「夢醒真論」を出版して政府を批判。香港・上海にのがれ、七一年帰国。その後棄教し、教部省から教導職に採用され、排耶書「弁正洋教」を編む。

あべしんのすけ【阿部真之助】 1884.3.29～1964.7.9 大正・昭和期のジャーナリスト。埼玉県出身。東大卒。一九一一年(明治四四)「東京日日新聞」(のち「毎日新聞」)に入社。学芸部で活躍し、四九年(昭和二四)に社友となるまで主筆・取締役などの要職につく。六〇年日本放送協会会長に就任。著書「犯罪社会学」「近代政治家評伝」。

あべすえひさ【安倍季尚】 1622.6.7～1708.12.21 江戸前期の雅楽家。京都生れ。篳篥を業とする京都方楽人の家に生まれ、宮廷や関係寺社で雅楽の演奏にあたった。六九歳のときに大部の雅楽書「楽家録」五〇巻を完成。ほかに打物譜「三鼓要録」の著書がある。

あべたいぞう【阿部泰蔵】 1849.4.27～1924.10.22 明治・大正期の実業家。三河国生れ。福沢諭吉門下。大学南校教授などをへて、一八八一年(明治一四)明治生命の設立に参画、頭取に就任。八八年火災保険会を創設、九一年明治火災に改組し、会長に就任。九六年保険業法の策定にも尽力した。

あべただあき【阿部忠秋】 1602.7.19～75.5.3 江戸前期の老中。父は忠吉。豊後守。幼少から徳川家光に近侍し、一六二三年(元和九)小姓組番頭。三三年(寛永一〇)三月、六人衆として幕政に参画。同年五月には年寄並となり、三五年一〇月老中に昇格。以後六六年(寛文六)まで幕閣の重鎮として活躍。この間、三五年に下野国壬生藩主、三九年に武蔵国忍藩主となり、五一年(慶安四)侍従に進む。数度の加増をうけ、六三年には八万石を領した。

あべともじ【阿部知二】 1903.6.26～73.4.23 昭和期の小説家・評論家・英文学者。岡山県出身。東大英文科卒。一九三〇年(昭和五)小説「日独対抗競技」、評論集「主知的文学論」などによって文壇にデビュー。第一次大戦後の西欧文学の流れをくむモダニズムの文学者として活躍。昭和一〇年代には「冬の宿」など多くの作品を発表し、自由主義的立場から知識人の内面を描いた。「白鯨」の翻訳などメルビル研究でも業績をあげた。

あべのうちのまろ【阿倍内麻呂】 ?～649.3.17 阿倍倉梯麻呂とも。大化の改新時の左大臣。阿倍内・阿倍倉梯は複姓。推古朝の大夫阿倍内鳥の子か。六二四年(推古三二)蘇我馬子が推古天皇に葛城県の譲渡を請うたときに使者を勤め、六二八年に蘇我蝦夷のもとで田村皇子(舒明天皇)の擁立を図る。改新政府の左大臣としての事績は不詳だが、百済大寺の造寺司となった。六四七年(大化三)冠位十三階制の施行時、古冠をつけたという。安倍寺(崇敬寺)を建立。

あべのおたらしひめ【阿倍小足媛】 男足媛とも。生没年不詳。孝徳天皇の第一妃。阿倍内麻呂の女。六四〇年(舒明一二)有間皇子を生む。六四四年(皇極三)中臣鎌足が神祇伯就任を辞退して摂津国三島に隠棲し、軽皇子(孝徳天皇)の宮に宿泊したときに世話をした寵妃阿倍氏に比定される。

あべのさだとう【安倍貞任】 ?～1062.9.17 平安中期の陸奥国の豪族。頼時の子。厨川二郎と称する。一〇五六年(天喜四)陸奥権守藤原説貞の子弟を襲撃し、前九年の役が勃発。翌年、父が戦死したあと、弟宗任とともに源頼義の軍を破ったが、六二年(康平五)頼義が清原武則の支援をうけて攻勢に転じ、厨川柵(現、盛岡市)の戦で負傷し捕らえられ死亡。三四歳または四四歳ともいう。衣川柵(現、岩手県平泉町あるいは衣川村)の戦の際、源義家と交わした問答歌の逸話は有名。

あべのすくなまろ【阿倍宿奈麻呂】 ?～720.1.10/24 少麻呂とも。奈良時代の公卿。比羅夫の子。七〇四年(慶雲元)引田朝臣から阿倍朝臣に改姓。持統天皇没時に造大殿垣司、文武天皇大葬時に造御竈司、七〇八年(和銅元)に造平城京司長官を勤めた。参議をへずに中納言・大納言に進んだ。藤原仲麻呂に算術を教授したという。

あべのせいめい【安倍晴明】 921～1005.12.16/9.26 「はるあきら」とも。平安中期の陰陽道・天文道の達人。大膳大夫益材の子で、陰陽道安倍氏の祖。九六〇年(天徳四)天文得業生のとき、焼失した節刀の形状を勘申したのを初見とし、以後天文博士・左京権大夫などを歴任、一〇〇五年(寛弘二)中宮行啓に反閇奉仕したのを最後とする。賀茂忠行・同保憲を師として天文道を学んだ。生前から名声高く、平安後期以降安倍氏の隆盛とともに伝説化された。著書「占事略決」。

あべのなかまろ【阿倍仲麻呂】 698?～770? 安倍とも。奈良時代の遣唐留学生、のち唐の高官。中務大輔船守の子。七一七年(養老元)吉備真備らとともに入唐、名を仲満と改める。のち朝衡・晁衡ともいう。太学に学んで盛名を得、左春坊司経局校書・左拾遺・左補闕・儀王友・衛尉少卿・秘書監を歴任。七五三年帰国に失敗して安南に漂着。長安に戻り、左散騎常侍・鎮南(のち安南と改称)都護・安南節度使を歴任、没後に潞州大都督を贈られた。この間李白・王維らと親交を結び、「あまの原ふりさけみれば云々」の歌を残す。

あべのひらふ【阿倍比羅夫】 生没年不詳。七世紀中期の武人。阿倍引田臣。越国守として六五八年(斉明四)四月、船師一八〇艘を率いて齶田・渟代の蝦夷を討ち、彼らに冠位を授け郡領に任じた。六六〇年には粛慎を討ったらしい。翌年八月、百済救援軍の将軍となり(時に大花下)、六六三年(天智二)三月、二万七〇〇〇人を率いて発遣、八月に白村江で唐・新羅連合軍に敗れた。のちに大錦上。「続日本紀」は斉明朝の筑紫大宰帥と記す。

あべのひろにわ【阿倍広庭】 659～732.2.22 奈良時代の公卿。御主人の子。宮内卿・左大弁をへて七二二年(養老六)参議に列し、中納言へと進んだ。「万葉集」に四首、「懐風藻」に二首残す文人でもある。

あべのぶゆき【阿部信行】 1875.11.24～1953.9.7 大正・昭和期の陸軍軍人・政治家。石川県出身。陸軍大学校卒。陸軍省軍務局長などをへて一九二八年(昭和三)陸軍次官。宇垣一成陸相下で一時陸相臨時代理・軍事参議官をも務めるが、二・二六事件後に予備役に編入された。三九年平沼内閣のあとをうけて組閣、欧州大戦不介入を宣言し、日中戦争解決をめざしたが、短命に終わった。四〇年中国特派全権大使となり、汪兆銘と日華基本条約を締結。四二年翼賛政治会総裁。

あべのまなお【安倍真直】 阿倍とも。生没年不詳。平安初期の官人。左京の人。もと阿倍小殿朝臣を称し、八〇六年(大同元)阿倍朝臣を賜姓された。八〇八年平城天皇の勅を奉じて、出雲広貞とともに医方書「大同類聚方」一〇〇巻を撰進。このとき衛門佐従五位下兼左大舎人助相模介。以後少納言・左少将・左少弁などを勤めたことが知られるが、医家であったかどうか不明。

あべのみうし【阿倍御主人】 ?～703.閏4.1 七世紀後半の有力官人。布勢麻呂古の子。はじめ布勢御主人と称した。天武天皇の葬儀に三度誄を奉し、持統天皇の即位儀にも祝辞をのべた。六九四年(持統八)阿倍氏の氏上となる。以後、大納言・右大臣を勤め、没後の七〇四年(慶雲元)壬申の乱の功封の四分の一を子広庭に伝領することが許された。

あべのむねとう【安倍宗任】 生没年不詳。平安中期の陸奥国の豪族。頼時の子。鳥海三郎と称する。前九年の役では一〇五七年(天喜五)父の戦死後、兄貞任とともに源頼義と戦い、これを破った。六二年(康平五)頼義が出羽国の豪族清原武則・光頼兄弟の援助をうけると形勢は逆転、厨川柵(現、盛岡市)の戦で敗れ投降した。六四年伊予国に配流され、六七年(治暦三)大宰府に移されたという。その後は不明。女は奥州藤原氏の基衡の妻。

あべのやすちか【安倍泰親】 1110～83 平安後期の陰陽道・天文道の達人。陰陽頭泰長の子。雅楽頭・陰陽頭などを歴任し、占いに長じ「指神子」と称された。とくに政治上の予言が次々にあたったことが「台記」「玉葉」などの貴族の日記や「平家物語」などに記され、藤原頼長・九条兼実から絶大な信頼をうけた。また落雷をうけながら火傷一つしなかった話も伝わる。

あべのやすひと【安倍安仁】 793/795～859.4.23 平安初期の公卿。祖父は東人、父は寛麻呂。有能な官人で、六尺三寸の長身と伝える。はじめ校書殿に直宿していたが、山城大掾を皮切りに、八二六年(天長三)には蔵人、八三三年蔵人頭となり、その後参議・大納言と進んだ。嵯峨太上天皇の信任厚く、院別当として手腕をふるった。八四二年(承和九)の承和の変のち、立太子した道康親王の春宮大夫に任じられた。

あべのよしひら【安倍吉平】 954～1026.12.18 平安中期の陰陽家。晴明の子。陰陽博士・主計頭などを歴任、従四位上まで進んだ。父のあとを継いで、藤原道長をはじめ天皇・貴族のためにさまざまな占いや陰陽道祭祀を行う。兄弟の天文博士吉昌の死後に天文密奏の宣旨をうける。吉昌は父の師賀茂保憲に直接師事しており、吉平の師も保憲であった可能性がある。

あべのよりとき【安倍頼時】 ?～1057.7.26 平安中期の陸奥国の豪族。忠良の子。はじめ頼良と名のったが、源頼義との同訓をさけて改名。安大夫と称する。俘囚長として奥六郡の支配権を掌握し、衣川を越えて南下をはかり陸奥国守藤原登任と対立、これを破った。後任の国司源頼義に従ったが、一〇五六年(天喜四)戦闘となり、翌年、俘囚を味方に誘おうと鳥海柵に赴いたところを討たれた。

あべひこたろう【阿部彦太郎】 1840.7.21～1904.5.5 明治期の相場師・実業家。近江国生れ。維新前から大坂で米穀商を営む。一八七三年(明治六)大阪堂島米相場の買占めで巨利を得る一方、株・銀・綿糸・砂糖などの相場でも活躍。のち実業界に進出し、内外綿・大阪商船・東洋汽船などの重役を歴任。

あべまさつぐ【阿部正次】 1569～1647.11.14 江戸前期の大名。父は正勝。備中守。幼少から徳川家康に近侍し、一六〇〇年(慶長五)関ケ原の戦に参陣。同年、従五位下備中守に叙任、一万石。一一年大番頭。大坂の陣にも参陣。上総国大多喜、相模国小田原をへて二三年(元和九)武蔵国岩槻藩主となり、計五万五〇〇〇石余。二六年(寛永三)大坂城代となり、八万六〇〇〇石。没するまで同役を勤め、とくに島原の乱では臨機応変な対処をするなど、西国の動静監視に重んじられた。三八年岩槻を子の重次に譲るなどして三万石。

あべまさひろ【阿部正弘】 1819.10.16～57.6.17 幕末期の老中。備後国福山藩主。父は正精。伊勢守。号は裕軒。一八三六年(天保七)兄正寧の隠居にともない相続。二二歳で寺社奉行、四三年、二五歳で老中に抜擢された。四五年(弘化二)老中首座。弘化・嘉永期には、徳川斉昭や島津斉彬ら雄藩大名と連携、朝廷に異国船情報を奏上するなど、海防政策に追われた。五三年(嘉永六)ペリーの来航時には合衆国大統領親書をうけとり、大名・諸士に対応を諮問し、翌年に日米和親条約を締結して日本を開国に導いた。また品川台場の築造や軍艦の注文、長崎海軍伝習所・講武所・蕃書調所の設立などの新政策を実現した。岩瀬忠震・大久保忠寛・永井尚志ら多くの優秀な人材を登用した。

あべまさゆき【阿倍正之】 1584～1651.3.12 江戸前期の旗本。忠政の三男。通称は四郎五郎、のちに四郎右衛門。法名日住。一六二五年(寛永二)幕府直臣団の江戸屋敷割、日光東照宮の石垣修復、大名改易・転封時の上使役などで活躍した。

あべもりたろう【阿部守太郎】 1872.11.10～1913.9.6 明治・大正期の外交官。大分県出身。東大卒。大蔵省勤務をへて、一八九七年(明治三〇)外務省入省。一九一二年(大正元)内田康哉外相のもと政務局長に就任。対中国問題に柔軟姿勢を示し、中国の第二革命(北方袁世凱と南方孫文派の抗争)に対し不干渉政策をとったため、一三年九月五日自邸門前で対中国強硬論者の二人の青年に襲われ、翌日死亡。

あべよししげ【安倍能成】 1883.12.23～1966.6.7 明治～昭和期の哲学者。愛媛県出身。東大卒。一九二四年(大正一三)に渡欧、二八年(昭和三)京城帝国大学法文学部長、四〇年一高校長、四五年貴族院議員、四六年文相、同年文相辞任後学習院院長となり、私立となった学習院の経営と教育に専念した。オイケン、カントの研究で知られたが、謡曲を通じて漱石門に入って文芸評論の筆をとり、一高時代からの友人岩波茂雄との交情によって「哲学叢書」を編集した。第二次大戦後は全面講和論を唱えて自由主義者の真骨頂を示すなど、活動の幅はきわめて広かった。妻恭子は藤村操の妹。著書「岩波茂雄伝」「我が生ひ立ち」。

あぼきよかず【安保清種】 1870.10.15～1948.6.8 明治～昭和期の軍人。海軍大将。男爵。佐賀県出身。海軍兵学校(一八期)卒。イギリス駐在武官・海軍軍令部次長などを歴任。ロンドン海軍軍縮会議に参加後、第二次若槻内閣の海相に就任、近衛内閣で内閣参議となる。

あぼし【安保氏】 中世武蔵国の武家。武蔵七党丹党の一族。丹治氏。新里恒房の子実光が安保郷(現、埼玉県神川町)を本拠としたのに始まる。実光は治承・寿永の内乱、奥州平定に活躍し、承久の乱に際し宇治川の戦で戦死。子の実員は承久の乱の功で、一時播磨国守護に任じられた。北条氏との関係が深く、左衛門尉入道道潭は鎌倉幕府滅亡に殉じた。その跡は傍流の光泰が継ぎ、南北朝期以降は武蔵国人として活躍。

あぼしんのう【阿保親王】 792～842.10.22 平城天皇の第一皇子。母は葛井宿禰藤子。八一〇年(弘仁元)薬子の変に連坐し、大宰員外帥に左遷されたが、父の死後、八二四年(天長元)許されて京に戻った。八四二年(承和九)伴健岑に謀反への参画を誘われ、これを密告したことが承和の変の発端となった。以後出仕せず、この年、五一歳で死去。文武にすぐれ、弦歌をよくしたという。伊都内親王との間に在原業平をもうけた。

あまがさきやまたえもん【尼崎屋又右衛門】 近世の大坂で、与力の次、惣年寄の上という高い格式を与えられ、城中の用にあたった三町人の一人の当主の通称。初代又次郎吉次と甥の又左衛門清孝は徳川家康と関係が深く、資財の調達などを行った。この清孝がのちに又右衛門を名のり、以後代々継承した。近世初期には朱印船貿易や、新剣先船による大和川筋の船運に従事、元禄年間には尼崎新田を開いた。文化年間から北摂津の寒天、ついで干藻の取締役をひきうけた。天満長柄町に住んだ。

あまかすまさひこ【甘粕正彦】 1891.1.26～1945.8.20 昭和期の軍人・満州国官僚。宮城県出身。陸軍士官学校卒(二四期)。膝を痛めて憲兵に転じる。一九二三年(大正一二)渋谷憲兵分隊長兼麴町憲兵分隊長代理。同年九月一六日、関東大震災時に検束された無政府主義者大杉栄、内妻の伊藤野枝、甥の橘宗一を絞殺(甘粕事件)、懲役一〇年の判決をうける。二六年一〇月釈放され、三七年(昭和一二)満州国協和会中央本部総務部長、三九年満州映画協会理事長に就任。敗戦直後新京(現、長春)で自殺。

あまくさしろう【天草四郎】 ⇨益田時貞

あまくさたねもと【天草種元】 生没年不詳。従来、織豊期の武将天草久種ジョアンや、その叔父天草鎮種アンデレ(伊豆守)と混同されていた人物。史料からは存在を確認できない。

あまくさひさたね【天草久種】 生没年不詳。織豊期の武将。洗礼名ジョアン。ミゲル鎮尚の子。肥後国河内浦(河浦)に本拠をおく天草五党の筆頭。一五八八年(天正一六)小西行長に付された。八九年行長の支配に反発して挙兵したが、鎮圧されて和解。文禄・慶長の役には小西軍として出陣した。最期は不明。

あまこかつひさ【尼子勝久】 1553～78.7.3 戦国期～織豊期の武将。一五五四年(天文二三)尼子氏内部の対立から父誠久らが殺害されたが、勝久はのがれて出雲を脱出。尼子氏が毛利氏に滅ぼされると、山中鹿介らに擁立された。尼子氏再興をめざして六九年出雲で、七三年(天正元)因幡で活動したが失敗。七七年織田信長・豊臣秀吉の支援をえて播磨国上月城に拠ったが、翌年毛利軍に包囲された。秀吉が支援を中止したため孤立無援となり、まもなく自殺。

あまこくにひさ【尼子国久】 ?～1554.11.1 戦国期の出雲国の武将。経久の子。晴久の叔父。国久と子の誠久・敬久らは新宮党と称され、尼子軍の主力だったが、しだいに晴久と対立。毛利元就の離間工作もあって、一五五四年(天文二三)晴久は居城富田(月山)城(現、島根県広瀬町)付近で新宮党を急襲。国久・誠久は殺害され、敬久も自殺。新宮党の滅亡は以後の尼子氏の衰退につながった。

あまこし【尼子氏】 「あまごし」とも。室町・戦国期の大名。宇多源氏佐々木氏流。出雲・隠岐両国守護、京極高秀の次男高久が近江国甲良荘尼子郷(現、滋賀県甲良町)を領して尼子氏を称したのに始まる。高久の子持久は出雲国守護代となり、富田(月山)城(現、島根県広瀬町)を本拠とした。持久の子清定は応仁・文明の乱に乗じて国人の掌握に努める。その子経久のとき、いったんは富田城を追放されたが、一四八六年(文明一八)奪還、山陰地方から山陽の一部までを支配下におさめた。孫の晴久も勢力を受け継いだが、大内氏や毛利氏と対立。その子義久は一五六六年(永禄九)に毛利氏に敗れ、降伏。その後、支族勝久が遺臣の山中鹿介らに擁立されて再興をはかったが、七八年(天正六)滅亡。

●尼子氏略系図

- 高久―持久―清定―経久┬政久―晴久―義久
- 　　　　　　　　　　　└国久―誠久―勝久

あまこつねひさ【尼子経久】 1458～1541.11.13 戦国期の武将。出雲国富田城(現、島根県広瀬町)城主。尼子氏を中国有数の大名に成長させた。出雲国守護京極氏の守護代だったが、幕府・守護体制を逸脱して自己の富強化を推進。一時富田城を失ったが、一四八六年(文明一八)奪回。以後一五世紀末までに、三沢・三刀屋・赤穴など出雲の諸氏を従えた。一五〇八～一六年(永正五～一三)には、中央で実権を握る大内義興に従って在京。帰国後、永正末年から天文初年にかけて伯耆・安芸などに進攻、勢力圏拡大に努めた。美保関・宇竜津(現、島根県大社町)などでの商品流通に課税し、とくに中国山地特産の砂鉄の流通を掌握。これが尼子氏の富強化の基礎となった。

あまこはるひさ【尼子晴久】 1514～60.12.24? 戦国期の武将。出雲国富田城(現、島根県広瀬町)城主。初名詮久。大内氏・毛利氏と戦った。一五三七年(天文六)祖父経久から家政を継承。同年石見国大森銀山(現、島根県大田市)を大内氏から奪ったが、三九年奪い返された。四〇年安芸に毛利元就を攻めたが、翌年救援の大内軍などに撃退された。逆に四二年大内義隆に出雲を攻められたが、翌年撃退した。叔父国久とその一族(新宮党)としだいに対立、五四年これを滅ぼした。同党は尼子軍の主力であったため、以後の尼子氏の衰退につながった。五八年(永禄元)石見国忍原で毛利軍を破り、再び大森銀山を奪った。没年には異説がある。

あまこよしひさ【尼子義久】 ?～1610.8.28 戦国期の武将。出雲国富田城(現、島根県広瀬町)城主。一五六〇年(永禄三)家督をつぐ。六二年毛利氏は石見国大森銀山(現、島根県大田市)を奪い出雲に進攻、洗合城(現、松江市)に拠って持久戦法をとった。六六年富田城を開城して降伏し、戦国大名尼子氏は滅亡した。義久は安芸に送られ、のち長門国阿古(現、山口県阿武町)に移り、ここで没した。子孫は佐々木氏を称して毛利氏に仕えた。

あましょうぐん【尼将軍】 ⇨北条政子

あまだぐあん【天田愚庵】 1854.7.20～1904.1.17 明治期の歌人。磐城平藩士の子で、戊辰戦争に従軍した後、行方不明となった父母を探して全国を流浪、清水次郎長の養子になったこともある。「東海遊侠伝」(一八九四刊)はその縁でなる。剃髪して京都清水産寧坂に庵をむすび、愚庵と号した。万葉調の歌風だが、明治国家の動静を反映した時事詠もある。

あまつおとめ【天津乙女】 1905.10.9～80.5.30 大正・昭和期の宝塚歌劇のスター。東京都出身。本名鳥居栄子。一九一八年(大正七)宝塚入団。翌年「鞍馬天狗」の牛若丸を主演。日本舞踊をよくし、「鏡獅子」「棒しばり」などで格調高い舞台をみせる。七八年(昭和五三)の舞台生活六〇年記念「峠の万才」が長期公演の最後となった。

あまつくめのみこと【天津久米命】 「古事記」にみえる神名。天孫降臨の際、アメノオシヒとともに武装して先導した。久米氏の祖。「日本書紀」では一書にのみみえ、「古語拾遺」とともに天槵津大来目とあり、アメノオシヒに率いられたとする。大伴氏とともに軍事をつかさどった久米氏の性格を反映させた神。

アマーティ Scipione Amati 生没年不詳。イタリアの歴史研究者。一六一三年(慶長一八)伊達政宗により家臣支倉常長を正使として派遣された慶長遣欧使節の通訳を担当。使節の欧州滞在中、マドリードからローマまでの六カ月間行動をともにした。この経験をもとに「日本奥州国伊達政宗記弁使節紀行」を著した。

あまてらすおおみかみ【天照大神】「古事記」では天照大御神。記紀の神話における代表的神。天照は天に照りたまう意で、オオミとともに称辞であり、神名には実体をさす語を含まない。「日本書紀」ではイザナキ・イザナミが、大八洲国と山川草木生成ののちに「天下の主」を生もうとして月神(ツクヨミ)・ヒルコ・スサノオとともに生んだ。そこでは日神と記され、天上のことを授けられたとする。また大日孁貴と号し、一書に天照大神・天照大日孁尊などといったとも記される。孁は巫女の意、貴は称辞で、大日孁貴は日に仕える巫女を意味する。スサノオと誓約を行い、のち天の石窟に籠もり常闇をもたらした。一方、「古事記」では、イザナキの禊の際に左目から生まれ、高天原の主宰神かつ葦原中国にも貫く至高神と位置づけられている。それは天の石窟籠もりの際、葦原中国までも混乱と無秩序に陥ったことから明らかである。

あまぬましゅんいち【天沼俊一】1876.8.31～1947.9.1　明治～昭和期の建築史家。東京都出身。東大卒。奈良県技師・京都府技師をへて京都帝国大学教授。日本建築の細部様式に関心をもち、その体系化、編年を試みた。著書「日本建築史要及付図」「日本建築細部変遷小図録」「日本建築史図録」。

あまのさだかげ【天野信景】1663～1733.9.8　江戸中期の和学者。天野信幸の子。通称は源蔵・治部、字は子顕、号は白華・問津亭・信阿弥陀仏など。名古屋の人。祖父以来、尾張徳川家に仕え、寄合に列し、のち鉄砲頭。朱子学を旨とし、神道を伊勢の度会延佳に学んだほか、ほぼ独学で歴史・文学・有職故実など、幅広く実証的な学殖を身につけた。著書「塩尻」「尾張国神名帳集説」「新撰姓氏録校考」「職原抄聞書」。

あまのし【天野氏】東海地方の豪族。藤原南家流で工藤氏・狩野氏の一族。入江景澄の子景光が伊豆国天野郷(現、静岡県伊豆長岡町)を領して以来、天野氏を称した。その子遠景は源頼朝挙兵とともにこれに従って活躍し、一一八五年(文治元)には鎮西奉行に任じられた。子孫は、遠江・三河・尾張・甲斐諸国に栄えたが、とくに遠江の天野氏は、北西部の山香荘を本拠に戦国期には今川氏・武田氏らに仕えた。

あまのたつお【天野辰夫】1892.2.22～1974.1.20　大正・昭和期の国家主義者・弁護士。島根県出身。東大在学中に上杉慎吉の影響をうけ、一九一八年(大正七)興国同志会を結成。五・一五事件を契機に国家改造の具体化に着手し、三三年(昭和八)クーデタ画策が露見して検挙された(神兵隊事件)。四一年には平沼騏一郎国務相暗殺未遂事件に連坐。

あまのためゆき【天野為之】1860.12.27～1938.3.26　明治・大正期の経済学者。唐津藩医の長男として江戸に生まれる。東大卒。大隈重信を助け、東京専門学校(現、早稲田大学)・早稲田実業学校の創設に尽力した。「東洋経済新報」を主宰、J・S・ミルの学説の研究や普及を通じて経済学導入に貢献。

あまのていゆう【天野貞祐】1884.9.30～1980.3.6　大正・昭和期の哲学者・教育家。神奈川県出身。京大卒。一九二三年(大正一二)ドイツへ留学したが、翌年病のため帰国。三一年(昭和六)京都帝国大学教授、四六年一高校長、五〇年文相、六四年には独協大学を創設して学長となった。文相時代の復古調教育の提唱で世の批判をうけたが、義務教育費国庫負担の実現者でもあった。カント「純粋理性批判」の翻訳で著名。

あまのとおかげ【天野遠景】生没年不詳。鎌倉前期の武士。父は藤原景光。伊豆国天野を本拠とし、天野藤内と称する。一一八〇年(治承四)の挙兵以来、源頼朝に味方して参戦。八五年(文治元)鎮西奉行人に任じられ九州に赴く。大宰府の掌握など九州で幕府支配確立のため努めるが、九四年(建久五)頃までに任を解かれ、鎌倉に戻る。頼朝の死後出家し、蓮景と号す。晩年は不遇であった。

あまのはちろう【天野八郎】1831～68.11.8　戊辰戦争時の彰義隊の副隊長。上野国甘楽郡磐戸村庄屋大井田忠恕の次男。のち旗本天野氏を称し、徳川慶喜の辞官納地を憤り、幕臣を組織して彰義隊を結成、副頭取となる。慶喜の説得に応じず、上野寛永寺にこもって官軍と戦い敗走。江戸市中に潜伏するが密告により捕らえられ、獄中で病死。

あまのやすかげ【天野康景】1537～1613.2.24　織豊期～江戸初期の武将。三河国生れ。通称又五郎・三郎兵衛。諱は景能、のち徳川家康の一字を与えられて康景。一一歳で家康の小姓となる。三河一向一揆や姉川・三方原の戦で功をあげ、高力清長・本多重次とともに岡崎三奉行の一人として民政に貢献した。しだいに加増され、一六〇一年(慶長六)駿河国興国寺一万石を領した。〇七年幕領の農民を殺害した家臣の引渡しを拒否したため改易された。

あまのやたろうざえもん【天野屋太郎左衛門】生没年不詳。近世初期の貿易家。本姓柏原氏。摂津国生れ。加藤清正に仕え、肥後国下益城郡小川町に居住、長崎に店をおき、貿易業に従事した。一六二八年(寛永五)浜田弥兵衛事件で活躍、自分がオランダの台湾長官ヌイツを捕縛したと主張した。子の藤左衛門は熊本藩細川家の長崎蔵屋敷を差配し、藩の御用商人となった。

あまのやりへえ【天野屋利兵衛】?～1727.1.27　江戸前期の大坂商人。歌舞伎の「仮名手本忠臣蔵」

に登場する、赤穂浪士のために兵器調達などの援助を行う大坂の町人天川屋義平は実在の天野屋利兵衛をモデルにしたもので、赤穂藩出入りの商人であったとの説がうまれた。しかし、利兵衛と赤穂藩をつなぐ証拠はない。

アママン　**James Lansing Amerman**　1843.8.13～1928.9.6　アメルマンとも。アメリカ改革派教会宣教師・神学博士。一八七六年(明治九)来日、横浜のS・R・ブラウンの塾で教え、翌年改革・長老両派の合同により設立された東京一致神学校(現、明治学院)の教授に就任。多くの神学書を著述、また東京の教会を育成した。九三年帰国。

アマミキョ　アマミコとも。琉球神話の創造神もしくは始祖神。「琉球神道記」では、女神アマミキュは男神シネリキュとともに天から降臨し、草木を植えて国づくりを行い、さらに往来の風をたよりに三子(領主・ノロ・土民の始め)を生んだとされる。海から渡来したアマミキョが居住した跡と伝えられる場所もあり、アマミキョのアマミを奄美に同定して、沖縄人の祖先が北方から渡来した史実の反映とみる説もある。

あまわり【阿麻和利】　?～1458　一五世紀の琉球において勝連城を拠点とした按司。北谷間切屋良に生まれ、のちに勝連の茂知附按司を倒し勝連按司となる。阿麻和利軍の動向を牽制する中城按司の護佐丸を讒訴して首里軍に攻撃させ、さらに首里城の攻略をはかるが失敗し首里軍により討伐された、と近世に編纂された正史などでは記し、第一尚氏王朝への反逆者と位置づける。しかし古謡の「おもろさうし」では「勝れたる阿麻和利」「鳴り響く」古英雄として謳歌するなど、逆臣像だけではとらえられない。また近年勝連城跡から出土した貿易陶磁器などは当時の勝連の隆盛ぶりを示しており、阿麻和利と第一尚氏王朝との戦は、貿易権をめぐるものとの見解もある。

あめのうずめのみこと【天鈿女命】　「古事記」では天宇受売命。記紀の神話で神がかりして胸乳と女陰を露出して踊り、天の石窟に隠れたアマテラスを引き出した神。天孫降臨に先だちサルタヒコの名を明らかにし、五部神の一神として降臨に随伴したりもしている。名義はウズ(神事の際の呪具としてのかんざし)を挿した女、すなわち巫女の意。猿女君の祖。

あめのおしひのみこと【天忍日命】　「古事記」にみえる神名。大伴氏の祖神。天孫降臨の際に久米氏の祖神アマツクメとともに大刀・弓矢で武装して先導した。「日本書紀」では一書にのみみえ、天槵津大来目を率いたとするが、それは大伴家持の「喩族歌」(「万葉集」)の叙述と符合する。なお「古語拾遺」は、母はタカミムスヒの女で、ニニギの同母兄弟とする。

あめのおしほみみのみこと【天忍穂耳尊】　正しくは「日本書紀」は正哉吾勝勝速日天忍穂耳尊、「古事記」では正勝吾勝勝速日天之忍穂耳命。また天忍骨尊とも。アマテラスがスサノオとの誓約によって生んだ神。アメノ＋オシ(威力のある)＋ホ(稲穂)＋ミミ(神霊)の意。アマテラスに降臨を命じられたが、その任を子のニニギに譲ったとされる。

あめのこやねのみこと【天児屋命】　天児屋根命とも。記紀の神話で天の石窟に隠れたアマテラスを引き出すためにフトタマとともに祈禱を行った神。ニニギの降臨に際し、五部神の筆頭として随伴する。中臣・藤原氏の祖神。「新撰姓氏録」などは津速魂命の三世の孫と伝える。

あめのさぐめ【天探女】　「古事記」では天佐具売。国譲り神話に登場する神。ことを探りだす霊能のある女の意か。天孫降臨に先だって地上に派遣されながら、そのまま復命しないでいるアメワカヒコを詰問するために遣わされた雉をみつけ、アメワカヒコに知らせた。「古事記」や「日本書紀」一書ではアメワカヒコをそそのかして雉を射殺させたとする。この語が転じて「天邪鬼」という語になったとする説がある。

あめのたぢからおのかみ【天手力雄神】　手力雄神とも。「古事記」では天手力男神。記紀の神話で天の石窟の脇に隠れ立ち、アマテラスが戸を細めに開けたとき、その手をとって引き出した神。天上界の手の力の強い男の意の神名。天孫降臨に随伴し、佐那々県に鎮座した。

あめのとこたちのみこと【天常立尊】　「古事記」では天之常立神。「古事記」に登場する別天神のうちの第五神。トコは寝たり座ったりする場で、生殖・誕生の場というイメージをもち、タチは出現を意味する。つまり高天原における神々の生成の場の出現という意であり、イザナキ・イザナミまでの神々の出現の導きとなっている。トコに「常」をあてたのは、その場の恒常性をも含意させるためで、「日本書紀」は一書にのみみえる。

あめのひぼこ【天日槍】　「古事記」では天之日矛。「古事記」「日本書紀」などにみえる、朝鮮からの渡来伝承の主人公。新羅の王子で、妻のアカルヒメを追って日本に上陸し、播磨・近江・若狭をへて但馬の出石にとどまり、将来した八種の神宝は出石神社に祭られたという。記紀の系譜では、常世国に派遣された田道間守や神功皇后はその子孫。新羅系渡来人の伝承をもとに、国内で複雑に発展したものらしい。日矛は、朝鮮の優れた武器を神格化したものか。

あめのふとたまのみこと【天太玉命】　⇨太玉命

あめのほひのみこと【天穂日命】　「古事記」では

天之菩卑命・天菩比命。アマテラスがスサノオとの誓約によって生んだ神。ホヒはホ(稲穂)＋ヒ(霊力)の意。天孫降臨に先だち葦原中国に平定のため派遣されるが、オオナムチに媚びて三年たっても復命しなかった。「出雲国造神賀詞」では復命のうえ、オオナムチを鎮めて国譲りを成功させたとする。「日本書紀」は出雲臣・土師連などの祖とし、「古事記」は子の建比良鳥命を出雲国造など七氏の祖と記す。

あめのみなかぬしのみこと【天御中主尊】「古事記」では天之御中主神。「古事記」の天地初発のときに高天原に最初に現れた神。天皇へと続く無窮の系譜の原点の位置を占めるが、名義が抽象的・理念的で具体的活動の叙述がないことなどから、中国思想にもとづいて作られた神と考えられる。のち中臣氏の遠祖ともされた。江戸後期の平田国学では宇宙の主宰神と位置づけられる。

あめのみやけいじろう【雨宮敬次郎】1846.9.5～1911.1.20 明治期の実業家。甲州財閥の巨頭の一人。甲斐国生れ。生糸貿易商をめざしたが、鉄道資本家に転進し、甲武・北海道炭礦・川越などの諸鉄道のほか東京市街鉄道にもかかわる。一九〇八年(明治四一)大日本軌道を創立し、軽便鉄道の全国的拡大をはかり、軽便王の異名をとった。

あめのもりほうしゅう【雨森芳洲】1668.5.17～1755.1.6 江戸中期の儒学者。名は東・俊良・誠清、字は伯陽、通称は東五郎。号は芳洲・尚絅堂。近江国伊香郡雨森の出身。十六、七歳のとき江戸に出て木下順庵に入門。一六八九年(元禄二)順庵の推挙により対馬国府中藩に仕え、文教をつかさどり、対朝鮮外交に従事。「交隣提醒」は朝鮮外交の概要を記した名著。朝鮮語研究にも成果をあげ、「芳洲詩集」「橘窓文集」「橘窓茶話」「多波礼草」などの著書もある。

あめわかひこ【天稚彦】「あめのわかひこ」とも。「古事記」では天若日子。記紀の神話に登場する神名。天国玉の子。天孫降臨に先だち地上世界平定のためアメノホヒについで派遣されたが、オオナムチの女シタデルヒメを娶り復命せず、天からの問責の使者の雉を射殺、その返し矢にあたって死んだ。平安時代の「宇都保物語」「狭衣物語」にも登場する。中世には七夕二星と結びつけて解釈されるようになった。

あもうえいじ【天羽英二】1887.8.19～1968.7.31 昭和期の外交官。徳島県出身。東京高等商業卒。一九一二年(大正元)外務省に入省。三三年(昭和八)六月情報部長に任ぜられ、翌年四月一七日中国問題に関する「天羽声明」を発表して内外世論を騒がせた。在スイス公使兼国際会議事務局長、駐伊大使、外務次官などをへて、四三年三月情報局総裁に就任。

あやうじ【漢氏】渡来系の氏族。東漢氏と西漢氏の両系があり、両者の間に同族関係はないと考えられる。東(倭)漢氏は阿知使主を祖とする有力氏族で、後漢の霊帝の後裔というが、朝鮮半島系とみる説もある。大和国高市郡檜前を本拠に、新たに渡来した技術者(漢人)や部民(漢部)などを統率する地位を得て発展。七世紀頃までに書(文)・坂上・民などの枝氏に分裂。姓ははじめ直。枝氏も一括して六八二年(天武一一)に連、ついで六八五年に忌寸に改姓。西(河内)漢氏は中国系という渡来系氏族。大和国を本拠とした東漢氏に対し、河内地方を本拠に同地の漢人・漢部らを統率したか。東漢氏にくらべ氏勢はあまりふるわない。はじめ直、六八三年に連、六八五年に忌寸に改姓。

あやのこうじけ【綾小路家】宇多源氏。羽林家。権中納言有資の子で庭田家の祖となる経資の弟信有に始まる。父有資は後深草・亀山・伏見と三代にわたる天皇の郢曲師範であったが、綾小路家も以後、代々天皇の郢曲師範となった。また和琴・箏・笛の家。戦国期に中絶したが、一六一三年(慶長一八)五辻之仲の子高有が相続して再興。江戸時代の家禄は二〇〇石。維新後、有良のとき子爵。

アヤラ ❶**Fernando de Ayala** 生没年不詳。スペインのフィリピン駐在武官。徳川家康はスペイン領フィリピン、メキシコとの交渉に積極的だったが、スペイン側がキリスト教布教を求めたため双方の要求は一致せず関係は悪化。アヤラは一六二三年(元和九)日本との通商再開のための使節団長として薩摩国山川港に入港、長崎をへて江戸にむかおうとしたが、幕府から修好の名目でキリスト教布教を行おうとしているとみられて拒絶され、マニラに帰った。以後、日本とスペインの国交は断絶した。

❷**Hernando de S. José Ayala** 1575.10.～1617.4.28 スペインのアウグスチノ会宣教師。フィリピンをへて一六〇五年(慶長一〇)来日し、豊後・日向で布教。〇七年一時マニラに戻ったが、引き続き長崎で布教。一七年(元和三)キリシタン弾圧下の大村藩領で布教して捕らえられ斬首。殉教の報はマニラにいる宣教師の日本潜入をよびおこした。

あゆかわよしすけ【鮎川義介】⇨鮎川義介(あいかわよしすけ)

あらいいくのすけ【荒井郁之助】1835～1909.7.19 幕末期の幕臣。父は顕道。諱は顕徳。一八五七年(安政四)長崎海軍伝習所に入所、六二年(文久二)軍艦頭取となり、講武所取締役・歩兵差図役頭取・歩兵頭並をへて、六八年(明治元)軍艦頭となる。榎本武揚とともに旧幕府海軍を率いて品川沖から脱出、箱館政府では海軍奉行に就任する。六九年宮古湾の明治政府海軍を急襲したが敗退。降伏後、禁固ののちに開拓使に出仕し、七九年内務省測量局長となり、のち中央気象台初代台長。

あらいしょうご【新井章吾】 1856.2.12～1906.10.16 明治期の政治家。下野国生れ。漢学・英学を学び、栃木県会の議員となる。「栃木新聞」発刊に尽力し、栃木県人の国会開設運動での奮起をうながした。自由党に参加し、急進派の指導者として活躍。一八八五年(明治一八)大井憲太郎らと大阪事件をおこし、入獄した。八九年大赦で出獄。九〇年栃木県議会議長をへて衆議院議員となり当選七回。九二年に大井らと東洋自由党を結成。

あらいにっさつ【新居日薩】 1830.12.26～88.8.29 明治前期の宗教家。日蓮宗の僧侶。上野国生れ。一八四八年(嘉永元)金沢立像寺充洽園に入り、以後日輝に師事。明治維新期には諸宗同徳会盟に参加。七二年(明治五)教部省下の大教院で教頭を務める。七四年には身延山久遠寺住職。日蓮宗一致派管長として宗内の改革にあたった。七九年福田会育児院の創立にともない会長。

あらいはくせき【新井白石】 1657.2.10～1725.5.19 江戸中期の儒学者・政治家。上総国久留里藩士正済の子。名は君美、字は在中・済美、通称与五郎・伝蔵・勘解由。白石は号。久留里藩などに仕えたのち牢人。一六九三年(元禄六)朱子学者木下順庵の推挙で甲府藩主徳川綱豊(家宣)の侍講となる。家宣の六代将軍就任とともに幕政に参画、七代将軍家継を補佐し正徳の治を断行。武家諸法度改訂・貨幣改鋳・正徳長崎新例施行・朝鮮使節応接簡素化などを行うが、家継没後失脚。のち著述に専念。朱子学を基本とし言語学・歴史学にも長じ、「東雅」「古史通」「読史余論」は代表的著作。世界史的視野の広さを示す「西洋紀聞」「采覧異言」や「折たく柴の記」「藩翰譜」など、今日の幕政史研究の必須書も著す。

あらおし【荒尾氏】 中世尾張国の豪族。荒尾(現、愛知県東海市)よりおこる。在原氏といわれるが不詳。鎌倉末期には、御家人荒尾宗顕が確認される。室町中期には幕府奉公衆四番衆となり、御料所の代官であったことや弓始などの行事に参加していることが諸記録に散見する。戦国期には善次が織田信長に属し、今川義元と戦った。その子善久は三方原の戦で戦死。

あらおせい【荒尾精】 1858.1.-～96.10.30 明治前期のナショナリスト。号は東方斎。尾張国生れ。東京外国語学校中退。陸軍士官学校(旧五期)卒。一八八五年(明治一八)参謀本部支那部付となり、翌年清国各地を調査。九〇年日清提携のための人材養成を目的として根津一と上海に日清貿易研究所を設立、多数の研究生を育成した。「清国通商綜覧」を刊行。日清戦争後、紳商協会設立のため台湾に渡る。

あらきかんぽ【荒木寛畝】 1831.6.16～1915.6.2 明治期の日本画家。江戸生れ。旧姓田中、名は吉。谷文晁系の荒木寛快に師事し、養子となる。のち川上冬崖らに油絵を学び頭角をあらわしたが、日本画に復帰。洋画体験を生かした花鳥画を得意とし、内国勧業博覧会・日本美術協会などで受賞し、文展審査員を務める。帝室技芸員・東京美術学校教授など指導者としても活躍した。

あらきこどう【荒木古童】 琴古流尺八家。古童名としては初世豊田古童がおり、荒木姓は二世から。幕末期から五世を数える。二世(一八二三～一九〇八)は近江水口藩士荒木亀三郎の三男で名は半三郎。横田五柳(一閑流)・豊田古童に師事。師の没後二九歳で古童を名のる。一八七〇年(明治三)普化宗一月寺より普化尺八本則を付与される。久松風陽からも本曲を学ぶ。普化宗廃止後も、吉田一調とともに尺八楽存続に努め、楽器改良・楽譜作成などを行い、箏・三味線との三曲合奏(外曲)の普及をはかって琴古流中興の祖と称される。幼名は真之助。三世(一八七九～一九三五)は二世の長男で幼名は真之助。名人とうたわれた。

あらきさだお【荒木貞夫】 1877.5.26～1966.11.2 大正・昭和期の軍人。陸軍大将。男爵。東京都出身。陸軍士官学校(九期)・陸軍大学校卒。参謀本部第一部長・教育総監部本部長などを歴任し、一九三一年(昭和六)犬養内閣、ついで斎藤内閣の陸相となる。観念的・精神主義的言動により青年将校の支持を集め、真崎甚三郎とともに皇道派の中心人物。二・二六事件後予備役に編入された。第一次近衛内閣・平沼内閣で文相に就任。第二次大戦後、A級戦犯として終身刑。

あらきじっぽ【荒木十畝】 1872.9.3～1944.9.10 明治～昭和前期の日本画家。長崎県出身。旧姓朝長、名は悌二郎。荒木寛畝に師事し、養子となる。日本画会・正派同志会を組織し、花鳥画を得意とした。著書「東洋画論」。

あらきじょげん【荒木如元】 1765～1824.閏8.5 江戸後期の長崎派の洋風画家。もと一瀬氏で、荒木元融の養子となり唐絵目利職を継ぐ。洋画法を学んだと伝える若杉五十八と同じく、舶載の西洋画にならった油彩画を残す。代表作「蘭人鷹狩図」。

あらきそうたろう【荒木宗太郎】 ?～1636.11.7 近世初期の朱印船貿易家。肥後国に生まれ、一五八八年(天正一六)長崎に移住。一六〇六年(慶長一一)のシャム渡航を初見として、鎖国直前の三二年(寛永九)まで六回の朱印船派遣が確認される。渡航地はおもに交趾(中部ベトナム)で、みずから渡航して交易にあたった。交趾の実力者の阮氏の信任が厚く、その一族の女性を妻とした。荒木家はその後、長崎西築町の乙名役を勤め、代々継承した。

あらきだうじ【荒木田氏】 伊勢皇大神宮(内宮)の祠官として奉仕した氏族。中臣氏の祖大鹿島命の子孫とする伝承をもつ。荒木田とは墾田すなわち新開田のことで、度会氏が古い伝統をもつ氏族であるのに対して比較的新興の氏族と考えられる。石敷の代に一門と二門にわかれた。室町時代には守武が俳人として知られ、江戸時代には久老ほか多くの国学者を輩出。正員禰宜に補任される重代家と権禰宜になる地下権任家に区別され、重代家には一門では沢田・薗田・井面、二門では世木・納米・中川・佐八・藤波の諸家があった。一八七一年(明治四)神宮改革により世襲制が廃止された。

あらきだうじつね【荒木田氏経】 1402～87.1.12　室町中期の神宮祠官。荒木田二門藤波氏の出身で、内宮一禰宜荒木田氏貫の子。一四六二年(寛正三)一禰宜となり、中絶していた式年遷宮の復興を朝廷に願ったが、費用の点で実現しなかった。著書「氏経卿神事日次記」。「建久年中行事」の加筆・修正を行ったことでも知られる。

あらきだすえほぎ【荒木田末寿】 1764～1828.8.16　江戸後期の神宮祠官・国学者。菊屋末偶の子で、内宮禰宜益谷家の養子となった。玄蕃・大学と称し、号は桜屋翁・楽斎。本居宣長の鈴屋に入門し、神道・国学・天文・暦道などを学んだが、「伊勢二宮割竹弁難」で師の説を批判し、内宮・外宮の別を主張。荒木田(中川)経雅にも学び、「大神宮儀式解」などの儀式解説書や、「山口栞踏分」摘要」などの文語研究書も著した。

あらきだひさおゆ【荒木田久老】 1746.11.21～1804.8.14　江戸中・後期の神宮祠官・国学者。外宮権禰宜度会正身の子。初名は正恭、のち正董と名のり、弥三郎・主税・斎などと称し、号は五十槻園。宇治秀世の養子になったが、一七七三年(安永二)荒木田久世の婿養子となり、内宮権禰宜となった。六五年(明和二)江戸で賀茂真淵門下に入り、国学・和歌などを学び、「万葉考槻の落葉」などの和歌の研究書を著した。

あらきだもりたけ【荒木田守武】 1473～1549.8.8　戦国期の神宮祠官・連歌師。荒木田一門薗田氏の出身で、父は荒木田守秀、母は荒木田(藤波)氏経の女。守晨の弟。一五四一年(天文一〇)一禰宜となる。宗鑑から連歌を学び、「新撰菟玖波集」に入集のものをはじめ、一五〇八年(永正五)の「法楽発句集」などの連歌集、三〇年(享禄三)の「独吟百韻」などの俳諧集、二五年(大永五)の教訓歌集「世中百首」などがある。俳諧の祖ともよばれる。

あらきだもりとき【荒木田守晨】 1466～1516.11.17　戦国期の神宮祠官。荒木田一門薗田氏の出身で、父は荒木田守秀、母は荒木田(藤波)氏経の女。守武の兄。幼名は経晨。一五一六年(永正一三)一禰宜。祖父氏経から神道の奥義を学んで「永正記」を著し、宗祇から連歌を学んで「新撰菟玖波集」にも入集。

あらきだれいじょ【荒木田麗女】 1732.3.10～1806.1.12　江戸中期の文学者。伊勢内宮神主荒木田武遠の女。外宮御師荒木田武遇の養女となる。名は隆のち麗、字は子奇。紫山・清渚と号す。連歌を大坂の西山昌林に学ぶ。慶徳家雅に嫁し文学活動に努める。「宇津保物語」をはじめ古典渉猟の知識をもとに流麗な擬古文を綴り、四〇〇巻にわたる著作を残す。歴史物語「池の藻屑」「月のゆくへ」で知られる。

あらきとしま【荒木俊馬】 1897.3.20～1978.7.10　昭和期の天文学者。熊本県出身。京大卒。ドイツ留学後、京都帝国大学で宇宙物理学を担当した。天文研究での理論面の指導者。第二次大戦中に大日本言論報国会に加わり論陣を張った。戦後公職追放され、解除後に京都産業大学を創立。著書「天文宇宙物理学総論」七巻。

あらきトマス【荒木トマス】 ?～1646/49　日本人転びキリシタン。出身などは不明。ローマに留学し、一六一〇年ないし一一年司祭に叙階。一五年(元和元)帰国。一九年長崎で捕らえられ棄教。キリシタン布教事業に秘められた武力侵略の野心への反発のためといわれる。以後、長崎奉行に協力してキリシタン弾圧に関与。晩年信仰に立ち返り、殉教したとも伝えられる。

あらきまたえもん【荒木又右衛門】 1599～1638.8.28　江戸初期の剣術家。伊賀国生れ。父は藤堂家に仕えた服部平左衛門。大和国郡山藩松平氏に剣術師範として出仕。柳生十兵衛に師事したとされるが、疑問とする説もある。一六三四年(寛永一一)備前国岡山藩池田氏家臣の義弟渡辺数馬の敵を伊賀国上野で討った事件は、「伊賀越の敵討」として有名。藤堂家預けとなったのち、三八年因幡国鳥取藩池田氏にひきとられたが、急死した。

あらきむらしげ【荒木村重】 1535～86　織豊期の武将・茶人。弥介。摂津守。法名は道薫。摂津の池田勝正に属していたが、一五七三～七四年(天正元～二)和田・池田・伊丹氏らを倒して勢力を広げた。以来織田信長に従い、播磨攻略と石山本願寺包囲にあたった。七八年謀反をおこしたが、配下の諸将が信長に降って孤立、翌年籠城していた摂津国有岡城から尼崎城に脱出した。その後有岡は落城し多数の婦女子が処刑された。八〇年毛利領に亡命、のち茶人として秀吉に仕えた。

あらきむらひで【荒木村英】 1640～1718.7.15　江戸前期の数学者。関孝和の弟子。江戸に住み南鍋町(現、東京都中央区)で数学を教えた。関孝和の遺稿集「括要算法」を一七一二年(正徳二)出版。荒木自身の著書は伝わっていない。弟子の松永良弼が関孝和や建部賢弘らの研究を広げ、数学を発展させた。

あらきもりあき【安良城盛昭】 1927.5.10～93.4.12 昭和期の日本経済史家。沖縄県出身。東大卒。東京大学助教授、沖縄大学・大阪府立大学の教授を歴任。一九五三年(昭和二八)「歴史学研究」誌上に「太閤検地の歴史的意義」を発表し、太閤検地によって封建制が成立したと主張、日本歴史学界に封建制成立の時期をめぐる論争をひきおこした。地主制、沖縄史、被差別部落史などの分野についても業績がある。

あらきよじべえ【荒木与次兵衛】 歌舞伎俳優。江戸時代に五世を数えるが初世のみ著名。初世(生没年不詳)は延宝～元禄期の京坂を代表する立役。道化方斎藤与五郎の子と伝える。武道事・実事などにすぐれ、手負事を得意とし、一六六四年(寛文四)に演じた「非人の敵討」が出世芸。大坂堀江の芝居を開発し、のちには道頓堀の芝居の座本も長く勤めた。劇作にも才をふるった。

あらしかんじゅうろう【嵐寛寿郎】 1903.12.8～80.10.21 昭和期の映画俳優。本名高橋照市。京都市出身。おもに時代劇映画に活躍、「むっつり右門」「鞍馬天狗」のシリーズが有名。愛称アラカン。

あらしきちさぶろう【嵐吉三郎】 歌舞伎俳優。屋号は岡島屋。江戸中期～昭和期に八世を数える。初世(一七三七～八〇)は竹田吉三郎が嵐勘三郎の門弟となり、改姓。和らかみのある芸風で和事・実事・武道事など何でも器用にこなした。男達や相撲取り役が得意であった。俳名里環。二世は初世嵐璃寛の前名。

あらしさんえもん【嵐三右衛門】 歌舞伎俳優。江戸前期から一一世を数えるが三世までが著名。初世(一六三五～九〇)は延宝期の京坂を代表する立役。摂津国西宮生れ。父は江戸の魚問屋。寛文期頃、「小夜嵐」で演じた六方の芸が出世芸となり、丸小と名のっていたのを嵐と改姓。また、やつし事を得意とし、座本も勤めた。二世(一六六一～一七〇一)は初世の子で元禄期を代表する立役。六方ややつしの芸を継承し、座本も兼ねた。三世(一六九七～一七五四)は二世の子で大坂生れ。享保～延享期を代表する立役で、座本も長く勤めた。後名嵐新平。

あらしひなすけ【嵐雛助】 歌舞伎俳優。江戸中期～昭和期に一〇世を数える。上方で活躍。初世(一七四一～九六)は寛政期の京坂を代表する名優。初世嵐小六の子。公家悪・所作事を得意とし、三都随一の評価をうけた。別姓叶、のちに三世嵐小六となる。屋号は吉田屋。俳名珉子・眠獅など。二世(一七七四～一八〇一)は初世の長男。「六歌仙」の所作などで評判を得たが早世。屋号は吉田屋、のち成田屋。俳名可晴・眠獅など。

あらしやまほあん【嵐山甫安】 1633～93.11.30 江戸前期の蘭方医。肥前国平戸藩士。名は春育、初名は判(伴)田李庵。藩主松浦鎮信の許可で、長崎出島のオランダ商館医カッツ・アルマンス、ダニエル・ブッシュらから西洋外科を学び、医術修業の証明書をうけた。一六六二年(寛文二)カピタン一行に従って京都に上る。のち公家の一条兼輝らの治療により嵐山の姓を与えられた。門人に桂川甫筑ら。著書「蕃国治方類聚的伝」。

あらしりかん【嵐璃寛】 歌舞伎俳優。江戸後期～大正期に五世を数える。初世(一七六九～一八二一)は二世嵐吉三郎が父の俳名里環を継ぎ、文字を改めた。文化・文政期の京坂における立役の名優。美貌と美声に恵まれ、和事と実事を兼ね、力士役などで人気を博した。独創に富み、新作物の上演が顕著。俳名李冠、俗称大璃寛。二世(一七八八～一八三七)は文政・天保期の立役の名優。初世の兄嵐猪三郎の高弟。容姿にすぐれ、色立役を本領とした。屋号は伊丹屋。俳名璃珏。

あらたわけ【荒田別】 神功・応神朝に朝鮮に派遣された伝説上の将軍。「日本書紀」によると神功摂政四九年、鹿我別とともに将軍となって新羅を討ち、翌年帰還した。また応神一五年に巫別とともに百済に派遣され、翌年、書首の祖王仁を連れて帰った。「続日本紀」所収の百済王仁貞らの上表には、荒田別の本系は百済の貴須王で、近肖古王のときに来朝したとある。止美連・田辺史・大野朝臣などの祖という。

あらはたかんそん【荒畑寒村】 1887.8.14～1981.3.6 明治～昭和期の社会運動家。横浜市出身。本名勝三。小学校卒。働きながら独学、平民社の影響で社会主義に開眼し直接行動論に同調、赤旗事件で入獄した。一九一二年(大正元)大杉栄と「近代思想」を創刊。二二年共産党結成に参加、翌々年の解党に反対したが、再建共産党には参加せず、二七年(昭和二)「労農」創刊に参加。以後左派社会民主主義を堅持。第二次大戦後労働組合運動再建に着手、社会党代議士になる。芦田内閣の予算案に反対して脱党、一時社会主義協会に参加。晩年は文筆活動に専念。

ありくに【有国】 在国とも。刀工の名。古刀期に同名が多数いるが、鎌倉中期の山城鍛冶である粟田口藤五郎有国が著名。京九条ワカノ辻に住むと伝えられ、国家の子または国安の弟といい、「観智院本銘尽」には粟田口国頼の末子、国綱の弟とある。なお渡辺綱が羅城門で鬼の腕を切った太刀の作者ともいう。刀一が重文。

ありさかなりあきら【有坂成章】 1852.2.18～1915.1.11 明治期の銃砲設計家。周防国岩国藩の砲術家の子として生まれ、一八七四年(明治七)陸軍兵学寮出仕。ヨーロッパへ出張して銃砲製造を研究し、国産初の陸戦用速射砲の有坂砲と三〇年式小銃を開発、日露戦争の主力兵器となった。一九〇六年中将、日露戦争の戦勝に貢献した功により男爵。

ありさかひでよ【有坂秀世】 1908.9.5～52.3.13 昭和期の国語学者。広島県出身。東大卒。大正大学講師を勤めた。古代日本語の母音調和についての研究など、音韻論・国語音韻史の研究で業績をあげた。著書「音韻論」「国語音韻史の研究」「語勢沿革研究」「上代音韻攷」。

ありさわひろみ【有沢広巳】 1896.2.16～1988.3.7 昭和期の経済学者。高知県出身。東大卒。一九二四年(大正一三)東京帝国大学助教授。翌年ドイツ留学。帰国後は脇村義太郎・阿部勇らと研究会を組織し、世界経済の現状分析に着手。三八年人民戦線事件で検挙され休職となったが、第二次大戦後東京大学に復帰。第一次吉田内閣時の傾斜生産方式の立案者として有名。退官後は法政大学総長、原子力委員会委員長などを歴任。著書「日本工業統制論」「インフレーションと社会化」。

ありしまいくま【有島生馬】 1882.11.26～1974.9.15 明治～昭和期の洋画家・小説家。本名壬生馬(みぶま)。神奈川県出身。武郎の弟。藤島武二に洋画を学び、一九〇五年(明治三八)ヨーロッパに渡る。一〇年帰国して「白樺」同人となり、はじめて本格的にセザンヌを紹介した。二科会・一水会の創立に参加。三五年(昭和一〇)帝国美術院会員となる。小説「蝙蝠(こうもり)の如く」「嘘の果(み)」。

ありしまたけお【有島武郎】 1878.3.4～1923.6.9 大正期の小説家。東京都出身。札幌農学校卒。その後ハーバード大学などの大学院に学び、ヨーロッパ巡歴をへて帰国。母校の英語教師を一九一五年(大正四)まで務め、以後作家活動に専念した。白樺派に属し、幅広い教養と知性にもとづいて、キリスト教的な倫理と人間の本能や個性の相克を主題とする作品を発表。晩年は社会主義に共鳴し、北海道にあった農場を小作人へ解放したりしたが、最晩年は虚無的となり、人妻の婦人記者波多野秋子と軽井沢で心中。代表作「宣言」「カインの末裔」「迷路」「生れ出づる悩み」「或る女」「惜みなく愛は奪ふ」「宣言一つ」。

ありすがわのみや【有栖川宮】 高松宮と称した後陽成(ごようぜい)天皇の第七皇子好仁(よしひと)親王を祖とする宮家。世襲親王家の一つ。二代は後水尾(ごみずのお)天皇の皇子良仁(ながひと)親王で花町宮と称したが、皇統を継いで後西(ごさい)天皇となったため中絶。のち後西天皇の第二皇子幸仁(ゆきひと)親王が三代を継承して、一六七二年(寛文一二)有栖川宮と改称。四代正仁(ただひと)親王には後嗣がなく、霊元天皇の皇子職仁(よりひと)親王が相続、一〇代威仁(たけひと)親王のとき王子栽仁(たねひと)王が早世したため断絶。ただし大正天皇は威仁親王の死去に先立ち、特旨をもって第三皇子宣仁(のぶひと)親王に高松宮を与え、当宮家の祭祀をうけつがせた。

ありすがわのみやたかひとしんのう【有栖川宮幟仁親王】 1812.1.5～86.1.24 幕末～明治前期の皇族。有栖川宮第八代。七代韶仁(つなひと)親王の第一王子。幼名八穂宮(やおのみや)。一八二二年(文政五)光格上皇の猶子となり、翌年親王宣下をうける。四五年(弘化二)宮家を継ぎ、四七年中務卿となった。六四年(元治元)国事御用掛となったが、同年七月の禁門の変で罷免された。六八年(明治元)神祇官事務総督・議定・神祇事務局督に任じられた。その後、神道教導職総裁・皇典講究所総裁も務めた。

ありすがわのみやたけひとしんのう【有栖川宮威仁親王】 1862.1.13～1913.7.5 明治期の皇族・海軍軍人。有栖川宮第一〇代。八代幟仁(たかひと)親王の第四王子。幼名稠宮(さわのみや)。一八七八年(明治一一)八月親王宣下をうける。兄熾仁(たるひと)親王のあとを継ぐ。七四年海軍兵学寮入学、八一年一月から八三年六月までイギリスのグリニッチ海軍大学に留学。高雄・千代田両艦長、横須賀海兵団長、松島・橋立両艦長勤務のち、常備艦隊司令官を務めた。一九〇四年六月大将。

ありすがわのみやたるひとしんのう【有栖川宮熾仁親王】 1835.2.19～95.1.15 幕末～明治期の皇族・政治家・軍人。有栖川宮第九代。八代幟仁(たかひと)親王の第一王子。幼名歓宮(よしのみや)。一八四九年(嘉永二)親王宣下で熾仁の名をうける。六四年(元治元)国事御用掛、同年の禁門の変で謹慎処分をうけたが、六七年(慶応三)王政復古により総裁に就任。翌年戊辰(ぼしん)戦争で東征大総督。七五年(明治八)元老院議官、ついで議長。七七年西南戦

●有栖川宮家略系図 1～10は当主代数

- 後陽成天皇
  - 後水尾天皇
    - 良仁親王2［花町宮］(後西天皇)─幸仁親王3［有栖川宮］─正仁親王4
    - 霊元天皇─職仁親王5─織仁親王6─韶仁親王7─幟仁親王8
      - 熾仁親王9
      - 威仁親王10─栽仁王
  - 好仁親王1［高松宮］

争で征討総督となり、その功により陸軍大将。八〇年左大臣兼任、八二年露国皇帝即位典礼に参列して欧州各国を歴訪。八五年内閣制度の発足にともない参謀本部長、のち近衛都督兼任。参謀総長も務めた。日清戦争で陸海全軍の総参謀長となる。

ありすがわのみやゆきひとしんのう【有栖川宮幸仁親王】 1656.3.15～99.7.25　有栖川宮第三代。後西天皇の第二皇子。母は清閑寺共綱の女共子。幼称二宮。初代の高松宮好仁親王に男子がなく、その没後、後水尾天皇は良仁親王に遺跡を継がせたが、のち良仁親王が皇位を継いだ(後西天皇)ため、一六六七年(寛文七)幸仁親王が相続。六九年親王宣下。七二年宮号を有栖川宮に改称。書道をよくした。

ありすがわのみやよりひとしんのう【有栖川宮職仁親王】 1713.9.10～69.10.20　有栖川宮第五代。霊元天皇の第一七皇子。母は松室重敦の女敦子。一七一六年(享保元)正仁親王没後、有栖川宮家を相続。二六年親王宣下をうけ職仁と命名。翌年元服、二品中務卿に叙任。四七年(延享四)将軍徳川家重に知行一〇〇〇石を安堵される。和歌・書を修め、桃園・後桜町・後桃園三天皇に歌道を伝授。室は左大臣二条吉忠の女淳子。日記「職仁親王御日記」。

ありたはちろう【有田八郎】 1884.9.21～1965.3.4　大正・昭和期の外交官。新潟県出身。東大卒。一九〇九年(明治四二)外務省入省。二七年(昭和二)田中義一内閣の亜細亜局長、三二年から外務次官、三六年広田内閣の外相に就任。以後、第一次近衛・平沼・米内の三内閣で外相。日独防共協定を締結したが、三国同盟化には反対。日中戦争解決に努力するが、九カ国条約の修正もいとわない姿勢に、アメリカなどの警戒をまねいた。

ありちしなのじょう【有地品之允】 1843.3.15～1919.1.17　明治期の海軍軍人。萩藩士として戊辰戦争に従軍。一八七一年(明治四)陸軍少佐となるが、七三年海軍少佐に転じ、海軍兵学校校長・海軍参謀本部長などを歴任。九二年に中将。呉鎮守府司令長官・常備艦隊司令長官をへて、予備役編入後は枢密顧問官・帝国海事協会理事長などを務めた。

●有馬氏㊀略系図

経澄―朝澄―家澄＝連澄―貞澄―澄世―満澄―氏澄―貴純―純鑑―晴純―義貞―義純＝晴信［日野江藩］

［延岡藩］直純―康純―清純―［糸魚川藩・丸岡藩］一準―孝純―允純―誉純＝徳純＝温純―道純(子爵)

●有馬氏㊁略系図

則頼―豊氏［福知山藩・久留米藩］―忠頼―頼利＝頼元―頼旨＝則維―頼徸―頼貴＝頼徳―頼永＝頼咸―頼匡＝頼万(伯爵)

豊氏―頼次……氏倫［伊勢西条藩］＝氏久＝氏恒＝氏房＝氏恕［五井藩］＝氏保＝久保―氏貞―氏郁［吹上藩］＝氏弘＝頼之(子爵)

ありまうじのり【有馬氏倫】 1668～1735.12.12　江戸中期の幕臣。通称は四郎右衛門。兵庫頭。紀伊国和歌山生れ。和歌山藩士だったが、一七一六年(享保元)徳川吉宗の将軍就任のさい、側御用取次に任じられ、幕政の中枢を占めた。同年一三〇〇石を給され、二七年一万石を得た。

ありまし【有馬氏】 近世の大名家。㊀鎮西平氏の流れで、鎌倉中期に肥前国高来郡の土豪として現れ、南北朝期には少弐氏に従い、周辺に勢力を拡大した。晴純のとき口之津をポルトガル船に開港してキリシタンとなり、肥前六郡を制したが、その後竜造寺氏南進の前に衰退。孫晴信は高来郡内を豊臣秀吉に安堵されたが、岡本大八事件により罪せられた。次代直純以降は、日向国県(延岡)・越後国糸魚川をへて越前国丸岡藩主五万石となり、維新後子爵。㊁室町時代に播磨国守護赤松氏の一族が摂津国有馬荘地頭職となったことに由来。江戸時代に筑後国久留米藩主二一万石となり、維新後伯爵。支流に下野国吹上藩主・筑後国小松崎藩主(絶家)・幕臣有馬家がある。

ありましろすけ【有馬四郎助】 1864.2.2～1934.2.4　明治・大正期の社会事業家。薩摩国生れ。旧姓益満。一八八六年(明治一九)北海道集治監看守長に就任、以後各地の典獄となり、監獄改良・受刑者保護に努める。九八年留岡幸助から受洗、「クリスチャン典獄」とよばれる。一九〇六年に受刑少年施設として日本初の小田原幼年保護会を、翌年横浜に受刑少女保護施設として初の根岸家庭学園(のち横浜家庭学園)を設立した。

ありましんしち【有馬新七】 1825.11.4～62.4.23　幕末期の尊攘派志士。鹿児島藩伊集院の郷士坂本正直の子。藩士として儒学・弓剣術を修めた。一八五六年(安政三)上洛し梅田雲浜と交わる。大老井伊直弼が通商条約調印や将軍後嗣決定にふみきると、同志と井伊要撃などを画策。六二年(文久二)島津久光の上洛に従い、京都で活動中伏見寺田屋で久光派遣の同藩士に殺された。

ありまつひでよし【有松英義】 1863.6.10～1927.10.24　明治・大正期の官僚・政治家。備前国生れ。独逸学協会学校卒。一八八八年(明治二一)判事試補として官界に入る。ドイツ法学の豊かな知識をもとに、治安警察法・行政執行法・警察犯処罰令など数多くの警察法令を手がけた。一九一一年貴族院議員(勅選)に任じられ、二〇年(大正九)枢密顧問官となる。

ありまとようじ【有馬豊氏】 1569～1642.閏9.29　江戸初期の大名。父は豊臣秀吉に仕えた播磨国三木満田城主則頼。幼名は万助。玄蕃頭。一五九五年(文禄四)関白秀次事件で失脚した主君渡瀬氏の遠江国横須賀三万石を継承。関ケ原の戦功により丹波国福知山六万石、一六二〇年(元和六)筑後国久留米二一万石を得た。茶の湯にもすぐれた。

ありまなおずみ【有馬直純】 1586～1641.4.25　江戸初期の大名。晴信の子。大吉。左衛門佐。洗礼名ミゲル。一六〇〇年(慶長五)関ケ原の戦で小西行長領を攻め、その後徳川家康に近侍した。一〇年家康の養女を室に迎え、行長の兄小西如清の女を離別し棄教した。一二年肥前国日野江を襲封し、一四年日向国県五万三〇〇〇石の藩主。三八年(寛永一五)旧領で起きた島原の乱に出陣した。参府途中大坂で没した。

ありまのみこ【有間皇子】 640～658.11.11　孝徳天皇の皇子。母は阿倍内麻呂の女小足媛。父の死後六五七年(斉明三)狂人を装い、牟婁温泉(現、和歌山県白浜町)に湯治に行く。これは、皇子が有力な皇位継承候補者で、反体制派の豪族層のよりどころとして中大兄皇子らから危険視されているのを避けたものと考えられる。翌年、中大兄皇子の意をうけた蘇我赤兄の訪問をうけ、現体制への批判の言葉を聞かされて反乱を決意。そのために捕らえられ、与党とともに天皇らの滞在する紀温泉(牟婁温泉)に送られ、中大兄皇子の訊問をうけたのち藤白坂(現、和歌山県海南市藤白)で絞殺された。紀伊護送中に皇子の詠んだ歌、および皇子の死をいたんだ後人の歌を「万葉集」に収める。

ありまはるずみ【有馬晴純】 1483～1566.2.28　戦国期の肥前国の武将。同国守護。父は純鑑。初名賢純。修理大夫。法名仙巌。号は南明軒。室は大村純伊の女。高来郡日野江城を本拠とし、高来・藤津・杵島・彼杵・松浦郡にまで勢力を及ぼした。将軍足利義晴から一字をうけ晴純と称する。一五三八年(天文七)次男純忠を大村氏の養子とし、四三年には少弐冬尚らとともに竜造寺家兼を包囲攻撃して一時これを追放するなど、有馬氏全盛期を築いた。五二年、子義直(義貞)に家督を譲り隠居。

ありまはるのぶ【有馬晴信】 1561/67～1612.5.6　織豊期～江戸初期の武将。肥前国日野江城主義貞の子。十郎。修理大夫。一五七一年(元亀二)継領。洗礼名プロタジオ、のちジョアン。八七年(天正一五)豊臣秀吉に属したが、追放されたイエズス会士を自領にかくまい、宣教・教育・出版などの活動を許した。一六〇九年(慶長一四)朱印船貿易に参画した家臣を殺された報復としてポルトガル船を撃沈。その恩賞として旧領回復を望んだことが岡本大八事件に発展し、斬罪された。

ありまよりやす【有馬頼寧】 1884.12.17～1957.1.10　大正・昭和期の政治家。東京都出身。旧久留米藩主有馬頼万の長男。東大卒。農商務省に入るが一九一七年(大正六)辞職。二四年衆議院議員となり立憲政友会に所属し、二九年(昭和四)貴族院議員。三六年近衛文麿を党首とする新党計画を構想し、翌年近衛内閣の農相となる。四〇年には新体制運動に参加し、大政翼賛会事務総長に就任し、翌年政界を引退した。第二次大戦後の四五年A級戦犯容疑者となったが翌年釈放された。

ありまよりゆき【有馬頼徸】 1714.11.25～83.11.23　江戸中期の大名・数学者。筑後国久留米藩主。父は則維。字は其映、号は林窓舎など。その師松永良弼を藩邸によび数学を学ぶ。その師山路主住にも指導をうけた可能性がある。藤田貞資・嘉言父子や入江脩敬を藩士として雇い、中根彦循を招聘し数学者を庇護した。自身も当代随一の数学者で、豊田文景の筆名で「拾璣算法」(一七六九)を出版、当時最高の内容をまとめたものとして名声を博した。

ありまりょうきつ【有馬良橘】 1861.11.15～1944.5.1　明治・大正期の海軍軍人。紀伊国生れ。海軍兵学校卒。日露戦争では連合艦隊参謀であったが、天津丸指揮官として旅順港閉塞戦に参加。砲術学校校長・軍令部第一班班長・兵学校校長などを歴任し、一九一九年(大正八)大将。予備役編入後は枢密顧問官・有終会理事長・明治神宮宮司。

ありむらじざえもん【有村次左衛門】 1838.12.28～60.3.3　幕末期の尊攘派志士。鹿児島藩士有村兼善の三男。海江田信義の弟。一八五八年(安政五)次兄の雄助とともに脱藩。江戸に出て水戸藩の志士と交わり、大老井伊直弼暗殺計画に加わる。六〇年(万延元)三月三日桜田門外で井伊の首を討ちとるが、重傷を負い自刃。

ありやすひでのしん【有安秀之進】 1855～1934　初代日本人カトリック司祭。肥前国生れ。幼名浪造。幕末期にプティジャンの指導をうけ、一時マレー半島のペナン神学校に避難し、一八七二年(明治五)帰国。横浜天主堂学校・東京神学校・長崎神学校に学び、八三年司祭に叙階された。

ありよしさわこ【有吉佐和子】 1931.1.20～84.8.29　昭和期の小説家。和歌山市出身。東京女子大学短大卒。第一五次「新思潮」同人。一九五六年(昭和三一)芥川賞候補作「地唄」で文壇に登場。

代表作「紀ノ川」「華岡青洲の妻」「恍惚の人」「複合汚染」。

ありわらうじ【在原氏】 平安初期に、平城天皇の皇子である高岳親王・阿保親王らの子らに賜った氏姓。薬子の変によって高岳親王は廃太子となり、阿保親王も左遷されて皇位から遠ざかった。高岳親王の子らは王号を止められて賜姓をうけ、八二六年(天長三)には阿保親王の上表に応じて、その子仲平・行平・守平・業平らに在原朝臣の賜姓があった。行平は中納言まで進み、一門子弟のための大学別曹奨学院も設けられたが、氏の勢力はあまりふるわなかった。業平は歌人として著名。

●在原氏略系図

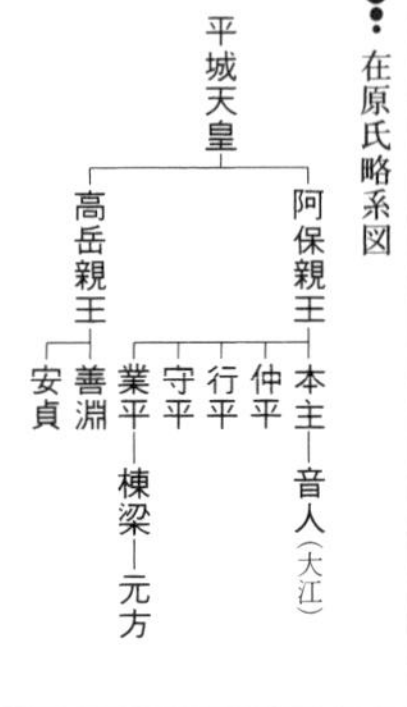

ありわらのなりひら【在原業平】 825～880.5.28 平安前期の歌人。六歌仙・三十六歌仙の一人。平城天皇の皇子阿保親王の子。母は桓武天皇の皇女伊都内親王。五男で右近衛権中将なので在五中将とよばれた。行平は兄、子に棟梁・滋春ら。「三代実録」の伝に「体貌閑麗、放縦にして拘らず、略才学無く、善く倭歌を作る」とあり、美男で気まま、学才はないが、和歌を得意としたという。「古今集」仮名序に「在原業平は、その心あまりてことばたらず」と評されたように、情熱あふれる秀歌が多く、技法的にも古今歌風の先駆をなす。「古今集」に三〇首入集。「伊勢物語」は業平の歌に物語を付したもので、主人公を業平と同一視する後世の見方は誤りである。家集「業平集」。

ありわらのむねはり【在原棟梁】 ?～898.2.- 名は「むねやな」とも。平安前期の歌人。業平の長男。子に元方、藤原滋幹の母。従五位上、筑前守に至る。「古今集」に四首、「後撰集」に二首、「続後拾遺集」に一首入集。うち五首は「寛平后宮歌合」の歌である。

ありわらのもとかた【在原元方】 生没年不詳。平安時代の歌人。業平の孫。棟梁の子。経歴は明らかでない。中古三十六歌仙の一人。「古今集」に一四首、「後撰集」に八首、「拾遺集」に二首、「新古今集」以下に九首入集。「古今集」巻頭歌の詠者。家集「元方集」があるが、伝わるのは断簡のみ。

ありわらのゆきひら【在原行平】 818～893.7.19 平安前期の貴族・歌人。平城天皇皇子の阿保親王の子。八二六年(天長三)父阿保親王の上表により、兄弟の仲平・守平・業平とともに在原朝臣と賜姓された。武官・地方官を歴任して八七〇年(貞観一二)参議、八八二年(元慶六)には中納言、正三位まで進んだ。八八七年(仁和三)致仕し、八九三年(寛平五)に七六歳で没した。一門子弟のため大学別曹奨学院を設立した。

あるがきざえもん【有賀喜左衛門】 1897.1.20～1979.12.20 昭和期の社会学者。長野県出身。東大卒。柳田国男の民俗学、イギリスの社会人類学の影響をうけ、日本村落社会の実地調査・研究に先鞭をつけた。日本の家、同族の研究に成果があった。「有賀喜左衛門著作集」全一一巻。

あるがちょうはく【有賀長伯】 1661～1737.6.2 江戸中期の歌人。号は以敬斎・無曲軒・黄和・六喩居士。京都生れ。医家に生まれたが歌学に転じ、のち四代にわたって歌学を業とした。はじめ望月長孝、ついで平間長雅に師事。和歌関係の啓蒙書を次々に編刊するなど、二条家流歌学の伝播に貢献。門人に北条氏朝、子の有賀長因らがいる。法号以敬斎長伯貞斎居士。家集「秋葉愚草」のほか「歌枕秋の寝覚」「初学和歌式」「歌林雑木抄」「浜のまさご」など著作多数。

あるがながお【有賀長雄】 1860.10.1～1921.6.17 明治・大正期の国際法学者。法学博士。大坂生れ。東大卒。ドイツ、オーストリアに留学し、シュタイン、グナイストに国法学を学ぶ。一八八九年(明治二二)枢密院書記官。日清戦争では法律顧問として従軍。九六年陸軍大学校教授として国際法を講じ、日露戦争にも従軍。著書「戦時国際法」「社会学」「国家学」。

アルバレス Jorge Alvarez 生没年不詳。一六世紀のポルトガルの船長。一五四六年(天文一五)マラッカから薩摩国山川につき、日本人ヤジロウをつれてマラッカに帰る。四七年ヤジロウをイエズス会宣教師フランシスコ・ザビエルに紹介。ザビエルの依頼により提出した日本に関する報告書は、ヨーロッパ人による最初の日本見聞記。

アルマンス Katz Almans 生没年不詳。江戸前期の長崎オランダ商館の医師。一六六一～六二年(寛文元～二)日本に滞在。六二年に江戸へ参府。滞在中に漢方医の吉永升庵、平戸藩主松浦氏の医官の嵐山甫安らが彼に師事し、オランダ流外科を学んだという。その治療法はカスパル流に続くアルマンス方として伝えられた。

アルメイダ Luis de Almeida 1525～83.10.- ポルトガル人のイエズス会士。リスボン生れ。貿易商人だったが医師免許をもっていた。一五五二年(天文二一)来日し、三年後豊後国府内(現、大分市)に病院を設立して診療と教育を行った。六〇年(永禄三)聖職者の医療禁止というイエズス会の規約が伝えられたため、翌年には病院から手をひき九州各地で布教を行った。天草の河内浦で没した。

アレクセーエフ　Evgenii Ivanovich Alekseev 1843.5.11～1918　ロシアの提督。関東州長官として義和団の乱鎮圧に参加し、満州占領の正当化を計った。その後ベゾブラーゾフらに利用され、極東における強硬政策を支持。一九〇三年極東総督となり、極東における行政の最高権と対日外交交渉の指導権を掌握した。満州からの撤兵という日本の要求を拒否して日露交渉決裂の一因をつくった。日露戦争では旅順攻防の際の拙劣な軍事指導などを批判され、沙河会戦後に軍事的任務を外された。

あわたうじ【粟田氏】 和田とも。古代の有力豪族。姓は臣だったが、六八四年(天武一三)に朝臣となる。始祖を孝昭天皇の子天押帯日子命とし、春日・大宅・小野・柿本氏らと同じく和珥氏の同族。本拠地は山城国愛宕郡粟田郷。七～八世紀は学問・外交で活躍。なかでも真人は大宝律令の編纂に従事、完成後の七〇二年(大宝二)遣唐執節使として入唐し、則天武后に謁見した。また諸姉ははじめ藤原仲麻呂の子真従の室となったが、その没後、大炊王(淳仁天皇)に嫁した。

あわたぐちくにより【粟田口国頼】 生没年不詳。刀工の名。「観智院本銘尽」の一説では山城粟田口鍛冶の祖。刀剣伝書の多くは「非鍛冶、大和国住」と記す。また「源姓左馬允粟田口住」ともある。一方「左馬陳源国頼」の銘をもつ文治二年(一一八六)紀と元仁年(一二二四～二五)紀の作があり、「陳」を「来」の古字「陝」の誤りとみて、これを来派最古の作として国頼を来派の祖とみる説もある。しかし銘には研究の余地があり、来派は粟田口派の分流だろうが、国頼を始祖とすることには問題が多い。

あわたぐちぜんぽう【粟田口善法】 生没年不詳。室町中期の茶人で、茶道の開祖村田珠光の弟子。京都粟田口に住んだ。名物道具を所持せず、質素を尊び、燗鍋一つで茶の湯を楽しみ、食事もしたので、師の珠光から心のきれいな人物として賞賛されたという。「山上宗二記」も真の茶人は善法のことをいうと記す。豊臣秀吉も善法の所蔵した茄子形の手取釜の写しをつくらせ、生涯愛用したという。

あわたのまひと【粟田真人】 ?～719.2.2/5　奈良時代の公卿。六八一年(天武一〇)小錦下。のち筑紫大宰をへて大宝律令の編纂に参加。七〇二年(大宝二)遣唐執節使として入唐し、則天武后に謁見。七〇四年(慶雲元)帰朝して中納言に任じられ、七〇八年(和銅元)大宰帥を兼務。のち正三位に至る。唐では経史を学び、容姿温雅と讃えられ、司膳卿(一説に同員外郎)に任命されたという。

あわづたかあきら【粟津高明】 1838.4.29～80.10.29　名は「たかあき・こうめい」とも。横浜公会名簿には圭二郎とある。無教派の日本公会の創始者。もと近江国膳所藩士。一八六八年(明治元)横浜でJ・H・バラから受洗。七二年横浜の日本基督公会に転入会。翌年日本基督公会東京支会の設立に尽力し伝道師となる。七六年四月独立して無教派の日本公会を設立。海軍兵学校教官在職中に没した。

あわのつぼね【阿波局】 ?～1227.11.4　源頼朝の異母弟阿野全成の妻。父は北条時政。政子の妹。三代将軍源実朝の乳母。梶原景時の讒言をふれ回って失脚させる。一二〇三年(建仁三)六月、阿野全成の乱後も政子の口添えでことなきをえた。同年九月、将軍の代替りの際、時政の後妻牧の方の陰謀を政子に知らせて、実朝を時政邸から奪回した(牧氏の変)。

あんえ【安慧】 794～868.4.3　平安前期の天台宗僧。俗姓大狛氏。河内国大県郡生れ。下野国小野寺の広智に師事、ついで比叡山に上り最澄・円仁に顕密両教を学ぶ。遮那業(密教専攻)学生として得度、規定による一二年籠山修行ののち、八四四年(承和一一)出羽国講師に任じられ、当地の法相宗徒を多く天台宗に帰せしめた。八四六年延暦寺定心院十禅師、ついで内供奉十禅師、八六四年(貞観六)天台座主となった。

あんかい【安海】 生没年不詳。平安中期の天台宗僧。京都生れ。比叡山興良のもとで出家、横川に住して天台教学を研鑽。当時の天台教学を代表する源信を「浅広」、覚運を「深狭」と批判。一〇〇三年(長保五)源信が宋の知礼に送った天台宗疑問二七条に安海は上中下の解答を作ったが、知礼の答釈は中か下だったと伝える。

あんかもんいん【安嘉門院】 1209～83.9.4　後高倉院の皇女。名は邦子。後堀河天皇の同母姉。母は持明院基家の女北白河院陳子。一二二一年(承久三)後堀河天皇の准母として皇后宮となり、二四年(元仁元)に院号をうけた。二三年(貞応二)に後高倉院から譲与された荘園群は安嘉門院領とよばれ、のち大覚寺統に伝えられた。

あんかんてんのう【安閑天皇】 記紀系譜上の第二七代天皇。六世紀前半の在位という。勾大兄皇子・広国押武金日天皇と称する。継体天皇の長子。母は尾張連草香の女目子媛。「日本書紀」によると、継体の死後、三年たって即位したことになるが、この間、異母弟欽明天皇との間に対立がおこり、内乱もしくは二朝並立の事態が生じたとする説もある。「日本書紀」には、この天皇の代のこととして多くの屯倉・名代の成立が伝えられる。

あんきもんいん【安喜門院】 1207～86.1.6　後堀河天皇の皇后。名は有子。太政大臣三条公房の女。母は藤原修子。一二二二年(貞応元)一二月入内、翌年二月、中宮となる。二六年(嘉禄二)関白近衛家実の女長子(鷹司院)が中宮になると皇后となり、翌年院号をうけた。四六年(寛元四)出家。

あんこうてんのう【安康天皇】 記紀系譜上の第二〇代天皇。五世紀後半頃の在位という。穴穂天皇と称する。允恭天皇の皇子。母は忍坂大中姫命。兄の木梨軽皇子を攻め、自殺に追いこんで即位したとされる。また大草香皇子を殺してその妻中蒂姫を妃としたことから、その子眉輪王に殺された。「宋書」倭国伝にみえる倭王済の世子の興に比定される。菅原伏見西陵に葬ったとされ、奈良市宝来町の古城一号墳がそれにあてられる。

あんこくじえけい【安国寺恵瓊】 ?～1600.10.1　戦国末期の禅僧。諱は恵瓊、字は瑶甫。一任斎・正慶と称する。安芸国の銀山城主武田信重の遺児という。一五四一年(天文一〇)銀山城が落城し武田氏が滅亡した際、同国安国寺に入る。五三年に竺雲恵心の弟子、一六〇〇年(慶長五)に京都南禅寺の住持となる。毛利氏の使僧として活躍。のちに豊臣秀吉の直臣のような存在となる。関ケ原の戦では毛利輝元に味方し、京都で梟首となる。

アンジェリス Girolamo de Angelis　1568～1623.10.13　イタリア人イエズス会宣教師。一六〇二年(慶長七)来日。伏見・駿府・江戸で布教。江戸幕府の禁教令後も日本にとどまり、東北地方で布教。一八年(元和四)宣教師としてはじめて蝦夷地へ渡る。二一年再び蝦夷地を訪れ「蝦夷報告」を記した。二三年江戸札ノ辻で火刑により殉教。

あんじゅうこん【安重根】 An Jung-gŭn　1879.7.16～1910.3.26　李氏朝鮮末期の独立運動家。一九〇五年(明治三八)の第二次日韓協約で韓国が日本の保護国となったことに憤慨し、義兵運動に参加した。のちウラジオストクに亡命し、抗日独立運動を展開、韓国の道徳立国を主張し日本の背信を非難した。〇九年一〇月二六日、ハルビン駅で前統監伊藤博文を暗殺、翌年三月旅順監獄で死刑に処せられた。韓国の国家的英雄。

アンジロー ⇨ヤジロウ

あんちょう【安澄】 763～814.3.1　平安前期の大安寺三論宗の学僧。俗姓身人部氏。丹波国船井郡生れ。善議のもとで三論教学を学び、また密教にも通じた。当時の三論宗を代表する論客で、とくに法相宗の泰演との論争は有名。著書「中論疏記」。

あんちん・きよひめ【安珍・清姫】 和歌山県道成寺の縁起から派生した伝説の主人公。家に泊まった熊野参詣の僧安珍に恋慕した寡婦清姫が、蛇身となって日高川を渡り、安珍の隠れる鐘にまきついて安珍を焼き殺す。謡曲・浄瑠璃などに採られ、道成寺物の系譜を形成。本来の説話では、安珍は鎌倉時代の「元亨釈書」に鞍馬寺の僧として登場するが、清姫の名は江戸時代までなく、「道成寺霊蹤記」の一七三九年(元文四)序文や、四二年(寛保二)初演の浄瑠璃「道成寺現在蛇鱗」にみえる。

あんてい【安帝】 94～125.3.10　後漢第六代の皇帝劉祐(在位一〇六～一二五)。外戚の専権や羌族の反乱で内政はふるわず、外政でも即位翌年の倭国の朝貢後は、鮮卑・高句麗などの離反を許した。

あんどうあります【安藤有益】 1624～1708.6.25　「ゆうえき」とも。江戸前期の暦学者・和算家。会津藩士。今村知商と島田貞継に師事する。今村の著「竪亥録」に注釈をつけた「竪亥録仮名抄」(一六六二)や島田に学んだ方陣の書「奇偶方数」(一六九七)を刊行。「長慶宣明暦算法」(一六六三)、「本朝統暦」(一六八七)など暦学の書も出版し、猪苗代湖の測量にも従事した。

あんどういえもん【安藤伊右衛門】 1751.3.17～1827.3.17　江戸後期の水利功労者。名は正知。因幡国八上郡郡家村生れ。水利の便が悪い当地方のため、一八二〇年(文政三)八東郡安井宿から八東川の水を引き、三年後に延長約一一㎞、灌漑面積約三〇〇町歩の安藤井手を完成させた。二三年、通り谷土井新渠用水掛・新開支配人に任じられた。

あんどうし【安藤氏】 ❶安東氏とも。中世陸奥国津軽地方の豪族。安倍貞任の後裔といわれる。鎌倉時代には北条氏得宗家に仕えてその所領の代官を勤め、蝦夷管領ともなる。鎌倉末期には、一族の内紛がさらに蝦夷の反乱をひきおこし、幕府滅亡の一因となった。その頃、上国・下国の両家にわかれたといわれ、戦国期、下国家の愛季は上国家をも継承、秋田氏の祖となった。室町幕府奉公衆などにも安東氏がいるが、関係は不明。

❷江戸時代の譜代大名家。出自は諸説あるが、源長基が藤原氏を継ぎ安藤を称したとするのが有力。以後数代をへて家重のとき松平広忠に仕えた。その孫直次は、駿府年寄衆として幕政に関与し、一六一九年(元和五)徳川頼宣の紀伊国入封に付家老として従い、田辺で三万八〇〇〇石余を領し、以後和歌山藩の家老を世襲。直次の弟重信は徳川秀忠に仕えて老中を勤め、一九年上野国高崎で五万六〇〇〇石を領した。以後、数度の転封を重ね一七五六年(宝暦六)陸奥国磐城平五万石に移り、明治に至る。維新後子爵。

あんどうしげのぶ【安藤重信】 1557〜1621.6.29　江戸初期の大名。父は基能。対馬守。はじめ徳川家康に仕えたが、のち徳川秀忠に付けられる。一六一一年(慶長一六)奉書加判となり、秀忠側近として幕政の中枢に参画。大坂の陣で大功をあげるなど戦功もある。一九年(元和五)上野国高崎藩主となり、五万六〇〇〇石余を領した。

あんどうしょうえき【安藤昌益】 1707?〜62.10.14　江戸中期の医師・思想家。字は良中、確竜堂とも号す。江戸時代で唯一の徹底した封建制批判者。出羽国秋田郡二井田村生れ。一七四四年(延享元)から陸奥国の八戸城下で町医者として開業し、八戸近辺に多くの門人がいた。二井田村で没し、門人らが「守農大神確竜堂良中先生」の石碑を建立。昌益は、万人が生産労働に従事し自給自足の生活をする自然の世を理想化し、現実の封建社会を支配階級が他人の労働成果を貪る差別の体系であると批判。また儒教や仏教などの思想を差別と支配を合理化するものとして否定した。著書「自然真営道」「統道真伝」。

あんどうすえなが【安藤季長】 生没年不詳。鎌倉後期の武士。又太郎と称する。陸奥国津軽の豪族。北条氏の被官で蝦夷管領の地位にあったが、一三二五年(正中二)蝦夷の反乱を契機に管領を同族の安藤宗季にかえられたため、宗季と合戦。幕府から派遣された工藤祐貞に捕らえられた。

あんどうせいあん【安東省庵】 1622.1.18〜1701.10.20　江戸前期の儒学者。名は守正のち守約、字は魯黙、通称は市之進。省庵・恥斎と号す。筑後国生れ。京都の松永尺五に学び、筑後国柳河藩に仕えた。亡命して長崎に来た明の遺臣朱舜水の学徳を慕い師事。舜水が徳川光圀に仕えるまでの時期、禄の半ばを割いて生活を支えた。著書「省庵先生遺集」「霞池省庵手簡」「心喪集語」。

あんどうためあきら【安藤為章】 1659.5.23〜1716.10.13　江戸前期の和学者。天野定為の子。通称は新介、号は年山。丹波国生れ。水戸に下り、兄為実とともに徳川光圀に仕える。のち江戸彰考館の万葉方となり、契沖の指導をうけ、「釈万葉集」編纂の中心となって活躍。著書「年山打聞」「年山紀聞」「紫女七論」「千年山集」。

あんどうてるぞう【安藤輝三】 1905.2.25〜36.7.12　昭和前期の軍人。陸軍大尉。岐阜県出身。陸軍士官学校(三八期)卒。青年将校運動の中心的人物。一九三五年(昭和一〇)歩兵第三連隊の中隊長。翌三六年の二・二六事件で首謀者の一人となり、部下を率いて鈴木貫太郎侍従長邸を襲撃。事件後、軍法会議で死刑判決後、銃殺刑。

あんどうとうや【安藤東野】 1683.1.28〜1719.4.13　江戸中期の儒学者。通称仁右衛門、名は煥図、字は東壁、東野は号。もと滝田氏。下野国那須郡生れ。江戸で中野撝謙に入門。一七〇四年(宝永元)頃柳沢吉保に仕官するが、のち辞する。山県周南と前後してまだ無名の荻生徂徠に学び、その主張を支持、太宰春台の入門の仲介や「蘐園随筆」に序文を書くなど、古文辞学隆盛のために尽くした。田中桐江の江戸出奔を助けるなど男気があった。唐音・音律にも通じ、徂徠の厚い信頼をうけ期待されたが早世。「東野遺稿」がある。

あんどうなおつぐ【安藤直次】 1554〜1635.5.13　江戸初期の武将、のち和歌山藩付家老。父は基能。帯刀。幼少から徳川家康に近侍し、姉川の戦、長篠の戦、長久手の戦などで大功をあげる。一六〇七年(慶長一二)家康の駿府引退後は、本多正純らとともに駿府年寄衆として幕政の中枢に参画。一〇年家康の子頼宣の守役となり、一九年(元和五)頼宣の紀伊国入封に従い、同国田辺で三万八〇〇〇石余を領し、和歌山藩政の確立に尽くした。軍略にも通じ、家康からもたびたび諮問をうけている。

あんどうぬかり【安藤野雁】 1815.3.4〜67.3.24　江戸後期の歌人・国学者。姓は北村氏。名は政美。通称は刀禰・謙次。陸奥国伊達郡生れ。半田銀山監史。江戸にでて塙忠宝の温故堂に学ぶ。「万葉集」の研究に努める一方、和歌もよくよんだ。家集「野雁集」(自撰)、著書「万葉集新考」「大伴宿禰家持卿伝」。

あんどうのぶまさ【安藤信正】 1819.11.25〜71.10.8　幕末期の老中。陸奥国磐城平藩主。父は信由。諱ははじめ信睦。対馬守。号は鶴翁。一八四七年(弘化四)遺領相続。四八年(嘉永元)奏者番、五一年寺社奉行、五八年(安政五)若年寄、六〇年一月老中兼外国事務専掌。同年三月桜田門外の変で井伊直弼が暗殺されると、老中久世広周とともに幕政を主導。日普修好通商条約締結やヒュースケン暗殺事件の解決など、困難な外交問題を処理。将軍徳川家茂の正室に孝明天皇の妹和宮を迎える計画(公武合体)を推進したため、六二年(文久二)尊攘派の志士たちに襲撃され負傷(坂下門外の変)、失脚した。戊辰戦争では、新政府側に対抗して奥羽越列藩同盟に参加、敗退して処罰された。

あんどうひろしげ【安藤広重】 ⇨歌川広重

あんどうひろたろう【安藤広太郎】 1871.8.1〜1958.10.14　明治〜昭和期の育種学者。兵庫県出身。東大卒。農商務省農事試験場長、九州帝国大学・東京帝国大学各教授。日本の農事試験研究体制を確立。近代遺伝学を応用して稲や穀物の品種改良に努め、農林番号をつける方法を編みだす。冷害の原因や対策の調査・研究を行う。文化勲章受章。著書「日本古代稲作史雑考」。

あんどうまさずみ【安藤正純】 1876.9.25〜1955.10.14　大正・昭和期の政治家。東京都出身。哲学館・東京専門学校に学ぶ。「大阪朝日新聞」「東京朝日新聞」をへて一九二〇年（大正九）衆議院議員に当選、のち政友会に入党。四二年（昭和一七）翼賛選挙では非推薦で当選。第二次大戦後公職追放となるが、解除後鳩山派の一員として第五次吉田内閣の国務相に就き、鳩山一郎らの復党に努めた。五四年日本民主党の結成に加わり、第一次鳩山内閣の文相となる。

あんどうれんしょう【安藤蓮聖】 1239～1329 北条氏得宗家の家臣。通称平右衛門入道。摂津国守護代。京都で借上を営むなど商業・金融の分野で活躍した富裕な西国武士。西大寺叡尊に帰依し、律宗勢力の活動を背景に各地の港や都市を舞台に活躍し、一三〇二年（乾元元）には私財を投じて播磨国福泊（現、姫路市）を修築。

あんとくてんのう【安徳天皇】 1178.11.12～85.3.24 在位1180.2.21～85.3.24 高倉天皇の第一皇子。母は平清盛の女建礼門院徳子。名は言仁。誕生後一カ月で皇太子に立てられ、三歳で即位。父高倉からの譲位は清盛によって強引に進められたが、反発を招き、全国的内乱に発展した。一一八三年（寿永二）七月、源義仲の軍勢に京を追われ、以後、平家とともに西国を転々とし、八五年（文治元）三月二四日、祖母の平時子に抱かれて長門国壇ノ浦に入水、八歳。

あんなみ【安阿弥】 ⇨快慶

あんねいてんのう【安寧天皇】 記紀系譜上の第三代天皇。磯城津彦玉手看天皇と称する。綏靖天皇の皇子。母は事代主神の女五十鈴依媛命。渟名底仲媛命を皇后とし、懿徳天皇らをもうけた。片塩に浮孔宮を営み、畝傍山の南の御陰井上陵（現、奈良県橿原市吉田町）に葬られたと伝える。

あんねん【安然】 841?～915? 五大院阿闍梨・秘密大師・阿覚大師・福集金剛・真如金剛とも。平安前期の天台宗僧。近江国生れ。最澄と同族と伝える。円仁ついで遍昭に師事。八七七年（元慶元）入唐を志したが断念。八八四年阿闍梨、元慶寺座主。晩年は比叡山に五大院を創建して学問に専念した。「大日経」を柱とする密教重視を極限まで進めて台密を大成し、天台宗を「真言宗」（密教宗の意）と改称した。「教時諍論」など密教関係の著述多数。

アンヘレス Juan de Rueda de Los Angeles ?～1624 スペイン人ドミニコ会宣教師。一六〇四年（慶長九）日本に派遣され、二〇年（元和六）まで西九州で布教。マニラに戻り、迫害下の日本のキリシタンのために「ろざりよ記録」「ろざりよの経」を刊行。二三年日本潜入をめざして琉球の八重山諸島に到着したが、首里王府へ告発され、粟国島に流刑となり殺害された。

あんぽう【安法】 生没年不詳。平安中期の歌人。俗名源趁。融の曾孫。適の子。母は大中臣安則の女。父の代から家運が衰え、出家して融の造営した河原院に住み、源順・清原元輔・平兼盛・恵慶ら多くの歌人と交流した。中古三十六歌仙の一人。「拾遺集」に三首、「後拾遺集」に二首、「新古今集」以下に七首入集。家集「安法法師集」。

あんように【安養尼】 ?～1034 願証尼とも。平安中期の尼僧。源信の妹、また姉の願西尼と同一人物ともいう。幼少から仏道に志し、出家後は「法華経」と念仏を兼修。その信心ぶりは世に著名だったらしく、「続本朝往生伝」に伝が残るほか、「首楞厳院二十五三昧結衆過去帳」に霊験譚がある。

あんらく【安楽】 ?～1207.2.- 平安末～鎌倉初期に活躍した法然門下の念仏僧。中原師秀の子。名は遵西、安楽は房名。大蔵卿高階泰経に仕えたが、のちに出家して法然の弟子となった。音楽的才能にめぐまれ、同門の住蓮と六時礼讃に曲節をつけて念仏の信者に合唱させ、専修念仏の普及に大きな役割をはたした。後鳥羽上皇の女房との密通を疑われて六条河原で斬罪され、法然が四国に配流された承元の法難（一二〇七）の直接のきっかけを作った。

あんらくあんさくでん【安楽庵策伝】 1554～1642.1.8 織豊期～江戸前期の浄土宗西山派の僧。美濃国生れ。兄は飛驒高山城主金森長近。美濃国浄音寺で出家、京都禅林寺（永観堂）で甫叔に学ぶ。天正年間に中国地方におもむき、備前国大雲寺などを創建。一六一三年（慶長一八）京都誓願寺五五世となる。のち塔頭竹林院に隠居し、茶室安楽庵で余生を送る。咄を得意とし説教に笑いをとりいれたが、京都所司代板倉重宗の依頼で「醒睡笑」を著し、笑話集の嚆矢となった。説教の名手、落語の祖としても名高い。

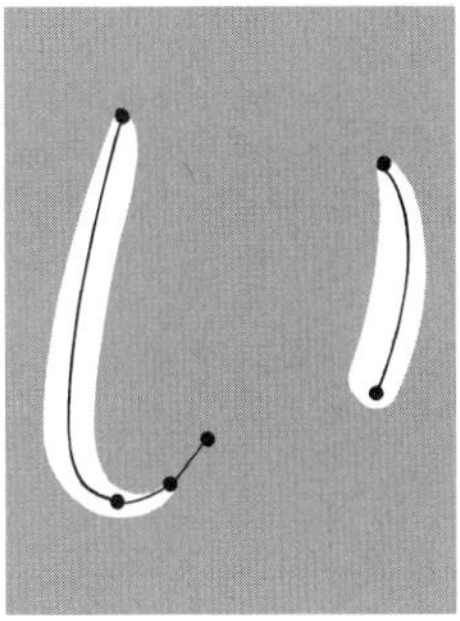

いいおし【飯尾氏】　⇩飯尾氏(いのおし)

いいざさちょういさい【飯篠長威斎】　1387?～1488　室町中期の武術家。実名は家直、一名尊胤(たかたね)。山城守。剃髪後、長威斎または直翁(じきおう)。下総国香取郡飯篠(現、千葉県多古町)に出生。槍・薙刀・剣の術を工夫し、香取神宮の境内に参籠して一流を開いた。天真正伝香取神道流、略して神道流という。一時上洛して足利義政に仕えたともいう。門人は諸岡一羽・塚原土佐守安幹(やすもと)(卜伝(ぼくでん)の養父)・松本備前守政信など。

いいし【井伊氏】　江戸時代の譜代大名家。遠江国引佐郡井伊谷(いいのや)の在庁官人の子孫。藤原冬嗣の子孫とする説もある。戦国期には直平以来今川氏に属したが、一五七五年(天正三)直政のときから徳川家康に従い、以後譜代の重臣として仕えた。直政は上野国高崎城主から、関ケ原の戦後一八万石を与えられ、近江国佐和山城主となった。のち彦根築城。子の直孝は徳川秀忠・家光・家綱三代に仕え、幕政に大きく関与、三五万石格となった。以後直該(なおもり)・直幸(なおひで)・直亮(なおあき)・直弼(なおすけ)が大老に就任。譜代の重鎮としての位置を占めた。直弼の桜田門外での死後、二五万石に減封。維新後伯爵。直孝の兄直勝は一六一五年(元和元)上野国安中で三万石をうけ、のちの越後国与板藩の祖となった。維新後子爵。

いいじまいさお【飯島魁】　1861.6.17～1921.3.14　明治・大正期の動物学者。遠江国生れ。東大卒。在学中にモースの指導をうけ、ドイツに留学して動物発生学を学ぶ。帰国後帝国大学教授。カイメンの研究を中心とし、寄生虫類を研究して感染経路を解明。一九一八年(大正七)動物学の教科書「動物学提要」を著し、動物学の普及に貢献。考古学では茨城県の陸平(おかだいら)貝塚を発掘、大森貝塚とは異なる縄文土器の存在を明らかにした。三崎臨海実験所所長。日本鳥類学会創始者。

いいだし【飯田氏】　相模国の豪族。鎌倉郡飯田郷(現、横浜市)を本拠とした。五郎家義は一一八〇年(治承四)石橋山の戦の際、はじめ大庭(おおば)景親軍に加わっていたが、転じて源頼朝に味方し、御家人となった。一二〇〇年(正治二)の梶原景時追討にも功があった。「吾妻鏡」には飯田氏が散見する。なお飯田氏には、このほか信濃国飯田(現、長野県飯田市)からおこった清和源氏村上氏流・伊那氏流・小笠原氏流などもある。

いいだたけさと【飯田武郷】　1827.12.6～1900.8.26　幕末～明治期の国学者。父は信濃国高島藩士。江戸生れ。通称は彦介、のち守人。号は蓬室(ほうしつ)。本居宣長の著書を読み国学に志し、平田篤胤(あつたね)の没後の門人となる。尊王運動に加わり奔走する。維新後は大教院講師・東京大学助教授などを歴任。のち慶応義塾大学部などで教えた。著書「日本書紀通釈」は四八年の歳月を費やし、先行の諸注釈を集大成した「日本書紀」研究の大著。

いいだだこつ【飯田蛇笏】　1885.4.26～1962.10.3　明治～昭和期の俳人。本名武治。別号山廬(さんろ)。山梨県に旧地主の長男として生まれる。早大中退。生家の要請で一九〇九年(明治四二)帰郷。郷里の風土に腰をすえて句作を続ける。「ホトトギス」の代表的俳人の一人。一七年(大正六)「雲母(うんも)」創刊。句集「山廬集」。

いいだただひこ【飯田忠彦】　1798.12.18～1860.5.27　江戸後期の歴史家。父は周防国徳山藩士生田十蔵。藩士松尾家をつぐが致仕し、一八二一年(文政四)河内国八尾の郷士飯田謙介の養嗣子。三三年(天保四)家督を養弟に譲り、翌年有栖川宮家来となる。この間「大日本史」続編の編纂を決意、嘉永初年に「野史」二九一巻を独力で完成。のち安政の大獄に連坐。六〇年(万延元)桜田門外の変の連累者として捕縛され、処分決定後に自刃。

いいづかとうよう【飯塚桃葉】　生没年不詳。江戸中期の蒔絵師。号は観松斎。江戸に住み、印籠を飾る精細な蒔絵を得意とした。一七六四年(明

●井伊氏略系図

直平―直宗―直盛＝直親―直政┬直勝［佐和山藩・安中藩］―直好［西尾藩・掛川藩］―直武―直朝＝直矩［与板藩］―直陽―直員＝直存―直郡＝直朗＝直暉＝直経―直充＝直安(子爵)
└直孝［白井藩・彦根藩］―直澄＝直興―直通＝直恒＝直該(直興再承)＝直惟＝直定＝直禔＝直定(再承)＝直幸―直中―直亮＝直弼―直憲(伯爵)

和元)徳島藩主蜂須賀重喜から下駄に蒔絵を施すよう命じられ、それを拒んだことが縁で同家のお抱えの蒔絵師になったという逸話は有名。代表作は宮内庁蔵の宇治川蛍蒔絵料紙硯箱。

いいとよのあおのひめみこ【飯豊青皇女】 飯豊女王・青海皇女・忍海部女王とも。履中天皇の皇女。母は葦田宿禰の女黒媛。市辺押磐皇子の同母妹。皇子と蟻臣の女荑媛との間に生まれたとする説もある。清寧天皇の死後、億計王・弘計王の兄弟が位を譲りあって決しなかったとき、忍海角刺宮において政を行ったという。これを実質的な即位とみて飯豊天皇と記し、歴代に数える説が「扶桑略記」などにみられる。

いいなおすけ【井伊直弼】 1815.10.29〜60.3.3 幕末期の大老。近江国彦根藩主。父は直中。掃部頭。号は宗観。兄直亮の死により一八五〇年(嘉永三)遺領相続。ペリーのもたらした合衆国大統領書簡に対する意見書では開国論を展開し、前水戸藩主徳川斉昭と対立。溜間詰譜代の重鎮として、将軍継嗣問題では和歌山藩主徳川慶福を推挙、一橋派と対立した。五八年(安政五)大老となり、ハリスとの日米修好通商条約調印を勅許なく締結し、慶福(家茂)を将軍継嗣に決定。その後水戸藩主に密勅が下されたため、尊攘派の志士をきびしく取り締まった(安政の大獄)。そのため六〇年(万延元)三月水戸・薩摩の浪士に暗殺された(桜田門外の変)。白昼におきた幕府最高実力者の暗殺は、幕府の権威を急速に失墜させた。

いいなおたか【井伊直孝】 1590〜1659.6.28 江戸前期の大名。近江国彦根藩主。父は直政。掃部頭。幼少から徳川秀忠に近侍し、一六〇八年(慶長一三)書院番頭、一〇年に大番頭。一五年(元和元)病弱の兄直勝にかわり家督を継ぎ、彦根藩主一五万石となる。同年の大坂夏の陣では豊臣秀頼を自害に追いこむなど大功をあげ、この年従四位下侍従に進んだ。三二年(寛永九)秀忠の遺言で松平忠明とともに重要政務に参与。翌年加増されて三〇万石。四五年(正保二)正四位上左中将。

いいなおまさ【井伊直政】 1561〜1602.2.1 織豊期の徳川家康の部将。兵部少輔。遠江国生れ。代々今川家に属したが、父直親の死後一五七五年(天正三)はじめて徳川家康に会い、以後近侍する。遠江国高天神城攻略や家康の伊賀越えの危難などで活躍し、その後も戦功をあげた。とくに一六〇〇年(慶長五)関ケ原の戦では、敗走中の島津軍を追撃、島津豊久を討ちとるなど著しい戦功があった。同年近江国佐和山城主となり、一八万石を領する。翌年従四位下侍従。

いいぬまよくさい【飯沼慾斎】 1783〜1865.閏5.5 江戸末期の植物学者。名は長順、通称は竜夫。伊勢国亀山の商人の次男。一二歳で美濃国大垣の漢方医の伯父飯沼長顕に入塾、のちその養子となった。京都の福井榕亭に漢方を、小野蘭山に本草学を学ぶ。二八歳で江戸の宇田川榛斎に入門、修学後大垣に蘭方医として開業。一八三二年(天保三)隠退し、植物研究に専念した。リンネの二四綱分類法に従い、日本初の科学的植物図説「草木図説」三〇巻を著した。

いいのきちさぶろう【飯野吉三郎】 1867〜1944.2.3 明治・大正期の宗教家・行者。美濃国生れ。東京渋谷の穏田に住み、穏田の行者ともよばれた。祈禱行法によって政界に隠れた勢力をもち、下田歌子・貞明皇后の信任をうけて宮中にも影響力をもったため、日本のラスプーチンともよばれた。のち利権をめぐって失脚した。

いいようほう【伊井蓉峰】 1871.8.16〜1932.8.15 明治〜昭和前期の俳優。本名申三郎。東京都出身。銀行員をへて俳優となり、一八九一年(明治二四)男女合同改良演劇済美館を組織し、当時画期的な男女優共演を実現した。その後、多くの新派一座に加わり、近松研究劇や新聞小説の劇化上演で新派の位置を高め、演劇史上重要な役割をはたした。美貌と風格ある演技で人気を博し、新派の中心的存在であった。

いかいけいしょ【猪飼敬所】 1761.3.22〜1845.11.10 江戸後期の儒学者。名は彦博、字は希文。京都の糸商の生れで、岩垣竜渓に学んだ。折衷学派で、見る所の書物の些少の誤謬も見逃さなかったことで知られた。但馬国出石藩主仙石氏に招かれて儒学を講じ、伊勢国津藩主藤堂氏の賓客となり津で没した。著書「論孟考文」「読礼肆考」。

いかがしこめのみこと【伊香色謎命】 「古事記」では伊迦賀色許売命。記紀にみえる伝説上の后妃。「日本書紀」では物部氏の遠祖である大綜麻杵の女という。はじめ孝元天皇の妃となり彦太忍信命を生み、孝元没後、皇子の開化の皇后となり崇神を生んだ。「古事記」では内色許男命の女とする。「先代旧事本紀」にも独自の伝承がみえる。

いがかねみつ【伊賀兼光】 生没年不詳。鎌倉後期〜南北朝期の武士。光政の子。鎌倉幕府の六波羅評定衆・引付頭人を勤めたが、文観を通じて後醍醐天皇の密偵的な役割をはたしたか。建武新政下では後醍醐天皇の寵臣として、雑訴決断所・窪所・記録所・恩賞方などの枢要機関に関与。図書頭や土佐・若狭両国守を兼任。一三三六年(建武三・延元元)以降消息不明。

いがし【伊賀氏】 鎌倉御家人。藤原秀郷流。朝光が伊賀守に任じられて以後、伊賀氏を称した。朝光の女は北条義時の後妻。長男光季は京都守護、次男光宗は政所執事として重んじられた。伊賀氏の変で失脚したが、のち光宗流が繁栄、六波羅評定衆を輩出した。備前国守護、陸奥国好島荘(現、福島県いわき市)預所ともなった。

いがのつぼね【伊賀局】⇨亀菊

いがのやかこのいらつめ【伊賀宅子娘】 生没年不詳。孝徳～天智朝に仕えた伊賀国出身の采女。六四八年(大化四)に中大兄皇子(天智天皇)との間に伊賀皇子(大友皇子)を生む。ほかにも一男一女をもうけたという。

いがみつすえ【伊賀光季】 ?～1221.5.15 鎌倉前期の武士。父は伊賀守藤原朝光、母は二階堂行政の女。太郎と称する。一二一九年(承久元)大江親広とともに京都守護に任じられて上洛。二一年後鳥羽上皇の幕府追討軍への参加を拒んで鎌倉へ急報したため、上皇方の軍に攻められ、奮戦ののち自害。

いがみつむね【伊賀光宗】 1178～1257.1.23 鎌倉前・中期の武士。父は伊賀守藤原朝光、母は二階堂行政の女。一二一九年(承久元)政所執事となる。二四年(元仁元)北条義時死去の際に、妹である義時の妻とはかり、将軍藤原頼経を廃して一条実雅をたて、北条政村を執権につけようとして失敗。所領没収のうえ信濃国に流罪となる。二五年(嘉禄元)許され、四四年(寛元二)評定衆に加えられた。

いがみぼんこつ【伊上凡骨】 1875.5.21～1933.1.29 明治～昭和前期の木版画家。本名純蔵。徳島県出身。肉筆画の木版複製を研究し、「明星」や白馬会の機関誌「光風」の挿絵を制作。線のかすれを彫るサビ彫で知られる。石井柏亭・木下杢太郎らパンの会同人の作品の挿絵や、竹久夢二の本の装丁なども手がけた。東京彫工会会員。

いがらししんさい【五十嵐信斎】 生没年不詳。室町中期の蒔絵師。幸阿弥道長とともに室町幕府八代将軍足利義政に仕えた。硯箱を中心に多くの作品を制作したとみられるが、確証のある遺例は現存しない。江戸初期に加賀前田家お抱えの蒔絵師となった五十嵐道甫は、信斎の孫にあたるという。

いがらしどうほ【五十嵐道甫】 生没年不詳。織豊期～江戸初期の蒔絵師。京都に住むが、金沢藩三代藩主前田利常に招かれて金沢に赴き、加賀蒔絵の祖となった。作風は、室町時代に完成した伝統様式に桃山風の力強さを加えたもので、秋野蒔絵硯箱(個人蔵、重文)などが代表的な遺例。子の喜三郎が二代道甫を名のっている。

いきうじ【壱岐氏】 壱伎・伊伎・伊吉・雪とも。❶古代の渡来系氏族。姓は史だったが、六八三年(天武一二)に連となる。長安の人劉揚雍の子孫と称する渡来系氏族で、外交にたずさわる人物を輩出。伊伎史乙等は六三二年(舒明四)引唐客使、伊吉博徳は告唐客使・送百済使使・遣新羅使として活躍。八世紀でも遣唐使の古麻呂、遣新羅使の宅麻呂、遣渤海使の益麻呂が知られる。❷古代の地方豪族。姓は直。壱岐島を本拠地に古くは壱岐県主・壱岐島造を勤めた。松尾社家系図は史姓と直姓の壱岐氏を載せるが、後世の偽作とされる。

いきのこれお【伊伎是雄】 819～872.4.24 清和天皇の代の宮主。本姓卜部氏。壱岐島石田郡の人。卜占の道を究めて他に並ぶ者がなく、八五〇年(嘉祥三)東宮宮主となる。清和天皇即位後、宮主に転じた。八六三年(貞観五)九月、伊伎宿禰の姓を賜る。のちに従五位下。宮主兼丹波権掾で没した。

いきのはかとこ【伊吉博徳】 姓は伊岐・壱岐とも。名は博得とも。生没年不詳。七世紀後半の外交に活躍した豪族。六五九年(斉明五)の遣唐使に随行し、その記録「伊吉博徳書」は当時の国外情勢を伝える。六六二年に帰国、百済救援のため筑紫朝倉宮にあった斉明天皇・中大兄皇子らに帰朝報告を行う。その後、唐使郭務悰の応接や司馬法聡の送使となり、六九五年(持統九)遣新羅使に任命される。大宝律令の編纂にも参加。

いぎひさいち【伊木寿一】 1883.3.3～1970.11.28 昭和期の古文書学者。山口県出身。東大卒。史料編纂掛に勤務して草創期の古文書学の発展に寄与。著書「日本古文書学」は文書の書風・墨色に論及するなど、実地に古文書に接した豊富な経験を踏まえた、この分野の先駆的業績。

いぎょうまつ【伊行末】 ?～1260 鎌倉中期に来日した中国の石匠。明州(現在の浙江省)の人で、東大寺の再興工事に従事し、大仏殿の石壇や四面廻廊・諸堂石檀などを担当。遺作に奈良大蔵寺の層塔、東大寺法華堂前の石灯籠があり、般若寺の十三重石塔も彼の作とされる。子の伊行吉も石工として奈良で活動した。

いくえのあずまひと【生江東人】 生没年不詳。奈良中期の越前国の豪族。造東大寺司史生の後、郷里の足羽郡大領となり東大寺領越前荘園の経営に関与した。大領赴任以前に私功により墾田一〇〇町を開墾し(のちの道守荘)、東大寺に寄進しているほどの勢力者。七六八年(神護景雲二)外従五位下を授けられたが、以後史料にみえない。

いくしましんごろう【生島新五郎】 1671～1743.1.5? 江戸中期の歌舞伎俳優。大坂生れ。俳名菱賀。早くから江戸に出て若衆方から立役にすすみ、一六九三年(元禄六)までに改名。初世中村七三郎の江戸和事を学び、美貌と軽みのある芸で人気を博した。一七一四年(正徳四)大奥の女中江島(絵島)と情を通じ三宅島に流罪。出勤していた山村座は取潰しとなった。のちに許されて江戸で没。一説には三三年(享保一八)に配所で没したともいう。

いくたけんぎょう【生田検校】 1656～1715.6.14 生田流箏曲の始祖。名は幾一。京都生れ。八橋検校の弟子北島検校の門下。師の遺志を継ぎ、一六九五年(元禄八)生田流を創始したと伝える。角爪の考案、半雲井調子や中空調子など箏の調弦の工夫、三味線曲に箏を合奏することを始めるなどの伝えもある。箏組歌「思川」(北島検校作とも)、「鑑の曲」「四季源氏」(八橋検校作とも)、段物「五段の調」(北島検校あるいは富野勾当作とも)、三弦長歌「小笹」、三弦器楽曲「十二段すががき」などを作曲。その芸系は京都・大坂を中心に江戸・名古屋・九州へと広がり、今日に及ぶ。

いくたしゅんげつ【生田春月】 1892.3.12～1930.5.19 大正期の詩人・翻訳家。鳥取県出身。本名清平。家業が破産し貧困と労働のなかで詩作、キリスト教的社会思想の影響をうける。一九一七年(大正六)詩集「霊魂の秋」、翌年「感傷の春」を刊行、思想詩にすぐれたものが多い。晩年ニヒリズムに傾き、播磨灘に投身自殺した。

いくたちょうこう【生田長江】 1882.4.21～1936.1.11 明治～昭和前期の評論家・翻訳家。鳥取県出身。本名弘治。東大卒。はじめ自然主義および同時代作家の評論で活躍。ニーチェに心酔し、一九一八年(大正七)から「ニイチエ全集」の刊行に着手、二九年(昭和四)に完成。この間堺利彦らと親交を結び、一九年には「資本論」の一部を翻訳したが、のちに社会主義批判の立場に移り、さらに農本主義的立場に至った。晩年は宗教色を強め、「釈尊伝」を執筆。「青鞜」の命名者としても知られる。

いくたっぷ【郁達夫】 Yu Dafu 1896.12.7～1945.9.17 中国近代の作家。浙江省出身。一九一三年(大正二)来日。二二年東大を卒業し帰国。留学中に文学に傾倒、二一年に郭沫若らと創造社を結成。帰国後大学に勤務しながら精力的な作家活動を行う。日中戦争勃発後はシンガポール、スマトラなどで抗日運動に従事。日本敗戦直後の九月一七日、スマトラで日本憲兵に殺害された。

いくたまよりひめ【活玉依媛】 「古事記」では活玉依毘売。記紀の神話に登場する人名。陶津耳命の女で、オオモノヌシと通じてオオタタネコを生んだ(「日本書紀」)。「古事記」ではヒメとオオモノヌシの子の三世の孫がオオタタネコとする。通ってくる男の正体を知ろうとして糸巻に巻いた麻糸を針につけて衣の裾に刺し、あとを尋ねたところ、三輪山に至り神社にとどまったので、ヒメは男がオオモノヌシであったことを知ったという。

いくたよろず【生田万】 1801～37.6.1 江戸後期の国学者。名は国秀、字は救卿、万は通称。父信勝は上野国館林藩士。若くして江戸へ遊学、平田篤胤に国学を学ぶ。帰国後の一八二八年(文政一一)藩政改革を求める意見書「岩にむす苔」を藩主に上呈、追放される。流浪の後、三一年(天保二)上野国太田に私塾厚載館を開き、著述に専念する。三六年同門の樋口英哲に招かれ越後国柏崎に移住、私塾桜園塾を開き国学を説いた。この年越後は大飢饉にみまわれ、代官・豪商の不正もあり農民は困窮していた。翌三七年二月に大塩平八郎の乱がおこると、同志とはかり柏崎にあった桑名藩支領の陣屋を襲撃し敗死(生田万の乱)。著書「大中道人謾稿」「日文伝評論」「大学階梯外篇」「良薬苦口」。

イグナティウス・デ・ロヨラ Ignatius de Loyola 1491～1556.7.31 イエズス会創立者。スペインのバスク地方生れ。軍人として活躍したが負傷し、療養中に信仰の道に入る。一五二八年パリ大学に進み、神学を学ぶ。三四年モンマルトルでザビエルら同志とともに、のちのイエズス会創立につながる誓願をたてた。四〇年ローマ教皇の認可を得てイエズス会創立、翌年総長に選出された。ローマで没。一六二二年列聖された。

いくはうじ【的氏】 古代の臣姓氏族。武内宿禰の後裔氏族の一つで、仁徳朝の盾人宿禰(的戸田宿禰)を祖とする。宮城十二門の一つに的門(郁芳門)があることから、軍事を職掌とした氏族と考えられるが、古くは朝鮮との外交でも活躍。「新撰姓氏録」には山城・河内・和泉の各国に存在していたと記される。

いくはのとだ【的戸田】 的臣の祖と伝える伝説上の人物。「日本書紀」によると、仁徳一二年、高麗国から献上された鉄的を盾人宿禰のみが射通したので、的戸田宿禰の名を賜ったという。応神一六年に加羅に派遣されて応神天皇の勅を伝え、仁徳一七年に新羅に派遣されてその朝貢しないことを問責したという。

いくほうもんいん【郁芳門院】 1076.4.5～96.8.7 六条院とも。白河天皇の第一皇女。母は藤原師実の養女中宮賢子。堀河天皇の同母姉。名は媞子。一歳で内親王、三歳で准三宮に遇せられ斎宮に選ばれるが、母の死により九歳で伊勢から帰京。堀河天皇の准母となり、一〇九一年(寛治五)中宮に立てられ、九三年院号をうけた。父の寵愛深く、白河はその若い死(二一歳)を悲しむあまり、その翌々日に出家した。

いけいそうえつ【怡渓宗悦】 1644～1714.5.2 江戸前期の茶僧。大徳寺二五三世住持。勅号は法忍大定禅師。大名茶人片桐石州の高弟で、一派を立てて怡渓派を開いた。門人に伊佐幸琢、越後怡渓派の祖溝口悠山、そのほか丹波国福知山の武士朽木則綱らがいる。著書「怡渓和尚茶説」「石州流三百箇条註解」。

いけうちひろし【池内宏】 1878.9.28～1952.11.1 大正・昭和期の東洋史学者。東京都出身。東大卒。朝鮮・満州の歴史を専攻し東京帝国大学文科大学講師・助教授をへて、一九二八年(昭和三)から教授として朝鮮史講座を担当。三七年学士院会員となり、三九年定年退官した。実証的研究で知られ、また多くの研究者を育成した。著書「満鮮史研究」「文禄慶長の役」「元寇の新研究」。

いけがいきしろう【池貝喜四郎】 1877.5.15～1933.3.28 明治・大正期の機械技術者。千葉県出身。兄庄太郎が経営する池貝鉄工所の機械技師として、同所の工作機械の技術開発を主導。

いけがいしょうたろう【池貝庄太郎】 1869.10.10～1934.7.28 池貝鉄工所の創立者。東京都出身。田中久重工場(のち芝浦製作所)などで機械技術を修得後、一八八九年(明治二二)東京芝に町工場の池貝工場を創業。一九〇六年六月に千葉松兵衛・恒次郎兄弟と提携して合資会社池貝鉄工所を組織、社長に就任。一三年(大正二)四月に株式会社に改組、その後も社長を務めた。弟喜四郎と協力して同社を日本有数の工作機械・内燃機関・印刷機械メーカーに成長させた。

いけがみたろうざえもん【池上太郎左衛門】 1718～98.2.15 江戸中期の篤農家。名は幸豊。武蔵国橘樹郡大師河原村生れ。同村の名主を勤める一方、多摩川河口の寄洲・出洲に新田を開発し、一七六二年(宝暦一二)の検地で一四・四町歩、石高一三三石余の池上新田が成立。甘藷の栽培を普及させ、砂糖製造法を改良して六一年には砂糖売買の特許を得た。ほかに製塩・絞油・養魚など各種産業を手がける。著書「種芸拾穂集」。

いけがみむねなか【池上宗仲】 生没年不詳。鎌倉中・後期の武士。武蔵国池上郷(現、東京都大田区)の地頭。早くから日蓮に帰依し、援助を与えた。一二八二年(弘安五)日蓮は宗仲の邸にたち寄り、そのまま病没。八八年(正応元)の日蓮七回忌にあたり、池上本門寺を創建。

いけじましんぺい【池島信平】 1909.12.22～73.2.13 昭和期の編集者。東京都出身。東大卒。一九三三年(昭和八)文芸春秋社の最初の公募社員として入社。雑誌「話」「文芸春秋」の編集者として活躍。第二次大戦後、同社の再建に尽力し、文芸春秋新社を設立。「文芸春秋」の編集長として采配をふるう。六六年社長に就任。著書「雑誌記者」。

いけだえいせん【池田英泉】 ⇨渓斎英泉

いけだきかん【池田亀鑑】 1896.12.9～1956.12.19 昭和期の国文学者。鳥取県出身。東大卒。実業之日本社に勤務し、雑誌編集をするかたわら、大正～昭和初期に池田芙蓉などの筆名で少年少女小説も執筆。のち東京大学教授。「源氏物語」を中心に平安朝文学の研究を進め、日本文献学を確立。以後の国文学研究の方法の一典型を作った。著書「古典の批判的処置に関する研究」、「源氏物語大成」全八巻。

いけだきくなえ【池田菊苗】 1864.9.8～1936.5.3 明治～昭和前期の化学者。京都生れ。東大卒。ヨーロッパ留学後、東京帝国大学教授。理想溶液論・蒸気密度測定法・反応速度などのほか、触媒の研究を開拓。一九〇七年(明治四〇)昆布のうま味のグルタミン酸ナトリウムをつきとめ、味の素として製造販売した。一三年(大正二)日本化学会会長、一七年理化学研究所化学部部長。ドイツに移住したが、三一年(昭和六)帰国し、池田研究所を創設。

いけだけんさい【池田謙斎】 1841.11.10～1918.4.30 明治期の医師。越後国生れ。緒方洪庵や西洋医学所に学ぶ。一八七〇年(明治三)ドイツに留学、帰国後、陸軍軍医監。七七年東京大学医学部初代綜理、八六年宮内省侍医局長官に就任。八八年学位令による最初の医学博士となった。外科を得意とし軍陣医学に長じた。

いけだけんぞう【池田謙三】 1854.12.3～1923.11.29 明治・大正期の銀行家。但馬国生れ。内務省勤務などをへて生糸貿易に従事したが、一八八三年(明治一六)第百国立銀行支配人となり、また貯蓄預金業務を営む東京貯蔵銀行頭取を兼ねた。のち第百銀行頭取、東京銀行集会所・東京手形交換所委員長などをつとめ、とくに貯蓄銀行業務の発展に尽くした。

いけだこううん【池田好運】 生没年不詳。近世初期の航海家。通称与右衛門。元和年間、長崎に在住し、ポルトガル人航海家ゴンサロに航海術を学ぶ。一六一六年(元和二)ルソンのマニラに渡航し、その経験をもとに一八年、日本最初の西洋式航海術書「元和航海書」を著した。

いけだし【池田氏】 江戸時代の外様大名家。美濃国池田郡池田荘が本貫地とされるが、出自は不明な点が多い。戦国期に恒利が織田信秀に仕えた。その子恒興は織田信長に従い、信長没後は豊臣秀吉に仕え美濃国大垣城主となり一三万石を領した。恒興の子輝政は関ケ原の戦で徳川氏に属し、戦後播磨国五二万石をうけ姫路城主となった。一六〇三年(慶長八)輝政の次男忠継は兄利隆の監国で備前一国二八万石を与えられた。輝政没後播磨の遺領は長男利隆が継ぎ、一部を忠継に分与。利隆没後嫡男光政は幼少のため因幡・伯耆両国三二万石に移され、鳥取藩主となった。備前国は忠継没後弟の忠雄が三一万五〇〇〇石で継いだが、忠雄没後嫡男光仲が幼少のため鳥取の光政と入替。以後光政系が岡山藩、光仲系が鳥取藩を継いだ。両家とも維新後侯爵。●●次頁

いけだしょうえん【池田蕉園】 1886.5.13～1917.12.1 明治・大正期の日本画家。東京都出身。水野年方・川合玉堂らに師事。美人画を得意とし、美術研精会・文展・巽画会などで活躍した。

いけだずいせん【池田瑞仙】 1735.5.22～1816.9.6

●池田氏略系図

恒利—恒興—輝政［姫路藩］
- 利隆—光政［鳥取藩・岡山藩］
  - 綱政—継政—宗政—治政—斉政＝斉敏＝慶政＝茂政＝章政〈侯爵〉
  - 政言［岡山新田藩］……政保〈鴨方藩〉（子爵）
  - 輝録［岡山新田藩］……政礼〈生坂藩〉（子爵）
- 忠継［岡山藩］＝忠雄—光仲［鳥取藩］
  - 綱清＝吉泰—宗泰—重寛—治道—斉邦＝斉稷—斉訓＝慶行＝慶栄＝慶徳—輝知〈侯爵〉
  - 仲澄［鳥取新田藩］……徳澄〈鹿野藩〉（子爵）
  - 清定［鳥取新田藩］……徳定〈若桜藩〉（子爵）
- 輝澄［山崎藩］

江戸後期の痘科の医師。名は独美、号は錦橋。周防国生れ。曾祖父池田正直が、一六五二年（承応二）に渡来した明の僧医戴曼公に治痘術を学んで以来、池田家は痘科を専門として名声があった。一七九七年（寛政九）幕府に召され医学館で痘科を教授。著書「痘科弁要」「痘疹戒草」。

いけだせいひん【池田成彬】 1867.7.16～1950.10.9 明治～昭和期の実業家・政治家。米沢藩士の子。慶応義塾卒。ハーバード大学に留学。時事新報社に一時勤めたのち、一八九五年（明治二八）三井銀行に入社。一九〇九年常務取締役となり、同行経営の中心となる。三二年（昭和七）財閥批判のなかで三井合名理事、翌年常務理事となって財閥転向を主導したが、三六年定年制を設けて退任。日本銀行総裁、第一次近衛改造内閣の蔵相兼商工相を歴任し、四一年枢密顧問官となる。

いけだそうたん【池田宗旦】 ⇨宗旦

いけだたいしん【池田泰真】 1825.7.7～1903.3.7 江戸末～明治期の漆芸作家。三河国西尾藩士の家に生まれ、一八三五年（天保六）柴田是真の門人となり、蒔絵の技術を学ぶ。七三年（明治六）のウィーン万国博覧会をはじめ、内外の展覧会に出展して好評を博し、九六年帝室技芸員となる。代表作は、九三年シカゴ万国博覧会に出品した江之島蒔絵額（東京国立博物館蔵）。

いけだつねおき【池田恒興】 1536～84.4.9 織豊期の武将。父は恒利、母は織田信長の乳母養徳院。信長の家臣で、一五八〇年（天正八）荒木村重の乱後、村重旧領の摂津国伊丹・尼崎を領有。八二年本能寺の変後、豊臣秀吉とともに明智光秀を討伐。清須会議の結果、織田家宿老として摂津を支配。賤ケ岳の戦後、美濃国大垣城主一三万石。八四年小牧・長久手の戦で、三河国岡崎側から徳川家康の背後を衝こうとしたが、長久手で敗死。系譜類には「信輝」と記される。

いけだてるまさ【池田輝政】 1564.12.29～1613.1.25 織豊期～江戸初期の武将・大名。恒興の次男。一五八四年（天正一二）父と兄元助の所領を継いで美濃国大垣城主となり、翌年岐阜城主。九一年三河国吉田城に移り、一五万二〇〇〇石を領す。九四年（文禄三）徳川家康の女督姫（良正院）を継室とする。関ケ原の戦の戦功により播磨国姫路五二万石を領し、一族の所領をあわせると九二万石に達したため、西国の将軍と称された。姫路城の大部分は輝政の構築によるもの。

いけだともちか【池田伴親】 1878.2.22～1907.3.15 明治期の果樹園芸学者。東京都出身。農学者池田謙蔵の子。東大卒。東京帝国大学助教授として園芸学を担当し、近代園芸学の基礎を築く。講習指導のため全国を回った。秀才の名が高かったが、三〇歳で死亡。著書「園芸果樹論」「蔬菜園芸教科書」「The Fruit culture in Japan」。

いけだながおき【池田長発】 1837.7.23～79.9.12 幕末期の幕臣。父は長休。通称「ながのぶ」とも。は修理、筑後守。号は可軒。一八六三年（文久三）から外国奉行。幕府は攘夷の姿勢を示すため横浜鎖港をはかり、長発は欧米派遣正使に任じられ、翌年渡欧し交渉にあたったがかえって開国を要求され、パリ約定を結んだ。帰国後攘夷鎖国の不可を建議し、罷免処罰された。

いけだはやと【池田勇人】 1899.12.3～1965.8.13 昭和後期の政治家。広島県出身。京大卒。一九二五年（大正一四）大蔵省に入る。各地の税務署長や省内の主税局長を務め、おもに税務畑を歴任。四八年（昭和二三）大蔵次官を辞職して民主自由党に入り、翌年一月の総選挙で当選。吉田茂自由党総裁の指導をうけて政治家として成長。第三次吉田内閣では蔵相に就任し、ドッジ・ライン、シャウプ勧告を実施。五一年サンフランシスコ講和会議に全権委員の一人として列席するなど吉田の右腕として活躍した。六〇年安保闘争で岸内閣が退陣した後をうけて組閣、「寛容と忍耐」をスローガンに掲げ所得倍増政策を推進、日米欧三極時代の到来を予言した。

いけだみつなか【池田光仲】 1630.6.18～93.7.7 江戸前期の大名。因幡国鳥取藩主。父は備前国岡山藩主池田忠雄。相模守。一六三二年(寛永九)三歳で父が没したため、幼少を理由に鳥取に移され三二万石を領する。三八年相模守となり、四一年はじめて入国。以後叔父輝澄や家老の補佐のもと、鳥取藩政の基礎確立に尽くした。四二年従四位下侍従に叙任。五三年(承応二)少将。

いけだみつまさ【池田光政】 1609.4.4～82.5.22 江戸前期の大名。備前国岡山藩主。父は播磨国姫路藩主池田利隆。はじめ幸隆。通称は新太郎。一六一六年(元和二)父が没し、翌年因幡国鳥取三二万石に転封。三二年(寛永九)備前国岡山三一万石余に移り、以後五〇年にわたり岡山藩政の確立に尽くした。熊沢蕃山・市浦毅斎などに師事して儒学をきわめ、仁政理念を藩政の基本とする。農政では農民の育成に努めながら年貢増徴・小農民自立を促進。藩士・庶民の教育にも熱心で、四一年家臣修学のための花畠教場を設け、六八年(寛文八)には庶民子弟のための手習所を各地に設置した(のち閑谷学校に統合)。自筆の「池田光政日記」が残る。

いけだもちまさ【池田茂政】 1839.10.11～99.12.12 幕末期の大名。備前国岡山藩主。父は水戸藩主徳川斉昭。幼名九郎麿。岡山藩主池田慶政の養子。藩内尊攘派の台頭により一八六三年(文久三)家督相続。長州戦争では山陽道討手だったが消極的。六八年(明治元)新政府軍の東海道先鋒を命じられるが、徳川慶喜の実弟であることから隠退した。

いけだよしのり【池田慶徳】 1837.7.13～77.8.2 幕末期の大名。因幡国鳥取藩主。父は水戸藩主徳川斉昭。幼名五郎麿。一八五〇年(嘉永三)鳥取藩を相続。六三年(文久三)摂海守備総督。同年朝廷の国事加談となるが、病により鳥取に帰城。六八年(明治元)鳥羽・伏見の戦の際には、勅命により伏見を守衛。その後新政府に出仕し、鳥取藩知事。廃藩後は麝香間祗候・華族会館副督部長などを勤めた。

いけにしごんすい【池西言水】 ⇨言水

いけのうちのぶよし【池内信嘉】 1858.2.7～1934.5.7 明治末～昭和前期の能楽研究家。伊予国松山生れ。俳人高浜虚子の兄。一九〇二年(明治三五)中央の能楽衰微を憂えて上京。能楽館を設立し、能楽倶楽部をおいて囃子方の養成に努め、雑誌「能楽」を発行してその振興に尽力。のち能楽会理事に就任して一生を能楽発展にささげた。著書「能楽盛衰記」上下巻。

いけのせいいちろう【池野成一郎】 1866.5.13～1943.10.4 明治～昭和前期の植物学者。江戸生れ。東大卒。ヨーロッパ留学後、東京帝国大学教授。メンデル遺伝学の原理や細胞質遺伝原理を研究。一八九六年(明治二九)ソテツの精子を発見。弟子の平瀬作五郎もイチョウの精子を発見し、世界的に注目された。学士院賞受賞。

いけのぜんに【池禅尼】 生没年不詳。平安後期の女性。藤原宗兼の長女宗子。平忠盛の後妻となり、家盛・頼盛を生む。清盛の継母。一一五六年(保元元)保元の乱に際して、頼盛に後白河天皇側につくことを勧めるなど、政治的判断にすぐれていたという。平治の乱に敗れた源頼朝の助命を清盛に嘆願し、流罪とした。名の由来は、忠盛の死後、出家して京都六波羅の池殿に住んだことによる。

いけのたいが【池大雅】 1723.5.4～76.4.13 江戸中期の南画家・書家。名は勤・無名。字は公敏・貨成など。号は大雅堂・霞樵・三岳道者など多数。京都生れ。幼い頃から万福寺に出入りし、黄檗文化に親しむ。「八種画譜」にふれ、柳沢淇園・祇園南海の影響をうけつつ南宗画法を身につける。琳派や水墨画など伝統的な日本画や西洋画法などもとりいれながら、独自の南画様式を確立。与謝蕪村と並ぶ日本南画の大成者で、「山亭雅会図襖」や「楼閣山水図屛風」など明るい大気の広がりと深い空間表現をもつ大画面や、「東山清韻帖」「十便十宜図」のような詩情あふれるものをのびやかな筆致とリズムで描いた。独自の書風で書道史上にも一角を占める。

いけのべのひた【池辺氷田】 生没年不詳。六世紀の仏師。蘇我馬子の命をうけ、仏教の普及に尽力。池辺直氏は大和国十市郡周辺を拠点とする東漢氏の枝族。五八四年(敏達一三)百済からもたらされた二仏像は、氷田と司馬達等が探しだした僧恵便により供養された。また吉野の比曽寺の仏像(銘は「溝辺直」)は、和泉国の海中に流れついた奇瑞の樟木を、推古天皇の命をうけた馬子が氷田に彫らせた丈六阿弥陀像であるという。

いけのぼうせんけい【池坊専慶】 生没年不詳。室町中期の京都の紫雲山頂法寺(通称六角堂)の僧。室町中期、立花の上手として有名になった。東福寺の月渓聖澄の「百瓶華序」(一六〇〇成立)では池坊の流祖とする。「碧山日録」によれば、一四六二年(寛正三)近江国守護佐々木氏に招かれて金瓶に草花数十枝をさし、洛中の好事者が競って見物したという。

いけのぼうせんこう【池坊専好】 立花師。安土桃山～江戸中期に三世を数える。初世(一五三六～一六二一)は立花の構成理論に儒教を導入し、立花に画期的な変化をもたらした。一五九九年(慶長四)京都大雲院で催した百瓶華会は絶賛をえた。二世(一五七〇～一六五八)は後水尾天皇に召されて立花を指導し、宮中立花会の判者にもなり、法橋に叙された。立花の大成者で、立花の構成理論に仏教をもとりこんだ。作品図は池坊・曼殊院・陽明文庫などに残されており、重文。三世(一六八〇〜一七三四)は伝書の整備と伝授の式法を改訂。また抛入花にも対応した。

いけのぼうせんのう【池坊専応】 1482〜1543 「せんおう」とも。戦国期の立花師。立花を造形芸術にまで高め、池坊が立花界の主流になる契機をつくった。晩年の伝書「池坊専応口伝」は歴代に継承され、池坊華道の基本を示すものとして「大巻」の名称で現在も門弟に授けられている。

いけべきちじゅうろう【池辺吉十郎】 1838〜77.10.26 幕末・維新期の熊本藩士。三山の父。一八六九年(明治二)熊本藩少参事になるが、翌年実学党の藩政権奪取により辞職。肥後学校党の指導者だったが、鹿児島に遊学して西郷隆盛らと交わり、帰郷後私塾を開く。七七年西南戦争がおこると、熊本県士族約一三〇〇人による熊本隊を組織して西郷軍に参加、敗戦後捕らえられて斬刑になった。

いけべさんざん【池辺三山】 1864.2.5〜1912.2.28 明治期の新聞記者。本名吉太郎。熊本藩士池辺吉十郎の子。一八八一年(明治一四)上京し、同人社・慶応義塾に学ぶ。条約改正反対運動に参加し、大阪の「経世評論」主筆をつとめる。ヨーロッパ留学中に新聞「日本」に送った「巴里通信」で筆名を高め、帰国後「大阪朝日新聞」に入社。のち「東京朝日新聞」に転じた。

いこうみょうあん【惟高妙安】 1480〜1567.12.3 戦国期の臨済宗の禅僧。字は惟高、諱は妙安、葉巣とも号する。はじめ妙心寺に入り、相国寺の瀑岩等紳について法をついだ。のち相国寺住持、鹿苑僧録を歴任。「空華日用工夫集」「臥雲日件録」を抄略した「空華日工略集」「臥雲日件録抜尤」を作成し、「倦游集」などを著した。

イコトイ ?〜1820 江戸後期の東蝦夷地厚岸の惣乙名。豪勇の指導者として知られる。一七七三年(安永二)と九五年(寛政七)にはロシア人と交易を行うなど、日本・ロシアを含めた大きな視点をもっていた。八九年(寛政元)クナシリ・メナシの蜂起に際しては、その鎮静に尽力。周辺のアイヌはアッケシ・カムイとよんで畏れ敬ったという。

いこまかずまさ【生駒一正】 1555〜1610.3.18 織豊期〜江戸初期の武将・大名。讃岐国高松藩主。親正の子。三吉。讃岐守。織田信長に仕え、一五七七年(天正五)紀伊雑賀攻めに加わる。文禄・慶長の役では父とともに朝鮮に渡った。一六〇〇年(慶長五)関ケ原の戦では東軍。〇一年襲封し、翌年丸亀から高松に移った。

いこまし【生駒氏】 近世の大名・旗本家。藤原氏の流れで、大和国生駒出身。親重のとき美濃国可児郡に住み、織田信清・信長に仕えた。一族で豊臣秀吉に属したが、関ケ原の戦では東西両軍にわかれ、一正が讃岐国一七万一八〇〇余石の領有を許された。一六四〇年(寛永一七)生駒騒動により、高俊が出羽国矢島に配流され一万石。その子高清のとき、八〇〇〇石で寄合となり、残り二〇〇〇石は弟の俊明にわけられた。一八六八年(明治元)加増され大名となった。維新後男爵。

いこまちかまさ【生駒親正】 1526〜1603.2.13 織豊期の武将。親重の子。甚介。名ははじめ正成・近世・近親。雅楽頭・左近大夫。織田信長に仕え、豊臣秀吉に属した。一五七五年(天正三)の長篠の戦から九〇年の小田原攻めに至るまで数々の軍功をあげた。八七年讃岐一国を与えられた。文禄の役では忠州に陣し、翌年巨済島に拠った。慶長の役では蔚山籠城を赴援した。秀吉三中老の一人といわれ、関ケ原の戦では西軍に属したが、戦後徳川家康に許された。

いさこうたく【伊佐幸琢】 江戸時代の茶人。五世を数える。初世(一六八四〜一七四五)は号は半々庵。江戸で怡渓宗悦に石州流茶道を学び同流伊佐派をたてた。幕府の数寄屋頭を勤め以後四世まで同役。三世(?〜一八〇八)は半寸庵と号し、弟子に大名茶人の松平不昧(治郷)がいる。

いさし【伊佐氏】 ㊀常陸国伊佐郡(現、茨城県下館市)を本拠とした豪族。藤原北家中納言山蔭の後裔とも桓武平氏ともいう。奥州平定に際して伊佐為宗ら四兄弟は、藤原泰衡郎従の佐藤荘司を討ち取った。行政は承久の乱で活躍し、為家は将軍頼経の近習。鎌倉後期には北条氏被官ともなった。南北朝期には南朝方に属した。
㊁長門国の豪族。本拠は伊佐別府(現、山口県美祢市)。鎌倉初期の長門国守護佐々木定綱の子行綱に始まる。室町幕府に御家人として出仕。
㊂肥前国の豪族。桓武平氏とも彼杵党出身ともいう。新義真言宗の祖覚鑁はその一族といわれる。

いざなきのみこと・いざなみのみこと【伊奘諾尊・伊奘冉尊】 「古事記」では伊邪那岐命・伊邪那美命。記紀の神話で神世七代の最後の二神で国造りをになう神。「日本書紀」では天地の中間に出現し、陽神・陰神として二神相和して大八洲国をはじめとした地上世界を完成させ、ついで日神(アマテラス)・月神(ツクヨミ)・ヒルコ・スサノオを生んだ。「古事記」では高天原に出現し、天津神の命で天降り、国生みに続いて神々を生み成していくが、火の神カグツチを生んでイザナミは死に、国造りは未完に終わる。そしてイザナキはイザナミを追って黄泉国に赴き、帰還したのち、禊をしてアマテラス・ツクヨミ・スサノオを誕生させた。両神を社名にもつ式内社が淡路国などに存在する。

いさやまのふみつぐ【勇山文継】 生没年不詳。平安初期の漢学者・詩人。八一〇年（弘仁元）連の姓を賜り、八一一年外従五位下。同年大学助。八一四年、小野岑守(みねもり)らと「凌雲集(りょううんしゅう)」を編む。八一六年、嵯峨天皇への「史記」進講を終え、従五位を賜る。八一八年、仲雄王(なかおおう)らと「文華秀麗集」を編む。「文華秀麗集」に七言律詩一首。「経国集」序にある安野宿禰文継は改姓後の氏姓か。

いさわしゅうじ【伊沢修二】 1851.6.29～1917.5.3 明治・大正期の教育行政官。信濃国生れ。高遠藩藩校進徳館に学び、一八七〇年（明治三）大学南校貢進生に抜擢される。七四年愛知師範学校校長となり、七五～七八年に師範学科取調べのためアメリカに派遣され、メーソンに西洋音楽、ベルに聾唖教育法を学ぶ。帰国後、東京師範学校校長を務め、体操伝習所、音楽取調掛（のち東京音楽学校）などの創立にたずさわる。九五年に台湾に渡り民政局学務部長となる。国家教育社や吃音矯正教育の楽石社を設立した。

いさわたきお【伊沢多喜男】 1869.11.24～1949.8.13 大正・昭和期の官僚・政治家。長野県出身。東大卒。内務省に入り、一九一四年（大正三）警視総監となり、のち貴族院議員・台湾総督・東京市市長・枢密顧問官を歴任した。立憲民政党系の官僚の総帥として政界に影響を与え、配下から戦時行政を推進した官僚グループが輩出した。

いざわばんりゅう【井沢蟠竜】 1668～1730.12.3 江戸前・中期の神道家。名は長秀、十郎左衛門と称し、号は蟠竜・亭斎。肥後国熊本藩士の家に生まれる。江戸で山崎闇斎に入門して垂加(すいか)神道を学んだ。のち国学・漢籍も学び、関口流居合(いあい)など武道にも通じ、これらを調和させた考えを提示。著書「神道天瓊矛記(あめのぬほこのき)」「神道訓」。

いざわやそべえ【井沢弥惣兵衛】 1654～1738.3.1 江戸中期の治水家。幕臣。名は為永(ためなが)。紀伊国那賀郡溝口村生れ。もと和歌山藩士で、一七二二年（享保七）将軍徳川吉宗に登用され、翌年勘定所勤務。紀州流とよばれる卓越した治水技術で諸国の河川工事を手がけた。代表的事業に武蔵国見沼代用水開削、下総国飯沼・越後国紫雲寺潟の干拓がある。新田検地条目制定にも関与し、その後勘定吟味役、晩年は美濃郡代を兼ねた。

いざわらんけん【伊沢蘭軒】 1777.11.11～1829.3.17 江戸後期の医学者・儒者。名は信恬(のぶさだ)、号は蘭軒など。備後国福山藩侍医伊沢長安の長男として江戸に生まれる。目黒道琢(どうたく)・武田叔安(しゅくあん)らに師事し医学を学び、また儒学・本草学も修めた。一八〇六年（文化三）、長崎に遊学し唐人医師と交わり、のち福山藩の侍医・儒官となった。門人に森立之(りっし)・渋江抽斎(ちゅうさい)らを出し、頼山陽・大田南畝(なんぽ)らと親交があった。

いしいいたろう【石射猪太郎】 1887.2.6～1954.2.8 大正・昭和期の外交官。福島県出身。東亜同文書院卒。一九一五年（大正四）外務省入省。二九年（昭和四）吉林総領事として満州事変に遭遇、関東軍の抑制に苦慮した。三七年五月東亜局長に就任、盧溝橋事件の処理、和平交渉に努力した。オランダ公使・ブラジル大使・ビルマ大使をへて、四六年依願免官。著書「外交官の一生」。

いしいきくじろう【石井菊次郎】 1866.3.10～1945.5.26 明治～昭和前期の外交官。上総国生れ。東大卒。一九一五年（大正四）第二次大隈内閣の外相。一七年特派大使として渡米、同年一一月石井・ランシング協定を結んで満蒙における日本の特殊権益を認めさせた。駐米大使をへて第一次大戦後には国際連盟の日本代表となるなど、外交界の穏健派の長老として活躍した。二九年（昭和四）以降は枢密顧問官。東京の空襲で行方不明。

いしいじゅうじ【石井十次】 1865.4.11～1914.1.30 明治期の社会事業家。日向国生れ。一八八二年（明治一五）岡山甲種医学校入学、在学中に受洗。八四年には宮崎埒（馬場）原教育会を設立し、朝晩学校を開校、孤児の保護・教育を始める。八七年岡山県門田に孤児教育会（のちの岡山孤児院）を設立した。

いしいつるぞう【石井鶴三】 1887.6.5～1973.3.17 大正・昭和期の彫刻家・洋画家。父は日本画家石井鼎湖(ていこ)。柏亭(はくてい)は兄。東京都出身。東京美術学校卒。不同舎で洋画、加藤景雲に木彫を学ぶ。一九一六年（大正五）日本美術院彫刻部同人となり、日本水彩画会・日本創作版画協会でも活躍。四四年（昭和一九）母校教授、五〇年日本芸術院会員となる。代表作「力士」「俊寛」。

いしいばく【石井漠】 1886.12.25～1962.1.7 大正・昭和期の舞踊家。秋田県出身。本名忠純。日本の洋舞界の先覚者。一九一一年（明治四四）帝劇歌劇部第一期生となり、ローシーからダンス・クラシック、ユンケルや三浦環(みうらたまき)から音楽を学び、石井林郎の名で帝劇オペラに出演。一六年（大正五）小山内薫・山田耕筰の「新劇場」に参加し、石井漠の名で「舞踊詩」を発表。浅草オペラ旗揚げにも尽力。二二年から四年間欧米を巡演、帰国後、石井漠舞踊研究所を設立して多くの洋舞家を育てた。「人間釈迦」ほか多くの作品をつくり、現代舞踊の樹立・普及に尽くした。

いしいはくてい【石井柏亭】 1882.3.28～1958.12.29 明治～昭和期の洋画家。父は日本画家石井鼎湖(ていこ)。鶴三は弟。本名満吉。東京都出身。東京美術学校中退。浅井忠・中村不折(ふせつ)に学び、日本画の无声(むせい)会にも参加した。一九〇七年（明治四〇）雑誌「方寸」を創刊、〇八年パンの会に加わる。一三年（大正二）日本水彩画会の創立、一四年二科会の創立、一五年「中央美術」創刊にかかわる。三五年(昭和一〇)帝国美術院会員となり、三六年一水会を創立した。

いしいよじべえ【石井与次兵衛】 1527～92 織豊期の武将。播磨国明石に住む海賊衆で、明石氏とも称す。豊臣秀吉に船奉行として仕え、四国攻め・紀州攻めなどに際して兵糧運搬・渡航船調達等を行ったほか、秀吉の唐物運漕の任も担った。一五九二年(文禄元)名護屋から帰京する秀吉の船を関門海峡で座礁させ、責を負って自殺。

いしいりょういち【石井亮一】 1867.5.25～1937.6.13 明治～昭和前期の社会事業家。肥前国佐賀生れ。一八八三年(明治一六)鍋島家奨学生として上京し、立教大学校入学後に受洗。卒業後立教女学校教頭となるが、九一年濃尾地震に際して辞職し、被災孤児救済のために東京下谷に孤女学院を設立。翌年滝野川に移転。九七年滝乃川学園と改称、日本初の知的発達障害児養護施設となる。一九二〇年(大正九)財団法人化にともない、初代理事長に渋沢栄一を迎える。著書「白痴児―其研究及教育」。

いしいりょうすけ【石井良助】 1907.12.14～93.1.12 昭和期の日本法制史家。東京都出身。一九三〇年(昭和五)東大卒。中田薫の後を継いで法制史講座を担当、四二年教授。のち新潟大学・専修大学・創価大学教授。「中世武家不動産訴訟法の研究」などで中世武家法の法構造を解明。「日本法制史概説」「明治文化史(法制編)」などで日本法制史の通史を完成。また「御触書集成」をはじめ数多くの史料集を刊行。文化勲章を受章。

いしおうひょうえ【石王兵衛】 生没年不詳。南北朝期の能面作家。六作の一人。世阿弥晩年の「申楽談儀」では、越前国の面打の系譜の筆頭にあげられる。一四世紀頃に活躍したとみられるが、具体的経歴は不明。尉面の一つ石王尉は彼の創案という。

いしがきあやこ【石垣綾子】 1903.9.21～96.11.12 昭和期の評論家。東京都出身。東京府立第一高女・自由学園卒。一九二六年(昭和元)渡米し、ニューヨークで画家の石垣栄太郎と知り合い結婚。日中戦争開戦後は夫とともに反戦活動を行った。アグネス・スメドレー、パール・バックと親交があった。戦後アメリカのマッカーシー旋風の中で帰国し、五五年「主婦という第二職業論」を「婦人公論」に発表、主婦論争の口火を切った。著書「回想のスメドレー」「スペインで戦った日本人」など。

いしがきえいしょう【石垣永将】 ?～1635? 近世初頭の琉球でおこったキリシタン事件の当事者。八重山の有力者で、一六二四年石垣島に来航したドミニコ会のアンヘレス神父を厚遇したかどで逮捕された。琉球の裁判で流刑となったが、キリシタン禁制を徹底させるため鹿児島藩は見せしめの処刑を要求、三五年頃流刑地の渡名喜島で斬首されたと推定される。

いしがやきよまさ【石谷清昌】 1715～82.11.10 江戸中期の幕臣。父は清全。「いしがい」とも。一七五九年(宝暦九)勘定奉行、六二年長崎奉行を兼ね、おもに貿易・長崎関係を担当。南鐐二朱銀発行のための銀の輸入や、輸出銅統制のための大坂銅座の設立、俵物増産に尽力。七六年(安永五)日光社参掛を勤め、朝廷経費削減などを行い、七九年留守居、八二年(天明二)辞任。

いしがやさだきよ【石谷貞清】 1594～1672.9.12 「いしがい」とも。江戸前期の幕臣。町奉行。清定の三男。母は今川義元の家臣久島与平の女。通称十蔵。左近将監。将軍徳川秀忠・家光・家綱三代に仕え、甲斐・相模・上総三国の内に一五〇〇石を領した。大番・腰物持役・徒頭・目付を歴任し、寛永通宝の鋳造、島原の乱の副使を勤めた。一六四一年(寛永一八)与力一〇騎・同心五〇人を預かり、五〇年(慶安三)近畿水害地を巡見。五一年から北町奉行に進み、慶安事件を未然に防いだ。五九年(万治二)一月辞職。

いしかわいえなり【石川家成】 1534～1609.10.29 織豊期～江戸初期の武将。三河の一向一揆に際し、改宗して徳川家康に従う。西三河の旗頭として諸士を預かり、一五六九年(永禄一二)から遠江国掛川城の城番。のちに旗頭を甥数正、城番を子康通に譲る。九〇年(天正一八)家康の関東入国で、伊豆国梅縄に隠居領五〇〇〇石を与えられる。一六〇七年(慶長一二)康通が没したため、その居城美濃国大垣城に入る。

いしかわうじ【石川氏】 石河とも。古代の有力氏族蘇我氏の後裔氏族。姓は臣、六八四年(天武一三)の八色の姓制定時に朝臣となる。六四五年大化の改新で蘇我氏本宗家は滅亡したが、蘇我石川麻呂は右大臣となり、その弟連子(牟羅志・武羅自)の一族が石川氏を名のった。本拠地は河内国石川郡か。八世紀には長屋王の変で活躍した石足、「別式」二〇巻を編纂した年足など参議以上となる者が多く、造営事業などの活躍が目立つ。八七七年(元慶元)木村が宗岳朝臣の名を賜る。

いしかわかずまさ【石川数正】 ?～1592 織豊期の武将。父は康正。徳川家康が今川氏の人質として駿府へ送られたときに随行。一五六九年(永禄一二)叔父家成に代わり西三河の旗頭となり、その後、酒井忠次とともに家康の老臣として活躍。八四年(天正一二)小牧・長久手の戦で戦功をあげ、三河国岡崎城の城代。小牧・長久手の戦で、家康の使者として豊臣秀吉と会見。翌年家康のもとを出奔し、秀吉に仕えた。九〇年信濃国松本城主となり八万石を領有。

いしかわけん【石川謙】 1891.4.29～1969.7.12 昭和期の教育史学者。愛知県出身。東京高等師範専攻科卒。一九三八年(昭和一三)東京女子高等師範の教授となる。実証的な近世日本の教育史研究により教育の普及実態を明らかにし、寺子屋・往来物の研究を大成した。収集した資料は、七一年に専門図書館の謙堂文庫として公開された。著書「石門心学史の研究」。

いしかわこうとう【石川勾当】 生没年不詳。江戸後期の地歌の演奏家・作曲家。文化・文政頃京都で活躍し、京流手事物の代表作で「石川の三つ物」と称される「八重衣」「新青柳」「融」をはじめ、「新娘道成寺」(菊岡検校作とも)や「吾妻獅子」の三下り替手を作曲した。

いしかわこうめい【石川光明】 1852.8.18～1913.7.30 明治期の彫刻家。本名藤太郎のち光明。江戸生れ。浅草の宮彫師の家に生まれる。狩野素川に絵、菊川正光に牙彫を学ぶ。明治維新後内外の博覧会で受賞し、一八九〇年(明治二三)帝室技芸員、翌年東京美術学校教授となる。代表作「牧童」「白衣観音」。

いしかわごえもん【石川五右衛門】 ?～1594.8.23 織豊期の盗賊。一五九四年(文禄三)に京三条河原で極刑に処された。江戸時代になると歌舞伎や人形浄瑠璃の題材にとりあげられ、それらを通じて五右衛門の虚像が拡大・定着していった。一連の作品は五右衛門物と総称され、義賊あるいは天下国家を狙う大盗賊として描きだされた。代表的な作品に「金門五山桐」(一七七八初演)がある。

いしかわさんしろう【石川三四郎】 1876.5.23～1956.11.28 明治・大正期の社会運動家・無政府主義者。埼玉県出身。号は旭山。東京法学院(現、中央大学)在学中に海老名弾正から受洗、卒業後「万朝報」記者となる。平民社に加わり、「新紀元」「日刊平民新聞」「世界婦人」に関係。大逆事件後、一九一三年(大正二)渡欧し、哲学者E・カーペンターらの影響をうけた。二〇年に帰国後、無政府主義の啓蒙に努めた。

いしかわし【石川氏】 ㊀常陸国の武家。桓武平氏。常陸大掾氏の一族。吉田家幹が石川(現、水戸市)を本拠としたのに始まる。その子孫は御家人として活躍、北条氏に仕えた者もいた。㊁陸奥国の豪族、のち仙台藩家臣。源満仲の孫頼遠の子有光が、同国石川郡泉荘(現、福島県石川町)を領したことから石川氏を称したとされる。その子孫は開発により石川荘を形成したが、同荘は鎌倉～戦国期を通じて周辺豪族の争奪の的となり、一五九〇年(天正一八)昭光のとき豊臣秀吉が没収。昭光は伊達政宗の家臣となった。また、名古屋藩家臣石川(石河)氏も源満仲の末裔とされ、光忠が徳川家康に仕え、一六一二年(慶長一七)徳川義直に付属。名古屋城代となり、代々家老職を世襲。㊂江戸時代の大名家。源義家の孫義基が、河内国石川荘(現、大阪府南河内郡)を領したことから石川氏を称した。親康が松平氏に属し、四代後の康通は徳川家康に仕え、関ケ原の戦後に美濃国大垣で五万石を領した。その後、数度の転封をへて一七四四年(延享元)総慶のとき伊勢国亀山に六万石で再入封。以後、子孫が藩主を継ぐ。維新後、子爵。分家に常陸国下館藩主などがある。

いしかわじゅん【石川淳】 1899.3.7～1987.12.29 昭和期の小説家・評論家。号は夷斎。東京都出身。東京外国語学校卒。象徴主義文学の影響をうけ、独特の文体でしられる。長年の彷徨と模索ののち、処女作「佳人」を発表。「普賢」で一九三六年(昭和一一)芥川賞受賞。第二次大戦後は「焼跡のイエス」などで新戯作派とよばれる。代表作「紫苑物語」「至福千年」「天馬賦」「狂風記」。

いしかわしゅんたい【石川舜台】 1842.10.-～1931.12.31 明治期の宗教家。真宗大谷派の僧侶。加賀国の僧侶の子。一八六九年(明治二)に金沢で慎憲塾を開く。七一年から本山寺務所議事に就任し、宗教行政を担当。翌年の渡欧後、教団の学制の改正、全国的な教団機構の整備、海外における伝道機関の設置など積極的な宗政改革を行った。その後何度か宗政を担当するが、うけいれられなかった。

いしかわじょうざん【石川丈山】 1583.10.-～1672.5.23 江戸前期の漢詩人。名は重之、字は丈山、号は六六山人・凹凸窠。三河国生れ。徳川家康に仕え、大坂夏の陣に出陣し軍功をたてたが、軍令違反のため蟄居を命じられ致仕。のち剃髪して京都妙心寺で禅を修行し、藤原惺窩に朱子学を学んだ。老母の孝養のため広島浅野家に仕え、五四歳で辞した。一六四〇年(寛永一七)洛北に詩仙堂をたてて隠逸の生活に入り、漢詩人として知られた。著書に漢詩文集「新編覆醤集」。

いしかわせいりゅう【石河正竜】 1825.12.19～95.10.16 幕末～明治前期の紡績技術者。大和国生れ。長崎で洋学を学び、鹿児島藩に出仕。英書で紡績技術を独学し、藩営鹿児島紡績所・同堺紡績所の建設にあたった。一八七二年(明治五)から八七年まで勧農寮雇などとして官営愛知紡績所や各地の二〇〇〇錘紡績の建設にかかわった。その後は民間の紡績会社に勤務した。

いしかわたくぼく【石川啄木】 1886.2.20～1912.4.13 明治期の歌人・詩人。本名一。岩手県出身。誕生翌年より渋民村で育つ。一九〇二年(明治三五)盛岡中学を中退し上京、与謝野寛(鉄幹)の知遇をえて「明星」ほかに詩を発表。〇五年詩集「あこがれ」を出版。生活のため渋民村の小学校代用教員となり、以後、地方紙の記者として北海道各地を転々とする。再び上京して小説家を志すが失敗。失意の思いを短歌に表し「一握の砂」

（一九一〇）を書く。〇九年生活に根ざす文学を唱えて評論「食ふべき詩」を発表。翌年大逆事件の報道に衝撃をうけて社会主義に関心をもち、自然主義文学批判の評論「時代閉塞の現状」を書く。詩風も変化し、一一年には「果てしなき議論の後」ほかを創作。肺結核で死亡後、歌集「悲しき玩具」が刊行された。

いしかわたけよし【石川武美】 1887.10.13～1961.1.5 大正・昭和期の出版経営者。大分県出身。一六歳で上京。いくつかの婦人雑誌を編集後、一九一六年（大正五）東京家政研究会を設立し出版に乗り出す。翌年「主婦之友」を創刊し、実用と教養を兼備した内容で成功をおさめた。

いしかわただふさ【石川忠房】 1755～1836.1.18 江戸後期の幕臣。父は伊丹勝興。伯父の石川忠国の養子。通称は左近将監、主水正。一七九一年（寛政三）目付。九三年ラクスマン応対のため根室へ出張、漂流民を受け取り、長崎への信牌を与えて帰帆させた。その後作事奉行、九七年勘定奉行となる。九九年蝦夷地取締御用掛となり、一八〇一年（享和元）東蝦夷地を巡見した。

いしかわただふさ【石川忠総】 1582～1650.12.24 江戸前期の大名。父は大久保忠隣。外祖父石川家成の養子。通称は宗十郎。主殿頭。徳川家康・秀忠に仕え、一六〇九年（慶長一四）遺領を継ぎ美濃国大垣藩主。一四年忠隣の改易に連坐。大坂の陣に許されて出陣し、戦功により豊後国日田六万石。その後下総国佐倉をへて近江国膳所七万石の藩主となる。「石川忠総留書」を残した。

いしかわたつぞう【石川達三】 1905.7.2～85.1.31 昭和期の小説家。秋田県出身。早大中退。一九三〇年（昭和五）のブラジル移民体験をもとにした「蒼氓」で三五年第一回芥川賞受賞。日中戦争初期の南京攻略を題材とした「生きてゐる兵隊」は発売直後に発禁とされた。社会性の強いいわゆる「調べた文学」は、ルポルタージュ文学の先駆となる。代表作「風にそよぐ葦」「四十八歳の抵抗」「人間の壁」「金環蝕」。

いしかわちよまつ【石川千代松】 1860.1.8～1935.1.17 明治～昭和前期の動物学者。江戸生れ。東大卒。在学中にモースの影響で進化論に共鳴し、一八八三年（明治一六）モースの講義を翻訳出版し進化論を紹介。ドイツ留学後、帝国大学教授として動物学を担当。また東京帝室博物館館長。細胞学・発生学・実験形態学を専攻したが、さまざまな生物の受精現象の研究はとくに有名。動物園の設立にも努めた。

いしかわとよのぶ【石川豊信】 1711～85.5.25 江戸中期の浮世絵師。江戸小伝馬町の宿屋糠屋の養子となり、七兵衛を名のる。号は秀葩。西村重長門人と伝えられる。上品かつ豊満な美人像を描いて紅摺絵時代の美人画界で活躍し、裸体や半裸体を描いた「あぶな絵」を数多く制作。また肉筆美人画や絵本など版本も残している。門人に豊雅・豊清がいる。

いしかわのいらつめ【石川郎女】 石川女郎とも。生没年不詳。「万葉集」の歌人。複数の同名人がいたらしく、⑴久米禅師と歌を贈答した女性、⑵大津皇子の贈歌に対して答えた女性、⑶草壁皇子に歌を贈られた女性、⑷大伴田主と歌を贈答した女性、⑸大伴宿奈麻呂に歌を贈った女性、⑹朝臣姓で石川内命婦などとも記され、大伴安麻呂の妻となり坂上郎女を生んだ女性、⑺藤原良継の妻であった女性がみえる。そのうちのいずれを同一人と考えるかについて諸説がある。

いしかわのいわたり【石川石足】 ?～729.8.9 奈良時代の官人。蘇我連子の孫。蘇我安麻呂の子。年足・豊成の父。七〇八年（和銅元）河内守に任じられ、のち右大弁・大宰大弐を歴任。七二九年（天平元）の長屋王の変では、多治比県守・大伴道足らとともにかりに参議に列せられ、鈴鹿王（長屋王の弟）宅に派遣され勅を伝えた。同年八月左大弁の地位で没。「懐風藻」に「年六十三」とある。その死を悼み「仏説弥勒成仏経」が写経された。

いしかわのかきもり【石川垣守】 ?～786.5.5 奈良時代の官人。七六四年（天平宝字八）藤原仲麻呂追討に功があった。七七〇年（宝亀元）に称徳天皇の、七八一年（天応元）に光仁天皇の葬司を勤め、七八四年（延暦三）には造長岡宮使となった。「高僧伝要文抄」には深く仏教に帰依していたとある。

いしかわのとしたり【石川年足】 688～762.9.30 奈良時代の公卿。石足の子。名足の父。七三九年（天平一一）出雲守のとき、善政により賜物された。東海道巡察使・春宮大夫・式部卿・参議・神祇伯・兵部卿・中納言などをへて、七六〇年（天平宝字四）に御史大夫（大納言）。七四九年（天平勝宝元）宇佐八幡神の勧進・入京に際し迎神使を勤めた。藤原仲麻呂政権下で「別式」二〇巻を編纂し進上。一八二〇年（文政三）摂津国島上郡真上村（現、大阪府高槻市）の庄屋宅の裏山から墓誌が出土。率性廉勤な人と伝えられる。

いしかわのとすのいらつめ【石川刀子娘】 生没年不詳。文武天皇の嬪。六九七年（文武元）紀竈門娘とともに嬪になるが、七一三年（和銅六）嬪号を剝奪され、子の広成・広世は臣籍に下されて石川朝臣を称し、のち高円朝臣と改める。この事件は二皇子の皇位継承権を奪い、首皇子（聖武天皇）の立太子の実現を企図したものとみられる。

いしかわのなたり【石川名足】 728～788.6.10 奈良時代の公卿。石足の孫。年足の子。下野守をはじめ国司を歴任。伊治城築造に功があり、陸奥鎮守将軍・陸奥守を兼ねた。七八一年

（天応元）参議、七八五年（延暦四）中納言へ進んだ。博学であったが、偏急でよく人を責めたてたと伝えられる。光仁天皇の命で「続日本紀」の編纂にあたった。

いしかわはんざん【石川半山】 1872.8.17～1925.11.12 明治・大正期の新聞記者。岡山県出身。本名は安次郎。慶応義塾卒業後、島田三郎の「毎日新聞」主筆として社会問題告発や普通選挙で論陣を張る。のち「東京朝日新聞」「万朝報」記者。

いしかわまさもち【石川雅望】 1753.12.14～1830.閏3.24 江戸後期の狂歌師・戯作者。狂名は宿屋飯盛。通称石川五郎兵衛。号は六樹園・五老など。江戸小伝馬町で旅宿を営む。天明初年から狂歌を詠み、四天王の一人として、版元蔦屋重三郎から多くの狂歌書を出版。文化年間（一八〇四～一八）天明狂歌を主張して、俳諧歌を唱道した鹿津部真顔と鋭く対立した。国学者としても知られる才人で、著書「万代狂歌集」「都の手ぶり」「雅言集覧」。

いしかわみきあき【石河幹明】 1859.10.17～1943.7.25 明治・大正期の新聞記者。水戸藩士の子。慶応義塾を卒業後「時事新報」に入社し、福沢諭吉のもとで編集にあたる。のち主筆・編集長。

いしかわりきのすけ【石川理紀之助】 1845.2.25～1915.9.8 明治期の農業指導者。出羽国秋田郡の豪農の家に生まれ石川家の養子となる。一八七二年（明治五）秋田県勧業係に出仕後、勧農義会を結成して農業技術の研究を進めた。八二年同係を辞任後、山田村経済会を結成して更正計画を実施し、窮乏下にあった居村の復興に努めた。また大日本農会などの後援で全国に遊説。主著は町村是調査としての「適産調」、秋田県内のイネ種の来歴・性状・施肥などを記した「稲種得失弁」など。

いしぐろただあつ【石黒忠篤】 1884.1.9～1960.3.10 大正・昭和期の官僚・政治家。東京都出身。東大卒。農商務省に入り、小作慣行調査、小作調停法の立案に尽力。一九三一年（昭和六）農林次官。農林厚生協会会長・産業組合中央金庫理事長をへて、四〇年第二次近衛内閣農相に就任。第二次大戦後の四六年公職追放となり、解除後に参議院議員。

いしぐろただのり【石黒忠悳】 1845.2.11～1941.4.26 明治期の軍医。陸奥国伊達郡生れ。二〇歳の頃江戸に出て医学所に入る。一八六九年（明治二）大学東校に勤務し、のち陸軍に転じて一等軍医、さらに陸軍軍医監・軍医本部長をへて、九〇年陸軍軍医総監に就任。日本の軍医制度の創設に尽力した。晩年、日本赤十字社社長を務めた。

いしぐろどうてい【石黒道提】 生没年不詳。室町中期の茶人。もと畠山政長の家臣で、京都の千本に住んだことから、千本道提ともよぶ。「松屋名物集」には「道底」とある。米四〇石をとれる田を売って好みの茶壺を手にいれたところ、八代将軍足利義政の目にとまり、東山御物の一つとされて、天下一「四十石壺」と称したという。

いしぐろのぶよし【石黒信由】 1760.11.18～1836.12.3 江戸後期の数学者。通称藤右衛門、号は高樹。越中国射水郡高木村（現、富山県新湊市）の庄屋の家に生まれる。中田高寛・宮井安泰・西村太沖に数学、天文・暦、測量を学ぶ。金沢藩の命をうけ、加賀・越中・能登三国の正確な地図を作り、その功により持高を大きくふやした。著書「算学鉤致」「渡海標的」。

いしこりどめのみこと【石凝姥命】 石凝戸辺とも。「古事記」では伊斯許理度売命。記紀の神話で天の石窟に隠れたアマテラスを引き出すために鏡を作り、天孫降臨の際に随伴した五部神の一神。鏡作氏の祖。名義のイシは石の鋳型、コリは固まる意で、「姥」の表記は老女の意とされる。「日本書紀」本文には記されず、一書は矛やふいごも作ったとする。

いしざかしゅうぞう【石坂周造】 1832.1.1～1903.5.22 近代的石油採掘業の先駆者。江戸生れ。一八七一年（明治四）に長野石炭油会社を設立し、七三年には石油会社設立の官許を得、長野市・静岡県相良町・新潟県出雲崎町で手掘り、ついで機械掘りを試みたが、相良町以外では失敗。しかし九九年に新潟県西山町で成功して声価を高めた。

いしざかたいぞう【石坂泰三】 1886.6.3～1975.3.6 昭和期の実業家・財界人。東京都出身。東大卒。逓信官僚をへて、一九一五年（大正四）第一生命入社、専務・社長を歴任。第二次大戦後、四九年（昭和二四）東芝社長となり困難な再建に成功し、財界に不動の地位をえた。五五年日本生産性本部会長、五六年経団連会長に就任し、財界の第一人者となった。

いしざかまさたか【石坂昌孝】 1841.4.22～1907.1.13 明治期の民権家・政治家。武蔵国多摩郡野津田村生れ。神奈川県や三多摩自由民権運動の最高指導者。民権結社融貫社を結成、社員をひきいて自由党に入党。初代神奈川県会議長、第一回から三期連続衆議院議員に当選。のち群馬県知事。政治活動に財産を投入し、「井戸塀政治家」といわれる。長女美那子は北村透谷と結婚、長男公歴は渡米して民権運動を継続。

いしざかようじろう【石坂洋次郎】 1900.1.25～86.10.7 昭和期の小説家。青森県出身。慶大卒。郷里で教職につく。一九二七年（昭和二）「海をみに行く」が「三田文学」に掲載されて好評を博し、「若い人」「麦死なず」で作家的地位を確立した。第二次大戦後は封建性から解放された青春を描いた「青い山脈」や、「石中先生行状記」「丘は花ざかり」「陽のあたる坂道」などで国民的なベストセラー作家になった。

いしざきゆうし【石崎融思】 1768～1846.2.28

江戸後期の長崎派の画家。字は士斎、号は鳳嶺。荒木元融の子。のちに元融の師石崎元徳の名跡を継ぎ、唐絵目利職についた。当時長崎で行われていた諸画派を総合した画風をひらき、長崎画壇の中心的存在となった。代表作「蘭船図」。

いしだえいいちろう【石田英一郎】 1903.6.30～68.11.9 昭和期の文化人類学者。大阪府出身。京大中退。一九三七年(昭和一二)からウィーン大学に留学し、民族学者シュミットらに師事。帰国後は巨視的な人類文化史と日本文化論を展開し、学会のみならず広く論壇に影響を与えた。また総合人類学の構想のもと、東京大学などにおける文化人類学研究室の体制づくりに努めた。著書「河童駒引考」「桃太郎の母」。「石田英一郎全集」全八巻。

いしだかんのすけ【石田貫之助】 1849.12.～1934.10.8 明治期の民権家・政党政治家。播磨国生れ。一八七九年(明治一二)から九〇年まで兵庫県議・同議長などを歴任。はじめ立憲改進党員、のちに自由党系に転じる。大同団結運動期には愛国公党系に属し、第一回総選挙から衆議院議員六回当選。九七年二月自由党を脱党し富山県知事となるが、翌年辞任し憲政党に参加した。

いしだばいがん【石田梅岩】 1685.9.15～1744.9.24 江戸中期の町人思想家、石門心学の創始者。通称は勘平、梅岩は号。丹波国生れ。京都の商家に奉公しながら勉学と思索に努め、隠士小栗了雲に師事。心学の根本である人性の開悟、自身の心と世界の一体性を自覚し、四五歳のとき自宅に講席を開いて教化活動を開始。朱子学に由来する用語を多く使い、勤勉・倹約・正直・孝行などの通俗倫理による人間の道徳的自己規律を説いた。商人をはじめ四民の社会的役割を指摘し、賤商観を克服し庶民の人間としての尊厳を強調するなど、社会的に成長してきた町人を主とする庶民層の意識を自覚的に思想化した。著書「都鄙問答」。

いしだみきのすけ【石田幹之助】 1891.12.28～1974.5.25 大正・昭和期の東洋史学者。千葉県出身。東大卒。モリソン文庫を拡充・発展させ、東洋文庫を東洋学研究の中心機関とした功績が大きい。研究はアジア史のあらゆる分野に及ぶが、欧米・中国を中心とする諸外国の東洋学研究の紹介に尽力した。一九六八年(昭和四三)学士院会員。著書「長安の春」「欧人の支那研究」「東亜文化史叢考」。

いしだみつなり【石田三成】 1560～1600.10.1 織豊期の武将。父は正継。近江国石田村生れ。早くから豊臣秀吉に仕え、秀吉の奉行として活躍。一五八六年(天正一四)堺政所を勤め、小田原攻め・朝鮮出兵などに功があった。豊臣政権の中枢にあり、軍需品輸送や行政・外交政策にその手腕を発揮した。とくに太閤検地に参画し、現在、島津家に三成署判の検地尺が残る。九五年(文禄四)近江国佐和山城主となり一九万四〇〇〇石を領有。近江国内の豊臣蔵入地代官も兼任。秀吉死後、徳川家康に対抗して挙兵。一六〇〇年(慶長五)関ケ原の戦で敗走。近江で捕らえられ、小西行長らとともに京都で処刑。

いしだみとく【石田未得】 ⇩未得

いしだもさく【石田茂作】 1894.11.10～1977.8.10 大正・昭和期の仏教考古学者。愛知県出身。東京高等師範卒。東京国立博物館勤務ののち、奈良国立博物館館長となる。文化功労者。日本の仏教考古学の草分け的存在。古代寺院・経塚・仏塔・仏具・瓦などの研究に新分野を開き、若草伽藍の発掘によって法隆寺再建を実証した。著書「飛鳥時代寺院址の研究」「奈良時代文化雑攷」など。

いしだゆうてい【石田幽汀】 1721～86.5.25 友汀とも。江戸中期の狩野派の画家。鶴沢探山の子探鯨の門人。技術は着実だが画風は保守的で、円山応挙・田中訥言ら門人の多くが狩野派を離れ別派を興したことで知られる。彼らに一定水準の技術を伝えるとともに狩野派の限界を示したといえる。

いしだれいすけ【石田礼助】 1886.2.20～1978.7.27 昭和期の実業家。静岡県出身。東京高等商業卒。一九〇七年(明治四〇)三井物産に入社し、海外支店長をへて常務。一九四三年(昭和一八)交易営団総裁に就任。第二次大戦後は国鉄監査委員長、六三～六九年国鉄総裁を務めた。財界出身の最初の国鉄総裁として注目された。

いじちすえやす【伊地知季安】 1782.4.11～1867.8.3 近世後期の鹿児島藩士・歴史家。鹿児島城下生れ。伊勢貞休の次男、伊地知季伴家を継ぐ。通称は小十郎、字は子静、号は潜隠。一八〇八年(文化五)近思録崩れに連坐して喜界島に配流、一一年赦免後も謹慎が続いた。四七年(弘化四)島津斉彬に認められ、五二年(嘉永五)記録奉行となる。著書「漢学紀源」「島津御荘考」「薩藩旧記雑録」「南聘紀考」「薩州唐物来由考」。

いじちまさはる【伊地知正治】 1828.6.1～86.5.23 幕末～明治前期の鹿児島藩士・官僚。「しょうじ」とも。幕末期には鹿児島藩の軍賦役奉行として戦功をたてた。一八七二年(明治五)明治政府の左院中議官に就任し、七三年に同院副議長、七四年に参議兼同院議長などを務めた。七五年以降、一等侍講・修史館総裁・宮内省御用掛などを歴任、八六年に宮中顧問官となる。

いしづかえいぞう【石塚英蔵】 1866.7.23～1942.7.28 明治～昭和前期の官僚。会津藩士の子。東大卒。一九〇一年(明治三四)台湾総督府総務局長、〇五年関東都督府民政長官、一二年(大正元)朝鮮総督府農商工部長官などをへて、一六年貴族院勅選議員となる。同時に東洋拓殖会社総裁に就任。二九年(昭和四)台湾総督、三四年枢密顧問官となる。

いしづかたつまろ【石塚竜麿】 1764～1823.6.13 江戸後期の国学者。通称安右衛門、号は槙屋。遠江国生れ。はじめ内山真竜に学び、一七八九年(寛政元)本居宣長に入門、宣長没後は本居春庭に入門。万葉仮名の用法を研究し、上代特殊仮名遣研究・音韻研究の先駆となった。著書「古言清濁考」「仮字遣奥山路」。

いしどうし【石塔氏】 石堂氏とも。足利氏の支族で、足利泰氏の子頼茂に始まる。頼茂の子義房は足利尊氏に属し、奥州総大将として南朝方と戦い活躍。のち奥州総大将解任を不満として尊氏を離れ、観応の擾乱では子頼房とともに直義党に加わり、直義死後は南朝に属した。一三六四年(貞治三・正平一九)頼房は幕府に降伏、以後その子頼世が幕府軍に加わるが、子孫の動向は不明。

いしどうちくりんぼう【石堂竹林坊】 生没年不詳。戦国期～織豊期の弓術家。日置流竹林派の祖。もと近江国の真言宗僧。吉田重政から日置流弓術を学ぶ。はじめ六角義賢の配下、のち高野山・吉野などに居住。一六〇二年(慶長七)頃門人の斡旋で尾張国清須(洲)城主松平忠吉に仕え、家臣に弓術を教える。次男為貞は尾張徳川家に仕えた。

いしどうよしふさ【石塔義房】 生没年不詳。南北朝期の武将。頼茂の子。少輔四郎。法名義慶・秀慶。建武政権下で足利尊氏の駿河・伊豆両国目代となる。幕府創始により守護に昇格。一三三七年(建武四・延元二)奥州総大将に転任、南朝軍追討と国人掌握に努めるが罷免され、観応の擾乱では足利直義方に属す。のち南朝方として畿内に転戦、五五年(文和四・正平一〇)以降消息不明。

いしどうよりふさ【石塔頼房】 生没年不詳。南北朝期の武将。義房の子。中務大輔・右馬頭。父の奥州総大将罷免以後、足利直義方に属し、伊勢国守護に在職。観応の擾乱勃発後、一時引付頭人ともなる。直義に従って転戦するが、駿河国薩埵山の戦に敗れて降伏。のち南朝に属す。一三六四年(貞治三・正平一九)足利義詮に降伏。

いじのあざまろ【伊治呰麻呂】 生没年不詳。奈良末期の蝦夷の首長。伊治は「これはり」「これはる」と読んだ可能性が高い。七七八年(宝亀九)戦功により外従五位下を授けられた。七八〇年、覚鱉城造営のため陸奥按察使紀広純が伊治城に赴いた際に、呰麻呂は上治(伊治か)郡大領として広純に従っていたが、同年三月、俘軍を率いて反乱をおこし、広純と牡鹿郡大領道島大楯を殺した。呰麻呂が広純を嫌悪し、蝦夷出身の呰麻呂を侮辱した大楯を怨んでいたためという。呰麻呂は陸奥介大伴真綱を助け多賀城に護送したが、真綱らが城から逃亡したため、府庫の物を奪い多賀城を焼き払った。この事件を契機として戦乱状態が長期にわたり続くが、その後の消息は不明。

いしばしかずよし【石橋和義】 生没年不詳。南北朝期の武将。義博の子。初名氏義。法名心勝。左近将監・左衛門佐。一三三六年(建武三・延元元)足利尊氏西走の際、備前国大将。伯耆・備後・若狭三国守護を歴任、引付頭人も勤める。観応の擾乱では足利直義方に属し、のち尊氏方に帰参。七〇年(応安三・建徳元)奥州総大将の嫡子棟義をたすけるため奥羽に赴き、八一年(永徳元・弘和元)まで在国。以後消息不明。

いしばしし【石橋氏】 室町時代の武家。清和源氏。足利氏の支族で、足利(斯波)家氏の曾孫和義に始まる。和義は南北朝前期、足利方武将としておもに山陽から畿内にかけて活躍。伯耆・備後・若狭諸国の守護に任じられ、引付頭人にもなった。その子棟義は奥州へ下り、四本松城(現、福島県岩代町)城主となる。室町時代には、将軍家一門として特別待遇をうけた。

いしばししあん【石橋思案】 1867.6.2～1927.1.28 明治期の小説家。相模国横浜生れ。本名助三郎。別号自劣亭。帝国大学法科から文科に学び退学。一八八五年(明治一八)尾崎紅葉らと硯友社を結成し、「我楽多文庫」を創刊。江戸の戯作風の恋愛小説を多く書いた。のち長く新聞記者を勤め、読売新聞社では社会部長。博文館では「文芸倶楽部」の編集者として活躍した。

いしばししょうじろう【石橋正二郎】 1889.2.25～1976.9.11 昭和期の実業家。福岡県出身。久留米商業卒。一九一八年(大正七)兄徳次郎と共同で日本足袋を設立。二三年ゴム工業に転業して地下足袋を製造。三一年(昭和六)ブリヂストンタイヤを設立、社長となり、以後同社の発展に努めた。五二年にはブリヂストン美術館を開設。

いしばしすけざえもん【石橋助左衛門】 1757～1837.7.17 江戸後期のオランダ通詞。はじめ助十郎と称した。一七六九年(明和六)稽古通詞、八〇年(安永九)小通詞末席、九一年(寛政三)大通詞となり、一八二六年(文政九)まで勤務。レザノフの来航やフェートン号事件などの際に応接・通弁。ドゥーフやシーボルトと親交があった。

いしばしたんざん【石橋湛山】 1884.9.25～1973.4.25 大正・昭和期の経済評論家・政治家。東京都生れ。早大卒。一九一一年(明治四四)東洋経済新報社に入社、主幹・社長を歴任。自由主義・小日本主義の論陣を張り、大正デモクラシー期から昭和戦前期に硬骨の言論人として活躍した。第二次大戦後は日本自由党に入り、第一次吉田内閣の蔵相に就任して積極財政を推進。四七年(昭和二二)新憲法下初の総選挙に当選するが、公職追放となる。五一年追放解除、政界復帰後は鳩山一郎と行動をともにし、第一～三次鳩山内閣で通産相を務めた。鳩山退陣後の五六年、自由民主党総裁選に勝利しみずから内閣を組織するが、病に倒れ辞職。「石橋湛山全集」全一五巻。

いしばしにんげつ【石橋忍月】 1865.9.1～1926.2.1 明治期の評論家・小説家。本名友吉。筑後国生れ。東大卒。早くからドイツ文学に親しみ、第一高等中学校在学中の一八八七年(明治二〇)坪内逍遥の作品を論じた「妹と背鏡を読む」、二葉亭四迷の作品を論じた「浮雲の褒貶」などで批評家として頭角を現す。なかでも「舞姫」「うたかたの記」「文づかひ」をめぐって、気取半之丞の筆名で森鷗外と応酬した論争は有名。批評の自律性を確立した。内務省、「北国新聞」をへて、長崎地方裁判所判事となる。

いしばしわくん【石橋和訓】 1876～1928.5.3 明治・大正期の洋画家。島根県出身。滝和亭(かてい)に日本画を学んだのち、一九〇三年(明治三六)イギリスに渡る。〇七年ロイヤル・アカデミー卒業後もイギリスで肖像画家として活動し、ロイヤル・ポートレート・ソサエティ会員となった。二四年(大正一三)帰国。代表作「ものおもひ」「美人読詩」。

いしはらかんじ【石原莞爾】 1889.1.18～1949.8.15 昭和期の軍人。陸軍中将。山形県出身。陸軍士官学校(二一期)・陸軍大学校卒。同大学校教官などをへて、一九二八年(昭和三)関東軍参謀。日蓮宗を信仰し、世界最終戦論を打ち出す。満州事変、満州国建国のプランナーでもあった。三五年参謀本部作戦課長となり、二・二六事件の収拾に尽力し、ついで同作戦部長となる。日中戦争で不拡大方針をとり、関東軍参謀副長に左遷。第一六師団長ののち、四一年予備役に編入され、東亜連盟運動を推進した。

いしはらけん【石原謙】 1882.8.1～1976.7.4 昭和期のキリスト教史学者。東京都出身。東大卒。波多野精一に見いだされヨーロッパ・キリスト教史の研究に入る。東北帝国大学教授・東京女子大学学長などを歴任。晩年に主著「キリスト教の源流」「キリスト教の展開」(一九七二)を執筆。日本キリスト教史に関する著作もある。

いしはらしのぶ【石原忍】 1879.9.25～1963.1.3 大正・昭和期の眼科学者。東京都出身。東大卒。陸軍に入り、ドイツに留学。のち軍医監。東京帝国大学教授として眼科学を担当した。視力・色覚・屈折異常の検査法を研究し、石原式色盲検査表・同視力検査表を考案、世界的に評価された。第二次大戦後は公職追放。朝日文化賞・学士院賞受賞。文化功労者。物理学者石原純は弟。

いしはらじゅん【石原純】 1881.1.15～1947.1.19 明治～昭和期の物理学者・歌人。東京都出身。東大卒。一九一一年(明治四四)東北帝国大学助教授。ヨーロッパに留学してアインシュタインらに学び、相対性理論と量子論を研究。アララギ派の歌人としても知られたが、歌人原阿佐緒との恋愛事件で大学を退き、以後は著作活動に専念。「アインシュタイン全集」を刊行。三一年(昭和六)から雑誌「科学」の編集長。学士院恩賜賞受賞。

いしはらひろいちろう【石原広一郎】 1890.1.26～1970.4.16 大正・昭和期の実業家。京都市出身。立命館大学卒。マレー半島でジョホール鉄山を発見し、南洋鉱業公司(のち石原産業)を創立、八幡製鉄所に鉄鉱石を納入した。のちフィリピン・海南島などへも進出。陸軍軍人・右翼との関係も深く、第二次大戦後A級戦犯となったが、釈放後実業界に復帰、石原産業の発展に尽くした。

いしはらまさあきら【石原正明】 1760/64.2.6～1821.1.6 江戸後期の国学者。名は将聴(まさあきら)、通称喜左衛門、号は蓬堂。尾張国生れ。一七九二年(寛政四)本居宣長に入門。有職故実研究に励み、のち塙保己一のもとで「群書類従」の編纂に従事。「尾張廼家苞(おわりのいえづと)」など、「新古今集」研究に深い造詣をもち、みずからも一万余の歌を詠んだという。著書「制度通考」「冠位通考」。

いしはらゆうじろう【石原裕次郎】 1934.12.28～87.7.17 昭和期の映画俳優。神戸市出身。一九五六年(昭和三一)慶大在学中に日活映画「太陽の季節」でデビュー、以後アクション映画、青春ものなどに素直な演技を発揮して人気スターとなる。六三年には石原プロを設立、テレビ映画「太陽にほえろ!」「西部警察」などの人気番組をつくる。歌手としても多くのヒット曲がある。

いしひめのひめみこ【石姫皇女】 石比売命・伊斯比売命とも。生没年不詳。欽明天皇の皇后。宣化天皇の皇女。母は仁賢天皇の皇女橘仲皇女。欽明元年立后。箭田珠勝大兄(やたのたまかつのおおえ)皇子・敏達(びだつ)天皇・笠縫皇女を生む。敏達元年皇太后の尊号をうけ、崇峻四年敏達天皇と磯長(しなが)陵に合葬される。

いしふ【異斯夫】 苔宗(いそう)・伊宗とも。生没年不詳。六世紀の新羅(しらぎ)の将軍。「日本書紀」は伊叱夫礼智干岐(いしぶれちかんき)と記す。五一二年に于山(うさん)国(鬱陵(うつりょう)島)を服属させ、五六二年にも主将として加羅(から)(任那(みまな))を征服したほか、高句麗・百済(くだら)との戦争でも活躍。また五四五年、彼の奏上により居柒夫が国史を編纂したという。

いしまるさだつぐ【石丸定次】 1603～79.5.11 江戸前期の幕臣。定政の子、母は間宮信之の女。通称藤蔵(とうぞう)。淡路守・石見守。法名月舟。一六二五年(寛永二)から徳川家光の小姓、書院番組頭をへて、五三年(承応二)長門国目付として派遣され、六三年(寛文三)大坂東町奉行に就任し、大坂の産業発展に貢献した。

いしみつまきよ【石光真清】 1868.8.31～1942.4.15　明治～昭和前期の陸軍軍人・大陸浪人。熊本県出身。陸軍に入り、日清戦争後ロシアに留学。ハルビンを中心に満州などで対露諜報活動にあたった。日露戦争・シベリア出兵に従軍。軍人出身の大陸浪人として活躍した。その詳細な手記にもとづき、息子の真人が「城下の人」「曠野の花」など四部作を発表。

いしむらけんぎょう【石村検校】 ?～1642.9.24　三味線音楽の開祖。三味線による最古の芸術的歌曲「琉球組」以下七曲の三味線本手組(組歌)を作曲したと伝える(弟子の虎沢検校作あるいは共作の説もある)。琉球で胡弓(こきゅう)を知り、琵琶を改造して三味線をつくったという説があるが疑わしい。胡弓の名手ともいわれる。

いしもだしょう【石母田正】 1912.9.9～86.1.18　昭和期の古代・中世史学者。北海道出身。東大卒。法政大学教授。唯物史観にたって天皇制の克服を隠されたモチーフとした名著「中世的世界の形成」を第二次大戦中に執筆。雄大な構想と強靱な論理で貫かれたこの本は、敗戦後の歴史学再建の支柱となった。終始現実の社会や政治をみつめてそこから学び、実践することを重視した。「石母田正著作集」全一六巻。

いしもとしんろく【石本新六】 1854.1.20～1912.4.2　明治期の陸軍軍人。播磨国生れ。陸軍士官学校卒。フランス留学後、築城本部長など工兵科の要職を歴任し、一九〇四年(明治三七)中将。日露戦争時には寺内正毅陸相下で陸軍次官。第二次西園寺内閣で陸相となるが、陸軍の二個師団増設要求が政治問題化するなかで病没。

いしもとみしお【石本巳四雄】 1893.9.17～1940.2.4　大正・昭和前期の地震学者。東京都出身。東大卒。フランスに留学して地震学を専攻。帰国して一九二五年(大正一四)東京帝国大学助教授。地震研究所創立で専任所員。三三年(昭和八)所長。シリカ傾斜計や加速度計などで地震計測学を発展させた。地震の規模と頻度の関係、地震波の初動分布についての研究がある。学士院賞受賞。

いしやまけんきち【石山賢吉】 1882.1.2～1964.7.23　大正・昭和期の出版経営者。新潟県出身。慶応義塾商業学校卒。在学中から「三田商業界」の編集に従事した。「実業之世界」「毎夕新聞」記者をへて、一九一三年(大正二)経済雑誌「ダイヤモンド」を創刊して経営と編集にあたり、日本有数の経済雑誌に育てあげた。

いじゅういんごろう【伊集院五郎】 1852.9.28～1921.1.13　明治・大正期の海軍軍人。薩摩国生れ。イギリスの海軍兵学校・海軍大学校を卒業し、一八八二年(明治一五)中尉。日露戦争では海軍軍令部次長として作戦指導に参画。彼の発明した伊集院信管は日露戦争で威力を発揮。軍令部長をへて、一九一〇年大将。一七年(大正六)元帥。

いじゅういんただむね【伊集院忠棟】 ?～1599.3.9　織豊期の島津氏の重臣。父は忠倉。道号幸侃(こうかん)。一五八五年(天正一三)豊臣秀吉の九州攻めの際、細川藤孝や石田三成と降服交渉したことから、中央とのパイプ役となる。しかし豊臣政権に接近したため島津家内の反発も強く、秀吉の死後は孤立。九九年(慶長四)島津家久により伏見の島津邸で殺害された。

いしょうとくがん【惟肖得巌】 1360～1437.4.20　南北朝期～室町中期の臨済宗燄慧(えんね)派の禅僧。五山文学の学僧として有名。法諱は得巌、道号は惟肖。蕉雪・歇即道人・山陽備人とも号した。備後国の人。父の戦死にあい、草堂得芳(そうどうとくほう)を師として備後護国寺に出家。一六歳で上洛し、南禅寺に入る。九州・京都・鎌倉など諸国の禅寺で修行し、一四二一年(応永二八)には九八世南禅寺長老になる。作品集「東海璚華(けいか)集」。

いしらが【因斯羅我】 五世紀後半の絵師と伝えられる人物。「日本書紀」によると、雄略七年、天皇は大伴室屋(むろや)に詔し東漢掬(やまとのあやのつか)に命じて、陶部(すえつくりべ)・鞍部・錦部(にしごりべ)・訳語(おさ)らとともに上桃原(かみつももはら)・下桃原・真神原(まかみのはら)の三所に遷居させたとある。「新撰姓氏録」には雄略朝に四部の衆を率いて帰化した安貴公の男が絵工をよくしたとあり、関連があるか。

いしわたそうたろう【石渡荘太郎】 1891.10.9～1950.11.4　昭和期の大蔵官僚・政治家。東京都出身。東大卒。大蔵省に入り、一九三七年(昭和一二)次官に就任。三九年平沼内閣の蔵相。米内内閣で内閣書記官長。四一年大政翼賛会事務総長、四四年東条・小磯両内閣で蔵相など、第二次大戦中に要職を歴任。四五年宮内大臣として終戦処理に従事した。

いしわたりしげたね【石渡繁胤】 1868～1941.8.18　明治～昭和前期の養蚕学者。神奈川県出身。東大卒。京都蚕業講習所所長・原蚕種製造所技師・東京帝国大学講師・東京農業大学教授を歴任し、蚕の形態・生理に関する研究を進めた。雌雄鑑別法により帝国発明協会から表彰される。「大日本蚕業会報」に多くの記事を書き、蚕業家を啓蒙。

いしんすうでん【以心崇伝】 1569～1633.1.20　金地院(こんちいん)崇伝とも。江戸初期の臨済宗の禅僧。諱は崇伝、字は以心。紀伊の一色氏の出身。幼くして京都南禅寺の玄圃霊三(げんぽれいさん)について修行し、靖叔徳林(せいしゅくとくりん)の法をつぐ。一六〇五年(慶長一〇)同寺の住持となる。〇八年以来、徳川家康の諮問をうけ、公家諸法度・武家諸法度・外交文書の作成、寺院統制、キリスト教禁制など、幕政の中枢に関与し黒衣の宰相といわれた。

イーストレイク Frank Warrington Eastlake 1858.1.22～1905.2.18 アメリカの英語教育者。二歳のとき歯科医の父とともに来日し、のち米・仏・独で教育をうけ、一八八四年(明治一七)再来日して週刊英字新聞を発刊。いったん帰国し、八九年来日したのちは、国民英学会や正則英語学校の創立、「国民英学新誌」の刊行にたずさわり、日本の実用英語教育に貢献した。多くの言語に通じて「博言博士」と称された。号の東湖は姓のもじり。東京で没。

いずのちょうはち【伊豆長八】 1815～89.10.8 幕末～明治期の工人。本名は入江長八、天祐と号し、伊豆松崎の出身から通称伊豆長八という。一八二六年(文政九)に左官の棟梁関仁助の弟子となり、三〇歳前後に独立。漆喰による鏝絵を得意とし、人物像から建築の装飾まで鏝絵で行った。七七年(明治一〇)内国勧業博覧会で受賞。

いずみきょうか【泉鏡花】 1873.11.4～1939.9.7 明治～昭和期の小説家。本名鏡太郎。金沢市出身。北陸英和学校中退。尾崎紅葉に入門。「夜行巡査」「外科室」などいわゆる観念小説で流行作家となるが、「照葉狂言」で浪漫主義的作風に転向。幻想性と花柳情緒に独自の文学世界を築いた。代表作「高野聖」「日本橋」「歌行灯」「天守物語」。

いずみしきぶ【和泉式部】 生没年不詳。平安中期の歌人。「和泉式部集」「和泉式部日記」の作者。大江雅致の女。母は平保衡の女。和泉式部は女房名で、江式部ともよばれた。二〇歳頃に橘道貞と結婚、小式部内侍を生む。やがて冷泉天皇の皇子為尊親王、その死後は弟の敦道親王との恋におちた。その経緯は「和泉式部日記」に詳しいが、一〇〇七年(寛弘四)敦道親王にも先立たれ、〇九年一条天皇の中宮彰子のもとに出仕した。その後、藤原保昌と再婚、二七年(万寿四)までの生存が確認できる。平安中期を代表する歌人の一人で、新鮮で情熱的な叙情歌が多い。中古三十六歌仙の一人。「拾遺集」以下の勅撰集に二四八首入集。奔放な恋愛と和歌はのちさまざまの説話・伝説をうんだ。

いずみせいいち【泉靖一】 1915.6.3～70.11.15 昭和期の文化人類学者。東京都出身。東アジアと南米の広い地域の野外調査に成果をあげた。京城帝国大学に学び、同時に済州島を調査。一九五一年(昭和二六)から東京大学で文化人類学の教育に尽力、また五八年から東京大学アンデス地帯学術調査団を率いた。著書「済州島」「インカ帝国」。「泉靖一著作集」全七巻。

いずみやどうえい【泉屋道栄】 1412～84 室町時代の豪商。堺の人。発展途上期の堺で三宅主計などとともに活躍した根本会合衆の一人。堺総社の三村宮祭礼の頭人を勤めるなど有力町人であった。金貸しや貿易にたずさわり、堺南荘の地主でもあったらしい。海会寺の季弘大叔と親交があり、「蔗軒日録」にも記事がみえる。

いずもうじ【出雲氏】 天穂日命を祖とする古代の豪族。姓は臣。出雲国と山城国愛宕郡雲上里・雲下里に集中し、大和・河内・播磨・丹波国などにも分布。出雲連が摂津国、無姓の出雲が越前国にみえる。山城国の出雲臣は正倉院に残る七二六年(神亀三)の計帳にみえ、都に近いので下級官人を輩出した。出雲国の出雲臣は意宇郡を本拠とし、郡大領・出雲国造を兼帯した家系を本宗とし、九郡中五郡の郡司として現れ、大勢力を有した。律令制下でも出雲国造の任命が知られる。国造家は南北朝期に千家・北島両家に分裂。出雲連には医書「大同類聚方」を著した出雲広貞がでて、医道の家として栄えた。

いずもじいずみのじょう【出雲寺和泉掾】 京都の書肆。江戸初期に初代の元真が和泉掾を受領し朝廷の書物御用を勤めて以後、代々和泉掾をつぐ。二代の時元(隠居して白水)は江戸に出店を出して幕府の御書物師を命じられ、武鑑を出版した。有職・歌書・物語の出版が多い。白水の時代に盛んとなり明治期まで続いた。

いずもじのぶなお【出雲路信直】 1650.3.2～1703.3.20 江戸前期の神道家。京都下御霊社の祠官。本姓は斎部。民部と称し、号は八塩道翁。山崎闇斎に入門して垂加神道を学び、奥義を伝授される。闇斎の死後、正親町公通とともに垂加神道を継承。日記二〇冊が現存し、垂加神道研究の基礎史料とされる。

いずもじみちじろう【出雲路通次郎】 1878.8.8～1939.11.26 明治～昭和前期の有職故実家。諱は敬道。出雲路家は平安時代から京都下御霊神社の神主職で、通次郎は四三代目。父興通から有職の学を継承し、神職のかたわら京都大学などで講じた。宮内省・内務省の嘱託として、大正・昭和両度の天皇即位礼に故実取調を務めた。著書「有職故実」。

いずもたける【出雲建】 出雲梟帥とも。記紀伝承上の人物。「古事記」によれば、熊襲建征討の帰途、出雲建を討とうとした倭建命は、出雲建を誘って水浴したのち、先に岸にあがって自分の木刀と出雲建の刀をひそかに換え、剣を抜くことのできない出雲建は殺害されたという。

いずものおくに【出雲のお国】 生没年不詳。織豊期～江戸初期の女性芸能者。歌舞伎の創始者として多くの伝説をうんだが、その生涯についてはほとんど不明。通説では、一五八二年(天正一〇)春日若宮でややこ踊を演じた一〇歳前後の童の一人が少女時代のお国で、以後ややこ踊の名で諸国を遍歴したとする。一六〇三年(慶長八)京で新風のかぶき踊を演じて成功し、多くの模倣者をうんで女歌舞伎の隆盛を招来した。京では北野神社の境内を拠点とし、宮廷や伏見城でもかぶき踊を披露。出雲大社の巫女と称したが、出自についても諸説ある。○七年には江戸でも興行したが、一二年以後の消息は不明。

いずものひろさだ【出雲広貞】 生没年不詳。平安前期の医家。摂津国出身。八〇五年(延暦二四)桓武天皇の看護に奉仕した功により外従五位下に叙される。侍医・典薬助・内薬正を歴任。平城天皇の勅命をうけて「大同類聚方」一〇〇巻を撰し、八〇八年(大同三)上奏した。ほかに「難経開委」を著し、唐制にならった薬の度量衡を定めたといわれる。

いずものふるね【出雲振根】 記紀伝承上の人物。出雲臣の祖。崇神天皇が武日照命の天から持ち帰った出雲大神の宮の神宝をみようと使者を遣わしたところ、管理をしていた振根は留守のため、弟の飯入根がこれを献上した。帰ってそれを知った振根は弟を殺したが、これを聞いた天皇は吉備津彦と武渟河別を派遣して振根を殺させたと伝える。

いせ【伊勢】 877?～938? 伊勢の御、伊勢の御息所とも。平安前・中期の歌人。三十六歌仙の一人。藤原継蔭の女。伊勢は女房名で、父が伊勢守であったため。宇多天皇の中宮温子に仕え、藤原仲平、その兄時平との恋愛ののち宇多天皇の寵をうけ、皇子を生んだ。皇子は早世。やがて宇多皇子敦慶親王との間に中務を生む。「古今集」に二二首、「後撰集」に七〇首入集するなど、女流歌人として高く評価された。家集「伊勢集」。

いせい【惟政】 1544～1610 朝鮮王朝中期の僧・義兵将。俗姓任氏。号は泗溟堂、字は離幻。松雲大師ともいう。文禄の役では僧軍を率いて平壌回復戦などに功をあげ、国王宣祖の信任をえて加藤清正らと折衝。戦後は国交回復交渉に尽力。一六〇四年(慶長九)日本情勢を探るため孫文彧とともに対馬に渡り、翌年伏見城で徳川家康と会見、講和や朝鮮人捕虜の送還を交渉した。

いぜきけ【井関家】 ⇨近江井関家

いせさだたけ【伊勢貞丈】 1717.12.28～84.5.28/6.5 江戸中期の幕臣・有職故実家。通称平蔵、号は安斎。幕府の寄合・御小姓組番士。伊勢家は室町幕府政所執事の家柄で礼法に精通し、江戸幕府にも仕えた。兄貞陳が夭折して断絶したが、弟の貞丈が再興。とくに武家故実に詳しく第一人者とされる。著書「貞丈雑記」「安斎随筆」「軍用記」「武器考証」など多数。

いせさだちか【伊勢貞親】 1417～73.1.21 室町中期の武将。七郎。兵庫助・備中守・伊勢守。法名聴松軒常慶。父は貞国、母は蜷川親俊の女。一四六〇年(寛正元)から政所執事。将軍足利義政の信任をえ、蔭凉軒主季瓊真蘂とともに幕政を左右した。六六年(文正元)足利義視の暗殺を企てて失敗し、近江に逃亡。翌年義政に召還されて政界復帰。七一年(文明三)辞任、出家して若狭に隠棲。武家の礼式に通じ、伊勢流故実の形成に大きな役割をはたした。

いせさだつぐ【伊勢貞継】 1309～91.3.29 南北朝期の武将。盛継の子。初名十郎時貞。勘解由左衛門尉・伊勢守。法名照禅。足利氏根本被官として尊氏・義詮・義満三代に仕えた。一三七一年(応安四・建徳二)厩奉行、翌年御所奉行。康暦の政変後、政所執事となる。義満が貞継邸で誕生し、養育されたことから御父とよばれた。

いせさだはる【伊勢貞春】 1760～1812.12.24 江戸中・後期の幕臣・有職故実家。通称万助。著名な有職故実家伊勢貞丈の孫(母が貞丈の女)で、一七八四年(天明四)祖父より旗本三〇〇石、御小姓組番士を継ぐ。家学も継承して屋代弘賢などの門弟を教えた。著書「室町殿屋形私考」「皮類考」「位署徴古」など多数。

いせさだみち【伊勢貞陸】 1463～1521.8.7 戦国期の武将。貞宗の子。七郎。兵庫頭・備中守・伊勢守。法名常照。一四九〇年(延徳二)父の跡をうけて政所執事となる。山城の国一揆による畠山政長の守護更迭の後、山城国守護職に二度任じられ、再任時には古市澄胤を守護代に登用して国一揆を鎮圧。有職故実に精通し「御成之次第」などの著作がある。

いせさだむね【伊勢貞宗】 1444～1509.10.28 室町中期～戦国期の武将。貞親の子。七郎。兵庫頭・備中守・伊勢守。法名常安。文正の政変で父が没落すると、将軍足利義政の命で家督を継承。応仁・文明の乱では終始東軍に属した。一四七一年(文明三)政所執事。足利義尚の養育者として、将軍義尚幼時の補佐役を勤めた。諸芸・礼式に通じ、後世、武家礼式の規範とされた伊勢流故実の大成者と評価される。

いせし【伊勢氏】 室町幕府の政所執事家。桓武平氏。鎌倉末期、平俊継が伊勢守となって以

●伊勢氏略系図

俊継―盛継―貞継……貞国┬貞親―貞宗―貞陸……貞丈＝貞敦―貞春
　　　　　　　　　　　└貞藤

後、伊勢氏を称するようになったという。代々足利氏の被官で、一三三〇年(元徳二)足利氏の上総国守護代として宗継がみえる。七九年(康暦元・天授五)貞継が政所執事となり、以来これを世襲。貞親のとき、将軍足利義政の側近として権勢をふるったが、幕府滅亡とともに衰えた。一族からは、申次衆や奉公衆を多く出した。

いせじまくない【伊勢島宮内】 生没年不詳。寛永～慶安期の浄瑠璃太夫。一六四一年(寛永一八)頃までは伊勢を根拠に活動していたらしく、当地の説経太夫の出かもしれない。一時、江戸にでたが、四三年には「江戸宮内」を標榜して京都に進出し、山城左内(若狭掾)と花洛の人気を二分。「石橋山七騎落」(一六四七刊)など、五種の正本が知られる。

いせしんくろう【伊勢新九郎】 ⇨北条早雲

いせのたいふ【伊勢大輔】 「いせのおおすけ」とも。生没年不詳。平安中期の歌人。大中臣輔親の女。高階成順の妻。子に康資王の母ら。一族には優れた歌人が多い。一〇〇八年(寛弘五)頃に一条天皇の中宮彰子に出仕。とくに頼通時代の歌合で活躍した。六〇年(康平三)までの生存が確認される。中古三十六歌仙の一人。「後拾遺集」以下の勅撰集に五二首入集。家集「伊勢大輔集」に紫式部・和泉式部・赤染衛門・源経信ら多くの歌人との交流がみえる。

いせへいし【伊勢平氏】 平安中・後期、坂東に土着した平氏のうち伊勢国方面に進出した一派。桓武平氏。一〇世紀末、平貞盛の子維衡が伊勢国を本拠に京都で活躍。その後、維衡の曾孫正盛は、一〇九七年(承徳元)伊賀国の所領を六条院に寄進し、白河上皇の信任を得た。これにより中央政界への進出をはたし、伊勢平氏の勢力基盤を築いた。正盛の孫清盛のとき平氏の繁栄は頂点に達し、平氏政権を成立させたが、清盛死去後の一一八五年(文治元)一族は長門国壇ノ浦で滅亡。清盛の異母弟頼盛の一流のみが、鎌倉時代以降も公家として残った。

いせやしろうざえもん【伊勢屋四郎左衛門】 江戸の札差の世襲名。慶長期から江戸で米問屋を営み、一七二四年(享保九)札差株仲間一〇九株の結成に際し、起立人となった。八九年(寛政元)棄捐令が実施されたときに、伊勢屋は八万三〇〇〇両余の債権を切り捨てられ、札差のなかで最大の営業規模だったことがわかる。その後も一八六七年(慶応三)まで札差を営業した。

いせよしもり【伊勢能盛】 生没年不詳。平安後期～鎌倉前期の武士。三郎と称する。一一八五年(文治元)源義経に従って屋島の戦に参加。つづいて壇ノ浦の戦にも参加して、平宗盛・同清宗を生け捕りにする。同年源頼朝と義経が対立してからも義経に属して行動したが、摂津国大物浦から船出して難破したのちの消息は不明。俗に義経四天王の一人といわれる。

いぜん【惟然】 ?～1711.2.9 江戸前期の俳人。姓は広瀬。通称源之丞。美濃国関生れ。富裕な商家に生まれたが、早くに財産を失い妻子を捨てて諸国を巡った。一六九二年(元禄五)頃、一時京都に住む。八八年岐阜を訪れた芭蕉に入門。芭蕉没後、口語調の軽妙な句風に転じ、同門から俳諧の賊などといわれた。晩年は故郷に帰り、貧窮のうちに没。編著「藤の実」。

いそだこりゅうさい【礒田湖竜斎】 生没年不詳。江戸中期の浮世絵師。名は正勝、俗称庄兵衛。江戸小川町の旗本土屋家の牢人。西村重長または鈴木春信の門人とも伝えられる。はじめ春広と号し、春信風の美人画を描く。春信没後、肉感的な美人像で「雛形若菜の初模様」シリーズなどの作品を描いて、安永期の美人画界で活躍。柱絵にも多くの優品を残している。晩年は法橋に叙せられ、肉筆画に専念した。

いそのかみうじ【石上氏】 古代の有力氏族の物部氏の後裔。物部氏の姓は連だが、六八四年(天武一三)の八色の姓制定時に朝臣となり、六八六年(朱鳥元)までには石上朝臣に改めた。物部宗家は用明二年守屋のときに滅亡したが、同族朴井連雄君の壬申の乱での活躍以降、右・左大臣の麻呂、中納言乙麻呂、大納言宅嗣ら上級官人をだす。七七五年(宝亀六)宅嗣が物部朝臣、ついで石上大朝臣と改めた。石上氏は元日・大嘗会に際し楯桙をたてる記事が散見する。

いそのかみのおとまろ【石上乙麻呂】 ?～750.9.1 弟麻呂とも。奈良時代の公卿。麻呂の子。宅嗣の父。左大弁を勤めていた七三九年(天平一一)藤原宇合の妻久米若売との姦通罪を問われ、土佐国に配流。のち許され、西海道巡察使・治部卿・右大弁などをへて中納言に昇った。「万葉集」「懐風藻」に歌・詩を残す。

いそのかみのまろ【石上麻呂】 640～717.3.3 近江朝～奈良時代の公卿。父は物部宇麻呂。子に乙麻呂、孫に宅嗣がいる。もともと大友皇子に仕えたらしく、大友皇死まで従った。六七六年(天武五)遣新羅大使に任じられ、帰朝後六八四年に朝臣を賜い、のち石上朝臣を称する。天武天皇の殯宮では法官の事を誄し、七〇八年(和銅元)左大臣に昇った。七一〇年の平城遷都時には藤原宮の留守司を勤めるなど、代々天皇の信任をうけた。死去時には廃朝、従一位を贈られ、勅使が遣わされた。

いそのかみのやかつぐ【石上宅嗣】 729～781.6.24 奈良後期の公卿。物部朝臣・石上大朝臣とも称した。父は乙麻呂、祖父は麻呂。七六一年(天平宝字五)遣唐副使に任じられたが、渡海することなく辞任。七七〇年(宝亀元)称徳天皇の没時、参議として藤原永手らとともに光仁天皇を擁立。中納言から大納言・正三位に進み、死後正二位を贈られた。文人として名高く、旧宅を阿閦寺とし、一隅の書庫を芸亭と名づけ、おもに仏教経典以外の外典を一般に公開した。日本最初の公開図書館という。

いそのこえもん【磯野小右衛門】 1825.10.13～1903.6.11　明治期の実業家。長門国生れ。一八五一年(嘉永四)大坂堂島に米穀商を開き富を築く。堂島米会所の再興に尽力し、七六年(明治九)頭取に就任。以後、大阪株式取引所・大阪商業会議所会頭に就任、京都織物・北浜銀行などの設立にもかかわる。

いそのぜんじ【磯禅師】 生没年不詳。平安後期の芸能民。静御前の母。一一八六年(文治二)静とともに鎌倉に護送され、ゆるされて帰洛。「徒然草」によると、男装の舞女である白拍子は、藤原通憲(信西)に命じられ磯禅師が舞ったのがはじめとされる。

いそべあさいち【磯部浅一】 1905.4.1～37.8.19　昭和前期の軍人。陸軍一等主計。山口県出身。陸軍士官学校(三八期)・同経理学校卒。国家改造をめざす青年将校運動の中心人物の一人。一九三四年(昭和九)の十一月事件で停職となり、「粛軍に関する意見書」を配布して免官となる。二・二六事件の首謀者の一人で、判決後も獄中で多くの記録を残したが、翌年銃殺刑。

いそむらよしのり【礒村吉徳】 ?～1710.12.24　江戸前期の数学者。通称喜兵衛・文蔵。肥前国鹿島生れ。陸奥国二本松藩の作事・賦役奉行。彼の塾は名高く、同時期の村松茂清の塾と拮抗していた。著書「算法闕疑抄」(一六五九)は名著として広く読まれた。のち自分の遺題の解答や誤りを公表・訂正し、増補した。ほかに「うゐの子」「雑数知分集」「弧矢弦円截本法秘伝」。

いそやませいべえ【磯山清兵衛】 1852.2.2～91.11.22　明治期の自由民権家。常陸国潮来の酒屋に生まれる。民権結社公益民会を組織。一八八一年(明治一四)一〇月の自由党結成に参加し、翌年六月に酒税軽減請願書に署名した。八五年有一館の有志を率い、大阪事件に中心メンバーとして加わる。途中離反したが、逮捕された。

いたがきせいしろう【板垣征四郎】 1885.1.21～1948.12.23　大正・昭和期の軍人。陸軍大将。岩手県出身。陸軍士官学校(一六期)・陸軍大学校卒。参謀本部部員・北京公使館付武官補佐官などを歴任。中国通として知られる。一九二九年(昭和四)関東軍高級参謀となり、石原莞爾とともに満州事変をおこす。満州国執政顧問・関東軍参謀副長などをへて、三八年近衛内閣の陸相に就任、ついで支那派遣軍総参謀長・朝鮮軍司令官となる。第二次大戦後、A級戦犯となり刑死。

いたがきたいすけ【板垣退助】 1837.4.17～1919.7.16　幕末～明治期の高知藩士・政治家。父は高知藩士乾正成。戊辰戦争で功があり、賞典禄一〇〇〇石、高知藩家老となる。維新後、高知藩大参事として親兵編成に尽くし、参議に就任、西郷隆盛らと留守政府を指導したが、征韓論争で敗れて下野。一八七四年(明治七)民撰議院設立を建白し、高知に立志社を設立して自由民権運動を開始した。運動の代表者として八一年に自由党を結成、総理になり民権運動の拡大に努めた。八二年岐阜の金華山麓の中教院で襲われ負傷、「板垣死すとも自由は死せず」の逸話を残す。八七年伯爵。日清戦争後、第二次伊藤内閣と自由党の接近を指導し、内務大臣として入閣。九八年大隈重信とともに組閣(隈板内閣)して再び内務大臣となる。一九〇〇年政友会創設を機に政界を引退し、晩年は社会改良運動に尽力。

いたくらかつあき【板倉勝明】 1809.11.11～57.4.10　江戸後期の大名。上野国安中藩主。父は勝尚。伊予守。号は甘雨・節山。一八二〇年(文政三)家督相続。四三年(天保一四)奏者番となるが翌年病により辞職。学問好きで、林述斎の子檉宇や古賀侗庵を招いて経史を研究。著書「西征紀行」「東還紀行」「遊中禅寺記」。「甘雨亭叢書」として先儒の著作を収集刊行。また家臣を高島流西洋砲術家の下曾根金三郎に入門させた。

いたくらかつきよ【板倉勝静】 1823.1.4～89.4.6　幕末期の大名。備中国松山藩主。父は桑名藩主松平定永。松山藩主板倉勝職の養子。一八四九年(嘉永二)家督相続。五〇年奏者番、五七年(安政四)寺社奉行兼帯。安政の大獄で更迭されるが、六一年(文久元)復職し翌年老中。一時退職するが徳川慶喜を補佐した。六八年(明治元)奥羽越列藩同盟の参謀となり箱館まで逃亡。新政府に自訴し終身禁固、のちゆるされて上野東照宮神職となった。

いたくらかつしげ【板倉勝重】 1545～1624.4.29　江戸初期の京都所司代。父は好重。伊賀守。三河国生れ。出家していたが、還俗して徳川家康に仕えた。一五八六年(天正一四)駿府町奉行となり、家康の関東入国後は関東代官・町奉行を兼ね、一六〇一年(慶長六)京都奉行、ついで所司代。〇九年近江国で加増され、一万六〇〇〇石余を領した。元和初年まで山城国奉行も兼ね、朝廷や豊臣氏・西国大名の動静監視のほか、山城一国の支配も行うなど、初期幕政に大きな役割をはたした。京都支配の掟書「板倉氏新式目」を制定したと伝えられる。

いたくらし【板倉氏】 江戸時代の譜代大名家。下野国足利郡板倉郷に住んだ渋川義顕を祖とし、一〇代後の頼重が三河国額田郡小美村に移

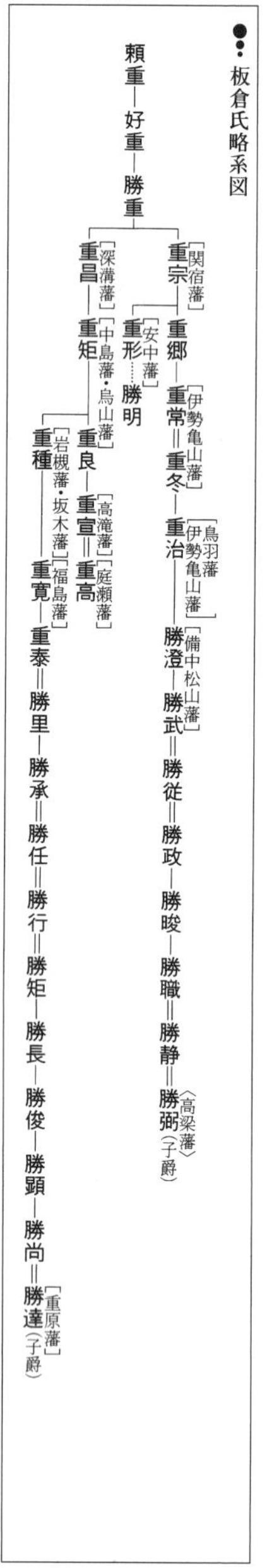

り松平氏に仕えたとされる。その孫勝重は徳川家康に仕え、関ケ原の戦後京都所司代を勤めた。嫡男重宗も徳川秀忠の側近として一六二〇年(元和六)から京都所司代を勤めるなど、初期幕政に大きく貢献した。重宗は五六年(明暦二)下総国関宿藩主五万六〇〇〇石となり、その子孫は伊勢国亀山などをへて一七四四年(延享元)勝澄のとき備中国松山藩主五万石となった。重宗の次男重形(しげかた)は上野国安中藩主。また勝重の次男重昌は、島原の乱で上使を勤め戦死。その子孫には老中が多く三河国重原藩主、備中国庭瀬藩主など。いずれも維新後子爵。

いたくらしげのり【板倉重矩】 1617〜73.5.29 江戸前期の老中。父は重昌。内膳正。島原の乱で戦功をあげたが、軍律違反で一時逼塞。一六三九年(寛永一六)父の遺領を継ぎ、三河国中島一万石を領した。六〇年(万治三)大坂定番、六五年(寛文五)老中となる。六八年から京都所司代を勤め、七〇年老中に復帰。この間数度の加増をうけ、七二年下野国烏山藩主となり五万石を領した。

いたくらしげまさ【板倉重昌】 1588〜1638.1.1 江戸初期の大名。父は勝重。内膳正。駿府生れ。一六〇三年(慶長八)から徳川家康に仕え、駿府において松平正綱らと近習出頭人となる。家康死後は徳川秀忠に仕え小姓組・書院番頭を勤め、二四年(寛永元)三河国深溝(ふこうず)藩主となり、一万一〇〇〇石余を領した。三二年の九州の国替に際して、城引渡しの役を勤める。三七年の島原の乱では幕府上使として城攻めの指揮にあたるが戦果があがらず、翌年一月一日の総攻撃で戦死。

いたくらしげむね【板倉重宗】 1586〜1656.12.1 江戸前期の京都所司代。父は勝重。周防守。徳川秀忠の側近として仕え、永井尚政・井上正就とともに近侍の三臣と称された。大坂の陣では小姓組・書院番頭・徒頭(かちがしら)を兼ね秀忠の身辺を護衛。一六二〇年(元和六)京都所司代となり、以後三五年にわたり西国大名の監視や畿内の民政にたずさわった。この間たびたび加増をうけ、五六年(明暦二)下総国関宿藩主となり五万石を領した。四五年(正保二)従四位上少将。

いたくらたくぞう【板倉卓造】 1879.12.9〜1963.12.23 明治〜昭和期の国際法学者・ジャーナリスト。広島県出身。慶大卒。ヨーロッパ留学後の一九一〇年(明治四三)慶応義塾教授、二六年「近代国際法史論」で法学博士。〇五年〜三五年「時事新報」の社説で活躍。第二次大戦後の同紙復刊に尽力し、のち社長・会長。五五年「産経新聞」との合併後も主筆を務めた。

いたけるのかみ【五十猛神】 五十猛命とも。スサノオの子。「日本書紀」の一書にみえる神で、スサノオに従って新羅(しらぎ)に天降り、のち大八洲(おおやしま)国に木種(こだね)を播殖し、紀伊国の大神となった。妹の大屋津姫(おおやつひめ)命・抓津姫(つまつひめ)命とともに播殖したとも記される。「先代旧事本紀」は別名大屋彦神と記し、「古事記」の木国大屋毘古(おおやびこ)神と同神とも考えられる。紀伊国造奉斎神の一つで、式内社に伊太祁曾(いたきそ)神社がある。

いたざわたけお【板沢武雄】 1895.1.1〜1962.7.15 昭和期の歴史学者。岩手県出身。東大卒。一九四二年(昭和一七)東京帝国大学文学部教授。のち法政大学教授。日蘭交渉史を専門にし、オランダに留学して関係史料を採訪し、研究の基礎を築いた。著書「日蘭文化交渉史の研究」。

いたにいちじろう【伊谷以知二郎】 1864.12.3〜1937.3.30 明治・大正期の近代漁業技術の教育者・実業家。江戸生れ。一八九〇年(明治二三)大日本水産会水産伝習所卒。大日本水産会に勤め、伝習所教官を兼務。水産講習所専任教官をへて伝習所所長に就任。その後、日本勧業銀行参与理事をへて大日本水産会会長に就任。明治末年に北洋缶詰の技術指導を行って工船カニ漁業の端緒をつくり、一九三二年(昭和七)には日本水産学会の初代会長となり、業界・学界で指導的役割をはたした。

いたみし【伊丹氏】 江戸前期の幕臣・大名家。甲斐国徳美藩主。細川氏の被官に伊丹氏の名がみえるが、系譜上結びつくかは不明。康直(やすなお)が今川氏・武田氏に仕え、のち徳川家康のもとで代官を勤めた。子の康勝は幕府の勘定頭となり、一六三三年(寛永一〇)甲斐国山梨郡で一万二〇〇〇石を領した。その子勝長も勘定奉行を勤めたが、九八年(元禄一一)勝守のとき宗家断絶。

いたみまんさく【伊丹万作】 1900.1.2～46.9.21 昭和期の映画監督・脚本家。本名池内義豊。伊丹十三の父。松山市出身。旧制松山中学卒。最初脚本を書いていたが一九二八年(昭和三)片岡千恵蔵プロに入社、「仇討流転」で監督となった。以来「国士無双」「武道大鑑」「赤西蠣太(かきた)」など、知的で風刺にとんだ時代劇をつくった。脚本には「無法松の一生」「手をつなぐ子等」がある。

いたみやすかつ【伊丹康勝】 1575～1653.6.3 江戸前期の幕府勘定頭。父は康直。播磨守。通称喜之助。幼少から徳川秀忠に近侍し、納戸頭や各地の代官を勤め、元和～寛永前半に年寄に匹敵する権限を誇った。秀忠の没した翌一六三三年(寛永一〇)積年の不正が発覚し、徳川家光のとがめをうけた。翌年ゆるされるが往年の権限は失った。

いたやはざん【板谷波山】 1872.3.3～1963.10.10 明治～昭和期を代表する陶工。茨城県下館市出身。本名は嘉七。一八九四年(明治二七)東京美術学校彫刻科を卒業後、九八年に東京高等工業学校嘱託となり、東京田端に開窯して作陶家となる。一九三四年(昭和九)帝室技芸員となり、五三年文化勲章を受章。きびしい篦(へら)使いで器に文様を刻み、失透性の釉下に絵付した葆光彩磁(ほこうさいじ)を案出し、明治・大正期の技巧主義の頂点を築く。

いたやひょうしろう【板屋兵四郎】 ?～1636/53 江戸前期の治水家。加賀国小松生れ。一六三一年(寛永八)金沢大火ののち、藩主前田利常の命をうけ犀川(さいかわ)上流辰巳村から引水し、金沢城下に流入する上水道である辰巳用水を開削した。その後越中新田用水開削に参与。工事完了後暗殺されたとする説や、能登の小代官下村兵四郎が同一人物であるとする説がある。

いちえん【壱演】 803～867 平安前期の真言宗僧。内舎人(うどねり)入道・慈済とも。俗名正棟。備中守大中臣智治麿の子。嵯峨天皇の内舎人を勤めていたが、父と兄を亡くし、八三五年(承和二)薬師寺戒明(かいみょう)のもとで出家。真如(しんにょ)(高岳親王)に真言密教を学ぶ。藤原順子・同良房の病気平癒を祈り、その功により八六五年(貞観七)権僧正・超昇寺座主に任じられ、のち相応寺を創建。

いちかわえいのすけ【市川栄之助】 1831/33?～72.11.26 禁教下の宣教師の日本語教師。東京芝の柴井町の貸本屋。築地ホテル館を通じて宣教師グリーンを知り、その日本語教師になって神戸に随行、ついでギューリックの日本語教師となる。一八七一年(明治四)キリスト教伝播手引きの容疑で逮捕され、京都で獄死。

いちかわえびぞう【市川海老蔵】 ⇨市川団十郎(いちかわだんじゅうろう)

いちかわえんのすけ【市川猿之助】 歌舞伎俳優。明治期から三世を数える。屋号沢瀉屋(おもだかや)。初世(一八五五～一九二二)は江戸浅草生れ。本名喜熨斗(きのし)亀次郎。俳名笑猿・寿猿。立師(たてし)坂東三太郎の子で九世市川団十郎門下。明治末～大正期を代表する立役で舞踊も得意とした。後名二世段四郎。二世(一八八八～一九六三)は初世の長男。本名喜熨斗政泰。俳名笑猿など。歌舞伎界初の中学進学、欧州視察旅行、研究公演などつねに劇界に新風を吹きこみ、多くの新作や新舞踊を初演。最晩年に猿翁と改名。芸術院会員。

いちかわかんさい【市河寛斎】 1749.6.16?～1820.7.10 江戸後期の朱子学派の儒者、漢詩人。父は武蔵国川越藩士山瀬蘭台。名は世寧、字は子静、通称小左衛門。上野国生れ。江戸の昌平黌(しょうへいこう)に学び、聖堂啓事役となる。詩を得意とし江湖(こうこ)詩社を営み、柏木如亭(じょてい)・大窪詩仏(しぶつ)・菊池五山ら多くの門人を育てた。一七九一年(寛政三)から越中国富山藩に儒者として仕え、二〇余年藩校教授。晩年は職を辞して江戸に住む。著書「日本詩紀」「全唐詩逸」「金石私志」「寛斎摘草」。

いちかわこだんじ【市川小団次】 歌舞伎俳優。江戸前期から五世を数えるが、四世が著名。初世(一六七六～一七二六)は初世市川団十郎の門弟。俳名花薫。四世(一八一二～六六)は幕末期を代表する名優。京坂で早替り・宙乗りなどけれん演出を得意としたが、晩年は江戸で河竹黙阿弥と提携し、生世話物(きぜわもの)の名作を多数うみだした。市井描写と音楽的な演出にすぐれ、所作事(しょさごと)もよくした。屋号は高島屋。俳名米升(べいしょう)。

いちかわごろべえ【市川五郎兵衛】 1572～1665.9.9 江戸初期の土豪、五郎兵衛新田の開発者。名は真親(さねちか)。先祖は上野国甘楽郡羽沢(はねざわ)の小領主で砥石山を経営していたが、武田氏滅亡後帰農。一六二六年(寛永三)小諸(こもろ)藩の許可を得て信濃国佐久郡矢島村地先の矢島原新田(のち五郎兵衛新田)の開発に着手。三一年用水堰が完成、四二年その褒美として藩から新田内一五〇石を与えられた。このほか同郡内に三河田新田・市村新田も開発した。

いちかわさいぐう【市川斎宮】 1818.5.11～99.8.26 幕末期の蘭学者。広島藩医市川文徴の三男。名は兼恭(かねのり)。緒方洪庵(こうあん)・杉田成卿(せいけい)らに蘭学を学ぶ。一八四八年(嘉永元)福井藩に招かれ、五三年幕府天文方和解御用、五六年(安政三)蕃書調所教授手伝。六〇年(万延元)頃からドイツ語を学ぶ。六二年(文久二)開成所教授。維新後、京都兵学校・大阪兵学寮教授。

いちかわさだんじ【市川左団次】 歌舞伎俳優。

幕末期から四世を数える。屋号は高島屋。初世(一八四二～一九〇四)は大坂生れ。本名高橋栄三。俳名莚升・松蔦(しょうちょう)。四世市川小団次の養子。男性的な芸風で明治期の東京を代表する名優。九世市川団十郎・五世尾上菊五郎とともに「団菊左」と並び称され、明治中期の歌舞伎全盛期を築いた。晩年は明治座の座主にもなった。二世(一八八〇～一九四〇)は初世の子。東京都出身。本名高橋栄次郎。俳名杏花(きょうか)・松莚。小山内薫と提携して自由劇場を創立。またすぐれた新歌舞伎の初演、歌舞伎十八番や鶴屋南北作品の復活上演など、革新的な仕事で近代の演劇界に独自の足跡を残した。三世(一八九八～一九六九)は東京都出身。本名荒川清。六世市川門之助の養子で六世尾上菊五郎門下。本領は古風な二枚目や女方で、第二次大戦後は長老として重きをなした。人間国宝。芸術院会員・文化功労者。

いちかわさんき【市河三喜】 1886.2.18～1970.3.17 大正・昭和期の英語学者。東京都出身。東大卒。イギリスに留学、一九一六年(大正五)東京帝国大学助教授、ついで教授となり英語学を担当した。「英文法研究」で日本における英語学研究の基礎をはじめて築き、二九年(昭和四)日本英文学会を組織するなど、英語学界の第一人者として英語学および英文学の普及と改善に努力した。編著「英語学辞典」。

いちかわじゅかい【市川寿海】 歌舞伎俳優。三世を数えるが、初世・二世は七・九世市川団十郎の俳名。屋号は成田屋。三世(一八八六～一九七一)は東京都出身。本名太田照造。五世市川寿美蔵の養子。明治末期から二世市川左団次一座で新歌舞伎の役々を勤め、第二次大戦後は古典にも傑作を残す。終生二枚目役で通し名調子で知られた。人間国宝。芸術院会員・文化功労者。

いちかわしょういち【市川正一】 1892.3.20～1945.3.15 大正・昭和前期の社会運動家。山口県出身。早大卒。一九二二年(大正一一)思想雑誌「無産階級」を発刊。翌年共産党に入党、第一次共産党事件で検挙された。二七年テーゼによる党再建のとき中央委員となり、コミンテルン第六回大会に出席。四・一六事件で検挙され、統一公判廷で党史を陳述した。獄中で死去。

いちかわしょうちょう【市川松蔦】 歌舞伎俳優。明治期から三世を数える。もと初世市川左団次の俳名でその娘鈴木幸子が俳優としての初世。二世(一八八六～一九四〇)は初世の夫。本名鈴木鉄弥。屋号は若松屋。義兄二世左団次の相手役として、新歌舞伎の新しいタイプの女性役を得意とした。三世(一九二八～)はその名前養子で、後名七世市川門之助。

いちかわだんじゅうろう【市川団十郎】 歌舞伎俳優。江戸前期から一二世を数える。屋号は成田屋。江戸の歌舞伎界で「宗家」とよばれた特権的名家。初世(一六六〇～一七〇四)は江戸生れ。初名海老蔵(えびぞう)。俳名才牛。江戸荒事の創始者で元禄期の江戸を代表する名優。三升屋(みますや)兵庫の筆名で劇作もした。二世(一六八八～一七五八)は初世の子。俳名三升(さんしょう)・栢莚(はくえん)など。荒事を様式的に洗練し、和事にも芸域を広げ、市川家の地位を不動のものとした。四世(一七一一～七八)は初世松本幸四郎の養子で宝暦期の実悪(じつあく)の名手。五世(一七四一～一八〇六)は四世の子で安永～寛政期の名優。七世(一七九一～一八五九)は五世の外孫で江戸後期の名優。俳名白猿・夜雨庵・寿海老人など。天保の改革で江戸を追放されたが、のちに復帰し幕末期まで活躍。「歌舞伎十八番」の制定者。八世(一八二三～五四)は七世の長男で、美男の花形だったが、大坂で自殺。九世(一八三八～一九〇三)は七世の五男。本名堀越秀。俳名紫扇・三升・団洲(だんしゅう)など。近代随一の名優で「劇聖」とよばれる。演劇改良に熱心で活歴物(かつれきもの)をつぎつぎと上演、後年は古典にも近代的演技術を導入して後世への規範を残した。一一世(一九〇九～六五)は七世松本幸四郎の長男で一〇世の養子。本名堀越治雄。美男の立役で第二次大戦後随一の人気俳優。

いちかわだんぞう【市川団蔵】 歌舞伎俳優。江戸中期から九世を数える。屋号は三河屋。俳名は代々市紅(しこう)。初世(一六八四～一七四〇)は三河国生れ。初世市川団十郎の門弟。敵役と荒事を得意とした。江戸で活躍。四世(一七四五～一八〇八)は天明・寛政期の名優。京都生れ。江戸へ下り三世の門弟となる。武道事・実事(じつごと)を本領とし、早替りでも知られた。五世(一七八八～一八四五)は化政・天保期の名優。四世の養子。俊寛・鬼一法眼などを得意とし、素朴な芸風から「渋団」とよばれた。上方および江戸で活躍。七世(一八三六～一九一一)は九世市川団十郎・五世尾上菊五郎・初世市川左団次とともに明治期を代表する名優。江戸生れ、本名後藤銀蔵。六世の養子。佐倉宗吾・明智光秀などを当り役とした。

いちかわちゅうしゃ【市川中車】 歌舞伎俳優。江戸中期から八世を数えるが、六世までは市川八百蔵(やおぞう)の俳名。屋号は立花屋。七世(一八六〇～一九三六)は京都生れ。本名橋尾亀次郎。名古屋で修業し、のちに上京して九世市川団十郎の高弟となる。大正～昭和前期を代表する立役。八世(一八九六～一九七一)は初世市川猿之助の三男で七世の養子。本名喜熨斗倭貞(きのししずさだ)。一癖ある脇役などに活躍。

いちかわふさえ【市川房枝】 1893.5.15～1981.2.11 大正・昭和期の婦人運動家・政治家。愛知県出身。愛知女子師範卒。一九二〇年(大正九)平塚らいてうなどと新婦人協会を創設。二一年渡米し、アリス・ポールなどの女性参政権運動に感銘をうける。帰国後、婦人参政権獲得期成同盟会（婦選獲得同盟）を結成、以後婦人参政権運動の中心となった。第二次大戦後は参議院議員を二四年半務め、理想選挙の実現に努力。七五年（昭和五〇）からは性差別撤廃条約のために、国内の婦人運動の連帯に尽力した。「市川房枝自伝」戦前編。

いちかわべいあん【市河米庵】 1779.9.6～1858.7.18　江戸後期の書家。幕末の三筆の一人。江戸生れ。市河寛斎の子。名は三亥(みつい)。米庵は号。儒学・詩文を柴野栗山(りつざん)に学ぶ。書ははじめ持明院流を学ぶが、しだいに宋の米芾(べいふつ)に私淑し晋・唐の書を習う。長崎遊学の際、清の胡兆新(こちょうしん)から書法を修得し、唐様の独自の書風を確立した。金沢藩にも招かれ、門弟は五〇〇〇人に及んだといわれる。

いちきとくろう【一木喜徳郎】 1867.4.4～1944.12.17　明治～昭和前期の法学者・官僚・政治家。遠江国生れ。東大卒。内務省に入り、ドイツ留学後に東京帝国大学教授を兼任。一九〇〇年（明治三三）貴族院議員。法制局長官などをへて、一四年（大正三）第二次大隈内閣で文相兼内相となり、一七年枢密顧問官。宮内大臣を辞してのち、三四年（昭和九）枢密院議長として元老・重臣に期待されたが、天皇機関説問題で政友会・右翼らに攻撃されて辞任した。

いちきしまひめのみこと【市杵島姫命】「いつきしまひめのみこと」とも。市寸島比売命とも。須佐之男命（素戔嗚尊(すさのおのみこと)）と天照大神の誓約(うけい)の際に生まれた、宗像(むなかた)三女神の一つ。現在は宗像大社の三宮の一つで、福岡県玄海町田島に鎮座する辺津(へつ)宮に祭られる。三女神と三宮の組合せは史料により異なっている。その性格は本来は航海神・漁業神であったが、しだいに護国神の性格が加わったらしい。

いちしまけんきち【市島謙吉】 1860.2.17～1944.4.21　明治～昭和前期の政党政治家・文化事業家。越後国生れ。東京大学在学中におきた明治十四年の政変を機に退学し、立憲改進党結党と同時に入党。「読売新聞」などの主筆を務める。衆議院議員当選三回。引退後は早稲田大学の理事、国書刊行会の創設など文化事業に尽力した。

いちじょうあきよし【一条昭良】 1605.4.26～72.2.12　江戸前期の公家。後陽成(ごようぜい)天皇の第九皇子。母は近衛前久(さきひさ)の女中和門院前子。幼称九宮。一六〇九年（慶長一四）一条内基の養子となり、初名は兼遐(かねとお)。二九年（寛永六）関白、のち摂政。三五年九月昭良に改名し、摂政を退任。四七年（正保四）摂政に再任、のち関白。五二年（承応元）落飾し、恵観と号す。四一年頃から洛北西賀茂に山荘を営み、次男醍醐冬基に伝領した。

いちじょううちつね【一条内経】 1291～1325.10.1　鎌倉後期の公卿。芬陀利華院殿(ふんだりかいんどの)と号す。父は内実、母は一条実経の女。父は摂関に就かなかったが、内経は一三一八年（文保二）関白・氏長者となった。「花園天皇宸記」では、特別才はないが家の中絶を克服した人物と評される。

いちじょうかねさだ【一条兼定】 1543～85.7.1　織豊期の武将。房基の子。母は大友義鑑(よしあき)の女。室は大友宗麟の女。土佐国中村を拠点に幡多・高岡両郡を領有。一五七四年（天正二）長宗我部(ちょうそかべ)元親の侵攻と家臣の排斥により、子内政(ただまさ)に家督を譲り、宗麟をたより豊後に逃亡。七五年豊後国臼杵で受洗（洗礼名パウロ）。その後旧領回復を計画したが、元親に反撃され伊予に敗走。その死は家臣に襲われた傷によるとも、熱病によるともいう。

いちじょうかねよし【一条兼良】 1402.5.27～81.4.2　「かねら」とも。室町中期の公卿・学者。父は経嗣、母は東坊城秀長の女。一条禅閤・三華老人・桃華老人・三関老人・東斎と号し、五〇〇年来の学者、無双の才人と評された。一四一二年（応永一九）元服し翌年従三位。一六年兄の出家後一条家をつぎ、三二年（永享四）摂政となるが、未拝賀のまま辞退。四七年（文安四）関白・氏長者となる。六七年（応仁元）再び関白となるが、翌年応仁の乱を避け、子の大乗院門跡尋尊(じんそん)を頼って奈良へ疎開。七〇年（文明二）関白を辞し、七三年出家。後成恩寺殿(のちのじょうおんじどの)と号し、法名覚恵。七七年、乱の終息にともない帰洛。編著に有職(ゆうそく)書の「公事(くじ)根源」「桃華蘂葉(とうかずいよう)」、和歌の「新続和歌集」、連歌の「新式今案」、古典研究の「花鳥余情」「日本書紀纂疏(さんそ)」「伊勢物語愚見抄」、政道論の「文明一統記」「樵談(しょうだん)治要」、美濃旅行の紀行文「ふぢ河の記」、随筆「小夜(さよ)の寝覚(ねざめ)」などがある。

いちじょうけ【一条家】 藤原氏北家嫡流の九条家支流。五摂家の一つ。鎌倉中期の九条道家の四男

実経に始まる。家名は、実経が父からその邸宅一条室町殿を譲られたことにちなむ。一条の坊名にちなんで桃華（とうか）ともいう。次兄良実が父と不和であったのに対し、実経は父に愛され、多くの所領を譲与された。「尊卑分脈（そんぴぶんみゃく）」には九条・二条・一条のうち「一条殿の流れをもって嫡家となす」とみえる。代々摂政・関白となったが、室町時代に兼良・冬良のような学者もでた。兼良の長子教房は土佐国に下着。江戸初期、後陽成天皇の皇子昭良が養子として入り家を継いだ。江戸時代の家禄ははじめ一〇一九石余、のち二度の加増で二〇四四石余。維新後、実輝のとき公爵。

いちじょうさねつね【一条実経】 1223～84.7.18　鎌倉中期の公卿。五摂家の一つ一条家の祖。父は摂政九条道家、母は西園寺公経の女掄子。長兄教実の早世後、次兄良実が後嵯峨天皇の関白の地位にあったが、父道家は良実と不和で実経を愛したため、一二四六年(寛元四)良実にかわって関白となり、後深草天皇の即位とともに摂政に転任した。しかし道家三男の前征夷大将軍頼経の陰謀事件の影響で、四七年(宝治元)罷免。その後、六五～六七年(文永二～四)関白に再任された。

いちじょうさねまさ【一条実雅】 1196～1228.4.29　鎌倉幕府に仕えた公家。参議従三位。京都守護一条能保（よしやす）の子。一二二四年(元仁元)六月北条義時の死去に際して、その妻伊賀氏は兄伊賀光宗とはかり、女婿の実雅を将軍に立てようとして失敗。実雅は同年閏七月に京都に送還され、一〇月に越前に配流された。二八年(安貞二)配所で死去。

いちじょうたかよし【一条高能】 1176～98.9.17　鎌倉前期の公卿。参議従三位。一条能保（よしやす）の子。母は源頼朝の同母妹。父と同様、頼朝と親密であった。少年時から後鳥羽天皇に近侍。能保・高能父子は、幕府と朝廷との交渉にあたっていたが、一一九七年(建久八)と翌年に両者があいついで死去したことは、頼朝に痛手となった。

いちじょうただか【一条忠香】 1812.2.13～63.11.7　幕末期の公家。関白忠良の子。母は肥後国熊本藩主細川斉茲（なりしげ）の女富子。一八五八年(安政五)勅問衆として日米修好通商条約締結について勅答を行う。安政の大獄で謹慎処分をうける。五九年左大臣、六二年(文久二)国事御用掛。公武合体派と目される。明治天皇の皇后美子（はるこ）(昭憲皇太后)は女。日記「忠香公記」。

いちじょうつねつぐ【一条経嗣】 1358～1418.11.17　南北朝期～室町中期の公卿。実父は二条良基。一条経通の養子となる。成恩寺関白と号す。一三六七年(貞治六・正平二二)元服。翌年従三位。九四年(応永元)関白左大臣。一四一五年には准三宮（じゅさんぐう）宣下をうけた。日記「荒暦」、著書「相国寺塔供養記」「北山殿行幸記」。

いちじょうてるよし【一条輝良】 1756.9.17～95.10.14　江戸後期の公家。関白道香の子。一七七五年(安永四)従一位、八七年(天明七)左大臣。九一年(寛政三)関白となり、光格天皇の実父閑院宮典仁（すけひと）親王への太上天皇号宣下をめぐる尊号事件に腐心したが、幕府の反対で失敗。日記「輝良公記」「輝良公記別記」。

いちじょうてんのう【一条天皇】 980.6.1～1011.6.22　在位986.6.23～1011.6.13　円融天皇の第一皇子。母は藤原兼家の女詮子。名は懐仁（やすひと）。九八四年(永観二)皇太子に立ち、二年後、花山（かざん）天皇のにわかな出家により七歳で践祚（せんそ）した。皇太子には冷泉（れいぜい）天皇の皇子居貞（おきさだ）(三条天皇)をたてた。その在位は藤原道長が摂関家の地位を固めた時期にあたるが、朝野に人材が輩出し、女流文学も栄えた。皇后藤原定子(道隆の女)との間に敦康（あつやす）親王をもうけたが、中宮藤原彰子(道長の女)の生んだ男子二人(後一条・後朱雀（ごすざく）)の即位が実現し、皇位継承は円融・一条系に一本化された。

いちじょうのりふさ【一条教房】 1423～80.10.5　戦国期の公卿。父は兼良、母は中御門宣俊の女。一四三八年(永享一〇)元服。翌年従三位。五八年(長禄二)関白・氏長者となるが、六三年(寛正四)辞職。応仁の乱で奈良へ避難し、六八年(応仁二)土佐国へ下り、同地で没した。妙華寺殿と号す。子孫は戦国大名土佐一条氏となった。

いちじょうふゆよし【一条冬良】 1464.6.25～1514.3.27　名は「ふゆら」とも。戦国期の公卿。父は兼良。母は町顕郷（まちあききさと）の女。一四七二年(文明四)奈良の成就院で元服。翌年従三位。七五年権中納言となり、七七年父兼良とともに帰京。翌年右大将を拝任し、父兼良から一条家有職（ゆうそく）書「桃華蘂葉（とうかずいよう）」を授けられた。八六年内大臣。八八年(長享二)関白。九三年(明応二)太政大臣。一五〇一年(文亀元)辞職。後妙華寺殿と号す。父兼良の学才をうけつぎ、「古今集」や「花鳥余情」を談義したほか、兼良が他に与えた述作を収集して桃華坊文庫の復興に努めた。「新撰菟玖波（つくば）集」の撰進も進めた。

いちじょうよしやす【一条能保】 1147～97.10.13　鎌倉前期の公卿。従四位下丹波守藤原通重の長男。五摂家の一条家とは別流。妻が源頼朝の同母妹であった関係から、頼朝と親密であった。一一八六年(文治二)二月に京都守護に任じられ、洛中警護、後白河上皇との交渉にあたる。その頃から、頼朝の推挙で後鳥羽天皇の乳父（めのと）として天皇に近侍し、未婚の娘も天皇の乳母となった。九四年(建久五)病により出家。従二位・権中納言に昇る。

いちだしょうしちろう【一田庄七郎】 ?～1822.9.23　正七郎とも。江戸後期に流行した籠細工の見世物の元祖。大坂の上大和橋西詰に住む籠職であったが、一八一九年(文政二)二月、四天王寺西門で釈迦涅槃像の籠細工を作って興行にかけ大当りとなり、文政期の細工見世物大流行のきっかけを作った。江戸・名古屋など各地で興行。子の友七郎が二代目を継いだ。

いちのひじり【市聖】 ⇨空也

いちのべのおしはのみこ【市辺押磐皇子】 市辺忍歯別王とも。履中天皇の皇子。母は葦田宿禰の女黒媛。雄略天皇は、兄の安康天皇を殺した眉輪王を葛城円大臣の家に焼き殺し、さらに有力な皇位継承者であった市辺押磐皇子を近江の来田綿の蚊屋野(現、滋賀県秦荘町蚊野の付近)に狩に誘い、射殺した。雄略の子清寧天皇には皇子がなかったため、天皇は皇子の二人の遺児弘計王と億計王が播磨にいるのを捜しだし、迎えて皇位を継がせたと伝える。

いちのへひょうえ【一戸兵衛】 1855.6.20～1931.9.2 明治・大正期の陸軍軍人。陸奥国津軽郡生れ。陸軍兵学寮戸山学校入校、一八七七年(明治一〇)少尉。西南・日清戦争に従軍。日露戦争では、歩兵第六旅団長として旅順攻略に奮戦。第四・第一師団長などをへて、一九一五年(大正四)大将・教育総監となる。のち学習院院長・帝国在郷軍人会会長に就任。

いちのみやながつね【一宮長常】 1721.4.5～86.12.18 江戸中期の装剣金工。越前国敦賀生れ。装剣金工を志して京都にいき、保井高長に学んだ。大月光興・鉄元堂正楽と並んで京都金工三傑といわれた。色金を多用した高肉彫を得意とし、金銀の平象嵌を併用するところが特徴。ほかに片切彫もある。

いちはしし【市橋氏】 江戸時代の外様大名家。先祖は美濃国池田郡市橋郷に住み市橋を姓とした。織田・豊臣両氏に仕えた長利を初代とするが、それ以前は不明。子の長勝は豊臣秀吉に仕え、一五八七年(天正一五)美濃国今尾城主として一万石を領した。関ケ原の戦で東軍に属し、以後徳川氏に臣従。一六〇八年(慶長一三)伯耆国矢橋二万一三〇〇石に移り、一六年(元和二)越後国三条四万一三〇〇石を領した。長勝死後嗣子がなく領地は収公されたが、甥の長政が家名を継ぎ近江国蒲生・野洲両郡と河内国交野郡で二万石が与えられ、蒲生郡仁正寺村に陣屋を構えた。以後幕末にいたる。維新後子爵。

いちはしながかつ【市橋長勝】 1557～1620.3.17 織豊期～江戸初期の武将・大名。下総守。はじめ織田信長・豊臣秀吉に仕え、一五八七年(天正一五)美濃国今尾城主となり一万石を領する。関ケ原の戦では東軍に属し、同城を守って戦功をたてた。のち徳川家康に仕え、一六〇八年(慶長一三)伯耆国矢橋藩主。大坂の陣でも戦功をあげ、家康死後は徳川秀忠に仕える。一六年(元和二)越後国三条藩主となり、四万一三〇〇石を領した。

いちはしながまさ【市橋長政】 1575～1648.2.11 江戸前期の大名。近江国仁正寺藩主。下総守。一六〇四年(慶長九)徳川秀忠に仕え、大坂の陣に従った。二〇年(元和六)叔父長勝の死で名跡を継ぎ、近江・河内両国内で二万石を領し初代藩主。三三年(寛永一〇)徳川家光の諸国巡見使として中国地方を見回り、三五年上方幕領の郡奉行となった。

いちはらおう【市原王】 生没年不詳。奈良時代の皇族官人。天智天皇の子施基皇子の曾孫で、祖父は春日王、父は安貴王。七三九年(天平一一)皇后宮職付属の写経司の舎人としてみえるのをはじめ、写経所や造東大寺司を中心に活躍、玄蕃頭・治部大輔・備中守・摂津大夫・造東大寺長官などを歴任。藤原仲麻呂派に属したらしく、仲麻呂の乱後はみえない。光仁皇女の能登内親王との間に五百井女王・五百枝王をもうけた。「万葉集」に父祖代々の歌を載せる。

いちまだひさと【一万田尚登】 1893.8.12～1984.1.22 日本銀行一八代総裁、鳩山・岸両内閣の蔵相。大分県出身。東大卒。日銀に入行し、京都支店長、考査局長、理事をへて一九四六年(昭和二一)総裁に就任。第二次大戦後の通貨金融の復興に貢献、法王とよばれる実権をふるい、吉田茂首相と対立した。五五年鳩山内閣の蔵相に就任。衆議院議員となり、第一次岸内閣でも蔵相。

いちまん【一幡】 1198～1203.9.2 鎌倉前期の将軍源頼家の嫡男。母は比企能員の女若狭局。一二〇三年(建仁三)八月、北条時政と政子は頼家を引退させ、関西三八カ国の地頭職を頼家の弟千幡(実朝)に、関東二八カ国の地頭職と総守護職を一幡に譲らせようとした。これに反発した頼家と能員は、時政と千幡を攻めようとしたが失敗。比企一族は、一幡とともに滅ぼされた。

いちむらうざえもん【市村羽左衛門】 江戸市村座の座元、歌舞伎俳優。羽左衛門を名のった名義代数は江戸前期から一二世を数えるが、市村座の座元の数に村山座座元の二人と座元後見人だった名義初世を加え、現在まで一七世とする。八世のとき、宇左衛門を羽左衛門と改名。三世(?～一六八六)は名義初世。村山座の興行権を買収して市村座と改称し、養子の四世(初世竹之丞)を座元とした。以後、代々座元を勤め、八・九・一二世は俳優としても活躍。一三世はのちの五世尾上菊五郎。一四世(坂東家橘)はその弟。一五世(一八七四～一九四五)は一四世の養子。本名市村録太郎。俳名可江。屋号は橘屋。秀麗な容姿と美声で近代最高の人気俳優。一七世(一九一六～)は六世坂東彦三郎の子。本名坂東衛。人間国宝・芸術院会員。

いちむらさんじろう【市村瓚次郎】 1864.8.9～1947.2.22 明治～昭和期の東洋史学者。常陸国生れ。東大卒。一八八七年(明治二〇)林泰輔らと東洋学会を創立し、八九年森鷗外らと新声社を組織して漢文学の新運動を展開した。学習院教授・東京帝国大学助教授をへて一九〇五年教授、二四年(大正一三)定年退官。三三年(昭和八)国学院大学学長に就任。学士院会員。著書「東洋史統」。

いちゅう【惟中】 1639～1711.10.26　江戸前期の俳人。姓は松永(松長)、のち岡西。幼名平吉。別号は一時軒・間々翁・竹馬童子・飯袋子など。因幡国鳥取の没落武士の子。一六六九年(寛文九)宗因に入門。「俳諧蒙求」で、談林俳諧の根本である寓言論を唱える。大坂に移り井原西鶴・高政らとも交流。談林随一の論客で「誹諧破邪顕正返答」で貞門派に反論、しだいに談林派とも内部論争を展開した。八一年(天和元)妻の没後は俳壇から退いた。著書「白水郎紀行」。

いちりきけんじろう【一力健治郎】 1863.9.25～1929.11.5　明治・大正期の新聞経営者。仙台の洋品問屋鈴木家に生まれたが、一力家の養子となる。第二高等中学校・国民英学会に学んだ後、故郷仙台の実業界で成功し、市会議員もつとめた。一八九七年(明治三〇)「河北新報」を創刊。大胆な経営によって東北屈指の新聞に育てた。

いちりゅうさいていざん【一竜斎貞山】 1876.11.26～1945.3.10　大正・昭和期の講釈師。東京都出身。本名桝井長四郎。四代貞山没後、五代に師事。貞花・貞文をへて六代を襲名。音曲・奇術・漫才などを常打ちとする色物席を足場に活躍。天性の名調子で、うたう講釈と称され、長編をコンパクトにまとめる才にたけていた。おもな読物は「義士伝」「伊賀の水月」。昭和初期には落語協会会長として君臨。門弟に貞鏡改め七代貞山らがいる。芸名は現代まで八代を数える。

いっかん【一閑】 ⇨飛来一閑

いっきゅうそうじゅん【一休宗純】 1394～1481.11.21　狂雲子とも。宗純は諱。室町中期の大徳寺派の禅僧。後小松天皇の落胤という。幼くして山城安国寺の象外集鑑の門に入り、詩法を慕哲竜攀に、外典を清叟師仁に、禅を謙翁宗為に学んだ。一四一四年(応永二一)謙翁が没し、翌年華叟宗曇のもとに参じた。一八年華叟より一休の号を授けられた。求道の精神は熾烈で、法兄養叟宗頤の偽善的な禅風を批判した。四〇年(永享一二)大徳寺如意庵の住持となるが、即日退庵するなど反俗求道の姿勢を貫いた。五六年(康正二)山城国薪の妙勝寺を復興して酬恩庵をたて、以後ここに住した。七四年(文明六)大徳寺住持となり、応仁の乱で焼失した同寺の復興に尽くした。連歌師の宗長・智蘊・宗鑑、能の金春禅竹、茶道の村田珠光らとの交渉もあった。著書「狂雲集」「自戒集」。

いっさ【一茶】 1763.5.5～1827.11.19　江戸中・後期の俳人。小林氏。幼名弥太郎、名は信之。信濃国水内郡柏原の人。三歳で生母に死別し、一五歳で江戸へ出て奉公。竹阿・元夢・素丸らに師事。一七九一年(寛政三)四月帰郷、翌年四月から京坂・四国・九州地方を六カ年におよび俳諧行脚、「西国紀行」「旅拾遺」「さらば笠」を編む。一八〇一年(享和元)帰郷、父没。継母・異母弟と遺産相続をめぐり対立、一三年(文化一〇)和解して、故郷に定住。翌年五二歳で初婚、三男一女を得たがすべて早世。一九年(文政二)長女さとの死を悼み、「おらが春」を編む。二三年妻没。その後再婚、一年をへずして離婚、再々婚で一子を得る。二七年柏原大火で家屋を失い、焼け残りの土蔵のなかで中風のため没。「七番日記」など句日記も多く残す。

いっさんいちねい【一山一寧】 1247～1317.10.24　鎌倉後期に中国の元から来朝した臨済宗の僧。法諱は一寧、一山は道号。台州臨海県の人。一二九九年(正安元)元の成宗の国書をもって来日。一時は伊豆国修禅寺に幽閉されたが、執権北条貞時はその徳識を聞いて建長寺の住持に迎え、のち円覚寺・南禅寺の住持ともなる。晩年は後宇多天皇や六条有房らの帰依をうけた。学識は天台教学をはじめ、朱子学・書道・文学の領域に及び、日本の中世文化史上に大きな足跡を残した。弟子に夢窓疎石・虎関師錬などがいる。

いっしきあきのり【一色詮範】 1340?～1406.6.7　南北朝期～室町中期の武将。範光の子。兵部少輔・右馬頭・左京大夫。法名長慶寺大勇信将。三河・若狭両国守護。一色氏としてはじめて侍所頭人を勤め、子満範が明徳の乱の功で丹後国守護になったことで、幕閣内での一色氏の地位を確立した。一三九五年(応永二)足利義満にならって出家。以降も応永の乱鎮圧に活躍。

いっしきし【一色氏】 室町時代の守護大名。清和源氏。足利氏の支族。足利泰氏の子公深が、三河国吉良荘一色(現、愛知県一色町)を本拠としたのに始まる。その子範氏は足利尊氏に従い、九州で活躍。範氏の子範光は若狭・三河両国守護、曾孫の満範は明徳の乱の功により、丹後国守護となった。四職家の一つとして重んじられたが、義貫が六代将軍義教に殺されて衰退。その子義直が応仁・文明の乱で西軍として活躍したが、江戸初期には断絶。

●一色氏略系図

```
公深┬頼行
　　└範氏┬直氏
　　　　　└範光―詮範―満範┬持範……藤長
　　　　　　　　　　　　　　├義貫―義直
　　　　　　　　　　　　　　└持信
```

いっしきなおうじ【一色直氏】 生没年不詳。南北朝期の武将。範氏の子。宮内少輔・右京権大夫。一三四六年(貞和二・正平元)九州探題として下向し、父とともに九州統治にあたる。足利直冬や少弐頼尚・懐良親王・菊池武光との抗争に苦戦し、五三年(文和二・正平八)筑前国針摺原での敗北後は劣勢。上洛後再度下向するが成功せず、五八年(延文三・正平一三)帰洛。

いっしきのりうじ【一色範氏】 ?～1369.2.18 南北朝期の武将。公深の子。宮内少輔。法名道猷。一三三六年(建武三・延元元)足利尊氏に従い九州に下る。尊氏は東上の際、範氏を博多にとどめ幕府軍の統轄を命じたが、これにより初代九州探題となる。四六年(貞和二・正平元)には子直氏も九州探題として下向。しかし、料所不足や権限未確定で九州経営は失敗し、五六年(延文元・正平一一)帰洛して隠退。

いっしきのりみつ【一色範光】 1325～88.1.25 南北朝期の武将。範氏の子。五郎。右馬権頭・修理権大夫。法名信傳。九州探題の父や兄と北九州を転戦、範氏に従ってまもなく帰洛。一三六六年(貞治五・正平二一)若狭国守護となり、六九年(応安二・正平二四)の国人一揆を鎮圧して領国支配を確立。七九年(康暦元・天授五)以降は三河国守護も兼任。

いっしきふじなが【一色藤長】 ?～1596.4.7 戦国期～織豊期の武将。父は晴具。式部少輔。はじめ将軍足利義輝の近臣。松永久秀らが義輝を暗殺すると、細川藤孝とはかって義輝の弟興福寺一乗院門跡覚慶(のち義昭)を脱出させた。以後義昭に従い、将軍就任後も御内書の副状などを発給。義昭が織田信長に追われた後も近臣として活動。

いっしきよしつら【一色義貫】 1400～40.5.15 室町中期の武将。満範の子。初名義範。五郎。兵部少輔・左京大夫・修理大夫。一四〇九年(応永一六)父の死により三河・若狭・丹後三国守護を継承。侍所頭人と山城国守護を勤め、施政上の諮問にも与るなど、幕閣首脳の一員であった。四〇年(永享一二)越智氏討伐のため赴いた大和の陣中で、将軍足利義教の命をうけた武田信栄により謀殺。その領国は三河が細川持常、若狭が武田信賢、丹後が甥一色教親に与えられ、一色氏の勢力は著しく減退した。

いっしもんじゅ【一糸文守】 1608～46.3.19 「ぶんしゅ」とも。江戸前期の臨済宗の僧。諡号は仏頂国師。父は岩倉家の祖具尭。堺の南宗寺の沢庵宗彭に師事し、沢庵が紫衣事件で出羽に流されたおり供をした。後水尾天皇の帰依をうけ、丹波に桐江庵とその後身法常寺(京都府亀岡市)、京都に霊源庵(のち霊源寺)を開いた。明への渡航を志したが国禁のためはたせず、妙心寺の愚堂東寔の法をついだ。一六四三年(寛永二〇)近江の永源寺に移り、そこで没した。

いっしんたすけ【一心太助】 江戸幕府三代将軍徳川家光の頃、旗本大久保彦左衛門のもとで活躍したと伝えられる架空の人物。魚商とされる。実録本「大久保武蔵鐙」などの大久保政談のなかで人物像が形づくられ、幕末の歌舞伎で有名になった。名前は腕の入墨の「一心」の文字に由来するとされ、義侠心にとんだ江戸っ子の理想像として人気がある。

いつせのみこと【五瀬命】 彦五瀬命とも。記紀伝承上の人物。鸕鶿草葺不合尊の長子。母は玉依姫。弟は神日本磐余彦尊(神武天皇)。神武天皇の東征に同行し、胆駒山(生駒山)をこえようとして、長髄彦の軍と孔舎衛坂(現、大阪府東大阪市日下町付近)で戦った。命はこの戦での流れ矢の傷がもとで紀伊国の竈山(現、和歌山市和田付近)で死に、同地に葬られたと伝える。

いっちゅう【一忠】 生没年不詳。南北朝期に活躍した田楽本座の能役者。世阿弥の「申楽談儀」は「当道の先祖四人」の筆頭に一忠の名をあげ、父の観阿弥も「我が風体の師」と仰いだとするが、世阿弥は一忠の芸をみていない。経歴は不詳。「太平記」は、一三四九年(貞和五・正平四)の京都四条河原での勧進田楽について、盛大なありさまと桟敷崩れによる死傷事故を伝えるが、その催しの最初に演じられた「恋の立合」を舞ったのが一忠であった。

いっちょうさい【一蝶斎】 ⇨柳川一蝶斎

いつつじけ【五辻家】 ❶藤原氏花山院家庶流。鎌倉前期の花山院兼雅の次男家経に始まる。参議を極官とした。後醍醐天皇の生母談天門院忠子、後伏見天皇の生母准后経子がでた。俊氏が南朝に従い断絶。❷宇多源氏。源雅信の子時方に始まる。蔵人、院の上北面となって実務にたずさわる下級官人の家だったが、一五三八年(天文七)諸仲が従三位に叙されて堂上に加えられた。江戸時代の家禄は二〇〇石。神楽の家。維新後、安仲のとき子爵。

いつつじのみや【五辻宮】 中世の親王家。亀山天皇の子の守良親王を初代として鎌倉末期に成立。親王が相伝した所領は、その後いったんは後深草天皇の孫の第二代熙明親王に譲られたが、一三三五年(建武二)後醍醐天皇により守良親王の子宗覚に給付し直されるなど、南北朝の動乱のなか、いくどかの曲折をへた。熙明親王の子の第三代祥益以降の消息は不明。

いづつやごんえもん【井筒屋権右衛門】 江戸時代の南部商人井筒屋の世襲名。小野氏。近江国から一七世紀後半に陸奥国南部に出店。一六九〇年(元禄三)には京都にも進出し、鍵屋を名のり京都を根拠として質・古手・紙を扱った。南部では郡山(現、岩手県紫波町)に井筒屋(郡印)を経営。京都鍵屋との連携、小野一族の同族団的結合を背景に、上方産物と南部産物との取引で発展し、盛岡藩にも重用された。なお井筒屋善助家とは同族であるが、権右衛門家は維新期の小野組には加わっていない。

いっぴつさいぶんちょう【一筆斎文調】 生没年不詳。江戸中期の浮世絵師。守氏。石川幸元門人。勝川春章とともに役者似顔絵を創始し、一七七〇年(明和七)刊の「絵本舞台扇」(春章と合筆)によって人気を得、明和末～安永初期に多数の役者似顔絵を描いて活躍。門人に岸文笑(頭光)・文康・玉川舟調がいる。

いっぺん【一遍】 1239.2.15～89.8.23 鎌倉中期の僧。時宗の開祖。諡号は証誠大師。伊予国の豪族河野氏の出身。一二四八年(宝治二)出家して随縁と号し、五一年(建長三)浄土宗西山義の聖達・華台に師事し智真と改名。その後一度還俗し、六七年(文永四)再出家ののち、信濃善光寺への参詣、伊予窪寺での別行をへて、己心領解の法門である「十一不二頌」を感得して一遍と改める。七四年紀伊国熊野本宮証誠殿に参籠し同権現の神託をうけ、よりいっそう他力念仏の深奥を理解する。日本全土を廻国巡礼(遊行)し、「南無阿弥陀仏 決定往生六十万人」と刷られた算をくばり(賦算)、踊念仏を修して人々に念仏を勧めた。その数は二五〇万人に及んだという。兵庫和田岬の観音堂(現、真光寺)で死去。

いでたかし【出隆】 1892.3.10～1980.3.9 大正・昭和期の哲学者。岡山県出身。東大卒。一九二六年(昭和元)渡欧。三五年東京帝国大学教授。四八年日本共産党に入党。五一年都知事選に無所属で立候補して落選、共産党を除名された。著書「哲学以前」は大正デモクラシー期の哲学青年の愛読書となる。諸大学で教鞭をとった。

いでみつさぞう【出光佐三】 1885.8.22～1981.3.7 大正・昭和期の実業家。福岡県出身。神戸高等商業卒。一九一一年(明治四四)門司に出光商会を創立。さらに四〇年(昭和一五)出光興産を設立し、出光商会の国内および旧植民地の営業財産を継承させた。同社はいわゆる民族系石油会社で、五三年に国際的大石油会社と確執しながらイラン石油を輸入し、注目された。

いでわのべん【出羽弁】 「でわのべん」とも。生没年不詳。平安中期の歌人。出羽守平季信の女。一条天皇の中宮彰子、その妹で後一条天皇の中宮威子、その子章子内親王に仕えた。一〇三三年(長元六)には源倫子七十賀の屛風歌を詠進したほか、多くの歌合で活躍。「後拾遺集」以下の勅撰集に約一五首入集。家集「出羽弁集」。「栄花物語」続編の巻三一～三七の作者とみる説がある。「六条斎院禖子内親王家物語合」によると、散逸した物語「あらば逢ふ夜の」の作者。

いとうえんしん【伊東燕晋】 1761～1840.12.10 江戸後期の講釈師。伊東派の祖。江戸生れ。通称仙右衛門。湯島天神境内に住んだので湯島の燕晋ともよばれた。読物は「川中島軍記」や「曾我物語」をもっぱらとし、武門を足場に活躍。文才もあり「撃攘余録」などを著す。伊東派からは二代伊東燕凌や初代桃川如燕などの名人が輩出。

いとうきさく【伊藤熹朔】 1899.8.1～1967.3.31 大正・昭和期の舞台美術家。東京都出身。東京美術学校卒。舞踊家伊藤道郎の弟で演出家千田是也の兄。在学中から土方与志と舞台装置を研究。築地小劇場創立以後、新劇・新派や新作歌舞伎も含め、幅広く作品を発表し、多くの傑作を残した。

いとうけいすけ【伊藤圭介】 1803.1.27～1901.1.20 幕末～明治期の植物学者。名古屋の医家に生まれ、父や兄から医学・本草学を、また藤林泰助・吉雄常三から蘭学を学んだ。シーボルトの教えもうけ、彼から贈られたツンベリ「日本植物誌」を基に学名＝和名対照の「泰西本草名疏」を著し、付録でリンネの植物分類体系を紹介した。一八七七年(明治一〇)東京大学理学部客員教授。学位令による日本最初の理学博士。

いとうげんぼく【伊東玄朴】 1800.12.28～71.1.2 江戸後期の蘭方医。旧姓は執行。佐賀藩士伊東祐章の養子。名は淵。肥前国生れ。島本竜嘯に医を、長崎の大通詞猪股伝次右衛門にオランダ語を学び、ついでシーボルトにも学ぶ。一八二六年(文政九)シーボルトの江戸参府に同行、そのまま江戸にとどまり、三三年(天保四)御徒町に蘭学塾象先堂を開く。四三年佐賀藩主鍋島氏の御側医となる。弘化年間、痘瘡流行に際し、牛痘苗の導入を進言、四九年(嘉永二)出島に到着した痘苗を用いて長崎と佐賀で種痘が成功、西日本に普及した。五八年(安政五)江戸の蘭方医と神田お玉ケ池に種痘所を設立。これがのち東大医学部の前身西洋医学所となる。同年、将軍徳川家定の重病のとき幕府奥医師に抜擢される。訳書に「医療正始」ほか多数。

いとうこだゆう【伊藤小太夫】 歌舞伎俳優。江戸前期に四世を数えるが二世が著名。初世(生没年不詳)は慶安・明暦期頃の若衆方で、舞踊の名手。二世(?～一六八九)は京都生れ、延宝期を代表する女方。濡れ事、愁嘆にすぐれ、傾城役を得意とした。一時江戸に下り、一六八〇年(延宝八)に京都で演じた「吉野身請」が代表作。再度江戸下りをして名声を高め、同地で没した。通称「おやま小太夫」。当時女性の間に流行した小太夫鹿の子は彼の創始。

いとうさちお【伊藤左千夫】 1864.8.18～1913.7.30 明治期の歌人・小説家。上総国生れ。明治法律学校中退。東京市本所区茅場町で搾乳業を始め、家業安定後に和歌を学ぶ。桂園調から万葉調に移行。一九〇〇年(明治三三)頃から正岡子規に師事し、写実性を深める。〇三年から根岸短歌会の機関誌「馬酔木(あしび)」の中心となった後、〇九年からは「アララギ」の編集・発行者となり、島木赤彦・斎藤茂吉ら後進を育成した。小説に「野菊の墓」。

いとうさんぎょう【伊藤参行】 1745～1809.8.10 江戸後期の富士講行者。伊兵衛・六王・仏心とも称す。はじめ浅草で彫刻師をしていたが、食行身禄(じきぎょうみろく)の女お花の教えをうけ富士講に加わる。身禄の教えを布教するとともに、呪術を排除して富士講を整え、のちの不二道(ふじどう)の基礎を作った。著書「四民の巻」は四民平等の教えを説く。

いとうし【伊東氏】 中世伊豆国の豪族、近世の大名家。藤原南家流。工藤氏の一族。本拠は伊東荘(現、静岡県伊東市)。維職(これもと)が伊豆国押領使となり、伊東に住んだことに始まるという。一一八〇年(治承四)源頼朝挙兵に際し、同族の工藤・狩野・宇佐美諸氏らほとんどが参加したが、祐親(すけちか)は平家方に属し、のちに自殺。祐親の孫が曾我兄弟。祐親の孫祐光の子孫は近世に備中国岡田藩一万三〇〇〇石の藩主となり、維新後に子爵。工藤祐経の子祐時も伊東を名のり、子孫は日向国飫肥(おび)藩主伊東氏となった。維新後、子爵。

いとうし【伊藤氏】 平安後期の伊勢国の豪族。伊藤は伊勢の藤原氏の意。藤原秀郷(ひでさと)の子孫基景(もとかげ)に始まる。基景以来平家家人として活躍、子の基清は平正盛に仕え、孫景綱は平治の乱で功をたてた。景綱の子忠清は平家侍大将の地位にあり、源平争乱で活躍したが、一一八五年(文治元)志摩国で捕らえられ斬首された。子の忠光も源頼朝を狙ったが、九二年(建久三)処刑された。その弟の平景清は断食して死んだとも、逃走したともいう。

いとうしずお【伊東静雄】 1906.12.10～53.3.12 昭和期の詩人。長崎県出身。京大卒。大阪府立中学に就職し生涯教職にあった。一九三五年(昭和一〇)「日本浪曼派」同人となり、同年詩集「わがひとに与ふる哀歌」を自費出版。西欧的で硬質な抒情を萩原朔太郎が激賞した。「夏花(なつはな)」では沈潜した詩風にむかった。

いとうじゃくちゅう【伊藤若冲】 1716.2.8～1800.9.10 江戸中期の画家。名は汝鈞(じょきん)、字は景和。別号は斗米庵(とべいあん)・米斗翁。京都錦小路の青物問屋に生まれ、家業のかたわら絵を狩野派に学ぶ。やがて手本の模倣に終始するその姿勢に不満をいだき、身近な動植物の写生や中国画の研究、さらに琳派の装飾画風を摂取して独自の作風を確立した。とくに鶏を描くことを得意とした。代表作「動植綵絵(さいえ)」、京都鹿苑寺大書院水墨障壁画、大阪府西福寺「群鶏図襖」。

いとうしょうしん【伊藤証信】 1876.9.10～1963.1.14 明治～昭和期の宗教家。三重県出身。一四歳で僧籍に入り、真宗大学に学ぶ。一九〇四年(明治三七)天地万物の内容はすべて愛と悟って回心、〇五年浮浪者の多い東京府下巣鴨村に無我苑を設立。雑誌「無我之愛」を創刊、還俗。二九年(昭和四)愛知県に無我苑を設立。

いとうじろうざえもん【伊藤次郎左衛門】 尾張国名古屋の豪商の世襲名。初代祐道(すけみち)が一六一一年(慶長一六)に名古屋本町に呉服小間物問屋を開き、その次男祐基(すけもと)が次郎左衛門を名のって五九年(万治二)名古屋茶屋町に呉服小間物店を開いた。この伊藤呉服店、のちの松坂屋百貨店は代々次郎左衛門を世襲名とし、一七四〇年(元文五)に名古屋藩の呉服御用をひきうけた。四五年(延享二)には京都に仕入店をおき、六八年(明和五)江戸で松坂屋を買収して、江戸呉服問屋の仲間入りをはたした。

いとうじんさい【伊藤仁斎】 1627.7.20～1705.3.12 江戸前期の儒学者。通称は七右衛門、名は維楨(これえだ)、字は源佐(げんすけ)、仁斎は号。京都の町人出身。角倉・里村家など上層町人と姻戚関係があった。一六六二年(寛文二)京都堀川の私宅に学塾古義堂を開く。程朱学を信奉したが、のち疑問をもち半生をかけて古義学として独自の儒学を構築。その特徴として、天地活物観、四端(したん)の心を忠信などの工夫で拡充し、仁義礼智の普遍道徳をなしとげること、天は人の善悪を監督して禍福を下すが、一対一の個別的対応関係があるわけではないこと、政治と道徳を区別し、道徳の立場で卜筮(ぼくぜい)鬼神を人倫界から排除しようとすることなどがある。その学派は堀川学派・古義学派とよばれる。「語孟字義」「童子問」「論語古義」「孟子古義」などの主著は、死後長男の東涯らにより刊行。荻生徂徠に「日本には過ぎたる大豪傑」と評された。

いとうしんすい【伊東深水】 1898.2.4～1972.5.8 大正・昭和期の日本画家。本名は一(はじめ)。東京都出身。鏑木清方(かぶらぎきよかた)に師事し、巽(たつみ)画会や院展などに出品。一九一六年(大正五)渡辺庄三郎の彫りと摺りを分業した新版画運動に参加する。美人画を得意とし、版画や挿絵も手がけた。五〇年(昭和二五)日月社を結成、五八年日本芸術院会員となる。代表作「鏡獅子」。

いとうしんぞう【伊藤慎蔵】 1825～80.6.17 幕末期の蘭学者。長門国萩の町医師伊藤宗寿の子。適々斎塾に学ぶ。一八五五年(安政二)越前大野藩に招かれ洋学館教授となるが、六一年(文久元)辞去した。六八年(明治元)貢士。七〇年大阪開成所教授。七二年文部大助教。著訳書「颶風新話」「築城全書」「改正磁石霊震気療説」「筆算提要」。

いとうしんとく【伊藤信徳】 ⇨信徳(しんとく)

いとうすけたけ【伊東祐兵】 1559～1600.10.11

名は「すけたか」とも。織豊期の武将。義祐の子。日向国飫肥(おび)城主。六郎五郎。民部大輔・豊後守。一五七七年(天正五)島津氏に敗れ、畿内にのがれて豊臣秀吉に従う。八七年秀吉の九州攻めに黒田孝高(よしたか)の配下として参加し、この頃受洗した。翌年旧領に戻された。関ケ原の戦では東軍に与したが、大坂で病没。

いとうすけちか【伊東祐親】?～1182.2.14　平安後期～鎌倉前期の武士。父は祐家。伊豆国河津荘を本拠とする。平氏に仕え、伊豆に流されていた源頼朝を監視した。一一七五年(安元元)頼朝を殺そうとしたため、頼朝は北条時政のもとにのがれた。八〇年(治承四)の頼朝挙兵に際してはこれを攻めたが捕らえられ、女婿の三浦義澄(よしずみ)に預けられた。のち許されたが自害。

いとうすけゆき【伊東祐亨】1843.5.12～1914.1.16　明治期の海軍軍人。鹿児島藩士出身。薩英戦争などに参加し、維新後海軍に入り、多くの軍艦の副長・艦長を歴任。海軍省第一局長兼海軍大学校校長をへて、一八九二年(明治二五)中将に昇進、横須賀鎮守府司令長官となる。九三年常備艦隊司令長官となり、日清戦争勃発とともに初代の連合艦隊司令長官に就任、各海戦に勝利を収める。戦後は海軍軍令部長・大将となり、日露戦争にも勝利。一九〇六年元帥。〇七年伯爵。

いとうせい【伊藤整】1905.1.16～69.11.15　昭和期の詩人・小説家・文芸評論家。北海道出身。本名整(ひとし)。東京商大中退。新心理主義の批評家兼作家として注目される。私小説「得能(とくのう)五郎の生活と意見」で日中戦時下の知識人の生き方を追求、戦後の「鳴海(なるみ)仙吉」に発展させ、文学理論を「小説の方法」にまとめる。代表作「火の鳥」、自伝小説「若い詩人の肖像」、「日本文壇史」一八巻。

いとうそうかん【伊藤宗看】江戸時代の将棋三家の一つ伊藤家の世襲名。江戸時代に六世を数える。初世(一六一八～九四)は出雲国生れで、二世名人大橋宗古の女婿。伊藤家をおこし一六五四年(承応三)江戸に移住、六二年(寛文二)に幕府より家禄二〇石を支給される。宗古の死後三世名人。三世(一七〇六～六一)は、華麗な詰将棋集「象戯作物」の作者として著名。七世名人。六世(一七六八～一八四三)も一〇世名人となる。

いとうたさぶろう【伊東多三郎】1909.2.10～84.10.29　昭和期の歴史学者。新潟県出身。東大卒。東京帝国大学史料編纂所に勤務し、一九五四年(昭和二九)同教授。「大日本近世史料」の編纂をはじめ、日本近世の思想史および生活史で業績をあげるかたわら、藩政史研究でも指導的役割をはたした。著作集「近世史の研究」全五巻。

いとうちゆう【伊藤痴遊】1867.2.15～1938.9.25　明治～昭和前期の政治家・講談師。本名は仁太郎。横浜の薬種商に生まれる。少年時から自由党に参加し、星亨(とおる)に師事し、壮士として鳴らした。政治講談を創始し、維新英傑伝・自由党史などを得意とした。東京市会・府会議員を歴任、第一回普通選挙で衆議院議員に当選。一九三五年(昭和一〇)「痴遊雑誌」を創刊(～三八年)。

いとうちゅうた【伊東忠太】1867.10.26～1954.4.7　明治～昭和期の建築家。建築史学の開拓者。出羽国米沢生れ。東大卒。一八九三年(明治二六)発表の「法隆寺建築論」において西洋古典建築と日本建築の関連を指摘し、東洋建築史研究の基礎を築いた。古社寺保存会委員・造神宮技師・東京帝国大学助教授を歴任し、一九〇五年同教授。代表的建築作品に築地本願寺(三四年竣工)がある。三七年(昭和一二)芸術院会員、四三年文化勲章受章。

いとうちゅうべえ【伊藤忠兵衛】1842.7.2～1903.7.8　紅忠(べんちゅう)(伊藤忠商事・丸紅商店の前身)の創設者。近江国生れ。近江麻布・呉服太物(ふともの)の行商に従事し、一八七二年(明治五)大阪に店舗紅忠を開いた(のち伊藤本店と改称)。その後、輸入羅紗や輸出用雑貨、綿花・綿糸などの取引を手がけるとともに、近江銀行など諸会社の設立にかかわった。次男精一が二代目忠兵衛をついだ。

いとうづし【到津氏】宇佐神宮大宮司の一族。鎌倉後期に宇佐大宮司を勤めた宇佐公世の三男公連(きんつら)に始まる家系をさす。公連は豊前国到津荘(現、北九州市)の地頭職をもったため到津氏を名のり、南朝の一勢力として活躍。南北朝統一後は宮成(みやなり)氏とともに大宮司に補任される一族として継承され、明治期には男爵を授けられた。「到津文書」を伝える。

いとうでんえもん【伊藤伝右衛門】1741～85.5.23　江戸中期の水利功労者。名は正敦。美濃国安八郡生れ。大垣藩士伊藤政明の養子となり、郡奉行を勤めた。一七八一年(天明元)大垣藩領の今村・古宮二郷の排水と開発のため伏越樋と排水路の開削に着手、八三年完成したが実効をみず、再度八五年に模様替え工事を行い排水に成功した。同年自害したが、原因は不明。

いとうとうがい【伊藤東涯】1670.4.28～1736.7.17　江戸中期の儒学者。仁斎の長男で古義堂の二代目。名は長胤(ながつぐ)、字は原蔵(源蔵・元蔵)、東涯は号。温厚な長者で父や弟たちを支えて古義学の隆盛をたすけた。仁斎遺著の編集・刊行に努め、自身も「訓幼字義」などを刊行。中国語学・制度史・儒教史などの基礎的分野の研究にも精励。「用字格」「名物六帖」「制度通」「古今学変」などは、堅実な学風と博識を示す著で、学界に大きく貢献。

いとうとくたろう【伊藤篤太郎】1865.11.29～1941.3.21　明治～昭和前期の植物学者。尾張国生れ。シーボルトに師事した博物学者の祖父伊藤圭介に植物学を学ぶ。イギリスに留学して近代植物学を学び、植物学の改革を唱えた。のち東北帝国大学講師。分類記述ばかりでなく、解剖・生理・組織・形態などの研究を強調。著書「大日本植物図彙」。

いとうとしよし【伊藤雋吉】 1840.3.28～1921.4.10　明治期の海軍軍人。丹後国田辺藩士出身。一八六九年(明治二)創立時の海軍操練所に出仕し、七一年海軍少佐、春日艦長となる。海軍兵学校校長(築地)・横須賀造船所所長・海軍参謀部長・海軍省局長などを歴任し、日清戦争中は中将で海軍次官。戦後男爵を授けられ、予備役に入り、死去するまで貴族院議員。

いとうのえ【伊藤野枝】 1895.1.21～1923.9.16　大正期の婦人運動家・アナーキスト。福岡県出身。東京の上野女学校卒業後、英語教師だった辻潤(つじじゅん)と同棲。一九一三年(大正二)青鞜(せいとう)社に参加、「青鞜」編集に従事。アナーキスト大杉栄と恋愛関係となり、一六年の日蔭茶屋事件ののち同棲、四女一男を生んだ。二一年山川菊栄らと赤瀾(せきらん)会を結成したが、関東大震災のとき大杉とともに憲兵大尉甘粕(あまかす)正彦らに虐殺された。「伊藤野枝全集」全二巻。

いとうばいう【伊藤梅宇】 1683.8.19～1745.10.28　江戸中期の儒学者、備後国福山藩儒。仁斎の次男。名は長英(ながひで)、字は重蔵、梅宇は号。一七一八年(享保三)福山藩仕官、翌年朝鮮通信使の接待にあたり「童子問」を使節に贈った。家学を継承しながら日本儒者の中華崇拝と自国への無知ぶりを批判。君を尊び義を重んじる日本は、易姓革命の中国にまさるとし、古義堂の日本化の傾向を示した。随筆「見聞談叢」は父や兄東涯の教訓、山崎闇斎(あんさい)らの逸話を載せる。

いとうひろくに【伊藤博邦】 1870.2.2～1931.6.9　明治～昭和前期の宮内官僚。山口県出身。井上馨の兄である井上光遠(みつとお)の四男に生まれ、一八七八年(明治一一)伊藤博文の養嗣子となる。はじめ勇吉、一九〇七年博邦に改名。ドイツに留学したが病のため帰国、宮内省に入る。式部次長・式部長官を歴任、公爵となり貴族院議員を務めた。

いとうひろぶみ【伊藤博文】 1841.9.2～1909.10.26　明治期の政治家。公爵。幼名は利助・俊輔、号は春畝(しゅんぽ)。周防国の農家に生まれるが、父が萩藩の中間(ちゅうげん)の養子となり、下級武士の身分を得た。吉田松陰に学んで尊王攘夷運動に身を投じたが、イギリスに留学して開国論に転じる。明治維新後、大蔵少輔・租税頭・工部大輔などを歴任。一八七一～七三年(明治四～六)岩倉遣外使節団の副使として欧米を視察。帰国後参議兼工部卿となり、大久保利通(としみち)の片腕として殖産興業政策の推進に尽力。大久保の死後、内務卿。明治十四年の政変ののち、ヨーロッパで憲法調査に従事し、帰国後、宮中改革・近代的内閣制度樹立を進め、八五年初代の内閣総理大臣に就任。ドイツ風の憲法を起草し、枢密院議長に転じて草案審議にあたり、八九年二月大日本帝国憲法の発布に貢献した。四たび首相を務める。日清戦争では全権として講和条約に調印。日清戦争後、衆議院の多数党の自由党と提携、一九〇〇年にはみずから立憲政友会総裁となって政党内閣を組織し、明治立憲制のもとで政党政治への道を開いた。晩年は元老として勢力を保持し、日露戦争後、韓国統監を務めたが、韓国の民族運動家安重根(あんじゅうこん)によりハルビン駅頭で暗殺された。

いとうまごえもん【伊藤孫右衛門】 1543～1628.7.15　近世初期の篤農家、紀州蜜柑(みかん)の元祖。紀伊国有田郡中番村生れ。庄屋役を勤める。天正年間肥後国八代から持ち帰った蜜柑二株のうち一株に継木をして増やし、人々に栽培方を教授したという。なお紀州蜜柑の起源については、自生の蜜柑を同人が品種改良したという説もある。

いとうまさのり【伊藤正徳】 1889.10.18～1962.4.21　大正・昭和期のジャーナリスト・軍事評論家。茨城県出身。慶大卒。一九一三年(大正二)時事新報社入社。海軍省担当記者、海外特派員として活躍する。三三年(昭和八)退社後、共同通信理事長・日本新聞協会理事長・時事新報社長などを歴任。著書「国防史」「新聞生活二十二年」。

いとうマンショ【伊東マンショ】 1569?～1612.10.21　天正遣欧使節の正使の一人。日向国領主伊東氏の一族。一五八二年(天正一〇)バリニャーノにより遣欧使節が企画され、大友宗麟(そうりん)の名代として日本を出発、ポルトガル、スペイン、ローマなどに赴く。九〇年長崎に帰国、翌年聚楽第(じゅらくてい)で豊臣秀吉に謁見。同年イエズス会に入会し、一六〇八年(慶長一三)司祭に叙階。九州各地で布教に従事し、長崎で病死。

いとうみよじ【伊東巳代治】 1857.5.7～1934.2.19　明治～昭和前期の官僚・政治家。肥前国長崎生れ。伊藤博文のもとで大日本帝国憲法など法典の調査・起草にたずさわった。枢密院書記官長をへて、一八九二年(明治二五)第二次伊藤内閣の内閣書記官長。日清戦争では全権弁理大臣として批准書を交換。その後枢密顧問官となり、一九〇三年には帝室制度調査局副総裁として皇室令を制定。原敬時代の政友会には理解を示す態度をとった。一七年(大正六)臨時外交調査委員会委員となり、政府の方針を批判した。二七年(昭和二)の金融恐慌に際し、台湾銀行救済緊急勅令案を枢密院で否決させて第一次若槻内閣総辞職の要因を作り、三〇年のロンドン海軍軍縮条約でも批准反対の論陣をはった。日記の一部が写本で伝わる(「翠雨荘(すいうそう)日記」)。

いとうよしすけ【伊東義祐】 1512～85.8.5　戦国期の日向国の武将。幼名虎熊丸、のち六郎五郎・

祐清。修理大夫・大膳大夫。号は三位入道。父尹祐、兄祐充の死後、内紛をへて家督相続。伊東氏の最盛期を築くが、一五七二年(元亀三)の木崎原合戦で島津氏に大敗した後はふるわず、七七年(天正五)に領国は崩壊。豊後大友氏のもとに落ちのび、その後帰国することなく和泉国界で客死。

いとうらんぐう【伊藤蘭嵎】 1694.5.1～1778.3.27 江戸中期の儒学者。紀伊国和歌山藩儒。仁斎の五男。名は長堅、字は才蔵、蘭嵎は号。長兄東涯と並び伊藤の首尾蔵と称された。父や長兄が四書研究、語学・歴史研究に努めたのに対し、家学を継承しながら五経研究に精励。史料批判では伏羲の「易」作者説を疑い、古文尚書をとらず、春秋左氏伝を偽書とし、詩は孔子がはじめて経典化したとするなど、斬新な説を出した。武断の傾向が強いとの評がある。

いとうろくろべえ【伊藤六郎兵衛】 1829.7.15～94.3.30 明治前期の宗教家。丸山教の教祖。行名聖徳孝行。武蔵国生れ。はじめ富士信仰の丸山講先達となる。一八七三年(明治六)に丸山教を創唱するが、当局の弾圧をうけ、活動の合法化のため富士一山講社と合同、参元職となった。のち独立して丸山教会大教正。

いとがかずお【糸賀一雄】 1914.3.29～68.9.18 昭和期の児童福祉事業家。鳥取県出身。京大卒。一九三八年(昭和一三)滋賀県吏員となる。四六年知的障害をもつ子供のための近江学園を開設して園長となる。六三年びわ湖学園を創設して重度障害児の可能性を評価し、製陶や織物などの技術を生かす場を作った。「糸賀一雄著作集」全三巻。

いとくてんのう【懿徳天皇】 記紀系譜上の第四代天皇。大日本彦耜友天皇と称する。安寧天皇の第二子。母は渟名底仲媛命。磯城県主の女天豊津媛命を皇后とし、孝昭天皇をもうけた。軽(現、奈良県橿原市大軽町付近)に曲峡宮を営み、畝傍山の南の繊沙谿上陵に葬られたと伝える。

いどさとひろ【井戸覚弘】 ?～1858.4.- 幕末期の幕臣。大内蔵、のち対馬守。一八四二年(天保一三)目付、四五年(弘化二)長崎奉行となり、翌年フランス艦との交渉を行い、阿部正弘の抜擢をうけ、四九年(嘉永二)町奉行。五四年(安政元)のペリー再来航に林復斎らと米国使節応接掛となり、日米和親条約の調印の全権となる。五六年大目付に転じ、在職中に没。

いとないしんのう【伊都内親王】 ?～861.9.19 桓武天皇の皇女。母は藤原乙叡の女平子。名を伊登・伊豆とも記すが、伊登を誤りとみて「いつ」と読む説もある。平城天皇の第一皇子阿保親王の妻となり、八二五年(天長二)在原業平を生んだ。「古今集」には、業平に与えた歌がみえる。八三三年母の遺言に従い、墾田一六町などを山階寺(興福寺)に施入。その際の願文には手印と自署が残される。

いどひろみち【井戸弘道】 ?～1855.7.26 幕末期の幕臣。石見守。一八四八年(嘉永元)目付、五三年浦賀奉行となり、六月のペリー来航の際、同僚の戸田氏栄とともに久里浜で国書を受領する。同年一二月大目付へ転じ、海防掛・分限帳改となる。翌五四年(安政元)軍制改正御用掛に任じられたが、大目付在職中に没。

いどへいざえもん【井戸平左衛門】 1672～1733.5.27 江戸中期の幕府代官。父は野中重貞。井戸正和の養子。名は正明。一七三一年(享保一六)御勘定から石見国大森代官となる。享保の飢饉に際し、青木昆陽に先んじて薩摩国から芋種を取り寄せ、領内各村に普及をはかった。凶作がつのると幕府へ無断で年貢の減免、夫食・官金の付与を断行して領民の救済に尽力。独断の責任を負い、三三年備中国笠岡で自刃。芋代官と慕われ、石見国各地に徳功碑(芋塚)が建てられた。

いとやずいえもん【糸屋随右衛門】 1586～1650 近世初期の貿易家。長崎に居住し、ルソンのマニラに二四回渡航したと伝えられるが、随右衛門名義の朱印船派遣の事例は確認されていないので、船主ではなく船長や客商として朱印船に乗り組んだのであろう。一六三〇年(寛永七)に松倉重政がルソン征討の偵察としてマニラに船を派遣した際、船大将として同行した。

いなうじ【為奈氏】 韋那・猪名・威奈とも。古代の氏族名。「古事記」「日本書紀」では祖を宣化天皇皇子の恵波王(上殖葉皇子)とするが、「新撰姓氏録」などは宣化天皇の皇子火焔王とする。摂津国河辺郡為奈郷(現、兵庫県尼崎市)を本拠とし、氏の名はその地名によるとされる。六八四年(天武一三)姓は公から真人となった。七世紀後半の氏人の活動が「日本書紀」に散見するが、文武朝に小(少)納言となった威奈真人大村はその在銘骨蔵器によって名高い。

いながきし【稲垣氏】 近世の譜代大名家。伊勢国の出で、文明年中(一四六九～八七)三河国宝飯郡牛久保(現、愛知県豊川市)へ移ったという。同国吉田の牧野氏のもとで数々の軍功をあげ、一五九〇年(天正一八)徳川家康に直属。宗家は一六〇一年(慶長六)上野国伊勢崎一万石を領し、以後、越後国藤井、同国三条、三河国刈谷、下野国烏山とたびたび転封され、一七二五年(享保一〇)志摩国鳥羽藩主三万石となって幕末にいたる。維新後子爵。

いながきまんじろう【稲垣満次郎】 1861.9.26～1908.11.25 明治期の外交官。肥前国松浦郡生れ。東大・ケンブリッジ大学に学び、帰国後副島種臣・近衛篤麿らとともに東邦協会をおこして幹事長。一八九七年(明治三〇)第二次松方内閣の人材登用人事でシャム(現、タイ)公使。一九〇七年スペイン公使となるが、任地で客死。

いなげし【稲毛氏】 武蔵国の鎌倉御家人。桓武平氏。秩父氏の一族。鎌倉前期に小山田有重の子重成が、稲毛荘(現、神奈川県川崎市)を支配し稲毛三郎を称したのに始まる。重成は源平争乱や奥州平定に活躍。一二〇五年(元久二)妻の父北条時政と畠山重忠討伐を謀り、子の小沢重政、弟の榛谷重朝とともに殺された。ほかに日奉姓の武蔵七党西党にも、稲毛を名のった者がいる。

いなげしげなり【稲毛重成】 ?～1205.6.23 鎌倉前期の武士。父は小山田有重。三郎と称する。武蔵国稲毛荘を本拠とする。源頼朝に従い多くの戦功をあげる。一二〇五年(元久二)畠山重忠が無実の罪により討たれた事件の責任者として殺された。

いなし【伊奈氏】 江戸時代の旗本家。関東郡代を世襲。清和源氏義家流を称した。はじめ戸賀崎、ついで荒川姓を称し、初代は氏元。七代易氏のときに信濃国伊奈(伊那)郡に住んだ。九代易次は叔父易正に熊蔵の城を奪われて信濃を去り、東海地方を流浪、旧事を忘失せぬよう伊奈氏に改称した。その子忠基は松平広忠・徳川家康に仕え、三河国小島で勢力を伸ばす。忠基の嫡男貞政の系統は昭綱で断絶。一一男忠家の嫡子忠次は代官として家康の信任を得、家康の関東入国後に関東郡代として活躍。忠次の嫡子忠政の死後、子の忠勝も早世し、一時断絶。のち忠勝の弟忠隆が再興。関東郡代職は忠次の次男忠治の系統が継承し、忠尊に至るが、一七九二年(寛政四)三月忠尊の失脚により郡代職の世襲は終わった。

いなただおき【伊奈忠宥】 1729～72.8.25 江戸中期の幕臣。父は忠逵。忠辰の養子。通称は半左衛門。一七五四年(宝暦四)家督相続し関東郡代となる。六四年(明和元)畿内の新田検地と淀川通の諸普請を行い、関東北部から信濃国に及ぶ伝馬騒動の鎮静に手腕をふるった。翌年郡代兼帯のまま勘定奉行、備前守に叙された。朝鮮人参製造方、砂糖製法普及を所轄した。

いなただたか【伊奈忠尊】 1764～94.8.19 江戸中期の幕臣。父は板倉勝澄。伊奈忠敬の養子。通称半左衛門。一七七八年(安永七)家督相続し関東郡代となる。関東洪水・浅間山噴火などの天災救援や上州絹一揆などの取締り、廻米を組織しての天明の江戸打ちこわしの収拾にも活躍。勧農を基本とする民政が農民・町人から慕われた。しかし御家騒動から九二年(寛政四)領地没収、盛岡藩預となり、関東郡代は勘定奉行久世広民が兼任した。

いなただつぐ【伊奈忠次】 1550～1610.6.13 江戸前期の代官頭。通称熊蔵。備前守。忠家の長男。三河国小島生れ。一五七九年(天正七)徳川家康の嫡男松平信康の自殺後、一時堺へ出奔したが、八二年に復帰。九〇年徳川氏の関東入国後、武蔵国小室・鴻巣の内に一万石を給された。小室に陣屋を構えて関東郡代となり、検地、知行割、新田開発、交通制度の整備、水利・治水事業、諸産業の奨励に貢献し、甲斐代官を兼任するなど、その支配領域は関東から甲斐・伊豆・駿河・遠江・三河・尾張諸国に及んだ。関八州の検地を実施し、備前検地と称され、伊奈流の地方農政仕法として、のちの幕府農政の基本となった。また備前堀を開削した。子孫は一七九二年(寛政四)まで関東郡代を世襲。

いなただはる【伊奈忠治】 1592～1653.6.27 江戸前期の幕臣。関東郡代。通称半十郎、法名源周。忠次の次男。はじめ勘定方を勤め、一六一八年(元和四)兄忠政の死後、関東郡代職を継いだ。のち武蔵国赤山(現、埼玉県川口市)に陣屋を構え七〇〇〇石を領し、関東および駿河・遠江・三河国の年貢収納にあたった。利根川の改修、新田開発、沼沢池の干拓、井堰・堤防の築造など、北関東の開発や民政に従事した。

いなだまさつぐ【稲田正次】 1902.8.26～84.8.14 昭和期の政治学者。島根県出身。一九三一年(昭和六)九大卒。東京高等師範・東京文理科大学助教授をへて、東京教育大学教授・富士短期大学学長などを歴任。明治憲法成立史の研究に関する第一人者。著書「明治憲法成立史」二巻、「教育勅語成立過程の研究」。

いなだりゅうきち【稲田竜吉】 1874.3.18～1950.2.27 明治～昭和期の医学者。愛知県出身。東大卒。ドイツに留学して内科学を研究。帰国後九州

●伊奈氏略系図

易次─忠基┬貞政……昭綱
　　　　　└忠家(康足)─忠次[武蔵小室藩]┬忠政─忠勝＝忠隆
　　　　　　　　　　　　　　　　　　　　└忠治─忠克(忠勝)─忠常─忠篤＝忠順＝忠逵＝忠辰＝忠宥＝忠敬＝忠尊＝忠盈─忠信─忠行─忠重

稲葉氏略系図

通貞—通則—良通（一鉄）┬重通＝正成［真岡藩］┬正勝［小田原藩］—正則┬正往［高田藩 佐倉藩］—正知［淀藩］—正任＝正恒＝正親—正益—正弘＝正諶—正備—正発＝正守＝正誼＝正邦（子爵）
　　　　　　　　　　　│　　　　　　　　　　│　　　　　　　　　　└正員……正明［館山藩］
　　　　　　　　　　　│　　　　　　　　　　└正吉—正休
　　　　　　　　　　　└貞通［臼杵藩］—典通—一通—信通—景通＝知通—恒通—董通—泰通—弘通—雍通—尊通＝幾通＝観通＝久通（子爵）

帝国大学教授。一九一五年(大正四)井戸泰とともにワイル病の病原体を発見し、純粋培養に成功。また九州・四国に多い風土病の出血性黄疸の病原を追究し、ワイル病と同じものであることを立証、世界的に評価された。のち東京帝国大学教授。日本医療団総裁・日本医師会会長を歴任。学士院恩賜賞・文化勲章をうけた。

いなづぎくう【稲津祇空】 ⇨祇空(ぎくう)

いなばいってつ【稲葉一鉄】 1516～88.11.19 織豊期の武将。父は通則。名は通以(みちもち)・通朝・貞通・長通・良通といく度も改め、一鉄と号した。美濃土岐氏の家臣で、一五五二年(天文二一)土岐氏滅亡後、斎藤道三に仕え、安藤守就(もりなり)・氏家直元(なおもと)(卜全(ぼくぜん))とともに美濃三人衆とよばれる。六七年(永禄一〇)安藤や氏家とともに織田信長に内通し、信長の美濃侵攻を助けた。以後信長や豊臣秀吉に仕え美濃国清水城主となる。多大な戦功をあげ、文才にもたけていた。

いなばさだみち【稲葉貞通】 1546～1603.9.3 織豊期～江戸初期の武将。一鉄の嫡男。織田信長に仕え、一五七九年(天正七)父のあとを継ぎ美濃国曾根城主。その後豊臣秀吉に仕え、八七年九州攻めに参陣し、翌年同国郡上八幡城主。九〇年小田原攻めに参加し、朝鮮出兵では渡海。関ケ原の戦では西軍に属したが、決戦直前に東軍となり、長束(なつか)正家の近江国水口城を攻撃。戦後、豊後国臼杵城主となり五万六〇石余を領有。

いなばし【稲葉氏】 近世の大名家。初代通貞は伊予の越智氏で稲葉と改姓。代々美濃国の土岐氏に属したが、土岐氏の没落後は斎藤氏・織田氏と主家をかえた。織田信長死後、良通(一鉄)のとき豊臣秀吉に仕え、一五八八年(天正一六)美濃国郡上八幡城主となり四万石。子の貞通は関ケ原の戦で東軍に属し、戦後豊後国臼杵五万六〇〇石余に移り、久通のとき版籍奉還となった。また貞通の庶兄重通の養子正成は、関ケ原の戦の功で一六〇七年(慶長一二)美濃で一万石をうけた。子の正勝は母春日局の縁で徳川家光の側近になり老中を勤め、三二年(寛永九)相模国小田原藩主八万五〇〇〇石になった。正知のとき山城国淀藩一〇万石に移され幕末にいたる。両家とも維新後子爵。

いなはたかつたろう【稲畑勝太郎】 1862.10.30～1949.3.29 明治～昭和期の実業家。京都生れ。一八七七年(明治一〇)京都府からフランスのリヨンに派遣され、染色技術を学ぶ。九〇年稲畑染料店(のち稲畑商店)、九七年稲畑染工場を創立。一九二二～三四年(大正一一～昭和九)大阪商業会議所会頭。二六年貴族院議員。

いなばまさかつ【稲葉正勝】 1597～1634.1.25 江戸初期の大名。父は正成、母は春日局。丹後守。一六〇四年(慶長九)から徳川家光に近侍し、徒頭(かちがしら)・小姓組番頭をへて二一年(元和七)書院番頭となる。二三年従五位下丹後守に叙任され、奉書加判の家光付年寄となった。三二年(寛永九)加藤忠広の改易に際して肥後国熊本城受取を勧め、四万石余加増され、八万五〇〇〇石で相模国小田原藩主となる。家光政権の幕閣として活躍が期待されたが、三八歳で没。

いなばまさくに【稲葉正邦】 1834.5.26～98.7.15 幕末期の老中。山城国淀藩主。父は二本松藩主丹羽長富。淀藩主稲葉正誼の養子。一八四八年(嘉永元)遺領相続。六三年(文久三)京都所司代となり京都守護職松平容保(かたもり)を補佐。八月十八日の政変で攘夷派の行動を抑えた。その後老中となり、一橋慶喜(よしのぶ)の将軍就任に尽力し、慶喜の幕政改革に協力。鳥羽・伏見の戦後は新政府に加担した。淀藩知事を勤め、のち子爵。

いなばまさやす【稲葉正休】 1640～84.8.28 江戸前期の大名。父は旗本で正吉。石見守。一六五六年(明暦二)父の遺領を継ぎ美濃国青野に五〇〇〇石を領した。七四年(延宝二)小姓組番頭となり石見守に叙任。七七年書院番頭、その後近習をへて八二年(天和二)若年寄に昇進、一万二〇〇〇石を領した。八四年(貞享元)江戸城中で大老堀田正俊を刺殺。みずからも同席の老中大久保忠朝らに殺され、家も改易となった。正俊刺殺の理由は諸説あるが不明。

いなばみちくに【稲葉通邦】 1744～1801.4.25 江戸中・後期の名古屋藩士、国学者・故実家。父通経などに武芸・礼法を学び、岡田重定から古流故実伝をうけた。漢学・国学も学び、藩命で「神祇宝典」の校合や藩関係図書の改正補訂に従事。内外の多数の古典を蔵する大須真福寺の蔵本調査を行った。古武具の実際的研究にも力を注いだ。

いなむらごしょ【稲村御所】 ⇨足利満貞(あしかがみつさだ)

いなむらさんぱく【稲村三伯】 1758～1811.1.16 江戸後期の蘭方医・蘭学者。名は箭(せん)、号は白羽。鳥取藩医稲村三杳の養子となり、亀井南冥に学ぶ。一七九二年(寛政四)大槻玄沢の芝蘭堂に入門。玄沢に辞典の翻訳を頼んだが、多忙のため断られ、元通詞の石井恒右衛門を紹介された。ハルマの蘭仏辞典を訳出してもらい、宇田川玄随・岡田甫説らの協力をえて辞書を編纂、九六年日本最初の蘭日辞典「ハルマ和解」ができた。その後、実弟越前屋大吉の負債事件に関連して藩邸を出奔、下総国稲毛に隠棲、名も海上随鷗と改めた。一八〇五年(文化二)京都に移り蘭学を教授、門下には藤林普山・小森桃塢・中天游らが輩出しており、関西の蘭学発展に貢献した。

いなわしろけんさい【猪苗代兼載】⇩兼載

いにしきいりひこのみこと【五十瓊敷入彦命】印色入日子命とも。記紀伝承上の人物。垂仁天皇の皇子。母は皇后日葉酢媛命。垂仁天皇は命とその弟の大足彦尊(景行天皇)にそれぞれ望み通り、兄には弓矢を、弟には皇位を与えた。そこで命は剣一〇〇〇口を作り、これを石上神宮に納めて管理した。命が老齢となってこれを物部十千根にゆだね、以後は物部氏が石上神宮の管理を行うことになったという。

いぬおう【犬王】?～1413.5.9　南北朝期～室町中期の近江猿楽比叡座の能役者。佐々木高氏(導誉)に賞された記事が「申楽談儀」に載る。観阿弥没後の能界第一人者として将軍足利義満の愛顧をうけた。一三九六年(応永三)に結城満藤事件に連坐したが、義満の法名道義の一字をえて法名犬阿弥を道阿弥と改める栄誉に浴し、一四〇八年の後小松天皇の北山第行幸で天覧能を舞った。天女舞を得意とし、歌舞幽玄の芸風は世阿弥に多大な影響を与えた。

いぬかいたける【犬養健】1896.7.28～1960.8.28　昭和期の政治家。東京都出身。毅の子。東大中退。作家であったが政界に入り、日中戦争開始後には汪兆銘政権工作などを推進。ゾルゲ事件で起訴される。第二次大戦後の一九四八年(昭和二三)に民主党の総裁になったが、保守合同を試みて孤立。第四次・第五次吉田内閣で法相を務めたが、五四年四月造船疑獄で指揮権を発動して政治生命を失った。

いぬかいつよし【犬養毅】1855.4.20～1932.5.15　明治～昭和前期の政党政治家。号は木堂。備中国生れ。慶大中退。新聞記者から官僚となったが明治十四年の政変で下野。第一回総選挙で当選。以後、立憲改進党・進歩党・憲政本党で活躍。一九一〇年(明治四三)立憲国民党を結成し、第一次護憲運動では尾崎行雄と並び「憲政の神様」と称され、第二次護憲運動でも革新倶楽部を率いて活躍。二五年(大正一四)同倶楽部を立憲政友会と合同させて政界を一度引退。二九年(昭和四)政友会第六代総裁になり、三一年末には内閣を組織して金輸出再禁止を実施、満州事変の処理をはかったが、翌年の五・一五事件で殺害された。辛亥革命を支援したアジア主義者でもあった。

いぬかいのいきみ【犬養五十君】?～672.7.-　七世紀半ばの豪族。六四五年(大化元)東国国司の一人として派遣されたが、翌年朝集使の報告の際、紀臣の一行の一人として罪を問われた。六七二年(天武元)の壬申の乱では近江側の将軍として大和国中ツ道で戦うが、捕らえられ斬死。

いぬかけうえすぎし【犬懸上杉氏】関東管領上杉氏の一族。藤原氏。上杉憲房の子憲藤が鎌倉犬懸に住んだことに始まる。憲藤および子の朝房・朝宗兄弟は関東管領に任じられ、とくに朝宗は鎌倉公方足利満兼を養育し、小山氏の乱の鎮圧などに功があった。子の氏憲(禅秀)も関東管領となったが、一四一六年(応永二三)上杉禅秀の乱をおこし翌年敗死、滅亡した。

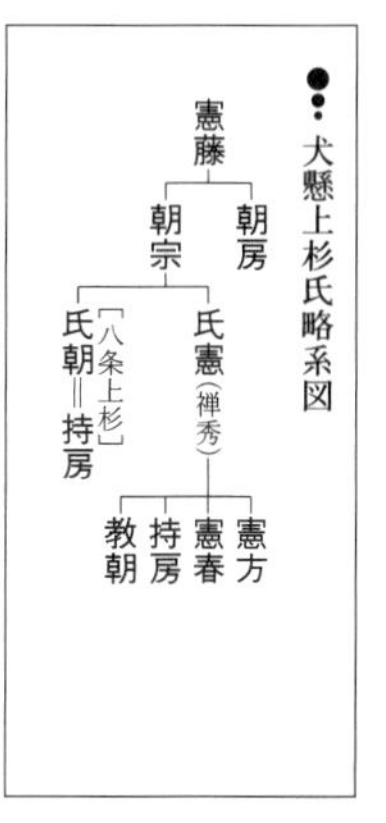

●犬懸上杉氏略系図

いぬかみうじ【犬上氏】古代の地方豪族。姓は君。六八四年(天武一三)の八色の姓制定時に朝臣となる。始祖は日本武尊の子稲依別王とする。本拠地は近江国犬上郡。七世紀には遣隋使・初代遣唐使を勤めた御田鍬、遣高句麗使となった白麻呂らが外交に活躍。その後八〇五年(延暦二四)に望成が、八八五年(仁和元)に近江国検非違使権主典前犬上郡大領の春吉がみえるだけで衰えた。別に天津彦根命を祖とする犬上県主氏がみえる。

いぬかみのこれなり【犬上是成】生没年不詳。平安初期の舞師。「教訓抄」に舞楽曲の「三台塩」を日本に将来したと伝え、入唐と考えられる。また壱(溢)金楽は和邇部大田麻呂が楽を、是成が舞を作ったという。「西王楽」「夏引楽」「夏草井」「承燕楽」の作舞者とも伝えるが、不詳。

いぬかみのみたすき【犬上御田鍬】三田耜とも。生没年不詳。七世紀の官人。六一四年(推古二二)矢田部造らと入隋し、翌年百済使を伴って帰朝。六三〇年(舒明二)初代遣唐使として薬師恵日に送られて帰京した。このとき、留学僧旻らとともに入唐し、翌々年返答使高表仁らも帰国。

いぬめむらひょうすけ【犬目村兵助】1797～1867.2.23　甲州騒動の頭取の一人。甲斐国都留郡犬目村の水田屋水越市郎左衛門の子。一八三六年(天保七)甲州騒動で下和田村武七らとともに頭取となり、幕府の裁決では、存命ならば石和宿において磔とあるが逃亡し、永尋となる。逃走日記によると、三島大社を皮切りに信濃の善光寺から安芸の厳島神社、讃岐の金刀比羅宮、さらには高野山・伊勢神宮など各地の名だたる神社仏閣を参詣し、そろばん指南などで糧を得ながら逃走を続けた。口承では、木更津で寺子屋の師匠をしたのち犬目に戻り余生を送ったという。

いのうえいんせき【井上因碩】 江戸時代の碁打四家の一つ井上家の世襲名。二世から因碩を名のり江戸前期～昭和期に一五世を数える。二世(一六〇五～七三)は、晩年京都から江戸へ移住、江戸幕府の家禄をうけた。四世(?～一七一九)は、二世因碩の養子となり跡目。井上家でただ一人碁所・名人となる。一一世(一七九八～一八五九)は、文政年間に本因坊家との争い碁で敗れる。井上家は明治維新後関西に移住し、東京での影響力はなくなった。

いのうええんりょう【井上円了】 1858.2.4～1919.6.6　明治・大正期の仏教哲学者。越後国の真宗大谷派の寺に生まれる。東大卒。在学中に哲学会を組織し、一八八七年(明治二〇)「哲学会雑誌」を創刊。湯島に哲学館(現、東洋大学)を創立し、政教社創設にも関与した。仏教に哲学的基礎を与えようとした「真理金針」三編は、キリスト教批判において国粋的だったが、その方法は西洋哲学の原理にもとづいていた。迷信打破に熱心で怪異を合理的に論じ妖怪博士の異名をとった。

いのうえかおる【井上馨】 1835.11.28～1915.9.1　幕末期の萩藩士、明治期の藩閥政治家。一時、志道家の養子となり、一八六〇年(万延元)藩主から聞多の名を賜わる。号は世外。尊攘運動にたずさわりイギリス公使館焼打に参加、のち伊藤博文らとイギリスに密航。維新後造幣頭・大蔵大輔などを歴任、留守政府と対立して一時退官。七六年(明治九)全権副大臣として日朝修好条規を結ぶ。欧州出張後、参議兼工部卿をへて参議兼外務卿(のち外相)となり、八五年漢城条約を締結。条約改正にあたったが、八七年外国人法官任用問題などの紛糾で辞任。黒田内閣で農商務相となり自治党結成を試みたが失敗、大隈重信外相の条約改正に反対して同内閣崩壊の原因をつくった。第二次伊藤内閣で内相、第三次伊藤内閣で蔵相を務め、政友会結成にも関与。第四次伊藤内閣退陣後に組閣命令をうけたが、渋沢栄一が蔵相就任を断ったため辞退。以後は財政通の元老として活動。侯爵。

いのうえかくごろう【井上角五郎】 1860.10.18～1938.9.23　明治～昭和前期の政治家。備後国生れ。広島県立師範・慶応義塾で学ぶ。一八八二年(明治一五)朝鮮に渡り、翌年朝鮮政府顧問。「漢城旬報」を創刊。甲申事変にも参画。後藤象二郎の側近として大同団結運動に参加。吏党系代議士として活躍したのち政友会に入り、一度除名されたが一九〇八年復帰。北海道炭礦鉄道の経営に参加するなど実業界でも活躍した。

いのうえきよなお【井上清直】 1809～67.12.28　幕末期の幕臣。旧姓は内藤。井上家の養子。川路聖謨の弟。信濃守。一八五五年(安政二)下田奉行となり、翌年米国駐日総領事ハリスの応接にあたる。五八年日米修好通商条約に目付岩瀬忠震とともに調印、外国奉行兼帯となるが、翌年小普請奉行に左遷、軍艦奉行となる。六二年(文久二)外国奉行、町奉行に転じ、翌年老中格小笠原長行の率兵上京に従ったため罷免。六四年(元治元)外国奉行、勘定奉行となり、六六年(慶応二)関東郡代を兼ねる。同年町奉行となり内政にも敏腕をふるった。

いのうえきんが【井上金峨】 1732～84.6.16　江戸中・後期の折衷学派の儒者。名は立元、字は順卿、通称文平。江戸生れ。はじめ仁斎学を学び、のち井上蘭台に徂徠学を学んだが、一七六四年(明和元)「経義折衷」を著し、はじめて折衷学を提唱。訓詁は漢唐の注釈を取捨、義理は宋明の理学を折衷し、詩文は唐宋諸家の長所をとる立場を明らかにして、江戸の儒学界に大きな影響を与えた。門下に亀田鵬斎・山本北山・吉田篁墩らがいる。著書「匡正録」「弁徴録」。

いのうえけんかぼう【井上剣花坊】 1870.6.3～1934.9.11　明治～昭和前期の川柳作家。山口県出身。本名幸一。一九〇三年(明治三六)日本新聞社に入社、川柳欄を設けた。〇五年「川柳」を発行して川柳革新運動を推進し、阪井久良伎と対抗した。一二年(大正元)から「大正川柳」を発行、現代川柳の基礎を築いた。晩年はプロレタリア川柳も手がけた。

いのうえこうじ【井上幸治】 1910.7.10～89.9.9　フランス近代史家。埼玉県出身。東大卒。一九五三年(昭和二八)から神戸大学・立教大学・津田塾大学の教授を歴任。フランス革命史専攻のかたわら秩父事件の研究に大きな足跡を残した。歴史理論に関する発言も多く、辞典・年表・叢書・翻訳書の監修でも手腕を発揮。著書「ナポレオン」「秩父事件」、「秩父事件史料集成」全六巻(共編)。

いのうえこわし【井上毅】 1843.12.18～95.3.16　明治期の官僚・政治家。号は梧陰。熊本藩出身。維新後官界に入り、司法省・法制局で累進。大久保利通・岩倉具視・伊藤博文の下で立法政策にたずさわり、明治憲法や教育勅語の起草に重要な役割をはたした。臨時帝国議会事務局総裁として議会開設準備にあたり、第一次山県内閣の法制局長官として第一議会に臨んだ。藩閥政府内の議会尊重派として知られる。第二次伊藤内閣の文相として学制改革にあたったが、肺病で死去。子爵。

いのうえし【井上氏】 ❶平安中期～鎌倉前期の信濃国の武家。清和源氏。源頼信の子頼季が井上(現、長野県須坂市)を支配して井上三郎と称したのに始まる。一族は時田・高梨・芳美・須田・佐久・米持・村上などにわかれた。一一八四年(元暦元)光盛は源頼朝に謀反の疑いをうけて殺された。❷南北朝期の越中国の豪族。系譜未詳。井上(普門)俊清は鎌倉幕府打倒に功があったといわれ、建武政権下で越中国守護となった。その後、離反をくり返したが、室町幕府から越中国守護に再任された。❸戦国大名毛利氏の有力家臣。信濃国井上氏の一族。南北朝期頃、安芸国に移った。一五五〇年(天文一九)毛利元就は権力をふるっていた元兼ら井上衆を討ち、戦国大名としての地位を確立。一族の惣領は、元兼の弟元光により受け継がれた。❹江戸時代の大名家。信濃源氏井上清宗を祖とし、正就のとき発展。正就は徳川秀忠に側近として仕え、一六二二年(元和八)遠江国横須賀で五万二五〇〇石を領し、年寄に昇進した。一七一八年(享保三)孫正岑のとき家禄が六万石と定まり、以後たび重なる転封をへて、一八四五年(弘化二)正春のとき遠江国浜松藩主。六八年(明治元)徳川氏の駿府藩襲封により、上総国鶴舞に移る。分家に下総国高岡藩主、常陸国下妻藩主があり、維新後、いずれも子爵。

いのうえしげよし【井上成美】 1889.12.9～1975.12.15 大正・昭和期の軍人。海軍大将。宮城県出身。海軍兵学校(三七期)・海軍大学校卒。ヨーロッパ駐在後、海軍省軍務局長などを歴任。この間ロンドン海軍条約問題では条約派と目され、日独伊三国同盟締結に反対。一九四四年(昭和一九)海軍次官となり、高木惣吉を起用して終戦へ向けた対重臣工作を行った。

いのうえじゅうきち【井上十吉】 1862.11.26～1929.4.7 大正・昭和前期の英学者。阿波国生れ。一二歳のとき渡英、帰国後の一八八六年(明治一九)第一高等学校教授となる。七年の在職の後「ジャパン・ガゼット」紙をへて外務省に入る。辞典の編纂のほか英訳を通じて日本文化の海外紹介も行った。著書「井上大英和辞典」「井上大和英辞典」。

いのうえじゅんのすけ【井上準之助】 1869.3.25～1932.2.9 大正・昭和前期の財政家。大分県出身。東大卒。一八九六年(明治二九)日本銀行に入行し、大阪支店長・営業局長・ニューヨーク代理店監督役歴任後、一九一一年横浜正金銀行に入行、一三年(大正二)同行頭取。一九年日本銀行総裁に就任した。第一次大戦期の国際金融、戦後の金融政策を担当。二三年山本内閣の蔵相に就任。二四年一月辞職とともに貴族院議員となり、「財界世話役」として活躍。二九年(昭和四)浜口内閣で蔵相。三一年若槻内閣でも蔵相を務め井上財政を展開。しかし、旧平価による金解禁は世界恐慌と重なったため、大量の正貨流出などを招き失敗に終わる。三二年二月血盟団員に狙撃されて死亡。

いのうえしろう【井上士朗】 ⇨士朗

いのうえしんかい【井上真改】 ⇨真改

いのうえつうじょ【井上通女】 1660.6.11～1738.6.23 江戸中期の歌人。父は儒者の井上本固。初名振・玉、のち通・通女。号は感通・感通嫗。讃岐国丸亀生れ。父や林鵞峰・林鳳岡から教えをうけ和漢の古典に精通。一六八一年(天和元)から約八年間、丸亀藩主京極高豊の母養性院の侍女として江戸へ赴き、帰郷後藩士三田宗寿と結婚。著書「東海紀行」。日記「帰家日記」など。

いのうえてつじろう【井上哲次郎】 1855.12.25～1944.12.7 明治～昭和前期の哲学者。号は巽軒。筑前国生れ。東大卒。一八八四年(明治一七)ドイツに留学、九〇年帰国して帝国大学教授。長らく学界に君臨し、スエズ以東第一の哲学者と自称したという。西洋哲学の受容と東洋哲学の研究に努め、両者の融合に腐心したが、一方で国家主義によるキリスト教排撃論を「教育ト宗教ノ衝突」として発表。新体詩運動にもかかわった。東京帝国大学文科大学長・貴族院議員などを歴任。東京学士会院会員。著書「日本陽明学派之哲学」「日本古学派之哲学」「日本朱子学派之哲学」。

いのうえでん【井上伝】 1788.12.29～1869.4.26 江戸後期の久留米絣の創始者。米穀商平山源蔵の女。筑後国久留米の通外町に生まれ、井上次八と結婚。久留米絣の特色である霜降・霰織とよばれる模様は、一二～一三歳頃、自分の着ていた衣服の退色部分に白い斑点のできるのを発見したことがきっかけという。久留米絣は幕末には藩の特産物として生産奨励をうけ、お伝絣ともよばれる。

いのうえでんぞう【井上伝蔵】 1854.6.26～1918.6.23 明治前期の自由民権家。秩父事件の指導者。武蔵国秩父郡の旧家に生まれる。絹・生糸の仲買商。一八八四年(明治一七)に自由党に入党、秩父自由党の中心人物となる。同年一〇月秩父事件がおこると、秩父困民党の会計長を務め、政府軍と戦った。一一月四日の本陣解体とともに秩父山中に逃亡し、その後北海道に渡り、伊藤房次郎と名を変えて道内を転々とした。死ぬ間際に秩父事件のことを家族に告白した。

いのうえないしんのう【井上内親王】 717～775.4.27 「いのえ」「いかみ」とも。聖武天皇の皇女。母は夫人の県犬養広刀自。安積親王は同母弟。斎内親王に選ばれ、七二七年（神亀四）伊勢神宮にむかった。その後、白壁王（光仁天皇）の妃となり他戸親王を生んだ。七七〇年（宝亀元）皇后に立てられたが、七七二年厭魅大逆を企てたとして廃された。翌年、難波内親王を厭魅したかどで他戸親王とともに大和国宇智郡の没官の宅に幽閉され、七七五年、親王と同日に死去した。

いのうえにっしょう【井上日召】 1886.4.12～1967.3.4　昭和期の国家主義者。群馬県出身。早大・東洋協会専門学校中退後、一九一〇年（明治四三）中国に渡り参謀本部の諜報活動に加わる。のち茨城県大洗海岸の立正護国堂にこもり、暴力による国家革新運動を企図。三二年（昭和七）五・一五事件の先駆けとして小沼正・菱沼五郎を指揮して井上準之助と団琢磨を暗殺させた（血盟団事件）。無期懲役となるが、四〇年に仮出所。第二次大戦後は五四年に護国団を結成し、講演活動を行う。

いのうえはりまのじょう【井上播磨掾】 生没年不詳。明暦～延宝期に、伊藤出羽掾と並称された大坂の古浄瑠璃太夫。一六七七年（延宝五）四月以降、八五年（貞享二）以前に没。通称井上市郎兵衛。受領して大和掾、さらに播磨掾を重任。名乗も貞則・勝則・要栄と変転した。節回しにすぐれ、硬軟両有の語り口は播磨風とよばれた。節事数百段があったといわれ、「忍四季揃」は有名。高弟清水理兵衛の門に竹本義太夫がでるなど、浄瑠璃界中興の祖。

いのうえふみお【井上文雄】 1800～71.11.18　江戸後期の歌人・国学者。田安家の侍医。通称は元真・玄真。号は調鶴・歌堂・柯堂。岸本由豆流・一柳千古に国学・和歌を学び、江戸派の殿将といわれた。門人は横山由清・大野定子ら。法号文雄院歌先妙道居士。家集「調鶴集」、随筆「伊勢の家つと」。

いのうえまさお【井上正夫】 1881.6.15～1950.2.7　明治～昭和期の俳優。本名小坂勇一。愛媛県出身。少年期大阪で新派劇をみて俳優を志願。地方で舞台を踏んだのち、上京して伊井蓉峰一座で活躍。大正期には当時流行の映画と演劇を合体した連鎖劇にも出演、映画にも主演し話題となる。昭和期には、新派と新劇との間に位置する中間演劇に意欲を燃やし、井上演劇道場を開いた。第二次大戦後、芸術院会員となる。

いのうえまさかね【井上正鉄】 1790.8.4～1849.2.18　江戸後期の神道家で禊教の教祖。上野国館林藩士安藤真鉄の子。幼名は喜三郎、周易・東円・式部と称した。一一歳で富田家の養子となり、その旧姓の井上を名のった。当初は医学・観相学・卜占などを学んだが、夢想の告げにより神道の白川家に入門。武蔵国足立郡梅田神明宮の神職となり、新たな一派として布教を行ったが、幕府から新義異流と疑われて三宅島に配流された。著書「神道唯一問答書」「遺訓集」。

いのうえまさしげ【井上政重】 1585～1661.2.27　江戸前期の幕閣。大名。清秀の四男。母は永田氏の女。通称清兵衛。筑後守。号は幽山。遠江国生れ。一六〇八年（慶長一三）徳川秀忠に仕え禄米二〇〇俵、一六年（元和二）から家光に仕え、二五年（寛永二）目付、三二年大目付に就任。朝鮮通信使の応接、島原の乱の上使役、最初の宗門改役、幕府の鎖国・禁教政策の主導者として活躍。しだいに加増され、四〇年一万石の大名となり、四三年一万三〇〇〇石を領した。

いのうえまさつぐ【井上正継】 ?～1646.9.13　江戸前期の幕臣。井上流砲術の開祖。播磨国英賀城主正俊の子。通称九十郎。外記。祖父正信と父が豊臣秀吉に滅ぼされた後、幼年から酒井忠世に仕え、大坂の陣後は幕府の鉄砲方に転じ、武蔵・相模二国に一〇〇〇石を領した。一六四六年（正保三）口論から長坂丹波守と稲富一夢の弟直賢を斬り、その場で自分も斬殺された。

いのうえまさなり【井上正就】 1577～1628.8.10　江戸前期の幕府年寄。父は清秀。半九郎。主計頭。一五八九年（天正一七）から徳川秀忠の側に仕え、大坂の陣で戦功をあげた。小姓組番頭をへて一六一七年（元和三）奉行人、二二年遠江国横須賀五万二五〇〇石を得て年寄に昇進した。二八年（寛永五）江戸城西丸で目付豊島信満（正次）に殺害された。

いのうえまさみね【井上正岑】 1653～1722.5.17　江戸中期の老中。美濃国八幡・丹波国亀山・常陸国笠間藩主。父は八幡藩主井上正任。一六九三年（元禄六）家督相続。九九年若年寄。元禄国絵図作成に尽力し、上野東照宮・増上寺の補修などを担当。一七〇五年（宝永二）老中となり、八代将軍徳川吉宗の享保の改革時も老中として参画。

いのうえまさる【井上勝】 1843.8.1～1910.8.2　明治期の鉄道官僚。長門国生れ。萩藩士の三男。一八六三年（文久三）脱藩してイギリスに密航、ロンドン大学で土木・鉱山学を学ぶ。六八年（明治元）に帰国後明治政府に出仕、鉄道行政にかかわり鉄道頭・鉄道局（庁）長官などを歴任。九一年に著した「鉄道政略ニ関スル議」は、官設官営主義の立場から全国的な鉄道体系を構想したもので、翌年の鉄道敷設法制定の契機となった。

いのうえみちやす【井上通泰】 1866.12.21～1941.8.15　明治～昭和前期の歌人・国文学者・医師。播磨国生れ。国学者松岡操の三男。医師井上碩平の養子となる。東大卒。眼科医を業としつつ、桂園派の歌人として活躍。御歌所寄人も務めた。国文学者として「万葉集」「風土記」の研究に力を注ぐ。民俗学者柳田国男と画家松岡映丘は実弟。

いのうえみつかね【井上光兼】 1463～1551.8.5

戦国期の安芸国の武将。毛利氏の家臣。毛利元就の父弘元に仕え、一四九五年(明応四)には感状を与えられた。しかし子元兼は元就に対する不服従がめだち、一五五〇年(天文一九)七月誅殺された。元兼の弟元光が井上氏相続を許され、翌月光兼は元光とともにその礼をのべたという。

いのうえみつさだ【井上光貞】 1917.9.19～83.2.27 昭和期の日本古代史学者。東京都出身。東大卒。東京大学教授を務め、退官後は国立歴史民俗博物館の初代館長となり、その開館に尽力した。部民制や浄土教の成立に関する研究などで第二次大戦後の日本古代史の研究をリードし、古代国家の形成や律令継受の過程などの解明に努めた。著書「日本古代国家の研究」「日本浄土教成立史の研究」「日本古代思想史の研究」。「井上光貞著作集」全一一巻。

いのうえやすし【井上靖】 1907.5.6～91.1.29 昭和期の詩人・小説家。北海道旭川市に生まれ、伊豆の湯ケ島で育つ。京大卒。学生時代は同人誌に詩を発表し、各種懸賞小説に入選した。卒業後は毎日新聞社入社。「闘牛」で一九四九年(昭和二四)芥川賞受賞。五一年から創作に専念。七六年文化勲章受章。代表作「猟銃」「氷壁」「天平の甍」「しろばんば」「本覚坊遺文」。

いのうえやちよ【井上八千代】 京舞井上流の家元名。江戸後期から五世を数える。初世(一七六七～一八五四)は本名サト。大頭舞(曲舞)・白拍子舞を学び、三一歳で近衛家から八千代の名をうけ井上流を樹立。二世(一七九〇～一八六八)は初世の姪。本名アヤ。金剛流の型を摂取、本行舞を創始。三世(一八三八～一九三八)は二世門弟。本名片山春子。観世流片山九郎右衛門と結婚、本行舞を完成。「都をどり」を創始。四世(一九〇五～二〇〇四)は本名片山愛子。三世の孫片山博通と結婚。国重要無形文化財「京舞」の保持者。芸術院会員。五世(一九五六～　)は四世の孫。本名観世三千子。

いのうえよしか【井上良馨】 1845.11.2～1929.3.22 明治期の海軍軍人。鹿児島藩士の家に生まれ、薩英戦争に参加。戊辰戦争にも従軍。一八七一年(明治四)海軍中尉。江華島事件のときの雲揚艦長。常備艦隊司令長官・海軍参謀本部長・横須賀鎮守府司令長官などの要職を歴任し、一九〇一年大将。一一年元帥。

いのうえよりくに【井上頼圀】 1839.2.18～1914.7.4 幕末～明治期の国学者。江戸生れ。幼名は次郎、通称は肥後・鉄直。号は伯随・厚載。相川景見に和歌を学び、平田鉄胤について国学を修める。維新後、私塾神習舎を開く。一八八二年(明治一五)松野勇雄らと皇典講究所(現、国学院大学)を設立し、「古事類苑」の編纂に加わる。

いのうじゃくすい【稲生若水】 1655～1715.7.6 稲若水とも。江戸中期の本草家。名は宣義、字は彰信、通称正助。山城国淀藩永井氏の儒医稲生恒軒の子。江戸生れ。父に医学を、福山徳順に本草学を学ぶ。主家除封のため流浪して京都に移り、一六九三年(元禄六)加賀国金沢藩主前田綱紀に儒者役として仕え、その命により「庶物類纂」の編纂を行うが、未完のまま病没。その間、隔年詰の出仕が許されたため、金沢にいるとき以外は京都に開塾して本草学を講義。門人に松岡恕庵・野呂元丈・丹羽正伯・内山覚仲ら著名な本草家がおり、本草学の発展に大きく貢献した。著書「庶物類纂」前編三六二巻、「炮炙全書」「食物伝信纂」。

いのうただたか【伊能忠敬】 1745.1.11～1818.4.18 江戸後期の測量家・地理学者。字は子斉、通称は三郎右衛門のち勘解由、東河と号した。上総国山辺郡小関村の網元の家に生まれる。幼時に母を亡くし、婿養子の父は実家に戻って再婚、そこにも落ち着けず、一七歳で佐原の伊能家の婿となる。伊能家の繁栄に尽くし、五〇歳で隠居。江戸深川黒江町に転居し、幕府天文方高橋至時に師事して天文学を修める。緯度一度の里数確定を期し、師の助力で幕府の許可を得て、一八〇〇年(寛政一二)奥州道中と蝦夷地東南沿岸を測量。その年中に略図を呈上した。期待にこたえる測地成績・地図作成で幕府の評価は高く、以後一四年(文化一一)まで沿岸中心に全国を測量した。後半生をかけた実測にもとづく日本全図「大日本沿海輿地全図」の作図中死去。完成は孫忠誨らによる。

いのおし【飯尾氏】 「いいお」とも。鎌倉・室町両幕府の奉行人家。三善氏の一族。阿波国飯尾(現、徳島県鴨島町)からおこったことにちなむ。一二七六年(建治二)にみえる飯尾入道道専をはじめ、鎌倉幕府下では六波羅奉行人を勤めた者が多い。幕府滅亡後、覚民・貞兼らが建武政府の雑訴決断所職員となる。室町幕府では実務官僚として重きをなし、幕府滅亡に至るまで多く奉行人を勤めた。

いのおそうぎ【飯尾宗祇】 ⇨宗祇

いのおためたね【飯尾為種】 ?～1458.5.20 室町中期の幕府奉行人。肥前守。法名永祥。山門奉行在任中の一四三三年(永享五)法印猷秀・赤松満政と結んで山門領の押領をはかったとして、延暦寺衆徒の強訴をうける。尾張へのがれるが、まもなく復帰。神宮開闔・八幡奉行・南都奉行・関東奉行・公人奉行などを歴任。著作「撮壌集」。

いのおつねふさ【飯尾常房】 1422～85.閏3.23 室町中期の武将。阿波国守護細川家の被官。同家奉行人久連の子。通称彦六左衛門尉。細川持常・

同成之の近臣として活動。和歌に通じ、応仁・文明の乱で焼け野原になった京都を「汝ヤシル都ハ野辺ノ夕雲雀アガルヲ見テモ落ルナミダハ」(「応仁記」)とよんだ。書の飯尾流の創始者とされる。

いのおもとつら【飯尾元連】 1431～92.5.10 室町中期～戦国期の幕府奉行人。貞連の子。左衛門尉・大和守。法名宗勝。山門奉行・公人奉行などを歴任。一四八五年(文明一七)五月、奉公衆(義尚側)と奉行衆(義政側)との抗争が生じた際に、四十数名の奉行人とともに出家・隠退。八月、義尚の赦免ののち入道のまま復帰。著書「伺事記録」。

いのくちありや【井口在屋】 1856.10.30～1923.3.25 明治期の機械工学者。加賀国生れ。一八八二年(明治一五)工部大学校卒。工部省・海軍省をへて、八六年帝国大学助教授、一年半のイギリス留学をへて九六年同教授。機械工学・応用力学などを講じた。工手学校の創設にあたり、渦巻ポンプの発明で知られる。工学博士。

いのくまあさまろ【猪熊浅麻呂】 1870～1945.5.1 明治～昭和期の有職故実家。京都府出身。国学者猪熊夏樹の子。父や飯田武郷に古典を、北小路随光・山科言縄に有職故実を学ぶ。大正・昭和両度の天皇即位礼に奉仕し、三勅祭の催行にかかわるなど、旧儀の維持に力があった。京都大学などの講師を務めた。著書「旧儀装飾十六式図譜」。

いのくまのりとし【猪熊教利】 ?～1609.10.17 江戸初期の公家。後陽成天皇の廷臣で近衛少将。一六〇七年(慶長一二)二月女官との密通が露顕して勅勘をこうむり出奔。〇九年七月再び烏丸光広ら公家衆と女官の密通事件(猪熊事件)がおこり、その中心人物と目された。天皇は徳川家康に事件の解明と処分を依頼し、家康は八月諸大名に教利の逮捕を命じた。同月教利は九州日向国で捕縛され、一〇月典薬の兼康頼継とともに京都常禅寺において斬られた。

いのべしげお【井野辺茂雄】 1877.1.25～1954.1.20 明治～昭和期の日本史学者。高知県出身。国学院大学卒。東京経済雑誌社に入り「国史大系」の出版にたずさわり、渋沢家の編修所で「徳川慶喜公伝」を編集。東京帝国大学で史料編纂官を務め「大日本史料」の編集に従事するかたわら、江戸時代史・幕末史を講じた。著書「幕末史の研究」「維新史考」。

いのまたつなお【猪俣津南雄】 1889.4.22～1942.1.19 大正・昭和前期の社会主義者・経済学者。新潟県出身。早大卒。一九一五年(大正四)に渡米してウィスコンシン大学で学ぶ。帰国後早稲田大学講師となるが、二三年の第一次共産党事件に連坐して大学を去り、文筆活動に入る。再建日本共産党の方針に反対して、二七年(昭和二)山川均らと雑誌「労農」を創刊。三七年一二月人民戦線事件で検挙され、病気による拘留停止中に死亡。著書「帝国主義研究」「金の経済学」。

いばさだたけ【伊庭貞剛】 1847.1.5～1926.10.23 明治期の実業家。近江国生れ。司法官として勤務ののち、一八七九年(明治一二)叔父広瀬宰平の懇望により住友家の本店支配人となる。九四年別子鉱業所支配人に就任。一九〇〇年総理事となって住友家代表として活動したが、〇四年辞職。

いばし【伊庭氏】 守護大名六角氏の重臣。諸系図は宇多源氏とするが、古代から近江国蒲生郡に栄えた佐々貴山君出身と考えられる。近江国伊庭荘(現、滋賀県能登川町)よりおこる。鎌倉末期、近江国守護六角氏に仕えた。室町時代には貞隆が六角氏の重臣として台頭し、応仁・文明の乱や六角征伐で奮戦。のち二度にわたり主人六角氏綱に追討され、一五一四年(永正一一)出奔、勢力を失った。

いばはちろう【伊庭八郎】 1843～69.5.12 幕末期の旗本。講武所剣術師範の子に生まれ、自身も講武所をへて奥詰となる。鳥羽・伏見の戦に参加し、東帰後も徹底抗戦を主張。一八六八年(明治元)四月、遊撃隊長として上総国木更津に海路上陸し、同国請西藩主林忠崇を説き、ともに兵二〇〇余を率いて箱根関所を占拠、官軍の後方をつくが敗退した(小田原戦争)。このとき左腕に重傷を負うが、さらに上野戦争から東北、箱館と転戦し、翌年銃創をうけ陣中で没した。

いはふゆう【伊波普猷】 1876.2.20～1947.8.13 大正・昭和期の沖縄学者・民俗学者・言語学者。那覇市出身。東大卒。琉球古謡「おもろさうし」を中心に郷土資料の収集を行いつつ、伝統文化の価値を説き、沖縄図書館設立運動などさまざまな分野で啓蒙活動に専念。一九二五年(大正一四)の上京後は、柳田国男や折口信夫と交流しながら、在野の研究者として民俗学・歴史学・言語学の各方面で沖縄研究の基礎を築いた。著書「おもろさうし選釈」「をなり神の島」「沖縄考」。

いばらぎながたか【茨木長隆】 生没年不詳。戦国期の武将。伊賀守。出自は摂津の国人。一五二七年(大永七)の桂川の戦以降細川晴元に属し、奉行人となる。従来細川京兆家の奉行人は、飯尾氏・斎藤氏など幕府奉行人の同族に限られ、長隆の登用は異例であった。四九年(天文一八)江口の戦で三好長慶が畿内の実権を握ると、長隆の活動は急速に減退、五三年一一月付の奉書以後、消息不明。

いはらさいかく【井原西鶴】 1642～93.8.10 江戸前期の浮世草子作者・俳諧師。「見聞談叢」によると本名は平山藤五。大坂生れ。貞門派の俳諧師としてはじめ鶴永と名のる。「生玉万句」(一六七三)を契機に談林派に転じ、西鶴と号する。オランダ流と評された前衛精神で一日に二万三五〇〇句もの独吟(矢数俳諧)を成功させる一方、浮世草子の処女作「好色一代男」(一六八二)が評判をよんだこともあり、発展途上の大坂の出版ジャーナリズムと並走して二十数編の浮世草子を手がけた。好色や金銭という装置を通して巧みに世の人心をくみあげる才能は抜群で、八文字屋本などの後続作に多大な影響を与えた。代表作「好色五人女」「好色一代女」「本朝二十不孝」「日本永代蔵」「世間胸算用」。

いはらせいせいえん【伊原青々園】 1870.4.24～1941.7.26 明治～昭和期の劇評家・演劇研究家。島根県出身。本名敏郎。「都新聞」ほかで長く劇評を執筆、また「早稲田文学」や「歌舞伎」(第一次)の編集にもたずさわった。「日本演劇史」「近世日本演劇史」「明治演劇史」の三部作、および没後に刊行された「歌舞伎年表」全八巻は歌舞伎史研究の基礎資料。ほかに演劇関係の著作、実録小説も多く、「出雲の阿国」などの戯曲もある。文学博士。

いぶかかじのすけ【井深梶之助】 1854.6.10～1940.6.24 明治～昭和前期の日本基督教会牧師・教育者。会津藩士の長男で戊辰(ぼしん)戦争に参加。一八七三年(明治六)横浜でS・R・ブラウンから受洗、東京一致神学校を卒業し牧師となる。八六年明治学院創立時に日本人理事に選任され、九一年明治学院総理に就任、在任三〇年。植村正久らの日本教会自主独立の主張と宣教師の間の調整に尽力した。

いぶかまさる【井深大】 1908.4.11～97.12.19 昭和後期の実業家、ソニーの創設者。栃木県出身。早大卒。一九四〇年(昭和一五)日本測定器を設立。四六年東京通信工業(のちソニー)を設立、五〇年社長に就任。同年テープレコーダー、五五年トランジスタラジオなどを商品化、独自の研究開発を重視、カラーテレビやVTR、CDプレイヤーなどの新製品を送りだし、同社を世界的企業に成長させた。七一年会長、七六年名誉会長。九二年(平成四)文化勲章受章。

いふきゅう【伊孚九】 生没年不詳。江戸中期に来日した清の画家。名は海、字は孚九。号は莘野(しんや)・耕夫など。浙江省呉興生れ。一七二〇年(享保五)の初来日以後たびたび来日。貿易が本業で画は余技だが、淡雅な山水画は池大雅(いけのたいが)をはじめ日本の南画家に大きな影響を与えた。代表作「離合山水図」。

いぶせますじ【井伏鱒二】 1898.2.15～1993.7.10 昭和期の小説家。本名満寿二。広島県出身。早大中退。処女作は、旧作「幽閉」を加筆、改題した「山椒魚(さんしょうお)」。左傾化の風潮に乗らず独自の文体を築いた。「ジョン万次郎漂流記」で一九三七年(昭和一二)直木賞受賞。第二次大戦後の作に「本日休診」「遥拝隊長」、広島の原爆に取材した「黒い雨」など。文学への厳格な姿勢を貫き晩年まで自作の推敲を続け、八五年「山椒魚」の山椒魚と蛙の和解を思わせる末尾を削除した。一九六六年文化勲章受章。

いぶりいぞう【飯降伊蔵】 1833.12.28～1907.6.9 明治期の宗教家。天理教指導者。大和国生れ。もと大工で一八六四年(元治元)妻の産後の患いをきっかけに入信。草創期の天理教有力者の一人として、教祖中山みきの死後に本席の地位を与えられて教団を指導した。伊蔵の伝えた神言は天理教三原典に収められている。

いまいかねひら【今井兼平】 ?～1184.1.20 平安後期の武士。父は中原兼遠。今井四郎と称した。源義仲の乳人子(めのとご)で、幼少から義仲に仕えた。一一八〇年(治承四)の義仲挙兵以後も、義仲に従って参戦。八四年(元暦元)近江国粟津(あわづ)で源頼朝軍と戦い、義仲戦死の後を追って自害。

いまいけいしょう【今井慶松】 1871.3.25～1947.7.21 山田流箏曲家。本名新太郎。横浜出身。三世山勢松韻に師事。師のあとを継ぎ一八九二年(明治二五)慶松を名のる。一九〇二年東京音楽学校教授となる。四二年(昭和一七)芸術院会員。日本三曲協会会長・山田流箏曲協会会長を務める。技巧派の名人とうたわれた。替手編曲「新さらし」のほか、「四季の調」「鶴寿千歳」などの作品がある。自叙伝「松の吹き寄せ」。

いまいごすけ【今井五介】 1859.11.15～1946.7.9 片倉製糸紡績の経営者。一九三三～四一年(昭和八～一六)同社社長。信濃国生れ。片倉組の創設者片倉兼太郎の実弟。片倉組時代から製糸経営の対外交渉にあたり、一代交配蚕種の製造・配付や御法川(みのりかわ)式多条繰糸機の採用など、新機軸創出に大きな役割をはたした。

いまいじかん【今井似閑】 1657～1723.10.4 江戸前期の和学者。通称は大字屋市兵衛、号は見牛・偃鼠亭(えんそてい)。京都の富商。木瀬三之(きせさんし)・下河辺(しもこうべ)長流、ついで契沖に師事し、「万葉集」の講義をうけた。契沖の没後、その手沢本(しゅたくぼん)類を集めて京都の上賀茂神社の三手(みて)文庫に納めたため、後世に伝えられて散逸を免れた。著書「万葉緯(まんようい)」は逸文風土記を豊富に引用する。ほかに「神楽歌注釈」。

いまいずみかいちろう【今泉嘉一郎】 1867.6.27～1941.6.29 明治～昭和前期の鉄鋼技術者・実業家。上野国生れ。東大卒。ドイツのフライブルク、ベルリン両鉱山大学に学ぶ。八幡製鉄所の建設に従事し、工務部長・鋼材部長を歴任。一九一〇年(明治四三)製鉄所を退職し、一二年(大正元)日本鋼管の創立に参加、同社の発展に尽くした。

いまいそうきゅう【今井宗久】 1520～1593.8.5 織豊期の堺の商人・茶人。千利休・津田宗及(そうぎゅう)につぐ天下三宗匠の一人。号は昨夢斎。大和国今井に生まれ(一説に近江国)、堺にでて納屋宗次の家に住み、同家を継いだ。織田信長の堺への矢銭賦課に対しては、保守派の抗戦論に対して和平論を主張、堺五箇荘代官に任じられた。茶道を武野紹鷗に学び、信長の茶頭として、京都妙覚寺茶会・相国寺茶会に参席した。茶会記に「今井宗久茶湯書抜」がある。松島茶壺・紹鷗茄子（茶入）・定家色紙などの名物を所持した。茶室に大徳寺黄梅院昨夢軒がある。

いまいそうくん【今井宗薫】 1552～1627.4.11 織豊期～江戸前期の堺の商人・茶人。宗久の子。名は兼久。通称帯刀。号は単丁斎。豊臣秀吉に茶頭として仕えた。一五九九年（慶長四）秀吉の遺命に反して徳川家康の子松平忠輝と伊達政宗の女五郎八姫との婚儀に尽力したため、高野山に追放された。関ケ原の戦以後は徳川方についたが、一六一四年大坂冬の陣が始まるとスパイ容疑で一時大坂城に監禁された。のち徳川秀忠・家光の各将軍に茶頭として仕えた。父宗久以来の所領を守り、旗本今井家を成立させた。

いまいとしき【今井登志喜】 1886.6.8～1950.3.21 大正・昭和期のヨーロッパ近代史家。長野県出身。東大卒。一高教授をへて、一九二三年（大正一二）東京帝国大学助教授、三〇年（昭和五）同教授。イギリスの都市研究を軸に近世ヨーロッパ社会史研究に新境地を開き、東大西洋史学研究室の基礎を築いた。近世日本の都市史への関心が深く、歴史理論についてもすぐれた見識をそなえた。著書「英国社会史」「歴史学研究法」「近世における繁栄中心の移動」「都市発達史研究」。

いまいはちくろう【今井八九郎】 1790～1862 江戸後期の松前藩の測量師。名は信名、不山と号す。下級藩士の子として生まれ、松前奉行所同心をへて、松前氏復領後は新組徒士。間宮林蔵に測量術を学んだ。一八二八年（文政一一）から三八年（天保九）まで樺太・国後・択捉を含め蝦夷地全域を測量し、四一年には「蝦夷地全図」として完成。精度の高い地図を作成した。

いまおおじし【今大路氏】 江戸時代、半井氏とともに幕府の典薬頭を世襲した医家。戦国期末に名医の誉れ高かった曲直瀬正盛（道三）が、一五八三年（天正一一）後陽成天皇から橘氏および今大路の家号を与えられたことに始まる。子孫は江戸の将軍家に仕えて、代々典薬頭道三を称した。第四代親昌以降は一二〇〇石を与えられた。

いまがわうじざね【今川氏真】 1538～1614.12.28 戦国期の駿河国の武将。一五六〇年（永禄三）父義元の戦死により家督を相続。しかし永禄末年までに三河、ついで遠江を徳川家康に奪われ、駿河も武田信玄に蹂躙された末に失い、大名としての今川氏は氏真の代で滅んだ。七一年（元亀二）以後、後半生のほとんどを家康の保護下にすごした。連歌・和歌・蹴鞠などを得意としたといわれる。子孫は高家となり江戸幕府に出仕。

いまがわうじちか【今川氏親】 1473～1526.6.23 戦国期の駿河国の武将。戦国大名今川氏の初代。一四七六年（文明八）父義忠の戦死後、家督をめぐり家中に内紛がおきたが、伯父伊勢新九郎（北条早雲）に擁立され家督を相続。明応・文亀・永正年間に遠江を侵略し、三河にも触手をのばした。一五一七年（永正一四）に斯波氏を駆逐し、遠江を完全に制圧。この前後から守護大名からの脱皮をみせ、二六年（大永六）には分国法「今川仮名目録」を制定。

いまがわうじてる【今川氏輝】 1513～36.3.17 戦国期の駿河国の武将。氏親の子。一五二六年（大永六）家督を相続するが、当初は母寿桂尼が後見。三三年（天文二）遠江で検地、三五年武田氏と交戦したが、まもなく早世。嗣子がなく、二人の弟が家督を争ったが（花倉の乱）、義元が後を継いだ。

いまがわさだおみ【今川貞臣】 生没年不詳。南北朝期～室町中期の武将。貞世の子。一三七一年（応安四・建徳二）九州探題となった貞世とともに九州に下り、はじめ豊後方面、ついで肥前・肥後方面で活動して貞世に協力。九五年（応永二）貞世が探題を解任されたのちは遠江国堀越（現、静岡県袋井市）に拠り、子孫は遠江今川氏となる。

いまがわさだよ【今川貞世】 1326～? 南北朝～室町中期の武将。九州探題。入道して了俊。一三七一年（応安四・建徳二）探題となる。懐良親王・菊池氏などの南朝方を圧迫して大宰府を確保。七五年（永和元・天授元）には少弐冬資を殺害（水島の変）するなど、室町幕府の九州経営を進展させた。しかし南北両朝合体の成立など政情の変化により、九五年（応永二）探題を解任された。九九年大内義弘らと提携して幕府に反抗を試みたが失敗（応永の乱）。和歌にすぐれ多数の歌論書があり、また史書「難太平記」などの著作を残した。弟仲秋に与えた教訓状は「今川状」として知られる。生年には異説もある。

いまがわし【今川氏】 中世、東海地方の武家。清和源氏。足利氏の支族。鎌倉中期に、足利義氏の孫国氏が三河国今川荘（現、愛知県西尾市）を支配したことに始まる。国氏の孫範国は足利尊氏に従い、遠江・駿河両国の守護に任じられた。その子貞世（了俊）は、侍所頭人・九州探題として活躍。以後、駿河国守護を世襲して、東海地方の要所を支配、室町幕府の東国政策に重要な役割をはたした。氏親のとき、遠江もおさめて戦国大名となり、家法「今川仮名目録」を制定、領国支配の体制を整えた。子の義元はさらに三河を支配下におき、東海第一の大名となった。一五六〇年（永禄三）上洛の途中、織田信長によって桶狭間で敗死。

その子氏真以後勢力は衰え、六九年、領国を後北条・武田・徳川各氏に奪われて大名としての地位を失った。江戸時代、子孫は高家となった。

いまがわなかあき【今川仲秋】 生没年不詳。南北朝期～室町中期の武将。今川貞世の弟でその猶子。一三七一年(応安四・建徳二)九州探題となった貞世とともに九州に下り貞世に協力。八八年(嘉慶二・元中五)貞世から遠江国守護職を継承するが、貞世が応永の乱で敗れると同族泰範とかわる。貞世が与えた教訓状は「今川状」として有名。

いまがわのりくに【今川範国】 ?～1384.5.19 南北朝期の武将。駿河・遠江両国守護。室町中期～戦国期の東海地方に君臨した今川氏の基礎を築いた。室町幕府草創期に足利尊氏に従い、一三三六年(建武三・延元元)までに遠江国守護職、ついで駿河国守護職をえた。後者は戦国期に至るまで今川氏に継承された。観応の擾乱ののち六七年(貞治六・正平二二)まで引付頭人として幕政に参加。和歌にすぐれ故実に通じ、子貞世(了俊)をはじめとする子孫に継承された。

いまがわのりただ【今川範忠】 1408～61? 室町中期の武将。駿河国守護。幕府・鎌倉府が対立するなか、幕府軍の主力として活動。父範政に疎まれいったん剃髪したが、将軍足利義教の支持をえて、一四三三年(永享五)守護となった。三八年永享の乱では幕府軍の先鋒として鎌倉に入り、五五年(康正元)享徳の乱では鎌倉公方足利成氏を討伐するため幕府軍の大将として再び鎌倉に入った。二度ともしばらく鎌倉に駐留。

いまがわのりまさ【今川範政】 1364～1433.5.27 南北朝期～室町中期の武将。駿河国守護。駿河は幕府・鎌倉府両勢力の接点にあり、範政の活動もこれに左右された。一四一六年(応永二三)上杉禅秀の乱では関東に出兵。三二年(永享四)将軍足利義教の富士遊覧では応接に努めるなど、幕府に協力。一方で同年、親鎌倉府とされる末子を継嗣としようとしたが、義教は長子範忠を推したため、三二～三三年に駿河国内は混乱。歌人としても知られる。

いまがわやすのり【今川泰範】 1334～1409 南北朝期～室町中期の武将。駿河・遠江両国守護。守護大名今川氏を確立。一三六九年(応安二・正平二四)までに駿河国守護となったが、のち守護職をめぐって叔父貞世とその猶子仲秋と対立したという。しかし九九年(応永六)貞世が応永の乱で敗れると助命に奔走、仲秋にかわって遠江国守護となった。

いまがわよしただ【今川義忠】 1436～76.2.9 室町時代の武将。駿河国守護。範忠の子。隣国遠江国守護斯波義廉と勢力を争い、一四六五年(寛正六)侵略に着手。応仁・文明の乱では西軍の義廉に対抗、東軍に属した。七六年(文明八)親斯波の横地・勝間田両氏を破るが、残党に襲われ遠江国塩買坂(現、静岡県小笠町)で戦死。

いまがわよしもと【今川義元】 1519～60.5.19 戦国期の東海地方の武将。駿河・遠江・三河にわたる領国を築いた。一五三六年(天文五)兄遍照光院恵探を倒して家督となり(花倉の乱)、翌年武田信虎の女婿となった。その直後北条氏綱に駿河を侵されたが(河東一乱)、四五年攻勢に転じ、北条勢をおし返した。一方三河では松平氏とともに織田信秀と争い、四二・四八年の二度小豆坂(現、愛知県岡崎市)で戦った。五四年北条氏康・武田信玄と同盟を結び(善徳寺の会盟)、織田氏との抗争に専念する態勢をつくったが、六〇年(永禄三)尾張国桶狭間(現、愛知県豊明市)で織田信長に急襲されて敗死。内政面では徹底した検地とそれにもとづく兵力増強を行い、商工業の振興・統制など富国強兵を推進。五三年には仮名目録追加を制定し、その一節「自分の力量を以て国の法度を申付」は、戦国大名を象徴する言葉として有名。

いまがわりょうしゅん【今川了俊】 ⇨今川貞世

いまきけ【今城家】 中ノ冷泉家とも。藤原氏花山院の中山家庶流。羽林家。中山親綱の次男為親を祖とし、江戸初期に創立。為親は家号を中山・冷泉としたが、三代定淳以来今城と称した。家禄は一八一石余。官職は権大納言を極官とする。維新後、定徳のとき子爵。

いまきたこうせん【今北洪川】 1816.7.10～92.1.16 幕末～明治期の宗教家。臨済宗の僧侶。摂津国生れ。幼年から儒学を学び、一八四〇年(天保一一)に禅門に入る。のち岩国藩主吉川経幹に迎えられる。七五年(明治八)円覚寺管長・臨済宗大教黌長。その思想は儒仏一致にあった。

いまでがわかねすえ【今出川兼季】 1281～1339.1.16 鎌倉末期の公卿。父は西園寺実兼。母は家女房。今出川家の祖。一二九〇年(正応三)侍従。九九年(正安元)参議。一三二二年(元亨二)右大

●今川氏略系図

```
国氏─基氏─範国┬範氏─泰範─範政─範忠─義忠─氏親┬氏輝
              ├貞世(了俊)─貞臣                  └義元─氏真┬範以
              └仲秋                                        └高久[品川]
```

●● 今出川家略系図

兼季―実尹―公直＝実直＝公行―実富―教季―公興―季孝……晴季……公規……公言……脩季(侯爵)

臣。光厳天皇の擁立に尽力し、三二年(元弘二)天皇即位に際し太政大臣に任じられたが、翌年後醍醐天皇により昇任は取り消され、前右大臣となる。建武政権の崩壊で北朝に残ったが、三八年(暦応元・延元三)出家、法名覚静。

いまでがわきんこと【今出川公言】 1738.8.1～76.8.25 江戸中期の公家。誠季の子。一七五六年(宝暦六)権中納言、正三位。竹内式部に学び、五八年宝暦事件で遠慮に処され辞官。六〇年赦免され、落飾して松阜と称した。

いまでがわけ【今出川家】 菊亭家とも。藤原氏閑院流の西園寺家庶流。清華家。西園寺実兼の四男兼季に始まるといわれるが、兼季は父の命で兄公顕の猶子となり、その家嫡に立てられたので、公顕を家祖とみるべきであろう。家名は西園寺家の今出川殿を伝領したことにちなむ。江戸時代の家禄は一三五五石余。琵琶家。江戸前期の公規は議奏を勤め、右大臣まで昇るが、以後は内大臣が最高。維新後、脩季のとき家名を菊亭とし、侯爵。

いまでがわはるすえ【今出川晴季】 1539～1617.3.28 織豊期～江戸初期の公家。今出川公彦の子。初名は実維、のち晴季。一五八五年(天正一三)三月右大臣、従一位に昇る。豊臣秀吉と親密で、秀吉の関白就任運動に奔走。その後も秀吉と朝廷をとり結ぶ重要な役割をはたした。しかし九五年(文禄四)八月女婿の豊臣秀次の事件に連坐し越後国に配流。翌年赦されて帰京。九八年(慶長三)一二月右大臣に還任し、一六〇三年一月辞任。

いまにしきんじ【今西錦司】 1902.1.6～92.6.15 昭和期の動物学者・霊長類学者・人類学者。京都市出身。京大卒。京都大学・岐阜大学名誉教授。昆虫の生態学からすみわけ説、内陸アジアの遊牧論、第二次大戦後都井岬の野生馬の群観察、霊長類の生態観察の方法論と独創的な思考を展開、「今西進化論」といわれる理論をうんだ。日本の霊長類学の創始者として一九七九年(昭和五四)文化勲章受章。登山家としても有名。著書「私の進化論」「人間以前の社会」「日本山岳研究」。「今西錦司全集」全一三巻・別巻一。

いまにしりゅう【今西竜】 1875.8.15～1932.5.20 大正・昭和前期の朝鮮史学の創始者。岐阜県出身。一九〇三年(明治三六)東大卒。大学院に進み朝鮮史を専攻。一三年(大正二)京都帝国大学講師。二六年京城帝国大学教授兼京都帝国大学教授。この間、朝鮮総督府古蹟調査委員・朝鮮史編修会委員として古蹟調査を進め、実証的な朝鮮史の研究を指導。著書「朝鮮古史の研究」「新羅史研究」「百済史研究」「朝鮮史の栞」。

いまにしりんざぶろう【今西林三郎】 1852.2.5～1924.8.27 明治・大正期の関西財界人。伊予国生れ。三菱会社勤務の後、大阪で回漕店を開業。大阪商船の創立・経営に尽力したが一八八九年(明治二二)に退社し、石炭問屋・綿糸問屋を開いた。その他、山陽鉄道・宇和島銀行など各社の役員を兼ね、大阪商業会議所会頭も務めた。大阪市会議員・衆議院議員としても活躍した。

いまふじちょうじゅうろう【今藤長十郎】 長唄三味線方今藤派の家元名。江戸後期から四世を数える。初世は囃子方から三味線方に転向。三世(一九一五～八四)は二世の次男。本名坂田牧助。一九四一年(昭和一六)三世を継ぐ。八四年人間国宝。作品「こころの四季」「静かな流れ」。

いままいりのつぼね【今参局】 ?～1459.1.19 御今参・御今上臈とも。将軍足利義政側近の女性。大館満冬の女。今参局とはもともと新参の女官をさす一般名辞。足利義政の乳母として幼時から扶育にあたり、将軍就任直後から政務に介入し、三魔の一人とされた。一四五九年(長禄三)日野富子の死産は、今参局の呪詛が原因との風評により失脚。琵琶湖沖島に配流の途中、近江国甲良荘で自害。この事件は義政の生母日野重子の策謀とされる。

いまむらあきつね【今村明恒】 1870.6.14～1948.1.1 明治～昭和期の地震学者。鹿児島県出身。東大卒。一九〇五年(明治三八)近い将来に東京で大地震がおこると予測。東京帝国大学に地震学科が創設されると主任教授となる。二九年(昭和四)地震学会を再建。地殻の変動による地震予知法の研究に努力を重ねた。震災予防評議会幹事。著書「地震講話」「地震の征服」。

いまむらえいせい【今村英生】 1671.11.5～1736.8.18 江戸前・中期のオランダ通詞。長崎生れ。初代内通詞小頭市左衛門の子。通称は源右衛門、のち市兵衛。一六九〇年(元禄三)来日したケンペルの小使・学生となってオランダ語を学習、ケンペルの著作・資料収集を助けた。九五年稽古通詞、一七〇七年(宝永四)大通詞。〇九年新井白石が行ったシドッティ尋問の通弁に従事、白石の著作に協力した。三〇年(享保一五)将軍徳川吉宗が乗馬師ケイズルの乗馬を上覧した際も通弁を勤める。訳著「和蘭問答」「西説伯楽必携」。

いまむらしこう【今村紫紅】 1880.12.16～1916.2.

2　明治期の日本画家。神奈川県出身。本名寿三郎。山田馬介にイギリス風水彩画を学び、のち松本楓湖に師事。紅児会・巽画会・日本美術院に参加。歴史画研究に努め、岡倉天心の指導をうける。第六回文展の「近江八景」、インド旅行の印象を描いた第一回院展の「熱国之巻」など、印象派的な色彩の点描と南画的筆致を融合させた画風を示す。一九一四年(大正三)速水御舟・小茂田青樹らを率いて赤曜会を結成した。

いまむらともあき【今村知商】 生没年不詳。江戸初期の数学者。通称仁兵衛。河内国の人。毛利重能に数学を学ぶ。漢文で書かれた公式集「竪亥録」の著者。同書は中国数学書の影響をうけ、序文に「汝南氏啓蒙」という書名がある。一六四〇年(寛永一七)子供のために短歌で公式をまとめた「因帰算歌」を刊行、詳細は「竪亥録」をみるようにとあるが、平板測量の説明はこの書が初見。ほかに「日月会合算法」。

いまむらひとし【今村均】 1886.6.28～1968.10.4　大正・昭和期の軍人。陸軍大将。宮城県出身。陸軍士官学校(一九期)・陸軍大学校卒。参謀本部員・陸軍省軍務局課員などをへて、一九三一年(昭和六)参謀本部作戦課長。さらに陸軍省兵務局長・第五師団長を歴任し、日米開戦後は第一六軍司令官としてジャワを攻略、ついで第八方面軍司令官としてラバウルに進攻。敗戦後戦犯として現地で服役。

いやながていぞう【弥永貞三】 1915.7.12～83.12.30　昭和期の日本史学者。長野県出身。東大卒。東京大学史料編纂所所員、名古屋大学助教授・同教授をへて、東京大学史料編纂所教授・同所長を歴任、退官後上智大学教授。多年、東南院文書・正倉院文書の調査・編纂にあたり、おもに古代の社会経済史の分野に顕著な業績をあげた。著書「奈良時代の貴族と農民」「日本古代社会経済史研究」「日本古代の政治と史料」。

いよ【壹与】 「魏志倭人伝」にみえる邪馬台国の女王。卑弥呼の死後男王を立てたが国中が服さず、戦乱状態に陥ったため一三歳で王に立てられた。卑弥呼の宗女とあるのは同族の意味か。「壹(壱)」を「臺」の誤りとみて台与とする説もある。

いよしんのう【伊予親王】 ?～807.11.12　桓武天皇の皇子。母は藤原是公の女吉子。式部卿、のち中務卿兼大宰帥に任じられる。八〇七年(大同二)謀反事件を首謀した嫌疑によって捕らえられ、母とともに幽閉所で服毒自殺した。大納言藤原雄友(親王の外舅)・中納言藤原乙叡らも事件に連坐して失脚した。皇位継承問題もからんだ陰謀があったとみられる。八一九年(弘仁一〇)名誉回復されたが、その後も御霊として恐れられた。

いよべのうまかい【伊余部馬養】 生没年不詳。七世紀後半の学者。伊与部・伊預部とも。六八九年(持統三)撰善言司に任命された。のち大宝律令の撰定に尽力し、七〇一年(大宝元)完成した。時に従五位下。その功により子孫に功田・功封が賜与された。「懐風藻」には皇太子学士とみえる。

いらこせいはく【伊良子清白】 1877.10.4～1946.1.10　「すずしろ」とも。明治期の詩人。鳥取県出身。本名暉造。京都府立医学校卒。初期の別号すずしろのや。京都時代から河井酔茗の「文庫」派の詩人として活躍。古典的情感と幻想とを緻密に融合させた文語詩のなかに、近代的な寂寥感をただよわす独自の詩境を切り拓き、一九〇六年(明治三九)には一八編を厳選した詩集「孔雀船」を刊行。しかし詩壇の中心からは遠く、島根・大分・台湾などの病院医を勤め、三重県鳥羽町(現、鳥羽市)で開業した。

いりえけ【入江家】 藤原氏御子左流の藤谷家分流。羽林家。藤谷為条の次男相尚を祖とし、一六八七年(貞享四)に創立。歌道の家。家禄は蔵米三〇石三人扶持。維新後、為守のとき子爵。為守は貴族院議員・東宮侍従長・侍従次長を務める。為常は貴族院議員を、弟相政は昭和天皇の侍従長を務める。

いりえはこう【入江波光】 1887.9.26～1948.6.9　大正・昭和期の日本画家。京都市出身。本名幾治郎。京都市立美術工芸学校をへて、一九一三年(大正二)京都市立絵画専門学校研究科二年を修了。一八年国画創作協会を結成し、「降魔」が第一回国画賞受賞。同会解散後は母校で後進を指導。四〇年(昭和一五)から法隆寺金堂壁画模写に参加した。著書「画論」。

いりきいんし【入来院氏】 中世薩摩国の在地領主。桓武平氏。相模国御家人渋谷光重の五男定心が、宝治合戦の恩賞として薩摩国入来院地頭職に任じられたことに始まる。弘安の役に軍功をたて、筑前国にも所領を獲得。南北朝期には、征西将軍宮懐良親王や九州探題今川貞世(了俊)に属し、守護島津氏に対抗。のち、一五六九年(永禄一二)島津氏に従った。「入来院文書」は中世在地領主研究に重要。

いりさわそうじゅ【入沢宗寿】 1885.12.23～1945.5.12　大正・昭和前期の教育学者。鳥取県出身。東大卒。神宮皇学館教授をへて、一九一九年(大正八)東京帝国大学助教授、のち教授となる。欧米の教育思想の紹介に努めるとともに、川崎市立の田島体験学校などで大正新教育運動を指導した。

いりさわたつきち【入沢達吉】 1865.1.5～1938.11.5　明治・大正期の医学者。越後国生れ。東大卒。ドイツ留学後、東京帝国大学教授として内科学講座を担当。医学部長・侍医頭を務め、臨床家として名声をあげる。脚気・寄生虫病の研究がある。対外文化事業にも力をいれ、日独文化協会理事長となる。内科学会会頭・日本医学会会長・日本医史学会理事長を歴任。

いろかわみなか【色川三中】 1801.6.24～55.6.23 幕末期の国学者。常陸国土浦の薬種商人色川英恵の子。通称は三郎兵衛、号は東海。家業の再興に努めながら、一八三六年(天保七)橘守部に入門し、古代の田制・税制・度量衡の研究、鎌倉・室町時代の古文書収集や編纂などに励み、中世社会経済史料研究に貴重な足跡を残した。著書「検田考証」「香取文書纂」「続常陸遺文」。

いわいかつじろう【岩井勝次郎】 1863.4.11～1935.12.21 明治～昭和前期の実業家。丹波国生れ。一八七五年(明治八)親戚の岩井文助の営む唐物商に入店したのち九六年に独立し、貿易会社岩井産業(現、日商岩井)を設立。一九〇八年に日本セルロイド人造絹糸(現、ダイセル化学工業)、一六年(大正五)に大阪鉄板製造(現、日新製鋼)、一八年に日本曹達工業(現、トクヤマ)なども設立した。

いわいけ【石井家】 桓武平氏の平松家分流。半家。東福門院上臈の西洞院時慶の女行子(石井局)の養子行豊(実父平松時量)を祖とし、一六五九年(万治二)に創立。後水尾法皇・東福門院の意向によるもので、六六年(寛文六)行子の称号から家名を石井とした。家禄ははじめ三〇石三人扶持、のち一三〇石。行豊・行康・行忠は議奏を勤める。維新後、行昌のとき子爵。

いわいはんしろう【岩井半四郎】 歌舞伎俳優。江戸前期から一〇世を数えるが四～八世が著名。三世までは上方の立役で座本も勤めた。屋号は大和屋。四世(一七四七～一八〇〇)は天明・寛政期の名女方。江戸生れ。人形遣い辰松重三郎の子。俳名杜若。三世の女婿である四世市川団十郎門下で、岩井家を相続。愛敬ある芸風で生世話物に新領域を開拓。通称お多福半四郎。五世(一七七六～一八四七)は四世の子。俳名杜若。「眼千両」とよばれた美貌と華麗な芸風で、文化・文政期を代表する名女方。通称大太夫。六・七世はその長男と次男で、いずれも有望な女方だったが大成をみずに没した。八世(一八二九～八二)は七世の子。俳名杜若・紫若。美貌と艶麗な芸風で幕末～明治初年を代表する女方。

いわおせいいち【岩生成一】 1900.6.2～88.3.21 昭和期の歴史学者。東京都出身。東大卒。史料編纂官補となり、一九二八年(昭和三)アジア各国で史料採訪。翌年台北帝国大学へ転任。三〇～三二年オランダ領東インド(現、インドネシア)、オランダ、イギリス、スペイン、ポルトガルへ留学。第二次大戦後、台湾から帰国し、四八年東京大学教授となる。海外採訪による未刊史料を駆使した近世対外関係史の実証的研究を行った。著書「南洋日本町の研究」「朱印船貿易史の研究」「鎖国」。

いわかむつかりのみこと【磐鹿六鴈命】 膳氏の遠祖といわれ、孝元天皇皇子の大彦命の孫とされる。「日本書紀」に、景行天皇の東国巡行に際し白蛤を膾に料理し進上した功績により膳大伴部を賜ったとあるのは、膳氏の奉事根源伝承であろう。「高橋氏文」により詳細な所伝がある。

いわきうじ【磐城氏】 石城とも。陸奥国磐城郡(現、福島県いわき市北部)に本拠をもった古代豪族。「国造本紀」に石城国造として記され、「続日本紀」神護景雲三年(七六九)条に於保(多)磐城臣の姓を賜る一族がみえる。のち「続日本後紀」承和一一年(八四四)条に阿倍磐城臣の賜姓記事がでてくるが、これらの系統の相互関係や、岩城氏とのつながりは不明。

いわきさだたか【岩城貞隆】 1583～1620.10.19 織豊期～江戸初期の武将・大名。常陸国太田城主佐竹義重の三男。一五九〇年(天正一八)岩城常隆の養子となり、家督相続。小田原攻めの際、宇都宮で豊臣秀吉に謁し、磐城平一二万石を安堵される。関ケ原の戦に従軍せず、徳川家康に所領を没収され、本多正信に属す。大坂の陣では徳川秀忠に従い、一六年(元和二)信濃国川中島一万石を与えられた。

いわきし【岩城氏】 中世陸奥国の豪族、近世の大名家。桓武平氏維茂流。隆行が藤原清衡の女婿となり、その子隆衡が磐城郡(現、福島県いわき市)を支配して、岩城次郎と称したという。一一八九年(文治五)清隆が磐城郡内好島荘の地頭。戦国期の重隆の代に勢力を拡大したが、その後は佐竹氏に従属。一五九〇年(天正一八)常隆の死後、佐竹氏から貞隆が養子に入り、磐城平一二万石を領有する。関ケ原の戦後領地没収。一六一六年(元和二)信濃国川中島一万石に復し、ついで出羽国亀田二万石の藩主。維新後、子爵。

いわくらけ【岩倉家】 村上源氏久我家庶流。羽林家。久我晴通の四男木工頭桜井具堯を祖とし、長男具起のときから岩倉を称した。元和年間(一六一五～二四)に創立。家禄は一五〇石。江戸中期の乗具は議奏を勤め、竹内式部

●岩倉家略系図

具堯―具起―具詮＝乗具―恒具―尚具＝広雅＝具選―具集―具慶＝具視＝具綱＝具定(公爵)

の門弟となった恒具・尚具父子は宝暦事件に連坐。具視は王政復古に尽力し、明治政府の要職をへて右大臣となる。維新後、具定のとき公爵。

いわくらつねとも【岩倉恒具】 1701.7.24～60.7.29 江戸中期の公家。乗具の次男。初名具脩。一七一九年(享保四)恒具と改名。四五年(延享二)参議。五三年(宝暦三)権中納言。竹内式部に学び、五八年宝暦事件で遠慮に処され、六〇年赦免。

いわくらともさだ【岩倉具定】 1851.12.27～1910.4.1 明治期の宮中官僚。岩倉具視の第三子。京都生れ。戊辰戦争に従軍。アメリカ留学をへて政府に入る。一八八二年(明治一五)伊藤博文の憲法調査に随行して渡欧。八四年公爵。爵位局長官(のち爵位局長)など宮中の要職を歴任し、一時学習院院長を兼任。のち枢密顧問官・宮内大臣。

いわくらともみ【岩倉具視】 1825.9.15～83.7.20 幕末～明治前期の政治家。下級公卿堀河康親の次男。京都生れ。幼名周丸、号は華竜、のち対岳。一四歳で岩倉具慶の養子となる。宮中に出仕し、侍従・近習を勤め、一八五八年(安政五)条約勅許問題で中山忠能らとともに幕府に反対。ついで公武合体を意図し和宮の降嫁を画策。そのため尊攘派から奸物視されて朝廷から退けられ、岩倉村に潜居。大久保利通など薩長の倒幕派と接触を深め、六七年(慶応三)王政復古の実現に暗躍した。新政府成立により参与・議定・外務卿などを歴任。七一年(明治四)廃藩置県後に右大臣。七一～七三年特命全権大使として欧米を視察し、帰国直後、内治優先論の立場から西郷隆盛の朝鮮遣使(いわゆる征韓論)を阻止した。七四年不平士族に襲撃され負傷。八一年プロイセン流憲法の制定を説く意見書(井上毅執筆)を提出し、大隈重信のイギリス流政党政治の実現を説く「国会開設奏議」に対抗、明治十四年の政変に深く関与した。

いわくらひさとも【岩倉尚具】 1737.4.20～99.1.7 江戸中期の公家。恒具の子。一七四九年(寛延二)元服、侍従に任官。五五年(宝暦五)正五位下、五六年左兵衛佐。父とともに竹内式部に学び、五八年宝暦事件で遠慮に処される。六〇年赦免されたが辞官。落飾し慰水と称した。

いわさきかんえん【岩崎灌園】 1786.6.26～1842.1.29 江戸後期の本草家。名は常正、通称は源蔵または源三。幕府の徒の子として江戸に生まれる。一八〇九年(文化六)徒見習として出仕、小野蘭山に入門し本草学を学ぶ。一四年「古今要覧稿」の編集手伝いを命じられた。一七年には自宅に本草会をつくり本草学を講義。江戸小石川の富坂に薬園地を貸与され、植物研究を行う。著書「本草図譜」「武江産物志」「武江略図」「草木育種」「木草穿要」「救荒本草通解」。

いわさきこやた【岩崎小弥太】 1879.8.3～1945.12.2 明治～昭和初期の実業家。東京都出身。岩崎弥之助の長男。一九〇六年(明治三九)三菱合資の副社長、一六年(大正五)社長に就任。翌年から三菱合資の各事業を株式会社として独立させてコンツェルン体制を構築した。航空機・電機・信託・石油などの新事業にも進出。三七年(昭和一二)三菱合資を株式会社に改組した。財閥解体にともない四五年すべての公職を辞任した。

いわさきとしや【岩崎俊弥】 1881.1.28～1930.10.16 明治～昭和初期の実業家。東京都出身。岩崎弥之助の次男。一九〇六年(明治三九)島田孫市とともにガラス器具製造を始めたが、〇七年窓ガラス製造を目的に旭硝子を設立。一七年(大正六)窓ガラスの原料となるソーダ灰の製造を開始した。ほかに塗料製造など化学工業の発展にも貢献。

いわさきひさや【岩崎久弥】 1865.8.25～1955.12.2 明治～昭和期の実業家。土佐国生れ。岩崎弥太郎の長男。一八九一年(明治二四)三菱社の副社長に就任、九三年叔父弥之助とともに同社を改組して三菱合資を設立し社長に就任した。九六年男爵。一九一六年(大正五)社長を退任。農牧事業に積極的で、一九年東山農事を設立して海外での拓殖事業を行う一方で、三菱製紙を育成。文化事業にも熱心で、東洋文庫を設立した。

いわさきやたろう【岩崎弥太郎】 1834.12.11～85.2.7 幕末～明治期の実業家。土佐国生れ。高知藩の開成館長崎出張所・大坂出張所などに勤務して藩の貿易に従事していたが、一八七〇年(明治三)開成館大坂商会を形式上藩営から分離して、九十九商会と改称。翌年同商会を引き継ぎ、七二年三川商会と改称、さらに七三年三菱商会、七五年郵便汽船三菱会社とした。同社は台湾出兵の軍事輸送を担当して政府の保護をうけるようになり、西南戦争の軍事輸送も担当した。しかし新汽船会社共同運輸が設立され、八三年から弥太郎の死まで同社との激しい競争が続いた。吉岡銅山・高島炭鉱を経営、三菱為換店を設立し、長崎造船所を借りうけるなど、のちの三菱財閥のもとを築いた。

いわさきやのすけ【岩崎弥之助】 1851.1.8～1908.3.25 明治期の実業家。土佐国生れ。岩崎弥太郎の弟。弥太郎の主宰する郵便汽船三菱会社の経営を助けたが、一八八五年(明治一八)弥太郎の死にともない同社の社長に就任、同年共同運輸と合併して日本郵船を設立した。八六年三菱社を設立、鉱業・造船などを拡充して三菱財閥の基礎を築き、九三年弥太郎の長男久弥を社長に合資会社に改組した。九六年男爵。同年日本銀行総裁に就任、九八年退任した。

いわささくたろう【岩佐作太郎】 1879.9.25～19

67.2.12　明治～昭和期の無政府主義者。千葉県出身。東京法学院卒。渡米中社会革命党に入党、大逆事件の際の天皇への公開状で知られる。帰国後アナーキストとして社会主義同盟の発起人となるが、その後転向。

いわさじゅん【岩佐純】 1836.5.1～1912.1.7　幕末～明治期の医師。日本の医学をドイツ医学制度に決めた功労者。福井藩の医家に生まれ、佐倉の佐藤尚中に学ぶ。のち長崎の蘭医ポンペやボードインについて医学を修め、福井に戻って私立病院を建てた。明治政府樹立後、大学校少丞ついで大学権大丞を歴任。一八七二年(明治五)大侍医に、その後一等侍医・宮中顧問官に任命され、三〇年間明治天皇に仕えた。

いわさまたべえ【岩佐又兵衛】 1578～1650.6.22　江戸前期の絵師。摂津国伊丹城主荒木村重の子。岩佐は母方の姓、名は勝以(かつもち)、又兵衛は通称。道蘊(どううん)・碧勝宮(へきしょうぐう)と号した。一六三七年(寛永一四)江戸に上る。土佐派・狩野派などを修得し、古典的な題材に当世風の卑俗さを加えた新しい画風で、菱川師宣(もろのぶ)以後の浮世絵様式の基礎を形成。代表作「柿本人麿・紀貫之像」「三十六歌仙絵額」「耕作図屏風」。

いわしたせいしゅう【岩下清周】 1857.5.28～1928.3.19　明治・大正期の実業家・銀行家。信濃国生れ。三井物産勤務、品川電灯会社設立をへて、三井銀行で活躍したが退社、北浜銀行の創立にかかわり、一九〇三年(明治三六)頭取となる。企業金融をすすめ、同行は株式取引所の機関銀行の別称をうけたが、二四年(大正一三)二回の取付をうけて翌年倒産、岩下自身も背任横領の罪に問われた。

いわしたそういち【岩下壮一】 1889.9.18～1940.12.3　大正・昭和期の宗教家・カトリック司祭。実業家岩下清周の長男。暁星中学在学中に受洗、東大卒。ヨーロッパ留学中の一九二五年(大正一四)ベネチアで司祭となる。同年帰国ののち、研究・布教に尽くした。三〇年(昭和五)神山(こうやま)復生病院の第六代院長に就任。ハンセン病患者の救済に尽力。

いわしたみちひら【岩下方平】 1827.3.15～1900.8.15　幕末期の鹿児島藩重臣、明治期の政治家。鹿児島藩の対外代表格として、薩英戦争・長州再征問題・パリ万国博出展問題の処理に活躍。維新後参与。大久保利通体制下で疎外され、京都府権知事・大阪府大参事などを歴任。のち元老院議官・貴族院議員。欧化政策に批判的であった。

いわずみりょうじ【岩住良治】 1875.1.10～1958.2.10　「よしはる」とも。明治～昭和期の畜産学者。宮城県出身。東大卒。盛岡高等農林教授をへて東京帝国大学助教授。ヨーロッパ留学後、教授として畜産学を担当し、日本に近代畜産学を導入。家畜改良方針の確立など、畜産業の合理化・近代化に貢献。一九二四年(大正一三)日本畜産学会を創設。

いわせただなり【岩瀬忠震】 1818～61.7.11　幕末期の幕臣。父は設楽貞丈(しだらさだとも)。岩瀬家の養子。肥後守。老中阿部正弘に抜擢されて一八五四年(安政元)目付となる。海防掛などを兼務し、台場築造・大筒大船製造・軍制改正にあたる。五六年七月ハリスが来日すると、交渉全権となる。五八年老中堀田正睦(まさよし)と上京したが、条約勅許を得られないまま、日米修好通商条約に調印。新設の外国奉行となり、蘭・露・英・仏各国との通商条約調印の全権。一橋派だったため同年作事奉行に左遷され、翌五九年差控となる。

いわたよしみち【岩田義道】 1898.4.1～1932.11.3　昭和前期の共産党の指導者。愛知県出身。京都帝国大学で河上肇(はじめ)の影響をうけ、京都学連事件に連坐、治安維持法違反で禁固一〇カ月の判決をうける。一九二八年(昭和三)共産党に入党、三・一五事件後の党再建活動中に逮捕されたが、三〇年一〇月保釈出獄。偽装転向といわれる。翌年風間丈吉らと中央委員会を結成、党再建活動中、熱海事件に連坐し、逮捕、虐殺された。

いわたりょうと【岩田涼菟】 ⇨涼菟(りょうと)

いわつきしんじ【岩槻信治】 1889.8.30～1947.5.9　「のぶはる」とも。大正・昭和期の農業技師。愛知県出身。県立安城農学校卒。愛知県農事試験場に勤務して米麦の品種改良にとりくみ、多様な組合せのなかから金南風(きんまぜ)などすぐれた新種を育てあげた。また陸稲との交配で、イモチ病に強い水稲をつくりだすことに成功した。

いわながひめ【磐長姫】 「古事記」では石長比売。「古事記」と「日本書紀」一書にみえる大山祇(おおやまづみ)神の女。妹の木花開耶(このはなさくや)姫とともに瓊瓊杵(ににぎ)尊に奉進されたが、醜い磐長姫は帰され、このため世人の寿命は縮まったという。限りある人の寿命を象徴する木花開耶姫に対し、磐長姫は永遠の生命を象徴する存在として描かれている。

いわながマキ【岩永マキ】 1849.3.3～1920.1.27　明治期の社会事業家。肥前国浦上の隠れキリシタンの家に生まれる。一八六九年(明治二)浦上キリシタンの強制退去により岡山へ移住。七三年帰郷、翌年長崎での赤痢・天然痘流行に際し救護活動に尽力。七四年施設「子部屋」を開設、七七年には十字会を組織し孤児・棄児の保護にあたる。一九二〇年(大正九)没後に財団法人浦上山里村養育院が設立された。

いわなみしげお【岩波茂雄】 1881.8.27～1946.4.25　大正・昭和期の出版人。長野県出身。東大卒。一九一三年(大正二)古本屋として岩波書店を創業。翌年夏目漱石と知り合い「こゝろ」を出版する。一五年西田幾多郎(きたろう)らとの縁によって「哲学叢書」を出版し、出版社としての基盤を築く。

四〇年(昭和一五)津田左右吉(そうきち)の筆禍事件で発行者として起訴された。四五年貴族院議員。

いわなりともみち【岩成友通】?〜1573.8.2　戦国期の武将。主税助。はじめ三好長慶に従い、長慶死後、三好長逸(ながゆき)・同政康とともに長慶の猶子(ゆうし)義継を後見、三好三人衆と称された。一五六八年(永禄一一)織田信長が足利義昭を奉じて入京した際、山城国勝竜寺城にこもるが、まもなく落城。翌年、長逸・政康と京都本圀寺(ほんこくじ)に将軍足利義昭を襲撃して失敗。七二年(元亀三)信長に帰順するが、翌年義昭に応じて信長に背き、淀城で挙兵。細川藤孝らに攻められて落城、敗死。

いわのおおかみ【伊和大神】「播磨国風土記」に登場する神。播磨地方独自の神で、「古事記」「日本書紀」にはみえない。主として揖保(いぼ)・宍禾(しさわ)(宍粟)・讃容(さよう)(佐用)三郡の地名起源説話に現れ、国土の創造や巡行の伝承を残す。出雲地方との密接な関係もうかがえ、大己貴(おおなむち)神と同一神ともいうが、基本的には上記の地域の定礎神としての性格をもつ。「延喜式」の宍粟郡伊和坐大名持御魂(おおなもちのみたま)神社は同神を祭神とする。

いわのひめ【磐之媛】「古事記」では石之日売。仁徳天皇の皇后とされる伝説上の人物。武内宿禰の子の葛城襲津彦(かずらきのそつひこ)の女。履中天皇・住吉仲皇子・反正(はんぜい)天皇・允恭(いんぎょう)天皇を生む。嫉妬深く気性の激しい皇后と伝えられる。「万葉集」巻二の巻頭に相聞歌(そうもんか)がのるほか、七二九年(天平元)の藤原光明子の立后に際して臣下出身の皇后の先例とされるなど、その伝承は後世にまで影響を与えた。

いわのほうめい【岩野泡鳴】1873.1.20〜1920.5.9　明治・大正期の詩人・小説家・評論家。本名美衛(よしえ)。兵庫県出身。明治学院・専修学校・東北学院に学ぶ。詩人として出発し、浪漫的表象的詩集「悲恋悲歌」などを刊行。ついでみずからの女性関係などを描いた小説「耽溺(たんでき)」によって自然主義作家として認められ、「放浪」「断橋」「発展」「毒薬を飲む女」「憑き物(つきもの)」などの五部作を発表。評論では「神秘的半獣主義」で独自の自然主義理論を展開し、田山花袋の平面描写に対して一元描写を唱えた。

いわまつし【岩松氏】中世上野国の豪族。清和源氏。足利義純の子時兼が、母方の祖母新田尼(新田義兼室)から新田荘岩松郷(現、群馬県尾島町)を与えられ、岩松氏と称したのに始まる。足利・新田両氏に属し、南北朝期には経家・直国(頼宥(らいゆう))父子が足利方として活躍。のち満純(みつずみ)は、上杉禅秀に加担して敗死。その後、満純系(礼部(れいぶ)家)と持国系(京兆(けいちょう)家)にわかれたが、前者が後者を圧倒。一四六九年(文明元)上野国金山城を本拠としたが、家臣の横瀬(由良)氏に実権を奪われ没落。近世では交代寄合衆。維新後、男爵となり新田氏と称した。

いわまつつねいえ【岩松経家】?〜1335.7.22　南北朝期の関東の武将。一三三三年(元弘三)新田義貞の鎌倉攻略に参加。岩松氏は新田氏の同族だが、以後義貞とは行動をともにせず、足利尊氏に属して鎌倉にとどまった。翌年には関東廂番(ひさしばん)となる。三五年(建武二)北条時行が信濃で挙兵して鎌倉にむかうと(中先代の乱)、武蔵国女影(おなかげ)原(現、埼玉県日高市)でこれを迎え撃ったが敗死。

いわまつみつずみ【岩松満純】?〜1417.閏5.13　室町時代の関東の武将。上杉氏憲(禅秀)の女婿。一四一六年(応永二三)禅秀は、鎌倉公方足利持氏らを鎌倉から追い政権を奪取。このとき禅秀方として鎌倉市中で活躍。しかし一七年一月、禅秀は持氏らの反撃にあって敗死(上杉禅秀の乱)。満純も本国上野で支持をえられず、同年五月、武蔵国入間川(現、埼玉県狭山市)付近の合戦で持氏方に敗れて捕らえられ、鎌倉で処刑された。

いわみじゅうたろう【岩見重太郎】?〜1615.5.5　織豊期〜江戸初期の武術家。諸国遍歴ののち豊臣氏の家臣となり、大坂夏の陣で戦死した。秀吉家臣の薄田兼相(すすきだかねすけ)と同一人であるという説、それを否定する説の両様があり、詳細は不明。

いわむらたかとし【岩村高俊】1845.11.10〜1906.1.3　幕末期の高知藩士、明治期の地方官。岩村通俊・林有造の弟。戊辰(ぼしん)戦争では東山道軍の軍監などを務めて北陸・東北地方を転戦。維新後、兵部省・有栖川宮(ありすがわのみや)家家令や各県の権参事・権令などをへて、愛媛・石川両県令や石川・愛知・福岡・広島の各県知事など。石川では四高の誘致、福岡では害虫駆除など地方官として功績を残した。貴族院議員。男爵。

いわむらとおる【岩村透】1870.1.25〜1917.8.17　明治・大正期の美術批評家・美術史家。東京都出身。一八八八年(明治二一)東京英和学校を中退しアメリカに留学。さらにパリに学び九二年帰国し、母校で教鞭をとる。明治美術協会に参加ののち、九六年黒田清輝(せいき)らの白馬会結成に参加。九九年から東京美術学校で西洋美術史を講義するかたわら、博覧会行政にも参画した。西洋美術史研究・美術批評の先覚者であり、J・ラスキン、W・モリスの日本への紹介者。「芸苑雑稿」などの著作のほか、美術史関係の翻訳も多い。

いわむらみちとし【岩村通俊】1840.6.10〜1915.2.20　幕末期の高知藩士、明治期の政治家。高知藩陪臣岩村英俊の長男。岡田以蔵・武市(たけち)瑞山と交わる。維新後、御親兵総取締・開拓大判官・佐賀県権令・鹿児島県令などをへて元老院議官となり、さらに会計検査院長・司法大輔・初代北海道庁長官などを歴任。元老院議官に復したのち、農商務次官をへて第一次山県内閣の農商務相となるが、省内の抗争を抑えられず半年で退き、貴族院議員に転じた。男爵。

いわもとよしはる【巌本善治】 1863.6.15～1942.10.6 明治期の評論家・女子教育者。但馬国生れ。一八七六年(明治九)上京、同人社・学農社農学校に学ぶ。学農社社長津田仙の「農業雑誌」の編集にたずさわり、キリスト教を信仰。八五年「基督教新聞」主筆となり、同時に「女学雑誌」編集人も務め、明治三〇年代半ばまで活躍。八七年明治女学校教頭となり、啓蒙的な女子教育を推進した。八九年若松賤子と結婚、ともに明治後期の文壇および教育界に貢献した。

いわやいちろく【巌谷一六】 1834.2.8～1905.7.12 明治期の書家。幼名弁治、のち修。一六は号。迂堂・古梅とも称した。近江国生れ。はじめ家業を継ぎ近江国水口藩の侍医となる。明治維新後上京して官吏となり、勅選により貴族院議員。漢字や詩書画の諸芸に通じた。日下部鳴鶴らと六朝書風を学び、独特の書風を確立した。

いわやさざなみ【巌谷小波】 1870.6.6～1933.9.5 明治・大正期の児童文学者・小説家・俳人。東京都出身。本名季雄。漣山人とも号す。父は書家の一六。幼時から文学に親しみ、ドイツ語も学ぶ。一八八七年(明治二〇)硯友社に参加して小説を発表。同年杉浦重剛の称好塾に入り大町桂月・江見水蔭を知る。九一年「こがね丸」を発表し、以後児童文学に力を注ぐ。後年は早稲田大学講師、文部省の各種委員などを歴任。「日本昔噺」「世界お伽噺」など童話の編纂も多い。

いわやまつへい【岩谷松平】 1849.2.2～1920.3.10 明治・大正期の実業家。薩摩国生れ。上京して銀座で呉服太物商・煙草販売業、紙巻煙草の製造を始めた。「国益の親玉」などの特異な標語で、自家の商標「天狗」印の煙草販売を伸ばしたが、煙草専売制実施後、設備は政府に買収された。一九〇三年(明治三六)衆議院議員に当選。

いんかく【院覚】 生没年不詳。平安後期の仏師。院派の一人で始祖院助の弟子。一一一四年(永久二)が事績の初見。二〇年(保安元)に白河上皇から追捕されるが、これは藤原忠実の内覧停止とかかわる可能性があり、忠実が復権するまではめだった活動がない。三〇年(大治五)に京都法金剛院阿弥陀如来像の造仏の功で法橋となるが、現存像(重文)がそのときの像である可能性がある。三二年(長承元)に法眼となる。

いんぎょうてんのう【允恭天皇】 記紀系譜上の第一九代天皇。五世紀中頃の在位という。雄朝津間稚子宿禰天皇と称する。仁徳天皇の皇子。母は皇后磐之媛。皇后忍坂大中姫との間に安康・雄略両天皇がいる。「宋書」倭国伝の倭王済に比定される。葬られた恵我長野北陵は、大阪府藤井寺市国府の市ノ山古墳にあてられる。

イング John Ing 1840.8.21～1920.6.4 アメリカ・メソジスト監督教会宣教師。はじめ中国で伝道し、一八七四年(明治七)弘前の東奥義塾教師となり、本多庸一と協力して学生に伝道し、弘前公会の基礎を築いた。リンゴの栽培や野菜・果樹の種子・苗木の移入による経済的救援と、福音による精神的救済とに尽力した。七八年帰国。

いんけん【院賢】 生没年不詳。鎌倉前期の仏師。院派の一人。一二〇七年(承元元)法眼のとき後鳥羽上皇発願の最勝四天王院供養舞楽のために舞楽面・散手を制作。一二年(建暦二)法印として法勝寺南大門金剛力士像、一七年(建保五)中宮御産祈禱のための七仏薬師像造立など、宮廷関係の造仏で活躍した。

いんげん【院源】 951/952～1028.5.16 平安中期の天台宗僧。第二六世天台座主。陸奥守平基平の子。幼少より比叡山で学び、良源・覚慶に師事。法性寺・崇福寺・元慶寺の別当を歴任。また一条・三条両天皇および藤原道長の出家の戒師を勤め、道長家や後宮の仏事を主導し、一〇二三年(治安三)僧正に昇った。唱導の名手としても有名。

いんげんりゅうき【隠元隆琦】 1592.11.4～1673.4.3 中国明代の禅僧。日本黄檗宗の開祖。中国福建省出身。二九歳で出家し、諸方遍歴ののち、福州黄檗山万福寺(古黄檗)の費隠通容の法をついで山主となる。長崎興福寺の逸然性融らの懇請をうけ、一六五四年(承応三)来日。五八年(万治元)将軍徳川家綱に謁し、幕府から山城国宇治に寺地を与えられ、六一年(寛文元)万福寺を創建して日本黄檗宗を開いた。嗣法の弟子は日本僧三人を含む二三人。著述に「黄檗語録」「普照国師広録」などがあり、日本で数多く開版された。歴代天皇から、大光普照・仏慈広鑑・径山首出・覚性円明の各国師号と真空の大師号を贈られる。弟子の木庵性瑫・即非如一とともに黄檗三筆とよばれた。隠元豆は隠元が明から移植したものという。

いんげんりょう【殷元良】 1718.12.21～67.3.29 近世琉球画壇を代表する絵師。本名は座間味庸昌。座間味間切の総地頭で位は親雲上。幼少の頃から画才を発揮、一二歳で城中に召され、宮廷絵師の呉師虔(山口宗季)に師事。一七五二年進貢使節の北京大通事として北京に赴く。五四年帰国、同年国王尚敬の御後絵(肖像画)を制作。画風は中国絵画とともに日本画の影響もあるとされる。現存作品は県文化財の「花鳥図」「雪中雉子の図」。

いんじつ【院実】 生没年不詳。鎌倉前期の仏師。院派の一人。院尊の子。一一八〇年(治承四)に焼亡した興福寺の復興造仏で、南大門の仁王像を分担。このとき法眼(一説に法橋)位にあった。九四年(建久五)に院尊に従って東大寺大仏再興像の光背を造立。一二〇〇年(正治二)には修明門院の御産祈禱のため七仏薬師を造立して法印となった。作品は現存しない。

いんしへい【尹始炳】 Yun Sibyong 1859～1931 李氏朝鮮末期の政治家。独立協会に参加した後、一九〇四年(明治三七)日露戦争がおこるや一民会をつくり、維新会と合流。同年さらに宋秉畯と一進会をつくって会長となり、日本の軍事活動を助けた。のちに脱会し朝鮮労働会を率いて親日活動を続け、日韓併合を画策した。

いんじょ【院助】 ?～1108.12.12 平安後期の仏師。名前の一字に「院」の字をつける院派の始祖。一〇七七年(承暦元)に師覚助の後をひきついで法勝寺の造仏を完成させ、法橋となるのが事績の初見。一一〇五年(長治二)に尊勝寺の造仏の功で法眼となる。現存作例は知られない。

いんじょう【院尚】「いんしょう」とも。院成・院性・院定とも。生没年不詳。平安末～鎌倉前期の仏師。院派の一人。平清盛の妻時子の発願による造仏の功で一一七五年(安元元)に法橋となるのを初見に、一二二四年(元仁元)までの事績が知られる。現存作例はないが、京都鞍馬寺には、一一八三年(寿永二)頃に院尚が父母のために供養した経筒が伝えられる。

いんじょこう【殷汝耕】 Yin Rugeng 1889～1947.12.1 中華民国期の中国の政治家。浙江省出身。日本留学中に中国革命同盟会に加入。一九一七年早大卒。帰国後、北京関税特別会議の顧問となる。二七年以後、国民政府非公式駐日代表・航政司長・軍総司令部参議・上海市政府参事を歴任。三五年日本の華北分離工作に応じて冀東防共自治政府主席に就任したが、三七年七月通州事件で辞任。四三年汪兆銘政権の経済委員になるが、第二次大戦後、漢奸の罪名で銃殺刑となる。

いんじんほ【尹仁甫】 生没年不詳。一五世紀、李氏朝鮮の官人。一四一九年(応永二六)禅僧亮倪が、将軍足利義持の命で朝鮮に赴き、国王世宗に謁見した際に通事を勤めた。翌年回礼使宋希璟の通事として来日、その復命報告は以後の朝鮮の対日政策に大きな役割をはたした。四三年(嘉吉三)頃まで、回礼使・通信使の通事や副使として数度来日。

いんそん【院尊】 1120～98.10.29 平安後期～鎌倉初期に活躍した仏師。院派の一人で初祖院助から数えて三世代目。一一四九年(久安五)の成楽院中御堂の造仏が事績の初見。五四年(久寿元)に鳥羽金剛心院九体阿弥陀堂の造仏の功を賢円から譲られて法橋となる。八三年(寿永二)までに法印となる。興福寺や東大寺の復興に加わっているが、確実な現存作例は知られない。

いんぷもんいん【殷富門院】 1147～1216.4.2 後白河天皇の第一皇女。名は亮子。母は藤原季成の女成子で、以仁王・式子内親王と同母である。一一五六年(保元元)斎宮に選ばれる。安徳天皇の准母として八二年(寿永元)皇后となる。さらに後鳥羽天皇の准母にもなり、八七年(文治三)院号をうけた。九二年(建久三)出家。父後白河から金剛勝院や押小路殿を伝領し、また順徳天皇を猶子にしている。

いんぷもんいんのたいふ【殷富門院大輔】 生没年不詳。平安末期の歌人。藤原信成の女。母は菅原在良の女。後白河法皇の皇女亮子内親王(殷富門院)に出仕。俊恵が主宰する歌人集団歌林苑の一人として活躍、藤原定家・寂蓮・西行・源頼政ら多くの歌人と交際があった。多作で知られ「千首大輔」の異名をとる。歌合への参加も多い。「千載集」以下の勅撰集に六三首入集。家集「殷富門院大輔集」。

いんべうじ【忌部氏】 大化前代以来の氏。品部の忌部を率いて朝廷の祭祀をつかさどり、宮殿の造営にも関与した。天太玉命を祖とし、姓は首、のち連、さらに宿禰を賜る。八〇三年(延暦二二)氏名の表記を斎部と改める。本拠地は大和国高市郡であるが、阿波国にも存在する。養老神祇令によると祈年・月次の両祭では中臣氏が祝詞をのべ、忌部氏が幣帛をわかつとされていた。七〇四年(慶雲元)忌部子人が伊勢奉幣使になって以来、中臣氏とともに勤めるのが例となった。その後は中臣氏に押されて朝廷祭祀での地位を低下させた。斎部広成が「古語拾遺」を著すなど、忌部氏の勢力回復の努力は近世まで続き、一四世紀には忌部神道も形成された。

いんべたんさい【忌部坦斎】 広田坦(丹)斎とも。生没年不詳。江戸前期の神道家。忌部神道を継承し、京都や江戸で古典を講説した。正保・慶安年間頃に没したとも伝えるが、「旧事大成経」の偽作者説や伊雑宮復興運動を行った出口市正と同一人物説などもあり、不明の点が多い。

いんべのひろなり【斎部広成】 生没年不詳。八～九世紀の官人。姓は宿禰。八〇七年(大同二)平城天皇の下問により、「古語拾遺」を著す。斎部氏(忌部氏)は中臣氏と並んで朝廷祭祀を主導していたが、中臣氏は藤原氏との関係や一族から多くの上級官人をだしていたことからその圧迫をうけていたので、広成はこの「古語拾遺」により忌部氏の権利を主張した。翌年従五位下。時に八〇余歳という。

いんべのまさみち【忌部正通】 生没年不詳。南北朝期の神道家で、忌部神道の創始者。「神代巻口訣(日本書紀口訣)」の著者。一三六七年(貞治六)の自序をもつ同書で、高天原は空虚清浄の名であり、高天原に生まれた天御中主尊が明理の本源であると説く。神道を正路と主張しながら儒教の説もうけいれており、正通は自序よりも後代の人か。「神代巻口訣」には後代の加筆があるとの説もある。

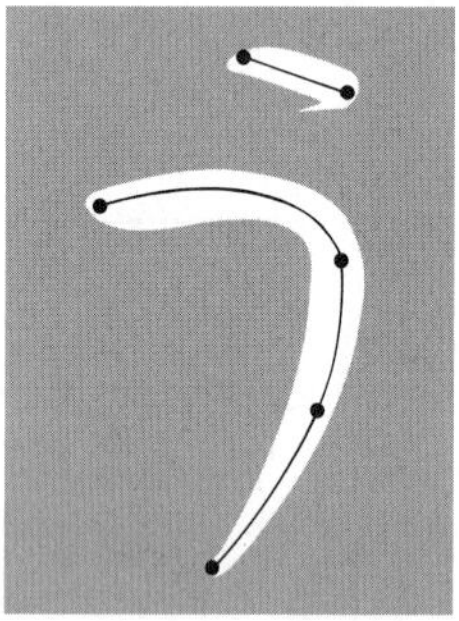

ウィッカム Richard Wickham ?～1618 江戸初期の平戸イギリス商館員。イギリス東インド会社に勤め、第七次航海に参加して一六一三年(慶長一八)来日。経理に明るく、商館長コックスのもと、江戸での代理人として江戸と駿府を往復し、貿易交渉に活躍。一六年(元和二)平戸・長崎以外での取引が禁止されたため、平戸商館の次席となったが、一八年に辞職、帰国の途上ジャカルタで死亡。

ウィッテ Sergei Yulievich Vitte 1849.6.17～1915.2.28 ビッテとも。ロシア末期の政治家。一八九二年から一九〇三年まで蔵相として、シベリア鉄道建設、露清銀行と東清鉄道による東アジア進出などを推進したが、日露開戦に反対し左遷される。戦後に全権として日露講和条約を締結。

ういはくじゅ【宇井伯寿】 1882.6.1～1963.7.14 明治～昭和期のインド哲学・仏教学者。愛知県出身。一九〇九年(明治四二)東大卒。東京帝国大学教授・駒沢大学学長。近代的研究方法にもとづき原典に厳格なインド哲学を構成、インド哲学・仏教学研究の基準となっている。またインド・中国・日本にわたる仏教史の体系化をはじめて試みた。四五年(昭和二〇)学士院会員、五三年文化勲章受章。著書「印度哲学研究」六巻。

ウィリアム・アダムズ ⇨アダムズ

ウィリアムズ ❶Channing Moore Williams 1829.7.18～1910.12.2 アメリカ聖公会宣教師、日本聖公会最初の主教。中国伝道に従事後、一八五九年(安政六)長崎に上陸。一時帰国し六九年(明治二)大阪に来住、七三年一二月東京に移り主教座を設置、日本人指導者の養成を心がけ、築地に立教大学の源流の私塾を開いた。八七年日本聖公会の組織化を達成、八九年主教を辞し、京都司祭となり関西・北陸に伝道、一九〇八年帰国。
❷Samuel Wells Williams 1812.9.22～84.2.16 幕末・維新期のアメリカ人宣教師兼外交官・中国学者。一八三三年アメリカン・ボードの印刷宣教師として広東に着任。三五年マカオに移り、三七年モリソン号に乗船、漂流日本人を送還しようとして失敗。その後も漂流日本人から日本語を学ぶ。五三年(嘉永六)と翌年ペリーの艦隊に通訳として随行。五六年中国のアメリカ公使館書記官兼通訳となり、七六年辞任。この間「中国総論」(一八四八刊)をはじめ数多くの中国研究書を編集・出版。七七年イェール大学の中国語教授に就任。

ウィリス William Willis 1837.5.1～94.2.14 幕末・維新期のイギリスの外交官・医師。北アイルランド生れ。一八五九年エジンバラ大学卒。六二年(文久二)五月、駐日イギリス公使館補助官兼医官として来日。六八年(明治元)の戊辰戦争に従軍し敵味方の別なく負傷兵を治療した。翌年、明治政府に請われて医学校および東京府大病院に勤めるが、ドイツ医学採用という政府の方針転換により、同年鹿児島医学校兼病院に転じ、一時帰国をはさんで七七年三月まで同地で勤務し離日。八五年シャム国イギリス総領事館医官に任じられ、九二年まで在職。

ウィルマン　Olof Eriksson Willman　1623?～73　スウェーデンの海軍士官。ベストマンランド州ビヨルクスタ生れ。一六四四年から陸軍を経験し、四七年にオランダへ渡り、東インド会社の使用人として同年バタビアへ来着。五一年(慶安四)商館長ファン・デル・ブルフに従って来日し、参府を行って翌年バタビアへ戻った。五三年に辞職して帰国。五五年海軍に入った。死後出版された旅行記のうち、日本に関する部分は邦訳「ヴィルマン日本滞在記」として知られる。

ういろうし【外郎氏】　室町時代の医師・薬種商。応安年間(一三六八～七五)に来日し、博多で医業をはじめた元の礼部員外郎陳宗敬を祖とする。外郎は本来中国の官職名。転じて陳氏の通称となり、代々外郎または陳外郎と称した。宗敬の子で医道抜群と称賛された宗奇が京都に移ってからは、活動の中心は京都となるが、一六世紀前半頃に子孫は各地に分散。小田原に移住し、後北条氏に仕えた宇野藤右衛門尉定治が有名。

ウィン　Thomas Clay Winn　1851.6.29～1931.2.8　アメリカの北部長老派教会宣教師。S・R・ブラウンの甥。一八七七年(明治一〇)来日、横浜のJ・H・バラの塾で教え、ついで石川県中学師範学校教師として赴任。八一年金沢教会を創立し北陸伝道の基礎を築いた。のち大阪に移り、さらに日露戦争後、大連に赴き満州に伝道。晩年は再び金沢で伝道に努め同地で没した。

ウィンクラー　Heinrich Winkler　1848～1930　ドイツのウラル・アルタイ語学者。語形態や統語形式上の類似を論拠として、日本語をウラル・アルタイ語に属するとみなし、とくにフィンランド語との関係が深いと考えた。しかし音韻対応の厳密な証明にまではいたらず、その論証には成功していない。著書「日本人とアルタイ人」「ウラル・アルタイ語族、フィン語と日本語」。

ウィンチェスター　Charles Alexander Winchester　?～1883.7.18　イギリスの外交官。一八五五年広東副領事をへて六一年(文久元)箱館領事。六二年オールコックの賜暇帰国中に二カ月間駐日代理公使を勤め、その後長崎代理領事をへて神奈川領事。幕府の生糸貿易制限の強行に対し、神奈川奉行と交渉。六四年(元治元)一一月～六五年(慶応元)閏五月まで再度代理公使を勤め、下関砲撃事件の賠償交渉にあたった。新任公使パークスの来日を機に同年上海領事に転出。

うえかわきすい【上河淇水】　1748.11.9～1817.10.4　江戸後期の心学者。諱は正揚、通称は愿蔵、淇水は号。近江国の武士の家に生まれ、のち手島堵庵の養子となり心学を修め、江戸の中沢道二の活躍とあいまって、石門心学の全盛期を築いた。漢学の素養が深く、著書「心学承伝之図」で尭舜孔孟以降、朱子をへて梅岩・堵庵にいたる聖学の正統を主張したが、朱子学の影響を強くうけた教説は、特定の思想に傾かないことを基本的立場とする心学者から批判された。

うえきえもり【植木枝盛】　1857.1.20～92.1.23　明治期の自由民権家。高知藩士出身。独学で民権思想を学ぶ。一八七五年(明治八)上京し、板垣退助の書生をしながら新聞に投書して言論活動を開始、筆禍を経験して民権家の自覚を高め、七七年に帰郷して立志社に入社、西南戦争中に立志社建白を起草した。執筆や演説会で活発な言論活動を展開し、理論家・運動家として名を高めた。私擬憲法「日本国国憲案」を起草。愛国社・国会期成同盟・自由党で板垣の片腕的存在として活躍し、自由党解党以後、高知に戻り県会議員となる。「土陽新聞」に健筆をふるった。議会開設で高知から衆議院議員に当選、自由党土佐派の有力者として第一議会で政府と妥協し、自由党を脱党。

うえさねみち【上真行】　1851.7.2～1937.2.28　明治～大正期の雅楽家・作曲家。京都生れ。南都系の雅楽伝承者の家系に生まれる。真節の子。笛とチェロが専門。維新後、父とともに東上し、一八七四年(明治七)宮内省雅楽局の伶人(雅楽を演奏する職員)となる。八一年から文部省音楽取調掛にも勤務。明治天皇の大葬に際して誄歌の再興にたずさわる。また明治初期の洋楽輸入にも貢献し、唱歌「天長節」「一月一日」などを作曲。

うえじまおにつら【上島鬼貫】　⇨鬼貫

うえすぎあきさだ【上杉顕定】　1454～1510.6.20　室町時代の武将。関東管領。越後上杉氏出身。一四六六年(文正元)山内上杉氏を継承。上杉氏は古河公方足利成氏と抗争中で、顕定は上杉勢の主将となったが、七八年(文明一〇)に和睦。七六年には被官長尾景春の反乱にあう。ついで扇谷上杉定正・朝良父子と対立、八八年(長享二)以後武蔵・相模の各所で交戦。越後上杉氏の援助をうけ、一五〇五年(永正二)武蔵国河越城を包囲、朝良を隠退させて勝利を収める。〇七年弟の越後国守護上杉房能が守護代長尾為景に殺されると、〇九年報復のため越後に遠征。いったん為景を敗走させたが、翌年長森(現、新潟県六日町)で敗死。

うえすぎあきふさ【上杉顕房】　1435～55.1.24　室町時代の関東の武将。扇谷上杉氏。一四四九年(宝徳元)家督。山内上杉氏とともに鎌倉公方足利成氏と対立、五〇年父持朝などと鎌倉付近で成氏勢と戦った(江ノ島合戦)。五四年(享徳三)成氏が関東管領山内上杉憲忠を謀殺すると対立は激化。五五年(康正元)武蔵国分倍河原(現、東京都府中市)などで激突し、顕房は由井(現、八王子市)または夜瀬(現、三鷹市)で戦死。

うえすぎあきよし【上杉顕能】　生没年不詳。南北朝期の武将。備後国守護。観応の擾乱で足利直義に属した。伯父上杉重能の養子となる。重能は直義の側近で一三四九年(貞和五・正平四)直義失脚の際、高師直に殺害された。重能の養子能憲は、五一年(観応二・正平六)直義の反撃に乗じて師直らを殺害、復仇した。このとき殺害された師直の子師夏にかわって同年備後国守護になったが直義が再び劣勢となったため、まもなく守護職を失う。

うえすぎうじのり【上杉氏憲】 ?～1417.1.10　室町時代の武将。関東管領、上総・武蔵両国守護。犬懸上杉氏。入道して禅秀。一四一一年(応永一八)関東管領となる。一五年鎌倉公方足利持氏が犬懸上杉氏の被官の所領を没収する事件がおき、これを不満として管領を辞職。さらに持氏が山内上杉憲基を後任としたため、持氏・憲基に対する反感を強めた。一六年一〇月同じ反持氏の足利満隆(持氏の叔父)を擁して持氏らを鎌倉から追い、いったんは政権の奪取に成功。しかし幕府が持氏らを支持して越後・駿河などの軍勢を派遣したためしだいに圧迫され、一七年正月満隆とともに鎌倉で自殺。

うえすぎかげかつ【上杉景勝】 1555.11.27～1623.3.20　織豊期～江戸初期の武将・大名。初名顕景。越後国春日山城(現、新潟県上越市)城主、出羽国米沢藩主。上杉謙信の甥ではじめ長尾姓であったが、一五七五年(天正三)上杉姓と景勝の名乗りを与えられた。七八年謙信の死後、上杉景虎と家督を争い、翌年これを破り(御館の乱)、謙信の後継者として越後を領有。八四年豊臣秀吉に従い、以後豊臣政権に協力、のち五大老の一員となった。九八年(慶長三)秀吉により陸奥国会津に移封。秀吉の死後、一六〇〇年石田三成と連絡して徳川家康と対立したが、関ケ原の戦で三成が敗れたため降伏。翌年知行高を大幅に減封され米沢に移る。

うえすぎかげとら【上杉景虎】 1553?～79.3.24　戦国期の武将。北条氏政の弟。初名氏秀。はじめ武田氏に入ったが、永禄末年甲相同盟の解消により後北条氏に戻る。ついで越相同盟の成立により、一五七〇年(元亀元)上杉謙信の養子となり上杉景虎となる。七八年(天正六)謙信の死後、上杉景勝は越後国春日山城(現、新潟県上越市)に拠り、景虎は上杉憲政の居館の御館(同市)に拠って互いに家督を争った。景虎は後北条氏の後援をえたが翌年敗れ、鮫尾城(現、新井市)にのがれてのち自殺(御館の乱)。

うえすぎきよかた【上杉清方】 ?～1446　室町時代の武将。越後上杉氏。房方の子。山内上杉氏を継ぎ関東管領となった上杉憲実の弟。一四三九年(永享一一)永享の乱で憲実は鎌倉公方足利持氏を倒したが、まもなく管領職を辞して引退。このとき清方は越後から招致され、事実上山内家家督・関東管領となる。四〇年持氏の遺児らが下総国結城城で挙兵すると(結城合戦)、征討軍の主将として翌年同城を攻略。持氏と遺児に敵対した責任を感じ、四六年(文安三)自殺したという。

うえすぎきよこ【上杉清子】 ?～1342.12.23　「せいし」とも。足利尊氏の生母。上杉頼重の女。号は浄如寺雪庭。法名等持院、のち果証院。従三位・贈従二位。上杉氏の所領丹波国何鹿郡(現、京都府綾部市)に育ち、足利貞氏の側妾となり、尊氏・直義を出生。貞氏の正室金沢顕時の女には子がなかったようで、尊氏が家督をつぎ、室町幕府成立後は将軍の母として崇敬され、錦小路殿・大方禅尼とよばれた。

うえすぎけんしん【上杉謙信】 1530.1.21～78.3.13　戦国期の越後国の武将。長尾為景の子。初名景虎、ついで上杉政虎・同輝虎、入道して謙信。武田・後北条両氏などと戦い、戦国武将を代表する一人だが、その勢力圏はほぼ越後一国にとどまった。一五四八年(天文一七)家督となり、五〇年守護上杉定実の死去により名実ともに越後国主となる。武田信玄の信濃北部への進出に対抗。五三年信濃に出動し、以後しばしば武田勢力と戦った(川中島の戦)。北条氏康に関東を追われた関東管領上杉憲政を保護。六〇年(永禄三)から翌年にかけて憲政を擁して関東に進出、氏康の本拠相模国小田原城(現、神奈川県小田原市)を攻めたが、攻略できなかった。このとき憲政から上杉姓と関東管領職を継承、以後ほぼ毎年関東に出動したが、成果を残せなかった。武田・後北条両氏の敵対により、六九年後北条氏と同盟したが、短期間で破れた。北陸方面では七三年(天正元)越中を制圧、さらに能登・加賀に進攻、織田信長軍と戦った。

うえすぎさだざね【上杉定実】 ?～1550.2.26　戦国期の武将。越後国守護。房実の子。一五〇七年(永正四)長尾為景に擁立され、翌年守護となったが、一三年為景と対立して敗れ、国政の実権を奪われた。しかし天文初年、甥上条定憲などの反為景派が台頭すると、為景の子晴景に守護として復権させられるなど、同国制覇をめざす長尾氏に翻弄された。のち晴景と弟景虎(上杉謙信)が対立すると、両者の間を調停し、四八年(天文一七)晴景から景虎に家督を譲らせた。

うえすぎさだまさ【上杉定正】 1443～94.10.5　室町時代の関東の武将。扇谷上杉氏。持朝の子。一四七三年(文明五)扇谷上杉氏を継承。以後、家宰太田道灌の活躍もあって扇谷家は山内家に匹敵する勢力となり、両者の対立をうんだ。八六年道灌を相模国糟屋(現、神奈川県伊勢原市)の自邸に誘い出して暗殺したが、その背景には山内家の策動があったともいわれる。古河公方足利氏と結び、八八年(長享二)以後武蔵・相模の各所で上杉顕定と交戦。九四年(明応三)北条早雲と結んで武蔵国高見原(現、埼玉県小川町)北に出動したが、陣中で急死。荒川渡河中に落馬したためという。

うえすぎし【上杉氏】 中世～近世の武家。勧修寺流藤原氏。重房のとき、丹波国上杉荘(現、京都府綾部市)を支配して上杉氏を称した。一二五二年(建長四)宗尊親王に従って鎌倉に下ったといわれる。重房の孫清子は足利貞氏に嫁いで尊氏・直義を生み、以来足利氏に重んじられ、室町幕府下では関東管領家として繁栄。一族は山内・扇谷・犬懸・宅間の四家にわかれた。宅間家はまもなく衰退、犬懸家も一五世紀初めの上杉禅秀の乱により滅亡。同世紀半ば頃から扇谷家が台頭して宗家の山内家と対立。争乱をくり返すなか、両家は新興の後北条氏によってしだいに圧迫された。一五四六年(天文一五)山内憲政・扇谷朝定連合軍は武蔵国河越で北条氏康軍に敗れ、朝定は戦死、扇谷家は滅亡した。憲政も五二年越後国へ逃亡、六一年(永禄四)関東管領職と上杉姓を長尾景虎(上杉謙信)に譲り、山内家も滅んだ。謙信は越後国春日山城を本拠に北陸の有力戦国大名となり、関東・信濃方面にもしばしば出兵。その死後、養子景勝は豊臣秀吉に従い、五大老となった。会津若松一二〇万石を領有したが、関ケ原の戦で西軍に加わり、米沢藩三〇万石に減封。一六六四年(寛文四)さらに一五万石に半減された。維新後、伯爵。「上杉家文書」を伝える。

うえすぎしげふさ【上杉重房】 生没年不詳。鎌倉中期の武将。上杉氏の祖。父は藤原清房。公家の家に生まれ育ち、修理大夫・左衛門督などを歴任。一二五二年(建長四)宗尊親王が将軍として鎌倉に赴くのに随行。そのまま鎌倉に定着して将軍の側近となる。丹波国上杉荘を与えられ、以後上杉氏を名のる。女が足利頼氏の妻となり、家時を生んだため、足利氏の姻戚となった。

うえすぎしげよし【上杉重能】 ?～1349.12.20? 南北朝期の武将。宅間上杉氏。鎌倉幕府打倒から室町幕府草創の時期には足利尊氏に属した。ついで同直義の側近となり、尊氏の側近高師直としだいに対立。一三四九年(貞和五・正平四)閏六月師直を失脚させたが、八月師直が反撃し、直義が屈したため、越前に配流された。さらに師直の命令で、一二月江守荘(現、福井市)で殺害された。

うえすぎしんきち【上杉慎吉】 1878.8.18～1929.4.7 明治後期～昭和前期の憲法学者。法学博士。福井県出身。東大卒。東京帝国大学助教授となり、一九〇六年(明治三九)ドイツに留学。当初天皇機関説をとるが、帰国後は天皇主権説に転向し、穂積八束とともに美濃部達吉を批判して論争となる。一二年(大正元)教授、翌年から穂積を継いで憲法講座を担当。一四年「帝国憲法述義」刊行。国家主義団体の七生社を育成するなど実践面にも関与した。

うえすぎともおき【上杉朝興】 1488～1537.4.27 戦国期の武将。扇谷上杉氏。武蔵制圧をめざす北条氏と戦ったが、しだいに圧迫された。一五一六年(永正一三)北条早雲の相模国三浦進攻の際、三浦氏を救援するため出兵したが敗れた。二四年(大永四)北条氏綱の武蔵国江戸進攻を迎え撃つが敗れ、江戸城を失って河越城に退いた。失地回復を図り、三〇年(享禄三)北条氏康と小沢原(現、神奈川県川崎市ほか)で戦ったが敗れ、のち河越城で没した。

うえすぎともさだ【上杉朝定】 ❶1321～52.3.9 南北朝期の武将。室町幕府草創期に引付頭人を勤めた。観応の擾乱では足利直義に従ったが、尊氏とも接触し、両者の間を斡旋した。一三五一年(観応二・正平六)北陸に落ちる直義に従い、翌年信濃で死没。❷1525～46.4.20 戦国期の武将。扇谷上杉氏。一五三七年(天文六)家督。同年北条氏綱の河越進攻を迎え撃つが敗れ、河越城を奪われた。その回復のため山内上杉憲政と結ぶなど態勢を整え、四五年河越城を包囲、持久戦となった。しかし翌年北条氏康の夜襲により上杉勢は壊滅、朝定も敗死して扇谷上杉氏は滅亡。

●上杉氏略系図

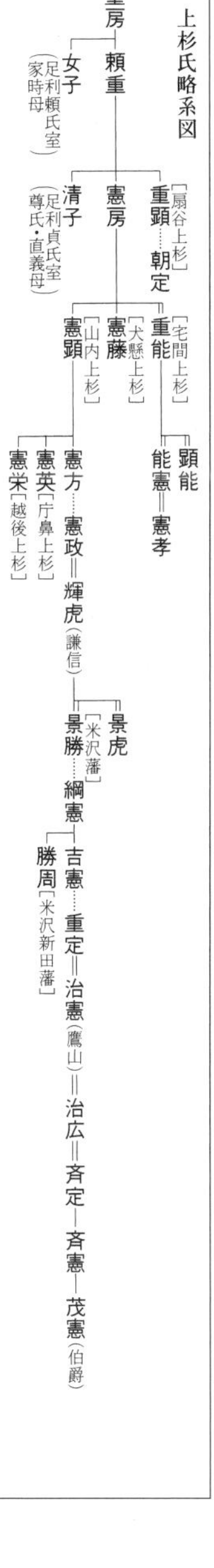

うえすぎともふさ【上杉朝房】 ?～1391 南北朝期の武将。関東管領、上総国ほかの守護。犬懸(いぬかけ)上杉氏。関東の実力者山内上杉憲顕(のりあき)の女婿。一三六四年(貞治三・正平一九)頃上総国守護となり、以後約五〇年間同国は犬懸上杉氏の管国となった。六八年(応安元・正平二三)宇都宮氏および武蔵平(へい)一揆の反抗では、鎌倉府軍の一員として鎮圧にあたった。同年憲顕が没すると、憲顕の子能憲(よしのり)とともに関東管領職を継承。のち京都に上り、同地で没したという。

うえすぎともむね【上杉朝宗】 ?～1414.8.25 南北朝期～室町中期の武将。犬懸(いぬかけ)上杉氏。関東管領、上総国ほかの守護。一三八〇年(康暦二・天授六)以後の小山氏の乱を、鎌倉府軍の主将として鎮圧。九五年(応永二)鎌倉公方足利氏満に抜擢されて関東管領となる。九八年以後は鎌倉公方足利満兼を補佐し、一四〇五年管領を退いた。〇九年満兼の死を機に出家し、上総国長柄(ながら)の胎蔵寺に隠棲。朝宗の死後まもなく、子氏憲(禅秀)は鎌倉府に反抗して敗れ、犬懸上杉氏は滅亡。

うえすぎともよし【上杉朝良】 ?～1518.4.21 室町時代の関東の武将。扇谷(おうぎがやつ)上杉定正の養子。一四九四年(明応三)定正の急死で扇谷上杉氏を継承。当時扇谷上杉氏は山内上杉氏と抗争中だったが、朝良の代に古河公方足利氏の支持を失った。北条早雲・今川氏親と結んで一五〇四年(永正元)武蔵国立河原(たちかわら)(現、東京都立川市)で上杉顕定と交戦するが、まもなく河越城に包囲された。翌年降伏、隠退を余儀なくされ、二〇年に及んだ山内・扇谷両上杉氏の抗争は山内上杉氏の勝利となった。

うえすぎなりさだ【上杉斉定】 1788.9.4～1839.2.2 江戸後期の大名。出羽国米沢藩主。八代藩主重定の次男勝熙(かつひろ)の嫡子。幼少から九代治憲(はるのり)(鷹山(ようざん))の薫陶をうけた。一〇代治広の世子となり一八一二年(文化九)家督相続。治世中に、飯豊山穴堰の完成、領内年貢総皆済、蔵元への借財還付、家臣からの借上げ廃止など、鷹山の寛政の改革の成果が開花した。天保の飢饉では粥を食し、藩庫の米を供給して人口減少を食い止めた。三六年(天保七)その善政を幕府から表彰された。

うえすぎなりのり【上杉斉憲】 1820.5.10～89.5.20 幕末期の大名。出羽国米沢藩主。父は斉定。弾正大弼。一八三九年(天保一〇)遺領相続。四八年(嘉永元)異国船警備のため新潟に出兵。以後、家臣に西洋砲術を学ばせ、城下の鋳工に大砲を鋳造させた。また五九年(安政六)領内で種痘を奨励するなど西洋学術の受容を図った。六八年(明治元)新政府に会津藩降伏の仲介を行うが失敗。仙台藩とともに奥羽越列藩同盟の中心となり、越後方面に出兵し、新政府軍と戦ったが降伏。隠居を命じられ、四万石を減封された。

うえすぎのりあき【上杉憲顕】 1306～68.9.19 南北朝期の武将。関東管領。上野・越後両国守護。憲房の子。山内上杉氏の初代。室町幕府草創期に幕府方として上野・越後の経略にあたり、また高師冬(こうのもろふゆ)とともに鎌倉公方足利義詮(よしあきら)、ついで同基氏を補佐した。観応の擾乱では足利直義(ただよし)方となり、同尊氏方の師冬と対立。基氏を擁して師冬を攻め、一三五一年(観応二・正平六)これを自殺させたが、まもなく直義方は敗れ、憲顕も没落。六二年(貞治元・正平一七)上野・越後両国守護に復帰、翌年関東管領に就任して復権をはたした。この間宇都宮氏綱らの抵抗があったが、基氏と協力して鎮圧。六八年(応安元・正平二三)氏綱が再び反抗したがこれも鎮圧し、関東の重鎮として強大な勢力を築いた。

うえすぎのりかた【上杉憲方】 1335～94.10.24 南北朝期の武将。関東管領、上野国ほかの守護。山内上杉氏。憲顕の子。一三七六年(永和二・天授二)長兄能憲(よしのり)から山内上杉氏の家督を継承したが、関東管領職などは次兄憲春が継承。七九年(康暦元・天授五)憲春の死で管領となる。八〇年以後下野国守護小山義政が鎌倉府に反抗をくり返すと、犬懸(いぬかけ)上杉朝宗(ともむね)とともに鎌倉府軍の中心となって戦い、八二年(永徳二・弘和二)義政を敗死させた。八六年(至徳三・元中三)義政の遺子若犬丸とこれに協力する常陸国小田孝朝が反抗したが、八八年(嘉慶二・元中五)鎮圧し、鎌倉府と山内上杉氏の勢力を安定させた。鎌倉明月院は憲方の開基。

うえすぎのりさだ【上杉憲定】 1375～1412.12.18 室町時代の関東の武将。憲方の子。関東管領、伊豆・上野両国守護。山内上杉氏。犬懸(いぬかけ)上杉朝宗とともに鎌倉公方足利満兼を支えた。一三九五年(応永二)山内家を継承。九九年大内義弘が幕府への反乱をおこすと(応永の乱)、満兼は呼応して挙兵をはかるが、これを諫めて幕府と鎌倉府の衝突を回避させた。一四〇五年朝宗にかわって関東管領となる。

うえすぎのりざね【上杉憲実】 1410～66.閏2.- 室町中期の武将。房方の子。山内上杉憲基の養子。関東管領、伊豆・上野両国守護。一四一九年(応永二六)関東管領となる。鎌倉公方足利持氏(もちうじ)は幕府を敵視し、両者の関係はつねに緊張状態にあったが、憲実は持氏を諫め関係改善に努めた。しかし持氏との関係はしだいに険悪となった。三八年(永享一〇)鎌倉から管国上野に退去、ついで幕府の命令に従って持氏を攻め、翌年鎌倉で自殺させた(永享の乱)。これを罪悪として出家・隠退したが、のち政治に復帰し結城合戦の処理などにあたった。この間、鎌倉円覚寺の僧快元(かいげん)を招いて足利学校を再建し、これを保護した。四九年(宝徳元)以後諸国を流浪し、晩年は大内氏に保護されて長門大寧寺(現、山口県長門市)に住した。

うえすぎのりただ【上杉憲忠】 1433～54.12.27　室町中期の武将。関東管領。山内上杉氏。憲実の子。永享の乱後、上杉氏の重臣団が関東の実権を握ったが、乱で敗れた足利持氏の与党などは持氏の遺子鎌倉公方足利成氏を擁して対抗、両者の対立は深まった。一四五〇年(宝徳二)山内上杉氏の家宰長尾景仲らは鎌倉周辺で成氏軍と戦ったが勝利をえられず、憲忠は鎌倉から七沢(現、神奈川県厚木市)に退いた。まもなく鎌倉に帰ったが、五四年(享徳三)成氏邸に誘い出され殺された。

うえすぎのりとも【上杉教朝】 1408～61　室町中期の関東の武将。犬懸上杉氏。氏憲(禅秀)の子。一四一六年(応永二三)氏憲は上杉禅秀の乱に失敗、翌年自殺したが、教朝は京都に逃れた。のち幕府に登用され、永享の乱や結城合戦では、足利持氏、結城氏朝の征討に参加。五七年(長禄元)足利政知が伊豆国堀越に下向した際にはその執事となった。六一年(寛正二)疫病で死んだとも自殺したともいう。

うえすぎのりはる【上杉憲春】 ?～1379.3.8　南北朝期の武将。憲顕の子。関東管領、上野国ほかの守護。兄能憲から一三七七年(永和三・天授三)関東管領職を継承、これより前に上野国守護職も継承したが、山内上杉氏の家督は弟憲方が継承。七九年(康暦元・天授五)管領在職のまま鎌倉で自殺。鎌倉公方足利氏満には足利義満にかわって将軍になろうとする野心があり、行動をおこそうとしたため、死をもって諫めたという。

うえすぎのりふさ【上杉憲房】 ㊀?～1336.1.27　南北朝期の武将。上野国守護。足利尊氏の母方の伯父で尊氏の側近。一三三三年(元弘三)尊氏に鎌倉幕府打倒を決意させたともいわれる。建武政権では雑訴決断所奉行に登用された。三五年(建武二)尊氏が建武政権にそむくと同時に上野国守護となった。尊氏に従って京都を制圧したが、まもなく新田義貞らに敗れ戦死。㊁1467～1525.3.25　戦国期の武将。関東管領、上野国平井城(現、群馬県藤岡市)城主。山内上杉顕定の養子。一五〇九年(永正六)顕定とともに越後に進攻したが、翌年顕定の敗死により撤退。同じ養子の顕実と対立したが、一二年これを追放して山内上杉氏を継承、以後北条氏綱の武蔵進出に対抗した。

うえすぎのりまさ【上杉憲政】 ?～1579.3.17　戦国期の武将。憲房の子。関東の名門山内上杉氏の最後の関東管領。一五三一年(享禄四)管領となる。関東制覇をめざす北条氏と戦ったが、四六年(天文一五)河越城の戦の敗北などでしだいに圧迫され、五二年長尾景虎を頼って越後に落ちた。景虎に上杉の名字と管領の職を譲り、景虎は上杉政虎(のち謙信)となった。七八年(天正六)謙信の死後、上杉景虎・景勝が家督を争い戦うが、憲政の居館の御館は景虎方の拠点となり、憲政自身もここに拠った。翌年御館は陥落し、憲政は景勝方の兵に殺害された(御館の乱)。

うえすぎのりもと【上杉憲基】 1392～1418.1.4　室町時代の武将。憲定の子。関東管領、伊豆・上野両国守護。山内上杉氏。一四一五年(応永二二)犬懸上杉氏憲にかわって関東管領となったことが氏憲を刺激し、一六年一〇月氏憲に鎌倉を追われ、伊豆ついで越後に落ちた。しかし越後国守護上杉房方の協力をえて反撃、一七年正月鎌倉を奪回して氏憲を自殺させ、管領の地位を回復。

うえすぎはるのり【上杉治憲】 1751.7.20～1822.3.12　江戸中期の大名。出羽国米沢藩主。弾正大弼。号は鷹山。父は日向国高鍋藩主秋月種美。一七六〇年(宝暦一〇)米沢藩主上杉重定の養子となり、六七年(明和四)家督相続。世子時代に師事した折衷学派の細井平洲を文学師範とした。六九年米沢に入国。七三年(安永二)藩政を牛耳っていた重臣を処罰。藩校興譲館を創設し、細井平洲を招いて藩政改革に着手。倹約を勧め、改革派の竹俣当綱らに離散農民の帰村、新田開発の奨励、用水路の開削、漆・養蚕等の特産品の奨励などの農村復興政策を行わせ、一定の成果を収めた。八五年(天明五)隠居して重定の四男治広に家督を譲るが、後見として藩政をみた。

うえすぎふささだ【上杉房定】 ?～1494.10.17　室町時代の武将。越後国守護。一四五〇年(宝徳二)守護代長尾邦景を倒したが、同頼景など以後の守護代とは協調した。五四年(享徳三)からの山内・扇谷両上杉氏と鎌倉(古河)公方足利成氏の抗争では、関東に出兵して両上杉氏に協力。六六年(文正元)には子顕定に山内上杉氏をつがせ関東管領とし、のち両上杉氏の抗争にも関係した。将軍足利義政との関係がよく、八二年(文明一四)義政・成氏の和睦を斡旋した。

うえすぎふさよし【上杉房能】 ?～1507.8.7　室町時代の武将。房定の子。越後国守護。一四九四年(明応三)守護となる。勢力の拡大をはかり、九八年守護直轄地の確保・守護不入地の局限を宣言し、守護代長尾能景などの反発にあった。能景時代には破局に至らなかったが、一五〇六年(永正三)長尾為景が守護代になると両者は対立。翌年為景に襲撃され、越後国天水(現、新潟県松之山町)で自殺。関東管領山内上杉顕定は兄で、〇四年関東に出兵し、顕定に協力した。

うえすぎもちとも【上杉持朝】 1418～67.9.6　室町時代の関東の武将。扇谷上杉氏。一五世紀半ばの関東では、鎌倉(古河)公方足利成氏の勢力と山内・扇谷両上杉氏の勢力が対立。持朝は一四五〇年(宝徳二)両上杉氏の家宰や嫡子顕房とともに、鎌倉付近などで成氏勢と戦った(江ノ島合戦)。五四年(享徳三)成氏が関東管領山内上杉憲忠を謀殺すると、両勢力の対立は激化。五五年(康正元)持朝ら上杉勢は武蔵国分倍河原(ぶばいがわら)(現、東京都府中市)などで成氏勢と激突したが敗れ、顕房は戦死。同年成氏は下総国古河に拠り、五七年(長禄元)持朝は武蔵国江戸・河越などに築城してこれに対した。しかし六二年(寛正三)堀越(ほりごえ)公方足利政知に所領を没収されたことから、成氏と結んだ。

うえすぎもちふさ [上杉持房] ?～1490.2.10 室町時代の武将。犬懸(いぬかけ)上杉氏。氏憲(禅秀(ぜんしゅう))の子。早くから京都に上り幕府に出仕したため、一四一六年(応永二三)氏憲が反乱をおこし翌年敗死した際は連坐を免れた。三八年(永享一〇)永享の乱がおこると、同年八月鎌倉公方足利持氏追討軍の先鋒の主将となり、東海道を進撃して一〇月相模に到着。持氏敗死後も関東にとどまり、四一年(嘉吉元)上杉憲実らとともに、将軍足利義教横死後の関東の治安維持を委ねられた。

うえすぎよしのり [上杉能憲] 1333～78.4.17 南北朝期の武将。関東管領、上野国ほかの守護。上杉憲顕(のりあき)の実子、同重能の養子。観応の擾乱で一三四九年(貞和五・正平四)重能が高師直(こうのもろなお)に殺害されると、憲顕とともに関東で活動。五一年(観応二・正平六)正月、高師冬(もろふゆ)を甲斐国須沢城(現、山梨県白根町)に攻めて敗死させた。ついで西上して二月に師直を摂津国武庫川鷲林(じゅうりん)寺(現、兵庫県西宮市)で殺害し、復仇した。六八年(応安元・正平二三)憲顕の死により関東管領職などを継承。

ウェスト Charles Dickinson West 1847.1.-～1908.1.10 イギリスの造船学者。ダブリン生れ。ダブリン大学卒。バルケンヘッド造船所設計技師長。一八八二年(明治一五)来日、御雇外国人として二五年間工部大学校・東京帝国大学で舶用機関学を担当し、海軍や民間の造船技術者を養成。日本の造船業・機械工業に大きく貢献。東京で死去。

ウェストン Walter Weston 1861.12.25～1940.3.27 イギリスの宣教師・登山家。一八八八年(明治二一)から宣教師として三回来日し、神戸・横浜などで伝道。九一年以後日本アルプスを中心に各地の山岳を踏破し、日本近代登山の先駆者となった。日本アルプスの父とよばれ、長野県上高地で毎年六月ウェストン祭が開かれる。

うえだあきなり [上田秋成] 1734.6.25～1809.6.27 江戸中期の国学者・歌人・読本作者。本名は仙次郎、のち東作。号は秋成・無腸など。大坂生れ。商人の娘の私生児として生まれ、四歳で紙油商上田家の養子となる。痘瘡の後遺症のテンカン質性の発作を克服し、俳諧・和歌・国学・医学を学び、医者を開業。その間、和訳太郎の名で異色の浮世草子「諸道聴耳(ききみみ)世間猿」「世間妾形気(てかけかたぎ)」を執筆。都賀庭鐘(つがていしょう)に影響をうけて「雨月物語」を書く一方で、古代国語の音韻や記紀の日神をめぐって本居宣長と論争。晩年の「春雨物語」は彼の多面的活動の集大成。

うえだかずとし [上田万年] 1867.1.7～1937.10.26 明治～昭和前期の国語学者。名古屋藩士の子として江戸に生まれる。東大卒。師事したチェンバレンの影響で国語学を専攻、一八九〇年(明治二三)から独・仏へ留学。九四年に帰国して帝国大学教授。日本語の調査・研究、国語政策の各方面において主導的役割をはたした。「大日本国語辞典」を共編し、また東洋文庫の基礎を築いた。帝国学士院会員。著書「国語のため」。

うえだけんきち [植田謙吉] 1875.3.8～1962.9.11 大正・昭和期の軍人。陸軍大将。大阪府出身。陸軍士官学校(一〇期)・陸軍大学校卒。参謀本部勤務、ヨーロッパ出張、浦塩(ウラジオ)派遣軍参謀などをへて、支那駐屯軍司令官となる。一九三二年(昭和七)第九師団長として上海に出征、朝鮮人独立運動家の投じた爆弾で重傷。翌年から参謀次長・朝鮮軍司令官・軍事参議官を歴任し、三六年関東軍司令官兼駐満州国大使となる。三九年一二月ノモンハン事件の責任で予備役に編入。

うえだし [上田氏] ❶中世紀伊国の豪族。隅田(すだ)荘(現、和歌山県橋本市)からおこった隅田党の一族。系図では橘姓とするが、「日本霊異記(りょういき)」などには文忌寸(ふみのいみき)姓の上田三郎がみえる。隅田党は、荘内の隅田八幡宮を中心に党的結合をした武士団。その有力な一員で、南北朝期には南朝方として活躍。
❷中世武蔵国の武将。扇谷(おうぎがやつ)上杉氏の重臣。一五世紀初めから横見郡松山城(現、埼玉県吉見町)城主としてみえる。主家滅亡後は後北条氏に仕えた。

うえだていじろう [上田貞次郎] 1879.3.19～1940.5.8 大正・昭和前期の経済学者。東京都出身。東京高等商業卒。英・独留学後、一九〇五年(明治三八)東京高等商業学校教授。三六年(昭和一一)から没年まで東京商科大学学長。晩年は人口問題研究にも力を注いだ。著書「株式会社経済論」「英国産業革命史論」「日本人口政策」。

うえだびん [上田敏] 1874.10.30～1916.7.9 明治期の外国文学者・評論家・詩人。別号柳村。東京都出身。東京英語学校卒業後に一高入学。在学中からイギリス、ギリシアの詩に親しむ。東大卒。一八九四年(明治二七)「文学界」同人となり、「帝国文学」発刊にも参画。のち東京帝国大学英文科講師をへて、京都帝国大学教授となる。耽美主義系の文学者に崇敬され、パンの会や「スバル」の理論的指導者の一人として後進を指導。一九〇五年の訳詩集「海潮音(かいちょうおん)」は象徴派を紹介し、詩壇に多大な影響を与えた。

ウェッブ William Flood Webb 1887.1.21～1972.8.11 オーストラリアの法律家。クイーンズランド大学卒。一九一三年クイーンズランド州で弁護士となり、四〇年同州最高裁判所裁判長に就任。四三年ニューギニアでのオーストラリア軍に対する日本の残虐行為についての報告書を提出。四五年(昭和二〇)極東国際軍事裁判の裁判長およびオーストラリア連邦最高裁判所判事に就任。東京裁判では判決時に独自の別個意見を提出した。

うえのかげのり【上野景範】 1844.12.1～88.4.11 明治期の官僚・外交官。鹿児島藩出身。長崎で洋学を学ぶ。維新後、造幣事務のため香港・イギリスに派遣される。民部権少丞・大蔵大丞・租税権頭などをへて外務省に移り、外務少輔・イギリス公使・外務大輔・オーストリア公使などを歴任。のち元老院議官に転じた。

うえのし【上野氏】 中世の武家。清和源氏。足利氏の支族。足利泰氏の子義弁が三河国上野荘(現、愛知県豊田市)を支配したのに始まる。その孫頼兼は、一三三六年(建武三・延元元)足利尊氏の九州西走に従い、菊池武敏方の筑後国黒木城を陥落させた。その後、尊氏東上とともに石見国守護として南朝方と戦う。観応の擾乱では直義に属して丹後・但馬両国守護となったが、丹後国で戦死。子孫は奉公衆に加えられ、持頼・尚長は三番番頭となった。

うえのとしのじょう【上野俊之丞】 1790.3.-～1851.8.17 江戸後期の科学技術者、長崎奉行所の御用時計師。諱は常足、号は英乗・若竜・知新斎・潜翁。長崎生れ。蘭学・砲術・測量術に造詣が深く、一八三六年(天保七)頃、中島に焔硝製錬所を設立。四八年(嘉永元)オランダ船から銀板写真機一式をひきとり、それを鹿児島藩が購入したことから、写真術導入の先駆者としても知られる。子の彦馬は職業写真家の草分けの一人。

うえのひこま【上野彦馬】 1838.8.27～1904.5.22 幕末～明治期の写真家。上野俊之丞の四男。号は季渓。長崎生れ。一八五七年(安政四)にオランダ人ポンペから化学を、五九年にはフランス人ロシェから湿板写真術を学ぶ。六二年(文久二)一一月長崎に上野撮影局を開設し、職業写真家の開祖の一人となる。高杉晋作・坂本竜馬ら維新の志士の肖像写真に優れた作品が多い。七四年(明治七)に太陽面を通過する金星を、七七年には西南戦争の戦跡を撮影。著書に化学書「舎密局必携」。

うえのりいち【上野理一】 1848.10.3～1919.12.31 現在の朝日新聞社の基礎を築いた新聞経営者。丹波国篠山藩の藩士の家に生まれる。製茶業・大阪鎮台司令官執事などをへて、一八八一年(明治一四)朝日新聞に出資したことを契機に、村山竜平と共同で同紙を所有・経営し、大阪の小新聞から全国紙にまで育てた。村山が積極拡大を推進したのに対し、上野は社内にあって実務的役割を担った。

ウェーバー Karl Ivanovich Weber 生没年不詳。ロシアの外交官。一八八四年から駐韓代理公使。朝鮮宮廷にロシア勢力の拡大を図り、日清戦争後の九六年国王高宗を公使館に迎えた。小村・ウェーバー協定を結び、九七年高宗は王宮に戻り、みずからはメキシコ公使に転出した。

うえはらえつじろう【植原悦二郎】 1877.5.15～1962.12.2 大正・昭和期の政治家。長野県出身。英米に留学し、一九一一年(明治四四)帰国、明治大学教授となる。国民党に入り、一七年(大正六)の総選挙で当選。革新倶楽部・立憲政友会で活躍したが、軍部の独走には批判的で大政翼賛会に不参加、そのため翼賛選挙で落選。第二次大戦後は日本自由党の結成に参加し、第一次吉田内閣の内相となる。講和後は反吉田派について鳩山一郎を総裁とする日本民主党に加わる。五五年(昭和三〇)バンドンのアジア・アフリカ会議に出席。

うえはらくまじろう【上原熊次郎】 ?～1827 江戸後期の蝦夷通詞。名は有次。蝦夷地松前に生まれたという。阿部屋の支配・通詞としてクスリ・アブタなどの場所(交易所)に勤めた。一八〇七年(文化四)西蝦夷地の上知にともない幕吏となり、ゴロブニン事件ではアイヌ語・ロシア語の通訳にあたった。松前氏復領後、江戸に上り、間宮林蔵と伊豆回島に従事した。著書に世界初のアイヌ語辞典「もしほ草」や「蝦夷語集」。

うえはらけん【上原謙】 1909.11.7～91.11.23 昭和期の映画俳優。本名池端清亮。東京都出身。立教大学卒。一九三五年(昭和一〇)松竹入社、「若旦那・春爛漫」でデビュー。端正な美男ぶりで「朱と緑」「愛染かつら」などのメロドラマに数多く出演、日本映画の代表的二枚目スターとして幅広い人気をえる。戦後も「めし」「夜の河」などで重厚な演技をみせたが、のちに脇役で活躍。

うえはらせんろく【上原専禄】 1899.5.21～1975.10.28 昭和期のドイツ中世史家。京都市出身。東京高等商業卒。一九二三年(大正一二)から三年間ウィーンに留学。帰国後、高岡高等商業教授をへて、二八年(昭和三)から六〇年まで東京商科大学教授として西洋経済史などを講じた。四六～四九年同大学長。実証的なドイツ中世史研究により学界での声価を確立。第二次大戦後は実践的意欲に支えられた独自の世界史像の構築と社会的発言に力を注いだ。著書「独逸中世史研究」「独逸中世の社会と経済」「世界史における現代のアジア」。

うえはらゆうさく【上原勇作】 1856.11.9～1933.11.8 明治～昭和前期の軍人。陸軍大将・元帥。子爵。日向国生れ。陸軍士官学校(旧三期)卒。日清・日露両戦争に参加ののち、一九一二年(大正元)第二次西園寺内閣の陸相。二個師団増設問題で西園寺と対立、単独辞職して倒閣、大正政変のきっかけをつくった。その後教育総監・参謀総長などを歴任し、二一年元帥。陸軍内では長州閥に対抗し、皇道派につながる勢力を育てた。

うえはらろくしろう【上原六四郎】 1848.12.～1913.4.1 明治期の手工教育家。岩槻藩士の子として江戸に生まれる。旧名は重之。尺八の号は虚洞。一八六九年(明治二)に開成所に入学。七五年陸軍士官学校に出仕し、西南戦争の際に軽気球を製作。音楽取調掛、東京職工学校職員、東京音楽学校教授などを歴任。尺八譜を改良した。著書「俗楽旋律考」。

うえまつありのぶ【植松有信】 1758.12.4～1813.6.20 江戸後期の国学者。もと名古屋藩士の子。通称忠兵衛など。名古屋で版木屋を営み、本居宣長の「古事記伝」の刊行にたずさわる。これが縁で宣長を知り、一七八九年(寛政元)に入門。以後、宣長の著作の刊行に尽した。宣長没後は墓の裏にこもり、「山室日記」を著す。三大考論争のなかで「天説弁」を著した植松茂岳(しげおか)は養子。著書「長閑日記」。

うえまつけ【植松家】 村上源氏久我(こが)家庶流。羽林家(うりんけ)。千種有能(ありよし)の末子雅永を祖とし、寛文年間(一六六一～七三)に創立。家禄は一三〇石。雅永は霊元・東山両天皇の近習を勤めた。三代賞雅は華道に通じ、議奏を勤めた。四代雅久(幸雅)は宝暦事件に連坐して落飾。維新後、雅徳(まさとみ)のとき子爵。

うえまつじけん【植松自謙】 1750～1810.5.4 江戸後期の心学者。名は徳恭、通称は和助、自謙は号。信濃国生れ。一時名主を勤めるが、のち弟に譲り、江戸にでて貸本業を営み、中沢道二(どうに)に師事して心学を修めた。道二没後、大島有隣(うりん)と交代で参前舎主を勤め、東国の心学運動の中心となる。慎み深く慈愛にみち、貧窮者をよく遇したので、人々から和助菩薩とよばれたという。

うえまつまさひさ【植松雅久】 1721.11.11～77.9.5 江戸中期の公家。雅孝の子。初名は幸雅。一七五七年(宝暦七)左近衛中将、翌年従三位。竹内式部に垂加神道(すいかしんとう)を学び、同年宝暦事件で遠慮に処される。六〇年赦免、落飾して幽水と号した。

うえむらかくざえもん【植村角左衛門】 1739～1822.10.24 江戸後期の栃尾紬の改良者。越後国古志郡栃堀村生れ。一七五五年(宝暦五)庄屋を世襲。天明飢饉の頃より農事および養蚕と紬織りの改良を図った。領内で広く織られた栃尾紬は特産となり、一八〇四年(文化元)長岡藩から注文をうけるようになった。植村家は商権を握り江戸や上方へも出荷した。

うえむらこうごろう【植村甲午郎】 1894.3.12～1978.8.1 昭和期の財界人。東京都出身。東大卒。農商務省入りし、内閣資源局の課長・部長、企画院次長を歴任後、戦時統制団体に転じ、石炭統制会理事長。第二次大戦後、財界入りし、ニッポン放送・日本航空社長を歴任。石坂泰三のもとで経団連副会長を務め、一九六八年(昭和四三)経団連会長に就任。政・財界の調整役をはたした。

うえむらし【植村氏】 近世の譜代大名家。美濃国出身で、のち遠江国上村に移る。三河以来の徳川家譜代で、一六四〇年(寛永一七)家政のとき、大和国高取藩主二万五〇〇〇石となり、以後代々同藩主。八七年(貞享四)以降二万五〇〇〇石だったが、幕府の要職を歴任した九代藩主家長が老中格となり、一八二六年(文政九)二万五〇〇〇石に加増された。当主はおおむね従五位下出羽守に叙任。維新後子爵。傍系の旗本植村忠朝は、一六八二年(天和二)上総国勝浦一万一〇〇〇石の大名に取り立てられたが、一七五一年(宝暦元)恒朝のとき除封。その後は二〇〇〇俵の旗本として幕末まで存続した。

うえむらしょうえん【上村松園】 1875.4.23～1949.8.27 明治～昭和期の日本画家。京都府出身。本名津禰(つね)。京都府画学校に入学して鈴木松年(しょうねん)に師事、ついで幸野楳嶺(こうのばいれい)・竹内栖鳳(せいほう)に学ぶ。「四季美人図」「花ざかり」などで画壇に認められ、内外の博覧会、各展で入賞。大正・昭和期には官展を中心に活躍。「焰」「序の舞」など広く美人画を描いた。芸術院会員・帝室技芸員。一九四八年(昭和二三)女性として初の文化勲章受章。

うえむらたまき【植村環】 1890.8.24～1982.5.26 昭和期の牧師。日本YWCA会長・世界連邦建設同盟顧問。東京都出身。正久の三女。米・英に留学しエジンバラ大学で神学を学ぶ。一九三四年(昭和九)日本基督教会(旧日基)の教師となり、東京新宿の柏木教会牧師。第二次大戦後、新発足した日本基督教会(新日基)に加入。

うえむらなおみ【植村直己】 1941.2.12～84.2.13? 昭和期の登山家・冒険家。兵庫県出身。明治大学卒。一九六五年(昭和四〇)四月ヒマラヤ初登頂を手初めに、七〇年世界最高峰チョモランマ登頂に日本人としてはじめて成功、同年マッキンリーの単独登頂に成功し、世界初の五大陸最高峰登頂者となる。七五年から翌年にかけて北極圏一万二〇〇〇キロ犬ソリ単独旅行を成功させる。八四年二月一三日世界初のマッキンリー冬期単独登頂を達成させた後、消息を絶つ。四月国民栄誉賞受賞。

うえむらぶんらくけん【植村文楽軒】 人形浄瑠璃劇場文楽座の経営者。江戸後期～明治期に六世を数える。初世(一七五一～一八一〇)は淡路島の出身。本名正井与兵衛、釈楽道と号した。一八世紀末に大坂へ出て、高津(こうづ)に浄瑠璃稽古所を開業。二世(一七八四～一八一九)は初世の子。本名嘉兵衛、釈浄楽と号す。文化年間に大坂博労町難波神社境内に「稲荷の芝居」(文楽の芝居)を経営。四世(一八一三～一八八七)は二世の子で、本名大蔵。釈真教と号し、俗に文楽翁とよばれる。宮地芝居が禁じられた天保の改革以後、大坂市内を転々としながらも浄瑠璃興行を続けた。一八七二年(明治五)官許人形浄瑠璃文楽座の看板を掲げ、松島新地で文楽座の全盛期を迎えた。文楽翁の死後は経営不振となり、孫の六世(本名泰蔵)は一九〇九年経営を松竹に譲った。

うえむらまさかつ【植村政勝】 1695～1777.1.8 江戸中期の本草家。父は伊勢国の郷士植村政恭。通称左平次、号は新甫。一七一〇年(宝永七)紀伊国和歌山藩に御庭方として仕え、将軍徳川吉宗に従って奥御庭方となり、二〇年(享保五)には駒場薬園預となった。以後三四年間諸国に採薬。四九年(寛延二)吹上添奉行格。著書「諸州採薬記」。

うえむらまさひさ【植村正久】 1857.12.1～1925.1.8 明治期の牧師・神学者。幼名道太郎。旗本の長男。一八六八年(明治元)横浜に転居、宣教師J・H・バラの塾に学び、七三年五月バラから受洗し日本基督公会に入会。S・R・ブラウンの塾や東京一致神学校に学び、八〇年下谷一致教会の牧師になる。八七年番町一致教会(現、富士見町教会)を創立。以来日本基督一致教会・日本基督教会の指導者として行動した。独立自治の志が強く、一九〇四年東京神学社(現、東京神学大学)を創設。また一八九〇年「日本評論」「福音週報」(のちの「福音新報」)を創刊、広く政治・社会・教育・宗教などに発言した。

うえもんのすけのつぼね【右衛門佐局】 ?～1706.3.11 「えもんのすけのつぼね」とも。江戸前期の大奥女中。公家の水無瀬氏信の女。はじめ宮中に仕え、常盤井と称した。一六八四年(貞享元)将軍徳川綱吉の御台所信子(浄光院)が、霊元天皇の中宮房子(新上西門院)に頼み大奥に迎えた。右衛門佐と改称して御台所付き、のち将軍付きとなり惣女中頭として一〇〇〇石を与えられた。古典などにも通じ、北村季吟・湖春を幕府歌学方に推挙した。

うおずみそうごろう【魚澄惣五郎】 1889.11.17～1959.3.26 大正・昭和期の歴史学者。神戸市出身。一九一四年(大正三)東大卒。竜谷大学・広島大学・関西大学の教授を歴任。専攻は中世史だが、歴史地理学の分野でも活躍し、雑誌「歴史と地理」の発刊に尽力。著書「古社寺の研究」「歴史地理の研究」。

ウォートルス Thomas James Waters 1842～97 幕末～明治初期の御雇アイルランド人。土木・建築・機械技師。英語読みはウォーターズ。鹿児島藩の諸洋式工場や大阪造幣寮・東京銀座煉瓦街の設計者として知られる。皇居内に日本最初の鉄製吊橋を架設。現存する作品として大阪の旧造幣寮鋳造工場玄関(現、桜宮公会堂玄関、重文)・泉布観(重文)がある。コンドル来日まで、ウォートルス時代を築くほどの足跡を遺したが、経歴には不明な点が多く、近年になって生没年などが明らかにされた。

うがいきちざえもん【鵜飼吉左衛門】 1798～1859.8.27 幕末期の尊攘派志士。水戸藩士鵜飼真教の次男。名は知信、号は拙斎。藩主徳川斉昭に仕え、斉昭の藩政復帰後は京都で活動。公卿の間に出入りして攘夷を唱え、将軍継嗣には一橋慶喜擁立のため奔走。病気のため戊午の密勅は子幸吉に伝達させたが、安政の大獄で父子ともに捕らわれ、江戸で斬首。

うがいてつじょう【養鸕徹定】 1814.3.15～91.3.15 鵜飼とも。明治期の宗教家。浄土宗の僧侶。筑後国生れ。一八六八年(明治元)諸宗同徳会盟に参加し、翌年盟主として護法排耶に尽くした。七二年に教部省出仕・教導職権大教正となる。その間、岩槻浄国寺・小石川伝通院・京都知恩院住職を歴任。七五年に大教正、八五年に浄土宗管長。翌年門跡号を許される。仏教考証家としても知られる。

うかいれんさい【鵜飼錬斎】 1648～93.4.11 江戸前期の儒学者。常陸国水戸藩士。父は石斎。字は子欽、錬斎は号。京都生れ。山崎闇斎の門に学び、一六七八年(延宝六)水戸藩主徳川光圀に仕え、彰考館で「大日本史」編纂に従事。佐々宗淳(十竹)らとともに京都方面の史料採訪に活躍し、九二年(元禄五)小納戸役に昇進、彰考館総裁に任じられた。博識で、「通鑑綱目」など一一一巻を校訂訓読して刊行した。

うがきかずしげ【宇垣一成】 1868.6.21～1956.4.30 大正・昭和期の軍人・政治家。陸軍大将。岡山県出身。陸軍士官学校(一期)・陸軍大学校卒。陸軍省軍事課長・参謀本部第一部長などをへて、一九二四年(大正一三)田中義一の推薦で清浦内閣の陸相となり、四個師団廃止などの宇垣軍縮を断行。三一年(昭和六)陸軍のクーデタ計画に関与(三月事件)。同年朝鮮総督に就任。三七年組閣を命じられたが陸軍の反対で断念。翌年第一次近衛内閣の外相・拓相に就任。第二次大戦後、参議院議員。

うがやふきあえずのみこと【鸕鶿草葺不合尊】 「古事記」では鵜葺草葺不合命。日向神話に登場する天孫三代のうちの最後の神。ヒコホホデミとトヨタマヒメの間の子。日向三代は名の冒頭にアマツヒコーヒコを冠し、天の男子にして日の御子であることを示す。トヨタマヒメは海神宮からヒコホホデミの元へ御子を生みにやってきたが、鵜の羽で葺いた産屋を葺き終えぬうちに生まれたために命名された。父が山の神の血をうけるのに続き、海の神の血をもあわせるこの神の存在は、天孫の地上世界への定位を物語る。母の妹玉依姫と結婚し、神武天皇をもうけた。

うきたいっけい【宇喜多一蕙】 1795～1859.11.14

浮田とも。江戸後期の画家。姓は豊臣、名は可為（よしため）。宇喜多秀家の子孫と自称。通称内蔵輔。京都生れ。復古大和絵派の一人として土佐光孚（みつざね）・田中訥言（とつげん）に絵を学び、大和絵古典の復興に努めた。安政年間（一八五四～六〇）に造営された御所の障壁画制作に参加、和歌や書道にも優れていた。復古大和絵派のなかで最も明確な尊王攘夷思想をもち、安政の大獄で捕らえられ、出獄後まもなく死亡。代表作「婚怪草紙」「子日遊（ねのひのあそび）図屛風」。

うきたかずたみ【浮田和民】 1859.12.28～1946.10.28 明治・大正期の政治学者。肥後国生れ。熊本洋学校・同志社英学校を卒業後、キリスト教伝道に従事。イェール大学に留学し、一八八六年（明治一九）同志社講師、九七年東京専門学校教授として政治学・西洋史を講じ、実証主義政治学を開拓した。一九〇八年文明協会編集長、翌年からは雑誌「太陽」の主幹として立憲主義的な論説を展開し、吉野作造と並ぶ大正デモクラシー思想の代表的な論客となった。著書「倫理的帝国主義」。

うきたし【宇喜多氏】 室町～織豊期の備前地方の豪族・戦国大名家。本姓は三宅氏、本貫地は備前国児島とする説が最も有力。宇喜多氏の名が文献に現れるのは室町中期で、備前国邑久（おく）郡豊原荘付近に本拠をもち、赤松氏の守護代浦上氏の被官であった。直家の代に毛利氏と結び、浦上氏を倒して備前・美作両国と播磨国の一部を領する戦国大名に成長、岡山に本城を構えた。織田氏勢力が中国地方に及ぶと毛利氏を離反、織田方の先鋒となる。直家没後、家督をついだ秀家は豊臣秀吉の養子となり、寵遇をうけ豊臣家五大老に列する。関ケ原の戦では西軍の主力となったため、戦後改易され大名宇喜多氏は滅亡。

●宇喜多氏略系図

能家―興家┬直家―秀家
　　　　　├春家―基家
　　　　　└忠家―成正［坂崎］

うきたなおいえ【宇喜多直家】 1529～81.2.14 戦国期～織豊期の武将。備前国岡山城主。一五三四年（天文三）祖父能家の敗死ののち潜伏したが、四三年浦上宗景の家臣となる。しだいに勢力をのばし永禄初年にはほぼ自立、七三年（天正元）岡山城を築いた。同年宗景は織田信長と結んだが、翌年直家は毛利氏と結んで対抗、七七年宗景を播磨に追放した。信長の部将豊臣秀吉の中国進出により、七九年毛利方から織田方に転じた。

うきたひでいえ【宇喜多秀家】 1572～1655.11.20 織豊期の武将。備前国岡山城主。直家の子。豊臣秀吉の五大老の一員。秀吉を事実上の後見人として一五八一年（天正九）家督となり、備前・美作・備中半国五〇万石余を領有。以後秀吉の四国・九州・関東出兵など全国統一事業に協力、朝鮮出兵にも主力として渡海。九八年（慶長三）五大老の一員となり国政に参画。一六〇〇年関ケ原の戦では西軍に参加、敗北後は薩摩に落ち島津氏にかくまわれたが、のち八丈島に流された。近世岡山城と岡山城下町の原形を作り、また「宇喜多堤」を築いて児島湾の干拓に着手。

うきたよしいえ【宇喜多能家】 ?～1534.6.30 戦国期の備前国の武将。浦上氏の重臣。一五一八年（永正一五）以後の浦上村宗と守護赤松義村の抗争では、終始村宗に協力し、二一年（大永元）村宗は義村を殺害。二四年隠退し、細川高国を擁した村宗の東上には参加しなかった。砥石城（現、岡山県邑久町）にあったが、三四年（天文三）近隣の高取山城主（同町）島村盛実に襲われて自殺。長文の賛をもつ肖像画が現存。

うくし【宇久氏】 中世肥前国の武家。宇野御厨宇久島（現、長崎県宇久町）からおこった。出自は不詳。鎌倉～南北朝期に、松浦（まつら）一族と密接な関係を保ち一揆を結ぶ。一四一三年（応永二〇）には、宇久一族内で一揆を結んで一族結合をはかった。下五島方面にも勢力をのばし、明・李氏朝鮮との貿易も行った。純玄（すみはる）のとき豊臣秀吉に服属し、宇久姓を五島姓に改めた。

うけもちのかみ【保食神】 「日本書紀」一書にみえる神名。ウケはウカの転で食物の意。葦原中国（あしはらのなかつくに）にあり、アマテラスから遣わされたツクヨミに対し、口から飯・魚・獣を出して供応したが、ツクヨミは汚らわしいと怒り、ウケモチを剣で殺してしまった。そのためアマテラスは怒り、以後日と月は隔て離れて住むのだという。ウケモチの死体からは五穀などが生成した。「古事記」では同種の説話がオオゲツヒメの話として語られる。

うこんげんざえもん【右近源左衛門】 生没年不詳。江戸初期の歌舞伎俳優。一説に、一六二二年（元和八）生れ。若衆歌舞伎から野郎歌舞伎にかけて活躍し、女方の開祖といわれる。はじめ京で舞台に立ち、五二年（承応元）前後に江戸へ下った。業平（なりひら）に例えられる美貌で小舞を得意とし、「海道下り」は代表的当り芸。また、独自の被り物を考案し、鬘や帽子（前額部を隠す布）の発達をうながした功績で知られる。

うさうじ【宇佐氏】 菟狭津彦（うさつひこ）・菟狭津媛（うさつひめ）を祖神とする氏族。宇佐神宮の大宮司。当初は大神（おおが）氏が宮司だったが、九世紀に少宮司となった宇佐氏が、のち大宮司が補任され、大宮司職を独占。鎌倉末期には庶流からも大宮司が補任され、南北朝期には宮成（みやなり）氏が北朝に、到津（いとうづ）氏が南朝に大宮司として補任された。室町時代には両氏のほか、安心院（あじむ）氏・出光氏なども補任されていたが、近世には宮成・到津両氏が両大宮司家と称して、大宮司職を独占した。

うさみし【宇佐美氏】 中世伊豆国の豪族。藤原南家流。伊東祐次の子祐茂が宇佐美荘(現、静岡県伊東市)を本拠としたのに始まる。祐茂は、一一八〇年(治承四)の挙兵以来源頼朝に従い、源平争乱や奥州平定で活躍。「吾妻鏡」には、御家人として祐茂の子祐政・祐泰の名もみえる。定興のとき、北条早雲の伊豆国侵攻によって滅亡したと伝えられる。一族は越後・常陸両国にも栄えた。伊豆国にはほかに平姓大見氏流の宇佐美氏がおり、政光・実政兄弟は頼朝に従った。

うさみしんすい【宇佐美灊水】 1710.1.23~76.8.9 江戸中期の儒学者。太宰春台・服部南郭死後の代表的古文辞学者。通称恵助、名は恵、字は子迪、灊水は号。上総国夷隅郡生れ。姻戚関係により最晩年の荻生徂徠に入門、三浦竹渓の愛顧をうけた。一時帰郷後、再び江戸に出て出雲国松江藩儒となる。「四家雋」「弁道考注」などの徂徠遺著や注釈書を刊行し、古文辞学の普及に努めた。弟子に海保青陵など。

うざわふさあき【鵜沢総明】 1872.8.2~1955.10.21 明治~昭和期の法学者・政治家。千葉県出身。東大卒。弁護士となり、一九〇八~二四年(明治四一~大正一三)衆議院議員(立憲政友会)、二八~三七年(昭和三~一二)貴族院議員を務めた。花井卓蔵とともに人権擁護の論陣を張り、弁護士としては日比谷焼打事件、シーメンス事件、血盟団事件、五・一五事件など大事件の弁護人となり、第二次大戦後は極東国際軍事裁判の日本側弁護団長にもなった。浜口内閣期には統帥権干犯問題を追及、三〇年には小川平吉の日本新聞社の社長に就任し、日本主義運動を指導した。三四年から明治大学総長。著書「法学通論」「法律哲学」「偆偢論集」。

うじいえし【氏家氏】 織豊期~江戸初期の武家。南北朝期に重国が下野国氏家から美濃に移り、のち美濃国守護土岐氏の家臣となった。一五五二年(天文二一)土岐氏滅亡後、直元(卜全)は斎藤道三に仕え、安藤守就・稲葉一鉄とともに美濃三人衆とよばれた。のち斎藤竜興に背き、六七年(永禄一〇)織田信長の美濃侵攻を助けた。直元の子行広は豊臣秀吉に仕えて美濃国大垣城主。関ケ原の戦で西軍に属したため、戦後改易。一六一五年(元和元)大坂夏の陣で豊臣秀頼に殉じた。

うじいえなおくに【氏家直国】 1857~1902.7.7 明治前期の自由民権家。仙台藩士の子。陸軍軍人として西南戦争に参加。大井憲太郎の影響のもと自由党壮士として活動した。一八八四年(明治一七)には秩父困民党蜂起阻止のため説得を行う。翌年の大阪事件では資金集めのため強盗を行い、重禁錮二年・罰金三〇円の判決をうけた。のち中国大陸に渡り病死。

うじいえぼくぜん【氏家卜全】 ?~1571.5.12 戦国期~織豊期の武将。美濃国大垣城(現、岐阜県大垣市)城主。実名は友国あるいは直元、入道して卜全。はじめ土岐氏、ついで斎藤氏に仕え、稲葉一鉄・安藤守就とともに美濃三人衆と称された。織田信長の美濃進攻に際して内通し、一五六七年(永禄一〇)斎藤竜興の美濃放棄を導いた。以後信長に仕え、七一年(元亀二)伊勢国長島の一向一揆攻撃に参加したが、帰途を襲われ美濃国太田村(現、南濃町)で戦死。

うじいえゆきひろ【氏家行広】 1546~1615.5.8 織豊期~江戸初期の武将。直元(卜全)の子。法号道喜。一五八三年(天正一一)織田信孝を離れ、豊臣秀吉に仕えて美濃国大垣城主、のち同国三塚城主となる。小田原攻め後、加増され伊勢国桑名城主二万二〇〇〇石。関ケ原の戦で籠城し、西軍として抗戦したが、西国に逃れ出家した。一六一五年(元和元)大坂夏の陣で豊臣秀頼に殉じた。

うじいし【雲林院氏】 「うりんいん」とも。中世伊勢国の豪族。藤原南家流。伊勢国長野(現、三重県芸濃町)の地頭となって長野氏を称した工藤祐政の子祐藤の四男祐高が、雲林院(現、同県美里村)を本拠として雲林院氏と名のったのに始まる。戦国期、長野氏を宗家に、一族とともに北伊勢に勢力をはり、南伊勢の北畠氏と対立。のち織田信長に服属した。

うしおげんてき【牛尾玄笛】 生没年不詳。織豊期の能笛の役者。本姓深見氏。牛尾は出雲の住所からつけた在名。通称彦左衛門。「四座役者目録」に観世座の笛方の千野与一左衛門の弟子で、玄笛の名は細川幽斎の命名とある。弟子に牛尾藤八・宍戸善兵衛らがいるが、善兵衛の弟子の森田庄兵衛がのちに笛方森田流の流祖となった。

うじかがのじょう【宇治加賀掾】 1635~1711.1.21 延宝~宝永期の浄瑠璃太夫。紀伊国生れ。本名徳田太郎左衛門。もと紙商を営む。一六七五年(延宝三)京都にでて、宇治嘉太夫を名のり、伊勢島宮内の名代を譲りうけ四条河原で旗揚げ、「虎遁世記」を語る。山本角太夫と並称され、七七年一二月、加賀掾宇治好澄を受領。播磨風や謡曲に心を寄せ、繊細優美な一流を語りだし、作者近松門左衛門とともに浄瑠璃の品位向上と当代化に努めた。八行稽古本を刊行して曲節を公開した。

うしごめちゅうざえもん【牛込忠左衛門】 1622~87.12.9 江戸前期の長崎奉行。俊重の三男。通称求馬・九郎兵衛・忠左衛門。諱は勝脱・勝登・重忝。法号時楽。西丸書院番、目付をへて、一六七一年(寛文一一)長崎奉行に就任、翌年銀流出を防止するため、市法貨物仕法を制定。八一年(天和元)小普請役に転じた。

うじしぶん【宇治紫文】 1791～1858.2.22 江戸後期の浄瑠璃演奏家。一中節宇治派の祖。江戸浅草材木町の名主勝田権左衛門。一中節の二世菅野序遊の門下となり、のち菅野派から都派に転じ都一閑斎と名のった。一八四九年(嘉永二)宇治派として独立して紫文を名のり、紫文斎とも号した。「東山掛物揃」「熊野文之段」などを作曲。妻しづも芸才に恵まれ、宇治倭文を名のり、宇治派の地盤固めに貢献。家元名としての紫文は現在七世を数える。三世(一八三四～一九〇三)は新作も多く、中興の祖ともいわれる。七世(一九三三～)は一九九二年(平成四)襲名、九九年人間国宝。

うしじまきんじ【牛島謹爾】 1864.1.6～1926.3.27 北米・メキシコで「ポテト王」として知られた実業家。筑後国生れ。一八七八年(明治一一)北汭義塾入門、その後、二松学舎に学ぶ。八八年渡米。働きながら英語を学ぶうち、ジャガイモ作りを思い立ち、苦労の末、各地にポテト農園を作って成功。日本人移民排斥の風潮が高まった一九〇八年在米日本人会の初代会長に選ばれる。

うしだゆう【牛太夫】 牛熊とも。生没年不詳。室町時代の能役者。世阿弥の「申楽談儀」には、「音曲の先祖」とする亀阿弥が近江猿楽日吉座のワキ方だった牛太夫の音曲を規範にしていたとある。また開口(その日の最初の脇能でワキが謡う祝言の謡)のとき、舞台上でしゃがんで鼻をかんでから謡いだしたとも記されている。

うじのわきいらつこのみこ【菟道稚郎子皇子】 記紀伝承上の人物。「古事記」では宇遅能和紀郎子。応神天皇の子。母は日触使主の女宮主宅媛。幼いときから聡明で百済から渡来した阿直伎や王仁に学び、応神天皇に寵愛され、二人の兄をさしおいて太子に立てられた。応神の死後、兄の大鷦鷯尊(仁徳天皇)に皇位を譲ろうとしたが、もう一人の兄大山守皇子が皇位を奪おうとしたのでこれを討った。その後も皇位の譲りあいが続くと、皇子は同母妹の八田皇女を妃にするよう尊に遺言して自殺したと伝える。

うしばたくぞう【牛場卓蔵】 1850.12.-～1922.3.5 明治・大正期の鉄道経営者。伊勢国生れ。慶応義塾卒。一八七六年(明治九)内務省出仕。統計院・時事新報や朝鮮政府顧問などをへて、八七年中上川彦次郎とともに山陽鉄道に入社。一九〇四年取締役会長。欧米の鉄道を参考に、赤帽・食堂車・寝台車の導入、関釜連絡船の開始などの改革を実行した。

うすいさだみつ【碓井貞光】 (平)貞道・定光・忠道・定道とも。生没年不詳。平安中期の武士。卜部季武・坂田金時・渡辺綱とともに、源頼光の四天王の一人。頼光に従って大江山の酒呑童子を退治する話が、御伽草子「酒呑童子」にみえる。「今昔物語集」に登場する平貞道と同一人物とみられる。

うすいまさたね【臼井雅胤】 生没年不詳。江戸中期の神道家。本姓は千葉氏。初名は胤栄、号は玄鉾子。祖先は下総国印旛郡の臼井氏とされる。白川雅光王に伯家神道を学び、元禄初期から学頭を勤めた。伯家の神道説を整理、組織化に尽力し、伯家神道の体系化に寄与。著書に「荒魂和魂崇秘」「秘決」「神祇破偽顕正問答」「顕正神社考」などがあり、滋賀県大宝神社蔵。

うたがわくにさだ【歌川国貞】 1786～1864.12.15 江戸後期の浮世絵師。角田氏。俗称庄蔵。初代歌川豊国門人。一雄斎・五渡亭・香蝶楼・一陽斎・豊国・喜翁などと号した。一八〇七年(文化四)から作画しはじめ、合巻など版本の挿絵や時流にあった美人画・役者絵など数多くの作品を描いて人気を集める。四四年(弘化元)に三代豊国を襲名。歌川派の総帥として広重や国芳とともに隆盛期を築いた。

うたがわくによし【歌川国芳】 1797.11.15～1861.3.5 江戸後期の浮世絵師。日本橋本銀町の染物屋柳屋吉右衛門の子。のち井草氏。俗称孫三郎。初代歌川豊国門人。一勇斎・採芳舎・朝桜楼などと号した。文化末期頃から役者絵や合巻の挿絵などを描くが人気がでず、長い不遇時代をすごす。文政末期に水滸伝の錦絵で人気を得、以後、武者絵・戯画・洋風風景画・風刺画などを描いて活躍。

うだがわげんしん【宇田川玄真】 1769.12.28～1834.12.4 江戸後期の蘭方医。名は璘、号は榛斎。伊勢国生れ。江戸に出て大槻玄沢・桂川甫周に蘭学を学ぶ。稲村三伯の「ハルマ和解」の編集に協力。宇田川玄随の没後、その弟分として宇田川家を相続し、美作国津山藩医となる。坪井信道・箕作阮甫・飯沼慾斎ら門人が多い。著書「遠西医範」「医範提綱」「和蘭薬鏡」「遠西医方名物考」。近年、岡山県津山市に改葬された。

うだがわげんずい【宇田川玄随】 1755.12.27～97.12.18 江戸後期の蘭方医。美作国津山藩医宇田川道紀(彦倫)の子。名は晋。号は槐園。はじめ漢学を学び、のち蘭学に転じた。桂川甫周・杉田玄白・大槻玄沢らに蘭医学を学び、ゴルテルの内科書の翻訳を志し、約一〇年を費やして「西説内科撰要」一八巻のうち三巻までを一七九三年(寛政五)に出版。没後の一八一〇年(文化七)に全巻出版。「東西病考」「遠西名物考」「西洋医言」などは未刊。一七九四年玄沢らとともにオランダ商館医ハルトケンを尋ね質疑を行い、同年玄沢の新元会(オランダ正月)にも出席した。墓は浅草誓願寺塔頭長安院から多磨霊園をへて玄真・榕庵の墓とともに岡山県津山市に移された。

うたがわとよくに【歌川豊国】 1769～1825.1.7 江戸後期の浮世絵師。倉橋氏。俗称熊吉。歌川豊春門人。一陽斎とも号した。江戸生れ。一七八八年(天明八)頃から黄表紙など草双紙を作画しはじめ、美人画・役者絵を描いて活躍。とくに九四年(寛政六)からの「役者舞台之姿絵」は役者絵師としての豊国の人気を高め多くの門弟が集まり、江戸後期の最大流派の歌川派を形成。門人に国政・国長・国満・国貞・国芳・国安・国丸・国直・二代豊国など多数。

うたがわとよはる【歌川豊春】 1735～1814.1.12 江戸中・後期の浮世絵師。江戸後期最大の浮世絵流派となった歌川派の祖。名は昌樹、俗称但馬屋庄次郎、のち新右衛門。鳥山石燕門人。一竜斎・潜竜斎・松爾楼とも号した。一七六八年(明和五)頃から錦絵を描く。明和末～安永期に西洋の遠近法による浮絵を多数制作して、のちの風景画発展の基礎を築いた。天明期頃からはおもに肉筆美人画を描いた。

うたがわとよひろ【歌川豊広】 1774～1829.12.21 江戸後期の浮世絵師。岡島氏。俗称藤次郎。江戸生れ。歌川豊春門人。同門の豊国に比べて地味で作品数も少ないが堅実な作風で、寛政末～文政末期頃に黄表紙・合巻・読本・噺本など版本に多数挿絵し、錦絵や肉筆画でも痩身の美人画の優品を残した。門人に風景画の大家広重がおり、他に広丸・広恒・広兼・広近などがいる。

うたがわひろしげ【歌川広重】 1797～1858.9.6 江戸後期の浮世絵師。安藤氏。幼名は徳太郎、のち重右衛門・徳兵衛。一遊斎・一幽斎・一立斎・立斎・歌重とも号した。歌川豊広の門人。江戸八代洲河岸定火消屋敷の同心の家に生まれ、一八〇九年(文化六)家督を継ぐ。一八年(文政元)から版本や役者絵などを描き始め、やがて美人画や合巻も手がける。三一年(天保二)頃から「東都名所」など風景画を描くようになり、三三年頃から刊行された「東海道五十三次」続絵で人気を得て、以後「木曾海道六十九次」「名所江戸百景」など多くの風景画を残す。花鳥画の優品も描いている。

うだがわぶんかい【宇田川文海】 1848.2.24～1930.1.6 明治・大正期の記者・小説家。江戸生れ。一八七四年(明治七)二月秋田の「遐邇新聞」を振出しに「浪華新聞」「大阪新聞」などで記者を勤め、八一年九月大阪「朝日新聞」入社、九〇年五月「大阪毎日新聞」に入り、明治三〇年代まで関西文壇の第一人者であった。

うだがわようあん【宇田川榕庵】 1798.3.9/16～1846.6.22 江戸後期の蘭学者・津山藩医。名は榕、号は榕庵。大垣藩医の家に生まれ、宇田川玄真(榛斎)の養嗣子となる。オランダ語を馬場佐十郎らに学び、蛮書和解御用訳員として「厚生新編」の翻訳に参加するなど、若年から医・理関係書の訳述・研究に従事。植物学から化学分野へ進み、日本での開拓者となる。「菩多尼訶経」「遠西医方名物考補遺」(玄真訳・榕庵校補)、「植学啓原」「舎密開宗」など各方面での本格的著作をなした。江戸でシーボルトに会い、実験化学の面での直接的影響をうけたと考えられる。

うだげんじ【宇多源氏】 宇多天皇から出た源氏の一族。敦実親王の子孫が最も栄え、子の雅信・重信兄弟は左大臣に昇進。雅信の女倫子は、藤原道長の正妻として頼通・教通・彰子を生んだ。雅信の長子大納言時中は、笛・琵琶など楽器や蹴鞠に堪能で、庭田・綾小路・大原の諸家に発展、子孫からは多くの公卿が出た。雅信から五代目の経方は、近江国佐々木荘に住み佐々木氏を称した。曾孫の定綱ら四兄弟は源頼朝に仕え、鎌倉幕府の創設に貢献。子孫は六角・京極・塩冶・尼子氏など有力武家に発展。

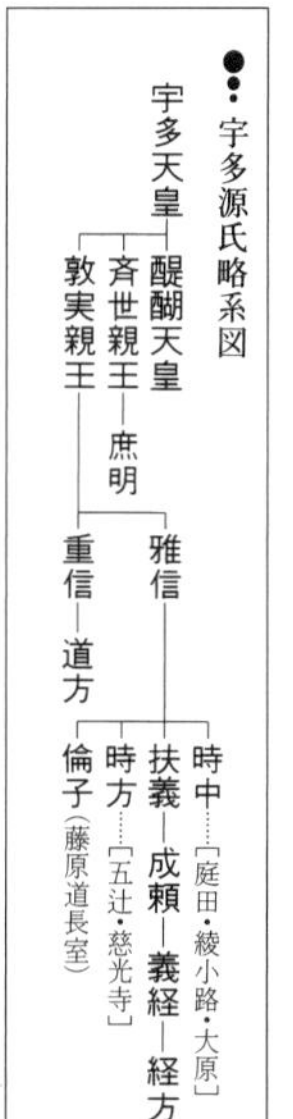

うたざわささまる【歌沢笹丸】 1797～1857.9.4 幕末期の歌沢の開祖。本名笹本彦太郎。江戸本所南割下水に住む旗本笹本忠良の長男。浄瑠璃・長唄を愛好し、当時市中に流行した端唄の同好者を集め、指導者となって「歌沢連」を結成。一八五七年(安政四)浅草の嵯峨御所に願いでて歌沢大和大掾を受領した。一中節を摂取して端唄の品格を高めた。弟子に寅右衛門派の祖虎右衛門、芝派の祖柴田金吉らがいた。

うたざわしばきん【哥沢芝金】 1828～74.8.27 幕末～明治初期の哥沢(芝派)開祖。江戸高砂町に住む御家人柴田弥三郎の三男。本名金吉。端唄を愛好する旗本笹本彦太郎(隠居名は笹丸)の側近となって芝金と称し、笹丸の歌沢一派樹立に助力。笹丸没後、「歌」の一字を改めて哥沢派をたて、一八六一年(文久元)哥沢土佐太夫と名のる。七〇年以降は劇場へ数回出演し、自流の伸張をはかった。名跡は幕末から現代まで六世を数える。

うたざわとらえもん【歌沢寅右衛門】 歌沢の寅右衛門派家元。幕末期から五世を数える。開祖は歌沢笹丸の歌沢連に属した江戸橘町の畳屋の平田虎右衛門(一八一三～七五)で、笹丸没後、家元となり前名相模より二世虎右衛門と称した。三世(一八三八〜一九〇四)は二世の娘平田かねが継いで虎の字を改めて寅右衛門と名のり、以後女性が家元を継ぐ。四世(一八七二〜一九四三)は三世の娘平田ゆき。有楽座の名人会に出演して好評を博し、芝派をしのぐ人気をえたと伝える。五世(一九〇一〜八三)は四世の娘平田秀。歌沢の味わいをよく伝えたが、衰退をとどめえなかった。

うだせいいち【宇田成一】 1850.2.29〜1926.7.17 明治期の自由民権運動家。陸奥国耶麻郡生れ。一八七八年(明治一一)福島県喜多方に愛身社を創設、八一年末には会津自由党を結成。翌年県令三島通庸の糾弾や会津地方道路開削反対運動で活躍。福島・喜多方事件では逮捕されたが無罪となり、官吏侮辱罪で再逮捕。八六年出獄後は県会議員・郡会議長などを務めた。

うだてんのう【宇多天皇】 867.5.5〜931.7.19 在位887.8.26〜897.7.3 亭子院帝・寛平法皇とも。光孝天皇の第七皇子。母は班子女王(桓武天皇の孫)。名は定省。八八四年(元慶八)父の即位の二カ月後に源朝臣を賜姓され、臣籍に下ったが、八八七年(仁和三)父の臨終に際し皇位継承者に決まり、死去の当日に立太子し、即日践祚した。即位早々、藤原基経に関白として政治を一任しようとしたが、勅答文中の「阿衡」の用語をめぐって基経と対立し、苦杯をなめる(阿衡の紛議)。その後、菅原道真を重用し、藤原氏との溝を深めた。三一歳で長子(醍醐天皇)に譲位し皇統を確立するが、九〇一年(延喜元)の道真失脚事件によって発言力を失う。八九九年(昌泰二)仁和寺で出家、法皇となり仏道に励み、御室の法流を開く。著作に「寛平御遺誡」があり、日記も逸文として伝わる。

うだともい【宇田友猪】 1868.7.17〜1930.11.12 号は滄溟。明治・大正期の新聞記者。高知県出身。東京専門学校卒。高知の「土陽新聞」、仙台の「新東北」などの主筆。「自由党史」「原敬伝」などの編纂にあたった。漢詩人としても知られる。

うちこないしんのう【有智子内親王】 807〜847.10.26 嵯峨天皇の皇女。母は交野女王。初代の賀茂斎院。八一〇年(弘仁元)斎院となり、八三一年(天長八)まで勤めた。八二三年(弘仁一四)三品、のち二品。漢詩に秀で、一七歳のとき、その作詩が父を驚嘆させたと伝えられる。「経国集」に作品を収める。

うちだいつみ【内田五観】 1805.3.-〜82.3.29 幕末〜明治期の数学・天文・暦学者。通称弥太郎、恭、のちに観、字は思敬、号は観斎。江戸生れ。日下誠に数学を、高野長英に蘭学を学ぶ。自分の塾を瑪得瑪弟加塾、詳証館と名づけた。幕末期に長谷川数学道場と拮抗する。「古今算鑑」をはじめ著書は多く、当時の数学全般にわたる。和田寧の円理(定積分)表は内田によって広く知られた。維新後、改暦に尽力、のち東京学士会院(日本学士院の前身)会員となる。

うちだぎんぞう【内田銀蔵】 1872.1.25〜1919.7.20 明治後期〜大正期の経済史学者。東京都出身。東京専門学校・東大卒。一八九八年(明治三一)「経済史の性質及び範囲に就きて」を「史学雑誌」に発表、翌年東京帝国大学文科大学講師となり、日本の大学ではじめて日本経済史を講義した。一九〇三年から三年間ヨーロッパでドイツ歴史学派などに学び、〇七年から京都帝国大学文科大学の専任教授。二一年には「経済史総論」を刊行。

うちだし【内田氏】 近世の譜代大名家。遠江国勝間田郷に居住して勝間田氏と号したが、のちに同国内田郷を領して内田氏と改めたという。今川氏に仕えたが、同氏没落後、正世が徳川氏に仕えた。一六四九年(慶安二)正世の子正信が一万五〇〇〇石で下野国鹿沼に入封。二代後の正偏の乱心によって、一七二四年(享保九)その子正親が下総国小見川一万石に減転封。以後、小見川藩主として明治にいたる。維新後子爵。

うちだちゅうぞう【内田忠蔵】 江戸時代の名古屋商人内海屋内田家の世襲名。初代内海屋忠蔵は享保年間に尾張国知多郡内海村(現、愛知県南知多町)から名古屋に出て米穀商を開業。その後大きく経営を発展させ、名古屋藩財政にも貢献した結果、一八三〇年(天保元)以降苗字帯刀免許や除地・扶持など数々の特権を得た。関戸哲太郎・伊藤次郎左衛門とともに名古屋藩御用達商人中最高の家格である三家衆となるが、幕末期には経営を悪化させた。

うちだのぶや【内田信也】 1880.12.6〜1971.1.7 大正・昭和期の実業家・政治家。茨城県出身。一九〇五年(明治三八)東京高等商業を卒業し、三井物産に入社。第一次大戦に際し独立して内田汽船を興して巨利を博し、貿易・造船に進出。二四年(大正一三)代議士となり、政友会に属して六回連続当選。三四年(昭和九)岡田内閣の鉄道相、四三年東北行政協議会会長兼宮城県知事、翌年東条内閣の農商務相、貴族院議員。第二次大戦後の公職追放中、明治海運取締役会長に就任。五二年自由党の代議士となり、翌年第五次吉田内閣の農林相。

うちだひゃっけん【内田百閒】 1889.5.29〜1971.4.20 大正・昭和期の小説家・随筆家。本名栄造。岡山県出身。夏目漱石門下の一人。一九二一年(大正一〇)の「冥途」、二五年の「旅順入城式」などの幻想的な作品で知られる。三三年(昭和八)刊の「百鬼園随筆」が随筆ブームもあって多くの読者をえた。第二次大戦後の作品に旅を描いた「阿房列車」シリーズがある。

うちだやすや【内田康哉】 1865.8.1〜1936.3.12

大正・昭和前期の外交官・政治家。肥後国生れ。東大卒。一八八七年(明治二〇)外務省入省。第二次西園寺・原・高橋・加藤友三郎の四内閣の外相を務め、シベリア出兵・パリ講和会議・ワシントン会議などに対処した。一九二五年(大正一四)枢密顧問官に就任、二八年(昭和三)不戦条約全権委員となるが、同条約批准問題により顧問官を引責辞任。満鉄総裁をへて、三二年斎藤内閣の外相に就任、国際連盟脱退・満州国承認などを断行し、焦土外交と評された。

うちだよしかず【内田祥三】 1885.2.23～1972.12.14　大正～昭和期の建築構造学者。東京都出身。東大卒。耐震構造の確立、防火建築の普及に努め、一九一九年(大正八)公布の市街地建築物法制定に関与したことから建築・都市計画の分野に大きな影響力をもった。四三年(昭和一八)東京帝国大学総長、五七年学士院会員、七二年文化勲章受章。

うちだりょうへい【内田良平】 1874.2.11～1937.7.26　明治～昭和前期の国家主義者。福岡県出身。若い頃から玄洋社に属して甲午農民戦争期の朝鮮、三国干渉後のロシアなどを巡り、孫文とも会見した。一九〇一年(明治三四)黒竜会を創設。日露戦争に際しては対露同志会に加わって開戦を主張し、また中国問題にも深く関与した。大正期にはデモクラシー思想に反対し、吉野作造らとも論争。三一年(昭和六)大日本生産党を創立し総裁となり、満蒙独立運動を進めた。

うちだろあん【内田魯庵】 1868.閏4.5～1929.6.29　明治・大正期の評論家・翻訳家・小説家。東京都出身。本名貢(みつぎ)。別号不知庵。東京専門学校中退。作品批評から出発し、二葉亭四迷「浮雲」に衝撃をうけ、文学の功利性・遊戯性の否定に至る。一八九二年(明治二五)のドストエフスキー「罪と罰」のほか、トルストイ、ゾラ、デュマなどを翻訳紹介。文学的視野の広さの必要性を説いて、九八年「くれの廿八日」などの社会小説で実践。硯友社を皮肉った「文学者になる方法」「思ひ出す人々」「社会百面相」などもある。

うちむらかんぞう【内村鑑三】 1861.2.13～1930.3.28　明治・大正期のキリスト教伝道者。高崎藩士の子として江戸に生まれる。札幌農学校卒。在学中に受洗し、札幌独立教会の設立に尽くす。一八八四年(明治一七)渡米、八七年にアマースト大学を卒業した。八八年に帰国後、北越学館の教頭などをへて第一高等中学校の嘱託教員となったが、九一年教育勅語奉読式での態度を不敬と非難され依願解職。九七年「万朝報(よろずちょうほう)」記者となり日露戦争には非戦論を唱える。足尾鉱毒反対運動にもたずさわり理想団の結成に加わった。翌年「東京独立雑誌」を創刊、無教会主義を唱えて自宅で聖書講読会を開き、矢内原忠雄・藤井武・南原繁など有為の人材を輩出した。「内村鑑三全集」がある。

うちやまかんぞう【内山完造】 1885.1.11～1959.9.20　大正・昭和期の中国在留商人・日中友好運動家。岡山県出身。高等小学校卒業後、関西の商家で奉公。一九一三年(大正二)中国へ渡る。薬の販売で成功したのち、一七年上海で内山書店を開業。書店は在留日本人に加え、魯迅(ろじん)をはじめ多くの中国文化人が訪れ、日中文化人のサロンとなる。第二次大戦後の四七年(昭和二二)に帰国後、日中友好協会理事長となるなど日中友好運動に活躍した。五九年北京で客死。

うちやまぐどう【内山愚童】 1874.5.17～1911.1.24　明治後期の社会運動家。幼名慶吉。新潟県出身。高等小学校卒業後、曹洞宗に帰依。一九〇四年(明治三七)神奈川県足柄下郡林泉寺の住職となる。社会主義の研究を始め、幸徳秋水・堺利彦らと交際。アナーキズムに移り、一〇年の大逆事件に連坐して死刑に処せられた。

うちやまたかすけ【内山隆佐】 1813～64.6.23　幕末期の越前国大野藩士。兄良休とともに天保の藩政改革などに尽力。一八五六年(安政三)幕府に願って藩営による樺太開拓事業を推進し、洋式船大野丸と藩直営の大野屋の経営による重商政策をになった。六三年(文久三)軍事総督に任じられ、藩主土井利恒と上京したが、病で大野に戻り翌年病没。

うちやまちんけん【内山椿軒】 1723～88.11.9　江戸後期の歌人・儒者。名は淳時(なおとき)、通称伝蔵、別号は賀邸。和歌を坂(ばん)静山に学び、江戸六歌仙の一人に数えられた。江戸牛込の加賀屋敷に住み、武家の子弟に和歌や和漢の学問を教授し、その門下からは天明狂歌の盟主である唐衣橘洲(からころもきっしゅう)・四方赤良(よものあから)(大田南畝)・朱楽菅江(あけらかんこう)らを輩出した。みずからも狂歌を好み、橘洲の催した「明和十五番狂歌合」には萩原宗固と判者を勤めた。

うちやまひこじろう【内山彦次郎】 ?～1864.5.20　江戸後期の大坂西町奉行所与力。大塩平八郎から不正を激しく非難された。天保の改革中、株仲間解散の反対、諸藩専売禁止などを建議。一八五八年(安政五)箱館産物会所の掛に就任、六一年(文久元)融通貸付会所の設立建議、御用金の調達など理財に敏腕を発揮し、勘定格にあげられたが、大坂で新撰組に暗殺された。

うちやままたつ【内山真竜】 1740.1.1～1821.8.22　江戸中・後期の国学者。遠江国豊田郡大谷村の庄屋。名は敬美、のち竜麿・真竜、号は奉国史翁。江戸に出て賀茂真淵に師事し、その没後は本居宣長とも協力して遠江国学の基盤を築いた。谷川士清(ことすが)・本居大平らとの交流もあったが、学風は契沖・真淵の影響が強い。早くから「風土記」研究を志し、諸書の比較考証や実地踏査に力があっ

た。著書「日本紀類聚解」「出雲風土記解」「遠江国風土記伝」。

うちやままゆみ【内山真弓】 1786～1852.5.28 江戸後期の歌人。名は国章。通称理兵衛。号は真弓・眉生・聚芳園・解脱翁・穆如・月観・鸞卿・寧固・行方亭智麿。信濃国生れ。はじめ杉山巣雲に漢学を学び、のち香川景樹について信濃桂園派の中心的存在となった。景樹の歌学をまとめた歌論書「歌学提要」を著す。

うつきろくのじょう【宇津木六之丞】 1809～62.10.27 幕末期の彦根藩士。旧姓は古沢。宇津木家の養子。諱は景福。物頭・用人として彦根藩の相模海防警衛にあたる。藩主井伊直弼が大老になると公用人となり、長野主膳とともに直弼を補佐した。この間の事情は「公用方秘録」に叙述。桜田門外の変ののち、新藩主直憲の側役となるが、一八六二年(文久二)の藩内政変により、家老岡本黄石らにより斬罪に処された。

うつのみやうじつな【宇都宮氏綱】 1326～70.7.5 南北朝期の関東の武将。父公綱は南朝方となったが、氏綱は幕府方となり、一三三六年(建武三・延元元)陸奥から南下した北畠顕家軍と交戦。観応の擾乱では足利尊氏に従い、足利直義の打倒に貢献。乱後五二年(文和元・正平七)直義方の上杉憲顕にかわって上野・越後国守護となった。しかし六二年(貞治元・正平一七)憲顕は越後国守護に復帰し、翌年関東管領就任のため鎌倉にむかうと、氏綱は重臣芳賀禅可とともに抵抗したが、武蔵国岩殿山(現、埼玉県東松山市)で憲顕を支持する鎌倉公方足利基氏に敗れ降伏。六八年(応安元・正平二三)武蔵平一揆とともに挙兵、鎌倉公方足利氏満・管領憲顕に反抗したが失敗。

うつのみやきんつな【宇都宮公綱】 1302～56.10.20 南北朝期の武将。南朝方として活動した。元弘の乱では鎌倉幕府方として西上、一三三三年(元弘三)摂津国天王寺(現、大阪市)で楠木正成と対戦、のち後醍醐天皇方に転じた。建武政権に従い、三五年(建武二)足利尊氏が鎌倉で反乱すると、新田義貞とともに討伐にむかったが、竹ノ下の戦で敗北。翌年の尊氏の京都制圧以後は天皇に近侍し、比叡山逃避・京都復帰・吉野逃避に従った。「太平記」によれば、のち後村上天皇から東国経略を命じられたというが、明らかではない。和歌に堪能で、「新続古今集」に入集。

うつのみやくにつな【宇都宮国綱】 1568～1607.11.22 織豊期の武将。広綱の子。下野国宇都宮城主。後北条氏の侵攻をうけ、一五八九年(天正一七)降伏。その一方で豊臣秀吉と早くから連絡をとり、翌年の小田原攻めでは、武蔵国忍・岩槻城を攻撃し、旧領一八万石を安堵された。奥羽平定や朝鮮出兵にも参陣。のちに東国大名の取次となった浅野長政との関係が悪化。九七年(慶長二)改易され、宇喜多秀家に預けられる。その後復領は秀吉の死去で途絶し、江戸で没した。

うつのみやさぶろう【宇都宮三郎】 1834.10.15～1902.7.23 明治期の化学技術者。尾張国生れ。蘭学を学び幕府の洋書取調所に出仕。一八七四年(明治七)官営深川セメント工場の開設時には、工部権大技師長としてセメント業の発展に尽力。七八年からは耐火煉瓦を製造し、明治期の窯業界に重きをなした。

うつのみやし【宇都宮氏】 中世下野国の豪族。関白藤原道兼の曾孫宗円が前九年の役のとき、祈禱のため下野国に下り、土着したのに始まるという。下毛野氏・中原氏出身説もある。宗円の孫朝綱は源頼朝に属し、子孫は御家人として評定衆や伊予国守護となった。南北朝期にははじめ南朝方に属したが、のち北朝方に転じた。室町時代には足利氏に仕え、有力豪族として勢威をふるった。戦国期には後北条氏と敵対し、のち豊臣秀吉に従ったが、国綱のとき改易された。なお宗円の孫信房流は豊前国などに繁栄し、江戸時代には細川氏の家臣となった一族もある。

うつのみやしげふさ【宇都宮鎮房】 1536～88.4.20 戦国期～織豊期の武将。豊前国築城郡城井谷(現、福岡県築城町)を本拠とする。父は長房。戦国期は大内・大友・毛利・島津氏など有力大名に属して勢力を保持。豊臣秀吉の九州攻めに際し、嫡子朝房を送って臣従を誓った。しかし九州国割の折、四国への移封を命じられたことを不満とし、城井谷にこもり謀反。秀吉により豊前国六郡を与えられた黒田孝高の子長政により中津城で謀殺され、一族も滅ぼされた。

うつのみやたろう【宇都宮太郎】 1861.3.18～1922.2.15 明治・大正期の陸軍軍人。肥前国生れ。陸軍士官学校・陸軍大学校卒。日露戦争中は、イギリス公使館付武官として活躍。歩兵第一連隊長・参謀本部第一部長・同第二部長・朝鮮軍司令官などに補され、一九一九年(大正八)大将。陸軍内佐賀閥の中心人物とみなされた。

うつのみやとんあん【宇都宮遯庵】 1633.2.30～1707.10.10 江戸前期の儒学者。名は的、字は由的、通称は三近。遯庵・頑拙と号す。周防国生れ。京都の松永尺五に学び、一六五七年(明暦三)周防国岩国藩儒となる。寛文年間に著した「日本古今人物史」中川清秀伝が幕府の忌諱にふれ拘禁される。七五年(延宝三)赦免され京都に移る。のち再び藩儒となり子弟の教育に専念。著書に「遯庵詩集」「杜律集解詳説」があり、四書・小学・近思録に関する註釈に才を発揮し、学問の方法における荻生徂徠への影響も指摘される。

うつのみやのぶふさ【宇都宮信房】 1156～1234.8.2 中原信房とも。鎌倉前・中期の武士。父は宇都宮宗房、母は源雅定の女。一一八〇年(治承四)の源頼朝の挙兵に加わり、以後つき従う。八五年(文治元)豊前国城井郷などを与えられる。大和守・薩摩守などを歴任。俊芿に帰依して一二一七年(建保五)出家、道賢と号す。京都の泉涌寺を俊芿に寄進した。

うつのみやもくりん【宇都宮黙霖】 1824.9.～97.9.15　幕末・維新期の勤王僧。名は雄綱、通称は真名介、字は絢夫。僧名は覚了・鶴梁。黙霖は号。安芸国賀茂郡長浜に僧侶の子として生まれた。聴覚などに障害をうけ、剃髪して本願寺僧侶となった。弘化・嘉永年間、諸国を遊歴して吉田松陰・頼三樹三郎・梅田雲浜・僧月性らと親交をもった。安政の大獄に連坐して捕縛されたが僧侶を理由に釈放。一八六四年(元治元)再び捕らえられた。六六年(慶応二)還俗。六九年(明治二)赦免。大阪府貫属、湊川神社、男山八幡宮の神官を歴任、晩年は大蔵経の和訳に従事した。

うつのみややすつな【宇都宮泰綱】 1203～61.11.1　鎌倉前・中期の武士。父は頼綱、母は北条時政の女。一二四三年(寛元元)評定衆に加えられる。のち美濃国守護。歌人として知られ、「続拾遺集」などに入集。蹴鞠にもすぐれた。

うつのみやよりつな【宇都宮頼綱】 1172～1259.11.12　鎌倉前・中期の武士。父は成綱。弥三郎と称する。一二〇五年(元久二)北条時政らが将軍源実朝を廃そうとした事件に関与し、出家して陳謝し、実信房蓮生と号す。以後京都に居を構え、法然の弟子の証空に師事。歌人として活躍し、多くの勅撰集に入集。藤原定家とも親しく交流し、女は定家の子為家の妻となった。

うつみただかつ【内海忠勝】 1843.8.19～1905.1.20　幕末期の萩藩士、明治期の政治家。尊王攘夷運動にたずさわり、維新後地方官となる。兵庫県への出仕をはじめ、長崎・三重・兵庫・長野・神奈川・大阪・京都の県令や知事を歴任、古参地方官の一人として知られる。貴族院勅選議員・会計検査院院長をへて、一九〇一年(明治三四)第一次桂内閣の内相。男爵。

うていえんば【烏亭焉馬】 1743～1822.6.2　江戸後期の戯作者・浄瑠璃作者。本名は中村英祝。江戸の大工の棟梁。俳諧や狂歌を楽しむ一方、芝居好きで浄瑠璃も制作。新太夫座の立作者にもなる。五世市川団十郎を後援する三升連を組織。咄の会も主催した。門人は多く、式亭三馬や柳亭種彦らを庇護。鶴屋南北との合作もあり、落語中興の祖としても名高い。代表作は浄瑠璃「碁太平記白石噺」(合作)。「花江都歌舞妓年代記」は歌舞伎の資料として貴重。

うないおとめ【菟原処女】 葦屋処女とも。摂津国菟原郡(現、兵庫県芦屋市)の辺りに住んでいたとされる美女。「万葉集」に詠まれる妻争い伝説の女主人公。菟原壮子と和泉の血沼壮子に求婚され、処女はどちらとも決めかねて川に身を投げ、二人の壮子もその後を追って死んだという。田辺福麻呂・高橋虫麻呂・大伴家持が歌を詠んでいる。また「大和物語」一四七段にも記される。

うながみたねひら【海上胤平】 1829.12.30～1916.3.29　明治・大正期の歌人。下総国出身。剣の道に秀でたが、維新後は官途に就き、辞官後は歌人の育成につとめた。歌風は万葉調。正岡子規・与謝野寛にも影響を与えた。

うのえんくう【宇野円空】 1885.11.28～1949.1.1　大正・昭和期の宗教学・宗教民族学者。京都府出身。一九一〇年(明治四三)東大卒。東京帝国大学東洋文化研究所所長。中国農村社会の宗教儀礼、東南アジアの稲米儀礼、台湾高砂族の慣習などアジア諸民族の宗教の起源を実証的に研究し、人類学の成果をとりいれた宗教発生論・宗教民族学の確立に尽力した。三四年(昭和九)学士院賞受賞。

うのえんざぶろう【宇野円三郎】 1834.5.21～1911.7.20　明治期の治山治水の先覚者。備前国生れ。幕末・維新期に福田村の庄屋を務めた。一八八〇年(明治一三)の高梁川堤防の決壊による大災害に対し、八二年岡山県令高崎五六に治水を建言。採用されて八三年砂防工施行規則の公布となり、砂防工事・植林事業の推進を促した。

うのこうじ【宇野浩二】 1891.7.26～1961.9.21　大正・昭和期の小説家。本名格次郎。福岡県出身。一九一九年(大正八)「蔵の中」「苦の世界」を発表して認められた。ほかに「夢見る部屋」「山恋ひ」「子を貸し屋」などが初期の代表作で、饒舌で軽妙な話術とユーモアが高く評価された。二七年(昭和二)精神に錯乱をきたし、以後数年間療養生活を送るが、三三年「枯木のある風景」で文壇復帰。後期の代表作は「子の来歴」「器用貧乏」「思ひ川」。

うのこうぞう【宇野弘蔵】 1897.11.12～1977.2.22　大正・昭和期の経済学者。岡山県出身。東大卒。一九二二年(大正一一)大原社会問題研究所所員としてドイツに留学。二四年帰国後東北帝国大学助教授。三八年(昭和一三)人民戦線事件で検挙。四七年東京大学社会科学研究所教授。原理論・段階論・現状分析の三段階論に集約される独自のマルクス経済学体系(宇野理論)を構築した。「宇野弘蔵著作集」全一〇巻・別巻一。

うのじゅうきち【宇野重吉】 1914.9.27～88.1.9　昭和期の俳優・演出家。本名寺尾信夫。福井県出身。日本大学中退後、日本プロレタリア演劇研究所に入り、東京左翼劇場・新協劇団をへて第二次大戦後、劇団民衆芸術劇場の結成に加わる。特異な風貌と演技で人気を集め、映画やテレビでも活躍。著書「新劇・愉し哀し」。

うのそうすけ【宇野宗佑】 1922.8.27～98.5.19

昭和後期の政治家。滋賀県出身。生家は酒造業。一九四三年(昭和一八)神戸商業大学在学中に学徒出陣。陸軍主計少尉。第二次大戦後、滋賀県会議員をへて六〇年衆議院選挙に初当選、第二次田中内閣の防衛庁長官、福田内閣の科学技術庁長官、第二次大平内閣の行政管理庁長官、第一次中曾根内閣の通産相、竹下内閣の外相を歴任、中曾根派に属した。八九年(平成元)竹下内閣総辞職後の混乱のなかで組閣したが、女性スキャンダルで日ならずして失脚。

うのちよ【宇野千代】 1897.11.28〜96.6.10 昭和期の作家。山口県出身。岩国高女卒。小学校の代用教員時に書いた一九二一年(大正一〇)の新聞懸賞小説「脂粉の顔」が一等に当選し、作家となる。作家尾崎士郎、画家東郷青児、作家北原武夫などとともに暮らし、その影響を文学に生かした。古典的な文体によって女性の情念の世界を書いた。作品に「色ざんげ」「おはん」があり、その真摯かつ奔放な人生を綴ったエッセイ「生きて行く私」はベストセラーとなった。八二年(昭和五七)菊池寛賞、九〇年(平成二)文化功労者。

うのちょうしち【宇野長七】 ⇨六合新三郎

うのてつと【宇野哲人】 1875.11.15〜1974.2.19 明治〜昭和期の中国哲学者。熊本県出身。一九〇〇年(明治三三)東大卒。東京帝国大学名誉教授・実践女子大学学長。近世儒学を専攻しつつ、西洋哲学の方法で中国哲学史全体を体系化する先導的役割をはたし、近代的研究を確立した。東方学会創設に尽力。著書「支那哲学史講話」「儒教史上」「支那哲学史」「支那哲学概論」。

うのもんど【宇野主水】 生没年不詳。織豊期の本願寺門主顕如の右筆。一五八〇年(天正八)石山合戦講和の際、織田信長と顕如の間で交わされた文書を一時的に保管。その後も顕如に近侍し、側近として重要な役割を担った。豊臣秀吉や徳川家康など多くの武将や千利休や今井宗久などの堺商人とも親交があった。

うましあしかびひこじのみこと【可美葦牙彦舅尊】 「古事記」では宇摩志阿斯訶備比古遅神。「古事記」冒頭の別天神のうちの第四神。ウマシは称辞、アシカビは葦の芽、ヒコジは男性を示し、春先に萌え出る葦の芽という具体的なイメージによって盛んな生命力を表す。ムスヒの出現をうけて国がまだただよっていたときに出現した神で、ムスヒの神の生成力を示す。「日本書紀」では一書にみえ、混沌のなかに現れた最初の生命力の兆しという性格が明確に示されている。

うましうちのすくね【甘美内宿禰】 「古事記」では味師内宿禰。武内宿禰の弟とされる伝説上の人物。「日本書紀」によると、応神九年、武内宿禰が筑紫に遣わされた際に、兄に叛心があると天皇に讒言した。武内宿禰は大和にのぼって探湯で弟に勝ち、さらに弟を殺そうとしたが、天皇は甘美内宿禰の罪を許し、紀直らの祖に隷属させた。「古事記」は山代内臣の祖と伝え、「新撰姓氏録」では山公の祖と伝える。

うまのないし【馬内侍】 生没年不詳。平安中期の歌人。源時明の女だが、実父は時明の兄致明か。斎宮女御徽子女王(村上天皇女御)、円融天皇の中宮媓子、斎院選子内親王、一条天皇の中宮定子に仕えた。藤原朝光・同伊尹・同道隆・同道兼ら権門の公達と恋愛関係を重ね、華やかな女房生活を送る。「拾遺集」以下の勅撰集に四三首入集。さらに「大斎院前御集」に四二首がのる。中古三十六歌仙の一人。家集「馬内侍集」。

うまやどのみこ【厩戸皇子】 ⇨聖徳太子

うめがたにとうたろう【梅ケ谷藤太郎】 ㊀初代 1845.2.9〜1928.6.15 明治期の力士。筑前国生れ。一八八四年(明治一七)第一五代横綱となり、翌年引退、年寄雷として相撲興行の近代化に努めた。㊁二代 1878.3.11〜1927.9.2 明治・大正期の力士。富山県出身。初代の養子となって入門、初名梅ノ谷音松から一九〇二年(明治三五)襲名、〇三年第二〇代横綱となり、一五年(大正四)引退。

うめけんじろう【梅謙次郎】 1860.6.7〜1910.8.25 明治期の民法・商法学者。法学博士。出雲国生れ。司法省法学校卒。一八八五年(明治一八)ヨーロッパに留学し、「和解論」によりリヨン大学で学位取得。九〇年帰国し、帝国大学法科大学教授。民法典論争ではボアソナード案を支持した。民法・商法の開拓者で、九三年民法・商法の起草委員となり、法典整備にも功績を残した。和仏法律学校の経営にも尽力。

うめざきはるお【梅崎春生】 1915.2.15〜65.7.19 昭和期の小説家。福岡県出身。東大卒。太平洋戦争中の海軍体験をふまえた「桜島」で第一次戦後派と目され、次々に戦争ものを発表。一方、市井ものの「ボロ家の春秋」で一九五四年(昭和二九)直木賞受賞。鬱病者の生の危機を扱った「幻化」が絶筆となる。

うめぞのけ【梅園家】 藤原氏閑院流の橋本家庶流。羽林家。橋本実勝の次男実清を祖とし、元和年間(一六一五〜二四)に創立。家禄は一五〇石余。維新後、実紀のとき子爵。

うめぞのこれとも【梅園惟朝】 生没年不詳。江戸前期の神道家。本姓は土師。号は黄鳥山人・愚直堂・愚狂など。摂津国住吉社の客分職役の家の生れ。正親町公通に入門したが、垂加神道の影響は少ない。元禄期を中心に活躍し、「国史神祇集」などの神道史の先駆的な研究を行った。「住吉松葉大記」では住吉神道の独自性を強調し、住吉三神は祓の神と説いた。同社の祠官たちが無気力であることを批判し、社内の改革にも努めた。

うめだうんぴん【梅田雲浜】 1815.6.7～59.9.14 幕末期の尊攘派志士。もと若狭国小浜藩士。通称源次郎、雲浜は号。崎門学を学ぶ。諸国を遊歴し大津に開塾、のち京都に移り、望楠軒の講主となった。一八五〇年(嘉永三)以降、藩主酒井忠義に海防策、国事意見書の建白を行うが、これが原因となり、五二年士籍を除かれ牢人となった。ペリー来航に際し、尊王攘夷を唱えて東奔西走し、京都の尊攘派志士を指導した。将軍徳川家定の継嗣問題で一橋慶喜擁立のため公家らに入説するとともに、大老井伊直弼の排斥運動を行った。安政の大獄で五八年(安政五)九月捕らえられ、江戸に護送後、小倉藩邸に預けられたが、翌年九月流行のコレラにかかり没した。妻子も貧困のなかで病没。

うめただみょうじゅ【埋忠明寿】 1558～1631 安土桃山～江戸前期の刀工・鐔工。京の金工の名門埋忠家の人。初名は重吉・宗吉。明寿は法名。作刀の銘文から京都西陣に居住したことがわかる。鐔の作品は真鍮や赤銅地に色がねの平象嵌を施し、桃山時代の大胆な作風を示す。刀剣の製作は余技だが、刀身彫刻が巧みで、古刀期にはない斬新さが新刀鍛冶の祖といわれるゆえん。門人に肥前忠吉・肥後守輝広がいる。

うめたにけ【梅渓家】 村上源氏久我家庶流。羽林家。久我通世の次男季通を祖とし、寛永年間(一六二四～四四)に創立。家禄は一五〇石。三代通条の女幸子は一〇代将軍徳川家治の生母。五代通賢は竹内式部に垂加神道を学んだ。維新後、通善のとき子爵。

うめつじのりきよ【梅辻規清】 ⇨賀茂規清

うめづまさかげ【梅津政景】 1581～1633.3.10 江戸前期の出羽国秋田藩家老。通称主馬。下野国生れ。父道金は牢人。佐竹氏の家老を寄親として佐竹義宣に出仕。出頭人暗殺を企てた譜代門閥の首謀者を主命により謀殺。これをきっかけに出世する。院内銀山奉行・惣山奉行・勘定奉行・家老兼町奉行を歴任。知行高は計三〇〇〇石で、佐竹氏一門や譜代門閥以外では最上級であった。「梅津政景日記」を残す。

うめづよしじろう【梅津美治郎】 1882.1.4～1949.1.8 大正・昭和期の軍人。陸軍大将。大分県出身。陸軍士官学校(一五期)・陸軍大学校卒。陸軍省軍事課長・参謀本部総務部長などをへて、一九三四年(昭和九)支那駐屯軍司令官となり、翌年梅津・何応欽協定を結んだ。二・二六事件後、陸軍の中枢に位置し、陸軍次官・関東軍司令官などを歴任。最後の参謀総長となり、降伏文書調印式に陸軍代表として参列。第二次大戦後、A級戦犯として終身刑。

うめねさとる【梅根悟】 1903.9.12～80.3.13 昭和期の教育学者。福岡県出身。東京文理科大卒。埼玉県の川口中学校校長などをへて、一九四六年(昭和二一)に同市助役、四八年には東京文理科大の助教授、のち教授となる。同年コア・カリキュラム連盟を結成し、教育課程の改造運動を推進する。六六年に和光大学を創設し学長となる。「世界教育大系」を編纂。

うめねつねさぶろう【梅根常三郎】 1884.2.27～1956.3.17 大正・昭和期の技術者。福岡県出身。一九一一年(明治四四)京大卒。八幡製鉄所技師をへて南満州鉄道会社鞍山製鉄所に勤務。原料面のネックとなっていた貧鉱の処理技術を開発し、満鉄の製鉄事業を軌道にのせた。第二次大戦後は中国に残留し、東北地区の工業復興に貢献。

うめはらすえじ【梅原末治】 1893.8.13～1983.2.19 昭和期の考古学者。大阪府出身。京大考古学教室に学ぶ。浜田耕作の指導をうけ、日本・朝鮮半島・中国の考古学的研究に従事。とくに日本の銅鐸や古墳出土の鏡、中国の青銅器などの研究に顕著な業績をあげた。京都大学教授・天理大学教授を歴任。一九六三年(昭和三八)文化功労者。著書「銅鐸の研究」「鑑鏡の研究」「古代北方系文物の研究」「漢三国六朝紀年銘鏡図説」など多数。

うめはらりゅうざぶろう【梅原竜三郎】 1888.3.9～1986.1.16 大正・昭和期の洋画家。京都市出身。一時良三郎と名のる。鍾美会で伊藤快彦、聖護院洋画研究所で浅井忠に学ぶ。一九〇八年(明治四一)渡仏、アカデミー・ジュリアンで学ぶが、ルノワールに影響を受け師事した。帰国後、二科会・春陽会・国画創作協会洋画部などの創立に参加。五二年(昭和二七)文化勲章受章。代表作「紫禁城」「北京秋天」、著書「天衣無縫」。

うめぼりこくが【梅暮里谷峨】 1750～1821.9.3 江戸後期の洒落本作者。本名は反町三郎助。上総国久留里藩士。江戸の本所埋堀にあった藩邸に住んだため梅暮里と号した。四〇歳前後で文壇に登場し、寛政の改革以後に活躍。代表作は「傾城買二筋道」(一七九八)。客と遊女の真情をテーマとする同書により、従来の洒落本から人情本への道を開いた。続編に「廓の癖」「宵の程」。

うめもとりくへい【楳茂都陸平】 1897.8.3～1985.2.4 大正・昭和期の日本舞踊家。大阪府出身。本名鷲谷陸平。楳茂都流二世家元扇性の長男。一九一七年(大正六)宝塚音楽歌劇学校の日本舞踊教授に招かれ、二一年話題作群舞「春から秋へ」を発表。帝劇へも進出。二八年(昭和三)三世家元を継承。三一～三四年文部省嘱託として渡欧。ドイツでラバンに学び、その舞踊理論・舞踊譜を伝え、リトミックなど舞踊界に新風をもたらした。著書「舞踊への招待」。

うめわか【梅若】 謡曲「隅田川」に登場する人買にさらわれた少年。さらわれたわが子を訪ねて隅田川まで来た母親が、偶然そこで行われていた念仏会がわが子梅若の一周忌供養であることを聞き、泣く泣くその墓前で念仏を唱えると、わが子の亡霊が現われる。梅若伝説をもとにした悲劇で、同じモチーフの浄瑠璃などもあるが、趣向・筋立は異なる。現在も三月一五日、東京墨田区の木母寺で「梅若忌」が行われている。

うめわかまんざぶろう【梅若万三郎】 1868.11.21～1946.6.29 シテ方観世流の能楽師。初世梅若実の長男。東京都出身。分家梅若吉之丞家をついだ。一九二一年(大正一〇)弟の六郎(二世梅若実)や妹婿の観世華雪(六世銕之丞)とともに梅若流を樹立、宗家となるが、三三年(昭和八)観世流に復帰。容姿・声質・声量に恵まれ、演能数三〇〇〇番、現行曲完演の記録をもつ。三七年芸術院会員となり、四六年文化勲章受章。著書「亀堂閑話」「万三郎芸談」。四男万佐世が二世を襲名。

うめわかみのる【梅若実】 1828.4.13～1909.1.19 シテ方観世流の能楽師。幼名亀次郎。江戸生れ。上野輪王寺御用達の鯨井平左衛門の長男。一八三六年(天保七)五一世梅若六郎氏暘の養子となり、三九年家督を相続、五三年(嘉永六)六郎氏実と改める。七二年(明治五)家督を養子の源次郎に譲り、隠居して実と改名。明治維新の混乱期に観世家家元二二世清孝が徳川慶喜に従って静岡に移っている間、観世流の実質的な統率者となり、自宅の敷舞台で演能を続けるなど、能楽復興に尽力。一六世宝生九郎・桜間伴馬とともに明治三名人とうたわれた。次男竹世(一八七八～一九五九)が二世を襲名。

うらかみぎょくどう【浦上玉堂】 1745～1820.9.4 江戸後期の南画家。姓は紀、名は弼、字は君輔。玉堂琴士の号は、中国伝来の琴の銘からつけたもので、画とともに七弦琴も得意とした。備前国岡山藩支藩岡山新田(鴨方)藩士として三七歳のときに大目付にまで進むが、一七九四年(寛政六)旅先で二子をつれて脱藩。以後、琴を背負って各地を放浪し晩年は京都に住んだ。画は独学だったらしい。画作は脱藩後、とくに六〇～七〇歳代に集中する。作品は「東(凍)雲篩雪図」や「煙霞帖」のような憂愁感漂うものや、「山紅於染図」や「高下数家図」のように澄んだ境地をみせるものなどがある。内面の揺れをそのまま筆墨に託す表現は、南画史上にも類をみない個性的な世界をつくっている。

うらがみし【浦上氏】 守護大名赤松氏の重臣。播磨国浦上荘(現、兵庫県龍野市)からおこる。紀長谷雄の後裔と伝える。南北朝期から赤松氏に仕え、行景は備前国守護赤松則祐の守護代となった。応仁・文明の乱の頃、則宗は赤松政則を補佐し、侍所所司代・山城国守護代として活躍。一五二一年(大永元)則宗の孫村宗は赤松義村を討伐、その威勢は主家をしのいだ。村宗の子宗景のとき宇喜多直家に攻められ滅亡。

うらかみしゅんきん【浦上春琴】 1779.5.-～1846.5.2 江戸後期の南画家。浦上玉堂の長男。姓は紀。名は選、字は伯挙。号は春琴・睡庵など。備前国生れ。父に画の手ほどきをうけ、父の脱藩後はともに各地を遊歴。のち京都に住み頼山陽・小石元瑞ら文人墨客と交流。精細華麗な花鳥画を得意とした。作品「花鳥図屏風」。

うらがみのりむね【浦上則宗】 1429～1502.6.11 室町時代の備前国の武将。赤松氏の重臣。赤松政則は嘉吉の乱で没落した同氏を再興し、播磨などの守護職を回復したが、則宗はこれに協力。一四七一年(文明三)政則が侍所頭人に就任すると、その所司代となり京都で活動した。八三年山名政豊の播磨進攻で赤松領国が動揺すると、翌年政則を追放し赤松家督の改替を謀るなど(まもなく和解)、西播磨・備前・美作で卓越した地位を占めた。

うらがみむねかげ【浦上宗景】 生没年不詳。戦国期の武将。備前国天神山城(現、岡山県佐伯町)城主。一五三一年(享禄四)父村宗が戦死すると兄政宗と対立し天神山に拠ったが、政宗の死去などにより備前を掌握。毛利氏の東進に対抗するため、七三年(天正元)織田信長と結んだ。しかし勢力を伸張しつつあった家臣宇喜多直家が翌年離反して毛利氏と結び、七七年直家に天神山城を奪われ播磨に敗走、以後は不明。

うらがみむらむね【浦上村宗】 ?～1531.6.4 戦国期の武将。備前国三石城(現、岡山県備前市)城主。細川高国と提携して強大となり、一五二〇年(永正一七)主家の守護赤松義村を隠退させ、翌年播磨国室津(現、兵庫県御津町)で殺害。二九年(享禄二)政争に敗れた高国を三石城に迎え、ついで高国を擁して摂津に進出したが、三一年天王寺(現、大阪市)における細川晴元との合戦で戦死。

うらせんけ【裏千家】 江戸初期に成立した茶道三千家の一つ。千利休を祖とし、子の少庵を二世とし、三世宗旦が子の江岑宗左に茶室不審庵を譲り、その隣接地に茶室今日庵を建造して移り住んだ。この茶室を宗旦の四男仙叟宗室が継承して、今日庵一世を名のり、裏千家とよばれるようになった。代々斎号とともに宗室を名のり、現一五世鵬雲斎宗室まで約三〇〇年にわたって、利休流茶道の伝統の保持と改革に尽力。茶道家元として最大の規模を誇り、諸外国にも多くの支部をもつ。月刊誌「淡交」を刊行し、茶道の研究にも尽くす。

うらそえおうじちょうき【浦添王子朝熹】 1805～54 琉球王国の摂政、歌人・詩人。唐名は尚元魯。一八三五～五三年の間、摂政を勤め、四二年(天保一三)慶賀正使として江戸幕府のもとへ赴いた。桂園派の歌人香川景樹の影響をうけ、沖縄三十六歌仙の一人といわれる。江戸往復の途次日本の文人墨客と交流し、漢詩集「東遊草」に作品を残す。書にもすぐれ、大坂天満宮に「徳馨」の扁額を奉納した。

うらたながたみ【浦田長民】 1840.1.28～93.10.26 幕末・維新期の神道家。伊勢国生れ。尊王にめざめて三条実美らと交わる。維新以後の神宮改革にかかわる。

うらつじけ【裏辻家】 藤原氏閑院流の正親町家庶流。羽林家。正親町季康の子季福を祖とし、元和年間（一六一五～二四）に創立。家名は正親町家の別号という。家禄は一五〇石。維新後、彦六郎のとき子爵。兄実忠は別に芝亭家を立てた。

うらべうじ【卜部氏】 卜占による吉凶判断を業としていた氏族。壱岐・対馬・伊豆諸国にあり、神祇官の宮主など下級職員として任用され、亀卜を行っていた。天児屋根命一二世の雷大臣命の後裔とされる。伊豆国の卜部氏からでた平麻呂の子孫は神祇伯や神祇大副に任用され、吉田社・平野社・粟田社の社務を任せられて神社を管理した。南北朝期にわかれた吉田家などからは数多くの学者を輩出した。

うらべのかねかた【卜部兼方】 名は「やすかた」とも。懐賢とも。生没年不詳。鎌倉中期の学者・神道家。神祇権大副・山城守に任じられる。兼文の子。「日本書紀」の注釈書「釈日本紀」の著述で知られる。父兼文が「日本書紀」神代巻を講述したものを基礎とし、私記や古典を多く参照して編集、私記などの逸文を今日に伝える。

うらべのかねなお【卜部兼直】 生没年不詳。鎌倉前期の学者・神道家・歌人。天理図書館蔵の「古語拾遺」は、一二二五年（嘉禄元）兼直が藤原長倫から借用して書写したもので、現存する写本のなかでは最古のもの。また和歌は多くの勅撰集に入集。

うらべのかねなが【卜部兼永】 1467～1536.7.27 戦国期の神道家。吉田兼倶の子。平野社預卜部兼緒の養子となり、平野流を継承。父兼倶から神道説などを学んだが、のち不仲で義絶され、家や唯一神道の学説などの分裂の原因となった。神名帳の諸社・祭神をまとめた「延喜式神名帳秘釈」のほか、「先代旧事本紀」「唯一神道名法要集」をみずから筆写し、吉田家の学問を継承して古典研究を行った。天文法華の乱で死没。

うらべのかねふみ【卜部兼文】 生没年不詳。鎌倉中期の学者・神道家。神祇権大副に任じられる。兼頼の子。一条実経に行った「日本書紀」の講義を、のちに子の兼方が「釈日本紀」として完成。現存する「古事記」最古の注釈書「古事記裏書」や「石上神宮御事抄」の著述で知られる。

うらべのかねより【卜部兼頼】 生没年不詳。鎌倉中期の学者・神道家。神祇権少副に任じられる。「先代旧事本紀」の書写で知られる。一二二六年（嘉禄二）の石清水八幡宮への注進では、石清水が式内社ではないことの由来や、広田大菩薩の由緒、八幡神の託宣などについてのべ、若宮や大隅正八幡宮にも触れている。

うらべのすえたけ【卜部季武】 生没年不詳。平安中期の武士。渡辺綱・碓井貞光・坂田金時とともに源頼光の四天王の一人。丹波国大江山に住む酒呑童子を退治して首を取った話が、御伽草子「酒呑童子」にみえる。「今昔物語集」に頼光の郎等として描かれる平季武は、同一人物とみられる。

うらまつけ【裏松家】 藤原氏日野流の烏丸家庶流。名家。烏丸光賢の次男資清を祖とし、寛永年間（一六二四～四四）に創立。家禄は一三〇石。光世は宝暦事件に連坐して蟄居、恭光は幕末期に議奏を勤めた。維新後、良光のとき子爵。

うらまつしげこ【裏松重子】 ⇨日野重子

うらまつみつよ【裏松光世】 1736.11.11～1804.7.26 江戸中・後期の公家。有職故実家。法名固禅。前内大臣烏丸光栄の末子で、裏松益光の養子となり裏松家を相続。一七五八年（宝暦八）蔵人・左少弁。竹内式部の門人で宝暦事件に連坐、永蟄居。平安内裏の研究に没頭し、八八年（天明八）焼失した御所の再建に奉仕。九八年（寛政一〇）落飾、内裏造営と主著「大内裏図考証」献上の功で生涯三〇金を賜る。

うりゅういわ【瓜生岩】 1829.2.15～97.4.19 幕末～明治期の社会事業家。陸奥国耶麻郡生れ。貧民救済・堕胎防止・社会教育の活動にあたる。一八八九年（明治二二）私立福島救育所を設立。九一年には第一議会に婦人慈善記章制定請願書を提出。同年東京市養育院幼童世話掛長に就任、福島県下三郡に育児会、喜多方町に産婆研究所を設置。九三年には若松に私立済世病院を開設し、窮民救恤・孤児養育活動を行う。

うりゅうそときち【瓜生外吉】 1857.1.2～1937.11.11 明治期の海軍軍人。加賀国生れ。アメリカのアナポリス海軍兵学校卒。一八八一年（明治一四）中尉。日露戦争では第四戦隊司令官として、仁川沖海戦・日本海海戦などに参加。竹敷要港部司令官・横須賀鎮守府司令長官などを歴任し、一九一二年（大正元）大将。予備役編入後、貴族院議員。

うりゅうたもつ【瓜生保】 ?～1337.1.12 南北朝期の武将。衡の子。越前国杣山荘（現、福井県南条町）に居住。通称判官。一三三五年（建武二）名越時兼が中先代の乱に応じて挙兵すると、新田義貞に属して加賀国大聖寺で討滅。翌年、斯波高経に従い越前国金崎城に義貞を攻囲したが、弟義鑑ら三人が義貞の甥脇屋義治を奉じて挙兵すると再びこれに帰参。三七年（建武四・延元二）金崎城救援にむかう途中、今川頼貞の迎撃にあって戦死。なお瓜生氏は戦国期には朝倉氏の家臣となった。

うりゅうはじむ【瓜生寅】 1842.1.15～1913.2.23 明治期の官僚・実業家。福井藩士の子。幕府の英語学校教授を務めたのち、文部省・大蔵省・工部省に出仕。一八七九年（明治一二）退官し、下関で外国船積立業瓜生商会を営む一方、日本鉄道幹事・馬関商業会議所副頭取などを務めた。「商業博物誌」など著作約五〇点。

うりんいんし【雲林院氏】 ⇨雲林院氏

うろこがたやまごべえ【鱗形屋孫兵衛】 江戸の書肆。山野氏。鶴鱗（鶴林）堂と号した。江戸前期の万治年間に開業。大伝馬町三丁目に住む。噺本、仮名草子、菱川師宣の絵本、浄瑠璃本を刊行した。江戸中期から八文字屋本の江戸での販売を独占し、草双紙・吉原細見の刊行も多い。一七七五年（安永四）恋川春町作「金々先生栄花夢」を出し、黄表紙の版元として有名になったが、安永・天明期の江戸版本の流行のなかで没落した。

うわいかっけん【上井覚兼】 1545.2.11～89.6.12 織豊期の武将。父は薫兼。薩摩国生れ。神五郎・神左衛門。初名は為兼。伊勢守。島津貴久・義久に仕え、一五七六年（天正四）家老となった。八〇年日向国宮崎城主となり、九州各地に転戦し、大友氏と対抗。八七年薩摩国伊集院に退隠した。文芸にすぐれ、「上井覚兼日記」や「伊勢守心得書」を残した。

うわつつのおのみこと【表筒男命】「古事記」では上筒之男命。底筒男（底筒之男）命・中筒男（中筒之男）命とともに墨江三前大神（住吉三神）とされる航海神。ツツは星とも船魂を納める筒とも津の意であるとも説かれるが未詳。記紀で黄泉国から帰ったイザナキが禊をした際、その水の底・中・上の順に三神が成った。神功皇后の新羅征討の際にアマテラスとともに託宣を下しており、軍神的性格ももつ。住吉神社の祭神。

うんけい【運慶】 ?～1223.12.11 鎌倉前期の仏師。康慶の子。奈良を本拠に天平彫刻や平安初期彫刻に学びながら、写実的で量感に富んだ新しい仏像様式を確立し、鎌倉彫刻の基礎を築いた。一一八〇年（治承四）に平重衡の攻撃によって焼亡した東大寺・興福寺の復興造像をはじめ、東国武士や宮廷貴族関係の造像にたずさわるなど幅広く活躍。文覚に重用され、東寺講堂諸仏の修理や神護寺講堂の造像を行った。九五年（建久六）の東大寺大仏殿供養で法眼、一二〇三年（建仁三）の東大寺総供養に際し法印に叙された。晩年の一二年（建暦二）頃に完成した興福寺北円堂の弥勒如来像と無著・世親像は日本彫刻史上の傑作。

うんこくとうがん【雲谷等顔】 1547～1618.5.3 桃山時代の画家。雲谷派の祖。名は直治。肥前国能古見城主原直家の次男。父の戦死後、広島城主毛利輝元のお抱え絵師となる。一五九三年（文禄二）命により雪舟筆「山水長巻」を模写。雪舟の旧跡雲谷庵を復興して雪舟正系を標榜し、雲谷等顔を名のる。雪舟様の形式美を示す水墨山水図を数多く描いた。代表作は八八年（天正一六）創建の大徳寺黄梅院方丈障壁画。一六一一年（慶長一六）法橋に叙せられる。

うんしょう【運敞】 1614.10.19～93.9.10 江戸前期の真言宗の僧。智積院七世の能化（長老）。字は元春、泊如と号す。摂津国生れ。一六歳で安楽寿院で得度し、智積院日誉に師事。一六四九年（慶安二）名古屋長久寺に住み、五三年（承応二）智積院の第一座となる。その後、南都北嶺に唯識・三論・天台の教学を学び、五六年（明暦二）江戸円福寺に移り、六一年（寛文元）智積院七世の能化に迎えられた。著書は「性霊集便蒙」ほか二〇〇巻余。

うんしょう【雲生】 鎌倉末期の備前国宇甘郷（現、岡山県御津町）の刀工。宇甘派の祖ともいう。雲生は南北朝期を通じて三代まで知られるが、初代・二代の判別はむずかしいという。なお、刀剣伝書類には雲生の平安城打（上京打）をのせ、これを三代とするが不明。

うんしょう【雲照】 1827.3.20～1909.4.13 幕末～明治期の宗教家。真言宗の僧侶。字は大雄。出雲国生れ。一八三六年（天保七）出家。のち高野山に登り、伝法灌頂入壇。六八年（明治元）廃仏毀釈に抗議して太政官に建白、翌年には諸宗同徳会盟結成の計画に加わる。七五年大教院講師。八三年に結社大善会をおこして布教活動を行う。戒律主義の復興による宗門改革を唱え、保守派の代表的僧侶といわれた。

うんしょういっけい【雲章一慶】 1386～1463.1.23 南北朝期～室町中期の臨済宗聖一派の禅僧。諱は一慶、字は雲章。宝清老人とも称した。諡号は弘宗禅師。一条経嗣の子、兼良の兄。一三九一年（明徳二・元中八）六歳で山城の成恩寺に入り、僧となる修行をつんだ。一四〇一年（応永八）に出家。奇山円然の法をつぎ、京都の東福寺・南禅寺の住持となる。「勅修百丈清規雲桃抄」は、一慶が「勅修百丈清規」を講じた講義の抄録。

うんのし【海野氏】 中世信濃国の豪族。系図類は清和源氏とするが不詳。海野荘（現、長野県東部町）からおこった。滋野氏出身で、望月・禰津両氏とともに滋野三家と称され、諏訪神社を氏神とする神党を形成。源平争乱期、幸氏ははじめ源義仲に属したが、のち鎌倉御家人となり、弓の名手としても知られた。戦国期、棟綱の子幸義は村上義清と戦い敗死。弟幸隆は武田信玄に仕え、真田荘を本拠に、真田氏を称して活躍。

うんのしょうみん【海野勝珉】 1844.5.15～1915.10.6 明治期を代表する彫金家。東華斎・芳洲と号した。常陸国生れ。水戸派金工の初世海野美盛や萩谷勝平に学んで上京し、諸派の彫法をきわめ、片切彫法を得意としたが、象嵌も修得し、写実的かつ優雅な作風を完成。東京美術学校の教授を務め、帝室技芸員に任じられた。

うんりんいんぶんぞう【雲林院文蔵】 生没年不詳。江戸時代一八世紀の京都粟田口の陶工。雲林院家七世を称した。同家は近江信楽郷神山の出身で、初世雲林院太郎左衛門康光は京都洛北の御菩薩池に住み、土器を焼いたという。七世文蔵のとき三条粟田口へ移り、粟田口焼を代表する陶家の基礎を築いた。九世の安兵衛のときに、奈良の宝山寺から「宝山」の称をえて姓とした。

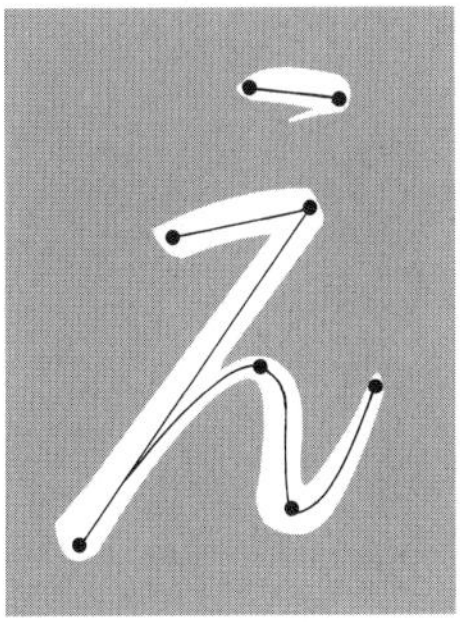

えいえい【栄叡】 ⇨栄叡

えいえん【永縁】 ⇨永縁

えいが【栄賀】 ⇨宅磨栄賀

えいかん【永観】 ⇨永観

えいくう【叡空】 ?～1179.2.- 慈眼房とも。平安後期の延暦寺の天台宗僧。太政大臣藤原伊通の子と伝える。良忍から大乗戒・密教・浄土教をうけ、西塔黒谷に住む。「往生要集」の講義で学名高く、大乗戒律と密教についても比叡山第一の学僧と称され、大乗戒律では黒谷流の祖とされる。多くの貴族の授戒の師となったが、とくに久我家とは師檀関係にあった。一一五〇年(久安六)門下に入った法然には天台・浄土教義や大乗戒を授けたほか、さまざまな援助を行った。

えいげん【穎玄】 1751～1829.1.24 江戸後期の浄土真宗本願寺派の僧。近江国生れ。同国鳥居村(現、滋賀県彦根市)の上品寺の一八世。法界坊と号する。父は一七世祐海。父の菩提を弔い寺の再興を企てて諸国を勧進し、江戸で遊女花扇・花里を教化して梵鐘の寄進をうけ、近江に帰ったという。歌舞伎脚本「隅田川続俤」の通称法界坊は穎玄のこと。

えいさい【永済】 生没年不詳。平安末～鎌倉時代の注釈家。「千金〈秘決和歌義〉抄」のほか、「和漢朗詠抄注」「扶桑蒙求」などの著作で知られる。経歴は不明な点が多いが、中世学問史上注目すべき人物。「南山宿老永済撰」などから高野山あるいは叡山無動寺流にゆかりがあると推定され、院政末期に活躍したらしい。

えいさい【栄西】 1141.4.20～1215.6/7.5 「ようさい」とも。鎌倉前期の臨済宗黄竜派の僧。道号は明庵、法諱は栄西。千光法師・葉上房ともいう。備中国賀陽氏の出身。一一歳で仏門に入り、一四歳のとき比叡山で受戒。以後、天台教学を修学する。一一六八年(仁安三)入宋、途中、俊乗房重源にあい、ともに天台山万年寺で羅漢に茶を供養。禅を学んで帰国後、天台復興のため禅の必要を感じ、八七年(文治三)再び入宋。天台山万年寺の虚庵懐敞から臨済禅を学び、その法脈を得て九一年(建久二)に帰国。禅の布教を始めたが、能忍の無嗣承の禅と混同され布教を停止された。比叡山衆徒による弾圧に対し「興禅護国論」を著す。九九年(正治元)鎌倉で北条政子の帰依をうけ、寿福寺を建立。一二〇二年(建仁二)将軍源頼家の庇護をうけて京都に台(天台)・密(真言)・禅の三宗一致の建仁寺を建立。一二〇六年(建永元)重源の跡をついで東大寺大勧進職となり復興に尽くした。一四年(建保二)将軍源実朝の病気平癒のため祈禱を行い、「喫茶養生記」を献じた。ほかに「出家大綱」など。

えいしょうこうたいごう【英照皇太后】 1834.12.13～97.1.11 孝明天皇の女御。夙子。関白九条尚忠の六女。母は南大路長尹の女菅山。一八四五年(弘化二)皇太子統仁親王(孝明天皇)の御息所と定められ、践祚後の四八年(嘉永元)入内・女御宣下。五三年正三位に叙され准三宮宣下。六〇年(万延元)儲君祐宮(明治天皇)の実母と定められ、六八年(明治元)皇太后宣下。東京遷都後は赤坂離宮や青山御所に居住。

えいしょうさいちょうき【栄松斎長喜】 生没年不詳。江戸中・後期の浮世絵師。天明期に長喜、一七九五年(寛政七)頃に百川子興と号し、一八〇一年(享和元)再び長喜に復した。作品は寛政期の美人画がほとんどで、喜多川歌麿の作風に近いが、鳥文斎栄之や葛飾北斎などの影響もうけ、写楽風の役者絵も残すなど諸派兼学のあとがうかがえる。鳥山石燕門人で、宝暦年間に作品を残す俳人子興と同一人とする説もある。

えいそ【英祖】 1229～99.8.5 沖縄本島浦添地方を支配した英祖王統の初代。母が口中に日輪が飛びこむ夢をみて懐妊したとする説話がある。沖縄史上その実在が確認される最古の人物。居城とされる浦添城跡から「癸酉高麗瓦匠造」の銘をもつ平瓦が出土したが、一二七三年説・一三九三年説などがあり確定していない。「おもろさうし」の「えそのてだこ」「えそのいくさもい」は同人をさしたものとされる。浦添城の北側斜面に墓陵の「ようどれ」がある。

えいぞん【叡尊】 1201.5.-～90.8.25 鎌倉中期の律宗の僧。字は思円。諡号は興正菩薩。戒律を復興し奈良西大寺の中興開山として知られる。大和国生れ。父は興福寺の学侶慶玄。一七歳で醍醐寺の阿闍梨叡賢を師として出家。のち高野山に上り、一二三五年(嘉禎元)戒律復興を志し西大寺宝塔院持斎僧となる。三六年覚盛・円晴・有厳らと東大寺で自誓受戒し、海竜王寺をへて翌年西大寺に還住して結界、律宗が復活した。授戒・文殊供養・光明真言などの宗教行為による殺生禁断・慈善救済・土木事業などを行い、非人・癩者から後嵯峨・亀山・後深草三上皇にいたる幅広い帰依を得た。著書「感身学正記」「梵網経古迹記輔行文集」。

えいちゅう【永忠】 743～816.4.- 奈良～平安初期の僧。京都の人。俗姓秋篠氏。宝亀初年に入唐し、延暦末年に帰朝。桓武天皇の勅により近江国梵釈寺に住した。八〇六年(大同元)度者二人を賜り、律師に任じられる。同年六月に公私の斎会の飲食を豊濃にすべきことを奏した。八一〇年(弘仁元)少僧都となり、八一三年には老年のため致仕を願いでたが許されなかった。八一五年、嵯峨天皇が近江行幸の際に手ずから茶を煎じたという。時に大僧都。

えいちょう【永超】 1014～95.12.29 平安後期の学僧。京都の人。出雲守橘俊孝の子。興福寺の主恩に法相を学ぶ。一〇五三年(天喜元)維摩会竪者、五九年(康平二)維摩会講師となり、七四年(承保元)已講の労により権律師に任じられる。八一年(永保元)少僧都、九二年(寛治六)大僧都に昇進。九四年法隆寺別当となる。同年撰述の仏書目録「東域伝灯目録」は奈良・平安時代の仏教教学の貴重な史料。

えいふくもんいん【永福門院】 1271～1342.5.7 「ようふくもんいん」とも。伏見天皇の中宮。歌人。名は鏱子。西園寺実兼の長女。母は中院通成の女顕子。一二八八年(正応元)六月入内して女御となり、八月、中宮に立てられた。九八年(永仁六)院号宣下、一三一六年(正和五)に出家した。伏見上皇とともに京極為兼に和歌を学び、京極派の中心歌人となる。「玉葉集」「風雅集」以下に多数が入集。「永福門院百番御自歌合」がある。

えいらくてい【永楽帝】 1360～1424.7.18 在位1402～24 成祖とも。中国の明朝三代皇帝。姓名は朱棣。太祖洪武帝の第四子。はじめ燕王に封じられ北京にあったが、太祖の死後、太孫の建文帝(恵帝)が即位すると、靖難の変をおこして恵帝を敗死させ、一四〇二年帝位についた。二一年北京に遷都し、南京を旧都とする。政務に精励し、国内の秩序を整える一方、専制政治強化のため、錦衣衛という皇帝直属の特務機関や、東廠という宦官の秘密警察機関により思想の弾圧を行った。対外的には積極策をとり、五回にわたってモンゴルを親征したほか、ベトナムを支配し、宦官鄭和の率いる船隊をアラビアからアフリカ東岸に派遣。日本に対しては、足利義満を日本国王に封じ、倭寇の禁圧に成功した。

えいらくほぜん【永楽保全】 1795～1854.9.18 江戸後期の京都を代表する陶工。土風炉師の西村善五郎了全の養子として西村家一一世を継ぐ。煎茶・抹茶道具を中心に、染付・金襴手・交趾焼・青磁にすぐれる。一八二七年(文政一〇)和歌山藩主徳川治宝に招かれ、偕楽園焼に出仕し、「永楽」「河濱支流」の印を与えられ、姓を永楽と改めた。和全は実子。

えいらくわぜん【永楽和全】 1823～96.5.6 幕末～明治期を代表する京都の陶工。西村家一一世の永楽保全の長子。名工保全の技をすべて習得し、金襴手を筆頭に、染付・赤絵・交趾・青磁などを得意とした。窯は油小路橋詰町にあったが、後年、京都下河原に窯を築き、菊渓窯と称した。石川県の九谷焼、愛知県の岡崎永楽焼を指導。

エインスリー David Ainslie 生没年不詳。イギリス人外科医。ジャワ副総督ラッフルズの命を受け、長崎オランダ商館を接収してその業務を引き継ぎ、対日貿易をイギリスの手中にするため、表向きは商館付き医師として、一八一三年(文化一〇)メリー号とシャーロット号で前商館長ワルデナールとともに来日。商館長ドゥーフと交渉したが拒絶された。

えうかし・おとうかし【兄猾・弟猾】 「古事記」では兄宇迦斯・弟宇迦斯。神武天皇の大和地方制圧の神話に登場する菟田地方の豪族。天皇が兄弟を欺したところ、兄猾は兵を隠して襲撃しようとしたが、弟猾がこれを天皇に報告したため兄猾は自分のしかけた罠で死んだ。天皇の即位後、弟猾には功により猛田邑を給い猛田県主とし、大和の菟田主水部の遠祖となったという。

えうん【恵運】 798～869.9.23/871.9.- 平安前期の真言宗僧。入唐八家の一人。俗姓安曇氏。山城国出身。はじめ東大寺泰基、薬師寺仲継に法相教学を学んだが、受戒後の八二四年(天長元)真言宗の実恵の門下に入る。関東での一切経書写の検校や筑紫観世音寺講師などを勤めたのち、八四二年(承和九)入唐。長安青竜寺で義真に灌頂をうけ、五台山・天台山を巡拝した。八四七年帰国し、「将来目録」を呈上した。翌年女御藤原順子の発願で安祥寺を開創。のち少僧都に昇る。

えうん【慧雲】 ❶1227～1301.7.9 鎌倉中・後期の臨済宗東福寺の僧。字は山叟。武蔵国生れ。一七歳で出家し一九歳で聖一国師円爾に師事した。一二五八年(正嘉二)渡宋し、杭州南屏山の断橋妙倫に謁見し参堂を許された。六八年(文永五)帰朝し、大宰府崇福寺・陸奥勝満寺などの住持を歴任した。九五年(永仁三)請われて京都東福寺五世となった。

❷?～1699 江戸前期の浄土宗西山派の学僧。字は大空。光明寺三二世倍山俊意の弟子。一六八六年(貞享三)山城国粟生の光明寺の三五世に就任したが、伊勢国桑名浄土寺の天空助三の「円頓戒補助儀」批判に発する紛争にかかわり、九九年(元禄一二)幕府の裁定により江戸・大坂・山城から追放された。

❸1730.1.14～82.12.22 江戸中期の浄土真宗本願寺派の学僧。字は子潤。号は甘露・洞水・東嶽。安芸国生れ。父は広島の本願寺派専照寺の義周。上京して広く延暦寺・南都・金剛峰寺で天台・法相・真言を学んだが、宗学は陳善院僧樸に学んだ。民衆の教化に努め、神棚・位牌などを廃させ、安芸門徒の隆盛のもとを築いた。

えおん【恵隠】 生没年不詳。七世紀の僧。近江国滋賀郡の漢人。六〇八年(推古一六)九月、遣隋大使小野妹子に従って僧旻・南淵請安らとともに学問僧として入隋し、三一年間留学。六三九年(舒明一一)新羅送使に従って恵雲とともに帰朝し、翌年の設斎で「無量寿経」を講説。六五二年(白雉三)にも恵資を論議者(問者)とし、沙門一〇〇〇人を作聴衆(聴衆)として内裏で「無量寿経」を講説した。

えおん【慧遠】 ❶334～416.8.6 中国の東晋の僧。同名僧と区別し廬山慧遠と称する。俗姓賈氏。山西省雁門出身。もと儒家・道家の学者だったが、道安に会い弟子となる。三八四年(三八六年とも)から没するまで廬山の東林寺で戒律を厳守しつつ般若学と禅観を並修する一方、道俗を教化して江南に一大教団を形成した。この間、念仏結社白蓮社を結成し、鳩摩羅什との教義応答を行った。俗権力や中国習俗の仏制への介入を斥ける「沙門不敬王者論」「袒服論」を著し、仏教者の純粋・独立を宣揚した。

❷523～592.6.- 中国の六朝後期～隋の僧。同名僧と区別して浄影寺慧遠と称する。俗姓は李氏。敦煌出身。出家後、法上・曇隠らに学び、地論宗南道派の学を大成。隋の文帝に重んじられて洛州沙門都となり、洛陽を中心に講学を行い、浄影寺で没した。この間「摂大乗論」に出会って大きな影響をうけ、地論宗南道派が摂論宗化する端緒となった。

えかく【慧鶴】 ⇨白隠慧鶴

えがく【恵萼】 生没年不詳。平安前期の僧。俗姓・出身不詳。八三五年(承和二)皇太后の橘嘉智子の命で入唐し、五台山に皇太后の製作の宝幡などを施入。また杭州霊池寺の臨済宗斉安国師に謁し、禅宗の日本将来という皇太后の要望を伝えた。八四七年国師の推挙した義空を伴って帰朝。八五五年(斉衡二)再度入唐、五台山で霊験によって観音像を得た。その後、帰国途上で啓示によって浙江省補陀山にとどまり普済寺を開創、開基となった。

エカチェリーナにせい【エカチェリーナ二世】 Ekaterina II Alekseevna 1729.4.21～96.11.6 ロシアの女帝。ドイツ生れ。ピョートル大公に嫁ぎ、一七六二年即位してピョートル三世となった夫からクーデタによって帝位を奪う。啓蒙専制君主として対外的には膨張政策をとり、日本との交易をシベリア開発に利用するというピョートル一世以来の懸案を実行に移す。九二年(寛政四)ラクスマンを遣日使節に任命、漂流民大黒屋光太夫らを送還、通商を交渉させた。結果は不成功だったが、ロシアの対日関係の発端となった。

えがみなみお【江上波夫】 1906.11.6～2002.11.11 昭和期の歴史学・考古学者。山口県出身。東大卒。東京大学名誉教授。日本・中国・中央アジア・西アジアの先史学・古代史に幅広い先駆的業績を残す。日本最初の統一国家が朝鮮半島から渡来した東北アジア系騎馬民族の征服によって建設された、という騎馬民族説を提唱した。一九九二年(平成四)文化勲章受章。著書「ユーラシア北方文化の研究」「騎馬民族国家」。「江上波夫著作集」全一三巻。

えがわたろうざえもん【江川太郎左衛門】 1801.5.13～55.1.16 幕末期の幕府代官・砲術家。父は英毅。名は英竜、号は坦庵。中世来の名家である江川家は一五九六年(慶長元)から伊豆韮山の世襲代官となり、代々太郎左衛門を襲名。ただし一七二三年(享保八)英勝のとき罷免され、英彰のとき復職。英竜は一八三五年(天保六)家督を相続。洋学者と交流し、三八年目付鳥居耀蔵とともに江戸湾の海防巡見を行った際、渡辺崋山から測量技師の推薦をえたことが蛮社の獄の一因となった。四一年高島秋帆から高島流砲術を伝授され、その隆盛に努めた。幕府の海防政策に重用され、伊豆諸島の巡見、下田警備などにあたり、ペリー来航後、勘定吟味役格海防掛となり品川台場建設、反射式溶鉱炉建設などに尽力。

えかん【恵灌】 生没年不詳。飛鳥時代の高句麗からの渡来僧。隋におもむき嘉祥大師吉蔵に三論を学ぶ。六二五年(推古三三)高句麗王の貢上により来朝し、勅により元興寺に住した。その年の夏の旱魃に際して三論を講じ、僧正に任じられたという(一説に僧正任命は孝徳朝とも)。のち河内国に井上寺を開創して三論宗を広めた。日本三論宗の初伝とされる。

えぎがくすい【江木鰐水】 1810.12.22～81.10.8 幕末・維新期の儒学者・政治家。通称は繁太郎、字は晋戈。安芸国豊田郡の庄屋の家に生まれ、備後国福山藩医の江木家をつぐ。京都へ出て頼山陽に学び、のち大坂の篠崎小竹、江戸の古賀侗庵に学ぶ。福山藩主阿部正弘に抜擢され、藩校の儒官となる。正弘が老中就任後はその政治顧問として幕末・維新期の幕政にあたる。二度の長州戦争、戊辰戦争、さらに箱館戦争には福山藩参謀として参加。維新後は士族授産に尽力。

えぎかずゆき【江木千之】 1853.4.14～1932.8.23 明治・大正期の政治家。周防国生れ。開拓使学校・大学南校などに学び文部省に入る。のち内務省に転じ、内相秘書官・県治局長をへて、茨城・栃木・愛知・広島・熊本の各県知事を歴任。茨城では蚕糸業の振興、栃木では足尾鉱毒の防止、愛知では熱田築港問題の処理などの業績をあげた。この間、貴族院議員、清浦内閣では文相を務め、退任後枢密顧問官。

えぎたすく【江木翼】 1873.4.24～1932.9.18 大正・昭和前期の官僚・政治家。山口県出身。羽村家に生まれ、江木千之の養子となる。東大卒。内務省勤務をへて、第三次桂・第二次大隈・加藤高明(護憲三派)の三内閣の書記官長を歴任。同志会・憲政会・民政党に属し、党内官僚派の中心人物の一人。一九二〇年(大正九)植民政策研究により法学博士。加藤高明(改造)・第一次若槻両内閣の司法相、浜口・第二次若槻両内閣の鉄道相を務めた。

えぎょう【恵慶】 「えけい」とも。恵京とも。生没年不詳。平安中期の僧・歌人。俗姓・出身不詳。中古三十六歌仙の一人。一〇世紀後半の天徳～寛和年間に活躍。播磨国分寺講師を勤め、下向の際に天台座主尋禅から贈歌をうけた。大中臣能宣・紀時文・清原元輔ら中流貴族歌人との間に連帯感をもったグループを形成していたほか、和歌を通じて貴顕も含めた広い交遊関係があった。「拾遺集」以下の勅撰集に五七首入集。家集「恵慶集」。

えぐちさんせい【江口三省】 ⇨小松三省

えぐちぼくろう【江口朴郎】 1911.3.19～89.3.15 昭和期の現代史家。佐賀県出身。東大卒。一九四一年(昭和一六)から姫路高校教授・一高教授・東京大学助教授・同教授・法政大学教授・津田塾大学教授を歴任。二〇世紀の国際関係史を専攻、世界史的視野にたって現代史研究のあり方につき発言を重ね、学界に影響を与えた。社会的活動に積極的に参与、後進の指導にも成果をあげた。著書「帝国主義と民族」「帝国主義の時代」「帝国主義時代の研究」。

えさきれおな【江崎玲於奈】 1925.3.12～ 昭和期の応用物理学者。大阪府出身。東大卒。一九五七年(昭和三二)トンネル効果を発見し、エサキ・ダイオードを発明、トンネル分光学や超伝導体研究などに道を開く。六〇年IBM研究所主任研究員。七三年ノーベル物理学賞受賞。日米の科学技術協力に貢献。筑波大学学長。文化勲章受章。

えし【慧思】 515～577.6.22 中国の北魏の僧。俗姓李氏。河南省武津出身。出家後諸師のもとで修禅を行い、北斉の慧文のもとで法華三昧を体得。のち河南省大蘇山に住して法華・般若等の経を講じ、智顗に付法した。晩年は南岳(湖南省衡山)に籠った。般若思想の実践者であるとともに末法思想をはじめて唱え、阿弥陀と弥勒を信仰したとされる。

えじ【恵慈】 ?～623.2.22 飛鳥時代の高句麗からの渡来僧。五九五年(推古三)来朝し、聖徳太子の仏法の師となる。よく仏教を広め、翌年に法興寺が完成すると百済僧慧聡と住し、ともに三宝の棟梁と称された。六一五年、太子の三経義疏をたずさえて本国に帰る。六二二年二月二二日の太子の死去を聞いて大いに悲しみ、みずからも翌年同日に浄土で太子との遭遇を誓約し、言のとおりに没したという。

えしき・おとしき【兄磯城・弟磯城】 「古事記」では兄師木・弟師木。神武天皇の大和地方制圧の神話に登場する磯城地方の豪族。磐余邑に軍勢を展開していた兄磯城を天皇が徴したが従わず、次に弟磯城を徴したところ服属した。弟磯城を介した再度の勧告も成功しなかったため、天皇は戦略をめぐらして兄磯城らの軍を挟撃し滅ぼした。のちに弟磯城は功により磯城県主とされた。

えじまえいじろう【江島栄次郎】 1864.12.26～1944.1.9 明治～昭和前期の最後の生人形師。肥後国生れ。松本喜三郎の門に入り、熊本で活躍した。一八九〇年(明治二三)喜三郎の指導による「幼学忠孝鑑」を皮切りに、一九三五年(昭和一〇)最後の「清正公一代記」に至るまで、師匠の衣鉢を忠実に体現。遺作の一部は熊本城に展示されている。

えじまきせき【江島其磧】 1666～1735.6.1 江戸中期の浮世草子作者。本名は村瀬権之丞。京都の裕福な大仏餅屋の子として生まれる。役者評判記「役者口三味線」(一六九九)を契機に八文字屋(自笑)との関係を深め、百数十種の浮世草子を手がけた。四五歳頃に江島屋を開き八文字屋と対抗するが、数年後に和解して八文字屋の専属作者となる。井原西鶴の影響をうけながらも、平俗な文体とすぐれた構成力で趣向に満ちた話題作を発表、いわゆる八文字屋本として歓迎され、当時は西鶴以上との評価もあった。代表作「風流曲三味線」のほかに「世間子息気質」「世間娘気質」「浮世親仁形気」などの気質物、「けいせい伝受紙子」などの時代物がある。

えしゅんに【慧春尼】 ?～1408/11.5.25 室町前期の曹洞宗の尼僧。相模国生れ。兄は相模最乗寺の開山の了庵慧明。美貌だったが三〇歳をすぎてから自分の顔を焼いて出家の意思を示し、了庵の弟子となり修行を重ねた。鎌倉円覚寺老僧の問に機知に富んだ応答をし、名をあげた逸話が残る。最乗寺の山麓に摂取庵をかまえ教化にあたったが、死に際しては山門前に薪を積んでみずから火をつけ火中に投じた。

えじょう【懐奘】 1198～1280.8.24 鎌倉中期の曹洞宗の僧。道号は孤雲。永平寺二世。京都生れ。九条為通の曾孫、為実の孫。はじめ比叡山で天台・南都の教学を学び、ついで証空から浄土教、さらに多武峰の覚晏から大日能忍流の臨済禅を学んだ。一二三四年(文暦元)深草の道元のもとに参じ、翌年法をついだ。以後、終生道元に従い「正法眼蔵」などの著作を手伝い、「正法眼蔵随聞記」をまとめた。道元死後、永平寺二世として教団をまとめた。

えじりきたえもん【江尻喜多右衛門】 ?～1739.8.15 江戸中期の日向国延岡藩士。諱は延勝。地方山林代官から郡奉行となり、家老藤江監物のもとで三里余の出北用水路と岩熊井堰の開削工事にあたる。一七二四年(享保九)着工、この間難工事が続き、家老藤江は軍用金の工事流用を非難され失脚、獄死するが、江尻は遺志を貫き、三四年に完成させた。最終役職は物頭。

えしんに【恵信尼】 1182～? 親鸞の妻。越後国生れ。善鸞・覚信尼らの生母と伝える。一二〇七年(承元元)の親鸞の越後流罪中、もしくはそれ以前に結婚し、以後長く行動をともにした。親鸞在京中の五六年(康元元)以降は帰国したとされ、六二年(弘長二)の親鸞死去にも同国で中陰に服した。越後から女の覚信尼に送った一〇通の書状「恵信尼文書」(西本願寺所蔵)は親鸞晩年の言行を伝える貴重な史料。

えそう【慧聡】 生没年不詳。六世紀の百済からの渡来僧。五九五年(推古三)来朝して仏教を広め、翌年に法興寺が完成すると高句麗僧恵慈と住し、ともに三宝の棟梁と称された。「三国仏法伝通縁起」によれば、三論宗の学僧で聖徳太子の仏法の師となったという。なお「元亨釈書」は崇峻元年三月の来朝とするが、これは別人であろう。

えだくにみち【江田国通】 1848.9.6～77.3.4 明治初期の陸軍軍人。鹿児島藩士の子として生まれ、造士館に学び、薩英戦争に従軍。一八六七年(慶応三)島津久光に随行して上洛。以後、鳥羽・伏見の戦、彰義隊との戦、若松城攻略に参加。西南戦争に陸軍少佐・近衛歩兵第一連隊第二大隊長として従軍し、熊本北西の吉次峠の戦で戦死。

えださぶろう【江田三郎】 1907.7.22～77.5.22 昭和期の政治家。岡山県出身。一九三一年(昭和六)東京商大中退。全国大衆党に入党し農民運動を指導。戦後社会党に入党、五〇年参議院議員となる。左派社会党中央委員をへて六〇年書記長。浅沼委員長刺殺後の委員長代行となり構造改革路線を提唱、六二年「社会主義の新しいビジョン」を発表したが、党内で批判をうけた。七七年左派と対立し離党、社会市民連合を結成するが、急死。

えちぜんでめけ【越前出目家】 近世世襲の能面作家の家系の一つ。出目家の正系として家柄も高く、出目本家ともいうが、技量の優れたものは少なかった。初代は三光坊の甥にあたる二郎左衛門満照で越前国府中(現、福井県武生市)に住んだ。滋賀県西教寺の真盛上人座像は、像内の墨書銘から一五八一年(天正九)に仏師増村家久と当時六〇歳になる面打出目二郎左衛門によって造立されたことが知られる。この面打を初代満照とみるか二代則満とみるかで説がわかれるが、越前出目家初期の事跡として注目される。三代秀満(一六一六没)はこの家系のなかでは優れ、四代満永(一六七二没)以後江戸に移り、一〇代満守(一八八六没)まで続いた。

えちのたくつ【朴市田来津】 ?～663.8.- 秦造田来津・朴市秦造田来津とも。七世紀の武人。近江国愛智郡の出身か。六四五年(大化元)古人大兄皇子の謀反に加担したが、討伐されなかった。六六一年(斉明七)には百済救援軍に加わり、百済王子の豊璋王に従い百済におもむいた。時に位は小山下。翌年(天智元)一二月、百済の軍事拠点を州柔から避城に移すことに反対したがうけいれられず、六六三年八月の白村江の戦では、敗戦に憤り敵兵数十人を殺したのち戦死したという。

エッケルト Franz von Eckert 1852.4.5～1916.8.6 ドイツの音楽教師。一八七九年(明治一二)三月海軍軍楽隊教師として来日。翌年宮内省の依頼で吹奏楽用の「君が代」を制作。八三年から文部省音楽取調掛教師を兼任。八九年海軍軍楽隊を退任、式部職雅楽伶人の欧州楽専任教師となる。その後、陸軍軍楽隊も兼任で指導。九九年帰国したが、一九〇一年に朝鮮李王朝の宮廷楽隊教師に就任、ソウルで死去。

エッゲルト Udo Eggert 1848.6.19～93.3.1 明治期の御雇外国人、ドイツの経済学者。一八八七年(明治二〇)帝国大学法科大学の理財学教師として招かれ、大蔵省顧問を兼ね、その間明治初期の農村疲弊を分析し、地租の軽減を説いた「日本振農策」(一八九一)を著し、国家の指導による農業改革を提唱。帰国直前に病死。

えつじん【越人】 1656～? 江戸前期の俳人。姓は越智。通称十蔵。越後国生れ。一六七三年(延宝元)頃、家を出て名古屋に住み紺屋を営んだ。八四年(貞享元)冬、名古屋を訪れた芭蕉に入門、八八年(元禄元)芭蕉の「更科紀行」の旅などに同行して、尾張蕉門として活躍したが、元禄中頃に脱落。芭蕉没後の一七一五年(正徳五)「歳旦帳」を刊行して俳壇に復帰したが、作風は低俗で往時の高調はなかった。享保末頃、八〇歳前後で没。蕉門十哲の一人。

えとうじゅん【江藤淳】 1932.12.25～99.7.21 昭和・平成期の文芸評論家。本名江頭淳夫。東京都出身。慶大英文科卒。プリンストン大学講師・東京工大教授・慶大教授を歴任。日本文芸家協会理事長。一九五六年(昭和三一)学生時代に発表した「夏目漱石」で文壇にデビュー。「小林秀雄」「漱石とその時代」「成熟と喪失」「自由と禁忌」「海は甦える」ほか、作家論・文学論・歴史評伝などの分野で幅広く評論活動を展開。保守リベラル派の論客として政治的発言も活発。七五年度芸術院賞。九一年(平成三)芸術院会員。病死した夫人の後を追って自殺。

えとうしんぺい【江藤新平】 1834.2.9～74.4.13 幕末期の佐賀藩士、明治期の政治家。肥前国生れ。藩校弘道館に学び、ついで枝吉経種(神陽)に師事。義祭同盟に加わり尊攘運動にたずさわる。のちに開国論に転じ藩吏となる。一八六二年(文久二)脱藩して姉小路公知を通じ皇権回復の密奏を図って失敗、国許で永蟄居となる。維新後徴士となり江戸遷都を提唱。佐賀藩の権大参事、文部大輔などをへて、一八七一年(明治四)左院副議長となる。七二年四月司法卿。司法制度の整備、民法仮法則の制定作業などを主宰したが、官吏不正の摘発に関して長州閥としばしば対立した。七三年四月参議、明治六年の政変で下野、翌年一月民撰議院設立建白書に名をつらねた。同年二月佐賀の乱で首領に擁され、敗れて刑死。

えどがわらんぽ【江戸川乱歩】 1894.10.21～1965.7.28 大正・昭和期の小説家。本名平井太郎。三重県出身。早大卒。職を転々としたのち、一九二三年(大正一二)「新青年」に「二銭銅貨」が掲載され作家としてデビュー。怪奇趣味と合理的推理をあわせもつ探偵小説をつぎつぎに発表、斯界を主導した。「怪人二十面相」などの少年物も執筆。第二次大戦後は推理小説をめぐる研究・評論に活躍するとともに、後進の育成につとめた。

エドキンズ Joseph Edkins 1823.12.-～1905.4.- イギリスの宣教師・東洋学者。一八四八年宣教師として上海で伝道活動を開始。その後天津・北京などで布教を行う。この活動の間に東洋学を研究し、七五年学位を取得、王立アジア協会名誉会員となる。八〇年清国海関通訳官を委嘱され、北京勤務をへて上海に移り住み、同地で没した。中国の言語・文学・宗教に関する多くの著書・論文を残し、それらの著作は日本にも大きな影響を与えた。

えどし【江戸氏】 ❶中世武蔵国の豪族。桓武平氏秩父流。重綱の子重継が豊島郡江戸(現、東京都千代田区)を本拠としたのに始まる。その子重長ははじめ平家方だったが、のち源頼朝に従い、御家人として重んじられた。鎌倉幕府滅亡後は足利・上杉両氏に従う。のち一族は喜多見(現、東京都世田谷区)に移って後北条・徳川両氏に仕え、喜多見氏と改姓。❷中世常陸国の豪族。藤原秀郷流の御家人那珂氏の一族。通泰のとき、足利尊氏に属して江戸郷(現、茨城県那珂町)を与えられ、その子通高から江戸氏を称した。孫の通房は上杉禅秀の乱後水戸に進出、水戸江戸氏の礎を築いた。一五九〇年(天正一八)重通は佐竹義宣に水戸を追われ、子の宣通は徳川家康に仕え、のち福井藩士となり水戸氏と改姓。

えどしげなが【江戸重長】 生没年不詳。鎌倉前期の武士。太郎と称する。父は重継。武蔵国豊島郡江戸を本拠とする。はじめ平氏に属し、一一八〇年(治承四)源頼朝が挙兵した際も石橋山の戦で頼朝を攻めたが、同年に頼朝が房総から武蔵国に入ると陣に参じ、頼朝から武蔵国の雑事の指揮をまかされた。

えどはんだゆう【江戸半太夫】 ?～1743.1.- 江戸中期の浄瑠璃太夫。半太夫節の開祖。出家して坂本梁雲と号した。江戸肥前掾に学び、貞享期頃に一流をおこし櫓をあげた。薩摩浄雲以来の名人といわれ、歌舞伎にも出演。その語りは座敷芸としてもてはやされたが、門流からうまれた河東節に人気を奪われ衰退。語り物には景事道行などが多い。半太夫は七世まで続き幕末期に絶えた。

えどひぜんのじょう【江戸肥前掾】 生没年不詳。寛文・延宝期に活躍した江戸の浄瑠璃太夫。杉山丹後掾の子で、受領して藤原清政(清正とも)。弟に左近太夫。父の語りをよく伝襲し、高貴の覚えもよく、肥前節・肥前本節とよばれて江戸に流行したが、天和期頃から人気が衰え、貞享期には無座の太夫となった。現存正本に「十界図」「源氏十二段」など。門下に江戸半太夫らがいる。

えにち【恵日】 ⇨薬師恵日

えのう【慧能】 638～713.8.3　中国唐の禅僧。俗姓盧氏。嶺南道新州出身。出家せずして禅宗五祖弘忍の弟子となり、印可をうけた。六七七年出家受戒し、以後、広州近辺で説法教化を行い「六祖壇経」を残す。兄弟子の神秀と禅宗六祖を競ったが、慧能の弟子神会の運動により六祖となった。その禅風は神秀の北宗禅に対して南宗禅と称され、本来清浄な自分の心の動きを凝視して一気に悟りをめざすとする。中国的禅は南宗禅に始まるとされ、以後の中国禅・日本禅の源となった。

えのきかずお【榎一雄】 1913.11.11～89.11.5　昭和期の東洋史学者。兵庫県出身。東大卒。一高教授をへて一九五五年(昭和三〇)東京大学教授となる。中央アジア史を専攻し、「エフタル勃興前後の中央アジア」で博士号を取得。四七年以来、東洋文庫研究員として文献収集に尽力し、東大退官後は東洋文庫の文庫長・研究部長・理事長を歴任。

えのもときかく【榎本其角】 ⇨其角

えのもとけんいち【榎本健一】 1904.10.11～70.1.7　昭和期の喜劇俳優。東京都出身。愛称エノケン。一九二二年(大正一一)東京浅草オペラの舞台に立ち、二九年(昭和四)喜劇に転じる。軽妙でスピーディな動きと愛嬌ある表情で多数の傑作を残し、演劇・映画で喜劇王といわれた。代表作「エノケンのちゃっきり金太」「エノケンの法界坊」。

えのもとたけあき【榎本武揚】 1836.8.25～1908.10.26　幕末期の幕臣、明治期の政治家。通称釜次郎。号は梁川。幕臣の子として江戸に生まれる。箱館奉行所に勤め樺太探検に参加、長崎海軍伝習所をへてオランダ留学、一八六八年(明治元)幕府海軍副総裁。江戸開城後、幕府艦隊を率いて脱走し北海道に蝦夷島政府を樹立、総裁となるが、翌年五稜郭で降伏。このとき黒田清隆に助命され親交を結ぶ。七二年出獄、開拓使に出仕ののちロシア公使となり、樺太・千島交換条約を結ぶ。外務大輔・海軍卿・清国公使を歴任。内閣制度創設後は黒田系の政治家として活躍、第一次伊藤・黒田両内閣の逓信相、第一次山県内閣の文相、第一次松方内閣の外相、第二次伊藤・第二次松方両内閣の農商務相を歴任。植民問題にも深い関心を寄せた。

えばらそろく【江原素六】 1842.1.29～1922.5.20　明治・大正期の教育家・政治家。幕府小普請役の家に生まれ、戊辰戦争に参戦。一八六八年(明治元)静岡藩少参事に抜擢され沼津兵学校を設立した。七八年キリスト教受洗。九〇年代議士となる。九三年東洋英和学校校長。九五年に麻布中学校を創立し終生校長を務めた。

えびなし【海老名氏】 中世相模国の武家。海老名(現、神奈川県海老名市)からおこった。武蔵七党横山党の小野盛兼の子季兼が、村上源氏相模守有兼の養子となり、海老名源太郎と称したのに始まるという。季兼の子季貞は平家方として源頼朝に敵対したが、一族は御家人となった。室町時代には奉公衆となり、「文安年中御番帳」ほかにその名がみえる。東寺領播磨国矢野荘(現、兵庫県相生市)の例名地頭としても知られ、「海老名文書」を伝える。

えびなだんじょう【海老名弾正】 1856.8.20～1937.5.22　明治・大正期の日本組合基督教会牧師・教育家。筑後国柳河藩士の家に生まれ、幼名喜三郎。熊本バンドに参加し、L・L・ジェーンズから受洗。同志社卒業後、群馬の安中教会牧師に就任したのを最初として各地に伝道。日本基督教伝道会社社長として日本組合基督教会の自給独立に尽力、また同志社大学総長在任八年。本郷教会牧師在職二三年、学生・青年・知識人を集める大教会として吉野作造・内ケ崎作三郎・鈴木文治・小林富次郎ら各方面の指導者を育成した。一九〇一～〇二年(明治三四～三五)の間、植村正久と福音主義の理解をめぐる神学論争を展開し、福音同盟会を離脱。

えびなのなあみ【海老名の南阿弥】 ⇨南阿弥

えまさいこう【江馬細香】 1787.4.4～1861.9.4　江戸後期の女流詩人・画家。美濃国大垣藩医江馬蘭斎(春齢)の子。名は多保、字は細香。号は湘夢。頼山陽に詩文を学び、白鷗社の同人として梁川星巌・紅蘭らと交流。中林竹洞に学び、画もよくした。詩集「湘夢遺稿」。

えまし【江馬氏】 ❶江間氏とも。中世伊豆国の豪族。桓武平氏北条氏の一族。北条義時は江馬(現、静岡県伊豆長岡町)を支配、江馬四郎・江馬殿とよばれ、子の泰時も江馬太郎と称した。泰時の弟朝時の子光時は、一二四六年(寛元四)鎌倉を追われて江馬に流され、子の時親とともに江馬氏を称した。鎌倉末期、同じ朝時流に江馬を名のった者が知られる。

❷中世飛驒国の豪族。平経盛の子孫と称する。本拠は高原郷(現、岐阜県神岡町・上宝村)。南北朝期から史料にみえ、応仁・文明の乱には細川勝元方で戦った。戦国期には南飛驒の三木(姉小路)氏と争い、一五八二年(天正一〇)輝盛が戦死、滅亡した。

えまつとむ【江馬務】 1884.12.2～1979.5.10　大正・昭和期の風俗史学者。京都府出身。京大卒。一九一一年(明治四四)風俗研究会を組織し、大学などで風俗史・有職故実を講義、風俗を生活の歴史として位置づけ、学問的に体系化した。一九六〇年(昭和三五)日本風俗史学会を創立、没年まで会長を務めた。「江馬務著作集」全一二巻。

えまてるもり【江馬輝盛】 1535?～82.10.27 戦国期の武将。飛驒国高原諏訪城(現、岐阜県神岡町)城主。戦国期の飛驒は上杉・武田両勢力の抗争の場となっていた。父時盛は武田派、輝盛は上杉派として対立し、一五七八年(天正六)頃、輝盛は父を殺害。八二年隣接の三木自綱を攻めたが、八日町(現、国府町)で敗死。

えまらんさい【江馬蘭斎】 1747.9.27～1838.7.8 江戸後期の蘭方医。旧姓鷲見。名は元恭、通称は春齢。美濃国大垣藩医江馬元澄の養子となり、江馬氏を継ぐ。四六歳で江戸に出て杉田玄白につき、翌年前野良沢に蘭学を学ぶ。一七九五年(寛政七)大垣に学塾好蘭堂を開く。九八年、京都西本願寺法主を治療して医名があがる。蘭書から考案した理学的療法蒸気風呂が伝わる。訳著にボイセンの「五液診法」、ヒュクサムの「泰西熱病集訳」。

えみすいいん【江見水蔭】 1869.8.12～1934.11.3 明治・大正期の小説家。本名忠功。岡山県出身。軍人を志望して杉浦重剛の称好塾に入る。同塾で巌谷小波と知り合い、硯友社に参加。「旅画師」で世にでる。一八九五年(明治二八)の「女房殺し」は観念小説として好評。ほかに「泥水清水」など。のち博文館の雑誌「少年世界」主筆を務め、冒険小説・探検記の領域で活躍した。

えみのおしかつ【恵美押勝】 ⇨藤原仲麻呂

えみょう【慧猛】 1613.5.1～75.3.21 江戸前期の真言律宗の僧。字は慈忍。河内国生れ。一六三八年(寛永一五)槙尾西明寺の真空に従って剃髪し、泉涌寺雲竜院如周らから真言および戒律を学ぶ。その後密教を学び、西大寺高喜から伝法灌頂をうけた。七〇年(寛文一〇)聖徳太子開創と伝える河内国の野中寺の廃寺跡を訪ねて再興を図り、仏殿・僧房をたてた。著書「六物図略釈」「三聚戒釈要」。

えむらほっかい【江村北海】 1713.10.8～88.2.2 江戸中期の儒者・漢詩人。越前国福井藩儒伊藤竜洲の次男、兄は伊藤錦里。名は綬、字は君錫、通称伝左衛門。丹後国宮津藩儒江村毅庵の養子となり、宮津藩主青山氏に重用される。藩主の美濃国郡上への転封により一時郡上に移るが、やがて京都に戻り、郡上との間を往復した。藩校潜竜館創設にもかかわる。大坂の片山北海、江戸の入江北海とともに三都三北海と称された。著書「日本詩史」「日本詩選」「北海詩鈔」「授業編」。

えもんのないし【衛門内侍】 1837.6.1～1910.5.7 孝明天皇後宮の女官で側妃。堀河康親の女。母は僧慧眼の女さじ。名は紀子。一八五二年(嘉永五)掌侍となり衛門内侍と称した。所生の二皇女はともに夭折。六二年(文久二)尊攘派に弾劾され官を辞し、山城国大原村に隠居。藤式部と称した。六三年剃髪し霊鑑寺に蟄居させられる。六八年(明治元)赦免、掌侍隠居に復した。

えり【会理】 852～935.12.24 平安中期の真言宗僧。俗姓・出身不詳。出家後に宗叡・聖宝に真言密教をうけ、ついで禅念からも受法した。九二八年(延長六)権律師・東寺二長者となり、醍醐天皇の病悩には孔雀経法や念仏をもって奉仕した。のち権少僧都まで昇る。仏像の彫刻や絵画に優れ、東寺食堂千手観音像や上醍醐薬師如来像が現存する。また東大寺大仏殿柱絵や東寺灌頂院祖師像を描き、活動は真言宗寺院のみならず南都・比叡山にまで及んだ。

エリオット Charles Norton Edgecumbe Eliot 1862.1.8～1931.3.16 イギリスの外交官・東洋学者。オックスフォード大学卒業後、東洋研究に従事。一八八七年外務省入省、在外勤務ののち、一九〇四年本省の政策と衝突して辞任。香港大学総長などを勤め、一八年外務省復帰。二〇年(大正九)駐日大使に任命され、日英同盟廃棄後の日英関係の安定に努めた。東洋学者としても著名。著書「ヒンズー教と仏教」。

えりょう【恵亮】 802/812～860.5.26 平安前期の天台宗僧。信濃国水内郡生れ。義真から受戒し、円澄・円仁に学び、三部大法阿闍梨、西塔宝幢院十禅師大法師位となる。八五九年(貞観元)春日・賀茂両神を祭る天台宗年分度者を請い認可された。同年宝幢院初代検校となった。文徳天皇の東宮選定の際に、惟仁親王(清和天皇)のために大威徳法を修したと伝える。

エルキシア Domingo Ibáñez de Erquicia 1589.2.8～1633.7.10 スペイン人のドミニコ会宣教師。一六二三年(元和九)薩摩国に上陸、禁教下にあって長崎・天草・諫早に布教。二七年(寛永四)北日本に布教、二九年長崎に戻る。三三年長崎で捕らえられた。学徳と弁舌の才に優れ、多額の年金をもって棄教を勧められたが拒否し、殉教。

エルギン James Bruce, 8th earl of Elgin and 12th earl of Kincardine 1811.7.20～63.11.20 イギリスの外交官。一八五七年アロー号事件処理のため特派使節として清国へ派遣され、翌年天津条約を結んだ。日米修好通商条約の締結を知ると、イギリスはエルギンを遣日使節に任命、五八年(安政五)七月、日英修好通商条約を締結した。帰国後郵政相に就任するが、六〇年清国へ再派遣され、英仏軍の北京占領、円明園焼打ち後、北京条約を締結した。

エロシェンコ Vasilii Yakovlevich Eroshenko 1889.12.31～1952.12.23 ロシアの盲目の詩人・児童文学者。エスペラントをたよりに世界を旅行し、一九一五年(大正四)来日。大杉栄・秋田雨雀

・神近市子・片上伸・相馬黒光らと知りあった。一九年再来日。次々に童話を発表。第二次「種蒔く人」同人となる。二一年危険人物として国外追放された。

えんい【円伊】 生没年不詳。鎌倉後期の絵師。「一遍聖人絵伝」のうち、一二九九年(正安元)成立の「一遍聖絵」の奥書に「画図法眼円伊」とあり、この絵巻の画家として知られる。しかし複数の画家の関与が想定されるため、円伊は絵巻制作にたずさわった絵画工房の主宰者と考えられる。園城寺の僧という説などもあるが、出自は不明。

えんえん【延円】 ?～1040 平安中期の絵師。飯室阿闍梨と称する。藤原義懐の子。一〇二四年(万寿元)後一条天皇の高陽院行幸の際に御座の絵屏風を制作し、同年法成寺薬師堂柱絵を描いた。造庭にも巧みで二一年(治安元)高陽院修造の際に庭石をおくなどの事績がある。遺品は伝わらないが、醍醐寺蔵不動明王図像中に延円筆二童子の写しがある。

えんかん【円観】 1281～1356.3.1 鎌倉後期～南北朝期の天台宗の僧。字は慧鎮。比叡山で天台宗の大乗戒である円戒(円頓戒)を学んだ後、北白川に律院(元応寺)を開きその宣揚に努めた。後醍醐天皇の帰依をうけて法勝寺などの住持となり、北条氏調伏の祈禱を行い陸奥国へ流罪となる。建武の新政でゆるされ、南北朝の分裂後は北朝側について活動。自伝「閻浮受生大幸記」ほか、円戒に関する著作多数。

えんぎょう【円行】 799～852.3.6 平安前期の真言宗僧。入唐八家の一人。京都左京生れ。はじめ元興寺歳栄に師事、華厳宗僧として得度・受戒。八二三年(弘仁一四)空海から両部大法をうけ、また杲隣に灌頂をうけた。実恵の推挙で入唐請益僧となり、八三八年(承和五)円仁・円載・常暁らと入唐。青竜寺義真から受法。翌年帰朝し「請来目録」を奉った。のち勅により山城霊巌寺を開き、また天王寺初代別当を勤めた。播磨太山寺の開祖とも伝える。

えんくう【円空】 1632～95.7.15 江戸前期の僧。美濃国中島郡上中島村(現、岐阜県羽島市)に生まれ、若くして出家し天台宗の教義を学んだ。修行のため一六六五年(寛文五)と翌年に東北・蝦夷地を巡ったのをはじめ、東日本を中心に諸国を行脚、各地で多数の木彫の仏像や神像を造立した。遺作の分布も岐阜・愛知を中心に西は奈良、東は東北・北海道に及び、移入仏は福岡・愛媛からも発見される。生涯に一二万体の造像を発願したと伝えられるが、遺作はわかっているだけでも五〇〇〇体をこえる。鑿目を残した自由奔放な彫技が特色で、作風はユーモラスで親しみやすい。

えんけい【延慶】 生没年不詳。奈良時代の僧。七五三年(天平勝宝五)唐から渡来した鑑真を大宰府に案内し、翌年鑑真入京の際の訳語を勤めた。正倉院文書によると東大寺写経所に七五五年「華厳経」を、翌年「摩登伽経」を貸しており、華厳宗の学僧であったらしい。七五八年(天平宝字二)僧を理由に外従五位下の爵位を辞したが、勅により位禄・位田は収公されなかった。「藤氏家伝」下巻の「武智麿伝」は延慶の撰とされる。

えんさい【円載】 ?～877 平安前期の天台宗僧。大和国生れ。幼少より最澄に師事。八三八年(承和五)天台座主円澄の宗義についての疑問五〇条を携えて入唐。天台山広修・維蠲の「唐決」を得て弟子仁好に託して日本に送った。以後も在唐して学識をもって宣宗の帰依をうけ、また八五五年(斉衡二)円珍とともに長安青竜寺の法全に灌頂をうけた。この間日本の朝廷から二度黄金の送付をうけた。八七七年(元慶元)帰国の途上難破して横死。在唐中に破戒悪行があったという。

えんしゃくざん【閻錫山】 Yan Xishan 1883.10.8～1960.5.23 中国近代の軍人・政治家。山西省出身。日本の陸軍士官学校留学中に中国革命同盟会に参加。辛亥革命に際し山西省太原で挙兵し、中華民国成立で山西省都督に就任。山西モンロー主義を掲げて独自の山西省支配を継続。一九三〇年の反蔣戦(中原大戦)に敗れ、一時下野。のち国民政府に帰参して、再び山西省を統治。日本敗戦後の国共内戦で敗れ、四九年台北へ。行政院長兼国防部長・総統府資政・国民党評議員などを歴任。

えんしょう【延昌】 880～964.1.15 平安中期の天台宗僧。加賀国江沼郡生れ。円仁の弟子玄昭に師事し、長意から受戒。以後毎夜尊勝陀羅尼を誦し、毎月一五日には諸僧を招いて弥陀讃を唱えて往生を願ったという。また仁観・恵亮に灌頂をうけた。九三九年(天慶二)法性寺座主、九四五年律師、翌年に第一五世天台座主となった。朱雀・村上両天皇の帰依をうけて宮中で修法などを行う。晩年に僧正に昇った。

えんじょうじきよし【円城寺清】 1870.11.-～1908.10.21 明治後期の政論記者。佐賀県出身。東京専門学校卒。一八九二年(明治二五)「郵便報知新聞」に入社、二年余勤めたのち、「立憲改進党党報」「進歩党党報」「憲政本党党報」をへて、九九年二月「万朝報」へ入り、政論記者として活躍。日露戦争では開戦論を主張。

えんじん【円心】 生没年不詳。平安中期の絵仏師。遺品はないが、醍醐寺蔵の白描図像や「別尊雑記」「覚禅鈔」などに「円心筆様」と注記された不動をはじめとする明王像や十二神将像があり、その華やかで整った作風がうかがえる。同時期に円尋・円深・延深などの画僧があり、その異同について論議があるが、一一世紀中頃に活躍したと推定される。

えんしんけい【袁晋卿】 生没年不詳。奈良時代に唐から渡来した官人。伊予親王の文学を勤めた浄豊の父。七三五年(天平七)遣唐使多治比広成に伴われて来日。「文選」「爾雅」の音を学び、語学・音韻に秀でていたため、音博士、のちに大学頭に任命された。七六六年(天平神護二)舎利会では唐楽を奏し、翌年の釈奠にも奉仕して叙位された。七七八年(宝亀九)に浄(清)村宿禰を賜姓された。

えんせい【円勢】 ?～1134.閏12.21 平安後期の仏師。名前に「円」の字をとる円派の始祖。一〇八三年(永保三)に法勝寺の造仏の功を師の長勢から譲られて法橋となるのが事績の初見。一一〇一年(康和三)に鳥羽証金剛院の造仏で法眼に、翌年尊勝寺の造仏で法印となるなど、三四年(長承三)までの半世紀にわたる活動が知られる。京都仁和寺の白檀製薬師如来像(国宝)は、一一〇三年に弟子長円とともに円勢が造った可能性がある。

えんせいがい【袁世凱】 Yuan Shikai 1859.9.16～1916.6.6 中国近代の軍人。河南省出身。一八八四年の甲申事変で朝鮮の親日派を鎮圧、清国勢力の拡大につとめる。日清戦争後は新式陸軍を編成し、清国軍隊の中核となる。戊戌政変で西太后の信任を得、直隷総督などの清国要職を歴任。西太后の死により一時失脚したが、一九一一年辛亥革命が勃発すると復権、内閣総理大臣となり、一二年清朝皇帝の退位と引換えに中華民国臨時大総統に就任。一三年に第二革命を鎮圧し正式に大総統となる。一五年には対華二十一カ条の要求を承認。一二月に帝政を復活しみずから帝位に就くが、第三革命が発生。翌年三月には帝政を取り消し、六月六日失意のうちに死亡。

エンソー George Ensor 1842～1910.7.13 イギリス国教会宣教会最初の日本派遣宣教師。中国名は一空。一八六九年(明治二)来日、長崎に英学稽古所を設立し知識人に伝道、二川(小島)一騰らに授洗。一時帰国し、一九〇八年自給宣教師として再来日、東京で伝道した。一〇年帰国の途中ジブラルタルで病死。

えんちふみこ【円地文子】 1905.10.2～86.11.14 昭和期の小説家・劇作家。本名富美。東京都出身。東大国語学教授上田万年の次女。日本女子大付属高女中退、個人教授をうける。幼時から親しんだ古典の教養をもって、女の自我を妖艶に描く。代表作「女坂」「妖」「朱を奪うもの」「なまみこ物語」。ほかに「源氏物語」現代語訳がある。

えんちょう【円澄】 772～837.10.26 平安前期の天台宗僧。俗姓壬生氏。武蔵国埼玉郡生れ。はじめ関東の道忠のもとで受戒し法鏡行者と称したが、七九八年(延暦一七)比叡山に上り最澄に師事、円澄と改名。八〇六年(大同元)最澄によるはじめての円頓大戒授与で受戒者の上首となり、翌年の法華長講では最澄に続いて第二巻を講じた。八三三年(天長一〇)第二世天台座主となり、西塔院・寂光院を開創。また皇太后橘嘉智子に勧めて袈裟数百を中国天台山国清寺に施入させた。

えんちん【円珍】 814.2/3.15～891.10.29 智証大師とも。平安前期の天台宗僧。俗姓和気氏。空海の姪の子。讃岐国那珂郡生れ。義真に師事して出家受戒。延暦寺真言学頭、ついで内供奉十禅師となる。八五三年(仁寿三)入唐。天台山の物外・良諝に天台教観を学び、長安青竜寺の法全、大興善寺の智慧輪から密教をうけた。八五八年(天安二)帰国の際に善本の経典四四一部をもたらし、翌年園城寺に唐院を開創して収蔵。以後、同寺を円珍系の灌頂道場として再興。天台宗義における密教の優位を唱えて台密の充実・喧伝に努め、八六八年(貞観一〇)第五世天台座主、八九〇年(寛平二)少僧都となる。著書「法華論記」「授決集」「大日経旨帰」「行歴抄」など多数。

えんつう【円通】 1754～1834.9.4 江戸後期の天台宗の僧。字は珂月。号は無外子・普門。因幡国生れ。インドの暦法に通じ、一八一〇年(文化七)「仏国暦象編」五巻を著す。仏教が地動説とキリスト教におされて衰退するのを恐れ、インド古来の天文地理説の研究に努め、須弥山宇宙論で主張を展開した。これに対し伊能忠敬の「仏国暦象編斥妄」などの批判がある。著書「須弥山儀図并和解」「須弥実験記」「梵暦策進」。

エンデ Hermann Gustav Louis Ende 1829.3.4～1907.8.10 ドイツの建築家。一八八七年(明治二〇)五月四日来日し、外相兼臨時建築局総裁井上馨の推進する官庁集中計画を同僚のベックマンとともに立案。両者の計画図は「和風七分洋風三分の奇図」と日本人建築家に評され、実現をみたのは純洋風の最高裁判所と司法省の両庁舎および木造の仮議院にとどまった。

えんどうし【遠藤氏】 中世摂津国渡辺党の武士。平将門の追討使藤原忠文を祖とする。遠江国で生まれた子の公時から遠藤を称したという。平安末期から摂津国に住み、源姓渡辺党と姻戚を結びながら勢力をのばし、朝廷の滝口や武者所にも出仕した。「吾妻鏡」に鎌倉御家人の左近将監為俊がみえる。神護寺を再興した文覚も遠藤氏出身。渡辺党以外にも、諸国に栄えた。

えんどうしゅうさく【遠藤周作】 1923.3.27～96.9.29 昭和期の作家。東京都出身。慶大仏文科卒。一九五〇年(昭和二五)カトリック給費留学生として渡仏。「神の伝統が長いことあった白い人の世界」ではない日本で、どのような「劇＝ドラマ」が可能かを考えぬいた。五五年「白い人」で芥川賞。以降「沈黙」「死海のほとり」「イエスの生涯」

で弱者にむけられるキリストの愛を描く一方、ユーモアあふれる作品も書き、狐狸庵の名で親しまれた。九五年(平成七)文化勲章。

えんどうとしさだ【遠藤利貞】 1843.1.15～1915.4.20　明治期の数学者。江戸生れ。和算を学び、桑名藩校の教師になる。東京で洋算を学び、東京師範などで数学を教える。一九〇六年(明治三九)から帝国学士院に勤め、和算書の調査・収集を行った。著書「大日本数学史」、遺稿「増修日本数学史」。

えんに【円爾】 1202.10.15～80.10.17　鎌倉中・後期の臨済宗の僧。はじめ諱は弁円、房号は円爾、のち円爾を諱とする。駿河国生れ。五歳で久能山にのぼり、八歳で園城寺で剃髪。京畿で教学や儒学を修める。教学の未熟を知り一二三五年(嘉禎元)入宋。径山の無準師範に参じて円爾の法諱をうけ、四一年(仁治二)帰国。大宰府に崇福寺、肥前に万寿寺、博多に承天寺を開創。九条道家・良実父子の招きで京都東福寺を開く。執権北条時頼に禅戒を授けるなど、公武に多くの信頼を得た。没後、花園天皇から聖一国師の諡号をうけた。

えんにん【円仁】 794～864.1.14　慈覚大師とも。平安前期の天台宗僧。俗姓壬生氏。下野国都賀郡生れ。はじめ関東で広智につき、ついで広智に伴われ比叡山に上り最澄に師事。受戒後、最澄と東国巡行。また如法経の行儀を確立し比叡山に横川(首楞厳院)を開いた。八三八年(承和五)入唐。天台教観を学び、また揚州開元寺の全雅、長安大興善寺の元政、青竜寺の義真らから密教を受法。五台山に巡礼し、常行三昧の基となる法照流念仏を学んだ。武宗の会昌の廃仏(八四五)をきりぬけて八四七年帰国。天台教学を密教の一翼に位置づけ、真言宗に遅れをとっていた密教法門を確立。比叡山のおもな行業の多くを整備し、八五四年(斉衡元)第三世天台座主となる。著書「金剛頂経疏」「顕揚大戒論」「入唐求法巡礼行記」。

えんのおづの【役小角】「えんのおづぬ」とも。生没年不詳。七世紀末、大和国葛城山に住した呪術者。鬼神を役使し、従わねば呪縛するほどの呪術者であったが、六九九年(文武三)その能力をねたんだ弟子の韓国広足の讒言により伊豆島に流された。「日本霊異記」では大和国葛上郡の賀茂役公(のち高賀茂朝臣)の出身で、三宝に帰依した優婆塞であり、山林修行して孔雀王の呪法を修習した結果、呪力を得たとする。そして、一言主神の讒言によって伊豆島に流されたが、その後も富士山で修行して七〇一年(大宝元)に仙となって天に飛んだとする。小角の呪術はそもそも仏教に関係なかったが、平安初期には「日本霊異記」の伝のように仏教者と位置づけられ、鎌倉初期には修験道の祖の「役行者」として崇められ、江戸時代には朝廷から神変大菩薩の諡号が与えられた。

えんみょう【円明】 ?～851　平安前期の真言宗僧。空海十大弟子の一人。紀伊国の良豊田丸太夫の子という。はじめ東大寺で三論教学を学ぶ。のち空海に師事、八二四年(天長元)神護寺定額僧。翌年澄心寺綱維、ついで東大寺最初の凡僧別当となる。八三六年(承和三)実恵とともに同寺真言院幹事、やがて第二一代別当となり多聞天古像を修理した。八五〇年(嘉祥三)別当の功により権律師、さらに同年律師に昇る。

えんやし【塩冶氏】 中世出雲国の武家。宇多源氏。近江佐々木氏の一族。鎌倉前期、秀義の五男義清が出雲・隠岐両国守護となり、孫の出雲国守護頼泰は同国塩冶郷(現、島根県出雲市)を本拠として塩冶氏を称した。子貞清・孫高貞と出雲国守護職を継承。一三四一年(暦応四・興国二)高貞は高師直と争い自害した。その後衰退したが、高貞の弟時綱流から室町幕府奉公衆を出した。山名氏や京極氏に仕えた者もいる。

えんやたかさだ【塩冶高貞】 ?～1341.3.20　鎌倉後期～南北朝期の武将。貞清の子。左衛門尉・隠岐守・近江守。通称大夫判官。鎌倉幕府出雲国守護。一三三三年(元弘三)伯耆で挙兵した後醍醐天皇に従って入京。箱根竹ノ下の戦では新田義貞軍から足利尊氏方に寝返り、室町幕府の出雲・隠岐両国守護になる。四一年(暦応四・興国二)三月、突如京都を出奔し出雲に向かうが、幕府の追討をうけて播磨国蔭山(現、兵庫県姫路市)で自害。出奔の原因は「太平記」は高貞の妻への高師直の横恋慕という。

えんゆうてんのう【円融天皇】 959.3.2～991.2.12　在位969.8.13～984.8.27　村上天皇の第五皇子。名は守平。母は藤原師輔の女安子。冷泉天皇の同母弟。九六七年(康保四)皇太弟に立つ。二年後、冷泉から譲位されたとき皇太子には冷泉の長子(花山天皇)が立ったが、円融も藤原詮子(兼家の女)所生の一子(一条天皇)を得て、譲位に際し、これを花山天皇の皇太子に立てた。九八五年(寛和元)出家した。

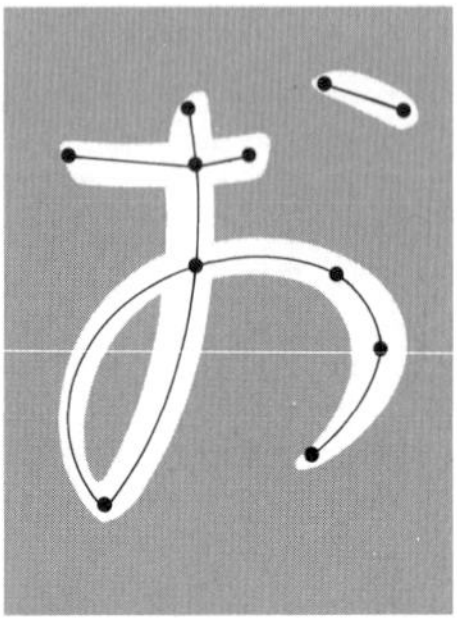

おあねぎみ【小姉君】 ⇩蘇我小姉君

おいかわこしろう【及川古志郎】 1883.2.8～1958.5.9 大正・昭和期の軍人。海軍大将。岩手県出身。海軍兵学校(三一期)・海軍大学校卒。皇太子付武官・軍令部第一班長などをへて、一九三八年(昭和一三)支那方面艦隊司令長官となる。四〇年吉田善吾の後任として第二次近衛内閣の海相に就任、日独伊三国同盟の締結に賛成した。翌年夏以降の対米開戦の議論に対して明確な態度をとらなかった。その後軍事参議官・海上護衛司令長官・軍令部総長などを歴任。

おいかわへいじ【及川平治】 1875.3.28～1939.1.1 大正期の教育者。宮城県出身。宮城県尋常師範学校卒。一九〇七年(明治四〇)兵庫県明石女子師範学校付属小学校の主事となり、活動的な個性をのばす動的教育を実践した。一二年(大正元)に一般学級でも自由教育は可能とする「分団式動的教育法」を刊行。晩年は仙台市教育研究所長となる。

おいちのかた【お市の方】 ⇩小谷の方

オイレンブルク Friedrich Albrecht Eulenburg 1815.6.29～81.6.2 幕末期のプロイセン外交官。一八五九年タイ・清国・ハワイ・日本との通商を目的とするプロイセンの東アジア遠征艦隊の公使に任命され、アジアへ来航。六一年一月(万延元年一二月)幕府と修好通商条約を調印することに成功した。帰国後、ビスマルク内閣の内相となる。著書「オイレンブルク日本遠征記」。

おうおうそ【汪応祖】 ?～1414 琉球国南山の二代目の王。承察度の従兄弟とされ、子のなかった承察度のあとをつぎ、一四〇四年明の永楽帝の冊封をうけ山南王となる。前代同様明への進貢貿易を展開。同年山南使節が諸所で磁器を大量に購入し摘発されたが、帝は「遠方の人、禁令あるを知らず」としてみのがした。この事件は時の山南が自己消費用としてではなく、他国への貿易品の調達を行ったものとみられ、中国以外との貿易が展開されていたことの証左とされる。

おうぎがやつうえすぎし【扇谷上杉氏】 関東管領上杉氏の一族。藤原氏。上杉頼重の子重顕が鎌倉扇谷に住んだことに始まる。南北朝初期、その子朝定は室町幕府の引付方・内談方頭人として活躍、丹後国守護ともなった。永享の乱後、持朝は相模国守護として勢力を伸ばし、子の定正は太田道灌を用いて山内上杉家に対抗したが、道灌を殺害して衰亡を早めた。一五四六年(天文一五)朝定は武蔵国河越で北条氏康と戦い敗死、滅亡した。

●扇谷上杉氏略系図

重顕―朝定＝顕定＝氏定―持朝―顕房―政真＝定正＝朝良＝朝興―朝定

おうぎし【王羲之】 生没年不詳。中国、東晋の能書家。字は逸少。官名から王右軍ともよばれる。漢代以来の名門貴族で、在世中から書名が高く、書体のすべてをよくし、後世「書聖」とよばれた。生没年に諸説あるが、黄伯思の「東観余論」による三〇三～三六一年説が有力。現存する作品はすべて臨模本・搨模本のみだが、瀟洒で洗練された風雅な書風は、書の伝統を形成するとともに、日本の書にも多大な影響を与えた。代表作「蘭亭序」「十七帖」「喪乱帖」。

おうけんし【王献之】 344～388 中国、東晋の能書家。字は子敬。王羲之の七子。羲之を「大王」というのに対し「小王」と称される。その書は、骨勢では父に及ばないが、縦横への変化の妙はときに父をしのぎ、逸気(超俗の気分)に富んだ媚趣のある書風である。小楷の「洛神十三行」、行草の「地黄湯帖」「鵞群帖」「鴨頭丸帖」「廿九日帖」「中秋帖」などが有名で、模本で伝わる。「鴨頭丸帖」は真跡といわれる。

おうご【応其】 ⇩木食応其

おうこくい【王国維】 Wang Guowei 1877～1927.6.2 中国の清代末・民国時代の史学者。浙江省出身。はじめはドイツ哲学・文学・美術や宋・元の戯曲に関心をもったが、辛亥革命で羅振玉に従って日本の京都に亡命してから、清朝考証学にそって経学・史学・金石学の研究を進めた。一九一六年(大正五)帰国したが、二七年(昭和二)北京郊外の昆明湖に投身自殺。著書「観堂集林」。

おうこくびん【王克敏】 Wang Kemin 1873～1945.12.25 中国近代の政治家。浙江省出身。一九〇〇年(明治三三)来日。駐日公使館参賛・留日学生副監督などを歴任。〇七年帰国後は、清国・中華民国で外交・財政・金融の要職を歴任。日中戦争勃発後は、中華民国臨時政府・国民(汪兆銘)政府などの日本の傀儡政権の要職を歴任。日本敗戦後、漢奸として逮捕、四五年獄中で自殺。

おうしゅうふじわらし【奥州藤原氏】 平安後期の約一〇〇年間、奥羽を支配した豪族。陸奥国平泉(現、岩手県平泉町)を本拠とした。藤原秀郷の子孫という。前九年の役で安倍氏について討たれた亘理(藤原)経清の子清衡が、後三年の役後、奥六郡を中心に奥羽の支配権を掌握。清衡は豊田(現、江刺市)から移って平泉を本拠とし、以後、基衡・秀衡と三代にわたって奥羽に君臨。摂関家など中央との関係も保ち、秀衡は鎮守府将軍・陸奥守に任じられた。中尊寺や毛越寺・無量光院などを建立。源平内乱期、秀衡は中立を守ったが、四代泰衡は源頼朝に追われて奥州入りした源義経をかくまったとして、一一八九年(文治五)頼朝に攻められ滅亡。

●奥州藤原氏略系図

経清―清衡―基衡―秀衡┬国衡
　　　　　　　　　　├泰衡
　　　　　　　　　　└忠衡

おうじんてんのう【応神天皇】 記紀系譜上の第一五代天皇。胎中天皇・誉田天皇・品陀和気命・誉田別命・大鞆和気命とも称する。父仲哀天皇の没後、母の神功皇后が朝鮮への軍事行動を行い、帰国後九州で応神を生んだとされる。その出生状況には説話的要素が強く、それ以前の皇統とは隔絶した新王朝の創始者としての性格が濃厚である。名前に美称が含まれないことなどから、五世紀に実在した大王とする説もある。軽島豊明宮(現、奈良県橿原市大軽町付近)のほか、難波に大隅宮(現、大阪市東淀川区大道町付近)を営んだとされ、陵墓が恵我藻伏岡陵(現、大阪府羽曳野市誉田の誉田御廟山古墳に比定)とされることなどから、応神に始まる王朝を河内王朝とよぶ説もある。百済の王朝と密接な関係を築いたと伝えられ、また後代の有力な渡来系氏族の祖とされる阿知使主・弓月君・王仁などが渡来した時代ともされる。「宋書」倭国伝にみえる倭王讃を応神に比定する説もある。皇后仲姫との間に仁徳天皇らをもうけたとされる。

おうしんに【王辰爾】 生没年不詳。六世紀後半の渡来系豪族。百済王貴須王の孫で応神朝に渡来した辰孫王の子孫と伝えるが系譜は疑わしく、新しい渡来人とされる。蘇我稲目の命でよく船賦を管理したため、船史の姓を賜る。語学に秀でたらしく、高麗国からの烏羽の表疏を解読した話が「日本書紀」「続日本紀」にみえる。船王後墓誌銘には「船氏中祖王智仁首」とみえ、後世まで船氏の祖と認識された。

おうすのみこと【小碓命】 ⇨日本武尊

おうせんけいさん【横川景三】 1429～93.11.17 室町中期の臨済宗夢窓派の僧。道号は横川、室号は補庵、地名は金華。万年村僧ともいう。播磨国の人。一四四一年(嘉吉元)三月、一三歳のとき出家。六七年(応仁元)に応仁・文明の乱をさけて近江に避難し、八五年(文明一七)には京都の相国寺の住持となる。晩年は、相国寺の常徳院に隠遁。「補庵京華集」「小補東遊集」などの遺著・語録がある。

おうちょうめい【汪兆銘】 Wang Zhaoming 1885.5.4～1944.11.10 近代中国の政治家。広東省出身。号は精衛。法政大学留学中に孫文らの中国革命同盟会に加入。辛亥革命後国民党の要職を歴任したが、孫文の死後蔣介石とあわず、反蔣運動を展開、蔣の下野により南京政府と妥協。満州事変勃発後の一九三二年(昭和七)には、復帰した蔣と妥協し蔣汪合作政権を樹立し行政院長に就任。三六年の西安事件では反共第一を主張した。日中戦争勃発後の三八年重慶を脱出し、反共和平救国声明を発表。四〇年南京国民政府を樹立し主席代理(のち主席)兼行政院長となるが、事実上は日本の傀儡政権であった。四三年来日し、翌年名古屋で死去。

おうちょく【王直】 ?～1559.12.- 後期倭寇の首領。名は鋥。五峰と号する。中国安徽省の出身。塩商だったが失敗して密貿易に転じた。一五四〇年海禁政策のゆるみに乗じて広東へいき、禁制品の密貿易を行って巨富をたくわえた。「鉄炮記」によると、四三年(天文一二)ポルトガル人をのせて種子島に漂着、鉄砲を伝えたのも王直らしい。その後日本の五島を根拠地とし、平戸に豪奢な巨宅を営んだ。部下二〇〇〇余人を擁し、三六島の逸民を指揮し、徽王とよばれたという。五三年中国での拠点である浙江省瀝港を追放されたのち、嘉靖の大倭寇とよばれる海賊活動をおこし、数百隻の船団で中国沿岸を襲撃したが、五七年総督胡宗憲の勧めに応じて投降。二年後斬首された。

おうちれんが【相知蓮賀】 生没年不詳。南北朝期の武将。実名は連。蓮賀は法名。肥前国松浦郡相知村(現、佐賀県相知町)を本拠とし、松浦党に属する。一三三三年(元弘三)後醍醐天皇の命をうけて子の秀とともに鎮西探題北条英時を攻め滅ぼし、さらに上洛して軍功をたてた。足利尊氏の九州下向後は北朝に属したと思われる。秀は五〇年(観応元・正平五)以後、幕府に属して関東まで転戦。

おうまるひこしろう【王丸彦四郎】 1668～1756.9.17 江戸中期の篤農家。先祖は筑前国怡土郡の名主だったが、のち糟屋郡多田羅村で帰農した。一七〇四年(宝永元)宇美川沿いに堤防を築き六田開作地を開発。二〇年(享保五)ウンカを油で駆除する注油駆除法を発明。菜種油は高価なため鯨油による駆除を試み成功、普及に尽力した。

おうみいぜきけ【近江井関家】 近世世襲の能面作家の家系の一つ。初代の上総介親信は三光坊の弟子で、二代次郎左衛門、三代備中掾までの伝記は不詳だが、高知県土佐神社の尉面はその墨書から一五二八年(享禄元)の初代の作であることが確認されている。喜多古能の「仮面譜」(一七九七刊)などでは三代までを「近江国海津住」とするが、土佐神社の尉面の墨書や「近江坂田郡志」などから、近江国坂田郡七条村(現、滋賀県長浜市)に住んだとみるのが妥当。四代河内大掾家重(一六四五没)は近江から江戸に移り、名工として知られ天下一を称した。のちに業をかえたため正系は途絶えたが、弟子の大宮大和真盛(一六七二没)も優れ、天下一を称した。

おうみげんじ【近江源氏】 中世、近江国を本拠とした源氏の一族。宇多源氏佐々木氏が最も繁栄した。左大臣源雅信の孫成頼は佐々木荘(現、滋賀県安土町)に土着、佐々木氏の祖となった。成頼の孫経方のとき佐々木氏を名のり、孫の秀義は平治の乱の際義朝に従った。子の定綱らは鎌倉幕府創立に貢献、近江をはじめ一七カ国の守護となったという。以来多数の家にわかれ、定綱流の近江国守護家六角・京極両氏が主流として活躍。室町時代、京極氏は四職家の一つとして勢威をふるった。このほか一族からは、塩冶・尼子両氏などが出た。近江には佐々木氏のほか、清和源氏義光流の義定が山本(現、滋賀県湖北町)を本拠に山本氏を称し、その子義経・義兼兄弟は源平内乱期に活躍。

おうみのけの【近江毛野】 ?～530 六世紀前半、朝鮮に派遣された武将。臣姓。近江の人。「日本書紀」によれば、継体二一年、新羅に奪取された南加羅・喙己呑を復興するため、六万の軍を率いて任那にむかったが、筑紫国造磐井の乱によってさえぎられ、その鎮定後に渡海した。しかし新羅に任那四村を掠めとられるなどの過失により召還され、帰途、対馬で病没したという。

おうみのみふね【淡海三船】 722～785.7.17 名を御船とも。奈良後期の文人。天智天皇の皇子大友皇子の曾孫。父は葛野王の子池辺王。七五一年(天平勝宝三)淡海真人を賜姓。卒伝に「性識聡敏にして群書を渉覧しもっとも筆札を好む」とみえ、大学頭・文章博士として石上宅嗣と並ぶ文人の首と称された。しかし七五六年(天平勝宝八)朝廷を誹謗したとして大伴古慈斐とともに禁固された。恵美押勝の乱で勢多橋を焼いてその一党を防ぎ、その功によって東山道巡察使に任じられたが、苛政のため七六七年(神護景雲元)解任。若い頃、元開という僧名を得たこともあり、外典・漢詩にもすぐれ、「続日本紀」「唐大和上東征伝」を撰した。

おうみやちょうべえ【近江屋長兵衛】 江戸時代の薬種仲買商の世襲名。初代は一七五〇年(寛延三)大和国広瀬郡薬井村に生まれ、一四歳で大坂道修町の薬種仲買商の近江屋喜助方に丁稚奉公にあがった。七九年(安永八)には薬種仲買株を譲りうけ、八一年(天明元)に暖簾わけされて道修町二丁目に開店。二代目以降も家業を順調に発展させ、四代目のとき維新を迎え、武田に改姓。その後、武田長兵衛商店は一九四三年(昭和一八)に武田薬品工業株式会社に改組した。

おうようじゅん【欧陽詢】 557～641 中国唐代の能書家。字は信本。隋朝で太常博士、唐朝で率更令となり欧陽率更ともよばれる。書は、王羲之系の劉民に学んだといわれ、書体のすべてをよくした。とくに楷書・行書に傑作をのこす。代表作の「九成宮醴泉銘」は、楷法千古の極則と称され、その書法を欧法という。その他「虞恭公碑」「化度寺碑」「温彦博碑」などの楷書碑や、「史事帖」「草書千字文」などがある。

おうようめい【王陽明】 1472.9.30～1528.11.29 中国明代の哲学者・政治家。名は守仁、字は伯安。陽明は号。浙江省余姚の出身。官は南京兵部尚書・兼都察院左都御史にいたる。文臣としては明代を通じて武功第一と称され、江西福建の賊乱、宸濠の反乱(寧王による皇位争奪の挙兵)、広西瑶族の乱などを平定。はじめ朱子学を修めたが、宦官劉瑾に反対して流された貴州省竜場山中で、南宋の陸象山の心即理説をうけ、これを根本原理とし、知行合一・万物一体・致良知を主張する陽明学を確立。陽明学は客観的哲学である朱子学とは対照的に主観的哲学の色彩がこく、朱子学と並ぶ儒学の二大潮流の一つとなった。弟子との問答・書状を収録した「伝習録」がある。

おえよのかた【お江与の方】 ⇨崇源院

おおあえまさとら【大饗正虎】 ⇨楠長諳

おおあまのみこ【大海人皇子】 ⇨天武天皇

おおいけんたろう【大井憲太郎】 1843.8.10～1922.10.15 明治・大正期の政治家。本姓は高並、幼名彦六、号は馬城。豊前国生れ。長崎遊学をへて、大学南校などでフランス学を学び、多くの法律書を翻訳。一八七四年(明治七)の民撰議院論争では即時開設論を主張。七五年元老院少書記官となるが、翌年免官。八二年自由党常議員となり、急進派を指導した。八五年大阪事件をおこし重懲役となるが、八九年大赦により出獄。九二年東洋自由党を結成、対外硬を主張するとともに、社会問題解決にも尽力。

おおいしげもと【大井成元】 1863.9.10～1951.7.15 明治・大正期の軍人。陸軍大将。男爵。周防国生れ。陸軍士官学校(旧六期)・陸軍大学校卒。

陸軍省軍事課長・第八師団長などをへて、一九一九年(大正八)浦塩(ウラジオ)派遣軍司令官。

おおいしせいのすけ【大石誠之助】 1867.11.4～1911.1.24　明治期の医師・社会主義者。紀伊国生れ。一八九〇年(明治二三)渡米、働きながら医学をオレゴン州立大学で学ぶ。帰国後郷里の新宮で開業し、九九年伝染病と熱帯地病を学ぶためインドに渡り、帰国後再び新宮で開業した。この頃から社会主義に傾倒し「週刊平民新聞」などに投稿し、幸徳秋水・堺利彦らと交わった。一九一〇年大逆事件に連坐して検挙され、刑死した。

おおいしちから【大石主税】 1688～1703.2.4　一七〇二年(元禄一五)の赤穂事件で、吉良義央(よしなか)邸に討ち入った浪士の一人。浪士を率いた大石良雄の長男。名は良金。浪士の中では最年少。討入り後、伊予国松山藩久松松平家上屋敷に預けられ、翌年幕命により自刃。

おおいしちびき【大石千引】 1770.3.12～1834.9.13　江戸後期の国学者。父は下野国烏山藩士大石田隣。通称伝兵衛、字は道和、号は野々舎(ののや)。江戸本所生れ。幕臣横瀬貞臣から冷泉(れいぜい)家の歌学を学び、加藤千蔭に入門後は万葉調の作歌に変更。「大鏡」「栄花物語」などの歴史物語研究に業績を残し、「大鏡系図」「栄花物語抄」を著した。著書「野々舎随筆」「言元梯」。

おおいしひさたか【大石久敬】 1725.9.20～94.11.1　江戸中期の農政家。父は筑後国久留米藩士古賀貞房。通称は猪十郎。藩領内の大庄屋大石貞治紹久の養子となり職を継いだが、一七五四年(宝暦四)の久留米一揆に際し、藩の刑を逃れて流浪し、八三年(天明三)農政の巧者として上野国高崎藩に召し抱えられる。八八年郡奉行に昇進。その後藩主松平輝和の命で、農政実務書である「地方凡例録(じかたはんれいろく)」の編述にかかり、一一巻まで完成献上したが、未完のまま没した。

おおいしまさみ【大石正巳】 1855.4.11～1935.7.12　明治・大正期の政党政治家。高知藩士出身。立志学舎に学び民権運動に投じる。一八八一年(明治一四)自由党結成で幹事となるが、板垣外遊に反対して脱党。八七年大同団結運動の参謀となり、機関誌「政論」に健筆をふるう。九二年防穀令の紛糾で朝鮮公使に抜擢される。九八年憲政党の創立委員、大隈内閣の農商務大臣。以後衆議院議員当選六回。憲政本党・国民党・立憲同志会の各幹部を歴任した。

おおいしょういちろう【大井正一郎】 1815～37.8.14　大塩平八郎の弟子で乱の参加者。父は大坂城玉造口与力大井伝次兵衛。一八三七年(天保八)二月一九日の挙兵に際し、反対する同門の宇津木矩之允を大塩の命令で殺害したのち、先頭に立って大坂市中を行軍。大坂町奉行らと衝突し、大塩勢が瓦解したのちは、尾張・美濃・能登国に潜伏、京都で捕らえられ獄死。

おおいしよしお【大石良雄】 1659～1703.2.4　播磨国赤穂藩浅野氏の家老。幼名喜内、通称内蔵助(くらのすけ)。知行高一五〇〇石。山鹿素行に軍学を、伊藤仁斎に漢学を学んだとされる。一七〇一年(元禄一四)藩主浅野長矩(ながのり)の切腹、城地没収に際し、家中を統括して浅野家再興をめざしたが、その可能性を断たれた〇二年一二月、吉良義央(よしなか)を殺害して、喧嘩両成敗のかたちを自力で完遂させた。幕命により熊本藩下屋敷に預けられ、翌年自刃。赤穂事件は赤穂の浪士らが幕府の方針に反した犯罪者か義士かで、当時から論争になった。一般には文学作品や演劇の題材にとりあげられるなかで、忠君の義士のイメージが定着し、大石の指導者としての理想像が形成されていった。

おおいだつねたか【大井田経隆】 生没年不詳。鎌倉後期の武士。新田氏の一族。父は義隆。越後国大井田郷を本拠とする。蔵人・遠江守などを歴任。一三三三年(元弘三)新田義貞が上野国の生品(いくしな)社で鎌倉幕府打倒の兵をあげた際に、越後国から駆けつけて合流し、鎌倉攻めにも参加したが、その後の動静は不明。

おおいみかどけ【大炊御門家】 藤原氏北家師実流。清華(せいが)家。平安後期、藤原師実の三男経実に始まる。経実の子経宗は二条天皇の外戚として勢威を得て、その子頼実は後鳥羽上皇側近の女房卿二位藤原兼子と結婚。上皇の後見となり女の麗子(陰明門院(おんめいもんいん))を土御門天皇の中宮とした。江戸時代の家禄ははじめ二〇〇石、のち四〇〇石余。和琴(わごん)・笛・書道の家。維新後、幾麿のとき侯爵。

おおうじ【多氏】 太・意富・大とも。古代の中央豪族。姓は臣(おみ)、六八四年(天武一三)八色の姓(やくさのかばね)制定時に朝臣(あそん)となる。始祖を神武天皇の子神八井耳命(かむやいみみのみこと)とする。本拠地は大和国十市

●大炊御門家略系図

経実┬経宗─頼実─┬師経─家嗣─冬忠─信嗣─良宗─冬氏─冬信─宗実＝宗氏─信宗┬信量─経名……幾麿(侯爵)
　　└懿子(二条天皇母)　└麗子(陰明門院)　└信子(嘉楽門院)

郡飫富郷。「古事記」を筆録した安麻呂が「多」を「太」としたが、のち「多」に戻ったと伝えられる。七世紀には、百済の王子豊璋の妻の兄蔣敷、壬申の乱の功臣品治が知られる。八六三年（貞観五）宿禰を賜姓された自然麻呂は楽家の祖とされ、平安時代以降宮廷の雅楽の家となり、近代に至る。このほか「古事記」「新撰姓氏録」には数多く多氏を載せ、「常陸国風土記」「出雲国風土記」にもみえる。

おおうちこれのぶ【大内惟信】 生没年不詳。鎌倉前期の武士。父は惟義。駿河大夫判官と称する。伊賀・伊勢・美濃・越前・摂津・丹波各国の守護。一二一四年（建保二）頃から在京御家人として京都に常駐。二一年（承久三）の承久の乱では後鳥羽上皇の軍の中心となり、鎌倉幕府軍と戦って捕らえられ流罪となる。

おおうちこれよし【大内惟義】 平賀惟義とも。生没年不詳。鎌倉前期の武士。父は平賀義信。大内冠者と称する。源氏の一門として源頼朝の挙兵に協力、鎌倉幕府内でも重んじられた。美濃国・伊賀国などの守護。一時京都に常駐したが、一二一三年（建保元）には鎌倉に戻った。相模守・駿河守を歴任。二一年（承久三）の承久の乱までには死去していたらしい。

おおうちし【大内氏】 ㊀中世中国地方西部の大名。百済聖明王の子琳聖太子の子孫といい、多々良氏を姓とする。平安末期以来の周防国の有力在庁官人。大内介を称し、鎌倉御家人として六波羅評定衆にも連なった。南北朝期、弘世は山口を本拠に西中国に勢力を伸ばし、発展の礎を築いた。子の義弘のとき、応永の乱で一時衰退したが、弟盛見が家運を再興。その孫政弘は応仁・文明の乱に活躍、子の義興は幕府管領代に、さらにその子義隆は七カ国守護となり、山口文化を興隆させた。一五五一年（天文二〇）義隆が家臣陶晴賢に討たれ、甥義長が擁立されたが、五七年（弘治三）滅亡。

㊁⇨平賀氏㈡

●・大内氏㈠略系図

盛房……弘世─┬─義弘─持世
　　　　　　　├─盛見─教弘─政弘─義興─┬─義隆＝義長
　　　　　　　└─弘茂　　　　　　　　　└─女子（大友義鑑室・大内義長母）

おおうちせいらん【大内青巒】 1845.4.17～1918.12.16 明治・大正期の仏教学者・思想家。名は退。字は巻之。青巒は通称。陸奥国宮城郡生れ。水戸で出家して泥牛と称し、江戸にでて仏教研究を志す。のち浄土真宗本願寺派本願寺第二一世宗主大谷光尊の侍講。一八七五年（明治八）「明教新誌」を発行、啓蒙思想家としての幅広い活動とともに在家主義の仏教運動を進めた。一九一四年（大正三）東洋大学学長。

おおうちてるひろ【大内輝弘】 ?～1569.10.21 戦国期の武将。大内義興の弟高弘の子とみられ、大友氏の庇護下にあった。大内氏再興をはかり、一五六九年（永禄一二）毛利氏の北九州出兵に乗じ、大友氏の援助をえて背後を衝いた。いったんは周防国山口に入ったが、これを維持できず、富海（現、山口県防府市）にのがれて自殺。

おおうちのりひろ【大内教弘】 1420～65.9.3 室町時代の武将。周防・長門両国ほかの守護。一四四一年（嘉吉元）大内持世が嘉吉の乱で横死したため家督を継承。長門国深川（現、山口県長門市）の大寧寺に前関東管領上杉憲実を迎え、周防国山口に画人雪舟を招くなどした。五三年（享徳二）朝鮮に遣使し、国王から通信符を与えられた。細川勝元と伊予国河野通春の抗争に際し、六五年（寛正六）伊予に出陣して通春を援助したが、興居島（現、松山市）で病没。

おおうちひょうえ【大内兵衛】 1888.8.29～1980.5.1 大正・昭和期の経済学者。兵庫県出身。東大卒。大蔵省勤務ののち一九一九年（大正八）東京帝国大学経済学部新設により助教授。二〇年の森戸事件で失官したが二二年復職、翌年教授。三八年（昭和一三）人民戦線事件で検挙。第二次大戦後東大に復帰し、四九年の退官後は法政大学総長、社会保障審議会会長などを歴任。平和憲法擁護を主唱し、革新勢力の精神的指導者でもあった。「大内兵衛著作集」全一二巻。

おおうちひろよ【大内弘世】 ?～1380.11.15 南北朝期の武将。周防・長門両国ほかの守護。中世後期の中国地方に君臨した大内氏の基礎を築く。幕府方の同族鷲頭長弘らに対抗して南朝方となり、一三五〇年代前半鷲頭氏を破って周防を制圧。ついで五八年（延文三・正平一三）厚東義武を破り長門も掌握。六三年（貞治二・正平一八）幕府方に転じて周防・長門の守護となり、九州探題斯波氏経、ついで今川貞世を援助、九州の南朝方と戦った。六三年には京都に上って将軍足利義詮に謁見し、富裕ぶりを誇示。本拠地を本貫地大内から山口に移してのちの繁栄は有名。

おおうちまさひろ【大内政弘】 1446～95.9.18 室町時代の武将。周防・長門両国ほかの守護。教弘の子。一四六五年（寛正六）家督となる。細川勝元と伊予国河野通春の抗争に際し、父教弘と同様通春を援助。このため勝元と対立、六七年

(応仁元)応仁の乱では山名持豊方として上京、西軍の有力武将となった。七七年(文明九)帰国、領国の経営に専念。「大内家壁書」に収める法令の大半は、政弘の時代のもの。文化面での業績が顕著で、和歌は三条西実隆に師事し「拾塵和歌集」を残した。連歌では宗祇と交流し、「新撰菟玖波集」には作品が多数収録される。

おおうちもちよ【大内持世】 1394～1441.7.28 室町時代の武将。周防・長門両国ほかの守護。義弘の子。一四三一年(永享三)叔父大内盛見が大友・少弐両氏と戦って敗死すると、持世・持盛兄弟が後継者の地位をめぐって対立。翌年大友氏と結んだ持盛に攻められたが撃退し、周防・長門・豊前・筑前の守護職を確保。三三年持盛を豊前に攻めて敗死させ、ついで大友・少弐両氏と戦ってこれを破り、三七年までに北九州を平定。四一年(嘉吉元)将軍足利義教が赤松満祐邸で暗殺された際、同席していて重傷を負い、まもなく死没。

おおうちもりみ【大内盛見】 1377～1431.6.28 室町時代の武将。周防・長門両国ほかの守護。弘世の子。一三九九年(応永六)兄義弘が和泉国堺で敗死すると、幕府は弟弘茂に周防・長門両国を与えた。しかし盛見は弘茂と和せず、一四〇一年長門国盛山城(現、山口県下関市)で弘茂と戦い、敗死させた。このため幕府は盛見に防長両国を与え、さらに九州経略をゆだねた。九州では大友・少弐両氏などと戦ったが、三一年(永享三)筑前国深江(現、福岡県二丈町)で戦死。

おおうちよしおき【大内義興】 1477～1528.12.20 戦国期の武将。周防・長門両国ほかの守護。政弘の子。一四九四年(明応三)家督。細川政元に将軍職を廃された足利義稙は、一五〇〇年周防国山口に下り、義興に保護された。〇八年(永正五)義稙を擁して上京、足利義澄・細川澄元を追い、義稙は将軍職を回復、義興は細川高国とともに実権を握り、管領代となった。一一年京都船岡山の戦に勝利し、澄元らの反撃を退けた。一八年領国経営に専念するため帰国。おもに安芸で尼子経久と勢力を争い、二五年(大永五)には毛利元就を配下においたが、まもなく死没。

おおうちよしたか【大内義隆】 1507～51.9.1 戦国期の武将。周防・長門両国ほかの守護。義興の子。一五二八年(享禄元)家督をつぐ。九州で少弐氏と戦い、三六年(天文五)大宰大弐の称号をえた。四〇年出雲の尼子晴久が安芸の毛利元就を攻めると、出兵して元就を救援。四二年逆に出雲に進攻したが、翌年敗退。明・朝鮮との交易をすすめ、領内でのキリスト教布教を許可した。学問・芸能を好み、中央貴族と交際し、位階は従二位まで昇った。武断主義の家臣陶晴賢はこれを不満として義隆排除の計画をめぐらし、五一年周防国山口に義隆とその交際相手の公家を襲った。義隆は長門国深川(現、山口県長門市)の大寧寺にのがれたのち自殺。

おおうちよしなが【大内義長】 ?～1557.4.3 戦国期の武将。大友宗麟(義鎮)の弟。母は大内義隆の姉。義隆の養子となり大内晴英と称した。一五五一年(天文二〇)陶晴賢が義隆を倒して実権を握ると、擁立されて大内氏を相続し、義長と改名。まもなく毛利氏と対決する情勢となり、五五年(弘治元)厳島の戦で晴賢が戦死して大勢は決した。その後も抵抗を続けたが、五七年長門国長府(現、山口県下関市)で自殺し、大内氏は滅亡。

おおうちよしひろ【大内義弘】 1356～99.12.21 南北朝期～室町中期の武将。周防・長門両国ほかの守護。弘世の子。一三七〇年代九州探題今川貞世に従って九州各地を転戦。九一年(明徳二・元中八)明徳の乱の鎮圧、九二年南北両朝の合体に功があり、室町幕府の安定に大きく貢献。対外関係でも、朝鮮との外交・貿易に独占的な地位を築き、大内氏の富強化を推進。将軍足利義満は義弘の勢威を警戒し、両者の関係は不穏となった。九九年(応永六)鎌倉公方足利満兼らと連絡し、領国の和泉国堺で反乱をおこしたが、籠城ののち敗死(応永の乱)。

おおうらかねたけ【大浦兼武】 1850.5.6～1918.10.1 明治・大正期の官僚・政治家。薩摩国生れ。戊辰戦争参加後上京し、一八七一年(明治四)東京府邏卒小頭を振出しに警視総監・逓信相・農商務相・内相などを歴任、山県有朋系の官僚閥の中心人物となる。桂太郎の立憲同志会に参加し、一九一五年(大正四)一月第二次大隈内閣で再び内相となったが、政友会から三月の総選挙での選挙干渉と汚職容疑を追及され、七月辞職して政界を引退。

おおうらけい【大浦慶】 1828.6.19～84.4.17 幕末～明治初期の女性貿易商。長崎油屋町で茶商をいとなみ、一八五三年(嘉永六)出島在留のオランダ商人テキストルを通じて肥前嬉野茶の見本をイギリス、アメリカ、アラビアへ送る。五六年には大量の注文をうけて一万斤の茶をアメリカに輸出、最初の製茶輸出となる。幕末に坂本竜馬ら勤王の志士を援助したことでも知られる。

おおえいわしろ【大江磐代】 1744～1812.12.9 光格天皇の生母。初名阿鶴、のち留子。磐代は女房名。伯耆国倉吉生れ。父は鳥取藩池田家家老荒尾氏に仕え、のち聖護院門跡家来となった法橋岩室宗賢。禁裏使番生駒左門の養女として閑院宮家に出仕。典仁親王との間に五王子を生む。一七九四年(寛政六)親王没後、薙髪して蓮上院と称した。

おおえうじ【大江氏】 大枝氏とも。菅原氏と並ぶ学者の家として知られ、菅家に対して江家とよばれた氏族。もとは土師宿禰で、七九〇

大江氏略系図

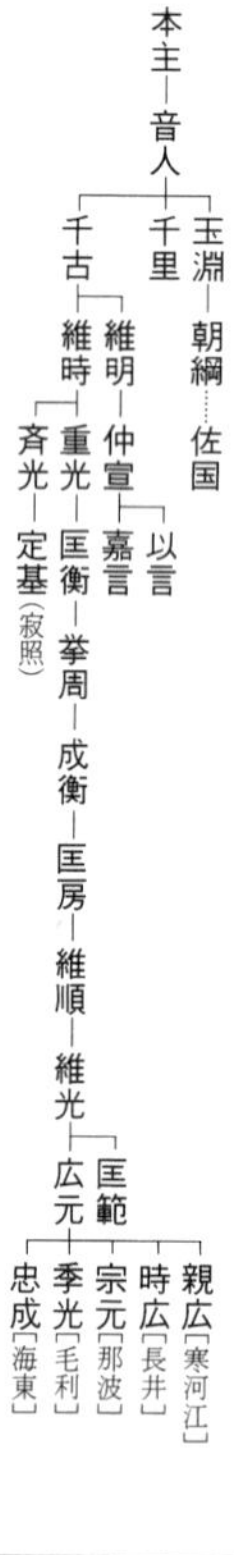

年(延暦九)に桓武天皇の外祖母土師宿禰真妹が大枝朝臣を賜ったのを機に、その系統が大枝朝臣に、さらに八六六年(貞観八)大江朝臣に改称。「貞観格式」を選定し「文徳実録」の編纂にかかわった参議大江音人(おとんど)、その子で歌人として知られ「句題和歌」を著した大江千里(ちさと)、後三条・白河・堀河の三天皇の侍読(じとう)を勤め、儀式に通じ「江家次第」を著した大江匡房(まさふさ)ら、多くの文人を輩出している。

おおえうへえ【大江宇兵衛】 生没年不詳。江戸後期の見世物人形細工人。大坂生れ。一七八〇年(安永九)大坂難波新地でのエレキテル見世物を皮切りに、各地で活躍。科学的な見世物に手を染める一方、大人形見世物の先駆者としても名をはせた。彼が創造した作品群は、幕末～明治中期に人気を博した生人形(いきにんぎょう)の輩出を促した。大江を冠する細工人に、忠兵衛・常丸・儀助らがあるが、その祖は宇兵衛と考えられる。

おおえけんざぶろう【大江健三郎】 1935.1.31～ 昭和後期～平成期の小説家。愛媛県出身。東大卒。在学中から作品を発表。一九五八年(昭和三三)「飼育」で芥川賞受賞。「第三の新人」に続く新世代の旗手。代表作「個人的な体験」「万延元年のフットボール」「新しい人よ眼ざめよ」「ヒロシマ・ノート」「燃えあがる緑の木」など。現実と神話が凝縮された詩的想像力にあふれる作品世界が評価され、一九九四年(平成六)ノーベル文学賞受賞。

おおえたく【大江卓】 1847.9.21～1921.9.12 明治・大正期の政治家・実業家。土佐国生れ。後藤象二郎の女婿。一八七二年(明治五)神奈川県権令となり、マリア・ルス号事件を調査。西南戦争中に林有造らの挙兵計画に関与した容疑で入獄。出獄後大同団結運動に参加し、第一回総選挙で衆議院議員に当選。第一議会では予算委員長として民党と政府との妥協に努力。第二回総選挙での落選後は実業に専念。晩年は仏門に入り天也と改名。帝国公道会などにも関係した。

おおえのあさつな【大江朝綱】 886～957.12.28 延喜・天暦期の文人政治家。音人(おとんど)の孫。玉淵の子。九一一年(延喜一一)に文章生(もんじょうしょう)となって以後、国司や八省の下僚を歴任し、九三四年(承平四)には文章博士を兼任し、九五三年(天暦七)参議正四位下に至る。「新国史」を編纂したほか、漢詩・和歌・文章や書にすぐれ、「後江相公集(のちのごうしょうこうしゅう)」を編み、「和漢朗詠集」「後撰集」「本朝文粋(もんずい)」などに作品を残した。

おおえのおとんど【大江音人】 811～877.11.3 平安前期の文人政治家。本主(もとぬし)の子、または阿保(あぼ)親王の子とする説もある。朝綱の祖父。文章道(もんじょうどう)に秀でた大江家の祖。江相公(ごうしょうこう)とも称される。文章生から内記・弁官などを歴任し、八六四年(貞観六)参議に任じられ、清和天皇・藤原良房に近侍した。勘解由使(かげゆし)や検非違使(けびいし)など実務型の能吏として活躍。また都良香(みやこのよしか)らとともに「文徳実録」を、菅原是善(これよし)とともに「貞観格式」を撰し、「江音人集」「弘帝範」などを編んだ。

おおえのこれとき【大江維時】 888～963.6.7 延喜・天暦期の文人政治家。音人(おとんど)の孫。千古(ちふる)の子。九一六年(延喜一六)に文章生(もんじょうしょう)となって以後、京官・外官を歴任し、九五〇年(天暦四)に参議、九六〇年(天徳四)に中納言に昇り、江(ごう)納言と称された。従三位で没したが、醍醐・朱雀(すざく)・村上の三天皇の侍読(じとう)であったことから従二位を贈られた。詩歌の才能は乏しかったが、博覧強記の勤勉な儒者であった。

おおえのすけくに【大江佐国】 生没年不詳。平安後期の儒者。朝綱の曽孫。通直の子。白河朝に従五位上掃部頭(かもんのかみ)に至る。詩歌に秀で、「本朝続文粋(もんずい)」「本朝無題詩」や「中右記部類」の紙背に残る漢詩集に作品が残っている。また「拾遺抄目録」や「恵心僧都伝」の著者ともいわれる。

おおえのたかちか【大江挙周】 ?～1046.6.- 平安中期の儒者。匡衡(まさひら)の子。母は女流歌人の赤染衛門(あかぞめえもん)。東宮学士や文章(もんじょう)博士をへて、正四位下式部大輔に至る。末法思想の広まった時代に生き極楽往生を願った人で、「続本朝往生伝」に伝がある。

おおえのちかひろ【大江親広】 ?～1241.12.15/28 鎌倉前期の武士。父は広元。将軍源実朝の側近だったが、一二一九年(承久元)伊賀光季(みつすえ)とともに京都守護に任じられて上洛。二一年の承久の乱では後鳥羽上皇方につき鎌倉幕府に敵対したが、のち許された。

おおえのちさと【大江千里】 生没年不詳。平安前期の歌人。父は音人(おとんど)(異説もある)。千古(ちふる)は弟。大学に学んだ儒者であるが、漢詩文はほとんど残らない。宇多朝の歌合に登場、八九四年(寛平六)宇多天皇の勅命で家集「句題和歌」を撰進した。中古三十六歌仙の一人。「古今集」以下の勅撰集に約三〇首入集。歌は儒家風で、「白氏文集」中の詩句を和歌によって表現しようとしたところに特徴がある。

おおえのひろもと【大江広元】 1148～1225.6.10 鎌倉幕府草創期の官僚。大江匡房の孫維光の子。一説には藤原光能の子ともいう。明法博士中原広季の養子となり中原姓を名乗るが、のち大江姓を称する。少外記として局務にたずさわり、その後安芸権介となったが、源頼朝に招かれ鎌倉に下向。幕府の中枢にあって頼朝の側近として重用された。頼朝の右筆を勤め、公文所・政所の初代別当となって実務をとり、朝幕間の交渉にあたる。また文治地頭職の設置などしばしば重要な建言を行う。京下り官人としての彼の見識は、草創期の幕府の基礎固めに大きな役割をはたした。頼朝死後も北条氏の信任を得て幕政に重きをなし、数々の政変や承久の乱を乗り切り、幕府体制の安定をみた。

おおえのまさひら【大江匡衡】 952～1012.7.16 平安中期の儒者。維時の孫。重光の子。妻は赤染衛門。東宮学士や文章博士をへて、正四位下式部大輔に至る。藤原道長・同行成・同公任らと親交があり、しばしば彼らの文章を代作し、名儒と称賛された。また国守としても善政の名声が高く、尾張守在任中には学校院を設立し、教育につとめた。公卿の地位を強く望んだがはたさなかった。漢詩文「江吏部集」、私家集「匡衡朝臣集」。

おおえのまさふさ【大江匡房】 1041～1111.11.5 平安後期の儒者・文人・政治家。匡衡の曾孫。成衡の子。東宮学士から蔵人・左衛門権佐・右少弁(三事兼帯)をへて、一〇八八年(寛治二)参議、九四年(嘉保元)権中納言。白河院別当・記録所寄人として白河院政を支える一方、関白藤原師通とも親交があった。朝廷儀式の故実に通じて「江家次第」を著したほか、日記「江記」を残し、また談話が「江談抄」にまとめられている。和漢文学にすぐれ、「江帥集」「江都督納言願文集」「続本朝往生伝」などを残し、「本朝続文粋」「朝野群載」や「後拾遺集」以後の勅撰集に多くの秀作を残す。

おおえのもちとき【大江以言】 955～1010.7.24 平安中期の儒者。音人の玄孫。仲宣の子。匡衡とは又従兄弟。一時弓削氏を名のったが、のち大江に復した。文章博士や式部権大輔などを歴任し、最高位は従四位下。蔵人補任の機会もあったが、藤原道長によって望みを絶たれた。詩歌に才能を示し、大江匡衡や紀斉名と並び称され、家集に「以言集」があり(現在散逸)、「本朝文粋」などに作品を残す。

おおえのよしとき【大江嘉言】 ?～1009? 平安中期の歌人。仲宣の子。一時弓削姓を称したが復姓。九九二年(正暦三)文章生。弾正少忠をへて、一〇〇九年(寛弘六)対馬守として赴任、同地で没した。歌合に出詠するほか、藤原長能・源道済・能因らと親交があった。「能因集」には対馬下向に際しての贈答歌や嘉言追悼歌がみえる。「拾遺集」以下の勅撰集に三三首入集。中古三十六歌仙の一人。家集「大江嘉言集」。

おおえまる【大江丸】 1722～1805.3.18 江戸中・後期の俳人。安井氏。本名政胤。大坂の人。飛脚問屋を営む。一七九五年(寛政七)以後、大伴大江丸と号す。一七四一年(寛保元)旧室門に入門。五六年(宝暦六)には大坂の良能門に入門、また宝暦期には涼袋(建部綾足)・鳥酔らと交流。六六年(明和三)蓼太門に入門。その後、蕪村・無腸(上田秋成)・青蘿・蝶夢・暁台・闌更・二柳ら蕉風中興俳諧の名家と交流。次代の成美・几董・月居・道彦・完来・巣兆らとも相知る。編著は九〇年古稀賀集「俳懺悔」のほか「秋存分」。

おおおかいくぞう【大岡育造】 1856.6.3～1928.1.27 明治・大正期の政党政治家。長門国生れ。司法省法学校に学び代言人となる。立憲改進党員として民権運動に従事したが、自治党計画に参加。第一回総選挙から衆議院議員一三回当選。初期議会期には吏党の論客として議場や「中央新聞」で活躍。帝国党成立前後から佐々友房らとわかれて立憲政友会創立に参加。第一次山本内閣の文相、衆議院議長などを歴任。協調会副会長も務めた。

おおおかし【大岡氏】 江戸時代の旗本・大名家。三河国八名郡宇利の出で、三河以来の譜代。本家は知行一四〇〇石余の旗本。分家から大岡忠相を初代とする三河国西大平藩一万石と、大岡忠光を初代とする武蔵国岩槻藩二万石が出た。忠相は町奉行を二〇年近く勤めたのち寺社奉行に昇進し、さらに奏者番を兼ねたのを機に一万石の大名となった。忠光は忠相の祖父忠章の弟忠房の曾孫にあたり、将軍徳川家重に小姓として仕え、側用人就任時に二万石の大名となった。両家ともに維新後子爵。

おおおかしょうへい【大岡昇平】 1909.3.6～88.12.25 昭和期の小説家。東京都出身。京大卒。成城高校の同級に富永太郎がおり、また小林秀雄・中原中也・河上徹太郎・今日出海らと知り合う。太平洋戦争の従軍体験をもとに「俘虜記」を書き、以後「野火」「レイテ戦記」と戦争文学の傑作を発表。また風俗をもりこみフランス心理小説の流れをひく「武蔵野夫人」「花影」がある。

おおおかただすけ【大岡忠相】 1677～1751.12.19 享保の改革期の町奉行。越前守。父は忠高。一九二〇石取の旗本大岡忠真の養子。一七〇〇年(元禄一三)家督相続。書院番・御徒頭・使番・目付・山田奉行・普請奉行を勤め、一七年(享保二)八代将軍徳川吉宗によって町奉行に抜擢された。吉宗の享保の改革の実務を担当し、商人の仲間・組合の公認、町火消制度の創設、小石川養生所の設置など、江戸の経済・都市政策を実施。二二年から二四年間、関東地方御用掛を兼ね、地方巧者田中丘隅らを用いて、酒匂川の治水工事や武蔵野新田の開発などを指揮。三六年(元文元)寺社奉行に昇進し、四八年(寛延元)奏者番を兼ね、三河国西大平藩一万石の大名となった。

おおおかただみつ【大岡忠光】 1709.3.7～60.4.26 江戸中期の側用人。出雲守。三〇〇石の旗本だったが、将軍徳川吉宗の世子家重の小姓となり、奥兼帯の若年寄、側用人まで昇進。数度の加増で一七五六年(宝暦六)武蔵国岩槻藩二万石の大名となった。この異例の出世は、病弱で言語障害のある家重の唯一の理解者だったという特殊な関係によるところが大きい。

おおがうじ【大神氏】 ㊀平安時代の雅楽の家。とりわけ笛の名手。白河天皇に仕えた惟季と、その養子で堀河・鳥羽両天皇の笛の師となった基政が有名。㊁宇佐八幡宮の祠官氏族。大神氏一族である大神比義の子孫で、宇佐八幡宮の神官となった。八世紀半ば、田麻呂は一族杜女と東大寺大仏建立に協力し朝臣の姓を賜った。八世紀末、種麻呂が大宮司に補任され、以後一一世紀半ばまで宇佐氏と大宮司職を争った。それ以後大神氏は宮内で御装束検校・祝職などを相伝し、庶流は宮領の荘官として土着した。豊後の大神氏は同族である。

おおがくろうざえもん【大賀九郎左衛門】 ?～1641.9.21 近世初期の海外貿易家。諱は信房、法名は道句。豊後国生れ。一六〇〇年(慶長五)黒田長政に招かれて博多に移り、城下町の建設に尽力した。貿易商人として活躍し、みずから海外に渡航するかたわら、内外の貿易商人に投銀という投資活動を行い、博多の糸割符株を取得した。直系は姻戚の密貿易に連坐して断絶したが、兄弟の善兵衛(上大賀)・惣右衛門(下大賀)の両家が博多の門閥的商人として繁栄した。

おおかじしちべえ【大梶七兵衛】 1621～89.5.25 江戸前期の治水家、出雲平野の開拓者。名は朝泰。出雲国神門郡生れ。出雲大社西部の荒木浜の開拓に着手、一六七七年(延宝五)には率先して移住し、湊町・新町・荒木三村を開いた。また高瀬川を開削し、八六年(貞享三)神西湖排水のため差海川、のち馬木川・十間川を開削、近隣一万三〇〇〇石の新田が造成された。

おおかすがのまのまろ【大春日真野麻呂】 生没年不詳。平安前期の暦博士。八六〇年(貞観二)には陰陽頭を兼任した。八五七年(天安元)これまで久しく用いてきた開元大衍暦を五紀暦に改めたいという真野麻呂の申請が認可され、その暦術は五世代にわたり相伝してきた暦道と称賛された。さらに八六一年には、再度の申請で五紀暦が長慶宣明暦に改められた。

おおかわしゅうめい【大川周明】 1886.12.6～1957.12.24 昭和期の国家主義者・右翼理論家。山形県出身。東大卒。一九一八年(大正七)満鉄東亜経済調査局に入社、翌年編集課長。調査に従事する一方、北一輝らと猶存社を結成、その後も行地社を創立するなど、国家主義運動を率いた。三一年(昭和六)橋本欣五郎らの桜会とともに陸軍主導の内閣樹立をめざした三月事件・一〇月事件に参画。翌年の五・一五事件で禁錮刑判決。第二次大戦後、A級戦犯容疑で逮捕されるが、極東国際軍事裁判審理中に精神障害をおこし、免訴となった。

おおかわへいざぶろう【大川平三郎】 1860.10.25～1936.12.30 明治～昭和前期の実業家。武蔵国入間郡生れ。一八七五年(明治八)抄紙会社(のち王子製紙)に入社し九三年専務となるが、大株主の三井と対立し九八年退社。一九一三年(大正二)樺太工業を設立し、業界第三位に育てる。のち業界最大手の富士製紙の社長に就任。しかし両社が経営不振に陥り、三三年(昭和八)に王子製紙に合併されると相談役に退いた。

おおきたかとう【大木喬任】 1832.3.23～99.9.26 幕末期の佐賀藩士、明治期の藩閥政治家。義祭同盟に参加し佐賀藩で勤王運動に従事。維新後に参与・東京府知事などを務め、東京遷都に功があった。民部卿・文部卿・参議兼司法卿・参議兼元老院議長などを歴任、枢密顧問官をへて一八八九年(明治二二)枢密院議長。第一次松方内閣で文相、同内閣退陣後に一時枢密院議長に復した。伯爵。

おおきたさぶろう【大来佐武郎】 1914.11.3～93.2.9 昭和期の国際的エコノミスト。中国大連出身。東大卒。逓信省に入り、第二次大戦中は興亜院にいた。一九四七年(昭和二二)経済安定本部調査課長となり、「経済白書」の執筆責任者として官庁経済調査の基礎をつくる。その後、経済審議庁調査官・経済企画庁総合計画局長・同総合開発局長などを務め、「国民所得倍増計画」立案にもたずさわった。七九年には大平内閣の外相に就任。

おおきだのえさか【大分恵尺】 ?～675.6.- 壬申の乱で活躍した武人。六七二年(天武元)大海人皇子の挙兵に際し、大海人の命をうけ、近江朝側が飛鳥古京においた留守司高坂王から駅鈴を乞うために尽力したが、はたせなかった。その後、大津皇子とともに大海人軍に合流、参戦。死の直前、詔をもって外小紫位に叙された。

おおきだのわかみ【大分稚見】 ?～679.3.-　名を稚臣とも。壬申の乱で活躍した武人。六七二年(天武元)大海人皇子の挙兵に際し、大津皇子に従い大海人軍に合流。村国男依に従い、不破・近江を転戦し、瀬田の戦で武勇を広めた。死後、外小錦上を贈られた。大海人の兵衛とみえる。

おおぎまちきんあき【正親町公明】 1744.3.25～1813.10.13　江戸後期の公家。実連の子。母は内大臣広幡豊忠の女。初名公功。一七六五年(明和二)蔵人頭、六八年参議、七九年(安永八)権大納言に進む。翌年から院評定衆・院伝奏を歴任。九一年(寛政三)武家伝奏となるが、九二年尊号事件の責を負わされ免職。一八〇三年(享和三)後桜町上皇の院別当を辞し、落飾して竟空と号した。日記「公明卿記」「公武御用雑記」。

おおぎまちきんただ【正親町公董】 1839.1.24～79.12.27　幕末・維新期の公家。中山忠能の次男。母は高知藩主山内豊策の弟豊敬の女。正親町実徳の養子。一八六三年(文久三)国事寄人に任じられ、攘夷監察使として長門国に赴く。同年尊攘派の失脚で差控を命じられたが、六七年(慶応三)王政復古で参与となり、戊辰戦争の仙台追討総督。六九年(明治二)陸軍少将、七一年免官。「正親町公董陣中日誌」を残す。

おおぎまちきんみち【正親町公通】 1653.閏6.26～1733.7.11　江戸前・中期の公卿・神道家。従一位・権大納言。父は権大納言正親町実豊、母は権中納言藤谷為賢の女。風水軒・風水翁と称し、守初斎と号した。一六九三年(元禄六)から武家伝奏。八〇年(延宝八)山崎闇斎に入門。八二年(天和二)の闇斎の死去に先立って「中臣祓風水草」などを譲られ、闇斎の説を踏襲して正親町神道を発展させた。日記「八角記」、講義録「正親町公通御口訣」。

おおぎまちけ【正親町家】 藤原氏閑院流の洞院家庶流。羽林家。洞院公守の次男実明に始まる。実明の女には、伏見天皇の寵妃東御方、花園天皇の妃宣光門院実子など持明院統の上皇・天皇に仕え、皇子女を生んだ者が多い。江戸前期に議奏・武家伝奏を勤めた公通は垂加神道を山崎闇斎に学び、奥義を伝授されて正親町神道と称した。江戸後期の公明は武家伝奏に在職中、尊号事件で逼塞。維新後、実正のとき伯爵。

おおぎまちさねまさ【正親町実正】 1855.6.7～1923.6.25　明治・大正期の官吏・政治家。伯爵。公家の正親町公董の子。京都生れ。東大卒。宮内省に出仕。一八九〇年(明治二三)貴族院議員に選出され、研究会の中心人物として力をもった。一九一八年(大正七)侍従長、ついで賞勲局総裁を務めた。

おおぎまちさんじょうきんつむ【正親町三条公積】 1721.9.3～77.6.2　江戸中期の公家。実彦の子。一七四三年(寛保三)参議、五四年(宝暦四)権大納言。同年議奏となる。竹内式部の門人で、垂加神道を修める。五八年宝暦事件により議奏を罷免。五九年辞官、永蟄居。六〇年さらに落飾を命じられ杯水と号した。没後の七八年(安永七)永蟄居を免じられた。

おおぎまちさんじょうけ【正親町三条家】 藤原氏閑院流の三条家庶流。大臣家。三条実房の三男公氏に始まる。三条を称したが、嫡流の三条家(転法輪三条)に対して、正親町三条と区別。公氏以後、鎌倉後期の実躬まで権大納言を極官としたが、実躬の子公秀が崇光・後光厳両天皇の外祖父として一三五二年(文和元・正平七)内大臣に任じられた。以後内大臣を極官とし、三大臣家の一つとなる。江戸時代の家禄は二〇〇石。江戸中期の公積は宝暦事件に連坐して解官、出家。実愛は幕末・維新期に活躍。維新後、家名を嵯峨と改め、公勝のとき伯爵、のち侯爵。⇒三条家

おおぎまちさんじょうさねなる【正親町三条実愛】 1820.12.5～1909.10.20　幕末～明治期の公家政治家。正親町三条実義の子。京都生れ。一八五九年(安政六)権大納言。議奏・国事御用掛などを歴任し、薩長両藩の国事周旋の執奏につとめた。一時閉門を命じられたが赦免され、六七年(慶応三)薩長両藩へ討幕の密勅を伝達した。同年王政復古により新政府の議定となり、内国事務総督・刑部卿・教部卿などを歴任。この間、七〇年(明治三)に家名を嵯峨に改めた。

おおぎまちてんのう【正親町天皇】 1517.5.29～93.1.5　在位1557.10.27～86.11.7　後奈良天皇の第二皇子。名は方仁。母は万里小路賢房の女吉徳門院栄子。一五三三年(天文二)親王宣下。五七年(弘治三)後奈良天皇の死去により践祚。即位の費用にも事欠くありさまだったが、六八年(永禄一一)の織田信長上洛以降は、信長・豊臣秀吉の宮廷復興策などにより権威を回復。天皇も八五年(天正一三)秀吉を関白に任じるなど、伝統的権威でこれを支えた。

おおぎまちまちこ【正親町町子】 ?～1724.3.11　江戸前期の歌人。正親町実豊の女。異母兄は公通。初名弁子。通称おさめの方。一六歳で江戸に下り、田中半蔵の養女として柳沢吉保の側室となり、二子を生んだ。歌文に秀で、一七〇四年(宝永元)には霊元院に「如葉集千首」を献上。法号理性院本然自覚。著書に吉保一代について記した「松蔭日記」。

おおくさかのみこ【大草香皇子】 波多毘能大郎子・大日下王とも。記紀伝承上の

●大久保氏略系図

忠員┬忠世─忠隣［小田原藩・除封］［騎西藩］忠常─忠職［加納藩 唐津藩］‖忠朝［佐倉藩 小田原藩］┬忠増─忠方─忠興─忠由─忠顕─忠真─忠修─忠愨‖忠礼‖忠良‖忠礼（再承・子爵）
　　├忠佐［沼津藩］
　　├忠為……常春［烏山藩］
　　└忠教（彦左衛門）

忠朝┴教寛［松永藩］……教翅［荻野山中藩］

人物。仁徳(にんとく)天皇の子。母は日向髪長媛(ひゅうがのかみながひめ)。中蒂姫(なかしひめ)皇女との間に眉輪(まゆわ)王をもうけた。安康天皇は即位後、同母弟の大泊瀬(おおはつせ)皇子(雄略天皇)の妃に大草香皇子の妹の幡梭(はたび)皇女を迎えようとして使者の根使主(ねのおみ)を遣わした。しかし根使主が虚偽の報告をしたため、大草香皇子はその忠誠心を疑われ、怒った天皇に家を囲まれて自害したという。

おおぐちしょうおう【大口樵翁】 1689～1764.12.6 江戸中期の茶人。石州流茶道の一派大口流の開祖。大坂の人。号は恕軒・含翠。片桐石州晩年の弟子大西閑斎に学んで奥義をきわめ、香道・禅学にも造詣が深かった。弟子に柴原喜右衛門・細井一敬がいる。著書「旅窓寸紙」。

おおぐちやじへえ【大口屋治兵衛】 生没年不詳。江戸中期の江戸の札差(ふださし)。暁雨・暁翁と号す。一七二四年(享保九)札差株仲間公許時からその名がみえるが、六七年(明和四)札差株を他に譲って廃業。これ以前からいわゆる蔵前風の風俗の代表として、また豪奢な遊興で世人の注目を集め、十八大通(じゅうはちだいつう)の筆頭にあげられた。二代目市川団十郎との交流も深く、彼の演じた花川戸助六は治兵衛をモデルにしたという。

おおくにたかまさ【大国隆正】 1792.11.29～1871.8.17 幕末～明治初期の国学者。父は石見国津和野藩士今井秀馨。はじめ今井・野之口氏。名は秀文、のち秀清、通称は仲衛(なかえ)、号は葵園など。江戸で生まれ、平田篤胤や村田春門(はるかど)に国学を学び、古賀精里に朱子学を学んだ。津和野藩籍を脱して単身大坂で学問に志してから、みずからの学問を本学・本教と称し、天照大神や天皇を中軸とする対外応接の学として教化色の濃い国学を説いた。この間、津和野藩を中心に福羽美静(ふくばびせい)など多くの門人を育て、一八五一年(嘉永四)津和野藩士に復してからは藩主亀井茲監(これみ)にも影響を与え、明治維新後の神祇行政の中心を担う勢力を築きあげた。著書「本学挙要」「新真公法論」「古伝通解」。

おおくにぬしのかみ【大国主神】 記紀の神話にみえる神名で、スサノオと奇稲田(くしなだ)姫の六世の孫。偉大な国の主の意。オオナムチ・葦原醜男(色許男(しこお))・八千戈(八千矛(やちほこ))神・顕(宇都志(うつし))国玉神などの別名をもつ。「古事記」によれば、オオアナムジ(オオナムチ)がスサノオの試練をへてスセリヒメと結婚することによりこの名を与えられ、兄弟八十神を追い国土全体を支配した。その物語は⑴オオナムチが因幡の白兎を助け、八上比売(やかみひめ)と結婚したことにより兄弟八十神から迫害されるが、根堅州(ねのかたす)国へ渡ってスサノオの女スセリヒメを娶りオオクニヌシとなる物語、⑵八千戈神のヌナカワヒメへの求婚と、スセリヒメの嫉妬と和解についての歌謡物語、⑶オオクニヌシがスクナヒコナおよび御諸(みもろ)山の神とともに国造りを完成する物語、からなる。このちタケミカヅチの平定事業の際、葦原中国(あしはらのなかつくに)を天津神の御子に献上し、みずからは出雲大社に隠れた。オオクニヌシの名は「古事記」のほかには「日本書紀」一書にみえるのみである。葦原醜男としての活動は「播磨国風土記」にみられる。八千戈神はヤチ(多数)＋ホコ(武具)であり、武威をたたえた名とされるが、ホコは男性の象徴ともみられる。この名では「古事記」の歌謡物語や「万葉集」に登場し、オオクニヌシの八島国に及ぶ色好みの徳を語るものとなっている。

おおくのひめみこ【大伯皇女】 661.1.～701.12.27 大来皇女とも。天武天皇の皇女。母は天智天皇の女大田皇女。六七三年(天武二)伊勢斎王(さいおう)となり、泊瀬(はつせ)斎宮で潔斎し、伊勢にむかった。実在が明らかな最初の斎王。六八六年(朱鳥元)天武の死後、同母弟の大津皇子が皇太子に謀反したとして捕らえられると、斎王の任を解かれて伊勢から戻った。「万葉集」は皇子との別れとその死を悲しんだ歌六首をのせる。

おおくぼし【大久保氏】 江戸時代の譜代大名家。下野国那須郡武茂荘大久保村の宇都宮朝綱の子孫とされる。南北朝期に泰藤が三河に移り、曾孫昌忠が松平信光に仕え、以後徳川氏の譜代の家臣となった。一五九〇年(天正一八)徳川家康の関東入国に際し、忠世が相模国小田原城主四万石、のち四万五〇〇〇石となり、忠世の死後嫡男忠隣(ただちか)が家督を継ぐが、讒訴(ざんそ)により一時改易、連坐した孫忠職がのち大名に復した。その後播磨国明石、肥前国唐津などをへて一六八六年(貞享三)忠朝のとき小田原藩一〇万石に入封、以後同藩主を継いだ。忠朝の次男教寛は、九八年(元禄一一)相模・駿河両国内で六〇〇〇石を分知され、のち加増により一万六〇〇〇石、荻野山中藩祖となる。忠世の弟忠為の子孫常春は、一七二五年(享保一〇)下野国で二万石を領し烏山藩主となった。三家とも維新後子爵。

おおくぼしぶつ【大窪詩仏】 1767.7.～1837.2.11 江戸後期の漢詩人。名は行、字は天民、通称は柳太郎、詩仏は号。常陸国に医者の子として生まれ、父に従って江戸に移住。山本北山の奚疑塾と市河寛斎の江湖詩社で儒学・漢詩文を学び、柏木如亭や菊池五山らとともに清新性霊の詩を提唱して、江戸の流行詩人となった。晩年は秋田藩に出仕。漢詩のほか草書と墨竹画もよくした。著書「詩聖堂詩集」「詩聖堂詩話」「西遊詩草」「北遊詩草」。

おおくぼただざね【大久保忠真】 1781～1837.3.19 江戸後期の老中。相模国小田原藩主。父は忠顕。加賀守。一七九六年(寛政八)家督相続。一八〇〇年奏者番、〇四年(文化元)寺社奉行、一〇年大坂城代、一五年京都所司代。在任中、光格天皇から仁孝天皇への譲位があり、朝幕間を斡旋。一八年(文政元)老中となり、川路聖謨・矢部定謙らを抜擢。藩政では財政再建と農村復興政策を推し進め、二宮尊徳を登用した。

おおくぼただすけ【大久保忠佐】 1537～1613.9.27 織豊期の徳川家康の部将。父は忠員。一五五五年(弘治元)の蟹江の戦以後、三河一向一揆、三方原の戦、長篠の戦、長久手の戦、関ケ原の戦など戦陣のたびに大功をあげ、家康の天下統一に多大の功績を残した。一六〇一年(慶長六)駿河国沼津城主となり二万石を領した。

おおくぼただたか【大久保忠教】 1560～1639.2.1 江戸前期の旗本。父は忠員。通称彦左衛門。三河国に生まれ、一五七五年(天正三)から徳川家康に仕える。七六年遠江国乾の戦の初陣以来、八一年の遠江国高天神城攻め、八五年の信濃国上田城攻めなど戦陣のたび戦功をあげた。九〇年武蔵国で二〇〇〇石を領する。一六一四年(慶長一九)甥の大久保忠隣改易に際し、駿府によばれ三河国で新たに一〇〇〇石を与えられた。大坂の陣には鑓奉行として従った。三二年(寛永九)旗奉行となり、三三年三河国で一〇〇〇石を加増、計二〇〇〇石を領した。著書「三河物語」。

おおくぼただちか【大久保忠隣】 1553～1628.6.27 江戸初期の大名。父は忠世。相模守。三河国生れ。一五六三年(永禄六)から徳川家康に仕え、のち戦陣ごとに大功をあげて勇名をはせ、旗本からも絶大な信望を集めた。九〇年(天正一八)武蔵国羽生城主となり二万石を領する。九三年(文禄二)徳川秀忠に付けられ家老職。翌年、父の遺領を継ぎ相模国小田原城主となり六万五〇〇〇石を領した。一六〇〇年(慶長五)関ケ原の戦では秀忠に従い、同年相模守。秀忠の将軍職後継に際して、家康から本多正信らとともに諮問をうけ、秀忠を強く押す忠隣の意見がいれられた。一四年キリシタンの詮索のため上京中に突然改易、その裏に本多正信との確執があったといわれる。

おおくぼただひろ【大久保忠寛】 1817.11.29～88.7.31 幕末期の幕臣、明治期の政治家。父は忠向。隠居名は一翁。老中阿部正弘のもとで目付・長崎奉行・駿府奉行・京都町奉行となるが、井伊直弼政権で左遷。一八六一年(文久元)蕃書調所頭取に再任、外国奉行、翌年大目付を兼ね、将軍徳川家茂の信任を得て側御用取次となるが、一橋慶喜らと意見があわず罷免。六八年(明治元)会計総裁・若年寄に登用され、江戸開城と徳川家処分に奔走。明治期は東京府知事、元老院議官などを歴任。

おおくぼただよ【大久保忠世】 1532～94.9.15 織豊期の徳川家康の部将。相模国小田原藩祖。父は忠員。三河国上和田郷生れ。一五四六年(天文一五)三河国渡村の戦での初陣以来、三河一向一揆の平定、長篠の戦、信濃国上田城攻めなど、九〇年(天正一八)豊臣秀吉の小田原攻めまで多くの戦陣に参加し、著しい戦功をあげた。同年の家康関東入国に際し、小田原城主となり四万五〇〇〇石を領した。

おおくぼとうごろう【大久保藤五郎】 ?～1617 近世初頭の江戸水道の創始者。徳川家康の家臣。三河国生れ。一五六三年(永禄六)の一向一揆で負傷し歩行が不自由になったという。家康の江戸入府に際し上水道の開設を命じられ、のちの神田上水のもとになったものを見立てたとされる。その功により代々主水を名乗る。菓子の製造を好み、死後三〇〇石が収公されたのち、子孫は町人となり幕府御用達の菓子司を営んだ。

おおくぼとしあき【大久保利謙】 1900.1.25～95.12.31 昭和・平成初期の歴史家・日本近代史学者。東京都出身。鳥取県知事大久保利武(利通の三男)の長男。東大卒。明治文化史・憲政史研究にあたる。一九四三年(昭和一八)侯爵・貴族院議員。第二次大戦後、国立国会図書館憲政資料室の創設に尽力し、近代史料の保存・収集・調査に貢献。名古屋大学・立教大学の教授を歴任。第一次史料を駆使した実証的方法で、近代日本政治史・思想史・教育史・人物評伝など広い分野に業績をあげた。朝日賞受賞。「大久保利謙歴史著作集」全八巻。

おおくぼとしみち【大久保利通】 1830.8.10～78.5.14 幕末～明治初期の政治家、明治維新の指導者。幼名は一蔵、号は甲東。鹿児島藩下級藩士の出身。藩主島津斉彬の信任をうけ、その死後は島津久光のもとで藩政改革・国事に奔走。西郷隆盛らとともに倒幕運動を推進し、一八六七年(慶応三)一二月、岩倉具視らと連携して王政復古の政変を実現。新政府の参与・参議・大蔵卿などを務め、版籍奉還・廃藩置県に尽力。七一～七三年(明治四～六)岩倉遣外使節団の副使として欧米諸国を視察。帰国後、西郷隆盛の朝鮮派遣(征韓論)に反対して明治六年の政変を招いた。政変後、参議兼内務卿として明治政府の中心となり、殖産興業政策に全力をそそぐとともに、漸進的な立憲政体の樹立をめざすなど日本の近代化の推進につとめた。七四年清国に赴き台湾出兵の善後処理に従事。あいつぐ保守派士族の反乱に強硬姿勢で対処。七七年西郷を擁する鹿児島士族の反乱(西南戦争)の鎮圧にあたったが、翌年五月一四日、不平士族に襲われ死去。維新の三傑の一人。

おおくぼながやす【大久保長安】 1545～1613.4.25 江戸初期の代官頭。通称藤十郎・十兵衛。石見守。甲斐国生れ。猿楽師大蔵大夫の次男。武田氏滅亡後徳川家康に仕え、大久保忠隣から大久保姓を与えられる。家康の関東入国後は、武蔵八王子陣屋で関東十八代官や八王子千人同心を統轄。伊奈忠次とともに各地の検地を行い、大久保縄・石見検地と称された。一里塚や伝馬宿の設置による交通制度の確立、江戸・駿府・名古屋の築城工事への参与、石見・伊豆両銀山、佐渡金山の採掘や木曾の林業開発に成功。美濃・大和の国奉行も担当。死の直後、生前の不正を理由に遺子七人は切腹、信濃国松本藩主石川康長などの大名や代官が多く連坐して失脚した。

おおくぼひこざえもん【大久保彦左衛門】 ⇨大久保忠教

おおくまうじひろ【大熊氏広】 1856.6.13～1934.3.20 明治・大正期の彫刻家。武蔵国足立郡生れ。工部美術学校でラグーザに学び、助手となる。一八八二年(明治一五)卒業後、工部省出仕となり、皇居造営に参加。八八年渡欧し、パリやローマで学ぶ。「大村益次郎銅像」(靖国神社)ほか、福沢諭吉・大久保利通らの肖像を制作し、彫刻界の重鎮として活躍した。東京彫工会会員。

おおくまことみち【大隈言道】 1798～1868.7.29 江戸後期の歌人。父は福岡の富商大隈茂助言朝。通称清助。号は池萍堂・南堂・篠廼舎・小竹園・鳧居室・観水居・大熊・平堂。屋号は米屋。幼くして二川相近に入門、和歌と書を学び、三五歳頃には独自の新風を開いた。咸宜園に入って広瀬淡窓にも学んだ。中島広足・萩原広道・八田知紀・近藤芳樹らとの交友も知られる。法号萍堂言道居士。家集「草径集」、歌論書「こぞのちり」。

おおくましげのぶ【大隈重信】 1838.2.16～1922.1.10 明治・大正期の政治家。佐賀藩士の家に生まれる。幕末期尊王攘夷急進派として活躍、新政権では徴士・参与・外国官副知事・会計官副知事などを務め、一八七〇年(明治三)参議に就任、財政通として近代産業の育成に努めた。八一年開拓使官有物払下げや国会開設問題で伊藤博文らと対立、参議罷免(明治十四年の政変)。翌年立憲改進党を創立、東京専門学校(現、早稲田大学)を創設。八八年外務大臣となり条約改正交渉に臨むが、外国人裁判官任用問題で辞職。九六年進歩党、九八年憲政党を結成、同年日本初の政党内閣を組織するも、四カ月余で退陣。一時政界を離れ大日本文明協会の設立など文化運動に尽力した。一九一四年(大正三)第二次大隈内閣を組織。一六年退陣、政界から引退した。著書「開国五十年史」。

おおくめのみこと【大久米命】 久米氏の祖と伝える伝説上の人物。神武朝の人といい、「古事記」によれば神武東征の際、大伴氏の祖の道臣命とともに大和の宇陀の兄宇迦斯などを殺し、また天皇が后を求めた際、三島湟咋の孫の富登多多良伊須須岐比売命をすすめたという。「日本書紀」では、大久米命は道臣命に率いられ、神武求婚譚にも現れず、畝傍山の西の川辺の地を賜ったとあり、「古事記」と相違する。

おおくらうじ【大蔵氏】 古代～中世の豪族。渡来系の東漢氏の枝族で、氏の名は朝廷の大蔵の管理にあたったことによる。八～九世紀には中央の中下級官人として活動したが、九四〇年(天慶三)に藤原純友の乱の追捕使主典として九州に下向した春実や、一〇一九年(寛仁三)の刀伊の入寇に活躍した孫の種材らによって、大宰府管内に勢力を扶植した。一一世紀半ば以降は大宰大監職を世襲し、筑前を中心とする九州各地に所領を形成して在地領主化した。

おおくらきはちろう【大倉喜八郎】 1837.9.24～1928.4.22 明治期の実業家。越後国生れ。若くして江戸に出て乾物店を営んだのち、幕末の政情に着目して一八六五年(慶応元)大倉屋銃砲店を開業、横浜の外国商人から仕入れた銃砲を幕府・諸藩に売りさばいて巨利を得た。七三年(明治六)大倉組商会を設立して貿易業に着手、七四年の台湾出兵、日清・日露戦争で軍御用達商として活躍した。一方、朝鮮・中国での利権獲得に積極的にのりだし、満州に合弁の本渓湖煤鉄公司を設立するなど内外に事業を拡張し、大倉財閥を築いた。教育・文化事業にも関心をもち、大倉高等商業学校(現、東京経済大学)・大倉集古館などを設立。

おおくらとらあきら【大蔵虎明】 1597～1662.1.

13　江戸前期の狂言役者。大蔵流宗家一三世。弥右衛門と称する。一二世虎清の子。山城国生れ。はじめ奈良で活動したが、一六一三年(慶長一八)駿府に下り、のち江戸で活躍する。大蔵流中興の祖とされる。三六年(寛永一三)に間狂言八七曲、四二年に狂言二三七曲の台本の筆録を完了(「虎明本」とよぶ)、口伝の演出を台本として定着させた。ほかに伝書「わらんべ草」。

おおくらながつね【大蔵永常】 1768～1860?　江戸時代の三大農学者の一人。豊後国日田郡隈町の商家兼業農家に生まれ、生蠟問屋に奉公。二〇歳の頃離郷し、九州各地を放浪。一七九六年(寛政八)大坂に出、苗木・農具取次商として畿内各地を回るうち、農民向けの参考書の必要を感じ、一八〇二年(享和二)「農家益」を出版。二五年(文政八)江戸に移り、農書の著述に専念しながら全国各地の取材と調査を行った。三四年(天保五)渡辺崋山のすすめで三河国田原藩の興産方となるが、三九年の蛮社の獄にともない解雇。のち水野忠邦の遠江国浜松藩に一時仕えた。七九歳で再び江戸に戻り、さらに大坂に移って著述に専念。「広益国産考」「農具便利論」「綿圃要務」「老農茶話」「油菜録」「製油録」など著書多数。

おおくらのたねき【大蔵種材】 生没年不詳。平安中期の大宰府府官。春実の孫。種光の子。一〇〇八年(寛弘五)前大宰少監として罪を犯し左衛門府弓場に拘禁されたことが「小右記」にみえるが、詳細は不明。一〇一九年(寛仁三)の刀伊の入寇に、七〇歳をこえながらも、大宰少弐兼筑前守源道済らと博多津の防衛にあたり、功績により壱岐守に任命され、大蔵氏の大宰府府官としての地位を確立した。

おおくらのはるざね【大蔵春実】 生没年不詳。平安中期の衛府官人。「大蔵氏系図」に村主の子で対馬守従五位下とある。九四〇年(天慶三)右衛門志のときに藤原純友の乱の追捕使主典に任命され、長官小野好古に従って純友を追い、翌年純友が大宰府を焼いた際、追捕使判官藤原慶幸と船で博多津から純友軍に突入して撃破。この乱での春実の活躍は、大蔵氏が大宰府管内に勢力を強めるきっかけとなったとされる。

おおくらのよしゆき【大蔵善行】 832～?　平安前期の儒者・実務官人。伊美吉姓からのちに朝臣姓を賜った。国司や八省の下僚を歴任し、宇多・醍醐両朝には大外記として活躍し、従四位下まで昇った。蔵人所に伺候し御書を校定し、「顔氏家訓」を教授。また藤原基経や同忠平の侍読を勤めるなど、儒者としての名声を高めた。七〇の算賀には藤原時平ら多くの門人が集まった。「三代実録」「延喜格式」の編纂にも参画した。

おおげつひめのかみ【大気都比売神】 大宜都比売とも。ゲはケの連濁で食物の意。「古事記」でイザナキ・イザナミの国生みで生まれた「粟(阿波)の国」の名。またそれとは別に、八百万の神が食物を求めた神の名。この神は鼻・口・尻から種々の食物をとりだし調理したが、それをみたスサノオが汚らわしいとして殺すと、死体から稲などの穀物や蚕が生じ、カミムスヒがそれらを集めて種とした。「日本書紀」一書ではウケモチの話として語られる。このような穀物起源説話はインドネシアにもあり、関連が推測される。

おおこうちかずお【大河内一男】 1905.1.29～84.8.9　昭和期の社会政策学者。東京都出身。東大卒。一九四五年(昭和二〇)東京帝国大学経済学部教授。六三～六八年東京大学総長。社会政策・労働問題研究に大きな業績を残す。著書「独逸社会政策思想史」「社会政策の基本問題」「社会政策」。

おおこうちし【大河内氏】 近世の譜代大名家。寛喜年間(一二二九～三二)摂津多田氏の一族顕綱が、三河国額田郡大河内郷(現、愛知県岡崎市)に居住したことから大河内を称するという。秀綱のときから徳川家康に仕え、秀綱の次男正綱が長沢松平氏の正次の家を継いで大河内松平氏が成立した。宗家は一六三五年(寛永一二)から筆頭老中を勤めた信綱、寛政の改革時に老中を勤めた信明らを出し、一七四九年(寛延二)以降、三河国吉田藩主七万石。維新後子爵。分家には父正綱の遺領二万石を継いだ正信の子孫の上総国大多喜藩主、信綱の五男信興を祖とする上野国高崎藩主の二家があり、いずれも維新後子爵。

おおこうちでんじろう【大河内伝次郎】 1898.2.5～1962.7.18　昭和期の映画俳優。本名大辺男。福岡県出身。はじめ新国劇の俳優だったが、一九二六年(大正一五)日活に入り映画俳優となる。「忠次旅日記」「血煙高田馬場」「新版大岡政談」などの時代劇が有名。戦後は渋い演技で現代劇にも出演した。当り役には丹下左膳がある。

おおこうちまさただ【大河内正質】 1844.4.10～1901.6.2　幕末期の老中格。上総国大多喜藩主。父は越前国鯖江藩主間部詮勝。大多喜藩主大河内正和の養子。豊前守。一八六二年(文久二)遺領相続。六四年(元治元)奏者番、六六年(慶応二)若年寄、六七年老中格。六八年(明治元)鳥羽・伏見の戦に敗戦し、責を負い逼塞。その後幽閉・赦免をへて、大多喜藩知事。廃藩後は陸軍歩兵少佐、貴族院議員などを務めた。維新の際、松平から本姓の大河内に改めた。

おおこうちまさとし【大河内正敏】 1878.12.6～1952.8.29　大正・昭和期の科学者・実業家。正質の長男。東京都出身。東大卒。一九一一年(明治四四)東京帝国大学教授となり、造兵学の近代化に努めた。一五年(大正四)貴族院議員。二一年理化学研究所所長に就任、財政難に苦しむ研究所のため、同所の発明を工業化する理研コンツェルンを創立、一五〇人余の博士を輩出した。四六年公職追放で所長を辞任。

おおさかやいへえ【大坂屋伊兵衛】 生没年不詳。江戸通町仲間に属する商人で、十組問屋の組織者。本名は川上正吉。一六九三年(元禄六)江戸―大坂間の海上輸送に関して、輸送業者である廻船問屋および船頭の専権を憂い、発起人となって荷主として大坂と取引のある江戸の問屋商人を糾合した。当時有力な海運業者だった鴻池家の後援を得て、翌年廻船問屋との交渉に成功、問屋商人を業種により十組に組織し、各組の行司に難破時の分散勘定や船員の検印などをさせた。この結果、江戸―大坂間の海運は発展した。

おおさかやりえもん【大坂屋利右衛門】 生没年不詳。江戸中期の江戸商人。一七二五年(享保一〇)同じ江戸商人の紀伊国屋源兵衛・野村屋甚兵衛とともに幕府に出願し、大坂御為替米御用会所を大坂に設置、盛んに買米を行ったが、同会所は不振で翌年廃止となった。幕府の享保の改革期の米価引上政策を背景に活躍した商人だが、これ以降の活動は不明。

おおさかゆうきち【大幸勇吉】 1866.12.22～1950.9.9 明治～昭和期の化学者。加賀国生れ。東大卒。ドイツ留学後、京都帝国大学教授。電気化学工業の基礎を築く。著書「物理化学」。

おおさきし【大崎氏】 中世陸奥国の戦国大名。大崎五郡(現、宮城県北部)に勢力をふるった斯波氏の一族。清和源氏。一三五四年(文和三・正平九)斯波高経の弟家兼が奥州管領(のち奥州探題)として陸奥国に下ったのに始まる。大崎の名は斯波氏の所領の下総国大崎にちなみ、その地名が陸奥国玉造郡に移され、本拠としたという。長子直持の子孫が奥州探題職を世襲、戦国期には賀美・玉造・栗原・志田・遠田の五郡を支配。一五世紀が全盛期で、近隣の留守氏や葛西氏を勢力下に収めたが、のち伊達氏に従属。一五九〇年(天正一八)義隆のとき、豊臣秀吉に所領を没収され滅亡。

おおさきよしたか【大崎義隆】 生没年不詳。織豊期の武将。陸奥国大崎名生城主。義直の子。奥州探題を代々世襲した大崎氏最後の当主。近隣の氏家吉継や伊達政宗らと抗争したが、一五八九年(天正一七)伊達氏に属す。九〇年小田原攻めへの不参を理由に豊臣秀吉に所領を没収される。その後蒲生氏郷に仕え、のち上杉景勝のもとに身を寄せた。

おおざつましゅぜんだゆう【大薩摩主膳太夫】 1695?～1759.5.8 浄瑠璃大薩摩節の太夫。常陸国水戸生れ。薩摩浄雲系統の江戸の古浄瑠璃の一派である薩摩外記の門弟。外記没後の一七二〇年(享保五)大薩摩主膳、二九年大薩摩主膳太夫を名のる。二世市川団十郎の荒事「曾我物」の伴奏音楽として大薩摩節を確立。太夫名は江戸時代に三世まで知られる。

おおさわしろうえもん【大沢四郎右衛門】 ?～1639.8.26 近世初期の海外貿易家。諱は光中。父祖は代々西国筋一帯に廻船業をいとなみ、曾祖父の行元以来、織豊政権と密接な関係をもち、兵粮米や木材・石材などの運輸に従事した。四郎右衛門の代に海外貿易に進出、末次平蔵の朱印船の船長として安南(ベトナム)に渡航し、多彩な交易活動を行った。

おおさわぜんすけ【大沢善助】 1854.2.9～1934.10.10 明治・大正期の実業家。京都生れ。侠客大沢清八の養子となり善助を名のる。古物商を手はじめに経済活動に従事。一八九二年(明治二五)に貿易業大沢商会を設立する一方、同年以後三三年間にわたり京都電灯会社の社長を務め、電力・電気鉄道各社の創立に参加。この間、新島襄により洗礼をうけ、京都政界でも活躍した。

おおしおへいはちろう【大塩平八郎】 1793.1.22～1837.3.27 江戸後期の大坂町奉行所与力、儒学者。名は後素、字は子起、通称は平八郎、中斎と号した。父敬高の没後、家職の与力を継ぎ、のちに大坂町奉行高井山城守実徳に重用され吟味役となる。在任中は手腕をふるい名声を高めたが、高井の辞職に際しみずからも辞職。文武両道に秀で、学問では陽明学を修め、私塾洗心洞で大坂の与力・同心や近隣の豪農とその子弟などに教授した。一八三六年(天保七)の大飢饉のとき、東町奉行跡部良弼に窮民の救済を上申したが聞きいれられず、翌年近隣の農村に檄をとばし挙兵、失敗し逃亡、約四〇日後に市中潜伏中を発見され自刃した(大塩の乱)。著書「古本大学刮目」「洗心洞箚記」。

おおしこうちうじ【凡河内氏】 凡川内・大河内とも。凡河内国造をだした氏族。「古事記」「日本書紀」は天津彦根命を祖と記し、「国造本紀」には神武朝に彦己曾保理命が国造になったとの伝承をのせる。姓は直(のち連、忌寸)。清内宿禰の賜姓にあずかった者もいる。河内・和泉・摂津国を支配する国造で、西摂津地域を本拠とし、務古(武庫)水門をおさえたのが発展の契機となった。吉士とともに外国使節を迎接した例があり、大和政権で活躍した。平安前期の歌人凡河内躬恒は著名。

おおしこうちのみつね【凡河内躬恒】 生没年不詳。平安前期の歌人。三十六歌仙の一人。諶利の子とも、系譜不詳とも伝える。八九四年(寛平六)甲斐少目。以後の官歴も不遇で、最高位は淡路権掾。紀貫之と並ぶ「古今集」の代表歌人で、紀友則・貫之・壬生忠岑とともに「古今集」の撰者を勤めた。歌合への参加、屏風歌の制作も多く、歌人としての評価は高かった。「古今集」の六〇首を含め、勅撰集に一九

○首あまりが入集。家集「躬恒集」。

おおしたとうじろう【大下藤次郎】 1870.7.9～1911.10.10　明治期の水彩画家。東京都出身。中丸精十郎・原田直次郎に師事し、水彩風景画に専心。一八九八年(明治三一)のオーストラリア旅行、一九〇二年の欧米旅行をへて、静謐な画風を確立する。同年太平洋画会創立に参加。「水彩画之栞」刊行、雑誌「みずゑ」創刊、水彩画研究所設置、各地で講習を行うなど、水彩画普及に努めた。代表作は第一回文展出品作「穂高山の麓」。

おおしまうきち【大島宇吉】 1852.3.6～1940.12.31　明治～昭和前期の政治家・新聞経営者。尾張国生れ。愛知自由党で活動し、一八八四年(明治一七)県議会議員。八七年「愛知絵入新聞」を創刊、翌年「新愛知」と改題し、近県にも進出する。一九一九年(大正八)立憲政友会の衆議院議員。三八年(昭和一三)「国民新聞」を買収して東京進出に成功した。

おおしまうりん【大島有隣】 1755～1836.10.22　江戸後期の心学者。名は義展、通称は幸右衛門、有隣は号。武蔵国生れ。中沢道二から心学を修めた。道二の没後、植松自謙と交替で参前舎主を勤めた。津和野藩亀井氏や浜田藩松平氏の招きをうけ領内を巡講したほか、しばしば大名や旗本の屋敷に招かれ講釈している。道二に続いて人足寄場の教諭方となり、心学道話を行った。著書「心学初入手引草」「心学心得草」。

おおしまきじ【大島喜侍】 ?～1733.4.13　江戸中期の数学者。通称善左衛門、号は芝蘭。前田憲舒・島田尚政・中根元圭らに数学・測量を学ぶ。大坂の呉服商だったが、家業をかえりみず数学に没頭したため破産し、以後、近畿・四国に数学指導の旅をして各地に著書を残した。

おおしまけんいち【大島健一】 1858.5.9～1947.3.24　明治・大正期の陸軍軍人。美濃国生れ。陸軍中将大島浩の父。陸軍士官学校卒業後、ドイツ・フランスに留学。山県有朋の信頼を得、参謀本部第四部部長・参謀次長などを歴任。一九一三年(大正二)中将となり、第二次大隈・寺内内閣で陸相。一九年予備役編入後、貴族院議員・枢密顧問官。

おおしまさだます【大島貞益】 1845.2.17～1914.10.19　明治期の経済学者。但馬国出石藩の洋兵学者の子に生まれ、江戸で箕作麟祥に英学を学ぶ。維新後は政府の翻訳業務などに従事。一八八四～八七年(明治一七～二〇)群馬県立前橋中学校校長。七七年にマルサスの人口論を紹介したのをはじめ、外国経済学書の翻訳を行う。九〇年には富田鉄之助・陸羯南らと国家経済会をおこし、「国家経済会報告」の初代編集長として保護貿易論を唱えた。

おおしまたかとう【大島高任】 1826.5.11～1901.3.29　幕末～明治前期の製鉄・鉱山技術者。陸奥国岩手郡生れ。盛岡藩の侍医の長男。藩命により長崎に留学、西洋の砲術・兵法・鉱山採掘・精錬などを学んだ。水戸藩から反射炉建設の依頼をうけ、鉄の生産に成功。一八五七年(安政四)には盛岡藩釜石村大橋(現、岩手県釜石市)で日本初の洋式溶鉱炉による製鉄に成功した。明治維新後は政府の鉱山開発政策を指導した。

おおしまとものじょう【大島友之允】 1826.6.23～82.8.9　幕末期の尊攘派志士。対馬国府中藩士。名は正朝。一八六二年(文久二)藩の家老佐須伊織を倒し、のち大坂留守居役兼国事周旋掛となり藩政に重きをなした。明治維新後征韓論を唱え、七〇年(明治三)外務省に出仕、翌年藩参政となる。辞職後は九州各地を歴遊した。

おおしまひさなお【大島久直】 1848.9.5～1928.9.27　明治期の陸軍軍人。秋田藩士として戊辰戦争に従軍。一八七一年(明治四)陸軍中尉。監軍部参謀長・陸軍大学校校長・歩兵第六旅団長・台湾総督府陸軍参謀長などを務め、日露戦争では、第九師団長として旅順攻略に功をたてた。一九〇六年大将に昇り、教育総監・軍事参議官などを歴任。

おおしまひろし【大島浩】 1886.4.19～1975.6.6　昭和期の陸軍軍人・外交官。岐阜県出身。陸軍大学校卒。参謀本部勤務、駐ドイツ武官補佐官などをへて、一九三四年(昭和九)駐ドイツ武官。日独防共協定締結を推進、三八年駐ドイツ大使。日独伊防共協定強化交渉にたずさわるが、大島の政策と背反する独ソ不可侵条約締結による交渉決裂後退任。四〇年駐ドイツ大使に再任され、親独政策を主唱。第二次大戦後A級戦犯として終身刑を宣告されたが、五五年釈放された。

おおしまみちたろう【大島道太郎】 1860.6.18～1921.10.5　明治・大正期の製鉄技術者。陸奥国盛岡生れ。製鉄技術者大島高任の子。大学南校・東京大学理学部をへて一八七七年(明治一〇)ドイツに留学。フライベルクの鉱山学校を卒業。御料局技師をへて八幡の官営製鉄所の設立にあたり、九九年製鉄所技術長兼工務部部長。一九〇八年東京帝国大学工科大学教授となり冶金学を講じた。一四年(大正三)漢冶萍公司最高顧問技師となり、任地の中国大冶で没した。

おおしまりょうた【大島蓼太】 ⇨蓼太

おおすがおつじ【大須賀乙字】 1881.7.29～1920.1.20　明治・大正期の俳人。福島県出身。本名績。中学時代から句作を始める。東大入学後、河東碧梧桐に入門。一九〇八年(明治四一)「俳句界の新傾向」を発表して新傾向俳句の提唱者となる。のち新傾向批判の立場をとり、碧梧桐などと対立、伝統尊重の立場から多くの俳論を著す。「乙字句集」がある。

おおすがし【大須賀氏】 中世下総国の豪族。桓武平氏。千葉六党の一つ。千葉常胤の四男胤信が、大須賀保（現、千葉県大栄町）を本拠に大須賀氏を称したのに始まる。胤信は父常胤に従い、鎌倉幕府創設に貢献、また胤信の子胤氏は宝治合戦で、千葉秀胤を上総一宮に攻略。南北朝期以降も千葉氏一族として活躍、一五九〇年（天正一八）豊臣秀吉に滅ぼされた。陸奥・甲斐・三河諸国などにも一族が栄え、このうち康高は徳川家康に仕えて遠江国横須賀城主となるが、孫の忠次のとき榊原氏を継ぎ絶家。

おおすぎさかえ【大杉栄】 1885.1.17～1923.9.16 大正期の無政府主義の社会運動家・思想家。香川県出身。陸軍幼年学校中退。東京外国語学校在学中に平民社に出入りし社会主義に傾倒、無政府主義者として大正初年からきびしい弾圧下に活発に活動。ボリシェビキに反対し、革命をめぐり堺利彦・山川均らボリシェビキ派とアナ・ボル論争を展開。関東大震災の混乱のなか、憲兵大尉甘粕正彦らに惨殺された。

おおずてつねん【大洲鉄然】 1834.11.5～1902.4.25 明治期の宗教家。浄土真宗本願寺派僧侶。周防国生れ。一八六六年（慶応二）の第二次長州戦争では護国団を組織して参戦。明治維新後、本山改革を唱えて宗教行政の改編を行い、島地黙雷らの政教分離運動を支援し、真宗の大教院分離運動に参加。その後要職を歴任。

おおすみみねお【大角岑生】 1876.5.1～1941.2.5 明治～昭和前期の軍人。海軍大将。男爵。愛知県出身。海軍兵学校（二四期）・海軍大学校卒。海軍省軍務局長・海軍次官などを歴任。一九三一年（昭和六）犬養内閣の海相となり、その後斎藤内閣・岡田内閣でも海相を務める。この間条約派を一掃する人事、軍令部の権限強化、軍縮条約からの脱退などを行った。

おおぜきし【大関氏】 中世下野国の豪族。那須衆（那須七騎）の一つ。家伝では、武蔵七党丹党で武蔵国大関出身とするが、実際は常陸国大関（現、茨城県下館市）から出た土豪とみられる。南北朝期、家清のときから那須氏に従い、芦野・福原・大田原などの諸氏と那須衆として活躍。戦国期、増次のとき家が絶えたが、大田原氏から高増が入り名跡を継いだ。のち豊臣・徳川両氏に従い、下野国黒羽藩主。維新後、子爵。

おおぜきますなり【大関増業】 1782.9.～1845.3.19 江戸後期の大名。下野国黒羽藩主。父は伊予国大洲藩主加藤泰衑。黒羽藩主大関増陽の養子。土佐守。号は括嚢斎。一八一一年（文化八）家督相続。翌年初入国。三九～四〇年（天保一〇～一一）大坂加番、四二年常盤橋門番を勤める。四三年藩政の方針を定めた「創垂可継」七一巻を編纂した。

おおぜきますひろ【大関増裕】 1837.12.9～67.12.9 幕末期の大名。下野国黒羽藩主。父は遠江国横須賀藩主西尾忠善の世子忠宝。黒羽藩主大関増徳の養子。肥後守。一八六一年（文久元）家督相続。六二年幕府講武所奉行に抜擢される。のち陸軍奉行兼帯。六三年病により辞職し、初入国。六五年（慶応元）海軍奉行、六六年若年寄格海軍奉行兼帯。六七年若年寄となり、幕政に参画したが在国中に没した。

おおぜきわしちろう【大関和七郎】 1836～61.7.26 幕末期の尊攘派志士。黒沢勝正の三男。叔父の水戸藩士大関増賀の養子となる。安政年間水戸藩に下りた密勅の返納に強く反対。脱藩して一八六〇年（万延元）三月三日、桜田門外で同志と大老井伊直弼を襲撃した。事件後熊本藩邸に自訴し、翌年七月処刑。

おおせじんたろう【大瀬甚太郎】 1865.12.24～1944.5.29 明治・大正期の教育学者。加賀国生れ。東大卒。一八九一年（明治二四）第五高等中学校教授。在職中ドイツ・フランスに留学。帰国後は東京高等師範教授、東京文理科大学学長を歴任。主著「欧州教育史」は西洋教育史研究の先駆的業績。

おおたあきら【太田亮】 1884.7.1～1956.5.27 昭和期の日本史学者。奈良県出身。神宮皇学館卒。山梨県立高等女学校・内務省などをへて、一九四一年（昭和一六）立命館大学教授。第二次大戦後は近畿大学・専修大学の教授を歴任。古代の氏族制度と系譜学を多年研究し、その集大成ともいうべき「姓氏家系大辞典」は不朽の労作。著書「日本上代に於ける社会組織の研究」「日本国誌資料叢書」。

おおたがきしろう【太田垣士郎】 1894.2.1～1964.3.16 第二次大戦後の代表的な電力業経営者。兵庫県出身。京大卒。京阪神急行電鉄（現、阪急電鉄）社長をへて、一九五一年（昭和二六）に新設の関西電力の社長となり、民営企業の利点を生かすため、サービス向上を強く主張。電力不足に対処するため木曾川筋の丸山発電所（岐阜県）、最新鋭設備を擁する多奈川火力発電所（大阪府）を建設し、社運を賭けて黒部川第四発電所（黒四ダム、富山県）を六三年に完成させた。

おおたがきれんげつ【太田垣蓮月】 1791.1.8～1875.12.10 江戸後期の歌人。父は伊賀国上野の城代家老藤堂良聖。生後一〇日で京都知恩院門跡の坊官大田垣伴左衛門光古の養女となる。名は誠。蓮月は法名。菩薩尼・陰徳尼と称した。和歌を六人部是香・上田秋成・香川景樹に学び、小沢蘆庵にも私淑した。村上忠順・橘曙覧・野村望東尼・高畠式部など歌友も多い。陶芸にも優れ、蓮月焼が珍重された。家集「海人の刈藻」。

おおたかげんご【大高源五】 1672～1703.2.4 一七〇二年（元禄一五）の赤穂事件で、吉良義央を討った浪士の一人。名は忠雄。父は播磨国赤穂藩士大高兵左衛門。同藩では中小姓・金奉行・腰物方などを勤めた。藩主自刃、藩とりつぶし後、町人に姿を変え、吉良邸を探った。討入り後、松山藩久松松平家上屋敷に預けられ、翌年幕命により自刃。子葉の号をもつ俳人でもあった。著書「丁丑紀行」。芭蕉門下の其角とも交流があったとされる。

おおたかさかしざん【大高坂芝山】 1647～1713.5.2 江戸中期の南学派の儒学者。名は季明、字は清介。芝山・一峰・黄軒と号す。土佐国生れ。谷一斎に学び性理学を究め、文章をよくした。一六六四年(寛文四)京都で薙髪し、岡立庵と称した。のちに江戸に移り大高坂清介と改名、儒者として岩城・内藤・稲葉・久松の各大名に仕え、一六九六年(元禄九)に隠居。「芝山会稿」「海南諸儒伝」「南学遺訓」などの著書があり、南学派の儒者として異端を排斥した。

おおたぎゅういち【太田牛一】 1527～? 織豊期の武将。軍記作者。通称は又助・資房。尾張国生れ。足軽として織田信長に仕え、武功をたて近江国の奉行を勤める。信長没後は豊臣秀吉の検地奉行・蔵入地代官となり、秀頼にも仕えた。のち大坂玉造に隠退。仕官時の日記や記録をもとに著した「信長公記」「大かうさまくんきのうち」「関ケ原御合戦双紙」「太田和泉守覚書」などの軍記・記録は儒教的立場からの潤色もみられるが、史料的価値は高い。

おおたきんじょう【太田錦城】 1765～1825.4.23 江戸中期の折衷学者。名は元貞、字は公幹・才佐。錦城は号。加賀国大聖寺藩医樫田玄覚の七男として生まれたが医を業とせず、学を志す。皆川淇園・山本北山に学ぶが、意に満たず独学。幕府医官多紀桂山の後援で世に知られ、三河国吉田藩・加賀国金沢藩に禄仕した。経学に長じ考証をよくした。市井の儒者・文人として人気を博したが、寛政期には異端視された。著書「九経談」「春草堂詩集」「疑問録」。

おおたぐろともお【太田黒伴雄】 1835～76.10.24 明治初年の士族反乱指導者。旧姓は飯田。神官太田黒伊勢の養子。肥後国生れ。朱子学・陽明学を学び、のち国学者林桜園に師事。尊王攘夷運動に参加。郷里で国学と敬神思想を説いて信望を集め、旧熊本藩士族有志と神風連(敬神党)を結成・主宰した。一八七六年(明治九)三月の廃刀令に憤激。一〇月二四日神意を受けたとして同志と神風連の乱をおこしたが、重傷を負い自刃。

おおたけかんいち【大竹貫一】 1860.3.12～1944.9.22 明治～昭和前期の政党政治家。越後国生れ。新潟英語学校に学ぶ。一八八六年(明治一九)新潟県議、九四年第三回総選挙で衆議院議員に当選、以後当選一六回。対外硬派として知られ、国民同盟会などに関係。大正期には普選運動を推進。一九三二年(昭和七)国民同盟に参加。三八年貴族院議員。

おおたし【太田氏】 ❶中世～近世の武家・大名家。清和源氏。頼政の子孫資国が丹波国太田郷(現、京都府亀岡市)に住み、太田氏を称したのに始まる。資清のとき、扇谷上杉氏に仕えた。子の道灌は江戸城を築き、扇谷定正の重臣として活躍したが、定正に殺された。のち子孫は江戸太田・岩槻太田にわかれ、岩槻太田氏は後北条・里見・佐竹氏に従って衰えた。江戸太田氏は江戸時代大名となり、一七四六年(延享三)から遠江国掛川藩主五万石。維新後、子爵。

❷鎌倉・室町幕府の問注所執事家。鎌倉幕府の初代問注所執事、三善康信の子太田康連に始まる。その姓は康連が備後国太田荘桑原方(現、広島県甲山町)を支配したことに由来。康連以降、鎌倉・室町両幕府の問注所執事を世襲。●三善氏

❸鎌倉時代の但馬国守護家。源頼朝に仕えた常陸房昌明が、但馬国太田荘(現、兵庫県但東町)を支配したのに始まるという。承久の乱での功により、昌明は同国守護となり、以後政頼らがこれを継いだ。

おおたすけきよ【太田資清】 1411～92.2.2 室町時代の関東の武将。扇谷上杉氏の家宰。入道して道真。資長(道灌)の父。一四五〇年(宝徳二)山内上杉氏の家宰長尾景仲らとともに、鎌倉付近などで鎌倉公方足利成氏と戦った(江ノ島合戦)。五四年(享徳三)成氏が山内上杉憲忠を謀殺すると、五五年(康正元)再び成氏と戦ったが(分倍河原の戦)、同年家督を資長に譲る。歌人でもあり、六九年(文明元)武蔵国河越城で催した連歌「河越千句」は有名。

おおたすけまさ【太田資正】 1522～91.9.8 戦国期～織豊期の武将。資頼の子。武蔵国岩槻城(現、埼玉県岩槻市)城主、ついで常陸国片野城(現、茨城県八郷町)城主。三楽斎道誉。扇谷上

●太田氏❶略系図

資国……資清(道真)―資長(道灌)┬［江戸太田］資康―資高―康資―重正(重政)―資宗［下野山川藩 浜松藩］……資俊［館林藩 掛川藩］―資言＝資始―資功―資美(子爵)［柴山藩 松尾藩］
└［岩槻太田］資家―資頼―資正―政景

杉氏の重臣で、主家が一五四六年(天文一五)河越城合戦で後北条氏に滅ぼされたのちも後北条氏と戦い、六一年(永禄四)上杉謙信の小田原攻め、六四年国府台の戦などに参加。同年子氏資が後北条氏に通じ、岩槻城を追われた。以後佐竹義重に保護されて片野城に拠り、失地回復をはかって織田信長・豊臣秀吉と通じた。

おおたすけむね【太田資宗】 1600～80.1.22 江戸前期の大名。備中守。父は重正。叔母は徳川家康の側室英勝院。はじめ家康に近侍し、一六一二年(慶長一七)徳川秀忠に付けられる。三二年(寛永九)書院番頭、一二月小姓組番頭を勤め徳川家光に近侍。翌年三月、六人衆の一人として幕政に参画、持弓・持筒などを支配した。三五年一万五〇〇〇石余。三八年島原の乱の際、幕府の上使を勤める。同年奏者番に転出して三河国西尾藩主となり、三万五〇〇〇石を領した。四一年から「寛永諸家系図伝」の編纂に従事。四四年(正保元)遠江国浜松藩主。

おおたすけもと【太田資始】 1799～1867.5.18 幕末期の老中。遠江国掛川藩主。父は近江国宮川藩主堀田正穀(まさざね)。掛川藩主太田資言(すけとき)の養子。一八一〇年(文化七)遺領相続。一八年(文政元)奏者番、二二年寺社奉行兼帯、二八年大坂城代、三一年(天保二)京都所司代、三四年老中就任。四一年水野忠邦の改革に反対して辞職させられ、翌年剃髪。五八年(安政五)老中再任、翌年大老井伊直弼(なおすけ)と対立して罷免、謹慎。六〇年(万延元)許され、六三年(文久三)老中に再々任するが、まもなく辞職。

おおたぜんさい【太田全斎】 1759～1829.6.16 江戸後期の儒者・音韻学者。備後国福山藩士の子。名は方、字は叔亀、通称八郎。儒学ことに考証に長じる。藩校創設に際し文学教授となり、ついで側用人・勝手掛・年寄格に進んだ。著書「韓非子翼毳(かんぴしよくぜい)」は木活字による苦心の自家出版。「漢呉音図」では独自の音韻論を示した。ほかに「俚言集覧」を編纂。

おおたたねこ【大田田根子】 記紀伝承上の人物。「古事記」では意富多多泥古。大物主神(おおものぬしのかみ)と活玉依媛(いくたまよりひめ)の子。崇神(すじん)天皇が災いの多いことを嘆いたとき、大物主神が倭迹迹日百襲姫(やまとととひももそひめ)命によりつき、神を祭れば災いは収まると告げた。しかし、祭った後もなお災いが続いたため、再び嘆くと大物主神が天皇の夢に現れ、神の子に祭らせればよいと告げた。天皇は早速天下に布告し、茅渟県陶邑(ちぬのあがたすえのむら)で大田田根子をみつけ、三輪に神を祭らせたという。また三輪君(みわのきみ)の始祖と伝える。

おおだちうじあき【大館氏明】 ?～1342.9.3 南北朝期の武将。宗氏の子。弥次郎。左馬助。一三三三年(元弘三)父とともに新田義貞に属して鎌倉攻めに参加、建武政権崩壊後は南朝方として畿内周辺を転戦。いったん足利尊氏に降参するが、後醍醐天皇が吉野に移ると南朝の伊予国守護として同国に下り、土居・得能(とくのう)氏らとともに幕府方と交戦。四二年(康永元・興国三)脇屋義助が伊予で没すると、細川頼春ら幕府方の攻勢が強まり、同国世田城に攻められ自害。

おおだちし【大館氏】 中世の武家。清和源氏。新田政義の次男家氏が上野国大館(現、群馬県尾島町)に住み、大館氏を称したのに始まる。子の宗氏は新田義貞の鎌倉攻めに従って戦死、その子氏明も南朝方として伊予国で敗死。のち足利氏に仕え、将軍義満に近侍した氏信以降は、奉公衆五番頭として幕府内で重んじられた。戦国期には、尚氏(常興)・晴光父子は幕府の内談衆として活躍。

おおだちひさうじ【大館尚氏】 1454～? 戦国期の武将。教氏の三子。初名重信。治部少輔・兵庫頭・弾正少弼・左衛門佐・伊予守。法名常興(じょうこう)・宝秀軒。将軍足利義尚(よしひさ)の幼時からの近習。一四八七年(長享元)近江出陣に奉公方五番衆の番頭として従軍、陣内では評定衆として訴訟処理にもあたった。足利義稙(よしたね)・義澄期には目立った活動はないが、義晴が将軍になると隠棲先の若狭から上洛、内談衆の中心として幕政を運営した。九〇歳以上の長命で、武家故実家としても著名。著書「大館常興日記」「大館常興書札抄」。

おおたどうかん【太田道灌】 1432～86.7.26 室町時代の関東の武将。扇谷(おうぎがやつ)上杉氏の家宰。資清の子。実名は資長(すけなが)か。入道して道灌。一四五六年(康正二)江戸築城を開始、岩槻・河越にも築城するなど武蔵・相模の実力者となる。七六年(文明八)山内上杉氏の被官長尾景春が上杉氏にそむくと、以後数年にわたり関東各地で景春方と戦う。これにより扇谷家を山内家に匹敵するまでに成長させたが、八六年相模国糟屋(かすや)(現、神奈川県伊勢原市)の主家上杉定正邸に誘い出されて殺害された。扇谷家の内部対立と、扇谷家の台頭を恐れた山内家の策動といわれる。文化人としても知られ、禅僧万里集九(ばんりしゅうく)との交遊は有名。

おおたときつら【太田時連】 三善(みよし)時連とも。生没年不詳。鎌倉後期の幕府官僚。父は太田康有。一二八三年(弘安六)問注所執事となる。一三二六年(嘉暦元)出家して道大と号す。「永仁三年記」の筆者とされる。豊富な知識をかわれ、室町幕府にも用いられた。

おおたなんぽ【大田南畝】 1749.3.3～1823.4.6 江戸中期の戯作者。名は覃(たん)。通称直次郎。別号は蜀山人(しょくさんじん)・四方赤良(よものあから)など。江戸生れ。家は御徒を勤める幕臣。平賀源内との出会いを契機に、一九歳で狂詩集「寝惚(ねぼけ)先生文集」を出版。以後、狂歌・洒落本(「甲駅新話(こうえきしんわ)」など)・黄表紙と活動の範囲を広げた。また「菊寿草」「岡目八目」は黄表紙の評判記として影響力をもった。唐衣橘洲編「狂歌若葉集」に対抗して、「万載狂歌集」を発表。軽妙な笑いと機知は広く歓迎され、天明期を制するが、寛政の改革に抵触し筆を断つ。以後、役人の仕事に専心して大坂や長崎に出役するが、文名は衰えず、最晩年まで著作が出版された。

おおたにかひょうえ【大谷嘉兵衛】 1844.12.22～1933.2.3 明治・大正期の横浜商人・実業家。伊勢国生れ。幕末期に横浜に出て製茶貿易にたずさわり、一八六八年(明治元)に独立、八〇年代には最大級の製茶売込商となった。横浜商業会議所会頭など横浜政財界の長老的位置を占め、また晩年に至るまで全国製茶輸出業者のリーダーを務めた。

おおたにこうえい【大谷光瑩】 1852.7.27～1923.2.8 明治期の宗教家。真宗大谷派本願寺第二二世法主。法号現如。第二一世法主光勝(厳如)の子。一八六八年(明治元)奥羽征討軍の軍費調達のため行脚。七〇年北海道開拓を政府に委託され、札幌別院を建立。七二年石川舜台らとともに欧州視察。八九年に法主を継承。一九〇八年隠居。

おおたにこうえん【大谷光演】 1875.2.27～1943.2.6 明治・大正期の宗教家。真宗大谷派本願寺第二三世法主。法号彰如。第二二世法主光瑩(現如)の次男。一八九八年(明治三一)清沢満之らの宗門改革を支援。一九〇八年に法主を継承。事業に失敗して多額の負債を負い、二五年(大正一四)に法主を退く。

おおたにこうしょう【大谷光勝】 1817.3.7～94.1.15 幕末～明治期の僧。真宗大谷派本願寺第二一世法主。法号厳如。第二〇世法主光朗(達如)の子。一八四六年(弘化三)光朗の跡をつぎ法主となる。幕末期には堂舎の再建に将軍徳川家茂の用材寄進を得、また堂側に徳川家康の廟を建立するなど将軍家との協調関係を保つ一方、攘夷の親征や維新に際しては朝廷に多額の金品を献納するなど勤王の意思も示した。明治期以降は北海道の開拓と布教、宗門の諸改革、海外布教にも努め、七二年(明治五)華族につらなり大教正に就任した。

おおたにこうずい【大谷光瑞】 1876.12.27～1948.10.5 明治～昭和前期の宗教家・探検家。浄土真宗本願寺派本願寺第二二世宗主。法号鏡如。第二一世宗主光尊(明如)の長男。父の死により一九〇三年(明治三六)宗主を継承。中国・インドの仏蹟を歩き、欧州に遊学するなど中央アジアでの探検活動が知られる。一四年(大正三)の引退後は講演や事業に明け暮れ、海外で生活を送る。第二次大戦期には内閣参議・内閣顧問を務めた。

おおたにこうそん【大谷光尊】 1850.2.4～1903.1.18 明治期の宗教家。浄土真宗本願寺派本願寺第二一世宗主。法号明如。第二〇世宗主光沢(広如)の五男。一八七一年(明治四)宗主を継承。島地黙雷の政教分離を支持し、真宗の大教院分離を行う。宗門改革を推進し、宗規・寺法の改正、本末制度の整理、末寺住職の宗教行政参加を認めるなど、西本願寺派が近代教団に脱皮する基礎をつくった。一九〇三年引退。

おおたにそんゆ【大谷尊由】 1886.8.19～1939.8.1 明治～昭和前期の宗教家・政治家。浄土真宗本願寺派の僧侶。浄土真宗本願寺派本願寺第二一世宗主光尊(明如)の四男。兄光瑞と中国に渡航。一九一〇年(明治四三)西本願寺執行長、渡欧後は要職を歴任。二八年(昭和三)貴族院議員(勅選)。三七年に第一次近衛内閣の拓務相。のち内閣参議・北支那開発会社初代総裁・本願寺派護持会財団理事長などに就任。

おおたにたけじろう【大谷竹次郎】 1877.12.13～1969.12.27 明治～昭和期の興行師。京都府出身。劇場売店主の子で幼少から演劇にかかわり、興行師として立つ。一九〇二年(明治三五)双子の兄白井松次郎と松竹合名社を設立。一〇年上京して東京の劇場を次々と傘下に収め、松竹株式会社の基礎を確立し、同社長・会長を歴任。水ものとされた興行を近代的事業とし、歌舞伎の維持発展につくした功績は大きい。新興の商業演劇や映画なども幅広く手がけた。文化勲章をうけた。

おおたにともえもん【大谷友右衛門】 歌舞伎俳優。江戸中期の大谷広八の門弟友三郎の改名に始まり、現在まで八世を数える。二世と四世が著名。二世(一七六九～一八三〇)は化政期の敵役の名優。平敵を得意とした。前名谷村虎蔵。屋号は明石屋。俳名此友、のち金轡。四世(一七九一～一八六一)は幕末の敵役。二世の門弟。三枚目敵を得意とした。初名は福蔵のち万作。屋号・俳名は二世に同じ。

おおたにひろじ【大谷広次】 歌舞伎俳優。江戸中期～明治初期に五世を数える。初世(一六九六～一七四七)は立役の名優。初世大谷広右衛門の子。江戸生れ。大柄で芸風も大様であり、実事・荒事を得意とした。衣装の引抜きの創始者といわれる。屋号は丸屋、俳名十町。二世(一七一七～五七)は人形遣い辰村武左衛門の子。初世の弟子。前名鬼次。初世の芸風を継ぎ、曾我物の「河津股野の相撲の段」が当たった。屋号駿河屋。俳名十町。

おおたによしつぐ【大谷吉継】 1559～1600.9.15 織豊期の武将。父は大友宗麟の臣大谷盛治といわれる。紀之介。刑部少輔。豊臣秀吉に近侍し、一五八三年(天正一一)賤ケ岳の戦に加わり、八七年九州攻めで兵站を調え、八九年越前国敦賀五万石を得た。小田原攻め、奥州平定に従い、出羽検地を担当した。九二年(文禄元)の朝鮮出兵には名護屋船奉行、ついで三奉行として漢城(現、ソウル)に入り、翌年晋州攻撃ののち帰国。一六〇〇年(慶長五)西軍に与し、関ケ原で戦死した。

おおたによねたろう【大谷米太郎】 1881.7.24～1968.5.19 昭和期の実業家。富山県出身。勤倹努力の末に一代で大谷重工業を築く。大戦景気下にロール製造を始め、関東大震災の復興を機に拡張、日中戦争期に満州に進出、一九四〇年(昭和一五)大谷重工業を設立。戦後は星製薬などの経営を再建。また東京赤坂の元伏見宮邸跡地を買収、東京オリンピックを機にホテル・ニューオータニを建設し、ホテル時代の口火を切った。

おおたのひめみこ【大田皇女】 生没年未詳。天智天皇の皇女。七世紀前半に生まれ、六六七年(天智六)以前に没した。母は蘇我倉山田石川麻呂の女遠智娘。鸕野讃良皇女(持統天皇)の同母姉。大海人皇子(天武天皇)の妃となる。六六一年(斉明七)百済救援の軍に従って筑紫にむかう途中、大伯海(現、岡山県邑久郡)で大伯皇女を出産。その二年後、娜大津(現、福岡市博多)で大津皇子を生んだと考えられる。六六七年、斉明天皇陵の前の墓に葬られた。

おおたみずほ【太田水穂】 1876.12.9～1955.1.1 大正・昭和期の歌人・国文学者。本名貞一。長野県出身。長野師範卒。一九〇二年(明治三五)歌集「つゆ艸」刊行、日本詩歌の伝統をふまえたうえで近代的抒情を表す。一五年(大正四)歌誌「潮音」を創刊主宰。研究書に「芭蕉俳諧の根本問題」「日本和歌史論」などがあり、研究と結びついたかたちで、主客抱合の歌論や和歌俳諧一体観の作歌を展開。四八年(昭和二三)芸術院会員。ほかに歌集「雲鳥」「冬菜」「鷺・鵜」。

おおたやすあり【太田康有】 1228～90.5.11 三善康有とも。鎌倉中期の幕府官僚。父は三善康連。一二六二年(弘長二)問注所執事に就任。同年評定衆にも加えられる。得宗の私的な会議である寄合の一員でもあった。八二年(弘安五)病気のため引退。八三年出家、善有と号す。「建治三年記」の筆者とされる。

おおたやすむね【太田康宗】 1212～65.3.22 三善康宗とも。鎌倉中期の幕府官僚。父は三善康連。太田康有の兄。太郎兵衛尉と称する。はじめ康政と名のる。一二五六年(康元元)問注所執事、五八年(正嘉二)評定衆に加えられる。六二年(弘長二)病により職を退く。民部大丞・伊勢権守などを歴任。

おおたわらし【大田原氏】 戦国武将、のち近世の外様大名家。姓は丹治。武蔵国阿保を居所とし阿保氏と号したが、のち下野国大田原に移り、大田原(はじめ大俵)と改めた。那須七騎の一つ。一五四二年(天文一一)資清は同輩の大関氏を討ち、長子高増に大関氏の名跡を継がせ、三男綱清に大田原氏を継がせた。綱清の子晴清は一六〇二年(慶長七)旧領とあわせ一万二四〇〇石余を与えられ、大田原を城地とした。のち一〇〇〇石分知。大田原藩主として明治にいたる。維新後子爵。

おおつかきんのすけ【大塚金之助】 1892.5.15～1977.5.9 大正・昭和期の経済学者。東京都出身。東京高等商業卒。一九一七年(大正六)東京高等商業学校助教授。四年間の欧米留学後東京商科大学教授。二六年(昭和元)にマーシャル「経済学原理」(全四巻)の翻訳を完成。「日本資本主義発達史講座」(共著)を執筆中の三三年治安維持法違反で検挙。第二次大戦後は母校に復帰、経済研究所所長として一橋大学の再建に努めた。アララギ派の歌人としても知られる。著書「解放思想史の人々」。

おおつかくすおこ【大塚楠緒子】 1875.8.9～1910.11.9 明治期の小説家・詩人・歌人。本名久寿雄。東京都出身。東京控訴院院長の長女として生まれ、竹柏園門下の歌人として少女時代から頭角を現す。東京女子師範付属女学校を首席で卒業の頃から美貌の才媛として評判になった。擬古典風の小説を著し、一葉につぐ女性作家ともいわれた。夫保治の友人夏目漱石から文学的・人生的影響をうけた。厭戦詩「お百度詣」(一九〇五)も知られる。

おおつかたけまつ【大塚武松】 1878.8.2～1946.12.5 明治～昭和期の日本史学者。山口県出身。東大卒。外務省で「大日本外交文書」を編集。ついで文部省に入り維新史料編纂官として「大日本維新史料」「概観維新史」などの編集・執筆に従事。この間ヨーロッパ諸国で外交史料を調査し、京都帝国大学で幕末外交史を講義した。晩年は上智大学教授。著書「幕末外交史の研究」。

おおつかひさお【大塚久雄】 1907.5.3～96.7.9 昭和期の経済史学者。京都府出身。東大卒。法政大学教授をへて一九三九年(昭和一四)東京帝国大学助教授、四七年同教授。ウェーバーの宗教社会学とマルクスの唯物史観の双方を摂取しつつ、独立自営農民(中産的生産者層)の両極分解に近代的産業資本形成の歴史的起点を求めるという個性的な近代社会成立史観(大塚史学)を確立した。九二年(平成四)文化勲章受章。「大塚久雄著作集」全一三巻。

おおつかやすじ【大塚保治】 1868.12.20～1931.3.2 明治～昭和前期の美学者。群馬県出身。旧姓小屋。東大卒。一八九六年(明治二九)からヨーロッパ留学。一九〇〇年に帰国して東京帝国大学美学講座担当の初代教授。芸術論・欧州文芸史・絵画論を中心とする講義は名講義として知られた。また文展開設にも尽力し、審査委員会委員を務めた。妻は歌人・小説家の大塚楠緒子。

おおつかよしき【大塚嘉樹】 1731～1803.6.29

江戸中・後期の有職故実家。通称市郎右衛門、号は蒼梧。京都で民間の壺井義知や公家の滋野井公麗・高倉永範に有職故実を学ぶ。その後江戸で独立して有職故実を教授。漢学にも造詣があり、学風は堅実で、とくに装束と官職に詳しい。著書多数。

おおつきげんかん【大槻玄幹】 1785.9.9～1837.12.13　江戸後期の蘭学者。大槻玄沢の長子。名は茂楨、号は磐里。陸奥国磐井郡生れ。長崎に遊学、志筑忠雄(中野柳圃)に蘭学を学ぶ。一八〇五年(文化二)江戸に帰り、仙台藩医となる。二三年(文政六)蛮書和解御用を命じられ、ついで天文台訳員となる。訳著に「蘭学凡」「西音発微」「西韻府」「和蘭接続詞考」などの語学書のほか、ハイステル外科書を要約した「外科収功」「要術知新」などの医書がある。

おおつきげんたく【大槻玄沢】 1757.9.28～1827.3.30　江戸中期の蘭方医・蘭学者。名は茂質、字は子煥、号は磐水。玄沢は通称。はじめ陸奥国一関藩医建部清庵に医を学び、のち江戸に出て杉田玄白・前野良沢に蘭学を学ぶ。一七八五年(天明五)長崎に遊学、翌年江戸に帰って仙台藩主伊達氏の侍医となり、蘭学塾芝蘭堂を開く。同塾には「蘭学階梯」(一七八八)に刺激をうけた俊秀が全国から参集し、新元会(オランダ正月)の賀宴で江戸蘭学界の中心的存在となった。一八一一年(文化八)幕府の天文方に蛮書和解御用の局が設けられると、馬場佐十郎貞由を補佐する訳員となり、ショメルの百科事典(「厚生新編」)の訳出に従事した。訳著は「瘍医新書」「重訂解体新書」「環海異聞」など数多い。

おおつきしゅんさい【大槻俊斎】 1804～62.4.9　江戸後期の蘭方医。名は肇、号は弘淵・蘭斎。陸奥国桃生郡生れ。江戸へ出て足立長雋に学び、のち長崎に遊学。一八四一年(天保一二)江戸で小児に種痘を施し成功する。五四年(安政元)セリウスの外科書を抄訳し「銃創瑣言」を著す。五六年仙台藩医。五八年江戸神田お玉ケ池種痘所設置に関与し、六〇年(万延元)幕府直轄となった種痘所の初代頭取および幕府御番医となる。翌年西洋医学所と改称後も頭取を勤めた。

おおつきともと【大槻朝元】 1703.1.1～48.9.12　江戸中期の加賀国金沢藩士。通称伝蔵、内蔵允。足軽の三男から世子前田吉徳の居間坊主となり、一七二三年(享保八)吉徳の藩主就任にともなって逐次加増され、三八〇〇石まで累進。近習頭として藩主と家老の間の御用取次の役務を勤めて藩の実権を握り、側近政治を行ったが、四五年(延享二)吉徳が病死すると、門閥家老らの排撃により翌年蟄居閉門、越中五箇山に流刑となり、配所で自殺。

おおつきにょでん【大槻如電】 1845.8.17～1931.1.12　明治・大正期の学者。名は清修、通称修二。大槻磐渓の次男。弟は文彦。江戸生れ。儒学・国学を学んで一八六六年(慶応二)家督を相続し、国事に奔走。明治維新後、東京に出て文部省などに出仕したが、七四年(明治七)辞官。翌年には家督も文彦に譲って、以後の五〇余年を音曲・舞踊などにも通じた多芸多才な在野の学者として生き、文彦の「言海」に対して「聴く辞引」と称された。著書「新撰洋学年表」(もと「日本洋学年表」)。

おおつきばんけい【大槻磐渓】 1801.5.15～78.6.13　幕末期の儒学者。大槻玄沢の次男。名は清崇。江戸生れ。昌平坂学問所に学び、長崎遊学。高島流砲術を学び、江川塾にも学んで、仙台藩士の調練に従事。一八四九年(嘉永二)英艦渡来の噂に対し「献芹微衷」を著し、ロシアと提携・対処すべきことを論じ、ペリー来航の際は開国論を幕府に上書した。仙台藩の藩校養賢堂の学頭となり、戊辰戦争の奥羽諸藩の連合挙兵に際しては主戦論を唱えた。文雅風流を友とし、文と書に名が高かった。

おおつきふみひこ【大槻文彦】 1847.11.15～1928.2.17　明治・大正期の国語学者。名は清復。号は復軒。大槻磐渓の三男。兄は如電。江戸生れ。儒学・英学・数学を学び、幕末には国事に奔走。一八七二年(明治五)文部省出仕、七五年宮城師範学校校長から本省に戻って国語辞書編纂に着手し、九一年に「言海」刊行。さらにその補訂に取り組み、没後に「大言海」が完成。学士院会員。仮名文字運動・言文一致運動にも熱心であった。

おおつきみつおき【大月光興】 1766～1834.8.15　江戸後期の装剣金工。京都生れ。父光芳に学び、寛政・享和頃に江戸に出て修業、絵画を岸駒に習い、長沢蘆雪らの影響もうけた。京都金工三傑の一人。当時盛んだった色金を多用した高彫の作品を多く作り、哀愁をおびた情景描写に特徴がある。

おおつじゅんいちろう【大津淳一郎】 1856.12.23～1932.1.29　明治～昭和前期の民権家・政党政治家。常陸国生れ。愛国社大会に参加し国会開設請願運動に従事するとともに「茨城日日新聞」を創刊。第一回総選挙から衆議院議員に一三回当選。立憲改進党から立憲同志会・憲政会まで一貫して反政友会系で、文部省参政官などを歴任。大著「大日本憲政史」は有名。

おおつのおおうら【大津大浦】 ?～775.5.17　奈良時代の陰陽家。姓はもと連。陰陽道を好んだ藤原仲麻呂の信頼を得ていたが、逆に仲麻呂の謀反を密告し、その功により七六四年(天平宝字八)正七位上から従四位上に叙せられ、宿禰姓を賜った。しかし翌年、和気王の謀反に連坐して左遷され、連姓に戻され、所有の天文・陰陽書は没収された。道鏡の失脚後、許されて入京。陰陽頭に任じられ、現職のまま死去した。正倉院文書に自筆の書状が残る。

おおつのおびと【大津首】 生没年不詳。奈良初期の陰陽家。七〇七年(慶雲四)学問僧の義法として新羅から帰国。七一四年(和銅七)その占術を用いるため還俗させられ、大津連の姓と意毗登(首)の名を賜り、従五位下を授かった。その後陰陽頭に任じられ、七二一年(養老五)陰陽に卓抜した人物として褒賞された。七三〇年(天平二)にはとくに弟子(陰陽得業生)をとり、その術を伝習させるよう命じられた。

おおつのみこ【大津皇子】 663〜686.10.3 天武天皇の第二皇子。誕生順では草壁皇子についで三番目。母は天智天皇の女大田皇女で、持統天皇の同母姉。皇子自身文筆の才に優れていたことから、天武の諸皇子中では草壁につぐ皇位継承の有力候補とされた。六八三年(天武一二)にはじめて朝政を聴き政治の場にのぞんだが、六八六年(朱鳥元)天武の死の一五日後、皇太子草壁に謀反を企てたとして捕らえられ、死を賜った。「万葉集」には死にあたって皇子の詠んだ歌が収録され、「懐風藻」にも「五言臨終一絶」を含む詩四編をのせる。妻の山辺皇女も皇子と死をともにした。

おおてたくじ【大手拓次】 1887.11.3〜1934.4.18 大正期の詩人。群馬県出身。早大卒。ボードレールやフランス象徴派に傾倒。「朱欒」「地上巡礼」「ARS」「近代風景」などの北原白秋主宰の雑誌に詩を発表するが、生前は詩集を出さなかった。怪異な耽美幻想の象徴的詩風は萩原朔太郎にも強く影響する。一九一六年(大正五)ライオン歯磨本舗に入社。没後、詩集「藍色の蟇」、訳詩集「異国の舌」などが刊行された。

おおとうのみや【大塔宮】 ⇨護良親王

おおどおう【男大迹王】 ⇨継体天皇

おおともうじ【大伴氏】 古代の有力な中央豪族。

●大伴氏略系図

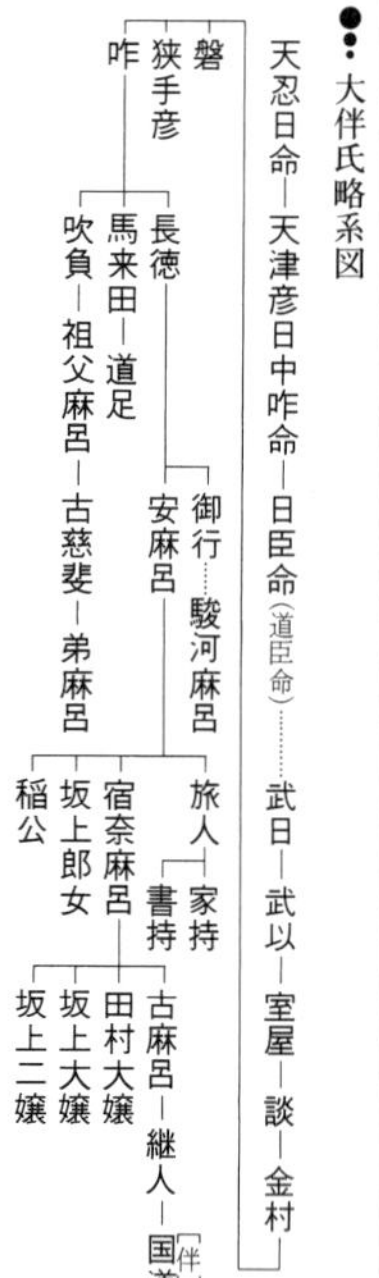

姓は連、六八四年(天武一三)宿禰となる。本来は摂津・和泉の豪族で、大和の城上・十市両郡にも本拠をもった。大伴の名は有力な伴造の意で、靫負や久米部、同族の佐伯を率いて宮門を守るのを職掌としたが、しだいに力を増し国政にも参与した。雄略朝に大連となった室屋以後が実在とされ、その孫金村は継体天皇を擁立した。その後、新興の物部・蘇我両氏に押されたが、大化の改新後、長徳が右大臣となり、その弟の馬来田・吹負は壬申の乱で活躍した。文武朝以後には御行・安麻呂・旅人が大納言となったが、旅人の子の家持以後は藤原氏に抑えられ、八六六年(貞観八)大納言の伴善男が応天門の変で失脚して衰微した。なお八二三年(弘仁一四)氏の名を伴と改めている。

おおともうじとき【大友氏時】 ?〜1368.3.21 南北朝期の武将。豊後大友氏の当主。幼名宮松丸、のち孫三郎。刑部大輔。父は貞宗。兄氏泰に実子がなかったため一三四八年(貞和四・正平三)家督を譲渡される。豊後・豊前・筑後・肥後各国守護。足利尊氏が南朝に下ったのを機に、一時は征西将軍宮懐良親王軍に加わったが、尊氏の南朝離反後はこれに従い、筑後国大保原の戦で宮方と戦い敗れ、本拠高崎城は宮方の包囲攻撃をうけた。六四年(貞治三・正平一九)家督を氏継に譲り隠居。

おおともおおえまる【大伴大江丸】 ⇨大江丸

おおともさだのり【大友貞載】 ?〜1336.1.12 名は「さだとし」とも。鎌倉末〜南北朝期の武将。豊後国守護大友貞宗の次男。幼名阿多々丸、のち三郎。左近将監。筑前国立花山に居館を構え、立花氏を称する。大友氏の家督をついだ弟氏泰の名代。後醍醐天皇の命に応じて上京。一三三五年(建武二)足利尊氏討伐軍に加わり関東に下ったが、他の諸氏とともに寝返り、以後尊氏に従う。三六年(建武三・延元元)一月一一日、天皇方の結城親光と交戦した際の傷がもとで翌日死没。

おおともさだむね【大友貞宗】 ?〜1333.12.3 鎌倉後期の武士。父は親時。幼名は孫太郎。一三〇六年(徳治元)家督を継承。三三年(元弘三)少弐貞経・島津貞久とともに鎮西探題北条英時の館を攻め滅ぼした。のち後醍醐天皇の軍に加わるため京都に出るが、病のため死去。禅宗に理解を示し、明極楚俊など中国の禅僧を招来した。

おおともし【大友氏】 中世豊後国の大名。初代能直は、藤原秀郷流の近藤能成の子、母は同流の大友経家の女。のち中原親能の養子となり、相模国大友郷(現、神奈川県小田原市)を支配、大友氏を称した。源頼朝の有力御家人で、筑後・豊後両国守護となった。三代頼泰のとき、元寇により豊後国に下り、鎮西奉行を兼任。のち豊後国府内(現、大分市)を拠点とし、南北朝期には足利氏に従う。少弐氏・菊池氏らと戦って勢力を伸ばし、九州北部の有力守護大名に成長。戦国期、義鎮(宗麟)のときが全盛期で、一五五九年(永禄二)には筑前・筑後・豊前・豊後・肥前・肥後六カ国守護職と日向および伊予半国を領有、竜造寺氏・島津氏と九州を三分する勢いを示した。キリスト教を保護し、南蛮貿易でも活躍したが、島津氏との戦に大敗して以降衰退。子の義統は豊臣秀吉から豊後一国を安堵されたが、文禄の役の際の過失により改易。子孫は徳川氏に仕え、高家となった。支族に詫摩・志賀・田原各氏がいる。

おおともそうりん【大友宗麟】 1530.1.3/5.4～87.5.23 戦国期の豊後国の武将。大友義鑑の長子。幼名塩法師丸、のち五郎。諱は義鎮。左衛門督。円斎・三非斎。一五五〇年(天文一九)宗麟廃嫡を企てた父義鑑が重臣に殺害された大友二階崩の変後、家督を継ぐ。周防大内家家督を継いだ弟の義長が五七年(弘治三)毛利氏に討たれると、同氏に内応した豊前・筑前両国の領主らを制した。五九年(永禄二)豊前・筑前・筑後各国守護職をえ、豊後・肥後・肥前と合わせて六カ国守護。将軍足利義輝から九州探題に任じられる。七〇年(元亀元)毛利氏と和睦。毛利軍の豊筑撤兵で大友氏は全盛期に入った。七六年(天正四)には家督を長子義統に譲るが、実権は保持。七八年に洗礼をうけ、ドン・フランシスコと名のる。同年の耳川合戦で島津氏に大敗し、以後、離反者があいつぎ、急速に衰勢にむかった。八六年の島津氏の侵攻で分国は崩壊、本拠豊後府内まで攻めこまれたが、八七年豊臣秀吉の九州進攻に救われ、子義統に豊後一国が安堵された。同年病死。

おおともちかよ【大友親世】 ?～1418.2.15 南北朝期の武将。豊後国守護。大友氏中興の祖とされる。幼名千代松丸。式部丞・修理大夫。氏時の次男。惣領であった兄氏継が征西将軍宮方についたため、大友氏一〇代当主となる。親世は武家方にとどまり、将軍足利義満から本領・新恩を安堵された。九州探題今川了俊・渋川満頼を援助して、少弐氏・菊池氏と戦う。了俊解任後は、一時探題職を代行。一四〇一年(応永八)頃、家督を氏継の子親著に譲って後見となった。

おおとものいけぬし【大伴池主】 生没年不詳。奈良時代の中級官人・万葉歌人。大伴家持と親交深く、家持の越中国守期の七四六年(天平一八)越中掾、七四八年越前掾として家持のサロンを構成し、多くの和歌を残す。橘奈良麻呂とも古くから親交があった。七五七年(天平宝字元)奈良麻呂の変で投獄され、以後消息不明。

●大友氏略系図

おおとものいなきみ【大伴稲公】 名を稲君とも。生没年不詳。奈良時代の中級官人。安麻呂の子。旅人の異母弟。右兵庫助・衛門大尉などをへて、七四九年(天平勝宝元)兵部大輔。七五二年東大寺大仏開眼供養会に際し、右京の鎮裏右京使として警固にあたった。万葉歌人でもある。

おおとものいわ【大伴磐】 生没年不詳。六世紀の有力豪族。姓は連。父は金村。「日本書紀」宣化二年条に、新羅の任那攻略に対して天皇の命をうけ救援に派遣されたが、磐は筑紫に留まり、兄弟の狭手彦が渡海したとある。

おおとものおとまろ【大伴弟麻呂】 731～809.5.28 乙麻呂とも。八世紀後期に活躍した武人。古慈斐の子。七七九年(宝亀一〇)従五位下。衛門佐などをへて七八二年(延暦元)常陸介、翌年征東副将軍を兼任した。のち右・左中弁、皇后宮亮を歴任。七九一年、従四位下・征夷大使に任命され、その後節刀を賜り、麾下の副将軍坂上田村麻呂に蝦夷を討たせた。七九五年二月、従三位勲二等となり公卿に列した。

おおとものかなむら【大伴金村】 生没年不詳。六世紀の有力豪族。室屋の孫。談の子。磐・狭手彦・咋の父。雄略天皇の死後、平群臣真鳥・鮪父子を討ち、武烈天皇を即位させ、大連の地位についた。武烈の死により皇嗣が絶えたが、継体天皇を擁立し、引き続き安閑・宣化・欽明朝に仕えた。新羅による任那地方の併呑や筑紫国造磐井の乱など、内外ともに激動の時期で、欽明朝に至り物部尾輿らから外交政策の失敗を糾弾され失脚した。

おおとものくい【大伴咋】 咋子・囓とも。生没年不詳。六世紀～七世紀初めの豪族。連姓。金村の子。吹負の父。用明二年の物部守屋討伐に参戦。崇峻四年一一月に任那復興の大将軍となるが、翌年崇峻暗殺により筑紫に逗留、五九五年(推古三)帰還した。六〇一年に任那救援の使として高句麗に派遣され、翌年帰国。六〇八年八月、隋使裴世清を小墾田宮に迎えた際、国書をうけとる役を勤めた。「続日本紀」に冠位大徳とある。

おおとものくろぬし【大友黒主】 生没年不詳。平安前期の歌人。六歌仙の一人。系譜についていくつかの所伝があるが疑わしい。近江国滋賀郡の豪族か。「古今集」仮名序では「大友黒主はそのさまいやし。いはば薪負へる山人の、花の蔭に休めるがごとし」と評されている。「古今集」四首、「後撰集」三首を含め、勅撰集入集は一一首。むしろ「古今集」序によって名が知られ、しだいに伝説化され、謡曲などにも登場した。

おおとものこしび【大伴古慈斐】 695～777.8.19 古慈備・祜志備・祜信備とも。奈良時代の上級官人。壬申の乱の功臣吹負の孫。祖父麻呂の子。弟麻呂の父。卒伝に「少にして才幹あり略書記に渉り起家して大学大允に任ず」とみえる。七五六年(天平勝宝八)に朝廷誹謗の罪で禁固された際、大伴家持が「族を喩す歌」をつくり、大伴氏の結束と政争不干渉を説いた。七五七年(天平宝字元)橘奈良麻呂の変に連坐し土佐配流にあったが、七七〇年(宝亀元)復位し、のち従三位まで昇った。

おおとものこまろ【大伴古麻呂】 ?～757.7.4? 胡麻呂・胡満・古万呂とも。奈良時代の官人。七三〇年(天平二)治部少丞。石山寺蔵「遺教経」跋語の「国子監大学朋古満」と同一人物なら、七三三年渡唐。七三八年兵部大丞、七四五年従五位下。左少弁をへて、七五二年(天平勝宝四)従四位上遣唐副使として渡唐。翌年長安大明宮での朝賀の儀で新羅使と上席を争う。七五四年鑑真一行を伴い帰国。のち正四位下左大弁。七五七年(天平宝字元)皇嗣に池田王を推して失敗し、橘奈良麻呂らと藤原仲麻呂の排除を図るが、陸奥按察使兼鎮守将軍として赴任の途中に発覚して捕らえられ、拷問をうけて杖下に死んだ。

おおとものさかのうえのいらつめ【大伴坂上郎女】 生没年不詳。万葉第三期の歌人。父は安麻呂、母は石川内命婦。最初穂積親王に嫁し、その死後、藤原麻呂に求婚される。のち異母兄宿奈麻呂との間に坂上大嬢・坂上二嬢の二女を生んだ。名は、平城京北方の坂上里に住んだための通称。兄旅人の死後、家刀自として大伴家を切り盛りしたらしい。「万葉集」に長歌六首、短歌七七首を残す。機知に富んだ贈答歌に特徴があり、平安和歌に通じる歌風が注目される。

おおとものさかのうえのおおいらつめ【大伴坂上大嬢】 生没年不詳。万葉第四期の歌人。父は宿奈麻呂、母は大伴坂上郎女。従兄大伴家持に嫁す。家持との歌の贈答は、七三二年(天平四)頃からみられるが、その折の大嬢の返歌四首は、母坂上郎女の代作とも推測される。家持との仲はその後数年離絶したのちに復活したと「万葉集」にある。短歌一一首を残すが、いずれも家持に贈る歌で、母ほどの歌才を感じさせる作品はない。

おおとものさでひこ【大伴狭手彦】 佐弖彦・佐提比古とも。生没年不詳。六世紀中頃の武将。金村の子。磐の弟。「日本書紀」によると、宣化二年一〇月、大連の金村に子の狭手彦を朝鮮半島に派遣するよう詔が下り、狭手彦は任那を鎮め百済を救った。また欽明二三年(一説に同一一)八月には大将軍となって高句麗を討ち、王室の財宝を天皇と蘇我稲目に献じたという。「万葉集」巻五などに、松浦佐用媛との逸話がみえる。

おおとものするがまろ【大伴駿河麻呂】 ?～776.7.7 奈良時代の上級官人。「伴氏系図」には道足の子とみえるが、御行の孫ともいう。七五七年(天平宝字元)橘奈良麻呂の変に連坐したが、処罰は不明。七七二年(宝亀三)光仁天皇に請われ陸奥按察使、翌年鎮守将軍を兼任。七七四年から勅をうけて蝦夷追討に乗りだし、遠山村(宮城県登米郡または本吉郡に比定)の蝦夷を壊滅させた。万葉歌人としても知られる。

おおとものたけひ【大伴武日】 健日とも。大伴氏の遠祖。豊日命の子で武以(健持)の父と伝える。「日本書紀」によると、垂仁二五年、阿倍氏・和珥氏・中臣氏・物部氏の祖とともに五大夫に任じられ、景行四〇年、吉備武彦とともに日本武尊の東征に従って常陸国から甲斐国に至り、酒折宮で靫部を賜ったと伝える。「三代実録」八六一年(貞観三)の伴宿禰善男の奏言には、健日(武日)が日本武尊に従って東国を平定した勲功により讃岐国を賜ったとある。

おおとものたびと【大伴旅人】 665～731.7.25 多比等・淡等とも。奈良前期の公卿・歌人。父は安麻呂、母は巨勢郎女。子に家持・書持がいる。七一八年(養老二)中納言。七二〇年山背摂官、のち征隼人持節大将軍として南九州の隼人の反乱を鎮圧。神亀年間には大宰帥として赴任し、山上憶良とともに筑紫歌壇を形成。七三〇年(天平二)大納言に任じられ帰京、翌年従二位に昇るが、まもなく病没。「懐風藻」には格調の高い漢詩を、「万葉集」には任地九州で死んだ妻の大伴郎女をしのぶ歌など心情豊かな作品を残す。

おおとものつぐひと【大伴継人】 ?～785.9.- 奈良後期の官人。姓は宿禰。父は古麻呂。子に国道、孫に伴善男がいる。七七七年(宝亀八)遣唐使判官として入唐、翌年肥後国天草郡に漂流したが無事帰朝。七八一年(天応元)光仁天皇の病気のときに美濃国固関使を勤めた。七八五年(延暦四)桓武天皇行幸中の長岡京でおきた藤原種継暗殺事件で主謀者として捕らえられ、処刑された。国道も縁坐して佐渡に配流されたという。

おおとものながとこ【大伴長徳】 ?～651.7.- 名を馬養・馬飼とも。七世紀の有力豪族。姓は連。父は咋。子に御行・安麻呂がいる。六三二年(舒明四)第一次遣唐使と唐使高表仁を難波江口に迎え、六四二年(皇極元)舒明天皇の殯宮では誄を蘇我蝦夷にかわって奏上。大化の改新では中大兄皇子側にあったらしく、孝徳天皇の践祚に際し壇の右に立ち、六四九年(大化五)には大紫位・右大臣に任じられた。

おおとものふけい【大伴吹負】 ?～683.8.5 名は小吹負・男吹負とも。七世紀後半の豪族。壬申の乱の功臣。連姓。咋の子。兄の馬来田とともに大海人皇子を慕い、近江から大和に退居。六七二年(天武元)六月、大海人の挙兵に呼応し、倭京を占領。乃楽山で近江朝廷軍と交戦して一度は敗れたが、援軍を得て大勝。さらに難波に転戦し、西国国司を掌握して勝利を確実にした。以後の動向は不明。贈大錦中。「続日本紀」に常道頭(常陸守のこと)とある。

おおとものふみもち【大伴書持】 ?～746.9.- 奈良時代の貴族・万葉歌人。旅人の子。七三八年(天平一〇)右大臣橘諸兄邸の宴での和歌が史料上の初見。ほかに兄家持との贈答歌があるが、七四六年(天平一八)秋都で没し、大和の佐保山で火葬。任国越中で弟を悼んだ家持の歌がある。

おおとものまくた【大伴馬来田】 ?～683.6.3 名は望多とも。七世紀後半の武将。壬申の乱の功臣。咋の子。連姓。弟の吹負とともに大海人皇子を慕い、近江を離れ大和に退居していたが、六七二年(天武元)大海人が挙兵するや、吹負を大和に留め、大海人の東行に従った。乱後、功封一〇〇戸を賜る。六八三年の死に臨んで、壬申の乱の功績と大伴氏代々の功により大紫位を贈られた。

おおとものますたて【大伴益立】 生没年不詳。八世紀後半の武人。宿禰姓。鎮守軍監・陸奥鎮守副将軍などを歴任。七六七年(神護景雲元)伊治城築造の功により正五位上に至る。のち大宰少弐・遣唐副使・権左中弁・右兵衛督を勤める。七八〇年(宝亀一一)伊治呰麻呂が叛き、征東副使兼陸奥守として赴任したが戦果なく、翌年位階を奪われた。七八三年(延暦二)正五位上で兵部大輔となる。八三七年(承和四)子の野継の請により本位に復した。

おおとものみこ【大友皇子】 648～672.7.23 伊賀皇子とも。天智天皇の皇子。母は伊賀采女宅子娘。天智天皇晩年の六七一年(天智一〇)太政大臣に任じられた。この年、病の重くなった天皇は、後事を皇太弟の大海人皇子(天武天皇)に託そうとしたが、大海人はこれを辞退した。天皇の死後、大友皇子は近江朝の中心として、吉野に移った大海人を警戒し対立したが、翌年の壬申の乱で大海人の軍に敗れ、山前で自殺、その首は不破(現、岐阜県不破郡)の大海人皇子の軍営に運ばれた。大友皇子が即位したかどうかは明らかでないが、「大日本史」は皇子の即位を認めて大友天皇本紀をたて、一八七〇年(明治三)明治天皇から弘文天皇と追諡された。

おおとものみちたり【大伴道足】 ?～741? 奈良時代の官人。父は馬来田とも、安麻呂ともいう。子に伯麻呂がいる。弾正尹・右大弁などをへて七三一年(天平三)参議。七三五年美作守阿倍帯麻呂らの故殺事件の訴えを、右大弁の道足が受理しなかったことを理由に断罪されたが、まもなく許された。

おおとものみゆき【大伴御行】 ?～701.1.15/16 七世紀後半の上級官人。長徳の子。安麻呂の兄。子に御依がいる。六八四年(天武一三)連から宿禰を賜姓され、六九四年(持統八)氏上に任じられた。六九六年大納言。壬申の乱の功臣で、死後七〇一年(大宝元)に功封を支給され、一部の子への伝領が許された。文武天皇はその死を悼み、右大臣を贈った。「万葉集」に「大君は神にしませば」の歌が残る。七一二年(和銅五)妻の紀音那が貞節を表彰された。

おおとものむろや【大伴室屋】 生没年不詳。五世紀後半の大伴氏の有力者。武以(健持)の子で談の父と伝える。雄略から武烈まで五代にわたって大連に任じられた。允恭朝に衣通郎姫のために藤原部を定め、雄略没後に星川皇子の乱を平定し、清寧朝に諸国に白髪部舎人・膳夫・靫負をおき、武烈朝に城を水派邑(大和国広瀬郡城戸郷か)に造った。「三代実録」「新撰姓氏録」には佐伯直・佐伯首・佐伯宿禰の祖ともみえる。

おおとものやかもち【大伴家持】 716/717/718～785.8.28 奈良時代の公卿・歌人。姓は宿禰。父は旅人。弟に書持がいる。叔母大伴坂上郎女の女坂上大嬢は正妻。天平年間は内舎人として聖武天皇に近侍し、従駕歌、安積皇子への挽歌などを作る。七四六年(天平一八)越中守として赴任、数々の作品を残す。帰京後は衰えつつある大伴氏の首長として一族の団結と復権に尽くしたが、七六三年(天平宝字七)藤原仲麻呂を除こうとして薩摩守に左遷される。七八〇年(宝亀一一)参議、翌年従三位。七八二年(延暦元)には氷上川継の変に連坐して解官されたが、許されて中納言に昇り、征東将軍在任中に没した。直後、藤原種継暗殺事件により除名されたが、八〇六年(大同元)復位した。「万葉集」編纂に大きな役割をはたしたとみられる。

おおとものやすまろ【大伴安麻呂】 ?～714.5.1 安丸とも。八世紀初期の公卿。佐保大納言と称す。長徳の第六子。子に旅人・坂上郎女がいる。六七二年(天武元)壬申の乱で、叔父の吹負とともに大海人皇子側につき奮戦。天武天皇の殯宮では大蔵の事を誄した。七〇三年(大宝三)朝政に参議し、七〇五年(慶雲二)大納言となる。死後従二位を贈られる。

おおともべのはかま【大伴部博麻】 生没年不詳。七世紀後半の筑紫国上陽咩郡の人。六六一年(斉明七)百済救援軍に軍丁として参加、唐の捕虜となった。六六四年(天智三)唐の日本侵攻計画を知り、自身を売って四人の仲間を日本に帰還させた。六九〇年(持統四)九月に帰国。翌月の詔でその功をたたえられて務大肆となり、絁五匹・綿一〇屯・布三〇端・稲一〇〇〇束を与えられ、水田四町を曾孫まで伝えることが許された。

おおともよしあき【大友義鑑】 1502～50.2.12/13 戦国期の豊後国の武将。豊後・筑後・肥後三カ国守護。父は義長。幼名塩法師丸のち次郎五郎。初名親安のち親敦。修理大夫・左少将。一五一八年(永正一五)父の死により家督相続。二〇年弟重治を肥後菊池氏の養子とする。大内氏と筑前・筑後・豊前各国の領有をめぐりたびたび抗争し、ことに三四年(天文三)の速見郡勢場ケ原の合戦は激戦であった。一時は弟菊池重治も大内方についたが、三八年に大内方と和議成立。四六年には伊予国宇和島の西園寺氏領にも侵攻。九州地方における有力戦国大名としての地歩を固めた。しかし長子宗麟の廃嫡と末子塩市丸への家督譲渡を企て、五〇年二月一〇日の大友二階崩の変での傷がもとで死没。

おおともよしなお【大友能直】 1172.1.3～1223.11.27 鎌倉前期の武士。父は近藤能成、母は波多野(大友)経家の女。源頼朝の庶子という説もある。中原親能の養子となる。一一八九年(文治五)頼朝の奥州攻めに参加。豊前・豊後・筑後各国の守護。相模国大友郷を本拠としたので大友氏を名のったが、主として鎌倉や京都に滞在した。

おおともよしむね【大友義統】 1558～1605.7.19 織豊期の豊後国の武将。宗麟の長子。母は奈多鑑基の女。幼名長寿丸、のち五郎。吉統・宗巌・中庵。洗礼名コンスタンチノ。左兵衛督。宗麟の後見のもと一五七三年(天正元)家督を相続したが、七八年の耳川合戦で島津氏に大敗後、大友氏は衰勢となり、八六年に島津軍は豊後へ侵入。豊臣秀吉の九州進攻により救われ、豊後一国のみ安堵。しかし文禄の役での軍事行動の不手際の責を問われ、九三年(文禄二)除封。配所で没した。

おおともよりやす【大友頼泰】 1222～1300.9.17 鎌倉中・後期の武士。父は親秀、母は三浦家連の女。太郎と称する。はじめ泰直と名のった。豊後国などの守護。元寇の際には九州に赴き、警固番役の催促や、合戦での手柄の確認・報告などの業務にたずさわった。一二八五年(弘安八)には「豊後国図田帳」の作成を命じている。

おおとりけいすけ【大鳥圭介】 1833.2.25～1911.6.15 幕末期の幕臣、明治期の官僚政治家。播磨国生れ。幕府軍の近代化に従事し歩兵奉行となる。江戸開城に反対して関東・奥羽を転戦、蝦夷島政府陸軍奉行となるが五稜郭で降伏。出獄後、陸軍省をへて工部省で累進、一八八二年(明治一五)元老院議官。この前後、工部大学校校長・学習院院長を務める。八九年清国公使、九四年朝鮮公使を兼務、日清開戦外交の一翼を担った。枢密顧問官。男爵。

おおとりせっそう【鴻雪爪】 1814.1.1～1904.6.18 幕末～明治期の宗教家。備後国生れ。出家して清拙、のち雪爪を名のる。号は鉄面。大垣藩家老小原鉄心と親交し、福井藩主松平慶永の師となったほか、彦根藩に招かれるなど幕末・維新期に活躍した。一八六八年(明治元)にキリスト教解禁を建白、六九年に教導局御用掛になり、七一年に僧侶の肉食妻帯を建白した。同年左院少議生。七二年の教部省出仕ののち、大教院院長・東京芝琴平神社祠官・神道管長となる。

おおなおびのかみ【大直日神】 「古事記」では大直毘神。災禍を正しく直す神霊。黄泉国から帰ったイザナキが禊をした際、八十禍津日神(八十枉津日神)・大禍津日神についで神直日神とともに成った。なお大殿祭の祝詞にも登場する。

おおなかとみうじ【大中臣氏】 古代の氏族。姓は朝臣。本姓は中臣。中臣連は六六九年(天智八)鎌足の死に際し藤原と改氏し、六八四年(天武一三)朝臣に改姓。しかし六九八年(文武二)藤原朝臣姓は鎌足の子不比等の直系に限定され、意美麻呂らが神事に供するために中臣に復した。七六九年(神護景雲三)子の清麻呂が大中臣を賜り、七九七年(延暦一六)と翌年に鷹主以下五一五人が大中臣に改氏。一族は神祇大副など神祇関係の官職についた。系譜として「中臣氏系図」が「大中臣本系帳」を引く。

おおなかとみのきよまろ【大中臣清麻呂】 702～788.7.28 清万呂・浄万呂とも。はじめ中臣。奈良時代の公卿。父は中臣意美麻呂。七六九年(神護景雲三)大中臣賜姓。七六二年(天平宝字六）六月文部（式部）大輔として淳仁天皇の勅旨を宣伝し、一二月参議。七六五年（天平神護元）従三位、時に神祇伯。七七一年（宝亀二）一月他戸親王の東宮傅、時に大納言、三月従二位、右大臣。七八一年（天応元）上表致仕。伝に「数朝に仕え国の元老、年老いても朝務に精勤し怠ることなし」とある。

おおなかとみのすけちか【大中臣輔親】 954～1038.6.22 平安中期の歌人。能宣の子。母は藤原清兼の女。子に伊勢大輔。九八六年（寛和二）文章生、のち正三位祭主神祇伯に至る。大中臣家重代の歌人で、三条・後一条・後朱雀三代の大嘗会和歌を詠進したほか、屛風歌の制作や歌合でも活躍、「賀陽院水閣歌合」では判者をつとめた。中古三十六歌仙の一人。「拾遺集」以下の勅撰集に三一首入集。家集「輔親卿集」。

おおなかとみのよしのぶ【大中臣能宣】 921～991.8.- 平安中期の歌人。三十六歌仙の一人。頼基の子。子に輔親。正四位下祭主神祇大副に至る。九五一年（天暦五）梨壺の五人の一人に選ばれ、「万葉集」の訓読、「後撰集」の撰集にあたった。冷泉・円融二代の大嘗会和歌を詠進したほか、円融・花山両天皇に家集を召されている。歌合や屛風歌の制作でも活躍した。「拾遺集」以下の勅撰集に一二五首入集。家集「能宣集」。

おおなかとみのよりもと【大中臣頼基】 ?～958 平安中期の歌人。三十六歌仙の一人。輔道の子。子に能宣。従四位下祭主神祇大副に至る。能宣・輔親・伊勢大輔ら大中臣家重代の歌人の祖。宇多上皇の信任あつく、「大井川行幸和歌」や「亭子院歌合」への参加のほか、屛風歌・賀歌などの詠進歌が多い。「拾遺集」以下の勅撰集入集は一一首。家集「頼基集」。

おおなむちのかみ【大己貴神】 「古事記」では大穴牟遅神。また大穴持・大汝とも。日本神話に登場する神名。「日本書紀」本文ではスサノオと奇稲田姫との間の子とし、「古事記」と「日本書紀」一書では両神の六世の孫とする。名義は未詳。「古事記」では根堅州国に行き、スサノオにオオクニヌシの名を与えられるまで、この名でよばれる。一方、「日本書紀」本文ではこの名で記される。「出雲国風土記」では「天の下造らしし大神」と形容されており、その他各地の風土記にも登場する。

おおなんじこなんじ【大汝小汝】 マタギの伝承に登場する猟師兄弟の名前。山の神の出産を手伝った一方が報恩として豊猟を与えられたという。大摩・小摩、大タンジ・小タンジ、サタンジ・ヤタンジなどとよばれ、山姥の話と結びついたり、この兄弟自身が山の神であるとされたりすることもある。豊猟を願う者は山で名告りをあげ、猟後は獲物の内臓を山の神に供えることを約束したという。このような伝承と山の神の同一視によって、信仰的に語られる。

おおにしじょうせい【大西浄清】 1594～1682.9.6 江戸前期の京都三条釜座の釜師。初代浄林の弟あるいは親族と伝えられ、大西家二代目を継いだ。大西家第一の名手といわれる。古田織部に従って子の定林とともに江戸に下り、以後京都・江戸を往復、一六五六年（明暦二）幕府御用釜師となった。釜以外では承応二年（一六五三）銘日光東照宮の銅灯籠がある。

おおにしじょうりん【大西浄林】 1590～1663.10.27 江戸前期の釜師。山城国生れ。はじめ南山城国広瀬村で諸種の鋳造業を営んだが、寛永頃京都三条釜座に移住し釜師となった。一説に名越三昌の弟子と伝えられる。釜は芦屋風で一定した形状がなく、鮮明な文様を表し、狩野探幽の下絵を用いたものがあるという。二代目を継いだ浄清の子定林が江戸に移住し、大西家は江戸と京都で栄えた。

おおにしはじめ【大西祝】 1864.8.7～1900.11.2 明治期の哲学者。号は操山。岡山藩士の子。旧姓木全。同志社神学科をへて東大卒。一八九一年（明治二四）から東京専門学校で教え、九八年ドイツ留学。しかし翌年病を得て帰国、本復は叶わず死去。「六合雑誌」編集に従事し、またキリスト者の立場からの国家主義批判・市民倫理擁護の評論活動を展開。短歌・新体詩の作者でもあった。著書「西洋哲学史」。

おおぬまちんざん【大沼枕山】 1818.3.19～91.11.1 幕末・維新期の漢詩人。幕臣で漢詩人の大沼竹渓の子。名は厚、字は子寿、通称捨吉、枕山は号。梁川星巌の玉池吟社に出入りして漢詩人として知られ、のちに自身も下谷吟社を開いて、江戸・東京詩壇の中核として活躍した。詩集「枕山詩鈔」「東京詞」。

おおのうじ【大野氏】 古代の豪族。氏名は上野国山田郡大野郷の地名に由来する。崇神天皇の皇子豊城入彦命の四世孫、大荒田別命の後裔と伝える。六八四年（天武一三）の改姓で、それまでの君姓にかえて朝臣姓を賜った。六七二年の壬申の乱で近江朝廷側の将として奮戦した果安や、その子で長く陸奥経営にたずさわり、のち七四〇年（天平一二）の藤原広嗣の乱を平定した東人ら武人の輩出が目立つ。東人は参議従三位に昇った。

おおのくろべえ【大野九郎兵衛】 生没年不詳。江戸前期の播磨国赤穂藩家老。六五〇石。藩主浅野長矩自刃後、家老の一人の大石良雄と開城に際しての分配金をめぐる方針が異なり対立。また殉死と再興嘆願の意見に反対して家中の反発を招き出奔。京都へ出たとされるが、生活に困窮したらしい。その後は諸説あって判然としない。

おおのじねんまろ【多自然麻呂】 ?〜886.9.16 楽家多氏の祖。八五九年(貞観元)の清和天皇の大嘗祭に右近衛将監として参列し、外従五位下となる。八六三年に宿禰姓を賜り、翌年下総介に任じられた。「郢曲相承次第」は神楽について「多自然麻呂をもって根元となす」と伝え、宮中御神楽の制定の中心になったという。「多氏系図」によればはじめて歌舞両道を伝承し、左右(唐楽・高麗楽)とともに行ったとされるが未詳。

おおのすけただ【多資忠】 1046〜1100.6.15 平安後期の楽人。多節資の実子で、その兄政資の養子となる。一〇八八年(寛治二)右近衛将曹、同年多家相伝の「採桑老」をはじめて舞い、賞賛される。九〇年右近衛将監。節資から「採桑老」、政資から神楽や「胡飲酒」を相伝し、神楽の秘曲を堀河天皇に伝授したという。一一〇〇年(康和二)右方舞人の山村吉貞・政連父子によって長子節方とともに殺害された。

おおのただかた【多忠方】 1085〜1135.6.16 平安後期の楽人。資忠の子。父は一一〇〇年(康和二)に殺害され、翌々年一月の朝覲行幸に弟近方とともに一〇余歳で「納蘇利」を舞った。同年臨時楽に舞人として勤め右近衛将曹に任じられ、一一四年(永久二)法勝寺新阿弥陀堂供養では「貴徳」を舞って賞賛され、右近衛将監となった。父の死により相伝されなかった「胡飲酒」は源雅実から伝授された。

おおのただとも【多忠朝】 1883.4.5〜1956.10.21 明治〜昭和期の雅楽家・作曲家。東京都出身。京都方の雅楽伝承者の家系に生まれる。忠古の子。専門は笛、神楽歌、バイオリン。一九〇八年(明治四一)宮内省楽部の楽手となる。三六〜四五年(昭和一一〜二〇)楽部楽長。楽部退官後、神社音楽協会を設立、神社の祭礼楽の整備・発展に尽力。雅楽の新作に「承久楽」「悠久」「浦安の舞」「昭和楽」。

おおのでめけ【大野出目家】 近世世襲の能面作家の家系の一つ。初代是閑吉満(一六一六没)の出身が越前国大野(現、福井県大野市)であるため、師家の正系である越前出目家に対して大野出目家という。江戸後期の一〇代助左衛門まで続くが、最も作技が優れたのは三光坊の弟子大幸坊幸賢に師事した初代是閑で、近世の名工として知られる。それに次ぐ作家には、四代洞白満喬(一七一五没)、五代洞水満矩(一七二九没)など。

おおののあずまひと【大野東人】 ?〜742.11.2 奈良時代の武将。果安の子。七一四年(和銅七)騎兵を率いて新羅使を迎接。ついで長く陸奥にあって按察使・鎮守将軍となり、律令国家の東北経営に活躍した。七二四年(神亀元)には蝦夷征討で勲功をあげ、七三七年(天平九)には陸奥・出羽柵間の直路開削を奏言。みずから雄勝地方をめざして進軍した。七三九年参議。翌年藤原広嗣の乱に際し、大将軍となって広嗣軍を九州で破り、乱を平定した。参議従三位で没。

おおののはたやす【大野果安】 生没年不詳。七世紀後半の武将。六七二年の壬申の乱に、近江朝廷側の将として大海人皇子(天武天皇)側の大伴吹負の軍と乃楽山で戦い、これを破った。乱は近江朝廷側の敗北に終わったが、果安はのち天武朝に仕えたらしく、子の東人の薨伝に、果安は飛鳥朝廷の糺職大夫で、直広肆(大宝令制以後の従五位下にあたる)とみえる。

おおののりちか【大野規周】 1820.1.28〜86.10.6 幕末〜明治前期の精密器械技術者。江戸の御用時計師の家に生まれる。祖父弥五郎は伊能忠敬の測量器械を製作。福井藩に技術指導に招かれ、一八六二年(文久二)幕府留学生としてオランダに留学、精密機械・測量を学び、六七年(慶応三)帰国。明治維新後大阪造幣局で技師をしながら、尺度・分銅・天秤・温度計・目盛り器械・分度器・時計など近代度量衡の標準器械を製作した。子の則好を時計製作修業のためスイスに留学させた。

おおのはるなが【大野治長】 ?〜1615.5.8 織豊期〜江戸初期の武将。母は淀殿の乳母大蔵卿局。修理亮。豊臣秀吉・秀頼に仕えた。一五九九年(慶長四)徳川家康暗殺を謀ったとされ下総に追われたが、翌年赦免。その後秀頼側近として片桐且元の去った大坂城を守り、一六一四年大坂冬の陣の講和を担当。夏の陣でも豊臣氏存続のため働いたがかなわず、落城に殉じた。茶の湯にすぐれ、古田織部を師とした。

おおのばんぼく【大野伴睦】 1890.9.20〜1964.5.29 昭和期の政治家。岐阜県出身。明治大学中退。政友会に近く、一九三〇年(昭和五)衆議院に初当選。太平洋戦争中、翼賛議員団に反対し、四二年の翼賛選挙に非推薦で立候補するが落選。戦後の四六年四月衆議院議員に復帰。五五年一一月の自民党結成には民主党の三木武吉と中心的役割をはたし、ともに総裁代行委員となる。六二年池田勇人首相の親書をたずさえ訪韓し、日韓国交回復に尽力した。

おおのひろき【大野広城】 1788〜1841.9.11 江戸後期の幕臣・国学者。通称権之丞。号は忍舎・忍屋隠士。幕府小十人組の士。今日でも幕府の制度・法制に関する良書として知られる「青標紙」「殿居嚢」を著したため、一八四一年(天保一二)罪に問われて改易。九鬼氏に預けの身となり、その領地丹波国綾部に移送された直後に死没。著書はほかに「仮字便覧」「泰平年表」「忍屋叢書」。

おおのべんきち【大野弁吉】 1801～70.5.19　江戸末期のからくり師。本名は中村屋弁吉。号は鶴寿軒・一東。京都生れ。二〇歳の頃長崎に出てオランダ人に医術・理化学を学ぶ。一八三〇年(天保元)頃、加賀国大野村(現、金沢市)に移住。銭屋五兵衛らの援助をえて各種のからくり機器・細工彫刻・絵画・薬品などを製作、湿板写真も試みた。主著「一東視窮録」には医学・理化学・機械類の最新知識が集められている。

おおのほむち【多品治】 生没年不詳。七世紀後半の官人。壬申の乱の功臣で、臣姓から朝臣姓を賜る。父は蔣敷か。子に安麻呂がいる。六七二年(天武元)美濃国安八磨郡湯沐令として大海人皇子の軍に従う。六八三年諸国の境界設定のため全国をめぐり、六九六年(持統一〇)壬申の乱の功により直広壱に叙された。

おおのやすまろ【太安麻呂】 ?～723.7.6　安万侶とも。奈良時代の官人。姓は朝臣。「古事記」「日本書紀」の編者。父は多品治。七一一年(和銅四)九月、元明天皇の詔をうけて稗田阿礼の暗誦していた「帝紀」「旧辞」を撰録し、翌年「古事記」を献上。同じ頃、「日本書紀」の編纂にたずさわったと考えられる。七一五年(霊亀元)従四位下。民部卿で没した。一九七九年(昭和五四)奈良市此瀬町で墓誌が出土した。

おおばいわお【大場磐雄】 1899.9.3～1975.6.7　昭和期の考古学者。東京都出身。国学院大学卒。内務省をへて国学院大学教授。当初は諸磯貝塚など縄文文化研究に従事したが、やがて祭祀遺跡の発掘にたずさわり、神道考古学を提唱して独特の学風を樹立。長野県平出遺跡を発掘して古代集落の実態を明らかにしたり、東京都宇津木向原遺跡の調査で方形周溝墓を発見、命名した。著書「神道考古学論攷」。

おおばかげちか【大庭景親】 ?～1180.10.26　平安末期の武将。景忠の子。通称大庭三郎。相模国大庭御厨の下司職を相伝。源義朝に従い保元・平治の乱に加わった。平治の乱に敗れたあと、許されて平氏の家人となる。一一八〇年(治承四)以仁王の挙兵に平家方として参加。源頼朝が挙兵すると追討軍の大将となり、石橋山に頼朝を破ったが、富士川の戦で頼朝に降伏。平広常に預けられたあと処刑された。

おおばかげよし【大庭景義】 ?～1210.4.9　大庭景能・懐島景義とも。平安後期～鎌倉前期の武士。父は景忠。景親の兄。大庭平太と称する。一一五六年(保元元)の保元の乱で源義朝の軍に属して戦い、源為朝の矢により負傷。八〇年(治承四)の源頼朝挙兵以来つき従う。八九年(文治五)頼朝の大倉御所の造営奉行を勤める。九三年(建久四)出家。

おおばかこう【大庭柯公】 1872.7.27～?　明治・大正期のジャーナリスト。山口県出身。本名景秋。上京後苦学して英語・ロシア語を修め、日露戦争に通訳官として従軍。一九〇六年(明治三九)大阪毎日新聞社に入社、海外特派員として活躍。一四年(大正三)東京朝日新聞社に転じ、特派員としてロシア軍に従軍。一九年「読売新聞」主筆となり、二一年革命後のロシアに入り、翌年「日本のスパイ」として逮捕、投獄された。二四年にソ連政府が死亡宣告を通知してきた。

おおばげんのじょう【大庭源之丞】 ?～1702.2.9　江戸前期の治水家。駿河国駿東郡深良村の名主。同郡二八カ村の用水不足の打開策として箱根芦ノ湖の水を分流することを発案し、江戸の友野与右衛門ら四人を金主とし、箱根権現の別当快長・聖政の援護をえて一六六六年(寛文六)工事が開始された。友野らは工事完成の暁には年々五石の上米を源之丞に納めることを約している。箱根用水は三年半を要して七〇年完成。

おおばこ【大葉子】 生没年不詳。調伊企儺の妻。「日本書紀」によれば、欽明二三年、夫とともに新羅討伐に従軍したが捕虜となり、夫は降伏せず斬られた。夫の死を悼んだ大葉子は、「韓国の城の上(辺か)に立ちて大葉子は領巾振らすも日本へ向きて」と詠み、ある人が反歌として「韓国の城の上(辺)に立たし大葉子は領巾振らす見ゆ難波へ向きて」と詠んだという。

おおばし【大庭氏】 平安末～鎌倉初期の相模国の豪族。桓武平氏。鎌倉権五郎景政の子孫が、大庭御厨(現、神奈川県藤沢市)の御厨司・下司として大庭氏を称したのに始まる。景義・景親兄弟は、保元の乱で源義朝に従軍。源頼朝挙兵の際には、景親が平家方の将として石橋山に頼朝を破ったが、のち斬首された。景義は頼朝に従って功をたて、有力御家人となった。一二一三年(建保元)子の景兼のとき、和田合戦で和田義盛方に加わり、一族は滅亡。

おおはしいちぞう【大橋一蔵】 1848.2.16～89.2.20　明治前期の士族反乱の指導者。越後国の豪農の家に生まれる。大橋訥庵について尊王攘夷思想を学ぶ。一八七六年(明治九)の萩の乱に連坐。出獄後、新潟に明訓学校を設立し、八六年から北海道開拓事業を行う。大日本帝国憲法発布の日に上京した際、転倒した老婆を助けようとして事故にあい死去。

おおはしさへい【大橋佐平】 1835.12.22～1901.11.3　明治期の出版経営者。越後国長岡の材木商渡辺家に生まれたが、大橋家の養子となる。長岡の町政で活動したのち、仲間と「北越新聞」を創刊したが意見があわず、一八八一年(明治一四)みずから「越佐毎日新聞」を発刊。八六年上京し、翌年出版社博文館を設立。八八年「日本大家論集」を創刊し成功をおさめた。さらに「日本之女学」などの雑誌をつぎつぎと発刊。九五年には総合雑誌「太陽」

を創刊し、大出版社をつくりあげた。

おおはししんたろう【大橋新太郎】 1863.7.29～1944.5.5 明治～昭和前期の出版実業家。大橋佐平の三男。越後国生れ。父佐平とともに「越佐毎日新聞」を発行。上京して一八八七年(明治二〇)博文館を創業。当時の学術誌などから抜粋した「日本大家論集」の企画者とされる。佐平と共同して博文館の事業を展開し、のちに共同印刷も創業した。一九〇一年父の遺志で大橋図書館を創立。〇五年東京商業会議所副会頭に就任した。

おおはしそうけい【大橋宗桂】 1555～1634.3.9 江戸初期の著名な将棋指(しょうぎさし)。能楽師とかかわりのある京都の町衆の出身で、将棋三家の筆頭大橋本家の初代。初見は「鹿苑日録」の天正二〇年(一五九二)とみなされる。徳川家康をはじめ公家や寺社にも招かれ、駿府(すんぷ)城や江戸城内でも本因坊算砂(さんさ)と対局するなど、職業的将棋指の先駆。一六〇二年(慶長七)に山科言経(ときつね)が宗桂の詰将棋集を天皇に献上している。一二年に幕府から五〇石五人扶持を支給された。吉田社や神竜院などに招かれて将棋の技芸を披露していたと「舜旧記(しゅんきゅうき)」にみえる。

おおはしとつあん【大橋訥庵】 1816～62.7.12 幕末期の尊攘派の儒者・運動家。長沼流兵学者清水赤城の子。通称順蔵、訥庵は号。江戸生れ。佐藤一斎に入門し儒学を学ぶ。のち日本橋の太物商大橋淡雅の女婿となる。二六歳で私塾を開き、子弟を教育。朱子学の強烈な信奉者で、一八五七年(安政四)陽明学と洋学を排斥した「闢邪小言(へきじゃしょうげん)」を刊行。将軍徳川家定の継嗣問題では一橋慶喜(よしのぶ)擁立の運動に参加。老中安藤信正襲撃の計画を進めたが、六二年(文久二)坂下門外の変の直前に捕らえられ、幽閉中に病気となり、宇都宮藩に預けられ、病没。著書「隣疝臆議(りんせんおくぎ)」「大橋訥庵先生全集」。

おおばやしよしごろう【大林芳五郎】 1864.9.14～1916.1.24 明治期の建設業者。大坂生れ。家業は塩・肥料商。大阪で呉服商を営んだのち東京で土木建築工事の経験をつみ、一八九二年(明治二五)大阪で大林組を創業。大阪築港・内国勧業博覧会(京都)工事で実力を示し、日露戦争では旅順港閉塞に参加、生駒トンネル(大軌)や東京駅の工事も手がけた。

おおはらうじ【大原氏】「新撰姓氏録」によると二系統あった。❶漢の西姓令貴(さいせいれいき)の後裔とするもので、姓は史(ふひと)。のち宿禰を与えられた者もいる。他に百済の人、後漢の孝霊皇帝の後裔とする伝承もあるが、東漢(やまとのあや)氏の一派とみられる。❷皇別の氏で、七三八年(天平一〇)高安王が臣籍降下を願いでて許され、大原真人(まひと)の姓を賜ったことに始まる。高安王は敏達(びだつ)天皇の孫百済(くだら)王の後裔と伝えられる。

おおはらけ【大原家】 宇多源氏庭田家庶流。羽林家。庭田家分流葛岡宣之の四男栄顕(ひであき)が庭田重条の猶子となり、江戸中期に創立。家禄は蔵米三〇石三人扶持。神楽の家。六代重徳(しげとみ)は明治維新で功があり、一八六九年(明治二)賞典禄一〇〇〇石をうける。七代重実は戊辰戦争で関八州監察使などを勤めた。八代重朝のとき子爵、のち伯爵となり貴族院議員などを務めた。

おおはらこうしろう【大原孝四郎】 1834～1910.7.6 倉敷の素封家で倉敷紡績の初代社長。孫三郎の父。一八八八年(明治二一)青年有志によって企図された有限会社倉敷紡績の設立に参加し、対外的な信用を高めて株式募集を円滑にすませた。倹約主義で生産費の切下げに貢献した。会社の経営は木村利太郎・木山精一に委ねた。

おおはらしげとみ【大原重徳】 1801.10.16～79.4.1 幕末・維新期の公家。重尹(しげのぶ)の五男。母は唐橋在家の女。一八〇五年(文化二)兄重成(しげなり)の養子となり、三一年(天保二)従三位、三八年家督相続。六二年(文久二)左衛門督に任官、幕政改革・攘夷督促の勅使として江戸に赴いた。同年国事御用掛。六三年二月勅定の改竄を理由に落飾・閉門に処されるが、八月赦免。六六年(慶応二)朝政改革を主張する列参運動を主導、再び閉門。翌年赦免、王政復古で参与。六八年(明治元)議定・集議院長官などを歴任、七〇年辞官し麝香間(じゃこうのま)祗候。

おおはらまごさぶろう【大原孫三郎】 1880.7.28～1943.1.18 明治～昭和前期の実業家。岡山県出身。父孝四郎の後をつぎ一九〇六年(明治三九)に倉敷紡績の社長に就任。倉敷絹織の設立などで繊維部門を拡張する一方、倉敷銀行・倉敷電灯などの経営に参加した。労働・社会問題にも強い関心をよせ、大原社会問題研究所を設置し、高野岩三郎らの社会科学者に参加を求めたほか、暉峻義等(てるおかぎとう)らと倉敷労働科学研究所も創設した。石井十次を支援して岡山孤児院の運営に携わった。

おおはらゆうがく【大原幽学】 1797～1858.3.7 江戸後期の農民指導者。氏・素性を隠し、名古屋藩牢人とだけ称する。一八歳で勘当され、畿内・中国・四国・信濃と流浪し、一八三五年(天保六)名主の依頼で下総国香取郡長部(ながべ)村(現、千葉県干潟町)を訪れ、性学を説いた。三八年、同村に先祖株組合を結成し家と村の復興事業を指導。この仕法は東総農村に広まった。五一年(嘉永四)関東取締出役(しゅつやく)から嫌疑をうけ、教導所改心楼は取り壊され、五七年(安政四)幕府評定所の判決で一〇〇日押込に処せられた。翌年三月、刑期を終えたのち長部村で自刃。墓は同所にある。

おおひこのみこと【大彦命】 孝元天皇の皇子で、四道(しどう)将軍の一人とされる伝説上の人物。阿倍臣・膳(かしわで)臣など七族の祖と伝える。「古事記」「日本書紀」によると、崇神一〇年、四道将軍として北陸におもむく途中、和珥坂上で少女の歌によって武埴安彦命の謀反を知り、戻って崇神に報告したのち山背でこれを討ち、北陸に出発して翌年帰還した。稲荷山古墳出土鉄剣銘の「意富比垝」は、膳臣の祖先説話との関連から大彦命の可能性がある。

おおひめ【大姫】 ?〜1197.7.14　源頼朝と北条政子の間に生まれた長女。源義仲の子義高と許婚の間柄だったが、一一八四年(元暦元)義高は頼朝に殺された。以後、悲嘆のあまり病床に伏し、婚礼の勧めにも応じなかった。九五年(建久六)父に従い上洛、後鳥羽天皇との婚姻が計画されたが成立せず、鎌倉で死去。後世、貞女の鑑と称された。

おおひらまさよし【大平正芳】 1910.3.12〜80.6.12　昭和後期の政治家。香川県出身。東京商科大学卒。大蔵省入省、一時興亜院の役人として大陸に勤務。第二次大戦後は池田勇人蔵相秘書官となり政界入りをし、一九五二年(昭和二七)一〇月の衆議院選挙で当選。以後自由党(のち自由民主党)の主流派として活躍。池田内閣の官房長官および外相となり、党・政府の要職を歴任し、宏池会の会長となる。池田内閣外相として日韓正常化を、田中内閣外相として日中国交正常化交渉を手がけた。一九七八年から二次にわたって組閣したが、八〇年六月選挙戦の最中に急死。

おおひるめのむち【大日孁貴】 ⇨天照大神

おおべのきよかみ【大戸清上】 ?〜839　平安初期の楽人で笛の名手。和邇部大田麻呂の笛の師。河内国の人。八三四年(承和元)一月に外従五位下に、同年一二月には良枝宿禰を得、雅楽権少属に任じられた。八三八年遣唐使とともに渡唐するが、帰国の途中南海の地に漂着し、賊徒に殺された。当時第一級の楽人で、「承和楽」「壱団嬌」「清上楽」「拾翠楽」など多数の曲を作曲・改作したと伝える。

おおまえだえいごろう【大前田栄五郎】 1793〜1874.2.26　江戸後期の博徒。上野国大前田村生れ。名主の家柄だったが、父親の代から博徒となる。博徒間の喧嘩で人を斬り、諸国を転々とするが、捕らわれて佐渡へ流された。島抜け後に再び各地をわたり歩き、名古屋を中心に東海道の広い範囲に勢力をもった。

おおまちけいげつ【大町桂月】 1869.1.24〜1925.6.10　明治期の詩人・随筆家・評論家。高知県出身。本名芳衛。東大卒。上京後落合直文の門に入り、あさ香社結成に参加。東大入学後、「帝国文学」に寄稿。一八九六年(明治二九)塩井雨江・武島羽衣と擬古的な詞華集「美文韻文花紅葉」を刊行、大学(赤門)派とよばれた。一九〇〇年博文館に入社し、「太陽」ほかに文芸時評・紀行文などを執筆した。文章論「日本文章史」、紀行文「奥羽一周記」「行雲流水」。

おおみやいん【大宮院】 1225〜92.9.9　後嵯峨天皇の中宮。名は姞子。父は西園寺実氏、母は四条隆衡の女貞子。一二四二年(仁治三)入内。同年中宮となり、四八年(宝治二)院号宣下をうけた。後深草・亀山両天皇らを生む。七二年(文永九)後嵯峨上皇が皇位継承者の決定を鎌倉幕府にゆだねて没すると、幕府は上皇の本意を大宮院にたずねて亀山天皇を後継者とした。これが両統迭立問題の発端となる。同年出家、法名遍智覚。

おおみやけ【大宮家】 ㊀小槻氏の庶流。鎌倉時代〜戦国期の官務家。一一八五年(文治元)叔父隆職の解官によって官務となった小槻広房に始まる。嫡流壬生家と並んで小槻氏長者・官務となったが、室町時代にはその地位をめぐって争った。一五五一年(天文二〇)伊治が大内氏の城下山口で死去して断絶。㊁藤原氏閑院流の西園寺家庶流。羽林家。西園寺公益の次男季光を祖とし、寛永年間(一六二四〜四四)に創立。家禄は一三〇石。維新後、以季のとき子爵。

おおみやながおき【大宮長興】 1412〜99.10.24　室町時代の官人。初名時繁。喜称軒・文決軒と号す。小槻官務家の出身。父は官務為緒。一四三二年(永享四)左大史。四五年(文安二)二月、官務・氏長者となるが、同族の壬生晨照の異議で一一月には罷免。四九年(宝徳元)再任。六五年(寛正六)辞職。七八年(文明一〇)小槻氏ではじめて八省の卿となり、治部卿に任じられた。八六年出家、法名寿官。日記「長興宿禰記」。

おおみわうじ【大神氏】 大三輪氏とも。大和国城上郡の大神神社を祭る氏族。もと三輪氏で壬申の乱の功により天武朝頃から「大」が付されるようになった。同社の祭神大物主神の子孫大田田根子を始祖と伝える。姓はもと君で六八四年(天武一三)朝臣を賜る。本来三輪山祭祀は王権祭祀であったが、欽明朝頃三輪氏に全面的に委任されるようになったとの説がある。敏達朝には逆が天皇の寵臣とされ、壬申の乱では高市麻呂らが活躍して、天武・持統両朝には有力な地位を占め、八〜九世紀にも中下級官人を輩出した。系図に「三輪高宮家系図」がある。

おおみわのたけちまろ【大神高市麻呂】 657〜706.2.6　大三輪・三輪とも。壬申の乱の功臣。姓は朝臣。父は利金。六八六年(朱鳥元)天武天皇の殯宮で理官の事を誄した。六九二年(持統六)の伊勢行幸を農事の妨げとして諫言したが、うけいれられず中納言を辞職。七〇二年(大宝二)長門守となり、左京大夫在職中に没。政界復帰をはたしたらしいが、「万葉集」「懐風藻」に作品を残す。従三位を追贈。

おおみわのもりめ【大神杜女】 毛理女とも。生没年不詳。奈良時代の豊前国宇佐八幡宮の祝部・禰宜。宇佐八幡が東大寺大仏造立を助ける託宣を下したことにかかわったらしく、七四九年(天平勝宝元)一一月、主神司大神田麻呂とともに朝臣姓を賜る。翌一二月、託宣と称し宇佐八幡を奉じて入京。天皇と同じ紫色の輿に乗って東大寺を拝した。従四位下に昇叙。七五四年薬師寺僧行信の厭魅に連坐して本姓に戻され、日向に流された。翌年宇佐八幡は、入京直後に寄進された神封・神田を偽託によるものとして返上する。

おおむらし【大村氏】 中世～近世肥前国の大名。藤原純友の後裔と伝えるが、大村郷(現、長崎県大村市)出身の土豪とみられる。鎌倉御家人として藤津・彼杵二郡を本拠に勢力を拡大、元寇に際し戦功があった。南北朝期には、南朝方として菊池氏らとともに活躍。戦国期、純忠は最初のキリシタン大名となり長崎を開港、南蛮貿易を中心に外交策を推進した。一五八七年(天正一五)豊臣秀吉に本領を安堵され、江戸時代は肥前国大村藩主二万七九〇〇石余。維新後、子爵のち伯爵。

おおむらすみただ【大村純忠】 1533～87.4.18/5.18 戦国期～織豊期の肥前国の武将。父は有馬晴純。幼名勝童丸。法名理専。丹後守・民部大輔。一五三八年(天文七)大村純前の養子となり、五〇年同家を相続するが、襲封後も純前の実子後藤貴明を擁する一派などと抗争が続く。南蛮貿易を積極的に行い、六三年(永禄六)に洗礼をうけ最初のキリシタン大名となったが、改宗を不満とする謀反がおき追放された。その後、有馬晴純の援助で復帰。八〇年(天正八)に竜造寺隆信の軍事的圧迫に屈服し、一時領国主の地位を失い逼塞させられるなど、統治は終始不安定であった。八二年、甥千々石ミゲルを遣欧使節の一員として派遣。八六年子喜前に家督を譲り、翌年大村坂口館で死没。

おおむらすみひろ【大村純熈】 1825.11.21～82.1.12 幕末期の大名。肥前国大村藩主。父は純昌。一八四七年(弘化四)家督相続。松林飯山を藩校学頭に迎える。六三年(文久三)長崎奉行、ついで同総奉行に任じられたが赴任しなかった。この間藩内では勤王派と佐幕派の対立が激化。六七年(慶応三)藩論を勤王に導き、戊辰戦争では率先して官軍についた。

おおむらせいがい【大村西崖】 1868.10.12～1927.3.8 明治・大正期の美術史学者。本名は塩沢峰吉。静岡県出身。東京美術学校卒。東洋美術史・仏教学の研究に専念し、一八九六年(明治二九)母校の助教授、一九〇二年教授となる。「東洋美術大観」(一九〇八～一八)、「東瀛珠光」「支那美術史彫塑篇」など優れた研究書・画集を編纂し、二〇年(大正九)「密教発達志」で帝国学士院賞を受賞。美術批評も多く手がけた。

おおむらのふくよし【大村福吉】 生没年不詳。平安初期の医家。丹波国出身。直姓であったが、八三五年(承和二)右近衛医師のとき紀宿禰姓を賜る。瘡病の治療に優れ、医術に強い関心をもっていた仁明天皇の寵愛をうけて、居宅を与えられた。勅命により、口授の秘伝をもとに外科書「治瘡記」を撰した。

おおむらひこたろう【大村彦太郎】 1636～89.1.20 江戸前期の商人、白木屋の創業者。近江国長浜生れ。幼少で両親を失い母方の材木商河崎家で養育された。慶安年間京都に白木屋を開店、はじめは材木を扱った。一六六二年(寛文二)江戸日本橋通三丁目にも店を出し、三年後には一丁目に移る。当初は小間物が中心だったが、呉服・木綿類にまで拡大していった。

おおむらますじろう【大村益次郎】 1824.5.3～69.11.5 幕末・維新期の軍政家。洋学・兵学に明るく、近代兵器と西洋的組織・陣法を備えた中央集権的軍隊を構想した。はじめ村田良庵、のち蔵六、大村益次郎。名は永敏。周防国の医師の家に生まれる。緒方洪庵の適々斎塾で学び塾頭にまで進む。宇和島藩に出仕、一八五六年(安政三)江戸で鳩居堂を開塾。ついで蕃書調所教授手伝、講武所教授として幕府に出仕。六〇年(万延元)萩藩に迎えられ慶応軍制改革に参画、六六年(慶応二)の第二次長州戦争でその軍制・戦略の有効性が実証された。戊辰戦争でも軍略面で活躍。六九年(明治二)新政府の兵部大輔となり軍制改革を提案、藩兵の親兵化構想と衝突した。また守旧派・草莽志士にもうらまれ、同年京都で襲撃されて約二カ月後に没した。

おおものぬしのかみ【大物主神】 記紀の神話にみえる神名。偉大なモノ(畏怖される魔的な対象)の主の意。「古事記」神武段では美和の大物主神と記され、大神神社の祭神とする。御諸山(三輪山)の神として海上から来臨し、オオクニヌシの国造りに協力した。「日本書紀」一書ではオオクニヌシの別名とし、「出雲国造神賀詞」ではオオナムチの和魂とされる。崇神天皇のとき祟り神として現れ、また丹塗矢・蛇・雷などとして顕現してもいる。

おおもりうじより【大森氏頼】 1418～94.8.26 室町時代の武将。相模国小田原城(現、神奈川県小田原市)城主。寄栖庵と号し扇谷上杉氏の有力家臣となった。一四七六年(文明八)山内上杉氏の被官長尾景春が上杉氏にそむくと、扇谷上杉氏の家宰太田道灌に従って関東各地で景春方と戦った。ついで山内・扇谷両上杉氏の抗争となり、八八年(長享二)には山内上杉軍に小田原を攻められた。この間扇谷上杉定正は八六年道灌を殺害、山内家と対抗するため古河公方足利成氏と結んだが扇谷家が優勢になると成氏を疎んじた。定正の行為を諫めた書状は「大森教訓状」として知られる。死去の翌年北条早雲に小田原を奪われ、大森氏は没落。

おおもりきんごろう【大森金五郎】 1867.4.25～1937.1.13 明治～昭和前期の日本史学者。上総国生れ。一八九四年(明治二七)東大国史学科卒。学習院教授。明治大学・早稲田大学・国学院大学などで教鞭をとり、歴史教育者としても活躍。九八年日本歴史地理研究会の創設に加わり、雑誌「歴史地理」の発刊に尽力。専攻は鎌倉時代史。著書「武家時代之研究」「日本中世史論考」。

おおもりし【大森氏】 室町時代の相模国の豪族。中関白藤原道隆の子孫と伝えるが、駿河国大森(現、静岡県裾野市)からおこった土豪とみられる。鎌倉時代には、北条氏得宗家の被官となった者もいた。頼春のとき、上杉禅秀の乱に際して足利持氏を助け、その功により相模国西部を与えられた。以来、小田原を本拠に有力豪族として活躍、三浦氏とともに扇谷上杉氏の重臣として相模国を支配した。一四九五年(明応四)藤頼は北条早雲に小田原城を奪われた。

おおもりそうくん【大森宗勲】 1570～1625 織豊期～江戸初期の一節切尺八の名手。号は岫庵。楠木正成の首を討った伊予の武将大森彦七の後裔。織田信長に仕え、信長没後隠棲して一節切に専念。製管にもすぐれ、また楽譜を書いて一節切を一般にも普及させ、一節切中興の祖といわれる。著書「宗左流尺八手数并唱歌目録」(「短笛秘伝譜」写本)。

おおもりひこしち【大森彦七】 生没年不詳。南北朝期の武将。伊予国砥部(現、愛媛県砥部町)に拠る土豪。実名盛長。楠木正成を倒したことで知られる。一三三六年(建武三・延元元)足利尊氏の催促をうけ、京都に上って活動。「太平記」によれば、同年の湊川合戦に参加して正成を自殺させ、これにより恩賞をえたが、のち正成の怨霊に悩まされたという。

おおもりふさきち【大森房吉】 1868.9.15～1923.11.8 明治・大正期の地震学者。福井県出身。東大卒。ヨーロッパ留学後、東京帝国大学教授。地震の統計的研究で業績を残す。初期微動の継続時間と震源までの距離の関係を表す大森公式で知られる。地震学からみた建築法を研究、日本の地震記録をまとめ、大森式地震計を考案。震災予防調査会をつくり予防対策に力をいれた。関東大震災発生でオーストラリアから帰国途中に病に倒れた。万国地震学会協会設立に尽力。著書「地震学講話」。

おおもりよしたろう【大森義太郎】 1898.9.26～1940.7.28 大正・昭和前期の経済学者・評論家。神奈川県出身。東大卒。一九二四年(大正一三)東京帝国大学助教授。軍事教練反対演説や小作争議調査などにより二八年(昭和三)の三・一五事件後に大学を辞職し、評論活動に入る。雑誌「労農」の同人で、改造社版「マルクス・エンゲルス全集」刊行に参画。文芸・映画評論にも健筆をふるう。三七年人民戦線事件で検挙、保釈中死亡。著書「史的唯物論」「まてりありすむすみりたんす」。

おおやしんぞう【大屋晋三】 1894.7.5～1980.3.9 昭和期の実業家・政治家、帝国人絹の社長。群馬県出身。東京高等商業卒。鈴木商店から一九二五年(大正一四)に帝国人造絹糸に転じた。第二次大戦後は政界に進出し、四七年(昭和二二)より参議院議員、第二次吉田内閣の商工相、第三次吉田内閣の運輸相などを務めたが、五六年に社業再建のため社長に復帰、テトロン開発にいち早く着目し、経営を再建した。

おおやそういち【大宅壮一】 1900.9.13～70.11.22 昭和期の評論家。大阪府出身。東大中退。日本フェビアン協会主事。第二次大戦前は雑誌「人物評論」を発行し、集団による評論制作などを試みた。戦後は社会評論家として幅広い活躍を行った。「一億総白痴化」などの流行語をうみ、広く親しまれた評論の特徴は、庶民の感覚と在野の立場から権威的なあり方を批判する点にあった。なお「大宅壮一文庫」(東京都世田谷区)は、明治以降の雑誌の収集で知られる。

おおやとおる【大矢透】 1850.12.3～1928.3.16 明治・大正期の国語学者。越後国生れ。新潟師範学校卒。一八八六年(明治一九)上京して文部省に出仕。一九〇二年文部省国語調査委員会補助委員(のち委員)となる。この間古経巻の古訓点をみて仮名研究に志し、一六年(大正五)に帝国学士院恩賜賞を授与される。二六年(昭和元)刊行の「仮名の研究」は四年間の奈良移住生活によってなった学位論文。台湾総督府で教科書編纂に従事したこともある。

おおやのうらずみ【大屋裏住】 1734～1810.5.11 江戸後期の狂歌作者。久須美氏。通称白子屋孫左衛門、別号は萩の屋。江戸生れ。はじめ更紗屋、のち日本橋金吹町の大家となった。寛延年間(一七四八～五一)卜柳に師事して大奈権厚紀の名で狂歌を始める。二〇年余の中断ののち、明和頃から狂名を大屋裏住と改めて再び狂歌に親しみ、天明狂歌壇の最長老の一人として腹唐秋人らの本町連を主宰して活躍。「狂歌秋の野良」の撰がある。

おおやまいくお【大山郁夫】 1880.9.20～1955.11.30 大正・昭和期の社会運動家・政治家。兵庫県出身。東京専門学校卒。欧米に留学。一九一四年(大正三)早稲田大学教授となり政治学を講じる。一七年辞職し大阪朝日新聞社に入社するが、翌年白虹事件で退社。吉野作造らと黎明会を結成、雑誌「我等」を創刊して民本主義を唱えた。二六年(昭和元)労働農民党の委員長となり、二八年第一回普通選挙に出馬するが、未曾有の弾圧にあい落選。翌年新労農党を発足させ、三〇年には代議士に当選した。以後共産党との激しい確執、ファッショ化の嵐のなかで三二年アメリカに亡命。第二次大戦後四七年に帰国、五〇年に参議院議員。平和運動に献身した。

おおやまいわお【大山巌】 1842.10.10～1916.12.10 幕末期の鹿児島藩士、明治・大正期の藩閥政治家・陸軍軍人、元老・元帥・公爵。西郷隆盛の従弟。初名弥助。江川塾で砲術を学び弥助砲を開発。維新後フランスに留学して軍事学を学び、日本陸軍の建設にあたる。陸軍卿・参議・参謀本部長を歴任、一八八五年(明治一八)第一次伊藤内閣の陸相。日清戦争では第二軍司令官、日露戦争では満州軍総司令官を務めた。長州閥の山県有朋と並ぶ陸軍の実力者。一九一四年(大正三)内大臣。

おおやまくいのかみ【大山咋神】 スサノオの子大年神の子神。大いなる山の杙(境界の棒)の意か。別名は山末之大主神。近江の日枝の山、葛野の松尾に鎮座し、鳴鏑をもつ神とする(「古事記」)。「秦氏本系帳」逸文によると、松尾大明神は矢となって秦氏の女子と婚したという。これは丹塗矢伝説をとりこんだもので、松尾神社の秦氏奉斎起源伝承となっている。

おおやますてまつ【大山捨松】 1860.1.23～1919.2.18 明治・大正期の社会奉仕家。陸奥国会津郡生れ。山川健次郎の妹。一八七一年(明治四)北海道開拓使からの派遣で、日本初の女子留学生として津田梅子らとアメリカに渡る。バッサー大学卒業後に看護婦免状を取得して八二年帰国。翌年大山巌と結婚、外国人接待に活躍し鹿鳴館の貴婦人といわれた。赤十字篤志看護婦人会・愛国婦人会・日本赤十字社理事など多くの慈善・奉仕活動を行い、女子英学塾(現、津田塾大学)の創設や運営に尽力。

おおやまためおき【大山為起】 1651～1713.3.17 江戸前期の神道家。伏見稲荷祠官松本為穀の三男。初名は大膳、松本左兵衛と称し、号は葦水斎。一度は養子にでるが、二人の兄が早世したため家職の神楽預を継承。一六八〇年(延宝八)山崎闇斎に入門して垂加神道を学ぶ。養父の遺命により八六年(貞享三)神職を辞して大山と改姓。八七年には伊予国松山藩主久松定直の招きで味酒社祠官となり、講読を行った。著書は「日本書紀」の注釈書「日本書紀味酒講記」。

おおやまつなよし【大山綱良】 1825.11.6～77.9.30 幕末～明治初期の政治家。旧姓は樺山、幼名格之助。大山家の養子。薩摩国生れ。島津久光の命で藩内の尊攘派を弾圧し、頭角をあらわす。のち西郷隆盛の下で倒幕運動に参加。明治維新後藩政に参与し、一八七一年(明治四)鹿児島県大参事。七四年初代県令となるが、しばしば新政府の方針を無視した。私学校関係者を多数県官に登用。西南戦争時には西郷軍を支持し、公金を提供したため捕らえられ処刑された。

おおやまづみのかみ【大山祇神】 「古事記」では大山津見神。記紀の神話にみえる山の神。偉大な山のミ(霊)の意。「古事記」ではイザナキ・イザナミの神生みの条で野の神とともに生まれる。「日本書紀」一書ではイザナキが火の神カグツチを斬った際に化生したとする。アシナヅチやコノハナサクヤヒメの親とされ、地上世界の神の代表的存在となっている。式内社に大山祇神社(愛媛県大三島町)があり、航海の神として著名。

おおやまもりのみこ【大山守皇子】 記紀伝承上の人物。応神天皇の皇子。母は皇后仲姫の姉高城入姫。応神が菟道稚郎子皇子を聡明さゆえに二人の異母兄をさしおいて太子に立てたとき、皇子は山川林野を管掌することを命じられた。応神の死後、皇子は太子を殺して皇位を奪おうとしたが、太子は兵を集めて菟道(宇治)に待ち、渡し守にまじって皇子を川に落として殺した。遺骸は奈良市北郊の那羅山に葬られたという。

おおやまやすはる【大山康晴】 1923.3.13～92.7.26 昭和期の将棋棋士。岡山県出身。一九三五年(昭和一〇)木見金治郎に入門。四七年に八段、五二年に木村義雄に挑戦して二九歳で名人位についた。以後生涯で一四三三勝、タイトル戦優勝一二四回、永世名人・王将・棋聖など前人未到の大記録を次々に樹立。一五世将棋名人。九〇年(平成二)文化勲章受章。兄弟子の升田幸三と対照的な強靭な受け将棋で、死の直前まで第一線で活躍した。

おおよどみちかぜ【大淀三千風】 ⇨三千風

おおるいのぶる【大類伸】 1884.2.2～1975.12.27 大正・昭和期の西洋文化史家。東京都出身。東大卒。東京帝国大学助教授をへて、一九二四年(大正一三)から東北帝国大学教授・日本女子大学教授を歴任。日本における西洋中世文化ならびにルネサンス文化の研究に新紀元を画するとともに、近世日本の城郭や絵画についても論著を公にしている。著書「西洋中世の文化」「ルネサンス文化の研究」「西洋文化史論考」。

おおわだたけき【大和田建樹】 1857.4.29～1910.10.1 明治期の国文学者・唱歌作詩者・歌人。伊予国生れ。独学で国文学を研究し、東京帝国大学・東京高等師範などの教員を勤める。美文韻文の集成などで名をあげる一方、唱歌の作詞にも力を注ぎ「明治唱歌」「尋常小学帝国唱歌」などの唱歌集を刊行。一九〇〇年(明治三三)に刊行した「地理教育鉄道唱歌」五冊は広く世に知られた。著書「日本大文学史」「歌まなび」「大和田建樹歌集」。

おかあさじろう【丘浅次郎】 1868.11.18～1944.5.

2　明治・大正期の動物学者。静岡県出身。東大卒。ドイツ留学後、東京高等師範教授。ホヤ類とヒル類の発生・形態を研究し、生物学教科書や概説書を著す。「進化論講話」は広く読まれた。のちに仏教的な進化論に転換した。合理主義的・世界主義的な評論家として活躍。

おかいちのすけ【岡市之助】 1860.3.7～1916.7.20　明治・大正期の陸軍軍人。京都生れ。陸軍士官学校・陸軍大学校卒。参謀本部総務部部長・陸軍省軍務局局長などを歴任。第一次山本内閣による軍部大臣現役武官制の改正に反対して陸軍次官を辞任。第二次大隈内閣で陸相となるが、第一次大戦中に病を得て辞任。

おかうちしげとし【岡内重俊】 1842.4.2～1915.9.19　幕末期の高知藩士、明治期の官僚政治家。土佐国生れ。海援隊で活躍し、維新後刑法官になる。渡欧後司法省に入り、長崎上等裁判所長心得などを歴任し、一八八六年（明治一九）元老院議官となる。九〇年貴族院議員に勅選された。男爵。

おかおにたろう【岡鬼太郎】 1872.8.1～1943.10.29　明治～昭和前期の劇評家・作家。本名嘉太郎。東京都出身。慶大卒。「時事新報」をはじめ各社で劇評を担当。一九〇七年（明治四〇）二世市川左団次の革新興行を機に明治座に入り、大正初年、左団次とともに松竹に移って文芸顧問となった。四三年（昭和一八）日本演劇社社長に就任。確固たる美学に裏打ちされた辛辣な劇評は、当時最も権威あるものとされた。「今様薩摩歌」ほか劇作も多く、花柳小説も高く評価されている。

おかきよし【岡潔】 1901.4.19～78.3.1　昭和期の数学者。和歌山県出身。京大卒。フランス留学。研究のため職につかなかったが、一九四九年（昭和二四）から奈良女子大学教授。多変数関数論の研究で知られ、いくつかの世界的な数学の問題を解決した。敬虔な仏教徒、保守的な批評家でもあった。朝日文化賞・文化勲章をうけた。

おかくまおみ【岡熊臣】 1783.3.9～1851.8.6　幕末期の国学者。石見国鹿足郡富長山八幡宮の神官。通称内蔵助、号は桜舎。本居宣長の影響で「古事記伝」を模した「日本書紀私伝」を著し、平田篤胤からも影響をうけ大国主命を中心とする幽冥（ゆうめい）論や宇宙論を説く。一八一一年（文化八）から神葬祭運動を開始。四九年（嘉永二）には津和野藩校養老館初の国学教師となり、親交のあった大国隆正と並び、のちの津和野国学隆盛の基を築いた。著書「千世之住処」「学本論」。

おかくらしろう【岡倉士朗】 1909.9.24～59.2.22　昭和期の演出家。東京都出身。岡倉由三郎の三男。天心の甥。立教大学卒。新築地劇団に入団しリアリズムにのっとった演出を手がける。第二次大戦後は民芸、ぶどうの会などの新劇のほか、新作歌舞伎の演出も行った。スタニスラフスキー・システムによる新人養成にも力をそそいだ。

おかくらてんしん【岡倉天心】 1862.12.26～1913.9.2　明治期の美術史家・思想家。名は覚三。福井藩士の子。横浜生れ。東大卒。文部省に出仕し、大学時代の師フェノロサらと国内外に出張した。東京美術学校開設準備にあたり、雑誌「国華」創刊の翌一八九〇年（明治二三）から同校校長。九八年学内に天心排斥運動がおこり、辞職して日本美術院を創立した。この前後に中国、インドを旅行し、一九〇四年からはボストン美術館勤務のため日米間を往復した。「東洋の理想」「日本の目覚め」「茶の本」をロンドン、ニューヨークから英文で出版して、東洋の優秀性を主張するとともに日本の役割を強調した。

おかくらよしさぶろう【岡倉由三郎】 1868.2.22～1936.10.31　明治～昭和前期の英語英文学者。岡倉天心の弟。神奈川県出身。東大卒。一八九六年（明治二九）高等師範教授。一九〇二～〇五年ドイツ・イギリスに留学、帰国後は従来の訳読主義を改めた教授法を提唱した。二一年（大正一〇）から市河三喜と「英文学叢書」全一〇〇巻を主幹。二五年立教大学教授、翌年日本初のラジオ英語講座を担当。著書「英語教育」。

おかけんかい【岡研介】 1799～1839.11.3　江戸後期の蘭方医。名は精、字は子究、号は周東。周防国生れ。一八歳で広島の中井厚沢の門に入り、蘭学を学ぶ。一八一九年（文政二）萩で開業。同年豊後国日田の広瀬淡窓（たんそう）に漢学を学ぶ。二二年長崎に遊学。シーボルトに直接師事し、鳴滝塾初代塾頭となる。のち大坂で開業。三六年（天保七）岩国藩医となったが、病気を患い郷里で没した。著書「生機論」「蘭説養生録」。

おかざきくにすけ【岡崎邦輔】 1853.3.15～1936.7.22　明治～昭和前期の政治家。紀伊国生れ。陸奥宗光の従弟。一八九一年（明治二四）衆議院議員となり、第二次伊藤内閣と自由党の提携をはかった。自由党・憲政党・立憲政友会に属し、陸奥の死後は星亨（とおる）を助けて政界工作を行った。政友会の幹部として、第一次護憲運動では第三次桂内閣を激しく攻撃し、第二次護憲運動でも普通選挙法の成立に貢献した。

おかざきし【岡崎氏】　鎌倉初期の相模国の豪族。桓武平氏。三浦義継の四男義実が岡崎（現、神奈川県平塚市・伊勢原市）を本拠として、岡崎氏を称したのに始まる。義実は源頼朝挙兵に参加、子の真田義忠は石橋山の戦で戦死。義実は、その功績にもかかわらず、鎌倉幕府内では不遇で、一二一三年（建保元）義忠の子実忠は和田合戦に和田義盛方に加わり、一族は滅亡。

おかざきたかし【岡崎敬】 1923.7.22～90.6.11　昭和期の考古学者。札幌市出身。京大卒。名古屋大学をへて九州大学教授となる。中国・朝鮮・日本など古代東アジアの文化交流や中国考古学を核とした東西・南北の交流史研究に大きな業績をあげた。著書「東西交渉の考古学」「立岩遺蹟」「中国の考古学」隋・唐編。

おかざきふみお【岡崎文夫】 1888.2.23～1950.3.24 大正・昭和期の中国史学者。富山県出身。京大卒。中国に留学後、仏教大学教授となり、一九二四年(大正一三)東北帝国大学助教授、のち教授。研究の中心は魏晋南北朝史で、著書に「魏晋南北朝通史」、史学思想の論考に「支那史学思想の発達」がある。

おかざきまさむね【岡崎正宗】 ⇨正宗(まさむね)

おかざきよしざね【岡崎義実】 1112～1200.6.21 平安末～鎌倉初期の武将。相模国の豪族三浦義継の四男。義明の弟。同国大住郡岡崎(現、神奈川県平塚市・伊勢原市)に住み、岡崎四郎・平四郎と称する。一一八〇年(治承四)源頼朝の挙兵に参加、石橋山の戦で長男義忠を失うが、義実は安房に渡り頼朝の再起に従う。以後、幕府創業以来の功臣として遇された。九三年(建久四)出家。

おかざわくわし【岡沢精】 1844.7.7～1908.12.12 明治期の陸軍軍人。萩藩士の子として生まれ、大村益次郎の塾に学び、尊攘討幕運動に参加。一八七一年(明治四)陸軍中尉となる。日清戦争で大本営軍事内局長兼侍従武官となり、明治天皇の信任を得、九六年初代侍従武官長に就任。以後没するまで同職にあった。一九〇四年大将。

おがさわらいちあん【小笠原一庵】 生没年不詳。江戸幕府の初代長崎奉行。諱は為信(ためのぶ)。一族内紛のため京都東山に隠棲していたが、徳川家康に召し出され、一六〇三年(慶長八)長崎奉行。糸割符制度の創設、正覚(しょうかく)寺の建立など寺院の復興や外交僧として活躍。〇七年に長崎年寄高木了可・高島了悦らに不正を訴えられ、翌年遠島処分となる。配流先は不明。

おがさわらさだむね【小笠原貞宗】 1292/94～1347.5.26 鎌倉後期～南北朝期の武将。信濃国守護。元弘の乱・中先代(なかせんだい)の乱では北条氏と余党の打倒に参加。建武政権下で守護となり、一三三五年(建武二)建武政権にそむいた足利尊氏に従い、守護職を安堵された。本拠を府中(現、長野県松本市)に移し、信濃全域を掌握する構えを示した。その一方で幕府方として各地を転戦。三六年(建武三・延元元)以後は近江・越前・美濃・常陸に出動し、新田義貞、北畠親房・同顕家などと戦った。弓術・馬術にすぐれ、子孫・同族により小笠原流が伝えられる。

おがさわらし【小笠原氏】 (1)中世信濃国の豪族。清和源氏。加賀美遠光(とおみつ)の子長清が甲斐国小笠原(現、山梨県明野村)を本拠としたのに始まる。長清は源頼朝に属して御家人となり、承久の乱では東山道軍の大将として活躍、阿波国守護に任じられた。長清の後裔の貞宗は足利尊氏に従って信濃国守護に任じられ、以後はこれを世襲。一五世紀半ば、貞宗の孫長基の子が長秀流の深志家と政康流の松尾家に分裂。松尾家は信嶺のとき、武田信玄に服属、深志家は長時が信玄に敗れて越後にのがれた。(2)近世に入り、深志家は秀政が一五九〇年(天正一八)徳川家康の関東入部の際、下総国古河で三万石を領して大名化。大坂の陣後、子忠真が播磨国明石で一〇万石を領し、一六三二年(寛永九)豊前国小倉藩主一五万石となり、以後子孫が継いだ。維新後、伯爵。分家に播磨国安志(あんじ)藩・肥前国唐津藩・豊前国小倉新田藩などがある。松尾家でも、信嶺が徳川家康の関東入部の際に武蔵国本庄で一万石を領した。その後転封を重ね、九一年(元禄四)貞信のとき越前国勝山二万三〇〇〇石に移る。維新後、子爵。

●小笠原氏略系図

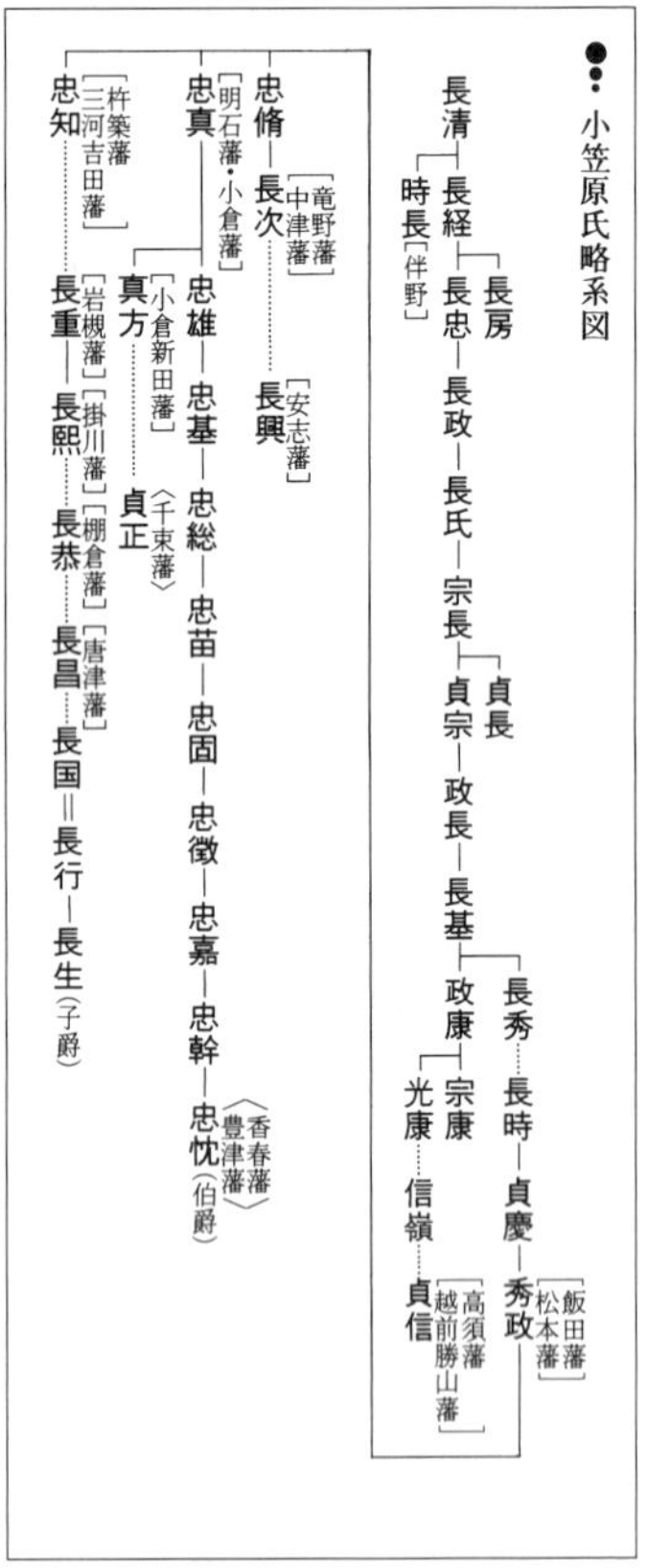

おがさわらただざね【小笠原忠真】 1596～1667.10.18 江戸初期の大名。初名忠政。秀政の次男。母は徳川家康の長男信康の女。下総国古河生れ。大坂夏の陣で父と兄忠脩(ただなが)がともに戦死し、父の遺領信濃国松本八万石を継いだ。一六一七年

(元和三)播磨国明石一〇万石、三二年(寛永九)豊前国小倉一五万石を与えられた。小笠原一族は九州の抑えとして配置され、弟の忠知と松平重直はそれぞれ豊後国杵築・豊前国竜王に、甥長次も豊前国中津に転封。島原の乱では鎮圧に出陣。六二年(寛文二)長崎警固の命をうける。

おがさわらながきよ【小笠原長清】 1162.3.5～1242.7.15　加賀美長清とも。鎌倉前期の武将。小笠原氏の祖。父は甲斐源氏加賀美遠光、母は和田義盛の女。はじめ平家に属して在京するが、一一八〇年(治承四)東国に下って源頼朝に従う。以後、源平合戦や奥州合戦に従軍し戦功を重ねた。一二二一年(承久三)の承久の乱では、東山道の大将軍の一人として幕府軍勝利に貢献し、その功により阿波国守護に任じられた。流鏑馬(やぶさめ)や笠懸など弓馬の道に秀でていたことでも有名。

おがさわらながとき【小笠原長時】 1514～83.2.25　戦国期の武将。信濃国林城(現、長野県松本市)城主。信濃随一の名門だったが武田信玄に追われた。信玄の信濃進攻に直面、一五四八年(天文一七)塩尻峠合戦で大敗、五〇年林城を攻略された。村上義清などとともに抵抗したが失敗。五二年越後国に上杉謙信を頼ったのち、摂津、ついで再び越後をへて、陸奥国会津蘆名(あしな)盛氏を頼る。八二年(天正一〇)子貞慶(さだよし)が旧領を回復したが、翌年会津で家臣に殺害された。

おがさわらながなり【小笠原長生】 1867.11.20～1958.9.20　明治～昭和期の海軍軍人。唐津藩世子小笠原長行(ながみち)の長男として江戸に生まれた。一八八七年(明治二〇)海軍兵学校卒。日清戦争に巡洋艦高千穂分隊長として参戦し、のち軍令部で戦史編纂委員となる。日露戦争でも軍令部参謀で戦史編纂に従事。戦後は東宮御学問所幹事・中将。「東郷元帥詳伝」など著書多数。

おがさわらながひで【小笠原長秀】 1374?～1425?　室町時代の武将。信濃国守護。父長基が失ってから上杉氏・斯波氏の手にあった信濃国守護職を、一三九九年(応永六)に回復。同年応永の乱で和泉国に出動。翌年帰国したがまもなく村上氏が反抗、高梨氏など多くの国人がこれに味方した。四之宮(しのみや)河原(現、長野市)で国人軍と戦って敗れ塩崎城に籠城、のち京都に敗走し没落(大塔(おおとう)合戦)。

おがさわらながみち【小笠原長行】 1822.5.11～91.1.22　幕末期の老中。肥前国唐津藩世子。父は長昌。一八五八～六一年(安政五～文久元)養父長国の名代として藩政をみる。六二年奏者番、老中格。六三年生麦事件の賠償問題を処理。その直後率兵上洛をはかるが失敗。長州戦争を機に権力回復。六五年(慶応元)老中。六六年外国事務総裁として兵庫開港担当。戊辰(ぼしん)戦争では会津、箱館で新政府に抗戦。七二年(明治五)まで行方をくらました。

おがさわらながもと【小笠原長基】 1347?～1407.10.6?　南北朝期の武将。信濃国守護。幕府方の守護として南朝方の諏訪氏などと交戦。信濃が鎌倉府の管轄となったため一三六六年(貞治五・正平二一)頃上杉朝房が守護となり、そのもとで一定の軍事指揮権をもった。ついで国人領主の一員として行動し、八七年(嘉慶元・元中四)には村上氏などとともに守護斯波義種に反抗。のち子長秀が守護職を回復したときも協力していない。

おがさわらひでまさ【小笠原秀政】 1569.3.21～1615.5.7　織豊期～江戸初期の武将・大名。父は貞慶。一五八五年(天正一三)徳川家康の重臣石川数正の出奔に従い、父とともに豊臣秀吉に仕え、のちに信濃国松本城主。小田原攻めの戦功で下総国古河三万石。朝鮮出兵や関ヶ原の戦で家康に属し、信濃国飯田五万石を領有。一六一三年(慶長一八)松本に戻り八万石。大坂夏の陣で戦死。

おかじまかんざん【岡島冠山】 1674～1728.1.2　江戸中期の唐話学者、中国俗語小説の翻訳者。通称は弥太夫など、名は璞(はく)、字は玉成・援之、冠山は号。長崎生れ。上野玄貞門で唐話に熟達した。同門に大潮・雨森(あめのもり)芳洲らがいる。唐通事を辞職後京・大坂・江戸間を往来し、大名家などで唐話を教授。一七一一年(正徳元)朝鮮通信使来日時に活躍。蘐園(けんえん)の唐話学習会の訳士も勤めた。「唐話纂要」など語学関係の著述多数。「通俗忠義水滸伝」などの訳業によって、近世小説史上評価される。

おかたかずみ【岡敬純】 1890.2.11～1973.12.4　昭和期の軍人。海軍中将。山口県出身。海軍兵学校(三九期)・海軍大学校卒。海軍省軍務一課長・同軍務局長・海軍次官などを歴任して、政治・外交に積極的にかかわった。第二次大戦後、A級戦犯として終身刑。

おかだかんせん【岡田寒泉】 1740.11.4～1816.8.9　江戸後期の朱子学派の儒者。旗本岡田善富の子。名は恕(はかる)、字は子強、通称清助。崎門(きもん)学を村士(むらじ)玉水に学ぶ。一七八九年(寛政元)松平定信に抜擢されて幕府儒官となり、柴野栗山(りつざん)とともに寛政異学の禁政策を推進した。これに尾藤二洲(じしゅう)を加えて寛政の三博士(のち寒泉に代えて古賀精里)とよぶ。九四年代官職に転じ、常陸国内の民政に治績をあげ、領民から功徳碑を建てられるなど長く敬慕された。著書「幼学指要」。

おかだけいすけ【岡田啓介】 1868.1.21～1952.10.17　明治～昭和期の海軍軍人・政治家。福井県出身。海軍大学校卒。日清・日露戦争に従軍。海軍省ほか軍政系の要職を歴任。一九二四年(大正一三)大将。連合艦隊司令長官をへて二七年(昭和二)田中義一内閣の海相となる。三〇年のロンドン海軍軍縮会議に際しては海軍部内をまとめて条約締結に寄与した。三二年斎藤内閣の海相辞任後、三四年に元老西園寺公望の期待を担い現状維持を目的とする中間内閣を組織したが、陸軍・右翼勢力からの攻撃に苦慮。三六年の二・二六事件では難を逃れたが内閣総辞職。その後、重臣として対米開戦に反対。第二次大戦末期には戦局収拾をはかって東条内閣の退陣を進め、鈴木終戦内閣を支えた。

おがたけんざん【尾形乾山】 1663～1743.6.2 江戸時代を代表する京都の陶工・絵師。京都屈指の呉服商雁金屋尾形宗謙の三男に生まれ、幼名は権平、長じて深省と改名。乾山とは主宰する乾山焼の商標で、世人がこれを通称とした。一六八九年(元禄二)双ケ岡に習静堂を建て、隠士を自称。しかし九九年(元禄一二)には陶工として独立し、仁和寺近くの鳴滝泉谷に開窯。京都乾の方角にあたるため「乾山」を商標とし、作品にもこの名款をつけた。はじめ兄光琳が絵付に参加し、光琳意匠を焼物に応用して、乾山焼は一世を風靡。享保の中頃、江戸に下向して絵画にも力を注ぎ、文人陶工・絵師として八一歳まで江戸に住んだ。

おがたこうあん【緒方洪庵】 1810.7.14～63.6.10 江戸後期の蘭学者・医学者・教育者。備中国足守藩士佐伯惟因の三男。名は章。号は洪庵・適々斎など。一八二五年(文政八)父と大坂に出、翌年蘭学者中天游に入門。緒方三平と改称。三一年(天保二)江戸の坪井信道塾に入り、信道の師宇田川玄真にも学び、蘭書翻訳の力を蓄えた。三六年長崎に遊学し、洪庵を名のる。三八年大坂に適々斎塾を開き、医業とともに蘭学教育に専心し、近代日本の建設に寄与した多くの人材を育成した。牛痘接種法の普及やコレラの治療にも成果をあげた。六二年(文久二)幕府奥医師・西洋医学所頭取となるが、翌年喀血により急死。著書「扶氏経験遺訓」「病学通論」「虎狼痢治準」など多数。

おがたこうりん【尾形光琳】 1658～1716.6.2 俵屋宗達の画風をうけつぎ新たな琳派様式を展開した江戸前期の画家。通称市之丞、号は積翠・澗声・道崇・寂明・青々など。京都の呉服商雁金屋の次男に生まれ、一六九二年(元禄五)頃から光琳と称する。一七〇一年法橋となる。二条綱平や銀座年寄中村内蔵助の庇護をうける一方、宝永年間(一七〇四～一一)には江戸に下って酒井家など大名家の扶持をうけたこともあった。晩年は京都で大作を次々と制作し、弟乾山の焼物の絵付にも意欲的にとりくんだ。画風は大胆な空間構成や鮮やかな色彩による意匠性を特徴とし、染織や蒔絵などの工芸デザインに及ぼした影響も大きい。代表作「燕子花図屏風」「八ツ橋図屏風」「紅白梅図屏風」。

おがたこれよし【緒方惟栄】 惟義・惟能とも。生没年不詳。平安後～鎌倉初期の武将。臼杵惟用の子。三郎と称する。本拠は豊後国大野郡緒方荘(現、大分県緒方町)。平氏が大宰府を掌握すると主従関係を結んだが、源頼朝の挙兵後、平氏に背き九州の反平氏勢力の中心となる。一一八三年(寿永二)平氏が大宰府を根拠地にすると、武士団を率いてこれを追放。八五年(文治元)源範頼に軍船を提供し平家軍を破った。平家滅亡後は源義経に協力したが、摂津国大物浦で難破し軍勢は四散、その後上野国沼田荘に配流。

おかださぶろうすけ【岡田三郎助】 1869.1.12～1939.9.23 明治～昭和前期の洋画家。佐賀県出身。旧姓石尾。曾山幸彦・堀江正章、ついで天真道場で黒田清輝・久米桂一郎に学び、一八九六年(明治二九)白馬会の創立に参加。九七年渡仏し、ラファエル・コランに師事した。一九〇二年東京美術学校教授、一二年(大正元)本郷洋画研究所設立。一九年帝国美術院会員となる。三七年(昭和一二)第一回文化勲章受章。作品「紫の調」「あやめの衣」。

おかださへいじ【岡田佐平治】 1812.7.10～78.3.3 幕末・維新期の農村指導者。名は清忠。遠江国佐野郡倉真村の庄屋。一八三九年(天保一〇)家督を継いでのち文学・算術・兵学を学び、四〇年掛川藩御用達となる。四八年(嘉永元)二宮尊徳門下となり牛岡組報徳社を設立し、藩内に報徳仕法を広めた。七三年(明治六)浜松に資産金貸付所を設立、七五年遠江国報徳社を創立し初代社長となる。

おかだしんいちろう【岡田信一郎】 1883.11.20～1932.4.4 大正・昭和前期の建築家。東京都出身。東大卒。東京美術学校・早稲田大学で教鞭をとる。和洋の建築様式を使いこなす名デザイナーとして知られ、東京の歌舞伎座(一九二五竣工)や明治生命館(三四竣工)などを遺す。建築設計図面は国立国会図書館に寄贈されている。

おがたたけとら【緒方竹虎】 1888.1.30～1956.1.28 大正・昭和期の新聞人・政治家。山形県出身。早大卒。大阪朝日新聞社に入り、言論界で活躍。一九四四年(昭和一九)政界入りし、小磯内閣の国務相兼情報局総裁。第二次大戦後の東久邇宮内閣の国務相兼内閣書記官長として「一億総懺悔論」を展開。公職追放解除後の五二年、第四次吉田内閣の国務相兼内閣官房長官となり、以後、自由党幹部として保守本流を形成。五四年に自由党総裁となって保守合同をはたし、次期首相と目されたが急逝。

おかだたけまつ【岡田武松】 1874.8.17～1956.9.2 明治～昭和期の気象学者。千葉県出身。東大卒。中央気象台に勤務。梅雨論その他の気象関係の研究論文を多数発表し、気象事業の充実・拡張に中心的な役割をはたす。気象事業の国営化と、富士山頂や全国各地の山頂観測所の設置に努力。神戸海洋気象台長。気象大学校を創設。一九二三年(大正一二)から第四代中央気象台長。気圧の岡田法則があり、「気象学」など多くの著書がある。文化勲章受章。

おかだただひこ【岡田忠彦】 1878.3.21～1958.10.30　大正・昭和期の官僚・政治家。岡山県出身。東大卒。内務省に入省し、埼玉・長野・熊本各県知事をへて一九二三年(大正一二)警保局長となる。翌年衆議院議員に当選し、立憲政友会に属する。四二年(昭和一七)から衆議院議長、四五年鈴木貫太郎内閣厚相。第二次大戦後の公職追放解除後、短期間ながら衆議院議員となり、自由党に所属した。

おかだためたか【岡田為恭】 ⇨冷泉為恭(れいぜいためたか)

おがたともさぶろう【緒方知三郎】 1883.1.31～1973.8.25　大正・昭和期の医学者。東京都出身。洪庵の孫。東大卒。ドイツに留学して病理学を学ぶ。帰国後は東京帝国大学教授として病理学講座を担当。のち東京医科大学教授・学長、また日本医科大学教授。老人病研究所所長。唾液腺ホルモン、カシン・ベック病、ビタミンB_1欠乏症、老人病などを研究し、唾液腺ホルモンを分離した。甥の緒方富雄と「病理学総論」をまとめ、すぐれた医学教科書を残した。学士院恩賜賞・文化勲章をうけた。

おかだはんこう【岡田半江】 1782～1846.2.8　江戸後期の大坂を代表する南画家。岡田米山人(べいさんじん)の長男。名は粛、字は子羽。号は寒山・半江など。はじめ伊勢国津藩の大坂蔵屋敷に仕えるが左遷されて京邸へ移り、一八二二年(文政五)辞職。以後頼山陽や篠崎小竹など京坂の文人墨客と交流しながら画作の生活に入った。繊細柔眉な画風で、代表作「春靄起鴉(しゅんあいきあ)図」「住江(すみのえ)真景図」。

おかだべいさんじん【岡田米山人】 1744～1820.8.9　江戸後期の大坂を代表する南画家。名は国、字は士彦(しげん)。米山人は号。出自は不明。若い頃、播磨国剣坂(現、兵庫県加西市)の庄屋安積(あさか)家に寄食していたが、のち大坂に出て米屋を営み、五〇歳頃には伊勢国津藩に大坂蔵屋敷留守居役の下役として仕えた。山水・花卉(かき)・人物とさまざまな画題をこなし、たくましく一種乾いた作風は南画史上特異な位置を占める。作品「松齢鶴算図」「幽亭閑居図襖」。

おかだまさとし【岡田正利】 1661～1744.6.15　江戸前・中期の神道家・国学者。本姓は吉川。左近と称し、号は盤斎(ばんさい)・礒波翁・潮翁。奈良生れ。母と死別して一時仏門に入るが、のち還俗(げんぞく)して岡田家を継ぎ、儒学・武術を学んだ。その後、玉木正英に入門して垂加(すいか)神道を継承、関東で講説を展開した。著書「神代巻日蔭草口訣(ひかげぐさくけつ)」「玉籤集口授秘奥(ぎょくせんしゅうくじゅひおう)」。

おかだもきち【岡田茂吉】 1882.12.23～1955.2.10　昭和期の宗教家。世界救世(メシア)教の創始者。東京都出身。青年時代に闘病生活を送る。一九二〇年(大正九)大本(おおもと)教に入信し布教師となる。三四年(昭和九)大本教から離れ、信仰療法である岡田式神霊指圧療法を開始。翌年宗教結社大日本観音会を創立、三六年に大日本健康協会と改称。第二次大戦後、日本観音教団として熱海に教団を再建。五〇年に世界救世教と改める。

おかだやそじ【岡田八十次】 1568～1650/54　近世初期の近江商人。通称弥三右衛門。近江国蒲生郡生れ。安土城下や八幡城下で商売を始めたのち、慶長年間陸奥国八戸に本拠をおき松前まで進出した。呉服物・太物・荒物を販売し、漁場の請負や松前藩の調進方も請け負って恵比寿屋弥三次と称された。代々岡田八十次を襲名。

おかだりょういちろう【岡田良一郎】 1839.10.21～1915.1.1　明治期の報徳運動指導者。遠江国生れ。二宮尊徳の塾に入り、惣庄屋を務める父佐平治とともに報徳信者となる。一八七八年(明治一一)掛川農学社を創立して農業技術の普及に尽くし、九二年掛川信用組合を創設。また遠江国報徳社社長として報徳運動に尽力。衆議院議員当選二回。門下として子の良平や一木喜徳郎(いちききとくろう)らがいる。

おかだりょうへい【岡田良平】 1864.5.4～1934.3.23　明治～昭和前期の官僚・政治家。遠江国生れ。父は報徳運動指導者。一木喜徳郎は実弟。東大卒。文部省に入り、教科書国定化などに関与。一九〇四年(明治三七)貴族院議員、〇七年京都帝大総長、〇八年文部次官などをへて一六年(大正五)寺内内閣文相。その後加藤内閣・第一次若槻内閣の文相を歴任し、二九年(昭和四)枢密顧問官となる。

おかにしいちゅう【岡西惟中】 ⇨惟中(いちゅう)

おかのきたろう【岡野喜太郎】 1864.4.4～1965.6.6　明治～昭和期の銀行家。駿河国生れ。一八八七年(明治二〇)静岡県鷹根村(現、沼津市)に月掛五〇銭の貯蓄組合共同社を創立。同社をもとに九五年には根方銀行を創業し、駿河銀行に発展させる。一九五七年(昭和三二)まで頭取、以後死去まで会長として経営の先頭に立つ。

おかのけいじろう【岡野敬次郎】 1865.9.21～1925.12.22　明治・大正期の商法学者。法学博士。上野国生れ。東大卒。一八八八年(明治二一)帝国大学助教授となる。九一年ドイツに留学。九五年帰国後教授となり、商法講座を担当。商法の確立者であり、同年商法起草委員ともなった。法制局長官・貴族院勅選議員なども務め、二二年(大正一一)司法相、翌年文相兼農商務相、二五年枢密院副議長・帝国学士院院長となる。

おかのぼりかげよし【岡上景能】 ?～1687.12.3　江戸前期の幕府代官。通称次郎兵衛。岡上景親の養子となり、一六六一年(寛文元)代官職を継ぐ。

新田・水利開発に努め、七二年に完成した上野国笠懸野用水が有名。八七年(貞享四)上総国萱野・砂田両村境争論裁決の不正を理由に八丈島遠島となり、さらに余罪が発覚して切腹となった。このとき連坐した手代は二〇人に及んだ。

おかばしじすけ【岡橋治助】 1824.12.14～1913.11.2　明治期の実業家。大和国生れ。大坂船場の丁稚奉公から明治初年には大阪有数の木綿商となる。一八七八年(明治一一)第三十四国立銀行を創立、頭取。八七年天満紡績を創立、つづいて日本紡績・大阪鉄道など多くの企業設立に参加した。その他大阪農工銀行・日本興業銀行の創立委員も委嘱され、大阪財界の有力者として活躍した。

おかはっく【岡白駒】 1692.3.-～1767.11.8　江戸中期の漢学者。通称太仲、名は白駒、字は千里、号は竜洲。播磨国生れ。江戸・長崎に遊学後京坂に居住。肥前国蓮池藩儒。古文辞学を学び、蘐園(けんえん)の木下蘭皐(らんこう)と交流。詩・書・春秋左伝・孟子・荀子などの注釈書を刊行するが、独創性はないとの評がある。「小説精言」「小説奇言」により、中国白話小説の紹介者として岡島冠山と並称され、その影響で読本(よみほん)という新様式がうまれたといわれる。弟子に那波魯堂など。

おかふもと【岡麓】 1877.3.3～1951.9.7　大正・昭和期の歌人・書家。本名三郎。別号三谷(さんこく)・傘谷(さんこく)。東京都出身。東京府立一中中退。根岸短歌会に入り「馬酔木(あしび)」の編集同人となる。一九〇二～〇五年(明治三五年～三八)彩雲閣書房を経営。聖心女子学院などで書を教え、自宅に書塾を開く。一六年(大正五)「アララギ」に寄稿し、以後アララギ派の興隆に尽した。都会人的な心性と趣味による細やかで温厚な歌風を特色とする。歌集「庭苔(にわごけ)」「小笹生(おざさふ)」「涌井(わくい)」「雪間草」。四九年(昭和二四)芸術院会員。

おかべきんじろう【岡部金治郎】 1896.3.27～1984.4.8　大正・昭和期の電気工学者。名古屋市出身。東北大卒。東北帝国大学助教授・大阪帝国大学教授。一九二九年(昭和四)分割陽極マグネトロンによる極超短波発生法を発見し、三cmの波長による通信の実用化に貢献、マグネトロンを発明。朝日文化賞・学士院恩賜賞・文化勲章をうけた。

おかべし【岡部氏】 ❶武蔵七党猪俣党の一族。小野氏。武蔵国岡部(現、埼玉県岡部町)におこり、猪俣忠兼の子忠綱が岡部六太夫を称したのに始まる。孫忠澄は一の谷の戦で平忠度を討ったことで名高い。子孫は鎌倉公方足利氏に仕えた。その後忠綱から一九代後の吉正が徳川家康に仕え、一五〇〇石余を領し、その子孫から旗本数家が輩出。❷藤原南家工藤流。船越維綱(これつな)の子清綱が、駿河国岡部(現、静岡県岡部町)に住み岡部氏を名のった。その子泰綱は鎌倉御家人として「吾妻鏡」にみえる。近世には正綱が徳川氏に属し、子長盛は関ケ原の戦後、丹波国亀山で三万四〇〇〇石を領した。その後、摂津国高槻に移ったが、一六四〇年(寛永一七)長盛の子宣勝のとき和泉国岸和田藩主六万石となる。以後子孫が継ぎ、維新後に子爵。

おかべながもと【岡部長職】 1854.11.16～1925.12.27　明治・大正期の華族・官僚政治家。江戸生れ。岸和田藩主岡部長寛の養嗣子。一八六八年(明治元)襲封し、翌年岸和田藩知事。米英に留学後、外務省に入り次官となる。九〇年から一九一六年(大正五)まで貴族院子爵議員を務め、研究会の重鎮として政党勢力と対峙。一八九七年東京府知事となり市政特例(府知事・市長兼任制)を廃止、一九〇八年第二次桂内閣の司法相、一六年枢密顧問官。

おかまさお【岡正雄】 1898.6.5～1982.12.15　昭和期の指導的民族学者。長野県出身。東大卒。柳田国男と出会い雑誌「民族」の編集に加わる。一九二九年(昭和四)訪欧、ウィーン大学に学ぶ。日本民族文化の起源と形成を広い視野から論じるとともに、学会の復興と発展に尽力した。著書「異人その他」。

おかみのる【岡実】 1873.9.12～1939.11.20　明治後期～昭和前期の農商務官僚・新聞経営者。奈良県出身。東大卒。農商務省で工務局局長・商工局局長などを務め、長年の懸案であった工場法案の作成・成立に尽力。辞任後、「エコノミスト」主筆、「東京日日新聞」編集主幹・取締役会長などの役職につき、同新聞の発展に貢献した。法学博士。著書「工場法論」。

おかむらきんたろう【岡村金太郎】 1867.4.2～1935.8.21　明治・大正期の藻類学者。江戸生れ。東大卒。海藻学専攻。四高教授をへて水産講習所に移り、のち教授・所長。日本の藻類学の創立者。多数の新種を発見。ノリ類の人工養殖の基礎を築いた。日本水産学会会長。著書「日本海藻誌」「日本藻類図譜」「藻類系統学」。

おかむらしこう【岡村柿紅】 1881.9.14～1925.5.6　明治・大正期の劇作家・ジャーナリスト。高知県出身。本名久寿治。「中央新聞」ほか各社で劇評を担当した後、「演芸倶楽部」編集主任、「新演芸」主幹となり、劇作家としても活躍。かたわら市村座で六世尾上菊五郎のための脚本を書いた。鷺流狂言に詳しく、「身替座禅」など狂言に取材した舞踊劇に名作が多い。

おかむらやすじ【岡村寧次】 1884.5.15～1966.9.2　大正・昭和期の軍人。陸軍大将。東京都出身。陸軍士官学校(一六期)・陸軍大学校卒。陸軍内の中国通の一人。一九二一年(大正一〇)出張先のドイツで永田鉄山・小畑敏四郎らと派閥解消や装備の近代化など陸軍改革の盟約を結ぶ。その後陸軍省補任課長・関東軍参謀副長・参謀本部第二部長などを歴任。四一年(昭和一六)北支那方面軍司令官、四四年支那派遣軍総司令官となり、中国で敗戦を迎え降伏した。

おかもといっぺい【岡本一平】 1886.6.11～1948.10.11　大正・昭和期の漫画家。北海道出身。武内桂舟・徳永柳州・藤島武二らに師事。一九一〇年(明治四三)東京美術学校西洋画科卒。和田英作のもとで帝国劇場天井画や舞台装置の仕事に従事。一二年(大正元)東京朝日新聞社入社後、漫画を描きはじめ、漫画家として活躍した。著書「一平全集」全一五巻。夫人は作家の岡本かの子、長男は画家の岡本太郎。

おかもとかてい【岡本花亭】 1767.10.3～1850.8.27/9.23　江戸後期の幕臣・歌人。父は政苗。諱は政成。通称は忠次郎、近江守。勘定所の属吏だったが、一八一八年(文政元)貨幣改鋳に反対して小普請組へ左遷。三七年(天保八)信濃国中野代官に抜擢されて民政に治績を挙げ、三九年勘定吟味役、四二年勘定奉行へと昇進し、天保の改革に参画したが、翌年鑓奉行(やりぶぎょう)へ転出。

おかもとかのこ【岡本かの子】 1889.3.1～1939.2.18　大正・昭和前期の小説家・歌人。本名カノ。東京都出身。生家は神奈川県の大地主。跡見女学校卒。兄大貫晶川(しょうせん)やその友人谷崎潤一郎の影響をうけ、与謝野晶子に師事し明星派の歌人として出発。一九一〇年(明治四三)漫画家岡本一平と結婚。長男太郎出産後精神の危機に陥るが、仏教に救いを見いだし、改心した夫の献身で文学に専念。代表作は三六年(昭和一一)の芥川竜之介をモデルにした「鶴は病みき」、私小説「母子叙情」「老妓抄(ろうぎしょう)」。

おかもときどう【岡本綺堂】 1872.10.15～1939.3.1　明治～昭和前期の劇作家・小説家。本名敬二。東京都出身。一九〇八年(明治四一)二世市川左団次の一座に「維新前後」を書き、一一年の「修禅寺物語」は好評を博した。晩年は巷談によった枯淡な情緒の作品が多い。門下に額田六福(ぬかたろっぷく)・北条秀司・中野実らがいる。小説は「半七捕物帳」「三浦老人昔話」など。劇界最初の芸術院会員。

おかもとけんざぶろう【岡本健三郎】 1842.10.13～85.12.26　明治期の官僚・自由民権家。土佐国生れ。幕末に坂本竜馬に従い国事に奔走した。新政府のもとで大蔵権大丞・大蔵土木頭などを歴任、一八七二年(明治五)博覧会御用掛としてヨーロッパへ出張。明治六年の政変で参議板垣退助らの下野に従い翌年辞職。民撰議院設立建白書の作成に関与し、七七年立志社の挙兵計画に参画したが、露見して禁獄二年。出獄後、自由党の運動に従事し、日本郵船会社結成にもかかわった。八五年同理事。

おかもとげんや【岡本玄冶】 1587～1645.4.20　江戸初期の医師。名は諸品。京都生れ。一六歳で曲直瀬(まなせ)玄朔に入門し、一八歳で講長となり道三流医学(後世方(ごせいほう))の奥義を究めた。徳川家康の招きに応じて一六二三年(元和九)から江戸と京都に隔年勤仕する。妻は玄朔の女。法印となり啓迪(けいてき)院の号をうけた。著書「灯下集」「玄冶配剤口解」「玄冶方考」「傷寒衆方規矩」。墓所は東京都渋谷の祥雲寺。

おかもとこうせき【岡本黄石】 1811.11.21～98.4.12　幕末期の彦根藩家老。父は家老宇津木久純。岡本業常の養子。諱は宣迪。一八五一年(嘉永四)家老格、翌年家老となる。尊攘思想に傾倒し、藩主井伊直弼の大老就任に反対して疎外されるが、桜田門外の変ののち、他の家老をしりぞけて主導権を握る。第二次長州戦争時は彦根藩兵を指揮し、戊辰(ぼしん)戦争では藩論を恭順に統一。明治期には漢詩人として活躍。

おかもとさんえもん【岡本三右衛門】 ⇨キアラ

おかもとじんざえもん【岡本甚左衛門】 1774.7.10～1842.6.21　江戸後期の新田開発者。父は祐邦。名は祐次。石見国那賀郡七条村の庄屋。狼の巣とよばれた七条原の開発を計画し、一八二〇年(文政三)工事に着手、水源池・灌漑用溜池を掘り六本の用水路を開削した。鉄山も数カ所開き、二八年戸数五〇戸、高二六石余の新開所が成立した。

おかもとだいはち【岡本大八】 ?～1612.3.21　徳川家康の側近本多正純の家臣。キリシタン武士で洗礼名はパウロ。はじめ長崎奉行長谷川藤広に属し、のち正純の与力となる。一六〇九年(慶長一四)ノッサ・セニョーラ・ダ・グラッサ号事件に絡んで、肥前国有馬の大名有馬晴信から旧領回復の斡旋と称し収賄を行ったが、一二年に発覚、取調べ後火刑になった。

おかもとたろう【岡本太郎】 1911.2.26～96.1.7　昭和期の芸術家。神奈川県出身。漫画家岡本一平と作家で歌人の岡本かの子の長男。東京美術学校中退。一九二九年(昭和四)パリに渡り、その後一一年住んだ。戦後は日本独自の前衛芸術を切り開こうとする運動を、花田清輝・野間宏とおこす。七〇年大阪で開催された万国博覧会では会場のシンボルとなった「太陽の塔」を製作して話題をよんだ。「岡本太郎著作集」全九巻。

おかもとのりぶみ【岡本則録】 1847.10.30～1931.2.17　幕末～大正期の数学者・数学教育者。江戸生れ。長谷川弘に和算を学ぶ。日本初の学会である東京数学会社の社長となり、数学用語の訳語の統一をはかる。師範学校校長、中学校校長、陸軍士官学校教授を歴任して、西洋数学書の翻訳や教科書の編纂など数学教育に尽力した。

おかもとぶんや【岡本文弥】 1633～94.1.11　江戸前期の大坂の浄瑠璃太夫。文弥節の流祖。伊藤出羽掾(でわのじょう)の門人で出羽掾没後は出羽座の実質的な指導者となり、大坂の町浄瑠璃でも文弥風の師匠がいちばん多いほどの人気を得る。泣き節が特徴。

おかもとやすたか【岡本保孝】 1797.7.29～1878.4.5 幕末～明治前期の国学者。江戸根津で若林包貞の次男に生まれ、のち幕臣岡本保修の養子。通称は縫殿助、のち勘右衛門、字は子戒、号は順台・歳計堂など。清水浜臣・狩谷棭斎に考証学を学ぶ。和・漢・仏典に及ぶ幅広い研究と収集に努め、維新後は大学中博士として編輯寮で活躍した。木村正辞ら後進に与えた影響も大きい。著書「況斎雑話」「難波江」。

おかもとりゅうのすけ【岡本柳之助】 1852.8.-～1912.5.14 明治期の軍人・ナショナリスト。和歌山藩士出身。旧姓は諏訪。岡本家の養子。号は東光。江戸生れ。幕府の砲兵練習所に学び、藩の砲兵頭・歩兵隊長となる。明治維新後陸軍大尉。西南戦争では参謀として活躍し、戦後少佐となるが、一八七八年(明治一一)の竹橋事件に連坐し、官職を剝奪された。以後朝鮮問題に奔走し、金玉均の日本亡命を援助。九五年三浦梧楼らと閔妃殺害事件をおこし、投獄された。

おかもとわたる【岡本弥】 1876.12.25～1955.3.8 明治～昭和期の部落改善・融和運動家。和歌山県出身。明治中期から部落改善団体を組織し、差別事件に対する抗議行動に精力的にとりくむ。一九〇二年(明治三五)帝国議会での尾崎行雄の差別発言に対する抗議行動は有名。〇三年大日本同胞融和会創立に参加。二二年(大正一一)寺田蘇人らと大日本平等会結成のため大日本同胞差別撤廃大会を開いたが、逆に全国水平社の宣伝の場となった。以後、水平社運動に対抗しつつ融和運動を進めた。

おかやすきさぶろう【岡安喜三郎】 長唄岡安派の家元名。江戸後期から七世を数える。初世(?～一八二八)は唄方。三世岡安源次郎の門弟といわれ、岡安家の祖とされる。三世(一七九二～一八七〇)も唄方。初世の門弟で前名喜代八。天保の三名人に数えられる。「勧進帳」初演の折、三世芳村伊十郎とともにタテ(首席奏者)を勤める。四世から三味線方に転じた。

おかやそうすけ【岡谷惣助】 名古屋の豪商笹屋岡谷家の世襲名。先祖は美濃国加納の戸田氏の家臣神谷氏という。初代惣助は寛文・延宝期に名古屋に来住し、姓を岡谷と改め鉄砲町に銅鉄器商笹屋を開店。名古屋藩は、米切手という藩札の兌換準備金を領内の富商に求める御勝手御用達制度を導入しており、岡谷家は一八三八年(天保九)この御勝手御用達商人となった。熊谷庄蔵・小出庄兵衛・伊藤忠左衛門とともに四家といわれ、御用達商人の最高位の関戸・伊藤・内田各家につぐ家格になる。明治期の九代惣助は貿易業に注目し、七宝商会を設立して名古屋特産の七宝焼の改良と輸出につくし、一九〇九年(明治四二)多額納税者として貴族院議員に選出された。

おかよしたけ【岡義武】 1902.10.21～90.10.5 昭和期の政治史学者。東京都出身。東大卒。法学部政治学科で吉野作造に学ぶ。一九三九年(昭和一四)東京帝国大学法学部教授、五五年東京大学法学部長。六三年学習院大学法学部教授。広い国際的視野、深い人間的洞察と緻密な実証的手法により、近代日本政治史研究に多くの業績をあげた。日本学士院会員・文化功労者で文化勲章を受章。著書「近代日本政治史」「近代ヨーロッパ政治史」「国際政治史」「転換期の大正」「山県有朋」「近衛文麿」「近代日本の政治家」。

おかろくもん【岡鹿門】 1833.11.2～1914.2.28 幕末～明治期の儒学者。名は千仞、字は振衣、通称啓輔、鹿門は号。仙台藩士で、藩校養賢堂で学んだのち昌平坂学問所で経史を修め、一八六一年(文久元)大坂で松本奎堂・松林飯山(廉之助)らと双松岡塾を開き、公卿や薩長の志士に尊攘論を説いた。戊辰戦争の際には尊王論を唱えて奥羽越列藩同盟の結成に反対。七〇年(明治三)大学助教となり東京に移住。東京府学教授・修史館協修・東京図書館長などを歴任。八四年、中国で李鴻章と会談し善隣友好を交した。著書「尊攘紀事」「尊攘紀事補遺」。

おがわうせん【小川芋銭】 1868.2.18～1938.12.17 明治～昭和前期の日本画家。東京都出身。幼名不動太郎、のち茂吉。一八八〇年(明治一三)頃本多錦吉郎の彰技堂で洋画を学ぶ。九一年「朝野新聞」にスケッチなどを掲載し芋銭と号した。九三年茨城県牛久に隠棲後も、「平民新聞」「ホトトギス」などに漫画を描く。日本画も独学し、珊瑚会への出品作で横山大観に認められ、院展で活躍。河童の芋銭と称された。漫画集「草汁漫画」、作品「水魅戯」。

おがわかずまさ【小川一真】 1860.8.15～1929.9.6 「いっしん」とも。明治～昭和前期の写真家。武蔵国生れ。写真術を志して、一八八二年(明治一五)アメリカ軍艦の乗組員として渡米。二年後帰国し開業。皇族の肖像撮影にも従事した。宮内省の依頼により宝物取調委員に随行して、全国古社寺宝物の撮影を手がけ、八九年東洋古美術専門雑誌「国華」の創刊に協力した。コロタイプ印刷を創始し、「写真月報」を発行した。帝室技芸員。

おがわきよひこ【小川清彦】 1882.10.2～1950.1.10 大正・昭和期の天文学者。東京都出身。中耳炎で聴力を失ったが、東京物理学校を卒業し、東京天文台に勤務。「日本書紀」の暦日について研究し、神武紀から四五〇年頃までは儀鳳暦平朔、以後持統紀までは元嘉暦によると仮定し、これにより「日本書紀」の暦日をほぼ説明できると主張した。

おがわごうたろう【小川郷太郎】 1876.6.9～1945.4.1 大正・昭和前期の財政学者・政治家。岡山県出身。東大卒。京都帝国大学教授、同経済学部長を務め、一九一七年(大正六)衆議院議員。財政通として知られ、新政会から政友本党をへて民政党政調会長となる。第二次近衛文麿内閣の鉄道相、四三年(昭和一八)にビルマ政府最高顧問に就任。帰路、船がアメリカ潜水艦に撃沈され死亡。

おがわしげじろう【小河滋次郎】 1863.12.3～1925.4.2　滋二郎とも。明治・大正期の社会事業家。旧姓金子。信濃国生れ。一八八六年(明治一九)内務省警保局内務属として監獄関係に勤務し、感化教育活動を行う。一九一三年(大正二)大阪府救済事業指導嘱託となり、方面委員(民生委員の原型)活動などにあたる。一七年国立感化院長事務取扱を嘱託。

おがわしょうみん【小川松民】 1847.4.25～91.5.29　明治前期の漆芸作家。江戸生れ。一八六二年(文久二)中山胡民(こみん)に入門して蒔絵を学ぶ。七九年(明治一二)以降、文部省博物局から正倉院宝物などの模造制作を依頼され、古典蒔絵の研究に努める。九〇年東京美術学校の初代漆工科教授に就任。代表作は東京国立博物館蔵の布引滝蒔絵長硯箱。

おがわたくじ【小川琢治】 1870.5.28～1941.11.15　明治～昭和前期の地質・地理学者。和歌山県出身。東大卒。地質調査所で地質調査を行い、日本各地・台湾・アジア大陸の地質図・説明書を作成した。一九〇八年(明治四一)京都帝国大学地理学教授、さらに同大理学部地質鉱物学主任教授となる。地球学団を組織・主宰。構造地質や自然地理に関する多くの論文を発表。日本群島地質構造論を発展させ、世界的に注目された。著書「支那歴史地理研究」。貝塚茂樹・湯川秀樹らの父。

おがわはりつ【小川破笠】 1663～1747.6.3　江戸中期の蒔絵師。伊勢あるいは江戸の人というが不詳。通称平助。笠翁・卯観子・夢中庵などと号す。英一蝶(はなぶさいっちょう)や其角(きかく)らとの交わりを通じて、絵画や俳諧にも長じた。享保期頃、五〇代ではじめて漆芸の道に入り、貝殻や玉石・楽焼(らくやき)など、独特の装飾材料を用いた写実的な作風で世にきこえた。一七二三年(享保八)には弘前藩主津軽信寿にみいだされ、破格の厚遇をうける。自作に大きく銘をいれるなど、作家意識が旺盛で、独特の効果をもつ作品は多数の追随者をうんだ。代表作は出光美術館蔵の柏木菟(かしわみみずく)図料紙硯箱、サントリー美術館蔵の貝藻図料紙硯箱。

おがわへいきち【小川平吉】 1869.12.1～1942.2.5　明治～昭和前期の政党政治家。長野県出身。東大卒。代言人となり、対外硬運動に従事して東亜同文会などにも関係。立憲政友会創立に参加し、第八回総選挙から衆議院議員に一〇回当選。日比谷焼打事件では中心的役割をはたした。護憲三派内閣の法相として、治安維持法制定を推進。一九二七年(昭和二)田中義一内閣の鉄道相となるが、二九年五私鉄疑獄事件で失脚。三七年の日中戦争勃発後は日中平和工作に関与したが実を結ばなかった。

おがわみめい【小川未明】 1882.4.7～1961.5.11　明治～昭和期の小説家、童話作家。本名健作。新潟県出身。早大卒。坪内逍遥・島村抱月に師事。「薔薇(ばら)と巫女」は新浪漫主義の佳作だが、「魯鈍な猫」以降、社会主義陣営に接近し、一九二一年(大正一〇)には「種蒔く人」に参加。大正期の児童文化運動を背景に童話に専念した。作品は反戦童話「野薔薇」「赤い蠟燭と人魚」「月夜と眼鏡」。五一年(昭和二六)芸術院賞受賞。五三年文化功労者。

おがわよしやす【小川義綏】 1831.10.-～1912.12.19　日本基督教会最初期の牧師。武蔵国多摩郡の農家の生れ。青年時の名は廉之助。一八六五年(慶応元)D・トンプソンの日本語教師となり、六九年(明治二)受洗。七二年日本基督公会の創立に参加、長老となる。翌年一月トンプソンとともに東京公会(新栄(しんさかえ)教会)を創立、ついで奥野昌綱と武総地方に日本人最初の伝道旅行を実施した。七七年按手礼(あんしゅれい)をうけて牧師となり各地に伝道。

おぎえろゆう【荻江露友】 ?～1787.7.5　江戸中期の長唄唄方。荻江節の祖。弘前藩士の家に生まれる。本名千葉新七。一七六六年(明和三)から一年八カ月ほど江戸市村座に長唄の立唄(たてうた)として活躍。その後、遊里吉原の座敷芸に転向し、めりやすを中心とした繊細な節回しの荻江風を広め、その開祖となった。安永年間、弟子に二世露友を継がせ、剃髪して長谷川泰琳と号した。家元名としての露友は現在まで五世を数える。

おききばたろう【沖牙太郎】 1848.4.8～1906.5.29　沖商会(現、沖電気工業)の創立者。安芸国生れ。銀細工師として修業し、一八七四年(明治七)上京して工部省電信寮に入所。電信機器の国産化に努力し、八一年に明工舎を創立。八九年沖電機工場と改称。九九年元逓信省電務局長吉田正秀と合名会社沖商会を設立するが、同社は翌年解散し、かわって匿名組合沖商会を組織。その後同商会は代表的電話機メーカーとして成長した。

おきそめのうさぎ【置始菟】 名は宇佐伎とも。生没年不詳。七世紀後半の武将。壬申の乱の功臣。連姓。六七二年(天武元)東道将軍の一将として伊勢から倭京に進攻中、乃楽山(ならやま)での大伴吹負(ふけい)の敗戦の報に接し、一〇〇〇騎を率い急行。途中墨坂で吹負と合流し、当麻衢(たいまのちまた)で近江軍に反撃を開始。大神高市麻呂(おおみわのたけちまろ)とともに上ツ道(かみつみち)を北上し、箸墓(はしはか)古墳付近で大勝、また中ツ道(なかつみち)の吹負軍を救援した。天武朝に没した。贈小錦上。なお壬申の乱の功により七一六年(霊亀二)子の虫麻呂が田を賜った。

おきたそうじ【沖田総司】 1844～68.5.30　新撰

組隊士。陸奥国白河藩の脱藩者といわれ、天然理心流近藤周助の道場の師範代を勤めた。近藤勇の弟子。一八六三年(文久三)京都での新撰組結成以来、有力な隊士として活躍し、戊辰戦争でも各地を転戦、甲陽鎮撫隊にも加わったが、五月に江戸で病没。

おきていすけ【沖禎介】 1874.6.～1904.4.21 日露戦争の軍事諜報者。長崎県出身。東京専門学校中退。大陸雄飛を志して一九〇一年(明治三四)渡清し、〇三年に文明学社を創立。日露戦争がおこると、横川省三らとロシア軍の後方に潜入し諜報活動にあたるとともに、チチハル付近の鉄道爆破を企てたが失敗、ロシア軍に捕らえられ銃殺された。

おきながうじ【息長氏】 近江国坂田郡を本拠とした古代の地方豪族。はじめ公(君)姓を称したが、六八四年(天武一三)に真人姓を賜った。「古事記」は応神天皇の孫の意富々杼王を祖とする系譜をのせるが、信憑性は薄い。敏達皇后広姫の出身氏族であり、所生の押坂彦人大兄皇子の養育にあたった。また壬申の乱で大海人皇子を支持したことなどによって八色の姓の筆頭の真人を賜ったが、中央官人として高位高官にのぼった氏人はほとんど存在しない。

おきながたらしひめのみこと【気長足姫尊】 ⇨神功皇后

おきのいわさぶろう【沖野岩三郎】 1876.1.5～1956.1.31 明治～昭和期の牧師・作家。和歌山県出身。和歌山師範卒。小学校教員のとき受洗し、明治学院神学部に学ぶ。新宮教会に赴任したとき、大逆事件に関係した嫌疑をうける。一九一七年(大正六)再び上京し日本ユニテリアン協会牧師となる。大逆事件を暗示する長編「宿命」が「大阪朝日新聞」の懸賞小説に入選して以来、文壇で活躍。第二次大戦後軽井沢で伝道、五五年(昭和三〇)星野家の後援により浅間高原教会を設立し、日本基督教団に参加。小説・評論・童話・講演などに活動した。

おぎのきゅうさく【荻野久作】 1882.3.25～1975.1.1 大正・昭和期の産婦人科医。愛知県出身。東大卒。新潟市内の病院に勤務しながら、月経周期の仕組を研究。月経と排卵との時期的関係を発表し、のちヨーロッパで注目された。これがオギノ式避妊法の原理となった。また子宮頸部癌の手術で岡林術式荻野変法を開発した。第二回世界不妊学会名誉会長。朝日賞受賞。

おぎのぎんこ【荻野吟子】 1851.3.3～1913.6.23 明治期の医者。日本最初の女性の医師資格試験合格者で、女医第一号とよばれる。武蔵国大里郡生れ。一六歳で結婚するが、夫に性病をうつされて離婚。治療中に医師を志して一八七五年(明治八)東京女子師範に入学、卒業後私立医学校好寿院で学ぶ。八五年に医師資格試験に合格し、荻野医院を開業。八六年に洗礼をうけ、日本キリスト教婦人矯風会・大日本婦人衛生会の活動にも参加。九〇年青年牧師志方之善と結婚し、九四年に北海道に渡り開業。

おぎのけんぎょう【荻野検校】 1731～1801.6.22 江戸中・後期の平曲・箏曲演奏家。平曲中興の祖とも称される。安芸国広島生れ。名は知一。上洛し前田流の寺尾勾当、波多野流の河瀬検校に師事。一七七一年(明和八)名古屋藩九代藩主徳川宗睦の招きで名古屋へ移住し、盲人のみならず晴眼者の平曲家も多く養成し、名古屋の平曲興隆の基盤をつくった。七六年(安永五)現在伝承されている前田流平曲の基本的教本「平家正節」を著す。

おぎのさわのじょう【荻野沢之丞】 1656～1704.8.19 元禄期の歌舞伎俳優。前名左馬之丞。俳名袖香。当時の代表的な名女方で、一六九一年(元禄四)京都で演じた「嫁鏡」の柾木女房はことに名高い。翌年江戸に下り、三都随一の女方と評された。九八年に引退して香具屋を営んだが、翌年舞台に復帰。口跡にすぐれて愛敬があり、時代物・世話物の女房役や傾城役を得意とした。通称香具屋藤十郎。

おきのただお【沖野忠雄】 1854.1.1～1921.3.26 明治・大正期の土木工学者。但馬国生れ。大学南校からフランスに留学し、パリ高等工業学校で土木建築学を学ぶ。帰国後内務省で土木行政を担当。一九〇八年(明治四一)パリ万国道路会議に出席。大阪土木監督署署長・内務技監などを歴任。日本の土木工学界の先駆者。大阪築港・大阪水道・淀川改修工事などにあたる。

おぎのどくおん【荻野独園】 1819.6.～95.8.10 幕末～明治期の宗教家。臨済宗の僧侶。幼名之規、名は承珠、字は独園・退耕庵。備前国生れ。八歳で出家。一八七〇年(明治三)相国寺住職。七二年教導職大教正。神仏合同の国民教化政策期の大教院初代院長。臨済・曹洞・黄檗三宗の総管長となる。大教宣布にあたり諸宗の宣教の自由を実現。

おきはらのみにく【興原敏久】 生没年不詳。平安初期の明法官人。三河国出身。姓ははじめ物部、のち物部中原宿禰、さらに興原宿禰となる。大宰少典・左大史・大内記などをへて、八〇八年(大同三)外従五位下大外記となり、その後明法博士・大判事などを歴任。この間八二〇年(弘仁一一)撰進の「弘仁格式」や八三三年(天長一〇)撰進の「令義解」の編纂に加わった。「令集解」に引用された「物(記)云」「興大夫云」などは、敏久の学説とされる。

おぎゅうし【大給氏】 近世の大名・旗本家。一八松平の一つ。始祖乗元は松平親忠の次男で、三河国加茂郡大給(現、愛知県豊田市)に居住したことから、大給松平を称したとされる。三代乗勝の妻が徳川家康の祖父松平清康の養女であるように、松平宗家(徳川将軍家)との関係が早くから深く、江戸時代には多数の大名・旗本を出した。大給宗家は乗寿・乗邑・乗完・乗寛・乗全が老中を勤め、一七六四年(明和元)から三河国西尾藩主六万石。分家に美濃国岩村藩主・信濃国竜岡藩主などがおり、大名家は維新後子爵。

おぎゅうそらい【荻生徂徠】 1666.2.16〜1728.1.19 徂来とも。江戸中期の儒学者。父方庵は上野国館林藩主時代の徳川綱吉の侍医。通称惣右衛門、名は双松、字は茂卿、徂徠は号。江戸生れ。父と上総国に流浪し二五歳のときゆるされて帰府。講義などで生計をたてる生活ののち柳沢吉保に仕え、将軍綱吉の学問相手などを勤めた。赤穂浪士処断など政治上も献策している。当初、朱子学を修めたが、唐音学習も始め、四〇歳頃から古文辞学を提唱し、詩文革新に努力。一七〇九年(宝永六)藩邸を出て私塾蘐園を開く。堀川(古義)学派や新井白石らとはライバル関係にあった。門人らと経典解釈の仕事を進め、やがて独自の体系を樹立。その学派は蘐園学派・古文辞学派とよばれる。語学に「訳文筌蹄」、経学に「蘐園随筆」「弁道」「弁名」「論語徴」など、幕政改革の献策に「太平策」「政談」、刑律兵書に「明律国字解」「鈐録」、漢詩文集に「徂徠集」などがある。

おぎゅうほっけい【荻生北渓】 1673〜1754.1.20 江戸中期の幕儒。父方庵は徳川綱吉の侍医。通称惣七郎、名は観、字は叔達、北渓は号。江戸生れ。兄の徂徠を助け、蘐園の一員として活動。幕命により官版「明律」や三浦竹渓らが協力して「七経孟子考文補遺」、徂徠遺著を補った「度量衡考」などを刊行している。とくに「七経孟子考文補遺」は中国清朝考証学者に影響を与えた。

おぎゅうゆずる【大給恒】 1839.11.13〜1910.1.6 幕末期の老中格。明治期の政治家。三河国奥殿・信濃国田野口藩主。初名は松平乗謨。父は奥殿藩主松平乗利。一八五二年(嘉永五)家督相続。江戸藩邸尚友館に蘭学者山脇東太郎らを招き洋学を奨励。六三年(文久三)陣屋替の際、仏式築城術による五稜郭を田野口(のちの竜岡)に建設した。同年若年寄、六五年(慶応元)陸軍奉行、六六年老中格、陸軍総裁。六八年(明治元)辞職し、本姓大給に改める。謹慎ののち竜岡藩知事・賞勲局総裁などを歴任し、子爵、のち伯爵。

おきよおう【興世王】 ?〜940.2.19 平安中期の官人。系譜は不詳。九三八年(天慶元)武蔵権守に任じられ、武蔵介源経基とともに足立郡司武蔵武芝と対立し、平将門の調停をうけた。翌年経基が将門と興世王の謀反を密告。また興世王は新任の武蔵守百済貞連とも対立し、将門のもとに走った。その後、常陸国府を襲撃した将門に坂東諸国の奪取を進言したが、九四〇年将門が討たれたのち上総国で敗死。

おきよししんのう【興良親王】 生没年不詳。大塔若宮とも。南北朝期の皇族。父は護良親王、母は北畠親房の妹。一説に母は大納言師兼の女ともいう。常陸親王・兵部卿若宮・赤松宮などと称された人物を興良とする説もある。祖父後醍醐天皇の猶子となり、南朝の後村上天皇から征夷大将軍に任じられた。一三四一年(暦応四・興国二)常陸国小田城の北畠親房に迎えられ、五一年(観応二・正平六)南朝に帰参した赤松則祐に擁されたという。

おぎわらしげひで【荻原重秀】 1658〜1713.9.26 江戸中期の幕閣。勘定奉行。種重の次男。母は横松氏の女。通称五左衛門・彦次郎。近江守。法名日秀。一六七四年(延宝二)勘定衆に加わり、八三年(天和三)勘定組頭、八七年(貞享四)勘定頭三人の罷免で、勘定頭差添役(のちの勘定吟味役)になり、九六年(元禄九)勘定奉行に昇進。五代将軍徳川綱吉の後半の幕府財政を一手に握り、貨幣改鋳(元禄金銀)による差額を幕府の益金とし、長崎貿易の代物替を増額して運上金を徴収し、全国の酒造家に五〇%の運上銀をかけるなど、幕府歳入の増加をはかった。六代家宣の代にも財務を担当して悪貨鋳造(宝永金銀)を行ったが、一七一二年(正徳二)新井白石の三度にわたる弾劾で失脚。

おぎわらせいせんすい【荻原井泉水】 1884.6.16〜1976.5.20 明治〜昭和期の俳人。本名藤吉、幼名幾太郎。東京都出身。東大卒。河東碧梧桐らの新傾向俳句運動に共鳴し、一九一一年(明治四四)に「層雲」を創刊。季題無用論を唱えて碧梧桐と別れ、一三年(大正二)から「層雲」を主宰、自由律俳句を形成する。門下から尾崎放哉・種田山頭火らが輩出。句集「原泉」。評論・随筆も多い。

おぎわらもりえ【荻原守衛】 1879.12.1〜1910.4.22 明治期の彫塑家。号は碌山。長野県出身。小山正太郎の不同舎で洋画を学び、一九〇一年(明治三四)アメリカに渡る。フランスにも渡り、〇四年ロダンの作品に感動して彫塑に転じた。〇八年帰国後、生命のかがやきにあふれる作品を制作。代表作「女」「坑夫」。

おくしげさぶろう【奥繁三郎】 1861.6.25〜1924.9.8 明治・大正期の政党政治家・実業家。山城国生れ。京都師範学校卒、のち大阪法学舎に学び弁護士となる。京都府議をへて第五回総選挙に当選、以後衆議院議員当選八回。自由党・憲政党・立憲政友会に属し、立憲政友会幹事長・衆議院議長などを歴任。京都瓦斯などの社長も務める。

おぐしし【小串氏】 中世上野国の武家。武蔵七党丹党の一族。小串(現、群馬県吉井町)からおこった。鎌倉初期には御家人として小串右馬允が、末期には六波羅探題常磐範貞に仕えた検断頭人小串六郎右衛門や、播磨国守護代となった範行・貞秀らがいたが、いずれも藤原氏を称した。のち室町幕府奉公衆となり、小串六郎や下総守らが諸番帳に名を連ねた。伊勢国多度社祠官の小串氏は、猪飼城(現、三重県多度町)を本拠としたが、織田信長に滅ぼされたと伝える。

おくだいらし【奥平氏】 室町中期～戦国期の豪族に出自をもつ近世の譜代大名家。はじめ上野国甘楽郡奥平郷に在住し、三河国設楽郡作手(現、愛知県作手村)へ移住後、同郡の田峰菅沼・長篠菅沼両家とともに山家三方衆とよばれる勢力をもった。貞能の代には今川・徳川・武田・徳川各氏と帰属先をかえたのち、長篠城主などとして徳川氏の武田氏に対する抑え的役割を担った。江戸時代、宗家は一七一七年(享保二)から一〇万石の豊前国中津藩主となり、維新後伯爵。分家に武蔵国忍藩主、上野国小幡藩主がいる。

おくだいらのぶまさ【奥平信昌】 1555～1615.3.14 織豊期～江戸初期の武将。貞能の子。初名定昌。徳川家康に仕え、一五七五年(天正三)長篠の戦で長篠城に籠城して多大な戦功をあげ、織田信長から一字を与えられ信昌と改名。小牧・長久手の戦、小田原攻めに参陣。九〇年家康関東入国の際、上野国宮崎三万石が与えられた。関ケ原の戦に参陣し、戦後京都所司代。翌年美濃国加納一〇万石に移封。室は家康の長女亀姫。

おくだいらまさか【奥平昌鹿】 1744.7.15～80.7.24 江戸中期の大名。豊前国中津藩主。父は昌敦。一七五八年(宝暦八)遺領相続。大手組防火番・江戸城本丸大手門番などを勤める。国学者賀茂真淵に師事し、和歌に秀で、儒学者藤田敬所に意見を求め藩政改革を行った。また蘭学者で藩医の前野良沢の蘭学研究を支援した。

おくだいらまさたか【奥平昌高】 1781.11.4～1855.6.10 江戸後期の大名。豊前国中津藩主。父は鹿児島藩主島津重豪。中津藩主奥平昌男の養子。昌男の婚約者敬姫は姉。一七八六年(天明六)遺領相続。実父重豪の影響で、江戸鉄砲洲中屋敷にオランダ部屋を作り舶来品を収集展示、オランダ商館長ドゥーフからフレデリック・ヘンドリックと命名される。蘭学者やオランダ通詞の協力で「蘭語訳撰」「バスタード辞書」のいわゆる中津辞書を刊行した。

おくだえいせん【奥田頴川】 1753～1811.4.27 江戸後期の京都の文人陶工。名を庸徳、通称を茂右衛門という。中国の明末清初に帰化した頴川氏の末裔といわれ、奥田家に入り、号を頴川とした。質屋を営む豪商で建仁寺近くに居住。清水焼の理解者でみずからも作陶し、白磁の創始に成功、呉須赤絵・古染付・交趾焼に秀でた。門下から青木木米・仁阿弥(高橋)道八・欽古堂亀祐らの逸材が輩出。

おくだまさか【奥田正香】 1847.3.-～1921.1.31 明治・大正期の中京財界人。尾張国生れ。僧侶をめざして上京するが、名古屋に戻り味噌・醤油販売業を始めた。一八八七年(明治二〇)に尾張紡績を設立、そのほか明治銀行・名古屋電鉄・日本車両などの設立に関係し、名古屋商業会議所会頭も務めて「名古屋の渋沢栄一」とよばれた。

おくだよしと【奥田義人】 1860.6.14～1917.8.21 明治・大正期の官僚政治家。因幡国生れ。東大卒。農商務省に入り、伊藤博文系の官僚となる。拓殖務・農商務・文部の各次官をへて、第四次伊藤内閣の法制局長官となる。伊東巳代治にも近く、しばしば行動をともにした。桂園時代には反桂の姿勢をとり、一九一三年(大正二)第一次山本内閣では文相・司法相。中央大学学長・東京市長も務めた。男爵。

おくでらはちざえもん【奥寺八左衛門】 1626.8.-～86.1.7 江戸前期の治水家。盛岡藩士。名は定恒。陸奥国津軽郡生れ。一六六五年(寛文五)和賀郡村崎野の開発に着手、六九年松前藩主から開田資金三〇〇〇両と盛岡藩から犯罪者百数十人を借りうけ、秋田藩阿仁銅山の山師を招いて用水堰二本を開削し、七九年(延宝七)工事を完成させた。

おくのまさつな【奥野昌綱】 1823.4.4～1910.12.5 日本基督教会最初期の牧師。幕府医師の竹内家の生れ。槍術・剣術・芸能を習得。奥野家の養子となり昌綱と改名。輪王寺宮に仕え、明治維新の際、上野彰義隊に参加し敗走。のち小川義綏の紹介で、ヘボンの日本語教師として「和英語林集成」の編集を補助。七二年(明治五)S・R・ブラウンから受洗、七七年按手礼をうけて牧師となる。「新約聖書」の翻訳、賛美歌の編纂に貢献した。

おくのみやけんし【奥宮健之】 1857.11.12～1911.1.24 明治期の自由民権家・初期社会主義者。土佐国生れ。少年時代に上京。一八八一年(明治一四)自由党に入党、車会党の結成や演説会などで活躍したが、名古屋事件で八五年に逮捕され九七年まで在獄。一九〇〇年の渡欧後、社会主義に関心をもち、同郷の幸徳秋水らの平民社に参加。職を転々としたが、幸徳と交友し爆弾製造法を教えたという口実で大逆事件に連坐、処刑された。

おくはらせいこ【奥原晴湖】 1837.8.15～1913.7.28 明治期の日本画家。下総国古河藩家老の三女。名は節。谷文晁門下の古河藩士牧田水石に学び、渡辺崋山に私淑した。慶応年間に江戸に出、清国人画家の費晴湖や鄭板橋に傾倒。「枯木群鳥図」など豪放な筆致の南画を描いた。半閑社を結成し、家塾にも多くの門人を抱えた。晩年は熊谷に繡水草堂を建てて隠棲。

おぐまひでお【小熊秀雄】 1901.9.9～40.11.20 昭和前期の詩人。北海道小樽市出身。サハリンの高等小学校卒業後、人夫や職工などの職を転々とする。「旭川新聞」の記者となって以後、文芸にたずさわり、童話・詩・小説などを書き始める。一九三一年(昭和六)東京のプロレタリア詩人会に参加。饒舌な長詩のなかに、笑いと批判精神のあふれる作風で独自の境地を拓く。詩集「小熊秀雄詩集」「飛ぶ橇(そり)」。

おくむめお【奥むめお】 1895.10.24～1997.7.7 大正・昭和期の婦人運動家。福井県出身。旧姓和田、本名は梅尾。日本女子大学卒。女工として紡績工場に勤め労働運動に入る。一九二〇年(大正九)平塚らいてう・市川房枝と新婦人協会を設立し、女性の政治参加を求めて対議会活動を行った。二三年に職業婦人社を設立。消費組合運動にも参加。三〇年(昭和五)には婦人セツルメントを開設して働く女性の地位向上に尽力した。四八年主婦連合会を創立して会長となる。以後消費者運動に力を注いだ。著書「野火あかあかと」。

おくむらいおこ【奥村五百子】 1845.5.3～1907.2.7 明治期の社会運動家。愛国婦人会の創立者。肥前国唐津生れ。一九歳のときから父や兄の影響で尊王攘夷運動に参加。初婚の夫とは死別、再婚では離別し、三子を養育しながら社会事業に従事。朝鮮に渡り、一八九八年(明治三一)光州に実業学校を創設。一九〇〇年北清事変の際に東本願寺皇軍慰問使に加わり、天津・北京を歴訪。帰国後戦病死兵士の遺族救済の必要から、〇一年愛国婦人会を結成。全国を遊説して国家意識を女性たちに広め、会員の拡大に努めた。

おくむらとぎゅう【奥村土牛】 1889.2.18～1990.9.25 大正・昭和期の日本画家。東京都出身。本名義三。一九〇五年(明治三八)梶田半古の画塾に入り、先輩の小林古径(こけい)に師事。二七年(昭和二)第一四回院展に「胡瓜(きゅうり)畑」が初入選、以後院展で活躍、三二年日本美術院同人となる。東京美術学校講師・武蔵野美術大学教授・女子美術大学教授を歴任。四七年日本芸術院会員。六二年文化勲章受章。七八年日本美術院理事長となる。作品「鳴門」「醍醐」、著書「牛のあゆみ」。

おくむらまさのぶ【奥村政信】 1686～1764.2.11 江戸中期の浮世絵師。俗称源八。号は芳月堂・丹鳥斎・文角・梅翁など。師系は不明だが、鳥居派の画風をもとに版本のほか墨摺絵(すみずりえ)から紅摺絵に至る錦絵誕生以前の各種の彫りと摺りの技術による一枚摺版画、および肉筆作品を制作。美人画・役者絵・見立絵(みたてえ)など作域は広範で、柱絵や浮絵(うきえ)の創始者を自認し「根元(こんげん)」と称した。俳諧にも長じた。江戸通塩(とおりしお)町に版元奥村屋を経営。

おくやすかた【奥保鞏】 1846.11.19～1930.7.19 明治期の陸軍軍人。小倉藩士として長州戦争に参加。一八七一年(明治四)陸軍大尉心得となり、佐賀の乱・台湾出兵に出征。西南戦争では熊本鎮台大隊長として籠城戦に奮戦。東宮武官長・近衛歩兵第二旅団長をへて、第五師団長で日清戦争に出征。一九〇三年大将となり、日露戦争では第二軍司令官として南山の戦などを指揮。戦後、その功により伯爵。軍事参議官・参謀総長に補され、一一年に元帥となる。

おぐらきんのすけ【小倉金之助】 1885.3.14～1962.10.21 大正・昭和期の数学者・数学史家。山形県出身。東京物理学校卒。東大中退。独学で数学を勉強し東北帝国大学助手となる。フランスに留学し、一九二五年(大正一四)大阪医科大学付設の塩見理化学研究所所長。二九年(昭和四)「階級社会の数学」を発表。史的唯物論にたつ数学史を研究し、数学の大衆化のためにさまざまな著書を発表した。日本科学史学会会長・民主主義科学者協会会長を歴任。著書「日本の数学」。

おぐらけ【小倉家】 藤原氏閑院(かんいん)流の洞院(とういん)家庶流。羽林(うりん)家。鎌倉時代、洞院(とういん)実雄の子公雄(きんお)に始まる。一時家領を失うが、江戸初期公根が家禄一五〇石で再興。一六八一年(天和元)実起(さねおき)が外孫霊元天皇第一皇子(済深(さいじん)入道親王)の出家に反対して解官(げかん)、その子公連・熙季(ひろすえ)とともに佐渡に配流されて再び中絶。のち帰洛した熙季に家名相続が許され再興。神楽(かぐら)の家。維新後、英季のとき子爵。

おぐらさんせい【小倉三省】 1604.4.8～54.7.15 江戸前期の儒学者。土佐国高知藩士。父は勝介。名は克、字は政実・政義。一六四二年(寛永一九)大小姓となり二〇〇石、五二年(承応元)父の隠居にともない家禄八〇〇石を相続。海南学派の祖、谷時中(じちゅう)に学んで程朱学を修め、同門の野中兼山(けんざん)を助けて香長平野の開拓、水利・土木・開墾事業に大きな功績を残した。儒教の道徳教育をもとに門弟を指導し、門下から時中の子の谷一斎、長沢潜軒らを出した。父の死に際し絶食し、のち病没。

おぐらしんぺい【小倉進平】 1882.6.4～1944.2.8 昭和前期の言語学者。宮城県出身。東大卒業後、朝鮮に渡り語学研究に専心。一九二六年(昭和元)京城帝国大学に招かれ、のち東京帝国大学に転じた。朝鮮語の歴史的研究で業績をあげ、学士院恩賜賞を受賞した学位論文「郷歌及び吏読の研究」など多くの著作によって、朝鮮語学研究の基礎を築いた。

おぐらのみや【小倉宮】 ?～1443.5.7 後亀山天皇の皇子良泰親王の子。同天皇の皇子恒敦(つねあつ)親王や後村上天皇の皇子泰成親王も小倉宮を称したといわれ、後亀山天皇の子孫(後南朝)の汎称としても用いられたらしい。南北朝合一の条件の一つであった両統迭立(てつりつ)の原則が守られず、即位の望みを絶たれ、一四二八年(正長元)京都を出奔。北畠満雅を頼り伊勢に下って挙兵。しかし満雅が敗死し、三〇年(永享二)帰京。三四年出家して聖承と号した。

おぐらまさつね【小倉正恒】 1875.3.22～1961.11.20 明治～昭和期の実業家・政治家。石川県出身。東大卒。一八九七年(明治三〇)内務省入省。九九年に住友本社に入社、一九一三年(大正二)支配人、二一年常務理事をへて三〇年(昭和五)に住友合資会社総理事。住友系重化学工業の基礎を築き、財界のリーダー的存在となる。三三年貴族院議員、四一年第二次近衛内閣の国務相、続いて第三次近衛内閣の蔵相に就任し、経済新体制の発足時には財界のまとめ役となった。第二次大戦後公職追放により第一線を退く。

おぐりし【小栗氏】 中世常陸国の武家。桓武平氏。常陸大掾(ひたちだいじょう)為幹の孫重家を祖とする。小栗御厨(現、茨城県協和町)を支配した。その孫重成は源頼朝に属し、源平の争乱や奥州平定に従う。子の重広は頼朝上洛に同行。室町時代、満重は上杉禅秀の乱に加わり、鎌倉公方(くぼう)足利持氏に敵対、一四二三年(応永三〇)小栗城を失った。子の助重のとき回復したが、五五年(康正元)足利成氏に再び攻略された。一族の子孫は近世旗本となる。

おぐりそうたん【小栗宗湛】 1413～81 室町中期の画家。小栗は俗姓。宗湛は法諱。一四六二年(寛正三)相国寺松泉軒の襖絵(ふすまえ)を描いて将軍足利義政に認められ、翌年周文(しゅうぶん)のあとを継いで将軍家御用絵師となる。その後、中央での漢画界の権威として高倉御所・雲沢軒・石山寺などで作画。七三年(文明五)頃までの作画の記録があるが、確実な遺品は発見されておらず、宗湛の描き残しを子の宗継が描き継いだ大徳寺養徳院の襖絵が知られるのみ。

おぐりただまさ【小栗忠順】 1827～68.閏4.6 幕末期の幕臣。上野介。一八六〇年(万延元)遣米使節随員として渡米、帰国後外国奉行。六二年(文久二)勘定奉行。翌年歩兵奉行の時、率軍上京計画を立てたが未然に発覚し罷免。六四年(元治元)勘定奉行、軍艦奉行に着任し、横須賀製鉄所の基礎を作る。六五年(慶応元)五月勘定奉行。財政改革・軍制改革の中心となる。六八年(明治元)抗戦論を主張して罷免され、知行所上野国権田村に土着したが、新政府軍に捕縛され斬首。

おぐりふうよう【小栗風葉】 1875.2.3～1926.1.15 明治期の小説家。本名加藤磯夫。旧姓小栗。愛知県出身。尾崎紅葉の門下生となり、「寝白粉(ねおしろい)」「亀甲鶴」「恋慕ながし」により、泉鏡花とともに紅葉門下の双璧といわれた。明治三〇年代に、文科大学生と女子大生との恋愛・結婚・破局を描いた「青春」で流行作家となる。のち自然主義に接近し「世間師」などを発表するが、しだいに文壇から遠ざかった。

おぐりみまさか【小栗美作】 1626～81.6.22 江戸前期の越後国高田藩家老。名は正矩。美作は通称。父は家老小栗正高。将軍親裁をへて藩とりつぶしに発展した家中騒動(越後騒動)の一方の当事者。鉱山・新田開発・用水工事など、藩経済の発展に優れた手腕をふるったが、藩主の継嗣問題もからんだ家中の対立のなかで、五代将軍徳川綱吉によって、子の掃部(かもん)とともに切腹の判決をうけ自刃。藩主も改易された。

おけおう【弘計王】 ⇨顕宗天皇(けんぞうてんのう)

おけおう【億計王】 ⇨仁賢天皇(にんけんてんのう)

おさかべしんのう【刑部親王】 ?～705.5.7 忍壁・忍坂部とも。天武天皇の第九皇子。誕生順では大津皇子について四番目。母は宍人臣(ししひとのおみ)大麻呂の女檝媛娘(かじひめのいらつめ)。六八一年(天武一〇)「帝紀」や上古諸事の撰述に参加。七〇〇年(文武四)には大宝律令撰定作業の主宰者となり、翌年完成させた。七〇三年(大宝三)知太政官事に就任したが、七〇五年(慶雲二)没。

おざきかずお【尾崎一雄】 1899.12.25～1983.3.31 大正・昭和期の小説家。三重県出身。早大卒。志賀直哉の「大津順吉」に衝撃をうけて作家を志し、のちにその門に入った。一九三七年(昭和一二)芳兵衛とよぶ無邪気な細君との貧窮生活をユーモラスに描いた「暢気眼鏡(のんきめがね)」で芥川賞受賞。第二次大戦後、生死の境をさまよった大病のなかで死生観を描いた「虫のいろいろ」「まぼろしの記」などの心境小説を発表。七八年文化勲章受章。

おざきこうよう【尾崎紅葉】 1867.12.16～1903.10.30 明治期の小説家。本名徳太郎、別号は十千万堂など。江戸生れ。父惣蔵は角彫りの名手で、赤羽織の谷斎とよばれる幇間(ほうかん)でもあった。一八八三年(明治一六)大学予備門に入学。山田美妙・石橋思案・丸岡九華らと知り合い、八五年硯友社を結成、「我楽多(がらくた)文庫」を創刊。八九年「二人比丘尼色懺悔(ににんびくにいろざんげ)」を「新著百種」第一号として発刊、出世作となる。帝国大学文科に在籍のまま読売新聞社員となり、西鶴を模した雅俗折衷文体の「伽羅枕(きゃらまくら)」「三人妻」、知識人の内面を描いた「多情多恨」を発表。九七年から死の直前まで書き続けられた「金色夜叉」は、金銭と愛情の相克を描いて広く国民に迎えられた。門下生に泉鏡花・徳田秋声・小栗風葉・柳川春葉らがいる。

おざきさぶろう【尾崎三良】 1842.1.22～1918.10.13 明治・大正期の官僚政治家・実業家。山城国生れ。三条実美(さねとみ)に仕え尊王攘夷運動に関与、七卿落ちに随行する。明治初年イギリスに学び、帰国後法制官僚として累進し、第一次山県内閣の法制局長官として初期議会に臨む。議会対策・立法活動にあたる一方、政府内の対政党強硬派の暴走を抑えた。のちに京釜鉄道や経済研究同志会での活動が主になったが、長年貴族院議員を務めた。男爵。

おざきしろう【尾崎士郎】 1898.2.5～1964.2.19 大正・昭和期の小説家。愛知県出身。早大在学中から社会主義運動にかかわるが、やがて運動の偽善性を鋭く批判して離脱。一九三三年(昭和八)「人生劇場」を発表。青成瓢吉を主人公とする同作はベストセラーとなり、映画・演劇で上演された。

おざきただはる【尾崎忠治】 1831.2.2～1905.10.18 明治期の司法官。土佐藩士の子。一八七一年(明治四)司法少判事。高等法院陪席裁判官・東京控訴院長などをへて、八六年大審院長。司法部内に隠然たる勢力を有した。九〇年枢密顧問官。

おざきほうさい【尾崎放哉】 1885.1.20～1926.4.7 大正期の自由律俳句の代表的俳人。本名秀雄。鳥取県出身。東大卒。荻原井泉水の「層雲」に参加。保険会社の支配人として朝鮮に赴任するが、一年で退職。妻とも別れ、各地で寺男を務めながら句作を続ける。句文集「大空」。

おざきほつみ【尾崎秀実】 1901.4.29～44.11.7 昭和前期の知識人、近衛文麿のブレーン。小・中学時代を台北ですごし、東大卒業後、朝日新聞社に入社。一九二八年(昭和三)上海支局員として中国に駐在、そのときの知見を生かして、のち中国問題についての評論を数々発表した。上海時代に知り合ったアグネス・スメドレーの紹介でゾルゲと出会い、その情報活動に協力していった。三七年以後昭和研究会を舞台に近衛のブレーンとして活躍。東亜協同体論で脚光を浴びた。四一年御前会議決定などの情報をゾルゲに漏らしたとして一〇月一五日検挙され、四四年刑死。

おざきまさよし【尾崎雅嘉】 1755～1827.10.3 江戸後期の国学者。通称は俊蔵、字は有魚、号は蘿月など。大坂生れ。医を業としたが、本屋とする説もある。儒学を奥田元継(尚斎)に学び、のち独学で和学を志した。博学で知られ、「続異称日本伝」や国書の解題集の「群書一覧」は名高い。著書「百人一首一夕話」。

おざきゆきお【尾崎行雄】 1858.11.20～1954.10.6 明治～昭和期の政党政治家。号は咢堂。相模国生れ。慶応義塾中退。明治十四年の政変で統計院を退官し、立憲改進党結成に参画。大同団結運動にも参加し、保安条例で東京を追放される。第一回総選挙から衆議院議員に二五回連続当選。第一次大隈内閣で文相となるが共和演説事件で辞任。立憲政友会に憲政本党からただ一人参加。一九〇三年(明治三六)から東京市長。第一次護憲運動では第三次桂内閣打倒の中心的役割をはたすが、山本内閣との提携に反対して脱党、中正会を結成。第二次大隈内閣には法相として入閣、大浦内相の汚職事件を追及。憲政会総務となったが普選論をめぐる対立で脱党、革新倶楽部に参加した。第二次護憲運動以降は無所属。昭和期には日独伊三国同盟反対、大政翼賛会批判の立場から活動。翼賛選挙では不敬事件をひきおこした。

おさだあらた【長田新】 1887.2.1～1961.4.18 昭和期の教育哲学者。長野県出身。京大卒。小西重直から教育学を学ぶ。広島高等師範教授、広島文理科大教授をへて、一九四五年(昭和二〇)同大学長となった。この間ペスタロッチの教育思想を紹介。三八年「新知育論」を刊行。四七～六一年日本教育学会会長を務める。五一年に「原爆の子」を編集刊行し、日本子どもを守る会会長を務めて平和教育に尽力した。

おさたけたけき【尾佐竹猛】 1880.1.20～1946.10.1 明治～昭和期の日本近代史家・司法官。法学博士。石川県出身。明治法律学校卒。福井地方裁判所・東京控訴院の判事をへて一九二四年(大正一三)大審院判事。かたわら明治維新に強い関心を抱き、維新を立憲政治実現への過程とする視点から日本憲政史の実証的研究を進めた。吉野作造らと明治文化研究会を組織し「明治文化全集」を編集・刊行。憲政史学派の中心的存在として多くの著作を発表するとともに、憲法制定や自由民権運動などに関する第一次史料の調査・収集に貢献した。著書「維新前後における立憲思想」「日本憲政史大綱」「明治維新」。

おさだしゅうとう【長田秋濤】 1871.10.5～1915.12.25 明治期の評論家・仏文学者。本名忠一。静岡県出身。学習院・二高をへて、英・仏に留学。政治と法律を学び演劇にも親しんだ。帰国後、政界・実業界で活動。また演劇改良や仏文学の紹介にも尽力。

おさだただむね【長田忠致】 生没年不詳。平安後期の武士。平高望八代の後胤と称し、平姓を名のる。通称は長田荘司。安楽寿院領の尾張国野間内海荘(現、愛知県美浜町)の在地領主。源義朝の家人鎌田正清の舅で、源家代々の家人という。一一五九年(平治元)平治の乱に敗れて東国へ下る途中、正清の縁を頼って忠致宅に寄宿していた義朝主従を、子の景致とともに謀殺。「平治物語」には、源頼朝の挙兵後、服従を申し出たが、義朝の墓前で処刑されたとある。

おさないかおる【小山内薫】 1881.7.26～1928.12.25 明治・大正期の劇作家・演出家・小説家。広島県出身。東大英文科卒。一九〇九年(明治四二)二世市川左団次とヨーロッパ近代劇運動の全面的移植を試み、自由劇場を創立。坪内逍遥の文芸協会とともに日本新劇界の草創期を形成した。関東大震災後の二四年(大正一三)土方与志が築地小劇場を開設すると同人として参加、多くの演出を手がけた。

おさふねながみつ【長船長光】 ⇨長光

おさべしんのう【他戸親王】 751/761～775.4.27 光仁天皇の皇子。母は聖武天皇の女井上内親王。七七一年(宝亀二)皇太子となったが、翌年母が厭魅大逆(えんみたいぎゃく)のかどで皇后を廃されたのにともない、廃太子とされ庶民に落とされた。七七四年には母子ともに大和国宇智郡の没官(もっかん)の宅に幽閉され、翌年母と同日に死去。この一連の事件は、天武天皇系の皇族を皇統から排除して山部親王(桓武天皇)の立太子をはかった、藤原百川(ももかわ)らの策略によるものと考えられる。

おさらぎこれさだ【大仏維貞】 1285/86～1327.9.7 鎌倉後期の武将。連署。従四位下・陸奥守・修理大夫。宗宣の子。初名は貞宗。一三〇四年(嘉元二)引付衆、翌年小侍所奉行に、その後、評定衆・引付頭人と若年時から幕府要職を歴任。一五年(正和四)六波羅南方探題、二四年(正中元)鎌倉にもどり評定衆に復帰、二年後、連署に就任した。和歌は「玉葉集」などに入集。

おさらぎし【大仏氏】 中世相模国の武家。桓武平氏。北条氏の一族で、北条時政の子時房を祖とする。「おさらぎ」は鎌倉西郊深沢あたりの地名で、その地に鎌倉大仏が建立されて以来、「大仏」の字をあてるようになった。時房はこの地に別邸を構え、一族からは宣時・宗宣・維貞らが執権・連署となり、また六波羅探題となった者もいる。貞直は笠置山・赤坂城を攻略、鎌倉幕府滅亡に際し新田義貞と戦い討死。

●大仏氏略系図

時房―朝直―宣時┬宗宣―維貞┬高宣
　　　　　　　　│　　　　　└家時
　　　　　　　　├宗泰―貞直
　　　　　　　　└貞房

おさらぎじろう【大仏次郎】 1897.10.9～1973.4.30 大正・昭和期の小説家。本名野尻清彦(のじりきよひこ)。神奈川県出身。星の研究家野尻抱影(ほうえい)の弟。東大卒。女学校教諭・外務省勤務をへて作家生活に入る。国民的英雄を造形した連作「鞍馬天狗」(一九二四～五九)、市民精神をうたう西洋史伝小説「ドレフュス事件」、戦後への批判をこめた現代小説「帰郷」など、知性と良心に裏づけられた多面的な創作は、大衆文学の品性を高めた。絶筆は史伝「天皇の世紀」。文化勲章受章。

おさらぎのぶとき【大仏宣時】 1238～1323.6.30 鎌倉中・後期の武将。父は大仏(北条)朝直。一二七三年(文永一〇)評定衆、八七年(弘安一〇)連署となる。一三〇一年(正安三)連署を退き、出家。歌人としても活躍した。「徒然草」には北条時頼に夜中によび出され、味噌を肴に酒を飲んだ逸話がみえる。

おさらぎむねのぶ【大仏宗宣】 1259～1312.6.12 鎌倉後期の武将。執権。従四位下・上野介・陸奥守。宣時の子。一二八六年(弘安九)引付衆、翌年評定衆、その後、引付頭人・寄合衆などの要職を歴任し、九七年(永仁五)六波羅南方探題に任じられた。一三〇二年(乾元元)関東にもどって引付頭人となり、官途奉行や越訴(おっそ)奉行を兼任する。〇五年(嘉元三)得宗北条貞時の命で北条宗方を討伐したのち、連署に就任。一一年(応長元)北条師時の死後、執権に転じた。勅撰集に和歌を残す。

おざわじさぶろう【小沢治三郎】 1886.10.2～1966.11.9 昭和期の軍人。海軍中将。宮崎県出身。海軍兵学校(三七期)・海軍大学校卒。駆逐隊司令・巡洋艦艦長などをへて、一九三七年(昭和一二)連合艦隊参謀長となる。その後第一・第三航空戦隊司令官などを歴任。四一年南遣艦隊司令長官となり南方作戦に参加。翌年第三艦隊司令長官となり、四四年には第一機動艦隊司令長官を兼任して、マリアナ沖・レイテ沖海戦を指揮。翌年最後の連合艦隊司令長官となる。

おざわたけお【小沢武雄】 1844.11.10～1926.1.29 明治期の陸軍軍人。豊前国小倉藩士。戊辰戦争に従軍し、一八七一年(明治四)少佐。西南戦争では征討総督本営参謀として出征。八五年中将となり、陸軍士官学校校長・参謀本部長などを歴任。九〇年に貴族院議員となるが、翌年貴族院本会議で陸軍の機密を暴露したとして軍職を解かれた。のち日本赤十字社副社長。

おざわべんぞう【小沢弁蔵】 生没年・出生地不詳。明治期の先駆的な労働運動家。幕末期の鍛冶工で、最も早く洋式鉄工技術を学ぶ。一八八七年(明治二〇)親方職工として石川島造船所に勤め、鉄工懇話会を組織したが失敗。二年後に他工場の職工も含めて労資調和・相互扶助を掲げる同盟進工組を結成。九七年日本最初の労働組合である鉄工組合誕生の基礎となった。

おざわろあん【小沢蘆庵】 1723～1801.7.11 江戸中期の歌人。父は喜八郎実郡(実邦とも)。一時、養家の姓を名のり本庄七郎と称した。名は玄仲(はるなか)・玄沖。通称帯刀(たてわき)。別号は観荷堂・図南亭・孤鷗・七十童・八九童。難波に生まれ、京都に住んだ。三〇歳頃、冷泉(れいぜい)為村に入門、武者小路実岳(さねたけ)にも学ぶが、独自の歌論に開眼して「ただこと歌」を主張したため、五一歳頃、為村から破門。伴蒿蹊(ばんこうけい)・本居宣長・上田秋成・蒲生君平など交遊も広く、門人に田山敬儀・前波黙軒・羽倉信美・涌蓮らがいる。香川景樹(かげき)が蘆庵に私淑し、強い影響をうけた。平安和歌四天王の一人。法号寂照院月江蘆庵居士。家集「六帖詠草」、歌論書「ちりひぢ」「振分髪」など著書多数。

おしかのしまたり【牡鹿島足】 ⇩道島島足(みちしまのしまたり)

おしかわしゅんろう【押川春浪】 1876.3.21～1914.11.16 明治期の小説家。本名方存(まさあり)。愛媛県出身。押川方義(まさよし)の長男。東京専門学校卒。在学中の一九〇〇年(明治三三)に発表した「海島冒険奇譚海底軍艦」が巌谷小波(いわやさざなみ)に認められ、冒険小説の第一人者となる。「英雄小説武俠の日本」「海国冒険奇譚新造軍艦」など、日清・日露戦争間のナショナリズムの高揚と合致し、少年読者に迎えられた。

おしかわまさよし【押川方義】 1849.12.5/51.12.16～1928.1.10 日本基督教会牧師・仙台教会創始者。松山藩士橋本家に生まれ、押川家の養嗣子となり方義と改名。東京の開成学校・横浜英学院(修文館)に学び、一八七二年(明治五)J・H・バラから受洗、日本基督公会設立に参加。八〇年仙台に移り伝道、W・E・ホーイとともに仙台神学校を創設、東北学院と改称し、院長を務めた。北海道の伊達教会の基を開き、朝鮮に京城学堂を開設。のち実業界・政界に進出した。

おしくまおう【忍熊王】 記紀伝承上の人物。仲哀天皇の皇子。母は大中姫。朝鮮出兵の準備中に父の天皇が没し、また神功皇后に皇子(応神天皇)が生まれたことを聞いて同母兄の麛坂王とともに反乱を企てた。成否を占おうとして行った狩で兄が猪に襲われて死んだ後も、皇后を討とうとしたが、皇后の派遣した武内宿禰に誘いだされて逢坂(現、大津市逢坂)で敗れた。瀬田川に沈んだ死体は菟道河にあがったと伝える。

おしこうじけ【押小路家】 ㊀中原氏の嫡流。大外記を世襲した地下官人の家。室町後期の師富の頃から押小路を名乗る。明経道を家職とし、古代以来大外記・明経博士となった。師季以来掃部頭を、師富以来造酒正を兼任。外記局を管掌する当家を局務という。官務の壬生家とともに地下官人の棟梁と称された。江戸時代の家禄は七六石。維新後、師成のとき男爵。庶流家に南北朝初期、師守(師右次男)に始まる押小路家がある。㊁藤原氏閑院流の三条西家庶流。羽林家。三条西公勝の次男公音を祖とし、寛文年間(一六六一～七三)に創立。家禄は一三〇石。公音は熊沢蕃山に学ぶ。維新後、公亮のとき子爵。

おしさかおおなかつひめ【忍坂大中姫】 五世紀中頃の允恭天皇の妃。安康天皇の母。安康が即位を躊躇したとき、それを促したと伝える。系譜関係には諸説があり、「古事記」では応神天皇と加具漏比売との子とするが、「釈日本紀」に引用する「上宮記」は若野毛二俣王の子と記す。忍坂は奈良県桜井市忍坂付近と考えられ、この地に宮を営んでいたのであろう。宮と名代の押坂部(刑部)は、のち押坂彦人大兄皇子に継承された。

おしさかひこひとのおおえのみこ【押坂彦人大兄皇子】 忍坂日子人太子・麻呂古王とも。六世紀後半頃の人物。敏達天皇の皇子。母は息長真手王の女広姫。舒明天皇の父。舒明に始まる皇統の始祖となったことから、皇祖大兄とよばれた。息長氏の勢力を背景に、允恭天皇の皇后忍坂大中姫の押坂宮と、名代の押坂部(刑部)を領有したと考えられる。敏達天皇と推古天皇との子竹田皇子とともに有力な皇位継承候補であったが、即位は実現しなかった。

おじますけま【小島祐馬】 1881.12.3～1966.11.18 大正・昭和期の中国哲学者。高知県出身。一九〇七年(明治四〇)京大法科、一二年哲学科卒。京都帝国大学名誉教授。社会思想・革命思想など体系的思想史の構成に努める。青木正児らと「支那学」を発刊。著書「支那古代社会の研究」「中国思想史」。

オズーフ Pierre Marie Osouf 1829.5.26～1906.6.27 パリ外国宣教会宣教師。はじめ中国布教に従事し、一八七七年(明治一〇)来日。九一年新設の東京大司教区の初代大司教となった。出版事業に力を注ぎ、オズーフ版といわれる教書類を刊行し、白百合女学校・暁星学校などのカトリック系学校の設立にも貢献した。

おぜほあん【小瀬甫庵】 1564～1640 江戸初期の儒医。「太閤記」の作者。名は道喜、又四郎・長大夫と称す。甫庵は号。尾張国の土岐氏の一族で、はじめ坂井と称し医術をもって豊臣秀次に仕えた。秀次没後、土岐・小瀬と改姓し、京都で「補註蒙求」「十四経発揮」などの古活字本を刊行。のちに堀尾吉晴、加賀国金沢藩主前田利常に仕えた。儒教の解釈や評価を織りまぜた「太閤記」や「信長記」「天正軍記」などの軍記を著すとともに、儒道の要点をまとめた「童蒙先習」を残す。

おだいのかた【於大の方】 1528～1602.8.28 徳川家康の生母。三河国刈谷城主水野忠政の女。法号伝通院。一五四一年(天文一〇)同国岡崎城主松平広忠と結婚。四四年、兄水野信元と松平氏の対立により離別。五一年頃までに尾張国阿古居城主久松俊勝と再婚。一六〇二年(慶長七)家康の勧めで上洛し、後陽成天皇に謁した後、病にかかり伏見城で没。江戸小石川の伝通院に葬られる。

おだいらなみへい【小平浪平】 1874.1.15～1951.10.5 大正・昭和期の経営者。栃木県出身。東大卒。藤田組小坂鉱山などをへて、一九〇六年(明治三九)久原房之助の要請に応じて久原鉱業所日立鉱山に入社。二〇年(大正九)久原鉱業から日立製作所を分離独立させ、同社を代表的電機企業に成長させた。

おだかずま【織田一磨】 1882.11.11～1956.3.8 明治～昭和期の版画家。東京都出身。川村清雄に洋画を、金子政次郎に石版画を学ぶ。巴会・文展・二科展などに出品。雑誌「方寸」の同人となり、創作版画運動をおこす。一九一六年(大正五)

から石版画に専心、「東京風景」「大阪風景」など都市風景に材をとった作品が多い。日本創作版画協会・洋風版画協会・日本版画協会を創立するなど、創作版画の発展に尽力した。「北斎」「浮世絵十八考」など浮世絵研究の著述もある。

おたかひさただ【尾高尚忠】 1911.9.26～51.2.16 昭和期の指揮者・作曲家。東京都出身。ウィーン音楽院で指揮法をワインガルトナーに師事。一九四〇年(昭和一五)帰国、新交響楽団(現、NHK交響楽団)の常任指揮者として日本の演奏水準の向上に尽力。作品に「芦屋乙女」「交響曲第一番」「フルート協奏曲」など。五二年度以降優秀管弦楽作品に贈る「尾高賞」が設けられた。

おたぎけ【愛宕家】 村上源氏の中院家庶流。羽林家。岩倉家の祖となった具堯(ともたか)の子で英彦山(ひこさん)座主権僧正有清の三男通福が、中院通純の猶子となり、正保年間(一六四四～四八)に創立。家禄は一三〇石。維新後、八代通致(みちずみ)のとき子爵。養子通旭(みちてる)は明治初年に反政府陰謀の愛宕通旭事件をおこした。通致の実子通則は明治天皇の次侍従を務めた。

おだぎりますのすけ【小田切万寿之助】 1868.1.25～1934.9.12 明治期の外交官。山形県出身。東京外国語学校をへて外務省に入り、一八九〇年(明治二三)ソウル勤務。アメリカをへて再び中国勤務となり、一九〇〇年義和団の乱の上海への波及阻止に奔走。その際、鉄路大臣盛宣懐(せいせんかい)とのつながりができ、〇四年の大冶(たいや)鉄山への借款を成功させた。〇五年横浜正金銀行顧問となり、〇七年には北京に駐在し、多くの借款交渉に関与した。

おださくのすけ【織田作之助】 1913.10.26～47.1.10 昭和期の小説家。大阪市出身。旧制三高中退。「俗臭」が芥川賞候補になり、「夫婦善哉(めおとぜんざい)」で作家としての地位を築く。大阪の庶民を描いた西鶴的作風が注目される。第二次大戦後「世相」で流行作家になるとともにデカダンスの生活に陥り、無頼(ぶらい)派(新戯作(げさく)派)とよばれる。評論「可能性の文学」の実験作「土曜夫人」執筆途中喀血し、急逝。

●織田氏略系図

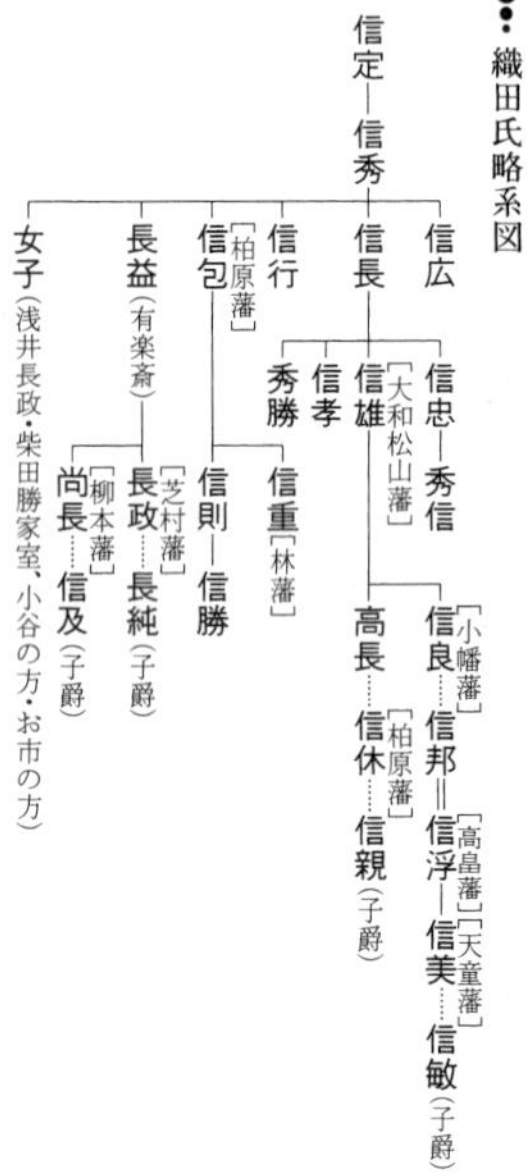

おだし【小田氏】 中世常陸国の豪族。藤原北家道兼流。八田(はった)知家が小田(現、茨城県つくば市)を支配、その子知重から小田氏を称した。鎌倉時代、一族宍戸(ししど)氏とともに常陸国守護。南北朝期以降は、南朝方にたったり、鎌倉公方足利氏に背くなどふるわなかった。戦国期、氏治のとき佐竹氏と戦って敗れ滅亡。知家の一〇男時家も小田氏を名のり、その一流からは時知・貞知らの六波羅引付頭人や雑訴決断所寄人を輩出。

おだし【織田氏】 近世の大名家。室町時代越前国守護斯波(しば)氏に仕え、斯波氏が尾張国守護を兼ねるにおよび、一四〇二年(応永九)頃常松(じょうしょう)が守護代となって尾張に拠点を移した。応仁の乱で斯波氏が分裂して争うと織田家も岩倉・清須(きよす)の二派にわかれて対立したが、清須織田家の家老信定・信秀父子が本家をしのいで台頭。続く織田信長は尾張と隣国の諸勢を破り、一五六八年(永禄一一)足利義昭を奉じて上洛。着実に覇権を広げたが、本能寺の変で嫡子信忠とともに横死した。豊臣秀吉に擁立された信忠の嗣子秀信は関ケ原の戦で西軍に属して滅亡。信長の次男信雄の子孫は二万石の出羽国天童・丹波国柏原両藩主、信長の弟長益の子孫は一万石の大和国芝村・同国柳本両藩主で、維新後いずれも子爵。

おだじゅんいちろう【織田純一郎】 1851.5.22～1919.2.3 明治期の翻訳文学者・ジャーナリスト。京都生れ。三条実美(さねとみ)の推挙で一八七〇年(明治三)から二度イギリスへ留学。帰国後の七八年リットンの著書の翻訳「花柳春話」を出版して評判となり、以後西欧文化の紹介に活躍。八四年「中外電報」主筆となり、翌年大阪「朝日新聞」へ入社、「大阪公論」「東京公論」などにも執筆。九一年「寸鉄」主筆に転じ、翌年同紙の廃刊とともにほぼ新聞界を離れた。

おだたかとも【小田孝朝】 1337～1414.6.16 南北朝期～室町中期の常陸国の武将。はじめは鎌倉府に従って宇都宮氏など敵対勢力と戦うが、のちに鎌倉府と対立。一三八六年(至徳三・元中三)小山若犬丸が鎌倉府に反抗して失敗すると、翌年これを迎えて難台山(現、男体山・茨城県岩間町)に籠城。犬懸上杉朝宗らの鎌倉府軍に攻められ、八八年(嘉慶二・元中五)降伏するが許されて所領を維持。詩文や和歌に堪能だったという。

おだためつな【小田為綱】 1839.9.～1901.4.5 岩手県の自由民権運動家。陸奥国九戸郡生れ。一八四七年(弘化四)・五三年(嘉永六)と二回の三閉伊一揆発生の地で育つ。八〇年(明治一三)頃にまとめた「憲法草稿評林」は、君主有責論にたって天皇の廃位・廃帝の条項を設けた私擬憲法として注目される。八八年から衆議院議員、憲政本党所属。

おだとくのう【織田得能】 1860.10.3～1911.8.18 明治期の宗教家・仏教学者。真宗大谷派僧侶。越後国生れ。旧姓生田。号は雲渓。一八七二年(明治五)得度。七九年福井師範卒。九一年浅草宗恩寺住職。九八年巣鴨監獄教誨師問題で学階・公職を免じられる(一九〇一年復帰)。九九年から仏教大辞典の編纂を企図するが病没。没後一九一七年(大正六)に大倉書店から発刊。

おだながます【織田長益】 1547～1621.12.13 織豊期の武将・茶人。号は有楽斎。信長の弟。本能寺の変後に信長の子信雄配下となり、のち豊臣秀吉に従う。関ケ原の戦では東軍に属して戦功があり、大和で三万石を与えられた。その後大坂城で豊臣秀頼を補佐し、徳川家康との折衝に尽力したが、大坂夏の陣直前に退城し、京都に隠棲。千利休の高弟で茶道有楽流の祖。茶室如庵(国宝)を作る。江戸屋敷跡に有楽町の名を残す。

おだにせいいちろう【男谷精一郎】 1798.1.1～1864.7.16 江戸後期の旗本・剣客。諱は信友。勝小吉の長兄の養子。直心影流剣術を修め、江戸本所亀沢町に道場を構えた。嘉永末年以来たびたび幕府へ講武策を建白し、一八五五年(安政二)講武所が開設されると初代頭取、剣術師範を勤めた。六三年(文久三)九月には講武所奉行並となった。

おだにのかた【小谷の方】 1547?～83.4.24 お市の方とも。織田信長の妹(一説には従姉妹)。名は市。一五六七年(永禄一〇)末頃に近江国小谷城主浅井長政と結婚。信長の朝倉攻めの際、浅井氏が離反したため、信長に小豆袋の両端を縛って送り、危機を知らせたという。七三年(天正元)信長が浅井氏を滅ぼした際、城を出て兄信包に預けられる。八二年の清須会議後、越前国北庄城主柴田勝家と再婚。八三年、勝家が豊臣秀吉に攻められ、女の茶々(淀殿)・初(常高院)・お江(崇源院)を城から出して、勝家とともに自害。

おだのなおたけ【小田野直武】 1749.12.11～80.5.17 江戸中期の洋風画家。号は羽陽・玉泉。秋田藩士。一七七三年(安永二)平賀源内から西洋画法に関する刺激をうけ、のち江戸に出て活躍。蘭学者とも交流し、七四年「解体新書」の挿絵を担当する。秋田蘭画の中心画家として、漢画の技法に陰影法・遠近法をとりいれ、風景画を中心に清新な作品を残す。

おだのぶお【織田信雄】 1558～1630.4.30 「のぶかつ」とも。織豊期の武将。信長の次男。父の政略で伊勢国司の北畠家を継ぐ。本能寺の変後、伊勢・伊賀・尾張を領有。のち豊臣秀吉と対立し、徳川家康と結んで一五八四年(天正一二)小牧・長久手に戦ったが、同年中に講和。秀吉に従い、官位は正二位内大臣にのぼった。九〇年小田原攻後に転封を拒否して失脚。出家し常真と号する。大坂の陣後、家康から大和国松山藩五万石余を与えられた。

おだのぶかね【織田信包】 1543～1614.7.17 信兼とも。織豊期の武将。信長の弟。信長の政略で伊勢の長野氏を継ぎ、本能寺の変後豊臣秀吉に属し、伊勢国安濃津城主。一五九四年(文禄三)出家し老犬斎と号する。九八年(慶長三)丹波国柏原に移封。関ケ原の戦では西軍に属し、のち豊臣秀頼の補佐役となった。

おだのぶくに【織田信邦】 1745～83.7.8 江戸中期の大名。上野国小幡藩主。父は高家の織田信栄。小幡藩主織田信富の養子。一七六四年(明和元)遺領相続。藩政の行詰り打開のため、勤王家山県大弐や藤井右門らと親交のあった兵学者吉田玄蕃を上席家老に登用したが、のち用人松原郡太夫の讒訴により吉田を処罰した。一連の騒動は明和事件に発展し、織田家は改易の危機に陥ったが、信邦の蟄居、養子信浮の襲封および出羽国高畠移封で決着した。

おだのぶしげ【織田信重】 ?～1620.12.2 織豊期～江戸初期の武将。信包の子。父とともに豊臣秀吉に仕え、伊勢国林城主。関ケ原の戦で東軍に属し一万石の所領を安堵された。父の死後遺言により弟信則が遺領を相続したため、一六一五年(元和元)徳川家康に訴訟したが敗れ、改易となった。

おだのぶたか【織田信孝】 1558～83.4.29/5.2 織豊期の武将。信長の三男。伊勢神戸氏を継いで神戸三七とよばれた。一五八二年(天正一〇)四国遠征直前に本能寺の変をきき、豊臣秀吉に合流して明智光秀を破った。兄信雄と織田家の後継を争った清須会議の結果、甥秀信が家督を相続、信孝は美濃国岐阜城主となる。その後秀吉の処遇に不満をもち、柴田勝家と結んで打倒をはかったが失敗し、尾張国野間で自害した。

おだのぶただ【織田信忠】 1557～82.6.2 織豊期の武将。信長の長男。初名信重。一五七五年(天正三)長篠の戦後、甲斐武田氏の属城美濃国岩村城を攻略し、その功績で信長から尾張・美濃両国を譲られ、岐阜城主となる。七七年松永久秀討伐の功で従三位左中将に叙任された。八二年武田氏との戦では織田軍の先鋒となり、信濃の諸城を落とし、甲斐に進軍して武田氏を滅亡させた。本能寺の変で二条御所に明智勢を迎え自害した。

おだのぶなが【織田信長】 1534.5.12/28～82.6.2 戦国期～織豊期の武将。父は信秀。幼名吉法師。一五四六年（天文一五）元服。信秀没後、本家の清須(洲)・岩倉両織田家を滅ぼし尾張を統一。一五六〇年(永禄三)桶狭間の戦で今川義元を破り、六七年美濃斎藤氏を降して岐阜に居城を移す。この頃から天下統一を意識して「天下布武」の印章を用いた。翌年、足利義昭とともに上洛し、義昭を将軍に擁立したが、その政治行動を牽制、ほどなく両者は不和となった。義昭に呼応する近江浅井・越前朝倉両氏をはじめ、比叡山延暦寺僧徒、甲斐武田氏、一向一揆などの包囲をうけて苦戦したが、七三年(天正元)義昭を京都から追放して室町幕府を滅ぼした。七五年長篠の戦で武田勝頼に大勝し、同年越前の一向一揆を鎮圧。翌年近江に安土城を築いて移った。八〇年石山本願寺を攻め降し、畿内を平定。八二年春甲斐に遠征して武田氏を滅ぼし、つづいて中国・四国制圧を期して上洛中、本能寺で明智光秀の謀反にあい自害した(本能寺の変)。

おだのぶひで【織田信秀】 1511～52?.3.3 戦国期の武将。織田信長の父。尾張国を代表する実力者となり近隣の大名と戦った。尾張国守護代織田氏の一族でその家臣だったが、天文初年自立して那古野城(現、名古屋市)に拠り、以後東の今川氏・西の斎藤氏と戦った。一五四二年(天文一一)・四八年二度の今川氏との小豆坂の戦、四八年の斎藤道三の女と信長の政略結婚は有名。晩年那古野城を信長に譲り末盛城(現、同市)に拠った。没年については諸説ある。

おだはるひさ【小田治久】 1283～1352.12.11 南北朝期の常陸国の武将。初名高知。鎌倉幕府の滅亡とともに建武政権に従ったが、旧領を足利氏に奪われて回復できなかったらしい。足利尊氏が政権を樹立すると、南朝方となって幕府方と戦った。一三三六年(建武三・延元元)瓜連城(現、茨城県瓜連町)の楠木正家を援助、三八年(暦応元・延元三)小田城(現、茨城県つくば市)に北畠親房を迎え関東の南朝方の中心となり幕府方の高師冬と戦ったが、四一年(暦応四・興国二)降伏、以後幕府に従った。

おだひでのぶ【織田秀信】 1580～1605.5.8 織豊期の武将。信忠の長男。幼名三法師。本能寺の変後、織田家の後継に擁立され、近江国安土城に入る。のち豊臣秀吉の庇護をうけ、一五九二年(文禄元)美濃国岐阜城主となる。関ケ原の戦で西軍に加担し籠城したが、福島正則らの攻撃をうけて開城。剃髪して高野山に入り、同地で没。

おだみきお【織田幹雄】 1905.3.30～98.12.2 昭和期のスポーツ選手。広島県出身。早大卒。旧制広島一中時代に走り高跳びで日本新記録を樹立。一九二八年(昭和三)のアムステルダム・オリンピックの陸上三段跳びで優勝し、日本に初の金メダルをもたらした。朝日新聞社運動部長・早大教授を歴任し、東京オリンピック陸上競技選手団総監督なども務め、後進の育成にあたった。八八年文化功労者。

おだよろず【織田万】 1868.7.4～1945.5.25 明治～昭和前期の法学者。佐賀県出身。東大卒。ドイツ・フランス留学後の一八九九年(明治三二)京都帝国大学教授として初代の行政法学講座を担当、日本の行政学の基礎を築いた。国際司法裁判所裁判官・立命館大学総長・貴族院議員も歴任。著書「日本行政法論」「日本行政法原理」。

おちあいけんたろう【落合謙太郎】 1870.2.21～1926.6.4 明治・大正期の外交官。滋賀県出身。東大卒。一八九五年(明治二八)外務省に入り、一九〇五年のポーツマス講和会議全権委員随員。一一年奉天総領事兼関東都督府事務官となるが、福島安正関東都督と対立。一五年(大正四)イタリアに転出し、二〇年駐伊大使。二二年の近東平和会議の全権委員となったが、健康を害し帰国途中に死亡した。

おちあいとらいち【落合寅市】 1850.9.17～1936.6.26 明治前期の自由民権家。秩父事件の指導者。武蔵国秩父郡生れ。一八八四年(明治一七)自由党入党、秩父困民党の貸金据置・年賦返済の請願運動を推進。一〇月に秩父事件がおきると、乙副大隊長を務め政府軍と戦った。一一月四日の本陣解体後、四国の別子銅山に潜伏。八五年の大阪事件で逮捕された。

おちあいなおあき【落合直亮】 1827.8.26～94.12.11 幕末・維新期の国学者。異名水原二郎。武蔵国多摩郡駒木野関所の関守の家に生まれ、尊王攘夷運動に加わる。一八六七年(慶応三)鹿児島藩の江戸藩邸に入り糾合所屯集隊を組織、江戸市中の攪乱を行うが、鶴岡藩兵の鹿児島藩邸攻撃にあい、品川から翔鳳丸で京都へ脱出。翌年岩倉具視の密命で関東に潜入。維新後は伊那県判事・大参事を勤めた後、志波彦神社宮司・伊勢神宮禰宜・浅間神社宮司などを勤めた。歌人・国文学者の落合直文は養子。

おちあいなおぶみ【落合直文】 1861.11.15～1903.12.16 明治期の歌人・国文学者。陸奥国本吉郡生れ。号は萩之家。仙台藩伊達家の家老鮎貝盛房の次男として生まれ、平田派の国学者落合直亮の養子となる。伊勢の神宮教院から東京大学古典講習科に学ぶ。一八八八年(明治二一)長編新体詩「孝女白菊の歌」を発表。のち森鷗外らの新声社に参加、九三年短歌革新をめざし、あさ香社を設立した。「日本文学全書」や国語辞典「ことばの泉」の編纂など、国語国文研究にも寄与した。

おちいえひで【越智家栄】 1432～1500.2.27　室町中期～戦国期の武将。南大和の有力国人。弾正忠・伊賀守・修理大夫。高市郡高取城を本拠とする。畠山家の分裂では義就方に属して政長方の筒井氏らと対立、興福寺領荘園の押領を進めた。応仁・文明の乱後、義就の河内下国により筒井氏らを圧伏。一四九三年(明応二)の明応の政変に参画。九五年以降、畠山尚順・筒井氏らの反撃で勢力が後退する。

おちえつじん【越智越人】 ⇨越人

おちし【越智氏】 ㊀中世大和国の豪族。出自については伊予河野氏の同族説、大和源氏宇野氏の一族説などがあるが不明。高市郡を本拠とし、春日社の国民として一乗院に属した。南北朝期、南朝方に加わり、一時南朝に降った足利直義は越智伊賀守を頼った。のち将軍義教に背いて一時断絶したが、畠山氏を頼り復興。応仁・文明の乱に際して、家栄は畠山義就派として活躍。乱後は大和一国に勢力をはったが、子の家全以降はふるわなかった。

㊁⇨河野氏

おちのひろえ【越智広江】 越知とも。生没年不詳。奈良時代の学者。七二〇年(養老四)明法博士としてみえ、翌年退朝後、皇太子首皇子(聖武天皇)の教育にあたる一人に数えられ、また後進の育成にあたるよう賜禄された。七二三年従五位下。高学異才の人とされる。

おづきうじ【小槻氏】 平安前期以降に活躍した事務官僚氏族。もと近江国栗太郡を本拠とする地方豪族で、本姓は小槻山公。八七三年(貞観一五)に左少史兼算博士今雄らが平安京に居を移し、翌々年に阿保朝臣の姓を賜って以来、その一族は算道から出身して大少史や主計・主税両寮官人、算博士などを歴任。今雄の子当平以後は小槻宿禰を称し、禰家ともよばれたが、一〇世紀末に当平の曾孫奉親が官務(史の上首である大夫史)となってからは、代々小槻氏の長者が世襲し、官務家と称された。鎌倉時代の初めに同氏は壬生家と大宮家にわかれるが、後者は一六世紀半ばに断絶し、以後壬生家が幕末期まで官務を独占した。

おづきのすえつぐ【小槻季継】 1192～1244.9.27　鎌倉中期の官人。正五位上。広房の孫。公尚の子。一二二四年(元仁元)官務となり、大宮官務家の基礎を築いた。九条家にも仕えた。

おづきのたかもと【小槻隆職】 1135～98.10.29　平安後期～鎌倉初期の事務官僚。左大史政重の三男。一一六五年(永万元)兄永業の死により官務をついだが、八五年(文治元)源頼朝追討の宣旨の奉行を勤めたため一時罷免され、官務は永業の子広房に移った。このため小槻氏は隆職流の壬生家と広房流の大宮家に分裂したが、九一年(建久二)後白河法皇により官務に再任された。この間、官中文書の整備・保存や官務家領の獲得につとめ、壬生官務家の地位を確立した。

おづきのともちか【小槻奉親】 963～1024　平安中期の事務官僚。従四位下主計頭・算博士忠臣の子。九八八年(永延二)蔵人所出納としてみえてのち、右少史・右大史・左大史と昇進し、長徳年間(九九五～九九九)以降、大夫史として精勤した。一〇一一年(寛弘八)正五位下左大史兼算博士淡路守のとき比叡山の横川で出家し、二四年(万寿元)末に没した。小槻氏の官務家としての基礎を築いた人物とされる。

おづきのひろふさ【小槻広房】 ?～1202　平安末～鎌倉初期の官人。永業の子。大宮官務家の祖。右大史・算博士・主税権助・日向守などを歴任。一一八五年(文治元)叔父小槻隆職が解官されたあとをうけて左大史に任じられ、官務となる。九一年(建久二)隆職の再任により官務を退くが、隆職とともに記録所寄人を勤め、同所勾当となる。以後小槻氏は隆職流の壬生家と広房流の大宮家にわかれ、官務の地位を世襲。

オット　Eugen Ott 1889.4.8～1976.8.11　ドイツの軍人・外交官。第一次大戦後国防省の中枢にあったが、後ろ楯のシュライヒャー将軍が殺害されると国外勤務を余儀なくされた。一九三四年(昭和九)駐日武官。三八年駐日大使。日独接近に重要な役割を演じたが、四二年ゾルゲ事件の責任を問われて解任された。

おづやすじろう【小津安二郎】 1903.12.12～63.12.12　昭和期の映画監督。東京都出身。一九二三年(大正一二)松竹に入社、二七年「懺悔の刃」で監督となる。以後「東京の合唱」「生れてはみたけれど」「出来ごころ」などの小市民映画で有名となる。第二次大戦後は「晩春」「麦秋」「東京物語」など、カメラのロー・アングルによる独特のスタイルで、人間の愛情をみつめた格調高い作品をうんだ。国際的にも高く評価される映画監督の一人。

おつゆう【乙由】 1675～1739.8.18　江戸前・中期の俳人。中川氏。伊勢国川崎の材木商、のち伊勢神宮の御師となる。別号麦林舎。同地の神風館三世涼菟に学び、一六八八年(元禄元)伊勢に参宮した芭蕉に面会した。九四年から伊勢に庵住していた支考にも学び、「伊勢新百韻」や「三疋猿」をなし、一七一七年(享保二)涼菟没後は伊勢派俳人の中心となった。句集は三九～四八年(元文四～寛延元)の間に刊行された子息麦浪編「麦林集」、素道編「麦林集後編」(一七五九)。

おとうかし【弟猾】 ⇨兄猾・弟猾

おとしき【弟磯城】 ⇨兄磯城・弟磯城

おとたけいわぞう【乙竹岩造】 1875.9.29～1953.

6.17　大正・昭和期の教育学者。三重県出身。東京高等師範卒。同校教授をへて、一九二九年(昭和四)東京文理科大教授となる。実験教育学・文化教育学など欧米の教育学説を紹介するとともに、「日本庶民教育史」など近世の寺子屋などの教育史研究も行った。

おとたちばなひめ【弟橘媛】　記紀伝承上の人物。日本武尊の妃で、穂積忍山宿禰の女。尊の東夷征討に同行、三浦半島の走水から房総半島に渡ろうとして暴風にあったとき、海神の怒りを静めるためみずから入水。その結果、風は収まり、尊は無事上総にたどりつき蝦夷を平定した。尊は、帰途碓日坂(「古事記」では足柄の坂)で媛をしのんで「あづまはや」と嘆き、これが「あずま」の語源になったという。

おとづる【乙鶴】　生没年不詳。南北朝期の女曲舞の芸人。大和猿楽の観阿弥が曲舞を学んだ師匠。南北朝期に流行した曲舞の一派、奈良の百万という女曲舞の流れをくむ賀歌女系の一人。世阿弥の「五音」に名がみえる。一三四九年(貞和五・正平四)の春日若宮御祭に出演した春日神社の巫女にオトツルがいるが、同一人かどうかは不明。

おとまえ【乙前】　1086?/87?~?　五条とも。平安後期の傀儡で今様の名手。美濃国青墓の傀儡女目井の弟子で養女でもあったか。後白河上皇の今様の師。一二歳の頃、尾張国から帰京の途にあった監物源清経につれられて目井とともに上京、一一五七年(保元二)一月に後白河天皇に召され師弟の契りを結んだ。以来、一〇余年にわたって大曲様・旧古柳・今様・物様・田歌などを伝授したという。八四歳で没。「梁塵秘抄口伝集」巻一〇に詳しい。

おとわや【音羽屋】　⇨尾上菊五郎

おにつら【鬼貫】　1661.4.4~1738.8.2　江戸前期の俳人。姓は上島。名は宗邇。通称利左衛門・藤九郎。摂津国伊丹の酒造家に生まれ、八歳頃から句作し、貞門俳人維舟(重頼)・宗旦・宗因らに師事。一六八五年(貞享二)二五歳のとき大坂に出て儒学・医学(導引)を学び、貞享~享保期に筑後国三池藩・大和国郡山藩・越前国大野藩をはじめ伊丹の領主でもある近衛家などに、経済官僚・医者・俳諧をもって仕えた。元禄初年に「まことのほかに俳諧なし」と悟り、伊丹・大坂地方に一派をたてる。作風は淡白で、時にただごとや無季の句を生むが、従来の遊戯的な俳諧から一歩前進させた点で、芭蕉とともに今日高い評価をうけている。著書「独ごと」。

オニビシ　?~1668.4.-　近世前期のアイヌの首長。ハエ(現、北海道門別町)に根拠をおき、シベチャリ川のイオロ(漁猟圏)をめぐりシベチャリのカモクタイン、シャクシャインと対立。一六四八年(慶安元)シャクシャインがオニビシ配下のアイヌを殺害して以来抗争が続き、五三年(承応二)オニビシ方がカモクタインを殺害。六八年(寛文八)シャクシャイン勢により殺された。シャクシャインの戦の前段をなす。

おぬましょう【小沼正】　1911.12.29~78.1.17　昭和期の国家主義者。茨城県出身。一九三〇年(昭和五)井上日召に共鳴し、一人一殺思想と国家改造論を唱え、三二年に井上準之助前蔵相を射殺(血盟団事件)。無期懲役となるが恩赦により四〇年に仮出所。第二次大戦後も右翼運動に関与。

おのあずさ【小野梓】　1852.2.20~86.1.11　明治前期の政治・法律学者。土佐国生れ。一八六九年(明治二)昌平坂学問所に学び、英米などに留学。七四年帰国後、共存同衆を結成して言論活動を行う。司法省・元老院・太政官書記官などを歴任し、法制整備に従事するなかで参議大隈重信と接触。明治十四年の政変で大隈とともに下野し、翌年四月立憲改進党の創立に鷗渡会を率いて参加、九月東京専門学校創立とともに講師となる。著書「国憲汎論」「民法之骨」。

おのうじ【小野氏】　古代の中堅氏族。姓は臣、六八四年(天武一三)の八色の姓制定時に朝臣となる。始祖は天押帯日子命とし、粟田・柿本氏らと同じく和珥氏の同族。本拠地は近江国滋賀郡で、小野村には式内社小野神社が鎮座。「小野毛人墓誌」の出土した山城国愛宕郡小野郷も勢力下にあったと思われる。七世紀には遣隋使の妹子、八世紀以降には遣新羅使馬養・田守(田守は遣渤海使も歴任)、遣唐使の石根・滋野がでて、外交面での活躍が目立つ。一方、老・永見・岑守・篁・滝雄・千株らは大宰府・陸奥国・出羽国などで、地方行政・辺境防衛にたずさわった。岑守・篁などは学者としても著名。

●小野氏略系図

妹子―毛人―毛野……永見┬滝雄―恒柯
　　　　　　　　　　　　└岑守―篁┬後(俊)生―美材
　　　　　　　　　　　　　　　　　├良真―女子
　　　　　　　　　　　　　　　　　└葛絃┬好古
　　　　　　　　　　　　　　　　　　　　└道風

おのえきくごろう【尾上菊五郎】　歌舞伎俳優。江戸中期から七世を数える。屋号は音羽屋。初世(一七一七~八三)は江戸中期立役の名優。京都生れ。尾上左門の門弟。女方から転じ、武道事・実事(じつごと)を得意とした。俳名梅幸。三世(一七八四～一八四九)は化政期の名優。江戸生れ。初世の高弟尾上松助の養子。風姿にすぐれ、舞踊以外ほぼすべての役柄に評価をうけ、生世話(きぜわ)・怪談物を得意とした。俳名梅寿。五世(一八四四～一九〇三)は三世の孫。本名寺島清。九世市川団十郎・初世市川左団次とともに明治劇壇を代表する俳優で「団菊左」と並び称された。河竹黙阿弥と結んでの生世話物、御家の怪談狂言、舞踊劇などに技芸を示す。新古演劇十種を制定・創演。六世(一八八五～一九四九)は昭和前期歌舞伎の第一人者。五世の長男。東京都出身。本名寺島幸三。繊細な技芸に精神的解釈を加えて評価をうけた。芸術院会員。文化勲章受章。

おのえさいしゅう【尾上柴舟】 1876.8.20～1957.1.13 明治～昭和期の歌人・国文学者・書家。本名八郎。岡山県出身。東大卒。落合直文のあさ香社に参加。一九〇二年(明治三五)金子薫園(くんえん)と「叙景詩」を刊行し、明星派の浪漫主義に対抗。明治末期の歌集「静夜」「永日」は懐疑的な自然主義的傾向が強い。〇五年前田夕暮・若山牧水らと車前草(しゃぜんそう)社結成。一四年(大正三)「水甕(みずがめ)」を創刊主宰。二三年「平安朝時代の草仮名の研究」で学位を取得。三七年(昭和一二)書道により芸術院会員。

おのえしょうろく【尾上松緑】 歌舞伎俳優。江戸後期～昭和期に二世を数える。屋号は音羽屋。初世(一七四四～一八一五)は大坂生れ。初世尾上松助が一八〇九年(文化六)に改名。文化期の実悪(じつあく)役者。初世尾上菊五郎の高弟。四世鶴屋南北と提携した怪談狂言で知られる。俳名重扇。二世(一九一三～八九)は第二次大戦後の歌舞伎を支えた名優の一人。七世松本幸四郎の三男。東京都出身。本名藤間豊。六世尾上菊五郎の門弟。師匠譲りの世話物・舞踊の技巧、父譲りの時代物の重厚さに評価があった。人間国宝。芸術院会員。文化勲章受章。

おのえばいこう【尾上梅幸】 歌舞伎俳優。江戸中期から七世を数えるが、五世までは同じ世数の尾上菊五郎の俳名・前名。屋号は音羽屋。六世(一八七〇～一九三四)は近代の名女方。名古屋出身。本名寺島栄之助。俳名扇舎。三世菊五郎の曾孫にあたり、五世菊五郎の養子となる。家の芸である世話物や怪談劇にことにすぐれ、帝国劇場の座頭にもなった。「梅の下風」などすぐれた芸談集を残す。七世(一九一五～九五)は六世菊五郎の養子で第二次大戦後を代表する女方の一人。本名寺島誠三。人間国宝・芸術院会員。

おのえまつすけ【尾上松助】 歌舞伎俳優。江戸後期から六世を数える。屋号は音羽屋。初世は初世尾上松緑(おのえしょうろく)の前名。四世(一八四三～一九二八)は大坂生れ。本名栗原梅五郎。明治・大正期における脇役の名人。世話物に長じた。五世菊五郎の門弟。

おのえまつのすけ【尾上松之助】 1875.9.12～1926.9.11 明治・大正期の映画俳優。本名中村鶴三。岡山市出身。歌舞伎俳優として地方巡業中牧野省三に見いだされ映画界に入る。一九〇九年(明治四二)「碁盤忠信」でデビューした。以後英雄豪傑ものや忍術映画など、数多くの時代劇に活躍し、出演作品は死去するまでに一〇〇〇本といわれる。「目玉の松ちゃん」の愛称で大衆に愛された。おもな出演作「自来也」「荒木又右衛門」。

おのがどう【小野鵞堂】 1862.2.11～1922.12.6 明治・大正期の書家。名は鐗之助(かんのすけ)。鵞堂は号。駿河国生れ。「明倫歌集」をかるたにして揮毫(きごう)し、昭憲皇太后に献じて名を高める。華族女学校に約三〇年奉職。斯華(このはな)会を創立し、書道の振興と大衆化に尽力した。書風は、婦人を中心に鵞堂流の名で一世を風靡した。

おのがわきさぶろう【小野川喜三郎】 1758.2.～1806.3.12 江戸後期の相撲力士。近江国生れ。本名川村喜三郎。はじめ京都相撲から大坂相撲で相撲をとり、のち江戸に出た。谷風(たにかぜ)梶之助・雷電(らいでん)為右衛門らとの対戦が評判をよび、江戸相撲の隆盛期を築き、講談の素材として後世まで語りつがれた。一七八九年(寛政元)一一月、谷風とともに横綱免許をうけた。第五代に数えられるが、事実上は横綱免許の最初である。

おのきんろく【小野金六】 1852.8.18～1923.3.11 明治・大正期の実業家。甲斐国生れ。一八七三年(明治六)に上京し貿易業の小野組に入るが、解散により米問屋で正米取引に従事。西南戦争の頃、米を買い占めて財を築き、第十国立銀行(甲府)東京支店長を皮切りに、富士製紙・京釜鉄道など多くの会社の設立や経営に参画。

おのげんみょう【小野玄妙】 1883.2.28～1939.6.27 大正・昭和前期の僧・仏教学者。俗名は金次郎。神奈川県出身。一八九六年(明治二九)鎌倉光明寺で得度して浄土宗の僧となる。一九二八～三八年(昭和三～一三)高野山大学教授。「大正新修大蔵経」編纂では高楠順次郎・渡辺海旭(かいぎょく)を助け、編集長として完成に導いた。著書「仏教之美術及歴史」「仏書解説大辞典」「小野玄妙仏教芸術著作集」全一〇巻。

おのこうじ【小野晃嗣】 1904.12.18～42.3.24 昭和前期の日本史学者。初名均(ひとし)。岡山県出身。東大卒。史料編纂所史料編纂官。三七歳で早世し短い研究生活だったが、中世・近世の商業史の分野で先駆的な足跡を残す。著書「日本産業発達史の研究」。

おのこざん【小野湖山】 1814.1.12～1910.4.10 幕末～明治期の儒者・漢詩人。旧姓は横山、名は長愿。近江国生れ。梁川星巌(やながわせいがん)の門に入り幕末期は国事に奔走したが、明治維新後上京して詩作に専念。大沼枕山（ちんざん）・鱸松塘（すずきしょうとう）とともに三詩人と謳われた。京都で同じ星巌門の岡本黄石（こうせき）・江馬天江（えまてんこう）らと応酬し、大阪でも後進の指導にあたった。多作で知られる。著書「湖山近稿」「乾坤」「湖山消間集」「湖山老後詩」上下。

おのせいいちろう【小野清一郎】 1891.1.10～1986.3.9 大正・昭和期の法学者。宮城県出身。東大卒。東京地方裁判所検事をへて一九一九年（大正八）東京帝国大学助教授。欧米留学後の二三年同教授となり、刑法・刑事訴訟法・法理学を担当、道義的責任論・応報刑論を主張した。第二次大戦後公職追放をうけ、のち弁護士を開業。五六年（昭和三一）法務省特別顧問となり、刑法改正作業にあたった。七二年文化勲章受章。著書「犯罪構成要件の理論」「日本法理の自覚的展開」。

おのぜんえもん【小野善右衛門】 1826.4.20～? 幕末～明治期の商人。本名田和匀貞。京都の両替店小野善助家の手代から、江戸店の改革にあたるなどして出世、小野組の番頭となる。小野家の別家西村家を継いで西村勘六と名のった。維新時には、いち早く小野組から朝廷側へ献金させた。一八六八年（明治元）商法司知事、七二年第一国立銀行発起人となる。七一年の戸籍法制定時に役名の小野善右衛門を本名としたため、その専横が非難をうけた。小野組の倒産後は小野商会を設立。

おのぜんすけ【小野善助】 江戸時代の商人の世襲名。初代は近江国大溝出身で、一六八九年（元禄二）陸奥国盛岡に店を開き、その後、京都・江戸にも出店した。井筒屋を屋号に代々善助を名のり、和糸・繰綿（くりわた）・古手（ふるて）・水油などを商った。安永期に幕府の公金為替をひきうける御為替組十人組に加わり、一八六二年（文久二）からは箱館産物会所の御用達を勤めた。明治期には三井・島田とともに御為替方として活躍するが、数年で破綻した。

おのたけお【小野武夫】 1883.8.3～1949.6.5 大正・昭和前期の農学者。大分県出身。県立農学校を卒業後、農商務省に勤務し、一九一三年（大正二）から帝国農会で永小作慣行の調査に従事。二四年「永小作論」を出版し、翌年には「郷士制度の研究」で東京帝国大学から農学博士の学位をうける。農業史・農民史に多くの業績を残す。一揆研究においても「維新農民蜂起譚」などを編纂し、黒正巌（こくしょういわお）との間で、百姓一揆の明治維新への影響などに関する論争を展開した。

おのたさぶろう【小野太三郎】 1840.1.15～1912.4.5 幕末～明治期の社会事業家。加賀国生れ。青年時に一時失明。一八六四年（元治元）の飢饉に際し、自宅で窮民救済活動を開始。その後小野救養所に始まる小野慈善院を一九〇五年（明治三八）金沢卯辰山に設立。一一年小児施設、のちの陽風園を建設した。

おのただあき【小野忠明】 ?～1628.11.7 江戸前期の幕臣・武道家。通称は次郎右衛門。もと神子上（みこがみ）典膳と称する。織豊期の武道家伊藤一刀斎景久の創始した剣術一刀流を革新し、上層幕臣に広め、同流盛行の基礎を築いた。これを小野派一刀流という。幕臣としては一五九三年（文禄二）から徳川秀忠に出仕し、二〇〇石を給される。関ケ原の戦の際には信濃国上田城攻撃に参加し、上田七本槍の一人として知られる。その後六〇〇石。小野家は柳生家とともに代々将軍家剣術師範を勤め道統を伝えた。

おのづかきへいじ【小野塚喜平次】 1870.12.21～1944.11.26 明治～昭和前期の政治学者。新潟県出身。東大卒。ドイツなどで学び、一九〇一年（明治三四）東京帝国大学の政治学講座の最初の専任教授となる。〇三年刊の「政治学大綱」二巻は日本ではじめて政治学を体系化したものとされる。日露主戦論の七博士の一人。のち貴族院議員、昭和前期には東京帝国大学総長も務めた。著書「現代欧洲之憲政」「現代政治の諸研究」。

おのでらし【小野寺氏】 中世下野国の武家。小野寺保（現、栃木県岩船町）からおこった。藤原秀郷（ひでさと）の子孫。山内首藤（すどう）義通の子義寛が小野寺禅師を称したのに始まる。その子通綱は源頼朝に属し、以後子孫は御家人として活躍。通綱は奥州平定の功により出羽国雄勝郡を与えられ、四代あとの経道のとき出羽国に下ったという。のち戦国大名に成長、最盛期には仙北三郡を支配した。義道のとき豊臣秀吉に従い、関ケ原の戦で西軍に属したため改易された。

おのでらじゅうない【小野寺十内】 1643～1703.2.4 一七〇二年（元禄一五）の赤穂事件で、吉良義央（よしなか）邸に討ち入った浪士の一人。もと赤穂藩京都留守居一五〇石。名は秀和。藩主自刃後は江戸で医業にたずさわった。討入り後、大石良雄らとともに熊本藩下屋敷に預けられ、翌年幕命により自刃。

おのでらよしみち【小野寺義道】 1566.8.5～1645.11.22 織豊期の武将。出羽国横手城主景道の子。一五八六年（天正一四）南方の最上義光（もがみよしあき）に敗れ、以後周辺の諸勢力に圧迫される。九〇年所領の三分の一を豊臣秀吉に没収され、三万一六〇〇石に減封。秀吉の命令で秋田氏らとともに、出羽の木材を伏見へ廻送した。関ケ原の戦で西軍の上杉景勝と組むが、東軍の秋田・六郷両氏に攻められ降伏。所領を没収され、翌年石見国津和野城主坂崎成正に預けられた。

おののいもこ【小野妹子】 生没年不詳。七世紀前半の豪族。子に毛人（えみし）、孫に毛野（けの）がいる。推古朝の対隋交渉に活躍した。六〇七年（推古一五）大礼であった妹子は「日出づる処の天子、書を日没する処の天子に致す」という国書をもって渡海。隋の煬帝（ようだい）の不興をかったが、返答使裴世清（はいせいせい）

を伴って帰国することができた。翌年裴世清の帰国時には再び送使として入隋した。六〇七年の遣隋使は、「隋書」によれば六〇〇年につぐ第二次の遣使であったことが知られる。中国名は蘇因高。六〇九年の帰国後の消息は不明。

おののいわね【小野石根】 ?～778.11.- 奈良時代の官人。老の子。七六一年(天平宝字五)南海道節度副使、七七〇年(宝亀元)には称徳天皇大葬時の作山陵司を勤める。七七六年遣唐副使に任命されたが、大使佐伯今毛人が病気のため、大使の権限をゆだねられ出発。七七八年帰国した判官小野滋野の奏状によれば、帰国途上に唐使趙宝英らとともに遭難したという。翌年従四位下を追贈された。

おののおつう【小野お通】 「色道大鏡」で「十二段草子(浄瑠璃物語)」の作者とされた女性。その生涯は伝承に彩られ、織田信長の侍女、豊臣秀吉の母大政所の侍女、妻北政所の侍女、淀殿の侍女など諸説があったが、浄瑠璃作者説は柳亭種彦によって完全に否定され、近代の改作者説も積極的な裏付けをもたない。

おののおゆ【小野老】 ?～737.6.11 奈良時代の官人・歌人。子に石根がいる。七二〇年(養老四)右少弁に任じられた。神亀年間には大宰少弐、さらに大弐として大伴旅人の配下にあり、筑紫歌壇を形成し、同地で没した。対馬島史生の白氏子虫が骨送使として老の遺骨を都へ運んだ。没時は従四位下。

おののこまち【小野小町】 生没年不詳。平安前期の歌人。六歌仙・三十六歌仙の一人。系譜については諸説あるが疑わしい。経歴も未詳。歌は「古今集」仮名序に「あはれなるやうにて、つよからず。いはば、よき女のなやめるところあるに似たり」と評される。情念と哀愁をあわせもった恋歌が多く、王朝女流文学の先駆として重要な歌人。阿倍清行・小野貞樹・文屋康秀・遍照らとの贈答歌が残る。「古今集」に一八首など勅撰集入集は六六首。家集「小町集」。美貌の歌人として知られ、平安後期以降さまざまの説話・伝説がうまれた。晩年には零落したとするものが多く、謡曲や御伽草子のような文学作品のほか、各地に遺跡と称するものが残る。

おののたかむら【小野篁】 802～852.12.22 平安初期の公卿。岑守の子。最高官位にちなみ野宰相・野相公と称される。八二一年(弘仁一二)文章生、八三三年(天長一〇)東宮学士をへて八三四年(承和元)に遣唐副使に任命される。しかし二度の難航、大使藤原常嗣との不和のため、三度目の出航に乗船を拒否、嵯峨上皇の怒りにふれて隠岐国へ配流された。八四〇年帰京が許され、八四七年参議となる。「経国集」「和漢朗詠集」などに漢詩を、「古今集」「小野篁集」(後世の偽作も多い)などに和歌を残し、文人としても名高い。

おののたもり【小野田守】 生没年不詳。奈良時代の対外交渉に活躍した官人。七五三年(天平勝宝五)遣新羅大使に任じられたが、新羅の無礼を理由に使命をはたさず帰国。七五八年(天平宝字二)遣渤海大使として渡海、帰国時に唐での安禄山の乱を報告し、西海の防備を進言。七五六年の聖武天皇の葬儀では山作司を勤めた。

おののつねえだ【小野恒柯】 808～860.5.18 平安初期の官人。永見の孫。滝雄の子。篁の従兄。少内記・大内記・式部大丞をへて八四一年(承和八)存問兼領渤海客使を勤めた。その後、大宰少弐・播磨守を歴任。卒伝に「少くして学を好み、頗る文情あり。尤も草隷を善くす」とみえ、文学に通じ、書道の達人でもあった。

おののはるかぜ【小野春風】 生没年不詳。九世紀後半の官人。父は石雄。八七〇年(貞観一二)対馬守兼肥前権介となり、軍事に関する二項目の起請を奏するなど活躍したが、のち讒言されて免官家居となった。八七八年(元慶二)出羽で夷俘の反乱がおきると、彼の驍勇をみこんだ藤原保則の後押しで鎮守将軍に抜擢され、単身で敵地に入り降伏を説得した。のち大膳大夫・右近衛少将・陸奥権守などを歴任。八九八年(昌泰元)正五位下。「古今集」に歌二首を載せる。

おののみちかぜ【小野道風】 894～966.12.27 「とうふう」とも。平安中期の官人・能書家。葛絃の子。正四位下・内蔵頭。醍醐・朱雀・村上の三朝にわたって活躍。宮門の額や紫宸殿賢聖障子の銘の執筆、願文や上表文の清書など、能書ぶりを裏づける記録は多い。朱雀・村上両天皇の大嘗会の悠紀主基屏風の色紙形揮毫は、道風が当代一の能書であることを象徴する。その書は王羲之の書法を骨格とし、さらに豊麗で柔軟な筆遣いにより新書風を打ち出した。「源氏物語」にいう「今めかしうおかしげ」なこの書風は、のちの和様書道の基礎となった。道風の書は野蹟と尊ばれ、藤原行成・同佐理とともに、三蹟にあげられる。代表作「屏風土代」「玉泉帖」「三体白氏詩巻」。

おののみねもり【小野岑守】 778～830.4.19 平安初期の公卿・文人。父は永見。子に篁がいる。八一〇年(弘仁元)嵯峨天皇の即位時に侍読として特進し、参議に至る。内蔵頭・皇后宮大夫などを歴任し、八二三年大宰大弐として赴任中、管内に公営田を設置すること、行旅のための救済に続命院を設けることなどを申請。多褹島を大隅国に合併した。「凌雲集」の撰進、「日本後紀」「内裏式」の編集に参画し、「文華秀麗集」「経国集」に漢詩を収める。

おののみやけ【小野宮家】 平安中期以降、藤原実頼を祖とする家系。号は、もと小野宮惟喬親王邸であった平安京の邸宅を領有したことによる。実頼は摂政太政大臣にまでなり、養子実資も右大臣として家勢を保ったが、実頼の弟師輔にはじまる九条家に対してしだいに力を失った。実頼・実資や公任らは有職故実に熟達し、家系として小野宮流の儀式作法を大切にしたことが知られる。

●小野宮家略系図

実頼─敦敏─佐理
実頼─頼忠─公任─定頼
　　　頼忠─遵子(円融天皇皇后)
　　　頼忠─諟子(花山天皇女御)
実頼─斉敏─高遠
　　　斉敏─懐平─経通─経季─季仲
　　　　　　　　　経通─経平─通俊
　　　　　　懐平─資平
　　　斉敏─実資
実頼─慶子(朱雀天皇女御)
実頼─述子(村上天皇女御)
実頼＝実資＝資平─資房

おののよしき【小野美材】 ?~902 平安中期の文人。篁の孫。後(俊)生の子。文章得業生から宇多朝に少内記・大内記となり活躍。最高位は従五位下。能書の名声があり、醍醐天皇の大嘗会の屏風や宮城西面の三門の額を書いたという。また詩歌・文章にも秀で「本朝文粋」「古今集」に作品を残す。「小右記」に美材が宣命を草して確認のため藤原公任に送ったところ、公任が絶賛した話がのる。

おののよしふる【小野好古】 884~968.2.14 平安中期の公卿・歌人。父は葛絃。祖父は篁。弟に道風がいる。九四〇年(天慶三)藤原純友の乱に際し、山陽道追捕使・追捕山陽南海両道凶賊使に任じられ、翌年博多津で純友を討つ。九四七年(天暦元)参議、二度も大宰大弐を勤めたため野宰相・野大弐とも称する。九三〇年(延長八)醍醐天皇への奉悼歌、藤原師輔の五十賀屏風歌など歌人としても知られる。九六七年(康保四)致仕。

おののはるのぶ【小野春信】 1683~1754.10.3 江戸中期の鉱山家。筑後国柳河藩士。通称多介・織部・若狭。家老職を勤め藩債整理も手掛ける一方、拝領地三池郡平野村の山林で一七二一年(享保六)石炭採掘を開始。平野山は以降小野家が経営した。旧三池藩の稲荷山・生山とともに一八七三年(明治六)官収、三池炭鉱となる。

おのみのぶ【尾野実信】 1865.10.15~1946.4.19 明治・大正期の陸軍軍人。筑前国生れ。陸軍士官学校・陸軍大学校卒。ドイツ留学。日露戦争では満州軍参謀兼大山巌元帥の副官として出征。参謀本部第一部部長・教育総監部本部長・陸軍次官などを歴任し、一九二二年(大正一一)大将。関東軍司令官・軍事参議官となり、二五年予備役編入。

おのらんざん【小野蘭山】 1729.8.21~1810.1.27 江戸後期の本草家。父は地下官人小野職茂。名は職博、字は以文、通称は喜内。京都生れ。一三歳で松岡恕庵に入門し本草学を学ぶ。京都に衆芳軒を開き本草学を教授。一七九九年(寛政一一)幕命で江戸に移り、医学館で本草学を講義した。六次にわたり諸国に採薬し、採薬記を作った。門人は一〇〇〇人をこえ、幕末期の本草学に大きな影響を与えた。著書「本草綱目啓蒙」、島田充房と共著の「花彙」。

おばたかげのり【小幡景憲】 1572~1663.2.25 江戸前期の幕臣。甲州流軍学の祖。昌盛の三男。幼名熊千代、通称孫七郎・勘兵衛、法号道牛。武田氏滅亡後に徳川秀忠近習となるが、修業のため流浪。大坂の陣後に帰参を許され、一六三二年(寛永九)から使番を勤める。益田秀成・早川幸豊・広瀬景房から兵法を学んで甲州流軍学を開き、門人に北条氏長・山鹿素行らを輩出。「甲陽軍鑑」の闕文を補い、兵学に関する著作を残した。

おばたし【小幡氏】 中世上野国の豪族。平氏。武蔵七党児玉党の一族。小幡(現、群馬県甘楽町)からおこった。秩父行高の子行頼が小幡平太を称したのに始まる。出自については、村上源氏赤松氏一族とする説もある。関東管領上杉氏家臣として知られ、憲重は上杉憲政に仕えたが、のち武田信玄に従った。子の信真は武田氏滅亡後、後北条氏に服属。のち信真の子直之は徳川家康に仕えた。信真の孫景憲は、小幡流軍学の創始者として有名。

おばたとくじろう【小幡篤次郎】 1842.6.8~1905.4.16 明治期の教育家。豊前国生れ。中津藩藩校進脩館に学び、一八六四年(元治元)同郷の福沢諭吉に伴われて上京、福沢塾塾頭となる。開成所助教授、中津の市学校初代校長を歴任。七七年(明治一〇)欧米を歴訪。八〇年に交詢社を設立し、八二年には「時事新報」の創刊に尽力。九〇年慶応義塾塾長、一九〇一年慶応義塾社頭。「学問のすゝめ」初編を福沢と連名で出版した。

おばたとしろう【小畑敏四郎】 1885.2.19~1947.1.10 大正・昭和期の軍人。陸軍中将。高知県出身。陸軍士官学校(一六期)・陸軍大学校卒。一九二一年(大正一〇)ドイツで永田鉄山・岡村寧次らと陸軍改革の盟約を結ぶ。三二年(昭和七)から参謀本部第二課長・同第三部長・陸軍大学校校長などを歴任、その間に対ソ戦略をめぐって永田と対立。皇道派の中心メンバーの一人で、二・二六事件後に予備役に編入された。第二次大戦後、東久邇宮内閣に国務大臣として入閣。

おばたゆうきち［小幡酉吉］ 1873.4.12～1947.8.9 大正・昭和期の外交官。石川県出身。東大卒。中国勤務が長く、公使館一等書記官時に対華二十一カ条要求交渉に関与。一九二九年(昭和四)佐分利貞男公使の急死後、幣原喜重郎外相から中国公使に指名されるが、中国政府の同意が得られずドイツ大使に転じた。

おばらくによし［小原国芳］ 1887.4.8～1977.12.13 大正・昭和期の教育家。鹿児島県出身。京大卒。広島高等師範付属小学校主事を務めていたが、一九一九年(大正八)に沢柳政太郎の要請で成城小学校の主事となる。全人教育論を唱えて新教育運動の指導者となり、二九年(昭和四)玉川学園を創設、第二次大戦後幼稚園から大学までの総合学園に発展させた。「小原国芳全集」がある。

おはらなおし［小原直］ 1877.1.24～1966.9.8 昭和期の司法官僚・政治家。新潟県出身。東大卒。各地の地裁検事などをへて一九二七年(昭和二)以降、田中義一・浜口・第二次若槻内閣の司法次官。三四年岡田内閣の法相に就任し天皇機関説問題に対応。阿部内閣では内相・厚相を兼任。第二次大戦後、五四年に第五次吉田内閣の法相となり、造船疑獄事件の事後処理にあたった。

おぶちけいぞう［小渕恵三］ 1937.6.25～2000.5.14 昭和後期～平成期の政治家。群馬県出身。早大卒、同大学院に学ぶ。一九六三年(昭和三八)父光平の地盤をつぎ群馬三区(現五区)から衆議院議員に当選。以後連続当選。郵政・建設政務次官、総理府総務長官・内閣官房長官などを歴任。自民党内では田中派・竹下派と主流にあって幹事長・副総裁を務めた。九七年(平成九)第二次橋本内閣の外相。九八年七月首相となり内閣を組織、自由・公明両党と連立政権を維持。国旗・国歌法の制定、金融再生、日米ガイドライン見直しなどを進めたが、二〇〇〇年四月病に倒れ退陣。

おまんのかた［お万の方］ ❶1547/48～1619.12.6 小督局(こごうのつぼね)とも。徳川家康の側室。永見吉英の女、あるいは村田意竹(意斎)の女ともいう。一五七四年(天正二)結城秀康を生む。秀康に従い越前国に住居し、秀康没後落飾して長勝院と号す。❷1580～1653.8.22 蔭山殿とも。徳川家康の側室。正木邦時の女。母の再嫁により蔭山氏広の養女となる。一五九〇年(天正一八)召し出され、一六〇二年(慶長七)頼宣(和歌山藩祖)、翌年頼房(水戸藩祖)を伏見で生む。一六年(元和二)家康没後落飾して養珠院と号す。❸1624～1711.10.11 お梅の方とも。徳川家光の側室。公家の六条有純の女。伊勢国慶光院に入り、一六三九年(寛永一六)継目の礼のため登城した際、家光の目にとまり還俗、大上臈となる。子女を生むことを許されなかったといわれる。五一年(慶安四)家光没後落飾して永光院と号した。弟の氏豊は幕府に出仕、高家となった。

おみおう［麻続王］ 麻績王とも。生没年不詳。七世紀半ばの皇族。六七五年(天武四)罪を得て因幡に流され、二人の子も伊豆島(現、伊豆大島か)、血鹿島(現、長崎県五島列島)に流された。「万葉集」は伊良虞(いらこ)(現、三重県志摩郡の神島、または愛知県渥美郡の伊良湖岬)に流されたと伝える。また「常陸国風土記」行方(なめかた)郡条にも、王の配流の地とする所伝をのせる。

おみよのかた［お美代の方］ ?～1872 お伊根とも。一一代将軍徳川家斉(いえなり)の側室。小納戸頭取中野碩翁(せきおう)(清茂)の養女。実父は僧日啓とされるが未詳。一八〇六年(文化三)本丸御次、一〇年中臈となる。家斉の寵愛をうけ、養父碩翁は権勢を得た。所生の二人の女は、それぞれ金沢藩主前田斉泰、広島藩主浅野斉粛(なりたか)の室となった。四一年(天保一二)家斉没後、上臈年寄上座となるが、のち二の丸の専行院に退隠。

おもいかねのかみ［思兼神］ 「古事記」では思金神。記紀の神話に登場する神。カネはあらかじめの意で予見の神。その思慮に従って神々が行動する。「古事記」ではタカミムスヒの子とし、その思慮の背後にムスヒの存在が働いていることを暗示する。天の石窟(あまのいわや)に隠れたアマテラスを誘い出す策を神々に授け、地上平定の際にもタカミムスヒ・アマテラスの諮問に応じて献策し、天孫降臨に随伴した。

おもだかひさたか［沢瀉久孝］ 1890.7.12～1968.10.14 大正・昭和期の国文学者。三重県出身。京大卒。五高教授・京都帝国大学教授を歴任。「万葉集」研究に専心し、一〇年余(一九五七～六八)をかけて「万葉集注釈」全二〇巻を刊行した。著書「万葉の作品と時代」「万葉歌人の誕生」。

おもてせんけ［表千家］ 江戸初期にわかれた茶道三千家(さんせんけ)の一つ。千利休の建立した茶室不審庵(ふしんあん)を、二世千少庵(しょうあん)をへて三世千宗旦(そうたん)から三男江岑宗左(こうしんそうさ)が譲られて不審庵四世を唱えたのに始まる。豊臣秀吉・徳川家康からうけた土地の表屋敷の茶室不審庵を継承したのでこの名がある。四世宗左から幕末に至るまで、紀伊徳川家の茶頭(さどう)を勤め、その庇護のもとにあった。利休を一世とし現一四世而妙斎(じみょうさい)宗左に至るまで、家元を継承。なかでも江戸中期の六世覚々斎原叟(げんそう)は、大坂の鴻池善右衛門や和泉屋吉左衛門らの富豪の支持をえて隆盛に導いた。七世如心斎天然宗左は、それまでの形式主義的な茶事に遊戯性をとりいれた「千家七事式(しちじしき)」を数人の高弟とともに考案。これは茶事を多人数で楽しめたことから民衆にうけいれられ、流派を不動のものとした。現在は京都市上京区に所在。

おもとのやごべえ［小本の弥五兵衛］ ?～1848.6.- 一八四七年(弘化四)盛岡藩の弘化三閉伊(さんへい)一揆の頭取。佐々木氏。陸奥国下閉伊郡下岩泉村

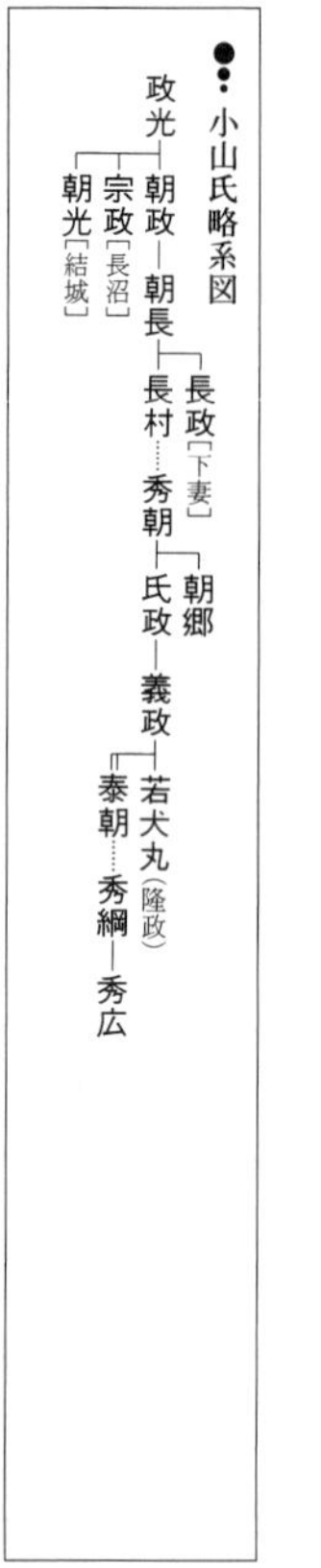

の百姓。一揆は遠野町へ強訴し、要求の過半を認めさせたが、約束が反故にされることを予測し、一揆直後から再蜂起を準備、領内各地を廻村中に逮捕され牢死した。一揆のために一七年間も廻村したといわれ、万六の名で語り継がれた。

オヤケアカハチ ?～1500 中世琉球の八重山地方の豪族。国王に反旗をひるがえした。出自など不明。近世の記録によると、ホンカワラなる人物と共謀して国王への貢租を拒否、敵対的行動をとった。首里城に拠る尚真王は大軍を石垣島に送り、これに仲宗根豊見親(なかそねとうゆみや)が率いる宮古軍も加勢して鎮圧された。琉球王権の先島(宮古・八重山の総称)掌握を決定づける事件となった。

おやまし【小山氏】 中世下野国の豪族。藤原秀郷の子孫。大田行政の子政光が小山荘(現、栃木県小山市)を本拠として、小山氏を称したのに始まる。平安中期以来、下野国の有力在庁官人として勢力をほこった。政光の子朝政(ともまさ)は源頼朝に従って功をたて、下野国守護職を安堵された。鎌倉時代を通じ同職を世襲、播磨国守護も兼ねた。南北朝期、秀朝は足利氏に属し、中先代の乱で武蔵国府中に戦死。その後、一三八〇年(康暦二・天授六)義政は鎌倉公方足利氏満に背いて攻められ、いったん降伏したが再び反抗、自害した。その子若犬丸(隆政)のとき一時断絶、一族の結城氏により再興。戦国期には後北条氏に属し、その滅亡とともに滅んだ。

おやまだし【小山田氏】 中世武蔵国の武家。桓武平氏。小山田荘(現、東京都町田市付近)からおこり、秩父重弘の子有重が小山田別当を称したのに始まる。有重は保元・平治の乱で源義朝に従い、その後鎌倉御家人となった。その子稲毛重成・榛谷(はんがや)重朝兄弟も御家人として活躍。甲斐国都留(つる)郡の有力領主小山田氏は、重成・重朝と兄弟の小山田五郎行平の後裔という。一五八二年(天正一〇)武田氏とともに滅亡。

おやまだたかいえ【小山田高家】 ?～1336 「太平記」にみえる南北朝期の武将。武蔵国小山田荘(現、東京都町田市)に拠った鎌倉幕府御家人小山田有重の子孫とされる。一三三六年(建武三・延元元)新田義貞に従って湊川合戦に参加、義貞に乗馬を提供して危機を救い、自身は戦死したという。後世その忠烈ぶりが顕彰された。

おやまだともきよ【小山田与清】 1783.3.17～1847.3.25 江戸後期の国学者。通称は庄次郎・仁右衛門、字は文儒(ふひと)、号は玉河亭・松屋(まつのや)など。武蔵国多摩郡生れ。漢学を古屋昔陽(せきよう)に、国学を村田春海に学ぶ。一八〇六年(文化三)江戸の豪商高田好受の養子となり、その富で五万巻の書を集め、江戸第一の蔵書家として知られた。彼の擁書楼を中心に考証学が盛んに行われ、平田篤胤・伴信友とともに当時は三大家とされた。著書「松屋筆記」「松屋叢考」。

おやまだのぶあり【小山田信有】 ?～1552.1.23 戦国期の武将。甲斐国郡内(ぐんない)(現、山梨県東部の旧都留郡域)の領主。父も同名(越中守)で、一五一〇年(永正七)武田信虎に従い、三三年(天文二)甲府に出仕。子の出羽守は四一年頃家督となる。武田信玄の指揮下に信濃進攻に参加。しかし独立領主の色彩が濃厚であったとされる。

おやまだのぶしげ【小山田信茂】 1539～82.3.- 戦国期の武将。甲斐国郡内(ぐんない)(現、山梨県東部の旧都留郡域)の領主。初名信有。天文末年家督となる。武田信玄の指揮下にあって今川・後北条両氏との同盟の成立に関係。同盟解消ののち一五六九年(永禄一二)武蔵・相模両国に出動。七二年(元亀三)遠江に進攻し、三方原の戦に参加。八二年(天正一〇)武田勝頼は織田信長軍に追われ信茂を頼るが、信茂は離反し、武田氏の滅亡を導いた。織田軍に恭順の姿勢を示すが、甲府で処刑された。

おやまともさと【小山朝郷】 ?～1346.4.13 南北朝期の下野国の武将。一三三七年(建武四・延元二)北畠顕家に本拠小山城(現、栃木県小山市)を攻め落とされ、生け捕られたが助命された。翌年以後常陸に拠った北畠親房に協力せず、四一年(暦応四・興国二)前関白近衛経忠のもとで藤氏一揆を組織。四三年(康永二・興国四)護良親王の子興良親王を迎えるなどの分派行動(「別建立沙汰」)をとったが、成功しなかった。

おやまともまさ【小山朝政】 1155/58～1238.3.30 鎌倉前期の武将。下野国の有力御家人。政光の子。一一八三年(寿永二)源頼朝に反旗をひるがえした源(志田)義広を破った功により、常陸国村田下荘・下野国日向野郷の地頭職を得る。その後、源範頼のもとで平家追討に従軍するが、許可なく兵衛尉に任官したため頼朝に叱責される。八九年(文治五)奥州合戦に従い軍功をあげ、翌年頼朝の推挙で右衛門尉となる。建久年間、先祖以来の下野国の検断権を継承し下野国守護職を安堵され、二年後、九九年(正治元)に播磨国守護を兼ねる。

在京中に城長茂の襲撃を撃退。承久の乱では宿老の一人として鎌倉にとどまる。一二二五年(嘉禄元)下野守・従五位下に任じられ、その後出家して生西と号す。

おやまともみつ【小山朝光】 ⇩結城朝光(ゆうきともみつ)

おやまひでとも【小山秀朝】 ?～1335.7.22 鎌倉末～南北朝初期の武将。下野国小山城主。鎌倉幕府評定衆の貞朝の子。元弘の乱では、鎌倉幕府軍に属して後醍醐天皇の笠置城や楠木正成の赤坂城を攻めるが、一三三三年(元弘三)新田義貞の挙兵に応じて鎌倉攻略に参加。その功により下野守となる。三五年(建武二)鎌倉に進撃する北条時行の軍勢を武蔵国府中に迎え撃つが、一族とともに敗死。

おやままさみつ【小山政光】 生没年不詳。平安末～鎌倉初期の武将。藤原秀郷(ひでさと)の子孫で、父は大田行政。通称四郎、下野大掾(だいじょう)。下野国の大豪族で、小山荘(現、栃木県小山市)を領するとともに先祖以来の同国の押領使職(おうりょうしき)を継承する。一一八三年(寿永二)頃、郎従の大半を率いて在京、皇居の警衛にあたった。その後、源頼朝に従い御家人となる。妻は八田宗綱の女で、のちに寒河尼(さむかわのあま)とよばれる頼朝の乳母の一人であった。

おやまよしまさ【小山義政】 ?～1382.4.13 南北朝期の武将。下野国守護。一三八〇年(康暦二・天授六)五月同じ下野の宇都宮基綱と争い、敗死させた。このため鎌倉公方足利氏満をはじめ山内上杉憲方(のりかた)・犬懸(いぬかけ)上杉朝宗(ともむね)などの鎌倉府軍の討伐をうけ、九月和睦。翌八一年(永徳元・弘和元)再び鎌倉府軍の攻撃をうけ、八月以後本拠小山城(現、栃木県小山市)をめぐる攻防があったが、一二月降伏。八二年二月糟尾(かすお)(現、粟野町)に拠って反抗したため三度攻撃をうけ、四月同地で自殺。

おやまわかいぬまる【小山若犬丸】 ?～1397.1.15 南北朝期の関東の武将。一三八二年(永徳二・弘和二)父義政が鎌倉府軍に敗れて下野国糟尾(かすお)(現、栃木県粟野町)で自殺すると、陸奥国三春の田村則義のもとにのがれた。八六年(至徳三・元中三)下野で挙兵したが鎌倉府軍に追われ、ついで常陸国小田孝朝とともに反抗して八八年(嘉慶二・元中五)に敗れ、再び陸奥にのがれた。九六年(応永三)(あるいは九五年)同国田村で再度挙兵したが、鎌倉公方足利氏満がみずから白河まで遠征してきたため敗れ、九七年会津で自殺。

おりくちしのぶ【折口信夫】 1887.2.11～1953.9.3 大正・昭和期の国文学者・民俗学者・歌人・詩人。別名釈迢空(しゃくちょうくう)。大阪府出身。国学院大学卒。大学在学中に根岸派の歌会に参加。一九一〇年(明治四三)大学卒業後、帰阪して中学校教員となる。一五年(大正四)雑誌「郷土研究」に「髯籠(ひげこ)の話」を発表。柳田国男に私淑し、民俗学研究に着手。歌集「海やまのあひだ」「春のことぶれ」では一字空けや句読点使用などによりつつ、独自の歌境を築いた。民俗学研究では詩人的直観にもとづく「まれびと」などの概念をもとに、文学や芸能の発生を考究。研究と創作の接点に小説「死者の書」がうまれた。「折口信夫全集」全三一巻・別巻一。

オルガンティーノ Gnecchi-Soldo Organtino 1533～1609.3.17 イタリア人イエズス会宣教師。一五七〇年(元亀元)来日。フロイスを助けるために京都に派遣され、七六年(天正四)フロイスが九州に転じたため都地方区の責任者となった。日本の諸事情を研究して理解を深め、「ウルガン伴天連(ばてれん)」として親しまれた。織田信長の親交を得て、七六年京都南蛮寺を建立、八〇年安土セミナリヨを開設。七八年荒木村重が信長に背いた際には、村重の配下の高山右近を説得し、教会の危機を救った。八七年豊臣秀吉のバテレン追放令によって一時小西行長領の小豆島に隠れたが、その後も都地方区の責任者として布教に従事。晩年高齢と衰弱のため長崎に隠退し、同地で没。

オールコック Rutherford Alcock 1809.5.～97.11.2 イギリスの外交官。福州・上海・広東の領事をへて、一八五八年(安政五)一二月初代駐日総領事に就任、翌年五月江戸へ着任した。第一次東禅寺事件ではあやうく難をのがれた。一一月公使に昇進、駐日外交団のリーダーとなる。六二年(文久二)賜暇で帰国中、外相と遣欧使節竹内保徳(やすのり)との間の開市開港の延期を認めるロンドン覚書調印を斡旋し、六四年(元治元)一月帰任した。萩藩の下関海峡封鎖、幕府の横浜鎖港提議などに対抗し、四国連合艦隊下関砲撃を遂行して萩藩を屈服させ、幕府に生糸貿易の制限を解除させた。一一月下関遠征につき本国政府から召還され帰国。六五年清国公使に転任。著書「大君(たいくん)の都」。

オルファネル Iacinto Orfanel 1578.11.～1622.8.5 スペイン人のドミニコ会宣教師。一六〇七年(慶長一二)来日。禁教後も潜伏して九州各地で布教。二一年(元和七)長崎付近で捕らえられ、翌年の元和(げんな)大殉教で没した。二一年大村で脱稿した「日本キリシタン教会史」は、ドミニコ会が入国した〇二年から二〇年までの日本キリシタン教会史で、一七世紀日本の唯一の編年体概説書。オルファネルの捕縛以降をコリャードが加筆し、三三年マドリードで出版。

おわりうじ【尾張氏】 尾治氏とも。古代の氏族。火明(ほのあかり)命を始祖とし、皇妃や皇子妃を数名だしたとする伝承があり、古くから大和政権との関係をもっていたらしい。部曲(かきべ)と考えられる尾張(尾治)部が各地に存在する。氏の名称は尾張国内を根拠地としたことに由来し、一族から尾張国造(くにのみやつこ)が任じられていた。もと連(むらじ)姓であったが、六八四年(天武一三)に宿禰の姓を賜った。律令制下には、尾張国内の諸郡司など在地有力者としての存在が知られるだけでなく、尾張連氏・尾張宿禰氏ともに畿内とその周辺にも分布して、中央の官人としても活躍した。

おわりのはまぬし【尾張浜主】 733～? 平安初期の楽人で舞の名手。八三九年(承和六)一月外従五位下。八四五年一月、大極殿の最勝会で、みずから作舞した「和風長寿楽」を軽やかに舞い、翌々日に仁明天皇に召され、清涼殿前で同曲を舞い賞賛された。時に一一三歳という。翌年一月にも清涼殿前で舞い従五位下となった。天皇が大嘗会に作った「河南浦」「拾翠楽」「応天楽」を作舞し、承和の遣唐使に従ったとも伝える。

おんあみ【音阿弥】 1398～1467.1.2 「おんなみ」とも。室町中期の大和猿楽観世座の能役者。三代目の観世大夫。実名元重。法名音阿弥は観阿弥・世阿弥を意識したもの。世阿弥の弟の四郎の子。観世歴代の通称三郎を踏襲し、一時は世阿弥の養子だったらしい。足利義教は青蓮院門跡時代から熱烈な後援者だったが、将軍就任(一四二九)以降、音阿弥は時流をえて時めき、世阿弥やその子観世元雅を圧倒し、元雅没後、一四三三年(永享五)に観世大夫を継承。伝書や能作などの実績は知られないが、諸史料に活躍ぶりがみえる。世阿弥没後の能界の第一人者として能を武家式楽に定着させた功績は大きく、幕府お抱えとしての観世座の地位を不動のものとした。

おんこう【飲光】 1718.7.28～1804.12.22 江戸中・後期の真言宗の僧。字は慈雲。飲光は諱。号は葛城山人など。俗姓は上月氏。大坂生れ。一三歳で出家。京都で儒学・詩文を学ぶ。のち顕密などを修学。一七四四年(延享元)河内国長栄寺で正法律を唱えて実践運動を開始。また戒律の基本、十善戒法を説いた。八六年(天明六)同国葛城山の高貴寺を正法律の総本山とすることが幕府に認められた。梵学研究にも力を注ぎ、「梵学津梁」一〇〇〇巻を著す。晩年、神道も研究し、雲伝神道と称する仏家神道を提唱した。

おんだてつや【恩田鉄弥】 1864.11.18～1946.6.10 明治～昭和期の農学者。大坂生れ。駒場農学校卒。福島・埼玉・岩手などで教師を務める。一九二一年(大正一〇)園芸試験場の設立で初代場長。地方の農学校出身者を教育し、各地へ送り出した。のち東京農業大学教授。園芸学会会長・大日本農学会顧問を歴任。

おんだもく【恩田杢】 1717～62.1.6 木工とも。江戸中期の信濃国松代藩家老。父は民清。諱は民親。一七四六年(延享三)家老、五七年(宝暦七)勝手方となり、扶持米不払による足軽不勤や増徴反対一揆に動揺していた松代藩で宝暦改革を主導。幕府から拝借金一万両をえて水害後の村落復興に尽くし、年貢の月割上納制(金納)を定着させた。倹約策や役務日記の引継制度、財政帳簿の継続的作成など文書行政の整備を行う。「日暮硯」に彼の政治が理想化され語り継がれた。

おんちこうしろう【恩地孝四郎】 1891.7.2～1955.6.3 大正・昭和期の版画家。東京都出身。竹久夢二に私淑し東京美術学校中退。一九一四年(大正三)田中恭吉・藤森静雄らと詩と版画の同人誌「月映」を発行。一八年日本創作版画協会、三一年(昭和六)日本版画協会の創立に参加する。詩歌集「飛行官能」、装訂に萩原朔太郎の「月に吠える」がある。

おんななべ【恩納なべ】 生没年不詳。近世琉球の伝説上の女性琉歌人。尚敬王代(一七一三～五一)・尚穆王代(一七五二～九四)の人物との説がある。尚敬王または尚穆王が北山巡行の途中恩納間切の万座毛を訪れたとき、なべが詠じた琉歌「波の声も止まれ、風の声も止まれ、首里天加那志、御機嫌拝ま」が根拠とされてきた。しかし近年実在が疑問視されている。

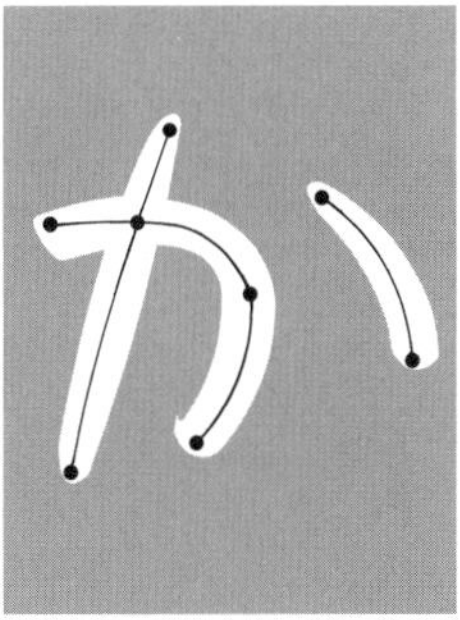

かいえだのぶよし【海江田信義】 1832.2.11～1906.10.27 「かえだ」とも。幕末期の鹿児島藩士、明治期の藩閥政治家。はじめ有村俊斎を名のる。藤田東湖らに学び、一橋慶喜擁立工作に参加。誠忠組の一員として活動し島津久光に重用される。寺田屋事件・生麦事件・薩英戦争に関与、戊辰戦争では東海道先鋒総督参謀を務めた。維新後刑部大丞・弾正大忠を歴任したが、一八六九年(明治二)一二月に粟田口止刑事件(大村益次郎襲撃犯人の処刑中止)に関与して免官された。のち奈良県知事・元老院議官・貴族院議員・枢密顧問官などを歴任。子爵。

かいおんじちょうごろう【海音寺潮五郎】 1901.11.5～77.12.1 昭和期の小説家。本名末富東作。鹿児島県出身。国学院大学卒。中学校勤務のかたわら創作を始める。一九三六年(昭和一一)「天正女合戦」「武道伝来記」で直木賞受賞。第二次大戦中は陸軍報道班員としてマレーへ従軍。戦後は「明治太平記」「平将門」などの歴史小説を発表。六八年マスコミからの引退を表明、以後は終生のテーマであった「西郷隆盛」(未完)にとりくんだ。文化功労者、芸術院賞受賞。

かいかてんのう【開化天皇】 記紀系譜上の第九代天皇。稚日本根子彦大日日天皇と称する。孝元天皇の皇子。母は鬱色謎命。皇后の伊香色謎命との間に崇神天皇をもうけた。春日(現、奈良市)に率川宮を営み、春日率川坂本陵に葬られたと伝える。

かいけい【快慶】 生没年不詳。鎌倉前期の仏師。康慶の弟子。運慶とほぼ同時期に活躍し、鎌倉彫刻の基礎を築いた。重源の阿弥陀信仰に大きな影響をうけ、安阿弥陀仏と号した。重源のほか、明恵や貞慶、法然の浄土宗教団、さらに藤原通憲の一族の造像にたずさわるなど幅広く活動。一二〇三年(建仁三)の東大寺総供養に際し法橋、〇八～一〇年(承元二～四)の間に法眼位に昇った。優美で親しみやすい仏像様式を創出し、作風は安阿弥様とよばれた。とくに数多く造立した三尺の阿弥陀如来立像はその特色をよく示し、後世に大きな影響を与えた。作例は、一一九五年(建久六)頃の兵庫県浄土寺阿弥陀三尊像をはじめ三七件が確認されている。

かいげつどうあんど【懐月堂安度】 「やすのり」とも。生没年不詳。江戸前・中期の浮世絵師。岡沢氏(岡崎氏か)。俗称源七。江戸の人。菱川派や鳥居派の画風を学び、力強い筆線や大柄の衣装模様による「立美人」形式の肉筆美人画を多数描いて一派を築く。宝永・正徳期に活躍し、工房制作による懐月堂派様式の典型美は同時代の他の絵師にも強い影響を与えた。一七一四年(正徳四)江島・生島事件に連坐して伊豆大島に流刑されたと伝えられる。

かいげん【快元】 ?～1469.4.21 室町中期の臨済宗の禅僧。足利学校の初代庠主(校長)。鎌倉円覚寺で喜禅から易を学び、足利学校を興隆した上杉憲実から学校に招かれた。一四三九年(永享一一)に学校に来ていたことは確実。「春秋」を学ぶため渡明をはかり九州に下ったが、目的を達せられなかったという。

かいこうたけし【開高健】 1930.12.30～89.12.9 昭和期の小説家。大阪市出身。大阪市大卒。「パニック」「巨人と玩具」に続いて発表された「裸の王様」で一九五七年(昭和三二)芥川賞を受賞。ベトナム戦争に取材した「輝ける闇」「夏の闇」、短編集「玉、砕ける」がある。

かいごときおみ【海後宗臣】 1901.9.10～87.11.22 昭和期の教育学者。茨城県出身。東大卒。同大学院をへて同助手、国民文化精神研究所所員を歴任。一九三六年(昭和一一)東京帝国大学助教授、のち教授。第二次大戦後の日本教育史学の第一人者であり、日本教育学会会長を務めた。近代学校制度史、教育勅語研究で知られるが、教育哲学・教育社会学・社会科教育法の各分野にも影響を与えた。「海後宗臣著作集」がある。

かいし【甲斐氏】 中世、管領斯波氏に仕えた武家。源氏を称するが、出身地などは不明。朝倉・織田両氏らとともに斯波氏の重臣として活躍、南北朝期以降、越前国守護代を勤めた。将久(常治)のとき、斯波義敏と対立、越前国内で戦闘をくり返し、一四五九年(長禄三)戦死。その子政盛の代には、守護代職を朝倉孝景に奪われた。応仁・文明の乱では西軍に属し、朝倉氏と対決。七二年(文明四)加賀国に敗走し、しだいに勢力を失った。

かいじまたすけ【貝島太助】 1845.1.11～1916.11.1 明治・大正期の炭鉱経営者。筑前国生れ。筑豊御三家として著名。幼年より炭鉱業に従事、一八八五年(明治一八)大之浦炭鉱を開坑、九八年貝島鉱業合名会社を設立し(一九〇九年株式会社化)、大之浦・大辻両炭鉱などを経営。炭鉱王と称され、石炭専業を貫く。私立小学校設立など教育事業にも尽力。

かいじょう【開成】 724～781.10.4 奈良時代の

僧。光仁天皇の皇子で桓武天皇の庶兄。摂津国勝尾寺の開基と伝える。七六五年(天平神護元)宮中をでて勝尾山に入り禅居し、善仲・善算の二師に出会って出家受戒した。両師の発願した大般若経書写の遺志をついで、八幡大菩薩の加護のもとに六カ年かけて完成したという。山中に経を安置する道場をたて、弥勒寺(勝尾寺)と号した。

かいせんじょうき【快川紹喜】 ?～1582.4.3 戦国期の臨済宗の禅僧。美濃土岐氏の出身。諱は紹喜、字は快川。妙心寺の仁岫宗寿の法をつぐ。美濃の寺をへて妙心寺の四三世となり、美濃の崇福寺から甲斐に移った。武田信玄に迎えられて塩山の恵林寺に入り、信玄に機山の号を授ける。武田氏滅亡に際して六角義弼を恵林寺にかくまい、織田信長の引渡し要求を拒否したため焼打にあい一山の僧とともに焼死。その折に「安禅必ずしも山水をもちいず、心頭滅却すれば火も自ら涼し」の辞世の語を残した。

かいづかしげき【貝塚茂樹】 1904.5.1～87.2.9 昭和期の中国史学者。地理学者小川琢治の次男、物理学者湯川秀樹、中国文学者小川環樹の兄。東京都出身。京大卒。一九三二年(昭和七)東方文化学院京都研究所研究員となる。中国古代史を専攻し、甲骨文・金文の解読に大きな業績を残す。四五年貝塚姓となる。四九年京都大学人文科学研究所教授、のち所長。六八年の退官後は東方学会会長などに就任した。八四年文化勲章受章。

かいつねはる【甲斐常治】 ?～1459.8.12 室町中期の武将。斯波氏の有力被官。実名将久。八郎。美濃守。永享年間に出家し法名常治。一四二〇年(応永二七)甲斐祐徳を継いで越前国守護代となる。五二年(享徳元)斯波義健が嗣子なく早世すると、支族持種の子義敏を家督に迎え入れた。しかし義敏が実質的な守護権行使を企て、常治を退けようとしたため、両者は対立して合戦に及ぶ。五九年(長禄三)常治方が勝利したが、常治自身は越前国敦賀の陣中に没した。

かいどう【快道】 1751～1810.2.21 江戸中期の新義真言宗の僧。字は林常。上野国生れ。同国相応寺で出家。大和国長谷寺で三〇年間にわたり密教のほか倶舎因明を学び、「秘密儀軌」四四部四八巻を発行した。のち高野山に入り、さらに武蔵国浦和の玉蔵院に住し、江戸伝通院や湯島の根生院で講義をした。「六合釈精義」「倶舎玄談」など著書多数。

かいとうまつぞう【垣内松三】 1878.1.11～1952.8.25 大正・昭和期の国語教育学者。岐阜県出身。筆名松三。東大卒。東京女子高等師範・東京高等師範の教授を歴任。一九二二年(大正一一)「国語の力」で、センテンス・メソッドによる国語教育を提唱。言語の形象性に着眼する教授法などで教育界に広範な影響を与えた。

かいのうみちたか【戒能通孝】 1908.5.30～75.3.22 昭和期の法社会学者。入会・公害研究の専門家。長野県出身。東大卒。一九四九年(昭和二四)早稲田大学教授。五四年東京都立大学教授となったが、六四年入会権をめぐる小繋事件で教授を辞任して農民側を弁護。また司法制度の近代化にも大きな影響を与えた。六九年には東京都公害研究所の初代所長に就任。著書「入会の研究」「法社会学の課題」。

かいばらえきけん【貝原益軒】 1630.11.14～1714.8.27 江戸前期の儒学者・博物学者。名は篤信、字は子誠、通称助三郎のち久兵衛。損軒・益軒と号す。筑前国福岡藩士の子として生まれ、一九歳から七一歳で致仕するまで、ほとんど福岡藩主黒田家に仕えた。その間、長崎で医学を学び、江戸・京都に出て儒学を研鑽し、林鵞峰・向井元升・木下順庵・松永尺五・山崎闇斎らと交わる。朱子学を基本としたが、青年期には陽明学も学んだ。晩年には朱子学に疑問をいだき「大疑録」を著し、古学にも関心を示した。本草学・農学・天文学・地理学などの自然科学にも造詣深く、「大和本草」は著名。教育や経済の分野での著作も多く、「養生訓」「和俗童子訓」など簡潔に説かれた実践道徳書は広く流布し、今なお心身修養の書として評価されている。

かいふとしき【海部俊樹】 1931.1.2～ 昭和後期～平成期の政治家。愛知県出身。早大卒。一九六〇年(昭和三五)の衆議院選挙で初当選、三木武夫の薫陶をうける。三木内閣の官房副長官、福田内閣・第二次中曾根内閣の文相を歴任。自民党では青年局長・国会対策委員長・国民運動本部長などを務めた。八九年(平成元)宇野内閣の後をうけて組閣。九四年新進党の初代党首。のち自由党・保守党をへて二〇〇三年自民党に復党。

かいほうゆうしょう【海北友松】 1533～1615.6.2 桃山時代の画家。海北派の祖。名は紹益。近江国浅井家家臣海北善右衛門綱親の子。同国坂田郡生れ。幼時から京都東福寺に入り修禅。四〇歳代で還俗し、海北家再興を志したが、文禄年間頃から画家として活動を始める。狩野派に学ぶ一方で宋元水墨画も体得し、武人的な気迫があふれる独自の画風をうみだす。晩年は宮中の御用も勤め、画家として名声を得た。一五九九年(慶長四)再建の建仁寺方丈の襖絵「花鳥図」(重文)や、「飲中八仙図屏風」(京都国立博物館蔵、重文)などの水墨画のほか、「花卉図屏風」(妙心寺蔵、重文)や「浜松図屏風」(宮内庁三の丸尚蔵館蔵)などの金屏風も描いた。

かいほうゆうせつ【海北友雪】 1598～1677.9.3 江戸前期の画家。名は道暉、通称忠左衛門。海北友松の長男。京都生れ。はじめ絵屋として、公家などの需要に応じていたが、のち父の友人斎藤利三の女春日局の推挙をうけて徳川家光の御用も勤めた。画風は親しみやすく、大和絵の技法を生かしながら幅広い題材を描いた。代表作は「雲竜図襖」(妙心寺麟祥院蔵)、「山水図」双幅(東京国立博物館蔵)。

かいぼぎょそん【海保漁村】 1798.11.22～1866.9.18 江戸後期の儒学者。名は元備、字は純卿。上総国武射郡北清水村生れ。江戸に出て、折衷学派の太田錦城に学び、下総国佐倉藩に招かれ、のち幕府医学館教授。「周易古占法」「論語漢注攷」「学庸釈義」など、経書の注釈についての研究多数。

かいほくじゃくちゅう【海北若沖】 1675～1751.12.17 江戸中期の和学者。野田忠粛の弟。通称は垂水屋善右衛門、名は千之、号は岑柏。大坂今津の人。母方の海北家を継いだ。契沖に師事し、「万葉集」の講義に列して、「万葉集師説」「万葉集類林」などを整理・編集した。家集「岑柏集」。

かいぼせいりょう【海保青陵】 1755～1817.5.29 「かいほ」とも。江戸後期の経世思想家。名は皐鶴、通称は儀平、青陵は号。丹後国宮津藩の家老角田市左衛門の長男に生まれたが、のち曾祖父の姓を継ぎ海保と称した。徂徠学派の宇佐美灊水に学ぶ。京都と江戸を中心に諸国を遊歴し、物産や地理など実際的な知識を身につけた。京都に塾を開くとともに諸国を回って経世思想を講じた。徂徠学の学統だが、その思想は商品経済の発展にともなう社会動向を積極的に評価するもので、藩営専売を富国の源泉とし、商品交換の原理である「ウリカヒの理」を社会関係の基軸にすえるなど経験的現実から人が則るべき行動規範を抽出しようとした。「稽古談」をはじめ「海保青陵経済談」と一括される講演筆記の著作が多い。

かいみょう【戒明】 生没年不詳。奈良時代の僧。讃岐国の人。俗姓凡直。大安寺で慶俊に師事し華厳経を学ぶ。七七七年(宝亀八)入唐。翌年帰朝し、十一面観音画像や「釈摩訶衍論」を将来したが、後者は七八〇年淡海三船から偽書と批判された。また同年「大仏頂経」を偽経として廃止する議がおこったが、真経の立場を貫いた。「日本霊異記」には、筑紫大国師在任中の七七六年頃、安居会で八十華厳経を講じた大安寺僧戒明がみえるが、同一人であろう。

かいめいもんいん【開明門院】 1717.7.18～89.9.22 桜町天皇の妃。桃園天皇の生母。名は定子。姉小路実武の女。一七三二年(享保一七)東宮(桜町天皇)の上臈に召され、三五年典侍。四七年(延享四)桜町天皇譲位の際、従三位大典侍に叙任。桃園天皇没後の六三年(宝暦一三)開明門院の院号を宣下され、八三年(天明三)落飾して哲堂と称した。

ガウランド William Gowland 1842～1922.6.10 ゴーランドとも。イギリスの技師。鉱山学校で化学および冶金学を学ぶ。御雇外国人として一八七二年(明治五)日本政府に招聘され、大阪に新設された造幣寮で化学および冶金学を教えた。八八年に帰国。在日中、畿内の古墳調査にあたり、その結果をイギリスの学界に論文として報告した。登山を趣味とし、一八八〇年には飛驒山脈を日本アルプスと命名。論文集に稲本忠雄訳(上田宏範校注)「日本古墳文化論」がある。

がうんたっち【臥雲辰致】 1842.8.15～1900.6.29 臥雲紡績機の発明者。信濃国生れ。家業は足袋底織業であったが、二〇歳で仏門に入り、同国安曇郡の臥雲山孤峰院の住持となってまもなく還俗。一八七三年(明治六)には日本最初の臥雲紡績機(ガラ紡機)を発明して第一回内国勧業博覧会(一八七七)に出品、最高賞の鳳紋賞牌を授与された。洋式紡績機が普及する九〇年頃までガラ紡全盛期を作りあげた。八二年藍綬褒章受章。

かえだのぶよし【海江田信義】 ⇨海江田信義

かおう【可翁】 生没年不詳。南北朝期の禅僧・画僧と考えられるが、可翁・仁賀の印のある作品で存在を知られるのみで詳細は不明。臨済宗大応派の禅僧可翁宗然とする説、また仁賀の名から宅磨派の画家とする説があるが、明確な根拠はない。中国の水墨画から学んだ簡略な筆致による技法をよくし、「寒山図」(国宝)や「竹雀図」(重文)はこの時期の水墨画を代表する作品。

かおうきん【何応欽】 He Yingqin 1890.4.2～1987.10.21 中国近代の軍人。貴州省出身。日本の陸軍士官学校留学中に辛亥革命が勃発。帰国し同革命に参加。第二革命失敗後、再来日。一九一六年(大正五)陸士卒業後帰国。黄埔軍官学校総教官などを歴任し北伐に参加。以後、国民革命軍総司令部参謀長などの国民政府軍事畑の要職を歴任。三五年(昭和一〇)六月には梅津・何応欽協定を締結。日本敗戦後、在中国日本軍の武装解除を担当。四九年に台湾へ。以後、総督府戦略顧問委員会主任・中日文化経済協会会長など。

かがづめただずみ【加々爪忠澄】 1586～1641.1.30 江戸初期の幕閣。政尚の長男。通称甚十郎。民部少輔。一五九九年(慶長四)徳川秀忠の面前で元服、一字を与えられて忠澄と称した。関ケ原の戦で秀忠に従う。その後は徳川家康に仕え、大坂の陣では使番として活躍した。一六二八年(寛永五)目付、三一年町奉行、四〇年大目付と重職を歴任し、同年マカオ政庁派遣使節を長崎で処刑した。四一年京橋桶町の大火災の消火中に死亡。

かがづめなおずみ【加々爪直澄】 1610～85.10.- 江戸前期の幕閣。忠澄の長男。母は安藤直次の女。通称藤八郎・次郎右衛門・甚十郎。甲斐守。駿河国生れ。徳川家光の小姓に召し出され、小姓組頭・番頭・書院番頭・大番頭をへて、一六六一年(寛文元)寺社奉行に進むが、七〇年不敬の振舞いにより免職・閉門、翌年罪を許される。八一年(天和元)嗣子直清が領民の境争論の不手際のため改易、直澄も高知藩主山内豊昌に預けられた。

かがのちよ【加賀千代】⇨千代女

かがみけんきち【各務鎌吉】1868.12.22～1939.5.27 大正・昭和前期の実業家。岐阜県出身。東京高商卒。一八九一年(明治二四)東京海上保険入社、ロンドン営業整理の功績が大きく、一九一七年(大正六)専務取締役就任。明治火災・東京海上・三菱海上の会長を兼ね、損保業界に君臨。三菱財閥との関係を強化し三菱信託会長、日本郵船社長・会長、日清汽船、明治生命などの役員を歴任、三七年(昭和一二)三菱社取締役。貴族院議員、日本銀行参与理事。

かがみこうぞう【各務鉱三】1896.3.7～1985.12.3 現代を代表するガラス作家。岐阜県出身。東京高等工芸学校図案科を卒業し、南満州鉄道付属中央試験所に入所。ガラスを研究し、一九二七年(昭和二)にドイツのシュツットガルト工芸学校に学んだ。帰国後、東京蒲田に各務クリスタル製作所を設立、クリスタルガラスのカット・グラビール技法を確立し、創作ガラスに独自の境地を開く。六〇年に日本芸術院賞を受賞。

かがみしこう【各務支考】⇨支考

かがみのおおきみ【鏡女王】?～683.7.5 鏡王女・鏡姫王とも。七世紀の歌人。天智天皇や藤原鎌足との贈答歌など、「万葉集」に六首を残す。鏡王の女で額田王の姉と考えられていたが、「延喜式」によれば舒明陵の域内に墓があり、年齢からも舒明天皇の皇女ないし皇妹と推定される。皇女なら天智・天武天皇の姉妹となる。「興福寺縁起」は鎌足の正妻とする。

かがみぶんけん【各務文献】1754～1819.10.14 江戸後期の医家。字は子徴、通称は相二。大坂の人。古医方を学んだが疑問を抱き、産科を修め、さらに当時不備だった正骨(整骨)科の研究に専心。一八〇〇年(寛政一二)女性刑死体を解剖し「婦人内景之略図」を著した。骨節に関する考究を重ね、一〇年(文化七)その成果を「整骨新書」として出版。一九年(文政二)には精密な木製骨格模型を作製させ江戸医学館に献納するなど、整骨学の発展と普及に寄与した。

かがみみつあき【加賀美光章】1711.2.15～82.5.29 江戸中期の神道家。旗本の士間宮高成の子。小膳・信濃守と称し、字は太章、号は桜園・霞沼・河上。江戸生れ。一二歳で甲斐国山梨郡柴宮神社の神主飯田台正、ついで同郡山王権現祠官の加賀美尭光の養子となった。京都で歌道・国学・垂加神道などを学び、帰郷後、家塾環松亭を開設して山県大弐らの門人を育成したが、そのため明和事件で一時捕らえられた。著書「神学指要」。

かがやまはやと【加賀山隼人】1566～1619.9.11 織豊期～江戸初期のキリシタン武士。摂津国芥川生れ。一〇歳頃イエズス会宣教師フロイスから受洗。高山右近に仕えたのち細川忠興に従ったが、幕府の禁教令にともない迫害をうけ殉教。のちに一族の多くも殉教した。

かがわかげき【香川景樹】1768.4.10～1843.3.27 江戸後期の歌人。鳥取藩士荒井小三次の次男。初名純徳・景徳。通称銀之助・真十郎・式部・長門介。号は桂園・東塢亭・梅月堂・観鶩亭・臨淵社・万水楼・一月楼。親類の奥村定賢に養育され、京都で梅月堂香川景柄の養子となるが、一八〇四年(文化元)離縁。従五位下肥後守。清水貞固に和歌を学び、上京して徳大寺家に出仕。養父景柄を通じて小沢蘆庵に私淑、のち「しらべの説」を提唱して独自の桂園歌風を創始する。熊谷直好・木下幸文・菅沼斐雄・高橋残夢など門人は非常に多い。法号実参院悟阿在焉居士。家集「桂園一枝」「桂園一枝拾遺」のほか、「新学異見」「百首異見」「古今和歌集正義」など著作多数。

かがわけいぞう【香川敬三】1839.11.15～1915.3.18 幕末期の水戸藩士、明治・大正期の宮内官。常陸国生れ。藤田東湖に学び、京都に出て岩倉具視に仕える。一八六八年(明治元)東山道総督府大軍監となり、下総国流山で近藤勇を投降させる。宮内省に入り一八八一年から一九一二年(大正元)まで皇后宮大夫を務めた。枢密顧問官。伯爵。

かがわげんえつ【賀川玄悦】1700～77.9.14 江戸中期の医家。近江国彦根藩士三浦長富の庶子。字は子玄、別名光森。母方の実家の賀川姓を継ぐ。京に出て貧苦のうちに独学で古医方を修得。難産の患者に遭遇して異常分娩時の手術の必要性を痛感し、独自の創案になる救護法を開発した。従来の説をくつがえして正常胎位を発見したことは高く評価される。成果は一七六五年(明和二)「(子玄子)産論」として出版された。

かがわげんてき【賀川玄迪】1739～79.10.8 江戸中期の医家。岡本玄適の長男。字は子啓。出羽国秋田生れ。二〇歳のとき京に出て賀川玄悦に入門し産科を学ぶ。玄悦にその才をかわれ、請われて婿養子となり賀川家を継ぎ、阿波国徳島藩医となる。一七七五年(安永四)には玄悦の「産論」を補遺する「産論翼」を著し刊行。四一歳で没したが、甥の子全がその跡を継いだ。以後、賀川家は代々京都一貫町に住んで産科を営み、学舎の済生館で多くの門人を育成した。

かがわし【香川氏】㊀中世相模国の武家。桓武平氏。鎌倉権五郎景政の子孫で、経高が香川(現、神奈川県茅ケ崎市)を支配して以来、香川氏を称した。子の経景は承久の乱の功により安芸国に地頭職を得、その子景光の代に移住。戦国期は毛利氏に従い、のち岩国藩家老。㊁中世讃岐国の豪族。鎌倉権五郎景政の後裔と伝えるが、讃岐国の旧族綾氏出身説もある。南北朝期以来、細川氏に仕え、安富氏とともに讃岐国守護代を勤めた。戦国期には讃岐国西部を支配したが、豊臣秀吉の四国攻めのおり改易。

かがわしゅうあん【香川修庵】 1683.7.1～1755.2.13 江戸中期の京都の古方派の医師。播磨国姫路生れ。一八歳で伊藤仁斎に儒学を学び、ついで後藤艮山に医学を学ぶ。医の根本は聖賢の道にあり、医も儒ももとは一本であるとしてみずから一本堂と号した。門弟は多く、山脇東洋・橘南谿・吉益東洞、養子の香川南洋らがいる。著書「一本堂行余医言」「一本堂薬選」。墓所は京都洛西二尊院墓地。

かがわせんあ【香川宣阿】 1647～1735.9.22 「せんな」とも。江戸中期の歌人。周防国岩国領主吉川氏の家老香川正矩の次男。初名景継。通称三十郎・吉助・木工允。号は隣善・一枝軒・淵竜・梅月堂宣阿。一六七三年(延宝元)上京、はじめ儒者として活躍したが、八七年(貞享四)の出家を機に歌人に転じ、二条派地下宗匠として梅月堂を創始。清水谷実業らに師事し、時衆の文学史とも深くかかわる。法号梅月堂宣阿尭真法師。家集「水雲集」。

かがわとよひこ【賀川豊彦】 1888.7.10～1960.4.23 明治～昭和期のキリスト教伝道者・社会運動家。兵庫県出身。徳島中学校時代にキリスト教に入信、明治学院・神戸神学校で学び、一九〇九年(明治四二)から神戸の貧民窟に住みこんで伝道。アメリカ留学後は労働運動にたずさわり、友愛会に参加。一九年(大正八)に関西労働同盟会を結成、二一年の川崎・三菱造船所争議を指導した。翌年杉山元治郎と日本農民組合を結成。消費組合運動にも参画。キリスト教の布教も続け、海外でも伝道活動に従事。第二次大戦後は日本社会党結成に参加した。二〇年に出版した小説「死線を越えて」はベストセラー。

かきうちさぶろう【柿内三郎】 1882.8.14～1967.12.24 大正・昭和期の生化学者。名前は正しくは「さむろう」。東京都出身。東大卒。アメリカ留学後に東京帝国大学教授となり、生化学を教えた。一九二五年(大正一四)日本生化学会を設立。生体構成物質の物理化学、細胞内物質代謝、生体酸化と脂質との関係、栄養学などを研究。幼稚園教育の振興にも尽くした。

かきえもん【柿右衛門】 ⇨酒井田柿右衛門

かきざきし【蠣崎氏】 中世、北海道渡島半島南端に勢力をもった領主。のちの松前氏。上之国花沢館主蠣崎季繁の客将であった武田信広が、一四五七年(長禄元)コシャマインの蜂起を鎮圧し、季繁の家督を相続したことに始まる。信広は若狭国武田氏の出身とされるが、信広の子光広はショヤコウジの蜂起鎮圧を契機に、一五一四年(永正一一)上之国から大館(松前)に根拠地を移し、檜山安藤氏の代官として道南の支配者の地位を確保。光広の孫季広は五〇年(天文一九)ないしは五一年、瀬田内のハシタインおよび知内のチコモタインと講和を結び、アイヌ民族との融和を図る。季広の子慶広の代に豊臣氏・徳川氏に近づいて安藤氏から独立。九九年(慶長四)松前氏に改姓。

かきざきすえしげ【蠣崎季繁】 ?～1462.5.12 室町中期の武将。上之国花沢館(現、北海道上ノ国町)館主。若狭国生れ。若狭国守護武田信繁の近親で、蝦夷地に渡って下之国安藤政季の女婿となり、蠣崎氏を名のって花沢館に住んだとされるが、不明な点が多い。一四五七年(長禄元)コシャマインの蜂起の際、客将武田信広が和人軍の総大将としてアイヌを鎮圧したため、養女(政季の女)と結婚させて、家督をつがせたとされる。

かきざきはきょう【蠣崎波響】 1764.5.26～1826.6.22 江戸後期の画家。蝦夷地松前藩主松前資広の五男。家老蠣崎広武の嗣子となる。名は広年、字は世祜、別号は杏雨。江戸で建部凌岱・宋紫石に画を学び、一七九一年(寛政三)上洛して円山応挙に入門。一八〇七年(文化四)松前藩が陸奥国梁川へ転封となるに及んで、家老として藩の松前復帰に尽力、創作活動も充実した。漢詩人としても知られる。代表作「花鳥人物図」「夷酋列像」。

かきのもとのひとまろ【柿本人麻呂】 生没年不詳。万葉第二期の歌人。柿本朝臣は、和邇氏の同族。経歴なども不詳。「万葉集」に人麻呂作歌とあるものは長歌一八首、短歌六四首。年代判明歌中の最初の歌は六八九年(持統三)の草壁皇子挽歌、最後は七〇〇年(文武四)の明日香皇女挽歌。「石見にありて死に臨む時」の歌が残るが、石見国赴任は晩年でなく、伝説によって題されたものか。儀礼・羈旅・相聞・挽歌など各分野に歌があり、多くは宮廷の席で歌われたものらしい。ほかに「柿本人麻呂歌集」があり、六八〇年(天武九)作と注する一首によれば、歌集歌は題詞に人麻呂作と明記する「作歌」以前の作と認められる。漢詩文の影響をうけ、はじめて文字によって歌を記しながら作っていった歌人で、その反省的意識から、歌形や対句・枕詞・序詞などの技法を完成し、流れゆく時間とせめぎあう新たな抒情を展開した。

かきみかずなお【垣見一直】 ?～1600.9.17/18 織豊期の武将。弥五郎。名は家純とも。和泉守。筧氏とも称す。豊臣秀吉の金切裂指物使番。文禄の役に上使として二回、慶長の役に軍目付として在朝鮮軍に遣わされた。大友氏改易後の豊後国富来城主、蔵入地代官を兼任。一六〇〇年(慶長五)美濃国大垣城内で東軍に応じた秋月氏らに殺害された。

かきもんいん【嘉喜門院】 生没年不詳。南朝の後村上天皇の妃。長慶・後亀山両天皇の生母と推定される。名は勝子。出自は未詳だが、南朝の関白二条師基の女、あるいは南朝の内大臣阿野実為の女とする説が有力。一条経通・坊門経忠などを父とする説もある。女流歌人で、私家集「嘉喜門院集」により後村上天皇の女御だったこと、同天皇の没後剃髪し女院号を宣下されたことなどが知られる。同家集袖書には、天皇を示す「内の御方」に「長慶院法皇」という注記がみられ、長慶天皇在位の事実を示す重要な史料とされる。

かぎやカナ【鍵谷カナ】 1782/86～1864/68 江戸後期の伊予絣の創始者。伊予国伊予郡生れ。一八〇二年(享和二)夫とともに讃岐金刀比羅宮に参詣の折、同船した久留米商人が着ていた久留米絣からヒントをえ、今出絣を考案したといわれる。はじめは伊予縞のかげにあったが、八五年(明治一八)以降、今出絣が伊予絣として名声をえるようになる。

がきょう【雅慶】 924/926/932～1012.10.25 「がけい」とも。渚ノ僧正とも。平安中期の真言宗僧。敦実親王の子。寛朝のもとで得度、灌頂をうけて勧修寺長吏となる。ついで元杲から灌頂をうけ小野・広沢両流を受法。九八六年(寛和二)仁和寺別当、九九八年(長徳四)東寺一長者兼高野山座主、翌年に東大寺別当となる。一〇〇二年(長保四)僧正、一一年(寛弘八)大僧正に昇り、一条院で大蔵経供養を行い、宝満院を開創した。

かくあ【覚阿】 1143～? 平安後期～鎌倉初期の天台宗僧。俗姓藤原氏。比叡山で得度、天台教学を学ぶ一方で禅に志し、一一七一年(承安元)法弟金慶と入宋。法名の高かった杭州霊隠寺の慧遠(仏海禅師)に師事、印可をうけて帰国し比叡山に住した。帰国後も慧遠に奉謝の品や書簡を贈っている。高倉天皇が禅の要旨を問うため召し出した際には笛の一吹をもって答えたが、理解されなかったと伝える。

がくいんえかつ【鄂隠慧奯】 1357～1425.2.18 南北朝期～室町中期の臨済宗夢窓派の禅僧。五山文学の作者として有名。諱は梵奯、のち慧奯と改める。字は鄂隠から大奯とし鄂隠に戻った。別号は関西。諡号は仏慧正続国師。筑後国の人。幼くして絶海中津に従って出家し、法をついだ。一三八六年(至徳三・元中三)に入明し、在明一〇年ののち帰朝。一四一四年(応永二一)に相国寺鹿苑院の塔主となる。のち土佐国に隠遁。著書「南游稿」。

かくうん【覚運】 953～1007.10.30 檀那僧正とも。平安中期の天台宗僧。春宮少進藤原貞雅の子。比叡山で良源に師事、天台教学の学名高く、東塔檀那院に住して盛んに講説を行った。良源の勧告で真言密教を静真・皇慶から学ぶ。宮廷貴族に接近し、藤原道長に「摩訶止観」などを講じ、一条天皇に「法華疏」を進講したほか、道長家関係のさまざまな仏事に関与した。この間一〇〇三年(長保五)権少僧都、のち権大僧都に昇る。没後に権僧正を追贈。後世源信の恵心流と並ぶ檀那流の祖とされた。

かくえん【覚円】 1031～98.4.16 宇治僧正とも。平安後期の天台宗僧。藤原頼通の子。園城寺明尊のもとで出家、顕密両教を学ぶ。一〇五四年(天喜二)権少僧都、六三年(康平六)園城寺長吏、翌々年大僧正となる。七七年(承暦元)天台座主の勅命をうけたが、延暦寺門徒の反対により三日で辞任、かわって法勝寺別当となる。以後しばしば宮中で修法を行い験があったという。宮廷や貴族の信任厚く、九六年(嘉保三)一月には牛車宣旨を賜った。

がくおうぞうきゅう【岳翁蔵丘】 生没年不詳。室町後期の画僧。幕府御用絵師周文の弟子として画風を継承。水墨山水画に優れた作品をのこし、周文の後継者のなかでは特筆すべき画家の一人。詳しい経歴は不明だが、京都五山の禅僧、とくに了庵桂悟との交友が深く、ほぼ同時期に禅林周辺で活動したと思われる。史料や現存作品により、一四八六年(文明一八)以前の制作が確認され、一五一四年(永正一一)頃までの制作が知られる。

かくか【覚哿】 生没年不詳。聖徳太子の師。太子は外典(仏教以外の書籍)を博士覚哿に学んだとされるが、詳細は不明。五経博士の一人か。一三世紀前半成立の「聖徳太子伝暦」は学架と記す。「聖徳太子伝私記」には「五徳博士学呵」とあり、物部守屋との交戦にも参加したとするが、伝承である。

かくかい【覚海】 1142～1223.8.17 南勝(証)房・和泉法橋とも。平安後期～鎌倉前期の真言宗僧。和泉守雅隆の子という。但馬国養父郡出身。醍醐寺定海のもとで出家して灌頂をうけたが、師の没後に郷里与光寺に戻る。のち高野山に上り寛秀から灌頂をうけ、華王院を開創、講学に努めた。この間、随心院の親厳と石山寺の朗澄からも灌頂をうけた。一二一七年(建保五)高野山検校となり、金峰山との堺相論に奔走。「法語」が残る。

かくぎょうほっしんのう【覚行法親王】 1075.4.-～1105.11.18 覚念・中御室とも。真言宗仁和寺の第三世門跡。白河天皇の皇子。母は藤原経平の女経子。仁和寺に入り一〇八五年(応徳二)性信のもとで出家・受戒。性信没後に仁和寺寺務、ついで寛意から灌頂をうけ、九八年(承徳二)円宗・法勝両寺検校となる。翌年親王宣下をうけ最初の法親王となった。一一〇二年(康和四)尊勝寺落慶供養の導師を勤め、同寺長吏となる。著書「一字金輪口決」「中御室御口伝」。

かくけん【覚憲】 1131～1212.12.27　宝積院僧正・壺坂僧正とも。鎌倉初期の興福寺法相宗僧。藤原通憲の子。興福寺に入り蔵俊のもとで法相唯識を学び、藤原頼長から将来を嘱望された。平治の乱後、父に連坐し伊豆(伊予とも)に配流されたが、一一七五年(安元元)大安寺別当となる。八〇年(治承四)興福寺権別当、八九年(文治五)正別当となり、同寺復興に努めた。九〇年(建久元)権僧正となり、九五年壺坂寺に隠棲。唯識論の注解に多大の功績を残し、その説は「成唯識論同学鈔」に「壺坂御義」としてみえる。

かくげん【覚彦】 1639.11.-～1702.6.27　江戸中期の真言宗の僧。名は浄厳。妙極堂・三等子と号す。河内国生れ。新安祥寺流の祖。一六四八年(慶安元)高野山で出家。五八年(万治元)南院良意から安祥寺流の許可をうける。畿内に盛んに講筵を開き、九一年(元禄四)将軍徳川綱吉・柳沢吉保の喜捨により霊雲寺を建立。

かくざん【廓山】 1572～1625.8.26　江戸前期の浄土宗鎮西派の学僧。字は一実。定蓮社正誉と号す。甲斐国生れ。甲府尊体寺で出家し、芝増上寺一一世円也・一二世存応に師事。一六〇八年(慶長一三)江戸城内で同門了的とともに日蓮宗徒日経らと宗論して説破。徳川家康の崇敬をうけ、生母於大を葬る江戸小石川伝通院の中興開山となる。駿府でも家康に仕えて講説し、浄土宗諸法度の草案作成にあたった。二二年(元和八)増上寺一三世に就任。

かくさんに【覚山尼】 1252.7.4～1306.10.9　執権北条時宗の夫人。父は秋田城介安達義景。母は北条時房の女。一二六一年(弘長元)一歳年上の時宗と結婚、堀内殿とよばれた。一〇年後貞時を生む。日蓮が竜口の法難で斬罪から佐渡流罪に減刑されたのは、貞時懐妊中のためといわれる。時宗が死ぬ直前にともに無学祖元を師として落飾して覚山志道と号する。翌年、鎌倉に松岡山東慶寺を開創し、勅許をえて縁切寺として女人救済の寺法を定めた。

かくじょ【覚助】 ❶1013～63.11.11　平安中期の天台宗僧。在京大夫藤原道雅の子。京都出身。園城寺で行円・心誉に密教を学び花王院住職となる。大納言源経長の妻の病気平癒を祈って験があったといい、また花王院で冷泉を湧かせて法泉房と称されたと伝える。一〇六二年(康平五)四天王寺別当となる。

❷?～1077.10.-　平安中期の仏師。定朝の子または弟子という。一〇五九年(康平二)の法成寺阿弥陀堂・五大堂の造仏が事績の初見。六七年(治暦三)興福寺金堂などの造仏で法橋に、翌年法眼となる。七七年(承暦元)に法勝寺造営中に没したが、その後を弟子の院助が完成。七条仏所の祖。現存作例は知られていない。

かくじょ【覚恕】 1521.12.18～74.1.3　戦国期の天台宗の僧。京都生れ。父は後奈良天皇、母は壬生雅久の女伊予局。一五二五年(大永五)延暦寺曼殊院門跡において得度し、三七年(天文六)同門跡を相続した。五七年(弘治三)准三宮の宣下をうけて金蓮院准后と称し、七〇年(元亀元)戦国末期の混乱期に天台座主一六六世となったが、翌年織田信長の延暦寺の焼打にあった。

かくじょう【覚盛】 1194～1249.5.19　鎌倉中期の律宗の僧。号は学律房・窮情房。諡号は大悲菩薩。大和国生れ。興福寺で出家、常喜院に住して戒律を学んだ。一二三六年(嘉禎二)叡尊・円晴・有厳らと東大寺で自誓受戒して戒律を復興した。四条天皇をはじめ皇族や公卿に菩薩戒を授け、四四年(寛元二)唐招提寺に入って律学の興隆に努め、中興の祖、鑑真の再来などといわれた。弟子に良遍・証玄・円照らがいる。

かくしょうにゅうどうしんのう【覚性入道親王】 1129.閏7.20～69.12.11　紫金台寺御室・泉殿御室とも。真言宗仁和寺の第五世門跡。鳥羽天皇の皇子。母は藤原公実の女待賢門院璋子。親王宣下後に仁和寺に入り、覚法のもとで出家し灌頂をうけた。法名は信法、のち覚性と改める。仁和寺・法勝寺などの検校を勤め、一一五三年(仁平三)仁和寺寺務、さらに尊勝寺・四天王寺などの検校を勤める。六七年(仁安二)はじめての総法務に任じられて綱所を賜った。修法の声名高く、詔をうけて孔雀経法や尊勝法を二四回修したという。

かくしん【覚心】 1207～98.10.13　鎌倉時代の臨済宗の僧。道号は無本、法諱は覚心、心地とも号す。信濃国生れ。俗姓は常澄氏。一五歳で仏門に入り、一二三五年(嘉禎元)東大寺で受戒。高野山で修学し、三九年(延応元)禅僧の退耕行勇に従い鎌倉の寿福寺に移る。上野国長楽寺の栄朝などに師事し、四九年(建長元)入宋。無門慧開に参禅して印可され、五四年帰国。亀山・後宇多両上皇の信頼を得て法灯禅師の諡号を与えられたため、この門流を法灯派という。著書「法灯国師坐禅儀」。

かくしんに【覚信尼】 1224～83?　親鸞の末娘。母は恵信尼。俗称「わうごぜん」(王御前)。常陸国生れ。父親鸞の帰洛にともなって上京し、久我通光の女房となり兵衛督局とよばれた。日野広綱に嫁して覚恵・光玉尼を生み、夫と死別後、小野宮禅念と再婚して唯善を生む。親鸞没後、直弟顕智らの協力を得て、京都東山大谷に御影堂を建立し初代留守職となり、本願寺の基礎を築いた。

かくじんにゅうどうしんのう【覚深入道親王】 1588.5.5～1648.閏1.21 真言宗仁和寺の第二一世門跡。後陽成天皇第一皇子。名は良仁。母は権大納言中山親綱の女典侍親子。豊臣秀吉の計らいで皇位継承者として遇されていたが、父天皇は三宮(後水尾天皇)に譲位することにしたため、一六〇一年(慶長六)仁和寺真光院に入室、得度させられた。仁和寺門跡をつぎ、寺域を双ケ丘西麓から現在地へ移し、応仁・文明の乱で焼失した伽藍の復興に努めた。同寺の中興と称される。

かくちょう【覚超】 960～1034.1.24 兜率先徳とも。平安中期の天台宗僧。俗姓巨勢氏。和泉国出身。良源・源信のもとで天台教学を学び、慶円のもとで密教を学ぶ。はじめ兜率院ついで横川首楞厳院に住し著述に努める。また最勝講講師や東三条院法華八講の聴衆を勤め、一〇二九年(長元二)権少僧都となる。密教に優れ、のち台密の川流の祖とされた。著書「東西曼荼羅抄」など密教関係多数。

かぐつちのみこと【軻遇突智命】「古事記」では迦具土神。別名は火之夜芸速男神・火之炫毘古神とも。イザナキ・イザナミ二神の神生みの最後に生まれた火の神。カグはちらちら揺れる火、ツは連体助詞、チは霊の意。この神を生んだイザナミは陰部を焼かれ死に、怒ったイザナキが剣で火神の首を斬った結果、多くの神々が出現した。「日本書紀」では一書にのみみえ、火産霊ともまたたんに火神などとも記される。鎮火祭祝詞には火結神とある。

かくにょ【覚如】 1270.12.28～1351.1.19 鎌倉末～南北朝期の浄土真宗の僧。京都生れ。父は覚恵、母は周防権守中原某の女。親鸞の曾孫。幼名は光仙、諱は宗昭。毫摂と号する。一二八六年(弘安九)出家し、翌年親鸞の孫如信から他力法門を伝授される。「親鸞聖人伝絵」「拾遺古徳伝」「口伝鈔」「改邪鈔」など多くの著述により、法然の正統な後継者としての親鸞と浄土真宗内における本願寺教団の優位性を主張した。一三一〇年(延慶三)本願寺御影堂留守職三代を安堵された。伝記に「慕帰絵詞」がある。

かくにん【覚仁】 生没年不詳。平安末期の東大寺僧。同寺上座威儀師慶寿の子。一一三二年(長承元)以前に威儀師となり、六五年(永万元)の役務停止まで東大寺荘園の拡大や再興に功績をあげた。伊賀国黒田荘・大和国高殿荘をめぐり、目代や興福寺西金堂衆などと争ったが、僧綱を背景にした政治力と弁舌で有利に決着させ、相手方から「南京の悪僧」と評された。みずからも大和国清澄荘田を寄進し、一一二七年(大治二)の東寺炎上では「十二天画像」「五大尊画像」を修理した。

かくばん【覚鑁】 1095～1143.12.12 平安後期の真言宗僧。肥前国藤津荘の総追捕使伊佐平次兼元の子。寛助のもとで広沢流を受法。のち高野山に上り、鳥羽上皇の帰依をうけて伝法院を、ついで一一三二年(長承元)大伝法院を開創、山内に一大勢力を形成した。翌年小野流の定海・寛信および園城寺の覚猷らから受法し、密教諸流を総合した伝法院流を開いて事相の統一を図った。三四年大伝法院院主と金剛峰寺座主を兼任したが、高野山金剛峰寺方と対立し、山内の反覚鑁運動によって四〇年(保延六)一党とともに根来山に移住。「興教大師全集」にみられるその教学は、密教を統合するとともに阿弥陀如来と大日如来の同体を説き、はじめて真言密教に浄土教をとりこんだ。のちに新義真言宗の開祖とされ、江戸時代に興教大師と追号された。

かくほうほっしんのう【覚法法親王】 1091.12.29～1153.12.6 高野御室・勝蓮華寺獅子王宮とも。真言宗仁和寺の第四世門跡。白河天皇の皇子。母は源顕房の女師子。兄覚行のもとで出家受戒し、法名は真行のち行真、さらに覚法と改める。一一〇五年(長治二)覚行没後に仁和寺寺務となる。寛助・範俊から灌頂をうけ、一二年(天永三)親王宣下。三九年(保延五)みずからの観音院を御願寺として東寺に準じる灌頂会開催を勅許された。翌々年鳥羽上皇受戒の師となる。皇子誕生や天皇の病気平癒に孔雀経法を修した。事相に詳しく仁和寺御流を創唱。

かくまつじゃく【郭沫若】 Guo Moruo 1892.11.16～1978.6.12 中国近代の文学者・歴史家・政治家。四川省出身。一九一四年(大正三)来日、二三年九州帝国大学医学部を卒業後帰国。二六年北伐に参加。二八年(昭和三)再来日。三七年七月帰国。抗日文化活動を積極的に展開。四九年の中華人民共和国成立後は、中央人民政府委員などの要職をへて全人代副委員長・政協全国委員会副主席を歴任。六三年には中日友好協会名誉会長に就任。著書「郭沫若自伝」「中国古代社会研究」。

かくみょう【覚明】 ⇨孤峰覚明

かくむそう【郭務悰】 生没年不詳。七世紀後半の唐の官人。百済駐留の唐軍から日本へ派遣され、「日本書紀」には天智三年(六六四)・四年・一〇年の三度にわたる来朝記事がある。白村江の戦後の日唐関係を調停するために来日したと思われるが、六七一年には二〇〇〇人を率いて来朝し、軍事的威圧を伴ったらしい。百済駐留の唐軍が新羅の離反に備えて採用した対日政策の使者であったといえる。

かくめい【覚明】 1718.3.3～86.6.- 江戸中期の御嶽講の行者。尾張国春日井郡生れ。貧しい農家の出身で、行商をしながら生活し、諸国巡歴の旅にでるうち、一七八五年(天明五)木曾御嶽登拝を試みた。当時御嶽は、百日精進をへないと登山できない重潔斎の掟があったが、覚明は木曾谷の多くの信者を連れて無許可のままで登った。それを契機に軽精進登山が普及した。その後木曾谷にかぎらず関東・中部・関西方面からも多くの講中が登拝するようになり、覚明は御嶽信仰伝播に大きな役割をはたしたと評価された。

かくゆう【覚猷】 1053～1140.9.15 鳥羽僧正・法輪院僧正とも。平安後期の天台宗僧。大納言源隆国の子。覚円に師事。頼豪に灌頂をうけた。鳥羽上皇の好遇を得て護持僧を勤め、鳥羽殿御堂(証金剛院)、ついで園城寺法輪院を創建して住した。一〇七九年(承暦三)法成寺修理別当の賞により法橋となる。それ以降、絵画活動がみえ、図像の収集に努めたほか画技にも腕をふるい、「古今著聞集」には「ちかき世にはならびなき絵書」と評された。醍醐寺蔵「不動明王立像」や「信貴山縁起絵巻」「鳥獣人物戯画」はその筆になるといわれる。一方、天王寺・証金剛院・梵釈寺・法勝寺などの別当を歴任。一一三四年(長承三)大僧正、翌年園城寺長吏、三八年(保延四)天台座主となった。

カクラン ⇨コクラン

かけい【夏珪】 夏圭とも。生没年不詳。中国の南宋の画家。字は禹玉。銭塘(現、浙江省杭州)生れ。寧宗の翰林図画院の待詔。馬遠とともに、南宋後半の院体山水画(宮廷山水画体)を代表する。北宋末の李唐を学び、山水の形式的な美しさを強調し、詩的情趣の表現を特徴とする。日本にも南北朝期から輸入され、水墨画に大きな影響を及ぼした。代表作「風雨舟行図」。

かけい【荷兮】 1648～1716.8.25 江戸前期の俳人。山本氏。本名周知。名古屋藩士で、致仕後は名古屋で医を業とした。一六七二年(寛文一二)貞門一雪編「晴小袖」に入集し、七七年(延宝五)談林派兼頼編「熱田宮雀」に入集し、名古屋俳壇での地位を確立。八四年(貞享元)芭蕉を名古屋に迎え、「冬の日」五歌仙を興行、編集。八六年「春の日」、八九年(元禄二)「あら野」を刊行したが、九三年「曠野後集」で古風に復帰し、芭蕉や蕉門俳人と離反した。

かけいかつひこ【筧克彦】 1872.11.28～1961.2.27 明治後期～昭和前期の法学者。長野県出身。東大卒。一八九八年(明治三一)ドイツ留学。一九〇三年東京帝国大学法科大学教授となり、行政法講座などを担当。古神道を基礎とする天皇中心の法理学・国家論を唱えた。三三年(昭和八)退官。太平洋戦争下の超国家主義に多大な影響を与えた。著書「大日本帝国憲法の根本義」。

かげささだあき【影佐禎昭】 1893.3.7～1948.9.10 昭和期の軍人。陸軍中将。広島県出身。陸軍士官学校(二六期)・陸軍大学校卒。陸軍内の中国通の一人。参謀本部支那班長・上海駐在武官などをへて、一九三七年(昭和一二)から参謀本部支那課長・同謀略課長となり、汪兆銘工作に携った。四〇年汪政権樹立にあたり軍事顧問に就任。その後第三八師団長としてラバウルに出征、敗戦を迎えた。

かげじんえもん【鹿毛甚右衛門】 ?～1731.11.- 江戸中期の水利功労者。筑後国御井郡高島村の庄屋。鏡村庄屋高山六右衛門と協力し、水利の乏しい御井・御原二郡に用水堰を計画。甚右衛門は金銀支払役を命じられ、一七一二年(正徳二)床島堰を完成。この結果二郡内に水田一五〇〇町歩余が開発された。

かげなが【景長】 刀工の名。古刀期を中心に同名が多い。因幡小鍛冶と称される因州景長の祖は京都の粟田口派の吉光門で、鎌倉末期頃因幡に下ったという。作品は南北朝期と鑑定されるものもあるが、年紀は応永九年(一四〇二)からである。「因幡国千二沢住」の銘があり、現在の鳥取県国府町宇部野宮下銭ケ谷にあたるという。古刀期を通じて銘跡が続いた。

かげみつ【景光】 刀工の名。同名が多いが、備前長船派の景光と加賀の景光が著名。前者は鎌倉末期に活躍。長光の子で、兼光の父、景政の師。左兵衛尉または左衛門尉。名工として多くの作品を残し、小竜景光をはじめ国宝三、重文一三を数える。直接の関係は不明だが、その後、長船には同名の刀工が室町時代を通じて存在した。後者は通称加州景光。南北朝期の真景の子を初代とし、室町時代まで数代が知られる。

かげやまひでこ【景山英子】 ⇨福田英子

かげやままさはる【影山正治】 1910.6.12～79.5.25 昭和期の国家主義者・歌人。愛知県出身。国学院大在学中から右翼団体で活動し、一九三二年(昭和七)大日本生産党の中央委員となる。翌年の神兵隊事件に連坐。三九年に大東塾を創設、重臣暗殺計画を企てるが失敗した。第二次大戦後の四六年に短歌雑誌「不二」を創刊、五四年に大東塾を再建。

ガーゴ Balthasar Gago 1515～83.1.9 ポルトガル人イエズス会宣教師。ザビエルによって日本に派遣され、一五五二年(天文二一)豊後着。大友宗麟の保護のもとに豊後を中心に、山口・平戸・博多で布教。教会用語改革を行い、用語の一部の仏教語を廃してポルトガル語やラテン語を導入。ザビエルが鹿児島で編纂した小カテキズモ(教理問答書)を改訂、「二十五箇条」とよばれる教理書を編んだ。六〇年(永禄三)日本を去り、インドで布教、ゴアで没した。

かごさかおう【麛坂王】 香坂王とも。記紀伝承上の人物。仲哀天皇の皇子。母は大中姫。仲哀天皇と神功皇后の朝鮮出兵準備中に天皇が死に、その後皇后に皇子(応神天皇)が生まれたことを聞いた麛坂王は、皇位継承権を奪われることを恐れ、同母弟の忍熊王とともに天皇の山陵造営と称して人を集め、兵器をもたせて皇后を迎え討つ用意をした。しかし、この企ての成否を占おうとして行った狩の最中、猪に襲われて死んだ。弟はなお皇后を討とうとしたが、あざむかれて殺されたと伝える。

かこつるど【賀古鶴所】 1855.1.2～1931.1.1 明治期の医者。耳鼻咽喉科学の創始者。浜松藩医賀古公斎の長男。一八七二年(明治五)第一大学区医学校に入学、八一年東大医学部を卒業、陸軍軍医となる。八八年山県有朋に随行して渡欧し、ベルリンで耳鼻咽喉科学を学ぶ。九二年東京神田小川町に賀古耳科院を開業し、軍務のかたわら診療を行った。吃音の矯正を最初に試みた人でもある。日露戦争後に軍医監。

かさいきよさだ【葛西清貞】 ?～1350.3.16? 南北朝期の武将。清宗の子。武蔵守。法名円蓮。陸奥国牡鹿郡石巻を本拠に南朝方に属した。一三三七年(建武四・延元二)北畠顕家に従って上洛、畿内を転戦。翌年顕家戦死後に帰国。四〇年(暦応三・興国元)顕家の弟顕信を牡鹿郡に迎え、陸奥国府の奪還をはかった。四五年(貞和元・興国六)には斯(紫)波郡の北朝方と戦っているが、以後の消息は不明。

かさいきよしげ【葛西清重】 1162～1238.9.14 鎌倉前期の武将。右兵衛尉。桓武平氏秩父氏流の豊島清光の子。下総国葛西御厨に住み葛西氏を称する。一一八〇年(治承四)源頼朝に従って平家追討に参加。八九年(文治五)奥州合戦に従い、藤原氏討滅後、奥州惣奉行として陸奥国御家人の統率や戦後処理を行い、平泉郡内検非違所を支配する。頼朝の信任が厚く、その死後も宿老として重んじられた。

かさいし【葛西氏】 中世陸奥国の豪族。桓武平氏。下総国葛西御厨からおこる。豊島権守清光・葛西三郎清重父子は、源頼朝に従って功をあげた。清重は奥州平定に従軍して陸奥国に所領を獲得、奥州惣奉行に任じられた。南北朝期には、清宗・清貞父子が南朝方として活躍。戦国期、伊達氏と結び伊達稙宗の子晴胤を継嗣としたが、子の晴信は豊臣秀吉の小田原攻めに参陣しなかったため改易され滅亡。

かさいしんいち【笠井信一】 1864.6.19～1929.7.25 明治・大正期の行政官。駿河国生れ。東大卒。一九一四年(大正三)岡山県知事となり、一六年の地方長官会議を契機に済世顧問制度制定にむけ県下貧民調査を行う。一七年岡山県訓令「済世顧問設置規定」を公布。救貧より防貧を志向し、のちの方面委員・民生委員制度に影響を及ぼす。二一年貴族院議員。著書「済世顧問制度之精神」。

かさいぜんぞう【葛西善蔵】 1887.1.16～1928.7.23 大正期の小説家。はじめ歌棄と号す。青森県出身。若くして貧窮生活を送るが、すべてを犠牲にしつつ孤独の中で芸術の完成をめざした。破滅型の私小説作家として知られる。一九一二年(大正元)同人誌「奇蹟」を創刊し、「哀しき父」を発表。一八年「子をつれて」で注目された。後期作品に心境小説「湖畔手記」などがある。

かさいはるのぶ【葛西晴信】 1534?～97.4.19? 戦国期～織豊期の武将。陸奥国寺池城(現、宮城県登米町)城主。現在の宮城県北部から岩手県南部を勢力圏とした。隣接する大崎氏と抗争し、伊達氏と提携。一五九〇年(天正一八)豊臣秀吉の関東出兵に際して相模国小田原に出頭せず、まもなく豊臣軍の陸奥進攻により降伏、所領を没収され名門葛西氏は滅亡。前田利家に保護されて加賀国におもむき、同国で客死したというが、晩年については諸説ある。

かさのいらつめ【笠女郎】 生没年不詳。万葉第四期の歌人。笠朝臣氏の出と推測されるが未詳。大伴家持と七三三年(天平五)頃から恋愛関係にあり、「万葉集」に残る短歌二九首はいずれも家持に贈ったもの。家持は冷淡であったらしく、残っているのは女郎の「相別れし後更に来贈する」歌に答えた二首にすぎない。「万葉集」巻四の二四首はそうした片恋の顛末を反映し、ときに機知や悪態を交えつつ、苦しい思いを真摯につづった作が多い。

かさのかなむら【笠金村】 生没年不詳。奈良時代の歌人。朝臣姓。「万葉集」にのべ四五首を残す。七一五年(霊亀元)の志貴親王挽歌から七三三年(天平五)の「贈入唐使歌」まで年次の明らかな作は、前後一九年にわたる。とくに神亀年間に長歌六首を作り、車持千年・山部赤人と並んで活躍した。「万葉集」の巻六は天武朝を「神代」と歌う金村の歌を冒頭におき、金村・赤人ら行幸従駕の歌群を載せ、聖武朝開始期の高揚をうかがわせるものとなっている。

かさのまろ【笠麻呂】 生没年不詳。奈良前期の官人。のちに僧。姓は朝臣。美濃守として吉蘇道の開削に尽力した功により、七一四年(和銅七)封戸・功田を賜った。長く美濃守を勤め、養老改元に際して従四位上に昇る。七二一年(養老五)元明太上天皇の病に際して出家し、満誓(沙弥満誓)と名のる。のち九州に派遣されて筑紫観世音寺の建立に従事し、当時大宰帥であった大伴旅人と交流をもった。

かさはらのおみ【笠原使主】 生没年不詳。六世紀の地方豪族。姓は直。「日本書紀」安閑元年条は、武蔵国造をめぐって同族小杵と争い、小杵が上毛野君小熊に援軍を頼んだのを知り、大和朝廷に訴えて武蔵国造になったと伝える。その後、朝廷に横渟・橘花・多氷・倉樔の四カ所を献上し、四屯倉が設置されたという。

かさはらはくおう【笠原白翁】 1809.5.-~80.8.23 江戸後期の蘭方医。名は良、字は子馬、通称良策。越前国足羽郡生れ。はじめ京都で古医方を学んだが、同地で蘭方医の大武了玄、ついで日野鼎哉に学んだ。一時帰国したが、一八四五年(弘化二)京に戻った際、清の邱浩川著の「引痘新法全書」を読んで西洋種痘術を知り、その導入に意欲を燃やした。四九年(嘉永二)痘苗の入手に成功。福井にもち帰って同地に除痘館を開設した。著書「牛痘問答」。

かさまつけんご【笠松謙吾】 1838.12.-~72.2.18 幕末・維新期の倒幕派志士。越後国生れ。江戸で安積艮斎に学び、昌平黌に入る。倒幕運動に参加し、一八六六年(慶応二)会津征討を東北諸藩に遊説したが、翌年発覚し失敗。戊辰戦争に参加。明治維新後柏崎県に建言し、川浦郷学を設立。地域教育に尽力した。

かざみあきら【風見章】 1886.2.12~1961.12.20 昭和期の政治家。茨城県出身。早大卒。大阪朝日新聞社、信濃毎日新聞社をへて、一九三〇年(昭和五)衆議院議員に当選、立憲民政党に属した。翌年脱党し、三二年安達謙蔵・中野正剛らと国民同盟を結成、三六年無所属となる。新体制運動をおこし、第一次近衛内閣の書記官長、第二次近衛内閣の法相となる。第二次大戦後の四六年公職追放。追放解除後衆議院議員に当選、五五年には左派社会党に入り、党の統一などに貢献した。

かさもりおせん【笠森お仙】 1751~1827.1.29 江戸谷中の笠森明神の水茶屋鍵屋で働いていた茶屋女。明和の三美人のひとり。一一~一二歳で父親の営む鍵屋を手伝いはじめ、その美しさがたちまち評判になった。数多くの錦絵や絵草紙・読売などにとりあげられ、なかでもお仙を好んで描いた鈴木春信の錦絵は有名。その後、幕臣の倉地政之助と結婚し数人の子供をもうけた。

かざんいんけ【花山院家】 藤原氏北家師実流の嫡流(花山院流)。清華家。平安後期の藤原師実の次男家忠に始まる。家名は、家忠が父師実から譲りうけた邸宅花山院にちなむ。家忠の孫忠雅が太政大臣、その子で後白河上皇近臣の兼雅が左大臣に進み、清華家としての家格を確立。嫡流は北朝に仕えたが、支流の師信とその子師賢は後醍醐天皇の側近で、子孫は南朝に仕えた。江戸時代の家禄はおおむね七一五石余。書道・笙の家。江戸前期の定誠は武家伝奏、孫の常雅は議奏を勤めた。維新後、忠遠のとき侯爵。

かざんいんただなが【花山院忠長】 1588.9.5~1662.9.26 江戸前期の公家。定煕の次男。母は朝倉義景の女。一六〇九年(慶長一四)七月他の公家衆とともに女官と密会、遊興にふけったことが露顕して解官・蟄居。さらに後陽成天皇の意向をうけた幕府によって、一一月松前に配流、のち津軽に移された。三六年(寛永一三)八月勅免になり武蔵国に住し、落飾して浄屋と号した。五二年(承応元)帰京。

かざんいんただまさ【花山院忠雅】 1124~93.8.26 平安末~鎌倉初期の公卿。忠宗の次男、母は藤原家保の女。花山院太政大臣・粟田口太政大臣と称する。一一二九年(大治四)従五位下。右少将・蔵人頭・参議・大納言・内大臣などをへて、六八年(仁安三)従一位太政大臣。朝政に明るく、また嫡子兼雅の妻が平清盛の女という関係もあり、異例の昇進をとげた。七〇年（嘉応二）には官職を辞し、八五年(文治元)出家、法名理覚。

かざんいんながちか【花山院長親】 1345?~1429.7.10 南北朝期~室町中期の公卿・歌人。法名は子晋明魏。南禅寺耕雲庵を営んで耕雲と号した。父は家賢。南朝に仕え内大臣に昇るが、一三九二年(明徳三・元中九)までに吉野を離れて流浪。応永初年に洛北妙光寺で出家し、将軍足利義持のもとで文壇を指導した。家集はなく和歌は「耕雲千首」「雲窓賸語」「新葉和歌集」「新続古今集」に残る。著書に歌論書「耕雲口伝」や「耕雲紀行」「霊巌寺縁起」「倭片仮字反切義解」など。「源氏物語」を書写した耕雲本がある。

かざんいんもろかた【花山院師賢】 1301~32.10.- 鎌倉後期の公卿。父は師信、母は僧恵一の女。後醍醐天皇に重用され、一三二七年(嘉暦二)正二位大納言となる。三一年(元弘元)元弘の乱で後醍醐天皇が奈良に脱出すると、幕府軍をひきつけ、山門(延暦寺)の衆徒を味方につけるため、天皇に変装し比叡山に入ったが、衆徒の組織化に失敗し天皇のいる笠置に移動。同年九月の笠置陥落後

●● 花山院家略系図

```
家忠―忠宗┬忠雅―兼雅―忠経┬定雅―通雅―家教―家定―長定―兼定―通定―忠定―持忠┬定嗣＝政長……定煕┬忠長―定逸
          └忠親[中山]      └師継―師信―師賢―家賢―長親                      └政長             ├定好……忠遠(侯爵)
                                                                                              └定逸[野宮]
```

に捕らえられ出家、法名素貞。翌年下総へ流罪となり千葉貞胤に預けられ、配所で病死。

かざんいんもろのぶ【花山院師信】 1274～1321.11.1　鎌倉後期の公卿。父は師継。後宇多院政のもとで伝奏・評定衆を勤め、後宇多の皇子尊治親王(後醍醐天皇)の春宮大夫となるなど大覚寺統の側近として活躍。一三一九年(元応元)二度目の後宇多院政(天皇は後醍醐天皇)期に内大臣に任じられた。歌人としても活動し、「新後撰集」などに入集。

がさんじょうせき【峨山詔碩】 1275～1366.10.20　鎌倉後期～南北朝期の曹洞宗の僧。総持寺二世。能登国生れ。一六歳のとき比叡山で出家し、円宗のもとで天台教学を学んだ。一二九七年(永仁五)上洛中の瑩山紹瑾にめぐりあい、九九年(正安元)に加賀大乗寺の瑩山のもとを訪れ、一三〇六年(徳治元)印可をうけた。二一年(元亨元)師から血脈を授けられ、翌年総持寺二世となり曹洞宗発展の基礎を築いた。

かざんてんのう【花山天皇】 968.10.26～1008.2.8　在位984.8.27～986.6.23　冷泉天皇の第一皇子。名は師貞。母は藤原伊尹の女懐子。九六九年(安和二)円融天皇践祚の日に二歳で立太子し、一七歳で践祚。しかし在位一年一〇カ月で突然内裏を抜けだし、出家した。これは一条天皇の即位を急いだ藤原兼家の陰謀といわれる。その後は播磨国書写山の性空などのもとで仏道に励み、また和歌などの諸芸に多才ぶりを示した。「拾遺和歌集」の撰者といわれる。

かじいもとじろう【梶井基次郎】 1901.2.17～32.3.24　大正末～昭和前期の小説家。大阪市出身。東大中退。一九二〇年(大正九)以降持病の肋膜炎に苦しむ。同人誌「青空」に「檸檬」「城のある町にて」を発表。伊豆湯ケ島で療養し川端康成と知り合う。「冬の日」「冬の蠅」「筧の話」「闇の絵巻」など散文詩風の清澄な短編を発表。没後評価が高まり、安岡章太郎らの作風に影響を与えた。

かじかわきゅうじろう【梶川久次郎】 生没年不詳。江戸中期の蒔絵師。江戸中橋檜物町に住む。寛文年間、徳川将軍家に仕えた梶川彦兵衛に師事し、印籠蒔絵を得意とした。作風は、金の薄肉高蒔絵を基調とした堅実・華麗なもので、底に「梶川作」の蒔絵銘と朱の壺印を書きこむのを定型とする。代表作は桃鳩蒔絵印籠(東京国立博物館蔵)。

かじたはんこ【梶田半古】 1870.6.25～1917.4.23　明治・大正期の日本画家。東京都出身。四条派の鍋田玉英に学び、菊池容斎に私淑する。日本青年絵画協会創立に参加し、以後同展に出品。のちに日本画会を結成、巽画会でも活動した。故事に通じ風俗画を得意として、新聞小説の挿絵も多く描いた。門下に前田青邨・小林古径・奥村土牛ら。代表作「青宵怨」。

かじつねきち【梶常吉】 1803.5.5～83.9.20　江戸後期～明治初期の七宝作家。名古屋藩士の家に生まれ、独学で七宝技術を学ぶ。その研究の成果が藩主徳川慶勝に認められ、名古屋藩お抱えの職人となり、一八五〇年(嘉永三)七宝の制作工房を開く。多くの後進を育てたことで知られ、なかには愛知県七宝町に七宝生産の基盤を築いた林庄五郎なども含まれる。

かじのじんのすけ【梶野甚之助】 1859～?　自転車製造業の開祖。相模国生れ。質商から時計商に転じ、一八七九年(明治一二)頃横浜蓬萊町に工場を設けて木製自転車の製造を開始、八八年高島町に工場を移転した。当初アメリカから部品を輸入したが、のち車輪・ハンドルなども自家生産して盛んに製造し、一部はアジア地域へ輸出した。

かじばしかのう【鍛冶橋狩野】 江戸時代の狩野派の奥絵師四家の一つ。一六一七年(元和三)江戸幕府の御用絵師となった狩野探幽が、二一年に江戸鍛冶橋門外に屋敷を拝領したのが名前の由来。実質的には探幽に始まるが、系図上はその父孝信を初代とする。探幽は瀟洒淡泊な江戸狩野様式を確立、政治力だけでなく画技のうえでも第一人者であったが、子孫はあまり振るわなかった。

かしまうじ【鹿島氏】 鹿島神宮の神職を継承した一族。(1)始祖については不明の点が多く、占部氏やその他の地域豪族がしだいに中臣氏に統合されるかたちで成立したと考えられる。平安時代には大中臣氏に大宮司職、その他の中臣氏により禰宜職などの神職が相伝された。(2)一方、平安末期には常陸大掾氏一族の政幹が鹿島郷に居住して鹿島氏を名のり、源頼朝から鹿島社総追捕使に補任されて以後、幕府御家人として成長。鎌倉末期には大宮司職につく者も現れたが、戦国期に滅亡した。

かしまのりぶみ【鹿島則文】 1839.1.13～1901.10.10　幕末～明治期の神道家。常陸国の鹿島神宮の大宮司家に生まれる。水戸藩の尊王攘夷運動に共鳴、明治期以後は鹿島神宮宮司・伊勢神宮大宮司となった。「古事類苑」の刊行に尽力。

かしままんぺい【鹿島万平】 1822.10.6～91.12.29　幕末～明治期の商人、鹿島紡績所の創立者。江戸生れ。日本橋伝馬町で木綿問屋・繰綿問屋を始め、総代を務めた。幕末開港後は綿花・生糸などを売り込み、三井組社員として東京通商会社で三井の目代を務め、北海道海産物の取引も行った。一八七二年(明治五)鹿島紡績所を開設。最初の民間紡績として出発したため技術面で苦労したが、好成績をあげた。

かじまやきゅうえもん【加島屋久右衛門】 ⇨広岡久右衛門

かじまやせいべえ【加島屋清兵衛】 生没年不詳。江戸中期の大坂米商人。有力な米仲買であったとみられ、一七二七年（享保一二）中川清三郎らによる堂島永来町（えらちょう）御用会所設立や、三〇年の冬木善太郎らによる北浜冬木会所設立など、江戸商人による大坂米穀市場への介入の動きに対して、他の大坂商人とともに反対の運動を主導した。

かじゅうじけ【勧修寺家】 藤原北家高藤（たかふじ）流。藤原高藤が勧修寺内大臣と号したことに始まり、その子定方（さだかた）が京都山科の勧修寺に西堂をたて一門の氏寺としたため、寺号が一門の総称となった。院政期に為房が白河上皇の近臣として活躍し、その子孫が繁栄して名家（めいか）とよばれる家格を形成。鎌倉前期の経房（つねふさ）は公武間に重きをなし、以後多くの分流ができた。その一流で南北朝期の経顕（つねあき）の系統が勧修寺を家号とした。戦国～近世初期に代々伝奏を勤め、教秀（のりひで）は後奈良天皇の、晴右（はれみぎ）は後陽成天皇の外祖父。江戸時代の家禄は七〇八石。江戸後期に議奏・武家伝奏を勤めた経逸（つねとし）の女婧子（ただこ）は仁孝天皇の生母。維新後、顕允（あきこと）のとき伯爵。

かじゅうじただとよ【勧修寺尹豊】 1503～94.2.1 戦国期の公卿。父は尚顕、母は八幡検校法印証清の女。一五一四年（永正一一）元服。二九年（享禄二）蔵人頭。三二年（天文元）参議。四一年権大納言となり、五二年辞職。七二年（元亀三）准大臣、ついで内大臣に任じられたが数日にして辞職。同年出家。法名紹可。一五三三年に関東に下ったのをはじめ、出家後の八五年（天正一三）安芸国に下向するまで、御料所貢租督促のため播磨国・陸奥国・伊勢国などに下向した。

かじゅうじつねあき【勧修寺経顕】 1298～1373.1.5 南北朝期の公卿。父は坊城定資、母は藤原隆氏の女。勧修寺家の祖。初名忠定。一三二九年（元徳元）蔵人頭。翌年参議。四〇年（暦応三・興国元）権大納言。四二年（康永元・興国三）辞したが身分相応の座を確保される。七〇年（応安三・建徳元）内大臣となるが、翌年辞職。光厳（こうごん）・後光厳両上皇の信任あつく、北朝の重鎮と仰がれた。芝山内大臣・勧修寺内大臣と号す。

かじゅうじみつとよ【勧修寺光豊】 1575.12.7～1612.10.27 江戸初期の公家。勧修寺晴豊（はれとよ）の子。母は土御門有脩（つちみかどありなが）の女。一五九九年（慶長四）参議、のち権大納言。江戸時代最初の武家伝奏の一人として知られるが、補任年月日には諸説がある。一六〇三年二月徳川家康の将軍宣下に勅使として伏見城に赴き、二年後の徳川秀忠の将軍宣下の際には上卿（しょうけい）を勤めた。一八年（元和四）内大臣を追贈される。日記「光豊公記」。

かしゅうみんぺい【賀集珉平】 1796.1.15～1871.7.12 江戸後期の陶工。淡路焼の創始者。淡路国生れ。幼名豊七・三輪蔵、成人して三郎右衛門を名のる。珉平は陶工名。京都の陶工尾形周平と出会い、陶業を学び、京焼の技を使って美術品から実用品まで幅広い作陶を行う。光沢のある黄釉・染付・色絵などを得意とした。

カション Mermet de Cachon 1828.9.10～71? パリ外国宣教会の宣教師。日本名は和春。最初中国南部で宣教したが、のち那覇に上陸し日本語を学ぶ。一八五八年（安政五）グロ使節の通訳として初来日。五九年から箱館で仏語塾を開き、栗本鋤雲（じょうん）や塩田三郎らを知る。六四年（元治元）新任公使ロッシュに書記官に任じられ、その片腕として横浜仏語伝習所設立や、軍事顧問団招聘などの幕府支援策に積極的にかかわった。翻訳書

●● 勧修寺家略系図

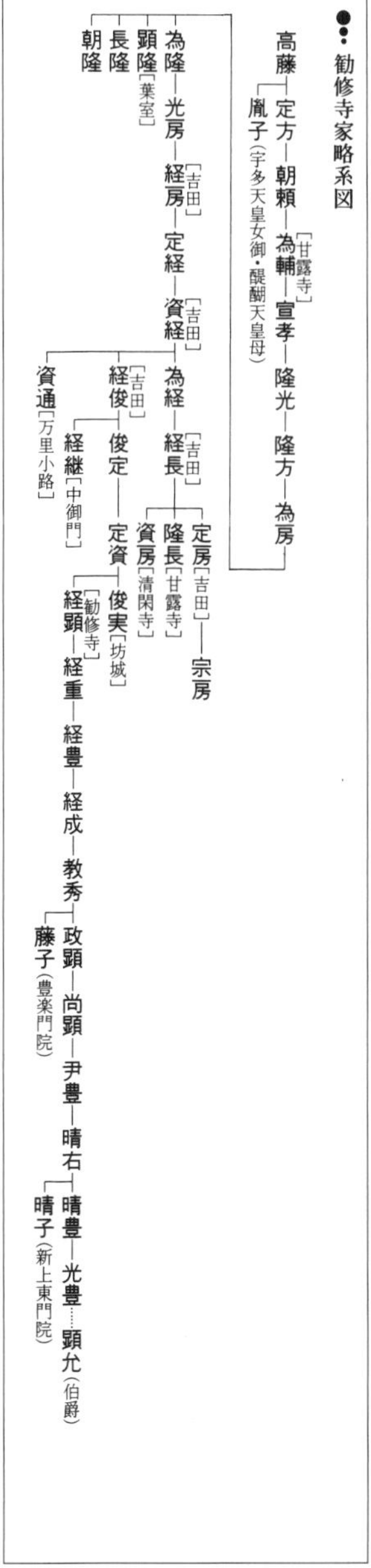

「養蚕秘録」、編書「仏英和辞典」(未完)。

かしわいえん【柏井園】 1870.6.24～1920.6.25 明治・大正期の伝道者・評論家。高知県出身。片岡健吉の設立した高知共立学校卒。一八八七年(明治二〇)日本基督高知教会で受洗。同志社普通学校卒業後、植村正久に認められて明治学院講師となる。のち植村の設立した東京神学社の教頭を務め、「福音新報」に執筆。また「文明評論」の主筆として活動した。

かしわぎぎえん【柏木義円】 1860.3.9～1938.1.8 明治～昭和前期の日本組合基督教会安中(あんなか)教会牧師。越後国生れ。群馬県下の小学校校長を務め、在職中に海老名(えびな)弾正から受洗。同志社在学中に「同志社文学雑誌」を創刊。新島襄に信頼され、卒業後、一八九〇年(明治二三)同志社予備校主任となる。九七年群馬県の安中教会仮牧師となり、翌年「上毛教界月報」を創刊。一九〇二年正牧師になり、三五年(昭和一〇)まで在職。日露戦争のとき非戦論を発表、終生非戦を唱えた。

かしわぎこえもん【柏木小右衛門】 1608～86.7.25 江戸初期の新田開発者。名は吉政・義利。信濃国佐久郡柏木村の土豪。慶安年間小諸藩主青山宗俊の支援をえて用水を計画し、延長一八里の御影用水を開削、御影新田を開いた。灌漑面積は数百町歩に及び、柏木家は開発人という名が与えられ特権をえて存続した。

かしわぎじょてい【柏木如亭】 1763～1819.7.10 江戸後期の漢詩人。名は昶、字は永日、通称門作、如亭は号。幕府小普請方大工棟梁の子。江戸生れ。市河寛斎の江湖(こうこ)詩社で漢詩を学び、詩人として活躍。放蕩のため一七九四年(寛政六)大工棟梁職を辞し、遊歴の詩人となった。信濃・越後・京都・伊勢・備中・讃岐など各地を旅して清新な詩を詠んだが、京都で客死。著作「木工集」「如亭山人藁初集」「如亭山人遺稿」「詩本草」。

かじわたる【鹿地亘】 1903.5.1～82.7.26 大正・昭和期の社会運動家・作家。本名瀬口貢(みつぐ)。大分県出身。東大卒。新人会・日本プロレタリア芸術連盟をへて、一九二八年(昭和三)全日本無産者芸術連盟(ナップ)結成に参加するなど、プロレタリア文学運動を進めた。のち日本を脱出。三八年中国国民党政府に迎えられ対日宣伝に協力し、以後大陸で活動。四六年帰国。五一年一一月在日米軍諜報機関に拉致・監禁された。五二年釈放。直後に「ソ連スパイ網の一員」と名指しされ、電波法違反で起訴。六九年無罪確定。

かしわでうじ【膳氏】 古代の氏族。孝元天皇の孫の大稲輿(おおいなこし)命を始祖とする伴造(とものみやつこ)系の氏。氏の名称は、景行天皇が東国を巡狩した際に大稲輿命の子の磐鹿六鴈(いわかむつかり)命が食膳を供給し、天皇から膳臣(みお)の氏姓を賜ったことに由来すると伝える。六世紀に台頭し、朝廷での食膳供給のほか、対外関係でも種々の使として朝鮮半島諸国との交渉に活躍。六八四年(天武一三)朝臣(あそん)の姓を賜り高橋朝臣氏となった。御食国(みけつくに)としての志摩国守には代々高橋朝臣氏が任じられ、若狭国造は膳臣氏であった。内膳司の長官である奉膳(ぶぜん)二人には高橋氏と安(阿)曇(あずみ)氏から各一人が選ばれたが、その上下関係をめぐり八世紀末～九世紀に両氏族間に争いがおこった。その状況については「高橋氏文(たかはしうじぶみ)」に詳しい。

かしわばらし【柏原氏】 平安中期～鎌倉初期の近江国の豪族。清和源氏。柏原荘(現、滋賀県山東町・伊吹町)の領主で、源満仲の孫頼盛から柏原氏を称した。頼盛・盛実父子は下級官人として朝廷に出仕、盛実の子盛清は一〇八五年(応徳二)柏原荘を醍醐寺円光院に寄進。その後も一族は下級官人として活動。一二〇〇年(正治二)に追討された近江国の住人柏原弥三郎も、この一族であろう。

かじわらかげすえ【梶原景季】 1162～1200.1.20 鎌倉前期の武将。景時の長男。通称源太。父とともに源頼朝に仕え、一一八四年(元暦元)宇治川の戦で佐々木高綱と先陣を争い、一の谷の戦でも奮戦するなど、源義仲や平家との戦いで軍功を重ねた。八五年(文治元)には頼朝の命をうけて上洛し、源義経の動向を調査・報告した。頼朝没後、謀反を企てた父とともに駿河国で敗死。

かじわらかげとき【梶原景時】 ?～1200.1.20 鎌倉初期の武将。相模国鎌倉郡梶原郷(現、神奈川県鎌倉市)が本領。父は鎌倉景清(一説に景長)。通称平三。石橋山の戦で源頼朝の危機を救ったことや、弁舌に巧みだったことから頼朝に重用され、侍所所司として御家人の統制にあたる。一一八三年(寿永二)頼朝の命で上総介広常を殺害。平家追討にも従軍するが、屋島攻撃の際に源義経と作戦上の問題で対立、義経失脚の一因をつくる。八四年(元暦元)には播磨・美作両国の総追捕使(ついぶし)に任じられるが、頼朝の死後、結城朝光を源頼家に讒言(ざんげん)したことから有力御家人層の弾劾をうけ失脚。一二〇〇年(正治二)一月、謀反を企てて上洛をはかるが、駿河国清見関(きよみがせき)(現、静岡県清水市)付近で在地武士の攻撃をうけ敗死。

かじわらし【梶原氏】 平安末～鎌倉初期の相模国の豪族。桓武平氏。景久の代から梶原(現、神奈川県鎌倉市)を本拠として梶原氏を称したという。その曽孫景時は、石橋山の戦の際、源頼朝の危急を救ったことから、鎌倉幕府内で勢力を広げた。景時は巧みな弁舌で源義経を失脚させ、また侍所所司になった。頼朝の死後は諸氏に排斥され、駿河国清見関(きよみがせき)(現、静岡県清水市)で討死。以後、衰退した。

かじわらしょうぜん【梶原性全】 1266～1337.1.22 鎌倉後期の医学者。号は浄観。和気氏の一族とする説、梶原景時の後裔とする説もあるが不明。当時、医療に関する知識は秘伝・秘法として限られた者のみが知りうる傾向にあったが、そうした状況を改めるために「頓医抄」を著して医療の普及をめざした。また子孫のために最新医療情報を加えて「万安方」を著した。実際の医療にもたずさわり、瘡病の特効薬を作って顕著な効きめがあった。鎌倉を活動の場としたらしい。

かすがあきくに【春日顕国】 ?～1344.3.9 南北朝期の武将。源顕行の子といわれるが不詳。のち顕時。侍従・少将・中将。一三三六年(建武三・延元元)北畠顕家に従い東国に下る。いったん上洛ののち東国に戻り、常陸国小田城の北畠親房をたすけた。四一年(暦応四・興国二)同国大宝城に移り、四三年(康永二・興国四)落城まで在城。親房が吉野に戻った後も東国の南朝方の中心として奮戦したが、四四年三月八日に捕らえられ、翌日殺された。

かすがうじ【春日氏】 古代の有力氏族。姓は臣、のち大春日臣を称するが、六八四年(天武一三)の八色の姓制定時に朝臣となる。始祖は孝昭天皇の子天押帯日子命とし、小野・粟田氏らと同じく和珥氏の同族で、その本宗と考えられる。本拠地は大和国添上郡。雄略天皇の妃童女君、欽明天皇の妃糠子、敏達天皇の夫人老女子など六世紀まで后妃を輩出したが、その後しだいに衰退した。七六六年(天平神護二)春日蔵毗登常麻呂らに春日朝臣を、八五六年(斉衡三)春日臣雄継に、八六二年(貞観四)には壱志宿禰吉野に大春日朝臣を賜る。

かすがせんあん【春日潜庵】 1811.8.3～78.3.23 幕末～明治初期の儒学者。諱は仲襄。父は久我家諸大夫春日仲恭。内大臣久我通明・建通父子に仕える。陽明学を学んで実践を期し、安政期の条約勅許問題の際には建通を補佐して活動、三条実万に信任される。梁川星巌・西郷隆盛らと交遊、安政の大獄で永押込となるが、一八六二年(文久二)赦免。六八年(明治元)奈良県知事となるが投獄され、翌年辞職。私塾を開き、門人に末広鉄腸らがいる。

かすがのおゆ【春日老】 生没年不詳。万葉第二期の歌人。はじめ弁基(紀)という僧であった。七〇一年(大宝元)三月、還俗して春日蔵首老の姓名と追大壱の位を賜る。七一四年(和銅七)従五位下。「万葉集」に短歌八首。いずれも旅の歌である。「懐風藻」に五言絶句一首を残し、従五位下常陸介・年五二とある。

かすがのつぼね【春日局】 1579～1643.9.14 三代将軍徳川家光の乳母。明智光秀の重臣斎藤利三の女。母は稲葉通明の女。名は福。父利三が山崎の戦で没したため母方に身を寄せ、のち稲葉正成の後妻となり、四男を生む。一六〇四年(慶長九)家光の誕生にともない、その乳母となる。家光・忠長の世嗣争いの際に、徳川家康に訴えて家光の世嗣決定をみた話は有名。徳川秀忠の御台所崇源院没後は大奥を統率した。二九年(寛永六)秀忠の内意により上洛。武家伝奏三条西実条の猶妹となり、後水尾天皇の譲位問題にゆれる宮中に参内し対面、春日局の名を賜る。影響力は幕府内外に及び、その縁故で出世した者も多い。また江戸湯島に天沢寺を建立。三四年子の稲葉正勝没後、麟祥院と称した。

かすがのやまだのひめみこ【春日山田皇女】 山田赤見皇女とも。五世紀末～六世紀前半の人物。仁賢天皇の皇女。母は和珥臣日爪の女糠君娘。春日は和珥氏の根拠地の地名。勾大兄皇子(安閑天皇)に求婚され、皇子の即位後皇后になった。宣化天皇の死後、即位を要請されたが、婦女子が万機をとることは困難であるとこれを固辞したと伝える。

かずさし【上総氏】 平安末～鎌倉初期の上総国の豪族。桓武平氏。平忠常の曾孫の常時以来、有力在庁官人として上総介を称し、国内に勢威をふるった。常時の孫広常は保元・平治の乱で源義朝に従軍。源頼朝挙兵に際しては二万騎を率いて従い、佐竹氏との戦にも功があった。一一八三年(寿永二)謀反の疑いをうけ子良常とともに殺され、所領は同族の千葉常秀や和田義盛が継承。

かずさひろつね【上総広常】 ⇨平広常

かずのみや【和宮】 1846.閏5.10～77.9.2 仁孝天皇の第八皇女、一四代将軍徳川家茂の正室。名は親子。母は橋本実久の女典侍経子。一八五一年(嘉永四)有栖川宮熾仁親王と婚約。六〇年(万延元)公武合体をはかる幕府の皇女降嫁奏請を孝明天皇が勅許し、六一年(文久元)内親王宣下をへて、六二年江戸城で将軍家茂と結婚。六六年(慶応二)家茂に死別、薙髪して静寛院と称した。六八年(明治元)朝敵となった婚家徳川家の存続を朝廷に嘆願。のち京都、東京に隠棲。八三年七回忌に贈一品。

カスパル Caspar Schaemburger 1623.9.11～1706.4.8 江戸前期に来日したドイツ人外科医。ライプチヒ生れ。一六四九年(慶安二)オランダ特使一行とともに来日。江戸参府に同道し、医学伝習のため砲術伝習の砲手らと江戸残留を命じられ、数カ月滞在。翌年の参府にも同道。オランダ流の医術を日本人に伝え、その内容は記録され通詞猪股伝兵衛らの門人を通じてカスパル流外科として広められた。

ガスパル・ビレラ ⇨ビレラ

かすやぎぞう【粕谷義三】 1866.8.15～1930.5.4 明治～昭和前期の政党政治家。武蔵国入間郡生れ。一八八六年(明治一九)渡米、ミシガン大学を卒業。九〇年帰国、「自由新聞」記者となる。第五回総選挙から衆議院議員に一二回当選。自由党・

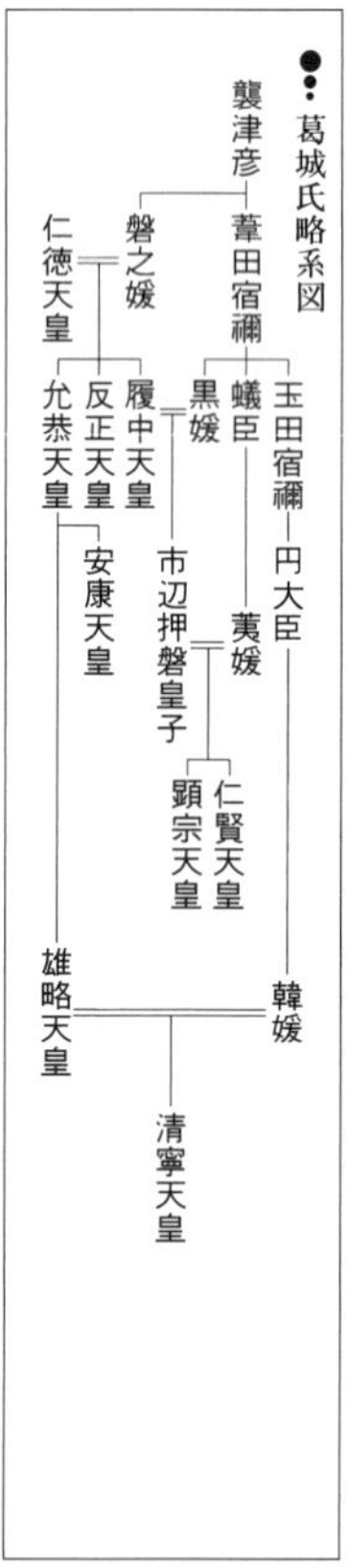

憲政党・立憲政友会に所属。一九二〇年(大正九)衆議院副議長、二三〜二七年同議長。

かずらきうじ【葛城氏】 大和国葛城地方を本拠とした中央豪族。「古事記」では武内宿禰の子の葛城襲津彦を祖とする。襲津彦を「日本書紀」所引の「百済記」にいう沙至比跪と同一人物とする説に従えば、実在の人物である可能性がある。また記紀によれば、襲津彦の女磐之媛が仁徳天皇の皇后となり、履中・反正・允恭を生むなど、葛城氏は五世紀に執政を担当しながら外戚氏族としての地歩を確立していたことになる。葛城氏は円大臣の代に雄略天皇によって眉輪王とともに誅滅されて没落したことになるが、この氏族の扱いは蘇我氏との関係も含めて慎重を期すべきであろう。

かずらきのそつひこ【葛城襲津彦】 葛城氏の祖と伝える人物。「古事記」によると、武内宿禰の子で、仁徳皇后の磐之媛の父。玉手臣・的臣らの祖。「日本書紀」には神功・応神・仁徳朝に朝鮮派遣の将軍としての説話がある。神功紀六二年条に引く「百済記」にみえる沙至比跪は襲津彦である可能性が指摘され、説話に史実が内包されているという説もある。

かずらきのつぶら【葛城円】 葛城襲津彦の孫(子とも)の葛城玉田宿禰の子。円大使主・円大臣にもあてる。履中朝に平群氏・蘇我氏・物部氏とともに国事を執った。眉輪王が安康天皇を殺害した際に、彼を自宅にかくまい、大泊瀬皇子(雄略天皇)の兵に囲まれた。円は女の韓媛と葛城の宅七区(「古事記」では五処の屯倉)を献じて罪をあがなおうとしたが許されず、眉輪王とともに焼き殺されたという。

かずらやまかげとも【葛山景倫】 ?〜1276.4.23 鎌倉前期の武士。父は三郎景忠。五郎と称する。源実朝の近臣。一二一八年(建保六)実朝の命で渡宋を計画したが、紀伊国由良浦で実朝暗殺の報を聞き出家。法名は願性(願生)。高野山の明遍に師事し、西方寺(のちの興国寺)を建てるなど実朝の菩提を弔った。北条政子は願性を由良荘の地頭に任じ、実朝の菩提を弔わせた。

かずらやまし【葛山氏】 中世駿河国の豪族。葛山(現、静岡県裾野市)からおこった。大森氏と同族で、中関白藤原道隆の子孫とも伝えるが、信用しがたい。「吾妻鏡」には御家人として葛山太郎・小次郎らがみえ、承久の乱に活躍。五郎景倫は源実朝の側近で、その死によって出家、高野願性房と名のったという。室町時代には幕府奉公衆となる。戦国期は今川氏に従い、その滅亡後は武田氏に属した。

かずらわらしんのう【葛原親王】 786〜853.6.4 桓武天皇の皇子。母は多治比長野の女真宗。八〇五年(延暦二四)四品・治部卿、のち式部卿・大宰帥・上野太守・常陸太守等を歴任し、一品に昇る。桓武平氏の祖。八二五年(天長二)上表してその子女の賜姓を乞い、長子高棟に平朝臣の姓が与えられた。なお次子高見王の賜姓は確認されず、孫高望に至って平朝臣を賜姓されたらしい。

かたおかけんきち【片岡健吉】 1843.12.26〜1903.10.31 明治期の民権家・政党政治家。土佐国生れ。高知藩士として戊辰戦争に従軍。一八七一〜七三年(明治四〜六)欧米視察。帰国後立志社創設に参画。西南戦争時には林有造らの挙兵計画に連坐して入獄。八一年自由党結党に参加。第一回総選挙から衆議院議員に八回連続当選。自由党から立憲政友会を通じて土佐派領袖の一人として活躍し、衆議院議長などを務める。クリスチャンであった。

かたおかちえぞう【片岡千恵蔵】 1904.1.20〜83.3.31 昭和期の映画俳優。本名植木正義。群馬県出身。一九二七年(昭和二)マキノ・プロに入社、「萬花地獄」で俳優となる。以後「一本刀土俵入」「国士無双」「赤西蠣太」などの作品で時代劇スターとしての地位を確立。戦後は「七つの顔」「三本指の男」など多羅尾伴内シリーズの現代劇でも活躍。代表作「宮本武蔵」「大菩薩峠」「血槍富士」。

かたおかてっぺい【片岡鉄兵】 1894.2.2〜1944.12.25 昭和前期の小説家。岡山県出身。慶大中退。新感覚派の論客として活躍、のち左傾するが、一九三二年(昭和七)転向。通俗小説も多い。

かたおかなおてる【片岡直輝】 1856.7.3〜1927.4.13 明治・大正期の大阪財界の世話役的存在。土佐国生れ。海軍主計学校卒。軍人・官吏をへて、一八九七年(明治三〇)に日本銀行大阪支店長に就任。二年後日銀を辞して、大阪での財界活動に専念した。大阪瓦斯や南海鉄道などの社長を務めるとともに、大阪株式取引所の役員としても活躍。

大蔵大臣片岡直温の兄にあたる。

かたおかなおはる【片岡直温】 1859.9.18～1934.5.21　明治～昭和前期の政治家。土佐国生れ。一八八九年(明治二二)日本生命の創立に参加。副社長、のち社長に就任。九二年代議士となり、戊申倶楽部をへて、同志会・憲政会・民政党に所属。一九二五年(大正一四)加藤高明改造内閣の商工相、翌年第一次若槻内閣の蔵相となるが、二七年(昭和二)震災手形法案に関して失言問題をおこし、内閣退陣の原因となった。三〇年総選挙に落選するが、貴族院議員に勅選。

かたおかにざえもん【片岡仁左衛門】 歌舞伎俳優。江戸前期から一五世を数えるが、三・五・六世は名義を預かったのみ。七世以後、屋号は松島屋。初世(一六五六～一七一五)は元禄期京坂の敵役の名手。俳名茶谷。座本も勤めた。七世(一七五五～一八三七)は寛政～天保期の上方の敵役・立役の名優。俳名我童・万麿。八世(一八一〇～六三)は七世の養子。俳名我童・芦燕など。二枚目が本領。養子が九世、実子が一〇世。一一世(一八五七～一九三四)は一〇世の弟。近代上方の名優。東京都出身。本名片岡秀太郎。俳名我当・万麿。後年は東京で活躍。和事・実事が本領で老け役にも名声を得た。一二世(一八八二～一九四六)は一〇世の甥養子で本名片岡東吉。昭和前期の女方。一三世(一九〇三～九四)は一一世の子で本名片岡千代之助。上方芸を伝承。人間国宝・芸術院会員。一四世は一二世の子で没後追贈。一五世は一三世の子。

かたおかまんぺい【片岡万平】 1770～1817.12.20　常陸国河内郡生板村の百姓。一八一七年(文化一四)一〇月同郡生板・大徳・宮淵および下総国豊田郡中妻・上石下の幕領五カ村が、年貢減免を求め代官屋敷へ門訴した一揆の頭取。生板村の与五右衛門・市左衛門とともに投獄され牢死した。六年後の二三年(文政六)周辺一二カ村によって建立された顕彰碑が茨城県河内村妙行寺に現存する。

かたおかよしかず【片岡良一】 1897.1.5～1957.3.25　昭和期の近代文学研究者。神奈川県出身。一高時代から作家を志す。東大卒。姫路高校・東京府立高校の教授を歴任。「西鶴論稿」などの西鶴研究から出発して、近代文学研究に移行。自我実現の希求と対立する状況との拮抗関係を軸に近代文学を把握し、自我史観を確立した。府立高校辞職後、法政大学教授。歴史社会学派の一翼を担った。著書「近代日本文学の展望」「近代日本の作家と作品」。

かたがみのぶる【片上伸】 1884.2.20～1928.3.5　明治末～大正期の評論家・ロシア文学者。号は天弦。愛媛県出身。早大卒。「早稲田文学」記者をへて早稲田大学教授となり、自然主義から芸術至上主義に傾いた。一九一五年(大正四)のロシア留学を機に人道主義の影響をうけ、帰国後は大学にロシア文学科を設置。二四年のロシア再留学後は唯物史観に立ち、プロレタリア文学理論の先駆的存在となった。著書「思想の勝利」。「片上伸全集」全三巻。

かたぎりかつもと【片桐且元】 1556～1615.5.28　織豊期～江戸初期の武将・大名。父は直貞。近江国生れ。初名は助作、のち直倫・直盛・且盛。豊臣秀吉に仕え、賤ケ岳の戦の七本槍の一人。方広寺大仏殿作事、太閤検地、朝鮮出兵、伏見城普請などに活躍。一五九五年(文禄四)播磨・伊勢両国内で一万石に加増。秀吉の死後、秀頼の後見役となる。一六〇一年(慶長六)大和国竜田二万八〇〇〇石を領有。徳川家康の信任も厚く、摂津・河内・和泉の国奉行を勤めた。一四年方広寺鐘銘事件の処理をめぐり、大坂城を退去。大坂の陣後、加増され山城・大和・河内・和泉で四万石を領有。

かたぎりさだたか【片桐貞隆】 ?～1627.10.1　織豊期～江戸初期の武将・大名。且元の弟。豊臣秀吉に仕え、一五八五年(天正一三)山城国で四〇〇〇石を与えられる。小田原攻めや朝鮮出兵に従軍し、播磨などで豊臣蔵入地代官となる。一六〇一年(慶長六)大和国小泉一万石を領有。兄且元と同じく豊臣秀頼に仕えたが、方広寺鐘銘事件で大坂城を退去。大坂の陣後、一万六四〇〇石に加増。

かたぎりし【片桐氏】 信濃の豪族に出自をもつ近世大名家。直貞は近江浅井氏に仕え、その子且元・貞隆は豊臣秀吉に仕えた。且元は豊臣政権の奉行人として活躍し、秀吉の死後、その子秀頼の後見となる。関ケ原の戦後、大和国竜田領主。大坂の陣後、加増され四万石。為元のとき一万石に減封。一六九四年(元禄七)貞就のとき、嗣子なく絶家。貞隆は関ケ原の戦後、大和国小泉領主。大坂の陣後、一万六四〇〇石に加増。その子貞昌(石州)は茶道・花道にすぐれ石州流の祖。以後小泉藩主として明治に至る。維新後子爵。

かたぎりせきしゅう【片桐石州】 1605～73.11.20　江戸初期の大名茶人。貞隆の子。摂津国茨木の人。名は貞俊、のち貞昌。石見守。号は宗関・浮瓢軒。一六二七年(寛永四)遺領を継ぎ、大和国小泉藩主。三三年幕命により京都知恩院の普請奉行を勤め名声をえた。茶道を千道安の高弟桑山宗仙に学び、小堀遠州・千宗旦らと交友してさらに研鑽。四代将軍徳川家綱の御前で点茶を行い、柳営茶道の指導にあたった。有名な「石州三百ケ条」を選定して大名茶道を大成したというが確証はない。弟子に藤林宗源・松浦鎮信・怡渓宗悦らがあり、その流派は江戸の武家茶道界を指導した。

かたくらかくりょう【片倉鶴陵】 1751.1.17～18

22.9.11　産科をはじめ外科・小児科・傷寒その他の臨床分野に通じた江戸後期の医家。字は深甫、通称元周、堂号は静倹堂。相模国津久井生れ。幼くして同郷の医師片倉周意の養子となる。江戸で多紀元孝・元悳に医を学び、井上金峨に文を学んだ。江戸の芝白銀に開業して評判を得、のち京都で賀川玄迪に産科を学び、江戸日本橋で産科を営み、臨床手腕を高く評価された。「静倹堂治験」「産科発蒙」「医学質験」ほか著書多数。

かたくらかげつな【片倉景綱】 1557～1615.10.14　織豊期～江戸初期の伊達氏の家老。父は米沢八幡社神主片倉景重。通称小十郎。伊達政宗の会津侵攻で戦功をあげ、豊臣秀吉の小田原攻めに政宗を説得して参陣させた。大崎・葛西一揆の鎮圧でも活躍。一六〇二年(慶長七)陸奥国白石城主一万三〇〇〇石。秀吉の取立てを固辞し、上杉景勝の家老直江兼続とともに天下の陪臣とされる。

かたくらかねたろう【片倉兼太郎】 1849.11.29～1917.2.13　製糸経営片倉組の創始者。信濃国諏訪郡三沢村の豪農出身。一八七八年(明治一一)三二釜(三二人繰)の器械製糸場を設置し、以後一族兄弟が協力して片倉組を設立、同家の製糸経営を発展させた。製糸経営でえた資産は一族の共有財産とし、後に片倉家が経営多角化を行う基礎となった。養嗣子の末弟佐一が二代兼太郎を、その嗣子脩一が三代兼太郎を襲名した。

かだのあずままろ【荷田春満】 1669～1736.7.2　江戸前・中期の国学者。羽倉氏。通称は斎、初名は信盛のち東丸。山城国の伏見稲荷の社家で御殿預職の羽倉信詮の次男。母は細川忠興の臣深尾氏の女貝子。若くして妙法院宮尭延入道親王に仕え、和歌を進講して信頼をえる。一七〇〇年(元禄一三)江戸へ下り、後陽成天皇直伝の歌学を標榜しつつ古典学を教授して評判となり、その影響は神職層に浸透した。一三年(享保八)将軍徳川吉宗から有職に関する下問をうけ、評価が著しく高まった。著述は、業なかばで倒れたため未定稿が多いが、「古事記劄記」「万葉集僻案抄」「伊勢物語童子問」などの注釈のほか、家集「春葉集」、和学専門の学校設立を幕府に請願した「創学校啓」がある。

かだのありまろ【荷田在満】 1706～51.8.4　江戸中期の国学者。羽倉氏。荷田春満の弟高惟の子で、春満の養子。通称は東之進、字は持之、号は仁良斎。山城国伏見の人。一七二八年(享保一三)江戸に出て、有職故実について幕府の下問に答え、のち田安宗武に仕える。三九年(元文四)「大嘗会便蒙」を出版し、朝廷の秘儀を公開したかどで筆禍を被り、一〇〇日の閉門に処せられた。著書は「令三弁」「装束色彙」などの有職関係のほか、「国歌八論」「白猿物語」。

かだのたみこ【荷田蒼生子】 1722～86.2.2　江戸中期の歌人・国学者。荷田春満の弟羽倉高惟の女。春満の養女。別名を民子・逸・ふり(楓里)。京都伏見稲荷神社の社家の生れ。幼少時、兄在満と江戸に住む。紀伊徳川家をはじめ、諸侯の夫人や子女に歌文を教えた。県門の三才女の一人といわれる。家集「杉のしつ枝」。

かたのはらし【形原氏】 近世の大名・旗本家。一八松平の一つ。始祖与副は松平信光の四男で、三河国宝飯郡形原(現、愛知県蒲郡市)に居住したことから、形原松平を称したとされる。四代家広のときから徳川家康に従う。宗家は一六一八年(元和四)に所領高一万石となり、数度の転封後、一七四八年(寛延元)から五万石の丹波国亀山藩主となった。維新後子爵。分家に多数の旗本がいた。

かたやまくにか【片山国嘉】 1855.7.7～1931.11.3　明治・大正期の法医学者。遠江国生れ。一八七九年(明治一二)東大医学部卒。ティーゲルの助手として裁判医学の講義・通訳をし、東京大学助教授に任命されてから裁判医学と衛生学を別課生に講義した。のちベルリンとウィーン大学で裁判医学を学び、八八年帰国。帝国大学の裁判医学教授に就任、一九二一年(大正一〇)まで在任した。裁判医学を法医学と改称した人で、禁酒・禁煙運動の提唱者。

かたやまけんざん【片山兼山】 1730～82.3.29　江戸中期の折衷学派の儒者。名は世璠、字は叔瑟、通称藤蔵(東造)。上野国の農家の生れ。江戸に出て鵜殿士寧・服部南郭に徂徠学を学んだ。秋山玉山に従い肥後国熊本藩校時習館に遊学。出雲国松江藩儒で徂徠学の宇佐美灊水の養子に入ったが、まもなく徂徠学批判のため宇佐美家を離れて独立。漢宋諸家の説を折衷して折衷学の立場をとり、礼楽の本質を誠の倫理におき、いわゆる山子学を開いた。著書「山子垂統」「周易類考」「古文互証」。

かたやません【片山潜】 1859.12.3～1933.11.5　明治・大正期の労働運動・社会主義運動の先駆的指導者。美作国生れ。上京して働きながら漢学を学ぶが、一八八四年(明治一七)渡米。苦学してイェール大学神学部などを卒業し、キリスト教社会主義の影響をうける。九五年に帰国、東京キングスレイ館の活動を手始めに労働組合期成会・鉄工組合の結成に尽力。社会主義研究会・社会民主党の創立にも参画したが、直接行動派と対立した議会政策派を支持。一九一四年(大正三)困窮して渡米後、ロシア革命の影響をうけて共産主義者に転じアメリカ共産党員となる。二一年ソ連に渡り、モスクワのコミンテルンを通じて革命運動を指導、クレムリンの赤い壁に葬られた。

かたやまてつ【片山哲】 1887.7.28～1978.5.30　大正・昭和期の社会運動家・政治家。和歌山県出身。東大卒。弁護士活動とともに政治活動も始め、一九二六年(昭和元)社会民衆党を結成した。三〇年の衆議院選挙で当選、三二年社会大衆党の中央執行委員・労働委員長となる。四〇年斎藤隆夫の反軍演説懲罰の際に欠席して除名処分とされ、党は分裂した。第二次大戦後の四五年には日本社会党結成に参加。四七年の総選挙で同党は第一党となり、片山は民主・国民協同との三党連立内閣を組織したが九カ月余で退陣。その後の党分裂で右派社会党、のち民主社会党の最高顧問となった。六三年政界を引退、六五年民主社会党を離党。

かたやまとうくま【片山東熊】 1854.12.20～1917.10.23 明治期を代表する建築家。長門国生れ。一八七九年(明治一二)第一期生として工部大学校を卒業。工部省・外務省・臨時建築局をへて、八六年宮内省に入り、以降宮廷建築家となる。最高傑作の赤坂離宮(現、迎賓館)は、日本人建築家による西洋建築技術修得の達成度を示す作品。他に京都および奈良の国立博物館、東京国立博物館表慶館などが現存。

かたやまほっかい【片山北海】 1723.1.10～90.9.22 江戸中期の儒者・漢詩人。名は猷、字は孝秩、通称忠蔵。越後国の農家に生まれ、京都で宇野明霞に学ぶ。大坂に移り阿波橋の北に開講。詩文にすぐれ、明和・安永期に混沌社という詩社を組織して、篠崎安道・木村蒹葭堂・頼春水・柴野栗山・尾藤二洲ら多くの文人を集めた。門人編の著書に「北海文集」「詩集」がある。

かたやままさお【片山正夫】 1877.9.11～1961.6.11 明治～昭和期の物理化学者。岡山県出身。東大卒。東京高等工業教授。ドイツに留学。可逆電池の起電力に関する発見、気体の解離平衡に関する平衡値を発表。帰国後東北帝国大学教授、のち東京帝国大学教授。液体の表面張力と温度との関係を表す片山の方程式で知られる。界面化学の日本の開拓者。

かちょうのみや【華頂宮】 伏見宮邦家親王の第一二王子博経親王を祖とする宮家。幕末に知恩院門跡となった同親王が、一八六八年(明治元)還俗して創立。宮号は知恩院の山号にちなむ。二代から臣籍に入ると定められていたが、七五年親王が若死したため、特旨により継嗣博厚王が相続。博厚王の夭折後は伏見宮貞愛親王の王子博恭王が継いだ。一九〇四年伏見宮に復帰したため、博恭王の第二王子博忠王が相続したが、二四年(大正一三)死去により断絶。二六年弟博信王が臣籍に下って華頂家を立て、祭祀を継承した。

かつかいしゅう【勝海舟】 1823.1.30～99.1.19 幕末期の幕臣、明治期の政治家。父は小吉。諱は義邦。明治以後は安芳。通称は麟太郎。一八五五年(安政二)海軍伝習のため長崎へ赴き、五九年軍艦操練所教授方頭取。六〇年(万延元)咸臨丸で渡米。蕃書調所・講武所・軍艦操練所の勤務をへて、六二年(文久二)軍艦奉行並。六四年(元治元)軍艦奉行となり安房守と称したが、同年罷免。坂本竜馬が門弟となり、西郷隆盛に倒幕の示唆を与えた。六六年(慶応二)軍艦奉行再任。長州戦争の処理につき萩藩と折衝する。六八年(明治元)海軍奉行並、陸軍総裁。西郷隆盛と会見し、江戸無血開城を実現した。維新後七二年海軍大輔、七三年参議兼海軍卿、八七年伯爵、八八年枢密院顧問官。

かっかいほっしんのう【覚快法親王】 1134～81.11.6 天台宗青蓮院の門跡。鳥羽天皇の第七皇子。母は紀光清の女。通称七宮。比叡山青蓮院門跡行玄のもとで三昧流を受法、のち門跡をつぐ。一一五〇年(久安六)権大僧都、ついで法性寺座主・無動寺検校・成就院別当などを歴任、また二条天皇の護持僧となった。七〇年(嘉応二)親王宣下。七七年(治承元)第五六世天台座主となったが、山内の学僧と堂衆および平氏間の乱闘が激しくなり、翌々年辞職した。

かつかわしゅんしょう【勝川春章】 1726～92.12.8 江戸中期の浮世絵師。勝川派の祖。宮川春水の門人で、画姓に宮川・勝宮川も用いた。俗称要助、のち祐助。号は旭朗井・酉爾・李林・縦画生など。像主の個性を描きわけた役者似顔絵をはじめ、一〇〇〇点をこす役者絵版画を制作したといわれる。晩年は肉筆画に専念し、繊細な筆致で質の高い美人画を数多く残した。

かつかわしゅんちょう【勝川春潮】 生没年不詳。江戸中期の浮世絵師。俗称吉左衛門、号は雄芝堂・紫園・東紫園・中林舎など。勝川春章の門人で、天明・寛政期に活躍。春章の画風を継いだ肉筆美人画を描く一方、版画では鳥居清長の影響を強く受けた作品を残す。のち浮世絵を廃し、窪俊満の門に入り吉左堂俊朝と号し、狂歌をたしなんだという。

かつきぎゅうざん【香月牛山】 1656.10.7～1740.3.16 江戸中期の後世派の医師。名は則実(則真)、通称は啓益。豊前国生れ。貝原益軒に儒学を、鶴原玄益に医学を学び、中津藩医となる。一六九九年(元禄一二)京都に移り二条高倉で開業し、文人とも交流。中国の金・元時代の温補を主とした李朱医学に自己の経験を加え、後世派の第一人者と目された。生涯妻帯せず、六一歳のとき小倉に帰った。著書「婦人寿草」「小児必要養育草」「老人必要養草」「巻懐食鏡」はいずれも平易な仮名交り文。墓所は北九州市八幡西区の吉祥寺。

かつきけいごろう【香月経五郎】 1849～74.4.13 明治初期の士族反乱指導者。肥前国生れ。佐賀藩藩校弘道館をへて、長崎で英学を学ぶ。一八六九年(明治二)大学南校に入り、翌年欧米留学を命じられる。七三年帰国。江藤新平に従い郷里へ帰り佐賀県中属となるが、佐賀の乱に加わり、斬罪に処せられた。

かつげんぞう【勝諺蔵】 歌舞伎作者。三世を数えるが、初世は河竹黙阿弥、二世は勝能進の前名。三世(一八四四～一九〇二)は二世の子で江戸浅草生れ。本名高田彦兵衛。三世瀬川如皐門下。一八七二年(明治五)大阪に下り、勝彦助をへて諺蔵を襲名。一時竹柴姓を名のり、父の没後は大阪の諸劇場を掌握した。健筆家で、作品数は父との合作を含めて三〇〇編余という。新時代にむけた実録風の戦記物や新聞・小説の劇化などで関西劇壇を活性化した。

かつこきち【勝小吉】 1802～50.9.4 江戸後期の幕臣。勝海舟の父。旗本男谷平蔵の三男。諱は維寅。放蕩御家人として知られ、一八四一年(天保一二)同役預、押込めとなった。下級幕臣の実情を伝える自叙伝「夢酔独言」などの著書がある。

かつしかほくさい【葛飾北斎】 1760.9.23～1849.4.18 江戸後期の浮世絵師。葛飾派の祖。本姓は川村のち中島。俗称時太郎、のち鉄蔵。はじめ勝川春章の門に入り春朗と号した。宗理・画狂人・為一・卍など多くの号をもつ。活躍期は七〇年にも及び、狩野派・琳派・洋風画などの諸流派の画法を学んだ独自の画風で、錦絵版画・摺物・版本挿絵・絵本・肉筆画とあらゆるジャンルにわたって作画を行った。代表作の「富嶽三十六景」や「北斎漫画」などを通じてヨーロッパ後期印象派の画家たちにも影響を与えた。

かつたしゅいち【勝田守一】 1908.11.10～69.7.30 昭和期の教育学者。東京都出身。京大卒。同大副手をへて松本高校の講師、のち教授。一九四二年(昭和一七)文部省図書監修官となる。第二次大戦後は文部省教科書局社会科主任となり、社会科教育のプラン作成に尽力。四九年に同省を退き、学習院大学・東京大学の教授を歴任。五二年教育科学研究会の再建に加わり、委員長を務めた。「勝田守一著作集」がある。

かつたちくおう【勝田竹翁】 生没年不詳。江戸前期の狩野派の画家。父は三河国加茂郡の郷士勝田兵左衛門。一六一三年(慶長一八)将軍徳川秀忠から扶持を与えられ、八歳から側禿として出仕。絵を好んだため狩野派の長老狩野長信の指導を受け、三〇年(寛永七)徳川家光の御部屋絵師に任じられる。朝鮮使節来朝の節は贈答用の屏風を制作するなど、狩野派傍流の門人ながら画壇の中央で活躍した。

カッテンダイケ Willem Johan Cornelis Ridder Huyssen van Kattendijke 1816.1.22～66.2.6 オランダ海軍の士官。江戸幕府の注文で建造された軍艦(のちの咸臨丸)のオランダからの回航を兼ね、長崎海軍伝習所での教育のための第二次派遣隊を率いて一八五七年(安政四)八月に長崎着。ペルス・ライケンの後任として日本海軍の指導者たちを教えたが、五九年伝習所が閉鎖となり同年帰国。六一年には海軍大臣となり、一時は外相も兼ねた。日本滞在中の記録が「長崎海軍伝習所の日々」(水田信利訳)として刊行。

かつぬませいぞう【勝沼精蔵】 1886.8.28～1963.11.10 大正・昭和期の医学者。兵庫県出身。東大卒。欧米に留学。名古屋帝国大学教授、戦後同大学長。東京帝国大学在学中に三浦謹之助に師事し、のちに血液学・内科学・癌・結核・人類遺伝学・民族衛生学・航空医学を研究。日本血液学会を創設し、国際血液学会会長を務めた。学士院賞・文化勲章をうけた。

かつのうしん【勝能進】 1820/21～86.10.26 幕末～明治前期の歌舞伎作者。江戸浅草生れ。本名高田文助。前名繁河長治・勝諺蔵など。河竹黙阿弥門下で一八五四年(安政元)初出勤。七一年(明治四)大阪に下り、江戸狂言の移入や講談・合巻・新聞種の脚色などで、関西劇壇の第一人者となる。七八年師の俳号能進を継ぎ、八四年には河竹姓を許された。

カッペレッティ Giovanni Vincenzo Cappelletti 生没年不詳。明治前期のイタリア人御雇教師。一八七六年(明治九)八月フォンタネージやラグーザらとともに来日し、工部美術学校予科図学教師として草創期の日本人洋画家を指導。七九年工部省営繕局、八〇年陸軍省雇に転じ、参謀本部や遊就館の建築設計を担当。八五年一月離日、サンフランシスコにおいて建築設計事務所を自営し、伊藤為吉・平野勇造ら日本人建築家を育成。

かつまたし【勝間田氏】 勝田氏とも。中世遠江国の豪族。藤原南家工藤流。勝田郷(現、静岡県榛原町)からおこる。保元の乱では源義朝に従った。「吾妻鏡」には、御家人として勝間田成長がみえる。また一三一〇年(延慶三)頃編まれた「夫木和歌抄」は勝間田長清の手になる。室町時代には奉公衆となり、応永の乱・永享の乱に幕府軍として活躍。一四七六年(文明八)修理亮が駿河国守護今川氏に討たれた。

かつまたせいいち【勝間田清一】 1908.2.11～89.12.14 昭和期の政治家。静岡県出身。京大卒。協調会に就職後、企画院などで農政を担当。大政翼賛会在職中の一九四一年(昭和一六)企画院事件で検挙された。四七年社会党衆議院議員となり、和田博雄付大臣秘書官に就任。以後党内の要職を占め、六七年委員長に選出されたが、参院選敗北により一年で辞任。この間「日本における社会主義の道」作成など同党の理論活動に深く関与。八三～八六年衆議院副議長。

かつみじりゅう【勝見二柳】 ⇩二柳

かつみつ【勝光】 室町時代の備前長船派の刀工の名。応永期の勝光を初代とし、古刀期を通じて代別で七代ほど知られ、代別外にもいるようである。作例が多く、一派内での合作も多い。とくに一四八八年(長享二)の将軍足利義尚の近江出陣に際し、浦上氏の麾下に四代勝光と舎弟宗光以下長船一党が従軍したが、その際の御陣打および京都での宗光との合作などが記録にみえる。

かつもとせいいちろう【勝本清一郎】 1899.5.5〜1967.3.23 昭和期の評論家。東京都出身。慶大卒。左翼運動にたずさわり評論活動を行うが、その間四年あまりの滞独経験をもった。のち近代文学関係資料を広く収集し始め、その研究で得た膨大な知識の蓄積は、第二次大戦後の「近代文学ノート」「透谷全集」の編集などにいかされている。

かつやすよし【勝安芳】 ⇨勝海舟

かつらがわほさん【桂川甫三】 1730.5.26〜83.8.2 江戸中期の蘭方医。名は国訓、字は栄州、号は潮月楼。別称を甫謙・甫筑とも。父国華の後を継いで桂川家三代目。一七六〇年(宝暦一〇)奥医師となり、外科を得意とする。六六年(明和三)法眼に叙任。中国の医方書一〇〇部ほどから瘡瘍(はれもの)についてのべた事項を抜粋して『瘍府』を編纂。著書「外科方藪」。

かつらがわほさん【桂川甫粲】 ⇨森島中良

かつらがわほしゅう【桂川甫周】 1751〜1809.6.21 江戸後期の蘭方外科医。桂川甫三の子で桂川家四代目。名は国瑞、字は公鑑、号は月池。江戸生れ。天性の鋭敏さとすぐれた才能をうたわれ、一七六九年(明和六)一九歳で奥医師、九四年(寛政六)医学館教授。一七七五年(安永四)来日の植物学者ツンベリと親交を結ぶ。前野良沢・杉田玄白らとともに「解体新書」の翻訳に参画。世界地理にも深い関心をもち、九二年に送還された大黒屋光太夫の陳述から「北槎聞略」を著し、「魯西亜志」を訳述。弟子に吉田長淑。実弟は森島中良。医学館多紀元孝の長男道訓を養子に迎えた。顕微鏡をはじめて医学に応用し「顕微鏡用法」を著す。ほかに翻訳「地球全図」「和蘭薬選」。なお「和蘭字彙」の編著者である桂川家七代国興も甫周を称した。

かつらがわほちく【桂川甫筑】 1661〜1747.10.9 江戸前・中期の蘭方医。名は邦教、幼名は小吉、字は友之、号は興藪翁、本姓は森島。大和国生れ。一六七一年(寛文一一)京都に滞在中の肥前国平戸藩医嵐山甫安から蘭方外科を学び、平戸へ移り長崎に遊学。八七年(貞享四)桂川に改姓。長崎ではダンネル、アルマンスに外科を学ぶ。九二年(元禄五)徳川綱豊(家宣)に仕え、ついで幕府の医官となる。一七二四年(享保九)幕命により江戸参府のオランダ商館長(カピタン)と対談。桂川家初代の基礎を固めた。

かつらぎひこいち【葛城彦一】 1818.11.5〜80.1.24 幕末期の志士。大隅国加治木の郷士で加治木島津氏家来。国学者平田篤胤門人で鈴木重胤とも親交した。島津斉彬の擁立に加わり筑前国へ亡命したが、帰藩後は島津久光に用いられた。のち近衛忠房に嫁いだ久光の養女の付人として近衛家に仕えた。明治政府に任官しなかったが、維新後も岩倉具視・大久保利通らから意見を求められることがあった。

かつらこごろう【桂小五郎】 ⇨木戸孝允

かつらそうりん【桂宗隣】 1773〜? 江戸後期の装剣金工。常陸国水戸生れ。一柳友善に学んだといわれる。はじめ江川利政と名のり、のちに桂永寿を始祖とする桂派を継承、筑後国久留米藩有馬家の抱工となり、水戸から江戸に移住したため、江戸で一門が栄えた。横谷宗珉とも関係があり、花鳥の意匠をさまざまな色金で表す華麗な作風を展開した。

かつらたかしげ【桂誉重】 1817.9.2〜71.9.15 幕末〜明治初期の国学者。越後国新発田藩新津組の大庄屋。通称慎吾、号は方正居。鈴木重胤に入門し、重胤を介して平田篤胤にも入門した。重胤に経済的援助を与え、重胤の「祝詞講義」や「日本書紀伝」の校閲などを行い、最も信頼された門人であった。当時の荒村状況に対して「済生要略」などを著し、幽冥論と結びつけた家職論を展開して村落秩序の維持につくした。著書に重胤の「世継草」の解説書「世継草摘分」。

かつらだふじろう【桂田富士郎】 1867.5.5〜1946.4.5 明治〜昭和期の医学者。加賀国生れ。一八九〇年(明治二三)三高医学部の講師となった。一九〇四年赤痢に似た下痢から肝硬変をおこす日本住血吸虫病の原因虫体を発見した。その後、藤浪鑑と同病の本態・発生・予防法の研究に没頭。一四年(大正三)神戸に船員病及熱帯病研究所を設立。一八年日本住血吸虫病の研究で藤浪とともに帝国学士院賞を受賞。

かつらたろう【桂太郎】 1847.11.28〜1913.10.10 明治・大正期の藩閥政治家・陸軍軍人。萩藩士の家に生まれる。戊辰戦争に従軍、維新後陸軍に入りドイツに学ぶ。兵制改革に貢献し陸軍次官・台湾総督などをへて、第三次伊藤・第一次大隈・第二次山県の三内閣の陸相。一九〇一年(明治三四)首相となり日英同盟・日露戦争などを処理した。山県系の後継者格となり当初対立していた政友会と妥協、政権の交互担当、第三者の政権からの排除を基軸とする桂園体制を築いた。〇八年再び政権を担当、戊申詔書発布・韓国併合・大逆事件などを処理し、一一年に退いた。一二年(大正元)内大臣。まもなく上原勇作陸相の帷幄上奏による第二次西園寺内閣崩壊をうけて組

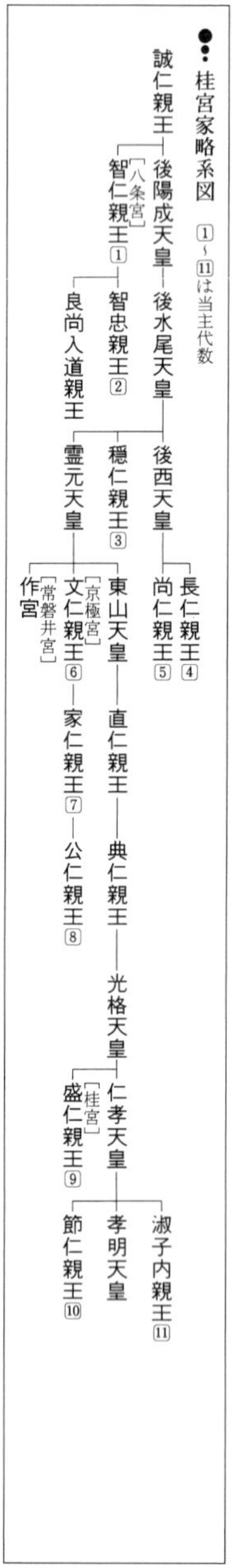

閣。第一次護憲運動に直面し、新党結成で危機突破を図るが程なく退陣。陸軍大将・公爵。

かつらのみや【桂宮】 正親町天皇の第一皇子誠仁親王の第六王子智仁親王を祖とする宮家。世襲親王家の一つ。豊臣秀吉の奏請で創立し、智仁親王は八条宮と称した。二代は王子智忠親王、三代は後水尾天皇の皇子穏仁親王、四代は後西天皇の皇子長仁親王が継いだ。その弟五代尚仁親王にも継嗣がなく、霊元天皇の第八皇子作宮が継承して常磐井宮を称したが夭折。兄の文仁親王が継承して六代となり京極宮と称した。八代公仁親王ののち一時空主となったが、光格天皇の皇子盛仁親王が継いで桂宮と改称した。没後再び空主。一〇代の仁孝天皇の皇子節仁親王も夭折し三たび空主。一八六二年(文久二)姉淑子内親王が相続したが、八一年(明治一四)に死去して断絶。桂離宮は初代智仁親王が草創した別荘。なお一九八八年(昭和六三)三笠宮崇仁親王の第二皇子宜仁親王が同名の宮家を創設。

かつらはるだんじ【桂春団治】 大阪の落語家。明治期から三代を数える。通称初代(一八七八～一九三四)は本名皮田藤吉。はじめ初代桂文我の門下で我都、のち二代桂文団治の門に転じ春団治。正統落語を換骨奪胎、爆笑編に仕立て寵児となる。奇行が多く小説・映画化された。二代(一八九四～一九五三)は本名河合浅次郎。俄師をへて初代門人。春蝶・福団治から春団治。滑稽噺に妙味、「青菜」などが得意。三代(一九三〇～)は本名河合一。二代の実子。華麗な高座に定評。

かつらぶんし【桂文枝】 大阪の落語家。幕末期から五代を数える。初代(一八一九～七四)は本名も桂文枝。三代(四代とも)桂文治の門人。のち笑福亭梅花門下で、文治の前名を継ぎ文枝。門下から大阪落語界の礎を築いた文之助・文都・文三・文団治らを輩出。近代上方落語の中興の祖といわれる。東京の三遊亭円朝に匹敵する名跡。二代(一八四四頃～一九一六)は紀伊国生れ、本名渡辺儀助。はじめ三代立川三光の門に入り桂三木助、のち初代文枝に師事して文三。一八八一年(明治一四)文枝を襲名。芸風は地味で酒に関する噺に妙味を発揮。一九〇一年嬌風会を設け門弟育成にも尽力。三代(一八六四～一九一〇)は二代門人。本名橋本亀吉。〇四年文枝を襲名。大阪落語の領袖として活躍したが早世。四代(一八九一～一九五八)は三代門人。本名瀬崎米三郎。阿や免・枝三郎から文枝。浄瑠璃落語を創演するなど聴客を開拓し、第二次大戦後の大阪落語復興に尽力。五代(一九三〇～二〇〇五)は本名長谷川多持。九二年(平成四)文枝襲名。上方落語協会会長を務めた。門人に三枝・文珍など。

かつらぶんじ【桂文治】 1773/74～1816.11.29 江戸後期の落語家。桂系の祖。上方の寄席の創始者。大坂生れ。寛政期に坐摩神社(現、大阪市中央区)境内に咄の小屋を建て、尽くしものや、鳴物・道具入りの芝居噺を演じ好評を得た。現行の「蛸芝居」などは文治作という。著書「おかしいはなし」。三代で江戸と大坂にわかれ、大坂は五代で廃絶。江戸桂系の祖三代文治(のち初代桂文楽)以降、七代は大阪の二代桂文団治が襲名するが、東京で現一〇代に至る。

かつらぶんだんじ【桂文団治】 大阪の落語家。幕末～昭和期に四代を数える。初代(一八三四～八六)は初代桂文枝門人。本名鈴木清七。米丸から文団治。実力・人気を兼備したが早世。二代(一八四八～一九二八)は初代の門人。紀伊国出身。本名平野治良兵衛。米団治などをへて襲名。政治力があり、三友派の総帥。のちの七代桂文治。三代(一八五六～一九二四)は二代の門人。本名前田七三郎。米朝などをへて襲名。風格ある高座に定評。四代(一八七八～一九六二)は三代の門人。京都府出身。本名水野音吉。麦団治などをへて襲名。重厚な高座。

かつらぶんのすけ【桂文之助】 ⇩曾呂利新左衛門(二)

かつらぶんらく【桂文楽】 1892.11.3～1971.12.12 明治末～昭和期の落語家。青森県出身。本名並河益義。はじめ初代桂小南門人で小莚。のち八代桂文治に師事、翁家さん生・馬之助をへて襲名、縁起をかつぎ八代と称した。噺に無駄がなく、艶のある高座に定評。人物描写は他の追随を許さず名人とうたわれた。「船徳」が著名。芸術祭賞をはじめ数々の賞を受賞。文楽は、江戸後期の初代(三代桂文治)から現代まで九代を数えるが、六・七代は実在しない。

かつらみきすけ【桂三木助】 落語家。明治期から四代を数える。初代は二代桂文枝の前名。二代(一八九四～一九四三)は奈良県出身。本名松尾福松。二代桂南光の門人で初名は手遊。一九〇六年(明治三九)三木助を襲名し真打。上京後、橘家円喬に師事、東西の落語数千を自在に操った。三代(一九〇二～六一)は東京都出身。本名小林七郎。六代春風亭柳橋の門人で柏葉・小柳をへて、大阪に行き二代三木助門で三木男。東京に戻り、二七年(昭和二)春風亭柳昇で真打。のち三木助を襲名。滑稽噺に真価。四代(一九五七～二〇〇一)は本名小林盛夫。三代の実子。

かでのこうじかねなか【勘解由小路兼仲】 ⇩広橋兼仲

かでのこうじけ【勘解由小路家】 藤原氏日野流の烏丸家庶流。名家。烏丸光広の次男資忠を祖とし、一六四四年(正保元)に創立。儒道の家で天皇の修学にかかわった。家禄は一三〇石。江戸中期の資望は宝暦事件に連坐。後期の資善は学習院学頭。維新後、資生のとき子爵。なお同じ日野流で鎌倉前期の頼資に始まる広橋家も、南北朝期まで勘解由小路と号した。

かとうあきなり【加藤明成】 1592～1661.1.21 江戸前期の大名。会津藩主。嘉明の子。孫次郎。式部少輔・侍従。一六一四・一五年(慶長一九・元和元)大坂の陣に出陣。三一年(寛永八)遺領を継いだ。三九年会津若松城大改修を行い、領内は負担増加と飢饉で疲弊。おりしも明成との不和から出奔した老臣堀主水が幕府に訴え出る事件が起きた。幕府は主水を罰したが、四三年明成も隠居のうえ領地を返上し、嗣子明友が石見国吉永一万石を与えられた。

かとううまき【加藤宇万伎】 1721～77.6.10 美樹とも。江戸中期の国学者。姓は藤原。通称は大助、号は静舎。美濃国大垣新田藩主戸田家の奥医師河津家に入婿したが、辞去後、幕府の大番与力となり、大坂城と二条城の勤番を勤めた。賀茂真淵に学び、将来を嘱望される。大坂在番中に上田秋成の入門をうけ、京坂に真淵の学問が浸透する機縁をつくった。著書「雨夜物語だみことば」「土佐日記解」「しづ屋のうた集」。

かとうえなお【加藤枝直】 1692.12.11～1785.8.10 江戸中期の歌人。幕臣。姓は橘。通称は又左衛門、号は南山・芳宜園など。伊勢国松坂生れ。長じて出府、大岡忠相配下の町奉行与力となる。在職中に「公事方御定書」を草したほか、幕府の文教政策にもあずかる。はじめ堂上派の歌学を学んだが、賀茂真淵を知ってからはその学問に傾斜し、物心両面の援助をした。歌論に「歌の姿古へ今を論らふ詞」、歌集に「東歌」。

かとうおりへい【加藤織平】 1848～85.5.17 明治前期の自由民権家。秩父事件の指導者。武蔵国秩父郡生れ。侠客とよばれたが、専業の博徒ではなかった。一八八四年(明治一七)夏頃に困民党の幹部になり、同年一〇月に蜂起した秩父事件では副総理として転戦した。東京で逮捕され、翌年処刑された。

かとうかげかず【加藤景員】 生没年不詳。平安末～鎌倉初期の武士。藤原利仁あるいは能因法師の子孫と伝える。父は景道。通称加藤五。「源平盛衰記」によると、平家の家人を殺害したため本領の伊勢国をのがれ伊豆の工藤氏のもとに寄寓したという。一一八〇年(治承四)子の光員・景廉とともに源頼朝の挙兵に参加。石橋山の敗戦後、伊豆走湯山で出家するが、その後も頼朝に仕え、八四年(元暦元)伊賀平氏の反乱鎮圧を命じられた。

かとうかげかど【加藤景廉】 ?～1221.8.3 鎌倉前期の武士。景員の子。光員の弟。通称加藤次。一一八〇年(治承四)源頼朝に従って石橋山の戦に敗れると甲斐に逃亡。その後、武田氏とともに駿河に進み、頼朝軍に合流。梶原景時が討滅された事件に連坐して所領を没収されるが、一二〇三年(建仁三)比企氏の乱で活躍。一九年(承久元)源実朝の死により出家、法名は妙法。承久の乱では宿老として鎌倉にとどまる。乱後に病死。

かとうかげまさ【加藤景正】 生没年不詳。鎌倉時代に瀬戸焼を開いた陶祖とされる伝説的人物。加藤四郎左衛門景正といわれ、略称藤四郎。一二二三年(貞応二)に道元に従って中国に渡り、陶磁の技法を伝えたという。「森田久右衛門日記」延宝六年(一六七八)条には「瀬戸焼物と申者、藤四郎根元。但四百五拾年余ほど、鎌倉二三代め事」と記す。瀬戸焼の開窯は一三世紀前半であり伝承と一致するが、瀬戸焼に中国陶磁技術が反映されていないことも確かである。

かとうかんじ【加藤完治】 1884.1.22～1967.3.30 大正・昭和期の農民教育の指導者、満蒙開拓移民の指導者。東京都出身。東大卒。帝国農会、愛知県立安城農林学校勤務をへて、一九一五年(大正四)山形県立自治講習所長となる。筧克彦から神道の影響をうけ、独自の農本主義教育を行った。二六年(昭和元)に茨城県に日本国民高等学校を創立。三八年には満蒙開拓青少年義勇軍訓練所を設立した。「加藤完治全集」全五巻。

かとうかんじゅう【加藤勘十】 1892.2.25～1978.

9.27　大正・昭和期の労働運動家・政治家。愛知県出身。日本大学(夜学)中退。一九一八年(大正七)以降労働運動とくに鉱山労働運動の指導者となる。二六年(昭和元)日本労農党結成に参加、満州事変後は左派に転じ、三四年日本労働組合全国評議会委員長に就任。三六・三七年の総選挙で当選したが、人民戦線事件で検挙。第二次大戦後、社会党結成に左派として参加、衆議院議員となり、右派に転じて芦田内閣の労相に就任。妻は加藤シヅエ。

かとうきょうたい【加藤暁台】　⇩暁台

かとうきよまさ【加藤清正】　1562.6.24～1611.6.24　織豊期～江戸初期の武将・大名。父は清忠。名は虎之助。豊臣秀吉に仕え、賤ケ岳七本槍の一人。一五八八年(天正一六)肥後半国を与えられ熊本城主。国人・土豪勢力の一掃に努め、麦年貢をルソンへ輸出するなど積極的な貿易をすすめた。文禄の役では先陣を勤め、オランカイ(中国東北部)まで侵入。慶長の役での蔚山籠城での奮闘ぶりは著名。秀吉の信頼は厚かったが、石田三成ら奉行人の台頭により政権の中枢から遠ざけられた。関ケ原の戦で東軍に属し、戦後に肥後一国五四万石に加増。熊本城を築いて城下町を整備、領内の治水や干拓事業にも尽力。熱心な日蓮宗信者で領内での日蓮宗寺院の建立をすすめ、キリシタン弾圧政策を行った。

かとうさだやす【加藤貞泰】　1580～1623.5.22　江戸前期の大名。父は甲斐国甲府城主光泰。作十郎。初名は光長。左衛門尉・左近大夫。朝鮮出兵に加わり、一五九三年(文禄二)父の死後巨済島に在番。帰国後の九五年若年を理由に美濃国黒野四万石に減封された。関ケ原の戦で東軍に転じ伯耆国米子六万石を得、大坂の陣の軍功により一六一七年(元和三)伊予国大洲六万石に転封。八条流馬術にすぐれ、詩歌もよくした。

かとうし【加藤氏】　㊀平安後期～中世の豪族、近世大名家。藤原利仁から七代の後裔景通が加賀介となり、加藤を称したという。景通は源頼義の郎党となり、子景貞は伊勢国に下って所領をえた。景員と子の光員・景廉は伊豆国に下って源頼朝に仕え、その挙兵以来戦功をあげ、御家人として重んじられた。光員は承久の乱で京方として討たれ、景廉流が美濃国などに栄えた。その後裔という光泰や嘉明は豊臣秀吉に仕え、光泰は小田原攻め後に甲斐国で二四万石を領する。子貞泰は徳川氏に従い、伯耆国米子城主をへて一六一七年(元和三)伊予国大洲藩六万石へ移り、代々同藩主。嘉明は賤ケ岳の七本槍として武功をあげ、二七年(寛永四)陸奥国会津四三万五〇〇〇石余を領したが、子明成のとき領地没収、孫の明友が石見国吉永で一万石をうけた。嘉矩のとき近江国水口二万五〇〇〇石を領し、以後代々水口藩主。維新後、ともに子爵。

㊁織豊期～江戸前期の大名。清正を祖とする。清正は関ケ原の戦後、肥後国熊本で五四万石を領したが、一六三二年(寛永九)忠広のとき除封となり、断絶。

かとうしげし【加藤繁】　1880.9.3～1946.3.7　明治～昭和期の東洋史学者。島根県出身。東大卒。臨時台湾旧慣調査会補助委員、慶応義塾大学教授をへて東京帝国大学教授となる。中国経済史研究の開拓者であり、「唐宋時代に於ける金銀の研究」によって学士院恩賜賞を授与された。ほかに漢代の財政史・貨幣史、歴代産業史、清朝経済史、中国社会史・思想史研究に及ぶ。

かとうしずえ【加藤シヅエ】　1897.3.2～2001.12.22　昭和期の婦人運動家・政治家。旧姓広田。本名静枝。東京都出身。女子学習院卒。石本恵吉男爵と結婚後、三池炭鉱に住み多産と貧困の問題を直視。一九一九年(大正八)渡米してマーガレット・サンガーと出会い、帰国後に産児調節運動に献身、三四年(昭和九)東京品川に産児制限相談所を開設。第二次大戦後は家族計画の普及に努め、再婚した加藤勘十とともに日本社会党国会議員としても活躍。著書「ひとすじの道」。

かとうせいえもん【賀藤清右衛門】　1768.2.19～1834.3.24　江戸後期の林業家。秋田藩士。父は景親。名は景林。一七八六年(天明六)萱苅御検使役、一八〇五年(文化二)木山方吟味役となり林政改革に尽力した。海浜への松苗、不毛地への杉苗の植林をはじめ、秋田藩六郡の山林境界を明らかにした。著書に「木山方以来覚」や山林伐採の方法書七〇余巻、図面一〇〇余枚などがある。

かとうたかあき【加藤高明】　1860.1.3～1926.1.28　明治・大正期の外交官・政治家。尾張国生れ。東大卒。一八八七年(明治二〇)外務省入省。一九〇〇年第四次伊藤内閣、〇六年第一次西園寺内閣の外相となるが、鉄道国有法に反対し辞任。〇八年駐英大使となり、一一年第三次日英同盟を締結。一三年(大正二)第三次桂内閣の外相に就任し、立憲同志会入党、同年桂の死後総裁。一四年第二次大隈内閣の外相となり第一次大戦参戦、対華二十一カ条の要求などを断行。一六年同志会を中心に憲政会を結成し、二四年の総選挙で第一党となり、護憲三派内閣を組織した。治安維持法・普通選挙法などを制定。日ソ基本条約を締結し、ソ連との国交を回復。三派提携決裂後、新たに憲政会単独内閣を組織したが、議会途中で病死。

かとうたけお【加藤武男】　1877.6.5～1963.10.17　明治～昭和期の銀行家。栃木県出身。慶大卒。一九〇一年(明治三四)三菱合資銀行部に入り、京都・大阪両支店長をへて、一九年(大正八)新発足の三菱銀行常務に就任、三八年(昭和一三)会長、四三年頭取となり同行を指導した。四三年には三菱本社取締役理事ともなった。四七年公職追放されるが五一年に復帰。

かとうただひろ【加藤忠広】 1601～53.閏6.8　江戸初期の大名。清正の三男。一六一一年(慶長一六)父の没後、肥後国熊本五四万石を襲封。将軍徳川秀忠の養女をめとり幕府との関係を維持したが、一八年(元和四)御家騒動が発生。若年のため責任は回避されたが、三二年(寛永九)嫡子光広が反乱の謀書を作成したことをとがめられ改易。強引な藩政をすすめて領内を荒廃させたことも理由の一つといわれる。忠広は出羽国庄内へ、光広は飛驒国高山へ配流。

かとうたみきち【加藤民吉】 1772.2.-～1824.7.4　瀬戸焼に磁器を導入して磁祖とされる江戸後期の陶工。名は保賢、幼名を松太郎といい、吉左衛門景遠の次男。一八〇四年(文化元)肥前国伊万里に赴き、磁器の製法を学び、〇七年に帰郷し、瀬戸焼に新製の染付磁器の焼造法を伝えた。その染付は色沢妍麗(しきたくけんれい)と評されて人気を博した。

かとうちかげ【加藤千蔭】 1735.3.9～1808.9.2　江戸中・後期の国学者。加藤枝直(えなお)の子。姓は橘。通称は又左衛門、字は常世麿(とこよまろ)、号は芳園(うけらぞの)・芳宜園(はぎぞの)など。一七八八年(天明八)町奉行与力を辞したのちは学芸に専念した。若くして諸芸を学んだが、とくに国典を賀茂真淵に学び、退隠後、師の業をうけ、かつ本居宣長の協力を得て「万葉集略解(りゃくげ)」を著作、万葉研究の普及に資した。歌風は古今集前後を理想とする高調典雅なもので、村田春海(はるみ)とともに並称された。書は松花堂昭乗にならって和様書家として一家をなし、仮名書の法帖(ほうじょう)を数多く出版した。絵ははじめ建部綾足(たけべあやたり)に漢画を学んだが、のち大和絵風に転じた。

かとうときじろう【加藤時次郎】 1858.1.1～1930.5.30　明治～昭和前期の医師。豊前国生れ。ドイツ留学中に社会主義思想にふれ、帰国後堺利彦らの初期の社会主義運動を支援。一九〇七年(明治四〇)に第二インターナショナル大会に出席。大逆事件後は実費診療所(のち平民病院)を開設して社会事業に尽力。一時加治姓を名のる。

かとうともさぶろう【加藤友三郎】 1861.2.22～1923.8.24　明治・大正期の海軍軍人・政治家。安芸国生れ。海軍大学校卒。日清・日露戦争および第一次大戦に従軍。日露戦争では連合艦隊参謀長として、一九〇五年(明治三八)の日本海海戦を指揮した。日露戦争後、次官・海相として海軍の拡充に努めた。一四年(大正三)清浦奎吾の組閣を阻止。ワシントン会議では全権として軍縮条約を締結、英米両国との建艦競争に歯止めをかけた。二二年六月首相に就任し、外交面では軍縮やシベリア撤兵を実行。内政面でも行財政整理を推進したが、翌年八月首相在任中に死去。

かとうなおやす【加藤直泰】 1615～82.1.5　江戸前期の大名。伊予国新谷(にいや)藩主。貞泰の次男。初名は泰但。大蔵・織部・織部正。一六二三年(元和九)兄泰興が大洲六万石を襲封した際、父の遺言により新谷一万石を内分された。三四年(寛永一一)将軍徳川家光上洛に供奉。

かとうばんさい【加藤磐斎】 1625～74.8.11　盤斎とも。江戸前期の和学者。号は等空・踏雪軒など。京都の人で、郊外の小野山に隠棲し、僧形となって諸国を歴遊、晩年は摂津国に住んだ。松永貞徳について歌学を修め、俳諧にも通じ俳論「俳諧談」を著す。著述は「土佐日記見聞抄」「清少納言枕草紙抄」「徒然草抄」「新古今増抄」など古典注釈が多く、同門の北村季吟とともに、古典の普及に尽くした。

かとうひろはる【加藤寛治】 1870.10.2～1939.2.9　明治～昭和前期の軍人。海軍大将。福井県出身。海軍兵学校(一八期)・海軍大学校卒。イギリス駐在武官などをへて、一九二一年(大正一〇)ワシントン会議に海軍首席随員として参加、強硬論で加藤友三郎首席全権と対立。軍令部次長・連合艦隊司令長官などを歴任し、二九年(昭和四)軍令部長に就任。翌年のロンドン海軍軍縮会議の際、政府と対立して統帥権干犯問題をおこし辞職。艦隊派の総帥として軍縮条約からの離脱を主張した。

かとうひろゆき【加藤弘之】 1836.6.23～1916.2.9　明治期の政治学者。但馬国生れ。出石藩藩校弘道館をへて、佐久間象山に学ぶ。一八六〇年(万延元)蕃書調所教授手伝となり、ドイツ学を開拓。維新後侍読(じとう)・左院議官などを歴任。「真政大意」「国体新論」などで天賦人権論を啓蒙し、明六社に参加。民撰議院論争では尚早論をとった。七七年(明治一〇)東京大学初代綜理。八一年前記の二著を絶版とし社会進化論に転向。九〇年帝国大学総長、一九〇六年帝国学士院長・枢密顧問官。

かとうまさかた【加藤正方】 1580～1648.9.23　江戸前期の武将・俳人。肥後国八代(やつしろ)城代。父は加藤清正の家臣加藤可重(よししげ)。清正の子忠広に仕え、一六一一年(慶長一六)八代城代、二二年(元和八)筆頭城代・家老を勤めたが、三二年(寛永九)主家の改易とともに牢人となり、京都本圀(ほんこく)寺に住んだ。談林俳諧の中心人物宗因はかつての家臣で、牢人となってからも交遊があった。晩年は広島浅野家に預けられ同地で没。

かとうまさのすけ【加藤政之助】 1854.7.-～1941.8.2　明治～昭和前期の民権家・政党政治家。武蔵国足立郡生れ。慶応義塾卒。一八八〇年(明治一三)埼玉県議に当選、のち議長となる。立憲改進党結成に参加。「報知新聞」系の論客として知られ、「大阪新報」主筆も務めた。第二回総選挙から衆議院議員に一二回当選。立憲国民党改革派から立憲同志会に参加。実業界でも活躍した。

かとうまさよし【加藤正義】 1854.2.23～1923.12.

24 明治・大正期の海運経営者。鳥取藩士の子。大阪上等裁判所判事補・兵庫県勧業課長をへて、一八八五年(明治一八)森岡昌純とともに共同運輸に入社。三菱会社との合併により日本郵船に移る。九五年副社長。以後一九一五年(大正四)まで近藤廉平社長を補佐して郵船の発展に寄与した。東洋拓殖創立委員・東京市会議長。

かとうみつかず【加藤光員】 生没年不詳。鎌倉前期の武士。景員の子。通称加藤太。一一八〇年(治承四)源頼朝の挙兵に参加。石橋山の敗戦後甲斐にのがれ、武田氏とともに駿河に進攻し平家方の橘遠茂を討つ。その後伊勢国で地頭設置の前提となる没官領注文を作成。みずから国内に豊田荘以下数カ所の地頭となった。のち後鳥羽上皇の西面の武士となり、検非違使に任じられる。承久の乱では京方に属し敗北、以後の消息は不明。

かとうみつやす【加藤光泰】 1537～93.8.29 織豊期の武将。景泰の子。作内。遠江守。はじめ斎藤竜興に仕え、その後豊臣秀吉に従い、小牧・長久手の戦などに功をあげた。一五八五年(天正一三)美濃国大垣四万石をえたが、蔵入地支配に違背があり、知行を返上し豊臣秀長に属した。八七年許され、近江国佐和山などをへて甲斐国甲府二四万石を与えられた。九二年(文禄元)軍監として漢城(ソウル)に赴いたが、その冬発病。漢城撤退後は釜山に駐留した。

かとうよしあき【加藤嘉明】 1563～1631.9.12 織豊期～江戸初期の武将・大名。孫六。左馬助・侍従。はじめ羽柴秀勝に仕え、一五七六年(天正四)播磨攻略時に豊臣秀吉の下に移り、各地に転戦。賤ケ岳七本槍の一人。八五年以来船手となり、文禄の役では船奉行として進発したが、安骨浦の海戦で李舜臣に敗れた。慶長の役では元均の艦隊を破った。九五年(文禄四)伊予国松前六万石。関ケ原の戦では東軍に属し、戦後、同国松山二〇万石。一六二七年(寛永四)陸奥国会津四〇万石に移された。

かどのいくのしん【門野幾之進】 1856.3.14～1938.11.18 明治～昭和前期の教育者・実業家。重九郎の兄。志摩国生れ。慶応義塾卒。福沢諭吉に認められて塾教師・塾頭となる。立志社・立憲改進党に参加し、一九〇〇年(明治三三)衆議院議員。時事新報社・交詢社にも関与。〇四年千代田生命を創立し社長となる。三二年(昭和七)貴族院議員に勅選される。

かどのおう【葛野王】 669～705.12.20 天智天皇の孫。大友皇子の長子。母は天武天皇の女十市皇女。六九六年(持統一〇)高市皇子の死後に開かれた皇嗣選定会議が紛糾したとき、子孫相承こそ争いなく皇位を継承する方法だと発言し、異議をはさもうとした弓削皇子を制した。持統天皇はこの発言が文武の擁立を定めたとして喜び、正四位を授け、式部卿に任命したと「懐風藻」にある。時に三七歳。死去のときは正四位上。淡海三船(御船王)はその孫。

かどのじゅうくろう【門野重九郎】 1867.9.9～1958.4.24 明治後期～昭和前期の実業家。志摩国生れ。東大卒。山陽鉄道技師をへて大倉組に入り、一八九八～一九〇七年(明治三一～四〇)ロンドン支店長。帰国後、大倉組副頭取として大倉喜八郎・喜七郎を補佐し大倉財閥を仕切った。日商会頭など財界でも活躍。

かどのとみのすけ【上遠野富之助】 1859.10.19～1928.5.26 明治・大正期の実業家。秋田藩士の子。伯父の儒者上遠野豊の養子となる。東京専門学校卒。奥田正香に認められ、一八九三年(明治二六)名古屋商業会議所書記に採用されたのを機縁として名古屋実業界に進出。名古屋鉄道社長、明治銀行・日本車輌などの重役、名古屋商業会議所会頭を歴任。

かどやしちろうじろう【角屋七郎次郎】 伊勢国大湊・松坂を本拠とする戦国期～江戸時代の有力な廻船業者角屋の世襲名。祖先は永享年間、信濃国松本から伊勢国山田に移住して農業を営んでいたが、七郎次郎元秀のとき大湊に移住して廻船業を始め、角屋と称した。代々の当主が七郎次郎を名のる。元秀の子秀持は、後北条・織田・徳川各氏の御用を勤め、伊勢神宮領の米の輸送に関与し、大湊の会合衆の中心となる。一五八二年(天正一〇)本能寺の変で、徳川家康の窮地を助けて三河・遠江両国の四百石船の諸湊出入役を免除され、歴代の江戸幕府将軍から課役免除の朱印状を与えられた。秀持の子忠栄は松坂に本拠を移し、一族は堺・長崎に住んで朱印船貿易に従事。忠栄の子七郎兵衛栄吉は交趾(中部ベトナム)に移住した。神宮徴古館蔵の角屋文書は重文。

かどやしちろうべえ【角屋七郎兵衛】 1610.3.17～72.2.17 近世初期の貿易家。伊勢国松坂生れ。名は栄吉。伊勢国大湊の豪商角屋七郎次郎忠栄の次男。一六三一年(寛永八)交趾(中部ベトナム)に渡航、同国の要港フェイフォーの日本町に居住した。鎖国後も同地にとどまり、六五年日本町の頭人となった。阮氏の一族の女性をめとり、呉順官という一子をもうけた。七二年同地で死去したが、妻の阮氏はその後も松坂の生家に音信を送った。

かとりなひこ【楫取魚彦】 1723.3.2～82.3.23 江戸中期の国学者。父は景栄。本姓は伊能。通称は茂左衛門、名は景良、号は青藍・茅生庵。下総国香取郡佐原生れ。はじめ俳諧をたしなみ、建部綾足の門に入って片歌を作り、あわせて絵画を学んだ。のち賀茂真淵について古学を修め、仮名遣いの書「古言梯」を編集・出版し、好評を博した。著述はほかに「万

葉集千歌」「楢の嬬手」「楫取魚彦家集」。

かとりほつま【香取秀真】 1874.1.1～1954.1.31 明治～昭和期の鋳金家・歌人。千葉県出身。一八九七年(明治三〇)東京美術学校鋳金科卒。母校で鋳金史を教える一方、東京鋳金会・帝展第四部(美術工芸部門)の創設など、金工の振興に大きく寄与した。一九三三年(昭和八)から東京美術学校教授・帝室技芸員などを歴任、五三年文化勲章。金工史研究者としても優れた業績を残し、「金工史談」をはじめ著書多数。正岡子規門下の歌人としても知られる。

かないうしゅう【金井烏洲】 1796～1857.1.14 江戸後期の南画家。名は時敏、字は林学。号は烏州・雨笠など。上野国生れ。春木南湖に画を学ぶ。また学問を好み、江戸に出て古賀精里に入門、詩を菊池五山に学び、雲室上人の小不朽吟社の同人となる。のち近畿に遊び、代表作「月瀬探梅図巻」を描いた。晩年の一八五三年(嘉永六)には日光に行き、画論「無声詩話」を執筆した。

かないさんしょう【金井三笑】 1731～97.6.16 宝暦～寛政期を代表する歌舞伎作者。通称金井筒屋半九郎。号与鳳亭。江戸中村座の帳元から作者に転じ、一七五九年(宝暦九)立作者となり、九二年(寛政四)剃髪隠退。作品数は一〇〇編余という。時代物より世話物を得意とし、「三笑風」とよばれる独自の合理的な作風をうみだした。常磐津・富本の作詞にもすぐれた。政治的手腕にたけた策略家でもあったらしい。

かないのぶる【金井延】 1865.2.1～1933.8.13 明治・大正期の経済学者・社会政策学者。遠江国生れ。東大卒。ドイツに留学し歴史学派の理論を学ぶ。一八九〇年(明治二三)帰国直後に帝国大学法科大学教授となり、ドイツ社会政策学にもとづき、労資協調、国家による労働者保護を主張。社会政策学会の結成、帝国学士院会員としての活動、東大経済学部の創設(初代経済学部長)のほか、工場法の必要や日露開戦論、社会主義批判など社会的発言も活発に展開した。

かないはんべえ【金井半兵衛】 ?～1651.8.- 江戸前期の牢人。由比正雪とともに慶安事件を企てた。名は正国あるいは正教。駿河国有度郡金井村生れ。後北条氏の遺臣の後裔と伝え、諸国を回り修業するなかで正雪と親交を結んだと伝える。一六五一年(慶安四)七月の正雪の騒乱計画に際しては、大坂で騒動をおこす約束だったが、丸橋忠弥の逮捕、正雪の自殺により乱が未然に失敗したことを聞き、大坂で自殺。

かないゆきやす【金井之恭】 1833.9.18～1907.5.13 幕末期の志士、明治期の官僚政治家・書家。金井烏洲の子。上野国生れ。勤王運動に従事、天狗党の挙兵に協力し、新田満次郎を擁して挙兵を試みた。維新後、大久保利通のもとで台湾出兵や西南戦争の処理に活躍、内閣大書記官・元老院議官をへて貴族院議員に勅選。明治三書家の一人。「顕要職務補任録」を編集。

かながきろぶん【仮名垣魯文】 1829.1.6～94.11.8 幕末・明治前期の戯作者・新聞記者。本名野崎文蔵。江戸生れ。一八六〇年(万延元)に「滑稽富士詣」で売りだし、明治維新後は「西洋道中膝栗毛」「安愚楽鍋」で、維新後の文学空白期を埋めた。七二年(明治五)三条教則の通達の際、山々亭有人と「著作道書キ上ゲ」を上申、戯作者の限界を露呈した。七五年「仮名読新聞」を創刊、「高橋阿伝夜刃譚」などの毒婦・悪婦もので読者を魅了した。

かなざわかへえ【金沢嘉兵衛】 生没年不詳。江戸後期の新田開発家。播磨国加古郡生れ。一八三八年(天保九)頃同郡池田村地先の干拓を計画し、近藤亀蔵から資金をうけ、四〇年七九町歩の耕地をえて金沢新田と称した。一八三九年には金沢九郎平と飾西郡広畑村の沿岸の干拓に着手、四一年八五町歩余の沖新鶴場新田を開いた。

かなざわしょうざぶろう【金沢庄三郎】 1872.5.7～1967.6.2 明治～昭和期の国語学者。大阪府出身。東大卒。東京外語大学・国学院大学などで教鞭をとる。朝鮮語と日本語の比較研究に従事。「日韓両国語同系論」を軸に「日本文法論」などで日韓両語の近縁性を主張。国語辞典「辞林」「広辞林」を編纂した。

かなせきたけお【金関丈夫】 1897.2.18～1983.2.27 昭和期の人類学者。香川県出身。京大卒。人類学を専攻。台北帝国大学教授・九州大学教授などを歴任。弥生時代人骨の収集・計測に努め、弥生前期の人骨が高身長の特徴をもつことに着目し、弥生文化の形成に朝鮮からの渡来人が関係したと主張して注目を集めた。また民族学・民族誌にも造詣が深く、独特の学風を開いた。著書「木馬と石牛」「南方文化誌」「日本民族の起源」。

かなだとくみつ【金田徳光】 1863.9.20～1919.1.4 明治・大正期の宗教家。徳光教の教祖。大坂生れ。和田姓から母方の親戚の養子となる。堺で刃物業を営むが信仰心に厚く、一九〇七年(明治四〇)神道御嶽教大講義となる。一二年(大正元)大阪で御嶽教徳光大教会を創立。一七年に神道本局に所属。本部は静岡県三島市。弟子に、ひとのみち教団(のちPL教団)の開祖御木徳一などがいる。

かなもりし【金森氏】 近世の大名、旗本家。土岐氏の支流と称し、長近のとき豊臣秀吉に仕え、飛驒国を平定し、高山城主となる。代々茶道に造詣が深く、重近(宗和)は宗和流の祖。六代頼旹は将軍徳川綱吉の側用人となるが、一六九〇年(元禄三)免職。九二年出羽国上山、九七年美濃国郡上三万九〇〇〇石に転封。一七五八年(宝暦八)頼錦のとき郡上一揆の発生を理由に改易。のち子の頼興が旗本となり明治期に至る。

かなもりしげより【金森重頼】 1594～1650.閏10.7 江戸初期の大名。飛騨国高山藩主。可重の子。一六〇八年(慶長一三)徳川家康の小姓として仕え、大坂の陣に参陣。一五年(元和元)遺領相続。鉱山開発を推し進め、神岡鉱山をはじめ領内の鉱山を開発。兄宗和と同様に茶道に精通したが、飢饉から家臣や農民を救済するため、天下の名器雲山肩衝を京極高広に売却したといわれる。

かなもりそうわ【金森宗和】 1584～1656.12.15 江戸初期の武士・茶人。飛騨国高山城主金森可重の子。名は重近。はじめ豊臣秀吉に、のち徳川氏に仕えた。父の勘当をうけ、一六一四年(慶長一九)京都に隠棲。大徳寺の紹印伝双に師事して剃髪し、宗和と号した。近衛信尋、鹿苑寺の鳳林承章、小堀遠州、片桐石州らとの交友を介して禁中にも出入りした。侘茶の千宗旦と対比され「姫宗和」とよばれた優雅で上品な茶風は、禁中・公家の茶の湯に大きな影響を与え、陶芸家の野々村仁清も宗和の指導をうけた。好みの茶道具には、竹の窓無しの花入・尺八花入・宗和棚・八角釜。茶室には大徳寺真珠庵の庭玉軒、鹿苑寺の夕佳亭、興福寺慈眼院の六窓庵(東京国立博物館に移築)などがある。

かなもりつうりん【金森通倫】 1857.8.15～1945.3.4 明治～昭和前期の牧師・社会教育家。肥後国生れ。熊本バンドに加わり、同志社英学校在学中に新島襄から受洗。一八八〇年(明治一三)按手礼をうけ、岡山教会を設立し岡山県下を伝道した。八六年同志社神学校教授。九一年「日本現今之基督教並ニ将来之基督教」を刊行、新神学の信仰を公表して組合教会を離脱し実業界に入る。一九一二年(大正元)組合教会に復帰、救世軍・ホーリネス教会に入り三三年(昭和八)引退。

かなもりとくじろう【金森徳次郎】 1886.3.17～1959.6.16 大正・昭和期の官僚・政治家。愛知県出身。東大卒。大蔵省をへて内閣法制局に入り、また諸大学で憲法を講義。一九三四年(昭和九)岡田内閣の法制局長官となったが、天皇機関説問題で辞職。第二次大戦後の四六年第一次吉田内閣の国務相に就任し、新憲法草案作成とその成立に貢献した。四八年国立国会図書館の初代館長となる。

かなもりながちか【金森長近】 1524～1608.8.12 織豊期～江戸初期の武将・大名。父は大畑定近。美濃国生れ。初名は可近、織田信長から一字を与えられ長近と改め、剃髪後は法印素玄。柴田勝家に属したが、一五八三年(天正一一)柴田氏滅亡後は豊臣秀吉に仕える。八六年飛騨国高山城主として三万八七〇〇石余を領有。関ケ原の戦で東軍に属し、その戦功で美濃国に二万石、河内国に三〇〇〇石を加増。茶道に親しみ、古田織部と親交があった。

かなもりよししげ【金森可重】 1558～1615.閏6.3 織豊期～江戸初期の武将・大名。長屋景重の子。金森長近の養子。美濃国生れ。養父長近に従い織田信長・豊臣秀吉に仕え、一五八六年(天正一四)美濃国古川増島城主一万石。関ケ原の戦で東軍として戦功をあげた。一六〇八年(慶長一三)長近の遺領を継ぎ、飛騨国高山藩主となる。千利休の長子道安の弟子になるなど茶人でもあり、将軍徳川秀忠の師範役で茶会の勝手も勤めた。

かなやはんぞう【金谷範三】 1873.4.-～1933.6.6 明治～昭和前期の軍人。陸軍大将。大分県出身。陸軍士官学校(五期)・陸軍大学校卒。日清・日露両戦争に参加後、参謀本部作戦課長・支那駐屯軍司令官・参謀本部第一部長・参謀次長・朝鮮軍司令官などを歴任。一九三〇年(昭和五)参謀総長に就任したが、満州事変の際関東軍を抑えられず、陸軍内の革新運動も統御できなかった。

かねあきらしんのう【兼明親王】 914～987.9.26 前中書王・小倉親王とも。醍醐天皇の皇子。母は藤原菅根の女淑姫。九二〇年(延喜二〇)源朝臣を賜姓され臣籍に下る。九三二年(承平二)従四位上に叙せられ、のち昇進して九六七年(康保四)大納言となる。九六九年(安和二)源高明左遷事件(安和の変)では一時昇殿を停められたが、九七一年(天禄二)左大臣に昇る。九七七年(貞元二)再び親王に復され、左大臣をやめて中務卿とされた。関白藤原兼通が同頼忠を左大臣にあげるために強行したものである。これに対する痛憤の情は「菟裘賦」に語られている。詩文に秀で、文人として名高い。

かねいえ【金家】 金工の名。鐔の名工として著名であるが、現存の年紀のあるものは皆無であるため、出自や製作年代、代別など諸説あって明らかではない。しかし、織豊期～江戸初期に活躍したとみるのが妥当である。居住地は明らかで、銘に「山城国(または城州)伏見住」とある。鉄地に色絵を施した絵画風の図柄の絵風鐔の創始者であるが、名工として認められるようになったのは江戸中期以降である。

かねうじ【兼氏】 美濃の刀工の名。初代は南北朝期の大和手掻派の刀工で、初銘は包氏。のち大和から美濃国志津(現、岐阜県海津郡か)に移り、兼氏に改めた。通称志津三郎、たんに志津ともいう。正宗十哲の一人。名物を多く残すが、現存の在銘品は少なく、無銘の極めものが多い。重文四。三代目(応永頃)が直江郷(現、養老郡)に移り、直江志津と通称される。これに対して大和の志津系は大和志津とよび、嘉吉期頃に美濃国関に移住した。

かねうりきちじ【金売吉次】 生没年不詳。源義経を奥州平泉の藤原秀衡にひきあわせたとされる伝説的人物。「平治物語」「源平盛衰記」「義経記」などに登場する。描かれる吉次像は作品ごとに差異があるが、金をあきなう商人であることは共通する。鞍馬山にいた義経を説得して秀衡のもとに連れ出し、多量の褒美をえたという。伝説は、金商人・鋳物師など遍歴する人々の存在や人身売買の横行の実際を反映しているとされる。

かねがえさんべえ【金ケ江三兵衛】 ⇨李参平

かねこきちざえもん【金子吉左衛門】 ?～1728.9.11 江戸中期の歌舞伎俳優・狂言作者。俳名一高。道化方として貞享期から名をあげ、元禄期には名人とよばれたが、後年は作者としての活躍が主体となった。近松門左衛門の歌舞伎作品の協力者として大きな功績があり、一六九八年(元禄一一)の日記が発見されたことにより、その劇作の実態が詳しく知られるようになった。また、名優の聞書きである「耳塵集」(「役者論語」所収)を残した。

かねこくんえん【金子薫園】 1876.11.30～1951.3.30 明治～昭和期の歌人。東京都出身。本名雄太郎。幼時から漢学や和歌に接し、府立一中退学後の一八九三年(明治二六)に落合直文のあさ香社に加入。新派和歌運動の一翼を担った。一九〇一年新声社から「片われ月」を刊行。翌年、尾上柴舟と雑誌「新声」の秀歌を共選した「叙景詩」を刊行して、「明星」派の抒情歌の流れに対抗した。内面を凝視しての自然詠に特色があり、「新潮」の短歌選者を長く務めた。

かねこけんたろう【金子堅太郎】 1853.2.4～1942.5.16 明治～昭和前期の官僚政治家。筑前国生れ。福岡藩士の子。藩校修猷館・ハーバード大学に学び、伊藤博文の知遇を得る。元老院権少書記官を皮切りに首相秘書官・枢密院書記官などを歴任し、伊藤の憲法制定作業を助けた。一八九〇年(明治二三)貴族院書記官長となり、農商務次官をへて第三次伊藤内閣の農商務相、第四次伊藤内閣の司法相を務めた。この間、九八年の伊藤の新党計画や政友会創立に関与。日露戦争に際してはアメリカに特派され、ハーバード大学で同窓のセオドア・ローズベルト大統領らに接触してアメリカ世論の親日誘導にあたった。一九〇六年枢密顧問官、昭和前期まで長老として活動した。伯爵。

かねこだいえい【金子大栄】 1881.1/5.3～1976.10.20 大正・昭和期の宗教家・仏教学者。真宗大谷派僧侶。真宗宗教学の確立者。新潟県の僧侶の子。真宗大学卒業後、清沢満之の門に入る。のち真宗大谷大学教授。一九二二年(大正一一)曾我量深とともに雑誌「見真」を発刊。二八年(昭和三)に宗門を批判した著書によって僧籍を剝奪される。四二年に宗門に復帰、大谷大学教授・同大名誉教授。七一年に真宗大谷派侍董寮頭。

かねことくのすけ【金子徳之助】 1789～1865.8.2 江戸後期の儒者。広島藩士。名は済民、字は伯成、号は八霜山人また霜山。金子家は代々医業をもって家老浅野氏に仕え、祖父の代から本藩の儒員となった。徳之助も儒員に列せられ藩主の侍読となる。幕末には辻将曹らと藩政の改革に尽力し、晩年は軍政にもたずさわった。著書「四書纂要」「近思録纂要」。

かねこなおきち【金子直吉】 1866.6.13～1944.2.27 明治～昭和前期の実業家。土佐国生れ。一八八六年(明治一九)神戸の砂糖商鈴木商店に雇われ、九四年主人の鈴木岩治郎が死去すると番頭として経営を握った。台湾樟脳・砂糖の取引に進出し、神戸製鋼所を傘下に収めるなど鈴木商店の総合商社化を進め、第一次大戦期には取引を急拡大して傘下企業を増加させた。一九二七年(昭和二)の同商店倒産後も、太陽曹達を持株会社太陽産業に改組するなど、旧鈴木系事業の結集を試みた。

かねこみつはる【金子光晴】 1895.12.25～1975.6.30 大正・昭和期の詩人。本名安和。愛知県出身。早大・東京美術学校・慶大などを中退。一九一九年(大正八)の渡欧を機に、フランス象徴主義の影響をうけて、民衆派的詩風から高踏派の詩風に移行、二三年詩集「こがね虫」刊行。二五年からの大陸放浪により異邦人の眼を身につけ、三七年(昭和一二)徹底した現実批判の詩集「鮫」を刊行。以後も権力に抗し反戦詩を書くが、第二次大戦中は発表できなかった。戦後に詩集「落下傘」「蛾」などにまとめて刊行。

かねさだ【兼定】 美濃国関の刀工の名。初代は文明期頃で信濃守。二代は文亀期頃から「定」を「㝎」ときり、これを之定といった。一五〇五年(永正二)和泉守。兼定のうち最も評価が高い。以後、三代がおり、ほかにも古刀期に同銘がかなり認められる。なお三代の子が弘治期頃会津に移って会津兼定家の祖となったといい、新々刀期まで栄えた。

かねざわあきとき【金沢顕時】 1248～1301.3.28 鎌倉中期の武将。正五位下・越後守。北条氏一門の実時の子。初名は時方。法名は恵日。一二六九年(文永六)引付衆となり、以後評定衆、引付頭人を歴任。八五年(弘安八)妻の父の安達泰盛が内管領平頼綱に滅ぼされると、所領の下総国埴生荘に流されたが、九三年(永仁元)頼綱の滅亡により復活、同年執奏、翌年引付頭人となった。父同様好学の士。

かねざわさだあき【金沢貞顕】 1278～1333.5.22 鎌倉末期の武将。従四位上・修理権大夫。執権。北条氏一門の顕時の子。評定衆・六波羅南方・引付頭人・六波羅北方などをへて、一三一五年(正和四)連署に就任。二六年(嘉暦元)三月、執権北条高時の出家後、長崎高資に推されて執権となるが、高時の弟泰家らの反対によりまもなく出家、法名は崇顕。翌月、赤橋守時が執権に就任。三三年(元弘三)一門とともに東勝寺で自害。父祖同様に学問を好み、多数の書籍を書写・収集した。

かねざわさねとき【金沢実時】 1224～76.10.23 鎌倉中期の武将。越後守。父は北条義時の子実泰。一二三四年(文暦元)一一歳で小侍所別当に就任し、以後歴代の将軍に近侍する一方、五二年(建長四)引付衆、翌年評定衆に加わり、幕政の中枢にあった。学問を好み、将軍宗尊親王に従って関東に下った儒者清原教隆について勉学に励み、和漢の書籍を書写・収集した。膨大な書籍は、所領の武蔵国六浦荘金沢に建てられた別邸内の文庫に収められ、金沢文庫のもととなった。西大寺の叡尊に深く帰依し、鎌倉に招いて北条時頼とともに受戒。六七年(文永四)には念仏寺院の称名寺を律宗に改めた。

かねざわさねまさ【金沢実政】 1249～1302.12.7 鎌倉後期の武将。鎮西探題。上総介。北条氏一門の実時の子。一二七五年(建治元)元軍の再来に備えて鎮西に下り、豊前国守護代や周防・長門両国の守護をへて、九六年(永仁四)鎮西探題に就任、九州における御家人の統率と訴訟の裁断にあたった。これに前後して肥前国守護に任じられた。一三〇一年(正安三)出家、法名は実通。子の政顕が鎮西探題を継いだ。

かねざわし【金沢氏】 鎌倉時代の武家。桓武平氏北条氏の一族。北条義時の子実泰が武蔵国六浦荘(現、横浜市)を支配、その子実時が荘内の金沢郷に別業を営んだことに始まる。実時は評定衆や越訴奉行となり執権時頼・時宗を補佐、また称名寺の建立や金沢文庫の創設にも尽力した。その子孫も幕府要職を歴任、貞顕は執権となり、また六波羅探題・鎮西探題となった者もいる。鎌倉幕府とともに滅亡し、規矩高政・糸田貞義ら一族が北九州で建武政府に反抗、再興をはかったが鎮圧された。

●金沢氏略系図

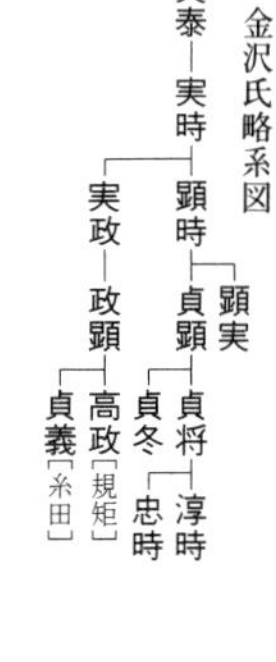

かねしげ【金重】 南北朝期の刀工の名。「きんじゅう」と音読するのがふつう。本国は越前国敦賀。清泉寺の僧道阿という。為継・国長らとともに美濃国関に移り、関鍛冶の祖とされる。正宗十哲の一人。在銘の確実なものはわずかであるが、南北朝期だけで初代・二代がいたようで、初代は正宗の弟子という。

かねなが【包永】 刀工の名。新刀期を含めて同名が三〇人ほどいるが、鎌倉後期の大和包永が著名。大和五派の一つ手掻派の祖。東大寺転害門前に住んだといい、今も兼永町の地名が残る。手掻派は東大寺付属の鍛冶(刀鍛冶のみではない)で、室町後期まで銘跡が続く。国宝一、重文六。

かねひら【包平】 刀工の名。「日本刀銘鑑」によれば、永延期頃の藤原保昌の懐刀の作者や、治承期以前の平重盛の太刀の作者など河内にも同名が数名いた。高平・助平とともに古備前三平と称された包平が著名で、元暦期頃に活躍したといい、国宝大包平の太刀が伝存。ただ、古備前派にも包平は数名いるが、大包平と同人の作と認められるものはほかにないようである。

かねまつふさじろう【兼松房治郎】 1845.5.21～1913.2.6 明治期の実業家、豪州貿易の先駆者。大坂生れ。各開港場での商取引を経験したのち、一八七三年(明治六)三井組に入社、銀行部で活躍した。退社後も大阪商船の設立などに尽力。当時の米の輸出先であったオーストラリアに関心をもち八九年渡豪、毛糸紡績の勃興にあわせて同年神戸に兼松商店を開設、翌年シドニー支店を設けて羊毛直輸入に乗り出し、日豪貿易を発展させた。

かねみつ【兼光】 刀工の名。同名多数のうち、備前長船派と美濃関派が著名。前者は二代あり、初代は景光の子で正宗門下という。活躍の時期は南北朝期で、延文期以降が二代という。この派の銘跡は古刀期を通じてみられる。後者は本来は大和手掻派の刀工で、南北朝期後半以降、美濃国関に移住し、関鍛冶の祖と伝えるが、系譜的には不明な点もある。古刀期を通じて銘跡が続いた。

かねもと【兼元】 美濃国の刀工の名。年紀をもつ作は明応期からみられるが、出自や系譜は一定しない。居住地は初代・二代は同国赤坂で、三代(あるいは二代晩年の天文年中)以降は関に移ったという。代々孫六を屋号とし、銘跡は新刀期まで続いた。とくに大永期以降の二代兼元に傑作が多く、孫六の名を独占し、居住地の混乱から関孫六ともよばれる。兼元は独特の三本杉という刃文を特徴とする。

かねよししんのう【懐良親王】 1330?～83.3.27 「かねなが」とも。後醍醐天皇の皇子。一三三六年(建武三・延元元)後醍醐天皇から征西将軍に任じられ九州へ下る。四八年(貞和四・正平三)肥後の菊池氏の本拠に入って勢力をのばし、六一年(康安元・正平一六)には大宰府を掌握。七一年(応安四・建徳二)明から「日本国王」に封じられる。翌年九州探題今川貞世(了俊)によって大宰府を追われ、征西将軍職を退いて筑後国矢部に隠退、この地に没した。

かのうえいとく【狩野永徳】 1543.1.13～90.9.14 桃山時代の狩野派の画家。松栄の長男。祖父元信にも直接学ぶ。父とともに制作にあたった大徳寺聚光院障壁画(国宝)は、父松栄の温雅な作風から力動感にあふれた作風への転換をすでに示しており、桃山障壁画の代表作として知られる。豪壮な大画様式は織田信長・豊臣秀吉ら覇者に好まれ、安土城・大坂城・聚楽第などの障壁画制作を次々に任じられたが、四八歳で急死。障壁画の大半は建物とともに焼失し、確実な遺品は少ないが、豪快な筆勢でモチーフを極端に大きく描く「唐獅子図屏風」など永徳様式を受け継ぐ作品は多い。

かのうえいのう【狩野永納】 1631～97.3.- 江戸前期の狩野派の画家。山雪の子。父山雪の草案をもとに編集し出版した「本朝画史」は、最初の本格的な画史画人伝として名高い。江戸狩野の影響をうけながら濃密な装飾性を主張する花鳥図屏風などの遺品は、典型的な京狩野様式を示す。

かのうおさのぶ【狩野養信】 1796～1846.5.19 江戸後期の狩野派の画家。栄信の長男で木挽町狩野家を継ぐ。晴川院と称す。一八一九年(文政二)法眼、三三年(天保四)法印叙任。幕府御用絵師として数々の御用を勤めた。その日常を記した「日記」(狩野晴川院公用日記)は、当時の御用絵師の職務・画題・門人組織・画料などを伝える。生涯にわたって大和絵や南蘋派など古画・諸派を積極的に吸収し、膨大な量の模本を残した。

かのうこうい【狩野興以】 ?～1636.7.17 桃山～江戸初期の狩野派の画家。狩野光信の門人。二条城・等持院障壁画などに温雅堅実な画風を伝えるが、詳しい伝記は不明。狩野孝信の子である探幽・尚信・安信の三兄弟を指導して江戸狩野繁栄の礎を築く。晩年紀州徳川家に仕えたとされる。子の興甫と興也は紀伊・水戸両徳川家の御用絵師。三男興之も尾張徳川家に仕えたと伝えられるが不詳。

かのうこうきち【狩野亨吉】 1865.7.28～1942.12.22 明治～昭和前期の思想家。秋田藩儒の家に生まれる。東大卒。一八九八年(明治三一)五高教授から一高校長に転じ、京都帝国大学文科大学の創設委員を務めたのち、一九〇六年に初代学長となるが短期間で辞任。以後は在野で書画の鑑定・売買を業としてきわめて合理主義的に生きた。日本の自然科学思想史の草分けとして、安藤昌益・志筑忠雄の紹介などでも活躍した。その収集資料は現在、文書類が京都大学文学部博物館、典籍類が東北大学付属図書館にそれぞれ所蔵されている。

かのうさくじろう【加能作次郎】 1885.1.10～1941.8.5 大正・昭和前期の小説家。石川県出身。早大卒。博文館に入社、一九一九年(大正八)処女作集「世の中へ」で文壇に認められる。私小説作品が多い。

かのうさんせつ【狩野山雪】 1590～1651.2.12 江戸前期の京狩野系の画家。京狩野の祖である狩野山楽の養子。山楽の影響をうけつつ、妙心寺天球院障壁画など幾何学的な構図を用い濃密な色彩を施す個性的な作品を描いた。山楽ゆずりの学究的性向をもち、画史画人伝である「本朝画史」の草案を作り、狩野探幽ら江戸狩野に画壇が制覇されていくなかで、自らの家系が狩野派の正統であることを主張した。

かのうさんらく【狩野山楽】 1559～1635.8.4/19 桃山～江戸初期の狩野派の画家。浅井長政の家臣木村永光の子。狩野永徳の門人で永徳の大画様式を引き継ぐとともに、大覚寺「牡丹図襖」など装飾性を高めた作品を描いた。学究肌でもあり、和漢の故事にもとづく作品として「帝鑑図屏風」「犬追物図屏風」などがある。豊臣秀吉に仕え、一六一五年(元和元)の豊臣家滅亡後も京都にとどまり、京狩野の祖となった。

かのうし【加納氏】 近世の譜代大名家。松平泰親の庶子久親を祖とし、三河国加納に居住したが、徳川家康に仕える際、はばかって加納に改めたという。一六〇三年(慶長八)久利が徳川頼房に付けられ和歌山藩士となった。二代後の久通は、八代将軍徳川吉宗に従って幕臣となり、一七二六年(享保一一)に一万石となる。のち三〇〇〇石加増。伊勢国八田を居所としたが、一八二六年(文政九)上総国一宮に陣屋を移し、明治期に至る。維新後子爵。

かのうじごろう【嘉納治五郎】 1860.10.28～1938.5.4 明治～昭和前期の教育家・柔道家。父は治郎作。摂津国生れ。東大卒。一八八二年(明治一五)学習院講師になり、東京下谷の永昌寺で講道館を開き柔術を教える。古来の柔術を改良して講道館柔道を編み出した。のち第一高等中学校校長、東京高等師範学校校長を歴任。一九〇九年にアジアで最初の国際オリンピック委員会(IOC)委員となり、一一年には大日本体育協会初代会長に就任。一二年(大正元)第五回オリンピック大会に団長として参加するなど、国際的にも活躍した。

かのうしょうえい【狩野松栄】 1519～92.10.20 戦国期～織豊期の画家。元信の三男。山城国生れ。兄たちの早世で家督を継ぐ。初名源七、のち直信と改め松栄と号す。民部を称し法眼となる。一五五三年(天文二二)元信の助手として石山本願寺の墨絵屏風を描く。六三年(永禄六)大徳寺の「仏涅槃図」を描き、六六年には子の永徳と大徳寺聚光院襖絵を分担制作、「竹虎遊猿図」「瀟湘八景図」を描いた。温雅な画風を特色とする。

かのうじろさく【嘉納治郎作】 1813.10.24～85.9.15 幕末・維新期の廻船業者。諱は希芝、字は玉樹。近江日吉社の神職の家に生まれ、のち摂津国菟原郡御影村(現、神戸市東灘区)の嘉納治作家の養子となる。一八六七年(慶応三)幕府所有蒸気船の運航を託され、江戸―大坂―神戸間に最初の汽船定期航路を開く。維新後は新政府に出仕。柔道家嘉納治五郎は三男。

かのうそうしゅう【狩野宗秀】 1551/52～1601/02 桃山時代の狩野派の画家。松栄の次男。兄永徳とともに豊臣秀吉に仕え、一五九〇年(天正一八)内裏障壁画を描いた。遺品は少ないが、粗放な大画構成を示す花鳥図、風俗画などの細画、大和絵風の「三十六歌仙図」、写実的な頂相などがあり、永徳同様幅広い活躍をした。

かのうたかのぶ【狩野孝信】 1571.11.25/1574～1618.8.30 桃山～江戸初期の狩野派の画家。永徳の次男で、兄光信の没後に狩野家の統率者となった。確実な遺品は御所清涼殿賢聖障子(仁和寺)や「後陽成天皇画像」など数少ないが、永徳・光信双方の画風を継承している。子の探幽・尚信・安信三兄弟は江戸で狩野家を立てた。

かのうたんゆう【狩野探幽】 1602.1.14～74.10.7 江戸前期の狩野派の画家。孝信の長男。京都生れ。江戸に下り、一六一七年(元和三)幕府御用絵師として鍛冶橋門外に屋敷を拝領し、鍛冶橋狩野家の祖となった。三八年(寛永一五)法眼、六二年(寛文二)法印叙任。実質的な狩野門の統率者として数々の幕府御用を勤めた。室町水墨画・大和絵など幅広く吸収しつつ、幕藩体制の整備に同調するように、桃山時代の豪壮な大画様式を優美・知的な様式へと一変させた。代表作は、二条城二の丸御殿・名古屋城上洛殿・大徳寺本坊方丈など数多くの障壁画や「探幽縮図」とよばれる古画の模写・写生帳など。探幽の画風は、形式化しつつ江戸狩野様式として江戸時代を通じて継承された。

かのうつねのぶ【狩野常信】 1636.3.13～1713.1.27 江戸前期の狩野派の画家。尚信の長男。養朴と称す。一六五〇年(慶安三)父の跡を継ぎ木挽町狩野家の当主となった。探幽・尚信の没後は実質的な狩野門の統率者となり、多くの門人を各大名家の御用絵師として仕えさせ、狩野家の勢力を全国的に固めた。作風は探幽様式を明快に組み立て直したもので、後の江戸狩野の規範となった。

かのうないぜん【狩野内膳】 1570～1616.4.3 桃山時代の狩野派の画家。摂津国有岡城主荒木村重の家臣池永重元の子。狩野松栄の門人。豊臣秀吉の恩顧をうけた。代表作「豊国祭礼図屏風」は秀吉七回忌の臨時祭(一六〇四)を描き、豊臣秀頼が豊国神社に奉納したもの。「南蛮屏風」をはじめ雲谷派・海北派・長谷川派・大和絵など諸派の様式を混交した特異な作品を残し、桃山末期の狩野派の全体像を探るうえで重要な画家。

かのうなおのぶ【狩野尚信】 1607.10.6～50.4.7 江戸前期の狩野派の画家。孝信の次男。兄の探幽が江戸に下ったため父の跡を継いだが、一六三〇年(寛永七)自身も江戸に出て幕府御用絵師となり、竹川町に屋敷を拝領。木挽町狩野家の祖。聖衆来迎寺客殿(滋賀県)・知恩院大方丈などの障壁画を探幽と描いた。探幽と同様室町水墨画の近世化を計りつつ、探幽とは別種の筆のにじみを生かした温雅な水墨画様式をうみだした。

かのうなおもり【加納直盛】 1612～73.12.9 江戸前期の新田開発家。伊勢国津藩士。父は直成。通称は藤左衛門。伊賀郡の美濃原(現、三重県名張市)に一六五四年(承応三)五〇町歩を開発。五五年(明暦元)大池と五〇町歩余の小波田井溝を開削、新田は一五〇町歩に及んだ。寛文年間初頭には高尾山より三里二〇町歩余の水路を開く。分水の法規を定めて「分水戸帳」を著した。

かのうながのぶ【狩野長信】 1577～1654.11.18 桃山～江戸初期の狩野派の画家。松栄の子で永徳の弟。駿府城で徳川家康の画用を勤め、のち江戸に住した。一六二五年(寛永二)法橋叙任。狩野派が様式を転換しつつ流派を拡大した江戸初期にあって、桃山時代を知る長老として重要な役割をはたした。「花下遊楽図屏風」(国宝)は古格ある筆致によりながら、前代の名所風俗図から人物主体の近世遊楽図へ変容している。

かのうなつお【加納夏雄】 1828.4.14～98.2.3 明治期の彫金家。京都生れ。本姓は伏見、のち加納家の養子となる。大月派の池田孝寿に入門し、画を円山派の中島来章に学ぶ。刀装具の製作に長じたが、廃刀令の施行後、片切彫を駆使した円山派の画風を金工に応用し、花瓶・置物・装身具を作る。一八九〇年(明治二三)に帝室技芸員となる。

かのうひさのり【加納久周】 1753～1811.6.2 江戸後期の大名。伊勢国八田・上総国一宮藩主。側御用取次。父は大岡忠光。加納久堅の養子。天明初年以来松平定信と親交。一七八六年(天明六)遺領相続。翌年大番頭、同年定信の老中首座就任と同時に側御用取次上座に就任。定信から御庭番の掌握を期待され、寛政の改革を側面から支援した。九三年(寛政五)若年寄格、同年の定信失脚後もそのまま同職にとどまったが、九七年病気のため辞職。

かのうひさみち【加納久通】 1673～1748.8.17 江戸中期の将軍側近。紀伊国和歌山藩士であったが、一七一六年(享保元)藩主徳川吉宗の八代将軍継嗣にともない旗本となる。新設の側御用取次に有馬氏倫とともに就任、将軍政治の枢要を担った。老中を介さず三奉行を指揮するなど幕政に干渉したが、温和で慎み深い性格のため信頼された。二六年大名となり伊勢国八田藩主。四五年(延享二)吉宗の将軍退任により西丸若年寄。死ぬまで吉宗の側近であった。

かのうひさよし【加納久宜】 1848.3.19～1919.3.2 明治・大正期の農業団体指導者。元上総一宮藩主・一宮藩知事。大学南校に学び文部省に入り、のち判事・検事を歴任。一八九〇年(明治二三)貴族院議員に選ばれ、九四年から一九〇〇年まで鹿児島県知事。〇二年全国農事会幹事長となり、また旧居のある東京府荏原郡入新井村(現、大田区)に信用組合を設立。〇五年設立時の大日本産業組合中央会副会頭、一〇年帝国農会初代会長。

かのうひでより【狩野秀頼】 生没年不詳。伝記不明。室町末期の狩野派の画家。元信の次子あるいは孫で、永禄年間頃活躍。「高雄観楓図屏風」(国宝)は、伝統的な四季名所絵や参詣図を当世風俗画に衣替えさせた初期風俗画の名品で、室町時代と桃山時代を結ぶ貴重な遺品。

かのうほうがい【狩野芳崖】 1828.1.13～88.11.5 明治期の日本画家。幼名幸太郎、元服して延信。号は松隣・勝海。長門国長府藩の御用絵師狩野晴皐の子。江戸木挽町の狩野勝川院雅信に師事。雪舟を中心に諸派絵画の研究に努める。明治一〇年代半ばにフェノロサと出会い、以後フェノロサとともに新日本画創造に情熱を傾けた。狩野派の伝統画法に西洋絵画の構図や色彩、空間表現をとりいれた「不動明王図」や「悲母観音図」などを描いた。東京美術学校の創立に尽力したが、開校を前に死去。

かのうまさのぶ【狩野正信】 1434?～1530.7.9? 室町時代の画家。狩野派の祖。号は性玄・祐勢。大炊助を称し、越前守・法橋となる。出身は不明だが、伊豆を郷国とする狩野一族とみられ、上総の狩野氏の説もある。記録上の初見は、一四六三年(寛正四)の相国寺雲頂院の壁画制作で、やがて小栗宗湛のあとを継いで幕府の御用絵師になったと推定。八三年(文明一五)には将軍足利義政の東山殿襖絵「瀟湘八景図」を描いた。九六年(明応五)までの活動が知られるが、その間に記録される画事は多様で、仏画・肖像画・障壁画、さらには位牌入泥にまで及ぶ。和漢の幅広い領域をこなし、狩野派発展の基礎を築く。遺品に「周茂叔愛蓮図」「布袋図」「山水図」。

かのうみつのぶ【狩野光信】 1565～1608.6.4 桃山時代の狩野派の画家。永徳の長男。一五九〇年(天正一八)の父永徳の没後、狩野家の指導者となり、肥前名護屋城や徳川秀忠邸などの障壁画を制作。父永徳が推進した桃山時代の豪壮な大画様式から脱却し、中世大和絵を学習しつつ、自然な奥行のある構成や繊細な形姿の樹木・金雲などを生み出した。光信の画風を継承する門人も多く、その影響は大きい。

かのうもとのぶ【狩野元信】 1476.8.9～1559.10.6 戦国期の画家。正信の長男。初名四郎二郎。山城国生れ。大炊助を称し、越前守・法眼となる。狩野派発展の基礎を確立し、後世、古法眼と仰がれた。父正信が得た幕府の御用絵師の立場を保持する一方、宮廷や公家・寺社・町衆にも支持層を広げ、多くの門弟を擁する工房を組織して需要に応じた。一五三九年(天文八)から五三年には石山本願寺の障壁画を制作。漢画の諸様式を広く学んで整理統合し、また大和絵の技法をもとりいれ、和漢融合による明解で装飾性豊かな障壁画様式を創始した。代表作は大徳寺大仙院客殿襖絵、妙心寺霊雲院旧方丈襖絵、「清凉寺縁起絵巻」など。

かのうもろひら【加納諸平】 1806.9.-～57.6.24 幕末期の歌人・国学者。父は本居宣長の門人夏目甕麿。名は兄瓶、通称小太郎など、柿園と号した。遠江国生れ。一八二三年(文政六)和歌山藩奥医師加納伊竹の養子となり、医学を学び、本居大平に入門。和歌山藩和学教授となり、「紀伊続風土記」「紀伊国名所図会」の編纂につくし、建議した国学所が創設され総裁となった。歌集「秋風集」「柿園詠草」。

かのうやすのぶ【狩野安信】 1613.12.1～85.9.4 江戸前期の狩野派の画家。孝信の三男。探幽・尚信の弟。一六二三年(元和九)狩野宗家を相続したが、のち幕府御用絵師となり江戸中橋に屋敷を拝領。これにより狩野の主要血筋は江戸に本拠を移した。安信以降の狩野宗家を中橋狩野家とよぶ。寛永・承応・延宝の各内裏障壁画に従事。画論書「画道要訣」では天性の才能による質画に対し、学習によって身につける学画の重要性を説いた。

かのうよしのぶ【狩野吉信】 1552～1640 織豊期～江戸初期の画家。狩野之信の孫。通称は久左衛門。号は昌庵。狩野本家の安信の後見を勤めた。代表作「喜多院職人尽絵」。

かのこぎかずのぶ【鹿子木員信】 1884.11.3～1949.12.23 大正・昭和期の哲学者・国家主義者。東京都出身。海軍機関学校卒業。中尉で退職して哲学を専攻。慶応義塾教授・九州帝国大学教授を歴任。一九四一年(昭和一六)ナチス・ドイツに招かれ「皇学」を講義。大日本言論報国会が設立されると専務理事兼事務局長に就任。第二次大戦後A級戦犯に指定され、公職追放となった。

かのこぎたけしろう【鹿子木孟郎】 1874.11.9～1941.4.3 明治～昭和前期の洋画家。岡山県出身。はじめ松原三五郎につき、遊歴ののち上京して小山正太郎の不同舎に入門。一九〇〇年(明治三三)以降三回欧米に遊学、パリではアカデミー・ジュリアンで学んだ。フランス官学派の手法を伝える肖像画や風景画を描いた。〇六年関西美術院を創立し、のち院長に就任。京都高等工芸学校講師、文展・帝展審査員も務め、浅井忠没後の京都洋画壇の重鎮だった。

かのこぎりょうへい【鹿子木量平】 1751/53～1839/41.7.4 江戸後期の篤農家。名は維善。肥後国飽田郡五丁手永鹿子木村の庄屋。同郡西梶尾村庄屋・五丁手永手代兼帯、郡代手付横目などをへて、一八〇四年(文化元)八代郡野津手永手代となる。〇五年百町開を開き、〇八年八代郡郡中吟味役となり高島新田、一九年(文政二)大牟田沖四百町開、二一年七百町開などの新田を開いた。

かのなおき【狩野直喜】 1868.1.18～1947.12.13 明治～昭和期の中国学者。号は君山。熊本県出身。東大卒。北京留学ののち一九〇六年(明治三九)京都帝国大学文科大学創設とともに教授。中国・西欧の学界との交流に尽力し、清朝考証学を継承、敦煌文書の調査など、諸方面の開拓者であった。また詩文に秀で、中国料理を楽しみ中国服に身を包む文人として知られた。学士院会員。文化勲章受章。

がのりゆき【何礼之】 1840.7.13～1923.3.2 明治期の官僚政治家・翻訳家。肥前国長崎生れ。亡命明人の子孫。済美館・開成所で教え、維新後大学少博士となる。岩倉遣外使節団に随行、帰国後内務大書記官・元老院議官などをへて、一八九一年(明治二四)貴族院議員に勅選される。ヨーロッパの政治学・法学の啓蒙書の翻訳で知られた。

かばやまあいすけ【樺山愛輔】 1865.5.10～1953.10.21 明治～昭和期の実業家。薩摩国生れ。海軍大将樺山資紀の長男。一八八九年(明治二二)アメリカのアマースト大卒。北海道炭礦汽船取締役などを歴任し、一九一三年(大正二)千代田火災の創立に参画、のち社長。一四年日本製鋼所常務取締役、のち会長。伯爵・貴族院議員・枢密顧問官。

かばやますけのり【樺山資紀】 1837.11.12～1922.2.8 幕末期の鹿児島藩士、明治期の陸海軍軍人・藩閥政治家。戊辰戦争に従軍。維新後陸軍に入り、台湾に出兵。西南戦争で活躍。大警視・警視総監をへて海軍に移り、一八九〇年(明治二三)第一次山県内閣の海相となる。つづく第一次松方内閣期に行った「蛮勇演説」が衆議院解散の契機となる。第二次松方内閣では内相として新聞紙条例を緩和し、一時は首相候補と目された。第二次山県内閣の文相をへて枢密顧問官となる。伯爵。

かばやますけひで【樺山資英】 1868.11.19～1941.3.19 明治～昭和前期の政治家。鹿児島県出身。イェール大学大学院終了後、第二次伊藤内閣の高島鞆之助拓殖務相の秘書官、第二次松方内閣の首相秘書官を務め、薩摩閥の若手として力をみせた。南満州鉄道理事をへて第二次山本内閣の内閣書記官長を務め、その後も薩派の中核として活動した。

かぶきどうえんきょう【歌舞伎堂艶鏡】 1749～1803.9.20 江戸中・後期の浮世絵師。江戸の歌舞伎作者である二代中村重助といわれる。作品は一七九六年(寛政八)頃の役者大首絵七図が知られるのみ。写楽大首絵の強い影響をうけ、写楽作品の一部を代筆したとの説もある。歌川豊国などの影響も認められ、作風は役者の心理描写には欠けるものの柔和で明快。作品に版元印がなく、素人の余技による注文制作かといわれる。

かぶらぎきよかた【鏑木清方】 1878.8.31～1972.3.2 明治～昭和期の日本画家。東京都出身。本名健一。水野年方に師事。一九〇一年(明治三四)烏合会、一六年(大正五)金鈴社を結成。文展・帝展で受賞を重ね、粋な江戸文化の遺風漂う気品ある美人画・風俗画・肖像画の分野を開拓した。第八回帝展で帝国美術院賞を受賞した「築地明石町」は、近代日本画の代表的美人画として評価が高い。帝国美術院会員・帝室技芸員。文化勲章受章。「こしかたの記」など随筆集も多い。

カブラル Francisco Cabral 1533～1609.4.16 ポルトガル人イエズス会宣教師。一五七〇年(元亀元)肥後国天草郡志岐に渡来し、第三代日本布教長となった。七一、七四年(天正二)の二度、京都に赴き織田信長を訪問。豊後を中心に布教し、大友氏一族に授洗、七八年大友宗麟に洗礼を授けた。ヨーロッパ人宣教師中心の植民地主義的布教方針を採用し、七九年に来日した巡察師バリニャーノと意見があわず、八〇年日本を去った。その後インド管区長を勤め、ゴアで没。

ガマ Duarte da Gama 生没年不詳。一六世紀中頃のポルトガル商人。日本のキリシタン布教の先鞭をつけたザビエルをはじめ、イエズス会宣教師の日本での布教活動に協力した。

かまくらかげまさ【鎌倉景政】 景正とも。生没年不詳。平安後期の武将。桓武平氏の平景成の子。一説には景通の子。大庭氏・梶原氏などの祖。通称権五郎。父以来鎌倉を領有し、鎌倉氏を称する。長治年間相模国高座郡大庭御厨(現、神奈川県藤沢市)を開発し、一一一六年(永久四)頃伊勢神宮に寄進。「奥州後三年記」によると、一六歳のとき源義家に属して後三年の役に従軍し活躍。この合戦で右眼を射られたときの豪胆ぶりを示す逸話は有名。

かまくらし【鎌倉氏】 平安後期の相模国の豪族。桓武平氏。系図は、平良文流、平良茂流とするものがあって定まらない。権五郎景政の父についても景成説、景通説があるが、鎌倉郡を本拠に鎌倉氏を称したのは、景政かその先代頃とみられる。大庭御厨の開発領主だった景政は、後三年の役に源義家に従って勇名をはせた。子孫は、大庭・梶原・俣野・長尾・長江・香川氏として発展。

かまたとしきよ【鎌田俊清】 1678～1747 江戸中期の数学者。流祖宅間能清(よしきよ)、二代阿座見俊次の宅間流三代を継ぐ。一七二二年(享保七)に「平円周率起源」を著す。同書は他の数学書と一緒にまとめられ、「宅間流円理之書」と名づけられた。円に内外接する正2^{44}角形の周を計算し、円周率の値を有効数字三〇桁まで求めた。arcsin x や sin x の級数展開ものべている。

かまたまさきよ【鎌田正清】 1123～60.1.3 正家(政家)とも。平安後期の武士。相模国の武士通清の子、母は源義朝の乳母。通称鎌田二(次)郎。左兵衛尉。義朝の家人として保元・平治の乱に従軍。平治の乱の敗北後、義朝とともに妻の父長田忠致(ただむね)を頼り尾張国に下ったが、忠致により義朝が謀殺され、正清も忠致の子景致に殺された。源平争乱で活躍した鎌田盛政・光政兄弟は子。

かまたりゅうおう【鎌田柳泓】 1754.1.1～1821.3.11 江戸後期の心学者。紀伊国生れ。心学者としても知られる京都の医師鎌田一窓の養嗣子となり、医を業としながら心学を修め、儒仏老三教一致を説く。蘭学の知識もとりいれ、経験主義的な側面をもつ理学を大成。著書「朱学弁」「理学秘訣」。

かみいずみのぶつな【上泉信綱】 ?～1573 「こういずみ」とも。戦国期の武術家。初名秀綱。伊勢守・武蔵守。上野国勢多郡上泉(現、前橋市)出身。国人大胡(おご)氏の庶流。関東管領上杉憲政ついで謙信に属した同国箕輪城主長野業政に従い、諸戦に軍功をあげて上野一本槍と称された。一五六六年(永禄九)武田信玄の攻略で箕輪城が落城したのち上京。これ以前、小笠原氏隆から兵法をうけ、のちの上泉流兵法を創始。さらに愛洲移香斎(あいすいこうさい)の子宗通から学んだ陰(かげ)流の刀槍をもとに新陰流を開いた。門人は大和の柳生宗厳(むねよし)や宝蔵院胤栄(いんえい)など。七一年(元亀二)頃まで在京することが多く、山科言継(ときつぐ)らとの交際が知られる。その後上泉に戻った。

かみおみつおみ【神尾光臣】 1855.1.11～1927.2.6 明治・大正期の陸軍軍人。信濃国生れ。一八七四年(明治七)陸軍教導団入団。西南戦争に従軍し、その功により少尉試補。日清戦争では第二軍参謀、日露戦争では歩兵第二二旅団長として出征。清国駐屯軍司令官・関東都督府参謀長などを歴任。第一次大戦時の青島攻略に第一八師団長として参加し、のち青島守備軍司令官。一九一六年(大正五)大将となり、翌年予備役編入。中国語に堪能で中国問題の専門家であった。

かみかわひこまつ【神川彦松】 1889.12.23～1988.4.5 大正・昭和期の国際政治学者。三重県出身。東大卒。一九一七年(大正六)東京帝国大学助教授となる。二度の欧米留学後、二三年同大教授に就任し外交史講座を担当。第二次大戦後は保守的立場から憲法改正問題・安保条約問題で活躍した。著書「近代国際政治史」全三巻。「神川彦松全集」全一〇巻。

かみちかいちこ【神近市子】 1888.6.6～1981.8.1 大正・昭和期の婦人運動家・政治家。本名イチ。長崎県出身。女子英学塾卒。在学中から青鞜(せいとう)社に参加。これを理由に青森県立女学校教員を免職となり、「東京日日新聞」記者となる。その後社会主義思想に接近するが、自由恋愛の清算のため大杉栄を刺した日蔭茶屋事件で入獄。出獄後は「女人芸術」やみずから創刊した「婦人文芸」で評論活動を行う。一九四七年(昭和二二)民主婦人協会の設立に参加、五三年から六九年まで日本社会党衆議院議員として売春防止法制定に尽力。「神近市子自伝」。

かみつかさしょうけん【上司小剣】 1874.12.15～1947.9.2 明治～昭和期の小説家。本名延貴。奈良県出身。一九一四年(大正三)の「鱧(はも)の皮」など写実的作品のほか社会小説も多い。

かみつけのうじ【上毛野氏】 上野(もと上毛野)国を本拠とした古代の豪族。崇神(すじん)天皇の皇子豊城入彦(とよきいりひこ)命を祖とすると伝えるが、豊城入彦命とその子孫には、大和朝廷から派遣されて東国を治めたという伝承がある。東国の大豪族で、大化前代に東国に独立的な勢力をもち、蝦夷(えみし)と境を接してしばしば戦ったらしい。朝鮮半島との軍事外交にかかわる伝承もあり、七～八世紀には実際に百済(くだら)派遣軍の将軍や蝦夷経営にたずさわった者がある。六八四年(天武一三)君(きみ)姓にかえて朝臣(あそん)姓を賜ったが、奈良時代以後あまりふるわなかった。一方、上毛野氏の同族と称する帰化人系氏族の一群があり、七五〇年(天平勝宝二)にその一つ田辺史(たなべのふひと)が上毛野君に改氏姓し、やがて上毛野氏の中心的位置を占めた。

かみつけののかたな【上毛野形名】 方名とも。生没年不詳。七世紀前半の武将。位は大仁(だいにん)。「日本書紀」によれば、六三七年(舒明九)将軍として蝦夷(えみし)を討とうとしたが、かえって敗れ、城を囲まれ軍衆は失せて、みずからも逃げようとした。しかし妻が先祖の功業を説いて激励し、夫に酒を飲ませ、数十人の女に一〇の弓の弦を鳴らさせたので、蝦夷は大軍がいると欺かれて退却。立ち直った形名は、戻った軍衆を整えてついに蝦夷を破ったという。

かみつけののたかはせ【上毛野竹葉瀬】 名は竹合・多奇波世とも。生没年不詳。上毛野君氏の祖で、仁徳朝期に新羅(しらぎ)へ派遣されたと伝えられる武将。「日本書紀」仁徳五三年の条によれば、新羅が朝貢しないので竹葉瀬を遣わしたが、竹葉瀬は途中白鹿を得て、帰って仁徳天皇に献上、日を改めて再び新羅にむかったという。のち弟の田道(たみち)が遣わされ、新羅軍と戦ったという。「新撰姓氏録」によれば、渡来系の上毛野朝臣・住吉朝臣・池原朝臣などの祖ともされる。

かみつけのたみち【上毛野田道】 朝鮮・蝦夷を討ったという伝説上の人物。「日本書紀」によると、仁徳五三年、兄の竹葉瀬にかわって新羅を討ち、数百人を殺し、四邑の民を捕虜にして帰った。同五五年、蝦夷が背いたので遣わされたが、伊寺水門で敗死し、妻も後を追って自殺した。のちに蝦夷が田道の墓を掘ると、大蛇が出て蝦夷を食い、またその毒で多くの蝦夷が死んだと伝える。

かみつみちのひたつ【上道斐太都】 ?～767.9.23 奈良後期の官人。のち正道と改名。備前国出身。七五七年(天平宝字元)橘奈良麻呂の謀反を藤原仲麻呂に密告。その功により従四位下と朝臣姓を賜り、さらに吉備国造となり、功田を授与された。七六二年には中宮院で淳仁天皇の勅旨を宣伝した。恵美押勝の乱後の七六五年(天平神護元)、和気王の謀反に連坐して左遷された粟田道麻呂を幽閉死させた。

かみのきんのすけ【神野金之助】 1849.4.15～1922.2.20 明治・大正期の実業家。尾張国生れ。長兄が名古屋の紅葉屋富田重助家の養子となったのを機に、両家の連繋が深まる。神野新田(渥美郡の旧毛利新田)をはじめ、大規模な土地経営で産を築いた。また奥田正香系の有力中京企業の社長・重役に就任。一九〇四年(明治三七)貴族院議員。

かみむすひのみこと【神皇産霊尊】 「古事記」では神産巣日神。また神魂(命)などとも。造化三神のうちの三番目の神(「古事記」)。カミは神としてのという称辞、ムスは生成を意味する他動詞、ヒは霊力の意で、万物を生成する根源的エネルギーを表象する。「古事記」ではタカミムスヒとともに根源的世界の展開を支えるという意味をもち、五穀の種を集めたり、オオアナムジ(オオナムチ)を蘇生させたりもしている。また「御祖(命)」とも形容される。御巫祭神八神のうちの一座でもある。この神を始祖とする氏族は県犬養氏など多い。

かみむらにえもん【上村仁右衛門】 ?～1807.7.1 越後国魚沼郡赤羽村の百姓。一七八九年(寛政元)に蒲佐組九カ村を代表して郷蔵の分置を勘定奉行に直訴し成功した。九一年には同組一二カ村を代表して大割元(大庄屋)の非違を列挙、幕府の直接支配を要求して老中松平定信に駕籠訴し、大庄屋罷免を勝ちとった。義民として顕彰碑が建立されている。

かみむらひこのじょう【上村彦之丞】 1849.5.1～1916.8.8 明治期の海軍軍人。鹿児島藩士出身。薩英戦争・戊辰戦争に従軍。一八七七年(明治一〇)海軍兵学校卒。日清戦争に秋津洲艦長として出征、日露戦争には第二艦隊司令長官として蔚山沖でウラジオストク艦隊を撃破した。戦後、横須賀鎮守府司令長官・第一艦隊司令長官を歴任。男爵となり大将に進む。

かみやかずえ【神谷主計】 生没年不詳。戦国期博多の貿易商人。永富の子。寿禎は子といわれる。一五三九年(天文八)遣明船一号船の船頭(一号船は正副使乗船のため、惣船頭となる)を勤めた。このとき養子太郎左衛門も同行。翌年一〇月寧波にある正使石鼎の宿房で父永富の三十三年忌を営む。

かみやじゅてい【神谷寿禎】 生没年不詳。戦国期の博多の貿易商人・鉱業家。神谷氏の系譜では主計の子とするが疑問。一五二六年(大永六)石見国銀峰山清水寺に参詣して銀鉱を発見し、出雲国鷺浦の銅山主三島清左衛門と共同して坑道を開いたと伝える。これが石見大森銀山の発見である。はじめ船で銀鉱石を博多へ運んでいたが、三三年(天文二)に博多から吹工宗丹と桂(慶)寿を伴い、銀山での銀の精錬に成功。この時、朝鮮からはじめて灰吹法を導入したとされる。灰吹精錬法は江戸時代に各地の鉱山で使用された。三八年には風待ちのため博多の竜華院に滞在中の遣明副使の策彦周良を訪れ、贈物をしている。

かみやそうたん【神屋宗湛】 1553.1.1～1635.10.28 織豊期～江戸初期の博多商人・茶人。幼名善四郎、字は貞清、剃髪して置安斎宗湛と号する。父紹策の代に戦乱で焦土と化した博多から肥前国唐津に移った。一五八六年(天正一四)一一月上洛、翌年一月三日に豊臣秀吉の大坂城の大茶湯に招かれ、はじめて千利休に会っている。同年六月秀吉の博多復興に尽力、屋敷を与えられ町役免除の特権をえた。九二年(文禄元)の朝鮮出兵では兵糧集積など兵站面で活躍、秀吉から名護屋での商売を許された。筑前国主小早川氏とは親密な関係にあったが、関ケ原の戦ののち入部した黒田氏のもとではふるわなかった。

かみやましげお【神山茂夫】 1905.2.1～74.7.8 昭和期の共産党指導者。山口県出身。中学校卒。労働運動に参加、一九二九年(昭和四)共産党に入党、翌年全協刷新同盟を組織したが国際批判で解体、その後党再建活動に従事。第二次大戦後、党中央委員、四九年総選挙で当選。この間、志賀義雄との間で、近代天皇制国家をめぐる論争がおきた。五〇年の共産党分裂の際は国際派に属して除名され、復党したがソ連派として再度除名。

かみやまだむらぜんべえ【上山田村善兵衛】 ?～1839 一八三八年(天保九)におきた佐渡一国騒動の頭取・義民。中川氏。佐渡国羽茂郡上山田村の百姓。佐渡奉行所の苛政を一国惣代として数度巡見使へ訴願。いったん逮捕されたが、約一万人の百姓らが釈放を求め強訴したため解放される。その後一揆は打ちこわしを展開し、高田藩兵によって鎮圧されたのち、江戸送りとなり牢死。死後獄門の判決が下った。八七年(明治二〇)に五十回忌が行われ、碑が建立されるなど義民として顕彰されている。

かみやまみつのしん【上山満之進】 1869.9.27～1938.7.30 大正・昭和前期の官僚。山口県出身。東大卒。一八九五年(明治二八)から内務省・農商務省の官僚として林野・治水事業に尽力。一九一八年(大正七)貴族院議員に勅選後は米穀政策の立案に関与した。二六年(昭和元)七月台湾総督、三五年一二月には枢密顧問官となった。

かむらいそた【嘉村礒多】 1897.12.15～1933.11.30 昭和前期の小説家。山口県出身。文学を諦め信仰生活に生きようと戻った郷里山口で愛人をつくり、妻子を捨てて東京に駆け落ちした。一九二八年(昭和三)「業苦」「崖の下」で注目され、三二年「途上」で文壇的地位を確立するが、翌年死去。自己の罪業を告白しつくそうとする彼の作品は、私小説の極北といわれる。

かむろきのみこと・かむろみのみこと【神漏岐命・神漏弥命】 賀美呂岐・賀美侶伎、賀味留弥・賀味留岐とも。宣命・祝詞などに登場する天の主宰神。高天原に鎮まる神のうち、とくに尊い男女の皇祖神を意味する。祝詞や宣命で「高天原の神づまります皇睦神ろき・神ろみの命もちて」と、神の命令である旨を示す句として用いられることが多い。その他「住吉大社神代記」「常陸国風土記」などにも用例がみられる。

かめいかついちろう【亀井勝一郎】 1907.2.6～66.11.14 昭和期の評論家。北海道出身。東大中退。早くから共産主義思想にめざめ、プロレタリア文学運動で評論活動にたずさわる。一九三四年(昭和九)のナルプ(日本プロレタリア作家同盟)解散後、雑誌「日本浪曼派」の同人となり、日本の伝統・古典への傾斜を深め、また仏教に強い関心を寄せた。第二次大戦後は日本近代の歴史と日本人のあり方の検討にとりくんだ。晩年の著作に「日本人の精神史研究」がある。「亀井勝一郎全集」全二一巻・補巻三。

かめいかんいちろう【亀井貫一郎】 1892.11.10～1987.4.7 昭和期の政治家。神奈川県出身。東大卒。外務省に入るが、のち退官して社会民衆党結成にかかわり、一九二八年(昭和三)第一回普通選挙で初当選、以後四回当選。この間、社会大衆党の主力議員となり、いわゆる「陸軍パンフレット」作成に関与、また四〇年の新体制運動を積極的に推進した。大政翼賛会では当初東亜部長に就任。

かめいこれのり【亀井茲矩】 1557～1612.1.26 織豊期～江戸初期の武将。父は湯永綱。通称新十郎。琉球守・武蔵守・台州守。山中鹿介に属し、亀井姓を与えられ主家尼子氏再興を図った。鹿介の死後豊臣秀吉に仕え、丹波・因幡攻略に従い、各地に転戦。一五八一年(天正九)因幡国鹿野城主となり、石見銀山を採掘した。関ケ原の戦後三万八〇〇〇石に加増された。一六〇七年(慶長一二)から西洋(マカオ付近)・タイに朱印船を送った。

かめいこれみ【亀井茲監】 1825.10.5～85.3.23 幕末期の大名。石見国津和野藩主。明治初期の宗教政策推進者。父は久留米藩主有馬頼徳。津和野藩主亀井茲方の養子。一八三九年(天保一〇)家督相続。藩士の遊学を奨励し、江戸深川屋敷を売却して教育基金を捻出。脱藩者大国隆正を藩校教師に任じた。五四年(安政元)軍制改革を行い親衛隊を編成。維新後、新政府参与・征東大総督の錦旗守衛・神祇事務局判事・神祇官副知事・津和野藩知事を歴任。

かめいし【亀井氏】 近世の大名家。石見国津和野藩主。もと紀伊国の豪族、熊野社の神官鈴木氏の流れ。重清のときに源義経に従い、その子盛清が紀伊国亀井に住み亀井氏を称した。戦国期に出雲に移り、尼子氏に仕えた。尼子氏の滅亡後、湯茲矩が亀井姓を継ぎ、豊臣秀吉に属し因幡国鹿野を得た。茲矩の子政矩のとき石見国津和野四万三〇〇〇石に移った。維新期の茲監は真木和泉の釈放を斡旋し、明治政府の神祇行政に力があった。維新後子爵、のち伯爵。

かめいしょうよう【亀井昭陽】 1773.8.11～1836.5.17 江戸後期の儒者。筑前国福岡藩の徂徠学系の儒者南冥の長男。名は昱、字は元鳳、通称昱太郎。父と周防国徳山藩儒島田藍泉に学ぶ。一七九二年(寛政四)父の罷免のあとをうけて福岡藩儒となったが、藩校が焼失し儒職をとかれる。家学を守り経学にすぐれた。著書「論語語由述志」「左伝纉考」「毛詩考」。

かめいちゅういち【亀井忠一】 1856.6.30～1936.1.30 三省堂の創業者。江戸の中川家に生まれ、亀井家の養子となる。四谷で履物商を営んでいたが、一八八一年(明治一四)神田で古本屋三省堂を開業して成功をおさめ、のち新刊書も扱った。八三年には出版業も始め、各種の辞典や教科書を出版。一九〇八年の「日本百科大辞典」の出版で経営困難を招き、一五年(大正四)株式会社に改組して経営再建をはかったが、顧問に就任して引退した。

かめいなんめい【亀井南冥】 1743.8.25～1814.3.2 江戸中・後期の徂徠学系の儒者。名は魯、字は道載、通称主水。筑前国の町医の子。徂徠学を大潮に、古医方を永富独嘯庵に学び、九州蘐園学派の中心として文名を高めた。一七七八年(安永七)福岡藩儒に抜擢され、藩校設立時には西学甘棠館の祭酒となる。朱子学の立場にたつ東学との対立の結果、九二年(寛政四)罪を得て解職され、晩年は失意のうちに焼死した。寛政異学の禁の影響ともいわれる。儒侠と称され豪胆。経学・詩文にすぐれた。著書「論語語由」「肥後物語」。

かめいまさのり【亀井政矩】 1590～1619.8.15 江戸初期の大名。茲矩の子。新十郎。右兵衛佐・豊前守。一六一二年(慶長一七)伯耆国内五〇〇〇石を得、同年父の遺領をあわせて因幡・伯耆国内四万三〇〇〇石となった。一七年(元和三)坂崎氏断絶後の石見国津和野四万三〇〇〇石に移された。一九年福島正則の城地接収にさいし、病をおして広島・伏見に出駕し、京都で没した。

かめぎく【亀菊】 生没年不詳。鎌倉前期の後鳥羽上皇の寵妃。白拍子であったが、上皇の女房となり伊賀局とよばれた。上皇から摂津国長江・倉橋両荘領家職を与えられた。一二一九年(承久元)後鳥羽上皇は両荘の地頭職の停止を鎌倉幕府に要求したが拒否された。慈光寺本「承久記」によると、両荘の地頭は北条義時で、「吾妻鏡」はこのことが承久の乱の原因とする。乱後、後鳥羽上皇が隠岐に配流されると、亀菊も隠岐に赴き、上皇の死までその側に仕えた。

かめだほうさい【亀田鵬斎】 1752.10.4～1826.3.9 江戸後期の儒者。名は長興、字は穉竜、通称文左衛門。江戸の商家の番頭の子。井上金峨に学ぶ。江戸に開塾し、仕官せず一生を町儒者として送った。詩文と書画にすぐれ、門人も多かったが、寛政異学の禁により塾生が激減したという。同門の山本北山らとともに異学の禁に反対し、異学五鬼と称された。著書「善身堂詩鈔」。

かめやまてんのう【亀山天皇】 1249.5.27～1305.9.15 在位1259.11.26～74.1.26 後嵯峨天皇の皇子。名は恒仁。母は西園寺実氏の女大宮院姞子。兄後深草天皇の皇太子となり、一二五九年(正元元)即位。七二年(文永九)後嵯峨上皇が没し皇位継承問題がおこったが、鎌倉幕府の諮問に対し大宮院は亀山天皇を支持、幕府もこれに従った。七四年皇子後宇多天皇に譲位して院政を始め、訴訟制度の改革などにとりくんだ。伝領した所領に八条院領などを加えて大覚寺統の所領の基礎をつくった。八七年(弘安一〇)皇位が持明院統の伏見天皇に移ると、八九年出家、法名金剛源。

がもううじさと【蒲生氏郷】 1556～95.2.7 織豊期の武将。父は近江国蒲生郡日野城主の賢秀。はじめ賦秀。一五六八年(永禄一一)人質として織田信長のもとに送られたが、寵遇をうけ岐阜で元服、信長の女をめとって日野に帰城した。本能寺の変後、豊臣秀吉に属し、八四年(天正一二)小牧・長久手の戦後、伊勢国松が島(松坂)城主となり一二万石を領する。九〇年小田原攻めの戦功により陸奥国会津四二万石に移る。翌年にかけて奥州各地を平定し、九二万石に加増された。九五年(文禄四)伏見で没。石田三成の陰謀による毒殺説もあるが明らかでない。茶道では千利休の高弟。キリスト教に帰依し、洗礼名レオン。

がもうかたひで【蒲生賢秀】 1534～84.4.17 堅秀とも。戦国期～織豊期の武将。父は定秀。近江国蒲生郡日野城主。佐々木(六角)義賢の重臣だったが、一五六八年(永禄一一)織田信長に従い本領を安堵された。八二年(天正一〇)安土城の留守を警固中に本能寺の変がおこり、信長の妻子を日野城に護送し、明智光秀の勧誘を拒絶して籠城した。

がもうくんぺい【蒲生君平】 1768～1813.7.5 江戸後期の思想家。尊王論者として有名。姓は福田のち蒲生。名は秀実、字は君臧・君平、通称は伊三郎。修静庵と号する。下野国生れ。同国鹿沼の鈴木石橋に儒学を学んだのち藤田幽谷・林子平と交わり、朱子学の名分論にもとづいて尊王思想を説く。海防をはじめ時世の改革論を唱え、諸国を歴遊。代表的著書「山陵志」は山陵復興運動や尊王論の先駆となる。寛政の三奇人の一人。

かもうじ【賀茂氏】 加茂・鴨とも。大化前代以来の氏。伝わる系譜もさまざまで、大和国葛城を本拠とする賀茂君(のち賀茂朝臣)は大国主神の子孫大田田根子の孫大鴨積を祖とする。主水司の負名氏である賀茂県主は山城国葛野を本拠とする。これらの神別の賀茂氏のほかに皇別の賀茂氏も存在する。陰陽道で活躍した賀茂氏(賀茂朝臣)は賀茂忠行に始まり、平安中期から陰陽道で支配的地位を固めるとともに、後期以降は暦道で支配的地位を独占した。室町時代に主流は勘解由小路家、別流は幸徳井家を称した。この賀茂氏は祖を賀茂吉備麻呂として吉備麻呂を吉備真備とするが、吉備麻呂に真備をあてること、吉備麻呂を祖とすること自体に疑問があり、系譜は不明。

がもうし【蒲生氏】 中世～近世初期の大名家。藤原秀郷の七代の後裔で、近江国蒲生郡に住した惟賢を始祖と伝える。惟賢の女は同国守護佐々木定綱に嫁し、五男俊光の子孫は勧学院領甲賀郡儀俄荘の下司職を世襲した事実などから当時の勢力が推察されるが、詳細は不明。南北朝期、俊綱・秀朝父子は南朝軍の五辻宮守良親王を擁護したと伝える。支流の儀俄知俊は一三九二年(明徳三)近江国守護代。室町中期、宗家の貞秀が蒲生郡日野を拠点に興隆し佐々木氏に仕えたが、一五六八年(永禄一一)賢秀が織田信長に服属。その子氏郷は織田・豊臣麾下で戦功を重ね、会津若松九二万石の大名となった。その後当主の早世が続き、一六三四年(寛永一一)忠知の死で断絶。

●● 次頁

がもうただとも【蒲生忠知】 1605～34.8.18 江戸前期の大名。秀行の次男。母は徳川家康の女振姫。一六二六年(寛永三)出羽上山四万石の藩主となる。翌年一月、父の跡を継いだ兄忠郷が没し、嫡流が絶えて会津六〇万石が収公されたので、かわって伊予松山二〇万石に近江日野四万石を加え都合二四万石にとりたてられた。三二年御家騒動がおき、幕府裁決をうける。三四年没した際、嗣子がなく、蒲生家は断絶となった。

がもうひでゆき【蒲生秀行】 1583～1612.5.14 織豊期～江戸初期の大名。父は氏郷。はじめ秀隆。一五九五年(文禄四)父の死により一三歳で遺領会津若松九二万石を相続。豊臣秀吉の命で徳川家康の女と結婚し、家康と前田利家の後見をうけた。九八年(慶長三)家臣の内紛がもとで減封、下野宇都宮一八万石に転じた。関ケ原の戦で東軍に属し、戦後会津六〇万石に復する。大酒家で放埒だったと伝えられる。

かもたけつぬみのみこと【賀茂建角身命】「かもたけつのみのみこと」とも。(鴨)建津(之)身命・鴨建耳津身命とも。カミムスヒの子孫で、賀茂御祖神社(下鴨社)の祭神。「山城国風土記」逸文によれば、はじめ日向の曾の峰に降臨、神武天皇の先導を務め、大和の葛城山、山城の岡田の賀茂、賀茂川とたどって久我の国の北の山基に鎮座した。これは葛城の賀茂朝臣と山城の賀茂県主の本拠地を貫く順路である。女の玉依日売は川で得た丹塗矢で妊娠、カモワケイカズチを生み、息子の玉依日子は賀茂県主の遠祖となった。「新撰姓氏録」ではこの神自身を賀茂県主の祖と記す。

かもちまさずみ【鹿持雅澄】 1791.4.27～1858.8.19 幕末期の国学者。土佐国土佐郡福井村出身で徴禄の下級藩士。旧姓は柳村だったが、飛鳥井・鹿持と称した。通称源太、のちに藤太、号は古義軒・橿実など。高知藩儒中村世潭に学び、国学を教授役宮地仲枝に学んだが、ほとんど独学で万葉研究に従事した。その集大成「万葉集古義」は一四一冊に及ぶ大著で、言霊の風雅によって万葉を解釈したもの。土佐勤王派として名高い武市瑞山は妻の甥。

かものすえたか【賀茂季鷹】 1754.2.6～1841.10.9 江戸後期の歌人・国学者。賀茂県主の家柄で、賀茂季種の子。叔父の山本季栄の養子。初名一季・季福。通称富千代・寅之介など。号は雲錦・生山・周雪・歌仙堂・居鷹。京都生れ。正四位下安房守。京都賀茂別雷神社祠官。有栖川宮職仁親王に仕えて和歌を学び、江戸で加藤千蔭・村田春海らと交わった。門人は安田躬弦・斎藤彦麿・松田直兄ら。著書は家集「雲錦翁家集」のほか「伊勢物語傍註」。

かものただゆき【賀茂忠行】 生没年不詳。平安中期の陰陽道の達人。江人の子。賀茂保憲・慶滋保胤の父。陰陽道に秀でていたことは伝説化されているが、六壬式占を得意とし陰陽道に精通していたのは確かなようで、内外多くの学問に通じていたとされる。藤原忠平・同師輔に近い人物だったらしい。九五二年(天暦六)に子の保憲が自身の従五位下の叙爵を忠行に譲ろうとしたことも知られる。

かものちょうめい【鴨長明】 1155?～1216.閏6.- 鎌倉前期の歌人。京都下鴨社の禰宜鴨長継の次男。通称菊大夫。名は正しくは「ながあきら」。和歌を歌林苑の主宰者俊恵に、琵琶を中原有安に学んだ。一二〇〇年(正治二)後鳥羽上皇の「正治二度百首」に参加。〇一年(建仁元)和歌所寄人に抜擢された。〇四年(元久元)河合社の禰宜に就任しようとしたがはたせず出家(「文机談」の伝える異説もある)、大原で隠遁生活を送る。法名蓮胤。〇八年(承元二)日野に移住。一一年(建暦元)飛鳥井雅経とともに鎌倉に下向し源実朝と面談した。翌年三月「方丈記」を執筆。家集「鴨長明集」、歌学書「無名抄」、仏教説話集「発心集」。

かものりきよ【賀茂規清】 1798～1861.7.21 江戸後期の神道家。烏伝神道の創始者。姓は梅辻とも。上賀茂社社家の賀茂報清の子。社家を継ぎ、従五位上・飛騨守を賜ったが、家を出て諸国を遍歴。神道・文学・暦学・数学などを学んだのち、八咫烏・賀茂建角身命直伝という烏伝神道を説き、「神道烏伝祓除抄」などを著す。海防・貧民救済などを幕府に訴えたが、一八四七年(弘化四)八丈島に配流。

かものまぶち【賀茂真淵】 1697.3.4～1769.10.30 江戸中期の国学者。岡部氏。通称は三四・衛士、名は淵満ほか、号は県居。遠江国敷智郡伊場村の人で、本家は同地賀茂神社の神職。浜松の杉浦国頭や森暉昌らに国典を学んでともに歌詠にはげみ、太宰春台門の渡辺蒙

●蒲生氏略系図

惟賢┬俊綱─俊宗─重俊─氏俊─俊綱─秀朝─高秀─秀胤─秀兼─秀貞─秀綱─貞秀┬秀行─秀紀
　　└俊光……知俊　　　　　　　　　　　　　　　　　　　　　　　　　　└高郷─定秀─賢秀─氏郷─秀行[会津藩]┬忠郷
　　　└忠知[上山藩・伊予松山藩]

庵に詩作を学んだ。のち荷田春満に学ぶためしばしば上京。師の没後、一七三七年(元文二)単身で出府し、学業の研鑽を積むうちにようやく学名もあがり、門下もふえた。田安宗武と荷田在満の「国歌八論」論争を契機に田安家の和学御用として抱えられ、宗武の要請で数々の著述をなす。万葉調の歌をよくし、当時の歌壇に清新な刺激を与えた。著書「冠辞考」「万葉考」「祝詞考」「伊勢物語古意」「国意考」「新学」「賀茂翁家集」。

かものみつよし【賀茂光栄】 939～1015.6.7 平安中期に陰陽道・暦道で活躍した人。保憲の子。暦道賀茂氏はこの光栄の子孫。伝説によると、保憲は弟子安倍晴明がすぐれているのをみて、天文道を晴明に、暦道を光栄に伝えたという。晴明とともにさまざまな占い・陰陽道祭にたずさわった。暦博士でもあり、造暦の宣旨をうけて暦の作成を行い、暦道に主導的立場を占めた。右京権大夫従四位上に至る。

かものやすのり【賀茂保憲】 917～977.2.22 平安中期に陰陽道・暦道・天文道で活躍した人。忠行の子。慶滋保胤の兄。光栄の父。暦博士・天文博士・陰陽頭などを歴任。没時は従四位下。陰陽道の才能に恵まれ、幼い頃鬼神をみたという。安倍晴明らの師で、彼の行いは長く陰陽道の規範となった。暦道においても暦生のときに造暦の宣旨をうけ、また延暦寺僧の日延に依頼して中国から符天暦を導入した。著書「暦林」「保憲抄」。

かものよしひさ【賀茂能久】 1171～1223.6.10 鎌倉前期の上賀茂社神主。上賀茂社神主賀茂資保の子。従四位上。筑紫の神主と称す。一二一四年(建保二)神主を継ぎ、後鳥羽上皇の近臣としても活躍。子の氏久は後鳥羽上皇の落胤ともいわれる。承久の乱では下鴨社禰宜鴨祐綱とともに宇治川で戦ったが、乱後、捕らえられて大宰府に配流され、同地で没。

かもわけいかずちのみこと【賀茂別雷命】 賀茂別雷神社(上賀茂社)の祭神。カモタケツノミの女玉依日売が山城の賀茂川で川遊びをしていたとき、流れてきた丹塗矢によって妊娠し生んだ。成人するに至り、七日七夜の神々の宴席で、外祖父カモタケツノミに父と思う人に酒を捧げよと命じられ、屋根を破って昇天、父が火雷神であったことが明らかとなったと伝える(「山城国風土記」逸文)。

かやおきのり【賀屋興宣】 1889.1.30～1977.4.28 昭和期の官僚・政治家。広島県出身。賀屋八十の養子で旧姓藤井。東大卒。一九一七年(大正六)大蔵省に入省。主計局長・理財局長をへて、三七年(昭和一二)第一次近衛内閣の蔵相、翌年貴族院議員。北支那開発会社総裁をへて、四一年東条内閣の蔵相に就任して第二次大戦時の財政を担当。敗戦後はA級戦犯として終身刑となるが、五八年赦免され政界復帰。六三年から第二次・第三次池田内閣の法相に就任した。

かやしらお【加舎白雄】 ⇨白雄

かやしんのう【賀陽親王】 794～871.10.8 桓武天皇の皇子。母は多治比長野の女真宗。常陸太守・上野太守・弾正尹・治部卿・大宰帥等を歴任し、二品に昇った。「今昔物語集」巻二四にからくり人形を製作した話がある。ある旱魃の年、親王は京都京極寺の田に童子木像を設置したが、この像が手にする器に水を満たすと顔に水がかかる仕掛けになっていたので、人々は面白がって水を運び、田はかれることがなかったという。

かやせいじ【茅誠司】 1898.12.21～1988.11.9 昭和期の物理学者。神奈川県出身。東北大卒。欧米留学後、北海道帝国大学助教授。その後東京帝国大学教授、一九五七年(昭和三二)東大出身者以外の初の東大総長。多くの弟子を育て、また抜群の行政能力を発揮。第二次大戦後の日本学術会議の設立に貢献し、会長となる。原子力研究の再開に努力し、ソ連・中国への学術視察団団長を務めた。一九五五年世界平和アピール七人委員会に参加。小さな親切運動を提唱。文化勲章受章。

かやのいん【高陽院】 1095～1155.12.16 鳥羽上皇の皇后。名は泰子(初名勲子)。関白藤原忠実の女。母は源顕房の女師子。関白藤原忠通の同母姉。一一一三年(永久元)鳥羽天皇への入内が内定したにもかかわらず父の固辞で中止となり、以後、白河法皇と忠実の関係がこじれる原因になる。白河法皇の死後は鳥羽上皇と忠実の協調が確立し、三三年(長承二)三九歳で入内が実現した。翌年皇后に立ち、三九年(保延五)院号をうけ、四一年(永治元)出家した。

かやのさんぺい【萱野三平】 1675～1702.1.14 赤穂藩主浅野長矩の側近。名は重実。父が仕えていた幕臣大島家(五〇〇〇石)の推挙により、長矩に中小姓として仕え、長矩が江戸城内でおこした刃傷事件の報を国元に伝えた。大石良雄らと志を同じくしようとしたが、大島家との関係から許されず、長矩の忌日に自刃した。俳人としても知られる。

かやのとよとし【賀陽豊年】 751～815.6.27 平安初期の儒者・文人。対策に及第してのち、石上宅嗣の芸亭院で群書を広く研究。桓武朝に文章博士・東宮学士、平城天皇即位にともない従四位下に叙され式部大輔となる。ただ藤原薬子の専横には不快感を示し、平城宮への遷御には従わなかった。薬子の変後に引退を願いでたが、嵯峨天皇は才能を惜しみ播磨守に任じた。没後に正四位下を贈られ、宅嗣の陵下に葬られた。「凌雲集」などに作品を残す。

かやのながとも【萱野長知】 1873.10.12～1947.4.14 明治～昭和期の大陸浪人。高知県出身。一八九一年(明治二四)上海に渡り、東京日日新聞通信員となる。この間孫文との交友を得て、中国革命を支援。中国要人との広い交友を買われて、第一次上海事件で犬養毅首相の密使として、また一九三八年(昭和一三)の宇垣工作、翌年の平沼騏一郎首相・小川平吉らの日中和平工作などに関与、日中間を往復したが成功しなかった。

かやのみや【賀陽宮】 久邇宮朝彦親王の第二王子邦憲王を祖とする宮家。邦憲王は病弱のため、久邇宮家は弟の邦彦王が相続することになった。邦憲王は一八九二年(明治二五)一一月に京都寄留が認められ、結婚後に賀陽宮と称することを願い出て許され、九五年二月には神宮祭主に任じられた。一九〇〇年五月久邇宮家から独立して一家の創立が許された。賀陽宮の称は父朝彦親王が一時称していたことによるという。王子恒憲が二代継承。恒憲は陸軍大学校校長を務め、陸軍中将。四七年(昭和二二)に皇籍を離脱し賀陽家となる。

かやはるかた【加屋霽堅】 1836.1.13～76.10.24 明治初期の士族反乱指導者。肥後国生れ。国学者林桜園に学び、尊王攘夷運動に参加。一八六二年(文久二)京に上り、学習院録事となるが、翌年八月十八日の政変で帰国・蟄居、のち許される。郷里の神官などを務めたが、七六年(明治九)一〇月二四日、太田黒伴雄らと神風連の乱をおこし戦死。

かようもんいん【嘉陽門院】 1200～73.8.2 後鳥羽天皇の皇女。名は礼子。母は坊門信清の女。一二〇四年(元久元)内親王の宣下をうけ、賀茂斎院となる。一二年(建暦二)病気のため斎院を退いた。礼子が最後の斎院であった。一四年(建保二)院号宣下。二〇年(承久二)出家、法名は真如性。

からいせんりゅう【柄井川柳】 1718～90.9.23 江戸中期の前句付点者。通称八右衛門。江戸浅草新堀端の竜宝寺門前の名主。前句付点者として一七五七年(宝暦七)八月二五日最初の万句合を興行。以降、月三回五の日に興行。六二年一〇月一五日には総句高一万句をこし、流行ぶりがうかがえる。川柳の出題は前句付の一四字題と冠付のみであり、総句高に対する番勝句の比率も高い。新しい趣向を好み、選句眼にも優れていたことが、上級武士も含む江戸の作者の嗜好にかなった。六五年(明和二)七月刊の「誹風柳多留」は、川柳評前句付の流行に拍車をかけた。川柳の号は五世まで襲名された。

からきじゅんぞう【唐木順三】 1904.2.13～80.5.27 昭和期の評論家。長野県出身。京大卒。在学中西田幾多郎に接する。卒業後教職につくが、その間文芸評論を始める。一九四〇年(昭和一五)筑摩書房創立にあたっては編集顧問に名を連ね、また同書房より「鷗外の精神」を刊行した。第二次大戦後は明大教授を務める一方、「現代史への試み」などの近代日本文化論や、「中世の文学」をはじめとする中世の再発見にかかわる多くの評論活動を行った。

からくもんいん【嘉楽門院】 1411～88.4.28 後花園天皇の妃。名は郷子のち信子。後土御門天皇の生母。藤原孝長の女。大炊御門信宗の猶子となり入内。後土御門天皇とその姉観心女王(安禅寺比丘尼)を生んだ。一四六六年(文正元)従二位に叙せられ二位局と号す。後花園天皇没後、七一年(文明三)剃髪して栄良と称した。同年准三宮の宣下をうけ、東洞院殿とも称された。

からくりぎえもん【からくり儀右衛門】 ⇨田中久重

からころもきっしゅう【唐衣橘洲】 1743.12.4～1802.7.18 江戸後期の狂歌作者。本名小島謙之、字は温之。別号酔竹園。江戸生れ。田安家の家臣で江戸四谷忍原横丁に住み、和歌を得意とし、はじめ橘実副の名で狂歌を詠んだ。一七六八～六九年(明和五～六)頃から盛んに狂歌会を主催し、四谷連の総帥として天明狂歌壇の基礎を確立。盟友四方赤良(大田南畝)と「狂歌若葉集」の撰をめぐって不和となり、一時孤立したものの寛政の改革後再び狂歌壇で活躍。「狂歌初心抄」、家集「酔竹集」。

からさわとしき【唐沢俊樹】 1890.12.24～1967.3.14 大正・昭和期の官僚・政治家。長野県出身。東大卒。内務省に入り、一九三二年(昭和七)土木局長、三四年警保局長に就任。永田鉄山と同郷で、陸軍統制派に近い新官僚とみられた。三九年阿部内閣の法制局長官、四〇年貴族院勅選議員をへて、東条内閣では内務次官を務めた。第二次大戦後の四六年に公職追放。解除後の五五年に衆議院議員に当選、五七年第一次岸内閣の法相に就任。

からすまるけ【烏丸家】 藤原氏日野家庶流。名家。室町中期、日野資康の子豊光に始まる。日野一族が室町将軍家と親近した関係から豊光は内大臣を贈られ、子資任など数代は准大臣に昇った。和歌の家で、細川幽斎門下の光広など、すぐれた歌人を輩出。江戸時代の家禄は九五四石余、のち一〇〇四石余。江戸中期の光胤は宝暦事件に連坐して永蟄居。維新後、光享のとき伯爵。

からすまるとよみつ【烏丸豊光】 1378～1429.2.18 室町時代の公卿。烏丸家の祖。父は日野資康。一四〇八年(応永一五)参議。一一年権中納言。一三年兄重光の死後、その跡を継ぎ後小松上皇の執権となる。一七年執権を辞し、二三年将軍足利義持に従って出家。法名祐通。姉妹に足利義満の室北山院康子や義持の室栄子がおり、義持側近の公卿として重用された。

からすまるみつたね【烏丸光胤】 1721.6.1～80.9.18　江戸中期の公家。中御門宣誠の次男。一七三三年(享保一八)烏丸光栄の養子。初名清胤。四四年(延享元)蔵人頭・右大弁に任じられ、光胤に改名。四六年参議、五六年(宝暦六)権大納言。和歌を修め桃園天皇・後桜町上皇に仕える。竹内式部に学び、五八年宝暦事件で止官・永蟄居。六〇年落飾を命じられ、卜山と号した。七八年(安永七)赦免。

からすまるみつひで【烏丸光栄】 1689.8.3～1748.3.14　江戸中期の公家・歌人。烏丸宣定の子。一七二四年(享保九)権大納言、三四年正二位、没する二日前に内大臣。霊元上皇に和歌の指導をうけ、上皇の没後、中院通躬から古今伝授をうけた。のち桜町天皇・有栖川宮職仁親王に伝授を授ける。法号不昧真院海印浄春。家集「栄葉和歌集」、歌論「聴玉集」、日記「光栄公記」。

からすまるみつひろ【烏丸光広】 1579～1638.7.13　江戸前期の公家。烏丸光宣の子。一六〇九年(慶長一四)七月におこった猪熊事件に連坐して勅勘をこうむり、解官・蟄居。一一年四月勅免され、のち正二位権大納言に至る。清原清賢に儒学、細川幽斎に和歌を学び、一六〇三年古今伝授をうけた。徳川家光の歌道師範。後水尾上皇の信任が厚く、沢庵宗彭・一糸文守に参禅。歌集「黄葉和歌集」、著書「耳底記」「あづまの道の記」「目覚草」。

ガラタマ ⇩ハラタマ

からはしけ【唐橋家】 ❶菅原氏。菅原道真の後裔定義の次男で高辻家祖の是綱の弟在良の流れ。南北朝期の在雅から唐橋を号する。半家。代々紀伝道の家。一四九六年(明応五)九条家家司の在数が、九条政基らによって殺害される事件が生じたが、九八年在数の子在名が家督を相続。江戸時代の家禄は一八二石余。維新後、在綱のとき子爵。❷村上源氏の庶流。鎌倉前期、久我雅通の次男通資が唐橋と号し、その子雅親も唐橋を号したが、数代で断絶。

からはたとうぞう【唐端藤蔵】 ?～1851　江戸後期の篤農家。播磨国印南郡生れ。一八三七年(天保八)山腹を開き、四〇年八町九段歩余の新田をえたが、後年暴風雨で流失。また小池を拡張し水田一一町歩余を灌漑した。三八年村内の道路六町余を改修し運輸の便に供した。四〇年姫路藩から賞され苗字帯刀を許された。

カラハン Lev Mikhailovich Karakhan 1889.1.20～1937.9.20　ソ連の外交官。一九一九年対中国不平等条約撤廃などを盛りこむカラハン宣言を発表。翌年再宣言。二三年駐華公使になり、日本の芳沢謙吉公使と国交回復のための北京会議を行い、二五年(大正一四)一月二〇日、日ソ基本条約に署名。二七年(昭和二)から外務人民委員代理として日ソ漁業交渉にあたり、翌年一月二三日、日ソ漁業条約に署名。三七年大粛清により銃殺。

かりやえきさい【狩谷棭斎】 1775.12.1～1835.閏7.4　江戸後期の考証学者。名は望之、字は卿雲、通称三右衛門。江戸の書籍商家に生まれ、陸奥国弘前藩御用達商人狩谷保古の養子となる。松崎慊堂・屋代弘賢らに和漢の学を学んだ。豊かな経済力を背景に和漢の善本や古器物・古銭などの収集に努め、厳密な考証と書誌学的研究にすぐれた成果を残した。晩年浅草の住居を実事求是書屋と称した。著書「本朝度量権衡攷」「和名類聚抄箋注」「古京遺文」「日本霊異記攷証」。

ガルシア Gonzalo Garcia 1557?～96.12.19　日本二十六聖人の一人。インド生れ。父はポルトガル人。一五七二年(元亀三)イエズス会士とともに来日。同会に入会できず、八七年頃マニラでフランシスコ会に入会。九三年(文禄二)フィリピン使節に伴われ再来日し、肥前国名護屋で豊臣秀吉に謁見。京都でフランシスコ会のために活動。九六年(慶長元)捕らえられ、長崎西坂の丘で殉教。

カルディム Antonio Francisco Cardim 1596～1659.4.30　ポルトガル人イエズス会宣教師。日本教会壊滅後、東南アジアを管下とした日本イエズス会管区の中心となって活躍。来日しなかったが、日本からの諸報告書簡類に接し、日本の迫害史に関する著作を行う。主著「日本殉教精華」に日本布教地図を収め、特異な地図として注目される。マカオで没。

かるのおおいらつめ【軽大郎女】 記紀伝承上の五世紀頃の人。允恭天皇の皇女。母は忍坂大中姫。「古事記」は別に衣通郎女の称を伝える。太子であった同母兄の木梨軽皇子と通じたため、天皇の食膳の羹汁がこおり、事が露見して郎女は伊予に流された。「古事記」によれば、天皇の死後、諸臣が太子に従わず同母弟の穴穂皇子(安康天皇)についたため、太子は兵をおこしたが捕らえられ、伊予に流されて郎女とともに命を断ったという。

かるのみこ【軽皇子】 ⇩孝徳天皇 ⇩文武天皇

カルバリョ ❶**Diogo de Carvalho** 1578～1624.1.4　ポルトガルのイエズス会宣教師。一六〇九年(慶長一四)来日し、天草で布教。一四年禁教令によりマカオに追放されたが、一六年(元和二)日本に潜入。管区長コーロスにより東北地方に派遣され、アンジェリスとともに布教に従事。二〇年東北地方・蝦夷地を巡回。長文の記録を残し、アイヌの風俗などに関する資料となった。二四年(寛永元)盛岡藩領で捕らえられ、仙台に送られて広瀬川で氷責めにより殉教。❷**Valentin Carvalho** 1558～1631　ポルトガルのイエズス会宣教師。一五九八年(慶長三)長崎に渡来。その後、天草・八代・薩摩に赴き、長崎に戻った。一六〇一年マカオに渡り学院長を勤めた。〇九年日本に戻り、一一年イエズス会日本管区長となる。一四年日本司教セルケイラの死去により司教代理となる。このときフランシスコ会やドミニコ会の反対をうけた。同年禁教令によってマカオに追放され、一七年(元和三)まで管区長を勤めた。その後インドへ行き、ゴアで没。

ガルベス **Francisco Gálvez** 1575/76～1623.10.13 スペイン人のフランシスコ会宣教師。一六〇三年(慶長八)または〇六年に来日。一四年禁教令によってマニラに追放される。一七年(元和三)再来日。翌年遣欧使節ソテーロの伊達政宗あて返書・進物をたずさえて仙台に赴き、政宗の好遇をうけた。二〇年最上地方で布教し、二三年江戸で活動したが、鎌倉の海岸で捕縛され、江戸で火刑により殉教。いわゆる江戸の大殉教である。

カロザーズ **Christopher Carrothers** 1840.5.-～? カロゾルスとも。アメリカ長老派教会宣教師。一八六九年(明治二)来日。東京築地に住み、翌年妻とともにA六番女学校(のちの女子学院)を設立。七三年築地大学校を設立し、田村直臣(なおみ)らを教育。翌年東京第一長老教会を創立し仮牧師となる。七六年長老教会を離脱し文部省御雇となり、広島英語学校をはじめ西日本・東北地方の学校で英語教師を務めた。

カロン **François Caron** 1600～73.4.5 江戸前期の平戸オランダ商館長。ベルギーのブリュッセル生れ。一六一九年(元和五)に平戸に来着。その後台湾へ渡り浜田弥兵衛事件の処理などに通訳として活躍。三九～四〇年(寛永一六～一七)には商館長として、幕府の平戸商館倉庫の破却命令などに対処した。四一年帰国。のちセイロン遠征長官・台湾長官・バタビア事務総長を歴任、五〇年辞職。六五年にはフランス東インド会社に首席理事として迎えられた。七三年乗船の沈没で死亡。著書「日本大王国志」。

かわいえいじろう【河合栄治郎】 1891.2.13～1944.2.15 大正・昭和前期の経済学者・自由主義思想家。東京都出身。東大卒。農商務省に入るが辞職し、一九二〇年(大正九)東京帝国大学経済学部助教授となり、のち教授。経済学史・社会政策を担当した。理想主義的リベラリズムとフェビアン的社会主義の立場から、マルクス主義とファシズムの両方に反対した。そのため弾圧をうけ、三九年(昭和一四)には平賀粛学によって休職に追いこまれた(河合栄治郎事件)。著書「労働問題研究」「社会思想史研究」「トーマス・ヒル・グリーンの思想体系」「社会政策原理」「社会思想家評伝」。

かわいかんじろう【河井寛次郎】 1890.8.24～1966.11.18 昭和期を代表する陶芸作家。島根県安来(やすぎ)市出身。東京高等工業学校窯業科を卒業後、京都市陶磁器試験場で修業。一九二〇年(大正九)京都五条坂に鐘渓窯(しょうけいよう)を開いた。二六年の柳宗悦(むねよし)の民芸運動に参加し、三六年(昭和一一)日本民芸館を設立して理事となった。イギリスのスリップ・ウェアー、李朝陶磁などの影響をうけつつ、独創的な造型を確立。

かわいぎょくどう【川合玉堂】 1873.11.24～1957.6.30 明治～昭和期の日本画家。愛知県出身。本名芳三郎。京都で望月玉泉・幸野楳嶺(こうのばいれい)に、東京で橋本雅邦(がほう)に師事。一九〇七年(明治四〇)東京勧業博覧会出品作「二日月」で脚光を浴びる。第一回より文展審査員を務める。一五年(大正四)東京美術学校教授。四条派と狩野派を融合させ、穏やかで素直な画風の風景画を描いて人気を博した。歌人としても名高い。帝室技芸員・帝国美術院会員。四〇年(昭和一五)文化勲章受章。五一年文化功労者。

かわいきよまる【川合清丸】 1848.11.21～1917.6.24 明治期の神道家・国家主義者。伯耆国の神官の子。鳥尾小弥太(こやた)に師事。神・儒・仏の三教が一致して国家の大患にあたることを説いた。一八八八年(明治二一)東京で日本国教大道社を結成し、「日本国教大道叢誌」を発行、九二年には大道学館を設立して教説の普及に努めた。

かわいこいち【河合小市】 1886.1.5～1955.10.5 明治～昭和期の楽器製作者。静岡県出身。浜松の車大工河合谷吉の子。一一歳で山葉風琴製作所へ入所。山葉寅楠(とらくす)の信任が厚く、オルガンやピアノを工夫、発明して国産化につとめた。一九二七年(昭和二)退社して河合楽器研究所(現、河合楽器製作所)を創設。音楽の普及に大きな功績を残した。

かわいすいめい【河井酔茗】 1874.5.7～1965.1.17 明治～昭和期の詩人。大阪府出身。本名又平。少年時代から各種の韻文を試作し、一八九一年(明治二四)には山田美妙編「青年唱歌集」に二編が採録された。「文庫」の詩欄を長く担当して、多くの詩人を世に出し「文庫の主」とよばれた。一九〇七年の「詩人」創刊など、雑誌刊行を通して後進の育成や指導に力を注ぐ。作家島本久恵は夫人。詩集「無弦弓」「酔茗詩集」。評論集「明治代表詩人」。

かわいすんおう【河合寸翁】 1767.5.24～1841.6.24 江戸後期の姫路藩家老。父は河合宗見(むねみ)。幼名猪之吉、のち隼之助、諱は鼎・道臣(ひろおみ)、字は漢年、号は白水・寸翁。河合家は代々家老職。一七八七年(天明七)家督一〇〇〇石を継ぎ家老となった。一八〇八年(文化五)諸向勝手方に任じられ、七三万両に及ぶ藩債の解消に努めた。村における備荒貯穀政策の導入、国産木綿専売制の導入、冥加銀講による資金面での手当などにより、三四年(天保五)には負債の大半を償還し、黒字になったという。禄高は一八三一年に五〇〇〇石。

三五年隠居。

かわいせんろ【河井荃廬】 1871.4.28～1945.3.10 明治～昭和前期の篆刻家。名は得松または得、字は子得、のち名を仙郎と改めた。号は荃廬・蟬巣・九節道人・学古道人。堂号は忘荃楼・宝書龕・継述堂・六不刻庵。京都生れ。はじめ篠田芥津に学び、のち清国の呉昌碩に教えをうける。しばしば上海に渡って中国文物の舶載に努め、説文金石学や中国書画の研究に造詣が深かった。

かわいそら【河合曾良】 ⇨曾良

かわいたけお【河合武雄】 1877.3.13～1942.3.21 明治～昭和前期の新派俳優。本名内山武次郎。東京都出身。歌舞伎俳優五世大谷馬十の子。一八九三年(明治二六)新派の山口定雄一座に入門。美貌と華やかな芸の女方として人気を得た。伊井蓉峰や喜多村緑郎と新派の全盛期を築いたほか、松居松翁と提携して西欧戯曲も演じた。

かわいつぐのすけ【河井継之助】 1827.1.1～68.8.16 幕末・維新期の越後国長岡藩士。父は代右衛門秋紀。名は秋義。江戸に出て佐久間象山・古賀謹堂に学び、長崎に遊学して開国論者となる。郡奉行・町奉行から執政に進み、その間藩を説いて長州再征参加を中止させ、また財政改革に努めた。一八六七年(慶応三)藩主牧野忠訓に従って京に入り、大政奉還に反対。戊辰戦争開始後に長岡に帰り、藩を中立の立場にたたせた。北陸征討軍が迫ると、五月小千谷に東山道軍軍監岩村高俊を訪ね中立の趣旨を弁明するがいれられず、官軍に抗戦を決意。陥落した長岡城を奇襲により奪還するが、このおりの傷がもとで、会津へ赴く途中会津藩領大沼郡塩沢村で没。旅日記「塵壺」。

かわいひろおみ【河合道臣】 ⇨河合寸翁

かわいみさお【河合操】 1864.9.26～1941.10.11 明治・大正期の陸軍軍人。豊後国生れ。陸軍士官学校・陸軍大学校卒。日露戦争には満州軍参謀・第四軍参謀として出征。軍務局歩兵課課長・人事局局長・陸軍大学校校長・関東軍司令官などを歴任。一九二一年(大正一〇)大将、翌年参謀総長となる。予備役編入後、枢密顧問官。

かわいみち【河井道】 1877.7.29～1953.2.11 明治～昭和期の教育家。三重県出身。伊勢神宮の御師の家に生まれる。一八八六年(明治一九)北海道に移住し、翌年札幌のスミス女学校に入学。九六年から新渡戸稲造、津田梅子に師事した。九八年アメリカ留学。帰国後女子英学塾教授、YWCA総幹事を歴任。一九二九年(昭和四)キリスト教主義の恵泉女学園を創設した。

かわいよしとら【川合義虎】 1902.7.18～23.9.4 大正期の共産主義者。長野県出身。戸籍名は川江善虎。坑夫の父の関係で日立の小学校卒業。日立銅山に入ったが、一九一九年(大正八)解雇され、翌年上京、暁民会に参加。二二年共産党に入党、渡辺政之輔らと南葛労働会を結成、翌年日本共産青年同盟の結成に参加、委員長となる。関東大震災の際は被災民の救援活動に従事していたが、三日夜亀戸署に検束され、翌日習志野の騎兵第一三連隊により、平沢計七らとともに殺された。

かわいよしなり【河合良成】 1886.5.10～1970.5.14 大正・昭和期の官僚・政治家・実業家。富山県出身。東大卒。一九一一年(明治四四)農商務省に入る。米騒動の際に退官。東京株式取引所常務理事、川崎生命常務などをへて、三四年(昭和九)帝人事件で収監された。三七年に無罪となったのち、満州国顧問、東京市助役などを歴任。第二次大戦後の四六年第一次吉田内閣の厚相となったが、翌年五月公職追放。のち小松製作所社長。

かわかつてつや【川勝鉄弥】 1850.10.26～1915.6.11 明治期のバプティスト教会牧師。肥前国大村藩士。一八七四年(明治七)改革派のJ・H・バラから受洗、横浜公会入会。翌年からバプティスト派のN・ブラウンの「新約聖書」翻訳を手伝い、改めて同師から浸礼をうけた。七九年按手礼をうけ同派最初の日本人牧師として横浜教会に所属した。九四年南部バプティストに移籍。

かわかみおとじろう【川上音二郎】 1864.1.18～1911.11.11 明治期の俳優。筑前国生れ。自由民権期の政治青年として自由童子を名のり、演説を芸とし、オッペケペ節で人気を得る。一八九〇年(明治二三)関東ではじめて壮士芝居を演じ、翌年川上書生芝居を創始。九三年に渡仏、帰国後の舞台で好評を博し、日清戦争劇で大成功をおさめた。九九年に夫人川上貞奴と欧米に巡業して名を高め、帰国して翻案劇を上演した。一九〇七年には俳優を引退、興行師となった。

かわかみきよし【河上清】 1873.8.2～1949.10.12 明治～昭和期の社会主義者・評論家。山形県出身。青山学院などで苦学したのち「万朝報」記者。同僚幸徳秋水らを通じて社会労働問題に関心をもち、「労働世界」「六合雑誌」などへの寄稿や労働組合期成会・社会主義研究会・社会主義協会会員として活動し、社会民主党結成にも参加。一九〇一年(明治三四)万朝報社を辞して渡米、ワシントンで客死するまで、カール・キヨシの名で排日運動批判など多数の特派員記事や著作を残した。

かわかみげんさい【河上彦斎】 1834.11.25～71.12.3 幕末期の尊攘派志士。熊本藩士小森貞助の子。河上彦兵衛の養子。変名高田源兵衛。熱烈な尊攘論者となって上京、京都で佐久間象山を暗殺するなど「人斬り彦斎」といわれた。禁門の変には長州軍に加わって敗れ、長州に行き高杉晋作を助けた。第二次長州戦争時に熊本藩に捕らえられた。維新後も開国に反対して帰国。萩藩諸隊の脱隊騒動に関係、のち国事犯の嫌疑により処刑。

かわかみさだやっこ【川上貞奴】 1871.7.18～1946.12.7　明治・大正期の女優。本名は貞。東京都出身。東京日本橋葭町(よしちょう)の芸者時代の一八九四年(明治二七)、川上音二郎と結婚。その後欧米に渡って貞奴の芸名で舞台に出演。帰国後一九〇三年から日本の舞台でも活躍し人気を得た。〇八年に帝国女優養成所を開設。一七～一八年(大正六～七)引退興行。児童劇に関心をもち、二四年には川上児童劇団を設立したが、晩年は演劇界には関係しなかった。

かわかみじょうたろう【河上丈太郎】 1889.1.3～1965.12.3　昭和期の政治家・社会運動家。東京都出身。東大卒。関西学院教授となるが、労働運動に接近、日本労農党に入党し一九二八年(昭和三)第一回普通選挙で当選。第二次大戦後、公職追放を解除されると五二年右派社会党委員長。就任演説から「十字架委員長」とよばれた。キリスト教人道主義にもとづく社会民主主義の立場をとり、社会党の統一に尽力。六一～六五年委員長。

かわかみそうろく【川上操六】 1848.11.11～99.5.11　明治期の陸軍軍人。鹿児島藩士の家に生まれ、造士館に学び、戊辰戦争に参加。一八七一年(明治四)中尉となり、佐賀の乱・西南戦争に従軍。八四年大山巌の欧米軍制視察に随行。参謀本部次長・近衛歩兵第二旅団長をへて、ドイツに留学し、軍制を研究。帰国後、参謀次長として軍制改革に尽力。日清戦争では大本営参謀兼兵站総監として従軍、その戦功により子爵。戦後は対露作戦立案を指導し、九八年参謀総長・大将。

かわかみたすけ【川上多助】 1884.8.21～1959.7.4　大正・昭和期の日本史学者。茨城県出身。東大卒。東京商科大学予科・東京女子大学教授。中正な歴史観にたち、古代の政治・法制・社会諸分野の研究にすぐれた業績をあげた。著書「平安朝史」上(「綜合日本史大系」三)、「日本歴史概説」上下、「日本古代社会史の研究」。

かわかみてつたろう【河上徹太郎】 1902.1.8～80.9.22　昭和期の評論家。長崎県出身。東大卒。最初の評論集「自然と純粋」(一九三二刊)で評論家の地位を確立。一九三四年(昭和九)に共訳したシェストフの「悲劇の哲学」は、文壇の流行となった。第二次大戦中は「文学界」同人として、座談会「近代の超克」の司会を務めた。戦後の代表作は「日本のアウトサイダー」。芸術院会員、文化功労者。

かわかみとうがい【川上冬崖】 1827.6.11～81.5.3　幕末～明治期の洋画家。信濃国生れ。本姓山岸、名は万之丞・寛。江戸で大西椿年(ちんねん)に学び、太年と号す。蕃書調所で絵図調出役となり、はじめて洋画法を研究、画学局設置後は画学出役として高橋由一(ゆいち)ら後進を指導。維新後は沼津兵学校・開成学校・大学南校・陸軍士官学校などで図画教育にあたり、陸軍参謀局で洋風地図作成の先鞭をつけた。聴香読画館は日本最初の洋画私塾。訳書に「西画指南」がある。

かわかみとしつね【川上俊彦】 1861.12.29～1935.9.12　明治・大正期の外交官・実業家。越後国生れ。東京外国語学校卒。外務省に入り、日露戦争で遼東守備軍司令部外交顧問。戦後、ハルビン総領事となり、伊藤博文暗殺時に被弾する。一九一三年(大正二)南満州鉄道理事。のち実業界に転じ、日魯漁業社長などとして日ソ交渉に従事した。

かわかみのたける【川上梟帥】「日本書紀」に登場する熊襲(くまそ)国(九州南部)の豪族。別名を取石鹿文(とろしかや)という。景行天皇の命をうけた日本武尊(やまとたける)は、童女に化けて川上梟帥に近づき刺殺した。このとき死を覚悟した梟帥は誰かと問い、景行天皇の皇子であると答えたところ、日本武尊という尊号を献じ、以後、広くこれを称したという。なお「古事記」では、熊曾建(くまそたける)という二人の兄弟が登場する。

かわかみはじめ【河上肇】 1879.10.20～1946.1.30　明治～昭和期の経済学者。山口県出身。東大卒。東京帝国大学農科大学講師をへて一九〇八年(明治四一)京都帝国大学講師、翌年助教授。ヨーロッパ留学後の一五年(大正四)に教授。この間、農政学者として農業立国・保護貿易論を展開。一六年「貧乏物語」を新聞に連載し好評を博す。のち人道主義からマルクス主義にかたむき、一九年の個人雑誌「社会問題研究」の発刊をへて、昭和初期の「資本論入門」「経済学大綱」などで立場を鮮明にした。二八年(昭和三)大学を辞職して実践運動に飛び込み、三二年共産党に入党。翌年一月検挙され、三七年六月まで獄中生活。出獄後は書斎生活に戻り、「自叙伝」執筆のほか詩歌・書道などにも親しんだ。「河上肇全集」全三五巻・別巻一。

かわかみびざん【川上眉山】 1869.3.5～1908.6.15　明治期の小説家。本名亮(あきら)。大阪府出身。父は旧幕臣。幼時父母とともに上京。大学予備門、第一高等中学校をへて帝国大学法科に進む。尾崎紅葉・山田美妙・巌谷小波らと知り合い、硯友社に参加。「墨染桜」「賤機(しずはた)」の浪漫的作品によって世にでる。日清戦争後に社会や人生を糾問する「大さかづき」「書記官」「うらおもて」を発表、泉鏡花とならんで観念小説の代表的作家となる。のち作家としてのゆきづまりから自殺した。

かわかみふはく【川上不白】 1719～1807.10.4　江戸中期の茶人。茶道家元江戸千家流の開祖。和歌山藩付家老水野家家中。茶名は宗雪。号は黙雷庵・蓮花庵、俳号は不羨斎。一八歳のときに表千家如心斎宗左に入門。如心斎の七事式(しちじしき)制定のときには二五歳で参画するほど、茶道の力を認められた。一七五〇年(寛延三)如心斎の命で江戸にでて江戸千家をたて、茶道の普及に努めた。文筆・俳諧にもすぐれた。著書「不白筆記」「茶の湯式便覧」。

かわかみやいち【河上弥市】 1843.1.–～63.10.14 幕末期の志士。萩藩士。名は繁義、のち正義。通称松之助・弥一郎。一八六三年(文久三)高杉晋作らと奇兵隊を組織。八月十八日の政変後、滝弥太郎と交代で奇兵隊総管となった。七卿落ちの公卿の護衛を勤め、同年一〇月七卿の一人沢宣嘉を擁し生野の変をおこしたが失敗し、同志とともに切腹した。

かわきたともちか【川北朝鄰】 1840.5.16～1919.2.22 幕末～明治期の数学者。江戸生れ。通称弥十郎、号は有頂。塾を立算堂という。御粥安本と内田五観に数学を学ぶ。士官学校、師範学校などの教職を歴任。西洋数学の紹介と翻訳を精力的に進め、「筆算題叢」「幾何学原礎」「円錐截断曲線法」「微分方程式」ほか多数を出版した。明治初期に高度で正確な翻訳を行い、日本の数学の発展に寄与した。

かわきたながまさ【川喜多長政】 1903.4.30～81.5.24 昭和期の映画事業家。東宝東和会長・東宝重役。東京都出身。一九二三年(大正一二)北京大学文学部中退後ドイツに留学。二八年(昭和三)東和商事合資会社を設立、夫人で副社長のかしこととともにヨーロッパ映画の輸入業務を行い、大きな功績を残した。日中戦争中は上海占領地で、中国人監督作品を配給する中華電影の経営にあたった。

かわぐちえかい【河口慧海】 1866.1.12～1945.2.24 明治～昭和前期の仏教学者。黄檗宗の僧。本名定治郎。大坂生れ。哲学館卒。一八九七年(明治三〇)チベットに向け出発、一九〇〇年密入国したが、チベット語訳一切経に接するという宿志をはたせないまま〇三年帰国、チベット探検家として知られた。翌年再渡航して一五年(大正四)に帰国、ナルタン版チベット大蔵経をもたらし、チベット仏教学の開拓者となった。のち僧籍返上。著書「西蔵旅行記」。

かわぐちしんにん【河口信任】 1736.5.9～1811.4.26 江戸中期の蘭方医。肥前国唐津生れ。長崎の栗崎道意に学び南蛮外科の免許をえた。唐津では儒医原双桂に学び、長崎に遊学して通詞らから南蛮外科関係書の筆写の機会をえる。祖父良閑の代から土井氏に仕え、一七六九年(明和六)下総国古河藩主土井利里の京都所司代就任に従い荻野元凱に入門。翌年京都西郊で刑屍を解剖した。医師自身による執刀解剖の初めで、解剖刀は現存。医蘭書の正確さを知って七二年(安永元)「解屍編」を刊行。

かわごえし【河越氏】 中世武蔵国の豪族。桓武平氏秩父氏流。平安後期、河越荘(現、埼玉県川越市)を本拠とした秩父重綱の子重隆以来、河越氏を称した。孫の重頼は源頼朝に従い、平氏追討などに功があったが、女が源義経の妻だったため殺された。その子重員は承久の乱に活躍、御家人としての地位を築いた。南北朝期、直重のとき相模国守護ともなったが、一三六八年(応安元・正平二三)鎌倉公方足利氏満に反して、江戸・高坂諸氏と平一揆をおこし滅亡。

●河越氏略系図

重隆―能隆―重頼┬重房
　　　　　　　　├重時
　　　　　　　　├重員……直重
　　　　　　　　├重家
　　　　　　　　└女子(源義経室)

かわごえしげより【河越重頼】 ?～1185 平安末～鎌倉初期の武士。能隆の子。通称太郎。本領は武蔵国河越荘(現、埼玉県川越市)。桓武平氏秩父氏の家督を継ぐ。一一八〇年(治承四)源頼朝が挙兵した当初、平氏方に属して三浦氏を攻めたが、再起した頼朝が武蔵国に入ると、これに帰順。八四年(元暦元)源義経に従って源義仲追討のため上洛。その後、頼朝の命で女を義経に嫁がせるが、八五年(文治元)義経が没落すると、その縁坐で所領を没収、殺された。

かわさききゅうえん【川崎九淵】 1874.3.30～1961.1.24 明治～昭和期の能楽の囃子方。大鼓方葛野流。本名利吉。愛媛県出身。池内信嘉らの勧めで上京。津村又喜に師事するが、翌年師を失う。以後独学で稽古し、気迫にみちた芸風を築きあげ、囃子の理論を確立。一九五〇年(昭和二五)葛野流宗家預り、五五年人間国宝。

かわさきさだたか【川崎定孝】 1694.3.15～1767.6.6 江戸中期の勧農家。通称平右衛門。武蔵国多摩郡押立村の名主家の出身。一七三八年(元文三)の凶作により崩壊の危機に瀕した武蔵野新田に対し、三九年三〇人扶持の新田世話役として各種の保護政策を打ちだした。四四年(延享元)代官となる。多摩川の水害復旧のほか美濃国諸河川の治水に努めた。六七年(明和四)勘定吟味役となり石見銀山奉行を兼帯した。

かわさきしざん【川崎紫山】 1864.5.4～1943.5.12 明治～昭和前期のジャーナリスト・歴史家。常陸国生れ。本名三郎。一八八一年(明治一四)頃「東京曙新聞」記者となり、明治二〇年代に「東洋策」「藤田東湖伝」などを著す。一九〇五年「信濃毎日新聞」主筆。多くの歴史書の執筆に参与。日中戦争期には大東亜協会を設立し、雑誌「大東亜」を刊行。

かわさきしょうぞう【川崎正蔵】 1837.7.10～1912.12.2 川崎造船所の創立者。薩摩国生れ。長崎の山木屋(浜崎太平次家)支店に勤務した後、大坂で商品輸送・販売業を営み、一八七三年(明治六)大蔵省から琉球国産品の調査を命じられ、同年前島密(ひそか)の斡旋で日本国郵便蒸気船会社副頭取に就任。七八年に東京築地の官有地を借用して造船業に進出し、また東京商法会議所の運輸及船舶事務委員となる。八一年神戸東出町の官有地を借りて川崎兵庫造船所を開設、八六年官営兵庫造船所の貸下げ、翌年同所の払下げを許可された。九〇年には貴族院議員に当選。九六年の川崎造船所の株式会社への改組を機に松方幸次郎を初代社長に迎え、顧問に退いた。

かわさきたくきち【川崎卓吉】 1871.1.18～1936.3.27 大正・昭和前期の官僚・政治家。広島県出身。東大卒。内務省に入り、福島県知事・台湾総督府内務局長・名古屋市長・内務次官などを歴任。貴族院議員に勅選された翌年の一九二七年(昭和二)に憲政会に入党し、続いて立憲民政党に所属。二九年浜口内閣の法制局長官、三一年第二次若槻内閣の内閣書記官長、三六年岡田内閣の文相、広田内閣の商工相に就任。

かわさきはちえもん【川崎八右衛門】 1834.12.～1907.1.13 明治期の実業家。常陸国生れ。水戸藩為替御用達として鋳銭事業に従事、一八七四年(明治七)に川崎組をおこし、茨城・千葉両県や警視庁などの為替方をつとめた。八〇年に同組を川崎銀行に改組、また八一年同行内に東海貯金銀行を創業した。以後、川崎銀行を中心に、水戸鉄道・磐城炭鉱の開発その他諸事業に尽くし、川崎財閥を築いた。

かわしし【合志氏】 中世肥後国の豪族。藤原姓を称するが、出自は不明。合志(こうし)(現、熊本県合志市)からおこる。一一八一年(養和元)合志太郎が鎮西で平家に背いたことが「吾妻鏡」にみえる。九七年(建久八)には球磨郡人吉荘地頭の合志九郎季高が御家人となった。「蒙古襲来絵詞」にも合志太郎の名がみえる。南北朝期には、足利方に属して菊池氏に対抗したが、一五八五年(天正一三)島津氏により滅ぼされた。ほかに近江源氏佐々木氏流と称する合志氏もあった。

かわじとしあきら【川路聖謨】 1801.4.25～68.3.15 幕末期の幕臣。旧姓は内藤。川路家の養子。通称は左衛門尉。佐渡奉行・小普請奉行・普請奉行・奈良奉行・大坂町奉行をへて、一八五二年(嘉永五)勘定奉行、公事方・海防掛となる。おもにロシアとの外交交渉にあたったほか、禁裏造営・軍制改革に尽力。五八年(安政五)堀田正睦(まさよし)の上京に随行したが、帰府すると井伊直弼に左遷され、五九年隠居差控となる。六三年(文久三)一時外国奉行となるが五カ月で辞任。幕府滅亡時にピストル自殺。佐渡奉行在勤日記「島根のすさみ」や「下田日記」「長崎日記」を残す。

かわじとしよし【川路利良】 1834.5.11～79.10.13 幕末期の鹿児島藩士、明治期の警察官僚。薩英戦争・禁門の変・戊辰(ぼしん)戦争に従軍。維新後、東京府に出仕。一八七四年(明治七)大警視となり、大久保利通の主要側近の一人として治安維持・情報収集にあたる一方、警察制度の整備に功績を残した。七七年別働旅団を率いて西南戦争に参加。七八年欧米視察の途中病気のため帰国、まもなく没。

かわしまあつし【河島醇】 1847.3.6～1911.4.28 明治期の政治家。鹿児島藩士。外務省・大蔵省で累進。伊藤博文の憲法調査に随行。衆議院議員に当選四回(自由党のち立憲革新党所属)。一八九七年(明治三〇)初代の日本勧業銀行総裁となったが、内紛のため二年で退陣。滋賀・福岡の両県知事、北海道庁長官を務めた。貴族院議員に勅選される。

かわしまし【革島氏】 中世山城国の国人領主。革島荘(現、京都市)を本拠とした。家伝では鎌倉初期の清和源氏佐竹義季(よしすえ)を祖とする。一三一二年(正和元)仲安が近衛家から革島南荘下司職に任じられたのが、革島氏の初見。南北朝期、幸政は室町幕府御家人となり、同荘地頭職をも兼ねた。戦国期には、田畑の買得や高利貸を行い、富裕な国人として活躍。本能寺の変で明智光秀に属したため、所領を失った。

かわしまじんべえ【川島甚兵衛】 1853.5.22～1910.5.5 明治期の京都の織物工人。初代上田屋(川島)甚兵衛の長子。朝鮮生糸の改良、川島式縮緬(ちりめん)の発明などを行って西陣織の発展に尽くし、三〇歳代で美術染織に専念した。一八八六年(明治一九)に渡欧し、主としてゴブラン織の研究にうちこみ、帰国後は日本の綴織(つづれおり)の改良を行う。九八年帝室技芸員となる。

かわしまたけよし【川島武宜】 1909.10.17～92.5.21 昭和期の民法・法社会学者。岐阜県出身。東大卒。東京帝国大学助教授をへて一九四五年(昭和二〇)同教授。法社会学の発展に寄与、第二次大戦後の民法改正にも影響を与え、また法社会学と法解釈学の関係も基礎づけた。日本法社会学会理事長。著書「日本社会の家族的構成」。「法社会学講座」一〇巻を編集。

かわしまなにわ【川島浪速】 1865.12.7～1949.6.14 明治～昭和期の大陸浪人。信濃国生れ。中国語を学び、日清戦争・義和団の乱に陸軍の通訳官として従軍。一九〇一年(明治三四)清朝の依頼により北京に警務学堂を創設、警察官養成にあたる。一二年(大正元)辛亥(しんがい)革命により清朝が滅ぶと、粛(しゅく)親王の旅順脱出に協力、同年の第一次、一六年の第二次満蒙独立運動を展開、満蒙の独立を主張し続けた。粛親王の王女顕玗(けんし)を養女として川島芳子と名乗らせた。

かわしまのみこ【川島皇子】 657～691.9.9 河島

皇子とも。天智天皇の皇子。母は忍海小竜(おしぬみのおたつ)の女色夫古娘(しこぶこのいらつめ)。天武天皇の子刑部(おさかべ)皇子とともに、六八一年(天武一〇)には「帝紀」および上古諸事の撰述を命じられ、六八五年には浄大参位を授けられた。「懐風藻」によると、六八六年(朱鳥元)の大津皇子の変は川島の告発に端を発したもので、川島が大津と朋友の契りを結びながら諌めることなく告発したことを非難されている。またこのとき三五歳と伝える。

かわしまよしこ【川島芳子】 1906.4.12～48.3.25 清朝王族粛親王善耆(しゅくしんのうぜんき)の第一四王女。中国名愛新覚羅顕玗(アイシンギョロけんし)。北京に生まれ、一九一三年(大正二)川島浪速(なにわ)の養女となる。清朝復興の夢を追い、満州事変・第一次上海事変・熱河侵攻の際の謀略活動に暗躍。男装の麗人・東洋のマタハリといわれた。四五年(昭和二〇)一一月国民政府に逮捕され、四八年三月銃殺。

かわしまよしゆき【川島義之】 1878.5.25～1945.9.8 大正～昭和前期の軍人。陸軍大将。愛媛県出身。陸軍士官学校(一〇期)・陸軍大学校卒。同大学校教官・作戦資材整備会議幹事長などをへて、一九二六年(昭和元)陸軍省人事局長。その後朝鮮軍司令官などを歴任。三五年相沢事件で辞任した林銑十郎のあとをうけ、中立派として岡田内閣の陸相に就任するが、翌年の二・二六事件に対応できず辞職、予備役に編入された。

かわじりひでたか【河尻秀隆】 1527～82.6.18 戦国期～織豊期の武将。父は親重。織田信長に仕え、黒母衣(くろほろ)衆として活躍。一五八〇年(天正八)安土城下に屋敷が与えられた。八二年織田信忠の軍目付として甲斐侵攻に従軍し、戦功で甲斐国府中城主となる。同年六月本能寺の変後、領内で勃発した武田遺臣や土豪による一揆で戦死。一揆勃発は徳川家康の陰謀によるともいわれる。

かわじりゅうこう【川路柳虹】 1888.7.9～1959.4.17 明治～昭和期の詩人・美術評論家。本名誠。東京都出身。東京美術学校卒。一九〇七年(明治四〇)口語自由詩の最初の試作「塵溜(はきだめ)」発表。一〇年口語自由詩をまとめた詩集「路傍の花」刊行。一八年(大正七)曙光詩社創立、詩誌「伴奏」「現代詩歌」「炬火(たいまつ)」「詩作」を主宰し、平戸廉吉(れんきち)・萩原恭次郎・村野四郎らを育成した。ヨーロッパの未来派やダダイズムなどの紹介に努め、現代詩や現代美術の展開に大きく寄与した。

かわせひではる【河瀬秀治】 1839.12.15～1928.4.2 幕末期の丹後宮津藩士、明治期の官僚政治家・実業家。丹後国生れ。戊辰(ぼしん)戦争の折、宮津藩の帰順に功労があり、維新後小菅県知事・印旛県令・群馬県令を歴任後、内務大丞となる。木戸孝允(たかよし)に近く、内外の博覧会行政などに活躍したが、農商務省の設置にともない下野し、実業界に転じた。日本美術や仏教の振興にも功績があった。

かわだいさお【河田烈】 1883.9.24～1963.9.27 大正・昭和期の官僚・政治家。東京都出身。東大卒。一九〇八年(明治四一)大蔵省に入省。税務監督局事務官・銀行局普通銀行課長・主計局長をへて、二九年(昭和四)大蔵次官。三四年岡田内閣の書記官長として在満機構改革問題を処理した。同年貴族院議員。四〇年第二次近衛内閣の蔵相に就任して統制経済を推進した。この間、東亜海運・台湾拓殖両社の社長を歴任した。第二次大戦後に公職追放となったが、解除後の五二年に対中華民国講和全権委員をつとめた。

かわだおうこう【川田甕江】 1830.6.13～96.2.2 幕末～明治期の儒者。名は剛。備中国生れ。藤森弘庵門。幕末、近江国大溝藩で「藤樹先生年譜」を編纂、また備中国松山藩の儒臣を勤めた。明治維新後は東京大学教授・貴族院議員・宮中顧問官などを歴任。朱子学を基本とし、その学は明・清諸家に及び、陽明学に通じ国学にわたった。文章家としても著名であった。東京学士会院会員。

かわたけしげとし【河竹繁俊】 1889.6.9～1967.11.15 大正・昭和期の演劇研究家。長野県出身。旧姓市村。早大・文芸協会演劇研究所卒。一九一一年(明治四四)坪内逍遥の斡旋で河竹黙阿弥の娘糸女の婿養子となる。二七年(昭和二)早稲田大学坪内博士記念演劇博物館の設立事務にあたり、のちに同館長・早稲田大学教授を歴任。「歌舞伎史の研究」「日本演劇全史」などの研究・著書を多く残した。文学博士・芸術院会員・文化功労者。

かわたけしんしち【河竹新七】 歌舞伎作者。江戸中期～明治期に三世を数える。初世(一七四七～九五)は俳名能進。明和～天明期の江戸で、主として初世中村仲蔵の脚本を書いた。代表作は「垣衣恋写絵(しのぶぐさこいのうつしえ)(忍売(しのぶうり))」。二世は河竹黙阿弥(もくあみ)の前名。三世(一八四二～一九〇一)は江戸神田生れ。本名菊川金太郎。俳名是水。前名初世竹柴金作。黙阿弥門下。一八七二年(明治五)立作者となり、以来東京の各劇場で活躍。草双紙・講談・落語などの脚色が多いが、作風は軽妙洒脱で機知にとみ、また速筆で知られた。代表作「籠釣瓶花街酔醒(かごつるべさとのえいざめ)」

かわたけもくあみ【河竹黙阿弥】 1816.2.3～93.1.22 幕末～明治期を代表する歌舞伎作者。江戸日本橋生れ。本名吉村芳三郎。俳名其水(きすい)。別号古河黙阿弥。一八三五年(天保六)五世鶴屋南北に入門。勝諺蔵(げんぞう)・柴晋輔(しんすけ)をへて四三年二世河竹新七を襲名し、立作者となる。安政～慶応期には四世市川小団次と提携して生世話物(きぜわもの)、ことに白浪物の名作をうみ、一方では歌舞伎の音楽演出を進展させた。明治期には唯一の大作者として活歴物・散切物(ざんぎりもの)・松羽目(まつばめ)物なども手がけ、八一年(明治一四)引退を表明、「もとのもくあみ」になる意味で黙阿弥と改名したが、実際は最晩年まで執筆を続けた。「最後の狂言作者」「江戸歌舞伎の大問屋」とよばれ、作品数三六〇余編。「黙阿弥全集」全二八巻。

かわだこいちろう【川田小一郎】 1836.8.24～96.11.7 明治期の実業家。もと高知藩士。明治政府成立後も藩内の勧業・鉱山・通商の諸事業を掌握し、岩崎弥太郎らと藩有汽船をもつ土佐商会を運営した。廃藩置県後、同商会が岩崎に譲渡され、三菱商会と改称されたのちも約二〇年間三菱の謀将として岩崎を助け、社運の隆盛発展に尽くした。一八八九年(明治二二)日本銀行総裁に就任。九〇年貴族院議員、九五年男爵。

かわだじゅん【川田順】 1882.1.15～1966.1.22 大正・昭和期の歌人。東京都出身。川田甕江の三男。東大卒。中学時代から歌誌「心の花」の新鋭として注目された。住友総本店に入社。一九三六年(昭和一一)に同理事を辞するまで実業界で活躍する一方、一九一八年(大正七)の「伎芸天」の浪漫調に始まり、二二年の「山海経」以降の叙景歌へと歌風を広げた。二四年には「日光」創刊に参画。五二年の「東帰」は「老いらくの恋」の語を流行させた恋歌を収める。「西行」「定本吉野朝の悲歌」など古典に関する研究も多い。

かわたしろう【河田嗣郎】 1883.4.22～1942.5.21 明治～昭和前期の経済学者。山口県出身。京大卒。国民新聞社、京都帝国大学講師をへて欧米に留学し、一九一八年(大正七)同大教授。研究は家族制度から婦人問題・労働問題・食糧問題と幅広く、政府の各種委員会でも活躍した。実証を重んじる学風で、自由主義的立場から社会主義にも一定の理解を示した。二八年(昭和三)京大退官後は大阪商科大学学長。著書「社会問題体系」全七巻、「社会政策原論」「国民経済学」。

かわちげんじ【河内源氏】 河内国を根拠地とした清和源氏の一流。河内守となった源満仲の三男頼信を祖とする。頼信・頼義・義家三代にわたり、平忠常の乱や前九年・後三年の役などの争乱を鎮圧、東国にも勢力をはり、武士の棟梁となった。義家の子義親は平正盛に討たれたが、孫の為義が養子となり跡を継いだ。その後、為義の孫にあたる頼朝が鎌倉幕府を創設。源氏の正統は三代将軍実朝で絶えたが、のち義家の三男義国の子孫が嫡流を称し、その系統から室町幕府を開いた足利氏が出た。義家の五男義時はその後も父祖の地に住み、義時の子義基は石川荘を本拠に石川氏を名のった。義時の孫義兼は源平争乱期に活躍。

かわちのあやうじ【西漢氏】 河(川)内漢氏とも。渡来系の氏族。大和国を本拠とする渡来系の有力氏族である東漢氏に対して、河内地方を本拠にして漢人・漢部を統率した氏族か。両氏の関係は不明だが、血縁関係はなかった可能性が高い。姓ははじめ直、六八三年(天武一二)九月に連、六八五年六月に忌寸を賜った。西文氏ら王仁の後裔氏族の総称が西漢氏であるとする見解もあるが、西漢氏の概念についてはまだ定説をみない。

かわちのだいじょういえしげ【河内大掾家重】 ?～1645 織豊期～江戸前期の能面作家。近江井関家の四代目で、天下一を称した。喜多古能の「仮面譜」(一七九七刊)によると、近江国から江戸に移った。名工であったが、のちに業をかえたため子孫に面打はいないという。遺品には江戸で制作され、額に寛永一六年(一六三九)の墨書銘をもつ曲見がある。

かわちのふみうじ【西文氏】 河(川)内文(書)氏とも。応神朝に百済から来朝したと伝える王仁を祖とする渡来系氏族。東漢氏の一族である東文氏に対して西文氏と称したか。西漢氏との関係は不詳。河内国古市郡を本拠とし、氏寺は西琳寺。姓ははじめ首、六八三年(天武一二)九月に連、六八五年六月に忌寸、七九一年(延暦一〇)四月に宿禰に改姓。「古語拾遺」によれば、雄略朝に東文氏とともに三蔵の簿を勘録。令制下でも両氏を中心とする東西史部の子弟は大学入学の対象とされた。

かわづすけやす【河津祐泰】 ?～1176.10.- 平安末期の武士。藤原南家流と称する工藤氏の一族。伊東祐親の子。祐通・祐重とも称する。通称河津三郎。工藤氏の本領である伊豆国伊東荘(現、静岡県伊東市)をめぐる父祐親と工藤祐経の対立がもとで、一一七六年(安元二)一〇月、伊豆奥野での巻狩の帰途、祐経の従者に射られまもなく絶命。遺児の曾我兄弟は九三年(建久四)父の敵である祐経を殺害した。

かわづすけゆき【河津祐之】 1849.4.8～94.7.12 明治期の官僚政治家・新聞人。三河国生れ。蕃書調所で箕作麟祥に英学を学ぶ。維新後、元老院書記官などをへて東京上等裁判所勅任検事・大阪控訴裁判所検事長を歴任。一八八三年(明治一六)「日本立憲政党新聞」主幹となる。のち官界に復し、九一年逓信次官。訳書「仏国革命史」。

かわつらぼんじ【川面凡児】 1862.4.1～1929.2.23 明治～昭和初期の宗教家・神道家。豊前国生れ。名は恒次、凡児は号。上京して新聞記者となる。はじめ仏教、のち神道に傾斜。一九〇六年(明治三九)に全神教趣大日本世界教を唱えて陵威会を創立。すべての神は一神に帰するとし、信仰は根本の一神を求め、その神との向上同化を期すると説いた。

かわてぶんじろう【川手文治郎】 1814.8.16～83.10.10 幕末～明治期の宗教家。教派神道の一派である金光教の教祖。旧姓香取、のち赤沢を名のる。生神金光大神と称する。備中国生れ。一八五五年(安政二)喉の重病にかかり、以後、元来陰陽師の暦神で俗信ではたたり神だった金神を守り神の天地金乃神として信仰するようになり、五九年一〇月二一日に立教する。六八年(明治元)に生神金光大神の神号を得る。戸長による布教差止めなど妨害をうけたが、現実生活に即した教えで農民層を中心に信者を獲得した。

かわなべきょうさい【河鍋暁斎】 1831.4.7～89.4.26 幕末～明治期の日本画家。下総国古河生れ。歌川国芳に浮世絵、のち狩野派の前村洞和・狩野洞白に学ぶ。師の没後、狂画や錦絵を描き始め狂斎と号する。維新後暁斎と改号。版本挿絵や絵本制作も多く、欧米でも高い支持を得た。一八八四年(明治一七)駿河台狩野派を継ぐため、あらためて狩野永悳に入門。大幅「地獄極楽図」など、狩野派を基礎にした優れた描写力で多様な画題を手がけた。版本に「暁斎画談」。

かわのべいっちょう【川之辺一朝】 1830.12.24～1910.9.5 江戸末～明治期の漆芸作家。江戸生れ。幸阿弥派の蒔絵師武井藤助に入門。幸阿弥系の伝統的な蒔絵の継承者として知られ、明治維新以降は、内外の展覧会に出展。農商務省・外務省などの依頼をうけて多数の作品を制作。帝室技芸員、東京美術学校教授。代表作は菊蒔絵螺鈿書棚(宮内庁蔵)。

かわばたぎょくしょう【川端玉章】 1842.3.8～1913.2.14 明治～大正期の日本画家。京都生れ。蒔絵師の子。名は滝之助。号はほかに敬亭、晩年は璋翁。円山派の中島来章、南画家小田海僊に師事。上京後は一時高橋由一に学び、円山派の写生に洋画の手法を融合させた画風を確立した。東京美術学校教授・古社寺保存会委員・帝室技芸員を歴任。第一回から文展審査員を務める。川端画学校を創設し、門下から平福百穂・結城素明らが輩出。代表作「墨堤春暁図」「桜花鶏図」。

かわばたけ【河鰭家】 藤原氏閑院流の滋野井庶流。羽林家。鎌倉前期、滋野井実国の次男公清に始まる。風早・八条・一条と称した時期もある。一五三六年(天文五)季富の死去により中絶。安居院僧正覚澄の子公虎が家を嗣ぐが、公虎は七五年(天正三)西洞院家を嗣いだため再度中絶。持明院基久の子基秀が江戸初期に再興。江戸時代の家禄ははじめ一〇〇石、のち一五〇石。神楽の家。維新後、実文のとき子爵。

かわばたどうき【川端道喜】 ?～1592.7.26 室町末～織豊期の京都の富商。餅・粽の製造販売をし、また京餅座の権利による役銭の徴収で富を築いたらしい。はじめ中村五郎左衛門と称し、渡辺綱の流れをひく渡辺家をつぎ、川端町に住んだので川端を姓とする。佐子上臈局の被官人として屋地子・商売諸公事役を免除される一方、式微の極にあった禁裏に毎朝供御の餅を献上した。御所築地修造の作事奉行を勤め、道喜門(工人の出入のために作った穴門)の名をとどめる。子孫も代々道喜を名のり、家業をついで現在に至る。

かわばたぼうしゃ【川端茅舎】 1897.8.17～1941.7.17 大正・昭和前期の俳人。本名信一。東京都出身。川端竜子の異母弟。岸田劉生に洋画を学びつつ句作に精進したが、大正末期に肺患を得て以後句作に専念。高浜虚子に師事し、後半生は闘病生活を送る。句集「華厳」。

かわばたやすなり【川端康成】 1899.6.14～1972.4.16 大正・昭和期の小説家。大阪府出身。幼時に両親・祖父ら肉親を次々に失った。一高を経て東大卒。一九二四年(大正一三)横光利一らと「文芸時代」を創刊し、新感覚派の一翼を担う。以降自己の資質に忠実な作家活動を続けた。第二次大戦後は日本ペンクラブの会長として国際ペン大会を東京で開催、六八年(昭和四三)ノーベル文学賞受賞。七二年ガス自殺。代表作「伊豆の踊子」「雪国」「千羽鶴」「山の音」。

かわばたりゅうし【川端竜子】 1885.6.6～1966.4.10 大正・昭和期の日本画家。和歌山県出身。本名昇太郎。白馬会絵画研究所・太平洋画会研究所で洋画を学ぶ。国民新聞社で挿絵を描いたが、一九一三年(大正二)渡米し、帰国後日本画に転向。一五年珊瑚会を結成。一七年日本美術院同人となるが、二八年(昭和三)脱退。翌年青竜社を創立し、会場芸術を標榜した。三五年帝国美術院会員(のち辞退)。五九年文化勲章受章。作品「霊泉由来」「潮騒」。

かわはらけいが【川原慶賀】 1786～? 江戸後期の長崎の画家。師承関係は不明だが、長崎派の中心画家である石崎融思の影響下にあったと考えられる。出島出入りの絵師として、一八二三年(文政六)来日した出島商館医師シーボルトの日本研究を補佐。その平明な写生画法により、日本の自然や風俗の正確な図像的記録を行った。二八年のシーボルト事件に連坐して入牢、四二年(天保一三)長崎から追放された。

かわはらもすけ【川原茂輔】 1859.9.-～1929.5.19 明治～昭和前期の政党政治家。肥前国松浦郡生れ。第二回総選挙で衆議院議員に当選、国民協会に所属。以後落選が続くが、一九〇二年(明治三五)衆議院議員に復帰し立憲政友会に所属。当選一一回。二四年(大正一三)政友本党結成に参画、幹部となったが、二七年(昭和二)立憲政友会に復帰。二九年衆議院議長。

かわひがしへきごとう【河東碧梧桐】 1873.2.26～1937.2.1 明治・大正期の俳人。愛媛県出身。本名秉五郎。松山中学時代に正岡子規から俳句の手ほどきをうけた。二高中退後、上京し、子規の俳句革新運動に参加し、「ホトトギス」の中心的存在となる。一九〇二年(明治三五)の子規没後は新聞「日本」の俳句選者。〇六年から国内各地を旅し、俳句の近代化のため新傾向俳句を広めた。のち自由律をも作句。与謝蕪村研究の著述も多い。紀行文集「三千里」。

かわべうじ【川辺氏】 河辺氏とも。武内宿禰の後裔氏族の一つで、蘇我氏の同族、蘇我石川宿禰の子孫という。はじめ臣姓で、六八四年(天武一三)朝臣姓を得た。本貫地は大和国十市郡川辺郷と河内国石川郡の川野辺の両説がある。蘇我氏の同族は大和から河内に進出し、両国に分布するものが多いから、川辺氏も本来は大和が本貫で、のち河内に進出したと思われる。「日本書紀」によれば、欽明朝に瓊缶が新羅征討軍の副将となり、推古朝には禰受が新羅征討副将軍、また河辺臣が安芸国に派遣され、造船用の良材を求めたとある。さらに孝徳朝に麻呂が遣唐大使、天智朝に百枝が百済救援の前将軍となるなど、一族は軍事・外交で活躍したが、奈良時代以後は衰えた。

かわべきよなが【河辺精長】 1601.12.6~88.8.29 江戸前期の伊勢大宮司。仁清の子。本姓は大中臣。初名は清長、喜左衛門と称した。幼少時に仏門に入り、慶順と名のったが、一三歳で還俗。一六五三年(承応二)大宮司に就任、従五位下に叙された。出口延佳に神道を学び、六三年(寛文三)以降、度会郡内の伊勢内宮・外宮の摂社の再興に努めた。著書「寛文摂社再興記」「伊勢祭主沙汰文」。

かわべていきち【河辺貞吉】 1864.6.26~1953.1.17 明治~昭和期の日本自由メソジスト教会牧師。筑前国生れ。一八八五年(明治一八)実業家をめざして渡米したが、八七年米国日本人美以(メソジスト・エピスコパル)教会で受洗して伝道者となる。九四年帰国ののち東京で伝道したが、分派のアメリカ・メソジスト教会の日本伝道に参加し、関西方面で伝道。日本自由メソジスト教会の基礎を築いた。

かわべのにえ【川辺瓊缶】 河辺とも。生没年不詳。六世紀後半の新羅討伐軍の副将。臣姓。「日本書紀」欽明二三年七月条によれば、瓊缶は大将軍紀男麻呂のもとで有利に新羅を攻め、さらにひとり転戦。新羅軍は白旗をあげて降伏の意志を示したが、兵法に無知な瓊缶はみずからも白旗をあげて進み、逆に敗北した。部下の信頼も失い、妻坂本臣の女甘美媛とともども捕らわれ、命乞いのため妻を敵将にさしだしたという。

かわむらかげあき【川村景明】 1850.2.26~1926.4.28 明治・大正期の陸軍軍人。鹿児島藩士出身。薩英戦争・戊辰戦争に従軍し、陸軍に入る。萩の乱・西南戦争に出征。日清戦争では近衛歩兵第一旅団長として台湾に出征し、日露戦争では第一〇師団長・鴨緑江軍司令官を歴任して戦い、一九〇五年(明治三八)一月大将に進む。戦後は軍事参議官・東京衛戍総督となり、子爵を授けられる。一五年(大正四)元帥。一九年から二六年まで在郷軍人会会長。

かわむらきよお【川村清雄】 1852.4.26~1934.5.16 明治~昭和前期の洋画家。江戸生れ。号は時童。はじめ日本画を、のち画学局で川上冬崖・高橋由一に洋画を学ぶ。一八七一年(明治四)法律研究のため渡米するが、画学に転向。パリに移り、さらにベネチア美術学校で学び八一年に帰国。明治美術会創立、巴会結成に参加し、日本画的傾向の強い油彩画を描いた。代表作「虫干図」。

かわむらし【河村氏】 中世相模国の豪族。藤原秀郷の子孫で、波多野遠義の子秀高が、河村郷(現、神奈川県山北町)を本拠として河村氏を称したのに始まる。秀高の子義秀は源頼朝に敵対したが、斬罪を免れ御家人となる。その弟秀清は奥州平定に従い軍功をたてた。南北朝期には、新田義興を河村城に迎えるなど、南朝方として戦った。戦国期、後北条氏に仕える。一族は陸奥・越後・甲斐などに広まった。

かわむらじゅうきち【川村重吉】 1575~1648.閏1.- 江戸初期の土木治水家。通称孫兵衛。長門国生れ。慶長年間伊達政宗に出仕。一六二三~二六年(元和九~寛永三)迫川・江合川を北上川に合流、北上川本流を石巻湾に南下させる河川改修事業を成功させた。この結果三川が合流していた仙北平野の開発が進んだ。また仙台藩米のほか盛岡・八戸藩米の川下しが開始され、内陸水路が整備されて河口港石巻が成立した。

かわむらずいけん【河村瑞賢】 1618.2.-~99.6.16 江戸前期の富商で、海運・治水に功労のあった事業家。伊勢国度会郡東宮村(現、三重県南島町)生れ。江戸にでて、車力や人夫頭をへて、材木屋、さらに土木建設業を営み、老中稲葉正則などと結んで幕府・諸侯の土木工事を請け負った。一六五七年(明暦三)の江戸大火に際し、木曾の山林を買い占め、焼け跡の普請をひきうけて巨利を得たという。七〇年(寛文一〇)には陸奥国信夫郡の幕領米の江戸運送を幕府から命じられて翌年成功(東廻航路)、七二年から出羽幕領米の江戸廻米のため西廻航路を改善した。また八四年(貞享元)から畿内の治水工事にあたり、晩年には鉱山の開発にもあたった。九八年(元禄一一)功により御家人に列した。

かわむらすみよし【川村純義】 1836.11.11~1904.8.12 明治期の海軍軍人。鹿児島藩士出身。長崎海軍伝習所で学び、戊辰戦争で各地を転戦。海軍創立時には兵部省・海軍省の中枢にあった。一八七七年西南戦争に参軍(海軍担当)として出征。一八七八年(明治一一)海軍卿となり、一時榎本武揚に譲ったほかは八五年までその職に留まり、伯爵。

のち宮中顧問官・枢密顧問官。死後大将に進級。

かわむらたけじ【川村竹治】 1871.7.17～1955.9.8 明治～昭和期の官僚政治家。秋田県出身。東大卒。逓信省の郵政部門で累進、内務省に移り和歌山・香川・青森の各県知事、警保局長などを歴任。内閣拓殖局長官・内務次官をへて一九二八年(昭和三)台湾総督。三二年犬養内閣の司法相に就任したが、五・一五事件で辞任。この間、長く貴族院勅選議員を務め、政友会系とみられた。

かわむらりんや【川村麟也】 1879.9.11～1947.10.31 大正・昭和期の病理学者。山梨県出身。東大卒。ツツガムシ病や類脂肪体を研究。慶応義塾大学教授・北里研究所部長を歴任。帝国学士院賞受賞。著書「恙虫病の研究」。

かわもとうのすけ【川本宇之介】 1888.7.13～1960.3.15 大正・昭和期の盲聾教育家。兵庫県出身。東大卒。東京市教育課、文部省普通学務局に勤務。一九二二年(大正一一)盲学校及聾唖学校令実施にむけて欧米に派遣され、口話法を学ぶ。帰国後は口話法の普及につとめ、東京聾唖学校、東京盲学校に勤務し、日本聾口話普及会の設立に尽力する。第二次大戦後は障害児教育の義務制実現に貢献した。著書「聾教育学精説」。

かわもとこうみん【川本幸民】 1810～71.6.1 江戸後期の蘭方医・蘭学者。名は裕、号は裕軒。家は代々摂津国三田藩九鬼氏の侍医。江戸へ出て足立長雋に蘭方医学を学ぶ。一八三四年(天保五)三田藩医となり翌年芝露月町に開業。五一年(嘉永四)岳父青地林宗の「気海観瀾」を拡充補足して「気海観瀾広義」初冊を出版、日本の物理学史上に地位を確立した。五六年(安政三)蕃書調所教授手伝、のち教授、精煉方教授兼任となった。この間の五七年鹿児島藩籍に入った。六二年(文久二)洋書調所教授職にかわり、幕臣に列する。六八年(明治元)辞職して帰郷。

かわもとはんすけ【川本半助】 瀬戸の世襲の陶工家系。家祖半助は宝暦年間に川本治兵衛とはかって朝日・夕日の両窯をおこし、四世半助は磁器窯に転じ、五世半助は名工として名高い。五世は天保年間にギヤマン石を粉砕して磁器原土に混入し、軟滑で光沢の美しい白磁と染付を作り、その功で尾張徳川家の御焼物師となる。名款は「半山」「山半」「真陶園」を書き捺印した。

かわらさきくにたろう【河原崎国太郎】 歌舞伎俳優。幕末期から五世を数える。五世(一九〇九～九〇)は本名松山太郎。東京都出身。洋画家でカフェ・プランタンの経営者松山省三の長男。一九二八年(昭和三)二世市川猿之助に入門し初舞台。三一年前進座の創立に参加。三二年五世国太郎を襲名。古風な女方として定評ある舞台をみせた。「切られお富」「お染の七役」などが当り役。

かわらさきごんのすけ【河原崎権之助】 ?～1690.7.22 江戸河原崎座の座元、歌舞伎俳優。屋号は山崎屋。筑前(一説に山城)国山崎出身で神職の子と伝える。河原崎座を創設、座元と立役の役者を兼ね、劇作もした。曾我物の続狂言の創始者といわれ、著書「舞曲扇林」を残す。大正期まで八世を数え、三世のとき森田座の控櫓となり、明治初年まで代々興行を行った。

かわらさきちょうじゅうろう【河原崎長十郎】 歌舞伎俳優。幕末から二世を数える。初世は九世市川団十郎の前名。二世(一九〇二～八一)は本名虎之助。東京都出身。八世河原崎権之助の子。一九〇五年(明治三八)初舞台、一三年(大正二)二世長十郎を襲名。三一年(昭和六)中村翫右衛門らと前進座を創立。第二次大戦後共産党への集団入党で話題となったが、六七年劇団内の思想対立から、翌年前進座を除名された。

かわらだかきち【河原田稼吉】 1886.1.13～1955.1.22 大正・昭和期の官僚・政治家。東京都出身。東大卒。内務省に入り、床次竹二郎内相秘書官、社会局労働部長、台湾総督府総務長官などをへて、一九三一年(昭和六)犬養内閣の内務次官に就任。三五年から協調会常務理事となり、産業報国運動を進めた。三七年林内閣の内相、三九年阿部内閣の文相を歴任。第二次大戦後は公職追放され、解除後に衆議院議員を二期務めた。

かんあみ【観阿弥】 1333～84.5.19 南北朝期の能役者・能作者。初代観世大夫でシテ方観世流の祖。実名清次。芸名観世、のちにこれが座名となる。観阿弥は擬法名観阿弥陀仏の略称。世阿弥の父。大和国の山田猿楽、美濃大夫の養子の三男で、通称三郎。大和猿楽四座の結崎座に属し、能役者の棟梁として大和国以外でも活動し、一三七五年(永和元・天授元)頃に京都今熊野の能で将軍足利義満に認められ、天下に名声を博した。この催しで、猿楽座本来の座衆である翁猿楽専門の芸人と能大夫の分離が決定的となり、芸能史上の画期とされる。広い芸域で観客を魅了し、能の音曲に革命をもたらした。能作者としても「自然居士」「四位少将(通小町)」などが知られる。八四年(至徳元・元中元)駿河国で客死。

かんい【寛意】 1054～1101.6.15 観音院僧都・宮僧都とも。平安後期の真言宗僧。敦貞親王の子。性信のもとで広沢流を受法、白河天皇の護持僧となる。一〇八六年(応徳三)性信の願をうけて高野山灌頂院を創建。同年権少僧都・円宗寺別当となる。翌々年の白河上皇の高野山行幸で、命により御影堂の扉を開いた。孔雀経法を修して験があったとされ、権大僧都・東寺二長者となる。九二年(寛治六)高野山往生院谷に隠棲し、遍照光院を中興。広沢流の華美を嫌い復古に努め、のち観音院流の祖とされた。

かんいん【寛印】 願蓮房・丹後先徳とも。生没年不詳。平安中期の天台宗僧。紀忠方の子。丹後国与謝郡出身。良源・源信に学んで学名高く、宮中・貴族の法会にしばしば列席、正暦年間に内供奉となった。源信の迎講創始にはじめ批判的だったがのちに帰依し、源信の教えを奉じて竜禅院流を形成。後年諸国を教化遍歴、丹後では天橋立に迎講を興し、皇慶の請により舎利講を行い、また大乗寺を再興した。著書「嘱累義」「授菩薩戒自誓受略式」。

かんいんのみや【閑院宮】 東山天皇の第六皇子直仁親王(秀宮)を祖とする宮家。世襲親王家の一つ。新井白石の進言と近衛基熙の周旋により、一七一〇年(宝永七)幕府は秀宮の宮家創設を認め所領一〇〇〇石を献じ、一八年(享保三)宮号が閑院宮と定まった。その後、五代愛仁親王に後嗣がなく、親王の母吉子を家主同格として三〇年間宮家を存続させた。一八七二年(明治五)伏見宮邦家親王の王子易宮が相続(のち載仁親王)。一九四七年(昭和二二)七代春仁王のとき皇籍を離脱して閑院家となった。

かんいんのみやことひとしんのう【閑院宮載仁親王】 1865.9.22~1945.5.20 明治~昭和前期の皇族・軍人。閑院宮第六代。伏見宮邦家親王の第一六王子。幼名易宮。一八七二年(明治五)閑院宮を相続し、七八年親王宣下があり、載仁の名をうける。七七年陸軍幼年学校入学、八二年から九一年までフランスに留学。日清・日露戦争に出征。第一・近衛師団長をへて一九一二年(大正元)大将・軍事参議官、一九年元帥府に列せられる。三一年(昭和六)荒木貞夫陸相のとき、軍部内の皇道派・統制派の抗争を抑えるため参謀総長に就任、四〇年まで務めた。

閑院宮家略系図 ①~⑦は当主代数

直仁親王①―典仁親王②┬美仁親王③―孝仁親王④―愛仁親王⑤＝載仁親王⑥―春仁王⑦
　　　　　　　　　　　└光格天皇

かんいんのみやすけひとしんのう【閑院宮典仁親王】 1733.2.27~94.7.6 閑院宮第二代。光格天皇の実父。初代直仁親王の第二王子。一七四三年(寛保三)親王宣下、四四年(延享元)元服し大宰権帥。八〇年(安永九)光格天皇即位により一品に特叙。八四年(天明四)終身米一〇〇〇俵を拝領。室は中御門天皇の皇女成子内親王。光格天皇が父親王の太上天皇号宣下を望んだが、幕府の反対で実現せず(尊号事件)、九〇年忌の一八八四年(明治一七)太上天皇号と慶光天皇の諡が追贈された。

かんいんのみやなおひとしんのう【閑院宮直仁親王】 1704.9.9~53.6.2 閑院宮初代。東山天皇の第六皇子。母は櫛笥隆賀の女新崇賢門院賀子。幼名秀宮。中御門天皇の同母弟で光格天皇の祖父。一七一〇年(宝永七)江戸幕府による天皇家の藩屏強化策などにより新家を創設、家領一〇〇〇石を拝領。一七年(享保二)新邸に移住。翌年閑院の称号と親王宣下をうけ元服。一九年二品に叙され近衛基熙の女脩子と結婚。二九年一品宣下。

かんおはるひで【神尾春央】 1687~1753.5.5 江戸中期の幕臣。父は下島為政。神尾春政の養子。若狭守。一七三七年(元文二)勘定奉行。老中松平乗邑のもとで年貢増徴策を推進。四二年(寛保二)の関東洪水では手伝普請・国役普請合体方式の河川復興工事を主管。四四年(延享元)東海道・五畿内・中国筋の検地におもむき、隠田摘発や有毛検見法を採用して徹底した増徴を行った。公家領検地が問題化し、松平乗邑失脚の一因となったが、神尾は没するまで在職。

かんおもとかつ【神尾元勝】 1589~1667.4.25 江戸初期の幕閣。町奉行。岡田元次の子。徳川家康の側室阿茶局の養子。通称内記。備前守。一六〇六年(慶長一一)家康に召し出され、同年将軍秀忠に拝謁し書院番となる。大坂の陣では秀忠に従軍し、一六年(元和二)家光付となり小姓組に列する。三〇年(寛永七)以降は使番・作事奉行・長崎奉行に転じ、三八年(寛永一五)から六一年(寛文元)まで町奉行を勤めた。

かんがんぎいん【寒巌義尹】 1217~1300.8.21 鎌倉中期の曹洞宗の僧。後鳥羽天皇(一説に順徳天皇)の皇子。はじめ比叡山で天台教学、ついで臨済禅を学んだが、一二四一年(仁治二)深草の道元のもとに参じた。五三年(建長五)入宋し、天童山の如浄についた。道元の死後帰国し懐奘の弟子となったが、六四年(文永元)再び入宋。三年後に帰国し、以後肥後に隠遁して如来寺を開き、八三年(弘安六)大慈寺の開山となった。

かんき【観規】 生没年不詳。「日本霊異記」下巻にみえる紀伊国名草郡の僧。仏像製作を日常の仕事とするが、世俗の面では農業を営んで妻子を養ったという。この期の地方仏師のあり方を物語っていると思われる。先祖がたてた弥勒寺の造仏を始めるが、七八二年(延暦元)に造仏半ばで没したため、よみがえってその完成を請願し、武蔵村主多利丸が完成させたという。

がんぎょう【元暁】 617~686 朝鮮の新羅の僧。俗姓薛氏。慶尚北道慈恩郡出身。二九歳で新羅皇竜寺に出家。六五〇年法相教学を学ぶため義湘とともに入唐を志したが、途中独悟を得て一人帰国。生涯特定の師をもたず戒律にもしばられない生活を送る。二〇〇余部の著作を残し、その華厳教学と法相教学を融合させた独自の学は法蔵にも影響を与えた。

がんぎょう【願暁】 ?～874.3.- 平安前期の学僧。元興寺の薬宝や大安寺の勤操から三論を学び、法相・密教にも精通。八四五年(承和一二)維摩会講師となり、翌年の延暦寺定心院落慶の際に職衆を勤めた。八六一年(貞観三)東大寺大仏御頭供養に宝樹一本を寄進し、八六四年に新設の法橋上人位に任じられた。弟子に聖宝・元興寺の隆海らがいる。著書「因明義骨」「大乗法門章」「内外万物縁起章」「金光明最勝王経玄枢」。

がんく【岸駒】 1749/56～1838.12.5 「きしこま」とも。江戸後期の画家で岸派の祖。姓が岸、名が駒。字は貴然、号は華陽・同功館・蘭斎など。加賀国金沢生れ。京都で南蘋派を学び、諸流派を折衷して表出性の強い画風を確立。多くの門人を擁し、覇気に富む画風で円山四条派に対抗した。自己顕示欲が激しかったともいわれる。一八〇九年(文化六)金沢藩主に招かれ金沢に戻る。虎の絵を数多く残している。

かんくう【寛空】 884～972.閏2.6 蓮台寺僧正・香隆寺僧正とも。平安中期の真言宗僧。俗姓文室氏。京都(河内国とも)出身。宇多法皇の侍童を勤め、のち出家して法皇および神日から受法。九四五年(天慶八)権律師となり、その後東寺長者、金剛峰寺座主、仁和寺別当・同法務を歴任し、九六四年(康保元)僧正となった。蓮台寺を開創し、九七一年(天禄二)諸職を辞してのち同寺の充実を図り、村上天皇御願の香隆寺とする。生涯に孔雀経法を八回修し、その法験で知られた。

かんけ【菅家】 ⇩菅原氏

かんけん【寛建】 生没年不詳。平安中期の興福寺僧。俗姓・出身不詳。九二六年(延長四)五台山巡礼を許され、菅原道真・紀長谷雄・橘広相・都良香の詩集九巻および小野道風の行書・草書各一巻を中国に流布させるため、翌年商船で渡海。以後の消息は不明だが、九八三年(永観元)入宋した奝然が洛陽で寛建の従僧超会に聞いた話では、建州の浴室で悶死したという。

かんげん【観賢】 854～925.6.11 般若寺僧正とも。平安中期の真言宗僧。俗姓秦氏(伴氏とも)。讃岐国出身。真雅のもとで出家受戒。聖宝に三論・真言両教学を学び、灌頂をうけた。九〇〇年(昌泰三)仁和寺別当となり、権律師・東寺長者・醍醐寺座主・金剛峰寺検校を歴任し、九二三年(延長元)権僧正となった。この間般若寺を創建。また奏請して空海に弘法大師の号を賜ったほか、空海請来の「三十帖冊子」を東寺経蔵に納めて代々真言宗長者の相承とするなど、東寺を核として宗の再編を行った。

かんざきよごろう【神崎与五郎】 1666～1703.2.4 一七〇二年(元禄一五)の赤穂事件で、吉良義央邸に討ち入った浪士の一人。名は則休。号は竹平。津山藩出仕ののち、赤穂藩主浅野長矩のもとで足軽徒目付、郡目付などを勤めた。藩主自刃、藩とりつぶし後、美作屋善兵衛と変名して江戸吉良邸付近の事情を探った。討入り後、岡崎藩上屋敷に預けられ、翌年幕命により自刃。

かんざんえげん【関山慧玄】 1277?～1360.12.12 鎌倉後期～南北朝期の禅僧。臨済宗大本山妙心寺の開山。諱は慧玄(もと慧眼)、字は関山。妙心寺派の派祖。信濃の高梨氏の出身。鎌倉建長寺、京都大徳寺で修行。一三二七年(嘉暦二)に大徳寺の宗峰妙超にあう。三〇年(元徳二)美濃国伊深に移る。その後、花園天皇が開創した京都妙心寺の開山となる。

がんさんだいし【元三大師】 ⇩良源

かんざんでんしち【幹山伝七】 1821～90.2.28 明治陶芸界の先駆者。尾張国瀬戸生れ。近江湖東焼に従事した。のち京都東山の清水産寧坂に円窯を築き、工業体制をしいて西洋風の磁器を手がけ、輸出に力を尽くした。技術では磁胎の七宝、磁胎に写真版の焼付などを開発し、京焼に新風を吹きこんだ。

がんしせい【顔思斉】 1588～1625 明末の海商。字は振泉。福建省生れ。平戸(現、長崎県平戸市)を拠点として、鄭芝竜らとともに日本・台湾近海で密貿易と略奪を行った。その存在については「台湾外記」に記されるのみで疑義もあるが、ヨーロッパ側史料に表れる中国人カピタン李旦とする説もある。

かんしつげんきつ【閑室元佶】 1548～1612.5.20/21 織豊期～江戸前期の臨済宗の僧。佶長老とよばれ、三要と号す。肥前国生れ。幼くして郷里の円通寺で出家。のち足利学校で玉崗瑞璵に学び、一五八七年(天正一五)足利学校の九代庠主となり、同校の中興に努めた。徳川家康の信任を得て、関ケ原の戦には家康の本営に参じ、陣中で占筮・講書を行い、その功により南禅寺住持、ついで伏見円光寺の開山となる。同寺で「孔子家語」ほか多数の儒書を刊行し、出版文化にも貢献。

かんしゅん【桓舜】 978～1057.9.9/10 月蔵房とも。平安中期の天台宗僧。備後守源致遠の子。天台座主慶円に学び、貞円・日助・遍救とともに比叡山の四傑と称された。一時世俗を嫌い伊豆に修行したがのち帰山。一〇一六年(長和五)藤原道長の法華三十講の講師となって以降、三五年(長元八)権律師、三九年

(長暦三)極楽寺座主、ついで法性寺座主となり、五四年(天喜二)権大僧都に至った。

かんじょ【寛助】 1057～1125.1.15　成就院大僧正・弁大僧正・法関白とも。平安後期の真言宗僧。右大弁源師賢の子。仁和寺経範の室に入り、性信入道親王から灌頂をうける。白河法皇の親任厚く、一〇九九年(康和元)権律師となって以降、遍照寺・仁和寺別当や護持僧、東寺長者・法務を歴任。一一一三年(永久元)鳥羽天皇病気平癒の修法の賞として、東寺結縁灌頂の小阿闍梨が僧綱に任じられる例を開く。その後も広隆寺・法勝寺・東大寺別当を歴任、二一年(保安二)大僧正に至った。

かんじん【寛信】 1084～1153.3.7　勧修寺法務とも。平安後期の真言宗僧。参議藤原為房の子。東大寺の覚樹に三論を学び、勧修寺の厳覚から小野流の奥義をうけた。一一一〇年(天永元)勧修寺別当となり、同寺法華八講の整備に尽力。南都三会已講の功により三四年(長承三)権少僧都、のち権大僧都に至る。東寺長者・法務、東大寺別当を歴任。のち東密勧修寺流の開祖とされ、事相に関する著作を多数残す。三論・華厳にも通じていたという。

がんじん【鑑真】 688?～763.5.6　中国唐代の高僧。日本律宗の開祖。揚州江陽県の出身。俗姓淳于。七〇一年出家し、七〇五年菩薩戒を、七〇八年長安にて具足戒をうける。淮南で戒律教授を重ね江淮の化主と仰がれた。七四二年日本の留学僧栄叡・普照の伝戒師招請の懇願を受諾したが、五度も渡航に失敗し、苦難のなかで失明。七五三年帰国の遣唐使船に乗り、六度目にようやく志をはたした。来日後は授戒伝律のことを一任され、東大寺戒壇院・唐招提寺を創建した。この間僧綱に任じられ、辞任後は大和上の尊号を授けられた。唐招提寺で入滅。伝に淡海三船撰「唐大和上東征伝」がある。入滅直前に作られた唐招提寺の鑑真和上像は、現存する日本最古の肖像彫刻。

がんしんけい【顔真卿】 709～785　中国唐代の政治家・能書家。字は清臣。官名から顔魯公・顔平原ともよばれる。唐朝の忠臣として名高い。書は篆書を基調とした筆法(顔法といわれる)によって新境地を開拓し尊重される。重厚な楷書による碑は他に例がないほど多く、筆跡も楷・行・草書にわたる。代表作「多宝塔碑」「麻姑仙壇記」などの碑や、行書の「祭姪文稿」「争坐位帖」。

かんぜかせつ【観世華雪】 1884.11.14～1959.1.6　大正・昭和期の能役者。シテ方観世流宗家の分家観世銕之丞家の六世。幼名織雄。東京都出身。五世銕之丞紅雪の長男。父および初世梅若実に師事。一九一〇年(明治四三)父の隠居後六世銕之丞清実を襲名、四七年(昭和二二)父の三七回忌に実弟で順養子の茂に家名を譲り華雪と改名。一九二一年(大正一〇)免状問題のこじれにより宗家から芸事上の交際を謝絶され、梅若流の樹立に参加したが、のち観世流に復帰。二五世宗家観世元正の後見役をつとめた。五一年芸術院賞受賞、五二年日本芸術院会員。

かんぜさこん【観世左近】 1895.12.18～1939.3.21　大正～昭和前期の能役者。シテ方観世流の二四世宗家。幼名清久、号は光雪。京都府出身。二二世宗家の観世清孝の三男観世元義(片山九郎三郎)の長男。一九〇七年(明治四〇)二三世宗家観世清廉の養嗣子となり、一一年清廉病没により二四世宗家を継承。のち元滋と改名、二七年(昭和二)左近を襲名した。華麗な気品ある芸風と政治的手腕で流儀を発展させ、能楽界全体の指導的な地位にあった。著書「能楽随想」。なお、左近は宗家の通り名として七～二五世まで一〇人が名のっている。

かんぜそうせつ【観世宗節】 1509～83.12.5　戦国期の能役者。シテ方観世流の七世観世大夫。本名三郎元忠。法名は一安斎宗節。六世元広(法名道見)の三男、母は金春禅鳳の女。「四座役者目録」によると、一四歳で父に死別、観世大夫を継いだので、観世長俊が指導・後見にあたったとある。京都で何度か勧進能を興行するが、一五七一年(元亀二)徳川家康を頼り浜松に下向して知遇を得る。後年、江戸幕府支配下での観世座の基礎を確立した。

かんぜただちか【観世身愛】 1566～1626.12.9　戦国期～江戸初期の能役者。シテ方観世流の九世観世大夫。八世元尚の嫡男。童名鬼若、初名与三郎照氏。号は暮閑・黒雪。一二歳で父に死別後、一八歳まで祖父の観世宗節の薫陶をうける。徳川家康の後援を得て、聚楽第跡での四日間の勧進能興行、南都興福寺神事猿楽の参勤免除など、徳川家お抱えの大夫として活動。「元和卯月本」の刊行に際してみずから底本の校訂・監修を行うなど、謡の普及にも積極的であった。

かんぜてつのじょうけ【観世銕之丞家】 能楽のシテ方観世流宗家の分家。一四世宗家観世織部清親の次男清尚に始まる。清尚の兄は一五世観世大夫の元章。宗家に嗣子のない場合に宗家を継ぎ、宗家が幼少の場合には後見役を勤める家柄。清尚も兄の没後、一六世を継いだ章学がすぐに隠居したので本家を相続し、一七世観世大夫となる。銕之丞家は現在で八代を数え、七世銕之丞雅雪の三男静夫が継承している。

かんぜながとし【観世長俊】 1488～1541　戦国期の能役者・能作者。観世信光の嫡男。通称弥次郎。観世座のワキの名手で、坂戸四郎権守と称した金剛四郎に師事し、成人後、六世観世大夫元広(法名道見)のワキ方となる。幼少の七世観世大夫元忠(宗節)の指導と後見をして養育した。長俊筆録という「能本作者註文」によれば、能作者として「江島」「大社」「正尊」「輪蔵」など二五曲の作品をあげている。

かんぜのぶみつ【観世信光】 1435/50～1516.7.7 室町時代の観世座の大鼓方役者・能作者。音阿弥の第七子。通称小次郎。興福寺衆徒から権守に任じられ、次郎権守と称する。法名太雅宗松。若年より大鼓の名手で知られ、四代の観世大夫早世時に若年の大夫の後見を勤め、応仁・文明の乱後の混乱期によく座をもりたてた。能作者として能楽史上有数の業績を残し、「玉井」「皇帝」「張良」「舟弁慶」「紅葉狩」「羅生門」など壮観・華麗な作風が有名だが、晩年の「胡蝶」「遊行柳」など幽玄美に新境地を開いた作品もある。当時広く知られた連句連歌の教養を下敷にしたすぐれた文芸性に裏打ちされ、素材・構成・扮装・作り物・舞事・間狂言など、すべてに優美と華麗を追究した作風は、戦乱期の広い観客層に支持された。

かんぜもとあきら【観世元章】 1722～74.1.18 江戸中期の能役者。シテ方観世流の一五世観世大夫。幼名三十郎。一四世清親の子。一七四七年(延享四)家督を相続。将軍徳川家重・家治二代の能指南役となり、五〇年(寛延三)江戸筋違橋門外で晴天一五日間の勧進能を興行。六五年(明和二)には田安宗武や賀茂真淵らの国学者の助力を得て、謡曲文の改訂、演出法の変更、曲目の増廃などを施した「明和改正謡本」を出版したが、国学的な度合いが強すぎ、元章没後ただちに廃止された。

かんぜもときよ【観世元清】 ⇨世阿弥

かんぜもとしげ【観世元重】 ⇨音阿弥

かんぜもとまさ【観世元雅】 ?～1432.8.1 室町中期の観世座の能役者・能作者。世阿弥の子で、「申楽談儀」編者の七郎元能とは兄弟。通称十郎、実名元雅。父の出家後、観世大夫となり活躍するが、将軍足利義教は元雅の従兄弟音阿弥元重を重用し、世阿弥父子を圧迫した。元雅は苦境の中で父に先立ち伊勢国の津で客死、三〇代の早世だった。法名善春。「風姿花伝」などの伝書を元雅に相伝した世阿弥は、追悼文「夢跡一紙」を著し、「子ながらもたぐひなき達人」「祖父にもこえたる堪能」と評した。若年より世阿弥の薫陶をうけて能作を行い、「隅田川」「弱法師」「歌占」などに新傾向の作風を樹立。世阿弥晩年の作風に影響をうけつつ、遊舞主体の能をこえようとした。独自の悲劇的色彩が光る。

かんだしげる【神田茂】 1894.2.21～1974.7.29 昭和期の天文学者。大阪府出身。東大卒。東京天文台で「理科年表」の編集に長くたずさわる。日本の古記録から天文記事を抜きだし、「日本天文史料」などを編纂。横浜国立大学教授。日本天文研究会を創設。アマチュア天文家の指導にも尽力した。

かんだたかひら【神田孝平】 1830.9.15～98.7.5 幕末～明治期の啓蒙思想家・官僚。美濃国生れ。名は孟恪。当初儒学を学んだが、ペリー来航を機に蘭学に転じ、一八六二年(文久二)蕃書調所教授出役、六八年(明治元)開成所頭取となり、その後は新政府に出仕、明六社同人にも名を連ねた。明治初年に「税法改革ノ儀」「田租改革建議」を提出し、地租改正に大きな影響を与えた。兵庫県令・元老院議官・貴族院議員などを歴任。

かんだないぶ【神田乃武】 1857.2.27～1923.12.30 明治・大正期の英語教育家。江戸生れ。蘭学者神田孝平の養子。開成所、大坂の緒方塾で学ぶ。一八七一年(明治四)森有礼に従ってアメリカに留学し、アマースト大学在学中にキリスト教に入信。七九年帰国。東京大学教授、東京高等商業教授、東京外国語学校校長を歴任。編集した中等学校英語教科書は広く使用され、中等教員英語科検定委員を務めるなど英語教育に多大な貢献をした。

かんだはくざん【神田伯山】 ?～1873.10.4 江戸後期の講釈師。武蔵国川崎出身。本名斎藤定吉。初代神田伯竜の門人。「大岡政談」のうち「天一坊」を得意としたので天一坊の伯山といわれて人気。高座に上がる際にも脇差を携え、後ろの刀掛けにかけて口演したという。門弟は八二人を数え、大阪の神田伯竜、二代神田伯山ら逸材が輩出。芸名は昭和期まで五代を数える。

かんだはくりゅう【神田伯竜】 講釈師。江戸後期から六代を数える。初代は神田派の祖。五代(一八九〇～一九四九)は東京都出身。本名戸塚岩太郎。三代神田伯山の門人。伯星・伯梅・五山をへて伯竜を襲名。一立斎文慶の影響をうける。大正期から第二次大戦後まで活躍、世話講談にすぐれ名人といわれた。六代は弟子の伯治が襲名し現役。大阪にもこの名跡がある。

かんだらいぞう【神田鐳蔵】 1872.8.29～1934.12.8 明治～昭和前期の証券業者・実業家。愛知県出身。一八九三年(明治二六)名古屋株式取引所開設時に仲買人として巨万の財を得る。九九年に上京後、紅葉屋をおこしてもっぱら有価証券仲介業を営む。ロンドン・パリ市場での外債引受に成功するなど、日本の株式・公社債市場の発展に貢献した。一九一一年に紅葉屋銀行(一八年神田銀行に改称)を創業して証券金融に進出したが、昭和初頭の金融恐慌で大打撃をうけた。

かんち【寒雉】 ⇨宮崎寒雉

かんちゃざん【菅茶山】 1748.2.2～1827.8.13 江戸後期の儒者・詩人。名は晋帥、字は礼卿、通称太仲(太中)。備後国生れ。京都の那波魯堂に朱子学を学んで帰郷、一七八一年(天明元)頃、神辺に私塾黄葉夕陽村舎を開塾。塾は九六年福山藩の郷学と認められて廉塾と称し、一八〇一年(享和元)から福山藩儒官の待遇をうけ、藩校弘道館にも出講した。化政期の代表的詩人として広く知られ、山陽道往来の文人の多くは廉塾を訪ねたという。著書「黄葉夕陽村舎詩」。

かんちょう【寛朝】 916〜998.6.12 遍照寺僧正・広沢御房とも。平安中期の真言宗僧。敦実親王の子。祖父宇多法皇のもとで出家し、寛空から灌頂をうける。仁和寺・西寺・東大寺の別当、権律師、法務、東寺長者に任じられ、九八六年(寛和二)大僧正に至る。この間、円融天皇受戒の戒和尚も勤めた。九八九年(永祚元)花山天皇の命で広沢池畔に遍照寺を創建。事相・教相に詳しく「金剛界次第」「不動次第」などの著作を残した。また「理趣経」読誦の音調を整備するなど声明に通じ、東密声明の中興の祖とされた。

かんてい【桓帝】 132〜167.12.- 後漢第一一代の皇帝劉志(在位一四六〜一六七)。一五九年に権勢をふるっていた外戚梁氏を宦官とはかって滅ぼした。しかしその後は宦官がはびこり、一六六年にはこれに反対する清議派を弾圧する党錮の禁があり、天災もあいついだ。羌族の反乱や鮮卑・烏桓ら異民族の侵入も激しくなり、在位中に後漢の退勢は強まった。

かんてんじゅ【韓天寿】 1727〜95.3.23 江戸中期の文人。本姓は青木氏であるが、青木氏の祖は馬韓の余璋王であると主張して韓と名のった。名は天寿、字は大年、号は酔晋斎。京都生れ。書・画・篆刻をよくした。松下烏石に明の文徴明風の書を学んだが、のち王羲之の書に傾倒し、みずからの書風確立の基盤とした。法帖復刻に専心し、「古帖集覧」「六書討原」などを残した。

カンドー Sauveur Antoine Candau 1897.5.29〜1955.9.28 パリ外国宣教会司祭。一九二五年(大正一四)宣教師として来日。翌年関口神学校校長、のち東京公教大神学校校長。第二次大戦に従軍し重傷を負う。四八年(昭和二三)再来日。日本語に堪能で、文筆活動、信徒の世話などに従事したが、東京で病死。

かんどぶんざえもん【神戸分左衛門】 ?〜1712.11.20 江戸中期の名古屋の材木商人。神戸弥左衛門家の出身。一六六九年(寛文九)に名古屋元材木町に犬山屋を開店。木曾材伐出しや木曾川の舟・筏支配に関する本家の地位を背景とし、現地の仕出元締への資金前貸や藩の保護によって経営を発展させた。晩年は新田地主経営に着目し、大宝前新田(神戸新田とも。現、愛知県十四山村)などを開発・経営した。

かんどやざえもん【神戸弥左衛門】 近世初頭、木曾川犬山湊(現、愛知県犬山市)の船・筏の支配を行った家。初代政元が一五九六年(慶長元)犬山城主石河光吉から流送権をえたのに始まり、慶長年間には木曾川筏の権利の半分を得、飛驒・木曾山の出材の元締を兼ねた。一六一五年(元和元)名古屋藩主徳川義直に木曾山が加封されてから出材統制が強化され、家業は衰退した。

ガントレットつね【ガントレット恒】 1873.10.26〜1953.11.29 明治〜昭和期の社会事業家・婦人運動家。愛知県出身。旧姓山田。作曲家山田耕筰の実姉。女子学院卒。前橋共愛女学校・東京女子大学・自由学園などで教鞭をとる。一八九八年(明治三一)イギリス人エドワード・ガントレットと結婚してイギリス籍を取得したが、のち夫婦で日本に帰化して岸登恒とも称した。廃娼運動にとりくみ婦人参政権協会設立に尽力。日本キリスト教婦人矯風会会頭・汎太平洋婦人会議議長を歴任。

かんなびのたねまつ【神奈備種松】 「宇津保物語」吹上巻に登場する長者。紀伊国牟婁郡に住み、「限なき宝の王」で国の掾の官をもち、吹上巻の主人公源涼の外祖父という設定。一万〜二万町の田をもち、二〇万〜三〇万疋の綾・秘錦をも収取でき、家は二〇町もの直営田に囲まれる。築地をめぐらした八町四方の屋敷内には一六〇もの倉や政所・御厩・牛屋・大炊殿・酒殿・作物所・染殿・神殿などが建ち並び、多くの使用人が働くという富豪ぶりが描かれる。

かんなりマツ【金成マツ】 1875.11.10〜1961.4.5 明治〜昭和期のアイヌ文学伝承者、キリスト教(聖公会)伝道師。アイヌ名イメカノ。北海道幌別村(現、登別市)に生まれ、J・バチェラーの知遇をえて函館の伝道師養成学校に学ぶ。ユーカラの伝承者としてすぐれ、みずからローマ字で筆録した。その一部は金田一京助が訳注を付し「アイヌ叙事詩ユーカラ集」にまとめられた。知里幸恵・真志保姉弟の伯母。一九五六年(昭和三一)紫綬褒章受章。

かんのスガ【管野スガ】 1881.6.7〜1911.1.25 明治期の初期社会主義者。大阪府出身(「寒村自伝」による)。東京で結婚するがまもなく離婚、大阪で記者となり社会主義に接する。平民社に参加し、一九〇六年(明治三九)堺利彦の紹介で牟婁新報社に入社。荒畑寒村と知り合い、結婚。二人は赤旗事件で起訴されるが、荒畑のみ有罪服役。幸徳秋水の思想に共鳴して同棲し、「自由思想」の発行に協力。宮下太吉が幸徳を訪問し、天皇暗殺計画(大逆事件)をのべた際に同意したことから、大逆罪で処刑された。

かんのはちろう【菅野八郎】 1810.8.5〜88.1.2 陸奥国伊達郡金原田村の名主の子。一八五四年(安政元)ペリー再来航の際、海防策を箱訴し、安政の大獄では水戸派の一員として逮捕され、五九

〜六四年(安政六〜元治元)八丈島に流罪となった。のち勤労と政治活動のなかで信と孝を中心とした独自の思想を発展させ、いくつかの著述も残した。六六年(慶応二)陸奥国信夫・伊達両郡におきた信達一揆の頭取として瓦版に記載されたが、自身はそれを否定している。

かんのみちあき【簡野道明】 1865〜1938.2.11 明治〜昭和前期の漢学者。号は虚舟。伊予国吉田藩士の子として江戸に生まれる。東京高等師範卒。一九〇二年(明治三五)東京女子高等師範教授。一四年(大正三)同校退任後は著述に専念し、また一七年中国・朝鮮に遊んで古書を研究。漢和辞典の「字源」は二〇年を費した大著。

かんばやしあかつき【上林暁】 1902.10.6〜80.8.28 昭和期の小説家。本名徳広巌城。高知県出身。東大卒。「欅日記」「薔薇盗人」で認められ文筆に専念、やがて私小説に傾く。一九三九年(昭和一四)妻が精神病を発病。以後長期にわたる看護生活のかたわら執筆した「聖ヨハネ病院にて」など、愛情を傾けつつも感傷を排した病妻ものは深い感動をよんだ。

かんばらありあけ【蒲原有明】 1875.3.15〜1952.2.3 明治期の詩人。東京都出身。本名隼雄。幼時の家庭事情から孤独にすごし、小学生の頃から新体詩に親しむ。訳詩集「於母影」や北村透谷の詩に感動し、島崎藤村の「若菜集」に影響をうけて、一九〇二年(明治三五)第一詩集「草わかば」を刊行。浪漫的な詩風だったが、のち「春鳥集」「有明集」で薄田泣菫と並ぶ日本の象徴詩の泰斗となり、観念の象徴的表現に特色を発揮した。随筆集「飛雲抄」、自伝「夢は呼び交す」。

カンファイス Johannes Camphuijs 1634.7.18/35.7.14〜95.7.18 江戸前期の長崎オランダ商館長・東インド総督。オランダ生れ。東インド会社に入り、一六五四年バタビアに来着。七一〜七六年(寛文一一〜延宝四)に三回にわたり商館長を勤め、この間に三度江戸へ参府。その後インド評議会参事をへて八四〜九一年東インド総督在任。九五年バタビアで没。著書「バタビア創立史」。日本文化に関心が深く、ケンペルの「日本誌」に影響を与えたともいわれる。

かんぺん【寛遍】 1100〜66.6.30 尊勝院大僧正・忍辱山大僧正とも。平安後期の真言宗僧。大納言源師忠の子。山城国円教寺の寛蓮のもとで出家、寛助に灌頂をうけた。のち大和国忍辱山円成寺を再興、一字金輪法を日課とした。広隆寺別当、東寺長者・法務、東大寺別当、仁和寺別当、円教寺別当を歴任し、一一六一年(応保元)大僧正に至る。この間、高野山大塔落慶供養の導師を勤め、尊寿院を創建し、美福門院寄進の「御手印縁起」を同山に施入。事相に優れ、のち忍辱山流の祖とされる。

かんまさとも【菅政友】 1824.1.14〜97.10.22 姓は「すが」とも。幕末〜明治期の歴史学者。松太郎・亮之介などと称し、号は桜廬。父は常陸国水戸の町医者。政友も医術を学んで開業したが、一八四三年(天保一四)水戸藩の郷校暇修館の主事に任じられ、さらに水戸彰考館員となって「大日本史」の編集に関与。七三年(明治六)石上神社大宮司となり、同社の禁足地を発掘。同地から神剣・玉などが出土。「古事記年紀考」「任那考」の論文がある。

かんむてんのう【桓武天皇】 737〜806.3.17 在位781.4.3〜806.3.17 日本根子皇統弥照天皇と称する。光仁天皇の皇子。母は和乙継の女高野新笠。山部王と称し、光仁即位ののち親王号を与えられた。七七二年(宝亀三)異母弟の皇太子他戸親王が母の皇后井上内親王とともに廃されると、翌年立太子し、七八一年(天応元)天皇の譲位をうけて即位した。同母弟の早良親王を皇太子としたが、七八五年(延暦四)藤原種継暗殺事件にかかわってこれを廃し、子の安殿親王(平城天皇)を皇太子とした。七八四年には長岡京、七九四年には平安京への遷都を行って政治の局面の転換をはかり、強大な皇権を確立した。地方政治の刷新を行い、また蝦夷の征討を行って東北地方の支配を固めた。

かんむへいし【桓武平氏】 桓武天皇から出た平氏の一族。第五皇子葛原親王の系統の高棟王の流と高望流が最も栄えた。親王の子高棟王の一流は公家として発展し、子孫から烏丸・安居院・西洞院などの諸家がわかれた。一方高望流は武家として繁栄。葛原親王の孫で、高見王の子平高望は上総介となって関東に下向し土着。子孫から北条・千葉・上総・秩父・三浦・土肥・大庭・梶原などの坂東平氏の各流がうまれた。さらに坂東平氏の一部が伊勢国に進出し、伊勢平氏となった。伊勢平氏の正盛・忠盛・清盛の三代は院に登用されて中央政界に進出。清盛のとき全盛を築いたが、源氏に滅ぼされ、清盛の弟頼盛流のみが宮廷貴族として残った。坂東平氏は前九年・後三年の役以来源氏と関係が深く、鎌倉幕府の有力御家人となった者が多い。●●次頁

かんろく【観勒】 生没年不詳。百済の僧。六〇二年(推古一〇)来朝し、暦本・天文地理書・遁甲方術書を献上。このとき陽胡史の祖玉陳に暦法を、大友村主高聡に天文遁甲を、山背臣日立に方術を学ばせた。六二四年、ある僧が祖父を殴殺したため、天皇は諸寺の僧尼も罰せんとしたが、観勒が上表して悪逆僧以外の赦免を請い許された。これを機に僧尼統制のため僧正・僧都の僧官が設置され、観勒は僧正に任命された。三論宗の学匠で成実宗にも通じた。

かんろじけ【甘露寺家】 藤原氏勧修寺流の

嫡流。名家(めいか)。笛・儒道の家。平安中期、藤原高藤の曾孫為輔(ためすけ)が建立した甘露寺にちなみ、甘露寺を号したのに始まる。子孫は勧修寺・吉田・坊城を号し、とくに「吉記(きっき)」の記主経房以後数代は吉田を号したが、南北朝期の藤長(ふじなが)以来甘露寺が家号となる。故実に精通していた室町時代の親長(ちかなが)・元長父子は有名。江戸時代の家禄は二〇〇石。方長・国長は議奏・武家伝奏を歴任。維新後、義長のとき伯爵。

かんろじちかなが【甘露寺親長】 1424~1500.8.7 室町中期の公卿。父は房長。一四四三年(嘉吉三)の禁闕(きんけつ)の変に際し、太刀を抜いて凶徒を打ち払い、後花園天皇を守った。翌年右少弁。五〇年(宝徳二)蔵人頭。五二年(享徳元)参議。翌年権中納言。六五年(寛正六)辞職。九二年(明応元)権大納言に任じられたが、翌年辞して出家、法名蓮空。日記「親長卿記」。

きあみ【亀阿弥】 亀夜叉(かめやしゃ)・亀阿・亀阿弥陀仏・喜阿とも。生没年不詳。南北朝期の田楽役者・能作者。観阿弥とほぼ同世代と考えられる。音曲は日吉(えひ)座の牛太夫に似せたといわれ、世阿弥は「申楽談儀(さるがくだんぎ)」で彼を「音曲の先祖」とし、高く評価する。「五音」には亀阿作として「汐汲」「女郎花(おみなめし)」「禿高野(かむろこうや)」「熱田」「草取り歌」をあげる。

キアラ Giuseppe Chiara 1602~85.7.25 イタリアのシチリア島生れのイエズス会士。転びバテレン。一六四三年(寛永二〇)一行一〇人で筑前に潜入したが捕らえられ、長崎をへて江戸に送られた。江戸での詮議には将軍徳川家光も臨席。棄教し、岡本三右衛門という日本名と妻、扶持を与えられ、キリシタン屋敷に四二年間収容された。宗門改役(あらためやく)井上政重の配下としてキリシタン禁制政策に協力、幕府関係者にキリスト教の教理などについて情報を提供した。江戸で没。

きあんもんいん【徽安門院】 1318~58.4.2 光厳(こうごん)天皇の妃。花園天皇の第二皇女。名は寿子。母は藤原実明の女宣光門院実子。一三三七年(建武四・延元二)二月三日内親王、同七日院号宣下

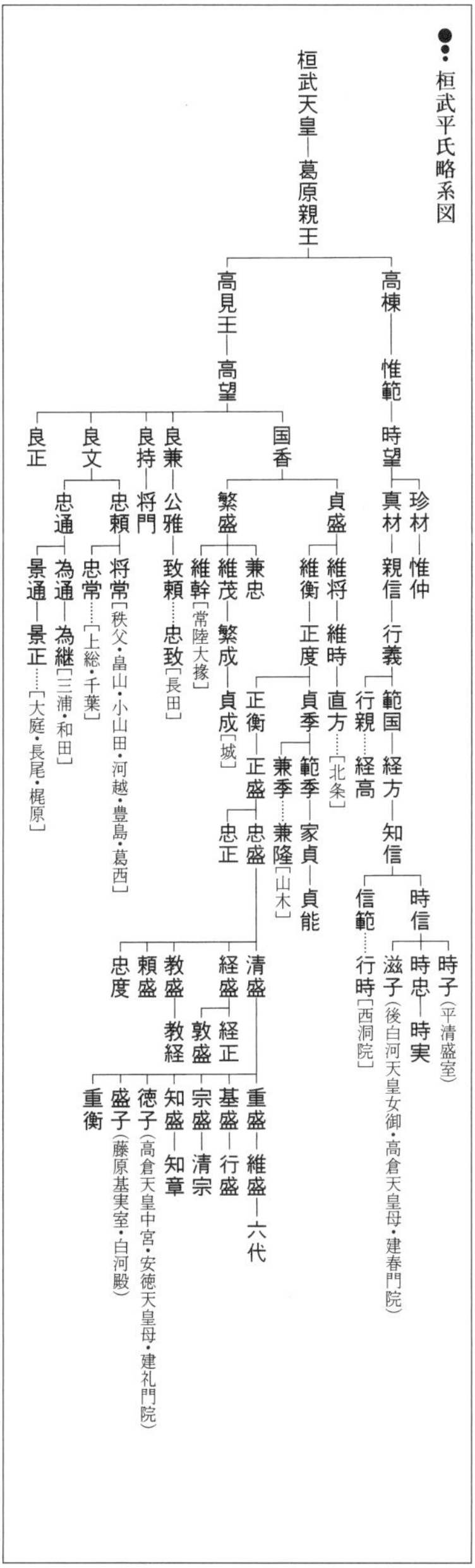

とするが、「竹むきが記」は四一年(暦応四・興国二)四月という。後期京極派歌壇の中心人物で、四三年(康永二・興国四)「院六首歌合」「光厳院三十六番歌合」などに新大納言の隠名で参加、周辺の徽安門院一条・徽安門院小宰相・花園院一条・実明女とともに一時代を開いた。「風雅集」「新千載集」に入集。

きいちほうげん【鬼一法眼】 義経伝説に登場する人物。平安後期の陰陽師。吉岡鬼一法眼のことで、鬼次郎・鬼三太の三兄弟の一人。「義経記」に材を得た浄瑠璃「鬼一法眼三略巻」によって広く知られる。三段「菊畑」は兵法の秘書を奪うため、ときに平家方にある鬼一法眼のもとに鬼三太と牛若丸(義経)が中間奉公として入りこむ設定をとる。源氏の英雄譚に付随する武勇にたけた伝承の人物の一人。

きいつ【紀逸】 1695~1762.5.8 江戸中期の俳人・雑俳点者。慶氏。本名は椎名件人。別号は四時庵など。江戸の人。家業は御用鋳物師。俳諧を不角・白峰・祇空に学び、一七三五~五三年(享保二〇~宝暦三)歳旦帖「平河文庫」を編む。四〇年(元文五)江戸座宗匠として点者活動に入る。五〇年(寛延三)高点句集「武玉川」初編を刊行、六一年一五編に及ぶ。雑俳流行の先導者である。編著「雑話抄」「黄昏日記」。

ぎいん【義尹】 ⇨寒巌義尹

ぎいん【義淵】 ⇨義淵

きうじ【紀氏】 ㊀紀伊国の有力豪族。姓は直。始祖は宇豆比古または菟道彦とする。本拠地は紀伊国名草郡で、紀国造として日前国懸神宮をつかさどり、国造交替時には上京することが義務づけられていた。海部を支配下にくみこみ、海上交通に活躍した。

㊁古代の中央豪族。姓は臣、六八四年(天武一三)の八色の姓制定時に朝臣となる。始祖は孝元天皇の孫、あるいは曾孫にあたる武内宿禰とその子紀角宿禰とされる。外征にかかわって勢力を拡大し、七~八世紀に麻呂・飯麻呂など上級官人をだす。光仁朝では外戚として大納言に古佐美・船守、参議に広庭・家守・勝長らを輩出。八六六年(貞観八)の応天門の変で失脚し、その後は「古今集」撰者の貫之・友則らの文人を輩出するにとどまった。

●紀氏㊁略系図

大人┬麻呂─┬男人──家守
　　│　　　├宇美──広純──吉継
　　│　　　└宿奈麻呂─古佐美─広浜─善岑┬夏井
　　│　　　　　　　　　　　　　　　　　└豊城
　　└古麻呂─飯麻呂

麻呂┬広名─真人─国守─貞範─長谷雄┬淑望
　　│　　　　　　　　　　　　　└淑人
　　└広庭

猿取─船守─勝長┬興道─本道┬有友(有朋)──友則
　　　　　　　　│　　　　　└望行──貫之┬時文
　　　　　　　　│　　　　　　　　　　　└女子
　　　　　　　　└名虎┬有常─女子(在原業平室)
　　　　　　　　　　　├種子(仁明天皇妃)
　　　　　　　　　　　└静子(文徳天皇妃・惟喬親王母)

きうちきはち【木内喜八】 1827~1902.8.19 幕末~明治期の木工芸作家。江戸生れ。幼名は友吉、代々喜八を名のる。梅里道人と称した。琴師二世重元平八に師事し、寄木細工・鼈甲細工・象嵌法を学び、のち幕府の小銃台師棟梁となる。明治期に入り、正倉院宝物や古典木工の研究模作を行う。その技は嗣子の半古、孫の省古にうけつがれた。

きうちせきてい【木内石亭】 1724.12.1~1808.3.11 姓は「きのうち」とも。江戸中・後期の愛石家。名は重暁、通称は幾六のち小繁、石亭は号。近江国坂本生れ。同国山田村の木内氏の養子。一一歳で奇石を愛し、のち京都の津島如蘭に入門し本草学を学ぶ。諸国を旅して奇石を採集、また木村蒹葭堂や谷川士清らを友とし奇石の研究に励む。奇石会を作り、弄石ブームをおこしその指導者となった。著書「雲根志」「曲玉問答」「奇石産誌」。

ぎえん【義円】 1155~81.3.10 平安末期の僧。幼名は乙若。はじめ円成、のち義円と改める。卿君と称する。源義朝と常盤の子。阿野全成・源義経は同母兄弟。平治の乱後、母とともに平家に捕らえられるが、処刑は免れ八条宮円恵法親王の坊官となる。一一八〇年(治承四)兄源頼朝が挙兵すると関東に下り、翌年三月叔父源行家とともに尾張国墨俣川で平家軍を迎撃するが敗死。

ぎえん【義淵】 ?~728.10.20 「ぎいん」とも。奈良時代の法相宗僧。俗姓市往氏(「扶桑略記」では大和国高市郡の人で阿刀氏)。父母が多年観音に祈願して授かり、天智天皇により皇子とともに岡本宮で養育された。竜蓋寺(岡寺)など五箇竜寺を造立。六九九年(文武三)学行褒賞で稲一万束を賜り、七〇三年(大宝三)僧正。元正・聖武朝に内裏に供奉し、七二七年(神亀四)岡連の姓を賜る。弟子に玄昉・行基ら多数。

ぎえん【義演】 1558.8.20～1626.閏4.21　織豊期～江戸前期の真言宗の僧。二条晴良の子で、足利義昭の猶子。一五七一年(元亀二)に得度、醍醐寺理性院尭助の弟子となり、七五年(天正三)金剛輪院を再興。翌年、醍醐寺八〇代座主。七九年に大僧正、八五年に准三后、九四年(文禄三)には東寺長者となる。豊臣秀吉の朝鮮出兵のため、東寺で仁王経大法を修した。天皇・上皇・武家の尊崇をうけ、とくに秀吉はたびたび醍醐寺を訪問。秀吉・秀頼父子の援助により醍醐寺三宝院を復興。「義演准后日記」がある。

ぎおう・ぎじょ【祇王・祇女】 生没年不詳。「平家物語」にみえる白拍子の姉妹。諸本では祇を妓、義にも作る。近江国野洲郡の出身という。白拍子とぢの女。祇王は平清盛に寵愛されたが、その愛情が白拍子仏御前へと移ると命を断とうとし、母の説得で母・妹とともども出家。のちに出家した仏御前とともに嵯峨の山里で念仏三昧の日を送ったと伝える。同じ主題にもとづいた能に「祇王」がある。

キオソーネ　Edoardo Chiossone 1833.1.20～98.4.11　キヨソーネとも。イタリアの銅版画家。ジェノバ近郊生れ。ジェノバの美術学校に学ぶ。一八七五年(明治八)日本政府に招かれ来日。銅版技術を紙幣印刷に活用し、大蔵省紙幣寮に一七年間在任して紙幣・切手・印紙などのほか、皇族や政界の重鎮たちのコンテや銅版肖像画も制作した。日本美術への関心も高く、収集品はジェノバのキオソーネ美術館に収蔵。東京で死去。

ぎおんなんかい【祇園南海】 1676～1751.9.8　江戸中期の儒学者・漢詩人・文人画家。医師順庵の子。名は瑜・正卿・与一郎、字は伯玉、通称余一。南海・鉄冠道人・観雷亭と号す。紀伊国生れ。木下順庵に学んだのち、一六九七年(元禄一〇)和歌山藩の儒者となる。詩論書「南海詩訣」「詩学逢原」で風雅な詩境、文学の独立的価値を説き、「南海詩集」を残した。詩論に呼応する詩趣あふれた水墨画は文人画の先駆とされる。

ぎおんのにょうご【祇園女御】 生没年不詳。平安後期の女性で、白河上皇の寵姫。平清盛の生母という伝説が「平家物語」にみえる。出自は、祇園社門前の水汲女、宮廷に出仕する女房、源仲宗の妻、藤原顕季の母で白河上皇の乳母の藤原親子の縁者など諸説がある。一一〇五年(長治二)頃から記録にみえる。上皇の寵愛を背景に、祇園堂供養、五部大乗経講説、一切経供養などをもよおして多数の公卿・殿上人を参列させた。

きかい【喜海】 1178～1250.12.20　鎌倉中期の華厳宗の僧。号は義林房。明恵の弟子として山城国栂尾の高山寺に入り、華厳の教学を学び、ともに華厳宗やその注釈書「華厳経探玄記」の書写・校合にたずさわった。高山寺久住の一人として明恵の置文に高山寺の学頭と定められ、明恵没後も同寺十無尽院に住した。明恵の行状を記録した「高山寺明恵上人行状」はよく知られている。弟子に静海・弁清らがいる。

きかく【其角】 1661.7.17～1707.2.29/30　江戸前期の俳人。姓は榎本、のち宝井。名は侃憲。江戸の人。少年時、儒学を服部寛斎、医を草刈三越らに学んだほか、一四歳で芭蕉に入門。一六八三年(天和三)処女撰集「虚栗」を出版。嵐雪とともに蕉門の双璧といわれたが、芭蕉晩年の俳風「軽み」から離れ、とくに芭蕉没後は新奇壮麗な都会趣味の洒落風を流行させた。編著「五元集」「焦尾琴」。蕉門十哲の一人。

ぎくう【祇空】 1663～1733.4.23　江戸中期の俳人。姓は稲津。通称五郎右衛門。大坂生れ。はじめ惟中・才麿に俳諧を学び、一七〇二年(元禄一五)江戸に移住、其角に師事。のち大坂・京都、三一年(享保一六)箱根湯元に移り石霜庵を結んだ。当時の卑陋・難解な俳風のなかで平明な句風を保ち、「五色墨」連中など、革新的な俳人たちに支持された。

ぎくう【義空】 生没年不詳。平安前期の唐の禅僧。中国の杭州海昌院斉安国師の弟子。八三五年(承和二)皇太后橘嘉智子が恵蕚を使者として中国禅僧を招聘した際、斉安の推挙により来朝。はじめ東寺西院に住したが、のち嘉智子創建の檀林寺に移り開基となった。仏道を問う者が多かったというが、禅宗自体は振わず数年で帰国。のち恵蕚が再度入唐した際、その事績を「日本国首伝禅宗記」として碑に刻み、日本に送って京の羅城門の脇にたてたが、のち破損した。

きくおかけんぎょう【菊岡検校】 1792～1847.11.12　江戸後期の地歌・箏曲の演奏家・作曲家。名は楚明一。京流手事物を樹立した松浦検校のあとに続き、多くの名品を残した。その三弦曲のほとんどに対して、当時、箏の名手とうたわれた八重崎検校が替手式の箏手付けを行い、地歌とともに箏曲の普及にも大きく貢献した。両者の三弦・箏による喧嘩弾き、名演奏の逸話がある。代表作は「磯千鳥」「今小町」「楫枕」「笹の露」「茶音頭」「御山獅子」「夕顔」「ままの川」。

きくかわえいざん【菊川英山】 1787～1867.6.16　江戸後期の浮世絵師。菊川派の祖。俗称万五郎、名は俊信、号は重九斎。江戸市ケ谷の花屋近江屋に生まれ、父に狩野派を学び、のち四条派の鈴木南嶺の門に入った。はじめ役者絵も描いたが、ほとんどは美人画で、喜多川歌麿晩年の作風にならった妖艶な美人画を描き、のち歌川風も吸収して独自の画風を確立。竪二枚続の掛物絵を流行させた。文政期末からは肉筆画を中心とした。

きくたかずお【菊田一夫】 1908.3.1～73.4.4 昭和期の劇作家、ラジオドラマ作家、演出家。横浜市出身。サトウハチローに寄食して詩作を学び、浅草の笑いの王国や古川ロッパ一座などで多くのオペレッタを書く。第二次大戦後は東宝で演劇担当役員となり、「マイ・フェア・レディ」「風と共に去りぬ」などの和製ミュージカルを手がけ、一九七三年(昭和四八)トニー賞特別賞を受賞。ラジオドラマ「鐘の鳴る丘」「君の名は」が絶大な人気をえた。

きくちあきお【菊池秋雄】 1883.2.27～1951.4.5 大正・昭和期の果樹園芸学者。青森県出身。東大卒。神奈川県農事試験場場長ののち欧米に留学。一九二六年(昭和元)京都帝国大学教授。父の楯衛は本草学者で青森県に西洋リンゴを導入し、多大の貢献をしたが、秋雄は果樹全般に関する研究を行う。ナシの品種改良では菊水・八雲などを育成。

きくちかいそう【菊池海荘】 1799.9.25～1881.1.16 幕末期の紀伊国の豪商・漢詩人。有田郡栖原村の砂糖問屋に生まれ、江戸の出店にあって、漢詩学を学んだ。和歌山藩の地士身分で、郷士防衛の立場から海防を論じ、多くの建白・著述を残している。一八五〇年(嘉永三)有田・日高二郡の文武総裁に任じられ、農兵の組織化などに尽力。六九年(明治二)には有田郡民生局副知事に任命されるが、のち辞して東京に戻る。

きくちかん【菊池寛】 1888.12.26～1948.3.6 大正・昭和期の小説家・劇作家。本名「ひろし」。香川県出身。京大卒。苦学して一高に学ぶが、卒業直前に友人の窃盗の罪をかぶって退学。一高時代の友人芥川竜之介・久米正雄らが第三次・第四次「新思潮」を創刊すると同人となり、「屋上の狂人」「父帰る」を発表。一九一八年(大正七)「無名作家の日記」「忠直卿行状記」、翌年「恩讐の彼方に」を発表し、文壇での地位を確立。二〇年には新聞に「真珠夫人」を連載して大成功をおさめ、以後通俗小説家として活躍した。二三年雑誌「文芸春秋」を創刊、作家の地位向上に尽くし、文壇の大御所とよばれた。第二次大戦後、戦争協力者として公職追放をうけた。

きくちきょうぞう【菊池恭三】 1859.10.15～1942.12.28 明治～昭和前期の紡績技術者・実業家。伊予国生れ。工部大学校卒。横須賀造船所勤務などをへて、一八八七年(明治二〇)平野紡績に入社、イギリスに渡り紡績技術を学び、リング精紡機を導入した。摂津紡績・尼崎紡績の技術長を兼任し、のち両社の社長。一九一八年(大正七)両社が合併して大日本紡績となり社長に就任。関西財界の重鎮であり、貴族院議員も務めた。

きくちきょうちゅう【菊池教中】 1828.8.17～62.8.8 幕末期の江戸の豪商・志士。父淡雅の築いた豪商佐野屋孝兵衛をつぎ、澹如(たんじょ)と号した。宇都宮藩主の許可を得て新田を開発し、その功で同藩士分に列した。義兄の儒者大橋訥庵(とつあん)とともに尊攘論を唱え、宇都宮・水戸の同志の老中安藤信正暗殺策を援助、一方で一橋慶喜(よしのぶ)擁立による日光挙兵計画を進めるが、一八六二年(文久二)一月坂下門外の変後に捕らわれ投獄された。出獄後、病死。

きくちくろう【菊池九郎】 1847.9.18～1926.1.1 明治・大正期の政党政治家。弘前藩士出身。維新後、慶応義塾に学び、帰郷して東奥義塾設立。国会開設請願運動にも従事。「東奥日報」創刊。第一回総選挙から衆議院議員に九回連続当選。はじめ自由党に属したが星亨(とおる)議長除名問題で脱党、以後立憲革新党・進歩党・憲政本党に属した。

きくちけいげつ【菊池契月】 1879.11.14～1955.9.9 明治～昭和期の日本画家。長野県出身。本名細野完爾。児玉果亭・内海吉堂・菊池芳文に師事し、のち芳文の娘アキと結婚、養嗣子となる。文展・帝展で活躍し、一九二二年(大正一一)渡欧。二五年帝国美術院会員、三四年(昭和九)帝室技芸員。京都市立美術工芸学校・京都市立絵画専門学校で後進を指導、三二年両校校長となる。作品「南波照間(はいはてるま)」「涅歯(はくろめ)」。

きくちござん【菊池五山】 1769～1849.6.27 江戸後期の漢詩人。高松藩儒の子。名は桐孫(まさひこ)、字は無絃(むげん)、通称左大夫、五山は号。京都に遊学して柴野栗山に入門、のち江戸で市河寛斎の江湖(こうこ)詩社に参加し、清新性霊の詩を鼓吹した。一八〇七年(文化四)に「五山堂詩話」(正編一〇巻・補遺五巻)の巻一を刊行。以後、文政・天保年間に続刊し、漢詩の大衆化に拍車をかけるとともに、詩評家として詩壇に君臨した。ほかに「和歌題絶句」。

きぐちこへい【木口小平】 ?～1894.7.29 明治期の日本陸軍兵士。岡山県出身。日清戦争に従軍、朝鮮の成歓(せいかん)の戦で進軍ラッパ吹奏中に弾丸にあたって戦死。一九〇四年(明治三七)の尋常小学校の修身教科書(国定)に、戦死してもラッパを口から離さなかったとしてとりあげられ、軍国教育の教材とされた。

きくちし【菊池氏】 中世肥後国の豪族。一〇一九年(寛仁三)の刀伊(とい)の入寇の際、大宰権帥(ごんのそち)藤原隆家に従って奮戦した、大宰府の下級官人藤原蔵規(まさのり)(政則)の子孫。その子則隆は隆家の郎等でもあり、肥後国菊池郡(現、熊本県菊池市)を本拠に武士化した。源平争乱期、隆直は平家に反抗したが、のち平家の有力武将となり、一族の多くは平家とともに滅びた。鎌倉幕府下では、承久の乱で京方となったこともあったが、御家人となり、蒙古襲来の際には武房らが奮戦。元弘の乱では、武時は鎮西探題を博多に攻めて討死。その子武重・武敏・武光らは、九州南朝方の中心勢力として活躍。南北朝合一後は肥後国守護職を保持したが、戦国期に大友氏に制圧された。子孫は日向国米良(めら)にのがれ、維新後、男爵。

きくちしげとも【菊池重朝】 1449～93.10.29 戦国期の肥後国の武将。幼名藤菊丸。通称十郎。肥後守。父は為邦。一四六六年(文正元)為邦の隠居で襲封。文人としての名が高い。詩や連歌に熱心で自作の句にちなみ月松御屋形とよばれたという。京都南禅寺の僧桂庵玄樹(けいあんげんじゅ)も招いている。武将としては顕著な活躍はなく、大友氏と戦うが状況は有利にならず、肥後南部では、相良氏の勢力拡大で国内での立場が弱体化する状況にあった。

きくちせいし【菊池正士】 1902.8.25～74.11.12 昭和期の原子物理学者。東京都出身。東大卒。理化学研究所に入る。一九二八年(昭和三)単結晶の雲母の薄片による電子線の回折像(菊池像)を発見。ドイツ留学から帰国後、新設の大阪帝国大学教授となり、加速器とサイクロトンの建設に努力。第二次大戦中はレーダーを研究、戦後コーネル大学原子核物理学研究所の研究員となる。東京大学原子核研究所所長・原子力委員・東京理科大学学長を歴任。文化勲章受章。

きくちだいろく【菊池大麓】 1855.1.29～1917.8.19 明治期の数学者・教育行政官。江戸生れ。美作国津山藩の洋学者箕作秋坪(みつくりしゅうへい)の次男。父の実家菊池家を継ぐ。一八六六年(慶応二)幕府から派遣されイギリスに留学、七〇年(明治三)再度イギリスに留学し数学・物理学を学ぶ。七七年東京大学教授となり、文部省専門学務局局長、文部次官をへて九八年東京帝国大学総長。一九〇一年文相に就任したが、教科書疑獄事件により引責辞任した。〇八～一二年(明治四一～大正元)まで京都帝国大学総長。一七年理化学研究所初代所長。著書「初等幾何学教科書」。

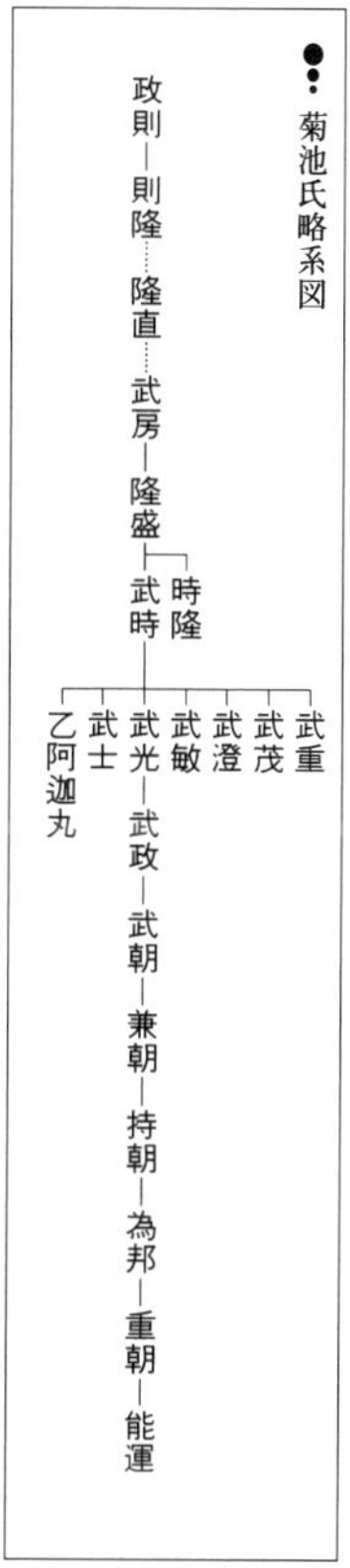

きくちたけお【菊池武夫】 ㊀1854.7.28～1912.7.6 明治期の司法官僚・教育家。盛岡藩士菊池長閑の子。藩校修文所に学び、大学南校をへて、一八七五年(明治八)にボストン大学に留学。法学士として八〇年帰国。司法省雇・東京大学講師をへて、八四年司法省少書記官。八八年法学博士。九一年民事局長となるが、まもなく辞職して弁護士となり、一九〇三年東京弁護士会会長。英吉利法律学校(現、中央大学)創設に参加し、長く院長・学長を務めた。

㊁1875.7.23～1955.12.1 大正・昭和期の陸軍軍人・国家主義者。宮崎県出身。陸軍大学校卒。奉天特務機関長をへて、一九二七年(昭和二)中将で予備役になる。三一年貴族院議員となり、三五年貴族院本会議で美濃部達吉の憲法学説を国体に反すると批判、天皇機関説排撃を始めた。

きくちたけしげ【菊池武重】 生没年不詳。南北朝期の肥後国の武将。次郎。肥後守。武時の嫡男。一三三三年(元弘三)三月、父と鎮西探題赤橋英時攻めに参加するが、武時はじめ一族は討死。武重だけが後事を託され帰国。建武政権下では父の功により肥後守に任じられ、武者所に属した。その後、本国を弟武敏に任せて上京。三五年(建武二)新田義貞率いる足利尊氏討伐軍に属し、箱根の戦で奮戦するが、味方は敗れて帰京。京都・備中などで戦うが情勢は不利となり、一時足利方に捕らえられた。のち脱出して帰国し、九州の南朝方の中心として活躍。三七年(建武四・延元二)には足利方一色範氏軍を肥後国益城(ましき)郡で破り、以後も各地を転戦。三八年(暦応元・延元三)七月には菊池氏置文(おきぶみ)を作った。

きくちたけとき【菊池武時】 1272/81/92～1333.3.13 鎌倉末期の武士。肥後国の豪族菊池武房の孫。隆盛の次子。通称次郎。法名は寂阿(じゃくあ)。兄時隆が一族の内紛により殺害されたのち、菊池家の家督を継ぐ。一三三三年(元弘三)伯耆国船上山(せんじょうさん)に拠った後醍醐天皇の綸旨(りんじ)をうけ討幕を決意。同年三月、鎮西探題赤橋英時の九州の御家人召集を機に、一族とともに博多にむかい、一三日未明、博多市街に火を放ち探題館を襲撃。しかし少弐貞経・大友貞宗の裏切りもあって、奮戦むなしく敗死。

きくちたけとし【菊池武敏】 生没年不詳。南北朝期の肥後国の武将。九郎。父武時の討死の功により、建武政権下で掃部助(かもんのすけ)に任じられる。兄武重が上洛中、名代として本国を預かり、以後九州南朝方の中心勢力となった。一三三六年(建武三・延元元)二月、少弐貞経の守る有智山(うちやま)城を落とすが、同年三月二日の多々良浜(たたらはま)の戦で足利尊氏・少弐頼尚軍に敗れ、肥後に敗走。尊氏東上後活動を再開し、帰国した武重と協力して各地を転戦。武重病死後、後を継いだ武士の代には、その後見役の地位にあった。

きくちたけとも【菊池武朝】 1363～1407.3.18 南北朝期～室町中期の肥後国の武将。菊池氏当主。幼名加賀丸。武興。肥後守・右京大夫。父武政の陣没により、一三七四年(応安七・文中三)一二歳で家督相続。征西府を支え、北朝方の今川了俊の軍と交戦するが敗退し、本拠菊池に退却。肥後国水島まで迫った今川軍を破るが、肥前国千布・蜷打の戦で大敗。肥後国詫(託)麻原の戦で再び勝利したが、その後の今川軍の攻撃で本拠を制圧され、一時は行方をくらました。降伏後、肥後国守護の地位を認められた。

きくちたけふさ【菊池武房】 1245～85.3.26 鎌倉中期の武将。肥後国の豪族菊池隆泰の次男。母は大友一族の詫摩能秀の女。一二七四年(文永一一)博多湾から上陸した元軍を赤坂の地で撃退。八一年(弘安四)の弘安の役にも肥後国守護代安達盛宗に従って生の松原で奮戦した。石築地に陣した武房の姿が「蒙古襲来絵詞」に描かれる。

きくちたけまさ【菊池武政】 1342～74.5.26 南北朝期の肥後国の武将。菊池氏当主。父は武光。幼名次郎。肥後守。一三五九年(延文四・正平一四)菊池氏が少弐氏を破った大保原の戦で活躍。その後、豊後国高崎城にこもる今川義範を攻囲、肥前で今川仲秋と交戦するなど、各地で九州探題今川了俊配下の軍勢と戦った。七二年(応安五・文中元)八月の今川軍の大宰府攻撃を防ぎきれず敗退後、父武光の後を継いで菊池氏当主となり、抗戦を続けるが、筑後国高良山で陣没。

きくちたけみつ【菊池武光】 ?～1373.11.16? 南北朝期の肥後国の武将。父は武時。豊田十郎。肥後守。前当主武士が後継者として指名した乙阿迦丸と同一人物とする説もあるが、別人の可能性が強い。一三四五年(貞和元・興国六)合志幸隆に占拠された菊池氏本拠深川城の奪還に成功。実力を背景に一族から惣領の地位を承認される。四八年(貞和四・正平三)征西将軍宮懐良親王を肥後に迎え、これに従う。九州探題一色範氏や畠山直顕・大友氏時・少弐頼尚をあいついで撃破し、大宰府を占領。ここに征西府を移し、九州の覇権と菊池氏全盛期を築く。しかし新探題今川了俊の下向後は劣勢となり、筑後国高良山に退却。「菊池氏系図」では七三年(応安六・文中二)一一月一六日没とあるが、確証はない。

きくちたへえ【菊地多兵衛】 1755～1825.3.18 江戸時代の義民。陸奥国仙台藩領丸森村の元肝煎。代々苗字帯刀を許された。一八二三年(文政六)同村の百姓多数が役人の不正、普請役の苛酷を訴え集会し、亘理伊達氏へ出訴した一揆の頭取を勤めた。伝承では多兵衛は百姓らの一揆をおしとどめ、藩主へ直訴したとされる。二五年牢死・家財闕所。宮城県の丸森町旭ケ丘公園と駒場ケ滝不動に顕彰碑がある。

きくちためくに【菊池為邦】 1430～88.10.23 室町時代の武将。肥後国守護。幼名犬丸。一四四六年(文安三)父持朝の死で家督相続。治世中に筑後国守護職を大友氏に奪われるなど、その領国支配は弱体化した。海外貿易には積極的で、朝鮮への遣使の事実が知られる。文人として著名で、詩の才は京都五山の僧たちにも知られた。六六年(文正元)子重朝に家督を譲って隠居。

きくちとうごろう【菊池藤五郎】 生没年不詳。江戸初期の水利功労者。出羽国村山郡生れ。一六〇九年(慶長一四)頃寒河江川右岸の上谷沢から取水する延長三四〇〇間の高松堰を開削して水田五八一町歩余を開き、産米は一万二八〇〇石に上ったという。開削当時「永々村々惣代」を勤めていたが、この功により子孫も苗字帯刀を許された。

きくちゆうほう【菊池幽芳】 1870.10.27～1947.7.21 明治・大正期の小説家・新聞記者。本名清。茨城県出身。旧水戸藩士の家に生まれ、尋常中学校卒業後、小学校教員をへて「大阪毎日新聞」に入社。宇田川文海・丸岡九華らと大阪文芸会を組織。一八九九年(明治三二)から同新聞に「己が罪」「乳姉妹」などを連載。女性の献身と家庭の幸福を描き、家庭小説の第一人者となる。

きくちようさい【菊池容斎】 1788.11.1～1878.6.16 幕末～明治初期の画家。旧姓は河原、本家の伯父の死後、その菊池姓をつぐ。名は武保、通称量平。江戸生れ。一八〇五年(文化二)狩野派の画家高田円乗に師事。のち土佐派・円山四条派など諸派の画風を学び、また中国画や西洋画も摂取した。歴史人物画に優れ、六八年(明治元)日本史上の人物五〇〇余人の像を描いた「前賢故実」を出版。代表作「堀河夜討図額」「阿房宮図」。

きくちよしかず【菊池能運】 1482～1504.2.15 名は「よしゆき」とも。戦国期の武将。幼名宮菊丸。武運。肥後守。父重朝の死により一四九三年(明応二)一二歳で菊池氏家督を継ぐ。九八年、重臣隈部氏の謀反に乗じた相良為続の攻撃を撃退。その後も続く家臣団内部の確執・離反を抑えられず、一五〇一年(文亀元)重朝の叔父宇土為光に守護職と隈部城を奪われた。二年後、高瀬合戦で老臣らの支持をうけて為光を破り復帰するが、戦傷のためか翌年死没。

きくていけ【菊亭家】 ⇨今出川家

きけいしんずい【季瓊真蘂】 1401～69.8.11 室町中期の臨済宗一山派の禅僧。諱は真蘂、字は季瓊。雲沢・紫藤・無双などと称する。播磨の上月氏の出身。幼くして出家し、京都相国寺の叔英宗播に師事して法をつぐ。叔英の死後、相国寺雲頂院の院主。一四三五年(永享七)

には蔭凉職（相国寺蔭凉軒主職）に就任。「蔭凉軒日録」永享七～嘉吉元年（一四三五～四一）などの部分を記録。

ぎげん【義玄】⇨臨済義玄

きこう【熙洽】 Xi Qia　1884～?　中国の政治家。満州正藍旗の人。字は格民。一九一一年日本陸軍士官学校卒。民国初年、黒竜江都督府参謀から広東省省長公署諮議となる。一五年以後東三省講武堂教育長を務め、満州事変後、吉林省長官公署長官となり、満州国の財政部総長・吉林省長、三五年宮内府大臣に就任。四五年八月三一日、ソ連軍に逮捕され、以後消息不明。

きこうだいしゅく【季弘大叔】 1421.8.25～87.8.7　室町中期の臨済宗聖一派の禅僧。諱は大叔、字は季弘。別号は竹谷・蔗庵・蔗軒。備前国の人。一三歳で東福寺の竹庵大縁に参じ、法をつぐ。大縁の死後、信中以篤らに漢詩文などを学ぶ。和泉海会寺や山城真如寺の住持となり、一四八〇年（文明一二）四月には東福寺の住持。日記「蔗軒日録」、詩文集「蔗庵遺稿」。

きごしやすつな【木越安綱】 1854.3.25～1932.3.26　明治・大正期の陸軍軍人。金沢藩士の子。陸軍士官学校卒（旧一期）。日清戦争では第三師団参謀長として活躍。一九一二年（大正元）第三次桂内閣の陸相に就任、第一次山本内閣でも留任したが、軍部大臣現役制廃止を承諾し陸軍内で孤立、辞任。のち貴族院議員。柳田国男は義弟。

きざわながまさ【木沢長政】 ?～1542.3.17　戦国期の武将。左京亮。河内・山城両国守護代。河内国守護畠山義宣の被官だったが、自立化を企て、細川晴元に属する。義宣・三好元長と対立し、その連合軍に飯盛城を攻囲されるが、一向一揆の動員で形勢は逆転、義宣・元長を討った。その後、一転して法華一揆と結び、一向一揆抑圧に動いた。しかし、その勢力拡大は周囲の警戒を招き、細川晴元・三好政長・同範長・河内国守護代遊佐長教らに河内国太平寺で討たれた。

ぎざん【義山】 1648～1717.11.13　江戸前・中期の浄土宗の学僧。字は良照、禅蓮社信阿円観と号す。京都生れ。一六六二年（寛文二）大和国郡山光伝寺で出家、翌年江戸増上寺で修学し、下野国円通寺の聞証に師事。聞証とともに武蔵国浄国寺で学徒を養成し、八三年（天和三）京都に帰り、講学・著述に専念。著書「円光大師行状画図翼賛」「阿弥陀経随聞講録」。

ぎじおう【義慈王】 ?～660　百済最後の王（在位六四一～六六〇）。武王の子。六三三年立太子。義慈王の時代は東方の新羅の台頭がめざましく、また唐の高句麗遠征などもあり、朝鮮半島は激動期にあった。義慈王は倭とは友好関係を結び、六三一年（舒明三）豊璋・善光の二王子を人質として送った。六六〇年唐軍の攻撃をうけ百済は滅亡し、王は唐軍に捕らわれて洛陽に送られ、唐で病死した。

きしこうけい【岸光景】 1839.9.15～1922.5.3　明治期の図案家。江戸生れ。明治の初年に内務省で図案の改良創作にあたった。一八八〇年（明治一三）に石川県に招かれ、陶磁・漆芸の図案を指導し、京都、香川県で教育者として活躍。香川県では工芸学校の設立に参加した。帝室技芸員。

きしざわしきさ【岸沢式佐】 常磐津節三味線方の家元名。江戸中期から一一世を数える。五世（一八〇六～六六）は四世の子で名は伊助。一八二五年（文政八）式佐を名のる。作曲にすぐれ、常磐津節の現行名曲の多くをうみだした。「三世相」の大当りの功名争いから、家元常磐津豊後大掾と不和となり分派独立し、みずから浄瑠璃も語った。五三年（嘉永六）四世古式部を襲名。代表作は「宗清」「将門」「靫猿」「乗合船」「どんつく」「新山姥」「勢獅子」。

きしじょおう【徽子女王】 929～985　平安時代の皇族。村上天皇の女御、歌人。通称斎宮女御。父は醍醐天皇の皇子重明親王、母は藤原忠平の女寛子。斎宮を勤めたのち九四八年（天暦二）村上天皇に入内、承香殿女御とよばれた。和歌をよくし、天皇の寵はあつかった。円融朝の斎宮となった子の規子内親王にひそかに同行し、再び伊勢へ下った。「拾遺集」以下の勅撰集入集は四五首。家集「斎宮女御集」。

きしせいいち【岸清一】 1867.7.4～1933.10.29　大正・昭和前期の体育事業関係者・弁護士。出雲国生れ。東大卒。一九二一年（大正一〇）大日本体育協会第二代会長となる。二四年第八回オリンピック（パリ）日本選手団団長、国際オリンピック委員会（IOC）委員となるなど、日本スポーツ界の発展に尽力した。弁護士としては民事訴訟の権威として知られ、東京弁護士会会長、三菱岩崎家の顧問などを務めた。

きしだぎんこう【岸田吟香】 1833.4.8～1905.6.7　幕末～明治前期の新聞記者。本名銀次。美作国生れ。大坂の緒方洪庵の塾で蘭学を学んだのち横浜に出て、ヘボンを助けて日本最初の和英辞書「和英語林集成」を編纂。浜田彦蔵（ジョセフ・ヒコ）の「海外新聞」発刊に参加し、さらにバン・リードと「横浜新報もしほ草」を創刊。一八七三年（明治六）「東京日日新聞」に入社。ヘボンから学んだ目薬精錡水の販売でも知られる。

きしだくにお【岸田国士】 1890.11.2～1954.3.5　大正・昭和期の劇作家・小説家・評論家。東京都出身。東大仏文科選科に学び、豊島与志雄・鈴木信太郎・辰野隆らを知る。パリ留学後の一九二四年（大正一三）戯曲「チロルの秋」などが注目を集めた。築地小劇場旗揚げの際は小山内薫の演劇観を批判。三七年（昭和一二）獅子文六・久保田万太郎とともに文学座を創設、四〇年には大政翼賛会文化部長を務める。戯曲「牛山ホテル」「歳月」、小説「暖流」など。

きしだとしこ【岸田俊子】 1863.12.5～1901.5.25 明治期の自由民権運動の女権弁士・作家。号は湘煙。京都生れ。一五歳で宮中に出仕、漢学を進講する。一八八二年(明治一五)から自由民権運動に参加、各地を遊説して評判になる。八三年滋賀県での演説「函入娘」で官吏侮辱罪と集会条例違反の嫌疑をうけ投獄される。中島信行との結婚後は「女学」に転じ、評論・随筆・小説・日記・漢詩などの執筆活動を行った。評論「同胞姉妹に告ぐ」は男女同権を主張した画期的な作品。

きしだりゅうせい【岸田劉生】 1891.6.23～1929.12.20 明治～昭和前期の洋画家。東京都出身。父は岸田吟香。一九〇八年(明治四一)白馬会絵画研究所に入り外光派を学ぶ。第四回文展に初入選。雑誌「白樺」で後期印象派やフォービスムを知り影響を受ける。一二年(大正元)フュウザン会を結成し、一五年から草土社を主宰。作風はしだいにデューラーらの写実主義に感化されたものや、宋画・元画に影響された東洋的作風へと変化していった。日本画の制作、古美術の収集も行った。二九年(昭和四)満州からの帰途山口県で急逝。作品「道路と土手と塀(切通之写生)」「麗子微笑(青果ヲ持テル)」、著書「美乃本体」「初期肉筆浮世絵」。

きしちくどう【岸竹堂】 1826.4.22～97.7.27 明治期の日本画家。近江国生れ。京都で狩野永岳、のち岸連山に師事し、養子となる。岸派の流れをうけ、虎を得意とした。一八八〇年(明治一三)京都府画学校に出仕。友禅染の下絵制作にも従事し、二条城本丸御殿や東本願寺などの障壁画制作も手がける。帝室技芸員。

きしつしゅうし【鬼室集斯】 生没年不詳。百済から渡来した官人。鬼室福信の子か。百済から亡命後の六六五年(天智四)小錦下の位を授けられ、六六九年男女七〇〇余人とともに近江国蒲生郡に遷居させられた。「日本書紀」天智一〇年一月条に、学職頭に任命され、小錦下に叙位されたとみえる。「小錦下」とあるのは「中」か「上」の誤りか、または六六五年の記事の重出か。百済では達率ないし佐平であったらしい。

きしつしゅうしん【鬼室集信】 生没年不詳。百済から渡来した官人。鬼室福信・集斯の一族か。六六九年(天智八)鬼室集斯ら男女七〇〇余人が近江国蒲生郡に遷居させられた際、これに従ったか。六七一年、大山下の位を授けられた。「日本書紀」天智一〇年(六七一)一月条には本草に詳しかったとみえる。

きしつふくしん【鬼室福信】 ?～663.6.– 百済の武王(義慈王の父)の甥。百済五部の一つ西部に属した。六六〇年七月、百済が唐・新羅軍に占領されると、任射岐山によって百済復興の戦を始めた。同年一〇月、日本にいた王族豊璋を国王に迎えたいことと、救援軍の派遣を大和政権に要請した。六六二年、豊璋は帰国し即位したが、やがて福信と対立し、翌年六月、福信は豊璋王に殺害された。福信の子と思われる集斯らは、六六三年白村江の敗戦後、日本に亡命し、子孫(鬼室氏)は律令官人となった。

きしとしお【岸俊男】 1920.9.15～87.1.21 昭和期の日本古代史学者。京都府出身。京大卒。一九六七年(昭和四二)文学博士。京都大学助教授をへて、六九年教授。続日本紀研究会創設に参加、木簡学会会長・奈良県立橿原考古学研究所所長などを歴任。この間、籍帳・氏族・初期荘園・政治史・木簡・古道・都城その他で重要な業績を残した。著書「日本古代政治史研究」「藤原仲麻呂」「日本古代籍帳の研究」「日本古代文物の研究」「日本古代宮都の研究」。

きしのじろさぶろう【岸野次郎三郎】 次郎三とも。生没年不詳。江戸前期の三味線奏者・作曲家。元禄～正徳頃に京都の芝居の三味線方として活躍。祇園町の茶屋井筒屋の主人でもある。一七〇五年(宝永二)早雲座の立三味線を勤めた。現在まで伝えられている曲は「こんかい」「里景色」「古道成寺」「六段恋慕」など。

きしのながに【吉士長丹】 生没年不詳。七世紀半ばに対外交渉で活躍した官人。六五三年(白雉四)遣唐大使に任命されて、藤原鎌足の子定恵や道昭ら学問僧を率いて渡海。唐の皇帝に謁し、国書・宝物を得たのち、翌年百済・新羅の送使とともに筑紫に帰着。このとき「西海使」とみえる。功により小山上から小花下へ進み、封戸二〇〇戸を得て呉氏を賜姓された。

きしのぶすけ【岸信介】 1896.11.13～1987.8.7 昭和期の政治家。山口県出身。東大卒。一九二〇年(大正九)農商務省に入り、商工官僚として頭角を現す。三六年(昭和一一)満州国総務部次長をへて、三九年商工省に次官として復帰。東条内閣の商工相、同省の軍需省への改組後は東条軍需相の下で国務相・軍需次官を務めた。第二次大戦後はA級戦犯容疑者として服役、四八年釈放。五二年追放解除後は反吉田保守勢力の糾合に尽力、日本民主党の幹事長、保守合同後の自由民主党の幹事長をつとめた。石橋湛山首相の発病とともに臨時総理、その後、二次にわたり内閣を組織。日米安全保障条約の改正を推し進め、安保闘争の攻撃目標にされた。新安保条約の国会承認後に総辞職。

きじまたべえ【来島又兵衛】 1816/17.1.8～64.7.19 幕末期の尊攘派志士。萩藩士。名は政久。来島家の養子。柳河藩の大石進、江戸の久保田助四郎に剣術を学ぶ。大検使役、江戸方用所役兼地方所帯方役などを歴任。一八六三年(文久三)五月馬関総奉行手元役となり外国艦砲撃に参加。六月狙撃隊を組織して禁裏守衛のため上京するが、八月十八日の政変で帰藩。一〇月遊撃軍を編成。京都への進発論を説き、六四年(元治元)六月遊撃軍を率いて上京、禁門の変で戦死。

きしもときちえもん【岸本吉右衛門】 1858.1.7～1924.10.28　明治・大正期の実業家、大阪の鉄鋼問屋店主。村田友次郎の次男として生まれ、岸本家の長女と結婚、一八九五年(明治二八)岸本商店の家督をつぐ。日本鋼管の創立にも参加。第一次大戦中には製鉄業にも進出したが、大戦後には撤退した。インド銑鉄の輸入やインドの鉄鋼会社への資本参加も行った。

きしもとごへえ【岸本五兵衛】 1864.11.30～1915.1.19　明治期の海運業者・肥料商。大坂生れ。先代の父五兵衛は、播磨国加東郡(現、兵庫県小野市)から大坂へ出て回漕業赤穂屋に奉公し、一八六六年(慶応二)北海荷受問屋河内屋を開いた。八四年(明治一七)家業を継ぎ、八六年汽船海運業に進出、日清・日露戦争で巨利を博した。一九〇八年岸本汽船株式会社を設立。同社は第一次大戦前、日本郵船・大阪商船に次ぐ船腹を有し、大戦でさらに成長。

きしもとたつお【岸本辰雄】 1851.11.8～1912.4.4　明治期の法律家・教育家。因幡国生れ。鳥取藩藩校尚徳館に学び、一八七〇年(明治三)貢進生として大学南校入学。司法省法学校を終え、七六年パリ大学に留学。八〇年帰国し、判事、参事院議官補、法制局・司法省参事官、大審院判事を歴任。商法編纂委員、会社法編纂委員なども務めた。八一年宮城浩蔵・矢代操らと明治法律学校を設立。九三年官を辞し弁護士となる。晩年は明治大学の校長職に専念。

きしもとぶだゆう【岸本武太夫】 1742.7.7～1810.11.7　江戸後期の幕府代官。名は就美。美作国東南条郡押入村の庄屋の五男。一五歳で倉敷代官所下役となり、順次抜擢されて勘定所詰となり、一七九三年(寛政五)下野国藤岡、ついで真岡代官となる。荒地起返・子育・間引き防止などの手当を行い、越後から農民移住をすすめるなど、天明の飢饉後の農村復興に尽力。没後も子の荘美が後をつぎ、岸本神社が修興されて二代の仁政が追慕された。

きしもとゆずる【岸本由豆流】 1788～1846.閏5.17　江戸後期の国学者。父は幕府御弓弦師岸本讃岐。号は棣園・尚古考証園など。江戸生れ。はじめ林家に学び、村田春海の没後門人となる。「万葉集考証」の堅実な考証で知られる。三万巻に及ぶ蔵書家としても有名。著書「十六夜日記考証」「和泉式部集標註」「徒然草考証」。

ぎしゅうもんいん【宜秋門院】 1173～1238.12.28　後鳥羽天皇の中宮。名は任子。九条兼実の長女。母は藤原季行の女兼子。一一八九年(文治五)従三位に叙され、九〇年(建久元)入内して女御となり、ついで中宮に立てられた。九五年、第一皇女昇子(春華門院)を生む。翌建久七年の政変で、父が失脚したため内裏を退出。その後は父の九条邸に住んだ。一二〇〇年(正治二)院号宣下。翌年出家。

ぎしゅうもんいんのたんご【宜秋門院丹後】　摂政家丹後とも。生没年不詳。平安末～鎌倉初期の歌人。源頼政の弟頼行の女。九条兼実家に出仕し、以後九条家歌壇の一員として活躍。兼実の女任子(宜秋門院)にも仕えた。一二〇一年(建仁元)出家。歌合への参加は一一七五年(安元元)「右大臣家歌合」以降、一二〇七年(承元元)三月の賀茂社奉納歌合まで確認できる。「花月百首」「正治二年初度百首」「千五百番歌合」に歌が収められる。「後鳥羽院御口伝」「続歌仙落書」に歌人評がある。「千載集」に初出。

ぎしょう【義湘】 625～702　新羅の高僧。新羅華厳宗の祖。六六〇年代に入唐、唐華厳宗の第二祖智儼に学ぶ。六七一年帰国、勅命を奉じ太伯山に浮石寺を建立、新羅華厳宗の根本道場とした。また海印寺・玉泉寺・梵魚寺・華厳寺などのいわゆる華厳十刹で伝教したとされ、十大弟子といわれる悟真・智通・表訓・真定らをはじめ多くの門弟を育てた。著書「華厳十門看法観」「華厳一乗法界図」。

ぎじょう【義浄】 635～713　中国の唐の訳経僧。俗姓張氏。山東省済南ないし河北省范陽出身。幼時に出家。早くから法顕・玄奘の跡を慕い六七一年一人で海路インドに渡り、ナーランダー寺に学ぶ。六九五年海路で帰国。以後洛陽・長安で将来した経典の翻訳に専念。「華厳経」八〇巻(実叉難陀と共訳)や有部律など約六〇部を訳出。ほかにみずからの旅行記「南海寄帰内法伝」や求法僧の伝を集めた「大唐西域求法高僧伝」の著作がある。

ぎしん【義真】 781～833.7.4　修禅大師とも。平安前期の天台宗僧。俗姓丸子(丸部とも)連氏。相模国出身。興福寺で法相を学び、鑑真の弟子から受戒して中国語に通じた。のち最澄に師事。八〇四年(延暦二三)訳語僧として最澄とともに入唐、最澄と同じく道邃から円頓戒を、順暁から密教の付法をうけ帰国。最澄没後、比叡山大乗戒壇初の受戒の伝戒師となる。八二四年(天長元)初代天台座主に、八三二年天台宗僧として初の維摩会講師となる。著書「天台法華宗義集」。

きせいれいげん【希世霊彦】 1403～88.6.26　室町中期～戦国期の代表的五山禅僧。臨済宗大鑑派。諱は霊彦、字は希世。別号村庵。京都の人。幼くして南禅寺の斯文正宣を師とし、細川満元の養子となる。一七歳で出家して斯文の法を

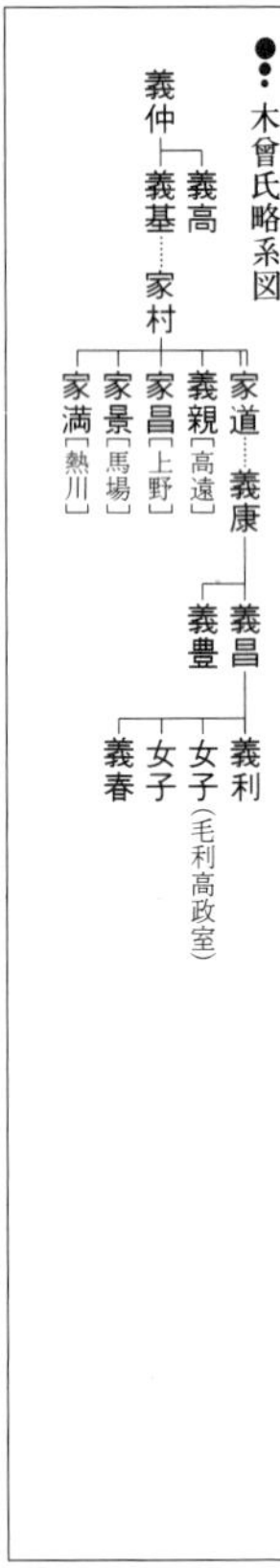

つぐ。幼時から詩文の才にめぐまれ、満元をはじめとする細川氏の庇護をうける。生涯官寺に住むことなく、最も低い侍者の位置に甘んじたが、席次はつねに五山禅僧たちの最上位におかれた。著書「村庵稿」。

きせん【喜撰】 生没年不詳。平安時代の歌人。系譜・経歴など不詳。六歌仙の一人。「古今集」仮名序は「宇治山の僧喜撰は、詞かすかにして、始め終りたしかならず」と評する。確実な作品は「古今集」の「わが庵は都の辰巳しかぞ住む世をうぢ山と人はいふなり」のみ。「古今集」編纂時すでに伝説的人物であったらしく、宇治山に住んだ歌詠みの僧ということしかわからない。

きせんしゅうしょう【亀泉集証】 1424～93.9.27 室町中期の臨済宗一山派の禅僧。諱は集証、字は亀泉。別号は松岳・松泉。美作国の後藤氏出身。幼くして相国寺の季瓊真蘂に師事して、法をつぐ。一四八四年(文明一六)に益之宗箴のあとをうけて蔭涼職(相国寺蔭涼軒軒主職)に就任。将軍足利義政の厚い信任をえた。蔭涼職の公務日誌「蔭涼軒日録」文明一六～明応二年(一四八四～九三)の部分を記録。

きそう【徽宗】 1082～1135 中国の宋(北宋)八代皇帝(在位一一〇〇～二五)。神宗の子、哲宗の弟。名は佶。画院を改革するなど芸術の振興につとめたが、党争や奸臣蔡京の重用などで政治が乱れて金の侵入を招く。子の欽宗に譲位したが、一一二七年欽宗とともに金の捕虜となり(靖康の変)、そのまま五国城(現、黒竜江省)で没した。痩金体の書と院体画を得意とし、「宣和書譜」「宣和画譜」などを残す。その書画は中世～近世の日本でも競って求められ、とくに足利義満の鑑蔵印をもつ国宝「桃鳩図」が著名。

きそし【木曾氏】 中世の信濃国の豪族。清和源氏。源為義の次男義賢の子義仲が、木曾の中原兼遠に養われ、木曾冠者と称し、義仲の子義基らが代々木曾に住んだのに始まるという。一族に高遠・上野・馬場・熱川らの諸氏がある。戦国期、木曾福島城を本拠とした義昌は武田氏に従ったが、のちに織田信長に内通。その後、豊臣秀吉・徳川家康に仕え、下総国阿知戸(網戸)一万石を領したが、関ケ原の戦で西軍にくみしたため、改易された。

きそよしなか【木曾義仲】 ⇩源義仲

きそよしまさ【木曾義昌】 1540～95.3.13 戦国期～織豊期の武将。信濃国木曾の領主。一五五五年(弘治元)武田氏に従う。武田信玄の女婿となり、親族衆として待遇された。しかし八二年(天正一〇)織田信長に内通。このため武田勝頼に攻められるが、織田軍の援助をえて撃退し、武田氏の滅亡を導いた。本領を安堵され、信長の死後は徳川家康に属した。一時家康と敵対したが、九〇年家康の関東移封に従い、子の義利が下総国阿知戸(現、千葉県旭市)に所領を与えられた。

キダー Ⅰ**Anna H. Kidder** 1840～1913.11.23 明治期のアメリカ・バプティスト教会婦人宣教師。駿台英和女学校校長。アメリカのニュー・ハンプシャー州アマースト生れ。一八七五年(明治八)一一月来日。同年J・H・アーサーが森有礼邸を借りて開設した英語塾を女学校として引き継ぎ、終生校長を務める。同校は八五年駿台英和女学校と改称し発展したが、関東大震災の被害により閉校。また目黒慰廃園の救ライ事業にも寄与した。東京で死去。

Ⅱ**Mary Eddy Kidder** 1834.1.31～1910.6.25 明治期のアメリカ人宣教師・教師。一八六九年(明治二)オランダ改革派教会宣教師として来日、翌年ヘボン塾英語教師となる。七一年女子クラスを独立させ、翌年野毛山校舎に移る。七五年六月、山手に新校舎を建て、のちのフェリス女学院の基礎を築く。七九年校長を辞し、福音伝道に専念した。東京で死去。

きたいっき【北一輝】 1883.4.3～1937.8.19 大正・昭和前期の国家主義運動指導者。新潟県出身。本名輝次郎。一九〇六年(明治三九)独学で「国体論及び純正社会主義」を執筆・出版。生産手段と生産関係からではなく、明治憲法を読み解くことによって国体論から社会主義を論じた。辛亥革命に際しては、中国革命同盟会・黒竜会にあって宋教仁を支援。「支那革命党及革命之支那」(のち「支那革命外史」)を執筆した。しかし、中国の排日運動が激化すると日本国内の改革優先を痛感し、皇道派青年将校に多大な影響を与える「国家改造案原理大綱」(のち加筆され「日本改造法案大綱」)を執筆した。二〇年(大正九)猶存社に参加。宮中某重大事件など天皇をめぐる諸事件に関与。満州事変後は陸軍内部の派閥抗争にも深入りし、三六年(昭和一一)の二・二六事件では直接には関与しなかったが、民間側の中心人物として死刑となった。

きたうらさだまさ【北浦定政】 1817.3.30～71.1.7 幕末～明治初期の古代史家。通称は義助・善助、号は霊亀亭。大和国添上郡古市村(現、奈良市)の農家に生まれ、一五歳のとき伊勢国津藩古市奉行所手代となる。国学を学んで山陵や古代宮都に関心をもち、「山陵志」を補正して「打墨縄」を著し、また綿密な実地調査により「平城宮大内裏跡坪割之図」を完成。一八六二年(文久二)山陵奉行戸田忠至(ただゆき)のもとで山陵調査に従事。翌年津藩士となる。

きたおおじろさんじん【北大路魯山人】 1883.3.23～1959.12.21 昭和期を代表する陶芸作家・書家。京都上賀茂の社家に生まれる。本名房次郎。書は岡本花亭に師事。一九二〇年(大正九)東京に大雅堂美術店を開く。食事と食器の組合せを考えた作陶を開始し、二七年(昭和二)に鎌倉に星岡(ほしがおか)窯をおこし、自在な飲食器を作成した。

きたおしげまさ【北尾重政】 1739～1820.1.24 江戸中・後期の浮世絵師。北尾派の祖。本姓は北畠のち北尾、俗称久五郎。号は花藍・紅翠斎など。江戸の本屋須原屋三郎兵衛の長男で、家を弟に譲り独学で浮世絵界に一流をたて、俳諧や書道にもその才を発揮した。作画期は宝暦末から文政初期と長く、黄表紙や版本挿絵を中心に制作を行った。勝川春章や歌川豊春とともに安永・天明期にすぐれた作品を数多く制作した。

きたおじろう【北尾次郎】 1853.7.4～1907.9.7 明治期の気象学者・物理学者。出雲国生れ。一八七〇年(明治三)ドイツ留学、ベルリン大学・ゲッチンゲン大学卒。大気運動と台風について高度な研究を行い、気象学の先駆者として海外で高い評価を得た。八五年東京農林教授、のち海軍大学校・帝国大学各教授として農林物理気象学講座を担当。

きたおまさのぶ【北尾政演】 ⇨山東京伝(さんとうきょうでん)

きたおまさよし【北尾政美】 1764～1824.3.22 江戸後期の浮世絵師。俗称三二郎、のち三二。名は紹真。北尾重政の門人で、政美の号で多くの黄表紙挿絵を描いた。一七九四年(寛政六)津山藩松平家の御抱(おかかえ)絵師となり、狩野惟信の門に入る。以後鍬形蕙斎(くわがたけいさい)と号し、肉筆画や絵手本類を中心に制作を行った。大和絵(やまとえ)・琳派・洋風画などを広く学び、略画や「江戸一目図」に代表される鳥瞰図風の風景画に独自の画境を開いた。

きたがきくにみち【北垣国道】 1836.8.27～1916.1.16 幕末期の志士、明治期の官僚。但馬国の豪農の家に生まれ、生野(いくの)の変(一八六三)に参加し、維新直後鳥取藩士となる。開拓使などをへて地方官となり、高知・徳島両県令、京都府知事を務め、とくに京都では琵琶湖疏水を完成させた。内務次官・北海道庁長官・拓殖務次官・貴族院議員・枢密顧問官などを歴任。男爵。

きたかぜしょうぞう【北風正造】 1834.2.11～95.12.5 幕末～明治期の豪商。山城国竹田村の郷士長谷川氏の次男。一九歳で摂津国兵庫の廻船問屋北風家に婿養子に入った。一八五八年(安政五)兵庫に箱館産物会所が設立されると、御用達として蝦夷地産物の流通取締りにあたり、維新後は会計裁判所の御用掛ほか神戸為替会社・通商会社の頭取に就任。兵庫第七十三国立銀行を設立しその頭取となったが、八四年(明治一七)手代の兵庫浜倉庫委託品倉出事件で告訴され、翌年破産した。

きたがわうたまろ【喜多川歌麿】 1753/54～1806.9.20 江戸中・後期の浮世絵師。喜多川派の祖。本姓は北川。俗称勇助・市太郎。町狩野の絵師鳥山石燕に学び、豊章と号して安永期に版本挿絵で活躍。一七八一年(天明元)に号を歌麿と改め、「画本虫撰(えほんむしえらみ)」などの狂歌絵本にその才を発揮した。寛政期には、「婦人相学十躰」に代表される女性の半身像を描いた錦絵に新機軸をうちだし、役者絵に用いられていた大首絵(おおくびえ)を美人画に採用するなど、豊かな表情の女性像を描いて美人画の第一人者となった。しかし、寛政期末から美人大首絵は禁止され、乱作もたたって質的低下をみせる。一八〇四年(文化元)筆禍事件で手鎖の刑をうけ、二年後失意のうちに没した。

きたきちえもん【喜田吉右衛門】 ?～1671.6.1 江戸前期の水利功労者。名は宗清。名古屋藩士を辞してのち、弟の林幽閑や美濃国武儀郡関郷の富農柴山伊兵衛とともに長良川から取水する曾代用水を計画。一六六七年(寛文七)から三カ年の難工事のすえ、幹線延長七一四二間余、灌漑面積八六三町歩の用水を完成させたが、家財を傾け病没した。

きたげんき【喜多元規】 生没年不詳。江戸前期の黄檗(おうばく)画派の画家。師承関係は不明だが、承応～元禄期(一六五二～一七〇四)に隠元隆琦(いんげんりゅうき)・木庵性瑫(もくあんしょうとう)・即非如一(そくひにょいち)らの黄檗僧を中心として多数の頂相(ちんぞう)を描いた。多く像主を真正面から捉え、面貌・法衣を中心に隈取(くまどり)に類似した陰影を施すもので、原色を多用した彩色法とともに油彩画を連想させる。当時中国で行われた西洋画法をとりいれた肖像画法を伝え、日本の洋風画家にも影響を与えた。

きたこのう【喜多古能】 1742～1829.6.25 「ふるよし」とも。江戸後期の能役者。シテ方喜多流の九世七大夫。幼名栄之丞。喜多七大夫長義の実子で、八世喜多十大夫親能に養子に入る。一七七〇年(明和七)家督を相続、九九年(寛政一一)隠居して健忘斎・似山と号した。家芸にすぐれ和漢の学にも秀でた。著書は音曲に関するものに「悪魔払」、型に関するものに「寿福抄」、能面に関するものに「能面目利書」「仮面譜」がある。

きたさだきち【喜田貞吉】 1871.5.24～1939.7.3

明治～昭和前期の日本史学者。徳島県出身。東大卒。文部省図書審査官、ついで文部編修として国定国史教科書の編修にあたったが、南北朝正閏問題がおこり職を退いた。のち京都帝国大学教授・東北帝国大学講師を歴任。日本古代史を中心に幅広い研究を行ったが、部落問題研究の基礎を築いたことや、関野貞との法隆寺再建・非再建論争などは特筆される。「喜田貞吉著作集」全一四巻。

きたさとしばさぶろう【北里柴三郎】 1852.12.20～1931.6.13 明治～昭和前期の細菌学者。肥後国生れ。二〇歳のとき熊本医学校に入学してマンスフェルトに学び、一八七四年(明治七)東京医学校に入学。卒業後、国民の疾病を治療し予防する行政医の道に進むため、内務省衛生局に入った。のちドイツに留学し、八六年からロベルト・コッホに師事し細菌学を学び、コッホ四天王の一人といわれた。帰国後、福沢諭吉らによって設立された伝染病研究所の所長となり、同所を辞任したのち、一九一四年(大正三)北里研究所を創設し所長になった。滞独中に破傷風菌の純粋培養とその毒素の研究、ジフテリアと破傷風の血清療法の創始などの功績をあげた。

きたざわらくてん【北沢楽天】 1876.7.20～1955.8.25 明治～昭和期の漫画家。本名は保次。埼玉県出身。大幸館絵画研究所で学ぶ。横浜の英字週刊誌「ボクス・オブ・キューリアス」をへて、一九〇〇年(明治三三)時事新報社に入社、漫画を描く。〇五年漫画週刊誌「東京パック」を創刊。二七～二九年(昭和二～四)ヨーロッパ巡遊。帰国後「楽天全集」「楽天パック」「家庭パック」を刊行。

きたしちだゆう【喜多七大夫】 ⇨喜多古能
⇨喜多長能

きたしひめ【堅塩媛】 ⇨蘇我堅塩媛

きたじまうじ【北島氏】 天穂日命の後裔を称する出雲地方の豪族出雲氏。出雲国の熊野大社と杵築大社(出雲大社)の祭祀をつかさどり、国造職を代々継承。南北朝期、孝時の嫡子清孝没後に相続争いがおこり、孝時の子孝宗の千家氏と弟貞孝の北島氏に分裂した。一三四四年(康永三・興国五)の和与状などにより、両国造として並立してその祭祀に従い、所領も分割した。一六六七年(寛文七)出雲大社の造替の際、幕命により屋敷を現在地に移す。明治維新後の神社制度の整備にともなって、出雲大社の宮司は千家氏に帰したため、北島氏は別に宗教法人出雲教を組織。一八八四年(明治一七)脩孝のとき男爵を授けられた。現在でも国造相続の火継式は厳守されており有名。

きたじまけんしん【北島見信】 生没年不詳。江戸中期の長崎の天文学者。盧草拙の弟子。一七四五年(延享二)天文方に採用されて年銀二〇枚を給されたと「長崎年表」に記される。オランダ船がもたらした星図と地図を解説した「紅毛天地二図贅説」(一七三七)で、日本を中心とした一版図をフォルチス・ヤマト(威徳ある日本)として一大州の設置を提唱。

きたじませつざん【北島雪山】 1636～97.閏2.24 江戸前期の唐様書家。熊本藩医の家に生まれる。通称は三立。号は花谿子・蘭山人・雪参・花隠・蘭隠など。書は黄檗流を独立性易から学び、撥鐙法を修得。長崎滞在中、明の兪立徳から文徴明の筆法を学ぶ。細井広沢に書法を伝え、江戸唐様の基礎を築く。

きたじままさもと【北島正元】 1912.8.7～83.11.1 昭和期の歴史学者。新潟県出身。東大卒。新潟大学助教授をへて、一九五九年(昭和三四)東京都立大学教授。のち立正大学教授。日本近世政治史を中心に幅広い業績をあげた。また関東近世史研究会を創立し、長く会長を務めた。著書「水野忠邦」「江戸幕府の権力構造」。

きたじょうたかひろ【北条高広】 生没年不詳。戦国期の武将。上野国厩橋城(現、前橋市)城主。本貫は越後国北条だが、一五六〇年(永禄三)上杉謙信の関東出兵ののち厩橋城将とされ、同地で在地領主化した。厩橋は上杉氏の関東方面の前進拠点として重要だったが、高広の去就は一定せず、七八年(天正六)謙信の死後に上杉氏を離れ、北条氏ついで武田氏に属し勢力を保った。八二年織田政権の上野進出にともない滝川一益に属し、一益の撤退後はかわって上野を制圧した北条氏に従った。

きたしらかわのみや【北白川宮】 伏見宮邦家親王の第一三王子智成親王を祖とする宮家。親王は聖護院門跡雄仁親王の後嗣となり信仁入道親王と称したが、王政復古ののち一八六八年(明治元)一月照高院宮、同年閏四月還俗して照高院宮智成親王と号するが、七〇年宮号を旧門跡名との混同を避けるため北白川宮と改めた。智成親王は七二年早世し、その遺志によって兄の能久親王が宮家を継承し、このあと成久王・永久王・道久王が父子相承した。能久親王は維新後に陸軍に入り、日清戦争に出征。永久王は日中戦争で戦死。一九四七年(昭和二二)皇籍を離脱して北白川家となった。

きたしらかわのみやよしひさしんのう【北白川宮能久親王】 1847.2.16～95.10.28 明治期の皇族。伏見宮邦家親王の第九王子。一八六七年(慶応三)輪王寺宮を継ぐ。戊辰戦争では反官軍方にあったため罪を得たがのちゆるされ、七〇年(明治三)ドイツに留学。留学中の七二年北白川宮家を継ぎ、帰国後陸軍軍人として累進、九二年中将。日清戦争では九五年一月近衛師団長に補せられ出征。講和後近衛師団を率いて台湾占領にあたったが、同年一〇月台南で病没。

きただてとしなが【北楯利長】 1548～1625.7.20

江戸前期の水利功労者。山形藩士。一六〇一年(慶長六)最上義光(よしあき)の庄内仕置では田川郡狩川城(現、山形県立川町)城主に任じられ三〇〇〇石を領した。一二年田川郡北部の水不足の解消のため、清川山を切り開き立谷沢川から取水する北楯堰を着工。堰は庄内および由利全郡から多数の人夫を投じて約五カ月で完成した。本流堰長五九六〇間で、三万石余を灌漑。利長はその功により三〇〇石を加増された。

きたとらお【城多虎雄】 1854.4.-~87.2.21 明治初期の評論家。伊勢国生れ。旧姓小津。一五歳で京都に出て城多董(ただす)の養子となる。幕府開成所で学び、一八八〇年(明治一三)メルボルンの万国博に通訳を主務として随行、のち欧州巡遊。帰国後、「朝野新聞」「京都滋賀新報」などに論説を発表。マルクスの「共産党宣言」を紹介した。

きたながよし【喜多長能】 1586~1653.1.7 「おさよし」とも。江戸初期に活躍した代表的な能役者。シテ方喜多流の創始者北七大夫。法名は英林・願慶。堺の目医者内堀某の子。一〇歳で七ツ大夫として興福寺薪猿楽(たきぎさるがく)に出演、のちに金剛大夫弥一の養子となり金剛三郎と名のる。弥一の没後金剛大夫となるが、大坂夏の陣に豊臣方に荷担して一時引退。二代将軍徳川秀忠の上洛時に金剛七大夫として復帰、以後秀忠・家光の後援を得て四座のほかに喜多流の創立を認められた。

きたばたけあきいえ【北畠顕家】 1318~38.5.22 南北朝期の公卿・武将。親房の長子。建武新政の当初、従三位陸奥守となり、義良(のりよし)親王(後村上天皇)を奉じて父とともに陸奥へ下り、多賀国府を拠点に奥羽両国の経営にあたる。一三三五年(建武二)足利尊氏が離反すると、鎮守府将軍に任じられて西上、尊氏を九州に敗走させた。まもなく再下向するが、北関東・奥羽の戦局悪化にともなって伊達郡霊山(りょうぜん)(現、福島県霊山町・相馬市)に拠点を移す。三七年(建武四・延元二)後醍醐天皇の要請で再度西上。翌年正月、美濃国青野ケ原(現、岐阜県大垣市)での勝利後、伊勢・伊賀をへて大和へ入り、同国般若坂(現、奈良市)で敗北。河内・摂津で奮戦するが、和泉国堺浦で高師直(こうのもろなお)に敗れ、石津(いしづ)(現、大阪府堺市)で討死。死の直前、新政を批判する諫草(かんそう)を後醍醐天皇に提出。

きたばたけあきのぶ【北畠顕信】 ?~1380.11.- 南北朝期の武将。親房の次子。一三三六年(建武三・延元元)伊勢で挙兵して後醍醐天皇の吉野遷幸をたすける。三八年(暦応元・延元三)戦死した兄顕家にかわって鎮守府将軍として陸奥へ下向するため、義良(のりよし)親王(後村上天皇)を奉じて伊勢国大湊から出航したが、暴風にあい吉野に帰還。翌年後村上天皇即位後に東下、常陸をへて海路陸奥国牡鹿(おしか)郡に入った。いったん敗北して北奥に退くが、五一年(観応二・正平六)観応の擾乱による幕府方の分裂に乗じて多賀国府を回復。翌年関東へ向かう背後を襲われ、田村荘宇津峰城(現、福島県須賀川市・郡山市)にこもったが五三年(文和二・正平八)落城、以後北奥に転じた。「桜雲記」によれば、のち吉野に戻って右大臣になったという。

きたばたけあきやす【北畠顕泰】 ?~1402.10.- 「あきひろ」とも。南北朝期の武将。顕能の子。南朝の正二位権大納言。父を継いで伊勢国司となる。多気(たげ)城を本拠に幕府方一色詮範(いっしきあきのり)・仁木満長らと戦う。のち幕府と講和し、応永の乱では幕府軍として和泉国堺へ出陣。このとき長子満泰が討死。

きたばたけあきよし【北畠顕能】 ?~1383.7.- 南北朝期の武将。親房の三男。南朝の正二位権大納言・准三宮。一説に中院(なかのいん)貞平の子で親房の養子ともいう。一三三五年(建武二)兄顕信らと伊勢へ下向、三八年(建武五・延元三)伊勢国司に任じられたという。同国一志(いちし)郡多気(たげ)城を拠点として幕府方に対抗、五二年(観応三・正平七)南朝の京都侵攻の際には伊勢・伊賀両国軍勢を率いて活躍。

きたばたけけ【北畠家】 鎌倉・室町時代の公家。中院(なかのいん)流の一流。村上源氏源通親の孫中院雅家に始まる。雅家の曾孫親房は後醍醐天皇の信任が厚く、以来北畠家は南朝方の中心として活躍。親房の子顕能(あきよし)が伊勢国司に任命され、一志郡多気を拠点としてから、代々伊勢国司を世襲。三国司家の一つとなる。南北朝合一をみた顕泰の時代をへて、満雅は大覚寺統への処遇の不満から挙兵するが敗死。子教具(のりとも)は室町幕府の体制に組みこまれ、南伊勢のほか大和国宇陀郡にも勢力をのばした。具教(とものり)のとき北伊勢から織田信長が進攻。嫡子具房の養子に信長の次子信雄を入れたが、一五七六年(天正四)信長の謀略にかかって殺され、北畠家は滅亡。庶流の星合・木造・藤方氏は江戸幕府に出仕した。

きたばたけちかふさ【北畠親房】 1293.1.-~1354.4.17 鎌倉後期~南北朝期の公卿で、南朝の重臣。万里小路宣房(までのこうじのぶふさ)・吉田定房とともに後

●北畠家略系図

雅家┬師親―師重―親房┬顕家
　　│　　　　　　　　├顕信
　　└師行―具行　　　└顕能―顕泰―満雅―教具―政郷―材親―晴具―具教―具房＝信雄

の三房と称された。父は師重、母は左少将隆重の女。後醍醐天皇の信任あつく、一三二四年(正中元)父祖の例をこえ大納言任官。三〇年(元徳二)出家。法名宗玄、のち覚空。三三年(元弘三)従一位准大臣。同年義良親王を奉じ長男顕家とともに陸奥国に下る。三五年(建武二)足利尊氏が建武政権にそむくと上洛。同年の尊氏東上で伊勢にのがれる。三八年(暦応元・延元三)再度の陸奥下向を企てたが遭難し、常陸に漂着。近隣豪族に軍勢催促を行ったが失敗し、吉野に戻る。五一年(観応二・正平六)の正平一統に功あって准后となるが、京都占領に失敗し吉野の賀名生に退却。その地で没した。著書「神皇正統記」「職原抄」。

きたばたけとものり【北畠具教】 1528～76.11.25 戦国期の武将。晴具の長子、母は細川高国の女。正三位権中納言。一五六七年(永禄一〇)から織田信長の伊勢侵攻が始まり、六九年八月、具教の実弟木造具政の内応を機に、信長は一〇万ともいわれる大軍で具教・具房父子のこもる大河内城(現、三重県松阪市)を攻囲した。同年一〇月信長の次男茶筅丸(のち信雄)を具房の猶子とすることを条件に開城。翌年出家して伊勢国多気郡三瀬城に隠居。七五年(天正三)信雄に家督を譲り、翌年信長の謀略で旧臣に殺された。塚原卜伝に兵法の伝授をうけたといわれ、文武に秀でた。

きたばたけともゆき【北畠具行】 1290～1332.6.19 鎌倉後期の公卿。従二位権中納言。師行の子。後醍醐天皇の近臣で、後醍醐が親王であった頃から近侍。討幕活動に参画し、一三三一年(元弘元)後醍醐天皇の笠置遷幸に従い、落城後に捕らえられた。翌年、佐々木高氏(導誉)に警護されて鎌倉に送られる途中、鎌倉幕府の命により近江国柏原で斬殺された。

きたばたけはるふさ【北畠治房】 1833.1.1～1921.5.4 幕末期の尊攘運動家、明治期の司法官僚。大和国生れ。天誅組の乱、天狗党の乱に参加。一八七二年(明治五)中議生、七三年司法少判事、七七年判事。明治十四年の政変により下野、立憲改進党結成に参加。八七年東京控訴院検事長として司法界に復帰。八四年の大隈重信の立憲改進党脱党は北畠らに復帰の道を開くためという。のち大審院判事・大阪控訴院長。九八年貴族院議員。

きたばたけみつまさ【北畠満雅】 ?～1428.12.21 南北朝期～室町中期の武将。顕泰の子。父を継いで伊勢国司。南北朝合一後も大覚寺統を支持。一四一四年(応永二一)後小松天皇から称光天皇への譲位は南北朝合体条件の不履行として伊勢で挙兵。大和や河内の後南朝勢力の蜂起も誘引したが、後亀山上皇の弟説成親王の斡旋で和睦。二八年(正長元)後花園天皇の践祚を不満とする後亀山上皇の孫小倉宮を迎えて再度挙兵、北伊勢や大和国宇陀郡の国人にも呼応者をえた。幕府は伊勢国守護土岐持頼らに追討を命じ、満雅は安濃郡岩田の戦で敗死。小倉宮は降伏した。以後も北畠氏は抵抗したが、三〇年に満雅の弟顕雅が所領安堵をうけて幕府へ帰降。

きたはらはくしゅう【北原白秋】 1885.1.25～1942.11.2 明治～昭和前期の詩人・歌人。福岡県出身。本名隆吉。一九〇〇年(明治三三)「文庫」に投稿し、〇四年上京。早大中退後、新詩社に入り、木下杢太郎・吉井勇・石川啄木・高村光太郎らと交友。「明星」の新鋭として活躍したが、〇八年脱退し、耽美派によるパンの会を結成。翌年、第一詩集「邪宗門」で象徴詩に画期をなす。一三年(大正二)の歌集「桐の花」で清新な感覚世界を展開した。一八年から鈴木三重吉の「赤い鳥」に関係し、童謡を多数創作。三五年(昭和一〇)に歌誌「多磨」を創刊、写実一辺倒の歌壇に影響を与えた。前期の耽美的な感覚世界から後期の幽玄の境地へと発展し、詩歌の広範な領域で活躍した。詩集「水墨集」、歌集「雲母集」。

きたまたぞう【喜多又蔵】 1877.9.11～1932.1.31 明治～昭和前期の実業家。奈良県出身。大阪高等商業卒。日本綿花に入社し、ボンベイや中国各支店の勤務をへて一九一七年(大正六)より同社社長。二〇年恐慌時のシンジケートの組織化には中心的な役割を担った。ほかに諸会社社長や日本工業倶楽部理事などを務め、パリ講和会議には大阪財界代表として随行した。

きたみしげまさ【喜多見重政】 ?～1693.7.28? 江戸前期の旗本、のち大名。石谷武清の子。一六七二年(寛文一二)母方の祖父喜多見重恒の養子として家を継ぎ一二二〇石。書院番・中奥番・小姓を歴任し、八一年(天和元)二〇〇〇石を加増され、翌年側用人見習となり、翌々年一月に一万石の大名になる。八五年(貞享二)には側用人となり、翌年一万石を加増された。八九年(元禄二)将軍徳川綱吉の勘気により改易。配所の伊勢国桑名で死去したという。

きたむきどうちん【北向道陳】 1504～62.1.18 戦国期の茶人。和泉国堺の人。本姓は荒木。北向きの家に住んだので、これを通称としたという。東山流茶道の開祖右京空海に学ぶ。茶道の大成者千利休を、のちにその師となった武野紹鷗に引きあわせたことは有名。「山上宗二記」には、すぐれた茶器の鑑定者(目利き)であり、虚堂墨跡・松花茶壺・甲肩衝・善好茶碗を所持したと記す。

きたむらきぎん【北村季吟】 1624.12.11～1705.6.15 江戸前期の歌人・俳人・和学者。名は静厚。通称久助。別号は盧庵・呂庵・七松子・拾穂軒・湖月亭。近江国北村の人。祖父・父につぎ医学を修めた。はじめ貞室に、のち貞徳直門となり、「山之井」刊行で貞門の新鋭といわれた。飛鳥井雅章・清水谷実業に和歌・歌学を学んだことで、「土佐日記抄」「伊勢物語拾穂抄」「源氏物語湖月抄」などの注釈書を著し、一六八九年(元禄二)には歌学方として幕府に仕えた。俳諧は貞門風をでなかったが、「新続犬筑波集」「続連珠」「季吟十会集」の撰集、式目書「埋木」、句集「いなご」は特筆される。元隣・芭蕉・素堂らのすぐれた門人を輩出したことも、俳諧史上大きな意義がある。

きたむらとうこく【北村透谷】 1868.11.16～94.5.16 明治前期の詩人・評論家。本名門太郎。神奈川県出身。東京専門学校中退。自由民権運動に加わり大阪事件への参加を求められたが、煩悶の末、頭を剃って運動から離脱。その後キリスト教に入信、文学へ移って詩や評論などで活躍した。一八九三年(明治二六)島崎藤村らと「文学界」を創刊、初期浪漫主義運動の指導的役割をはたし、一方プロテスタント各派と交流して反戦平和運動を展開した。著作に初期の劇詩と「厭世詩家と女性」「内部生命論」「人生に相渉るとは何の謂ぞ」などの評論があり、その基調は実世界に対して想世界・内部生命・他界などの観念を対置させることで、現実社会の止揚をはかろうとするものであった。山路愛山との人生相渉論争は有名。

きたむらのぶよ【喜多村信節】 1783.10.16～1856.6.23 節信とも。幕末期の国学者・考証学者。通称彦助、のち彦兵衛、号は筠庭・筠居。江戸生れ。とくに師事した学者はいないが、古今を問わずさまざまな文献を読んで、当時の風俗や語源に考証を加えた。著書「嬉遊笑覧」は近世風俗・庶民社会の雑事研究の貴重な史料。ほかに「新増年中行事」「武江年表補正略」「花街漫録」。

きたむらやへえ【喜多村弥兵衛】 ?～1638.8.17 彦兵衛とも。江戸町年寄喜多村家の初代。徳川家康の関東入部に従い遠江国から江戸に来住したと伝えるが、北陸に住したともいう。一五九二年(文禄元)樽屋・奈良屋とともに「江戸宿三人之年寄」として史料に登場。代々の子孫はおもに彦兵衛・彦右衛門を名のり、江戸町年寄を世襲。本町三丁目に拝領屋敷を所有した。なお連雀商札座を勤めた喜多村文五郎を弥兵衛と同一人とする説もある。

きたむらろくろう【喜多村緑郎】 1871.7.23～1961.5.16 明治～昭和期の新派俳優。女形。本名六郎。東京都出身。一八九二年(明治二五)伊井蓉峰の妹役で初舞台。九六年大阪道頓堀で高田実らと成美団を組織。明治末期には東京に戻って本郷座を中心に新派の全盛期を築く。大正期には伊井・河合武雄と新派の三頭目と並称され、昭和期も第二次大戦後まで活躍した。新派の演劇史上の性格を決定づけた点で重要な存在。芸術院会員・人間国宝・文化功労者。

きたやまいん【北山院】 1369～1419.11.11 室町中期の後小松天皇の准母。日野康子。父は権大納言日野資康。一三九四年(応永元)頃足利義満室となり、北山第南御所に住んだことから南御所とよばれた。一四〇六年、後小松天皇生母通陽門院の危篤に際し、義満は天皇一代に二度の諒闇(天皇の服喪)は不吉として、関白一条経嗣に康子を天皇の准母にするようはかり、翌年院号宣下により北山院と称した。義満死後、将軍足利義持と疎遠だったため、その葬儀には国母に准じた儀はなかった。

きたやましげお【北山茂夫】 1909.3.3～84.1.30 昭和期の日本史学者。和歌山県出身。東大卒。一九三七年(昭和一二)に正倉院文書の大宝二年筑前国戸籍残簡を整理し、大領肥君猪手の戸籍復元に成功して注目された。田辺中学校教員をへて、五〇年立命館大学教授、六九年退任。以後マルクス主義歴史学の立場にたちながらも、政治史と万葉学を接合した日本古代史研究を行った。著書「奈良朝の政治と民衆」「万葉集とその世紀」「日本古代政治史の研究」「平安京」。

きたやまのみや【北山宮】 ?～1457.12.2 一宮・自天王とも。室町時代の後南朝の皇族。弟の河野宮忠義王とともに、禁闕の変で禁裏から奪われていた神璽を奉じ、吉野北山で南朝再興を期したが、一四五七年(長禄元)主家再興をはかる赤松の遺臣に神璽を奪還され殺された。出自は不詳だが、禁闕の変の主謀者尊秀王にあたるとも、五五年(康正元)弟の梵仲とともに相国寺を逐電した長慶天皇の後胤梵勝にあたるともいわれる。

きたれいきち【北昤吉】 1885.7.21～1961.8.5 昭和期の政治家。新潟県出身。兄に北一輝。一九〇八年(明治四一)早大卒。欧米に学び大東文化学院・大正大学教授ののち、三六年(昭和一一)以後、新潟一区から衆議院議員に八回当選。第二次大戦後、自由党結成に尽力し、政調会長を務めた。著書「日本精神の闡明」。

きたろっぺいた【喜多六平太】 1874.7.7～1971.1.11 明治～昭和期の能役者。シテ方喜多流の一四世宗家。幼名千代造。東京都出身。旧幕臣宇都野鶴五郎の次男。母が喜多流一二世宗家喜多六平太能静の三女だった縁から喜多家に入り、一八八四年(明治一七)一〇歳で宗家を継承。実名六平太、号は能心。天才と努力で独自の芸風を築いた。一九四七年(昭和二二)芸術院会員、五三年文化勲章受章、五五年人間国宝。著書「六平太芸談」。

きちぞう【吉蔵】 549～623 嘉祥大師とも。中国の六朝末～唐初の僧。俗姓安氏で、パルティア(安息国)の血筋であることから胡吉蔵とも称した。南京出身。法朗のもとで出家し、会稽の嘉祥寺、楊州の慧日道場、長安の日厳寺で布教・講説。煬帝はじめ多くの帰依者を得た。この間に三論教学を大成。また諸大乗経典の研究を行い、とくに法華経を重視した。智顗とも交流があった。主著「三論玄義」「法華玄論」。弟子は六二五年(推古三三)来日し、はじめて三論教学を伝えた慧灌ら多数。

きっかわこれたり【吉川惟足】 ⇨吉川惟足

きっかわし【吉川氏】 中世〜近世の武家。藤原南家工藤流。始祖は、駿河国入江荘吉川(現、静岡県清水市)を本拠とした経義。鎌倉時代、播磨国福井荘(現、兵庫県姫路市)・安芸国大朝荘(現、広島県大朝町)の地頭となる。のち子孫は大朝荘に移住し、有力国人となった。戦国期の興経のとき、毛利元就の次男元春が養子に入り、以後、毛利氏勢力の一翼となった。関ケ原の戦で元春の子広家は徳川家康に通じ、西軍の毛利輝元が周防・長門両国を保つよう尽力。江戸時代には、毛利家の分封として周防国岩国六万石を領した。一八六八年(明治元)大名に列し、維新後、男爵のち子爵。

きっかわつねいえ【吉川経家】 1547〜81.10.25 織豊期の武将。経安の子。吉川氏の分家で石見国邇摩郡福光城主。千熊丸・小太郎。式部少輔。一五六一年(永禄四)毛利氏麾下として福屋隆兼と戦った。七四年(天正二)家督を継ぐ。八一年三月豊臣秀吉と戦う山名氏旧臣の因幡国鳥取城に城将として派遣され、兵糧攻めにあった。城内の人々の命とひきかえに開城し、秀吉の助命提案を断って自刃した。

●吉川氏略系図

経義……経基―国経┬元経―興経＝元春┬元長＝広家……経幹[岩国藩]┬経健(子爵)
　　　　　　　　└女子(毛利元就室)　├元氏　　　　　　　　　　　└重吉(男爵)
　　　　　　　　　　　　　　　　　　└広家

きっかわつねまさ【吉川経幹】 1829.9.3〜67.3.20 幕末期の大名。周防国岩国藩初代藩主。父は経章。岩国領主は代々宗家の長門国萩藩毛利家と疎遠で、六万石ながら諸侯に列することができなかった。経幹は、第一次長州戦争の際、幕府軍総督徳川慶勝と宗家を仲介し、第二次では幕府軍主力と会戦、勝利して、宗家を支援し国事を周旋した。討幕の機運の高まった一八六七年(慶応三)病死したが、喪を秘し、宗家の毛利敬親の朝廷への計らいで従五位下駿河守に任じられ、初めて諸侯に列した。

きっかわひろいえ【吉川広家】 1561〜1625.9.21 織豊期〜江戸初期の武将。元春の子。初名は経言。民部少輔・蔵人。剃髪後は如兼。毛利氏に仕え、一五八七年(天正一五)兄元長の病死により家督を継いだ。九一年毛利氏領のうち一四万石を豊臣秀吉から与えられて出雲国富田(月山)城に入った。一六〇〇年(慶長五)の関ケ原の戦では徳川氏に内通し毛利家存続に力を尽くした。同年周防国内三万石を分知され、岩国に築城した。文芸風雅にも造詣が深かった。

きっかわもとはる【吉川元春】 1530〜86.11.15 戦国期〜織豊期の武将。毛利元就の子。毛利氏の部将として活躍。一五五〇年(天文一九)安芸国吉川氏を継承したが、以後も父元就・兄隆元に協力して毛利氏の運営に参画。七一年(元亀二)元就の死後は、弟小早川隆景とともに若年の毛利輝元を補佐。この間おもに山陰方面の経略を担当。ついで織田信長軍と戦ったが、八二年(天正一〇)講和成立ののち隠退。八六年豊臣秀吉の九州出兵に参加し、豊前国小倉で病死。

きっかわれいか【吉川霊華】 1875.5.4〜1929.3.25 明治・大正期の日本画家。東京都出身。湯島の儒者吉川澹斎の三男。本名は準。狩野良信・山名貫義に学んだのち、冷泉為恭に傾倒して大和絵を研究。一九一六年(大正五)金鈴社を結成。解散後は帝展審査員として活躍した。帝展出品作「離騒」など東洋古典に通じ、白描画を得意とした。雑誌「中央美術」編集同人、健筆家でもあった。

きづそうせん【木津宗詮】 1760〜1858.1.1 江戸末期の茶人。茶道家元武者小路千家の一啜斎宗守の弟子。号は卜深庵。大坂木津の願泉寺に生まれた。四天王寺の雅楽を奏する楽人であったが、家を弟に譲って、茶道の修行に精進した。一八三一年(天保二)和歌山藩に茶頭として仕えた。

きったのよろし【吉田宜】 生没年不詳。奈良時代の医家。祖の吉大尚は百済から亡命して大友皇子の賓客となり、「日本書紀」に「薬を解す」とある。七二一年(養老五)医術教育者として賞された。このときは吉宜。七二四年(神亀元)吉田連を賜るが、「新撰姓氏録」によれば、本姓の吉と居住地田村里の田をとった命名という。七三〇年(天平二)には弟子をとって教授するよう命じられた。子や同族も侍医や内薬正などを勤めている。

きっちょむ【吉四六】 大分県中南部を中心に伝承される笑話の主人公。一連の話は吉四六話とよばれ、狡猾者譚、愚か者譚、おどけ者譚、あわて者譚などからなり二百数十話におよぶ。「きっちょむ」は吉右衛門の訛で、明暦〜元禄年間(一六五五〜一七〇四)に大分県大野郡野津町に実在した初代広田吉右衛門をモデルとする説がある。

きつれがわし【喜連川氏】 鎌倉公方足利氏の後裔。清和源氏。最後の古河公方足利義氏に男子がなかったため、一五九〇年(天正一八)豊臣秀吉の命により、小弓御所足利義明の孫国朝が義氏の女と結婚し、その名跡を継ぐ。国朝は下野国喜連川(現、栃木県喜連川町)に住み、喜連川氏を称した。江戸時代には五〇〇〇石を知行し、四品・一〇万石の格式を与えられた。明治になって足利姓に復す。子爵。

ぎてん【魏天】 1350?〜? 南北朝期〜室町中期の中国帰化人。幼時、倭寇によって明から日本に連行され、のち高麗に渡って李崇仁の使用人になる。回礼使に随行して再度来日した際、来日中の明使に連れ戻されるが、洪武帝が通事として日本に送り返した。その後結婚して二女をもうけ、将軍足利義満の恩顧をうけて富裕になる。一四二〇年(応永二七)朝鮮回礼使宋希璟の来日時に応接に勤め、宋希璟の「老松堂日本行録」に詳しく記される。

ぎてんげんしょう【義天玄詔】 1393〜1462.3.18 室町中期の臨済宗妙心寺派の禅僧。諱は玄詔(もとは明詔・玄承)、字は義天。諡号は大慈慧光禅師。土佐の蘇我氏の出身。一八歳で義山明恩を師として出家。京都建仁寺、尾張犬山の瑞泉寺で修行。一四二八年(正長元)瑞泉寺の日峰宗舜から印可をうける。その後、諸寺で修行し、五〇年(宝徳二)に竜安寺の開山となり、五三年(享徳二)には大徳寺に住む。細川勝元の帰依をうける。

きとう【几董】 1741〜89.10.23 江戸中期の俳人。高井氏。京都の人。父几圭に俳諧を学び、一七七〇年(明和七)蕪村門に入る。七二年(安永元)処女撰集である几圭十三回忌追善集「其雪影」を編む。七三〜八九年(安永二〜寛政元)歳旦帖「初懐紙」を刊行。蕪村を助け、暁台・樗良・麦水・二柳らと交流。八四年(天明四)蕪村追悼集「から檜葉」を編む。翌年師の遺志を継ぐ「続一夜松集」の編集を目的に江戸へ下り、蓼太の推挙で夜半亭三世を継承。自撰集「井華集」。

きとうかげよし【鬼頭景義】 ?〜1676.7.15 江戸前期の新田開発者。戦国土豪の系譜をひき、名は吉兵衛。名古屋藩の新田開発の功労者として知られる。一六三一〜五七年(寛永八〜明暦三)の間に、尾張国愛知郡内で六カ村、海東郡三カ村、海西郡一六カ村、知多郡一カ村、美濃国安八郡一カ村、石高計二万二〇〇〇石余の新田を開き、萱津用水を計画して完成させた。

ぎどうさんしのはは【儀同三司母】 ⇨高階貴子

ぎどうしゅうしん【義堂周信】 1325.閏1.16〜88.4.4 南北朝期の禅僧。別号空華道人。土佐国生れ。俗姓は平氏。はじめ比叡山で台密を学ぶが、一七歳で夢窓疎石に参禅、のち法を継いだ。一三五九年(延文四・正平一四)足利基氏の招きで鎌倉円覚寺に住し、七一年(応安四・建徳二)上杉氏に請われて報恩寺(現、廃寺)の開山となる。八〇年(康暦二・天授六)足利義満の命で帰京。建仁寺・等持院に住し、八六年(至徳三・元中三)南禅寺住持。義堂の意見により南禅寺は五山の上におかれた。絶海中津と五山文学の双璧と称された。「貞和類聚祖苑聯芳集」「義堂和尚語録」や、漢詩文集「空華集」、日記「空華日用工夫略集」などがある。

きどこういち【木戸幸一】 1889.7.18〜1977.4.6 昭和期の重臣・官僚政治家。木戸孝允の養嗣子孝正の長男。東京都出身。京大卒。農商務省に入り、一九三〇年(昭和五)内大臣秘書官長に起用される。西園寺公望・牧野伸顕らの宮中側近グループの知遇を得る一方、近衛文麿・原田熊雄ら革新貴族や鈴木貞一ら革新派軍人と交わる。三七年第一次近衛内閣に文相として入閣、初代の厚相を兼任したのち厚相専任となる。平沼内閣には内相として残留、近衛と平沼の連絡にあたり、近衛新党運動にもかかわる。四〇年内大臣に就任、重臣会議の幹事役として首班選考にたずさわり、陸軍軍人による陸軍制御を期待して東条内閣の成立に関与したほか、昭和天皇の秘書長役として活動した。太平洋戦争中は東条内閣を支えたが、戦争末期には終戦促進に動いた。戦後A級戦犯容疑者として終身刑判決をうけたが、五五年仮釈放された。

きどたかよし【木戸孝允】 1833.6.26〜77.5.26 幕末期の萩藩士、明治期の政治家。本姓和田、旧名桂小五郎、号は松菊。吉田松陰に兄事し、江戸の斎藤弥九郎道場に学ぶ。萩藩の尊攘派を指導する一方、藩外の開明派とも親しく、八月十八日の政変後も京都で萩藩の孤立回避に努めたが、禁門の変後但馬出石に逃れた。一八六六年(慶応二)西郷隆盛らと薩長連合を密約、翌年秋に西郷・大久保利通と倒幕出兵を策した。維新後参与をへて七〇年(明治三)参議となる。長州閥・開明派の巨頭として版籍奉還・廃藩置県など一連の改革にあたり、岩倉遣外使節団には全権副使として参加。明治六年の政変では内治優先論をとった。翌年台湾出兵に抗議して下野、七五年大阪会議で立憲制導入を条件に参議に復帰。しかし大久保への権力集中は改まらず、翌年参議を辞任した。

きどまんたろう【城戸幡太郎】 1893.7.1〜1985.11.18 昭和期の教育心理学者。愛媛県出身。東大卒。一九二二年(大正一一)ライプチヒ大学に留学。二四年から法政大学教授。人間の心理を環境と社会的側面から捉え教育の改革を提唱し、保育問題研究会・教育科学研究会の会長などを務めた。四四年(昭和一九)治安維持法により検挙。第二次大戦後は教育刷新委員会委員、北海道学芸大学長などを歴任。

きなしかるのみこ【木梨軽皇子】 記紀伝承上の五世紀頃の人物。允恭(いんぎょう)天皇の皇子。母は忍坂大中姫(おしさかのおおなかつひめ)。皇太子となったが、同母妹の軽大郎女(かるのおおいらつめ)と通じ、事が露見して郎女は伊予に流された。しかし、皇太子の地位にあったことから刑に処せられなかった。天皇の死後、諸臣が服さず、同母弟の穴穂(あなほ)皇子(安康天皇)についたため、物部大前宿禰(もののべのおおまえのすくね)の家に逃げたが捕らえられ、伊予に流され、そこで郎女とともに命を断ったという。

キーナン Joseph Berry Keenan 1888.1.11～1954.12.8 アメリカの法律家。ロード・アイランド州出身。ブラウン大学、ハーバード・ロー・スクール卒。第一次大戦に従軍後、検察官となるが、一九三三年司法長官特別補佐官に就任し、暴力犯罪の取締りにとりくむ。さらに司法省刑事部長・司法次官補を歴任し、三九年ワシントンで弁護士事務所を開業。四五年(昭和二〇)一二月来日し、極東国際軍事裁判の首席検察官として連合国の検察活動を指導した。

きねいえやしち【杵家弥七】 長唄三味線方の家元名。幕末期から六世を数える。三世杵屋弥十郎の門弟弥七を流祖とし、四世弥七の代に杵屋を杵家と改めた。四世(一八九〇～一九四二)は本名赤星ヨウ。東京出身で二世門弟弥寿治の娘。一九一六年(大正五)弥七を襲名。三味線文化譜を完成し、また三味線女塾を開設。文化譜の全国的普及をはかって長唄の振興に貢献した。

きねや【杵屋】 長唄演奏家の代表的な姓。とくに杵屋六左衛門・喜三郎・勘五郎の名跡を継いだ家系を宗家ともよぶが、長唄界全体の家元ではない。三世杵屋勘五郎著「杵屋系譜」によると、杵屋の始祖初世勘五郎は、兄猿若(中村)勘三郎とともに元和年間に江戸に下り、猿若狂言の脇師を勤め、三本杵を定紋とし、杵屋と称した。二代六左衛門は初代の実子でやはり猿若狂言の脇師。二代の子三代(初名喜三郎、二世勘五郎)に至って三味線方に転じ、長唄三弦始祖としているが疑問、六代まで確証がない。しかしその後、三味線の名手を輩出し、とくに九代・一〇代六左衛門の活躍が作曲面でもめざましい。

きねやえいぞう【杵屋栄蔵】 1890.11.15～1967.11.26 大正・昭和期の長唄三味線方。本名は小田裕康。東京都出身。六世芳村伊十郎の養子。五世杵屋勘五郎の門弟。一九〇五年(明治三八)三世栄蔵を襲名。一一年帝国劇場創立に際し、歌舞伎座にとどまり同座の邦楽部長となる。三二年(昭和七)日本邦楽学校を創設(のち廃校)。六二年芸術院会員。芸名は四世を数える。

きねやかつさぶろう【杵屋勝三郎】 長唄三味線方杵勝派の家元名。江戸後期から七世を数える。初世(?～一八五八)は初世杵屋勝五郎の門弟。二世(一八二〇～九六)は初世の子。幕末～明治前期に活躍。演奏・作曲ともに非凡の才を示し、江戸日本橋馬喰(ばくろ)町に住んでいたので、「馬場の鬼勝」とあだ名された。同時代の三世勘五郎・三世正次郎とともに三傑に数えられる。「都鳥」「鞍馬山」「菖蒲浴衣」「喜三(みき)の庭」「時雨西行」「船弁慶」「安達ケ原」を作曲。

きねやかんごろう【杵屋勘五郎】 長唄三味線方。江戸初期から七世を数える。初世(?～一六四三)は杵屋の始祖。二世(一六一九～九九)は杵屋宗家の三代目。この人から三味線をひき、長唄三味線の始祖といわれる。三世(一八一五/二三～七七)は一一代杵屋六左衛門の後名。五世(一八七五～一九一七)は一二代杵屋六左衛門の次男。本名石原広吉。兄の一三代六左衛門とともに歌舞伎長唄界を導く。「新曲浦島」「島の千歳(せんざい)」「多摩川」を作曲。

きねやきさぶろう【杵屋喜三郎】 長唄三味線方。江戸初期から一五世を数える。一四世(のち一四代六左衛門)より唄方に転向。現一五世(一九二三～　)も唄方で、一九九七年(平成九)人間国宝。喜三郎名義は宗家六左衛門あるいは勘五郎の控え名・前名として用いられてきたが、六世まで不明な点があり、また宗家では一時喜三郎を名のった杵屋俊二を世数にいれていない。

きねやさきち【杵屋佐吉】 長唄三味線方。江戸後期から七世を数える。初世(?～一八〇七)は二世杵屋六三郎門弟。「蜘蛛拍子舞(くものひょうしまい)」を作曲。二世(生没年不詳)は初世の門弟杵屋和吉の弟子。「浅妻船」「まかしょ」などを作曲。四世(一八八四～一九四五)は三世佐吉の孫。本名武藤良二。東京都出身。明治座邦楽部長。三弦のみの合奏曲三弦主奏楽を創始。また豪弦(低音三味線)・咸弦(かんげん)(電気三味線)などを試作。「隅田の四季」「まつり」「潯陽江(じんようこう)」「山伏摂待(せったい)」などを作曲。第二次大戦中、長唄協会会長を務めた。

きねやじょうかん【稀音家浄観】 長唄三味線方。明治後期から二世を数える。初世(一八三九～一九一七)は初世杵屋六四郎の門弟。六世杵屋三郎助をへて四世勘五郎を継ぐが、五世勘五郎登場のため、一九〇八年(明治四一)稀音家浄観を名のる。二世(一八七四～一九五六)は初世の子。本名杉本金太郎。東京都出身。一八八八年三世杵屋六四郎を継ぐ。一九〇二年四世吉住小三郎とともに長唄研精会を結成し、新風を巻きおこす。二六年(昭和元)杵屋を稀音家と改姓。二九年東京音楽学校講師、のち教授。三九年浄観を名のる。四八年芸術院会員、五五年文化勲章受章。「熊野(ゆや)」「元寇」のほか小三郎との合作で「有喜大尽(うきたいじん)」「紀文大尽」「神田祭」などの作品を残す。

きねやしょうじろう【杵屋正次郎】 長唄三味線方。江戸後期から六世を数える。初世(?～一八〇三)は二世杵屋六三郎の門弟。江戸浅草奥山で独楽(こま)回し松井源水の三味線を弾いていたのを見いだされたと伝える。「羽根の禿(かむろ)」「高砂丹前」「鬼次拍子舞」「木賊刈(とくさかり)」などを作曲。二世(?～一八二〇)は初世の実子か。「汐汲」「舌出し三番叟」などを作曲。三世(一八二七～九六)は二世の門弟正三郎の子。幼名彦之助。幕末期～明治前期に三世勘五郎・二世勝三郎とともに三傑と称された。一八七八年(明治一一)頃正治郎と改名。「梅の栄」「連獅子」「元禄花見踊」「土蜘(つちぐも)」「茨木」「船弁慶」「鏡獅子」などを作曲。

きねやろくざえもん【杵屋六左衛門】 長唄三味線方で、長唄宗家といわれる家系。一四代は唄方に転向。現在一五代を数えるが、これは初代宗家である初世勘五郎から勘五郎・喜三郎名義を含めて宗家としての代数である。八代のとき養子をもらったあと、実子が生まれたので、九代・一〇代は本家・別家が併立。とくに別家九代・一〇代で六左衛門家の地盤が確固となった。別家九代(?～一八一九)は中絶していた六左衛門名義を復活。中村座囃子(はやし)部屋の取締頭として活躍。名曲「越後獅子」をうむ。別家一〇代(一八〇〇～五八)は別家九代の子。四世杵屋六三郎とともに長唄中興の祖といわれる。「石橋(しゃっきょう)」「賤機帯(しずはたおび)」「秋色種(あきのいろくさ)」など名曲多数を残す。一一代(一八一五/二三～七七)は別家一〇代の妻の兄の子。のち義弟に六左衛門名義を譲り、三世勘五郎となる。二世勝三郎・三世正次郎とともに三傑と称される。「紀州道成寺」「綱館(つなやかた)」などの作曲のほか「大薩摩杵屋系譜」を著す。一二代(一八三九～一九一二)は別家一〇代の第二養子。東京歌舞伎座の囃子頭となり植木店(うえきだな)派の全盛を築く。一三代(一八七〇～一九四〇)は一二代の長男。弟は五世勘五郎。一四代(一九〇〇～八一)は一三代の子。本名安彦。三味線の家系であったが唄方に転向。「母を恋ふるの記」「壇の浦」などを作曲。芸術院会員・人間国宝。次女が一五代六左衛門、長男が一五世喜三郎、次男が六世勘五郎を継いだ。

きねやろくさぶろう【杵屋六三郎】 長唄三味線方。江戸中期から一二世を数える。二世と四世が有名。二世(一七一〇～九一)は初世六三郎の子。初世は杵屋宗家三代の二世勘五郎の子といわれる。宝暦・明和年間に松島庄五郎・富士田吉治の三味線方を勤め、長唄の曲調を一変させたという。天滴の俳名をもつ。「娘七種」を作曲。四世(一七七九～一八五五)は初世杵屋正次郎の弟子。一八〇八年(文化五)襲名。別家一〇代杵屋六左衛門とともに長唄中興の祖といわれる名人。「老松」「吾妻八景」「俄獅子」「勧進帳」など多数の名曲を残す。

きのあへまろ【紀阿閉麻呂】 ?～674.2.28 七世紀後半の官人。壬申の乱の功臣。臣姓。六七二年(天武元)大海人皇子が挙兵し東国入りすると、多品治(おおのほむち)・三輪子首(みわのこびと)・置始菟(おきそめのうさぎ)とともに東道将軍となり、伊勢方面から倭京に進攻中、大伴吹負(ふけい)の敗戦の報に接し、置始菟に一〇〇〇余騎をつけて急行させた。翌年八月、伊賀にあって、壬申の乱の戦功を賞された。贈大紫位。

きのいいまろ【紀飯麻呂】 ?～762.7.19 奈良時代の公卿。大人(うし)の孫。古麻呂(「紀氏系図」では麻呂)の子。七四〇年(天平一二)藤原広嗣の乱では征討副将軍として派遣され、乱後の大宰府停止に際しては筑前国府への官物の移管を監察する使となる。聖武天皇の度重なる行幸時には留守官を勤め、また安積(あさか)親王や橘諸兄(もろえ)の葬事を監督した。七五七年(天平宝字元)参議となり、藤原仲麻呂政権下で官号改易、地方行政の刷新にあたった。没時は従三位。

きのいらつめ【紀女郎】 生没年不詳。万葉第四期の歌人。名は小鹿(おしか)。父は鹿人(かひと)。「万葉集」に短歌一二首を残す。巻四の怨恨歌によれば、志貴皇子の孫、安貴王の妻であったが離別し、のち七四〇年(天平一二)頃は大伴家持(やかもち)と恋愛関係にあったらしい。しかし女郎の家持に贈った歌五首は、多分に遊戯的である。総じて理知的・技巧的であるが、女性らしいこまやかさ、優しさを含んだ歌風をもつ。

きのうし【紀大人】 ?～683.6.2/3? 七世紀の官人。「紀氏系図」によれば父は大口臣。子に麻呂、孫に飯麻呂(いいまろ)がいる。六七〇年(天智九)山階(やましな)寺で行われた藤原鎌足の葬送時に天智天皇の使として送終の辞をのべ、贈賻(ぞうふ)の礼を行った。翌年御史大夫(ぎょしたいふ)に任じられ、天皇が重病になると左大臣蘇我赤兄(あかえ)、右大臣中臣金(なかとみのかね)、御史大夫の蘇我果安(はたやす)・巨勢人(こせのひと)らとともに大友皇子への同心を誓約した。

きのうちせきてい【木内石亭】 ⇨木内石亭(きうちせきてい)

きのおおいわ【紀大磐】 名は生磐とも。生没年不詳。五世紀に朝鮮半島で活躍した武将。「日本書紀」によれば、小弓(おゆみ)の子で、雄略朝期の新羅(しらぎ)出兵時に父の戦病死をうけて渡海したが、専権をふるって内紛をおこした。顕宗(けんぞう)朝期には任那(みまな)に拠って高句麗と通じ、三韓の王となろうとして百済(くだら)と衝突し、百済王の軍を破ったが、兵が尽きて失敗を悟り、任那から帰ったという。

きのおまろ【紀男麻呂】 生没年不詳。六世紀中頃の武将。臣姓。欽明二三年七月、新羅(しらぎ)征討の大将軍となり、副将の川辺瓊缶(かわべのにえ)とともに渡海。部下の失態で軍計の機密書類を新羅に入手され先制攻撃をうけたが、これを破った。用明二年の物部守屋討伐に参加。崇峻四年一一月に再び新羅征討の大将軍の一人となったが、崇峻暗殺の影響で筑紫に逗留し、五九五年(推古三)帰還した。

きのおゆみ【紀小弓】 五世紀後半の将軍と伝えら

れる人物。「日本書紀」によると、雄略九年、蘇我韓子宿禰・大伴談連・小鹿火宿禰とともに新羅征討の将軍に任じられた。その際、妻が死亡した直後であると奏上し、吉備上道采女大海を賜った。小弓は新羅を破ったが、残兵の反攻に苦戦し、ついに病死した。大海が喪に従って帰国し、大伴室屋に葬地を請い、勅により田身輪邑に葬られたという。

きのかいおん【紀海音】 1663～1742.10.4　江戸中期の浄瑠璃作者・俳人。本名榎並喜右衛門。号は貞峨。大坂御堂前の菓子商の次男として生まれる。父は貞門の俳人貞因、兄は狂歌作者の油煙斎(鯛屋)貞柳。青年期を禅僧として送り、還俗後は大坂で医者となり、同時に和歌・俳諧を学ぶ。一七〇七年(宝永四)の豊竹座再興に際し、浄瑠璃作者として参加。一〇年の「椀久末松山」「お染久松袂の白絞」以後、二三年(享保八)の「傾城無間鐘」まで執筆を続け、竹本座の座付作者近松門左衛門に対抗した。義理を重んじる理知的な作風。二四年以降は俳諧・狂歌に専念し、三六年(元文元)契因と改号。

きのきよひと【紀清人】 ?～753.7.11　紀浄人とも。八世紀の官人・学者。姓は朝臣。七一四年(和銅七)二月、従六位上で国史撰修の詔をうけた。「日本書紀」編纂の追加人事か。文章に優れ、たびたび褒賞されており、「武智麿伝」には文雅としてその名を記す。首皇子(聖武天皇)の進講も勤めた。右京亮・治部大輔・文章博士・武蔵守などを歴任。七四四年(天平一六)には亡父国益から得た奴婢を良民とした。極位は従四位下。「万葉集」に作歌がある。

きのくにやぶんざえもん【紀伊国屋文左衛門】 1669?～1734.4.24　江戸前・中期の江戸の豪商で大尽として有名。紀伊国生れ。伝記は不明なことが多く文学的逸話に富む。紀州みかんを江戸に回漕して利を得たのをはじめとし、貞享年間江戸に進出して材木商として活躍した。火災や寺院建立による建築ラッシュにのり繁栄をきわめ、勘定頭荻原重秀らと結び、上野寛永寺の用材を提供して巨利を得た。この間、俳人の其角や画家の英一蝶らをつれ、吉原で豪遊した話は有名。経営は投機的で、しかも幕閣と結託していたため、柳沢吉保らの引退と材木の焼失により正徳年間には廃業、隠棲生活に入った。

きのこさみ【紀古佐美】 733～797.4.4　八世紀後半の公卿。宿奈麻呂の子。朝臣姓。七六四年(天平宝字八)従五位下。兵部少輔・右少弁などをへて、七八〇年(宝亀一一)三月、伊治呰麻呂の乱の征東副使となり活躍。翌年従四位下勲四等陸奥守。七八五年(延暦四)参議、翌年左大弁を兼任。七八八年に征東大使となるが、征夷に失敗。翌年査問に付されたが、とくに許された。七九四年中納言、七九六年大納言となる。贈従二位。

きのしたいえさだ【木下家定】 1543～1608.8.26　織豊期～江戸初期の武将・大名。杉原祐久(定利)の子。号は浄英。豊臣秀吉の正室高台院(北政所)の兄。秀吉に仕えて木下氏を名のる。一五八七年(天正一五)播磨国で一万一二〇〇石余。九五年(文禄四)播磨国姫路城主となり、二万五〇〇〇石を領有。羽柴・豊臣の姓が与えられ、大坂城留守居も勤めた。関ケ原の戦では高台院を警護し、一六〇一年(慶長六)備中国足守二万五〇〇〇石に移された。

きのしたいつうん【木下逸雲】 1800.8.1～66.8.7/8　江戸後期の南画家。名は相宰、字は公宰。号は逸雲・物々子など。代々長崎の乙名を勤める家に生まれる。医を本業とし、かたわら画を描いた。画ははじめ石崎融思につき、ついで清の江稼圃に学ぶ。四条派や復古大和絵なども加味した折衷的な画風をうみ、長崎南画の第一人者とされる。江戸へ遊んだ帰途、玄界灘で遭難。作品「松鷹図襖絵」。

きのしたけいすけ【木下恵介】 1912.12.5～98.12.30　昭和期の映画監督。静岡県出身。一九三三年(昭和八)松竹に入社。現像部・撮影部をへて助監督となり、四三年「花咲く港」で初監督。五一年の日本初の長編カラー映画「カルメン故郷に帰る」では、高峰秀子の元気なストリッパーを造形して好評を博した。ほとんどの脚本を自分で書き、あらゆるタイプの女性像を叙情豊かに撮る一方、社会性豊かな映画も撮った。五四年の「二十四の瞳」、五七年の「喜びも悲しみも幾歳月」が代表作。九一年(平成三)文化功労者。

きのしたし【木下氏】 近世の大名家。もと播磨の土豪杉原氏。尾張に移って織田氏に仕え、家定のとき、豊臣秀吉の正室高台院の兄として重用され、木下姓を名のる。一五九五年(文禄四)に播磨国姫路二万五〇〇〇石を領有。関ケ原の戦で失領したが、一六〇一年(慶長六)備中国足守二万五〇〇〇石を領有。一五年(元和元)関ケ原の戦で若狭国高浜城主を改易されていた次男利房が再封し、明治に至る。家定の三男延俊は播磨国三木城主二万石を領有。関ケ原の戦で東軍に属し、戦後豊後国日出三万石に移封。ともに維新後子爵。家定の長男勝俊(長嘯子)も、秀吉に仕え若狭国小浜城主となるが、関ケ原の戦で伏見城を放棄し、隠棲。

きのしたじゅんあん【木下順庵】 1621.6.4～98.12.23　江戸前期の儒学者。名は貞幹、字は直夫。順庵・錦里・敏慎斎・薔薇洞と号す。恭靖は私諡。京都生れ。松永尺五に学び、一時江戸に遊学する。帰洛後、加賀国金沢藩主前田利常に仕える。一六八二年(天和二)幕府の儒官となり、将軍徳川綱吉の侍講を勤める。その間、「武徳大成記」をはじめとした幕府の編纂事業に携わり、林鳳岡(ほうこう)や林門の人々とも交わる。朱子学を基本とするが、古学への傾きも示す。新井白石・室鳩巣・雨森芳洲・祇園南海・榊原篁洲・南部南山・松浦霞沼・三宅観瀾・服部寛斎・向井三省ら「木門十哲」とよばれる逸材を輩出した教育者として特筆される。著書「錦里先生文集」。

きのしたたかふみ【木下幸文】 1779～1821.11.2 江戸後期の歌人。父は義綿。備中国長尾生れ。初名は義寿・義方・義質。通称民蔵。朝三亭・亮々舎(さやさやのや)・蓼園・風漪亭・風漪温者・渚の笹屋と号した。一六歳のとき小野猶吉に伴われて上京、澄月・慈延に師事した。やがて香川景樹(かげき)に入門、桂園門下の俊秀として活躍。法号無庵居士。家集「亮々遺稿」、随筆「亮々草紙」。

きのしたたけじ【木下竹次】 1872.3.25～1946.2.14 大正・昭和期の教育学者。福井県出身。東京高等師範卒。奈良・富山・鹿児島の師範学校教諭をへて、鹿児島県女子師範学校校長、京都府女子師範学校校長を歴任。一九一九年(大正八)奈良女子高等師範の教授兼付属小学校主事。子供の自律的学習を重視する学習法理論と合科学習は、大正期の新教育の代表的理論となった。

きのしたちょうしょうし【木下長嘯子】 1569～1649.6.15 織豊期～江戸前期の武将・歌人。豊臣秀吉の正室高台院の兄木下家定(いえさだ)の長男。名は勝俊。通称大蔵(おおくら)。若狭守。別号は長嘯・挙白堂・東山・東山樵翁・松洞・天哉(てんさい)・西山樵翁・藻虫庵・独笑など。はじめ秀吉に仕え、のち播磨国竜野城主・若狭国小浜城主となる。関ケ原の戦後剃髪して京都に隠棲、中院通勝・松永貞徳(ていとく)・沢庵宗彭(たくあんそうほう)ら多くの知識人と交わった。家集「挙白(きょはく)集」。

きのしたとしなが【木下俊長】 1648.12.1～1716.9.8 江戸前期の大名。豊後国日出(ひじ)藩主。俊治の子。一六六一年(寛文元)遺領を継ぐ。人見敬山に儒学を学び、絵画などにも通じた。武芸に長じ、兵器の製作を試みた。領内での水利施設を充実させたり、七島藺(しちとうい)を薩摩から移植させ七島表を特産物とするなど、殖産興業により藩政の基礎を確立した。

きのしたとしふさ【木下利房】 1573～1637.6.21 織豊期～江戸初期の武将・大名。家定の次男。豊臣秀吉に仕え若狭国高浜城主となり、二万石、のち加増されて三万石を領有。関ケ原の戦で西軍に属したため所領は没収されたが、大坂の陣の戦功により一六一五年(元和元)父の旧領備中国足守(あしもり)二万五〇〇〇石の藩主となる。二五年(寛永二)禁裏御番となり京都に屋敷が与えられ、翌年将軍徳川家光の上洛に従い、参内した。

きのしたなおえ【木下尚江】 1869.9.8～1937.11.5 明治・大正期のキリスト教社会主義者・小説家。長野県出身。東京専門学校卒。郷里で新聞記者となり受洗。中村太八郎らと普選運動などに従事したのち、上京して「毎日新聞」記者となり、足尾鉱毒問題で活躍。社会民主党結成や平民社の活動にも参加、日露戦争前夜には「火の柱」など反戦小説を執筆した。平民社解散後は月刊誌「新紀元」を創刊、東京市電値上反対事件に関係したが、母の死などから運動の第一線を離れた。

きのしたひろじ【木下広次】 1851.1.-～1910.8.22 明治期の法学者・教育行政家。肥後国生れ。一八七〇年(明治三)大学南校に入学、七五年パリ大学に留学、法律学士となる。帰国後は東京大学教授などを歴任。八八年に第一高等中学校教頭、翌年校長となり籠城主義を標榜して学生自治による全寮制を先導した。九七年京都帝国大学初代総長に就任した。

きのしたもくたろう【木下杢太郎】 1885.8.1～1945.10.15 明治～昭和前期の詩人・劇作家・評論家・医者。静岡県出身。本名太田正雄。別号きしのあかしや・地下一尺生など。東京帝国大学医科で皮膚科を専攻。一九〇七年(明治四〇)新詩社に加入。翌年北原白秋らとパンの会を結成、耽美派の一翼を担う。一一年幸徳事件と暗合する戯曲「和泉屋染物店」を発表。一九年(大正八)耽美風の詩集「食後の唄」。愛知医科大学・東北帝国大学・東京帝国大学などの医学部教授を歴任。キリシタン史研究や美術評論も多い。

きのしたりげん【木下利玄】 1886.1.1～1925.2.15 大正期の歌人。本名利玄(としはる)。岡山県出身。学習院をへて東大卒。一八九九年(明治三二)佐佐木信綱門下となり「心の花」に参加。一九一〇年武者小路実篤・志賀直哉らと「白樺」創刊。北原白秋風の官能的作風の歌集「銀」をへて、一九年(大正八)刊の「紅玉」で写実的な独自の歌境をひらく。二四年創刊の「不二」「日光」に参加、字余り・四四調などで歌境をさらに深め、同年歌集「一路」刊行。

きのただな【紀斉名】 957～999.12.15 平安中期の儒者・実務官人。本姓は田口、のちに紀に改める。橘正通(まさみち)に師事し、方略試に及第して官途につき、大内記・式部少輔に至った。最高位は従五位上。大赦の詔書や藤原道長の左大臣を辞する表に対する勅答、宋への返牒(へんちょう)などが残る。一条天皇に近侍する文人として名をつらね、大江匡衡(まさひら)・同以言(もちとき)・高階積善(たかしなのもりよし)・源為憲(ためのり)・藤原為時らとともに名声を競った。家集(現在散逸)のほか、「扶桑(ふそう)集」の撰者でもある。

きのつの【紀角】 木角宿禰(すくね)とも。生没年不詳。五世紀の伝承上の豪族。武内宿禰(たけのうちのすくね)の子で、坂本朝臣(あそん)・紀朝臣らの祖とされる。「日本書紀」では百済(くだら)との対外交渉に活躍し、応神朝には百済の辰斯(しんし)王の無礼を責め新王を擁立し、仁徳朝では百済に派遣され、国郡の境界を設定したという。

きのつらゆき【紀貫之】 ?～945 平安前・中期の歌人・日記文学作者。三十六歌仙の一人。望行の子。宮廷文芸としての和歌の復興の気運のなかで歌壇に登場。九〇五年(延喜五)紀友則・凡河内躬恒・壬生忠岑とともに「古今集」の撰者をつとめ、優れた歌論でもある仮名序を記した。「古今集」に最多の一〇二首をのせるほか、勅撰集入集は四五〇首以上。歌合・屏風歌といった公的な詠進歌が多く、歌壇の第一人者として認められていた。九三〇年(延長八)土佐守として赴任。その帰途をつづったのが「土佐日記」で、日記文学のみならず仮名文学全般の発展に多大の影響を与えた。家集「貫之集」。その他の作品に「大井川行幸和歌」の仮名序、「新撰和歌」の撰定と真名序など。

きのときぶみ【紀時文】 ?～996/997 平安中期の歌人。貫之の子。九五一年(天暦五)梨壺の五人の一人に選ばれ、「万葉集」の訓読、「後撰集」の撰集にあたった。能書ではあったが、歌人としての力量は乏しく、勅撰集入集は「後拾遺集」以下に五首のみ。のちに同じ梨壺の五人の一人坂上望城とともに「ただ父が子といふばかりなり」(「八雲御抄」)などと酷評された。家集も伝わらない。恵慶・清原元輔・源順・大中臣能宣らと交流があった。

きのとものり【紀友則】 生没年不詳。平安前期の歌人。三十六歌仙の一人。有友の子。紀貫之の従兄弟。「後撰集」の藤原時平との贈答歌によれば、四〇歳まで無官であった。貫之らより一世代上の歌人。歌合で活躍し、貫之・凡河内躬恒・壬生忠岑とともに「古今集」の撰者となった。ただし「古今集」中に貫之と忠岑の友則追悼歌があり、撰集途中あるいは直後に没したか。「古今集」には貫之・躬恒につぐ四六首がのる。勅撰集入集は六五首。家集「友則集」。

きのとよき【紀豊城】 生没年不詳。平安前期の官人。善岑の子。夏井の異母弟。八六六年(貞観八)九月、同年閏三月に炎上した応天門の放火罪で伴善男らとともに処罰され、安房国へ配流(応天門の変)。これ以降、古来の名門豪族紀氏は政界からの後退を余儀なくされた。

きのないし【紀内侍】 生没年不詳。平安時代の歌人。貫之の女。「尊卑分脈」に貫之の女として「助内侍 歌人古今作者」とあるが、「古今集」にその名はみえない。「拾遺集」の「勅なればいともかしこしうぐひすの宿はと問はばいかが答へむ」という歌を、「大鏡」では貫之の女が詠んだとするが(いわゆる鶯宿梅の故事)、「拾遺集」は詠者名を記していない。「袋草紙」は「古今和歌六帖」の撰者とする。

きのなつい【紀夏井】 生没年不詳。平安前期の官人。善岑の子。豊城の異母兄。長身の美男と伝えられ、雑芸・医薬に通じ菅原道真や島田忠臣らとも親交があった。隷書の達人で、文徳天皇に重用され、八五〇年(嘉祥三)少内記から右中弁に昇進。文徳没後赴任した讃岐では、善政により百姓らが任期延長を朝廷に懇願した。八六六年(貞観八)応天門の変で豊城に縁坐し土佐へ配流の折も、任国肥後の百姓が悲しんだという。

きのはせお【紀長谷雄】 845～912.2.10 平安前・中期の公卿・文人。貞範の子。字は寛。紀納言と称される。名は発昭。図書頭・文章博士・大学頭などをへて、九〇二年(延喜二)参議、九一一年中納言に進んだ。最高位は従三位。醍醐天皇の侍読。都良香や菅原道真に師事し、「菅家後集」の編纂にたずさわったほか、自詩文集に「紀家集」がある。和歌も「後撰集」に入集。「長谷雄卿草紙」「江談抄」「今昔物語集」に彼にかかわる説話がみえる。

きのひろずみ【紀広純】 ?～780.3.22 奈良後期の公卿。宇美の子。子に吉継らがいる。七五八年(天平宝字二)北陸道問民苦使として民情査察に派遣。恵美押勝の乱後、薩摩守に左遷されたが、光仁天皇即位後は東北経営に活躍。七七四年(宝亀五)鎮守副将軍となり、蝦夷追討の功により陸奥守兼按察使、さらに陸奥鎮守将軍に進む。七八〇年参議となり、覚鱉城造作中に伊治呰麻呂に殺害された。時に従四位下。

きのますめ【紀益女】 ?～765.8.- 奈良時代の巫女。姓は朝臣。七六四年(天平宝字八)恵美押勝の乱に際して、孝謙上皇が和気王を派遣して淳仁天皇を淡路へ配流した直後、無位から従五位下へ叙位された。事件に功があったためか。翌年寵愛をうけた和気王に謀反をそそのかしたとして、山背国綴喜郡松井村で絞殺された。

きのまろ【紀麻呂】 ❶659?～705.7.- 七～八世紀の上級官人。父は大人。七〇一年(大宝元)大納言に補任。没時は大納言兼中務卿正三位。❷?～757? 名は麻路とも。奈良時代の公卿。七四〇年(天平一二)聖武天皇の東国行幸時の後騎兵大将軍をはじめ、恭仁京還幸時の甲賀宮留守官、七五二年(天平勝宝四)東大寺大仏開眼会行幸時の西京留守官などを勤めた。また藤原仲麻呂とともに道祖王廃太子、大炊王(淳仁天皇)立太子にも参画。中納言従三位。

きのよしこ【紀良子】 1336～1413.7.13 室町幕府の二代将軍足利義詮の室、義満・満詮の母。石清水八幡宮社僧善法寺通清の女。母智泉尼聖通は順徳天皇の皇子四辻宮善統親王の孫。法名は洪恩院殿月海如光禅定尼。良子は側妾だったが、正室渋川幸子の生んだ男子の夭折で義満が将軍となった。将軍生母として重んじられ、のち満詮の小川殿に居住して小川殿大御所とよばれた。死に先立ち、従一位に叙される。

きのよしと【紀淑人】 ?～943 「よしひと」とも。平安中期の官人。父は長谷雄。兄に「古今集」真名序の作者淑望がいる。左近将監・左衛門権佐を歴任し、九三六年(承平六)伊予日振島の海賊の不穏な動きを封じるため、伊予守南海道追捕使に任命され、藤原純友とともに下向。淑人は海賊に田畠を支給して農耕に従事させる投降策をとったが、九三九年(天慶二)純友は海賊と結んで乱をおこした。

きのよしもち【紀淑望】 ?～919 平安中期の儒者。長谷雄の子。八九六年(寛平八)文章生となり、九〇一年(延喜元)式部少丞平篤行を問者として方略試に応じ及第した。醍醐朝に備前権掾・民部丞・刑部少輔・勘解由次官・大学頭・東宮学士を歴任し、従五位上に至る。「古今集」の真名序を書き、「古今集」以後の勅撰集に三首の歌を収める。

きはらたておみ【木原楯臣】 1805～68.7.8 江戸末期の熊本藩士・国学者。号は藤園。長瀬真幸・林有通に学んで和学にすぐれ、武芸にもひいでた。とくに有職故実の方面では、武具を調査した「古兵器図解」「鉾盾図説」、直垂の考証「楯臣直垂考」などを著す。

きはらひとし【木原均】 1893.10.21～1986.7.27 大正・昭和期の遺伝学者。東京都出身。北大卒。遺伝学・植物生理学の研究で欧米に留学。のち京都帝国大学教授として実験遺伝学を担当。小麦の細胞遺伝学を研究して小麦育種の指導原理を確立したほか、独創的なゲノム説で細胞遺伝学に新生面を開いた。小麦の先祖をつきとめ、種なしスイカを作った。一九五五年(昭和三〇)国立遺伝学研究所所長。五五年にカラコルム・ヒンズークシ探検隊隊長。学士院賞・文化勲章をうけた。

きびうじ【吉備氏】 古代の吉備地方に栄えた諸豪族の総称。大化前代の国造で、姓は臣。「日本書紀」孝霊二年条は天皇の皇子稚武彦命を始祖とし、応神二二年条は命の孫の御友別の兄弟と子が吉備の五県に分封され、下道臣・上道臣・香屋臣・三野臣・笠臣・苑臣の祖となったと記す。特産の鉄や塩、さらには瀬戸内の要衝を押さえて、独特の文化と半独立的な勢力を誇り、巨大な造山・作山古墳も築造した。大王家や葛城氏などとも婚姻関係を結び、朝鮮外交でも活躍したが、数々の反乱伝承ももつ。六世紀以後、大和王権への従属を強め、白猪・児島の屯倉が設置された。六八四年(天武一三)の八色の姓では、下道臣と笠臣が朝臣姓を得、律令時代にも吉備真備のように高官に昇る者もあった。

きびつひこのみこと【吉備津彦命】 彦五十狭芹彦命・大吉備津日子命とも。孝霊天皇の皇子。「古事記」では吉備上道臣の祖と伝える。記紀によると、崇神一〇年、四道将軍の一人として西道に派遣されることとなったが、武埴安彦命とその妻の吾田媛の謀反にあい、吾田媛を斬ったのちに再び出発した。翌年戎夷を平らげた旨を奏し、国内も安寧となったとある。吉備津彦神社に祭られるなど、吉備政権の伝承とのかかわりが注目される。

きびつひめのおおきみ【吉備姫王】 ?～643.9.11 茅渟王の夫人。吉備島皇祖母命とも称され、飛鳥島宮に居住。「本朝皇胤紹運録」によると欽明天皇の孫、桜井王の女。財皇女(皇極天皇)・軽皇子(孝徳天皇)の生母。墳墓ははじめ檀弓岡に営まれたが、のち欽明陵域内に改葬。島宮を経営体として出挙などの経済活動を行った。その没後、糠手姫皇女(舒明の生母)が島皇祖母と称されるなど、島宮は舒明・皇極系皇族に伝領された。

きびないしんのう【吉備内親王】 ?～729.2.12 北宮とも。長屋王の正室。草壁皇子の女。母は元明天皇とされている。膳夫王・桑田王・葛木王・鉤取王らをもうける。七一五年(霊亀元)所生の王子女は皇孫扱いになる。七二四年(神亀元)三品から二品に昇る。七二九年(天平元)長屋王の変で膳夫王ら四人の子と自殺し、長屋王とともに生駒山に葬られる。近年のいわゆる長屋王家木簡には家政機関に関する木簡があり、注目される。

きびのたさ【吉備田狭】 正しくは吉備上道臣田狭。雄略朝に活躍を伝えられる伝説上の人物。「日本書紀」雄略七年条に、雄略に妻稚媛を奪われた田狭が、任地の任那で反乱をおこして新羅と結ぼうとしたので、天皇は新羅を討つため田狭の子の弟君と吉備海部直赤尾を派遣したとある。弟君は百済に入って田狭と通じたので、弟君の妻樟媛は夫を殺し、百済から手末才伎を日本にもたらした。雄略没後、稚媛は子の星川皇子を皇位につけようと大蔵を占拠したが、大伴室屋・東漢掬(都加使主)らのために敗れ、これを支援しようとした吉備上道の一族も山部を奪われたという。

きびのまきび【吉備真備】 693/695～775.10.2 奈良時代の公卿・学者。父は下道朝臣圀勝。子に泉がいる。七四六年(天平一八)吉備朝臣に改姓。七一七年(養老元)遣唐使とともに入唐し、七三四年(天平六)留学僧玄昉らと帰国。翌年入京して「唐礼」・「大衍暦」などの書籍やかずかずの宝器を将来し朝廷に献上、正六位下となる。玄昉の推挙によって右衛士督となるが、七四〇年藤原広嗣によってのぞかれそうになった(藤原広嗣の乱)。皇太子阿倍内親王(孝謙天皇)の春宮大夫兼学士を勤めたが、孝謙即位後は一時筑前守に左遷された。七五一年(天平勝宝三)遣唐副使に任命され、帰国後大宰大弐として怡土城を造るなど、緊張した東アジア情勢をふまえた防備充実に尽力した。恵美押勝の乱後、正二位右大臣。称徳天皇没時には天武天皇の孫文室浄三・大市王の即位をはかるが失敗、致仕。逸話が多い。「吉備大臣入唐絵巻」(ボストン美術館蔵)が現存。

きびのみともわけ【吉備御友別】 吉備氏の祖と伝えられる伝説上の人物。「新撰姓氏録」に孝霊天皇皇子の稚武彦命の孫とある。「日本書紀」応神二二年に、天皇の妃兄媛は御友別の妹であったが、兄媛が吉備に帰国した折、天皇が吉備に行幸して、御友別の一族を吉備の五県に分封し、兄媛に織部を与えたという。これは吉備氏が諸豪族の連合体という事実を反映しているが、伝承の成立は比較的新しいとされている。

きびのゆり【吉備由利】 ?~774.1.2 奈良中期の命婦。七六四年(天平宝字八)従五位下から正五位上に昇り、七六五年(天平神護元)勲四等、七六八年(神護景雲二)従三位に至る。称徳天皇が病に臥すと、典蔵の由利のみが拝謁を許され、奏上の任にあたった。七六六年一二月、天皇のために一切経書写を行い、「西大寺資財流記帳」にも奉納した一切経がみえる。吉備真備の近親者とみる説が有力。

きひらただよし【紀平正美】 1874.4.30~1949.9.20 明治~昭和期の哲学者。三重県出身。東大卒。一九〇五年(明治三八)の「哲学雑誌」に「ヘーゲル氏哲学体系」を共訳掲載。「実在論の問題」は同誌所載の西田幾多郎「実在に就いて」を推賞した論文として知られる。一九年(大正八)学習院教授。しだいに国粋主義化し、第二次大戦後に公職追放となる。

きぶみうじ【黄文氏】 黄書氏とも。古代の渡来系氏族。「新撰姓氏録」によれば高句麗の久斯祁王の後裔。もと造姓で六八三年(天武一二)九月に連姓を賜る。氏の名は染料である黄蘗に由来するか。六〇四年(推古一二)九月に定められた黄書画師の伴造氏族であったとする説があるが、黄書画師そのものまたは同系氏族とも考えられる。八世紀には画工司に関係する者が多くみいだせるが、一般事務官人もみられる。

きぶみおう【黄文王】 ?~757.7.- 長屋王の子。七二九年(天平元)の長屋王の変では、母が藤原不比等の女であったことから死を免じられた。七三七年に従四位下に叙されたのは、悪疫の流行が長屋王の怨霊によると考えられたからであろう。七五七年(天平宝字元)橘奈良麻呂らの謀反の計画に加わったとして捕らえられ、名を久奈多夫礼と改められ、拷問をうけて没した。

きぶみのおおとも【黄文大伴】 ?~710.10.14 黄書とも。壬申の乱の功臣。もと造姓、のち連姓。六七二年(天武元)六月の蜂起の際、大分恵尺らとともに飛鳥古京の留守司高坂王のもとに駅鈴を請いに遣わされたが得られず、大伴馬来田とともに大海人皇子の軍に合流した。乱後、功封一〇〇戸を賜る。七〇三年(大宝三)には正五位下で山背守に任じられる。没時、正四位下が贈位された。子の粳麻呂には、のちに功田が与えられた。

きぶみのほんじつ【黄文本実】 黄書とも。生没年不詳。七世紀後半~八世紀初めに活躍した官人。高句麗からの渡来人の子孫か。薬師寺仏足石銘文には、日本使人黄書本実が大唐国普光寺で仏足石図を写して持ち帰ったとあり、遣唐使に随行し大陸の文化・技術を伝えたと考えられる。六七一年(天智一〇)に水臬(水準器)を奉る。六八三年(天武一二)に造から連に改姓。六九四年(持統八)に鋳銭司。その後従五位下で持統天皇と文武天皇の作殯宮司を勤めた。

ぎましんじょう【儀間真常】 1557~1644.10.14 首里王府の役人。唐名は麻平衡。位階は親方。近世琉球の産業振興に尽力。真和志間切儀間村(現、那覇市)の地頭。おもな功績は⑴島津氏の侵入で尚寧王が鹿児島に連行された際に随行、綿の種子をもち帰って栽培し、領地で木綿布の製作を始めた、⑵島津氏の侵入直前、野国総管が中国福建から甘藷の苗をもち帰っていたが、苗を譲りうけて栽培法を学び、五穀の補いとして国中に広めた、⑶領民を福建に遣わして製糖法を学ばせ、領地で製糖を開始したこと。製糖はのちに王府の専売となり、王府財政を支える基幹産業となった。一八八五年(明治一八)産業の恩人として明治政府から追賞状が贈られた。

きまたおさむ【木俣修】 1906.7.28~83.4.4 昭和期の歌人・国文学者。本名修二。滋賀県出身。東京高等師範卒。北原白秋に師事、一九三五年(昭和一〇)創刊の「多磨」に参画。四二年刊の歌集「高志」は豊かな感受性と人間尊重の傾向を示す。ほかに歌集「冬暦」「落葉の章」。一連の近代短歌史研究の業績により六七年文学博士。昭和女子大学・実践女子大学の教授を務めた。

きみやすひこ【木宮泰彦】 1887.10.15~1969.10.30 大正・昭和期の日本史学者・教育家。静岡県出身。東大卒。山形・水戸・静岡の各高等学校教授を歴任。退官後静岡に常葉学園を創立し、常葉女子短期大学学長に就任して女子教育に尽力した。また日中文化交流史の研究にも貢献した。著書「日華文化交流史」「日本古印刷文化史」。

きむらいへえ【木村伊兵衛】 1901.12.12~74.5.31 昭和期の写真家。東京都出身。京華商業卒。写真館を経営し、花王石鹼の広告写真をとる。一九三二年(昭和七)写真雑誌「光画」を創刊。翌年日本工房設立に参加、スナップ写真で注目を集め、写真界で指導的立場を確立。五〇年日本写真家協会設立とともに会長に就任。代表作「木村伊兵衛外遊写真集」(一九五五)。

きむらかいしゅう【木村芥舟】 1830.2.5～1901.12.9 幕末期の幕臣。名は喜毅。江戸生れ。一八五五年(安政二)西丸目付に抜擢され、翌年本丸目付をへて一二月長崎表取締御用。五七年長崎に赴任し、長崎海軍伝習所の監督も勤めた。五九年軍艦奉行。六〇年(万延元)咸臨丸の司令官として日本人初の太平洋横断に成功。帰国後は海軍拡張に努力した。維新後隠退して芥舟と称した。

きむらき【木村毅】 1894.2.12～1979.9.18 大正・昭和期の小説家・文学史家。岡山県出身。早大卒。一九一八年(大正七)春秋社に入り、中里介山「大菩薩峠」などを発掘して編集者の才を示す。二四年安部磯雄らと日本フェビアン協会を設立。二五年日本初の近代小説の理論的研究書「小説研究十六講」を刊行。二六年(昭和元)労農党結党時の出版部長・教育部長。明治文化研究会の中心メンバー。昭和初期の円本の企画立案にも深く関与した。

きむらきんじ【木村謹治】 1889.1.2～1948.1.13 大正・昭和期のドイツ文学者。秋田県出身。東大卒。四高教授となり、一九二〇～二三年(大正九～一二)ドイツ留学。帰国後は東京帝国大学助教授、三二年(昭和七)同教授となる。仏教思想にひきつけた日本人独自のゲーテ研究を行った。また「和独大辞典」も編纂。著書「若きゲーテ研究」「ウル・マイステル研究」「完成期のゲーテ」。

きむらくすやた【木村久寿弥太】 1865.12.2～1935.11.23 明治～昭和前期の実業家。土佐国生れ。一八九〇年(明治二三)三菱社に入社、三菱合資長崎・神戸両支店長、炭礦部長などを歴任、一九二〇年(大正九)総理事となり、三菱財閥の最高幹部となる。三菱系各社の役員を多数兼任、日本工業倶楽部理事長にも就任した。

きむらけんかどう【木村蒹葭堂】 1736.11.28～1802.1.25 江戸中期の博物家。名は孔恭、字は世粛、通称は坪井屋吉右衛門、号は巽斎(遜斎)など。大坂で酒造業を営む。津島恕蘭・小野蘭山に本草学を、大岡春卜・池大雅らに絵画を、片山北海に漢詩文を学ぶ。書画骨董や奇品の収集と考証で知られ、諸方の名士が来訪した。一七九〇年(寛政二)酒造過多により謹慎のとがめをうけ、伊勢国長島藩主増山雪斎の領内に退去。著書「一角纂考」「貝よせの記」。一説に「日本山海名産図会」の著者ともいわれる。

きむらけんじ【木村謙次】 1752～1811.7.6 江戸後期の北方探検家。常陸国久慈郡の農家に生まれ、水戸にでて医学を修め村医となる。一七九三年(寛政五)水戸藩の内命で蝦夷地の海岸を踏査。九八年には近藤重蔵の従者に加わり、国後・択捉両島を探検して「酔古日札」「北方日録」を著す。重蔵が択捉島にたてた標柱の「大日本恵登呂府」の文字は謙次によるという。のちに藩から褒賞され御目見格となった。

きむらし【木村氏】 鎌倉時代下野国の武家。藤原秀郷の子孫で、藤姓足利氏の一族。足利有綱の五男信綱が木村(現、栃木県都賀町)を本拠としたことに始まる。源平争乱期、信綱は源頼朝に属し、子孫も御家人として「吾妻鏡」に散見。「太平記」には、木村次郎左衛門尉が、鎌倉幕府軍として笠置山攻めに従ったことがみえる。木村氏は、佐々木氏一族で近江国木村よりおこったものなど、諸国に多くみられる。

きむらしげなり【木村重成】 ?～1615.5.6 織豊期～江戸初期の武将。通称長門守。豊臣秀頼に仕え、一六一四年(慶長一九)大坂冬の陣で籠城。同年一二月秀頼の使者として徳川方との和睦に臨み、徳川秀忠の誓書をうけとる。翌年夏の陣で、五月六日大坂城外の若江で井伊直孝と戦い敗死した。正確な史料は少なく、木村常陸介の子とも、紀伊国猪垣村の地侍の子ともいわれる。

きむらしょうのすけ【木村庄之助】 相撲行司の名跡。近世後期に作成された由緒書によれば、その祖は真田伊豆守の家来中立羽左衛門で、牢人して江戸にあったというが、遅くとも宝永期頃から中立庄之助の名で江戸相撲興行に関与している。一七四九年(寛延二)に三代目が相撲司を称する吉田司家の門人となり、木村姓に改め、以後は師弟相承して代々木村庄之助を称し、行司目付の地位にあった。現在も大相撲行司の最高位である立行司の名に用いられる。

きむらしょうはち【木村荘八】 1893.8.21～1958.11.18 大正・昭和期の洋画家。東京都出身。白馬会絵画研究所で学ぶ。一九一二年(大正元)フュウザン会、一五年草土社、二二年春陽会の創立に参加。「たけくらべ絵巻」「パンの会」などを発表する。大仏次郎「霧笛」、永井荷風「濹東綺譚」などの挿絵画家としても活躍した。没後刊行の「東京繁昌記」で日本芸術院恩賜賞受賞。

きむらせいしろう【木村清四郎】 1861.6.5～1934.9.24 明治・大正期の経済新聞発展の基礎を築いた財界有力者。備中国生れ。慶応義塾卒。「中外物価新報」の商況社に入り、編集に尽力。主幹をへて、一八八九年(明治二二)「中外商業新報」と改題し社長に就任、のちの「日本経済新聞」の基盤を作った。九七年同社を退社。日本銀行に転じ、一九一九年(大正八)副総裁。二七年(昭和二)貴族院勅選議員。

きむらたいけん【木村泰賢】 1881.8.11～1930.5.16 大正・昭和前期のインド学・仏教学者。岩手県出身。一九〇九年(明治四二)東大卒。東京帝国大学教授。欧米での研究に即応し、インド哲学の近代的方法確立の基礎をつくる。また大乗菩薩道の実践を心がけ、平易で達意な文章で解脱・悟り・救済などを解説し、人々に感銘を与えた。一八年(大正七)学士院賞受賞。著書「印度六派哲学」。

きむらたかたろう【木村鷹太郎】 1870.9.18～1931.7.18 明治・大正期の評論家・翻訳家。愛媛県出身。東大卒。井上哲次郎らと日本主義を唱えた。古代史に関心が深く、一九一一年(明治四四)中近東と日本の類縁性を説く「世界的研究に基づける日本太古史」を発表。バイロンを数多く翻訳し、「バイロン傑作集」にまとめる。

きむらひさし【木村栄】 1870.9.10～1943.9.26 明治～昭和前期の天文学者。石川県出身。東大卒。一八九九年(明治三二)に岩手県の水沢緯度観測所長となり、国際共同緯度観測事業に従事、一九四一年(昭和一六)までその職にあった。〇二年に同所で観測された結果について、緯度変化の計算式でZ項(木村項)を加えるべきことを発見。万国天文学同盟会緯度変化委員会委員長、万国共同緯度観測事業の中央局長として国際的に活躍した。学士院賞・文化勲章をうけた。

きむらひたちのすけ【木村常陸介】 ?～1595.7.15 織豊期の武将。父は定重。諱は諸説あり不詳。豊臣秀吉に属し、若狭国佐柿国吉城、越前国府中をへて山城国淀一八万石を領有したともされる。九州攻めや小田原攻めに従い、出羽国で検地を行い、仙北由利一揆を鎮圧した。文禄の役にも渡海。関白豊臣秀次の失脚に連坐し山城国山崎近辺の大門寺で自殺。利休七哲の一人。

きむらひでまさ【木村秀政】 1904.4.13～86.10.10 昭和期の航空工学者。北海道出身。東大卒。航空研究所に入る。一九三八年(昭和一三)航研長距離機、四四年A26長距離機を設計し、航続距離の世界新記録(後者は未公認)を樹立。のち東京帝国大学教授。第二次大戦の敗戦で航空研究所は廃止され、日本大学教授となり、のち副総長。五七年から開発技術委員長として旅客機YS11の設計にかかわった。六六年の全日空機羽田沖墜落事故の調査団長。航空行政に貢献した。人力飛行機の権威。

きむらへいたろう【木村兵太郎】 1888.9.28～1948.12.23 昭和期の軍人。陸軍大将。埼玉県出身。陸軍士官学校(二〇期)・陸軍大学校卒。陸軍省整備局統制課長・関東軍参謀長などをへて、一九四一年(昭和一六)東条英機陸相の下で陸軍次官となる。その後ビルマ方面軍司令官などを歴任。第二次大戦後、A級戦犯に指名され絞首刑。

きむらまさこと【木村正辞】 1827.4.6～1913.4.14 幕末～明治期の国学者。下総国生れ。幼名は荘之助。号は欟斎・集古葉堂。伊能穎則に国学を学び、岡本保孝について音韻学を修めた。帝国大学教授・高等師範教授などを歴任。「万葉集」の研究にすぐれた業績を残す。著書「万葉集美夫君志」。

きむらもくろう【木村黙老】 1774.4.3～1856.12.10 江戸後期の讃岐国高松藩士。名は通明、字は伯亮、通称与総右衛門、号は桃蹊または黙老。九代藩主松平頼恕のもとで家老を勤め、とくに塩田開設、永富池の修築などにより財政再建に貢献。和漢の道にも長じ、江戸家老を勤めた化政～天保期には曲亭馬琴と親交を深め、馬琴三親友の一人にも数えられる。自筆本も多く、「聞まゝの記」など二十数種。

きむらよしお【木村義雄】 1905.2.21～86.11.17 昭和期の将棋棋士。東京都出身。関根金次郎に入門、一九二六年(昭和元)八段。三七年坂田三吉を「南禅寺の決戦」で破り、将棋史上初の実力制名人となる。以後塚田正夫・升田幸三らと名人戦を争い通算八期就位し、永世名人(一四世将棋名人)となる。将棋大成会の会長も務めた。「将棋大観」など著書多数。

きむらよしきよ【木村吉清】 ?～1598.12.- 織豊期の武将。はじめ明智光秀の家臣で、山崎の戦ののちに豊臣秀吉に仕えた。小田原攻めの戦功で、陸奥の大崎・葛西両氏の旧領三〇万石を与えられた。しかし大崎・葛西一揆発生の責任で所領没収。蒲生氏郷の与力となり陸奥国福島城主。一五九五年(文禄四)豊後国で一万四〇〇〇石を領有。

きもつきかねしげ【肝付兼重】 ?～1350? 南北朝期の大隅国の武将。父は兼藤。八郎左衛門。法名玄源。日向国三俣院を領し、三俣殿とよばれる。兄兼尚が訴訟で鎌倉に赴き不在のため、一族の総帥として活躍。終始、南朝方として足利尊氏方の島津貞久に対抗した。一三三九年(暦応二・延元四)八月、畠山義顕(直顕)らの攻撃で、本城三俣高城が落城。以後、懐良親王・足利直冬に呼応し戦闘を続けたが、五〇年(観応元・正平五)頃に没したという。

きもつきし【肝付氏】 中世南九州の豪族。大伴氏。平安中期、島津荘の開発領主平季基の女婿伴兼貞の子兼俊が、大隅国肝属郡弁済使となり、肝付氏を称したのに始まる。鎌倉時代には、肝属郡惣地頭名越氏と所領支配をめぐり争った。南北朝期、兼重は南朝方に属して活躍。その子秋兼は足利直冬に従った。戦国期には兼続が島津氏と対立したが、一五七四年(天正二)兼亮のとき降伏し、島津氏家臣となった。

きややそうえもん【木屋弥三右衛門】 生没年不詳。近世初頭の朱印船貿易家。堺の豪商。一六〇六～二二年(慶長一一～元和八)に前後一〇回の派船が確認される。渡船地はおもにシャム(現、タイ)で、カンボジアとルソンにも各一回渡海朱印状を下付されている。シャムの事情に通じ、二一年と二三年にシャム国使が来朝した際には、江戸城や伏見城に出仕して案内や通訳にあたった。オランダ、イギリス両商館のシャム貿易に斡旋の労をとった。

キャンベル William Campbell 1841～1921.9.7 イギリス長老教会宣教師。スコットランド生れ。グラスゴー大学・同神学校卒業後、一八七一年に伝道のため台湾に派遣される。台南を中心に活動し、澎湖諸島へも最初の宣教師として渡った。伝道のかたわら台湾語学や台湾伝道史などを研究し、また点字事業や聾唖学校創設なども行った。

きゅうえん【救円】 生没年不詳。平安時代の絵仏師。一〇四〇年(長久元)一〇月に宮中の真言院の五大尊・十二天像などを丹後講師救円に描かせたと「東宝記」にみえる。ただし「春記」では「政円」とする。

きゅうぜい【救済】 1283?～1376? 「きゅうせい・ぐさい」とも。鎌倉末～南北朝期に活躍した地下連歌師。連歌を善阿に、和歌を冷泉為相に師事。二条良基と協力して一三五六年(延文元・正平一一)に「菟玖波集」を編集し、七二年(応安五・文中元)に「応安新式」を制定。「菟玖波集」に一二七句入集するほか、「文和千句」「紫野千句」「侍公周阿百番連歌合」などにも句が残る。特定の風体にかたよることなく、言葉のこまやかな使い方と心情の深さ、付句の緊迫感においてすぐれると評価された。門弟に良基のほか周阿・永運・素阿・利阿らがおり、室町初期の連歌界の主流をなした。

ギュツラフ Karl Friedrich August Gützlaff 1803.7.8～51.8.9 プロイセン生れの宣教師・東洋学者。最初の聖書邦訳者。オランダ伝道協会から東洋へ派遣された。その後同協会を脱会し、マカオに居住。イギリス政府の通訳を勤める。一八三七年(天保八)日本人漂流民を送還するモリソン号に同行し日本布教を志すが、鹿児島で砲撃をうけ撤退。みずから保護した漂流民に日本語を学び、同年シンガポールで邦訳聖書「約翰福音之伝」「約翰上中下書」を出版。多くの漢文・日本文の著書を出し、幕末以来日本に流入した。香港で没。

ギューリック Orramel Hinckley Gulick 1830.10.7～1923.9.18 アメリカ人宣教師。ハワイのホノルル市生れ。一八七一年(明治四)にアメリカン・ボードから宣教師として日本に派遣される。七二年京都に転任、のち同志社創立に尽力した山本覚馬とも交流。七五年に日本最初の宗教雑誌といわれる「七一雑報」を刊行。その後新潟・岡山・熊本に転じて伝道活動を行う。九二年に離日、以後ホノルルに居住した。

ぎょいんちゅう【魚允中】 O Yun-jung 1848～96.2.17 李氏朝鮮末期の政治家。日本を視察し財政経済を研究、帰国後は開化政策・富国強兵策を唱えた。朝米通商条約・朝清商民水陸貿易章程の締結に関与し、日清戦争時の甲午改革で度支部大臣となった。一八九六年の国王のロシア公使館への脱出に際し、避難途中で殺された。

ぎょうあ【行阿】 生没年不詳。鎌倉時代の和学者。源義行の子。俗名は源知行。曾祖父光行が始め、祖父親行がほぼ完成した「源氏物語」の注釈書「水原抄」に加筆、また「原中最秘抄」を完成して源氏学の権威として家学の隆盛に尽力し、親行が藤原定家の勧めによって著した仮名遣いの書を増補して「仮名文字遣」を著した。一三六三年(貞治二・正平一八)には二条良基に「源氏物語」の奥義を伝授した。

きょううん【慶運】 ⇨慶運

きょうえん【教円】 979～1047.6.10 東尾房とも。平安中期の天台宗僧。伊勢守藤原孝忠の子。花山法皇から灌頂をうけ、実誓から天台教学を、南都で法相教学を学ぶ。一〇二八年(長元元)権少僧都となる。三四年法性寺法華八講講師を勤め、その論説により阿闍梨となるが、これは僧綱をへて阿闍梨に任じられた初例である。三八年(長暦二)権大僧都、翌年には延暦寺と園城寺の激しい対立ののち第二八世天台座主となった。

ぎょうえん【行円】 生没年不詳。平安中期の僧。九州出身。千手陀羅尼を誦呪する聖だったが、一〇〇四年(寛弘元)京都一条に行願寺(革堂)を創建。以後ここを拠点に法華経信仰を柱とする四十八講・釈迦講・四部講などを行う。藤原道長の子顕信が師と仰いで出家するなど、貴賤を問わず多くの結縁者を集めた。また一六年(長和五)には人々を集めて粟田の路筋の石を除いた。日頃鹿皮をまとっていたため革聖(皮仙)と称された。一〇年当時六〇余歳と伝えられる。

ぎょうが【行賀】 729～803.3.8 奈良時代の僧。大和国広瀬郡の人。俗姓上毛野公。二五歳で留学僧となり三一年間在唐、唯識・法華両宗を学ぶ。在唐中、百高座の第二に選ばれ、「法華経疏」「唯識僉議」など四〇余巻を筆削し、五〇〇余巻の聖教要文を書写して持ち帰る。朝廷は功を賞し門徒三〇人を付した。帰朝後、東大寺の明一に宗義を難問され、返答できずに痛罵されたが、それは長期の在唐で日本語を忘れていたからという。七八四年(延暦三)少僧都、七九六年大僧都となる。

きょうかい【教懐】 1001～93.5.28 迎接房・小田原上人とも。平安後期の高野聖。京都出身。興福寺林懐に法相教学を学び、山城国小田原別所に隠遁。のち高野山で二〇年間籠居し、毎日両界法・阿弥陀法・大仏頂陀羅尼・阿弥陀真言などを修した。一〇八八年(寛治二)白河上皇の高野山行幸の際、勧進上人三〇人の一人に選任され、高野聖の補任権を与えられ、初期高野聖集団を形成した。

きょうかい【景戒】「けいかい」とも。生没年不詳。奈良時代の薬師寺僧。日本最初の仏教説話集「日本霊異記」の著者として有名。その記述から、紀伊国名草郡の大伴氏出身が有力、また私度僧の説話が多いことから、景戒を私度僧とする説もあるが、ともに確証はない。ただ妻子や飼馬をもつなど半俗生活を営んでいた。景戒は七八七年(延暦六)の霊異記初稿本を増補し、八二二年(弘仁一三)頃に完成させたとみられる。七九五年(延暦一四)伝灯住位を授けられた。

ぎょうかい【行快】 生没年不詳。江戸中期の祇園社務執行。越前国敦賀藩主酒井忠稠の子。幼名は末麿。一七〇五年(宝永二)祇園社務執行として宝寿院に入り、約五〇年間勤めた。在職中に祇園社伝来の古文書類を整理・編集し、「祇園社記」「祇園社記御神領部」「祇園社記雑纂」などをまとめた。

ぎょうき【行基】 668〜749.2.2 奈良時代の僧。河内国大鳥郡の人。父は高志才知、母は蜂田古爾比売。六八二年(天武一一)出家し、道昭・義淵らに師事して「瑜伽師地論」「唯識論」など法相教学を学ぶ。民衆教化・社会事業に従事し、知識集団を組織して、四十九院の創設、布施屋の設置、池溝橋の開発などを活発に行い、行基菩薩と崇められた。活動は、僧尼令違反として七一七年(養老元)以降政府からたびたび弾圧されたが、七三一年(天平三)以降禁圧は緩和され、七四三年の盧舎那仏造立には弟子や衆庶を率いて協力し、七四五年大僧正に任じられた。七四九年、平城京右京の菅原寺で没した。

ぎょうき【翹岐】 生没年不詳。百済の義慈王の子。一説に甥。六四二年(皇極元)義慈王の母が没したとき、翹岐と同母妹四人を含めた四〇余人が島へ放たれ、妻子とともに来朝したという。百済王家内部の紛争による追放と思われる。日本では、蘇我蝦夷が彼を畝傍の家によぶなど庇護下においたらしい。その子が死去した際も、蘇我氏ゆかりの河内国石川の地に葬った。豊璋王と同一人物とする説もある。

ぎょうきょう【行教】 生没年不詳。平安前期の僧。山城守紀魚弼の子。備後国生れ。大安寺で法相・三論・密教を学び、また最澄の師の行表や真言宗の宗叡に師事したともいう。真雅の推挙により、藤原良房の外孫惟仁親王(清和天皇)の即位を祈禱するため宇佐八幡宮へ遣わされることになったが、親王がまもなく即位したため、翌八五九年(貞観元)改めて天皇護持のため九〇日間参籠。その時うけた神託により翌年山城国男山に八幡大菩薩を勧請し、石清水八幡宮を創立。八六三年伝灯大法師位に至る。

きょうけ【京家】 藤原四家の一つ。不比等の四男麻呂の別称。麻呂が左京大夫であったことにちなみ、子孫も京家を称する。子の参議浜成は学者としてもきこえ、「歌経標式」を著すが、氷上川継の変に連坐して大宰員外帥に左遷される。元慶官田を提案した大納言冬緒もいるが、早くから衰微して家運はふるわなかった。
●• 藤原氏

ぎょうげつぼう【暁月房】 ⇨冷泉為守

きょうこう【姜沆】 1567.5.17〜1618.5.6 朝鮮王朝中期の官人。字は太初、号は睡隠。晋州の人。一五九三年文科に及第。九七年丁酉の倭乱(慶長の役)で藤堂高虎軍の捕虜となり、滞日中、藤原惺窩と交流し、また日本の制度や情勢を観察して「看羊録」をまとめた。一六〇〇年帰国後はみずから罪ありとして仕官しなかったが、その文才を慕って各地から学者が集まり、多くの門人を出した。

きょうごくいん【京極院】 1245〜72.8.9 亀山天皇の皇后。名は佶子。洞院実雄の女。母は法印公審の女従二位栄子。一二六〇年(文応元)一〇月、亀山天皇の大嘗会御禊の女御代を奉仕。ついで入内し女御となった。翌年二月中宮となり、同年八月皇后宮に立てられた。睍子内親王・知仁親王・後宇多天皇を生んだが、早世。亡くなった日に院号宣下。

きょうごくけ【京極家】 藤原氏御子左流。鎌倉中期の為家の子為教に始まる。歌道の家。家名は祖父定家の一条京極邸を伝領したことにちなむ。二代為兼は革新歌人で、嫡流の二条家と対立。伏見天皇に親近し、歌壇に京極派を形成した。また後伏見・花園両天皇の乳父となって政治的にも持明院統の側近として活躍。そのため幕府によって二度も配流された。為兼に実子がなく、没後に断絶。

きょうごくし【京極氏】 中世近江国北半の守護大名、近世大名家。宇多源氏。佐々木信綱の四男氏信が京都京極高辻に屋敷を構え、京極氏と称したことに始まる。鎌倉時代、氏信・宗綱父子は評定衆・引付衆となり、地歩を築く。南北朝期、高氏(導誉)は室町幕府創立に功があり、佐々木氏の惣領職を与えられ近江ほか五カ国の守護となった。のち四職家として活躍したが、内紛により応仁・文明の乱の頃から衰退。高次のとき、織田・豊臣氏に仕えて再び栄え、関ケ原の戦では東軍に属し、戦後若狭国小浜八万五〇〇〇石を領した。弟の高知にも丹後国宮津一二万三〇〇〇石余が与えられた。その後高次の子忠高は出雲国松江藩主二六万四〇〇〇石余となったが急死。甥の高和に養子が認められ播磨国竜野六万石をへて讃岐国丸亀藩主。高知の子孫は、のち但馬国豊岡藩主一万五〇〇〇石と丹後国峰山藩主一万一〇〇〇石となる。維新後、いずれも子爵。●• 次頁

きょうごくたかかず【京極高数】 ?～1441.6.24　室町中期の武将。高詮(たかのり)の次子。四郎左衛門尉・加賀守。法名道統。父の遺言により病弱の兄高光にかわって公務を行い、兄の死後は遺児持高(持光)を補佐した。侍所頭人兼山城国守護にも在職。一四三九年(永享一一)持高が後嗣なく没すると、将軍足利義教(よしのり)の命で持高の弟持清を差しおいて京極家の家督となった。嘉吉の乱の際、義教に従って赤松邸に赴き防戦したが、討死。

きょうごくたかきよ【京極高清】 1460?～1538?　戦国期の武将。持清の子勝秀の次男。持清の死後、家督相続をめぐり高清を擁する叔父政光と政経が対立し、京極家は二分。政光と高清は応仁・文明の乱では西軍に投じた。政光死後も北近江を維持し、一四七八年(文明一〇)幕府に帰参。以後も政経との抗争が続いたが、一五〇五年(永正二)和して北近江を確保。晩年には浅井亮政(すけまさ)が台頭し尾張に敗走、のち和睦して近江国小谷(おだに)城の一隅に迎えられ、亮政の庇護をうけた。

きょうごくたかくに【京極高国】 1616～75.12.24　江戸前期の大名。丹後国宮津藩主。父は高広。山城守・丹後守。一六五四年(承応三)家督相続。六六年(寛文六)父によって幕府に訴えられ、親族との不和や失政をとがめられ改易となる。この事件で一族が処分をうけ、高国は陸奥国盛岡藩に預けられ同地で没した。長男高規も伊勢国津藩主藤堂高次に預けられたが、八〇年(延宝八)赦免され、のちに幕府の高家(こうけ)となった。

きょうごくたかつぐ【京極高次】 1563～1609.5.3　織豊期～江戸初期の武将・大名。父は高吉。幼年時代は人質として織田信長のもとにあった。本能寺の変の際、明智光秀方に属し、一時期北陸に逃れた。妹の松丸殿が豊臣秀吉側室となった縁で免罪され、一五八四年(天正一二)近江国高島郡で二五〇〇石を与えられた。のち加増されて九五年(文禄四)近江大津六万石となる。関ケ原の戦で東軍に応じ籠城。その功で戦後、若狭小浜八万五〇〇〇石、のち九万二〇〇〇石余を領有した。晩年キリスト教に入信。室は浅井長政の次女常高院。

きょうごくたかとも【京極高知】 1572～1622.8.12　織豊期～江戸初期の武将・大名。丹後守。父は高吉。一五九一年(天正一九)豊臣秀吉から近江国蒲生郡に五〇〇〇石を与えられ、九三年(文禄二)舅毛利秀頼の遺領信濃国伊那郡六万石を相続、飯田城主となる。九五年一〇万石に加増。関ケ原の戦では東軍に属し岐阜城攻撃に加わった。戦後、丹後一二万三〇〇〇石余を与えられ、宮津に居城した。母マリアの感化でキリスト教に帰依。洗礼名ヨハネ。

きょうごくたかひろ【京極高広】 1599～1677.4.22　江戸前期の大名。丹後国宮津藩主。丹後守。

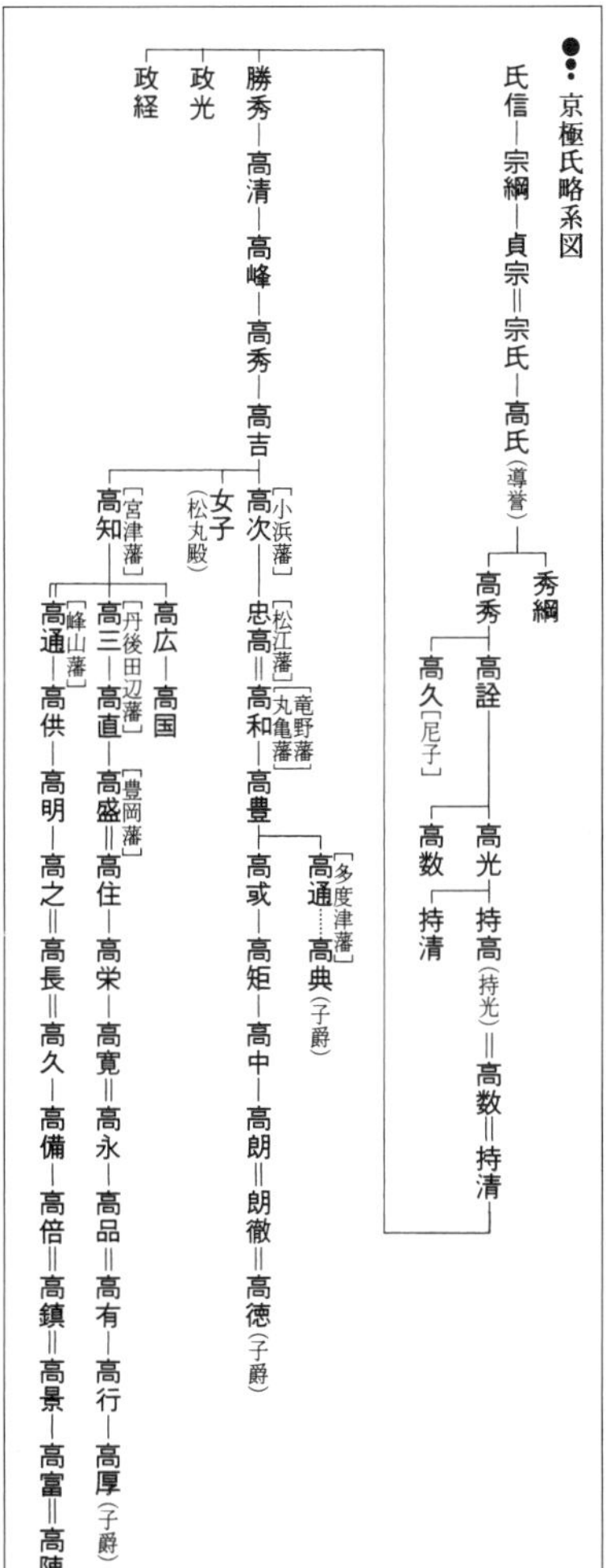

父は高知。一六二二年(元和八)父の死により遺領宮津七万八〇〇〇石余を継ぐ。五四年(承応三)眼病により嫡子高国に家督を譲る。のち高国と不仲になり、六六年(寛文六)その無道を幕府に訴えたところ、藩領は没収、一族処分をうける結果となり、京都東山に閑居の余生を送った。この事件は、高広が高国を廃して三男高勝を立てようとしたものといわれている。

きょうごくたかよし【京極高吉】 1504～81.1.25 戦国期～織豊期の武将。父は高秀。近江国守護佐々木氏の嫡流で、代々坂田郡上平寺城に居城した。はじめ将軍足利義輝の近習。のち還俗した足利義昭を擁護し、一五六八年(永禄一一)義昭と織田信長の上洛軍に従った。その後剃髪隠居し、道安と号した。晩年はキリスト教に帰依。室マリア(浅井氏)も熱心なキリシタンで、一家に受洗する者が多かった。史料上に「高慶」「高佳」とある人物は高吉とされている。

きょうごくただたか【京極忠高】 1593～1637.6.12 江戸前期の大名。若狭守。父は高次。一六〇九年(慶長一四)父の遺領を継ぎ若狭国小浜藩主。三四年(寛永一一)出雲・隠岐二六万四〇〇〇石余に加増転封され松江藩主となる。嫡母常高院が徳川秀忠室崇源院の姉、室が秀忠の女という縁戚関係により徳川家から優遇された。没後、嗣子がなく領地は収公されたが、高次以来の功績により甥の高和が播磨国竜野六万石にとりたてられた。

きょうごくためかね【京極為兼】 1254～1332.3.21 「ためかぬ」とも。鎌倉後期の歌人。父は藤原為家の三男為教、母は三善雅衡の女。若年時祖父に和歌を学ぶ。一二八〇年(弘安三)東宮熙仁親王(後の伏見天皇)に出仕。院・側近たちの和歌指導者となり、京極派と称される。伏見天皇践祚後は政界でも活躍するが、九八年(永仁六)佐渡国に配流。一三〇三年(嘉元元)許されて帰京。勅撰集の撰者をめぐり二条為世と論争するが(「延慶両卿訴陳状」)、院宣をえて一二年(正和元)「玉葉集」を撰進した。翌年伏見上皇とともに出家。法名は蓮覚のち静覚。一五年再び六波羅に捕らえられ翌年土佐国に配流。帰洛を許されないまま河内国で没した。著書「為兼卿和歌抄」「為兼卿記」。和歌は「玉葉集」「風雅集」などに入集。

きょうごくためのり【京極為教】 1227.閏3.20～79.5.24 鎌倉中期の歌人。京極家の祖。法名明正・明心。号は毘沙門堂。父は藤原為家、母は宇都宮頼綱女。為子・為兼の父。非参議従二位。後嵯峨院院司・西園寺家家司。和歌に関して兄為氏と反目した。「弘安百首」の作者。「続後撰集」以下の勅撰集に入集。

きょうごくのみや【京極宮】 ⇨桂宮

きょうごくマリア【京極マリア】 1542?～1618.7.1 織豊期～江戸初期の女性キリシタン。近江国上平寺城主京極高吉の室。浅井久政の女、長政の姉(一説には祐政の女、長政の叔母)。一五八一年(天正九)高吉とともに安土でオルガンティーノから受洗。以後マリアと称した。松丸殿(豊臣秀吉側室)を除く高次・高知ら子女を受洗させ、大坂・丹後方面での布教に尽力した。

きょうごくもちきよ【京極持清】 1407～70.8.4 室町中期の武将。高光の三男。六郎。中務少輔・大膳大夫。法名生観。叔父高数が嘉吉の乱で討死したのち、京極家の家督を継いで出雲・隠岐・飛騨・近江北郡の守護となる。侍所頭人に二度在職。応仁・文明の乱では東軍に属して活躍し、一四六九年(文明元)六角政尭にかわり近江南郡も与えられ、近江一国の守護になった。

きょうしゅん【慶俊】 「けいしゅん」とも。慶峻・敬俊とも。生没年不詳。奈良時代の僧。俗姓は葛井氏。大安寺の道慈に学び、三論・法相・華厳の三宗に通暁したという。七五六年(天平勝宝八)五月、法華寺の鎮として、聖武太上天皇看病の功により律師に任じられる。道鏡の圧迫により地位を追われるが、七七〇年(宝亀元)八月、道鏡失脚とともに少僧都に復した。著書「一乗仏性究竟論記」「因明義骨論文軌疏」。

ぎょうじょにゅうどうしんのう【尭恕入道親王】 1640.10.16～95.4.16 天台宗延暦寺別院妙法院の門跡。後水尾天皇の第一〇皇子。母は園基音の女新広義門院国子。幼称を照宮、諱を完敏、字を体素、号を逸堂。一六五〇年(慶安三)得度。妙法院門跡を相続し、一身阿闍梨・護持僧となる。三度天台座主に任じられ、六五年(寛文五)二品に叙せられる。九一年(元禄四)隠居所鉄竜庵を寺内にたて、移り住む。天台教学の研究に専心し、詩文・書道・絵画・連歌にも精通。

きょうしん【教信】 ?～866.8.15? 教信沙弥・賀古教信・阿弥陀丸とも。平安前期の念仏行者。俗姓・出身不詳。「日本往生極楽記」によれば、播磨国賀古駅北辺で妻子を有して荷役労務などで生活する一方、常に念仏を唱え、周囲にも勧めたという。摂津国勝尾寺の勝如は、夢告によりその往生を知り、口称念仏に専心するに至ったという。念仏聖としてのあり方は、のち永観・親鸞・一遍に大きな影響を与えた。

ぎょうしん【行信】 生没年不詳。奈良時代の僧。七三八年(天平一〇)律師に任命され、この頃から法隆寺東院の復興に尽力。七四八年大僧都として諸寺資財帳に署名している。七五〇年(天平勝宝二)入滅とする所伝があるが、その後の生存を示す史料があり、七五四年厭魅の罪で下野薬師寺に配された薬師寺の行信と同一人とする説もある。著書「仁王般若経疏」「最勝王経音義」。没後に完成した神護景雲元年(七六七)九月の跋をもつ行信発願経が法隆寺などに現存。

きょうしんのうえきぎん【恭親王奕訢】 Gong-qinwang Yixin 1832.11.21~98.4.10 中国清朝の皇族、道光帝の第六子。一八五一年咸豊帝の即位で恭親王に封じられ、五三年軍機大臣になる。六一年清国の外交・通商制度の刷新をめざす総理各国事務衙門を設立、協調外交を推進するかたわら、洋務派の中枢となる。清仏戦争で一度弾劾されるが、再び軍事・外交を統轄した。

きょうぜん【教禅】 ?~1075.3.- 平安時代の絵仏師。入円の弟子といい、一〇四〇年(長久元)藤原資房の子のお守りのため五大尊像を描く。はじめ丹波講師を名のり、四八年(永承三)東大寺大仏殿の法相祖師影像、大安寺塔下勝鬘夫人影像を図写するが、六八年(治暦四)三月、後冷泉天皇病気平癒祈願のための法成寺一二五体丈六仏図絵の賞として法橋に叙せられ、絵仏師が僧綱に任じられた初例となる。七一年(延久三)大内裏の安鎮法の曼荼羅を図絵した。子の定禅も絵仏師という。

ぎょうそん【行尊】 1055~1135.2.5 平等院大僧正とも。平安後期の天台宗僧。参議源基平の子。園城寺の明尊のもとで出家、頼豪に密教を学び、覚円から灌頂をうけた。大峰・葛城・熊野などで修行し、験者として知られる。鳥羽天皇の護持僧となり、権大僧都、のち大僧正に至る。園城寺長吏に任じられ、一一二三年(保安四)天台座主となったが、延暦寺・園城寺の対立で六日で辞任。以後諸寺の別当を歴任する一方、焼亡した園城寺の復興に努め、また覚鑁の大伝法院創立を後援した。歌人としても著名。家集「行尊大僧正集」。

きょうたい【暁台】 1732.9.1~92.1.20 江戸中・後期の俳人。名古屋藩士岸上家の長男に生まれ、のちに同藩士加藤氏の養子となる。本名、周挙。一七歳で出仕、二七歳で江戸詰、二八歳で致仕。芭蕉復興を企図して一七六三年(宝暦一三)「蛙啼集」を後援。七〇年(明和七)奥羽・北陸行脚。七二年(安永元)「秋の日」刊行、七四年蕪村と面会、翌年「去来抄」刊行。八三年(天明三)芭蕉百回忌取越追善俳諧を興行。九〇年(寛政二)二条家から花の下宗匠の称号をうけた。中興俳諧の名家。

ぎょうち【行智】 1778~1841.3.13 江戸後期の当山派修験者。江戸生れ。江戸浅草の覚吽院に住し、晁脚八幡宮の別当。歌道・書道・悉曇(梵学)などを修め、修験者としては希有な博識の徒として知られ、当山派の惣学頭・法印大僧都に任じられる。修験道の入門書「木葉衣」「鈴懸衣」「踏雲録事」などを著す。

きょうにょ【教如】 1558.9.16~1614.10.5 織豊期~江戸前期の浄土真宗の僧。本願寺一二世、東本願寺初世。童名は茶々丸、諱は光寿。父は一一世顕如、母は細川晴元の養女如春尼。一五八〇年(天正八)石山合戦の和議がなり、顕如は紀伊国鷺森に、教如も籠城半年で同じく雑賀に退いた。九一年、顕如は豊臣秀吉から京都堀川七条の地を得て本願寺(西本願寺)を再興。その没後一二世をつぐが、九三年(文禄二)秀吉の命で弟准如に譲る。一六〇二年(慶長七)徳川家康から京都烏丸六条に寺地を得て東本願寺をおこした。

ぎょうねん【凝然】 1240.3.6~1321.9.5 鎌倉後期の東大寺の学僧。号は示観房。伊予国生れ。東大寺戒壇院の円照に師事し通受戒をうけたほか、華厳を宗性に、律を証玄に、真言を聖守・真空に、浄土を長西に学ぶなど、博学で知られた。とくに華厳に通じ講義は各所に及んだ。円照の後をうけて戒壇院に住し、法隆寺や唐招提寺以下多くの寺院を管理した。著書「八宗綱要」「三国仏法伝通縁起」「浄土法門源流章」「円照上人行状記」「律宗綱要」。

ぎょうねんにゅうどうしんのう【尭然入道親王】 1602.10.3~61.8.22 天台宗延暦寺別院妙法院の門跡。後陽成天皇の第六皇子。母は持明院基孝の女掌侍孝子。六宮と称する。諡号は慈音院。一六〇三年(慶長八)妙法院に入室、一六年(元和二)得度。七年後、二品に叙せられた。四〇年(寛永一七)天台座主となり、以後二度任じられたが、五五年(明暦元)三度目の座主職を辞する。京都法住寺に葬られる。能書家で、絵画・和歌・立花・香道にも精通。

きょうのにい【卿二位】 ⇨藤原兼子

ぎょうひょう【行表】 722~797 奈良時代の僧。大和国葛上郡高宮郷の人。檜前調使案麿の子。俗名百戸。七四一年(天平一三)恭仁宮で道璿を師主として得度し、七四三年興福寺北倉院で受戒。禅・唯識を学ぶ。のち近江国崇福寺の寺主となって丈余の千手観音を造り、ついで近江大国師に任じられた。七七八年(宝亀九)最澄の師となり、七八〇年師主として最澄を得度させた。のち大安寺に移り、七九七年(延暦一六)同寺西唐院で没した。

ぎょうへん【行遍】 1181~1264.12.15 三河僧正・尊勝院僧正とも。鎌倉前期の真言宗僧。三河法橋任尊の子。仁和寺行延・慈尊院栄然に師事、道法法親王に灌頂をうけ、隆憲・澄心に声明を学ぶ。一二四一年(仁治二)藤原道家に灌頂を授け、四八年(宝治二)には東寺長者・法務と高野山大伝法院座主を兼ね、護持僧に任じられた。大僧正となったが、高野山の本末騒動でその年に諸職を辞任。東寺の寺院機構改革や寺領荘園の経営改革にも大きな役割をはたした。

ぎようほうしゅう【岐陽方秀】 1361.12.25~1424.2.3 室町前期の臨済宗聖一派の禅僧。諱は方秀、字は岐山、のち岐陽。別号不二道人。地名は琴川。讃岐国琴平の佐伯氏の出身。京都東福寺に入り、翌年一二歳のとき霊源性浚を師として出家。その後、相模と京都の諸禅僧について修行し、霊源の法をつぐ。晩年は東福寺に隠退し、不二庵霊雲院を開創。詩文に優れ、「不二遺稿」ほか多くの著述がある。

きょうやまこえん【京山小円】 1876～1928.10.30 明治・大正期の浪曲師。広島県出身。本名吉田松吉。二代京山恭安斎の門人。重厚な語り口に定評があり、「義士伝」などが得意演目。桃中軒雲右衛門・二代吉田奈良丸とともに明治期浪曲界の三巨頭の一人。芸名は昭和期まで三代を数える。

きょうややへえ【京屋弥兵衛】 江戸定飛脚問屋京屋の世襲名。村井氏。享保・元文期以降その名がみえる。江戸定飛脚問屋仲間のなかでは京方に属し、一八世紀後半までには室町二丁目の江戸店のほか、藤岡・高崎・桐生・甲府・仙台・福島に分店があった。この頃京屋の株は近江屋など京都の飛脚問屋が多く取得しており、また営業面・資金面で大丸屋・白木屋など京都に本店をもつ呉服問屋との関係が深く、白木屋の分店としての扱いをうけた時期もあった。

きようらけいご【清浦奎吾】 1850.2.14～1942.11.5 明治～昭和前期の官僚政治家。肥後国生れ。日田の咸宜園に学ぶ。維新後司法省で累進、のち内務省警保局長となり、山県有朋の知遇を得る。司法次官をへて、一八九六年(明治二九)第二次松方内閣と第二次山県内閣の司法相、第一次桂内閣では司法相・農商務相を務めた。九一年から一五年間貴族院勅選議員を務め、日清戦争後には研究会の山県系議員の中核として動いた。一九〇六年枢密顧問官となり、一四年(大正三)には組閣命令をうけたが、海相が得られずに辞退(鰻香内閣)。二二年枢密院議長に就任、二四年一月貴族院を基礎に組閣したが、第二次護憲運動に敗れて半年で退陣。伯爵。

きよかわはちろう【清川八郎】 1830.10.10～63.4.13 清河とも。幕末期の志士。出羽国田川郡清川村(現、山形県立川町)の郷士斎藤治兵衛の子。名は正明。一八歳で江戸に出て文武を修める一方、近畿・九州・蝦夷地などを旅して見聞を広めた。桜田門外の変後、各地の志士と交わり、一八六二年(文久二)に島津久光の上洛を機に挙兵を画策するが寺田屋騒動で失敗。翌年春、幕府の浪士隊に入り上洛するが、尊攘派と結んだため江戸に戻され、幕吏に暗殺された。

ぎょくえんぼんぽう【玉畹梵芳】 1348～? 南北朝期の臨済宗夢窓派の禅僧。諱は梵芳、字は玉畹(はじめ玉桂)。出身など不詳。天竜寺の春屋妙葩に師事し、法をつぐ。一三六八年(応安元・正平二三)に鎌倉に下り東勝寺に寄寓。八〇年(康暦二・天授六)に上洛し、周防国永興寺、豊後国万寿寺、京都建仁寺をへて南禅寺に入る。のち隠遁したため、その後の消息は不明。蘭の絵を得意として多くの作品がある。詩も作った。

きょくさんじん【曲山人】 ?～1836? 江戸後期の人情本作者。本名仙吉。江戸向島辺に住み、曲亭馬琴の読本の筆耕をする一方、画師などをしていたが、小三・金五郎の巷説を武家の世界に仕組んだ人情本「仮名文章娘節用」(一八三一)が評判をとり、為永春水とともに人情本全盛期を築く。その後の「娘消息」「娘太平記操早引」はともに未完で、後者を補作した松亭金水の序文によれば短命だったという。

きょくすい【曲翠】 ?～1717 江戸前期の俳人。近江国膳所藩士。姓は菅沼。名は定常。通称外記。初号は曲水。別号は馬指堂。江戸在番時代、其角を通じて芭蕉に入門。「ひさご」の主要な一員で、芭蕉と親交があった。一六九〇年(元禄三)伯父幻住老人の幻住庵を修復し芭蕉に提供。「幻住庵記」で芭蕉は曲翠を勇士と評している。家老曾我権太夫の不正を憎み、これを討った後に自刃した。妻の破鏡尼も蕉門。

きょくていばきん【曲亭馬琴】 1767.6.9～1848.11.6 江戸後期の戯作者。本名は滝沢興邦。旗本の用人の五男として生まれる。山東京伝や蔦屋に寄宿。黄表紙「尽用而二分狂言」以後、戯作者の道を歩む。三二歳で滝沢家の当主となり、京坂旅行を契機に作者として開眼。「月氷奇縁」や「椿説弓張月」で読本の第一人者となった。子の宗伯の出世を祝って家譜の「吾仏の記」を書き上げた。宗伯は三八歳で死去したが、馬琴は天保の改革などの弾圧や眼疾などの逆境のなかでも著述を続け、稗史七法則という小説理論にもとづき、優れた構築性を示す「南総里見八犬伝」を二八年かけて完成させた。

ぎょくどうそうじょう【玉堂宗条】 1480～1561.1.17 戦国期の臨済宗の禅僧。諱は宗条、字は玉堂。諡号は仏徳大輝禅師。美濃国の人。休翁宗万の法をつぐ。一五二二年(大永二)大徳寺で開山の真影を扱う侍真となる。三六年(天文五)に大徳寺九二世。その後、大内義隆に招かれて周防国竜福寺に移る。法嗣には竜谷宗登・玉叟宗璋がいる。

きょくどうなんりょう【旭堂南陵】 大阪の講釈師。明治期から三代を数える。初代(一八五三～一九一一)は一九〇六年(明治三九)一道と改名。旅回りから大阪に落ちついたという。二代(一八七七～一九六五)は本名浅井鶴造。初代旭堂南陵門人ではじめ南花。上京して三代神田伯竜に師事し、竜生から小伯竜。帰阪後、旭堂小南陵から二代を継ぐ。明快な口跡で、「太閤記」などに定評があった。衰微する大阪講談の孤塁を死守、命脈を実子の現三代南陵に伝承し復興の礎を築いた。

きょけん【許憲】 Hŏ Hŏn 1885.6.11～1951.8.17 朝鮮近代の政治家。咸鏡北道出身。明治大学卒業後、弁護士として活動。日本敗戦後、建国準備委員会副委員長。一九四八年朝鮮民主主義人民共和国の成立により最高人民会議初代議長。

きよさわきよし【清沢洌】 1890.2.8～1945.5.21 大正・昭和前期のジャーナリスト・外交史家。長野県出身。キリスト教無教会派の研成義塾(長野県穂高町)に学び、一九〇六年(明治三九)渡米。苦学してホイットウォース大学を卒業、邦字紙で活躍する。帰国して二〇年(大正九)「中外商業新報」、二七年(昭和二)「朝日新聞」の記者となるが、二九年右翼の攻撃をうけ退社。その後「報知新聞」「東洋経済新報」と関係し、国際協調外交を唱える。「外交史」など著書多数。没後、第二次大戦中の四二～四五年の日記「暗黒日記」が刊行された。

きよざわまんし【清沢満之】 1863.6.26～1903.6.6 明治期の宗教家・思想家・哲学者。尾張国生れ。幼名満之助、建峰・骸骨・石水・臘扇・浜風などと号する。得度して賢了と称した。東本願寺育英教校をへて東大に入学。卒業後は大学院に進学し、宗教哲学を専攻。「哲学会雑誌」の編集にあたる。一八九六年(明治二九)今川覚神・井上豊忠・稲葉昌丸・月見覚了・清川円誠らと「教界時言」を発刊して宗門改革を主張し、宗門から除名処分をうけた。九八年復帰。精神主義的運動を展開し、一九〇一年「精神界」を発刊。仏教における近代的信仰を樹立した。著書「宗教哲学骸骨」「我信念」。

きよせいちろう【清瀬一郎】 1884.7.5～1967.6.27 大正・昭和期の弁護士・政治家。兵庫県出身。京大卒。一九〇九年(明治四二)弁護士となり、京都学連事件、三・一五事件を弁護。二〇年(大正九)衆議院議員初当選。二八年(昭和三)衆議院副議長。四〇年大政翼賛会総務。第二次大戦後公職追放されるが、東京裁判で日本人弁護団副団長、東条英機担当主任弁護人となる。追放解除後は改進党に属し再軍備論を展開。五五年第三次鳩山内閣文相。六〇年衆議院議長に就任し、新安保条約を強行採決した。

きょそつも【許率母】「こそちも」とも。生没年不詳。百済(くだら)から渡来した官人。儒学に詳しく、「日本書紀」天智一〇年(六七一)条によると、五経に明るいことにより小山上の冠位を授けられた。「懐風藻」では、大友皇子の立太子とともに沙宅紹明(さたくしょうみょう)や塔本春初(とうほんしゅんそ)らと皇子の賓客となったとされる。六七七年(天武六)大山下を授けられ、封戸三〇戸を与えられた。時に大博士とある。

ぎょっこうずいよ【玉崗瑞璵】 1500～78.8.10 戦国期の禅僧。足利学校の第七世庠主(しょうしゅ)。九華老人とも号す。大隅国伊集院氏の一族。東福寺の彭叔守仙(ほうしゅくしゅせん)のもとに一時参禅した。後北条氏の帰依をうけ、戦禍によって荒廃した足利学校をその援助によって再建し、死ぬまで庠主の地位にあった。「周易」に通暁し、その講義を行った。「足利学校易伝授書」中の「占筮(せんぜい)伝承系図」は自筆。相模国の禅興寺の住持を勤めたことが竜派禅珠の「寒松稿」にみえる。

きよのけんじ【清野謙次】 1885.8.14～1955.12.27 昭和期の医学者・考古学研究家。岡山市出身。京大卒。同大教授。病理学を専攻。縄文時代の貝塚を発掘し、多数の縄文人骨を収集・計測し、縄文時代人が現在の日本人の祖先であるとし、アイヌを祖先とする説に反対した。晩年は考古学史の研究に従事し、すぐれた業績をあげた。著書「日本原人の研究」「日本貝塚の研究」「日本人種論変遷史」。

きよはらうじ【清原氏】 (1)天武天皇の皇子舎人(とねり)親王の後裔氏族。姓は真人(まひと)。七九一年(延暦一〇)長谷(はせ)(舎人親王の曽孫)が清原真人を賜ったのが初例。以後、清原真人賜姓記事は国史に数多く散見。数種の「清原氏系図」が伝世するが、個々の系譜は判別しにくい。平安初期の政治家として「令義解(りょうのぎげ)」の編纂者で右大臣の夏野(なつの)、蔵人頭(くろうどのとう)・参議の岑成(みねなり)らがおり、平安中期には歌人として深養父(ふかやぶ)や元輔(もとすけ)(三十六歌仙の一人)、「枕草子」の清少納言がみえる。(2)一方、明経(みょうぎょう)道を家学とした広澄(ひろずみ)系清原氏

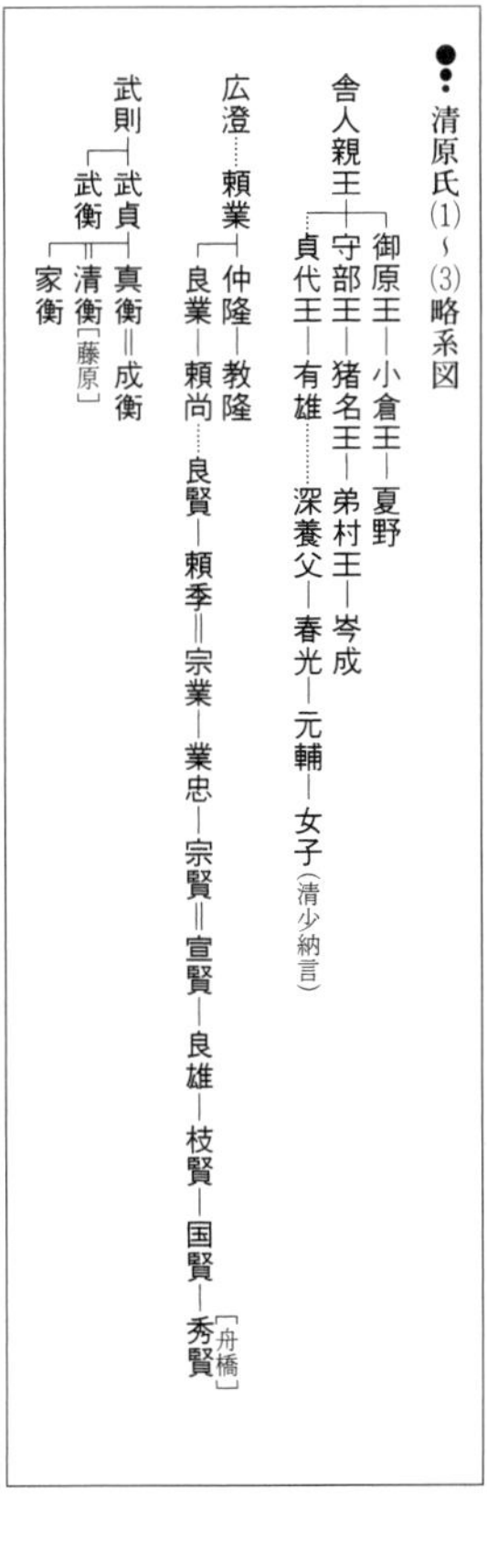

は、外記局の局務を世襲するようになる。(3)また一一世紀出羽で勢力をもった豪族清原氏があるが、中央の清原氏との関係については諸説あり不詳。

きよはらおかぜ【清原雄風】 1747～1810.8.20 江戸中・後期の歌人。姓は森氏。初名は蔵。通称忠次郎。字は伯高。崑岡・楊柏・雲巣道人と号す。一時期、江戸で小沢玄達と称した。豊後国生れ。医を業とし、詩文にも秀でた。岡藩校由学館司業。のち江戸にでて加藤千蔭・村田春海・清水浜臣らと交わり、和歌をきわめた。家集に「清原雄風家集」があり、「怜野集」の編者としても知られる。

きよはらのいえひら【清原家衡】 ?～1087.11.14 平安後期の武将。武貞の子。母は安倍頼時の女。四郎と称する。清原氏の同族争いに端を発した後三年の役では、当初異父兄の清衡と結び、異母兄の真衡と争った。真衡の病死後は、陸奥守源義家の支援をうけた清衡と戦った。一〇八六年(応徳三)出羽国の沼柵(現、秋田県雄物川町・大曲市)の戦で勝利を収めた。叔父武衡の援助をえて金沢柵(現、秋田県横手市)に移り抗戦したが、翌年攻略され県次任に斬殺された。

きよはらのくにかた【清原国賢】 1544～1614.12.18 織豊期～江戸初期の明経道家。父は枝賢、子は秀賢。六歳で主水正・大炊頭に任じられて以後、非参議従三位まで昇る。国賢の曾祖父宣賢以来、明経道清原氏と神祇道吉田氏は融合し、近世神儒一致論の源流を形成。国賢の学もその流れに属する。「日本書紀神代巻奥書」がある。

きよはらのさねひら【清原真衡】 ?～1083 「まさひら」とも。平安後期の武将。武貞の嫡子。父同様に出羽国仙北郡および奥六郡に勢力を拡大し、清原氏の全盛期をむかえる。しかし独裁的な支配を行ったため、弟の清衡・家衡ら同族の反発をうけ、後三年の役がおきた。形勢は真衡側に不利だったが、一〇八三年(永保三)陸奥守源義家の支援をうけ勢力を挽回する。陣中で病死し、以後、主導権は清衡・家衡に移った。

きよはらのたけのり【清原武則】 生没年不詳。平安中・後期の武将。出羽国仙北郡の俘囚長。光方の子。前九年の役で苦戦中の源頼義からの支援要請をうけ、一〇六二年(康平五)軍兵を率いて陸奥国に赴く。清原一族の参戦により、戦況は一気に頼義側に有利となり、安倍軍は壊滅。武則はこの功により、翌年従五位下に叙せられ、鎮守府将軍に任じられた。以後、奥六郡を勢力下に加え、奥羽に強固な基盤を築きあげた。

きよはらのたけひら【清原武衡】 ?～1087.11.14 平安後期の武将。武則の子。将軍三郎と称す。後三年の役では、甥の家衡を支援して清原清衡・源義家と戦った。一〇八六年(応徳三)沼柵(現、秋田県雄物川町・大曲市)での戦に勝利を収めた家衡に、金沢柵(現、秋田県横手市)に移ることを進言。翌年同柵で二人は抗戦したが、義家軍の兵粮攻めに苦戦。投降を申し入れたがうけいれられず、捕らえられて義家に助命を願ったが殺された。

きよはらのなつの【清原夏野】 782～837.10.7 平安前期の公卿。父は小倉王(舎人親王の孫)、母は小野綱手の女。子に滝雄・沢雄・秋雄がいる。幼名繁野。双岡大臣・比大臣とも称する。八〇四年(延暦二三)清原真人を賜り、夏野を名のる。八二三年(弘仁一四)淳和天皇の即位にともない、春宮亮から蔵人頭となる。のち右大臣・従二位に昇った。「日本後紀」「令義解」「内裏式」の編纂・撰進に尽力。たびたび同天皇を双岡山荘に迎える。民部卿を勧め、親王任国の設置などを献策した。

きよはらのなりただ【清原業忠】 1409～67.4.28 室町中期の儒学者。宗業の子。初名は良宣。家伝の古注に朱子の新注を加味して清原家の儒学を中興した。講義には後花園天皇・後土御門天皇や宮廷の廷臣、足利義政・細川勝元らの武家、さらに五山僧の桃源瑞仙など多彩な顔ぶれが連なり、「古今無双の名儒」とよばれた。官位は家例をはるかにこえて正三位大蔵卿にまで昇った。一四五八年(長禄二)出家して常忠と号す。

きよはらののぶかた【清原宣賢】 1475～1550.7.12 戦国期の儒学者。吉田兼倶の三男。清原宗賢の養子。環翠軒と号す。法名は宗尤。朱子の新注をとりいれる新古折衷的な家学をさらに進め、五山僧の講義も参考にして徹底した。京都で公卿や将軍家・五山僧らに講義し、能登国畠山氏・若狭国武田氏・越前国朝倉氏などの求めで講義に赴き、地方の文化発展にも大きく寄与。そのために作成した「孝経抄」「左伝抄」「周易抄」などの抄物が多数現存し、また三条西実隆に学んで「伊勢物語惟清抄」を著し、「塵芥」「詞源要略」などの辞書を編纂、さらに実父の神道説を祖述した「日本書紀神代巻抄」や、「御成敗式目」に対する興味から「貞永式目抄」を著すなど多方面に活躍した。越前国一乗谷で死去。

きよはらののりたか【清原教隆】 1199～1265.7.18 鎌倉中期の儒学者。仲隆の子。本名は仲光。大外記・直講・音博士(一説には書博士)・三河守などを歴任、正五位下。鎌倉に招かれ、将軍藤原頼嗣や宗尊親王の侍講を勤め、引付衆の一員となる。北条実時も師事した。「群書治要」は教隆から実時に伝授されたもので、教隆が加点した識語がある。鎌倉の学問興隆に功績を残す。

きよはらのふかやぶ【清原深養父】 生没年不詳。平安中期の歌人。房則の子。元輔の祖父、清少納言の曾祖父。官職には恵まれなかったが、「古今集」に一七首入集するなど、歌人としての評価は高かった。琴も巧みで、藤原兼輔・紀貫之・凡河内躬恒らと交流があった。晩年は洛北岩倉に隠棲、補陀落寺を建立したと伝えられる。勅撰集入集は四一首。中古三十六歌仙の一人。家集「深養父集」。

きよはらのもとすけ【清原元輔】 908～990.6.- 平安中期の歌人。三十六歌仙の一人。深養父の孫。春光の子。子に清少納言。従五位上肥後守に至る。九五一年(天暦五)梨壺の五人の一人に選ばれ、「万葉集」の訓読、「後撰集」の撰集にあたった。小野宮家などの権門から求められて屏風歌を詠進することが多かった。「今昔物語集」などに明朗な人柄を伝える逸話が残る。「拾遺集」以下の勅撰集に一〇六首入集。家集「元輔集」。

きよはらのよしかた【清原良賢】 ?～1432.10.29 南北朝期の儒学者。歴代の古注に朱子の新注を若干加え、時代の要請にあわせる新古折衷的な清原家の家風を始めた。明経博士となり、後光厳・後円融・後小松三天皇の侍読を勤め、家学を大いに興した。「古文尚書」「毛詩」などの講釈を得意とした。

きよはらのよりなり【清原頼業】 1122～89.閏4.14 平安後期の儒者・外記。局務家清原氏の祐隆の子。本名は顕長、のちに頼滋、ついで頼業と改めた。明経道の家学を伝授され、一一四二年(康治元)に少外記となる。はじめ藤原頼長の近臣となるが、保元の乱で挫折した。六六年(仁安元)に大外記として政界に復帰し、のちに九条兼実の信頼をえて近臣として活躍し、清原氏中興の祖と称される。

きよふじこうしちろう【清藤幸七郎】 1872.6.21～1931.1.4 明治・大正期の国家主義者。熊本県出身。宮崎滔天らの影響からアジア問題に関心をもち、黒竜会に参加。孫文の革命運動を積極的に支援し、一九一一年(明治四四)の辛亥革命に際しては北一輝らと革命派への武器援助を担当。黒竜会発行の「時事月刊」の編集主事も務めた。

きよまろ【清麿】 1813～54.11.14 幕末期の刀工。信濃国小諸の郷士山浦信友の次男。兄も刀工で山浦真雄。同国上田の刀工河村寿隆に兄弟で学び、はじめ正行・秀寿などと銘した。一八三四年(天保五)江戸に出て技をみがき、古作・志津風の作風を完成。三九～四五年(天保一〇～弘化二)まで長門国・信濃国などへ行き、その後江戸四谷伊賀町に居住、四六年に正行から清麿に改銘した。五四年(安政元)心身を害し、自刃。

きよみずりへえ【清水理兵衛】 生没年不詳。延宝期頃に活躍した大坂の浄瑠璃太夫。もと天王寺安居天神南の料亭の主人で、播磨風をよくして、今播磨とよばれた素人天狗。井上播磨掾の没した前後、遊人たちにもちあげられて櫓をあげ、「上東門院」を語った。芝居はまもなく絶えたが、脇語りの天王寺五郎兵衛(清水理太夫)が、のちに竹本義太夫を名のって一世を風靡した。

きよみずろくべえ【清水六兵衛】 江戸中期以降、京都五条坂で開窯していた陶工。現在まで七代続く。初代(一七三八～九九)は摂津国生れ。寛延年間(一七四八～五一)に京に出て清水焼の陶工海老屋清兵衛に学び、一七七一年(明和八)に独立、海老屋六兵衛と称した。二代(一七九〇～一八六〇)は一八一一年(文化八)開窯。初代が野々村仁清以来の陶質の抹茶器を製作したのに対し、二代は奥田穎川に始まる磁器焼成を行って時流にのり、以後は磁器焼成が中心となった。

きよもとうめきち【清元梅吉】 清元節三味線方。明治期から四世を数える。初世(一八四一～一九〇七)は清元梅次郎の門弟。一八八四年(明治一七)梅吉改め寿兵衛を名のる。二世(一八五四～一九一一)は初世の門弟で本名松原清吉。四世清元延寿太夫の娘はるを妻とする。「三千歳」(清元お葉作曲とも)・「隅田川」「青海波」などを作曲。三世(一八八九～一九六六)は本名松原清一、二世の子。父の没年に三世を継ぐ。五世延寿太夫の立三味線を勤めていたが、一九二二年(大正一一)五世と不和となり、独立して清元流を創立。五五年(昭和三〇)二世寿兵衛を名のる。芸術院会員・人間国宝。「津山の月」「お夏狂乱」などを作曲。

きよもとえんじゅだゆう【清元延寿太夫】 清元節家元。江戸後期から七世を数える。初世(一七七七～一八二五)は初世富本斎宮太夫の門弟。通称岡村屋吉五郎。一八一一年(文化八)富本を離れ、一四年清元延寿太夫を名のり清元節を樹立。二五年(文政八)暗殺される。「保名」「累」などを好演。二世(一八〇二～五五)は初世の子。本名岡村藤兵衛。松江藩主松平不昧(治郷)から栄寿太夫の名をもらうが、二七年二世を襲名。のち太兵衛と名のり名人とうたわれた。清元節を隆盛に導き、「お染」「明烏」などを初演。四世(一八三二～一九〇四)は本名斎藤源之助。二世延寿太夫の娘お葉の婿。河竹黙阿弥と提携し、「十六夜」「三千歳」などを初演。五世(一八六二～一九四三)は四世の養子。本名岡村庄吉、江戸生れ。近代の名人と評される。清元節の品格向上に努めた。「青海波」「幻椀久」などを語る。

きよもとおよう【清元お葉】 1840～1901.5.2 幕末～明治前期の清元節演奏家。江戸生れ。二世清元延寿太夫の娘。四世延寿太夫の妻。女流名人の誉れが高く、作曲にも才能を示し、小唄の成立にも貢献。小唄「散るはうき」「あの花が」を作曲。清元節「十六夜」「三千歳」などを作曲したともいう。

きよもとさいべえ【清元斎兵衛】 清元節三味線方。江戸後期～明治期に四世を数える。初世は文化〜天保期に活躍。初名鳥羽屋万吉。常磐津の門弟から富本節に転じた二世鳥羽屋里長の門弟。一八一四年(文化一一)清元節独立のとき初世延寿太夫に従い、初世・二世延寿太夫の立三味線を勤める。「保名」「累」「お染」など清元初期の傑作の多くを残した。二世は天保期に活躍。「神田祭」「四季三葉草」などを作曲。三世(?〜一八六七)は菅野里八・荻江里八の名ももつ。四世(一八五二〜一九〇九)は四世延寿太夫の三味線方を勤めた。「花がたみ」を作曲。

きょらい【去来】 1651〜1704.9.10 江戸前期の俳人。父は儒医で長崎聖堂の祭酒を勤めた向井元升。名は兼時。通称喜平次。長崎生れ。一六五八年(万治元)一家は京都に移住、去来もここで成人した。医者であった兄元端を助けたり有職故実の学をもって堂上家に出入りしたが、八六年(貞享三)芭蕉に入門、その忠実な門人となる。九一年(元禄四)芭蕉の監修のもとに凡兆と「猿蓑」を編集・出版。蕉風俳諧の重要な撰集となった。京都西郊の嵯峨野に落柿舎を結び、上洛した芭蕉をもてなした。師の没後、芭蕉から得た俳諧に関する所説を「去来抄」にまとめ、今日まで芭蕉俳諧を研究するうえで欠かせない資料となった。蕉門十哲の一人。

きょりく【許六】 1656.8.14〜1715.8.26 江戸前期の俳人。近江国彦根藩士。姓は森川。名は百仲。別号は五老井など。一六九二年(元禄五)江戸在勤中に芭蕉に入門。芭蕉最晩年の弟子だが、画道の師と仰がれ、帰国の際「柴門之辞」を贈られるなど、素質を高く評価された。蕉風俳諧の格式を制定しようとした「韻塞」「篇突」の共撰、俳諧史論「本朝文選」「歴代滑稽伝」、芭蕉句集「泊船集」の補正、漢詩の俳文化を試みた「和訓三体詩」など多彩な活躍をした。蕉門十哲の一人。

きょれん【許棟】 生没年不詳。中国明代の海賊。許一(許松)・許二(許棟)・許三(許楠)・許四(許梓)四兄弟の一人。許棟とも書かれるが、他の兄弟がみな木の名であることから許棟が正しいといわれる。安徽省歙県出身。一五四〇年同じ海賊の李光頭らとともに福建省の獄を脱走し、浙江省の双嶼でポルトガル人と密貿易を行った。四四年(天文一三)はじめて日本と通じたが、四八年都御史朱紈に敗れ逃走。指揮呉川に捕らえられ処刑された。

きらさだいえ【吉良貞家】 ?〜1354? 南北朝期の武将。経家の長子。左馬助・修理大夫・右京大夫。建武政権期は足利直義とともに鎌倉にあり、一三三五年(建武二)足利尊氏西上に従い上洛。開幕後、引付頭人および因幡・但馬両国守護を勤めた。四五年(貞和元・興国六)畠山国氏と奥州管領に任じられて多賀国府に下る。観応の擾乱では直義方に属し、尊氏方の国氏を自刃させた。その後、北畠顕信らに多賀国府を奪われたが、五二年(文和元・正平七)に回復、翌年奥州南朝軍の拠点田村荘宇津峰城(現、福島県須賀川市・郡山市)を陥落させた。

きらさだよし【吉良貞義】 生没年不詳。鎌倉末〜南北朝期の武将。従五位下・左京亮・上総介。足利氏一門の満氏の子。本領は三河国吉良荘。法名は省観。父の早世により祖父長氏から家督を継ぐ。足利氏一門の長老として重んじられ、動乱期の尊氏をよく支えた。「難太平記」には、尊氏から真っ先に討幕の決意をうちあけられ、これを積極的に支持したとある。

きらし【吉良氏】 清和源氏。足利氏の庶流。鎌倉中期頃、三河守護足利義康の孫義氏が三河国吉良荘を与えられ、吉良氏を称した。義氏の長男長氏は西条、三男義継は東条に住したが、義継の子経氏は奥州に移住、奥州吉良(世田谷吉良)氏の流となる。長氏の孫貞義とその子満義は足利幕府の開創に協力した。満義の嫡子満貞が嫡流西条吉良氏を、弟尊義は東条に住み東条吉良氏をなし、両者は抗争を重ねた。応仁の乱頃、東条吉良氏は細川氏の守護代となるが、文明年中に没落。西条吉良氏は三河一向一揆に味方して近江国へ敗走後に断絶。東条吉良氏はのち復活し、徳川氏に仕えて儀式典礼をつかさどり、高家に列せられるが、赤穂事件で本家が断絶、分家の旗本東条氏が吉良姓を継いだ。

きらのにきち【吉良仁吉】 1839〜65? 幕末期の博徒。本名太田仁吉、綿商人の子。三河国吉良横須賀生れ。博徒間の抗争から荒神山の争いで命を落とした。義兄弟神戸長吉に加勢するため、圧倒的に優勢な相手に少数で立ち向かったとされ、義理に殉じた人物として講談や芝居などに取りあげられた。

きらのぶつね【吉良宣経】 生没年不詳。戦国期の武将。土佐国吾川郡弘岡(現、高知県春野町)吉良峰城主。南村梅軒を招いて儒学を講じさせ、土佐南学の基礎を築いたとされる。しかし、宣経に関する記事は元禄年間頃成立の「吉良物語」などにみえるのみで、その信憑性は低い。なお、土佐の吉良氏は一五四〇年(天文九)までに滅亡。

きらみつさだ【吉良満貞】 ?〜1384.9.5 南北朝期の武将。満義の嫡子。左兵衛佐・治部大輔。観応の擾乱では父とともに足利直義に従う。直義死後は南朝方に転じ、一三五三年(文和二・正平八)短期間ながら京都を回復。のち幕府に帰参し、六三年(貞治二・正平一八)引付方の再開とともに頭人となり死去まで在職。子孫は領地三河国吉良荘西条にちなみ西条吉良と称され、弟義尊の子孫東条吉良と区別される。

きらみつよし【吉良満義】 ?〜1356.9.23 南北朝期の武将。吉良貞義の子。左兵衛佐・中務大輔・左京大夫。足利尊氏・直義兄弟に従って、鎌倉幕府の打倒、建武政権の樹立に参画し、同政権下で関東廂番・六番頭人に就任、ついで室町幕府の創始に参加。尊氏・直義兄弟が反目すると、直義方の有力者として活動したが、一三五二年(文和元・正平七)の直義の死にともない、嫡子吉良満貞らとともに南朝に帰順。のち幕府に帰参。

きらよしなか【吉良義央】 1641.9.2～1702.12.15 「よしひさ」とも。江戸前期の高家。義冬の子。母は酒井忠勝の弟忠吉の女。幼名三郎、通称左近。上野介。法名実山。一六五三年(承応二)幕府に出仕、従四位下侍従、従四位上左少将に任じられた。六八年(寛文八)家督と高家肝煎を継ぐ。一七〇一年(元禄一四)勅使江戸下向の接待をめぐって、播磨国赤穂藩主浅野長矩が江戸城中で刃傷沙汰に及び、長矩は即日切腹となった。義央は高家役の辞退を願い隠居したが、翌年浅野家旧臣の討入りで斬殺された(赤穂事件)。義央は尊大な気風と悪評高いが、領地三河国吉良地方では、富好新田の開発や黄金堤の築堤など水利事業を行った名君との評価もある。

きらよしみつ【吉良義弥】 1586～1643.10.24 江戸前期の高家。義定の子。母は今川氏真の女。通称は民部。左兵衛督・上野介・左少将・侍従。一五九七年(慶長二)はじめて徳川秀忠に拝謁。関ケ原の戦後、先祖以来の本拠地三河国吉良三〇〇〇石を与えられた。京への使節、日光代参、家光の将軍宣下の供奉、勅使・院使・親王・摂家・門跡等下向の際の饗応、朝鮮通信使の応接など、高家筆頭として幕府の典礼を担った。

きりおおくら【桐大蔵】 女舞の太夫。伝承では一六三〇年(寛永七)江戸中橋で興行し、桐座を創設したのを初世とするが、これは疑問とされ、九三年(元禄六)白河の女舞興行に名がみえるのが資料上の初見。世数、各経歴は未詳。一九五六年(昭和三一)女優森律子が四世として名義を襲名。

キリシタだもた【喜利志多佗孟太】 生没年不詳。一五四三年(天文一二)種子島に来着した外国商人の長。「鉄炮記」に牟良叔舎という人物とともに記されている。二人はガルバンの「世界発見記」に、一五四二年はじめて日本を訪れたポルトガル人として記録されるアントニオ・ダ・モタとフランシスコ・ゼイモトにあたると考えられる。

きりたけもんじゅうろう【桐竹紋十郎】 人形浄瑠璃の人形遣い。明治期から二世を数える。初世(一八四五～一九一〇)は桐竹門十郎の子。摂津国生れ。本名小林福太郎。三世吉田辰造の門に入り初名は吉田辰三郎。桐竹亀松・門十郎をへて一八七七年(明治一〇)初世紋十郎を名のる。明治期を代表する人形遣い。著書「桐竹紋十郎手記」。二世(一九〇〇～七〇)は大阪生れ。本名磯川佐吉。三世吉田文五郎の門に入り初名は吉田小文。文昇・簑助をへて一九二七年(昭和二)二世を襲名。戦後は三和会(組合派)に属し活躍。戦後の文楽を代表する女方遣い。人間国宝・文化功労者。

きりのとしあき【桐野利秋】 1838.12.～77.9.24 明治初期の陸軍軍人。鹿児島藩郷士の子。はじめ中村半次郎と称した。一八六二年(文久二)入京、以後志士と交わる。戊辰戦争で活躍。七一年(明治四)御親兵に加わり陸軍少将。熊本鎮台司令長官・陸軍裁判所所長になるが、明治六年の政変に際し西郷隆盛に従い下野。鹿児島に帰り篠原国幹らと私学校を設立し士族教育を行う。西南戦争では西郷軍の四番大隊長、のち総指揮長として戦争指導にあたったが、戦死。

きりゅうゆうゆう【桐生悠々】 1873.5.20～1941.9.10 明治～昭和前期の新聞記者。本名政次。石川県出身。東大卒。「東京朝日新聞」などをへて、一九一〇年(明治四三)「信濃毎日新聞」に入る。乃木希典将軍殉死批判の社説などで社長と対立し、一四年(大正三)「新愛知」に移って主筆になる。大正期の同紙を指導し、二四年に退社。二八年(昭和三)「信濃毎日新聞」に復帰したが、三三年反軍的な社説を発表したため、軍部の圧力をうけて退社。三四年から個人誌「名古屋読書会報告」「他山の石」によって軍部と戦争を鋭く批判する活動を続けた。

ぎわんちょうほ【宜湾朝保】 1823.3.5～76.8.6 首里王府末期の三司官。唐名は向有恒。名門の出で、一三歳で家督をつぎ宜野湾間切の総地頭となる。日帳主取、鎖之側など要職を歴任後、一八六二年三司官任職。七二年(明治五)明治新政府の維新慶賀の副使として正使伊江王子とともに上京。琉球藩設置の命をうけた。七五年琉球処分が開始されると慶賀使の責任と非難をあび、辞職。翌年失意のうちに没した。歌人としても著名。編著「沖縄集」「沖縄集二編」、私家集「松風集」。

きんいんしょく【金允植】 Kim Yun-sik 1835～1922.1.22 李氏朝鮮末期の政治家。清国に赴き朝米通商条約締結に尽力し、壬午事変に際し清国の介入を要請。日清戦争時の甲午改革で外部大臣となった。一八九六年の国王のロシア公使館への脱出に際し殺害をまぬかれたが追放され、のちに復帰し中枢院議長となる。日韓併合時に日本から子爵をうけたが、三・一運動に関係して爵位を取り上げられ、幽閉中に死亡。

きんかちん【金嘉鎮】 Kim Ka-jin 1846～1923 李氏朝鮮末期の政治家。兪吉濬・尹致昊らとともに新開化派として朝鮮の清国からの独立実現に奔走、日清戦争時の甲午改革で農商工部大臣。独立協会にも参加し、一九〇七年大韓協会会長となり一進会に対抗し国権回復を図る。日韓併合に際し日本からの男爵授爵を拒否し、三・一運動に参加後上海に亡命し、同地で没した。

きんきゅう【金九】 Kim Ku 1876.7.11～1949.6.26 朝鮮の独立運動家。早くから独立運動に参加し、三・一運動後上海に亡命し韓国臨時政府の国務総理・主席を歴任。一九三二年(昭和七)尹奉吉に上海での天長節祝賀式場に爆弾を投げこませ、白川義則・重光葵らを死傷させた。韓国独立党・韓国光復軍を組織し、解放後帰国し右派の中心人物となった。四八年南朝鮮単独選挙に反対して李承晩と対立し、暗殺された。

きんぎょくきん【金玉均】 Kim Ok-kyun 1851.1.23～94.3.28 李氏朝鮮末期の政治家。実学に影響され朴泳孝らとともに開化派として、朝鮮の清国からの独立と閔氏政権の打倒をめざした。一八八四年(明治一七)甲申事変をおこしたが失敗し、日本に亡命。閔氏政権は彼の引渡しを日本に要請、またその暗殺を企てたため、日本政府は小笠原島や北海道に移送した。その後金は朝鮮中立化などを構想したが、刺客に誘い出され上海で暗殺された。

きんこうざん【錦光山】 京都東山の粟田口焼を代表する陶家。初世は本姓小林徳右衛門、屋号は鍵屋。一六四五年(正保二)三条粟田口に開窯。三世嘉兵衛(一説に茂兵衛)のとき幕府御用茶碗師となり、青蓮院宮から錦光山の名を賜り姓とした。一八～一九世紀には一時、粟田口焼は下火となったが、六世錦光山宗兵衛は明治期に欧米輸出用の金襴手を作り、大盛況を博した。

きんこうしゅう【金弘集】 Kim Hong-jip 1842.7.6～96.2.11 李氏朝鮮末期の政治家。欧米各国との条約締結、壬午事変後の済物浦条約締結、朝清商民水陸貿易章程の締結など、外交交渉の任にあたった。日清戦争時の甲午改革で総理大臣となったが、一八九六年の国王のロシア公使館への脱出に際し、殺害された。

きんじゅう【金重】 ⇨金重

きんしゅんじゅう【金春秋】 603～661.6.- 新羅の貴族、のち国王(在位六五四～六六一)。諡は太宗武烈王。真智王の孫、伊湌竜春の子。六四二年、百済の攻撃をうけた際、高句麗に援兵を請うが失敗、六四七年(大化三)高向玄理らを送って来朝した。翌年唐に赴いて太宗に百済の征討を訴える。真徳王の没後、妻の兄金庾信ら貴族に推されて即位。六六〇年には唐と連合して百済を滅ぼした。この間六五四年に理方府格を制定するなど法制や服制の唐風化を図る。新羅による朝鮮半島統一の基礎を築き、後世その治政は新羅中代の始まりとして評価される。慶州市西岳洞に陵がある。

きんしょうこおう【近肖古王】 ?～375 百済の王(在位三四六～三七五)。中国史書は余句、「古事記」「日本書紀」では照古王・肖古王とも。治政の後半は高句麗の南下に苦しんだがよく防ぎ、三七一年には平壌城を攻撃、高句麗の故国原王を戦死させ、同年、漢城(ソウル付近)に遷都した。また新羅・加羅と修好し、晋にも朝貢して高句麗に備えた。三七二年頃、日本に七支刀を贈ったのは、この王と太子の仇首(貴須)であったとされる。この時代に、博士高興が百済ではじめて文字の記録を始めたという。渡来系氏族の祖とされることも多い。

きんじんもん【金仁問】 629～694.4.29 新羅の王族。字は仁寿。武烈王(金春秋)の第二子、文武王の弟。六五一年渡唐、高宗に宿衛として近侍。六五三年帰国し押督州総管となった。六六〇年の唐軍の百済遠征に際しては、高宗に進軍道路の詳細を報告し、唐の高句麗遠征にも参加した。六九四年四月長安で没した。高宗の信頼が厚く、唐に宿衛すること二二年という。

きんせいいつ【金誠一】 1538.12.6～93.4.29 朝鮮王朝中期の官人。字は士純、号は鶴峰。本貫は慶尚北道義城。一五六八年科挙に合格。東人派に属す。九〇年(天正一八)通信副使として来日。帰国後日本に朝鮮出兵の可能性なしと報告し、出兵必至と報告した西人派の正使黄允吉と対立。壬辰の倭乱(文禄の役)では慶尚右道招撫使・同観察使となるが、任地で病死。

きんせんいつ【金千鎰】 1537～93.6.29 朝鮮王朝中期の官人、義兵将。字は士重、号は健斎、諡号は忠壮。一五九二年壬辰の倭乱(文禄の役)勃発時には前府使として羅州にいたが、日本軍の漢城(ソウル)占領を聞き義兵をおこす。九三年日本軍撤退後最初に漢城に入り、倡義使を授けられた。同年六月、朝鮮軍民の犠牲者最大といわれる慶尚南道晋州城攻防戦で没した。

キンダー Thomas William Kinder 1817.11.10～84.9.2 キンドルとも。イギリスの技師。香港造幣局長を務めた後、横浜オリエンタル・バンクの斡旋で御雇外国人として日本の大蔵省に招聘され、一八七〇年(明治三)五月来日。大阪に新設された造幣寮の造幣首長として最新式の機械を導入し、近代的な貨幣の鋳造を指導した。新貨幣に天皇の肖像使用を提案し、大蔵大輔井上馨の賛成をえたが、その後「恐れ多い」として不採用となった。七五年帰国。

きんだいちきょうすけ【金田一京助】 1882.5.5～1971.11.14 明治～昭和期の言語学者。岩手県出身。東大卒。在学中からの北海道・樺太旅行でアイヌ文学に関心を抱き、一九〇八年(明治四一)の「中央公論」に「アイヌの文学」を連載。国学院大学・東京帝国大学・早稲田大学で教えながら、三一年(昭和六)に「アイヌ叙事詩ユーカラの研究」刊。国語辞典の編纂、石川啄木との交遊でも知られる。学士院会員。文化勲章受章。

きんたろう【金太郎】 金時とも。神奈川県南足柄市にある金時山(猪鼻岳)の伝説に登場する怪童。源頼光の英雄譚に結びつき、江戸時代には歌舞伎や絵草子で知られる。山姥を母とし動物を友として成長した怪力の金太郎は、後に源頼光と出会いその家臣渡辺綱と格闘の末に頼光の四天王の一人となり、坂田公時として大江山の酒呑童子を退治したりするが、頼光の死にあたって足柄へ帰ると伝えられる。「前太平記」によると、金太郎を懐胎する折に雷鳴が轟いたとあり、その担ぐ鉞とともに雷神との関係が認められる。周辺には手まり石・踏破り石など金太郎の怪力を伝える伝承や、宿り石・姥子の温泉など山姥と結びついた伝承もある。

きんと【忻都】 生没年不詳。中国の元の武将。モンゴル人。一二七四年(文永一一)日本征討都元帥として、高麗から日本に遠征するが、失敗して撤退。八〇年(弘安三)日本再征を提案し、翌年征東元帥として、高麗から東路軍を率いて九州北部に進軍。江南軍と合流して大宰府を攻撃しようとしたが、暴風雨で船は転覆、からくも帰国した。

きんにっせい【金日成】 Kim Il-sŏng　1912.4.15～94.7.8　朝鮮民主主義人民共和国の政治家。平安南道出身。三・一運動後、中国東北地方に移住し、満州事変後は抗日武装闘争を展開したとされるが、この間の経歴にはなお不明な点も多い。日本敗戦後、朝鮮人民革命軍とともに帰国。朝鮮共産党北朝鮮分局責任秘書・北朝鮮労働党副委員長などを歴任し、一九四八年朝鮮民主主義人民共和国首相。七二年国家主席。その革命理論はチュチェ(主体)思想とよばれる。

きんぱらめいぜん【金原明善】 1832.6.7～1923.1.14　明治・大正期の実業家。遠江国の大地主で代官の家に生まれる。明治維新後、天竜川治水工事を政府に請願、みずからも多額の献金をして、治河協力社を設立し治水事業を進めた。また静岡県磐田郡下の官有林に植林事業を行ったほか、三方原開墾の端緒を開いた。社会事業としては勧善社を設立して出獄人保護事業も行った。

きんほうけい【金方慶】 1212～1300.8.16　高麗の武将。字は本然。諡は忠烈。安東(現、慶尚北道)の人。一二七〇～七三年、三別抄の乱に対する追討使を命じられ、珍島(現、全羅南道)・耽羅(現、済州島)を攻略。フビライの知遇をえて日本遠征を準備、七四年(文永一一)高麗軍の将中都督として日本に遠征。のち洪茶丘によって大青島(現、京畿道)に流されるが赦免。八一年(弘安四)高麗軍の都元帥として東路軍に従った。

きんまもん【君真物】 首里王府神女組織の最高神女聞得大君に憑依する最高神。「琉球神道記」によると、琉球の国土と人民を守護するために出現する神という。この神は海底の宮に住み、毎月現れて託宣し、カヤをもち各所の森で神遊びをしオモロを歌うと記される。

きんめいてんのう【欽明天皇】 記紀系譜上の第二九代天皇。在位は六世紀中頃。天国排開広庭天皇と称する。継体天皇の嫡子。母は仁賢天皇の女手白香皇女。天皇の時代には蘇我稲目が大臣として権勢をふるい、稲目の女堅塩媛・小姉君は天皇の妃となって多くの皇子女を生み、蘇我氏発展の基礎を築いた。「日本書紀」によれば、日本府において百済の聖明王と伽耶諸国の王との間で任那復興の協議を行わせ、のち五五二年、聖明王から仏像・経典などが送られたという。ただし「上宮聖徳法王帝説」などでは仏教渡来は五三八年のこととする。陵は檜隈坂合陵で、奈良県明日香村にあるが、同県橿原市五条野町の見瀬丸山古墳をそれにあてる説も強い。

きんゆうせい【金有成】 ?～1307.7.5　高麗の官人。安城県(現、京畿道)の人。一二六九年(文永六)中国の元の秘書監趙良弼が日本に派遣された際、高柔とともに書状官として同行し、対馬に赴いた。九二年(正応五)元への入朝を勧める高麗の国書をたずさえ、再度来日。鎌倉幕府は国書を退け、翌年、鎌倉によびよせて帰国させず、日本で病死したという。

きんゆしん【金庾信】 595～673.7.1　加耶の金官国王の子孫で新羅の貴族。一五歳で花郎となり山野で修行。六二九年、高句麗との戦に参加。六四七年の毗曇の乱では金春秋とともに真徳女王を擁立し、さらに六五四年春秋を国王に推戴。春秋の妃は庾信の妹、庾信の妻は春秋の女。六六〇年の百済征討、六六八年の高句麗平定では大将軍を勤めた。六六八年(天智七)中臣鎌足から船一隻を贈られた。

きんりょうき【欽良暉】 生没年不詳。九世紀中葉、最後の遣唐使派遣後の日本・唐・新羅間の貿易にたずさわった商人。在唐新羅人か。八四七年(承和一四)円仁に帰国の船を提供したほか、貿易のため唐へ派遣された大神御井・春日宅成らも乗船させる予定であった(実際は別便で帰国)。円珍が八五三年(仁寿三)入唐する際、彼の船に乗ったとする史料もある。新羅人と唐人あわせて四二人が乗り組み、一五日間で日本海を渡ったこともある。

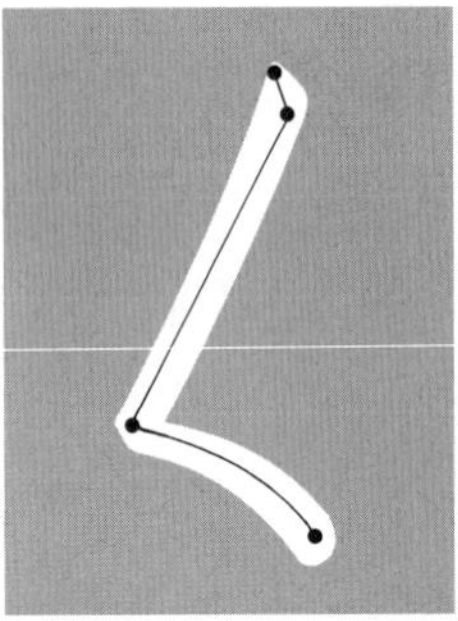

クアケルナック Jacob Janszoon Quacker-nack 1554～1606.10.22 オランダ船リーフデ号の船長。ロッテルダム会社東洋派遣艦隊の航海士として一五九八年に出帆。チリ海岸で殺された船長の代わりを務め、一六〇〇年(慶長五)にアダムズ、ヤン・ヨーステンらと豊後国臼杵湾に漂着。徳川家康の厚遇をえ、その通航許可状をもって〇五年サントフォールトとともに平戸松浦家の船でマレー半島東岸のパタニへ赴き、マラッカ沖でマテリーフの艦隊に届けた。翌年エラスムス号船長としてマラッカ沖でポルトガル船と交戦中に死亡。

くうかい【空海】 774～835.3.21 弘法大師・遍照金剛とも。平安前期の真言宗開祖。讃岐国多度郡屛風浦の佐伯直田公の子。上京して大学などで経史・文章を学んだが、まもなく仏教に開眼。阿波国大滝山・土佐国室戸崎などで修行するうち「大日経」に出会って密教を奉ずるに至った。得度受戒後、八〇四年(延暦二三)遣唐使に従い入唐。長安青竜寺の恵果から「大日経」による胎蔵界と「金剛頂経」による金剛界を両翼とする密教を受法し、八〇六年(大同元)帰朝。以後おもに高雄山寺に住し、最澄とも交流したがのち決別。八一六年(弘仁七)高野山開創に着手、八二三年東大寺南院に灌頂道場を設立、翌年東寺を賜り真言密教専修の寺とした。この頃から多くの公的修法を行い、八二四年(天長元)少僧都に、八二七年大僧都になる。翌年綜芸種智院を創始。八三二年頃からは高野山に隠棲しつつ、後七日御修法・真言宗年分度者を創設させ、真言宗の基盤をほぼ完成した。漢詩文にも優れ、書道では三筆の一人とされた。著述は密教文化研究所編「弘法大師全集」、勝又俊教編「弘法大師著作全集」、書は「弘法大師真蹟集成」所収。

くうこくみょうおう【空谷明応】 1328～1407.1.16 南北朝期～室町中期の禅僧。字は空谷、諱は明応、別号は若虚。勅諡号は仏日常光国師。近江国浅井郡の熊谷直勝の子。九歳のとき浅井郡宏済寺の志徹の門に入り、その後、上京して夢窓疎石に師事。絶海中津とともに叢林の二大甘露門と称され、一三八六年(至徳三・元中三)一〇月には京都相国寺住持となる。鹿苑僧録も務め、道学兼備の人として五山に重きをなす。著書「常光国師語録」。

くうせい【空晴】 878～957.12.9 喜多院僧都・菩提山上綱とも。平安前期の法相宗僧。俗姓伊勢氏。奈良出身。興福寺喜多院の創始者延賓・隆光に法相教学を学ぶ。九一六年(延喜一六)維摩会竪義、九三二年(承平二)同会講師、九三八年(天慶元)権律師、九四九年(天暦三)少僧都・興福寺別当となる。法相の学匠として真喜・仲算・守朝・平仁などの弟子を育成して喜多院家の基盤を築く一方、藤原師輔の信任を得て五大院を創建した。

くうや【空也】 903～972.9.11 「こうや」とも。弘也・市聖・阿弥陀聖とも。平安中期の念仏聖。醍醐天皇の皇子などと伝えるが不詳。諸国を巡って道路開設・架橋・死骸火葬を行い、二〇余歳で尾張国国分寺で出家、空也と自称した。九三八年(天慶元)入京し、市中の民衆に狂躁的な口称念仏を広めた。九四八年(天暦二)比叡山延昌のもとで受戒したが、戒名の光勝はみずからは用いなかった。以後貴族層にも教化活動を広げ、貴賤に勧進して観音像・天部像の造立や経典書写を行った。九六三年(応和三)の一三年間を費やした金泥の「大般若経」完成供養には、左大臣藤原実頼以下多くの貴賤が結縁した。またこの頃流行した悪疫の鎮静を祈って東山に西光寺(六波羅蜜寺)を創建し、同寺で没した。

くえびこ【久延毘古】 「古事記」で国造り神話にみえる神。船に乗って現れたスクナビコナの名前をオオクニヌシに教えた。歩行はできないが「ことごとに天の下の事を知れる神」であり、山田の曾富騰(濡れそぼつ人の意)ともよばれる。かかしを神格化したものと考えられている。

クエリョ ⇨コエリョ

くがかつなん【陸羯南】 1857.10.14～1907.9.2 明治期の新聞記者。本名実。陸奥国弘前生れ。東奥義塾・宮城師範学校に学んだ後、上京し司法省法学校に入ったが中退。帰郷し青森新聞社の主筆。親戚の陸家の養子となる。一八八三年(明治一六)上京し、太政官御用係・官報局編集課長を歴任。八八年新聞「東京電報」を発刊。翌年新聞「日本」を創刊、社長兼主筆。政教社と提携して国民主義を主張し、言論界で指導的役割をはたした。

くきし【九鬼氏】 近世の大名家。紀伊国牟婁郡九鬼浦の豪族。熊野新宮別当の後裔といわれる。南北朝期に志摩国英虞郡波切に移り、英虞七党と戦い、海上勢力を掌握して勢力を伸長。戦国期に七党に敗れ一時衰えるが、嘉隆のとき織田信長・豊臣秀吉に属して水軍を率い、伊勢・

志摩三万五〇〇〇石を領した。関ケ原の戦では、隠居の嘉隆が西軍に、子の守隆が東軍につき、父子対立した。戦後守隆は五万五〇〇〇石に加増された。一六三三年(寛永一〇)守隆の遺領は、嗣子久隆の三万六〇〇〇石と三男隆季の二万石に分割され、それぞれ内陸部の摂津国三田藩主と丹波国綾部藩主となり、九鬼水軍は解体した。維新後両家とも子爵。

くきしゅうぞう【九鬼周造】 1888.2.15～1941.5.6 大正・昭和前期の哲学者。東京都出身。九鬼隆一の四男。東大卒。在学中に受洗。一九二一年(大正一〇)渡欧、ハイデッガーらに学び二九年(昭和四)帰国して京都帝国大学講師、三五年教授。滞欧時から「偶然性の問題」(一九三五刊)を研究の中心に据え、「「いき」の構造」(一九三〇刊)についても思索を重ねた。他に「文芸論」、詩歌集「巴里心景」。

くきもりたか【九鬼守隆】 1573～1632.9.15 江戸前期の大名。嘉隆の子。友隆・光隆。長門守。一五九七年(慶長二)志摩国鳥羽城三万石を継ぐ。一六〇〇年関ケ原の戦では東軍に属した。桑名城を破るなどの功により、戦後伊勢国内五万五〇〇〇石と西軍に属した父の助命の許しを得たが、父は自刃。大坂の陣では水軍を率いて戦い、江戸・駿府築城に際しては紀伊・伊勢から木・石材の海上輸送を行った。

くぎょう【公暁】 1200～19.1.27 鎌倉幕府の将軍源頼家の子。母は賀茂重長の女。幼名は善哉。頼家の死後、一二〇六年(建永元)に叔父実朝の猶子となる。一一年(建暦元)出家、その後近江国の園城寺で修行。一七年(建保五)鎌倉に戻り、鶴岡八幡宮寺の別当となる。父の死は実朝によるとしてこれを恨み、一九年(承久元)鶴岡八幡宮の実朝の右大臣拝賀の儀式を襲い、実朝と源仲章を殺害。事件後、三浦義村を頼ったが、義村は味方せず逆に討手を派遣し、その日のうちに討たれた。

くきよしたか【九鬼嘉隆】 1542～1600.10.12 織豊期の武将。志摩国田城城主定隆の子。右馬允・大隅守。はじめ北畠氏麾下にあったが、織田信長に属し、一五七四年(天正二)から水軍として長島・石山本願寺・雑賀の一向一揆と戦った。七八年摂津木津川口で毛利氏の水軍を破り、伊勢・志摩国内三万五〇〇〇石を得た。豊臣秀吉の全国統一にも水軍として出陣し、朝鮮では李舜臣との海戦を行った。関ケ原の戦では西軍に属し、子守隆による助命の知らせが届く前に自刃。

くきりゅういち【九鬼隆一】 1852.8.8～1931.8.18 明治～昭和前期の官僚政治家・美術評論家。摂津国生れ。慶応義塾卒。文部省に入り少丞・少輔などを歴任、アメリカ公使に転ずる。帰国後宮内省に入り宝物の調査に従事した。薩摩閥に属し第二回総選挙では松方正義首相の密命をうけて集票工作にあたったが、のち伊藤博文についた。一八九五年(明治二八)枢密顧問官。岡倉天心・フェノロサとともに日本美術の再評価に努めたことでも知られる。

くくりひめのかみ【菊理媛神】 「日本書紀」の一書にみえる神。イザナキが死んだイザナミに会いに行った際、見るなというイザナミの禁を犯して見てしまい、二人は泉平坂で争った。そのとき泉守道者とともにイザナミの言葉をイザナキに伝えたという。のち石川県白山比咩神社の祭神の一つとされた。

クーケバッケル Nicolaes Couckebacker 1597.3.6～? 江戸前期の平戸オランダ商館長。デルフト生れ。一六二七年バタビアに来着、二九年に台湾に移り、三三年(寛永一〇)商館長として来日し三八年まで在任。三六年には一時バタビアへ戻り、貿易継続のための柔軟な対応を総督に確認した。三八年島原の乱には海上からの砲撃を指揮。三九年バタビアへ、翌年本国へ帰った。

ぐさい【救済】 ⇨救済(きゅうぜい)

くさかげんずい【久坂玄瑞】 1840.5.-～64.7.19 幕末期の萩藩士。藩の尊攘派をリードした。名は通武、のち義助。玄瑞は字。藩医の家に生まれる。吉田松陰に学び、高杉晋作とともに双璧と称される。江戸に遊学、帰国後、藩論の航海遠略策を批判。一八六二年(文久二)藩をこえた草莽の結合を提示した。また攘夷の勅命降下を図って、高杉らと品川のイギリス公使館を焼討ちした。翌年下関で尊攘派公家の中山忠光を擁して光明寺党を結成。八月十八日の政変後は、京都・山

●九鬼氏略系図

嘉隆―守隆［鳥羽藩］┬良隆＝久隆［三田藩］―隆昌＝隆律＝副隆＝隆久＝隆抵＝隆由＝隆邑―隆張―隆国―隆徳―精隆＝隆義(子爵)
　　　　　　　　　　└隆季［綾部藩］―隆常＝隆直＝隆寛―隆貞＝隆祺＝隆郷―隆度＝隆都―隆備＝寧隆＝隆備(再承・子爵)

口間を往復して藩の勢力回復に尽力した。当初実力による入京に反対したが、六四年(元治元)六月、藩の方針が京都進発論に決すると諸隊を率いて上洛、七月一九日に禁門の変となり、流れ弾にあたって鷹司邸で自刃した。

くさかのはたひのひめみこ【草香幡梭皇女】 仁徳天皇の皇女で雄略天皇の皇后とされる伝説上の人物。「日本書紀」には、安康天皇が草香幡梭姫皇女を弟の大泊瀬皇子(雄略)の妃にしようとし、行違いから皇女の兄大草香皇子を殺したとある。また中磯皇女を生んだとされる履中天皇の皇后の名も草香幡梭皇女であるが、同一人とするには年紀的にも不自然であり、種々の説話が混同してまとめられたものであろう。

くさかべいそうじ【日下部伊三治】 1814/15～58.12.17 幕末期の志士。名は翼。号は九皐・実稼。代々鹿児島藩士だったが、父の連が脱藩し海江田から日下部に改姓。水戸藩に仕えていたが、一八五五年(安政二)鹿児島藩に復帰。五八年将軍継嗣問題・条約勅許問題に際して水戸藩への攘夷の勅諚降下に奔走し成功。このため安政の大獄に連坐し、江戸伝馬町で獄死。

くさかべのみこ【草壁皇子】 662～689.4.13 日並知皇子尊とも。天武天皇の第一皇子。母は皇后鸕野讃良皇女(持統天皇)。誕生順では高市皇子についで二番目。六八一年(天武一〇)立太子し、四年後に諸皇子中最高の浄広壱位を授けられた。阿閉皇女(元明天皇)との間に、文武天皇・元正天皇・吉備内親王をもうけた。六八九年(持統三)皇太子のまま没したが、七五八年(天平宝字二)岡宮御宇天皇と追尊された。

くさかべめいかく【日下部鳴鶴】 1838.8.18～1922.1.27 明治・大正期の書家。彦根藩士の子として江戸に生まれる。名は東作。字は子暘。鳴鶴は号。明治維新後官吏となり、太政官書記官となる。大久保利通の暗殺を契機に官を辞し書に専念する。貫名海屋に私淑したが、巌谷一六らとともに、来日した清の楊守敬から六朝の書法を学び、独自の書風を築く。

くさかまこと【日下誠】 1764～1839.6.3 江戸後期の数学者。通称貞八郎、字は敬祖、号は五瀬。江戸の松源という料亭に生まれたという。数学を安島直円に学ぶ。門下には和田寧・長谷川寛・内田五観などすぐれた数学者が多い。出版した数学書はないが、多くの論文を残す。弓形の弧について、直径dの弧sをn等分する弦a″、弧の弦aの間になりたつ公式を発明したとされる。研究のほとんどは、松永良弼・安島直円・藤田貞資らの研究の解説である。

くさなぎえんせき【日柳燕石】 1817.3.14～68.8.25 幕末期の博徒。加島屋長次郎と称した。讃岐国那珂郡榎井村生れ。浮浪の首領だったが詩文に長じ、勤王の志士と交わり、彼らを幕吏の追及からかばったため、一八六五年(慶応元)には嫌疑をうけ高松の獄につながれた。六八年(明治元)新政府の赦免によって上京し、会津征討越後口総督に付属して軍務方記録を担当するが、進軍中に柏崎で病没。

くさのしんぺい【草野心平】 1903.5.12～88.11.12 昭和期の詩人。福島県出身。一九二一年(大正一〇)中国広州に渡り嶺南大学に学ぶ。二五年「銅鑼」創刊。帰国後の二八年(昭和三)詩集「第百階級」刊行。庶民の生活感情を蛙に託して表現した。三五年アナーキズム系詩人が集まった「歴程」創刊に参加。第二次大戦中は南京政府の宣伝部に所属。戦後も蛙の詩を中心として旺盛な詩作を続け、宮沢賢治・村山槐多・八木重吉らの紹介にも力を尽くした。八七年文化勲章受章。

くさのまたろく【草野又六】 1678～1730.11.23 江戸中期の水利功労者。久留米藩士。筑後国山本郡蜷川村の百姓の子。原野の広がる筑後川北岸地域の開発のため、一七一二年(正徳二)床島・恵利堰の開削に着手。佐田川の川底に水路を通したり舟通りを造るなどの難工事のすえ、一四年完成、水田四〇〇町歩が開発された。

くさばはいせん【草場佩川】 1787.1.7～1867.10.29 江戸後期の文人。通称は瑳助、字は棣芳。佩川は号。肥前国小城郡多久生れ。江戸へ出て古賀精里に学ぶ。一八一一年(文化八)精里に従い、対馬で朝鮮使節に応待し、詩賦の応酬、書画の交換をし、才名をうたわれた。佐賀藩の多久氏に仕え、のち佐賀藩の藩儒。詩文・和歌・篆刻・雅楽・墨竹画のほか弓・槍・剣にも秀で、多芸多才で知られた。著書「佩川詩鈔」。

くさまときよし【草間時福】 1853.5.19～1932.1.5 明治期の新聞記者・官吏。京都の下田家に生まれ、草間家の養子となる。安井息軒・中村正直に学び、のち慶応義塾を卒業。松山英学校校長在任中の一八七六年(明治九)に「愛媛新聞」を創刊するなど、同地の自由民権運動に尽力。七九年帰京し「朝野新聞」などで筆をとり、八二年東京府会議員に当選。八四年から工部省・逓信省の官吏となり、引退後は民間航空の振興に尽力した。

くさまなおかた【草間直方】 1753.9.～1831.2.25 江戸後期の商人・学者。通称鴻池屋伊助。京都の商家に生まれ、一〇歳の頃鴻池新田会所に奉公し、才能を認められて鴻池の別家草間家の女婿となる。のち今橋で両替商を営み、熊本・山崎・盛岡各藩の財政管理にかかわり実力を発揮。引退後は著作に励み、日本の通貨の歴史と物価の仕組みを考察した「三貨図彙」、江戸時代の経済史の貴重な記録である「草間伊助筆記」を執筆。大坂の懐徳堂に学び、升屋の山片蟠桃と並び称される商人学者。

クーザン Jules Alphonse Cousin 1842.4.21～1911.9.18 パリ外国宣教会司祭。一八六六年(慶応二)長崎に来航。六九年(明治二)大阪川口に移り、七八年無原罪の聖母聖堂を建立。九一年最初の長崎司祭に任命された。長崎で没した。

くしいなだひめ【奇稲田姫】「古事記」では櫛名田比売。素戔嗚(すさのお)尊の八岐大蛇(やまたのおろち)退治の神話に登場する少女。出雲国の国神(くにつかみ)脚摩乳(あしなづち)と手摩乳(てなづち)の女。「日本書紀」本文によれば、素戔嗚尊は大蛇を退治して、大蛇に呑まれる運命の奇稲田姫を助けた。その後、姫を妃として大己貴(おおなむち)神をもうけ、この児のために宮をつくって、脚摩乳と手摩乳をその宮主(みやじ)とし、稲田宮主神と称したという。大己貴神は大国主(おおくにぬし)神であるともいわれ、大和朝廷の神話と出雲神話の結接点をなす神話と考えられる。

くしげけ【櫛笥家】 藤原氏北家末茂流の四条家庶流。羽林家(うりんけ)。四条隆益(たかます)の猶子隆憲(たかのり)を祖とし、文禄年間(一五九二～九六)後嗣隆致(たかむね)のとき家名創立。家禄は一八三石余。隆致は後西天皇の、隆賀(たかよし)は中御門天皇の外祖父で、隆成・隆兼・隆望(たかもち)が議奏を勤めるなど、要職についた者が多い。維新後、隆督(たかまさ)のとき子爵。

くしだたみぞう【櫛田民蔵】 1885.11.16～1934.11.5 大正・昭和前期の経済学者。福島県出身。京大卒。大阪朝日新聞論説記者、同志社大学教授をへて一九一九年(大正八)東京帝国大学講師となるが、二〇年の森戸事件を機に辞職して大原社会問題研究所研究員となる。二二年にドイツ留学から帰国し、マルクス経済学の研究に没頭して論考を数多く発表。晩年は日本資本主義論争の論客として、小作料を前資本主義地代と規定し講座派と対立した。「櫛田民蔵全集」全五巻。

くしだまんぞう【串田万蔵】 1867.2.10～1939.9.5 明治～昭和前期の銀行家。江戸生れ。アメリカ留学ののち、一八九四年(明治二七)第百十九国立銀行に入社。同行は三菱合資銀行部となり、一九一四年(大正三)銀行部長に就任した。一九年三菱銀行発足と同時に筆頭常務となり、二一年会長に就任。三五年(昭和一〇)会長を辞任して三菱合資総理事となる。

くじょういん【九条院】 1131～76.9.19 近衛天皇の中宮。名は呈子。父は九条太政大臣藤原伊通(これみち)。母は藤原顕隆の女玄子。一一四八年(久安四)鳥羽上皇の皇后藤原得子(美福門院)の、五〇年には摂政藤原忠通の養女となって、近衛天皇の後宮に入り中宮となった。五五年(久寿二)天皇が没すると落飾して清浄観と称したが、五六年(保元元)皇后、五八年皇太后となり、六八年(仁安三)院号宣下をうけた。

くじょうかねざね【九条兼実】 1149～1207.4.5 平安末～鎌倉初期の公卿。藤原忠通の三男で、九条家の祖。順調に昇進し、一八歳で右大臣、その後従一位。摂関就任を望むが源平内乱期にはその機会に恵まれず、一一八五年(文治元)源頼朝の後援により内覧宣下、翌年摂政・氏長者となる。九一年(建久二)関白。執政期には後白河院政を牽制し、内乱後の公家政界の復興に努めた。また女任子を後鳥羽天皇に入内させて外戚の地位を狙うが、頼朝との関係悪化や源通親・藤原範季らとの対立により、九六年関白を罷免され政界を追われた。一二〇二年(建仁二)出家、円証と称す。月輪(つきのわ)殿・後法性寺(ごほっしょうじ)殿ともよばれる。日記「玉葉(ぎょくよう)」は前後約四〇年間にわたり、当時を知る貴重な史料。

くじょうけ【九条家】 藤原氏北家嫡流のわかれで、五摂家(ごせっけ)の一つ。関白藤原忠通の三男兼実が父から九条の地を譲られ、邸宅を構えて九条と称したことに始まる。兼実は源頼朝の後援を得て摂関となり公家政権を主導したが、源通親との争いに敗れて失脚。通親の没後、兼実の子良経が摂政に任じられ、摂関家としての家格が固まった。良経の子道家は、将軍頼経の父として幕府と結び、承久の乱後の公家政権を制して九条家の全盛期を築いた。道家の次男良実は二条家を、四男実経は一条家を分立。その後ほかの摂家と並んで摂関の地位についた。江戸時代の家禄はおおむね二〇四三石余、安政期に一〇〇〇石加増。幕末の関

白尚忠は公武合体策を推進。維新後、道孝のとき公爵。「九条家文書」「九条家記録」を伝える。

くじょうたけこ【九条武子】 1887.10.20～1928.2.7　大正期の歌人。京都西本願寺大谷光尊の次女。一九〇九年(明治四二)男爵九条良致と結婚、翌年夫とともに渡欧するが単身帰国、以来一〇余年独居生活。幼少から歌を習い、一六年(大正五)佐佐木信綱に師事し、「心の花」に参加。憂愁の情や孤閨の哀感を歌い、名家の女流歌人として世間の関心を集める。歌集「金鈴」「薫染」「白孔雀」、歌文集「無憂華」、戯曲「洛北の秋」。

くじょうたねみち【九条稙通】 1507.1.11～94.1.5　戦国期～織豊期の公家。九条尚経の子。母は三条西実隆の女保子。一五三三年(天文二)関白・氏長者となったが、翌年未拝賀のままこれを辞し、摂津国に下り、四四年播磨国に移った。五五年(弘治元)従一位。同年出家し、法名は行空、のち恵空。七四年(天正二)五月家領・家伝記録類すべてを養子の兼孝に譲った。外祖父三条西実隆から「源氏物語」の秘伝をうけ、七五年に注釈書「源氏物語孟津抄」を著す。

くじょうつねのり【九条経教】 1331～1400.5.21　南北朝期の公卿。父は道教、母は大宮季衡の女。一三三五年(建武二)元服。翌年侍従。三八年(暦応元・延元三)北朝方公卿として従三位。四一年(暦応四・興国二)権中納言。権大納言をへて四七年(貞和三・正平二)右大臣。四九年左大臣。五八年(延文三・正平一三)関白・氏長者となる。六〇年左大臣を辞し、翌年関白も辞す。九五年(応永二)足利義満に従い出家、法名祐円。没後の法号は後報恩院。

くじょうのりざね【九条教実】 1211.1.5～35.3.28　鎌倉中期の公卿。洞院摂政と称した。道家の長男。母は西園寺公経の女掄子。弟に二条家の祖良実、摂家将軍頼経、一条家の祖実経がいる。承久の乱後、父道家は幕府の信頼があつい公経と結んで権勢をふるい、教実は一二二七年(安貞元)右大臣、三一年(寛喜三)左大臣となった。同年父の譲りをうけ関白・氏長者となるが、実権は父が握っていた。日記「洞院摂政記」。

くじょうひさただ【九条尚忠】 1798.7.25～1871.8.21　幕末期の公家。左大臣二条治孝の子。母は樋口基康の女信子。一八〇七年(文化四)九条輔嗣の養子となり、一一年権大納言、のち左大臣に昇進。四八年(嘉永元)六女夙子(英照皇太后)が入内。五六年(安政三)関白。条約勅許問題で勅許に賛成し、尊攘派の猛反対にあう。和宮降嫁を推進し、六二年(文久二)六月尊攘派の糾弾をうけ官を辞す。落飾・重慎に処せられ、円真と称した。六七年(慶応三)赦免、還俗。六八年(明治元)准三宮宣下。

くじょうまさもと【九条政基】 1445～1516.4.4　戦国期の公卿。父は満教、母は唐橋在豊の女。一四五九年(長禄三)元服し、翌年公卿に加わる。七六年(文明八)従一位関白・氏長者。七九年これを辞す。九一年(延徳三)准三宮宣下。九六年(明応五)家司で母方の従兄弟でもある唐橋在数を借銭の問題から自宅で殺害し、天皇の勘気をこうむる。一五〇一年(文亀元)守護方に押領されつつあった家領和泉国日根荘に下向。「政基公旅引付」はその直務支配の自筆記録として有名。

くじょうみちいえ【九条道家】 1193.6.28～1252.2.21　鎌倉前期の摂政・関白。良経の子。母は一条能保の女(源頼朝の姪)。一二二一年(承久三)姉立子の子仲恭天皇の摂政となったが、承久の乱により罷免。二八年(安貞二)妻の父西園寺公経の引き立てで関白となり、翌年女竴子を後堀河天皇の中宮とした。三一年(寛喜三)関白を長男教実に譲ったのちも、大殿として実権を握り続け、教実の早世後、外孫四条天皇の摂政となり、三八年(暦仁元)出家したのちも勢力を維持した。四二年(仁治三)四条天皇が急死し、後嵯峨天皇が即位すると勢力が後退。その後、名越光時の陰謀に関係して三男の前将軍頼経が鎌倉から追われ、失意のまま没した。日記「玉蘂」。

くじょうみちたか【九条道孝】 1839.5.1～1906.1.4　幕末期の公武合体派の公卿。尚忠の子。一八五四年(安政元)昇殿、六四年(元治元)国事御用掛。六七年(慶応三)左大臣となるが、王政復古に際し公武合体派として一時参朝を止められた。維新後、奥羽鎮撫総督・弾正尹・掌典長を務める。興福寺の再興や「孝明天皇紀」の編纂にもたずさわった。公爵。四女節子は大正天皇の皇后(貞明皇后)。

くじょうみちのり【九条道教】 1315～49.7.6　南北朝期の公卿。実父は師教だが、房実の猶子となる。母は亀山天皇の皇子五辻宮守良親王の女。一三二三年(元亨三)元服し侍従。二五年(正中二)従三位。二七年(嘉暦二)房実の死により九条家の家督をつぎ権中納言となる。北朝方公家として三七年(建武四・延元二)右大臣。三九年(暦応二・延元四)左大臣。四二年(康永元・興国三)関白・氏長者となるが、同年辞職。四六年(貞和二・正平元)出家、法名円恵。没後の法号は三縁院殿。

くじょうもといえ【九条基家】 1203～80.7.11　鎌倉中期の歌人。良経の三男。母は藤原基房の女。のち九条前内大臣と称される。承久の乱後の京の歌界で活躍する一方、隠岐国の後鳥羽上皇との連絡も密で「遠島御歌合」などに参加。藤原定家没後はその子為家と対立した反御子左派と同調し、一二六二年(弘長二)「続古今集」の撰者の一人に加えられた。「弘長百首」「弘安百首」に参加。「和漢名所詩歌合」「雲葉和歌集」などを撰ぶ。

くじょうよしつね【九条良経】 1169～1206.3.7 鎌倉前期の公卿。後京極殿とよばれた。九条兼実の次男。母は従三位藤原季行の女。兄良通の早世で兼実の嫡子となる。一一九五年(建久六)内大臣となったが、翌年、兼実の失脚で籠居。九九年(正治元)左大臣に進み、一二〇二年(建仁二)権臣源通親の没後に氏長者・摂政、〇四年(元久元)従一位太政大臣となる。二年後、摂政在任のまま急死。和歌・漢詩などにすぐれた。家集「秋篠月清集」。

くじょうよりつぐ【九条頼嗣】 ⇩藤原頼嗣

くじょうよりつね【九条頼経】 ⇩藤原頼経

くしろうんせん【釧雲泉】 1759～1811.11.16 江戸後期の画家。名は就、字は仲孚。号は雲泉・岱就など。肥前国島原生れ。父に従い長崎に遊学、中国語を習得し、のち画を学ぶ。画の師は不明。一説に来日した清の張秋谷といわれる。父の没後全国を遊歴しながら画を描き、大窪詩仏・亀田鵬斎など各地の文人墨客と交流。おもに山水を描き、強い墨調に特色がある。北遊の途中、越後国出雲崎で客死。

くずおよしひさ【葛生能久】 1874.7.25～1958.2.3 明治～昭和期のナショナリスト。千葉県出身。朝鮮問題に関心をもち、内田良平の知遇を得る。一九〇一年(明治三四)内田らと黒竜会を結成し、会務を担当した。一一年の辛亥革命に際し、上海・南京方面で革命を支援。三七年(昭和一二)内田のあとをうけて黒竜会主幹となる。

くすしえにち【薬師恵日】 医恵日とも。生没年不詳。七世紀の遣隋留学生・遣唐使。六二三年(推古三一)新羅使とともに帰国、在唐留学生の召還と唐との交流の必要を奏上した。六三〇年(舒明二)に犬上御田鍬とともに遣唐使になった。冠位は大仁。帰国年次は不詳だが、六五四年(白雉五)には冠位大山下で再び遣唐副使になった。七五八年(天平宝字二)難波連への改姓を願いでた難波薬師奈良らによれば、祖の恵日は百済に帰化し雄略朝に渡来した高句麗人徳来の五世孫で、唐で医術を学んだため薬師と号したという。

くすのきし【楠木氏】 南北朝期の河内国の豪族。橘氏を称する。本拠は河内南部の赤坂(現、大阪府千早赤阪村)付近。正成以前については不明だが、鎌倉幕府の御家人であった可能性もある。正成は建武政権の成立に功をたて、子正行・正儀兄弟も南朝方の主力として活躍。正儀は一時北朝に降り、のち南朝に復したが、しだいに勢力を失った。織田信長・豊臣秀吉の右筆大饗正虎は、正儀の子孫と称し、楠長諳と名のった。

●楠木氏略系図

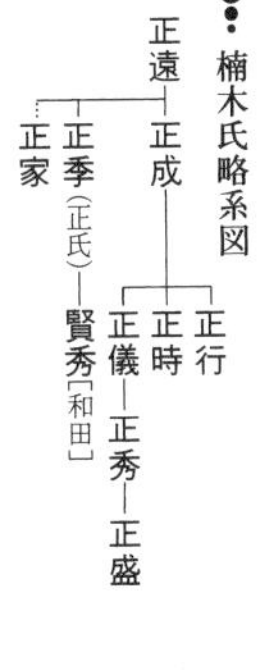

くすのきちょうあん【楠長諳】 1520～96.1.11 戦国期～織豊期の武士。はじめ大饗姓、のち楠木姓。通称甚四郎・長左衛門尉。一五三六年(天文五)足利義輝に仕え、正虎と改名。楠長諳は号、式部卿法印。備前国生れ。楠木正儀の孫大饗正盛の家系という。世尊寺流の書家であり、織田信長・豊臣秀吉の右筆役を勤める。秀吉の九州攻めの紀行文「九州陣道の記」の作者。

くすのきまさいえ【楠木正家】 ?～1348.1.5 南北朝期の武将。正成の弟ともいうが不詳。蔵人・左近将監。一三三五年(建武二)末に常陸へ赴き、瓜連城(現、茨城県瓜連町)を拠点に佐竹義冬・同貞義らと戦い、同地域の南朝勢力の確保に努めた。三七年、北畠顕家の再度の西上に従い畿内に戻ったといわれる。四八年(貞和四・正平三)高師直・同師泰軍との河内国四条畷の戦で楠木正行とともに敗死。

くすのきまさしげ【楠木正成】 ?～1336.5.25 南北朝期の武将。父は正遠というが不詳。兵衛尉・左衛門尉。河内国石川郡赤坂(現、大阪府千早赤阪村)に居館があった。北条氏得宗家の被官であった可能性が高いが、文観らを通じて後醍醐天皇と結びついたと思われる。元弘の乱で、後醍醐天皇に応じて赤坂城に挙兵するが落城。翌年冬に再度挙兵、千早城に幕府の大軍を引きうけて悪党的戦法で悩ませた。これらの軍功によって、建武政権下で河内国司、河内・和泉両国守護となり、記録所・恩賞方・雑訴決断所などの枢要機関にも参画。一三三六年(建武三・延元元)二月、関東から上洛した足利尊氏を九州へ敗走させたが、五月に尊氏の東上を摂津国湊川(現、神戸市兵庫区)に迎えうって敗死。

くすのきまさすえ【楠木正季】 ?～1336.5.25 正氏とも。南北朝期の武将。正成の弟。七郎。帯刀。一三三一年(元弘元)の挙兵以来正成に従う。建武政権下、窪所・武者所に所属。三六年(建武三・延元元)五月、足利尊氏の軍勢と摂津国湊川(現、神戸市兵庫区)に戦って敗死。

くすのきまさつら【楠木正行】 ?～1348.1.5 南北朝期の武将。正成の長子。帯刀・左衛門尉。父の敗死後、南朝の河内国司兼守護となり、畿内の南朝方軍事力の中心的存在になった。一三四七年(貞和三・正平二)八月以降、河内・紀伊で攻勢に転じ、幕府の派遣した細川顕氏ついで山名時氏に大勝。事態を重視した幕府が高師直・

同師泰を河内にむかわせると、河内国四条畷で迎撃して敗れ、弟正時と刺し違えて自害。湊川の戦に死を覚悟で赴く父正成が、桜井の駅(現、大阪府島本町)で教訓をたれて正行を河内へ帰したとされるが、事実は不明。

くすのきまさとき【楠木正時】 ?～1348.1.5 南北朝期の武将。正成の次子。二郎。兄正行とともに畿内各地を転戦。一三四八年(貞和四・正平三)正月、幕府が派遣した高師直・同師泰を河内国四条畷に迎撃して敗れ、須々木四郎なる者に眉間を射られ、正行と刺し違えて自害。

くすのきまさのり【楠木正儀】 生没年不詳。南北朝期の武将。正成の三子。左衛門尉・左兵衛督・左馬頭・中務大輔・参議。四条畷の戦で兄正行・正時が敗死したのち、楠木氏の棟梁として河内を拠点に南朝方軍事力の中核を担う。観応の擾乱以後、たびたび京都奪還をはかり、一時は優勢にたつ。その後、南朝側の代表者として和平を進めるがはかどらず、南朝内の主戦論者の非難をうけ、一三六九年(応安二・正平二四)細川頼之を介して幕府に投降。幕府から河内・和泉などの守護に任じられ、南朝方の侵攻を撃退。康暦の政変で頼之が失脚すると、八二年(永徳二・弘和二)南朝に帰参して参議に任じられた。その後の動向は不明。

くすのきみつまさ【楠木光正】 ?～1429.9.24 室町中期の武将。楠木正成の一族の後裔か。五郎左衛門尉。法名常泉。一四二九年(永享元)九月、将軍足利義教の春日社参詣を僧形となって奈良に潜伏し待ちうけていたが発覚し、興福寺衆徒筒井氏に捕らえられた。京都へ護送され、六条河原で侍所司赤松満祐の被官魚住某により斬首。

くすのせきた【楠瀬喜多】 1836.9.9～1920.10.18 明治期の婦人参政権運動の先駆者。土佐国生れ。一八七七年(明治一〇)頃立志社に近づき、翌年の区会議員選挙で女性の戸主の参政権を要求。これは婦人参政権運動の第一歩で、八〇年に土佐郡上町(現、高知市)などで婦人参政権が実現した。

くすばさいにん【楠葉西忍】 1395～1486.2.14 「くすは」とも。室町中期の商人。父は天竺人ヒジリ、母は河内楠葉の女。幼名ムスル、俗名天次。はじめ父とともに京都に住むが、将軍足利義持の意に背いたため一色氏に預けられる。父の死後ゆるされ、家督を弟民部卿入道に譲ったのち、大和国平群郡立野(現、奈良県三郷町)に居住し、大乗院経覚により得度。立野氏の一族戌亥氏の女を妻とし、立野衆として大乗院と結び、坊官を勤める。一四三二年(永享四)と五三年(享徳二)に遣明船に乗船。五三年時には多武峰・長谷寺共同船の外官を勤め、北京まで同行して貿易を行った。その渡航体験を大乗院尋尊が「唐船日記」に残す。晩年は大和の古市に住み、ここで死去。その子元次も大乗院坊官として金銭出納にあたった。

グスマン ① **Francisco Tello de Guzmán** ?～1603.4.- スペインの植民地統治の官僚。一五九六年第六代フィリピン総督に着任。同年(慶長元)サン・フェリペ号事件、翌年日本二十六聖人の殉教事件がおこると、使節を豊臣秀吉に派遣し、積荷の返還と殉教者の遺体引渡しを求め拒否された。秀吉の死後、徳川家康が平和通商外交を展開し、日本とフィリピンの間に書簡の往復が行われた。一六〇二年新総督ペドロ・ブラボ・デ・アクーニャと交代。マニラで病没。
② **Luis de Guzmán** 1543?～1605.1.10 スペインのイエズス会士。一五七三年ベルモンテ学院長となり、八四年天正遣欧使節の一行が同地に二泊した際に接待した。東洋伝道に関心を抱き、東洋伝道史として最初に公刊された「イエズス会東洋伝道史」を著した。「グスマン東方伝道史」として邦訳された。

くすみもりかげ【久隅守景】 生没年不詳。江戸前期の狩野派の画家。狩野探幽の門人。聖衆来迎寺客殿障壁画(滋賀県)など探幽門下四天王の一人として活躍。のち探幽に破門され、晩年は一時加賀に住した。当時の狩野派が画題・技法ともに形式化していくなかで、「夕顔棚納涼図屏風」(国宝)、一連の「四季耕作図屏風」など農民の実生活に即した穏やかな作品を残し、人気が高い。

くすもといね【楠本いね】 1827.5.6～1903.8.26 明治期の産科女医。肥前国長崎生れ。長崎オランダ商館医師シーボルトとたきの間に生まれ、シーボルトの国外追放後、その門人で宇和島藩の外科医二宮敬作に預けられた。大村益次郎にオランダ語を学び、また岡山の石井宗謙、長崎の阿部善庵や蘭医ポンペらに産科医術を学んだ。明治維新後上京、東京府京橋区築地(現、中央区)で産科を開業した。

くすもとたんざん【楠本端山】 1828.1.15～83.3.18 幕末・維新期の儒学者。名は後覚、字は伯曉。肥前国彼杵郡針尾生れ。一八五一年(嘉永四)江戸に出て、佐藤一斎門で大橋訥庵に出会い影響をうける。のち平戸藩儒官兼侍講となり、文久年間には崎門派の立場から尊王攘夷論をかかげて藩政にかかわる。維新後権大参事となり、廃藩置県後は長崎県政にかかわるが意にそまず隠退。晩年は故郷針尾で弟碩水とともに鳳鳴書院を開き、旧藩士子弟の教育にあたる。著書「芻蕘巷議」「主敬説」。

くすもとまさたか【楠本正隆】 1838.3.20～1902.2.7 幕末期の肥前国大村藩士、明治期の政治家。大村藩の佐幕派の粛清にかかわり、維新後、新潟県令・内務大丞・東京府知事・元老院議官などを歴任。第一～第四回総選挙で当選、立憲革新党・進歩党の重鎮として知られる。第五～第九議会の衆議院議長を務めた。男爵。

くすやままさお【楠山正雄】 1884.11.4～1950.11.26 大正・昭和期の演劇評論家・童話作家。東京都出身。早大卒。島村抱月に師事、脚本も手掛けた。著書「歌舞伎評論」「日本童話宝玉集」。

くぜけ【久世家】 村上源氏久我家の庶流。羽林家。権大納言久我敦通の次男通式を祖とし、江戸初期に創立。通式は一六一八年(元和四)右近衛権少将に任じられ、翌年山城国下久世村に家領二〇〇石をうけた。八代通煕は幕末に議奏を勤めた。維新後、九代通章のとき子爵となり貴族院議員となった。

くぜし【久世氏】 江戸時代の譜代大名家。室町時代の三河国額田郡の豪族小野高広の子広長を祖とし、広之のとき大きく発展した。広之は徳川家綱の側近となり、一六六二年(寛文二)若年寄、翌年老中に就任。領地も逐次加増され、六九年下総・常陸で五万石を領し下総国関宿藩主となった。その子重之のとき一時領地を備中ついで丹波、三河に移されたが、一七〇五年(宝永二)関宿に復し、代々子孫が継ぎ維新後、子爵。広之のほか重之・広明・広周らの老中を輩出。

くぜひろたみ【久世広民】 1732～? 江戸中期の幕臣。備中守・下野守・丹後守。一七八四年(天明四)勘定奉行。八六年勝手方となり、老中松平定信のもとで寛政の改革を推進。八八年の勘定御用達設置、東海・甲斐の洪水の川除普請に功績があった。九二年(寛政四)伊奈忠尊の失脚後関東郡代を兼ね、関東幕領を統治し、翌年には駿河国から房総にかけての海防巡見を行った。九七年番方に転じ、一八一六年(文化一三)致仕した。

くぜひろちか【久世広周】 1819.4.-～64.6.25 幕末期の老中。下総国関宿藩主。父は旗本大草高好。関宿藩主久世広運の養子。一八三〇年(天保元)遺領相続。三七年奏者番、四三年寺社奉行兼帯、四八年(嘉永元)西丸老中、五一年本丸老中。五八年(安政五)大老井伊直弼と対立して老中解任。桜田門外の変後再任され、老中首座。安藤信正とともに政局の収拾を行うが、六二年(文久二)安藤が失脚すると老中を辞任した。その直後隠居・永蟄居を命じられた。

くぜみちふみ【久世通章】 1859.7.16～1939.4.14 明治～昭和前期の有職故実家。京都生れ。一八六六年(慶応二)加冠昇殿を許され、従五位上に叙された。八一年(明治一四)太政官に出仕。八四年子爵となる。公家装束に通暁し、蹴鞠の復興に尽力。九〇年貴族院議員。一九〇六年には蹴鞠保存会を設立して会長に就任、資料保存と普及に努めた。

くだらうじ【百済氏】 百済を氏名とする氏族。いずれも百済系と考えられる。姓には王・朝臣・宿禰・公・造・伎などがあり、無姓も多い。また百済安宿公などの複姓もある。王姓は善光王の子孫。八～九世紀の賜姓記事によれば、朝臣姓は百済王族の子孫と考えられる余氏に、公姓は余氏のほか鬼室・百済部氏に、宿禰姓は余・飛鳥戸造氏に与えられている。なお八六四年(貞観六)には百済宿禰有世が御春朝臣に改姓した。以上の姓には上中級官人・高級技術者が多い。造姓は六八三年(天武一二)連姓を賜った。伎姓は大蔵省や内蔵寮にみられる百済手部・百済戸との関係が想定される。無姓は正倉院文書などに舎人・校生として散見されるほか、養老律令編者の一人百済人成もいる。

くだらのかわなり【百済河成】 782～853.8.24 平安前期の画家。百済からの渡来人の子孫。本姓は余、八四〇年(承和七)百済朝臣の姓を賜る。八〇八年(大同三)左近衛府、八三三年(天長一〇)には従五位下を授けられ、晩年は備中介・播磨介などに任ぜられた武官であるが、すぐれた画技がはじめて正史で特筆されるほど、画家として知られた人物。「文徳実録」にも「皆自ら生けるが如し」とあり、その描法は奈良時代以来の伝統である唐朝絵画の写実的表現法にのっとっていたと推定される。

くだらのこにきしうじ【百済王氏】 「くだらのこきし」とも(古代朝鮮語)。百済最後の国王義慈王の皇子善光王を祖とする氏族。旧姓余。舒明朝に兄豊璋とともに日本に渡った善光は、百済の滅亡、白村江の戦ののちも残留し、百済王と称され諸蕃賓客として遇されたが、持統朝に百済王姓を賜与され、化内民とされた。八～九世紀前半には朝堂において重要な地位を占め、聖武天皇の寵臣であった敬福のほか、衛府や出羽・陸奥国司など軍事関係の要職に就いた者も多い。桓武・嵯峨両朝には後宮にも勢力をもった。そのほか百済系氏族の宗家的役割をもはたしていたと考えられる。系図として「百済王三松氏系図」が存在するが、史料性には疑問もある。

くだらのこにきしきょうふく【百済王敬福】 698～766.6.28 八世紀の官人。郎虞の三男。陸奥守であった七四九年(天平勝宝元)四月、東大寺大仏鍍金のために小田郡から産出した黄金九〇〇両を献じ、従三位に叙された。その後出雲・伊予・讃岐の国守や宮内卿・外衛大将などを歴任し、刑部卿で没した。豪放な性格で気前がよく、酒色を好み、聖武天皇に寵愛され、政治的手腕も優れていた。「公卿補任」では六八一年(天武一〇)生れとする。

くだらのこにきししゅんてつ【百済王俊哲】 ?～795.8.7 八世紀の官人。七七五年(宝亀六)蝦夷追討の功により勲六等を授けられ、以後陸奥鎮守副将軍として東北経営に活躍した。七八七年(延暦六)事件に連坐して日向権介に左遷された。

理由は不明。七九〇年罪を免じられ、のち再び征夷にたずさわり、陸奥鎮守将軍となった。没時は従四位下勲三等陸奥鎮守将軍兼下野守。女に嵯峨天皇の女御で忠良親王を生んだ貴命がいる。

くだらのこにきしぜんこう【百済王善光】 名を余禅広・禅広王とも。生没年不詳。百済の義慈王の王子。六三一年(舒明三)人質として豊璋とともに来日。持統朝に百済王姓を賜り、臣下に列した。六八六年(朱鳥元)天武天皇の殯の際には善光にかわって孫の良虞(郎虞)が誄を奏した。六九三年(持統七)正広参を贈られ、賻物を賜っていることから、その直前に死去したのであろう。

ぐちゅうしゅうきゅう【愚中周及】 1323～1409.8.25 鎌倉末～南北朝期の臨済宗楊岐派の禅僧。美濃国の人。諱は周及、字は愚中。諡号は仏徳大通禅師。一三歳のとき京都臨川寺で夢窓疎石を師として出家。一三四三年(康永二・興国四)に入元、五一年(観応二・正平六)帰国。二年後、南禅寺の書記となり、のち諸寺を転々として九七年(応永四)安芸国仏通寺の開山となる。のち足利義持の帰依をうける。著書「大通禅師語録」。

くつきし【朽木氏】 中世近江国の豪族、近世大名家。朽木荘(現、滋賀県朽木村・今津町)を本拠とした佐々木氏の一族。佐々木信綱が承久の乱の勲功の賞として朽木荘地頭職を与えられ、曾孫義綱から朽木氏を称した。戦国期、稙綱・晴綱父子は京都を逃れた将軍足利義晴・義輝を朽木谷に迎えて、将軍家と密接な関係を結び、奉公衆となる。晴綱の子元綱は織田・豊臣氏に従い、関ケ原の戦には途中から徳川方となり、旧領を安堵された。その孫稙昌は丹波国福知山藩主三万二〇〇〇石となり、以後代々同藩主。維新後、子爵。「朽木文書」を伝える。

くつきまさつな【朽木昌綱】 1750.1.27～1802.4.17 江戸後期の大名・蘭学者。丹波国福知山藩主。父は綱貞。一七八七年(天明七)家督相続。一三歳頃から古銭収集を始めて「新撰銭譜」「西洋銭譜」「泉貨分量考」などを著し、古銭学として集大成した。前野良沢に入門。大槻玄沢の「蘭学階梯」に序文を請われ、蘭学を通じて世界研究を行うことを説き、みずからも世界地理研究書「泰西輿地図説」一七巻を刊行。茶道を松平治郷に学び、水墨画を得意とした。

くつきもとつな【朽木元綱】 1549～1632.8.29 織豊期～江戸初期の武将。父は晴綱。河内守。近江国高島郡朽木荘生れ。一五七三年(天正元)織田信長の浅井・朝倉攻めに際し信長軍をたすけ、のち豊臣秀吉に仕える。関ケ原の戦でははじめ西軍の大谷吉継軍に属したが、戦闘中に小早川秀秋とともに転じて吉継軍を攻め、壊滅させた。戦後本領を安堵され、近江国高島郡で九五〇〇石余を領した。のち徳川家康に仕え、大坂の陣にも従う。家康死後は牧斎と号し、徳川秀忠に近侍した。

くつなし【忽那氏】 中世、瀬戸内海西部の伊予国忽那七島を本拠とした豪族。海賊として知られ、藤原道長の子孫と称する。鎌倉時代は御家人となり忽那島地頭であった。元弘の乱に際して、重清は宮方として長門探題攻略に功があったが、のち足利氏に従った。弟義範は南朝方として懐良親王を擁して活躍。のち河野氏に属して活動したが、一五八五年(天正一三)豊臣秀吉の四国攻めの際、滅ぼされた。「忽那文書」を伝える。

くつなしげかつ【忽那重勝】 生没年不詳。南北朝期の武将。重清の子。弾正左衛門・美濃守。父は足利尊氏に従ったが、叔父義範とともに南朝に属した。幕府方の数度にわたる伊予国忽那島侵攻を防ぎ、同国では土居・得能両氏と結んで細川・河野両氏と交戦。懐良親王は九州下向に際して忽那島に約三年間滞在しており、同島が瀬戸内海上の南朝方の重要拠点だったことが知られる。以後も、九州・畿内間の連絡などに尽力。

くつなしげきよ【忽那重清】 生没年不詳。南北朝期の武将。重義の嫡子。弥次郎。次郎左衛門尉。伊予国の忽那諸島(現、愛媛県中島町)を本拠とする。元弘の乱では後醍醐天皇方として伊予各地に戦い、来襲した長門探題北条時直を撃破。足利尊氏が建武政権から離反すると、洞院実世に属して東山道を進み、信濃で足利方を破った。しかし尊氏が九州から東上するとこれに従い、一三三六年(建武三・延元元)足利直義軍に属して京都に入る。翌年伊予国に戻り、以後河野・細川両氏をたすけ幕府方で活躍。

くつなしげよし【忽那重義】 生没年不詳。鎌倉末～南北朝初期の武士。久重の子。通称孫次郎。法名は道一。水軍を率いて伊予国忽那諸島(現、愛媛県中島町)とその周辺海域を支配した豪族。忽那島地頭職を代々継ぐ幕府御家人だったが、一三三三年(元弘三)討幕の兵をあげ、伊予本土に子の重清・義範を派遣、土居・得能両氏と連合して幕府方の守護宇都宮氏や長門探題北条時直の勢力を撃破。この功により建武政権から左少弁に任じられた。

くつなよしのり【忽那義範】 生没年不詳。南北朝期の武将。重義の子。左衛門尉、のち下野法眼。元弘の乱で、兄重清とともに後醍醐天皇方に属し、伊予各地に戦った。建武政権の崩壊後、重清は足利尊氏に従ったが、義範は南朝に属し、数度にわたる幕府方の伊予国忽那島侵攻を撃退するとともに、同国内で細川・河野両氏と交戦。一三三九年(暦応二・延元四、異説あり)から三年間、九州下向途上の懐良親王の忽那島滞在中は、これを支えた。懐良の九州下向後も、脇屋義助の伊予入国を支援。熊野水軍と連携し、南朝方の瀬戸内海経営の中核として活躍。観応の擾乱では、南朝に降伏した足利直冬とも連携。義範の死後は、忽那氏の勢力は急速に衰微した。

くつみけっそん【久津見蕨村】 1860.1.14～1925.8.7 明治・大正期の新聞記者・評論家。江戸生れ。「東京曙新聞」「中央新聞」などの記者として活動し、「新公論」「日本及日本人」などにも自由主義的評論を発表。著書「教育刷新策」「無政府主義」。

グティエレス Bartolomé Gutiérrez 1580～1632.7.19 アウグスチノ会日本管区長代理。メキシコ生れ。一六一二年(慶長一七)来日し豊後国臼杵修練院長として布教に従事。一四年禁教令によりマニラに追放され、同地で追放日本人の子弟教育にあたる。一八年(元和四)日本に潜入し、長崎を中心に布教。二九年(寛永六)捕らえられ、雲仙で温泉責めの拷問をうけたのち、長崎で火刑により殉教。

くどうさんすけ【工藤三助】 1661.10.2～1758.4.4 江戸中期の水利功労者。豊後国大分郡生れ。のち谷村手永惣庄屋。野津原三渠を開削。一六九八年(元禄一一)起工の大竜井手は翌年竣工、長さ一里二五町、水田一八三町歩を灌漑。一七〇三年起工の鑰小野井手は〇七年(宝永四)竣工、長さ五里、三〇〇町歩を灌漑。提子井手二里は三助の病没後長男の弁助らが遺志を継ぎ、七三年(安永二)起工、七五年竣工、長さ五里、三〇〇町歩を灌漑した。

くどうし【工藤氏】 藤原南家より出て、遠江権守為憲のとき、木工助に任じられて工藤大夫と号したことから工藤氏を名乗る。為憲の孫駿河守維景は伊豆国狩野におり、その子維職は伊豆国押領使となって武士団として成長し、伊豆国を根拠地とする。平安末期に伊豆介となった茂光は、工藤介・狩野介とも称し、保元の乱後伊豆大島に流された源為朝の濫妨を朝廷に訴え、兵を集めて為朝を攻め、自殺させたという。一一八〇年(治承四)の源頼朝の挙兵に子の親光とともに参じたが、石橋山の敗戦で自害。同族の左衛門尉祐経も頼朝に仕え、かつて在京した経験から京風の素養をもって重用されたが、九三年(建久四)の富士野巻狩の際、曾我兄弟に仇討された。

くどうすけつね【工藤祐経】 ?～1193.5.28 平安末～鎌倉初期の武将。左衛門尉。伊豆国住人。祐継の子。京に上り平重盛に仕えるが、その間に一族の伊東祐親に伊豆国伊東荘(現、静岡県伊東市)を奪われる。一一七六年(安元二)その恨みから従者に命じて祐親の嫡子河津祐泰を暗殺。八四年(元暦元)以前、関東に下り源頼朝に仕え、平家追討や奥州合戦にも参加した。在京中に養った文化的教養から頼朝に厚く信任され、囚人として鎌倉に下った平重衡の接待を命じられたり、源義経の妾静が鶴岡八幡宮社頭で舞った際には鼓を奏したりした。九三年(建久四)富士の巻狩の折、河津祐泰の遺児曾我兄弟に父の敵として殺害された。

ぐどうとうしょく【愚堂東寔】 1577.4.8～1661.10.1 江戸前期の臨済宗の禅僧。諱は東寔、字は愚堂。諡号は大円宝鑑国師。美濃国の伊藤氏の出身。同地の東光寺で瑞雲について出家。諸寺に参じて修行し、一六二八年(寛永五)以降、三度妙心寺の住持となる。後水尾天皇・徳川家光をはじめ公武の帰依をうけ、臨済宗復興に努力した。京都華山寺に隠退。著書「大円宝鑑国師語録」。

くどうへいすけ【工藤平助】 1734～1800.12.10 江戸中期の医師・経世思想家。名は球卿、字は元琳、号は万光。和歌山藩医の子として生まれたが、仙台藩医工藤家の養嗣子となり江戸詰になる。前野良沢や大槻玄沢ら蘭学者と親交があり、海外事情を学んだ。一七八三年(天明三)老中田沼意次に「赤蝦夷風説考」を献上。蝦夷地開発とロシアとの交易により、ロシア南下の状況に対応すべきことを主張した。この献策にもとづき幕府の蝦夷地調査が行われ、蝦夷地開発計画が立案されたが、田沼の失脚で中止。「独考」を著した女性思想家の只野真葛は女。

くどうもちみつ【工藤茂光】 ?～1180.8.24 「しげみつ」とも。平安末期の武将。藤原南家の末裔とされ、狩野家次の子。狩野介。「保元物語」によると、一一七〇年(嘉応二)流罪先の伊豆大島で乱暴を働いた源為朝を討ったという。八〇年(治承四)源頼朝の挙兵にあたり、頼朝の側近として山木兼隆の追討に参加。石橋山の戦に敗れ、山中に隠れたが逃げ切れず自刃。奥州征討で討死した親光は子。

くないきょう【宮内卿】 ⇨後鳥羽院宮内卿

グナイスト Heinrich Rudolf Hermann Friedrich von Gneist 1816.8.13～95.7.22 ドイツの公法学者・政治家。ベルリン大学に学び、一八四四年から没するまで同大学教授。プロイセン下院議員・ドイツ帝国議会議員を歴任。憲法調査に訪れた伊藤博文や伏見宮貞愛親王らに、君権強化や地方自治の等級選挙制などについて助言した。弟子にA・モッセがいる。

くにかね【国包】 陸奥国仙台の刀工の一門。江戸初期から一四代を数える。初世(一五九二～一六六四)は宮城郡生れ。藩主伊達政宗の命により一六一四年(慶長一九)上京、三品派の越中守正俊に学ぶ。二六年(寛永三)山城大掾を受領し、政宗没後の三八年に入道して用恵と号した。作風は大和の保昌派風の柾目鍛え。

くにきだどっぽ【国木田独歩】 1871.7.15～1908.6.23 明治期の詩人・小説家。本名哲夫。千葉県出身。東京専門学校中退。青年期に民友社系の文学者と交流。ワーズワースなどイギリス・ロマン主義文学の影響をうけ、一八九八年(明治三一)に発表した「今の武蔵野」(のち「武蔵野」)で新しい自然描写を試みたのち、約一〇年間にわたって短編小説を発表。文学史では浪漫主義作家にして自然主義の先駆と位置づけられる。代表作「独歩吟」「牛肉と馬鈴薯」「運命論者」「窮死」「竹の木戸」。

くにさだ【国貞】 ❶初世 ?～1652 戦国末～江戸初期の刀工。日向国生れ。同国出身の堀川国広に師事し、元和年中に大坂へ下り独立。和泉守を受領し、同門の河内守国助(初世)とともに大坂鍛冶の祖といわれる。
❷二世 ⇨真改

くにさだちゅうじ【国定忠次】 1810～50.12.21 江戸後期の博徒。上野国国定村に富農の子として生まれる。隣村の田部井村を根拠に賭場を開催し、博徒となった。一八三四年(天保五)博徒間の抗争に関与して人を殺し、赤城山中を根城とする。四二年、役人の配下を殺害し、関所を破って信濃へ逃亡、のち戻るが五〇年(嘉永三)捕縛され磔となった。

くにさわしんくろう【国沢新九郎】 1847.12.22～77.3.12 明治期の洋画家。土佐国生れ。一八七〇年(明治三)高知藩の命でロンドンに留学、ジョン・ウィルカムに学び、七四年帰国。翌年東京の京橋竹川町で洋画展覧会を開催。私塾彰技堂で西欧流の美術教育を行う。「西洋婦人」などアカデミックな画風の肖像画を多く残した。

くにしげ【国重】 刀工の名。新々刀期まで同名が多く、戦国期に毛利元就の抱鍛冶となった備中の水田国重らのほか、長谷部派の国重が著名。国重は、それまでの粟田口派や来派にかわって南北朝期に登場した京都の刀工で、初代は正宗の弟子といい、応永期頃までに三代いるという。初代の出自は不明で、相模国鎌倉の住人とも、また本国は大和ともいう。

くにしなの【国司信濃】 1842.6.15～64.11.12 幕末期の萩藩家老。名は朝相、のち親相。通称熊之助、のち信濃。高洲家に生まれ、家老職国司家に養子に入る。一八六三年(文久三)攘夷決行のため馬関(下関)へ出張、六月馬関総奉行となる。同年八月十八日の政変に対する冤罪をはらす嘆願がいれられず、翌年(元治元)兵を率いて上京。禁門の変に敗れて帰藩。幕府の征長軍の進発にあたり、謝罪のため家老益田右衛門介・福原越後とともに切腹させられた。

くにつぐ【国次】 刀工の名。古刀期から新刀期、新々刀期まで同名の刀工が多い。室町時代の相州国次や越中宇多国次らもいるが、元徳期頃の山城の来国次がとくに著名。国行の孫で、国俊の門下、国光の従兄弟ともいう。また相州正宗の門下とも、鎌倉来ともいう。国宝脇差一、重文太刀二・脇差一・刀四。

くにつな【国綱】 刀工の名。古刀期から新刀期、新々刀期にかけて同名の刀工が多い。山城の粟田口国綱は国家の六男で藤六といい、左近将監の官にあった。左近入道・藤六左近とも、また後鳥羽上皇の隠岐国番鍛冶ともいう。のち鎌倉に下向し、北条時頼のために鬼丸太刀を作ったと伝えられる。それにあたる太刀は現在御物で、外装は室町中期の革包太刀拵として著名。ほかに太刀二が重文。

クニッピング Erwin Knipping 1844.4.27～1922.11.22 ドイツの気象学者。クレーフェ生れ。アムステルダム航海学校卒。一八七一年(明治四)来日して大学南校のドイツ語・数学教師となる。七六年内務省駅逓寮御雇、八一年満期解雇となるが、「暴風警報の開始」建白書により、改めて内務省御雇となり地理局気象台に勤務。はじめて天気図の作成・配布を始め、気象観測事業の確立に尽力。九一年帰国。

くにとし【国俊】 刀工の名。同名が多くいるが、山城の来派の国俊が代表。国行の子で来孫太郎入道といい、「国俊」二字銘と「来国俊」三字銘がある。両者は作風がまったく相違し、作例が一二七八年(弘安元)から一三二一年(元亨元)にわたり、初期に二字銘があることから別人説もある。別人とすると来国俊は二字銘国俊の子となる。国宝・重文あわせて十数点ある。

くにともしげあき【国友重章】 1861～1909.7.16 明治期の新聞記者・政治家。号は随軒。熊本藩士の子。藩校時習館に学ぶ。西南戦争で熊本協同隊に加わり政府軍と対戦したが、若年のため罪を免れた。新聞「日本」の記者をへて「東北日報」主筆をつとめ、対外硬運動に参加。一八九五年(明治二八)朝鮮に渡って閔妃殺害事件に連坐。その後も、東亜同文会・国民同盟会・対露同志会などに参加し、対外硬運動で指導的役割をはたした。

くにともとうべえ【国友藤兵衛】 1778.10.3～1840.12.3 江戸後期の鉄砲鍛冶。幼名は藤一、字は重恭、号は一貫斎・眠竜・能当。近江国国友村の幕府御用鉄砲鍛冶の家に生まれ、一七歳で家業を継ぐ。一八一九年(文政二)オランダ製風砲を改良して空気銃を製作。三六年(天保七)反射望遠鏡を作り、太陽黒点の連続観測を行った。このほか銅製の弩弓や懐中筆・空船・水揚器などを作る。著書「大小御鉄炮張立製作」「気砲記」。

くになかのきみまろ【国中公麻呂】 ?～774.10.3 奈良時代の技術系官人。百済系帰化人の家系の出で、はじめは国公麻呂、のちに大和国の国中村に居住し国中連を賜った。東大寺の前身である金光明寺の造仏長官を勤め、七四七年(天平一九)開始された大仏の鋳造に技術面で功績があり、七六一年(天平宝字五)造東大寺次官となった。

くにのさづちのみこと【国狭槌尊】 「古事記」では国之狭土神。「日本書紀」で天地開闢ののち、クニトコタチに続いて二番目に現れる神。一書に国狭立尊ともいわれる。「古事記」ではオオヤマヅミと野椎神の子とする。「古事記伝」はサを坂の意で捉え坂の神とするが、土地の神とみるべきであろう。

くにのとこたちのみこと【国常立尊】「古事記」では国之常立神。記紀の神話にみえる神名。「日本書紀」では天地開闢の最初に現れ、「古事記」では別天神に続いて六番目に登場する。トコは床すなわち生殖・誕生の場で、タチはその出現を意味する。大地の出現の意とする説もあるが、国を生む神イザナキ・イザナミに至る神世七代のはじめに登場する文脈から、国を形成する神の誕生の場の出現を神格化したものと考えられる。

くにのみや【久邇宮】伏見宮邦家親王の第四王子朝彦親王を祖とする宮家。朝彦親王ははじめ一乗院に入室して尊応入道親王と号した。のち青蓮院に転じ尊融と改名、還俗して朝彦と改めてからは、中川宮・賀陽宮と称した。公武合体運動などに加わったため、一八六八年（明治元）八月広島藩に幽閉された。その後許され、七五年（明治八）四月明治天皇の特旨で一代宮として同年五月八日仁孝天皇の養子に復し、同月二〇日久邇宮と称した。二代邦彦王は陸軍士官学校・陸軍大学校卒。近衛師団長・軍事参議官などを歴任、のちに陸軍大将。その第一女王良子は昭和天皇の皇后。一九四七年（昭和二二）三代朝融王のとき皇籍を離脱して久邇家となった。

くにのみやつこのおま【国造雄万】生没年不詳。美濃国方県郡の少領。七六八年（神護景雲二）貢献により外正七位下から外従六位下に叙され、七七〇年（宝亀元）私稲二万束を国分寺に献じて外従五位下に叙された。正倉院に残る七〇二年（大宝二）御野国肩県郡肩々里戸籍には、戸主国造大庭の子で当時七歳の国造小万がみえ、これを雄万に比定する見方がある。年齢の点、戸口数九六うち奴婢五九という郡領一族としての戸の規模の点でも矛盾がない。

くにみつ【国光】刀工の名。鎌倉末期に大和から越中に移住したという宇多国光をはじめ、同名の刀工が多い。山城の来国光と鎌倉の新藤五国光が著名で、ともに鎌倉中・後期に活躍。前者は来国俊または了戒の子ともいい、国宝の有楽来、重文の塩川来など指定品は二〇をこえる。後者は鎌倉鍛冶の祖。粟田口国綱の子、備前三郎国宗の在京時の弟子ともいう。行光・正宗らの師とされる。初代は一三一三年（正和二）の法名光心銘で作刀を打ち切り、その後は二代の作という。国宝短刀三、重文太刀一・短刀一〇。

くにむね【国宗】刀工の名。来国俊の子という国宗はじめ同名が多数いる。著名なのは宇多国宗と備前三郎国宗で、前者は、鎌倉末期に大和から越中に移住したという古入道国光の子を初代とし、五代ばかり銘跡が続く。後者は、鎌倉中期の備前鍛冶で、福岡一文字行国の子または国真の子、さらに貞真の一族ともいい、上野国新田荘に住んだという。一説に国宗は在京時に新藤五国光を教えたといい、鎌倉に下向して子弟とともに住したとするが、下向説には疑問がある。国宝太刀四、重文太刀六。

くにゆき【国行】刀工の名。同名が多数いるが、山城の来派の直接の祖、また大和の当麻派の祖などが著名。山城の国行は国俊の父で、来太郎とよばれた鎌倉中期の刀工。「太平記」は長崎為基の太刀面影の作者とする。国宝太刀一、重文太刀一四。当麻の国行は鎌倉後期の当麻寺の鍛冶。国宝太刀一、重文太刀一・刀一・薙刀一。ほかに伝当麻極めの短刀一が国宝。また一三七三・七四年（応安六・七）頃、越前敦賀から美濃に移った国行も著名。

くによし【国吉】刀工の名。同名が多い。⑴来太郎国行の父で高麗人という。大和千手院派の刀工で、のち山城に移って来派の祖となったともいう。⑵粟田口則国の子で吉光の父。北条時頼に召されて鎌倉へ下り、名物鳴狐の平造の脇差を作ったという。⑶鎌倉末期の筑前の刀工で、良西の子、実阿の父または師といい、元寇の際に博多に設置された鎮西談議所を銘に冠し、法名を西蓮という。なお法名を西蓮とみることには疑問もある。

くによししんのう【邦良親王】1300～26.3.20 後二条天皇の第一皇子。母は藤原宗親の女。木寺宮。一三一八年（文保二）大覚寺統から後二条の弟後醍醐天皇が即位すると、同年後宇多上皇の意により皇太子に立った。上皇が邦良親王を大覚寺統の正嫡にすえようとしていたことは、一三〇八年（延慶元）所領を尊治親王（後醍醐天皇）に譲与した際、尊治一代ののちはすべてを邦良に譲与するよう定めたことからもうかがえる。しかし二四年（正中元）上皇が没して保護者を失い、二年後に即位することなく死没。

くによしやすお【国吉康雄】1889.9.1～1953.5.14 大正・昭和期の洋画家。岡山県出身。一九〇六年（明治三九）渡米。一六年（大正五）ニューヨークのアート・スチューデンツ・リーグ入学、のち教授を務めた。三一年（昭和六）一時帰国し日本での初個展を開催。以後死去するまで在米。四八年ホイットニー美術館で日本人の現存作家として初の回顧展開催。版画作品も多い。作品「小さな牛とジョー」「誰かが私のポスターを破った」。

くのへまさざね【九戸政実】?～1591 織豊期の武将。信仲の子。陸奥の大名南部（三戸）氏の一族。南部信直は他家からの養子で、一族の統制力に欠けたため、支族の八戸・大浦両氏とともに本家南部氏から独立。政実は南部氏惣領を称した。一五九一年(天正一九)信直に反乱したが、豊臣秀吉麾下の六万の軍勢に包囲され降伏。身柄は二本松に送られて斬首された。

クーパー Augustus Leopold Kuper 1809.8.16～85.10.29 イギリスの海軍提督。東インド中国艦隊司令長官ホープのもとで太平天国の乱を鎮圧。一八六二年(文久二)日本の攘夷運動激化に対し横浜へ派遣されるが、その当日に生麦事件が勃発。これを機に英仏軍は六三年横浜駐屯権を獲得。その後薩英戦争に遠征し、六四年(元治元)四国連合艦隊の下関砲撃では総司令官を勤めた。六五年(慶応元)帰国し、七二年大将。

くはらふさのすけ【久原房之助】 1869.6.4～1965.1.29 明治～昭和期の実業家・政治家。山口県出身。慶応義塾卒。藤田組に入り小坂鉱山の近代化に成功。一九〇五年(明治三八)独立し赤沢銅山を買収、日立鉱山と改称して日本有数の大鉱山に育てた。一二年(大正元)久原鉱業を設立し、また日立製作所を日立鉱山から独立させた。第一次大戦後経営難に陥り、二八年(昭和三)義兄鮎川義介に事業を譲って政界に転じる。政友会に入って逓信相、政友会幹事長・総裁を歴任。大陸進出や政党解消を唱えたことで有名。

くびきりあさえもん【首斬浅右衛門】 ⇨山田浅右衛門

くぶしろおちみ【久布白落実】 1882.12.16～1972.10.23 大正・昭和期の婦人運動家。旧姓大久保。熊本県出身。大叔母に矢島楫子、伯父に徳富蘇峰・徳富蘆花がいる。女子学院高等部卒。一九〇四年(明治三七)渡米し太平洋神学校で学ぶ。久布白直勝と結婚後、シアトルに居住中廃娼運動に従事し、一三年(大正二)帰国後、日本キリスト教婦人矯風会総幹事として活躍。廓清会と合同して廃娼連盟を結成、市川房枝らと婦人参政権獲得期成同盟会結成後、総務理事に就任。第二次大戦後は売春禁止法制定促進委員会委員長となる。自伝「廃娼ひとすじ」。

くぼかくたろう【久保角太郎】 1892.1.7～1944.11.18 大正・昭和前期の宗教家。霊友会の創立者。旧姓松鷹。千葉県出身。仙石子爵家の家臣久保家の養子。一九二〇年(大正九)先祖供養をはじめ、二四年若月チセらと霊友会を創立。その後、実兄小谷安吉・喜美夫妻が加わる。三〇年(昭和五)霊友会の総会・発会式を挙行し、理事長に就任。角太郎の信仰の基礎には法華信仰があり、「法華経」と先祖供養によって教義を整えた。

くぼさかえ【久保栄】 1900.12.28～58.3.15 昭和期の劇作家・演出家・小説家。札幌市出身。東大独文科卒。小山内薫に師事して築地小劇場に入り、ドイツの自然主義・表現主義演劇の翻訳を行う。一九三〇年(昭和五)日本プロレタリア演劇同盟に参加し、機関誌の編集や創作・演出にたずさわる。三四年新協劇団の結成に参加、戯曲「火山灰地」は社会主義リアリズムの傑作とされた。

くぼしゅんまん【窪俊満】 1757～1820.9.20 江戸中・後期の浮世絵師。本姓窪田、俗称易兵衛。はじめ春満。左利きのため尚左堂とも号した。楫取魚彦のち北尾重政に学び、鳥居清長の影響をうけ、紅嫌いの錦絵や、墨彩色の肉筆画に代表される優艶な浮世絵を描いた。狂歌を石川雅望に学び、のち伯楽連を主宰、多数の狂歌摺物の制作にも関与。戯作にも通じ、南陀伽紫蘭の号で黄表紙や洒落本を残す。

くぼたうつぼ【窪田空穂】 1877.6.8～1967.4.12 明治～昭和期の歌人・国文学者。長野県出身。本名通治。東京専門学校卒。実業を志したが、郷里の代用教員を務めるかたわら、一八九九年(明治三二)太田水穂に刺激をうけ「文庫」に投稿。のち新詩社社友となる。一九〇五年第一歌集「まひる野」を刊行。一四年(大正三)歌誌「国民文学」を創刊。小説も執筆。早稲田大学教授として、和歌研究などの著作も多い。歌誌「まひる野」を創刊した章一郎は長男。

くぼたべいせん【久保田米僊】 1852.2.25～1906.5.19 明治期の日本画家。京都生れ。鈴木百年に師事。幸野楳嶺らと京都府画学校の創立に尽力、京都青年絵画研究会・京都美術協会を結成した。「半偈捨身」など米僊風といわれた雄渾な画風で知られる。「国民新聞」に入社、シカゴ万博や日清戦争の特派員となり、報道画も手がけた。晩年に失明。著書「米僊画談」。

くぼたまんたろう【久保田万太郎】 1889.11.7～1963.5.6 明治～昭和期の小説家・俳人・劇作家・演出家。号は暮雨・傘雨・甘亭。東京都出身。慶大卒。一九一一年(明治四四)「三田文学」に「朝顔」を発表して作家として認められ、一七年(大正六)「末枯」で文壇的地位を確立した。東京の下町にひっそりと生きる人々の哀歓、滅びゆくものへの哀惜を一貫して描いた。四七年(昭和二二)芸術院会員、五七年文化勲章受章。代表作「寂しければ」「大寺学校」「春泥」「花冷え」。

くぼたろうえもん【久保太郎右衛門】 1676.2.24～1711.7.23 江戸前期の水利功労者。讃岐国阿野郡萱原村庄屋家の生れ。一七〇一年(元禄一四)の大旱魃の際、用水計画をたて高松藩に請願したが許可されず、自費工事に着手した。しかし自普請の費用も底をついたため直訴したところ入牢、藩老大久保主計のはからいで放免され請願も許され、萱原村ほか四カ村二〇〇町歩余の水田が恩恵をうけた。のち香川郡川東村、吉野川下流の円座地方にも治水の功があった。

くぼてんずい【久保天随】 1875.7.23～1934.6.1 明治～昭和前期の漢文学者。東京都出身。一八九九年(明治三二)東大卒。台北帝国大学教授。四書・諸子・唐詩など数多くの古典の注釈・解題および評論・随筆・紀行文などに健筆をふるう。「西廂記」なども研究。晩年は漢詩人としても活躍、中国各地を遊歴し台湾で没した。著書「校註漢文叢書」「日本儒学史」「随鷗吟廬詩鈔」。

くまおうまる【熊王丸】 阿若丸とも。生没年不詳。南北朝期の孝子。赤松光範の家臣宇野六郎の子。正平年間に楠木正儀と戦って戦死した父の仇を討とうと、偽って正儀の家臣となった。しかし正儀の恩義に改心して出家、正寛と称したという。

くまがいし【熊谷氏】 中世の豪族。桓武平氏直方の曾孫直貞が武蔵国熊谷郷(現、埼玉県熊谷市)を本拠として熊谷氏を称したのに始まる。武蔵七党私市党・丹党説もある。直貞の子直実は平敦盛を討ったことで有名。直実の孫直国は承久の乱で戦死し、恩賞として子の直時は安芸国三入荘(現、広島市)地頭職を得、子孫が移住した。戦国期には毛利氏配下となり、のち萩に移り、萩藩士となる。直実の兄直正流は近江国塩津郷(現、滋賀県西浅井町)を領して豪族化し、近江熊谷氏として室町幕府奉公衆となった。「熊谷家文書」を伝える。

くまがいたいぞう【熊谷岱蔵】 1880.7.19～1962.2.19 明治～昭和期の医学者。長野県出身。東大卒。欧米留学後、東北帝国大学教授から総長。一九二二年(大正一一)インシュリンを発見。結核の臨床医学的研究を進め、さらに結核の病理学的研究やBCGの研究をし、人工気胸の改善など結核の予防と治療に貢献。文化勲章受章。

くまがいなおざね【熊谷直実】 1141～1208.9.14 平安末～鎌倉初期の武士。直貞の子。平治の乱には源義朝方に属するが、乱後、京都大番役勤務中に平知盛に仕える。一一八〇年(治承四)石橋山の戦で平家方の大庭景親に従うが、まもなく源頼朝に服する。佐竹氏討伐の戦功により、二年後、本領の武蔵国大里郡熊谷郷(現、埼玉県熊谷市)の地頭職を安堵される。源義仲や平家との戦いでも活躍、一の谷の戦では先陣を争い、平敦盛を討ちとる。八七年(文治三)流鏑馬の的立て役を忌避して所領の一部を没収される。九二年(建久三)久下直光との所領争いで不利な裁決がくだると、上洛して法然の門下に入る。法名は蓮生。

くまがいなおもり【熊谷直盛】 ?～1600.9.17 織豊期の武将。半次。内蔵允。豊臣秀吉の金切裂指物使番。一五九二・九三年(文禄元・二)に上使として二回朝鮮に渡った。帰国後、旧大友領の豊後国直入郡内三万三〇〇〇石の蔵入地代官となり、九八年(慶長三)には同国安岐城主として一万五〇〇〇石を得た。慶長の役には目付として渡朝したが、戦後に訴えられて逼塞。関ケ原の戦では西軍に属し大垣城を守ったが、相良長毎に裏切られ戦死。

くまがいなおよし【熊谷直好】 1782.2.8～1862.8.8 江戸後期の歌人。周防国生れ。初名は信賢。通称八十八・助左衛門。長春亭・軽舟亭・桃屋と号す。屋号は平野屋。周防国岩国藩士。みずからは熊谷直実二四世を称した。一九歳のとき上京して香川景樹に入門、桂門千人中の筆頭とされる。一八二五年(文政八)香川家の扶持問題に絡んで脱藩。京都、のち大坂に住んだ。法号不識庵香一居士。家集「浦のしほ貝」。

くまがいもとなお【熊谷元直】 1555～1605.7.2 織豊期～江戸初期の武将。吉川広家の従兄弟。次郎三郎。豊前守。洗礼名メルキオル。毛利氏麾下として中国各地に働き、一五八二年(天正一〇)以降は毛利勢として豊臣秀吉の統一戦争や文禄・慶長の役に出陣した。一六〇〇年(慶長五)主家転封により山口に移った。城下での中心的なキリシタン。毛利氏と細川氏の縁組を画策したが、不成立。棄教を迫られたが承諾せず、〇五年萩築城工事の砂利盗難事件処理を口実に賜死。

くまさかちょうはん【熊坂長範】 生没年不詳。平安末期の伝説的な盗賊。その行跡は虚実の区別が困難であるが、加賀国熊坂出身で、入道して長範と号し、美濃・尾張両国の間で旅人を襲ったという。一一七四年(承安四)の春、京都の富商橘次を美濃国青墓宿(一説では赤坂)で襲ったが、牛若丸に討たれたと伝え、また別伝では盗みのために登った高野山で発心し、前歯を折って骨堂に納め、和歌一首を残したという。謡曲「熊坂」、浄瑠璃「末広十二段」、歌舞伎「熊坂長範物見松」の題材となる。

くまざわばんざん【熊沢蕃山】 1619～91.8.17 江戸前期の儒学者。父は牢人野尻一利。名は伯継、字は了介、通称左七郎のち次郎八・助右衛門、号は息游軒。隠居後、知行地蕃山(現、岡山県備前市)の名をとり蕃山了介と称した。京都生れ。八歳で母方の祖父、水戸藩士熊沢守久の養子となり、一六歳で岡山藩主池田光政に仕えた。一時職を辞して中江藤樹の門に学ぶが岡山藩に戻り、光政の信任を得て花畠教場の中心となって活動した。一六五四年(承応三)の旱魃・大洪水に続く飢饉では光政を助けて救民に尽力した。しかし名声があがるにともない、幕府や藩内外の中傷をうけ三九歳で隠居。晩年、幕府に対する意見書「大学或問」で禁錮に処され、下総国古河で没。著書はほかに「集義和書」「集義外書」。

くましろしゅうこう【熊代繡江】 ⇨熊斐

くまそたける【熊襲梟帥】 「古事記」では熊曾建。南九州で勢力をもった熊襲の首魁。「日本書紀」には景行天皇が討った襲国の厚鹿文・迮鹿文、小碓命が討った取石鹿文(川上梟帥)という熊襲梟帥が登場する(「古事記」には名がみえない)。後者は殺される際に小碓命に倭建御子(記)、日本武皇子(紀)の名を献じたという。

くまべちかなが【隈部親永】 ?～1588.5.27 織豊期の武将。豊臣秀吉の下で肥後国に任じられた佐々成政の検地に反対して、一五八七年(天正一五)挙兵した肥後国人の一人。隈部家は肥後守護だった菊池氏の三家老とよばれる家柄。親永は菊池氏没落後、大友氏支配下で隈府城主となり、島津氏の攻撃をへて、秀吉から領知認定(減知)をうけていた。肥後一揆の発端をつくったが、八八年切腹、太閤検地が実施された。

くまらじゅう【鳩摩羅什】 344～413/350～409 中国六朝初期の訳経僧。西域亀茲国の王族出身。西域に名高い中観系の大乗学者だったが、前秦が亀茲国を滅ぼした際に捕虜として涼州に連行され、四〇一年後秦の姚興により長安に迎えられた。以後「大品般若経」「法華経」「十誦律」「中論」「百論」「大智度論」「成実論」などの大乗経律論約三〇〇巻を漢訳し、中国仏教の基盤を築く。その翻訳文は解りやすく流暢で、彼の訳出経のほとんどは今日でも基本テキストとして用いられている。

くまわかまる【阿新丸】 ⇨日野邦光

くむらせいた【久村清太】 1880.10.3～1951.9.1 大正・昭和期のレーヨン技術者。山形県出身。東大卒。鈴木商店系の東工業米沢人造絹糸製造所で、米沢高等工業教授の秦逸三と共同してビスコース法によるレーヨン生産工業化に成功した。同所改組による一九一八年(大正七)の帝国人造絹糸設立以来の取締役で、三四年(昭和九)社長に就任。第二次大戦後日本化学繊維協会の初代会長。

くめうじ【久米氏】 久米(来目)部の伴造氏族。姓は直。「日本書紀」では大伴氏の遠祖天忍日命が来目部の遠祖天槵津大来目を率いて天降ったとあるが、「古事記」では久米氏と大伴氏とを対等に扱い、ともに靫・大刀・弓矢をもって降臨に供奉したことになっている。また神武東征説話にみえる久米歌や、後世の戦闘歌舞である久米舞などは、久米氏や久米部の軍事氏族としての性格を表している。

くめくにたけ【久米邦武】 1839.7.11～1931.2.24 明治・大正期の歴史学者。佐賀藩士出身。太政官に出仕し、一八七一～七三年(明治四～六)岩倉遣外使節団に加わり欧米を視察。記録係を務め「特命全権大使米欧回覧実記」を編纂。修史館で広く史料収集にあたり、ついで帝国大学文科大学教授兼編年史編纂掛となり、実証主義史学の発展に貢献。「史学会雑誌」に発表した「神道は祭天の古俗」が神道家の非難を浴び、九二年に辞職。のち早稲田大学教授。著書「国史眼」(共著)、「古文書学講義」。

くめけいいちろう【久米桂一郎】 1866.8.8～1934.7.27 明治～昭和前期の洋画家。肥前国生れ。はじめ藤雅三に師事。一八八六年(明治一九)パリに留学、黒田清輝とともにラファエル・コランに学ぶ。九三年に帰国し、翌年黒田と天真道場を設け、九六年には白馬会を結成。外光派の画風で後進の指導にあたった。裸体画擁護論を展開し、九六年東京美術学校に新設された西洋画科では西洋考古学や美術解剖学を教授。後年は制作から離れ、美術教育・美術行政に尽力した。

くめのせんにん【久米仙人】 伝説上の仙人。「今昔物語集」「久米寺流記」などによれば、大和国吉野郡の竜門寺で仙術を学んだが、飛行中に吉野川(流記では久米河)で洗濯中の女性の脛(流記では股)をみて神通力を失って墜落し、その女性を妻とし俗人に戻ったという。その後、都(流記では東大寺)の造営の際、仙術をもって多くの材木を運んだことにより、天皇(流記では聖武天皇)から免田三〇町を賜り、久米寺をたてたという。

くめのへいない【久米平内】 ?～1683.6.6? 江戸前期の武術家。一般には縁結びなどに霊験があるとされる江戸浅草寺の久米平内石像で名を知られるが、像自体は後世の別人とする説がある。九州から江戸へ出て、陸奥国泉藩主内藤政親らに一時出仕したという説など、経歴には多くの説がある。本姓は兵藤氏で、武勇を頼み辻斬などを行ったとされる。没年についても一六八四年(貞享元)説がある。

くめのみこ【来目皇子】 ?～603.2.4 用明天皇の皇子。母は穴穂部間人皇女。聖徳太子の同母弟。六〇二年(推古一〇)新羅征討軍の将軍となり、二万五〇〇〇人の軍を率いて筑紫に進み、島郡(現、福岡県糸島郡)に駐屯して船舶を集め、兵糧を準備した。しかし病のため征討をはたせず、翌年筑紫で没した。「肥前国風土記」逸文に、皇子にまつわる地名起源説話がある。

くめべのおたて【久米部小楯】 伊与来目部小楯とも。生没年不詳。山部連の祖とされる播磨国司。清寧朝に大嘗供奉料を調えるために播磨国に派遣され、赤石郡縮見屯倉の首忍海部造細目の新築の宴において、身を隠していた市辺押磐皇子の子の億計(仁賢天皇)・弘計(顕宗天皇)の二皇子を発見した。小楯は朝廷に報告し、左右舎人を率いてこれを迎えた。その功によって山官に任じられ、山部連を賜ったという。

くめまさお【久米正雄】 1891.11.23～1952.3.1 大正・昭和期の小説家・劇作家。長野県出身。東大卒。六歳のとき小学校校長だった父が御真影焼失の責任をとり割腹自殺。中学時代から新傾向俳句に優れていた。東京帝国大学在学中の一九一四年(大正三)第三次「新思潮」に「牛乳屋の兄弟」を発表して注目され、一六年第四次「新思潮」に「父の死」を発表。師である夏目漱石の長女筆子への失恋を素材とした「蛍草」「破船」で一躍流行通俗作家となった。

くめみちかた【久米通賢】 1780～1841.5.7 江戸後期の技術者。通称は栄左衛門。讃岐国馬宿村生れ。一九歳で間重富に入門し天文暦学を学ぶ。一八〇六年（文化三）高松藩の命で藩内を測量。伊能忠敬の案内役を勤め、のち天文測量方となる。オランダ流砲術に詳しく、各種鉄砲を製作。藩財政立直しのため砂糖製造業を盛んにし、二六年（文政九）には坂出の塩田築造を始めた。編著書「大成貫銘」。

くもいたつお【雲井竜雄】 1844.3.25～70.12.28 幕末期の米沢藩士。中島惣右衛門の次男。小島才助の養子。名は竜三郎。雲井竜雄は変名。藩命で江戸や京都に出仕して活動。一八六八年（明治元）徴士として新政府に仕えたが、官軍の東征は薩長の専横とみて憤り、帰藩し奥羽越列藩同盟に加わり、「討薩の檄」を書いた。翌年上京し反政府の同志を集めて策動したため、七〇年逮捕、梟首刑に処された。

くらいしたけしろう【倉石武四郎】 1897.9.21～1975.11.14 昭和期の中国語学・中国文学者。新潟県出身。一九二一年（大正一〇）東大卒。東京大学・京都大学名誉教授。清代音韻学から現代文学まで幅広い領域で先駆的業績を残す。とくに旧来の漢文訓読法を排斥し古典の中国音読に努めた。晩年は中国語教育に尽力、「岩波中国語辞典」を著した。独自の漢字廃止論で亀井勝一郎らとの論争もある。

クライヤー Andreas(Andries) Cleyer ?～1698? 江戸前期の長崎オランダ商館長。ドイツのカッセル生れ。兵士として東インドに渡りバタビアで外科医・薬剤師などとして働き、ラテン語学校長、薬局長などを勤めた後、一六八二年（天和二）来日。八二～八三、八五～八六年（貞享二～三）の二回商館長を勤め、参府も行った。日本産の植物に関心をもち、多くの標本やスケッチを持ち帰った。九八年三月以前にバタビアで死亡。

クラーク William Smith Clark 1826.7.31～86.3.9 アメリカの植物学者・教育者。アマースト大学卒。母校で教授。マサチューセッツ農科大学学長。一八七六年（明治九）御雇外国人として札幌農学校に招かれ、一年間教頭を務める。帰国の際に、見送りの人々に「Boys, be ambitious」（青年よ、大志を抱け）と言い残したことで知られる。キリスト教にもとづく全人教育と、理論と実地を重視する科学的農業教育を主眼とした。

くらくまつえもん【工楽松右衛門】 1743～1812.8.- 江戸中・後期の帆木綿の創作者。播磨国高砂の船頭宮本松右衛門の長男。回漕業を営みながら帆布の改良に努めて松右衛門帆を発明、商品化して販売を行った。一七九一年（寛政三）幕命で択捉島に波止場を築造。その功績で幕府から工楽の姓をうける。一八一一年（文化八）高砂港の浚渫を行い、翌年には備後国福山藩の鞆津の築港や城下町の川普請を行った。

くらたし【蔵田氏】 戦国期の伊勢神宮の御師の一族。越後府内の上杉氏の領内を中心に活躍。一五二一年（大永元）を初見とする左京亮に始まり、又五郎・大夫などがおり、糸魚川・伊勢領に不入特権をもつ所領を与えられた。一方、五郎左衛門の系統は府内町内用心・大手門固め・城普請などにあたり、上杉謙信の側近的役目を負っているが、一族に含めないとする説もある。青苧を扱う蔵田氏との関係も説かれる。

くらたひゃくぞう【倉田百三】 1891.2.23～1943.2.12 大正・昭和前期の劇作家・評論家。広島県出身。一高中退。在学中西田幾多郎の影響をうける。結核を病んだのち宗教的思索に没頭し、西田天香の一灯園に入る。一九一七年（大正六）に刊行された戯曲「出家とその弟子」は大正期宗教文学の代表作。二一年の論集「愛と認識との出発」は青春教養書として読まれた。大正期は白樺派の思想・作風に接近。二六年（昭和元）「生活者」創刊。のち日本主義に傾き国民協会などの幹部となる。

くらつくりうじ【鞍作氏】 鞍作は鞍（部）・案部・鞍作部・桉作（部）・按師とも。百済から（中国南朝の説もある）渡来した氏族。姓は村主だが首とも記される。司馬が渡来前の旧姓か。元来、鞍製作の技術者集団であったと考えられる。雄略朝に渡来して他の才伎とともに東漢氏の支配下に入ったという堅貴が初見だが、六世紀後半～七世紀に仏教興隆に大きな役割をはたしたという司馬達等や多須奈・鳥が有名。その他、推古朝に僧都になった徳積や遣隋使の通訳だった福利など、七世紀には多くの人物が活躍した。蘇我氏本宗と深い関係をもっていたとされ、蘇我入鹿が鞍作ともよばれたのは乳母が鞍作氏であったためとの推測もある。八世紀には内匠寮官人がいる。

くらつくりのたすな【鞍作多須奈】 多須那とも。生没年不詳。六世紀の人。司馬達等の子で、鞍作鳥の父。用明二年四月、臨終間際の用明天皇のために出家して丈六仏と寺を造立することを奏し、崇峻三年、出家して徳斉法師と称したという。発願の寺・仏像は、南淵の坂田寺（奈良県明日香村坂田の金剛寺の北方が旧址か）およびその丈六木造仏・脇侍菩薩像とされる。なお「扶桑略記」では百済仏工とする。

くらつくりのとり【鞍作鳥】 司馬鞍首止利・止利仏師とも。生没年不詳。七世紀前半に活躍した仏師。父の多須奈、祖父の司馬達等らとともに、移入期の仏教に重要な役割をはたした渡来系一族の一人。現存作例とされるものに法隆寺金堂釈迦三尊像・飛鳥寺釈迦如来像があり、作風が近似する止利派の仏像とよばれる像も残る。鳥たちは蘇我氏のもとで活躍したと思われる。

くらつくりのふくり【鞍作福利】 生没年不詳。七世紀前半の通訳。六〇七年(推古一五)七月、小野妹子ら遣隋使の通事となり隋に渡る。翌年四月、隋使裴世清らとともに帰国。九月に再び渡隋したが、六〇九年九月の送使帰途の際、彼のみ隋に留まった。

クラッセ Jean Crasset 1618.1.3~92.1.4 フランス人イエズス会士。フランソア・ソリエの「日本教会史」に触発され、一六八九年「日本教会史」を著す。同書の一七一五年版を太政官翻訳局が訳し、「日本西教史」として一八七八年(明治一一)に上巻、八〇年に下巻を刊行。日本事情に通じておらず史料批判が不十分で、太政官訳も誤訳を重ねるなど史料的価値は低いが、初期のキリシタン史研究に寄与した。

くらとみゆうざぶろう【倉富勇三郎】 1853.7.16~1948.1.26 明治~昭和期の官僚。筑後国生れ。司法省法律学校卒。一八七九年(明治一二)司法省に入り、一九〇二年大審院検事、ついで東京控訴院検事長となる。日比谷焼打事件に凶徒聚衆罪を適用して西園寺内閣と対立し韓国に転任、朝鮮総督府司法部長官などをへて第一次山本内閣の法制局長官となる。その後枢密顧問官、二六年(昭和元)から三四年まで枢密院議長を務めた。

グラナダ Luis de Granada 1504/05~88.12.31 スペインのグラナダ生れのドミニコ会宣教師。ポルトガル管区長などを勤める。多数の著作があり、いくつかは日本にももたらされた。一五九二年(文禄元)刊のキリシタン版「ヒデスの導師」と一六一一年(慶長一六)後藤宗印刊の「ひですの経」は「信経序説」の抄訳、一五九九年刊の「ギヤドペカドル」は「罪人の導き」のポルトガル語訳からの抄訳である。

グラバー Thomas Blake Glover 1838.6.6~1911.12.16 幕末~明治期のイギリス人貿易商。スコットランド生れ。上海で事業の後、一八五九年(安政六)来日。六一年(文久元)長崎にグラバー商会を設立。元治・慶応年間に諸藩へ艦船・武器類を販売し、長崎屈指の貿易商となり、幕末政治史の重要な局面にも多く関与した。七〇年(明治三)グラバー商会は破産したが、高島炭鉱の業務などにたずさわった後、八一年から三菱の顧問を務めた。日本人女性と結婚し、子供はのち帰化して姓を倉場とした。一九一一年東京で没した。長崎市のグラバー邸は一八六三年に建築した旧居宅。

くらはしけ【倉橋家】 安倍氏土御門家の庶流。半家。天文・暦道・陰陽道家の土御門久脩の次男泰吉を祖とし、一六一二年(慶長一七)に創立。家号は遠祖阿倍倉梯麻呂の出身地にちなむ。家禄は一五〇石。六代有儀は綾小路家から入り、その長子泰栄は一七七四年(安永三)本家土御門家を継いだため、次男泰行が相続した。維新後、泰顕のとき子爵。

くらはしそうぞう【倉橋惣三】 1882.12.28~1955.4.21 大正・昭和期の幼児教育学者。静岡県出身。東大卒。一九一〇年(明治四三)東京女子高等師範講師、一七年(大正六)教授となる。同年付属幼稚園の主事を兼任し、以降幼児教育を指導した。第二次大戦下では国民幼稚園の創立を提唱。戦後はお茶の水女子大学教授、教育刷新委員会委員を務める。日本保育学会の設立に加わり初代会長となる。「倉橋惣三選集」がある。

くらべのはたのくま【椋部秦久麻】 生没年不詳。七世紀の人。聖徳太子の死を悲しんだ妃の橘大郎女が推古天皇に願い出て作られることになった「天寿国曼荼羅繡帳」の製作者の一人。「令者」と記されることから、実際に製作にあたった采女や画工の監督的立場にあったと考えられる。椋部は蔵部と同じで、朝廷の大蔵や内蔵などの出納にあたる伴部であり、秦氏が代々その任にあたった。

グラント Ulysses Simpson Grant 1822.4.27~85.7.23 アメリカの軍人。第一八代大統領(共和党、在職一八六九~七七)。一八四六~四八年の米墨(対メキシコ)戦争で活躍。南北戦争の勲功により北軍総司令官に任じられる。六八年に軍事的名声を背景として大統領に当選。退任後の七九年(明治一二)世界一周旅行の途中で日本に立ち寄る。八月一〇日に浜離宮で明治天皇と会見し、憲法制定・国会開設・条約改正などの問題につき進言。琉球帰属問題でも日清間の調停を試みた。

くりくまおう【栗隈王】 ?~676.6.- 栗前王とも。七世紀半ば頃の皇族。「新撰姓氏録」では敏達天皇の子の難波皇子の子で、橘諸兄の祖父とする。三野王の父。六六八年(天智七)と六七一年に筑紫率に任じられた。六七二年(天武元)の壬申の乱にあたり近江朝廷から動員命令をうけたが、対外防衛の重要性を主張して拒否した。乱後、天武天皇に優遇され、六七五年兵政官長に任じられたが、翌年諸王四位で没した。

くりさきどうき【栗崎道喜】 1582~1651.12.- 江戸初期の南蛮流外科医。名は正元。肥後国栗崎村生れ。一五九〇年(天正一八)ルソンに渡り、同地で外科を学び、刀槍や鉄砲による金瘡の治療に精通した。一六一六年(元和二)日本に帰り長崎の万屋町に宅地を与えられ、奉行所役人や外国人の診療にあたった。著書に口述による「外科秘訣」がある。子孫も代々外科を業とし、幕府の医官となった。墓所は長崎市寺町の深崇寺。

くりたさだのじょう【栗田定之丞】 1766/67.11.17～1827.10.28　江戸後期の林業家。名は如茂。秋田藩士高橋家に生まれ、一七八三年(天明三)栗田家の養子となる。九七年(寛政九)林取立役、郡方御物書、砂留兼帯となり、飛砂に悩む藩西海岸の防砂林植栽に着手。山本郡大内田村・河辺郡新屋村の防砂林植栽に成功。文化年間郡方吟味役を勤めた。

くりたひろし【栗田寛】 1835.9.14～99.1.25　幕末～明治期の日本史学者。常陸国生れ。一八五八年(安政五)彰考館に出仕して以来、その死まで「大日本史」の編纂・刊行に従事した。明治維新後は大教院・教部省・修史館などに出仕し、九二年(明治二五)帝国大学文科大学教授となった。文学博士。史籍・古典の研究のほか、制度史・神祇史にも大きな業績を残した。著書「国造本紀考」「新撰姓氏録考証」「神祇志料」「栗里先生雑著」。

くりたもとつぐ【栗田元次】 1890.11.3～1955.12.1　明治～昭和期の歴史学者。愛知県出身。東大卒。一九一四年(大正三)から史料編纂官補として「大日本史料」の編纂に従事。一九年第八高等学校教授。のち広島高等師範教授・広島文理科大学教授・名古屋大学教授を歴任。日本近世史を専門とするほか、日本史の総合的把握をめざし、古典籍の収集にも努めた。著書「総合日本史大系」江戸時代上、「新井白石の文治政治」。

くりのしんいちろう【栗野慎一郎】 1851.11.17～1937.11.15　明治期の外交官。筑前国生れ。一八八一年(明治一四)外務省に出仕し、条約改正取調業務に従事、取調局長・政務局長を歴任。九四年駐米公使、つづいてイタリア、フランスなどの公使をへて、一九〇一年ロシア公使となり日露交渉に尽力するが開戦となり帰国。〇六年フランス大使となり日仏協約を締結。子爵・枢密顧問官に任じられた。

くりばやしじへえ【栗林次兵衛】 ?～1700.6.12　江戸前期の水利功労者。久留米藩領筑後国生葉郡夏梅村の庄屋。一六六三年(寛文三)近在の四人の庄屋とはかり、三里近く上流の大石村長瀬の筑後川に堰を設けて引水する用水計画をたてた。水路予定の村々の大反対にあったが、翌年一月藩営で工事を着工、延べ四万人の人夫を動員し六〇日余で完成した。その後拡張工事があり、水田一四〇〇町歩が開発された。

くりはらのぶみつ【栗原信充】 1794.7.20～1870.10.28　江戸末期の幕臣・有職故実家。号は柳葊(りゅうあん)。屋代弘賢(ひろかた)・柴野栗山(りつざん)に学ぶ。弘賢が主宰した幕府の事業「古今要覧」の編纂に参加して精励したが、弘賢の死で中絶。その後門人に教えながら、「甲冑図式」など武具に関する多くの著作を著し刊行された。晩年招かれて鹿児島に赴く。京都で死没。

くりはらりょういち【栗原亮一】 1855.3.-～1911.3.13　明治期の自由民権家・政治家。鳥羽藩士の家に生まれる。明治初年に上京遊学し、「草莽(そうもう)雑誌」を発行して民撰議院設立建白を支持した。立志社に入社し、自由党結成後は「自由新聞」の主筆を務めた。一八八二年(明治一五)板垣退助の洋行に随行、八四年の清仏戦争では新聞記者として中国に渡った。大同団結運動に参加し、第一回から第一〇回まで衆議院議員に当選したが、一九〇九年の日糖疑獄に連坐した。

グリフィス William Elliot Griffis 1843.9.17～1928.2.5　明治初期の来日外国人。アメリカのフィラデルフィア生れ。ラトガース大学卒。はじめ福井藩で、一八七二年(明治五)から大学南校・開成学校で化学・物理を教えた。日本人の生活・思想・文化・歴史について研究し、七四年帰国して日本文化を紹介。神学校に学び、各地の教会の牧師となる。

くりもとじょうん【栗本鋤雲】 1822.3.-～97.3.6　幕末期の幕臣、明治初期の新聞人。父は喜多村槐園。栗本家の養子。諱は鯤(こん)。幕府の侍医だったが、一八五八年(安政五)箱館に移住してさまざまな開発に尽力し、フランス宣教師から西洋事情を学び、六二年(文久二)箱館奉行所組頭。翌年江戸に召還され、以後横浜鎖港交渉、横須賀造船所・製鉄所の建設、フランス式陸軍伝習の導入などに尽力し、軍艦奉行・外国奉行などを歴任。明治期は新聞記者として活躍し、犬養毅(いぬかいつよし)・尾崎行雄ら後進を養成。

くりやがわはくそん【厨川白村】 1880.11.19～1923.9.2　大正期の英文学者・文芸評論家。本名辰夫。京都府出身。東大卒業後、五高・三高・京大教授を歴任し、その間アメリカに留学。独創性には欠けるが広範な近代欧米文芸思潮の紹介に努め、「近代文学十講」とその続編「文芸思潮論」は日本初の欧米文芸思潮の解説書として広く愛読された。またサント・ブーブの言葉を書名にした「象牙の塔を出て」で、学者が社会と交渉すべきことを説いた。その他「近代の恋愛観」などがある。

くりやまこうあん【栗山孝庵】 1728～91.11.15　江戸中期の萩藩医、古医方。本名は献臣、字は文仲。長門国萩生れ。京都で山脇東洋に学んだあと、長崎に遊学。東洋の解剖の事実を知り、みずからも一七五八年(宝暦八)三月二二日、萩で解剖を行い「九蔵図志」を残す。翌年六月二一日、日本ではじめて女性の死体を解剖した。執刀は外科医田英仙が行い、解剖図「女体解剖図志」を作成。墓所は山口県萩市の保福寺。

くりやませんぽう【栗山潜鋒】 1671～1706.4.7　江戸前期の儒学者。水戸藩士。父は山城国淀藩儒者長沢良節。名は愿(すなお)、字は伯立、通称は源介、号は潜鋒・拙斎。一六八四年(貞享元)京都で崎門(きもん)学派の桑名松雲に儒学を学び、同門の水戸史臣鵜飼錬斎の推挙により後西天皇の皇子八条宮尚仁親王の侍読となる。親王没後京都で開塾したが、のち水戸藩主徳川光圀に仕え「大日本史」編纂に従事、二七歳で彰考館総裁に就任。光圀の死後、「義公行実」を執筆。著書「保建大記」「倭史後編」「弊帚集」。

くりやまたいぜん【栗山大膳】 1591.1.22～1652.3.2 近世初期の筑前国福岡藩の家老。はじめ五兵衛、のち大膳。諱は利章。号は西木子・雖失。法号は西木紹山居士。豊前国生れ。利安の子。一六一七年(元和三)知行地二万石と家老職を継ぐ。藩主黒田忠之と対立して、三二年(寛永九)黒田騒動をおこし、幕府裁定で陸奥国盛岡藩に預けられた。盛岡広小路で没。

グリーン Daniel Crosby Greene 1843.2.11～1913.9.15 アメリカン・ボード(会衆派系の外国伝道局)最初の来日宣教師。一八六九年(明治二)妻とともに来日、七四年摂津第一基督公会(神戸教会)を設立。同年聖書翻訳委員となって横浜に移り、八〇年「新約聖書」を完成。八一～八七年まで同志社教授、九〇年以降は東京に在住し指導的役割をはたした。

グルー Joseph Clark Grew 1880.5.27～1965.5.25 アメリカの外交官。ハーバード大学卒。デンマーク、スイスの公使を歴任、一九二四～二七年国務次官。三二年(昭和七)六月から駐日特命全権大使。日米関係の緊張緩和に努力し、柔軟な対日政策を国務省に進言した。太平洋戦争の勃発後、四二年六月に交換船で帰国し、国務長官特別補佐官・極東局長・国務次官・国務長官代理を歴任し、対日処理計画の立案に尽力。日本の降伏直後に官界を引退。

くるしまし【久留島氏】 三島村上海賊衆に出自をもつ近世大名。伊予国来島(現、愛媛県今治市)を本拠とした。室町時代は伊予守護河野氏の重臣で、戦国期には毛利氏の水軍として働いた。通総は来島氏を称し、河野氏を離反、豊臣秀吉の水軍に編成され、伊予国二郡のうち一万四〇〇〇石を安堵された。通総の子長親は関ヶ原の戦後の一六〇一年(慶長六)豊後国森に移封、次代通春のとき久留島氏と改めた。以後代々森藩主。維新後子爵。

くるしまし【来島氏】 ㊀伊予国の海賊衆村上氏の子孫。通総のとき来島氏を称し、豊臣秀吉に仕えた。通総の嫡子長親は関ケ原の戦で東軍に降り、一六〇一年(慶長六)豊後国森に転封、通春のとき久留島氏と改めた。
㊁中世以来の武家。鎌倉幕府御家人で肥前国松浦郡大島の地頭職にあり、大島姓を称していた。南北朝期から松浦党として知られ、おもに足利方として北部九州に転戦。江戸時代に福岡に移り黒田氏に仕え、来島氏を称した。

くるしまつねき【来島恒喜】 1859.12.30～89.10.18 明治前期のナショナリスト。筑前国生れ。向陽義塾に学ぶ。玄洋社に入り、筑前共愛会の自由民権運動に参加。朝鮮問題や条約改正問題に関心を深め、大隈重信の条約改正案に反対し、一八八九年(明治二二)一〇月一八日、大隈に爆弾を投じて重傷を負わせたあと自殺した。

くるしまみちふさ【来島通総】 1561～97.9.16 織豊期の武将。伊予国来島城主村上通康の子。牛松丸・助兵衛。出雲守。一五六七年(永禄一〇)遺領を相続し、来島姓を名乗った。毛利氏の水軍に加わり、七六年(天正四)摂津木津川口で織田信長勢と戦った。八二年に豊臣秀吉の船手となり、八五年四国平定の功により伊予国内に一万四〇〇〇石を得、九州攻め・小田原攻め、文禄・慶長の役にも水軍として出陣。全羅道鳴梁の海戦で李舜臣に敗死。

くるしまよしひろ【久留島義太】 ?～1757.11.29 江戸中期の数学者。通称喜内、号は沾数。陸奥国磐城平、のち日向国延岡に転封した藩主内藤政樹に仕える。中根元圭に才能を認められ、指導をうけた。独創的な研究が多いが、論文はまとめておらず断片的な稿本が伝えられている。親友の松永良弼の業績のなかに紛れていると思われる。弧背、無限級数の反転、極大・極小、行列式のラプラス展開、フェルマー方程式、オイラー関数、方陣その他の研究がある。詰将棋の書「将棊妙案」は有名。

くるすさぶろう【来栖三郎】 1886.3.6～1954.4.7 昭和期の外交官。神奈川県出身。東京高等商業学校卒。外務省通商局長・ペルー駐在公使・ベルギー駐在大使を歴任。一九三九年(昭和一四)一〇月から四〇年一二月までドイツ駐在大使。在任中に日独伊三国同盟が結ばれ、注目を浴びた。四一年一一月、ヤマ場を迎えた日米交渉で野村吉三郎大使を補佐するため、急遽ワシントンへ派遣された。暫定協定案(乙案)を提示して危機回避に努めたが、交渉の進展には寄与しえなかった。

クルーゼンシテルン Ivan Fyodorovich Kruzenshtern 1770.11.8～1846.8.12 ロシアの提督。イギリスで海軍教育をうけ、ロシア海軍の近代化に努めた。航海技術の向上と中国貿易の展開を期待して、世界周航海を企画。ナジェジダ、ネバの二艦を率いて一八〇三年クロンシュタットを出港、遣日使節レザノフおよび日本の漂流民四人を同乗させ、西廻りで世界周航。長崎での開国交渉は不調だったが、間宮海峡の探検や中国への寄港ののち、〇六年帰着。著書「日本紀行(世界周航記)」。

クルティウス Jan Hendrik Donker Curtius 1813.4.21～79.11.27 最後の長崎オランダ商館長・外交官。アルンヘム生れ。一八五二年(嘉永五)商館長として着任、五五年(安政二)オランダ理事官を兼任。長崎奉行と条約締結交渉を行ったが、日蘭和親条約は日米和親条約締結後の五六年にようやく締結。五八年には修好通商条約を締結した。その間幕府の軍艦発注、海軍伝習などに尽力。商館文書の本国移送、日本語文法の研究なども手がけ、六〇年(万延元)帰国。その収集図書はライデン大学の日本学研究の基礎となった。

くるまぜんしち【車善七】 近世の江戸の四カ所非人頭の一人。代々車善七を名のる。浅草の新吉原の裏に居小屋の地(囲内)があり、京橋・日本橋・神田・浅草などの江戸町方中心部の広い地域を持場(勧進場)としていた。これは一六五二年(承応元)に弾左衛門の皮取場の範囲を勧進場として安堵されたもので、このとき支配下にくみいれられた。持場内に散在する小屋頭三百数十人とその抱え非人をあわせた三〇〇〇人余の手下非人を支配し、弾左衛門のもとで行刑役を勤め、また町奉行所から直接課される溜役、牢屋役、囚人送迎役、川廻り役などを勤めた。

くるまもちのちとせ【車持千年】 生没年不詳。養老・神亀年間(七一七～七二九)頃に活躍した歌人。朝臣姓。「万葉集」巻六冒頭に笠金村・山部赤人と並んで行幸従駕の長歌を載せる。この三人は発想や技法のうえで類似しており、柿本人麻呂の表現に学び同一の流派を形成していたという説がある。

クルムス Johann Adam Kulmus 1689.3.18～1745.5.29 一八世紀前半のドイツの医学者。ブレスラウ(現、ブロツワフ)生れ。杉田玄白・前野良沢らがオランダ語版を訳して一七七四年(安永三)出版した「解体新書」のドイツ語原本の著者として知られる。医学・博物学を修め、バーゼルでドクトルの学位を得た。ついでオランダに滞在ののち、ダンチヒ(現、グダンスク)で開業。一七二二年同地で「解剖学表」を刊行。蘭語訳は三四年アムステルダムで刊行され、日本にも輸入された。

クレーギー Robert Leslie Craigie 1883.12.6～1959.5.16 イギリスの外交官。一九〇七年外務省入省。ワシントンその他の在外勤務、外務次官補をへて、三七年(昭和一二)駐日大使。日本の反英政策への傾斜に対し、三九年七月に有田・クレーギー会談を開くなど、対日宥和政策とイギリスの極東権益の擁護に尽力。太平洋戦争開戦後抑留されたが、四二年交換船で帰国。戦後は国際連合戦犯委員会、戦争犠牲者保護のためのジュネーブ会議などのイギリス代表。

くれしゅうぞう【呉秀三】 1865.2.17～1932.3.26 明治～昭和前期の精神病学者。広島藩医の子として江戸に生まれる。東大卒。一八九六年(明治二九)母校の精神医学教室の助教授、東京府立巣鴨病院医長を兼務した。精神病学研究のためヨーロッパに留学、一九〇一年帰国して教授に就任。巣鴨病院長(のち松沢病院)に赴任してからは、精神病患者の監禁室廃止など患者に対する非人間的取扱いの改善を推進し、近代精神病医学の建設者とされる。医学史に造詣が深かった。

グロ Jean Baptiste Louis Gros 1793.2.8～1870.8.17 フランスの外交官。男爵。中国名は格羅。アロー号事件解決のため、特命高等弁務官として中国に派遣され、一八五八年天津条約を締結。続いて来日し、同年(安政五)幕府との間に日仏修好通商条約・貿易章程を締結し、帰国。六二年(文久二)遣欧使節竹内保徳らとの交渉時の全権委員も勤めた。

くろいたかつみ【黒板勝美】 1874.9.3～1946.12.21 明治～昭和前期の歴史学者。長崎県出身。東大卒。草創期の日本古文書学の体系化に大きな功績があった。旺盛な活動力で多方面に足跡を残し、長期間にわたり東京帝国大学で国史学を講じて後進の育成にたずさわった。「国史大系」「新訂増補国史大系」など史籍の校訂・出版に尽力し、東山文庫や醍醐寺の古文書を調査、藤原宮跡の発掘を指導した。その歴史観の集成ともいうべき日本史の概説書「国史の研究」は、きめ細かい時代区分法を提示するなどの新工夫もあって、戦前の学界で広く支持された。

くろいはんしろう【黒井半四郎】 1747～99.11.- 江戸中期の水利功労者。名は忠寄、号は幽量。米沢藩士。勘定頭柳瀬清兵衛に抜擢され、一七七二年(安永元)勘定頭となり、藩の寛政改革の中心人物の一人となる。九六年(寛政八)松川から取水する全長八里に及ぶ黒井堰を完成させ、飯豊山から流れる玉川の水を白川に導く飯豊穴堰を設計、建議した。

くろいわるいこう【黒岩涙香】 1862.9.29～1920.10.6 明治・大正期の新聞記者・小説家。土佐国生れ。本名周六。一八七八年(明治一一)大阪英語学校に入学、翌年上京。八二年「同盟改進新聞」に参加後、「絵入自由新聞」「都新聞」などの主筆となり、九二年「万朝報」を創刊。人気を呼んだ「鉄仮面」などの翻案小説を連載したほか、社会派的な暴露記事を得意とし、蝮の周六と恐れられた。大正期には大隈内閣を支持して不評を買った。

くろかわきぎょく【黒川亀玉】 1732.10.28～56.6.25 江戸中期の画家。名は安定、字は子保。江戸生れ。六歳で狩野休真に、一二歳で岡本善悦に学んで幼少より画名が高かったが、二五歳で夭折したため現存作品に乏しい。沈南蘋の作品によりつつもその亜流におわらず、独自な画境を拓いた。代表作「芭蕉に鶴図」。

くろかわし【黒川氏】 ■中世の越後国の豪族。桓武平氏。鎌倉後期、和田義盛の弟義茂の子孫が、奥山荘北条分黒川(現、新潟県黒川村)

を領して黒川氏を称した。南北朝期、茂実は足利尊氏に従い、のち上杉氏家臣となる。
㊁中世の陸奥国黒川郡の豪族。清和源氏。羽州探題最上直家の子氏直を祖とする。一四六〇年(寛正元)黒川右馬助は幕府から古河公方足利成氏の追討を命じられた。戦国期、晴氏は伊達政宗に仕えたが、嗣子なく寛永年中に断絶。

くろかわどうゆう【黒川道祐】 1623～91.11.4 江戸前期の儒医。父は広島藩医黒川寿閑。名は玄逸、号は静庵。安芸国生れ。林羅山に儒学を、母方の祖父堀杏庵に医学を学び、広島藩浅野家に仕えたが、病のため辞して京都新在家上の町に住む。歴史・地理に詳しく、著書に山城国の風土記ともいうべき「雍州府志」、大己貴神から馬島晴眼院までの有名医家の伝記を記した「本朝医考」、「日次紀事」「芸備国郡志」などがある。墓所は京都市上京区の本隆寺。

くろかわはるむら【黒川春村】 1799.6.9～1866.12.26 幕末期の国学者。通称次郎左衛門、のち主水、号は薄斎。江戸浅草田原町の商家の生れ。はじめ二代目浅草庵に狂歌を学び、三代目を名のる。のち国学研究に転身し、本居宣長の影響をうけたが、神道思想とは距離をおき、もっぱら考証中心の江戸派国学の代表的存在であった。清水浜臣・岸本由豆流・伴信友らと交わったが、世俗から離れることを好んだ。著書「墨水雑鈔」「碩鼠漫筆」「音韻考証」。

くろかわまより【黒川真頼】 1829.11.12～1906.8.29 幕末～明治期の国文学者・歌人。上野国生れ。幼名嘉吉。号は荻斎。旧姓金子。一三歳で国学者黒川春村に入門し、のちその養子となる。一八六九年(明治二)大学少助教、九三年帝国大学教授となる。国語音韻の研究のほか風俗史・美術にも造詣が深く、旧派流の歌作もよくした。東京美術学校・東京高等師範などの講師のほか、御歌所の寄人も務めた。著書「日本文典大意」「日本文学大要」「墨水余滴」。

くろかわりょうあん【黒川良安】 1817.2.4～90.9.28 江戸後期～明治期の蘭学者。父は医師黒川玄竜。字は良安、号は自然。越中国黒川村生れ。一八二八年(文政一一)父に従って長崎にいき吉雄権之助に一二年間師事。さらに坪井信道に学んでその塾頭となる。四六年(弘化三)加賀国金沢藩医となり加賀ではじめて種痘を行った。五七年(安政四)幕府の蕃書調所教授手伝となったが、のち辞して金沢に帰り金沢藩医学館総督医となった。七一年(明治四)隠退。著書「医理学源」。墓所は東京の青山墓地。

くろきかんぞう【黒木勘蔵】 1882.9.10～1930.10.8 大正・昭和初期に活躍した近世演劇研究家。長野県出身。早大卒。哲学を専攻していたが、高野辰之の勧めで演劇研究に転向。東京音楽学校で「近世邦楽年表」の編纂にあたった。著書「近世演劇考説」「浄瑠璃史」。

くろきし【黒木氏】 ㊀中世筑後国の豪族。黒木(現、福岡県黒木町)を本拠とする。菊池氏の一族とする説や調氏出身説などがある。南北朝期には近隣の五条氏の影響下で、南朝方として活躍。戦国期、鑑実・鑑隆は大友氏に属したが、鑑隆の子家永は一五八四年(天正一二)これに背いて自害。その子匡実はのち立花氏に仕えた。
㊁日向国の豪族。黒木(現、宮崎県北郷村)におこったと推定される。「日向記」などには、おもに臼杵地方の土豪として現れる。

くろきためもと【黒木為楨】 1844.3.16～1923.2.3 明治後期の陸軍軍人。鹿児島藩士の子。戊辰戦争に参戦。一八七一年(明治四)御親兵に加わり陸軍大尉。中部監軍参謀・歩兵第五旅団長などを歴任。日清戦争に第六師団長として出征し威海衛攻撃に参加。日露戦争では第一軍司令官として活躍する。一九〇九年後備役編入。一七年(大正六)には枢密顧問官に就任。典型的な武将とされる。

くろさかのみこと【黒坂命】 多臣の一族で、国巣・蝦夷の征討に功のあったとされる人物。「常陸国風土記」は、茨城郡にいた山の佐伯・野の佐伯という国巣を茨の城を造って殺したと伝える。また逸文には陸奥の蝦夷を討って凱旋した際に病死したが、その葬具の赤幡・青幡がひるがえったという説話もある。

くろさわあきら【黒沢明】 1910.3.23～98.9.6 昭和期の映画監督。東京都出身。旧制京華中学卒。一九三六年(昭和一一)P・C・L(のち東宝に合併)に入社。四三年「姿三四郎」で初監督。三船敏郎・京マチ子主演で撮った「羅生門」が五一年のベネチア国際映画祭グランプリを受賞、躍動感あふれる映像で世界に衝撃を与えた。五四年公開の「七人の侍」は、三船敏郎・志村喬などの優れた俳優陣にも支えられ、ことに雨中の騎馬上の戦闘場面など映画史上特筆される映像を撮った。八五年文化勲章、九八年(平成一〇)国民栄誉賞追贈。

くろさわおきなまろ【黒沢翁満】 1795～1859.4.29 江戸後期の国学者。伊勢国桑名藩士の子。名は重礼、通称八左衛門、号は葎居。藩主松平氏の転封に従い、陸奥国白河・武蔵国忍に移り、のち忍藩大坂留守居役となる。本居宣長の学風を慕い、言語論などを中心に古学研究に専心。著書「万葉集大全」「神楽催馬楽抄」「言霊鈔」。

くろさわきんこ【黒沢琴古】 琴古流尺八の宗家。江戸期に四世を数える。初世(一七一〇～七一)は本名幸八。筑前国福岡藩士だったが、牢人して虚無僧となり全国を行脚。尺八の名手として関東の普化宗本山である一月寺・鈴法寺の指南役となった。本曲三〇曲余を制定して琴古流の基礎を築き、楽器改良も行った。二世(一七四七～一八一一)は初世の子。本名幸右衛門。両本山の指南役を勤めるとともに、市中に教授所を開く。琴古流を唱えた。三世(一七七二〜一八一六)は二世の子。本名雅十郎。民間への普及に努める。門弟に久松風陽ら名手が育つ。四世(?〜一八六〇)は三世の弟。本名音次郎。

くろさわようじろう【黒沢鷹次郎】 1849.11.23〜1919.1.27　明治・大正期の銀行家。信濃国佐久郡の商家に生まれた。一八七七年(明治一〇)の上田第十九国立銀行設立を主導、八七年に経営不振になった同行の頭取になり、製糸金融を積極的に行って同行を発展させた。また上田倉庫・諏訪倉庫会社を設立、長野県製糸業の発展に寄与した。

くろしまでんじ【黒島伝治】 1898.12.12〜1943.10.17　大正・昭和前期の小説家。香川県出身。工員となるが、文学を志して上京、壺井繁治と交友を深めた。シベリア出兵の経験は「渦巻ける烏の群」など優れた反戦小説をうんだ。また農村の暗い現実を直視した農民小説も重要である。

くろずみむねただ【黒住宗忠】 1780.11.26〜1850.2.25　江戸後期の神道家で黒住教の教祖。備前国御野(みの)郡上中野村今村宮の禰宜(ねぎ)黒住宗繁(むねしげ)の子。幼名は権吉、初名は左之吉、のちに右源治と改めた。一八一二年(文化九)両親をあいついで失い、みずからも病気になったが、心持ちをかえて回復。一四年の冬至(一一月一一日)の朝に太陽を呑みこんで神と合一する「天命直授(じきじゅ)」後、教祖となって黒住教の布教を展開、信者集団を形成していった。彼の講釈は「浮かびのままの説教」といい、準備を行わず心に浮かんだことを話した。著作は残されていないが、「日々家内心得の事」が教典とされた。

くろだきよたか【黒田清隆】 1840.10.16〜1900.8.23　幕末期の鹿児島藩士、明治期の藩閥政治家。尊王攘夷運動にたずさわり、戊辰(ぼしん)戦争では追討参謀として活躍、五稜郭開城に際し榎本武揚(たけあき)を助命した。維新後、開拓次官のち参議兼開拓長官として北海道開発に尽力、樺太・千島交換条約の実現や西南戦争にも尽力。大久保利通の死後は薩摩閥の長老として、北海道の官有物払下げ中止に反対して明治十四年の政変のとき辞任。第一次伊藤内閣の農商務相をへて一八八八年(明治二一)首相となり、憲法発布の際に超然主義の演説を行った。大隈重信外相と条約改正を試みたが失敗。首相辞任後は元老として活動、第二次伊藤内閣の逓信相、枢密院議長を務めた。伯爵。

くろだきよつな【黒田清綱】 1830.3.21〜1917.3.23　明治期の官僚・歌人。もと鹿児島藩士。幕末期に藩命で活動し山陰道鎮撫総督府参謀となる。維新後、藩参政・弾正少弼・東京府大参事・元老院議官などを歴任し、子爵。議会開設後は貴族院議員・枢密顧問官など。和歌を八田知紀(はったとものり)に学び、滝園社を主宰した。洋画家黒田清輝は養嗣子。

くろだし【黒田氏】 近世の大名家。㊀佐々木氏の後裔で、近江国伊香郡黒田邑に住んだことから黒田氏と称した。その後備前国邑久(おく)郡福岡に移り、職隆(のりたか)のとき主家の小寺姓を与えられ播磨国姫路城を得た。子の孝高(よしたか)は織田信長に通じ、豊臣秀吉に仕えて各地に戦い、黒田姓に復した。長政のとき関ケ原の戦功により筑前一国を領し、以後代々、福岡藩主。維新後侯爵。長政の死後、三男長興に秋月五万石、四男高政に東蓮寺(直方(のおがた))四万石が分与された。

㊁武蔵国高麗郡中山に住み後北条・徳川氏に属した中山氏。直邦のとき外祖父で館林藩主徳川綱吉の家老黒田用綱の養子となって黒田姓に改め、上野国沼田三万石を得た。次代直純のとき上総国久留里に転封。維新後子爵。

くろだじょすい【黒田如水】 ⇨黒田孝高(くろだよしたか)

くろだすいざん【畔田翠山】 1792.3.-〜1859.6.18　江戸後期の本草家。名は伴存(ともあり)、通称は十兵衛、号は紫藤園など。紀伊国和歌山藩士の子。小原桃洞に本草学を、本居大平(もとおりおおひら)に国学を学ぶ。和歌山藩の医員に列し薬園を主管。自藩領のほか白山・立山など諸方に採薬し、地方動植物誌の研究を試みた。著書「古名録」「白山草木志」「紀伊六郡志」「野山草木通志」「和州吉野郡群山記」「熊野物産初志」「紫藤園攷証(こうしょう)」「水族志」。

くろだせいき【黒田清輝】 1866.6.29〜1924.7.15　明治・大正期の洋画家。薩摩国生れ。黒田清兼の子。伯父の黒田清綱の養子となり上京。法律を学

●●黒田氏㊀略系図

宗満―宗信―高教―高宗―高政―重隆―職隆―孝高(如水)―長政[福岡藩]―忠之―光之―綱政―宣政＝継高＝治之＝治高＝斉隆―斉清＝長溥＝長知―長成(侯爵)

　光之―長清[直方藩]

　長政―長興[秋月藩]―長重―長軌＝長貞―長邦―長恵＝長堅＝長舒―長韶＝長元―長義＝長徳(子爵)

　長政―高政[東蓮寺(直方)藩]

ぶため一八八四年(明治一七)パリに留学したが、画家に転向してラファエル・コランに師事。九三年に帰国し、翌年久米桂一郎とともに天真道場を設け、九六年には白馬会を結成。「読書」「湖畔」などの外光派風作品は画壇に大きな影響を与えた。東京美術学校西洋画科の教授となり、以来長く美術教育に貢献し、文展の創設にも尽力。帝室技芸員、国民美術協会会頭、帝国美術院会員のち同院長。晩年には貴族院議員となった。業績を記念して東京国立文化財研究所内に黒田記念室が設置されている。

くろだながひろ【黒田長溥】 1811.3.1〜87.3.7 幕末期の大名。筑前国福岡藩主。美濃守。父は鹿児島藩主島津重豪(しげひで)。福岡藩主黒田斉清の養子。一八三四年(天保五)家督相続。家臣に西洋事情を研究させ、みずからも通じた。五二年(嘉永五)老中阿部正弘からペリー来航予告情報を漏らされ、ただひとり開国を建白した。翌年の幕府諮問には卓越した建白書を提出。長州戦争では講和に尽力。下剋上的な藩内勤王党に不安を覚え、六五年(慶応元)同党を弾圧。このため福岡藩は維新時に主導権を握ることができなかった。

くろだながまさ【黒田長政】 1568.12.3〜1623.8.4 織豊期〜江戸初期の大名。孝高(よしたか)の子。松寿・吉兵衛。甲斐守・筑前守。洗礼名ダミアン。一五七七年(天正五)父の人質として織田信長に差し出され、豊臣秀吉に預けられた。八七年から秀吉の全国統一に従って転戦し、八九年父の隠居により豊前国六郡ほかを襲封。文禄・慶長の役に出陣。一六〇〇年(慶長五)徳川家康の会津出兵に先鋒、関ケ原の戦では小早川秀秋の内応を画策し、筑前国五〇万石余を得て城地を福岡と名づけた。父の死後、棄教した。

くろだなりきよ【黒田斉清】 1795.2.6〜1851.1.26 江戸後期の大名。筑前国福岡藩主。一七九五年(寛政七)父斉隆(なりたか)の死後一歳で相続。本草学に詳しく、標本を収集し、「駿遠信濃卉葉鑑(きようかがみ)」「鷲経」「本草啓蒙補遺」を著した。一八二八年(文政一一)養子長溥(ながひろ)を伴って、出島の医員シーボルトを訪問。このときの質疑応答の模様を同行の家臣安部竜平が「下問雑載(かもんざっさい)」に著した。晩年に失明したが、手で触れ香りをかいで草木の名をあてたという。

くろだよしたか【黒田孝高】 1546.11.29〜1604.3.20 織豊期の武将。職隆(のりたか)の子。万吉・官兵衛。勘解由(かげゆ)。号は如水。一五七七年(天正五)主家の小寺氏に織田信長に通じることを勧め、豊臣秀吉を播磨に迎えた。以後秀吉の股肱として、播磨攻略、高松城水攻め、毛利氏との講和交渉などにあたった。八七年豊前国六郡をえて中津に入部。八九年家督を子の長政に譲った。文禄・慶長の役に出陣。関ケ原の戦では九州で東軍として戦った。伏見で没。一五八三年高山右近の感化で受洗し、洗礼名シメオン。

クローデル Paul Louis Charles Claudel 1868.8.6〜1955.2.23 フランスの外交官・劇作家・詩人。一八九〇年、外交官試験合格と同時に戯曲の処女作を発表。アメリカ・中国・ヨーロッパ・南米などの駐在公使を歴任。一九二一〜二七年(大正一〇〜昭和二)駐日大使。講演や著作を通じて日仏間の文化交流に努め、日仏会館の建設にも活躍。在任中に戯曲「繻子(しゅす)の靴」を完成。その後アメリカ、ベルギーの駐在大使をへて引退。信仰と詩作に余生を送った。

クロパトキン Aleksei Nikolaevich Kuropatkin 1848.3.17〜1925.1.16 ロシアの軍人。中央アジア征服や露土戦争に参加した後、参謀本部付をへて、一八九八〜一九〇四年陸軍大臣。日露戦争に際し満州軍総司令官として戦争を指導したが、一九〇五年(明治三八)奉天会戦で大敗を喫し左遷された。戦後、敗戦原因をめぐってウィッテと激しく対立した。第一次大戦では北部戦線などで軍を指揮し、一六〜一七年トルキスタン総督。二月革命後逮捕されたが、のち釈放された。

くろやなぎしょうは【黒柳召波】 ⇨召波(しょうは)

くわがたけいさい【鍬形蕙斎】 ⇨北尾政美(きたおまさよし)

くわきあやお【桑木彧雄】 1878.9.9〜1945.5.16 明治〜昭和前期の物理学者。東京都出身。厳翼(げんよく)の弟。東大卒。ヨーロッパに留学、アインシュタインにあう。帰国後は九州帝国大学教授。相対性理論・量子論を紹介。科学史・科学論の研究を続け、西欧科学思想の紹介や日本科学史研究に刺激を与えた。日本科学史学会初代会長。

くわきげんよく【桑木厳翼】 1874.6.25〜1946.12.15 明治〜昭和期の哲学者。東京都出身。東大卒。一九〇六年(明治三九)京都帝国大学教授。〇七〜〇九年ヨーロッパに留学。一四年(大正三)ケーベルの後任として東京帝国大学教授となる。哲学館事件では、ミューアヘッド著「倫理学」の訳者として、また丁酉(ていゆう)倫理会員として、当局への反対意見を発表した。大正期には黎明会に参加するなど、新カント派の哲学を自由主義的啓蒙に生かした。「哲学概論」はいまも広く読みつがれている。

くわたくまぞう【桑田熊蔵】 1868.11.17〜1932.12.10 明治〜昭和前期の社会政策学者。鳥取県出身。東大卒。独・英・仏に留学。帰国後の一八九六年(明治二九)金井延(のぶる)とともに社会政策学会を創設し、社会政策学の体系確立に貢献した。労働組合運動を評価し、自主的な慈善活動を重視。「職工事情」調査に関係し、内務省地方局・社会局の社会政策形成に尽力した。東京帝国大学・中央大学などで講義する一方、貴族院議員などの要職を歴任。

くわたりゅうさい【桑田立斎】 1811.7.10〜68.7.

27　幕末期の蘭方医・種痘医。本姓村松氏。名は和、字は好爵。越後国新発田生れ。江戸の坪井信道に蘭方医学を学ぶ。一八四一年(天保一二)信道の世話で種痘医桑田玄真の養嗣子となり、人痘接種法の施術につとめた。四九年(嘉永二)オランダ商館医モーニケの将来した牛痘苗を佐賀藩医伊東玄朴から入手し、以来、蝦夷地での強制種痘など、牛痘接種法の普及に貢献した。著書「引痘要略解」「愛育茶譚」。

くわばらし【桑原氏】 中世の武家で、諸国に多くみえる。(1)「吾妻鏡」には一二四六年(寛元四)から弓始射手として桑原平内盛時がみえる。(2)北条氏得宗家の被官にも桑原氏がいる。(3)筑前国の桑原氏。大蔵姓原田氏の一族で、桑原(現、福岡県甘木市)からおこり、南北朝期には武家方であった。(4)戦国大名北条氏家臣の桑原氏。「小田原衆所領役帳」などにみえ、盛正は氏綱・氏康に仕えた。(5)このほか美濃・信濃・伊予諸国を本貫とする桑原氏がいた。

くわばらじつぞう【桑原隲蔵】 1870.12.7～1931.5.24　明治～昭和前期の東洋史学者。福井県出身。東大卒。三高教授・東京高等師範教授をへて京都帝国大学教授となる。一八九八年(明治三一)大学院在学中に刊行した「中等東洋史」二巻は東洋史教育の基礎を確立したものであり、また東西交渉史に関する先駆的な研究業績は高く評価されている。「桑原隲蔵全集」全五巻・別巻一。

くわばらたけお【桑原武夫】 1904.5.10～88.4.10　昭和期のフランス文学者・評論家。福井県出身。隲蔵の子。京大卒。東北帝国大学助教授などをへて、一九四八年(昭和二三)から京都大学人文科学研究所教授・所長を務めた。スタンダール、アランなどのフランス文学の翻訳・研究に顕著な業績をあげる。また「ルソー研究」「フランス革命の研究」「中江兆民の研究」などの共同研究の功績も大きい。

くわばらのはらか【桑原腹赤】 789～825.7.7　「はらあか」とも。平安初期の漢詩人。秋成の子。八二二年(弘仁一三)姓を都宿禰に改める。都良香の伯父。文章博士。「文華秀麗集」の撰者の一人で、「凌雲集」に二首、「文華秀麗集」に一〇首、「経国集」に一首入集。嵯峨天皇との唱和詩が多い。「内裏式」の編纂にも参加。

くわやまぎょくしゅう【桑山玉洲】 1746～99.4.13　江戸中期の画家。通称左内、名は文爵、のちに嗣燦。字は明夫、号は玉洲・明光居士など。紀伊国和歌浦の郷士の家に生まれ、和歌浦の新田開拓に尽くした。かたわら長崎派の画を学び、ついで池大雅に師事。著書は美術史上に独自の位置を占める画論「玉洲画趣」「絵事鄙言」。

くわやましげはる【桑山重晴】 ?～1606.10.1　織豊期の武将。丹羽長秀の与力であったが、のち豊臣秀吉に仕え、賤ケ岳の戦後に但馬国竹田城主。一五八五年(天正一三)豊臣秀長が和歌山城主となると、城代として紀伊国に三万石を領有。その後和泉国に一万石を加増。千利休に茶の湯を学ぶ。九六年(慶長元)剃髪し、一六〇〇年孫一晴に家督を譲り隠居。

ぐんじしげただ【郡司成忠】 1860.11.17～1924.8.15　明治期の軍人・開拓者。江戸生れ。幕臣の子。幸田露伴の兄。一八七二年(明治五)海軍兵学寮入学。北方防衛・開発に関心が深く、九三年海軍大尉で予備役となり、報効義会を組織して募金を募り、千島列島を探検、最北端占守島に入植。日清戦争では応召して大連湾水雷敷設隊分隊長として従軍。戦後は報効義会に政府の補助をうけて、千島列島周辺からベーリング海に至る北洋と、南洋の遠洋漁業開発にあたった。日露戦争に際してはカムチャツカでロシア軍に捕らわれるがのち帰国し、一九〇八年露領沿海州水産組合の初代組合長となる。第一次大戦期にはシベリアで特殊任務にあたり、二〇年(大正九)病を得て帰国。

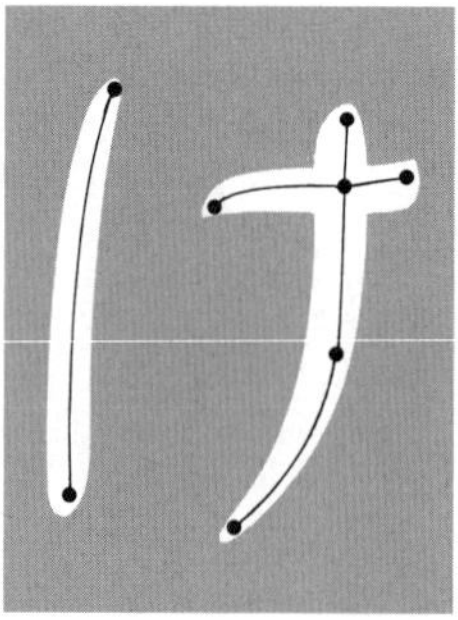

げいあみ【芸阿弥】 1431～85.11.2 足利義政・義尚に仕えた同朋衆。真芸とも称し、学叟と号した。能阿弥の子。相阿弥の父。一四七一年(文明三)能阿弥の死とともに、将軍家所蔵の唐物の管理、座敷飾などの職掌を継承。連歌を詠み、また高い画技で京都の絵画界の中心にあった。とくに南宋の夏珪の画風を基礎とした山水画は、当時の画家に大きな影響力をもった。現存作品に、芸阿弥のもとで画を学んだ賢江祥啓の帰郷に際して与えた「観瀑図」(重文)がある。

けいあんげんじゅ【桂庵玄樹】 1427～1508.6.15 室町中期～戦国期の臨済宗聖一派の禅僧。諱は玄樹、字は桂庵、別称は島隠(陰)・海東野釈。周防国の人。一六歳で出家。南禅寺の景蒲玄忻に師事。一四六七年(応仁元)渡明、七三年(文明五)に帰朝。その後、九州各地を歴遊。七九年には島津忠昌が開創した薩摩の島陰寺(桂樹院)に住んで朱子新注による講説を行い、伊地知重貞とともに朱子の「大学章句」を刊行。四書を門下に教授するために句読法を考案。のち京都の建仁寺・南禅寺の住持にもなったが、おもに薩摩・大隅・日向で中国の新思潮の紹介に努めた。その学統は近世の朱子学の源流となった。

けいうん【慶運】 「きょううん」とも。生没年不詳。鎌倉末～南北朝期の歌人。青蓮院法印浄弁の子。慶孝の父。梅沢本「古今集」奥書によれば、一三六九年(応安二・正平二四)六月までは存命、「七十の老の命も」の歌で七〇歳以上と思われる。天台宗僧侶で青蓮院と関係が深く、三度祇園別当目代。二条流為世門の和歌四天王の一人。神宮本「古今和歌集秘曲」奥書では、晩年は冷泉為秀に近づいたという。「近来風体抄」に歌評、「風雅集」以下に入集。「直幹申文絵詞」詞書作者。家集「慶運法印集」「浄弁並慶運集」。

けいか【恵果】 746～805 中国の唐の密教僧。俗姓は馬氏。長安の東の昭応生れ。出家後、不空に師事して金剛頂経系の密教を、また善無畏の弟子玄超から大日経系と蘇悉地経系の密教を学んだ。金剛頂経・大日経両系密教の統合者となり、両部曼荼羅の中国的改変も行った。長安青竜寺に住して東アジア各地から集まった弟子たちに法を授け、また代宗・徳宗・順宗三代の皇帝の師として仰がれた。弟子は義操・弁弘・恵日・空海ら。

けいかい【景戒】 ⇨景戒

けいきいつ【慶紀逸】 ⇨紀逸

けいこういんしゅせい【慶光院周清】 ?～1648.9.2 江戸前期の禅宗の尼。慶光院五世。伊勢神宮外宮祠官河合氏の女。慶光院四世周養の姪。周養を助けて一六〇九年(慶長一四)の伊勢神宮の正遷宮に尽力する。一一年四月に五世となる。二三年(元和九)千姫の依頼で豊臣秀頼の怨霊鎮めの祈禱を行う。春日局をはじめ、公武の帰依をうけた。

けいこういんせいじゅん【慶光院清順】 ?～1566.4.3 戦国期の尼。慶光院三世。紀伊国生れ。早くから禁中に仕える。一五五一年(天文二〇)後奈良天皇は、宇治大橋造替の功により慶光院の号を許した。一二〇年余中断していた豊受大神宮の式年遷宮の復興をめざして、遷宮資金の勧進につとめた。清順の努力もあって、六三年(永禄六)九月二三日に式年遷宮が執行された。

けいこうてんのう【景行天皇】 記紀系譜上の第一二代天皇。大足彦忍代別天皇と称する。垂仁天皇の皇子。母は日葉酢媛命。播磨稲日大郎姫を皇后とし、大碓命・日本武尊らをもうけた。また妃の八坂入姫との間に成務天皇ら多数の子をもうけ、諸国を治めさせたと伝える。「古事記」には倭建命(日本武尊)を派遣して九州の熊襲や東北の蝦夷らを平定させたと伝えるが、「日本書紀」では命の遠征のほか、天皇みずからの九州・東国への行幸を記す。纏向日代宮(現、奈良県桜井市穴師付近)を営み、山辺道上陵(奈良県天理市渋谷町の向山古墳に指定)に葬られたと伝える。

けいさいえいせん【渓斎英泉】 1791～1848.7.22 江戸後期の浮世絵師。池田氏。名は義信。江戸生れ。狩野白珪斎門人。菊川英山の門人格で合巻の挿絵などを描き始める。江戸末期の歌川派と葛飾派の時代に、一人菊川派の絵師として妖艶な美人画で知られ、名所絵や随筆も残した。

けいざんじょうきん【瑩山紹瑾】 1268.10.8～1325.8.15 鎌倉後期の曹洞宗の僧。能登国総持寺開祖。一三歳で永平寺の懐奘に従い出家。懐奘死後、加賀国大乗寺の徹通義介について修行。その間、東福寺の慧暁、紀伊国興国寺の覚心らから臨済禅を学んだ。大乗寺、加賀国浄住寺、能登国永光寺などをへて一三二一年(元亨元)総持寺を開いた。門下に峨山韶碩・明峰素哲がでて、瑩山派として教団の全国的広がりの基礎を築いた。

けいしないしんのう【馨子内親王】 1029.2.2～

93.9.4 後三条天皇の中宮。後一条天皇の第二皇女。母は藤原道長の女威子。上東門院彰子の庇護を得て成長し、賀茂斎院を勤め准三宮とされた。一〇五一年(永承六)皇太子(後三条天皇)の妃となる。男女子が誕生したが、いずれも夭逝した。天皇の即位にともない六九年(延久元)中宮に立つ。七三年、後三条上皇の出家に従い落飾して尼となったが、翌七四年(承保元)皇后となる。

けいしゅん【慶俊】 ⇩慶俊

けいしょういん【桂昌院】 1627～1705.6.22 三代将軍徳川家光の側室。五代将軍綱吉の生母。二条家家司本庄宗利の養女。実父は京都堀川通西藪屋町の八百屋仁左衛門。諱は宗子。秋野・お玉の方と称す。家光の側室お万の方の縁故で大奥へ出仕、一六四六年(正保三)綱吉を生む。五一年(慶安四)家光没後落飾して桂昌院と称した。綱吉の将軍就任にともない江戸城三の丸に入る。一七〇二年(元禄一五)従一位。仏教に帰依して僧亮賢・隆光を尊崇、江戸に護国寺を建立。幕政への影響力も多大であった。

けいじょしゅうりん【景徐周麟】 1440～1518.3.2 室町中期～戦国期の臨済宗の禅僧。夢窓派。諱は周麟、字は景徐。別称は宜竹・半隠・対松。地名は江左。父は大館持房、母は赤松則友の女。京都相国寺の用堂中材に師事し、のち法をつぐ。応仁・文明の乱をさけて近江の永源寺に身を寄せた。一四九五年(明応四)相国寺の住持となり、翌年、鹿苑僧録。著書「翰林葫蘆集」「日用三昧」「日渉記」。

けいしんのうえききょう【慶親王奕劻】 Qingqinwang Yikuang 1836～1916 中国清朝末期の皇族。一八八四年総理各国事務衙門特簡大臣に就任。のち外務部事務総理となり外交を担当。義和団の乱後、一九〇一年李鴻章とともに講和全権大臣として辛丑条約(北京議定書)に調印。一一年三月最初の内閣総理大臣に就任。辛亥革命後に引退。その無能と私利私欲は広く知られる。

けいせい【慶政】 1189～1268.10.6 鎌倉時代の仏教者。号は証月(松月・勝月・照月)房。猪熊本「比良山古人霊託」勘注では、藤原道家の兄。出家して天台宗寺門派僧となり、一二〇八年(承元二)京都西山に隠棲。一七年(建保五)渡宋し翌一八年帰朝、二六年(嘉禄二)西山に法華山寺を創建。明恵との親交も深い。「比良山古人霊託」「法華山寺縁起」「漂到琉球国記」「観音験記」などを著し、往生伝の書写もてがけた。「閑居友」の作者ともいう。「続古今集」以下に入集。

けいそ【慶祚】 955～1019.12.22 竜雲坊とも。平安中期の天台宗僧。大外記中原師元の子。園城寺余慶に師事。九九三年(正暦四)比叡山から円珍門徒が追放された際、慶祚も岩倉大雲寺ついで園城寺に移ったが、学徳を慕って多くの学徒が集まり同寺教学隆盛の発端となった。九九七年(長徳三)朝命をうけて宋から送付された「竜女成仏義」を批判、一〇一七年(寛仁元)円珍忌に法華十講を行った。学識で知られ、増賀や源信にも仰がれた。

けいたいてんのう【継体天皇】 記紀系譜上の第二六代天皇。六世紀初頭の在位という。男大迹天皇・彦太尊と称する。「古事記」「日本書紀」は応神天皇五世孫と伝え、父を彦主人王、母を垂仁天皇七世孫の振媛とする。近江国高島郡に生まれ、父の死後は、母の故郷である三国(現、福井県三国町)で育ったが、武烈天皇の死後、後継者として擁立され即位したと伝える。在任中、朝鮮半島南西部のいわゆる任那四県についての百済の支配を承認する問題が生じ、また筑紫では新羅と結んで大和政権に反抗した磐井の反乱がおこった。死亡年に異説があることから、天皇の死後、安閑・宣化両天皇と欽明天皇との異母兄弟間に対立がおこり、二王朝の並立または内乱の可能性を主張する説もある。

けいちゅう【契沖】 1640～1701.2.25 江戸前期の和学者。俗姓は下川、字は空心。祖父下川元宜は加藤清正の家臣だったが、父元全は牢人となる。幼くして大坂今里の妙法寺の丰定に学んだのち、高野山で阿闍梨の位を得る。ついで大坂生玉の曼陀羅院の住持となり、その間、下河辺長流と交流するが、俗務を嫌い畿内を遍歴して高野山に戻る。その後、和泉国池田万町の伏屋重賢のもとで、日本の古典を渉猟。妙法寺住持分をへて、晩年は摂津国高津の円珠庵で過ごした。著書は、徳川光圀の委嘱をうけた「万葉代匠記」をはじめ、「厚顔抄」「古今余材抄」「勢語臆断」「源註拾遺」「百人一首改観抄」「和字正濫鈔」など数多く、その学績は古典研究史上、時代を画するものであった。

けいてつげんそ【景轍玄蘇】 1537～1611.10.22 織豊期～江戸初期の禅僧。永禄年間(一五五八～七〇)博多聖福寺の住持となり、一五八〇年、対馬島主宗義調の招きで対馬に渡る。以酊庵を創建し、日本国王使として朝鮮へ渡海。九二年(文禄元)文禄の役に従軍。一六〇九年(慶長一四)の己酉約条成立に尽力するなど、朝鮮外交にあたる。対馬で没。

けさごぜん【袈裟御前】 生没年不詳。「源平盛衰記」に登場する平安末期の女性。摂津国の渡辺党源渡の妻。一六歳のとき、北面の武士遠藤盛遠から想いをかけられる。盛遠は叔母である袈裟の母を通して結婚を迫ったため、悩み抜いた袈裟は、みずから盛遠の手にかかるように仕向けて殺された。盛遠はこれを悔い、出家して文覚と名のったという。

げだつ【解脱】 ⇩貞慶

げっかいげんしょう【月海元昭】 1675.5.16～1763.7.16 江戸中期の煎茶人。肥前国の人。本姓柴山。号は売茶翁・高遊外居士とも。一一歳で黄檗山万福寺末寺である同郷の竜津寺の化霖道竜に師事し、得度。諸国を遍歴中に長崎で清国人が茶を煮るのをみて煎茶道に入った。師の没後、京に入って洛西の双ケ岡に住んで担い茶を商い、「一服一銭、ただよりは負け申さず」の旗をあげて、当時の堕落した禅院・茶道界を批判し、本来の茶の精神にかえるように警鐘を鳴らした。

げっこう【月江】 ？～1319/22? 鎌倉時代の早歌の大成者。本名など経歴については不明の点が多く、早歌の大成者明空の文字を省画した晩年の名とする説がある。早歌の選集「別紙追加曲」「玉林苑」の選者。早歌の替歌集「異説秘抄口伝巻」の著者。「旅別秋情」「恋月哀傷」など二一曲を作詞、二四曲を作曲。

げっこういん【月光院】 1685～1752.9.19 六代将軍徳川家宣の側室。七代将軍家継の生母。勝田元哲著邑の女。諱は輝子。お喜世(与)の方・左京の局と称す。一七〇四年(宝永元)勝田典愛の養妹として桜田御殿の奥勤となり、〇九年七月家継を生む。一二年(正徳二)家宣没後落飾して月光院と称した。一四年江島・生島事件で月光院付きの女中江島が信濃国高遠へ配流。歌集「車玉集」を著すなど学芸を好み、家継の教育にも熱心であった。

げっしゅうじゅけい【月舟寿桂】 ？～1533.12.8 戦国期の五山の禅僧。諱は寿桂、字は月舟。幻雲・中孚道人とも号した。近江国の人。同国磯野の楞厳寺の正中祥端を師として出家し、法をつぐ。正中は幻住派の巨匠。越前の寺をへて京都へ上り、五山僧と親交を結ぶ。一五一〇年(永正七)建仁寺の住持となる。晩年、建仁寺に一華軒をたてて住んだ。遺稿に「幻雲文集」「幻雲詩稿」などがある。

げっしゅうそうこ【月舟宗胡】 1618.4.5～96.1.10 江戸前期の曹洞宗の僧。諱は宗胡、字は月舟。可憩斎と号する。肥前国の原田氏の出身。一二歳のとき、武雄円応寺の華岳宗芸に師事。一六歳で修行の旅に出、諸寺をめぐり、金沢大乗寺の白峰玄滴に参じて法をつぐ。一六七一年(寛文一一)大乗寺二六世となり、曹洞宗復古運動の先駆けとなる。著書「雲堂常規」「椙樹林指南記」。

げっしょう【月性】 1817.9.27～58.5.11 幕末期の尊攘派の僧。周防国玖珂郡遠崎村の本願寺派妙円寺の住職。一五歳のとき豊前・肥前・安芸国、また京坂・江戸・北越を遊歴し学を修め名士と交わる。萩では益田弾正・福原越後・浦靭負などに認められ、吉田松陰とも親交。一八五六年(安政三)西本願寺に招かれて上洛、梁川星巌・梅田雲浜らと交わり攘夷論を唱え、和歌山藩へ赴き海防の説得にあたるなどしたが、病死。

げっしょう【月照】 1813～58.11.16 幕末期の尊攘派の僧。大坂の町医玉井鼎斎の長男、のち京都清水寺成就院住職。一八五四年(安政元)住職を弟信海に譲り尊攘活動に入る。水戸藩の京都手入れ、密勅降下に関与し梅田雲浜・頼三樹三郎ら志士と画策。そのため安政の大獄で身に危険が及び、近衛忠煕のすすめで西郷隆盛と京都を脱出した。九州へ渡り鹿児島城下に入るが滞在を許されず、西郷とともに錦江湾で入水自殺した。西郷は助けられ蘇生した。

げっせん【月僊】 1741～1809.1.12 江戸中・後期の画僧。名は玄瑞、字は玉成、別号に寂照主人など。名古屋の味噌商の家に生まれる。浄土宗の僧となり江戸増上寺に住み、桜井雪館に画を学ぶ。その後京都に移って円山応挙に師事、与謝蕪村の影響もうけ、さらに諸派に学んで独自の様式を確立した。一七七四年(安永三)伊勢国宇治山田の寂照寺を再興。京都妙法院・岡崎市昌光律寺・寂照寺などに多くの作品が残る。著書「列仙図賛」。

げつりんどうこう【月林道皎】 1293～1351.2.25 鎌倉後期～南北朝期の臨済宗の僧。諱は妙暁、のち道皎。字は月林。独歩叟・円明叟と称する。諡号は普光大幢国師。山城国の人。久我具房の子。一六歳で出家。鎌倉建長寺の高峰顕日に、京都大徳寺の宗峰妙超に参じ、花園天皇の帰依をうける。一三二二年(元亨二)元に渡り、古林清茂の法をつぐ。三〇年(元徳二)に帰朝。梅津清景の帰依をうけて京都長福寺の開山となる。

ゲバラ Diego de Guevara ？～1621 スペイン南部ハエン生れのアウグスチノ会士。一五九六年(慶長元)サン・フェリペ号で日本に漂着し、九八年マニラに戻る。一六〇二年来日、豊後国で布教し基礎を築いた。翌年マニラに帰り、その後巡察師に任じられた。日本渡航を望んだが実現せず、フィリピンで没。

けひうじはる【気比氏治】 ？～1337.3.6 南北朝期の武将。弥三郎大夫。一名親晴。越前国気比社(現、福井県敦賀市)の大宮司。一三三六年(建武三・延元元)一〇月、新田義貞・同義顕父子が皇太子恒良親王と尊良親王を擁して北陸へ下った際、氏治はこれを同国金崎城に迎えた。同城はまもなく越前国守護斯波高経らの幕府の大軍による攻囲をうけ、武器・食糧が尽き、尊良親王・新田義顕らとともに自害。

ケプロン Horace Capron 1804.8.31～85.2.22 明治初期に招聘されたアメリカの農政家。南北戦争に従軍、グラント大統領の下で農務長官在任中、開拓次官黒田清隆の懇請で開拓使顧問となり、一八七一年(明治四)トーマス・アンティセルら技術者と来日。年俸一万ドル。北海道を七二～七四年の間毎年踏査し、移民・開拓・産業復興の基本構想を具申した「ホラシ・ケプロン報文」がある。七五年五月辞任し、離日帰国。

ケーベル Raphael von Koeber 1848.1.3～1923.6.14 明治期に来日した哲学者・音楽家。ドイツ系ロシア人としてモスクワでピアノを学んだのち、ドイツに留学してショーペンハウエルに関する論文で学位を得た。一八九三年(明治二六)帝国大学で教鞭をとるため来日。一九一四年(大正三)まで西洋哲学などを講じ安倍能成・宮本和吉らを育てた。東京音楽学校でピアノの指導にもあたった。大正教養主義の形成に寄与し、退職後は横浜に寄寓して同地で死去した。

ケーリ Otis Cary 1851.4.20～1932.7.23 アメリカン・ボード(会衆派系の外国伝道局)の宣教師。アマースト大学在学中に新島襄を知り海外宣教を志す。一八七八年(明治一一)来日、岡山で一〇年間伝道し、金森通倫に協力、片山潜・留岡幸助らとも交わる。九二年同志社神学校教授となり、また神戸女学院初代理事長を務める。定年後帰国。著書「日本キリスト教史」。

げんえ【玄慧】 ?～1350.3.2 「げんね」とも。玄恵とも。南北朝期の天台宗の僧、儒学者。号は独清軒・健叟。天台を学び法印権大僧都に就任したが、一方で儒学や詩文に通じた。南北朝期には武家方に従い足利尊氏・同直義らと親交があり、「建武式目」の起草に関与した。「太平記」に倒幕の密議の場で書を講じ、後醍醐天皇や公卿にも古典を講義したとあり、「庭訓往来」の作者ともされるがいずれも不詳。

げんえい【玄叡】 ?～840 平安前期の三論宗僧。俗姓・出身不詳。大安寺安澄に三論教学を学び、ついで西大寺に住した。八二六年(天長三)権律師、翌年宮中薬師如来像慶讃の法座で宗義を講じ律師に任じられる。八三〇年、淳和天皇の命による天長六本宗書の一つとして、三論宗を代表して「大乗三論大義鈔」を撰述し、当時三論宗と対抗して攻勢にあった法相宗義をおもに論破しながら自宗義を展開した。

けんえん【賢円】 生没年不詳。平安後期に活躍した仏師。円派の一人で始祖円勢の弟子。一一一四年(永久二)に法勝寺の造仏の功を円勢から譲られて法橋となるのが事績の初見。三〇年(大治五)に白河蓮華蔵院の造仏で法眼に、三六年(保延二)鳥羽勝光明院の造仏で法印となり、五四年(久寿元)の鳥羽金剛心院の造仏まで活動が知られる。現存作例は知られない。

けんかい【兼海】 1107～55.5.10/30 浄法房・小聖とも。平安後期の真言宗僧。紀伊国出身。高野山で覚鑁に師事して伝法院流正嫡となり、真誉から灌頂をうけた。一一四〇年(保延六)金剛峰寺衆徒の襲撃をうけ、覚鑁とともに根来山円明寺に移る。以後密厳院主・伝法院学頭職として法流をになう一方、高野山との和解に尽力し、四七年(久安三)帰山。その後も覚皇院に八角重層の堂を造立して鳥羽上皇から勅願寺とされ、美福門院から寺領寄進をうけるなど伝法院流の発展に努めた。

げんかい【元海】 1093～1156.8.18 松橋大僧都とも。平安後期の真言宗僧。大納言源雅俊の子。叔父の定海に師事、勝覚・定海から灌頂をうけ、一一三二年(長承元)醍醐寺座主に任じられる。四三年(康治二)権少僧都。以後多くの修法を行うとともに円光院・無量光院・三宅寺の寺務を勤め、五三年(仁平三)東寺二長者・権大僧都となった。また三宝院座主として同院秘宝の披見を制限するため、京都松橋に無量寿院を創建して複製を収めた。

げんき【源琦】 1747～97.8.8 駒井琦とも。江戸中期の画家。姓は源で、一般に音読みされる。琦は名、字は子韞・白鷗。通称幸之助。京都の根付彫職人の駒井家に生まれる。円山応挙に画を学び、長沢蘆雪とともに応挙門の二哲とよばれる。応挙没後はその子応瑞を補佐し円山派をもりたてた。蘆雪が鋭い個性をみせたのに対し、師の画風を素直に継いだ温雅な作風で、唐美人画や花鳥画を得意とした。代表作は兵庫県大乗寺「梅水禽図襖」「楊貴妃図」。

けんきょう【賢璟】 ⇨賢憬

げんくう【源空】 ⇨法然

けんけい【賢憬】 714～793.10.7 賢璟とも。奈良時代の僧。尾張国生れ。俗姓荒田井氏。宣教に師事し法相宗を学ぶ。七五四年(天平勝宝六)鑑真を難波に迎え、翌年鑑真から具足戒をうける。七五八年(天平宝字二)唐招提寺に一切経四二〇八巻を奉納。七七四年(宝亀五)律師。七八〇年多度神宮寺に三重塔を造立し、また宝亀年間に室生寺を創建。七八四年(延暦三)大僧都。七九三年遷都地の占定のため山背に遣わされ、同月比叡山文殊堂供養で導師を勤めた。

げんごう【元杲】 911/914～995.2.27 真言房・延命院僧都とも。平安中期の真言宗僧。雅楽助藤原晨省の子。勧学院に学んだのち醍醐寺の元方に師事して出家、また一定・明珍らに学ぶ。淳祐・寛空に灌頂をうけ、九六八年(安和元)内供奉十禅師・東宮護持僧となった。九八一年(天元四)権律師、翌々年権大僧都に至る。小野・広沢の真言両流に通じて「具支灌頂儀式」などの著述が多く、また祈雨の験でも知られた。

けんこうしょうけい【賢江祥啓】 ⇨祥啓

けんさい【兼載】 1452～1510.6.6 戦国期の連歌師。はじめ興俊・宗春と名のった。別号は相園坊・耕閑軒。陸奥国会津の猪苗代城主の家に生まれ、早くに出家。一九歳のとき「河越千句」に参加し心敬(しんけい)の教えをうけ、宗祇(そうぎ)とも交流した。二五歳頃に上京。連歌界での活躍はめざましく、三八歳で北野連歌会所奉行・宗匠となる。周防国山口の大内政弘の後援をうけ、「新撰菟玖波集(しんせんつくばしゅう)」撰にも参加。五〇歳のとき関東に戻り、各地を巡遊し下総国古河で没した。独吟の「聖廟法楽千句」や句集「園塵」のほか、連歌論書に「心敬僧都庭訓」「梅薫抄」「兼載雑談」など。宗祇とともに連歌の最盛期をなした。作風は抒情性・写実性にとみ、後世の連歌作者に名手と仰がれた。

げんじ【源氏】 皇族賜姓の一つ。八一四年(弘仁五)嵯峨天皇が信(まこと)以下の皇子女に源(みなもと)姓を与えて臣籍に下したのが初例。皇室経済困窮の打開と皇族の藩屏構築をめざして、仁明・文徳・清和・陽成・光孝・宇多・醍醐・村上・花山・三条の各天皇の皇子女らに源姓が与えられ、それぞれ始祖の天皇名を冠した源氏諸流がうまれた。このうち嵯峨・文徳・宇多・醍醐・村上の各流は大臣を輩出して廟堂で摂関家につぐ勢力を誇り、鎌倉時代には一時摂関家をこえる実権を握ることもあった。この四流の傍流と仁明・清和・陽成・光孝・花山・三条の各流は、下級官人にとどまるか下野・途絶する者が多かったが、一部は武士として発展した。武士化した源氏諸流のなかで質量ともに最大なのは清和源氏であり、平安中・後期にたびたび反乱鎮定に功をあげて全国に勢力を広げた。同じように成長した皇族賜姓の桓武平氏と覇を競い、源平内乱で平氏を討滅することで全国の武士を公的に統合する鎌倉幕府を開いた。

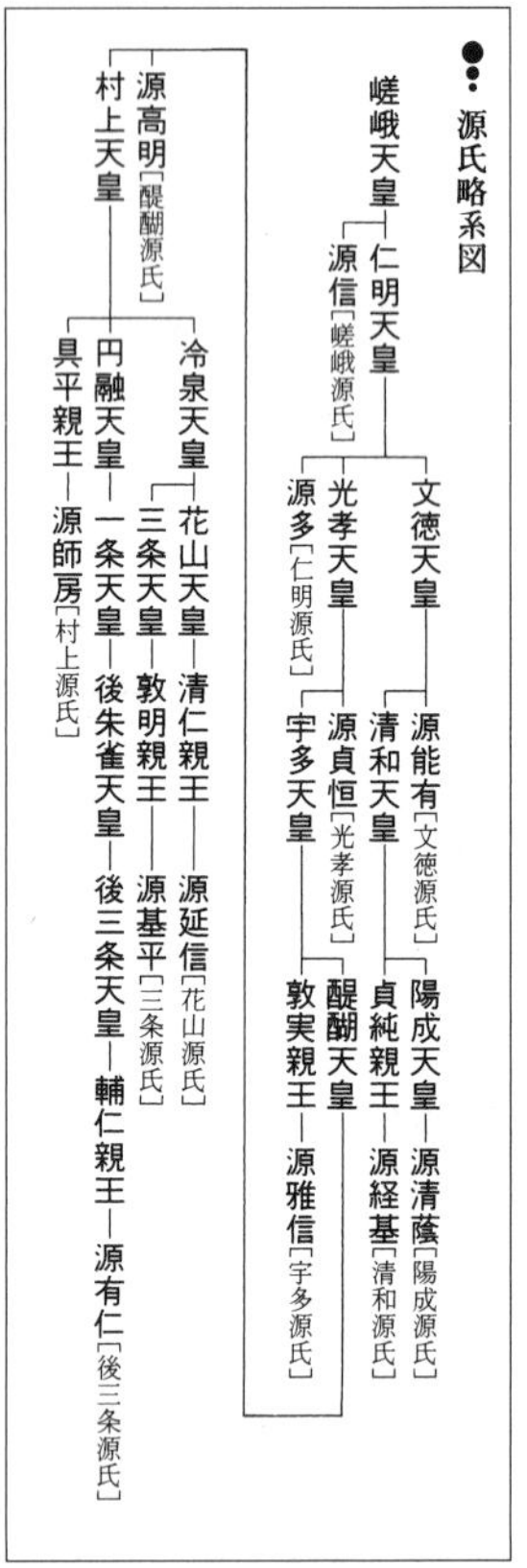

けんしゅん【賢俊】 1299～1357.閏7.16 南北朝期の醍醐寺の僧。父は日野俊光(としみつ)。醍醐寺宝池院流賢助(けんじょ)の弟子。南北朝の内乱では足利尊氏に力を貸し、持明院統の光厳(こうごん)上皇の院宣を尊氏に伝えた。これにより尊氏上洛後の一三三六年(建武三・延元元)醍醐寺座主(ざす)・東寺長者に任じられる。尊氏の護持僧として権勢をふるい、多くの荘園を寄せられる一方、三宝院・宝池院・金剛王院・金剛輪院・遍智院などを管領した。「賢俊僧正日記」がある。

けんじゅん【賢順】 1534?～1623.7.13? 近世の筑紫箏(つくしごと)の創始者。七歳のとき父が戦死したため久留米の善導寺に入って僧となる。九州に渡来した明の鄭家定に七弦琴を学び、また善導寺に伝わる雅楽・寺院歌謡などを修得し、箏伴奏の歌曲をおこした。還俗して大友宗麟に仕えたが、宗麟がキリスト教に帰依したため離れ、竜造寺安順の招きに応じた。弟子に玄恕・法水らがいる。

けんしゅんもんいん【建春門院】 1142～76.7.8 後白河天皇の女御(にょうご)。高倉天皇の生母。名は滋子(しげこ)。父は平時信。母は藤原顕頼の女祐子。平清盛・同重盛・同宗盛の室は異母姉妹。一一六一年(応保元)憲仁親王(高倉)を生み、六七年(仁安二)女御に、六八年高倉天皇が即位すると皇太后となり、六九年(嘉応元)に院号宣下をうけた。その動静は、建春門院中納言の回想記「建春門院中納言日記」に描かれている。

けんしゅんもんいんのちゅうなごん【建春門院中納言】 1157～? 健寿御前(けんじゅごぜん)とも。平安末～鎌倉初期の女房。藤原俊成の女、定家の姉。建春門院平滋子に仕え、のちに八条院暲子(しょうし)内親王に仕えた。一二〇六年(建永元)出家し、以後九条尼と称された。終生独身。女院に奉仕した時代を回想した「建春門院中納言日記」を残した。

けんしょう【顕昭】 1130?～1209? 亮公(すけのきみ)・亮阿闍梨(すけのあじゃり)とも。平安末～鎌倉初期の歌人。実父母は不詳。藤原顕輔の養子。一一九一年(建久二)頃までに阿闍梨、晩年法橋(ほっきょう)に叙せられた。少年時比叡山で修学したが離山。のち仁和寺に入寺し、「袖中抄(しゅうちゅうしょう)」など多くの歌学書を著す。大部分は仁和寺宮守覚法親王(しゅかくほうしんのう)に献呈したもの。顕輔・清輔没後は六条(藤)家の中心的存在として歌壇で活躍。歌合出詠は二十数度に及ぶ。「六百番陳状」は「六百番歌合」の判者藤原俊成への反駁文である。「千五百番歌合」などの判者も勤めた。実作上では「万葉集」尊重、風情重視の立場をとり、藤原定家らと対立したが、むしろ六条(藤)家歌学の大成者としての功績が大きい。和歌は「千載集」「玉葉集」などに入集。

げんじょう【玄奘】 602～664 中国の唐の訳経僧。俗姓は陳氏。河南省陳留生れ。出家後「摂大乗論」などを学んだが、唯識教学の疑点解明や原典将来のために六二七年(六二九とも)長安を出発し、天山南路からインドに入り、ナーランダー寺で戒賢や勝軍に唯識教学を学び、インド全土を巡遊した。六四五年梵文原典六五七部をもって帰国。以後、長安の弘福寺・大慈恩寺で「瑜伽師地論」「大般若経」「成唯識論」など七五部を原文に忠実に翻訳。ほかにインド行の見聞録「大唐西域記」がある。

げんじょう【源盛】 1303～58.12.13 「げんせい」とも。南北朝期の武将。名和長年の弟。天台宗の僧侶。はじめ伯耆国大山寺に住して信濃房と称した。一三三三年(元弘三)閏二月、兄長年が隠岐を脱出した後醍醐天皇を伯耆国船上山に擁して挙兵すると、大山寺衆徒らを率いて合流。千種忠顕に属して六波羅攻略に軍功をあげた。地頭職をもつ肥後国八代荘に下った名和顕興(長年の嫡男義高の養子、実父は長年の次男基長)を補佐し、征西将軍宮懐良親王に属して活動。

げんしょうてんのう【元正天皇】 680～748.4.21 在位715.9.2～724.2.4 奈良前期の女帝。日本根子高瑞浄足姫天皇・日高皇女(氷高内親王)・新家皇女と称する。草壁皇子の皇女。母は天智天皇の女阿閇皇女(元明天皇)。文武天皇の同母姉。七一五年(霊亀元)母の元明天皇から位を譲られて即位。「日本書紀」の編纂や三世一身の法の施行は、この天皇の時代のことである。七二四年(神亀元)文武天皇の子の皇太子首皇子(聖武天皇)に譲位したが、その後も七四八年(天平二〇)に没するまで、上皇として宮廷に重きをなした。

けんしん【顕真】 1131～92.11.14 平安後期の天台宗の僧。号は宣陽房。比叡山で顕密の教えを学んだ後、一一七三年(承安三)大原別所に隠棲。浄土信仰への傾斜を深め、八六年(文治二)には勝林院に法然・重源・貞慶・明遍・証真らの碩学を集めて大原問答を行った。ただし参加者については異説がある。翌八七年同所で不断念仏を開始。九〇年(建久元)第六一代の天台座主に就任。最勝会の証義も勤めている。

げんしん【源信】 942～1017.6.10 恵心僧都・横川僧都・今迦葉とも。平安中期の天台宗僧。大和国葛下郡当麻郷の卜部正親の子。比叡山で良源に師事、論議に優れ広学竪義の竪者を勤め、因明学の書を著す一方、浄土教にも親近。天禄年間から横川に隠棲して念仏・読経と著述の生活に入った。九八五年(寛和元)「往生要集」を著して浄土教義を大成し、往生の指南として僧俗に広く読まれた。また念仏結社二十五三昧会に参加し「横川首楞厳院三昧式」を制定した。一〇〇四年(寛弘元)権少僧都に任じられたが翌年辞退。一三年(長和二)までに念仏二〇億遍・大乗経読誦五万余巻・念呪一〇〇万遍と称したように、数量重視・諸行往生の浄土教信仰者だった。著書は叡山学院編「恵心僧都全集」所収。

げんせい【元政】 1623.2.23～68.2.18 江戸前期の僧・漢詩人。俗姓石井。幼名は俊平、名は元政、法名は日政。京都の地下官人の家に生まれた。姉は彦根藩主井伊直孝の側室。井伊家に仕えたが、病弱のためもあって辞し、出家して日蓮宗の僧となる。三三歳で伏見の深草に称心庵(のちの瑞光寺)を営み、仏道修行に励んだ。明から亡命し名古屋藩に仕えていた陳元贇の影響をうけ、漢詩人としても知られた。著書に漢詩文集「草山集」。

げんそう【玄宗】 685.8.5～762.4.5 唐第六代の皇帝李隆基(在位七一二～七五六)。七一〇年に第四代皇帝中宗を毒殺した韋皇后を倒し、父睿宗の復位を助けて皇太子となった。即位すると財政をひきしめて人材を登用し、その治政は開元の治とたたえられた。しかし在位三〇年をすぎると政治は弛緩し、楊貴妃を寵愛して朝廷の政争も激化。その結果七五五年安禄山の乱を招き、翌年成都に逃れ退位した。

けんぞうてんのう【顕宗天皇】 記紀系譜上の第二三代天皇。弘計天皇・来目稚子とも称する。父は履中天皇の子の市辺押磐皇子、母は葛城蟻臣の女荑媛。仁賢天皇(億計)の同母弟。父が雄略天皇に殺されたことを聞いた兄弟は、はじめ丹波国余社郡(現、京都府与謝郡)に、次に播磨国赤石郡の縮見屯倉に隠れたが、のちに子のいない清寧天皇に捜しだされ、皇位継承者として迎えられた。天皇の死後、兄の億計が弟の勇気をたたえて固辞したため、兄より先に即位したと伝える。

けんち【顕智】 ?～1310.7.4? 鎌倉中期の浄土真宗の僧。比叡山で出家・修行し号は賢順と伝える。親鸞の弟子真仏に師事し、のち一二二八年(安貞二)親鸞の直弟子となり顕智と改めたという。つねに親鸞に随行してその帰洛にも従った。真仏没後の五八年(正嘉二)には真宗高田派の本山専修寺三世をつぎ、覚信尼を助けて大谷廟堂の造営に尽力した。一説に浄土真宗ではじめて法印・大僧都に叙任されたとも伝える。

げんちょう【玄朝】 源朝・玄超とも。生没年不詳。平安時代の絵仏師。「東大寺要録」に元興寺玄朝とみえ、九八七年(永延元)東大寺の繡曼荼羅修補に際して地神を描いたことから南都で活躍したとみられる。「七大寺日記」に元興寺金堂の半肉彫十二神将像を玄朝絵様とするが、現在興福寺に伝わる十二神将像との関連が指摘されている。遺品は伝わらないが、玄朝様という白描図像に不動明王図・同二尊図像(醍醐寺および石山寺蔵)・勤操僧正図像(醍醐寺蔵)がある。

けんどうそうせつ【謙道宗設】 生没年不詳。戦国期の禅僧。一五一一年(永正八)了庵桂悟を正使とした遣明船に居座として乗船、二三年(大永三)大内義興派遣の遣明船では正使を勤めた。この船は前回の入明時に交付された正徳の新勘合をもって寧波に入港していたが、数日後、すでに無効になっていた弘治の旧勘合を所持した細川高国派遣の船が到着、先に入関手続きをすませてしまった。そのため宗設らは、細川船の正使鸞岡瑞佐を殺害し、暴動をひきおこして海上に逃亡、そのまま帰国。明側は琉球船を介して日本に抗議し、宗設を犯人として引き渡すよう要求したが、将軍足利義晴は偽使と弁明、犯人はすでに処罰したと回答した。

けんにょ【顕如】 1543.1.6～92.11.24 織豊期の浄土真宗の僧。本願寺一一世。幼名は茶々、法名は顕如。諱は光佐。父は一〇世証如、母は権中納言庭田重親の女。一五五四年(天文二三)得度。五九年(永禄二)門跡に列する。七〇～八〇年(元亀元～天正八)織田信長との間に石山合戦を展開。正親町天皇の仲裁で和議し、石山を退き紀伊国鷺森、ついで和泉国貝塚に移り、八五年豊臣秀吉の命により石山に帰る。九一年、秀吉から京都堀川七条に寺地を与えられる。顕如の死後、長男教如がつぐが、秀吉は三男准如に継職の証状を与えた。しかし徳川家康は教如をとりたて、教如は京都烏丸六条に寺地を得て東本願寺を建立。准如方の西本願寺と分裂した。

げんにん【源仁】 818～887.11.22 池上僧都・南池院僧都・成願寺僧都とも。平安前期の真言宗僧。俗姓・出身不詳。護命に法相・教学を、ついで実恵に密教を学び、真雅・宗叡に灌頂をうけた。八七八年(元慶二)内供奉十禅師、八八三年権律師、八八五年(仁和元)少僧都・東寺二長者となる。学名高く南池院成願寺を創建して宗義を講じた。弟子の益信と聖宝がそれぞれ広沢流と小野流を開いて、以後東密は二流にわかれた。

げんのうしんしょう【源翁心昭】 1329.2.19～1400.1.7 南北朝期の曹洞宗の僧。越後国生れ。同国の国上寺で出家するが、一八歳で禅宗に転じ総持寺の峨山韶碩の弟子となった。その後伯耆に退休寺を開き、出羽永泉寺、下野泉渓寺などに住した。一三七一年(応安四・建徳二)には結城氏の招きで常陸に安穏寺を開いた。四年後に会津に赴き、慈眼寺を真言宗から曹洞宗示現寺と改めた。殺生石退治の逸話は有名。

げんぴん【玄賓】 ?～818.6.17 平安前期の法相宗僧。俗姓弓削氏。河内国生れ。興福寺の宣教に法相教学を学ぶ。その後伯耆国会見郡、ついで備中国哲多郡に隠棲。八〇五年(延暦二四)桓武天皇の病気平癒を祈り、翌年大僧都に任じられたが辞退。嵯峨天皇の信任厚く、八〇九年(大同四)招請をうけて平城上皇の病気平癒を祈り、八一一年(弘仁二)から七年間夏冬慰問の書や布などを賜る。八一六年、備中国哲多郡に対して玄賓在世中は庸米にかえて鉄を貢進させ、民衆の負担が軽減された。

ケンペル Engelbert Kaempfer 1651.9.16～1716.11.2 ドイツ人医師・旅行家。レムゴー生れ。ヨーロッパ各地で学んだ後、スウェーデンのロシア・ペルシア両国への使節団に加わり、ついでオランダ東インド会社艦隊の軍医となり、一六八九年バタビアに来着。九〇年(元禄三)長崎に着き、九二年までの商館医在任中、九一・九二年の二度江戸へ参府。オランダ通詞今村源右衛門を助手にえて日本の政治・社会・風俗・産業・動植物・鉱物などを研究。その成果の大著「日本誌」は死後、まず英訳本で出版された。

げんぼう【玄昉】 ?～746.6.18 奈良時代の僧。俗姓阿刀氏。義淵に師事。七一七年(養老元)入唐し智周に法相を学ぶ。七三五年(天平七)経論五〇〇〇余巻をたずさえて帰朝。七三六年封戸などを賜り、翌年僧正に任命されて内道場に入り、藤原宮子の病を看護して賜物をうけた。吉備真備とともに橘諸兄政権の担い手として栄達したが、人々の批判をうけ七四〇年藤原広嗣の乱を誘発した。翌年千手経一〇〇〇巻を書写供養した。七四五年筑前観世音寺に左遷され、封物を没収された。翌年任地で死没。広嗣の祟りによるといわれた。

けんぽうしどん【乾峰士曇】 1285～1361.12.11 鎌倉後期～南北朝期の臨済宗の禅僧。諱は士曇、字は乾峰。少雲とも称する。諡号は広智国師。筑前国の人。一二九八年(永仁六)一四歳で博多承天寺で南山士雲に入門して得度。南山に従って京都・鎌倉の禅寺で修行。一三四七年(貞和三・正平二)京都南禅寺の住持となり、五五年(文和四・正平一〇)建長寺・円覚寺の住持を兼ねる。後光厳天皇に諸経を講じた。著書「乾峰和尚語録」。

げんめいてんのう【元明天皇】 661～721.12.7 在位707.7.17～715.9.2 奈良前期の女帝。阿閇(陪)皇女・日本根子天津御代豊国成姫天皇と称する。天智天皇の第四皇女。母は蘇我倉山田石川麻呂の女姪娘。草壁皇子の妃となり、七〇七年(慶雲四)子の文武天皇の譲位の意思をうけて即位。七一〇年(和銅三)平城京に遷都したのをはじめ、藤原不比等らの補佐を得て律令政治を推進した。七一五年(霊亀元)女の氷高内親王(元正天皇)に譲位。その後も宮廷に重きをなした。

けんもちしょうこう【剣持章行】 1790.11.3～1871.6.10　「あきゆき」とも。幕末期の数学者。通称要七郎、字は成紀、号は予山。上野国吾妻郡沢渡の農家に生まれる。小野栄重に数学を学び、のち内田五観(いつみ)の塾に寄宿。数学の才能に恵まれ、関東各地で数学の指導をし、千葉県鏑木で客死。転距軌跡・穿去積などの研究がある。著書「探賾(たんさく)算法」「算法開蘊(かいうん)」「量地円起方成」。

げんりん【元隣】 1631～72.閏6.27　江戸前期の俳人・仮名草子作者。姓は山岡。名は新三郎。京都の裕福な商家に生まれたが病弱なため家業を廃し、漢学・医術を修め、生涯を町医者としてすごした。北村季吟門の高弟で俳諧・和学にも通じた。主著俳諧関係の「身の楽千句」「宝蔵(たからぐら)」、仮名草子の「他我身之上(たがみのうえ)」「小巵(こさかずき)」、注釈書類の「首書(かしらがき)鴨長明方丈記」「世中(よのなか)百首註」。とくに「宝蔵」は俳文のはじめといわれ、後世に大きな影響を与えた。

けんれいもんいん【建礼門院】 1155～1213.12.13　高倉天皇の中宮。名は徳子(とくこ)。平清盛の次女。母は平時子。一一七一年(承安元)一二月、後白河上皇の猶子(ゆうし)として入内。女御となり、翌年二月、中宮に立てられる。七八年(治承二)安徳天皇を生み、八一年(養和元)院号宣下。この間、源氏の蜂起による内乱が勃発。八三年(寿永二)七月、平氏一門は安徳天皇と女院を伴って都を落ち、八五年(文治元)三月、長門国壇ノ浦の戦で滅亡。女院は安徳天皇とともに入水したが、女院のみ救助されて京都に送還。同年五月出家し、大原の寂光院に移って余生を送った。

けんれいもんいんのうきょうのだいぶ【建礼門院右京大夫】 1157?～?　平安末～鎌倉初期の歌人。父は藤原伊行(これゆき)、母は大神基政の女で箏の名手の夕霧。一一七三年(承安三)建礼門院に右京大夫として出仕。七八年(治承二)秋に退き、九五年(建久六)頃後鳥羽天皇に再出仕した。「新勅撰集」に初出。家集「建礼門院右京大夫集」。

けんわ【賢和】 「けんな」とも。生没年不詳。平安前期の元興寺僧、また東大寺僧とも。俗姓・出身不詳。八六五年(貞観七)近江国奥島の奥津島神宮寺創建に尽力。八六七年、国講師賢養(けんよう)とともに播磨国魚住泊(うおずみのとまり)を修復。承和年間には近江国和邇(わに)泊を修復。伝灯法師位に至る。その事業は行基(ぎょうき)などの系譜を引く菩薩行として三善清行(みよしのきよゆき)や重源(ちょうげん)に追慕された。

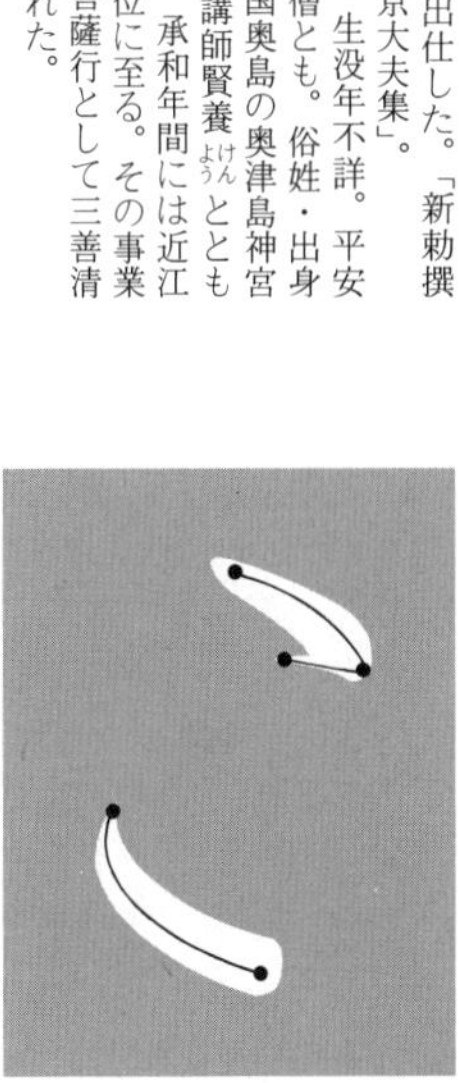

コイエット　Frederik Coyett 1620～89?　江戸前期の長崎オランダ商館長、台湾長官。スウェーデンのストックホルム生れ。一六四三年上級商務員としてバタビアに着く。四七～四八年(正保四～慶安元)と五二～五三年(承応元～二)の二回、日本商館長を勤めた。五七年台湾長官となるが、鄭成功(ていせいこう)の台湾攻略により六二年二月ゼーランジャ城が陥落し、台湾から引き揚げる。バタビアへ帰還後、その責任を問われた。

こいかわはるまち【恋川春町】 1744～89.7.7　江戸中期の戯作者。本名は倉橋格(いたる)。狂歌名は酒上不埒(さけのうえのふらち)。駿河国小島藩の留守居役。鳥山石燕のもとで絵を学び、謡曲「邯鄲(かんたん)」の筋に当世の遊里風俗を盛り込んだ「金々先生栄花夢」(一七七五)を画作。青本の概念を一変させて黄表紙の祖となる。田沼意次と蝦夷貿易を題材とした「悦贔屓蝦夷押領(よろこんぶひいきのえぞおし)」や寛政の改革を風刺した「鸚鵡返文武二道(おうむがえしぶんぶのふたみち)」を発表するが、後者により筆禍をえて退役後に死去。自殺説もある。

こいきん【顧維鈞】 Gu Weijun　1888.1.29～1985.11.14　中国国民政府の外交官。字は少川。江蘇省出身。一九一二年、米コロンビア大学で哲学博士号を取得。パリ講和会議・ワシントン会議に全権として活躍。北京政府の外交総長と国務総理代理も務めた。三三年の国際連盟総会で満州事変に対する国際世論の中国への同情を喚起。以後、駐仏・駐英・駐米大使となる。第二次大戦後の五六年台湾の中華民国総統顧問に就任。

こいけくにぞう【小池国三】 1866.4.10～1925.3.1 明治・大正期の証券業者。甲斐国生れ。貴族院議員若尾逸平の秘書をへて、一八九七年(明治三〇)小池国三商店を開設し株式仲買人として独立。一九一七年(大正六)山一合資会社(のち山一証券)を設立、関係者に同社を任せみずからは証券業から身をひく。その後小池銀行頭取を務める一方、東京瓦斯・日本化学紙料社長、東京株式取引所・日本工業倶楽部理事などを歴任。また小池文庫・小池育英会の創設など、教育・社会事業にも尽力した。

こいけちょうぞう【小池張造】 1873.2.8～1921.2.25 明治・大正期の外交官。茨城県出身。東大卒業後、外務省に入る。朝鮮、清国、イギリス、アメリカでの在外勤務、外相秘書官をへて、一九一三年(大正二)一〇月外務省政務局長となり、加藤高明外相の厚い信任のもと対華二十一カ条の要求の原案作成にあたる。のち外務省を辞して実業界に入る。

こいしげんしゅん【小石元俊】 1743.9.16～1808.12.25 江戸後期の医師。上方蘭学の祖。名は道、号は大愚。山城国桂村生れ。淡輪元潜や永富独嘯庵に師事。はじめ大坂で開業、一七七七年(安永六)京都に移る。八六年(天明六)江戸にいき、杉田玄白・大槻玄沢らと交流した。一八〇一年(享和元)京都の釜座通夷川北に学塾究理堂を開いて門弟を養成。しばしば解剖を行って、「平次郎臓図」「発鞭臓図」「施薬院解男体臓図」を作成。大坂の橋本宗吉に蘭語を学ばせ、パルヘイン解剖書を翻訳させた。墓所は京都市の大徳寺孤篷庵。

こいしげんずい【小石元瑞】 1784.11.20～1849.2.16 江戸後期の医師。元俊の子。名は竜、号は檉園・秋巌仙史。京都生れ。一七九九年(寛政一一)父とともに江戸にいき、数カ月間大槻玄沢に蘭方を学ぶ。翌年皆川淇園に師事。一八〇八年(文化五)父の業を継ぎ、究理堂を発展させた。人柄が寛雅で文人・画家・医師との交遊が広がった。「処治録」(一八二九～四八)が現存するほか、著書「究理堂備用方府」「博采録」「檉園随筆」。墓所は京都市の大徳寺孤篷庵。

こいずみさくたろう【小泉策太郎】 1872.11.3～1937.7.28 大正・昭和前期の政党政治家。静岡県出身。号は三申。新聞記者を志して自由党系新聞社に勤め、「九州新聞」では主筆となり、その後財界でも活躍。一九一二年(大正元)総選挙に出馬して当選、立憲政友会に所属。護憲三派の結成や田中義一の政友会入りなどを進めたが、のち田中首相と対立して脱党。西園寺公望の伝記執筆にも尽力した。

こいずみじだゆう【小泉次大夫】 1539～1623.12.8 江戸前期の幕府代官。今川義元の家臣植松泰清の長男。諱は吉次。駿河国生れ。今川氏滅亡後に徳川家康に仕え、小泉姓を名のる。一五九〇年(天正一八)家康の関東入国に従い、武蔵国で七四〇石余を領する。新田開発を進言し、武蔵国稲毛・川崎代官となり、幕領以外の旗本・大名領からも人足徴収の権限を与えられ、六郷用水、稲毛・川崎二カ領用水を開削した。

こいずみしんぞう【小泉信三】 1888.5.4～1966.5.11 大正・昭和期の経済学者。東京都出身。慶大卒。一九一六年(大正五)英・独留学から帰国し、慶応義塾大学教授。三三年(昭和八)塾長に選ばれ、第二次大戦後の四七年まで在任。一九四五年五月戦災で重傷を負ったが再起。四九年から皇太子の教育に参与し、皇太子妃の選定にも深くかかわった。五九年文化勲章受章、六五年東京都名誉都民。「小泉信三全集」全二六巻・別巻一。

こいずみちかし【古泉千樫】 1886.9.26～1927.8.11 大正期の歌人。本名幾太郎。千葉県出身。千葉教員講習所を出て小学校教員となる。一九〇四年(明治三七)「馬酔木」に投稿した歌が伊藤左千夫に激賞されたのを機に左千夫に師事。〇八年創刊の「アララギ」編集に斎藤茂吉と参与、主要同人となる。自然主義の影響をうけながら、堅実な写生を基調とした豊かな抒情を特色とする。二四年(大正一三)「日光」に参加、二六年(昭和元)青垣会結成。歌集「川のほとり」「屋上の土」。

こいずみまこと【小泉丹】 1882.11.23～1952.10.21 大正・昭和期の寄生虫学者。京都府出身。東大卒。伝染病研究所をへて慶応義塾大学医学部教授。マラリア病原体や寄生虫の研究では世界的権威で、主著は「蛔虫の研究」。進化論や生物学史を通じて、生物学と文科系領域との結合をめざした。一九三三年(昭和八)の「進化学序講」は日本での本格的な進化論紹介の書。「岩波文庫」「岩波新書」の企画にも参加。第二次大戦後の集団回虫駆除対策を推進した。

こいずみまたじろう【小泉又次郎】 1865.5.17～1951.9.24 明治末～昭和期の政党政治家。武蔵国久良岐郡生れ。小学校教員・新聞記者をへて、横須賀市会議員・議長。一九〇八年(明治四一)から衆議院に連続当選一〇回。非政友系で憲政会に属し、普選運動・第二次護憲運動で活躍。衆議院副議長・立憲民政党幹事長に就任。浜口・第二次若槻内閣の逓信相、小磯内閣で内閣顧問などを歴任。第二次大戦後は貴族院勅選議員。著書「普選運動秘史」。

こいずみやくも【小泉八雲】 1850.6.27～1904.9.26 本名ラフカディオ・ハーンLafcadio Hearn。ギリシア生れのイギリス人。明治期の随筆家・小説家。一八九〇年(明治二三)雑誌特派員として来日するが、同年英語教師として松江中学に赴任し、日本文化に関心をもつ。小泉セツと結婚し、熊本の五高へ転任。九六年帰化後、上京し東京帝国大学で英文学を講じた。この間「日本瞥見記」「東の国から」などの随筆で、生活に密着した視点から日本を欧米に紹介。一九〇四年アメリカで刊行された「怪談」は、日本の古典や民話などに取材した創作短編集。

こいそくにあき【小磯国昭】 1880.4.1～1950.11.3 大正・昭和期の軍人。陸軍大将。栃木県出身。陸軍士官学校(一二期)・陸軍大学校卒。三月事件・満州事変の際の軍務局長。一九三二年(昭和七)二月荒木陸相のもとで陸軍次官となる。同年八月から関東軍参謀長兼特務部長として建国直後の満州国に影響力を行使した。三五年一二月から三八年七月まで朝鮮軍司令官を務めた後、予備役に編入。平沼内閣・米内内閣の拓務相。第二次大戦の緒戦のドイツ軍の勝利に乗じた過激な南進論を主張。四二年五月から朝鮮総督。四四年七月、東条内閣のあとをうけて内閣を組織したが、戦局の急激な悪化のなか、四五年四月に総辞職。戦後、A級戦犯として終身刑をうけ、巣鴨収容所内で病死。自伝は獄中で執筆した「葛山鴻爪(かつざんこうそう)」。

こいそりょうへい【小磯良平】 1903.7.25～88.12.16 大正・昭和期の洋画家。兵庫県出身。旧姓岸上。東京美術学校卒。一九二八年(昭和三)渡仏。三六年新制作派協会創立に参加。四二年第一回帝国芸術院賞受賞。五三年東京芸術大学教授。七四年赤坂迎賓館の壁画を制作。八三年文化勲章受章。作品「斉唱」。

こいちじょういん【小一条院】 ⇨敦明親王(あつあきらしんのう)

ごいちじょうてんのう【後一条天皇】 1008.9.11～36.4.17 在位1016.1.29～36.4.17 一条天皇の第二皇子。名は敦成(あつひら)。母は藤原道長の女上東門院彰子。一〇一一年(寛弘八)三条天皇の皇太子に立ち、一六年(長和五)践祚する。このとき立太子した敦明(あつあきら)親王(三条天皇の皇子)は翌一七年(寛仁元)に皇太子を辞退し、かわって後一条天皇の同母弟の敦良(あつなが)親王(後朱雀天皇)が立太子した。同年、摂政は道長から頼通に継承された。男子はなく、中宮藤原威子(道長の女)所生の女子二人(章子・馨子(けいし))がある。

こいづかりゅう【肥塚竜】 1848.1.10～1920.12.3 明治・大正期の新聞記者・政治家。播磨国生れ。中村正直に学び、一八七七年(明治一〇)二月「横浜毎日新聞」在社時に筆禍で入獄。出獄後退社。七九年一〇月「東京横浜毎日新聞」に入り、二〇年余り勤務。改進党系政治家として衆議院議員に八回当選。東京府知事などを歴任し、実業家としても活躍した。

こいつみ【肥富】 「こいとみ」とも。生没年不詳。室町中期の博多商人。瑞渓周鳳(ずいけいしゅうほう)の「善隣国宝記」によると、応永年間初めに中国の明から帰国、足利義満に日明両国の通信の利を説き、義満は一四〇一年(応永八)に遣明船を計画したという。肥富は副使として、正使祖阿(そあ)と入明。翌年、明使天倫道彝(てんりんどうい)と一庵一如(いちあんいちにょ)を伴い帰国。義満は日本国王に封じられ、日明関係が成立した。以後の遣明使節は五山僧が勤めたが、博多商人が任じられたのは異例。

こいでいちじゅうろう【湖出市十郎】 ?～1800.9.12 長唄唄方。初世吉住小三郎の門弟、のち初世富士田吉次の門に入る。一七六八年(明和五)富士田より湖出と改める。翌年、中村座の立唄となり、師吉次没後の代表的名人と評された。独吟を得意とし、めりやす「黒髪」の作曲者ともされる。芸名は江戸後期に三世を数える。

こいでし【小出氏】 近世の大名家。信濃国伊那郡小井弖(こいで)邑に住んだことから小井弖(小出)姓を称した。祐重のとき尾張国愛智郡中村に移った。その孫秀政のとき豊臣秀吉に仕え、和泉国岸和田三万石を得た。長男吉政は但馬国出石(いずし)六万石を与えられ、次男秀家は別家とされた。秀政没後、吉政が岸和田三万石に移り、出石のうち五万石は吉政の長男吉英が継領し、一万石は吉政の弟で秀家の養子となっていた三尹(みつまさ)が継いだ。吉政没後、吉英が岸和田を襲跡し、出石は吉英の弟吉親が継承。一六一九年(元和五)吉英は岸和田から出石に復され、吉親は丹波国園部三万石に移封。吉英と三尹の世系は元禄期にともに無嗣断絶。園部藩主小出氏は維新後子爵。

こいでつばら【小出粲】 1833.8.28～1908.4.15 明治期の歌人。石見国浜田藩士の子。江戸生れ。幼名松田新四郎。号梔園(しえん)。江戸派の瀬戸久敬に歌を学び、一八七七年(明治一〇)高崎正風(まさかぜ)の知遇を得て宮内省文学御用掛となり、のち御歌所主事から寄人(よりうど)となる。歌風は御歌所派歌人中で異彩を放つ。歌集「くちなしの花」。

こいでならしげ【小出楢重】 1887.10.13～1931.2.13 大正・昭和前期の洋画家。大阪市出身。白馬会絵画研究所で学ぶ。東京美術学校卒。一九一九年(大正八)第六回二科展で「Nの家族」が樗牛賞、翌年二科賞を受賞。二一年渡欧、画風の転機となる。二四年大阪に信濃橋洋画研究所を開設、関西洋画壇の発展に寄与した。作品「帽子を冠れる自画像」「支那寝台の裸女」。

こいでひでまさ【小出秀政】 1540～1604.3.22 織豊期の武将。甚左衛門。播磨守。尾張国中村出身で豊臣秀吉に仕えた。一五八二年(天正一〇)姫路城の留守居を務め、八五年和泉国岸和田三万石を領した。九八年(慶長三)醍醐の花見のときに北政所(きたのまんどころ)(高台院)に随従。室は大政所(天瑞院)の妹。

こいでよしひで【小出吉英】 1587～1666.3.9　江戸前期の大名。吉政の子。右京大夫・大和守。一六〇四年(慶長九)吉政が和泉国岸和田に移ったあとの但馬国出石五万石を継領。一三年吉政の死により岸和田に移り和泉・但馬国内五万石。大坂冬の陣で天王口を攻め、夏の陣では岸和田を守った。一九年(元和五)出石五万石に復領。

こいでよしまさ【小出吉政】 1565～1613.2.29　織豊期～江戸初期の大名。秀政の子。小才次。信濃守・大和守・播磨守。豊臣秀吉に仕えて一五八七年(天正一五)和泉国岸和田周辺六〇〇〇石を与えられる。九二年(文禄元)名護屋城詰として四〇〇〇人の軍役をうけた。播磨国竜野二万石余をへて、九五年但馬国出石ほか六万石を領した。関ケ原の戦では西軍に属したが、弟秀家が東軍に属したため所領を安堵された。一六〇四年(慶長九)父の遺領岸和田三万石に移った。

こいとげんたろう【小糸源太郎】 1887.7.13～1978.2.6　大正・昭和期の洋画家。東京都出身。白馬会絵画研究所で学ぶ。東京美術学校金工科卒、同西洋画科中退。在学中の一九一〇年(明治四三)文展に初入選し、帝展・日展・光風会などで活躍。五四年(昭和二九)「春雪」で日本芸術院賞受賞、五九年日本芸術院会員となる。六五年文化勲章受章。

こいぶちかなめ【鯉淵要人】 1810.1.7～60.3.3　幕末期の尊攘派志士。常陸国茨城郡上古内村諏訪神社の神主鯉淵義重の長男。水戸藩主徳川斉昭が隠居謹慎処分をうけると、その抗議に奔走して罰せられた。安政の大獄で再び斉昭が謹慎処分をうけると憤激し、桜田門外での大老井伊直弼暗殺に加わり、重傷を負い老中脇坂安宅邸に自訴する途中で自刃。

こいよう【胡惟庸】 ?～1380　中国明代の政治家。安徽省定遠生れ。一三七三～八〇年丞相を勤め、大権を専横。八〇年陳寧・涂節らと結んで謀反を企てたとして逮捕・処刑された。連坐して財産を没収、あるいは処刑された者は一万五〇〇〇人に及んだ。これを胡惟庸の獄という。この謀反に加担した林賢は、日本に渡って軍兵援助を要請し、八一年僧如瑶らが入貢の際、日本兵四〇〇余人と火薬・刀剣を伴い帰国した。八六年これが発覚し、明の太祖洪武帝は日本との通交を断絶、海禁政策を強めたという。

ごいらんしゅう【五井蘭洲】 1697.4.8～1762.3.17　江戸中期の儒者。父は四書屋加助と呼ばれた大坂の儒者五井持軒。名は純禎、通称藤九郎。朱子学を信奉し、和学にも通じた。一七三一年(享保一六)弘前藩に仕官し、三九年(元文四)致仕。帰坂後は終生大坂の懐徳堂で教授。「非物篇」で徂徠学批判を展開し、懐徳堂の学風を改め、朱子学を中心とした学問的基盤を作った。中井竹山・履軒兄弟の師で、学風はのち懐徳堂にうけつがれた。

こいわいきよし【小岩井浄】 1897.6.9～1959.2.19　大正・昭和期の弁護士・政治学者。長野県出身。東大在学中、新人会に加入。卒業後労農団体の顧問弁護士。日中戦争中、東亜同文書院教授。第二次大戦後、愛知大学教授から同学長となる。

こう【興】 「宋書」倭国伝に記される倭の五王の一人。五世紀後半頃の王。済の世子で武の兄。済の死後に王となった。四六二年、中国南朝の宋に遣使して世祖孝武帝から安東将軍号を与えられた。名前のうえからは積極的な根拠に欠けるが、済と武との系譜関係から安康天皇である可能性が強い。允恭天皇とする説もある。

こうあみちょうじゅう【幸阿弥長重】 1599～1651.2.21　江戸前期の蒔絵師。一六一八年(元和四)一九歳で幕府お抱えの蒔絵師幸阿弥家の一〇代を継ぎ、多数の蒔絵師を擁して大工房を運営した。事績としては、二〇年徳川秀忠の五女東福門院が後水尾天皇へ入内した際と、三九年(寛永一六)徳川家光の長女千代姫が尾張家へ輿入れした際の婚礼調度の制作が有名。

こうあみどうちょう【幸阿弥道長】 1410～78.10.13　室町中期の蒔絵師で、のち江戸幕府お抱えの蒔絵師となった幸阿弥家の祖。「幸阿弥家伝書」によれば、室町幕府八代将軍足利義政に仕え、能阿弥・相阿弥・土佐光信らの下絵による蒔絵作品の制作にあたったという。道長の本姓は土岐氏で、家名の幸阿弥は、その阿弥陀号。

こうあんてんのう【孝安天皇】 記紀系譜上の第六代天皇。日本足彦国押人天皇と称する。孝昭天皇の第二子。母は世襲足媛。姪の押媛を皇后とし、孝霊天皇をもうけた。室秋津島宮(現、奈良県御所市室)を営み、玉手丘上陵に葬られたと伝える。

こういん【公胤】 1145～1216.閏6.20/24　平安末～鎌倉前期の天台宗の僧。号は明王院。園城寺に入って顕密の教えを学び、阿闍梨となる。源氏将軍の帰依をうけたびたび鎌倉に下る。後鳥羽上皇の信望厚く、園城寺長吏・法勝寺別当に任じられる。はじめ法然の「選択本願念仏集」を批判した「浄土決疑抄」を著したが、のち念仏に帰したといわれる。道元に栄西への入門を勧めたことでも有名。歌人としても知られる。

こういんきつ【黄允吉】 1536～?　朝鮮王朝中期の官人。字は吉哉、号は友松堂。本貫は全羅北道長水。一五六一年科挙に合格。西人派に属した。九〇年(天正一八)通信正使として来日。帰国後日本の朝鮮出兵は必至と報告したが、東人派の副使金誠一は反対の意見をのべ政府内に論争がおきた。

こううん【康運】 生没年不詳。鎌倉前期の仏師。運慶の次男と伝え、運慶統率下での造仏活動が知られる。建久末年に、教王護国寺(東寺)南大門の仁王像、同寺中門の二天像の造立に参加。法橋位にあった一二一二年(建暦二)頃の興福寺北円堂諸像の復興造像では、増長天像を担当した。一八年(建保六)以前の、のちに高山寺金堂の本尊となった地蔵十輪院諸像の造像では広目天像を担当した。定慶と改名したとも伝えられるが、現存する定慶の作品との関係は不明。

こうえいしょく【洪英植】 Hong Yong-shik 1855～84.12.6 李氏朝鮮末期の政治家。日米両国から帰国後、金玉均・朴泳孝らとともに、開化派として朝鮮の清国からの独立と閔氏政権の打倒をめざした。一八八四年(明治一七)郵便局を創設、その総弁となり、開局の宴を利用して甲申事変を引きおこした。開化派政権では右議政となったが、政変失敗により国王を避難させる途中、政変に介入した清国兵により殺害された。

こうえん【皇円】 ?～1169? 肥後阿闍梨・功徳院阿闍梨とも。平安後期の天台宗僧。三河権守藤原重兼の子。比叡山で椙生流皇覚に師事し、成円に密教を学ぶ。のち東塔功徳院に住して天台教学を講じ、法然らを教導。また編年体仏教史書「扶桑略記」を編纂した。一一六九年(嘉応元)弥勒菩薩の下生を待つため、遠江国笠原荘の大蛇に化したと伝える。

こうえん【康円】 1207～? 鎌倉中期の仏師。康運の子と伝えるが不詳。一二五一～五四年(建長三～六)に大仏師湛慶のもとで、蓮華王院(三十三間堂)の中尊千手観音座像の造立にたずさわったが、すでに法眼位にあった。それ以降、神護寺の愛染明王像を造立した七五年(建治元)までの事績が知られ、現存する作品も比較的多い。一二七三年(文永一〇)の文殊五尊像は代表作で、繊細な造形とドラマ性のある群像表現が特色。

こうかくてんのう【光格天皇】 1771.8.15～1840.11.19 在位1779.11.25～1817.3.22 閑院宮典仁親王の第六王子。初名師仁、のち兼仁。生母は大江磐代。一七七九年(安永八)後桃園天皇の死に際し養子に立てられ践祚。八九年(寛政元)父典仁親王に太上天皇の尊号を贈ろうとして幕府に反対された尊号事件がおきる。一八一七年(文化一四)皇太子(仁孝天皇)に譲位したが、院政を行う。強烈な君主意識で朝儀の再興に努める。没後に漢風諡号と天皇号とをくみあわせた諡が、九五〇年ぶりに復活。中宮は後桃園天皇の皇女欣子内親王(新清和院)。

こうがげんご【甲賀源吾】 1839.1.-～69.3.25 幕末期の幕府軍艦艦長。父秀孝は遠江国掛川藩士。諱は秀虎。一八五八年(安政五)掛川藩士から幕府軍艦操練所に入り、矢田堀鴻に師事。六一年(文久元)軍艦組出役。六二年外国奉行水野忠徳に従い、小笠原開拓に従事。六三年富士見御宝蔵番格軍艦組、六七年(慶応三)軍艦役勤方、海軍生徒取締役となる。六八年(明治元)軍艦頭並。回天丸艦長として榎本武揚に従い箱館へ脱走、六九年三月宮古湾の新政府艦隊を急襲して戦死。

こうがさぶろう【甲賀三郎】 諏訪明神の本地として語り物に登場する伝説上の人物。甲賀三郎頼方(諏方とも)の名で、南北朝期成立の「神道集」所収「諏訪縁起」によって知られる諏訪系の話と、後年の「大岡寺観音堂縁起」による三郎を兼家とする兼家系の二つがある。内容はともに妻を求め、その救出後再び地底を訪問した三郎が蛇体から人間になり、のち諏訪明神になるというもの。伝播は諏訪の神人やその一派の甲賀の望月氏によるとされる。

こうかもんいん【皇嘉門院】 1121～81.12.5 崇徳天皇の中宮。名は聖子。父は摂政藤原忠通。母は藤原宗通の女宗子。一一二九年(大治四)入内して女御、翌年立后して中宮となる。四一年(永治元)近衛天皇が即位するとその准母として皇太后となり、五〇年(久安六)院号宣下をうけた。五六年(保元元)保元の乱に際し落飾して清浄恵と称し、六三年(長寛元)剃髪して蓮覚と改めた。

こうかもんいんのべっとう【皇嘉門院別当】 生没年不詳。平安末期の歌人。源俊隆の女。崇徳天皇の中宮皇嘉門院聖子に仕えた。聖子が九条兼実の姉という縁から、一一七五年(安元元)の「右大臣家百首」や七八年(治承二)の「右大臣兼実家歌合」など、兼実に関係する場に歌を残している。八一年(養和元)皇嘉門院が没したときにはすでに出家していた。「千載集」以下の勅撰集に入集。

こうぎもんいん【広義門院】 1292～1357.閏7.22 後伏見上皇の女御。花園天皇の准母。名は寧子。西園寺公衡の女。母は藤原兼子。一三〇六年(徳治元)後伏見上皇の宮に入って女御となる。〇九年(延慶二)院号宣下。光厳・光明両天皇、珣子内親王を生む。三六年(建武三・延元元)に出家。五二年(文和元・正平七)北朝の光厳・光明・崇光三上皇らが南朝方によって吉野に幽閉されると、足利義詮の要請で光厳の第二皇子(後光厳天皇)の践祚を許す。

こうぎょくてんのう【皇極天皇】 594～661.7.24 在位642.1.15～645.6.14 斉明天皇として在位655.1.3～661.7.24 系譜上の第三五代天皇。退位後重祚して第三七代斉明天皇。宝皇女・天豊財重日足姫天皇と称する。押坂彦人大兄皇子の孫で、父は茅渟王、母は吉備姫王。はじめ高向王と結婚したが、のち伯父の舒明天皇の皇后となり、中大兄皇子(天智天皇)・間人皇女・大海人皇子(天武天皇)を生んだ。舒明の死後に即位。在位の間、朝鮮の高句麗・百済に政変が生じ、国内でも六四三年(皇極二)山背大兄王の変がおこるなど、政情は緊迫した。六四五年(大化元)蘇我蝦夷・入鹿父子殺害の政変(乙巳の変)にあたり、同母弟の軽皇子(孝徳天皇)に譲位。のち孝徳の死にあたり、六五五年(斉明元)重祚した。その後も六五八年に有間皇子の変があり、六六一年には百済遺臣の救援のため軍を指揮して九州に赴いたが、病のため筑紫朝倉宮で没した。

ごうけ【江家】⇨大江氏

こうけい【公慶】 1648.11.15～1705.7.12 江戸前期の三論宗の僧。丹後国生れ。一六六〇年(万治三)東大寺の英慶に師事。一五六七年(永禄一〇)の兵火によって大仏が露座しているのを嘆き、幕府の許可を得て全国に勧進。一六九二年(元禄五)に大仏の修理を完成し、開眼供養を行う。翌年、この功により将軍徳川綱吉に拝謁。その後も西国に勧進を続けたが、大仏殿の落慶は死後の一七〇九年(宝永六)であった。現在の大仏殿・中門・廻廊・東西楽門はこのときの再建。

こうけい【康慶】 生没年不詳。平安末～鎌倉初期の仏師。運慶の父。東大寺・興福寺の復興造像で活躍。一門からは運慶・快慶をはじめ有力な仏師を多く輩出した。一一八八年(文治四)から翌年にかけて造立した興福寺南円堂諸像(不空羂索観音・四天王・法相六祖像が現存。しかし四天王像は現中金堂の像が本来の像とする説が有力)は写実的で力強く、鎌倉新様式の胎動がうかがえる。一一七七年(治承元)の蓮華王院五重塔の供養で法橋、九四年(建久五)の興福寺総供養時には法眼であった。九六年の東大寺大仏殿の脇侍像と四天王像の造立が最後の事績だが、同年四月七日の銘をもつ伎楽面が東大寺と神童寺(京都府山城町)に現存する。

こうげい【皇慶】 977～1049.7.26 谷阿闍梨・丹波阿闍梨・池上阿闍梨とも。平安中期の天台宗の僧。贈中納言橘広相の孫。性空の甥。比叡山法興院静真に師事。長徳年間伊予国で国守藤原知章のために普賢延命法を行い、九州で景雲から東密を受法するなど諸国を遍歴した。一〇〇三年(長保五)寂照とともに入宋しようとしたがはたさず、のち丹波国桑田郡池上に隠棲。万寿年間に十臂毘沙門法を修して阿闍梨に任じられる。東塔南谷井ノ房で没した。台密の一流である谷流の開祖。

こうげつそうがん【江月宗玩】 1574.11.21～1643.10.1 江戸前期の臨済宗の禅僧。諱は宗玩、字は江月。懵袋子・赫々子・欠伸子ともいう。諡号は大梁興宗禅師。和泉国生れ。父は堺の豪商津田宗及。春屋宗園の法をつぐ。一六一〇年(慶長一五)大徳寺、のち筑前国崇福寺の住持となる。沢庵らとともに二七年(寛永四)におこった紫衣事件に連坐。著書「欠伸稿」。

こうけん【光兼】⇨実如

こうけんてんのう【孝謙天皇】 718～770.8.4 在位749.7.2～758.8.1 称徳天皇として在位764.10.9～770.8.4 阿倍内親王・高野天皇・高野姫尊とも称する。聖武天皇の皇女。母は藤原不比等の女光明皇后。七三八年(天平一〇)女性の身で皇太子となり、七四九年(天平勝宝元)聖武の譲位をうけて即位。七五二年東大寺大仏の開眼供養を行い、受戒して法名を法基と称した。七五八年(天平宝字二)大炊王(淳仁天皇)に譲位。のち淳仁と不和となり、七六四年にはその庇護者藤原仲麻呂(恵美押勝)を近江に敗死させ、淳仁を廃して重祚(称徳天皇)。重祚後は僧道鏡を重く用い、西大寺や平城京東院の玉殿、由義宮などの造営工事を行うなどして政治・財政の混乱をまねき、貴族の反感をかった。皇嗣を決定しないまま、七七〇年(宝亀元)死去。

こうげんてんのう【孝元天皇】 記紀系譜上の第八代天皇。大日本根子彦国牽天皇と称する。孝霊天皇の皇子。母は磯城県主大目の女細媛命。鬱色謎命を皇后とし、大彦命・開化天皇らをもうけた。軽(現、奈良県橿原市大軽町付近)に境原宮を営み、剣池島上陵に葬られたと伝える。

こうげんど【高元度】 生没年不詳。八世紀の官人。七五九年(天平宝字三)散位助で正六位上から外従五位下に叙されて迎入唐大使使となり、渤海国使の帰国に従って入唐した。唐は史思明の乱の最中で、入唐大使藤原清河は唐にとどめられ、元度らのみが七六一年に帰国した。往路の途中、登州開元寺では浄土図を発願している。帰国時に唐の皇帝玄宗は兵器亡失により、日本に対し弓を作るための牛角を贈るよう求めたという。その後従五位上を賜り、三河守・左平準令などを歴任した。

こうこう【黄興】 Huang Xing 1874.10.4～1916.10.31 中国近代の政治家。湖南省出身。日本留学より帰国後、華興会を組織し武装蜂起を試みて失敗。一九〇五年(明治三八)孫文らと東京で中国革命同盟会を組織、辛亥革命を指導した。

こうこうてんのう【光孝天皇】 830～887.8.26 在位884.2.4～887.8.26 仁明天皇の第三皇子。名は時康。母は藤原総継の女沢子。大宰帥・式部卿などを歴任し、一品に昇る。八八四年(元慶八)陽成天皇退位のあとをうけ、五五歳で践祚。藤原基経を実質上の関白とした。関白の初例とされる。在位の間皇太子を立てなかったが、八八七年(仁和三)臨終に際し、皇子源定省(宇多天皇)の即位を望み、基経にその擁立を託して実現させた。

ごうこきよし【郷古潔】 1882.11.13～1961.4.28 昭和期の実業家。岩手県出身。東大卒。三菱合資会社に入り、一九三四年(昭和九)三菱重工業常務、四一年社長に就任。第二次大戦下、艦船や軍用機など兵器の生産を指導し、四三年東条内閣の顧問に就任。戦後は日本兵器工業会会長、航空審議会会長などを歴任。

こうごんてんのう【光厳天皇】 1313.7.9～64.7.7　在位1331.9.20～33.5.25　後伏見天皇の第三皇子。名は量仁(かずひと)。母は広義門院寧子(ねいし)。一三二六年(嘉暦元)後醍醐天皇の皇太子となる。三一年(元弘元)元弘の乱により後醍醐天皇が廃され践祚(せんそ)するが、三三年鎌倉幕府滅亡により廃位。三六年(建武三・延元元)足利尊氏に擁され院政を開始。五二年(文和元・正平七)南朝に拉致され出家。帰京後は丹波国山国(やまぐに)荘の常照寺に隠棲、同寺で没した。

こうさ【光佐】 ⇨顕如(けんにょ)

こうさい【幸西】 1163～1247.4.14　鎌倉前期に活躍した法然門下の念仏僧。成覚房。もとは延暦寺西塔の僧で、鐘下房少輔といった。一一九八年(建久九)に遁世して法然門下に入る。衆生の信心が阿弥陀の仏智と冥合する一念に往生が成就するという一念義(いちねんぎ)の立場を説いた。法然が四国に配流された一二〇七年(承元元)の法難では阿波国に、嘉禄の法難では壱岐国に流された。のちにゆるされ下総国栗原で念仏を勧めたという。

こうざいし【香西氏】 中世讃岐国の豪族。香西(現、高松市)におこる。藤原氏を称する。鎌倉時代には幕府御家人であった。南北朝期から管領細川氏に従って活躍。一五世紀前半、常健・元資が丹波国守護代を勤めた。細川政元の時代に、洛中に常任する上香西と讃岐で活動する下香西にわかれた。上香西からは細川政元に仕えた元長などが出たが、細川氏とともに衰亡。下香西は豊臣秀吉の四国攻めで離散、出雲国にのがれた一族が江戸時代に出雲松平氏の家臣となった。

こうざいもとなが【香西元長】 ?～1507.8.1　室町中期～戦国期の武将。細川京兆(けいちょう)家の被官。通称又六。一四九七年(明応六)伊勢貞陸(さだみち)のもとで山城国守護代となり、洛西嵐山に守護所を構えて半済(はんぜい)などの手段で寺社本所領への侵略を進めた。一五〇七年(永正四)六月二三日、薬師寺長忠らと主君細川政元を暗殺、政元の養子澄之(すみゆき)を家督に擁した。しかし、政元のもう一人の養子澄元の軍勢の襲撃をうけ、澄之・長忠らとともに上京の遊初軒(ゆうしょけん)で敗死。

こうさかとらつな【高坂虎綱】 1527～78.5.7　戦国期の武将。甲斐武田氏の家臣。同国石和(いさわ)の豪農春日大隅の子。春日源助。弾正忠。一六歳で武田信玄に仕えて寵童となる。使番をへて士大将となり、信濃の名族高坂氏の名跡を継いだ。小諸城ついで海津城(現、長野市)の城代として上杉謙信の動静を監視しながら北信濃の経営にあたり、川中島の戦にも活躍。一五七六年(天正四)信玄死去後、出家。「甲陽軍鑑」の作者ともいう。

こうさかまさあき【高坂正顕】 1900.1.23～69.12.9　昭和期の哲学者。鳥取県出身。京大卒。一九四〇年(昭和一五)京都帝国大学教授。雑誌「中央公論」の座談会「世界史的立場と日本」での発言など、戦争協力の言論によって、第二次大戦後の四六年公職追放となる。五一年の追放解除後、京都大学教育学部長、東京学芸大学学長などを歴任。この間、中央教育審議会において六六年「期待される人間像」答申を主導し、戦後教育の転換点に大きな役割をはたした。

こうさかまさたか【高坂正尭】 1934.5.8～96.5.15　昭和後期～平成期の国際政治学者。京都市出身。父は京大教授高坂正顕。京大卒。ハーバード大学留学をへて京大法学部教授。現実主義的な保守リベラルの立場から日本の政治・外交・安全保障問題などを分析。中曾根内閣のとき平和問題研究会の座長を務め、防衛費のGNP一％枠の見直しを提言するなど政策ブレーンとして活躍。著書「宰相吉田茂」「古典外交の成熟と崩壊」(吉野作造賞)など。

こうさきゅう【洪茶丘】 1244～91　中国の元の武将。名は俊奇。モンゴルに投降した高麗の武将洪福源の子。フビライに重用され、高麗経営に活躍。高麗の内政に干渉し、国王・功臣を圧迫し、高麗の弱体化・隷属化に努めた。一二七四年(文永一一)東征軍の右副元帥として日本に遠征。八一年(弘安四)の日本再征には日本行省右丞として、東路軍を率いて遠征したが失敗。

こうし【小牛】 生没年不詳。南北朝期～室町中期の能面作家。十作(じっさく)の一人。とくに尉面(じょうめん)を得意とした。世阿弥晩年の「申楽談儀(さるがくだんぎ)」では、越前国の面打(めんうち)の一人としてあげられるが、喜多古能(きたこのう)の「仮面譜」(一七九七刊)によると、大和国竹田に住んだという。また永和年間の人とされる越智(ちえ)(愛智)と同時代とされ、一四世紀頃に活躍したと考えられる。

こうし【孔子】 前552/551～前479　中国春秋時代の学者。名は丘(きゅう)、字は仲尼(ちゅうじ)。祖先は殷の子孫が周に封じられた宋国の貴族で、魯国昌平郷陬邑(すうゆう)(現、山東省)に生まれた。魯国・斉国などに仕官した後、周初を中心とする封建制の時代を理想とし、その礼楽や古典の研究、教育にあたった。五〇代で再び魯に仕官し、宰相を代行して君主政治の再建をめざすが失脚し、諸国を回って政治の理想を説いた。晩年は魯で弟子の育成に専念し、この教団がのちに儒家となった。「論語」はその言行録。渡来人を通じて日本に儒教が伝わると、孔子も聖人として紹介され、釈奠(せきてん)の儀でも祭祀の対象とされた。儒教が体制教学となった近世には、儒学者によって日本独自の多様な孔子像が提唱された。

こうし【高氏】 南北朝期に活躍した武家。高階(たかしな)

氏の一族。「高階系図」などによれば、平安末期に下野国に土着したらしい。後三年の役の際、源義家の郎等として高七がいた。また、始祖惟頼の曾孫惟長は足利義兼に属して源平合戦に活躍し、その子惟重は足利義氏に従い承久の乱で功をたてた。南北朝期まで足利氏に執事として仕え、下野国足利荘内のほか三河国額田郡などに所領をえた。惟重の孫師氏のとき足利家時が自害したが、その置文は師氏にあてられたという。師氏の子師重は足利貞氏・同尊氏に仕え、その子師直・師泰兄弟は南北朝内乱期に尊氏の執事・侍所として活躍し、観応の擾乱で滅亡するが、一族は奉公衆や鎌倉府執事として残った。

●高氏略系図

成佐―惟章＝惟頼―惟真―惟範―惟長―惟重―重氏
- 重氏―師氏
  - 師氏―師重
    - 師重―師直
    - 師重―師泰―師世
    - 師重―重茂
  - 師氏―師行
    - 師行―師秋―師有
    - 師行―師冬
- 重氏―重長―重成［大高］

こうしえほう【翺之慧鳳】 1414～? 室町中期の臨済宗聖一派の禅僧。諱は慧鳳、字は翺之。竹居・幻庵などと称する。一四一九年(応永二六)京都東福寺の岐陽方秀を師として得度し、のちその法をつぐ。三二年(永享四)入明、三四年に帰朝。三九年には周防国に下り、大内氏の帰依をうけた。詩文にすぐれ、著書に「竹居清事」「竹居西遊集」がある。

ごうじじゅう【江侍従】 生没年不詳。平安中期の歌人。大江匡衡の女。母は赤染衛門。侍従乳母あるいは侍従とよばれる女性も同一人物と考えられるが、誰の乳母であるかは不明。「後拾遺集」の勘物には「左大臣乳母」とある。藤原道長家の女房。のち藤原教通家にも仕えた。道長の女、三条天皇の中宮妍子の死去に際しての哀傷歌など、道長家にかかわる歌が残る。「永承四年内裏歌合」など頼通時代の歌合でも活躍。「後拾遺集」以下の勅撰集に約一六首入集。

こうしゅん【康俊】 生没年不詳。鎌倉後期～南北朝期に活躍した仏師。運慶六代の孫。南都大仏師と称し、晩年は東寺大仏師になった。奈良県生駒市長弓寺の一三一五年(正和四)の地蔵菩薩像から、神戸市福祥寺(須磨寺)の六九年(応安二・正平二四)の不動明王像にいたる五四年間の活動が知られ、多くの遺作が現存。活躍地域も広範で、奈良・兵庫・岡山から九州に及び、子の康成との共同造像も少なくない。

こうじゅんけん【黄遵憲】 Huang Zunxian 1848.4.27～1905.2.23 中国清朝末期の外交官・詩人。字は公度、号は人境廬主人。広東省出身の挙人。一八七七年(明治一〇)公使館参事官として来日。滞在中「日本国態」を執筆。変法維新を主張したため九八年の戊戌政変後に上海で逮捕されたが、林権助清国公使の援助で釈放。著書「日本雑事詩」「人境廬詩草」。

こうじょ【康助】 生没年不詳。平安後期に活躍した仏師。奈良仏師の一人で始祖頼助の弟子。一一一六年(永久四)に春日社西塔の造仏の功で法橋となるのが事績の初見。四〇年(保延六)に春日社東塔の造仏の功で法眼となり、六四年(長寛二)までの活動が知られる。かつて高野山谷上大日堂にあった大日如来像(霊宝館蔵、重文)は、一一四八年(久安四)康助により造立された可能性がある。

こうしょう【康正】 1534～1621.1.10 織豊期～江戸前期の仏師。七条仏所二一代、東寺大仏師職を継承。京都を中心に活躍したが、事績は朝廷や豊臣氏関係をはじめ、奈良の諸大寺に及ぶ。一六〇三年(慶長八)の教王護国寺(東寺)金堂薬師三尊像は現存する代表作。同寺講堂の諸仏、蓮華王院本堂(三十三間堂)の二十八部衆像、醍醐寺西大門金剛力士像などの仏像修理も多く手がけた。

こうしょう【康勝】 生没年不詳。鎌倉前期の仏師。運慶の四男と伝えられ、運慶統率下の造仏で活躍。建久末年、教王護国寺(東寺)南大門の仁王像、同寺中門の二天像の造立に参加。法橋位にあった一二一二年(建暦二)頃の興福寺北円堂諸像の復興造像では多聞天像を分担、一八年(建保六)以前に行われた地蔵十輪院諸像の造立でも多聞天像を担当した。三二年(貞永元)の法隆寺金堂阿弥陀如来像、三三年(天福元)の教王護国寺弘法大師像、年次不明の六波羅蜜寺空也上人像が現存する。

こうじょう【光定】 779～858.8.10 別当大師とも。平安前期の天台宗僧。俗姓贄氏。伊予国風早郡出身。最澄に師事、義真に「摩訶止観」を学ぶ。八一〇年(弘仁元)宮中金光明会で勅命により得度(宮度と称す)。八一二年空海から灌頂をうけた。その後最澄の意を体して興福寺義延らと宗論を闘わせ、また延暦寺大乗戒壇の独立にも奔走。ついで天台宗年分度者の国講師・読師への任命も認められた。八五四年(斉衡元)延暦寺別当に任じられた。

こうじょう【康尚】 生没年不詳。平安中期に活躍した、仏師系図に記されるなかで存在が確認できる最も古い仏師。仏所の成立にも深くかかわっているものと思われる。九九一年(正暦二)が事績の初見。九九八年(長徳四)に土佐講師となり、一〇一九年(寛仁三)までの活動が知られる。藤原道長に重用されたことから、道長が発願し、一〇〇六年(寛弘三)に造られた法性寺五大堂の遺仏である東福寺同聚院不動明王像(重文)は康尚の手になると考えられる。

こうしょうき【孔祥熙】 Kong Xiangxi 1880.9.11～1967.8.16 中国近代の財政家。山西省出身。一九〇一年アメリカ留学、オベリン、エール両大学を卒業後、〇七年帰国。一三年の第二革命失敗後一時日本に逃れた。二六年の広東国民政府実業部長を皮切りに財政部長・中央銀行総裁など、国民政府の財政・金融部門の要職を歴任。日中戦争突入後の三八年、国民政府行政院長として日本の宇垣一成外相との間で和平工作を進めたが失敗。四七年渡米。一時台湾に帰国したが六六年再渡米。

こうしょうてんのう【孝昭天皇】 記紀系譜上の第五代天皇。観松彦香殖稲天皇と称する。懿徳天皇の皇子。母は磯城県主の女天豊津媛命。世襲足媛を皇后とし、和珥氏の祖とされる天足彦国押人命と孝安天皇とをもうけた。掖上(現、奈良県御所市池之内付近)に池心宮を営み、掖上博多山上陵に葬られたと伝える。

こうしょうぼさつ【興正菩薩】 ⇨叡尊

ごうしん【豪信】 生没年不詳。鎌倉末～南北朝期の画僧。藤原信実の曾孫にあたる為信の子で、隆信に始まる家系の最後の画家として、多くの肖像画の制作に関与。現存作品では、一三三八年(暦応元・延元三)制作の「花園法皇像」(長福寺蔵)が名高く、似絵の伝統が伝えられる。また、「天子・摂関・大臣影図巻」三巻(宮内庁蔵)は、尊円入道親王筆の奥書によれば、天皇影の巻頭より一八影は父為信が、最後の花園・後醍醐両天皇と大臣・摂関影は豪信が担当して描いたという。

こうすうこく【高嵩谷】 1730～1804.8.23/25 江戸中期の英派の画家。二代英一蝶の門下英一水(佐脇嵩之)の門人。本姓高久氏。英派は英一蝶に始まり、江戸狩野派様式を基礎として軽妙な都市風俗画を描いた一派。嵩谷は江戸狩野の祖狩野探幽まで戻って学習し、品のある作品を描いた。俳諧を好み、俳画をこなし、画譜も出版するという江戸中期の町狩野の一典型でもある。

こうせいとく【高斉徳】 生没年不詳。八世紀前半の渤海国の使者。七二七年(神亀四)九月高仁義とともに出羽国に来着。このとき蝦夷に仁義以下一六人が殺害された。正使の仁義は寧遠将軍であったが、斉徳の身分は渤海郡王使首領。同年一二月入京し、翌年一月に王の書・方物を献じ、正六位上の位を授けられた。同年四月、璽書を得て帰国した。

ごうせいのすけ【郷誠之助】 1865.1.8～1942.1.19 明治～昭和前期の実業家。貴族院議員・大蔵次官郷純造の長男。美濃国生れ。東大入学後一八八四年(明治一七)ドイツに留学、九一年帰国。九五年日本運輸社長に就任、実業界に入る。同社の整理に成功したのち、日本メリヤス・王子製紙・日本鉛管に関係し、一九〇〇年入山採炭社長として経営再建に手腕を発揮。一一年東京株式取引所理事長となり、一七年(大正六)日本工業倶楽部専務理事、三〇年(昭和五)以降東京商工会議所・日本商工会議所会頭などを歴任。三二年には日本経済連盟会会長に就任し、数多くの経済政策に関する建議を行い、財界の指導者として活躍した。

こうせんしょうとん【高泉性潡】 1633.10.8～95.10.16 中国明代の禅僧。一三歳で中国福州の黄檗山万福寺(古黄檗)で出家し、二九歳のとき慧門如沛の法をつぐ。一六六一年(寛文元)隠元隆琦に招かれて来日し、九二年(元禄五)京都の黄檗山万福寺五世をつぎ、中興とされる。文筆に秀で文高泉と称され、「扶桑禅林僧宝伝」「東渡諸祖師伝」など著述多数。東山天皇から大円広慧国師、中御門天皇から仏智常照国師と諡される。その法系を仏国派という。

こうそう【高宗】 ❶628.6.-～683.12.4 唐第三代の皇帝李治(在位六四九～六八三)。六六三年に白村江の戦で日本軍を破って百済を滅ぼし、六六八年には高句麗を倒すなど、唐の勢力範囲は最大となる。六六六年に唐朝最初の封禅を行う。しかし内政では六五五年に則天武后を皇后にたて、のちにその専権を許した。

❷1852～1919.1.22 Ko-jong 李氏朝鮮第二六代の国王(在位一八六三～一九〇七)。一八九七年国号を大韓帝国と改め、初代皇帝となる。即位時は王実父大院君が摂政、一八七三年からの親政時は王妃の閔氏一族による政権独占のため、絶対的独裁権の確立は九八年皇帝就任時であった。開化政策の推進、王朝の維持をめざし、対外的には各国を牽制させ、対内的には諸党派を競合させる勢力均衡政策を遂行した。日本の対韓政策に対しては終始抵抗したが、一九〇七年にハーグ密使事件をひきおこして退位を余儀なくされた。日韓併合により徳寿宮李太王の称号をうけたが、その死は三・一運動の引き金となった。

こうそうぶ【高宗武】 Gao Zongwu 1906～94.9.24 中国の政治家。別名高其昌。浙江省出身。東京帝国大学に留学。一九三二年中央政治学校教授在任中、「中央日報」に名文を書き、才能を蒋介石に認められ、国防設計委員会専員に抜擢された。三五年五月亜州司長に就任。日中戦争中、汪兆銘の日華和平工作の主役を演じたが、四〇年汪から離れ、四一年アメリカに亡命。

こうそかべし【香宗我部氏】 「こうそがべ」とも。中世土佐国の豪族。一一九三年

(建久四)中原秋家が宗我郷・深淵郷(現、高知県野市町)の地頭職に任命されて下り、香宗我部氏を名のったことに始まる。宗我郷ははじめ宗我部と称し、長岡郡の宗我部に対して香美郡の宗我部を香宗我部といったことによる。南北朝期には武家方に属し、のち守護細川氏の被官となって活躍。戦国期には、長宗我部元親の弟親泰が家督として入り、四国統一に大きな役割をはたした。長宗我部氏滅亡後、親泰の子親和は下総国佐倉藩堀田氏に仕えた。「香宗我部家伝証文」が伝わる。

こうだいいん【高台院】 1549～1624.9.6 北政所とも。豊臣秀吉の正室。杉原定利の女。名はお禰・寧子・吉子。一五六一年(永禄四)浅野長勝の養女として木下藤吉郎(のちの秀吉)と結婚。八五年(天正一三)秀吉の関白任官にともない従三位、八八年従一位に叙任され、准三后となる。秀吉没後、落飾して京都に隠棲し、東山に高台寺を建立。徳川氏から河内国内に一万三〇〇〇石余の知行をうけ、豊臣氏滅亡後も待遇は変わらず、高台寺で晩年を送った。

こうたいおう【好太王】 374～412 広開土王とも。高句麗の王(在位三九一～四一二。「三国史記」は一年遅れ)。諱は談徳。正確な諡は国岡上広開土境平安好太王。好太王碑に永楽太王と号したとある。諡のとおり、北の契丹、西の燕(鮮卑慕容氏)と戦い、さらに南の百済を攻め、新羅を服属させて王族を人質とするなど国威を拡大。四一四年に子の長寿王がたてた好太王碑は、当時の基本史料の一つで倭との交戦が記されているが、史料性に議論がある。

こうだしげとも【幸田成友】 1873.3.9～1954.5.15 明治～昭和期の歴史家。東京都出身。露伴の弟。東大卒。卒業直後から国史・東洋史・西洋史の著書・論文を発表。一九〇一年(明治三四)に大阪市史編纂主任となり、「大阪市史」の編纂に努め、地方史編纂の先駆的業績をうんだ。以後、京都帝国大学講師、宮内省臨時帝室編修官、東京商科大学教授、慶応義塾大学教授などを歴任。文学博士。著書「江戸と大阪」「日欧通交史」「書誌学」。

ごうだてんのう【後宇多天皇】 1267.12.1～1324.6.25 在位1274.1.26～87.10.21 亀山天皇の第二皇子。名は世仁。母は洞院実雄の女京極院佶子。一二六八年(文永五)皇太子となり、七四年即位。在位中は父亀山上皇が院政をしいた。一三〇一年(正安三)皇子の後二条天皇が即位すると院政を開始。一八年(文保二)後二条の弟後醍醐天皇が即位し再び院政をしいたが、二一年(元亨元)院政を停止、後醍醐天皇の親政とした。この間一三〇七年(徳治二)出家、法名は金剛性。院政をやめたのちは密教に専念する生活を送った。

こうだろはん【幸田露伴】 1867.7.23/26～1947.7.30 明治～昭和期の小説家・随筆家・考証家。本名成行。別号蝸牛庵・脱天子など。江戸下谷三枚橋の幕府表坊主役の家に生まれる。兄弟に実業家幸田成常、千島探検の郡司成忠、歴史家幸田成友、ピアニスト幸田延、バイオリニスト安藤幸がいる。東京図書館で漢籍・仏書・江戸雑書を独学。電信修技学校卒業後、北海道の余市に電信技師として赴任。のち帰京して一八八九年(明治二二)「露団々」を発表。以後「風流仏」「対髑髏」「一口剣」「五重塔」などで愛の極致と芸道への執心を描き、尾崎紅葉と並び称される。評論・随筆に「一国の首都」「讕言」「長語」など。大正期に「運命」「蒲生氏郷」などの人物史伝を、昭和期には「芭蕉七部集」評釈に精力をそそいだ。

こうち【光智】 894～979.3.10 平安中期の華厳宗僧。俗姓平氏。京都生れ。東大寺の良緒に華厳教学を学び、また真言密教を兼学。九五〇年(天暦四)東大寺別当、以後三回還補。約一五年間の在任中に大仏殿などの伽藍を修復、また寄進された伊賀国玉滝杣を東大寺専用とするなど経営に腕をふるい、九六八年(安和元)大僧都になる。この間九六一年(応和元)村上天皇の勅により華厳宗本所として華厳専修僧をおく尊勝院を創建、さらに羂索院・二月堂などを配下にいれた。

こうちやまそうしゅん【河内山宗春】 ?～1823.7.22? 講談や歌舞伎に登場する数寄屋坊主。江戸幕府奥坊主頭の子といわれ、水戸家の闇富籤事件でゆすりをはたらき、捕らえられて獄死したという。この話はのちに講談「天保六花撰」にとりあげられ、また一八七四年(明治七)河竹黙阿弥の脚色による「雲上野三衣策前」として初演され(八一年「天衣紛上野初花」として再演)、大名家を相手にした一介の茶坊主のきっぷのよさで人気を博した。

こうちょう【康朝】 生没年不詳。平安後期の仏師。奈良仏師の一人で始祖頼助から数えて三世代目。一一五四年(久寿元)に鳥羽金剛心院の造仏の功を師の康助から譲られて法橋となるのを初見に、蓮華王院の造仏で法眼となる六四年(長寛二)までの事績が知られる。その間一一五八年(保元三)に藤原忠雅の発願仏の造仏を行うが、その像は「甚だ疎荒」で忠雅の意にかなわなかったという。現存作例は知られない。

こうとうし【厚東氏】 「ことう」とも。中世の長門国の豪族。物部守屋の後裔と伝える。厚東郡(現、山口県宇部市)を本拠とし、平安末期から厚東氏を称した。武道(武光)は平家家人としてみえ、その子武景は鎌倉御家人となった。元弘の乱に際して武実は長門探題倒滅に功があり、一三三四年(建武元)長門国守護に任じられる。しだいに大内氏に圧迫され、六三年(貞治二・正平一八)義武は守護職も奪われ、南朝方となったが衰退。

こうとうたけざね【厚東武実】 ?～1348.11.9 厚東は「ことう」とも。南北朝期の武将。武仲の子。太郎左衛門尉。法名は崇西。元弘の乱において長門探題北条時直を駆逐した功で、建武政権下の長門国守護になる。足利尊氏に属し、一三三六年(建武三・延元元)尊氏が九州にのがれる途中、国大将斯波高経と併置の長門国守護に任じられた。その後、山陰や畿内を転戦。守護職を子武村に譲ってまもなく京都で病没。

こうとうのないし【勾当内侍】 生没年不詳。南北朝期の女官。後醍醐天皇に仕えた内裏の女房で、勾当内侍の職についた。一条経尹の三女。兄行房は後醍醐の寵臣。内裏の警護に召されていた新田義貞は内侍を見そめ、それを知った後醍醐は、内侍を義貞に与えた。「太平記」によると、義貞の死後、尼となって嵯峨に住み、夫の菩提を弔ったというが、琵琶湖に身を投げて義貞のあとを追ったという伝説もある。

こうとくしゅうすい【幸徳秋水】 1871.9.23～1911.1.24 明治期の社会主義者。高知県出身。本名伝次郎。早くから社会問題に関心をもち、自由民権運動の影響をうける。中江兆民に思想的に傾倒、一八九八年(明治三一)「万朝報」の記者となり、社会主義研究会に参加。以降、社会民主党の結成、「社会主義神髄」などの刊行、足尾鉱毒事件への援助などに活躍。日露開戦気運のなかで堺利彦とともに「万朝報」をやめ、平民社によって非戦論を主張、有名な「露国社会党に与うる書」を執筆した。一九〇五年の入獄後無政府主義に接近し渡米、帰国後直接行動論を唱えた。赤旗事件後管野スガらと平民社の再建をめざすが、大逆事件で刑死。

こうとくてんのう【孝徳天皇】 596?～654.10.10 在位645.6.14～654.10.10 系譜上の第三六代天皇。軽皇子・天万豊日天皇と称する。押坂彦人大兄皇子の孫で、父は茅渟王、母は吉備姫王。六四五年(大化元)中大兄皇子(天智天皇)らにより蘇我蝦夷・入鹿父子が打倒されると、皇極天皇の同母弟として皇位継承候補者の一人となり、最年長の故をもって即位。同年難波への遷都が行われ、翌年一月には四カ条からなる改新の詔が公布されたとされる。以後、新冠位制、旧俗の廃止や薄葬に関する制、品部の廃止などいわゆる大化の改新の諸政策が次々に実施された。六五一年(白雉二)難波長柄豊碕宮が完成したが、ほどなく中大兄皇子と意見が対立し、皇子が皇極太上天皇や皇后間人皇女・諸臣とともに飛鳥に戻る事態となり、失意のうちに六五四年没した。

こうにんてんのう【光仁天皇】 709.10.13～781.12.23 在位770.10.1～781.4.3 白壁王・天宗高紹天皇と称する。天智天皇の孫で、施基皇子の第六子。母は紀諸人の女橡姫。七七〇年(宝亀元)称徳天皇の没時に皇太子となり、二カ月後に即位した。称徳天皇時代の政治・財政の混乱を収拾するため、官司・官人の整理、農民負担の軽減などをはかったが、東北では国家の支配に対する蝦夷の抵抗が強まり、七八〇年(宝亀一一)には伊治呰麻呂の反乱がおこった。七八一年(天応元)病気のため皇太子山部親王(桓武天皇)に譲位し、同年没した。

こうねん【興然】 1121～1203.11.30 「こうぜん」とも。智海・理明房・勧修寺御房・慈尊院阿闍梨とも。平安後期～鎌倉前期の真言宗僧。俗姓・出身不詳。寛信に師事、ついで念範・実任・良勝・喜俊・亮恵・増恵・実範から灌頂受法すること八回。一一三七年(保延三)頃から寛信・実任・観祐などから伝授をうけて諸尊法の研究や儀軌の収集を行う。「五十巻鈔」「金剛界七集」「図像集」など事相・図像関係を中心に著作多数。

こうのいけけ【鴻池家】 近世以来の大坂の豪商。始祖新右衛門が始めた酒造・金融業などを基礎とし、その子孫や奉公人が善右衛門本家のほかに分家・別家をたて、巨大な同族集団を形成した。有力分家としては、新右衛門の次男・三男に始まる栄三郎・新十郎家、四代善右衛門の娘夫婦がおこした善五郎家など。著名な別家には、善右衛門家から独立した有力な両替商中原庄兵衛家や町人学者を出した草間伊助家がある。分家・別家は本家との関係や業種などにそれぞれ特色があるが、金融業へのかかわりは共通した。明治維新後の大名貸債権切捨てにより打撃をうけたが、一八七七年(明治一〇)一〇代善右衛門幸富が第十三国立銀行(のち鴻池銀行をへて三和銀行)を設立、これに加わった者も多い。しかし、他の財閥ほどには積極的経営を進めなかったため、第二次世界大戦後は影を薄くしていった。

こうのいけしんえもん【鴻池新右衛門】 1562/70.12.-～1650.12.5 近世大坂の豪商鴻池家の始祖。尼子氏武将山中幸盛の長男と伝えられる。摂津国川辺郡鴻池村(現、兵庫県宝塚市)に育ち、はじめ新六幸元と称した。一五九八～一六〇〇年(慶長三～五)清酒醸造と江戸積に成功、商人鴻池屋新右衛門として活躍を始める。一九年(元和五)大坂に進出、二五年(寛永二)には大坂―江戸間の海運業と大名貸を開始した。七男が継いだ鴻池村の本家では代々新右衛門を襲名している。

こうのいけぜんえもん【鴻池善右衛門】 大坂の豪商鴻池本家の当主の通称。現在で一三代目。初代は鴻池家の始祖新右衛門の八男正成で、父の大坂店を相続して両替店を開業。二代喜右衛門之宗は、寛文年間に十人両替となり、今橋二丁目に本拠を定めた。三代善右衛門宗利は、酒造・海運業をやめ、巨大な資本と十人両替の格式を背景に諸藩の掛屋・蔵元となって大名貸専門の金融業者に成長し、また鴻池新田を開発した。晩年の享保年間には大名貸経営にかげりがみられるが、家訓制定による本家中心の経営組織が確立された。これ以降同家では、同族資本の集中運用による特定大名への貸付けという保守的経営に移行して危機を乗り切り、明治期以降、銀行など近代事業に転換した。

こうのいちろう【河野一郎】 1898.6.2～1965.7.8 昭和期の政治家。神奈川県出身。早大卒。一九三二年(昭和七)衆議院に初当選、以後五回連続当選。第二次大戦後公職追放になり、追放解除後の五二年一〇月衆議院議員に復帰、三木武吉らと吉田内閣打倒のため奔走。五四年日本民主党(党首鳩山一郎)を結成、鳩山内閣を実現し、農相に就任。日ソ国交回復に努力し、五六年一〇月の日ソ共同宣言に全権の一人として署名。河野派をひきいて政権を狙うがはたせぬまま死去。洋平は次男。

こうのけんぞう【河野謙三】 1901.5.14～83.10.16 昭和期の政治家。神奈川県出身。早大卒。一郎の弟。一九四七年(昭和二二)公職追放中の兄一郎にかわり衆議院に立候補、次点落選。四九年に初当選。一郎の追放解除後、参議院に転じる。当初緑風会に所属するが、五八年自民党に入党。七一年重宗議長四選に反対し議長選に出馬。野党・自民党造反グループの支持により当選。自民党を脱党し、参議院の独自性を求めた改革を断行。七七年まで議長を務め、八三年政界を引退。

こうのし【河野氏】 伊予国の豪族。孝霊天皇の孫小千御子(おちのみこ)から出たといい、古くは越智(おち)郡を本拠として越智氏を称した。小千国造ついで越智郡司となり、平安中期には伊予国司に任じられ、用忠(もちただ)は藤原純友(すみとも)の追討に功があった。平安末期に親清が河野郷(現、愛媛県北条市)に住して河野氏を名のる。孫の通信(みちのぶ)は源平内乱に源氏方として活躍。承久の乱のとき一族は二分したが、通信の子通久が幕府方となり、所領を維持する。元寇では通有が志賀島の戦で活躍。室町時代、伊予国守護ともなったが、一族内の対立により衰退。一五八五年(天正一三)豊臣秀吉の四国攻めによって通直は所領を没収されまもなく病没、宗家は滅んだ。

こうのとがま【河野敏鎌】 1844.10.20～95.4.24 明治前期の政治家。高知藩士出身。江戸で安井息軒(そっけん)に学ぶ。土佐勤王党に加わり、維新後新政府に出仕。司法大丞兼大検事、元老院副議長などをへて、一八八〇年(明治一三)文部卿として教育令改正を行う。八一年初代の農商務卿となるが、明治十四年の政変で下野し、八二年立憲改進党副総理。八四年脱党後政府に復帰し、枢密顧問官、司法・内務・農商務・文部の各大臣を歴任。

こうのばいれい【幸野楳嶺】 1844.3.3～95.2.2 明治期の日本画家。京都生れ。本名安田直豊。中島来章・塩川文麟(ぶんりん)に学ぶ。一八八〇年(明治一三)京都府画学校に出仕。京都青年絵画研究会・京都美術協会の設立に尽力。帝室技芸員。門下から竹内栖鳳(せいほう)ら多くの俊秀が輩出し、明治初期の京都画壇の重鎮として活躍。代表作「群魚図」。

こうのひろなか【河野広中】 1849.7.7～1923.12.29 明治・大正期の自由民権運動家・政党政治家。号は磐州。陸奥国三春藩の郷士の家に生まれる。J・S・ミルの「自由之理(じゆうのことわり)」に啓発されて自由民権思想に目覚め、民会や石陽社など政社の創設に尽力、福島自由党の指導者として活動。中央でも民権運動の指導者として活躍し、一八八〇年(明治一三)国会期成同盟を代表して政府に国会開設の願望書を提出。福島県会議長を務めていた八二年、県令三島通庸(みちつね)と対立、福島・喜多方事件に連坐し国事犯として入獄。八九年出獄後、衆議院議員に当選。のち衆議院議長や農商務相を務めた。

こうのひろみ【河野広躰】 1865.1.15～1941.1.24 明治期の自由民権運動家。陸奥国田村郡生れ。父の没後に伯父河野広中のもとで育てられたこともあって、彼の感化を強くうける。一八七九年(明治一二)高知立志社に学び、帰京後は自由民権運動で活躍。八二年の福島・喜多方事件では無罪とされたが、八四年の加波山事件に連坐し、強盗・警官殺傷に関係し、未成年のため無期徒刑。九四年出獄後は移民会社をおこし、晩年は植民事業に尽力した。

こうのみちあり【河野通有】 ?～1311.7.14 鎌倉後期の武士。通継の子。父から伊予国久米郡石井郷(現、松山市)を相続。文永の役後、再度の元軍来襲に備えて北九州に出動。一二八一年(弘安四)元軍が博多湾に迫ると石築地を背に陣をしき、夜間に小舟で敵船を襲って敵将を捕らえるなどの勲功をあげ、恩賞として肥前国神埼荘小崎郷や伊予国山崎荘などを得た。承久の乱後に没収された旧領を回復したとも伝えるが、確証はない。一三〇七年(徳治二)鎌倉幕府から西国ならびに熊野浦の海賊追捕を命じられた。

こうのみちのぶ【河野通信】 1156～1223.5.19 鎌倉前期の武士。伊予国の豪族河野通清の子。父に従い平氏討伐のため挙兵するが、一一八一年(養和元)通清は本拠高縄城で戦死。その後勢力を回復・拡大した通信は、八五年(文治元)屋島の戦で源義経軍に合流、壇ノ浦の戦でも水軍を率いて平家討滅に貢献した。承久の乱には後鳥羽上皇方として参加、敗戦後伊予国に戻り高縄城に拠るが、幕府軍に捕らえられ陸奥国平泉に流された。

こうのみちはる【河野通春】 ?～1482.閏7.14 室町時代の伊予国の武将。河野氏の内紛、細川氏との衝突の当事者。河野氏には本宗家と予州家があったが、一四四一年(嘉吉元)以後本宗家教通と予州家通春の抗争となった。六四年(寛正五)四国制覇を狙う細川勝元と衝突した際、大内教弘・政弘父子の援助をえた。応仁・文明の乱でも政弘と行動をともにし、西軍として京都に上った。帰国後も河野氏の内紛は収まらず、教通は湯築城、通春は湊山城(ともに現、松山市)に拠ったという。

こうのみちもり【河野通盛】 ?～1364.11.26 南北朝期の武将。伊予国守護。元弘の乱では鎌倉幕府方として京都防衛にあたったが、一三三三年(元弘三)幕府の滅亡で鎌倉に隠棲。足利尊氏の台頭とともにこれに属し、三六年(建武三・延元元)九州から東上する尊氏軍に合流、湊川の戦に参加。のち伊予に帰り、室町幕府方として南朝方の土居・得能・忽那氏などと戦った。この間湯築城(現、松山市)を築き、以後ここを本拠に河野氏の分国支配が展開した。

こうのもろなお【高師直】 ?～1351.2.26 南北朝期の武将。師重の子。右衛門尉・三河守・武蔵守。足利氏根本被官の筆頭で、元弘の乱以来、足利尊氏の側近。建武政権では雑訴決断所奉行人。開幕後は将軍家執事となり、引付頭人や恩賞方頭人も勤めた。旧来の権威を無視し、畿内周辺の新興領主層の組織化に努め、荘園押領を是認。そのため鎌倉以来の有力御家人や寺社本所勢力の支持をうけた足利直義と対立。一三四九年(貞和五・正平四)閏六月執事を罷免されるが、八月、直義ののがれた尊氏邸を包囲し、尊氏に直義の執政停止と師直の復帰を承認させた。翌年(観応元・正平五)末、尊氏とともに九州の足利直冬討伐に向かうが、その途上直義が南朝に降って京都を占拠したため引き返し、播磨で直義軍に敗北。尊氏と直義の和睦後に出家。摂津国武庫川で直義派の上杉能憲に討たれた。

こうのもろふゆ【高師冬】 ?～1351.1.17 南北朝期の武将。師行の子。従兄弟師直の猶子となる。左衛門尉・三河守・播磨守。一三三九年(暦応二・延元四)北畠親房の関東計略を阻止するため常陸に下る。二年後、親房を同国小田城から関城へ追い、四三年(康永二・興国四)関・大宝両城を落として常陸の南朝方掃討を完了。この間武蔵国守護を勤め、鎌倉の足利義詮を補佐した。帰京後、伊勢国守護として転戦。四九年(貞和五・正平四)義詮にかわって弟基氏が鎌倉に下ると、上杉憲顕とともに執事として翌年(観応元・正平五)下向。京都における師直と足利直義の抗争の影響から、直義派の憲顕と対立、同年末甲斐国須沢城にこもり、翌年諏訪直頼に攻囲されて自害。

こうのもろやす【高師泰】 ?～1351.2.26 南北朝期の武将。師重の子、師直の弟。妻は足利尊氏の母上杉清子の妹。左衛門尉・尾張守・越後守。元弘の乱以来、尊氏に従って活躍。建武政権では雑訴決断所奉行人。尊氏の建武政権離反後、侍所の役割を勤め、開幕後も引き続いて侍所頭人となる。一三四八年(貞和四・正平三)河内国四条畷で楠木正行を破るなど軍功をあげた。この間引付頭人を勤め、越後・尾張・河内・和泉各国守護を歴任。五〇年(観応元・正平五)足利直冬追討のため石見で戦ったが、足利直義の京都占拠の報に引き返し、尊氏・師直に合流。直義方に敗れ、師直とともども出家を条件にゆるされたが、直義派の上杉能憲に摂津国武庫川で一族とともに謀殺された。

こうひょうじん【高表仁】 生没年不詳。唐から来日した最初の使人。六三二年(舒明四)遣唐使犬上御田鍬を送って来朝。「旧唐書」では表仁は新州刺史で、外交の才なく倭王と礼を争って唐の朝命を伝えずに帰国したとされる。「日本書紀」では、表仁は難波津に至って迎使大伴馬養の出迎えをうけたが、その際礼を争ったようすは認められない。六三三年、帰国の際には送使吉士雄摩呂に対馬まで送られた。

こうぶてい【光武帝】 前6～後57.2.5 後漢初代の皇帝劉秀(在位二五～五七)。前漢の高祖劉邦の九世の孫。二二年に反王莽の兵を宛県(現、河南省南陽市)にあげ、即位ののち都を洛陽に定めた。三六年までにほぼ全国の群雄を平定、四三年には北ベトナムを領有するなど、周辺にも勢力を広げた。四四年には三韓が、四七年には高句麗が楽浪を通じて内属、四九年には南匈奴も臣属した。最晩年の五七年には倭の奴国も遣使し、光武帝はこれに印綬を与えた。

こうぶてい【洪武帝】 1328～98.閏5.- 太祖とも。中国の明朝初代皇帝(在位一三六八～九八)。姓は朱、名は元璋。安徽省鳳陽県の貧農に生まれ、紅巾軍に加わって頭角を現し、一三六八年明を建国。元をモンゴルに駆逐して中国を統一した。専制主義的官僚体制を強化し、明建国の功臣らを次々と処罰。対外的には海禁政策を強行して倭寇などに対応した。

こうふよう【高芙蓉】 1722.3.15～84.4.25? 江戸中期の篆刻家。名は孟彪、字は孺皮、本姓は大島、通称逸記。甲斐国生れ。富士山にちなんで芙蓉・氷壑・中岳画史と号し、室名は菡萏居。京都に遊学し、池大雅・韓天寿らの文人墨客と交わった。詩・書・画に優れ、とくに篆刻は古今の印制・篆法・刀法を研究して復古を提唱し、気韻の高い作風を完成した。印聖と称される。

こうぶんてんのう【弘文天皇】 ⇨大友皇子

こうべん【高弁】 ⇨明恵

こうべん【康弁】 生没年不詳。鎌倉前期の仏師。運慶の三男と伝えられる。運慶統率下での造像の事績が知られ、建久末年には教王護国寺(東寺)南大門の仁王像、同寺中門の二天像の造立に参加。法橋位にあった一二一二年(建暦二)頃の興福寺北円堂諸像の造立では広目天像を分担した。興福寺に現存する竜灯鬼像は一五年(建保三)の康弁作とされ、一対の天灯鬼とともに、写実的で力感あふれた造形は運慶様の確実な継承を示す。

ごうほう【杲宝】 1306～62.7.7 南北朝期の東寺(教王護国寺)の学僧。東寺観智院一世。下野国生れ。幼くして出家し高野山に上り、東寺宝菩提院の頼宝に師事して真言を学ぶ。ついで槙尾山浄宝に三宝流の灌頂を、勧修寺慈尊院の栄海について伝法灌頂をうけた。東寺勧学会学頭・法印・大僧都など枢要の地位に任じられる一方で活発な著述活動を行う。「東宝記」のほか聖教類の著述・注釈など多数。

こうほうけんにち【高峰顕日】 1241～1316.10.20 鎌倉後期の五山の禅僧。諱は顕日、字は高峰。密道と号す。諡号は仏国禅師・仏国応供広済国師。後嵯峨天皇の皇子。一二五六年(康元元)円爾に従って出家、のち兀庵普寧・無学祖元に師事。下野国那須の雲巌寺の開山となる。南浦紹明とともに天下の二甘露門と称された。北条貞時・同高時の帰依をうけ、鎌倉の万寿寺・浄妙寺・浄智寺・建長寺の住持を歴任。門下に夢窓疎石ら俊才を輩出し、関東禅林の主流を形成した。著書「仏国禅師和歌集」。

こうぼうだいし【弘法大師】 ⇨空海

こうみょうこうごう【光明皇后】 701～760.6.7 聖武天皇の皇后。名は安宿媛・光明子。藤原不比等の三女。母は県犬養三千代。七一六年(霊亀二)聖武の皇太子時代に入内し、即位後夫人をへて、七二九年(天平元)長屋王の変後に皇族以外からはじめて立后。女の阿倍内親王(孝謙天皇)が即位すると、皇后宮職を改組して紫微中台に権力を集中、事実上天皇大権を掌握した。仏教をあつく信仰して大規模な写経事業を行い、国分寺建立・大仏造立もすすめ、また施薬院・悲田院を設けるなど社会救済事業にも尽くした。正倉院宝物は、聖武の一周忌に遺品を東大寺に献納したもの。光明の書「楽毅論」「杜家立成」は力強い筆致で、男性的な性格がうかがえる。

こうみょうてんのう【光明天皇】 1321.12.23～80.6.24 在位1336.8.15～48.10.27 後伏見天皇の皇子。名は豊仁。母は広義門院寧子。一三二二年(元亨二)親王宣下。三六年(建武三・延元元)足利尊氏に擁され践祚。四八年(貞和四・正平三)譲位して院政を行う。五一年(観応二・正平六)正平一統で北朝が廃され出家、法名真常恵。翌年南朝に拉致されたが、五五年(文和四・正平一〇)帰京。八〇年(康暦二・天授六)大和国長谷寺で没した。

こうむちともつね【神鞭知常】 1848.8.4～1905.6.21 明治期の官僚・政治家。丹後国生れ。一八七三年(明治六)大蔵省出仕。八七年官界引退後、第一回総選挙から衆議院議員当選七回。進歩党に属し、第二次松方内閣の法制局長官。憲政党入党後、第一次大隈内閣で再び法制局長官。対外硬派としても知られ、大日本協会・東亜同文会・国民同盟会などに関係。一九〇三年の対露同志会結成でも活躍。日露開戦後は朝鮮経営に強い関心を示した。

こうめいてんのう【孝明天皇】 1831.6.14～66.12.25 在位1846.2.13～66.12.25 仁孝天皇の第四皇子。名は統仁。母は正親町実光の女新待賢門院雅子。一八三五年(天保六)儲君に定まり親王宣下、四〇年立太子、四六年(弘化三)父の死去により践祚。六三年(文久三)将軍徳川家茂らを従え賀茂社・石清水八幡宮に行幸し、攘夷断行を祈念したが、尊攘激派を好まず、公武合体政策を支持した。六六年(慶応二)痘瘡で死去。公武合体を旨とした政治姿勢は倒幕勢力の障害とも評された。歌集「此花詠集」、伝記「孝明天皇紀」。

こうもとだいさく【河本大作】 1883.1.24～1955.8.25 大正・昭和期の軍人。陸軍大佐。兵庫県出身。陸軍士官学校(一五期)・陸軍大学校卒。北京公使館付武官補佐官・参謀本部支那班長などをへて、一九二六年(昭和元)関東軍高級参謀。この間永田鉄山らと交わる。二八年張作霖爆殺事件を計画して実行の指揮にあたった。翌々年予備役編入。以後、満鉄理事・満州炭鉱理事長・山西産業社長を務めるが、第二次大戦後、戦犯として中国で収監され病死。

こうや【空也】 ⇨空也

こうゆうい【康有為】 Kang Youwei 1858.3.19～1927.3.21 中国清朝末期の政治家・公羊学者。広東省出身。一八九五年進士に合格。一八八八～九八年に光緒帝に七回上書し、日本の明治維新を範に立憲君主政体への変法維新を主張。戊戌の新政を推進したが、九八年西太后らによる政変で弾圧され、日本に亡命。孫文ら革命派の協力要請を拒否したが、日本政府の圧力でカナダへ出国。その後も保皇会を結成して立憲運動を展開。著書「新学偽経考」。

ごうよしひろ【郷義弘】 ⇨義弘

こうよしみつ【幸祥光】 1892.11.16～1977.4.6 明治後期～昭和期の能楽囃子方。小鼓方幸流の一六世宗家。本名五郎・悟朗。東京都出身。士族神谷直方の五男。一九〇二年(明治三五)小鼓方幸流の三須平司の養嗣子となり、養父および養祖父(三須錦吾)に師事。〇九年幸五郎次郎家の芸事を継承。音色の美しさと間の正確さは比類がなく、囃子方の最高峰とうたわれた。五五年(昭和三〇)人間国宝、六五年芸術院会員。著書「小鼓入門」「小鼓とともに」。

こうらけ【甲良家】 平内家とならぶ江戸幕府作事方大棟梁の一家。近江国犬上郡甲良荘の出で、一五六六年(永禄九)の近江国油日神社楼門の棟札が初見。初代とされる宗広は一六〇一年(慶長六)京都の吉田神社をつくり、京都大工頭中井家のもとで江戸増上寺山門や日光東照宮作事にもたずさわる。のち江戸大工頭鈴木家のもとに入り、二四年(寛永元)の鎌倉鶴岡八幡宮、三〇年の江戸山王権現社の修造に二代宗次とともに参加、三七年には日光東照宮の全面改築にあたった。以後も幕府の作事・修理の多くを担当し、建仁寺流を称した。

こうらむねひろ【甲良宗広】 1574～1646.3.17 江戸初期の代表的な工匠。江戸幕府作事方大棟梁を勤めた甲良家の初代。近江国生れ。家職を継いだが、一五九六年(慶長元)徳川家康に仕え、数多くの作事に従事。代表作に一六三二年(寛永九)の増上寺台徳院霊廟、三四年の日光東照宮がある。華やかな装飾を施した意匠を主導した。京都吉田神社造営に際し棟梁を勤め、功により豊後守の称を許された。

こうりききよなが【高力清長】 1530～1600/04/08.1.26 織豊期～江戸初期の武将。与左衛門。三河守。松平広忠に仕え、一五五二年(天文二一)以降駿府にいた徳川家康に仕えた。のち三河三奉行の一人となる。八〇年(天正八)遠江国鎌田郷、八二年駿河国山西を領した。八四年豊臣秀吉との和議の使者として京都に赴く。八六年秀吉から豊臣姓をうけた。九〇年家康の関東入部の際に武蔵国岩槻二万石を得た。

こうりきし【高力氏】 近世の大名家、のち旗本。武蔵国熊谷郷の熊谷直実の後裔で、南北朝期に戦功により三河国八名郡を得て移った。正直のとき額田郡高力郷に分かれ、子の重長以来高力氏を称し、松平氏に仕えた。清長のとき徳川家康に仕え武蔵国岩槻二万石を得、忠房のとき浜松をへて島原四万石に転封。次代高長は領地を没収されたが、子の忠弘が赦免されて下総国内に三〇〇〇石を与えられた。忠弘の死後縁戚の永井氏から清弥が養子として入り、継承した。

こうりきただふさ【高力忠房】 1584～1655.12.11 江戸前期の譜代大名。清長の孫。父は正長。初名は忠長。左近大夫・摂津守。一六〇八年(慶長一三)武蔵国岩槻藩を襲封。一九年(元和五)遠江国浜松に移り三万石余を領した。三八年(寛永一五)島原の乱後の肥前国島原四万石に移され、キリシタンの禁圧と復興政策を行った。

こうりょうさい【高良斎】 1799.5.19～1846.9.13 江戸後期の蘭方医。名は淡、字は子清、別号は輝淵。本姓山崎氏。阿波国徳島生れ。眼科医高錦国の養子となり眼科を修め、本草学を乾桐谷(純水)に学ぶ。一九歳のとき長崎に留学し、蘭学と蘭方医学を学んだ。一八二三年(文政六)来日したシーボルトに師事、鳴滝塾の塾頭となる。二六年シーボルトの江戸参府に随行。二八年のシーボルト事件に連坐したが許され、三〇年(天保元)徳島で開業。三六年大坂に移り昭淵堂と称して大坂蘭学の中心となり、四〇年明石藩の医員となった。著訳「薬品応手録」「西医新書」。

ごうりん【杲隣】 767～? 平安前期の真言宗僧。俗姓・出身不詳。東大寺で法相教学を学び、のち空海の弟子となる。八一二年(弘仁三)高雄山寺上座。八三三年(天長一〇)空海に従って高野山に登り修禅院を建立したという。空海没後は伊豆に住して走湯房・修禅寺を開いたと伝えられる。八三七年(承和四)弟子円行が入唐した際の書状には伝灯大法師位とみえる。

こうれいてんのう【孝霊天皇】 記紀系譜上の第七代天皇。大日本根子彦太瓊天皇と称する。孝安天皇の皇子。母は押媛。皇后の細媛命との間に孝元天皇を、また倭国香媛との間に倭迹迹日百襲姫命をもうけた。黒田(現、奈良県田原本町黒田)に廬戸宮を営み、片丘馬坂陵に葬られたと伝える。

こうんえじょう【孤雲懐奘】 ⇨懐奘

コエリョ Gaspar Coelho 1530?～90.4.4 「クエリョ」とも。イエズス会初代日本準管区長。ポルトガル生れ。一五七二年(元亀三)来日、下地区の上長として肥前国大村・島原に布教。八一年(天正九)巡察師バリニャーノによって日本のイエズス会が準管区になった際、初代準管区長となる。在任中に少年使節のヨーロッパ派遣、八七年の豊臣秀吉のバテレン追放令に遭遇。肥前国加津佐で没。

ごえんゆうてんのう【後円融天皇】 1358.12.12～93.4.26 在位1371.3.23～82.4.11 後光厳天皇の皇子。名は緒仁。母は崇賢門院仲子。一三七一年(応安四・建徳二)親王宣下ののち践祚。八二年(永徳二・弘和二)譲位し院政を行うが、政治上の実権は将軍足利義満に握られ、形式的な最後の治天の君となった。九三年(明徳四)小川仙洞御所で没した。ただちに落飾し、法名光浄。日記「田記」。

こおおぎみ【小大君】 「こだいのきみ」とも。生没年不詳。平安中期の歌人。三十六歌仙の一人。系譜未詳。三条天皇の東宮時代に下級の女房である女蔵人として仕え、東宮左近ともよばれた。藤原朝光と恋愛関係にあったほか、平兼盛・藤原実方・藤原公任らとの贈答歌が残る。「後拾遺集」では巻頭歌に採られている。「拾遺集」以下の勅撰集に二一首入集。家集「小大君集」。

●久我家略系図

雅実―雅定＝雅通―通親―通光―通忠―通基―通雄―長通―通相―具通―通宣―清通

通博……晴通┬通堅┬敦通┬通世┬通前……通誠……通兄……通久(侯爵)
　　　　　　└具堯[岩倉]　└祖秀―通廉[東久世]　└通式[久世]　└季通[梅渓]

こがきんいちろう【古賀謹一郎】 1816.11.11～84.10.31 幕末・維新期の儒者・洋学者。幕府儒官古賀侗庵(どうあん)の子、精里の孫。名は増(まさる)、字は如川、号は茶渓・謹堂。朱子学者として家学を継ぐ一方、洋学にも関心を深めた。一八五三年(嘉永六)ロシア使節を長崎で応接し、その後洋学所(のち蕃書調所)設立に努め、頭取となる。外交文書の起草や翻訳に活躍。維新後、徳川慶喜に従って静岡に移り、新政府からの招きを断り出仕しなかった。著書「度日閑言」「巵言日出(しげんにっしゅつ)」。

こがけ【久我家】 村上源氏の嫡流。清華(せいが)家。家名は、のちに家祖と仰がれた平安後期の源雅実が久我(現、京都市伏見区)に別荘をもち、久我太政大臣と称されたことによる。通親は鎌倉初期、後鳥羽天皇の後見として権勢をふるい、外孫土御門(つちみかど)天皇を即位させた。通親の子らのうち、久我家は三男通光が継ぎ、次男通具(みちとも)が堀川家を、四男定通が土御門家を、五男通方が中院(なかのいん)家をおこした。堀川・土御門両家はのち断絶。源氏長者および淳和奨学(じゅんなしょうがく)両院別当を兼務したが、この地位は足利義満以降、足利氏に奪われた。中世以来、当道(とうどう)座盲僧を管領した。織豊期に近衛尚通の子晴通が相続。江戸時代の家禄ははじめ二〇〇石、のち七〇〇石。笛の家。代々議奏・武家伝奏の就任者が多い。維新後、通久(みちつね)のとき侯爵。「久我家文書」が伝存する。

ごかしわばらてんのう【後柏原天皇】 1464.10.20～1526.4.7 在位1500.10.25～26.4.7 後土御門(ごつちみかど)天皇の第一皇子。名は勝仁(かつひと)。母は贈皇太后源朝子。一四八〇年(文明一二)親王宣下。一五〇〇年(明応九)践祚(せんそ)したが、即位礼は戦国動乱の最中で費用が調わず、二二年目の二一年(大永元)将軍足利義稙(よしたね)と本願寺光兼の献金により行われた。五年後、大嘗会(だいじょうえ)を行わないまま没した。

こがせいり【古賀精里】 1750.10.20～1817.5.3 江戸後期の朱子学派の儒者。名は樸(すなお)、字は淳風、通称弥助。肥前国佐賀藩士の子。はじめ陽明学を好んだが、京都で西依成斎らに学び、大坂で尾藤二洲(じしゅう)・頼(らい)春水と交わって朱子学に転じた。佐賀に帰国後、藩校弘道館の教授となり、朱子学によって藩学を整備した。一七九六年(寛政八)幕府儒官に任じられ、寛政の三博士の一人として、異学の禁以後の学政と「孝義録」編纂に努めた。著書「精里文集」「四書集釈」。

こがどうあん【古賀侗庵】 1788.1.23～1847.1.30 江戸中・後期の儒学者。古賀精里(せいり)の三男。名は煜(あきら)。字は季曄。通称小太郎。肥前国佐賀生れ。一七九六年(寛政八)父とともに江戸に移住。一八〇九年(文化六)幕府儒者見習、昌平黌(しょうへいこう)勤務。一七年儒者となる。柔軟な思考をもち、洋学者とも交流。海防問題などを論じた。著書「海防臆測」「学迷雑録」。

こがねいこじろう【小金井小次郎】 1818～81.6.10 幕末～明治初期の博徒。武蔵国多摩郡小金井鴨下村の名主家に生まれる。府中の博徒藤屋万吉の弟分となり、一八四〇年(天保一一)三月の武蔵国二塚明神前の喧嘩で捕らえられ、佃寄場(つくだよせば)へ送られた。このとき知り合った新門辰五郎の兄弟分となる。五七年(安政四)再び捕らえられ、三宅島へ流刑、六八年(慶応四)四月に赦免となった。身内は数千人といわれ、武蔵・相模両国にわたる大親分であった。

こがねいよしきよ【小金井良精】 1858.12.14～1944.10.16 明治～昭和前期の解剖学者・人類学者。越後国生れ。東大卒。ドイツに留学し解剖学・組織学を学ぶ。帰国後の一八八五年(明治一八)九月、東京大学で解剖学の講義を始めた。本科学生に対する日本人による最初の解剖学講義である。翌年帝国大学医科大学教授に就任。人類学研究にも専念し、「アイヌ族の研究」は世界的評価をうけた。日本解剖学会の創設者。

こがはるえ【古賀春江】 1895.6.18～1933.9.10 大正・昭和前期の洋画家。福岡県出身。本名亀雄(よしお)。一九一二年(大正元)上京。太平洋画会研究所、さらに日本水彩画会研究所で石井柏亭に学ぶ。一五年僧籍に入り良昌と改名。二二年第九回二科展で「埋葬」が二科賞受賞。同年中川紀元(きげん)らと前衛美術団体アクションを結成。作品「素朴な月夜」「窓外の化粧」、著書「写実と空想」。

こがまさお【古賀政男】 1904.11.18～78.7.25 昭和期の作曲家。福岡県出身。明治大学卒。在学中の一九二八年(昭和三)「影を慕いて」を作詞・作曲。三〇年コロムビア・レコードへ入社して作曲家の道を歩む。翌年の「酒は涙か溜息か」「丘を越えて」に始まるヒット曲路線は、第二次大戦後も「湯の町エレジー」「柔(やわら)」「悲しい酒」などへと続き、ギターを基調にした古賀メロディー四〇〇〇曲は多くの人に愛唱された。死後、国民栄誉賞受賞。

こがみちちか【久我通親】 ⇨源通親(みなもとのみちちか)

こがみちみつ【久我通光】 1187～1248.1.18 鎌倉前・中期の公卿。父は後白河・後鳥羽院政で勢力のあった源通親。母は刑部卿藤原範兼の女で後鳥羽上皇の乳母三位局範子。異父姉は土御門天皇の生母承明門院在子、母の妹は卿二位兼子。一二一九年(承久元)内大臣となったが、承久の乱ののち辞任。弟通方の養育した後嵯峨天皇が即位すると政界に復帰し、四六年(寛元四)従一位太政大臣となった。

こがみねいち【古賀峰一】 1885.4.25～1944.4.1 大正～昭和前期の軍人。海軍大将・元帥。佐賀県出身。海軍兵学校(三四期)・海軍大学校卒。駐仏大使館付武官・伊勢艦長などを務め、一九三三年(昭和八)軍令部第二部長。ついで軍令部次長・支那方面艦隊司令長官などをへて、四三年山本五十六の後任として連合艦隊司令長官に就任。翌年パラオからダバオに移動中の飛行機事故で殉職、元帥に昇進。

ごかめやまてんのう【後亀山天皇】 ?～1424.4.12 在位1383.10以後～92.閏10.5 後村上天皇の皇子。名は熙成。母は嘉喜門院勝子といわれる。長慶天皇の皇太弟となり、南朝和平派の公家に推され、一三八三年(永徳三・弘和三)頃に践祚。九二年(明徳三・元中九)足利義満からの和平の申入れに対し、譲国の儀式による神器授受、両統迭立、諸国国衙領の大覚寺統管轄などを条件としてこれをうけ、同年閏一〇月入京、北朝の後小松天皇に神器を譲り上皇となる。しかし三条件は守られず、一四一〇年(応永一七)吉野に潜行。一六年に帰京。

こかんしれん【虎関師錬】 1278～1346.7.24 鎌倉後期～南北朝期の臨済宗の僧。諡号は本覚国師。京都生れ。父は藤原左金吾校尉。八歳で臨済宗聖一派東山湛照のもとに参禅、東山の没後、規庵祖円・桃渓徳悟らに従い修行。一三〇七年(徳治二)建長寺の一山一寧を訪ねたのを機に、二二年(元亨二)「元亨釈書」を著す。また鎌倉の無為昭元・約翁徳倹の会下に入る一方、仁和寺・醍醐寺で密教を学ぶ。三九年(暦応二・延元四)南禅寺の住持となり、四一年(暦応四・興国二)東福寺海蔵院に退き、翌年後村上天皇から国師号をえた。菅原在輔から「文選」を、六条有房から「易」を学ぶなど研鑽に努め、該博な知識をえた。「聚分韻略」「済北集」など著作多数。

ごぎょう【五行】 ⇨木食五行

こくあ【国阿】 1314～1405.9.11 南北朝期～室町初期の僧。時宗国阿・霊山両派の祖。「双林寺縁起」によれば、播磨国に生まれ、俗名を箸崎国明といい、一三五五年(文和四・正平一〇)に出家して国阿弥陀仏と称した。熊野などの山岳修行に努め、伊勢・熊野参詣の道者不浄を嫌わず参詣すべしとの神託をうけ、その主張によって人気を博した。京都東山霊山に正法寺を建立して、双林寺を再興し、それぞれ霊山派本寺と国阿派本寺となった。

こくしょういわお【黒正巌】 1895.1.2～1949.9.3 大正・昭和期の経済学者。岡山県出身。京大卒。京都帝国大学教授・大阪経済大学学長・岡山大学学長などを歴任。一九二〇年代以降百姓一揆研究に従事し、この分野の基礎的概念の確立に努力。とくに全国の一揆をまとめた年表は黒正年表と略称され、青木虹二の年表が発表されるまで、基本文献として重視された。著書「百姓一揆の研究」「百姓一揆の研究続編」。

こくぶし【国分氏】 中世の下総国の豪族。千葉六党の一つ。桓武平氏。千葉常胤の五男胤通(道)が国分郷(現、千葉県市川市)を本拠として国分氏を称したのに始まる。胤通は源平合戦や奥州平定などに活躍。鎌倉末期、泰胤は本拠を大崎(現、佐原市)に移す。一五九〇年(天正一八)後北条氏とともに滅亡したらしい。このほか、陸奥国国分郷(現、仙台市)や信濃国国分荘(現、長野県上田市)よりおこった藤原姓の国分氏もいた。

こくぶせいがい【国分青厓】 1857.5.5～1944.3.5 明治～昭和前期の漢詩人。本名は高胤。陸奥国宮城郡生れ。大東文化学院教授。新聞「日本」、ついで雑誌「日本及日本人」を拠点に大正・昭和期の漢詩壇の中心となる。一九七五年(昭和五〇)に「青厓詩存」が刊行された。

こくぼきしち【小久保喜七】 1865.3.23～1939.12.14 明治～昭和前期の民権家・政党政治家。下総国葛飾郡生れ。一八八三年(明治一六)自由党入党。大阪事件や大隈重信暗殺未遂事件に連坐したが、ともに証拠不十分で放免。茨城県議をへて第一〇回総選挙から衆議院議員に六回連続当選。立憲政友会総務・逓信省参事官となる。のち貴族院議員。

コクラン George Cochran 1834.1.14～1901.5.24 カクランとも。カナダ・メソジスト教会最初の来日宣教師。一八七三年(明治六)横浜に来航、翌年中村正直の東京小石川同人社内に転居し、英語と聖書を教授、同年一二月中村に授洗。七六年に牛込(頌栄)教会を創立し、伝道の基礎を樹立した。一時帰国し八四年再来日。東洋英和学校を設立、平岩愃保らの伝道者を育成した。九三年帰国。

ごこうごんてんのう【後光厳天皇】 1338.3.2～74.1.29 在位1352.8.17～71.3.23 光厳天皇の皇子。名は弥仁。母は陽禄門院秀子。一三五二年(文和元・正平七)北朝の光厳・光明・崇光三上皇と直仁廃太子が南朝に拉致されたため、足利義詮の要請により祖母広義門院の命で践祚。在位中はたびたび南朝軍の襲撃をうけて地方に遷幸。七一年(応安四・建徳二)譲位し院政を行う。七四年(応安七・文中三)落飾、法名光融。柳原殿で没した。

こごうのつぼね【小督局】 1157～? 高倉天皇に仕えた女房。父は藤原成範。一一七七年(治承元)高倉天皇の皇女範子内親王を生んだ直後に宮仕えをやめ、七九年出家した。「平家物語」によると、女の徳子の皇子出生を望む平清盛の怒りを避けたものという。その後「建春門院中納言日記」には二十数年ぶりに天皇が小督に再会したことがみえ、「明月記」には一二〇五年(元久二)に藤原定家が小督を見舞ったとある。

ごこうみょうてんのう【後光明天皇】 1633.3.12～54.9.20 在位1643.10.3～54.9.20 後水尾天皇の第四皇子。名は紹仁。生母は園基任の女壬生院光子。幼称は素鵞宮。学問を好み、儒学、とくに朱子学に傾倒した。経学の師は明経道の家柄である伏原賢忠であったが、朝山素心(意林庵)などの進講も聴き、藤原惺窩の文集に序文を与えた。また詩作も好み、漢詩九一編、和歌五首を収めた「鳳啼集」がある。

ごこまつてんのう【後小松天皇】 1377.6.27～1433.10.20 在位1382.4.11～1412.8.29 後円融天皇の第一皇子。名は幹仁。母は三条公忠の女通陽門院厳子。一三八二年(永徳二・弘和二)北朝の天皇として践祚。九二年(明徳三・元中九)南北朝合一により南朝の後亀山天皇から神器を譲られる。在位中は足利義満の専権時代で、義満没後に太上法皇の尊号を贈ろうとしたが、義満の子義持に固辞された。一四一二年(応永一九)譲位。三一年(永享三)出家、法名素行智。東洞院御所で没した。

ここんていしんしょう【古今亭志ん生】 1890.6.28～1973.9.21 昭和期の落語家。東京都出身。本名美濃部孝蔵。二代三遊亭小円朝門人で、朝太を振り出しに、数度改名。一九三九年(昭和一四)五代古今亭志ん生を襲名。滑稽噺や人情噺に独特の芸境を開く。名人とうたわれ、芸術祭賞を受賞し確固たる地位を築いた。その破天荒な生涯は小説にもなる。長男は一〇代金原亭馬生、次男は三代古今亭志ん朝。芸名は江戸後期から五代を数える。

ごさいてんのう【後西天皇】 1637.11.16～85.2.22 在位1654.11.28～63.1.26 後水尾天皇の第八皇子。名は良仁。生母は櫛笥隆致の女逢春門院隆子。幼称秀宮。一六四七年(正保四)高松宮好仁親王の遺跡を継ぎ、桃園宮・花町宮と称する。五四年(承応三)兄の後光明天皇の急死により、弟識仁親王(霊元天皇)成長までの中継ぎとして即位。記録類の謄写に努めて京都御所東山御文庫の基を築く。また後水尾法皇から古今伝授をうけ、和歌・連歌にも堪能。

こざいよしなお【古在由直】 1864.12.20～1934.6.18 明治・大正期の農芸化学者。京都生れ。駒場農学校卒。帝国大学助教授。農産加工・発酵醸造などの農芸化学の基礎を作った。足尾銅山鉱毒が問題になると、現地の鉱毒分析をして原因を明らかにし、農民被害の実情を発表した。ドイツ留学。帰国後東京帝国大学教授・総長。東大の基礎確立に努めた。任期中に教授定年制を定め、また関東大震災後の大学復興に尽力。茶の葉の含有成分の研究、米作肥料や清酒酵母の研究がある。

ごさがいんのだいなごんのすけ【後嵯峨院大納言典侍】 1233?～63? 鎌倉中期の歌人。藤原為子。藤原為家の女。一〇歳余で後嵯峨上皇に出仕。「増鏡」「弁内侍日記」に名がみえる。一二五〇年(建長二)左大臣九条道良に嫁して一女をもうけた。祖父の定家にかわいがられ、「古今集」などの書写文を授けられたが早世。「中院詠草」注記は五五年死去とする。「沙石集」巻五に、その死を嘆く為家の逸話がある。「続後撰集」以下に入集。家集「秋夢集」。

こさかじゅんぞう【小坂順造】 1881.3.30～1960.10.16 大正・昭和期の政財界人。長野県出身。東京高等商業卒。信濃電気(のちの長野電気)や信越窒素(のちの信越化学工業)の経営にあたった。一九五〇～五一年(昭和二五～二六)に日本発送電、五四～五六年に電源開発の各総裁を歴任。政治家としては民政党に属し、衆議院当選七回、貴族院選任三回。

ごさがてんのう【後嵯峨天皇】 1220.2.26～72.2.17 在位1242.1.20～46.1.29 土御門天皇の皇子。名は邦仁。母は源通宗の女通子。一二四二年(仁治三)四条天皇が没し、九条道家は順徳上皇の皇子を推したが、幕府は上皇が承久の乱に関与していたため拒絶し、北条泰時の妹婿源定通に推されて皇位についた。四六年(寛元四)後深草天皇に譲位して院政を始め、幕府の指導のもとで院の評定制など鎌倉後期の公家政治の基礎をつくった。道家の失脚後は摂家将軍にかえて皇子宗尊親王を鎌倉に送り、親王将軍の先駆けとした。その後、後深草天皇に命じて亀山天皇に譲位させたが、どちらを正嫡とするかを幕府に委ねたまま没し、両統迭立問題の発端をつくった。

こざきひろみち【小崎弘道】 1856.4.14～1938.2.26 明治～昭和前期の日本組合基督教会牧師。熊本藩士の次男。熊本洋学校在学中ジェーンズから受洗。同志社卒業後一八七九年(明治一二)上京、京橋に新肴町教会を設立し按手礼をうける。八二年粟津高明創立の教会と合併して東京第一基督教会と改称。八六年赤坂霊南坂に会堂を建設(霊南坂教会)、九〇年新島襄の後継として同志社社長に就任した。この間「六合雑誌」「政教新論」を刊行。同志社辞職後、九九年霊南坂教会牧師に就任し、一九三一年(昭和六)まで在任。「小崎弘道全集」全六巻。

ごさくらまちてんのう【後桜町天皇】 1740.8.3～1813.閏11.2 在位1762.7.27～70.11.24 江戸時代最後の女帝。桜町天皇の第二皇女。名は智子。母は関白二条吉忠の女皇太后舎子(青綺門院)。一七五〇年(寛延三)内親王宣下。六二年(宝暦一二)弟の桃園天皇死去の際、儲君英仁親王(後桃園天皇)成長までの中継ぎとして践祚。学問を好み、六九年有栖川宮職仁親王から古今伝授をうける。日記「後桜町院宸記」。

ごさまる【護佐丸】 ?～1458 第一尚氏代の中部地方の按司。毛氏の始祖。居城を恩納村の山田城から読谷村の座喜味、さらに中城に築城して移した。尚巴志以下代々の王に仕え、尚泰久の岳父となるなど、重鎮として本島中部一帯に勢力を誇った。座喜味築城には奄美の人々も従事したとされ、大和貿易の伝承も残る。一四五八年勝連城の按司阿麻和利の策謀で阿麻和利・国王の連合軍に攻められ自刃。第二尚氏時代には子孫がとりたてられ、近世を通じて三司官を輩出する名門となった。

ごさんじょうてんのう【後三条天皇】 1034.7.18～73.5.7 在位1068.4.19～72.12.8 後朱雀天皇の第二皇子。名は尊仁。母は禎子内親王(陽明門院、三条天皇の皇女)。一〇四五年(寛徳二)死に臨んだ父によって皇太子に立てられる。関白藤原頼通はこれに異を唱え、陰に陽に圧迫もあったが、六八年(治暦四)異母兄後冷泉天皇が嗣子なく死去したため即位した。荘園整理政策や記録荘園券契所の設置、宣旨枡の制定など、みるべき治績を残す。七二年(延久四)長子の皇太子(白河天皇)に譲位し、同時に二歳の次子(実仁)を立太子させた。譲位の目的は実仁立太子にあったとみられ、院政の傾向を示すが、病気により翌七三年に出家し、譲位の半年後に死去した。

こしきぶのないし【小式部内侍】 ?～1025.11.- 小式部とも。平安中期の歌人。橘道貞の女。母は和泉式部。母とともに藤原彰子に仕えた。歌合の場で、藤原定頼に丹後国にいる母からの歌は届いたかとからかわれ、即座に詠んだ「大江山いくのの道の遠ければまだふみもみず天の橋立」は「小倉百人一首」にも入り有名。才色兼備で、藤原教通や同頼宗に愛され、さらに藤原公成の子を生んで没した。歌集はなく、勅撰集入集も確かなものは二首。

こじじゅう【小侍従】 生没年不詳。平安末期の歌人。石清水八幡宮別当紀清光の女。母は菅原在良の女で花園左大臣家の女房小大進。母も歌人として有名。藤原伊実の妻。近衛天皇の皇后でのちに二条天皇に再度入内した藤原多子に仕え、歌人として活躍。さらに高倉天皇に出仕、一一七九年(治承三)出家した。のち後鳥羽院歌壇でも活動を続けた。「千載集」以下の勅撰集に約五五首入集。家集「小侍従集」。

こしないしんのう【高志内親王】 789～809.5.7 桓武天皇の皇女。母は藤原良継の女乙牟漏。平城・嵯峨両天皇の同母妹であり、父に寵愛された。異母兄の大伴親王(淳和天皇)の妃となり、恒世親王と女子三人を生む。二一歳で死去したとき一品を贈られ、淳和の即位に際し皇后を贈られた。

こじまいけん【児島惟謙】 1837.2.1～1908.7.1 名は「これかた」とも。明治期の司法官僚。宇和島藩士出身。品川県権少参事などをへて、一八七一年(明治四)司法省に入り、翌年司法省判事。名古屋裁判所所長・大審院民事乙局局長・長崎控訴裁判所所長・大阪控訴裁判所所長・大阪控訴院院長などをへて、九一年大審院院長。同年五月の大津事件では、犯人津田三蔵に大逆罪を適用して死刑を求める松方内閣の干渉をはねつけ、司法権の独立を守ったとされる。翌九二年八月、いわゆる司法官弄花事件に連坐して免職。九四年五月から九八年四月まで貴族院勅選議員、第六回総選挙で衆議院議員に当選(進歩党)。一九〇五年貴族院議員に復帰。第二十銀行頭取も務めた。

こじまうすい【小島烏水】 1873.12.29～1948.12.13 明治～昭和期の登山家。香川県出身。横浜正金銀行勤務のかたわら、一八九四年(明治二七)頃から登山を始め、日本アルプスを愛し紀行文を発表した。多方面の才能に恵まれ、浮世絵研究にも業績を残した。ウェストンと知りあい、一九〇五年の山岳会(〇九年日本山岳会と改称)結成にともに尽力。三一年(昭和六)日本山岳会初代会長、三三年同会名誉会員となる。

こじまかずお【古島一雄】 1865.8.1～1952.5.26 明治～昭和期の新聞人・政党政治家。但馬国生れ。雑誌「日本人」、新聞「日本」「九州日報」「万朝報」などに関係。犬養毅の知遇を得て行動をともにし、第一〇回総選挙から衆議院議員に六回連続当選。護憲三派内閣の成立、立憲政友会と革新倶楽部の合同を斡旋。第二次大戦後も鳩山一郎自由党総裁の後任に吉田茂を推すなど、政界の黒幕として知られた。

こじまきくお【児島喜久雄】 1887.10.10～1950.7.5 大正・昭和期の美術史家。東京都出身。東大卒。大塚保治に美学・西洋美術史を学ぶ。一九一〇年(明治四三)に「白樺」同人となり、美術関係の論文を寄稿。二一～二六年(大正一〇～昭和元)ヨーロッパ滞在。二六年東北帝国大学助教授、三五年東京帝国大学助教授、四一年同教授となる。著書「レオナルド・ダ・ヴィンチ」「美術概論」「美術批評と美術問題」「希臘の鋏」。

こじまぜんざぶろう【児島善三郎】 1893.2.13～1962.3.22 大正・昭和期の洋画家。福岡県出身。本郷洋画研究所で岡田三郎助に師事するが病気で帰郷。再度上京し一九二三年(大正一二)円鳥会創立に参加。二四年渡欧。二九年(昭和四)二科会会員となるがその後脱会。三〇年独立美術協会創立に参加。作品「鏡を持つ女」。

こじまたかのり【児島高徳】 生没年不詳。今木高徳とも。南北朝期の武将。和田範長の子。備後三郎。一三三一年(元弘元)後醍醐天皇の笠置行幸に応じて挙兵。天皇が捕らえられると、隠岐配流の途中、播磨・美作国境付近で奪還を企てるが、護送が先行して失敗。高徳は院荘(現、岡山県津山市)の行在所に単身潜入し、庭前の桜樹に「天勾践を空しうする莫れ、時に范蠡無きにしも非ず」と記して天皇への忠心を伝えたという。三三年(元弘三)天皇が隠岐を脱出するとただちに六波羅攻略に参加。その後も南朝方として活躍し、四三年(康永二・興国四)丹波国守護代荻野朝忠とともに備前に挙兵するが失敗、京都に潜伏したのち信濃にのがれた。以後消息不明。高徳の事跡は「太平記」以外にはみえず、その実在を疑う説もある。

こじまほうし【小島法師】 ?～1374 「太平記」の作者と伝えるが、俗名も伝記も不詳。「洞院公定公記」に死亡記事があり、「卑賤の器たりといえども名匠の聞こえあり」と追悼の語句が添えられている。近年「太平記」は一人の作者の手になったのではなく、何回か書き継がれ、小島法師は最後に全体を整えたと考えられている。小島法師を児島高徳に擬する説をはじめ、比叡山僧・散所法師・山伏など諸説がある。

こじまやたろう【小島弥太郎】 生没年不詳。戦国期の越後国の武将。上杉謙信の家臣。勇猛で知られ、鬼小島と称された。江戸中期の「北越城主抜書」によれば、古志郡乙吉村に拠った小島三郎兵衛の子で、実名は貞弘。新潟県長岡市乙吉町の竜穏院は弥太郎の帰依をうけたといわれ、墳墓も同院にある。謙信が上洛して将軍足利義輝と対面したとき、義輝が獰猛な猿をけしかけて謙信の器量をはかったのに対し、弥太郎がこの猿を威圧して追い払い、謙信の評価を高めたという。

コシャマイン ?～1457 室町時代の東部アイヌの首長。一四五六年(康正二)志苔(志濃里)の鍛冶屋村でマキリ(アイヌの刀)の切れあじの良悪をめぐりアイヌ青年が和人に殺されたのを契機に、翌五七年(長禄元)五月コシャマインは道南アイヌを率いていっせいに蜂起し、小林氏の志苔館を手始めに、箱館・中野館・脇本館など一〇館を攻め落とした。しかし和人側の反撃をうけ、花沢館主蠣崎季繁の客将武田信広により射殺された。

ごしゅん【呉春】 1752.3.15～1811.7.17 江戸中・後期の画家。四条派の祖。本姓は松村、初名は豊昌、通称文蔵。字は允白・伯望。号に月渓・蕉雨亭など。京都金座役人の家に生まれる。大西酔月から画技を習得、ついで与謝蕪村に画と俳諧を学んだ。一七八一年(天明元)摂津国池田へ移り、翌春、池田の古名呉服里にちなんで呉春と改名。京に戻ったのち円山応挙の影響をうけ、南画の抒情性と応挙の写実性を融合した独自の画風を確立する。代表作「柳鷺群禽図屏風」。

ごじょうけ【五条家】 ❶菅原氏高辻家の庶流。鎌倉中期の為長の次男高長に始まる。紀伝道の家。大学頭・文章博士などをへて、大納言・中納言を極官とした。江戸時代には相撲の司家となった。家禄は一七一石余。維新後、為栄のとき子爵。❷清原氏。鎌倉末期の良枝の次男頼元に始まる。頼元は後醍醐天皇の皇子征西将軍懐良親王に従って九州に下り、菊池氏とくんで征西府の隆盛を迎えた。その子孫は南北朝合体後、筑後国上妻郡矢部(現、福岡県黒木町)に土着し、のち大友氏、加藤清正、柳河立花氏に属した。一八九七年(明治三〇)に男爵。「五条文書」(重文)を伝える。

ごじょうよりもと【五条頼元】 1290～1367.5.28 南北朝期の南朝方の官人。五条家の祖。父は大外記清原良枝。一三〇六年(徳治元)権少外記に任じられ、大外記・博士・少納言・造酒正・図書頭・助教・直講・勘解由使次官・加賀守・備中守などを歴任。三六年(建武三・延元元)後醍醐天皇の命で征西将軍宮懐良親王に従い九州へ下向。親王を補佐し、肥後阿蘇氏の誘引工作に尽力した。四八年(貞和四・正平三)頃親王が成人すると、その令旨の奉者となり、六二年(貞治元・正平一七)頃まで活躍。六三年には筑前国三奈木荘、日向国飫肥南北両郷地頭職を親王から賜った。六五年出家、法名宗性。三奈木荘で没した。

ごしょへいのすけ【五所平之助】 1902.1.24～81.5.1 大正・昭和期の映画監督。本名平右衛門。東京都出身。慶応義塾商工学校卒。一九二三年(大正一二)松竹入社。島津保次郎に師事。処女作は二五年「空は晴れたり」。ユーモアと叙情味ある文芸映画、小市民物を数多くつくる。日本最初のトーキー映画「マダムと女房」の監督として有名。そのほかに「今ひとたびの」「煙突の見える場所」。

ごしらかわてんのう【後白河天皇】 1127.9.11～92.3.13 在位1155.7.24～58.8.11 鳥羽天皇の第四皇子。名は雅仁。母は藤原公実の女待賢門院璋子。崇徳天皇の同母弟。一一五五年(久寿二)近衛天皇が死去すると、鳥羽は後白河の長子(二条天皇)を後継者と決め、順序としてまず父の後白河を即位させた。崇徳はこれを不満として保元の乱(一一五六)がおき、後白河はこれに勝利する。二年後、二条天皇に譲位し、その翌年平治の乱で御所を焼かれている。二条の死後、三男(高倉天皇)を後継者に決め、六八年(仁安三)二条の子六条天皇からこれに譲位させた。この頃から院政の実が備わる。その後、平清盛と対立を深め、鹿ケ谷の謀議の結果、幽閉・引退させられた。しかし八一年(養和元)高倉の死によって院政を再開し、平家都落ちの後、源義仲の襲撃をうけたものの、翌年源頼朝勢力の京都進出後は頼朝との協調を方針とし、義経挙兵事件(一一八五)の一時的混乱をこえて、朝廷と幕府の共存に道を開いた。信仰に厚く、遊び事を好み、今様を集成して「梁塵秘抄」を編纂したほか、朝儀の復興にもつとめ、「年中行事絵巻」を作らせた。

こすぎすぎむら【小杉榲邨】 1834.12.30～1910.3.30 名は「おんそん」とも。明治期の国学者。号は杉園。阿波国生れ。一八五四年(安政元)江戸に出て国史・国文を学ぶ。尊王論を唱えて一時幽閉される。維新後は教部省・文部省に出仕し「古事類苑」の編纂に従事。東京帝国大学古典講習科准講師・東京美術学校教授などを歴任。

こすぎてんがい【小杉天外】 1865.9.19～1952.9.1 明治～昭和期の小説家。本名為蔵。出羽国仙北郡生れ。政治家を志し、英吉利法律学校に学ぶ。「小説神髄」に接して志望を変更。斎藤緑雨の庇護下に、一八九三年(明治二六)共著「反古袋」を上梓して文壇に登場。その後、ゾラの強い影響下に「はつ姿」「女夫星」「はやり唄」を発表。永井荷風とならんで前期自然主義の代表者となる。のち「長者星」などを発表、女学生の恋愛を描いた「魔風恋風」は新聞小説として成功をおさめた。

こすぎほうあん【小杉放庵】 1881.12.29～1964.4.16 明治～昭和期の日本画家。栃木県出身。本名国太郎。はじめ五百城文哉、上京後は小山正太郎の不同舎で洋画を学ぶ。未醒と号し太平洋画会・文展などに油絵を出品。挿絵・漫画もよくした。一九一四年(大正三)日本美術院洋画部、二二年春陽会を創立。昭和初年から放庵の号で日本画を描く。三五年(昭和一〇)帝国美術院会員。作品「水郷」、東京大学安田講堂内壁画「湧泉」。著書「放庵画論」。

ごすこういん【後崇光院】 1372.3.25～1456.8.29 後花園天皇の実父。伏見宮栄仁親王の第二皇子。名は貞成。母は三条実治の女治子。一四一一年(応永一八)元服。一七年兄伏見宮治仁王の急死により伏見宮三代をつぐ。二五年親王宣下。皇位継承問題にからみ同年七月剃髪。法名道欽。二八年(正長元)子の彦仁親王が践祚。四七年(文安四)太上天皇の尊号を贈られる。著書「椿葉記」、日記「看聞御記」。

ごすざくてんのう【後朱雀天皇】 1009.11.25～45.1.18 在位1036.4.17～45.1.16 一条天皇の第三皇子。名は敦良。母は藤原道長の女上東門院彰子。後一条天皇の同母弟。一〇一七年(寛仁元)敦明親王が皇太子を辞退したあとをうけて皇太弟に立つ。三六年(長元九)後一条天皇の死去により二八歳で践祚し、長子(後冷泉天皇)を皇太子に立てた。死に臨んで後冷泉に譲位したが、同時に次子(後三条天皇)の立太子をはかり、関白藤原頼通が難色を示したにもかかわらず、これを実現した。

コスタンツォ Camillo Costanzo ?～1622.8.10 イタリア生れのイエズス会宣教師。一六〇五年(慶長一〇)来日し、有馬・小倉・堺で布教に従事。一四年禁教令によりマカオに追放される。二一年(元和七)キリシタン禁制下の日本に再び潜入したが、翌年捕らえられ、平戸付近で火刑により殉教。

こせうじ【巨勢氏】 巨勢は許勢・許世・居勢・己西・既洒とも。武内宿禰の子巨勢雄(小)柄宿禰、または雄柄の三男乎利宿禰を祖と伝える豪族。大和国高市郡に巨勢郷が存在したが、巨勢寺跡のある奈良県御所市古瀬が本貫であったとの説もある。もと臣姓で、六八四年(天武一三)に朝臣を賜る。継体朝に男人が大臣であったと伝えるが疑わしく、巨勢氏・巨勢部が西日本を中心に分布することとあわせて、六世紀以降、朝鮮問題に関与することによって勢力を伸ばした氏族と考えられる。孝徳朝から天智朝にかけて徳陀古が左大臣に、人が御史大夫などに任じられた。八世紀には中納言・参議クラスの人物を輩出したが、しだいに没落した。なお朝臣姓のほか、臣・首・部直・部姓などもある。

こせきさんえい【小関三英】 1787.6.11～1839.5.17 江戸後期の蘭学者。出羽国鶴岡藩の軽輩の家に生まれる。藩校で漢学を学び、江戸にて吉田長淑・馬場佐十郎に師事。一八二三年(文政六)仙台藩医学校教授となるが二年後辞職。のち出府し幕府医官桂川甫賢方に寄寓。蘭書翻訳に専念した。三一年(天保二)渡辺崋山を知り、翌年岸和田藩医、三五年には幕府天文方蛮書和解御用を命じられた。三九年蛮社の獄がおきると、逮捕される前に自刃。翻訳「泰西内科集成」「卜那把盧的戦記」「那波列翁伝初編」。

ごせだほうりゅう【五姓田芳柳】 1827.2.1～92.2.1 幕末～明治期の洋風画家。江戸生れ。和歌山藩士の子。本姓は浅田で、五度改姓したことから五姓田と称した。はじめ浮世絵や狩野派を学ぶ。のち全国を漫遊。幕末、独学で和洋折衷画風の絹こすり絵を編みだして、風俗画や肖像画で一家をなし、横浜へ移って外国人にも人気を博した。維新後は浅草に移住。宮内省からの依嘱で明治天皇の肖像を描いた。芳柳の号は晩年養子に譲る。

ごせだよしまつ【五姓田義松】 1855.4.28～1915.9.4 明治期の洋画家。江戸生れ。初代五姓田芳柳の次男。横浜でワーグマンに学び、のち工部美術学校に入学。一八八〇年(明治一三)パリに留学してレオン・ポナに師事、「人形の着物」など完成度の高い油彩画を描いてパリのサロンに入選した。帰国後、明治美術会の結成に参加。

こせのおおじ【巨勢邑治】 ?～724.6.6 名を祖父とも。奈良前期の公卿。七〇一年(大宝元)遣唐使判官に任じ、翌年渡唐。七〇七年(慶雲四)帰朝し、その功績により賜物にあずかる。七〇八年(和銅元)播磨守、七一二年従四位下、七一五年(霊亀元)右大弁、七一八年(養老二)中納言に至る。七二一年従三位、同年帯刀資人四人を給され、七二四年(神亀元)正三位に昇り、増封された。

こせのおひと【巨勢男人】 ?～529.9.- 六世紀前半の大臣。「日本書紀」によれば、大伴連金村・物部連麁鹿火とともに男大迹王(継体天皇)擁立にあたる。継体二一年、筑紫君磐井の乱の際には継体天皇から征討将軍の指名について諮問をうける。その女紗手媛・香香有媛は安閑天皇の妃となる。しかし「古事記」に男人の事績はみえず、雀部男人の誤記ともされ、信憑性に疑問がある。

こせのかなおか【巨勢金岡】 生没年不詳。平安前期の宮廷絵師。巨勢派の始祖。八八〇年(元慶四)唐本を手本に大学寮に先聖先師像を、八八八年(仁和四)御所南庇の東西障子に弘仁以後の詩にすぐれた学者の像を描くほか、藤原基経や源能有の五十の賀の屏風絵を描いた。貞観年間には神泉苑の監を勤め、菅原道真から神泉苑の図を求められた。唐絵とともに日本の山水や肖像を描くなど、その画風は新様とよばれた。

こせのきんただ【巨勢公忠】 生没年不詳。平安中期の宮廷絵師。巨勢金岡の子と伝えるが、孫と推定される。九四九年(天暦三、一説に九五六年)村上天皇の命により、中国の地理書「坤元録」から選んだ詩題二〇首をもとに屏風八帖を描いた。「古今著聞集」には「公忠よりさきはかきたる絵生たる物のごとし、公茂以下今の体に成たるとなん」とあり、公忠と弟公茂の間で様式の交代が行われたと考えられる。

こせのすくなまろ【巨勢宿奈麻呂】 少麻呂とも。生没年不詳。八世紀前半の官人。七二八年(神亀五)外従五位下に昇進。畿内出身者に対し外五位が授与された最初。翌年、長屋王の変の際に窮問使の一人として長屋王邸に赴いた。時に少納言。翌月に従五位下、七三三年(天平五)従五位上に昇進。七三七年頃は左少弁であった。

こせのせきまろ【巨勢堺麻呂】 ?～761.4.9 「さかいまろ」とも。関麻呂とも。八世紀の公卿。姓は朝臣。徳陀古の曾孫。小邑治の子で、伯父邑治の養子。七四二年(天平一四)従五位下に叙され、その後藤原仲麻呂派として紫微少弼(のち大弼)・右大弁などの要職につき、七五八年(天平宝字二)には橘奈良麻呂の陰謀を事前に密奏して従四位上から従三位に進み、左大弁さらには参議にまで任じられた。

こせのとこだこ【巨勢徳陀古】 ?～658.1.13 「とくだこ」とも。徳陀・徳太・徳太古とも。七世紀中頃の官人。姓は臣。六四三年(皇極二)蘇我入鹿の命令で斑鳩宮の山背大兄王を襲撃。六四五年入鹿殺害事件の際、中大兄皇子の意をうけて、蘇我蝦夷とともに抵抗の構えをとった漢直らに君臣の理を説く。六四九年(大化五)大紫を授けられ左大臣となり、六五〇年(白雉元)白雉が献上された際には孝徳天皇に賀表を奏上した。翌年新羅の貢調使が唐服を着て入朝したため、新羅討伐を主張した。

こせのなてまろ【巨勢奈氐麻呂】 660/666～753.3.30 奈良前・中期の公卿。姓は朝臣。七二九年(天平元)外従五位下。民部卿・東宮大夫などをへて七三九年参議。七四一年正四位上に叙され、金牙で飾った斑竹の御杖を賜る。七四二年従三位、七四三年中納言に任じ、七四六年北陸山陰道鎮撫使を兼ねた。七四九年(天平感宝元)従二位大納言に至る。七五二年(天平勝宝四)大仏開眼の際に東宮留守官を勤め、同年の新嘗会の宴で和歌を詠んだ。

こせののたり【巨勢野足】 749～816.12.14 平安前期の公卿。七八九年(延暦八)従五位下・陸奥鎮守副将軍、七九一年征夷副使となる。主として武官を歴任し、皇太子神野親王(嵯峨天皇)の東宮大夫を勤めて信任を得、八一〇年(弘仁元)藤原冬嗣とともに蔵人頭となった。同年参議。八一一年従三位に昇り右大将を兼ねる。翌年中納言に至り、八一五年陸奥出羽按察使を兼ね、八一六年正三位。鷹と犬を好んだという。

こせのひと【巨勢人】 比等・毗登とも。生没年不詳。天智朝の上級官人。奈氐麻呂の父。姓は臣。六七一年(天智一〇)蘇我果安・紀大人とともに御史大夫に任じた。同年天智天皇重病のとき、左大臣蘇我赤兄・右大臣中臣金らとともに太政大臣大友皇子に従い、天智の詔を守ることを誓う。壬申の乱がおこると、山部王らと不破の大海人皇子を攻撃しようとしたが、内紛のため失敗。近江方が敗北すると、子孫とともに配流となった。

こせのひろたか【巨勢弘高】 広貴とも。生没年不詳。平安中期の宮廷絵師。九九九年(長保元)藤原彰子入内のための歌絵冊子、一〇一〇年(寛弘七)藤原妍子入東宮料の屏風絵のほか、花山院の命により性空上人像を描くなど幅広い活動が知られる。「金岡は山を畳むこと十五重、広高は五重なり」と評され、「栄花物語」には、弘高にくらべれば飛鳥部常則の画風も古体であると記されるなど、やまと絵の古典様式を完成させた。

こそうけん【胡宗憲】?～1562　中国明代の武将。総監。安徽省績渓の出身。字は汝貞、諡は襄懋。倭寇の首領王直鎮圧のため、まず徐海に賄賂をおくって懐柔したのち掃討。ついで配下の蔣洲・陳可願を日本にいる王直のもとへ送り、王直が帰国するなら互市(貿易)を許し罪は問わないとして懐柔、投降させた。彼の倭寇平定策は互市の許可を前提としていたが、明朝はこれを許可しなかったので、結果としてだまし討ちにするかたちで王直を斬首にした。

こそちも【許率母】⇨許率母

ごだいごてんのう【後醍醐天皇】1288.11.2～1339.8.16　在位1318.2.26～39.8.15　後宇多天皇の第二皇子。名は尊治。母は藤原忠継の女談天門院忠子。一三〇八年(延慶元)持明院統の花園天皇の皇太子となり、一八年(文保二)即位。はじめは後宇多上皇の院政であったが、二一年(元亨元)親政をとり、家格にとらわれず人材を登用した。正中の変・元弘の乱と二度の倒幕計画に失敗し、三二年(元弘二)隠岐島に配流。同年中に護良親王・楠木正成らが再び挙兵すると、翌年隠岐を脱出、伯耆の名和長年の援助をうけ、船上山にたてこもり、倒幕命令を各地に発した。これをうけた足利尊氏が六波羅探題、新田義貞が鎌倉幕府を滅ぼすと帰京し、建武新政を開始した。しかし政局を安定させることができず、尊氏の離反を招き、三六年(建武三・延元元)吉野へのがれて南朝を樹立。三九年(暦応二・延元四)後村上天皇に譲位して没した。著書「建武年中行事」。

ごだいともあつ【五代友厚】1835.12.26～85.9.25　明治期の実業家。大阪財界の指導者。薩摩国生れ。一八五四年(安政元)鹿児島藩郡方書役となり、長崎に遊学、上海・欧州に渡航した。明治維新後、外国事務局判事・大阪府権判事・会計官権判事などを歴任。六九年(明治二)官を辞して金銀分析所を開設、七三年には弘成館を創設して、半田銀山・天和銅山・蓬谷銀山・栃尾銅山などを経営した。七六年政府から融資をうけて朝陽館を創立し製藍業を開始。堂島米商会所・大阪株式取引所の設立に尽力し、七八年大阪商法会議所の初代会頭に就任した。八一年関西貿易社を設立したが、開拓使官有物払下げ事件をおこして同年解散。東京馬車鉄道・阪堺鉄道・神戸桟橋の設立にも尽力した。

こだいのきみ【小大君】⇨小大君

こだいらくにひこ【小平邦彦】1915.3.16～97.7.26　昭和・平成期の数学者。東京都出身。東大卒。東京文理科大・東京帝大助教授をへて、一九四九年(昭和二四)アメリカに招かれプリンストン高等研究所・ハーバード大学・スタンフォード大学で研究にあたる。代数幾何、とくに多様体論で独創的業績を次々に発表。日本人初のフィールズ賞や文化勲章をうける。日本学士院会員。六七年帰国して東大教授。著書は数学専門書のほか「怠け数学者の記」など。

ごたかくらいん【後高倉院】1179.2.28～1223.5.14　鎌倉中期の上皇。高倉天皇の第二皇子。後鳥羽天皇の同母兄。母は藤原信隆の女七条院殖子。名は守貞。生後すぐ平知盛に引き取られて養育され、平氏の都落ちに伴われたが、平氏滅亡後帰京。一一八九年(文治五)親王宣下。乳父持明院基家の家に住み、持明院宮とよばれた。一二一二年(建暦二)出家。法名は行助。二一年(承久三)承久の乱後、幕府の意向によって、子の茂仁親王(後堀河天皇)が即位し、みずからは太上天皇の尊号をうけて院政を行った。

こたけやしろう【古武弥四郎】1879.7.12～1968.5.30　大正・昭和期の生化学者。岡山県出身。阪大卒。大阪帝国大学教授のとき生化学教室を独立させた。ドイツ留学。アミノ酸代謝研究に業績を残し、とくにトリプトファンの中間代謝研究で知られ、キヌレニンは新しい展開をとげた。生化学発展の基礎を築く。和歌山県立医科大学学長。学士院賞受賞。文化功労者。

こたにきみ【小谷喜美】1901.1.10～71.2.9　昭和期の宗教家。霊友会の創立者の一人。神奈川県出身。旧姓飯田。一九二五年(大正一四)小谷安吉と再婚。義弟久保角太郎の影響で法華信者となり、霊能者となる。三〇年(昭和五)七月角太郎と霊友会総会を開き、名誉会長に就任。その独裁的指導から、のち立正佼成会などが分立。第二次大戦中も活発に布教し、四九年には国友婦人会を設立して社会事業を行う。

こたにさんし【小谷三志】1765.12.25～1841.9.17　江戸後期の富士講行者。庄兵衛・禄行とも称す。武蔵国鳩ケ谷生れ。当初は地元で富士講の先達を勤めていたが、一八〇九年(文化六)伊藤参行の教えをうけ、加持祈禱を排した富士講をめざして不二道を開いた。不二道は「二つ無き道」の意で、富士信仰に止まらず、食行身禄や参行の考えを発展させ、四民平等・孝行などを実践を通じて主張した。

こだまいちぞう【児玉一造】1881.3.20～1930.1.30　明治～昭和前期の実業家。滋賀県出身。一九〇〇年(明治三三)三井物産の支那修業生に採用され翌年三井物産に入社、満州大豆のヨーロッパ売込みに成功した。一四年(大正三)棉花部長となり、二〇年棉花部が独立した東洋棉花の専務取締役に就任。二四年三井物産取締役を兼ねた。豊田紡織との関係も密接であった。

こだまかがい【児玉花外】1874.7.7～1943.9.20　明治期の詩人。京都市出身。本名伝八。同志社予備校・札幌農学校をともに中退。二〇歳頃から英詩に親しみ、のち片山潜らの影響で社会主義に関心を抱き、雑誌「東京独立雑誌」「労働世界」などに労働の現場や被抑圧者を歌った詩を発表。一八九九年(明治三二)山田枯柳・山本露葉と詩集「風月万象」を刊行。一九〇三年「社会主義詩集」の刊行を企てるが、詩集としては最初の発禁処分をうけた。

こだまけ【児玉家】 近世世襲の能面作家の家系の一つ。はじめ越前出目家四代満永の弟子で養子となった近江満昌(一七〇四没)が、満永に男児(越前出目家五代満茂)が生まれたため離縁して江戸から京都に移り、児玉姓を称して一家をおこした。初代満昌は優れた作家で天下一を称したが、以後はふるわず、家系は二代朋満、三代能満で途絶えた。満昌の弟子には京都に宮田筑後、江戸に梅岡次郎兵衛がいた。

こだまげんたろう【児玉源太郎】 1852.閏2.25～1906.7.23 明治期の陸軍軍人。周防国徳山藩士の子。兵学寮卒。神風連の乱・西南戦争でその才能を知られる。一八九二年(明治二五)陸軍次官兼陸軍省軍務局長となり、日清戦争では事実上の陸相として活躍。九八年に台湾総督となり後藤新平を登用、さらに陸相・内相・文相を兼任。一九〇三年参謀本部次長、日露戦争においては満州軍総参謀長に就任。戦後、参謀総長・南満州鉄道創立委員長になった。

こだまし【児玉氏】 中世の武蔵国の豪族。武蔵七党の一つ。有道氏。その祖維能は藤原伊周に仕え、のち武蔵国司として下向し、子維行(遠峰)以後児玉荘(現、埼玉県児玉町)に土着したと伝える。維行の子弘行・経行兄弟は源義家の奥州平定に従い、その子孫は児玉・入間両郡や上野国西部に勢力を張って児玉党を形成。「平家物語」「太平記」などにその活躍がみられる。また安芸国に西遷した一族があり、戦国期には毛利氏に属して、奉行人として活躍。一六〇五年(慶長一〇)毛利氏に従って長門国萩に移った。

こだまひでお【児玉秀雄】 1876.7.19～1947.4.7 大正・昭和前期の官僚・政治家。熊本県出身。源太郎の長男。東大卒。大蔵省に入り、一九〇五年(明治三八)以降、統監府・朝鮮総督府に勤務。寺内内閣の内閣書記官長をへて関東長官・朝鮮総督府政務総監などを歴任。昭和期には貴族院議員として広く活動し、岡田・林・米内・小磯の各内閣で拓務相・逓信相・内相・文相などに就任。四二年(昭和一七)陸軍軍政最高顧問として南方に赴任した。第二次大戦後、公職追放となる。

こだまよしお【児玉誉士夫】 1911.2.18～84.1.17 昭和期の国家主義者。福島県出身。一九二九年(昭和四)建国会に入り、以後数々のテロ計画に参画して出入獄をくり返す。三九年中国に渡って汪兆銘の護衛につき、四一年海軍航空本部の依頼で上海に物資調達のための児玉機関を設立した。東久邇宮内閣の参与。第二次大戦後A級戦犯に指定されたが、のち釈放され、右翼の指導者として活動するとともに、政界の黒幕として保守合同に際しても暗躍。七六年に発覚したロッキード事件の被告となった。

コーツ Harper Havelock Coates 1865.2.18～1934.10.22 カナダ・メソジスト教会宣教師。一八九〇年(明治二三)イビー自給伝道隊の一員として来日。東洋英和学校で教え、九二年カナダ海外伝道団体に加入。本郷の中央会堂牧師の務めのかたわら、東京帝国大学大学院で神道と仏教の研究に従事した。一九二五年(大正一四)石塚竜学とともに「法然上人行状絵図」を英訳。名古屋で没。

こづかとうじゅうろう【小塚藤十郎】 1785～1859.12.- 江戸後期の植林家。加賀国大聖寺藩士。名は秀得。一七九七年(寛政九)山本家から小塚家の養子となる。一八二四年(文政七)自らの献策により、新設の植物方奉行となり、松奉行・用水奉行・産物方引請を歴任。天保年間から編集が中断していた「江沼志稿」を四四年(弘化元)独力で完成した。

コックス Richard Cocks 1566～1624.3.27 江戸初期の平戸イギリス商館長。ストールブルック生れ。毛織物商人で東インド会社の出資者でもあった。同社の第八次航海に従って一六一三年(慶長一八)来日。司令官セーリスにより商館長に任じられたが、状況はきびしく商館は経営不振のため二三年(元和九)に閉鎖。その責任を問われ、バタビアで裁判をうけて本国へ送還される船中で没した。在日中の日記(「コックス日記」)が残る。

ごったんふねい【兀庵普寧】 1197～1276.11.24 鎌倉中期に中国の南宋から来朝した臨済宗楊岐派の禅僧。諱は普寧、字は兀庵、諡号は宗覚禅師。無準師範に師事。一二六〇年(文応元)蘭渓道隆や円爾の招きで来朝、博多の聖福寺に入る。北条時頼の要請で鎌倉建長寺二世となるが、本尊の地蔵菩薩は自分より下位として礼拝しなかったという。時頼は兀庵について参禅問法を重ね、悟りの証明の印可をうけた。時頼の死後よい理解者を得られず、六五年(文永二)帰国。著書「兀庵和尚語録」。

ごつちみかどてんのう【後土御門天皇】 1442.5.25～1500.9.28 在位1464.7.19～1500.9.28 後花園天皇の第一皇子。名は成仁。母は嘉楽門院信子。一四五七年(長禄元)親王宣下。六四年(寛正五)践祚。即位後まもなく応仁・文明の乱がおこり、京都は焦土と化した。皇室御料地も各地で武士の侵略をうけ、朝儀も衰微。一五〇〇年(明応九)黒戸御所で没したが、葬礼費用が調わず、遺骸は四三日も御所におかれたのち、泉涌寺に葬られた。

こてだやすつね【籠手田安経】 ?～1581/82 肥前国の戦国大名平戸松浦氏の武将。父は安昌。松浦隆信の又従兄弟。隆信が松浦氏嫡流親を攻撃した際の総大将で、隆信家臣団で最も有力な重臣であった。その所領は度島・生月島および平戸島のうち獅子・春日・堺目・飯良などに及んだ。洗礼をうけ、ドン・アントニオと称する。親族の多くも受洗したほか、家臣・領民にも入信を勧め、隆信がキリスト教に対し非友好的になった後も信徒を保護した。

こてつ【虎徹】 ?～1678?　江戸初期の刀工。切れ味の最もよい刀剣で知られる。長曾禰虎徹興里といい、越前国の甲冑師の出身で、江戸に出てから刀匠に転じた。一六五六～七七年(明暦二～延宝五)の作刀が現存。作風は数珠刃と称する太い足の入った互の目刃に特色があり、作刀には山野加右衛門・勘十郎の截断金象嵌銘を施したものが多い。晩年作には「住東叡山忍岡辺」と添銘したものがある。

ごとういちじょう【後藤一乗】 1791.3.3～1876.10.17　江戸末期の装剣金工。京都の後藤八郎兵衛家の六代目で、一八五一年(嘉永四)幕府に招かれ江戸に移った。赤銅地に色金を用いて花鳥・風景などを高肉彫で繊細・典雅に表し、後藤家の最後を飾る名工。後藤本家では行われなかった鉄の鐔も作っている。

ごとうけ【後藤家】　装剣金工の一派。初代祐乗は美濃国生れで、足利義政に仕えた武士だったが、装剣金工に転じたと伝えられ、江戸末期まで一七代にわたって栄えた。足利・豊臣・徳川各家の御用を代々勤めたため、後藤家の作品は家彫とよばれ、在野の町彫と区別された。作品は小柄・笄・目貫の三所物がおもで、鐔はほとんど作られていない。祐乗以下桃山時代の五代徳乗までは名工が続いたが、品格と伝統を重んじたため、材質・意匠・彫法などに制約があり、独創性・個性に欠け、しだいに形式化していった。江戸中期には意匠・彫法とも進歩はみられなかったが、分派は一四家にも及び、江戸時代の装剣金工界に大きな影響を与えた。徳乗以後、宗家は四郎兵衛を名のり、江戸幕府の大判座頭人となる。徳乗の弟子庄三郎光次は養子となって一族に列し、代々金座の頭人。

ごとうけいた【五島慶太】 1882.4.18～1959.8.14　昭和期の実業家。東急コンツェルンを築き上げた電鉄王。長野県出身。東大卒。農商務省・鉄道院をへて、一九二〇年(大正九)退官、私鉄業界に入る。目蒲電鉄と東横電鉄を中心に、多くの私鉄を合併・系列化し、第二次大戦時下の私鉄統制に乗じて東京西南部の交通機関を独占した。株式の買占め・乗っ取りという強引な手段を用いたため強盗慶太の異名をとる。戦後は伊豆・箱根・軽井沢の観光開発で西武の堤康次郎と対立した。

ごとうけんじょう【後藤顕乗】 1586～1663.1.22　江戸前期の装剣金工。後藤家の七代目。五代徳乗の次男。京都生れ。兄の六代栄乗の子光重(八代即乗)が年少のため、その後見となった。寛永年間(一六二四～四四)加賀国前田家に招かれ、従弟の京都の後藤覚乗と隔年交代で金沢に出張し、のちに加賀後藤とよばれる一派の養成に尽くした。四人の男子のうち一人が本家を継ぎ、ほかも分家を創始するなど後藤家中興に努めた。名工としても評価される。

ごとうこうじょう【後藤光乗】 1529～1620.3.14　織豊期の装剣金工。後藤家の四代目。京都生れ。父乗真の戦死により九州に移ったが、一五七一年(元亀二)京に戻り、やがて織田信長の知遇を得て、八一年(天正九)には織田家の大判分銅製作の役を命じられた。以後後藤家は五代徳乗が豊臣家、六代栄乗以降が徳川家でこの役を引き継ぎ、一門の庄三郎家は御金改役を勤めた。装剣金工としての作品は狩野家の下絵を用いたといわれるように絵画的なものが多く、祐乗につぐ名工との評価がある。

ごとうこんざん【後藤艮山】 1659.7.23～1733.9.18　江戸中期の医家。名は達、字は有成、通称左一郎、別号養庵。江戸生れ。昌平黌で経学をうけ、牧村卜寿に医を学ぶ。一六八五年(貞享二)京都に移り、しだいに名声を博した。門人は二〇〇人をこえ、香川修庵・山脇東洋らを輩出。一気留滞説を提唱し、百病は一気の留滞から生じるので、順気を治病の綱要とすべきことを説いた。古方派の祖とされるが、唐代の医書にも重きをおき、また灸・熊胆・温泉などの効用も重視した。

ごとうさいじろう【後藤才次郎】　生没年不詳。江戸初期の陶工。加賀の九谷焼の創始者。諱は忠清、晩年は玄意と称したという。金工家後藤氏の末裔とも伝えるが不詳。一六五六年(明暦二)頃、金沢藩の支藩大聖寺藩祖前田利治の命で、江沼郡九谷村の地に築窯して白磁を作り、色絵も行ったという。しかし一七三六年(元文元)の「重修加越能大路水径」には、利治がたんに後藤氏に命じて明暦年間に磁器を作らせたことがみえるだけで、才次郎の事跡は判然としない。

ごとうさんえもん【後藤三右衛門】 1796～1845.10.4　江戸後期の金座役人。諱は光亨。後藤三右衛門家は代々銀座年寄を勤めたが、金座御金改役の本家後藤庄三郎家の不正絶家にともない、第七代三右衛門孝之が金座を継いだ。養子の光亨は幕府の貨幣改鋳政策の中心的役割をはたし、天保の改革では水野忠邦の側近で、鳥居耀蔵・渋川六蔵とともに水野の三羽烏といわれた。忠邦の失脚後政事誹謗の罪を問われ、一八四五年(弘化二)処刑、後藤三右衛門家は絶家、金座は大判座後藤家が継承した。

ことうし【厚東氏】 ⇨厚東氏

ごとうし【五島氏】　近世の外様大名家。先祖は肥前国松浦郡宇久島(現、長崎県宇久町)に居住した中世の豪族で宇久氏と称した。出自は清和源氏あるいは桓武平氏とも、平家盛を祖とするともいうが不詳。鎌倉時代に宇久の地頭となり御家人化したとみられる。宇久島から福江島(現、長崎県福江市)に移住するが、その時期は一三八三年(永徳三・弘和三)や一五二六年(大永六)など諸説ある。八七年(天正一五)宇久純玄が豊臣秀吉から本領を安堵され、近世大名化する。九二年(文禄元)の文禄の役出陣に際し五島に改姓。明治維新まで福江(五島)藩主一万二五〇〇石として存続した。維新後子爵。

ごとうじゅあん【後藤寿庵】 生没年不詳。江戸初期のキリシタン武士。出身地・家系・受洗年および晩年については、確実な史料がなく諸説ある。陸奥国仙台藩主伊達政宗に仕え、イエズス会宣教師の奥州布教を支援したが、一六二三年(元和九)藩によるキリシタン探索を避けるため奥州南部領へのがれたとされる。寿庵堰の開削など大規模水利事業を成功させたことでも知られる。

ごとうしゅいち【後藤守一】 1888.8.10~1960.7.30 大正・昭和期の考古学者。神奈川県出身。東京高等師範卒。東京帝室博物館をへて明治大学教授。古墳文化の研究、とくに東国の古墳文化を専門とし、静岡県松林山古墳、群馬県赤堀茶臼山古墳、静岡県三池平古墳などの発掘を行うとともに、鏡や鉄鏃・銅鏃・玉など出土遺物の研究に顕著な業績をあげた。著書「漢式鏡」「日本古代文化研究」。

ごとうしょうざぶろう【後藤庄三郎】 江戸時代、代々幕府金座の頭人、御金改役を勤めた後藤家当主の世襲名。本姓は橋本氏。初代庄三郎光次は大判座の後藤徳乗の弟子で、のち養子となって江戸に下り金座の主宰を命じられた。同時に銀座の設立にも尽くし、幕府御用達町人の上座を占めるようになった。一一代光包は金包方に不正があり、一八一〇年(文化七)伊豆三宅島へ流罪、庄三郎家は絶えた。跡役には初代庄三郎の養子の子孫で銀座年寄の後藤三右衛門孝之がついた。

ごとうしょうじろう【後藤象二郎】 1838.3.19~97.8.4 幕末~明治期の高知藩士・政治家。藩主山内豊信を補佐し、一八六七年(慶応三)坂本竜馬の意見に賛同して大政奉還運動に挺身、実現させた。明治政府に参与兼外国官事務掛として出仕、以後工部大輔・左院議長・参議を務めたが、明治六年の政変で下野、板垣退助らと民撰議院設立建白書に署名した。一時元老院副議長に就任したが退官し、事業にかかわったが失敗。八一年(明治一四)自由党の創立に参画、翌年板垣を誘ってヨーロッパに渡り、帰国後八七年伯爵。藩閥政府攻撃の大同団結運動を提唱して指導したが、政府の誘いに応じて八九年黒田内閣の逓信相として入閣し運動を離脱した。以後農商相・朝鮮顧問などを歴任。

ごとうじょうしん【後藤乗真】 1512~62 戦国期の装剣金工。後藤家の三代目。後藤家は室町将軍家から初代祐乗以降近江国坂本に知行地を与えられていたが、この土地の争いで一五六二年(永禄五)没したと伝えられる。祐乗、二代宗乗の笄・小柄の文様は概して小振りだったが、乗真は地いっぱいに大きく、かつ後藤家歴代のなかでも最も高肉に表すのを特徴とする。嫡子光乗は四代を継ぎ、女は狩野元信の妻となった。

ごとうしろべえ【後藤四郎兵衛】 江戸時代に幕府の大判座をつかさどった後藤家の当主の通称。五代徳乗光基以来、四郎兵衛を名のり、分銅役所も経営した。初代の後藤祐乗正興は美濃国の出身で、彫金の技術で足利義政に仕え、その後代々織田・豊臣・徳川三氏に従った。金座の後藤庄三郎は徳乗の弟子。八代即乗光重の頃から江戸に居住した。非常備蓄用の千枚分銅の鋳造や大判の製造のほか全国の分銅を一手に製作し、手代が諸国を回って分銅改を行った。

ごとうしんぺい【後藤新平】 1857.6.4~1929.4.13 明治・大正期の政治家。陸奥国胆沢郡生れ。医学を学び愛知県病院長などをへて一八八三年(明治一六)内務省に入り衛生行政に尽力、九八年から台湾民政局長(のち長官)として植民地行政に卓越した手腕を発揮した。一九〇六年初代南満州鉄道総裁、〇八年第二次桂内閣の逓信相を務める。一六年(大正五)寺内内閣の内相、一八年外相に転じてシベリア出兵を推進した。第一次大戦後の欧米を見聞し、社会改革推進の大調査機関設立を提案した。二〇年東京市長に迎えられ都市計画などにとりくむ一方、二三年には極東駐在ソ連代表ヨッフェを日本に招致して会談するなど、日ソ国交調整に尽力した。関東大震災時には内相として東京復興計画立案の中心となり、二三年末、第二次山本内閣の総辞職とともに下野し、以後政治の舞台には立たなかった。

ごとうそういん【後藤宗印】 ?~1627.11.24 近世初頭の貿易家。諱は貞之、通称惣太郎、のち庄左衛門。キリシタン、洗礼名トメ(登明)。長崎の頭人(公領後は町年寄)の一人で、海外貿易にもたずさわり、ボルネオやシャムへの渡海朱印状を得た。長崎の市政やキリシタン界に重きをなし、イエズス会の国字印刷によるキリシタン版の刊行事業を援助した。一六二一年(元和七)三月二六日付で長崎の教徒から教皇パウロ五世に送られた奉答書に署名した一三人の一人。

ごとうたかあきら【後藤貴明】 1534~83 戦国期の武将大村純前の実子。又八郎。有馬晴純の子純忠の強引な養子入りにより、大村家家督を継承できず、武雄(現、佐賀県武雄市)の領主後藤純明の養子となる。その後、たびたび純忠打倒をはかるがはたせなかった。はじめ松浦隆信の次男惟明を養子としたが不和となり、竜造寺隆信の三男家信を養嗣子とする。

ごどうたくお【伍堂卓雄】 1877.9.23～1956.4.7 昭和期の政財界人・工学博士。石川県出身。東大卒。海軍に任官し、呉海軍工廠長など海軍造兵部門で活躍。一九二八年(昭和三)退役、満州で昭和製鋼所初代社長・満鉄理事を務めた後、三七年林内閣の商工相兼鉄道相、三九年阿部内閣の商工相兼農相に就任、貴族院議員に勅選された。以後日本能率協会会長・商工組合中央会会長などを歴任。第二次大戦後戦犯に指名されたが、四七年に釈放。

ごとうたへえ【後藤太兵衛】 ?～1673 江戸前期の新田開発者。加賀国石川郡押野村生れ。一六四三年(寛永二〇)父の死後十村役となる。五五年(明暦元)泉野地方を開発し、泉野・泉野新・泉野出の三村をつくる。七一年(寛文一一)には犀川から長坂用水を引き、七五年(延宝三)までに村高九四五石余の長坂新村を開いた。

ごとうちゅうがい【後藤宙外】 1866.12.24～1938.6.12 明治～昭和前期の小説家・評論家。本名寅之助。出羽国仙北郡生れ。東京専門学校卒。坪内逍遥の勧めで「小説界の前途」を発表。明治四〇年代には反自然主義評論で活躍、「ありのすさび」などの小説も発表。「新小説」の編集主任を務め、文壇に地歩を固めた。ほかに「明治文壇回顧録」がある。

ごとうつうじょう【後藤通乗】 1663～1721.12.27 江戸中期の装剣金工。名は光寿。後藤家の一一代目。別家の後藤仙乗の三男に生まれるが、後藤宗家一〇代廉乗の養子となり、一六九七年(元禄一〇)家督を相続。元禄期は横谷派・奈良派など町彫の全盛時代で、華やかな作風を展開したが、通乗は家彫といわれる家伝の彫法を守り、赤銅に金銀色絵による品格の高い絵画風の作品を残した。

ごとうとくじょう【後藤徳乗】 1550～1631.10.13 織豊期～江戸初期の装剣金工。後藤家の五代目。京都生れ。一五八二年(天正一〇)父の四代光乗とともに豊臣秀吉から判金改め・分銅役を引きうけ、同家の財務管理の一部を担当、天正大判の製作にも従事している。装剣金工としての作品は三所物がおもで、赤銅・金の地金に竜・獅子など伝統的な文様を高彫で表したものが多く、格調が高い。

ごとうぬいのすけ【後藤縫殿助】 江戸時代の幕府呉服師後藤氏の世襲名。金座の後藤庄三郎に対し呉服後藤とよばれる。初代松林忠光は徳川家康の三河在住時からの側近であるとともに、呉服御用達を勤めたという。二代忠正の長子の系統は旗本となり、次男益勝の系統が代々縫殿助を名のって呉服師を世襲した。二〇〇石の知行地を拝領し、茶屋四郎次郎とともに幕府呉服師のなかでは中心的存在。江戸中期以降呉服師の経営は不振となるが、幕府の救済措置もあり幕末期まで存続した。

ごとうふみお【後藤文夫】 1884.3.7～1980.5.13 明治～昭和期の官僚政治家。大分県出身。東大卒。おもに内務畑で活躍。青年団運動にもとりくみ、一九三〇年(昭和五)日本青年館・大日本連合青年団理事長となる。三二年国維会を組織。また斎藤内閣の農相、岡田内閣の内相を務め、新官僚の盟主とみられた。その後、新体制運動を積極的に推進し、大政翼賛会の要職を歴任。四三年東条内閣の国務相となる。第二次大戦後、参議院議員となり緑風会に所属。

ことうぶんじろう【小藤文次郎】 1856.3.4～1935.3.8 明治・大正期の地質学者。石見国生れ。貢進生として上京。東大卒。ドイツ留学後、帝国大学教授。日本列島の古期岩層の研究を行い、一八九一年(明治二四)の濃尾地震で断層地震説を例証して注目された。震災予防調査会委員として全国の火山を調査。また地磁気や重力の調査結果を考慮して地震帯との関連性を追究し、総合的な地帯構造論を展開した。

ごとうまたべえ【後藤又兵衛】 ⇨後藤基次

ごとうみつつぐ【後藤光次】 ⇨後藤庄三郎

ごとうもときよ【後藤基清】 ?～1221.7.2 鎌倉前期の武将。佐藤仲清の子。後藤実基の養子。源頼朝に仕え、屋島の戦などに参加。一一八五年(文治元)頼朝の許可なく官位を得てとがめられる。京都守護一条能保の侍でもあり在京御家人として活躍するが、九九年(正治元)源通親襲撃を企て讃岐国守護を解任される。その後、後鳥羽上皇との関係を深め西面の武士、検非違使となる。建保年間から播磨国守護。承久の乱では上皇方につき、敗北後、幕府方についた子の基綱に処刑された。

ごとうもとつぐ【後藤基次】 1560?～1615.5.6 織豊期～江戸初期の武将。通称又兵衛、号は隠岐。播磨別所氏に属して小寺政職に仕えていた新左衛門の子。黒田孝高に育てられ、孝高・長政に仕えて各地を転戦。一六〇〇年(慶長五)長政の筑前入部に伴い嘉麻郡大隈城一万六〇〇〇石を得た。〇六年黒田家を離れ、一時池田輝政に従ったが、牢人となる。大坂の陣で豊臣秀頼の招致により大坂城に入り、戦死。

ごとうもとつな【後藤基綱】 1181～1256.11.28 鎌倉中期の武将。正五位下・検非違使・佐渡守・玄蕃頭。基清の子。一二二一年(承久三)の承久の乱では幕府方につき、乱後、後鳥羽上皇方についた父基清を斬首した。将軍藤原頼経に近侍し、二五年(嘉禄元)評定衆に列する。越前国守護にも任じられる。四六年(寛元四)宮騒動に連坐して評定衆を解任されるが、五二年(建長四)引付衆に加えられるなど宿老として重んじられた。

ごとうゆうじょう【後藤祐乗】 1440～1512 装剣金工の後藤家の始祖。美濃国生れ。足利義政の側近として仕えたが、のちに辞して装剣金工に転じたと伝えられる。義政の御用を勤め、近江国坂本に領地三〇〇町を与えられた。作品は小柄(こづか)・笄(こうがい)・目貫(めぬき)の三所物(みところもの)がおもで、金や良質の赤銅の地金に竜・獅子などの文様を高肉彫で表したものが多い。祐乗の彫刻は刀装具という一定の規格のなかで、細緻な文様をほどこし装飾効果をあげるもので、以後一七代にわたる後藤家のみならず、江戸時代の金工にも大きな影響を及ぼした。代表作に前田家伝来の黒漆小さ刀(ちいさがたな)の金獅子牡丹文金具がある。

ごとうりしゅん【後藤梨春】 1696～1771.4.8 江戸中期の本草家・蘭学者。名は光生、号は梧桐庵・梧陰庵。江戸生れ。田村藍水(らんすい)に本草学を学ぶ。幕府奥医師多紀氏の医学校躋寿館(せいじゅかん)の都講となる。官医桂川甫三と親交があり、江戸参府のオランダ人にも質問しえたらしい。オランダの地理・物産などについて記した「紅毛談」(一七六五刊)にアルファベットを掲げたため絶版を命じられたという。物産会にも出品した。「本草綱目補物品目録」など本草関係の著書多数。

ごとうりゅうのすけ【後藤隆之助】 1888.12.20～1984.8.21 昭和期の政治家。千葉県出身。京大卒。近衛文麿の知遇を得、青年団活動などをへて一九三三年(昭和八)昭和研究会を設立、三六年にこれを改組して近衛のブレーン集団とし、政策の調査・立案にあたった。第一次近衛内閣成立などに尽力し、新体制運動にも積極的に関与。第二次大戦後に公職追放となった。

ことしろぬしのかみ【事代主神】 言代主・辞代主・事代主尊・八重(やえ)事代主神とも。コト(言)の代行をつかさどる神の意で、託宣神。オオナムチの子。記紀の国譲り神話で、葦原中国(あしはらのなかつくに)を天孫に奉ずることをオオナムチに代わり言明した。また六七二年(天武元)壬申の乱の際、高市県主許梅(たけちのあがたぬしこめ)に神がかりして天武側の勝利を保証した。神祇官八神の一つで、大和国に高市御県坐鴨事代主神社・鴨都波八重事代主命神社がある。

ごとばいんのくないきょう【後鳥羽院宮内卿】 生没年不詳。鎌倉前期の歌人。父は右京権大夫源師光、母は後白河上皇の女房安芸。外祖父の巨勢宗茂は絵師。一二〇四年(元久元)の「春日社歌合」出詠以後翌年三月頃までに、二〇歳前後で没したと思われる。歌才を認められ後鳥羽上皇に出仕。「正治二度百首」「千五百番歌合」などに参加。後鳥羽院歌壇で活躍した。「無名抄(むみょうしょう)」は歌を案じすぎて病に倒れた姿を伝える。絵師の血を引く色彩感覚に優れた歌風が特徴。

ごとばてんのう【後鳥羽天皇】 1180.7.14～1239.2.22 在位1183.8.20～98.1.11 高倉天皇の第四皇子。名は尊成(たかなり)。母は藤原信隆の女七条院殖子。一一八三年(寿永二)平氏が安徳天皇とともに都落ちしたため、神器のないまま践祚(せんそ)。当初は祖父の後白河法皇が院政を行っていたが、九二年(建久三)法皇の没後は九条兼実、九六年に兼実が失脚すると源通親が実権を握った。九八年土御門(つちみかど)天皇に譲位して院政を始め、一二〇二年(建仁二)通親の没後は独裁化した。西面の武士や和歌所を設置して文武両道の振興をはかった。また多数の院領荘園を基礎とする財力によって水無瀬(みなせ)・鳥羽・宇治などに離宮を造営し、熊野に二八度も参詣して権威を示した。鎌倉幕府に対しては外戚坊門信清の女を源実朝の妻とするなど公武の融和に努めたが、実朝暗殺後は皇子を将軍として迎えたいとする幕府の要望を拒んで倒幕に傾き、二一年(承久三)挙兵したが完敗(承久の乱)して出家。隠岐島に配流となり、同地で没した。歌人としても優れ、「新古今集」を勅撰し、配流後もみずから追加・削除を行った。

ことひとしんのう【載仁親王】 ⇨閑院宮載仁親王(かんいんのみやことひとしんのう)

こなかむらきよのり【小中村清矩】 1821.12.30～95.10.11 幕末～明治期の国学者。江戸生れ。通称は栄之助・金四郎。号は陽春廬(やすむろ)。商家小中村氏に養われるが学問を好んだ。堀越開山らに学び、一八三四年(天保五)清矩と改名。養父没後は養家を継ぐが、五二年(嘉永五)家を子供に譲って学問に専念する。六九年(明治二)太政官に出仕。八二年東京大学教授。「古事類苑」の編纂に従事。著書「令義解(りょうのぎげ)講義」。

ごならてんのう【後奈良天皇】 1496.12.23～1557.9.5 在位1526.4.29～57.9.5 後柏原天皇の第二皇子。名は知仁(ともひと)。母は豊楽門院(ぶらくもんいん)藤子。一五一二年(永正九)親王宣下。二六年(大永六)践祚(せんそ)したが、即位礼は費用が調わず、一〇年後の三六年(天文五)大内義隆らの献金により行われた。しかし大嘗会は行うことができず、四五年伊勢神宮に大嘗会未遂を詫びている。

こにしあつよし【小西篤好】 1767.2.22～1837.2.22 江戸後期の勧農家。通称藤右衛門。摂津国島下郡佐保村の庄屋家の生れ。一五歳で京都の熊谷久右衛門の門下となり一〇年間儒学・国学を学んだ。帰村後は農芸に関する経験を重ね、三〇年余に及ぶ実地研究の成果を、一八二八年(文政一一)平田篤胤(あつたね)父子の校訂により「農業余話」上下二巻にまとめた。名声により筑後国柳河藩・肥前国平戸藩・丹後国宮津藩などに招かれ、将軍徳川家斉(いえなり)から篤行を賞されている。

こにしし【小西氏】 織豊期の武家。立佐(りゅうさ)は堺出身だが、薬種商小西氏との関係は未詳。立佐の長男如清(じょせい)は堺の奉行職を継承し、次男行長は船奉行から肥後国宇土城主となり文禄・慶長の役で活躍。関ケ原の戦後一族は離散した。行長の嗣子は毛利氏に殺され、女マリアは宗氏から離縁され乳児とともに長崎に移った。この乳児が一六四四年(正保元)に殉教したローマ帰りの司祭小西マンショとの説もあるが不明。一六二七年(寛永四)行長の女婿小西弥左衛門が残った一族とともにマカオに渡った。

こにししげなお【小西重直】 1875.1.15～1948.7.21　明治～昭和前期の教育学者。山形県出身。幼名代吉。杉浦重剛・中村正直の名前から重直と改名。東大卒。広島高等師範教授、七高校長、京都帝大教授、同総長を歴任、一九三三年(昭和八)滝川事件で辞任した。この間、児童の体験的・自発的学習を重んじる労作教育を唱え、成城学園・玉川学園などの新教育運動に影響を与えた。

こにしじょあん【小西如庵】 ⇨内藤如庵(ないとうじょあん)

こにしじょせい【小西如清】 生没年不詳。豊臣秀吉配下の武将。立佐(りゅうさ)の長男。行長の兄。洗礼名ベント。一五七九年(天正七)頃に受洗、法華宗からキリシタンに改宗。父と弟の出世にともない豊臣秀吉にとりたてられ、室津や堺で要職を勤めた。同地方のキリシタンの代表的人物。妻は日比屋了珪の女アガタ。女マルタは有馬直純の室。

こにしのぶはち【小西信八】 1854.1.24～1938.7.5　明治・大正期の盲聾教育の先導者。越後国生れ。新潟学校四等句読師をへて、一八七六年(明治九)東京師範学校に学ぶ。東京女子師範学校教諭、同校幼稚園監事、築地訓盲唖院掛、東京盲唖学校校長を歴任。日本聾唖協会、日本聾唖教育会の会長を務めた。

こにしゆきなが【小西行長】 1558～1600.10.1　織豊期の武将。立佐(りゅうさ)の次男。弥九郎。日向守・摂津守。洗礼名アゴスチイノ。和泉国堺生れ。豊臣秀吉に仕え、一五八一年(天正九)に播磨国室津(むろのつ)を支配し、船奉行として各地に働き、八五年には小豆島など二万俵を与えられた。四国・九州攻めに従い、八八年肥後国宇土一四万石を領した。女婿宗義智(よしとし)とともに対朝鮮交渉を命じられ、文禄の役では平壌まで進攻し、明との講和を画策した。交渉の末、秀吉の降表を偽作し秀吉の日本国王冊封という結果を得たが、九六年(慶長元)大坂での講和が決裂したため、翌年慶長の役に出陣。関ケ原の戦では西軍として戦い、京で斬首。高山右近につぐ教会の保護者であった。

ごにじょうてんのう【後二条天皇】 1285.2.2～1308.8.25　在位1301.1.21～08.8.25　後宇多天皇の第一皇子。名は邦治(くにはる)。母は堀川具守の女西華門院基子。後醍醐天皇の異母兄。一二九八年(永仁六)持明院統の後伏見天皇の皇太子となり、一三〇一年(正安三)即位。父後宇多上皇が院政をとった。皇太子には持明院統の皇子(花園天皇)が立った。皇子邦良(くによし)親王は後宇多上皇によって大覚寺統の正嫡として後醍醐天皇の皇太子に立てられたが、皇位につかずに没した。

こにしらいざん【小西来山】 ⇨来山(らいざん)

こにしりゅうさ【小西立佐】 1533?～1592?　隆佐・立左とも。豊臣秀吉の代官。如清・行長の父。幼名弥九郎。天正末年頃から和泉守を称す。洗礼名ジョウチン。和泉国堺の豪商。京都でキリシタンとなり、フロイスの使者として織田信長を訪問。一五八〇年(天正八)頃から秀吉に仕え、河内・和泉両国の蔵入代官、堺政所支配、秀吉代理として肥前国長崎で南蛮船生糸を優先的に買い付けるなど財政面で活躍。文禄の役の際に名護屋で発病したため堺に帰り、京都で没した。

こにしろくえもん【小西六右衛門】 1847.8.4～1921.10.5　明治期の写真機・写真材料などの製造販売業者。材木商の子として江戸に生まれ、薬種問屋で修業後、父が株を入手した薬種問屋小西屋六右衛門店を継ぎ、一八七三年(明治六)から輸入品の石版印刷および写真の機械・材料を扱う。八二年東京市内の工場を下請にしてこれらの製造に着手、一九〇二年六桜社(ろくおうしゃ)をおこし印画紙などの製造を開始。二一年(大正一〇)合資会社小西六本店(現、コニカ)が業務を継承。

このえあつまろ【近衛篤麿】 1863.6.26～1904.1.1　明治期の政治家。京都生れ。関白近衛忠煕(ただひろ)の九男。一八七三年(明治六)長兄忠房のあとをうけて家督を継ぎ、八四年公爵。ドイツ留学ののち貴族院で活躍、三曜会を組織して藩閥と政党の党派性を批判した。九六年貴族院議長。東洋問題に関心が深く東亜同文会を設立。ロシアのアジア進出に対抗して国民同盟会・対露同志会を結成し、対外硬派の指導者とみられた。学習院院長として華族の育英に努めた。

このえいえざね【近衛家実】 1179～1242.12.27　鎌倉前・中期の公卿。猪隈(熊)(いのくま)殿とよばれた。父は基通、母は源顕信の女顕子。一二〇六年(建永元)九条良経の急逝をうけて摂政、ついで関白となる。二一年(承久三)仲恭天皇の即位とともに摂政を九条道家に譲るが、承久の乱後、再び摂関の地位についた。二八年(安貞二)西園寺公経の後見をうけた道家にその地位を奪われた。四一年(仁治二)出家、法名円心。日記「猪隈関白記」。

このえいえひさ【近衛家久】 1687.5.8～1737.8.17　江戸中期の公家。関白太政大臣家煕(いえひろ)の子。母は霊元天皇の皇女憲子内親王。一六九五年(元禄八)従三位、一七二六年(享保一一)関白。三三年兼太政大臣(同年辞官)。近衛家からの太政大臣任官は祖父基煕から三代連続した。三六年(元文元)関白を辞す。三七年死の前日に准三宮宣下。日記「家久公記」。

このえいえひろ【近衛家煕】 1667.6.4～1736.10.3

江戸中期の公家。近衛基熙(もとひろ)の嫡男。母は後水尾(ごみずのお)天皇の皇女常子内親王。幼名は増君。一七〇七年(宝永四)一一月関白、〇九年六月中御門(なかみかど)天皇の践祚とともに摂政、一〇年一二月には太政大臣に就任した。二五年(享保一〇)一二月准三宮宣下、同年落飾して予楽院真覚虚舟(きょしゅう)と号した。学問を好み、書では独自の書風をうんだ。落飾後は「唐六典」の校訂に力を注ぐ。日記「家熙公記」。

このえかねつね【近衛兼経】 1210～59.5.4 鎌倉中期の公卿。岡屋(おかのや)関白殿とよばれた。父は家実、母は藤原季定の女。一二二七年(安貞元)内大臣となる。翌年、父家実が九条道家に関白の地位を奪われたため屏居(へいきょ)したが、三五年(嘉禎元)左大臣となる。二年後、道家の女仁子と結婚して九条家と融和し、同年四条天皇の摂政となる。その後太政大臣、後嵯峨天皇の摂政・関白、後深草天皇の摂政を勤め、五七年(正嘉元)出家、法名真理。日記「岡屋関白記」。

このえけ【近衛家】 藤原北家の嫡流。五摂家の一つ。平安末期藤原忠通の嫡男基実(もとざね)を祖とする。基実と嫡男基通はともに平清盛の女婿で、その後援により摂関・氏長者となるが、源平内乱期に基実の弟の基房・兼実らとしばしば交替し、藤原嫡流は基通・兼実(九条家)の二流にわかれた。近衛家の呼称は基通の住居近衛殿にちなむ。基通の孫兼経の代に弟兼平(鷹司(たかつかさ)家)が分立、九条家から分立した二条・一条両家とともに五摂家となる。江戸初期に後陽成天皇の皇子信尋(のぶひろ)(母は信尹(のぶただ)の妹前子)が一七代信尹の養子となり、以後天皇家とたびたび姻戚関係を結んだ。維新後、篤麿(あつまろ)のとき公爵。嫡男文麿(ふみまろ)は昭和期に三次にわたり内閣を組織した。伝家の資料は財団法人陽明文庫蔵。

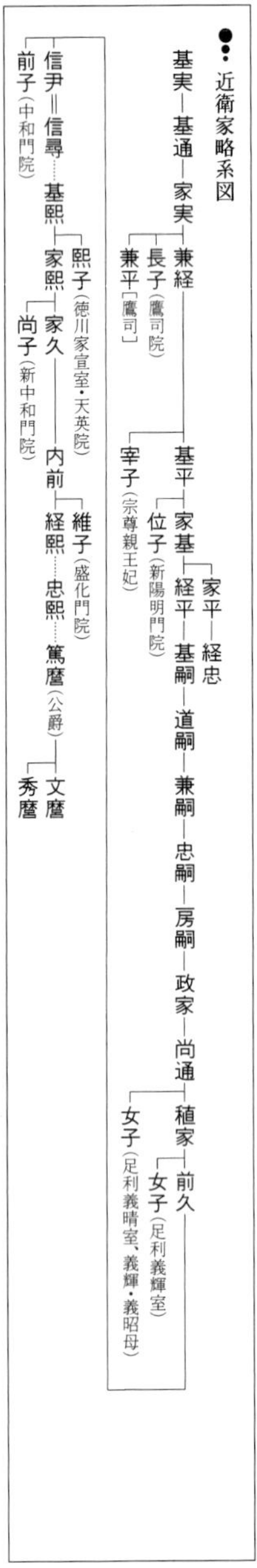

●● 近衛家略系図

このえさきひさ【近衛前久】 1536～1612.5.8 戦国期～江戸初期の公家。近衛稙家(たねいえ)の子。母は久我(こが)通言の養女慶子。初名は晴嗣(はるつぐ)、のち前嗣。一五五四年(天文二三)関白・左大臣。長尾景虎(上杉謙信)との盟約によって六〇年(永禄三)越後・上野・上総の諸国に赴き、六二年帰京。六八年足利義昭との不和で大坂へ出奔。七五年(天正三)帰京して以後織田信長と親交を結ぶが、八二年信長の横死を機に出家。その後豊臣秀吉に疎まれて徳川家康を頼るなど、時勢に翻弄された。青蓮院(しょうれんいん)流の書家でもある。

このえただひろ【近衛忠熙】 1808.7.14～98.3.18 幕末期の公武合体派の公卿。一八一六年(文化一三)昇殿、内大臣・右大臣をへて五七年(安政四)左大臣。五八年条約勅許問題について御三家・諸大名の意見聴取を奉答、また将軍継嗣問題で一橋慶喜(よしのぶ)擁立派に協力したため安政の大獄に連坐、五九年辞官して出家・慎(つつしみ)となったが、尊攘派に押され翌年関白を辞任。六七年(慶応三)王政復古の際、公武合体派として参朝を止められる。七三年(明治六)隠居。

このえたねいえ【近衛稙家】 1503～66.7.10 戦国期の公卿。父は尚通(ひさみち)、母は徳大寺実淳の女維子。一五一四年(永正一一)元服し従三位に叙される。二三年(大永三)右大臣。二五年関白・氏長者。二八年(享禄元)左大臣。三三年(天文二)関白・氏長者を辞し、三五年准三宮(じゅさんぐう)宣下をうけ左大臣を辞する。三六年関白・氏長者に再任し、三七年太政大臣。四一年太政大臣を辞し、四二年関白も辞職。没後の法号は恵雲院覚天大円。

このえつねただ【近衛経忠】 1302～52.8.13 鎌倉末～南北朝期の公卿。父は家平、母は家女房。一三一三年(正和二)元服。翌年従三位。一五年権中納言。二四年(正中元)右大臣。三〇年(元徳二)関白。三四年(建武元)建武政権で右大臣・氏長者となる。三七年(建武四・延元二)吉野へ出奔、南朝で左大臣に任じられた。従兄弟の近衛基嗣(もとつぐ)との間に近衛家正嫡の争いがあったらしい。賀名生(あのう)で出家し没した。

このえてんのう【近衛天皇】 1139.5.18～55.7.23

在位1141.12.7～55.7.23　鳥羽天皇の皇子。名は体仁。母は藤原長実の女美福門院得子。生後三カ月で立太子し、一一四一年(永治元)崇徳天皇の譲位をうけて践祚した。父の鳥羽から嫡流となる望みを託されたが、皇子女のないままに一七歳で死去した。

このえのぶただ【近衛信尹】 1565.11.1～1614.11.25　織豊期の公家。近衛前久の子。一五七七年(天正五)織田信長の加冠で元服し、諱の一字をもらう。初名は信基、のち信輔・信尹。号は三藐院。八五年、関白二条昭実と争論し、豊臣秀吉の関白任官の一因となる。九二年(文禄元)文禄の役に参陣を希望して後陽成天皇の勅勘をこうむり、薩摩国坊津に配流。九六年(慶長元)に許されて帰京するまでの詳細は、日記「三藐院記」に詳しい。一六〇一年左大臣還任、〇五年関白・氏長者。寛永の三筆の一人で、世に近衛流・三藐院流という。

このえのぶひろ【近衛信尋】 1599.5.2～1649.10.11　江戸前期の公家。後陽成天皇の第四皇子。母は近衛前久の女中和門院前子。幼称二宮。外伯父近衛信尹の養子となる。一六二三年(元和九)関白、二九年(寛永六)に辞任するまで朝幕間の融和に尽力した。四五年(正保二)三月落飾して応山と号した。当時の宮廷文化の中心の一人で、一糸文守・金森宗和・松花堂昭乗らとの親交も深い。書は養父信尹の三藐院流を継承した。日記「本源自性院記」。

このえひでまろ【近衛秀麿】 1898.10.18～1973.6.2　大正・昭和期の指揮者・作曲家。近衛篤麿の子、文麿の異母弟。東京都出身。東大中退後一九二三年(大正一二)渡欧、二五年帰国後、山田耕筰と組んだ日本交響楽協会創立をへて、二六年(昭和元)新交響楽団(現、NHK交響楽団)を主宰。三六年再渡欧、一〇年間にわたり国際的に指揮活動を行った。帰国後も多くの楽団を指揮、五二年近衛管弦楽団を組織するなど戦後日本の交響楽団促進に大きな足跡をしるした。主要作品「越天楽」(オーケストラ編曲)、童謡「ちんちん千鳥」。

このえふみまろ【近衛文麿】 1891.10.12～1945.12.16　昭和前期の政治家。東京都出身。公爵近衛篤麿の長男。京大卒。一九一六年(大正五)から貴族院議員。一九年のパリ講和会議に随員として参加。三一年(昭和六)貴族院副議長、三三年同議長となり、首相候補と目されるようになった。三七年(昭和一二)六月、第一次近衛内閣を組織。翌月盧溝橋事件が勃発して始まった日中戦争は、和平交渉に失敗して泥沼化した。四〇年に第二次近衛内閣を組織して新体制運動を展開、「革新」政策を実施した。対外的には日独伊三国同盟を締結して「南進」政策をとった。四一年七月、対米調整に反対する松岡洋右外相を放逐するため総辞職し第三次近衛内閣を組閣。しかし南部仏印進駐により日米交渉を破局に陥れ、外交と開戦の二者択一を迫られて一〇月に総辞職。敗戦後、戦犯指定をうけ、自決。

このえみちつぐ【近衛道嗣】 1332～87.3.17　南北朝期の公卿。父は基嗣、母は藤井嗣実の女。一三三七年(建武四・延元二)元服。翌年従三位。四一年(暦応四・興国二)権中納言。四七年(貞和三・正平二)内大臣。四九年右大臣。六〇年(延文五・正平一五)左大臣。翌年関白・氏長者となり、六三年(貞治二・正平一八)辞職。後深心院と号する。日記「愚管記」。

このえもとひろ【近衛基熙】 1648.3.6～1722.9.14　江戸前・中期の公家。近衛尚嗣の子。生母は瑶林院。幼名は多治丸。一六七七年(延宝五)左大臣。霊元天皇に遠ざけられ、関白職は右大臣一条兼輝に越任された。九〇年(元禄三)一月関白、東山天皇の信任を得、一七〇九年(宝永六)一〇月太政大臣。女熙子(徳川家宣御台所)の縁で、将軍家との親交を深めた。二二年(享保七)出家して悠山と号す。後西上皇から古今伝授をうけ、有職故実の探究にも熱心だった。日記「基熙公記」。

このえもとみち【近衛基通】 1160～1233.5.29　平安末～鎌倉初期の公卿。藤原基実の嫡男。普賢寺殿と称す。基実と婚姻した平清盛の女盛子が養母となり、またみずからも清盛の女婿であったため清盛の後援をうけ、一一七九年(治承三)関白・氏長者となる。八三年(寿永二)源義仲の入京で摂政を免じられたが、翌年還任。八六年(文治二)源頼朝により摂政を罷免されるが、頼朝と結んだ九条兼実が九六年(建久七)失脚すると再び関白となり、その後摂政に転じた。

このはなさくやひめ【木花開耶姫】 「古事記」では木花之佐久夜毘売。神阿多都比売(神吾田津姫)・鹿葦津姫とも。記紀の神話にみえる神名。山の神オオヤマヅミの女でニニギの后。木花は桜で、桜の咲くように栄えるの意だが、同時に桜のはかなさをも象徴する。「古事記」によれば、天皇の寿命が永遠でないのは、父が姉とともに貢したにもかかわらず、ニニギは醜い姉の石長比売(磐長姫)を拒んで美しいこの妹のみを娶ったためという。一夜で懐妊したためニニギに疑われ、産屋に火をつけてヒコホデミら三神を火中出産し、疑いを晴らした。「播磨国風土記」では伊和の大神の妻として登場する。各地の浅間神社の祭神。

ごはいふ【呉佩孚】 Wu Peifu　1874.4.22～1939.12.4　中国の清朝末～民国初期の軍閥。字は子玉。山東省出身。一九〇五年直隷派曹錕の部下となり、一八年第三師長に就任。安直戦争と第一次奉直戦争に大勝。二三年曹の「賄選総統」就任とともに、直隷・山東・河南三省の巡閲使に抜擢された。第二次奉直戦争に敗れた後、北伐軍と戦い再起を企てたが成功せず引退。日中戦争中は和平救国・反蔣反共を唱え、政界復帰を図ったが病死した。

こばしいちた【小橋一太】 1870.10.1～1939.10.2 大正・昭和前期の官僚・政治家。熊本県出身。東大卒。一九一八年(大正七)内務次官、二九年(昭和四)浜口内閣文相となるが、越後鉄道疑獄で辞職。三七年から東京市長。

ごはなぞのてんのう【後花園天皇】 1419.6.18～70.12.27 在位1428.7.28～64.7.19 名は彦仁(ひこひと)。父は伏見宮貞成(さだふさ)親王(後崇光(ごすこう)院)、母は敷政門院(ふせいもんいん)幸子。一四二八年(正長元)称光天皇が皇子のないまま没したため、皇位が南朝系に移るのを恐れた幕府に擁され、後小松上皇の猶子(ゆうし)となり、親王宣下も立太子の儀もないまま践祚(せんそ)。六四年(寛正五)譲位。六七年(応仁元)出家。法名円満智。皇子後土御門(ごつちみかど)天皇に贈った教訓状「後花園院御消息」がある。

こばやかわし【小早川氏】 中世の安芸国の豪族。桓武平氏。土肥実平(さねひら)の子遠平(とおひら)が相模国早川荘(現、神奈川県足柄下郡)を領して小早川氏を称した。さらに安芸国沼田(ぬた)荘(現、広島県三原市・本郷町)地頭となり、孫茂平(しげひら)のとき沼田荘に移住。のち都宇(つう)・竹原両荘(現、広島県竹原市)を得、沼田・竹原の二家に分立。南北朝期～室町中期には瀬戸内海地方に勢力をふるい、奉公衆としても活躍。戦国期には毛利元就(もとなり)の三男隆景が養子となって沼田・竹原両家をあわせ、毛利氏勢力の一翼をになう。一六〇二年(慶長七)隆景の養子秀秋に嗣子なく断絶。「小早川家文書」が伝わる。

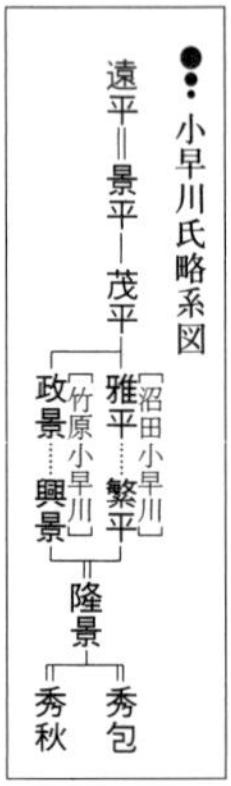

こばやかわたかかげ【小早川隆景】 1533～97.6.12 戦国期～織豊期の武将。毛利元就(もとなり)の子。毛利氏の部将として活躍し、のち豊臣秀吉に協力した。一五五〇年(天文一九)安芸国小早川氏を継承したが、以後も父元就・兄隆元に協力して毛利氏の運営に参画。七一年(元亀二)元就の死後は、次兄吉川元春とともに若年の甥毛利輝元を補佐。この間おもに山陽・瀬戸内海方面の経略を担当。七六年(天正四)以後織田信長軍と戦い、ついで天正後期には秀吉の全国統一事業に協力、さらに朝鮮出兵にも参加。この間秀吉に重用され、独立の大名として八五年伊予国を与えられ、八七年筑前国に転じた。九五年(文禄四)養嗣子秀秋に家督を譲って毛利領国に帰り、備後国三原に隠退。

こばやかわひであき【小早川秀秋】 1582～1602.10.18 織豊期の武将。木下家定の五男。幼少時に叔父豊臣秀吉の養子となり、丹波国亀山城主一〇万石。豊臣秀頼の誕生後、小早川隆景の養子となり、筑前一国と筑後の一部を相続。慶長の役での軽率な行動を理由に一五九八年(慶長三)越前国北庄(きたのしょう)へ減封。翌年筑前に復領。関ケ原の戦で西軍から東軍へ寝返り、東軍を勝利に導く。戦後、備前国岡山城主五〇万石。嗣子なく断絶。

こばやかわひでかね【小早川秀包】 1567～1601.3.23 織豊期の武将。毛利元就の末子、実兄小早川隆景の養子。初名は元総。豊臣秀吉と毛利輝元の和睦後、大坂へ人質にだされ、秀吉の一字を与えられて秀包に改める。一五八七年(天正一五)筑後国で三郡をえ、久留米城主となる。肥後一揆平定、朝鮮出兵に活躍した。関ケ原の戦で西軍に属し改易、翌年、赤間関で没した。

こばやしいちぞう【小林一三】 1873.1.3～1957.1.25 明治～昭和期の実業家。都市近郊私鉄の経営多角化戦略の開拓者。山梨県出身。慶大卒。三井銀行・阪鶴鉄道などをへて一九〇七年(明治四〇)箕面(みのお)有馬電気軌道(一八年二月に阪神急行電鉄と改称)を設立。土地付住宅の分譲、宝塚唱歌隊(のちの歌劇団)の上演、ターミナル・デパート開設、東宝映画設立など経営多角化戦略を展開、大成功を収めた。四〇年(昭和一五)七月には第二次近衛内閣の商工相に就任。

こばやしいっさ【小林一茶】 ⇨一茶(いっさ)

こばやしきよちか【小林清親】 1847.8.1～1915.11.28 明治期の版画家。江戸本所の米蔵役人の末子。河鍋暁斎(きょうさい)や柴田是真(ぜしん)と交遊し、一時横浜で写真家下岡蓮杖(れんじょう)やワーグマンにも学んだ。一八七六年(明治九)洋風木版画「東京名所図」の連作を刊行。彫り・摺りまで指導して開拓した光と影の表現は光線画といわれ大評判となる。八一年の両国大火以後はポンチ絵で活躍、「団団珍聞(まるまるちんぶん)」の風刺漫画や新聞挿絵、日清戦争に取材した錦絵なども制作した。

こばやしぎんえもん【小林吟右衛門】 近江商人丁子屋(ちょうじや)小林家の世襲名。初代は近江国愛知(えち)郡小田苅生れ。寛政年間から行商を始め、呉服太物(ふともの)や小間物の定置販売方式により富を蓄えた。二代目は一八三一年(天保二)江戸日本橋堀留に呉服店を開設。京都・大坂にも出店をおき、両替商を兼ね都市問屋に急成長した。彦根藩主井伊氏と幕末の動乱期に密接な関係をもつ。五九年(安政六)開港後は通貨・生糸の差額取引で巨利をえたのち、預金先の両替商の倒産のため一四万両の預金を失うなどの苦難にあうが、維新期を通じて丁吟(ちょうぎん)とよばれる豪商の位置を保った。明治期は鉄道・銀行・紡織などに投資し、一九二一年(大正一〇)に組織を株式会社に改組、現在は老舗の繊維商社。

こばやしくすお【小林樟雄】 1856.9.16～1920.4.9 明治期の自由民権家・政治家。備前国生れ。一八七八年(明治一一)実行社を結成し、翌年一二月国会開設請願を行った。八一年自由党結成に参加、常議員・幹事として活躍した。八四年には東洋学館事件、後藤象二郎の朝鮮計画、福州組事件などの対外問題にかかわり、同年の大阪事件で重懲役九年に処せられた。第一回から第三回まで衆議院議員に当選。

こばやしこけい【小林古径】 1883.2.11～1957.4.3 明治～昭和期の日本画家。新潟県出身。本名茂。一八九九年(明治三二)梶田半古に師事。日本絵画協会・巽画会・紅児会に出品し、一九一四年(大正三)再興日本美術院の同人となる。安田靫彦・前田青邨らと院展三羽烏と称された。二二年渡欧し、大英博物館で青邨と「女史箴図巻」を模写。三五年(昭和一〇)帝国美術院会員、四四年帝室技芸員、東京美術学校教授に就任。五〇年文化勲章受章。作品「清姫」「髪」。

こばやしじょでい【小林如泥】 1753～1813.10.27 江戸後期の工匠。出雲国生れ。幼名は甚八。本名は安左衛門。のちに剃髪して如泥と号した。小林家は代々松江藩主松平家に大工方として仕えた。父の跡を継ぎ三七歳で藩の大工並として用いられ、藩主松平治郷(不昧)に重用され、江戸でも活躍。曲物・飾り棚・建築調度などに優れ、技巧的で洗練された作品を残した。桐袖障子と菊桐文桐小箱は代表作。

こばやしたきじ【小林多喜二】 1903.10.13～33.2.20 昭和前期の小説家。秋田県出身。小樽高商卒業後、同地の銀行に勤める。労働運動・共産主義運動にかかわり、その経験を作品化するなかで、プロレタリア文学の有力な新人として注目される。以降「蟹工船」をはじめ、政治と創作主体との内面的統一をめざした作家活動を続けた。一九三一年(昭和六)共産党に入党、組織活動に献身するが、三三年特別高等警察の拷問により虐殺された。

こばやしひでお【小林秀雄】 1902.4.11～83.3.1 昭和期の評論家。東京都出身。東大卒。一九二九年(昭和四)「様々なる意匠」で「改造」の懸賞論文の二席となり、続く評論活動で近代批評の確立者として認められた。三三年「文学界」創刊に参加。第二次大戦前の「ドストエフスキイの生活」、戦中に書かれた「無常といふ事」「モオツアルト」、戦後の「近代絵画」「考へるヒント」「本居宣長」など、たんなる文芸批評にとどまらない幅の広い活動で大きな足跡を残した。

こばやしゆきお【小林行雄】 1911.8.-～89.2.2 昭和期の考古学者。神戸市出身。京大考古学教室に学ぶ。森本六爾らとともに東京考古学会を組織し、弥生文化研究を推進。弥生土器の様式論を提唱し、「弥生式土器聚成図録」を刊行して、弥生土器編年の基礎を築いた。第二次大戦後は古墳文化研究に従事し、伝世鏡や三角縁神獣鏡の同笵鏡の研究をはじめ、数多くの業績を残す。京都大学教授。著書「古墳時代の研究」「古墳時代文化論考」「古代の技術」「続古代の技術」。

こばやしよしのぶ【小林義信】 1601～83.12.24 江戸前期の天文学者・測量家。樋口久兵衛の子。字は謙貞。長崎生れ。若い頃は樋口権右衛門と称した。測量術をオランダ人カスパルから学ぶ。天文地理の師林吉右衛門がキリシタンだったため一六四六～六七年(正保三～寛文七)の二一年間投獄された。出獄後、小林と改姓。宣明暦で予報されていた八三年(天和三)一一月一五日の月食が誤りであることを指摘。著書「二儀略説」「世界万国地球図」。

こびきちょうかのう【木挽町狩野】 江戸時代の狩野派の奥絵師四家の一つ。一六三〇年(寛永七)狩野探幽の弟尚信に始まる。一七六三年(宝暦一三)典信のとき奥絵師家となり、七七年(安永六)木挽町に屋敷を拝領、以後木挽町狩野の名でよばれるようになった。典信のあと、木挽町狩野家が狩野派全組織の中心となった。

こひつけ【古筆家】 江戸初期に創始された、古筆の鑑定を職業とする宗家。初代の古筆了佐は烏丸光広に和歌を学び、同時に古筆鑑定の手ほどきをうけ、ついに古筆切が氾濫した時代の要望にこたえて古筆鑑定を業とすることとなった。現存する古筆切の大半は古筆家によって鑑定された極札が付され、本家の極めには「琴山」の字を刻した黒印が多数確認される。古筆家は了佐を始祖とする本家が一三代了信まで続き、ほかに了佐の三男勘兵衛の子了任が始めた別家があり、さらに両家から分岐して多くの鑑定家が輩出した。

こひつりょうさ【古筆了佐】 1572～1662.1.28 江戸初期に始まる古筆鑑定を専業とする古筆家の始祖。近江国生れ。本名は平沢範佐。通称は弥四郎。号は麩屋、了佐は法号。古筆の苗字は、江戸幕府の手鑑の鑑定をした功績によりうける。代々継承した「琴山」の極印は豊臣秀次から賜ったもの。

ごふかくさてんのう【後深草天皇】 1243.6.10～1304.7.16 在位1246.1.29～59.11.26 後嵯峨天皇の第三皇子。名は久仁。母は西園寺実氏の女大宮院姞子。一二四六年(寛元四)即位し、父後嵯峨上皇が院政を行った。五九年(正元元)父の命で弟亀山天皇に譲位。後嵯峨上皇の没後、亀山天皇の子孫が正嫡とされ、七四年(文永一一)後宇多天皇が即位。これを不満とした後深草上皇の意をくんだ関東申次西園寺実兼が幕府へ働きかけ、皇子熙仁親王(伏見天皇)を皇太子に立てた。八七年(弘安一〇)伏見天皇が即位し、後深草上皇は持明院に入って院政を行った。このため、その皇統を持明院統という。九〇年(正応三)出家し政務から退いた。

ごふしみてんのう【後伏見天皇】 1288.3.3～1336.4.6 在位1298.7.22～1301.1.21 伏見天皇の第一皇子。名は胤仁(たねひと)。母は藤原経氏の女経子。養母は永福門院。在位中は父伏見上皇が院政を行った。弟花園天皇の在位中に父が出家し、一三一三年(正和二)院政を始めたが、一八年(文保二)後醍醐天皇の即位で院政停止。三一年(元弘元)後醍醐天皇の挙兵失敗で、皇子光厳(こうごん)天皇が即位し再び院政をとった。三三年鎌倉幕府倒壊ののち出家、法名理覚。

ゴーブル Jonathan Goble 1827.3.4～96.5.1 バプティスト派日本伝道の創始者。ペリー艦隊の一員として来日。一八六〇年(万延元)アメリカ・バプティスト自由伝道協会の日本伝道区宣教師として横浜に来航。一時帰国し七三年(明治六)三たび来日、横浜第一浸礼教会を設立したが脱会、七九年からアメリカ聖書協会の聖書販売人となり各地に伝道。

こほうかくみょう【孤峰覚明】 1271～1361.5.24 鎌倉後期～南北朝期の禅僧。諱は覚明、字は孤峰。陸奥国会津の平氏の出身。国済国師。一七歳で出家。延暦寺で受戒、八年間天台宗を学び、のち紀伊国興国寺の無本覚心(むほんかくしん)に師事する。一三一一年(応長元)元に渡り、帰朝後、建長寺の南浦紹明(なんぽしょうみょう)、能登国永光寺の瑩山紹瑾(けいざんじょうきん)に参じ、出雲国宇賀(うか)荘で雲樹寺を開創。伯耆国の船上山(せんじょうさん)にあった後醍醐天皇に招かれ勅問に答えた。

ごほうじょうし【後北条氏】 ⇨北条氏(ほうじょうし)㊁

こぼりえんしゅう【小堀遠州】 1579～1647.2.6 江戸初期の大名茶人。父は小堀新介正次。近江国生れ。名は政一。号は宗甫・孤篷庵(こほうあん)。一五九三年(文禄二)豊臣秀吉に仕えて京都に移り、古田織部(おりべ)に茶を学ぶ。のち江戸幕府の伏見奉行に任じられるが、これより先、作事奉行として、後陽成天皇の御所、駿府城修築の功により、従五位下遠江守に任じられる。一六二四年(寛永元)頃から茶人としての活躍が始まり、三一年、三代将軍徳川家光の茶道指南として認められた。茶風は武家茶道に公家的な古典美を兼ね備えた「きれいさび」といわれ、近世茶道は遠州によって大成されたという。遠州作の茶室は大徳寺孤篷庵・竜光院密庵(みったん)席・金地院(こんちいん)八窓席など。

ごほりかわてんのう【後堀河天皇】 1212.2.18～34.8.6 在位1221.7.9～32.10.4 後高倉院の王子。名は茂仁(ゆたひと)。母は藤原基家の女北白河院陳子。承久の乱ののち鎌倉幕府は仲恭天皇を廃し、十楽院仁慶僧正の弟子となっていた茂仁を天皇、父を上皇とした。即位当初は父の院政であったが、父の死後、一二二三年(貞応二)から親政となる。三二年九条道家の女竴子(しゅんし)との間に生まれた四条天皇に譲位し院政をとった。

こぼりし【小堀氏】 近世の大名家。戦国期、近江国小堀村(現、滋賀県長浜市)を本拠とした。南北朝期の光道に始まり、六代正次は浅井氏滅亡後に豊臣秀長・同秀吉に仕え、大和・和泉両国で五〇〇〇石を領す。関ケ原の戦後は徳川家康に仕え備中国で一万石を加増。その子政一(まさかず)(遠州)は一六一九年(元和五)近江国小室藩主に移封され、国奉行や伏見奉行を歴任、茶道遠州流の祖となる。一七八八年(天明八)政方(まさみち)の代に伏見奉行在任中の失政により改易。政一の弟正春家は京都代官を世襲。

こぼりともと【小堀鞆音】 1864.2.19～1931.10.1 明治・大正期の日本画家。下野国生れ。旧姓須藤、本名桂三郎。川崎千虎(せんこ)に大和絵と有職故実を学ぶ。古画模写に励み、歴史画を得意とした。日本美術協会・日本青年絵画協会・日本絵画協会で活躍。一八九八年(明治三一)日本美術院創立に参加、一九〇二年歴史風俗画会を結成。東京美術学校教授・文展審査員・帝室技芸員・帝国美術院会員。門下から安田靫彦(ゆきひこ)らが輩出。武具甲冑の収集家で、国宝保存会委員も務めた。

こぼりまさみち【小堀政方】 ❶1700～75.11.19 江戸中期の旗本。父は竜田氏、母は多羅尾光忠の女。小堀政因(まさより)の養子。通称は山三郎。主殿・式部・土佐守。一七一七年(享保二)遺跡を継ぎ、徳川吉宗に仕えて小姓組・中奥番士・小納戸・小姓に転じる。四五年(延享二)吉宗の隠居により西丸勤務、六〇年(宝暦一〇)寺社奉行に就任、翌年辞した。

❷1742～1803.9.- 江戸中・後期の大名。伏見奉行。近江国小室藩主。政峰の七男。通称金次郎。備中守・和泉守。諱ははじめ政弥。一七七八年(安永七)伏見奉行となり、伏見町人に御用金と重税を課したため、八五年(天明五)文珠九助(くすけ)らが幕府に越訴。八八年改易され、相模国小田原藩主大久保忠顕(ただあき)に預けられた。

こまいかずちか【駒井和愛】 1905.1.11～71.11.22 昭和期の考古学者。東京都出身。早大卒。東京帝国大学で原田淑人(よしと)に師事、東洋考古学を専攻。東京大学教授。原田とともに中国各地の都城(邯鄲(かんたん)趙王城、渤海東京城、曲阜(きょくふ)魯城)や朝鮮半島の楽浪郡治跡を調査。戦後はモヨロ貝塚・音江環状列石・常呂(ところ)貝塚など北海道の遺跡調査に力を注ぎ、オホーツク文化と大陸文化の関係、擦文(さつもん)文化とアイヌ文化の関連などを主張した。著書「中国古鏡の研究」「中国考古学研究」「楽浪郡治址」。

こまいき【駒井琦】 ⇨源琦(げんき)

こまいしげかつ【駒井重勝】 生没年不詳。織豊期の武将。豊臣秀吉に仕え、のち秀次の側近。秀次蔵入地の算用などを担当し、秀次事件後は再び秀吉に仕えた。一五九三年(文禄二)豊後国で二万五〇〇〇石。九五年伊勢国に一三〇〇石を加増。九八年(慶長三)越前検地に参加。関ケ原の戦で西軍に属し、戦後改易。秀次側近としての日記「駒井日記」がある。

こまうじ【高麗氏】 巨万・狛とも。高句麗から渡来して高麗を氏名とした氏族。高句麗滅亡時に渡来した者がとくに多いと考えられる。七一六年(霊亀二)には駿河・甲斐・相模・上総・下総・常陸・下野各国の高麗人一七九九人を武蔵国に移して高麗郡をおいた。姓には多くの種類があるが、王姓は七〇三年(大宝三)に高麗若光に与えられており、「高麗氏古系図」は彼を武蔵高麗氏の始祖と伝える。朝臣姓は七五〇年(天平勝宝二)に肖奈(背奈)王福信ら六人に与えられた。肖奈は高句麗五部の消奴・その部に由来。朝臣姓からは福信のほか、遣渤海使となった殿嗣らの官人を輩出。以上のほか高麗使主・狛首・狛連・狛造氏などがある。

こまきおうみ【小牧近江】 1894.5.11～1978.10.29 大正・昭和期のフランス文学者。秋田県出身。本名近江谷駉。一九一〇年(明治四三)渡仏、一八年(大正七)パリ大学法学部卒業。在学中クラルテ運動に参加。二一年金子洋文らと「種蒔く人」創刊、プロレタリア文学運動を開始。関東大震災の際の官憲の暴行を「種蒔き雑記」に収録して廃刊。後継誌「文芸戦線」創刊に参画。昭和初年、日本プロレタリア芸術連盟から労農芸術家連盟に属し、戦争中はインドシナに渡り、日本文化会館事務局長。第二次大戦後、中央労働学園大学・法政大学教授を歴任。

こまつさんせい【小松三省】 1858.10.9～1900.12.27 明治期のジャーナリスト・政治家。旧姓江口。土佐国生れ。慶応義塾に学び、大同団結運動に参加。一八八八年(明治二一)保安条例で東京をおわれ、中江兆民の「東雲新聞」記者となる。以後「自由新聞」「自由党々報」などの記者として活躍。小松と改姓し、九二年衆議院議員。晩年政界を引退して北海道に渡る。

こまつたてわき【小松帯刀】 1835.10.14～70.7.20 幕末・維新期の政治家。薩摩国喜入の領主肝付兼善の子。同国吉利領主小松清猷の養子。島津久光の側近として藩政に進出し、大久保利通ら下級武士を登用して藩政改革を推進。一八六二年(文久二)久光の東上を補佐し家老となる。元治年間以降は鹿児島藩を代表して国事に奔走し、岩倉具視らと図り藩を討幕に導いた。六八年(明治元)参与兼外国事務掛、兼総裁局顧問、また玄蕃頭となり外国官副知事を兼ねた。

こまつのみや【小松宮】 伏見宮邦家親王の第八王子彰仁親王を祖とする宮家。彰仁親王は幼くして仁和寺に入り純仁親王と称し、一八六七年(慶応三)還俗して仁和寺宮嘉彰親王と号し、七〇年(明治三)東伏見宮に、次いで八二年一二月小松宮に改称し、名も彰仁とした。親王には実子がなく、山階宮晃親王の後嗣と定められていた実弟の依仁親王を小松宮の後嗣としたが、一九〇三年彰仁親王の願いにより依仁親王はその後嗣を止められ、小松宮家は廃絶した。その後、遺産・祭祀は彰仁親王が実子のようにしていた北白川宮能久親王の第四王子輝久王が継承した。

こまつのみやあきひとしんのう【小松宮彰仁親王】 1846.1.16～1903.2.18 明治期の皇族・軍人。伏見宮邦家親王の第八王子。幼名は豊宮。一八五八年(安政五)親王宣下があり嘉彰の名をうけたが、幼くして仁和寺に入り純仁親王と称した。六七年(慶応三)還俗して仁和寺宮嘉彰親王と号した。翌年一月軍事総裁、以後海陸軍務総督・軍防事務局督・軍務官知事・会津征討越後口総督・兵部卿を歴任。七〇年(明治三)宮号を東伏見宮と改め、同年から七二年までイギリスに留学。七四年陸軍少将、佐賀の乱・西南戦争での功で八〇年陸軍中将。八二年一二月に小松宮と改称し、名も彰仁と改めた。九〇年陸軍大将に昇進、日清戦争時は征清大総督。九八年元帥府に列し、一九〇二年イギリス国王の戴冠式に参列した。

こまつばらえいたろう【小松原英太郎】 1852.2.16～1919.12.26 明治・大正期の官僚政治家・新聞人。備前国生れ。「評論新聞」「朝野新聞」「山陽新聞」などをへて外務省に入り、ついで内務省で累進し、静岡・長崎両県知事、司法次官・内務次官・内務総務長官などを歴任。第二次桂内閣の文相となり、学制改革・南北朝正閏問題を処理した。この間、大阪毎日新聞社社長・貴族院議員・枢密顧問官を務めた。山県系の主要人物の一人。

こまのちかざね【狛近真】 1177～1242.1.25 鎌倉前・中期の楽人。狛光近の女を母として生まれ、のち狛則房の養子となり、辻子流の舞曲と笛を継いで、左方舞人として従五位上左近衛将監まですすんだ。兄の流派の野田流も受け継ぎ、楽家狛一門の中心的人物となった。著「教訓抄」は、同時代の舞楽全般に関する貴重な史料。

こまのふくしん【高麗福信】 709～789.10.17 巨万とも。八世紀の公卿。氏姓ははじめ肖奈(背奈)公で武蔵国高麗郡出身。伯父行文に従って上京し、相撲巧者により内豎所に侍し仕官した。聖武天皇の恩寵をうけてしだいに昇進し、七四七年(天平一九)に肖奈王姓に、七五〇年(天平勝宝二)に高麗朝臣姓に改姓。七六五年(天平神護元)には従三位に至り、七七九年(宝亀一〇)には高倉朝臣姓を賜る。諸国守のほか、中衛少将・紫微少弼・造宮卿・弾正尹などを歴任した。

ごみかわじゅんぺい【五味川純平】 1916.3.15～95.3.8 昭和期の小説家。本名栗田茂。中国大連生れ。東京外語学校卒。一九四三年（昭和一八）召集。敗戦直前、ソ連軍と交戦した部隊が壊滅するなかで生きのび、ソ連軍の捕虜となる。その体験をもとに描いた「人間の条件」は、戦争の非人間性を告発した彼の代表作となった。ほかに「戦争と人間」など。

ごみずのおてんのう【後水尾天皇】 1596.6.4～1680.8.19 在位1611.3.27～29.11.8 後陽成天皇の第三皇子。名は政仁。母は近衛前久の女中和門院前子。幼称三宮。一六〇〇年（慶長五）一二月親王宣下。二〇年（元和六）六月将軍徳川秀忠の女和子（東福門院）を女御とした。その後紫衣事件など幕府の朝廷干渉への反発もあり、二九年（寛永六）一一月にわかに譲位。五一年（慶安四）五月落飾して法名を円浄と称した。禅宗に傾倒し、一糸文守ら禅僧に深く帰依した。和歌や書などの学芸にもすぐれ、古今伝授の継承や、修学院離宮の造営など、宮廷文化繁栄の中心的役割をはたした。

こみやとよたか【小宮豊隆】 1884.3.7～1966.5.3 大正・昭和期の評論家、ドイツ文学者。福岡県出身。東大卒。夏目漱石に深く傾倒し、木曜会に出席、門下生となる。ギリシア戯曲研究のため大学院に進学。西欧文学の広い学識に加え、日本の伝統芸能に対する関心も強く、雑誌に「中村吉右衛門論」などを発表。一九五三年（昭和二八）芸術院賞受賞。著書「夏目漱石」「漱石の芸術」。

こみやまふうけん【小宮山楓軒】 1764～1840.3.2 江戸後期の常陸国水戸藩士。諱は昌秀、致仕して楓軒。立原翠軒の門下。彰考館に勤務し「大日本史」の編纂に従事、のち侍講。一七九九年（寛政一一）郡奉行となり、永年にわたり農政に業績をあげた。徳川斉昭の藩主擁立運動に参加し、斉昭の藩主就任後、立原派のなかで唯一斉昭の信任をえて、一八三〇年（天保元）町奉行、三七年側用人となる。翌年隠居。著書「農政左右」「楓軒偶記」「楓軒文書纂」。

こみやままさよ【小宮山昌世】 ?～1773.閏3.20 江戸中期の幕臣・代官。源三郎・杢之進と称し、号は謙亭。実父は辻守誠、小宮山昌言の養子。一七二一年（享保六）閏七月に家督四〇〇俵を継いで代官となるが、三四年七月に解任された。著書に「正界録」「地方問答書」などの地方書や、享保期の法令などを集めた「享保通鑑」がある。実父の弟辻六郎左衛門守参とともに地方の聖と称された。

こみややすすけ【小宮山綏介】 1829～96.12.24 幕末～明治期の漢学者。名は昌玄。号は南梁。水戸藩士の家に生まれる。楓軒の孫。藩校弘道館で教えたが、一八六八年（明治元）藩の政争にからみ幽閉される。のち東京府に職を得て八八年まで在勤。その後「古事類苑」編纂、帝国大学の史料編纂にも関与した。その間、栗本鋤雲・内藤耻叟・坪井正五郎らと江戸会を創立、機関誌編集を担当した。著書「徳川太平記」「南梁年録」。

ごみょう【護命】 750～834.9.11 小塔院僧正とも。平安前期の法相宗僧。俗姓秦氏。美濃国各務郡出身。美濃国分寺の道興、ついで元興寺の万耀・勝悟に師事、また吉野で山林修行を行う。八〇六年（大同元）律師。最澄の天台戒壇独立運動には僧綱の上首として反対し、八二三年（弘仁一四）戒壇が勅許されると山田寺に隠棲したが、淳和天皇に召されてその後も中央で活動した。八二七年（天長四）僧正。元興寺法相が興福寺法相を凌駕する原動力となった。著書「大乗法相研神章」。

ごむらかみてんのう【後村上天皇】 1328～68.3.11 在位1339.8.15～68.3.11 後醍醐天皇の皇子。名は憲良、のち義良。母は新待賢門院廉子。一三三三年（元弘三）北畠親房・顕家父子に奉じられ陸奥国へ下向。三四年（建武元）親王宣下。翌三五年と三七年（建武四・延元二）の二度、足利尊氏追討のため西上。三九年（暦応二・延元四）皇太子となり同年践祚。四八年（貞和四・正平三）高師直の吉野攻略により賀名生に遷幸。五一年（観応二・正平六）尊氏の降伏をうけ正平一統を実現するが、翌年足利軍に京都を奪回され再び賀名生へ遷幸。その後河内国金剛寺、同観心寺、摂津国住吉神社と行在所を移し、住吉で没した。

こむらじゅたろう【小村寿太郎】 1855.9.16～1911.11.26 明治期の外交官。日向国生れ。東大卒。はじめ司法省に出仕したが、一八八四年（明治一七）外務省に転じ翻訳局長となる。日清戦争後駐朝公使として閔妃殺害事件の善後策を講じ、九六年小村・ウェーバー協定を結ぶ。外務次官、駐米・駐露公使をへて、一九〇一年駐清公使として北清事変の善後処理にあたる。第一次桂内閣の外相として日英同盟を締結し、小村外交を推進。日露戦争講和会議全権として日露講和条約を締結、また在満ロシア権益の継承、朝鮮保護権掌握、第二次日英同盟を実現させた。第二次桂内閣でも外相となり、日韓併合・条約改正を遂行した。侯爵。

こむろしげひろ【小室重弘】 1858.9.－～1908.6.13 明治期の新聞記者・政治家。宇都宮藩士の家に生まれる。「栃木新聞」記者をへて、一八八二年（明治一五）の「自由新聞」発刊に参加。その後「深山自由新聞」「信府日日新聞」「新愛知」など各地の自由民権派新聞の主筆を歴任。九四年の第三回総選挙で当選、以後衆議院議員（自由党）を三期つとめる。晩年は「やまと新聞」主筆。

こむろしのぶ【小室信夫】 1839.9.30～98.6.5 明

治期の政治家・実業家。丹後国生れ。尊攘運動に参加ののち、明治新政府に出仕。徳島藩大参事などをへて、一八七二年(明治五)イギリスで立憲制度を視察し、翌年帰国。左院三等議官に就任したが征韓論争で下野。七四年一月の板垣退助らの民撰議院設立建白に参加。のち実業界に転じ、共同運輸・日本郵船の設立に尽力した。民権家小室信介は女婿。

こむろしんすけ【小室信介】 1852.7.21～85.8.25 明治期の新聞記者。丹後国宮津藩士小笠原家に生まれる。藩校で学び、私立学校天橋義塾教員となった。この間、小室信夫の娘と結婚し妻方の姓を名のる。上京して慶応義塾に入ったが、途中で「大阪日報」記者として新聞界に入った。一八八二年(明治一五)「日本立憲政党新聞」の、八四年「自由新聞」の記者として活躍。同年井上馨に随行して朝鮮に渡るが、病気のため帰国して死去。

こむろすいうん【小室翠雲】 1874.8.31～1945.3.30 明治～昭和前期の南画家。群馬県出身。本名貞次郎。田崎草雲に入門、師の没後上京し、はじめ日本美術協会に参加、文展開設時には正派同志会を結成して対抗したが、以後文展で活躍。山水画をよくした。環堵画塾・日本南画院・大東南宗院を創設し、南画の振興に努めた。帝国美術院会員・帝室技芸員。

ゴメス Pedro Gomes 1535～1600.1.7 スペイン生れのイエズス会日本準管区長。一五八三年(天正一一)マカオから来日。豊後地区の上長に任じられ、九〇年準管区長。九〇～九三年(天正一八～文禄二)コレジョの教科書「カトリック教理要綱」をラテン語で執筆、カトリック神学やアリストテレスの思想を伝えた。九三年度日本年報、日本二十六聖人の殉教の報告を執筆。長崎で没。

ゴメス・パロミノ Luis Gomes Palomino 1554?/67～1634.5.11 スペイン生れのフランシスコ会宣教師。一五九八年(慶長三)ジェロニモ・デ・ジェズスと同道して来日したがまもなく追放され、一六〇一年再び来日、布教に従事。禁教令以後は畿内で地下活動に入った。三三年(寛永一〇)捕らえられ、翌年江戸で殉教。

ごももぞのてんのう【後桃園天皇】 1758.7.2～79.10.29 在位1770.11.24～79.10.29 桃園天皇の第一皇子。名は英仁。母は一条兼香の女皇太后富子(恭礼門院)。一七五九年(宝暦九)儲君に定められ親王宣下。六二年父崩御のとき幼少のため、伯母智子内親王(後桜町天皇)が践祚。六八年(明和五)立太子、七〇年践祚。七九年(安永八)死去の際皇男子がなく、閑院宮典仁親王の第六王子、師仁親王(光格天皇)を養子とした。日記「後桃園院宸記」。

こもりとうう【小森桃塢】 1782.4.3～1843.3.23 江戸後期の蘭方医・典医。字は玄良。美濃国外淵村生れ。一七九五年(寛政七)江馬蘭斎に入門、ついで京都で海上随鷗(稲村三伯)に蘭医方を学ぶ。伏見で開業のかたわら二度解剖を行い、「解観大意」「解臓図賦」を残す。ヒポクラテス以来の自然良能を重視し「医は自然の臣なり」とする。典医にのぼり、シーボルトと親交を結んだ。著訳書「蘭方枢機」「泰西方鑑」「病因精義」。墓所は洛東の禅林寺。

こやすたかし【子安峻】 1836.1.2～98.1.15 明治期の新聞人。美濃国生れ。佐久間象山・大村益次郎に学び、外務省翻訳官として活躍。一八七〇年(明治三)四月、本野盛亨らと活版印刷所日就社を設立。「英和字彙」を出版後、同社から七四年一一月「読売新聞」を創刊。初代社長となり、実業界・財界に重きをなした。九一年まで在社。

こやまけんぞう【小山健三】 1858.6.11～1923.12.19 明治・大正期の官僚・銀行家。武蔵国忍生れ。東京高等商業校長・文部次官をへて、一八九九年(明治三二)一月三十四銀行二代目頭取に就任。投機家の機関銀行的色彩の強かった大阪の銀行をきびしく批判、近代的な商業銀行育成に努める。台湾支店を開設し、外国為替業務に進出。国債引受シンジケート銀行団の結成など業務を多角化し、堅実な経営を確立した。

こやましょうたろう【小山正太郎】 1857.1.21～1916.1.7 明治・大正期の洋画家。越後国長岡藩医の家に生まれる。川上冬崖に学び、一八七六年(明治九)新設の工部美術学校でフォンタネージの指導をうける。七八年退学。八九年明治美術会を創立し、中心的画家として活躍。洋画排斥派に対抗して擁護論を展開した。東京高等師範・私塾不同舎で多くの後進を育成。第一回から文展の審査員を務める。代表作「川上冬崖像」「仙台の桜」。

こやまつきち【小山松吉】 1869.9.28～1948.3.27 明治～昭和期の司法官。茨城県出身。一八九二年(明治二五)独逸協会学校卒。九六年検事。以後、長崎控訴院判事・大審院検事をへて、一九二四年(大正一三)検事総長となり、三・一五事件の検挙などを指揮。三二年(昭和七)斎藤内閣の法相。のち貴族院議員。法政大学総長なども務めた。

ごようぜいてんのう【後陽成天皇】 1571.12.15～1617.8.26 在位1586.11.7～1611.3.27 正親町天皇の皇子誠仁親王の第一王子。名ははじめ和仁、のち周仁。母は勧修寺晴右の女新上東門院晴子。幼称若宮。父の急死により皇嗣となる。豊臣秀吉の政権下で即位し、一五八八年(天正一六)四月聚楽第に行幸。秀吉没後はしばしば譲位の意向を示し、徳川家康の朝廷干渉を容易にした。木製活字を作らせ、和漢の古典数種を刊行(慶長勅版)。

ゴーランド ⇨ガウランド

コリャード Diego Collado 1589?～1641.8.- スペイン生れのドミニコ会士。一六一九年(元和五)禁教下の日本に来航し、長崎を中心に布教。二二年元和大殉教を目撃し、その体験をオルファネルの「日本キリシタン教会史」の「補遺」に記述。日本二十六聖人の殉教を調査し、同年イエズス会の日本布教権独占を批判するために日本を去り、ローマに赴いたが、イエズス会側の反論をうけた。三二年ローマで「日本文典」「懺悔録」「羅西日辞書」を出版。三五年マニラに赴く。四一年ローマにむかう途中、船が難破して没した。

ごりょうけんかゆう【呉陵軒可有】 ?～1788.5.29 江戸中期の川柳作者。別号木綿。江戸の人。一七六五年(明和二)川柳評万句合の勝句から題を除き、優れた付句のみを集成した「誹風柳多留」を刊行。以降八八年(天明八)二二編まで選句。川柳独立の要因をつくり、実作者としても優れていた。

ごれいぜいてんのう【後冷泉天皇】 1025.8.3～68.4.19 在位1045.1.16～68.4.19 後朱雀天皇の第一皇子。名は親仁。母は藤原道長の女嬉子。一〇三六年(長元九)父後朱雀の即位によって親王になり、翌年皇太子に立った。四五年(寛徳二)父の譲位をうけて践祚し、四四歳で死去するまで在位した。皇子女がなく、皇位は弟の後三条天皇に継承された。

これたかしんのう【惟喬親王】 844～897.2.20 惟高親王とも。文徳天皇の第一皇子。母は紀名虎の女静子。小野宮。父文徳は皇太子に第四皇子(清和天皇)を立てた後、親王にも皇位を継承させようとしたが、藤原良房の反対で実現できなかったという。大宰帥・弾正尹・常陸太守・上野太守を歴任したのち出家、小野に隠棲し、在原業平・紀有常らと親交を深めた。木地師には親王を祖とする伝承が全国的にみられる。

これはるのあざまろ【伊治呰麻呂】 ⇨伊治呰麻呂

これむねうじ【惟宗氏】 もと讃岐国香川郡を本貫とする秦氏。八八三年(元慶七)すでに左京六条に移貫していた秦宿禰永原、秦公直宗・直本、秦忌寸永宗・越雄らが惟宗朝臣を賜姓されたのに始まる。直宗・直本兄弟が明法博士となったのをはじめ、多くの明法家をだす家柄となる。直本は「令集解」など、公方は「本朝月令」、善経は「延喜格」「延喜式」、允亮は「政事要略」を撰著し、その活躍の一端がうかがえる。その他、別系統に伊統朝臣・伊統宿禰がみえる。

これむねのきんかた【惟宗公方】 生没年不詳。平安前期の明法家。父は直本。勘解由次官・検非違使などを歴任。家業の明法道も修め、明法博士となったが、九五八年(天徳二)一〇月提出の勘文が村上天皇の意にそわず、大蔵権大輔に左遷。著書「本朝月令」。

これむねのただすけ【惟宗允亮】 生没年不詳。平安中期の明法家。直本の曾孫。公方の孫。父母名は不明。一〇世紀末の長徳年間に、律令の宗師の意味をもつ令宗朝臣を賜姓。明法博士として一条朝に活躍。著書「政事要略」「類聚律令刑官問答私記」「類聚判集」、日記「宗河記」があるが、「政事要略」の一部が現存するのみ。

これむねのなおむね【惟宗直宗】 生没年不詳。平安前期の明法家。直本は弟。本貫は讃岐国香川郡で秦公の出自。八七七年(元慶元)左京六条に移り、八八四年惟宗朝臣を賜姓。大判事・勘解由次官を歴任、明法博士を兼ねた。八八八年(仁和四)阿衡の紛議の際、橘広相の罪状を勘申。その後、従五位下まで昇り、直本とともに惟宗氏発展の基礎を築いた。

これむねのなおもと【惟宗直本】 直基とも。生没年不詳。平安前期の明法家。直宗は兄。検非違使在任中に「検非違使私記」を著すなど明法学者として活躍。九〇七年(延喜七)には明法博士となり、奉じた勘文の一部は「法曹類林」「源語秘訣」に引用される。私邸で律令を講じることが宣旨で許され、「令集解」「律集解」を残す。

これやすしんのう【惟康親王】 1264.4.29～1326.10.30 鎌倉幕府七代将軍(在職一二六六・七・二四～八九・九・一四)。父は六代将軍宗尊親王、母は近衛兼経の女宰子。一二六六年(文永三)宗尊親王にかわって将軍となるが、ほとんど実権をもたなかった。八九年(正応二)父と同様に幕府への謀反の疑いをかけられ、京都に追放。その後出家して京都で没した。

これよしのはるみち【惟良春道】 生没年不詳。平安前期の漢詩人。系譜未詳。嵯峨・淳和・仁明朝に仕えた。八四二年(承和九)渤海使歓迎の宴に参加。八四四年に従五位上に至る。「経国集」に八首、「扶桑集」に四首のほか、「和漢朗詠集」「新撰朗詠集」に作品を残す。「白氏文集」の影響がみられる。

コーロス Matheus de Couros 1569～1632.5.27 ポルトガル人イエズス会宣教師。一五九〇年(天正一八)天正遣欧使節の帰国とともに来日。一六一四年(慶長一九)追放されてマカオに渡ったが、翌年日本に潜入。一七年(元和三)日本管区長に任命され、同年全国のキリシタン集団の信徒代表が署名した証言文書を徴収した。このコーロス徴収文書は布教や迫害に関する貴重な史料。肥前国大村で没。

ゴロブニン Vasilii Mikhailovich Golovnin 1776.4.8～1831.6.29 ロシアの海軍士官。海軍士

官学校卒業後、イギリス留学。帰国後、ディアナ号艦長として世界周航航海を命じられ、一八一一年(文化八)択捉島・国後島を測量中に、松前奉行所の役人に士官ら七人とともに捕らえられ、松前・箱館で二年三カ月余の監禁生活を送った。一八〇六・〇七年のロシアの海軍士官による樺太・択捉襲撃事件(文化露寇事件)への報復であった。ディアナ号副艦長リコルドは救出のため、翌年高田屋嘉兵衛と水主四人を捕らえてカムチャツカに連行し、嘉兵衛の沈着な判断に助けられて、一三年釈放が実現した。この経験を綴った「日本幽囚記」(一八一六)がある。

こんごういわお【金剛巌】 1886.3.25～1951.3.21 能楽のシテ方金剛流の宗家。本名岩雄。京都府出身。金剛謹之輔の長男。父に師事。一九三六年(昭和一一)二三世金剛右京が没すると、シテ方四流の推挙により宗家となる。能の普及に熱心であり、新様式能など新しい試みにも積極的で、面・装束にも造詣が深かった。著書「能と能面」「能」。三男滋夫が二世を襲名。

こんごううきょう【金剛右京】 1872.10.-～1936.3.27 明治～昭和前期の能役者。シテ方金剛流の二三世宗家。幼名鈴之助。本名氏慧。東京都出身。二二世金剛泰一郎の長男。父および祖父の金剛唯一に師事。一六歳で宗家を継承し、のち京都へ移り金剛謹之輔の指導をうけた。一九〇三年(明治三六)東京に引きあげ演能活動に入る。流儀の特色である早技に長じた芸風であった。

こんこうだいじん【金光大神】 ⇨川手文治郎

こんごうち【金剛智】 671～741.8.15 中国の唐の密教僧。跋日羅菩提とも。南インドのマラヤ国出身。出家後ナーランダー寺を中心に大乗・小乗仏教を学び、南インドで竜智から金剛頂経系密教をうける。七一九年海路中国に至り、長安・洛陽で灌頂道場を設けて密教を伝え、「金剛頂瑜伽中略出念誦法」などを訳出。また祈雨法などの密教修法を行って験があったという。弟子に不空・一行ら。

こんごうひょうえ【金剛兵衛】 盛高を祖とする筑前の刀工一派。金剛兵衛または源を姓とする。刀剣伝書類には文応期頃からというが、初代盛高の作例としては一三四九年(貞和五・正平四)が最も古い。以後、室町時代に多くの作例がみられ、盛高の銘跡が継承され、新刀期にも確認される。なお、七〇年(応安三・建徳元)の作例がある冷泉貞盛を初代盛高の初期銘とする説もあるが、同人というより同系の刀工であろう。

ゴンサロ Manuel Gonçalves 生没年不詳。近世初頭の在日ポルトガル人航海家。ゴンサルベスともいうが、姓名の正確な表記は不明。長崎に居住し、異国渡海朱印状を得て、シャム(一六一三)、ルソン(一六一六・一八)に渡航。同行した池田好運に航海術を教授、「元和航海書」編述の契機となった。東南アジア各地と手広く交易を行ったらしい。

ごんすい【言水】 1650～1722.9.24 江戸前期の俳人。姓は池西。通称は八郎兵衛か。初号は則好。別号は兼志・紫藤軒・洛下童・鳳下堂。奈良の人。江戸では芭蕉・才麿・幽山らと、京都では信徳らと交わり、俳壇の革新に貢献しようとした。雑俳点者として、京都を中心に広範な勢力圏をもった。著書「江戸新道」「京日記」「新撰都曲」「続都曲」。

ごんぞう【勤操】 754～827.5.8 石淵僧正とも。奈良後期～平安前期の三論宗僧。俗姓秦氏。大和国高市郡出身。大安寺で信霊・善議に三論教学を学び、千僧度者に選ばれる。比叡山根本中堂落慶供養に堂達を勤め、七九六年(延暦一五)同学の栄好の追善に高円山麓石淵寺で法華八講を創始。八一三年(弘仁四)大極殿最勝講で法相宗義を論破し律師となる。弘福寺別当や造営中の西寺別当をへて、八二六年(天長三)大僧都。最澄・空海の新宗義にも理解を示した。没後僧正を追贈される。

コンダー ⇨コンドル

ごんだなおすけ【権田直助】 1809.1.13～87.6.8 幕末～明治前期の国学者。武蔵国入間郡毛呂本郷の医師の子。字は玄常、号は名越廼舎。野間広春院に医術を、安積艮斎に儒学を学んだ後、一八三七年(天保八)平田篤胤に入門。はじめ皇医道の研究に専念した。その後、尊攘運動に関わり、維新後は矢野玄道らと大学校設立に努めたが、七一年(明治四)国事犯の嫌疑で幽閉。赦免後は相模国大山阿夫利神社祠官、晩年は大教正などを歴任。明治期の平田派の重鎮として国語文法研究に従事。著書「古医道経験略」「心の柱」。

ごんだらいふ【権田雷斧】 1846.11.-～1934.2.7 明治～昭和前期の宗教家。真言宗豊山派僧侶。越後国生れ。大和国長谷寺で学ぶが、一八七一年(明治四)に曹洞宗に転じて雷斧と改め、のち真言宗に復帰。一九〇一年に豊山派第二代管長、ついで豊山大学学長。二八年(昭和三)大正大学学長。近代密教学の権威で、密教の存在を広く世間に知らせた。

こんちいんすうでん【金地院崇伝】 ⇨以心崇伝

ゴンチャローフ Ivan Aleksandrovich Goncharov 1812.6.6～91.9.15 ロシアの作家。一八五二～五四年に遣日使節プチャーチン提督の秘書官として世界周航に参加。一八五三年(嘉永六)長崎に来航、日露通好条約・樺太国境制定交渉に参加した。代表作「オブローモフ」(一八五九)における優柔不断な主人公の造形は、オブローモフ主義の語をうみ広く影響を及ぼした。日本紀行の皮肉な人物観察にもその面目がみられる。紀行「フレガート艦パルラダ」(一八五八、邦訳「日本渡航記」)。

こんどういさみ【近藤勇】 1834～68.4.25 幕末期の幕臣・新撰組隊長。諱は昌宜。武蔵国多摩郡の農家に生まれ、江戸の天然理心流近藤周助の養子となり、道場をつぐ。一八六三年(文久三)の将軍徳川家茂上洛に際し、警衛のための浪士隊に参加して上京するがそのまま京に残留、京都守護職の配下で新撰組を組織し、のち隊長。六七年(慶応三)六月、見廻組頭取として幕臣となる。六八年三月、甲陽鎮撫隊を組織して新政府軍と戦い(勝沼戦争)、ついで下総国流山戦争に参加したが、捕らわれ処刑された。

こんどうえいぞう【近藤栄蔵】 1883.2.5～1965.7.3 大正・昭和期の社会主義者。東京都出身。渡米中に片山潜と会い、社会主義者となる。一九二一年(大正一〇)上海でのコミンテルン極東委員会に出席、帰路下関で検挙される。同年暁民共産党を結成し、委員長。共産党結成に参加、二三年ソ連に亡命。帰国後は共産党を離れ、最後は日本主義に転向。第二次大戦後は戦災者救済などの社会福祉事業に従事。

こんどうけんじ【近藤憲二】 1895.2.22～1969.8.6 大正・昭和期のアナーキスト。兵庫県出身。早大専門部卒。一九一七年(大正六)売文社に入り、大杉栄の影響をうけ、新聞「労働運動」の編集に参加。大杉の虐殺後も継続、アナルコ・サンディカリスム運動を支えた。三五年(昭和一〇)無政府共産党事件で逮捕されたがまもなく釈放された。四六年、日本アナーキスト連盟結成に参加、書記長に就任。妻は真柄。

こんとうこう【今東光】 1898.3.26～1977.9.19 大正・昭和期の小説家、天台宗の僧。神奈川県出身。第六次「新思潮」、「文芸春秋」「文芸時代」に参加し、「痩せた花嫁」で新感覚派の作家として認められた。一九三〇年(昭和五)得度して僧侶となり、文壇から遠ざかったが、赴任先の河内の風土・人情を描きはじめ、五六年「お吟さま」で流行作家となった。六六年平泉中尊寺貫主。

こんどうし【近藤氏】 ❶秀郷流藤原氏とも利仁流藤原氏ともいう。脩行が近江掾に任じられて近江国に住み、近藤氏を称したのに始まる。子(一説に孫)景親は駿河権守となり、島田(現、静岡県島田市)にいて島田権守と称し、子孫は伊豆・相模両国にも発展。鎌倉幕府創設期には国平や能成らが活躍した。能成の子能直は大友氏の祖となる。能成の子孫で旗本となった一族もある。❷藤原北家良門流。白河上皇の近習で、北面に伺候した盛重に始まる。子孫は北面の武士として活躍し、江戸時代まで続いた。

こんどうじゅうぞう【近藤重蔵】 1771～1829.6.16 近世後期の幕臣・北方探検家。諱は守重、号は正斎。江戸駒込に御先手組与力の子として生まれる。一七九八年(寛政一〇)松前蝦夷御用取扱を命じられ、同年最上徳内らとともに択捉島に渡り、七月二八日「大日本恵登呂府」の標柱を建てる。東蝦夷地上知とともに択捉掛となり、一八〇〇年択捉に渡り、同島の開島に尽力。〇三年(享和三)小普請方となるが、〇七年(文化四)再び蝦夷地出張を命じられ利尻島を探検した。〇八年書物奉行。二六年(文政九)長男富蔵の殺傷事件により改易。著書「外蕃通書」「辺要分界図考」。

ごんどうせいきょう【権藤成卿】 1868.3.21～1937.7.9 明治～昭和前期の農本主義者。本名善太郎。福岡県出身。二松学舎を中退し、黒竜会に参加。一九二〇年(大正九)「皇民自治本義」を著し、社稷国家実現を唱道した。翌年自治学会を設立。二七年(昭和二)「自治民範」を著し、金鶏学院講師。血盟団事件、五・一五事件の指導者に理論的影響を与えた。

こんどうそうえつ【近藤宗悦】 1821～67.2.7 江戸後期の尺八演奏家。宗悦流の祖。長崎生れで、チャルメラが上手なため「チャルメラ宗悦」とあだ名された。京都に上り明暗寺役僧となって尾崎真竜に師事。箏・三弦との合奏(外曲)を積極的に行い、三曲界とのつながりを深め、都山流など近代尺八楽成立の基盤づくりをしたという。晩年大坂に住み、志士らとも交わった。箏曲家古川滝斎を養子とした。

こんどうまがら【近藤真柄】 1903.1.30～83.3.18 大正・昭和期の社会運動家。東京都出身。堺利彦の長女。一歳で生母と死別、父の入獄などの辛酸を嘗める。一九二一年(大正一〇)赤瀾会結成に参加、翌年共産党に入党、二七年(昭和二)奥むめおらと婦人政治運動促進会を組織、婦人戦線の統一をめざす。婦人参政権運動にも参加、第二次大戦後は日本婦人有権者同盟に入り、七〇～七二年会長。夫は憲二。

こんどうまこと【近藤真琴】 1831.9.24～86.9.4 幕末～明治期の洋学者・教育者。幼名鉚之助。鳥羽藩江戸藩邸で生まれる。村田蔵六(大村益次郎)に師事、軍艦操練所に入り教授方となる。一八六三年(文久三)に私塾を開き後進を指導する。明治維新後は兵部省海軍操練所に出仕、兵学校教授などを歴任。六九年(明治二)に攻玉塾(のちの攻玉社)を設立、測量術・航海術を教授する異色の学校として発展した。七三年ウィーン万国博覧会に出張、のち博覧会審査官。「かなのくわい」会員としてかな文字の普及にも活躍した。

こんどうまんたろう【近藤万太郎】 1883.9.21～1946.11.7 大正・昭和期の農学者。岡山県出身。東大卒。ドイツ留学。一九一四年(大正三)帰国、大原孫三郎が私財で設立した大原農業研究所の創設に加わり、初代所長。着実な運営を行い、同研究所を世界でも珍しい民間研究所に育てあげ、多くの農業技術研究者を育てた。作物学・種子学を研究、五〇〇余編の論文は農学界に大きく貢献した。日本農学賞受賞。著書「日本農林種子学」。

こんどうもとき【近藤基樹】 1864.3.11～1930.3.8 明治・大正期の造船工学者。江戸生れ。真琴(まこと)の長男。東大卒。海軍に入り、イギリスに留学して軍艦設計を学ぶ。海軍大学校教官・海軍艦型試験所所長。日露戦争時の筑波(二代)およびそれ以後の国内建造主力艦の建造設計に加わり、造船協会を創設。また父が開いた洋学塾攻玉社社長となり、学校経営や育英事業にも貢献。

こんどうよしき【近藤芳樹】 1801.5.25～80.2.29 幕末～明治前期の国学者。周防国生れ。通称は晋一郎。号は寄居子庵・風月史生。村田春門(はるかど)・本居大平(おおひら)に国学を学び、山田以文(いぶん)について律令・有職を修める。一八四〇年(天保一一)萩藩士近藤氏を継ぎ、以後萩に家塾を開く。維新後宮内省に出仕し、歌道御用掛(翌年文学御用掛)となる。明治天皇の東国巡幸・北陸巡幸に随行。著書「古風三体考」。

こんどうれんぺい【近藤廉平】 1848.11.25～1921.2.9 明治・大正期の実業家。阿波国生れ。一八七二年(明治五)三菱商会に入り、八三年横浜支社支配人。八五年日本郵船の成立とともに入社、九五年三代社長。以後没するまで社長として同社を世界最大級の海運企業に成長させた。とくに日清戦後には、政府補助をうけて、欧州・北米・豪州の三大遠洋定期航路を開設したほか、近海航路を充実させ、日本経済の海外進出の運輸的基盤を確立した。

コンドル Josiah Conder 1852.9.28～1920.6.21 イギリス人建築家。英語読みはコンダー。工部大学校造家学教師として一八七七年(明治一〇)一月来日。辰野金吾・片山東熊(とうくま)らを育て、日本近代建築の父と称される。上野博物館・鹿鳴館などを設計。解雇後も日本に留まり、邸宅を中心に数多くの作品を遺す。東京のニコライ堂・岩崎邸・島津邸・古河邸、桑名の諸戸邸などが現存。河鍋暁斎(きょうさい)や日本の庭園・衣装に関する著作があり、日本文化の紹介者としても名高い。

こんぱるしろうじろう【金春四郎次郎】 生没年不詳。戦国期の能狂言役者。大蔵流狂言の祖。「四座役者目録」に堺藤次郎の弟で、今春方の者、「謡手也」とある。同書で「謡手也」と注記があるのはほかに観世座ワキ方の生一(しょういち)孫四郎だけなので、狂言役者ながらも謡(うたい)に秀でていたのであろう。

こんぱるぜんきょく【金春禅曲】 1549～1621.8.21 戦国期～江戸初期の能役者。シテ方金春流の六二世、中興の祖禅竹(ぜんちく)から数えて六世の金春大夫。本名安照、通称八郎。法名は誰庵(すいあん)禅曲。六一世金春喜勝(よしかつ)の次男。長男が早世したので金春大夫を継承。「四座役者目録」には背が低く悪き男と記される。豊臣秀吉の絶大な庇護をうけて活躍し、金春座を四座筆頭の地位にしたが、その芸風は地味で古風であったと思われる。

こんぱるぜんちく【金春禅竹】 1405～70? 室町中期の能役者・能作者。大和猿楽四座の本家格の円満井(えんまい)座の棟梁で金春大夫。実名貫氏(つらうじ)・氏信。法名賢翁禅竹。竹翁(ちくおう)・賢翁・式部大夫・竹田大夫とも称する。金春権守の孫。父は弥三郎。世阿弥の女婿。没年は一四六八～七一年(応仁二～文明三)の間。大和を中心に各地で活動し、晩年は音阿弥に匹敵する実力者となった。禅竹は世阿弥に師事し、主要伝書はすべて所持または一見したらしく、世阿弥理論を総合して独自の論も加え、「歌舞髄脳記」「五音三曲集」「六輪一露之記」「至道要抄」「明宿集(めいしゅくしゅう)」などを著した。能では「芭蕉(ばしょう)」「定家」「小塩」「玉鬘(たまかずら)」「楊貴妃」などが彼の作と推定され、世阿弥の歌舞能を継承しつつ、哀愁美にみちた独自の世界を築いた。

こんぱるぜんぽう【金春禅鳳】 1454～1532.12.10? 戦国期の金春座の能役者・能作者。通称八郎。実名元安(もとやす)。法名桐林禅鳳。宗筠(そういん)の子、禅竹の孫。一四八〇年(文明一二)父の死により大夫を継ぐ。没年は確証がないが、一五二八年(享禄元)には生存。能作者として「嵐山」「一角仙人」「東方朔」「初雪」「生田敦盛」などを残し、改作や演出の新案も数多いと考えられる。「反故裏の書」「毛端私珍抄(もうたんしちんしょう)」などの伝書や、芸談「禅鳳雑談(ぞうたん)」は、当時の能の実態を伝える貴重な能楽史料。

こんひでみ【今日出海】 1903.11.6～84.7.30 昭和期の小説家・評論家。北海道出身。今東光の弟。東大卒。「文芸都市」「作品」「行動」「文学界」などに参加。太平洋戦争の報道班員としてフィリピンに渡り、敗走する日本軍に従った戦記「山中放浪」、交遊した知名人を描いた「三木清における人間の研究」「迷う人迷えぬ人」、新聞小説「怒れ三平」などの代表作がある。初代の文化庁長官。

こんわじろう【今和次郎】 1888.7.10～1973.10.27 大正・昭和期の考現学者・建築学者。青森県出身。東京美術学校卒。早稲田大学建築学科で教鞭をとる。一九一七年(大正六)柳田国男らの白茅会に参加し、「民家図集」の編纂にあたる。関東大震災後バラック装飾社を結成、三〇年(昭和五)に吉田謙吉と「モデルノロヂオ」、三一年に「考現学採集」を著し、考現学の始祖となる。著書「日本の民家」「西洋女性服装史」「服装研究」。

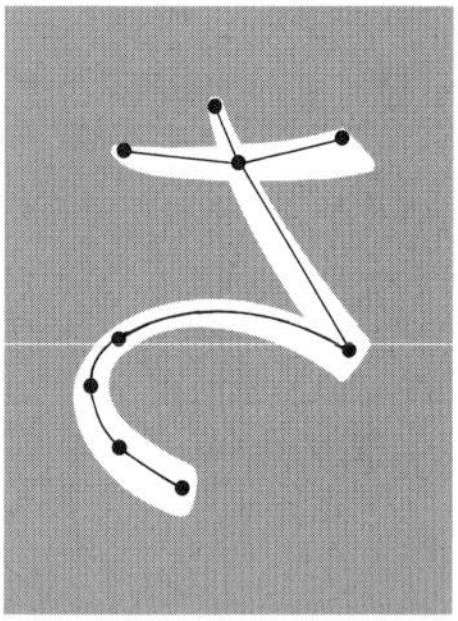

さいえきげん【崔益鉉】 Choe Ik-hyon 1833～1906.11.17 李氏朝鮮末期の儒者・民族運動家。李恒老門下の儒者として著名で、大院君政治への反対、日朝修好条規への反対により、二度にわたり配流された。一九〇四年に議政府賛政に起用されたが、〇五年の第二次日韓協約に反対。〇六年武装蜂起し義兵運動を展開したが、日本軍に捕らえられて対馬に監禁され、獄中で病死。

さいおくけんそうちょう【柴屋軒宗長】 ⇩宗長

さいおん【蔡温】 1682.9.25～1761.12.29 首里王府の三司官で近世琉球を代表する政治家。具志頭親方。渡来閩人三十六姓の一つ蔡氏の出。父は蔡鐸。一七〇八年進貢の存留通事として福州に渡り、二年間滞在、地理学を学ぶ。帰国後、世子尚敬の侍講となり、一三年尚敬即位後は国師となる。一九年の冊封使渡来の際、その持渡品の買上げで活躍、二八年三司官に任じられた。日本・中国の間にある小国琉球の舵取り役として、儒教理念にもとづく国家運営をめざし、国民の教化、社会改革、一連の杣山政策、羽地大川改修などの治水事業など幅広く活躍。「中山世譜」の改訂をはじめ、著作「独物語」「蓑翁片言」「自叙伝」など多数。

さいおんじきんしげ【西園寺公重】 1317～67.9.3 南北朝期の公卿。父は実衡。母は家女房。一三二五年(正中二)元服。二八年(嘉暦三)従三位。三一年(元弘元)権中納言。三五年(建武二)兄公宗の建武政権への謀反計画を密告、その功により西園寺家領を管領。四九年(貞和五・正平四)内大臣となったが、五三年(文和二・正平八)京都を出て南朝に伺候。南朝で太政大臣となる。六四年(貞治三・正平一九)出家。

さいおんじきんつね【西園寺公経】 1171～1244.8.29 鎌倉前期の公卿。父は藤原実宗。母は持明院基家の女。源頼朝の妹婿一条能保の女全子と結婚して幕府と親密になり、源実朝の暗殺後は、外孫三寅(藤原頼経)を将軍後継者とした。承久の乱に際しては、事前に情報を幕府にもたらして勝利に貢献。乱後は幕府との強い結びつきを背景に、一二二二年(貞応元)太政大臣、翌年従一位に昇進し、女婿九条道家とともに公家政権を掌握した。道家の外孫四条天皇が急逝し後嵯峨天皇が即位すると、四二年(仁治三)孫女姞子(大宮院)を中宮に立て、久仁親王(後深草天皇)の外戚となった。琵琶・和歌に秀で、文化人としても活躍。

さいおんじきんひら【西園寺公衡】 1264～1315.9.25 鎌倉後期の公卿。従一位左大臣。父は実兼。母は中院通成の女。一三〇四年(嘉元二)父から関東申次を引き継いだ。亀山院政下で天皇家との婚姻関係が洞院家に有利に進んだため、一二九〇年(正応三)の浅原為頼事件の際には亀山上皇を追及し、持明院側に接近した。しかし持明院派の京極為兼との対立から大覚寺統に再接近し、妹瑛子と亀山上皇の子恒明親王を皇位継承者とするよう亀山上皇から遺詔をうけた。後宇多上皇は遺詔に従わず公衡と対立、一三〇五年勅勘をこうむったが、幕府の介入により二カ月ほどで復帰。一一年(応長元)出家。日記「公衡公記」。「春日権現験記」を春日社に奉納。

さいおんじきんむね【西園寺公宗】 1309～35.8.2 鎌倉後期～建武新政期の公卿。正二位権大納言。父は実衡。母は藤原為世の女。一三二六年(嘉暦元)に父実衡の死去の後を継いで一八歳で関東申次となる。その後、幕府滅亡とともに失墜した西園寺家の権威回復のため、北条高時の弟泰家と結んで建武新政府の転覆をはかったが、弟公重の密告で失敗。三五年(建武二)舅の日野資名・氏光父子、家司三善文衡らとともに捕らえられ、出雲国に配流となったが、命令を誤解した名和長年によって殺された。

さいおんじきんもち【西園寺公望】 1849.10.23～1940.11.24 明治～昭和前期の政治家。号は陶庵。京都生れ。公卿清華家の徳大寺公純の次男に生まれ西園寺家の養子となる。徳大寺実則は兄。戊辰戦争で山陰道鎮撫総督を務め、維新後一八七一～八〇年(明治四～一三)フランスに留学。「東洋自由新聞」社長をへて伊藤博文の憲法調査団に随行。第二次伊藤内閣の文相・外相、第三次伊藤内閣の文相を歴任、枢密院議長をへて一九〇三年立憲政友会総裁に就任。伊藤系の後継者格となり、〇六年首相。桂太郎ら山県系と協調して、桂園時代を築く。〇八年桂に政権を譲ったが、一一～一二年(大正元)再度首相を務めた。大正政変の際に違勅問題で政友会総裁を辞任、一九年ベルサイユ会議全権委員となる。一九一二年元老優遇をうけ、二四年以降唯一の元老として第一次近衛内閣まで首班候補選定に主導的役割をはたした。政党政治の擁護者、協調外交論者として知られる。公爵。

さいおんじけ【西園寺家】 藤原氏閑院流。清華家。白河上皇の重臣公実の三男通季に始まる。家名は四代公経が北山第に建てた西園寺

(現、金閣寺付近)による。公経は源頼朝の姪にあたる一条能保の女を妻にして幕府に親近し、後鳥羽上皇の近臣でもあったことから、公武間の交渉役をはたした。承久の乱後は太政大臣に昇り、関東申次として、また後堀河天皇や摂関九条道家の後見として権勢をふるった。孫姞子を後嵯峨天皇の后とし、後深草・亀山両天皇の外戚の地位も得た。以後、鎌倉時代を通して関東申次となり、上皇や天皇の後見として摂関家をしのぐ権勢を誇ったが、室町時代以降は衰えた。江戸時代の家禄はおおむね五九七石余。琵琶の家。維新後、公望のとき侯爵、のち公爵。

さいおんじさねうじ【西園寺実氏】 1194～1269.6.7 鎌倉前・中期の公卿。父は公経。母は一条能保の女全子。承久の乱に際しては、父とともに親幕派であったため幕府との内通を疑われ、幽閉された。乱後は、一二四二年(仁治三)に即位した後嵯峨天皇に女姞子(大宮院)を入内させ、四六年(寛元四)太政大臣、同年幕府の推挙で関東申次となるなど、幕府との関係を背景に力を増した。姞子は後深草・亀山両天皇を生み、実氏と皇室との関係はいっそう深まった。六〇年(文応元)出家後も引き続き関東申次を勤め、政治の中心にあった。

さいおんじさねかね【西園寺実兼】 1249～1322.9.10 鎌倉後期の公卿。太政大臣。父は公相。母は中原師朝の女。一二六九年(文永六)関東申次となる。亀山上皇と結びついた洞院家に対抗するため、後深草上皇の皇子(伏見天皇)を即位させるなど、持明院統と提携したが、伏見院政下で京極為兼と対立し、大覚寺統に接近した。九九年(正安元)家督を子の公衡に譲ったが、一三一五年(正和四)公衡の死により関東申次に復任。再び為兼と対立して大覚寺統を支持し、文保の和談を大覚寺統に有利に進めた。

さいおんじさねとし【西園寺実俊】 1335～89.7.6 南北朝期の公卿。父は公宗。母は日野資名の女。「太平記」によると、父公宗が誅殺された際、妻は妊娠中で、公宗の百箇日の日に誕生したという。初名実名。一三四四年(康永三・興国五)従三位。五三年(文和二・正平八)叔父西園寺公重が南朝へ出奔し、北朝における西園寺家の家督となる。六六年(貞治五・正平二一)右大臣となるが翌年辞退。七六年(永和二・天授二)従一位。八九年(康応元・元中六)出家。

さいおんじさねひら【西園寺実衡】 1290～1326.11.18 鎌倉後期の貴族。内大臣。父は公衡。母は中御門経任の女。一三〇四年(嘉元二)公卿となる。父の死後、祖父実兼が再び家督の地位にあったが、実兼は一七年(文保元)に置文を書いて実衡を家督に定め、二二年(元亨二)に没した。これにより家督を継いで関東申次となり、正中の変の処理などにあたった。「徒然草」では伝統的な価値観の持ち主として描かれている。

さいかまごいち【雑賀孫市】 平井孫市とも。生没年不詳。戦国期の土豪。本名鈴木孫市重秀。紀伊国雑賀荘の本願寺門徒組織の指導者の一人で、織田信長の本願寺攻め(石山合戦)では、本願寺方の大将として鉄砲集団を統率し、対抗したことで知られる。一五八〇年(天正八)の石山合戦敗北後も雑賀荘にあったが、八五年の豊臣秀吉による紀州攻めでは秀吉方につき、小牧・長久手の戦では徳川家康方として戦った。

さいきこうい【細木香以】 1822～70.9.10 「ほそき」とも。幕末期の江戸商人。通称津国屋藤次郎。香以は俳号。他に鯉角・何廼屋・梅阿弥などとも号す。家業は酒屋で、父初代藤次郎の頃から大名貸も営んだらしい。多くの文人・芸人と交際しこれを援助したが、吉原での派手な遊興から今紀文と称され、大通人として世に知られた。のちに家産を傾け、一時浅草や千葉に隠棲。その生涯は取巻きの一人仮名垣魯文の「再来紀文廓花街」や森鷗外の史伝「細木香以」に詳しい。

さいぎょう【西行】 1118～90.2.16 平安末期の歌人。俗名佐藤義清(憲清とも)。康清の子。母は源清経の女。武門の家に生まれ、鳥羽院の北面の武士として仕え、和歌・蹴鞠などに活躍した。一一四〇年(保延六)二三歳で出家。その後、仏道と和歌に励み、高野山や伊勢国に住する一方で、奥州・四国などを旅した。「詞花集」に一首、

●西園寺家略系図

通季―公通―実宗―公経
- 掄子(九条道家室)
- 実氏
  - 公相
    - 実兼
      - 公衡
        - 実衡
          - 公宗―実俊―公永―実永―公名
            - 実遠―公藤……公望(侯爵・公爵)
          - 公重
        - 寧子(広義門院)
      - 鏱子(永福門院)
      - 瑛子(昭訓門院)
      - 兼季[今出川]
      - 禧子(礼成門院・後京極院)
    - 嬉子(今出河院)
    - 実俊[橋本]
  - 姞子(大宮院)
  - 公子(東二条院)
- 実有[清水谷]
- 実雄[洞院]
- 実藤[四辻(室町)]

「千載集」に一八首入集したが、死後成立した「新古今集」には最多の九四首が選ばれ、歌人としての名声が高まった。家集「山家集」「西行上人集」「聞書集」「残集」。「山家心中集」「御裳濯河歌合」「宮河歌合」は自撰の秀歌集。旅する歌僧として伝説化され、その和歌とともに後代の文学に大きな影響を与えた。

さいぎん【西吟】 1605～63.8.15 江戸前期の浄土真宗本願寺派の学僧。照黙と号す。諡号は成規院。豊前国小倉永照寺の西秀の子。紀伊国性応寺の了尊に宗学を、京都東福寺の雪窓に臨済禅を学んで帰寺。一六四七年(正保四)本願寺学寮の初代能化職(学頭)に任じられ、法制七条など規則を整備した。五三年(承応二)肥後国延寿寺の月感が西吟の所説を弾劾し、興正寺の准秀が月感に味方したことから本願寺と脇門跡興正寺との対立に発展。幕府の裁定により学寮は閉じられ、月感と准秀は流罪になった(承応の鬩牆)。

さいぐうのにょうご【斎宮女御】 ⇨徽子女王

さいぐさひろと【三枝博音】 1892.5.20～1963.11.9 昭和期の哲学者。広島県出身。東大卒。一九三二年(昭和七)唯物論研究会を結成、三三年まで立正大学などで教壇に立つが、同年の思想弾圧による拘禁を機に辞職。日本哲学史、ついで日本科学史研究に専心し先駆的な仕事をした。第二次大戦後は鎌倉大学校(のち鎌倉アカデミア)校長・日本科学史学会会長・横浜市立大学学長などを歴任。「日本科学古典全書」など資料編纂にも努めた。横須賀線鶴見事故で死去。著書「三浦梅園の哲学」。「三枝博音著作集」全一二巻・別巻一。

さいこう【西光】 ⇨藤原師光

さいごうしろう【西郷四郎】 1866.2.4～1922.12.22 明治期の柔道家。会津藩士の子。一八八二年(明治一五)講道館の最初の入門者となる。「山嵐」とよばれる技で名声を得、講道館四天王の一人と称される。富田常雄の小説「姿三四郎」のモデル。

さいごうたかもり【西郷隆盛】 1827.12.7～77.9.24 幕末期の鹿児島藩士、明治期の政治家。初名吉之助、号南洲。藩主島津斉彬の庭方役となる。斉彬死後時勢に絶望して自殺を図ったがはたせず、奄美に配流。赦免後、京都での志士との接触が島津久光に疑われ流罪。六四年(元治元)召還。第一次長州戦争の戦後処理にあたった頃から倒幕に転じ、六六年(慶応二)の薩長連合密約から密勅降下、王政復古クーデタに活躍。戊辰戦争では江戸無血開城をはたした。帰郷後七一年(明治四)出仕して参議に就任、廃藩置県にたずさわった。岩倉遣外使節団出発後、留守政府の責任者となったが、七三年朝鮮派遣をめぐる征韓論争、明治六年の政変で下野。七七年西南戦争をおこしたが敗れ、鹿児島城山で自決。陸軍大将。

さいごうつぐみち【西郷従道】 1843.5.4～1902.7.18 正しくは「じゅうどう」。幕末期の鹿児島藩士、明治期の軍人・政治家。隆盛の実弟。寺田屋騒動・薩英戦争・禁門の変に参加、戊辰戦争に出征。維新後に兵部少輔・陸軍大輔を歴任、台湾蕃地事務都督として台湾出兵を指揮した。一八七八年(明治一一)参議となり、以後、文部・農商務・陸軍の各卿を兼務。八四年参議兼海軍卿となって海軍育成に力をいれ、翌年第一次伊藤内閣の海相、第一次山県内閣では内相。九二年品川弥二郎と国民協会を結成したが、翌年第二次伊藤内閣の海相となり退会。九四年陸軍中将から海軍大将に昇進、九八年元帥。第二次山県内閣では内相。侯爵。明治二〇年代以降の元老の一人。

さいこうまんきち【西光万吉】 1895.4.17～1970.3.20 大正・昭和期の部落解放運動家。奈良県の浄土真宗本願寺派の西光寺出身。本名清原一隆。部落差別のため中学中退、画家を志すが挫折。阪本清一郎らと部落改善運動にとりくむが、佐野学の影響で融和運動と決別、一九二二年(大正一一)全国水平社結成。水平社宣言を起草した。二七年(昭和二)共産党に入党、翌年労農党から立候補、次点。三・一五事件で検挙され転向、三三年仮釈放。大日本国家社会党に属す。第二次大戦後、戦争責任から自殺を図るが未遂。社会党に属し、恒久平和を説き続けた。

ざいごちゅうじょう【在五中将】 ⇨在原業平

さいじこう【崔時亨】 Choe Si-hyŏng 1827～98.7.21 李氏朝鮮の民間宗教東学の第二代教主。一八六三年に初代教主崔済愚を継ぐ。東学に対する弾圧に抗しながら組織の体系化を図り、教祖伸冤運動をおこした。一八九四年甲午農民戦争では信徒におされて挙兵したが、敗れて潜伏中に逮捕、処刑された。

さいしょあつこ【税所敦子】 1825.3.6～1900.2.5 幕末～明治期の歌人。京都生れ。旧姓林。千種有功に和歌を学ぶ。島津家・近衛家に仕えたのち、一八七五年(明治八)宮内省に入り、掌侍・正五位にいたる。御歌所派を代表する女性歌人。歌集「御垣の下草」、紀行文集「心つくし」。

さいしょあつし【税所篤】 1827.11.5～1910.6.21 幕末期の鹿児島藩士、明治期の官僚政治家。西郷隆盛・大久保利通らと尊王攘夷運動に従事、第一次長州戦争の処理、都落ちした五卿の太宰府への移居に尽力した。維新後に徴士となり内国事務局権判事、兵庫県権知事、堺県の知事・県令などをへて元老院議官。奈良県知事として防災事業に努め、元老院議官に復し、宮中顧問官をへて一九〇五年(明治三八)枢密顧問官。子爵。

さいじょうやそ【西条八十】 1892.1.15～1970.8.12 大正・昭和期の詩人。東京都出身。早大卒。在学中三木露風の「未来」に参加、一九一二年(大正元)

日夏耿之介らと高踏的詩誌「聖盃」(のち「仮面」と改題)創刊。鈴木三重吉の要請により「赤い鳥」に多くの童謡を発表。一九年詩集「砂金」出版、繊細で瀟洒な象徴的詩風が注目された。二四年渡仏、帰国後早大仏文科教授。また多数の流行歌詞を作る。詩集「見知らぬ愛人」、訳詩集「白孔雀」、ほかに「アルチュール・ランボー研究」がある。

さいしょし【税所氏】 ㊀中世常陸国の豪族。百済氏。百済貞成が平安末期に常陸国府に住み、国衙の税所職となり、子孫は同職を世襲、やがて税所氏を称した。常陸大掾氏とも姻戚関係を結び有力豪族となる。鎌倉時代は御家人として活躍。南北朝期、幹治は高師冬に属し常陸南朝軍と戦った。㊁中世大隅国の豪族、在庁官人。藤原氏。国衙の税所職を世襲し税所氏を名のった。鎌倉時代に御家人となり、大隅国で勢威をふるう。南北朝期には大隅国守護島津氏に抵抗したが、室町時代には圧倒され衰退。

さいじんにゅうどうしんのう【済深入道親王】 1671.8.16～1701.12.2 真言宗勧修寺の門跡。霊元天皇の第一皇子。母は小倉実起の女中納言典侍。幼称一宮。俗名は寛清。皇嗣あるいは俗親王になる予定が、霊元天皇の意思によって、一六八一年(天和元)大覚寺宮付弟に定められた。これに従わなかった実起らは処罰された。翌年八月親王は勧修寺に入室、得度式が強行された。勧修寺長吏、のち東大寺別当を兼ねる。

さいせいぐ【崔済愚】 Choe Je-u 1824～64 李氏朝鮮の民間宗教東学の創始者。没落両班出身で漢学を学んだが、早く両親を失い辛酸をなめた。一八六〇年天主の降臨を感得したとして東学を唱え、西学(天主教)に対抗して地上天国の実現をめざした。民を惑わすとして逮捕され処刑されたが、東学は民衆に広まった。

さいせん【済暹】 1025～1115.11.26 南岳房とも。平安後期の真言宗僧。朝臣文綱の子。性信に灌頂をうけて悉曇を学び、また済延にも師事した。一一〇四年(長治元)の空海御影供では東寺長者の死去により、長者以外では異例の導師となる。〇九年(天仁二)詔により仁和寺伝法会を開設し「理趣経」講師を勤めた。空海の「性霊集」の散逸部分を再編集したほか、「弁顕密二教論懸鏡抄」「顕密差別問答」「四種法身義」など著述多数。

さいたく【蔡鐸】 1644.12.8～1724.12.16 首里王府の政治家・学者。久米村蔡氏の出。志多伯親方。蔡温の父。近世の久米村の再生・再興に尽力。久米村士としてたびたび進貢に従事、一六九二年久米村の長である久米村総役(総理唐栄司)となる。九七年、一四世紀以来の外交文書を整理した「歴代宝案」の編集を指揮。一七〇一年「宝案」資料などを用いて正史の「中山世譜」(蔡鐸本)を編集。詩をよくし、漢詩集「観光堂遊草」がある。

さいちょう【最澄】 767～822.6.4 伝教大師・叡山大師とも。平安前期の天台宗開祖。近江国滋賀郡古市郷の三津首百枝の子。近江国分寺行表のもとで出家、東大寺で受戒、比叡山で修行。この間に天台教学に傾倒し、八〇二年(延暦二一)南都学匠に同教学を講じて入唐還学生に選ばれ、八〇四年入唐。天台山で道邃・行満に天台法門と菩薩戒を、翛然に禅を、越州で順暁に金剛界密教をうけて翌年帰朝。桓武天皇の命で高雄山寺で灌頂を行う。八〇六年(大同元)南都諸宗に準じて天台宗の年分度者創設を請い、勅許を得た。ついで空海から密教を受学したが、宗教観の相違などで八一六年(弘仁七)決別。この頃から天台宗年分度者離散の事態をうけて教団の基盤確立に奔走した。南都教学と対決姿勢を強めるとともに、筑紫・関東で教化を行った。会津の法相宗徳一と三一権実諍論を展開した。八一八年、旧来の小乗戒棄捨を宣言。さらに「山家学生式」を奏進して天台宗独自の大乗戒壇や行業の勅許を求めたが、南都の反対をうけ、比叡山中道院に没した七日後に勅許された。著述は叡山学院編「伝教大師全集」「日本思想大系」所収。

さいとうういちろう【斎藤宇一郎】 1866.5.18～1926.5.10 明治・大正期の政党政治家・農政家。出羽国由利郡生れ。東大卒。秋田県平沢町議・同町長・同在郷軍人会会長などを務め、秋田県農会副会長・帝国農会評議員などを歴任して農業の発展に尽力。第七回総選挙から衆議院議員に連続八回当選。憲政本党・立憲国民党をへて立憲同志会に参加。のちに憲政会を脱党して革新倶楽部に加わった。

さいとうぎぎ【斎藤宜義】 1816.1.-～89.8.9 幕末期の数学者。上野国群馬郡板井村の地主。通称長次郎・長平、号は算象・乾坤独算民。小野栄重に算学を、和田寧に円理を学んだ父宜長に数学を学ぶ。親子でおもに円理に関する著書を数冊出版。「算法円理鑑」(一八三七)に記された糸で半球をつるす重心問題は、多くの数学者の関心を引いた。親子二代数学に没頭したため破産し、宜義は門弟岸充豊宅に寄宿した。

さいとうげっしん【斎藤月岑】 1804～78.3.6 江戸後期～明治期の著述家。通称市左衛門、名は幸成、月岑は号。和漢の学問に長じ、若くして絵を修めた。家は代々江戸神田雉子町の町名主。祖父幸雄、父幸孝以来の業として一八三四年(天保五)と翌々年に一〇冊ずつ計二〇冊刊行した「江戸名所図会」は、近世名所図会の雄編で月岑の名を高めた。著書の「東都歳事記」「武江年表」「声曲類纂」などは、江戸研究の宝典とされる。

さいとうけんもつ【斎藤監物】 1822～60.3.8 幕末期の尊攘派志士。常陸国那珂郡静村静神社祠官式部文静の長男。水戸藩主徳川斉昭が隠居謹慎処分をうけると、領内の神官を糾合して雪冤運動を展開し、禁錮刑に処せられた。安政の大獄に際し鹿児島藩の有志と提携し、佐々木馬之助と変名して江戸に潜入した。同志とともに桜田門外で大老井伊直弼を襲撃して暗殺したが、重傷を負い老中脇坂安宅邸に自訴したのちに没した。

さいとうこざえもん【斎藤小左衛門】 1576/77～1633.10.2 イエズス会宣教師。洗礼名パウロ。丹波国生れ。有馬のセミナリヨで学び、一六〇七年(慶長一二)イエズス会入会。長崎で修業し、広島で布教。一四年宣教師追放によりマカオに渡り、交趾の日本町などで布教。二四年頃マカオで司祭に叙階。三二年(寛永九)マニラから薩摩国に潜入。同年肥後国天草郡志岐で捕縛され、翌年長崎で穴吊しの拷問ののち殉教。

さいとうさねもり【斎藤実盛】 ?～1183.5.21 平安末期の武士。実直の子。長井斎藤別当と称する。代々越前国を在所としたが、実盛のとき武蔵国長井(現、埼玉県妻沼町)を本拠とする。源義朝の郎従として保元・平治の乱に参加。その後平氏に仕え、一一八〇年(治承四)源頼朝挙兵にあたり、富士川の戦に参加。八三年(寿永二)加賀国篠原(現、石川県加賀市)で源義仲軍と戦い、このとき白髪を黒く染めて奮戦し、討死をとげたという。「源平盛衰記」は享年七三歳とする。

さいとうさんき【西東三鬼】 1900.5.15～62.4.1 昭和期の俳人。本名斎藤敬直。岡山県出身。日本歯科医専卒。新興俳句の花形的存在として活躍するが、一九四〇年(昭和一五)の京大俳句事件で特高に検挙される。句集「旗」。

さいとうし【斎藤氏】 中世の武士。藤原利仁の子叙用が斎宮頭に任じられ、斎藤氏を称したのに始まるという。中世、子孫は北陸地方中心に諸国で繁栄し、越前国を本拠とした疋田斎藤氏からは鎌倉・室町両幕府の奉行人を輩出。同じく越前国を根拠とした河合斎藤氏は、室町時代に美濃国守護土岐氏の守護代となり、妙椿や妙純らが活躍したが、その後家宰長井氏が実力をのばし、さらに長井氏に仕官していた西村新左衛門尉の子が国を奪って斎藤利政(道三)と称した。しかし、その孫竜興のとき織田信長に美濃国を追われた。

さいとうせつどう【斎藤拙堂】 1797～1865.7.15 江戸後期の儒学者。父は正修。名は正謙、字は有終。別号に鉄研。伊勢国津藩の江戸藩邸で生まれる。昌平黌で古賀精里に学ぶ。藩校有造館創設とともに藩主藤堂高兌に抜擢されて儒官となり、子高猷の侍読も勤めた。広く蔵書を収集し文庫の充実をはかり、「資治通鑑」などを藩版として刊行することに協力し、また洋学とくに種痘法・砲術など新知識の採用に努めた。詩文にもすぐれ文人としての交遊が広かった。著書「拙堂文集」。

さいとうそういち【斎藤惣一】 1886.7.9～1960.7.5 大正・昭和期のキリスト教社会運動家。福岡県出身。一九一七年(大正六)五高教授から日本YMCA主事に移り、二一年三五歳で総主事に就任。以来生涯をYMCA運動に尽くし、国際的にも活動した。第二次大戦後、引揚援護院初代長官・国連引揚特別委員会日本政府代表を務め、また国際基督教大学建設実行委員長として創立に尽力した。

さいとうたかお【斎藤隆夫】 1870.8.18～1949.10.7 大正・昭和期の政党政治家。兵庫県出身。東京専門学校卒。弁護士から衆議院議員となり、一三回当選。一九三六年(昭和一一)二・二六事件後の第六九議会で軍の政治介入を批判(粛軍演説)。四〇年の第七五議会で陸軍による汪兆銘政権を中心とした日中戦争収拾策を論難し、議会から除名されたが(反軍演説問題)、四二年の翼賛選挙で非推薦ながら当選。第二次大戦後は日本進歩党の結成に参加。第一次吉田・片山両内閣で国務相となった。

さいとうたかゆき【斎藤高行】 1819.10.22～94.6.12 幕末・維新期の農村指導者。陸奥国中村藩士。父は完高。通称粂之助。書道に長じ江戸で右筆として仕えたが、二宮尊徳の日光仕法の雛形の浄書を依頼され、叔父富田高慶に懇願して一八四五年(弘化二)尊徳の門下となる。五一年(嘉永四)相馬藩御仕法掛代官席となり、五六年(安政三)からは富田にかわって事業の推進にあたり、民間結社興復社・相馬報徳社を設立。著書「報徳外記」「二宮先生語録」。

さいとうたつおき【斎藤竜興】 1548～73.8.14 戦国期の武将。義竜の子。美濃国稲葉山城(現、岐阜市)城主。一五六一年(永禄四)家督となったが、織田信長の美濃進攻に直面。氏家卜全ら美濃三人衆の離反もあり、六七年美濃放棄を余儀なくされた。一向一揆・三好三人衆・浅井氏などをへて朝倉義景を頼ったが、七三年(天正元)信長が義景を攻めた際、越前国刀禰坂(現、福井県敦賀市)で敗死。道三以来の斎藤氏は滅亡。

さいとうちくどう【斎藤竹堂】 1815.10.11～52.閏2.11 江戸後期の儒学者。名は馨、字は子徳、通称は順治。竹堂・芷洋子と号す。陸奥国遠田郡生れ。仙台藩の藩校養賢堂で大槻平泉に学び、江戸で増島蘭園に師事、昌平黌に入って古賀侗庵らと交遊し、その才能を認められた。一八四五年(弘化二)父の死により一時帰省し、のち江戸へ戻り塾を開いて儒学を講じた。仙台藩の儒員に抜擢される直前に病没。著書「藩祖実録」「鴉片(アヘン)始末」。

さいとうつねぞう【斎藤恒三】 1858.10.17～1937.2.5 明治・大正期の紡績技術者。長門国生れ。工部大学校卒。大阪造幣局勤務をへて、一八八六年(明治一九)三重紡績に入り、一年間ほど渡英した。留学経験を生かし、インド綿による二〇番手綿糸生産の先鞭をつけた。大阪紡績との合併で誕生した東洋紡績では社長に就任し、大日本紡績連合会委員長も務めた。

さいとうどうさん【斎藤道三】 1494/1504～1556.4.20 戦国期の武将。美濃国稲葉山城(現、岐阜市)城主。実名利政。初名長井規秀。山城の商人から身をおこして一代で美濃国主になったといわれるが、父とみられる西村新左衛門尉は、大永年間すでに美濃で活動している。一五三三年(天文二)はじめて史料上に現れ、三五年頃に土岐頼芸(よりなり)を守護に擁立、実権を握ったとみられる。三八年以後斎藤氏を称す。朝倉・織田両氏など美濃内外の諸勢力と争ったが、四八年織田信長を女婿とし、同盟を結んだ。五二年頃、頼芸を近江に追放し、名実ともに美濃国主となった。五四年嫡子義竜(よしたつ)に家督を譲るが、これは引退を強要された結果とみられる。のち義竜と武力衝突になり、五六年(弘治二)長良川合戦で敗死。

さいとうとくげん【斎藤徳元】 ⇨徳元(とくげん)

さいとうとしみつ【斎藤利三】 ?～1582.6.17 織豊期の武将。美濃で斎藤義竜や稲葉一鉄に仕え、のち織田信長に仕えた。一五八〇年(天正八)明智光秀に迎えられ、家老として丹波国に一万石を与えられた。八二年本能寺の変、山崎の戦では光秀に従い、敗れて近江国堅田で捕らえられ、京都の六条河原で斬首、屍は磔にされた。将軍徳川家光の乳母春日局は利三の女。

さいとうとしゆき【斎藤利行】 1822.1.11～81.5.26 幕末期の高知藩士、明治期の官僚政治家。おこぜ組・新おこぜ組の一員として活動。維新後、刑部大輔・参議をへて一八七五年(明治八)元老院議官となる。明治初期の天皇の修学にもたずさわった。

さいとうひこまろ【斎藤彦麿】 1768.1.5～1854.3.12 江戸後期の国学者。通称彦六郎、字は可怜、号は宮川舎・葦仮庵(あしのかりお)。三河国生れ。本姓は荻野氏、のち斎藤家を継ぎ、石見国浜田藩士。二五歳のときに本居宣長に入門。神道研究がその学の中心だったが、和・漢・タタール・インド・オランダ・朝鮮の文字に通じ、歌集「蓬蘽(ほうのう)集」では、それぞれの文字でその国の風習を詠んだ。著書「神道問答」「勢語図説抄」「改正神代記」。

さいとうひでさぶろう【斎藤秀三郎】 1866.1.2～1929.11.9 明治～昭和前期の英語学者。陸奥国宮城郡生れ。六歳から宮城英語学校でイギリス人教師について英語を習う。同校卒業後、東京の工部大学校に進み造船学を専攻したが中退。ここでイギリス人ディクソンから英語を学んで英語学に傾倒。一八九六年(明治二九)東京神田錦町に正則英学校を創立して校長となる。二〇巻をこえる英文法四大著(英文)のほか、「熟語本位英和中辞典」「斎藤和英大辞典」などの著書がある。

さいとうひろし【斎藤博】 1886.12.24～1939.2.26 昭和前期の外交官。新潟県出身。東大卒。一九一〇年(明治四三)外務省入省。三三年(昭和八)駐米大使となり、満州事変後の日米関係の改善に努力、日中戦争中のパネー号事件解決への英断など、多くの功績を残して死去。ローズベルト大統領は彼の死を悼み、最新鋭巡洋艦アストリア号で遺骨を礼送。外務省葬となる。

さいとうまこと【斎藤実】 1858.10.27～1936.2.26 明治～昭和前期の海軍軍人・政治家。陸奥国胆沢郡生れ。一八七九年(明治一二)海軍兵学校卒。初代アメリカ公使館付武官や艦隊・海軍参謀部勤務のあと、九八年に大佐で厳島艦長のとき海軍次官に抜擢された。日露戦争終了まで七年間(一時期海軍総務長官と改称)にわたり山本権兵衛海相を補佐。一九〇六年山本のあとを継ぎ、五代の内閣で海相を歴任。一二年(大正元)大将に昇進。シーメンス事件で一四年辞職。一九～二七年(大正八～昭和二)・二九～三一年の二期にわたり朝鮮総督。五・一五事件のあと三二年五月～三四年七月挙国一致内閣の首相となる。三五年内大臣に就任したが、翌年二・二六事件で反乱軍に殺害された。

さいとうまんきち【斎藤万吉】 1862.3.6～1914.9.2 明治期の農学者。陸奥国安達郡生れ。一八八一年(明治一四)まで駒場農学校で学び、九三年帝国大学農科大学助教授。九九年農商務省農事試験場技師に転じ、死去するまで勤務。実地調査にもとづく全国的規模の農家経済調査を創始。著書「日本農業の経済的変遷」「実地経済農業指針」。

さいとうみょうちん【斎藤妙椿】 1411～80.2.21 持是院(じぜいん)妙椿とも。室町時代の武将。美濃国守護代からおこって守護土岐氏をしのぐ勢力を築いた。応仁・文明の乱に乗じて美濃国内で勢力を伸張、越前・近江など隣国にも影響力をもち、将軍と直接主従関係をもつこともあって、土岐氏から半ば独立した勢力となった。乱の中心人物の一人とされるなど、政治的にも重要な位置をしめ、乱後は足利義視を美濃に迎えた。京都から貴族・文人を招き、みずからも和歌・連歌・詩文をたしなんだ。

さいとうもきち【斎藤茂吉】 1882.5.14～1953.2.25 大正・昭和期の医師・歌人。別号童馬山房主人。山形県出身。一八九六年(明治二九)上京、医師斎藤紀一家に寄寓(のち婿養子となる)。東大卒、ひき続き精神病学を専攻。一九〇六年伊藤左千夫に師事し「馬酔木(あしび)」に参加。〇八年創刊の「アララギ」編集に尽力。一三年(大正二)歌集「赤光」刊行、強烈な人間感情を古朴な万葉語で表現した。欧州留学後東京に青山脳病院を経営、そのかたわら旺盛な歌作や独自の写生論を展開。ほかに歌集「あらたま」。五一年(昭和二六)文化勲章受章。

さいとうもとつね【斎藤基恒】 1394～1471.3.19 室町中期の幕府奉行人。初名基世。民部丞・遠江守。法名玄良。応永年間に政所寄人、ついで恩賞方(御前沙汰衆)となる。その後政所執事代・神宮開闔を歴任。一四五五年(康正元)に一方内談衆、五八年(長禄二)には式評定衆に昇格。

さいとうやくろう【斎藤弥九郎】 1798.1.-～1871.10.24 江戸後期の剣客。越中国の農家に生まれる。神道無念流を修め、一八二六年(文政九)江戸飯田町に道場練兵館を構えた。多くの門人を抱え、剣術では千葉周作や桃井春蔵とともに三傑と称された。江川太郎左衛門英竜の下で代官手代を勤め、高島秋帆について西洋流砲術を学び、また水戸弘道館で剣術指南を行った。維新後は会計官などに出仕した。長子新太郎も弥九郎を名のり、講武所剣術師範などを勤めている。

さいとうよしたつ【斎藤義竜】 1527～61.5.11 戦国期の武将。美濃国稲葉山城(現、岐阜市)城主。戦国大名斎藤氏二代。道三の実子でないともいわれる。一五五四年(天文二三)家督を継いだが、これは道三に引退を強要した結果とみられる。ついで武力衝突となり、五六年(弘治二)道三を敗死させた(長良川合戦)。以後室町幕府に接近し大名として公認されるとともに、領国支配体制の整備に着手したが、まもなく死没。

さいとうりゅう【斎藤瀏】 1879.4.16～1953.7.5 大正・昭和期の軍人・歌人。陸軍少将。長野県出身。陸軍士官学校(一二期)・陸軍大学校卒。済南事件に旅団長として出征。二・二六事件に関与して禁錮五年の刑を受ける。佐佐木信綱門下の歌人としても知られる。

さいとうりょくう【斎藤緑雨】 1867.12.31～1904.4.13 明治期の小説家・評論家・随筆家。伊勢国生れ。本名賢。号は江東みどり・正直正太夫など。一家で上京し、仮名垣魯文に師事。「小説八宗」「初学小説心得」の戯文体評論で文壇に登場。花柳界を描いた「油地獄」「かくれんぼ」や、樋口一葉の「たけくらべ」に対抗した「門三味線」によって作家としても活躍。「めさまし草」の文芸時評欄「三人冗語」に森鷗外・幸田露伴とともに参加する。辛辣な皮肉と精錬された文章によって知られた。

さいばいか【蔡培火】 Cai Peihuo 1889.5.22～1983.1.4 台湾の民族運動家、中華民国政治家。台湾総督府国語学校師範部卒業後、台湾を去り、一九二〇年(大正九)東京高等師範を卒業。「台湾青年」の編集などを通じて民族運動を指導。第二次大戦後台湾に戻り、国民党中央評議員などを歴任した。

さいまろ【才麿】 1656～1738.1.2 江戸前期の俳人。姓は椎本、本姓谷氏。通称八郎右衛門。大和国宇陀郡生れ。同国松山藩の家老佐々木主水の養子となったが落度があって牢人、仏門に入ったこともある。俳諧ははじめ貞門の西武、のち西鶴に学んだ。一六七七年(延宝五)江戸に下り、芭蕉らと交遊、八一年(天和元)の「俳諧次韻」に参加。八九年(元禄二)大坂に移住、来山とともに元禄期の大坂俳壇の中心的な存在となった。

さいめいてんのう【斉明天皇】 ⇨皇極天皇

さいもちのかみ【佐比持神】 「古事記」で海神宮を訪れたヒコホホデミを一日で上つ国に送り帰した一尋和邇(サメ)の名。ヒコホホデミは身につけていた紐小刀をその首につけて帰したので、この名があるという。サイは刀剣の意であり、刀剣をもつとしてサメ・フカの暴威を表したものか。なお「日本書紀」神武即位前紀戊午年六月条は、神武の兄稲飯命が剣を抜いて海に入り鋤持神になったとする。

サイル Edward W. Syle 1817～90.10.5 アメリカ監督教会(聖公会)宣教師。イギリス生れ。上海で伝道後、一八五八年(安政五)長崎に来航、S・W・ウィリアムズ、H・ウッドらと聖公会日本伝道の端緒を開いた。七〇年(明治三)横浜でイギリス領事館付仮牧師とクライスト・チャーチの牧師となり、ついで東京開成学校・東京大学の教師を勤め、日本アジア協会の創立にも参加、会長になる。

さえきうじ【佐伯氏】 古代氏族の一つ。名の語源は「塞ぎる」で防守の意とする説が有力。佐伯部の祖は、景行朝に播磨・讃岐・伊予・安芸・阿波各国に移された服属蝦夷と伝えられる。瀬戸内諸地域におかれた佐伯部を国造級地方豪族の佐伯直が管理・統率して上番し、さらに中央でそれらを佐伯連が管掌しておもに軍事的任務についたと考えられる。連姓の佐伯氏は大伴室屋の後裔で大伴氏とともに宮門を護衛したとされ、同族意識が強い。宮城十二門の一つに佐伯門がある。六八四年(天武一三)に宿禰姓を賜った。軍事力をもって活躍した人物が多いが、九世紀以降衰えた。直姓佐伯氏は景行天皇の子の稲背入彦命の後裔とされ、地方豪族が主であり、九世紀以降宿禰姓を賜った者もある。厳島神社祠官の佐伯氏はこの系統か。ほかに造・首姓がある。

さえきかげひろ【佐伯景弘】 生没年不詳。平安末期の厳島神社の神主。従四位下、民部大丞・安芸守。平民部大夫とも称す。佐伯氏は代々厳島神社の神官を勤めるとともに、安芸国の在庁官人としても活躍したと考えられる。景弘は一一四六年（久安二）の平清盛の安芸守任官以降、平氏と接近して平姓を名のり、平治の乱後に任官をはたす一方、社殿を修造するなど厳島神社の復興にも努めた。源平争乱では平氏とともに動いたが、乱後は処罰を免れた。

さえきのいまえみし【佐伯今毛人】 719～790.10.3　今蝦蛦とも。八世紀後半の公卿。姓は宿禰(すくね)。人足(ひとたり)の子で、はじめの名は若子であったが改名。七三八年（天平一〇）頃舎人監(とねりげん)舎人として出仕し、造大仏事業にたずさわる過程で聖武天皇に認められた。つねに斎戒を持したため天皇は「東大居士」とよんだという。造東大寺司長官や左大弁・造長岡宮使などを歴任、遣唐大使にも任じられたが、病により渡唐しなかった。七八四年（延暦三）には佐伯氏でただ一人参議に昇進し、正三位まで昇った。

さえきのいわゆ【佐伯石湯】 生没年不詳。八世紀前半の官人。姓は宿禰(すくね)。七〇二年（大宝二）に持統太上天皇が伊勢国に行幸したとき、同国守として封一〇戸を賜った。位は従五位上。七〇九年（和銅二）には民部大輔正五位下で、征越後蝦夷(えみし)将軍として征夷事業に従事し、翌年の元日朝賀には右将軍として騎兵らを率いた。

さえきのうじおさ【佐伯氏長】「うじなが」とも。薩摩氏長とも。生没年不詳。平安時代の相撲人(すまいびと)。相撲人としての具体的な事績は不詳だが、「古今著聞集」などに大力の相撲人として名がみえ、「太平記」には大力を誇る相撲人が氏長の子孫を称したことがみえる。中世には、相撲節(すまいのせち)の相撲人の代表的存在として伝説化されていた。

さえきのえみし【佐伯毛人】 生没年不詳。八世紀の官人。姓は宿禰(すくね)。七三四年（天平六）に尾張掾正七位下勲一二等。その後順調に昇進し、尾張守・伊勢守・紫微大忠・中衛少将・春宮大夫・右京大夫などを歴任。七六四年（天平宝字八）には従四位上で大宰大弐となったが、翌年一月に恵美押勝(えみのおしかつ)の乱に連坐して多褹島守(たねのしまのかみ)に左遷された。

さえきのこまろ【佐伯子麻呂】 ?～666?　古麻呂とも。蘇我入鹿(そがのいるか)暗殺の実行者の一人。姓は連(むらじ)（部とする記事もある）。暗殺を計画するにあたり、武勇の人として中臣鎌足(なかとみのかまたり)が葛木稚犬養網田(かずらきのわかいぬかいのあみた)とともに中大兄(なかのおおえ)皇子に推挙した。蘇我石川麻呂の推挙であるともいう。その後、古人大兄(ふるひとのおおえ)皇子殺害にも関与したとされる。六六六年（天智五）病に倒れたとき、中大兄はその功を惜しみ見舞った。死後大錦上を贈位され、七五七年（天平宝字元）にはその功田四〇町六段が上功田と定められた。

さえきのまたなり【佐伯全成】 ?～757.7.-　八世紀の官人。姓は宿禰(すくね)。七四六年（天平一八）正六位上から従五位下に昇り、その後陸奥介在任中の金の貢上により従五位上に昇進した。七五二年（天平勝宝四）陸奥守となり、のち陸奥鎮守副将軍を兼任。橘諸兄(もろえ)に謀反の疑いがかけられたとき、全成も疑われたが光明皇太后の請により事なきを得た。七五七年（天平宝字元）橘奈良麻呂の変の際に勘問をうけ、奈良麻呂からたびたび謀反に誘われたが断り続けたことをのべたあと、自殺した。その後逆徒として扱われた。

さえきゆうぞう【佐伯祐三】 1898.4.28～1928.8.16　大正～昭和前期の洋画家。大阪府出身。はじめ赤松麟作(りんさく)、上京後は川端画学校で藤島武二に師事。一九二三年（大正一二）東京美術学校卒業後、渡欧。ブラマンクのフォービスムやユトリロに啓示をうける。二六年（昭和元）帰国し前田寛治らと一九三〇年協会創立。二七年再渡仏、ポール・ロワイヤル通り周辺で「カフェ・レストラン」連作を制作。二八年結核と神経衰弱でパリにて死去。作品「郵便配達夫」。

さおねつひこ【槁根津日子】 ⇨椎根津彦命(しいねつひこのみこと)

さかいいえつぐ【酒井家次】 1564～1618.3.15　織豊期～江戸初期の徳川家康の部将・大名。左衛門尉酒井氏。父は忠次、母は松平清康の女。一五八六年（天正一四）豊臣秀吉の妹旭姫輿入れのとき出迎えの役を勤め、八九年従五位下宮内大輔に叙任。九〇年家康の関東入国に際し、下総国碓井(うすい)城主となり三万石を領する。一六〇四年（慶長九）上野国高崎城に五万石で移り、のち左衛門尉に改めた。大坂の陣で戦功をあげ、一六年（元和二）越後国高田藩主となり一〇万石を領した。

さかいくらき【阪井久良伎】 1869.1.24～1945.4.3　久良岐とも。明治～昭和前期の歌人・川柳作家・書家。横浜市出身。本名坂井弁(わかち)。号徒然坊。東京高等師範卒。「日本新聞」「報知新聞」の記者をしながら歌論を執筆。一九〇三年（明治三六）「川柳梗概」を刊行。〇五年川柳誌「五月鯉」を発行し、井上剣花坊(けんかぼう)と対抗しつつ、川柳革新の主軸を担った。

さかいし【酒井氏】 江戸時代の譜代大名家。徳川氏譜代中最も古いとされ、出自は三河国碧海(へきかい)郡酒井村とも同国幡豆(はず)郡酒井村ともいう。左衛門尉(さえもんのじょう)酒井氏と雅楽頭(うたのかみ)酒井氏の二流があり、前者は親清（広親）の子氏忠が左衛門尉に任じられたのがはじめで、一六二二年（元和八）忠勝のとき出羽国鶴岡一四万石に入封し、代々鶴岡藩主。維新後伯爵。分家に忠勝の三男忠恒を祖とする同国松山藩があり、維新後子爵。雅楽頭酒井氏は親清の次男家忠に始まり、忠世のとき上野国厩橋(まやばし)で二万石余を領した。忠世の孫忠清は大老を勤め一五万石となり、一七四九年（寛延二）忠恭のとき播磨国姫路一五万石に移り、代々姫路藩

●左衛門尉酒井氏略系図

親清―氏忠……忠次―家次［臼井藩・高田藩］［松代藩・鶴岡藩］―忠勝―忠当―忠義―忠真＝忠寄―忠温―忠徳―忠器―忠発＝忠寛＝忠篤＝忠宝〈大泉藩〉＝忠篤（再承・伯爵）
　親清―家忠［雅楽頭酒井］
　忠勝―忠恒［出羽松山藩］……忠匡〈松嶺藩〉（子爵）

●雅楽頭酒井氏略系図

家忠……正親―重忠［前橋藩］―忠世―忠行―忠清―忠挙―忠相―親愛＝親本＝忠恭［姫路藩］―忠仰―忠以―忠道＝忠実＝忠学＝忠宝＝忠顕＝忠績＝忠惇＝忠邦―忠興（伯爵）
　忠行―忠能［伊勢崎藩・田中藩］
　忠清―忠寛［伊勢崎藩］
　忠仰―忠因（抱一）
　正親―忠利［田中藩・川越藩］―忠勝［小浜藩］―忠朝―忠国［安房勝山藩］……忠美〈加知山藩〉
　忠勝―忠直―忠隆―忠囿―忠音―忠存＝忠用＝忠与―忠貫＝忠進―忠順＝忠義＝忠氏＝忠禄（忠義再承）＝忠道（伯爵）
　忠直―忠稠［敦賀藩］

主。維新後伯爵。分家に若狭国小浜藩、上野国伊勢崎藩など。

さかいだかきえもん【酒井田柿右衛門】 肥前国有田の伊万里(いまり)焼の代表的陶工の家系。とくに初世が色絵の創始者として有名で、現在一四世を継承。先祖は筑後国上妻郡出身といわれ、初世の父円西は元和年間に有田に移住し、製陶を行ったと伝える。初世柿右衛門は喜三右衛門(きざえもん)と称し、一六四七年(正保四)以前、伊万里の商人東島徳左衛門の援助をうけて、白磁胎に色絵付する技法を中国人に学んで成功。しかし歴代の作風は明確でなく、いわゆる柿右衛門様式とよばれる色絵磁器は、柿右衛門一人の作ではなく、伊万里焼の陶工たちの技の結晶であることが、近年の考古学調査で明らかとなった。

さかいだしぶえもん【酒井田渋右衛門】 生没年不詳。肥前国有田の伊万里焼の有力陶工の家系である酒井田家の一族。五世柿右衛門の弟といわれ、六世柿右衛門を助けて一家を隆盛させた功労者であると「酒井田柿右衛門家系譜」は伝える。享保年間の没という。かつて「元禄八乙亥柿」「元禄十二年柿」の在銘品はその年次から渋右衛門の作と比定されたが、確証はない。

さかいただあき【酒井忠義】 1813.7.9～73.12.5 幕末期の京都所司代。若狭国小浜藩主。父は忠進(ただゆき)。一八三四年(天保五)家督相続。四二年寺社奉行、翌年京都所司代。五〇年(嘉永三)一時罷免されるが、再任後は日米修好通商条約の勅許問題や和宮降嫁など朝幕間の調停に努める。六二年(文久二)罷免、隠居。六八年(明治元)新政府により北陸道鎮撫の先鋒を命じられるが、佐幕派藩士の彰義隊参加により屏居。赦免後再び家督につき小浜藩知事となった。

さかいただかつ【酒井忠勝】 1587.6.16～1662.7.12 江戸前期の老中・大老。雅楽頭(うたのかみ)酒井氏。父は忠利。讃岐守。三河国西尾生れ。一六〇九年(慶長一四)従五位下讃岐守に叙任し、二〇年(元和六)徳川家光付きとなり、二二年武蔵国深谷藩主。二四年(寛永元)家光付きの本丸年寄となり、二七年同国川越藩主。三二年の秀忠死後は、名実ともに老中として幕政運営の中心となった。同年従四位下侍従。三四年若狭国小浜藩主となり、数度の加増をあわせ一一万三〇〇〇石余を領した。三八年、土井利勝とともに職をゆるされ、以後大老として対朝廷などの重要政務にたずさわった。同世代に左衛門尉酒井氏の忠勝(出羽国鶴岡藩主)がいる。

さかいただきよ【酒井忠清】 1624～81.5.19 江戸前期の老中・大老。上野国前橋藩主。忠行の嫡男。忠世の孫。雅楽頭(うたのかみ)。一六三七年(寛永一四)家督を継ぎ一〇万石を領した。翌年奏者を勤め、四一年従四位下に叙任。五一年(慶安四)少将、雅楽頭に改めた。五三年(承応二)筆頭老中、六六年(寛文六)奉書加判を免じられ大老。四代将軍徳川家綱のもと、老中阿部忠秋の引退後は独裁的な権力をふるい、屋敷が大手門下馬札の前にあったことから下馬将軍と称されるほどであった。八〇年(延宝八)徳川綱吉の将軍就任後、失脚。

さかいただくに【酒井忠邦】 1854.1.15～79.3.25 明治前期の姫路藩主・知藩事。伊勢崎藩主酒井忠恒の八男。姫路藩主忠惇の養子。一八六八年(明治元)家督を相続、他藩に先んじて版籍の返上を建白、翌年二月に聴許される。同年姫路藩知事。七一年廃藩により免ぜられ、慶応義塾に入学。アメリカに留学するが、帰国後に病没。

さかいただつぐ【酒井忠次】 1527～96.10.28 戦国期～織豊期の徳川家康の部将。左衛門尉酒井氏。父は忠親。三河国生れ。一五五六年(弘治二)同国宇幾賀井の初陣以来、家康出陣のたび先鋒を勤め武功をあげ、六三年(永禄六)同国吉田城主。以後東三河の諸士を統率した。石川数正とともに両家老と称され、徳川氏の家老的存在であった。八六年(天正一四)従四位下左衛門督に叙任され、豊臣秀吉から在京料として近江国で一〇〇〇石を与えられる。八八年隠居。

さかいただよ【酒井忠世】 1572～1636.3.19 江戸初期の老中。父は重忠。雅楽頭。三河国西尾生れ。はじめ徳川家康に仕え、一五九〇年(天正一八)徳川秀忠に属して家老職となる。一六一七年(元和三)遺領をついで上野国厩橋(前橋)藩主となり八万五〇〇〇石、のち一二万二〇〇〇石余。二三年から家光付き。慶長期後半から三四年(寛永一一)の失脚まで老中として幕政の中枢に参画。三五年老中に復職。

さかいためこ【堺為子】 1872.1.19～1959.1.2 明治・大正期の社会運動家。旧姓延岡。大阪府出身。週刊「平民新聞」などを読んで社会運動に関心をもつ。平民社に住込みの炊事手伝いとして入り、一九〇五年(明治三八)堺利彦と結婚。利彦の先妻の子でのちの社会運動家の近藤真柄を養育。夫とともに運動に参加し、同志の支援にも尽力した。

さかいとしひこ【堺利彦】 1870.11.25～1933.1.23 明治～昭和前期の社会主義者。福岡県出身。号は枯川。日本社会主義運動の草分け的存在。「万朝報」記者となるが、日露戦争への反戦を貫くため退社。幸徳秋水らと一九〇三年(明治三六)に平民社を結成し、「平民新聞」を発刊、社会主義思想の普及に努めた。大逆事件後は売文社を結成、「へちまの花」「新社会」を発行し、社会主義運動を続けた。二二年(大正一一)日本共産党の創立にも参加。

さかいべのいわつみ【境部石積】 境部は坂合部、石積は磐積とも。生没年不詳。七世紀後半の遣唐使・学者。姓ははじめ連、のち宿禰。六五三年(白雉四)学生として遣唐使に加わり入唐し、また六六五年(天智四)には遣唐副使になった。百済問題解決のために派遣されたか。六八二年(天武一一)には天皇の命により「新字」一部四四巻を編集した。

さかいべのおまろ【境部雄摩侶】 生没年不詳。七世紀前半の武将。臣姓。「日本書紀」によれば、六二三年(推古三一)任那を討った新羅に対し朝廷は使者を派遣したが、その帰還を待たずに雄摩侶と中臣国を大将軍として派遣し、新羅王を屈服させたという。時に雄摩侶は大徳。この早急な派兵は、かつて境部臣と安(阿)曇連が新羅から賄賂をうけたことがあるので、再び賄賂を得ようと大臣蘇我馬子に軍事行動を勧めたものだと、人々は評したという。

さかいべのまりせ【境部摩理勢】 ?～628 七世紀前半の官人。姓は臣。蘇我氏の一族で「聖徳太子伝暦」や「公卿補任」では境瀬・麻理勢・万理勢などとも記し、蘇我蝦夷の叔父とする。同族中では馬子に次ぐ実力者であったと思われるが、推古天皇没後に次期天皇として山背大兄王を推して、田村皇子(舒明天皇)を推す蝦夷らと対立し、子の毛津・阿椰とともに滅ぼされた。六〇〇年(推古八)に新羅を攻めたときの大将軍境部臣は摩理勢ともいわれる。

さかいほういつ【酒井抱一】 1761.7.1～1828.11.29 一八世紀末から江戸で活躍した画家。姫路藩主酒井忠以の弟で、名は忠因。一七九七年(寛政九)出家し、文詮暉真と称する。号は抱一・屠竜(杜竜)・庭柏子・鶯邨・雨華庵など。青年期に狩野派や浮世絵を学び、寛政後期から尾形光琳に私淑、江戸における新しい琳派様式である抱一派を確立した。文化人と広く交流があり、俳諧や狂歌でも活躍。代表作「夏秋草図屏風」「四季花鳥図巻」「十二カ月花鳥図」。

さかいまがら【堺真柄】 ⇨近藤真柄

さかいまさちか【酒井正親】 1521～76.6.6 戦国期の武将。三河国西尾城(現、愛知県西尾市)城主。徳川家康の家臣。はじめ家康の祖父松平清康に仕えた。一五三五年(天文四)清康が暗殺され松平氏に内紛がおこると、家康の父広忠を支持して岡崎城奪回に尽力。家康の代になって六一年(永禄四)西尾城を与えられた。以後家康の三河制圧、勢力圏拡大に従事。六三年の三河一向一揆鎮圧、七二年(元亀三)の三方原の戦、七五年(天正三)の長篠の戦などに参加。

さかいゆうさぶろう【酒井雄三郎】 1860.9.9～1900.12.9 明治期の政治評論家。ヨーロッパ社会運動の先駆的紹介者。肥前国小城生れ。中江兆民に師事し、パリ万博視察で渡仏した際社会運動に啓発された。一八九一年(明治二四)の第二インターナショナル・ブリュッセル大会に参加、「国民新聞」などに紹介記事を書いた。九七年には樽井藤吉らと社会問題研究会を組織。

さかきばらけんきち【榊原鍵吉】 1830.11.5～94.9.11 幕末～明治前期の剣士。幕臣の子。男谷精一郎に剣を学び直心影流の奥義を極める。講武所教授方・遊撃隊頭取を勤めたが、幕府の瓦解により剣術は衰微。明治初年、東京に剣術道場を開き、撃剣会をおこして剣術の興行を行うなど剣術の復興につとめた。

さかきばらこうしゅう【榊原篁洲】 1656〜1706.1.3 江戸前期の儒学者。名は玄輔、字は希翊(よき)、通称小太郎・元輔。篁洲は号。別号は惕々子・勃窣散人など。和泉国生れ。京都で木下順庵に学び、その推挙で和歌山藩に仕えた。諸学に通じ折衷学的傾向を示す。とくに制度沿革に詳しく、藩命により行った明律の研究で著名。「明律訳解」「大明律例諺解」などがある。「易学啓蒙諺解大成」「篁洲詩集」「榊巷談苑」などの著書は該博な知識をうかがわせる。

さかきばらし【榊原氏】 江戸時代の譜代大名家。南北朝期の武将仁木義長の六代の孫利長が、伊勢国一志郡榊原村に住み榊原姓を称したのにはじまる。孫清長が三河国に移り松平氏に仕えた。清長の孫康政は徳川家康に仕えて統一事業をたすけ、一五九〇年(天正一八)家康の関東入国に際し、上野国館林一〇万石に封じられた。孫忠次は一六四三年(寛永二〇)陸奥国白河一四万石、四九年(慶安二)播磨国姫路一五万石へ転封。その後六七年(寛文七)越後国村上、一七〇四年(宝永元)に再び播磨国姫路と領地をかえ、四一年(寛保元)政永のとき越後国高田一五万石に移った。以後代々高田藩主。維新後子爵。

さかきばらまさのり【榊原政令】 1776.3.9〜1861.6.29 江戸後期の大名。越後国高田藩主。父は正敦。一八一〇年(文化七)家督相続し、翌年初入国。以来領内の巡視を行い、城下から按摩をよんで情報を収集し、赤倉温泉の経営、新田開発、用水開削、郷津築港、砂防植林などの殖産興業や、学問の奨励、人材登用、定免制採用、また台場築造、大砲鋳造、洋式兵術の導入など多方面にわたる藩政改革を行った。二七年(文政一〇)隠居したが、その後も藩政をみた。

さかきばらもとなお【榊原職直】 1586〜1648.9.1 江戸初期の長崎奉行。父は花房職之。飛騨守。一五九八年(慶長三)徳川秀忠に属し、一六三二年(寛永九)書院番組頭。三四〜三八年には長崎奉行としてキリシタンの取締りや長崎貿易に従事。この間、加増により二五〇〇石を知行。島原の乱の際、軍令違反により閉門、のちゆるされ御先鉄砲頭となった。

さかきばらやすまさ【榊原康政】 1548〜1606.5.14 戦国期〜江戸初期の徳川家康の部将。父は長政。三河国上野生れ。一五六〇年(永禄三)から家康に仕え、六三年上野の合戦の初陣以来、長篠の戦、小牧・長久手の戦など戦陣のたびに功をあげ、江戸幕府創業につくすとともに、徳川四天王の一人として勇名をはせた。この間、八六年(天正一四)従五位下式部大輔に叙任、九〇年上野国館林城主となり一〇万石を領した。

さかきひゃくせん【彭城百川】 1697.10.28〜1752.8.25 江戸中期の南画家。名は真淵、字は百川。号は蓬州・八僊堂(八仙堂)など。尾張国名古屋生れ。はじめ俳句を志し美濃派の俳人と交流、中年期から絵画を主とした。中国元・明の画に学んだ絵から俳画・水墨画など、さまざまな様式の作品を描く。南画先駆者の一人とされ、与謝蕪村らに影響を与えた。著書に中国画家人名辞典ともいえる「元明画人考」、代表作「春秋江山図」。

さかぐちあんご【坂口安吾】 1906.10.20〜55.2.17 昭和期の小説家。本名炳五(へいご)。新潟県出身。東洋大学卒。一九三一年(昭和六)「風博士」で文壇に認められる。第二次大戦後まもなく発表した「堕落論」や短編「白痴」などが、文明批評的発想と大胆な表現で評判になり、太宰治・織田作之助・石川淳らと並んで無頼派とよばれ、一躍流行作家となる。その後も多彩な活躍をみせたが、健康を害し急逝。

さかぐちたかし【坂口昂】 1872.1.15〜1928.1.28 明治〜昭和前期の西洋史家。兵庫県出身。東大卒。三高教授をへて、一九〇七年(明治四〇)京都帝国大学助教授。〇八年から三年間ヨーロッパに留学。一二年同大教授。L・リースを介してランケの学風に私淑し、ランプレヒトなどの諸説をも咀嚼しつつ、みずからの世界史像を構築、叙述した。原勝郎とともに京大西洋史学研究室の学風を創始。著書「世界に於ける希臘(ギリシャ)文明の潮流」「概観世界史潮」。

さがけ【嵯峨家】 ⇨正親町三条家(おおぎまちさんじょうけ)

さがげんじ【嵯峨源氏】 最初の賜姓源氏。八一四年(弘仁五)嵯峨天皇が信(まこと)・弘・常(ときわ)・明・潔姫などの皇子女八人に源姓を与えて臣籍に下したことに始まる。のちの諸源氏はこれを先例としてつくられた。嵯峨源氏は一字名を共通の特徴とし、確認される一七人の官人のうち半数が公卿となり、三人は大臣に昇るほど平安初期の廟堂に重きをなしたが、平安中期以降は下野・途絶する者が多く、融(とおる)の子孫のみが武士に転じて発展し、源頼光(清和源氏)の四天王の一人渡辺綱などをうみ、渡辺党として畿内武士団の雄として中世に至った。嵯峨天皇建立の嵯峨野観空寺はこの一

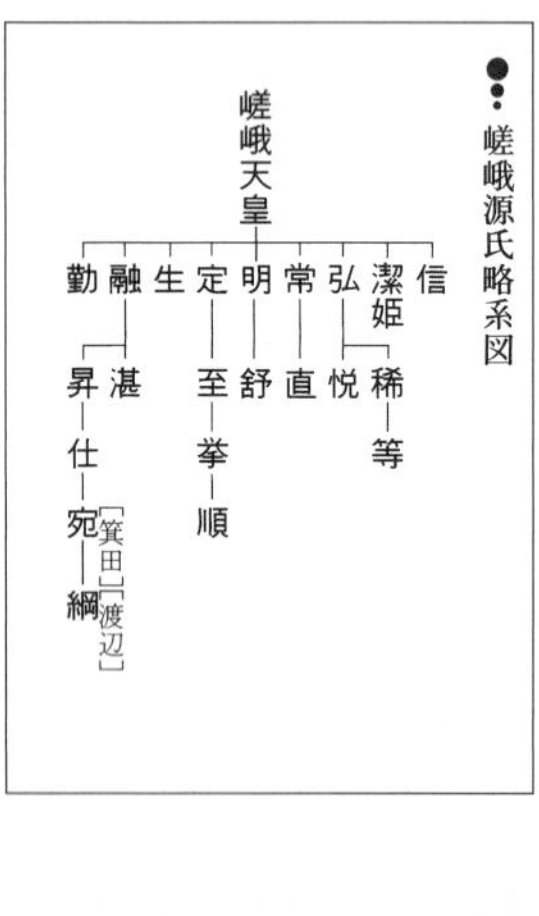

●嵯峨源氏略系図

流の菩提寺である。ほかに九州の松浦党も嵯峨源氏の出と称する。

さかざきし【坂崎氏】 織豊期～江戸初期の武家。宇喜多直家の弟忠家を祖とする。忠家は兄とともに宇喜多氏を支え、一五六八年(永禄一一)備前国富山城主となり、兄の死後幼少の秀家を補佐した。子の成正は秀家に仕え二万四〇〇〇石を領するが、のち秀家と争い関ケ原の戦では東軍に属した。戦後石見国津和野城主となり坂崎に改称。大坂夏の陣で徳川秀忠の女千姫を救出したが、翌一六一六年(元和二)本多忠刻に輿入れする千姫を奪おうとして改易された。

さかざきしらん【坂崎紫瀾】 1853.11.18～1913.2.17　明治期の新聞記者。江戸生れ。本名斌。一八七四年(明治七)愛国公党に加入。翌年から司法省に勤め、長野県松本裁判所に赴任したが辞職。七七年「松本新聞」編集長となり、八〇年「高知新聞」に転じ、自由民権思想を鼓舞。八三年上京し多数の新聞に執筆した。

さかざきなりまさ【坂崎成正】 ?～1616.9.-　江戸初期の大名。父は浮田忠家。出羽守。はじめ宇喜多秀家の家老として二万四〇〇〇石余を領したが、一五九九年(慶長四)秀家との確執により同家を退去。一六〇〇年関ケ原の戦では東軍に属し、翌年石見国津和野城主三万石となる。一五年(元和元)大坂夏の陣では徳川秀忠の女千姫を救出し戦功をあげた。翌年千姫の本多忠刻への輿入れの際、輿を奪うことを企て、露見して自害した。家臣に殺害されたとの説もある。千姫との結婚を破談にされたためともいう。これにより坂崎氏は断絶。

さがさねなる【嵯峨実愛】 ⇨正親町三条実愛

さかしぶつ【坂士仏】 1327/28～1415.3.3　南北朝期の医師。号は健叟・忠勇。十仏の子。十一仏を縮めて士仏と称したとも、十仏に勝る名医であるので一点を加えたとも伝える。十仏は医学を僧月湖から学び、足利尊氏に侍医として仕えた。士仏は和歌をよくし、医術は技神に通じるといわれた。後光厳・後円融・後小松三天皇に仕え、民部卿法印に叙せられ、上池院の号をうけた。二子があり、長子の起宗の子孫は幕府医官として上池院の号を継いだ。次子の浄快は称光天皇の病を癒して名をあげ、その子の浄秀が盛方院の号をうけ、両系とも栄えた。

さかじょううん【坂浄運】 生没年不詳。室町時代の医師。祖父(一説に曾祖父)の坂浄秀は後花園天皇の病を癒して盛方院の号をうけた。以来家名を盛方院とも号す。博学で医術に長じ、明応年間に明国に渡り、後漢の張仲景の医方を会得して帰国。張仲景の「傷寒論」、とくにその脈論を独自の吟味を加えながらとりいれて浄秀の著した「鴻宝秘要抄」(散佚)を増補し、一五〇八年(永正五)「続添鴻宝秘要抄」を撰述。

さかたさんきち【坂田三吉】 1870.6.3～1946.7.26　明治～昭和期の将棋棋士。大阪府出身。貧困のなか独学で将棋を身につけ、一九一五年(大正四)八段となる。東京の将棋界にいれられず、二五年みずから関西名人を名のり中央と絶縁。三七年(昭和一二)木村義雄・花田長太郎両八段に挑み、翌三八年には第二期名人戦に登場したがいずれも敗れた。独特の着想による棋風は近代将棋の確立に大きな影響を与え、その生涯は北条秀司の戯曲「王将」のモデルとなった。没後五五年に日本将棋連盟が名人・王将位を追贈した。

さかたしょういち【坂田昌一】 1911.1.18～70.10.16　昭和期の物理学者。東京都出身。京大卒。理化学研究所で湯川秀樹・武谷三男らと中間子理論の研究をする。名古屋帝国大学教授。C中間子論を提唱し、朝永振一郎のくりこみ理論に影響を与えた。素粒子の複合模型(坂田模型)・名古屋模型をとなえ、素粒子論を発展させた。一方、科学者の社会的責任と平和問題にも尽力し、パグウォッシュ会議に参加。学士院恩賜賞受賞。

さかたとうじゅうろう【坂田藤十郎】 1647～1709.11.1　歌舞伎俳優。元禄期の京坂を代表する名優。俳名冬貞。写実芸にすぐれ、上方の和事芸を確立。一六七八年(延宝六)に演じた「夕霧名残の正月」の藤屋伊左衛門で評判をとり、生涯の当り芸とした。近松門左衛門と提携した九三年(元禄六)頃から約一〇年間が最盛期。劇作も手がけ、座本も勤めた。以後三世まで続き、二世は初世の弟分でその芸を模倣。通称伏見藤十郎。三世は元文～安永期の人。実事から実悪に進んだ。

さかたによしろう【阪谷芳郎】 1863.1.16～1941.11.14　明治～昭和前期の官僚政治家。儒者阪谷朗廬の四男。備中国生れ。東大卒。大蔵省で累進し、主計局長・次官などをへて第一次西園寺内閣の蔵相。一九一二～一五年(大正元～四)東京市長。一七年から貴族院男爵議員に五回当選。第一次大戦中には連合国経済会議に派遣され、戦後は中国の幣制改革にも協力した。国際問題にも関心が深く、大日本平和協会・太平洋問題調査会・日豪協会などに深く関与した。

さかたにろうろ【阪谷朗廬】 1822.11.17～81.1.15　幕末～明治期の儒者。名は素。備中国生れ。大坂・江戸に学び、帰郷して多年開明的教育にあたった。廃藩後、新政府に出仕し、明六社・講談会・交詢社の各社員となるなど、儒者としては異色の活動をした。宋学を基本とし、名文家として知られた。東京学士会院会員。著書「朗廬文鈔」。

さかたのきんとき【坂田金時】 公時とも。源頼光の郎党で四天王の一人とされる伝説上の人物。「今昔物語集」には金時がはじめて乗った牛車に酔った話があり、「古今著聞集」「御伽草子」

坂上氏略系図

阿知使主―都加使主……駒子直┬甲由直―熊毛
　　　　　　　　　　　　　└弓束直―老―大国―犬養―苅田麻呂―田村麻呂┐
┌―――┘
└浄野―当道―好蔭―是則―望城……範政―明兼―兼成―明基―明政―明盛

をへて、江戸時代の「前太平記」では、古代東山道の関東の入口であった足柄山のイメージに山童伝説・雷神信仰などが結びつき、金太郎伝説として完成した。

さかたひょうしろう【坂田兵四郎】 1702～49.6.11　江戸中期の長唄唄方。京都生れ。元禄期の上方の名優坂田藤十郎の甥。坂田派の流祖。一七三〇年(享保一五)初世瀬川菊之丞とともに江戸に下る。翌年中村座で「無間の鐘」をうたい評判となり、以降江戸に上方風の抒情的な曲調を流行させ、変化をもたらした。

さがてんのう【嵯峨天皇】 786.9.7～842.7.15　在位809.4.1～823.4.16　桓武天皇の皇子。名は賀美能(神野)。母は藤原良継の女乙牟漏。平城天皇の同母弟。八〇六年(大同元)平城の皇太弟に立ち、三年後に譲位をうけて践祚し、かわって平城の皇子高岳親王が皇太子に立てられた。しかし、翌八一〇年(弘仁元)嵯峨は武力をもって平城の動きを封じ(薬子の変)、異母弟大伴親王(淳和天皇)が皇太弟に立てられた。その後三〇年間表面上は平穏にすぎ弘仁文化が栄えたが、水面下で皇位継承問題が深刻化し、嵯峨上皇の死の直後には承和の変が勃発した。藤原冬嗣・同良房を重用し、この家系との婚姻を進めた。詩文に優れ、書も三筆に数えられる。

さかのうえうじ【坂上氏】 応神朝に来朝したと伝える阿知使主を祖とする渡来系氏族。東漢氏と同族。ただし「坂上系図」に東漢氏の枝氏とするのは擬制であろう。氏の名称は大和国添上郡坂上里(現、奈良市法華寺付近)に由来するとされ、はじめ東漢坂上直、七世紀後半に坂上直。六七二年(天武元)の壬申の乱では国麻呂・熊毛・老らが大海人皇子側について活躍。六八二年五月に連、六八五年六月に忌寸に改姓。老の孫犬養は聖武天皇に武才を認められて昇進し、以後坂上氏は東漢氏の同族中で最も優勢となった。犬養の子苅田麻呂は七六四年(天平宝字八)九月に恵美押勝の乱の功により大忌寸に改姓。さらに七八五年(延暦四)六月同族忌寸姓の宿禰改姓を申請し、みずからは大宿禰を賜る。その子田村麻呂は征夷大将軍として著名。子孫には明法家が輩出した。

さかのうえのあきかね【坂上明兼】 1079～1147.10.29　平安後期の明法博士。左衛門志(検非違使主典)・道志)や大判事などを兼任した。最高位は正五位下。当代一流の明法家で、中原氏と並ぶ坂上氏の始祖的存在。「法曹類林」には、非執政の三位上臈と参議の三位下臈との署所の扱いに関する問答が収められる。「法曹至要抄」の著者とする説もある。また和歌もよくし、「詞花集」「千載集」に各一首を残す。

さかのうえのあきもと【坂上明基】 1138～1210.5.7　平安末～鎌倉初期の明法家。兼成の子。検非違使右衛門尉・明法博士・大判事となり、正五位下に叙された。九条兼実・近衛家実の文殿衆ともなる。一二〇七年(承元元)八月、後鳥羽上皇の院宣をうけて法律書「裁判至要抄」を撰進。これは祖父明兼の「法曹至要抄」をうけたところが多いが、独自の法解釈もあり、鎌倉幕府法に影響を与えた。

さかのうえのいらつめ【坂上郎女】 ⇩大伴坂上郎女

さかのうえのおおいらつめ【坂上大嬢】 ⇩大伴坂上大嬢

さかのうえのかりたまろ【坂上苅田麻呂】 728～786.1.7　八世紀後半の武人。犬養の子。田村麻呂の父。もと忌寸姓、のち大忌寸、大宿禰。七六四年(天平宝字八)の恵美押勝の乱のとき、授刀少尉として鈴印争奪戦に活躍し、従四位下。のち功田二〇町を賜った。七七〇年(宝亀元)八月、道鏡の奸計を告げ、正四位下。中衛中将・右衛士督などを歴任。七八二年(延暦元)氷上川継の変に連坐したが復職し、七八五年従三位。武芸にすぐれ、歴代天皇の恩寵厚く、別勅封五〇戸を賜ったと伝える。

さかのうえのこれのり【坂上是則】 生没年不詳。平安前・中期の歌人。三十六歌仙の一人。好蔭の子。子に望城。少内記・大内記をへて、九二四年(延長二)従五位下加賀介に至る。「寛平后宮歌合」や「大井川行幸和歌」など、宇多朝から醍醐朝にかけての和歌関係の行事にたびたび詠進。「古今集」撰者たちにつぐ歌人であった。「古今集」の八首をはじめ、勅撰集に約四〇首入集。家集「是則集」。蹴鞠の名人とも伝えられる。

さかのうえのたむらまろ【坂上田村麻呂】 758～811.5.23　平安時代初め、蝦夷征討に活躍した武将・公卿。苅田麻呂の子。大宿禰姓。七九一年(延暦一〇)征夷副使となり、大使大伴弟麻呂の指揮下で戦果をあげ、七九五年従四位下。翌年に陸奥出羽按察使・陸奥守・鎮守将軍を兼帯。七九七年征夷大将軍となり、八〇一年蝦夷征討を実施、功により従三位。翌年、陸奥国胆沢城造営使として下向すると、蝦夷の族長阿弖流為らが降伏。彼らを伴い上京、助命を嘆願したが聞きいれられなかった。八〇四年、征夷大将軍に再任。翌年には坂上氏初の参議となる。のち正三位大納言。八一一年(弘仁二)粟田別業で没した。贈従二位。清水寺を創建したと伝える。

さかのうえのもちき【坂上望城】 生没年不詳。平安中期の歌人。是則の子。少外記・大外記などをへて、九七五年(天延三)従五位下石見守に至る。九五一年(天暦五)梨壺の五人の一人に選ばれ、「万葉集」の訓読、「後撰集」の撰集にあたった。「天徳内裏歌合」にも出詠したが、勅撰集入集は三首のみ。家集も伝わらない。同じ梨壺の五人の紀時文とともに「ただ父が子といふばかりなり」(「八雲御抄」)と酷評された。

さかべこうはん【坂部広胖】 1759～1824.8.24 江戸後期の数学者。通称勇左衛門、字は子顕、号は中嶽、澗水。姓は戸田ともいう。本多利明と安島直円に数学を学ぶ。もとは幕府の火消与力であったが、のちに牢人して塾を開いた。三次方程式の解法や楕円周の問題を扱った「算法点竄指南録」(一八一〇序)を著した。数学の普及、改良などに大きな功績を残し、著書はほかに「海路安心録」「管窺弧度捷法」「斜弧三角比例解」。

さがみ【相模】 生没年不詳。平安中期の歌人。父は不詳。母は慶滋保章の女。源頼光を養父とみる説もある。大江公資と結婚し、夫の任地相模国へ下ったのでこの名がある。帰京後、藤原定頼と関係をもち、公資と別れる。やがて一品宮脩子内親王家に出仕、歌人として本格的な活動を始めた。「賀陽院水閣歌合」で賞賛されたのをはじめ、藤原頼通時代の歌合で活躍した。能因らとの交流もあった。中古三十六歌仙の一人。「後拾遺集」以下の勅撰集に約一一〇首入集。家集「相模集」。

さかもといちのじょう【坂本市之丞】 1736.3.15～1809.3.2 江戸中期の新田開発者。信濃国諏訪郡田沢村生れ。二三歳で名主となる。一七七五年(安永四)山浦地方の開発を高島藩に出願、八五年(天明五)許可をえた。一八〇〇年(寛政一二)までに養川の繰越堰といわれる一五の用水路を開削し、水田三五〇町歩余を開いた。

さかもとかじま【坂本嘉治馬】 1866.3.21～1938.8.23 冨山房の創業者。土佐国生れ。一六歳で上京し、小野梓の経営した東洋館書店の店員となり、一八八六年(明治一九)神田神保町に冨山房を開業。はじめは洋書の古本を扱うが、良書普及をモットーに出版活動を開始し、「大日本地名辞書」「大言海」など辞書・教科書など手堅い書籍の出版を行った。中等教科書協会会長をつとめるなど業界のまとめ役としても活躍した。

さかもときんや【坂本金弥】 1865.2.16～1923.10.22 明治・大正期の政党政治家・実業家。備前国生れ。鉱山経営で財をなし、久原炭鉱・荒手鉱業・弥高鉱業などの社長となる。第五回総選挙から衆議院議員に七回当選。立憲国民党から立憲同志会に参加するが、一九一四年(大正三)脱党。孫文ら中国革命派とも交流があった。

さかもとせっちょう【坂元雪鳥】 1879.4.25～1938.2.5 明治～昭和前期の国文学者・能楽評論家。本名三郎。号は天邪鬼。福岡県出身。東大卒。在学中から能評の執筆を始め、東京朝日新聞社に入社し能楽評論欄を担当。没するまでの三〇年に及ぶ評論を集成した「坂元雪鳥能評全集」二冊は、近代の能の演出記録としても貴重な資料。著書「能楽私論」「能楽論叢」「能楽筆陣」。

さかもとたろう【坂本太郎】 1901.10.7～87.2.16 昭和期の日本史学者。静岡県出身。東大卒。東京大学文学部教授として多くの人材を育成、また同史料編纂所長として事業の発展に貢献し、その後も国学院大学教授などを勤めた。「日本書紀」など日本古代の諸文献の史料としての性格を明らかにし、律令制度など古代史の諸問題について考察し、厳密な史料批判のうえにたつ古代史研究の基礎を確立した。一九八二年(昭和五七)文化勲章受章。著書「大化改新の研究」「日本古代史の基礎的研究」。「坂本太郎著作集」全一二巻。

さかもとてんざん【坂本天山】 1745.5.22～1803.2.29 江戸中・後期の砲術家。荻野流増補新術(天山流砲術)の流祖。通称孫八、諱は俊豈、号は天山。信濃国高遠藩士坂本英臣の子。父から荻野流砲術を学び、独自の工夫を重ねて一七七八年(安永七)自由に大砲を旋回・俯仰できる砲架(周発台)を開発した。「周発図説」「銃陣詳節」など著述も多い。一八〇一年(享和元)長崎に赴き、大村・平戸の諸藩に招かれ指導した。高島秋帆をはじめ、後世に与えた影響は大きい。

さかもととうきち【坂本藤吉】 1798～1839.6.7 江戸後期の茶商。駿河国志太郡伊久美村生れ。元和年間この地に宇治の製茶法を伝えた坂本家の傍系の一族といわれ、駿河茶の改良家として知られる。一八三七年(天保八)宇治の清右衛門から紹介された茶師又兵衛らを招き、茶栽培・製法の伝授をうけ、玉露・薄茶を生産した。

さかもとなおひろ【坂本直寛】 1853.10.5～1911.9.6 明治期の自由民権家・キリスト教牧師。土佐国生れ。通称は南海男。坂本竜馬は叔父。立志社社員として活動、三大論客の一人に数えられた。一八八五年(明治一八)の受洗後も、高知県会議員として活動する。九六年北海道開拓のため北光社を組織し、北見クンネップ原野を開拓。晩年は、伝道一筋の生活を送った。

さかもとはんじろう【坂本繁二郎】 1882.3.2～1969.7.14 明治～昭和期の洋画家。福岡県出身。

●相良氏略系図

周頼……頼景－長頼┬頼親＝頼俊［下相良］－長氏－頼広－定頼－前頼……長続┬頼金－長定┌義滋
　├頼氏［上相良］
　└頼俊
　└為続－長毎┴長祇＝長定＝義滋＝晴広－義陽－忠房＝長毎［人吉藩］－頼寛┐
頼喬＝頼福－長興＝長在－頼峰＝頼央－晃長＝頼完＝福将＝長寛－頼徳－頼之－長福＝頼基＝頼紹（子爵）

青木繁とは小学校の同級生。一九〇二年(明治三五)上京し、小山正太郎の不同舎、〇三年太平洋画会研究所で学ぶ。文展・国民美術協会などに出品。一四年(大正三)二科会の創立に参加。二一年渡仏し、二四年帰国後九州に住む。五六年(昭和三一)文化勲章受章。作品に「馬の坂本」ともいわれた馬シリーズ、晩年の能面シリーズ、月のシリーズがある。

さかもとりゅうのすけ【坂本竜之輔】 1870.7.23～1942.3.26 明治・大正期の貧民教育の指導者。神奈川県出身。神奈川師範学校卒。南多摩郡の開藤尋常高等小学校校長などをへて、細民街の実地調査にもとづく貧民学校設立案を提出、みずから一九〇三～二一年(明治三六～大正一〇)に下谷区の万年小学校の初代校長として実践した。貧困児童の教育を受ける権利を主張し、児童の労働の意義や父母への教育を強調した。

さかもとりょうま【坂本竜馬】 1835.11.15?～67.11.15 幕末期の志士。土佐国高知藩の郷士。一八五三年(嘉永六)から江戸の千葉道場で剣道を修める。六一年(文久元)武市(たけち)瑞山の土佐勤王党に参加したが、六二年脱藩。江戸に出て、幕臣で蘭学者の勝海舟の門に入り、強い思想的影響をうける。のち勝の主宰する神戸海軍操練所の設立に参画。西郷隆盛・木戸孝允(たかよし)・横井小楠らと親交を結び、六六年(慶応二)一月薩長連合の盟約を成立させ、幕府の長州再征を失敗させた。この間、鹿児島藩の援助を得て長崎に亀山社中を作って海運業をおこした。六七年藩公認で海援隊(もと亀山社中)を指揮し、高知藩主山内豊信(とよしげ)を動かして大政奉還を実現した。同時に「船中八策」を構想し、新政実現に努力中、一一月一五日京都の近江屋で暗殺された。

さがらし【相良氏】 中世の武家、近世大名家。藤原南家乙麻呂流。周頼(ちかより)が遠江国相良(現、静岡県相良町)に住んで相良氏を称したのに始まる。鎌倉初期、頼景は御家人となり肥後国多良木(たらき)(現、熊本県多良木町)に下向。子の長頼は同国人吉荘(現、熊本県人吉市付近)地頭となり、以後、多良木系を上相良、人吉系を下相良とよんだ。南北朝期には下相良の頼広・定頼・前頼(さきより)の三代が南朝に仕え、肥前国守護となる。のち下相良の庶家永富氏の長続(ながつぐ)が惣領となってから勢力を拡大、球磨(くま)・八代(やつしろ)・葦北(あしきた)三郡を領する戦国大名に成長。関ケ原の戦に徳川方となり、旧領を安堵され、代々人吉藩主二万二〇〇〇石。維新後、子爵。「相良家文書」を伝える。

さがらそうぞう【相楽総三】 1839～68.3.3 幕末期の尊攘派志士。下総国北相馬郡出身の郷士の子。本名小島四郎左衛門将満。江戸生れ。国学と兵学を修め、一八六一年(文久元)志士となり関東を中心に活動。天狗党の筑波山挙兵に参加、のち鹿児島藩江戸藩邸に浪士隊を結成し、江戸とその周辺地の攪乱にあたる。六八年(明治元)一月赤報隊(せきほうたい)を結成、自分が建白して採用された年貢半減令を布告して東山道を進むが、東山道総督府に偽(にせ)官軍として捕らえられ斬首。

さがらためつぐ【相良為続】 1447～1500.6.4/20 室町時代の武将。肥後国球磨郡の領主。一四六七年(応仁元)家督をつぐ。七六年(文明八)薩摩国牛屎(うしくそ)院(現、鹿児島県大口市)、八四年肥後国八代郡に進出するなど勢力を拡大。九三年(明応二)には「相良氏法度」の最初である七カ条の「法度」を制定。九八年菊池武運に圧迫され、八代郡などから撤退。連歌にすぐれ、宗祇とも交際があり、「新撰菟玖波集」に入集。

さがらともやす【相良知安】 1836.2.16～1906.6.10 明治初期の医家。佐賀藩医の子。日本医学をドイツ医学制度に方向づけた。佐賀藩医学校をへて佐倉の佐藤尚中の門に入り、さらに長崎の蘭医ボードインに学んだ。一八七二年(明治五)第一大学区医学校長になり、のち文部省医務局長を兼務したが、性格が剛直のために晩年は孤独だった。

さがらながつね【相良長毎】 1574.5.4～1636.6.13 織豊期～江戸前期の武将・大名。初代肥後国人吉藩主。相良義陽(よしひ)の第二子。幼名長寿丸。頼房。左兵衛佐。一五八五年(天正一三)兄忠房の夭折後、遺領を継ぐ。薩摩島津氏に属して豊後攻めに加わったが、豊臣秀吉の九州攻め後はこれに服し、重臣深水宗方の活躍で旧領安堵をえた。文禄・慶長の役ではみずから渡海。関ケ原の戦では西軍から東軍につき、徳川家康より本領安堵を確保。人吉藩祖となった。

さがらながより【相良長頼】 1177～1254.3.10

鎌倉中期の武士。遠江国相良荘を本領とする頼景の子。法名は蓮仏。一二〇五年(元久二)畠山重忠討伐の勲功により肥後国人吉荘の地頭職を得る。四三年(寛元元)甥頼重との相論の結果、荘内の北部を没収され、三年後には南部を子らに譲った。その子孫が人吉を本拠に戦国大名に成長する。

さがらはるひろ【相良晴広】 1513〜55.8.12 戦国期の武将。肥後国球磨・葦北・八代三郡を領有し、天草にも影響力をもった。一五三六年(天文五)外祖父から与えられた長文の相良氏由緒書の「洞然長状(どうねんちょうじょう)」は有名。四六年家督となる。菊池義武をたすけて同氏の再興に協力したが失敗。五五年(弘治元)二一カ条の法令、「相良氏法度」を制定。

さがらよしひ【相良義陽】 1544.2.8〜81.12.2 肥後国の戦国武将。幼名万満丸。四郎太郎・頼房・義頼。修理大夫・遠江守。最盛期には球磨・葦北・八代三郡を領する。北上する島津氏とたびたび交戦したが、一五八一年(天正九)九月の水俣(みなまた)城包囲により降伏。以後領国に島津氏の干渉をうける。同年一二月、島津氏の命で肥後国御船(みふね)の甲斐宗運(そううん)と戦い討死。

さきさかいつろう【向坂逸郎】 1897.2.6〜1985.1.22 大正・昭和期の経済学者。福岡県出身。東大卒。ドイツ留学後の一九二五年(大正一四)九州帝国大学助教授、翌年教授。二八年(昭和三)三・一五事件の余波で大学を追われ、評論活動に入る。日本資本主義論争では労農派の論客として健筆をふるう。三七年人民戦線事件に連坐。第二次大戦後九大に復職し、「資本論」の翻訳を完成。社会主義協会の生みの親の一人。著書「日本資本主義の諸問題」。

さぎにえもん【鷺仁右衛門】 1560〜1650.4.24 江戸初期の狂言役者。鷺流宗家一〇世に数えられるが、事実上の流祖。法名宗玄。河内国枚方(ひらかた)あたりの猿楽座の出身らしい。のち江戸に下り、宝生(ほうしょう)座に属して京都で活動したが、一六一四年(慶長一九)徳川家康の命により観世座付の狂言方となった。写実的・即興的な演技で人気を得たらしく、大蔵流に対抗して流派を確立させた。

さきまこうえい【佐喜真興英】 1893.10.26〜1925.6.13 大正期の沖縄研究者。沖縄県出身。東大卒業後、裁判官となる。一高在学中に青鞜社(せいとうしゃ)の女性解放運動に邂逅。東大在学中は中田薫・穂積陳重(ほづみのぶしげ)に師事し、穂積を通して柳田国男と交流。在学中に着手した「女人政治考」(第一稿一九二〇)で、古琉球の女性の呪的・宗教的優位を背景とした支配形態を論じ、女性の霊威に関する研究で、柳田国男の「妹の力」(一九二五)や伊波普猷(いはふゆう)の「をなり神」(一九二七)の先駆をなした。沖縄の口碑集・昔話採録の好典型とされた「南島説話」、古琉球以来の共有制の面影を故郷宜野湾新城の村組織に見いだした「シマの話」などを著す。「佐喜真興英全集」全一巻。

さきむらつねお【崎村常雄】 1846〜78.5.7 明治初期の自由民権家。肥後国生れ。熊本藩藩校時習館に学び、藩主の側役となる。維新期には志士として活躍。一八七五年(明治八)松山守善(もりよし)らと県立植木中学設立に尽力し、民権的教育を行った。民権党を結成し顧問となる。七七年の西南戦争に際し、民権党が組織した熊本共同隊の幹事として戦うが降伏。懲役五年の刑で服役中に獄死。

さきやましゅうけい【向山周慶】 1746.9.16〜1819.9.26 江戸後期の高松藩の製糖の功労者。讃岐国大内郡湊村生れ。一六歳で高松藩医池田玄丈に医学を学ぶとともに製糖研究を志した。一七九〇年(寛政二)京都に遊学の際、薩摩国の医学生から製糖法を学ぶ。一八〇三年(享和三)砂糖を藩に献上して藩財政に貢献、藩は薬坊主として糖業を管理させた。

さくげんしゅうりょう【策彦周良】 1501.4.2〜79.6.30 戦国期の禅僧。諱は周良、字は策彦。謙斎とも称する。井上宗信の子。一五一八年(永正一五)天竜寺で得度。大内義隆の要請で三七年(天文六)と四七年の二度、入明進貢船団の副使・正使の任につき入明。その後、天竜寺妙智院に住み、同寺の護持につとめた。二度の入明の旅を克明に記録した「策彦入明記」がある。また五山文学僧として活躍し、詩文集を残す。

さくでん【策伝】 ⇨安楽庵策伝(あんらくあんさくでん)

さくまかつゆき【佐久間勝之】 1568〜1634.11.12 織豊期〜江戸初期の武将。父は盛次。尾張国生れ。はじめ佐々成政(さっさなりまさ)の養子となり、佐々を称した。一五八五年(天正一三)から北条氏政に仕え、後北条氏滅亡後は蒲生氏郷(がもううじさと)に属し、このとき佐久間姓に復した。一六〇〇年(慶長五)関ケ原の戦では東軍に属し、以後徳川氏に仕える。一〇年、従五位下大膳亮に叙任。大坂の陣で手柄をたて、加増され一万八〇〇〇石を領した。三四年(寛永一一)駿府城番を勤め、同地で没。

さくまさまた【佐久間左馬太】 1844.10.10〜1915.8.5 明治・大正前期の陸軍軍人。萩藩士の子。長州戦争では亀山隊隊長として活躍。戊辰戦争に出征。一八七二年(明治五)陸軍大尉。熊本鎮台参謀として佐賀の乱に参戦。台湾出兵・西南戦争にも従軍。日清戦争時は第二師団長。一九〇六〜一五年(明治三九〜大正四)台湾総督。

さくまし【佐久間氏】 中世〜近世の武家。三浦義村の三男家村が安房国佐久間郷を領し、佐久間氏を称したのに始まる。和田合戦・承久の乱を通じて越後・尾張と移り、家村から一三代後盛通の孫信盛は、織田信長に重臣として仕えた。子の正勝(不干)は、徳川秀忠の御伽衆(おとぎしゅう)となり三〇〇〇石を領し、子孫は旗本となった。盛通の長男盛重の孫勝之は、一時北条氏政に属したが、のち徳川家康に仕え、一六一五年(元和元)信濃・近江両国内で一万八〇〇〇石を領した。三代後の勝茲のとき五代将軍徳川綱吉のとがめをうけ改易。

さくましょうざん【佐久間象山】 1811.2.28～64.7.11 「ぞうざん」とも。幕末期の思想家・兵学者。信濃国松代藩の下級武士の子。妻は勝海舟の妹。名は啓、象山は号。一六歳から漢学の修業を始め、佐藤一斎に師事。一八三九年(天保一〇)江戸に私塾象山書院を開く。老中で海防掛の松代藩主真田幸貫の命により蘭学・砲術を学んだ。四〇年アヘン戦争で中国がイギリスに敗れたことに強い衝撃をうけ、その原因を思想や学問のあり方の問題として捉えることによって、中国の轍をふまないことを課題とし、西洋諸国に関する認識を転換することに力を尽くした。五四年(安政元)吉田松陰の密航事件に連坐して松代に蟄居。赦免後、幕命により上京、一橋(徳川)慶喜に時務を建策したが、六四年(元治元)七月、京都で尊攘派に暗殺された。著書「省諐録」。「増訂象山全集」全五巻。

さくまつとむ【佐久間勉】 1879.9.13～1910.4.15 明治後期の海軍軍人。福井県出身。海軍兵学校卒。日露戦争に従軍。戦後、大尉に昇進し第一艦隊参謀・駆逐艦春風艦長を歴任。一九一〇年(明治四三)四月、第六潜水艇長として広島湾内で潜水訓練中に沈没し殉職。部下一三人を指揮して事故の経緯を丹念に書き残していたことがわかり、軍人の鑑として賞賛された。

さくまていいち【佐久間貞一】 1848.5.15～98.11.6 明治期の開明的実業家。幕臣の長男として江戸に生まれ、戊辰戦争に参戦後、種々の実業に従事。一八七六年(明治九)活版印刷業の秀英舎(のち大日本印刷)を創立。その成功後、移民、保険・金融、精米など多数の事業に尽力。東京市会議員・商業会議所議員・農商工高等会議議員を歴任。労働組合・共済組合の育成、秀英舎への八時間労働制の導入なども行い、「日本のロバート・オーエン」と称された。

さくまどうがん【佐久間洞巌】 1653.6.7～1736.2.11 江戸中期の儒学者・画家・書家。本姓は新田氏。字は子厳、通称丁徳、号は容軒または太白山人。陸奥国仙台生れ。仙台藩画員の佐久間家の養子となり、狩野洞雲に画を学ぶ。のち京都の書家佐々木志頭磨に師事し、晋・宋以来の古法帖を集め字体筆格を研究、四体千字文を書いて名声をえた。一六九一年(元禄四)罪をえて禄を失う。赦免後は学問に専念。九三年、崎門学派の遊佐木斎に入門し、本格的に儒学を研究し、藩史の校勘にあたった。著書「奥羽観跡聞老志」「伊達便覧志」、伝記「容軒紀年録」、文集「容軒文集」。

さくまのぶもり【佐久間信盛】 1527～82.1.24 戦国期～織豊期の織田信長の部将。父は信晴。一五六〇年(永禄三)桶狭間の戦、七〇年(元亀元)の姉川の戦、七四年(天正二)伊勢国長島の一向一揆(長島一揆)攻略など信長の天下統一事業をたすけた。七五年の長篠の戦では、信長軍の先鋒として滝川一益と鉄砲隊を指揮して武田軍を破った。八〇年石山本願寺攻囲の無策を信長にとがめられ、紀伊国高野山に追放され、のち病死。

さくまふかん【佐久間不干】 1556～1631.4.27 織豊期の武将・茶人。父は信盛。諱は正勝。剃髪後不干と号す。父とともに織田信長に属し戦功をあげたが、一五八〇年(天正八)紀伊国高野山に追放。のちゆるされ、信長死後は織田信雄に仕えた。八四年小牧・長久手の戦の後、豊臣秀吉の御伽衆となる。のち徳川秀忠に仕え、三〇〇〇石を領す。茶人としても活躍。

さくまもりまさ【佐久間盛政】 1554～83.5.12 織豊期の武将。父は盛次。尾張国生れ。織田信長に仕え、加賀一向一揆平定につくし、尾山城主となり加賀半国を領した。信長死後、一五八三年(天正一一)豊臣秀吉と柴田勝家の跡目争いでは勝家に属し、近江国梁瀬城を攻略し秀吉の家臣中川清秀を討ちとる。同年四月の賤ケ岳の戦に敗れ、加賀への敗走中生捕りとなり、五月一二日京都三条河原で処刑された。法名善俊。

さくらあずまお【佐久良東雄】 1811.3.21～60.6.27 幕末期の尊攘派志士。常陸国新治郡浦須村の郷士飯島平蔵の長男。幼時に仏門に入り住職になるが、一八四三年(天保一四)還俗して佐久良東雄と改名。土浦・笠間や水戸の志士と交わり、のち京坂に出て資金調達に奔走して同志を助けた。桜田門外の変に加わった高橋多一郎をかくまったため大坂で捕らえられ、江戸に護送されて伝馬町の獄で絶食して没した。

さくらいいずみだゆう【桜井和泉太夫】 生没年不詳。承応～元禄期の江戸の古浄瑠璃太夫。薩摩浄雲の門下といわれ、一六六二年(寛文二)受領して桜井丹波少掾平正信と名のった。その子長太夫(二代目和泉太夫)とともに金平浄瑠璃を語りだし、爆発的な人気を集めた。作者岡清兵衛と提携して、浄瑠璃史に創作時代の幕開けをもたらす。代表作「ともへ」「宇治の姫切」「頼光跡目論」。

さくらいし【桜井氏】 近世の譜代大名家。三河松平氏の一族で桜井松平氏を称した。家広のとき、武蔵国松山一万石を領し、子の忠頼のとき、遠江国浜松藩主五万石となるが除封。一六二二年(元和八)忠頼の子忠重が上総国佐貫一万五〇〇〇石の大名に復帰。以後加増・転封を繰り返し、一七一一年(正徳元)忠喬のとき、摂津国尼崎四万石の藩主となり、代々同藩主。当主はおおむね遠江守。維新後子爵。

さくらいしげる【桜井秀】 1885.9.-～1943 明治～昭和前期の有職故実家・風俗史家。東京都出身。国学院大学卒。内閣記録課・東京帝国大学史料編纂所をへて、宮内省図書寮に勤務。生活史を人生史とする観点から、従来の有職故実学をこえた近代的な風俗史研究を志した。主著「風俗史の研究」のほか、論文多数。

さくらいじょうじ【桜井錠二】 1858.8.18～1939.1.28　明治～昭和前期の化学者。加賀国生れ。イギリスに留学後、一八八二年(明治一五)東京大学教授。溶液の沸点上昇測定法を改良。理論化学を歴史的に教授し、化学教育に尽くす。九八年帝国学士院会員、のち院長。理化学研究所・日本学術振興会の設立に努力し、日本の学術体制整備に努めた。第二次大戦前に渡英して日英関係の改善をはかったが成功しなかった。貴族院議員。

さくらいただよし【桜井忠温】 1879.6.11～1965.9.17　明治後期～昭和前期の陸軍軍人・作家。筆名落葉。愛媛県出身。陸軍士官学校卒。日露戦争の旅順第一回総攻撃で瀕死の重傷を負う。一九〇六年(明治三九)この体験を書いた「肉弾」を刊行し好評を博す。三〇年(昭和五)少将に進級待命、以後は作家として活動。「桜井忠温全集」全六巻。

さくらいちか【桜井ちか】 1855.4.4～1928.12.19　明治・大正期の女子教育家。江戸生れ。築地のアメリカ人宣教師などから英語を学ぶ。一八七六年(明治九)桜井女学校(現、女子学院)を創立。八六年設立の一致英和女学校(ウイルミナ女学校と合併。現、大阪女学院)にも協力。九三年渡米、九五年帰国後桜井女塾を創設、家庭的寄宿舎や最新英語教授法などにより女子教育に貢献した。

さくらいばいしつ【桜井梅室】 ⇨梅室(ばいしつ)

さくらうちゆきお【桜内幸雄】 1880.8.14～1947.10.9　大正・昭和期の実業家・政治家。島根県出身。鉄道・電力事業に従事し、日本電灯会社取締役などをへて、一九二〇年(大正九)衆議院議員となる。第二次若槻内閣商工相、平沼内閣農相、米内内閣蔵相を歴任。四五年(昭和二〇)枢密顧問官となるが、第二次大戦後公職追放となった。

さくらがわじひなり【桜川慈悲成】 1762～?　江戸中・後期の戯作者・落語家。通称大五郎。江戸の錺屋(かざりや)(陶器屋・鞘師(さやし)説あり)を営む一方、「天筆阿房楽(てんぴつあほうらく)」「馬鹿長命子気(ばかちょうめいしき)物語」など寛政年間を中心に三〇種余の黄表紙を発表。寛政の改革による筆禍の後遺症で方向性を模索しつつあった黄表紙を、茶番や落咄(おとしばなし)中心の毒のない滑稽へと導いた。落語家としても有名で、「笑の初り」「児智(ちご)のはたけ」など二〇種余の噺本を発表。落語中興の祖ともいわれる。

さくらそうごろう【佐倉惣五郎】 生没年不詳。江戸時代の義民。下総国佐倉藩領公津(こうづ)村の名主として、藩主堀田氏の苛政を東叡山社参途中の将軍へ直訴、苛政は撤廃されたが磔刑に処された。死後妻子への処刑を不満として怨霊となり、堀田氏にとりついて改易の要因をつくったとされるが、一揆の事実は確認できない。一七五〇年代以降顕彰活動が活発化し、「地蔵堂通夜物語」などの物語が作られた。一八五一年(嘉永四)江戸で上演された「東山桜荘子」が評判になり、幕末～明治期にはさまざまな外題で上演され、全国にその物語が流布するとともに、義民の代表とみられるようになった。

さくらだじすけ【桜田治助】 歌舞伎作者。江戸中期～明治期に四世を数えるが初世が著名。初世(一七三四～一八〇六)は江戸生れ。俳名左交(さこう)。壕越二三治(ほりこしにそうじ)門下。一七六七年(明和四)立作者格となる。おおらかで洒落と警句にとむ作風が、明和～天明期の江戸気質にかない、圧倒的な支持を得た。代表作に「大商蛭子島(おおあきないひるがこじま)」など。舞踊劇にも名作が多い。二世(一七六八～一八二九)は初世の門弟。文化・文政期の立作者で舞踊劇を得意とした。三世(一八〇二～七七)は二世の門弟。天保期から幕末にかけての立作者。創作には乏しいが古老として重んじられた。後名狂言堂左交。門人の二世木村園治が四世を継ぐ。

さくらまきゅうせん【桜間弓川】 1889.5.18～1957.3.1　大正・昭和期の能役者。シテ方金春(こんぱる)流。東京都出身。桜間伴馬(ばんま)の次男。本名金太郎。父に師事。巧緻な謡(うたい)と華麗な技で金春流のみならず、大正・昭和期の能楽界を代表した。一九五二年(昭和二七)芸術院賞受賞、五七年芸術院会員に就任。

さくらまちてんのう【桜町天皇】 1720.1.1～50.4.23　在位1735.3.21～47.5.2　中御門(なかみかど)天皇の第一皇子。名は昭仁(てるひと)。母は近衛家熙の女贈皇太后尚子(新中和門院)。一七二〇年(享保五)儲君に定められ親王宣下。二八年立太子、三五年父の譲位で践祚。四七年(延享四)皇太子遐仁(とおひと)親王(桃園天皇)に譲位。将軍徳川吉宗による諸朝儀の再興を喜び、官位制度の規範に意を注ぐ。歌道を嗜み、四四年(延享元)烏丸光栄(みつひで)から古今伝授をうけた。

さくらまばんま【桜間伴馬】 1835.7.13～1917.6.24　明治・大正期の能役者。シテ方金春(こんぱる)流。喜寿の年に左陣と改名。桜間家は喜多流の友枝家とともに熊本藩に仕えた能の名家で、伴馬は一七世。一八七九年(明治一二)以後東京に在住して、充実した気迫と鮮烈な演技で、一六世宝生(ほうしょう)九郎・初世梅若実とともに明治三名人とうたわれ、晩年まで至芸をみせた。

さくらやまこれとし【桜山茲俊】 ?～1331/32.1.21　鎌倉末期の武将。備後国の住人。一三三一年(元弘元)九月、楠木正成に呼応して備後一宮の吉備津宮で討幕の兵をあげる。備後国一帯を制圧する勢いだったが、後醍醐天皇の拠る笠置山陥落の報をうけ軍勢は離散、一族とともに吉備津宮に火をかけ自害した。

さけのぶひでつな【鮭延秀綱】 1562～1646.6.21 戦国期～江戸初期の武将。越前守。父貞綱のとき出羽国最上郡真室郷に鮭延城を築き、以来同城に住む。一五八一年(天正九)最上義光に降り、真室で一万一五〇〇石を安堵された。八八年の十五里ケ原の合戦や、一六〇〇年(慶長五)の長谷堂の攻防に最上勢として活躍し、のち金山城に移る。二二年(元和八)最上家改易後土井利勝に預けられ、下総国古河で没。

さこみずひさつね【迫水久常】 1902.8.5～77.7.25 昭和期の官僚・政治家。鹿児島県出身。岡田啓介の女婿。東大卒。大蔵省に入り一九三四年(昭和九)首相秘書官となり、二・二六事件の際に岡田首相を救出した。四一年革新官僚の一人として企画院に出向。四五年鈴木貫太郎内閣の内閣書記官長として終戦工作にも従事した。第二次大戦後に公職追放となり、昭電疑獄に連坐したが無罪。五二年衆議院議員。のち参議院に転じ、第一次・第二次池田内閣で経済企画庁長官・郵政相を歴任。

ささおかただよし【小砂丘忠義】 1897.4.25～1937.10.10 昭和前期の教育運動家。高知県出身。本姓笹岡。高知師範学校卒。小学校教員として綴方教育を行い、教育の改革を主張するSNK協会を作った。一九二五年(大正一四)上京して「教育の世紀」誌などを編集、二九年(昭和四)野村芳兵衛らと「綴方生活」を創刊した。翌年郷土社を設立して第二次「綴方生活」誌を主宰し、全国の生活綴方教育運動に大きな影響を与えた。

ささがわごしょ【篠川御所】 ⇨足利満直

ささがわのしげぞう【笹川繁蔵】 1810?～47.7.4 江戸後期の博徒。下総国笹川村生れ。本姓は岩瀬。天保年間に飯岡助五郎と縄張りを争う。いったん故郷を離れたが、のち戻って助五郎をつけ狙う。一八四七年(弘化四)七月、助五郎に闇討ちされ死亡。浪曲・講談の「天保水滸伝」に描かれ有名となる。

ささがわりんぷう【笹川臨風】 1870.8.7～1949.4.13 明治～昭和期の俳人・評論家。東京都出身。本名種郎。東大卒。第三高等中学時代の級友大野洒竹、佐々醒雪らと筑波会を結成、大学派の俳人といわれた。のち「帝国文学」の編集にたずさわり、宇都宮中学校校長などを歴任。一八九七年(明治三〇)の「支那小説戯曲小史」以降、歴史書の著述も多く、南朝正統を唱えて南北朝正閏論に関係する。江戸音曲の保存に努め、美術にも造詣が深く、著書に「東山時代の美術」がある。

ささきいちぞう【佐々木市蔵】 ?～1768.2.- 常磐津節三味線方。鳥羽屋三右衛門門弟で江戸節の三味線方であったが、一七三四年(享保一九)宮古路豊後掾の再度江戸進出のとき、その相方となって佐々木幸八を名のる。四七年(延享四)文字太夫が常磐津節樹立に際し、市蔵と改め、その発展に尽力。「老松」「蜘蛛の糸」などを作曲したという。芸名は明治期まで三世を数える。

ささきうじより【佐々木氏頼】 1326～70.6.7 六角氏頼とも。南北朝期の武将。時信の嫡子。三郎。左衛門尉。通称大夫判官。法名崇永。一三三五年(建武二)までに父の引退で家督を継承、近江国守護となる。同年、足利尊氏が建武政権に離反するとこれに応じた。観応の擾乱では進退に窮し、出家して高野山に登る。以後、近江国守護は弟信詮や嫡子義信にかわったが、五四年(文和三・正平九)に再任し死没まで在職。幕府の禅律方頭人も勤めた。

ささきげっしょう【佐々木月樵】 1875.4.13～1926.3.6 明治・大正期の仏教学者・宗教家。真宗大谷派の学侶。愛知県の僧侶の子。一八九二年(明治二五)得度。一九〇〇年に真宗大学卒。清沢満之門下となる。〇六年に真宗大学教授、二四年(大正一三)に大谷大学学長。仏教理史・浄土教史を研究・講義した。

ささきこう【佐々木昂】 1906.10.30～44.8.31 「たかし」とも。昭和期の北方性教育運動の理論的組織者。本名太一郎。ペンネームに松山忍など。秋田県出身。秋田師範学校卒。一九二九年(昭和四)上京し労働芸術家連盟に参加。三〇年帰郷後、小学校勤務のかたわら北方教育社の機関誌「北方教育」の中心的存在として活躍。三四年北日本国語教育連盟結成に参画。四〇年治安維持法違反容疑で検挙。

ささきこうぞう【佐々木更三】 1900.5.25～85.12.24 昭和期の政治家。宮城県出身。日本大学卒。第二次大戦前から無産運動にとりくみ、戦後の一九四五年(昭和二〇)日本社会党結成に参加。四七年から衆議院議員。社会党左派の立場を一貫して堅持し、構造改革路線を唱える江田三郎らと激しく対立した。六五年から六七年まで党委員長。また日中関係改善にも尽力。

ささきこじろう【佐々木小次郎】 生没年不詳。江戸時代の武芸者。生国は越前国と周防国の二説あり、実像は不明。武者修行の旅に出、小倉藩の剣術指南にあたり、一六一二年(慶長一七)四月宮本武蔵と巌流島で剣術の試合をし、敗れたとされる。江戸時代の講談などでは老年剣客とか武蔵の父の敵などの設定だったが、吉川英治の「宮本武蔵」以来、長い刀を背負い燕返しという秘剣を使う青年美剣士のイメージが定着した。

ささきさだつな【佐々木定綱】 1142～1205.4.9 平安末～鎌倉前期の武将。秀義の長男。通称太郎。平治の乱後、相模国渋谷荘、ついで下野国宇都宮に寄寓。一一八〇年(治承四)源頼朝の挙兵に参加し、以後軍功を重ねて検非違使、左衛門少尉に任官、近江国佐々木荘の地頭に任じられ、近江国守護にもなる。九一年(建久二)次男定重が年貢未納を責める日吉社宮仕(みやじ)を殺害したため、延暦寺衆徒の強訴(ごうそ)により薩摩国に配流。九三年の赦免後、近江国守護や旧領を安堵され、さらに長門・石見両国の守護に任じられた。

ささきし【佐々木氏】 中世近江国の守護。宇多源氏。成頼が佐々木荘(現、滋賀県安土町)に住み、その孫経方から佐々木氏を称した。秀義のとき源為義の女婿となり、平治の乱で源義朝に従う。子定綱らは源頼朝の挙兵に従って戦功をあげ、鎌倉時代には近江など十数カ国の守護となった。定綱の子信綱の系統からは三男泰綱流の六角氏、四男氏信流の京極氏をはじめ大原・朽木(くつき)・高島の各氏が出ている。定綱の弟で出雲・隠岐両国守護となった義清の系統からは、隠岐・塩冶・富田の各氏などがわかれた。

ささきそういち【佐々木惣一】 1878.3.28~1965.8.4 明治~昭和期の憲法学者。鳥取県出身。京大卒。京都帝国大学助教授をへて一九一三年(大正二)に教授となるが、三三年(昭和八)滝川事件に抗議して辞職。客観的論理主義に徹した憲法学の体系を示して東の美濃部達吉と並び称された。第二次大戦後は近衛文麿のもとで憲法改正案を起草したが未公表となり、さらに憲法審議に参加、新憲法案に反対した。五二年文化勲章受章。著書「日本憲法要論」「日本国憲法論」。

ささきたかうじ【佐々木高氏】 1306~73.8.25 京極高氏とも。南北朝期の武将。宗氏の子。四郎。佐渡大夫判官。外祖父宗綱をついで京極家の家督を継承。一三二六年(嘉暦元)北条高時の出家に従って剃髪、道誉(どうよ)(正しくは導誉)と称す。三二年(元弘二)後醍醐天皇の隠岐配流の警固を勤めた。翌年足利氏に従って六波羅探題を滅ぼし、建武新政では雑訴決断所奉行人。中先代(なかせんだい)の乱(一三三五)で尊氏が関東へ下向すると先鋒を勤め、室町開幕後は評定衆・引付頭人・政所執事、および若狭・近江・出雲・上総・摂津・飛驒各国守護を歴任。四〇年(暦応三・興国元)妙法院焼打事件で上総へ配流の際、出京のいでたちは山門・朝廷を愚弄したものであり、婆娑羅(ばさら)大名の典型とされる。配流は履行されず、まもなくゆるされて出仕。観応の擾乱ではおおむね尊氏・義詮(よしあきら)に属した。

ささきたかおき【佐々木隆興】 1878.5.5~1966.10.31 明治~昭和期の医学者。東京都出身。東大卒。ドイツ留学後京都帝国大学教授として内科学を担当。一九一六年(大正五)杏雲堂医院院長に就任。三九年(昭和一四)医学研究の佐々木研究所を設立。診療のかたわら研究に従事し、タンパク質・アミノ酸の研究と、肝臓癌の吉田富三との共同研究で二度の学士院恩賜賞を受賞。民間最初のX線断層装置の導入、冷水摩擦の普及に貢献。癌研究所所長・結核研究所所長を歴任。文化勲章受章。

ささきたかつな【佐々木高綱】 ?~1214.11.- 鎌倉前期の武将。秀義の四男。通称四郎。一一八〇年(治承四)兄三人とともに源頼朝の挙兵に加わる。八四年(元暦元)源義仲追討の際、宇治川で梶原景季(かげすえ)と先陣を争うなど軍功を重ね、左衛門尉となり長門国守護に任じられた。平家滅亡後、東大寺再建用の材木の杣出し(そまだし)に尽力。九五年(建久六)高野山に出家遁世、西入と号した。

ささきたかひで【佐々木高秀】 1328/32~91.10.11 南北朝期の武将。高氏の三子。左衛門尉・治部少輔・大膳大夫。兄秀綱・秀宗の戦死で京極家の家督を継承。飛驒国守護、一時出雲国守護も兼ねる。侍所頭人も二度歴任。一三七九年(康暦元・天授五)二月、土岐頼康らとともに管領細川頼之の排斥を企てたが、将軍足利義満の命をうけた佐々木(六角)亀寿丸に犬上郡甲良(こうら)の居館を襲撃され美濃に追われる。まもなく許され、閏四月一三日に上京、翌日頼之追放をはたした。

ささきたかゆき【佐佐木高行】 1830.10.12~1910.3.2 幕末~明治期の高知藩士・政治家。通称三四郎。藩士時代は上士の穏健な尊攘派として活躍。維新後政府に出仕、のち参議・司法大輔。一八七八年(明治一一)天皇側近の侍補となり、天皇親政運動をおこして参議と対峙。侍補廃止後も明治天皇の信任が厚かった。明治十四年の政変では大隈重信の急進論を攻撃、政変後参議兼工部卿となる。内閣制施行後は宮中顧問官・枢密顧問官。伝記史料「保古飛呂比(ほごひろい)」に日記・意見書・書簡などが編年体で収録されている。

ささきたろう【佐々木太郎】 1818.10.13~88.11.27 幕末~明治前期の国学者。大坂玉造の豪商万屋の子。通称万屋小兵衛、号は菅之舎・名越隠士。三一歳のとき家督を子に譲り、隠棲して国学研究に専心。翌年和歌山藩国学所の教授兼総裁となる。天誅組(てんちゅうぐみ)の伴林光平と親交が深く、尊攘派志士に資金援助も行った。著書「菅舎歌集」。

ささきちゅうたく【佐々木仲沢】 1790~1846.4.1 江戸後期の蘭方医。名は知芳、字は仲蘭・国春、

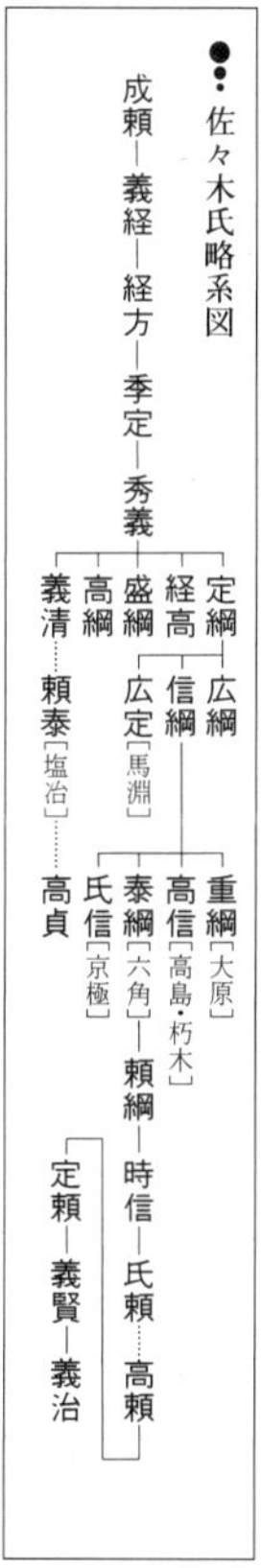

号は蘭嶼。陸奥国磐井郡生れ。一関藩医建部亮策に医を学び、江戸へ出て大槻玄沢の門下生となる。帰郷後一関藩医、一八二二年(文政五)仙台藩医学校助教。三年で職を辞し、仙台で医業を開く。著書に女囚の解剖を元にした「存真図腋」「瘍科精選」。

ささきつねたか【佐々木経高】 ?～1221.6.16 鎌倉前期の武将。秀義の次男。通称次郎。一一八〇年(治承四)源頼朝の挙兵に兄弟とともに参加し、以後軍功を重ねて淡路・阿波・土佐諸国の守護に任じられ、中務丞となる。その後在京して京都の警衛にあたる。一二〇〇年(正治二)京都に軍勢を集めたことをとがめられ、三カ国の守護職などを没収されるが、翌年ゆるされ阿波国守護に復した。二一年(承久三)承久の乱では後鳥羽上皇方に加わり、敗北後京都鷲尾で自害。

ささきとうよう【佐々木東洋】 1839.6.22～1918.10.9 幕末～明治期の医家。江戸生れ。一八五六年(安政三)佐倉の順天堂に入塾、のち長崎で蘭医ポンペに学んだ。明治になり大学東校で教鞭をとり、七五年(明治八)東京医学校付属医院院長に就任、翌年官を辞して駿河台で杏雲堂医院を開業した。中央衛生委員として医界に尽くす。

ささきのぶつな【佐々木信綱】 1181～1242.3.6 鎌倉前期の武将。定綱の四男。承久の乱の際、幕府軍に属して宇治川の先陣で勲功をあげる。乱後、京方に加わった兄広綱にかわって近江国守護職と同国佐々木荘を得て家督を継ぎ、さらに数カ所の地頭職を得る。一二二七年(安貞元)検非違使(けびいし)、ついで近江守となり、三四年(文暦元)幕府評定衆に加わる。同年出家して虚仮(こけ)と号す。のち評定衆を辞して上洛、四一年(仁治二)高野山に遁世。

ささきのぶつな【佐佐木信綱】 1872.6.3～1963.12.2 明治～昭和期の歌人・国文学者。姓はもと佐々木。号は竹柏園(なぎその)。三重県出身。国学者弘綱の長男。東大卒。一八九八年(明治三一)「心の花」刊行、竹柏(ちくはく)会を主宰して短歌革新運動に参加し、多くの門人を育成。一九〇三年刊の歌集「思草(おもいぐさ)」は典雅ななかにも清新な歌風を示す。ほかに歌集「新月」。「万葉集」の翻刻と校訂、基礎的な研究や和歌・歌学史の研究に多大な功績をあげた。学士院・芸術院両会員。三七年(昭和一二)文化勲章受章。

ささきひでつな【佐々木秀綱】 ?～1353.6.13 南北朝期の武将。高氏の長子。源三。左衛門尉・近江守。観応の擾乱では足利尊氏に属し、尊氏が関東へ下った一三五一年(観応二・正平六)一一月には上総国守護に在職。翌年には侍所頭人を勤めた。五三年(文和二・正平八)南朝に投降した山名時氏らが京都を奪還し、将軍足利義詮(よしあきら)が後光厳(ごこうごん)天皇を奉じて美濃へのがれようとした際には殿軍(しんがり)を勤め、近江国堅田で戦死。

ささきひでよし【佐々木秀義】 1112～84.7.19 平安末期の武士。宇多源氏(近江源氏)。季定の子、妻は源為義の女。源三秀義と称する。保元・平治の乱で源義朝に属し、敗走中、渋谷重国のもとに寄留。一一八〇年(治承四)源頼朝の挙兵に参加するが、伊賀平氏追討の戦で討死。

ささきひろつな【佐々木弘綱】 1828.7.16～91.6.25 幕末～明治期の歌人・国学者。伊勢国生れ。幼名習之助・時綱、号鈴山、家号竹柏園(なぎその)。足代弘訓(あじろひろのり)門下。一八八二年(明治一五)上京し、東京大学・東京高等師範で教鞭をとった。和歌改良に尽力し、「開化新題和歌梯」「長歌改良論」を著した。「日本歌学全書」編纂により学問研究の基礎を築いた。

ささきぶんざん【佐々木文山】 1659.3.22～1735.5.7 江戸中期の書家。名は襲。字は淵竜・臥竜。文山は号。別号墨花堂。江戸西の窪に住み、兄の玄竜とともに能書として名高い。各地の神社仏閣の扁額を揮毫(きごう)している。朝鮮使節と交流し、朝鮮書風の影響をうけたことから、唐様と区別して朝鮮様ともいわれた。

ささきもりつな【佐々木盛綱】 1151～? 鎌倉前期の武将。秀義の三男、母は源為義の女。通称三郎。一一六六年(仁安元)から源頼朝に仕え、挙兵にも参加。八四年(元暦元)備前国児島の戦などで奮戦し、軍功により左兵衛尉に任じられ、越後・伊予両国の守護となる。頼朝の死後、出家して西念と号したが、源頼家に所領を没収され上野国磯部に隠居。一二〇一年(建仁元)城氏の反乱鎮圧や、〇五年(元久二)平賀朝雅討伐などに活躍。

ささきやすごろう【佐々木安五郎】 1872.1.17～1934.1.1 明治・大正期の政治家。山口県出身。熊本県の九州学院に学び、一八九七年(明治三〇)台湾総督府官吏となり、雑誌「高山国」を創刊。モンゴル探検により「蒙古王」の異名をとった。対外硬の政治運動をおこし、一九〇八年衆議院議員となる。院外では浪人会などに加わった。

ささのけん【笹野堅】 1901.6.6～61.11.6 昭和期の国文学者。静岡県出身。早大卒。一九二九年(昭和四)東京帝国大学副手となり、以後北京師範大学教授などを歴任。狂言・幸若舞(こうわかまい)・御伽草子(おとぎぞうし)・小歌などの室町文芸、俳諧・浮世草子などの江戸文芸の研究に従事、基礎資料の収集・紹介に努めた。著書「古本能狂言集」「幸若舞曲集」。

ささもりぎすけ【笹森儀助】 1845.1.25～1915.9.29 明治期の探検家。旧弘前藩士。一八八一年(明治一四)青森県中津軽郡長となり、明治天皇の東北巡幸を建言。士族授産事業を行う一方で、九一年全国の士族授産事業を視察した。九二～九三年には千島・琉球を探検、九四年奄美大島の島司、九九年朝鮮に渡り、一九〇二年から青森市長。

さじし【佐治氏】 ㊀中世、因幡国佐治郷(現、鳥取県佐治村)の地頭で、鎌倉御家人。尾張氏。鎌倉後期〜南北朝期に五郎忠重や孫四郎重泰らがみえる。一三五五年(文和四・正平一〇)の摂津国神南合戦では、佐治但馬守は南朝方の山名氏に従った。

㊁中世、重時流北条氏の被官。重家は六波羅探題北条重時の重臣として和泉国守護代や六波羅奉行人を勤め、重時の子長時・時茂(ときもち)の執事としても活躍。左衛門太郎某は鎮西探題赤橋英時の奉行人であった。

さしはらやすぞう【指原安三】 1850.3.〜1903.3.9　明治期の漢学者。豊後国生れ。大阪で漢学を修めて一八七八年(明治一一)に上京。二松学舎などで学んだのち東洋哲学会に入り、鳥尾小弥太との関係が生まれて保守中正派結成に尽力。晩年は陸軍幼年学校などで教え、また日本弘道会商議員を務めた。著書「明治政史」。

さそうさちゅう【佐双左仲】 1852.4.15〜1905.10.9　明治期の造船工学者。加賀国生れ。海軍兵学寮卒。一八七一年(明治四)イギリスに留学、造船学を学ぶ。帰国後再渡英し、日本の発注した浪速・高千穂などの造艦の監督を日本人だけで行った。のちフランス式設計の巡洋艦秋津洲(あきつしま)をイギリス式設計に変更し、みずから設計。横須賀に造船所を作り、諸艦を建造、日本の造船技術向上に貢献。のち海軍省艦政本部長。日露戦争中に世界最大の戦艦の建造準備にあたったが病没。

さたいねこ【佐多稲子】 1904.6.1〜98.10.12　昭和期の小説家。本名佐田イネ。長崎県出身。貧困のため小学校を途中でやめ、工場などに勤めた。最初の結婚に破れ自殺未遂をするが、同人誌「驢馬(ろば)」で中野重治(しげはる)・窪川鶴次郎らに出会い、窪川と再婚。一九二八年(昭和三)「キャラメル工場から」を発表、プロレタリア作家として活躍する。きびしい弾圧による革命運動挫折のなかで生じた夫婦生活の亀裂を「くれなゐ」に描く。第二次大戦後、新日本文学会で活動するが、のち日本共産党から除名される。代表作「歯車」「樹影」。

さだかいせき【佐田介石】 1818.4.8〜82.12.9　幕末〜明治前期の宗教思想家。真宗の僧侶。肥後国の僧侶の子。一八三五年(天保六)に京都で学ぶ。洋学に反対し、天動地静説を唱えた。文明開化の風潮に対しては経済的な側面から国産品愛用運動をおこし、多くの建白をした。なかでもランプ亡国論(「東京日日新聞」八〇年七月一六日)が知られる。全国遊説の途中没した。

さたけさだよし【佐竹貞義】 1287〜1352.9.10　南北朝期の武将。常陸国守護。鎌倉幕府滅亡後、足利氏と結ぶ。一三三五年(建武二)中先代の乱では足利方として武蔵国鶴見(現、横浜市)で戦い、同年までに守護となった。三六年(建武三・延元元)南朝方の楠木正家を常陸国瓜連(うりづら)城(現、茨城県瓜連町)に攻めて敗れるが、室町幕府草創期の活躍は著しい。このため鎌倉時代を通じて雌伏していた佐竹氏は勢力を回復し、常陸の有力武士に成長。

さたけし【佐竹氏】 中世の豪族、近世大名家。清和源氏。源義光の孫昌義が常陸国佐竹郷(現、茨城県常陸太田市)に住み佐竹氏を称した。秀義は源頼朝に敵対して所領を没収されたが、のち許されて御家人となった。南北朝期、足利氏に従い常陸国守護となる。戦国期、義重・義宣が北関東に勢力を築いた。一五九〇年(天正一八)豊臣秀吉に属して本領を安堵され、水戸に本拠を移す。関ケ原の戦ののち秋田に国替され、秋田藩二〇万五八〇〇石の藩主として存続。維新後、侯爵。

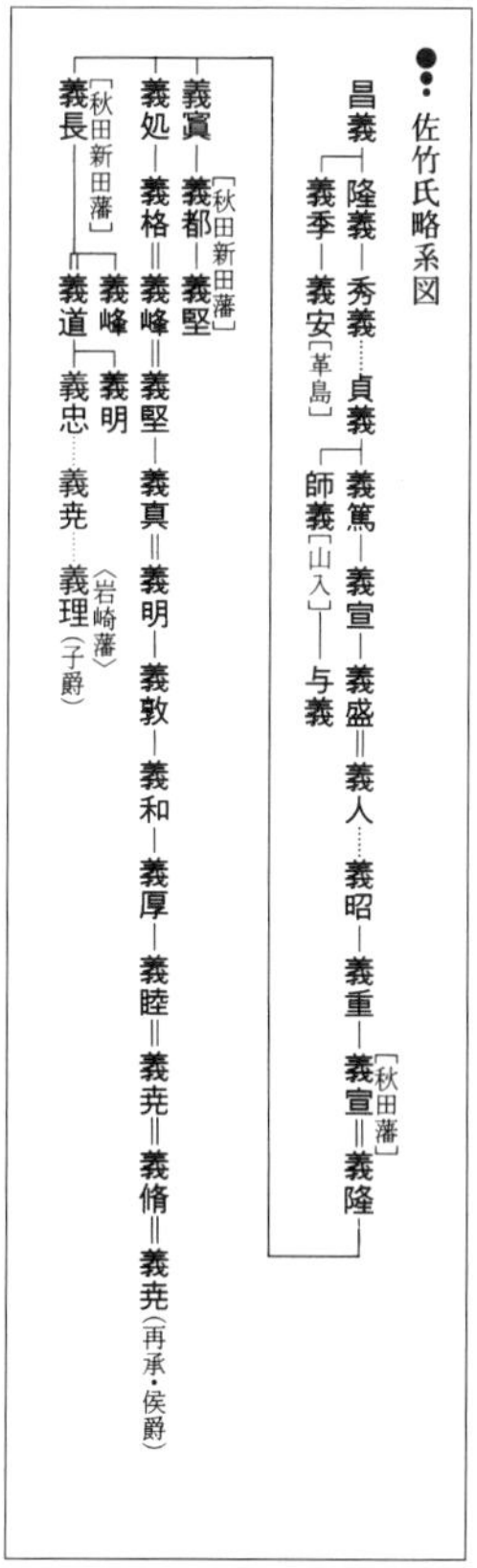

さたけひでよし【佐竹秀義】 1151〜1225.12.18　鎌倉前期の武士。清和源氏義光流の隆義の子。通称佐竹別当。常陸国北部に勢威をふるうが、一一八〇年(治承四)源頼朝の攻撃をうける。金砂(かなさ)城で防戦するが、身内の裏切りで落城、陸奥国花園城に逃走、所領は没収された。その後ゆるされ、八九年(文治五)奥州合戦に参加。この頃、常陸国内の旧領の一部を安堵されたらしい。美濃国山田の地頭職を得たとも伝える。

さたけまさよし【佐竹昌義】 生没年不詳。平安後期の常陸国の武将。佐竹氏の祖。源義光の孫で義業の子、母は平清幹(きよもと)の女。佐竹冠者・佐竹三郎と称す。義業の代の保延年間に常陸国久慈郡佐竹郷(現、茨城県常陸太田市)を領有、昌義はここを本拠に佐竹を名のる。母は常陸大掾氏出身であり、また奥州藤原清衡の女を妻としたことから、この両者の力を背景に、常陸北部に根を張っていた秀郷流藤原氏を圧迫して勢力を拡大し、佐竹氏の基礎を確立。

さたけよしあつ【佐竹義敦】 1748.閏10.4～85.6.10 江戸中期の大名・洋風画家。出羽国秋田藩主。号は曙山。父は義明。洋風画を平賀源内の弟子小田野直武に学び、「松にインコ」「湖山風景」を描き、「画法綱領」などの洋風画技術書を著す。江戸の戯作者と交流があり、しばしば狂歌会を催した。藩財政は赤字で、天明の凶作や秋田杉など産業の不振によって極度の財政難となった。田沼意次に接近したが、寛政の改革の直前に没した。

さたけよししげ【佐竹義重】 1547～1612.4.19 戦国期～江戸初期の武将。常陸国太田城(現、茨城県常陸太田市)城主。常陸・下野両国から陸奥国南部に勢力圏を築いたが、徳川家康によって出羽国に移された。関東制覇をめざす後北条氏に終始抵抗。南奥では伊達氏などと争った。嫡子義宣の代の一五九〇年(天正一八)豊臣秀吉に領国を安堵された。一六〇〇年(慶長五)関ケ原の戦では、義宣がひそかに西軍に通じたとされ、〇二年知行高削減のうえ出羽国秋田に転封され、義重も従った。

さたけよしたか【佐竹義尭】 1825.7.27～84.10.23 幕末期の大名。出羽国秋田藩主。父は中村藩主相馬益胤。秋田新田藩佐竹義純の養子となり同藩主。一八五七年(安政四)さらに宗家を継ぐ。戊辰戦争では、藩内の平田学派の若い藩士層が権力を握り、新政府軍に協力し鶴岡藩兵と戦った。廃藩置県後、東京に移住し、のち侯爵。

さたけよしのぶ【佐竹義宣】 1570～1633.1.25 織豊期～江戸初期の大名。父は義重。右京大夫。左中将。一五九〇年(天正一八)豊臣秀吉の小田原攻めに参陣、以後豊臣権力を背景に常陸一国の平定に成功し、九四年(文禄三)下野・常陸両国で五四万五〇〇〇石余を領する。関ケ原の戦後の一六〇二年(慶長七)常陸国を没収され、出羽国秋田二〇万五〇〇〇石余に減封された。以後、秋田藩政の基礎確立に尽力。

さたけよしひと【佐竹義人】 1400～67.12.24 室町時代の武将。常陸国守護。初名義憲。鎌倉公方足利持氏の与党として活動。山内上杉氏から佐竹氏に入り、同族山入与義らと対立。義人は親鎌倉府、与義は親幕府の態度をとり、一四二二年(応永二九)持氏が与義を倒すと、翌年幕府は与義の子祐義を守護に任じ、すでに守護であった義人に対抗させた。三九年(永享一一)永享の乱で持氏は敗死したが、翌年結城氏朝が持氏の遺児を擁して挙兵すると協力した(結城合戦)。

さたけよしまさ【佐竹義和】 1775.1.1～1815.7.8 江戸後期の大名。出羽国秋田藩主。父は義敦。一七八五年(天明五)遺領相続。藩政は家老の疋田柳塘・松塘らに任せ、書画や鷹狩に没頭し、「阿山比川道ノ記」「遠山ずり」「東の記」などを著す。在世中、産物方・開発方・銅山方・絹方などが設置されて各種産業やそれらの基礎となる学問が奨励された。

さたけよしみ【佐竹義躬】 1749.8.1～1800.1.16 江戸中期の洋風画家。出羽国秋田藩角館城代。号は嘯月亭・素盈・雪松など。家臣の小田野直武に洋風画を学ぶ。南蘋風の花鳥画に、オランダ銅版画の影響が濃い遠景をくみあわせる作品を多く残し、秋田蘭画花鳥画の典型を示す。同じ画派に属する直武や佐竹曙山(義敦)に比べ、画技には未熟な点も残すが、作風は深い東洋趣味に支えられた高い品格に富む。代表作「桜花図」。

さだずみしんのう【貞純親王】 ?～916.5.7 清和天皇の皇子。母は棟貞王の女。八七三年(貞観一五)親王になり、その後四品に叙され、中務卿・兵部卿・上総太守・常陸太守等を歴任した。源経基を親王の子とする伝承が流布しているため、その流れは清和源氏と称されてきたが、他方、経基を陽成天皇の孫と伝える史料もあり、問題が残されている。

さだつぐ【貞次】 刀工の名。同名は多いが、代表的な刀工は後鳥羽上皇の番鍛冶である備中国青江(古青江)の貞次。その後、青江には南北朝期の大隅権介または権守の受領銘、右兵衛尉の任官銘をもつ貞次らをはじめ、応永期頃まで同名を名のる刀工が知られる。室町時代になると鞆三原と称される「備州鞆住」の銘をもつ貞次らも現れる。新刀期には越前下坂鍛冶に日向大掾または守を初代とする貞次がおり、現代には人間国宝高橋貞次がいる。

さだとし【定利】 鎌倉中期の山城の刀工。綾小路派の祖で、弥太郎・了阿弥ともいう。刀剣伝書類には文永期頃に活躍したとされるが、作品からは宝治期頃とみられる。綾小路は京四条で、来派の祖国行と同じ居住地で来派と関係があるとされるが、定利の作風はきわめて古風である。国宝太刀一、重文太刀三。

さだなるしんのう【貞愛親王】 ⇨伏見宮貞愛親王

さだはくぼう【佐田白茅】 1832.12.10～1907.10.4 幕末期の尊攘派、明治初年の征韓論者。久留米藩士。本名直寛。素一郎とも称した。一八五二年(嘉永五)昌平黌に学ぶ。勤王派に傾倒し、久留米藩内の佐幕派の弾圧をうける。六九年(明治二)外務省に出仕。翌年釜山におもむき朝鮮国との国書授受につき交渉するが失敗。その後は征韓論を唱えた。

さだふさしんのう【貞成親王】⇨後崇光院

さだむね【貞宗】鎌倉末～南北朝期に活躍した相模国鎌倉の刀工。通称彦四郎。在銘の現存品は皆無だが、後世の鑑定家によって彼の作とされたものは多数にのぼり、号をもつ名品が多い。近江との関係が説かれ、正宗の子で晩年に近江に移ったとも、近江出身で正宗の弟子(のち養子)ともいうが確証はない。近江と関係があるとすれば前者であろう。「江州高木住貞宗」銘の作例もあるが、作風からこれは別人で二代という。国宝四、重文一三。

さだやすしんのう【貞保親王】870.9.13～924.6.19 清和天皇の皇子。母は藤原高子。南宮・南院・桂宮とも称された。上野太守・中務卿・兵部卿・式部卿などを歴任。管弦奏者としてすぐれ、延喜年間(九〇一～九二三)には勅命により、横笛・琵琶秘手の伝授を始め、「新撰横笛譜」「南宮琵琶譜」を撰進した。

さちひこ【沙至比跪】⇨葛城襲津彦

さつこうかく【薩弘恪】生没年不詳。七世紀後半の学者。おそらく続守言とともに、斉明朝の百済と唐・新羅との戦で百済に捕らえられ、日本に送られた唐人俘虜の一人。持統朝から音博士として銀二〇両・水田四町などを賜った。隋・唐の標準音である漢音を教授したものか。大宝律令の撰定にもたずさわり、七〇〇年(文武四)六月にその功によって禄を賜った。時に官位は勤大壱。

さっさせいせつ【佐々醒雪】1872.5.6～1917.11.25 明治・大正期の俳人・国文学者。本名政一。京都府出身。東大卒。大学在学中、大野洒竹・笹川臨風らと筑波会を結成、大学派の俳人といわれた。俳諧研究としては「帝国文学」に連載した「連俳小史」(一八九七)がある。江戸音曲研究にも努めた。没後「醒雪遺稿」が刊行された。

さっさともふさ【佐々友房】1854.1.23～1906.9.28 明治期の政党政治家。熊本藩士の家に生まれる。西南戦争で西郷軍につき、入獄。出獄後一八八二年(明治一五)熊本に済々黌を設立し、子弟の教育にあたる一方、紫溟会を結成して民権派に対抗した。八九年、大隈外相の条約改正交渉に反対して谷干城らと日本倶楽部を創立。翌年、熊本国権党を組織。第一回総選挙から衆議院議員に九回連続当選。九二年に国民協会の結成に参加し、対外硬運動に従事。以後帝国党・大同倶楽部の領袖として活躍した。

さっさなりまさ【佐々成政】1516/36/39～88.閏5.14 織豊期の武将。織田信長に仕え、一五七五年(天正三)越前一向一揆鎮圧の戦功で越前国府中城主となり、八一年越中国富山城主。小牧・長久手の戦後、八五年豊臣秀吉に降伏し、越中国新川郡のみを領知。八七年秀吉の九州攻めの軍功で肥後国熊本城主。しかし国人・土豪対策に失敗し、同年領内で肥後一揆が発生。一揆発生の責任を問われ、翌年切腹。

さっさむねきよ【佐々宗淳】1640～98.6.3 江戸前期の儒学者。常陸国水戸藩士。通称介三郎、字は子朴、号は十竹・十竹斎。宗淳は諱。瀬戸内の一小島で生まれ、京都妙心寺の僧となり祖淳と号した。三四歳頃、還俗して江戸に出、水戸藩に仕えた。藩主徳川光圀に近侍し、「大日本史」編纂のため諸方へ史料収集に行き文書・諸記録を採集。彰考館総裁を勤め、光圀の隠居後は西山で近侍。著書「立志論」「十竹遺稿」。

さっと【察度】1321～96? 琉球の察度王統の始祖で初代中山王。伝説では母は天女で父は奥間大親とされる。牧港へ来航する日本船との交易で鉄を入手し領民へ農具を与え、貧窮民を救うなど人望が厚く、推されて王位についたという。一三七二年建国まもない明国の招諭をうけて弟の泰期を派遣し、明の朝貢国となる。山南国・山北国も同様に明国と朝貢関係を結ぶが、中山国の朝貢貿易が他の二国を圧倒した。琉球在の華僑を中山王権にとりこみ、明の国子監へ官生(留学生)を派遣するなど中国の文物を積極的に導入し、中国・朝鮮・東南アジアの漢字文化圏諸国や日本との中継貿易を活発に行った。

さつまげき【薩摩外記】?～1672.4.3 江戸前期の古浄瑠璃外記節の創始者。京都生れ。薩摩浄雲の芸系だが、一六四九年(慶安二)以後の江戸での活躍が知られ、他の浄雲系の太夫と区別して「下り薩摩」とよばれた。流派は享保頃衰滅したが、曲節は長唄などに摂取されている。

さつまじょううん【薩摩浄雲】1593?～? 江戸前期の杉山丹後掾と並ぶ江戸浄瑠璃の開祖。寛永から万治・寛文期頃まで息長く活躍。熊村小平太といい、京都の人とも堺の人ともいう。京都の次郎兵衛に学び、寛永初年頃、江戸に下る。島津侯の知遇を得て、江戸薩摩と称した。人形衣装に華美を尽くし禁獄されたこともあるが、一六三六年(寛永一三)には、禁中で「義氏」を語った。しかし受領は許されなかったらしい。現存正本に「はなや」「小袖曾我」など。多くの門弟を擁し、二代目薩摩を継いだ息子は、伊勢大掾藤原武英を受領。

さつまやにへえ【薩摩屋仁兵衛】近世大坂の豪商で、惣年寄を勤めた家の当主の通称。丹波国比田の出身といわれる。豊臣家近習比田三太左衛門を始祖とし、その養子二兵衛(仁兵衛)が薩摩屋初代となった。初代は、一六二八～三〇年(寛永五～七)薩摩堀を開発して鹿児島藩の荷揚げの便利をはかり、三一年に薩摩国産取引の問屋を許可された。これ以後同家は薩摩堀中筋町に居住し、薩摩定問屋の筆頭、蔵元を勤めた。一七一三年(正徳三)以降、天満組の惣年寄を勤めている。

サトウ Ernest Mason Satow 1843.6.30～1929.8.26 イギリスの外交官。日本研究の開拓者。一八六一年日本勤務の通訳生としてイギリス外務省に入省。六二年(文久二)八月横浜に到着、通訳官をへて日本語書記官に昇進。倒幕勢力から情報を入手し駐日公使パークスの対日外交を助けた。六六年「ジャパン・タイムズ」に「英国策論」を発表。八三年(明治一六)離日、九五年七月駐日公使として三度目の来日、日英同盟の推進に尽力。一九〇〇年駐清公使に転任。著書「一外交官の見た明治維新」。

さとういっさい【佐藤一斎】 1772.10.20～1859.9.24 江戸後期の儒学者。父は美濃国岩村藩家老の佐藤信由。初名は信行のち坦、字は大道、通称捨蔵、号は一斎のほかに愛日楼・老吾軒。一九歳で出仕。藩主松平乗蘊の子でのち林家を継ぐ林述斎と親交を結ぶ。二〇歳で致仕して学問に専念、二二歳で林家に入門、述斎に師事し三四歳で塾長。七〇歳で昌平黌儒官。陽明学に傾きながら寛政異学の禁後の林家塾長の立場から朱子学を掲げたため、陽朱陰王との誹りもうけた。門下から佐久間象山・渡辺崋山らを輩出。主著「言志四録」。

さとううへえ【佐藤卯兵衛】 1795～1845.8.14 江戸後期の陸奥国石巻の商人。字は子徳、号は北川。一八三三年(天保四)以降数度の凶作や疫病流行に際して私財を投じて救恤を行い、その功績によって仙台藩から組抜格・御舟手年寄に任命された。文人としても知られる。著書「鳳渓吟行」。

さとうえいさく【佐藤栄作】 1901.3.27～75.6.3 昭和期の政治家。山口県出身。岸信介は実兄。東大卒。一九二四年(大正一三)鉄道省に入り、以後運輸畑を歩む。四七年(昭和二二)運輸次官に就任、吉田茂に認められ民主自由党に入り、第二次吉田内閣官房長官。四九年の総選挙で初当選、党幹事長として吉田政治を支え、第三次・第四次吉田内閣の郵政相・建設相などを歴任した。第五次吉田内閣のとき、造船疑獄事件で幹事長を辞任。六四年池田首相の病気引退ののち組閣。以後、七年八カ月にわたり政権を担当。七二年五月、沖縄返還実現を最後に退陣。首相在任中の「非核三原則」などで七四年ノーベル平和賞受賞。

さとうぎりょう【佐藤義亮】 1878.2.18～1951.8.18 明治～昭和期の出版経営者。秋田県出身。文学を志望して上京、秀英舎で働きながら雑誌に投稿した。一八九六年(明治二九)雑誌「新声」を創刊したが失敗。一九〇四年新潮社をおこし、雑誌「新潮」を創刊。おもに自然主義の小説を出版したが、しだいに手を広げ文学書や翻訳書の出版によって社業を伸ばした。

さとうけんりょう【佐藤賢了】 1895.6.1～1975.2.6 昭和期の軍人。陸軍中将。石川県出身。陸軍士官学校(二九期)・陸軍大学校卒。陸軍省整備局員・同軍務局国内班長。一九三八年(昭和一三)三月国家総動員法案審議中に、議員に向かって「黙れ」とどなり問題をおこす。東条英機陸相の下で陸軍省軍務課長・同局長などを歴任、第三七師団長で敗戦。戦後、A級戦犯として終身刑。

さとうこうろく【佐藤紅緑】 1874.7.6～1949.6.3 明治～昭和期の小説家・劇作家。青森県出身。本名洽六。弘前中学中退。上京後、陸羯南の玄関番となり、一八九四年(明治二七)日本新聞社に入社、正岡子規を知る。一九〇六年戯曲「侠艶録」、小説「行火」で文筆家として認められ、新派の劇作家として活躍。二三年(大正一二)から東亜キネマ所長として映画にも力を注ぐ。二七年(昭和二)「少年倶楽部」に連載の「あゝ玉杯に花うけて」が好評を得て多くの少年小説を書き、第一人者となった。

さとうし【佐藤氏】 秀郷流藤原氏の武家の一流。秀郷から六世の公清が左衛門尉に任じられ、子孫が佐(左)藤を称したという。公清の祖父佐渡守公行にちなむとする説もある。この流れは紀伊国田仲荘(現、和歌山県打田町)の預所職を相伝し、検非違使や院の北面の武士として活躍。西行(義清)もこの出身。公清の兄弟公脩流からは奥州藤原氏に仕え、のち源義経の郎党となった継信・忠信兄弟が出、同じく公郷流からは鎌倉幕府評定衆業時・業連父子が活躍。

●・佐藤氏略系図

```
公行―公光┬公脩……元治┬継信
　　　　　│　　　　　　└忠信
　　　　　├公清―季清―康清┬義清(西行)
　　　　　│　　　　　　　　└仲清―能清
　　　　　├経範[波多野]
　　　　　├公季……朝光[伊賀]
　　　　　└公郷―公明―明時―業時―業連
```

さとうしげひこ【佐藤繁彦】 1887.9.24～1935.4.16 大正・昭和前期の日本福音ルーテル教会牧師。福島県出身。東京帝国大学・京都帝国大学・東京神学社に学び、日本基督教会牧師に就任。ドイツ留学後、日本ルーテル専門神学校教授となり歴史神学を担当。一九二五年(大正一四)ルッター研究会を創設、ルター研究に専念し学会を指導した。

さとうしょうすけ【佐藤昌介】 1856.11.14～1939.6.5 明治～昭和前期の農業経済学者。盛岡藩士の子。第一期生として一八八〇年(明治一三)に札幌農学校を卒業。渡米して農政学を学び、八六年の帰国以降、母校(のち北海道帝国大学)で約五〇年間教育にあたった。北大の初代総長を務め北大の父とよばれた。研究上では大農論の主張が有名。

さとうしょうちゅう【佐藤尚中】 1827.4.8～82.7.23　幕末～明治初期の蘭方医、東京順天堂の創始者。名は正式には「たかなか」とよむ。下総国小見川藩医山口氏の子。舜海と称し、号は笠翁。江戸で寺門静軒に書史を、安藤文沢に医術を学び、一八五三年(嘉永六)に佐藤泰然の養子となり、翌年佐倉藩医、五九年(安政六)二代佐倉順天堂主。六〇年(万延元)藩命により長崎に留学、オランダ人医師ポンペについて外科を中心に学んだ。六二年(文久二)佐倉に帰り、済衆精舎を開き医学教育と治療にあたるとともに、佐倉藩の医制を洋医方に改革。六九年(明治二)大学東校に出仕し大学大博士・大典医・大学大丞と累進。七二年退官。翌年東京下谷練塀町に順天堂を開設し、七五年湯島お茶の水に移転、順天堂医院とする。

さとうすすむ【佐藤進】 1845.11.25～1921.7.25　明治・大正期の医家。順天堂第三代院長。現代外科医学の基礎を築いた。常陸国生れ。一八六九年(明治二)ドイツに留学し、普仏戦争における軍陣医学を実地に学び、帰国後順天堂で外科治療と経営に従事した。濃尾大地震、日清・日露戦争で被災者や傷病軍人の治療を総括し、軍事衛生に功績をあげた。

さとうそうのすけ【佐藤惣之助】 1890.12.3～1942.5.15　大正・昭和前期の詩人。神奈川県出身。正規の学業をうけず、少年の頃より佐藤紅緑の門で俳句を作り、一八～一九歳の頃から千家元麿・福士幸次郎らとの交流を通じて詩作を始めた。当初は人道主義的傾向の詩風だったが、第三詩集「満月の川」(一九二〇)あたりから人間臭の強い情感を多彩に表現した。「赤城の子守唄」など歌謡曲の作詞も多い。

さとうたいぜん【佐藤泰然】 1804～72.4.10　幕末・維新期の蘭方医、佐倉順天堂の創始者。名は信圭、号は紅園。武蔵国川崎生れ。一八三〇年(天保元)医術を志し、蘭方医の足立長雋、さらに高野長英に学んだ。長崎に遊学し蘭医ニーマンの指導をうける。三八年江戸に帰り、両国薬研堀に開業。四三年下総国佐倉藩主堀田正睦に招かれ、佐倉に日本初の私立病院とされる順天堂を開き、医学教育と治療にあたった。五九年(安政六)引退。六二年(文久二)横浜に移り、アメリカ人医師ヘボンらと交遊した。

さとうただのぶ【佐藤忠信】 ?～1186.9.20　平安末～鎌倉初期の武士。陸奥国信夫荘(現、福島市)荘司の佐藤元治(基治)の子。四郎兵衛尉と称す。藤原秀衡の郎従。一一八〇年(治承四)源義経が源頼朝軍に加わった際、秀衡の命で兄継信とともに義経に従った。以後義経と行動をともにし、一の谷・屋島・壇ノ浦などの戦に参加。頼朝に背いた義経が京都から逃亡したあとも都に留まり、糟屋有季の襲撃をうけ自害。その行動は、能「忠信」や浄瑠璃「義経千本桜」に描かれる。

さとうつぐのぶ【佐藤継信】 ?～1185.2.19　平安末～鎌倉初期の武士。陸奥国信夫荘(現、福島市)荘司の佐藤元治(基治)の三男。「平治物語」によれば、母は上野国の豪族大窪太郎の女。三郎兵衛尉と称する。藤原秀衡の郎従。一一八〇年(治承四)秀衡のもとに寄留していた源義経が源頼朝軍に加わろうとした際、秀衡の命で弟忠信とともに義経に従った。その後、一の谷・屋島の戦に参加したが、屋島で義経の身代りとなって戦死。二八歳という。

さとうとうぞう【佐藤藤蔵】 1718～97.9.22　江戸中期の植林家。諱は重好。出羽国酒田の町人。西浜山と称される飽海郡西海岸一帯の植林を藩から許可され、一七四五年(延享二)父藤左衛門とともに現地に移住して防砂植林に着手。四七年藤崎村を開き、五五年(宝暦五)に一家で移住し、植林や新田開発に尽力した。

さとうどへいじ【佐藤土平治】 ?～1788.5.20　相模国津久井県牧野村組頭忰専蔵の異名。一七八七年(天明七)一二月から翌年一月にかけて同県一帯に発生した酒造制限令の徹底を求め、同令に違反し米を買い占めた酒造家を打ちこわした一揆の頭取。寛政の改革に影響を与えたが、青野原村重郎兵衛・同利左衛門とともに死罪とされたが牢死。一揆後「土平治騒動記」と題する物語が広く同県内に流布した。

さとうなおかた【佐藤直方】 1650.閏10.21～1719.8.14　江戸前期の儒学者。父は備後国福山藩士。通称五郎左衛門。はじめ山崎闇斎門下の藩士永田養庵に学び、のち闇斎に入門した。やがて頭角を現し、のちに入門した浅見絅斎と並んで高弟と称されたが、闇斎が晩年に神道に傾斜すると、絅斎とともに批判したため破門された。理知的な性格で明晰な思考力をもち、門下からは、野田剛斎・稲葉迂斎・三輪執斎らを輩出した。「韞蔵録」が著名。

さとうなおたけ【佐藤尚武】 1882.10.30～1971.12.18　大正・昭和期の外交官・政治家。大阪府出身。東京高等商業卒。一九〇五年(明治三八)外務省入省。三七年(昭和一二)林内閣の外相に就任し、対中・対英外交の改善に努力した。外務省顧問をへて、太平洋戦争開戦後の四二年二月駐ソ大使に任じられ、戦時下の日ソ関係の調整につとめる。戦後抑留生活をへて四六年五月帰国。四七年四月参議院議員に当選、四九年一一月から五三年五月まで同議長、六五年六月政界引退。

さとうのぶざね【佐藤誠実】 1839.11.23～1908.3.11　「じょうじつ」とも。明治期の国学者。江戸浅草正行寺に生まれ、九歳で得度。黙斎と号す。黒川春村に国学を学び、安積艮斎(あさかごんさい)について儒学を修める。維新後文部省・元老院などに出仕。「古事類苑」の編纂に従事し、のち編修長。一九〇七年(明治四〇)に完成させた。「日本教育史」の編纂も行う。その間東京帝国大学古典講習科講師・東京音楽学校教授などを歴任。

さとうのぶひろ【佐藤信淵】 1769～1850.1.6 江戸後期の経世思想家。字は元海、通称は百祐、号は椿園・万松斎など。佐藤家は信淵までの五代にわたり家学を継承したとするが、疑問もだされている。出羽国雄勝郡生れ。年少時より父に従い奥羽・関東を歴遊し、のち江戸で宇田川玄随に蘭学を、木村泰蔵に天文・測量術などを学び、さらに諸国を回って地理や物産の知識を身につけた。四七歳のとき、みずからの思想を体系化するうえで決定的な役割をはたすことになる平田篤胤(あつたね)に師事。重商主義的な殖産興業策を示すとともに、強力な中央集権制と対外侵略の衝動をもった絶対主義的な統一国家を構想した。「混同秘策」「農政本論」「経済要録」「鎔造化育論」など著書多数。

さとうのりきよ【佐藤義清】 ⇨西行(さいぎょう)

サトウハチロー 1903.5.23～73.11.13 昭和期の詩人。東京都出身。本名、佐藤八郎。佐藤紅緑の子。立教中学中退。西条八十に童謡を学び、雑誌「金の船」などに作品を発表。一九二五年(大正一四)童謡詩人会に参加。その後、歌謡曲も作詞し、第二次大戦直後には「りんごの歌」「長崎の鐘」などのヒット曲を残す。童謡の復興運動に従事し、新人の養成にも力を注いだ。童謡集に「木のぼり小僧」「スカンクカンクプウ」。五四年(昭和二九)文部大臣賞、六六年紫綬褒章を受章。

さとうはるお【佐藤春夫】 1892.4.9～1964.5.6 大正・昭和期の詩人・小説家。和歌山県出身。慶応義塾中退。与謝野鉄幹・生田長江(いくたちょうこう)を師として文学活動を始める。一九一九年(大正八)に発表された「西班牙(スペイン)犬の家」に続いて、「田園の憂鬱」で作家としての地位を築く。六〇年(昭和三五)文化勲章受章。代表作「殉情詩集」「都会の憂鬱」「晶子曼陀羅(まんだら)」、評論随筆集「退屈読本」、訳詩集「車塵集(しゃじんしゅう)」。

さどしちだゆう【佐渡七太夫】 生没年不詳。江戸前期の説経太夫。正保期頃から活躍。現存正本に「しんとく丸」(一六四八刊)、「さんせう太夫」(一六五六刊)など。二～三代にわたって襲名されたと思われるが、寛文・延宝期に名を知られる江戸七太夫や大坂七太夫、享保期の佐渡七太夫豊孝(とよたか)との関係は不明。

さどしまちょうごろう【佐渡島長五郎】 1700～57.7.13 江戸中期の歌舞伎俳優。京坂における所作事(しょさごと)の名手。滑稽なわざで客を笑わせる道化方役者で、所作事の名手といわれた佐渡伝八の子。父譲りの芸を完成し、所作事中興の祖と称される。当り芸は「二挺鼓」「後面(うしろめん)」「碁盤人形」など。引退出家(蓮智坊)後に著した「佐渡島日記」に所作事を中心とした芸談を収める。

さとみさねたか【里見実尭】 1494～1533.7.27 戦国期の武将。安房里見氏の実質的な初代義通の弟。また戦国大名としての初代義尭の父。義通の死後幼少の嫡子義豊にかわって家督となる。成長した義豊が実力で地位を奪おうとし、一五三三年(天文二)安房国稲村城(現、千葉県館山市)を攻められて敗死。

さとみし【里見氏】 中世の武家。清和源氏。新田義重の子義俊が上野国里見(現、群馬県榛名町)を本拠に里見氏を称したのに始まる。義俊の子義成は鎌倉御家人として活躍。室町中期、その子孫義実が安房国を平定して館山を本拠とし、戦国期、義尭(よしたか)・義弘は領国を上総から下総に拡大するため、後北条氏と争った。義弘の甥義康のとき、豊臣秀吉から安房一国の領有を承認されるが、子忠義は大久保忠隣(ただちか)事件に連坐して改易され滅亡。

●●里見氏略系図

義俊―義成―義基……義実―成義┬義通
　　　　　　　　　　　　　　　└実尭―義尭┬義弘
　　　　　　　　　　　　　　　　　　　　　└義頼―義康―忠義
　　　　　　　　　　　　　　　　　　　　　　　　［館山藩］

さとみただよし【里見忠義】 1594～1622.6.19 江戸初期の大名。安房里見氏最後の当主。父は義康。一六〇三年(慶長八)安房国館山藩一二万石余の家督を継ぐ。〇六年には従四位下安房守侍従に叙任され、徳川秀忠の一字をうけ忠義と名のった。一四年大久保忠隣(ただちか)事件に連坐し改易、伯耆国倉吉に配流され、のち病死。

さとみとん【里見弴】 1888.7.14～1983.1.21 大正・昭和期の小説家。本名山内英夫。神奈川県出身。有島武郎(たけお)・生馬(いくま)兄弟の実弟。学習院をへて東大中退。一九一〇年(明治四三)創刊の「白樺」に参加。苦渋にみちた告白小説「君と私と」「善心悪心」を書く。人道主義的傾向が強くなった「白樺」を離れ、一九年(大正八)文芸誌「人間」創刊。二四年刊の「多情仏心」では独自のまごころ哲学を展開。泉鏡花の流れを継ぐ巧みな心理・会話描写や語り口の妙味が特色。五九年(昭和三四)文化勲章受章。

さとみよしざね【里見義実】 戦国期に活躍した房総の大名里見氏の祖とされる武将。一四四一年(嘉吉元)結城合戦に敗れてのがれた安房国で勢力圏を築いたという。しかし一五世紀までの里見氏については確実な史料で確認できず、義実の実在と前記の経緯についても疑問が多い。おそらく後世に創作されたものであろう。

さとみよしたか【里見義尭】 1507~74.6.1　戦国期の武将。上総国久留里城(現、千葉県君津市)城主。里見氏を関東有数の大名に成長させた。一五三三年(天文二)父実尭を従兄義豊に殺されたが、翌年義豊を倒して家督となる。三八年小弓御所足利義明に従って下総国国府台(現、市川市)で後北条氏と戦う。以後安房から上総に進出、下総・武蔵をもうかがい、しばしば後北条氏と戦った。この間上杉氏と結んだが、永禄末~元亀初年の越相同盟期には武田氏と結び、つねに後北条氏を脅かした。

さとみよしひろ【里見義弘】 1525~78.5.20　戦国期の武将。上総国佐貫城(現、千葉県富津市)城主。戦国大名里見氏二代。義尭・義弘父子は越後国上杉氏と結んで後北条氏と敵対し、義弘は一五六一年(永禄四)上杉氏の小田原包囲に参加。六四年下総国国府台(現、市川市)、六七年上総国三船山(現、君津市)などで後北条氏と戦った。しかし七四年(天正二)義尭の死後は後北条氏の圧力に対抗できず、七七年和睦。

さとみよしやす【里見義康】 1573~1603.11.16　織豊期の武将。義頼の子。安房国館山城(現、千葉県館山市)城主。豊臣秀吉・徳川家康に従い里見氏を存続させた。一五八七年(天正一五)家督となる。九〇年秀吉の関東出兵に協力したが、秀吉に謁見するのが遅れたため不興をかい、所領を安房一国に減らされた。一六〇〇年(慶長五)関ケ原合戦では家康に協力して下野国宇都宮に出陣し、所領を加増されたが、まもなく死没。

さとみよしより【里見義頼】 ?~1587.10.26　戦国期の房総の武将。里見義弘の弟でその継嗣となった。義弘は義頼に安房を、実子梅王丸に上総を譲ったが、義弘が死ぬと、一五七九年(天正七)義頼は上総に進攻して梅王丸を倒し、安房・上総をともに掌握。八〇年上総国大多喜城主正木憲時がそむいたが鎮圧。宿敵後北条氏とは義弘の晩年に和睦し、義頼は北条氏政の女を夫人としたが、同女の死もあって両氏は再び敵対関係となり、八一年後北条軍の房総進攻をうけた。

さとむらけ【里村家】 連歌師の家。江戸幕府の連歌始の宗匠を勤めた。昌休を祖とし、その子昌叱から続く南家と、昌叱の養育を託された紹巴に始まり、南家と姻戚関係をもつ北家がある。一六一七年(元和三)南家の昌琢が幕府により連歌師の最高権威者の称号である花の下と認められ、知行一〇〇石を与えられた。代々法橋もしくは法眼に叙された。

さとむらじょうは【里村紹巴】 ⇨紹巴

さなだし【真田氏】 近世の大名家。先祖は信濃小県郡真田荘に住んで以来真田氏を称する。豪族滋野氏とされ、戦国期に海野棟綱の子幸隆が海野氏滅亡後武田氏に仕え、幸隆死後家督を継いだ三男昌幸は、信濃国上田を領し上野国沼田城を攻略。武田氏滅亡後、織田信長ついで徳川家康・豊臣秀吉に仕えた。関ケ原の戦では昌幸と次男幸村は西軍に属したが、長男信之は東軍に属した。戦後信之は旧領の上田藩主となって九万五〇〇〇石を領し、一六二二年(元和八)信濃国松代に移り一三万石となったが、沼田三万石は長男信吉に分与。その後、沼田真田氏は信利のとき除封され、信音が旗本となるが、一七〇七年(宝永四)無嗣断絶。松代一〇万石は次男信政が継ぎ、以後代々同藩主。維新後子爵、のち伯爵。

●●真田氏略系図

幸隆─昌幸┬信之［上田藩・松代藩］┬信吉［沼田藩］
　　　　　│　　　　　　　　　　　└信政─幸道═信弘─信安─幸弘═幸専═幸貫═幸教═幸民(子爵・伯爵)
　　　　　└幸村(信繁)

さなだのぶゆき【真田信之】 1566~1658.10.17　織豊期~江戸前期の武将・大名。信濃国松代藩主。父は昌幸。一五九三年(文禄二)豊臣秀吉の命で従五位下伊豆守に叙任。一六〇〇年(慶長五)関ケ原の戦では、父と弟幸村は西軍についたが、信之は徳川家康に属した。戦後旧領と加増をあわせ信濃・上野両国で九万五〇〇〇石を領し、信濃上田城に住む。一四年の大坂冬の陣でも戦功をあげ、二二年(元和八)松代城に移り、加増とあわせ一三万石を領したが、沼田三万石は長男信吉に分与。

さなだまさゆき【真田昌幸】 1547~1611.6.4　織豊期の武将。父は幸隆。安房守。信濃国生れ。はじめ武田信玄・同勝頼に仕えたが、武田氏滅亡後徳川家康に属する。一五八三年(天正一一)信濃国上田城を築いて住んだ。八五年、家康から上野国沼田城を北条氏直に与えるよう命をうけたが拒否し、以後豊臣秀吉に属した。一六〇〇年(慶長五)の関ケ原の戦では西軍に属し、上田城に籠城して徳川秀忠軍の進軍を大いに苦しめた。戦後、長男信之の助命嘆願により紀伊国高野山九度山に蟄居した。

さなだゆきつら【真田幸貫】 1791.9.2~1852.6.17　江戸後期の老中。信濃国松代藩主。父は寛政の改革を主導した松平定信。松代藩主真田幸専の養子。一八二三年(文政六)家督相続。藩政をみ、蘭学者佐久間象山などを登用、殖産興業や文武の奨励を行う。四一年(天保一二)水野忠邦の推薦で老中となる。水野を師範役と仰ぎ、四三年には水野らとともに率先してオランダに銃砲を注文するなど天保の改革に協力。老中の勤務実態を伝える執務覚書を残した。

さなだゆきむら【真田幸村】 1567～1615.5.7 織豊期～江戸初期の武将。父は昌幸。名は信繁。一五八五年(天正一三)父に従い豊臣秀吉に仕える。九〇年秀吉の小田原攻めに戦功をあげ、九二年(文禄元)朝鮮出兵では、肥前名護屋まで出陣。一六〇〇年(慶長五)関ケ原の戦では、父とともに信濃国上田城に籠城、中山道を進軍する徳川秀忠軍を迎え撃ち、大いに戦功をあげた。戦後、東軍に属した兄信之の助命嘆願により紀伊国高野山九度山に蟄居したが、一四年大坂冬の陣がおきると豊臣秀頼に応じ、大坂城南天王寺口外堀の外に真田丸とよばれる出城を築き奮戦。翌年の夏の陣にも参陣し、一時は徳川方の本陣まで迫るが討死。

さぬきのすけ【讃岐典侍】 1079?～? 平安後期の歌人。本名は藤原長子。父は讃岐入道藤原顕綱。姉が堀河天皇の乳母だったことから、一一〇〇年(康和二)堀河天皇に出仕、翌年典侍に任じられた。天皇の没後も〇八年(天仁元)から鳥羽天皇に出仕、一九年(元永二)精神錯乱によって宮廷を退いた。日記(「讃岐典侍日記」)二巻が現存。

さぬきのながなお【讃岐永直】 783～862.8.17 平安前期の明法家。讃岐国出身。公姓から、八三六年(承和三)に朝臣姓を賜る。明法得業生から方略試及第ののち、明法博士や大判事・勘解由使などを歴任。八四八年(嘉祥元)に流刑に処せられたがのち復位し、最高位は従五位下。「令義解」撰定に参画し、また「令集解」に引かれる讃記は永直の可能性が高い。「法曹類林」に勘文などをのせるほか、致仕後にも勅命をうけ律令を講じた。

さねつね【真恒】 生没年不詳。平安末～鎌倉初期の備前の刀工。恒次の子という。刀剣書には長暦・延久・応徳など一一世紀の年紀を記すが、遺品からは正治期頃と考えられる。静岡県の久能山東照宮には国宝の大太刀があり、大包平とならび在銘古備前で最も長寸(八九・四㎝)である。ほかに太刀二。

さねなり【実成】 刀工の名。古備前友成派の系譜上の祖。友成の父で永延期(九八七～九八九)頃の活躍という。また上京して一条天皇に剣を献上したとも伝えるが、実在は疑わしい。永仁期(一二九三～九九)頃の京粟田口派、永正期(一五〇四～二一)頃の日向にも同名の刀工がいる。

さねひとしんのう【実仁親王】 1071.2.10～85.11.8 後三条天皇の第二皇子。母は源基平の女基子。同母弟に輔仁がいる。一〇七二年(延久四)父後三条の譲位と同時に二歳で皇太子に立てられたが、譲位はこの立太子に目的があったとみられる。八一年(永保元)に元服したが、八五年(応徳二)一五歳で病没した。

さねひとしんのう【誠仁親王】 1552.4.23～86.7.24 正親町天皇の第一皇子で後陽成天皇の父。母は万里小路秀房の女房子。一五六八年(永禄一一)織田信長の献金をもとに親王宣下。七九年(天正七)信長の京都屋敷であった二条御所(下御所)を献上されて移る。七三年以後、何度か即位を計画されながら、八六年に急死。死因は疱瘡・疹とされるが、自害説もあった。没後、太上天皇の尊号を追贈され、陽光太上天皇と称される。

さねみつ【真光】 刀工の名。古刀期で同名が二〇人ほどいる。うち備前長船派に数人いるが、真光二字銘と、長光の門下または子で平姓の左近将監を冠する真光が著名。同人説もあるが、前者には出羽国鶴岡藩酒井家伝来の国宝の太刀が、後者には上杉家伝来の重文の太刀があって、両者の作風は相違しており、別人であろう。

さねもり【真守】 刀工の名。「日本刀銘鑑」によれば同名が二〇人ほどいる。代表的なのは、伯耆の安綱の子または弟子という大原真守と、備前長船派の畠田真守。前者は、刀剣書では安綱を大同期(八〇六～八一〇)の活躍とみているから、弘仁・承和期(八一〇～八四八)にあたろうが、「源平盛衰記」に平忠盛の抜丸の太刀の作者とあるので、真偽不明ながら時代はその頃まで降るかもしれない。太刀三が重文。後者は備前長船の一派畠田派の刀工で守家の子または弟子。遺品には建治・弘安・正応などの年紀がある。太刀三・剣二が重文。

さのうじただ【佐野氏忠】 生没年不詳。戦国期の武将。下野国唐沢山城(現、栃木県佐野市)城主。北条氏政の弟。一五八五年(天正一三)後北条氏は佐野氏領を制圧、このとき佐野氏を継いだ。九〇年豊臣秀吉の関東出兵の際は相模国足柄城(現、神奈川県南足柄市ほか)を守ったが、まもなく小田原城に撤退。小田原落城後は高野山にのぼり、のち伊豆に移ったという。

さのがわいちまつ【佐野川市松】 1722～62.11.12 歌舞伎俳優。京都生れ。佐野川万菊の高弟。はじめ若衆方で評判を得たが、宝暦期には江戸を代表する若女方になり、世話物などで当りをとった。衣装に用いた石畳模様が市松染として流行。屋号は新万屋・万屋。俳名盛府。江戸中期に三世まで数える。

さのげんざえもん【佐野源左衛門】 名は常世。謡曲「鉢木」の主人公。架空の人物。上野国佐野荘の住人とされる。一族に所領を奪われ没落した御家人だったが、僧に身をやつして諸国行脚中の北条時頼を、大雪の夜、それと知らずに泊め、秘蔵の鉢の木を燃やして歓待。翌月、招集をうけて鎌倉に駆けつけると時頼に召され、一夜の礼として本領とともに三荘を与えられたという。時頼の廻国伝説をもとにした物語の登場人物。

さのし【佐野氏】 中世下野国の豪族。秀郷流藤原氏。足利有綱の子基綱が佐野荘(現、栃木県佐野市)の地頭となり、佐野氏を称したのに始まる。基綱は一一八三年(寿永二)の野木宮合戦に活躍し、子孫は鎌倉御家人となった。南北朝期には足利氏に従う。戦国期、昌綱は上杉謙信に敵対し、子宗綱は館林の長尾顕長と戦い討死。北条氏政の弟氏忠がこれを継いだ。その後、宗綱の弟房綱が家督となるが、養子信吉は一六一四年(慶長一九)改易され、子孫は旗本となった。

さのじょうえき【佐野紹益】 ⇨灰屋紹益(はいやじょうえき)

さのつねたみ【佐野常民】 1822.12.28～1902.12.7 幕末期の佐賀藩士、明治期の藩閥政治家。蒸気船の建造など佐賀藩の西欧技術導入に貢献した。維新後、兵部省をへて工部省で累進し、元老院議官・大蔵卿・元老院副議長をへて一八八八年(明治二一)枢密顧問官となる。第一次松方内閣末期に農商務相を務めたのち枢密顧問官に復した。西南戦争中に博愛社(のち日本赤十字社)をおこす。竜池会(のち日本美術協会)による美術工芸の奨励でも知られる。伯爵。

さのつねひこ【佐野経彦】 1834.2.16～1906.10.16 幕末～明治期の神道家。教派神道の一派、神理教の教祖。号は桃舎。豊前国生れ。幕末期には志士と国事に奔走。一八五五年(安政二)父の遺言により惟神(かんながら)の道を説く。七六年(明治九)に神託をうけ、八〇年に小倉に神理教会を設立。八八年大教正。神道本局・御嶽(おんたけ)教に属するが、九四年独立別派して初代管長となる。

さのとしかた【佐野利器】 1880.4.11～1956.12.5 大正・昭和期の建築構造学者。山形県出身。東大卒。一九一六年(大正五)発表の「家屋耐震構造論」によって建築構造学の発展に寄与したほか、帝都復興院建築局長・東京帝国大学教授・東京市建築局長をかね、都市計画や社会事業の分野でも強力な指導力を発揮した。五〇年(昭和二五)学士院会員。

さののちがみのおとめ【狭野茅上娘子】 生没年不詳。奈良時代の女官・歌人。茅上を弟上(おとがみ)とする写本もあり、「おとがみのおとめ」の訓が有力。蔵部(蔵司のことか)の女孺(にょじゅ)で中臣宅守(やかもり)の妻。「万葉集」巻一五に載せる二人の贈答歌群は、宅守が流罪となって配流される直前の娘子の歌で始まり、七四〇年(天平一二)の大赦の時点(このとき宅守は赦されなかった)が頂点になるよう構成されている。「娘子」の呼称は悲恋物語の主人公としての仮構を示すとする説がある。

さのまさこと【佐野政言】 1757～84.4.3 江戸中期の幕臣。父は政豊。善左衛門。一七八四年(天明四)三月二四日、江戸城中で若年寄田沼意知(おきとも)に切りつけ、深手をおわせて死亡させたため、切腹した。動機は家来筋の田沼家が佐野家の系図・旗を奪ったことや、依怙贔屓、賄賂にかかわる怨恨というが、門閥譜代らによる政治的な暗殺との風評もあった。折からの江戸廻米による米価安定と田沼政権への嫌悪から、世直し大明神と世に騒がれた。

さのまなぶ【佐野学】 1892.2.22～1953.3.9 大正・昭和期の共産党指導者。大分県出身。東大卒。満鉄嘱託から早稲田大学講師。共産党結成に参加、一九二三年(大正一二)第一次共産党事件ではソ連に逃れ、党再建の「上海テーゼ」作成に参加。帰国後「無産者新聞」創刊、主筆。二七年テーゼで党委員長。二八年(昭和三)コミンテルン第六回大会に出席、二九年上海で逮捕された。三・一五事件、四・一六事件の統一公判を指導、三三年鍋山貞親との転向声明は深刻な影響を与えた。第二次大戦後、労農前衛党を結成、早稲田大学教授に復帰。

ザビエル Francisco de Xavier 1506.4.7～52.12.3 日本にキリスト教を伝えた宣教師。ピレネー山脈西南部ナバラ王国(現、スペイン)の王族の子として生まれる。九歳のときナバラ王国は滅亡。一五三四年イグナティウス・デ・ロヨラらとともにパリでイエズス会創立につながる誓願をたてた。三九年ポルトガル国王ジョアン三世の請をうけて、四一年インドに向けてリスボンを出発。四七年マラッカで薩摩国生れのヤジロウに出会い日本開教を志す。四九年(天文一八)七月二二日ヤジロウらとともに鹿児島に上陸。五〇年一二月上京。荒廃した京都をみて天皇による布教許可を断念、山口の大内義隆に謁し、大友宗麟の招きで豊後国へ赴く。五一年インドに帰り、五二年広東付近の上川島で熱病により没。

さぶりさだお【佐分利貞男】 1879.1.20～1929.11.29 大正期前後の外交官。東京都出身。東大卒。パリ講和会議・ワシントン会議に参加。幣原喜重郎の信頼を得て、通商局長をへて一九二五年(大正一四)北京関税特別会議代表随員となり、対中国宥和政策を推進。条約局長を務めたあと、二九年(昭和四)中国公使、日中国交調整で中国側から期待されたが、一時帰国中に箱根の富士屋ホテルで自殺とされる謎の死を遂げた。

さほひこおう【狭穂彦王】 沙本毘古(さほひこ)王とも。記紀伝承上の人物。開化天皇の皇子日子(彦)坐(ひこいます)王の子。垂仁天皇の皇后狭穂姫(さほひめ)の同母兄。皇位を狙って妹に天皇を暗殺させようとしたが、かえって姫のようすに不審をもった天皇に計画を知られ、王は兵をおこし、稲を積んで城を造り抵抗した。天皇の軍に皇子の誉津別(ほむつわけ)命を託した姫とともに、包囲軍の放った火により焼き殺されたという。

さほひめ【狭穂姫】 佐波遅比売・沙本毘売命とも。垂仁天皇の皇后とされる伝説上の人物。「古事記」によると開化天皇の皇子日子(彦)坐王の女。母は春日建国勝戸売の女沙本之大闇見戸売。兄の狭穂彦王から垂仁天皇の暗殺を命じられたが果たせず、兄や子の誉津別命とともに稲城で、垂仁軍の討伐をうけるに至った。天皇は后と皇子を救おうとしたが、狭穂姫は皇子のみを天皇のもとに届けて兄とともに死んだ。

サボリ Nathaniel Savory 1794.7.31～1874.4.10 江戸後期に小笠原島に移住したアメリカ人。マサチューセッツ州生れ。ハワイで働いた後、一八三〇年(天保元)二十数人で小笠原諸島父島に移住。ペリーの日本遠征に際して、島首長に任じられた。六二年(文久二)江戸幕府派遣の開拓使に忠誠を約束したが、幕府の事業はまもなく中止。以後も同島を主宰した。

さめしまひさのぶ【鮫島尚信】 1845.3.10～80.12.4 明治期の外交官。鹿児島藩出身。幕末期に鹿児島藩からイギリスに留学。維新後に帰国して徴士、外国官判事・東京府大参事などをへて外務大丞となり、少弁務使として英仏に、中弁務使・弁務公使・公使としてフランスに派遣される。帰国して外務大輔、再びフランス公使として在任中客死。

さやまけんぎょう【佐山検校】 ?～1694.2.14 江戸前期の三味線演奏家・作曲家。名は不一。三味線組歌破手組の作曲者柳川検校門下で、片撥の奏法により新様式の長歌を創始したといわれる。江戸で活躍し、江戸長唄三味線の祖とされる杵屋勘五郎の師とする説があるが確証がない。「雲井弄斎」「桜尽し」「冬草」「小夜衣」「三段獅子」、手事の「砧」などを作曲。

さるたひこのおおかみ【猨田彦大神】 猨田彦神とも。「古事記」では猿(猨)田毘古神。天孫降臨の先導をする国津神。鼻の長い神として知られる。サルタの名義は未詳。降臨成功後、アメノウズメに送られて伊勢の地に鎮座した。そこから伊勢の土豪の先祖の神話化であるともされる。「日本書紀」一書では衢神ともよばれ、道祖神にも擬せられる。

さるとびさすけ【猿飛佐助】 安土桃山時代に活躍したとされる架空の人物。甲賀流の忍者で真田十勇士の主役。戸沢白雲斎に忍術を学び、真田幸村に仕え、大坂夏の陣で死んだという。旅まわりの講釈師玉田玉秀斎の創作。立川文庫から一九一三年(大正二)に刊行され大衆に定着した。「西遊記」の孫悟空にヒントを得たもの。

さるめうじ【猿女氏】 猨女氏とも。古代の君(公)姓氏族。天鈿女命の後裔とされ、鎮魂祭・大嘗祭などの宮廷祭祀において楽舞を奉仕する猿女を貢上。大和・近江両国に氏人の存在が確認されるが、前者は同国添上郡稗田に居住していたため稗田とも称していた。「古事記」の作成にかかわった稗田阿礼はその氏人と考えられる。

さろまつ【佐魯麻都】 生没年不詳。六世紀中頃の任那日本府に仕えた安羅人(百済生れか)。祖は那奇陀甲背。「日本書紀」によれば、日本府の執事の一人で、大連。加不至費直・阿賢移那斯とともに、日本府の実務を担っていた。欽明二年に反百済・親新羅的態度を百済の聖明王に問責され、同四年には聖明王が彼らの召還を日本に請い、さらに翌年日本府からの追放を請求したという。

さわぐちかずゆき【沢口一之】 生没年不詳。江戸初期の数学者。大坂島屋町に住む。材木商と記す書もある。大坂川崎の橋本正数の塾で学び、中国の「算学啓蒙」にある天元術を理解した。天元術をはじめて解説した「古今算法記」(一六七一)を出版、円理という用語がはじめて使われた。晩年、京都で家塾を開く。

さわずみけんぎょう【沢住検校】 生没年不詳。戦国期～江戸初期に活躍した音楽家。浄瑠璃三味線の祖ともいう。沢角とも書かれ、検校でなくその下の勾当との説もある。虎沢検校の弟子で、平家琵琶に倣って浄瑠璃の伴奏に、渡来し改造されてまもない三味線を用いたと伝えられる。門下に浄瑠璃太夫の薩摩浄雲や目貫屋長三郎がいた。現在の義太夫節三味線弾きの竹沢・野沢・鶴沢も沢住の沢に由来するという。

さわだごいち【沢田吾一】 1861.9.23～1931.3.12 明治～昭和前期の数学者・歴史学者。美濃国生れ。中学校卒業後、陸軍省御用掛として陸地測量に従事し、のち東大卒。東京高等商業教授として商品学や高等利息算・生命保険数学を担当。退官後、六〇歳で東大国史学科入学。奈良時代の人口と斗量を数学的方法で明らかにした「奈良朝時代民政経済の数的研究」がある。

さわだしょうじろう【沢田正二郎】 1892.5.27～1929.3.4 大正・昭和前期の俳優。滋賀県出身。早大在学中に文芸協会に入り、その後芸術座に参加。一九一七年(大正六)新しい国民劇の創造をめざして新国劇を設立。当初は興行的に失敗したが、二三年頃から人気が高まり地位を確立した。剣劇を含めた大衆演劇の新しい分野をひらいた功績は大きい。当り役は、国定忠治・月形半平太・沓掛時次郎・机竜之助など。

さわだせいべえ【沢田清兵衛】 1764.2.1～1829.10.26 江戸後期の水利功労者。越中国礪波郡光明寺村の肝煎家の生れ。算学家石黒信由に和算・測量術を学ぶ。一七八三年(天明三)の庄川の氾濫で被害をうけた地域の復興に九三年(寛政五)着手、一八〇一年(享和元)には二一〇〇町歩が復興、さらに三二〇〇町歩の新開に成功した。

さわだとうこう【沢田東江】 1732～96.6.15 江戸中期の書家。名は鱗のち鱗、字は景瑞のち文竜、号は東郊のち東江。別号も多い。江戸生れ。書を高頤斎に学び、その後は魏・晋の書に範を求めて自らの書風を確立した。著述も数多く、後学に大きな影響を与えた。「書話」「書述」「書則」などはその代表的なもの。

さわだなたり【沢田名垂】 1775.4.-～1845.4.30 江戸後期の国学者。会津藩士。通称新右衛門、号は五家園。藩の和学師範安部井武に和歌と国学を学び、京に上って公家の芝山持豊の門に入る。帰国後藩校で和歌を教え、和歌師範となる。「新編会津風土記」の編纂にも参加。画もよくし、著作では日本住宅史の先駆とされる「家屋雑考」が有名。

さわだみき【沢田美喜】 1901.9.19～80.5.12 昭和期の社会事業家。岩崎久弥の長女。東京都出身。外交官沢田廉三と結婚。聖公会信者仲間のイギリス人社会事業家サンダースの基金により、一九四八年(昭和二三)神奈川県大磯に社会福祉法人エリザベス・サンダース・ホームを設立し、理事兼園長となって混血児養育にあたる。六五年には移住する園児とともにブラジルへ、七八年には養子縁組の幼児とともに渡米する。この年、施設本館落成。スペインで客死。

さわたろうざえもん【沢太郎左衛門】 1834.6.4～98.5.9 幕末～明治前期の海軍教官。幕臣の家に生まれる。蘭学・砲術を学び、長崎海軍伝習生をへて軍艦操練所教授方出役。一八六二～六七年(文久二～慶応三)オランダに留学。帰国後、開陽丸艦長を務め、戊辰戦争のとき榎本武揚らと旧幕府軍艦を率いて脱走、箱館で新政府に抵抗。六九年(明治二)降伏して投獄され、七二年出獄。開拓使・兵部省に出仕し、海軍兵学寮(海軍兵学校)教官。著書「戊辰の夢」。

さわのちゅうあん【沢野忠庵】 1580?～1650.10.11 ポルトガル人イエズス会宣教師。転びバテレン。本名フェレイラ。一六〇九年(慶長一四)長崎に渡来、有馬セミナリヨで日本語を学ぶ。上方で布教し、長崎で管区長コーロスの秘書として活動。コーロス没後、日本でのイエズス会の責任者となる。三三年(寛永一〇)長崎で捕らえられ、拷問により棄教。日本に帰化して沢野忠庵と名のり、宗門改に協力。排耶書「顕偽録」を著し、南蛮流天文学・外科術を伝えた。

さわのぶよし【沢宣嘉】 1835.12.23～73.9.27 幕末・維新期の公家。姉小路公遂の三男。一八五二年(嘉永五)沢為量の養子となる。尊攘派として活躍。六三年(文久三)国事寄人。八月十八日の政変で失脚、周防国三田尻に下り、官位剝奪。平野国臣らと但馬国生野代官所を襲撃して、六四年(元治元)長門国萩藩領に逃亡。六七年(慶応三)王政復古で復権。参与・九州鎮撫総督・外国事務総督・長崎府知事を歴任。六九年(明治二)従三位外務卿、賞典禄八〇〇石。七三年駐露公使を拝命したが病死。

さわむらかつため【沢村勝為】 1613/16～55.7.14 江戸前期の水利功労者。磐城平藩士沢村仲の子。通称勘兵衛。夏井川上流に堰を設けて磐城の平野を灌漑する小川江の開削にあたった。工事は寛永末年から開始されたが部下の不正により罷免、完成をみることなく一六五五年(明暦元)切腹。一八七六年(明治九)沢村神社に祭られた。

さわむらそうじゅうろう【沢村宗十郎】 歌舞伎俳優。江戸中期から九世を数える。屋号は紀伊国屋。初世(一六八五～一七五六)は京都の武家出身。初世沢村長十郎の門弟。和事・実事を得意とした。当り役に大岸宮内と梅の由兵衛がある。のちに三世沢村長十郎・初世助高屋高助。俳名訥子のち高賀。三世(一七五三～一八〇一)は二世の次男。前名は沢村田之助。和事に長じ、狂言作者並木五瓶との提携で知られる。当り役は大星由良之助。俳名遮莫のち曙山・訥子。五世(一八〇二～五三)は四世の門弟。浜芝居より出世した、幕末の和事の名手。俳名訥升・訥子・高賀。七世(一八七五～一九四九)は四世助高屋高助(六世宗十郎)の養子。本名沢村福蔵。最後の江戸和事師と称される。帝国劇場の幹部として活躍。俳名高賀。

さわむらたのすけ【沢村田之助】 歌舞伎俳優。江戸中期から六世を数える。屋号は紀伊国屋。初世は三世沢村宗十郎の前名。二世(一七八八～一八一七)は三世沢村宗十郎(初世田之助)の三男。文化期女方の大立者。俳名曙山。三世(一八四五～七八)は幕末期～明治期の天才的女方。五世沢村宗十郎の次男。若くして立女方になり、毒婦物などの世話物に数々の当りを得た。脱疽により両手両足を失いつつも座ったままの役で舞台を勤めたが、発狂して劇的な生涯を終えた。俳名曙山。

さわやなぎまさたろう【沢柳政太郎】 1865.4.23～1927.12.24 明治・大正期の教育家。信濃国生れ。東大卒。文部書記官・文部省普通学務局長・文部次官などを歴任。一九一一年(明治四四)東北帝国大学初代総長、一三年(大正二)京都帝国大学総長となり、七教官の辞職を要求して教授会と衝突。抗争事件に発展し、翌年引責辞職。その後は帝国教育会会長として活躍する。一七年に成城小学校を創設して大正新教育の実践に力を注ぎ、教育改造運動を支えた。「沢柳政太郎全集」全一〇巻(付別巻)。

さわやまぼうろ【沢山保羅】 1852.3.22～87.3.27 明治前期の日本組合基督教会牧師。周防国生れ。幼名馬之進。一八七〇年(明治三)頃神戸に行き、

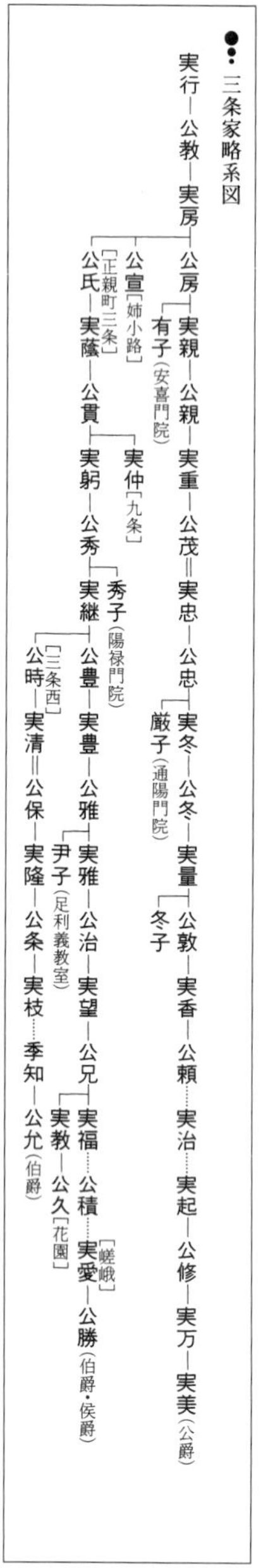

宣教師D・C・グリーンに英語を学んでアメリカに留学し受洗、保羅に改名。七六年帰国、翌年自給独立の浪花公会を設立し、按手礼をうけ牧師に就任。また日本基督伝道会社設立を発議し七八年に実現、同年梅本町公会・梅花女学校を自給で設立。外国からの援助を拒み、日本の教会を自給独立させる方針を唱えた。

さわらし【佐原氏】 中世の相模国の鎌倉御家人。桓武平氏。三浦大介義明の子義連が佐原(現、神奈川県横須賀市)を本拠として佐原氏を称したのに始まる。義連は鎌倉幕府創設以来の功臣で、源平合戦や奥州平定などに活躍し、和泉・紀伊両国守護に任じられた。子の盛連は一二三三年(天福元)悪行によって殺されたが、その子盛時は宝治合戦での三浦宗家滅亡により、三浦介を継ぐ。盛時の兄弟光盛は陸奥国会津を領して蘆名氏の祖となった。

さわらしんのう【早良親王】 750～785.10.- 光仁天皇の皇子。母は和乙継の女高野新笠。桓武天皇の同母弟。七六八年(神護景雲二)一一歳で出家し、東大寺に住み、父の即位後は親王禅師とよばれたらしい。七八一年(天応元)兄が即位すると皇太子に立てられたが、七八五年(延暦四)藤原種継暗殺事件にかかわったとして廃太子された。淡路に流される途中で死去し、淡路に葬られた。桓武天皇はその怨霊を恐れ、八〇〇年、崇道天皇の尊号を贈った。

さん【讃】 「宋書」倭国伝に記される倭の五王の一人。五世紀前半頃の王。珍の兄。四二一年、中国南朝の宋に遣使し、高祖武帝から除授(任官)をうけた。このとき与えられた爵号は記されていないが、以後の四人の王の例から安東将軍と推測される。応神天皇の名の誉田の「ホム」を漢訳したとする説が有力だが、履中天皇や仁徳天皇の名の一音をとったとする説もある。

さんこうぼう【三光坊】 生没年不詳。室町時代の能面作家。本名は千秋満広。文明年間の人とも、一五三二年(天文元)に没したとも伝える。十作の一人とも六作の一人ともいう。越前国平泉寺の僧となり、のちに比叡山や醍醐の最勝院に住んだという。癋見や尉の面を得意とし、三光尉は彼の創作と伝える。近世の世襲面打の三大家系はいずれも彼を始祖とする。

さんじょうきんただ【三条公忠】 1324～83.12.27 南北朝期の公卿。父は実忠、母は徳大寺公直の女。一三三七年(建武四・延元二)従三位。以後累進し六〇年(延文五・正平一五)内大臣となるが、二年後これを辞した。女の通陽門院厳子は後円融天皇の後宮に入り、後小松天皇を生んだ。日記「後愚昧記」。

さんじょうけ【三条家】 藤原氏閑院流の嫡流。清華家。閑院流は白河・鳥羽院政期の上皇・天皇の外戚の地位をほとんど独占し、院近臣として権勢をふるった。鳥羽上皇の重臣藤原実行は、八条とも三条とも号したが、その子公教、孫実房と嫡流が三条高倉第にちなんで三条と号し、家名が定まった。公教は鳥羽上皇の後見として知られる。「愚昧記」の記主実房は公事に通じ、世人に公事の師と仰がれた。なお実房のあと嫡家は長男公房が継ぎ三条と号したが、三男公氏も三条と称したので、俗に嫡流を転法輪三条、公氏流を正親町三条とよんで区別した。江戸時代の家禄は二六九石余、のち四六九石余。笛・装束の家。幕末・維新期の実万・実美父子は尊攘派公家として有名。維新後、公爵。

さんじょうさねかず【三条実量】 1415～83.12.19 室町時代の公卿。父は公冬。初名実尚。ついで実教から実量と改める。一四二九年(永享元)従三位。以後累進し五九年(長禄三)左大臣となる。この間、嘉吉の乱後主家再興をはかる赤松遺臣と幕府・朝廷をとりつぎ、彼らに南朝からの神璽奪還計画を勧めた。六〇年(寛正元)官を辞し、六七年(応仁元)出家、法名禅空。

さんじょうさねつむ【三条実万】 1802.2.15～59.10.6 幕末期の公家。内大臣公修の次男。母は関白一条輝良の女。一八二四年(文政七)権大納言。三一年(天保二)議奏、四八年(嘉永元)武家伝奏。五七年(安政四)内大臣。将軍継嗣問題で一橋派として活動。五九年安政の大獄で謹慎処分され落飾、澹空と称した。危篤の際赦免、従一位に叙される。六二年(文久二)贈右大臣。実美(さねとみ)は嫡男。

さんじょうさねとみ【三条実美】 1837.2.7～91.2.18 幕末～明治前期の尊攘派公卿・政治家。内大臣三条実万(さねつむ)の四男。一八六二年(文久二)国事御用掛となり、攘夷決行を求める別勅使として江戸に下る。翌年、孝明天皇の石清水行幸(攘夷祈願)を実現させるなど尊王攘夷運動に従事したが、八月十八日の政変で長州に逃れた(七卿落ち)。王政復古後に帰京し、議定・大納言・右大臣などをへて七一年(明治四)太政大臣となったが、征韓論争では指導力を発揮できず急病となる。明治一〇年代に入ると地位はしだいに形式的なものとなり、内閣制度の開設にともない内大臣に転じた。その後も華族のまとめ役として活動したが、八九年、黒田清隆首相の退陣後は内大臣のまま二カ月間首相を兼務、大隈条約改正交渉の中止作業にあたった。公爵。

さんじょうさねふさ【三条実房】 1147～1225.8.17 平安末～鎌倉前期の公卿。父は内大臣藤原公教、母は権中納言藤原清隆の女。公事に通じていたことで重んじられ、一一八五年(文治元)の源頼朝による廟堂改革の際には議奏公卿の一人に指名された。九〇年(建久元)左大臣となったが、九六年に出家、法名静空。日記「愚昧記(ぐまいき)」。

さんしょうていからく【三笑亭可楽】 1777～1833.3.8 江戸後期の落語家。寄席の創始者。江戸生れ。寛政期に流行した咄(はなし)の会に刺激を受けて、落語家になる。線香が一分(いちぶ)(約二㎜)灰になるまでの短い時間に、一編の咄を創作する一分線香即席咄や謎解きなど頓知物にたける。時の将軍の前でも咄を演じ、落し咄普及に尽力。門弟は二〇人をこえ、初代朝寝坊夢羅久(むらく)をはじめ、怪談で売った初代林屋正蔵ら傑物を輩出。芸名は現代まで九代を数える。

さんじょうてんのう【三条天皇】 976.1.3～1017.5.9 在位1011.6.13～16.1.29 冷泉天皇の第二皇子。名は居貞(おきさだ)。母は藤原兼家の女超子(ちょうし)。九八六年(寛和二)花山(かざん)天皇の出家事件により、一条天皇のもとで皇太子に立つ。一〇一一年(寛弘八)践祚したが、在位中は皇位継承問題と眼病に悩んだ。藤原道長に退位を迫られ、抗争のち、長子敦明(あつあきら)の立太子を条件に後一条天皇(一条皇子)に譲位したが、敦明の即位を見届けることなく死去した。天皇の死後、敦明は皇太子を辞退することになる。

さんじょうにしきんえだ【三条西公条】 1487.5.21～1563.12.2 戦国期の公卿。父は実隆、母は勧修寺(かじゅうじ)教秀の女。一五〇七年(永正四)参議。二一年(大永元)権大納言。四一年(天文一〇)内大臣。四二年右大臣に進み翌年辞職。四四年出家。法名仍覚(じょうがく)。著書に「台記」を抜粋した「宇槐記抄」、紀行文「吉野詣記」。

さんじょうにしけ【三条西家】 西三条家とも。藤原氏閑院(かんいん)流の正親町(おおぎまち)三条家庶流。大臣家。南北朝期、正親町三条実継の次男公時に始まる。家名は公時の邸宅が三条北、西朱雀(すざく)にあったことによる。正親町三条公豊の次男公保が二代実清のあとを継いで内大臣となり、大臣家の家格を得た。その子実隆は、一条兼良(かねよし)のあとをうけて中世和学の発達を推進し、公家文化の地方普及に功績があった。その学問は子公条(きんえだ)、孫実枝(さねき)に継承された。江戸時代の家禄は五〇二石余。実枝の孫実条(さねえだ)は江戸初期の武家伝奏を二七年間勤め、右大臣となる。幕末の季知は七卿落ち(しちきょうおち)の一人。維新後、公允(きんあえ)のとき伯爵。

●● 三条家(さんじょうけ)

さんじょうにしさねたか【三条西実隆】 1455.4.25～1537.10.3 戦国期の公卿・文化人。公保の次男。一五〇六年(永正三)内大臣。同年出家して尭空・逍遥院と号す。後土御門(ごつちみかど)・後柏原天皇などから厚く信頼され、多くの公卿が経済的な困難から地方に下った時代に、禁中のため京都にとどまって奔走。和漢の学の最高峰として衆望を集めた。和学の面では宗祇から古今伝授や「伊勢物語」「源氏物語」の講義をうけ、のちに宗祇の「新撰菟玖波集」編纂に協力。「源氏物語細流抄」、私家集「雪玉集」、歌日記「再昌草」のほか、有職故実を平易に説いた「多々良問答」を著す。また多くの古典を書写・校合し保存に努めた。日記「実隆公記」は同時代の貴重な記録。

さんじょうにしすえとも【三条西季知】 1811.2.26～80.8.24 幕末・維新期の公家。実勲の子。母は右大臣三条実起の女。一八五八年(安政五)権中納言、六二年(文久二)国事御用掛。八月十八日の政変で失脚、長門国萩藩領に流寓。のち大宰府に移送。王政復古で復権、参与。明治天皇に歌道を師範。日記「維新日乗纂輯」。

さんじょうむねちか【三条宗近】 ⇩宗近(むねちか)

サンデ Duarte de Sande 1531.11.4～1600.6.22 イエズス会宣教師。漢名孟三徳。一五七八年インドのバサイン学院長として赴任。八八年天正遣欧使節を伴ったバリニャーノと面会。その依頼で天正遣欧使節の記録をラテン語に訳出し、九〇年「天正遣欧使節記」として刊行した。以後マカオ学院長兼シナ布教区長となり、マカオで死去。

さんとうきょうざん【山東京山】 1769.6.15～1858.9.24 江戸後期の戯作者。山東京伝の弟。本名は岩瀬百樹(ももき)。三九歳で合巻「復讐(かたきうち)妹背山物語」を発表。篆刻や茶の湯の師匠をつとめる一方、京伝の死後は京伝店を後見して繁盛させる。並木五瓶(なみきごへい)の演劇に取材した「隅田春芸者容気(すだのはるげいしやかたぎ)」や気質物につながる「教草(おしえぐさ)女房形気」など、一六〇種余の合巻(ごうかん)がある。「蜘蛛の糸巻」「歴世女装考」などの随筆もある。

さんとうきょうでん【山東京伝】 1761.8.15～1816.9.7 江戸後期の戯作者。本名は岩瀬醒(さむる)。江戸生れ。一八歳のとき北尾政演(まさのぶ)の名で黄表紙の画工をつとめて以降、「御存商売物(ごぞんじのしょうばいもの)」「江戸生艶気樺焼(えどうまれうわきのかばやき)」などを自作して評判をとる。遊女を妻にするほど遊里に精通し、一七八四～九一年(天明四～寛政三)の七年間に「通言総籬(つうげんそうまがき)」ほか一六種の洒落本を発表するが、「錦の裏」などの洒落本三部作で筆禍をうけて断念。紙製煙草入店を開業するかたわら、「忠臣水滸伝」を執筆して前期読本の高踏性を克服。「桜姫全伝曙草紙(あけぼのぞうし)」や「昔話(むかしがたり)稲妻表紙」などで読本の第一人者となるが、曲亭馬琴との競争に敗れた後は、合巻「松梅竹取談(まつとうめたけとりものがたり)」や考証随筆「近世奇跡考」「骨董集」に才能をみせた。

さんぷう【杉風】 1647～1732.6.13 江戸前期の俳人。姓は杉山。通称鯉屋市兵衛・藤左衛門。別号は採荼庵(さいとあん)・茶舎・蓑翁(さおう)・五雲亭・一元など。江戸日本橋で幕府に魚を納める公用御納屋(おなや)を家業とする。はじめ談林に親しんだが、芭蕉東下とともに入門。深川六間堀の芭蕉庵は杉風が提供したもので、芭蕉の後援者として常に援助を惜しまなかった。俳風も、師風を守り通した誠実な門人。著書「常盤屋之句合」「角田川紀行」。蕉門十哲の一人。

さんゆうていえんしょう【三遊亭円生】 落語家。江戸後期～昭和期に六代を数える。初代(一七六八～一八三八)は江戸生れ、俗称橋屋松五郎。はじめ三笑亭可楽に入門、移籍ののち三遊亭円生を名のる。鳴物入り芝居噺(しばいばなし)・怪談噺が得意で、すぐれた門人を輩出。三遊派の祖。五代(一八八四～一九四〇)は本名村田源治。五代橘家円蔵をへて襲名。デブの円生とよばれ豪放な芸風。六代(一九〇〇～七九)は大阪府出身、本名山崎松尾。五代円生の養子。一九四一年(昭和一六)襲名。人情噺・滑稽噺・怪談噺など芸域は広い。七三年宮中で御前口演、第一人者の地位を築いた。七八年一門を率いて落語協会を脱退、落語三遊協会を結成した。また形骸化する古典落語に歯止めをかけるため、速記などの底本を多数著作。

さんゆうていえんちょう【三遊亭円朝】 落語家。幕末～大正期に二代を数える。初代(一八三九～一九〇〇)は江戸生れ、本名出淵(いずぶち)次郎吉。二代三遊亭円生の門人で小円太。一時廃業後、一八五五年(安政二)円朝と改め復帰し、真打となる。芝居噺(しばいばなし)で人気を博し、「真景累ケ淵(かさねがふち)」や「怪談牡丹灯籠」などを創作。二葉亭四迷の言文一致の創作活動にも影響を与えた。二代(一八六〇～一九二四)は江戸生れ、本名沢木勘次郎。はじめ三遊亭円右(えんう)を名のり、一九二四年(大正一三)二代円朝を襲名したが直後に没。

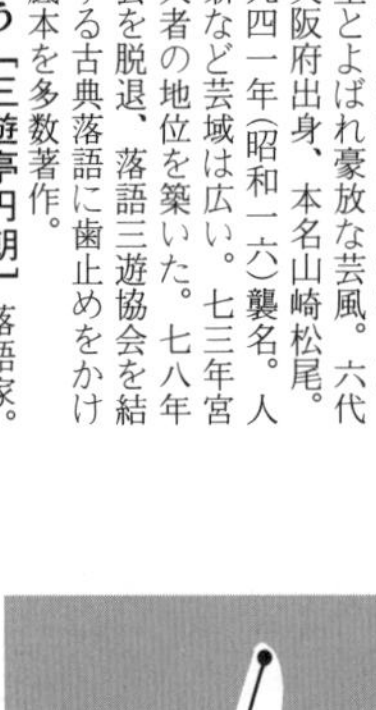

しいおべんきょう【椎尾弁匡】 1876.7.6～1971.4.7 明治～昭和期の宗教家・仏教学者・政治家。浄土宗僧侶。号は性誉・随阿。名古屋市の僧侶の子。東大卒。文学博士。宗教大学教授、大正大学教授・同学長を歴任。一九二八年(昭和三)衆議院議員となり、以後当選三回。四五年に増上寺第八二世法主。社会運動にもかかわる。

しいなえつさぶろう【椎名悦三郎】 1898.1.16～1979.9.30 昭和期の官僚・政治家。岩手県出身。後藤新平の甥。東大卒。五年半の満州国勤務などをへて商工次官・軍需次官を歴任。第二次大戦後の公職追放解除後、一九五五年(昭和三〇)衆議院議員に当選。自民党の有力代議士として通産相・外相などを務めた。後継首班を三木武夫とした七四年の椎名裁定は有名。

しいなどうさん【椎名道三】 1790～1858.5.5 江戸後期の新田開発者。越中国新川郡小林村の十村(とむら)役人の家に生まれ、椎名家の養子となる。一八一一年(文化八)新川郡室山野(むろやまの)を開墾。三七年(天保八)金沢藩の新田裁許列新開勢子(こせ)役となる。新川郡布施山開(宮野開・十二貫野開)など二〇カ所に及ぶ開発を推進した。

しいなりんぞう【椎名麟三】 1911.10.1～73.3.28

昭和期の小説家。本名大坪昇。兵庫県出身。若くして労働運動に参加して活動したが、逮捕されて転向。上京後哲学書やドストエフスキーを読み、二七歳で文学に志す。一九四七年(昭和二二)「深夜の酒宴」で認められ、以降「永遠なる序章」など人間や世界の意味を思索的に追求する特異な作風で戦後派の代表的な作家とみなされた。のち受洗し、自伝作品や多くの戯曲類を手がけた。

しいねつひこのみこと【椎根津彦命】「日本書紀」で神武天皇東征の際、速吸之門(はやすいのと)で天皇の船を導いた国津神(くにつかみ)。名を珍彦(うずひこ)と名のったが、神武は椎棹を差しわたして舟に引き入れ案内させ、この名を与えた。「古事記」では槁機(さお)を差しわたしたとし、与えた名も槁根津日子(さおねつひこ)とする。倭直(やまとのあたい)の祖。

しいのもとさいまろ【椎本才麿】⇨才麿(さいまろ)

じうん【慈雲】⇨飲光(おんこう)

じうんみょうい【慈雲妙意】1274～1345.6.3 鎌倉後期～南北朝期の臨済宗の禅僧。国泰寺派の派祖。諱は妙意、字は慈雲。諡号は聖光国師。信濃国生れ。一五歳で越後国五智山で得度、のち孤峰覚明(こほうかくみょう)の法をつぐ。越中国高岡に東松寺を開き、そこに住む。東松寺はのちに国泰寺となる。一三二七年(嘉暦二)に後醍醐天皇の諮問に答え、紫衣(しえ)と清泉禅師の号を授けられた。

ジェロニモ・デ・ジェズス Jerónimo de Jesús de Castro ?～1601.9.11 ポルトガル人のフランシスコ会宣教師。一五九四年(文禄三)平戸に上陸。上方・長崎で布教。九六年(慶長元)二十六聖人殉教の際には逮捕を免れたが、九七年マニラに追放。翌年肥前国口之津に潜入。その後、徳川家康にみいだされ、スペイン船の関東入港、鉱山技師の派遣などを要請され、布教を許可された。九九年江戸に教会を建設。一時マニラに戻り、一六〇一年伏見で家康にフィリピン総督の書簡と贈物を手渡したが、まもなく同地で病死。

じえん【慈円】1155.4.15～1225.9.25 平安末～鎌倉前期の天台宗の僧。諡は慈鎮(じちん)。父は藤原忠通(ただみち)、母は藤原仲光の女。基実(もとざね)・基房・兼実を兄にもち、とくに兼実の庇護をうけた。幼時に延暦寺青蓮院に入り、一一六七年(仁安二)天台座主明雲(みょううん)について受戒。以後順調に寺内で昇進し、九二年(建久三)には三八歳で天台座主に任じられた。慈円の天台座主就任は計四度に及び、勧学講などの法会や伽藍の整備に大きく貢献した。兼実の死後はその家流(九条家)の発展に尽力。兼実の孫道家の後見人をつとめ、その子頼経の鎌倉下向にあつい期待をよせた。政治的には公武の協調を理想とし、後鳥羽上皇の討幕の企てを批判するため著したとされる「愚管抄」は、中世の歴史思想を考える場合に不可欠の書。歌人としても有名で、家集「拾玉集」を残すほか、「新古今集」には西行についで多くの歌が選ばれた。

ジェーンズ Leroy Lansing Janes 1838.3.27～1909.3.27 御雇アメリカ人教師。陸軍士官学校で学び、退役後の一八七一年(明治四)フルベッキの仲介で熊本洋学校の教師として来日、全学科を一人で担当した。七六年彼の教えでキリスト教に入信した青年たちが熊本バンドを結成。熊本洋学校廃校後は大阪英語学校教師をへていったん帰国、九三年に再来日して第三高等中学校などの英語教師を務めた。カリフォルニア州で死去。

しおつちのおじ【塩土老翁】「古事記」では塩椎(しおつち)神。海幸(うみさち)・山幸神話にでてくる神名。名義はシオ(潮路)＋ツ＋チ(霊威あるもの)で、潮路をつかさどる神の意。山幸彦が兄の釣針をなくし困っていたとき、海神(わたつみ)宮へ行くことをはからった。また神武が東征を開始する際、東方によい国があることを教えた。「日本書紀」一書では別名を事勝国勝長狭(ことかつくにかつながさ)とする。

しおのぎさぶろう【塩野義三郎】1881.11.15～1953.10.3 明治～昭和期の実業家。塩野義製薬中興の祖。幼名正太郎。大阪道修(どしょう)町の薬種問屋、初代塩野義三郎の長男として生まれる。大阪高等商業を卒業後、父の店を手伝う。日露戦争後、洋薬の輸入に転じて隆盛となり、一九一九年(大正八)に塩野義商店を設立して製薬事業と一体化。二〇年二代目義三郎を襲名し、社長となる。薬学研究に力を注ぎ、近藤平三郎を招いて乙卯(きのとう)研究所を創設。製薬業の基礎を築いた。

しおのすえひこ【塩野季彦】1880.1.1～1949.1.7 大正・昭和期の司法官僚・政治家。旧姓山寺、塩野家養子。東京都出身。東大卒。一九〇八年(明治四一)検事となり、以後司法省参事官・東京地裁検事正・行刑局長・大審院次長検事などを歴任。この間三・一五事件、四・一六事件などの指揮をとる。また国本社結成にも参画。その後、林・第一次近衛・平沼の各内閣で司法大臣を務めた。

しおのやおん【塩谷温】1878.7.6～1962.6.3 大正・昭和期の漢学者。字は士健、号は節山。温は諱。東京都出身。幕末の儒者塩谷宕陰(とういん)は大伯父。東大卒。学習院教授をへて一九〇六年(明治三九)東京帝国大学助教授。中国・ドイツに四年間留学ののち、二〇年(大正九)東京帝国大学教授となる。のち東方文化学院理事。著書に「支那文学概論講話」「国訳漢文大成」。

しおのやだいしろう【塩谷大四郎】1769.6.14～1836.9.8 江戸後期の幕府郡代。旧姓は粟津。塩谷家の養子。諱は正義。小禄の代官から一八一六年(文化一三)豊後国日田代官、のち郡代に昇格し、豪商広瀬久兵衛と結んで用水路の開削、新田開発などを行った。政策の特徴は大規模な土木工事にあったが、負担に対する民衆の不満により、三五年(天保六)讒訴され、江戸に召喚。嫌疑は晴れたが、翌年二の丸留守居に転じ病死。

しおのやとういん【塩谷宕陰】 1809.4.17～67.8.28 江戸後期の儒者。父桃蹊は遠江国浜松藩主水野忠邦に仕えた医者。通称は甲蔵、名は世弘、字は毅侯、別号は九里香園。江戸生れ。昌平黌に学び、のち松崎慊堂に師事。忠邦に仕え、天保の改革の際には顧問。のち世子忠精の輔導にあたる。文久年間に昌平黌儒官となる。著書にアヘン戦争を記した「阿芙蓉彙聞」、海防論の「籌海私議」、歴代藩主の年代記「丕揚録」がある。

しおばらたすけ【塩原多助】 1743～1816.閏8.14 太助とも。江戸中期の江戸炭薪商人。上野国生れで、江戸の炭問屋に奉公ののち一七七一年(明和八)本所相生町二丁目に独立開店、急速な経営発展で寛政期には大身代として著名であったと伝える。その出世譚は三遊亭円朝の人情噺「塩原多助一代記」以降、芝居・講談などにもとりあげられ伝説化した。幕末期にみえる相生町二丁目の炭薪問屋塩原屋角右衛門は子孫にあたるが、伝承では多助以降衰微したという。

しおみまさなり【塩見政誠】 生没年不詳。江戸中期の蒔絵師。通称小兵衛。京都に住む。「装剣奇賞」「蒔絵師・塗師伝」によれば、父は蒔絵の名手といわれた春政で、政誠も研出蒔絵を得意にしたという。代表作は東京国立博物館蔵の比良山蒔絵硯箱。

しおやきおう【塩焼王】 ?～764.9.18 新田部親王の子。妻は不破内親王。七四二年(天平一四)女嬬四人とともに罰せられ、伊豆国三島に流されたが、三年後に許されて帰京。七五七年(天平宝字元)弟の道祖王が皇太子を廃されて、皇太子選定会議で候補にのぼったが、孝謙太上天皇に無礼があったとして退けられた。同年、橘奈良麻呂の変に関与して捕らえられたが許され、氷上真人の姓を賜り氷上真人塩焼と称した。やがて藤原仲麻呂に重用されて中納言にのぼり、七六四年の恵美押勝(仲麻呂)の乱にあたって押勝から天皇に擁立されたが、捕らえられて斬殺された。

しおやのこのしろ【塩屋鯯魚】 ?～658.11.11 七世紀前半の官人。六四六年(大化二)東国国司に対する勤務評定で、他の五人とともに天皇に従順であることを賞賛された。六五八年(斉明四)有間皇子の謀反に荷担したとして守君大石・坂合部連薬とともに捕らえられ、天皇の滞在する紀温泉(現、和歌山県白浜町)に送られ、藤白坂(現、同県海南市藤白)で斬られた。このとき「右手で国の宝器を造りたい」と述べたというが、意味は不詳。

しおやのこまろ【塩屋古麻呂】 吉麻呂とも。生没年不詳。奈良時代の明法家・官人。連姓。七二一年(養老五)皇太子首皇子(聖武天皇)の教育にあたり、また明法家としての才能を認められて賜物にあずかった。のちに大宝令・養老令などの国家制法に関与して令師と称され、また宿儒ともよばれた。明法博士・刑部省判事・大学頭などを歴任。七四一年(天平一三)藤原広嗣の乱の流刑者の裁判にもあたった。七五七年(天平宝字元)養老律令の撰修に対して功田五町を賜った。

しがきよし【志賀潔】 1870.12.18～1957.1.25 明治～昭和期の細菌学者。宮城県出身。東大卒。伝染病研究所に入り、北里柴三郎から細菌学を学ぶ。一八九七年(明治三〇)二七歳の若さで赤痢菌を発見し世界的な名声を得た。一九〇一年フランクフルトの実験治療研究所のエールリッヒに師事し、〇四年に「トリパノゾーマ病の化学療法」を発表。最初の化学療法剤として知られている。二九年(昭和四)京城帝国大学総長。文化勲章受章。

じかくだいし【慈覚大師】 ⇨円仁

しがし【志賀氏】 中世の豊後国の豪族。秀郷流藤原氏。大友能直の八男能郷が大野荘志賀村南方(現、大分県朝地町)の地頭となり、志賀氏を称したのに始まる。能郷の子泰朝は元寇のとき勲功をたてる。泰朝流の惣領家はのち岡城(現、竹田市)に移り、戦国大名大友氏の加判衆として活躍。泰朝の兄弟禅季流の庶子家も南山城(現、久住町)に移った。一五八六年(天正一四)島津氏の豊後国侵入の際、岡城の親次は奮戦。のち豊臣秀吉から知行を与えられ、子孫は肥後細川氏に仕えて明治に至った。「志賀文書」は中世の武士団研究に不可欠。

しがしげたか【志賀重昂】 1863.11.15～1927.4.6 明治・大正期の思想家・評論家・地理学者。三河国岡崎藩士の家に生まれる。札幌農学校卒。軍艦に便乗してオセアニア各地を巡り、一八八七年(明治二〇)「南洋時事」を出版。翌年三宅雪嶺らと政教社を創立、雑誌「日本人」の主筆として「国粋保存旨義」(国粋主義)を唱え、政府の欧化政策と藩閥政治を批判。初期議会では対外硬派として活動。九六年進歩党結成に参画し、第二次松方内閣のとき農商務省山林局長、九八年第一次大隈内閣のとき外務省勅任参事官。憲政本党をへて一九〇〇年立憲政友会に加入、衆議院議員当選二回。この間、日本各地を旅行し「日本風景論」(一八九四刊)を刊行して名声を博した。明治末期に政界を退き、世界各地を周遊して数多くの紀行文・評論を発表した。

しかつべのまがお【鹿津部真顔】 1753～1829.6.6 鹿都部とも。江戸後期の狂歌師・戯作者。通称北川嘉兵衛。別号は狂歌堂・四方真顔・恋川好町など。江戸数寄屋橋河岸の汁粉屋で、大家を業とした。天明初年に四方赤良(大田南畝)の門に入って頭角を現し、スキヤ連を結成した。

狂歌四天王の一人で、狂歌師を職業化し、狂歌の称を俳諧歌と改めた。全国的に門人を擁して宿屋飯盛(石川雅望)と狂歌界を二分した。著書は黄表紙「元利安売鋸商内」、狂歌撰集「類題俳諧歌集」など数多い。

しがなおや【志賀直哉】 1883.2.20～1971.10.21 明治～昭和期の小説家。宮城県出身。学習院をへて東大中退。幼少時に実父母から引き離され、祖父母に溺愛されて育つ。一九一〇年(明治四三)学習院時代の友人武者小路実篤・里見弴や有島武郎らと「白樺」を創刊。「網走まで」「剃刀」「彼と六つ上の女」「濁った頭」「祖母の為に」「クローディアスの日記」「范の犯罪」などを発表する。一九一四年(大正三)「児を盗む話」発表後、人生観の動揺からしばらく筆を断つが、やがて調和的な心境に落ち着き、一七年「城の崎にて」で文壇に復帰。ついで長年の父との不和を解消し、「和解」を書いた。二一年に唯一の長編小説「暗夜行路」の連載を開始。小説の神様とよばれたが、後半生は実質上創作活動から退いた。四九年(昭和二四)文化勲章受章。

しかのぶざえもん【鹿野武左衛門】 1649～99.8.13 江戸前期の落語家。江戸落語の祖。上方の出身だが早く江戸へ下り、塗師をへて話芸者になる。役者の身振りや声色を滑稽に演じてみせるいわゆる仕方噺を得意とし、諸家の座敷をおもな活躍の場とした。その口吻は残存する咄本「鹿野武左衛門口伝咄」や「鹿の巻筆」などで知られるが、後者の巻三「堺町馬の顔見世」の一話が筆禍をうけて伊豆大島へ遠島、刑を終えてもどった一六九九年(元禄一二)の夏に没した。

しがやままんさく【志賀山万作】 生没年不詳。江戸元禄期の人。経歴などははっきりしないが、江戸最初の振付師、日本舞踊志賀山流の始祖とされる。三世中村仲蔵の自伝「手前味噌」によると、喜多流の鼓打だったが破門され、中村座の囃子方に入り松川庄之助と称した。森羅亭の「寸錦雑綴」の志賀山舞妓院本中に「まひ子しせう志賀山万作」の名がある。初世中村伝次郎は万作と同一人とも、その子ともいう。

じがよざえもん【似我与左衛門】 1506～80 室町時代の能役者。太鼓方観世流四世。名は観世国広。似我は異称。三世檜垣本国忠の子。はじめ祖父の二世檜垣本吉久と同じく与五郎と称したが、のち与左衛門と改めた。一三代将軍足利義輝から浅葱の調緒を許された名人で、太鼓以外の囃子事にも精通していたという。著書には数種の太鼓伝書や「四座之役者目録」(「四座役者目録」の基礎となったもの)がある。

しがよしお【志賀義雄】 1901.1.12～89.3.6 昭和期の社会運動家。福岡県出身。東大卒。在学中新人会に参加、一九二三年(大正一二)共産党に入党。三・一五事件で逮捕され懲役一〇年の判決をうける。非転向のため四一年(昭和一六)予防拘禁所に移され、四五年一〇月一〇日釈放。四六年第二次大戦後初の衆議院議員選挙以後当選六回。四七年から翌年にかけて近代天皇制国家をめぐり神山茂夫と論争。五〇年の党分裂の際は国際派に属し、統一回復後の六四年、党議に反して部分的核実験停止条約に賛成、除名された。以後ソ連派として日本のこえ同志会を結成。

じきぎょうみろく【食行身禄】 1671.1.17～1733.7.13 江戸中期の富士講行者。本名は伊藤伊兵衛で、乞食身禄・油身禄とも称した。伊勢国生れ。一三歳で江戸に出て商家に奉公する一方、一七歳で月行劊仲に入門し、富士講行者ともなった。一七二九年(享保一四)教義書「一字不説の巻」を著し、油を行商しながら富士信仰を布教し、三三年に富士山烏帽子岩で断食して入定。呪術的な祈禱を否定し、富士の神は四民を直接支配するとし、各自の家業に励むことで救われる直願いを説いた。

しきけ【式家】 藤原四家の一つ。不比等の三男宇合の別称。宇合が式部卿であったことにちなみ、その子孫も式家を称する。反乱をおこした広嗣、光仁・桓武両天皇擁立に功績のあった百川、長岡京遷都の推進者で暗殺された種継、平城上皇の復位をはかり自殺した薬子らが輩出した。

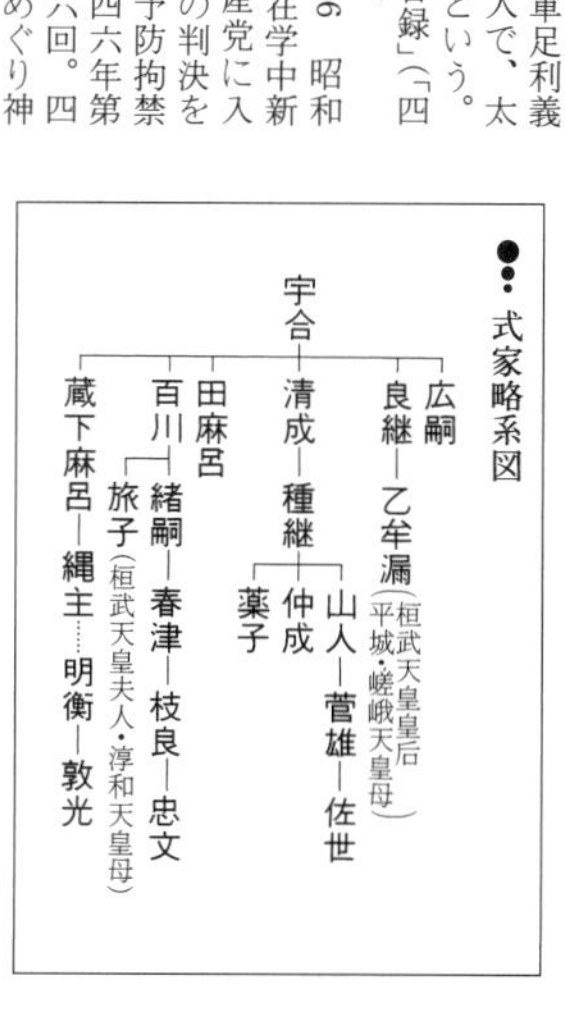

しきしないしんのう【式子内親王】 1152?～1201.1.25 「しょくし」とも。後白河天皇の第三皇女。母は藤原季成の女成子で、以仁王・殷富門院らと同母。一一五九年(平治元)から六九年(嘉応元)まで斎院を勤めた。和歌を藤原俊成に学び、歌人として名が高い。家集「式子内親王集」。

しきだとしはる【敷田年治】 1817.7.20～1902.1.30 幕末～明治期の国学者。祠官の子。豊前国生れ。通称大次郎。号は百園。帆足万里らに学ぶ。祠官吉松家の養子となるが、のち改名。大坂の国学講習所の教師などをへて、伊勢の神宮教院の学頭。神宮皇学館の創設に尽力し、同校の学頭となる。著書「古事記標註」。

しきていさんば【式亭三馬】 1776～1822.閏1.6 江戸後期の戯作者。本名は菊地泰輔。父は江戸の版木師。九歳で書肆に奉公。一九歳で黄表紙「天道浮世出星操」「人間一心覗替繰」「侠太平記向鉢巻」を発表したが、筆禍をうけた。売薬店を経営する一方で、洒落本「辰巳婦言」「船頭深話」も手がけるが、本質は合巻や滑稽本にあり、「雷太郎強悪物語」は合巻の嚆矢となった。また八文字屋本風の滑稽本「酩酊気質」は生酔いを写して新境地を開き、庶民の社交場での会話を活写した「浮世風呂」「浮世床」などで、筆禍の時代を生きる戯作者の一つの方向性を提示した。そこには江戸弁を表記するための工夫もあり、国語学的にも貴重とされる。

しきなせいめい【識名盛命】 1651.12.19～1715.10.23 江戸前期の琉球の政治家・和文学者。唐名は毛起竜。号は瑞雲、識名親方などといった。首里生れ。三司官に任じられ、一六八八年(元禄元)進貢使として清に渡り、交易の改善に努めた。九九年、年頭使として薩摩に上り、翌年まで滞在して擬古文「思出草」を著したほか、和歌もたしなむなど、当時、随一の和文学者であった。

しきのみこ【施基皇子】 ?～716.8.- 芝基・志紀・志貴とも。天智天皇の第七皇子。母は越道君伊羅都売。光仁天皇や湯原王の父。壬申の乱後、天武天皇の諸皇子とともに優遇された。七一六年(霊亀二)二品で没した。七七〇年(宝亀元)子の光仁天皇の即位にともない春日宮御宇天皇と追尊された。また田原天皇ともいう。

しきのみこ【磯城皇子】 生没年不詳。七世紀の人。天武天皇の皇子。母は宍人臣大麻呂の女檝媛娘。刑部親王の同母弟。誕生順は五番目と考えられるが、母の身分から第一〇皇子と位置づけられたと推定される。六八六年(朱鳥元)施基皇子とともに封二〇〇戸を加えられた。八六二年(貞観四)清春真人姓を授けられた坂井王は、磯城皇子五代の孫と伝える。「続日本紀」にはその名がみえず、七世紀中に死去したのであろう。

しきぶてるただ【式部輝忠】 生没年不詳。室町時代の画家。「式部」「輝忠」の二印を捺すことによって知られるが伝記不詳。一六世紀半ばを中心にともに関東で活躍。駿河での足跡も推定される。祥啓や狩野派の影響がみられ、個性的な画風を示す。「四季山水図屏風」(サンフランシスコ・アジア美術館蔵)をはじめとする屏風四点のほか、現存作品は多い。

しきもりいのすけ【式守伊之助】 相撲行司の名跡。式守家は木村家と並ぶ行司の家だが、もともと相撲年寄伊勢海と同家のようで、初代式守五太夫は、江戸相撲興行確立期の中心人物の一人、初代伊勢海五太夫とみられる。この式守(伊勢海)五太夫が一七四九年(寛延二)木村庄之助とともに相撲司を称する吉田司家の門人となり、二代目以降は師弟相承して代々式守伊之助を称した。木村庄之助につぐ大相撲の立行司として現在にいたる。

しぎょく【志玉】 1383～1463.9.6 室町中期の東大寺戒壇院長老。字は総円・渡西・談宗。戒壇院総融に師事して出家し、戒壇院長老の融存から受戒して律学と華厳を学ぶ。一四一七年(応永二四)明に渡り、在留五年の間に皇帝に「華厳経」を講じ普一国師の号を下賜された。帰国後東大寺に住して戒壇院長老となり、称光天皇や足利義教の帰依を得た。造東大寺大勧進に任じられ、鎌倉極楽寺、金沢称名寺、防府阿弥陀寺などに「華厳経」を講じて修復に寄与した。

しきりんせん【志岐麟泉】 生没年不詳。織豊期の武将。肥後国志岐城主。名は鎮経。有馬晴純の五男慶童丸(親重)を養子とした。一五六六年(永禄九)に宣教師ルイス・アルメイダを迎え、天草で最初にキリスト教を公認。みずからも受洗したが、外国船の入港が途絶えると、布教に冷淡となる。八〇年(天正八)島津氏と婚姻関係を結び、肥後侵攻を助けた。九州攻め後、豊臣秀吉に服属。八九年小西行長に対し、天草五人衆の中心となって一揆をおこしたが失敗。その後の詳細は不明。

じくうんとうれん【竺雲等連】 1383～1471.1.7 室町中期の臨済宗夢窓派の禅僧。諱は等連、字は竺雲。自彊・小朶子・重艮叟と称する。地名は遠江。遠江国の井伊氏の出身。天竜寺の大岳周崇に師事し法をつぐ。相国寺・南禅寺ほかの住持となる。一四五五年(康正元)相国寺鹿苑院に住み、僧録となる。のち天竜寺性智院に隠居。「周易」「史記」「漢書」に通じ、五山僧の史書研究に大きな影響を与えた。

じくせんぼんせん【竺仙梵僊】 1292.11.15～1348.7.16 鎌倉末期に元から来朝し、五山で指導的役割をはたした臨済宗楊岐派の禅僧。諱は梵僊、字は竺仙。みずから来来禅子といい、最勝幢・思帰叟とも号した。中国明州の人。姓は徐氏。古林清茂の法をつぐ。一三二九年(元徳元)六月に来朝し、翌年二月に鎌倉にむかい、足利尊氏・同直義の帰依をうける。その後、鎌倉浄智寺に楞伽院を開き、京都南禅寺に住んだ。著書「竺仙和尚語録」。

じくん【慈訓】 691～777 「じきん」とも。奈良時代の僧。河内国の人。俗姓船氏。七四〇年(天平一二)審祥の華厳講経で複講師を勤め、華厳講師・宮中講師として活躍。七五六年(天平勝宝八)聖武天皇の看病の功で少僧都となる。七六〇年(天平宝字四)良弁らと僧位制改正を上奏。道鏡の台頭で七六三年僧綱を解任されたが、七七〇年(宝亀元)少僧都に復任。

しげおかのかわひと【滋岳川人】 ?～874.5.27 平安初期の陰陽道の達人。本姓は刀岐直、のちに滋岳朝臣を賜る。平安後期の安倍晴明の出現まで長く名声を誇った。没時は従五位上、陰陽頭兼陰陽博士・安芸権介。著書「世要動静経」「指掌宿曜経」「滋川新術遁甲書」「金匱新注」。

しげたしちえもん【茂田七右衛門】 ?～1670 江戸前期の越後国頸城郡の新田開発者。上野国小幡氏の牢人。一六三六年(寛永一三)越後国高田藩筆頭家老小栗五郎左衛門に招かれ、小幡氏牢人神戸三郎左衛門とともに大瀁郷の新田開発を請け負い七五〇〇石余を開発、四五年(正保二)三二七石を給された。五五年(明暦元)中谷内新田開発に協力、加増のうえ新田見立奉行兼煙硝蔵番となる。

しげとみへいざえもん【重富平左衛門】 ?～1681.2.18 江戸前期、久留米藩領筑後国生葉郡今竹村の庄屋。筑後川に最初に設けられた大石堰の築造にかかわった五庄屋のひとり。一六六三年(寛文三)旱魃を契機に藩に決死の嘆願をし、翌年一月藩営工事として許可がおり、延四万人を動員して六〇日余で完成、七五町歩の水田が開発された。その後水路は生葉・竹野・山本三郡に延長され、灌漑面積は一四〇〇町歩に及んだ。

しげのいきんかず【滋野井公麗】 1733.11.14～81.9.7 江戸中期の公家・有職故実家。正二位権大納言。祖父公澄に学び有職故実に精通。多くの著作を残し、単行書や「滋草拾露」と題する叢書によって伝わる。大塚嘉樹など門弟が多い。

しげのいきんずみ【滋野井公澄】 1670.11.21～1756.7.25 江戸中期の公家・有職故実家。高倉永敦の子で滋野井実光の養子。初名兼成。正二位権大納言。法名良覚。有職故実に精通し、野宮定基らとともに有職の四天王と称された。著作「管見野水抄」「簾中装束抄」。

しげのいけ【滋野井家】 藤原氏北家閑院流の三条家庶流。羽林家。平安末の三条公教の次男実国に始まる。神楽の家。一三五二年(文和元・正平七)実勝が横死して中絶。のち阿野家庶流の実益が再興するが、三代後の公古が一五六五年(永禄八)没して再び中絶し、五辻家の季吉が再興。江戸時代の家禄は一八〇石。公麗のとき三条家と嫡庶をめぐる相論をおこし、関白近衛内前に譴責される。維新後、公寿のとき伯爵。

しげのけんじろう【重野謙次郎】 1854.11.10～1930.11.5 明治期の政治家。出羽国村山郡生れ。東京の講法学社で法律を学び、代言人となる。一八八一年(明治一四)山形で民権結社の山形法律学社を結成。ついで東英社を結成し、活発な演説会活動を行った。山形県会議長をへて、九三年衆議院議員となり当選四回。

しげののさだぬし【滋野貞主】 785～852.2.8 平安前期の公卿・文人。父は伊蘇志臣家訳。延暦年間に滋野宿禰姓を賜る。八二三年(弘仁一四)に朝臣となる。女の縄子と奥子はそれぞれ仁明・文徳天皇の後宮に入る。八四二年(承和九)参議。淳和天皇の命で八二七年(天長四)勅撰詩文集「経国集」を、八三一年には事典「秘府略」を編纂。仏教を信奉し、自宅に慈恩寺を創建。

しげのやすつぐ【重野安繹】 1827.10.6～1910.12.6 明治期の歴史学者。鹿児島藩の郷士出身。号は成斎。藩校造士館助教のち文部省に入り、修史館一等編修官・同編修副長官。「大日本編年史」の編纂にあたり史料にもとづく実証主義史学を説く。臨時編年史編纂掛委員長兼帝国大学文科大学教授、史学会初代会長、貴族院勅選議員などを務めた。晩年は史学界の長老として重きをなす。漢詩人としても名高い。著書「赤穂義士実話」「国史眼」(共著)、「重野博士史学論文集」。

しげみつまもる【重光葵】 1887.7.29～1957.1.26 大正・昭和期の外交官・政治家。大分県出身。東大卒。外務省に入り、パリ講和会議随員などをへて、一九三〇年(昭和五)中国在勤中に日中関税協定を締結して対中国宥和に努めたが、満州事変となり挫折。三二年上海事変の収拾にあたるなかで爆弾を投げられ片脚を失う。三三年から三六年まで外務次官として日中提携政策を推進。以後、駐ソ・駐英・駐華大使をへて四三年四月に東条内閣の外相となり、小磯内閣では外相兼大東亜相に就任した。東久邇宮内閣でも外相を務め降伏文書に調印。極東国際軍事裁判で禁錮七年の刑をうける。五二年改進党総裁・衆議院議員となり、五四年日本民主党副総裁として鳩山内閣に入閣、副総理・外相として日ソ国交回復に努めた。

しげむねほうすい【重宗芳水】 1873.7.11～1917.12.30 明治・大正期の電気機械技術者、明電舎の創立者。山口県出身。一八八七年(明治二〇)上京、工手学校で電気機械技術を学び、九七年独立して東京市京橋区に明電舎を設立。明電舎モートルなどを製作し、一九一二年(大正元)に棚倉電気を創立、一七年明電舎を株式会社に改組し、社長に就任。

しげより【重頼】 1602～80.6.29 江戸前期の俳人。姓は松江。通称大文字屋治右衛門。別号は維舟・江翁。出雲国松江または大坂の人ともいう。京都で糸商か旅宿業を営んだ富裕な商人。昌琢に連歌を学び、宗因を知る。貞徳の指導をうけ、貞門七俳仙に数えられるが、「犬子集」編纂の折、立圃と対立し貞徳からも離れる。一六四五年(正保二)作法書「毛吹草」を出版すると、貞徳派から激しく攻撃された。「佐夜中山集」

「俳諧時勢粧(いまようすがた)」など、談林俳諧展開に貢献。

しこう【支考】 1665～1731.2.7 江戸前期の俳人。美濃国北野の人。姓は村瀬、のち各務(かがみ)。一六九〇年(元禄三)近江国大津の無名庵で芭蕉とはじめて対面し、のち入門。江戸に下って芭蕉の身辺を助けた。九四年伊賀で「続猿蓑(ぞくさるみの)」の撰に参加、芭蕉の臨終をみとる。理論家で「俳諧十論」ほか多くの俳論を著した。この一派は美濃派とよばれ、芭蕉没後地方に俳諧を普及させた功績は大きい。反面、俳諧の質的低下を招く。蕉門十哲の一人。

じこうじけ【慈光寺家】 宇多源氏の五辻(いつつじ)家支流。鎌倉時代の五辻遠兼の三男仲清に始まる。代々六位蔵人、上北面として院・天皇に仕え、四位に昇った。戦国期には伏見宮家に仕え、三木(みき)と号したが、江戸初期から慈光寺と号した。一七七二年(安永元)澄仲が従三位に叙されて堂上(とうしょう)に加えられ、家格は半家(はんけ)。家禄は蔵米三〇石三人扶持。神楽(かぐら)の家。維新後、有仲のとき子爵。

じざん【慈山】 1637～90.7.3 江戸前期の僧。字は妙立(みょうりゅう)、唯忍子と号す。美作国生れ。一七歳で剃髪し禅門に入るが、のち自誓受戒。大蔵経・天台三大部を読み、禅門の極意は天台宗の別意にすぎないと、天台宗に改宗。天台宗の宣布に努めたが、口伝法門を排し、小乗律を高揚して天台宗側に排斥される。天台律宗の拠点、安楽律院を弟子の光謙が創建し、開山一世となる。

ししくいやじろうえもん【宍喰屋次郎右衛門】 生没年不詳。近世前期の大坂町人。大阪市西区を東西に横断していた運河立売堀(いたちぼり)の完成者として知られ、宍喰屋橋(一九五六撤去)に名が残る。立売堀開削は一六二〇年(元和六)に始まり、中断後二六年(寛永三)に彼の手で完成された。七九年(延宝七)の「難波雀」によれば、立売堀に居住し、南組の惣年寄を勤めている。隠居後は佐渡屋町を隠居屋敷として購入し、新町廓の瓢箪町に支配を任せたともいう。

●四条家略系図

家成┬隆季─隆房─隆衡┬隆綱─隆行─隆政┬隆有[西大路]
　　│　　　　　　　　│　　　　　　　　└隆蔭[油小路]
　　│　　　　　　　　├隆親┬房名＝隆名─隆宗─隆郷─隆直─隆盛─隆量……隆謌(伯爵・侯爵)
　　│　　　　　　　　│　　├隆顕─隆実─隆資─隆俊
　　│　　　　　　　　│　　└隆良[鷲尾]
　　│　　　　　　　　└貞子
　　└実教[山科]

ししどさまのすけ【宍戸左馬之介】 1804.8.13～64.11.12 幕末期の萩藩士。名は真澂、通称九郎兵衛、のち左馬之介。号は橘廂。一八六四年(元治元)大坂藩邸留守居役。禁門の変では天王山に布陣。のち大坂藩邸を幕吏に引き渡し帰藩するが、藩政を掌握していた保守派により萩の野山獄で斬首。前大津・先大津両宰判(さいばん)の「防長風土注進案」を校訂。

ししどたまき【宍戸璣】 1829.3.15～1901.9.30 幕末期の萩藩士、明治期の政治家。山県太華(たいか)の養子となる。尊王攘夷運動に従事、第二次長州戦争の際に幕府側との交渉にあたる。維新後、司法大輔・清国公使・参事院議官・元老院議官を歴任。貴族院議員にも勅選されたが、木戸孝允(たかよし)の没後はあまり振わなかった。子爵。

ししのなかば【宍野半】 1844.9.9～84.5.13 明治前期の神道家。扶桑(ふそう)教の教祖。薩摩国生れ。平田鉄胤(かねたね)の門に入る。神道家田中頼庸(よりつね)は学友。一八七三年(明治六)教部省に出仕。同年官を退いて富士浅間神社宮司となり、富士一山(いちざん)講社を組織。七五年に造化三神・三条教則を教義として扶桑教会を設立、教会長となる。のち神道扶桑教初代管長。

ししぶんろく【獅子文六】 1893.7.1～1969.12.13 昭和期の小説家・劇作家。神奈川県出身。本名岩田豊雄。慶大中退。一九二二年(大正一一)演劇研究のため渡欧。二五年帰国後、戯曲の翻訳や創作・評論・演出などに活躍。岸田国士らと文学座を創設。獅子文六の筆名で「悦ちゃん」(一九三六～三七)などユーモア小説を執筆、人気を博した。文化勲章受章。

じしゅう【慈周】 1734～1801.3.10 江戸中期の天台宗の僧。漢詩人。字は六如(りくにょ)。号は白楼・無着庵。近江国生れ。父は医者の苗村介洞。一七四四年(延享元)出家。幼くして学問を好み、彦根の野村東皐(とうこう)に詩文を学び、のちに江戸に遊学して宮瀬竜門に師事する。江戸明静院に住して井上金峨(きんが)と交わり、のち京都・江戸・近江柏原などに住し諸詩人と親交をもった。詩風の革新につとめ、近世詩壇の宗匠と評された。

じしょう【慈昌】 1544～1620.11.2 織豊期～江戸前期の浄土宗の僧。貞蓮社源誉存応と号し、諡号(しごう)は普光観智国師。武蔵国由木生れ。郷里の時宗宝台寺で受戒。一五六一年(永禄四)岩瀬大長寺の存貞に師事し、浄土宗に転じた。川越蓮馨寺・与野長伝寺をへて、八四年(天正一二)江戸増上寺一二世となる。六年後の徳川家康の関東入国後、増上寺は徳川家の菩提所となった。その後も家康の手厚い保護をうけ知恩院と並ぶ名刹となり、慈昌も紫衣綸旨を得る。著書「浄土論蔵集」。

しじょうけ【四条家】 藤原氏北家末茂(まつも)の嫡流。羽林(うりん)家。平安末期の家成の子隆季に始まる。家名は隆季が四条大宮に邸宅を構えたことにちなむ。代々院近臣として活躍し、天皇の乳父(めのと)・

乳母が多くでた。山城国白河の善勝寺を同族祭祀の寺とし、一門の結合の紐帯とした。善勝寺長者には当家を中心にした一族の有力者がなった。「正元二年(一二六〇)院落書」に「四条権威アリアマリ」と書かれた権臣隆親から家号が定まり、長男房名と嫡子隆顕の二流にわかれたが、後醍醐天皇の近臣として知られる隆顕流の隆資が戦死し、この一流は絶えた。江戸時代の家禄は一八〇〇石。包丁道・笙の家。幕末・維新期に活躍した隆謌は七卿落ちの一人。維新後、伯爵、のち侯爵。

しじょうたかうた【四条隆謌】 1828.9.9～98.11.23 幕末・維新期の公家。隆生の次男。一八六三年(文久三)国事寄人。八月十八日の政変で失脚、長門国萩藩領に流寓。のち筑前国大宰府に移送。王政復古で従四位上に復した。六八年(明治元)中国四国鎮撫総督・仙台追討総督をへて、翌年陸軍少将。八一年中将で退役。八四年伯爵、九一年侯爵。

しじょうたかかげ【四条隆蔭】 1297～1364.3.14 鎌倉末～南北朝期の公卿。父は隆政。油小路家の祖。持明院統に属し、元弘の乱で光厳天皇が践祚すると参議になったが、建武政権ではその職を止められた。南北朝分裂後、北朝で参議に復し、一三四七年(貞和三・正平二)権大納言まで進んだが五〇年これを止められ、六四年(貞治三・正平一九)出家、法名頼祭(頼乗)。

しじょうたかすけ【四条隆資】 1292～1352.5.11 鎌倉末～南北朝期の公卿。父隆実が早世したため祖父隆顕の猶子となる。後醍醐天皇に重用され、「太平記」によれば正中の変にも加担。元弘の乱では後醍醐天皇の笠置城臨幸に従ったのち逐電。建武政権では雑訴決断所・恩賞方などに加わる。南北朝分裂後は南朝に赴き、一三五一年(観応二・正平六)従一位権大納言。翌年、足利義詮と男山八幡で戦い敗死。

しじょうたかひら【四条隆衡】 1172～1254.12.18 鎌倉前・中期の公卿。父は歌人として有名な権大納言隆房。母は平清盛の女。一二〇二年(建仁二)参議となり、のち正二位権大納言。院近臣として、後鳥羽上皇の年預、北白河院の勅別当・執事となった。二七年(安貞元)出家し、鷲尾大納言と号した。「新勅撰和歌集」などに入集。

しじょうてんのう【四条天皇】 1231.2.12～42.1.9 在位1232.10.4～42.1.9 後堀河天皇の第一皇子。名は秀仁。母は九条道家の女藻璧門院竴子。一二三一年(寛喜三)皇太子となり、翌年後堀河天皇の譲位により即位。外祖父の道家や道家の岳父西園寺公経らが政治の実権を握った。四二年(仁治三)天皇の没後、道家は順徳上皇の皇子を皇嗣に推したが幕府に拒絶され、幕府の推す後嵯峨天皇の即位まで、皇位は一一日間空白となった。

しじょうのみやのしもつけ【四条宮下野】 生没年不詳。平安中期の歌人。下野守源政隆の女。後冷泉天皇の皇后四条宮寛子(藤原頼通の女)に仕えた。寛子が主催した一〇五六年(天喜四)の「皇后宮春秋歌合」などにも参加し、宮家女房の中心的存在として後冷泉朝歌壇で活躍した。家集「四条宮下野集」は、一八年にわたる後宮生活を日記風に描く。「後拾遺集」以下の勅撰集に六首入集。

しじょうよりもと【四条頼基】 ?～1296? 鎌倉中期の武将。北条氏一族江馬氏の被官。父は中務頼員。三郎左衛門・四条金吾と称する。法名は日頼。日蓮の信頼を得、一二七一年(文永八)の竜口の法難では日蓮に殉じようとしたが、主家の助命でことなきを得た。医術にも通じ、重病の名越光時を救った。日蓮の「開目鈔」をはじめとする書状群を伝え、のち甲斐国八代郡内船村に隠棲。

しずかごぜん【静御前】 生没年不詳。平安後期～鎌倉前期の白拍子。母は磯禅師。源義経の妾。一一八五年(文治元)義経の都落ちに従うが、吉野山中で捕らえられ、翌年鎌倉に護送され尋問をうけた。四月八日強要され鶴岡八幡宮の廻廊で歌舞を披露、五月二七日大姫のために勝長寿院でも舞う。閏七月二九日義経の男子を出産。この間、梶原景茂ら御家人がいい寄ったが、毅然として退けた。男子が殺害されたのち帰京。

したく【思託】 生没年不詳。奈良時代の唐からの渡来僧。俗姓王氏。鑑真に師事し戒律・天台を学ぶ。七五四年(天平勝宝六)鑑真に従い法進らとともに来朝。鑑真を援助して戒律の普及につとめ、道璿の招請に応じて大安寺唐院などで戒律を講じた。神護景雲年間に西大寺の八角塔を設計し、七七九年(宝亀一〇)頃東大寺で攘災のため大仏頂行道を行った。延暦末年頃入寂か。著書「大唐伝戒師僧名記大和上鑑真伝」「延暦僧録」。

したでるひめ【下照姫】 「古事記」では下照比売・下光比売。別名は高姫・稚国玉。オオナムチの女でアジスキタカヒコネの妹。シタデルは美しく照り輝く意。シタは赤色とも、下まで照り輝くの意ともされる。一説に雷神。葦原中国平定のために天から降ったアメワカヒコの妻となる。「古事記」には兄の名を明らかにするために歌った歌を夷振として載せる。「先代旧事本紀」は倭国葛上郡雲櫛社に鎮座と記す。

しだとし【志田順】 1876.5.28～1936.7.19 大正・昭和前期の地球物理学者。千葉県出身。東大卒。京都帝国大学教授。京都市上賀茂に観測所を作り、地球潮汐を観測。一九一八年(大正七)京都帝国大学に地球物理学講座を新設し、地球の剛性および地震動の研究に貢献。地震初動の象限型分布を発見し、深発地震の存在を提言。西日本の各地に地震観測所を建設した。学士院恩賜賞受賞。

しだやば［志太野坡］ ⇨野坡

じちえ［実恵］ 786〜847.11.13/12.12　「じつえ」とも。檜尾僧都・道興大師とも。平安前期の真言宗僧。俗姓佐伯氏。讃岐国生れ。大安寺の泰基に法相教学を学び、空海から灌頂をうけた。八一二年（弘仁三）高雄山寺三綱に任じられ、八一六年から高野山開創に尽力。八二七年（天長四）勧心寺を創建。八三六年（承和三）東寺長者となり、のち東寺二長者を創設。また東寺灌頂院を創建して伝法・結縁灌頂の場とした。八四五年には綜芸種智院を売却して得た丹波国大山荘の収入で東寺伝法会を創始した。

しちじょういん［七条院］ 1157〜1228.9.16　高倉天皇の後宮。後鳥羽天皇などの母。名は殖子。後白河上皇の近臣藤原信隆の女。兵衛督局と称して高倉天皇の中宮建礼門院徳子に仕えたが、のち高倉天皇の典侍となり、天皇との間に守貞親王（後高倉院）・後鳥羽天皇を生む。一一九〇年（建久元）四月、従三位・准三后・院号宣下。後鳥羽上皇との関係はきわめて親密で、国母として権勢をもち、多くの荘園を所有した。姪の西御方（坊門信清の女）が後鳥羽上皇との間に生んだ道助法親王を猶子として養育。

しちじょうけ［七条家］ 藤原氏北家道隆流の水無瀬家庶流。水無瀬氏成の次男隆脩を祖とし、元和年間（一六一五〜二四）に創立。家格は羽林家だが、実際には参議になったのが最高。家禄は一五〇石、のち二〇〇石。維新後、信義のとき子爵。

じちん［慈鎮］ ⇨慈円

しづかねうじ［志津兼氏］ ⇨兼氏

じつかわえんじゃく［実川延若］ 歌舞伎俳優。幕末期から三世を数える。屋号は河内屋。俳名正鴈。初世（一八三一〜八五）は本名天星庄八。明治初期大阪の和事の名手。愛敬を含んだ色気のある芸風は、正鴈風として伝えられる。二世（一八七七〜一九五一）は初世の長男。本名天星庄右衛門。明治末期から昭和の半ばに至る関西劇壇の重鎮。父譲りの和事をはじめ、義太夫狂言の実事にもすぐれた。芸術院会員。三世（一九二一〜九一）は二世の長男。本名天星昌三。

じつかわがくじゅうろう［実川額十郎］ 歌舞伎俳優。江戸後期に二世を数える。屋号は井筒屋。初世（一七八二〜一八三五）は初世浅尾工左衛門の高弟。一八三三年（天保四）改姓し、実川家の系祖となる。和事・実事と武道事を得意とし、京坂で名人と称された。俳名鬼丈のち延若。二世（一八一三〜六七）は幕末京坂の和事の名人。初世の養子。俳名延若のち延賞。

しづきただお［志筑忠雄］ 1760〜1806.7.8/9　江戸中期の天文学者・蘭学者。本姓中野。名は盈長・忠次郎、のち忠雄。号は柳圃。字は季飛・季竜。長崎生れ。一七七六年（安永五）養父のオランダ通詞志筑孫次郎の跡を継いで稽古通詞となるが、翌年、病身を理由に辞職。中野姓に復し、蘭書の翻訳・研究に励む。主著「暦象新書」では、ニュートン、ケプラーの諸法則や地動説を紹介し、弾力・重力・求心力・遠心力・加速などの術語の訳出を行うほか、独自の展開をもみせている。オランダ語学・文法研究では「助字考」「和蘭詞品考」を著す。またケンペルの「日本誌」から「鎖国論」を抄訳するなど、思想家としても高く評価される。

じっちゅう［実忠］ 726〜?　奈良時代の僧。良弁に師事して華厳を修め、七六〇年（天平宝字四）目代となる。東大寺をはじめ西大寺・西隆寺の造営事業に参画し、大仏光背の造作や百万塔を収める小塔殿・頭塔（土塔）の造営を行った。東大寺の少鎮、三綱寺主・上座、造寺所知事などを歴任し、東大寺の実務面で活躍した。八一五年（弘仁六）には一生の事業を列記した「東大寺権別当実忠二九カ条」を著した。東大寺二月堂の十一面悔過会は実忠の創始という。

じつにょ［実如］ 1458.8.10〜1525.2.2　室町中期〜戦国期の浄土真宗の僧。諱は光兼。蓮如の第八子。本願寺九世。長兄順如の死後法嗣となり、一四八九年（延徳元）本願寺九世となった。北陸門徒へ一揆禁止など三カ条の戒めを発布したり、本願寺一族を一門衆（嫡男）と一家衆（次男以下）にわける一門一家制を設置したり、蓮如の文書から八〇通を選んで「御文」として流布させるなど、父蓮如のときに膨張した本願寺教団の整備と護持に努めた。

じっぱん［実範］ ?〜1144.9.10　中川中将上人・中川律師とも。平安後期の顕密兼学僧。参議藤原顕実の子。字は本願。興福寺で法相教学を学び、醍醐寺の厳覚と高野山の教真に真言教学、比叡山の明賢に天台教学を学ぶ。一時円成寺に隠棲し、のち中川寺を開いて真言・法相・天台兼学の道場とした。また戒律復興を唱えて一一二二年（保安三）「東大寺戒壇院受戒式」を定めた。藤原忠実・同頼長・同宗忠の帰依をうけた。晩年は浄土教を奉じ、山城国光明寺に住した。

じっぺんしゃいっく［十返舎一九］ 1765〜1831.8.7　江戸後期の戯作者。本名は重田貞一。駿河国府中生れ。近松余七の名で大坂で浄瑠璃修業ののち、江戸の蔦屋の食客となる。「心学時計草」などの黄表紙を自作・画で発表以後、毎年一〇種以上の黄表紙を出した。「化物太平記」が発禁となる事件もあったが、洒落本・滑稽本・合巻・人情本・読本・噺本・往来物と多くの分野で活躍。とくに滑稽本「東海道中膝栗毛」が好評で、東海道編以後二一年にわたって書き継がれた。合巻「金草鞋」「滑稽旅加羅寿」や読本

「通俗巫山夢(ふざんのゆめ)」も滑稽本的要素が強く、式亭三馬や曲亭馬琴などとの違いをみせる。「清談峰初花(みねのはつはな)」は人情本の先駆とされる。

しではらきじゅうろう【幣原喜重郎】 1872.8.11～1951.3.10　大正・昭和期の外交官・政治家。大阪府出身。東大卒。一九一九年(大正八)駐米大使に任じられ、ワシントン会議の全権もつとめた。ワシントン・ロンドン両海軍軍縮条約締結にあたり、ワシントン体制下の国際協調に努力。二回にわたる民政党内閣期に外相となり、対中政策では経済進出に重点をおいた、いわゆる幣原外交を展開したが、戦時色が強まるとともに第一線から退いた。占領開始後に再登場して組閣、民主化政策とくに新憲法草案の作成をめぐってGHQとの交渉にあたった。新憲法(日本国憲法)第九条の戦争放棄規定は幣原の思想に一起源があるという説もある。四九～五一年衆議院議長。

しではらひろし【幣原坦】 1870.9.18.～1953.6.29　明治～昭和期の歴史学者・官僚。大阪府出身。政治家幣原喜重郎の兄。東大卒。鹿児島造士館教授・山梨県立中学校校長・東京高等師範教授・文部省視学官兼東京帝国大学教授をへて一九一三年(大正二)広島高等師範校長、二八年(昭和三)台北帝国大学初代総長、四二年興南錬成院初代院長。四六年に枢密顧問官となる。

しどうけん【志道軒】 ⇨深井志道軒(ふかいしどうけん)

じとうてんのう【持統天皇】 645～702.12.22　在位690.1.1～697.8.1　鸕野讃良(うののさらら)皇女・高天原広野姫(たかまのはらひろののひめ)天皇と称する。天智天皇の皇女。母は蘇我倉山田石川麻呂の女遠智娘(おちのいらつめ)。大海人(おおあま)皇子(天武天皇)と結婚し、壬申の乱では行動をともにし、天武即位と同時に皇后となった。六八六年(朱鳥元)天武死後、即位せずに政治を行う称制に入り、実子で皇太子の草壁(くさかべ)皇子への謀反を理由に大津皇子を自害させた。草壁が没するとみずから即位し、天武の方針をうけつぎ、飛鳥浄御原令(きよみはらりょう)を施行し、庚寅年籍(こういんねんじゃく)を作って律令にもとづく政治を進めた。藤原京への遷都後、六九七年(文武元)草壁の子軽(かる)皇子(文武天皇)を皇太子に定め、同年譲位してみずからは太上天皇となり、天皇とともに律令制の基盤を作った。

シドッティ Giovanni Battista Sidotti 1668～1714.10.21　シドッチとも。イタリアのシチリア島生れの宣教師。鎖国下の日本布教を志し、一七〇八年(宝永五)和服帯刀姿で屋久島に単独上陸。ただちに捕らえられ長崎で取調べをうけた。翌年江戸で新井白石に四回直接訊問され、小石川のキリシタン屋敷に幽閉される。一四年(正徳四)雑役の長助・はる夫婦に授洗したため、地下牢に移され衰弱のため没した。白石はシドッティの人格・学識を評価し、「天主教大意」「西洋紀聞」「采覧異言(さいらんいげん)」の記録を残し、鎖国下のキリスト教理解、洋学勃興の道を開いた。

しながわやじろう【品川弥二郎】 1843.閏9.29～1900.2.26　幕末期の萩藩士、明治期の藩閥政治家。松下村塾に学び尊王攘夷運動に従事、第二次長州戦争では御楯隊参謀として軍功をあげ、薩長連合締結にも連絡役を務めた。維新後、内務少輔・農商務大輔・ドイツ公使などを歴任。一八九一年(明治二四)第一次松方内閣の内相。翌年第二回総選挙の選挙干渉責任問題で辞任。同年夏に国民協会を結成したが、第二次伊藤内閣と対立して不振に終わった。子爵。

しなのげんじ【信濃源氏】 信濃国を拠点とした清和源氏。頼信の次男頼清流の村上氏、三男頼季流の井上・高梨両氏、頼信の長男頼義の子義光流の小笠原・平賀・武田各氏らがある。源平内乱頃から顕著に活躍し、鎌倉御家人となった者が多く、平賀(大内)義信は源頼朝重臣として武蔵守となった。小笠原氏も室町時代に信濃国守護となる。

しなののぜんじゆきなが【信濃前司行長】 生没年不詳。「徒然草(つれづれぐさ)」に「平家物語」の作者として記された人物。後鳥羽上皇時代の楽府(がふ)論議で面目を失い、「五徳の冠者」とあだ名され遁世。のちその才を惜しんだ慈円(じえん)に扶持され、東国出身の琵琶法師生仏(しょうぶつ)を介して武士に武家弓馬の業をただしながら「平家物語」を作り、生仏に語らせたという。出自も不詳だが、慈円の兄九条兼実の家司で「玉葉」などにみえる下野守藤原行長とされる。行長は「平家物語」の「行隆之沙汰」に描かれる藤原(中山)行隆の子で中山中納言顕時の孫、母は美福門院越前。元久詩歌合作者。ただし信濃守となった確証はない。「尊卑分脈」「醍醐雑抄」は従弟の葉室時長作者説をとる。これによると、行長作者説は「平家物語」成立と中山家との関係を示すとも考えられる。

しのざきしょうちく【篠崎小竹】 1781.4.14～1851.5.8　江戸後期の文人・儒者。名は弼、字は承弼、別号は南豊。大坂生れ。豊後出身の医者加藤周貞の子。古文辞学派篠崎三島(さんとう)に学び、養子となる。江戸に出て昌平黌で古賀精里(せいり)に学ぶ。帰坂後、私塾梅花社でおもに朱子学を講じ、町儒者として名声高く全国から入門者があった。大坂住いをしていた豊後の田能村竹田(たのむらちくでん)や頼山陽ら京摂の文人と交遊があり、詩と書にすぐれ、書法帖に揮毫をよくした。詩集「小竹斎詩抄」。

しのざきとうかい【篠崎東海】 1687.2.8～1739.7.1　江戸中期の儒学者・国学者。名は維章、通称金吾、東海は号。はじめ医学を志したが儒学に転じ、荻生徂徠(おぎゅうそらい)に学んでその才をうたわれた。のち京都で伊藤東涯にも学ぶ。長く江戸呉服橋で塾を開き、経史を講じた。和学にも造詣が深く、「故実拾要」などの著作を残す。

しのそうしん【志野宗信】 1442/45～1523.8.1/18 室町中期～戦国期の香道家、志野流の開祖。号は松隠軒。八代将軍足利義政に仕え、その命により聞香(もんこう)の規則や作法を研究して香道を大成。一五〇一年(文亀元)連歌師牡丹花肖柏(ぼたんかしょうはく)らとともに十番名香合せをしたことは有名。茶道の開祖村田珠光(じゅこう)とも交遊し、茶器の鑑定にもすぐれた。また連歌にも堪能であったらしく、室町中期の将軍を中心とした文化人集団の中心的な役割を担ったらしい。

しのはらくにもと【篠原国幹】 1836.12.5～77.3.4 明治初期の軍人。鹿児島藩士の子。藩校造士館に学ぶ。一八六二年(文久二)の寺田屋騒動に連坐。薩英戦争・戊辰戦争に従軍。七一年(明治四)御親兵に加わり陸軍大佐に任官。明治六年の政変に際し西郷隆盛に従って下野、鹿児島に帰る。七四年、桐野利秋らとともに私学校を設立し教育にあたる。七七年に西南戦争がおこると西郷軍の一番大隊長として出征、戦死した。

しのはらすけいち【篠原助市】 1876.6.6～1957.8.2 大正・昭和期の教育哲学者。愛媛県出身。京大卒。東京高等師範学校教授・東京文理科大学教授・東北帝国大学教授などを歴任。ドイツ観念論哲学に依拠して独自の教育学体系を構築した。一九三四年(昭和九)から文部省教育調査部長を兼任し、中等学校・師範教育改革に関与。著書「理論的教育学」。

しのはらながふさ【篠原長房】 ?～1573.5.13 戦国期の武将。右京進・弾正少弼。法名岫雲(しゅううん)。もとは阿波国守護細川持隆の被官。一五六二年(永禄五)三好三人衆に応じ、阿波から足利義栄(よしひで)・細川真之(まさゆき)(持隆の子)・三好長治(ながはる)を奉じて摂津へ入るが、織田信長の上洛で真之・長治とともに阿波へのがれた。七〇年(元亀元)信長と和し、翌年備前国児島で毛利氏と戦う。長治のもとで分国法新加制式も制定。七三年(天正元)長治の命をうけた十河存保(そごうながやす)らに攻め殺された。

●● 斯波氏略系図

家氏─宗家─宗氏┬高経┬家長
　　　　　　　　│　　├義将─義教(義重)┬義淳
　　　　　　　　│　　│　　　　　　　　└義郷─義健┬義敏……義銀
　　　　　　　　│　　│　　　　　　　　　　　　　└義廉
　　　　　　　　│　　└義種─満種─持種─義敏
　　　　　　　　└家兼┬直持[大崎]
　　　　　　　　　　　└兼頼[最上]

しのぶせいざぶろう【信夫清三郎】 1909.4.8～92.10.10 昭和期の政治・外交史学者。父淳平は国際法学者、兄韓一郎は朝日新聞代表取締役。韓国仁川に生まれる。九大卒。マルクス主義的立場から近代日本政治・外交史を研究、とくに大正政治史研究の先駆となった。一九五〇～七三年(昭和二五～四八)名古屋大学法学部教授。日本政治学会理事長。著書「日清戦争」(発禁により「陸奥外交」と改題改訂)、「大正政治史」「大正デモクラシー史」「安保闘争史」「日本政治史」。

しばいえかね【斯波家兼】 1308～56.6.13 南北朝期の武将。宗氏の子。初名時家。彦三郎。伊予守・左京権大夫。室町幕府成立後、初代の若狭国守護。のち足利尊氏方として引付頭人を勤める。奥州管領(かんれい)吉良満家による支配を補強・牽制し、幕府の奥州統治を強化するため、一三五四年(文和三・正平九)将軍尊氏の命で奥州管領として下向。在職二年で病没したが、長子直持が奥州管領を継承して大崎氏の祖となり、次子兼頼は羽州探題最上(もがみ)氏の祖となった。

しばいえなが【斯波家長】 ?～1337.12.25 鎌倉末～南北朝初期の武将。足利氏一門の高経の子。通称尾張弥三郎。一三三五年(建武二)建武政権に反旗をひるがえした足利尊氏から奥州大将軍に起用され、北畠顕家に対抗。同年顕家が上洛すると、鎌倉府執事として幼少の足利義詮(よしあきら)を補佐、関東・奥羽諸国の軍事指揮や所領の処分などにあたった。三七年(建武四・延元二)陸奥守に任じられるが、再度上洛をはかる北畠軍の攻撃をうけ、鎌倉の杉本寺で自刃。

しばこうかん【司馬江漢】 1747～1818.10.21 江戸中・後期の洋風画家。江戸生れ。本姓安藤氏。明和・安永年間を中心に狩野派・南蘋(なんぴん)派・浮世絵派などの多様な画法を習得した後、写実的な表現への指向を明確にする。一七八三年(天明三)日本最初の腐食銅版画(エッチング)の制作に成功。寛政年間以降、油彩画の制作が盛んになり、西洋画の模写をへて、油彩画の技法による日本風景画を完成した。天文学・地理学など西洋の学問への強い関心を示したが、晩年の言動には老荘思想の影響が色濃く、絵画制作にも東洋への回帰が認められる。代表作「三囲景図(みめぐりけいず)」「相州鎌倉七里浜図」、著書「西洋画談」「和蘭天説」「西遊(さいゆう)日記」「春波楼(しゅんぱろう)筆記」。

しばし【斯波氏】 室町幕府の管領家。清和源氏。足利泰氏の子家氏(いえうじ)が陸奥国斯波(紫波(しわ))郡を領したのに由来。家氏の曽孫高経(たかつね)までは足利氏を称した。高経は足利尊氏に従って新田義貞との戦いに活躍し、一時足利義詮(よしあきら)の幕府政治をたすけた。高経の子義将(ゆきまさ)以来嫡流は室町幕府の管領家となり、越前・尾張・遠江を領国とした。一六世紀半ば義敏・義廉(よしかど)の家督争いがおこり、応仁・文明の乱の一因となる。これ以降衰え、領国も朝倉・織田・今川氏に奪われた。なお高経の弟家兼は奥州探題となり、子孫から大崎氏・最上(もがみ)氏が出た。

しばしろう【柴四朗】 ⇨東海散士(とうかいさんし)

しばすけひろ【芝祐泰】 1898.3.19～1982.10.10 大正・昭和期の雅楽家。東京都出身。南都方の雅楽伝承者の家系に生まれる。祐夏(すけなつ)の子。一九一二年(明治四五)東京音楽学校バイオリン科入学、一四年(大正三)宮内省雅楽練習所に入所。二二年宮内省楽部の楽師、五〇年(昭和二五)から楽長、五五年退官。五六年国立音楽大学教授、七五年同大学名誉教授。日本芸術院会員。竜笛(りゅうてき)・琵琶・左方舞・バイオリンが専門。四八年から林謙三らと正倉院楽器の調査研究に参加。著書「雅楽通解」「五線譜による雅楽総譜」「五線譜による雅楽歌曲集」。

しばぜんこう【芝全交】 1750.6.19～93.5.27 江戸中期の黄表紙作者。本名は山本藤十郎。狂言師のかたわら黄表紙を制作。三一歳のときに出した「時花兮鶸茶曾我(はやりやすびわちやそが)」以来、約四〇種の黄表紙を発表。多芸な通人で教養もあり、不況のために千手観音が手の賃貸しをする「大悲千禄本(だいひのせんろっぽん)」などの軽い趣向で筆禍の時代を乗りこえた。

しばたかついえ【柴田勝家】 ?～1583.4.24 織豊期の武将。織田信長の老臣で、近江・北陸侵攻に戦功をあげ、一五七五年(天正三)北庄(きたのしょう)城主となる。越前国支配を許され、府中三人衆の前田利家・佐々成政・不破光治が目付として入封し、金森長近も指揮下に加わった。領内では検地や農民から武器を没収するなど、一向一揆に対する諸政策を断行し、八〇年には加賀一向一揆を事実上平定。さらに信長の北陸侵攻の中核として越後の上杉景勝に対した。八二年本能寺の変後、信長の後継者争いで、豊臣秀吉との対立を深めた。翌年賤ケ岳(しずがたけ)の戦で秀吉に敗れ、北庄城で夫人小谷(おだに)の方(信長の妹)とともに自刃。

しばたかつね【斯波高経】 1305～67.7.13 南北朝期の武将。宗氏の子。母は長井時秀の女。孫三郎。尾張守・修理大夫。法名玉堂・道朝。元弘の乱以来足利尊氏に属し、建武政権・室町幕府の越前国守護となる。一三三八年(暦応元・延元三)同国藤島で新田義貞を討ち、のち若狭国守護も兼任。観応の擾乱では足利直義(ただよし)方に属すが、やがて尊氏に帰順。その後足利直冬方に転じ、まもなく尊氏に帰参。尊氏死後、佐々木高氏(京極導誉(どうよ))と結んで執事細川清氏を失脚させ、六二年(貞治元・正平一七)四男義将(よしゆき)を執事とし、自分は後見して管領と称された。その後対立した導誉与党の勢力を削減しながら斯波氏の基盤を強化、その領国は越前・若狭・越中・山城四カ国に及ぶ。六六年、導誉らの反撃で失脚、帰国して越前国杣山(そまやま)城にこもり、翌年病没。

しばたきゅうおう【柴田鳩翁】 1783.5.5～1839.5.3 江戸後期の心学者。名は亨、通称は謙蔵、鳩翁は失明・剃髪後の号。京都の商家の生れで、二〇歳前に両親を失って困苦の生活を送り、二八歳のとき軍書の講談を始めて成功。のち京都の時習舎で石門心学に入門。四五歳で失明後もひたすら研究に努め、心学の普及に貢献。庶民層にとどまらず、大名や旗本にも多くの支持者をえるとともに、心学の原理を朱子学によって基礎づけた。軍書講談の体験を生かした、巧妙な話術にもとづく生彩あふれる道話は、彼の真骨頂であった。自伝「よしなし言」のほか、道話を筆記した「鳩翁道話」がある。

しばたけいた【柴田桂太】 1877.9.20～1949.11.19 明治～昭和期の植物学者。東京都出身。東大卒。ドイツ留学。植物の受精・胚発生の研究から植物生理学に進む。フラボン体の研究で学士院恩賜賞受賞。東京帝国大学教授として植物生理化学講座を担当。呼吸酵素チトクロームの学説で知られる。岩田植物生理化学研究所所長・文部省資源科学研究所所長。

しばたしげいえ【新発田重家】 ?～1587.10.25 戦国期～織豊期の越後の武将。父は綱貞。因幡守。はじめ上杉謙信に属し、謙信没後は一時上杉景勝に属したが、一五八一年(天正九)以後は織田信長について景勝に抵抗。本能寺の変後、景勝が豊臣秀吉と結ぶと重家は佐々成政(さっさなりまさ)と同盟したが、八七年景勝軍の攻撃で新発田城が陥落、重家も戦死、新発田氏は滅亡した。

しばたしゅうぞう【柴田収蔵】 1820.6.26～59.4.10 江戸後期の地理学者・蘭方医。名は抎(うん)、字は士登(しとう)、半島漁人と号した。みずからは新発田姓を用いた。佐渡国宿根木の生れ。少年時に地元の絵師から絵画・篆刻(てんこく)を学び、江戸に出て医学を修めた。一八五二年(嘉永五)「新訂坤輿(こんよ)略全図」を、翌年「万国地名捷覧(しょうらん)」を刊行。五四年(安政元)天文方雇となり、官版「重訂万国全図」作図に協力、私に「蝦夷接壌全図」を刊行。五六年蕃書調所絵図調出役に任じられた。

しばたぜしん【柴田是真】 1807.2.7～91.7.13 江戸末～明治期の漆芸家。江戸生れ。幼名亀太郎。古満寛哉(こまかんさい)に蒔絵を、鈴木南嶺(なんれい)に四条派の絵画を学び、蒔絵のほかに漆絵による作品も数多く残す。明治期以降、多くの展覧会に出品し、小川松民・川之辺一朝らとともに日本漆工会の創設者の一人となる。一八九〇年(明治二三)帝室技芸員。弟子に池田泰真・柴田令哉がいる。代表作は東京国立博物館蔵の烏鷺(うろ)蒔絵菓子器。

しばたっと【司馬達等】 鞍部(案部)村主(くらつくりのすぐり)司馬達等・桉師首(くらつくりのおびと)達等とも。生没年不詳。六世紀頃の渡来人。鞍作多須奈(たすな)の父。鞍作鳥の祖父。仏教公伝以前から仏教を信奉したとされ、公伝後も蘇我氏のもとで仏像の将来や法会の開催など、仏教の移入に深くかかわった。

しばたはなもり【柴田花守】 1809.1.8～90.7.11 江戸後期～明治期の宗教家。不二道第一〇世教主。肥前国小城藩士三枝(柴田)礼助の子。幼名は権次郎、咲行とも称した。肥前で平田派国学を学び、のち一八歳で不二道の小谷三志に入門。諸国で布教し、勤王派志士と交流した。一八七八年(明治一一)実行社を組織。八二年に神道実行派として独立し、八四年には実行教の初代管長となった。著書「本教大記」「古道或問」。

しばたみのる【柴田実】 1906.1.11～97.3.16 昭和・平成期の日本史学者。京都市出身。石門心学者柴田鳩翁の曾孫。京大史学科卒。京大文学部助教授・教授、関西大学・仏教大学教授などを歴任。日本文化史、とりわけ江戸時代の庶民信仰や庶民教育の研究にあたり、石田梅岩と石門心学について多くの業績がある。また心学明倫学舎舎長を務めた。著書「日本文化史研究」「梅岩とその門流」など。

しばたゆうじ【柴田雄次】 1882.1.28～1980.1.28 大正・昭和期の化学者。東京都出身。東大卒。ヨーロッパ留学、一九一九年(大正八)東京帝国大学教授。金属錯塩の吸収スペクトルから構造と発色を、また日本の火山・温泉化学を研究。名古屋大学教授として理学部の創設に努力。東京都立大学初代総長。日本学士院院長。学問の国際的協力に尽力。学士院恩賜賞受賞。

しばていきち【斯波貞吉】 1869.8.17～1939.10.14 明治～昭和前期の新聞記者・政治家。福井県出身。一八八九年(明治二二)オックスフォード大学に留学。帰国後東大卒、各地で教鞭をとる。九八年二月「万朝報」に外報記者として入社、のち主筆兼編集長になる。一九二四年(大正一三)衆議院議員に初当選後、退社。立憲民政党に所属し没時まで現役議員で活躍。

しばのりつざん【柴野栗山】 1736～1807.12.1 江戸後期の朱子学派の儒者。名は邦彦、字は彦輔。讃岐国生れ。高松藩儒の後藤芝山に学んだのち、江戸の昌平黌で修学。一七六七年(明和四)阿波国徳島藩に儒官として仕える。八八年(天明八)松平定信に招かれ幕府に登用され、岡田寒泉とともに聖堂改革、寛政異学の禁など幕府の学政の中枢を担った。寛政の三博士の一人。著書「栗山文集」「栗山堂詩集」「資治概言」。

しばやまいへえ【柴山伊兵衛】 1611～1703.5.15 江戸前期の美濃国武儀郡関村出身の富農。曾代用水の開削者。一六六三年(寛文三)名古屋藩牢人喜田吉右衛門とその弟林幽閑とともに長良川から取水する曾代用水を計画。名古屋・館林両藩、旗本大島・池田両氏の許可をえて、六七年着工、七一年総工費五七五〇両余をかけ幹線延長七一四二間余の用水路を完成。

しばやまけ【芝山家】 藤原氏勧修寺流の勧修寺家庶流。名家。勧修寺光豊の次男宣豊を祖とし、寛永年間(一六二四～四四)に創立。家禄は蔵米一〇〇石。議奏を勤めた四代重豊は宝暦事件に連坐。五代持豊は歌人として知られる。維新後、祐豊のとき子爵。

しばよしあつ【斯波義淳】 1397～1433.12.1 室町中期の武将。義教(初名義重)の子。治部大輔・左兵衛佐。二度にわたり管領を勤める。この間一四一八年(応永二五)父の死で家督を継承、越前・尾張・遠江三国守護になる。三三年(永享五)重病に倒れるが、嫡子義豊は前年早世して後継ぎがなかったため、将軍足利義教の命で弟の相国寺瑞鳳蔵主が還俗、義郷と名のって相続。

しばよしかど【斯波義廉】 1446/47～? 戦国期の武将。渋川義鏡の子。治部大輔・左兵衛佐。夭折した斯波義健の後嗣義敏が重臣甲斐常治らと争って出奔したため、朝倉孝景らに擁され、一四六一年(寛正二)将軍足利義政の命で家督を継承。越前・尾張・遠江三国守護となる。六六年(文正元)義敏が家督を認められたが、翌年一月山名宗全を頼って再び家督に復帰し、管領となる。応仁・文明の乱では西軍に属して管領を罷免されたが、西軍内では足利義視のもとで管領を勤めた。七一年(文明三)孝景が東軍に降ると最大の支持基盤を失い、七五年には織田敏広を頼って尾張へ下る。以後の動静は不明。

しばよしたけ【斯波義健】 1435～52.9.1 室町中期の武将。義郷の子。千代徳丸。治部大輔。一四三六年(永享八)父の死により二歳で家督を継承、越前・尾張・遠江三国守護となり、越前国守護代甲斐常治らの補佐をうけた。一八歳で早世し、後嗣をめぐって斯波氏の分裂をもたらす。

しばよしとし【斯波義敏】 1435?～1508.11.16 戦国期の武将。斯波庶流大野持種の子。左兵衛佐・左兵衛督。従三位。法名道海。一四五二年(享徳元)斯波義健の夭折後、重臣甲斐常治・朝倉孝景らに擁されて武衛家(斯波惣領)の家督を継承、越前・尾張・遠江三国守護となる。その後、常治らと対立。五九年(長禄三)古河公方足利成氏追討を命じられると、関東に下らず常治を越前国敦賀城に攻めて敗北。家督は嫡子松王丸(義良のち義寛)、ついで義廉が継いだ。義敏は周防に出奔し、六六年(文正元)伊勢貞親を頼って上洛、足利義政に許されるが貞親の失脚で越前にのがれた。応仁・文明の乱では東軍に属し、越前で孝景と戦う。七一年(文明三)孝景の東軍帰参後は越前の実権を喪失、のち帰京。

しばよしゆき【斯波義将】 1350～1410.5.7 「よしまさ」とも。南北朝期～室町中期の武将。高経の四男。治部大輔・左衛門佐・右衛門督。勘解由小路殿と称される。法名道将。一三六二年

(貞治元・正平一七)父の後見で幕府執事となり、越中国守護を兼任。六六年、父と越前へ退去したが、翌年ゆるされて上洛、越中国守護に復帰。七九年(康暦元・天授五)管領細川頼之を排し、かわって管領に就任。まもなく畠山基国(もとくに)と越中・越前の守護職を交換した。明徳の乱後管領を辞任するが、のち再任。その後も嫡子義教・嫡孫義淳(よしあつ)を後見して将軍足利義持を補佐し、三代義満への太上法皇号追贈を辞退させた。一四〇九年(応永一六)にも外交上の理由から二カ月間管領を勤める。翌年病没。

しばりょうかい【司馬凌海】 1839.2.28〜79.3.11 幕末〜明治初期の蘭方医。本名は島倉亥之助。佐渡国生れ。一八五〇年(嘉永三)江戸に出、のち下総国佐倉の順天堂で蘭学を学ぶ。五七年(安政四)松本良順に従って長崎にいき、ポンペから医学を学んだ。帰郷して開業後、六八年(明治元)東京に出て医学校三等教授となり、のち少博士、兵部省病院、文部省・宮内省五等出仕などを歴任し、七五年退官。この間、東京下谷練塀町で日本初のドイツ語塾春風社を開く。語学の天才といわれた。

しばりょうたろう【司馬遼太郎】 1923.8.7〜96.2.12 昭和・平成期の小説家。大阪府出身。本名は福田定一。大阪外語大学卒。仮卒業で学徒出陣し、戦車隊の小隊長として中国東北(満州)へ赴いた。第二次大戦後、産経新聞などの記者として一五年間勤務、一九五九年(昭和三四)「梟(ふくろう)の城」で直木賞を受賞し、翌年退職、文筆に専念する。「竜馬がゆく」「国盗り物語」で菊池寛賞を受賞。戦国期・明治期などを舞台にした独自の「司馬史観」による多くの長編小説、「街道をゆく」などの紀行エッセイや、アジアに眼をすえた文明批判などの対談・随筆も多い。芸術院会員。文化勲章受章。

シパンベルグ Martyn Petrovich Shpanberg ?〜1761 ロシアの海軍士官。デンマーク人。北太平洋におけるベーリングの探検航海の一環として一七三二年に日本探検を命じられ、翌年ペテルベルグを出発、オホーツクで船を建造し、三八年、三九年、四二年の三次にわたり日本沿岸を探検。第一次で千島列島を確認、第二次では主艦隊は陸奥国男鹿半島付近、分遣の一艦は房総半島付近で上陸、住民と接触した。外交交渉開始までにはいたらなかったが、不正確とはいえ日本沿岸の一部測量を実現した。

しひのみたすき【志斐三田次】 生没年不詳。奈良初期の暦算家。七二一年(養老五)に算術に卓抜した人物として褒賞された。「藤氏家伝(とうしかでん)」に暦算家として名高かったことがみえ、七三〇年(天平二)にはとくに弟子(曜・暦得業生(とくごうしょう))をとって、その術を伝習させるよう命じられた。なお志斐連は「新撰姓氏録」和泉神別にみえ、大中臣朝臣と同祖。

しぶえちゅうさい【渋江抽斎】 1805.11.8〜58.8.29 江戸後期の医師・考証学者。名は全善(かねよし)、抽斎は号。江戸生れ。家は代々陸奥国弘前藩医。医学を伊沢蘭軒(らんけん)に、儒学を狩谷棭斎(えきさい)らに学び、考証学に長じた。一八四四年(弘化元)江戸医学館講師となる。森枳園(きえん)と漢籍の解題書「経籍訪古志」を共撰。ほかに「素問識小」「霊枢講義」。安政版「医心方」校刊事業に携わり、「医心方」影写のようすを書き綴った「手控」を残す。墓所は東京谷中の感応寺。

しぶえちょうはく【渋江長伯】 1760〜1830 江戸中期の本草家。名は虬(つた)、字は潜夫、号は西園・確亭。太田元達の四男、のち渋江陳胤の養子となり、一七七九年(安永八)その跡を継いだ。九三年(寛政五)奥詰医師となり、巣鴨薬園の総管を兼任。九九年には蝦夷地採薬を命じられ、紀行文「東遊紀勝」や蝦夷地植物の腊葉(さくよう)帖を残す。

しぶかわかげすけ【渋川景佑】 1787.10.15〜1856.6.20 江戸後期の天文暦学者。高橋至時(よしとき)の次男。景保の弟。大坂生れ。一八〇五年(文化二)伊能忠敬(ただたか)の測量事業に加わる。天文方渋川正陽の養子となり、〇八年家督をついで天文方となり、助左衛門と称した。兄景保とともにラランデ暦書の訳解に従事。「新巧暦書」「新修五星法」を著し幕府に献上。四一年(天保一二)「新巧暦書」による改暦の命をうけ翌年完成、天保改暦をはたす。

しぶかわこうし【渋川幸子】 1332〜92.6.25 室町幕府の二代将軍足利義詮(よしあきら)の正室。渋川義季の女。法名法観。一三五一年(観応二・正平六)男子千寿王を出産したが五歳で早世し、その後子供がなかった。そのため側妾紀良子(きのよしこ)の子義満・満詮の養母となり養育にあたった。義満の将軍就任後も斯波(しば)義将と結んで影響力をもち、大御所渋川殿といわれた。八一年(永徳元・弘和元)後円融天皇の室町第行幸に際して従一位を授けられる。死後、嵯峨香厳院に葬られた。

しぶかわし【渋川氏】 中世の武家。清和源氏。足利泰氏の子兼氏(義顕)が上野国渋川荘(現、群馬県渋川市)を領して渋川氏を称したのに始まる。兼氏は御家人として鎌倉幕府に仕えた。曾孫義季(よしすえ)は宗家足利氏に従って活躍し、中先代(なかせんだい)の

●渋川氏略系図

義顕(兼氏)―義春―貞頼―義季┬直頼―義行┬満頼―義俊―義鏡―義尭―義基
　　　　　　　　　　　　　　└幸子(足利義詮室)　└満行……義長

乱で戦死。その女幸子は将軍足利義詮夫人として隠然たる勢力をもった。義行・満頼以下、代々九州探題に任命されたが、めだった治績はなく、一五三四年(天文三)義長のとき大内氏に攻められ滅亡。子孫は近世になって鍋島・大村両氏に仕えた。

しぶかわはるみ【渋川春海】 1639.閏11.-~1715.10.6 「しゅんかい」とも。江戸前期の天文暦学者。幕府碁師安井算哲の子。幼名は六蔵、のち助左衛門。京都生れ。姓はのちに保井、一七〇二年(元禄一五)渋川と改めた。一四歳で父の跡を継いで碁所を勤め、二代算哲と称した。一六八四年(貞享元)宣明暦改暦を建議、新暦(貞享暦)が採用され、翌年から施行された。初代の幕府天文方に任じられ代々世襲となる。著書に「日本長暦」「天文瓊統」などがあり、天球儀・渾天儀・星図の製作も行った。

しぶかわばんごろう【渋川伴五郎】 1652.7.-~1704.5.7 江戸前期の柔術家。渋川流の祖。名は義方、号は武義堂・文石。紀伊国(一説大和国)出身。一六歳のとき関口流二代の八郎左衛門氏業に入門、一六八〇年(延宝八)皆伝を許された。翌年江戸に出て信濃国松代藩真田家に仕え、松代でも教えたが致仕。江戸の山王町のち芝西久保に道場武義堂を開いた。後継者は代々伴五郎を襲名。

しぶかわみつより【渋川満頼】 1372~1446.3.13 南北朝末~室町中期の武将。九州探題。父は義行。幼名長寿王。左近将監・右兵衛佐。法名道鎮。備中・安芸・摂津・肥前・豊前各国守護。一三九六年(応永三)今川了俊の後任として九州探題に任じられた。幕府の管領となった同族の斯波義将の後援があったものと思われる。筑前国守護少弐貞頼をはじめ肥前千葉氏・肥後菊池氏らの反抗勢力に対抗し、おもに北九州一帯に影響力を及ぼした。とくに肥前の経営では、子弟・一門・被官を介して一定の成果を収めた。博多を掌握し、朝鮮との交易も頻繁に行った。一四一九年頃、子義俊に後を譲って隠居するが、少弐氏の勢力は、渋川氏の九州支配に大きな妨げとなった。

しぶかわよしかね【渋川義鏡】 生没年不詳。戦国期の武将。右兵衛佐。幕府の命により、古河公方足利成氏と対抗する上杉氏支援のため、新たに鎌倉公方に任じられた足利政知の補佐役として、一四五七年(長禄元)関東に下った。政知の支配は関東で実権を握る上杉氏の支配体制に抵触したため、政知は鎌倉に入ることができず伊豆国堀越に留まり、義鏡だけが武蔵国足立郡蕨城により、成氏方と対抗した。

しぶかわよしとし【渋川義俊】 1400~34.11.14 室町中期の武将。次郎。左近将監。父は満頼。肥前国守護。一四一九年(応永二六)頃、父にかわって九州探題となり、二七年まで在任。朝鮮との関係では、一四二〇年に前年の応永の外寇によって抑留されていた日本人の帰国をはかった。二三年と二五年の二度にわたり、少弐満貞と戦い敗北。以後地位が急速に低下。博多の掌握も困難となり、対朝鮮交易もその統制下を離れた。

しぶかわろくぞう【渋川六蔵】 1815~51.7.25 江戸後期の幕臣・暦学者。父は景佑。諱は敬直。和漢洋の学問に通じ、一八三二年(天保三)天文方見習、四二年水野忠邦に抜擢されて書物奉行となり、たびたび上書を提出して天保の改革に参与。しかし蘭学取締りの上書を提出して、海外知識の流布の防止をはかるなど、民間の洋学勃興には否定的だった。四五年(弘化二)忠邦の失脚後、前年のオランダ国書翻訳の機密漏洩の罪を問われて処罰され、豊後国臼杵藩に預けられた。

しぶさわえいいち【渋沢栄一】 1840.2.13~1931.11.11 明治・大正期の実業家。武蔵国の豪農の家に生まれ、幕臣をへて明治政府に出仕。パリで学んだ知識をいかし、新貨条例・国立銀行条例など諸制度改革を行う。日本にはじめて合本組織(株式会社)を導入。民間経済界に入ったのちは道徳経済合一説を唱え、第一国立銀行・王子製紙・大阪紡績・東京瓦斯など五〇〇社の設立や商業会議所・銀行集会所などの経済界の組織作りに関与し、実業界の指導的役割をはたした。また社会・文化・教育の幅広い分野で社会公共事業に尽力した。国際関係では民間経済外交を積極的に展開し、日・米・中三国が協調できる枠組み作りに奔走した。日米関係委員会・日華実業協会・太平洋問題調査会などの中心的存在であった。

しぶさわきさく【渋沢喜作】 1838.6.10~1912.8.30 明治期の実業家。渋沢栄一の従兄。武蔵国榛沢郡血洗島村(現、埼玉県深谷市)生れ。幕末期に幕臣となり、一八六八年(明治元)彰義隊頭取、脱退後、振武軍を組織し新政府軍に抵抗、武蔵国飯能から箱館五稜郭まで転戦。維新後大蔵省に出仕、欧州留学をへて一時小野組に入り、七四年廻米問屋兼生糸売込商の渋沢商店を開業。のち相場取引に失敗し長男に店を譲り隠居するが、栄一の助力などで渋沢商店の経営は回復した。

しぶさわけいぞう【渋沢敬三】 1896.8.25~1963.10.25 大正・昭和期の実業家。栄一の孫。東京都出身。東大卒。一九二一年(大正一〇)横浜正金銀行に入社、二五年第一銀行に転じ、のち副頭取となる。東京貯蓄銀行会長などをへて、四四年(昭和一九)日本銀行総裁。四五年一〇月には幣原内閣の蔵相となり、第二次大戦後の財政処理を担当した。のち公職追放となるが五一年に解除され、国内委員会会長、国際電信電話の初代社長、金融制度調査会会長、国際商業会議所国内委員会会長などを歴任。文化面の活動も多彩で、みずから生物学・民俗学の研究を行い、二五年アチック・ミューゼアム(のち日本常民文化研究所)を創立。ほかに日本民族学協会会長・日本人類学会会長・IOC国内委員会議長・文化放送会長などを歴任。

じぶし［治部氏］ 室町幕府の奉行人家。藤原氏。姓は治部省官人に由来するものであろう。鎌倉時代の活躍は不明だが、南北朝期に室町幕府奉行人として左衛門尉某や宗栄・則栄らがみえる。室町中期、貞政は政所執事代となり、子の国通は神宮開闔・侍所開闔として文書の発給・管理にあたり、引付衆に列せられた。幕府滅亡まで奉行人として仕えた。

しぶたにかねはち［渋谷兼八］ 1888.9.19～1968.12.16　近代漁法である機船底引網漁業の創設者。島根県出身。同県八束郡片江村(現、美保関町)の貧家に生まれた。潮力・風力・体力にたよっていた底引網漁業を動力化した。大正初期に捲上げウィンチを考案し、連動式揚網機を完成。彼を先駆者として、同村の中下層の漁業者から共同出資による機船底引網漁業の経営者が輩出した。

しぶやし［渋谷氏］ 中世の武家。桓武平氏。秩父重綱の弟河崎基家の孫重国が相模国渋谷荘(現、神奈川県綾瀬市・藤沢市)の荘司となり、渋谷氏を称したのに始まる。重国は石橋山合戦で源頼朝に敵対したが、のち御家人として活躍。次男高重は和田合戦で和田義盛に加勢して戦死、長男光重が渋谷上荘などを相続。その子定心らは宝治合戦の勲功により、薩摩国に地頭職をえて下向し、入来院氏らの祖となる。渋谷一族からは北条氏得宗家の被官が多く出た。

しぶやしげくに［渋谷重国］ 生没年不詳。平安末～鎌倉前期の武士。桓武平氏秩父氏の支族河崎重家の子。相模国渋谷荘の荘司。平治の乱後、近江国佐々木荘を追われた佐々木秀義親子をかくまう。一一八〇年(治承四)石橋山の戦では平家方だったが、のち源頼朝に降り御家人に列した。八四年(元暦元)源義仲追討軍に従って上洛、その後も源範頼のもとで平家追討のため西国を転戦。八五年(文治元)豊後国で賀摩種益を討ち、頼朝から賞された。

しぶやてんがい［渋谷天外］ 1906.6.7～83.3.18　大正・昭和期の喜劇俳優・劇作家。京都府出身。本名渋谷一雄。初世渋谷天外の長男。一九二八年(昭和三)曾我廼家十吾と松竹家庭劇をおこし、翌年二世天外を襲名。四八年松竹新喜劇を結成。館直志ほかの筆名で「桂春団治」「お家はんと直どん」などの脚本を執筆、喜劇の改良につとめた。著書「笑うとくなはれ」。

じへん［慈遍］ 生没年不詳。鎌倉後期～南北朝期の天台宗の僧。古代以来の神祇官僚家卜部(吉田)家の出身で、「徒然草」の著者吉田兼好の兄という。幼時に出家して比叡山で天台教学を学び、のち伊勢神道を受容。南朝側にたち、天皇を神意にもとづく神国日本の永遠の君主とみる立場から、独自の神道思想・政治思想・歴史思想を形成した。著書「旧事本紀玄義」「豊葦原神風和記」「天地神祇審鎮要記」。

シーボルト　❶**Alexander Georg Gustav von Siebold**　1846.8.16～1911.1.23　ドイツ人外交官。医師シーボルトの長男。一八五九年(安政六)再来日の父に同行。イギリス公使館通訳として徳川昭武の渡仏に同行。維新後、七〇年(明治三)民部省雇となり、七三年ウィーン万国博覧会に出張。七八年外務省雇に転じ、在ドイツ公使館に勤務。のち条約改正会議で井上馨外相を助け、密命で八七年帰国、東京に情報を送る。九六年雇い継ぎ契約。死去の前年に勲一等。

❷**Heinrich Philipp von Siebold**　1852.7.21～1908.8.11　ドイツ人外交官・考古学者。医師シーボルトの次男。一八六九年(明治二)兄と来日。オーストリア・ハンガリー公使館勤務。同国と日本の修好条約締結に尽力し、のち代理公使。考古学・民俗学を研究。日本語の著作「考古説略」。はな夫人との間に二男一女。九六年まで在日二七年。

❸**Philipp Franz Jonkheer Balthasar von Siebold**　1796.2.17～1866.10.18　ドイツ人医師・博物学者。ビュルツブルク出身。一八二三年(文政六)オランダ商館付医師として長崎に着任。日本の歴史・地理・言語・動植物などを研究。翌年、鳴滝塾を開き、診療のかたわら岡研介・高良斎・二宮敬作・高野長英ら数十人の門人に医学・博物学を教授し、蘭学発展に大いに貢献した。二六年商館長に従い江戸に参府、桂川甫賢・大槻玄沢・高橋景保らと交流。二八年の帰国の際、「大日本沿海輿地全図」などの禁制品を持ち帰ろうとしたことが発覚し、翌年国外追放(シーボルト事件)。五九年(安政六)オランダ商事会社顧問として再来日。江戸幕府の外交にも参与し、六二年(文久二)帰国。ミュンヘンで没した。著書「日本」「日本植物誌」「日本動物誌」。

しまいそうしつ［島井宗室］ 1539?～1615.8.24　織豊期～江戸初期の博多商人・茶人。名は茂勝・徳太夫、剃髪して虚白軒宗室と号す。一五八〇年(天正八)八月和泉国堺の津田宗及の茶会に出席し、八三年頃千利休の仲介で豊臣秀吉に会った。八七年六月秀吉の博多復興に尽力、屋敷を与えられ、町役を免除された。八九年と九二年(文禄元)に朝鮮に渡り、宗義智・小西行長に協力して秀吉の朝鮮出兵の回避に努めたが、はたせなかった。

しまおとしお［島尾敏雄］ 1917.4.18～86.11.12　昭和期の小説家。神奈川県出身。九大卒。海軍予備学生となり、特攻魚雷艇の指揮官として奄美諸島で待機。島の娘ミホと熱烈な恋愛をした。四五年(昭和二〇)八月一三日特攻戦の命令が下るが、発進の命令がないまま敗戦を迎えた。四八年の超現実的な「夢の中での日常」、四九年の戦争体験を描いた「出孤島記」で認められる。神経を病んだ妻ミホとの凄絶な夫婦生活を描いた「死の棘」でも知られる。

しまかつたけ【島勝猛】 ⇨島清興

しまきあかひこ【島木赤彦】 1876.12.17～1926.3.27 明治・大正期の歌人。長野県出身。本名久保田俊彦。別号柿之村人。長野師範卒。一八九五年(明治二八)頃から新聞「日本」に投稿。一九〇三年太田水穂らと「比牟呂」を創刊。〇九年伊藤左千夫らの「アララギ」と合併。左千夫の死後「アララギ」の中心的存在となる。一三年(大正二)中村憲吉との合同歌集「馬鈴薯の花」を出版。のち短歌制作を「鍛錬道」と位置づけた。歌集「切火」「太虚集」「柿蔭集」、歌論集「歌道小見」。

しまきけんさく【島木健作】 1903.9.7～45.8.17 昭和前期の小説家。本名朝倉菊雄。北海道出身。苦学して東北大選科に入学するが、社会主義に興味をもち、仙台で最初の労働組合を組織する。のちに学業を捨てて香川で農民運動に参加。一九二八年(昭和三)の三・一五事件で検挙され転向。その後小説を書きはじめ、「癩」「生活の探求」など、戦時の暗い世相のなかで知識階級の良心を守る仕事を続けた。

しまきよおき【島清興】 ?～1600.9.15 織豊期の武将。通称は左近・勝猛とも。大和で筒井氏や豊臣秀長・同秀保に仕えたが、のち石田三成に招かれた。三成の所領四万石のうち一万五〇〇〇石という高禄で優遇された。文禄・慶長の役では三成に従い渡海。関ケ原の戦では西軍について奮戦したが、戦死。

しまざきとうそん【島崎藤村】 1872.2.17～1943.8.22 明治～昭和前期の詩人・小説家。本名春樹。長野県出身。明治学院卒。一八九三年(明治二六)北村透谷らと「文学界」を創刊。浪漫主義文学運動のなかにあって青春の彷徨を体験し、処女詩集「若菜集」など四詩集を刊行、浪漫詩人としての地位を確立。長野県小諸での教師生活をへて一九〇五年に上京。自然主義文学の記念碑的作品「破戒」によって小説家として認められ、以後「春」「家」などの自伝的小説を発表した。その間、姪との過失およびその妊娠という事態に直面。五年間のフランス生活ののち帰国して「新生」にその経緯を書き(「新生」事件)、さらにこの人生の危機をのりこえて創作活動を続け、二九年(昭和四)には大作「夜明け前」を刊行した。

しまじもくらい【島地黙雷】 1838.2.15～1911.2.3 幕末～明治期の宗教家。幼名謙致。浄土真宗本願寺派の僧侶。周防国の僧侶の子。養家を出奔して肥後・安芸両国で学び、帰藩後は大洲鉄然らの宗風改革運動に加わる。明治初期に上洛し、宗門改革に参加。廃仏毀釈に抵抗し、寺院寮や教部省の開設運動に奔走。渡欧後に信教の自由を訴え、真宗の大教院分離運動を推進、政府の国民教化政策を瓦解させた。のち各地への布教活動に邁進。

しまだいちろう【島田一良】 1848～78.7.27 一郎とも。内務卿大久保利通の暗殺者。金沢藩士出身。藩校壮猶館に学び、戊辰戦争に従軍。一八七五年(明治八)の愛国社創立集会に加わり、七六年同志と金沢に民権結社忠告社を結成した。萩の乱・西南戦争に呼応を計画するがはたせず、七八年五月一四日数名の仲間と東京の紀尾井坂で大久保利通を襲撃、暗殺して斬罪となった。

しまだきんじ【島田謹二】 1901.3.20～93.4.20 昭和期の比較文学者。東京都出身。東北大卒。台北帝国大学講師などをへて、一九四九年(昭和二四)東京大学教授。比較文学・比較文化の分野で学問の確立と後進の育成に尽力した。また明治ナショナリズムの研究も有名。著書「日本における外国文学」二巻、「アメリカにおける秋山真之」。

しまださぶろう【島田三郎】 1852.11.7～1923.11.14 明治・大正期の政治家。父は幕臣の鈴木智英。江戸生れ。昌平坂学問所などに学び、一八七三年(明治六)「横浜毎日新聞」に入社、社主島田豊寛の養子になる。明治十四年の政変で退官、立憲改進党に参加。神奈川県議会議員をへて、九〇年の第一回総選挙以降横浜から衆議院議員に連続一四回当選。雄弁家として鳴らした。キリスト教徒であり、人道的立場から廃娼運動・足尾鉱毒事件・労働組合結成などにも献身した。

しまだしげたろう【島田繁太郎】 1883.9.24～1976.6.7 大正・昭和期の軍人。海軍大将。東京都出身。海軍兵学校(三二期)・海軍大学校卒。第一艦隊兼連合艦隊参謀長などをへて、一九三三年(昭和八)軍令部第一部長となり、同次長・支那方面艦隊司令長官などを歴任。四一年東条内閣の海相として入閣、ついで東条にならい軍令部総長を兼任したが海軍内の強い批判により辞任。第二次大戦後、A級戦犯として終身刑。

しまだとしお【島田俊雄】 1877.6.18～1947.12.21 大正・昭和期の政治家。島根県出身。東大卒。一九一二年(大正元)島根県から衆議院議員に当選。一三年立憲政友会に入り、党内外の要職をへて広田・米内両内閣の農相、小磯内閣の農商務相を歴任。四〇年(昭和一五)の政党解消以降は翼賛議員同盟・翼賛政治会の顧問を務め、第二次大戦後公職追放となった。

しまだとしまさ【島田利正】 1576～1642.9.15 江戸前期の旗本・町奉行。重次の子。母は多田慶忠の女。通称兵四郎・長四郎・次兵衛。弾正忠。法名幽也。徳川秀忠に仕え、一六〇〇年(慶長五)小山・真田陣に従軍。〇四年に使番、〇八年歩行組を預かり、一三年町奉行に就任。三五年(寛永一二)剃髪。所領五〇〇〇石。うち三〇〇〇石は四一年に武蔵国入間・比企二郡内に移された。

しまだのただおみ【島田忠臣】 828～891/892 田達音(でんたつおん)とも。平安前期の漢学者・詩人。文章生出身で、菅原是善(これよし)に学ぶ。八六〇年(貞観二)頃から藤原基経に近習し、少外記などをへて、因幡権介・大宰少弐など地方官を歴任、典薬頭に至る。八九二年(寛平四)従五位上伊勢介。詩集「田氏家集」三巻が現存し、「和漢朗詠集」「本朝文粋」などにも作品が残る。白居易の影響を強くうけ、「当代の詩匠」として高名だった。菅原道真は女婿にあたる。

しまづいえひさ【島津家久】 ㊀1547～87.6.5 織豊期の武将。島津貴久の四男。又七郎・中務大輔と称した。一五七〇年(元亀元)島津氏の渋谷氏一族攻略により薩摩国隈之城を、同時に串木野を領した。七六年(天正四)以降、日向国の伊東氏攻略に活躍。七九年同国佐土原(さどわら)を居城とする。八七年豊臣秀吉の九州平定直後に没。豊臣秀長への佐土原の譲渡を拒み毒殺されたと伝えられる。一五七五年の上洛の際に連歌師紹巴(じょうは)らと交流。島津家家中の樺山玄佐から古今伝授をうけるなど、文人の一面もあった。㊁1576.11.7～1638.2.23 江戸初期の大名。鹿児島藩初代藩主・島津家一八代当主。日向国生れ。島津義弘の三男。初名又八郎忠恒。少将・中納言に叙任。陸奥守・薩摩守・大隅守を称する。一五九九年(慶長四)三月伊集院忠棟を破り、その子忠真の庄内の乱を鎮圧した。一六〇九年三〇〇〇人余の軍勢を送って琉球を侵略、徳川家康から琉球を与えられた。翌年八月琉球国王尚寧(しょうねい)を駿府(現、静岡市)・江戸に伴っている。

しまづうじひさ【島津氏久】 1328～87.閏5.4 南北朝期の大隅国守護。又三郎。三郎左衛門尉・修理亮・越後守・陸奥守。父は島津貞久。母は大友親時の女。一三六三年(貞治二・正平一八)貞久から大隅国を譲られる。内乱期の九州で、足利尊氏方・宮方と立場を変えながら、日向国守護畠山直顕との抗争をへて、敵対する国人(こくじん)層をしだいに服属させて勢力範囲を拡大した。今川了俊とも対立し、了俊が組織した南九州国人一揆と戦いながら領国形成に努めた。

しまづげんぞう【島津源蔵】 ㊀初代1839.5.15～94.12.8 島津製作所の創立者。京都生れ。仏具製作の家業に携わった後、一八七五年(明治八)理化学器械製造を開始、舎密(せいみ)局のドイツ人技師ワーグナーの指導をうけ事業を発展させた。㊁二代1869.6.17～1951.10.3 京都出身。初代の長男で幼名梅治郎、父の死後源蔵を襲名。一八九六年(明治二九)日本初のX線写真の撮影に成功し、翌九七年蓄電池製造を開始、一九一七年(大正六)日本電池を設立。同年島津製作所を株式会社に改組し、初代社長に就任。二〇年蓄電池原料である亜酸化鉛粉の易反応性鉛粉製造法を完成。三〇年(昭和五)日本十大発明家の一人として表彰された。

しまづさだひさ【島津貞久】 1269.4.8～1363.7.3 鎌倉末～南北朝期の武将。上総介。父は忠宗。法名は道鑑。一三一八年(文保二)薩摩国守護職を相続。三三年(元弘三)鎮西探題赤橋英時を滅ぼし、建武政権から大隅・日向両国の守護に任じられる。その後、日向国守護を失うが、建武政権崩壊後は南九州の武家方の中核となり、南朝方の諸豪族や征西将軍宮懐良(かねよし)親王らと戦う。観応の擾乱(じょうらん)後は足利直冬(ただふゆ)党の日向国守護畠山直顕と大隅・日向両国の支配権をめぐって争った。

しまづし【島津氏】 中世～近世南九州の大名家。本姓惟宗(これむね)氏。始祖忠久は近衛家の家司(けいし)出身で、源頼朝の御家人となり、島津荘惣地頭職に任じられた。のち薩摩・大隅・日向三国の守護。三代久経のとき、元寇に備え九州に下る。鎌倉幕府滅亡の際、少弐(しょうに)・大友両氏らと鎮西探題を討った。南北朝内乱期は武家方に属し、南朝方と戦う。室町時代は内紛が続いたが、戦国期に貴久が出てこれを鎮め、薩摩・大隅を統一して戦国大名となる。子義久は北九州に進出したが、一五八七年(天正一五)豊臣秀吉に敗れ、弟義弘が家督と

●島津氏略系図

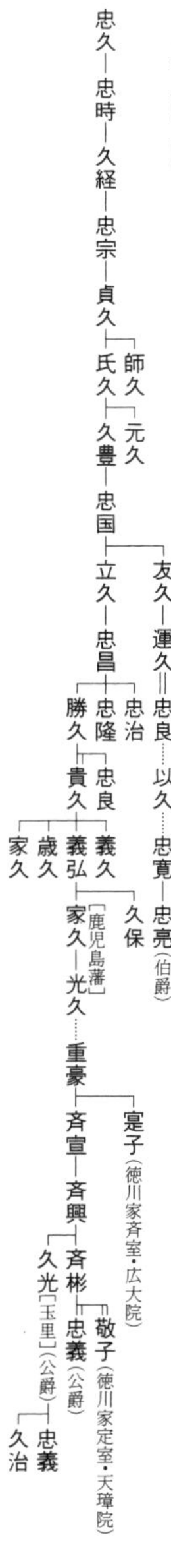

して本領三国を安堵される。義弘は文禄・慶長の役に軍功をたてるが、関ケ原の戦では西軍に属し、敗戦後蟄居。子家久が鹿児島藩七二万九〇〇〇石余の初代藩主となる。分家も多い。維新後、宗家は公爵。「島津家文書」を伝える。

しまづしげひで【島津重豪】 1745.11.7～1833.1.15　江戸後期の大名。薩摩国鹿児島藩主。父は重年。一七五五年(宝暦五)遺領相続。一橋宗尹(むねただ)の女保姫と結婚。三女茂姫は将軍徳川家斉(いえなり)の御台所。八七年(天明七)隠居して長男斉宣に家督を譲るが、孫の斉興の代まで後見として藩政に影響を及ぼした。蘭癖と称されるほど蘭学に傾倒し、長崎オランダ商館や江戸の長崎屋にティチング、ドゥーフ、シーボルトを訪ね親交をむすび、オランダの文物も収集。造士館・演武館・医学院・薬園・明時館(天文館)などの文化施設を設立、その他「南山俗語考」「島津国史」「成形図説」「鳥名便覧」「質問本草」を編纂刊行して、鹿児島藩文化の発展に貢献。次男の中津藩主奥平昌高や一二男福岡藩主黒田長溥(ながひろ)、曾孫の斉彬(なりあきら)に大きな影響を与えた。

しまづたかひさ【島津貴久】 1514.5.5～71.6.23　戦国期の薩摩国の武将。幼名虎寿丸。又三郎。三郎左衛門尉・修理大夫・陸奥守。法名伯囿(はくゆう)。島津氏庶流相州家忠良の嫡子。本宗家島津勝久の養子となり、一五二七年(大永七)四月、守護職を継承。しかし島津実久・勝久をはじめこれを承認しない勢力の圧力で守護職を奪われる。その後の抗争をへて、三五年(天文四)に勝久を追放。三九年の紫原合戦で実久を破り、天文末年頃には薩隅日三カ国の諸領主から、その地位を認められた。

しまづただくに【島津忠国】 1403.5.2～70.1.20　室町中期の薩摩・大隅・日向三国守護。幼名虎寿丸。又三郎・貴久。修理大夫・陸奥守。島津氏九代。父は八代久豊、母は伊東祐安の女。一四二五年(応永三二)足利義教から三国守護に任じられる。三〇年(永享二)には一族で薩摩守護職の系統である総州家島津氏を滅亡させた。その後、一時守護職を代行させた弟の用久(もちひさ)と不和となり抗争。晩年は子の立久とも対立し、政務の実権はしだいに立久に移った。

しまづただひさ【島津忠久】 ?～1227.6.18　鎌倉前期の武将。従五位下・豊後守。島津氏の祖。惟宗(これむね)姓。源頼朝の子で惟宗広言の養子とする説もあるが、近衛家の家司(けいし)惟宗氏の出身とする説が有力。頼朝に仕え、一一八六年(文治二)薩摩国島津荘地頭となる。九七年(建久八)薩摩・大隅両国の守護となり、日向国守護も兼ねるが、一二〇三年(建仁三)比企(ひき)氏の乱に連坐し所職を没収される。のち薩摩国については回復し、一二二一年(承久三)には越前国守護に任じられた。

しまづただよし【島津忠良】 1492.9.23～1568.12.13　戦国期の薩摩国の武将。島津氏庶流伊作善久の子、母常盤は新納(にいろ)是久の女。幼名菊三郎。三郎左衛門尉・相模守。法名日新斎。父善久没後、母が再嫁した島津相州家運久の養子として、伊作家の所領と相州家の遺領を相続。一五二七年(大永七)子貴久が本宗家島津勝久の養子に迎えられ、守護職を継承。以後、その地位確立のため奔走。島津氏一庶流にすぎない貴久が本宗家家督をえたのは、忠良の力量によるところが大きい。

しまづただよし【島津忠義】 1840.4.21～97.12.26　幕末期の大名。薩摩国鹿児島藩主。父は久光。はじめ茂久。一八五八年(安政五)伯父斉彬(なりあきら)の急死により祖父斉興を後見として相続。同年安政の大獄の余波で動揺する藩内を鎮めるため、直筆の諭書を「精忠士面々」に下す。斉興死後、久光が国父として実質的に藩政をみた。六七年(慶応三)王政復古の大号令後、議定となり、六九年(明治二)萩・高知・佐賀三藩とともに版籍奉還を奏請。藩知事となる。のち公爵、貴族院議員も務めた。

しまづなりあきら【島津斉彬】 1809.9.28～58.7.16　幕末期の大名。薩摩国鹿児島藩主。父は斉興。曾祖父重豪(しげひで)の影響で蘭学に造詣が深く、世子時代から徳川斉昭・同慶勝・松平慶永・阿部正弘・伊達宗城(むねなり)ら諸大名と政治・国際情報を交換し、琉球問題の処理を幕府から委任されるほど評価が高かった。またペリー来航予告情報を長崎でいち早く入手させ、藩としての対策も立てた。一八五一年(嘉永四)家督相続。藩政を刷新し、殖産興業を推進。城内に精錬所、磯御殿に反射炉や溶鉱炉などをもった近代的工場集成館を設置。写真研究、洋式艦船の建造、日の丸の日本国総船印制定を建言。将軍継嗣問題では一橋慶喜(よしのぶ)を推したが実現せず、五八年(安政五)急死。

しまづなりおき【島津斉興】 1791.11.6～1859.9.12　江戸後期の大名。薩摩国鹿児島藩主。父は斉宣。一八〇九年(文化六)家督相続。祖父重豪(しげひで)が実質的に後見し、親政は三三年(天保四)からで、同年調所広郷(ずしょひろさと)に財政改革を委任。三島砂糖惣買入制、藩債の二五〇年賦償還などを行わせ、一応の成果をみた。世子斉彬を藩主に推す一派を弾圧して、藩内を動揺させたため(お由羅騒動)、老中阿部正弘の命により隠居。

しまづひさつね【島津久経】 1225～84.閏4.21　鎌倉中期の武将。修理亮・下野守。父は忠時。初名は久時。一二六五年(文永二)薩摩国守護職を継ぐ。その後鎌倉にあったが、七五年(建治元)幕命により九州に下り、筑前国箱崎(はこざき)で薩摩にわりあてられた石築地の築造を指揮するなど元軍の再来に備えた。八一年(弘安四)弘安の役では薩摩の御家人を率いて壱岐の元軍を襲うなど活躍した。

しまづひさはる【島津久治】 1841.4.25～72.1.4　幕末期の薩摩国鹿児島藩家老。一二代藩主忠義の実弟。一八五二年(嘉永五)宮之城領主島津久宝(さひの養子となり同年家督相続。五五年(安政二)海防総頭取を命じられる。六三年(文久三)の薩英戦争、翌年の禁門の変では兄忠義にかわり藩兵を指揮。六六年(慶応二)首席家老。挙兵討幕に反対するが、戊辰戦争では私領四番隊を派遣。戦後、凱旋藩士の藩政改革で家老を退いた。七二年(明治五)急死。

しまづひさみつ【島津久光】 1817.10.24～87.12.6 幕末期の薩摩国鹿児島藩主忠義の実父。父は斉興。一八五八年(安政五)兄斉彬の遺命で子忠義が相続し、のち国父として藩政の実権を掌握。大久保利通を信任し、藩内の動揺を収めた。斉彬の遺志を継いで、公武合体周旋のため六二年(文久二)率兵して入京し、寺田屋騒動では藩内過激派を弾圧。勅使大原重徳を擁して出府し、幕政改革を実行させた。帰途生麦事件が発生し、薩英戦争をひきおこした。六三年の八月十八日の政変後は京都で国事周旋に尽力するが、徳川慶喜と意見があわず帰国。後事を西郷隆盛に託した。七一年(明治四)の廃藩置県を不本意として鹿児島にとどまる。七四年左大臣。七六年帰国・隠退し、西南戦争では中立を守った。

しまづみつひさ【島津光久】 1616.6.2～94.11.29 江戸前期の大名。鹿児島藩主・島津家一九代当主。薩摩国生れ。初代藩主島津家久の次男。初名又三郎忠元。薩摩守・大隅守。金山や新田を開発し万治内検(検地)を実施した。五回にわたって琉球使節(慶賀使・謝恩使)を江戸に同行するなど、明・清交代期の日本の対琉球政策を主導した。

しまづもちひさ【島津以久】 1550.6.20～1610.4.9 織豊期～江戸初期の武将・大名。佐土原藩祖。薩摩国生れ。島津忠将の子。初名幸久・征久、又四郎を称する。父の戦死後、島津貴久・義久父子に養育される。一五七八年(天正六)日向国高城で大友宗麟方と戦い、敗走させた。九七年(慶長二)種子島・屋久島・口之永良部島一万石を領し、九九年大隅国垂水に所替された。一六〇三年一〇月徳川家康から日向国佐土原三万石をうける。

しまづもとひさ【島津元久】 1343～1411.8.6 南北朝期～室町中期の薩摩・大隅・日向三国守護。又三郎・孝久。陸奥守。法名玄忠。父は氏久、母は伊集院忠国の女。大隅国守護であった父から同国を継承し、従兄の薩摩国守護島津伊久と抗争するが、伊久・守久父子の不和もあって薩摩へしだいに勢力を浸透させた。島津家菩提寺となった福昌寺を建立。一四〇四年(応永一一)に将軍足利義持より大隅・日向両国守護、〇九年には薩摩国守護に任じられ、三カ国守護職を統一した。

しまづよしひさ【島津義久】 1533.2.9～1611.1.21 織豊期～江戸初期の武将。島津家一六代当主。薩摩国生れ。島津貴久の嫡男。初名又三郎忠良、のち義辰。修理大夫。一五七八年(天正六)薩摩・大隅・日向三カ国を平定し、ひき続き九州統一を進めたが、八七年五月八日、豊臣秀吉に降伏。八九年九月琉球国王尚寧の使僧天竜寺桃庵を京都に同行。九二年(文禄元)一月一九日、秀吉から琉球を軍役負担の与力としてつけられた。

しまづよしひろ【島津義弘】 1535.7.23～1619.7.21 織豊期～江戸初期の武将。島津家一七代当主。薩摩国生れ。島津貴久の次男。幼名又四郎、初名忠平。兵庫頭。惟新斎と号す。一五八五年(天正一三)兄義久の守護代となり九州統一を進めたが、八七年四月豊臣秀吉に降伏。九二～九八年(文禄元～慶長三)朝鮮に出陣し、勇名をはせた。一六〇〇年の関ケ原の戦で西軍に加わったが、改易を免れた。

しまなかゆうさく【島中雄作】 1887.2.2～1949.1.17 大正・昭和期の編集者・出版経営者。奈良県出身。早大卒。「中央公論」編集者となり、一九一六年(大正五)「婦人公論」編集長となる。二八年(昭和三)経営不振となった中央公論社を創立者から譲りうけて社長となり、出版部を新設、「西部戦線異状なし」や谷崎潤一郎訳「源氏物語」などの刊行で経営を建て直した。おりからの言論統制に屈伏しなかったため、四四年会社の解散を命じられるが、第二次大戦後再建した。

しまなかゆうぞう【島中雄三】 1881.2.18～1940.9.16 大正・昭和前期の社会運動家。奈良県出身。東京法学院中退。「婦女新聞」の編集を通じて下中弥三郎を知る。文化学会・日本社会主義同盟・日本フェビアン協会などに参加、政治研究会では主導的役割を演じる。以後社会民衆党に属し、一九二九年(昭和四)東京市会議員に当選。満州事変後国家社会主義に転じた。雄作は弟。

しまひでお【島秀雄】 1901.5.20～98.3.18 昭和期の技術者。大阪市出身。東大卒。一九二五年(大正一四)鉄道省入省。蒸気機関車の傑作といわれるC53、D51などをうむ中心になった。五五年(昭和三〇)国鉄技師長。東海道新幹線開発の最高責任者で、すべての車両にモーターをつけて高速化する「動力分散方式」を採用し、「新幹線の父」といわれた。米スペリー賞、英ジェームス・ワット賞受賞、六九年宇宙開発事業団初代理事長、H1に始まるロケット開発体制を整えた。九四年(平成六)文化勲章。

しまむらはやお【島村速雄】 1858.9.20～1923.1.8 明治・大正期の海軍軍人。高知藩士出身。一八八〇年(明治一三)海軍兵学校卒。日清戦争に常備艦隊参謀として参加し、黄海海戦で旗艦松島艦上で戦傷を負う。日露戦争では開戦時に連合艦隊参謀長、日本海海戦時には第二戦隊司令官として奮戦した。戦後海軍軍令部長などを歴任、大将・男爵。死去とともに元帥府に列せられた。

しまむらほうげつ【島村抱月】 1871.1.10～1918.

11.5　明治・大正期の評論家・新劇指導者。本名滝太郎。旧姓佐々山。島根県出身。東京専門学校卒。「早稲田文学」の記者となって評論活動をする傍ら浪漫的小説を発表。英・独留学後早稲田大学教授。新たに隆盛してきた自然主義文学に理論的根拠を与え、批評面での先頭に立ったが、自然主義衰退後はもっぱら文芸協会で新劇指導にあたり、内紛後は松井須磨子らと芸術座を結成(一九一三)して活躍した。著書「新美辞学」「近代文芸之研究」。

しまもとなかみち【島本仲道】 1833.4.18～93.1.2　明治前期の司法官・自由民権家。高知藩士出身。江戸で安井息軒(そっけん)に学び、土佐勤王党に参加。維新後新政府に出仕し、一八七二年(明治五)司法大丞などを歴任、新律綱領制定に尽力したが、七三年下野。立志社に参加し、初の代言結社北洲舎を東京・大阪など各都市に結成し、自由民権運動の一翼を担った。

しまやいちざえもん【島谷市左衛門】 ?～1690　江戸前期の探検家。諱は定重。号は見立。父九左衛門は貿易商。長崎で小林謙貞から測量術を学ぶ。一六六九年(寛文九)長崎代官末次平蔵から唐船の建造を命じられ、翌年同船を江戸に回航。七五年(延宝三)幕命により小笠原諸島を探検。同地に三一日間滞在して無事帰国、島の位置・地勢・産物などを報告した。同行した中尾庄左衛門との共著による「延宝無人島巡見記」がある。

しまよしたけ【島義勇】 1822.9.12～74.4.13　明治初期の行政官・士族反乱指導者。佐賀藩士出身。江戸の佐藤一斎に学び、一八五六年(安政三)蝦夷地を調査。戊辰(ぼしん)戦争に従軍。六九年(明治二)開拓使判官となり、札幌市街建設計画に尽力した。七一年秋田県権令となるが、政府と対立し翌年辞職。佐賀憂国党の首領となり、七四年江藤新平と佐賀の乱をおこし処刑された。

しまりえもん【志摩利右衛門】 1809～84.1.14　幕末・維新期の阿波藍商人。阿波国名西郡東覚円村(現、徳島県石井町)生れ。父の代からの藍の製造販売業を受け継ぎ、とくに北陸・奥羽への販路拡大の結果三一カ国に売場をもつにいたった。また一八四一年(天保一二)以降は藩債整理策の上申がいれられて徳島藩の財政改革に関与し、その功績によって国産方に登用され士分の格を得た。頼山陽との親交や京都店を舞台とした尊王の志士への援助などでも知られる。

しみずきすけ【清水喜助】 1815～81.8.9　幕末～明治初期の棟梁建築家。越中国生れ。旧名藤沢清七。一八二九年(文政一二)上京し、現清水建設の創始者初代喜助に弟子入り、五九年(安政六)二代目喜助を襲名。大工棟梁による西洋建築摂取の代表例になる明治初期東京三大洋風建築(築地ホテル館・第一国立銀行・三井組ハウス)を手がける。

しみずけ【清水家】　徳川家の分家。御三卿の一つ。一七五八年(宝暦八)九代将軍徳川家重の次男重好(しげよし)が江戸城清水門内に屋敷を与えられ、翌年から居住したのに始まり、田安家・一橋家と同様の待遇を得た。公卿に叙され、宮内卿・式部卿を称する。賄料領知一〇万石を領するが、家老などの主要役職は幕臣から付人が派遣され老中支配であった。九五年(寛政七)重好の没後、無嗣のため領地・諸士は召上げ、清水勤番支配となる。九八年一一代将軍家斉(いえなり)の五男敦之助が二代を相続したが翌年没し、その後も頻繁に当主を欠いた。一八六六年(慶応二)六代目を継いだ水戸家徳川斉昭の子昭武(あきたけ)は六八年(明治元)水戸家を継いだため、七〇年兄慶篤の子篤守(あつもり)が継承し、七一年清水に改姓。八四年伯爵家となり、八七年徳川姓に復した。

●清水家略系図
重好＝敦之助＝斉順＝斉明＝斉彊＝昭武＝篤守(伯爵)

しみずさだのり【清水貞徳】 1645～1717.6.26　江戸前期の測量家。通称ははじめ豊吉、のち太右衛門・九郎兵衛、号は元帰または元帰斎。寛永年間に来日したオランダ人カスパルが伝えた西洋流測量術を金沢勘右衛門に学ぶ。一六八二年(天和二)師とともに弘前藩に登用され、弘前一帯の地図作成にあたった。八八年(元禄元)辞職し、江戸で測量術の塾を開く。規矩術の伝書を整え、以後清水流とよばれた。著書「国図枢要」。

しみずしげよし【清水重好】 1745.2.15～95.7.8　江戸時代の御三卿清水家初代当主。九代将軍徳川家重の次男。一七五三年(宝暦三)賄料三万俵を与えられた。五九年元服し、従三位左近衛権中将に叙任、宮内卿を称し、江戸城本丸から清水門内の屋敷に移った。六二年、武蔵・上総・下総・甲斐・大和・播磨・和泉で一〇万石を与えられた。のち参議・権中納言に昇進。没後上野の凌雲院に葬られた。

しみずせきじょう【清水赤城】 1766～1848.5.10　江戸後期の砲術家。通称は俊蔵。大橋訥庵(とつあん)の実父。上野国生れ。少年期に父に従って江戸に出、儒学者冢田大峰(つかだいほう)に入門。のち実学を志し、天文・暦数・兵法などを広く学び、砲術をもって一家をなした。文化年間、江戸近郊の徳丸ケ原で砲技を実演。晩年は塾を開いて門弟を教えた。「火砲要録」など砲術関係の著書多数。蒲生君平・渡辺崋山・藤田幽谷ら多くの学者・文人と交遊があった。文化・文政頃に近藤重蔵などとともに「天下の三蔵」とよばれた。

しみずだにけ【清水谷家】 藤原氏閑院流の西園寺家庶流。羽林家。鎌倉前期、西園寺公経の子実有に始まる。はじめ一条とも大宮とも称したが、実久のときから清水谷と号した。戦国期の公松のあと中絶したが、江戸初期、阿野家の忠定が再興。江戸時代の家禄は二〇〇石。笙の家。江戸前期の実業は元禄年間の代表的堂上歌人。維新後、実英のとき伯爵。

しみずどうかん【清水道閑】 1579～1648.6.21 江戸初期の茶人。京都の人。号は宗治・宗悟・伝習庵。古田織部に茶を学び、小堀遠州から伝書「台子の沙汰」をうけて台子秘伝を学んだという。道門派清水家(石州流)を創立し、伊達政宗の茶頭となって五〇〇石を禄した。仙台におもむくにあたり、遠州から名物猿若の茶入を授けられたという。二世動閑、三世道竿に継ぐ。

しみずとおる【清水澄】 1868.8.12～1947.9.25 明治～昭和期の憲法学者・官僚。石川県出身。東大卒。内務省に入り、学習院教授を兼任。一九二五年(大正一四)帝国学士院会員。三二年(昭和七)行政裁判所長官。三四年枢密顧問官。四六年最後の枢密院議長となったが、翌年自殺。

しみずのじろちょう【清水次郎長】 1820.1.1～93.6.12 幕末～明治初期の博徒。本名山本長五郎。駿河国清水生れ。米問屋山本次郎八の養子。養父死後米屋をつぐが、博徒となり、富士川や海上交通の縄張りを争い、勢力を張った。一八六八年(明治元)東征総督府から道中探索方に任じられ、その先鋒を勤めた。旧幕府方の咸臨丸の戦死者を葬ったことから山岡鉄舟・榎本武揚らの知己をえる。維新後は富士の裾野の開墾や船会社の創設、英語教育などにも活動した。八四年(明治一七)賭博の罪で捕縛されたが、榎本らの働きかけで釈放される。

しみずはまおみ【清水浜臣】 1776～1824.閏8.17 江戸後期の国学者。江戸の医師清水道円の子。通称玄長、号は月斎・泊洦舎。村田春海に古学を学び、狩谷棭斎らの考証学にも影響をうけた。語格の研究などに力を入れ、前田夏蔭・岡本保孝らを指導し、江戸の県居派の中心として活躍、松平定信とも交渉があった。旅を好み「遊京漫録」などの紀行文でも名高い。著書「万葉集考註」「泊洦文集」。

しみずまこと【清水誠】 1845.12.25～99.2.8 明治初期の実業家。金沢藩留学生として渡仏、パリ工芸大学で学ぶ。帰国後一八七六年(明治九)新燧社を設立し、最初の国産マッチ製造者となる。

しみずみつお【清水三男】 1909.12.-～47.1.27 昭和期の日本史研究者。京都市出身。一九三一年(昭和六)京大史学科卒。三八年治安維持法違反の容疑で逮捕されたが、釈放後主著「日本中世の村落」を完成。四三年陸軍に召集され、敗戦後シベリアに抑留され死亡した。農民生活に力点をおく村落研究、国衙領を重視する荘園研究は、戦後の日本中世史研究に大きな影響を与えた。「清水三男著作集」全三巻。

しみずむねはる【清水宗治】 1537～82.6.4 戦国期の武将。備中国高松城主。はじめ同国沖郡の石川久孝に属したが、毛利氏の進出により小早川隆景配下となる。一五八二年(天正一〇)居城の高松城が中国攻め途上の豊臣秀吉の水攻めをうけた。本能寺の変の急報をうけた秀吉は、安国寺恵瓊を使者に送って、宗治の自刃で毛利氏と和議を結ぶことを提案し、宗治は同年六月四日、兄入道月清、隆景からの検使末近信賀とともに自刃。

しみずりゅうけい【清水柳景】 ?～1688 江戸前期の蒔絵師。通称九兵衛。江戸で蒔絵を学び、のち五十嵐道甫とともに金沢藩三代藩主前田利常に招かれ、加賀蒔絵興隆の一翼を担った。代表作は前田育徳会蔵の老松蒔絵硯箱で、その蓋裏には「行年八十五清水柳景(花押)」の銘が記される。

じみょういんけ【持明院家】 藤原氏北家頼宗流。羽林家。平安後期、頼宗の孫基頼に始まる。家名は基頼が邸内に建立した持仏堂持明院による。基頼の孫基家は、高倉天皇の皇子守貞親王(後高倉院)の乳父となり、女陳子をその后とした。承久の乱後、陳子の子後堀河天皇が即位すると、天皇外戚として朝廷内での地位を固めた。江戸初期に断家の危機があったが、幕臣大沢基宿の子基定が家名を継いだ。江戸時代の家禄は二〇〇石。神楽・鷹匠の家。維新後、基哲のとき子爵。

じみょういんもとはる【持明院基春】 1453～1535.7.26 戦国期の公卿・書家。正三位・参議・左衛門督。世尊寺行高(一六代)に書法を学び、その奥義をきわめた。世尊寺行季(一七代)に書法を授けたが、行季の死によって世尊寺家は断絶。以後基春が朝廷に用いられ、持明院家が朝廷の書役を勤めた。基春は持明院流の祖とされるが、遺墨には世尊寺流の伝統的書法がみられる。顕著な能書活動はみられない。

しもおかちゅうじ【下岡忠治】 1870.10.2～1925.11.22 明治・大正期の官僚・政治家。兵庫県出身。東大卒。一八九五年(明治二八)内務省に入り、農商務次官・枢密院書記官長などを歴任。一九一五年(大正四)の第一二回総選挙以後四回衆議院議員に当選、憲政会に所属する。二四年七月には朝鮮総督府政務総監に就任した。

しもおかれんじょう【下岡蓮杖】 1823.2.12～1914.3.3 幕末～明治期の写真家。初名桜田久之助。のち下岡に改姓。蓮杖は号。伊豆国下田生れ。日本画を学ぶうち写真術に関心をもち横浜に移住、アメリカ人写真家ウンシンの教えをうけ、一八六二年(文久二)写真館を開業。職業写真家の開祖の一人で、門下から横山松三郎・臼井秀三郎・鈴木真一・江崎礼二ら明治期の花形写真師が輩出した。石版印刷・搾乳業・乗合馬車経営の先駆者としても知られる。

しもこうちむらたつぞう【下河内村辰蔵】 1796～1838.3.10　三河国加茂郡下河内村の百姓。松平氏。一八三六年(天保七)加茂一揆の頭取。割木販売に従事し、賢く弁舌巧みな人物として知られ、以前にも騒動の調停役として活躍。一揆でもその能力が期待され頭取として活躍するが、途中一揆内部の対立から居宅を打ちこわされた。獄門の判決をうけたが牢死。吟味のとき、一揆を「世直し祭をした」と発言したと伝えられる。

しもこうべし【下河辺氏】 中世の下総国の鎌倉御家人。秀郷流藤原氏。大田行政の子行義が下河辺荘の荘司となり下河辺氏を称したのに始まる。行義は源頼政の郎党として平治の乱で源義朝軍と戦う。その子行平は源頼朝挙兵に参加し、源平合戦や奥州平定に活躍。弓の名人としても知られ、二代将軍頼家の師範を勤める。弟政義も御家人として活躍し、常陸国南郡の地頭に任じられた。「吾妻鏡」には行時・行秀・行光らもみえる。

しもこうべちょうりゅう【下河辺長流】 1627～86.6.3　「しもかわべながる」とも。江戸前期の歌人・和学者。享年は三説あるが、自撰の「長竜和歌延宝集」所載記事に従って六〇歳説をとった。姓は小崎氏。母方の姓を名のる。名は共平。通称彦六。別号長竜・吟叟居。大和国立田(一説に宇多)生れ。木下長嘯子に私淑し、西山宗因に連歌を学ぶ。三条西家に青侍として仕え、「万葉集」の書写、研究につとめた。のち水戸光圀から「万葉集」の注釈を依頼されたが、病のため進まず、契沖に引き継がれた(「万葉代匠記」)。一六七〇年(寛文一〇)に編刊した「林葉累塵集」は、最初の地下歌人の撰集。著書「万葉集名寄」。

しもこうべゆきひら【下河辺行平】 生没年不詳。平安末～鎌倉初期の武将。秀郷流小山氏の支族下河辺行義の子。下総国下河辺荘の荘司。一一八〇年(治承四)九月、源頼朝軍に参加し、以後、佐竹氏討伐や源義広の反乱鎮圧に活躍。平家追討の合戦では源範頼のもとで西国を転戦、奥州合戦にも従軍し勲功を重ねる。弓馬の道にすぐれ、源頼家の弓の師範となる。頼朝の信頼が厚く、九五年(建久六)には頼朝の一門に準じる待遇を得た。

しもせまさちか【下瀬雅允】 1859.12.16～1911.9.6　明治期の化学者。安芸国生れ。一八八四年(明治一七)工部大学校卒。印刷局勤務の後、海軍技手となり火薬の研究に従事。八八年実験中の爆発事故で重傷を負ったが屈せず、フランスの新鋭火薬を分析して成分を解明し、九三年下瀬火薬として制式化、その生産に従事した。火薬のほか印刷局時代に紙幣印刷用インクを改良、またしばしば内国勧業博覧会審査官を務めた。

しもそねきんざぶろう【下曾根金三郎】 1806～74.6.5　幕末期の洋式砲術家。諱は信敦・信之。父は筒井政憲。幕臣下曾根家をつぎ、小姓組入り。渡辺崋山の門人で蛮社の獄にかかわるが、処分を免れる。一八四一年(天保一二)高島秋帆について砲術を修得。二の丸留守居をへて五五年(安政二)先手鉄砲頭、翌年講武所砲術師範を兼ね、六一年(文久元)諸大夫に列し、甲斐守を称する。六三年から歩兵奉行・砲術師範などを勤め、幕府の軍制改革に参画。

しもだうたこ【下田歌子】 1854.8.8～1936.10.8　明治～昭和期の歌人・教育家。美濃国出身。旧名平尾鉐。大野鏡光尼・八田知紀に和歌や学問を学び、一八七一年(明治四)上京、翌年から宮中に出仕。八一年桃夭女塾を、九九年には実践女学校を創立し、女子教育に情熱を注いだ。著書「花吹雪」「詠歌の栞」「新題詠歌捷径」「源氏物語講義」。

しもつけのうじ【下毛野氏】 下野(もと下毛野)国を本拠とした古代の豪族。東国統治の伝承をもつ豊城入彦命(崇神天皇の皇子)を祖とすると伝える。六八四年(天武一三)君姓にかえて朝臣姓を賜る。一族の古麻呂は大宝律令撰定に参画し、正四位下式部卿に昇った。一方奈良後期以降、吉弥侯氏が改姓した者など、東国土豪層出身の下毛野氏が衛府に進出、平安中期以後この系統の下毛野氏が近衛府の下級官人・舎人として一定の地位を築いた。

しもつけのこまろ【下毛野古麻呂】 ?～709.12.20　子麻呂とも。七世紀後半～八世紀初期の官人。六八九年奴婢六〇〇口の解放を奏請、許されたのが初見。時に直広肆(のちの従五位下)。刑部親王・藤原不比等らとともに大宝律令を撰定、七〇一年(大宝元)に皇族・貴族・官人に新令を講じた。翌年朝政に参議し、七〇五年(慶雲二)兵部卿、七〇八年(和銅元)式部卿。式部卿大将軍正四位下で没したが、大将軍がなにをさすか未詳。

しもつまし【下間氏】 本願寺の坊官の一族。源頼政の子孫と伝える宗重(蓮位)が親鸞に従ったことに始まるとされ、以後、御影堂の留守などを勤め、四代長芸のときから下間氏を名のる。戦国期になると、加賀の一向一揆への援軍としても名がみえ、仲孝は石山合戦で戦闘の指揮や和議の際の血判も行った。近世にも本願寺の寺務にかかわり、明治初年の廃止まで坊官を継承。

しもつまなかたか【下間仲孝】 1551～1616.5.15　戦国期の本願寺の坊官で能の名手。下間三家の一つ少進家の初代。童名は千代寿、頼之・仲之・仲康とも称する。法名は性乗、芸名は素周。石山合戦では一一代法主顕如をたすけて戦争指揮にあたる。一五八〇年(天正八)の和議にも貢献。金春大夫岌蓮に能を習って名手となり、豊臣秀吉・徳川家康などの武将に能を指南、演能した。仲孝の記録「能之留帳」には、舞台で演じた年月日・場所・列席者・演能題目の記入がある。著書「童舞抄」。

しもどまいひでのしん【下斗米秀之進】 ⇨相馬大作

しもとりとみじろう【下鳥富次郎】 1745.3.2～1814.11.28 江戸後期、越後国頸城郡上江用水の開削者。本名英輝、号鳥洗。同郡川浦村庄屋。祖父の代からの念願であった関川からの取水を、一七七三年(安永二)川浦代官竹垣庄蔵と江戸に同行して許可をえ、五年を要して完成した。総工費四〇〇〇両は富次郎が自家の田畑を売ってまかなった。この功により幕府から白銀一〇枚を与えられ、苗字帯刀を許された。

しもなかやさぶろう【下中弥三郎】 1878.6.12～1961.2.21 明治～昭和期の出版経営者・教育家。兵庫県出身。家業の陶工を継いだが教職に転じ、かたわら一九一四年(大正三)平凡社を創立し、ベストセラーとなった実用書「や、此は便利だ」を刊行。教員組合啓明会の設立に参加したが、昭和一〇年代には国家主義的になった。第二次大戦後に公職を追放されたが復帰し、百科事典の出版で成功を収めた。平和運動・世界連邦建設運動にも尽力。

しもはしゆきおさ【下橋敬長】 1845.5.16～1924.7.4 明治・大正期の有職故実家。京都生れ。下橋家は上御倉立入家の分家で、摂関家一条家の侍の家柄。一八六七年(慶応三)家を継いだが、翌年の明治維新で皇学所の監察助勤となる。遷都後も関西にとどまり、宮内省の支所などに勤務。古今東西の書物に詳しく、朝廷の旧制度に精通し、一九二一年(大正一〇)上京して宮内省図書寮など各所で講演。「幕末の宮廷」は、その講演録。

しもむらかいなん【下村海南】 1875.5.11～1957.12.9 大正・昭和期のジャーナリスト・政治家。本名宏。和歌山県出身。東大卒。一九二一年(大正一〇)朝日新聞社に入社。専務・副社長を歴任し、三六年(昭和一一)退職。その自由主義思想を軍部から嫌忌され広田内閣に入閣できなかった。三七年貴族院議員、四三年日本放送協会会長。四五年情報局総裁として入閣、敗戦の玉音放送を実現させた。佐佐木信綱門下の歌人。

しもむらかんざん【下村観山】 1873.4.10～1930.5.10 明治・大正期の日本画家。和歌山県出身。紀州徳川家に仕えた能楽師の家に生まれる。上京して狩野芳崖・橋本雅邦に師事、早熟ぶりを示す。東京美術学校卒業後助教授となる。一八九八年(明治三一)日本美術院創立に参加。一九〇三年渡欧してイギリス水彩画などを学ぶ。一四年(大正三)日本美術院を再興し、横山大観とともに中心的存在となった。古典研究に優れる。帝室技芸員。代表作「木の間の秋」。

しもむらこじん【下村湖人】 1884.10.3～1955.4.20 大正・昭和期の小説家。佐賀県出身。本名虎六郎。中学時代から文学を好み、「明星」などに詩歌を投稿。東大在学中は「帝国文学」の編集委員となる。卒業後は教育界で活躍、郷里の中学や台北高校の校長を務めた。一九三七年(昭和一二)以降は、著述に専念し、自伝的長編小説「次郎物語」を著す。東洋哲学への造詣も深く、著書に「論語物語」「佐藤信淵」「心窓去来」がある。

しもむらさだむ【下村定】 1887.9.23～1968.3.25 大正・昭和期の軍人。陸軍大将。高知県出身。陸軍士官学校(二〇期)・陸軍大学校卒。ジュネーブ海軍軍縮会議委員・関東軍参謀などをへて、一九三七年(昭和一二)から参謀本部作戦部長・陸軍大学校校長・北支那方面軍司令官などを歴任。第二次大戦直後の東久邇宮内閣の陸相となり、陸軍解体業務にあたる。のち参議院議員一期を務める。

しもむらし【下村氏】 近世、京都の天部村に居住した皮多頭。初代彦助、二代目庄助、三代目文六と続いた下村氏は、二条城掃除役を勤め、洛中・山城・摂津・近江の穢多身分の者、および青屋からその人足を徴発した。幕府から一二〇石(一〇九石とも)の知行を与えられていたが、一七〇八年(宝永五)に文六が死去して下村氏は断絶し、二条城掃除役は廃止された。以後、京都には穢多頭はおかれていない。

しもむらしょうたろう【下村正太郎】 呉服の大丸屋下村家の五～一一代の世襲名。下村家は一七七五年(安永四)刃傷事件で店を一時休業に追いこんだ四代彦右衛門の没後、同族の兼愛を五代当主にたて、以後当主は正太郎を称した。文化・文政期に七代を継いだ正篤は京都に両替店・紙店、大坂両替店、兵庫店、江戸糸扇店を設け隆盛をもたらした。一〇代正堂の長男正剛は、一八八九年(明治二二)一一代を継いで家業改革を進め、一九〇七年に大丸呉服店として株式合資組織の百貨店に改組した。

しもむらひこえもん【下村彦右衛門】 1688～1748.4.18 江戸時代の豪商大丸屋の初代。名は正啓。山城国伏見京町生れ。古手の行商を営んでいたが、一七一七年(享保二)伏見に開店。二六年に大坂心斎橋に共同で呉服店を開き、まもなく単独経営とした。その後、名古屋店・京都仕入店をおき、四三年(寛保三)江戸大伝馬町に開いた呉服店は、越後屋・白木屋とともに江戸三大呉服店に数えられた。その後、四代目まで当主は彦右衛門を襲名、以後も業績をのばした。

しもやまおうすけ【下山応助】 生没年不詳。幕末～明治期の宗教家。御嶽教会の創始者で、創祖霊神と称される。出生地不詳。江戸浅草に住む。御嶽信仰が厚く、有能な行者となった。一八七三年(明治六)各地の御嶽講を組織化、御嶽講社を結成し、開設を許可された。のち大成教に合同。九二年の御嶽教会の一派独立直前に行方不明となる。

しもわだむらぶしち【下和田村武七】 1767?～1836.11.16 甲州騒動の頭取の一人。宗門帳には次左衛門、一揆の記録には次右衛門とも。甲斐国下和田村に生まれ、一八三六年(天保七)の甲州騒動で犬目村兵助らとともに頭取として活躍。近郷に知られた「男伊達」で「口利き」であったという。一揆後自首し、石和の牢内で病死。幕府の裁決では「森之字書き記し候幡を立」てて一揆を指図、存命ならば石和宿において磔とある。

シモンズ Duane B. Simmons 1834?～89.2.19 セメンズ(哂門士)とも。明治前期のアメリカ人御雇外国人医師。一八五九年(安政六)開港直後の横浜にオランダ改革派教会の医療宣教師として来日。翌年宣教師を辞し医師として開業。いったん離日したが再来日し、七〇年(明治三)大学東校(のち東京大学医学部)の御雇教師となり、また腸チフスにかかった福沢諭吉を治療、以後二人の親交が深まった。七一年以降、横浜の病院(のちの十全病院)の看板医師として活躍。八〇年辞職し、八二年帰国。八六年三たび来日。

しゃか【釈迦】 釈迦牟尼・釈尊・世尊・覚者・仏陀・瞿曇・憍答摩・悉多・悉達多とも。生没年不詳。仏教の開祖。本名ゴータマ・シッダールタ。釈迦は出身部族名。生存年代は紀元前七世紀から同四世紀の範囲で諸説がある。インド・ネパール国境のルンビニー出身の王族で二九歳(一九歳とも)で出家。伝統的なバラモンの教えを批判し各地で修行、三五歳で悟りを開く。以後生存の苦しみから脱して絶対自由の境地(涅槃)に至る道を説き、多くの弟子を集めた。八〇歳で没した。

ジャガタラおはる【ジャガタラお春】 1625～97 江戸初期、ジャガタラ(現、ジャカルタ)に追放された混血女性。長崎でイタリア人航海士と日本女性の間に生まれ、一六三九年(寛永一六)の鎖国令で母・姉らとともにジャガタラに追放された。同地でオランダ人と結婚、四男三女の子供をもうけ裕福な生活を送る。お春が長崎の叔父峰七郎兵衛にあてた手紙(ジャガタラ文)の写(県立長崎図書館蔵)と、九二年五月一七日付の遺言状(インドネシア国立文書館蔵)が伝存する。

じゃくえん【寂円】 1207～99.9.13 鎌倉時代に中国の南宋から渡来した曹洞宗の僧。道号は智深。天童山景徳寺の如浄の弟子だったが、入宋中の道元と知り合い、如浄没後に道元を慕って渡来。深草の興聖寺、越前の永平寺と道元に従い、道元没後は懐奘について禅をきわめた。一二六一年(弘長元)永平寺を去り、越前国大野郡に赴いて宝慶寺の開山となり、豪族伊志良氏の庇護もうけ一派を形成した。弟子に永平寺中興の祖義雲などがいる。

じゃくごん【寂厳】 1702.9.17～71.8.3 江戸中期の真言宗の僧。字は諦乗。備中国生れ。同国都羅島(現、岡山県倉敷市)宝島寺の僧。俗姓は富永氏。九歳で出家し、浅口郡の普賢院超染律師に師事し仏性戒および両部灌頂をうけた。のち諸方に遊学し梵学を最も深く究めた。京都五智山において曇寂に醍醐法流の印璽をうけ、さらに和泉国家原寺で具支灌頂を、長谷寺常明にも地蔵院流の秘奥をうけたが、自身も備中を中心に盛んに密教を世に広め、多くの悉曇関係の著作を残した。

じゃくしつげんこう【寂室元光】 1290.5.15～1367.9.1 鎌倉後期～南北朝期の入元禅僧。諱は元光。鉄船、のち寂室と号す。美作国生れ。一三歳で山城国三聖寺の無為昭元に師事。のち鎌倉禅興寺の約翁徳倹、武蔵国金沢称名寺の慧雲律師、一山一寧らに学ぶ。一三二〇年(元応二)可翁宗然らと入元、天目山の中峰明本、径山の元叟行端などについて修学、二六年(嘉暦元)帰国。中峰の禅風に感得し、以後二五年間、備前・美作両国に幽棲して俗塵を避け、終生黒衣の平僧で通し、名刹での出世を固辞した。

シャクシャイン ?～1669.10.23 シャクシャインの戦の中心人物。シベチャリ(現、北海道静内町)の副首長(脇乙名)。一六五三年(承応二)首長(乙名)のカモクタインがハエ(現、北海道門別町)のオニビシに殺されたあと首長になる。六八年(寛文八)オニビシを殺害。六九年六月、松前藩に援助を求めたオニビシ側のウタフの死(松前藩による毒殺と噂された)を契機にアイヌの一斉蜂起をよびかけ、蝦夷地内の交易船や鷹待などの和人を襲撃。一〇月松前藩の和議の計略にかかり酒宴の席で殺された。

じゃくしょう【寂照】 ?～1034 三河入道・三河聖・円通大師とも。平安中期の天台宗僧。参議大江斉光の子。俗名定基。文章・和歌に秀で、図書頭・三河守を歴任した。九八八年(永延二)寂心(慶滋保胤)のもとで出家し、源信に天台教学を、仁海に密教を学ぶ。一〇〇三年(長保五)入宋し、真宗から紫衣と円通大師号を賜り、また天台山知礼から源信の天台宗疑問二七条への答釈を得た。帰国しようとしたが、三司使の丁謂の要請で蘇州呉門寺にとどまり、のち報恩寺普門院を創建した。

しゃくちょうくう【釈迢空】 ⇨折口信夫

しゃくつる【赤鶴】 生没年不詳。南北朝期の能面作家。十作の一人。世阿弥晩年の「申楽談儀」によると、近江国の面打で猿楽役者であったという。永和年間の人とみられる越智（愛智）よりも前に記される。鬼の面に優れ、後世、秀作の多くが彼の作とされるようになり、能面における鬼面成立に重要な役割をはたしたと推定される。

じゃくれん【寂蓮】 1139?～1202.7.20　平安末～鎌倉初期の歌人。俗名藤原定長。父は僧阿闍梨俊海、母は未詳。一一五〇年（久安六）頃父の兄弟藤原俊成の養子となる。七二年（承安二）頃出家。在俗時から歌人として活躍し、「歌仙落書」にとりあげられる。出家後は諸国遍歴の時期をへて、藤原定家らとともに旺盛な作歌活動を展開。「六百番歌合」「正治初度百首」「千五百番歌合」などに参加。一方、六条（藤）家の顕昭らと激しく対立。後鳥羽上皇から歌才を高く評価され、一二〇一年（建仁元）和歌所寄人より、「新古今集」撰者の一人に選ばれるが、完成前に没した。家集「寂蓮法師集」、「千載集」以下の勅撰集に入集。

しゃこくめい【謝国明】 生没年不詳。中国の宋の商人。鎌倉前期、博多に居住して貿易に従事。円爾（聖一国師）に深く帰依し、一二四二年（仁治三）博多に承天寺を建立し、円爾を開山に招いた。火災で焼失した宋の杭州の径山万寿禅寺に、四三年（寛元元）円爾の勧めで板材一〇〇〇枚を寄進。玄界灘の小呂島を領有し、貿易上の拠点にしたとされる。死後、同島をめぐって宗像社などによる相論がおきた。

じゃそく【蛇足】 「だそく」とも。室町時代の曾我派の画家名とされるが、諸説があり不明。近年の研究では、墨渓采誉以後の曾我派が代々用いた号（軒号）で、特定の人物をさすものではないとの説が有力。蛇足筆の伝承をもつ代表的作品に大徳寺真珠庵の襖絵があり、作者は曾我派二世夫泉宗丈とみられる。宗丈は墨渓の子と推定され、赤蠅と号し、一五一二年（永正九）以前に没した。

じゃなていどう【謝名鄭迵】 ⇨鄭迵

シャノアーヌ Charles Sulpice Jules Chanoine 1835.12.18～1915.1.29　フランスの軍人。サン・シール陸軍士官学校卒。幕府の招聘をうけて幕府軍の三兵（歩・騎・砲兵）教練のためにフランスから派遣された総勢一五人からなる軍事顧問団の団長。一八六七年一月（慶応二年一二月）来日し、横浜ついで江戸で軍事教練を行ったが、幕府崩壊後契約をとかれて帰国。九八年（明治三一）陸軍大臣となるが、まもなくおこったドレフュス事件に連坐して辞職した。

じゃはなのぼる【謝花昇】 1865.9.28～1908.10.29　明治期の沖縄の社会運動家。東風平村生れ。一八八二年（明治一五）県費留学生に選抜されて上京し、九一年帝国大学農科大学を卒業。帰県後、沖縄出身の最初の高等官（県技師）となり、奈良原繁県政のもとで開墾事務主任を担当。耕地と林野のバランスを重視して知事の開墾至上主義を批判し、土地整理事業の一環としての杣山処分問題でも、農民の利益を擁護する立場から民地民木を主張して知事と対立。板垣退助らの政党内閣に知事更迭を要請したが実現せず、県庁内で孤立し九八年辞任。以後同志とともに「沖縄時論」を発行し、独裁的県政批判と参政権獲得運動を展開したが、知事一派の弾圧で挫折、心身を病み不遇のうちに病没。

しゃむろやかんべえ【暹羅屋勘兵衛】 近世、近江八幡町の商人の世襲名。本姓は岡地。暹羅屋は屋号で、元和年間同町に移住し、五色の花紋を染めた更紗の販売を業とした。染色法は家人がシャム（タイ）に渡って習得したので暹羅染といったという。染物を業とし明治まで続いた。

しゃらく【写楽】 ⇨東洲斎写楽

シャンド Alexander Allan Shand 1844?～1930.4.12　御雇外国人。イギリス出身。大蔵省は一八七二年（明治五）、当時マーカンタイル銀行の横浜支店支配人格として来日中のシャンドを紙幣頭付属書記官として雇い入れ、近代的銀行業務の教育にあたらせた。第一国立銀行で実地に銀行業務の教育にあたったほか、「銀行簿記精法」「銀行大意」を著し、イギリス型商業銀行主義を理想とする近代銀行業務の知識普及に尽くした。七八年に帰国。

シャンボン Jean Alexis Chambon 1875.3.18～1948.9.8　パリ外国宣教会宣教師。一九〇〇年（明治三三）函館司教区つきの司祭として来日。二七年（昭和二）東京大司教に任じられ日本人司祭の養成に尽くし、大神学校を創立。三七年東京大司教職務の日本人への委任にともない、横浜司教区初代司教に就任。

しゅうあ【周阿】 ?～1377?　南北朝期に活躍した地下連歌師。救済に師事し、その後継とされた。俗名は坂の小二郎。「菟玖波集」に二二句入集したほか、「紫野千句」「侍公周阿百番連歌合」などに作品が残る。二条良基による「応安新式」の制定にも関与。年次は不明だが東国に赴き、晩年に九州に下った。知的で人の意表をつく句風は、室町初期にかけての連歌壇に流行した。

じゅういちやぎさぶろう【十一谷義三郎】 1897.10.14～1937.4.2　大正・昭和前期の小説家。神戸市出身。東大卒。文化学院教授。一九二四年（大正一三）新感覚派の雑誌「文芸時代」の創刊と同時に参加。繊細な心理を知的文体で描く。代表作は下田芸者の悲劇を描いた「唐人お吉」。

しゅうおんらい【周恩来】 *Zhou Enlai* 1898.3.5～1976.1.8　中国の近代政治家。江蘇省出身。一九一七年（大正六）来日し、早大などで学ぶ。帰国後、五・四運動に参加。二〇年渡仏。二二年中国共産党に入党し、中共フランス支部を組織し、二四年帰国。二七年上海で武装蜂起を指導したが、蔣介石(しょうかいせき)の上海クーデタにより江西に逃亡。長征に参加後、西安事件では中共代表として折衝にあたり、蔣介石より第二次国共合作の同意を獲得。日中戦争中は武漢・重慶にあって国共合作に尽力。中華人民共和国成立後は国務院総理兼外交部長などの要職を歴任。五四年のジュネーブ会談、周・ネルー会談、翌年のアジア・アフリカ会議で活躍。日米との国交回復にも尽力した。

しゅうかくし【周鶴芝】 周崔芝とも。生没年不詳。中国明末の海商・武将。福清(フーチン)県生れ。明の招撫により水軍都督となる。貿易を通じて薩摩の島津氏と親密な関係にあり、一六四五年(正保二)明朝復興の援兵を求めたが、実現しなかった。四七年再び島津氏に来援を乞うたが拒絶された。五一年(慶安四)舟山の戦に敗れた。

じゅうしやそうご【十四屋宗伍】 ?～1552? 戦国期の茶人。近江大津の人と伝える。号は卒休斎、姓は松本。江戸前期の茶書「南方録」には千利休の師である武野紹鷗(じょうおう)に茶道を伝授したとある。下京に住んで京都の茶道の指導的立場にあったらしい。茶書「山上宗二記(やまのうえのそうじき)」では、茶器への鑑定力もなく名物茶道具も持っていないと評されるが、堺の茶人宗二が対立する京都茶道を悪くいったものであろう。

しゅうふつかい【周仏海】 Zhou Fohai 1897.5.29～1948.4.28 中国の政治家。湖南省出身。京大卒。留学中の一九二一年、中国共産党創立大会に参加したが、二四年離党して帰国。二六年北伐に参加、国民革命軍総司令部秘書を務め、三一年江蘇省教育庁長となる。日中戦争の勃発後、宣伝部副部長在任中に重慶国民政府を離れ、四〇年三月から汪兆銘(おうちょうめい)政権の財政部長、上海市市長となる。第二次大戦後、戦犯として獄死。

しゅうぶん【周文】 生没年不詳。室町中期の禅僧画家。道号は天章。俗姓は藤倉氏。相国寺の都管(つかん)(都寺(つうす))の職にあり寺院の財政を担当すると同時に、画家として足利将軍の御用を勤めた。一四二三年(応永三〇)朝鮮派遣使節に加わり、同地で山水画を描いた。三〇年(永享二)には大和国片岡の達磨寺の達磨像に彩色を行い、四〇年には雲居(うんご)寺の仏像の像容の参考とするため東大寺に赴くなど、広い範囲の事績が知られ、五四年(享徳三)頃まで生存したと推定される。一五世紀の第二四半期の絵画界の中心的な存在だが、周文自身が描いたと確証のある作品はなく、画風の実態は不明。伝承作品は数多く「江天遠意図」「水色巒光図(すいしょくらんこうず)」「竹斎読書図」などが知られる。没後の将軍家の御用は小栗宗湛にひきつがれ、雪舟(せっしゅう)や墨渓に師と仰がれた。

しゅうほうみょうちょう【宗峰妙超】 1282.12.-～1337.12.22 鎌倉後期～南北朝期の臨済宗の僧。諱は妙超。興禅大灯国師・高照正灯国師と号す。播磨国生れ。一一歳で書写山の戒信律師に師事。のち鎌倉建長寺に赴き、二三歳のとき鎌倉万寿寺の高峰顕日(こうほうけんにち)に参禅して悟りをえる。南宋から帰国直後の南浦紹明(なんぽしょうみょう)を参問し、大悟して法をつぐ。紹明没後、洛北の紫野に住むが道俗の帰依者が多く、後醍醐天皇と赤松則村父子の援助を得て、一三二六年(嘉暦元)大徳寺を開創。書を好み、優れた筆跡を伝える。

じゅうれん【住蓮】 ?～1207.2.- 平安末～鎌倉初期の法然(ほうねん)の弟子の念仏僧。安楽(あんらく)とともに承元の法難のきっかけを作ったとされる。美声の持主で、専修念仏をひろめるのにつとめ、各所の別時念仏で六時礼讃を行い、僧俗の帰依をうけた。旧仏教勢力の法然教団弾圧のもと、一二〇六年(建永元)一二月に安楽とともに後鳥羽上皇の女房との密通を疑われ、翌年、近江国馬淵(まぶち)荘で斬罪となった。

しゅえい【宗叡】 809～884.3.26 「しゅうえい」とも。禅林寺僧正・円覚寺僧正・後入唐僧正とも。平安前期の真言宗僧。俗姓池上氏。京都生れ。はじめ天台宗の義真(ぎしん)・円珍(えんちん)、興福寺の義演(ぎえん)らに学び、のち東寺に入って実恵(じちえ)・真紹(しんじょう)から真言密教を受法。八六二年(貞観四)真如(しんにょ)とともに入唐。五台山・天台山を巡礼し、また汴州(べんしゅう)の玄慶、長安の法全(はっせん)らに密教を学び、八六五年帰国。八六九年権律師、八七九年(元慶三)僧正。東大寺別当・東寺二長者を歴任。清和天皇の帰依をうけ、出家の戒師を勤めた。

しゅえん【修円】 771～835 檉生(ていしょう)禅師とも。平安前期の法相宗僧。俗姓小谷氏。大和国北谷生れ。賢憬(けんけい)に法相教学を学び、七九四年(延暦一三)比叡山根本中堂落慶供養の堂達を勤め、八〇五年最澄から灌頂(かんじょう)をうけた。八一〇年(弘仁元)律師。八二二年興福寺別当となり、伝法院を創建して深密会を創始。八二七年(天長四)少僧都。晩年は室生(むろう)寺に住した。空海とも親交があり、天台・真言の新仏教に理解を示したらしい。

じゅおうそうひつ【授翁宗弼】 1296～1380.3.28 鎌倉後期～南北朝期の臨済宗の禅僧。諱は宗弼、字は授翁。諡号は円鑑国師・微妙大師。藤原宣房の子。後醍醐天皇に仕えながら大徳寺の大灯国師(宗峰妙超(しゅうほうみょうちょう))に参禅し、宗弼という法名を授かる。建武の新政に際して後醍醐天皇を諫めたがいれられず、ひそかに洛北岩倉で不二大徳(ふにだいとく)について得度。二〇年隠遁ののち、京都妙心寺の関山慧玄(えげん)に参じて法をつぎ、同寺二世となる。

しゅかくほっしんのう【守覚法親王】 1150.3.4～1202.8.25 真言宗仁和寺の六世門跡。後白河天皇の第二皇子。母は藤原季成の女成子。一一六〇年(永暦元)覚性(かくしょう)入道親王を師として出家、六八年(仁安三)には伝法灌頂(かんじょう)をうける。翌年覚性の跡をついで仁和寺御室(おむろ)に就任。安徳天皇誕生の際には御産の祈禱を行った。小野・広沢の二法流をうける。著書「沢見鈔」「野鈔」「北院御室日次(きたのいんおむろひなみ)記」「右記」「左記」。

しゅくしんのうぜんき【粛親王善耆】 Suqinwang Shanqi　1866～1922.2.17　中国清朝末期の皇族。字は艾堂(がいどう)。満州白旗の人。一八九八年粛親王となり、一九〇七年民政部尚書をへて欽差大臣に昇進。〇九年三月籌卞(ちゅうそう)海軍大臣になったが、翌年辞任。慶親王内閣の理藩部大臣。辛亥(しんがい)革命後、大陸浪人川島浪速(なにわ)の満蒙独立の計画に応じ、恭親王と復辟(ふくへき)を計画したが失敗。川島芳子は親王の王女で、川島浪速の養女。

しゅし【朱子】 1130.9.15～1200.3.9　中国の南宋の儒学者。諱は熹(き)。字は元晦(げんかい)・仲晦。号は晦庵・晦翁。諡は文。朱子は尊称。本籍は婺源(ぶげん)県(現、江西省)。尤渓(ゆうけい)県(現、福建省)生れ。各地の地方官を歴任するが、生涯の大半は在職せず、研究・著述と門弟の教育に従事した。北宋に始まる宋学を集大成し、朱子学とよばれる学問体系を樹立。日本にも多大な影響を与えた。著書「四書章句集注」「資治通鑑(しじつがん)綱目」「詩集伝」「儀礼(ぎらい)経伝通解」。

しゅしゅんすい【朱舜水】 1600.10.12～82.4.17　江戸初期に日本に亡命した中国明末の遺臣・儒学者。名は之瑜(しゆ)、字は魯璵(ろよ)・楚璵、舜水は号。余姚(よよう)(浙江省)生れ。経世済民の志を抱き、一族の期待をうけながらも明末の混濁した官界に違和を感じて度重なる明朝からの仕官要請に応じず、明末の遺臣鄭成功(ていせいこう)の南京攻略に従軍して敗北し、明室復興をあきらめて一六五九年(万治二)長崎に亡命した。このとき柳河藩の安東省庵(せいあん)の援助をうけた。六五年(寛文五)水戸藩の小宅処斎(おやけしょさい)の推挙で同藩の賓客となり、藩主徳川光圀(みつくに)の厚遇をうけ、前期水戸学の形成に影響を与えた。「大日本史」編纂に大きな功績を残した安積澹泊(あさかたんぱく)はその弟子で、朱舜水の学問を実理・実学と評言している。

しゅじんそう【朱仁聡】 朱紅聡・朱仁聰とも。生没年不詳。中国北宋朝の商人。九八七年(永延元)以降、九八八年・九九五年(長徳元)と数度の日本来航が確認され、九九五年から一〇〇〇年(長保二)までは長期滞在した可能性もある。この間、日本の役人との間に暴行・代金不払いなどの騒動がおこり、朝廷でも問題とされた。一方で源信(げんしん)と出会い、「往生要集」を贈られるなど文化的交流も知られる。

しゅずいひこたろう【守随彦太郎】 江戸時代、幕府によって江戸に開かれた秤座の頭人。守随家初代の吉川(きっかわ)守随茂済(しげなり)は甲州の出身で、武田氏に仕えて秤を製作した。二代彦太郎信義は武田信玄の長男義信と茂済の姪との間に生まれ、茂済の養子となった。信義は武田氏滅亡後、徳川家康に召され、苗字を守随に改めた。さらに家康に従って江戸に移り、秤座を開設して守随家繁栄の基礎を築いた。以後三代彦右衛門正次を除いて守随家の当主は彦太郎を通称とする。四代正得のとき東三三カ国の秤の製作・販売・検定の独占権を獲得し、一三代正恒にいたって明治維新を迎えたが、その後も秤の営業は続けた。

シュタイン　Lorenz von Stein 1815.11.15～90.9.23　ドイツの公法・経済・行政学者。キール大学で学び、パリに留学。一八五五年ウィーン大学教授となり、政治学・経済学を講義。君主権の強い立憲制の立場をとった。八二年(明治一五)憲法調査に訪れた伊藤博文に、日本の国体を尊重した憲法の制定を助言。伊藤の憲法起草に大きな影響を与えた。以後、渡欧した山県有朋(やまがたありとも)・黒田清隆ら政府首脳にも助言を行った。

シュターマー　Heinrich Georg Stahmer 1892.5.3～1978.6.13　ドイツ人外交官。貿易業に従事したのち一九三八年外務省入省。リッベントロップ外相に近く、主として極東関係を担当。四〇年(昭和一五)九月政府特使として来日、日独伊三国同盟締結交渉に関与した。四一年駐華大使(南京政府)、四三～四五年駐日大使。

シュピンナー　Wilfried Spinner 1854.10.-～1918.8.31　スピンネルとも。ドイツの普及福音新教伝道会の初代宣教師。スイスのチューリヒ生れ。一八八五年(明治一八)来日、八七年新教神学校を設立し日本人牧師を養成、普及福音教会を創立。また政府後援の独逸学協会学校で教え、広く影響を与えた。小崎(こざき)弘道・植村正久らキリスト教界の指導者、ドイツ留学者らの協力により、超教派・教理のキリスト教の形成を期待した。九一年帰国。

シュミーデル　Otto Moritz Schmiedel 1858～1926　ドイツのプロテスタント神学者。一八八七年(明治二〇)普及福音新教伝道会の宣教師としてW・シュピンナーについで来日、独逸学協会学校や新教神学校で教えた。聖書の歴史的成立過程の解明を重視する高等批評は新神学といわれ、当時のキリスト教界に大きな影響を与えた。

しゅめいもんいん【修明門院】 1182～1264.8.29　後鳥羽天皇の妃。順徳天皇の母。初名は範子(はんし)、のち重子(じゅうし)。後鳥羽上皇を養育した藤原範季の女。母は平教子。二条君と称して後鳥羽上皇に仕えたが、寵を得て一一九七年(建久八)順徳天皇を生み、その後も雅成(まさなり)親王・尊快法親王を生んだ。九八年従三位、ついで従二位。一二〇七年(承元元)院号宣下。上皇と仲睦まじく、つねに同居した。承久の乱の敗退により上皇とともに出家。法号は性覚。

しゅめのかみいっぺいやすよ【主馬首一平安代】 1680～1728 玉置小市とも。江戸中期の薩摩国の刀鍛冶。作刀を父安貞や波平安国に学ぶ。一七二一年(享保六)江戸浜御殿で作刀し、将軍徳川吉宗から刀剣の茎に葵紋を切ることを許され、帰途京都で主馬首に任じられた。作風は地沸の強い鍛えに直刃調の乱れ刃である。

しゅんえ【俊恵】 1113～? 平安末期の歌人。源俊頼の子。母は橘敦隆の女。早くに東大寺の僧となった。自坊の歌林苑に藤原清輔・源頼政・殷富門院大輔ら多くの歌人を集め、盛んに歌会を催し、歌壇に大きな刺激を与えた。「歌苑抄」「歌林抄」などの撰集を編んだ。俊恵の歌論は弟子鴨長明の「無名抄」に詳しい。中古六歌仙の一人。「詞花集」以下の勅撰集に約八五首入集。家集「林葉和歌集」。

しゅんおくみょうは【春屋妙葩】 1311.12.22～88.8.12 鎌倉末～南北朝期の臨済宗の代表的な禅僧。諱は妙葩、字は春屋。諡号は智覚普明国師。甲斐国の平氏の出身。夢窓疎石の甥。一三二五年(正中二)夢窓に従って得度。夢窓や鎌倉浄智寺の竺仙梵僊らを師として修行。三五年(建武二)以降京都に移るが、六九年(応安二・正平二四)から約一〇年間、丹後国雲門寺に隠棲。七九年(康暦元・天授五)に南禅寺の住持となり、また天下僧録として全国の禅寺・禅僧を統轄した。

しゅんかん【俊寛】 生没年不詳。平安後期の真言宗僧、後白河法皇の近臣。仁和寺寛雅の子。出家後少僧都に昇り、父の跡をついで法勝寺座主となる。一一七四年(承安四)八条院の仁和寺蓮華心院供養に上座を勤め、その賞によって子俊玄が法橋に任じられる。七七年(治承元)鹿ケ谷山荘での平氏追討謀議が発覚して、藤原成経・平康頼とともに薩摩国鬼界ケ島に流罪となり、同地で没した。

じゅんぎょう【順暁】 生没年不詳。中国の唐の密教僧。善無畏の弟子義林に師事し、泰山霊巌寺に住した。のち鎮国大徳阿闍梨・内供奉となり浙江省竜興寺に移る。この間、一行・不空からも密教をうけたという。八〇五年鏡湖東方の峰山道場で最澄に灌頂を授けた。その際の付法書が「叡山大師伝」「顕戒論縁起」に載録されている。

じゅんさい【遵西】 ⇨安楽

しゅんじょう【俊芿】 1166.8.10～1227.閏3.8 鎌倉前期の僧。京都泉涌寺の開山。号は我禅房・不可棄。肥後国生れ。一八歳で剃髪し、翌一一八四年(元暦元)大宰府観世音寺で具足戒をうけた。戒律の重要性を痛感して九九年(正治元)入宋。径山の蒙庵元総に禅を、四明山の如庵了宏に律学を、北峰宗印に天台教学を学び、一二年後帰国して北京律をおこした。俊芿に帰依した宇都宮信房に仙遊寺を寄進され、寺号を泉涌寺と改めて再興の勧進を始めた(このときの勧進帳は国宝)。後鳥羽上皇をはじめ天皇・女院・貴族・武家にも多くの帰依者を得て喜捨を集め、堂舎も整備されて御願寺となり、律・天台・禅・浄土の四宗兼学の道場として栄えた。

しゅんてん【舜天】 1166?～1237? 琉球の伝説上の王。近世に編纂された正史によれば、尊敦とも称し、伊豆大島を逃れて琉球へ漂着した源為朝と大里按司の妹との子とされる。推されて浦添按司となり、その後天孫氏王統の王位を奪った利勇を倒して舜天王統の開祖となったという。為朝伝説は鹿児島藩の琉球支配以前からあったが、舜天の実在は疑問視されている。実在したとしても琉球全域の王ではなく、浦添地域の按司クラスの人物と考えられる。

じゅんとくてんのう【順徳天皇】 1197.9.10～1242.9.12 在位1210.11.25～21.4.20 後鳥羽天皇の第三皇子。名は守成。母は藤原範季の女修明門院重子。一一九九年(正治元)親王、翌年土御門天皇の皇太弟となり、一二一〇年(承元四)父後鳥羽上皇の意志で即位。二一年(承久三)倒幕の意志を固めた父を助けるため仲恭天皇に譲位。承久の乱に敗れて佐渡に配流され、同所で没した。佐渡院ともいう。故実書「禁秘抄」、歌学書「八雲御抄」を著した。

じゅんなてんのう【淳和天皇】 786～840.5.8 在位823.4.16～833.2.28 桓武天皇の皇子。名は大伴。母は藤原百川の女旅子。八一〇年(弘仁元)薬子の変で高岳親王(平城天皇の子)が皇太子を廃されたあとをうけて、嵯峨天皇の皇太弟に立つ。践祚に際し、嵯峨天皇の皇子(仁明天皇)を皇太子に立て、のちにこれに譲位した。贈皇后高志内親王(異母妹)・皇后正子内親王(嵯峨の女)との間に恒世・恒貞が生まれ、皇位継承は有望であったが、承和の変(八四二年)によってその望みは絶たれる。詩文に秀で、漢詩文集「経国集」を撰進させ、また「令義解」を完成させた。

じゅんにょ【准如】 1577.7.19～1630.11.30 織豊期～江戸前期の浄土真宗の僧。浄土真宗本願寺派一二世。童名は阿茶、諱は光昭、理光院と号する。父は一一世顕如、母は三条公頼の女如春。幼くして越前国福井御坊の住持。一五九二年(文禄元)父の死で長兄教如があとをつぐが、翌年豊臣秀吉の命で兄にかわって一二世となる。一六〇二年(慶長七)教如は徳川家康から寺地寄進をうけ東本願寺を分立した。准如方は西本願寺と称し、以後各地に別院を創設・整備した。

じゅんにょ【順如】 1442～83.9.29 室町中期の浄

土真宗の僧。諱は光助。願成就院と号す。蓮如の長男。大津の近松顕証寺や河内の出口光善寺の開基。一四六六年(文正元)法嗣となり、翌々年弟の実如に法嗣を譲った後も、地方の教化を進める蓮如の活動を支えた。とくに蓮如が越前吉崎御坊を退去し河内にしばらく滞在した際、仏光寺経豪の本願寺帰参に際しての働きは大きかった。

じゅんにんてんのう【淳仁天皇】 733~765.10.23 在位758.8.1~764.10.9 天武天皇の孫で、舎人親王の第七子。母は当麻山背。名は大炊王。姻戚関係を通じて藤原仲麻呂の庇護をうけ、七五七年(天平宝字元)皇太子道祖王が廃された後、仲麻呂に推されて立太子し、翌年孝謙天皇の譲位をうけて即位。しかし七六二年には孝謙太上天皇との間に不和が生じて権力を奪われ、七六四年、恵美押勝(仲麻呂)の乱の直後に皇位を廃されて淡路に移された。このため淡路公・淡路廃帝とも称する。翌年逃亡に失敗して同地で没した。

ショー Alexander Croft Shaw 1846.2.5~1902.3.12 イギリス海外福音伝道会最初の来日宣教師。避暑地軽井沢の開発者。カナダ生れ。一八七三年(明治六)W・B・ライトとともに来日。翌年慶応義塾構内に住居し学生を指導。七六年東京芝に講義所を設け伝道の本拠とし、のち聖アンデレ教会に発展した。

ショイベ Heinrich Botho Scheube 1853.8.18~1923.3.- 明治前期の御雇ドイツ人医師。一八七六年ライプチヒ大学卒。七七年(明治一〇)来日し、京都府療病院の医学教師に就任した。勤務中、十二指腸虫・リグラ条虫などを発見。また日本に脚気患者が多いことに早くから注意していた。八二年帰国の途につき、シャム、ジャワ、セイロンなどで熱帯病の研究をしながら本国に帰り、ライプチヒ大学で教鞭をとった。

しょうあみ【正阿弥】 金工一派の名。室町末期におこった鐔工の一派で、本家は伊予正阿弥、もしくは京正阿弥とみられ、近代以降はこれを古正阿弥ともよぶ。鍛えのよい鉄地のもの、真鍮象嵌を施すものなど、それ以前の各派の技巧をとりいれているが、この派の最も特色ある技巧は、象嵌部分に布を張り象嵌した布目象嵌である。江戸時代には各地に移住し、京・伊予のほか、阿波・会津・庄内・秋田・江戸・備前などの正阿弥がいる。

じょうあん【静安】 790~844.3.3 平安前期の法相宗僧。俗姓・出身不詳。西大寺の常騰に法相教学を学び、近江国比良山で「仏名経」による懺法を修する。八三八年(承和五)仁明天皇に招かれて律師となり、元興寺に入る。その後、宮中の仏名会・灌仏会がはじめて行われた。比良山妙法寺・最勝寺を創建し、また近江国滋賀郡に和邇泊を造営したと伝える。

じょういち【城一】 生没年不詳。一四世紀頃の平曲家。平曲の始祖生仏の孫弟子で八坂流の祖城玄の師。ただし師弟関係など諸説あり、経歴は不明。菊池氏の庶流の出で筑紫に住む。一六二八年(寛永五)に「城一本平家」という一本が「八坂方の平家」として開版された。

しょういちこくし【聖一国師】 ⇨円爾

しょううんげんけい【松雲元慶】 1648~1710.7.11 江戸前期の仏師。京都生れ。一六六九年(寛文九)に難波瑞竜寺の鉄眼道光のもとで出家。諸国を行脚中、豊前国の羅漢寺で、五百羅漢像を礼拝してその造立を発願。江戸に下り、十数年をかけて一群の像を完成させた。東京都目黒の五百羅漢寺にその大半が現存。

しょうえん【尚円】 1415~76.7.29 琉球王国の第二尚氏王統の開祖(在位一四七〇~七六)。即位前は金丸と称する。伊是名島の百姓出身で、各地を放浪するうちに王家の要人に見いだされ重用された。海外貿易の長官まで出世したが、時の王尚徳と意見があわず隠遁生活を送る。一四六九年首里城でクーデタが発生、第一尚氏王朝勢力が駆逐され、クーデタ勢に推されて即位し新しい王朝を開いた。

じょうえん【定宴】 生没年不詳。一三世紀半ばから後半に東寺領荘園の年貢支配の事務に活躍した東寺の下級寺僧。真行房と称する。関与した荘園は若狭国太良荘・大和国平野殿荘・伊予国弓削島荘・安芸国新勅旨田で、とくに太良荘の経営に活躍。一二三九年(延応元)に預所代官として現地に下り、経営再建に力を注いだ。地頭側と相論してその勢力を抑えながら、荘内に自己の基盤を築くことにも成功。これらの活動により、のち荘々納所公文として供僧供料荘園の経営を統轄した。

しょうかい【聖戒】 1261~1323.2.15 鎌倉後期の時宗の僧。六条派の祖。時宗の開祖一遍のきわめて近い肉親で、最初の弟子として一遍の修行や遊行廻国に従ったこともあり、一遍入滅の際は遺誡も聞いた。一二九九年(正安元)「一遍聖絵」一二巻(国宝)を完成させ、六条道場歓喜光寺(現、京都市山科区)を建立した。伝記に江戸時代の書写になる「開山弥阿上人行状」がある。

じょうかい【定海】 1074.1.3~1149.4.12 三宝院大僧正・上生僧正とも。平安後期の真言宗僧。右大臣源顕房の子。醍醐寺の義範、ついで勝覚に師事、また範俊・良雅から小野流を学び、三宝院流開祖となる。一一一六年(永久四)醍醐寺座主となり、薬師堂再建や東僧房建立、清滝会創始など同寺振興に尽力した。二九年(大治四)円光院別当・東大寺別当となり、翌年権少僧都、三八年(保延四)大僧正。この間多くの公請に応じ、また護持僧・東寺一長者・法務・金剛峰寺座主・成勝寺別当を歴任。

しょうかいせき【蔣介石】 Jiang Jieshi 1887.10.31～1975.4.5 中国近代の軍人・政治家。浙江省出身。一九〇七年(明治四〇)来日、翌年振武軍事学校に入学。留学中に中国革命同盟会に入会。辛亥革命に際して帰国したが、第二革命失敗後再来日。二三年ソ連を軍事視察。帰国して黄埔軍官学校初代校長に就任。孫文の死後、北伐を継続。二七年上海クーデタを断行し、南京国民政府を組織。二八年八月国民政府主席。満州事変後は安内攘外論を唱え、共産党の討伐を優先し対日宥和的政策を取り続けたが、西安事件を契機に共産党との一致抗日を迫られ、日中戦争勃発後は南京から武漢・重慶へと遷都しつつ抗戦を継続。日本敗戦後の国共内戦に敗れ、四九年末台湾へ逃れ、大陸反攻を図るがはたせなかった。

じょうかく【定覚】 生没年不詳。鎌倉前期の仏師。康慶の次男で運慶の弟とされるが確かではない。東大寺南大門金剛力士像吽形像の胎内に残された経の奥書に、湛慶とともに大仏師と記されており、この像をはじめ大仏殿四天王像・脇侍像などの制作に加わった。その功により法橋に叙せられた。

しょうかどうしょうじょう【松花堂昭乗】 1584～1639.9.18 江戸初期の真言宗の学僧。幼名は辰之助、名は式部。能書家で寛永の三筆の一人。摂津国生れ。石清水八幡宮に入り出家、滝本坊実乗に師事して密教を学ぶ。実乗の死後、一六二七年(寛永四)滝本坊住職となる。その後、弟子乗淳に坊を譲り、みずから惺々と号して風雅の生活を送る。三七年、滝本坊の南に方丈をたて松花堂と称した。書は青蓮院流・大師流を学び、松花堂流の開祖。画は土佐派と狩野派の折衷画風を築いた。

じょうぎょう【常暁】 ?～866.11.30 小栗栖律師・入唐根本大師とも。平安前期の三論・真言兼学僧。俗姓・出身不詳。はじめ元興寺の豊安に三論教学を学び、のち空海から灌頂をうけた。八三八年(承和五)三論留学僧として入唐。揚州で元照に三論教学を、文璨に密教と大元帥法をうけ翌年帰国。八四〇年、山城国宇治の法琳寺に大元帥明王像を安置して修法院とすることを請い許された。ついで宮中常寧殿で大元帥法を始めた。以後同法は後七日御修法に準じる扱いとなった。八六四年(貞観六)権律師。

しょうきょくさいてんいち【松旭斎天一】 1853～1912.6.14 明治期の奇術師。本名牧野八之助。父は福井藩士。幼くして仏門に入ったのち、旅芸人の世界に身を投じる。アメリカ人奇術師ジョネスとの出会いがきっかけとなり海外に渡航、西洋奇術を学んだ。一八八九年(明治二二)西郷従道邸で天覧上演。一九〇一年から四年間、欧米巡業も行った。弟子に二代目天一・松旭斎天勝がいる。

しょうきょくさいてんかつ【松旭斎天勝】 1886.5.21～1944.11.11 明治末～昭和前期の女流奇術師。東京都出身。本名金沢カツ。一一歳で松旭斎天一に弟子入りし、日本各地の劇場や中国・欧米への巡業に伴われた。天性の素質と美貌によって一座の花形となり、師の没後は一座を率いて内外で人気を博した。全盛期には一〇〇人をこえる座員を擁し、レビュー風の豪華な演出も交えて、バラエティ豊かな演目で観客を魅了した。一九三五年(昭和一〇年)に引退。二代目は姪が継いだ。

しょうくう【性空】 ?～1007.3.10 書写上人とも。平安中期の天台宗僧。従四位下橘善根の子。京都生れ。良源に師事し三六歳で出家。日向の霧島山や筑前の背振山で修行し、九六六年(康保三)播磨の書写山に入り、国司藤原季孝の帰依をうけて円教寺を開創。花山法皇・源信・慶滋保胤の参詣をうけた。九八〇年(天元三)には増賀とともに比叡山根本中堂落慶供養に列席。早くから法華持経者として知られ、存命中から多くの霊験譚があった。

しょうくう【証空】 1177.11.9～1247.11.26 鎌倉前期に活躍した法然門下の念仏僧。浄土宗西山義・西山派の派祖。善慧房。源親季の長男で、九歳のとき久我通親の猶子となる。一一九〇年(建久元)に法然の弟子となり、以後、浄土経の奥義を学び、「選択本願念仏集」の作成に際して勘文の役をつとめる。法然の死後、一二一二年(建暦二)に京都西山善峰寺に移り、そこを拠点として「観無量寿経疏」をはじめとする善導の著作の講説につとめた。嘉禄の法難では流罪をまぬかれた。

しょうけい【尚敬】 1700.6.19～51.1.29 琉球王国の第二尚氏王統一三代目の王(在位一七一三～五一)。父は尚益。父の早世により一七一三年一四歳で即位。一九年清朝の冊封をうけた。このときの正使は海宝、副使は徐葆光。徐は帰国後「中山伝信録」を著した。治世は政治・経済・文化の諸分野で充実した時代で、人材も輩出した。世子時代の侍講蔡温を即位後国師とし、終生師と敬った。蔡温が三司官昇任後は、その補佐をうけつつ諸施策を進め、近世の名君の一人と評される。

しょうけい【祥啓】 生没年不詳。室町時代の画僧。祥啓は法諱、道号は元英。地名ないし別号を賢江といい、貧楽斎の斎号をもつ。相模国出身、一説に宇都宮の画家丸良氏の子。建長寺の書記を勤めたので啓書記ともよぶ。同寺宝珠庵に住んだ。一四七八年(文明一〇)京都にのぼり、芸阿弥について画を学び三年後に帰国。「観瀑図」は、修業の証として芸阿弥が祥啓に描き与えたもの。九三年(明応二)再上洛。とくに山水画にすぐれ「山水図」は代表作。鎌倉を中心に関東画壇の指導的役割を果たした。

しょうげい【聖冏】 1341.10.15～1420.9.27 南北朝期～室町中期の僧。常陸国生れ。酉蓮社了誉と号し、浄土宗の第七祖。伝通院の開祖。瓜連常福寺の了実について出家し、常陸国太田の蓮勝に浄土教を学ぶが、天台・真言・禅・倶舎・唯識など広く他宗も学んだ。宗徒養成のために伝法の儀式を整え五重相伝の法を定めた。著書は「浄土二蔵頌義」をはじめ多数、神道・儒学・和歌にも通じ「古今集序註」を著した。弟子に聖聡・了知らがいる。

じょうけい【定慶】 ㊀生没年不詳。平安末～鎌倉前期の仏師。運慶・快慶とほぼ同時期に活躍。作風は徹底した写実性と中国宋代美術の受容を基調とする。代表作は、一一九六年(建久七)の興福寺東金堂維摩像。㊁1184～? 鎌倉時代の仏師。肥後別当・肥後法橋と称する。一二二四年(元仁元)の大法恩寺六観音像、同年の毘沙門天像(東京芸術大学蔵)、一二二六年(嘉禄二)の鞍馬寺聖観音像などが現存。五六年(康元元)の東大寺講堂の造仏では、湛慶や長快らとともに維摩像を担当。現存する像のうち、とくに観音像は宋風の受容が顕著。ほかに、一三世紀末に越前法橋定慶を称した仏師の存在も知られる。康運ものちに定慶と改名したとされる。

じょうけい【貞慶】 1155.5.21～1213.2.3 鎌倉前期の法相宗の僧。京都生れ。号は解脱房。笠置寺上人とよばれた。藤原通憲(信西)の孫で同貞憲の子。興福寺に入り叔父覚憲について法相・律などを学ぶ。一一八二年(寿永元)維摩会竪義を遂げ、御斎会・季御読経などの大会に奉仕し、学僧として将来を嘱望されたが、名聞をきらい九三年(建久四)かねて弥勒信仰を媒介にして信仰を寄せていた笠置寺に隠遁した。以後般若台や十三重塔を建立して寺観を整える一方、竜華会を創始し弥勒講式を作るなど弥勒信仰を深めていったが、一二〇八年(承元二)海住山寺に移住し観音信仰にも関心を示した。一二〇五年(元久二)興福寺奏状を起草し、法然の専修念仏を批判した。法相・律・弥勒関係や「愚迷発心集」など著書多数。

じょうけい【常慶】 ?～1635? 安土桃山時代～江戸前期の陶工。京都楽焼の第二世。長次郎を祖とする楽焼製作に、長次郎とともに従事していた田中宗慶の子。作には黒楽茶碗・白楽茶碗・白楽獅子香炉・三彩獅子香炉・白楽阿古陀形香炉・赤楽阿古陀形香炉などが残り、東京都港区の増上寺内の徳川秀忠墓からは常慶の「楽」印をもつ白楽阿古陀形香炉が出土。どの作風も長次郎時代の様式を守り、寂びた趣きを強める。

しょうけいほっしんのう【聖恵法親王】 1094～1137.2.11 華蔵院宮・長尾宮とも。平安後期の真言宗僧。白河天皇の第五皇子。母は藤原師兼の女。仁和寺の寛助に師事、一一一二年(天永三)灌頂をうけ一身阿闍梨に任じられる。三〇年(大治五)兄覚法法親王の跡を慕って高野山に登り、覚鑁とともに伝法院造営を上奏。また同山引摂院・仁和寺華蔵院を創建して華蔵院流を開いた。

しょうけいもんいん【昭慶門院】 1273～1324.3.12 亀山天皇の皇女。名は憙(喜)子。母は藤原雅平の女雅子。一二九三年(永仁元)内親王宣下をうけ、九六年准三后となり院号宣下。一三〇六年(徳治元)出家、法名清浄源。後醍醐天皇の皇子世良親王を養育し、亀山上皇から譲りうけた所領を親王に与えた。

しょうけん【勝賢】 1138～96.6.22 侍従僧正・覚洞院権僧正とも。平安後期の真言宗僧。藤原通憲(信西)の子。初名は勝憲。仁和寺の最源に師事、一一五八年(保元三)権律師。翌年醍醐寺の実運に灌頂をうけ、また常喜院の心覚からも受法。六〇年(永暦元)以後、醍醐寺座主に三度任じられたが、一時同門乗海の反対により高野山に逃れた。後白河法皇の安泰や祈雨に孔雀経法などを修し、東寺二長者・東大寺別当を歴任。八五年(文治元)権僧正。事相関係の著述を多く残した。

しょうけんこうたいごう【昭憲皇太后】 1849.4.17～1914.4.11 明治天皇の皇后。父は左大臣一条忠香。生母は新畑大膳種成の女民子。幼名勝子。はじめ富貴君、のち寿栄君と改称。一八六七年(慶応三)女御に定まり、六八年(明治元)美子と改名して入内、即日、皇后に立てられた。女子教育の振興、慈善事業の発展、養蚕など産業の奨励、宮中の洋装化などの改革にも熱心で日本の近代化に貢献した。和歌にも巧みで、八七年華族女学校に賜った金剛石の歌は著名。没後昭憲皇太后と追号された。御陵は伏見桃山東陵。

じょうこういん【常高院】 ?～1633.8.27 京極高次の室。浅井長政の次女。母は織田信長の妹小谷の方。名は初、諱は藤子。一五七三年(天正元)浅井氏滅亡後信長に養われ、母が柴田勝家に再嫁したのにともない越前国北庄に移る。八三年柴田氏滅亡後、豊臣秀吉に養われる。八七年従兄の京極高次と婚姻。子がなく高次の長子忠高の嫡母となり、妹崇源院(徳川秀忠の室)の女初を養女にして忠高の室とする。一六〇四年(慶長九)高次没後落飾して常高院と号す。大坂の陣ではしばしば和議の使者を勤めた。

しょうこうてんのう【称光天皇】 1401.3.29～28.7.20 在位1412.8.29～28.7.20 後小松天皇の第一皇子。名は躬仁、のち実仁。母は日野

●第一尚氏略系図　1～7は王統の代数

佐銘川大主—尚思紹1—尚巴志2┬尚忠3—尚思達4
　　　　　　　　　　　　　　├尚金福5
　　　　　　　　　　　　　　└尚泰久6—尚徳7

●第二尚氏略系図　1～19は王統の代数

尚稷┬尚円1—尚真3—尚清4—尚元5—尚永6═尚寧7═尚豊8┬尚賢9
　　│　　　　　　　　　　　　　　　　　　　　　　　└尚質10—尚貞11—尚純—尚益12—
　　└尚宣威2
—尚敬13—尚穆14—尚哲┬尚温15—尚成16
　　　　　　　　　　└尚灝17—尚育18—尚泰19（侯爵）

資国の女光範門院資子。一四一二年（応永一九）践祚。即位に対し、後亀山天皇の孫小倉宮や旧南朝の遺臣たちは、南北朝合一の条件の一つである両統迭立の原則にしたがうとして各地で挙兵。二八年（正長元）幕府により鎮圧された。同年皇子のないまま土御門皇居の黒戸御所で死去。

じょうさいもんいん【上西門院】 1126.7.23～89.7.20　鳥羽天皇の第二皇女。母は藤原公実の女待賢門院璋子。名は恂子、のち統子。一一二七年（大治二）賀茂斎院に選定されたが、三一年（長承元）病により退く。五八年（保元三）後白河天皇の准母として皇后にたてられ、五九年（平治元）院号をうけた。

しょうざん【嘯山】 1718.3.25～1801.4.14　江戸中・後期の俳人・漢詩人。三宅氏。名は芳隆。京都の質商。仁和寺や青蓮院の侍講を勤める。漢詩を慧訓和尚に学び、芥川丹邱や六如と交流を結ぶ。漢詩集「嘯山詩集」がある。中国白話に通じ、「通俗酔菩提全伝」などの訳書もある。俳諧は一七四一年（寛保元）望月宋屋門に入り、五五年（宝暦五）頃までには点者として立机し宗匠となる。六三年（宝暦一三）漢詩で培われた鑑賞眼で選評した「俳諧古選」を刊行。太祇・蕪村・蝶夢らとも交わる。句集「葎亭句集」。

しょうし【庄氏】 中世の武家。武蔵七党児玉党の一族。有道氏。児玉荘の本荘（庄）に由来し、武蔵権守家行の子家弘が児玉庄大夫と称したのに始まる。その子三郎忠家や四郎高家らは源平合戦で活躍、賞として高家は備中国草壁荘（現、岡山県矢掛町）を与えられ、同地に定着。鎌倉後期の資兼や資房らは備中庄氏の一族と推定される。「太平記」にも備中庄氏がみえる。室町時代には幕府奉公衆となったが、管領家や備中国守護家の細川氏に仕えた一族もあった。

しょうし【尚氏】 琉球王家の姓。二系統があり、一つは一四〇六年中山を奪い二九年に三山統一をはたした尚思紹・巴志父子の系統で、第一尚氏。もう一つは一四六九年に第一尚氏七代尚徳にかわって王位についた金丸（のちの尚円）を祖とする王統で、第二尚氏。一八七九年（明治一二）の廃藩置県まで一九代四〇〇余年間続いた。尚の姓は思紹が明朝から賜ったと王府の正史は記すが、「明実録」などには記述がない。子の尚巴志は当初から尚巴志と記されており、尚は姓ではなく名の一部で、元来中国むけに宛字したと推測される。以後王は尚姓を用い、第二尚氏の祖も王統の連続をよそおって尚姓を踏襲した。なお王子までは尚姓、孫の代（按司）からは欠画して向の字を用いた。

じょうし【城氏】 平安末～鎌倉初期の越後国の豪族。桓武平氏。余五将軍維茂の子繁成が秋田城介となり、その子貞成が城太郎と称したのに始まる。一二世紀初めには貞成の子永基が越後に勢力をのばした。源平内乱期、資永は病死し、長茂は源氏に降る。のち長茂は許されて奥州平定に従軍。一二〇一年（建仁元）幕府打倒をはかり京都・越後で挙兵するが失敗、吉野で殺された。これに呼応した甥資盛も越後で討たれた。

●城氏略系図

貞成—永基—資国┬資永—資盛
　　　　　　　　└長茂

しょうじこうき【正司考祺】 1793～1857.12.6　江戸後期の経世思想家。号は碩渓。肥前国有田生れ。家業に専念し成功を収める一方、学を好み安積艮斎・佐藤一斎らと交わった。晩年は著述に努め「経済問答秘録」「家職要道」などを著す。士農工商の社会的分業論にもとづき、商人の自由な商業活動が国富の源泉であると主張したが、藩営の事業や専売などは生産者や商人を圧迫するとして反対した。著書「天明録」。

しょうししょう【尚思紹】 ?～1421　琉球王国の

第一尚氏王統初代の王(在位一四〇六～二一)。同時代史料ではたんに思紹と記され、近世に編纂された正史「中山世鑑」で尚思紹と記される。神号は君志真物。伝説では父は伊平屋島出身の佐銘川大主とされる。一四〇六年息子の尚巴志とともに中山王武寧を倒し、第一尚氏王朝の開祖となる。明国へは武寧の世子として偽装し、中山国での王朝交替を秘匿した。一六年山北王攀安知を打倒するが、統一国家樹立半ばで死んだ。

しょうじじんえもん【庄司甚右衛門】 1576～1644.11.18 江戸吉原遊廓の創設者で吉原町惣名主役。もと後北条氏の家臣というのが定説。一六一二年(慶長一七)に、江戸に散在する遊女屋を一カ所に集中させ遊廓を開くことを町奉行所に出願、一七年(元和三)に許可を得た。この公許の遊廓が吉原である。吉原開設にあたってはみずから吉原江戸町一丁目で遊女屋を経営し、吉原五町の惣名主役を勤めた。

しょうしないしんのう【昌子内親王】 950～999.12.1 朱雀天皇のただ一人の皇女。母は熙子女王(保明親王の女)。冷泉天皇の中宮に立てられたが、子は生まれなかった。

しょうしゅ【聖守】 1215～91.11.27 中道上人とも。鎌倉中期の東大寺の僧。大和国生れ。東大寺厳寛の子で戒壇院円照の兄。三論を東大寺東南院の樹慶に学び、真言を醍醐寺報恩院の憲深にうけた。東大寺に新禅院を創建して三論講学の場とし、真言院・同院灌頂堂・西南院を建立して真言の復興をはかったが、新禅院は後深草上皇の、西南院は後嵯峨上皇の御祈願所となり、真言院も鎮護国家の道場とされた。造東大寺大勧進に補任された。

しょうしゅう【蔣洲】 ?～1572 戦国期、日本に渡来した明人。字は宗信。別号竜渓。鄞県(現、浙江省)生れ。総督胡宗憲に提案して、一五五五年(弘治元)陳可願と日本の五島に渡り、倭寇最大の首領王直を懐柔。五七年王直とともに帰国。しかし誤解をうけて投獄され、六〇年ゆるされて大忠義士と称された。彼が見聞した日本に関する知識は胡宗憲の幕僚鄭若曾の「日本図纂」「籌海図編」の資料となった。

じょうしょう【定昭】 906～983.3.21 定照・嵯峨僧都・一乗院僧都とも。平安中期の真言宗僧。左大臣藤原師尹の子。興福寺の仁斅に法相教学を学び、寛空に灌頂をうけて大覚寺別当に任じられる。九六六年(康保三)権律師、九七九年(天元二)大僧都。また東寺長者・興福寺別当・金剛峰寺座主を歴任し、興福寺一乗院を創建した。晩年は諸職を辞して、極楽往生のため「法華経」読誦に専念した。往生伝などに霊験譚が多く残る。

しょうしょうくん【蔣承勲】 蔣丞勲・蔣袞勲とも。生没年不詳。中国の五代十国時代の呉越国の商人。九三五年(承平五)以降、九三六年・九三八年(天慶元)・九五三年(天暦七)と日本への数度の来航が確認される。商業活動のほか、呉越国王と日本の天皇や貴族との国書・書状のやりとりの仲介、僧日延の中国への送致、珍獣・珍貨の将来など、両国の交流に多大な貢献をした。

しょうじょうけん【向象賢】 ⇨羽地朝秀

しょうしん【尚真】 1465～1526.12.11 琉球王国の第二尚氏王統三代目の王(在位一四七七～一五二六)。在位五〇年は歴代国王中最も長い。王朝の開祖尚円の長男で、一二歳で王位につく。中国(明朝)との貿易を活発にし、その財力で王国の基盤を固めた。王を頂点とする組織体制を強化し、地方役人制度も刷新した。各地で隠然たる勢力を保持する按司(豪族)層を首里に強制移住させ、神女組織を編成して宗教を統制するなど斬新な施策を推進。首里城の増築、王家の菩提寺である円覚寺や王家墓(玉陵)の創建など幾多の造営事業も手がけた。治世中は王国が最も充実した時期で、琉球の黄金時代と評される。

しょうしん【性信】 1187～1275.7.17 鎌倉中期の浄土真宗の僧。親鸞直弟二十四輩の筆頭。常陸国生れ。俗名は大中臣与四郎。一二〇四年(元久元)出家して法然に師事し、のち親鸞に帰依した。下総国横曾根(現、茨城県水海道市)に報恩寺(現在は東京都台東区東上野)を建立して、横曾根・飯沼を中心とする横曾根門徒の中核的存在となった。親鸞の子善鸞のおこした異端事件の解決に努力したことで知られる。

じょうじん【成尋】 1011～81.10.6 善慧大師とも。平安中期の天台宗僧。父は陸奥守藤原実方の子貞叙。母は源俊賢の女で歌集「成尋阿闍梨母集」がある。はじめ岩倉大雲寺の文慶から台密を受法。ついで悟円・行円・明尊に師事、一〇四一年(長久二)大雲寺別当。延暦寺阿闍梨となり、藤原頼通の護持僧を勤めた。七二年(延久四)渡宋し、天台山・五台山を巡礼。神宗に謁し、祈雨法を修して善慧大師の号を賜った。また経典など六百数十巻を集めて日本に送ったが、みずからは神宗の慰留をうけて残留、汴京開宝寺に没した。著書「参天台五台山記」「観心論註」「法華経註」。

しょうしんにゅうどうしんのう【性信入道親王】 1005.8.1～85.9.27 真言宗仁和寺の第二世門跡。通称は大御室。三条天皇の第四子。母は藤原済時の女娍子。一〇一一年(寛弘八)に親王。諱は師明。一八年(寛仁二)出家、二三年(治安三)仁和寺の済信から伝法灌頂をうける。後冷泉天皇の病気平癒をはじめ、修法を行い著しい効験で知られ、八三年(永保三)功により二品に叙せられた。

じょうすう【貞崇】 866〜944.7.23　平安中期の真言宗の僧。東寺長者・醍醐寺座主(ざす)・金剛峰寺座主。真言院僧都(そうず)または鳥栖(とすみ)寺僧都と号す。出自は京都三善氏。幼くして貞観(じょうがん)寺恵宿の室に入り、九〇二年(延喜二)醍醐寺聖宝から伝法灌頂をうける。一時期、金峰山(きんぷせん)に籠ったが、九二七年(延長五)醍醐天皇の護持僧となってから、九三八年(天慶元)に法華三昧堂を完成させるなど、醍醐寺および醍醐寺教団の成立に貢献。著書「霊異相承慧印儀軌」。

じょうぜ【常是】 ⇨大黒常是(だいこくじょうぜ)

しょうせいじろう【荘清次郎】 1862.1.20〜1926.12.25　明治・大正期の実業家。肥前国大村藩士の子。岩崎家の学資をうけて欧米に留学したのち、一八八九年(明治二二)三菱社に入社、三菱合資神戸支店支配人、庶務・内事部長などをへて、一九一六年(大正五)総務部専務理事兼管事に就任した。三菱製紙の経営にかかわり、猪苗代水力電気・旭硝子(ガラス)取締役にも就任。

じょうせんたろう【城泉太郎】 1856.7.17〜1936.1.8　明治前期の英学者・社会思想家。越後国生れ。慶応義塾に学び、各地で英語教育にたずさわり、高知県で自由民権運動にも関係した。ルソーやロックなどに共鳴、「済世危言」などの翻訳・著述にたずさわった。

じょうそう【丈草】 1662〜1704.2.24　江戸前期の俳人。父は尾張国犬山領主に仕えた内藤源左衛門。本名内藤林右衛門本常。一六八一年(天和元)頃、黄檗(おうばく)宗の玉堂和尚につき禅を学ぶ。のち京都にでて深草に住んだ。八九年(元禄二)冬、京都に来た芭蕉に入門、その誠実な門人となった。九三年近江に移住、翌年芭蕉の臨終をみとって三年間喪に服した。芭蕉の「さび」をうけついだ第一人者といわれる。蕉門十哲の一人。

じょうぞう【浄蔵】 891〜964　平安中期の天台宗僧。三善清行(みよしのきよゆき)の子。宇多法皇に師事。比叡山で玄昭(げんしょう)に密教を、大慧(だいえ)に悉曇(しったん)を学ぶ。平将門(まさかど)調伏の修法などに験力を示す。美声の声明(しょうみょう)家としても知られ、また天文・易・医薬にも通じた。

しょうたい【尚泰】 1843.7.8〜1901.8.19　第二尚氏王統の第一九代で琉球王国最後の王(在位一八四八〜七九)。侯爵。父は尚育(しょういく)。一八四八年六歳で即位したが、冊封は大幅に遅れ、六六年ようやく行われた。当時琉球には異国船が頻繁に渡来し、異国人が逗留するなど国事多端、財政的にも窮乏していた。七二年(明治五)明治政府は琉球の処分方針にもとづき、尚泰を琉球藩王とし華族に列した。七五年から一連の処分が断行され、七九年廃藩置県。尚泰は命じられて上京、八四年帰郷が許された。没後王陵の玉陵(たまうどぅん)に葬られたが、葬儀は王府時代同様に挙行された。

しょうたいきゅう【尚泰久】 1415〜60.6.5　琉球王国の第一尚氏王統六代目の王(在位一四五四〜六〇)。神号は那之志与茂伊(なのしよもい)と大世主(おおよのぬし)。尚巴志(しょうはし)の子で、越来(ごえく)王子と称した。兄の尚金福王の死後、世子志魯(しろ)と王弟布里(ふり)が王位を争い、ともに滅んだことから一四五四年急遽即位、五五年冊封をうけた。天界寺など多くの寺院を創建したほか、梵鐘を鋳造して寺社などに寄進。対外貿易による王国の繁栄を刻んだ銘文をもつ万国津梁の鐘もその一つ。五八年岳父と婿である護佐丸・阿麻和利の乱がおこった。

しょうだいし【小代氏】 武蔵七党児玉党の一族。有道氏。入西(にっさい)資行の子遠広(とおひろ)が、小代郷(現、埼玉県東松山市)を本拠に小代次郎大夫と称したのに始まる。その子行平は源平合戦や奥州平定に活躍。鎌倉御家人として、安芸国壬生(みぶ)荘(現、広島県壬生村)などの地頭職にも任じられた。その孫重俊は宝治合戦の勲功で肥後国野原荘(現、熊本県荒尾市付近)の地頭。その子孫は元寇の際に野原荘に移住、土着し、肥後北部の有力国人として活躍。戦国期には、竜造寺・島津両氏に仕え、江戸時代には細川氏に出仕。

しょうだかずえ【勝田主計】 1869.9.15〜1948.10.10　明治〜昭和期の財政家・政治家。愛媛県出身。東大卒。一八九五年(明治二八)大蔵省に入省。臨時国債整理局長・理財局長をへて、一九一二年(大正元)大蔵次官。一四年から貴族院議員。一五〜一六年朝鮮銀行総裁を務め、一六年一〇月大蔵次官。同年寺内内閣の蔵相に就任して積極財政を推進し、金輸出禁止・西原借款を断行した。二四年清浦内閣の蔵相として関東大震災後の外債募集に努力。二八年(昭和三)田中義一内閣の文相となる。

しょうだけんじろう【正田建次郎】 1902.2.25〜77.3.20　昭和期の数学者。群馬県出身。東大卒。ドイツ留学。大阪帝国大学教授、のち学長。現代代数学をはじめて紹介し、群と環に関するすぐれた理論を確立し、代数系という考え方をうちだした。一九四六年(昭和二一)日本数学会設立第一回総会の委員長。京都大学数理解析研究所教授。学士院賞・文化勲章をうけた。

しょうだていいちろう【正田貞一郎】 1870.2.28〜1961.11.9　明治〜昭和期の実業家。神奈川県出身。東京高等商業卒業後、群馬県館林で家業の醤油醸造業に携わる。一九〇〇年(明治三三)館林製粉を創設。その後、横浜の旧日清製粉と合併して日清製粉と改称。二四年(大正一三)日清製粉社長となり、会長・相談役を歴任。四六年(昭和二一)貴族院議員。美智子皇后の祖父。

しょうだへいごろう【荘田平五郎】 1847.10.1〜1922.4.30　明治・大正期の実業家。豊後国臼杵生れ。慶応義塾の教師をしたのち、一八七五年(明治八)三菱商会に入社。七八年岩崎弥太郎の姪と結婚、八〇年最高役職の管事に就任した。一時日本郵船に移ったが、三菱社本社支配人に復帰、八八年再び管事となった。丸の内ビル街建設に大きな役割をはたし、九七年から長崎造船所支配人に就任、その基礎を固めた。東京海上保険・明治生命保険などの役員にも就任。

じょうち【定智】 生没年不詳。平安後期の絵仏師。帥上座(そちのじょうざ)ともよばれ、三井法輪院末流とも伝える。はじめ覚猷(かくゆう)の密教図像収集に協力したとみられるが、その後、醍醐寺や高野山に画跡を残す。一一三二年(長承元)高野山伝法院壁画を宅磨為遠(たくまためとお)とともに描き、四五年(久安元)には金堂善女竜王像(金剛峰寺蔵)を制作した。定智の筆様をしのぶ資料には仁王経五方諸尊図像(東寺蔵)・十二神将図像(益田家旧蔵)や不動図巻(醍醐寺蔵)などの白描図像がある。

じょうちょう【定朝】 ?～1057.8.1 平安時代の仏師。一〇二〇年(寛仁四)無量寿院の造仏を皮切りに、師もしくは父である康尚(こうじょう)の仕事をうけつぐかたちで藤原道長に重用され、その造営になる法成寺(ほうじょうじ)の金堂・薬師堂などの大規模な造仏を手がけた。次の頼通時代にも天皇を含めた道長一族の関係する造像を独占的に行い、四八年(永承三)供養の興福寺復興造像にもたずさわる。この間、当時の仏師としては異例の僧綱(そうごう)位(法橋(ほっきょう))ついで法眼(ほうげん)を獲得して社会的地位を高め、また数十人の小仏師を擁する工房を統率していたと思われる。晩年の作の平等院阿弥陀如来像にうかがえるように、古典の学習を基盤として王朝貴族の嗜好にあった典雅な仏像の姿を造りだし、以後定朝様として強い拘束力をもった。

じょうつねたろう【城常太郎】 1863.3.-～1904.7.26 明治期の日本労働運動の先駆者。肥後国生れ。神戸で靴工となって一八八八年(明治二一)単身渡米し、高野房太郎らと交流。つづいて渡米してきた靴工と日本人靴店を開業して成功し、九一年高野・沢田半之助らとアメリカで職工義友会を組織。帰国後の九七年、東京でも職工義友会を組織し、同年の労働組合期成会の創立に関係。

しょうていきんすい【松亭金水】 1797～1862.12.12 江戸後期の戯作者。本名は中村保定・経年。筆耕・手跡指南を業とするかたわら、為永春水の人情本の浄写を通じて、合巻「二十四孝稚教訓」や人情本「恋の花染」(初編)を自作。天保の改革で春水が人情本から去ったのち、改革の意図に沿った勧善懲悪意識の強い作風で末期人情本の第一人者となる。山東京伝の「善知鳥安方(うとうやすかた)忠義伝」(二・三輯)や曲亭馬琴の「朝夷巡島記(あさひなしまめぐりのき)」(七・八編)などのあとを継いで執筆もした。

しょうてつ【正徹】 1381～1459.5.9 室町中期の歌人。父は小松康清か。名は正清(まさきよ)、字は清巌。和歌を冷泉為尹(れいぜいためまさ)と今川了俊に学ぶ。一四一四年(応永二一)出家、法名正徹。徹書記(てつしょき)ともよばれた。将軍足利義教に忌避され謫居(たっきょ)、そのためか「新続古今集」に正徹の歌はない。義教没後は歌壇に復帰し活躍。歌風は二条派から異端視されたが、藤原定家を尊崇し独自の幽玄の風体を開拓した。門下に心敬らがいる。家集「草根集(そうこんしゅう)」、著書「なぐさめ草」「正徹物語」。

しょうどう【勝道】 735.4.21～817.3.1 奈良時代の僧。下野国芳賀郡の人。俗姓若田氏。日光山の開基。少年のときから山林修行し、七六二年(天平宝字六)下野薬師寺の如意僧都に従って得度受戒。七八二年(延暦元)補陀落山(ふだらくせん)(日光山)を開き、翌々年中禅寺を建立した。延暦年間に上野国講師に任じられ、八〇七年(大同二)旱魃に際して補陀落山で祈雨し、その功で伝灯法師位を授けられた。八一四年(弘仁五)空海が草した「沙門勝道歴山水瑩玄珠碑」が「性霊集」に収録されている。

じょうとう【常騰】 740～815.9.4 奈良～平安初期の僧。京都の人。俗姓高橋氏。興福寺で永厳(ようげん)に師事して法相教学を学び、のち西大寺に移る。八〇三年(延暦二二)梵釈寺別当と崇福寺検校を兼任し、八〇五年六月律師、九月少僧都となる。教理の研究にすぐれ、六三巻の経論に注釈を加えたという。

じょうとうもんいん【上東門院】 988～1074.10.3 一条天皇の中宮。名は彰子。父は藤原道長。母は源雅信の女倫子。九九九年(長保元)女御(にょうご)となり、翌年、中宮定子(藤原道隆の女)が皇后となり、彰子が新たに中宮とされた。一〇〇八年(寛弘五)敦成(あつひら)親王(後一条天皇)を、翌年敦良(あつなが)親王(後朱雀天皇)を生んだ。一二年(長和元)に皇太后、一八年(寛仁二)に太皇太后となり、二六年(万寿三)院号をうけた。

しょうとくたいし【聖徳太子】 574～622.2.22 用明天皇の皇子。母は皇后穴穂部間人(あなほべのはしひと)皇女。厩戸(うまやど)皇子が実名と考えられるが、住んでいた宮の名称や仏教とのかかわり、またその優れた能力などから、上宮厩戸豊聡耳(かみつみやうまやどのとよとみみ)皇子・上宮(じょうぐう)法皇など多くの異称をもつ。「日本書紀」は五九三年、推古天皇の即位と同時に立太子し、摂政となったとするが、実際に政治に関与するのは六〇〇年(推古一〇)頃からの約一〇年間と考えられる。この間、冠位十二階・憲法十七条の制定、遣隋使の派遣、国史編修などにかかわった。皇太子とすることには疑問があり、推古のもとで蘇我馬子(そがのうまこ)と共同執政を行っていたとする考えもある。仏教への造詣が深く、手厚く保護し、みずから四天王寺の造立を企てた。「三経義疏(さんぎょうぎしょ)」は太子の著作とされる。平安時代以降は仏教保護者としての太子自身が信仰の対象とされ、多くの太子像が造られた。蘇我馬子の女刀自古郎女(とじこのいらつめ)との間に山背大兄(やましろのおおえ)王らをもうけた。

しょうとくてんのう【称徳天皇】 ⇨孝謙天皇

じょうながもち【城長茂】 ?～1201.2.22 平安末～鎌倉前期の武士。越後国の豪族。桓武平氏平維茂の後裔城資国の子。資職・資茂ともいう。病没した兄資永にかわり平家方に属して源氏に対抗。平家滅亡後は源頼朝に降り囚人となる。一一八八年(文治四)許されて御家人に列し、翌年、梶原景時に推され奥州合戦に従軍。一二〇一年(建仁元)京都で源氏打倒の兵をあげるが失敗、吉野で討たれる。長茂に呼応して越後で蜂起した甥資盛らの反乱も幕府軍に鎮圧された。

しょうにかげすけ【少弐景資】 1246～85.11.- 鎌倉中期の武将。のち盛氏に改名したという。資能の子。一二七四年(文永一一)博多湾から上陸した元軍を大将として迎え撃ち、敵将を倒した。八一年(弘安四)の弘安の役にも活躍。八五年霜月騒動で安達泰盛が平頼綱に滅ぼされると、泰盛の子盛宗に呼応して挙兵、惣領の兄経資と戦うが、本拠の筑前国岩門(現、福岡県那珂川町)で敗死。

しょうにさだつね【少弐貞経】 1272/73～1336.2.29 鎌倉末～南北朝初期の武将。盛経の子。法名は妙恵。一二九六年(永仁四)八月以前から大宰少弐。一三三三年(元弘三)三月菊池武時が鎮西探題赤橋英時を襲うと、これにくみせず武時を敗死させた。しかし反幕府勢力の優勢を知り、同年六月英時を討滅。この功により筑前・筑後両国の守護に任じられるが、その後、建武政権に背いた足利尊氏に内応。三六年(建武三・延元元)菊池武敏らに攻められ筑前国内山城で自刃。

しょうにさだより【少弐貞頼】 1372～1404.6.20 南北朝期の武将。大宰少弐・筑前国守護。父は頼澄。法名怡雲本恵。南朝方として菊池氏と結び、九州探題今川了俊・渋川満頼と抗争。満頼を支援する大内義弘の軍勢に圧倒され、一時衰退するが、応永の乱による義弘滅亡後、再び筑前・豊前・肥前各国に勢力を及ぼした。

●少弐氏略系図

資頼—資能┬経資—盛経—貞経—頼尚┬冬資
　　　　　│　　　　　　　　　　　└頼澄—貞頼—満貞┬嘉頼
　　　　　└景資　　　　　　　　　　　　　　　　　　└教頼—政資—資元┬時尚
　　　　　　　　　　　　　　　　　　　　　　　　　　　　　　　　　　└政興

しょうにし【少弐氏】 中世の九州北部の豪族。秀郷流藤原氏。武藤資頼は源頼朝に従い、筑前・豊前・肥前・対馬諸国の守護および大宰少弐に任じ、子の資能以下が世襲して少弐氏を称した。資能と子の経資は元寇に際して活躍。経資の孫貞経は大友氏らと鎮西探題を滅ぼし、足利氏に従う。子頼尚も北九州北軍の中心。室町時代、九州探題渋川氏を支援する大内氏に大宰府を追われ、対馬の宗氏を頼る。のち宗氏とも不和となって肥前に逃れ、一五五九年(永禄二)時尚のとき竜造寺氏に滅ぼされた。

しょうにすけよし【少弐資能】 1198～1281.閏7.13 鎌倉中期の武将。資頼の子。法名は覚恵。大宰府の現地最高責任者の地位を継いで、一二三〇年(寛喜二)以前から筑前・豊前・肥前・対馬諸国の守護を兼ねる。豊前守、筑後守をへて、五八年(正嘉二)大宰少弐となる。元軍襲来が迫ると大友頼泰とともに防衛の任につき、七三年(文永一〇)以前からは壱岐国守護を兼ねた。翌年の文永の役では、子景資を大将の一人として元軍の撃退にあたらせた。

しょうにすけより【少弐資頼】 1160～1228.8.25 鎌倉前期の武将。武蔵国の武士武藤頼平の子。通称武蔵小次郎。法名は覚仏。平家の家人として囚人となるが、源頼朝に許されて御家人に列する。一一九五年(建久六)三月以降九州に下り、天野遠景のあとをうけて大宰府に守護所をおいて筑前・肥前・豊前三カ国の管轄にあたる。一二二六年(嘉禄二)八月に筑後守、一〇月に大宰少弐となり、名実ともに大宰府の現地最高責任者となる。

しょうにつねすけ【少弐経資】 1229～92.8.2 鎌倉中期の武将。資能の子。法名は浄恵。一二六九年(文永六)以前から大宰府執行となり、文永の役後の七五年(建治元)筑前・肥前・豊前・対馬諸国の守護を相続、大宰少弐となる。翌年に予定された異国征伐計画では指揮官に推される。八一年(弘安四)の弘安の役では壱岐の元軍を攻撃。八四年鎮西に設けられた訴訟機関の合奉行、八六年鎮西談議所頭人となり、大友頼泰とともに弘安の役の恩賞配分にあたった。

しょうにときひさ【少弐時尚】 ?～1559.1.11 冬尚とも。少弐氏宗家一七代。幼名松法師。時経。父は資元。大内義隆による資元敗死後、一五四〇年(天文九)竜造寺家兼の後援のもと亡父の勢福寺城(現、佐賀県神埼町)に復帰。四四年に重臣馬場頼周と竜造寺家兼の間に内紛がおき少弐氏の勢力は大きく弱体化した。その後、時尚は竜造寺胤信・同隆信に追放され、再起をはかるが、五九年(永禄二)隆信に勢福寺城を攻められ自害。少弐氏も滅亡した。

しょうにふゆすけ【少弐冬資】 1333～75.8.26 南北朝期の大宰少弐・筑前国守護。孫二郎。父は頼尚。一三六一年(康安元・正平一六)頃、家督を継いだと思われる。征西将軍宮懐良親王を奉じる宮方勢力の圧迫をうけ、筑前支配は不安定であった。弟頼澄は、宮方から大宰少弐に任じられ、兄弟間で少弐氏は分裂。九州探題として下った今川了俊とも対立した。七五年(永和元・天授元)了俊が菊池氏攻撃をはかり、九州の諸将を集めた肥後国水島の陣で、了俊により謀殺された。

しょうにまさすけ【少弐政資】 1441～97.4.19 室町時代の武将。次郎・頼忠・政尚。大宰少弐。父は教頼、母は宗義盛の女。対馬国守護宗貞国の後援のもと一四六九年(文明元)対馬から筑前に入り、大内軍を破って大宰府を手中に収め、旧領を回復。その後、貞国を筑前国守護代としたが、まもなく不和となり貞国は対馬に帰島。大内政弘との抗争では七六年に豊前、七八年に筑前を制圧され、以後、東肥前のみ確保。九七年(明応六)大内義興の軍に晴気城(現、佐賀県小城町)を攻められ、四月一九日多久専称寺で自害。

しょうにょ【証如】 1516.11.20～54.8.13 戦国期の浄土真宗の僧。蓮如の曾孫。諱は光教。関白九条尚経の猶子。一五二五年(大永五)祖父実如の跡をつぎ、一〇歳で本願寺一〇世となった。加賀の一向一揆の内紛調停を通じて加賀を本願寺領国とした。三二年(天文元)山科本願寺が焼かれ、大坂(石山本願寺)に移った。その後、畿内・越前などの領主と友好関係を結び、本願寺の体制固めと地位の向上に努めた。

しょうによりひさ【少弐頼尚】 1294～1371.12.24 鎌倉後期～南北朝期の武将。筑前・豊前・肥後・対馬各国守護。大宰少弐・筑後守。父は貞経。足利尊氏に属して敗死した父の後を継ぎ、九州にのがれた尊氏をたすけ、一三三六年(建武三・延元元)多々良浜の戦で菊池武敏の軍を破る。「建武式目」の制定にも参画するが、尊氏の設置した九州探題一色範氏と対立。以後、尊氏と不和な実子直冬を奉じる。直冬が九州を去ってからは、南朝方の懐良親王・菊池武光と結び、一色範氏を破る。その後、再び幕府方となったが、五九年(延文四・正平一四)筑後国大保原の戦で菊池武光に大敗後、勢力は衰退。六一年(康安元・正平一六)には本拠大宰府を占領され、豊後にのがれた。

じょうにん【成忍】 生没年不詳。鎌倉前期の画僧。号は恵日坊。高山寺明恵の弟子で、画技にすぐれ、一三世紀前半に明恵周辺の絵画制作に大きな役割を果たしたと想定される。成忍制作が立証できる現存作品はないが、明恵の縄床樹上座禅の姿を写した「明恵上人像」は成忍筆の可能性が高いという。また画風上、それと共通点の多い「華厳縁起」の制作にも、彼が深く関与していた可能性が指摘される。

しょうねい【尚寧】 1564～1620.9.19 琉球王国の第二尚氏王朝の七代目の王(在位一五八九～一六二〇)。神号は日賀末按司添。三代尚真王の玄孫にあたり、母は六代尚永王の妹。即位前は浦添王子と称した。豊臣秀吉から朝鮮出兵の兵粮米などを強要されるが、豊臣政権とは距離をおき、朝鮮出兵の情報を明国へ通報して警戒を促すなど冊封体制下に琉球を位置づけ、一六〇六年琉球国王に冊封された。鹿児島藩への服属要求を拒否しつづけたが、〇九年(慶長一四)同藩の攻略をうけた。捕虜となり駿府の徳川家康、江戸の徳川秀忠に謁見させられ、二年後に帰国を許された。尚寧らの不在中鹿児島藩は検地を行い、一一年奄美地域を除く沖縄諸島・先島(宮古・八重山諸島)約八万九〇〇〇石を中山王領とする知行目録を与えた。以後琉球は鹿児島藩の領分(従属国)となる。

しょうは【召波】 1727～71.12.7 江戸中期の俳人。黒柳氏。京都の人。別号は春泥舎。父祖以来古義堂に出入りした富裕な町衆。壮年で江戸に出て服部南郭に学び、一七五一年(宝暦元)頃帰京。竜草廬の幽蘭社中に入り、漢詩人柳宏として活躍。六六年(明和三)蕪村を囲む三菓社結成を契機に俳諧熱が高まり、六九年嘯山編「平安二十歌仙」の一人となり、蕪村が宗匠となったのちはじめての春興帖「明和辛卯」に三物を収録。遺稿集「春泥句集」(一七七七)。

じょうは【紹巴】 1525～1602.4.12 戦国期～織豊期の連歌師。松井氏か。里村姓は後世の呼称。号は臨江斎。奈良生れ。周桂と昌休に師事し、三条西公条・三好長慶・細川幽斎と交流をもった。四〇歳のとき宗養の死で連歌界の第一人者となるが、豊臣秀次事件に連坐して近江国三井寺前に蟄居させられた。大量の作品が残り、「毛利千句」などに自注もある。連歌の円滑な進行を重んじ、連歌論書「連歌至宝抄」ほか、式目書・式目辞書・古典注釈書も多い。

しょうはく【肖柏】 1443～1527.4.4 室町中期～戦国期の歌人・連歌師。中院家の出身。号は夢庵・牡丹花・弄花軒。早くに出家して正宗竜統に禅を学び、三〇歳の頃から宗祇に師事。後土御門天皇の内裏連歌にも参加。応仁・文明の乱の頃には摂津国池田に住み、たびたび京都にも出たが、一五一八年(永正一五)和泉国堺に移り、同地で没した。「水無瀬三吟」「湯山三吟」などの連歌作品のほか、「連歌新式追加并新式今案等」「六家抄」の編著や、自撰歌集・連歌句集「春夢草」が残る。古典研究にもすぐれ、宗祇からうけた古今伝授を堺の門人に伝えたことは、のちに堺伝授とよばれた。

しょうはし【尚巴志】 1372～1439.4.20 琉球王国の第一尚氏王統二代目の王で統一王朝の樹立者(在位一四二二～三九)。神号は勢治高真物。若くして沖縄島南部に位置する佐敷城の按司となる。通説では山南国の内紛に乗じて一四〇二年島添大里按司を倒して地歩を堅め、〇六年中山王武寧を倒し、父思紹を中山王にたて、一六年山北王攀安知を、二九年山南王他魯毎を倒したという。二九年を統一国家の樹立年とするが、二二年とする説もある。二五年明国の冊封使柴山により中山王に冊封され、二七年首里城の近在を開削し明の首都北京の池水にならった竜潭を築くなど、王都の整備をはかった。華僑の頭目の懐機を王相（国相）に任命し、華僑集団と緊密な関係を保ち、朝鮮・中国・東南アジアとの交易を活発化した。

しょうふくていしょかく【笑福亭松鶴】 1884.9.5～1950.7.22　大正・昭和期の落語家。大阪府出身。本名竹内梅之助。一九〇四年（明治三七）四代松鶴に入門。光鶴・枝鶴から三五年（昭和一〇）五代松鶴。漫才におされて凋落ぎみの大阪落語の保存・復興を標榜、自宅に楽語荘を開設、同人らとホール落語会を開く一方で雑誌「上方はなし」を発行して退勢挽回を図るがならず、遺志は、実子の六代松鶴（一九一八～八六）らが継承し結実させた。上方落語史に不可欠の存在。

しょうぶつ【生仏】 生没年不詳。一三世紀初期に活動。平曲を最初に語り始めたとされる琵琶法師。伝記については不明な点が多いが、「徒然草」によると、雅楽の名人信濃前司藤原行長が天台座主慈円の保護のもとで「平家物語」をつくり、生仏という東国出身の盲人に語らせたという。当道関係資料も平曲の始祖とする。

じょうべん【浄弁】 生没年・出自不詳。鎌倉時代の歌人。天台宗系の僧侶。青蓮院法印。慶運の父。「高野山金剛三昧院奉納和歌」では、一三四四年（康永三・興国五）には存命。二条流為世門の和歌四天王の一人。「古今集」証本の書写をはじめ、慶運や九州の赤橋英時・大友貞宗らに家説を伝授相伝するなど、二条流歌学の保持に尽力。「臨永集」「松花集」の撰集に関与し、「古今集註」も著す。「続千載集」以下に入集。家集「浄弁並慶運歌集」。

しょうほう【尚豊】 1590.11.13～1640.5.4　琉球王国の第二尚氏王統の八代目の王（在位一六二一～四〇）。神号は天喜也末按司添。一六一六年（元和二）国質として鹿児島に上国し、鹿児島藩の後押しをうけ摂政となる。尚寧王没後王位につくが、鹿児島藩の傀儡政権でなく、中国との冊封関係と鹿児島藩支配を両立することに腐心した。鹿児島藩の在番奉行所、那覇里主所などを創建して円滑な関係をはかり、一方、先島（宮古・八重山諸島）に三人の頭制を敷き、在番を派遣するなど統治を強化した。

しょうぼう【聖宝】 832～909.7.6　理源大師とも。平安前期の真言宗僧。兵部大丞葛声王の子。真雅・真然に受法、源仁から灌頂をうけた。また願暁・円宗・平仁・玄栄に三論・法相・華厳の教学を学ぶ。八七五年（貞観一七）東大寺東南院を、翌年醍醐寺を開創し、ついで貞観寺座主・東寺長者・東大寺別当などを歴任。権律師から僧正まで昇った。また吉野の山岳行場を整備し、修験道中興の祖とされた。東密小野流の開祖ともいわれる。

しょうほんやくえもん【正本屋九右衛門】 ?～1762.11.17　江戸中期の大坂の書肆。山本氏。父は九兵衛治重。諱は重時、店号は九菓亭。京都の正本屋九兵衛家は浄瑠璃台本である正本の出版で名をなし、治重が一六八四年（貞享元）頃大坂高麗橋一丁目に進出、この大坂店を治重とともに経営し、のちにこれを任された。大坂竹本座の浄瑠璃正本出版権を独占し一時隆盛だったが、重時没後の一七六四年（明和元）大坂店は閉店した。

しょうほんやくへえ【正本屋九兵衛】 近世京都の書肆。寛永年間に説経正本を多数刊行した西洞院長者町さうしや九兵衛の子孫か。一六五〇年代から二条通寺町西入北側に店を構え、古浄瑠璃本を中心に浮世草子なども刊行した。寛文年間には江戸に出店。最盛期は九兵衛治重の代で、一六八四年（貞享元）頃には大坂に進出した。

しょうむてんのう【聖武天皇】 701～756.5.2　在位724.2.4～749.7.2　首皇子・天璽国押開豊桜彦天皇と称する。また勝宝感神聖武皇帝と追号。文武天皇の皇子。母は藤原不比等の女宮子。七一四年（和銅七）一四歳で皇太子となり、七二四年（神亀元）伯母の元正天皇の譲りをうけて即位。不比等の女光明皇后との間に阿倍内親王（孝謙天皇）・基王（某王とも）を、また夫人県犬養広刀自との間に安積親王・井上内親王・不破内親王らをもうけた。七二七年生後まもない基王を皇太子としたが翌年夭折、七三八年（天平一〇）阿倍を皇太子に立てた。七四〇年大宰府で藤原広嗣の乱がおこると、平城京をでて、以後恭仁・難波・紫香楽と都を遷し、七四三年平城京に戻った。この間、七四一年に国分寺造立の詔を発し、七四三年には墾田永年私財法を制定、また大仏造立の詔を発した。とくに東大寺の大仏造立は生涯の大事業となった。七四九年（天平勝宝元）に譲位、法名を勝満と称し、七五四年には鑑真から菩薩戒をうけた。没後その遺品は光明皇太后により東大寺などに献納され、正倉院宝物の中核をなす。

しょうめいもんいん【承明門院】 1171～1257.7.5　後鳥羽天皇の後宮。名は在子。法勝寺執行法印能円の女。母は後鳥羽天皇の乳母藤原範子。宰相君と称して後鳥羽天皇に仕え、一一九五年（建久六）天皇との間に第一皇子為仁（土御門天皇）を生む。為仁は在子の母の再婚相手である権臣源通親に養育され、在子も通親の養女となった。九八年為仁が即位すると、その翌年従三位・准后となる。一二〇二年（建仁二）院号宣下。承久の乱後は土御門上皇の皇子女を保護後見し、そのなかの一人が後嵯峨天皇として即位したことにより、恵まれた晩年を送った。

しょうりきまつたろう【正力松太郎】 1885.4.11～1969.10.9 大正・昭和期の政治家・実業家。富山県出身。東大卒。警視庁に入り警務部長などを歴任、一九二四年(大正一三)一月虎の門事件の責任で懲戒免職。翌月読売新聞社社長に就任、斬新な企画などで一〇〇万部をこえる一流紙に成長させる。第二次大戦後A級戦犯容疑者として巣鴨に拘置され退任するが、五二年(昭和二七)日本テレビ社長、五四年読売新聞社社主となり復帰。五五年から衆議院議員に五回当選、国務大臣などを務めた。

しょうりんはくえん【松林伯円】 1834.6.2～1905.2.8 幕末・維新期の講釈師。常陸国生れ。本名若林義行。落語家の三遊亭円朝と並び称された。最初、伊東潮花門人で花郷。のち東秀斎琴調(二代東流斎馬琴)の門に転じて調林。さらに初代松林伯円の養子となって二代を襲名。「鼠小僧」を創演、盗賊を主人公としたものを得意としたので「泥棒伯円」とよばれた。明治天皇に御前講演し、講釈界発展に貢献。晩年は松林東玉を名のり、三代は門弟の右円が継いだ。芸名は江戸後期～大正期まで三代を数える。

しょうわてんのう【昭和天皇】 1901.4.29～89.1.7 在位1926.12.25～89.1.7 大正天皇の第一皇子。母は貞明皇后。名は裕仁、幼称は迪宮。一九一二年(大正元)皇太子となり、二一年大正天皇の病状悪化により摂政に就任。二四年には久邇宮邦彦王の長女良子と結婚し、二六年(昭和元)一二月大正天皇の崩御により皇位を継承する。張作霖爆殺事件で田中義一首相を叱責したことが内閣総辞職をもたらし、二・二六事件では反乱軍に激怒し鎮圧を命じた。戦争の拡大を憂慮し、対米戦争にも消極的だったが、これを防ぐことができず開戦に至る。四五年八月御前会議で戦争継続の主張を退けて終戦を決断。四六年神格化を否定して人間宣言を行い、四七年に日本国憲法で国民統合の象徴とされた。生物学者としても著名。八九年一月崩御。昭和天皇と追号された。御陵は武蔵野陵。

じょかい【徐海】 ?～1556.8.25 中国明代の倭寇の首領。安徽省歙県生れ。杭州大慈山虎跑寺の僧侶となり、法名は普浄、通称は明山和尚。一五五一年(天文二〇)叔父徐惟学に誘われて来日。惟学の借金のため大隅国の領主某の人質となる。翌年、倭人を誘い舟山群島の烈港の密貿易に参加。大隅を根拠地とし、大隅・薩摩などの倭寇と結ぶ。王直と対立後、中国沿海地を襲撃。五六年、明の総督胡宗憲に平湖県沈家荘で捕らえられ死去。

しょくしないしんのう【式子内親王】 ⇩式子内親王

しょくしゅげん【続守言】 続は「ぞく」とも。生没年不詳。七世紀後半の学者。もと唐人。「日本世記」によれば、百済復興の戦争中に鬼室福信に捕らえられ、六六一年(斉明七)一一月に筑紫に送られた俘虜の一人。六六三年(天智二)に日本に送られたという記録もある。その後音博士として薩弘恪とともに朝廷に仕え、持統朝から稲や銀二〇両・水田四町を賜った。没年は七〇〇年(文武四)六月以前であろう。

じょせいしょう【徐世昌】 Xu Shichang 1855.10.22～1939.6.5 中国近代の政治家。河南省出身。袁世凱の推薦のもと官界で栄達。一九一八年から二二年まで北京政府大総統。辞職後天津に引退。

じょせつ【如拙】 生没年不詳。南北朝期～室町中期の画僧。道号は大巧。絶海中津が「老子」の「大巧は拙なるが如し」にちなんで名づけた。伝記は不明の点が多く、正規の禅僧かどうかも疑わしい。夢窓疎石の碑銘建立に参与したこと、足利義持の命で「瓢鮎図」を描いたことなどが知られ、足利将軍家と密接な関係をもち、相国寺にいたことはほぼ確実。雪舟により祖と仰がれ、狩野派などによって日本の漢画の祖としての地位を与えられた。「瓢鮎図」「王羲之書扇図」は、将軍家所蔵の中国南宋の絵画の名品を参考にして描かれた。

じょめいてんのう【舒明天皇】 593～641.10.9 在位629.1.4～641.10.9 系譜上の第三四代天皇。田村皇子・息長足日広額天皇と称する。父は押坂彦人大兄皇子、母はその異母妹の糠手姫皇女。敏達天皇の孫。姪の宝皇女(皇極天皇)を皇后として中大兄皇子(天智天皇)・大海人皇子(天武天皇)らを、また蘇我馬子の女法提郎女との間に古人大兄皇子をもうけた。推古天皇の没後に皇位をめぐり、田村皇子を推す大臣の蘇我蝦夷と、山背大兄王(聖徳太子の子)を推す境部摩理勢が対立し、摩理勢は蝦夷らによって攻め殺され、田村皇子が即位した。六三〇年(舒明二)には犬上御田鍬が第一回遣唐使として唐に渡り、翌年には唐使の高表仁が来日した。

ショヤコウジ アイヌの首長兄弟。史料上は庶野訇峙とみえる。一五一二年(永正九)蜂起して道南の和人勢力を攻撃し、宇須岸・志苔・与倉前の三館を陥落させ、一三年松前の大館を攻め落とした。一五年上之国から大館に移った蠣崎光広の計略により、和睦とみせかけ館内に招かれ殺された。光広はこれにより領主檜山安藤氏の代官の地位を確保し、道南の権力基盤を固めた。

じょらいし【如儡子】 ⇩如儡子

しょんずいごろうだゆう【祥瑞五郎太夫】 祥瑞

とよばれる染付磁器を焼いたという伝説上の日本の陶工。中国の景徳鎮(けいとくちん)窯が明末期の崇禎年間(一六二八～四四)に焼いた日本の茶道具には、底に「五良大甫　呉祥瑞造」の銘文のある染付磁器があり、居士五郎太夫・伊勢松坂の伊藤五郎太夫・山田五郎太夫らの日本人が渡海して作陶したものという俗説がうまれた。この一連の五郎太夫をいう。

ジョンまんじろう【ジョン万次郎】 ⇨中浜万次郎(なかはままんじろう)

しらいきょうじ【白井喬二】 1889.9.1～1980.11.9 大正・昭和期の小説家。本名井上義道。神奈川県出身。日大卒。一九二〇年(大正九)伝奇的時代小説「怪建築十二段返し」を発表し、作家としての活動を始める。二五年大衆作家を糾合して二十一日会を結成、創作のほか評論や雑誌編集を通して大衆文学を確立すべく奔走。「富士に立つ影」は大衆文学の金字塔として中里介山(なかざとかいざん)の「大菩薩峠」と並び称される。

しらいししょういちろう【白石正一郎】 1812.3.7～80.8.31 幕末・維新期の豪商。名は資興・資風。下関の廻船問屋で、尊王攘夷派志士と交流し尊攘運動を後援した。鹿児島藩とも関係が深く、一八六一年(文久元)鹿児島藩御用商人となる。六三年萩藩奇兵隊の結成に弟廉作とともに参画、会計を担当。同年七月に士分格となったが、六五年(慶応元)以降は表立った活動はみられない。廉作は生野(いくの)の変に参加し自刃した。

しらいしなおじ【白石直治】 1857.10.29～1919.2.17 明治・大正期の土木技術者。土佐国生れ。東大卒。農商務省・東京府勤務後、アメリカ留学。一八八七年(明治二〇)帝国大学工科大学教授。九〇年関西鉄道社長に転じ、のち仙石貢(みつぐ)の要請で九州鉄道取締役、一九〇〇年若松築港社長。〇六年神戸で日本初の鉄筋コンクリート造倉庫、大正初年に猪苗代水力発電所の建設にあたった。一一年代議士となり政友会に属した。

しらいのいつ【白猪胆津】 生没年不詳。六世紀の人で、百済(くだら)系氏族の白猪氏の祖。姓は史(ふひと)。王辰爾(おうしんに)の甥で、父はその兄の味沙か。欽明三〇年に、吉備地方に設置されていた白猪屯倉(みやけ)で籍に漏れて賦課を免れていた者が多くいたため、胆津が派遣されて丁籍を整備したという。その功により白猪史姓を賜り、田令(たつかい)に任じられた。胆津の登用は白猪氏のもつ新来の文筆技術が期待されたものか。敏達三年には蘇我馬子(うまこ)が白猪屯倉と田部を増益し、田部名籍を胆津に授けた。

しらいのほね【白猪骨】 宝然(ほね)とも。生没年不詳。七世紀後半の遣唐留学生・官人。姓は史(ふひと)。入唐年次は不詳だが、六八四年(天武一三)に新羅(しらぎ)を経由して唐から帰国した。その後大宝律令の撰定の実務にたずさわり、七〇〇年(文武四)六月その功により禄を賜った。時に務大壱。

しらいまつじろう【白井松次郎】 1877.12.13～1951.1.23 明治～昭和期の興行師。京都府出身。劇場売店主大谷栄吉の子で、のちに同業白井亀吉の養子となる。一九〇二年(明治三五)双子の弟大谷竹次郎とともに松竹(まつたけ)合名社を設立し、近代的な劇場経営を推進。もっぱら関西にあって京都・大阪の劇場を傘下に収め、ことに初世中村鴈治郎と関係が深かった。歌舞伎のほか、新派・新国劇・喜劇・文楽なども手がけ、映画にも進出。

しらいみつたろう【白井光太郎】 1863.6.2～1932.5.30 名は「こうたろう」とも。明治～昭和前期の植物学者。江戸生れ。東大卒。ドイツに留学。一九〇七年(明治四〇)東京帝国大学教授。日本での植物病理学の創始者。桜樹のテングス病や餅病菌属などの寄生菌の研究が有名。農作物の病菌調査で各地に出張。本草学史研究家。史跡名勝や天然記念物の保護に尽力した。

しらお【白雄】 1738.8.20～91.9.13 江戸中期の俳人。信濃国上田藩士加舎(かや)氏の次男。本名吉春。別号は昨烏・春秋庵など。江戸生れ。一七六五年(明和二)鳥酔(ちょうすい)や同門の烏明(うめい)に師事。六九年信州俳人を基盤に処女撰集「面影集」を編み翌年刊。七一年「田毎の春」を刊、また京都で俳論書「加佐里那止(かざりなし)」を執筆。以降北越・近畿・南紀・奥羽・甲信地方を行脚し、多くの紀行を残す。七六年(安永五)烏明と絶縁。八〇年以降江戸で春興帖「春秋稿」を刊行。無私の俳諧を実践した。

しらかわいえもん【白川伊右衛門】 ?～1807.5.25 江戸後期の蝦夷地(えぞち)開拓功労者。一八〇二年(享和二)東蝦夷地経営のために設置された箱館奉行は、〇五年(文化二)後背地である大野の開拓に着手したが、経費が続かずその後有志に経営が任せられた。〇六年伊右衛門は頭取として大野の開拓にあたり、越後国の農民を多く入植させた。中心はのちに本郷または白川郷とも称した。

しらかわけ【白川家】 伯家(はっけ)・伯王家とも。花山源氏。平安末期の顕広王以降、神祇伯を世襲した一族。源氏姓だが、顕広王以来、神祇伯に補任された場合には王を名のった。鎌倉～南北朝期に三流にわかれたが、のちに資英王流による相伝が確立。室町時代以降、吉田家の台頭で衰退したが、江戸中期から伯家神道を提唱し、門人を増加させて復興を試みた。江戸時代の家格は半家(はんけ)。家禄は二〇〇石。維新後、資訓(すけのり)のとき子爵。

しらかわてんのう【白河天皇】 1053.6.19～1129.7.7 在位1072.12.8～86.11.26 後三条天皇の第一皇子。名は貞仁(さだひと)。母は藤原公成の女茂子(能信の養女)であり、摂関家の出ではない。一〇六八年(治暦四)父後三条の即位にともない親王となり、翌年皇太子に立つ。七二年(延久四)父の譲位により践祚したが、皇太子には父の意志によって異母弟の実仁親王が立てられた。八五年(応徳二)実仁が病死すると、翌年天皇は皇子(堀河天皇)を皇太子に立て、即日これに譲位した。その後も異母弟輔仁親王の存在を意識しつつ、自己の皇統を作ることに執心し、孫の鳥羽天皇から曽孫の崇徳天皇まで即位させ、一系継承のかたちを作りあげた。白河上皇の治世をもって院政の始まりとされるが、それは上皇の皇位継承に対する意志が一貫して強く発現したことにかかわりがある。信仰心が厚く、かずかずの逸話にも人間味を伝えるものが多い。

しらかわよしのり【白川義則】 1868.12.12～1932.5.26 明治中期～昭和前期の陸軍軍人。愛媛県出身。陸軍士官学校(一期)・陸軍大学校卒。陸軍省人事局長・陸軍次官・関東軍司令官などを歴任。一九二七年(昭和二)田中義一内閣の陸相に就任したが、張作霖爆殺事件では部内統制力の弱さを露呈。柳条湖事件では関東軍説得にあたる。三二年第一次上海事変に上海派遣軍司令官として出征、停戦を実現させたがテロにより死去。

しらせのぶ【白瀬矗】 1861.6.13～1946.9.4 明治期の探検家。出羽国由利郡生れ。陸軍教導団をへて輜重兵となるが、陸軍武官結婚条例を批判する投書事件により予備役編入、のち予備役少尉に進級。一八九三年(明治二六)郡司成忠の千島探検に参加、占守島で三年余を過ごす。一九一〇年開南丸で南極をめざし、一二年一月二八日南緯八〇度五分まで達して、付近を大和雪原と命名した。

しらとりくらきち【白鳥庫吉】 1865.2.4～1942.3.30 明治～昭和前期の東洋史学者。上総国生れ。東大卒。学習院教授となり朝鮮史を講義した。以後満州・蒙古・西域へと研究の範囲を広げた。一九〇四年(明治三七)東京帝国大学教授を兼任し、一一年より専任。一四年(大正三)東宮御学問所御用掛となる。一九年学士院会員、二五年東京帝国大学を定年退官後は東洋文庫の育成にあたった。日本における東洋史学の創始者とされる。「白鳥庫吉全集」全一〇巻。

しらとりしょうご【白鳥省吾】 1890.2.27～1973.8.27 大正・昭和期の詩人。宮城県出身。早大英文科卒。本名「しろとりせいご」。在学中から詩を発表し、象徴派の詩風から、のちに民衆芸術論を詩の分野でおし進め、プロレタリア文学の先駆的意味をもつ民衆詩派の中心的存在となった。デモクラシーの精神と平明な口語の使用が特徴。詩集「大地の愛」(一九一九)。

しらとりとしお【白鳥敏夫】 1887.6.8～1949.6.3 昭和前期の外交官。千葉県出身。東大卒。一九一四年(大正三)外務省入省。アメリカ・中国・ドイツ在勤などをへて、三〇年(昭和五)外務省情報部長。満州事変頃から外務省「革新」派の色彩を強める。スウェーデン駐在公使をへて三八年から駐伊大使。折からの日独伊防共協定強化問題では強引に三国同盟の締結を進めようとした。第二次大戦後は東京裁判でA級戦犯となり終身禁錮刑の判決をうけたが、四九年病没。著書「日独伊枢軸論」「戦ひの時代」。

しらぬいだくえもん【不知火諾右衛門】 1801～54.閏7.27 江戸後期の相撲力士。肥後国生れ。本名近久信次。地元の役人を勤めていたが、二三歳のとき殺人事件をおこし出奔、大坂相撲の湊に入門した。のち江戸に出て熊本藩細川家の抱えとなり、一八四〇年(天保一一)横綱を免許された。引退後は師跡を継いで大坂相撲の頭取を勤める。土俵入りの不知火型に名を残すが、実は雲竜型と名称が入れ替って逆になった。

しらねせんいち【白根専一】 1849.12.22～98.6.14 明治期の政治家。長門国生れ。父は萩藩士白根多助(埼玉県令)。藩学明倫館・慶応義塾に学び司法省に入る。内務省に転じ、愛媛・愛知両県知事をへて一八九〇年(明治二三)内務次官。郷党をこえた官僚閥的勢力を築く。政党に対し強硬姿勢をとり続け、対立した副島種臣内相を退任させるなど内務省の実権を握ったが、選挙干渉問題に関連して解任された。その後第二次伊藤・第二次松方両内閣の逓信相。男爵。

しらやなぎしゅうこ【白柳秀湖】 1884.1.7～1950.11.9 明治～昭和期の社会主義文学者・史論家。本名武司。別号曙の里人・哲羊生。静岡県出身。早大在学中から平民社の運動に共感し、加藤時次郎主宰の「直行団」に参加。一九〇五年(明治三八)プロレタリア文学の先駆、火鞭会を創立。大逆事件後は「週刊サンデー」の編集に従事しつつ、堺利彦らの「へちまの花」創刊に参加。以後は在野の「町の歴史家」として活躍した。

しらやましょうさい【白山松哉】 1853.9.22～1923.8.7 明治・大正期の漆芸作家。本名は細野福松。江戸生れ。少年の頃から師について漆芸技術を学び、内国勧業博覧会や、数次にわたる万国博覧会に出展して高い評価を得る。とくに研出蒔絵の技にすぐれ、一八九二年(明治二五)東京美術学校教授、一九〇六年帝室技芸員となる。代表作は東京国立博物館蔵の梅蒔絵硯箱。

ジラール Girard Prudence Séraphin Barthélemy 1821～67.11.14 パリ外国宣教会宣教師。フランス人。日本布教をめざし一八五五年(安政二)琉球に渡来、天久の聖現寺に軟禁される。五九年日本教区長として横浜に上陸。六一年(文久元)天主堂を建立したが、見物人が逮捕される横浜天主堂事件がおきたため日本を去る。六三年横浜に戻り、プティジャンを長崎に送って大浦天主堂の建設にあたらせた。横浜で病没。

じりゅう【二柳】 1723～1803.3.28 江戸中・後期の俳人。勝見氏。加賀国山中生れ。はじめ桃妖に俳諧を学び、のちに伊勢の乙由、金沢の希因に師事。一七五〇年(寛延三)希因没後、蕉風復古を望み、近畿・尾張・三備・四国・紀伊地方を放浪、七一年(明和八)頃大坂に定住。一七六一・六二年(宝暦一一・一二)洛東双林寺で墨直会を主催するなど、芭蕉顕彰に尽力し、蝶夢らに影響を与えた。蕪村一派や闌更・麦水らと交流。編著「俳諧直指伝」(一七七五)など。

じりょう【自了】 1614.10.18～44.10.18 首里王府の絵師。本名は城間清豊。唐名は欽可聖。自了は号。生まれながらの聾唖者であったが、天分を磨き絵師として大成。その絵は冊封使の杜三策や江戸の狩野安信らの称賛をうけたという。のちに福州の陳元輔が「中山自了伝」を著している。作品の多くは第二次大戦の沖縄戦で失われ、現存する唯一のものに「白沢の図」(紙本着色、県文化財)がある。ほかに伝自了として「李白観瀑図」(水墨画)など。

シルベイラ Gonçalo da Silveira ?～1640 江戸前期、対日貿易に関係したポルトガル人。一六二八年(寛永五)シャムで長崎商人高木作右衛門所有の朱印船がスペイン艦隊によって拿捕され、朱印状を奪われたため、江戸幕府はスペインと同一国王支配下にあることを理由に長崎来航のポルトガル船を抑留し、日葡貿易を一時停止した。この問題の解決のため三〇年来日し、抑留船解放に成功。その後カピタン・モール(ポルトガルの対日本貿易総司令官)として再来日し、貿易再開をはたした。

しろう【士朗】 1742～1812.5.16 江戸中・後期の俳人。井上氏。本名正春。名古屋の町医者井上家の養子となり、三代目を継ぐ。国学を本居宣長、絵画を勝野范古、平曲を荻野検校に学ぶ。俳諧は暁台門。一七七四年(安永三)上洛中の暁台を訪ね、蕪村社中の人々とも嵯峨で交流を結び、「幣ぶくろ」を刊行。九〇年(寛政二)二条御殿中興御俳諧百韻に師暁台や月居とともに参列。暁台没後、みずから枇杷園をおこし、尾張俳壇の重鎮となる。寛政の三大家の一人として知られた。

しんいがく【沈惟岳】 生没年不詳。八世紀後半に唐から来日した帰化人。七六一年(天平宝字五)遣唐使藤原清河を迎えるため唐へ渡った高元度が帰国する際、一行を送る押水手官(船長)として大宰府に来着。惟岳らは唐国内の動乱のため日本にとどまり、官人として仕えた。七八〇年(宝亀一一)従五位下、清海宿禰の氏姓を与えられ左京に編付された。七八九年(延暦八)には美作権掾に任命された。惟岳と同時に来日した者に盧如津・沈庭勗・張道光・晏子欽らが知られる。

しんいけい【沈惟敬】 ?～1597 「ちんいけい」とも。文禄の役後の中国明の講和使。浙江省嘉興生れ。一五九二年(文禄元)八月明の兵部尚書石星にとりいり、遊撃として朝鮮に赴き、小西行長と講和を画策。翌年五月謝用梓・徐一貫らと肥前国名護屋にきて和平交渉をした。九四年一二月明に豊臣秀吉の偽の関白降表を届け、九六年(慶長元)九月冊封副使として秀吉に対面したが、秀吉の冊封に失敗。謝恩表を偽作して明帝を欺いたため、処刑された。

じんうじ【神氏】 ⇨諏訪氏

しんえい【神叡】 ?～737 奈良時代の僧。義淵に師事して法相を学び、三論・華厳にも精通。六九三年(持統七)新羅に渡る。七一七年(養老元)律師に任じられ、翌々年には道慈とともにその徳を賞されて食封五〇戸を賜った。七二九年(天平元)少僧都に昇る。芳野の現光寺に庵を結び、二〇年間三蔵を学んで自然智を得たといい、俗に芳野僧都とよばれた。

しんえん【信円】 1153～1224.11.19 鎌倉前期の興福寺の僧。父は藤原忠通。太政大臣九条兼実、天台座主慈円は兄弟。興福寺に入り尋範・慧信から法相宗をうける。法務大僧正となり、一一八一年(養和元)興福寺別当に任じられ一条院・大乗院をともに管理した。八五年(文治元)八月東大寺大仏開眼呪願師となり、一二〇三年(建仁三)大仏殿供養の導師を勤めた。一方では兼実と頻繁に交流し、慈円らとともに九条家の宗教的護持にあたった。

しんが【真雅】 801～879.1.3 貞観寺僧正・法光大師とも。平安前期の真言宗僧。讃岐国多度郡屏風浦の佐伯直田公の子。空海の弟。空海に師事し、その没後に弘福寺・東大寺真言院などをひきつぐ。八四七年(承和一四)東大寺別当、翌年権律師に任じられ、八五二年(仁寿二)貞観寺を開創、八六〇年(貞観二)には東寺長者となる。清和天皇や藤原良房の帰依をうけ、八六四年には僧正まで昇る。また輦車での参内を許された。

しんかい【信海】 生没年不詳。鎌倉中期の画僧。醍醐寺に伝わる白描図像三点、一二七八年(弘安元)の「毘沙門天像」、八〇年の「金剛童子像」、八二年の「不動明王像」の画家として名を残す。ことに「不動明王像」は、海面の巌に立つ異色の図様と、墨の濃淡を駆使した迫力ある描写で名高い。「尊卑分脈」に藤原信実の第四子に醍醐法印深海の名がのり、これにあてる説があるが、伝記は不詳。

しんかい【真改】 1631～82.11.9 江戸前期の大坂の刀鍛冶。名匠として名高い。日向国飫肥生れ。大坂に出て初代和泉守国貞(親国貞とよぶ)の門に学び、のち養子となり二世をつぐ。初代没後は和泉守国貞と銘し、一六七二年(寛文一二)秋に井上真改と改めた。作風は直刃調の湾れ刃に沸が厚く金筋の入った刃文となり、「大坂正宗」と賞賛される。

しんかいたけたろう【新海竹太郎】 1868.2.5～1927.3.12　明治・大正期の彫刻家。山形県出身。仏師の家に生まれる。後藤貞行・小倉惣次郎に学び、一九〇〇年(明治三三)ドイツに渡り、ベルリンでヘルテルに師事、官学派の古典主義の彫塑を学ぶ。〇二年帰国し、太平洋画会彫刻部を主宰。〇七年第一回文展で「ゆあみ」が好評を得る。一七年(大正六)帝室技芸員、一九年帝国美術院会員となった。晩年は東洋芸術に傾倒、「老子」などを制作した。

しんかん【真観】 1275～1341.6.2　鎌倉末～南北朝期の時宗の僧。四条派の祖。正しくは浄阿弥陀仏。真観は別号。上総国の牧野氏の出身。一九歳で遁世して律や禅を学び、一三〇〇年(正安二)上野国板鼻で二世遊行上人他阿真教に師事して改名。のち上洛して後伏見天皇の女御広義門院寧子の平産を祈って験があり、四条京極の地を下賜され、金蓮寺を建立。同寺の歴代住持は浄阿弥陀仏を襲名した。

しんきょう【真教】 1237～1319.1.27　鎌倉後期の時宗の僧。二世遊行上人。正しくは他阿弥陀仏、略して他阿。真教は別号。一二七七年(建治三)九州で時宗開祖の一遍に師事。以来、一遍の遊行廻国に従い、一遍没後も時衆を引き連れ北陸・関東を中心に遊行を続けた。一三〇四年(嘉元二)遊行を二世他阿智得に譲り、相模国に当麻道場無量光寺を開創して独住、同寺に没した。「他阿上人法語」八巻のほか歌集「大鏡集」があり、その伝記は「一遍上人絵詞伝(遊行上人縁起絵)」に詳しい。

しんくう【信空】 1146～1228.9.9　法蓮房・白川上人とも。平安後期～鎌倉前期の浄土宗僧。左大弁葉室行隆の子。字は称弁。比叡山黒谷の叡空に円頓菩薩戒をうけ、のち法然に浄土教義を学ぶ。一二〇四年(元久元)天台宗の浄門弾圧に法然が示した「七箇条制誡」の執筆を務め、法然流罪中は京都の教団維持に尽力した。法然没後は黒谷本坊・白川本坊や聖教類を託された。その門流を白川門徒と称する。

じんぐうこうごう【神功皇后】 記紀伝承上の人物。気長宿禰王(「古事記」では息長宿禰王)の女。名は気長足姫尊(「古事記」では息長帯比売)。仲哀天皇の皇后。熊襲征討のため筑紫に赴いた仲哀天皇が神託にそむいて没したのをうけ、熊襲を討った。翌年さらに神託によって新羅征討の軍をおこして服属させ、高句麗・百済も従ったと伝える。帰国後、皇后は九州で応神天皇を生んだが、それを知った仲哀天皇の子の忍熊王・麛坂王が反乱をおこしたため、これを鎮圧した。その後、応神即位まで皇后のまま摂政。皇后の実在性については、「オキナガタラシヒメ」という名が七世紀初頭頃にふさわしい名であることなど疑問がある。朝鮮出兵の説話も、六世紀後半以後に現在のかたちにまとめられた可能性が強い。しかし朝鮮半島との関係についての「日本書紀」の記事には、百済からの七枝刀献上の話など、干支二運、すなわち一二〇年くり下げると史実にあうもののあることも指摘されている。

しんぐうりょうてい【新宮涼庭】 1787.3.13～1854.1.9　江戸後期の医師・蘭学者。名は碩、号は鬼国山人。丹後国由良生れ。若くして伯父の福知山藩医有馬涼築の学僕となる。一八一三年(文化一〇)長崎にいき吉雄権之助らに師事、一九年(文政二)京都で開業し名声を博した。三九年(天保一〇)順正書院を開いて近代医学教育を行い、大名貸をするなど理財の才にもたけた。著訳書は「窮理外科則」「血論」「療治瑣言」「破レ家ノツ、クリ話」「但泉紀行」など多い。墓所は京都市の南禅寺天授庵。

しんけい【心敬】 1406～75.4.16　室町中期の歌人・連歌作者。初名は心恵、房号は連海または蓮海。紀伊国名草郡田井荘に生まれ、比叡山で修行後、京都東山の十住心院の住持から権大僧都にいたる。和歌と古典研究は正徹に師事。五〇歳頃から心敬の名で連歌界の中心となり、「竹林抄」「新撰菟玖波集」に多くの句を収める。連歌学書に「ささめごと」「老のくりごと」など、自撰歌集に「権大僧都心敬集」、自撰句集に「心玉集」がある。一四六九年(文明元)から関東に下り、相模国大山山麓石蔵で没した。句風は優艶・有心(狂歌の無心に対する和歌の風体)・幽玄で、連歌論では仏道と等しい自己修養を求めるところが特徴。門弟に宗祇・兼載がいる。

しんげい【真芸】 ⇨芸阿弥

しんごう【真興】 935～1004.10.23　子島僧都とも。平安中期の真言宗僧。興福寺仲算に法相教学を学び、のち吉野の仁賀から密教を受法。はじめ壺坂寺に、ついで子島寺に住し寺内に観覚寺を創建、東密子島流を開いた。一〇〇三年(長保五)興福寺維摩会講師を勤め、翌年権少僧都に任じられたが辞退。この間、一条天皇の病気平癒を祈り、子島寺両界曼荼羅図を賜ったという。著書は「唯識義私記」「蓮華胎蔵界義軌解釈」など法相・真言両教学にわたり多数。

しんこうおう【真興王】 534～576　新羅の国王(在位五四〇～五七六)。姓は金、名は彡麦宗(深麦夫とも)。前代の法興王の時代と並んで新羅の台頭期にあたり、ことに南北の支配領域を拡大。北方では高句麗と百済との抗争に乗じて、北漢山城付近を征服、黄海への出口を開いた。南方では伽耶地方への進出を企て、五六二年には将軍異斯夫らが大伽耶などを征服。これらの領域拡大を記念する昌寧碑・黄草嶺碑・磨雲嶺碑・北漢山碑・赤城碑の五碑が残る。

しんしし【進士氏】 中世の武家。進士とは官吏の試験に及第したものの称号で、本姓はこれに由来する。伊勢国朝明郡を本拠とした進士基度は、一二〇四年(元久元)の三日平氏の乱にくみし、鎌倉幕府軍に討たれた。「吾妻鏡」には橘姓の進士隆邦や光政がみえ、鎌倉幕府奉行人として活躍。室町時代には奉公衆五番衆としてみえ、越中・美濃・尾張・三河諸国に所領をもった。上総・伊予にも進士氏がいたが、各々の関係は不明。

しんしゅくしゅう【申叔舟】 1417.6.13～75.6.21 李氏朝鮮前期の官人・学者。慶尚道高霊(現、慶尚北道)の人。字は泛翁。号は希賢堂・保閑斎。世宗以下六代の国王に仕え、世祖の王権簒奪にも荷担。一四四三年(嘉吉三)日本通信使の書状官として癸亥約条の締結に関与。明使を勤め、女真討伐に活躍し、領議政にまで昇る。長く礼曹判書を兼ねて外交・文教を主宰、成果を「海東諸国紀」に著す。詩文にすぐれ「保閑斎集」を著し、世宗の訓民正音(ハングル)制定にも関与。

しんじょう【審祥】 「しんしょう」とも。審詳とも。生没年不詳。奈良時代の僧。入唐し法蔵から華厳を学んだというが、新羅学生の称からすると新羅に留学して華厳教学を学んだか。天平年間に帰国して大安寺に住した。七四〇年(天平一二)良弁が始めた金鐘寺での華厳経講説で三カ年間講師を勤めた。当時有数の経論所蔵者で写経所にも頻繁に貸しだした。著書「花厳起信観行法門」。

しんじょうし【新庄氏】 近世の大名家。常陸国麻生藩主。藤原秀郷の後裔とされる。足利尊氏に仕えた遠俊の子民部丞俊名が、近江国坂田郡新庄に住んだことから新庄を称し、代々室町幕府に仕えた。直頼のとき豊臣秀吉に仕え、摂津国山崎城主のち高槻城主となり、一万三〇〇〇石を領した。関ケ原の戦では西軍に属し、戦後会津の蒲生秀行に預けられたが、一六〇四年(慶長九)ゆるされ常陸・下野両国八郡で三万三〇〇石を領し、常陸国行方郡麻生を居所とする。その子直定は一三年遺領を継ぎ、幕府奏者番を勤めた。七六年(延宝四)直矩の病没後無嗣改易となるが、同年前藩主直時に加増し、一万石で再興。以後、直時の子孫が麻生藩を継ぎ明治に至る。維新後子爵。

しんじょうしんぞう【新城新蔵】 1873.8.20～1938.8.1 明治～昭和前期の天文学者。福島県出身。東大卒。ドイツ留学。京都帝国大学教授として物理学講座を担当し、のち宇宙物理学講座を担当。京都帝国大学総長。専門は地球物理学と宇宙物理学。暦学・東洋天文学史にも詳しい。上海自然科学研究所所長・同天文台副部長を歴任。著書「東洋天文学史研究」。

しんじょうとうもんいん【新上東門院】 1553～1620.2.18 後陽成天皇の生母。名は晴子。勧修寺晴右の女。母は粟屋元子。正親町天皇の第一皇子誠仁親王に仕え、後陽成天皇・八条宮智仁親王らを生む。一五八六年(天正一四)後陽成天皇践祚後に准三宮宣下をうけ、一六〇〇年(慶長五)院号宣下。新上東門院と号す。朝廷内で発言力をもった。

しんじょうなおさだ【新庄直定】 1562～1618.4.21 織豊期～江戸初期の武将・大名。常陸国麻生藩主。越前守。父は直頼。はじめ豊臣秀吉・同秀頼に仕え、一六〇四年(慶長九)から徳川氏に属する。一三年遺領を継ぎ二万七〇〇〇石余を領した。大坂の陣では酒井忠世配下に従軍、戦功をあげた。一六年(元和二)奏者番。

しんじょうなおただ【新庄直忠】 1542～1620.1.25 織豊期～江戸初期の武将。直昌の次男。はじめ足利義晴に仕えたが、のち織田信長・豊臣秀吉に仕え、出家後東玉と号した。一五九二年(文禄元)の朝鮮出兵では小西行長らと従軍。この間秀吉から数度の加増をうけ、近江・伊勢両国で一万四〇〇〇石余を領する。関ケ原の戦後、領地没収。大坂の陣では徳川方に参陣し、その後は近江国坂田郡の幕領を支配。

しんじょうなおより【新庄直頼】 1538～1612.12.19 戦国期～江戸初期の武将。近江国朝妻城主直昌の嫡男、駿河守。父の死後豊臣秀吉・同秀頼に仕える。一六〇〇年(慶長五)関ケ原の戦では西軍に属し、伊賀国上野城に籠城。戦後は蒲生秀行に預けられた。〇四年ゆるされ常陸・下野両国で三万石余を領し、常陸国麻生藩主となる。以後、徳川家康に近侍し夜詰も勤めた。〇九年法印に叙任され、宮内卿と称した。

しんせい【真盛】 1443.1.28～95.2.30 戦国期の天台宗の僧。真盛派の祖。諡号は円戒国師・慈摂大師。伊勢国生れ。父は小泉左近尉藤能。比叡山西塔の慶秀に師事し、天台教学を学んだ。のち黒谷青竜寺に隠遁し、「往生要集」に依拠して称名念仏を唱えた。戒律と称名念仏の一致を主張し、宮中や公卿・女官・守護らに無欲と慈悲を説いた。かつて良源・源信らが住し、恵鎮円観が円頓戒の本寺としたこともある坂本の西教寺を再興して、天台宗真盛派の本寺とした。

しんぜい【信西】 ⇨藤原通憲

しんぜい【真済】 800～860.2.25 高雄僧正・紀僧正・柿本僧正とも。平安前期の真言宗僧。巡察弾正紀御園の子。空海に才能を認められ、八二四年(天長元)異例の若さで阿闍梨となる。八三六年(承和三)真然とともに入唐を試みたが失敗、以後一二年間高雄山寺で籠山修行。この間、内供奉十禅師・神護寺別当・権律師・東寺二長者に任じられる。八五六年(斉衡三)僧正に任じられたが辞退し、師の空海に大僧正位が追贈された。のち僧正に再任。詩文に優れ、空海の「性霊集」を編集した。

しんせいわいん【新清和院】 1779.1.24～1846.6.20　光格天皇の中宮。後桃園天皇の第一皇女。名は欣子。母は近衛内前の女盛化門院維子。一七八〇年(安永九)内親王宣下。幼少時に父母を失い、祖母の恭礼門院(桃園天皇女御)に養育された。九三年(寛政五)准后宣下、翌年三月入内し中宮となる。所生の二親王はいずれも早世。一八〇七年(文化四)寛宮(仁孝天皇)を「実子」とする。二〇年(文政三)皇太后、四一年(天保一二)女院となる。

しんぜん【真然】 ?～891.9.11　中院僧正・後僧正とも。平安前期の真言宗僧。俗姓佐伯氏。讃岐国多度郡生れ。空海の甥と伝えられる。出家後大安寺に住し、真雅に師事して空海没後の高野山経営に尽力。八三六年(承和三)真済と入唐を試みたが失敗。八七四年(貞観一六)権律師に任じられ、のち僧正まで昇る。八八四年(元慶八)東寺長者に任じられ、没年まで在職。この間、東寺の真雅から借覧していた「三十帖冊子」を高野山に持ち帰ったことは、のちに両寺紛争の原因となった。

じんぜんしろう【神善四郎】 江戸時代、幕府から公許された京都秤座の頭人の世襲名。神氏は天正年間に伊勢国白子に居住していた土豪で、織田信長の伊勢攻め以後、他家の養子になっていた藪内藤蔵(初代善四郎)が京都へ移り、善四郎秤とよばれる秤の製作を始めたという。江戸時代には幕府から西日本の独占的な秤支配を許され、秤の製造・販売および秤改と称する検定を行った。一〇代善四郎寛重のとき明治維新を迎え、検定権は政府に移ったが、その後も営業を続けた。

しんそう【真相】 ⇨相阿弥

じんそん【尋尊】 1430.8.～1508.5.2　室町中期～戦国期の興福寺の僧。興福寺一八〇世別当。大乗院第二〇代門跡。父は一条兼良、母は中御門宣俊の女。一四四〇年(永享一二)得度。維摩会研学竪義を遂げ、少僧都・大僧都をへて僧正に任じられ、五六年(康正二)興福寺別当に就任。のち法務に任じられ、長谷寺・橘寺・薬師寺の別当も兼ねた。応仁・文明の乱では父兼良の日記を兵火から守り、見聞したことを記して「大乗院寺社雑事記」(全二五八巻)中に一九八巻を収録。

しんたいけんもんいん【新待賢門院】 1301～59.4.29　後醍醐天皇の妃。後村上天皇の生母。名は廉子。父は阿野公廉。後醍醐天皇の中宮礼成門院の上臈として宮中に入り、天皇に仕える。一三二一年(元亨元)従三位に叙されて三位局と号する。三五年(建武二)准三宮宣下をうけ、五一年(観応二・正平六)女院号を宣下された。後醍醐天皇の寵愛深く、隠岐や吉野に同道。後村上のほか恒良・成良両親王と二皇女を生んだ。制度上最後の女院となる江戸時代末の孝明天皇の生母雅子の院号も新待賢門院。

しんでんせいは【心田清播】 1375～1447　室町中期の臨済宗夢窓派の禅僧。淡路国生れ。聴雨叟・春耕・松花老人・松岡・謙斎と称する。はじめ京都建仁寺の柏庭清祖について得度、のち天祥一庵の法をつぐ。建仁寺ほかの住持をへて、一四四七年(文安四)に南禅寺の住持となる。講説にすぐれ、詩作も多い。詩集「心田詩藁」「聴雨外集」。

しんとく【信徳】 1633～98.10.13　江戸前期の俳人。姓は伊藤。通称助左衛門。京都の富裕な商家に生まれ、早くから句作し、貞門俳人梅盛に師事。一六七五年(延宝三)「信徳十百韻」を刊行する頃から新しい談林俳諧に移り、さらに七七年江戸に下って芭蕉・素堂らと「江戸三吟」を刊行。とくに八一年(天和元)京都で刊行した「俳諧次韻」は芭蕉一派に強い影響を与えた。元禄期、言水とともに京都俳壇を代表した存在。

しんとくじゅん【秦徳純】 Qin Dechun 1893.12.11～1963.9.7　中国近代の軍人。山東省出身。保定軍官学校・陸軍大学を卒業。北伐に参加後、一九二八年八月山東省政府委員。東北政務委員会委員・北平軍事整理委員会常委員などをへて、三五年察哈爾省主席代理。チャハル事件後、関東軍の圧力により土肥原・秦徳純協定を締結。日本敗戦後の国共内戦で敗北し台湾へ逃れた。極東国際軍事裁判の証人として来日。

しんなんぴん【沈南蘋】「ちんなんぴん」とも。生没年不詳。一八世紀前半に活躍した中国の清朝の画家。名は銓、字は衡之、南蘋は号。一七三一年(享保一六)長崎に来航、三三年まで滞日。濃彩緻密な花鳥画は当時の日本において本国以上の高い評価をうけた。その画風は直弟子の熊斐をはじめ、江戸の宋紫石らによって広められ、南蘋派という一画派を形成した。滞日期間の短さにかかわらず、写生を基礎とする作風が江戸時代絵画に与えた影響は大きい。

しんにょ【真如】 ⇨高岳親王

しんのう【真能】 ⇨能阿弥

しんぶつ【真仏】 1209～58.3.8　鎌倉中期の浄土真宗の僧。親鸞直弟二十四輩の第二。常陸国生れ。俗名は椎尾弥三郎春時。一二二五年(嘉禄元)稲田草庵(西念寺)で親鸞に帰依し弟子になったと伝える。親鸞の関東教化の拠点だった下野国高田如来堂を中心に高田門徒が形成され、真仏はその中核的存在となり、顕智・源海らの門弟が輩出した。如来堂はのち専修寺に発展して真宗高田派本山となり、同派や仏光寺派などでは真仏を親鸞をつぐ二世に数える。

じんぼうかく【神保格】 1883.4.18～1965.12.6 大正・昭和期の言語学者・音声学者。東京都出身。東大卒。東京高等師範・東京文理科大学で教壇に立つ。音声学や日本の共通語のアクセント研究に力を注ぐ。一九二二年(大正一一)から二四年まで欧米に留学し、理論的研鑽に努めた。著書「国語音声学」「標準語研究」。

じんぼうじはる【神保氏張】 1528～92.8.5 戦国期～織豊期の武将。当初は越中国守山城(現、富山県高岡市)、のち宮崎城(現、同県婦中町)などの城主。一時上杉謙信に属した。一五八一年(天正九)佐々(さっさ)成政が越中の領主になるとその配下に属し、八七年豊臣秀吉による成政の肥後転封にも従った。八八年失政を理由に成政が改易されると翌年から徳川家康に仕え、下総国香取郡に所領をえて、子孫は旗本となった。

じんぼし【神保氏】 中世越中国の豪族。神保とは神領のこと。出自については桓武平氏、惟宗(これむね)氏、橘氏説などがあり不詳。南北朝期に畠山氏に従って京都に入り、同氏が越中国守護職をえたのにともない越中にかかわった。越中国守護代としては一四四三年(嘉吉三)にはじめて国宗の名がみえる。ほかに富山城主であった長職(ながもと)や婦負(ねい)郡富崎城に拠った庶家の氏張(うじはる)らが知られる。長職の子長住のとき、佐々成政により富山城を追われた。氏張の子孫は旗本として続いた。

しんみまさおき【新見正興】 1822～69.10.18 幕末期の幕臣。父は三浦義韶。新見家の養子。豊前守・伊勢守。一八五九年(安政六)外国奉行、神奈川奉行を兼ねる。同年日米修好通商条約の批准交換のため最初の遣米使節正使となり、六〇年(万延元)使節団を率いて渡米し、アメリカ大統領に会見。帰国後加増されたが重用されることはなく、六二年(文久二)側衆へ転じ、一線から退いた。六四年(元治元)免職。

しんみまさみち【新見正路】 1791.9.12～1848.6.27 江戸後期の幕臣。父は正登(まさだ)。伊賀守。一八二九年(文政一二)大坂西町奉行となり、淀川大浚い工事、天保山の造成などの治績がある。三一年(天保二)西丸側用人をへて、四一年将軍徳川家慶(いえよし)の側御用取次となる。天保の改革の際、将軍の意思を幕政に反映するうえで重要な位置をしめた。水野忠邦の罷免にともない、四三年罷免される。蔵書家としても有名で、邸内に賜蘆(しろ)文庫を設け、数万点の和漢籍を集めた。

じんむてんのう【神武天皇】 記紀系譜上の第一代天皇。神日本磐余彦(かむやまといわれひこ)天皇・彦火火出見(ひこほほでみ)尊と称する。鸕鷀草葺不合(うがやふきあえず)尊の第四子。母は海神豊玉彦(とよたまひこ)の女玉依姫(たまよりひめ)。甲寅年、四五歳のとき東征を企て、日向国をたち、筑紫・吉備をへて四年後に河内国に入った。胆駒(いこま)山をこえて大和に入ろうとして長髄彦(ながすねひこ)の抵抗にあったが、転じて熊野にむかい、天照大神(あまてらすおおみかみ)の遣わした八咫烏(やたがらす)に導かれて奈良盆地南部に入り、在地勢力を従えてついに長髄彦を討って大和を征服した。媛蹈鞴五十鈴媛(ひめたたらいすずひめ)命を正妃とし、辛酉年に橿原宮で即位し、始馭天下之天皇(はつくにしらすすめらみこと)とよばれたという。この神武東征説話は、基本的には天孫降臨以後の建国神話の一部であると考えられるが、弥生文化の九州から畿内への伝播なども関連して、その背景になんらかの歴史的事実の存在を考える意見もある。

しんむらいずる【新村出】 1876.10.4～1967.8.17 明治～昭和期の言語学者・国語学者。山口県出身。東大卒。東京高等師範・東京帝国大学で講義の後、欧州留学。帰国後の一九〇九年(明治四二)から京都帝国大学教授として言語学講座を担当して国語学研究の基礎を築く。中世・近世の国語史、語源研究および南蛮典籍の研究に傾注し、「東方言語史叢考」「東亜語源志」「南蛮更紗」を著す。初版(五五年)以降、版を重ねる「広辞苑」の編纂者。国語国字問題にも発言が多い。五六年(昭和三一)文化勲章受章。

しんめいまさみち【新明正道】 1898.2.24～1984.8.20 昭和期の社会学者。台北市生れ。東大卒。一九二六年(昭和元)東北帝国大学助教授。以後多くの大学で教鞭をとる。形式社会学を批判し、社会を形式と内容に分離しないで両者を統合して捉える総合社会学を提唱した。「新明正道著作集」一〇巻・別巻一。

しんもんたつごろう【新門辰五郎】 1800?～75.9.19 江戸後期～維新期の鳶(とび)・俠客。江戸下谷山崎町の飾職人の子に生まれ、上野輪王寺家来で浅草寺新門番の養子となる。のち火消人足から町火消十番組の頭となり、浅草・上野一帯を縄張りとする。大名火消との喧嘩で名をはせ、子分三〇〇〇人といわれた。徳川慶喜(よしのぶ)の上洛に子分二〇〇人をつれて随従、水戸行きに際しても御用金の護送にあたるなど信任があった。娘が慶喜の愛妾だったことによるといわれる。

しんらさぶろうよしみつ【新羅三郎義光】 ⇩源義光(みなもとのよしみつ)

しんらばんしょう【森羅万象】 ⇩森島中良(もりしまちゅうりょう)

しんらん【親鸞】 1173～1262.11.28 鎌倉中期の僧。浄土真宗の開祖。京都生れ。綽空(しゃくう)・善信とも称し、愚禿(ぐとく)と号する。諡号は見真大師。父は皇太后宮大進の日野有範。九歳で比叡山に出家し範宴(はんえん)と号し、常行三昧堂の堂僧を勤める。一二〇一年(建仁元)京都の六角堂に参籠し、聖徳太子の示現によって法然(ほうねん)に従い専修念仏に帰入する。〇七年(承元元)二月、朝廷は法然以下の専修念仏を弾圧し、親鸞は越後に配流された(承元の法難)。一一年(建暦元)の赦免後、一四年(建保二)に妻恵信尼を伴い関東に移住し、以後約二〇年間東国教化に努めた。この間に絶対他力・悪人正機の思想を深め、主著「教行信証」の初稿を完成させ、下野国高田の真仏・顕智、下総国横曾根の性信らの有力門弟が初期教団を形成した。三二年(貞永元)頃帰洛し、六二年(弘長二)九〇歳で没するまで述作・推敲などの活動を続けた。著書は「愚禿鈔」「浄土和讃」「唯信鈔文意」などきわめて多く、唯円編の「歎異抄」や本願寺三世覚如の撰述した「親鸞伝絵」も重要史料。

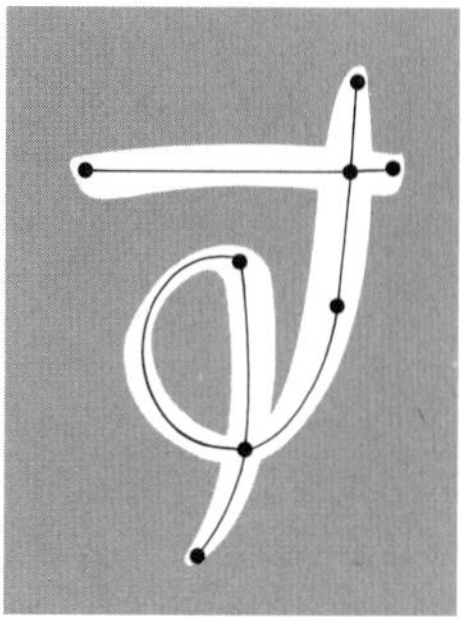

ずいけいしゅうほう【瑞渓周鳳】 1391～1473.5.8 室町中期の臨済宗夢窓派の禅僧。和泉国の大伴氏の出身。諱は周鳳、字は瑞渓。臥雲山人ともいう。一四〇六年(応永一三)京都相国寺の無求周伸を師として出家し、その法をつぐ。四〇年(永享一二)相国寺の住持、のちに鹿苑僧録となった。将軍足利義教・同義政に重用され、文筆の才により幕府の外交文書の作成にもたずさわった。著書「善隣国宝記」「臥雲日件録」。

すいこてんのう【推古天皇】 554～628.3.7 在位592.12.8～628.3.7 記紀系譜上の第三三代天皇。額田部皇女・豊御食炊屋姫天皇と称する。欽明天皇の皇女。母は蘇我稲目の女堅塩媛。用明天皇の同母妹。異母兄の敏達天皇の皇后となり、竹田皇子らを生んだ。五九二年異母弟の崇峻天皇が蘇我馬子に殺された後をうけ、最初の女帝として即位。甥の聖徳太子や馬子を政治の中枢にすえ、中国の隋との国交を開くとともに、冠位十二階や憲法十七条を制定、それに対応する宮廷の制度・儀礼の整備につとめた。「天皇記」「国記」などの史書の編修も行われ、飛鳥寺(法興寺)・斑鳩寺(法隆寺)なども造営されて、仏教を中心とする飛鳥文化がこの時期に開花した。また法隆寺の建設にも関与した。

すいしょう【帥升】 一世紀末～二世紀初めの倭国の王。「後漢書」によれば、安帝の一〇七年に生口一六〇人を送り朝貢した。「翰苑」に引く「後漢書」は「倭面土国王師升」、北宋版「通典」には「倭面上国王師升」と記される。「倭面土」をヤマトとする説に対し、イトと読んで九州北部の一国王とする考えもある。

すいぜいてんのう【綏靖天皇】 記紀系譜上の第二代天皇。神渟名川耳天皇と称する。神武天皇の第三子。母は事代主神の女媛蹈鞴五十鈴媛命。神武の葬送に際し、長兄の手研耳命が二人の弟を殺そうとしていることを知り、次兄の神八井耳命と協力してこれを討ち、即位して葛城高丘宮をたてたと伝える。

すいにんてんのう【垂仁天皇】 記紀系譜上の第一一代天皇。活目入彦五十狭茅天皇と称する。崇神天皇の第三子。母は御間城姫。纏向珠城宮(現、奈良県桜井市穴師付近)を宮居とし、皇女の倭姫命に天照大神を伊勢国に祭らせるなど祭祀を整備した。はじめ狭穂姫を皇后としたが、姫が兄狭穂彦王の反乱のとき死んだので、のち日葉酢媛命を皇后とし、景行天皇をもうけたとされる。陵墓は菅原伏見陵とされ、奈良市尼辻町の宝来山古墳をあてる。

すうげんいん【崇源院】 1573～1626.9.15 徳川秀忠の御台所。浅井長政の三女。母は織田信長の妹小谷の方。名は江・お江与とも。諱は達子。一五七三年(天正元)浅井氏滅亡後は豊臣秀吉に養われ、八三年養父柴田氏滅亡後信長に養われ、尾張国大野城主佐治一成に嫁すが、離別。のち秀吉の養子秀勝に嫁し一女(九条幸家の室)を生む。九二年(文禄元)九月秀勝が没し、九五年秀忠に再々嫁。千姫・家光ら二男五女を生む。没後に従一位を追贈。

すうざんきょちゅう【嵩山居中】 1277～1345.2.6 鎌倉後期の入元禅僧。諱は居中、道号は嵩山。諡号は大本禅師。遠江国生れ。一二九九年(正安元)に来朝した元僧の西澗子曇に認められ、のち鎌倉建長寺に住した西澗に師事し、印可を得る。一三〇九年(延慶二)春、入元するがまもなく帰朝。一八年(文保二)再び入元し、古林清茂・中峰明本らに学び、二三年(元亨三)に帰朝。その後、京都南禅寺・建仁寺、鎌倉円覚寺・建長寺に住した。語録「嵩山集」。

すうでん【崇伝】 ⇨以心崇伝

すえおかせいいち【末岡精一】 1855.6.20～94.1.21 明治期の公法学者。法学博士。周防国生れ。開成学校などをへて、一八八一年(明治一四)東大卒。翌年ベルリン大学・ウィーン大学に留学し、憲法・行政法を研究。八六年帰国し、帝国大学法科大学教授となる。伊藤博文名義の「憲法義解」作成に参加。立憲的憲法解釈を開拓した。

すえおきふさ【陶興房】 ?～1539.4.18 戦国期の武将。大内氏第一の重臣として大内義興・同義隆に仕えた。一五〇七年(永正四)義興が足利義稙を擁して上京するとこれに従った。一八年義興は帰国、台頭してきた尼子氏の勢力に対抗した。興房は二二年(大永二)以後安芸・備後の防衛にあたり、武田・友田両氏などと交戦。毛利氏など尼子方となった諸氏を大内方に復帰させた。義隆の代の三二年(天文元)以後は、北九州で活動。

すえかわひろし【末川博】 1892.11.20～1977.2.16 昭和期の民法学者。山口県出身。京大卒。京都帝国大学助教授をへて一九二五年(大正一四)同教授となる。三三年(昭和八)滝川事件で辞職。四五年に立命館大学学長、ついで総長。権利侵害論や権利濫用論の研究では第一人者で、「岩波六法全書」「民商法雑誌」の編集にもあたった。また平和と民主主義の実践に活躍。著書「権利侵害論」「末川博随想全集」。

すえし【陶氏】 中世、西中国の豪族大内氏の重臣。右田氏。大内氏の一族で、右田弘賢が周防国陶村(現、山口市)を領し陶氏を称したのに始まる。子の弘政は富田(現、山口県新南陽市)に移り、代々ここを本拠とした。子孫は長門国や周防国の守護代に任じ、大内氏重臣として活躍。一五五一年(天文二〇)晴賢のとき、主君大内義隆を討ち、大内晴英を迎えて大内氏を継がせたが、五五年(弘治元)厳島の戦で毛利元就に敗れ滅亡。

すえつぐけ【末次家】 近世の長崎の貿易商。一五七一年(元亀二)の長崎開港後まもなく、久四郎興善が博多から移住しておこし、町の建設に尽力した。子の平蔵は有数の朱印船貿易家として活躍。一六一九年(元和五)長崎代官の村山等安が失脚すると、代わって長崎代官となり、市政を掌握。対外事務の処理にも絶大な権力をふるった。二八年(寛永五)の浜田弥兵衛事件に関与した。以後、茂貞・茂房・茂朝と代々長崎代官を勤めたが、七六年(延宝四)配下の者が密貿易に関与したとして、茂朝以下一族は処罰された。

すえつぐちゅうすけ【末次忠助】 1765～1838.10.29 名は「ただすけ」とも。江戸後期の蘭学者。長崎代官末次平蔵の子孫。名は忠正、諱は幹、号は独笑。長崎生れ。家は代々長崎の後興善町の乙名。忠助はのち総町乙名頭取・出島町乙名を勤める。吉雄権之助・西吉右衛門・馬場左十郎とならぶ志筑忠雄門下の高弟。天文学・数学・物理に優れ、門人に新宮涼庭・美馬順三・池部啓太らがいる。

すえつぐのぶまさ【末次信正】 1880.6.30～1944.12.29 大正～昭和前期の軍人。海軍大将。山口県出身。海軍兵学校(二七期)・海軍大学校卒。駐英大使館付武官・艦隊勤務などののち、一九二三年(大正一二)少将となり、海軍軍令部第一部長・第一潜水戦隊司令官・海軍省教育局長などをへて軍令部次長となる。艦隊派の中心人物としてロンドン海軍条約に反対。連合艦隊司令長官などののち内閣参議となり、予備役後の三七年(昭和一二)一二月第一次近衛内閣の内相に就任。

すえつぐへいぞう【末次平蔵】 ?～1630.5.25 近世初期の豪商・朱印船貿易家・長崎代官。諱は政直。博多の豪商末次氏の一族。父の業をついで貿易に従事し、シャム・安南(ベトナム)・台湾などに朱印船を派遣し巨富を築いた。一六一九年(元和五)長崎代官村山等安を失脚させ、代わって代官となり市政を掌握。貿易面でも絶大な権力をもった。二三年以降オランダ人が台湾に進出すると、これを阻止するため、二八年(寛永五)オランダの台湾長官ヌイツとの間に浜田弥兵衛事件を引きおこした。この事件は三〇年五月の本人の死とヌイツの身柄引渡しを契機に解決にむかった。死後、子の茂貞が跡をついで平蔵を襲名し、茂貞の孫茂朝の代まで長崎代官として権勢をふるった。

すえながまさお【末永雅雄】 1897.6.23～1991.5.7 昭和期の考古学者。大阪府出身。京大考古学教室に学ぶ。唐古・橿原・宮滝遺跡などを発掘し、大和の弥生・縄文文化研究の基礎をつくった。一九三八年(昭和一三)橿原考古学研究所を設立。関西大学教授。「日本上代の甲冑」で学士院賞受賞。八八年には高松塚古墳の調査など長年の考古学的研究により文化勲章を受章。著書「日本上代の武器」「日本の古墳」。

すえはるかた【陶晴賢】 1521～55.10.1 戦国期の武将。初名隆房。一五三九年(天文八)家督をつぐ。大内義隆が学問・芸能に熱中するのを不満とし、義隆側近の相良武任との対立をへて、しだいに義隆排除の計画をめぐらすようになった。五一年周防国山口に義隆と交際相手の公家らを襲い、義隆は長門国深川(現、山口県長門市)の大寧寺にのがれたのち自殺。計画どおり大友義鎮(宗麟)の弟晴英(義長)を擁立、その一字をえて晴賢と改名、大内氏の実権を握った。しかし五三年石見の吉見正頼の反抗をきっかけに、翌年毛利元就が反抗。五五年陶・毛利両軍は安芸国厳島(現、広島県宮島町)で激突、晴賢は敗死。

すえひろいずたろう【末弘厳太郎】 1888.11.30～1951.9.11 大正・昭和期の法学者。民法学・法社会学・労働法学の開拓者的存在。山口県出身。東京帝国大学卒。東京帝国大学助教授をへて一九二一年(大正一〇)同教授となり、法学部に民法判例研究会を設立した。「物権法」は民法学史上画期的業績とされ、また労働法の理論的創始者でもある。第二次大戦後は労働中央委員会初代会長を務め、労働三法の立案にも参画した。著書「農村法律問題」「労働法研究」。

すえひろてっちょう【末広鉄腸】 1849.2.21～96.2.5 明治期の政治家・小説家。伊予国生れ。本名重恭。藩校明倫館に学び教授となるが、上京し一時大蔵省勤務後、一八七五年(明治八)春「東京曙新聞」編集長、同年八月新聞紙条例最初の受罰者となった。刑期終了後「朝野新聞」に入り、同年一二月再び筆禍にあう。以後成島柳北とともに同紙の両輪として活躍。八八年四月まで在社。「雪中梅」などの政治小説も書き、明治二〇年代には衆議院議員となる。

すえまつけんちょう【末松謙澄】 1855.8.20～1920.10.6 明治・大正期の官僚政治家・文学者。豊前国生れ。伊藤博文の女婿。維新後官界に入り、イギリスに留学。帰国後、伊藤系官僚の一人として活躍。のち衆議院に転じ、大成会に属した。第二次伊藤内閣の法制局長官、第三次伊藤内閣の逓信相、第四次伊藤内閣の内相を務めた。日露戦争時には英仏で輿論誘導に努め、戦後枢密顧問官。「防長回天史」の編纂、演劇改良、国家学会の育成などさまざまな分野で活躍した。子爵。

すえまつやすかず【末松保和】 1904.8.20～92.4.10 昭和期の朝鮮史学者。福岡県出身。一九二七年(昭和二)東大卒。朝鮮総督府朝鮮史編修会で「朝鮮史」の編修に従事。のち京城帝国大学教授。戦後は学習院大学教授。文献批判による朝鮮史の研究を推進し、朝鮮学会を指導。著書「新羅史の諸問題」「任那興亡史」「青丘史草」。

すえよしかんべえ【末吉勘兵衛】 1526～1607.3.5 織豊期～江戸初期の豪商。名は利方、法名は道勘。摂津国平野郷の豪族末吉藤右衛門長増の次男で、分家して西末吉家をおこした。豊臣秀吉政権期に河内国の代官となり、廻船業に従事し畿内の流通市場を支配した。関ケ原の戦で東軍に参じ、その後徳川家康に信任され、経済政策の一翼を担う。一六〇一年(慶長六)伏見に銀座を創設し、その差配に任じられた。

すえよしけ【末吉家】 摂津国平野郷の土豪・代官。室町～江戸時代の代官的豪商の典型。平野荘の代官としての機能をてこに、一族は大坂周辺の商品流通市場を支配。豊臣秀吉・徳川家康両政権下に、政商として廻船業・鉱山業・海外貿易など多方面に活躍した。秀吉の時代に本家藤左衛門増久の東末吉家、次男勘兵衛の西末吉家と、のちに平野家を称する三男次郎兵衛長成の三流にわかれた。東末吉家は終始豊臣方についたため家康政権下では疎外されたが、西末吉家は家康とも密接な関係をもち、一六〇一年(慶長六)勘兵衛は銀座の設立を許されてその差配に任じられた。一門からは多数の銀座役人・座人を出した。その後も近世を通じて、末吉家は平野地域の代官・町年寄として畿内経済圏に重きをなした。

すえよしまござえもん【末吉孫左衛門】 1570～1617.3.26 近世初期の豪商・銀座頭役・朱印船貿易家。諱は吉安(吉康)、法名は道円。勘兵衛の後継者で、摂津国平野の代官。徳川家康の庇護のもと銀座頭役として銀貨の鋳造を行い、大坂の陣の功績により河内国志紀・河内二郡の代官に任じられ、世襲した。朱印船貿易家としても活躍。幕府の要人本多忠勝・土井利勝・板倉重政や以心崇伝らと親交をもち、有数の政商として初期の幕府の流通政策に重要な役割をはたした。経営活動の根幹は、廻船業を介しての交通手段の支配にあった。

すおうのないし【周防内侍】 生没年不詳。平安後期の歌人。本名平仲子。周防守平棟仲の女。母は源正職の女。後冷泉・後三条・白河・堀河の四朝に奉仕した。一一〇八～一一年(天仁元～天永二)の間に没。歌合にたびたび参加したほか、公卿・殿上人との贈答歌も多い。「後拾遺集」以後の勅撰集に約三五首入集。家集「周防内侍集」。

すがいかいてん【須貝快天】 1861.11.3～1929.7.11 明治・大正期の農民組合の指導者。越後国生れ。一九〇八年(明治四一)新潟県中条村で中条郷小作人協会を結成、北日本農民組合に発展させた。二二年(大正一一)から産米検査にかかわる補償米を請求した三升米騒動を指導。自作農主義・民族社会主義をかかげ、全日本農民組合同盟の副会長を務めた。

すがいばいかん【菅井梅関】 1784.10.27～1844.1.12 江戸後期の南画家。名は岳輔、字は正卿、号は東斎・梅関など。陸奥国仙台生れ。根本常南に学び、江戸に出て谷文晁に師事。のち京坂で研鑽をつみ、長崎へ赴いて一〇余年滞在、来日した画人江稼圃・江芸閣に師事。再び上京して頼山陽らと交流。晩年は仙台に帰るが不遇。貧窮のうちに没。墨梅を得意としたが、「夏冬山水図屏風」のような作品もある。

すがうんきち【菅運吉】 1817.3.－～77.8.10 幕末・維新期の材木商人。出羽国雄勝郡川井村（現、秋田県雄勝町）生れ。同村肝煎。秋田藩に登用され、藩の木材移出に関与。一八四九年（嘉永二）藩用達として江戸に秋田屋仁左衛門名義の材木問屋を開店し、成功する。七一年（明治四）秋田杉集散地の能代に本拠を移し、旧藩諸施設の払下げなどを背景に同地木材業者の中心となった。

すがえますみ【菅江真澄】 1754～1829.7.19 江戸後期の国学者・紀行家。本名は白井英二のち秀雄、一八一〇年（文化七）に菅江真澄に改名。三河国生れ。本草学・和学などを修めた。一七八三年（天明三）遊歴に旅立ち、以後二八年間東北各地を回って歩いたあと、秋田藩久保田城下にとどまり、藩主の意にこたえ出羽国の地誌編集に従事。領内の角館で没した。遊歴中の日記「真澄遊覧記」七〇冊は、挿絵とともに貴重な民俗資料。うち四〇冊は藩校明徳館に献納された。

すがせんすけ【菅専助】 生没年不詳。江戸中・後期の浄瑠璃作者。京都生れ。はじめ二世豊竹此太夫門人として光太夫を名のる。一七六七年（明和四）「染模様妹背門松」を第一作として、しだいに浄瑠璃作者に比重が傾き、衰退した大坂豊竹座の再興をめざす師此太夫の豊竹此吉座の座付作者としての地位を高める。一時京都に移り浄瑠璃作者としての活動を中断したが、寛政期に再び筆を執った。作品数は三三編で、近松物の改作を中心に世話物が多い。

すがぬまきょくすい【菅沼曲翠】 ⇨曲翠

すがぬまさだみつ【菅沼定盈】 1542～1604.7.18 織豊期の武将。三河国野田城主定政の嫡男。織部正。はじめ今川氏真に属したが、一五六一年（永禄四）東三河の諸将とともに徳川家康に仕える。以後、家康の天下統一事業をたすけ、家康の部将としてたびたび戦功をあげ、家康の関東入国に際し上野国で一万石を領したが、のち辞して伊勢国長島に住む。一六〇〇年（慶長五）関ケ原の戦では江戸城留守居を勤めた。長島で没。

すがぬまし【菅沼氏】 江戸時代の旗本・大名家。先祖は三河国設楽郡菅沼郷に住んだというが詳細は不明。一五世紀中頃、土岐氏支流を称する資長が、菅沼の旧領を継いだとされる。その後設楽郡内に島田・長篠・田峰・野田などの分家が創出された。田峰菅沼氏は一五九〇年（天正一八）定利のとき徳川家康から上野国吉井二万石をうけ、養子の忠政は美濃国加納で一〇万石となるが二代後に無嗣断絶。野田菅沼氏は定盈のとき家康に従い、九〇年上野国で一万石を領したが、四代後の定昭のとき同じく無嗣断絶。このため定昭の弟定実が交代寄合となり、代々大番頭を勤め三河国新城七〇〇〇石を知行した。島田菅沼氏は定重のとき越前松平家に仕えたが無嗣断絶。長篠菅沼氏は正勝のとき家康に従い、子孫は代々紀伊徳川氏の家臣。

すがぬまただかぜ【菅沼貞風】 1865.3.10～89.7.6 名は「さだかぜ・ていふう」とも。明治期の歴史家。肥前国平戸藩士の子。旧藩主松浦氏の郷学で学ぶ。一八八三年（明治一六）大蔵省関税局の命で平戸貿易の沿革を調査し、「平戸貿易志」を編纂。翌年東京大学古典講習科に入学。八八年卒業論文「大日本商業史」を提出し、高等商業学校（現、一橋大学）に就職。八九年南洋調査の目的でフィリピンに赴き、コレラのためマニラで急死。

すがのうじ【菅野氏】 王牛（王辰爾の弟）を祖とする百済系渡来氏族。はじめ氏姓は津史。「続日本紀」延暦九年（七九〇）七月条の百済王しき仁貞らの上表文によれば、百済の貴須王の孫辰孫王が応神朝に渡来し、その後裔の味沙・辰爾・麻呂の三兄弟が葛井・船・津氏の祖となったというが、これは西文氏の祖王仁の伝承をまねたものと考えられる。実際には敏達三年一〇月に、渡来後まもないと推定される牛が津史を賜ったのに始まる。氏の名称は港湾（とくに難波津）を管掌したことに由来。七五八年（天平宝字二）八月に連に改姓。七九〇年（延暦九）に津連真道らが菅野朝臣を賜った。他の同族も翌年、津宿禰と中科宿禰に改姓。本拠地は河内国丹比郡高鷲の大津神社（現、大阪府羽曳野市）付近とされる。

すがのじょゆう【菅野序遊】 一中節菅野派の家元名。江戸後期から五世を数える。初世（一七五六～一八二三）は江戸吉原生れ。はじめ河東節の三味線方として三世山彦新次郎を名のったが、のち一中節に転向。多数の新作と古典の復曲を行い、一中節復興に貢献。「松襲」「羽衣」などを作曲。二世（一七八四～一八四一）は初世の子。都派から菅野派を独立させた。四世（一八四二～一九一九）は「道成寺」「品川八景」などを作曲。

すがののまみち【菅野真道】 741～814.6.29 八世紀後半～九世紀初頭の公卿。もとの氏姓は津連。七七八年（宝亀九）少内記に任じられ、右衛士少尉・左兵衛佐・東宮学士・図書頭などを歴任し、七九〇年（延暦九）上表して菅野朝臣姓を賜った。時に従五位上。桓武天皇の信任厚く、平安遷都事業にも深く関与し、八〇五年には参議となった。同年の藤原緒嗣との徳政争論は有名。「続日本紀」「官曹事類」「延暦交替式」の編纂にたずさわり、格式編纂にも着手した。従三位まで昇る。子は永岑。

すがまさとも【菅政友】 ⇩菅政友(かんまさとも)

スカルノ　Sukarno　1901.6.6～70.6.21　インドネシアの政治家。バンドン工科大学卒。民族運動を指導し、一九三〇年以降監禁・流刑生活を経験。四二年日本軍に釈放されて軍政に協力。第二次大戦後に初代大統領としてオランダからの独立を達成。共産党と連携して強力な政治力を長期間発揮したが、六七年暫定国民協議会により解任された。

すがわらうじ【菅原氏】　平安時代の氏族。もとは土師宿禰(はじのすくね)で、七八一年(天応元)に根拠地の大和国添下郡菅原郷(現、奈良市菅原町付近)にちなみ菅原宿禰に改姓、のち朝臣を賜った。桓武天皇の侍読(じとう)として仕えた菅原古人(ふるひと)、「凌雲集」「文華秀麗集」「経国集」の編纂にかかわり、朝儀や服制の唐風化に努めた菅原清公(きよとも)、「貞観格式」「文徳実録」などの編纂にかかわり、参議に昇任した菅原是善(これよし)、宇多天皇の信任を得て蔵人頭から右大臣に昇り、のち大宰権帥に左遷された菅原道真(みちざね)など、八世紀末以降の文人・学者を多く輩出した。大江氏と並ぶ学者の家として代々文章博士・大学頭などに任じられ、大江氏を江家(ごうけ)というのに対して菅家(かんけ)とよばれた。

すがわらのありよし【菅原在良】　1043～1122.10.23　平安後期の儒者。孝標(たかすえ)の孫。定義の子。唐橋(からはし)家の祖。一一一一年(天永二)鳥羽天皇の御書始めに侍読(じとう)となり、点図を献じた。時に文章(もんじょう)博士。その後、式部大輔・大内記に至り、最高位は従四位上。漢詩・和歌ともに巧みで、「在良朝臣集」「懐中抄」を著したほか、「新勅撰集」以後の勅撰集に五首入集。「本朝続文粋(もんずい)」「本朝無題詩」にも作品を収める。

すがわらのきよとも【菅原清公】　770～842.10.17　平安初期の文人政治家。儒家である菅家(かんけ)の基礎を築いた人物。古人(ふるひと)の子。是善(これよし)の父。道真の祖父。文章(もんじょう)博士から大学頭・式部大輔・左中弁・弾正大弼(だんじょうだいひつ)などを歴任。のちに従三位となり牛車参内の勅許をえた。八〇四年(延暦二三)には遣唐判官として入唐、八一八年(弘仁九)には清公の建議により朝廷の儀礼などが唐風に改められた。家集「菅家集」のほか、「令義解(りょうのぎげ)」や三つの勅撰集の撰者となった。

すがわらのこれよし【菅原是善】　812～880.8.30　平安前期の文人政治家。清公(きよとも)の子。道真の父。大内記・文章(もんじょう)博士・式部大輔などを歴任。その間、国司も多く勤めたが、八七二年(貞観一四)参議に任命され、のちに勘解由(かげゆ)長官を兼ねる。文徳・清和両天皇の侍読(じとう)となり、内記として起草した詔勅や願文も多い。「菅相公集(かんしょうこうしゅう)」のほか、「文徳実録」「貞観格式」の撰者となり、また「東宮切韻(せついん)」などを著した。

すがわらのすけまさ【菅原輔正】　925～1009.12.24　平安中期の文人政治家。道真の曾孫。在躬(ありみ)の子。文章(もんじょう)博士・東宮学士・弁官・式部大輔などを歴任し、九九六年(長徳二)参議、ついで一〇〇三年(長保五)正三位に叙せられた。円融・花山両天皇の侍読(じとう)を勤め、大赦の詔や朔旦(さくたん)冬至の上表文、諸願文などを草した。「菅相公草(かんしょうこうそう)藻」のほか「朝野群載」「本朝文粋(もんずい)」「本朝麗藻」などに作品を残す。

●●菅原氏略系図

古人―清公―是善―道真┬高視┬雅規―資忠―孝標┬定義┬是綱[高辻]……為長
　　　　　　　　　　│　　└文時　　　　　　　│　　└在良[唐橋]
　　　　　　　　　　│　　　　　　　　　　　　└女子
　　　　　　　　　　├淳茂―在躬―輔正
　　　　　　　　　　└衍子(宇多天皇女御)

すがわらのたかすえのむすめ【菅原孝標女】　1008～?　平安時代の日記文学作者・歌人。「更級(さらしな)日記」の作者。父孝標は道真五世の嫡孫。母は藤原倫寧(ともやす)の女で、藤原道綱の母の異母妹。一〇歳から一三歳まで父の任地上総国で育つ。姉や継母上総大輔の影響で物語に関心をもつ。上京後「源氏物語」を耽読し、光源氏のような貴公子との出会いを願う。三二歳で祐子(ゆうし)内親王家に出仕。三三歳で橘俊通と結婚。子供は仲俊のほかにもいたらしい。五一歳で夫と死別し、以後日記を書きはじめる。「浜松中納言物語」「夜の寝覚(ねざめ)」の作者とも伝えられる(「更級日記」定家本勘物)。「新古今集」以下勅撰集に一四首ほど入集。

すがわらのためなが【菅原為長】　1158～1246.3.28　鎌倉前・中期の公卿・儒学者。正二位参議。高辻家。長守の長男。当代の大才と評された高名な儒者で、土御門天皇から後嵯峨天皇までの五代の天皇の侍読(じとう)を勤めた。北条政子の求めにより「貞観政要」を和訳し、「字鏡集」など多数の著書を残す。また朝廷の政治を主導した九条道家の側近となり、政治的にも活躍。

すがわらのふみとき【菅原文時】　899～981.9.8　菅三品(かんさんぼん)とも。平安中期の文人政治家。道真の孫。高視(たかみ)の子。文章(もんじょう)博士・内記・弁官・式部大輔などを歴任し、九八一年(天元四)従三位に叙せられた。「本朝文粋(もんずい)」には三位を請う申文が収められている。「袋草紙」には、文時がみずから不出来といった詩歌の草案を、門下の慶滋保胤(よししげのやすたね)が秀句と絶賛した逸話がのっている。「本朝文粋」のほか「扶桑集」「和漢朗詠集」に作品がある。

すがわらのみちざね【菅原道真】 845～903.2.25 平安前期の公卿・文人。父は是善(これよし)、母は伴氏。正室は島田忠臣(ただおみ)の女宣来子。八六七年(貞観九)文章得業生(もんじょうとくごうしょう)、八七〇年対策に及第し、八七七年(元慶元)文章博士となる。渤海使裴頲(はいてい)接待のため加賀権守兼治部大輔に任じられ、八九四年(寛平六)には遣唐使中止を建言した。八八六年(仁和二)讃岐守として赴任、阿衡(あこう)の紛議以降、宇多天皇の知遇を得て、八九三年参議、八九九年(昌泰二)には右大臣に昇った。九〇一年(延喜元)従二位となったが、藤原氏の讒言により突如大宰権帥(ごんのそち)に左遷されて、失意のうちに当地で没した。死後、怨霊として恐れられ、天神として祭られる。九九三年(正暦四)贈正一位・太政大臣。漢詩文集に「菅家文草」「菅家後集」など。「三代実録」の編纂事業に参加、宇多天皇の命で「類聚国史」を編述した。

すがわらのみねつぐ【菅原岑嗣】 793～870.3.30 平安初期の医家。左京の人。「大同類聚方」を撰した出雲広貞の子。淳和天皇が皇太子の頃に仕え、家業を継ぐことを申請して、医得業生(いとくごうしょう)に補された。八二二年(弘仁一三)奉試に及第して左兵衛医師に任じられ、以後医博士・内薬佑・侍医・典薬頭を歴任。もと出雲宿禰(すくね)姓を朝臣に改姓し、さらに土師(はじ)氏と同祖をもって菅原姓となった。針灸に優れ、勅命をうけて諸名医らと「金蘭方(きんらんぼう)」を撰定した。

すぎうらじゅうごう【杉浦重剛】 1855.3.3～1924.2.13 明治・大正期の日本主義思想家・教育家。近江国生れ。一八七〇年(明治三)膳所(ぜぜ)藩貢進生として大学南校入学。七六年イギリス留学、八〇年に帰国後東京大学予備門長、文部省参事官兼専門学務局次長などを務めるが、おもに在野で多彩な言論・教育活動を展開。八八年政教社の創設に加わり雑誌「日本人」を発刊。東京英語学校(のち日本中学校と改称)の設立、称好塾の経営にあたり、国学院学監・東亜同文書院長などとなる。著書「倫理御進講草案」。「杉浦重剛全集」全六巻。

すぎうらじょうい【杉浦乗意】 1701～61.7.24 江戸中期の装剣金工。美濃国加納あるいは信濃国松本生れ。江戸に出て奈良寿永に学ぶ。土屋安親(やすちか)・奈良利寿(としなが)とともに奈良三作と評される名工。肉合彫(ししあいぼり)とよばれる彫金技法を創始し、人物を繊細に表すのを得意とする。

すぎうらまさとも【杉浦正友】 1577～1662.9.9 江戸前期の幕閣。勘定頭。親次の三男。通称市右衛門。越後守・内蔵允。一五九四年(文禄三)徳川家康に拝謁、九八年(慶長三)伏見城に召し出される。関ケ原の戦や大坂の陣に出陣し、弓術に長じ、大坂夏の陣では弓同心五〇人を預かった。のち納屋頭となり六〇〇石、その後もしだいに加増され三四〇〇石を領す。一六三五年(寛永一二)から五六年(明暦二)まで留守居、四二年から五一年(慶安四)まで勘定頭(のちの勘定奉行)を兼任した。

すぎがんあみ【杉贋阿弥】 1870.2.10～1917.5.13 明治・大正期の劇評家。岡山県出身。本名諦一郎。「郵便報知新聞」「毎日新聞」「東京毎夕新聞」で劇評を担当。文士劇若葉会に出演した。晩年は「新演芸」に劇評を執筆。博識に裏打ちされたきびしい批評で知られた。著書「舞台観察手引草」は体験にもとづいた歌舞伎演出研究の古典として著名。

すぎこうじ【杉亨二】 1828.8.-/10.10～1917.12.4 幕末～明治期の統計学者。日本における近代的統計調査の創始者。肥前国長崎生れ。はじめ緒方洪庵(こうあん)、のち杉田成卿(せいけい)門下で蘭学を学ぶ。開成所教授として蘭書翻訳にかかわるなかで統計書に触れ、統計学を志す。一八六九年(明治二)静岡県で人口調査を実施。七一年太政官正院政表課大主記となる。七九年に山梨県下で実施した「甲斐国現在人別調」は日本初の本格的人口調査。

すぎたげんたん【杉田玄端】 1818.9.20～89.7.19 幕末～明治期の蘭方医・洋学者。名は拡。江戸生れ。一八三四年(天保五)杉田立卿(りゅうけい)に蘭学を学び、三八年立卿の養子となる。四五年(弘化二)開業。五三年(嘉永六)若狭国小浜藩医。五八年(安政五)蕃書調所出役教授手伝、翌年同教授職並、六〇年(万延元)洋書調所教授職。六五年(慶応元)外国奉行支配翻訳御用頭取、余暇に英学を修める。六八年(明治元)沼津兵学校陸軍付医師頭取、ついで沼津陸軍医学所頭取。七五年東京に移り、翌年共立病院を創立。訳著「地学正宗」。

すぎたげんぱく【杉田玄白】 1733.9.13～1817.4.17 江戸中期の蘭方医・蘭学者。若狭国小浜藩医。名は翼、号は鷧斎(いさい)のち九幸。玄白は通称。塾名は天真楼。江戸生れ。漢学を宮瀬竜門(りゅうもん)に、蘭方外科を西玄哲(げんてつ)に学ぶ。山脇東洋の解剖観察に刺激され、オランダ通詞にオランダ流外科について質問、蘭書の入手につとめた。一七七一年(明和八)小塚原(こづかっぱら)刑場で屍体の解剖を観察、携帯したオランダ語解剖書「ターヘル・アナトミア」の内景図が実景と符合していることに驚嘆、同志と翻訳を決意。七四年(安永三)「解体新書」五巻として公刊し、蘭方医書の本格的翻訳の先駆となった。会読・翻訳・公刊の苦心は晩年の回想録「蘭学事始」に詳しい。以後、診療と後進の育成に尽くした。多趣味で、「後見草(のちみぐさ)」「野叟独語(やそうどくご)」など社会批判の書もある。

すぎたせいけい【杉田成卿】 1817.11.11～59.2.19 江戸後期の蘭学者。立卿(りゅうけい)の子。名は信、号は梅里。江戸生れ。坪井信道(しんどう)にオランダ語文法を学ぶ。一八四〇年(天保一一)天文台訳員となり、四四年(弘化元)オランダ国王からの国書の翻訳に携わる。四五年小浜藩主酒井氏の侍医を継ぐ。五六年(安政三)蕃書調所教授職に就任。幕命により「和蘭政典」や「海上砲術全書」を翻訳。フーフェランドの内科書の一部を訳した「医戒」は有名。晩年作のオランダ文で記した「玉川紀行」は名文。

すぎたていいち【杉田定一】 1851.6.2～1929.3.23 明治・大正期の民権家・政党政治家。越前国の豪農の家に生まれる。民権運動に入り、愛国社再興に参加。郷里に民権結社自郷社を作り、国会開設請願運動などに参加。一八八四年(明治一七)渡清、のち欧米漫遊。八九年福井県議に当選、議長となる。愛国公党結成に尽力し、第一回から一〇回までの総選挙で衆議院議員に第四回を除き連続当選。第一次大隈内閣では北海道庁長官となる。立憲政友会結成に参加し、はじめ土佐派、のちに松田正久に接近するが、原敬の台頭とともに不振となった。

すぎたひさじょ【杉田久女】 1890.5.30～1946.1.21 大正・昭和期の俳人。鹿児島県出身。旧姓赤堀。本名久子。東京女子高等師範付属高女卒。画家杉田宇内と結婚。一九一五年(大正四)頃から作句。「ホトトギス」などに投稿。「ホトトギス」同人となるが、のちに除名される。浪漫的で情熱的な句風が異色であった。

すぎたりゅうけい【杉田立卿】 1786.11.15～1845.11.2 江戸後期の蘭方医。江戸生れ。杉田玄白と後妻伊与の実子。通詞馬場佐十郎にオランダ語を学ぶ。一八〇四年(文化元)別家。洋方眼科をもって小浜藩医となる。一五年プレンクの眼科書を訳して「眼科新書」を刊行。二二年(文政五)天文台訳員。天保年間、老中水野忠邦の内命によって「和蘭政典」の訳出に従事した。

すぎのよしこ【杉野芳子】 1892.3.2～1978.7.24 昭和期の洋裁教育者・服飾デザイナー。旧姓岩沢。千葉県出身。県立千葉高女卒。ニューヨークで洋裁を学び、一九二六年(昭和元)ドレスメーカー女学院を創設、院長に就任。五〇年杉野学園短期大学(六四年杉野女子大学)を創設。ドレメ式型紙を創案した。

すぎはらし【杉原氏】 椙原氏とも。中世の武家。桓武平氏。鎌倉前期に桓平の子光平が杉原を称したという。本拠は備後国椙原保(現、広島県尾道市)か。鎌倉後期、幕府奉行人として主計允がみえ、民部八郎や清平は六波羅奉行人として活躍。光房も初期室町幕府に奉行人として出仕した。室町中期には奉公衆として諸番帳に多くその名がみえる。将軍足利義政に仕えた賢盛は歌人として著名。

すぎはらそうすけ【杉原荘介】 1913.12.6～83.9.1 昭和期の考古学者。東京都出身。明治大学卒。同大学教授。東京考古学会の一員として早くから弥生文化の研究を志し、福岡県立屋敷遺跡、千葉県須和田遺跡、福岡県板付遺跡などを調査して弥生土器の編年や東方拡散過程の究明に貢献。また群馬県岩宿遺跡の調査を契機に先土器(旧石器)文化の研究に力を注ぎ先駆的研究を行った。著書「遠賀川」「日本先土器時代の研究」。

すぎはらちうね【杉原千畝】 1900.1.1～86.7.31 昭和戦前期の外交官。岐阜県出身。一九一九年(大正八)早大専門部在学中、外務省留学生試験に合格。二四年に外務省入省。四〇年(昭和一五)カウナス(リトアニアの首都)の日本領事館領事代理のとき、ナチスの迫害を逃れたユダヤ人らにビザを発給した。四七年四月帰国。四九年外務省を辞職。六九年イスラエル政府から「イスラエル建国の恩人」として表彰をうける。

すぎまごしちろう【杉孫七郎】 1835.1.16～1920.5.3 明治期の宮内官僚・政治家。子爵。萩藩士の家に生まれ、杉家の養嗣子となる。旧姓植木。一八六一～六二年(文久元～二)幕府の遣欧使節団に加わってヨーロッパ諸国を視察。藩権大参事をへて廃藩置県後に明治政府に入り、宮内大輔・侍補・皇太后宮大夫など宮中の要職を歴任。晩年は枢密顧問官を務めた。

すぎみちすけ【杉道助】 1884.2.20～1964.12.14 大正・昭和期の大阪財界人。山口県出身。慶大卒。久原鉱業所入社後、大阪船場の綿糸布問屋八木商店の長女と結婚して同商店に入った。浪速紡織を設立したほか、一九二九年(昭和四)以降は大阪商工会議所で活躍し、四五年から六〇年まで会頭。六一年には日韓会談の首席代表に就任した。

すぎむらそじんかん【杉村楚人冠】 1872.7.25～1945.10.3 明治・大正期の新聞記者。和歌山県出身。本名広太郎。一八九六年(明治二九)ユニテリアン自由神学校卒。アメリカ公使館の通訳などを務めたのち、一九〇三年「東京朝日新聞」入社。同社の発展に尽力、調査部・記事審査部の創設および縮刷版発行は彼の発案という。たびたび海外に派遣され、大正期には世界新聞大会に日本代表として二度参加。「楚人冠全集」全一八巻。

すぎむらはるこ【杉村春子】 1906.1.6～97.4.4 昭和期の女優。広島市出身。本名石山春子。山中高女卒。一九二七年(昭和二)築地小劇場で初舞台。三七年には岸田国士らが創立した文学座に参加。四五年四月森本薫作「女の一生」(布引けい役)を初演、九〇年(平成二)までに上演回数は九四七回に上った。一九五三年初演のテネシー・ウィリアムズ作「欲望という名の電車」(ブランチ役)も代表作となった。台詞まわしの美しい、所作に完成美を感じさせる、日本を代表する女優。四七年度芸術院賞、七四年文化功労者。

すぎむらようたろう【杉村陽太郎】 1884.9.28～1939.3.24 昭和前期の外交官。東京都出身。東大卒。一九〇八年(明治四一)外務省入省、フランス・中国在勤などをへて、二三年(大正一二)から国際連盟帝国事務局勤務。二七年(昭和二)帝国事務局長を務めるかたわら連盟事務次長兼政務部長として国際舞台で活躍。三四年から駐伊大使を務め、エチオピア戦争下の日伊関係の調整に尽力した。著書「国際外交録」。

すぎもとともじゅうろう【杉本茂十郎】 生没年不詳。江戸後期の商人、三橋会所の頭取。甲斐国八代郡夏目原村に生まれ、定飛脚問屋大坂屋茂兵衛の養子となった。一八〇八年(文化五)江戸で砂糖問屋と十組問屋の争論を調停して発言力をもつようになる。大川筋の三橋の修復のため三橋会所を設立、その頭取となり、菱垣廻船積仲間の結成などに尽力。しかしその権勢欲を仲間から嫌われ、三橋会所の経理不正や、買米の失敗から、一八一九年(文政二)三橋会所は廃止、杉本は失脚した。

すぎやまさんぷう【杉山杉風】 ⇨杉風

すぎやましげまる【杉山茂丸】 1864.8.15～1935.7.19 明治～昭和初期のナショナリスト。小説家夢野久作の父。福岡藩士の子。父の家塾で学び、のち佐々友房・頭山満・荒尾精と親交を結ぶ。伊藤博文・井上馨・山県有朋らの知遇を得て政界の黒幕となり、一九一一年(明治四四)の韓国併合の際には裏面で活躍した。

すぎやまたんごのじょう【杉山丹後掾】 生没年不詳。江戸前期の江戸浄瑠璃の開祖。初名杉山七郎左衛門。滝野検校ゆずりの本節をよく語り、元和初年江戸に下り、薩摩浄雲と並称された。京風の伝統的な語りは高貴にも迎えられ、しばしば将軍などの台覧に及んだ。現存正本は「かまた」「清水の御本地」の二本のみだが、説経にも精通して、演目は二〇作前後を確認できる。一六五二年(承応元)上洛し、受領して丹後掾藤原清澄を名のる。息子は江戸肥前掾。

すぎやまはじめ【杉山元】 1880.1.2～1945.9.12 大正～昭和前期の軍人。陸軍大将・元帥。福岡県出身。陸軍士官学校(一二期)・陸軍大学校卒。陸軍省航空課長・同軍事課長などをへて、一九二八年(昭和三)陸軍省軍務局長。満州事変に際して陸軍次官の職にあり、三六年大将に昇進、翌年林内閣、つづいて第一次近衛内閣の陸相に就任。四〇年参謀総長となり、日中戦争・太平洋戦争の遂行に大きな役割をはたした。四四年小磯内閣の陸相に再任。敗戦後に拳銃で自決。

すぎやまもとじろう【杉山元治郎】 1885.11.18～1964.10.11 大正・昭和期の農民運動家。大阪府出身。東北学院神学部別科卒。牧師になり、農村問題に開眼する。一九二一年(大正一〇)大阪で賀川豊彦と協議、翌年日本農民組合を結成、委員長となる。二六年(昭和元)労働農民党初代委員長、以後の分裂・合同の歴史ではおおむね中道派に属す。三二年以後、代議士当選連続四回。第二次大戦後再建日本農民組合顧問となり、一時公職追放されたが五一年国会に復帰し、五五年に衆議院副議長に選出された。

すぎやまわいち【杉山和一】 1610～94.6.26 江戸前期の鍼医。幼名は養慶。伊勢国安濃津生れ。幼時に視力を失う。江戸の山瀬琢一に師事するが破門され、悲憤して京都の入江豊明につき鍼術を究めた。江戸で開業し名声を得る。一六七〇年(寛文一〇)検校となり、さらに関東総検校・権大僧都に任じられた。管鍼術を発明して鍼術の振興・教育に尽くした。著書は杉山流三部書や「杉山真伝流」。墓所は神奈川県藤沢市江の島と東京都墨田区の弥勒寺。

すくなひこなのみこと【少彦名命】 「古事記」では少名毘古那神。少名御神・少日子根命とも。日本神話にみえる神名。小さな男神、また若い男神の意ともいう。カミムスヒまたはタカミムスヒの子とされ、背丈が小さくガガイモの実の船で現れ、オオナムチと協力して国造りをし、のちに常世に渡った。オオナムチとともに医療の道、災異をはらう法を定めたと記され、酒の神ともされる。また穀霊神的性格ももつ。各地の風土記にしばしば登場する。

スクリバ Julius Karl Scriba 1848.6.5～1905.1.3 明治期の御雇ドイツ人医師。ハイデルベルク大学・ベルリン大学で医学を学び、一八八一年(明治一四)東京大学医学部の外科教師として来日。ほかに皮膚科・梅毒の講座を担当した。内科のベルツと並んで東京大学医学部初期の名外科医として知られ、一九〇一年退職後、聖路加病院外科主任になった。

すけさだ【祐定】 備前長船派の刀工の名。明徳期頃の祐定を初見とし、以後、古刀期に同名が多く、さらに新刀期・新々刀期に続く。新刀期以後は横山を姓とする。同名があまりに多いことから、とくに古刀期では祐定の名は個人の刀工名というよりも、当時の備前刀工の屋号的なものとみられる。源兵衛尉祐定・与三左衛門尉祐定らが名工として知られる。

すけざね【助真】 刀工の名。備前長船派、備中青江派などに同名が数人いるが、備前福岡一文字派に後鳥羽上皇の番鍛冶助成の子または助房の子という助真がいる。正元年中に相模国鎌倉山内に移住して鎌倉一文字とよばれ、遠江国でも打ったという。しかし、鎌倉古鍛冶に三浦介重代の咲栗の作者とされる江間藤源次助真がおり、一方、亀山上皇の時代に備前から遠江に移った雲藤ともいう藤原次助真がいる。この三者が混同されて一文字助真が鎌倉一文字とよばれるようになったと考えられる。

すけのり【助則】 刀工の名。新々刀期を含めて同名が十数人いるが、備前福岡一文字派の助則が著名。助宗の子で承久期頃に活躍し、後鳥羽上皇の隠岐番鍛冶の一人という。同じく備前の吉井派にも明徳・応永期頃に助則がいる。さらに保元期頃という大和千手院派の助則、寛正期頃の出雲や文明期頃の山城にもおり、肥後延寿派にも応永期頃から助則がいる。

すけひとしんのう【典仁親王】 ⇨閑院宮典仁親王

すけひとしんのう【輔仁親王】 1073.1.19～1119.11.28 後三条天皇の第三皇子。母は源基平の女基子。三宮。同母兄の実仁親王が父後三条の意志によって皇太子に立てられたので、一〇八五年(応徳二)に実仁が死去すると、同母弟の輔仁は有力な皇位継承候補者とみなされ、白河天皇に対立する立場におかれた。一一一三年(永久元)には護持僧仁寛にからむ陰謀事件にまきこまれ、閉門させられている。詩歌に秀で、風雅の士として名が高かった。

すけひら【助平】 刀工の名。「日本刀銘鑑」によれば同名が一〇人ほどいるが、高平・包平とともに古備前三平とよばれる助平が著名。一条上皇の永延期頃に活躍したといい、藤原保昌の懐剣、獅子王、平景清の太刀の作者とされる。「観智院本銘尽」では曾我兄弟の仇討の太刀の作者ともいうが、実際は平安末～鎌倉初期の刀工であろう。日光東照宮に焼身の太刀が伝存する。

すけひろ【助広】 江戸時代の大坂の刀工。初世(?～一六六三)は播磨国生れ。初世河内守国助の門人で、そぼろ助広と称された。二世(一六三七～八二)は摂津国生れ。初世の門人とも実子ともいう。一六五七年(明暦三)越前守を受領、六七年(寛文七)に大坂城代青山因幡守に召し抱えられ津田助広を名のった。濤瀾刃という沸の深い刃文を創始し人気を得た。井上真改とともに寛文・延宝期の大坂鍛冶を代表する名工。

すけみつ【祐光】 備前長船派の刀工の名。古刀期に同名がきわめて多く、初見は南北朝期にさかのぼる。「日本刀銘鑑」では永享期頃を初代として文禄期までに七代を数える。祐光や祐定ら室町時代以降の同名の多い備前刀工の作品は、一般に衛府尉などの官途銘のあるものが注文打とみられる。祐光は新刀期にもおり、新々刀期には水戸に横山祐光がいる。

すけむね【助宗】 刀工の名。同名が多数いるが、備前福岡一文字派の助宗が著名。則宗の子で、修理亮。後鳥羽上皇の番鍛冶で、御守刀の菊丸・雁丸を作ったという。重文太刀一。子も助宗を名のる。他方、駿河国島田にも室町中期から古刀期に三代おり、初代助宗は義助の弟とも別系ともいう。銘跡は新刀期にも継承されたが、駿河本国のほか他国にも移住し、堀川国広の門下で山城守国清と同人という越前の助宗、津田助広の門下という信濃の小十郎助宗らがいる。

すこうてんのう【崇光天皇】 1334.4.22～98.1.13 在位1348.10.27～51.11.7 光厳天皇の第一皇子。名は益仁・興仁。母は陽禄門院秀子。一三三八年(暦応元・延元三)親王宣下、立太子。四八年(貞和四・正平三)践祚。五一年(観応二・正平六)正平一統で廃され、太上天皇の尊号をうける。翌年南朝軍に拉致され、五七年(延文二・正平一二)帰京。九二年(明徳三・元中九)落飾、法名勝円心。九八年(応永五)京都伏見殿で没した。

スコット Marion McCarrell Scott 1843.8.21～1922.5.3 御雇アメリカ人教師。バージニア大学卒業後、サンフランシスコで教職に従事、一八七一年(明治四)大学南校の教師として来日した。七二年に師範学校の教師となり、教員養成法と近代的教授方法を導入。七五年以降、東京英語学校などの教師をへて八一年に帰国。ハワイで死去。

すざくてんのう【朱雀天皇】 923.7.24～952.8.15 在位930.9.22～946.4.20 醍醐天皇の第一一皇子。名は寛明。母は藤原基経の女穏子で、保明親王・村上天皇と同母兄弟である。皇太子慶頼王(保明の子)の死去により、九二五年(延長三)立太子した。九三〇年父の譲位により践祚する。女御の熙子女王(保明の女)に昌子内親王が生まれたほかには男子はなく、村上天皇を皇太弟に立て、譲位した。

すさのおのみこと【素戔嗚尊】 素戔男尊とも。「古事記」では須佐之男命など。建速・神などを冠する場合もある。日本神話に登場する神名。スサはスサブ・ススムと同根で、この神の荒れすさぶ本性を表す。「日本書紀」ではイザナキ・イザナミによって生みだされ、「古事記」では黄泉国から帰ったイザナキの禊の際にアマテラスらとともに誕生した。親により根国に追放されるが、途中暇乞いのため高天原に寄りアマテラスと誓約を行って潔白を証明する。その後、高天原で乱暴を働いて追放され、出雲に下って八岐大蛇を退治し、清地の地に鎮まった。「古事記」ではその後根国を訪れたオオナムチに試練を課し、女スセリヒメを与えてオオクニヌシたらしめ、葦原中国の完成を導いた。強烈なエネルギーをもつ神で、元来は暴風雨神とも農耕神とも説かれるが、記紀それぞれの世界秩序に相容れぬ神格として描かれている点が重要である。「出雲国風土記」や「備後国風土記」逸文にも登場する。

すしゅんてんのう【崇峻天皇】 記紀系譜上の第三二代天皇。六世紀後半に在位という。泊瀬部天皇と称する。欽明天皇の皇子。母は蘇我稲目の女小姉君。異母兄の用明天皇の死後、同母兄の穴穂部皇子を天皇に推す物部守屋と蘇我馬子が対立、皇子は馬子側についた。穴穂部皇子と守屋が殺された後、用明二年即位し、倉梯宮(現、奈良県桜井市倉橋)を営んだ。しかしのち馬子と対立し、崇峻五年馬子の送った刺客の東漢直駒に暗殺され、即日埋葬された。

ずしょひろさと【調所広郷】 1776.2.5～1848.12.19 江戸後期の鹿児島藩家老。鹿児島藩士川崎基明の次男で、茶道坊主調所清悦家を継ぐ。笑悦、のちに笑左衛門と称す。側用人として島津重豪・同斉興の財務を担当し、一八二七年(文政一〇)には財政改革主任となり、翌年改革に着手。三〇年(天保元)一〇年間で五〇万両備蓄し、古借証文を回収せよとの命をうけ、三島(奄美大島・喜界島・徳之島)砂糖惣買入制を実施。藩債五〇〇万両の二五〇年賦償還を断行し、四四年(弘化元)五〇万両の備蓄を達成した。四六年幕府から琉球交易の黙許をえ、唐物貿易を企てた。四八年(嘉永元)密貿易の責を負い、服毒自殺。

すじんてんのう【崇神天皇】 記紀系譜上の第一〇代天皇。御間城入彦五十瓊殖天皇と称する。開化天皇の第二子。母は物部氏の遠祖大綜麻杵の女伊香色謎命。御間城姫を皇后とし、垂仁天皇らをもうけたという。磯城瑞籬宮(現、奈良県桜井市金屋付近)にあり、宮中に祭っていた天照大神と倭大国魂神との祭所をわかち、新たに大物主神を三輪に祭るなど祭祀の整備を行ったとされる。また四道将軍を派遣し、朝鮮(任那)からのはじめての朝貢もこの天皇のときのこととされるなど、大和政権の支配の基礎を固めた天皇として系譜上に位置づけられる。御肇国天皇とよぶことなどから、実在の確実な初代天皇とする意見がある。また三輪地域との伝承上の関係や同地域における巨大古墳の存在から三輪王朝の始祖とする説や、北方騎馬民族の王とする説などもあるが、実在を疑う説もある。山辺道勾岡上陵に葬られたとされ、奈良県天理市柳本町の行灯山古墳がそれに指定されている。

すずえげんいち【鈴江言一】 1894.12.31～1945.3.15 昭和前期の中国革命史研究家。島根県出身。明治大学除籍。一九一九年(大正八)中国に渡り、中国の革命家や中江丑吉らを知る。昭和初年日本共産党の密使として日中間を往復。満鉄に職を得たが満鉄事件に連坐、病没。著書「支那無産階級運動史」。

すずかうじ【鈴鹿氏】 京都神楽岡の吉田神社の神官。中臣金連吉子を祖とし、七六六年(天平神護二)吉子が大和国から山城国神楽岡に移ったことに始まると伝える。吉田神社の創祀以後は、吉田氏に仕えて吉田社の権預・祝などの神職についた。とくに室町時代に唯一神道が提唱されて以降は、吉田家の家政も担当、配下にある全国の神社・門人の統轄なども職掌とし、連胤のような国学者も現れた。

すずかおう【鈴鹿王】 ?～745.9.4 高市皇子の子で、長屋王の弟。七一〇年(和銅三)無位から従四位下に叙せられた。七二九年(天平元)の長屋王の変では、縁坐となるところを他の兄弟姉妹とともに勅命により許された。七三七年、二年前に没した舎人親王のあとをうけて知太政官事についた。七四〇年以後、聖武天皇の行幸や遷宮にあたり、しばしば留守官に任じられた。七四五年知太政官事のまま没した。以後、この職はおかれなかった。

すずかじんえもん【鈴鹿甚右衛門】 1819.1.-～61.8.26 江戸後期の商人・企業家。はじめ甚助。俳号春人。近江国生れ。父の初代甚右衛門とともに蝦夷地に進出し、江差を拠点として呉服商、鰊漁の仕込みなどに従事。一八五五年(安政二)の蝦夷地幕領化を契機として、父子は西蝦夷地の道路開削を計画、初代の急死後甚助が二代目を襲名し、私財を投じて五八年までに三本の道路を開通させた。その他味噌醸造などの産業振興にも力を注ぎ、献金の功により松前藩士にもあげられた。

すずきあきら【鈴木朖】 1764.3.3～1837.6.6 江戸中・後期の国学者。旧姓は山田、通称は常介、字は叔清、号は離屋。尾張国生れ。尾張徳川家に仕え、藩校明倫堂教授並となる。市川鶴鳴について漢学を修めたのち、本居宣長に国学を学び、和漢の文献に博通した。とくに国語学に優れた業績を残し、「活語断続譜」「言語四種論」「雅語音声考」の一連の書は、宣長の学説を基礎としつつそれを前進させた。著書はほかに「玉の小櫛補遺」「離屋学訓」「離屋集」。

すずきいえさだ【鈴木舎定】 1856.2.-～84.1.1 明治前期の自由民権家。盛岡藩士の子。一八七八年(明治一一)頃から求我社を中心に活動、八一年四月には東北七州自由党を結成した。八三年自由党の常議員となるが、翌年病死。

すずきうめしろう【鈴木梅四郎】 1862.4.26～1940.4.15 明治～昭和前期の実業家・政治家。号は呑天。信濃国生れ。慶大卒。新聞記者、王子製紙勤務をへて、のちに政界入り。一九一二年(明治四五)一一月、医師加藤時次郎の協力者として下層階級に低廉な診療料金で医療を行う社団法人実費診療所を開設した。医療の社会化の実践運動に努めたが、鈴木自身は自由主義者でありながら、開業医制度を批判し医業国営論を主張。著書「医業国営論」「医療の社会化運動」。

すずきうめたろう【鈴木梅太郎】 1874.4.7～1943.9.20 明治～昭和前期の化学者。静岡県出身。東大卒。ヨーロッパ留学。東京帝国大学教授。日本人の栄養問題を研究。脚気予防調査会に参加。理化学研究所主任研究員。国家的問題であった脚気研究では、バクテリア病因説が強いなかで、一九一〇年(明治四三)米糠から抽出したオリザニン(ビタミンB_1)が脚気予防に有効なことを確認。米を用いない清酒の合成に成功。二四年(大正一三)日本農芸化学会初代会長。学士院賞・文化勲章をうける。

すずきかんたろう【鈴木貫太郎】 1867.12.24～1948.4.17　明治～昭和期の海軍軍人・政治家。和泉国生れ。海軍兵学校卒。日清・日露の両戦争に従軍、諸艦の艦長や水雷学校長などを歴任。一九一四年(大正三)海軍次官としてシーメンス事件の処理にあたる。二三年大将に昇進、翌年連合艦隊司令長官、二五年軍令部長、二九年(昭和四)侍従長・枢密顧問官となり、昭和天皇の側近として信任をえた。ロンドン海軍軍縮条約の調印に関し政府を支持したため、統帥権干犯の疑惑をもたれ、二・二六事件で襲撃されたが一命をとりとめる。四四年枢密院議長、翌年四月には総理大臣に就任、戦争終結を最小限の混乱で実現した功績は大きい。八月一五日総辞職、大戦後の一二月再び枢密院議長となった。

すずききいつ【鈴木其一】 1796.4.-～1858.9.10　酒井抱一の高弟で抱一派の画家。江戸生れ。酒井家家臣で抱一に仕えた鈴木藤之進(蠣潭)の家督を継ぎ、抱一に師事した。名は元長、通称為三郎。字を子淵、号は噲々・菁々・鋤雲・必庵・祝琳斎など。抱一没後はしだいに独自の画風を展開した。代表作「夏秋渓流花木図屛風」「柳に白鷺図屛風」。

すずききさぶろう【鈴木喜三郎】 1867.10.11～1940.6.24　明治～昭和前期の司法官僚、立憲政友会の領袖・政治家。武蔵国橘樹郡生れ。東大卒。一八九一年(明治二四)司法省に入り、司法次官・検事総長などを歴任。三・一五事件、治安維持法の強化にかかわり、「腕の喜三郎」と称された。一九二〇年(大正九)から貴族院議員となったが、二五年立憲政友会に入党し、田中義一内閣の内相、犬養内閣の法相を歴任し、五・一五事件後の三二年(昭和七)から三九年まで政友会総裁を務めたが、三六年には事実上引退した。

すずきこそん【鈴木鼓村】 1875.9.9～1931.3.12　明治～昭和初期の箏曲家。京極流創始者。宮城県出身。本名卯作、のち映雄。山下松琴・高野茂に箏曲を学び、陸軍戸山学校軍楽隊で永井建子に洋楽を学ぶ。近代詩による新様式の箏曲を作る。高安月郊作詩「静」、薄田泣菫作詞「紅梅」などを作曲。大和絵古土佐の画家で那智俊宣とも号した。著書に日本音楽の故事を紹介した「日本音楽の話」。

すずきさぶろうすけ【鈴木三郎助】 1867.12.27～1931.3.29　明治・大正期の実業家。相模国生れ。家業の酒類・米穀販売店を継ぐが、米相場の失敗を機にヨード製造に専心し、ヨードホルム、ヨードカリ、硝石などの二次製品の製造も行い、一九〇七年(明治四〇)合資会社鈴木製薬所を設立した。〇八年池田菊苗のグルタミン酸ソーダ製造法の特許を共有し、工業化を引き受け、〇九年化学調味料味の素の製造販売を開始、一七年(大正六)鈴木商店を設立して社長となった。

すずきしげたね【鈴木重胤】 1812.5.5～63.8.15　幕末期の国学者。淡路国津名郡仁井村の庄屋の子。通称勝左衛門、号は橿廼舎・厳橿本。平田篤胤に入門し書面で教えをうけ、大国隆正の門人でもあった。江戸を中心に越後・出羽両国などを旅し、各地の豪農に影響を広げた。「日本書紀」と「祝詞」をとくに重視し、堅実な学風で知られた。「延喜式祝詞講義」執筆の頃から篤胤批判を始めたため、平田門から破門。一八六三年(文久三)何者かに暗殺されたが、真相は現在も不明。著書「日本書紀伝」。

すずきしげなり【鈴木重成】 1588～1653.10.15　江戸前期の幕府代官。重次の三男。通称三郎九郎。三河国生れ。本姓は穂積氏。一六二〇年(元和六)家督と知行七〇〇石を継ぐ。小十人組・納戸頭・上方代官を歴任、島原の乱にも出陣し、乱後は天草の初代代官に任命された。実兄の僧正三を招いて天草の復興に尽くし、旧領主寺沢氏時代の表高四万二〇〇〇石を半減するよう訴え、江戸の居宅で自刃したという。

すずきしゅんさん【鈴木春山】 1801～46.閏5.10　幕末期の蘭学者・兵学者。三河国田原藩医鈴木玄道の長男。浅井朝山に医学、朝川善庵に漢学を学び、また長崎で蘭学を学んだ。一八二四年(文政七)江戸で渡辺崋山・三宅友信の知遇を得た。のち高野長英・小関三英と親交。蛮社の獄勃発に際しては長英から後事を託された。訳書「兵学小識」「海上攻守略説」「三兵活法」。

すずきしょうさん【鈴木正三】 1579～1655.6.25　江戸前期の曹洞宗の禅僧。通称九太夫。正三は俗名、出家後も正三を名のる。三河国生れ。父は鈴木重次。関ケ原の戦・大坂冬の陣にも武功をたてる。一六二〇年(元和六)出家。故郷に恩真寺を開創し、島原の乱後は天草からキリシタンの影響をのぞくことにつとめる。仏教の隠遁的な傾向を批判し、世俗的な職業生活に努力することで仏道修行が実現されると説く。著書「万民徳用」。

すずきしょうじ【鈴木昌司】 1841.9.18～95.4.30　明治前期の自由民権家。越後国生れ。一八七七年(明治一〇)政治結社明十社を結成。八一年頸城自由党を結成したが、八三年の高田事件で逮捕された。大同団結運動に奔走し、第一回衆議院選挙に当選。第三回・第四回の総選挙には落選。

すずきしんたろう【鈴木信太郎】 1895.6.3～1970.3.4　昭和期のフランス文学者。東京都出身。東大卒。東京帝国大学助教授をへて一九四七年(昭和二二)教授。マラルメ、バレリー、ビヨンなどの綿密な研究を通じ、フランス文学の学問的研究の基礎を築いた。著書「ステファヌ・マラルメ詩集考」二巻、「フランス詩法」二巻。

すずきぜんこう【鈴木善幸】 1911.1.11～2004.7.19　昭和後期の政治家。岩手県出身。農林省水産講習所卒。漁業・漁村振興の諸活動に従事。一九四七年(昭和二二)の衆議院選挙で社会党から初当選したが翌年民主自由党に移る。第一次池田内閣郵政相、同第三次内閣官房長官、第一次佐藤内閣厚相、福田内閣農相、自由民主党総務会長など政府・党の要職を歴任。八〇年七月、大平首相急逝後、党総裁に選出され内閣を組織。八二年公職選挙法を改正して参議院議員選挙に比例代表制を導入。同年一一月の総裁選に出馬せず辞任。

すずきせんざぶろう【鈴木泉三郎】 1893.5.10～1924.10.6　大正期の劇作家。東京都出身。懸賞脚本に当選し、演劇への関心を深める。岡村柿紅(しこう)のもとで雑誌「新演芸」の編集に従事しながら戯曲を書き、第一戯曲集「ラシャメンの父」(一九二〇)で劇作家として自立。代表作「生きてゐる小平次」。

すずきそうべえ【鈴木総兵衛】 惣兵衛・摠兵衛とも。江戸時代から近代にいたる名古屋商人、材木屋鈴木家の世襲名。初代は尾張国知多郡寺本村(現、愛知県知多市)から出て、一七〇〇年(元禄一三)名古屋城下の元材木町に開店。一九世紀初頭の五代目のときに経営を発展させ、名古屋藩御用達商人十人衆に数えられるが、幕末期には経営悪化。再興した八代目摠兵衛(号は鹿山、一八五六～一九二五)は多くの事業を手がけて名古屋実業界に重きをなし、貴族院議員となった。

すずきそうろく【鈴木荘六】 1865.2.19～1940.2.20　明治中期～昭和前期の陸軍軍人。越後国生れ。陸軍士官学校(一期)・陸軍大学校卒。おもに軍令系を歩き、第四師団長・朝鮮軍司令官などを歴任。一九二六～三〇年(昭和元～五)参謀総長。作戦家としても有名。のち帝国在郷軍人会会長・枢密顧問官。

すずきだいせつ【鈴木大拙】 1870.10.18～1966.7.12　明治～昭和期の宗教学・仏教学者。本名貞太郎。金沢市出身。一八九五年(明治二八)東大哲学科選科修了。円覚寺の釈宗演に師事、その推薦で渡米。在米一二年間に独学で仏教思想を研究。仏典の英訳や英文による「大乗仏教概論」「禅と日本文化」などの刊行で海外への禅および仏教思想の普及に功績を残した。万国宗教史学会東洋部副会長に就任。帰国後は東京帝国大学・大谷大学などで教鞭をとる一方、東方仏教徒協会・松ケ岡文庫の設立など精力的に活躍する。東洋的知こそが、いきづまった西洋合理主義の世界を克服する道という彼の文明批評は、世界の思想家たちに影響を及ぼした。一九四九年(昭和二四)学士院会員、文化勲章受章。「鈴木大拙全集」全三二巻。

すすきだかねすけ【薄田兼相】 ?～1615.5.6　織豊期～江戸初期の武将。隼人正。はじめ豊臣秀吉に仕え、秀吉没後は同秀頼に仕えて三〇〇〇石を与えられた。一六一四年(慶長一九)大坂冬の陣では、秀頼の侍大将として中国・四国勢に対する番船の指揮を命じられ、穢多(えた)ケ島の出丸にこもったが、蜂須賀至鎮(よししげ)らの奇襲をうけ出丸を奪取される。翌年の夏の陣で、五月六日に片山道明寺付近で水野勝成らと戦い討死。

すすきだきゅうきん【薄田泣菫】 1877.5.19～1945.10.9　明治・大正期の詩人・随筆家。岡山県出身。本名淳介。中学中退後独学し、上京後も苦学する。キーツなどの英詩を愛読。ソネットなど詩形の試みを収める「暮笛(ぼてき)集」(一八九九刊)で世に認められた。浪漫的文語定型詩の珠玉の詩編を収める「白羊宮(はくようきゅう)」により、蒲原有明(かんばらありあけ)と詩壇の双璧をなした。一九一三年(大正二)から「大阪毎日新聞」に勤務し、学芸部長などを務め、連載随筆「茶話(ちゃばなし)」で好評を博した。

すすきだけんじ【薄田研二】 1898.9.14～1972.5.26　大正・昭和期の俳優・演出家。福岡県出身。本名高山(こうやま)徳右衛門。大正末期から築地小劇場で活躍、その後、新築地劇団結成に参加。第二次大戦後は、中央芸術劇場・新協劇団・東京芸術座などで社会主義リアリズム演劇の指導にあたった。著書「暗転—わが演劇自伝」。

すずきていいち【鈴木貞一】 1888.12.16～1989.7.15　大正・昭和期の軍人。陸軍中将。千葉県出身。陸軍士官学校(二二期)・陸軍大学校卒。参謀本部に入り、上海・北京駐在員。一九二七年(昭和二)若手将校の研究会である木曜会結成の中心の一人となり、三月事件にも関与。陸軍省新聞班長・内閣調査局調査官・興亜院政務部長などをへて、四一年四月予備役に編入後、第二次近衛内閣の国務相企画院総裁。東条内閣にも留任し物資動員計画を担当。第二次大戦後、A級戦犯として終身刑となるが、五六年釈放。

すずきとうざぶろう【鈴木藤三郎】 1855.11.18～1913.9.4　明治期の実業家。遠江国生れ。菓子商鈴木家の養子となり、氷砂糖を試作、上京して氷砂糖工場を設立。砂糖精製法の技術を開発し、一八九五年(明治二八)日本精製糖を設立。一九〇〇年台湾製糖会社の創立に参加し社長となった。〇三～〇八年衆議院議員。その間、日本精糖と日本精製糖との合併問題で日本精製糖を失脚、〇七年設立の日本醬油の経営にも失敗した。

すずきはるのぶ【鈴木春信】 1725?～70.6.14/15　江戸中期の浮世絵師。本姓穂積、俗称次郎兵衛または次兵衛。西村重長あるいは西川祐信の門人と伝える。鳥居清満や上方浮世絵とくに西川祐信の作風を学んで繊細優美な美人画を描いた。おもな作画期は一七六〇年(宝暦一〇)から没年までの一〇年間で、はじめの五年間は紅摺絵を描いた。六五年(明和二)の絵暦交換会で誕生した多色摺木版画、錦絵の創製に中心的役割をはたした。以後五年間で七〇〇点をこえる錦絵を制作。古典和歌を同時代の風俗にみたてた見立絵にすぐれ、当時評判の町娘を描いた作品が流行を作りだした。叙情性豊かな作風で浮世絵界に大きな影響を及ぼした。

すずきばんり【鈴木万里】 ?～1816.7.29 江戸後期の長唄唄方。上方の芝居で江戸長唄の唄方とともに豊後系浄瑠璃の太夫も勤めたという。初世荻江露友門下と伝える。天明期より大坂で活躍し、美声で人気をよび、「長唄の親玉」と称された。芸名は江戸時代に四世を数える。

すずきぶんじ【鈴木文治】 1885.9.4～1946.3.12 大正・昭和期の労働運動指導者。宮城県出身。吉野作造の影響をうけ、東大在学中に本郷教会入会。一九一一年(明治四四)統一基督教弘道会の社会部長となる。一二年(大正元)友愛会を創設、日本労働総同盟に発展させ、三〇年(昭和五)まで会長。日本農民組合や社会民衆党の創設にも関与。一九二八年の第一回普選で当選(社会民衆党)、以後当選二回(社会大衆党)。四〇年斎藤隆夫代議士の除名に反対して社会大衆党を離党。第二次大戦後日本社会党からの立候補準備中に病死。

すずきぼくし【鈴木牧之】 1770.1.27～1842.5.15 江戸後期の俳人・著作家。通称儀三治、俳号秋月庵牧之。越後国魚沼郡塩沢生れ。家業は縮仲買商。諸方を遊歴して紀行を残し、しばしば江戸に出て山東京伝・曲亭馬琴・十返舎一九らと交遊した。主著「北越雪譜」(一八三七)は雪国の風俗・奇談を満載し、江戸時代の地誌随筆中の名作とされる。著書はほかに「秋山記行」「東遊記行」「西遊記行」。

すずきまさや【鈴木馬左也】 1861.2.24～1922.12.25 明治・大正期の実業家。日向国生れ。東大卒。内務省・農商務省に勤務ののち一八九六年(明治二九)住友本店に入社、一九〇四年総理事に就任。産銅・銀行などを拡充し、肥料など新事業に参入。事業の株式会社化も進め、二一年(大正一〇)住友総本店を住友合資会社に改組し、コンツェルンの基礎を築いた。

すずきまさゆき【鈴木雅之】 1837～71.4.21 幕末～明治初期の国学者。下総国埴生郡羽鳥村の農民の子。通称昌之、のち雅之、号は霞堂など。同郷の歌人神山魚貫に和歌を学び、国学者として頭角を現し、主著「撞賢木」で天御中主神を中心とする思弁哲学を説いた。維新後、神山門下の伊能穎則の招きで中央での神祇行政に活躍するが、まもなく急死。

すずきみえきち【鈴木三重吉】 1882.9.29～1936.6.27 明治・大正期の小説家・童話作家。広島県出身。東大卒。神経衰弱のため東大休学中の一九〇六年(明治三九)に書いた「千鳥」が夏目漱石に絶賛され文壇にデビュー。写生文を得意とし、母性思慕をテーマとした小説を残す。代表作「山彦」「小鳥の巣」「桑の実」。その後童話作家に転じ、一八年(大正七)に雑誌「赤い鳥」を創刊、童話・童謡・綴り方・詩・自由画などの児童文化運動の旗手として活躍。

すずきもさぶろう【鈴木茂三郎】 1893.2.7～1970.5.7 大正・昭和期の社会運動家・政治家。愛知県出身。早大専門部卒。新聞記者となり、渡米して在米日本人社会主義者団に参加。モスクワの極東民族大会に出席、一時共産党に入党した。以後「大衆」「労農」同人として左派社会民主主義の道を歩み、加藤勘十と日本無産党を結成したが、一九三七年(昭和一二)の人民戦線事件で検挙された。第二次大戦後社会党結成に参加、中央委員。代議士当選連続九回。党の左右分裂時には左派社会党委員長となり、五五年に左派優位で両派の統一を実現した。

すずきよねわか【寿々木米若】 1899.4.5～1979.12.29 大正・昭和期の浪曲師。新潟県出身。本名藤田松平。叔父が初代寿々木亭米造。巡業に来た桃中軒雲右衛門の高座に魅せられ、素人浪曲師となる。その後、二代米造に正式入門。米若を名のり、生涯この名で通す。一九三〇年(昭和五)にだしたレコード「佐渡情話」がヒットし、映画化もされた。

すせりひめのみこと【須勢理毘売命】 和加須世理比売命とも。「古事記」「出雲国風土記」にみえる神名。スサノオの女で、オオアナムジ(オオナムチ)の妻。スセリは進む意で、勢いに乗じて行動することをいい、父スサノオのスサに通じる。父の課す試練から夫を救い、ともに根国から脱出した。

スタウト Henry Stout 1838.1.16～1912.2.16 アメリカのオランダ改革派教会宣教師。一八六九年(明治二)長崎に来航、フルベッキの後任として広運館で教える。自宅で夜学校を開き聖書を講義、妻も女子教育に従事。キリシタン禁制の高札撤去後、自宅で英語教授・聖書講義を行い、日曜学校や祈禱会を始めた。長崎公会、スティール・アカデミー(東山学院)、梅光女学院の基礎を築いた。

すだかんぞう【須田官蔵】 1755～1826.5.15 江戸後期、常陸国鹿島郡須田新田(現、茨城県波崎町)の開発者。江戸で商業を営み、針谷官蔵の名で尾張徳川家織物御用を勤めた。常陸国根三田村の名主伊左衛門の斡旋で砂丘地帯の開発を代官杉庄兵衛に出願し、一八二〇年(文政三)開拓に着手。嗣子佐蔵は二代官蔵として事業を継続。二六年下総国九十九里浜にならい地引網を導入し、農閑期に漁業を営み肥料源としたため開拓の基礎が確立した。

すだくにたろう【須田国太郎】 1891.6.6～1961.12.16 大正・昭和期の洋画家。京都市出身。京大卒。哲学科で美学・美術史を学ぶ。一九一七年（大正六）関西美術院でデッサンを学ぶ。一九～二三年の滞欧ではおもにスペインに滞在。独立美術協会会員、日本芸術院会員、京都市立美術大学教授。作品「犬」。

すだし【隅田氏】 中世紀伊国の豪族。藤原氏。本拠は隅田荘（現、和歌山県橋本市）。隅田八幡宮の俗別当として隅田一族の中心となる。鎌倉時代、隅田荘預所として重時流北条氏の被官となり、六波羅探題に出仕。幕府滅亡の際、時親が六波羅探題北条仲時に従って戦死し、惣領家は滅亡。以後、庶家の葛原氏や上田氏が有力となった。室町時代は管領畠山氏に属し、戦国期には織田・豊臣両氏に従い高野山と戦ったが、近世には地侍として村落に帰住。

スターリン Iosif Vissarionovich Stalin 1879.12.9～1953.3.5 ソ連共産党の指導者。グルジア出身。神学校在学中にロシア社会民主労働党に入党、一九一二年党中央委員、二二年共産党と改称した後、初代書記長となる。二四年のレーニンの死後、トロツキー、ジノビエフ、ブハーリンなどを追放して最高実力者となり、急速な工業化と集団化を推進。三〇年代からは大粛清を強行して独裁的地位を築いた。五三年の死後、その個人崇拝や理論に対する批判がなされた。

スターリング James Stirling 1791～1865.4.22 イギリス海軍軍人。一八〇三年にイギリス海軍に入り、その後地中海域などで指揮をとり、五四年東インド・中国艦隊司令長官として極東水域の警備にあたった。五四年（安政元）日本近海のロシア艦隊を追跡し四艦で長崎に来航、同年一〇月一四日（安政元年八月二三日）幕府と日英約定を締結、長崎・箱館二港の開港をとりつけた。

すてじょ【捨女】 1633～98.8.10 江戸前期の俳人・歌人。田氏。丹波国氷上郡柏原の人。一九歳で継母の連れ子季成と結婚し、家督を継ぐ。父季繁、兄季聴、夫季成と同様に北村季吟・湖春また松堅に和歌や俳諧を学び、同系の俳書に入集する。一六七五年（延宝三）夫が没し、八一年（天和元）出家して盤珪永琢に帰依。「自筆句帖」「貞閑尼公詠吟」などの稿本が残る。

ステッセリ Anatolii Mikhailovich Stessel' 1848.6.28～1915.1.15 日本ではステッセルとも。ロシアの軍人。露土戦争・北清事変などに参加。一九〇三年八月から旅順要塞司令官。日露戦争では乃木希典麾下の第三軍に包囲され降伏。防衛能力が残存しているにもかかわらず降伏したとして、〇七年に軍法会議で死刑を宣告されるが、のち一〇年に減刑され、〇九年には特赦をうけた。

すどうさだのり【角藤定憲】 1867.7.-～1907.1.20 明治期の壮士芝居の俳優。備前国生れ。官吏・巡査などをへて自由民権運動に共鳴し、自由党機関誌「東雲新聞」に寄稿。一八八八年（明治二一）日本改良演劇の一座を旗揚げし、自作の小説「豪胆之書生」を劇化上演。その後、各地で壮士演劇を名のって公演した。政論好きの壮士を集めて、従来の歌舞伎とは違った新演劇の形態の基礎をつくった。新派劇の祖ともいわれる。

すどうし【首藤氏】 ⇨山内首藤氏

すどうてんのう【崇道天皇】 ⇨早良親王

すとうやへえ【周藤弥兵衛】 1651～1752.12.18 江戸中期の松江藩の豪農。水利功労者。出雲国意宇郡日吉村（現、島根県八雲村）の意宇川の切通しの工事と新田開発に貢献。一七〇六年（宝永三）着手、意宇川の水を大庭（現、松江市）に流すため、岩山剣山を切り開く大工事で四二年間を要して完成、旧水路には新田を開発した。藩主から年々給米一五俵を与えられた。

すとくてんのう【崇徳天皇】 1119.5.28～64.8.26 在位1123.1.28～41.12.7 讃岐院とも。鳥羽天皇の第一皇子。名は顕仁。母は藤原公実の女待賢門院璋子。後白河天皇の同母兄。一一二三年（保安四）五歳で立太子し、即日、父鳥羽の譲位により践祚したが、これは曾祖父白河法皇の意志によるものであった。四一年（永治元）父により異母弟近衛天皇に譲位させられ、さらに近衛の死後も後白河・二条天皇父子が擁立されたため、みずからの皇子への皇位継承は望みを絶たれる。五六年（保元元）父の死の直後に後白河方との合戦に及ぶが敗れ（保元の乱）、讃岐国に配流された。配所で死去したため怨霊として恐れられた。実の父を白河天皇とする説が「古事談」にみえるが、真偽は不明。和歌に秀でる。

スニガ Pedro de Zúñiga ?～1622.7.13 スペインのセビリア生れのアウグスチノ会宣教師。一六一八年（元和四）禁教下の日本に潜入、布教に従事したが、一九年マニラに戻る。二〇年管区長代理として商人に変装し、堺の商人平山常陳の船で日本にむかう途中、イギリス・オランダ連合艦隊に捕らえられ、平戸のオランダ商館内に監禁された。二年余のきびしい取調べの結果、宣教師の身分が発覚し、常陳らとともに長崎で火刑により殉教。

スネルきょうだい【スネル兄弟】 幕末・維新期の外国商人の兄弟。兄ヘンリーHenry Schnell、弟エドワルトEdward Schnellとも生没年不詳。幕末期、オランダの保護下で横浜に来航したが、生れはプロイセンらしい。商業に従事するかたわら、兄はプロイセンの、弟はスイスの領事館で書記官を勤めた。戊辰戦争が始まると、兄は平松武兵衛と称し会津藩の軍事顧問格で会津若松に、弟は新潟に赴いて、ともに奥羽越列藩同盟のため武器・弾薬の調達に活躍。一八六九年(明治二)兄は日本人移民を連れて渡米し、カリフォルニアにワカマツ・コロニーを建設したが失敗。弟は戊辰戦争中に官軍が新潟で押収した商品の損害賠償を明治新政府に請求し、七三年、四万メキシコ・ドルを獲得。その後の動静は兄弟ともに不明。

すはらかくべえ【栖原角兵衛】 江戸〜明治期の商人・漁業家栖原屋の世襲名。はじめ北村、のち栖原姓。紀伊国有田郡栖原村生れの初代は房総に漁場を開拓。二代目は元禄初年江戸に進出し、薪炭・木材問屋を経営。三代目は陸奥国南部大畑、五代目は蝦夷地松前に支店を設け、六代目が一七八六年(天明六)から場所(ばしょ)請負を開始、以降一〇代目にいたるまで経営を発展させた。維新後も樺太・千島などで漁業経営を行うが、一八九五年(明治二八)すべての漁場を三井物産会社に託し事業を中止した。

スピノラ　Carlo Spinola　1564〜1622.8.5　イタリア生れのイエズス会宣教師。一六〇二年(慶長七)長崎に来日。京都に移り京都南蛮寺に小天文台を設け、将軍徳川秀忠、諸大名や後陽成(ごようぜい)天皇の関心を集めた。一二年長崎でマカオのアレニらと協力して日本最初の月食観測を行う。禁教令後も潜伏し布教を行ったが、一八年(元和四)長崎で捕らえられ、四年間の獄中生活ののち二二年長崎の元和大殉教で火刑により没。

スピンネル　⇩シュピンナー

すふまさのすけ【周布政之助】　1823.3.23〜64.9.25　幕末期の萩藩士。藩政改革の指導者。名は兼翼(かねすけ)、のち麻田公輔(こうすけ)。号は観山。村田清風の路線を継承し安政の改革を推進。一八六一年(文久元)藩論の航海遠略策に反対し謹慎となる。翌年再任して藩論を破約攘夷に転換。また木戸孝允(たかよし)を重用して軍制改革などを指導した。しかし六三年八月十八日の政変、翌年(元治元)禁門の変と続き、萩藩は敗北。出兵に反対していた周布は方針を失い自刃した。

スペックス　Jacques Specx　1585?〜1645?　初代平戸オランダ商館長。ドルドレヒト生れ。一六〇九年(慶長一四)フリフーン号の下級商務員として平戸に来着。徳川家康から通航許可状を取得したオランダの商館が開設されると、〇九〜一二年と一四〜二一年(元和七)商館長を勤めた。その後バタビアでインド評議会参事となり、さらに二九年第七代東インド総督に就任、三二年に離任し本国へ戻った。

すみいすえ【住井すゑ】　1902.1.7〜97.6.16　昭和期の作家。奈良県出身。本名犬田すゑ。田原本高女卒。一九二一年(大正一〇)「相剋」を発表した後、農民文学活動に入った。戦後、児童文学「夜あけ朝あけ」で五四年(昭和二九)毎日出版文化賞を受賞。被差別部落を舞台に理不尽な差別とたたかう少年の人間像を活写した長編小説「橋のない川」全七部(一九五七〜七三年、九二年)は、ロングセラーとなり映画化もされた。

すみたまたべえ【住田又兵衛】　長唄囃子(はやし)笛方。江戸後期から四世を数える。二世(一八三九〜一九〇三)は初世又兵衛の門弟。前名由之助。師の娘と結婚して養子となる。一八六四年(元治元)二世襲名。駿河町の又兵衛とよばれ、明治期の歌舞伎囃子界の重鎮。三世(一八五九〜一九二一)は二世の門弟。一九一〇年(明治四三)三世襲名。名手の誉れ高く、長唄研精会で活躍。

すみとももののぶ【住友友信】　1647〜1706.8.17　江戸前期の豪商・銅山師。住友家三代。通称吉左衛門、隠居後は甚兵衛。父友以(とももち)没後の一六六二年(寛文二)家督を相続。この頃銅鉱業・銅貿易の急速な伸展にともない、友信も銅鉱業に進出、十和田鉛山、槇山(まきやま)・鴇(とき)・吉岡・幸生(さちう)などの諸銅山を稼行し、銅山師泉屋の地位を確立した。八五年(貞享二)両替商を営む弟友貞の身上分散に連坐して隠居したが、若年の友芳(ともよし)を後援して復興・繁栄に努めた。狂歌の素養もあり「後撰夷曲集」に作品がある。

すみとももち【住友友以】　1607〜62.4.25　近世、銅精錬・銅貿易を業とする泉屋の創業者。住友家二代。通称理兵衛。父は南蛮吹を開発した京都の有力銅吹屋蘇我理右衛門。母は住友家初代政友の姉。政友の女と結婚し婿養子となる。友以ははじめ京都、ついで大坂に銅吹所を設け、一六三〇年(寛永七)大坂淡路町一丁目に本店を移し、泉屋の家業の基礎を築いた。また京都清涼寺本堂を独力で建立するなど仏教への帰依が深かった。

すみとももよし【住友友芳】　1670〜1719.12.26　江戸前期の豪商・鉱業家。住友家四代。通称吉左衛門。父友信が親族に連坐して隠居したため、一六八五年(貞享二)一六歳で家督を相続、九〇年(元禄三)本店を長堀茂左衛門町の銅吹所の隣に移転した。翌年別子(べっし)銅山を開坑し、一七〇二年その永代稼行請負に成功、明治・大正期まで家業の中心とした。幕府の銅山振興策の諮問に応じ、第一次銅座の廃止にあたり銅吹屋仲間による長崎廻銅請負の中心になり、一四年(正徳四)貨幣改鋳のための銀銅吹分け御用を銅吹屋仲間が請け負う際にも主力になるなど、同業者の発展に尽力。

すみのえのなかつみこ【住吉仲皇子】　「古事記」では墨江之中津王。記紀伝承上の五世紀頃の人物。仁徳(にんとく)天皇の皇子。母は磐之媛(いわのひめ)命。仁徳の死後、皇子は同母兄の太子去来穂別(いざほわけ)(履中天皇)が妃にしようとした羽田矢代宿禰(はたのやしろのすくね)の女黒媛(くろひめ)の許へ派遣されたが、太子の名をかたって媛を姦した。事実が露見すると、皇子は兵をおこし、太子を殺そうとして宮を囲んだ。太子は臣下に助けられて脱出、石上(いそのかみ)神宮で弟の瑞歯別天皇(反正天皇)にあい、皇子の殺害を指示した。皇子は瑞歯別のさしむけた隼人によって殺されたと伝える。

すみのくらそあん【角倉素庵】 1571.6.5～1632.6.22 江戸初期の文化人・事業家。角倉了以の長男。本姓吉田。名は与一・玄之・貞順、字は子元。素庵は号。山城国生れ。父了以の事業を助け河川の開削や海外貿易を行う。一方、叔父吉田宗恂・侶庵のもとで医学・儒学を学ぶ。漢学・詩文にたけ、一八歳で藤原惺窩に師事、惺窩と林羅山の交流を仲介した。嵯峨本の刊行や角倉流とよばれる書風でも知られる。著書「文章達徳録綱領」「期遠集」。

すみのくらりょうい【角倉了以】 1554～1614.7.12 織豊期～江戸時代の京都の豪商・朱印船貿易家。幼名与七、諱は光好。了以は号。父は嵯峨の土倉の角倉家の一門で医家の吉田宗桂、妻は本家筋で従兄の栄可の女。土倉の経済力を背景に、海外貿易と河川開発事業にたずさわった。朱印船貿易家としてはトンキンに船を派遣し、子の素庵、孫の厳昭がこれを継承した。一六〇六年(慶長一一)嵯峨の大堰川、翌年富士川の疎通を実現させた。一〇年方広寺大仏建立のため鴨川に水道を開き、翌年には高瀬川の運河を開通させて淀川経由で京と大坂を直結させた。このように高度な技術と財力を基盤に、幕府初期の経済交通政策に多大の役割を演じた。

すみよしぐけい【住吉具慶】 1631～1705.4.3 江戸前期の画家。如慶の長男。名は広澄、通称内記。京都生れ。一六七四年(延宝二)法名を具慶とし、同年法橋となる。八三年(天和三)江戸に招かれ幕府の御用絵師となる。二年後に奥祇候を許され、九一年(元禄四)には奥医師並となり、法眼に叙せられた。如慶の画風をよく守り、江戸での住吉派隆盛の基礎を築いた。代表作「東照宮縁起絵巻」(如慶と合作)・「洛中洛外図巻」。

すみよしじょけい【住吉如慶】 1599～1670.6.2 江戸前期の画家。住吉派の祖。名は広通、通称内記。幼い頃堺で土佐光吉・光則父子に絵を学び、のち京都に移る。一六二五年(寛永二)天海僧正の推挙で「東照宮縁起絵巻」制作のため江戸に下ったという。五四年(承応三)御所障壁画制作に参加。六一年(寛文元)剃髪して如慶と号し法橋となる。翌年、後西天皇の勅により住吉姓を名のり、土佐派の伝統的な小画面細密画法を継承した。代表作「堀河殿夜討絵巻」。

すみよしひろつら【住吉弘貫】 1793～1863.7.22 江戸後期の画家。住吉広行の次男で、兄広尚の嗣子となる。初名は広定(弘定)、通称内記。一八四五年(弘化二)完成の江戸城障壁画制作など、幕府御用絵師として活躍。土佐派の古法を体得し評価をえる。住吉派を狩野派と同じ旗本の地位に高めたのは、弘貫の功績とされる。

すやまどんおう【陶山鈍翁】 1657.11.28～1732.6.24 江戸前期の対馬国府中藩の農政家・儒者。父は藩医の玄育。通称は庄右衛門、名は存、字は士通。号は訥庵・鈍翁。京都・大和に遊学後、一六八〇年(延宝八)家督。対馬農業の集約化と朝鮮貿易依存からの脱却を持論に、九九年(元禄一二)郡奉行になると、島内の猪殲滅を建議し、一七〇〇年から約一〇年をかけてこれを実行した。〇八年(宝永五)病身を理由に引退。その後は著述に専念し数多くの著作を残した。

するがだいかのう【駿河台狩野】 江戸時代の狩野派表絵師の一つ。始祖は彫金家後藤立乗の子の洞雲益信。狩野探幽に画才を認められて養子となった洞雲が、師に実子が生まれるに及び別家をたてた。三代将軍徳川家光の寵遇をうけ、家綱の代の一六六七年(寛文七)駿河台に屋敷を拝領したので駿河台狩野の名でよばれた。家格では一五家あった表絵師の筆頭。

すわうじ【諏訪氏】 諏訪大社の神官の一族。古代からの豪族で、諏訪社の神官を勤め、上社は神氏、下社は金刺氏により神職が相伝された。鎌倉時代には金刺氏の盛重以降、北条氏得宗家の被官になったことから幕府で実権をもち、信濃武士を氏人として組織し祭祀や造営を行った。室町幕府でも一族から奉行人を勤める者も現れた。現地でも勢力を保持し、惣領家により神職が継承されたが、一五四二年(天文一一)頼重のとき武田信玄に滅ぼされた。のち一族が領地・祭祀権を回復、一六〇一年(慶長六)から高島城主となって三万二〇〇〇石を支配し、明治期には子爵を授けられた。

すわただはる【諏訪忠晴】 1639～95.3.2 江戸前期の大名。信濃国高島藩主。父は二代藩主忠恒。一六五七年(明暦三)遺領を継ぎ三万石余を領し、同年従五位下因幡守に叙任。治世三九年間に家臣の知行を俸禄制にするなど藩制を整備。正続「本朝武林小伝」を著し、文人藩主としても知られた。

すわよりしげ【諏訪頼重】 ❶?～1335.8.19 南北朝期の武将。一三三五年(建武二)七月、北条高時の遺児時行を擁立して鎌倉を奪回したが、足利尊氏・直義軍に攻められて鎌倉大御堂で自刃(中先代の乱)。

❷1516～42.7.20 戦国期の武将。信濃国諏訪の領主。一五三九年(天文八)家督をつぎ、翌年武田信虎の女婿となった。四一年武田氏と提携して信濃国佐久・小県を攻めるが、同年信虎が子の信玄に追放され、まもなく両氏の提携は破れた。四二年信玄・諏訪(高遠)頼継ら反諏訪惣領家の勢力に攻められ敗北。甲府に送られて自殺させられた。諏訪氏は八二年(天正一〇)従弟頼忠による再興まで断絶。

すわよりただ【諏訪頼忠】 1536～1605.8.11 戦国期～織豊期の武将。信濃国高島藩祖。父は諏訪頼重の叔父満隣。一五四二年(天文一一)武田氏により諏訪宗家が没落し一時流浪したが、四七年諏訪上社の大祝職につき、八二年(天正一〇)武田氏滅亡により旧領回復。その後徳川家康に属し、八八年茶臼山城から新築の金子城によった。関ケ原の戦では江戸城を守り、戦後子の頼水とともに旧領諏訪を与えられ、二万七〇〇〇石を領した。

すわよりつぐ【諏訪頼継】 ?～1552.1.27 戦国期の武将。信濃国高遠城(現、長野県高遠町)城主。武田信玄と争って敗れた。諏訪氏庶流。一五四二年(天文一一)信玄と結んで惣領諏訪頼重を倒し、頼重領を独占して惣領の地位につこうとした。まもなく信玄との協調が破れ、信玄に攻められ、四五年高遠城を放棄して逃亡。以後の行動は不明だが、五二年甲府で自殺させられた。

すわよりみず【諏訪頼水】 1570～1641.1.14 織豊期～江戸初期の武将・大名。信濃国高島藩主。一五八二年(天正一〇)父頼忠とともに徳川家康に会い、九〇年の小田原攻め参戦の際、家康から父の所領諏訪を安堵。のち武蔵国奈良梨・上野国総社をへて一六〇一年(慶長六)旧領の諏訪を与えられ、二万七〇〇〇石余を領した。この間、関ケ原の戦では徳川秀忠に従って信濃国上田城を攻め、大坂夏の陣にも出陣。〇五年に従五位下因幡守に叙任。

すわらやもへえ【須原屋茂兵衛】 江戸の書肆。北畠氏、明治期になって松成氏。千鐘房(堂)・月花軒と号した。須原屋一統の総本家で万治年間(一六五八～六一)に紀伊国有田郡栖原から江戸日本橋通一丁目へ転住。元禄期以降、出版活動を続け、一九〇四年(明治三七)閉店。武鑑および江戸絵図の版元として有名。

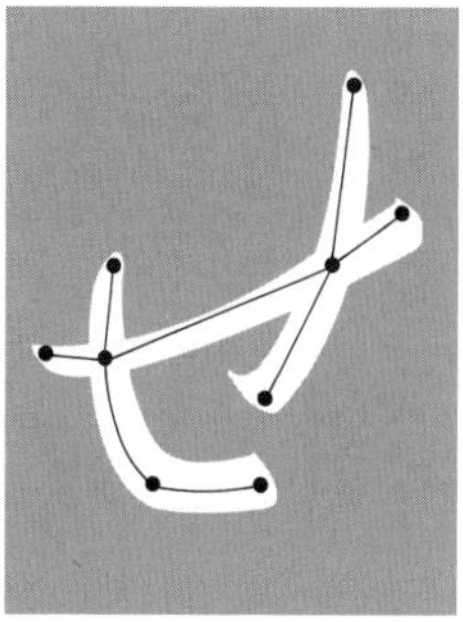

ぜあみ【世阿弥】 1363?～1443.8.8? 室町時代の能役者・能作者。観阿弥の子で二代観世大夫。弟に四郎がいる。幼名藤若。通称三郎。実名元清。法名至翁善芳。世阿・世阿弥は擬法名世阿弥陀仏の略称。一二歳の年に今熊野能で将軍足利義満に称賛され、以後寵愛をうける。父没後は観世大夫として、当時隆盛をきわめた田楽や近江猿楽の犬王と競い、一三九九年(応永六)京一条竹ケ鼻勧進猿楽で名声を博した。犬王の影響をうけ、物まね本位から歌舞中心へと芸風を転じ、将軍義持の批判に堪えた。一四二九年(永享元)音阿弥を贔屓した義教が将軍になったのちは冷遇され、三〇年に次子の元能が出家、三二年には長子の元雅が客死し、三四年には自身が佐渡に流された。著述は「風姿花伝」「花鏡」など能楽論書二一種、確認できる能作は五〇曲近い。

せい【済】 「宋書」倭国伝に記される倭の五王の一人。五世紀半ば頃の王で、興と武の父。二番目の珍との続柄が記されていないことから、系譜のうえでつながらない可能性がある。名前からは積極的な根拠がないが、記紀系譜との比較からみて允恭天皇である可能性が強い。反正天皇とする説もある。四四三年、中国南朝の宋に遣使して太祖文帝から安東将軍号を与えられた。

せいかいかんしち【青海勘七】 生没年不詳。江戸中期の塗師。青海波塗の創始者。青海波塗は、卵白などを加えて粘稠にした漆と、鯨のひげや真鍮などを使った特殊な刷毛を用いて、器物の表面に波文を描く手法。津軽塗などに応用され今日まで続いている。代表作は宮内庁蔵の青海波塗硯箱。

せいかく【聖覚】 1167～1235.3.5 「しょうかく」とも。鎌倉前期の天台僧。澄憲の子。安居院法印と称され説道の名手。比叡山東塔北谷竹林院の静厳に師事。一二〇四年(元久元)浄土宗の祖法然が山門に送った起請文の執筆をしたと伝え、この頃法然門下に入ったと考えられる。妻帯して隆承らをもうける。「唯信鈔」「四十八願釈」「黒谷上人伝」などを著した。

せいかん【清韓】 ⇨文英清韓

せいかんいんのみや【静寛院宮】 ⇨和宮

せいかんじけ【清閑寺家】 藤原氏勧修寺流。名家。吉田経長の子資房に始まる。父経長は日記「吉続記」で知られ、兄内大臣定房は後醍醐天皇の側近として有名。資房の孫家房のときから清閑寺を家名とした。一五一一年(永正八)家幸の死去により中絶したが、一六〇〇年(慶長五)中御門資胤の子共房が再興。江戸時代の家禄は一八〇石。維新後、盛房のとき伯爵。

せいかんしどん【西澗子曇】 1249～1306.10.28 鎌倉後期に中国の南宋から来朝した臨済宗の僧。諱は子曇、西澗と号す。諡号は大通禅師。一七歳のとき蘇州承天寺の石楼明に師事し、のち浄慈寺の石帆惟衍に従う。一二七一年(文永八)北条時宗に招かれ来朝。京都東福寺の円爾や鎌倉建長寺の蘭渓道隆に随侍するが、七八年帰国。九九年(正安元)元の国書をもった一山一寧と同伴で再来日。北条貞時の招きで円覚寺・建長寺に住し、一三〇六年(徳治元)正観寺に移る。

せいしないしんのう【正子内親王】 809～879.3.23 淳和天皇の皇后。嵯峨天皇の皇女。母は橘嘉智子。恒貞親王・恒統親王らの母。八二七年(天長四)立后し、八三三年皇太后となるが、子の恒貞親王は承和の変で皇太子を廃された。八五四年(斉衡元)太皇太后となる。仏教に深く帰依して菩薩戒をうけ、大覚寺を開創した。

せいしょうなごん【清少納言】 生没年不詳。平安時代の歌人・随筆家。「枕草子」「清少納言集」の作者。本名未詳。清少納言は女房名。九六六年(康保三)頃出生し、一〇一七年(寛仁元)以降没した。父は清原元輔、母は未詳。曾祖父は深養父。九七四年(天延二)元輔の周防国赴任に同行し、四年を過ごす。九八一年(天元四)頃に橘則光と結婚、翌年則長を生むが、離別して九九三年(正暦四)一条天皇の中宮定子に出仕。定子の命により「枕草子」を執筆する。定子の死去(一〇〇〇)後の動静は不明だが、藤原棟世と再婚して上東門院に仕えた小馬命婦を生んだらしい。晩年は京都近郊の月輪山荘に住む。「後拾遺集」以下の勅撰集に一四首ほど入集。中古三十六歌仙の一人。

せいじん【済信】 954～1030.6.11 「さいじん」とも。真言院僧正・北院大僧正・仁和寺僧正・観音院僧正とも。平安中期の真言宗僧。左大臣源雅信の子。雅慶に師事して密教を学び、法相教学を兼習。九八九年(永祚元)寛朝に灌頂をうけ、権律師となる。以後、東大寺別当・勧修寺長吏・東寺長者法務を歴任。一〇一九年(寛仁三)大僧正まで昇り、翌年僧侶として初の牛車宣旨をうけた。灌頂大会や修法の導師を多く勤め、二七年(万寿四)には藤原道長の葬儀の導師を勤めた。

せいせつしょうちょう【清拙正澄】 1274.1.3～1339.1.17 鎌倉後期に中国の元から来朝した臨済宗の僧。諡号は大鑑禅師。一五歳で出家し杭州浄慈寺の愚極智慧に参禅。愚極の没後は方山文宝・虎巌浄伏・東巌浄日について修学。一三二六年(嘉暦元)北条高時の招請に応じて来日、建長寺、のち浄智寺・円覚寺に住した。円覚寺で「百丈清規」の元祖、百丈懐海を祭る「百丈忌」を創設。後醍醐天皇の命で建仁寺・南禅寺の住持も歴任した。「大鑑清規」を著して禅林の規律確立に努めた。

せいせんかい【盛宣懐】 Sheng Xuanhuai 1844.9.24～1916.4.27 中国清朝末期の官僚・資本家。字は杏蓀。江蘇省出身。一八七〇年から李鴻章の下で航運・紡績・電報などの洋務を掌握。一九〇六年から漢冶萍公司を支配。日本興業銀行・横浜正金銀行と巨額の借款契約に調印。四国借款による鉄道国有化策が辛亥革命の引金となり、革命後日本へ亡命。上海で死去。

せいそ【世祖】 ⇨フビライ

せいたいこう【西太后】 Xitaihou 1835～1908.10.22 中国の清朝咸豊帝の妃。同治帝(載淳)の生母。満州の葉赫那拉氏の出身。一八五二年宮廷に入り、五六年載淳を生み懿妃となる。六一年載淳が即位すると実権を握り、年号を同治に改めた。七五年同治帝死後、光緒帝の摂政になり、陸海軍の建設に力をいれた。九八年光緒帝の親政を許すが、戊戌政変を発動し再び摂政になる。一九〇〇年の北清事変後、新政を推進したが、溥儀が即位してまもなく死去した。

せいちょう【成朝】 生没年不詳。平安末～鎌倉初期の仏師。奈良仏師ともいわれる南京仏師の正系として活躍。一一八〇年(治承四)に焼亡した興福寺の復興造仏で食堂を分担。八五年(文治元)には源頼朝によばれて鎌倉に下り、勝長寿院の本尊阿弥陀如来像を造立。九四年(建久五)の興福寺の供養に際し、金堂弥勒浄土の造仏で法橋となる。興福寺に現存する木造の仏頭(旧西金堂釈迦如来像の頭部)を成朝の作とする説もある。

せいねいてんのう【清寧天皇】 記紀系譜上の第二二代天皇。五世紀末頃に在位。白髪武広国押稚日本根子天皇と称する。生まれつき髪が白かったため白髪天皇と称したとの所伝がある。雄略天皇の第三子。母は葛城円大臣の女韓媛。雄略の死後、星川皇子の反乱を抑えて即位。子がなかったため諸国に白髪部をおいた。雄略に殺された市辺押磐皇子の遺児の億計王(仁賢天皇)・弘計王(顕宗天皇)を迎え、皇位を継がせたと伝える。

せいび【成美】 1749.1.10～1816.11.19 江戸中・後期の俳人。夏目氏。江戸蔵前の札差で、家督を継ぎ五代目井筒屋八郎右衛門を称し、隠居後は儀右衛門と改称。はじめ二世祇徳に親しんだが、のち流派に属さず、「俳諧独行の旅人」と自称し、多くの俳人と交流した。一茶の庇護者としても知られる。温厚篤実な人柄で、句は優美で静雅。日々の句を書き留めた「成美句藻」や句集「成美家集」、序跋文集「四山藁」、古典諧研究の成果を示す「随斎諧話」「七部集纂攷」がある。

せいむてんのう【成務天皇】 記紀系譜上の第一三代天皇。稚足彦天皇と称する。景行天皇の第四子。母は八坂入彦の女八坂入姫命。景行天皇の死去した近江の志賀高穴穂宮(現、大津市穴太町付近)を引き続き宮とし、景行のあとをうけて地方支配制度を整備したという。景行の分身として創作された可能性が高い。狭城盾列池後陵に葬られたとされ、奈良市山陵町の石塚山古墳が指定される。

せいめいおう【聖明王】 ?～554 聖王・明王とも。百済の国王(在位五二三～五五四)。武寧王の子。名は明穠。「上宮聖徳法王帝説」によると、五三八年に仏像と経典を大和朝廷に送った(「日本書紀」は五五二年)。「日本書紀」の引用する「百済本記」では、日本との同盟関係のもとで任那の復興に努力したとされる。五五四年みずから軍隊を率いて、高句麗と結んだ新羅を攻撃しようとしたが、新羅軍の伏兵にあって戦死した。

せいら【青蘿】 1740~91.6.17　江戸中期の俳人。姫路藩士松岡門太夫の子。同藩士武沢氏の養子になり江戸で成長。一七五九年(宝暦九)姫路引越を命じられ、六二年藩を追放され生家に戻る。六七年(明和四)加古川に住み、栗之本と号し、同地を中心に東播磨に門人を擁する。翌年処女撰集「蛸壺塚」を刊行。七二年(安永元)頃までには蕪村・樗良・暁台ら中興諸家と知り、門人も丹後・讃岐地方に拡大した。九〇年(寛政二)二条家から宗匠免許をうける。句集「青蘿発句集」。

せいわげんじ【清和源氏】 清和天皇から出た源氏。清和天皇の皇子貞純親王の子経基の系統が栄えた。ただし経基は陽成天皇の孫との説もある。経基の子満仲は摂津国多田荘(現、兵庫県川西市)に土着して清和源氏発展の基礎を作り、子頼光は摂関家と結んで勢力をのばし摂津源氏の祖となる。その弟頼親は大和国を本拠として大和源氏の祖に、同じく弟の頼信は河内国石川荘を本拠とする河内源氏の祖となる。前九年の役・後三年の役では頼信の子頼義と孫義家が活躍し、武家の棟梁としての地位を獲得。院政期に保元の乱・平治の乱で敗北し、勢力が後退。しかし義朝の子頼朝が鎌倉幕府を創設、武家政権を樹立した。正統はその子実朝で滅ぶが、支流は諸国に広がった。武田・佐竹・新田・足利の各氏は清和源氏。

せいわてんのう【清和天皇】 850.3.25~880.12.4　在位858.8.27~876.11.29　水尾帝とも。文徳天皇の第四皇子。名は惟仁。母は藤原良房の女明子。一歳で皇太子に立てられ、九歳で父の死去により践祚した。史上はじめての幼帝で、藤原良房・同基経が政治を主導した。八七六年(貞観一八)長子(陽成天皇)に譲位し、三年後に出家した。

せがわきくのじょう【瀬川菊之丞】 歌舞伎俳優。江戸中期~昭和期に六世を数える。女方の名門。屋号は浜村屋。俳名路考。初世(一六九三~一七四九)は江戸中期を代表する名女方。大坂生れ。美貌に恵まれ、所作事に妙味を発揮。「無間の鐘」「傾城道成寺」などを当り役とする。著書「女方秘伝」。二世(一七四一~七三)は初世の養子。江戸郊外王子の生れ。宝暦・明和期に活躍し、美貌と愛嬌のある芸で江戸の人気を集めた。地芸・所作ともによくした。俗称王子路考。衣装・髪形などに路考ものが流行、錦絵にも描かれた。三世(一七五一~一八一〇)は大坂の振付師の子。二世の養子。風貌がよく、娘方・傾城などの色女方を得意とした。一八〇八年(文化五)には女方ながら座頭になった。俗称仙女路考。

せがわじょこう【瀬川如皐】 歌舞伎作者。江戸後期~昭和期に五世を数えるが三世までが著名。初世(一七三九~九四)は大坂の振付師市山七十郎の子。俳優から作者に転じ、天明・寛政期の江戸で主として実弟三世瀬川菊之丞一座の作者を勤めた。二世(一七五七~一八三三)は初世河竹新七の

●清和源氏略系図　1~3は鎌倉幕府将軍代数

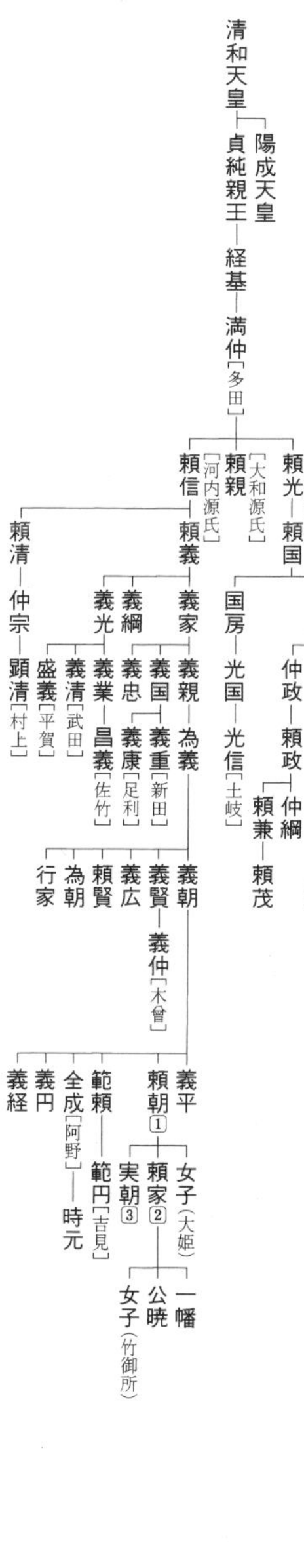

門弟。一八〇一年(享和元)如皐を継いで立作者となる。変化(へんげ)舞踊の作詞にすぐれた。幼名六三郎。三世(一八〇六〜一八一一)は幕末期の名作者。前名絞吉平(しぼりきちべい)、三世姥尉輔(うばじょうすけ)など。五世鶴屋南北の門弟。四八年(嘉永元)立作者となり、五〇年如皐を襲名。四世市川小団次と提携して「与話情浮名横櫛(よわなさけうきなのよこぐし)」などの名作をうんだが、やがてライバルの河竹黙阿弥に押され、明治期以後は時流にはずれた。

せきおくしんりょう【石屋真梁】 1345.7.17〜1423.5.11 南北朝期〜室町中期の曹洞宗の僧。薩摩国生れ。一六歳のとき南禅寺の蒙山智明(もうざんちみょう)のもとで出家、以後、臨済禅を学ぶが、やがて曹洞宗の通幻寂霊(つうげんじゃくれい)の法嗣となった。一三九〇年(明徳元・元中七)島津氏の招きで薩摩に赴き妙円寺を開いた。九四年(応永元)には島津元久の帰依をうけ福昌寺の開山となった。中国地方にも寺院を開き、曹洞禅の教化に努めた。

せきかずまさ【関一政】 ?〜1625.10.20 織豊期〜江戸初期の武将・大名。伊勢国亀山城主関盛信の子。母は蒲生(がもう)定秀の女。蒲生氏郷の会津転封に従い陸奥国白河城主。一五九八年(慶長三)豊臣秀吉の直臣となり信濃国飯山城主三万石、同国川中島の豊臣蔵入地代官も勤めた。一六〇〇年美濃国多良城主三万石。関ケ原の戦では東軍として参陣し、戦後に伊勢国亀山城主。一〇年二万石を加増されて、伯耆国黒坂藩主五万石。一八年(元和四)家中の内紛により改易。

せききない【関喜内】 1759.6.1〜1837.6.23 江戸後期、秋田藩の養蚕家。父は出羽国雄勝郡川連村の大関喜四郎。筆役をへて一八〇一年(享和元)肝煎(きもいり)役を勤める。二〇年(文政三)国産種紙の生産を藩に進言。勘定方の役人の支持をうけ、二六年秋田郡川尻村(現、秋田市)に養蚕座を設立し養蚕方支配人となる。他領種紙の移入禁止、種紙の関東販売など事業は進展したが、借財がかさみ三二年(天保三)養蚕座は民間の請負制となる。

せきぐちうじむね【関口氏心】 1597/98〜1670.3.7 江戸前期の武術家。通称弥六右衛門。号は柔心(じゅうしん)。三河国生れ。諸国を修行して、中国武術などもとりいれ、関口流(柔新心流)を開いた。大和国郡山の本多家などに出仕。諸国を流転したのち紀伊国徳川家に招かれた。長子氏業(うじのぶ)は紀伊徳川家から四〇〇石の禄を給された。

せきぐちたかよし【関口隆吉】 1836.12.-〜89.5.17 明治前期の官僚。江戸生れ。旧幕臣。維新後に新政府に出仕。一八七二年(明治五)三潴(みずま)県(現、福岡県)参事となる。山形県令、山口県令(萩の乱を処理)、元老院議官を歴任。元老院議官時代の八二・八三年に地方巡察使となる。八四年九月に静岡県令・知事に転出、在任中の列車事故がもとで死亡。新村出(しんむらいずる)は次男。

せきざわあききよ【関沢明清】 1843.2.17〜97.1.9 明治期の水産業指導者。加賀国生れ。江戸・長崎で蘭学を学び、藩命でイギリスに留学。一八六八年(明治元)帰国後新政府に入り、水産技師・水産伝習所所長を歴任。七三年オーストリアの万国博覧会派遣を機にヨーロッパの水産事情を視察。缶詰の製造法を日本に伝えた。サケ・マス類の人工孵化、巾着(きんちゃく)網や米国式捕鯨業の導入に貢献。退官後は日本近海で捕鯨業にとりくみ、その先鞭をつけた。八二年大日本水産会を創設。水産講習所(現、東京水産大学)初代所長。

せきざわふさきよ【関沢房清】 1808〜78.7.8 幕末期の加賀国金沢藩士。上田作之丞の門下、改革派黒羽織党の領袖。一八五四年(安政元)黒羽織党の失脚により免職となるが、のちに復帰し、六四年(元治元)禁門の変で功をあげる。六八年(明治元)帰国して金沢藩の佐幕参戦を留め、戊辰(ぼしん)戦争派遣軍の監軍となる。明治期は越後府民政局へ出仕、権判事となる。

せきさんじゅうろう【関三十郎】 歌舞伎俳優。江戸後期〜昭和期に六世を数える。初世(一七四七〜一八〇八)は京都生れ。初世嵐雛助(ひなすけ)門下の嵐三十郎が改姓。二世(一七八六〜一八三九)は初世の養子(一説に実子)。文化年間に江戸へ下り、堅実な芸風で評判を得て「名人三十郎」として知られる。小柄ながら風姿にすぐれ、地芸と所作(しょさ)を兼ね、和事・実事(じつごと)を本領とした。屋号は播磨屋、のち尾張屋。俳名歌山。

せきし【関氏】 ❶中世常陸国の豪族。秀郷流藤原氏。大方(おおかた)政家の子政綱が関郡(現、茨城県関城町)を本拠に関氏を称したのに始まる。政綱の子政泰は宝治合戦で三浦氏について戦い討たれた。その子孫といわれる宗祐は南北朝期、北畠親房を関城に迎え南朝軍として活躍。

❷室町時代の伊勢国の豪族。関(現、三重県関町)におこり、桓武平氏を称した。鈴鹿・河曲(かわわ)二郡に栄えたが、織田信長の伊勢侵攻で衰退。盛信・一政父子は豊臣・徳川両氏に仕えるが、一六一八年(元和四)改易、断絶。

❸江戸時代の大名家。代々織田氏に仕えたが、系譜が確実なのは成次からで、その子長継が一六三四年(寛永一一)美作国津山藩主森忠政の跡を継ぐと弟の長政が関氏を継ぎ、その後兄の封地美作国で一万八〇〇〇石余を領した(支藩宮川藩)。九七年(元禄一〇)長治のとき森氏が改易となると、領地を備中国に移し、翌年同国新見(にいみ)に陣屋を構えた。以後代々新見藩主。維新後、子爵。

せきしんぞう【関信三】 1843.1.20〜79.11.4/80.4.12 日本初の幼稚園の創設に尽力した幼児教育の先駆者。三河国生れ。改名前は安藤劉太郎・猶竜。もと東本願寺僧侶。一八七二年(明治五)渡欧。帰国後は七五年東京女子師範学校英語教師、七六〜七九年同付属幼稚園初代監事(園長)。理論・実践両面から幼稚園教育の基礎を築く。訳書「幼稚園記」。

せきしんぱち【尺振八】 1839～86.11.28 幕末～明治前期の英学者。江戸生れ。中浜万次郎について英語を学ぶ。一八六一年(文久元)外国方通弁を命じられ、幕府使節団の通訳として同年渡仏、六三年渡米。七〇年(明治三)東京本所に共立学舎を開く。七二年大蔵省翻訳局長、それを辞したのちは私塾教育に専念し、多数の門下生を育成した。

せきたかかず【関孝和】 1640?～1708.10.24 江戸前期の数学者。通称新助、号は自由亭。内山永明の次男。関五郎左衛門の養子。甲斐国甲府藩の徳川綱重とその子綱豊(六代将軍家宣)の家臣。甲府で勘定吟味役、江戸城で御納戸組頭を勤め、三〇〇俵を給される。独学で数学者になったという。一六七四年(延宝二)に沢口一之の「古今算法記」の遺題を解き、「発微算法」を出版。ホーナーの方法、極値、近似解、不定方程式、級数、円、補間法、補外法、円錐曲線論、天文・暦のほか多数の研究がある。和算は関孝和から始まるとする研究者が多い。

せきてつのすけ【関鉄之介】 1824.10.17～62.5.11 幕末期の尊攘派志士。水戸藩士関新兵衛昌克の長男。一八五五年(安政二)に家督をつぎ郡方勤となり、農兵の組織化に努めた。水戸藩に密勅降下後、金子孫二郎・高橋多一郎の内意をうけ、西国を遊歴して奉勅義挙を説く。安政の大獄を憤り井伊直弼暗殺を企て、桜田門外で実行した。事件後西国に逃れるが、幕吏の追及きびしく越後国岩船郡湯沢村で捕らえられ、江戸伝馬町で処刑。

せきどごへえ【関戸五兵衛】 江戸時代の名古屋商人、信濃屋関戸家の世襲名。江戸後期には鉄太郎・二郎・哲太郎を名のる当主もいた。一六四四年(正保元)尾張国春日井郡小木村(現、愛知県小牧市)から名古屋に出て薬種店を開店、質屋も営んだ。一七二三年(享保八)以降米穀・味噌商に転じ、富信(?～一八〇四)・信房(?～一八三〇)の代に大きく発展。藩財政にも貢献し、扶持・新田除地・苗字帯刀などの特権を得た。伊藤次郎左衛門家・内田忠蔵家とともに藩御用達商人の最高家格三家衆の一つ。

せきなおひこ【関直彦】 1857.7.16～1934.4.21 明治～昭和前期の政党政治家・新聞人・弁護士。紀伊国生れ。東大卒。日報社(「東京日日新聞」)に入り、のち日報社社長となる。井上馨の自治党計画に参画。陸奥宗光の側近でもあった。衆議院議員当選一〇回。立憲国民党・革新倶楽部に所属し、衆議院副議長も務めた。

せきねきんじろう【関根金次郎】 1868.4.1～1946.3.12 明治～昭和期の将棋棋士。千葉県出身。旧将棋家の第八代伊藤宗印に入門。一九〇五年(明治三八)八段。〇九年将棋同盟会、一八年(大正七)東京将棋倶楽部を結成し、二一年一三世名人に推挙される。「万朝報」などによって新聞棋戦を育成し、坂田三吉との対戦は人気をよんだ。二四年東西に分裂していた将棋界を統一し、三五年(昭和一〇)にはみずから世襲名人を辞退して、実力名人制への道を開いた。

せきねしせい【関根只誠】 1825～93.4.18 幕末～明治期の演劇研究家・蔵書家。江戸日本橋生れ。本名七兵衛。幕府の御魚御用を勤めるかたわら、劇通で知られ、交友も広く、劇神仙とよばれた。編著「只誠埃録」二五五巻をはじめ、「戯場年表」「東都劇場沿革誌(料)」「名人忌辰録」など膨大な著述がある。

せきねしょうじ【関根正二】 1899.4.3～1919.6.16 大正期の洋画家。福島県出身。親友伊東深水のすすめで日本画を始めたがすぐ洋画に転向し、一九一三年(大正二)本郷洋画研究所、翌年太平洋画会研究所に入るが、ほどなく退所。一五年第二回二科展で「死を思う日」が初入選。第五回二科展で「信仰の悲しみ」などが樗牛賞を受賞し注目されたが、翌年肺結核のため死去。作品「神の祈り」「子供」「三星」。

せきねまさなお【関根正直】 1860.3.3～1932.5.26 明治～昭和前期の国文学者。江戸日本橋生れ。幼名は又三郎・直三郎。吟風・東野生・三樹園主人と号す。一八八六年(明治一九)東京大学古典講習科卒。「古事類苑」の編集に従事。華族女学校・学習院・東京女子高等師範などの教授を歴任。大槻文彦没後、「大言海」の完成に尽力した。

せきねやさく【関根矢作】 1803.4.17～96.7.30 幕末・維新期の農村指導者。下野国河内郡大室村生れ。一八二二年(文政五)名主となり、今市から大室にいたる七五町の用水を開削。三六年(天保七)の凶作には近隣二三カ村に米穀を貸与。五三年(嘉永六)二宮尊徳の日光御神領仕法に協力し、五四年(安政元)今市ほか七カ村に義倉を設置。明治維新後は戸長・村長を務め、学校設立や植林事業を指導。

せきのただし【関野貞】 1867.12.15～1935.7.29 明治～昭和前期の建築史家。建築史学の開拓者。越後国生れ。東大卒。古社寺保存のため多くの調査・修理に尽力し、日本建築の様式史を体系づけた。明治末年以降は朝鮮半島・中国大陸の遺跡を広く探訪し、多くの学術史料を収集。奈良県技師・東京帝国大学教授・内務省技師・文部省技師を歴任。編著「日本の建築と芸術」「朝鮮の建築と芸術」「支那の建築と芸術」「朝鮮古蹟図譜」。

せきのまごろく【関孫六】 ⇨兼元

せきはじめ【関一】 1873.9.26～1935.1.26 大正・昭和前期の都市行政官僚。静岡県出身。東京高商卒。のち母校の教授となるが、一九一四年(大正三)大阪市助役となり、二三年から市長。都市政策に力をそそぎ、市営住宅をはじめ公共事業を充実。都市計画を重視し、大阪市政の黄金時代を築いた。二八年（昭和三）には大阪商科大学を設立。「関一日記」がある。

せきひろひさ【瀬木博尚】 1852.10.6～1939.1.22 広告会社博報堂の創業者。越中国生れ。戊辰戦争に参加し、富山桜木町役場などに勤務。のち一八九五年（明治二八）東京日本橋に博報堂を創立、教育雑誌の取次を行った。広告代理業で社業を伸ばし、一九一〇年通信業に乗り出し「内外通信」を発行、社名も内外通信博報堂と改めた。旧友の宮武外骨との縁で、私財を投じて「明治新聞雑誌文庫」を設立して東京大学法学部に寄贈した。

せきむねすけ【関宗祐】 ?～1343.11.11 南北朝期の武将。政祐の子。宝治合戦（一二四七）で没落した関政泰の子孫。民部少輔。建武政権下に旧領常陸国関郡を回復するが、足利尊氏が関郡を結城氏に与えたことから南朝に属する。一三三八年（暦応元・延元三）北畠親房が小田城に入るとこれに従い、四一年（暦応四・興国二）小田治久が高師冬に降伏すると、親房を関城に迎えた。以後、大宝城主下妻政泰とともに常陸の南朝方の拠点を堅守したが、関・大宝両城の陥落で戦死。

せきやすのすけ【関保之助】 1868.4.10～1945.5.25/26 明治～昭和前期の有職故実学者。東京都出身。東京美術学校卒。一八九五年（明治二八）から帝室博物館美術部に勤務。収蔵品調査掛・帝国美術史編纂掛をへて学芸委員・列品課長などを歴任。古武器を中心とする膨大な収集品をふまえた研究と知見をもとに、平安神宮・湊川神社など各地の神社の古儀の再興・整備に尽力。母校のほか京都帝国大学・国学院大学などで有職故実の講座を担当した。東京空襲で焼死。

せきやていざぶろう【関屋貞三郎】 1875.5.4～1950.6.10 大正・昭和期の官僚。栃木県出身。東大卒。内務省に入り、台湾・関東州・朝鮮など植民地行政にたずさわる。のち佐賀・鹿児島両県の内務部長、静岡県知事を務めた。一九二一～三三年（大正一〇～昭和八）宮内次官。貴族院議員や日本銀行監事・枢密顧問官も務める。

せきやまござえもん【関矢孫左衛門】 1844.1.24～1917.6.21 明治前期の実業家。越後国生れ。関矢徳左衛門の養子となる。戊辰戦争に加わり、維新後第一四大区長・地租改正御用掛をつとめ、のち第六十九銀行初代頭取・北魚沼郡長・第一回衆議院議員（改進党）などを歴任。一八八六年（明治一九）北海道野幌（現、江別市）の開拓を行った北越殖民社の創設に参加、九一年北海道に移り、殖民社の開拓事業に献身した。

せしん【世親】 400～480?/320～400? 天親・婆藪槃豆とも。兄の無著と並ぶインド唯識仏教の学匠。パキスタンのペシャワールのバラモン出身。はじめ小乗仏教で出家し、説一切有部ついで経量部を学ぶ。学名が高かったが、無著の感化で大乗仏教に転向し、唯識教学の大成者となった。主著は小乗時代の「倶舎論」、のちの法相宗の所依論書となった「唯識三十頌」、浄土教の所依論書の「浄土論」。

セスペデス Gregorio de Céspedes 1551/52?～1611.11.- スペインのマドリード生れのイエズス会宣教師。一五七七年（天正五）長崎に来着し日本各地に布教。高山右近・小西行長らのキリシタン大名と親交をもち、豊臣秀吉・同秀長にも謁見。細川ガラシャへの授洗に協力。文禄の役に際して小西行長の従軍司祭として朝鮮に渡る。一六〇二年（慶長七）以降、ガラシャの指導司祭だった関係から豊前国小倉で布教し、同地で没。

せたのりみ【勢多章甫】 1831～94.12.8 江戸末～明治期の有職故実家。勢多家は朝廷の地下官人で、検非違使・明法博士の家柄。一八五八年（安政五）明法博士・大判事となり、維新後も宮内省に勤務。「嘉永年中行事」「嘉永年中行事考証」「安政御造営記」「宮殿弁調度沿革」（すべて「故実叢書」所収）などを著す。

ぜっかいちゅうしん【絶海中津】 1336.11.13～1405.4.5 南北朝期～室町中期の禅僧。別号蕉堅道人。義堂周信とともに五山文学の双璧とされる。土佐国生れ。父は津野氏。一三四八年（貞和四・正平三）晩年の夢窓疎石に参禅して法嗣となり、五三年（文和二・正平八）建仁寺に移り竜山徳見の会下に入る。六八年（応安元・正平二三）入明、季潭宗泐の会下に入り、七八年（永和四・天授四）帰朝。天竜寺春屋妙葩のもとに身をよせ、甲斐国恵林寺に移るが、八三年（永徳三・弘和三）足利義満の招きで鹿苑院主となる。八四年（至徳元・元中元）義満と衝突して諸国を流遇し、のち和解、等持寺・相国寺などに住した。九八年（応永五）相国寺を退き鹿苑院塔主となり、僧録を掌る。諡号は仏智広照国師・浄印翊聖国師。著書「蕉堅藁」。

せっこうそうしん【雪江宗深】 1408～86.6.2 室町中期～戦国期の臨済宗の禅僧。諱は宗深、字は雪江。諡号は仏日真照禅師。摂津源氏の出身。幼くして京都建仁寺五葉庵で文瑛につき得度し、諸僧について修行。のち尾張国瑞泉寺の日峰宗舜に師事した。その後、義天玄詔について法をつぐ。一四六二年（寛正三）京都大徳寺の住持となる。応仁・文明の乱で焼失した妙心寺の再興に尽力し、細川勝元・同政元の協力により完成した。

せっしゅう【雪舟】 1420～1502/06 室町中期～戦国期の画僧。雪舟は道号、諱を等楊。備中国生れ。幼くして京都相国寺に入り、参禅のかたわら画を周文に学ぶ。一四六四年（寛正五）以前に山口に下り、大内氏の庇護のもとで作画。六七年（応仁元）入明し浙派の画家李在らに学び、六九年(文明元)帰国。七六年以前は大分で活動。以後山口を拠点とし、美濃・丹後をはじめ諸国を訪ねて真景図を描くなど、晩年まで健筆をふるう。作風は宋元画に学んで幅広く、在来の室町水墨画にない構築的空間表現や激しい筆致などに特色がある。代表作に「山水長巻」「破墨山水図」「秋冬山水図」「天橋立図」。

せっそん【雪村】 生没年不詳。室町時代の画僧。法諱は周継、道号は雪村。鶴船・舟居斎と号す。常陸国生れ。佐竹氏の一族。生年については、一五〇四年(永正元)と一四九二年(明応元)頃の二説がある。雪舟に私淑して画事に励み、動的で個性的な作品を多く残した。若年の頃は常陸太田の正宗寺に身を寄せたらしいが、その後は会津・小田原・鎌倉など、東北・関東の各地を遍歴。晩年は奥州三春に庵を結び隠棲。代表作は「松鷹図」「風濤図」「呂洞賓図」「自画像」など。

せっそんゆうばい【雪村友梅】 1290～1346.12.2 鎌倉後期～南北朝期の臨済宗の僧。越後国生れ。鎌倉の一山一寧に師事、のち比叡山で受戒し京都建仁寺に修学。一三〇七年(徳治二)入元し、元叟行端・虚谷希陵などについて修学。道場山で修学中、間諜の疑いで投獄され、のち成都に流される。大赦後の二九年(元徳元)帰国し、一山一寧の塔である建長寺玉雲庵の塔主となる。以後、信濃・豊後両国に禅寺を開く。赤松則村の招きで法雲寺を開山。著書「宝覚真空禅師語録」。

せっつげんじ【摂津源氏】 摂津国多田荘(現、兵庫県川西市)を根拠とした清和源氏。満仲は多田荘に土着して多田源氏の祖となり、子頼光は摂津源氏の祖といわれた。多田荘は頼光の孫頼綱の長男明国流が相伝し、多田氏を名のる。その弟仲政の子頼政は、以仁王を奉じて平家打倒の兵を挙げた。この流れは鎌倉前期まで大内守護を勤めた。のち三河に土着し、大河内氏を名のった一族もある。頼綱の弟国房流は美濃国に勢力をもち、孫光信が土岐氏の祖となる。

せながかめじろう【瀬長亀次郎】 1907.6.10～2001.10.5 昭和期の政治家。沖縄県出身。七高中退。労働運動で懲役三年。出獄後、新聞記者などをへて、第二次大戦後、沖縄人民党を結成、初の立法院議員選挙に当選。一九五六年(昭和三一)那覇市長に当選、一年後アメリカ軍に追放される。七〇年初の国政参加選挙以後、衆議院議員に七期連続当選。人民党の日本共産党合流後、共産党副委員長。九〇年(平成二)引退。

ぜにやごへえ【銭屋五兵衛】 1773.11.25～1852.11.21 江戸後期の海運業者。加賀国宮腰生れ。質屋を営んでいたが、一八一一年(文化八)質流れの船を入手し、北前船の経営にのりだした。金沢藩執政の奥村栄実と結びつくようになり、四三年(天保一四)御手船裁許を申しつけられている。藩船を差配し、藩米も一手に扱うなど商売は飛躍的に拡張した。持船は一〇〇〇石積以上の大型船一〇艘ほどを含め二〇艘余りと思われる。陸奥国会津藩・同国弘前藩などの御用商人も勤めた。晩年は河北潟埋立事件により逮捕され、牢死した。

せのおぎろう【妹尾義郎】 1889.12.16～1961.8.4 大正・昭和期の仏教運動家。広島県出身。結核で一高中退。闘病中法華信仰に開眼、一九一六年(大正五)以降日蓮主義鑽仰会・大日本日蓮主義青年団を結成。社会主義に傾倒、三一年(昭和六)新興仏教青年同盟を結成、委員長となる。人民戦線運動を推進、人民戦線事件で逮捕、投獄される。第二次大戦後宗教革新運動・平和運動を推進、晩年共産党に入党した。

せみまる【蝉丸】 生没年不詳。平安時代の歌人・芸能者。伝説的人物。説話では醍醐天皇の第四皇子、宇多法皇の皇子敦実親王の雑色などと伝える。逢坂山に住む盲人芸能者で、琵琶や和琴の伝授をしたという。逢坂関の明神として祭られ、盲人琵琶の祖とされた。「後撰集」に一首、「新古今集」以下に三首入集。いずれも伝承的な作品である。のちに謡曲や浄瑠璃などでもとりあげられた。

セミョーノフ Grigorii Mikhailovich Semyonov 1890.9.13～1946.8.30 東シベリアのザバイカル出身のコサック大尉でロシア反革命派の頭目。一九一七年の十月革命直後、満州里を根拠地として反革命軍を組織し、日・英両国の資金・武器援助をうけ、反革命の緩衝政権のリーダーの一人として日本参謀本部に擁立された。日本のシベリア出兵に呼応して一八年にチタに政権を樹立したが、日本軍の撤退とともに敗退、大連に亡命して亡命生活を送る。四五年ソ連軍に逮捕され、翌年銃殺された。

せやくいんぜんそう【施薬院全宗】 1526～99.12.10 「やくいんぜんそう」とも。戦国期～織豊期の医師・僧侶。号は徳運軒。丹波康頼の後裔といい、延暦寺薬樹院の住持だったが、織田信長の焼打ののち、還俗して曲直瀬道三の門人となり医を修得。豊臣秀吉の信頼をうけ、施薬院を復興。勅命により施薬院使・法印に任じられ、庶民の医療救済にあたった。のち僧籍にもどり、秀吉の支援を得て延暦寺の再興に尽くした。子孫も累代施薬院使となり、江戸時代を通じて医官の家系を保った。

せりざわかも【芹沢鴨】 ?～1863.9.18 新撰組隊長。常陸国行方郡の豪農の家に生まれる。名は光幹。剣術を修行、神道無念流を修めた。一八六三年(文久三)将軍徳川家茂上洛の際、江戸幕府が警衛のために設置した浪士組に参加、京都に残留して新撰組隊長となり、尊攘派浪士の弾圧にあたるが、乱行のため近藤勇らと対立、沖田総司・土方歳三(ひじかたとしぞう)により妾とともに暗殺された。

セーリス John Saris 1579?〜1643.12.11 イギリス東インド会社第八次航海司令官。ロンドン生れ。東インド会社に入り、一六〇四年ジャワのバンタムへ来着し、〇八〜〇九年頃商館長を勤めた。一時帰国後、第八次航海の貿易船隊を率いイギリスを出帆、一三年(慶長一八)平戸へ来着。駿府で徳川家康にジェームズ一世からの国書を呈し、復書と通航許可状をえ、江戸で徳川秀忠に謁見。平戸へ戻り、コックスを商館長としてイギリス商館を開設。一四年には帰国。フルハムで没。著書「日本渡航記」。

セルギー Tikhomirov Sergi 1871.6.13〜1945.8.10 ロシア正教会の主教。日本ハリストス正教会の第二代主座主教。一九〇八年(明治四一)来日、京都の主教となり、ニコライ大主教を補佐。一二年(大正元)ニコライ没後、その後を継承。三〇年(昭和五)府主教に昇る。宗教団体法の成立にともない四〇年府主教を引退。

セルケイラ Luis de Cerqueira 1551/52〜1614.1.8 ポルトガル生れのイエズス会宣教師。日本司教。一五九八年(慶長三)巡察師バリニャーノ一行とともに長崎に渡来、同年没した司教マルティンスの後継者となる。日本人司祭の養成に努力し、一六〇一年長崎に神学校を設け、みずから倫理神学を講義。〇六年伏見で徳川家康に謁見し、キリシタン時代の最盛期をもたらした。ポルトガル人の奴隷売買に反対し、来日した年、奴隷業者に破門令を発した。長崎で没。

ぜんあみ【善阿弥】 生没年不詳。室町時代に多くの作庭に関係した河原者(かわらもの)。将軍足利義政に近侍した同朋衆(どうぼうしゅう)として、室町殿(花御所)、奈良興福寺大乗院・中院、内裏学問所などの作庭に従事した。また各種の水墨画に「善阿」印があることから、絵画の鑑定・収蔵あるいは模作にも関係した可能性もある。

せんあみだぶつ【専阿弥陀仏】 生没年不詳。鎌倉時代の画僧。西本願寺に伝来する「親鸞(しんらん)聖人像」(鏡御影)の画家として有名。この絵の紙背貼付の紙には、一三一〇年(延慶三)親鸞の曾孫覚如(かくにょ)による墨書の修理銘があり、この絵が、藤原信実の子、専阿弥陀仏の筆であると記す。画家の伝記はほかに伝わらないが、簡潔な描線を引き重ねて像主の面貌の特徴をとらえようとする筆致は、信実に代表される似絵(にせえ)の家系の画風に一致する。

ぜんかい【禅海】 生没年不詳。江戸中期の曹洞宗の僧。越後国生れ。豊前国耶馬渓(やばけい)の青の洞門の開削者として知られる。諸国を遍歴し、豊後の羅漢寺参詣のとき、川沿いの断崖に設けられた桟道が危険なことを知り、道の掘削を思い立った。一七三〇年(享保一五)前後、中津藩主の許可を得てはじめは単独で、やがて周辺村人や九州諸大名の援助などを得て三〇余年の年月をへて完成させた。菊池寛の小説「恩讐の彼方に」はこれを題材にしたもの。

せんがいぎぼん【仙厓義梵】 1750.4.-〜1837.10.7 江戸後期の臨済宗の僧。美濃国生れ。諡号は普門円通禅師。一一歳のとき同国清泰寺で空印を師に出家。一七六八年(明和五)武蔵国東輝庵の月船禅慧(げっせんぜんね)に師事し、その関係は生涯続いた。各地を行脚し、八九年(寛政元)筑前聖福寺の住持となった。書画を多く残し、禅の真髄を平明に説くため描いた独特の禅画は海外にも紹介された。著書「仙厓和尚語録」。

せんがく【仙覚】 1203〜? 鎌倉時代の万葉学者。天台宗僧。常陸国生れ。少年期から「万葉集」に親しみ、鎌倉での数次にわたる校勘(こうかん)をへて寛元本(一二四七)や文永本(一二六六)などの校訂本を作成。その間、一二四六年(寛元四)に古点・次点時代の無点歌一五二首に訓点を施した新点を試み、五三年(建長五)には新点抄に奏状をそえた「仙覚律師奏覧状」を後嵯峨上皇に献上。六九年(文永六)には武蔵国で「万葉集註釈」(「仙覚抄」)を完成。本文面では新点の案出および多くの証本を用いたこと、注釈面ではインドの音声学(悉曇(しったん)学)の知識を応用した用字法分析や音義学的語義分析、道理(論理)、文証(文献)による釈義を試みた点に意義がある。「続古今集」以下に入集。

せんかてんのう【宣化天皇】 記紀系譜上の第二八代天皇。六世紀前半の在位という。檜隈高田(ひのくまのたかた)皇子(みこ)・武小広国押盾(たけおひろくにおしたて)天皇と称する。継体天皇の第二子。母は尾張連草香(おわりのむらじくさか)の女目子媛(めのこひめ)。同母兄の安閑天皇の後をうけて即位したとされるが、「日本書紀」の伝える異説に、五三四年、継体天皇・太子(安閑)・皇子(宣化)がともに死んだとあって、継体の死後、異母弟の欽明天皇と対立し、内乱もしくは二朝並立の事態の生じた可能性も指摘されている。

せんかん【千観】 918〜983/984.12.13 平安中期の天台宗僧。相模守橘敏貞の子。園城(おんじょう)寺で運昭に師事。のち摂津国箕面(みのお)に隠棲し、研究と浄土行の生活に入る。九六三年(応和三)勅命で祈雨を行う。応和宗論の論者に選任されたが辞退し、摂津国金竜寺(安満寺)を再興して止住。九七〇年(天禄元)行誉(ぎょうよ)から三部大法をうける。念仏聖(ひじり)としての生活のなかで、民衆教化のための「阿弥陀和讃(あみだわさん)」や念仏者の規範として八制・十願を定めた。また貴族の女性の帰依(きえ)者も多い。

ぜんけい【善慶】 1197〜1258 鎌倉中期の仏師。西大寺中興の祖の叡尊(えいぞん)と関係する造像を多く手がけ、奈良を中心に活躍。一二四九年(建長元)に叡尊の弟子賢任が発願した西大寺の清涼寺(せいりょうじ)

式釈迦如来像を造立。五五年叡尊が発願した般若寺の文殊菩薩像を造り始めるが、五八年(正嘉二)に完成を前に六二歳で没した。なお一二四七年(宝治元)に西大寺の愛染明王像を造立した善円は善慶と生年が同じで、両者を同一仏師とみる説が有力。

せんげうじ【千家氏】 出雲国造、出雲大社の宮司の一族。大国主命を説得し、この地を去らせて支配した天穂日命に始まると伝える。実際はこの地域を開発し支配した豪族出雲臣が国造として公認され、杵築社(出雲大社)の祭祀権も掌握して子孫に継承されたと考えられる。南北朝期には千家を名のる孝宗と北島を名のる貞孝の二流にわかれ、国造職をめぐって対立した。一三四四年(康永三・興国五)の和与状によって両流が神事・所領を分掌することが決まり、江戸時代までこの体制が続いた。明治期には、千家尊福が政府の大教正として庶民教化の職につくなど政府の要職を歴任する一方、大社教を組織し、以後は千家氏により神職が相承された。国造相続の際の火継式は現在も行われている。

せんげたかとみ【千家尊福】 1845.8.6～1918.1.3 明治・大正期の神道家・政治家。出雲国生れ。出雲国造・国学者尊澄の長男。出雲国造の廃止により、一八七二年(明治五)出雲大社宮司にあらためて任じられる。教導職の大教正となり、神道西部管長。八二年大社宮司を辞し、大社教初代管長。八四年男爵、八八年元老院議官、九〇年貴族院議員など要職を歴任。一九〇八年政友会の貴族院対策により、第一次西園寺内閣で司法相を務める。

せんげもとまろ【千家元麿】 1888.6.8～1948.3.14 大正・昭和期の詩人。東京都出身。尊福の庶子。府立四中などを転・退学。一九一二年(大正元)佐藤惣之助らと同人誌「テラコッタ」創刊。一六年頃から詩に専念し、「エゴ」「生命の川」などを中心に「白樺」にも寄稿。武者小路実篤の影響をうけて、庶民的な生活感情と人間・自然への愛情を平明な言葉で表現。詩集「自分は見た」など多数。晩年まで理想主義を徹底して生きた。

せんごくこうたろう【千石興太郎】 1874.2.7～1950.8.22 大正・昭和期の産業組合指導者。東京都出身。札幌農学校卒。農業技師として各地で業績を積んだのち、島根県で大日本産業組合中央会島根支会理事となる。一九二〇年(大正九)に同中央会主事となり、のち会頭。四三年(昭和一八)引退。第二次大戦後、東久邇宮内閣の農相に就任。

せんごくさきょう【仙石左京】 1787～1835.12.9 江戸後期、但馬国出石藩の筆頭家老。藩主の支族久長の子。幼名半、諱は久寿。一八一五年(文化一二)家督一五〇〇石と筆頭家老職を継ぎ、二一年(文政四)から勝手掛頭取を兼任、藩財政の再建に努めたが、保守派の反発にあい、二三年同職辞任。翌年藩主死去の際、主家横領の企ての嫌疑をうけ、その後勝手掛頭取に復帰するが内紛が続き、幕府審理の結果、三五年(天保六)に刑死。

せんごくし【仙石氏】 近世の大名家。美濃国の出自。秀久のとき豊臣秀吉に仕えた。一五八七年(天正一五)九州攻めで初戦に敗れ、所領没収。その後信濃国小諸で五万石。三男忠政は一六二二年(元和八)信濃国上田六万石余へ転封。一七〇六年(宝永三)政明のときに但馬国出石へ転封。以後、代々出石藩主。一八三五年(天保六)久利は御家騒動(仙石騒動)のため、五万八〇〇〇石余のうち二万八〇〇〇石余を上知して閉門。維新後子爵。

せんごくひでひさ【仙石秀久】 1551～1614.5.6 織豊期～江戸初期の武将。早くから豊臣秀吉に仕え、一五七四年(天正二)近江国野洲郡に一〇〇〇石を与えられ、八〇年(八三年とも)淡路国洲本城主となり五万石を領有。四国攻めの戦功で讃岐一国が与えられ、高松城主。九州攻めで豊後国戸次川で大敗して所領没収。のち徳川家康に従い小田原攻めに活躍し、信濃国小諸城主五万石。関ケ原の戦では徳川秀忠軍を援護し、上田城を攻撃した。勇猛な武将で、盗賊石川五右衛門生捕りの伝説もある。

せんごくみつぐ【仙石貢】 1857.6.2～1931.10.30 明治～昭和前期の官僚政治家。土佐国生れ。工部大学校卒業後鉄道官僚として累進し、一八九六年(明治二九)退官して筑豊鉄道、ついで九州鉄道の社長。一九一四～一五年(大正三～四)鉄道院総裁、第一次若槻内閣で鉄道相。一九二九年(昭和四)から南満州鉄道総裁。この間、衆議院議員・貴族院議員を歴任。

せんしないしんのう【選子内親王】 964.4.24～1035.6.22 平安中期の歌人。村上天皇の第一〇皇女。母は藤原師輔の女中宮安子。九七五年(天延三)賀茂斎院になり、円融・花山・一条・三条・後一条天皇の五代五七年にわたって奉仕、大斎院とよばれた。選子を中心に風雅を愛するサロンがうまれ、その記録「大斎院前の御集」「大斎院御集」が残る。「拾遺集」以下の勅撰集に三七首入集。家集「発心和歌集」。

ぜんしゅ【善珠】 723～797.4.21 「ぜんじゅ」とも。奈良～平安初期の僧。大和国の人。俗姓阿刀氏。秋篠寺の開基。玄昉に師事して法相・因明に精通した。七九三年(延暦一二)比叡山文殊堂供養の堂達を、翌年延暦寺中堂落慶の導師を勤めた。七九六年には桓武天皇の命により故物部古麿のための法華経供養の導師を勤めた。翌年、皇太子安殿親王(平城天皇)の病気平癒の功により僧正に任命された。奈良仏教史上きっての著述家で二〇余の著書がある。

せんじゅうじけ【千秋氏】 ⇨熱田大宮司家

せんじゅのまえ【千手前】 ?~1188.4.25 鎌倉前期の官女。駿河国手越の長者の女という。北条政子つきの女房。琵琶・詠歌をよくした。一一八四年(元暦元)四月源頼朝の命で、一の谷の戦で捕らえられ鎌倉に拘禁されていた平重衡を饗応し、見初められる。二四歳または三四歳で急死すると、亡き重衡へのつのる恋慕のためと噂され、のち「その性大いに穏便」と評された。

せんじゅん【専順】 1411~76.3.20 室町中期の連歌作者。柳本坊・春楊坊とも号する。華道の池坊二六世ともいわれる。六角堂頂法寺の僧で法眼に至った。将軍足利義政の連歌会への出座が知られるほか、一四七二年(文明四)美濃国で「美濃千句」に加わり、同地で没した。自撰句集「専順五百句」があるほか、「竹林抄」「新撰菟玖波集」に多数入集。弟子の宗祇はその句風を、表面は安らかだが深い味わいがあると評する。

ぜんしんに【善信尼】 生没年不詳。六世紀後半の日本最初の出家尼。司馬達等の女。俗名島(斯末売)。敏達一三年、高句麗からの渡来僧恵便に従って出家し善信尼と称した。同年蘇我馬子が邸内の仏殿に百済将来の弥勒石像を安置した際、弟子の禅蔵尼・恵善尼とともに斎会を催したという。翌年物部守屋の廃仏により法衣を奪われ、海石榴市に監禁された。崇峻元年学問尼として百済に遣わされ、戒律を学んで翌々年帰朝。大和国桜井寺に居住し、善徳ら一一人の尼を導き出家させた。

せんだこれや【千田是也】 1904.7.15~94.12.21 俳優・演出家。東京都生れ。本名伊藤圀夫。一九二七年(昭和二)から四年間、ドイツで演劇を学ぶ。四四年俳優座を結成、座内に演劇研究所・俳優養成所を開設して第二次大戦後の新劇界のリーダーとなった。芸名は、関東大震災のとき、東京千駄ケ谷で朝鮮人と間違えられて殺されそうになったことからつけたものと伝える。

ぜんちくやごろう【善竹弥五郎】 1883.10.4~1965.12.17 明治~昭和期の狂言役者。大蔵流茂山派、善竹家初世。京都府出身。母の再婚で二世茂山忠三郎の子となり、師事。写実的な芸風で、大阪を中心に当代一流の役者として活躍。金春流宗家より善竹の姓をうける。一九六四年(昭和三九)人間国宝。子に大蔵流二四世宗家弥右衛門ら五人がいる。

ぜんどう【善導】 613~681 中国唐初の僧で中国浄土教の大成者。俗姓朱氏。山東省臨淄生れ。出家後諸師のもとで経典を研究、道綽に師事し、「観無量寿経」を学び浄土信仰に入る。以後、長安を中心に口称念仏を勧め、布施で「阿弥陀経」書写一〇万巻・極楽浄土変相図製作三〇〇舗をなして人々に与えた。この間、竜門石仏造営の検校を勧めた。「観無量寿経疏」「観念法門」「往生礼讃」などを著し、日本の源信・法然に多大な影響を与えた。弟子は懐感・懐惲・浄業ら。

せんとうてい【宣統帝】 ⇨溥儀

せんとく【沾徳】 1662~1726.5.30 江戸中期の俳人。名は友兼。姓は門田のち水間。江戸の人。はじめ調也(調和門)、のち陸奥国磐城平藩主内藤風虎の子露沾に俳諧を学び、その縁で同藩に仕えた。一六八七年(貞享四)頃宗匠となり、素堂を介して芭蕉や其角と交際をもった。享保期に洒落風という奇抜な見立てや趣向の俳風を流行させ、江戸俳壇の中心人物となった。著書「俳林一字幽蘭集」「沾徳随筆」。

せんな【千那】 1651~1723.4.17 江戸前期の俳人。姓は三上。名は明式。別号は官山子・千那堂官江・生々・蒲萄坊。近江国堅田本福寺住職。談林派の高政に学んだ後、芭蕉に入門。尚白とともに、近江の蕉門俳人として活躍するが、芭蕉晩年の「軽み」を理解できず、芭蕉や蕉門から離反。一七〇八年(宝永五)宗祖親鸞の遺蹟を巡拝し、三年の旅歴を「白馬蹄」「白馬紀行」にまとめた。梵唄にも長じていた。

ぜんな【善阿】 生没年不詳。鎌倉後期の連歌作者。時宗の七条道場金光寺の僧とされる。救済・順覚ら地下の連歌作者たちの指導者として、「菟玖波集」に多く入集するなど名声をえていた。「連歌本式」とよばれる連歌式目の制定にもかかわった。作風は「万葉集」を基調として古風と評され、次代の連歌指導者で弟子の救済にうけいれられなかった。

せんのしょうあん【千少庵】 1546~1614.9.7 織豊期~江戸初期の茶人。初名宗淳。千利休の女婿。母は利休の後妻宗恩。義兄の道安とともに利休に茶を学んで、豊臣秀吉に茶頭として仕えた。利休切腹後は会津若松の蒲生氏郷のもとにかくまわれた。文禄年中に許されて上洛、茶室不審庵を建て、千家を再興して二世を名のった。会津若松の麟閣、嵯峨西芳寺の湘南亭などが好みの席と伝える。雲竜釜・曲の水指・夜桜棗などの茶道具を好んだ。

せんのそうさ【千宗左】 茶道家元表千家の茶号。江戸初期の四世より一四世を数える。四世は千利休の孫宗旦の三男江岑宗左(一六一三~七二)で不審庵と号した。一六四二年(寛永一九)和歌山藩主徳川頼宣に茶頭として仕えた。茶書「江岑夏書」の著作がある。七世宗左(一七〇五~五一)は如心斎・天然と号した。家元制を整え、現在の七事式を制定し、千家伝来の茶道具を整理するなど多くの功績があり、千家中興の祖といわれる。

せんのそうしつ【千宗室】 茶道家元裏千家の茶号。江戸初期の四世より一五世を数える。四世は千利休の孫宗旦の四男仙叟宗室(一六二二~九七)で今日庵を号した。はじめ金沢藩主前田利常に茶道奉行として仕えたが、父宗旦が没したため京都に帰った。のちに再び前田家に仕え、京都と金沢を往復する生活が続く。八世又玄斎一灯(一七一九~七一)は兄如心斎天然とともに七事式を制定し、江戸での普及に努めるなどの功績があった。茶書「茶道浜真砂」がある。一一世玄々斎精中(一八一〇~七七)は三河松平家の出身。一時衰微していた茶道の復興に努め、立礼式の点前などを創案し、茶道の近代化に努めた。一五世鵬雲斎宗室(一九二三~)は茶道の海外普及に努め、著書に「茶の精神」「茶の真諦」。文化勲章受章。

せんのそうしゅ【千宗守】 茶道家元武者小路千家の茶号。江戸初期から一一世を数える。初世(一五九三~一六七六)は千利休の孫宗旦の次男。名は一翁。京都に茶室官休庵を営み、茶頭として讃岐国高松藩に仕えた。四世直斎(一七二五~八二)は家元制確立に尽くした。九世聴松(一八八九~一九五三)は作法とともに精神性の重要さを主張して、近代茶道界に大きな功績を残した。

せんのそうたん【千宗旦】 1578~1658.12.19 江戸初期の茶人。千利休の孫。少庵の子。道安の子という説もある。字は元伯。号は咄々斎。道号元叔。一五九四年(文禄三)頃、父少庵とともに京都本法寺門前に豊臣秀吉から土地を与えられ、不審庵を再建し、利休切腹以来途絶えていた千家再興に尽力。一生仕官せず、清貧に甘んじて侘茶に専念し乞食宗旦と称された。晩年は、茶室今日庵を屋敷の北裏に営んで隠棲。ここから家元裏千家が成立。好みの茶道具には溜塗棗・同茶桶・竹の花入などがある。

せんのどうあん【千道安】 1546~1607.2.17? 織豊期~江戸初期の茶人。千利休先妻(法名宝心妙樹)の子。豊臣秀吉の茶頭。八人衆の一人。利休死後、千家が再興され義弟の少庵が跡を継ぐと、豊前国守細川忠興に招かれて三〇〇石を与えられた。少庵の柔と静の茶に対して、道安は剛と動の茶であったと伝える。道安の茶の工夫には、小座敷の突き上げ窓、土器の灰匙を金にして柄をつけたこと、暑中の茶には真の手桶に水を打って席におくことなどがある。茶室の道安囲いは足が不自由であった道安の作意といわれてきたが、近年は否定されている。

せんのりきゅう【千利休】 1522~91.2.28 織豊期の茶人。茶の湯の大成者。堺の人。法名は宗易。抛筌斎と号した。父は納屋衆田中与兵衛。能阿弥の茶を継ぐ北向道陳に茶道を学び、のちに道陳の紹介で武野紹鷗に師事した。禅宗にもあつく帰依し、大徳寺の大林宗套・古渓宗陳らに参禅。織田信長の茶頭として津田宗及・今井宗久とともに仕えた。信長没後は豊臣秀吉に側近として仕え、茶道界を指導したほか、政権人事に関する隠然たる勢力をもったという。一五八五年(天正一三)九月、秀吉がそれまで前例のなかった禁中小御所で正親町天皇への献茶のさいにも、利休が後見を勤めた。その功により利休居士号が勅許され、「茶の湯天下一の名人」とたたえられた。しかし主君秀吉の反感をかい、九一年二月、切腹を命じられた。茶道史上の功績は、草庵の小座敷で完全に自然と一体化して簡素でおごらぬ美の創造を主張し、精神の深淵を追求しようとした侘茶の完成にある。

せんひめ【千姫】 1597.4.11~1666.2.6 徳川秀忠の長女。母は浅井長政の女崇源院。一六〇三年(慶長八)七月豊臣秀頼に嫁した。一五年五月豊臣氏滅亡の際、大坂城を脱出。一六年(元和二)伊勢国桑名藩主本多忠政の長子忠刻に再嫁し、化粧料一〇万石が与えられた。一男一女を生むが男子は夭折。翌年姫路に移る。忠刻没後落飾して天樹院と号し、江戸竹橋門内に住居した。弟徳川家光の厚遇をうけて勢力をもつ。また家光の要請でその次男綱重の養育にあたった。

ぜんほうじゅん【全琫準】 Chŏn Bong-jun 1854~95.3.29 李氏朝鮮の農民戦争指導者。全羅道古阜の書道教師として人望があり、一八九二年東学に入信。九四年「輔国安民」を掲げ甲午農民戦争をおこしたが、朝鮮政府との全州和議により休戦。七月に日清戦争・甲午改革が始まると、斥和(反日)を掲げて再蜂起。日本軍と政府軍の攻撃で敗退し、密告により捕えられ処刑された。

せんようもんいん【宣陽門院】 1181.10.5~1252.6.8 後白河上皇の皇女。名は覲子。母は上皇の寵妃丹後局高階栄子。一一八九年(文治五)内親王、九一年(建久二)院号宣下。法皇から、御所六条殿とそれに付属する持仏堂の長講堂、および七五カ所という膨大な荘園群の長講堂領を譲られ、これはのちに持明院統の経済的基盤となった。

ぜんらん【善鸞】 生没年不詳。鎌倉中期の浄土真宗の僧。親鸞の子。慈信房と号する。親鸞帰洛後、門弟の信仰上の動揺を鎮めるため関東に派遣されたが、善鸞一人に対し深夜秘密に伝授された法門が正しいと称して、異義事件をひきおこし、一二五六年(康元元)五月二九日の親鸞書状で義絶された。その後は巫祝として活動を続けた。真宗出雲寺派毫摂寺や山元派証誠寺では二世に数える。

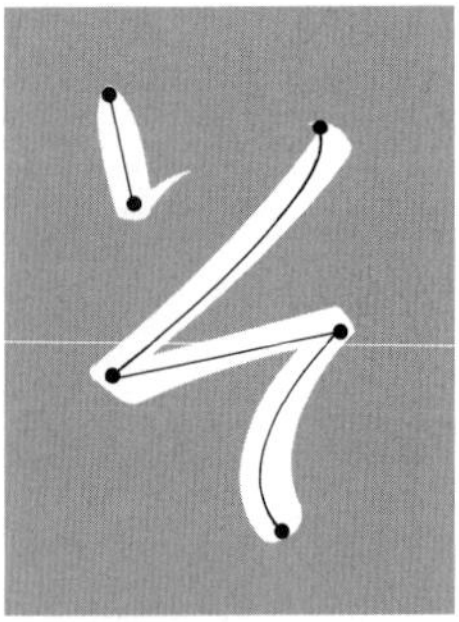

そあ【祖阿】 生没年不詳。室町幕府第一回遣明船の正使。足利義満は博多商人の肥富(こいつみ)の意見をとりいれて、一四〇一年(応永八)に日明貿易にふみきった。そのときの正使が祖阿で、副使は肥富。祖阿は明使天倫道彝(てんりんどうい)らをともなって帰国し、日明関係を開く糸口となった。将軍に近侍して雑用をつとめる同朋衆(どうぼうしゅう)だったとみられる。以後の遣明船の正・副使は五山関係の僧から選ばれ、同朋衆が選ばれたのは異例のこと。

そいんこう【蘇因高】 ⇨小野妹子(おののいもこ)

そうあみ【相阿弥】 ?~1525 足利義政・同義尚らに仕えた同朋(どうぼう)衆。能阿弥の孫。芸阿弥の子。真相(しんそう)とも称し、鑑岳と号した。一四八五年(文明一七)の芸阿弥の死とともに父の職掌をうけつぎ、同朋衆として室町幕府に仕え、将軍家所蔵の書画の管理鑑定をし、連歌師としても活躍。著書「君台観左右帳記(くんだいかんそうちょうき)」には中国画家や座敷飾についての知識がまとめられている。画家としては大徳寺大仙院の襖絵「山水図屏風」が代表作で、牧谿(もっけい)の山水画を基礎に独自の画風を作りあげている。単庵智伝(たんあんちでん)・是庵(ぜあん)らは相阿弥の弟子と伝える。

ぞうあみ【増阿弥】 生没年不詳。南北朝期~室町中期の能面作家。六作(ろくさく)の一人。喜多古能(きたこのう)の「仮面譜」(一七九七刊)によると、永和年間の人で、京都に住み、足利義満の同朋(どう)衆であったという。世阿弥と同時代の田楽新座で名人とされた増阿弥と同一人とする説もあるが不詳。女面の増(ぞう)は彼の創作と伝えられる。

そういん【宗因】 1605~82.3.28 江戸前期の俳人・連歌師。加藤清正の家臣西山次郎左衛門の子。本名西山豊一(とよかず)。通称次郎作。俳号は一幽、宗因は連歌名。肥後国熊本生れ。一五歳頃から肥後国八代(やつしろ)城代加藤正方に仕えた。正方の影響で連歌を知り、京都に遊学。昌琢(しょうたく)について本格的に連歌を学んだが、一六三二年(寛永九)主家の改易で牢人となる。四七年(正保四)大坂天満宮連歌所の宗匠となり、全国に多くの門人をもつ。その一方俳諧活動も行い、延宝頃に談林俳諧の中心人物とされた。はじめ関西を中心に流行し、しだいに全国に波及、芭蕉の蕉風俳諧をうむ基盤を作ったが、晩年連歌に戻った。

そうおう【相応】 831~918.11.3 建立大師とも。平安前期の天台宗僧。俗姓櫟井(いちい)氏。近江国浅井郡生れ。比叡山の鎮操に師事、ついで円仁(えんにん)のもとで得度。無動寺谷で一二年間籠山修行。八五九年(貞観元)以後、比良(ひら)山の葛(かつら)川、吉野金峰山(きんぷせん)で修行したのち比叡山に戻り、八六五年無動寺を創建。この間、皇族のために修法を行い、八八九年(寛平元)内供奉(ないぐぶ)となる。上奏して最澄(さいちょう)・円仁に伝教・慈覚の大師号を下賜させた。比叡山回峰行(かいほうぎょう)の祖とされる。

ぞうが【増賀】 917~1003.6.9 多武峰(とうのみね)先徳とも。平安中期の天台宗僧。参議橘恒平(つねひら)の子。比叡山で良源(りょうげん)に師事。九六三年(応和三)如覚(にょかく)の勧めで多武峰に住し、「摩訶止観(まかしかん)」「法華文句(ほっけもんぐ)」を講じ、「法華玄義鈔」「無言念仏観」などを著す。また毎年四季ごとに法華三昧(ざんまい)を修した。一方で不動供などの修法や「法華経」読誦を行い奇瑞(きずい)を現したという。名利を嫌い反俗の奇行譚を多く残した。

そうかん【宗鑑】 ?~1539? 戦国期の連歌・俳諧作者。本名・出自などは諸説ある。もと足利家家臣。主君の死で出家し、摂津国尼崎または山城国薪村に隠棲、のち淀川河畔の山崎に庵を結び山崎宗鑑とよばれた。宗長(そうちょう)や荒木田守武(もりたけ)との交流が知られる。連歌作品の伝存はわずかだが、最初期の俳諧撰集「犬筑波集」を編集し、その卑俗奔放な句風は、江戸初期の談林俳諧に影響を与えた。

そうぎ【宗祇】 1421~1502.7.30 室町中期~戦国期の連歌師。号は自然斎・見外斎・種玉庵。姓は飯尾(いのお)とも伝えるが確証はない。出生地には近江説・紀伊説がある。連歌は宗砌(そうぜい)に師事し、古典学を一条兼良に、和歌を飛鳥井雅親と東常縁(とうつねより)に学んだ。応仁・文明の乱に際し関東に流れ住み、五二歳のとき京に戻って種玉庵を結んだ。ここで「新撰菟玖波集(しんせんつくばしゅう)」を編纂。六八歳で北野連歌会所奉行となる。三条西実隆との親交を通じて宮中ともかかわり、越後国や周防国山口にたびたび赴いた。箱根湯本で客死。代表作「水無瀬(みなせ)三吟」「湯山(ゆやま)三吟」など連歌が数多く残り、自撰句集「老葉(わくらば)」、連歌論書「吾妻問答」ほかがある。古典研究にもすぐれた中世連歌の最高峰で、門人に宗長・肖柏・宗碩(そうせき)らがいる。

ぞうき【増基】 生没年不詳。平安時代の歌人。系譜・経歴未詳。家集に「庵主(いおぬし)」があり、熊野や遠江国を旅したことがわかる。庵主は僧庵生活を送った増基の別称。中古三十六歌仙の一人。「後拾遺集」以下の勅撰集に約二七首入集。

そうきけい【宋希璟】 1376~1446 李氏朝鮮初期の文官。忠清道連山県竹安坊(現、忠清南道)の人。字は正夫。号は老松堂。司諫(しかん)院や芸文館などの職を歴任し、明への使節を勤める。一四一九年(応永二六)の応永の外寇後、室町幕府による無涯亮倪・平方吉久の朝鮮派遣に対する回礼使として、翌年亮倪らに同行、将軍足利義持に謁見した。帰国後、その見聞を「老松堂日本行録」にまとめた。「太宗実録」の編纂にあたり、天嶺郡の知事も勤めた。

そうきゅう【蒼虬】 1761～1842.3.13 江戸後期の俳人。成田氏。父は金沢藩士。名は利定。加賀国金沢生れ。一七九〇年(寛政二)頃、闌更に入門、馬来に師事し、槐庵二世を継承。九四年闌更を頼り上京。九八年闌更が没し、芭蕉堂二世を襲名。翌年から「花供養」の編集を継ぐ。名声が上がり、招かれて各地を行脚、豪奢な生活ぶりが伝えられる。一八三五年(天保六)芭蕉堂南無庵を千崖に譲って退隠し、京都八坂に対塔庵を結ぶ。句集「蒼虬翁俳諧集」。天保三大家の一人。

そうきょうじん【宋教仁】 Song Jiaoren 1882～1913.3.22 中国の清朝末～民国初期の革命家。字は遯初、号は漁父。湖南省出身。一九〇三年黄興らと華興会を結成、副会長となる。早稲田大学に学び、雑誌「二十世紀之支那」を創刊。一一年中国革命同盟会中部総会を創立。揚子江流域を中心に武装蜂起を主張。辛亥革命後、議会闘争で袁世凱に対抗し、袁に暗殺された。

そうきん【宗金】 ?～1454.8.- 室町中期の博多商人。はじめは九州探題渋川氏の配下、のちに大友氏の博多代官を勤める。応永の外寇直後に李氏朝鮮から来日した宋希璟を博多で接待し、以後、連年朝鮮貿易に活躍。将軍足利義教や斯波・渋川・大友・少弐氏らの使節として貿易を代行し、一四二五年(応永三二)以降は受図書人としてみずからの子弟・使人を派遣し貿易を行った。三六年(永享八)の遣明船にも関与。

そうけい【宗慶】 生没年不詳。鎌倉前期の仏師。断片的な足跡しかたどれないが、運慶の周辺で活躍したとみられる。一一七七年(治承元)に康慶作と推定される静岡県瑞林寺の地蔵菩薩座像の造立に小仏師として参加。八三年(寿永二)に運慶みずから発願し書写した「法華経」の結縁者の一人となる。建久七年(一一九六)銘の埼玉県保寧寺の阿弥陀三尊像は現存唯一の作例で、運慶の影響が認められる。

そうさだくに【宗貞国】 1423?～95? 室町中期～戦国期の対馬国守護。彦七。刑部少輔。父は盛国、母は宗満茂の女。一四六七年(応仁元)従兄弟である前守護成職の後を継ぐ。島内全域を支配下におくことにほぼ成功。六九年(文明元)対馬に亡命していた少弐政資を奉じて筑前に入り、大内氏の軍を破り、同氏の旧領回復をはたすが、のち政資と対立し帰島。七八年の少弐氏と大内氏の戦の際は、主家少弐氏に援軍を出さず、中立を保つ。対外的には朝鮮との交易を盛んにした。

そうさだしげ【宗貞茂】 ?～1418.4.- 室町時代の対馬国守護。刑部少輔・讃岐守。法名昌栄(正永)。父は宗霊鑑。一三九八年(応永五)一族の支流で対馬の政権を握っていた仁位中村宗氏を討って実権を掌握。一時は謀反により政権を奪われたが、これを克服し地位を固めた。主家少弐氏をたすけ、九州探題渋川満頼・大内氏と抗争。対馬国三根郡佐賀を居所とした。対外的には倭寇禁圧の実績で朝鮮から対日貿易の正式な窓口としての地位を認められ、死後も功績を称えられた。

そうさだもり【宗貞盛】 ?～1452.6.22 室町中期の武将。対馬国守護。幼名都都熊丸。彦六。右馬・刑部少輔。一四一八年(応永二五)父貞茂の死により若年で家督相続。翌年、倭寇撲滅を目的とする朝鮮側の対馬攻撃、応永の外寇をうけた。その後の外交交渉で二六年、朝鮮への渡航者に対馬島主発行の許可証を保持させる文引制度を提案して成立させ、対朝鮮交易の統制権を利用して島内支配を強化した。しかし、九州では大内軍に大敗し、同地での所領を失った。

そうし【宗氏】 秦氏の一流。鎌倉～江戸時代に対馬国に勢力をもった。江戸時代の系譜では平知盛を祖とするが、対馬の在庁官人惟宗氏が鎌倉時代に守護少弐氏のもとで地頭代となり、島内に勢力を築いて一三世紀後半以降宗氏を称した。のち対馬国守護。文明年間(一四六九～八七)頃までは少弐氏に従いしばしば九州北部で戦った。一五～一六世紀、朝鮮政府の通交貿易統制に協力し、通交貿易に独占的な地位を築いた。一五八七年(天正一五)豊臣秀吉から対馬領有を安堵され、江戸時代には対馬国府中藩主。対馬一円および肥前国内での分領を知行(約三万石)し、元禄年間以降一〇万石以上の格式を称し、一八一七年(文化一四)二万石加増。朝鮮貿易も独占した。維新後伯爵。

そうしげまさ【宗重正】 1847.11.6～1902.5.25 幕末期の対馬国府中藩主、明治初期の外交官。はじめ義達。一八六二年(文久二)父義和の隠居をうけ襲封。六八年(明治元)六月、王政復古を朝鮮に通告し、七一年には外務大丞に任じられ朝鮮との外交交渉にあたった。

そうしせき【宋紫石】 1715～86.3.11 江戸中期の南蘋派の画家。姓は楠本、名は幸八。別号に雪渓・霞亭がある。江戸生れ。長崎で熊斐および清国人の宋紫岩に南蘋画風を学ぶ。宋紫石の名を得て江戸に戻り、長崎におこった南蘋画風を江戸に広めた功績は大きい。著書「古今画藪」、代表作「寒梅綬帯鳥図」。

ぞうしゅん【蔵俊】 1104～80.9.27 教明房・菩提院上綱・菩提院贈僧正とも。平安後期の興福寺法相宗僧。俗姓巨勢氏。大和国高市郡池尻生れ。覚晴・教高に師事し、また良慶・定清・長有に法相教学を学ぶ。学名高く、しばしば藤原頼長に因明を講じた。一一五五年(久寿二)維摩会竪義を勤め、晩年に元興寺別当・興福寺別当を歴任。権律師から権少僧都まで昇った。鎌倉初期の興福寺法相学匠はほとんど彼の門流で、彼らの奏により一二一四年(建保二)僧正法印位を追贈された。

そうしょう【宗性】 1202～78.6.8 鎌倉中期の東大寺の僧。藤原隆兼の子。一二一四年(建保二)道性のもとで得度、東大寺中院・尊勝院に住した。六〇年(文応元)東大寺別当に任じられ、旧仏教の復興に努めた。一二三〇年(寛喜二)笠置の貞慶の感化で弥勒信仰に入り、三五年(嘉禎元)「弥勒如来感応抄」を完成。東大寺に膨大な自筆稿本が現存することで知られる。

そうじょりん【曹汝霖】 Cao Rulin 1877.1.23～1966.8.4 中国近代の政治家。江蘇省出身。一九〇〇年(明治三三)来日し、法政大学卒。日露戦争では対日交渉に参与。対華二十一カ条の要求の交渉や西原借款成立に奔走したが、五・四運動の結果罷免される。三六年冀察政務委員会委員。日中戦争勃発後は華北臨時政府最高顧問として対日協力を行う。四九年以降、台湾、香港、日本をへて五七年渡米。

そうすけくに【宗資国】 ?～1274.10.6 鎌倉中期の武将。大宰府官惟宗氏の支族で対馬国の在庁官人惟宗氏の後裔。父は知宗。宗氏を称した初見が資国。対馬国の地頭少弐資能の地頭代を勤める。「八幡愚童訓」によれば、一二七四年(文永一一)対馬佐須浦(現、長崎県厳原町の西海岸)に襲来した元の大軍をわずか八〇騎で迎え撃つが、子とともに戦死。

そうぜい【宗砌】 ?～1455.1.16 室町中期の連歌師。但馬国守護山名家の家臣、高山民部少輔源時重。和歌を正徹に、連歌を梵灯庵に学んだ。出家して一時高野山に入るが、一四三三年(永享五)京都で庵を結ぶ。以後連歌七賢の一人として活躍、四八年(文安五)北野連歌会所奉行となって宗匠の称を許された。一条兼良とともに「連歌新式」の編集も行った。五四年(享徳三)山名持豊(宗全)の隠棲に従い、奉行職を辞して但馬国に下り翌年死去。連歌作品は「文安月千句・雪千句」など、句集に「宗砌句集」、連歌論書に「砌塵抄」などがある。弟子に宗祇がいる。

そうせいしゅん【宗性春】 生没年不詳。室町中期～戦国期の博多商人。宗金の子。一四六八年(応仁二)の遣明船の経営者代理である土官首席を勤めた。使節は翌年、新勘合をえて帰国したが、勘合は大内氏に奪われた。将軍足利義政は旧勘合を用いることにし、七五年(文明七)性春を専使として李氏朝鮮国王成宗のもとに派遣、旧勘合の使用許可と新勘合の給付の斡旋を依頼させた。要求は拒絶されたが、宗性春は爵位と物を賜った。

そうせき【宗碩】 1474～1533.4.24 戦国期の連歌師。別号は月村斎。尾張国生れ。一九歳以前に京都種玉庵の宗祇に入門。宗祇没後、京都に拠点をおきながら連歌師としての活動や、公家や大名家の使者として北陸・東国・九州などへたびたび旅行。近衛尚通・三条西実隆・大内義弘らとの親交が知られる。「十花千句」「伊勢千句」などに句が残るほか、数種の「宗碩句集」、伊勢紀行文「佐野のわたり」、古典学では宗祇の「古今集」講釈の聞書「十口抄」や「勅撰名所和歌抄出」「源氏男女装束抄」の著作がある。連歌辞書「藻塩草」の作者ともされる。門弟に宗牧・周桂・永閑がいる。

そうそけい【宋素卿】 ?～1525.4.14 明代の中国人。浙江省鄞県の人。本名は朱縞。日本人湯四五郎に従い来日。一五一一年(永正八)細川氏の遣明船の綱司を勤める。二三年(大永三)細川船の正使鸞岡瑞佐(省佐)とともに入明。対立する大内船は勘合を所持し、寧波到着が細川船より早かった。宋素卿は不利を挽回するため、明の市舶司に賄賂を贈り、立場を逆転させた。これが大内氏側の怒りを招き、寧波の乱に発展。乱後、明で獄死。

そうたかちか【宗孝親】 生没年不詳。鎌倉前期の武将。一一九六年(建久七)以前に安芸国の守護および在国司職(在庁兄部職)を兼任して国衙在庁を支配した。「吾妻鏡」には源頼朝や実朝の随兵・供奉人として登場。一二二一年(承久三)の承久の乱では後鳥羽上皇方に加わる。木曾川で幕府軍を迎え撃つが敗北。乱後、安芸国守護職を没収される。その後の消息は不明で、没落したらしい。

そうだきいちろう【左右田喜一郎】 1881.2.28～1927.8.11 明治・大正期の経済学者・哲学者。神奈川県出身。東京高等商業(一橋大学の前身)卒。一九〇四年(明治三七)英・独に留学。在独中に新カント哲学の立場から経済学の哲学的意味を考察した「貨幣と価値」「経済法則の論理的性質」を著し、二四年(大正一三)帝国学士院賞受賞。一九一三年に帰国して母校および京都帝国大学講師。家業の左右田銀行頭取も兼ね、貴族院多額納税議員。「西田哲学」の呼称は、彼の西田批判論文に始まる。「左右田喜一郎全集」全五巻。

そうださえもんたろう【早田左衛門大郎】 生没年不詳。室町中期の対馬国の豪族。浅茅湾周辺を根拠にした倭寇の頭目。李氏朝鮮から万戸という官職をえ、受職倭人として朝鮮貿易を行う。その規模は島主宗氏に匹敵し、宗貞茂の死後は島内最大の実力者となった。応永の外寇後朝鮮から来日した宋希璟の応接にもあたった。巨済島に農田を求め、三浦の倭人への課税権を握る。死後、早田氏は宗氏の家臣となり衰退。

そうたん【宗旦】 1636～93.9.17 江戸前期の俳人。姓は池田。京都生れ。一〇代から京都の重頼に師事、貞門俳諧を学んだ。一六七四年(延宝二)摂津国伊丹に遊び、そのまま定住して同地の俳壇を指導し、この門から鬼貫を出した。酒を愛し、俳風も自由奔放だった。編著「遠山鳥」。

そうたん【宗湛】 ⇨小栗宗湛

そうちょう【宗長】 1448～1532.3.6 室町中期～戦国期の連歌師。初名宗歓、別号は柴屋軒。駿河国島田の刀鍛冶の子に生まれ、駿河国守護今川義忠に仕えたが、一四七六年(文明八)義忠が戦死したため上京、一休宗純に参禅、連歌を宗祇に学ぶ。越後国や筑紫への旅に宗祇と同道し、「水無瀬三吟」「湯山三吟」などの作品に参加。叙景句よりも理のある句・述懐の句を得意とした。一五〇四年(永正元)駿河国宇津山麓に柴屋軒を結び、以後今川家の政治的活動のため旅をくり返した。自撰句集に「壁草」「那智籠」「老耳」、連歌論書に「雨夜記」「連歌比況集」、紀行・記録に「宗長手記」「宗祇終焉記」などがある。

そうつねしげ【宗経茂】 生没年不詳。南北朝期の対馬国守護代。盛国の長子。彦次郎。刑部丞。法名宗慶。少弐貞経のもとで鎮西探題赤橋英時の討滅に活躍したという伝承がある。信憑性のある史料では、少弐頼尚管国の代官として対馬・肥前・肥後各国での活動がみられる。一三六一年(康安元・正平一六)頼尚の出家にともない、みずからも宗慶と名のるが、頼尚引退後も子冬資のもとで対馬国守護代を勤め、以後同国の経営に専念。のちしだいに少弐氏から独立し、対馬島主としての立場を築いた。

そうてつげん【宋哲元】 Song Zheyuan 1885.10.30～1940.4.5 中国近代の軍人。山東省出身。馮玉祥の部下として頭角を現し北伐に参加。反蔣介石戦争に敗れ張学良の傘下に入る。満州事変後は察哈爾省政府主席・冀察政務委員会委員長などを歴任し、華北にあって対日折衝の前面に立つ。配下の第二九軍と日本軍の間で一九三七年(昭和一二)七月七日盧溝橋事件が発生し、日中戦争の発端となる。

そうはん【曾槃】 1758～1834.2.20 江戸後期の本草家。名は槃または昌啓、字は士攷、号は占春。先祖は中国福建の人で長崎唐通事。出羽国鶴岡藩医昌啓の子として江戸に生まれ、多紀藍渓に医学を、田村藍水に本草学を学ぶ。父の跡を継ぎ藩医となるが、一七七八年(安永七)辞任。九二年(寛政四)島津重豪の侍医として鹿児島藩に仕える。薩摩国に下り藩領内の産物を調査。重豪の命で白尾国柱と「成形図説」を編纂。著書はほかに「国史草木昆虫攷」「灯下墨談」。

そうへいしゅん【宋秉畯】 Song Byong-jun 1858～1925.1.30 李氏朝鮮末期の政治家。開化思想に感化されて親日家となり、閔妃殺害事件で日本に亡命。日露戦争に日本軍通訳として帰国し、李容九らと一進会を組織、日本軍に協力した。日本の保護政治下、李完用内閣の農商工部・内部大臣を歴任。一九〇九年に日韓合邦請願書・声明書を出し、日韓併合を推進した。併合後に子爵、三・一運動後に伯爵。

そうへきもんいんのしょうしょう【藻璧門院少将】 生没年不詳。鎌倉時代の歌人。藤原信実の女。弁内侍・後深草院少将内侍の姉。後堀河天皇の中宮藻璧門院竴子に出仕、一二三二年(貞永元)「洞院摂政家歌合」などで歌をよんだ。「新三十六人撰」、七六年(建治二)撰の「現存三十六人詩歌」歌人。「井蛙抄」に歌評逸話がみえる。「新勅撰集」以下の勅撰集に入集。自撰家集は散逸。

そうぼく【宗牧】 ?～1545.9.22 戦国期の連歌師。谷氏。号は孤竹斎。越前国一乗谷生れ。宗長・宗碩に師事し各地を旅した。三条西実隆邸や近衛家に出入りし、一五三六年(天文五)連歌宗匠となった。下野国佐野で客死。連歌作品に師宗長との両吟「矢島小林庵百韻」や数種の「宗牧句集」がある。連歌の相伝書を集大成し、後世の連歌・俳諧に影響を与えた。宗祇の正統といわれ、句風は繊細。

そうまあいぞう【相馬愛蔵】 1870.10.15～1954.2.14 明治～昭和期の実業家。長野県出身。東京専門学校を卒業後、蚕種製造にたずさわる。再び上京し、本郷中村屋を譲りうけてパン屋を始め、一九〇九年(明治四二)新宿に開店、カレーライス、ボルシチなど海外の食品を先駆的に導入した。夫人相馬黒光は文化人として多くの作家・芸術家を援助した。

そうまぎょふう【相馬御風】 1883.7.10～1950.5.8 明治・大正期の詩人・歌人・評論家。本名昌治。新潟県出身。早大卒。一九〇三年(明治三六)新詩社脱退、「白百合」創刊。大学卒業後「早稲田文学」の編集にたずさわり、自然主義論を展開。同時に早稲田詩社を結成して、詩論「詩界の根本的革新」、実作「痩犬」などで口語自由詩運動を推進。しだいに人生論的傾向をおび、苦悩の告白として一六年(大正五)「還元録」を刊行、郷里に隠棲。同郷の良寛の研究に従い、「大愚良寛」などがある。

そうまこっこう【相馬黒光】 1876.9.12～1955.3.2 明治～昭和期の実業家・文筆家。旧姓星、本名は良。宮城県出身。明治女学校卒。一八九七年(明治三〇)相馬愛蔵と結婚し、長野県安曇野に住むが、一九〇一年上京して本郷にパン屋を開業、のちに新宿中村屋となる。事業の発展に努め

●相馬氏略系図

師常─義胤─胤綱─胤村┬胤氏〔下総相馬〕
　　　　　　　　　　└師胤─重胤〔奥州相馬〕─親胤……義胤─利胤〔中村藩〕……誠胤(子爵)

ると同時に、荻原守衛ら多くの芸術家を支援するサロンをつくり、またインド独立運動の志士ボース、ロシアの亡命詩人エロシェンコらを保護するなど多彩な活動を行った。

そうまし【相馬氏】 中世～近世の武家。桓武平氏。千葉六党の一つ。常胤の次男師常が下総国相馬郡に住み相馬氏を称した。師常は奥州平定の勲功で、源頼朝から陸奥国行方郡を与えられた。鎌倉後期、重胤は下総国から行方郡小高(現、福島県小高町)に移り、奥州相馬氏の祖となる。南北朝期、重胤・親胤父子は北朝方として活躍。戦国期には伊達氏と抗争を展開。一五九〇年(天正一八)義胤は豊臣秀吉により本領安堵。関ケ原の戦で所領を没収されたが、のち許され陸奥国中村藩六万石の藩主となる。維新後、子爵。

そうましげたね【相馬重胤】 ?～1336.4.- 鎌倉末～南北朝初期の武将。奥州相馬氏の祖。師胤の子。一三二三年(元亨三)下総国相馬御厨から陸奥国行方郡(現、福島県原町市・相馬郡)に移住。三三年(元弘三)建武政権から所領を安堵され、三五年(建武二)には陸奥守北畠顕家に行方郡奉行と伊具・亘理・宇多・行方各郡の統轄を命じられる。同年足利尊氏の挙兵に参加、所領を子に譲り鎌倉に赴くが、翌年北畠顕家との戦に敗れ、鎌倉法華堂下で自害。

そうまだいさく【相馬大作】 1789～1822.8.29 盛岡藩の牢人下斗米秀之進の変名。陸奥国二戸郡福岡生れ。江戸に出て平山行蔵らに兵法武術を学ぶ。帰国後、郷里に講武場を設け子弟の教育にあたる。北方防備に関心をもっていたといわれる。弘前藩主の官位が盛岡藩主のそれを上回ったのを憂い、一八二一年(文政四)弘前藩主の殺害を企てたが、未遂に終わる(檜山騒動)。翌年江戸で捕縛され、処刑された。

そうまちかたね【相馬親胤】 生没年不詳。南北朝期の陸奥国の武将。北朝方として活動。足利尊氏に従って上京し、一三三七年(建武四・延元二)帰国。この間父重胤の戦死、本拠小高城(現、福島県小高町)の一時失陥などにみまわれたが、以後近隣の南朝方と戦って小高を確保。石塔義元・吉良貞家などに従い、四七年(貞和三・正平二)の霊山攻撃、五一年(観応二・正平六)の陸奥国府防戦、五二年(文和元・正平七)の宇津峰城攻撃に参加。一三五一年には陸奥国東海道守護となった。

そうまとしたね【相馬利胤】 1581～1625.9.10 江戸初期の大名。陸奥国中村藩主。父は義胤。大膳亮。一五九六年(慶長元)伏見で豊臣秀吉に謁見し、従五位下に叙任。一六〇〇年の関ケ原の戦に際し、不参のため徳川家康のとがめをうけたが、のちゆるされて〇二年父とともに本領を安堵され、陸奥国小高城に住んだ。一一年同国宇多郡中村城を再営し、城下を移す。一四年大坂冬の陣に参陣、のち徳川秀忠の上洛にもたびたび従った。家臣団統制をはじめ中村藩政の確立に尽くす。

そうまはんじ【相馬半治】 1869.7.8～1946.1.7 大正・昭和期の実業家。愛知県出身。一八九六年(明治二九)東京工業学校(東京工業大学の前身)卒業後、同校助教授になる。一九〇〇年から〇三年まで製糖業・石油化学工業研究のため欧米に留学。帰国後、〇四年台湾総督府の嘱託となって台湾各地の糖業を視察。〇六年東京高等工業学校教授を退官して明治製糖の創立に参加、専務取締役となり、一五年(大正四)同社の社長に就任。

そうまもろつね【相馬師常】 1139/43～1205.11.15 平安末～鎌倉初期の武士。千葉常胤の次男。下総国相馬御厨の支配権を継ぎ、相馬氏の祖となる。一一八〇年(治承四)一族とともに源頼朝に従って平家追討の合戦に参加。八九年(文治五)奥州合戦に従軍し、軍功により陸奥国行方郡を得た。

そうまよしたね【相馬義胤】 1548～1635.11.16 江戸初期の大名。父は陸奥国小高城主盛胤。長門守。一五九〇年(天正一八)小田原攻めの際、豊臣秀吉に謁見し、在京料五〇〇石を近江に与えられる。一六〇〇年(慶長五)関ケ原の戦では不参により徳川家康のとがめをうけ、〇二年所領を没収されたが、同年ゆるされて本領陸奥国宇多郡などを安堵される。一五年(元和元)大坂夏の陣に病の嫡子利胤にかわって従う。中村藩の基礎をつくる。

ぞうみょう【増命】 843～927.11.11 静観とも。平安前期の天台宗僧。左大史桑内安峰の子。比叡山西塔院の延最に師事、円仁から天台教学を学び、円珍から灌頂をうける。八九九年(昌泰二)園城寺長吏、九〇六年(延喜六)天台座主に任じられる。宇多法皇の出家受戒・受灌の師となり、また宮中の玉体安泰祈願をしばしば行った。九一五年少僧都となり、九二五年(延長三)僧正まで昇る。九二七年、奏上して円珍に智証大師の号を下賜させた。

ぞうよ【増誉】 1032～1116.1.29 一乗院大僧正とも。平安中期の天台宗僧。大納言藤原経輔の子。園城寺の乗延に師事、行円のもとで得度し、行観から灌頂をうける。大峰・葛城山で修行、早くから修法の験を現す。白河・堀河両天皇の護持僧としても活躍。一〇九〇年(寛治四)白河上皇の熊野詣の先達を勤めて初代熊野検校に任じられ、洛東に聖護院を創建。天王寺別当・園城寺長吏を歴任し、一一〇五年(長治二)天台座主となるが、延暦寺の反対で翌日辞任。のち尊勝寺など一三カ寺の別当を兼任。

そうよう【宗養】 1526～63.11.18 戦国期の連歌師。谷氏。号は無為・半松斎。宗牧の子。早くから父に連歌を学び、一五四五年(天文一四)二〇歳で父の死にあい、のち連歌師としての地盤や伝書を継承し第一人者となる。近衛家や三条西公条、尼子晴久・三好長慶とも親しかった。父と同じく句風は繊細、「石山四吟千句」「宗養句集」などに句が残る。宗牧から宗養に伝えられた連歌論書に「宗養三巻集」がある。宗養の没後、連歌界は紹巴の時代となる。

そうよしざね【宗義真】 1639.11.18～1702.8.7 江戸前期の大名。対馬国府中藩主。義成の長男。従四位下、侍従、対馬守。隠居後刑部大輔。法号天竜院。一六五七年(明暦三)遺領相続。朝鮮貿易の興隆を背景に、知行改革・機構整備や優秀な学者の招聘など府中藩の体面と内実整備に努めたが、後代からは質素な風俗を破り藩財政を傾けた藩主とみられた。九二年(元禄五)子の義倫に跡を譲り隠居したが、九四年義倫が没すると幕府から朝鮮関係の役儀をつかさどるよう命じられ、一七〇一年まで勤めた。

そうよししげ【宗義調】 1532～88.12.12 戦国期の対馬島主。幼名熊太郎。彦七。刑部少輔、讃岐守。義親。一五五三年(天文二二)父晴康の後を継ぎ対馬国守護となる。倭寇禁圧に努め、対朝鮮貿易を拡大。家臣の謀反を鎮圧し、六六年(永禄九)宗将盛の子茂尚に家督を譲るが早世。その弟義純・義智から代々の島主の後見役として実権を握り続けた。豊臣秀吉の九州攻めの際は、再び島主として秀吉のもとに仕え本領安堵されたが、対朝鮮交渉を命じられ、折衝中に死去。

そうよしとし【宗義智】 1568～1615.1.3 織豊期～江戸初期の武将。対馬島主のち対馬国府中藩主。将盛の子。初名昭景、一時吉智とも。従四位下、侍従、対馬守。法号万松院。一五七九年(天正七)島主となる。八七年豊臣秀吉の九州攻めの際、前島主義調が復帰したが、翌年再び義智が島主。秀吉の朝鮮出兵を前に、三たび朝鮮に渡り交渉にあたった。文禄の役には兵三〇〇〇を率いて参戦、小西行長と行動をともにし、慶長の役では熊川・南海などで戦った。戦後は朝鮮との復交交渉に尽力し、一六〇七年(慶長一二)国王使の来日、〇九年己酉約条締結を実現。一五年(元和元)対馬で没した。二二年朝鮮政府は嫡男義成に図書(銅印)を与え、万松院送使の派遣を認めた。

そうよしなり【宗義成】 1604～57.10.26 江戸初期の大名。対馬国府中藩主。義智の長男。初名貞光。従四位下、侍従、対馬守。法号光雲院。一六一五年(元和元)遺領相続。三一年(寛永八)家臣柳川調興と争論し、幕府の審理の過程で朝鮮との外交文書改竄や偽造が明るみに出たが、三五年幕府の裁決により義成は無罪(柳川一件)。この後、日朝関係の近世的な枠組みが整備された。

そうよしもり【宗義盛】 1476～1520.12.6 戦国期の対馬国守護。通称彦七。盛順。讃岐守。父は材盛。永正年間初頭に家督相続。将軍足利義稙から一字をうけ義盛と改める。一五一〇年(永正七)三浦の乱に際し、朝鮮に兵船を送るが敗退。一時は対朝鮮通交が断絶するという痛手をうけた。一二年の壬申約条で回復したが、交易量は縮小された。一説によると、一五一一年に上洛して、義稙から近江に所領を与えられたという。

そうよりしげ【宗頼茂】 生没年不詳。南北朝期～室町中期の武将。対馬国守護・右馬大夫。「宗氏家譜」は貞茂の父霊鑑と同一人とするが誤り。宗氏嫡流ではなく、支流の仁位中村系の出身で、同系の澄茂から島主の地位を継いだ。澄茂の子かその近親者と思われる。この系統は、澄茂・頼茂と二代にわたり宗氏嫡流から政権を奪ったが、頼茂治世中の一三九八年(応永五)惣領家貞茂によって奪還された。以後の事績は不明。

そえじまたねおみ【副島種臣】 1828.9.9～1905.1.31 幕末期の佐賀藩士、明治期の政治家。実兄の国学者枝吉経種(神陽)の義祭同盟に参加、尊王攘夷運動にたずさわる。大隈重信と大政奉還斡旋を試み藩から謹慎処分をうける。維新後、参与・参議・外務卿などを務め、樺太国境問題、マリア・ルス号事件、琉球帰属問題の処理などにあたり、全権大使として日清修好条規批准書の交換を行った。一八七三年(明治六)参議兼外務卿となったが征韓論で下野、翌年民撰議院設立を建議、愛国公党の結成に加わる。八八年枢密顧問官。翌年大隈の条約改正交渉を批判して天皇の戒諭をうけた。枢密院副議長をへて九二年第一次松方内閣の内相となるが、白根専一次官と対立して辞任。詩文に優れ、東邦協会会頭を務めた。伯爵。

そえだあぜんぼう【添田唖蟬坊】 1872.11.25～1944.2.8 明治～昭和前期の演歌師。神奈川県出身。本名平吉。一八九〇年(明治二三)演歌師となり、「欣舞節」「ラッパ節」ほか替歌を多く作った。一九〇六年以降は社会主義に傾倒し、「あゝ金の世」「あきらめ節」など社会批判の歌を作ったが、取締りのきびしい時代、それらの歌は演歌の傍流にとどまった。

そえだじゅいち【添田寿一】 1864.8.15～1929.7.4

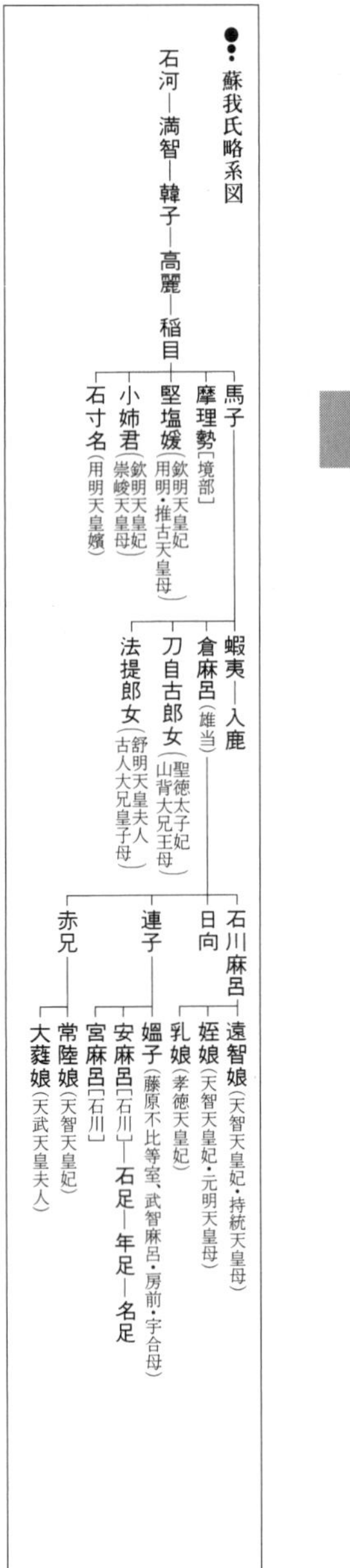

明治・大正期の理財家・経済学者。筑前国生れ。東大卒。大蔵省に入省し、松方財政期に通貨金融制度の近代化に貢献し、大蔵次官。一九〇二年(明治三五)日本興業銀行の初代総裁。のち言論界に転じ、中外商業新報(現、日本経済新聞)などの社長。社会政策などの学究活動でも知られる。

そがうじ【蘇我氏】 古代の中央氏族。武内宿禰の子の蘇我石河宿禰を始祖とするという。本拠地は大和国高市郡曾我、大和国葛上郡、河内国石川郡の三説があるが、第一説が妥当か。六世紀前半の宣化朝(実際は欽明朝か)に稲目が大臣となり、欽明天皇に二人の女を妃として入れた。馬子・蝦夷・入鹿と続く本宗家は、唯一の大臣家として王権と密着して勢威をふるった。六四五年(大化元)乙巳の変によって本宗家は壊滅したが、傍系の倉山田石川麻呂の女が持統・元明両天皇の生母となって朝廷で重きをなした。六八四年(天武一三)の八色の姓では連子系の石川氏が朝臣姓を賜り、実務官人として勢力を保った。

そがごろう【曾我五郎】 ⇩曾我十郎・五郎

そがし【曾我氏】 中世の相模国の武家。桓武平氏千葉氏支流の恒信の子祐家が、相模国曾我荘(現、神奈川県小田原市)を本拠として曾我大夫と称したのに始まるという。祐家の子祐信は、仇討で有名な曾我兄弟の養父で、鎌倉御家人として活躍。実子祐綱も勲功をたて、土佐国に地頭職をえた。また陸奥国津軽の一族は北条氏得宗家の被官となる。一四一七年(応永二四)上杉禅秀の乱に関与したため本領を失う。西国に所領をもち、室町幕府奉行衆となった一族もいた。

そがじゃそく【曾我蛇足】 ⇩蛇足

そがじゅうろう・ごろう【曾我十郎・五郎】 曾我十郎祐成(一一七二〜九三)・五郎時致(一一七四〜九三)の兄弟。鎌倉初期の武士。父河津祐泰が一一七六年(安元二)に一族の工藤祐経に暗殺されたのち、母の再嫁先の相模国曾我荘(現、神奈川県小田原市)で養育され、継父の名字曾我を称し、成人後は北条時政の庇護下にあったらしい。九三年(建久四)富士の巻狩の際、父の敵祐経を殺害。祐成は仁田忠常に討たれるが、時致はさらに源頼朝の宿所襲撃をはかり、捕らえられ死刑にされた。「曾我物語」はこの仇討事件を描く。

そがしょうはく【曾我蕭白】 1730〜81.1.7 江戸中期の画家。本姓は三浦、名は暉雄。字は師竜。別号に如鬼・蛇足軒など。京都の商家の生れ。高田敬甫に画を学び、室町時代の曾我蛇足に私淑し蛇足一〇世を自称。上方学芸界の思想や、中国の明末・清初の美術界の情報に接し、強烈な表出性をもつ画風を確立した。二九〜三〇歳頃と三五〜三六歳頃に伊勢地方をめぐり、同地方には作品や風狂な人となりを伝える逸話が多く残る。代表作「群仙図屏風」「寒山拾得図」。

そがすけのり【曾我祐準】 1843.12.25〜1935.11.30 明治・大正期の軍人・政治家。筑後国柳河藩士の子。最初海軍のち陸軍に転じ、西南戦争時は第四旅団司令長官。一八八一年(明治一四)には谷干城らと開拓使官有物払下げ中止、憲法制定を建白。陸軍部内では主流派と対立、八六年に軍を去り、貴族院議員・枢密顧問官・日本鉄道会社社長を歴任。

そがちかすけ【曾我近祐】 1605〜61.9.13 江戸前期の幕臣。大坂町奉行。古祐の子。母は小笠原長房の女。通称権左衛門・又左衛門。法名惟心。一六二六年(寛永三)西丸小姓組に列し、以後は書院番・目付代・先手頭を歴任。五八年(万治元)老齢のため退任した父にかわり大坂西町奉行に就任、同年遺跡三〇〇〇石を継ぎ、丹波守に叙任。大坂三郷町肝煎の廃止など、名奉行の誉れが高いが、在職四年にして没した。

そがちょくあん【曾我直庵】 生没年不詳。桃山時代の画家。堺を中心に奈良・高野山などで活躍。曾我派を名のり、曾我紹祥の子という説もある。

豊臣秀頼が北野天満宮に奉納した直庵筆「神馬図扁額」の銘から、一六一〇年（慶長一五）までの生存が確認される。室町漢画の手法をひく保守的な画風で花鳥画を多く描き、鷹の画題を得意とした。代表作「商山四皓・虎渓三笑図屏風」（遍照光院蔵、重文）、「鶏図屏風」（宝亀院蔵、重文）。

そがのあかえ【蘇我赤兄】 生没年不詳。七世紀後半の官人。馬子の孫。倉麻呂（雄当）の子。石川麻呂の弟。六五八年（斉明四）紀温湯行幸の留守官であったとき有間皇子を謀反の罪におとしいれ、皇子を紀温湯に護送した。六六八年（天智七）女の常陸娘を天智天皇の妃とし、六六九年に筑紫率、六七一年には左大臣に任じられた。壬申の乱に際して瀬田に吉野軍を防いだが敗れ、捕らえられて配流。大海人皇子にも女の大蕤娘を夫人に入れている。

そがのいしかわまろ【蘇我石川麻呂】 ?～649.3.25 蘇我倉山田石川麻呂とも。七世紀の官人。馬子の孫。倉麻呂の子。六四四年（皇極三）女の遠智娘を中大兄皇子の妃に入れて接近し、六四五年（大化元）三韓進調の表文を読み、その間に蘇我入鹿が誅殺された。改新政府で右大臣に任じられたが、新冠位の制定に際しても古冠を着していた。六四九年、中大兄を害するとの讒言にあい、石川麻呂は天皇の兵をうけ、山田寺で妻子多数と自害した。

そがのいなめ【蘇我稲目】 ?～570.3.1 六世紀半ばの大臣。馬子の父。「公卿補任」は高麗の子とする。宣化元年、大臣に任じられたとされ（実際は欽明朝か）、実在の確実な最初の大臣。女の堅塩媛と小姉君が欽明天皇の妃となり、用明・推古・崇峻の三天皇を生んだ。欽明朝には百済から仏教が公伝したが、稲目は物部尾輿・中臣鎌子らと対立して崇仏を推進した。欽明三一年没した。

そがのいるか【蘇我入鹿】 ?～645.6.12 林臣・宗我大郎・鞍作とも。七世紀中葉の官人。蝦夷の子。「家伝」上によると、僧旻の塾に学び、高い評価をうけた。「日本書紀」によると、皇極朝にはみずから国政を執って威は父蝦夷に勝ったという。六四二年（皇極元）蝦夷の造った双墓のうち、一つを小陵と称してみずからの墓とし、六四三年、蝦夷は病により出仕せず、私的に紫冠を入鹿に授けて大臣の位に擬した。同年、上宮王家を滅亡させ、六四四年、蝦夷と入鹿は甘檮岡に家を並べてたて、蝦夷の家を上の宮門、入鹿の家を谷の宮門と称し、子を王子とよばせた。六四五年（大化元）三韓進調の日、中大兄皇子らによって大極殿で斬られ、死体は蝦夷のもとに届けられた。

そがのうまこ【蘇我馬子】 ?～626.5.20 島大臣とも。六世紀後半～七世紀前半の大臣。稲目の子で、蝦夷の父。敏達元年、大臣に任じられ、以後用明・崇峻・推古朝と終生大臣を勤めた。飛鳥の大野丘の北に塔を建てるなど崇仏に努め、廃仏派の物部守屋との対立を激化させ、用明没後、穴穂部皇子と守屋を攻め滅ぼした。崇峻五年、東漢駒に崇峻天皇を殺させ、推古天皇を擁立し、厩戸皇子（聖徳太子）を皇太子とした。五九六年（推古四）法興寺を完成させ、六二〇年太子とともに「天皇記」「国記」などの史書を撰録し、六二三年新羅に出兵した。六二四年、天皇に葛城県を請うたが許されなかった。六二六年、没して桃原墓に葬られた。

そがのえみし【蘇我蝦夷】 ?～645.6.13 豊浦大臣とも。七世紀前半の大臣。馬子の子。六一〇年（推古一八）新羅・任那の使人の入朝を迎えた。馬子が没すると大臣に任じられた。推古天皇の没後、みずから大臣として嗣位を定めようとし、群臣に諮り、山背大兄王を推す叔父の境部摩理勢を殺して舒明を即位させた。皇極朝にも大臣であったが、子の入鹿の威が蝦夷に勝ったという。六四二年（皇極元）祖廟を葛城高宮に建てて八佾舞をなし、双墓を今来に造ってみずからの墓を大陵と称した。翌年、病のため朝参せず、私的に紫冠を入鹿に授けて大臣に擬し、六四四年、甘檮岡に家を建てて上の宮門と称して武装した。六四五年（大化元）入鹿が殺されると自殺した。

そがのおあねぎみ【蘇我小姉君】 生没年不詳。欽明天皇の妃。稲目の女。堅塩媛の同母妹。「古事記」は岐多斯比売の姨小兄比売と記す。茨城皇子・葛城皇子・穴穂部間人皇女・穴穂部皇子・泊瀬部皇子（崇峻天皇）ら四男一女をもうける。穴穂部皇子は用明天皇の没後、物部守屋と共謀して皇位をうかがうが、蘇我馬子らに討たれ、崇峻も馬子に殺害されるなど、小姉君所生の皇子は堅塩媛系にくらべると、馬子から疎遠であったことがうかがえる。

そがのおちのいらつめ【蘇我遠智娘】 名は造媛とも。生没年不詳。中大兄皇子（天智天皇）の妃。蘇我石川麻呂の次女。中大兄の妃に決まっていた姉が蘇我日向に奪われたので、そのかわりに妃となる。大田皇女（大海人皇子妃）・鸕野皇女（持統天皇）・建皇子をもうける。父が日向の讒言により山田寺で自殺すると、傷心のあまり夭折。これを聞いた中大兄は哀泣したという。

そがのからこ【蘇我韓子】 生没年不詳。五世紀頃の人。満智の子、高麗の父といわれる。「日本書紀」雄略九年五月条によれば、新羅征討の大将軍の一人であったが、兵馬の管掌をめぐり紀大磐を怨んだ小鹿火宿禰が韓子に虚言したため、韓子は大磐を憎悪し、国境の河辺で大磐の鞍几の後橋を射たが、逆に大磐に射殺されたという。

そがのきたしひめ【蘇我堅塩媛】 生没年不詳。欽明天皇の妃。稲目の女。小姉君の姉。「古事記」は岐多斯比売と記す。橘豊日命(用明天皇)・豊御食炊屋姫命(推古天皇)ら七男六女を生む。六一二年(推古二〇)檜隈大陵(欽明陵)に改葬され、盛大な儀式がもよおされたと「日本書紀」にみえる。ここで堅塩媛を皇太夫人とするのは、律令による修飾。

そがのはたやす【蘇我果安】 ?～672.7.- 七世紀後半の官人。六七一年(天智一〇)御史大夫に任じられた。吉野へむかう大海人皇子を宇治まで見送った。六七二年(天武元)壬申の乱がおこると大友皇子側についた。不破を攻める際、近江国の犬上川の陣で内紛をおこして山部王を殺し、自殺した。乱後その子らは配流された。

そがのひむか【蘇我日向】 生没年不詳。七世紀後半の官人。字は身刺。倉麻呂の子。六四四年(皇極三)中大兄皇子と兄蘇我石川麻呂の長女が婚約した夜、長女を盗んだ。六四九年(大化五)石川麻呂が中大兄を殺害しようとしたと讒言し、衆を率いて石川麻呂を追った。自害した石川麻呂の無実が明らかにされると、中大兄は日向を筑紫大宰帥としたが、世人はこれを左遷と評したという。中大兄の意をうけた事件かと思われる。

そがのほほてのいらつめ【蘇我法提郎女】 生没年不詳。舒明天皇の夫人。馬子の女。六三〇年(舒明二)舒明の即位にともなって夫人となる。古人大兄皇子を生む。「日本書紀」孝徳即位前紀に古人は中大兄皇子の兄(「本朝皇胤紹運録」は異母弟)とあり、舒明の田村皇子時代の六二五年以前に嫁したのであろう。

そがのまち【蘇我満智】 蘇我満智宿禰とも。蘇我氏の祖で、石河の子と伝えられる。「日本書紀」は履中朝に平群氏・葛城氏・物部氏とともに国事を執ったと伝え、「古語拾遺」には雄略朝に三蔵を管理したとみえる。百済の木満致と同一視する説もあるが、満智の実在を疑問視する説が有力。

そがのむらじこ【蘇我連子】 ?～664.3/5.- 名は牟羅志・武羅自とも。七世紀中葉の大臣。馬子の孫で雄当(または倉麻呂)の子。六六四年(天智三)に没したが、「日本書紀」には時に大臣大紫とある。兄弟は政治事件や戦乱に巻きこまれ没落したが、連子の子孫のみが石川氏として奈良時代まで存続した。

そがのやごろう【曾我廼家五郎】 1877.9.6～1948.11.1 明治～昭和前期の喜劇俳優。大阪府出身。本名和田久一。はじめ歌舞伎の中村珊瑚郎の門に入り珊之助を名のる。一九〇三年(明治三六)曾我廼家十郎と新喜劇の一座を結成、日本の演劇界にはじめて喜劇の分野を開拓した。一堺漁人の筆名で九六三編の脚本も残した。著書「十五年の足跡」。

そがのやじゅうろう【曾我廼家十郎】 1869.4.26～1925.12.4 明治・大正期の喜劇俳優。三重県出身。本名大松福松。はじめ歌舞伎の中村歌六の門に入り時代と名のる。一九〇三年(明治三六)曾我廼家十郎と改名し、曾我廼家五郎と新喜劇の一座を結成。笑いのなかに教訓を交えた作品で、喜劇という演劇の一分野を開拓。和老亭当郎の筆名で脚本も多数残した。

そがのやすまろ【蘇我安麻呂】 生没年不詳。七世紀後半の官人。連子の子。六七一年(天智一〇)重病の天智天皇から大海人皇子を召すよう遣わされた安麻呂は、親しかった皇子に陰謀の存在を示唆し、皇子は皇位継承を辞退して危機を脱した。その後の動静は不明。子孫が石川氏として名門蘇我氏をうけついだ。

そがひさすけ【曾我古祐】 1586～1658.4.21 江戸前期の幕臣。大坂町奉行。尚祐の子。通称忠三郎・喜太郎・又左衛門。丹波守。一六〇一年(慶長六)から徳川秀忠に仕え、書院番となる。大坂の陣の抜駆けで一時閉門になるが、一六二六年(寛永三)遺跡を継ぎ、使番・目付・長崎奉行を歴任。三四年大坂西町奉行に転任した。

そがりょうじん【曾我量深】 1875.3.10/15～1971.6.20 大正・昭和期の宗教家。真宗大谷派僧侶・仏教学者。新潟県出身。旧姓富岡。清沢満之の浩々洞に入り、雑誌「精神界」を編集、四天王の一人とされる。その後、東洋大学・大谷大学の教授を歴任。一九三〇年(昭和五)著書が宗義違反とされ、大学を辞任した。のち復帰し、三六年に大谷大学学長となる。

ぞくしゅげん【続守言】 ⇨続守言

そくてんぶこう【則天武后】 624?～705.11.26 武則天とも。唐の高宗の皇后。中国史上唯一の女性皇帝(在位六九〇～七〇五)。本名は武照。六五五年に皇后にたてられ、以後病弱の高宗にかわり政治の実権をにぎった。六八三年に実子の中宗を廃し、弟の睿宗をたてた。六九〇年に睿宗を廃して即位し、国号を周と改めた。果断な性格で多くの人を死に追いやったが、人材登用にたけて内政に破綻をみせなかった。晩年クーデタで退位した。則天文字の制定や四字年号の使用など、日本にも影響を与えた。

そくひにょいち【即非如一】 1616.5.14～71.5.20 中国明代の禅僧。一八歳で出家し、一六三七年福州黄檗山万福寺(古黄檗)の隠元隆琦に参じ、五一年に法をつぐ。五七年(明暦三)隠元に招かれ来日し、長崎崇福寺に住し、伽藍を整備して中興開山とされる。六三年(寛文三)宇治の万福寺で法兄の木庵性瑫とともに首座となった。翌年帰国の途次、豊前国小倉藩主の小笠原忠真らに招かれ、福聚寺の開山となる。隠元・木庵とともに黄檗三筆。

そごうかずまさ［十河一存］ ?～1561.3.18 「かずなが」とも。戦国期の武将。三好元長の四男。のち讃岐の十河景滋の養子。初名長正・之虎。又四郎。左衛門尉・民部大夫・讃岐守。実兄三好長慶をたすけ、一五四九年(天文一八)摂津国江口で三好政長を討ちはたす。その後、和泉国岸和田城に入城。猛将として知られ、鬼十河の異名をとる。有馬温泉で落馬して死亡したという。実子義継が長慶の養子となったため、次兄義賢の子存保が家督をついだ。

そごうし［十河氏］ 中世の讃岐国の豪族。蘇甲(十河)郷(現、高松市)よりおこる。鎌倉末期、阿波国守護小笠原氏の被官として元清がおり、阿波にも一族が進出した。南北朝期には細川氏被官として遠久・兼重らがいる。戦国期、景滋の養子に三好長慶の弟一存が入り、十河城を本拠として兄を助けた。一存の養子存保は豊臣秀吉に仕えたが、一五八六年(天正一四)島津氏と豊後国で戦い討死し、廃絶。

そごうしんじ［十河信二］ 1884.4.14～1981.10.3 大正・昭和期の官僚・政治家。愛媛県出身。東大卒。鉄道院に入り、一九二四年(大正一三)鉄道省経理局長になるが、二六年(昭和元)復興局の汚職事件で辞職。満鉄の理事、興中公司社長などを歴任した。第二次大戦後は鉄道弘済会会長をへて、五五年国鉄総裁に就任。東海道新幹線の実現に努めた。

そこつつのおのみこと［底筒男命］ ⇨表筒男命

そせい［素性］ 生没年不詳。平安前期の歌人。三十六歌仙の一人。僧正遍照の子。俗名良岑玄利。早くに出家し、雲林院や大和国の良因院に住んだ。八九六年(寛平八)雲林院に行幸を迎え、八九八年(昌泰元)には宮滝御幸に従うなど、宇多天皇とのつながりが強い。歌合・屏風歌でも活躍。九〇九年(延喜九)までの生存が確認される。六歌仙と「古今集」撰者の間に位置する歌人で、「古今集」に第四位の三六首など勅撰集入集は六〇首。家集「素性集」。

そていほう［蘇定方］ 592～667 唐の将軍。名は烈。字は定方。唐の貞観初年に李靖に従って突厥を討った。六六〇年熊津道大総管として百済を討ち、首都を陥落させ、義慈王・太子隆らを捕らえて洛陽に送った。さらに遼東道行軍大総管に任命され、翌年、高句麗の平壌城を囲んだが失敗。帰国後、涼州安集大使に任命され吐蕃・吐谷渾を平定。荘と諡し幽州都督を追贈される。

ソテーロ Luis Caballero Sotelo 1574.9.6～1624.7.12 スペインのセビリア生れのフランシスコ会宣教師。一六〇三年(慶長八)フィリピン総督使節として来日、和歌山・江戸・陸奥で布教。一三年江戸で捕らえられ死刑宣告をうけたが、伊達政宗の仲介により釈放され、同年、慶長遣欧使節支倉常長に同行。スペイン国王や教皇に拝謁したが、日本布教の援助は得られなかった。二二年(元和八)薩摩に潜入、ただちに捕らえられ、大村で殉教。政治的行動が多く、評価のわかれる宣教師である。

そどう［素堂］ 1642～1716.8.15 江戸前期の俳人・治水家。山口氏。本名信章。通称勘兵衛。甲斐国生れ。家業は甲府魚町の酒造業。二〇歳頃家督を弟に譲り、江戸に出て漢学を林鵞峰に学ぶ。俳諧は一六六八年(寛文八)刊「伊勢踊」に句が初出。七四年(延宝二)京都で季吟と会吟、翌年江戸ではじめて芭蕉と一座し、以降たがいに敬愛親炙する。晩年「とく〳〵の句合」を撰した。九六年(元禄九)甲府代官桜井政能に濁川の治水を依頼され、山口堤とよばれる堤防を完成させた。

そとおりのいらつめ［衣通郎姫］ 「そとおしのいらつめ」とも。「古事記」では允恭天皇皇女の軽大郎女を、「日本書紀」では允恭天皇皇后の忍坂大中姫の妹をさす。前者は、同母兄の木梨軽皇子が姫を犯した罪で伊予に流された際、後を追っていきともに自殺したと伝える。後者は、允恭に召されたが姉の嫉妬を知って容易に応じず、のちに妃となり大和の藤原に住し、名代として藤原部を定めたと伝える。

ソートマヨール Nuno de Sotomaior 生没年不詳。ノッサ・セニョーラ・ダ・グラッサ号事件による日葡関係中断の修復のため、一六一一年(慶長一六)ポルトガル副王使節として来日したポルトガル人。徳川家康・同秀忠に面会し、同号撃沈の賠償は拒否されたものの、貿易再開を許可された。

そなかしち［蘇那曷叱知］ 蘇那曷叱智とも。任那からの最初の使者と伝えられる伝説上の人物。「日本書紀」によれば崇神六五年に来日し、垂仁二年に帰国したが、途中任那からの賜物を新羅人に奪われたことにより、両国の抗争が始まったという。蘇那曷叱知の意味について、蘇を朝鮮語の牛とし、垂仁二年条の分注にみえる意富(大)加羅国の王子、都怒我阿羅斯等の別名于斯岐阿利叱智干岐とする説や、金として金官国邑君とする説がある。

そねあらすけ［曾禰荒助］ 1849.1.28～1910.9.13 明治期の政治家。長門国生れ。萩藩士宍戸潤平の三男に生まれ曾禰家を継ぐ。藩学明倫館・陸軍兵学寮に学び、フランスに留学。第二回総選挙で当選し衆議院副議長となる。国民協会幹事を務めたが離党し、フランス公使となる。帰国後、第三次伊藤内閣の司法相、第二次山県内閣の農商務相、第一次桂内閣の蔵相を歴任。副統監をへて一九〇九年(明治四二)韓国統監、韓国併合には消極的だった。長州閥第二世代の代表的人物の一人。貴族院議員・枢密顧問官を務め、男爵。

そねのよしただ【曾禰好忠】 生没年不詳。平安中期の歌人。系譜未詳。長く丹後掾(じょう)だったため曾丹後(そたんご)・曾丹と通称された。和歌の新形式である百首歌を創始、さらに一年を三六〇首に歌いこめた「毎月集」を作った。当時の有力歌人である源順(したごう)・大中臣能宣(おおなかとみのよしのぶ)・源重之(しげゆき)らと交流があり、新鮮な歌風がもたらした影響は大きい。中古三十六歌仙の一人。「拾遺集」以下の勅撰集に約九四首入集。家集「曾丹集」。

そねはらろくぞう【曾根原六蔵】 1743～1810.10.4 江戸中期、出羽国酒田の富豪。一七八〇年(安永九)住居を菅野砂原(現、山形県遊佐町)に移し、先人佐藤藤左衛門父子にならい防砂林経営に着手。一八〇二年(享和二)小湊口より吹浦(ふくら)までの防砂林経営に成功。その後事業は曾根原氏が代々継承した。

そのけ【園家】 藤原氏北家頼宗流の持明院(じみょういん)家庶流。羽林(うりん)家。持明院基家の三男基氏に始まる。基氏は後堀河上皇の叔父にあたり近臣となった。孫基藤は包丁の名人として「徒然草(つれづれぐさ)」に逸話を残す。江戸時代の家禄は一八六石余。琵琶の家。青山流生花の家元。基任(もとう)・基音(もとおと)父子はそれぞれ後光明・霊元天皇の外祖父で、以後大納言が極官となる。維新後、基祥(もとさち)のとき伯爵。

そのだこうきち【園田孝吉】 1848.1.19～1923.9.1 明治・大正期の銀行家。大隅国生れ。大学南校卒業後、外務省に入る。滞英一五年の後、一八九〇年(明治二三)に横浜正金銀行頭取に就任、日清戦争時には駐英財務官をつとめる。九八年から十五銀行頭取をつとめたが、健康を害して一九一五年(大正四)に辞任。この間、大正海上保険会社・丁酉銀行などの重役をつとめた。

そのだどうかん【園田道閑】 ?～1667.12.16 江戸初期の義民。能登国鹿島郡久江(くえ)村の十村(とむら)。金沢藩の重臣長(ちょう)氏の知行地能登国鹿島郡で一六六七年(寛文七)に発生した検地反対一揆の頭取。同年磔刑に処された。検地竿を折って抵抗したと伝承される。事件の背後には当主の長連頼(つらより)と重臣浦野一族との家中騒動があり、彼は浦野と連携して行動した。

そのだもりよし【薗田守良】 1785.11.19～1840.6.18 江戸後期の伊勢神宮の神官・国学者。荒木田守諸(もりつら)の子。内宮の禰宜(ねぎ)で、その職掌から神宮の儀礼典故に詳しく、「神宮典略」などの著作がある。古代法制の律令を精力的に研究し、当時の第一人者とされ、大著「新釈令義解(りょうのぎげ)」は有名。

そのべひでお【園部秀雄】 1870.3.18～1963.9.29 明治～昭和期の薙刀(なぎなた)術師範。幼名たりた。仙台藩士の六女。一八八八年(明治二一)直心影流(じきしんかげりゅう)薙刀術の免許を得、ついで印可を得て秀雄と改名。一九一八年(大正七)以後東京の女学校などで薙刀を教え、二六年(昭和元)大日本武徳会から薙刀術範士の称号を与えられる。三六年道場修徳館を開き、薙刀教員養成所を併置した。

そのめ【園女】 1664～1726.4.20 江戸前・中期の俳人。伊勢国山田の神官秦師貞の女。同地の眼科医で俳人斯波一有の妻。一六八八年(元禄元)二月芭蕉を迎える。翌年刊の「あら野」、翌々年刊の「其袋」に入集。九二年夫と大坂へ移住。井原西鶴ら談林俳人と交流。前句付点者として活動する。九四年九月二七日芭蕉が再訪、歌仙一巻を巻く。夫の没後、一七〇五年(宝永二)冬に其角(きかく)を頼り江戸へ移転し、医業と点業に従事。晩年は和歌に親しむ。編著「菊の塵」「鶴の杖」。

ソーパー Julius Soper 1845.2.15～1937.2.5 アメリカ・メソジスト監督教会最初の来日宣教師。一八七三年(明治六)来日、七五年津田仙夫妻に授洗したのを最初として、四〇〇人近くに授洗。青山学院神学部教授・同学院財団理事を務めた。一九一一年帰国。

そら【曾良】 1649～1710.5.22 江戸前期の俳人。姓は高野、のち岩波・河合を称した。名は正字(まさかた)。信濃国諏訪生れ。伊勢国長島藩に仕えたが、一六七六年～八四年(延宝四～貞享元)頃江戸にでて吉川惟足(よしかわこれたり)・芭蕉に入門し、それぞれから神道・俳諧を学んだ。芭蕉の信任が厚く、「おくのほそ道」の同行者に選ばれた。晩年は幕府の諸国巡見使の随員に加えられ、壱岐国勝本で客死。最近は幕府の隠密という説もあり、没年月日にも疑義が出されている。

ゾルゲ Richard Sorge 1895.9.22～1944.11.7 日本の南進などを的確に予測したソ連の諜報員。アゼルバイジャン共和国バクー近郊に生まれ、ベルリンで成長。第一次大戦に従軍。ハンブルク大学で博士号取得後、ドイツ共産党に入党。一九二五年ソ連共産党に入党。諜報活動に従事し、上海でアグネス・スメドレー、尾崎秀実(ほつみ)らを知る。三三年(昭和八)に日本に派遣され、ドイツ大使館・近衛文麿側近・軍部などの情報を探知・分析して赤軍第四本部へ通報。四一年一〇月に検挙され、四四年死刑執行。六四年ソ連邦英雄とされた。

そろりしんざえもん【曾呂利新左衛門】 ■曾呂利伴内とも。生没年不詳。豊臣秀吉の御伽衆(おとぎしゅう)と伝えるが、実在の人物か否か不明。一説に和泉国堺南庄目口町に住む刀の鞘(さや)師で、小口に刀がそろりと入ることからこの異名をとったという。はじめ鞘師として秀吉に仕えたが、とんち話に長じていたため御伽衆に加えられたといわれる。また本姓は杉本で、香は志野宗信に、茶は武野紹鷗(じょうおう)に師事して秀吉の側に仕えたとも伝える。

■1844.10.15～1923.7.2　幕末～明治期の落語家。大坂生れ。はじめ笑福亭松鶴(しょかく)門で松竹・梅花など。のち初世桂文枝に師事し、文之助。一八八六年(明治一九)豊臣秀吉の御伽衆の名にあやかり曾呂利新左衛門二世(ニセの洒落)。月亭文都らの没後、三友派の重鎮として活躍。小噺に妙味があり、飄とした高座に人気があった。門弟に川上音二郎ら。

そんい【尊意】　866～940.2.24　法性房・梨本祖師とも。平安中期の天台宗僧。俗姓は息長丹生(おきながにう)真人。京都生れ。鴨川東の吉田寺で地獄絵をみて発心し、はじめ栂尾(とがのお)寺の賢一、ついで比叡山極楽寺の増全(ぞうぜん)に師事。また玄昭から密教をうけ、円珍(えんちん)から菩薩戒(ぼさつかい)をうける。九二六年(延長四)天台座主(ざす)に任じられる。仏頂(ぶっちょう)尊勝法・不動法を得意とする験者として知られ、平将門(まさかど)の乱の調伏(ちょうぶく)にも験があったと伝えられる。晩年大僧都(ず)まで昇る。極楽往生を願ったが、没時には弥勒兜率天(みろくとそつてん)往生願生に改めた。没後に僧正法印位を追贈された。

そんえんにゅうどうしんのう【尊円入道親王】　1298.8.1～1356.9.23　伏見天皇の第六皇子。母は三善俊衡の女。名は尊彦。法名は尊円。天台座主・青蓮院門跡・四天王寺別当を歴任。世尊寺行房・同行尹(ゆきただ)に書法を学び、みずからも小野道風(みちかぜ)・藤原行成(ゆきなり)などの上代様と、南宋の張即之(ちょうそくし)の書風を加え、平明高雅な独自の書風を確立。尊円流(青蓮院流)は、江戸時代に御家流として一大書流をなした。その書道観を集大成して「入木抄(じゅぼくしょう)」を著す。代表筆跡「大覚寺結夏衆僧名単」。

ぞんかく【存覚】　1290.6.4～1373.2.28　鎌倉後期～南北朝期の浄土真宗の僧。諱は光玄。本願寺三世覚如(かくにょ)の長子。父をたすけて浄土真宗の教線拡大に努めたが、本願寺留守職や東国門徒への対応などをめぐって対立、義絶・和解がくり返された。一三五三年(文和二・正平八)以後、京都の常楽寺に住した。著書に「教行信証」の初の注釈書「六要抄」や本願寺史の重要史料「存覚上人一期記」「存覚袖日記」などがある。

そんしゅうおう【尊秀王】　生没年不詳。室町時代の後南朝方の皇族。後鳥羽天皇の後胤。源尊秀・鳥羽尊秀と号する。一四四三年(嘉吉三)九月二三日深夜、日野有光(ありみつ)とともに後南朝の皇子金蔵主(こんぞうす)・通蔵主(つうぞうす)を奉じ、数百人で禁裏に乱入、神器を奪った(禁闕(きんけつ)の変)。二六日日野有光と金蔵主が延暦寺で討たれ、通蔵主が捕らえられると、神器のうち神璽(しんじ)をたずさえ行方をくらました。一説には五七年(長禄元)赤松の遺臣に神璽を奪還され殺された北山宮(きたやまのみや)と同一人といわれる。

そんちょうほっしんのう【尊澄法親王】　⇨宗良親王(むねよししんのう)

そんぶん【孫文】　Sun Wen　1866.11.12～1925.3.12　中国の清朝末期～民国初期の革命家・政治家。中国国民党の創設者。字は徳明、号は逸仙(いっせん)・中山。広東省出身。ハワイの教会学校で学び、香港の西医書院を卒業。澳門(マカオ)などで開業する一方、革命活動を開始。一八九四年ハワイで興中会を組織。翌年広州での挙兵が失敗し、日本に亡命。宮崎滔天(とうてん)・犬養毅(つよし)らの援助をうけ、一九〇〇年恵州で再度蜂起を試みたが大敗。〇五年(明治三八)東京で中国革命同盟会を結成、三民主義を綱領とした。辛亥(しんがい)革命により中華民国臨時大総統に選ばれたが、南北妥協で袁世凱(えんせいがい)に政権を譲った。一三年第二革命失敗後、再び日本に亡命、国民党の前身である中華革命党を創立(一九年中国国民党)。二四年国民党を改組し、連ソ・容共・農工扶助の方針を打ちだした。

そんへいか【孫平化】　Sun Pinghua　1917.8.20～97.8.15　中国の外交家、中日友好協会会長。旧満州(中国東北地区)の遼寧省出身。日本に留学、東京高工(現東京工大)に学ぶ。中国人民外交学会理事・中日友好協会常務理事兼秘書長・廖承志(りょうしょうし)事務所東京連絡所主席代表などを歴任。一九七二年(昭和四七)来日、田中角栄首相の訪中、日中国交正常化へ道を開いた。中国の知日派の代表的存在。八六年以降中日友好協会会長として日中交流に貢献。著書「日本との三十年」。

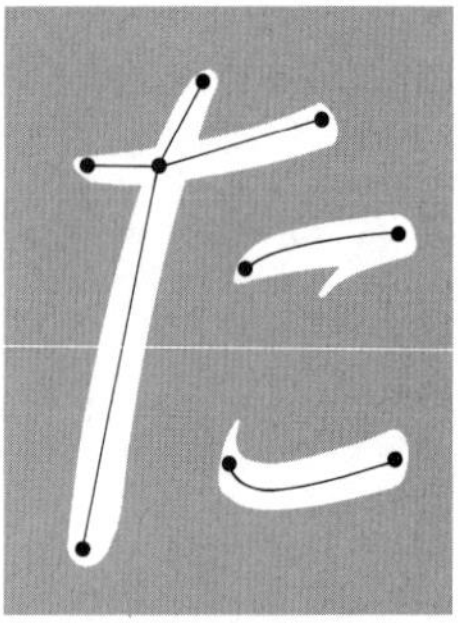

たあ【他阿】 ⇩真教

たいいんくん【大院君】 Tae-won-gun 1820.12.21～98.2.22 李氏朝鮮の国王高宗の父。一八六三年高宗即位にあたり摂政となり、対内的には中央集権・王権強化策、対外的には鎖国政策を推し進めたが、閔氏戚族と対立し一時勢力を失った。八二年(明治一五)壬午事変で擁立されたが、中国の保定に幽閉され、九四年には日本の後援で摂政となり、翌年閔妃殺害事件でも担がれたが、国王のロシア公使館への脱出で失脚。

だいがくしゅうそう【大岳周崇】 1345～1423.9.14 南北朝期の臨済宗の禅僧。諱は周崇、字は大岳。阿波国の一宮氏の出身。黙翁妙誡について出家・受戒。その後、京都等持寺、鎌倉円覚寺などで修行し、一四〇二年(応永九)に京都相国寺の住持となる。〇四年には鹿苑僧録に就任し、一四年までその職にあった。著書「前漢書抄」「翰苑遺芳」。

たいぎ【太祇】 1709～71.8.9 江戸中期の俳人。炭・三須氏。江戸の人。俳諧を水国や紀逸に学ぶ。一七五一年(宝暦元)奥羽行脚ののち、秋頃上京。翌年五雲と九州地方を巡り帰京、以降京都に住む。島原遊廓桔梗屋主人の呑獅の庇護下に不夜庵を営む。江戸の米仲・紀逸・二世祇徳らと音信を交わし、京都の風状・几圭・嘯山らとも交流を結ぶ。六六年(明和三)蕪村と提携して三菓社を結成。人事句をよくし、蕪村らにも影響を与えた。句集「太祇句選」「太祇句選後篇」。

だいきゅうそうきゅう【大休宗休】 1468～1549.8.24 戦国期の臨済宗妙心寺派の禅僧。諱は宗休、字は大休。諡号は円満本光国師。俗姓は不詳。京都東福寺で出家・修学。のち五山派を去って竜安寺の特芳禅傑に師事した。特芳の死後は竜安寺の住持。のち妙心寺の徳雲院・霊雲院を開創し、駿河国臨済寺の開山にもなる。語録「見桃録」。

たいげんそうふ【太原崇孚】 1496～1555.10.10 「すうふ」とも。戦国期の臨済宗妙心寺派の禅僧。諱は崇孚、字は太原。別号雪斎。諡号は宝珠護国禅師。駿河国生れ。父は今川氏の被官庵原左衛門尉。駿河国善徳寺の琴渓舜について得度・受戒し、のち京都建仁寺で修行。妙心寺の大休宗休の法をつぐ。駿河国臨済寺を開創し、妙心寺や駿河国の清見寺・善徳寺の住持となる。今川義元を補佐して戦国大名間の和議斡旋につとめた。

たいけんもんいん【待賢門院】 1101～45.8.22 鳥羽天皇の中宮。名は璋子。父は藤原公実。母は藤原隆方の女光子。幼時から白河天皇の後見をうけ、一一一七年(永久五)鳥羽天皇の女御となり、一一八年(元永元)中宮となる。崇徳・後白河両天皇などを生み、二四年(天治元)院号宣下をうける。仏教に帰依し、御願寺として円勝寺や仁和寺法金剛院をたてた。四二年(康治元)法金剛院において落飾。

たいけんもんいんのほりかわ【待賢門院堀河】 生没年不詳。平安後期の歌人。神祇伯源顕仲の女。姉妹に大夫典侍・上西門院兵衛ら。はじめ白河院の皇女令子内親王(前斎院)に仕えて六条とよばれ、のち鳥羽天皇の中宮璋子(待賢門院)に仕えて堀河とよばれた。一一四三年(康治二)崇徳院に召されて「久安百首」に出詠。西行との贈答歌も残る。中古六歌仙の一人。「金葉集」以下の勅撰集に約六六首入集。家集「待賢門院堀河集」。

たいこうぎょうゆう【退耕行勇】 1163～1241.7.5/15 鎌倉時代の臨済宗の僧。諱は行勇、退耕と号す。相模国生れ。真言宗の僧として鶴岡八幡宮の供僧となり、鎌倉永福寺・大慈寺の別当。源頼朝と妻北条政子が深く帰依し、政子の剃髪の戒師。一二〇〇年(正治二)栄西の鎌倉下向後、その門に入る。〇六年(建永元)栄西のあとをうけて東大寺大勧進職。源実朝もたびたび鎌倉の寿福寺に行勇を訪ねた。一九年(承久元)高野山にのぼり金剛三昧院を禅密兼修道場とした。鎌倉に東勝寺・浄妙寺を開く。

たいこうじょせつ【大巧如拙】 ⇩如拙

だいこうふしょうこくし【大光普照国師】 ⇩隠元隆琦

だいこうぼうこうけん【大幸坊幸賢】 生没年不詳。戦国期の能面作家。喜多古能の「仮面譜」(一七九七刊)では大光坊とし、越前国平泉寺の僧で、三光坊の弟子とする。滋賀県東浅井郡春日神社の本地仏の銘文には、一五四三年(天文一二)の年紀とともに同名の作者名がみえ、能面作家が彫像も行った可能性を示唆する。

だいこくじょうぜ【大黒常是】 江戸時代、銀座で銀吹極・銀改役を歴代勤めた家の当主の名。堺で極印銀を製造していた湯浅作兵衛は、徳川家康に大黒の姓を与えられ、一六〇一年(慶長六)に開設された伏見銀座の銀吹極・銀改役として丁銀を鋳造した。これを最初として、その子孫が江戸・京都の銀座の常是役所で銀貨を鋳造して刻印を行い、包所で改めて包封をし(常是包)幕府に納めた。しかし利は薄く、江戸の大黒家は八代目で借金を理由として家職をとりあげられ、京都大黒家が江戸銀座の職務を兼任した。

だいこくやこうだゆう【大黒屋光太夫】 1751～1828.4.15 近世後期の船頭・漂流民。伊勢国安芸郡白子生れ。一七八二年(天明二)一二月白子浦を出帆して江戸に向かった神昌丸が、遠州灘で暴風雨にあい漂流、翌年アリューシャン列島のアムチトカ島に漂着。四年間在島したのちカムチャツカに移り、八九年(寛政元)イルクーツクに到着。キリル・ラクスマンの知遇をえ、九一年ペテルブルクを訪れ女帝エカチェリーナ二世に拝謁、帰国を許される。九二年キリルの子アダム・ラクスマンの根室来航に伴われ、小市・磯吉とともに送還された。小市は根室で死亡したが、光太夫・磯吉の二人は江戸番町薬園に軟禁された。桂川甫周(ほしゅう)が光太夫から聴取した「北槎聞略」は貴重なロシア情報となった。

だいごけ【醍醐家】 藤原氏北家摂家流の一条家庶流。清華(せいが)家。一条昭良(あきよし)の次男冬基(ふゆもと)を祖とし、一六七八年(延宝六)に創立。九条兼実の末子良平の家号にちなんだという。当初は亡父昭良の建てた西賀茂の恵観山荘を相続して住居していたが、のち洛中に居所を構える。家禄は三一二石余。冬基の子冬熙(ふゆひろ)が従一位左大臣に昇進、以後これを極位極官とする。維新後、忠順(ただおさ)は参与・大阪府知事を歴任し、侯爵。

だいごてんのう【醍醐天皇】 885.1.18～930.9.29 在位897.7.3～930.9.22 宇多天皇の第一皇子。名は維城、のち敦仁(あつぎみ)。母は藤原高藤の女胤子。八九三年(寛平五)皇太子となり、八九七年一三歳で元服したその日に、父の譲位をうけて践祚した。このとき父から与えられたのが「寛平御遺誡(ごゆいかい)」である。はじめ父により妃に為子内親王を配されたが、為子の死後、父との対立がうまれたらしい。九〇一年(延喜元)菅原道真の失脚後、藤原穏子(基経の女)を入内させ、穏子の生んだ子に皇位を継承させた。その治世は「延喜の治」と称され、村上天皇の「天暦の治」とともに聖代とみなされた。日記「醍醐天皇宸記」。

たいこやまたべえ【太鼓屋又兵衛】 近世、大坂近郊渡辺村の有力皮問屋の世襲名。太鼓職から出発し、一八世紀後半に皮革売買に進出した。一九世紀には九州にまで取引を広げ、秋月藩の皮座引き請けとなり、一八四一年(天保一二)には小倉藩の領内牛馬皮の一手買い集めを認められた。「世事見聞録」には、金七〇万両余の資産を有する大富豪とあり、渡辺村の西日本の皮革流通のセンターとしての側面を象徴する人物だった。

だいさいいん【大斎院】 ⇨選子内親王(せんしないしんのう)

だいじゅういんいしん【大住院以信】 1607～96 江戸前期の立花(たてはな)の名手。京都本能寺の塔頭(たっちゅう)高俊院第四世院主、僧名日甫。二世池坊専好の門弟。一六四八～五三年(慶安元～承応二)江戸へ下向し、紀伊徳川家をはじめとする大名屋敷で活躍。のち帰洛し、宮廷・公家社会を中心に活躍し、七八年(延宝六)自選の作品集「大住院立花砂之物図」を刊行。池坊専養を擁した安立坊周玉(あんりゅうぼうしゅうぎょく)らと対立し、晩年は尾張さらに江戸へ下向したが、池坊の立花(りっか)(立華)に押され、活躍できなかった。

だいじょうし【大掾氏】 中世常陸国の豪族。桓武平氏。平国香(くにか)が常陸大掾に任じられ、子孫がこれを世襲し職名が家名となった。平安後期には吉田・真壁(まかべ)・小栗(おぐり)ら支族を分出し、常陸国南半を中心に勢力を張る。鎌倉前期、惣領多気義幹(たけよしもと)が守護八田(はった)知家と対立して失脚し、大掾本家は馬場氏が相続。南北朝期以降も府中(現、茨城県石岡市)を中心に勢力を維持したが、一五九〇年(天正一八)佐竹氏に滅ぼされた。

たいしょうてんのう【大正天皇】 1879.8.31～1926.12.25 在位1912.7.30～26.12.25 明治天皇の第三皇子。生母は権典侍(ごんのすけ)柳原愛子(なるこ)。名は嘉仁(よしひと)、幼称は明宮(はるのみや)。一八八九年(明治二二)皇太子となる。一九〇〇年公爵九条道孝の四女節子(さだこ)(貞明皇后)と結婚。一二年(大正元)七月明治天皇崩御により皇位につく。一五年即位式。幼時から病弱で即位後も健康がすぐれず、二一年皇太子裕仁親王を摂政に任命。二六年一二月死去、二七年諡号を大正天皇と定めて大喪が行われた。御陵は多摩陵。

だいしんぼう【大進房】 生没年不詳。鎌倉鍛冶の祖である新藤五国光の門下(または子)で、行光の兄弟子(または兄)という。刀身に彫り物を施す彫刻師とみられる。切物天下一といわれ、国光・行光・正宗らの刀身に彫り物を施した鎌倉末期の人というが、確証はない。日光二荒山(ふたらさん)または伊豆走湯山の法師祐慶と同人との説もある。

だいせつそのう【大拙祖能】 1313.3.3～77.8.20 南北朝期の臨済宗の禅僧。諱は祖能、字は大拙。諡号は広円明鑑禅師。鎌倉の藤原氏の出身。一四歳で出家し、延暦寺戒壇で受戒。のち京都東福寺、鎌倉円覚寺・建長寺、京都天竜寺などで修行。一三四三年(康永二・興国四)春に入元、千巌元長(げんちょう)らに学ぶ。五八年(延文三・正平一三)に帰朝。筑前の顕孝寺や円覚寺・建長寺に住んだ。白崖宝生(びゃくがいほうしょう)らの弟子を養成。

たいそう【太宗】 598.12.22～649.5.26 唐第二代の皇帝李世民(在位六二六～六四九)。隋末唐初から軍事的才能を発揮して父の高祖李淵を補佐、唐の建国に貢献した。六三四年玄武門の変で兄の皇太子李建成(りけんせい)を倒して皇太子となり、高祖の譲位を誘った。在位中は名臣・猛将を集めて唐の基礎をかため、その治世は貞観の治と謳われた。

だいち［大智］ 1290～1366.12.10 鎌倉後期～南北朝期の曹洞宗の僧。肥後国生れ。七歳のとき大慈寺の寒巌義尹に師事し、義尹没後、鎌倉建長寺、京都法観寺、加賀大乗寺などを遊歴。一三一四年(正和三)入元し古林清茂・雲外雲岫らに学び、二四年(正中元)帰国後、瑩山紹瑾の指示をうけ明峰素哲のもとに参じた。その後加賀に祇陀寺を開き、さらに肥後菊池氏の招きで聖護寺・広福寺を基盤に曹洞宗の地方発展に努めた。

たいちゅう［袋中］ 1552～1639.1.21 弁蓮社入観・良定とも。江戸前期の浄土宗の学僧。陸奥国菊多郡生れ。俗姓は佐藤氏。郷里の能満寺で出家、名越檀林で修学。一五七七年(天正五)江戸増上寺で浄土宗白旗派の奥義をきわめ、郷里の成徳寺一三世となる。一六〇三年(慶長八)渡明をはかり琉球に漂着。ここで尚寧王の帰依を得て城外の桂林寺で教化。三年後、帰朝し京都・奈良などに諸寺を建立し、その数二〇余に達した。著書「浄土血脈論」「琉球神道記」「天竺往生記抄」。

たいちょう［泰澄］ 682.6.11～767.3.18 奈良時代の修験僧。越前国麻生津生れ。三神安角の次男。加賀白山の開基という。越の大徳と称された。後世の伝記「泰澄和尚伝」によれば、一四歳のとき越智山に登り、十一面観音を念じて修行を積んだ。七〇二年(大宝二)文武天皇から鎮護国家の法師に任じられ、七一七年(養老元)加賀白山に登り妙理大菩薩を感得。七二二年元正天皇の病気平癒の功で神融禅師の号を賜り、七三七年(天平九)流行の疱瘡を終息させた功で大和尚位を授けられたという。

だいてん［大典］ 1719.5.9～1801.3.8 江戸中・後期の臨済宗の学僧。道号は梅荘、法諱は顕常。相国寺一一四世。近江国生れ。一一歳のとき相国寺で出家。教学に加え宇野明霞らについて古文辞学派の儒学を究めた。一七八一年(天明元)から二年間、対馬の以酊庵で日朝間の外交文書作成の職に従事し、その功で紫衣をうけた。

だいどうじなおつぐ［大道寺直次］ 1571～1651.10.11 織豊期の武将、のち江戸幕府旗本。はじめ父政繁とともに北条氏直に仕えたが、一五九〇年(天正一八)北条氏滅亡後は一時母方の遠山姓を名のり豊臣氏に仕える。一六〇〇年(慶長五)関ケ原の戦では、福島正則に属し戦功をあげた。福島氏改易後の三四年(寛永一一)、将軍徳川家光から甲斐国で一〇〇〇石を与えられ、大道寺姓に復帰。翌三五年幕府先手弓頭となった。

だいどうじはやと［大道寺隼人］ 1552～1642.8.22 江戸初期の築城家。名は直英。松井田城主大道寺政繁の養子。牢人後、尾張国徳川義直に仕えていたとき、築城の才をみこまれて弘前藩主津軽信牧に招請される。一六一六年(元和二)同藩士として五〇〇石を下付された。亀ケ岡城築城の測量などにたずさわり、藩内内紛の鎮撫に努め、家老に任じられた。加増されて一〇〇〇石。

だいどうじまさしげ［大道寺政繁］ 1533～90.7.19 戦国期の武将。後北条氏の重臣。元亀初年鎌倉代官となる。一五八二年(天正一〇)本能寺の変ののち旧織田氏領国上野・信濃に進攻、上野国松井田城に拠った。九〇年豊臣秀吉の関東出兵の際も同城を守ったが、小田原落城に先立って降伏し秀吉軍の武蔵国忍城攻略に参加。戦後、北条氏政・同氏照・松田憲秀とともに切腹させられた。

だいどうじゆうざん［大道寺友山］ 1639～1730.11.2 江戸前・中期の兵学者。名は重祐、通称孫九郎、友山は号。父繁久は徳川家康の子松平忠輝に仕え、のち牢人。小幡景憲・北条氏長・山鹿素行らに師事し、甲州流兵学を修めた。一六九七年(元禄一〇)会津藩、一七一四年(正徳四)福井藩にそれぞれ数年出仕。晩年は江戸の岩淵(現、東京都北区)などに住み、徳川家康の逸話を記した「岩淵夜話」や、家康の事績・言行などを載せた「駿河土産」、武士の心得を説いた「武道初心集」を著した。

だいどうちょうあん［大道長安］ 1843.4.1～1908.6.15 明治期の宗教家。救世教教祖。曹洞宗の僧侶。はじめ禅透と称し、のち救世仁者などと号した。越後国生れ。新潟県で曹洞宗の重職につくが、一八七八年(明治一一)救世会を設立して布教と貧児救育を行う。八六年に長野で救世教の創立を宣言し僧籍を離脱(宗内擯斥)、八九年に雑誌「救世之光」創刊。東京ほか各地を巡教した。

だいにちのうにん［大日能忍］ ⇨能忍

だいにのさんみ［大弐三位］ 生没年不詳。平安中期の歌人。本名藤原賢子。宣孝の女。母は紫式部。一条天皇の中宮彰子(上東門院)に仕え、藤原頼宗や藤原定頼らに愛された。藤原兼隆、ついで高階成章と結婚。一〇二五年(万寿二)親仁親王(後冷泉天皇)の乳母となり、親王即位にともない従三位典侍となった。「永承四年内裏歌合」など藤原頼通時代の歌合に多く参加した。「後拾遺集」以下の勅撰集に約三九首入集。家集「大弐三位集」。

たいにん［諦忍］ ㊀⇨妙竜 ㊁1741～1813.6.4 江戸中期の浄土真宗本願寺派の僧。字は道隠。号は薩州。諡は浄信院。薩摩国生れ。はじめ真言宗で出家したが浄土真宗に改宗。僧樸・僧鎔に師事。本願寺学林の能化智洞の三業安心をきびしく批判し、一八〇三年(享和三)京都二条奉行所で、翌年江戸奉行所で対論し、三業帰命説をめぐる惑乱を収束に導いた。

たいはん【泰範】 778～? 平安前期の真言宗僧。俗姓・出身不詳。元興寺で出家、のち最澄に師事。八一二年(弘仁三)最澄の病悩で比叡山総別当に任じられるが、山内の紛争で近江国高島に隠遁。同年末に高雄山寺で空海に灌頂をうけ、以後空海と行動をともにした。高野山開創にあたっては同じく空海の弟子の実恵とともに奔走し、最澄の再三の懇請にも比叡山には帰らなかった。八三七年(承和四)僧綱牒に東寺定額僧上首としてみえるが、これ以外は消息不明。

だいほうじし【大宝寺氏】 中世出羽国庄内地方の豪族。秀郷流藤原氏。鎌倉前期、武藤頼平の子氏平が出羽国大泉荘の地頭に任じられたのが始まり。武藤氏・大泉氏とも名のり、同荘内大宝寺(現、山形県鶴岡市)を本拠としたことから大宝寺氏と称した。一四六三年(寛正四)成秀は将軍足利義政に謁見。のち戦国大名に成長し、義氏は上杉謙信と結び庄内地方を支配するが、謙信の死後家臣に殺され、弟義興も最上義光に攻められ自害。養子義勝が跡を継いだが、一五九二年(文禄元)所領を没収され断絶。

だいほうじよしうじ【大宝寺義氏】 ?～1583.3.6 戦国期の武将。出羽国尾浦城(現、山形県鶴岡市)城主。庄内地方をこえて勢力圏拡大をはかり、一五八二年(天正一〇)前後には最上・秋田両氏と交戦。しかし配下の国人領主の統制は不十分なままで、八三年最上義光と通じた前森蔵人の反乱により敗死。ついで国人が一斉に蜂起し、庄内地方は大混乱となった。

だいほうじよしおき【大宝寺義興】 ?～1587.10.- 戦国期の武将。出羽国尾浦城(現、山形県鶴岡市)城主。一五八三年(天正一一)家督。上杉景勝とその麾下の本庄繁長と提携して庄内地方の制圧に努めたが、最上義光と通じる東禅寺城(現、山形県酒田市)城主東禅寺筑前と対立。八五年以後は大宝寺・最上両氏の衝突となり、八七年義光の庄内進攻で滅ぼされた。

たいまうじ【当麻氏】 「たぎま」とも。大和国葛城郡当麻郷を本拠とする古代氏族。同所に当麻都比古神社がある。開化天皇系の当麻勾君氏との関係は未詳。のちに当麻倉首比呂の女飯女之子が用明天皇に嫁ぎ当麻皇子を生んだ。この子孫が当麻公氏で、壬申の乱では広島らが天武天皇に味方し、六八四年(天武一三)に真人姓を授けられた。その後、高官は輩出しなかったが、老の女山背は子の淳仁天皇即位により大夫人の称をえて中宮職を付置された。

たいまのけはや【当麻蹶速】 相撲の起源伝承に野見宿禰とともに登場する伝説上の人物。蹶速がその強力を誇るのを伝聞した垂仁天皇が、出雲国から野見宿禰を召し相撲をとらせたところ、蹶速が脇骨と腰を砕かれて殺されてしまったため、天皇は蹶速の地を野見宿禰に賜り、腰折田と称したという。

たいまのみこ【当麻皇子】 麻呂子皇子とも。用明天皇の皇子。生没年不詳。六世紀後半～七世紀初めの人。母は「日本書紀」では葛城直磐村の女広子、「古事記」「上宮聖徳法王帝説」では当麻之倉首比呂(比里古)の女飯女之子(伊比古)とする。六〇三年(推古一一)、前年筑紫で没した異母兄の来目皇子にかわって新羅征討将軍となり、難波から出航。しかし播磨の赤石(現、兵庫県明石市)に着いたときに妻の舎人姫王が死んだため、皇子は姫を同地に葬り、引き返してついに征討は行わなかったという。

たいらのあつもり【平敦盛】 1169～84.2.7 平安末期の武将。平清盛の異母弟の経盛の末子。従五位下の位階をもつが官職につかなかったため、無官大夫と称される。一一八四年(元暦元)一の谷の戦で敗れた平家方は海上へ逃れたが、敦盛は逃げ遅れて源氏方の熊谷直実に討たれた。一六歳での悲劇的な死が後世の人々の同情を誘い、「平家物語」や謡曲「敦盛」などに語り伝えられた。横笛の名手ともいう。

たいらのいえさだ【平家貞】 生没年不詳。平安後期の武士。季房(家房)あるいは範季の子。貞能は子。季房が平正盛に仕えて以来の平家の家人で、家貞も正盛・忠盛・清盛に仕えた。一一三四年(長承三)海賊追捕の功で左衛門尉、その後鎮西に派遣された。保元・平治の乱で活躍し、のち筑後(筑前とも)守となった。「平家物語」には、内昇殿を許された忠盛を闇討ちから救った話がみえる。

たいらのかげきよ【平景清】 藤原景清とも。生没年不詳。平安末～鎌倉初期の武将。藤原忠清の子。上総悪七兵衛と称する。父以来の平家の侍大将として、一一八〇年(治承四)の以仁王の挙兵による合戦をはじめ、源義仲軍と北陸に戦った。平家の都落ちに従い、一の谷・屋島・壇ノ浦と各地を転戦。その後は、幕府方に降伏して九五年(建久六)断食の末に死亡したとも、翌年伊賀国で挙兵したが敗北、逃走したともいう。「平家物語」の逸話や浄瑠璃「出世景清」で知られる。

たいらのかねたか【平兼隆】 ⇨山木兼隆

たいらのかねもり【平兼盛】 ?～990.12.- 平安中期の歌人。三十六歌仙の一人。篤行の子。従五位上駿河守で没。歌合や屏風歌で活躍。「天徳内裏歌合」での壬生忠見との勝負は有名。九六八年(安和元)には冷泉天皇の大嘗会屏風歌を詠進した。「大和物語」にも登場するなど当時の有力歌人であり、恵慶・大中臣能宣・源重之らと交流があった。「後撰集」以下の勅撰集に約八九首入集。家集「兼盛集」。

たいらのきよもり【平清盛】 1118～81.閏2.4 平安末期の武将。忠盛の嫡子。実父を白河上皇とする説もある。母は祇園女御の妹といわれる。六波羅殿・六波羅入道・平相国・平禅門とも称する。一一二九年(大治四)従五位下・左兵衛佐、四六年(久安二)に安芸守。五六年(保元元)保元の乱では後白河天皇方として一族を率いて活躍し、その功により播磨守となる。五九年(平治元)平治の乱で源義朝を破り、確固とした地位を獲得。乱後、平氏一門の官位は急速に上昇した。六〇年(永暦元)武士としてはじめて参議となり、六七年(仁安二)には従一位太政大臣。翌年出家し摂津国福原(現、神戸市兵庫区)に引退したが、平氏政権の中核として権力を掌握し続けた。七二年(承安二)には女徳子を高倉天皇の中宮とするなど、摂関家をはじめ朝廷内の有力貴族との婚姻政策を進めた。七七年(治承元)反平氏勢力による鹿ケ谷の陰謀が発覚、七九年に後白河上皇を幽閉し院政を停止した。翌年、外孫の安徳天皇を即位させて独裁政権を樹立したが、同年以仁王が挙兵したことに衝撃をうけ、福原遷都を強行。以仁王の令旨をえた源頼朝ら反平氏勢力が挙兵するなか病死。日宋貿易に注目し、摂津国大輪田泊(現、神戸港の古名)を修築した。

たいらのくにか【平国香】 ?~935.2.- 平安中期の武将。本名は良望。高望の子。常陸国を本拠とし、常陸大掾・鎮守府将軍に任じられた桓武平氏の中心的人物。平氏の祖とされる。一族間の争いにより兄弟の良兼に加勢し、九三五年(承平五)甥の平将門と戦ったが、常陸国石田館(現、茨城県明野町)で敗死。この報を聞いた子の貞盛は将門に敵対、平将門の乱の発端となる。

たいらのこれなか【平惟仲】 944~1005.3.14 平安中期の公卿。珍材の子。母は備中国英賀郡司の女とも讃岐国の人とも。文章生から出身し、大学頭・弁官・蔵人頭などをへて、九九二年(正暦三)参議、九九八年(長徳四)中納言。一〇〇一年(長保三)大宰権帥となったが、宇佐八幡宮と衝突して訴えられ、〇四年(寛弘元)職務を停止されて任地で没した。

たいらのこれひら【平惟衡】 維衡とも。生没年不詳。平安中期の武将。伊勢平氏の祖とされる。貞盛の子あるいは孫。伊勢国北部を本拠として勢力をふるった。九九八年(長徳四)同族の平致頼と伊勢国で争い淡路国へ移されたが、のちに許された。一〇〇六年(寛弘三)には伊勢守に任じられたが、藤原道長らの反対で解任。その後、有力貴族に接近し、受領を歴任。従四位上を極位とし、八五歳で没したという。

たいらのこれまさ【平維将】 ?~981 平安中期の武将。北条氏の祖とされる。貞盛の子。九七三年(天延元)右衛門少尉から左衛門少尉に任官。検非違使、従五位上。のち常陸介・筑前守、さらに九九五年(長徳元)肥前守などを歴任。この間正暦年間に相模介となり、一族の同国進出のきっかけをつくった。維時は子。

たいらのこれもち【平維茂】 生没年不詳。平安中期の武将。「尊卑分脈」は繁盛(国香の子)の子とするが、実際は繁盛の孫で兼忠の子とみられる。余五将軍と称する。貞盛の養子となり、養父の陸奥国の所領を受け継ぎ本拠とした。従五位上を極位とし、信濃守・鎮守府将軍を歴任。一一世紀初頭、陸奥国の豪族藤原諸任と戦って勝利を収めたことが「今昔物語集」にみえる。子の繁成は、越後城氏の祖。

たいらのこれもり【平維盛】 1158?~84.3.28? 平安末期の武将。重盛の長男。通称は桜梅少将・小松少将。平氏の嫡流として若年より重要な役割をはたす。一一六七年(仁安二)従五位上。八〇年(治承四)富士川の戦で総大将となったが、戦わずに敗走、清盛の怒りをかった。翌年、尾張国墨俣川の戦で源行家軍を破り、その功などにより従三位。八三年(寿永二)越中国礪波山の戦(倶利伽羅峠の戦)で源義仲軍に惨敗、都落ちに従ったが、翌年一門から離れた。「平家物語」は出家したあと、那智で入水したとする。

たいらのさだふん【平貞文】 ?~923.9.27 「さだふみ」とも。定文とも。平安中期の歌人。好風の子。八七四年(貞観一六)父とともに平姓を賜る。従五位上左兵衛佐に至る。歌合を少なくとも三度主催、「古今集」撰者たちとも交流があった。色好みとして有名で平中と通称される。「平中物語」は彼を主人公とする歌物語。色好み平中像はしだいに戯画化され、多くの説話をうんだ。中古三十六歌仙の一人。「古今集」に九首など勅撰集入集は二六首。家集は伝わらない。

たいらのさだもり【平貞盛】 生没年不詳。平安中期の武将。平氏繁栄の基礎を築く。伊勢平氏の祖。国香の子。常平太・平将軍と称する。在京中の九三五年(承平五)父が平将門に殺害されたことを知り、常陸に帰国。叔父良兼らとともに従弟の将門と戦って失敗したが、九四〇年(天慶三)藤原秀郷と結んで将門を滅ぼした。この功により従五位上となり、右馬助に任じられた。鎮守府将軍・陸奥守を歴任、従四位下を極位とした。「今昔物語集」などに逸話が残る。

たいらのさだよし【平貞能】 生没年不詳。平安～鎌倉初期の武士。家貞の子。保元・平治の乱に参加。清盛の腹心として鎮西の国司を歴任。一一八一年(養和元)三月、尾張国墨俣川で源行家軍を破った。同年八月、鎮西に派遣され、源氏に呼応した肥後の菊池氏などを鎮圧して帰洛。のち平家西走に従い、鎮西に下ったが、やがて一門を離脱して出家。鎌倉御家人の宇都宮朝綱のもとで余生を送ったという。

たいらのしげこ【平滋子】 ⇩建春門院

たいらのしげひら【平重衡】 1157~85.6.23 平

安末期の武将。清盛の五男。母は平時子。本三位中将と称する。一一六二年(応保二)従五位下。のち昇進し正三位左近衛権中将となる。八〇年(治承四)以仁王の乱を鎮圧。同年末には南都を焼打した。平家の主力として活躍したが、八四年(寿永三)二月、一の谷の戦に敗れ捕虜となって鎌倉に送られた。八五年(文治元)興福寺・東大寺の衆徒の要求で奈良に送られる途中、処刑された。

たいらのしげもり【平重盛】 1138～79.7.29 平安末期の武将。清盛の嫡男。母は高階基章の女。宗盛・知盛らは異母弟。小松内府(小松内大臣)・灯籠大臣と称する。一一五一年(仁平元)従五位下。保元・平治の乱に活躍して伊予守に任じられた。以後順調に昇進し、六七年(仁安二)権大納言。同年、賊徒追討の宣旨をうけて以来、平氏軍政の中心的役割をはたした。七七年(治承元)正二位内大臣。「平家物語」には、仏教に深く帰依し、文武にすぐれた温和な人物として描かれる。

たいらのたかむね【平高棟】 804～867.5.19 平安前期の公卿。父は桓武天皇の皇子葛原親王。高棟流桓武平氏の祖。子に惟範・季長らがいる。八二五年(天長二)平朝臣を賜り臣籍降下。八五一年(仁寿元)参議、八五八年(天安二)正三位、八六四年(貞観六)大納言。長身の寛容な人物で読書を好み、晩年は仏教を信奉したという。

たいらのたかもち【平高望】 生没年不詳。平安前期の官人。父は桓武天皇皇子葛原親王の子高見王。高望流桓武平氏の祖。子に国香・良持・良兼・良文らがいる。八八九年(寛平元)頃平朝臣となり、上総介として下向した東国にそのまま土着したという。子孫は関東各地に広がり、坂東八平氏と称された。中央に進出して武士の棟梁となる者もあり、平清盛もこの系統からでた。

たいらのただつね【平忠常】 967～1031.6.6 平安中期の武将。千葉氏・上総氏などの祖。忠恒あるいは忠頼の子。従五位上。下総国相馬郡を本拠に勢力をふるい、武蔵国押領使、上総介に任じられた。国司の命令に従わず、一〇二八年(長元元)には安房国司を殺害、約三年間にわたり房総地方を勢力下に収めた(平忠常の乱)。三〇年、源頼信が追討使に任じられると、頼信の家人であったため、戦わずに降伏。京都に護送される途中の美濃国で病死。

たいらのただのり【平忠度】 1144～84.2.7 平安末期の武将。忠盛の子。母は仙洞御所の女房。清盛の末弟。一一七〇年(嘉応二)右衛門佐、伯耆守・薩摩守などを歴任。正四位下。八〇年(治承四)以仁王の乱に活躍し、富士川・墨俣川・礪波山などの戦に参加。平氏の都落ちに従い、一の谷の戦で討死。歌人としても知られ、藤原俊成に師事し都落ちに際して歌を託した「平家物語」の逸話は有名。「千載和歌集」などに入集。私家集「平忠度朝臣集」。

たいらのただまさ【平忠正】 ?～1156.7.28 忠貞とも。平安後期の武将。正盛の子。忠盛の弟。通称平右馬助。伊勢国鈴鹿・河曲両郡に所領をもった。顕仁親王(崇徳天皇)に仕えて左馬助・従五位下になったが、一一三三年(長承二)鳥羽上皇のとがめをうけた。その後、藤原頼長に従い、五六年(保元元)保元の乱には崇徳・頼長方の中心人物となるが敗北。伊勢にのがれたが、甥の平清盛に捕らえられ、子とともに処刑された。

たいらのただもり【平忠盛】 1096～1153.1.15 平安後期の武将。正盛の嫡子。清盛の父。白河上皇に近侍し、院に昇殿。一一〇八年(天仁元)左衛門少尉、検非違使、ついで伯耆守などの受領を歴任。二九年(大治四)山陽・南海両道の海賊追捕に活躍。白河上皇没後は、鳥羽上皇の近臣となり、院別当として三五年(保延元)には再び海賊追捕にあたる。この間、各地の受領などを歴任し、正四位上刑部卿。のち院領肥前国神埼荘の預所として日宋貿易に関与。私家集「平忠盛集」。

たいらのただより【平忠頼】 経明とも。生没年不詳。平安中期の武将。高望王の孫。良文の子。忠常は子。村岡次郎と称す。陸奥介に任じられ、武蔵国に勢力をふるった。九八五年(寛和元)には平繁盛らと対立し、一度は追討宣旨が下されたが、撤回させることに成功。子孫は、畠山・稲毛・千葉など諸氏にわかれ繁栄した。

たいらのつねたか【平経高】 1180～1255.6.- 鎌倉前・中期の公卿。行範の子。有能な実務官僚で、蔵人・弁官をへて正二位参議に至る。また摂関九条道家、その子二条良実の側近として活躍。日記「平戸記」は、鎌倉中期の政治状況を語る重要史料。

たいらのつねまさ【平経正】 ?～1184.2.7 平安末期の武将。経盛の嫡子。敦盛は弟。幼少時、仁和寺に入る。一一七二年(承安二)従五位下。左兵衛佐・但馬守兼皇太后宮亮などを歴任。正四位下に昇る。一の谷の戦で戦死。和歌・琵琶など貴族的素養にすぐれ、「新勅撰和歌集」に入集。謡曲「経政」のモデル。

たいらのときこ【平時子】 1126～85.3.24 平清盛の妻。父は平時信。母は藤原家範の女(孫とも)。時忠は同母弟。六波羅二位・八条二位・二位尼・二品尼と称す。美福門院女房。平清盛の妻となり、宗盛・知盛・重衡および高倉天皇の中宮となった徳子を産んだ。一一八〇年(治承四)准后、翌年には従二位に叙され、平家一門のなかで影響力をもった。八五年(文治元)壇ノ浦で安徳天皇を抱いて入水。

たいらのときただ【平時忠】 1127～89.2.24 平安末期の公卿。父は時信。兄弟に親宗、平清盛の室時子、建春門院滋子らがいる。子に時実、女婿に源義経がいる。一一六七年(仁安二)参議となり、正二位権大納言まで進む。清盛に協力し、六一年(応保元)憲仁親王(高倉天皇)の立太子をはかったかどで、また六九年(嘉応元)には藤原成親に連坐して二度出雲へ配流。のち壇ノ浦の戦で捕らえられ、配所能登で没した。

たいらのとくこ【平徳子】 ⇨建礼門院

たいらのとももり【平知盛】 1152～85.3.24 平安末期の武将。清盛の四男。母は平時信の女時子。一一五九年(平治元)蔵人、従五位下。翌年武蔵守に任じられ、八年間の在任中、国内の武士の組織化を進めた。この間官位も昇進し、八二年(寿永元)従二位権中納言。一一八〇年(治承四)以仁王挙兵以後の治承・寿永の内乱では、平家軍統率の中心的役割をはたした。八五年(文治元)壇ノ浦の戦で敗れ入水。能「船弁慶」などにもとりあげられた。

たいらのともやす【平知康】 朝康・朝泰とも。生没年不詳。平安後期～鎌倉前期の廷臣。左衛門尉。父は壱岐守平朝親。通称壱岐判官、鼓の名手で鼓判官ともよばれた。父とともに後白河上皇に近侍し、近習の第一とされた。平清盛のクーデタの際に解官され、復官後、源義仲の法住寺御所攻めの原因を作るなど、源平争乱期に波瀾にみちた生涯を送った。

たいらのなおかた【平直方】 生没年不詳。平安中期の武将。北条氏の祖とされる。維時の子。摂関家の家人として在京し、検非違使。一〇二八年(長元元)平忠常の乱に際して、朝廷から追討を命じられたが鎮圧に失敗、三〇年召喚された。従五位上を極位とし、能登守・上総介などを歴任。源頼義を婿とし鎌倉の地を譲与したという。

たいらののりつね【平教経】 1160?～85.3.24? 国盛とも。平安末期の武将。清盛の弟教盛の子。母は藤原資憲の女。正五位下。一一七九年(治承三)能登守。八一年(養和元)兄通盛の副将軍として北陸道の追討にあたる。八三年(寿永二)平家の都落ちに従い、八五年(文治元)壇ノ浦の戦で自害。「吾妻鏡」は、八四年(元暦元)一の谷の戦で討死とする。平家きっての勇猛果敢な武将。

たいらののりもり【平教盛】 1128～85.3.24 平安末期の武将。忠盛の三男。母は待賢門院女房で藤原家隆の女。清盛の異母弟。門脇中納言と称する。一一四八年(久安四)蔵人、従五位下。国司などを歴任し、後白河上皇の院司となる。六一年(応保元)憲仁親王擁立の陰謀に加担した罪で解任、翌年許された。六八年(仁安三)高倉天皇(憲仁親王)の即位とともに蔵人頭・参議、のち従二位中納言。平家一族では文官的役割をはたした。八三年(寿永二)平家都落ちに従い、八五年(文治元)壇ノ浦で入水。

たいらのひろつね【平広常】 ?～1183.12.- 平安末期の武将。常澄の子。上総介広常・介八郎と称する。上総介を世襲し、上総国を中心とした大武士団を統率。保元・平治の乱では源義朝に従い、その後平家に属した。一一八〇年(治承四)源頼朝の挙兵に際していったんは拒否したが、二万騎の兵を率いて参陣したという。富士川の戦後、上洛を主張する頼朝を諫め、常陸国の佐竹氏を討つことを主張し、その中心的役割をはたした。のち謀反の疑いをかけられ、頼朝に殺された。

たいらのまさかど【平将門】 ?～940.2.- 平安中期の武将。良将(良持とも)の子。母は犬養春枝の女とされる。相馬小次郎と称する。下総国猿島郡・豊田郡などを本拠とする。上洛して藤原忠平に仕える。九三一年(承平元)女事により伯父良兼と争った。九三五年、源護と平真樹との争いで護の子らを討ち、伯父平国香・良兼ら同族と対立し、国香を殺害。翌年朝廷に召喚され禁獄。大赦により帰国したが、その後同族間争いは激化した。九三九年(天慶二)武蔵国権守興世王・介源経基と足立郡司武蔵武芝との争いを調停しようとしたが失敗。常陸国の紛争にも介入、このほか関東諸国に出兵した。新皇と称し、弟などを国司に任命して関東の独立化をはかったが、国香の子貞盛や藤原秀郷らに討たれた。その経過は「将門記」に詳しい。

たいらのまさもり【平正盛】 生没年不詳。平安後期の武将。正衡の子。忠盛の父。一〇九七年(承徳元)伊賀国の所領を媞子内親王(白河上皇の女)の菩提所六条院に寄進。これをきっかけに白河上皇に接近し、院北面の武士として近臣となり、伊勢平氏台頭の基礎を築いた。一一〇八年(天仁元)源義親を討ち但馬守となる。海賊追捕に活躍し、僧徒の強訴を阻止して武名をあげた。この間各地の国司を歴任。従四位下右馬権頭を極位とする。

たいらのむねもり【平宗盛】 1147～85.6.21 平安末期の武将。清盛の三男。母は平時子。屋島内府と称する。一一五七年(保元二)従五位下。五九年(平治元)平治の乱の功により遠江守。その後も順調に昇進し、従一位内大臣。異母兄重盛の死後、清盛の嫡子となり、清盛の死ののち一門を統率した。八三年(寿永二)西走して屋島まで勢力を回復したが、一の谷・屋島の戦で敗北。八五年(文治元)壇ノ浦で捕らえられ、鎌倉に護送されて源頼朝と対面した。京都に送られる途中、近江国篠原(現、滋賀県野洲町)で斬殺された。

たいらのもりくに【平盛国】 1113?～86.7.25? 平安末～鎌倉初期の武士。季衡あるいは盛遠の子。主馬判官と称した。平家の家人として保元・平治の乱に参加。一一七一年(承安元)検非違使・左衛門尉に任じられる。平清盛の側近として活躍、平家納経にもかかわった。平家の都落ちに従い、壇ノ浦で捕らえられて鎌倉に送られ、岡崎義実に預けられたが、飲食を絶ち死亡。

たいらのもりこ【平盛子】 1156～79.6.17　平安末期の摂政藤原基実の妻。父は平清盛。高倉天皇の准母。一一六六年(仁安元)基実が没すると、その長子基通(母は藤原忠隆の女)が幼少であったため遺領を相続した(実質的には清盛)。七九年(治承三)盛子が没して遺領を後白河上皇が没収したため、清盛のクーデタがおこった。

たいらのもりつな【平盛綱】 生没年不詳。鎌倉中期の武士。北条氏得宗家の被官。資盛の孫、国房の子とされるが確証はない。通称平三郎左衛門尉。北条泰時の腹心の一人で、承久の乱後、京方没収地の調査にあたり、一二二四年(元仁元)北条氏の家法制定にたずさわり、三四年(文暦元)には尾藤景綱にかわり得宗家の家令となる。泰時の死後も時頼に重用された。法名は盛阿。

たいらのもりとき【平盛時】 ㊀生没年不詳。鎌倉幕府開創期の吏僚。問注所の新設に際し三善康信を補佐。将軍源頼朝の右筆として御教書を奉じ、書状を代筆。将軍の側近としては大江広元につぐ地位にあった。官位は民部丞、五位に昇る。

㊁生没年不詳。鎌倉中期の武士。北条氏得宗家の被官。父は盛綱。通称平三郎左衛門。父の出家後、侍所所司・得宗家家令を継ぎ、御家人や得宗被官を統率。北条時頼の死後出家し、子頼綱に家督を譲った。法名は法鑑。

たいらのやすより【平康頼】 生没年不詳。平安末～鎌倉初期の武将。阿波国の住人で、後白河上皇の側近。北面の武士となり、検非違使・左衛門尉。一一七七年(治承元)鹿ケ谷の謀議に加わり、俊寛らとともに鬼界ケ島に配流された。翌年、大赦により帰洛して双林寺に籠居。八六年(文治二)源義朝の墓に水田と小堂を寄進した恩賞として、源頼朝から阿波国麻殖保(現、徳島県鴨島町)を与えられた。今様の名手として知られ、説話集「宝物集」の作者。和歌をよくし、「千載和歌集」に入集。

たいらのゆきもり【平行盛】 ?～1185.3.24　平安末期の武将。基盛の子。播磨守などをへて正五位下左馬頭。一一八〇年(治承四)以仁王の挙兵の鎮圧に活躍。同年近江国の源氏追討に加わり、翌年北陸道追討使となる。八三年(寿永二)平氏の都落ちに従い、八五年(文治元)壇ノ浦で入水。和歌を好み、西走に際して歌集を師の藤原定家に託した。

たいらのよしかね【平良兼】 ?～939.6.-　平安中期の武将。高望の子。国香の弟。従五位上下総介。九三一年(承平元)女事により甥の平将門と争った。九三五年、妻の父源護の子が将門に殺害されたため、国香らとともに将門と戦った。国香の死後も子の貞盛と組み戦をくり返したが、病死。女は将門の妻。

たいらのよしぶみ【平良文】 生没年不詳。平安中期の武将。高望の子。国香の弟。忠常は孫。坂東八平氏の祖。村岡五郎と称する。従五位上鎮守府将軍。武蔵国村岡などの領主といわれる。「今昔物語集」には、源宛と戦って引き分けたすぐれた兵として描かれる。平将門の叔父だが、将門の乱に際しての動静は不明。

たいらのよしまさ【平良正】 生没年不詳。平安中期の武将。高望または良茂の子。三浦氏などの祖ともいう。常陸国を本拠とする。源護の女婿で、護の子が甥の平将門に討たれたため、九三五年(承平五)将門と戦ったが、常陸国川曲村(現、茨城県下妻市)の戦で敗北。その後、兄良兼に助力を求めて合戦をくり返したという。

たいらのよりつな【平頼綱】 ?～1293.4.22　鎌倉後期の武将。北条氏得宗家の被官。盛綱の子。盛時の子とする説もある。北条時宗・同貞時時代の内管領・侍所所司を兼ねる。時宗の死後、得宗家被官の頭首として、また新得宗貞時の乳母の夫としてその補佐にあたるが、貞時の外祖父で御家人勢力の代表者安達泰盛と幕政の主導権をめぐり対立。一二八五年(弘安八)霜月騒動で泰盛を滅ぼす。以後幕府の実権を握るが、九三年(永仁元)その専横を嫌う貞時に滅ぼされた(平頼綱の乱)。法名果円。

たいらのよりもり【平頼盛】 1132～86.6.2　平安末～鎌倉初期の武将。忠盛の五男。母は藤原宗兼の女で池禅尼宗子。池大納言・池殿と称する。一一四七年(久安三)従五位下。五六年(保元元)昇殿を許され、正二位権大納言に昇進。平清盛の異母弟だが後白河上皇・八条院との関係が深かったため、平家内部で微妙な立場にあった。八三年(寿永二)平家の都落ちに従わず京にとどまった。同年鎌倉を訪れ源頼朝と対面。頼朝は、池禅尼の嘆願で助命された恩に報いるため旧領を安堵。翌年、本位本官に復した。

たいらのろくだい【平六代】 生没年不詳。平安末～鎌倉初期の平氏嫡系最後の人物。維盛の嫡男。母は藤原成親の女。名は高清、六代は童名。六代禅師・六代御前と称する。平家の都落ちに従わず、母妹とともに京にとどまった。一一八五年(文治元)北条時政に捕らえられ鎌倉に護送の途中、文覚の助命嘆願で許された。のち文覚のもとに預けられ出家。九四年(建久五)鎌倉で源頼朝と対面した。最期については諸説あるが、「鎌倉年代記裏書」は九八年に処刑されたとする。

たいろ【大魯】 1730～78.11.13　江戸中期の俳人。

吉分氏、本姓今田氏。徳島藩士。一七六六年(明和三)大坂の遊女と駆落ち事件をおこし、致仕。翌年頃には上洛して宋屋門の文誰に入門。七〇年までに蕪村門に属する。蕪村門の高弟几董や暁台・二柳・樗良らとも交流を結ぶ。後援者に狂歌師の一本亭芙蓉花や書肆の石原茂兵衛がいた。句集「蘆陰句選」。

タウト Bruno Taut 1880.5.4～1938.12.24 ドイツ表現主義時代の代表的建築家。一九三三年(昭和八)五月来日、約三年半滞在し、仙台・高崎で工芸指導。建築家としては東京の大倉邸と熱海の日向邸(現存)に関与しただけで不遇だったが、「ニッポン」「日本文化私観」「日本美の再発見」などの著作によって建築工芸界に影響を与えた。「日本―タウトの日記」もある。三六年一〇月トルコ政府に招かれて離日。

たおかれいうん【田岡嶺雲】 1870.11.21～1912.9.7 明治期の評論家・中国文学者。本名佐代治。高知県出身。東大卒。早くから自由民権運動に接する。小柳司気太らと東洋文化の再生を訴え、雑誌「東亜説林」を創刊。投書雑誌「青年文」主筆として樋口一葉・泉鏡花をいち早く評価。文学が社会の腐敗や下層民の現実に及ぶことを求めた。のち関心は政治や社会に移り、アジア・女性の解放や天皇制打倒を訴え、中国革命家と交わった。著書「嶺雲揺曳」「明治叛臣伝」「数奇伝」「和訳漢文叢書」。

たかいきとう【高井几董】 ⇨几董

たかいこうざん【高井鴻山】 1806～83.2.6 幕末～明治初期の豪農・文人。通称三九郎。信濃国上高井郡小布施村生れ。本姓は市村。祖父が幕府から高井姓を与えられる。京都に遊学し、梁川星巌・春日潜庵に師事、詩文・陽明学を学ぶ。のち江戸で佐藤一斎に入門。一八三六年(天保七)帰国。嘉永期以来攘夷論を唱え、松平慶永に海防意見書を呈し、佐久間象山とも交遊。戊辰戦争では官軍に協力。維新後は東京(のち長野)で高矣義塾を開いた。

たかお【高尾】 江戸新吉原の代表的な遊女の名前。高尾を名のった太夫は七代とも一一代ともいう。京都の吉野太夫、大坂の夕霧太夫と並び称される。「高尾考」と称する随筆も数種あり、逸話が多く、伝説化がはなはだしい。尼となった妙心高尾、伊達騒動との関連で有名な仙台高尾、蠟燭問屋の女房となった西条高尾、榊原騒動に関連づけられる榊原高尾などがある。高尾が登場する歌舞伎・浄瑠璃・講談・日本舞踊の一系統があり、「伽羅先代萩」が著名。

たかおかうじ【高丘氏】 百済系の渡来氏族。「新撰姓氏録」は、百済国の公族である大夫高侯の末裔の広陵高穆を祖とする。六六三年(天智二)に渡来した沙門詠の子楽浪河内が七二四年(神亀元)に高丘連を賜り、さらにその子比良麻呂が藤原仲麻呂の謀反を奏上して、七六七年(神護景雲元)に宿禰姓を賜った。

たかおかしんのう【高岳親王】 799?～865? 高丘親王・真如・遍明和尚・入唐三御子・皇子禅師とも。平安前期の真言宗僧。平城天皇の第三皇子。八〇九年(大同四)嵯峨天皇の即位とともに皇太子となったが、翌年薬子の変で廃される。八二二年(弘仁一三)頃出家し真忠と称したが、のち真如と改めた。道詮に三論教学を、空海に密教を学ぶ。八五五年(斉衡二)から七年間修理東大寺大仏司検校を勤めた。八六二年(貞観四)宗叡など僧俗六十数人と入唐し、長安の法全から密教を受法して遍明と名のった。八六五年求法のため広州から海路インドにむかったが、羅越国(マレー半島南端の国)で没した。享年六七歳と伝える。

たかおかのひらまろ【高丘比良麻呂】 ?～768.6.28 枚麻呂とも。奈良時代の官人。祖父沙門詠は百済から渡来。父楽浪河内が七二四年(神亀元)高丘連を賜った。若くして大学に遊び、書物記録を渉覧して大外記などを歴任。七六四年(天平宝字八)藤原仲麻呂の謀反を告げて従四位下に昇叙。七六七年(神護景雲元)法王宮亮となり宿禰姓を賜った。

たかおかみのかみ【高龗神】 「日本書紀」の一書でイザナキがカグツチを斬った際に生まれた神の一つ。別の一書では暗龗、「古事記」では闇淤加美神と記される。「豊後国風土記」や「万葉集」から、オカミは竜身ないし蛇身の水神の意と考えられる。タカは称辞。

たかぎいちのすけ【高木市之助】 1888.2.5～1974.12.23 大正・昭和期の国文学者。名古屋市出身。東大卒。五高・浦和高校教授、京城帝国大学・九州帝国大学・日本大学教授を歴任。欧米の芸術・文化の知見をもとに、緻密な方法で日本の上代文学を研究。第二次大戦中は時局におもねらない姿勢で古代歌謡などを論じた。著書「吉野の鮎」「大伴旅人・山上憶良」「貧窮問答歌の論」「国文学五十年」。

たかぎかねひろ【高木兼寛】 1849.9.15～1920.4.13 明治・大正期の医家・海軍軍医。日向国生れ。薩摩藩士の子。一八六九年(明治二)にイギリス人ウィリスが開設した鹿児島の医学校兼病院で英語と医学を学ぶ。海軍軍医となり、イギリス留学をへて八五年に海軍軍医総監に就任。また八一年に成医会講習所(東京慈恵会医科大学の前身)を東京京橋に創立してイギリス流医学を奨励。八六年に有志共立東京病院、八五年には看護婦養成所をつくり、医師と看護婦の養成に尽力。

たかぎさくえもん【高木作右衛門】 近世長崎の有力町人で、町年寄などを勤めた高木家当主の通称。初代忠雄は長崎開港の一五七〇年(元亀元)頃に肥前国高来荘(現、長崎県島原市)から移住、九二年(文禄元)町年寄となった。初代と二代忠次は朱印船貿易にたずさわる。三代宗能が一六六二年(寛文二)はじめて御用物役となり、八代忠与は長崎代官を兼任した。

たかぎさんけ【高木三家】 美濃衆とも。江戸時代、交代寄合の旗本である高木本家(西家)と分家二家(東・北両家)。各家とも柳間詰で、知行高は本家二三〇〇石、分家両家が各一〇〇〇石。一六〇一年(慶長六)美濃国石津郡時・多良(現、岐阜県上石津町)を与えられて以後、三家とも一貫して領地内に在住し、参勤交代を行った。正保年間以降、三家はともに木曾三川流域で治水業務などの川通御用を勤め、領地支配などにも協力してあたった。「高木文書」が伝わる。

たかぎし【高木氏】 ㊀中世の肥前国の豪族。大宰権帥藤原隆家を祖とし、その曾孫文貞が国府の南部、高木(現、佐賀市)を本拠として高木氏を称したのに始まるという。在庁官人として発展し、宗家は源頼朝から本領深溝北郷甘南備峰(現、佐賀県大和町)の地頭に任じられ御家人となる。頼朝の供奉人も勤めた。鎌倉～南北朝期、肥前国一宮河上社の大宮司職を相伝し、遵行使節としても活躍。南北朝期以降は千葉氏らに圧倒され衰えた。
㊁江戸時代の大名家。三河国高木村(現、愛知県安城市)に住んだ宣光を祖とし、子清秀は織田信長に仕えた。孫の正次は徳川家康の側近となり、一六二三年(元和九)河内国丹南郡で一万石余を領し、のち大番頭を勤めた。以後代々丹南藩主で、多くは大番頭を勤めた。維新後、子爵。

たかぎせんえもん【高木仙右衛門】 1824.2.12～99.4.13 肥前国の浦上キリシタン。一八六五年(慶応元)旧信徒の発見とともに教会に帰属し、自宅を秘密礼拝堂にあて伝道士として布教に献身した。寺請制度に公然と抵抗し、六八年(明治元)の総流罪(浦上四番崩れ)で石見国津和野に配流。七三年許されて帰郷、浦上天主堂の建立、十字架山の土地購入に尽力し、浦上信徒のために生涯をささげた。

たかぎていじ【高木貞治】 1875.4.21～1960.2.28 明治～昭和期の数学者。岐阜県出身。東大卒。ドイツに留学し、ヒルベルトのもとで整数論・類体論を研究。この時期に有名な「クロネッカーの青春の夢」とよばれる問題を解決した。留学中に東京帝国大学助教授となり、学位取得後教授となる。類体論の研究では世界最高のレベルにあり、高木類体論を発表して注目された。文化勲章受章。著書「解析概論」「代数的整数論」。

たかぎまさつぐ【高木正次】 1563～1630.11.30 江戸初期の旗本、のち大名。父は清秀。一五八二年(天正一〇)から徳川家康に仕える。九〇年家康の関東入国に際し、武蔵国で一〇〇〇石を与えられ、一六〇五年(慶長一〇)従五位下主水正に叙任。〇七年大番頭となり、一五年(元和元)大坂夏の陣に従い、二三年稲垣重綱とともに最初の大坂定番となる。この間数度の加増をうけ、同年河内国で一万石を領し、丹南藩主となった。

たかぎみずたろう【高木壬太郎】 1864.5.20～1921.1.27 明治・大正期のカナダ・メソジスト教会牧師・教育者。遠江国生れ。静岡の師範学校卒業後、一八八六年(明治一九)山路愛山とともに平岩愃保から受洗。東洋英和学校神学部を卒業し、カナダのビクトリア大学に学ぶ。東京築地(銀座)教会をはじめ各教会の牧師を歴任、また「護教」の主筆、青山学院教授を務めた。

たかぎやさか【高木八尺】 1889.12.25～1984.4.28 大正・昭和期の政治学者。学術的アメリカ研究の先駆者。東京都出身。東大卒。一九一八年(大正七)東京帝国大学に新設された米国講座の担当者に選任され、留学をへて二四～五〇年(昭和二五)米国憲法・歴史および外交講座を教授として担当、アメリカ民主主義の流れを講じた。また太平洋問題調査会の常任理事として日米関係の発展に尽くす。第二次大戦後はアメリカ学会の初代会長。著書「米国政治史序説」。「高木八尺著作集」全五巻。

たかくあいがい【高久靄厓】 1796～1843.4.8 江戸後期の南画家。名は徴、字は子遠。号は靄厓・疎林外史・如樵など。下野国那須生れ。郷里の平出雪耕に学ぶ。同郷の豪商・菊地淡雅の庇護をうけながら、二七～二八歳の頃江戸に出て谷文晁に入門。のち池大雅・伊孚九に心酔・私淑し、京坂に遊学してその画風を研究。再び江戸に戻り、渡辺崋山・椿椿山ら関東南画家たちと交流。作品「歳寒三友図屛風」。

たかくすじゅんじろう【高楠順次郎】 1866.5.17～1945.6.28 明治～昭和前期の仏教学者。備後国生れ。西本願寺立普通教校(現、竜谷大学)卒。一八九〇年(明治二三)ヨーロッパに留学、ミュラー、ドイッセンなどに学び、九七年に帰国して九九年東京帝国大学教授。「大正新修大蔵経」一〇〇巻の完成が最大の事業。仏典の外国語訳、仏教青年会の指導、日華学堂による中国人留学生教育、エスペラント運動など精力的に活動した。学士院会員。文化勲章受章。

たかくらけ【高倉家】 ㊀藤原氏北家長良流。半家。権大納言を極官とする。家名は、南北朝期の参議永季に始まる。鎌倉時代までは代々六位蔵人となる諸大夫の家であったが、永康が後嵯峨上皇・亀山上皇に近侍し、異例の昇進を遂げて従三位になり、弟の永経も従三位に昇った。永経の玄孫が永季である。山科家と並ぶ装束の家で、天皇の装束に奉仕し、衣紋の調達をつかさどる一方、武家政権にも近づいた。江戸時代の家禄は八一二石余。江戸中期の永秀は宝暦事件に連坐して落飾(らくしょく)。維新後、永則のとき子爵。

□二 ⇩藪家(やぶけ)

□三 ⇩舟橋家(ふなはしけ)

たかくらじ【高倉下】 神武東征説話に登場する人名。高倉を管掌する人の意。熊野の住人で、神武天皇が山の神の毒気にあたって正気を失った際、タケミカヅチが天から自分の倉に下した霊剣を神武に献上し、その危機を救った。神武に対する天からの神助を語る話。「古事記」「日本書紀」は系譜関係を記さないが、「先代旧事本紀(くじほんぎ)」ではニギハヤヒの子天香語山(あまのかぐやま)命の別名とする。

たかくらテル【高倉テル】 1891.4.14～1986.4.2 大正・昭和期の社会運動家・作家。高知県出身。本名輝豊。京大卒。長野県に移住し、文化運動に参加。教員赤化事件で検挙され、転向。第二次大戦後共産党に入党、衆議院議員。一九五〇年(昭和二五)公職追放。党分裂の際は所感派に属し、中国・ソ連に亡命、六一年以後中央委員・顧問などを歴任。著書「高瀬川」「大原幽学」「ハコネ用水」。

たかくらてんのう【高倉天皇】 1161.9.3～81.1.14 在位1168.2.19～80.2.21 後白河天皇の第七皇子。名は憲仁(のりひと)。母は平時信の女建春門院滋子(しげこ)。父の意志により、一一六六年(仁安元)皇太子に立ち、二年後、六条天皇の譲位をうけて践祚(せんそ)した。七八年(治承二)平徳子(清盛の女)が生んだ長子(安徳天皇)を皇太子に立てる。七九年、平清盛が後白河法皇を幽閉する事件により、翌八〇年譲位し、みずから院政を担った。

たかくらとくたろう【高倉徳太郎】 1885.4.23～1934.4.3 大正・昭和前期の神学者・日本基督教会牧師。京都府出身。東京帝国大学在学中に植村正久から受洗、一九〇八年(明治四一)大学を中退して東京神学社に入学。富士見町教会伝道師を最初として各教会で伝道に従事。イギリス留学後、東京で戸山教会を設立すると富士見町教会の青年が多数転入、新会堂を建設して信濃町教会と改称。この間東京神学社教授・日本神学校校長を務め、福音的キリスト教を提唱。

たかくらのふくしん【高倉福信】 ⇩高麗福信(こまのふくしん)

たかくわらんこう【高桑闌更】 ⇩闌更(らんこう)

たかさきたつのすけ【高碕達之助】 1885.2.7～1964.2.24 昭和期の実業家・政治家。大阪府出身。農商務省水産講習所卒。東洋製缶を創立。一九四一年(昭和一六)満州重工業副総裁となり、のち総裁。第二次大戦の敗戦時には在満日本人の引揚げに努め、中国の産業復興にも協力。五二年電源開発株式会社初代総裁として佐久間ダム建設にあたり、鳩山内閣では経済審議庁(のち経済企画庁)長官を務めた。この間に衆議院議員となり、第二次岸内閣でも通産相に就任。日ソ漁業交渉などの政府代表として活躍し、六二年には廖承志(りょうしょうし)との間で「日中総合貿易に関する覚書」に調印、LT貿易が開始された。

たかさきまさかぜ【高崎正風】 1836.7.28～1912.2.28 幕末～明治期の歌人。鹿児島藩士。和歌を若松則友・八田知紀(はったとものり)に学ぶ。父の冤罪により一六歳にして奄美大島へ配流。のち許されて国事にたずさわり、戊辰(ぼしん)戦争では征東将軍参謀。一八七二年(明治五)欧米視察に出た。八八年御歌所初代所長となる。長く明治天皇・昭憲皇太后の作歌を指導し、枢密顧問官に任じられた。没後歌集に「たづがね集」、ほかに「歌ものがたり」「進講筆記」。

たかさごうらごろう【高砂浦五郎】 1838.11.20～1900.4.8 明治期の力士。上総国生れ。一八七三年(明治六)前頭筆頭のとき、相撲会所に力士の待遇改善を求めたため追放されたが、七八年和解。年寄として復帰し、以後角界の近代化に努め、九七年引退。

たかさぶりゅうたつ【高三隆達】 ⇩隆達(りゅうたつ)

たかざわただより【高沢忠順】 1732～99 江戸後期の加賀国金沢藩士・農政家。郡奉行から一七八一年(天明元)改作奉行となったが、改作法を遵守して商品生産を押え勧農政策を主張したため、流通経済を重視する藩の御改法と対立。八五年先代藩主前田重教(しげみち)へ農政批判の建議をし、閉門となる。九二年(寛政四)郡奉行に復帰、作事奉行まで進む。著書「改作所旧記」。

たかしなうじ【高階氏】 天武天皇の皇子高市(たけち)皇子を始祖とする氏族。奈良末期に高階の姓を賜り、一条天皇の代に朝臣(あそん)姓をえた。諸国の受領(ずりょう)階層の者を輩出し、院政期には院の有力近臣として、院政政権を支えた。後白河法皇の寵妃丹後局(たんごのつぼね)栄子や、「春日権現験記」の筆者で鎌倉末期の宮廷絵師高階隆兼(たかかね)は、高階氏の出身。●● 次頁

たかしなたかかね【高階隆兼】 生没年不詳。鎌倉後期のやまと絵の絵師。一三〇九年(延慶二)制作の「春日権現験記」に付属する目録には、「絵右近大夫将監高階隆兼　絵所預」と記され、その官職・身分が知られる。花園天皇の命で絵画制作にたずさわったという記録も残る。前代までのやまと絵を集大成し、美しい色彩と細緻な描法を特色とする。同様な画風の作品に「玄奘(げんじょう)三蔵絵」「駒競行幸(こまくらべぎょうこう)絵巻」「矢田地蔵縁起絵巻」などがあり、その画風が流行したことをうかがわせる。

たかしなのえいし【高階栄子】 ?～1216 後白河法皇の寵妃。丹後局(たんごのつぼね)と称されたが、従二位に叙され、丹二品・浄土寺二位ともよばれた。延暦寺執行法印澄雲の女。はじめ後白河法皇の近習

の下北面平業房に嫁して業兼・教成らを生んだが、一一七九年(治承三)平清盛が後白河法皇を鳥羽殿に幽閉した際、業房は配流・殺害された。栄子は幽閉された法皇に近侍して寵愛をうけ、八一年(養和元)皇女覲子内親王(宣陽門院)を生む。後鳥羽天皇の即位など政治に干渉し、その発言力は強大で、法皇の死後も権臣源通親と結んで権勢を維持した。

たかしなのきし【高階貴子】 ?～996.10.- 平安中期の歌人。高階成忠の女。藤原道隆の妻。藤原伊周・同隆家・一条天皇中宮定子らの母。円融朝に出仕し、真名(漢字)をよく書いたので内侍に任じられ、高内侍と称された。伊周が左遷から復帰して儀同三司と称したため、儀同三司母とよばれることが多い。伊周・隆家の左遷に際し、心を乱して没したという。「拾遺集」以下の勅撰集に六首入集。

たかしなのためあき【高階為章】 1059～1103.12.20 平安後期の官人。父は為家。母は藤原義忠の女。子に宗章がいる。一〇八一年(永保元)従五位下となり、法勝寺造営の功により越後守に任じられた。その後も受領として、また白河上皇の院司として活躍。藤原隆時とともに院の寵臣と称される。その病死は、丹波守として法成寺領を消滅させたことによる藤原道長の祟りとうわさされた。

たかしなのためいえ【高階為家】 1038～1106.11.17 平安後期の官人。父は成章。周防・美作・播磨などの守を歴任。一〇八六年(応徳三)には昇殿が許され、九三年(寛治七)郁芳門院の別当となる。この間賀茂祭の桟敷過差により藤原師実に勘当され、興福寺衆徒に訴えられ土佐配流になったこともある。

たかしなのなりただ【高階成忠】 923～998.7.- 平安中期の官人。祖父は師尚、父は良臣。貴子の父。方略宣旨をうけて秀才の試験に及第し、大内記、懐仁親王(のち一条天皇)の東宮学士、式部大輔などを歴任。九九一年(正暦二)一条天皇の中宮藤原定子の外祖父として従二位に昇り、高二位とよばれた。翌年真人から朝臣に改姓。まもなく出家して法名を道観と称した。

たかしなのなりとお【高階業遠】 965～1010.4.10 平安中期の官人。父は敏忠。丹波守・春宮権亮などを歴任。邸宅を藤原道長の子頼通に贈るなど、道長の無双の臣と称された。赤染衛門との贈答歌や、死後蘇生して遺言したことなど、かずかずのエピソードが残る。

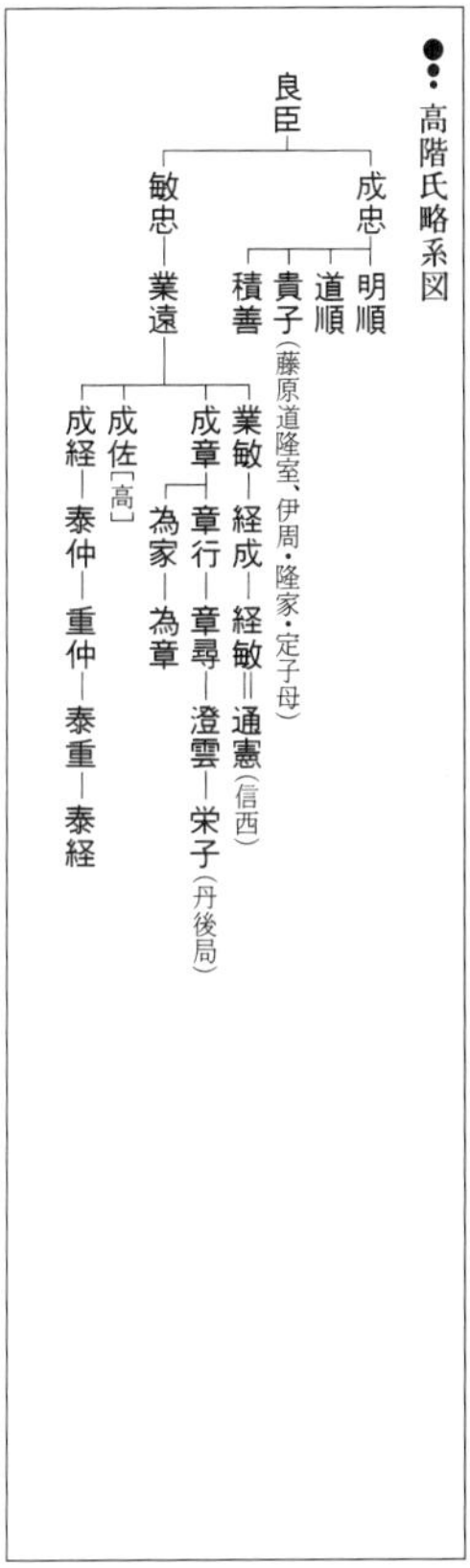

たかしなのもりよし【高階積善】 生没年不詳。平安中期の儒者。父は成忠。宮内丞・弾正少弼・左少弁・民部大輔を歴任した。最高位は正四位下。大江匡衡・紀斉名らと並び称される一条朝(九八六～一〇一一)の文士。文章・漢詩にすぐれ、「本朝麗藻」を編んだほか、「本朝文粋」「類聚句題抄」に作品を残す。

たかしなのやすつね【高階泰経】 1130～1201.11.23 平安末～鎌倉初期の公卿。泰重の子。後白河天皇の六位蔵人となり、五位に叙されたのち諸国の守を歴任し、右京大夫・大蔵卿に昇進。一一九一年(建久二)正三位。後白河法皇の有力な近臣で、法皇への取次役として活躍。一一八五年(文治元)源義経にくみしたとして、源頼朝に大蔵卿を解官され伊豆に配流されることになったが、法皇の反対により配流をまぬかれた。

たかしまかえもん【高島嘉右衛門】 1832.11.1～1914.10.16 明治期の実業家・易学家。江戸生れ。開港場横浜に出店、外国人相手に材木商・建築請負業を営んだ。イギリス公使館や灯台寮を建築、洋銀相場などで財をなした。また学校(高島学校)を設立、ガス事業を完成、京浜間鉄道敷設のため埋立を請け負い、高島町の地名を現在に残す。一八七六年(明治九)隠退、高島易断を創始した。その後実業界に復帰し、九一年から九四年まで北海道炭礦鉄道社長を務めた。

たかしましゅうはん【高島秋帆】 1798～1866.1.14 幕末期の砲術家。父は茂紀。諱は茂敦。通称四郎太夫。長崎町年寄・出島台場受持として荻野流砲術を修め、のち西洋砲術を学び、高島流を創始。一八四〇年(天保一一)アヘン戦争の情報が伝わると、上書を幕府へ提出し、洋式砲術の採用を説いた。幕命により、翌年武蔵国徳丸ケ原で洋式銃陣演練を披露し、洋式砲が採用された。流儀は幕臣の下曾根金三郎・江川太郎左衛門英竜などに伝授され、高島流興隆と洋式砲普及の基となった。しかし秋帆自身は鳥居耀蔵らに嫌疑をかけられて翌年逮捕され、四六年(弘化三)武蔵国岡部藩に預けられた。五三年(嘉永六)ペリー来航を迎えると江川の尽力で赦免され、五五年(安政二)講武所教授方頭取、五七年講武所砲術師範役に任じられた。

たかしましろべえ【高島四郎兵衛】 江戸時代の長崎町年寄の世襲名。初代茂春は一五八七年(天正一五)に長崎の頭人となり、九二年(文禄元)に町年寄と改称後は代々町年寄役を勤めた。三代茂卿は島原の乱に際して長崎警備に尽力し、一〇代茂紀は一八一一年(文化八)に長崎会所調役となって唐蘭商法の改正にあたった。砲術家の高島秋帆は茂紀の三男。

たかしまとものすけ【高島鞆之助】 1844.11.9～1916.1.11 明治・大正前期の陸軍軍人・政治家。鹿児島藩士の子。造士館に学ぶ。戊辰戦争に従軍。西南戦争では別働第一旅団司令長官として活躍。第一次松方内閣で陸相に就任。以後、拓殖務相・陸相・枢密顧問官を歴任。陸軍内の反長州閥勢力の中心であった。

たかしまへいざぶろう【高島平三郎】 1865.10.1～1946 明治・大正期の児童心理学者。江戸生れ。学習院・長野県師範学校・日本体育会などで教鞭をとりながら、独学で心理学・児童学・教育学・体育学などの研究にとりくむ。一八九〇年(明治二三)頃から、のちの日本児童学会につながる児童研究運動に参画、九八年雑誌「児童研究」顧問。著書「体育原理」。

たかしまべいほう【高島米峰】 1875.1.15～1949.10.25 明治～昭和期の宗教家。浄土真宗本願寺派の僧侶。新仏教改革運動の推進者。幼名大円。新潟県出身。哲学館(現、東洋大学)卒。編集者・新聞記者をへて、一八九九年(明治三二)仏教清徒同志会(のち新仏教徒同志会)を結成。社会主義的運動の勃興と軌を一にした新仏教運動を始める。一九四三年(昭和一八)東洋大学学長。

たかすぎしんさく【高杉晋作】 1839.8.20～67.4.14 幕末期の志士。萩藩士。名は春風、字は暢夫。号は東行。変名谷梅之助・谷潜蔵。吉田松陰に学び久坂玄瑞と並び称される。一八六二年(文久二)幕艦で上海に渡る。帰国後久坂らと品川御殿山のイギリス公使館を焼き打ちし、また藩論の航海遠略策を批判した。六三年萩藩の下関における攘夷決行に対する米仏艦の反撃に際し、奇兵隊を組織。翌六四年(元治元)の四国連合艦隊下関砲撃事件では、藩の正使として講和に応じた。幕府の征長軍組織化にともなって藩の保守派が実権を握ると一時脱藩し、同年末から翌六五年(慶応元)にかけて諸隊を率いて下関で挙兵、保守派を倒す。慶応軍制改革に参与し、六六年の第二次長州戦争では小倉口参謀として活躍。六七年下関で病死。

たかせしんけい【高瀬真卿】 1855～1924.11.17 明治期の社会事業家。常陸国生れ。幼名は政吉、のちに真之助。筆名に羽皐など。自由民権運動期にジャーナリストとして活動。このときの入獄経験により感化事業に関与。東京集治監などの教誨師をつとめ、一八八五年(明治一八)私立予備感化院(のちの東京感化院)を東京湯島両門町に開設した。

たがたかただ【多賀高忠】 1425～86.8.17 室町中期の武将。京極氏の被官。通称新左衛門・豊後守。京極持清・同経秀のもとで侍所所司代を勤める。応仁・文明の乱では、東軍に属した持清に従い近江・京都を転戦。一四七〇年(文明二)持清没後の京極氏の内紛では、京極政経方として京極政光・同高清・多賀清直らと抗争。七五年政経とともに没落し、以後江北を回復することはなかった。歌道・弓馬の故実に通じ、武家故実家として有名。

たかたさなえ【高田早苗】 1860.3.14～1938.12.3 明治～昭和前期の政治家・教育家。江戸生れ。東大在学中に小野梓らとともに鷗渡会を結成し、一八八二年(明治一五)四月立憲改進党結成に参加。同年東京専門学校の創設と同時に講師となり、また「読売新聞」主筆として文芸批評を行う。一九〇七年早稲田大学学長、二三年(大正一二)からは総長を歴任した。第一回総選挙以来、衆議院議員に当選六回。政治的にも大隈重信の側近として活躍した。

たかだしんご【高田慎吾】 1880.5.1～1927.7.5 大正期の社会事業・感化事業家。熊本県出身。青年期にキリスト教の影響をうける。東大卒業後、一九〇九年(明治四二)東京市養育院に勤める。一四年(大正三)内務省地方局嘱託となり児童保護関係法の立案に関与。一九年の大原社会事業研究所開設に際し幹事となる。

たかだともきよ【高田与清】 ⇨小山田与清

たかたのねまろ【高田根麻呂】 ?～653.7.- 名は八掬脛とも。七世紀半ばの官人。六五三年(白雉四)五月、遣唐大使として、副使掃守小麻呂、学問僧道福・義尚ら一二〇人とともに出発。時に冠位は大山下。しかし同年七月、乗船が薩麻(摩)の曲と竹島の間で沈没し、わずかに五人だけが竹島に漂着したという。生存者に根麻呂の名はみえず、水死か。

たかだまたべえ【高田又兵衛】 1590～1671.1.23 江戸前期の武術家。名は吉次。号は崇伯・宗伯。伊賀国生れ。宝蔵院胤栄の弟子となり、また柳生流(太刀)・穴沢流(薙刀)などを学び、宝蔵院流高田派と称される。大坂夏の陣に参戦。一六二三年(元和九)播磨国明石藩小笠原氏(のち豊前国小倉へ転封)に出仕、島原の乱で活躍した。将軍徳川家光に槍術を披露、小倉藩鉄砲物頭に任じられた。子孫も代々同藩に出仕した。

たかたみのる【高田実】 1871.3.19～1916.9.24 明治・大正期の新派俳優。東京都出身。川上音二郎の一座に入門して、日清戦争劇などで活躍。のち関西で成美団(せいびだん)を組織し、さらに東京に戻って本郷座を本拠に新派全盛期を築いた。その風貌と芸格の大きさで、新派の団十郎とよばれた。

たかだやかへえ【高田屋嘉兵衛】 1769.1.1～1827.4.5 近世後期の廻船業者・場所請負人。淡路国津名郡都志本村生れ。一七九五年(寛政七)辰悦丸を建造し、翌年から船持船頭として箱館―上方間の物資輸送を開始。九八年箱館に支店を開設。翌年幕府の東蝦夷地仮上知にともない、官船宜温丸で択捉(えとろふ)に渡り航路を開く。一八〇一年(享和元)蝦夷地御用定雇船頭、〇六年(文化三)蝦夷地産物売捌方、一〇年択捉場所請負人になるなど、幕府の蝦夷地政策に深く食いこみ豪商となる。一二年国後(くなしり)島沖合でロシア人リコルドに拿捕され、カムチャツカに連行された。翌年国後に送還され、ゴロブニン事件の平和的解決に尽力した。

たかたやすま【高田保馬】 1883.12.27～1972.2.2 昭和期の経済学者・社会学者。佐賀県出身。京大卒。東京商科大学・九州帝国大学の各教授をへて一九二九年(昭和四)京都帝国大学教授。第二次大戦後、大阪大学教授。経済学の一般均衡理論を取り込み、人間結合のあり方を対象とする社会学の体系化を企図した。力の優越を欲する「力の欲望」から分業や階級分化を理解する「勢力」説を提唱。著書「社会学原理」「階級及第三史観」「勢力論」。

たかつかさかねひら【鷹司兼平】 1228～94.8.8 鎌倉中期の公卿。称念院と称する。五摂家の一つ鷹司家の祖。近衛家実の四男。母は藤原忠行の女。一二五二年(建長四)兄兼経の譲りをうけ、後深草天皇の摂政・氏長者となった。五四年関白となり、六一年(弘長元)辞任。七五年(建治元)再び後宇多天皇の摂政・氏長者となり、七八～八七年(弘安元～一〇)関白。九〇年(正応三)出家、法名覚理。

たかつかさけ【鷹司家】 藤原氏北家嫡流の近衛家の支流。五摂家の一つ。鎌倉前・中期の近衛家実の四男兼平(かねひら)を家祖とする。家名は兼平の邸宅が鷹司室町にあったことによる。一二五二年(建長四)兼平は兄近衛兼経の譲りをうけて摂政に補され、子孫も他の摂家と並んで交互に摂関に任じられた。家領は、兼平が近衛家から分与された荘園が根幹。戦国期に忠冬没後中絶したが、織豊期に二条晴良の三男信房が再興。江戸時代の家禄は一〇〇〇石、のち一五〇〇石。幕末の政通は三三年余り関白を勤め、維新後、熙通のとき公爵。

たかつかさすけひろ【鷹司輔熙】 1807.11.7～78.7.9 幕末・維新期の公家。関白政通の子。一八一八年(文政元)従三位、五七年(安政四)右大臣。将軍継嗣問題で一橋派として活動。五九年安政の大獄で謹慎処分となり落飾、随楽と称した。六二年(文久二)赦免され国事御用掛、六三年関白任官。八月十八日の政変、六四年(元治元)禁門の変、六七年(慶応三)王政復古に際し一時参朝停止。六八年(明治元)新政府の議定、六九年留守長官を務める。

たかつかさのぶひら【鷹司信平】 1636.12.6～89.7.28 江戸前期の幕臣。関白鷹司信房の四男。徳川家光の正室本理院の弟。左兵衛督・左少将。京都生れ。一六五〇年(慶安三)一一月廩米(りんまい)一〇〇〇俵・月俸二〇〇口で召し出され、五三年(承応二)和歌山藩主徳川頼宣(よりのぶ)の女と結婚。翌年松平姓を与えられて別家をおこし、七四年(延宝二)加増されて七〇〇〇石を知行した。

たかつかさまさみち【鷹司政通】 1789.7.2～1868.10.16 幕末期の公家。関白鷹司政熙の子。母は徳島藩主蜂須賀重喜の女儀子(のりこ)。一七九七年(寛政九)従三位、一八二三年(文政六)関白、四二年(天保一三)太政大臣を兼任。五六年(安政三)官を辞し准三宮宣下。五八年内覧を辞退。五九年安政の大獄で謹慎処分となり落飾、拙山と称した。六二年(文久二)参朝赦免。鷹司家文庫を整備し、日記「政通公記」を残す。室は水戸藩主徳川治紀の女清子。

たかつじけ【高辻家】 菅原氏。菅原道真の後裔、一一世紀の是綱を家祖とする。紀伝道(きでんどう)の家。代々文章(もんじょう)博士・式部大輔となり、また天皇の侍読(じとう)となった。鎌倉前・中期の為長は、土

●鷹司家略系図

兼平―基忠―冬平＝冬教＝師平―冬通―冬家―房平―政平―兼輔―忠冬……(中絶)……信房
- 信房
  - 信尚―教平
    - 房輔……政熙
      - 政通―輔熙……熙通(公爵)
      - 繋子(新皇嘉門院)
      - 祺子(新朔平門院)
    - 房子(新上西門院)
    - 信子(徳川綱吉室 浄光院)
  - 孝子(徳川家光室 本理院)
  - 信平[松平]

御門から後嵯峨まで五代の天皇の侍読となり、参議・正二位にまで昇進。以後代々公卿に昇るようになり、のち権大納言を極官とした。家格は半家。一五八〇年(天正八)長雅没後に中絶し、一六三四年(寛永一一)五条家から遂長が入って相続。江戸時代の家禄は二〇〇石。維新後、修長のとき子爵。

たかつじためなが【高辻為長】 ⇨菅原為長

たかないまたしち【高内又七】 生没年不詳。江戸前期、伊予国松山藩の農政改革者。三代藩主松平定長から治績を表彰され、四代定直に目付役から奉行に抜擢された。藩財政の再建にあたり定免制を断行し、一六七九年(延宝七)新令二五条を布達した。荒廃地の再開発、貯水池の構築など一九年間にわたる農政改革は成功し、毎年一〇万俵余の借財を弁済した。

たかなしし【高梨氏】 中世信濃国の豪族。清和源氏。源頼信の子井上頼季の孫盛光が高梨(現、長野県須坂市)を本拠として高梨七郎と称したのに始まる。源平内乱期、忠直・高信らは源義仲に属して戦い討死。その後、御家人として高梨次郎が源頼朝上洛に供奉した。南北朝期から顕著な活躍をみせ、村上氏とともに北信濃に勢力をふるった。戦国期、政盛は越後の長尾為景と結び、以後北信濃における上杉氏支持勢力の代表的存在となる。

たかなしひょうざえもん【高梨兵左衛門】 近世下総国野田(現、千葉県野田市)の醤油醸造家の当主の通称。もともと上花輪村(現、野田市)の大高持の名主だったが、一九代兵左衛門が一六六一年(寛文元)に醤油醸造を開始した。一七八一年(天明元)同家を含む七軒で野田造醤油仲間を結成、江戸を市場として野田醤油醸造業は発展をとげる。一八二九年(文政一二)幕府御用達となった。一九一七年(大正六)同じく野田の醸造家茂木と合同、野田醤油会社(現、キッコーマン)を設立した。

たかなしりえもん【高梨利右衛門】 ?～1688.12.3? 江戸前期の義民。出羽国置賜郡二井宿村の百姓。島津氏ともいう。伝承では一六六六年(寛文六)米沢藩領屋代郷三五カ村の幕領編入を要求し幕府へ越訴、八八年(元禄元)に磔刑に処されたとされる。訴状は各地に流布し、享保期頃から顕彰活動が展開した。一八六三年(文久三)同地での一揆は、彼の事績を継承しようとするものだった。

たかのいわさぶろう【高野岩三郎】 1871.9.2～1949.4.5 大正・昭和期の社会統計学者・社会運動家。長崎県出身。房太郎の弟。東大卒。ヨーロッパに留学後、東京帝国大学教授。日本の統計学の創始者で、日本初の組織的な家計調査・社会調査を実施。労働組合問題・無産政党問題にも関与。大原社会問題研究所初代所長。第二次大戦後、日本共和国憲法私案要綱を発表。NHK会長も務める。

たかのけ【高野家】 藤原氏北家頼宗流の持明院家庶流。羽林家。持明院基定の三男保春を祖とし、寛文年間(一六六一～七三)に創立。家禄は初め蔵米三〇俵三人扶持、のち一五〇石。神楽の家。保春は議奏・武家伝奏を勤めた。隆古は宝暦事件に連坐して永蟄居、落飾。維新後、保建のとき子爵。

たかのさぶろう【高野佐三郎】 1862.6.2～1950.12.30 明治～昭和期の剣道家。武蔵国秩父郡生れ。幼いときから祖父に小野派一刀流の剣術を習い、上京して山岡鉄舟に学ぶ。はじめ警視庁・県警察で剣を教え、一八九九年(明治三二)東京に剣道場明信館(のち修道学院)を設立。東京高等師範学校教授。剣道形の完成、剣道指導者の育成につとめるなど近代剣道の確立に貢献。

たかのたつゆき【高野辰之】 1876.4.13～1947.1.25 明治～昭和期の国文学者・演劇研究家。号は斑山。長野県出身。長野師範卒業の翌年上京し、上田万年に師事。国定小学校読本編纂委員をへて、東京音楽学校教授に就任。黒木勘蔵と協力して「近世邦楽年表」の編纂に従事し、邦楽科の設立に尽力した。一九二五年(大正一四)「日本歌謡史」により学士院賞を受賞。著書「浄瑠璃史」「日本歌謡集成」。収集された書籍・書画は「斑山文庫」とよばれる。

たかのちょうえい【高野長英】 1804.5.5～50.10.30 江戸後期の蘭学者・医者。陸奥国水沢生れ。仙台藩水沢領主留守氏の侍医高野玄斎の養子。一八二〇年(文政三)江戸で杉田伯元・吉田長淑に蘭学を学ぶ。二五年長崎に赴きシーボルトに師事。二八年シーボルト事件勃発後、姿を隠し、三〇年(天保元)江戸麹町で開業。三二年日本初の生理学書「医原枢要」を著す。この年渡辺崋山を知り、以後崋山主宰の西洋事情研究会主要メンバーとなり、「二物考」「戊戌夢物語」を著す。三九年蛮社の獄に連坐、永牢となるが、四四年(弘化元)脱獄。宇和島・鹿児島などをひそかに訪れ、「三兵答古知幾」などの蘭書翻訳を行った。五〇年(嘉永三)江戸青山百人町で幕吏に襲われ自殺。

たかのてんのう【高野天皇】 ⇨孝謙天皇

たかののにいがさ【高野新笠】 ?～789.12.28 光仁天皇の夫人。百済の武寧王の後裔と伝える和乙継の女。母は土師真妹。光仁の白壁王時代に嫁し、山部親王(桓武天皇)・早良親王らをもうける。のち高野朝臣に改姓。七八一年(天応元)桓武即位により皇太夫人の尊号をうけ、正三位に叙される。没後、天高知日之子姫尊の諡号を奉られ、大枝山陵に葬られる。七九〇年(延暦九)皇太后、八〇六年(大同元)太皇太后を追贈される。

たかのふさたろう【高野房太郎】 1868.11.24～1904.3.12　明治期の労働組合運動の先駆者。長崎県出身。岩三郎の兄。一八八六年(明治一九)渡米。各地で多種の労働に従事し、労働問題に関心をもつ。九一年には城常太郎らと職工義友会を組織、アメリカ総同盟会長と接触して日本オルグに任命された。帰国翌年の九七年片山潜らと労働組合期成会を創立、日本初の近代的労働組合鉄工組合を組織。消費組合運動結成にも尽力。中国青島で客死した。

たかはしあきたね【高橋鑑種】 ?～1579.4.29　織豊期の武将。大友氏の一族一万田親泰の子。高橋武種の養子。大内義長に仕え、九州担当の奉行となる。大内氏滅亡後、再び大友義鎮に仕え、筑前国の岩屋・宝満両城周辺を支配。一五六一年(永禄四)毛利氏側へ寝返り大友氏に敵対し、毛利氏から豊前国小倉城を与えられる。日向国の耳川の戦で大友氏が大敗すると、秋月種実らと反乱をおこしたが、ほどなく没。

たかはしうじ【高橋氏】 古代の氏族。もと膳臣氏の一族で、六八四年(天武一三)に朝臣姓を賜り高橋朝臣氏に改められたと考えられる。膳氏以来の伝統をもって朝廷の食膳供給に仕えた。逸文として伝わる「高橋氏文」はその正統性を主張したもの。令制における内膳司長官の奉膳を安曇氏とともに世襲し、のちには独占した。判官の典膳や大膳職官人としても数名が知られるほか、大膳職・内膳司の膳部には負名氏として任用された。志摩守にも代々高橋氏が任じられた。

たかはしおでん【高橋お伝】 1851.7.-～79.1.31　明治期の犯罪者。上野国生れ。複雑な家庭環境に生まれ、結婚、離婚、のち再婚。夫と死別して再々婚するが、一八七六年(明治九)に金を奪うため古着屋後藤吉蔵を殺害。事件直後に新聞各紙が一斉に報道した。実録読物である仮名垣魯文「高橋阿伝夜叉譚」をはじめ、歌舞伎・歌謡にもとりあげられた。

たかはしかげやす【高橋景保】 1785～1829.2.16　江戸後期の天文学者。高橋至時の長男。大坂生れ。一八〇四年(文化元)父の跡を継ぎ天文方になる。一〇年「新訂万国全図」を製作。他方、伊能忠敬の実測をもとに「大日本輿地全図」を作成した。一一年蛮書和解御用の主管となり「厚生新編」の訳業を始める。一四年書物奉行兼天文方筆頭。二八年(文政一一)シーボルトに御禁制の日本地図を渡していたことが発覚し、同年入獄、翌年獄死。

たかはしかずみ【高橋和巳】 1931.8.31～71.5.3　昭和期の小説家・中国文学者。大阪市出身。京大卒。吉川幸次郎のもとで中国語学・中国文学を学び、とくに晩唐の詩人李商隠を愛した。在学中に高橋たか子と結婚。また戦後文学の影響をうけ、埴谷雄高に師事する。一九六二年(昭和三七)「悲の器」で第一回文芸賞を得、以降「邪宗門」をはじめ次々に作品を発表し、六〇年代を代表する作家となった。

たかはしかめきち【高橋亀吉】 1891.1.27～1977.2.10　大正・昭和期の経済評論家。山口県出身。早大卒。久原鉱業所をへて一九一八年(大正七)東洋経済新報社に入社。二四年編集長。二六年(昭和元)に退社し経済評論家として独立、日本経済に関する著作を数多く発表。日本農民党などの社会運動にも関係した。金解禁問題をめぐる新平価解禁論も有名。第二次大戦中は昭和研究会・国策研究会に関係。戦後は拓殖大学教授となる。著書「大正昭和財界変動史」「日本近代経済発達史」。

たかはしけんじ【高橋健自】 1871.8.17～1929.10.19　明治～昭和前期の考古学者。仙台市出身。一八九二年(明治二五)東京高等師範卒。三宅米吉の指導をうけ、一九二一年(大正一〇)東京帝室博物館鑑査官となる。「銅鉾銅剣の研究」により文学博士となる。前方後円墳や鏡の分布から邪馬台国大和説を唱えた。古墳時代の研究に貢献。著書「古墳と上代文化」「鏡と剣と玉」「日本埴輪図集」。

たかはしげんすけ【高橋源助】 ?～1681.10.9　江戸前期の新田開発者。越後国蒲原郡曾根村の割元庄屋。新田開発に尽力した父の遺志を継ぎ、曾根地方の開田のため西川の水を取り入れ二〇〇町歩の灌漑用水工事を長岡藩に出願。一六八一年(天和元)一〇月九日の通水の日、反対派の妨害で水が流れなかった責をとり打首となる。

たかはしけんぞう【高橋健三】 1855.9.-～98.7.22　明治期の官僚・新聞人。江戸生れ。東大を中退して官吏になり、「官報」創刊にたずさわる。のち官報局長に就任。杉浦重剛・陸羯南と知り合い、新聞「日本」の創刊に参画する。一八九三年(明治二六)「大阪朝日新聞」客員となる。雑誌「二十六世紀」を創刊。九六年第二次松方内閣の内閣書記官長に就任するが、二十六世紀問題といわれる筆禍事件で、翌年辞任。

たかはしこうはちろう【高橋幸八郎】 1912.6.1～82.7.2　ヨーロッパ近代史家。本名八郎右衛門。福井県出身。東大卒。一九四一年(昭和一六)から京城帝国大学助教授・東京大学社会科学研究所助教授・同教授を歴任。フランス革命史研究を核に、比較史的視野のもと、近代社会成立の過程と意義とを透徹した理論構成をもって論じ、日本の歴史学界だけでなく欧米学界にも大きな影響を与えた。六〇年から一五年間、国際歴史学委員会理事。著書「近代社会成立史論」「市民革命の構造」。

たかはしこれきよ【高橋是清】 1854.閏7.27～19

36.2.26　明治～昭和戦前期の政治家・財政家。江戸生れ。幕府御用絵師川村庄右衛門の子で、仙台藩士高橋是忠の養子。農商務省官吏などをへて、一八八九年(明治二二)銀鉱開発のためペルーに渡るが失敗。九二年に総裁川田小一郎の招きで日本銀行に入行。九九年二月日本銀行副総裁になり、金本位制確立や日露戦争の戦費調達のための外債募集で活躍し、一九一一年総裁に就任。〇五年貴族院議員。一三年(大正二)第一次山本内閣の蔵相に就任後、立憲政友会に入党。原内閣の蔵相をへて、二一年には首相兼蔵相、政友会総裁となる。護憲三派内閣の農商務相を務め、田中義一内閣では蔵相として金融恐慌対策に従事した。三一年(昭和六)一二月の犬養内閣の蔵相就任後、金輸出再禁止に始まる高橋財政を展開したが、三六年に公債漸減による財政引締めの方針をとって軍部と対立、二・二六事件で殺害された。

たかはしさだき【高橋貞樹】 1905.3.8～35.11.2　大正・昭和前期の社会運動家。大分県出身。東京商科大学予科を中退し、山川均の水曜会に参加して社会主義運動で活動。全国水平社創立後に部落解放運動に参加。一九歳で「特殊部落一千年史」を執筆。全国水平社青年同盟の結成を指導して左翼水平運動の理論的指導者となるが、反対派の攻撃で除名された。ソ連に渡り、帰国後に四・一六事件で逮捕され、獄中で転向した。

たかはしじょううん【高橋紹運】 ?～1586.7.27　戦国大名大友宗麟の重臣。父は吉弘鑑理。鎮種と称す。三河守。一五六九年(永禄一二)大友氏に反した高橋鑑種の降伏後、高橋家の家督を相続。筑前国宝満・岩屋城主となる。戸次道雪(鑑連)とともに衰退する大友氏の筑前支配を支えた。八六年(天正一四)七月の島津氏筑前侵攻に際し、岩屋城に籠城し奮戦したが、七月二七日落城し、紹運以下の城兵は戦死。

たかはししんごろう【高橋新五郎】 江戸後期～明治期の武蔵国足立郡塚越村(現、埼玉県蕨市)の機業家高橋家の世襲名。商号は東屋。初代は賃取りに出した糸を足利・青梅の機業地帯に販売していたが、二代新五郎が一八二五年(文政八)高機を導入して縞織生産を開始、十数年のうちに一〇〇余の機台と藍甕を擁する機業家として成長し、近隣への技術指導を通じて同地を一大機業地とした。三代・四代の技術改良により塚越結城などの特産品も誕生し、開港以後も洋糸使用による塚越双子織で対応した。

たかはしせいいちろう【高橋誠一郎】 1884.5.9～1982.2.9　大正・昭和期の経済学者。新潟県出身。慶大卒。一九〇八年(明治四一)慶応義塾の教員となり、ヨーロッパ留学後の一四年(大正三)理財科教授、二〇年法学・経済両学部教授。四四年(昭和一九)退職。第二次大戦後は第一次吉田内閣の文相。四八年日本芸術院院長に就任し在任期間三〇年余。経済学古典籍と浮世絵の収集家としても有名。七九年文化勲章受章。著書「重商主義経済学説研究」「高橋誠一郎コレクション・浮世絵」七巻。

たかはしそうあん【高橋箒庵】 1861.8.28～1937.12.12　明治～昭和前期の実業家・茶道研究家。常陸国水戸生れ。名は義雄。一八八二年(明治一五)慶応義塾を卒業し、時事新報社の記者をへて、三井銀行に勤務し、一九三五年(昭和一〇)三越の重役に就任。この間実業界の茶道愛好家の集り大師会・和敬会に参加して、指導的立場にあった。「大正名器鑑」の刊行に尽力。著書「箒のあと」「近世道具移動史」。

たかはしでいしゅう【高橋泥舟】 1835.2.17～1903.2.13　幕末～明治期の槍術家。名は政晃。幕臣の山岡家に生まれ、高橋家の養子となる。兄の山岡静山に槍術を学び講武所槍術師範を勤めた。遊撃隊の頭取に任じられて戊辰戦争では徳川慶喜の警護にあたり、義弟山岡鉄舟らと慶喜赦免に奔走。廃藩置県後は引退して書家として生涯を送った。勝海舟・山岡鉄舟とともに維新の三舟と称される。

たかはしどうはち【高橋道八】 江戸中期におこった京都の陶工の家系。現在まで八世を数える。初世(一七四九～一八〇四)は伊勢国亀山藩士の次男として生まれ、宝暦年間に京へでて粟田口焼に従事した。名を光重、松風亭空中と号した。その子二世道八(一七八四～一八五五)はとくに有名。奥田穎川門下で、伝統の京焼色絵で一家をなし、晩年法橋に叙され、仁阿弥といった。琳派風の雅陶に長じ、彫塑にも巧みであった。尾形周平は実弟。

たかはしなおつぐ【高橋直次】 1574～1617.7.19　織豊期～江戸初期の武将。大友宗麟の老臣高橋紹運の子で、立花宗茂の実弟。一五八七年(天正一五)豊臣秀吉の九州攻め後、江浦城主として筑後国三池郡を安堵される。文禄・慶長の役に参陣し、九五年(文禄四)筑後国内山城主となり、一万八〇〇〇石余を領有。関ヶ原の戦で西軍に参陣し、戦後所領を没収される。その後常陸国柿岡五〇〇〇石が与えられ、立花氏を名のる。

たかはしのむしまろ【高橋虫麻呂】 生没年不詳。奈良時代の歌人。連姓。「万葉集」に三四首(うち長歌一四首)の作品を残す。巻六の二首のほかは「虫麻呂の歌(集)の中に出づ」として載せる。七一九年(養老三)前後の藤原宇合の常陸守時代にその下僚となり、以後宇合の庇護をうけたとされる。真間手児奈の歌や菟原処女の歌など、伝説や人事を主題とする作品が多い。歌の場はおもに常陸から駿河にかけての東国で、これに摂津・河内・都が加わる。

たかはしぶんえもん【高橋文右衛門】 1775.2.～

1855.5.27　江戸後期の讃岐国小豆島の醬油醸造家。小豆島醬油の創始者とされる。当時衰退しつつあった島の製塩業に代わる産業として醬油醸造に着目し、一八〇四年(文化元)までには大坂への販売を実現した。以後堺・高松などに販路を拡大する一方、島民に製法を伝授し、小豆島醬油の基盤を築いた。

たかはしまさしげ【高橋政重】 1650～1726.6.25　江戸前期の治水功労者。肥後国人吉藩士。一六九六年(元禄九)湯前から上村にいたる四里余の幸野溝の開削に着工(一説には翌年)、洪水による崩壊を二度もうけながら一七〇五年(宝永二)完成、水田一二〇〇町歩を潤した。この功により勘定役を命じられ、三〇石から一〇〇石に加増された。

たかはしみつたけ【高橋光威】 1867.12.-～1932.4.9　明治～昭和前期の新聞記者・政治家。越後国生れ。慶応義塾卒。イギリス、アメリカに留学後、原敬のもとで「大阪新報」主筆。一九〇八年(明治四一)政友会から初当選後、連続八回衆議院議員当選。のち政友本党に移るが二六年(昭和元)復党し、犬養毅の総裁期まで活躍した。

たかはしむねつね【高橋宗恒】 1640.11.1～1706.12.24　江戸前期の有職故実家。高橋家は地下官人で、御厨子所預を勤めた。宗恒はとくに有職の学にすぐれ、野宮定基・滋野井公澄など公家衆の有職の四天王に抜きんでるとされた。一六八七年(貞享四)大嘗会の再興など、朝儀の復興に活躍。著書に「大嘗会神饌記」「御厨子所預紀宗恒記」などがあり、「類従雑要抄」の編纂にも参加した。

たかはしむねなお【高橋宗直】 1703.8.26～85.1.25　江戸中期の地下官人。御厨子所預として、一七三三年(享保一八)大床子御膳の再興、三八年(元文三)桜町天皇の大嘗祭復興に関与。祖父宗恒を継いで有職故実の知識にすぐれ、「大床子御膳供進記」「大嘗会神饌調度図」「清紫両殿図考証」などのほか、有職故実に関する百科事典ともいう「宝石類書」の著作がある。

たかはしもとたね【高橋元種】 ?～1614.10.9　織豊期～江戸初期の武将。秋月種実の次男。高橋鑑種の養子。豊前国の居城小倉・香春岳両城は豊臣秀吉軍の攻撃をうけ落城。秀吉から日向国一七八七町が与えられ、同国県(延岡)城主。文禄・慶長の役で渡海。関ケ原の戦で当初西軍に属したが、兄秋月種長や相良長毎と共謀して東軍に降り、所領を確保。一六一三年(慶長一八)坂崎成正と富田信高の抗争に連坐し改易。

たかはしゆいち【高橋由一】 1828.2.5～94.7.6　幕末～明治期の洋画家。江戸の佐野藩邸に生まれる。はじめ狩野洞庭・吉沢雪菴に学ぶ。一八六二年(文久二)蕃書調所画学局に入り、川上冬崖に洋画の指導をうけ、六五年(慶応元)「画学局的言」を書く。ワーグマンにも学んだ。七三年(明治六)私塾天絵楼を設立、後進の指導にあたる。「花魁」「鮭」など一貫して対象に肉薄する迫真的写実作品を描き、後期にはフォンタネージの指導をうけ、風景画も多い。

たかはしよしとき【高橋至時】 1764.11.30～1804.1.5　江戸後期の天文学者。字は子春、号は東岡・梅軒、通称作左衛門。大坂定番同心の長男。高橋景保の父。一七七八年(安永七)父の跡を継ぐ。算学を松岡能一に学び、八七年(天明七)麻田剛立に入門し、間重富とともに天文学を学ぶ。九七年(寛政九)寛政暦を完成する。伊能忠敬を指導して日本全国測量事業を始めた。フランス人ラランド著の天文書を調査し、「ラランデ暦書管見」を残す。

たかばたけもとゆき【高畠素之】 1886.1.4～1928.12.23　大正期の社会思想家。群馬県出身。前橋中学在学中に受洗し、同志社神学校に進んだが、社会主義思想に関心をもち中退。前橋で社会主義新聞「東北評論」を創刊、筆禍事件で入獄。一九一一年(明治四四)売文社に入り「新社会」創刊に参加、ロシア革命の実態を紹介したが、一九年(大正八)堺利彦らと決別して老壮会に参加、国家社会主義運動を開始し、二三年上杉慎吉と経綸学盟を結成。この間独力で「資本論」全三巻を翻訳、刊行した(二〇～二四年)。以後さらに国家社会主義的傾向を強め、大化会顧問となり、赤尾敏の建国会を支援、多くの評論を発表した。

たかはまきょし【高浜虚子】 1874.2.20/22～1959.4.8　明治～昭和期の俳人・小説家。旧姓池内。本名清。松山市出身。河東碧梧桐とともに正岡子規門下の双璧。一八九八年(明治三一)「ホトトギス」を松山から東京に移し、発行の中心となる。写生をいかした文章表現の開拓にも尽力。夏目漱石の「吾輩は猫である」を「ホトトギス」に連載。みずからも小説を執筆。子規没後に独自の道を歩みはじめた碧梧桐らの新傾向俳句に対しては守旧派を宣言。客観写生と花鳥諷詠を説き、俳壇に君臨するとともに多くの俊才を育成した。句集「五百句」、短編小説集「鶏頭」。

たかひとしんのう【幟仁親王】 ⇨有栖川宮幟仁親王

たかひら【高平】 刀工の名。「日本刀銘鑑」によれば同名が数人いるが、新刀期の加賀の刀工が著名。初代は越中守を受領し、一六二八年(寛永五)没。その孫に越中守・出羽守の兄弟がいる。古備前三平の一人にも高平がいるが、「源平盛衰記」の畠山重忠の太刀「かう平」は高平の読みの転じたものとして、この作者にあてる説もある。

たかひらこごろう【高平小五郎】 1854.1.14～1926.11.28　明治期の外交官。陸奥国磐井郡生れ。

東大卒。一八七六年(明治九)に外務省出仕、オランダ・イタリア公使などをへて、九九年外務次官となる。翌年駐米公使となり、日露講和会議では小村寿太郎外相とともに全権をつとめ、帰国後貴族院議員、男爵となる。一九〇八年再び駐米大使となり、日米関係の緊張緩和のため米国務長官ルートと高平・ルート協定を締結。一二年(大正元)退官。

ダ・ガーマ ⇨ガマ

たかまついん【高松院】 1141.11.8～76.6.13 二条天皇の中宮。鳥羽天皇の皇女。名は姝子。母は藤原長実の女美福門院得子。近衛天皇の同母妹。二条天皇が皇太子のとき、一一五六年(保元元)妃となり、即位後の五九年(平治元)中宮に立てられたが子はない。六二年(応保二)院号をうけた。

たかまつとよきち【高松豊吉】 1852.9.11～1937.9.27 明治～昭和前期の化学者。江戸生れ。東大卒。欧米留学。帰国後、文部省御用掛などをへて、帝国大学で日本最初の応用化学講座を担当。のち東京瓦斯社長。

たかまつのみやのぶひとしんのう【高松宮宣仁親王】 1905.1.3～87.2.3 大正天皇の第三皇子。母は貞明皇后。幼称は光宮。一九一三年(大正二)七月有栖川宮威仁親王の危篤に臨んで、大正天皇から高松宮の宮号をうけて宮家を創立し、有栖川宮家の祭祀を継承した。宮号は有栖川宮家の旧称。二〇年海軍兵学校入学、四二年(昭和一七)海軍大佐。四四年から横須賀砲術学校教頭を務め、太平洋戦争末期には終戦促進に尽力した。戦後は日本美術協会などの総裁や名誉総裁を務めた。妃は徳川慶喜の孫喜久子。

たかまつのみやよしひとしんのう【高松宮好仁親王】 1603.3.17～38.6.3 有栖川宮初代。後陽成天皇の第七皇子。母は近衛前久の女中和門院前子。幼称は七宮。一六〇五年(慶長一〇)一月聖護院宮の付弟となり、一二年一二月親王宣下、済祐と称す。一五年(元和元)八月元服して好仁に改称。二五年(寛永二)一〇月親王家を創立し、高松宮と称した。これがのちの有栖川宮で四親王家の一つ。三〇年徳川秀忠の養女亀子(松平忠直の女)を妃とした。

たかまでんべえ【高間伝兵衛】 生没年不詳。江戸中期の江戸の米商人。一七三〇年(享保一五)以降下り米問屋八軒のうちにみえ、当時の幕府の米価引上政策に積極的に関与した結果、米価高騰の元凶と目され、三三年一月に打ちこわしにあった。その後も買米令に際して最高額を指定されるなど、当時の江戸米商人中の最有力者であった。

たかまどのひろよ【高円広世】 生没年不詳。八世紀後半の官人。七六一年(天平宝字五)摂津亮に任じられたのをはじめ、諸国の守を歴任。七七〇年(宝亀元)伊予守で正五位下に叙された記事を最後に史料上から姿を消す。七六〇年、高円姓を賜った石川広成と同一人物とみる説もある。

たかみおう【高見王】 824～848.8.- 平安前期の皇族。葛原親王(桓武天皇の皇子)の子。自身は無位無官といわれるが、子の高望が平朝臣を賜姓され、桓武平氏のなかでも武門の流れの祖となった。

たかみじゅん【高見順】 1907.2.18～65.8.17 昭和期の小説家。本名高間芳雄。福井県出身。東大卒。一九三五年(昭和一〇)饒舌体を駆使した転向小説である処女長編「故旧忘れ得べき」が第一回芥川賞の候補になり、脚光をあびた。以降「人民文庫」に加盟し、「如何なる星の下に」などの小説や批評など広く活躍した。第二次大戦後も「いやな感じ」で芸術的達成をみせたほか、「昭和文学盛衰史」や日本近代文学館の創設など多彩な活動を行った。少年期から書き続けた「高見順日記」は時代の証言であり、かつ希有の文学的記録。

たかみせんせき【鷹見泉石】 1785.6.29～1858.7.16 江戸後期の下総国古河藩家老・蘭学者。名は忠常、通称十郎左衛門、泉石は号、蘭名ヤン・ヘンドリク・ダッペル。老中を勤めた藩主の土井利厚・利位二代に仕える。レザノフ来航による北方対策、大塩平八郎の乱鎮圧を指揮、幕府要路の人物と交際を深めた。オランダ通詞・天文方・蘭学者・帰還漂流人などと親交を結び、舶載の文物を収集、「新訳和蘭国全図」を刊行。ペリー来航時に建言書「愚意摘要」を書いて、開国通商・富国強兵を唱えた。渡辺崋山の描いた「鷹見泉石像」は国宝。

たかみねじょうきち【高峰譲吉】 1854.11.3～1922.7.22 明治・大正期の化学者。越中国生れ。工部大学校卒。イギリス留学。農商務省で伝統的産物の化学的生産を研究。東京人造肥料会社を設立しリン酸肥料を開発。トウモロコシの醸造法を開発し、アメリカに招かれた。一八九四年(明治二七)に麴菌からタカジアスターゼの抽出に成功。一九〇〇年牛の副腎からアドレナリンを分離。アメリカに高峰研究所を創設。帰国して理化学研究所の設立に尽力。学士院賞受賞。

たかみねちくふう【高峰筑風】 1879.5.2～1936.4.21 大正・昭和期の琵琶演奏家。福岡県出身。本名鈴木徹郎。筑前琵琶草創期の代表者の一人吉田竹子に学ぶ。一九〇六年(明治三九)上京し、一二年(大正元)「高峰琵琶」(高峰流とも)と称して一派をおこす。役者の沢村訥子と組んで琵琶劇を創始。はなやかな芸風で発展をみせたが、後継者がなく、没後衰退。映画女優高峰三枝子は娘。

たかみねひでお【高嶺秀夫】 1854.8.14～1910.2.22 明治期の教育学者。陸奥国会津郡生れ。慶応義塾に学び、一八七五年(明治八)師範学科取調べのためアメリカ留学。七八年帰国後は東京師範・

高等師範・女子高等師範の校長を歴任、師範教育の改革に尽力。ペスタロッチ主義開発教授法を紹介し、高嶺の指導により若林虎三郎・白井毅共著「改正教授術」が刊行された。訳書「教育新論」。

たかみねみえこ【高峰三枝子】 1918.12.2～90.5.27　昭和期の映画女優。本名鈴木三枝子。東京都出身。父は高峰筑風(ちくふう)。東洋英和女学校卒。一九三六年(昭和一一)松竹に入社、「母を尋ねて」でデビュー。理知的な美しさが注目され、「荒城の月」「浅草の灯」「暖流」などで人気女優となる。戦後も「今ひとたびの」「女の園」などの出演作があるが、歌手としても「湖畔の宿」「懐しのブルース」などのヒット曲をうんだ。

たかみむすひのみこと【高皇産霊尊】「古事記」では高御産巣日神。記紀の神話にみえる神名。タカミは称辞で、ムスは生成、ヒは霊能を表し、生成の霊力の神格化とみなされる。「古事記」では造化三神の第二神として登場し、のちに高木神ともよばれながら、その霊力によって高天原を導き支えた。「日本書紀」では天孫降臨の司令神となり「皇祖」と称される。「延喜式」神名帳には御巫(みかんなぎ)祭神八座のうちの一つに高御魂(たかみむすひ)の名がみえる。対馬周辺文化とのかかわりを指摘する説もある。

たかむこうじ【高向氏】 武内宿禰(たけのうちのすくね)を伝承上の祖とする氏族。「古事記」孝元段は、武内宿禰の七人の男子のうちの一人蘇賀石河宿禰を高向氏の祖とし、「新撰姓氏録」右京皇別所載の高向朝臣は石川と同氏で、武内宿禰六世の孫猪子臣の後裔とする。姓ははじめ臣、六八四年(天武一三)一一月に朝臣を賜った。河内国錦部(にしごり)郡高向(現、大阪府河内長野市高向)が本拠地。七世紀前半の大夫(まえつきみ)宇摩呂、八世紀初めの公卿麿(麻)呂らがいる。

たかむこのくにおし【高向国押】 国忍とも。生没年不詳。七世紀半ばの官人。摩(麻)呂の父。六四三年(皇極二)山背大兄王(やましろのおおえのおう)一族を滅ぼそうと謀った蘇我入鹿(そがのいるか)は、斑鳩宮(いかるがのみや)を襲撃されて胆駒(いこま)山に隠れた王を捕らえるよう国押に命じたが、「自分は天皇の宮を守ってあえて外には出まい」と答えて拒否した。六四五年(大化元)に入鹿が中大兄皇子らに殺されたとき、蘇我氏に従った漢直(あやのあたい)らに武装解除を勧めた。「続日本紀」和銅元年(七〇八)閏八月条の麻呂の薨伝に「難波朝廷刑部尚書大花上」とみえる。

たかむこのげんり【高向玄理】 ?～654　「くろまろ」とも。黒麻呂とも。七世紀前半の官人・学者。六〇八年(推古一六)遣隋使小野妹子に従って入隋、留学。六四〇年(舒明一二)南淵請安(みなぶちのしょうあん)らとともに帰国。六四五年(大化元)僧旻(みん)とともに国博士に任じられ、大化の改新政治に参画。六四六年新羅に派遣され、人質を貢上させ、任那の調をやめた。時に位は小徳。翌年、新羅の上臣金春秋(きんしゅんじゅう)を伴って帰国。六五四年(白雉五)遣唐押使として新羅経由で入唐。時に姓は史(ふひと)、冠位は大錦上(一説に大花下)。皇帝高宗に拝謁したが、同年唐で客死。

たかむらこううん【高村光雲】 1852.2.18～1934.10.10　明治～昭和前期の彫刻家。旧姓は中島、幼名は光蔵。江戸生れ。仏師高村東雲に師事し、東雲の姉の養子となる。明治維新後衰退していた伝統の木彫をよみがえらせ、内外の博覧会で受賞。一八八九年(明治二二)東京美術学校雇・帝室技芸員、一九一九年(大正八)帝国美術院会員となり、彫刻界の重鎮、近代木彫の祖として活躍した。代表作「老猿」「楠公像」「西郷隆盛像」、著書「光雲懐古談」。光太郎は長男。

たかむらこうたろう【高村光太郎】 1883.3.13～1956.4.2　大正・昭和期の彫刻家・詩人。東京都出身。父光雲は著名な木彫家。東京美術学校彫刻科卒。一九〇〇年(明治三三)新詩社に入り「明星」に短歌を発表。〇六年渡米、パリに移り〇九年帰国。旧体制との衝突、デカダンスをへて長沼智恵子に救済される内面の変革は、一四年(大正三)刊の詩集「道程」に結実した。ほかに「智恵子抄」、第二次大戦中の戦争協力の態度を処断した「典型」、翻訳「ロダンの言葉」。彫刻「手」「裸婦像」。

たかむれいつえ【高群逸枝】 1894.1.18～1964.6.7　大正・昭和期の女性史学者・詩人。熊本県出身。はじめ詩人として名をあげ、新女性主義を唱えて評論家として活躍。一九三〇年(昭和五)から女性史研究に没頭し、「母系制の研究」「招婿婚の研究」など古代日本社会における母系制や婿取婚について次々に業績を発表して女性史学の確立に貢献した。著書「女性の歴史」「日本婚姻史」。自伝「火の国の女の日記」。

たがやし【多賀谷氏】 中世の豪族。武蔵七党野与(のよ)党の有賀光基(みつもと)が武蔵国多賀谷(現、埼玉県騎西町)に住み、多賀谷氏を称したのに始まる。室町時代には下総国結城氏の家人となり、常陸国下妻(現、茨城県下妻市)を本拠とした。一五世紀後半～一六世紀に結城氏の支配から自立。政経(まさつね)の頃には、領地は常陸・北下総に広がった。政経の子重経(しげつね)のとき、常陸国の佐竹氏と結び、周辺諸氏を圧倒。のち豊臣秀吉を頼って勢力の温存をはかった。関ケ原の戦に際し、徳川家康を討とうとした罪により領地を没収された。

たがやしげつね【多賀谷重経】 1558～1618.11.9　織豊期～江戸初期の武将。父は政経。もと下総結城氏の有力家臣だったが、自立をはかり常陸・北下総に勢力を拡大。重経のとき佐竹氏、ついで豊臣秀吉と通じた。朝鮮出兵には出陣を拒否して秀吉のとがめをうけ、関ケ原の戦では下野国小山で徳川家康を討とうとして失敗。所領を没収された。

たかやすげっこう【高安月郊】 1869.2.16～1944.2.26 明治・大正期の劇作家・詩人。大阪市出身。本名三郎。別号愁風吟客。実家の医業をすてて放浪。独学でイプセンの戯曲を本邦初の翻訳で紹介したが黙殺される。しかし坪内逍遥の推薦で出版。シェークスピアなど西欧演劇の知見をもとに、清新な解釈の史劇を多数制作した。戯曲「江戸城明渡」「桜時雨(しぐれ)」。

たかやなぎけんじろう【高柳健次郎】 1899.1.20～1990.7.23 昭和期の電気技術者。静岡県出身。東京高等工業電気科卒。テレビの研究を始め、一九二六年(昭和元)ブラウン管による受像に成功。四〇年開催予定だった東京オリンピックでのテレビ放送の準備を進めた。第二次大戦後日本ビクターに入り、技術最高顧問。私財で電子科学技術振興財団を設立。文化勲章受章。

たかやなぎけんぞう【高柳賢三】 1887.5.11～1967.6.11 大正・昭和期の英米法学者。埼玉県出身。東大卒。東京帝国大学助教授をへて一九二一年(大正一〇)教授となり英米法講座を担当した。英米法学界の第一人者。五七年(昭和三二)に設置された憲法調査会の会長も務めた。著書「英米法源理論」「司法権の優位」。

たかやなぎみつとし【高柳光寿】 1892.3.11～1969.12.1 大正・昭和期の歴史学者。静岡県出身。国学院大学卒。史料編纂掛に勤務し、一九四八年(昭和二三)敗戦後の混乱した歴史学界にあって日本歴史学会を創設。月刊誌「日本歴史」や「人物叢書」シリーズの発刊を主導し、史学の向上と普及に努めた。「高柳光寿史学論文集」全二巻。

たかやまうこん【高山右近】 1552～1615.2.5 織豊期の武将。図書の長男。名は友祥(ともなが)・長房、通称は右近・右近允。利休七哲の一人で南坊等白の号があり、キリシタン大名として著名。洗礼名ジュスト。一五七三年(天正元)摂津国高槻城主となり、七八年荒木村重の乱で織田信長にそむいたが、オルガンティーノの勧告で降り、高槻四万石を安堵。信長の死後は豊臣秀吉に仕え、八五年播磨国明石城主六万石。八七年六月のバテレン追放令で改易。その後小西行長や前田利家・同利長らの保護をうけ、小田原攻めや関ケ原の戦に参陣。一六一四年(慶長一九)禁教令によりマニラへ追放。翌年同地で病没。

たかやまずしょ【高山図書】 ?～1596 織豊期の武将。名は友照、通称飛騨守。洗礼名ダリオ。一五六三年(永禄六)奈良で受洗し、畿内でのキリシタン大名の先駆者。松永久秀に属し、大和国沢城主。のち和田惟政(これまさ)に仕えて摂津国の芥川・高槻両城を守り、惟政没後は荒木村重に従い、同国高槻を領有。七八年(天正六)村重の乱で織田信長に抗戦し、敗れて越前国北庄(きたのしょう)の柴田勝家に預けられた。八七年子右近の改易により、小西行長や前田利家の保護をうけた。

たかやまそうぜい【高山宗砌】 ⇨宗砌(そうぜい)

たかやまちょぎゅう【高山樗牛】 1871.1.10～1902.12.24 明治期の評論家。本名斎藤林次郎。山形県出身。東大卒。在学中に「滝口入道」が「読売新聞」の懸賞二等に当選。二高教授をへて博文館に入社し「太陽」の編集を担当。日本主義を唱えて旺盛な評論活動を開始したが、結核が悪化するとともにしだいに国家主義から個人主義にかわった。「美的生活を論ず」で浪漫的本能満足主義を提唱、これをめぐる論争が生じた。晩年はニーチェに傾倒して、個人主義から天才主義に傾いた。

たかやまひこくろう【高山彦九郎】 1747～93.6.27 江戸中・後期の尊王家。上野国新田郡の郷士正教の子。名は正之。「太平記」を読み、自分の先祖が新田義貞の家臣であったことに感激、志をたてて上京。垂加流の尊王思想を学ぶ。のち南朝の遺跡をたずね、郷里の天明一揆にも参加。公卿・学者との交遊を重ね、三十数カ国を歴遊した。幕府の嫌忌・圧迫をうけて筑後国久留米で自刃した。林子平・蒲生君平(がもうくんぺい)とともに寛政の三奇人とされる。多くの日記・紀行文を残す。

たかよししんのう【尊良親王】 ?～1337.3.6 「たかなが」とも。後醍醐天皇の第一皇子。母は二条為世の女為子。一三二六年(嘉暦元)元服。元弘の乱がおきると天皇と笠置(かさぎ)城へむかい、落城以前に河内へ移ったが捕らえられ、三二年(元弘二)土佐国へ流された。翌年三月肥前国彼杵(そのぎ)郡に姿を現し、五月大宰府に入って九州を鎮め、八月京に戻った。三五年(建武二)足利尊氏が鎌倉で離反すると、上将軍に任じられ新田義貞らを率い東下したが、箱根竹ノ下で敗退。翌三六年(建武三・延元元)九州から上洛した尊氏に後醍醐天皇方が敗れると、皇太子恒良(つねよし)親王とともに新田義貞に奉じられ北陸へ下向。越前金崎(かねがさき)城によったが、翌年三月六日落城し、自害した。

たからいきかく【宝井其角】 ⇨其角(きかく)

たからいばきん【宝井馬琴】 江戸後期～現代の講釈師。六代を数える。五代(一九〇三～八五)は愛知県出身で、本名大岩喜三郎。一九二五年(大正一四)四代馬琴に入門、三三年(昭和八)五代を襲名。武家物・明治物などを熱演、講談に新味を加えた。参議院選挙に三度立候補、落選したが、政治への関心も強かった。

たからさんざえもん【宝山左衛門】 歌舞伎囃子方(はやしかた)。江戸後期から四世を数える。初世(?～一八四四)は一八〇八年(文化五)立小鼓(たてこつづみ)となり福原百三郎を名のる。二五年(文政八)宝山左衛門(ほうやまざえもん)と改名。能楽囃子と異なる歌舞伎囃子独自の手法を確立するのに貢献した。二世(一八三五～一九一〇)は五世望月太左衛門(初世福原百之助)の門弟。本名田中次郎兵衛。六九年(明治二)二世宝山左衛門(たからさんざえもん)襲名。明治期の囃子界に重きをなす。のち六世望月太左衛門を名のる。三世(一八五九～一九一四)は二世山左衛門の子。一九〇五年三世宝山左衛門(ほうさんざえもん)襲名。四世(一九二二～　)は六世福原百之助が九二年(平成四)襲名。九三年人間国宝。

たからべたけし【財部彪】 1867.4.7～1949.1.13　明治～昭和期の海軍軍人。日向国生れ。一八八九年(明治二二)海軍兵学校卒、のち海軍大学校卒。海軍の重鎮山本権兵衛の女婿となる。日露戦争では大本営海軍部参謀。斎藤実海相のもとで次官に起用されたが、シーメンス事件で辞職。舞鶴鎮守府司令長官などを歴任し、一九一九年(大正八)大将。加藤友三郎・第二次山本・加藤高明・第一次若槻・浜口の各内閣で海相となる。三〇年(昭和五)ロンドン海軍条約に全権として調印、条約反対の強硬派(艦隊派)から攻撃された。

たがわだいきちろう【田川大吉郎】 1869.10.26～1947.10.9　明治～昭和期の政党政治家・著述家。長崎県出身。東京専門学校卒。「郵便報知新聞」記者となり、日清・日露の両戦争には陸軍通訳として従軍。のちに東京市助役・司法省参政官。第一〇回総選挙から衆議院議員に九回当選。又新(ゆうしん)会・中正会・革新倶楽部など少数派に属したが、良心的な議会人として知られ、議院制度調査会などで活躍。第二次大戦後は社会党に所属。著書「都市政策汎論」。

たがわほうろう【田川鳳朗】 ⇨鳳朗(ほうろう)

たきいこうさく【滝井孝作】 1894.4.4～1984.11.21　大正・昭和期の小説家・俳人。岐阜県出身。俳人としてスタートし雑誌編集などにたずさわっていたが、芥川竜之介・志賀直哉に師事し創作活動に入る。一九二七年(昭和二)吉原の娼妓との恋愛、結婚、その死を独自の文体で私小説「無限抱擁」にまとめた。自己の身辺を描いた小説のほか、釣り小説・風景小説も多い。

たきかくだい【滝鶴台】 1709～73.1.24　江戸中期の儒学者。萩藩の御手大工引頭(いんどう)市右衛門孝清の長男。藩医滝養正の養子。通称弥八。諱は長愷、鶴台は号。長門国生れ。一四歳で藩校明倫館に入学し、徂徠(そらい)学派の山県周南(やまがたしゅうなん)の教えをうけ、のち江戸に出て服部南郭(なんかく)らに儒学を学ぶ。藩主毛利重就(しげたか)の侍講となり、禄高一〇〇石。仏学や医術・書画にも詳しく太宰春台に「西海第一の才子」と評された。著書「三之逕(さんのみち)」「長門癸甲問槎録(ながときこうもんさろく)」「鶴台先生遺稿」。

たきかてい【滝和亭】 1830.1.3～1901.9.26　幕末～明治期の日本画家。江戸生れ。本姓田中、名は謙。片桐桐陰・大岡雲峰らに師事し、長崎滞在や北越漫遊を通じて画技を磨いた。一八七三年(明治六)政府の命でウィーン万博に出品、竜池会・東洋絵画会・日本美術協会などにも出品した。九三年帝室技芸員。北宗系漢画の骨法と南宗画の情趣をあわせた南北合派を基底とした豊麗な作品を描いた。

たきがわかずます【滝川一益】 1525～86.9.9　織豊期の武将。織田信長の臣で茶人。父は一勝。伊勢国長島一揆の鎮圧に活躍し、伊勢国長島城主。武田氏攻めにも活躍し、一五八二年(天正一〇)の武田氏滅亡後、上野国厩橋(うまやばし)城主。本能寺の変後、後北条氏に攻められ長島へ戻る。翌年豊臣秀吉と敵対したが、賤ケ岳(しずがたけ)の戦の敗戦で降伏。八四年小牧・長久手の戦で徳川家康の反撃にあい、子の一忠は追放、一益は出家して越前国大野で隠居。家督は次男の一時が継いだ。

たきがわかつとし【滝川雄利】 1543～1610.2.26　織豊期～江戸初期の武将・大名。伊勢国司木造具康の子。滝川一益の養子となり織田信長に仕えた。その後豊臣秀吉に仕え、一五九〇年(天正一八)の小田原攻め参陣後、伊勢国神戸(かんべ)城主。関ケ原の戦では西軍に参陣し領地を失うが、一六〇三年(慶長八)常陸国片野で二万石を与えられる。子の正利は二〇〇〇石に減禄され家を継いだ。

たきかわまさじろう【滝川政次郎】 1897.5.26～1992.1.29　大正・昭和期の法制史学者。大阪府出身。東大卒。九州帝国大学教授在職中、いわゆる九大事件で職を退き、以後中央大学教授・満州国建国大学教授となる。第二次大戦後、極東国際軍事裁判で島田繁太郎元海相の弁護人を務めた。一九四九年(昭和二四)国学院大学教授就任。日本社会経済学会の創立にたずさわったのをはじめ、法制史学会・地方史研究所の創立など学会活動は多彩。日唐律令制度の基礎的研究のほか、社会経済史・神道史など多方面に業績を残した。著書「律令の研究」「法制史論叢」。

たきがわゆきとき【滝川幸辰】 1891.2.24～1962.11.16　大正・昭和期の刑法学者。岡山県出身。京大卒。京都地裁判事をへて一九一八年(大正七)京都帝国大学助教授、二二年からドイツ留学、帰国した二四年から教授となる。三二年(昭和七)中央大学での講演「トルストイの「復活」に現はれた刑罰思想」および翌年の著書「刑法読本」が問題とされ、共産主義的であるとの理由で三三年文部省により休職処分をうけ、この処分に反対する教授らとともに辞職した(滝川事件)。三六年弁護士を開業。第二次大戦後は京都大学に復職し法学部長・総長を務め、学生運動にはきびしく対処して注目された。著書「犯罪論序説」「刑法講話」。

たきぐちしゅうぞう【滝口修造】 1903.12.7～79.7.1　昭和期の詩人・美術評論家。富山県出身。慶大卒。一九二六年(昭和元)頃西脇順三郎を知り、三〇年フランス詩人A・ブルトンの「超現実主義と絵画」を翻訳、シュールレアリスム紹介の草分けとなる。以後、前衛芸術運動を展開し、四一年弾圧で検挙。五一年読売アンデパンダン展開催、総合芸術をめざす「実験工房」を結成。前衛的な現代美術に強い刺激を与えた。著書「滝口修造の詩的実験一九二七－一九三七」。

たきぐちにゅうどう【滝口入道】 生没年不詳。平安後期の僧。俗名斎藤時頼。左衛門大夫茂頼の子。はじめ滝口の武士で平重盛の郎等だったが、建礼門院の雑仕の横笛に恋し、父の怒りをうけて嵯峨往生院で出家。以後、道心堅固な僧となり、横笛の訪問も拒絶して高野山宝幢院に籠った。重盛の子維盛の出家の戒師を勤めたと伝える。

たきざわばきん【滝沢馬琴】 ⇩曲亭馬琴

たぎしみみのみこと【手研耳命】 「古事記」では当芸志美美命。神武天皇の長子。母は日向国吾田邑の吾平津媛。綏靖天皇の異母兄。「日本書紀」の説話の構成からみると、神武天皇の東征に従ったものの、大和で生まれた神渟名川耳尊(綏靖天皇)が嗣子となったため憤懣やるかたなく、神武天皇没後の諒闇中に尊とその同母兄の殺害をはかったが、ことが露顕して射殺された。

たきせいいち【滝精一】 1873.12.23～1945.5.17 大正・昭和前期の美術史学者。日本画家滝和亭の長男。東京都出身。東大卒。一九〇一年(明治三四)から「国華」主幹を務め、一四年(大正三)母校に新設された美学美術史第二講座の教授、三四年(昭和九)同大名誉教授となる。帝国学士院会員・東方文化学院理事長。古美術の保護にも尽力し、古美術自然科学研究会を組織した。四〇年朝日文化賞受賞。著書「文人画概論」「滝拙庵美術論集」。

たきぜんざぶろう【滝善三郎】 1837～68.2.9 幕末期の岡山藩士。同藩家老日置帯刀の馬廻士。一八六八年(明治元)一月一一日、神戸で岡山藩兵と外国人の衝突事件がおこり、新政府は外国の要求をいれて、日置帯刀に謹慎、隊長の滝に自刃を命じた。二月九日兵庫の永福寺において内外の検証人の面前で切腹。

たきたちょいん【滝田樗陰】 1882.6.28～1925.10.27 明治・大正期の編集者。本名哲太郎。秋田県出身。東大在学中に「中央公論」海外新潮欄の外国新聞雑誌翻訳を担当。やがて編集を任された。それまで堅苦しい雑誌だった「中央公論」を改革し、文芸欄を充実させて売上げを伸ばし、年四回の「中央公論」文芸付録は文壇の檜舞台となった。新人発掘にも力を注ぎ、自家用人力車を乗り回して作家を訪問したため、無名新人は樗陰の人力車が自分の家の前に止まるのを夢みたといわれる。

たぎつひめのみこと【湍津姫命】 「古事記」では田寸津比売命。宗像神社の辺津宮の祭神。「日本書紀」によれば、素戔嗚尊が根国に赴く前に、高天原の天照大神に会いにきたところ、天照大神は国を奪われるかと疑った。素戔嗚尊は邪心なきことを証明するため誓約したが、そのとき、天照大神が素戔嗚尊の剣に生命を吹きこんで生まれた宗像三神のうち第二が湍津姫命である。

たきのけんぎょう【滝野検校】 生没年不詳。戦国末～江戸初期に活躍した琵琶法師。沢住検校とともに浄瑠璃を三味線曲にしたとも伝え、滝野勾当とも記す。弟子に江戸に進出した杉山七郎左衛門(丹後掾)、薩摩浄雲の師といわれる京の次郎兵衛らがいた。

たぎまうじ【当麻氏】 ⇩当麻氏

たきもとせいいち【滝本誠一】 1857.9.27～1932.8.20 明治～昭和前期の経済史学者。江戸宇和島藩邸で生まれる。愛媛県で中上川彦次郎らに英語を学ぶ。和歌山県自修私学校教員・新聞記者をへて、一九一四年(大正三)同志社大学教授、二〇年慶応大学教授。日本経済史・思想史を実証主義の立場から研究し、「日本経済叢書」「日本経済大典」「佐藤信淵家学全集」などを編纂した。

たぎりひめのみこと【田霧姫命】 「古事記」では多紀理毘売命。「日本書紀」の一書第三で、天照大神と素戔嗚尊の誓約の場面で、素戔嗚尊の剣から生まれた三女神の一人とされる。「日本書紀」本文や他の一書では田心姫。女神は玄界灘の守りとして宗像神社に奉斎され、沖津宮の市杵島姫命と辺津宮の湍津姫命とともに、田霧姫命は大島の中津宮に奉斎されたというが、現在では沖ノ島の沖津宮の祭神となっている。

たきれんたろう【滝廉太郎】 1879.8.24～1903.6.29 明治前期の作曲家。東京都出身。少年期を父の任地大分県竹田で送る。一八九四年(明治二七)東京音楽学校へ入学。のち研究科へ進み、ピアノ授業の嘱託となる。一九〇〇年同校編集の「中学唱歌」に「荒城の月」「豊太閤」「箱根八里」を発表、文部省からドイツ留学の命をうけて翌〇一年ライプチヒ王立音楽院に留学したが、二カ月足らずで病に倒れ、〇二年七月帰国、翌年没。作品はほかに有名な「花」を含む連歌「四季」、ピアノ曲「メヌエット」「憾」など。

たきわきし【滝脇氏】 近世の譜代大名家。三河国加茂郡滝脇(現、愛知県豊田市)に住んだことから、滝脇松平と称した。徳川家康に仕えた正忠の次子政勝の家系の信孝が、一六八九年(元禄二)若年寄となり、一万石を与えられた。一七〇四年(宝永元)その子信治以降、駿河国小島藩主。一八六八年(明治元)駿府藩成立のため上総国桜井藩主となり、明治にいたる。維新後子爵。

たくあんそうほう【沢庵宗彭】 1573.12.1～1645.12.11 江戸前期の臨済宗の禅僧。諱は秀喜のち宗彭、字は沢庵。但馬国の秋庭氏の出身。一五八六年(天正一四)但馬宗鏡寺内にある勝福寺の希先秀先について得度。京都大徳寺の春屋宗園に師事して宗彭と諱を改める。諸僧に学び、一六〇九年(慶長一四)大徳寺の住持となる。宗境寺ほか諸寺の復興につとめる。二九年(寛永六)には、紫衣事件の中心人物の一人として出羽上山に配流される。三二年ゆるされて江戸に帰る。徳川頼房・柳生宗矩らの帰依をうけ、江戸品川東海寺ほかの開山となる。著書「不動智神妙録」「臨済録抄」。

たくが【託何】 1285～1354.8.20 鎌倉末～南北朝期の時宗の僧。託何は別号。七世遊行上人。上総国の矢野氏の出身。二四歳で三世上人智得に師事し宿阿弥陀仏と称する。一三二一年(元亨元)京都の七条道場金光寺に住し、三八年(暦応元・延元三)遊行上人を相続、他阿弥陀仏と改める。「器朴論」三巻や「条条行儀法則」「蔡州和伝要」「他阿弥陀仏同行用心大綱註」などの著述により、時宗教学の体系化に努めた。

たぐちうきち【田口卯吉】 1855.4.29～1905.4.13 明治期の経済学者・歴史家。幕府徒の子として江戸に生まれる。名は鉉、鼎軒と号す。卯吉は通称。維新後大蔵省翻訳局で経済学を学ぶ。一八七七年(明治一〇)から「日本開化小史」を刊行。七九年「東京経済雑誌」を刊行、自由主義経済の立場から自由貿易を主張し、犬養毅の主宰する「東海経済新報」の保護貿易主義と論争した。また「群書類従」「国史大系」などを刊行し、歴史学にも貢献した。実業界でも両毛鉄道の経営、東京株式取引所などに関係。東京府会議員・東京市会議員をへて九四年衆議院議員に当選、終生その職にあり、反藩閥・中立の立場を貫いた。

たぐちかずよし【田口和美】 1839.10.15～1904.2.4 明治期の解剖学者。武蔵国埼玉郡生れ。江戸で蘭医学を学ぶ。一八七七年(明治一〇)東京大学医学部の初代解剖学教授。日本解剖学会を創立し、解剖学の研究と教育に尽くした。著書「解剖攬要」。

たぐちしげよし【田口成能】 成良・重能とも。生没年不詳。平安末～鎌倉初期の阿波国の武士。民部大夫と称する。一一八一年(養和元)平家方として、源氏方の伊予国の河野一族を破る。八三年(寿永二)平氏の西走にあたり、四国の根拠地化に協力。その後の動静は、「吾妻鏡」は壇ノ浦の戦で捕虜になったとするが、「平家物語」は源氏方に寝返ったとする。

たぐちるへえ【田口留兵衛】 1801～64.6.28 江戸後期の養蚕家。温度養法の元祖。通称彦太郎。陸奥国伊達郡梁川村生れ。清涼育が一般であった蚕の温暖育の研究を文政年間から始めた。その結果、一八三〇年(天保元)には三七日要した飼育日数を、九年後に二五日に短縮することに成功。また蚕当計を用いることにより温暖育は安定、普及した。

たくまえいが【宅磨栄賀】 生没年不詳。南北朝期に活躍した絵仏師。俗名は有信。法眼。伝統的な仏画とともに水墨画風のものも描く幅広い画風をもった職業画家。遺作には一三九五年(応永二)性海霊見賛のある「人麿像」(常盤山文庫蔵)のほか、「仏涅槃図」(大樹寺蔵)、「釈迦三尊及十六羅漢図」(京都国立博物館蔵)、「不動明王二童子像」(静嘉堂文庫蔵)、「十六羅漢図」(藤田美術館蔵)などの仏画、「文殊菩薩像」(フリーア美術館蔵)、「布袋図」(個人蔵)の水墨作品がある。

たくまし【詫摩氏】 中世肥後国の豪族。志賀・田原氏と並ぶ大友氏の支族。大友氏初代能直の次男能秀を始祖とする。本拠は託麻郡神蔵荘(現、熊本市)。最初、詫磨を称したが、のち詫摩と改めた。文永・弘安の役の功により、肥前国神埼荘(現、佐賀県神埼郡)などの地頭に任じられた。南北朝内乱の際には、大友氏とともに足利方について活躍し、筑後・肥後・播磨・遠江の各国に地頭職を得る。大友宗家が衰退したのち豊後国海部郡に移り、帰農した。「詫摩文書」を伝える。

たくましょうが【宅磨勝賀】 勝雅・証賀とも。生没年不詳。鎌倉前期の絵仏師。為遠の子で俗名為基、真乗房とも称した。一一六九年(嘉応元)以前に神護寺経蔵十二天屏風を描き、以後東寺の両界曼荼羅・十二天、京極新御所安鎮法曼荼羅などを描いた。八四年(元暦元)には法橋に叙され、のち法眼に進んだ。

たくまためとお【宅磨為遠】 宅間冠者・大詫摩とも。生没年不詳。平安後期の絵仏師。一一三二年(長承元)建立の高野山大伝法院に両界曼荼羅・十六祖師影を、五五年(久寿二)以前に同院内の覚王院内陣柱に三十七尊を描き、七四年(承安四)女院逆修のための経絵などの画跡が知られる。熊本願成寺旧蔵の「金胎仏画帖」(東京国立博物館ほか分蔵)は彼の作と伝える。

たくまちょうが【宅磨長賀】 生没年不詳。鎌倉中期の絵仏師。一二五三年(建長五)に法勝寺阿弥陀堂に筆をとり、文応～弘長年間には兀庵普寧の頂像を描いた記録がある。現存作品には「十六羅漢図」二幅、「二童子像」二幅などがある。

たくまつねきち【田熊常吉】 1872.2.8～1953.12.22 大正・昭和期のボイラーの発明・製造者。鳥取県出身。諸職を転々とした後、一九一二年(大正元)タクマ式ボイラーを発明、一四年第二回発明品博覧会で金牌をうけた。はじめ高田商会、ついで汽車製造(のち川崎重工に合併)に製造を委託し、三八年(昭和一三)田熊汽缶製造(現、タクマ)を設立、製造に乗り出した。

ダグラス Archibald Lucius Douglas 1842.2.8～1913.3.13 御雇イギリス人教師。一四歳で士官候補生として海軍に志願。一八七三年(明治六)イギリス海軍教師団の団長として来日し海軍兵学寮に着任、実地訓練を重視した教育を行った。七五年病気のため帰国。のち海軍中将となる。イギリスのニューハムで死去。

たけいかてい【武井柯亭】 1823～94.5.23　幕末・維新期の会津藩士。会津若松城下に生まれ、幕末に藩主に従って京都に上り、種々献策した。萩藩の桂小五郎(木戸孝允)・周布政之助・久坂玄瑞・安井息軒・林鶴梁らと親交した。このため薩長側と通謀したと疑われて致仕帰国。会津落城後は主家の再興に努めるが成らず、のち隠棲して出仕しなかった。

たけいしし【武石氏】 中世下総・陸奥国の豪族。千葉氏の支族。一二世紀末、千葉常胤の三男胤盛が下総国武石郷(現、千葉市)に住んで武石氏を称したのに始まる。胤盛の曾孫宗胤の系統が、陸奥国亘理郡へ下って土着したことから、下総と陸奥の二流にわかれた。下総の武石氏は、鎌倉時代には幕府行事などにその名がみえるが、室町時代には衰微。陸奥の武石氏は宗胤の曾孫広胤の頃から亘理氏を称し、戦国期に伊達氏に従って伊達姓を与えられた。

たけいせきあん【武井夕庵】 生没年不詳。織豊期の武将。美濃の斎藤竜興から織田信長の家臣へ転じた。右筆を勤め、他氏との折衝や奏者を勤めるなど信長の側近として活躍。一五八一年(天正九)京都の馬揃の儀式に参加し、翌年五月に安土摠見寺での能を見物しているが、その後の消息は不詳。

たけうちきゅういち【竹内久一】 1857.7.9～1916.9.23　明治期の彫刻家。江戸生れ。号久遠。堀内竜仙・川本洲楽に牙彫を学ぶ。奈良で古仏を研究し木彫に転向。東京美術学校の開校時から木彫を教えた。シカゴ万博出品の「伎芸天」は評判となる。帝室技芸員・文展審査員。古仏の模刻・修復も手がけ、古社寺保存会委員も務めた。

たけうちせいほう【竹内栖鳳】 1864.11.22～1942.8.23　明治～昭和前期の日本画家。京都の料亭に生まれる。本名は恒吉。土田英林・幸野楳嶺に師事し、二〇歳で京都府画学校に出仕する。一九〇〇年(明治三三)ヨーロッパを巡遊、コローやターナーらに啓発され翌年帰国。鋭い筆致と写実的画風に高い技量を示す。画塾竹杖会や京都市立絵画専門学校で後進の指導にあたり、上村松園・西村五雲ら多くの逸材を育てた。文展審査員・帝室技芸員・帝国美術院会員・芸術院会員。第一回文化勲章受章。京都画壇を代表する作家として「西の栖鳳、東の大観」といわれた。代表作「斑猫」。

たけうちやすのり【竹内保徳】 1807～67.2.-　幕末期の幕臣。下野守。勘定吟味役・箱館奉行をへて、一八六一年(文久元)勘定奉行兼外国奉行。遣欧使節の命をうけ、副使松平康直、福地源一郎、福沢諭吉ら総勢三八人で翌年元旦長崎を出港。仏・英・蘭・露などを歴訪、江戸・大坂の開市、兵庫・新潟開港の延期交渉を行った。ロシアとは樺太国境問題の交渉も行ったが不調。一二月一一日江戸着。国内事情から、六四年(元治元)西丸留守居に左遷。

たけうちよしみ【竹内好】 1910.10.2～77.3.3　昭和期の中国文学者・評論家。長野県出身。一九三四年(昭和九)東大卒。同期の武田泰淳らと中国文学研究会を結成し旧来の「漢学」の学風に対し新たな学問を標榜。とくに魯迅研究はのちの研究の方向性を示した。第二次大戦後は魯迅を翻訳。日本の近代主義を批判する評論でも活躍。安保闘争など社会運動にも影響を与えた。「竹内好全集」全一七巻。

たけうちりぞう【竹内理三】 1907.12.20～97.3.2　昭和・平成期の日本史学者。愛知県出身。東大卒。東京大学史料編纂所勤務をへて九州大学教授となり、その後、史料編纂所に復帰し同教授・同所長。一九六八年(昭和四三)早稲田大学教授。史学会理事長・文化財保護審議会第一専門調査会会長なども務めた。古代の寺院経済・寺領荘園研究の基礎を築いたほか、「寧楽遺文」「平安遺文」「鎌倉遺文」など古代・中世の基本史料の編纂・刊行にも尽力した。著書「奈良朝時代に於ける寺院経済の研究」「律令制と貴族政権」。日本学士院会員。九六年(平成八)文化勲章受章。

たけがきなおひろ【竹垣直温】 1741.12.26～1814.11.8　江戸後期の幕府代官。父は丹羽長利。竹垣直照の養子。通称三右衛門。一七八六年(天明六)越後国川浦代官、八九年(寛政元)摂津・播磨の代官、九三年関東幕領代官となる。下野国真岡および常陸国上郷に在陣、農村復興にあたった。小児養育手当を支給し、荒地起返のため、旅費・田畑・夫食・農具を支給して、前任地の越後国高田の真宗門徒を末寺を建立した上で移住させた。在職二二年に及び、一八一四年(文化一一)引退。

たけくらやじょうてき【竹蔵屋紹滴】 生没年不詳。戦国期の堺の町人。村田珠光または武野紹鷗に茶を学んだと伝える。号は時斎。茶書「山上宗二記」には、茶の湯も挿花にもすぐれ、名物といわれる砂張釣舟花入をもっていたとある。堺の商人油屋常言・常祐が所持した大名物油屋肩衝は、紹滴からの伝来の茶入である。

たけこしよさぶろう【竹越与三郎】 1865.10.4～1950.1.12　明治～昭和期の新聞記者・政治家。号は三叉。武蔵国本庄の清野家に生まれ、親戚の竹越家を継ぐ。同人社・慶応義塾で学んだのち、洗礼をうけて群馬県前橋で廃娼運動に参加。一八九〇年(明治二三)「国民新聞」に入社。またイギリス的自由主義の影響をうけた歴史書「新日本史」を発表。九五年国民新聞社を退社、翌年刊行した「二千五百年史」はベストセラーとなった。一九〇二年政友会から代議士に当選。のちに貴族院議員・枢密顧問官。

たけざきすえなが【竹崎季長】 1246～？ 鎌倉後期の武士。肥後国の住人。菊池氏一族とする説が有力。本領の益城郡竹崎（現、熊本県松橋町）を失っていた季長は、一二七四年（文永一一）文永の役の際に先駆けの功をあげ、翌年鎌倉に赴き、御恩奉行安達泰盛に直訴して益城郡海東郷（現、熊本県小川町）の地頭職を得た。八一年（弘安四）弘安の役でも博多湾防衛戦や肥前国鷹島海戦で活躍。九三年（永仁元）制定の置文によれば、郷社を利用した海東郷支配を展開した。安達泰盛や、地頭職拝領を託宣した肥後国二宮の甲佐大明神の恩に報いるため、「蒙古襲来絵詞」を作成。

たけざわごんえもん【竹沢権右衛門】 生没年不詳。義太夫節の三味線方。はじめ尾崎姓。義太夫節の祖竹本義太夫が大坂道頓堀で竹本座を創設したときに、三味線弾きの元祖沢住検校の沢の字をとって竹沢と改姓したといわれ、筑後掾（義太夫）の相三味線を勤めた。筑後掾没後は豊竹座へ移り、豊竹上野少掾（初代若太夫）の三味線を弾き、享保期中頃まで名がみえる。芸名は大正期まで五世継がれる。

たけざわとうじ【竹沢藤次】 藤治とも。曲独楽の芸人の名。江戸後期～明治期に三代を数えるが、初代の事績は不明で、二代目が著名。二代目は江戸の人で下谷に住み、天保～嘉永年間に活躍、ことにからくり仕掛の演出を交えた一八四四年（弘化元）二月の西両国興行は、空前の大当りとなった。四九年（嘉永二）に梅升と改名、子が三代目を継いだ。

たけしたのぼる【竹下登】 1924.2.26～2000.6.19 昭和後期～平成期の政治家。島根県出身。早大卒。郷里の中学校教員、県会議員をへて一九五八年（昭和三三）の衆議院選挙で初当選。自民党田中派の有力メンバーとして政界に地歩を占め、第三次佐藤内閣の官房長官をはじめかずかずの閣僚を歴任。八七年中曽根裁定によって総裁・首相に就任するが、リクルート事件の汚職疑惑で退陣。

たけしばきすい【竹柴其水】 1847～1923.2.7 明治期の歌舞伎作者。江戸京橋生れ。本名岡田新蔵。前名竹柴進三など。三世桜田治助に入門、のちに河竹黙阿弥門下となり、一八八七年（明治二〇）師の俳名其水を名のる。黙阿弥の作風をうけつぐ一方、新奇な題材を得意とし、実質的な最後の狂言作者。代表作「神明恵和合取組」。

たけしまこうざえもん【竹島幸左衛門】 歌舞伎俳優。江戸時代に四世を数えるが二世までが著名。初世（？～一七一二）は初期歌舞伎の名優と伝えられる日本伝助の子で、貞享～宝永期の京坂を代表する立役の一人。武道実事を得意とし、舞踊にもすぐれた。二世（生没年不詳）は初世の養子。三都の舞台に立ち、養父や諸先輩の芸を融合した独自の芸風を確立。享保期まで活躍。

たけしまはごろも【武島羽衣】 1872.11.2～1967.2.3 明治～昭和期の歌人・詩人・国文学者。東京都出身。東大卒。大学在学中に塩井雨江・大町桂月と「美文韻文花紅葉」を刊行、大学派（赤門派）と称された。「天然の美」の作詞者。日本女子大学教授。

たけぞえしんいちろう【竹添進一郎】 1842.3.27～1917.3.31 明治期の外交官・漢学者。文学博士。肥後国生れ。号は井井。熊本藩に出仕後、明治政府に仕え大蔵少書記官・在天津領事・外務大書記官などを歴任、琉球帰属問題で清国と交渉。ついで駐朝鮮日本公使となり、一八八四～八五年（明治一七～一八）甲申事変の処理にあたった。退官後一時、帝国大学文科大学講師。漢文学者・漢詩人としても名高く、著書「左氏会箋」により帝国学士院賞受賞。

たけだいずも【竹田出雲】 大坂竹本座の座本・浄瑠璃作者。江戸中・後期に三世を数える。初世（？～一七四七）は初世竹田近江の子。俳号千前軒奚疑。一七〇五年（宝永二）竹本座の座本となり、太夫竹本義太夫、作者近松門左衛門との協力体制を確立、竹本座の経営基盤を固める一方、近松のもとで浄瑠璃作者としての修業を積む。二三年（享保八）の「大塔宮曦鎧」が松田和吉（文耕堂）との合作で第一作、翌年の「諸葛孔明鼎軍談」が単独作の第一作。四六年（延享三）の「菅原伝授手習鑑」が最終作。二世（一六九一～一七五六）は初世出雲の子。本名清定。通称親方出雲。はじめ竹田小出雲と名のり、一七四七年（延享四）初世出雲の死去で二世を襲名。興行師としても作者としても手腕を発揮、並木宗輔・三好松洛らとともに竹本座全盛期の諸作に名を連ねる。

たけだかつより【武田勝頼】 1546～82.3.11 戦国期～織豊期の武将。武田信玄の子。一五六五年（永禄八）兄義信の失脚により嗣子となる。七三年（天正元）信玄が死に、七六年正式に家督となった。この間遠江・三河に進攻したが、七五年織田信長・徳川家康軍に大敗し（長篠の戦）、以後しだいに守勢となった。七八年後北条氏とも敵対関係になり、東西に大敵を抱えた。八一年本拠を甲府から新府（現、山梨県韮崎市）に移したが、八二年木曽義昌・穴山梅雪らがあいついで信長・家康に通じ、これに呼応して織田・徳川軍は諸方面から甲斐・信濃に進攻。小山田信茂の離反もあって、甲斐国田野（現、同県大和村）の天目山の戦で追いつめられ自殺。

たけだこううんさい【武田耕雲斎】 1804～65.2.4 幕末期の水戸藩の執政。水戸藩士跡部正続の

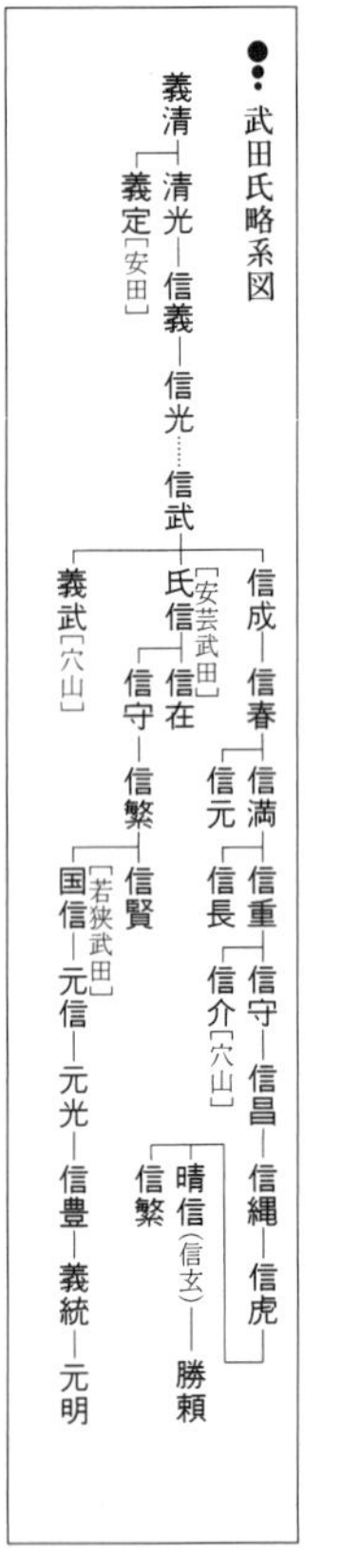

長男。のち本姓武田に復す。名は正生(まさなり)、通称彦九郎・修理。致仕後耕雲斎と号した。藩主に徳川斉昭(なりあき)を擁立以来、改革派の重臣として活動。斉昭の謹慎・復職に応じて致仕・昇進したが、一八五六年(安政三)執政となる。六二年(文久二)に一橋慶喜(よしのぶ)の上洛に随従。六四年(元治元)一月伊賀守。藤田小四郎ら天狗党の筑波山挙兵により五月に執政を罷免された。市川三左衛門ら門閥派政権に対抗して一〇月に筑波勢と合流、天狗党を再編してその首領となり、京都に向けて西上の途についた。途中諸藩兵や大雪・寒気と戦う難行に力つき、金沢藩に降伏し、六五年(慶応元)二月四日、敦賀(つるが)で斬刑に処せられた。

たけだし【武田氏】 平安末～戦国期の甲斐国の武家。清和源氏の支流、甲斐源氏。源義光の子武田冠者義清(よしきよ)が、常陸国武田郷(現、茨城県ひたちなか市)から甲斐国に配流され、武田氏を称したのに始まる。以後多くの庶流をうみ、甲斐国内および安芸・若狭両国などに一族を配置。嫡流は義清の孫信義が継承、鎌倉時代には御家人となり、甲斐国守護に任じられた。その子信光は源頼朝の信任を得て安芸国守護も兼任、勢力を拡大した。南北朝期、はじめ北条氏に従って打撃をうけたが、のち足利尊氏につき戦功をあげ、甲斐・安芸両国の守護を保った。戦国期の信玄のとき全盛期を迎える。その死後、勝頼のときに織田信長により滅ぼされた。

たけだしょうけい【竹田昌慶】 1338～80.5.25 南北朝期の医師。幼少の頃から医術を好み、一三六九年(応安二・正平二四)明に渡って医を学んだ。洪武帝の皇后が出産するにあたり、薬を献上して無事男子をえた功を賞されて安国公に封じられたと伝える。七八年(永和四・天授四)多くの医書・本草書を携えて帰朝し、将軍足利義満に侍医として仕え法印に叙された。

たけだしんげん【武田信玄】 1521～73.4.12 戦国期の武将。実名晴信(はるのぶ)。甲斐・信濃を中心に勢力圏を築いた。一五四一年(天文一〇)父信虎を追放して家督をつぐ。四二年諏訪頼重を滅ぼし、五三年村上義清を追い、五五年(弘治元)木曾義昌を従えて信濃を制圧。前後に越後の上杉謙信としばしば交戦(川中島の戦)、一五五四年には駿河国今川氏・相模国後北条氏と同盟を結んだ(善徳寺の会盟)。六五年(永禄八)長子義信がそむいたが、四子勝頼を嫡子にたて、六七年義信を切腹させた。六八年同盟を破って駿河に進攻、今川氏真(うじざね)を没落させ、後北条氏と戦った。後北条氏とは七一年(元亀二)同盟を復活。その後遠江・三河に進攻、七二年徳川家康・織田信長軍を破るが(三方原の戦)、まもなく死没。内政面では村落掌握を進め、御家人衆・軍役衆を設定。さらに信玄堤で有名な治水事業、甲州金で知られる金山開発を行い、富国強兵に努めた。一五四七年には「甲州法度之次第」を制定。

たけだたいじゅん【武田泰淳】 1912.2.12～76.10.5 昭和期の小説家。大島泰信の次男として東京市本郷区の潮泉寺に生まれ、父の師僧武田芳淳の姓を継いだ。東大入学後まもなく左翼活動で逮捕され退学。二年間輜重(しちょう)兵として中国に出征、除隊後「司馬遷」が書かれた。太平洋戦争中は上海の中日文化協会に勤め、そこで敗戦を迎える。帰国後「蝮(まむし)のすゑ」「ひかりごけ」「富士」などの作品で、戦後派らしい思想的な作風をみせた。

たけだちょうべえ【武田長兵衛】 ⇨近江屋長兵衛(おうみやちょうべえ)

たけだなりあき【武田成章】 1827.9.15～80.1.28 幕末～明治初期の洋式軍事技術者。通称は斐三郎(あやさぶろう)。父は伊予国大洲藩士武田敬忠。一八四八年(嘉永元)緒方洪庵の適々斎塾に入門し、兵学に関心をもつ。五〇年江戸に上り、伊東玄朴・佐久間象山に師事。五三年幕府に出仕し、翌年から箱館在勤。五五年(安政二)直参となる。六四年(元治元)五稜郭を完成させ、江戸に戻り開成所教授。維新後は七一年(明治四)から兵部省出仕。陸軍幼年学校校長などを歴任。

たけだぬいのすけ【竹田縫殿之助】 ?～1870.10.15 幕末期のからくり細工人。大坂の竹田芝居の末裔。幕末頃から熊本の生人形(いきにんぎょう)師秋山平十郎と組み浅草の見世物小屋で活躍。生人形に動きを与え人気を博したが、趣向がしだいに陳腐化し、一八六七年(慶応三)平十郎が没すると、後を追うように世を去った。

たけだのぶかた【武田信賢】 1420～71.6.2 室町時代の武将。若狭国守護。若狭国武田氏の事実上の初代。一四四〇年(永享一二)兄信栄(のぶひで)は一色(いっしき)義貫(よしつら)討伐の功績により、一色氏にかわって若狭国守護となるが、まもなく死んだため守護職を継承。四一年嘉吉の乱で赤松満祐(みつすけ)の討伐に参加、また若狭で一色氏の残党の蜂起を鎮圧。応仁・文明の乱では東軍に属し京都で戦う一方、六九年(文明元)には丹後進攻を試みた。

たけだのぶしげ【武田信繁】 1525～61.9.10 戦国期の武将。武田信玄の弟。左馬助。典厩。父信虎は信玄よりも信繁を愛し、これが信玄の信虎追放を招いたとの説もある。武田氏の一族として信玄に協力。一五五八年(永禄元)子信豊に与えた武将としての訓戒一巻(「武田信繁家訓」)が武田家の家法となり、分国法の「甲州法度之次第」とともに「信玄家法」として伝えられた。六一年第四次川中島の戦で戦死。

たけだのぶとら【武田信虎】 1494～1574.3.5 戦国期の甲斐国の武将。武田信玄の父。戦国大名武田氏の基礎を築いた。一五〇七年(永正四)家督となる。小山田・大井両氏などを破り、天文初年までに甲斐を統一。この間一九年には本拠を石和から甲府に移した。外交面では相模・駿河・信濃などへ進攻したが、三七年(天文六)今川義元、四〇年諏訪頼重をそれぞれ女婿とし、同盟を結んだ。しだいに独断専行が多くなり、家臣団の支持を失う。嫡子信玄より次子信繁を愛したこともあって、四一年信玄により駿河に追放された。六三年(永禄六)まで今川氏に保護されるが、以後諸国を流浪したのち、信濃国高遠で死没。

たけだのぶなが【武田信長】 生没年不詳。室町時代の関東の武将。甲斐国守護信満の子。父とともに上杉禅秀の乱で禅秀与党となったが、信満は一四一七年(応永二四)鎌倉公方足利持氏に攻められ敗死。以後は甲斐にあって持氏勢と戦うが、二六年降伏、鎌倉に出仕した。三三年(永享五)出奔して再び甲斐で活動したが失敗。四九年(宝徳元)鎌倉公方足利成氏の指揮下に属し、以後山内・扇谷両上杉氏と戦った。のち上総国真理谷城(現、千葉県木更津市)に拠り、上総国武田氏の祖となった。

たけだのぶひろ【武田信広】 1431～94.5.20 室町時代の蝦夷地の武将。近世の松前藩松前氏の祖とされる。若狭国武田氏の出身といい、一四五四年(享徳三)蝦夷地に渡り、同じ武田氏の出身とされる花沢館(現、北海道上ノ国町)館主の蠣崎季繁に迎えられたという。五七年(長禄元)のアイヌの蜂起で酋長コシャマインを倒した功績により蠣崎氏を継承、子孫が松前氏になったとされる。蝦夷地の和人諸氏の指導者となり、若狭と蝦夷地の間の交易に関係したことなどは事実とみられる。

たけだのぶみつ【武田信光】 1162.3.5～1248.12.5 鎌倉前期の武将。甲斐源氏武田信義の子。石和(伊沢)五郎と称する。一一八〇年(治承四)一族とともに挙兵し、駿河国に進攻して平家残党を撃破、のち源頼朝の傘下で平家追討の合戦に従った。八九年(文治五)奥州合戦には安芸国守護として国内の武士を召集し、みずからも遠征に加わる。一条忠頼ら他の兄弟が没落したため、武田氏の家督を継ぐ。承久の乱では東山道大将軍として上洛、その功により再び安芸国守護に任じられた。

たけだのぶみつ【武田信満】 ?～1417.2.6 室町時代の武将。甲斐国守護。上杉氏憲(禅秀)の岳父。上杉禅秀の乱に加わる。一四一六年(応永二三)禅秀らは鎌倉公方足利持氏を追放するがまもなく反撃をうけ、翌年禅秀は敗死。信満は甲斐国木賊山(現、山梨県大和村)に退き、持氏の兵に攻められ自殺。嫡子信重はのがれ、弟信元・次子信長らは甲斐で活動を続けたが、武田氏の甲斐守護職は事実上三八年(永享一〇)まで断絶。

たけだのぶもと【武田信元】 生没年不詳。室町時代の武将。上杉禅秀の乱の直後に甲斐国守護となった。兄の信満は上杉氏憲(禅秀)の与党となり、一四一七年(応永二四)鎌倉公方足利持氏に倒された。信元は高野山にのがれたが、一八年幕府の支持をえて守護となり甲斐に帰国、持氏の支持をえる逸見氏と対立した。甥信長の援助をうけ、その子伊豆千代丸を嗣子とした。二一年頃に死没。

たけだのぶよし【武田信吉】 ⇨松平信吉

たけだのぶよし【武田信義】 1128.8.15～86.3.9 平安末～鎌倉初期の武将。甲斐源氏源清光の子。甲斐国巨摩郡武田に住む。一一八〇年(治承四)以仁王の令旨に応じて挙兵。富士川の戦では夜襲をしかけ平家軍を敗走させた。合戦後、源頼朝から駿河国守護に任じられる。しかし甲斐源氏勢力の抑圧をはかる頼朝に、八四年(元暦元)嫡子一条忠頼を殺され、みずからも頼朝の勘気をこうむり、失意のうちに死んだ。

たけだのみこ【竹田皇子】 小貝王とも。生没年不詳。六世紀後半～七世紀初頭の皇族。敏達天皇の皇子。母は額田部皇女(推古天皇)。有力な皇位継承候補者であったと考えられ、用明天皇が病にかかると、穴穂部皇子を推す物部守屋に呪詛され、天皇の死後は守屋征討の軍に加わった。推古天皇の初年に没したと考えられる。

たけだのみや【竹田宮】 北白川宮能久親王の王子恒久王が明治天皇の皇女昌子内親王との結婚に先立って創立した宮家。結婚内定は一九〇六年(明治三九)一月、宮家創立は同年三月三一日、婚儀は〇八年四月であった。恒久王は陸軍に入り少将にまで昇進し、皇典講究所総裁も務めたが、一九年(大正八)死去。王子恒徳王が二代を継承、恒徳王も陸軍に入り中佐となった。四七年(昭和二二)皇籍を離脱して竹田家となった。

たけだはるのぶ【武田晴信】 ⇨武田信玄

たけだはんし【武田範之】 1863.6.-～1911.6.23 明治期のナショナリスト。旧姓沢。武田家の養子。筑後国生れ。京都・東京で仏教を学び、新潟県の顕聖寺住職となる。のち朝鮮に渡り、玄洋社員による天佑侠に参加。一八九五年(明治二八)の朝鮮での閔妃殺害事件に関与し入獄。一九〇一年内田良平らと黒竜会結成に参加し、〇六年再度渡韓。以後仏教布教と韓国併合推進運動に従事。

たけだもとのぶ【武田元信】 ?~1521.12.3 戦国期の武将。若狭国守護。一四九〇年(延徳二)家督となる。翌年将軍足利義稙の近江出兵では軍奉行となったが、九三年(明応二)細川政元が義稙を追放すると、政元に味方した。一五〇五年(永正二)以後丹後に進攻、政元の支援をうけたが結局失敗。一七年丹後国守護代延永春信と結んだ逸見河内守がそむいたが、越前国朝倉氏の救援をえて鎮圧。文芸にすぐれ三条西実隆・飛鳥井雅康・宗祇らと交流、武家故実にも通じた。

たけだゆうきち【武田祐吉】 1886.5.5~1958.3.29 大正・昭和期の国文学者。東京都出身。国学院大学卒。小田原中学の教員を辞し、佐佐木信綱のもとで「校本万葉集」の編纂に参加。一九二六年(昭和元)国学院大学教授。「万葉集」を中心に上代文学の研究を進め、「万葉集全註釈」(一九四八~五一)に結実させた。学士院賞受賞。著書「上代国文学の研究」「古事記研究—帝紀攷」。「武田祐吉著作集」全八巻。

たけだよしむね【武田義統】 ?~1567.4.8/11.9 戦国期の武将。若狭国小浜城(現、福井県小浜市)城主。父信豊と家督をめぐって争い、一五五八年(永禄元)信豊は国外に出奔。六一年重臣粟屋勝久・逸見昌経らが反乱をおこし、越前国朝倉氏の協力をえて鎮圧するなど、若狭の政情は混迷をきわめ、さらに子の元明とも不和となる。武田氏の国内統制力は弱体化し、義統死去の翌年、元明は朝倉義景を頼んで越前に去り、武田氏の若狭支配は終わった。

たけだりんたろう【武田麟太郎】 1904.5.9~46.3.31 昭和期の小説家。大阪市出身。東大中退。「辻馬車」「大学左派」などの同人として編集にたずさわるとともに、新感覚派的な手法と左翼イデオロギーの結合した作品を発表。一九三二年(昭和七)の「日本三文オペラ」など、庶民の中に視点をすえた独特の現実描写による市井物に成功をおさめる。三六年には散文精神を掲げて「人民文庫」を創刊し、時代のファッショ化に対抗した。

たけちくまきち【武市熊吉】 1840~74.7.9 明治初期の不平士族。土佐国高知藩士として戊辰戦争に参加し、一八七二年(明治五)外務省一〇等出仕。西郷隆盛・板垣退助の命により満州を偵察した。七三年の征韓論政変で辞職。七四年一月一四日同志と右大臣岩倉具視を襲う赤坂喰違の変をおこし、処刑された。

たけちずいざん【武市瑞山】 1829.9.27~65.閏5.11 幕末期の志士。土佐国高知藩郷士。幼名半平太。諱は小楯。剣道にすぐれ江戸桃井道場の塾頭を勤める。萩・鹿児島両藩の尊攘派と連合を画策した。土佐に帰って下士・郷士・村役人を主体にした土佐勤王党を結成し、首領となる。吉田東洋を中心とする公武合体派と対立し、藩政改革を企図、一八六二年(文久二)東洋を暗殺して藩政を掌握した。六三年八月には藩論が再び公武合体論に傾いて捕らえられ、六五年(慶応元)切腹を命じられて自刃。

たけちのくろひと【高市黒人】 生没年不詳。「万葉集」に一八首の歌を残す歌人。連姓。持統・文武朝の下級官人であったらしい。すべて短歌で、旅の歌が多い。七〇一年(大宝元)六月と考えられる持統太上天皇の吉野御幸に従った歌と、翌年一〇月の三河御幸に従った歌とが、作歌年代の明らかなもの。叙景に託して孤愁の心情を歌うのを特徴とする。

たけちのみこ【高市皇子】 654?~696.7.10 天武天皇の皇子。母は胸形君徳善の女尼子娘。長屋王の父。天皇の長子として壬申の乱では軍を率いて活躍した。天武朝においては、母の出自の低さから草壁皇子・大津皇子らの下位にあったが、人々の信望厚く、草壁の死の翌六九〇年(持統四)には太政大臣に任命された。皇子命(尊)という尊称は草壁(日並知皇子尊)と並ぶものである。また「懐風藻」は、六九六年の皇子の死にあたり、朝廷に皇位継承をめぐる紛糾があったと伝えている。

たけとみときとし【武富時敏】 1855.12.9~1938.12.22 明治~昭和前期の政党政治家。肥前国佐賀生れ。一時上京して洋学を修め、佐賀の乱に参加。のち佐賀県議・同副議長・同議長となる。第一回総選挙から衆議院議員に一三回当選。はじめ自由党に、のち進歩党に転じた。第二次松方内閣の農商務省商工局長・同商務局長・大蔵省参事官、第一次大隈内閣の内閣書記官長、第二次大隈内閣の逓相・蔵相を歴任。憲政会総務などを務めた。のち貴族院議員。

たけなかしげかど【竹中重門】 1573~1631.閏10.9 織豊期~江戸初期の武将。重治の子。豊臣秀吉に仕え、一五八九年(天正一七)美濃国不破郡五〇〇〇石を与えられ、九四年(文禄三)河内国内で一〇〇〇石を加増。関ケ原の戦では西軍に属したが、加藤貞泰とともに東軍に寝返り、小西行長を捕らえるなどの戦功をあげた。一六二五年(寛永二)徳川家光から美濃国不破郡、河内国安宿部・大県両郡の六〇〇〇石を安堵される。

たけなかしげはる【竹中重治】 1544~79.6.13 織豊期の武将。通称半兵衛。豊臣秀吉の軍師として有名。美濃国出身で一五六四年(永禄七)斎藤竜興の稲葉山城(現、岐阜市)を一時占拠、六七年織田信長の美濃進出以後これに仕えた。七〇年(元亀元)はじめて秀吉に属し、七七年(天正五)以後は中国経略に従事、播磨国三木城包囲の陣中で病死。七八年信長が黒田孝高(官兵衛)の離反を疑い、その子の殺害を命じたとき、これをひそかにかくまった逸話がある。

たけなかしげよし【竹中重義】 ?～1634.2.22 江戸初期の長崎奉行。豊後国府内藩主。采女正。父重利の遺領二万石を継いだ。一六一九年(元和五)福島正則除封に際し、広島城開城の交渉にあたる。二九年(寛永六)長崎奉行となり、キリシタン取締りに力を入れたが、三三年積年の職務上の不正が発覚し罷免。翌年改易され切腹。

たけなかはんべえ【竹中半兵衛】 ⇨竹中重治

たけぬなかわわけのみこと【武渟川別命】 「古事記」では建沼河別命。孝元天皇の皇子大彦命の子とされる伝説上の人物。阿倍氏の祖。記紀によると、四道将軍の一人として東海(「古事記」では東方一二道)に派遣された。「日本書紀」崇神六〇年条には出雲振根を誅殺したとあり、垂仁二五年条には五人の大夫の一人とされている。

たけのうちけ【竹内家】 清和源氏義光流。久我家に仕えたが、一五六〇年(永禄三)季治が堂上に加えられた。家格は半家。江戸時代の家禄は一八七石余。弓箭と笙の家。江戸前期の惟庸は院評定を勤めた。維新後、治則のとき子爵。

たけのうちげんどう【竹内玄同】 1805～80.11.12 江戸後期の蘭方医。名は幹、号は西坡・風香。加賀国生れ。京都に出て藤林普山に蘭学を学び、のち長崎でシーボルトの門人となる。一八三三年(天保四)越前国丸岡藩侍医、ついで幕府に出仕して天文方訳員になり、「厚生新編」訳業に加わった。五八年(安政五)将軍徳川家定の重病に際し、幕府初の蘭方内科医として伊東玄朴・戸塚静海についで侍医となる。のち西洋医学所頭取、法印に累進。失明して六六年(慶応二)職を辞した。

たけのうちさだもと【竹内貞基】 1813～63.5.28 幕末期の航海技術者。通称は卯吉郎、号は清潭。父は良太夫。長崎生れ。高島秋帆について砲術を学ぶ。長崎奉行所役人となり、一八五四年(安政元)オランダ人から蒸気船運用法などを修得。同年末から佐賀藩に招かれ、航海術を教授、また木製の蒸気機関模型を作成。五五年長崎海軍伝習所入り。五七年江戸海軍操練所教授。翌年観光丸運用長。六二年(文久二)隠居。著書「航海図説」。

たけのうちしきぶ【竹内式部】 1712～67.12.5 江戸中期の神道家・尊王家。名は敬持、号は羞斎。式部は通称。越後国生れ。医師竹内宗詮の子。一七二八年(享保一三)頃上京、徳大寺家に仕え、崎門学派の松岡仲良・玉木正英に師事し、儒学・神学を修める。若い公家衆に大義名分を重んずる垂加神道の思想を教授したことから宝暦事件の中心人物として京都を追放され、のち山県大弐らの明和事件に連坐して八丈島に流罪の途中、病没。著書「奉公心得書」。

たけのうちつな【竹内綱】 1839.12.26～1922.1.9 明治・大正期の民権家・政党政治家。土佐国高知藩士出身。貿易商をへて、大阪府参事、大蔵省に出仕。西南戦争の際、挙兵計画が発覚して入獄。出獄後自由党結成に参加。一八八七年(明治二〇)保安条例で東京から追放されたが、第一回総選挙で衆議院議員に当選、第一議会では政府との妥協に動いた。のち藩閥と自由党との中間に立ちながら実業界で活躍。日清戦後は経済研究同志会に参加し、外資導入・鉄道国有などを唱えた。吉田茂首相の実父。

たけのうちのすくね【武内宿禰】 「たけしうちのすくね」とも。建内宿禰とも。景行・成務・仲哀・応神・仁徳の五朝に仕えたという伝説上の人物。「古事記」によると、孝元天皇の子比古布都押之信命と木国造の祖宇豆比古の妹山下影日売との間に生まれた。子の波多八代宿禰・許勢小柄宿禰・蘇我石河宿禰・平群都久宿禰・木角宿禰・葛城長江曾都毘古・若子宿禰は、それぞれ大和南西部の臣姓有力氏族の祖とされる。「日本書紀」に棟梁の臣、また大臣として歴代朝廷に忠節を尽くしたという伝承が多くみられるが、種々の説話を集成したものにすぎない。その人物像が成立したのは「旧辞」の成立よりも後のことであり、蘇我氏や中臣鎌足をモデルとして完成していったとする説が有力である。

たけのうちひさもり【竹内久盛】 1503～95.6.30 戦国期～織豊期の武術家。美作国久米郡垪和(現、岡山県旭町)の豪族杉山為就の子。のち同族竹内為長の養子。中務大夫。毛利氏に属して宇喜多氏と戦ったが、最後は同氏に屈伏したと思われる。幼年より武術を鍛練し、一五三二年(天文元)愛宕山権現の霊験によって、捕手・腰廻(小脇差・組討の術)の一流を開いたという。のちに竹内流といわれ、柔術に分類される。

たけのうちやすのり【竹内保徳】 ⇨竹内保徳

たけのこしし【竹腰氏】 尾張徳川家の付家老。佐々木信綱の末裔で、近江国大原荘から美濃国岩田村に移って竹腰を称したという。斎藤道三・織田信長らに仕えたのち、徳川家康に仕える。正信は尾張徳川家初代の義直と母を同じくし、一六一二年(慶長一七)から名古屋藩の政務を執った。一九年(元和五)の加増で三万石となり、以後代々名古屋藩付家老として成瀬氏とともに重きをなした。一八六八年(明治元)大名に列し、維新後男爵。

たけのじょうおう【武野紹鷗】 1502～55.閏10.29 戦国期の茶人、堺の豪商。堺流茶の湯の開祖。名は仲材。通称新五郎。武野氏は若狭国の守護武田氏の後裔で、父信久は諸国を流浪したのち堺に住み、姓を武野として、武具作製の皮革業を営んで財をなしたという。紹鷗は、歌道・連歌に堪能で、二四歳で三条西実隆に和歌を学び、村田珠光門下の藤田宗理や十四屋宗伍などに茶の湯を学んだという。実隆の「詠歌大概」(藤原定家)の序の講義をきいて茶道の極意を悟ったという。彼は和歌の心を茶の心に生かし、唐様趣味を和様に転化するなどの工夫を行った。晩年京都四条に草庵大黒庵を設け茶事に専念した。二畳・三畳の小間の茶室、竹の茶入や茶杓などを創案し、それまでの茶の湯の姿を大きく変化させた。弟子に嗣子の宗瓦、女婿の今井宗久をはじめ、津田宗及・千利休・松永久秀など多数。

たけのぶよしたろう【武信由太郎】 1863.9.-～1930.4.26 明治・大正期の英語学者。因幡国生れ。札幌農学校卒。中学校教員をへて「ジャパン・メイル」の社員となる。一八九七年(明治三〇)「ジャパン・タイムズ」を、翌年に勝俣銓吉郎と「青年」(「英語青年」の前身)を創刊。のち早稲田大学教授。著書「武信和英大辞典」。

たけのまたまさつな【竹俣当綱】 1729～93.4.5 江戸中期の出羽国米沢藩家老。通称翁助、美作。一七六一年(宝暦一一)江戸家老。六三年藩主側近の森平右衛門を誅殺して主導権を握り、六五年(明和二)奉行となり、九代藩主上杉治憲のもとで、藩政改革に着手。漆・桑・楮各一〇〇万本を植林し、養蚕・織物の奨励などを行った。譜代重臣らの抵抗(七家騒動)を乗り切ったが、八二年(天明二)不遜の罪で罷免、隠居押込となった。九一年(寛政三)赦免。

たけはにやすひこのみこと【武埴安彦命】「古事記」では建波邇夜須毘古命。孝元天皇の皇子。崇神天皇の代に反逆を企てて討伐された。孝元の皇子大彦命が少女の歌を聞いて反逆を悟り、天皇に報じたという。「日本書紀」では妻の吾田媛とともに挙兵したとする。

たけばやしただしち【武林唯七】 1672～1703.2.4 一七〇二年(元禄一五)の赤穂事件で、吉良義央邸に討ち入った浪士の一人。名は隆重。赤穂藩主浅野長矩の中小姓・近習。討入り後、長府藩毛利家日ケ窪屋敷に預けられ、翌年幕命により自刃。

たけばやしむそうあん【武林無想庵】 1880.2.23～1962.3.27 明治～昭和期の小説家・翻訳家。本名磐雄、のち盛一。北海道出身。ドーデの「サフォ」、アルツィバーシェフの「サーニン」を翻訳して、虚無思想・性愛賛美の風潮を助長し、自身もダダイズムを実践した。フランスに長く暮らし、「結婚礼讃」「文明病患者」「飢渇信」「流転の書」「無想庵独語」などの著作がある。

たけひさゆめじ【竹久夢二】 1884.9.16～1934.9.1 明治・大正期の画家・詩人。岡山県出身。本名茂次郎。一九〇五年(明治三八)早稲田実業学校本科卒。〇九年最初の画集「夢二画集春の巻」で一躍有名になる。一四年(大正三)東京・呉服橋に自作を扱う絵草紙店「港屋」を開く。三一～三三年(昭和六～八)欧米旅行。大正デモクラシーの時代に詩人としても活躍し、「宵待草」など多くの抒情詩を作る。作品「黒船屋」「切支丹破天連渡来之図」。

たけひとしんのう【威仁親王】 ⇨有栖川宮威仁親王

たけべあやたり【建部綾足】 1719～74.3.18 江戸中期の俳人・画家・国学者。陸奥国弘前藩家老喜多村氏の次男。幼名金吾。俳号は涼袋など。江戸生れ。弘前で成長。一七三八年(元文三)二〇歳で出奔、以後諸国を遊歴し江戸で没。俳諧は野坡につき、のち希因・梅路に師事。六三年(宝暦一三)俳諧を批判して片歌説を提唱。同年以降国学に傾倒し、和歌にも親しむ。六八年(明和五)読本「西山物語」を刊行。画業は三〇歳代に二度の長崎行きで南画を学ぶ。著作「寒葉斎画譜」(一七六二)「片歌道のはじめ」(一七六三)など。

たけべかたひろ【建部賢弘】 1664.6.-～1739.7.20 江戸中期の数学家。徳川氏の右筆直恒の三男。通称彦次郎、号は不休。兄の賢雄・賢明とともに関孝和に弟子入りした。一六八三年(天和三)若くして「研幾算法」を出版し、以後関の著書の解説書「発微算法演段諺解」、中国の数学書の解説書「算学啓蒙諺解大成」を刊行。また関や賢明とともに数学の集大成「大成算経」を著す。六～八代の将軍に仕え、徳川吉宗の信頼が厚く、天文・暦の顧問として活躍。「日本総図」の責任者。

たけべこしろう【武部小四郎】 1846.7.-～77.5.3 明治初期の自由民権家・士族反乱指導者。もと建部姓。筑前国福岡藩士出身。藩校修猷館に学ぶ。一八七五年(明治八)の愛国社創設集会に参加後、頭山満らと士族民権結社の矯志社を結成。七七年私学校の福岡版である十一学舎を設け、西南戦争に呼応したが失敗、処刑された。

たけべし【建部氏】 近世の大名家。近江国出身。寿徳・光重父子は豊臣氏の下で摂津国尼崎郡代を勤め、その子政長も父の跡を継ぐ。一六一五年(元和元)大坂の陣のとき、徳川方に味方して尼崎城を守り、その功により尼崎藩主一万石となる。一七年所領を播磨国に移され、林田に陣屋を構えた。以後代々同藩主で、従五位下内匠頭、丹波守などに叙任。政長の子政宇は伏見奉行・寺社奉行などを勤めた。維新後子爵。

たけべせいあん【建部清庵】 1712～82.3.8　江戸中期の医師。陸奥国一関藩医の子。名は由正、字は元策。仙台藩医松井寿哲に医を学び、江戸遊学後、藩医となる。蘭方医学の実状を知るため門人衣関甫軒に質問状を託して江戸の諸医を訪ねさせ、杉田玄白と文通を始める。往復問答は清庵没後、一七九五年(寛政七)入門生に蘭学の由来と心得を与える書として刊行(「和蘭医事問答」)。五男勤は玄白の養嗣子となり杉田伯元を名乗り天真楼塾を継ぐ。一七五五年(宝暦五)の東北地方の大飢饉の惨状から「民間備荒録」を著した。

たけべとんご【建部遯吾】 1871.3.21～1945.2.18　明治後期～昭和前期の社会学者。新潟県出身。東大卒。ベルリン大学留学をへて、一九〇一年(明治三四)東京帝国大学教授。〇三年日本最初の社会学研究室を開き、コントを基礎に社会学の体系化をめざして学会を主導した。社会批評でも活躍。著書「理論普通社会学」。

たけべまさなが【建部政長】 1603～72.4.18　江戸前期の大名。外祖父は池田輝政。大坂の陣で摂津国尼崎城を守り、戦功により同国尼崎藩一万石を与えられた。一六一七年(元和三)播磨国林田藩に転封、三四年(寛永一一)東海道今切の渡船奉行となる。六一年(寛文元)従五位下丹波守に叙任。

たけまえごんべえ【竹前権兵衛】 1679～1749.3.3　江戸中期の新田開発者。名は屋栄。信濃国高井郡米子村の庄屋の生れ。同国滝山(幕領)の硫黄運上場の請負でえた金で、一七二八年(享保一三)弟小八郎が越後国紫雲寺潟干拓に着手、その没後江戸の成田氏、柏崎の宮川氏の協力をえて三二年大部分を干潟化、新田一万六〇〇〇石の基礎を作った。幕府から与えられた自己取得地に米子・竹島・苔実・中島の四新田を開いた。

たけみかづちのかみ【武甕槌神】 武甕雷神とも。「古事記」では建御雷神・建御雷之男神。日本神話にみえる神名。名義はタケ＋ミカ＋ツ＋チで、勇猛な厳の霊の意。「日本書紀」では天の石窟に住む稜威雄走神の曾孫とし、「古事記」ではイザナキが刀剣神伊都之尾羽張でカグツチを斬った際、その血によって成った神とする。国譲りにあたり天孫降臨に先だって派遣され、武威をもって地上世界を服従させた。「日本書紀」ではフツヌシの従神とされ、「古事記」では主神とされるという違いがある。神武天皇東征の際にはタカクラジを通じて刀剣を与え、助けている。鹿島神宮の祭神とされ、藤原氏の氏神として春日大社にも祭られる。

たけみたろう【武見太郎】 1904.3.7～83.12.20　昭和期の内科医。京都府出身。慶大医学部を卒業して内科学教室に入る。理化学研究所仁科研究室に移って、のち銀座に開業。第二次大戦後任意加入の医師会発足にともない、医師会活動に入り、日本医師会会長となって低医療費政策の下での医師層の不満を背景に、一九五七～八二年(昭和三二～五七)の二五年間会長職にあった。医療行政への強硬発言などで「けんか太郎」の異名を得た。

たけみなかたのかみ【建御名方神】 オオクニヌシの子神。名義はタケ＋ミナカタで、タケは勇猛の意だが、ミナカタは水潟・南方など諸説があり未詳。「古事記」で国譲りに際しタケミカヅチと力競べをして敗れ、諏訪で追いつめられて服従を誓った。この神は「日本書紀」には登場しない。諏訪神社の祭神とされる。

たけもとあやのすけ【竹本綾之助】 1875.6.10～1942.1.31　明治～昭和初期の女義太夫。大阪府出身。本名石井薗。一一歳のとき上京して竹本綾瀬太夫に入門、綾之助と名のる。東京の寄席を中心に活躍。美貌と美声で明治中期の女義太夫全盛時代の代表的人物。一八九八年(明治三一)引退、一〇年後に再勤し大正末期まで高座に出た。

たけもとおおすみだゆう【竹本大隅太夫】 1854～1913.7.31　明治・大正期の義太夫節の太夫。本名井上重吉。五世竹本春太夫に入門し初名は春子太夫。のちに二世竹本越路太夫(摂津大掾)に入門。一八八四年(明治一七)文楽座に対抗して設立された彦六座に参加し三世大隅太夫を襲名。名人二世豊沢団平の薫陶をうける。彦六座・堀江座・近松座の紋下(筆頭)を勤めた。悪声ながら音遣いと写実的表現に優れ独自の芸風を築くが、台湾で客死。芸名は昭和期の五世まで継がれる。

たけもとぎだゆう【竹本義太夫】 1651～1714.9.10　義太夫節の創始者。通称五郎兵衛。大坂天王寺生れ。井上播磨掾の芸に傾倒してその門弟清水理兵衛に入門、のち京都に出て宇治加賀掾一座に参加。宇治座の興行師竹屋庄兵衛と提携し、名も清水理(利)太夫と改め京都で旗揚げするが失敗。さらに名を竹本義太夫と改めて一六八四年(貞享元)大坂道頓堀に竹本座の櫓をあげ、「世継曾我」を語って大当りをとる。翌年には京都から下った宇治加賀掾との競演にも勝利を収め、作者近松門左衛門との密接な協力関係をえて、義太夫節の地位を固めた。九八年(元禄一一)一月以前に筑後掾藤原博教を受領。恵まれた素質を生かし、語り物の本質を踏まえながらも劇的要素に富む義太夫節の様式を確立した。

たけもとこしじだゆう【竹本越路太夫】 義太夫節の太夫。江戸後期から四世を数える。二世は竹本摂津大掾の前名。三世(一八六五～一九二四)は本名貴田常次郎。大坂生れ。常子太夫・さの太夫・文字太夫をへて一九〇三年(明治三六)三世襲名。一五年(大正四)文楽座櫓下となる。四世(一九一三～二〇〇二)は本名小出清。大阪府出身。二世豊竹古靭太夫(山城少掾)の門に入り、小松太夫・つばめ太夫をへて、一九六六年(昭和四一)四世襲名。七一年人間国宝。八九年(平成元)引退。

たけもとせっつのだいじょう【竹本摂津大掾】 1836.3.15～1917.10.9 幕末～大正期の義太夫節の太夫。大坂生れ。本名二見金助。三世野沢吉兵衛、ついで五世竹本春太夫の門に入り初名は南部太夫。江戸で修業中、二世越路太夫となり、のち帰坂。一八八三年(明治一六)文楽座櫓下となる。一九〇三年六世春太夫を襲名し、さらに同年摂津大掾受領の披露興行を行う。一三年(大正二)引退。品のある美声に特色があり、明治期を代表する名太夫。

たけもとながとだゆう【竹本長門太夫】 1800～64.10.19 江戸後期の義太夫節の太夫。大坂河堀口の料亭に生まれる。はじめ菊太夫、のち四世染太夫の門に入り初名実太夫。一八二三年(文政六)三世長門太夫を襲名。四三年(天保一四)太夫の名に国名の使用が禁じられたため、長登太夫と改める。浄瑠璃を集大成して中興の祖とされ、晩年は若き日の二世豊沢団平を相三味線に抜擢して、名人に仕立てあげた。芸名は明治期まで四世を数える。

たけもとはやた【竹本隼太】 1848～92.11.30 明治期を代表する陶工。江戸生れ。本名は正典。家は五〇〇〇石の旗本で、父要斎は外国奉行。高田豊川町(現、東京都豊島区)に窯を開き、薩摩金襴手を写す。のち釉の研究がめざましく、玳皮釉・紫薇釉・纐纈釉などを創出。内国勧業博覧会の審査員を務めた。

たけもとはりまのしょうじょう【竹本播磨少掾】 1691～1744.7.25 江戸中期の義太夫節の太夫。竹本義太夫の門に入り初名は政太夫。一七一五年(正徳五)「国性爺合戦」初演時に二五歳で三段目を締めくくる最も重要な切り語りに抜擢され、義太夫の後継者として位置づけられる。享保～寛保期の竹本座の中心的存在。一時義太夫を名のるが、三五年(享保二〇)上総少掾を受領、のちに播磨少掾を再受領する。口伝を聞き書きしたものに順四軒編「音曲口伝書」がある。

たけもとまさたゆう【竹本政太夫】 義太夫節の太夫。江戸前期～幕末に五世を数える。初世は竹本播磨少掾の前名。二世(一七一〇～六五)は大坂雑喉場の新町生れで、西口に住む。播磨少掾の門に入り、師匠そっくりの芸風で評判となる。一七四八年(寛延元)の忠臣蔵騒動で竹本此太夫が豊竹座へ移籍したのち、竹本座の三段目語りとなり、宝暦期の竹本座の中心的存在として活躍。門弟に三世政太夫(通称塩町)など。

たけもとやまとのじょう【竹本大和掾】 1702～66.11.8 江戸中期の義太夫節の太夫。内匠理太夫の子。大坂生れ。豊竹越前少掾の門に入り、三輪太夫・内匠太夫をへて、豊竹上野少掾を受領。豊竹座の三段目語りとなるがすぐに退座。一時竹茂都大隅を名のるが、一七四八年(寛延元)の忠臣蔵騒動を機に竹本座に招かれ、五一年(宝暦元)大和掾を受領。晩年は有隣軒と号した。

たけやけ【竹屋家】 藤原氏日野流の広橋家庶流。室町時代の広橋仲光の三男兼俊に始まる。名家。戦国期に中絶し、江戸初期に広橋総光の子光長が入り再興。江戸時代の家禄は一八〇石。儒道・挿花の家。維新後、光昭のとき子爵。

たけやまかんしち【武山勘七】 近世後期～明治期の名古屋商人美濃屋武山家の世襲名。通称美濃勘。木綿問屋を営んで文化年間頃から頭角を現し、幕末期には名古屋藩から十人衆の家格と扶持などの特権を得た。明治期の当主勘七(一八五四～一九〇七)は名古屋米穀取引所理事も務め、名古屋紡績設立に参画、第一回市議会議員選挙に当選した。

たけやまみちお【竹山道雄】 1903.7.17～84.6.15 昭和期の評論家・ドイツ文学者。大阪府出身。東大卒。一高講師をへて、一九三〇年(昭和五)同教授。第二次大戦前はドイツ文学の翻訳・研究を主とする。戦後は小説「ビルマの竪琴」で名を高める一方、ソ連批判の「まぼろしと真実」、左翼的昭和史解釈批判の「昭和の精神史」などの評論のほか、「古都遍歴」などの美術論、「ヨーロッパの旅」などの紀行にも優れた業績を残した。

たごいちみん【田子一民】 1881.11.14～1963.8.15 大正・昭和期の官僚・政治家。岩手県出身。東大卒。内務省に入り社会局長などを歴任。一九二八年(昭和三)衆議院議員。第二次大戦後、第四次吉田内閣の農相を務めた。

だざいおさむ【太宰治】 1909.6.19～48.6.13 昭和期の小説家。本名津島修治。青森県出身。生家は津軽地方屈指の素封家、父は貴族院議員。東大中退。処女短編集「晩年」が好評を博し文壇に登場。麻薬中毒、四回の自殺未遂などをへて、第二次大戦後の「斜陽」で流行作家になるが、「人間失格」執筆後入水自殺を遂げる。ほかに敗戦前の「富嶽百景」「走れメロス」「津軽」が代表作。

だざいしゅんだい【太宰春台】 1680.9.14～1747.5.30 江戸中期の儒学者。通称弥右衛門、名は純、字は徳夫、春台は号。信濃国飯田生れ。江戸で中野撝謙に入門。二度出仕したが致仕し、牢人生活を送る。一時京坂間を転々とし、伊藤仁斎にも面会した。一七一一年(正徳元)荻生徂徠に入門。蘐園諸子のなかで最も経学・経世論にすぐれ、道の外面化の徹底、人間性の否定面の強調など師説を擁護しながら独自の説を出した。「論語古訓」「論語古訓外伝」は徂徠説の批判を含み、朝鮮の丁茶山にも影響。「経済録」は藩政改革に示唆を与えた。海保青陵・西周など後世思想家に与えた影響も大きい。プライドが高く、はっきりした性格で煙たがられたが、人情に厚い一面もあった。著書はほかに「聖学問答」「六経略説」「紫芝園稿」「独語」。弟子に松崎観海・湯浅常山ら。

たざきそううん【田崎草雲】 1815.10.15～98.9.1 幕末～明治期の南画家。江戸の足利藩邸に生まれる。名は芸、のち二字にわけて草雲。号梅渓。金井烏洲・春木南溟・谷文晁らに師事、さらに、渡辺崋山・徐熙・盛茂燁に私淑して新境地を開く。幕末には誠心隊を組織するなど勤王の志士として奔走。維新後は足利に住み、南画山水で画名が高かった。一八九〇年(明治二三)帝室技芸員。

たざわよしはる【田沢義鋪】 1885.7.20～1944.11.24 明治末～昭和前期の官僚、青・壮年団運動の指導者。佐賀県出身。東大卒。内務省に入り、地方官僚として青年団を育成。一九一九年(大正八)明治神宮造営に青年団員の奉仕を提唱して全国に広めた。二一年日本青年館理事、二五年大日本連合青年団結成を指導、翌年常任理事。以後青年団運動の中心的指導者として活動した。

たじひうじ【多治比氏】 ㊀多治氏・丹比氏・丹墀氏・丹氏・蝮氏とも。宣化天皇皇子の上殖葉皇子を祖とする皇親氏族。姓ははじめ公、六八四年(天武一三)一〇月、八色の姓制定にともない真人を賜る。「三代実録」貞観八年(八六六)二月条では氏名の由来について、上殖葉皇子の孫が生まれたとき、産湯に多治比の花が浮かんだため多治比古王と名づけ、のちに臣籍降下して多治比公を賜ったとする。実際には、王の名は母か乳母が多治比連出身であったことに由来か。七世紀後半～八世紀前半には、多治比古王の子島をはじめ、島の子の池守・県守・広成・広足が公卿となった。

●多治比氏㊀略系図

多治比古王―島┬池守―家主―長野
　　　　　　　├県守
　　　　　　　├水守―土作―今麿
　　　　　　　├広成
　　　　　　　└広足

㊁丹比氏とも。反正天皇(多治比瑞歯別天皇)の名代である多治比部の伴造氏族。姓ははじめ連、七七七年(宝亀八)五月に宿禰を賜った。河内国丹比郡が本拠。

たじひのあがたもり【多治比県守】 668～737.6.23 八世紀前半の公卿。父は左大臣島。池守の弟。七〇五年(慶雲二)従五位下。七一七年(養老元)遣唐押使として入唐し、翌年帰国。七一九年武蔵守。七二〇年持節征夷将軍となり、蝦夷征討に従事。翌年帰還し中務卿。七二九年(天平元)長屋王の変に際し、権に参議となる。七三一年参議、山陽道鎮撫使。翌年中納言、山陰道節度使。七三四年正三位。

たじひのいけもり【多治比池守】 ?～730.9.8 八世紀前半の公卿。父は左大臣島。県守の兄。六九三年(持統七)直広肆。七〇八年(和銅元)民部卿、造平城京司長官。七一五年大宰帥。七一七年(養老元)善政により綾・絹・絁・綿・布を賜った。翌年中納言。七二一年大納言。七二七年(神亀四)従二位。七二九年(天平元)長屋王の変に際し、舎人親王らとともに王を尋問した。

たじひのしま【多治比島】 624～701.7.21 志摩・志麻とも。七世紀後半の公卿。宣化天皇の曾孫多治比古王の子。池守・県守・広成らの父。六八二年(天武一一)筑紫大宰として大鐘を貢上。六八九年(持統三)直広壱となり封一〇〇戸を加増。翌年一月持統天皇の即位に際し寿詞を奏上。七月正広参、右大臣。六九一年封三〇〇戸を加増(計五〇〇戸)。七〇〇年(文武四)寿杖・輿儓を賜った。時に左大臣。翌年(大宝元)正二位。

たじひのひろなり【多治比広成】 ?～739.4.7 八世紀前半の公卿。父は左大臣島。七〇八年(和銅元)従五位下。七一九年(養老三)越前守のとき能登・越中・越後按察使。七三三年(天平五)遣唐大使として節刀を授かり、難波津から出航。入唐ののち、翌年多褹島に帰着。七三七年八月参議、九月従三位、中納言。翌年式部卿を兼任。「従三位中納言丹墀真人広成」として「懐風藻」に漢詩三首が収録されている。

たじまなおゆき【田島直之】 1820～88.11.- 幕末・維新期の林業・鉱業家。周防国岩国藩士。通称与次右衛門。周防国玖珂郡錦見村生れ。一八四七年(弘化四)田尻山建山総締、六四年(元治元)紙倉頭人となる。明治維新後は豊後国木浦山で鉱山業を学び、領内各地で鉱山を開発。七三年(明治六)山口県の鉄道寮枕木と軍事用材の管理にあたる。

たじまのひめみこ【但馬皇女】 ?～708.6.25 天武天皇の皇女。母は藤原鎌足の女氷上娘。「万葉集」に持統天皇の代の歌として、異母兄の穂積親王を思う歌が収録されている。また高市皇子の宮にいたことが知られる。死去のときは三品。

たじまもり【田道間守】 「古事記」では多遅摩毛理。新羅の天日槍の末裔とされる伝説上の人物。三宅連の祖。「日本書紀」垂仁三年条によると、天日槍の四世孫(天日槍が但馬出石の人の女麻多烏を娶って生まれた但馬諸助の子の但馬日楢杵の子の清彦の子)。垂仁天皇の命で非時香果(橘)をとりに常世国にに行ったが、帰ったときには天皇がすでに没していたことを嘆き、陵の前で命を絶ったという。

たじみくにながら [多治見国長] 1289～1324.9.19 鎌倉後期の武士。清和源氏土岐氏の一族で、美濃国多治見に住む。通称四郎次郎。「太平記」によれば、日野資朝に説かれて同族の土岐頼兼とともに後醍醐天皇の討幕計画に参加。一三二四年(正中元)土岐頼員(頼春とも)の密告により計画が発覚し、九月一九日未明、京都錦小路高倉の宿所で六波羅軍に襲われ壮絶な最期を遂げたという。

たじみし [多治見氏] 中世美濃国の豪族。清和源氏の一流土岐氏の支族。承久の乱で活躍した土岐光行の四男国義が、土岐郡多治見(現、岐阜県多治見市)に住んで多治見氏を称したのに始まる。鎌倉末期、国義の孫国長は、後醍醐天皇の命をうけ、同族の土岐頼兼とともに討幕計画に参加。一三二四年(正中元)正中の変の際、六波羅軍に攻められ自害した。その後は不明だが、「多治見系図」によれば、国長の子国義が常陸国に住み、後裔長義が上杉禅秀の乱の際、足利持氏に従ったという。

たしらかのひめみこ [手白香皇女] 手白髪皇女とも。生没年不詳。継体天皇の皇后。仁賢天皇の皇女。母は雄略天皇の皇女春日大郎女。欽明天皇の生母。武烈天皇に子がないため応神天皇五世孫の男大迹王(「古事記」は袁本杼王)が後継者として迎えられ、その皇后(「古事記」は大后)にたてられた。これは新大王家の正統性を付与するためであろう。「播磨国風土記」は顕宗・仁賢天皇の母とする異伝をのせる。

たじりいなじろう [田尻稲次郎] 1850.6.29～1923.8.15 明治・大正期の大蔵官僚、財政・経済学者。子爵。幼名三次郎、号は北雷。鹿児島藩士の子。京都生れ。慶応義塾・開成所で学び、アメリカに留学してイェール大学で財政・経済学を専攻。帰国後大蔵省に入り大蔵次官などを歴任。松方正義蔵相らを補佐して近代的財政・金融制度の確立、日清戦後経営に尽力した。のち会計検査院長・東京市長などを歴任。帝国大学法科大学はじめ多くの学校で財政学や経済学を講じた。著書「財政と金融」。

たしろえいすけ [田代栄助] 1834.8.14～85.5.17 明治前期の秩父事件の指導者。武蔵国秩父郡の旧家に生まれる。侠客として知られていたが、専業の博徒ではなかった。一八八四年(明治一七)九月に困民党の幹部になり、一〇月に秩父事件がおこると総理になったが、蜂起直前までその延期を主張していた。一一月四日に本陣を離脱し逃亡したが、一五日秩父の民家で逮捕された。翌年熊谷で死刑となる。

たしろさんき [田代三喜] 1465.4.8～1537.2.19/44.4.15 室町時代の医学者。後世家の祖。武蔵国川越(一説に越生)生れ。一五歳で医を志す。妙心寺派の僧籍をえ、一四八七年(長享元)入明して日本の留学僧医月湖のもとで修行をつみ、九八年(明応七)帰朝。当時日本では単純な宋医学の模倣に終始した処方が一般的であったが、虞天民の学風を体得した三喜は臨床医として高い名声をえ、古河公方足利成氏に招かれて下総国古河で活動した。「三帰廻翁医書」一〇巻などの著書がある。その学は曲直瀬道三に伝えられ、近世医学興隆の基となった。

たしろし [田代氏] 中世の豪族。後三条源氏。伊豆国狩野荘田代郷(現、静岡県修善寺町)を本貫とする地頭御家人だったが、一二二四年(元仁元)信綱(浄心)のとき、承久の乱の戦功により、和泉国大鳥郷(現、大阪府堺市)地頭職を得た。以降、子孫が地頭職を相伝、この地に土着し田代氏を称した。戦国期は、摂津国有馬氏の家臣として活躍。江戸時代には有馬氏に従って移住し、久留米藩士となる。「田代文書」が伝存。

たしろじゅうえい [田代重栄] 1616～87.3.14 江戸前期の水利功労者。筑後国生葉郡吉井村の大庄屋。通称弥三左衛門。子の又左衛門と郡東部の灌漑をはかり、一六七二年(寛文一二)獺瀬から筑後川の水をとり、原口村袋野山麓に隧道を掘り、七五年(延宝三)通水工事は成功し、新田一七〇町歩をえた。

たぞえてつじ [田添鉄二] 1875.7.24～1908.3.19 明治期の初期社会主義者。熊本県出身。熊本英学校在学中に受洗。シカゴ大学神学部留学中にW・スモールらから現代社会批判を学ぶ。一九〇〇年(明治三三)帰国、「鎮西日報」主筆などをへて、退職後「経済進化論」を執筆し、平民文庫から出版。平民社に参加する。日本社会党評議員として、第二回大会では議会政策論の立場から幸徳秋水の直接行動論と対立、「社会新聞」紙上で多彩な活動をした。

だそく [蛇足] ⇨蛇足

ただかすけ [多田加助] 1639.2?.-～86.11.22 嘉助とも。信濃国安曇郡中萱村の庄屋。一六八六年(貞享三)松本藩で二斗五升摺納などを要求して城下へ強訴、問屋を打ちこわした一揆(通称加助騒動)の指導者の一人。一揆後磔刑に処されたが、処刑時に天守閣をにらみ傾かせたといわれ、一七二五年(享保一〇)藩主水野忠恒の殿中での刃傷事件は加助の怨霊によるものと伝えられる。自由民権期から活発な顕彰活動が展開され、現在ほかの指導者とともに貞享義民社に祀られている。

ただかなえ [多田鼎] 1875.10.3～1937.12.7 明治～昭和前期の宗教家。真宗大谷派の学僧。愛知県出身。真宗大学卒。暁烏敏・佐々木月樵とともに清沢満之の教えをうける。浩々洞の同人として雑誌「精神界」を発行、精神主義運動を展開。一九〇一年(明治三四)真宗大学教授となるが、まもなく辞職し、帰郷して三河同朋会を組織。二四年(大正一三)大谷派伝導院初代院長。

ただげんじ【多田源氏】 ⇩摂津源氏(せっつげんじ)

ただし【多田氏】 平安中・後期の摂津国の豪族。清和源氏支流の摂津源氏。清和源氏の始祖源経基(つねもと)の子満仲(みつなか)が、摂津守の任を終えたのち、川辺郡多田(現、兵庫県川西市)を本拠としたのに始まる。長男頼光(よりみつ)も摂津守となり、多田を相伝、以降子孫が多田氏を称した。頼光の孫頼綱(よりつな)の系統は、国守や中央官人となり、京都近郷の武力集団として勢力をのばした。鹿ケ谷(ししがたに)の謀議を平清盛に密告したことで知られる頼綱の玄孫行綱は、その後反平氏方となるが、結局頼朝に所領を没収され没落した。

●多田氏略系図

満仲―頼光―頼国―頼綱―明国―行国―頼盛―行綱―定綱―光綱┬重綱
　　　　　　　　　　　　　　　　　　　　　　　　　　　　└親綱

ただしんあい【多田親愛】 1840～1905.4.18　明治期の和様の書家、神主。号は翠雲・雲亭。江戸の芝神明宮の神主をへて神祇官となり、ついで大学に出仕し、一八七四～九四年(明治七～二七)博物館属に在職した。平安朝古筆を学び、明治の仮名書壇の重鎮として活躍し、九〇年に創設された上代様の研究会である難波津会の会員となって仮名書道の発展に尽力した。

ただのまくず【只野真葛】 1763～1825.6.26　江戸後期の文学者。陸奥国仙台藩医工藤平助の長女。名は綾子。江戸生れ。国文・和歌に秀で、また儒学を学ぶ。村田春海に師事、大田南畝(なんぽ)・曲亭馬琴(ばきん)とも交遊があった。一六歳から一〇年間、仙台藩主伊達重村の正室や三女詮子に仕え三六歳で同藩江戸番頭の只野行義の後妻となり、以後仙台に居住。五〇歳のとき夫が没し、文筆活動に専念。多くの随筆を残した。代表作「独考(ひとりかんがえ)」は、儒学の素養と自我の自律性を感じさせる。

ただゆきつな【多田行綱】 生没年不詳。平安末～鎌倉初期の武士。清和源氏源頼光の子孫で頼盛の子。摂津国多田荘を本領とする。一一七七年(治承元)鹿ケ谷の謀議に参加したが、平氏打倒を企てる藤原成親ら後白河上皇の近臣を裏切り、陰謀を平氏に密告した。八三年(寿永二)には摂津・河内で平氏に対し軍事行動を展開。二年後には、源頼朝と対立して西海にむかう源義経一行を摂津国河尻で襲撃した。

ただよし【忠吉】 肥前国を代表する新刀鍛冶の一門。初世(一五七二～一六三二)は橋本新左衛門と称し、伝承では一五九六年(慶長元)に上京して埋忠明寿(うめただみょうじゅ)に学び、佐賀に帰って鍋島家の抱え鍛冶となったという。一六一五年(元和元)武蔵大掾を受領して忠広を名のる。二世は近江大掾忠広、三世は陸奥守忠吉、女婿に土佐守忠吉がおり、幕末まで続く。忠吉を中心とする肥前刀は藩の後援のもとに最も多くの作品を世に出した。

ただよしとし【多田義俊】 1698～1750.9.12　江戸中期の神道家・有職故実家・浮世草紙作者。号の南嶺(なんれい)で知られる。摂津国の人。京都に上り公家の芝山重豊や民間の壺井義知(よしちか)に有職故実を学ぶ。多才で、国語学・歌学・国史・有職故実・神道・浮世草紙など広範囲の著作があるが、その学については、師の義知や伊勢貞丈の批判をうけた。

●橘氏略系図

三野王
　＝┬諸兄―奈良麻呂┬島田麻呂―真材―峰範―広相
三千代│　　　　　　├清友┬氏公
　　　│　　　　　　│　　└嘉智子(嵯峨天皇皇后・仁明天皇母)
　　　│　　　　　　└入居―逸勢
　　　└佐為―古那可智(聖武天皇夫人)

たぢからおのかみ【手力雄神】 ⇩天手力雄神(あめのたぢからおのかみ)

たちさくたろう【立作太郎】 1874.3.15～1943.5.13　明治～昭和前期の外交史・国際法学者。法学博士。東京都出身。東大卒。一九〇〇年(明治三三)外交史研究のため仏・独・英に留学。留学中の〇一年東京帝国大学助教授。〇四年帰国し同教授。外交史や国際法講座を担当した。パリ講和会議・ワシントン会議に出席。著書「平時国際法論」。

たちばなあけみ【橘曙覧】 1812.5.-～68.8.28　江戸後期の歌人。父は越前国福井の紙商五郎右衛門。姓は正玄(しょうげん)。橘諸兄の三九世の子孫にあたることから橘と改姓。初名茂時(しげとき)・尚事(なおこと)。通称は五三郎。号は志濃夫廼舎(しのぶのや)・黄金舎・藁屋(わらのや)・賜松館・忍屋など。田中大秀(おおひで)に師事して和歌・国学を学び、国粋思想を信奉した。中島広足・大田垣蓮月らとの交流が知られる。法号白雲嶺上埋剣居士。家集「志濃夫廼舎歌集」。

たちばなうじ【橘氏】 橘諸兄(もろえ)を始祖とする氏。四姓(源平藤橘)の一つ。七三六年(天平八)に三野(みの)王の子の葛城(かずらき)王(橘諸兄)と佐為(さい)王が、母の県犬養三千代が元明天皇から賜った「橘氏の殊名」を伝えるため、臣籍に降下して始まった氏で、実質的始祖は三千代ともいえる。諸兄は左大臣・正一位にまで昇り、七五〇年(天平勝宝二)には朝臣に改姓。諸兄の死後は子の奈良麻呂が藤原仲麻呂への反乱を企てたが、失敗して勢力を失う。奈良麻呂の孫の嘉智子が嵯峨天皇の皇后となり仁明天皇を生むに及んで平安前期には再び隆盛を迎え、氏院学館院の創設、氏社梅宮社の創祀もなされた。嘉智子の死後はしだいに衰え、一〇世紀後半には氏の公卿が絶えて、氏爵推挙は藤原氏の是定にゆだねられることとなった。

たちばなきょくおう【橘旭翁】 1848～1919.8.28 筑前琵琶の創始者。本名は智定。筑前盲僧琵琶の家に生まれ、薩摩琵琶などを研究し、吉田竹子・鶴崎賢定らとともに盲僧琵琶を改良。一八八七年(明治二〇)頃、新しい琵琶楽を創始。東京へ進出し、多くの新作を行い、一大勢力を築いた。芸名は現在まで四世を数える。

たちばなこうさい【橘耕斎】 1820～85.5.31 幕末期のロシアへの密航者。もと遠江国掛川藩士。脱藩後、一八五四年(安政元)伊豆国戸田村でロシア使節プチャーチンの通訳官ゴシケービチと知り合い密出国、ペテルブルクに至った。ゴシケービチに協力して世界初の日露辞典「和魯通言比考」(一八五七)を刊行し、ロシア外務省通訳官、ペテルブルク大学日本語教授などを勤めた。七三年(明治六)訪露した岩倉使節団などと接触、翌年帰国。帰国後は東京の芝増上寺内に隠棲。

たちばなこうざぶろう【橘孝三郎】 1893.3.18～1974.3.30 昭和期の国家主義者。茨城県出身。一高在学中にトルストイの作品などの影響を強くうけ、中退後農耕生活に入る。農本主義による農村青年の啓蒙教化をめざし、権藤成卿らの協力をえて一九三一年(昭和六)愛郷塾を創設。井上日召や海軍青年将校らと交流し、暴力による国家革新を肯定するにいたり、三二年の五・一五事件には愛郷塾生に決死隊を組織させ変電所を襲撃させた。無期懲役となるが、四〇年恩赦で仮出所。第二次大戦後も愛郷塾で活動を続けた。

●立花氏㊁略系図

鎮種(紹運)─宗茂[棚倉藩・柳河藩]＝忠茂─鑑虎─鑑任＝貞俶─貞則＝鑑通─鑑寿＝鑑賢─鑑備＝鑑寛─寛治(伯爵)
└直次─種次[三池藩]─種長─種明─貫長─長熙＝種周─種善[下手渡藩]─種温＝種恭[三池藩](子爵)

たちばなし【立花氏】 ㊀中世の武家。豊後大友氏の支族。南北朝期に、貞載が筑前国立花城を本拠とし、立花氏を名のる。鑑載のとき大友宗麟に侵攻され、一五六八年(永禄一一)滅亡。㊁近世の大名家。筑前国立花城督となった大友氏の重臣戸次鑑連(道雪)の養子宗茂が立花氏を名のる。豊臣秀吉の九州攻めに従い、筑後国柳河城主となるが、関ケ原の戦で西軍に属して一時改易。のち陸奥国棚倉藩主をへて、一六二〇年(元和六)柳河藩一〇万九六〇〇石余に復領。維新後伯爵。宗茂の弟高橋直次も、秀吉の九州平定後に筑後国三池郡を領知するが、関ケ原の戦後改易。立花氏を名のり、子種次が二一年三池藩一万石に入封。一八〇六年(文化三)種善のとき陸奥国下手渡へ減封。のち復領し、六八年(明治元)八月戊辰戦争で、三池郡に本拠を移す。維新後子爵。

たちばなしゅうた【橘周太】 1865.9.15～1904.8.31 明治期の陸軍軍人。肥前国長崎生れ。一八八七年(明治二〇)陸軍士官学校卒。九一年から四年間東宮武官。日清戦後、台湾守備の歩兵中隊長。陸軍戸山学校教官・名古屋地方幼年学校校長をへて、日露戦争に第二軍管理部長として出征。遼陽の戦で歩兵大隊長として戦死、中佐に進む。海軍の広瀬武夫中佐と並ぶ軍神として有名。

たちばなしらき【橘樸】 1881.10.14～1945.10.25 大正・昭和前期の新聞記者・評論家。大分県出身。五高から早大中退。一九〇六年(明治三九)満州に渡り、「遼東新報」「京津日日新聞」などに勤めるかたわら、中国問題の評論家として日本国内の雑誌に寄稿。三一年(昭和六)週刊雑誌「満洲評論」を創刊し、満州の社会問題・日本の対中国政策を論評し大きな影響を与えた。

たちばなずいちょう【橘瑞超】 1890.1.7～1968.11.4 大正・昭和期の宗教家・探検家。浄土真宗本願寺派僧侶。愛知県出身。一九〇八年(明治四一)から第二次・第三次大谷探検隊に参加し、帰国後ウイグル文字の解読に成功。

たちばなただしげ【立花忠茂】 1612～75.9.19 江戸前期の大名。筑後国柳河藩主。高橋(立花)直次の四男。伯父立花宗茂の養子となり、一六三七年(寛永一四)四月宗茂の隠居により相続。同年島原の乱がおこり、翌年の原城攻撃ではみずから乗りこみ、鎮圧に活躍した。六四年(寛文四)閏五月子の鑑虎に家督を譲り、隠居。

たちばなとしまさ【橘智正】 生没年不詳。江戸初期の対馬国府中藩士。橘智正は朝鮮側史料にみえる名で、日本側では井手弥六左衛門という。本姓は橘、諱は智正。一六〇〇年(慶長五)宗義智の命をうけて朝鮮に渡り、捕虜を送還して講和と貿易を求めた。のち〇六年頃までしばしば朝鮮に渡って交渉にあたり、釜山の貿易再開を実現、国交回復のための条件提示を引き出し、国王使派遣に成功した。

たちばななんけい【橘南谿】 1753.4.21～1805.4.10 江戸中・後期の漢方医。宮川氏。名は春暉、字は恵風、南谿は号、ほかに梅華仙史、略して梅仙。伊勢国久居町生れ。上京して香川修庵・吉益東洞・山脇東洋らに医学を学ぶ。一七八二年(天明二)長崎遊歴を志し、ついで江戸へ旅した。その両旅行記「西遊記」「東遊記」はのちに刊行された。八三年七月小石元俊らと死体を解剖、成果は「平次郎解剖図」として知られる。親試実験の精神で洋学に接近した古医方家であった。

たちばなのありつら【橘在列】 生没年不詳。平安中期の文人。字は卿。安芸介・弾正少弼を勤め、九四四年(天慶七)に出家し、延暦寺に住した。法名は尊敬。文章・漢詩にすぐれ、延暦寺東塔法華堂壁画の讃を書いたほか、「扶桑集」「本朝文粋」「和漢朗詠集」「類聚句題抄」に作品を残す。

たちばなのうじきみ【橘氏公】 783～847.12.19 井手右大臣とも。九世紀前半の公卿。奈良麻呂の孫。清友の子。妹(薨伝では姉)は嵯峨天皇の皇后嘉智子。八一〇年(弘仁元)昇殿。八一四年蔵人。翌年従五位下。蔵人頭・宮内卿などをへて八三三年(天長一〇)従三位・参議。八四四年(承和一一)右大臣。翌年従二位。従一位追贈。

たちばなのおおいらつめ【橘大郎女】 ㊀但馬橘大郎女とも。生没年不詳。允恭天皇の皇女。母は忍坂大中姫。安康天皇・雄略天皇の同母妹。

㊁韋那部橘王・多至波奈大女郎とも。生没年不詳。位奈部橘王のこと。敏達天皇の孫、尾治王の子。聖徳太子に嫁し、白髪部王・乎島女王を生む。中宮寺にある「天寿国曼荼羅繡帳」は、太子の死後天寿国に逝ったその姿をしのんで橘王が製作させたもの。

たちばなのかちこ【橘嘉智子】 786～850.5.4 檀林皇后とも。嵯峨天皇の皇后。父は橘清友。仁明天皇や淳和天皇の皇后正子内親王の母。神野親王(嵯峨天皇)の妃となり、八〇九年(大同四)夫人、八一五年(弘仁六)皇后、八二三年皇太后、八三三年(天長一〇)太皇太后となる。檀林寺を建立し、橘氏氏神の梅宮社を移祭し、橘氏子弟の学舎として学館院を設立した。「法華寺十一面観音像」のモデルとされる。

たちばなのきよとも【橘清友】 758～789 浄友とも。八世紀後半の官人。奈良麻呂の子。嵯峨天皇の皇后嘉智子の父。七七七年(宝亀八)渤海大使史都蒙を接待した際、骨相から子孫は繁栄するが、本人は三二歳で厄ありといわれた。七八六年(延暦五)内舎人となったが、三年後に三二歳で病没。八三九年(承和六)正一位・太政大臣を追贈。「延喜式」は墓所を山城国相楽郡の加勢山墓とする。

たちばなのこなかち【橘古那可智】 ?～759.7.5 聖武天皇の夫人。佐為の女。七三七年(天平九)従三位、七四九年(天平勝宝元)従二位。橘奈良麻呂の変後、綿裳らとともに橘朝臣を改めて広岡朝臣を賜る。時に正二位。法隆寺の東院講堂はその旧宅で、ほかに韓櫃・経典などを施入している。七五三年(天平勝宝五)四月の東大寺大仏開眼供養に犀角把白銀葛形鞘珠荘刀子・琥碧誦数を献納し、現存する献物牌に「橘夫人」とみえる。

たちばなのためなか【橘為仲】 ?～1085.10.21 平安後期の歌人。義通の子。越後守・陸奥守をへて正四位下太皇太后宮亮に至った。いわゆる受領歌人の一人。藤原頼通時代の歌会で活躍。「後拾遺集」以下の勅撰集に約一〇首入集。家集「為仲集」。

たちばなのちかげ【橘千蔭】 ⇨加藤千蔭

たちばなのとしつな【橘俊綱】 1028～94.7.14 平安後期の歌人。藤原頼通の子。母は進命婦祇子。橘俊遠の養子。受領をへて正四位上修理大夫に至る。伏見に豪邸をもち、多数の歌人を集め歌合や歌会を行った。「後拾遺集」以下の勅撰集入集は一二首。音楽にも堪能。造園を論じた「作庭記」の著者ともいわれる。

たちばなのなおもと【橘直幹】 生没年不詳。平安中期の文人。村上朝に大内記・大学頭・文章博士・式部大輔などを歴任。最高位は正四位下。文章・漢詩・和歌のいずれにもすぐれ、宮廷の詩宴に活躍。「扶桑集」「和漢朗詠集」「後撰集」に作品を残す。九五四年(天暦八)に民部大輔の兼任を望む申文を奉ったところ、兼任はかなわなかったが、村上天皇もその名文に感嘆したという。「直幹申文絵詞」はこの話を題材としたもの。

たちばなのならまろ【橘奈良麻呂】 721?～757.7.2? 八世紀前半の公卿。父は諸兄。母は藤原不比等の女多比能。七四〇年(天平一二)従五位下に叙される。摂津大夫・民部大輔・侍従などをへて、七五七年(天平宝字元)六月左大弁。この年一月には左大臣諸兄が没し、三月に藤原仲麻呂は皇太子の道祖王を廃し女婿の大炊王(淳仁天皇)を皇太子にたて、五月には紫微内相になるなど権勢を誇った。反仲麻呂勢力はひそかに会合を重ねたが、六月中の謀議が密告され、決起予定の七月二日に逮捕、多数が死罪や流罪とされた。「続日本紀」は奈良麻呂の処分にふれていないが、「公卿補任」同年条には「七月二日謀反。誅に伏す」とみえる。八四七年(承和一四)正一位・太政大臣を追贈。

たちばなのなりすえ【橘成季】 生没年不詳。「古今著聞集」の編著者。橘則光の玄孫清則の子。光季の養子。九条道家の近習。競馬をよくし、詩文や管弦図画を好み、藤原孝時から琵琶の伝授をえたが、のちに破門された。一二五四年(建長六)成立の「古今著聞集」では序文で「散木士」、跋文で「朝散大夫」と自称。「文机段」によれば、没年は七二年(文永九)以前。

たちばなのはやなり【橘逸勢】 ?～842.8.13 平安前期の官人。三筆の一人。入居の子。八〇四年(延暦二三)遣唐使に随行して空海・最澄らと入唐し、八〇六年(大同元)帰朝。八四二年(承和九)承和の変の首謀者の一人として伊豆国に配流されるが、護送途中、遠江国板築駅で病死。八五〇年(嘉祥三)正五位下を贈られ、都に改葬することを許される。八五三年(仁寿三)従四位下を追贈。御霊社の八祭神の一柱として祭られる。

たちばなのひろみ【橘広相】 837～890.5.16 平安初期の学者・公卿。父は峰範。はじめ博覧と称する。八六九年(貞観一一)東宮学士、八八四年(元慶八)文章博士・参議。陽成・光孝・宇多の三天皇の侍読を勤めた。宇多天皇の即位にあたって起草した藤原基経を関白に任じる際の勅答が、八八七年(仁和三)阿衡の紛議の原因となり、翌年責任を追及される。死後に中納言従三位を追贈された。著書の「朝官当唐官略抄」「橘氏文集」は逸文のみ伝わる。

たちばなのみちよ【橘三千代】 ⇨県犬養三千代

たちばなのもろえ【橘諸兄】 684～757.1.6 奈良中期の公卿。三野王の長男。母は県犬養三千代。初名葛城王。七三六年(天平八)に橘宿禰の賜姓を請い、許されて諸兄と改名。七一〇年(和銅三)従五位下に叙され、馬寮監・左大弁などを歴任し、七三一年(天平三)参議。七三七年藤原四子の没後、大納言・右大臣に昇って太政官の首班となり、吉備真備・玄昉を政治顧問に迎える。藤原広嗣の乱で政情不安におちいると、恭仁遷宮・大仏建立などで切りぬけようと図る。七四三年に従一位左大臣に至るが、藤原仲麻呂の台頭により政治的地位は低下。七五五年(天平勝宝七)聖武太上天皇が病床に伏したとき酒席で不穏な言動があったとして密告にあい、辞任して失意のうちに没する。

たちばなほくし【立花北枝】 ⇨北枝

たちばなみつよし【橘三喜】 1635～1703.3.7 江戸前期の神道家。為証庵と号し、神号は一樹霊神。肥前国平戸生れ。駿河国浅間神社祠官の宮内昌興に唯一神道を学び、のちに橘家神道を説いた。全国を行脚し、講説を行うとともに諸国一宮に中臣祓の木版本を奉納した。著書「一宮巡詣記」「中臣祓集説」。

たちばなむねしげ【立花宗茂】 ?～1642.11.25 織豊期～江戸初期の武将・大名。高橋紹運の長男。戸次鑑連(道雪)の養子。豊臣秀吉の九州攻めの際、島津氏を追撃するなどの戦功をあげ、筑後国柳河一三万二〇〇〇石余をえる。文禄の役で明軍を破るなど多くの戦功を残す。関ケ原の戦で西軍に属し、戦後一時改易。一六〇三年(慶長八)陸奥国棚倉一万石を与えられ、二〇年(元和六)一一月柳河藩主として旧領の一〇万九六〇〇石余を領有。

たちばなもりべ【橘守部】 1781.4.8～1849.5.24 江戸後期の国学者。伊勢国朝明郡小向村の庄屋の子。通称は元輔、号は池庵・生薬園・椎本など。父の飯田元親は谷川士清の門人。ほとんど独学で国学を研究し、本居宣長を痛烈に批判して、「古事記」よりも「日本書紀」を重視。神話の伝説的部分と史実の区分の必要を説き、晩年は死後安心論にも関心をよせた。桐生・足利地方の機業家などに門人を広げた。著書「稜威道別」「神代直語」「難古事記伝」。

たちばなやえんきょう【橘家円喬】 1865.9.21～1912.11.22 明治期の落語家。江戸生れ。本名柴田清五郎。初代三遊亭円朝の門人で、朝太・円好をへて四代円喬。一八八七年(明治二〇)真打。人情噺や関西系のネタにも長じ、師匠をしのぐ名手とうたわれた。「鰍沢」などが代表的な演目。初代・二代は山松亭を名のり事績は不詳。三代はのちの四代三遊亭円生で三遊亭を名のっていた。

たちばなやまたさぶろう【橘屋又三郎】 生没年不詳。戦国期の貿易商。堺の人。一五四三年(天文一二)種子島に鉄砲が伝来したとき、又三郎はたまたま同地に滞在していて、その製作法と射撃術を学び、堺に帰って鉄砲の生産を始め、畿内一円に広めたという。堺を鉄砲の一大生産地にした功労者として鉄砲又の異名をとった。

たちはらきょうしょ【立原杏所】 1786.12.26～1840.5.20 江戸後期の南画家。常陸国水戸藩彰考館総裁立原翠軒の子。名は任、字は子遠、号は杏所・香案小吏など。水戸生れ。翠軒隠居ののち二〇〇石をつぎ、徳川斉昭の信任をえて扈従頭準六位まで進む。林十江に画を学び、また明清画の模写や谷文晁との交流、四条派の画家月僊への私淑などを通して折衷的な画風をつくりあげた。代表作「葡萄図」。

たちはらすいけん【立原翠軒】 1744.6.8～1823.3.14 江戸後期の儒学者。常陸国水戸藩士。名は万、字は伯時、通称は甚五郎、号は東里・此君堂、致仕後は翠軒。大内熊耳らに徂徠学を学び、一七六六年(明和三)彰考館編修。朱子学派の名越南渓らに異端視され不遇だったが、六代藩主徳川治保の信任を得て八六年(天明六)彰考館総裁となる。以後「大日本史」紀伝の校訂に尽力し、門人の育成にあたったが、「大日本史」の編纂をめぐり、弟子の藤田幽谷と対立、その後の水戸藩の党争の遠因となった。著書「西山遺聞」「郷党遺聞」。

たちはらみちぞう【立原道造】 1914.7.30～39.3.29　昭和前期の詩人。東京都出身。東大卒。第二次「四季」同人。堀辰雄やリルケの影響をうける。ソネット(一四行詩)の音楽的構成により、口語自由詩の新たな可能性を開く。肋膜炎で夭折。信州追分での愛の誕生から喪失までを詠んだ処女詩集「萱草に寄す」「暁と夕の詩」は昭和一〇年代を代表する詩集。ほかに「優しき歌」。

たちやまみねえもん【太刀山峰右衛門】 1877.8.15～1941.4.3　明治・大正期の力士。富山県出身。少年時代から怪力の評判が高く、板垣退助の説得で一八九九年(明治三二)友綱部屋に入る。一九〇九年大関、一一年二二代横綱となる。一八年(大正七)引退。もろ手突きの得意技は「鉄砲」とよばれ、その強烈さは四五日(一月半＝一突き半で勝負がつく)と称された。

たつえもん【竜右衛門】 生没年不詳。南北朝期～室町中期の能面作家。十作の一人。世阿弥晩年の「申楽談儀」では、越前国の面打として石王兵衛についであげられており、ほぼ一四世紀に活躍したとみられる。女面・男面・尉面に優れ、とくに若い男女の面には彼の作とされるものが多い。

たつおかまんさく【辰岡万作】 1742～1809.9.3　江戸後期上方の歌舞伎作者。名女方辰岡久菊の子で、明和中期に役者から作者に転向。一七七四年(安永三)京都で立作者を勤め、その後大坂で初世奈河亀輔や初世並木五瓶について修業した。天明期には五瓶と並び称される。五瓶が江戸に去ってのちは近松徳三とともに京坂劇壇を支えた。時代物・御家騒動物を得意とし、代表作「艶競石川染」。

たつけかげずみ【田付景澄】 1556～1619.10.14　織豊期～江戸初期の砲術家。田付流砲術の開祖。通称兵庫助、号は宗鉄。近江国神崎郡田付村生れ。父景定の自害後、摂津国三田に逃れて砲術を学び、稲富一夢・安見右近とともに鉄砲三名人とされた。一六一三年(慶長一八)徳川家康に召し出され、砲術御用を勤めた。

たつのきんご【辰野金吾】 1854.8.22～1919.3.25　明治建築界の帝王的存在。肥前国唐津生れ。一八七九年(明治一二)第一期生として工部大学校を卒業。イギリス留学後、工部大学校教授・帝国大学工科大学教授・同工科大学長を歴任。一九〇三年退官し、葛西万司と東京に、片岡安と大阪に建築設計事務所を開設し、全国各地に数多くの建築作品を遺す。代表作は日本銀行本店(一八九六年竣工)、東京駅本屋(一九一四年竣工)など。

たつのゆたか【辰野隆】 1888.3.1～1964.2.28　大正・昭和期のフランス文学者。建築家辰野金吾の長男。東京都出身。東大卒。東京帝国大学助教授をへて一九三一年(昭和六)同教授。フランス留学後の一九二三年(大正一二)からフランス文学講座を担当。博識ですぐれた鑑賞力を有し、フランス文学の研究・翻訳に貢献。門下から渡辺一夫・小林秀雄など俊英が輩出した。著書「ボオドレエル研究序説」「信天翁の眼玉」、翻訳「シラノ・ド・ベルジュラック」(鈴木信太郎と共訳)。

たつまつはちろべえ【辰松八郎兵衛】 ?～1734.5.9　江戸前期の人形浄瑠璃の人形遣い。元禄期から大坂竹本座で活躍。女方人形の名手で一七〇三年(元禄一六)の「曾根崎心中」初演ではお初をつかう。〇七年(宝永四)の再興豊竹座では豊竹越前少掾とともに座本に名を並べるが、竹本義太夫没後、一五年(正徳五)の「国性爺合戦」を機に竹本座に戻る。一九年(享保四)江戸に下り、翌年葺屋町に辰松座を創始。

たつみりゅうたろう【辰巳柳太郎】 1905.4.20～89.7.29　昭和期の俳優。兵庫県出身。本名新倉武一。一九二七年(昭和二)新国劇に入団。二九年の沢田正二郎死後、島田正吾とともに新国劇のスターとして活躍。「王将」「国定忠治」「宮本武蔵」などが代表的舞台。映画やテレビでも独特の演技で定評があった。

たつむらへいぞう【竜村平蔵】 1876.11.14～1962.4.11　明治～昭和期を代表する京都の織物作家。大阪市出身。発明の才の持ち主で、織機の開発、織物の新組織の構成などに特許・登録をうけたもの数十種に及んだ。高浪織・無線織は有名。奈良時代の染織の再現や美術としての織物を提唱した。一九五五年(昭和三〇)芸術院恩賜賞を受賞。

たていりむねつぐ【立入宗継】 ⇨立入宗継

たてかわよしつぐ【建川美次】 1880.10.3～1945.9.9　明治～昭和前期の軍人。陸軍中将。新潟県出身。陸軍士官学校(一三期)・陸軍大学校卒。日露戦争に騎兵の建川挺身隊として活躍。参謀本部員・各国駐在武官などをへて、一九二九年(昭和四)参謀本部第二部長となり、三月事件にも関与。ついで同第一部長となり、満州事変の直前、関東軍を抑止する目的で満州に派遣された。その後、第一〇・第四師団長などを歴任、二・二六事件で予備役。四〇年駐ソ大使、四四年大政翼賛会総務となる。

だてくにしげ【伊達邦成】 1841.10.28～1904.11.29　北海道有珠郡伊達村(現、伊達市)の創設者。仙台藩岩出山領主伊達弾正義監の次男。戊辰戦争に敗れ、一八七〇年(明治三)から家族と旧亘理領の家臣団二六〇〇人余を率いて、数次にわけて伊達に入植。家老田村顕允以下の協力で開拓を成功させた。

だてくになお【伊達邦直】 1834.9.12～91.1.12

伊達氏略系図

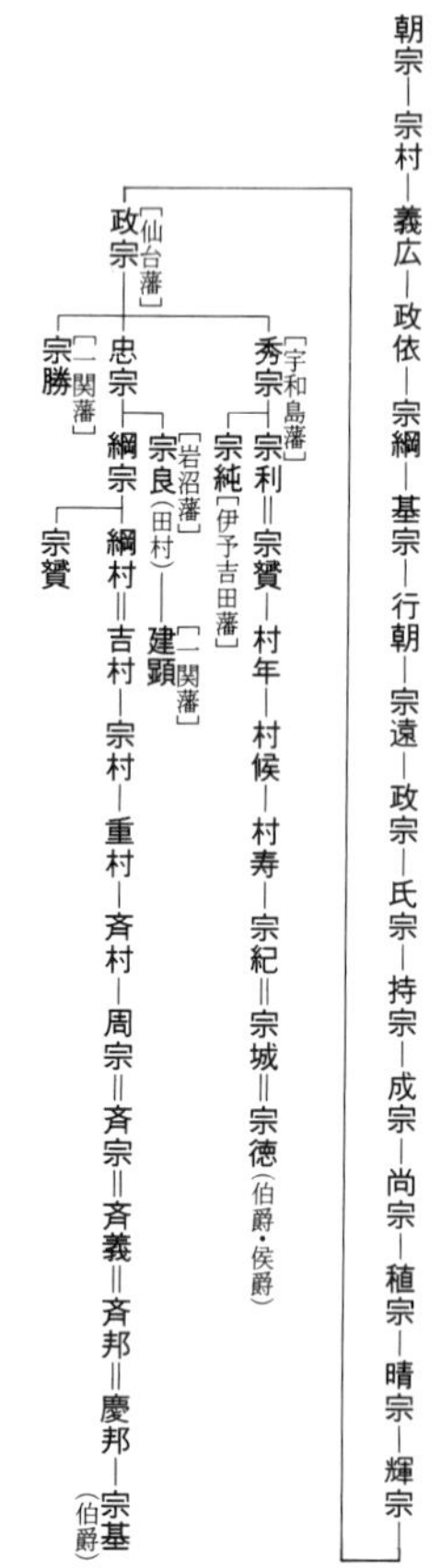

北海道石狩郡当別(とうべつ)村(現、当別町)の創設者。仙台藩岩出山(いわでやま)領主伊達弾正義監の長男。戊辰戦争に敗れ、一八七一年(明治四)厚田郡聚富(しっぷ)へ家臣団を率いて入植したが砂地で開墾に適さず、七二年当別へ再入植した。外国種の試作、西洋果樹の栽培、道路の修築などに努めた。

だてげんいちろう【伊達源一郎】 1874.3.15～1961.7.15　明治～昭和期の新聞記者。島根県出身。同志社大学卒。教員をへて一九〇〇年(明治三三)国民新聞社の外報部記者となり、一二年(大正元)編集局長。大正～昭和初期に読売新聞主筆・国民新聞社社長・ジャパンタイムズ社長を歴任。四七年(昭和二二)参議院議員に当選。五〇年故郷の島根新聞社社長となる。鳥類の研究でも著名。

だてし【伊達氏】 中世以来の武家で、近世大名家。常陸国伊佐(いさ)荘中村(現、茨城県下館市)の常陸入道念西(伊佐朝宗(ともむね))が、一一八九年(文治五)奥州合戦の戦功により陸奥国伊達郡(現、福島県)を与えられて入部し、伊達氏を称した。南北朝期には南朝方につき、室町時代には幕府方と結び鎌倉公方と対抗。一五二二年(大永二)稙宗(たねむね)の代にはじめて陸奥国守護となる。晴宗の代に出羽国米沢に本拠を移す。政宗は八九年(天正一七)蘆名氏を滅ぼし会津黒川(現、福島県会津若松市)に入った。翌年小田原に参陣するが、会津などを没収される。九一年玉造郡岩出山(現、宮城県岩出山町)、一六〇三年(慶長八)仙台に入る。六二万石を領した。明治維新後、宗基のとき伯爵。政宗の子秀宗は伊予国宇和島藩一〇万石を領知。宗徳のとき伯爵、のち侯爵。

だてしげむら【伊達重村】 1742.4.19～96.4.23　江戸後期の大名。陸奥国仙台藩主。父は宗村。一七五六年(宝暦六)遺領相続。陸奥守。父と同じく文武に長じ、「知々精義」「中庸弁」などを著し、歌集「掬月集」を編んだ。在世中に「封内風土記(ほうないふどき)」「伊達世臣家譜」の編纂が完成。剣法は柳生流指南免許の腕前。

だてたねむね【伊達稙宗】 1488～1565.6.19　戦国期の陸奥国の武将。一五二二年(大永二)陸奥国守護となる。三五年(天文四)以後棟別制度の整備、分国法「塵芥集(じんかいしゅう)」の制定、段銭制度の整備をあいついで実施。戦国大名伊達氏の基礎を築いたが、その支配体制の強化が領国内部の反発を招き、四二～四八年の子晴宗との抗争(伊達氏洞の乱(うつろのらん))を引きおこした。抗争に敗れたのちは伊具(いぐ)郡丸森城(現、宮城県丸森町)に隠退。

だてちひろ【伊達千広】 1802.5.25～77.5.18　幕末期の歌人・国学者。名は千広・宗広、通称藤二郎。自得と号す。和歌山藩士。本姓宇佐見。叔父伊達盛明の養子。陸奥宗光の父。大番頭格となり勘定奉行・寺社奉行を兼ねるが失脚、幽閉される。脱藩後、公武合体運動に尽力。本居大平(もとおりおおひら)に入門し歌作と国学の研究を行い、代表的歌集「枯野集」を残した。日本史の通史「大勢三転考」で独自の時代区分論を展開した。

だてつなむね【伊達綱宗】 1640.8.8～1711.6.4　江戸前期の大名。陸奥国仙台藩主。忠宗の六男。幼名藤次郎。美作守・左近衛権少将・陸奥守・若狭守。一六六〇年(万治三)不行跡のかどで逼塞し、伊達騒動の発端となる。退隠したのちは品川隠公とよばれた。仙台高尾の伝説でも知られる。

だてつなむら【伊達綱村】 1659.3.8～1719.6.20　江戸前期の大名。陸奥国仙台藩主。綱宗の長男。

幼名亀千代、のち綱基。左近衛権少将・陸奥守・左近衛権中将。父の逼塞により二歳で襲封。一門の伊達兵部少輔宗勝・田村右京宗良が後見となったが、兵部は原田甲斐宗輔と結び、伊達安芸宗重らと対立し、伊達騒動に発展。宗重の上訴、宗輔の宗重斬殺事件により宗勝は改易、宗良は閉門となり、後見をとかれる。その後綱村は藩政の確立に努め、藩主権力を強化した。

だててるむね【伊達輝宗】 1544～85.10.8 戦国期の武将。出羽国米沢城(現、山形県米沢市)城主。伊達政宗の父。一五六六年(永禄九)蘆名氏と和睦したが、七四年(天正二)最上氏の内紛に介入、また相馬氏ともしばしば戦った。八四年政宗に家督を譲る。翌年陸奥国二本松城主畠山義継に拉致され、救援の伊達勢は義継を殺害、輝宗もこれに巻きこまれて死んだ。

たてばやしかげい【立林何帠】 生没年不詳。一八世紀半ばに抱一派成立以前の江戸で活躍した琳派の画家。もと加賀前田家の侍医といわれ、江戸にでて白井宗賢と改名。名は立徳。号は太青・逸幽・喜雨斎・長尚など。尾形乾山の江戸における弟子。尾形光琳・同乾山の作風に強い影響をうけた作品を描いた。代表作「松竹梅図屏風」。

だてはるむね【伊達晴宗】 1519～77.12.5 戦国期の武将。出羽国米沢城(現、山形県米沢市)城主。天文初年父稙宗は支配体制の強化を実施したが、これに対する領国内部の反発を背景に、一五四二～四八年(天文一一～一七)稙宗と争った(伊達氏洞の乱)。乱ののち米沢に本拠を移し、五三年家臣に対し知行判物を一斉に発給(「伊達晴宗采地下賜録」として伝来)。のち子輝宗と対立、六四年(永禄七)頃輝宗に家督を譲り、陸奥国杉目城(現、福島市)に隠退。

だてひでむね【伊達秀宗】 1591.9.25～1658.6.8 江戸前期の大名。伊予国宇和島藩主。政宗の長子。幼名兵五郎。遠江守。一五九六年(慶長元)豊臣秀吉の猶子となり、元服の際、一字をもらい秀宗とした。一六一四年政宗とともに大坂冬の陣に加わり、その功により伊予国宇和島一〇万石を拝領、初代藩主となる。

だてまさむね【伊達政宗】 ㊀1353～1405.9.14 室町時代の陸奥国の武将。一三九九年(応永六)鎌倉府から陸奥経営のため稲村・篠川両公方が派遣されると、政宗らはこれと対立。政宗夫人は将軍足利義満生母の姉妹で、政宗は幕府と結んだが、同年と一四〇二年の二度鎌倉府軍と戦った。その一方で、本貫伊達郡をこえて勢力圏を拡大し、伊達氏中興の祖とされる。

㊁1567.8.3～1636.5.24 織豊期～江戸前期の武将・大名。初代仙台藩主。出羽国米沢城(現、山形県米沢市)城主伊達輝宗の長男。藤次郎。美作守、越前守、陸奥守、参議、権中納言。一五八五年(天正一三)輝宗を二本松城主畠山義継のために失ったあと、翌年畠山氏を滅亡させ、八九年には会津の蘆名氏を滅ぼし、東北南部に勢力を誇った。九〇年小田原攻めに参陣し豊臣秀吉に臣従したが、会津・岩瀬・安積の各郡を没収される。葛西・大崎一揆の鎮圧後、九一年米沢から陸奥国玉造郡岩出山に移った。関ケ原の戦では徳川方につき、上杉景勝を攻めた。一六〇三年(慶長八)仙台城に移って城下町を建設し、仙台藩六二万石の基礎を築いた。支倉常長をローマ教皇のもとに遣欧使節として派遣したことでも知られる。

だてむねなり【伊達宗城】 1818.8.1～92.12.20 幕末期の大名。伊予国宇和島藩主。父は旗本山口直勝。号は南洲、諡して藍山公。一八二九年(文政一二)七代藩主宗紀の養子となり、四四年(弘化元)家督相続。遠江守。徳川斉昭・徳川慶勝・松平春嶽(慶永)・島津斉彬・黒田長溥・阿部正弘らと親交をもち、政治・国際情報や意見を交換。また高野長英をかくまい蘭書翻訳を行わせ、村田蔵六(大村益次郎)を招いて蘭学を講じさせ、台場築造・軍艦建造を行った。幕府内情を把握する情報通で、一橋慶喜を将軍に推したが、安政の大獄で隠居を命じられた。文久期以降公武合体を唱え、上京して朝議参与、四侯会議の一員として国事を周旋。六七年(慶応三)王政復古で議定に就任、以後、外国事務総督・民部卿兼大蔵卿などを歴任。

だてむらとき【伊達村候】 1725.5.11～94.9.14 江戸中期の大名。伊予国宇和島藩主。父は村年。一七三五年(享保二〇)遺領相続。倹約令や家臣団の統制強化を行う一方、藩校内徳館を創設、京都古義堂伊藤蘭嵎門下の安藤陽州を招いて学問を奨励した。また、唐櫨植付けを奨励して木臘業をおこし藩専売とするなど殖産興業を行った。これら藩政改革により藩中興の祖といわれる。「楽山文集」「白痴篇」などを著し、歌集「伊達村候公歌集」を編んだ。

たてやまのぼる【楯山登】 1876～1926.5.22 明治・大正期の地歌箏曲家。大阪府出身。本名増田重蔵。楯崎検校・楯沢勾当に師事。一九一三年(大正二)まで私立大阪盲唖院(のち大阪市立盲学校)に勤務。明治新曲の代表的作曲者で、左手の和音奏法をとりいれた「ツルシャン物」を作った。作品「時鳥の曲」「金剛石」。

だてゆきとも【伊達行朝】 1291～1348.5.9 南北朝期の陸奥国の武将。南朝方として活動。一三三五年(建武二)と三七年(建武四・延元二)の二度、北畠顕家に従って畿内に上り、室町幕府軍と戦った。三八年(暦応元・延元三)北畠親房らとともに伊勢から常陸に至り、ついで陸奥に帰る。本貫伊達郡の霊山(現、福島県霊山町)は陸奥の南朝方の拠点となったが、四七年(貞和三・正平二)陥落し、行朝も幕府方に帰順。

だてよしむら【伊達吉村】 1680.6.28～1751.12.24 江戸中期の大名。陸奥国仙台藩主。父は二代藩主忠宗の九男宗房。一六九五年(元禄八)四代綱村の養子となり、一七〇三年家督相続。陸奥守。号は隣松軒。四三年(寛保三)病のため隠居し、大崎邸に引退。儒学を田辺希賢・大島良設、書を持明院基雄、和歌を中院通躬らに学び、「隣松集」「花押新集」を著した。鉄砲・剣術・能を得意とした。

たてりむねつぐ【立入宗継】 1528.1.5～1622.9.26 織豊期の京都の金融業者。禁裏御倉職(みくらしき)。号は隆佐(りゅうさ)。織田信長の上洛を促し、正親町(おおぎまち)天皇の使者として信長に面会したと伝える。政治の裏面での活躍を裏書きするかのように、「荒木村重叛逆并一類刑罰事」「惟任(これとう)光秀丹波国退治事」「信長公馬揃事」「武田誅伐事」「朝鮮国征伐事」などの内容をもつ覚書「立入宗継記」が伝えられている。

たてわきさだよ【帯刀貞代】 1904.6.7～90.3.31 昭和期の婦人運動家・女性史研究家。島根県出身。結婚後の姓は織本(一九三四離婚)。一九二七年(昭和二)全国婦人同盟の結成に参加、書記長となる。二九年東京亀戸に労働女塾を開設。その後「日本労働婦人問題」など婦人労働者の歴史を中心とした著作活動を行う。八二年新日本婦人の会代表委員。著書「ある遍歴の自叙伝」。

たなかあかまろ【田中阿歌麿】 1869.10.30～1944.12.1 明治～昭和前期の湖沼学者。東京都出身。父の外国赴任によりベルギーのブリュッセル市立大学で地理学を学ぶ。アフリカの地理研究ののち帰国し、日本に湖沼学を紹介。日本各地の湖沼の形態・水温分布を研究した。中央大学教授。日本湖沼学会を創設し、日本全国を調査した。

たなかおうどう【田中王堂】 1867.12.30～1932.5.9 明治・大正期の哲学者・評論家。名は喜一。武蔵国入間郡生れ。一八八九～九七年(明治二二～三〇)滞米。シカゴ大学でデューイに師事し、同大学院卒。帰国の翌年、東京高等工業学校教授、のち早稲田大学教授などを歴任。明治末年、岩野泡鳴(ほうめい)らの自然主義に対する辛辣な批判によって論壇の雄となった。一九一五年(大正四)の個人主義的な著書「福沢諭吉」は、プラグマティズムの精華として評価が高い。

たなかおおひで【田中大秀】 1777.8.15～1847.9.16 江戸後期の国学者。飛驒国大野郡高山の商家田中博道の子。通称は弥次郎、号は桂園・磯堂など。一八〇一年(享和元)に本居宣長に入門。「栄花物語」「蜻蛉日記」など物語文学の研究、稲置(いなぎ)の森に比定した大野郡荏名(えな)神社の再興に努めた。風雅の人として知られ、笙・琴・琵琶の名手。門人は飛驒を中心に一〇六人に及び、福井の門人橘曙覧(あけみ)をへて芳賀矢一もこの道統につながる。著書「竹取翁物語解」「土佐日記解」。

たなかかくえい【田中角栄】 1918.5.4～93.12.16 昭和後期の政治家。新潟県出身。高等小学校卒業後上京し、苦学して一九三六年(昭和一一)中央工学校を終え、理化学研究所に出入りして大きな影響をうける。四三年田中土建工業を設立。四七年の衆議院選挙で初当選。以後抜群の記憶力と果断な行動力を武器に政界にのしあがる。第一次岸内閣の郵政相をはじめ政府・自民党の要職を歴任。七二年総理大臣に就任するが、七四年金脈問題の告発をうけて退陣。七六年ロッキード事件の汚職疑惑で逮捕、八三年第一審で実刑判決をうけた。裁判途中の発病もあり、政治生命にも終止符がうたれた。

たなかかわちのすけ【田中河内介】 1815.1.-～62.5.1 幕末期の尊攘派志士。但馬国出石郡神美村香住の医師小森正造の次男。公卿中山忠能(ただやす)に仕え、その諸大夫田中近江介の養子となる。名は綏猷(やすみち)。ペリー来航後忠能を助けて志士と交わり、一八六一年(文久元)浪士となり、真木和泉(いずみ)・平野国臣(くにおみ)らと親交。翌年島津久光の挙兵上洛を機に尊攘挙兵を画策するが、寺田屋騒動で久光の弾圧をうけ、首謀者の一人として捕らえられ、鹿児島へ護送の途中船上で殺された。

たなかかんいち【田中寛一】 1882.1.20～1962.11.12 大正・昭和期の教育心理学者。岡山県出身。京大と東大大学院で実験心理学を学ぶ。一九一九年(大正八)以降、東京高等師範学校・東京文理科大学の教授として教育測定・教育統計にとりくみ、三六年(昭和一一)「田中B式知能検査」を完成。四八年に田中教育研究所を創設。心理学者初の文化功労者。著書「人間工学」。

たなかぎいち【田中義一】 1864.6.22～1929.9.29 明治～昭和前期の政治家・陸軍軍人。長門国生れ。萩藩士の子。代用教員などをへて陸軍士官学校・陸軍大学校を卒業。日清・日露戦争に出征。山県有朋(やまがたありとも)・寺内正毅(まさたけ)らの庇護のもとで累進、軍務局長・参謀次長などをへて一九一八年(大正七)原内閣の陸相。二一年陸軍大将。山県らの死後、陸軍長州閥の後継者となり、第二次山本内閣でも陸相。二五年立憲政友会総裁に迎えられたが、のちに陸相在任中の機密費流用による総裁就任工作が取沙汰された。二七年(昭和二)内閣を組織し外相を兼務、森恪(つとむ)政務次官らと山東出兵・東方会議開催など対中国積極政策を展開した。枢密院などの反対を押し切って不戦条約を調印・批准したが、張作霖(ちょうさくりん)爆死事件の処理をめぐり昭和天皇の叱責をうけて辞任。男爵。

たなかきぬよ【田中絹代】 1909.12.29～77.3.21 大正・昭和期の映画女優。山口県出身。一九二四年(大正一三)松竹に入社、「元禄女」に初出演。以後「伊豆の踊子」「マダムと女房」「愛染かつら」「お琴と佐助」など数多くの松竹作品に出演、可憐な親しみやすい容貌で人気女優となる。戦後は「宗方姉妹」「おかあさん」「西鶴一代女」など手堅い演技力を発揮する一方、監督として「恋文」「月は上りぬ」「乳房よ永遠なれ」などの作品を発表。

たなかきゅうぐ【田中丘隅】 ?～1729.12.22 江戸中期の代官・農政家。諱は喜古（よしひさ）。みずから休愚・丘愚右衛門と称し、冠帯老人・武陽散民などとも号した。武蔵国多摩郡平沢村（現、東京都あきる野市）の農家に生まれ、同国川崎宿の本陣田中兵庫の養子となり、跡を継ぎ名主も兼任。農政や治水に通じ、一七二一年（享保六）自身の体験や見聞をもとに「民間省要」を著し、師の成島道筑を介して幕府に献上した。二九年七月支配勘定並に登用され、武蔵国多摩・埼玉二郡で三万石を支配したが、同年病死。

たなかくにしげ【田中国重】 1869.12.17～1941.2.19 明治後期～昭和前期の陸軍軍人。鹿児島県出身。陸軍士官学校（四期）・陸軍大学校卒。第一五師団長・台湾軍司令官などを歴任。その間パリ・ワシントンの会議に随員として参加。一九二九年（昭和四）予備役編入。在郷軍人などを糾合して明倫会を結成し総裁に就任。

たなかげんたろう【田中源太郎】 1853.1.3～1922.4.3 明治・大正期の実業家。丹波国亀岡の藩御用商人の家に生まれる。亀岡陸運・三丹物産をおこす。京都府会議員・京都株式取引所頭取。亀岡銀行頭取、京都商工銀行頭取、京都倉庫・京都陶器・関西貿易・北海道製麻・関西鉄道・京都電灯などの役員を兼任。京都財界の重鎮として活躍した。衆議院議員・貴族院議員を歴任。

たなかこうたろう【田中耕太郎】 1890.10.25～1974.3.1 大正・昭和期の法学者。鹿児島県出身。東大卒。東京帝国大学助教授をへて一九二三年（大正一二）教授、商法講座を担当し、三七年（昭和一二）法学部長。第二次大戦終了直後の四五年文部省学校教育局長として教職追放にあたる。四六年吉田内閣の文相となり、四七年参議院議員に当選。五〇～六〇年最高裁判所長官。尊属殺人事件・松川事件・砂川事件などで革新勢力と対立した。著書「世界法の理論」「法律学概論」。

たなかしょうすけ【田中勝介】 生没年不詳。近世初期の京都商人。キリシタン、洗礼名はフランシスコ・デ・ベラスコ。上総国岩和田で遭難した前フィリピン臨時総督ドン・ロドリゴが一六一〇年（慶長一五）に帰国する際、同行してメキシコに渡った。翌年メキシコ副王の答礼使ビスカイノの乗船サン・フランシスコ号に便乗し、他の二二人の日本人とともに帰国した。彼らの渡航は徳川家康のメキシコ貿易計画推進の一環とみられるが、メキシコではあまり歓迎されなかった。

たなかしょうぞう【田中正造】 1841.11.3～1913.9.4 明治中・後期の政治家、足尾鉱毒反対運動の指導者。下野国生れ。一八六八年（明治元）主家である六角家改革運動で入牢。七一年江刺県（現、岩手県）花輪分局勤務中同僚暗殺の嫌疑で投獄され、七四年無罪釈放。七九年「栃木新聞」を創刊。八〇年県会議員となり、国会開設運動のため中節社を組織。八六年県会議長。第一回選挙で衆議院議員に選出され（立憲改進党）、九一年第二議会で初めて足尾鉱毒問題について政府を追及。以後終生鉱毒反対運動のため奔走。一九〇一年議員を辞職し天皇に直訴、〇四年以降谷中（やなか）村に住み農民とともに闘う。近年正造の人権思想・治水論・自然観は高く評価されている。

たなかしょうへい【田中正平】 1862.5.15～1945.10.16 明治～昭和前期の音楽学者・物理学者。淡路国生れ。東大卒。ドイツに留学し、鉄道機械学を学ぶ。また音響学・和声学・対位法を学び、純正調理論を研究。ドイツで世界初の純正調オルガンの製作に成功。帰国後は日本鉄道に入り、自宅で邦楽を研究し、その後田中電機研究所を経営し、純正調理論の研究を続けた。鉄道院鉄道試験所所長・大日本音楽協会理事長。朝日文化賞受賞。著書「日本和声の基礎」。

たなかすいいちろう【田中萃一郎】 1873.3.7～1923.8.13 明治・大正期の東洋史学者。法学博士。静岡県出身。慶大卒。一九〇五年（明治三八）英・独に留学、史学・政治学を学ぶ。帰国後、慶応義塾大学に史学科を創設。研究領域は東洋史のみでなく、政治学・哲学にも及ぶ。著書「東邦近世史」、訳書「ドーソン蒙古史」「ヘルダー歴史哲学」（共訳）。

たなかぜんきち【田中善吉】 1694～1767 江戸中期の紀伊国箕島村（現、和歌山県有田市）の商人・廻船業者。同国黒江村（現、海南市）特産の漆器を仕入れ、自家の廻船で南九州に販売して産をなした。一七三六年（元文元）和歌山藩から命じられて薩摩から甘蔗栽培・製糖法を伝来、同時に櫨（はぜのき）栽培と製蝋法も伝えて領内にこれを広め、その功績により地士（郷士）となった。

たなかそうごろう【田中惣五郎】 1894.3.14～1961.8.4 昭和期の歴史学者。新潟県出身。高田師範学校卒。小学校・中学校の教員をへて一九五三年（昭和二八）から明治大学教授。マルクス主義的立場から日本近代史研究を進め、とりわけ人物評伝的研究に業績をあげた。著書「幸徳秋水」「吉野作造」「北一輝」。

たなかだてあいきつ【田中館愛橘】 1856.9.18～1952.5.21 明治～昭和期の物理学者。陸奥国二戸郡生れ。東大卒。ヨーロッパに留学し、帰国後帝国大学教授。一八九一年（明治二四）の濃尾地震の研究中に根尾（おね）谷の大断層を発見。震災予防調査会の設立に努力し、全国の地磁気測定を行う。緯度観測所設立に尽力、測地学委員会委員として緯度変化の観測を進めた。万国度量衡会議常置委員。一方日本式ローマ字の普及に努めた。文化勲章受章。

たなかちがく【田中智学】 1861.11.13～1939.11.17 明治～昭和前期の宗教家。国柱会の創始者。本名巴之助。江戸生れ。明治初年得度し日蓮宗の宗門に入るが、宗学に疑問をもち、離宗還俗。宗門改革をめざして一八八〇年(明治一三)横浜で蓮華会、八四年東京で信者の組織として立正安国会をおこした。一九一四年(大正三)諸団体を統合して国柱会を結成。日蓮主義運動を展開し、日本国体学を創始して国家主義の推進者となった。

たなかちょうざぶろう【田中長三郎】 1885.11.3～1976.6.28 大正・昭和期の果樹園芸学者。大阪府出身。東大卒。上田蚕糸専門学校在職中に日本最初の遺伝学教科書を出版。一九一五年(大正四)米国農務省に入り、柑橘類の研究に専念。分類学的研究では世界的権威。のち台北帝国大学教授。第二次大戦後は東京農業大学教授・大阪府立大学教授。

たなかちょうべえ【田中長兵衛】 1858.10.20～1924.3.9 明治・大正期の実業家。江戸生れ。父(初代長兵衛)の鉄金物問屋を継いで活躍するかたわら、官営で行きづまった釜石鉱山の払下げをうけ、父とともにその再興に尽力、コークス高炉の操業に成功し、近代鉄鋼業の確立に貢献した。一九二四年(大正一三)第一次大戦後の不況と大震災で経営が破綻、三井鉱山に吸収された。

たなかでんざえもん【田中伝左衛門】 歌舞伎囃子方。江戸中期から一一世を数える。一七六〇年(宝暦一〇)はじめて田中伝左衛門を名のった人を三世とし、初世・二世は西村姓。四世の弟はのちの別家九代杵屋六左衛門。六世(?～一八五三)は歌舞伎囃子の故実などを記した貴重な記録「芝居囃子日記」を残す。九世(?～一九〇九)は七世の次男。九世市川団十郎・五世尾上菊五郎らの舞台を勤めたが、のち金沢に移る。一〇世(一八八〇～一九五五)は九世の弟子。初世中村吉右衛門一座の囃子主任となった。一一世(一九〇七～九七)は一〇世の次男。本名奥瀬孝。歌舞伎囃子協会を設立。初代会長。人間国宝。

たなかとうろく【田中藤六】 ?～1777.8.12 江戸中期の塩業家。周防国に生まれ、三田尻浜で塩業に従事。塩価の下落のなか、一七七一年(明和八)秋冬に製塩を休む休浜法を提唱した。これをうけて翌七二年(安永元)から周防・安芸・備後・伊予・長門の五カ国で休浜が実施され、塩価の安定をもたらした。

たなかとつげん【田中訥言】 1767～1823.3.21 江戸後期の画家。復古大和絵派の先駆。名は敏、字は虎頭。別号に痴翁・得中など。尾張国生れ。石田幽汀に入門、のちに土佐光貞に師事し法橋となる。一七九〇年(寛政二)御所障壁画制作に参加。光貞没後はその子光孚を補佐し、生存中は土佐派の画家とみなされたが、実際には古画模写を通じて大和絵の古典的復興をめざした。失明を苦に自殺したと伝えられる。代表作「百花百草図屏風」「古今著聞集図屏風」。

たなかとよます【田中豊益】 藤原明衡が一一世紀初めに著した往来物「新猿楽記」に登場する人物。「三の君」の夫で、出羽権介の肩書をもつ。農業経営によって利殖をはかることを専業とする者とされ、荘園・公領の名を請作経営する大名田堵の典型的な農業経営内容が示される。数町の戸主とあり、農具を調え、灌漑用水を整備し、さまざまな作物の栽培・収穫にすぐれるなどとみえる。

たなかのただまろ【田中多太麻呂】 ?～778.1.11 多太万呂とも。八世紀後半の官人。七五七年(天平宝字元)従五位下・中衛員外少将。七六〇年従五位上。翌年東海道節度使。その後、陸奥守・鎮守副将軍となり、七六七年(神護景雲元)伊治城完成により正四位下。七七七年(宝亀八)右大弁。官職・位階とも田中氏では最高。

たなかひさしげ【田中久重】 1799.9.18～1881.11.7 幕末～明治前期の近代技術の先駆者。幼名は儀右衛門。からくり儀右衛門と愛称される。筑後国久留米生れ。幼少から細工物を得意とし、各地でからくり興行を行う。のち大坂・京都に開業し、無尽灯・万年自鳴鐘などを発明して製作・販売した。一八五三年(嘉永六)肥前国佐賀藩に招かれ、ついで長崎の海軍伝習所に学ぶ。蒸気機関・大砲の製造にも従事した。七三年(明治六)上京し、七五年田中製作所を設立。これを養子の二代田中久重が継ぎ、民間有数の機械工場として現在の東芝に引き継がれた。

たなかひでみつ【田中英光】 1913.1.10～49.11.3 昭和期の小説家。東京都出身。早大卒。在学中ロサンゼルスオリンピック(一九三二)にボート選手として参加。その体験を題材に「オリンポスの果実」を著す。太宰治に師事。その死に衝撃をうけ墓前で自殺。ほかに「地下室から」「野狐」。

たなかふじまろ【田中不二麻呂】 1845.6.12～1909.2.1 明治期の教育行政家・政治家。子爵。名古屋藩士の家に生まれる。藩校の教師をへて新政府に出仕。一八七一～七三年(明治四～六)岩倉遣外使節団に文部省から理事官として参加し、欧米の教育制度を視察。帰国後、文部少輔・同大輔となり、学校教育制度の確立につとめ、七八～七九年教育令制定に尽力。その後、司法卿に転じ、駐伊日本公使・枢密顧問官・司法大臣などを歴任。

たなかへいはち【田中平八】 1834.7.11～84.6.8 幕末～明治前期の実業家。信濃国伊那の農家に生まれ、飯田町の糸商の養子となる。尊王攘夷運動にかかわった後、横浜に出て生糸売込みと洋銀相場で巨利を得て、相場師の「糸平」(糸屋平八)として知られ、明治初年に洋銀相場会所など横浜の経済界で活躍。活動の中心を東京に移し、一八七九年(明治一二)東京兜町米商会所頭取となり、また第百十二国立銀行・田中銀行を設立した。

たなかほづみ【田中穂積】 1876.2.17～1944.8.22 明治～昭和前期の教育家。長野県出身。東京専門学校卒。「東京日日新聞」記者、のち米英に留学。一九〇四年(明治三七)から早稲田大学で財政学・経済学の講師、商科長・商学部長・理事などを歴任、三一年(昭和六)から総長となる。三九年から貴族院議員。

たなかみちたろう【田中美知太郎】 1902.1.1～85.12.18 昭和期の哲学者。新潟県出身。京大卒。一九四七年(昭和二二)京都大学助教授、五〇年教授。学生時代に出隆との共訳によってビンデルバント「プラトン」を刊行して以来、一貫してギリシア哲学を研究し、「プラトン全集」の共同編集者を務めた。西洋古典学会・関西哲学会の発足に寄与し、六四年には第四回国際古典学会日本代表として米国ペンシルバニア大学へ赴いた。文化勲章受章。

たなかみつあき【田中光顕】 1843.閏9.25～1939.3.28 幕末～明治期の高知藩士・政府高官。土佐国生れ。一八六四年(元治元)脱藩して勤王運動に挺身し、陸援隊に加盟。明治政府に出仕し諸官職を歴任、岩倉遣外使節団の理事官として外遊した。以後陸軍会計監督長・陸軍少将・恩給局長・内閣書記官長・元老院技官などを歴任。さらに会計検査院長・警視総監・宮中顧問官・学習院院長をへて、宮内大臣。伯爵。

たなかよしお【田中芳男】 1838.8.9～1916.6.22 明治期の農政家。信濃国生れ。蕃書調所物産学出仕役。パリ万国博覧会をはじめ多くの外国博覧会に参加。一八七八年(明治一一)駒場農学校設立。その後農商務省農務局長となり、大日本農会・大日本山林会・大日本水産会・大日本織物協会を創立。文部省博物局事務官も兼務し、日本の博物館の基礎を築いた。九〇年貴族院議員となり、総合博物館設置構想を提起した。

たなかよしざね【田中由真】 1651～1719.10.21 江戸中期の数学者。通称十郎兵衛、正利。京都の人。橋本吉隆に数学を学ぶ。出版された著書はない。独創性に満ち、「算学紛解」には行列式の理論がのべられ、また連分数・方陣の解説がある。方陣の書「洛書亀鑑」では新しい研究が示され、立体方陣の研究もある。「雑集求笑算法」は数学遊戯をまとめた書の初見。中根彦循の「勘者御伽双紙」はこの書に大きな影響をうけている。

たなかよしなり【田中義成】 1860.3.15～1919.11.4 明治・大正期の国史学者。江戸生れ。幼くして父を亡くし、独学して身をおこし、史料編纂官兼東京帝国大学文科大学教授となる。官学の学風を代表した堅実な実証主義者。現在も続けられている東京大学史料編纂所の「大日本史料」「大日本古文書」などの編纂・刊行事業の基礎を築いた。著書「南北朝時代史」「足利時代史」「織田時代史」「豊臣時代史」。

たなかよしまさ【田中吉政】 1548～1609.2.18 織豊期～江戸初期の武将・大名。父は重政。初名長政。織田信長に仕え、豊臣秀吉のもとでは秀次の家老。一五九〇年(天正一八)三河国岡崎城主五万七〇〇〇石余。秀次事件後の九五年(文禄四)加増され一〇万石。関ケ原の戦で東軍に属し、石田三成を捕らえ、筑後国柳河城主三二万石余。筑後川河川改修や干拓事業を推進し、検地によって寺社領を大幅に削減。田中高とよばれる新高を設定し、石高を七七万石とする。

たなかよしまろ【田中義麿】 1884.10.6～1972.7.1 大正・昭和期の遺伝学者。長野県出身。東北帝国大学農科大学(現、北大農学部)卒。欧米に留学。九州帝国大学教授として養蚕学を担当。一九四九年(昭和二四)国立遺伝学研究所に移る。蚕を材料にした遺伝研究の第一人者で、染色体の遺伝子分布の権威者。蚕の品種改良に貢献。日本育種学会・日本遺伝学会の設立に加わった。

たなはしあやこ【棚橋絢子】 1839.2.24～1939.9.21 明治～昭和前期の女子教育家。大阪生れ。名古屋・東京で多くの学校勤務をへて、私立東京高等女学校(現、東京女子学園)初代校長。

たなはしとらごろう【棚橋寅五郎】 1866.9.4～1955.12.11 明治～昭和期の化学者・実業家。越後国生れ。帝国大学工科大学在学中からヨードの研究を行い、一九〇九年(明治四二)に鈴木三郎助らと日本化学工業を創設、ヨードを原料にマッチの原料の塩素酸カリをはじめ無機化学や電炉製品の製造を開始。「化学工業時報」を創刊した。

たなべうじ【田辺氏】 文筆を業とする渡来系の氏族。姓は史。「新撰姓氏録」右京諸蕃に漢王ののち知惣から出たとあるが、実際は六世紀以後の新しい渡来人で、西文氏の配下で活躍したらしい。本貫地は大阪府柏原市国分町田辺。一族に六五四年(白雉五)に遣唐判官となった鳥、藤原不比等を養育した大隅、大宝律令の撰定に従事した百枝・首名らがいる。なお、上毛野君と同祖とする一族があるが、その伝承の成立は八世紀以後と思われる。

たなべごへえ【田辺五兵衛】 近世大坂の合薬屋で薬種中買にもなった黒川大和大掾田辺屋の当主の通称。朱印船貿易商人田辺屋又左衛門の孫の初代五兵衛が、一六七八年(延宝六)土佐堀一丁目に合薬屋を開業、産前産後の田辺振出薬を売り出した。六代目の一七九一年(寛政三)薬種中買株仲間に加入して道修町に進出、九代目以降対馬国府中藩の朝鮮産薬種を取り扱い、家業を伸ばした。明治維新後は洋薬の輸入・製造により近代化に成功し、現在の田辺製薬につながる。

たなべさくろう【田辺朔郎】 1861.11.1～1944.9.5 明治～昭和前期の土木工学者。江戸生れ。工部大学校卒。京都府に招請され、卒業論文を基本に琵琶湖疏水計画に着手。一八九〇年(明治二三)完成し、地域総合開発事業の典型として高く評価された。これによる蹴上発電所の電力で京都に日本最初の路面電車が開通。のち帝国大学・京都帝国大学各教授。北海道の鉄道建設や丹那・関門トンネルの計画にも関与。土木工学会会長を務めた。

たなべたいち【田辺太一】 1831.9.16～1915.9.16 幕末～明治期の外交官。幕府儒臣の家に生まれる。幕府遣欧使節団・パリ万国博覧会派遣使節団に参加。沼津兵学校教授をへて明治新政府に迎えられ、外務大書記官・駐清臨時代理公使・元老院議官などを歴任。一八七一～七三年(明治四～六)岩倉遣外使節団に随行して欧米諸国を視察、七四年には台湾出兵の事後処理のため大久保利通に随行して対清交渉を補佐した。「通信全覧」の編纂にあたるなど外交史料の整理につとめた。回想録「幕末外交談」。

たなべのさきまろ【田辺福麻呂】 生没年不詳。奈良時代の歌人。史姓。「万葉集」にのべ四四首を残す。巻一八の短歌一三首と、巻六・九に「田辺福麻呂の歌集(の中)に出づ」として載せる長歌一〇首およびその反歌二一首があり、用字・作風から自作歌と認められる。七四八年(天平二〇)橘諸兄の使者として越中守大伴家持を訪問しており、諸兄の家令などであったか。

たなべのはくそん【田辺伯孫】 百尊とも。古代の伝承上の人物。「日本書紀」雄略九年七月条によれば、河内国飛鳥戸郡の人で、月夜に婿の書首加竜の家から帰る途中、自分の馬と誉田御廟山古墳(応神陵)の埴輪の馬とを交換したという。伯孫の実在は疑問だが、田辺氏と西文(河内書)氏との交流を示す説話といえる。

たなべはじめ【田辺元】 1885.2.3～1962.4.29 大正・昭和期の哲学者。東京都出身。東大卒。一九一三年(大正二)東北帝国大学理学部講師、一九年京都帝国大学文学部助教授。二二年渡欧し、主としてフッサールに学び二四年帰国。二七年(昭和二)京都帝国大学文学部教授。日本における科学哲学の先駆者。日中戦争直前に西田哲学批判として構想された「種の論理」は、戦争遂行に哲学的基礎を与えることになったが、敗戦の前年「懺悔道」の境地を得、戦後は研究と思索に専念した。学士院会員。文化勲章受章。

たにかぜかじのすけ【谷風梶之助】 1750.8.8～95.1.9 江戸後期の相撲力士。陸奥国仙台生れ。本名金子与四郎。二〇歳のとき達ケ関の名で初土俵、のち谷風と改名。小野川喜三郎との対戦が評判をよび、江戸相撲隆盛の立役者となった。徳川家斉の上覧相撲を前に、一七八九年(寛政元)小野川とともに吉田司家から横綱を免許された。第四代とされるが三代までは史実と認めがたく、事実上の初代横綱である。現役中に流感のため死亡。

たにかわことすが【谷川士清】 1709.2.26～76.10.10 江戸中期の国学者。父は伊勢国安濃郡刑部村の医師谷川順端。通称は養順、号は淡斎など、社号は森蔭社。松岡仲良・玉木正英に師事して垂加神道を学び、神道免状をうけた。本居宣長とも交流。主著「日本書紀通証」三五巻は一七五一年(宝暦元)脱稿。鎌倉後期の卜部兼方の「釈日本紀」以降、初の書紀全体の注釈書で、用語活用や神道説などの点に特質がある。著書はほかに国語辞典として名高い「和訓栞」。

たにかわてつぞう【谷川徹三】 1895.5.26～1989.9.27 昭和期の哲学者。愛知県出身。京大卒。一九二八年(昭和三)法政大学教授、四六年東京帝室博物館次長、六二年法政大学総長。宮沢賢治の文学、縄文時代の文化、茶の美学、柳宗悦らの民芸運動、孔子やガンジーなど、広範な人文領域を対象として旺盛な評論活動を展開した。第二次大戦後は世界連邦政府運動や科学者京都会議などの平和運動に積極的にかかわった。七五年芸術院会員。詩人谷川俊太郎は長男。著書「平和の哲学」「生涯一書生」。

たにぐちあいざん【谷口靄山】 1816.12.～99.12.30 幕末～明治期の南画家。越中国生れ。本名貞二、字は士幹。江戸で谷文晁・高久靄厓に師事。諸国を遊歴ののち、貫名海屋に師事して京都に定住した。京都府画学校に出仕し、日本南画協会創立に尽力。田能村直入とともに、京都南画壇の双璧として知られた。

たにぐちぶそん【谷口蕪村】 ⇨蕪村

たにぐちまさはる【谷口雅春】 1893.11.22～1985.6.17 昭和期の宗教家。生長の家教祖。本名は正治。兵庫県出身。早大中退。一九一七年(大正六)大本教に入信するが、二一年の第一次大本教事件の翌年、同教から離れる。二九年(昭和四)神示をうけ、三〇年雑誌「生長の家」を創刊、三二年聖典「生命の実相」を刊行。三五年東京で教化団体生長の家を創立、総裁となった。第二次大戦後公職追放されるが、講和後総裁に復帰。

たにぐちよしろう【谷口吉郎】 1904.6.24～79.2.2 昭和期の建築家。石川県出身。東大卒。東京工業大学で建築教育にあたるかたわら、一九三二年(昭和七)同大学水力実験室の設計で合理主義建築家としてデビュー。六二年芸術院会員。七三年文化勲章受章。代表作に慶応義塾日吉寄宿舎(三七年竣工)、藤村記念館(四七年竣工)、東宮御所(六〇年竣工)などがあり、墓碑・文学碑の作品も多い。博物館明治村の設立に尽力、初代館長を務めた。

たにざきじゅんいちろう【谷崎潤一郎】 1886.7.24～1965.7.30　明治～昭和期の小説家。東京都出身。日本橋の商家に生まれるが、父が家業に失敗して苦学した。東京帝国大学在学中の一九一〇年(明治四三)第二次「新思潮」を創刊して「刺青」などを発表、永井荷風に激賞された。完成された文体とマゾヒズムを中心とする大胆な官能性、自然主義に反旗をひるがえす豊かな物語性などにより、文壇に衝撃を与えた。関東大震災を機に関西に移住。「痴人の愛」が前期の総決算となる。その後西洋崇拝を脱し、日本の伝統や関西の風土の再発見から「春琴抄」「細雪」や「陰翳礼讃」などを発表。「源氏物語」も口語訳した。晩年は「鍵」「瘋癲老人日記」などで老人の性を描いた。四九年(昭和二四)文化勲章受章。

たにし【谷氏】 江戸時代の外様大名家。丹波国山家藩主。佐々木定綱の後裔とされる。近江国甲賀郡谷郷に住み、谷氏を称した。衛好ははじめ斎藤道三に、のち織田信長・豊臣秀吉に仕えた。子の衛友も秀吉に仕え、関ケ原の戦ではいったん石田三成についたが、のち徳川家康に帰順。戦後本領を安堵され、丹波国何鹿郡で一万六〇〇〇石を領し山家に陣屋をおいた。衛政のとき弟らに分知して本領一万八二石となり、以後代々同藩主。維新後子爵。

たにしきんぎょ【田螺金魚】 生没年不詳。江戸中期の洒落本作者。江戸の医師で本名は鈴木位庵。実在の町芸者の名を借りた処女作「妓者呼子鳥」(一七七七)や、高利貸の鳥山検校が松葉屋の遊女瀬川を身請けした事件を素材とした「契情買虎之巻」など異色作が多く、滑稽やうがちを主とする安永後半期の洒落本とは一線を画した。とくに後者は洒落本の人情本化に影響を与えたものとして注目される。ほかに「十八大通百手枕」。

たにじちゅう【谷時中】 1598/99～1649.12.30　江戸前期の儒学者。父は浄土真宗の僧侶。名は素有、時中は字で、はじめ慈沖と称し、還俗後に時中と改めた。土佐国生れ。南村梅軒に朱子学を学んだ雪蹊寺の僧天質から儒学を学び、海南朱子学の実質的な派祖となる。幼少から俊秀で、権威に屈しない謹厳で豪気な性格をもち、生涯民間にあって学を講じた。野中兼山・小倉三省・山崎闇斎などの門人を輩出し、子の一斎も父の跡を継いで大儒となった。著書「素有文集」「素有語録」。

たにじんざん【谷秦山】 1663.3.11～1718.6.30　江戸前期の神道家・儒学者。本姓は大神。幼名は小三次、名は重遠、丹三郎・桜井清八とも称し、秦山は号。土佐国長岡郡別宮八幡宮の神職の家に生まれる。一六七九年(延宝七)江戸に出て浅見絅斎・山崎闇斎に学び、渋川春海から天文・暦道を、ほかに伊勢神道や有職故実も学んだ。一七〇六年(宝永三)藩命により「土佐国式社考」を著す。翌年、佐川支藩事件により蟄居に処されたが、その後も「神代巻塩土伝」「秦山集」などを著した。

たにそうぼく【谷宗牧】 ⇨宗牧

たにそうよう【谷宗養】 ⇨宗養

たにだちゅうべえ【谷田忠兵衛】 ⇨谷田忠兵衛

たにたてき【谷干城】 1837.2.12～1911.5.13　幕末～明治期の高知藩士・軍人・政治家。土佐国生れ。戊辰戦争で軍功をあげ、藩少参事として藩政改革に尽力。維新後、一八七一年(明治四)陸軍大佐・兵部権大丞。台湾出征後、熊本鎮台司令長官として西南戦争に遭遇、熊本城を堅守した。中将に昇進し、陸軍士官学校校長・学習院院長を歴任。八四年子爵。八五年伊藤内閣の農商務相。閣内の国権派として伊藤内閣の欧化政策を批判し、条約改正問題で辞任。以後、貴族院議員として地租増徴に反対するなど独自な政治運動を展開した。

たにぶんちょう【谷文晁】 1763.9.9～1840.12.14　江戸後期の南画家。父は田安家家臣で詩人の谷麓谷。名・字・号ともに文晁。別号に写山楼など。江戸生れ。画ははじめ狩野派の加藤文麗らに学び、北山寒巌・渡辺南岳らの影響をうける。古画の模写と写生を基礎に南宗画・北宗画・洋風画などを加えた独自の折衷的画風をうみ、関東の南画様式を確立。田安家に仕官、さらに松平定信に認められ近習となる。「集古十種」の編纂に従事するなどして社会的地位をえ、江戸画壇に君臨して多くの弟子をもった。寛政文晁とよばれる時期の作品は滋潤な墨色と清新な画風で評価が高い。作品「隅田川鴻台真景図巻」「木村蒹葭堂像」「公余探勝図巻」「松島暁景図」。

たにまさゆき【谷正之】 1889.2.9～1962.10.26　昭和期の外交官。熊本県出身。東大卒。一九三〇年(昭和五)外務省アジア局長に就任し、満州事変や国際連盟脱退通告に関与したが、白鳥敏夫情報部長らと対立して満州国大使館参事官に転じた。阿部・米内両内閣で外務次官に就任。四一年東条内閣の情報局総裁となり、翌年外相を兼任。四三年には大使として中国に赴任した。公職追放解除後の五六年、駐米大使として国際連合総会の政府代表を務めた。

たにましお【谷真潮】 1729/27.1.3～97.10.18　江戸中期の儒者・国学者。谷秦山の孫、垣守の長子。字は丹内、通称虎蔵、号は北渓。土佐国生れ。父祖に崎門学派儒学と神道を学び、江戸に出て賀茂真淵に国学を学んだ。一七五二年(宝暦二)高知藩主の侍読、藩校教授館創設によって教授となる。藩主山内豊雍の天明の藩政改革に際しては、郡奉行などをへて大目付に抜擢され、強力に改革政治を推進。九一年(寛政三)辞職し、藩校教育に専念した。著書「流沢遺事」「北渓文集」「神道本論」。

たにむらけいすけ【谷村計介】 1853.2.13～77.3.4 明治初期の軍人。陸軍伍長。日向国の郷士の家に生まれる。一八七二年(明治五)熊本鎮台の兵士となり、佐賀の乱・神風連の乱の鎮定に従軍。七七年西南戦争で熊本城が西郷軍に包囲されたとき、鎮台司令長官谷干城の命で城を脱出、救援の政府軍との連絡に成功した。同年田原坂の戦で戦死。

たにもととめり【谷本富】 1867.10.17～1946.2.1 明治・大正期の教育学者。讃岐国生れ。高松医学校、中村正直の同人社をへて、帝国大学選科生として日本ではじめて教育学を学ぶ。東京高等師範教授、ヨーロッパ留学をへて、一九〇六年(明治三九)京都帝国大学教授となるが、一三年(大正二)沢柳事件で辞職。はじめヘルバルト教育学の普及につとめ、のち国家主義的教育学や新教育理論などを紹介した。

たにもりとも【谷衛友】 1563～1627.12.23 織豊期～江戸初期の武将・大名。父は衛好。はじめ豊臣秀吉に仕え、一六〇〇年(慶長五)の関ケ原の戦では西軍に属し、細川忠興のこもる丹波国田辺城を攻めたが、密かに城内と内通。戦後本領を安堵され、同国で一万六〇〇〇石余を領し、山家藩の初代藩主となった。

たにわのみちぬしのみこと【丹波道主命】 開化天皇の皇子彦(日子)坐王の子とされる伝説上の人物。「日本書紀」では崇神一〇年に四道将軍を派遣した際に丹波に遣わされた。垂仁五年には皇后の狭穂姫が兄と謀反をおこし、死ぬ際に丹波道主命の五人の女を後宮に入れることを天皇に進言し、日葉酢媛命が皇后となった。

たぬまおきつぐ【田沼意次】 1720.8.-～88.7.24 江戸中期の側用人・老中。父は御家人の意行。一七三四年(享保一九)将軍世子徳川家重の小姓となり、家重の将軍就任に従って本丸小姓組番頭・御側を勤め、五八年(宝暦八)以降、評定所に出座し幕政を主導。この年万石以上となり、遠江国相良藩主。六七年(明和四)側用人、六九年老中格、七二年(安永元)老中となる。株仲間に冥加金を課して商品流通に課税。鎖国政策をゆるめて銅・俵物を輸出し、金銀を逆輸入して、それを財源に金銀通貨の一本化を企図した。また蝦夷地開発計画、大規模な新田開発工事などの斬新な経済政策を推進したが、八六年(天明六)将軍家治の死の直後老中罷免。翌年所領を没収され謹慎。

たぬまおきとも【田沼意知】 1749～84.4.3 江戸中期の幕臣。父は意次。一七八一年(天明元)奏者番、八三年若年寄。オランダ人からの評価は高く能吏だったが、八四年新番佐野善左衛門政言に江戸城本丸御殿中の間で刺され、それがもとで死去。佐野から請託を受けて金をとりながら約束をはたさなかったため恨みを買ったという。当時田沼父子を恨む者の間で佐野は「世直し大明神」とされた。この事件が契機となり父意次の勢力は衰退した。

たぬまし【田沼氏】 江戸時代の大名家。下野国安蘇郡田沼の出。新田義貞や武田氏に仕えたのち、吉次のとき、御三家の紀伊徳川頼宣に仕官。吉次の曾孫意行は、吉宗の将軍就任にともない幕府御家人となる。意行の子意次は小姓から側用人・老中まで異例の昇進をし、遠江国相良藩五万七〇〇〇石の大名となり、相良城を築城。しかし将軍徳川家治の死で失脚、相良城は破却された。孫の意明が陸奥国下村藩主一万石となり、のち意次の子意正のとき、一万石ではあるが相良に戻った。一八六八年(明治元)駿府(静岡)藩の成立により、上総国小久保藩に移された。維新後子爵。

たねがしまし【種子島氏】 中世は九州種子島の島主、近世には鹿児島藩主島津氏の家臣となった武家。出自については、初代信基が平清盛の孫行盛の子時信であるという説と、島津荘大隅方惣地頭の名越氏の代官肥後氏が、鎌倉中期以降に領主化し、島名を称したとする説がある。時尭のとき鉄砲が伝来。太閤検地に際し、久時は知覧に移封され、島津義弘・同家久の家老になった。一五九九年(慶長四)種子島のみ復封。維新後男爵。

たねがしまときたか【種子島時尭】 1528.2.10～79.10.2 戦国期の大隅国種子島領主。父は恵時、母は島津忠興の女。犬楠丸・直時。弾正忠・左近将監。法名可釣。漂着船から日本ではじめての鉄砲を入手したことで有名。一五四二年(天文一一)父と対立するが、島津貴久の調停により和睦。六〇年(永禄三)子時次に家督を譲るが、六二年その死により家督に復した。島津貴久・同義久の二代にわたって仕える。後室は島津貴久の姉だが、のち別離。女は島津義久の後室。

たねださんとうか【種田山頭火】 1882.12.3～1940.10.11 大正・昭和前期の俳人。本名正一。山口県出身。早大中退。一九一三年(大正二)荻原井泉水に師事、自由律の俳句誌「層雲」で活躍。種田家破産ののち、二五年熊本市の曹洞宗報恩寺で出家得度、耕畝と改名。以来、行乞放浪の旅にあって句作を続けた。自選句集「草木塔」。

たのむらちくでん【田能村竹田】 1777.6.10～1835.8.29 江戸後期の南画家。名は孝憲、字は君彝。号は竹田・老画師など多数。豊後国岡藩藩医の家に生まれ、藩校由学館で学び同館の儒員から頭取にまで進んだ。この間、「豊後国志」の編纂に従事したり、地元の画家に画を学び、谷文晁の通信教授もうけた。一八一一・一二年(文化八・九)におきた藩内の農民一揆に際しては、改革を要望する建言書を二度提出するが用いられず、翌年辞表を提出。以後郷里と京坂の間を往来しながら、頼山陽ら文人との交流をもち詩画に専心する生活に入る。繊細で清雅な作品「亦復一楽帖」「船窓小戯冊」や、「山中人饒舌」「竹田荘師友画録」ほかの著作がある。

たのむらちょくにゅう【田能村直入】 1814.2.15～1907.1.21　幕末～明治期の南画家。豊後国生れ。本姓三宮。九歳で田能村竹田に入門、のちその姓を継ぐ。一八六八年(明治元)京都に移り、八〇年京都府画学校の初代校長に就任。日本南画協会を結成。長寿多作で著作も多く、谷口靄山とともに京都南画壇の双璧だった。

たのもぎけいきち【頼母木桂吉】 1867.10.10～1940.2.19　大正・昭和前期の政治家。安芸国生れ。旧姓井上、頼母木家の養子。一高卒。アメリカに留学。東京毎日新聞社社長などを歴任後、一九一五年(大正四)衆議院に初当選。当初公友倶楽部に所属し、一六年憲政会結成に参加。同会や民政党の党運営に活躍。三六年(昭和一一)広田内閣の逓信相となるが、翌年同内閣退陣により辞し、報知新聞社社長に就任。三九年東京市長。

たぼはしきよし【田保橋潔】 1897.10.14～1945.2.26　大正・昭和前期の外交史学者。北海道函館出身。東大卒。史料編纂官補、のち京城帝国大学法文学部教授となり、近代日本外交史、とくに日中・日朝外交史の実証的研究に業績をあげた。著書「近代日鮮関係の研究」「近代日支鮮関係の研究」「日清戦役外交史の研究」。

たまいせいあ【玉井西阿】 生没年不詳。開住西阿・三輪西阿とも。南北朝期の武将。実名勝房。父は綱房ともいう。本拠は大和国開住城(現、奈良県桜井市)。出自は大神神社の祠官のほか諸説あるが未詳。後醍醐天皇の吉野遷幸ののち南朝に属し、開住城に拠って北朝方と戦いながら興福寺領を押領。幕府は細川顕氏らを派遣して、一三四一年(暦応四・興国二)七月二日に開住城を落とし、翌日までに支城もすべて落城。その後の動静は不明。

たまかじぞうこく【玉楮象谷】 1807.10.4～69.2.1　江戸後期の漆芸家。讃岐国高松の鞘塗師藤川理右衛門の子で、若年より父について鞘塗の技術を学ぶ。中国の漆芸技法の研究にも励み、和様の彫漆や、存星・蒟醤など、今日讃岐漆器として知られる様式の基盤を築いた。代表作は香川県文化会館蔵の嘉永七年(一八五四)の銘をもつ蒟醤料紙硯箱。

たまがわしょうえもん【玉川庄右衛門】 ?～1695.6.6　江戸前期の水利功労者。江戸の町人と伝える。一六五三年(承応二)幕命により弟清右衛門とともに多摩川の水を羽村から引き入れ、江戸の四谷大木戸(現、新宿区)にいたる一一里に及ぶ玉川上水の開削に着手。平坦な武蔵野台地のわずかな勾配を利用した工事は翌年竣工、江戸市中への飲料水の供給と武蔵野の新田開発に大きな役割をはたした。この功績により兄弟は二〇〇石分の扶持と玉川の姓を賜り、玉川上水役に任じられた。

たまがわせんのじょう【玉川千之丞】 ?～1671.5.-　歌舞伎俳優。江戸初期の名女方。若衆歌舞伎から野郎歌舞伎にかけて活躍、舞い・小歌の名手として東西で好評を博した。当り芸「河内通」は著名。井原西鶴の「男色大鑑」や「日本永代蔵」など、その評判を記す書も多い。芸名は江戸時代に三世(四世とも)を数える。

たまきぶんのしん【玉木文之進】 1810.9.24～76.11.6　江戸後期～維新期の萩藩士。父は杉常徳。吉田松陰の叔父。玉木正路の養嗣子となる。藩校明倫館の都講に任じられて以後、異賊防禦掛、諸郡の代官役、郡用方を歴任。一八四二年(天保一三)萩城下松本村に私塾「松下村塾」を興し、子弟の教育にあたった。松陰も文之進の薫陶をうけ、のちに塾の主宰者となる。松陰との間で交わされた書簡は「吉田松陰全集」に所載。

たまきまさひで【玉木正英】 1670.12.7～1736.7.8　江戸中期の神道家。通称幸助、室号は葦斎。京都梅宮大社の神職。薄田以貞から神道の伝授をうける一方、山崎闇斎の垂加神道に接近して秘伝「持授抄」を授けられ、それを勘案して橘家神道を唱えた。門人に神道家の岡田正利、国学の谷川士清がいる。

たまぐすくちょうくん【玉城朝薫】 1684.8.2～1734.1.26　江戸中期の沖縄の古典楽劇「組踊」の創始者。首里士族の出身で、芸才に恵まれ、一七一九年、尚敬王の冊封に際し、中国の冊封使をもてなすため躍奉行に任じられ、中国の演劇や本土の能・狂言・歌舞伎・浄瑠璃などに学びつつ沖縄独自の格調高い音楽舞踊劇を作りあげた。組踊は御冠船踊とも称される。「執心鐘入」「二童敵討」「女物狂」「銘苅子」「孝行の巻」は、組踊五番(五組とも)といわれ、代表作として愛好されている。

たまだながのり【玉田永教】 生没年不詳。一説に一八三六年(天保七)没。江戸後期の神道家。阿波国徳島藩士だったが、岡田正利に入門して垂加神道を学び、のちに唯一神道の教授として京坂地区で教説を行う。その後、全国を巡歴し、とくに社会教化を目的として活動した。著書「美田間の種」「神道柱立」「神道講義」。

たまにしきさんえもん【玉錦三右衛門】 1903.12.15～38.12.4　大正・昭和前期の力士。高知県出身。横綱太刀山らの高知巡業を見たのがきっかけで、一九一六年(大正五)二所ノ関部屋に入門。三〇年(昭和五)大関、三二年三二代横綱となる。立ち合いの速さは随一といわれ、現役のまま病没。

たまのせいり【玉乃世履】 1825.7.21～86.8.8 明治期の官僚。号は五竜。周防国岩国藩士の子。一八六九年(明治二)新政府に出仕。同年民部少丞兼大蔵少丞。七一年から東京府権大参事・大審院長代理・大審院長・司法大輔・元老院議官などを歴任。八一年再び大審院長となり、八六年在職中に自殺。脳病に悩んでいたという。

たままつみさお【玉松操】 1810.3.17～72.2.15 幕末～明治初期の国学者。名は真弘。京都生れ。八歳で醍醐寺に入り猶海と称したが、僧律改革を唱えていれられず還俗。山本毅軒と名のり、のち玉松操と改めた。大国隆正らに国学を学ぶ。一八六七年(慶応三)岩倉具視を知り、岩倉の腹心として王政復古の計画に参加する。維新後、徴士・内国事務局権判事・侍講となるが、政府の方針とあわず七一年(明治四)辞職した。

たまよりひめのみこと【玉依姫命】 古代の巫女的女性の代表的名前。玉は魂で、神霊をよりつかせる力のある女性の意味の普通名詞。各地にこうした名でよばれる女性がいたものと思われ、海神の女で鸕鶿草葺不合命の后となった玉依毘売、陶津耳の女で三輪の神の妻となった活玉依毘売などが物語のうえで知られる。「たまよりひめ」を母神・姫神として祭る神社も山城の賀茂神社、上総の玉前神社、宇佐の宇佐八幡宮など多く存在する。巫女が神格化されたものであろう。賀茂の玉依彦の妹玉依姫は、小川で拾った矢(火雷命の化身)に感じ妊んで別雷神(賀茂大神)を生み、自身も御祖神として祭られたという。柳田国男はこの伝承を中心に各地の玉依姫伝承を検討し、名著「妹の力」を著した。

たまりきぞう【玉利喜造】 1856.4.25～1931.4.21 明治・大正期の農学者・農業団体運動指導者。鹿児島藩士の子。第一期生として一八八〇年(明治一三)に駒場農学校を卒業し母校に就職。八五～八七年のアメリカ留学後、母校(のち帝国大学農科大学)の教授、盛岡高等農林学校校長・鹿児島高等農林学校校長として農業教育に尽力した。また明治前期から同窓生らと農業団体設立を提唱し、系統農会が形成された一九〇〇年前後には運動の第一人者として活躍した。

ダミアン ?～1586.11.19 日本人イエズス会修道士。日本名不詳。筑前国秋月生れ。一五五六年(弘治二)頃府内(現、大分市)で受洗、以後布教に従事。筑前・豊後・肥前などで布教し、六六年(永禄九)上地区に赴き、フロイスの翻訳事業を手伝う。七八年(天正六)大友宗麟の受洗に関与。下関で没。

たむらあきこ【田村秋子】 1905.10.8～83.2.3 大正・昭和期の俳優。東京都出身。本名伴田秋子。劇作家田村西男の長女で、一九二四年(大正一三)築地小劇場の研究生となる。友田恭助と結婚後、三二年(昭和七)築地座を創設。友田戦死後も演劇活動を続け、第二次大戦後の「ヘッダ・ガブラー」は評判をよんだ。映画やラジオでも活躍したが晩年は引退した。

たむらあきまさ【田村顕允】 1832.11.6～1913.11.20 明治期の北海道拓殖家。陸奥国亘理郡小堤村(現、宮城県亘理町)の常盤顕信の子。仙台藩一門の亘理領主伊達邦成の家臣。一八六五年(慶応元)家老となる。伊達邦成の北海道開拓の実際の指揮をとり、家臣団の先頭に立って今日の伊達市の基礎をつくった。室蘭ほか三郡長、紋鼈精糖会社社長などを歴任した。

たむらさんせい【田村三省】 1734～1806.5.8 江戸後期の陸奥国会津藩士。若松の町人から養子に入り、吟味所役人として勤務。一七八八年(天明八)幕府巡見使に随行した地理学者古川古松軒と交流。天明の飢饉の調査を「孫謀録」にまとめた。珍石(石器)を収集して「会津石譜」を著した考古学の先覚者。「新編会津風土記」の編集に参加したが途上で没。

たむらし【田村氏】 中世陸奥国の豪族、近世一関藩主。坂上田村麻呂の子孫古哲が田村荘(現、福島県田村郡)を支配し、田村氏を称したのに始まるという。一説には秀郷流藤原氏ともいう。代々、田村荘司を名のり、南北朝期には北畠顕家に従い、南朝方について活躍。永正年間(一五〇四～二一)本拠を三春(現、三春町)に構えた。清顕の代、伊達氏と結んで急速に勢力を伸ばしたが、その死後家中が分裂、伊達氏に服属した。のち伊達氏から養子を迎える。一六八二年(天和二)一関に移封。維新後、子爵。

たむらたいじろう【田村泰次郎】 1911.11.30～83.11.2 昭和期の小説家。三重県出身。早大卒。「新科学的文芸」などに所属し、作品を発表する。太平洋戦争中は中国各地を転戦。戦後、肉体文学の作家として華々しく登場し、「肉体の門」をはじめとする作品で好評を得た。

たむらたけあき【田村建顕】 1656.5.8～1708.1.27 江戸前期の大名。陸奥国一関藩初代藩主。父は仙台藩主伊達忠宗の子田村宗良。陸奥国仙台生れ。一六七〇年(寛文一〇)従五位下右京大夫に叙任。七八年(延宝六)父の遺領同国岩沼三万石を継ぎ、八二年(天和二)一関三万石に転封となる。九一年(元禄四)奥詰の譜代格、翌年幕府奏者番となった。一七〇一年浅野内匠頭長矩を預けられた。

たむらとしこ【田村俊子】 1884.4.25～1945.4.16 明治末～昭和前期の小説家。東京都出身。日本女子大中退。幸田露伴に師事。先輩作家田村松魚と結婚、離婚後佐藤姓。波瀾万丈の生涯の末中国で客死。耽美的官能と自我に目覚めた女性を描く。代表作は「あきらめ」「女作者」「木乃伊の口紅」。

たむらなおおみ【田村直臣】 1858.8.9～1934.1.7 明治～大正前期のプロテスタント派の牧師。大坂の与力の家の生れ。長老派のC・カロザーズの築地大学校に学び、一八七四年(明治七)受洗。戸川残花・原胤昭らと東京第一長老教会を設立。一致神学校卒業後、銀座教会牧師。アメリカ留学後、教会を巣鴨に移して巣鴨教会と改称、終生ここの牧師を務めた。英文「日本の花嫁」の著述により日本基督教会教職を罷免されたため、離脱して独立した。植村正久・内村鑑三とともに三村といわれた。

たむらなりよし【田村成義】 1851.2.-～1920.11.8 明治・大正期の興行師。江戸日本橋生れ。同心田村家の養子となり伝馬町の牢役人の見習いとなる。のちに代言人となって興行師一二世守田勘弥の知遇を得たところから劇界とかかわり、千歳座、続いて新開場の歌舞伎座の経営にあたった。明治末年から六世尾上菊五郎、初世中村吉右衛門ら若手を擁して市村座で興行、いわゆる「市村座時代」の黄金期をつくった。著書「無線電話」「続々歌舞伎年代記」は演劇資料として貴重。

たむららんすい【田村藍水】 1718～76.3.23 江戸中期の本草家。小普請方大谷出雲の次男。町医田村宗宣の養子。名は登、字は玄台、通称元雄。江戸生れ。阿部将翁に本草学を学ぶ。一七三七年(元文二)幕府から朝鮮人参の種子二〇粒を贈られて、栽培法を研究し「人参譜」を作成。五七年(宝暦七)門人平賀源内と江戸で日本初の薬品会(物産会)を開催。六三年幕府の医官となり、人参の栽培・製造にあたる。著書「甘蔗製造伝」。

ためつぐ【為次】 刀工の名。備中古青江派の刀工で、承元期頃に活躍した。吉川家伝来の狐ケ崎太刀(国宝。鎌倉初期の黒漆の太刀拵)の作者として著名。子も為次を継いだ。一方、越中の義弘の子または門下に、応安期に美濃国不破郡に移住した為継がいるが、刀剣伝書類では為次と誤記されている。

ためながしゅんすい【為永春水】 1790～1843.12.22 江戸後期の戯作者。本名は鷦鷯貞高。江戸の町人出身で書肆青林堂を営む一方、寄席や演劇界に出入り。二世南仙笑楚満人の名で滝亭鯉丈と「明烏後正夢」(一八一九)を発表。合巻「総角結紫総糸」、読本「阿古義物語」、滑稽本「玉櫛笥」などもあるが、主力は人情本にあり、春水の名で出した「春色梅児誉美」(一八三二)が好評で、人情本の元祖として人気を博す。門人たちと為永連を組織して合作方式を確立。数多くの注文をこなして人情本の第一人者となるが、天保の改革で筆禍をうけ、翌年病没。ほかに「春告鳥」「春色辰巳園」「花名所懐中暦」。

ためひらしんのう【為平親王】 952～1010.11.7 村上天皇の第四皇子。母は藤原師輔の女安子。冷泉・円融両天皇とは同母兄弟である。式部卿になり、一品に昇った。源高明の女を妃としたが、これが皇位継承から排除された原因であろうといわれる。高明の左遷事件(安和の変)もこのことに関係すると考えられる。

たものひであき【田母野秀顕】 1849.2.-～83.11.29 明治期の自由民権運動家。陸奥国田村郡生れ。田母野家の養子。旧姓は赤松。河野広中とは幼なじみで、早くから自由民権運動に参加、政社三師社・学塾正道館の設立などに加わる。福島・喜多方事件に連坐し、軽禁獄六年の判決をうけ、石川島監獄で服役中に没した。

たもんしょうざえもん【多門庄左衛門】 生没年不詳。歌舞伎俳優。江戸初期の立役の名優。京都生れ。のちに江戸でも名声を得た。丹前・六方の創始者として知られ、初期歌舞伎に大きな功績を残した。また音曲の名手で、加賀節を始めたと伝える。延宝初年頃没か。

たやすかめのすけ【田安亀之助】 ⇨徳川家達

たやすけ【田安家】 徳川家の分家。一橋家・清水家とともに御三卿の一つ。一七三一年(享保一六)将軍徳川吉宗の次男宗武が江戸城田安門内に居住したのに始まる。当主は成人後に公卿に叙され、二代治察のみ大蔵卿を称し、他は代々右衛門督を称した。賄料領知一〇万石を領したが、家老などの主要役職は幕臣から付人が派遣され老中支配であった。治察の没後、無嗣の状態が一四年間続き、八七年(天明七)に一橋治済の五男斉匡が三代を継ぎ、権大納言従一位に昇進した。一八六八年(明治元)藩屏に列して独立した家となり、七〇年家禄三一四八石を与えられた。八四年伯爵家となる。

たやすむねたけ【田安宗武】 1715.11.27～71.6.4 御三卿田安家の初代当主。国学者・歌人。将軍徳川吉宗の次男。松平定信の父。一七二九年(享保一四)元服し従三位左近衛権中将。三一年田安門内の屋敷に移る。四六年(延享三)采邑一〇万

●田安家略系図

宗武┬治察＝斉匡＝斉荘＝慶頼─寿千代＝家達＝慶頼(再承)──達孝(伯爵)
　　└定信

石を与えられ、のち権中納言となった。荷田在満(かだのありまろ)・賀茂真淵に国学・和歌を学び、「国歌八論」論争を展開して近世歌壇に大きな影響を与えた。「古事記」などの古典注釈書や、「楽曲考」「服飾管見」などの故実書も著した。

たやまかたい【田山花袋】 1871.12.13～1930.5.13 明治・大正期の小説家。本名録弥。群馬県出身。感傷的な恋愛小説や詩・紀行文を書いていたが、「露骨なる描写」などで自然主義を主張。女弟子に対する愛欲を暴露した「蒲団(ふとん)」により自然主義文学運動の先頭に立った。以後「生」「妻」「縁」の自伝小説のほか「一兵卒」「田舎教師」などを発表。技法論として平面描写を唱えた。晩年は時代にとり残され、「時は過ぎゆく」「百夜(ももよ)」などには宗教的な諦念が色濃く認められる。

たらおし【多羅尾氏】 江戸時代の代官世襲家。近衛経平の後胤と称する。近江国信楽(しがらき)を本拠とし、旧姓は高山氏。のち多羅尾に改姓した。光俊のとき、織田信長・豊臣秀吉に仕えたが、豊臣秀次事件に連坐して改易。のちに徳川家康が光俊の次男光太(みつもと)と三男光雅(みつのり)を召し出した。光太家は信楽役所を構え、近江・伊勢両国の代官職を世襲した。光雅家は代々交代寄合の家格となるが、一六八〇年(延宝八)に断絶。八三年(天和三)再興され、近江国甲賀郡に五〇〇石を知行し、小姓組に列した。

たるいとうきち【樽井藤吉】 1849.10.12/1850.4.14～1922.10.25 明治期の社会運動家。大和国生れ。漢学を学び、職を転々としたのち、一八八二年(明治一五)五月「社会公衆ノ最大福利」などの綱領を掲げて東洋社会党を結成。同六月結党と集会を禁止されたが、翌年一月党則草案を配布して軽禁錮一カ月。大阪事件にも連坐し、条約改正問題でも起訴される。九二年衆議院議員。晩年は鉱山経営を試みるが失敗した。

たるひとしんのう【熾仁親王】 ⇨有栖川宮熾仁親王(ありすがわのみやたるひとしんのう)

だるま【達磨】 ?～530? 菩提達磨・達摩とも。号は円覚大師・聖冑大師。中国禅宗の祖。南インド王族出身。出家後大乗(だいじょう)仏教を学び、内典・外典・俗事にも通暁した。中国仏教の衰微を嘆いて華北に至り、「楞伽(りょうが)経」や大乗禅を柱とする教団を形成。禅宗の伝承では、海路中国に渡って五二七年に広州に到着し、梁の武帝と問答を交し、のち嵩山(すうざん)少林寺で面壁九年の坐禅をなし、門弟慧可(えか)に法を伝えたという。インド仏教の四摂法によって悟りの内容と実践を説いた語録「二入四行論」がある。

ダールマン Joseph Dahlmann 1861.10.14～1930.6.23 ドイツのイエズス会司祭。上智大学創立のための教授団の一人として一九〇八年(明治四一)に来日。一〇年に来日した初代学長ホフマンを助けた。上智大学で教えるかたわら、一五～二四年(大正四～一三)東京帝国大学で独文学史概要・古典主義作家・抒情詩・ギリシア語などを講じた。本来の専門はインド学であったが、日本キリシタン史にも通じ、とくに南蛮屏風の研究は著名。

たるやとうざえもん【樽屋藤左衛門】 江戸町年寄樽屋の世襲名。初代三四郎はもと水野弥吉康忠という武士で、徳川家康に従い各地を転戦。一時牢人して町方に居住。家康の関東入国の際再び召され、以降奈良屋・喜多村とともに一五代にわたり江戸町年寄を世襲。本町二丁目の拝領屋敷に役宅をおいて市政の一端を担った。また、江戸枡座の頭人として東三三カ国の枡改めを行った。二代目以降ほぼ藤左衛門(後見は与左衛門)名を世襲。一七九〇年(寛政二)一二代与左衛門のとき、樽の苗字を名のることを許された。地割役樽屋三右衛門家は一族。

ダレス John Foster Dulles 1888.2.25～1959.5.24 アメリカの法律家・政治家。ワシントン生れ。プリンストン大学、ジョージ・ワシントン大学法科大学院卒。一九一一年ニューヨークで弁護士となる。パリ講和会議賠償委員会委員を務めた。第二次大戦中は共和党の対外政策立案に関わり超党派外交を推進、サンフランシスコ会議代表として国連創設に尽力。五〇年からたびたび来日、国務省顧問として対日講和交渉をまとめた。五三年アイゼンハワー政権の国務長官に就任、巻き返し政策を展開する。

たわらくにいち【俵国一】 1872.2.28～1958.7.30 明治～昭和期の冶金学者。島根県出身。東大卒。ドイツに留学。東京帝国大学教授として鉄冶金学講座を担当。金属組織学の確立に努め、日本刀の冶金学的研究や出雲地方の伝統的な砂鉄製錬法の研究がある。八幡製鉄・日本製鉄などの鉄鋼業の育成にあたる。学士院賞・文化勲章をうける。

たわらし【田原氏】 中世豊後国の豪族。志賀・詫摩(たくま)氏と並ぶ大友氏の三大支族の一つ。大友氏初代能直(よしなお)の庶子泰広(やすひろ)が、能直から譲られた国埼(くにさき)郡田原別符(現、大分県大田村)に住み田原氏を称したのに始まる。のち沓掛(くつかけ)田原氏・武蔵田原氏にわかれ、吉弘(よしひろ)・生石(いくし)・田口諸氏の庶流をうんだ。南北朝・室町時代に勢力を拡大したが、一五七九年(天正七)親貫(ちかつら)のとき、毛利輝元(てるもと)・秋月種実(たねざね)らに通じて大友宗家に背いたため殺害され、嫡流は断絶。大友宗麟(そうりん)の次男親家(ちかいえ)が継承。

たわらてんのう【田原天皇】 ⇨施基皇子(しきのみこ)

たわらとうだ【俵藤太】 ⇨藤原秀郷(ふじわらのひでさと)

たわらまごいち【俵孫一】 1869.5.7～1944.6.17 明治～昭和前期の官僚・政治家。島根県出身。東大卒。内務省に入り三重・宮城両県知事、北海道庁長官などを歴任。政界に入り、一九二四～三七年(大正一三〜昭和一二)まで衆議院議員に連続六回当選。憲政会・立憲民政党に所属、浜口雄幸総裁のもとで党幹事長、浜口内閣の商工相を務めた。

たわらやそうせつ【俵屋宗雪】 生没年不詳。江戸前期の画家。俵屋宗達の子と伝えられるが不詳。伊年と号す。一六四二年(寛永一九)に「俵屋宗雪法橋」と記しており、この頃宗達工房にいたことがわかる。加賀前田家の御用絵師を勤める。後継者に喜多川相説がいる。代表作「秋草図屏風」。

たわらやそうたつ【俵屋宗達】 生没年不詳。一七世紀前半に京都で活躍した画家。琳派の創始者。号は伊年・対青軒など。「俵屋」という名の絵屋を営み、扇面・色紙・短冊をはじめ、襖絵や屏風などの需要にも応じた。本阿弥光悦の書の下絵として描いた金銀泥絵や水墨画で名をあげ、一六三〇年(寛永七)にはすでに法橋の位にあった。後水尾上皇の依頼をうけるなど、朝廷や公家にも広く知られた。作風は古代・中世のやまと絵に学びながら、対象を明快な色や形で大きくとらえたものが多い。代表作「松図襖」「四季草花下絵和歌巻」「風神雷神図屏風」(国宝)。

たんえい【湛睿】 1271〜1346.11.30 鎌倉後期〜南北朝期の僧。号は本如房。武蔵国称名寺三世。若い頃に東大寺凝然や般若寺真円について戒律や華厳を学び、戒壇院学頭となった。一三〇〇年(正安二)以降は、鎌倉極楽寺・武蔵国金沢称名寺・和泉国久米田寺などで戒律・華厳・真言などを修めた。一八年(文保二)には称名寺に住し、三九年(暦応二・延元四)同寺三世となって学問興隆に尽くした。

たんかい【湛快】 1099〜1174 平安後期の修験道僧。熊野別当長快の子。一一三八年(保延四)法橋、四六年(久安二)熊野別当。以後二六年間の在職中に鳥羽・後白河両上皇の熊野御幸を先導すること二〇回、この間に大僧都まで昇り、熊野社を石清水八幡宮と同待遇にまで昇格させた。平氏との関係が深く、平治の乱では平清盛を助け、娘を平忠度の室に入れた。それまで別当は新宮にいたが、本宮にあってさらに田辺に進出した。これは別当家が新宮と本宮の両流に分裂する原因となった。

たんかい【湛海】 ㊀生没年不詳。宗師とも。鎌倉中期の京都泉涌寺の律僧。字は聞陽。奈良で律を学び、泉涌寺俊芿に師事してその首座となった。一二三七年(嘉禎三)入宋し、晦巌照・北峰宗印らに学ぶ。四四年泰山の白蓮教寺に入り、同年秋に経論数千巻・楊柳観音・十六羅漢像をもって帰国。数年後再び入宋し、白蓮教寺がすでに荒廃していたので楼門・三重塔を再興。その功により仏舎利を与えられ、五五年(建長七)帰国。仏舎利を泉涌寺戒壇堂に納めた。以後、九月八日の舎利会が恒例となった。

㊁1629〜1716.1.16 江戸中期の真言律宗の僧。字は宝山。伊勢国生れ。父は山田重忠、母は辻氏。生駒山の宝山寺開山。江戸永代寺や高野山などに修学したが、役小角や泰澄を範として苦修練行を旨とし、一六七八年(延宝六)役行者の旧跡大和国生駒の般若窟に入り断食など種々の苦行を行い、生涯に一〇万枚護摩供二七回・八万枚一回・八〇〇〇枚六七回を修した。不動尊と聖天信仰を鼓吹し、ここを宝山寺と号した。

たんかいこう【淡海公】 ⇨藤原不比等

だんきずい【段祺瑞】 Duan Qirui 1865〜1936.11.- 中国の清朝末〜民国初期の軍閥。字は芝泉。安徽省出身。天津武備学堂を卒業後ドイツに留学。北洋軍閥三傑の一人。一九一二年袁世凱政権の陸軍総長、国務総理代理に就任。袁の死後内閣を組織し、安徽派の実権を握る。寺内内閣の対華政策に積極的に対応し、日本から多額の借款(西原借款)を獲得したが、二〇年の安直戦争に敗れ、下野。二四年馮玉祥に中華民国臨時執政に擁立されたが、まもなく引退した。

たんけい【湛慶】 1173〜1256 鎌倉中期の仏師。運慶の長男。運慶の統率のもとで東大寺・興福寺の復興造像にたずさわり、一二一三年(建保元)には法勝寺九重塔の造仏で、運慶の推挙により法印に叙せられた。運慶の没後は、後継者として活躍し一門を統率。四九年(建長元)に焼けた蓮華王院(三十三間堂)千体千手観音像の再興に際しては修理大仏師となり、五四年に中尊千手観音座像を完成させた。五六年(康元元)に東大寺講堂本尊千手観音像の造立中に没した。高知市雪蹊寺の毘沙門天三尊像は法印時代の作。高山寺の善妙神・白光神像・狛犬も彼の作とみられる。運慶の様式を継承してはいるが、力強さよりは穏やかさを基調とし、親しみやすい作風。

たんごのつぼね【丹後局】 ⇨高階栄子

だんざえもん【弾左衛門】 近世、関八州穢多頭が代々襲名した名前。関八州・伊豆国と甲斐・駿河・陸奥の一部の穢多身分、非人身分、猿飼身分の者を支配した。その数は一八〇〇年(寛政一二)には、穢多身分五六六四軒、非人身分一九九五軒、猿飼身分六一軒に及んだ。弾左衛門は、一五九〇年代には関東の「在々所々皮作衆」の一員にすぎなかったが、一七世紀に幕府の皮革御用の責任者となり、各地の有力長吏を配下に収めていった。また幕府の行刑役も勤め、浅草新町の弾左衛門の屋敷は役所とよばれ、白洲・牢屋なども備わっており、支配下の者に対しては独自の裁判権をもち、死罪まで課すことができた。職場単位に人別帳を作成させ、穢多身分からは家別役銀・職場年貢銀を、非人身分からは小屋役銀を徴収するなど、その支配権は強かった。このような支配は、一八七一年(明治四)八月の解放令によって廃絶。

だんしゅうろうえんし【談洲楼燕枝】 1838.10.16～1900.2.11 幕末～明治期の落語家。江戸生れ。本名長島伝次郎。初代春風亭柳枝の門人。伝枝から柳亭燕枝、のち談洲楼と亭号を改める。従来の古典を演じる一方で、自作物の「大阪屋花鳥」や翻案物の「侠客小金井桜」をつぎつぎに発表、初代三遊亭円朝と並び称された。門弟育成にもすぐれ、二代柳家小さんら名手を輩出させ、いずれも重きをなした。遺稿「燕枝日記」は明治維新前後の落語界を知るうえで貴重。芸名は幕末～昭和期に三代を数える。

たんぞう【湛増】 1130～98.5.8 平安末～鎌倉前期の僧。父は熊野新宮別当の湛快。平氏全盛期には同氏と結び勢力を拡大。一一八〇年(治承四)の以仁王挙兵の際には平氏側にたって、源氏についた新宮勢力を攻撃している。八四年(元暦元)新宮別当となったのち源氏につき、熊野水軍を率いて平氏と戦い、壇ノ浦の戦などで大きな役割をはたした。九五年(建久六)源頼朝上洛の際に対面をとげた。

たんたいぎ【炭太祇】 ⇨太祇

だんたくま【団琢磨】 1858.8.1～1932.3.5 明治～昭和前期の実業家。筑前国生れ。旧姓は神屋。団家の養子となる。マサチューセッツ工科大卒。東大助教授などをへて一八八四年(明治一七)工部省入省、三池鉱山局に勤務した。八八年三池炭鉱の三井への払下げとともに、三池炭鉱事務長に就任。デービー・ポンプの据付けにより勝立坑の湧水問題を解決し、九四年三井鉱山専務理事に就任して同社を指導した。一九〇九年三井合名参事、一四年(大正三)理事長に就任して三井財閥の指導者となり、多くの会社の役員を兼任した。財界活動も盛んで、日本工業倶楽部理事長、日本経済連盟会会長として多くの建議を行った。三二年(昭和七)血盟団員菱沼五郎に暗殺された。男爵。

たんだちゅうべえ【谷田忠兵衛】 生没年不詳。江戸中期の絵師・漆芸家。京都生れ。阿波徳島藩一〇代藩主蜂須賀重喜に招かれる。作風は、朱漆の地に漆絵・密陀絵・蒔絵などを駆使した華やかなもの。代表作は徳島城博物館蔵の草花密陀絵花見弁当、東京国立博物館蔵の草花漆絵食籠。

たんたん【淡々】 1674～1761.11.2 江戸中期の俳人。姓は松木。幼名熊之助、のち伝七。初号は因角。別号は渭北・半時庵。大坂生れ。不角、のち其角に師事。一七〇四年(宝永元)七月、芭蕉の跡を慕って松島に遊び、「安達太郎根」を編む。一六年(享保元)には山城国鷲峰山で半時庵を営み、翌年「にはくなぶり」を出版。江戸の沾徳・不角と並んで上方の享保俳壇の中心勢力として活躍。点料をとって生活する業俳を成功させ、派手な生活を送った。「淡々文集」「淡々発句集」など撰述書が多い。

だんなおき【弾直樹】 1823～89.7.9 最後の関八州穢多頭。摂津国兎原郡生れ。一八三九年(天保一〇)一二代弾左衛門の養子となり、弾左衛門を襲名。六八年(明治元)一月弾内記と改名。崩壊直前の幕府から内記と手下六五人のみが身分を引き上げられ、海陸軍付病院御用を申しつけられたが、五月に維新政府から市政裁判所付を命じられ、それまでの支配を認められる。七〇年直樹と改名。七一年八月の解放令により、その支配は終焉した。明治期以後、洋式皮革・製靴事業をおこそうとしたが、成功しなかった。

たんなわし【淡輪氏】 「たんのわ」とも。中世和泉国の豪族。本姓は橘氏。代々、九条家領淡輪荘(現、大阪府岬町)の下司・公文で、鎌倉御家人でもあった。元弘の乱では、正円が足利尊氏について活躍、淡輪荘東方預所に任じられた。のち公文助重が南朝方につき、河内・和泉両国に一時勢力を拡大したが、南朝の衰退とともに所領は減少、応永年間の長重の代には下司職・公文職のみとなる。江戸時代には長重の甥信重が幕府に仕え、山本氏を称した。

たんねん【湛然】 711～782 荊渓尊者・妙楽大師とも。中国唐代の天台宗僧。俗姓戚氏。江蘇省晋陵の儒家出身。俗人の頃から玄朗などのもとで天台教観を学び、三八歳で出家。以後、智顗の著述を講説し、当時流行の華厳教学を加味した新しい天台教観を宣揚し、宗勢を再興した。天台三大部をはじめとする智顗の著作に多くの注釈を残し、はじめて「記主」の称をうけた。弟子には最澄が師事した道邃・行満のほか、元皓・明曠・梁粛ら道俗にわたって多数いる。

たんばうじ【丹波氏】 古代氏族の一つ。丹波国造の丹波直氏と渡来系氏族の丹波史氏とがある。丹波史氏は「新撰姓氏録」左京諸蕃に後漢霊帝の後裔とみえ、「坂上系図」「丹波氏系図」では七世紀に坂上氏からわかれたものとする。医家として著名な丹波氏の姓はもと宿禰であるが、一〇世紀末の康頼以前の系譜は不詳。以後は「尊卑分脈」「丹波氏系図」に詳しい。一一世紀初めの忠明のとき朝臣姓を賜り、典薬頭を世襲した。

たんばのまさただ【丹波雅忠】 1021～88.2.18 平安中期の医家。「医心方」を撰した康頼の曾孫。典薬頭重明の孫。名医として著名な忠明の子。丹波氏は忠明のときに朝臣姓を賜る。一〇三四年(長元七)医得業生として課試、以後侍医・典薬頭・主税頭・丹波守などを歴任し、施薬院使も勤めた。「日本の扁鵲」と称された名医で、数々の逸話を残す。「医略抄」「医心方拾遺」を著し、「香字抄」の撰者ともいわれる。

たんばのやすより【丹波康頼】 912～995.4.19 平安中期の医家。「医心方(いしんぼう)」の撰者。医家として著名な丹波氏の祖。康頼以前の系譜については明らかでないが、渡来系氏族の丹波史(ふひと)の傍流と思われ、康頼のとき丹波宿禰(すくね)姓を賜った。針博士として、九八四年(永観二)「医心方」三〇巻を撰進した。医博士・左兵衛医師などを歴任。ほかに「倭名本草」一巻の著作が知られるが、これは南北朝期の偽書とされる。

だんようこ【段楊爾】 生没年不詳。六世紀に百済(くだら)から派遣された五経博士。継体七年六月に来朝し、同一〇年九月に漢高安茂(あやのこうあんも)と交代したという。五経博士の渡来上番の初見。最新の中国文化の移入を求める大和王権の要請に、加羅(から)への勢力拡大を狙う百済が応じたものか。百済に帰化していた中国南朝人とする説もある。

だんりんこうごう【檀林皇后】 ⇨橘嘉智子(たちばなのかちこ)

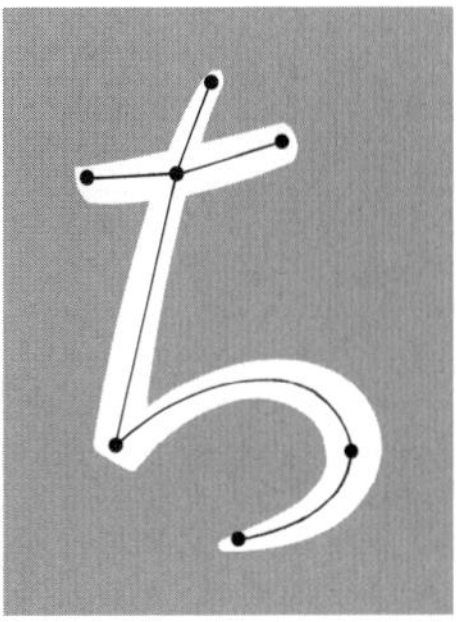

ちいさこべのさいち【小子部鉏鉤】 ?～672.8.- 七世紀後半の豪族。壬申の乱で活躍した地方豪族で、「日本書紀」には尾張国司守とみえる。六七二年(天武元)六月、美濃国不破の地に入った大海人(おおあま)皇子(天武天皇)に兵二万を率いて帰順。兵らは諸道の封鎖・警護にあてられたという。八月の乱終結直前に山中で謎の自殺を遂げた。

ちいさこべのすがる【小子部蜾蠃】 栖軽とも。小子部連の祖とされる伝承上の人物。「日本書紀」雄略六年条に、天皇が后妃に養蚕を勧めるため、蜾蠃に蚕を集めさせたが、誤って嬰児を集めたので小子部連の姓を与えたという。同七年条には、天皇が三諸(みもろ)岳(三輪山)の神の形をみようとして、蜾蠃を派遣し大蛇をとらえさせたが、天皇が斎戒しなかったため雷がひらめき蛇の目が輝いたので、蜾蠃の名を雷(いかずち)と改めたという。類似の話は「日本霊異記」「新撰姓氏録」にもある。

ちうん【智蘊】 ⇨蜷川親当(にながわちかまさ)

チェンバレン Basil Hall Chamberlain 1850.10.18～1935.2.15 チャンブレンとも。イギリスの日本語学者。ポーツマス出身。号王堂。一八七三年(明治六)来日し帝国大学で言語学を教えた。一八八七年文部省の委嘱で「日本小文典」を編纂。北海道・琉球の言語を調査し東洋比較言語学を樹立。日本文学や日本事情を海外に紹介した功績も大きい。教え子に上田万年・芳賀矢一・岡倉由三郎がいる。著書「日本古代の詩歌」「日本事物誌」。

ちかかげ【近景】 生没年不詳。備前長船(おさふね)派の刀工。初代は長光(ながみつ)門下の近恒の子。年紀は一三〇三年(嘉元元)から四三年(康永二)まである。貞和・観応年紀のものは作風が派手で、また銘振りも異なるところから、貞和期以降のものを二代の作というが、初代晩年の作とする説もある。国宝太刀一、重文太刀三。

ちかこないしんのう【親子内親王】 ⇨和宮(かずのみや)

ちかずみじょうかん【近角常観】 1870.4.24～1941.12.3 明治～昭和前期の宗教家。真宗大谷派の僧侶。滋賀県の僧侶の子。東大在学中に清沢満之(まんし)らと宗門改革運動に参加。貴族院に提出された宗教法案には一貫して反対した。一九〇〇年(明治三三)宗門の留学生として渡欧。帰国後、東京本郷に求道(ぐどう)学舎を創設。「求道」などの雑誌を発行して真宗信仰を説いた。

ちかまつしゅうこう【近松秋江】 1876.5.4～1944.4.23 明治・大正期の小説家・評論家。本名徳田浩司。岡山県出身。東京専門学校卒。「読売新聞」に「文壇無駄話」を連載し、はじめは批評家としてデビューしたが、「別れたる妻に送る手紙」によって自然主義作家として認められた。以後みずからの愛欲生活を書き綴った連作「黒髪」「狂乱」「霜凍る宵」などを発表、子への愛情を描いた「子の愛の為に」あたりから作風をかえた。晩年には時局への批判的文章もみられる。

ちかまつとくぞう【近松徳三】 1751～1810.8.23 江戸後期上方の歌舞伎作者。大坂生れ。前名は徳蔵・徳叟。浄瑠璃作者近松半二に師事したが、のちに歌舞伎に転向し、一七八六年(天明六)立作者となる。その後、初世並木五瓶(ごへい)や辰岡万作らのもとで執筆したが、九六年(寛政八)際物の「伊勢音頭恋寝刃」で一躍名をあげ、五瓶が江戸に去った後の京坂劇壇を、万作とともに支えた。世話物を得意とし、際物のほか、読本を歌舞伎に翻案した先駆者として、江戸にも影響を及ぼした。

ちかまつはんじ【近松半二】 1725～83.2.4 江戸中・後期の浄瑠璃作者。本名穂積成章。近松門左衛門とも親交があった大坂の儒学者穂積以貫の次男。二世竹田出雲に師事して竹本座の座付作者となり、一七五一年(宝暦元)「役行者大峰桜」の初段の執筆が最初。以後絶筆の「伊賀越道中双六」まで五七編の作品を残す。対位法的な場面構成、歌舞伎的な技法の導入などに特色がある。

ちかまつもんざえもん【近松門左衛門】 1653～1724.11.22 江戸前・中期の浄瑠璃・歌舞伎の作者。本名杉森信盛。号は巣林子。越前国吉江藩士の次男に生まれたが、父が牢人となり京都に移住。士分を捨てる決意をし、宇治加賀掾のもとで浄瑠璃作者の修業を始める。一六八三年(天和三)の加賀掾正本「世継曾我」が、確実作の最初といわれる。貞享年間には二歳年上の竹本義太夫との提携を始め、作者としての地位を築いた。九三年(元禄六)から約一〇年間、坂田藤十郎と提携して歌舞伎作者として活躍。一七〇三年、最初の世話浄瑠璃「曾根崎心中」の大当りを機に浄瑠璃作者に復帰、竹本座専属作者として活躍する。作品数は浄瑠璃が九〇余編(うち世話物が二四)、歌舞伎が約三〇編。ヒューマニズムにもとづく人間ドラマに特色があり、「作者の氏神」として後世に多大な影響を与えた。

ちがみのおとめ【茅上娘子】 ⇨狭野茅上娘子

ちぎ【智顗】 538～597 天台大師・智者大師とも。中国六朝末～隋代の天台宗開祖(慧門・慧思につぐ第三祖とも)。俗姓陳氏。湖南省華容生れ。出家後、慧思のもとで法華三昧を修行、のち天台山に籠って「法華経」の思想を基盤に理論と修行実践法を備えた天台教観を大成した。以後、隋の文帝や煬帝の帰依をうけ、各地で天台教観の講義を行う。「法華文句」「法華玄義」「摩訶止観」の天台三大部をはじめ、弟子灌頂の筆録による著作を多く残した。

ちぐさ【千種】 千草とも。生没年不詳。室町中期の能面作家。六作の一人。世阿弥晩年の「申楽談儀」には、その頃よい男面を打ったことが記される。喜多古能の「仮面譜」(一七九七刊)によると、彫物がうまく、鍔や鼓胴も作ったという。奈良県奈良豆比古神社に伝える、一四一三年(応永二〇)の年紀と千草左衛門大夫作の刻銘をもつ癋見面は彼の真作とされる。

ちぐさありこと【千種有功】 1797.11.9～1854.8.28 江戸後期の公家・歌人。父は有条。号は千々廼舎・鶯蛙園・在琴。一八一〇年(文化七)元服昇殿、二七年(文政一〇)左近衛権中将、三二年(天保三)正三位。一条忠良・飛鳥井家・有栖川宮幟仁親王・久世通理に和歌を学んだ。一方、香川景樹・賀茂季鷹・橘千蔭らとも交わって新風をおこすなど、当代堂上歌壇において異色の歌人であった。家集「千種有功卿家集」。

ちぐさけ【千種家】 「ちくさ」とも。中世～近世の公家。村上源氏久我家庶流。久我通光の子六条通有の曾孫忠顕を祖とする。忠顕は後醍醐天皇の側近として活躍。子に具顕・長忠・忠方・顕経がおり、顕経の孫具定まで続いたが、以後は不詳。寛永年間(一六二四～四四)にあらためて久我晴通の子具尭(岩倉家祖)の四男有能を祖として創立。家格は羽林家。家禄は一五〇石。有能・有維・有政は議奏・武家伝奏を勤めた。有功は書画をよくし、歌人としても知られる。有文は公武合体の推進者で和宮降嫁に尽力したためのちに弾劾されて落飾。維新後、有任のとき子爵。

ちぐさただあき【千種忠顕】 ?～1336.6.7 鎌倉末～南北朝初期の公家・武将。村上源氏六条有忠の子。学問を好まず武芸や博打にふけったため父から勘当されたという。後醍醐天皇の近臣として討幕計画に加わり、一三三一年(元弘元)隠岐に流された天皇に従った。三三年天皇とともに隠岐を脱出、山陰の兵を率いて赤松則村・足利尊氏らと六波羅探題を攻略。建武政権では参議に昇進、丹波守を兼ね、雑訴決断所の寄人に列した。その栄達ぶりから三木一草の一人に数えられる。三六年(建武三・延元元)出家。同年尊氏が九州から上洛すると、後醍醐天皇に従って比叡山にのがれたが、まもなく西坂本で足利直義軍と戦い戦死。

ちくし【知久氏】 中世信濃国の豪族。伴野荘知久郷(現、長野県飯田市)を本拠地とする。はじめ諏訪社神官の一族の神氏、近世以降は清和源氏を称した。鎌倉時代には御家人となり、一二五八年(正嘉二)知久信貞が幕府の的始の射手を勤めた。室町中期から、知久郷内の神之峰城に拠ったが、一五五四年(天文二三)武田信玄に攻略され、城主頼元は敗死。次男頼氏は徳川家康に仕え、子孫は幕臣となった。一族からは、一四六五年(寛正六)遣明正使となった天与清啓などの高僧も輩出。

ちくまながひこ【千熊長彦】 「日本書紀」神功皇后条に百済・新羅との外交に従ったと伝承される人物。百済からの帰国に際し、百済王が献じた七枝刀一口・七子鏡一面などをもたらしたという。「日本書紀」一書では、武蔵国の人で額田部槻本首らの始祖で、「百済記」のいう職摩那那加比跪と同一人と伝える。

ちこう【智光】 709?～?　奈良時代の僧。河内国安宿郡の人。俗姓鋤田連。頼光とともに元興寺の智蔵について三論を学び、聖教を周覧して「般若心経述義」「浄名玄論略述」など多くの著作を残した。「日本霊異記」によると、行基の大僧正補任を妬んで誹謗したため病没して地獄に墜ちたが、懺悔して蘇生し行基に帰依したという。また「日本往生極楽記」などでは、夢中で感得した浄土変相図(智光曼荼羅)を元興寺極楽坊に安置したと伝える。

ちしょうだいし【智証大師】 ⇨円珍

ちしん【智真】 ⇨一遍

ちちぶし【秩父氏】 中世武蔵国の豪族。桓武平氏良文流。良文の孫将常が武蔵権守となり、秩父郡中村郷(現、埼玉県秩父市)に住んだのに始まる。その子武基は秩父別当を称した。四代重綱のとき、武蔵国留守所惣検校職に任じられ、以後一族で世襲した。畠山・豊島・葛西・渋谷・河越・江戸などの諸氏を出し、一族は武蔵国を中心に発展。鎌倉時代、御家人となって活躍したが、本宗家はふるわず、畠山氏、ついで河越氏が惣検校職と家督を継承。

●● 秩父氏略系図

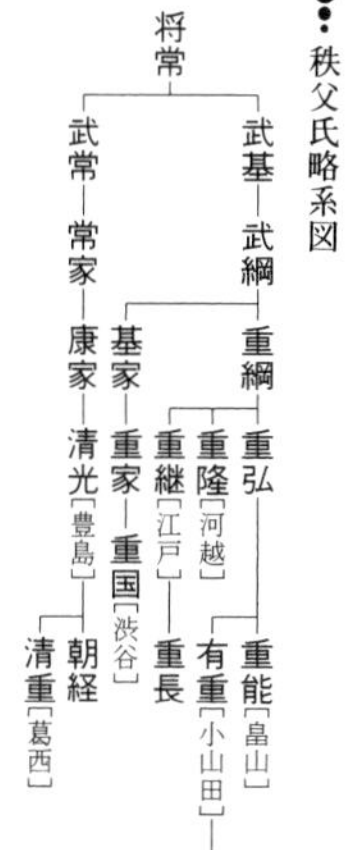

ちちぶのみややすひとしんのう【秩父宮雍仁親王】 1902.6.25～53.1.4　大正天皇の第二皇子。母は貞明皇后。幼称は淳宮。一九二二年(大正一一)成年にともない一家を創立し、秩父宮の宮号をうける。陸軍士官学校本科卒業後、二五年イギリスに留学。二八年(昭和三)松平恒雄の娘勢津子と結婚。三一年陸軍大学校卒業後は歩兵第三連隊・歩兵三一連隊・参謀本部などに勤めた。三四年満州国皇帝即位慶賀のため派遣され、三七年にはイギリス国王の戴冠式のため渡欧。四五年陸軍少将。スポーツ振興にも尽くした。

ちぢわミゲル【千々石ミゲル】 1569/70～?　天正遣欧使節の正使の一人。肥前国千々石生れ。一五八〇年(天正八)受洗。八二年遣欧使節が企画されたとき、有馬晴信の従兄弟で大村純忠の甥という関係から有馬・大村両氏の名代に選ばれた。ポルトガル、スペイン、ローマなどに赴き、使節としての使命をはたす。帰国後の九一年イエズス会に入会したが、のち棄教して大村・有馬両氏に仕えた。しかしいずれからも追放され、晩年は不遇だったらしい。

ちつう【智通】 生没年不詳。七世紀の僧。俗姓湯坐氏。六五八年(斉明四)智達とともに新羅船で入唐し、玄奘から無性衆生義(法相宗をさすか)をうけた。帰国して法相宗を伝え、日本法相宗の第二伝とされる。平城京に観音寺を建立し、六七三年(天武二)僧正に任じられた。

ちどう【智洞】 1736～1805.10.22　江戸中・後期の僧。浄土真宗西本願寺学林の七世能化(学頭)。桃華坊と号す。諡は応現院。京都生れ。父は京都勝満寺の浄謙。幼くして陳善院僧僕の門に入り修学する。宗学と華厳に通じ、一七六七年(明和四)播磨国の智暹と対論して名声を博した。九六年(寛政八)六世能化功存の死により七世に就任。功存の三業帰命説を継承して在野の学僧と対立し、三業惑乱の騒動をおこした。幕府の裁定により三業帰命説は異義とされ、遠島の処分前に獄死した。

ちのしょうしょう【茅野蕭々】 1883.3.18～1946.8.29　明治～昭和期の歌人・ドイツ文学者。長野県出身。東大卒。一高在学中から「明星」派の歌人として活躍、その後「スバル」に詩・短歌などを発表する。三高教授をへて一九二〇年(大正九)慶応義塾大学教授となる。二四年ドイツに留学、帰国後はリルケおよびゲーテの研究で知られる。著書「ゲョエテ研究」「リルケ詩抄」「独逸浪漫主義」、翻訳「ファウスト物語」。

ちばかねたね【千葉兼胤】 1392～1430.6.17　室町時代の武将。下総国守護。鎌倉府侍所所司として一四〇九年(応永一六)不穏な活動のあった新田某を逮捕・処刑した。上杉氏憲(禅秀)の女婿で、一六年父満胤とともに禅秀に味方して鎌倉公方足利持氏を追い、ついで相模国箱根方面で駿河国守護今川範政と交戦。しかしまもなく降伏し、所領を安堵された。二三年には持氏に従って常陸に出動したという。

ちばかめお【千葉亀雄】 1878.9.24～1935.10.4　大正・昭和前期の文芸評論家・新聞記者。山形県出身。東京外国語学校・早稲田大学・国民英学舎に学ぶ。江東の号で「文庫」「日本及日本人」などに執筆し、「国民新聞」「時事新報」「読売新聞」の社会

●千葉氏略系図

常将—常長(常永)
- 常時—常澄[上総]—広常
- 常兼—常重—常胤
  - 胤正
    - 成胤—胤綱—時胤—頼胤
      - 宗胤—胤貞[肥前千葉]
      - 胤宗—貞胤—氏胤—満胤
        - 兼胤
        - 康胤……邦胤—重胤
    - 常秀—秀胤
  - 師常[相馬]
  - 胤盛[武石]
  - 胤信[大須賀]
  - 胤通[国分]
  - 胤頼[東]

部長などを歴任。一九二四年(大正一三)二月正力松太郎が読売新聞社を買収した際、編集局長になる。二六年六月「東京日日新聞」に移り、学芸部長などを務めた。大衆文芸に対する功績をたたえ、三六年(昭和一一)千葉賞が創設されたが、五一年中断。

ちばし【千葉氏】 古代末～中世の下総国の豪族。桓武平氏良文流。所領千葉荘(現、千葉市周辺)の名を苗字とした。良文の子孫常胤(つねたね)は下総権介に任じられ、以後代々千葉介を称した。常胤は、鎌倉幕府創設に尽力し、その功により下総国守護に任じられ、陸奥・薩摩・肥前など諸国に所領を得た。子孫は九州をはじめ各地に分散。嫡流は、南北朝期には足利方につき、下総国守護職を保ったが、一四五四年(享徳三)享徳の乱で一族が分裂抗争し衰微。戦国期には、里見(さとみ)氏の圧迫に苦しめられ、のち後北条氏に従った。一五九〇年(天正一八)豊臣秀吉の小田原攻めにより所領を没収され、宗家は断絶。一族には肥前千葉氏のほか、相馬・武石(たけいし)・大須賀(おおすが)・国分(こくぶ)・東(とう)など諸氏がある。

ちばしゅうさく【千葉周作】 1794～1855.12.13 江戸後期の剣客、北辰一刀流の創始者。諱は観。陸奥国栗原郡花山村の北辰夢想流を唱える家に生まれ、旗本喜多村氏に仕えた。剣術を小野派一刀流の浅利義七に学び、その後独立して北辰一刀流を創始。江戸日本橋品川町に道場玄武館を開き、のち神田お玉が池に移った。天保年間に水戸弘道館に出張教授した縁で水戸藩士に登用され、一八四一年(天保一二)には高一〇〇石、馬廻役に取り立てられ、中奥まで進んだ。

ちばたくさぶろう【千葉卓三郎】 1852.6.17～83.11.12 明治期の自由民権家。「五日市憲法草案」の起草者。仙台藩の下級士族の家に生まれ、戊辰戦争に参戦。のち離郷して医学・儒学・洋算・キリスト教などを学ぶ。神奈川県五日市町(現、東京都あきる野市)で小学校教師をしながら民権運動に参加し、指導的役割をはたす。

ちばつねたね【千葉常胤】 1118.5.24～1201.3.24 平安末～鎌倉初期の武将。桓武平氏良文流の千葉常重の子。下総国千葉荘に住み、千葉介・下総権介と称する。一一三五年(保延元)同国相馬御厨(みくりや)を相続、その支配をめぐり国守藤原親通や源義朝・平常澄と対立。その後、義朝に従い保元の乱にも参加するが、義朝の死後、佐竹氏に相馬御厨を奪われる。八〇年(治承四)石橋山の敗戦後、房総にのがれた源頼朝を迎え、国内の敵対勢力を制圧し、鎌倉入府を進言した。同年頼朝の佐竹討伐により相馬御厨の支配を回復。八四年(元暦元)源範頼に従って平家追討のため西海に下り、八九年(文治五)東海道大将軍として奥州合戦に出陣。のち下総国守護。頼朝に厚く信頼された幕府創業以来の功臣。

ちばひでたね【千葉秀胤】 ?～1247.6.7 鎌倉中期の武将。常秀の子。上総権介と称する。一二四四年(寛元二)幕府評定衆に列したが、四六年執権北条時頼の打倒をはかる名越光時らの陰謀に加担したとして、評定衆から除名され上総国に追放された。翌四七年(宝治元)三浦泰村が北条氏に滅ぼされると、泰村の妹婿だったため上総国一宮大柳館(現、千葉県睦沢町)を襲われ、子らとともに自害した。

ちばゆうごろう【千葉勇五郎】 1870.8.13～1946.4.21 明治～昭和期の牧師・神学者。宮城県出身。横浜英和学校に学び川勝鉄弥から浸礼をうけ、一八九三年(明治二六)バプティスト最初の留学生として渡米。尚絅(しょうけい)女学校ほかの教頭を歴任後、九州各地の伝道に従事。一九三二年(昭和七)関東学院院長。四〇年バプティストの東西両組合が合同して日本バプティスト教団が成立、統理に就任。

ちほう【智鳳】 生没年不詳。奈良時代の僧。新羅(しらぎ)の人。七〇三年(大宝三)智鸞(ちらん)・智雄(ちゅう)とともに入唐し、窺基(きき)法孫で法相第三祖の濮陽(ぼくよう)大師智周に師事して法相宗を学ぶ。帰国し法興寺に住して法相宗を広め、日本法相宗の第三伝とされる。七〇六年(慶雲三)藤原不比等の維摩会復興にあたり講師を勤めた。弟子に義淵がいる。

ちむらし【千村氏】 茅村とも。中世木曾の豪族、江戸時代の幕臣。清和源氏。源(木曾)義仲の後裔と称し、木曾家村の子家重を祖とする。戦国期には木曾氏に従い、良重の代に関ケ原の戦の功により、徳川家康から美濃国に所領を与えられ、以後可児郡久々利(現、岐阜県可児市)に住した。一六一九年(元和五)尾張徳川家に付属を命じられたが、同時に江戸幕府の旗本でもあった。

ちゃやあきのぶ【茶屋明延】 ?～1591.5.25 織豊期の武士・豪商。茶屋家(代々四郎次郎を名のる)の祖清延の父。通称四郎左衛門尉。小笠原氏の流れをくみ中島氏を称したという。茶屋は屋号で、小笠原長時の案内でしばしば休憩に訪れた将軍足利義輝に茶の湯を接待したことにちなむという。呉服商としての活動のほか、徳川家康から食糧や軍需物資の調達を請け負って巨利をえ、みずから甲冑をまとって実戦にも参加した。

ちゃやこしろう【茶屋小四郎】 1593～1627.8.9 豪商茶屋の紀州分家の始祖。初代四郎次郎の四男。名は宗清。一六一四年(慶長一九)徳川家康の命でその子頼宣に従い、一九年(元和五)頼宣が和歌山藩主となると、和歌山で分家をたて藩の呉服師となった。また藩から合力金をうけ、藩主に侍して将軍・大名への内使などの役職も勤めた。二一年には貢納金改め包方を命じられている。代々小四郎を称し、徳川吉宗が将軍となって以降、幕府の呉服師にもなった。

ちゃやしろうじろう【茶屋四郎次郎】 1542～96.閏7.27 近世初頭の豪商茶屋家の初代当主。名は清延。京都の呉服商茶屋四郎左衛門明延の子。若年から徳川家康の側近として戦陣に従い、軍需物資の調達や上方筋からの情報伝達にもあたった。豊臣秀吉政権下では、家康のために諜報活動をしたり、豊臣氏との調停をはかるなどしている。家康の朝廷工作にかかわり、関東への領地替では江戸町割を担当し、江州代官も勤めた。以後、茶屋本家当主は代々四郎次郎を襲名している。

ちゃやしんしろう【茶屋新四郎】 ?～1663.10.9 豪商茶屋の尾州分家の始祖。初代四郎次郎の三男。名は長吉。一六一四年(慶長一九)徳川家康の命で尾張徳川義直に従い、名古屋で分家をたてた。幕府・名古屋藩の呉服師を勤めるとともに、藩から扶持などをうけ、藩主に侍し将軍・大名への内使や接待の役を勤めた。初代は朱印船貿易や茶屋新田開発も行った。以後、代々当主は新四郎を名のるが、元禄年間から家業不振により藩の援助に頼るようになった。

ちゃやまたしろう【茶屋又四郎】 1585～1622.7.16 近世初期の豪商。初代四郎次郎の次男。名は清次。一六〇三年(慶長八)兄の二代四郎次郎の死により家督を相続。一四年(一五年とも)三代四郎次郎を襲名。はじめ長谷川左兵衛藤広のもとで見習いをし、〇六年に長崎奉行となった長谷川に従い、長崎に赴いた。長崎では、徳川家康のために生糸や軍需品などを輸入したほか、キリシタン禁圧にも関係した。みずから朱印船貿易にも乗り出している。大坂の陣により帰京、将軍側近御用を勤めた。風流人として知られる。

チャンドラ・ボース ⇨ボース

ちゆう【智雄】 生没年不詳。奈良時代の僧。新羅の人。七〇三年(大宝三)智鳳・智鸞らとともに入唐し、窺基の法孫で法相第三祖の濮陽大師智周に師事して法相宗を学ぶ。帰国して法相宗を広め、日本法相宗の第三伝とされる。

ちゅうあいてんのう【仲哀天皇】 記紀系譜上の第一四代天皇。足仲彦天皇と称する。日本武尊の第二子。母は垂仁天皇の皇女両道入姫命。成務天皇に跡継ぎがいなかったため即位。神功皇后とともに熊襲征討にむかったが、このとき皇后に憑依した神の言葉を無視したため、その怒りにふれ死去。皇后との間に応神天皇をもうけた。以上は「古事記」「日本書紀」の記述だが、実在性に乏しい。恵我長野西陵に葬られたとされ、大阪府藤井寺市の岡ミサンザイ古墳が指定される。

ちゅうかもんいん【中和門院】 ⇨中和門院

ちゅうがんえんげつ【中巌円月】 1300.1.6～75.1.8 鎌倉後期～南北朝期の禅僧。別号は東海一漚子など。俗姓土屋氏。鎌倉生れ。一六歳で曹洞宗宏智派の東明慧日の会下に入り、一三二五年(正中二)渡元。東陽徳輝に参禅し、三二年(元弘二)帰国。翌年、「原民」「原僧」を著して後醍醐天皇に経綸を進言。三九年(暦応二・延元四)上野国利根荘吉祥寺建立に際し臨済宗大慧派の東陽徳輝の法を嗣ぐことを表明、以後宏智派の迫害を受けた。四二年(康永元・興国三)再び渡元を企てたがはたせなかった。諡号は仏種慧済禅師。漢詩文集「東海一漚集」、自記年譜「中巌和尚自歴譜」。

ちゅうぎおう【忠義王】 ?～1457.12.2 二宮・河野宮とも。室町時代の後南朝の皇族。兄の北山宮自天王とともに、禁闕の変で禁裏から奪われた神璽を奉じ、一四五五年(康正元)六～八月に南朝再興を期す文書を発給したが、五七年(長禄元)主家再興をはかる赤松遺臣に殺された。出自は不詳だが、五五年二月兄の梵勝とともに相国寺を逐電した梵仲(長慶天皇の皇子玉川宮の末孫)にあたるともいわれる。

ちゅうきょうてんのう【仲恭天皇】 1218.10.10～34.5.20 在位1221.4.20～7.9 順徳天皇の皇子。

名は懐成。母は九条良経の女東一条院立子。一二二一年(承久三)父順徳天皇が後鳥羽上皇の倒幕計画に協力するため譲位し、四歳で践祚。同年の承久の乱後、即位礼や大嘗祭も行われないまま鎌倉幕府によって退位させられたので、半帝・九条廃帝と称された。退位後は伯父道家、母立子のもとですごした。一八七〇年(明治三)仲恭天皇と追諡された。

ちゅうじょうし【中条氏】 中世武蔵国の豪族。武蔵七党横山党の一族。本拠は埼玉郡中条(現、埼玉県熊谷市)。小野資隆の孫義勝を祖とする。義勝は子の家長(八田知家の養子となる)とともに鎌倉幕府創設に活躍し、御家人となって、鎌倉後期には尾張国守護も勤めた。南北朝期、秀長が室町幕府御家人となり、足利尊氏・義詮の信任を得て活躍。

ちゅうじょうひめ【中将姫】 「当麻曼荼羅縁起」に現れる伝説上の人物。「古今著聞集」「元亨釈書」など鎌倉時代の資料によれば、横佩の右大臣藤原豊成の女で、七六三年(天平宝字七)当麻寺で出家した。姫が阿弥陀を念じているとき、一人の尼が現れ、百駄の蓮の茎を集めさせ、それから取った糸で織りあげたのが当麻曼荼羅であるという。室町時代以降の御伽草子「中将姫本地」などでは、継子物語の要素が加わる。

ちゅうじん【忠尋】 1065～1138.10.14 大谷座主とも。平安後期の天台宗僧。土佐守源忠季の子。比叡山の長豪・覚尋・良祐に学ぶ。はじめ洛北曼殊院に住し、のち比叡山北谷東陽坊に移る。一一一五年(永久三)里坊として東山大谷に十楽院を開創。一八年(元永元)権律師、三〇年(大治五)天台座主、三七年(保延三)大僧正。恵心流教学の振興に努め、門流を東陽院流と称した。著書「法華略義見聞」。

ちゅうまかのえ【中馬庚】 1870.2.9～1932.3.21 英語の baseball の訳語「野球」の発案者・教育者。鹿児島県出身。一八八八年(明治二一)第一高等中学校に入学し、野球部(当時は庭球部)で活躍。帝国大学入学後の九四年秋に「野球」という訳語を発案し、九七年日本初の野球専門書の「野球」を著した。卒業後は旧制中学の教員となり、各地で校長を歴任した。

ちゅうゆうそせん【仲猷祖闡】 生没年不詳。中国明代の臨済宗僧。別号は帰菴。出自は鄞県(現、浙江省)の陳氏。明州(現、寧波)天寧寺などに住む。一三七二年(応安五・文中元)明の太祖洪武帝の命で、無逸克勤とともに大統暦と文綾紗羅を持参して来日。京都嵯峨向陽庵に滞在して、室町幕府と最初の交渉を行う。帰途、博多妙楽寺に滞在し七四年帰国。著書「禅宗雑毒海」。

ちゅうれつおう【忠烈王】 1236.2.26～1308.7.13 高麗の二五代王(在位一二七四～一三〇八)。元宗の子。諱は昛。フビライの女を王妃とし、二度の元の日本遠征に参加して大敗。元と一体化することで王権を安定させようとしたが、朝廷内の国王派と世子派の対立のため、一二九八年世子が即位して忠宣王となるが、同年復位するなど、政情は定まらなかった。詩集「竜楼集」。

ちゅうわもんいん【中和門院】 1575～1630.7.3 「ちゅうかもんいん」とも。後陽成天皇の女御。名は前子。近衛前久の女。一五八六年(天正一四)一二月関白豊臣秀吉の養女として入内し、南北朝期以降中絶していた女御の制が復活した。後水尾天皇など五皇子六皇女を生む。一六二〇年(元和六)六月准三宮宣下、院号宣下をうける。二代将軍徳川秀忠の女和子の入内や、後水尾天皇の譲位問題などでは宮中の融和に努めた。

ちょうえん【長円】 ?～1150 平安後期に活躍した仏師。円派の一人で始祖円勢の弟子。一一〇三年(康和五)に円勢とともに仁和寺北院の白檀製薬師如来像の造像を行ったのが事績の初見で、寺に現存する像(国宝)がこれにあたると考えられる。二九年(大治四)に興福寺大仏師・清水寺別当に補任されるが、そのことで興福寺大衆に襲われる事件がおきた。三二年(長承元)法印となる。工房は五条高倉にあった。

ちょうかくほっしんのう【澄覚法親王】 1219～89.4.18/28 天台宗三千院の門跡。円融房。父は後鳥羽天皇の皇子雅成親王、母は藤原親経の女。比叡山に入り、梶井門跡尊快入道親王を師主として出家、真仙僧正から伝法灌頂をうけた。一二六五年(文永二)天台座主に任じられ、亀山天皇の護持僧となる。のち辞退するが七一年再び任命される。元寇の危機感が高まるなかで異国降伏の祈禱を行う。家集「澄覚法親王集」。

ちょうがくりょう【張学良】 Zhang Xueliang 1901.6.3～2001.10.15 中国の軍人・政治家。張作霖の長男。遼寧省出身。父が爆殺されたのち蔣介石に接近、一九二八年国民政府傘下に加入。満州事変勃発後、三三年下野し外遊。三四年の帰国後共産軍討伐のため転戦するが、一致抗日の必要を認めて三六年蔣介石を軟禁(西安事件)、第二次国共合作の端緒を開く。事件後逮捕され、日中戦争中は貴州に、戦後も台湾で軟禁生活が続いたが、九〇年に名誉回復された。

ちょうぎ【長義】 「ながよし」とも。刀工の名。著名な長義は南北朝期に二人いる。一人は越後の奏長義で甘呂俊長の門下。本国の備前(奏は長船近くの地名)から越後に下ったという。もう一人は備前長船派の長義で、長重の子または弟。備前刀工であるが、沸の強い相州風の作風から相伝備前とよばれ、正宗十哲の一人である。名物六股、大坂長義など重文が数点ある。

ちょうくん【張勲】 Zhang Xun 1854.12.14～1923.9.12 中国の清朝末～民国初期の軍閥・清朝復辟論者。字は少軒。江西省出身。袁世凱の信頼が厚く、雲南・甘粛・江南の各提督を歴任。辛亥革命のとき革命軍に敗れたが、江蘇巡撫などの地位は保障された。辮髪を切らないその軍隊は辮子軍とよばれた。一九一三年の二次革命に際し、革命軍から南京を奪回したが、日本居留民を殺害する南京事件をおこし左遷される。一七年宣統帝を復位させたが、一〇日余で失敗。翌年政界を引退。

ちょうぐん【張群】 Zhang Qun 1889.5.9～1990.12.14 中国近代の政治家。四川省出身。一九〇八年(明治四一)日本の陸軍士官学校に留学。同年中国革命同盟会に入会。辛亥革命勃発により帰国したが、第二革命失敗後再来日。東南アジア各地をへて一六年帰国。蔣介石の信頼を得て国民政府の要職を歴任。三五年一二月～三七年外交部部長として駐華大使川越茂との会談など対日折衝にあたる。四九年に台湾へ。五四～七二年総統府秘書長。

ちょうけいけい【張景恵】 Zhang Jinghui 1872～1956 中国近代の軍人。遼寧省出身。張作霖の信任のもと、東北地方政府の軍事要職を歴任。一九二六年奉天督軍署参議、二九年東北政務委員会委員。満州事変後は東三省特別区治安維持委員会会長に就任して対日協力を行い、満州国成立後は国務総理などの要職を歴任。日本敗戦後ソ連に逮捕され、中華人民共和国成立後は撫順の監獄に収監され同地で死去。

ちょうけいてんのう【長慶天皇】 1343～94.8.1 在位1368.3.11～83.10以後 後村上天皇の皇子。名は寛成。母は嘉喜門院勝子。一三六八年(応安元・正平二三)頃に践祚。足利方との徹底抗戦を主張したがかなわず、八三年(永徳三・弘和三)和平派の推す弟後亀山天皇に譲位。南北朝合一後も帰京しなかった。著書「仙源抄」。江戸時代以来、即位説・非即位説があったが、在位が確認され、一九二六年(昭和元)皇統に加えられた。

ちょうげつ【澄月】 1714～98.5.2 江戸中期の僧侶・歌人。姓は西山氏。出家して智脱と名のった。別号は垂雲軒・酔雲軒・酔夢庵・風真軒・融阿。備中国玉島生れ。一三歳で上京、比叡山に登って天台教学を修め、のち浄土教に転じた。和歌は武者小路実岳・有賀長川に学んで、二条家の奥義をきわめた。平安和歌四天王の一人。西山拙斎・木下幸文らの門人がある。法号白蓮社雪誉融阿上人。家集「垂雲和歌集」。

ちょうけん【澄憲】 1126～1203.8.6 蓮行房・安居院法印とも。平安後期～鎌倉前期の天台宗僧。藤原通憲(信西)の子。珍兼に師事、比叡山北谷竹林院に、ついでその里房の安居院に住した。一一五九年(平治元)平治の乱で下野国に配流されたが、まもなく帰京。七四年(承安四)最勝講で祈雨法を修し権大僧都に任じられた。七七年(治承元)明雲から一心三観の血脈を相承。多くの法会の導師を勤めて説法唱導の名手として名高く、安居院流の唱導の祖とされる。

ちょうげん【重源】 1121～1206.6.5? 平安末～鎌倉前期の僧。俊乗房と号し南無阿弥陀仏とも称す。東大寺再建の大勧進。京都生れ。父は紀季重。醍醐寺で密教を学び、四国や大峰・葛城・熊野などで修行した。一一六七年(仁安二)入宋し、翌年帰朝した。前後三回渡海したと伝える。八〇年(治承四)焼失した東大寺の再建事業の勧進職に任じられ、八五年(文治元)に大仏開眼供養、九五年(建久六)大仏殿落慶供養、一二〇三年(建仁三)には総供養を遂げて完成させた。この間造営料を求めて周防国阿弥陀寺、播磨国浄土寺、伊賀国新大仏寺などを経営し、造像や建築に運慶・快慶に代表される南都仏師や陳和卿らの宋人技術者を登用した。一代の行跡は自著「南無阿弥陀仏作善集」に詳しい。

ちょうさい【長西】 1184～? 鎌倉中期の法然門下の念仏僧。覚明房と号する。讃岐国生れ。父は伊予守藤原国明。九歳のとき上洛し、一九歳で出家、法然の門下となる。念仏とともに諸行も往生の正因で、阿弥陀如来の本願の行であるという諸行本願義を主張。京都九品寺に住んで講説につとめたことから、その門下を九品寺流という。著書「浄土依憑経論章疏目録」。

ちょうさくりん【張作霖】 Zhang Zuolin 1875～1928.6.4 中国の民国初期の奉天派軍閥。字は雨亭。遼寧省出身。日清戦争に従軍したのち馬賊に身を投じた時期もある。辛亥革命時は奉天国民保安会軍事部副部長。袁世凱が大総統に就任後、張は奉天二七師長に昇進、袁の死後奉天督軍兼省長に就任。一九一八年三省巡閲使となり、奉天軍閥を形成。親日的態度を示す一方、日本の対華二十一カ条の要求に反対の立場も鮮明にした。二二年第一次奉直戦争に敗れ関外に退いたが、二四年の第二次奉直戦争後、北京政権を掌握。日本は張の中央進出に反対したが、張は中華民国陸軍大元帥を自称。二八年北伐軍に敗れた張は関外へ引き揚げる途中、奉天郊外の皇姑屯で関東軍に爆殺された。

ちょうさんしゅう【長三洲】 1833.9.22～95.3.13 幕末～明治前期の漢学者・書家。豊後国日田郡合田村(現、大分県天瀬町)生れ。父は医師・漢学者の長梅外。幼少から広瀬淡窓の咸宜園に学び、のち大坂に出て広瀬旭荘塾塾長。文久期に尊王論を唱えて萩藩にはいり、奇兵隊に入隊。下関戦争や長州戦争・戊辰戦争に従軍。この間に木戸孝允の知遇をえる。維新後は新政府に出仕、文部大丞・北京駐劄・宮内省御用掛などを歴任。明治天皇に書道を教えた。

ちょうし【長氏】 古代末～近世の能登国の武家。物部氏の出という。本姓長谷部氏。中世以後、略して長氏と称した。平安末期の長谷部信連は以仁王に仕え、その挙兵に際し活躍。その功により、のち源頼朝から大屋荘(現、石川県輪島市)を与えられ、以後代々鎌倉御家人となった。南北朝期には、はじめ南朝方についたが、のち足利氏に属し奉公衆となる。戦国期、上杉謙信に攻められ、織田氏を頼って家臣となった。その後金沢藩の重臣となり、維新後、男爵。

ちょうしどう【張之洞】 Zhang Zhidong 1837～1909.10.- 中国清朝末期の政治家。字は孝達、号は香濤・抱氷老人。直隷省出身。一八六三年進士に合格。八〇年新疆省西北部のイリ問題と琉球の帰属問題で上奏。八四年に両広(広東・広西両省)総督、八九年に湖広総督に就任。対外強硬論を主張する一方、産業開発に尽力。「勧学篇」で穏健な改良論と西学の重要性を強調。

ちょうじゅおう【長寿王】 394～491 高句麗の王(在位四一三～四九一)。名は巨連(璉)、中国史書では高璉。諡は康王。好太王の子。中国北朝の北魏、南朝の東晋・宋・斉の双方に朝貢し、安定した外交関係を築く。四二七年、国内城から平壌に遷都して、好太王以来の南進策を進め、高句麗の全盛期を迎えた。四六八年、新羅の悉直州城を奪い、四七五年には百済の都の漢城を陥し、蓋鹵王を殺した。この結果、高句麗の領土は最大となった。

ちょうじろう【長次郎】 ?～1589? 京都楽焼の開祖。一五七四年(天正二)には京都で鉛釉陶器の製作を開始し、八六年頃、千利休の指導のもと、その美意識に従った黒楽・赤楽の茶碗を作りあげた。工房には田中宗慶・庄左衛門宗味・常慶らが参加していたと思われる。代表作は赤楽茶碗銘無一物(兵庫県・穎川美術館蔵)と黒楽茶碗銘大黒が双璧をなす。

ちょうせい【長勢】 1010～91.11.9 平安後期の仏師。定朝の弟子とされ、一〇六五年(治暦元)法成寺造仏により法橋となり、以後円宗寺・法勝寺と朝廷による大規模な造仏にたずさわり、定朝をしのぐ法印位にまで昇った。九一年(寛治五)に八二歳で没したと伝える。作風は広隆寺日光・月光菩薩および十二神将像にみることができる。弟子に円勢がいる。

ちょうそかべくにちか【長宗我部国親】 1504～60.6.15 戦国期の武将。土佐国岡豊城(現、高知県南国市)城主。元親の父。戦国大名長宗我部氏の基礎を築いた。父兼序の敗死により岡豊城を追われたが、一五一八年(永正一五)同城を回復、以後近隣諸氏と提携または交戦して勢力圏を拡大。五六年(弘治二)以後土佐国中央部の覇権をかけて朝倉城主本山茂辰と対立。六〇年(永禄三)長浜・浦戸両城を攻略して優位に立ったが、まもなく死没。

ちょうそかべし【長宗我部氏】 長曾我部とも。中世土佐国の豪族・戦国大名。秦河勝の子孫とも、蘇我氏の部民の出ともいう。鎌倉初期、能俊が長岡郡宗部郷(現、高知県南国市)に住み、子孫が地名から長宗我部氏を称したという。南北朝期には北朝方として活躍。のち土佐国守護細川氏の麾下に入り、吸江庵(現、高知市)の寺奉行となって勢力を伸ばした。永正年間(一五〇四～二一)本山氏・大平氏らに攻められ、一時断絶。その後、幡多郡中村(現、中村市)の一条氏に養育された国親が勢力を回復、ついでその子元親が土佐国を統一した。一五八五年(天正一三)四国を制覇したが、同年豊臣秀吉に敗れて土佐一国の領有を承認されたものの、その子盛親が関ケ原の戦で西軍について敗れ、所領を没収された。さらに大坂の陣で豊臣方に従って敗れ滅亡。

●● 長宗我部氏略系図

能俊……信能―兼能……兼序―国親―元親┬信親
　　　　　　　　　　　　　　　　　　└盛親

ちょうそかべもとちか【長宗我部元親】 1538～99.5.19 織豊期の武将。土佐国岡豊城主国親の長男。土佐を統一し、一五八五年(天正一三)春伊予国の河野通直を破り四国平定をほぼ終えた。しかし、同年豊臣秀吉の四国攻めで降伏し、土佐一国を与えられ、のち浦戸城主。八六年九州攻めに参陣し、豊後国戸次川の戦で島津軍に敗れ、長男信親は戦死。小田原攻め、文禄・慶長の役に参陣。九六年(慶長元)サン・フェリペ号事件の処理にあたった。子の盛親とともに法度「長宗我部元親百箇条」を制定。

ちょうそかべもりちか【長宗我部盛親】 1575～1615.5.15 織豊期の武将。元親の四男。父とともに小田原攻め、文禄・慶長の役に参陣し、一五九九年(慶長四)家督を継ぐ。翌年関ケ原の戦で西軍に属したが、西軍が敗色濃厚となり戦わずに退散。戦後、徳川家康に弁明したが許されず改易。長い牢人生活の末、一六一四年(慶長一九)の大坂の陣に参加。翌年五月藤堂高虎との戦で敗走。のち橋本で捕らえられ、京都六条河原で斬死。

ちょうつらたつ【長連竜】 1546～1619.2.3 織豊期～江戸初期の武将。加賀国金沢藩の重臣。父は続連。一五七七年(天正五)上杉謙信の能登進攻で父や兄を失ったが、同国富来を基盤に勢力を回復し、八〇年織田信長から鹿島半郡を与えられた。翌年、前田利家が能登に入部すると重臣として仕えた。一六〇六年(慶長一一)家督を長子好連に譲り辞したが、好連の早世で再び家政をとり、大坂の陣にも出陣。長氏は三万三〇〇〇石を領し、代々前田家の家老を勤めた。

ちょうでんす【兆殿司】 ⇩明兆

ちょうとうさい【趙陶斎】 1713～86.4.20　江戸中期の書家。肥前国長崎生れ。清国人趙氏の血をひくことから趙を名のる。幼少の頃、黄檗僧竺庵の弟子となり、師の宇治万福寺転住にともない京都に入る。のちに還俗して全国を遊歴したが、江戸と大坂には十数年ずつ滞在。晩年は堺に住み書家として名を高めた。頼春水・十時梅崖は高弟。

ちょうねん【奝然】 938.1.24～1016.3.16　法済大師とも。平安中期の東大寺僧。俗姓秦氏。京都生れ。東大寺の観理に三論教学を、石山寺の元杲に真言密教を学ぶ。早くから入宋を志して九八三年(永観元)入宋。天台山巡礼ののち汴京をへて五台山まで巡拝。太宗から大師号および新印大蔵経などを賜り帰途につく。途中、台州でインドの優塡王が造ったと伝える釈迦立像を模刻し、胎内に由来記などを納めて九八六年(寛和二)帰国し、翌年京都北野の蓮台寺に安置した。同年将来した釈迦像を安置するため、入宋前に伽藍建立を誓った愛宕山の地に清涼寺の開創を請い、没後に実現した。また同年法橋、九八九年(永祚元)から三年間東大寺別当を勤めた。

ちょうねん【超然】 1792～1868.2.29　江戸後期の浄土真宗本願寺派の僧。号は虞淵。諡は高尚院。近江国生れ。父は同国円照寺の大濤。一八〇八年(文化五)本山にて得度。二一年(文政四)本願寺学林の義諦と雲幢の対論を調停し、また三業惑乱後の宗論の混乱を収束させた。嘉永年間、本願寺広如上人の命により「真宗法要典拠」を著す。幕末期には尊王を唱え、頼三樹三郎や周防国妙円寺の月性らと交わった。一九一七年(大正六)勧学を追贈される。

ちょうぶんさいえいし【鳥文斎栄之】 1756～1829.7.2　江戸中・後期の浮世絵師・旗本。本姓は細田。名は時富、俗称民之丞のち弥三郎。父は時行。祖父・曾祖父は勘定奉行を勤めた。一七七二年(安永元)遺跡相続。狩野栄川院典信に絵を学び、御側絵師格の小納戸役として一〇代将軍徳川家治に近侍、五〇〇石を禄した。八九年(寛政元)家督を養子の時豊に譲り、以後浮世絵師として、鳥居清長・喜多川歌麿と並ぶ美人画の名手と称された。寛政期末には錦絵をやめ、以後肉筆画に専念。旗本など武士の門人が多い。

ちょうほうこう【張宝高】 ?～841.11.-/846　張保皐・弓福・弓巴とも。九世紀中葉の新羅政界の有力者。唐で徐州節度使配下の軍職を得、帰国後、全羅南道莞島に拠り、清海鎮大使として日本・唐・新羅の三国間貿易を統轄。八四〇年(承和七)日本への朝貢を拒否されたが、北九州の官人や入唐僧らと貿易などを通して深いかかわりをもつ。八三九年清海鎮に身を寄せていた金祐徴とともに閔哀王を討ち、神武王(祐徴)として即位させたが、その子文聖王に娘を入れようとして失敗、反乱をおこして暗殺された。

ちょうむ【蝶夢】 1732～95.12.24　江戸中期の俳人。京都の人。時宗の法国寺に入り、九歳で得度。一三～一四歳頃に浄土宗の阿弥陀寺内帰白院に転じ、若くして住職となる。俳諧ははじめ宋屋に入門。一七五九年(宝暦九)の敦賀行きをきっかけに、支麦系の地方俳壇にふれ、都市俳壇から離れる。行脚僧で俳人の既白や加賀国出身の二柳・麦水らと交流、芭蕉復興を志す。六八年(明和五)住職を辞し、芭蕉句文集出版や追善法要など、さまざまなかたちで芭蕉顕彰に尽力。句集「草根発句集」、文集「蝶夢和尚文集」。

ちょうゆうしん【張友信】 張支信とも。生没年不詳。九世紀中葉の唐の貿易商人。本拠は唐の明州。八四七年(承和一四)には恵運・恵萼・仁好・大神御井・春日宅成らの帰国の船を提供、八六一年(貞観三)には大宰府で唐通事として活動していた。真如(高岳)親王らの入唐の際にはみずから船を新造・提供し、渡唐後の通訳もしている。以後の消息不明。

ちょうりょうひつ【趙良弼】 1217～86　文永の役を前に来日したモンゴル(元)の政治家。女真族の出身。本姓は朮要甲。趙はその訛音。字は輔之。諡は文正。フビライが即位前から起用。日本招諭の役を願いでて国信使を命じられる。高麗をへて一二七一年(文永八)今津から大宰府に至り返牒を求めた。翌年高麗に退去し再び来日したが、結局使命をはたせなかった。帰国後、日本の国情報告書を提出。日本遠征の無益と困難さを説いたが、いれられなかった。死後、韓国公に追封。

ちょうわ【調和】 1638～1715.10.17　江戸前期の俳人。姓は岸本。陸奥国岩代生れ。寛文頃江戸に出、安静・未得に俳諧を学び、一六七九年(延宝七)処女撰集「富士石」を刊行。当時、江戸俳壇第一の勢力をもち、社交性に富み、大名・旗本らに多くの門人をもった。芭蕉の台頭とともにしだいに後退、前句付の点者に転向。

ちよじょ【千代女】 1703～75.9.8　加賀千代とも。江戸中期の俳人。加賀国松任の表具屋福増屋の女。結婚について諸説あるが、不嫁説が有力。一七五三年(宝暦三)頃剃髪、素園と号す。一九年(享保四)支考の来訪をはじめ、廬元坊・涼袋・白雄らが訪問。みずからは二五～二六年頃伊勢に赴き、乙由を訪問。支考・麦林一派の影響下にあったが、句は諸国諸派の俳人の撰集に入集する。句集は既白編「千代尼句集」(一七六三)、「松の声」(一七七一)。

ちょら【樗良】 1729～80.11.16 江戸中期の俳人。三浦氏。志摩国鳥羽生れ。一七四二年(寛保二)頃伊勢国山田に移住。五九年(宝暦九)処女撰集「白頭鴉」刊。丈石や百雄また伊勢派に学ぶが、六七年(明和四)刊の「我庵」で独自の俳諧を確立。以降たびたび北越・北陸地方に行脚し、門人を得る。七三年(安永二)上京し、蕪村・几董・嵐山と四歌仙を巻き、「此ほとり」(蕪村編)を刊行。以降蕪村一派と交流。句集「樗良句集」「樗良発句集」。

ちらん【智鸞】 生没年不詳。奈良時代の僧。新羅の人。七〇三年(大宝三)智鳳・智雄らとともに入唐し、窺基の法孫で法相第三祖の濮陽大師智周に師事して法相宗を学ぶ。帰国して法相宗を広め、日本法相宗の第三伝とされる。

ちりましほ【知里真志保】 1909.2.24～61.6.9 昭和期のアイヌ出身の言語学者・民俗学者。北海道登別市出身。東大で言語学を学び、金田一京助に提出した卒業論文の「アイヌ語法概説」は岩波書店から出版された。樺太庁立豊原女学校教諭をへて、一九五八年(昭和三三)北海道大学教授。文学博士。アイヌ語学を核にすえたアイヌ文化研究を確立。主著に「アイヌ語入門」「分類アイヌ語辞典」などがあり、これらは「知里真志保著作集」としてまとめられた。金成マツは母方の伯母、知里幸恵は姉。

ちん【珍】「宋書」倭国伝に記される倭の五王の一人。五世紀前半頃の王。讃の弟で、讃の死後に王となった。「梁書」には彌と記される。四三八年、倭隋らを中国南朝の宋に派遣して安東大将軍を自称したが、太祖文帝は安東将軍号を与えた。反正天皇の名、瑞歯別の「ミツ」を漢訳したとする説が有力だが、仁徳天皇や履中天皇にあてる説もある。

ちんいけい【沈惟敬】 ⇨沈惟敬

ちんういろう【陳外郎】 ⇨外郎氏

ちんかい【珍海】 1091～1152.11.23 平安後期の学僧・画家。東大寺・醍醐寺で三輪・因明などを学び、浄土教にも関心があった。絵師春日(藤原)基光の子として画技に秀で、珍海の名を付した「聖天図像」(東寺蔵)、「十二天図像」(醍醐寺蔵)、「騎獅文殊図像」(プリンストン大学蔵)などの図像により、その画風がしのばれる。一一四八年(久安四)に「法華堂根本曼荼羅」(ボストン美術館蔵)を修理したといい、東大寺蔵倶舎曼荼羅の制作にも関与した可能性が高い。

チンギス・ハン Chengjisi han 1167?～1227.7.12 名はジンギスとも。モンゴル帝国の始祖(在位一二〇六～二七)。漢字表記は成吉思汗。幼名はテムジン(鉄木真)。廟号は太祖。イエスガイ(也速該)の子。早くに父を失うが、タイチュートら対抗勢力を破ってモンゴルを統一し、一二〇六年チンギス・ハンになる。中央アジアを征し、西夏(タングート)・金を攻撃。西アジアのホラズムを滅ぼし、ブハラ・南ロシアを含む大帝国を形成した。西夏再征の際、病死。

ちんげんぴん【陳元贇】 1587?～1671.6.9 中国明代の技術者・文化人。生年と出身地については異説がある。字は義都、既白山人・升庵・菊秀軒と号した。元和年間に来日し、長門国の萩や江戸に滞在したのち、名古屋藩主徳川義直に招かれて名古屋に在住し、書・薬・菓子の技法のほか、中国製陶法を伝え、藩窯御深井焼の絵付を指導して、のちの元贇焼を残した。著書「老子経通考」。

ちんじゅかん【沈寿官】 薩摩焼を代表する世襲の陶家。現在まで一四世を数える。とくに一二世(一八三四～一九〇六)が高名で、明治期の薩摩焼の指導的役割をはたした。一八五七年(安政四)苗代川窯にはじめて磁器工場を設け、ヨーロッパへの輸出を試み、七三年(明治六)のウィーン万国博覧会に大花瓶を送り、好評を博した。のち玉光山陶工場をおこし、白釉に細工のきいた透し文様を加え、華やかな色絵金襴手を完成した。

ちんぜいはちろう【鎮西八郎】 ⇨源為朝

ちんだすてみ【珍田捨巳】 1856.12.24～1929.1.16 明治～昭和初期の外交官。伯爵。弘前藩士の家に生まれる。東奥義塾卒。アメリカ留学後、外務省に入り在上海総領事・駐露公使などを歴任。一九〇一～〇八年(明治三四～四一)外務次官(外務総務長官)として小村寿太郎外相を補佐して日露戦時外交に尽力。駐独・駐米・駐英大使を務め、一九年(大正八)パリ講和会議では全権委員。その後、枢密顧問官や東宮大夫・侍従長など宮中の要職を務めた。

ちんてんか【陳天華】 Chen Tianhua 1875～1905.12.8 中国の清朝末期の思想家・革命家。字は星台・過庭、号は思黄。湖南省出身。一九〇三年(明治三六)日本に留学、同年秋革命を鼓吹する「猛回頭」「警世鐘」を発表。〇四年二月長沙で黄興・宋教仁らと華興会を創立。法政大学在学中、日本政府の清国人留学生取締り規則に抗議し、「絶命書」を残して自殺。

ちんなけい【陳和卿】「ちんわけい」とも。生没年不詳。平安末～鎌倉初期に活躍した中国宋の工人。鋳造や建築に造詣が深く、日本に新しい技術を伝えた。商用で来日し、一一八二年(寿永元)に帰国しようとしていたとき重源に請われ、八〇年(治承四)の兵火に損傷した東大寺大仏の復興事業に参加。とくに困難をきわめた大仏頭部の鋳造には中心的な存在として活躍。八五年(文治元)の開眼供養後、大仏殿の再建にも従事した。しかし当初から日本の工人と不和を生じ、やがて重源とも別れた。一二一六年(建保四)に鎌倉に下り、将軍源実朝のため渡宋用の唐船を造るが失敗、その後の事績は不明。

ちんなんぴん【沈南蘋】⇩沈南蘋(しんなんぴん)

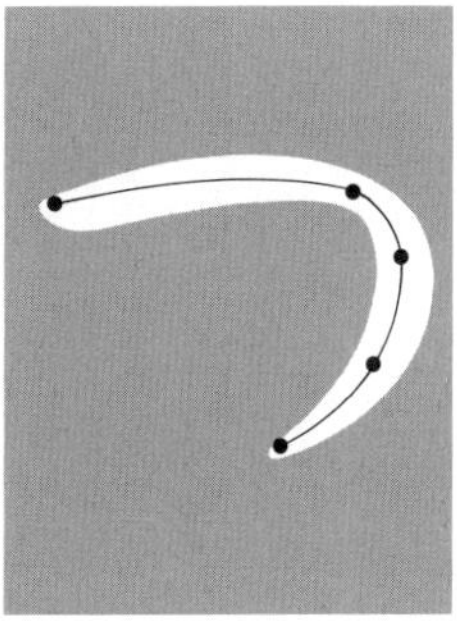

ついしゅようぜい【堆朱楊成】 堆朱家は、室町時代～現代まで続いた漆芸家の家系。初代長充が、その技をもって室町将軍足利義詮(よしあきら)に仕えたのが始まりという。中国では盛んに行われたが、日本にうけいれられにくかった彫漆の技を近代まで伝えた功績があり、二〇代楊成(一八八〇～一九五二)は芸術院会員。代々継承された楊成の名は、中国元代の名彫漆工張成・楊茂から一字ずつをとる。

つうげんじゃくれい【通幻寂霊】 1322～91.5.5 南北朝期の曹洞宗の僧。豊後国(一説に京都)生れ。一七歳で豊後大光寺の定山祖禅につき、一九歳で加賀大乗寺の明峰素哲のもとで修行した。三一歳のとき、能登総持寺の峨山韶碩(がさんじょうせき)に参じて法をつぎ、一三六八年(応安元・正平二三)総持寺五世となった。その後二度総持寺に住み、丹波永沢(ようたく)寺・越前竜泉寺の開山ともなった。法系は通幻派といい、すぐれた弟子(通幻十哲)を輩出した。

つうじ【津氏】⇩菅野氏(すがのうじ)

つうちじへえ【津打治兵衛】 歌舞伎作者。江戸時代に四世を数えるが二世が著名。初世(生没年不詳)は親仁(おやじゃ)方の名優で元禄初年から大坂で作者を兼ねた。元禄末期頃没。二世(一六八三～一七六〇)は初世の子で、宝永～宝暦期の名作者。別号鈍通(どんつう)など。父とともに江戸に下る。時代物と世話物を綯(な)い交ぜにした作劇法を確立し、江戸作者中興の祖といわれた。三世(?～一七八九)は宝暦・明和期の作者。二世の弟子。後名鈍通与三兵衛。四世(生没年不詳)は江戸後期の人。一時二世鈍通与三兵衛を名のった。

つかだごろうえもん【塚田五郎右衛門】 1768.2.1～1827.10.9 江戸後期の水利功労者。名は勝和、のち之和。越後国高田の町人。一七九六年(寛政八)町年寄となる。高田藩主榊原政令(まさのり)の殖産興業策に協力し、一八〇九年(文化六)関川から取水する用水路開削に着手、一一年竣工。一二年さらに支流を開き総延長五里、三六カ村の水田五〇〇町歩を灌漑した。

つかだたいほう【冢田大峰】 1745.3.30～1832.3.21 江戸後期の折衷学派の儒者。名は虎、字は叔貔(しゅくひ)、通称多門。信濃国の儒医の子。江戸に出て苦学し、独学で一家をなし、私塾雄風館を開く。のち細井平洲門に入り、平洲の推挙で尾張国名古屋藩に仕え、藩校明倫堂督学として教化にあたった。いずれの学にもかたよらず、古注にもとづく経書の精密な考証によって独自の冢田学を確立。寛政異学の禁には反対の上書をしている。冢註(ちょうちゅう)といわれる膨大な経書の注釈書を残す。著書「聖道得門」「聖堂合語」「冢註論語」。

つがていしょう【都賀庭鐘】 1718?～94? 江戸中期の読本作者。通称六蔵。大坂の医師で漢学・篆刻(てんこく)・本草(ほんぞう)に優れ、「康熙(こうき)字典」の翻刻を校刊。文人が戯作にむかう早い例としても注目され、白話文学を翻案して「英草紙(はなぶさそうし)」(一七四九)を発表。上田秋成らの後続作者に多大な影響を与えた。ほかに「繁野話(しげしげやわ)」「莠句冊(ひつじぐさ)」「義経磐石伝(ばんじゃくでん)」。

つがねぶんざえもん【津金文左衛門】 1727.9.9～1801.12.19 江戸中期の尾張国名古屋藩士。父は胤忠。諱は胤臣(たねおみ)。号は鷗洲・黙斎(もくさい)。馬廻・小姓・金方納戸役・勘定奉行・先手物頭・熱田奉行を歴任。一八〇〇年(寛政一二)熱田海浜の開拓に着手、翌年田畑三四九町歩をえる(熱田前新田)。また入植者のうちの瀬戸村出身の加藤民吉らに資金を与えて陶器生産を試行させた。死後は養子の胤貞が遺志をつぎ、陶工を知多半島から迎えて、新製染付焼の生産に成功し、尾張製陶の基礎を築いた。

つかのおみ【都加使主】 東漢掬(やまとのあやのつか)とも。生没年不詳。東漢氏の祖阿知使主(あちのおみ)の子とされる渡来人。「日本書紀」応神二〇年九月条に父とともに党類一七県を率いて渡来、同三七年二月条には縫工女を求め父と呉(くれ)(中国の江南地方)に派遣されたとある。雄略七年詔により今来才伎(いまきのてひと)を上桃原(かみつももはら)・下桃原・真神原(まかみのはら)に遷居させ、同二三年八月天皇の遺詔に従い、皇太子(清寧天皇)を奉じ星川皇子を滅ぼした。雄略朝頃の人だが、東漢氏発展の基礎を築いたため渡来伝承に盛りこまれたか。

つかはらじゅうしえん【塚原渋柿園】 1848.3.1～1917.7.5 明治期の小説家。江戸生れ。幕臣の子。本名靖(しずむ)。別号蓼洲。沼津兵学校・静岡医学校で洋学を学ぶ。一八七三年(明治六)「魯国事情」を翻訳。「横浜毎日新聞」から福地源一郎のいる「東京日日新聞」へ移り、西洋の歴史物の翻案を多作。浪漫的歴史小説「天草一揆」「由井正雪」などで本領を発揮。

つかはらぼくでん【塚原卜伝】 1489～1571.2.11 戦国期の武術家。新右衛門尉・土佐守。実名高幹(たかもと)。実父は常陸国鹿島神宮の神官卜部覚賢(うらべのあきかた)。のち鹿島郡塚原城(現、茨城県鹿嶋市)の塚原安幹の養子となる。実父覚賢から鹿島中古流刀術を伝えられ、養父安幹からは飯篠(いいざさ)長威斎直伝の天真正伝神道流を学んだ。卜伝は鹿島神宮にこもってこれに工夫を加え、「一(ひとつ)の太刀」なる妙術をあみだして新当流と称した。その後、門弟をひきつれて武者修行し、諸国に流儀を広めたようである。伊勢国司北畠具教(とものり)に秘伝の「一の太刀」を伝えたことや、将軍足利義輝に兵法を伝授したことなどが知られる。

●津軽氏略系図

光信……為信[弘前藩]─信枚┬信義─信政─信寿─信興─信著─信寧─信明＝寧親─信順＝順承┬承祜
　　　　　　　　　　　　　│　　　　　　　　　　　　　　　　　　　　　　　　　　　　　└承昭(伯爵)
　　　　　　　　　　　　　└信英─信敏─政兕＝寿世─著高─寧親─典暁＝親足[黒石藩]

つかもとあきたけ【塚本明毅】 1833.10.14～85.2.5 幕末～明治初期の洋学者・官吏。幕臣の子。江戸生れ。海軍伝習所に学び海軍士官となり、沼津兵学校頭取。その後、新政府に出仕し、太政官地誌課長として改暦事業を推進。各府県に資料を提出させ「日本地誌提要」を編纂。「三正綜覧」など地理・歴史の編著書がある。

つかもととらじ【塚本虎二】 1885.8.2～1973.9.9 大正・昭和期の宗教家。無教会主義の伝道者。福岡県出身。東大卒。農商務省に勤務。一九一九年(大正八)辞職して内村鑑三の助手になる。二九年(昭和四)内村の承認を待たずに独立。翌年一月雑誌「聖書知識」を創刊、内村の無教会主義を論理的に徹底させた。また「新約聖書」研究の基礎づけと改訳に努めた。

つがるし【津軽氏】 陸奥国津軽郡の豪族で近世大名家。藤原氏頼通流とされるが疑わしく、南部氏の一支流金沢家光を祖とする説が有力。一四九一年(延徳三)光信が種里(現、青森県鰺ケ沢町)に築城、一五〇二年(文亀二)大浦(現、同県岩木町)に進出したといわれる。以来津軽郡西海岸地域を拠点とする豪族として成長。南部右京亮を称した為信は津軽郡を統一し、豊臣秀吉から九〇年(天正一八)ないしは九一年に津軽郡の領知を認められ、南部氏から自立。その後徳川氏に従い、四万七〇〇〇石の大名となる。一八〇五年(文化二)七万石、〇八年一〇万石に高直しされた。明治維新後、承昭のとき伯爵。黒石藩一万石は〇九年に分藩し、子爵。

つがるためのぶ【津軽為信】 1550.1.1～1607.12.5 織豊期～江戸初期の武将・大名。陸奥国弘前藩初代藩主。守信の子、伯父大浦為則の養子という。はじめ南部右京亮を自称、南部氏から自立後、津軽右京亮、右京大夫。一五七一年(元亀二)の石川城攻略以来、大光寺城・浪岡城などを攻め落とし津軽地方を統一。九〇年(天正一八)上洛し、翌年までに津軽郡の所領を豊臣秀吉に安堵される。九二年(文禄元)秀吉の朝鮮出兵の際、肥前国名護屋に出陣、関ケ原の戦では徳川方に属した。近衛家に接近し、藤原姓となる。

つがるのぶはる【津軽信明】 1762.6.22～91.6.22 江戸中期の大名。陸奥国弘前藩主。父は七代藩主信寧(のぶやす)。一七八四年(天明四)遺領相続。土佐守。襲封直前の大飢饉で人口の三分の一にあたる八万人を失い、藩財政も壊滅状態であった。毛内宜応(もうないぎおう)の献策により武士の農村土着による復興策を行い、寛政律の編纂や藩校稽古館設立を構想した。九一年(寛政三)江戸で没し、改革は養子の寧親(やすちか)にうけつがれた。

つがるのぶひら【津軽信枚】 1586.3.21～1631.1.

14　江戸前期の大名。陸奥国弘前藩主。為信の三男。越中守。一六一一年(慶長一六)居城を堀越から高岡(二八年弘前と改称)に移し、城下町の建設、青森の開港、新田開発などを行い、また一九年(元和五)福島正則国替に絡んだ越後(旧説は川中島)転封問題をのりきる。家督相続以前、一時キリスト教に入信した。

つがるのぶまさ【津軽信政】 1646.7.18～1710.10.18　江戸中期の大名。陸奥国弘前藩主。信義の子。越中守。役方・番方の支配機構の整備、積極的な新田開発、屏風山の防砂植林、貞享の領内総検地の実施など藩政の確立を図り、中興の英主とされる。山鹿素行に儒学・兵学、吉川惟足(これたり)に神道を学び、和歌や茶道などもたしなんだ。

つがるやすちか【津軽寧親】 1765.1.17～1833.6.14　江戸後期の大名。陸奥国弘前藩主。父は分家の黒石津軽家五代著高(あきたか)。八代藩主信明(のぶはる)の養子となり、一七九一年(寛政三)遺領相続。信明の寛政の改革を継承。寛政律編纂を終え、藩校稽古館を創立。蝦夷地警備の功により一〇万石格、黒石家も万石格となった。北方警備と家格上昇は藩財政を悪化させ、百姓一揆を、また南部藩との確執から相馬大作事件を誘発した。

つきおかせってい【月岡雪鼎】 1710～86.12.4　江戸中期の大坂の浮世絵師。月岡派の祖。本姓木田、名は昌信、字は大渓、号は信天翁・露仁斎など。近江国生れ。同郷の高田敬輔(けいほ)に狩野派を学び、のち大坂に移り独自の画風で艶麗な浮世絵を描いた。一七六五年(明和二)頃法橋(ほっきょう)、七二年(安永元)法眼(ほうげん)に叙任。はじめは版刻絵本が多く、のち肉筆の当世風俗を描いた美人画、さらには古典主題の肉筆美人画が多くなる。

つきおかよしとし【月岡芳年】 1839.3.17～92.6.9　幕末～明治期の浮世絵師。江戸生れ。本姓吉岡。通称米次郎。号一魁斎(いっかいさい)・玉桜楼・大蘇(たいそ)。月岡雪斎の養子。歌川国芳に入門、師風を継ぎ、同門の落合芳幾(よしいく)との共作「英名二十八衆句」など、凄惨な表現や妖怪絵で有名。明治初年頃から菊池容斎風や北斎風を導入、歴史画などにも題材を広げた。「魁題百撰相」「月百姿」「風俗三十二相」などの錦絵のほか、新聞錦絵や挿絵制作も多く、人気を博した。門弟に水野年方(としかた)らがいる。

つきていぶんと【月亭文都】 ?～1900.4.25　明治期の落語家。大坂生れ。本名岡田亀吉。初代桂文枝の門人。一八八一年(明治一四)二代文枝襲名騒動で、同門の文三(ぶんざ)と対立、敗退したのをきっかけに亭号を改めた。以来、二代文枝と闘争をつづけ、九三年には初代笑福亭福松らと浪花三友派を結成し二代文枝率いる桂派に対抗、大阪落語の全盛期を招来させた。素咄(すばなし)は巧緻を極め、名人にふさわしい高座であった。

つきのいきな【調伊企儺】 ?～562　六世紀の武将。吉士(きし)姓。「日本書紀」によれば、新羅征討軍として派遣されたが、欽明二三年七月、川辺瓊缶(かわべのにえ)の失策で妻の大葉子(おおばこ)とともに捕虜となった。新羅の将は褌(はかま)を脱がせ尻を日本にむけさせ、「日本の将、わが尻を食らえ」といわせようとしたが、伊企儺は「新羅王、わが尻を食らえ」と叫んで降伏せず、殺されたという。

ツキノエ　生没年不詳。江戸後期の東蝦夷地国後(くなしり)の惣乙名(そうおとな)。厚岸(あっけし)のイコトイの弟。偉丈夫で眉目秀麗、義侠心にとんでいたと伝える。一七七一年(明和八)にウルップ島でアイヌに乱暴を働いたロシア人を、ラショワ島のアイヌとともに襲い退けたが、七三年(安永二)には和睦し交易を行う。七五年には和人の船を襲い八一年(天明元)まで交易を停止させるなど、奥蝦夷地に威を振るった。八九年のクナシリ・メナシの蜂起に際しては松前藩との関係を考慮し、降伏をすすめた。

つきのおきな【調老人】 ?～701?　七世紀後半の官人。姓は忌寸(いみき)(伊美伎)。六八九年(持統三)勤広肆で撰善言司(せんぜんげんし)に任じられ、七〇〇年(文武四)六月には大宝律令撰定の功により、禄を賜った。記載順序から、とくに律を担当したとする見方もある。翌年八月には正五位上を追贈されており、それ以前に没したことがわかる。大学頭に任じられたこともあった。

つきやまどの【築山殿】 1542～79.8.29　駿河御前とも。徳川家康の正室。駿河国駿府城主今川義元の重臣関口親永(義広・氏広)の女。母は義元の妹。名は瀬名(せな)姫。一五五七年(弘治三)当時義元の人質となっていた松平元康(のち徳川家康)と結婚。嫡男信康・亀姫を生む。六〇年(永禄三)桶狭間(おけはざま)の戦後、家康とは別居状態となる。信康の正室岡崎殿(五徳・徳姫、織田信長の女)の訴えで、信長から武田氏内通の嫌疑を信康とともにうけ、家康の家臣によって暗殺される。

つくしのいわい【筑紫磐井】 ?～528.11.-　竺紫君石井とも。六世紀前期の筑紫国造。君姓。「日本書紀」によれば、磐井は、継体二一年、近江毛野(おうみのけの)の率いる新羅(しらぎ)征討軍の任那(みまな)派遣阻止を画策した新羅に懐柔され、反乱をおこした。しかし翌年一一月、物部麁鹿火(もののべのあらかひ)と戦い、御井郡で敗死(磐井の乱)。子の葛子(くずこ)は贖罪として糟屋屯倉(かすやのみやけ)を献じたという。「筑後国風土記」逸文に磐井の墓の伝承があり、岩戸山(いわとやま)古墳に比定されている。

つくしひろかど【筑紫広門】 1556～1623.4.23　戦国期～江戸初期の武将。二九市丸。上野介。肥前国基肄(きい)郡勝尾城主。父は惟門。大友氏に属するが、同氏が耳川の戦で敗れると反逆。島津氏に属し、一五八五年(天正一三)には大友方の岩屋城を落とす。翌年再び大友氏に属し、島津方の攻撃をうけ捕虜となるが、豊臣軍の九州攻めの際に脱走。秀吉から筑後国上妻郡を与えられ、朝鮮出兵にも従軍。関ケ原の戦では西軍に加担して所領を失った。晩年は加藤清正領内ですごした。

つくだかずなり【佃十成】 1553～1634.3.2 織豊期～江戸初期の武将。加藤嘉明の家臣。はじめ岩松を称し、織田信長のち徳川家康に仕えたが、一五八五年(天正一三)同輩と争い摂津国西成郡佃郷に蟄居(ちっきょ)し佃に改姓。翌年加藤嘉明に属し家老となり、小田原攻めや朝鮮出兵に従った。関ケ原の戦では伊予国松前城を守り、毛利軍を撃破。

つくどれいかん【筑土鈴寛】 1901.9.28～46.2.11 昭和期の国文学者・民俗学者。本名寛也。東京都出身。一九一七年(大正六)上野寛永寺内現竜院で得度受戒、鈴寛と称する。二五年国学院大学卒業後、東京帝国大学文学部副手・大正大学教員を歴任。国学院大学在学中に折口信夫に師事、また寛永寺内東漸院住職となる。「平家物語」や「神道集」など、中世の唱導文芸を庶民信仰の所産として研究対象にとりあげ、日本文化の底に流れる伝統的思想の究明を課題とし、のちの仏教民俗学へ通じる道を開拓。著書「宗教文学」「慈円―国家と歴史及文学」「復古と叙事詩」。「筑土鈴寛著作集」全五巻。

つぐやまけんぎょう【継山検校】 ?～1697.7.2 江戸前期の箏曲家。近世箏曲の開祖八橋検校の門弟住山(すみやま)(隅山)検校の弟子。名は阿一。八橋流に対し独自の曲風と新作で継山流と称され、大坂の富筋や菊池派に伝えられた。のち江戸に進出した富筋は現在広義の生田流に含まれる。「甲(かん)の曲」「乙(おつ)の曲」「筑波の曲」などを作曲したと伝える。

つくよみのみこと【月読尊】 「古事記」では月読命。月夜見尊・月弓(つくゆみ)尊とも。記紀の神話に登場する月の神。「日本書紀」ではイザナキとイザナミの子とされ、「古事記」ではイザナキの禊(みそぎ)の際に右目から生まれたとされる。アマテラス・スサノオとともに三貴子に数えられる。本来、月を読むことすなわち暦法にかかわる神格と考えられ、農耕や航海術との関連が説かれている。月を祭ることの神格化が、月そのものの神格化に転化したものか。「日本書紀」一書では食物神のウケモチを殺害している。

つざきのりこ【津崎矩子】 1786～1873.8.23 幕末期の近衛家老女。村岡と称した。大覚寺門跡の家来津崎左京の女。一八五六年(安政三)近衛忠熙の養女篤姫(天璋院)と将軍徳川家定との婚儀で江戸に赴く。水戸家への降勅を周旋、僧月照や西郷隆盛らを支援。五九年安政の大獄で捕らえられ、江戸で永押込に処される。赦免後、嵯峨直指庵に隠棲。六九年(明治二)賞典禄二〇石。

つじきよあき【辻清明】 1913.4.5～91.7.30 昭和期の行政学・政治学者。京都市出身。東大卒。東京帝国大学助教授をへて、一九五一～七四年(昭和二六～四九)東京大学教授。日本行政学会・日本政治学会の理事長を歴任。第二次大戦後は安保問題にかかわるが、後年は国や自治体の行政改革に関与した。著書「日本官僚制の研究」「日本の地方自治」。

つじじゅん【辻潤】 1884.10.4～1944.11.24 大正・昭和前期の評論家。東京都出身。教え子伊藤野枝との恋愛事件で上野高女を退職したが、一九一六年(大正五)野枝が大杉栄のもとに走り、放浪生活に入った。ロンブローゾ「天才論」、ド・クインシー「阿片溺愛者の告白」、シュティルナー「唯一者とその所有」などを翻訳して世紀末思潮を紹介し、ダダイズムにも理解を示した。しだいに虚無的傾向を強め、三二年(昭和七)精神錯乱。その後全国を流浪し餓死した。著書「浮浪漫語」「ですぺら」。

つじしんじ【辻新次】 1842.1.9～1915.11.30 明治期の教育行政家。信濃国松本藩士出身。蕃書調所で洋学を学ぶ。明治新政府に入り、南校校長・文部大書記官などをへて、一八八六年(明治一九)文部次官となり、森有礼(ありのり)文相を補佐して学校令制定など学制改革に尽力。晩年は帝国教育会会長・貴族院議員(勅選)として教育界に影響力をもった。

つじぜんのすけ【辻善之助】 1877.4.15～1955.10.13 明治～昭和期の歴史学者。兵庫県出身。東大卒。日本仏教史の研究に従事。一九二〇年(大正九)史料編纂掛事務主任となり、同掛の大幅拡張を実現、「大日本史料」各編の一斉出版を開始した。のち東京帝国大学教授。二九年(昭和四)史料編纂所初代所長。退官後は文化財専門審議会会長などを務めた。著書「日本仏教史」「日本文化史」。

つじなおしろう【辻直四郎】 1899.11.18～1979.9.24 昭和期の言語学・サンスクリット文献学者。東京都出身。一九二三年(大正一二)東大卒。東京大学名誉教授。二四年英・独に留学しベーダ学を学ぶ。帰国後ベーダ学と古典サンスクリット学に業績を残した。五三年(昭和二八)学士院会員、七八年文化功労者。東洋文庫理事長・フランス東洋学会名誉会員などを歴任。「辻直四郎著作集」全四巻。

つじまさのぶ【辻政信】 1902.10.11～? 昭和期の軍人・政治家。石川県出身。陸軍士官学校(三六期)・陸軍大学校卒。太平洋戦争緒戦のマレー作戦で第二五軍参謀。タイの第一八方面軍参謀のとき敗戦となり地下に潜行。一九四八年(昭和二三)に帰国。五二年から衆議院議員。六一年、東南アジア旅行中にラオスで失踪、六八年七月二〇日に死亡宣告。

つしまじゅいち【津島寿一】 1888.1.1～1967.2.7 大正・昭和期の官僚・政治家。香川県出身。東大卒。一九一二年(明治四五)大蔵省に入省。理財局長をへて三四年(昭和九)に大蔵次官となる。この間関東大震災の復興外債の発行や金解禁にともなうクレジット設定に尽力し、北京関税特別会議やロンドン軍縮会議などでも活躍した。北支那開発会社総裁をへて、四五年には小磯・東久邇宮両内閣の蔵相。第二次大戦後公職追放となり、解除後はインドネシア・フィリピン賠償交渉全権委員、日本外債処理会議代表となる。自由党・自由民主党に所属し、五七年から岸内閣の防衛庁長官を務めた。

つじむがい【都治無外】 1649～1727.6.23　姓は都司・辻とも。江戸中期の剣術家。名は資茂、無外は号。月丹とも号す。近江国甲賀郡郷士として生まれ、京・越後あたりで修行したのち、江戸に道場を開く。山口流剣術などを学び、剣禅一致の哲学にもとづく無外流を称した。

つじむらたろう【辻村太郎】 1890.6.12～1983.7.15　大正・昭和期の地理学者。神奈川県出身。東大卒。氷河地形の研究家として早くから注目された。陸地測量部講師、のち東京帝国大学教授。内外の地形学を学び、飛騨山脈・木曾山脈周辺の断層など体系的な地形学を研究。地形図・景観図などの作成、術語の選定に努力した。人文地理学の分野も開拓し、晩年まで登山を続けた。日本地理学会会長・国立公園中央委員・文化財保護委員を務めた。秩父宮学術記念学術賞受賞。

つじよじろう【辻与次郎】 生没年不詳。織豊期の鋳物師。名は実久。近江国栗太郡辻村生れ。京都三条釜座に住んだ。西村道治の「釜師之由緒」では西村道仁の弟子とする。千利休の釜師として有名で、豊臣秀吉から天下一の称号を許された。釜は利休の好みによって鋳造されたものが多く、阿弥陀堂釜・雲竜釜・四方釜・尻張釜などが著名。釜以外の作品では天正一八年(一五九〇)銘の鰐口を最古に、慶長一五年(一六一〇)銘の梵鐘などがある。

つじらんしつ【辻蘭室】 1756.11.26～1835.12.13　江戸後期の蘭学者。京都における蘭学の祖。医師村田玄隆の子。名は章従。京都生れ。一七七〇年(明和七)久我家の医師辻章典の養子となる。信濃守、のち出羽守。九二年(寛政四)大槻玄沢から書簡で教えをうける。九五年久我家の当主信通の死により譴責される。蘭日辞典「蘭語八箋」を起稿。語学・医学・博物学・天文学・地理学・暦学など多方面に造詣が深かった。

つだいずる【津田出】 1832.3.-～1905.6.2　明治期の官僚。通称又太郎、号は芝山。和歌山藩士の子として生まれる。江戸で蘭学を学び帰藩して要職についたが、反対派との政争に敗れて蟄居。王政復古で赦免され、和歌山藩の執政・大参事となり、俸禄の削減、藩士の農工商への従事許可、徴兵制の実施など封建制打破の藩政改革を推進。廃藩置県後、大蔵少輔・元老院議官・貴族院議員(勅選)を歴任。大農論を唱え千葉県で開墾事業にあたった。

つだうめこ【津田梅子】 1864.12.3～1929.8.16　明治・大正期の教育家。津田塾大学創立者。明治政府がアメリカへ派遣した最初の女子留学生。本名むめ。江戸牛込生れ。津田仙の次女。開拓使が募集した女子留学生として一八七一年(明治四)岩倉使節団に同行して渡米。ワシントン郊外のC・ランメン宅に滞在して通学、受洗する。八二年帰国。日本語を忘れ、日本の生活への適応に苦労するが、やがて伊藤博文家の通訳兼家庭教師となる。八五年から華族女学校で教鞭をとり、八九年再渡米。ブリンマー大学の選科生となる。九二年帰国し、華族女学校に戻り、九八年には女子高等師範学校教授も兼任。帰国以来抱いていた日本女性の地位向上には高等教育が必要であるとの考えにもとづき、一九〇〇年女子英学塾(現、津田塾大学)を東京麹町に設立した。

つだけんもつ【津田監物】 ?～1567.12.23　戦国期の砲術家。津田流砲術の祖。紀伊国の人。種子島に渡り、鉄砲を入手し射撃術を覚えて帰郷。根来の鍛冶職芝辻徳右衛門に鉄砲の製作法を、また諸国の人々に砲術を教えたという。

つださんぞう【津田三蔵】 1854.12.19～91.9.29　大津事件の犯人。伊賀上野藩医の子として江戸に生まれる。名古屋鎮台兵として西南戦争に参加。三重県巡査をへて、一八八五年(明治一八)滋賀県巡査となる。ロシア皇太子ニコライの訪日を侵略のための視察と考え、九一年五月一一日大津市内で警護中に負傷させた。無期徒刑判決をうけたが、北海道釧路集治監で病死。

つだしんご【津田信吾】 1881.3.29～1948.4.18　鐘淵紡績社長。愛知県出身。慶応義塾卒。一九〇八年(明治四一)鐘淵紡績に入社し、淀川工場長として加工綿布生産に貢献。鐘淵紡績争議をへて三〇年(昭和五)に社長に就任。三八年鐘淵実業を設立して、重化学工業分野にも及ぶ経営多角化を進めた。大日本紡績連合会会長・大政翼賛会中央協力会議代表など多くの公職についた。

つだすけひろ【津田助広】 ⇨助広

つだせん【津田仙】 1837.7.6～1908.4.24　明治前期の農学者・キリスト教系啓蒙家。下総国佐倉藩士の子。蘭学・英学を学び外国奉行支配通弁となり、一八六七年(慶応三)幕府特使小野友五郎のアメリカ出張に随行。七三年ウィーン万国博覧会派遣に随行してオーストリア農学者に学び、翌年帰国して「農業三事」を刊行、作物増収のために津田縄(授粉媒助縄)を奨励して評判となった。七六年学農舎農学校を創立し「農業雑誌」を創刊。足尾鉱毒反対や禁酒運動にも参加した。

つだそうきち【津田左右吉】 1873.10.3～1961.12.

4 大正・昭和期の歴史学者。岐阜県出身。東京専門学校卒。富山県東本願寺別院付属教校をはじめ群馬県・千葉県で中学校教員を務め、一九〇八年(明治四一)満鉄東京支社満鮮地理歴史調査室員。一八年(大正七)早稲田大学教授となり、四〇年(昭和一五)の筆禍事件まで東洋哲学を講義。その研究は日本・中国の思想史と日本古代史を中心とし、徹底した史料批判にもとづく斬新な見解を次々と発表した。しかし太平洋戦争中に記紀批判による古代史研究は皇室の尊厳を冒瀆するものとして、四〇年には主著四冊が発禁処分をうけ、四二年には出版法違反で有罪とされた。戦後は学士院会員に推され、文化功労者。文化勲章受章。「津田左右吉全集」全二八巻・別巻五。

つだそうぎゅう【津田宗及】 ?～1591.4.20 織豊期の堺の豪商・茶人。津田宗達の子。江月宗玩の父。屋号は天王寺屋。通称助五郎。父と同様に本願寺と関係が深かったが、一五六八年(永禄一一)織田信長が堺に矢銭を課すと、信長と結ぶ道を選んだ。武野紹鷗の弟子だった父から手ほどきをうけた茶の湯の技量と資力により、信長・豊臣秀吉に茶頭・政商として仕えた。今井宗久・千利休とともに三宗匠と称され、秀吉の北野大茶湯をつかさどった。武芸・蹴鞠の道にも堪能で、参禅もした文化人。

つだそうたつ【津田宗達】 1504～66.8.2 戦国・織豊期の堺の豪商・茶人。宗柏の子。宗及の父。津田家は屋号を天王寺屋といい、堺会合衆の一人。堺屈指の豪商で弟の道叱らとともに九州との交易も行った。また北向道陳・武野紹鷗などの町衆茶人と親しみ、堺の茶の湯勃興期の一翼を担った。志野茶碗を愛好するなど侘への志向も認められるが、巨富をもとに入手した唐物など三〇余種の名物をもつ。子の宗及や孫の宗凡とともに残した茶湯日記「天王寺屋会記」から、交際範囲の広さがうかがえる。

つだながただ【津田永忠】 1640～1707.2.5 江戸前期の備前国岡山藩士。貞永の三男。通称佐源太。藩主池田光政の下で種々の経済政策・造成事業にたずさわった。同藩大目付・郡代・番頭などを歴任。閑谷学校・社倉米制度などを創始し、藩の財政再建にあたった。児島湾岸に大規模な藩営新田を造成し、用排水路造築を行った。

つだひょうぶ【津田兵部】 1609～95 江戸初期の水利功労者。伊豆国田方郡南江間村の名主。名は重定。狩野川上流に石堰を築く用水路を計画したが、上流諸村と幕府の反対にあい、三年にわたる江戸での嘆願で許可される。一六五五年(明暦元)天野村の川中に幅一〇間、長さ九六間の江間堰を完成、江間周辺に水路を導いた。

つだまたざえもん【津田又左衛門】 生没年不詳。近世初頭の貿易商人。長崎の人。慶長年間シャムに渡航し、アユタヤ滞在中におきた隣国との紛争の際、山田長政とともに日本人軍を指揮して活躍した。国王はその功により王女と結婚させた。のち帰国し、長崎材木町の町役人やシャム通事をつとめた。

つだまみち【津田真道】 1829.6.25～1903.9.3 幕末～明治期の啓蒙家・官吏。美作国生れ。幼名喜久治。少年時代から国学・軍学を修め、江戸に出て箕作阮甫・伊藤玄朴に洋学を学ぶ。蕃書調所に勤め、一八六二年(文久二)幕命により榎本武揚・西周らとオランダに留学、法学を学ぶ。帰国後開成所教授に就任。六八年(明治元)日本初の西洋法学書「泰西国法論」を翻訳・刊行。七三年明六社に参加し、啓蒙的言論を展開。七六年元老院議官、九〇年衆議院議員、のち貴族院議員。

つたやじゅうざぶろう【蔦屋重三郎】 1750.1.7～97.5.6 江戸中・後期の江戸の書肆。本姓丸山、喜多川氏をつぐ。号は耕書堂・薜蘿館・蔦唐丸など。江戸生れ。吉原五十間道東側に住み、吉原細見の版元だったが、のち通油町南側中程へ転居した。浮世絵や江戸小説の出版が時好にかない、江戸で一、二を争う地本(江戸版の書物)問屋となった。戯作者や浮世絵師の庇護者で、東洲斎写楽の浮世絵もすべてこの版元から出ている。一七九一年(寛政三)幕府の風俗取締りにより家財半減の処分をうけた。

つだゆう【津太夫】 生没年不詳。近世後期の漂流民。陸奥国石巻の漁民。一七九三年(寛政五)米沢屋平之丞持船若宮丸が石巻から江戸に向かう途中時化にあい漂流、翌年アリューシャン列島アンデレイッカ島に漂着。ロシア人に救われイルクーツクに居住し、のちペテルブルクに行き皇帝アレクサンドル一世に謁見。ロシア使節レザノフに伴われ、一八〇四年(文化元)長崎に来航し翌年幕府に引き渡された。仙台藩にひきとられ、大槻玄沢によって「環海異聞」が編まれた。

つだよねじろう【津田米次郎】 1862.6.8～1915.11.12 明治・大正期の発明家。加賀国生れ。繊維機械の製作・修理業者の家に生まれ幼少から家業に従事。一八七八年(明治一一)京都織殿で機織を学んで以来、織機製造の研究を続けた。一九〇〇年津田式絹力織機を完成。同織機は日露戦争後から絹織物産地で広く使用された。

つちいばんすい【土井晩翠】 ⇨土井晩翠

つちかわへいべえ【土川平兵衛】 1801～43.4.25 一八四二年(天保一三)検地反対を目的とした近江国三上山騒動の頭取。同国野洲郡三上村の庄屋。肥料値段引下げを名目とした集会を開き一揆を組織、三上村の幕府勘定方市野茂三郎本陣へ押しよせ、「十万日日延」の証文を書かせ、検地実施を粉砕した。獄門とされたが江戸で牢死。天保義民の一人として顕彰されている。

つちだきょうそん【土田杏村】 1891.1.15～1934.4.25 大正・昭和前期の思想家・評論家。本名茂。新潟県出身。画家土田麦僊の弟。京大卒。西田幾多郎の教えをうけ田中王堂に傾倒し、多方面にわたる評論活動を展開。「国文学の哲学的研究」では新風をおこし、新短歌運動に参加。ほかに「文化主義原論」「マルキシズム批評」。

つちだなおしげ【土田直鎮】 1924.1.16～93.1.24 昭和期の日本史学者。東京都出身。東大卒。東京大学史料編纂所で「大日本史料」第二編の編纂に従事。同所長・文学部教授をも勤め、のち国立歴史民俗博物館の館長となる。古記録や正倉院文書の史料批判を通じて平安貴族社会の実態の解明などにすぐれた業績をあげた。著書「奈良平安時代史研究」。

つちだばくせん【土田麦僊】 1887.2.9～1936.6.10 大正・昭和前期の日本画家。新潟県出身。本名金二。京都智積院に預けられるが画家を志し出奔。鈴木松年・竹内栖鳳に師事し、麦僊の号をうける。京都市立絵画専門学校卒。黒猫会・仮面会の結成など前衛的な活動を展開する。一九一八年（大正七）には反官展の立場で国画創作協会を結成、同会解散後帝展に復帰。三四年（昭和九）帝国美術院会員。作品「大原女」「舞妓林泉」「罌粟」。

つちはしやちた【土橋八千太】 1866.10.28～1965.3.11 明治～昭和期のカトリック司祭・天文学者・教育者。信濃国生れ。一八八一年（明治一四）受洗。八八年上海でイエズス会に入会。フランスで数学・天文学を学び、一九〇一年に司祭となる。上海に戻り余山天文台副台長に就任。一一年帰国し、上智大学の創設（一九一三）に尽力。四〇～四五年（昭和一五～二〇）同大学長を務めた。

つちみかどいんのこざいしょう【土御門院小宰相】 承明門院小宰相とも。生没年不詳。鎌倉前期の歌人。藤原家隆の女。はじめ土御門天皇の女房で承久の乱による天皇の土佐国遷幸後は、天皇の生母承明門院に出仕。「なよ竹物語絵巻」（「鳴門中将物語」）は、和歌故事を用いて一字返書のなぞを解いた後嵯峨天皇時代の彼女の姿を描いている。一二三六年（嘉禎二）「遠島御歌合」、五六年（康元元）の「百首歌合」などに名を連ね、六五年（文永二）八月「十五夜歌合」まで歌を詠んだことが確認できる。「宝治百首」作者。「新勅撰集」以下に入集。家集は散逸。

つちみかどけ【土御門家】 安倍氏。陰陽道の大家安倍晴明の後裔。室町中期の有宣の頃から土御門を称した。戦国期の有脩以後暦道を兼ねた時期がある。織豊期に一時、職を解かれたが、一六〇〇年（慶長五）出仕。江戸時代の家格は半家。家禄は一七七石余、のち一八三石余。八三年（天和三）泰福は勅許により全国の陰陽師支配を認められ、また土御門神道を大成した。以来、代々陰陽頭を勤めた。維新後、晴栄のとき子爵。

つちみかどてんのう【土御門天皇】 1195.11.1/12.2～1231.10.11 在位1198.1.11～1210.11.25 後鳥羽天皇の第一皇子。名は為仁。母は源通親の女承明門院在子。一一九八年（建久九）即位、一二一〇年（承元四）父後鳥羽上皇の命で弟の順徳天皇に譲位。承久の乱には積極的に関与せず、後鳥羽・順徳両上皇は配流となったが、鎌倉幕府の追及はなかった。しかし同年みずから土佐に移り、のち阿波に移って同国で没した。土佐院・阿波院ともよばれた。

つちみかどみちちか【土御門通親】 ⇨源通親

つちみかどみちとも【土御門通具】 ⇨源通具

つちみかどやすとみ【土御門泰福】 1655.6.20～1717.6.17 江戸前期の陰陽師・神道家。従二位。土御門隆俊の子。代々陰陽頭を勤める家に生まれ、一六八二年（天和二）陰陽頭となり、翌年には全国の陰陽師の支配権も与えられた。山崎闇斎に入門して垂加神道も学び、陰陽道と加えあわせて、従来の仏教的色彩を排除した土御門神道を形成した。

つちやし【土屋氏】 ㊀相模国の中世武士。桓武平氏中村氏の一族。中村荘司宗平の子宗遠が余綾郡土屋（現、神奈川県平塚市）を領し土屋氏を称した。宗遠は源頼朝挙兵に従い御家人となった。一二一三年（建保元）和田合戦で和田方にくみし敗北。勢力は衰えたが以後も御家人として存続。南北朝期は足利氏、室町中期には鎌倉府に従った。戦国期は後北条氏家臣。

㊁近世の大名・旗本家。一色・秋山・金丸と号したが、昌恒のとき土屋と改めた。武田氏に仕えたが、同氏滅亡後、昌恒の子忠直が徳川家康に仕え、一六〇二年（慶長七）上総国久留里二万石を与えられた。忠直の長子利直の家系は、七九年（延宝七）所領没収、以後は旗本。また次子数直

●土屋氏㊁略系図

昌恒―忠直［久留里藩］┬利直―頼直
　　　　　　　　　　└数直［土浦藩］―政直［田中藩・土浦藩］―陳直―篤直―寿直＝泰直＝英直―寛直＝彦直―寅直＝挙直（子爵）

は六二年（寛文二）若年寄となり、一万石を与えられた。六九年四万五〇〇〇石となり、常陸国土浦を城地とした。その後の加増により、一七一八年（享保三）九万五〇〇〇石。土浦藩主として廃藩置県にいたり、挙直のとき子爵。

つちやたかお【土屋喬雄】 1896.12.21～1988.8.19 大正・昭和期の経済史学者。東京都出身。東大卒。一九二三年（大正一二）東京帝国大学助教授、三九年（昭和一四）同教授。この間近世の藩財政や明治経済史に関する実証的研究を数多く発表。日本資本主義論争では労農派の論客として服部之総とのマニュファクチュア論争はとくに有名。思想上の理由による東大休職もあったが復職、五七年定年退官。のち明治大学教授。著書「封建社会崩壊過程の研究」「日本経営理念史」。

つちやぶんめい【土屋文明】 1890.9.18～1990.12.8 明治～昭和期の歌人。群馬県出身。東大卒。一九〇九年（明治四二）伊藤左千夫をたよって上京。その庇護をうけて一高に進み、「アララギ」の同人となる。東京帝国大学在学中の一四年（大正三）第三次「新思潮」に参加。二五年第一歌集「ふゆくさ」を刊行。以後「往還集」「山谷集」などを刊行し、きびしく現実を凝視する即物的な歌風を形成した。民衆短歌の理論化に努め、万葉研究にもとりくんだ。

つちやまたさぶろう【土屋又三郎】 ?～1719.1.- 江戸前期の勧農家。諱は義休。加賀国石川郡御供田村生れ。祖父以来金沢藩領の十村役を勤めたが、一六九四年（元禄七）改作奉行園田佐十郎の科に連坐して投獄。赦免後十村役を罷免され隠居、剃髪して直心野衲と号した。農政にすぐれた見識をもち、一七〇七年（宝永四）「耕稼春秋」を著した。ほかに「加越能三州改作初物語」「加越能大路水経」。

つちややすちか【土屋安親】 1670～1744.9.27 江戸中期の装剣金工。出羽国庄内生れ。はじめ同地の佐藤珍久に学んだが、一七〇三年（元禄一六）江戸に出て奈良派の奈良辰政の門に入った。杉浦乗意・奈良利寿とともに奈良三作と評された名工。鉄のほか赤銅・真鍮・素銅など各種の素材を用い、鋤出彫・高肉彫による微妙な肉づけの名手で、叙情的な描写や奇抜な構図など独自の作風を展開。

つついさだつぐ【筒井定次】 1562～1615.3.5 織豊期の武将。順慶の養子。一五八四年（天正一二）遺領を継ぐが、翌年伊賀国上野九万五〇〇〇石に移封。関ケ原の戦では徳川家康に従い、所領を安堵された。一六〇八年（慶長一三）家臣に不行跡を提訴され改易。一五年（元和元）豊臣方への内通の嫌疑で子順定とともに死罪となり、一族は断絶。

つついし【筒井氏】 中世大和国の国人・戦国大名。本拠は添下郡筒井（現、奈良県大和郡山市）。興福寺一乗院門跡坊人、同寺成身院家元、官符衆徒。出自は藤原氏・大神氏・菅原氏など諸説ある。南北朝期以降に台頭して大名化、天文年間に大和一国をほぼ統一。順慶のとき織田信長に従って大和国守護となり、郡山城を築いたが、伊賀国上野城に移された養子定次のときに改易。のち順慶の猶子定慶が継ぎ、郡山城番に復したが、大坂夏の陣で豊臣方と戦い敗走、断絶した。順慶の養子といわれる順斎は徳川家康に仕え、江戸時代は旗本。江戸後期に町奉行や外交関係で活躍した政憲がいる。

つついじゅんけい【筒井順慶】 1549～84.8.11 織豊期の武将。代々興福寺衆徒の家柄で、父順昭は大和の大勢力だったが、順慶二歳のとき病没。松永久秀の侵略をうけて流寓の少年期をおくった。のち織田信長に属し、一五七七年（天正五）久秀討伐に功をあげ、八〇年大和郡山城主となり宿願の大和一国を支配した。本能寺の変後、明智光秀の誘いに応じず郡山に籠城、豊臣秀吉から大和を安堵された。能楽・茶道に造詣が深く、井戸茶碗の「筒井筒」を所持していたのは有名。

つついまさのり【筒井政憲】 1778.5.21～1859.6.8 江戸後期の幕臣。父は久世広景。筒井正盈の養子。目付・長崎奉行をへて一八二一年（文政四）南町奉行。仙石騒動の審理に加わった。四一年（天保一二）西丸留守居となるが翌年町奉行矢部定謙の処罰に連坐し罷免。老中阿部正弘の信任をえて対外政策の諮問を受け、四五年（弘化二）学問所御用、四七年西丸留守居に復帰。五三年（嘉永六）大目付格、ロシア使節応接掛として川路聖謨らと長崎へ赴く。五四年（安政元）海防掛大目付。下田でロシアと交渉し、条約締結に尽力。五七年鑓奉行。

つづきけいろく【都筑馨六】 1861.2.-～1923.7.6 明治・大正期の官僚。男爵。上野国生れ。東大卒。長州閥につらなり、ドイツ留学後、井上馨外相・山県有朋首相の秘書官をへて、内務省土木局長・外務次官などを歴任。一九〇〇年（明治三三）立憲政友会結成に参画。貴族院議員の官僚派として活動。

つつみいそえもん【堤磯右衛門】 1833.2.2～91.1.28 日本最初の国産石鹼製造者。武蔵国久良岐郡生れ。村役人をするかたわら神奈川砲台の埋築、横須賀製鉄所の建築などに従事した。一八七三年（明治六）横浜に堤石鹼製造所を開き、同年石鹼製造に成功。七七年第一回内国勧業博覧会で花紋賞牌をうけた。九三年に廃業。

つつみやすじろう【堤康次郎】 1889.3.7～1964.4.26 大正・昭和期の実業家・政治家。滋賀県出身。早大卒。さまざまな事業を試みるが失敗を重ね、一九二〇年（大正九）箱根土地（国土開発の前身）を設立する一方、鉄道事業にも乗り出し、土地開発・観光・ホテル・流通・レジャーなどの都市型第三次産業を展開する西武コンツェルンを築いた。二四年には衆議院議員に初当選(民政党)、以来一三回にわたって当選、第二次大戦後の五三年(昭和二八)衆議院議長に就任。

つなじまりょうせん【綱島梁川】 1873.5.27〜1907.9.14 明治期の評論家・宗教思想家。本名栄一郎。岡山県出身。郷里で受洗後、東京専門学校卒。坪内逍遥・大西祝に師事し、在学中から「早稲田文学」の編集に従事。一八九六年(明治二九)から肺結核の療養で転地をくり返し、一時疎遠になっていた教会に戻る一方で、白隠禅師などにも親しんだ。その宗教的煩悶が当時の青年層に容れられ、論集「病閒録」は世人の注目を浴びた。

つなひろ【綱広】 刀工の名。後北条氏の抱え工(小田原相州とよぶ)。山村氏。初代は相州正広の子孫で、はじめ銘跡をついだが、北条氏綱に召されて綱の字を下賜されたという。また島田義助門下の綱家の子または兄弟ともいう。鎌倉に領地を得て正宗の正系を名のり、銘跡は新刀期・新々刀期をへて現在まで続く。

つねこないしんのう【常子内親王】 1642.3.9〜1702.8.26 後水尾天皇の第一六皇女。母は園基音の女新広義門院国子。幼称品宮。一六六四年(寛文四)一一月近衛基熈に嫁し、家熈らを生む。降嫁以前には内親王宣下をうけず、七七年(延宝五)一〇月母の一〇〇カ日の際に父法皇に請願し、すでに内親王宣下を行ったことにして名を常子と定めた。法皇をはじめ異母兄の後西天皇、同母兄弟の妙法院尭恕・一乗院真敬らと親交が深く、婚家である近衛家に影響を与えた。日記「无上法院殿御日記」。

つねさだしんのう【恒貞親王】 825〜884.9.20 淳和天皇の第二皇子。母は正子内親王(嵯峨天皇の皇女)。異母兄恒世親王の死後、淳和の後継者とされる。八三三年(天長一〇)仁明天皇の即位に際し立太子したが、嵯峨系と淳和系の対立により、八四二年(承和九)に皇太子を廃された(承和の変)。その後出家し、大覚寺の初祖となる。法名恒寂。八八四年(元慶八)陽成天皇退位問題の折、即位を請われたが拒絶したという。

つねつぐ【恒次】 刀工の名。備前に古備前正恒の子の恒次がおり、鎌倉末期の長船派に左近将監を名のる恒次がいる。一方、備中古青江派の恒次には承久期頃を初代として三人ほどおり、その一人は日蓮上人護法の数珠丸の太刀(重文)の作者。鎌倉末期の青江派には右兵衛尉または左兵衛尉を名のる恒次がおり、南北朝期には備中国万寿荘に恒次がいる。

つねとうきょう【恒藤恭】 1888.12.3〜1967.11.2 昭和期の法学者。島根県出身。京大卒。同志社大学教授・京都帝国大学経済学部助教授をへて、一九二九年(昭和四)同法学部教授として法理学講座を担当したが、三三年滝川事件のため退官。四〇年大阪商科大学教授、第二次大戦後は学長も務める。新カント派から出発して独自の立場を築いた法哲学をはじめ、国際法・政治思想史など諸分野に業績を残す。著書「法の基本問題」「法の本質」。

つねのはなかんいち【常ノ花寛市】 1896.11.23〜1960.11.28 大正・昭和期の相撲力士。岡山県出身。本名山野辺寛市。一九〇九年(明治四二)出羽海部屋に入門、一七年(大正六)入幕、二四年一月場所後に横綱を免許された。第三一代に数えられる。三〇年(昭和五)現役引退後、年寄藤島を襲名し、協会取締として春秋園事件の処理にあたった。のちに出羽海を襲名し、戦後は日本相撲協会理事長を務め、協会の機構改革を主導した。

つねよししんのう【恒良親王】 1322〜38.4.13 「つねなが」とも。後醍醐天皇の皇子。母は阿野公廉の女新待賢門院廉子。一三三四年(建武元)後醍醐天皇の皇太子となる。三六年(建武三・延元元)建武政権に反旗をひるがえした足利尊氏が九州から京都に迫ると、天皇とともに比叡山にのがれて抗戦したが、天皇は劣勢のまま足利方と和睦して下山。恒良は兄尊良親王とともに新田義貞に預けられ、越前の金崎城に入った。「太平記」では天皇はこのとき恒良に皇位を譲ったとする。金崎城は翌年三月陥落し、尊良親王は自害、京都に送還された恒良親王は「太平記」によると四月一三日に毒殺されたという。

つのだいし【角大師】 ⇨良源

つのだしんぺい【角田真平】 1857.7.-〜1919.3.21 明治期の民権家・政党政治家。駿河国生れ。代言人となり、また立憲改進党の毎日系の一員として民権運動に従事し、東京府議・東京市議・同参事会員となる。立憲改進党・進歩党・憲政本党から衆議院議員に七回当選。俳人としても知られ、東京株式取引所理事なども務めた。

つのだただゆき【角田忠行】 1834.11.6〜1918.12.15 幕末〜大正期の神道家。信濃国生れ。岩村田藩士で、神官の子。脱藩して藤田東湖の門に入り、ついで平田鉄胤の門人となり塾の運営を委任された。一八六三年(文久三)の足利氏木像梟首事件の首謀者の一人で、潜伏中は米川信濃と変名、沢為量にかくまわれる。明治維新後は皇学所監察・学制取調御用掛・大学出仕・賀茂御祖神社少宮司などをへて、熱田神宮宮司。

つのとためもり【津戸為守】 1163〜1243.1.15 鎌倉前期の御家人。武蔵国多摩郡の住人。「法然上人伝記」は菅原孝標の孫、津戸為広の子とする。一一九五年(建久六)源頼朝に従って上洛した際、浄土宗開祖の法然に帰依。その後、武蔵国にもどり念仏所を建立し、専修念仏の教えを広める。一二一九年(承久元)源実朝暗殺事件の直後、幕府から出家を許され尊願と号す。四二年(仁治三)一一月、如法念仏結願の日に割腹し、翌年一月没した。

つばきちんざん【椿椿山】 1801.6.4～54.9.10 江戸後期の南画家。江戸生れ。名は弼、字は篤甫、号は椿山・琢華堂など。幕府の鑓組同心として長沼流の兵学を修め、馬術も得意とした。画は金子金陵につき、金陵没後は同門の渡辺崋山に師事。崋山の最も信頼した弟子で、蛮社の獄で崋山が逮捕されたときには赦免運動に奔走。崋山のスタイルを学んだ肖像画や中国の惲南田風の没骨画法による花卉画を得意とした。作品「高久靄厓像」。

ヅーフ ⇨ドゥーフ

つぼいくえもん【坪井九右衛門】 1800～63.10.28 幕末期の萩藩士。名は正裕。村田清風の失脚後の一八四四年(弘化元)藩政改革の中心となるが、藩士の借財整理を図った公内借捌が反対にあい隠退。五六年(安政三)からの椋梨藤太の改革で復帰、物産取立て・上方交易など富国策を実施。しかし再び村田清風の流れをくむ周布政之助が改革にあたることとなり、阿武郡羽島へ流され、のち萩の野山獄で処刑された。

つぼいくめぞう【坪井九馬三】 1858.12.－～1936.1.21 明治・大正期の西洋史家。摂津国生れ。一八八一年(明治一四)東大政治理財科、八五年同大応用化学科卒。八七年ヨーロッパ留学、九一年帰国ののち文学博士、帝国大学文科大学教授。一九二三年(大正一二)の退官まで西洋史を講じ、ヨーロッパ実証史学の移植に努めた。著書「史学研究法」「最近政治外交史」全四巻。

つぼいげんどう【坪井玄道】 1852.1.9～1922.11.2 明治・大正期の体操教育推進者。下総国生れ。開成所で学び、一八七二年(明治五)師範学校掛となり、アメリカ人教師スコットの通訳を担当。八七年体操伝習所勤務、アメリカ人リーランドの新体操術普及につとめた。九〇年東京高等師範教授兼女子高等師範教授。一九〇一年体操研究のため欧米に留学。帰国後は女子体育の普及に尽力した。

つぼいさかえ【壺井栄】 1899.8.5～1967.6.23 昭和期の小説家。香川県出身。高等小学校卒業後、役場などで働きながら文学に親しむ。一九二五年(大正一四)上京、詩人壺井繁治と結婚。夫の交友を通じプロレタリア作家佐多稲子・宮本百合子と知り合う。三五年(昭和一〇)以降貧しい庶民の暮らしを描く小説を次々に発表。四二年「十五夜の月」以後は童話も執筆。第二次大戦後の四七年反戦の思いをこめた「二十四の瞳」を発表し好評を得る。作品「柿の木のある家」「母のない子と子のない母と」。

つぼいしょうごろう【坪井正五郎】 1863.1.5～1913.5.26 明治期の人類学者。江戸生れ。日本における人類学の基礎を築いた。東京大学在学中の一八八四年(明治一七)同志とともに人類学会(のち東京人類学会)を創立。八九年からイギリスに留学して人類学を学び、帰国後は東京大学教授として人類学を講じた。日本先住民のコロボックル説を唱え、アイヌ起源説の小金井良精らと論争したほか、幅広いテーマを人類学の対象として多彩な研究を残した。著書「看板考」「人類学叢話」。「坪井正五郎集」全二巻。

つぼいしんどう【坪井信道】 1795.1.2～1848.11.8 江戸後期の蘭方医。号は誠軒。美濃国生れ。江戸で宇田川玄真の塾に学ぶ。一八二九年(文政一二)深川上木場に日習堂を開く。三二年(天保三)深川冬木町に蘭学塾安懐堂を、「ウェイランド小文典」や自著「診候大概」をテキストに医学教育を実施、臨床講義を行った。三八年萩藩医となり、藩の兵事にも参与した。訳著に「ブールハーベ万病治準」「製煉発蒙」などがあり、門下に緒方洪庵・川本幸民などの蘭学者が輩出した。

つぼいとこく【坪井杜国】 ⇨杜国

つぼいよしちか【壺井義知】 1657.2.9～1735.10.24 江戸中期の有職故実家。河内国の農家の出身。京都で公家の四辻公韶に仕えた。一時平田内匠に有職を学ぶが、のち独力で古記録にもとづく研究を深め、とくに官職と装束に詳しい。民間の有職学者の先駆的存在で、多田義俊・速水房常などの門弟を養成。著書「職原鈔弁疑私考」など多数。

つぼうちしょうよう【坪内逍遥】 1859.5.22～1935.2.28 明治～昭和前期の小説家・評論家・劇作家。本名勇蔵、のち雄蔵。別号春の屋おぼろ。美濃国生れ。東大卒。東京専門学校講師となり、翻訳「自由太刀余波鋭鋒」を刊行。勧善懲悪を旨とする功利主義的文学観を否定、写実主義を唱え、一八八五年(明治一八)から翌年にかけて評論「小説神髄」と小説「当世書生気質」を発表、文壇の中心的存在となる。二葉亭四迷の批判にあい、演劇革新に方向転換。九一年「早稲田文学」を創刊。史劇「桐一葉」「牧の方」を発表する。演劇改良の方策として新楽劇を提唱、「新曲浦島」を創作した。一九〇六年島村抱月の文芸協会に参加、戯曲作品に「役の行者」など。「シェイクスピア全集」の全訳もある。

つぼたじょうじ【坪田譲治】 1890.3.3～1982.7.7 大正・昭和期の小説家、童話作家。岡山県出身。早大卒。家業の製織所を手伝うかたわら文筆活動を続け、川端康成に高く評価される。小説「正太の馬」「お化けの世界」「子供の四季」などを執筆。一九三九年(昭和一四)新潮文芸賞受賞。また「赤い鳥」誌上に、「狐狩り」ほか四〇編もの童話を発表。新人の育成にも尽力し、雑誌「びわの実学校」を創刊、反響をよぶ。五五年日本芸術院賞受賞。

つむりのひかる【頭光】 1754～96.4.12 江戸後期の狂歌作者。本名岸識之、通称宇右衛門。別号は巴人亭・桑楊庵。江戸日本橋亀井町の家主・町代で、一筆斎文調に浮世絵を学んで文笑と号した。「万載狂歌集」出版(一七八三)後、狂歌壇に登場し、四方赤良(大田南畝)に師事して宿屋飯盛(石川雅望)らと伯楽連を結成。飯盛・鹿津部真顔・馬場金埒と並ぶ狂歌四天王で、「狂歌才蔵集」(一七八七)の編集に参加、「狂歌桑の弓」などの編がある。

つもりうじ【津守氏】 大化前代以来の氏。摂津国の難波津(とくに墨江津)を管轄した。氏の名もここに由来。姓は連、のち宿禰。尾張宿禰と同祖とされ、本拠地は摂津国西生郡。田裳見宿禰を祖として代々住吉大社の社家となり、大正期まで宮司職にあった。平安後期に現れた住吉社三九代神主の国基は歌人としても有名。七～八世紀に陰陽道の名人として活躍した津守通もこの津守氏と関係があるらしいが、住吉大社の津守氏とはかなり関係が遠いと思われる。数種の古系図がある。津守氏は摂津・和泉両国に広がり、南北朝期は南朝方として活躍。

つもりのくにもと【津守国基】 1023～1102.7.7 平安後期の歌人。基辰の子。母は津守頼信の女。一〇六〇年(康平三)住吉社神主となり、神社経営に成果をあげた。六九年(延久元)従五位下。ひろく都の歌人たちと交流、歌合にもよく参加した。「万葉集」を重んじるなど新しい試みを行った。撰者に小鰺を贈って「後拾遺集」入集を願ったという逸話が伝わる。「後拾遺集」以下の勅撰集に二〇首入集。家集「国基集」。

つもりのとおる【津守通】 生没年不詳。奈良初期の陰陽家。大津皇子が石川郎女に通じたことを占いで露見させたことで知られる。七二一年(養老五)に陰陽に卓抜した人物として褒賞された。翌々年従五位上に進む。なお七二四年(神亀元)に外孫忍海手人大海らに津守連の姓を賜っている。またこの頃陰陽家として名高かったことが「藤氏家伝」下にみえている。

つゆのごろべえ【露の五郎兵衛】 1643?～1703 江戸前期の落語家。上方落語の遠祖。もと日蓮宗の僧侶という。元禄期頃、京都市中で大道辻咄を演じ人気を博する。現在の大阪落語の萌芽ともいえる軽口本「露がはなし」ほかが、その口吻を伝えるものとして数種残存する。

つるがしんない【鶴賀新内】 新内節鶴賀派の太夫名。江戸中期～明治期に六世を数えるが、五世より鶴賀本家に吸収される。初世(一七一四～七四)は湯方御家人で鶴賀派始祖初世若狭掾の弟子。二世(?～一八一〇)は初世若狭掾の高弟鶴賀斎の弟。加賀歳・若歳をへて新内を名のる。若狭掾の作品を語り、その独特の鼻にかかった美声が人気をよび、先行の富士松節・鶴賀節も含め「新内節」と称されるようになった。のち鶴賀の分家家元的存在となり、新内家では初世に数える。作品に「藤かづら」「白玉お半」などがある。

つるがわかさのじょう【鶴賀若狭掾】 1717～86.3.22 江戸中期の新内節の祖。越前国敦賀生れ。富士松薩摩掾の門弟で初名加賀八。一七五一年(宝暦元)独立し朝日若狭掾を名のるが、奉行所に差し止められ、鶴賀と改姓。五八年以降、芝居への出勤はなく、座敷浄瑠璃専門となり鶴賀節の名で愛好された。文才に長じ、心中事件を題材として口説を中心の端物を多く作り、それを門下の二世新内が独特の美声で語って人気を博した。新内節の二大名曲とされる「明烏」「蘭蝶」をはじめ、現行古典曲の多くは若狭掾の作品である。晩年、天明調の狂歌をよみ大木戸黒牛と号した。

つるざわせいしち【鶴沢清七】 ?～1826.7.22 江戸後期の義太夫節の三味線方。通称松屋。初世鶴沢文蔵の門に入り初名は清二郎。一七八二年(天明二)清七と改名、八九年(寛政元)三味線筆頭となり、一八一二年(文化九)頃まで活躍。引退後三世友次郎を襲名。朱とよばれる三味線の記譜法を考案したことで有名。芸名は大正期まで六世を数える。

つるざわせいろく【鶴沢清六】 義太夫節の三味線方。幕末～昭和期に四世を数える。三世(一八六八～一九二二)は本名田中福太郎。静岡県出身。二世鶴沢鶴太郎の門に入り、初名は福太郎。鶴太郎をへて三世叶を襲名。三世竹本大隅太夫の相三味線となり、一九〇三年(明治三六)三世清六を襲名。晩年は二世豊竹古靱太夫(山城少掾)の相三味線となる。四世(一八八九～一九六〇)は東京都出身。本名佐藤正哉。鶴沢友松(初世道八)の門に入り、政二郎・五世徳太郎をへて一九二三年(大正一二)四世清六を襲名。以後四九年(昭和二四)まで二世豊竹古靱太夫の相三味線を勤める。人間国宝。

つるざわたんざん【鶴沢探山】 1655～1729.7.13 江戸中期の狩野派の画家。狩野探幽の門人。はじめ探川と号す。探幽門の逸才として上洛し、御所障壁画を描くなど禁中の画用を勤めた。探山は上洛後の号。法橋をへて法眼を叙任。探幽様式を忠実に守り、江戸狩野の勢力を京都に広める役割をはたした。子孫は代々京都で鶴沢派として活躍し、京狩野本家よりも隆盛を誇った。

つるざわどうはち【鶴沢道八】 1869.6.17～1944.11.28 明治～昭和初期の義太夫節の三味線方。大阪府出身。本名浅野楠之助。二世鶴沢吉左衛門の門に入り、初名は吉松、のち友松。彦六座に参加するが、一九〇六年(明治三九)引退。隠遁中に道八を名のる。二四年(大正一三)三世竹本津太夫の相三味線として再出座、晩年は「釣女」「小鍛冶」

などの曲節を主とした景事(けいごと)の作曲もした。

つるざわともじろう【鶴沢友次郎】 義太夫節の三味線方。江戸中期～昭和期に六世を数える。初世(?～一七四九)は竹沢権右衛門の高弟で鶴沢派の元祖。初名三二。一七二〇年(享保五)友次郎と改名、のちに竹本座の三味線筆頭となる。門弟に大西藤蔵、鶴沢文蔵・寛治ら。六世(一八七四～一九五一)は本名山本大次郎。京都府出身。一九一二年(明治四五)六世友次郎を襲名。三世竹本津太夫の相三味線として活躍した。四〇年(昭和一五)引退。

つるしげと【都留重人】 1912.3.6～2006.2.5 昭和期の経済学者。東京都出身。八高を中退してアメリカに渡る。一九三五年(昭和一〇)ハーバード大学を卒業し、同大学助手・講師。四二年戦時交換船で帰国し、四四年外務省勤務。第二次大戦後は片山内閣のもとで経済安定本部副長官となり、第一回経済白書を執筆。四八年東京商科大学教授。七二年一橋大学学長。七五年に退官し「朝日新聞」論説顧問。近代経済学とマルクス経済学を統合する立場から数多くの論策を執筆した。「都留重人著作集」全一三巻。

つるはらさだきち【鶴原定吉】 1856.12.15～1914.12.2 明治期の政治家・実業家。筑前国生れ。東大卒。外務省をへて一八九二年(明治二五)日本銀行に移るが、九九年辞職し、翌年立憲政友会の創立に参加。一九〇一年大阪市長、〇五年韓国統監府総務長官となり、一二年(大正元)には衆議院議員に当選。政友会機関紙「中央新聞」ほか多数の会社社長を務めた。

つるみねしげのぶ【鶴峰戊申】 1788.7.22～1859.8.24 江戸後期の窮理学者。父は豊後国臼杵の八坂神社神官の宜綱。通称は左京・彦一郎、字は世霊・季尼、号は海西、戊申は名。一七歳で上京し、綾小路俊資に和歌を、村上円方・山田以文(いぶん)に国学を学ぶ。安倍(土御門(つちみかど))家塾に入り天文究理に関心をもった。四五歳で江戸に移住し、私塾「究理塾」を開き和漢の訓詁(くんこ)学と蘭学による天文学とを習合した究理を説く。また水戸藩の和書編集所に出仕し、藩主徳川斉昭(なりあき)に開国論を内容とする意見書を提出した。

つるみゆうすけ【鶴見祐輔】 1885.1.3～1973.11.1 昭和期の政治家・著述家。岡山県出身。東大卒。鉄道院に入る。一九二四年(大正一三)渡米し、太平洋会議など数々の国際会議に出席。二八年(昭和三)衆議院議員、以来当選四回、明政会を率いた。米内(よない)内閣の内務政務次官、翼政会顧問。第二次大戦後は鳩山内閣の厚相。著書「英雄待望論」、「後藤新平」全四巻。

つるやきえもん【鶴屋喜右衛門】 江戸時代の京都の書肆。長岡氏。寛永期頃から浄瑠璃本の出版に従事し、近松門左衛門作「出世景清」(一六八五)などを刊行した。延宝期頃から江戸出店が活躍し、やがて地本(じほん)問屋として独立、錦絵・江戸小説の版元として有名になった。江戸の店は小林氏で五代、嘉永期頃まで活動した。

つるやだんじゅうろう【鶴家団十郎】 1846.7.8～1909.3.6 明治期の俄師(にわかし)。大坂生れ。本名辻岩吉。本職はビラ書き。早くから俄に興じ、明治初期にプロに転じた。前名は三玉(さんぎょく)、二世寿玉。一八八九年(明治二二)頃に一座を結成、九四年に大阪千日前で大人気をとり、俄の質的向上をはかった。没後に門弟の団九郎が二世を継いだ。

つるやなんぼく【鶴屋南北】 歌舞伎俳優・作者。江戸時代に五世を数えるが、三世までは俳優、四・五世は作者。四世が著名。四世(一七五五～一八二九)は文化・文政期に活躍した江戸の大作者。通称大南北(おおなんぼく)。三世の女婿。江戸日本橋生れ。初世桜田治助門下で、一七七七年(安永六)桜田兵蔵を名のって初出勤。その後、沢兵蔵・勝俵蔵(かつひょうぞう)と改名。一八〇三年(享和三)立作者となり、一一年(文化八)南北を襲名。作品数一二〇余。創意に満ちた仕掛物や怪奇趣味、エロ・グロ・ナンセンス、下層社会のリアルな風俗描写などが渾然一体となった独自の劇世界は、現代でも評価が高い。代表作「東海道四谷怪談」。第二次大戦前と大戦後に全集が刊行された。五世(一七九六～一八五二)は通称孫太郎南北。四世の女婿勝兵助の養子。

ツンベリ Carl Peter Thunberg 1743.11.11～1828.8.8 ツンベルグ、トゥーンベリとも。スウェーデン人医師・植物学者。イェンヒェーピング生れ。ウプサラ大学のリンネのもとで動植物学・医学を修め、一七七一年オランダ東インド会社の船医となり、喜望峰・バタビアをへて七五年(安永四)来日。七六年まで長崎商館医を勤めた。通詞らに医学・薬学・植物学を教え、江戸参府の際も多くの学者の訪問を受けた。多数の植物標本を持ち帰り、学名をつけて分類した。「日本紀行」のほか植物誌・植物図などの著述がある。

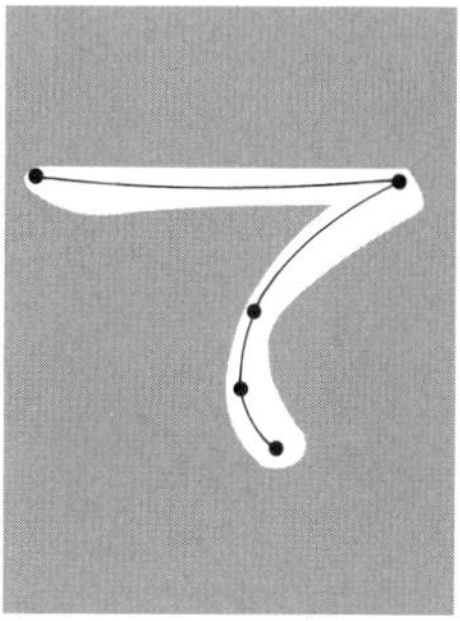

ディエゴ・デ・サン・フランシスコ　Diego de San Francisco　1575?～?　スペイン生れのフランシスコ会宣教師。一六一二年(慶長一七)来日。禁教令後潜伏し、一五年(元和元)江戸で捕らえられて小伝馬町の町牢に入牢。一六年幕府の船手頭向井将監(しょうげん)の斡旋で釈放され、メキシコへ送還された。一八年長崎に潜入、江戸や本州北部などに赴き布教を行ったが、三二年(寛永九)以後消息不明。彼の書簡や報告書は、布教や江戸の町牢のようすを伝える。

ていけい【鄭経】　1642～81　中国明の遺臣鄭成功の長子。字は賢之・元之。父の死後台湾を拠点に、招討大将軍世子を称した。一六七三年の三藩の乱に呼応して福建・広東沿岸を攻めたが、乱の鎮定により撤退。台湾の砂糖の生産と貿易を独占し、フィリピンの招撫をくわだて、イギリス東インド会社とも貿易を行った。

ていこうしょ【鄭孝胥】　Zheng Xiaoxu　1859～1938.3.28　中国の清朝末～民国初期の政治家。字は蘇勘(そかん)・太夷。福建省出身。一八八二年の挙人(きょじん)。九一年以降、駐日公使館書記官、神戸・大阪両総領事を歴任。帰国後は広西辺防大臣、安徽・広東按察使などの要職に就く。辛亥(しんがい)革命後、清朝の復興を願い、一九二三年以後、廃帝溥儀(ふぎ)の教育に従事した。満州国の国務総理兼軍政部総長・文教部総長に就任。三二年九月、日満議定書に調印。三五年辞任。

ていしつ【貞室】　1610～73.2.7　江戸前期の俳人。姓は安原。名は正章(まさあきら)。通称鎰屋(かぎや)彦左衛門。別号は腐俳子(ふはいし)・一嚢軒(いちのうけん)。京都の紙商。一六二五年(寛永二)貞徳に師事し、四二歳で点業を許された。貞門では重頼と双璧をなす。貞室の「俳諧之註」を重頼が非難し、重頼の「毛吹草」を貞室が「氷室守」で論難した。自分だけが貞徳の正統派で後継者と主張するなど、同門・他門としばしば衝突。作風は、貞門の域をでたものもあり、蕉門からの評価も高い。「玉海集」は貞門大撰集の一つ。貞門七俳人の一人。

ていしないしんのう【禎子内親王】　⇨陽明門院(ようめいもんいん)

ていじゅんそく【程順則】　1663.10.28～1734.12.8　近世琉球を代表する文人。高徳の人として名護(なご)聖人とも称された。久米村程氏の出身。位は親方、領地は名護間切(まぎり)で名護親方と称した。一六八三年進貢存留役として渡唐。福州琉球館に四年間留まり儒学を学んだ。その後も五度渡唐、その間「六諭衍義(りくゆえんぎ)」を版行してもち帰った。同書はのちに寺子屋の教本として日本各地に流布した。一七一三年(正徳三)江戸上りの一員となり、新井白石らと会見。著書「指南広義」、漢詩集「雪堂燕遊草」。

ていじょしょう【丁汝昌】　Ding Ruchang　1836～95.2.12　中国の清朝末期の海軍提督。字は禹廷(うてい)。安徽省出身。長江水師に入り、太平軍・捻軍の平定にあたる。一八七五年軍艦購入のためイギリスに派遣され、帰国後、清仏戦争に参加。八八年北洋海軍の創立とともに海軍提督に任命された。日清戦争中、北洋艦隊を率いて日本海軍と戦ったが大敗し、自殺。

ていしりゅう【鄭芝竜】　1604～61　中国明末の武将。鄭成功の父。福建省安南県生れ。通称一官。幼少時にマカオに渡り、その後日本に居住。平戸の田川氏の女と結婚し、二子をもうける。一六二八年福建巡撫の招撫をうけ海防遊撃、三〇年都督に任じられた。南シナ海の海上権を握るとともに、四四年の明滅亡後は南京の福王、福州の唐王に従い、清朝に抵抗して明の復興をはかる。四六年清に降伏したが、子の成功の順撫に失敗し処刑された。

ていせいこう【鄭成功】　1624.7.14?～62.5.8　中国明の遺臣で武将。父は鄭芝竜、母は日本人田川氏。肥前国平戸生れ。幼名福松、唐名森。字は明儼(めいげん)。日本では国姓爺(こくせんや)として知られる。七歳のとき明に渡り南京に学ぶ。明の滅亡後は唐王に仕え、国姓(明皇帝の姓)である朱を賜り成功と改名。父芝竜の降清後も南シナ海貿易・日本貿易の実権を握り、復明運動の軍資金としたほか、日本にも数回請援の使者を送った。南京攻略に失敗ののち、一六六一年オランダ人を駆逐して台湾に拠ったが翌年病死。

ティチング　Isaac Titsingh　1744?～1812.2.9　江戸中期の長崎オランダ商館長。アムステルダム生れ。一七六六年東インド会社に入る。七九～八〇年(安永八～九)、八一～八三年(天明元～三)、八四年の三回商館長を勤めた。バタビア帰着後ベンガル長官・インド評議会参事などを勤め、九三年清国大使として乾隆(けんりゅう)帝に謁見。九六年退職し、パリで死亡。日本滞在中に収集した資料をもとに「日本風俗図誌」「日本王代一覧」などを著す。大名・蘭学者・通詞など日本人と交流が深く、離任後に送られた書簡が残る。

ていどう【鄭迵】　1549～1611.9.19　謝名(じゃな)親方とも。首里王府の三司官。久米村鄭氏の出身。一五六五年官生となり、七年間南京の国子監に学ぶ。帰国後三度中国への進貢に従事。一六〇六年三司官となり、島津氏との関係が悪化するなか、国政の運営にあたった。〇九年(慶長一四)島津氏侵入で反薩摩の首魁として鹿児島に連行され、同僚三司官の浦添親方とともに幽閉された。幽閉中に明朝へ密書を送ったが、北京に届く前に福州滞留中の琉球使節に買いとられ、目的をとげなかった。一一年国王尚寧らを帰国させるにあたり、薩摩の誓詞証文への署名を強要されたが拒否、処刑された。同時代の「喜安日記」は島津氏侵入を招いた「奸臣邪名」とするが、中国側資料は「国難に殉じた義臣」とする。

ていとく【貞徳】 1571～1653.11.15 江戸前期の俳人・歌人・歌学者。父は永種。姓は松永。名は勝熊。別号は長頭丸・逍遊など。京都生れ。紹巴から連歌を、九条稙通・細川幽斎に和歌・歌学を学ぶ。俳諧は連歌・和歌への入門段階にあると考え、俗語・漢語などの俳言を用いるべきだと主張。俳風は言語遊戯の域を脱しないが、貞門俳諧の祖として一大流派をなし、多くの逸材を輩出。式目書の「俳諧御傘」、指導書の「油糟」「淀川」のほか、「前車」「貞徳文集」「戴恩記」の編著がある。

ていむしゅう【鄭夢周】 1337～92.4.4 高麗末期の文官・学者。慶州迎日県(現、韓国慶尚北道)生れ。字は達可。諱は夢竜・夢周。号は圃隠。一三七七年(永和三・天授三)倭寇の禁止を求めて来日。博多で九州探題今川貞世(了俊)と交渉し、倭寇の捕虜になった高麗人を買得して、翌年高麗に送還。性理学を研究し、東方理学の祖とされる。著書「圃隠集」。

ていめいこうごう【貞明皇后】 1884.6.25～1951.5.17 大正天皇の皇后。名は節子。公爵九条道孝の四女。母は野間幾子。華族女学校中学部卒。一九〇〇年(明治三三)五月に皇太子嘉仁親王(大正天皇)と結婚、裕仁親王(昭和天皇)・雍仁親王(秩父宮)・宣仁親王(高松宮)・崇仁親王(三笠宮)の四男児を出産。一二年(大正元)大正天皇の即位により皇后に、天皇の崩御により皇太后となる。病弱の天皇を助け、救癩や養蚕事業の奨励にも努めた。

ディーメン Antonio van Diemen 1593～1645.4.19 オランダの東インド総督。キューレンボルフ生れ。一六一八年東インドへ来着。三一年には事務総長となり、一時帰国後三六年総督に就任。バタビアで死去するまでの在職九年間に、台湾のスペイン要塞攻略、日本貿易の独占、バタビアの整備などに手腕をふるった。

でぐちおにさぶろう【出口王仁三郎】 1871.7.12～1948.1.19 名は「わにさぶろう」とも。明治～昭和期の宗教家。京都府出身。大本教の幹部。初名上田喜三郎。一八九九年(明治三二)大本教に入信し、翌年教祖出口なおの五女すみと結婚、出口王仁三郎と改名。一九〇八年以後積極的に布教活動を進め、大本教を全国的な教団に育てた。三四年(昭和九)昭和神聖会を設立して国家主義的な運動を行う。二回の弾圧事件(大本教事件)ではいずれも有罪となった。

でぐちなお【出口なお】 1836.12.16～1918.11.6 明治・大正期の宗教家。大本教の教祖。丹波国生れ。出口家の養子となり、政五郎を婿に迎えた。出口家は明治維新期に没落し、なおは生活の辛酸をなめ、金光教に入信。一八九二年(明治二五)最初の神がかりを体験。のち神の言葉を書き付けるようになり、大本教の教義「お筆先」となった。布教の合法化のために金光教の綾部布教所に同居するが、金光教としだいに対立して独立。大本教は婿養子の出口王仁三郎に至って教勢を拡大するが、なおの時期は地方教団的なものにとどまっていた。

てしがはらそうふう【勅使河原蒼風】 1900.12.17～79.9.5 草月流の初代家元。東京都出身。本名鉀一。幼時から父久次にいけ花を習い、一九二七年(昭和二)父から独立して草月流を創始。二八年銀座で投入盛花の発表会を行って注目された。第二次大戦後に近代感覚あふれた作風で草月流を一大流派に成長させ、海外でも展覧会を行った。五三年家元制度を廃止した。

てしがわらし【勅使河原氏】 中世武蔵国の豪族。武蔵七党丹党の一流。本拠は賀美郡勅使河原(現、埼玉県上里町)。直時を始祖とする。鎌倉初期、直時の孫有直が源頼朝に仕え、御家人となった。源義仲追討に従軍し活躍。南北朝期、直重のとき新田義貞に従い、足利尊氏に攻められ二子とともに自害。以後、一三八二年(永徳二・弘和二)鎌倉公方の下地遵行使に勅使河原中務入道の名がみえる。

てじませいいち【手島精一】 1849.11.28～1918.1.23 明治・大正期の工業教育推進者。駿河国生れ。欧米に留学後、一八七六年(明治九)文部省勤務。万国博覧会の事務を担当して工業教育振興の必要性を痛感。八一年東京職工学校(現、東京工業大学)設立に貢献、のち校長となる。同年東京教育博物館館長。八六年女子職業学校設立に参加。実業教育関連法規の整備にも尽力した。

てじまとあん【手島堵庵】 1718.5.13～86.2.9 江戸中期の心学者。名は信、通称は近江屋源右衛門、のち嘉左衛門。堵庵は号。京都の商家に生まれ、一八歳で石田梅岩に入門。四四歳で家業を長男に譲り、以後心学の普及に専念。心学運動の趣旨と規則を定めた「会友大旨」を制定し、運動の中心である明倫舎ほか三舎を設立するなど、運動の組織化と統制に努めた。その教説は梅岩の思想の社会批判の面を弱めて、保守的な自己修養を中心とするものであった。著書「知心弁疑」。

てづかおさむ【手塚治虫】 1928.11.3～89.2.9　昭和期の漫画家。本名治。大阪府出身。大阪帝国大学付属医学専門部卒。在学中にデビュー。以後独自の科学観にもとづいた作品を発表、戦後の漫画界をリード。一九六二年(昭和三七)に虫プロを設立、初のテレビ漫画「鉄腕アトム」の制作など、アニメーションにも進出した。代表作「ジャングル大帝」「火の鳥」「ブラック・ジャック」。

てづかきしえ【手塚岸衛】 1880.7.13～1936.10.7　大正・昭和前期の自由教育実践者。栃木県出身。東京高等師範卒。一九一九年(大正八)千葉師範付属小学校主事となり、試験廃止などの自由教育を推進、全国的に影響を与えた。教育学者篠原助市の影響を強くうけた。二六年(昭和元)千葉県立大多喜中学校長となったが、排斥運動により翌年退職。二八年東京目黒に自由ケ丘学園を創設した。

てづかりつぞう【手塚律蔵】 1822.6.8～78.11.29　幕末～明治前期の洋学者。周防国生れ。晩年瀬脇寿人と称した。高島秋帆に西洋兵学を、坪井信道に蘭学を学ぶ。一八五一年(嘉永四)下総国佐倉藩士となる。のち江戸本郷元町に又新堂を開塾。門下に西周・神田孝平・木戸孝允・杉亨二や養子の大築節蔵がいる。開成所教授をへて廃藩置県後、外務省出仕となり、ウラジオストクに二回在勤。訳著「伊吉利文典」「西洋鉄熕鋳造篇」「洋外礮具全図」。

てつぎゅうどうき【鉄牛道機】 1628.7.26～1700.8.20　江戸前期の黄檗宗の僧。自牧子と号する。諡号は大慈普応国師。長門国生れ。隠元隆琦に参じ、ついで隠元の高弟木庵性瑫に師事して鉄牛道機と改名し、その法をつぐ。教禅一致の立場にたって教化に努め、黄檗山万福寺の造営に尽力し、洛西葉室浄住寺を中興、小田原の紹太寺、江戸の弘福寺などの開山となる。鉄眼道光の「大蔵経」開版に協力し、下総国椿海干拓などの社会事業にも力を注いだ。著書「鉄牛禅師語録」「自牧摘稿」。

てつげんどうこう【鉄眼道光】 1630.1.1～82.3.20　江戸前期の黄檗宗の僧。諡号は宝蔵国師。肥後国生れ。はじめ浄土真宗を学び、一六五五年(明暦元)隠元隆琦に参じて禅宗に帰し、木庵性瑫の法をつぐ。「大蔵経」刊行を発願し、全国を行脚して資財を集め、六九年(寛文九)明の万暦版をもとに刊行を開始、八一年(天和元)完成した。これを黄檗版大蔵経・鉄眼版という。畿内飢民の救済にも活躍した。女性にむけて説いた「鉄眼禅師仮名法語」などの著述がある。

てっつうぎかい【徹通義介】 1219.2.2～1309.9.14　鎌倉中期の曹洞宗の僧。越前国生れ。一三歳のとき比叡山で受戒したが、一二四一年(仁治二)深草興聖寺の道元のもとに参じた。以後道元に従い、永平寺で典座などの要職を務めた。道元没後懐奘につき、永平寺の規式の整備などを行った。その後永平寺三世となるが、懐奘没後は加賀に移り、大乗寺を禅院に改め開山となった。弟子に曹洞宗発展の基礎を築いた瑩山紹瑾がいる。

てっとうぎこう【徹翁義亨】 1295～1369.5.15　鎌倉後期～南北朝期の臨済宗の僧。勅諡号は大祖正眼禅師・天応大現国師。六歳で建仁寺の鏡堂覚円に師事し、師の没後は南禅寺の通翁鏡円や宗峰妙超に参禅。宗峰没後、一三三八年(暦応元・延元三)大徳寺の住持となった。以後、寺内に徳禅寺をたて、また花山院覚円・足利義詮・赤松則祐らの帰依をうけ、大徳寺教団の形成に努めた。春作禅興編「徹翁和尚語録」がある。

てなづち【手摩乳】 ⇨脚摩乳・手摩乳

デニソン　Henry Willard Denison 1846.5.11～1914.7.3　明治期の外務省御雇外国人。アメリカのバーモント州ギルドホール生れ。横浜のアメリカ副領事・弁護士などをへて、一八八〇年(明治一三)五月から三四年間外務省法律顧問を務める。条約改正、日清・日露戦争の戦時外交に活躍、日露講和会議では小村寿太郎全権に随行して渡米した。その功績に対し日本政府からたびたび叙勲をうけた。幣原喜重郎らにも影響を与えた。東京で病没。

デニング　Walter Dening 1846.7.23～1913.12.5　御雇イギリス人教師。一八七三年(明治六)来日、北海道で日本聖公会の基礎をつくり、アイヌへの伝道にも従事。宣教師解任後、八五年から東京高等師範・学習院などで英語教師を務める。九一年には英字紙「ジャパン・ガゼット」の主筆、九五年には二高の英語教師となる。仙台で死去。

デービス　Jerome Dean Davis 1838.1.17～1910.11.4　アメリカン・ボードの宣教師。ニューヨーク州出身。南北戦争時は陸軍中佐、シカゴ神学校卒。一八七一年(明治四)宣教師として来日。神戸と三田(現、兵庫県三田市)で伝道。同志社設立に際し新島襄に協力、以来教授として同志社の発展に尽くした。

デビソン　John Carrol Davison 1843.11.19～1928　アメリカ・メソジスト監督教会宣教師。一八七三年(明治六)来日して長崎にメソジスト教会を設立。また活水女学校・鎮西学院などの設立に協力した。長崎で改革派宣教師H・スタウトとともに「讃美のうた」を、東京でメソジスト系最初の聖歌集「付譜基督教聖歌集」を出版。

デフォレスト　John Kinne Hoyde Deforest 1844.6.25～1911.5.8　アメリカン・ボード宣教師。南北戦争従軍後、イェール大学卒業。一八七四年(明治七)来日、大阪で日本語を習得し、伝道・教育に従事。ついで仙台の東華学校の教師となり、東北地方で伝道や教育に尽くす。多くの日本語小冊子を刊行。また日米融和に努めた。

デ・フリース ⇩フリース

でめけ【出目家】 近世世襲の能面作家の家系のうち、越前出目家(出目本家)・大野出目家・弟子出目家の総称。正系は越前出目家で、三光坊(一五三二没か)の甥の二郎左衛門満照を初代とするが、高い家柄の割りには優れた作家が少なかった。大野出目家は三光坊の孫弟子にあたる是閑吉満を初代とする。弟子出目家は、越前出目家四代古元休満永の女婿の古元利栄満(一七〇五没)が本家を離れておこした家系。

デュ・ブスケ ⇩ブスケ㊀

てらいはじめ【寺井肇】 1787～1854.8.- 江戸後期の国学者・故実家。讃岐国高松藩士。書画をよくしたが、有職故実とりわけ古武器の調査・研究に力を注いだ。地元の「讃岐集古兵器図考証」だけでなく、広く諸国の学者と交流して、「肥後国集古兵器図証」も著した。

てらうちひさいち【寺内寿一】 1879.8.8～1946.6.12 大正・昭和期の軍人。陸軍大将・元帥。伯爵。山口県出身。寺内正毅の長男。陸軍士官学校(一一期)・陸軍大学校卒。ヨーロッパ駐在、近衛歩兵第三連隊長・朝鮮軍参謀長などをへて第四師団長となる。在任中のゴー・ストップ事件では強硬な態度をとる。一九三五年(昭和一〇)大将。二・二六事件後、広田内閣の陸相に就任して粛軍人事を行うが、三七年の腹切り問答で政党と衝突、内閣総辞職の原因となった。日中戦争では北支那方面軍司令官、太平洋戦争では南方軍総司令官。敗戦後、シンガポールで抑留中に病死。

てらうちまさたけ【寺内正毅】 1852.閏2.5～1919.11.3 明治・大正期の政治家・陸軍軍人。長門国生れ。整武隊に入り第二次長州戦争の防衛戦と戊辰戦争に従軍、維新後陸軍に入る。西南戦争に出征、フランスに留学後、日清戦争では運輸通信をつかさどった。一九〇二～一一年(明治三五～四四)第一次桂・第一次西園寺・第二次桂の三内閣で陸相を務め、陸軍省の機能強化と軍事参議院の設置にあたる。〇六年大将、一〇年初代朝鮮総督、一六年(大正五)元帥。桂太郎没後は山県有朋の後継者と目され、一六年内閣を組織。はじめ与党なしの超然内閣で発足したが、臨時外交調査委員会を設けて各党の支持取付けに努めた。ロシア革命に際してシベリア出兵を行ったが、米騒動がおこり、すでに健康を害していたため辞任した。伯爵。

てらおとおる【寺尾亨】 1858.12.19～1925.9.15 明治・大正期の国際法学者。福岡藩士の子。司法省法学校卒。一八九一年(明治二四)ヨーロッパに留学。九四年帝国大学法科大学教授となり、国際法・国際私法講座を担当。また戸水寛人らと日露主戦論の「七博士意見書」を発表。一九一一年の辛亥革命に際し、職を辞して孫文の革命政府の法律顧問となった。一四年(大正三)東京に政法学校を設立し、中国人留学生の教育に尽力。

てらおひさし【寺尾寿】 1855.9.25～1923.8.6 明治・大正期の天文学者。筑前国生れ。東大卒。フランスに留学。東京大学教授として天文学講座を担当。一八八八年(明治二一)東京天文台初代台長。同年日本最初の理学博士の一人となる。天文学の専門的な論文はないが、多くの天文学者を育てた。東京物理学校の設立に関与し、日本天文学会を創立し、初代会長。

てらかどせいけん【寺門静軒】 1796～1868.3.24 江戸後期の儒学者。父は常陸国水戸藩士の寺門勝春。通称は弥五左衛門。名は良、字は子温、号は克己・蓮湖。江戸生れ。折衷学派の山本緑陰の食客となり、儒学・詩文を学ぶ。のち寛永寺勧学寮で修業し江戸駒込で克己塾を開く。一八三二年(天保三)から「江戸繁昌記」を出版し、発売差止めとなったが、無視して続編を刊行したため、町奉行所から武家奉公御構の処分をうけた。自身を「無用の人」という。晩年、武蔵国妻沼に郷学両宜塾を開く。同国冑山の豪農根岸家で没。

てらさかきちえもん【寺坂吉右衛門】 1665～1747.10.6 赤穂四十七士の一人。赤穂藩士吉田忠左衛門に属した足軽。名は信行。赤穂浪士の吉良義央邸討入りに参加し、泉岳寺に引き揚げる途中姿を消した。討入りの報を、広島浅野家預けとなっていた亡主君浅野長矩の弟大学に伝えたともいわれる。討入り後幕命により死を命じられた四六人とともに、義士の一人とされる。

てらざきこうぎょう【寺崎広業】 1866.2.25～1919.2.21 明治・大正期の日本画家。秋田藩家老の家に生まれる。狩野派の小室秀俊に師事し、のち上京して四条派の平福穂庵に学ぶ。「絵画叢誌」の下絵や臨模にたずさわり画技を磨いた。日本青年絵画協会・日本絵画協会・日本美術院で活躍。東京美術学校教授を長く務めた。文展審査員。一九一七年(大正六)帝室技芸員。「大仏開眼」などの歴史画や風景画など幅広い分野を手がけ、門下から中村岳陵ら多くの俊秀が輩出。

てらさわかたたか【寺沢堅高】 1609～47.11.18 江戸初期の大名。肥前国唐津藩主。広高の次男。一六二二年(元和八)兄忠晴が没したため、三三年(寛永一〇)父の遺領を相続。三七年島原の乱がおこると、天草領へ出兵し富岡城を拠点として鎮圧。乱後、一揆勃発の責任を問われ、天草領を没収されて八万三〇〇〇石。四七年(正保四)一一月江戸で自害。嗣子がなく寺沢氏は断絶。

てらさわひろたか【寺沢広高】 1563～1633.4.11 織豊期～江戸初期の武将・大名。父は広正。尾張国生れ。豊臣秀吉に仕え、一五九三年(文禄二)肥前国唐津城主。翌年薩摩・肥後両国に二万四〇〇〇石余を加増され六万一〇〇〇石余。のち薩摩・

肥後の領地は筑前国の二万石と交換。九二年(文禄元)長崎奉行。朝鮮出兵では軍事・兵粮米供給の責任者として活躍。関ケ原の戦では東軍に属し、天草四万石が加増され唐津藩主となり、一二万三〇〇〇石。

てらじまとうえもん【寺島藤右衛門】 近世大坂の三町人の一人で、御用瓦師の当主の通称。初代三郎左衛門は、紀伊国粉河寺島(現、和歌山県粉河町)生れで、大坂天王寺で瓦製造を行った。初代・二代とも徳川家康の御用を勤めた。その後も、一六一五年(元和元)に拝領した南瓦屋町と、三〇年(寛永七)に請地となった瓦土取場を本拠に、上方筋の瓦御用を、親類の京都寺島惣左衛門とともに勤めた。大坂での瓦専売権をもったが、一八二〇年(文政三)特権は剝奪された。

てらしまむねのり【寺島宗則】 1832.5.23～93.6.7 幕末～明治前期の外交官。伯爵。鹿児島藩の郷士の家に生まれる。一時、伯父松木家の養子となり弘庵(安)と名のった。蘭方医学を学び、島津斉彬の侍医、蕃書調所の教官を勤めた。幕府の遣欧使節に随行。薩英戦争で五代友厚とともにイギリス艦に捕らえられ和議に尽力。一八六五年(慶応元)鹿児島藩留学生を率いて渡英。明治政府に出仕し、外務大輔・駐英公使などをへて、七三年(明治六)参議兼外務卿となり、樺太・千島交換条約と日朝修好条規の調印、アメリカとの条約改正交渉の推進など、明治初期の外交の中心人物として活躍。七九年文部卿に転じ、元老院議長・駐米公使・宮中顧問官・枢密顧問官・同副議長などを歴任。憲法草案審議にもあたった。

てらじまりょうあん【寺島良安】 生没年不詳。一八世紀前半に活躍した大坂の医師。字は尚順、堂号は杏林堂。和気仲安の門人で大坂城の御城入医師となり、法橋に叙せられた。文学・儒学に秀で、一七一二年(正徳二)日本初の百科大辞典ともいえる「和漢三才図会」一〇五巻を編んだ。人文・地理・人事に分類し、関連するいっさいの事項を含めている。二二年(享保七)医書「済生宝」を著した。

てらだとらひこ【寺田寅彦】 1878.11.28～1935.12.31 明治～昭和前期の物理学者・随筆家。筆名は吉村冬彦・藪柑子など。東京都出身。東大卒。実験物理の研究を進め、「尺八の音響学的研究」で理学博士。ドイツ留学中は地球物理学を専攻。一九一三年(大正二)結晶によるX線回折の実験で世界的に知られる。物理学の方法論や認識論にも興味をもった。東京帝国大学教授。二七年(昭和二)地震研究所専任。気象学・地震学の研究を進めながら、日本的なテーマも研究した。「西洋の学者の眼ばかり通して自然を見ているのでは、日本の物理はいつまでも発達しない」といい、ガラスの割れ目、墨流し、金米糖の生成など物理学における偶然・統計的現象を研究した。科学随筆家としても知られる。学士院恩賜賞受賞。「寺田寅彦全集」全二四巻。

てらだほうねん【寺田法念】 生没年不詳。鎌倉後期の播磨国の御家人。東寺領播磨国矢野荘の重藤名地頭。開発領主秦為辰の権益を継いだと称し、しだいに支配を拡大。一三一五年(正和四)近隣地頭や御家人らと連合して荘内の別名に侵入し、「都鄙名誉の悪党」と糾弾された。一九年(元応元)荘園領主・荘民の連合軍と戦って敗退し、荘内の権益を大幅に失った。

てらだまさしげ【寺田正重】 1618.4.16～74.8.17 江戸前期の柔術家。通称は勘右衛門。若狭国生れ。はじめ丹後国宮津藩主京極高国に仕え、諸国修行ののち出雲国松江藩柔術師範として直信流柔道を創した。武術家の家に生まれ、軍陣組討貞心流和術など諸種の武術を学び、起倒流組討を創し、また林羅山や僧沢庵にも師事したとされる。

てらにしたかもと【寺西封元】 1749～1827.2.18 江戸後期の幕府代官。通称重次郎。安芸国生れ。一七九二年(寛政四)天明の飢饉の復興のため抜擢され、陸奥国塙代官となる。寛政の改革の勧農政策を担う代表的代官。荒地起返し、公金貸付、堕胎防止、教化政策、他国からの移住奨励策などをとり、復興に尽力。逐次支配地を追加拡大され、異例の三五年間の長期在任となる。桑折陣屋(現、福島県桑折町)で在任のまま没。寺西神社が塙にたてられ追慕された。

てらにしもとなが【寺西元栄】 1782.3.9～1840.11.2 江戸後期の郡代・国学者。父は封元。江戸生れ。代官見習として父の任地陸奥国塙・小名浜(現、福島県いわき市)を預り、一八一五年(文化一二)代官となる。父の死後もその政策を引き継ぎ、三七年(天保八)西国筋郡代に昇格。豊後国日田に転出したが、在任中病死。子の直次郎直鼎も代官となり塙に転任した。

デ・ロング Charles E. De Long 生没年不詳。維新期のアメリカの外交官。一八六九年(明治二)駐日弁理公使として来日、七〇年特命全権公使となる。ハワイ公使を兼任し、七一年日本人のハワイ移民問題に関して日本・ハワイ修好通商条約に調印。同年、岩倉遣外使節と同船で一時帰国し、使節の対米交渉に関与。七二年のペルー国船マリア・ルス号事件に際しては、彼の忠告により日本・ペルー両政府が合意のうえロシア皇帝による仲裁裁判に付することになった。七三年帰国。

でわのべん【出羽弁】 ⇨出羽弁

てんいんりゅうたく【天隠竜沢】 1422～1500.9.23 室町中期の臨済宗の僧。別号は黙雲。播磨国生れ。建仁寺の天柱竜済やその弟子宝州宗衆について出家。一時播磨に戻るが、赤松政則が父保護の恩謝として建仁寺の大昌院を修復し天隠を招いた。このほか、南禅寺・真如寺・常在光寺などを転住。語録「翠竹真如集」、詩集「黙雲藁」、文集「黙雲集」。

てんかい【天海】 1536?～1643.10.2 織豊期～江戸初期の天台宗の僧。南光坊・智楽院と号す。勅諡号は慈眼大師。陸奥国大沼郡生れ。出家して随風と称し、比叡山・園城寺・興福寺などで修学。一五八九年(天正一七)駿府で徳川家康に謁して帰依をうけ、武蔵国川越の喜多院、日光山に住した。家康の死後、二代将軍秀忠を補佐して家康の遺骸を久能山から日光山に改葬。一六二五年(寛永二)秀忠の命で江戸上野忍ケ岡に東叡山寛永寺を創建し、開山となった。三代将軍家光の信任を得て勢力をふるい、崇伝とともに政務に参画した。三七年、木彫活字版の「大蔵経」刊行を企て寛永寺に経局を設置、一二年をへて「天海版大蔵経」を完成させた。三九年には「東照宮縁起」を作製。

でんぎょうだいし【伝教大師】 ⇩最澄

てんけいでんそん【天桂伝尊】 1648～1735.12.10 江戸前期の曹洞宗の禅僧。紀伊国の大原氏の出身。八歳のとき和歌山窓誉寺で得度、一八歳から諸師について修行。五峰海音の法をつぐ。「正法眼蔵」を研究し、禅籍の刊行に努める。「正法眼蔵弁註」「海水一滴」などの著作があるが、宗学上の諸説は異端視されてきた。

でんけんじろう【田健治郎】 1855.2.8～1930.11.16 明治～昭和初期の官僚・政治家。男爵。丹波国生れ。警察官僚をへて逓信省に入り、大臣秘書官・局長・次官などを歴任。立憲政友会から衆議院議員に当選したが、まもなく官界に復帰。退官後、貴族院議員に勅選され、元老山県有朋との接触を深め官僚派の中心として活動。寺内内閣の逓相、台湾総督、第二次山本内閣の農商務相、枢密顧問官を務めた。「田健治郎日記」は近代日本の貴重な政治史料。

てんじくとくべえ【天竺徳兵衛】 1612?～1707? 近世初期の商人。播磨国生れ。一六二六年(寛永三)角倉了以の朱印船の船頭前橋清兵衛の書役(書記)としてシャムに渡航。三〇年オランダ人ヤン・ヨーステンの朱印船で中天竺(シャム)に渡航、三二年帰国。一七〇七年(宝永四)に二度の渡航の見聞を長崎奉行に提出、「天竺渡海物語」「天竺徳兵衛物語」などとよばれて世上に流布し、浄瑠璃や歌舞伎の題材とされた。記述には誤りもあるが、当時の朱印船の構造、貿易品、シャムの政情などがうかがえる。

てんしゅうに【天秀尼】 1609～45.2.7 江戸前期の臨済宗の禅尼。諱は法泰。父は豊臣秀頼。母は成田助直の女。一六一五年(元和元)大坂城落城後、千姫の養女となり出家。鎌倉東慶寺に入る際、徳川家康に縁切寺法の存続を願って許されたという。寛永年間に東慶寺二〇世となる。沢庵宗彭らに禅を学ぶとともに伽藍の整備に努めた。

てんしょういん【天璋院】 1836.12.19～83.11.12 一三代将軍徳川家定の御台所。鹿児島藩今和泉領主島津忠剛の女、藩主島津斉彬の養女。通称は篤姫、諱は敬子。近衛忠熙の養女として一八五六年(安政三)一二月家定の御台所となる。五八年七月家定が没し、落飾して天璋院と号す。生家の意向に反し、一橋慶喜の将軍就任には否定的で、一四代将軍には徳川家茂を推したという。六八年(明治元)鳥羽・伏見の戦後は静寛院宮(和宮)らとともに徳川家存続に尽力した。

てんしょうしゅうぶん【天章周文】 ⇩周文

てんずいいん【天瑞院】 ?～1592.7.22 豊臣秀吉の生母。名はなか。木下弥右衛門に嫁して瑞竜院日秀・秀吉を生み、弥右衛門没後、竹阿弥に再嫁して豊臣秀長・旭姫を生む。ただし、四子とも弥右衛門の子とする説もある。秀吉が近江国長浜城主になると、秀吉の正室高台院とともに城内に移る。一五八五年(天正一三)七月秀吉の関白任官にともない大政所と称された。翌年秀吉が徳川家康に上洛を求めた際、人質として岡崎に赴く。晩年は聚楽第ですごす。九二年七月没し、准三后を追贈された。

でんすてじょ【田捨女】 ⇩捨女

てんちてんのう【天智天皇】 626～671.12.3 在位668.1.3～671.12.3 「てんじ」とも。系譜上の第三八代天皇。舒明天皇の長子。母は宝皇女(皇極天皇)。異母兄の古人大兄皇子に対し、中大兄皇子と通称される。中臣鎌足とともに蘇我蝦夷・入鹿父子の政権打倒を図り、六四五年(大化元)これに成功した。事件後に即位した孝徳天皇のもとで大化の改新の諸政策を推進したが、六五三年(白雉四)天皇と対立し、皇極太上天皇・皇后間人皇女らと難波から飛鳥に戻った。孝徳の死後、斉明天皇が重祚すると皇太子として活躍。六六一年(斉明七)百済救援軍を率いた天皇が筑紫朝倉宮で没すると、皇太子のままで天皇としての政務を行った(称制)。六六三年(天智二)、白村江で唐・新羅の連合軍に大敗すると、西日本の防御体制を強化した。また氏族政策(甲子の宣)、冠位制の改定を行い、六六七年近江大津宮に遷都し、翌年即位した。六七〇年には庚午年籍を作って人民支配の基礎を固めた。近江令を制定したとも伝えられる。没後翌年の六七二年には、その子大友皇子と、天智の弟である大海人皇子(天武天皇)の間に壬申の乱がおこった。

でんづういん【伝通院】 ⇩於大の方

てんのうじやごへえ【天王寺屋五兵衛】 近世大坂の有力両替商の当主の通称。摂津国住吉郡遠里小野《おの》村《おり》(現、大阪市)の大眉《おおまゆ》吉右衛門光敦が大坂に移住、慶長年間に金銭売買・手形振出しを創始、やがて大坂初の両替店を今橋一丁目に開業した。三代目の光重《みつしげ》が初代五兵衛で、一六七〇年(寛文一〇)十人両替に任じられ、大名貸を行うなど全盛期を築く。その後も代々十人両替筆頭として名声を保つが、江戸中期以降は資力が衰え、明治維新後八代五兵衛のとき倒産した。

てんまはちだゆう【天満八太夫】 生没年不詳。江戸説経の第一人者。万治～元禄初年に活躍。天満節とよばれる哀調ある美声で知られた。一六六一年(寛文元)石見掾《いわみのじょう》を受領。説経太夫の受領はきわめて珍しく、正本もすこぶる多い(ただし元禄中期以降は二代目正本か)。芝居小屋は江戸堺町北側西寄りにあった。弟子に脇語りを勤めた天満重太夫・武蔵《むさし》権太夫ら。

てんむてんのう【天武天皇】 631?～686.9.9 在位673.2.27～686.9.9 大海人《おおあま》皇子・天渟中原瀛真人《あまのぬなはらおきのまひと》天皇と称する。舒明天皇の次男。母は宝皇女(皇極天皇)。天智天皇の皇太弟とされ、六七一年(天智一〇)天智が重病となり、後事を託そうとしたのを固辞し、出家して吉野に移った。天智の死後、翌年吉野をでて美濃に至り、ここを拠点として兵を集め、天智の子大友皇子を擁する近江朝廷軍と戦って、これを破った(壬申の乱)。乱後、飛鳥浄御原《あすかのきよみはら》宮で即位し、強大な皇権を背景に、中央集権的な国家の建設を進めた。とくに八色の姓《やくさのかばね》や新冠位制、位階昇進制度の制定により、豪族層の官人としての組織化をめざした。六八一年(天武一〇)には律令の編纂を命じ、皇后の鸕野讃良《うののさらら》皇女(持統天皇)との間に生まれた草壁《くさかべ》皇子を皇太子に立てた。また藤原京の建設を開始したと考えられるほか、複都制を志して都城建設の候補地を全国に求め、難波にも宮殿を造営した。

てんもく【天目】 1245～1308/37.4.26 鎌倉後期の日蓮宗の僧。上法房・浄法房と号す。諱は天目、名は日盛。伊豆国生れ。日蓮の熱烈な信者の祖父熱原甚四郎の勧めで、三五歳のとき日蓮に師事。「法華経」の本門《ほんもん》と迹門《しゃくもん》の一致・勝劣をめぐり、鎌倉円成寺で勝劣の義を唱え始める。迹門不読の説が極端であったため、宗内に物議をかもした。一方で下野国佐野の妙顕寺、江戸品川の妙国寺を開創。この流れを天目門徒という。著書「円極実義抄」「本迹問答七重義」。

てんよせいけい【天与清啓】 生没年不詳。室町中期の臨済宗の僧。信濃国生れ。同国法全寺で出家後、上洛して建仁寺に入った。一四五一年(宝徳三)遣明正使東洋允澎《いんぼう》一行と明に渡り、そのときの功により六〇年(寛正元)遣明正使に任じられた。六六年(文正元)桂庵玄樹・雪舟らと出発、翌年将軍の国書を奉呈した。六九年(文明元)帰国したが、明滞在中に随員が犯した罪の責任をとり、以後は法全寺に退居した。

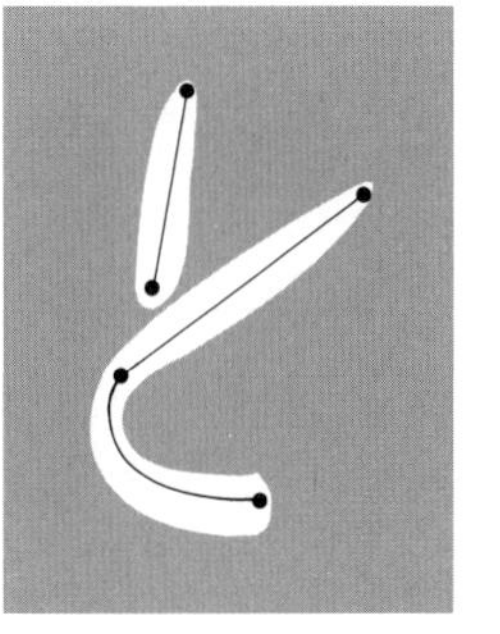

どいこうか【土居光華】 1847.6.24～1918.12.11 明治期のジャーナリスト・政治家。淡路国生れ。江戸で林鶴梁《かくりょう》に学び、尊王運動に参加。明治維新後、左院出仕をへて自由民権運動に参加し、一八七九年(明治一二)荒川高俊らと東京で北辰社を結成し演説会活動を行う。八一年「東海暁鐘新報」社長。九四年衆議院議員。

どいし【土井氏】 江戸時代の譜代大名家。先祖は不明。三河国碧海《へきかい》郡土居村の土豪土井利昌の子利勝のとき大きく発展。利勝は幼少から徳川家康・同秀忠に仕え、一六〇二年(慶長七)下総国小見川で一万石を領し、その後将軍徳川秀忠・同家光のもとで老中・大老を勤める。数度の加増をへて三三年(寛永一〇)下総・武蔵・常陸など六カ国一七郡に一六万石余を得て下総国古河藩主となった。利勝没後は志摩国鳥羽・肥前国唐津をへて、

●土井氏略系図

利勝［小見川藩・古河藩］─┬利隆─利重＝利久＝利益［鳥羽藩・唐津藩］─利実＝利延＝利里［古河藩］＝利見＝利厚＝利位＝利亨＝利則─利与(子爵)
├利長［西尾藩］……利信［刈谷藩］
└利房［大野藩］……利忠

一七六二年(宝暦一二)利里のとき旧領古河七万石に復し、利厚のとき一万石加増、以後その子孫が古河藩主を継いだ。分家に利勝の三男利長を祖とする三河国刈谷藩二万三〇〇〇石、利勝の四男利房を祖とする越前国大野藩四万石など。維新後いずれも子爵。

どいし【土居氏】 中世伊予国の豪族河野氏の支族。鎌倉時代、河野通有の弟通成が久米郡石井郷南土居または浮穴郡土居荘(ともに現、松山市)に住んだのに始まる。元弘の乱で、通成の子通増が後醍醐天皇に味方し、同族の得能通綱らとともに南朝方で活躍。のち新田義貞に従い、越前国で討死。その子通重も南朝方に加わり各地を転戦、一三三九年(暦応二・延元四)戦死。天正年間(一五七三～九二)子孫の方玄が長宗我部元親と戦って敗れ、その子方貞のとき滅亡。

どいとしかつ【土井利勝】 1573～1644.7.10 江戸前期の老中・大老。大炊頭。一五七九年(天正七)から徳川秀忠に近侍し、以後秀忠第一の出頭人として、とくに元和・寛永期前半には幕閣の中枢で絶大な権勢をふるった。一六三八年(寛永一五)小事に関する出仕を免除されるが、その後も重要政務のたびに徳川家光から諮問をうけた。この間二六年に従四位下侍従に叙任。所領も数度の加増をうけて、三三年には下総国古河で一六万石余を領した。

どいとしただ【土井利忠】 1811.4.3～68.12.3 幕末期の大名。越前国大野藩主。父は五代藩主利義。六代利器の養子となり、一八一八年(文政元)遺領相続。四二年(天保一三)から藩政改革を開始。倹約と藩士の家禄削減、鉱山経営、藩校明倫館の設立を行い、また洋式軍制を採用。五六年(安政三)洋学館、翌年済生病院を設立。一八五五年には幕府に蝦夷地開拓を建議し、以降蝦夷地調査を重ね、洋式帆船大野丸を建造、箱館などに大野屋を設置して北海の物資を販売した。六二年(文久二)致仕。

どいとしつら【土井利位】 1789～1848.7.2 江戸後期の老中。下総国古河藩主。父は分家の三河国刈谷藩主土井利徳。宗家の古河藩主土井利厚の養子となり、一八二二年(文政五)遺領相続。翌年奏者番。二四年寺社奉行兼帯。三四年(天保五)大坂城代。三七年大塩平八郎の乱を鎮定、京都所司代に昇進。翌年老中となり、四一年に開始された水野忠邦の天保の改革に協力。四三年の上知令で反水野派となり水野を失脚させ、老中首座。翌年辞任。家老鷹見泉石とともに雪の結晶の観察を続け、オランダ通詞の協力を得て「雪華図説」正・続を著した。

どいばんすい【土井晩翠】 1871.10.23～1952.10.19 明治～昭和期の詩人・英文学者。仙台市出身。本名土井林吉。一九三四年(昭和九)以降「どい」と称した。幼時から史書・漢籍などに親しむ。東大卒。大学在学中から詩作。一八九九年(明治三二)第一詩集「天地有情」を刊行。漢語脈の叙事詩風の詩編により、和語脈の島崎藤村と併称される存在となる。「荒城の月」の作詞者。二高教授。一九五〇年文化勲章受章。詩集「東海遊子吟」「天馬の道に」「アジアに叫ぶ」。

どいみちお【土居通夫】 1837.4.21～1917.9.9 明治期後半の関西財界人。伊予国生れ。司法官をへて、鴻池家顧問となる。一八九五年(明治二八)に大阪商業会議所会頭に就任。以後二二年間にわたり会頭職を務めた。大阪電灯・明治紡績・阪鶴鉄道・京阪電鉄などの社長も歴任。

どいみちます【土居通増】 ?～1336.10.- 鎌倉末～南北朝初期の武士。伊予国の豪族河野氏の一族で、通成の子。一三三三年(元弘三)討幕の兵をあげ、得能通綱らとともに国内の幕府勢力を制圧し、長門探題北条時直軍を破る。建武政権成立後、従五位下、伊予権介、ついで備中守。その後、新田義貞に従って足利尊氏軍と戦い、三六年(建武三・延元元)北国へむかう義貞に従うが、越前国愛発の中山で斯波高経に襲われ戦死。

どうあみ【道阿弥】 ⇨犬王

とういんきんかた【洞院公賢】 1291.8.-～1360.4.6 鎌倉末～南北朝期の公卿。父は実泰、母は小倉公雄の女季子。一三〇八年(延慶元)従三位。三〇年(元徳二)内大臣になるが翌年辞退。三三年(元弘三)建武政権が成立すると還任されたが翌年辞退。三五年(建武二)右大臣。東宮傅を兼ね、雑訴決断所頭人・伝奏などを勤めた。三六年(建武三・延元元)の南北朝分裂後は京都にとどまり、翌年右大臣を辞したが、評定衆・院執事として活動。四三年(康永二・興国四)左大臣、四六年(貞和二・正平元)辞任、四八年太政大臣に任じられた。五〇年(観応元・正平五)辞退。南北両朝に信望あつく、五一年の正平一統では両朝のまとめ役となった。著書「皇代暦」「歴代最要鈔」、日記「園太暦」。

とういんきんさだ【洞院公定】 1340.1.26～99.6.15 南北朝期の公卿。父は実夏、母は持明院保藤の女。一三五三年(文和二・正平八)従三位。五七年(延文二・正平一二)権中納言、六一年(康安元・正平一六)辞任。七一年(応安四・建徳二)祖父公賢の弟実守との家督をめぐる争いに勝ち、洞院家当主となる。七四年(応安七・文中三)権中納言に還任。九六年(応永三)左大臣。諸家の系図を集成した「尊卑分脈」の編者として知られる。日記「公定公記」。

とういんけ【洞院家】 藤原氏閑院流の西園寺家庶流。西園寺公経の三男実雄に始まる。実雄の三人の女がそれぞれ後宇多・伏見・花園三天皇の生母となって、当家は代々大臣に任じられる家柄となる。南北朝期に北朝の重鎮として活躍した公賢は学識も豊かで、日記「園太暦」や「皇代暦」「歴代最要鈔」などの著書を残す。その孫公定は「尊卑分脈」の編者。一四七六年(文明八)公数が出家隠遁したため家は断絶。伝来の文書・記録は散失した。数年後、西園寺実遠が公数の子公連に再興させたが、再度断絶。

とういんさねひろ【洞院実熙】 1409～? 室町中期の公卿。父は満季、母は法印兼真の女。初名実博。一四二四年(応永三一)従三位。二八年(正長元)参議をへずに権中納言となるが、翌年天皇の勘気をこうむり辞任。三〇年(永享二)還任。四六年(文安三)内大臣。五〇年(宝徳二)これを辞したが、五四年(享徳三)右大臣に任じられ、翌五五年(康正元)左大臣。五七年(長禄元)辞任し出家。法名元鏡。「拾芥抄」を補訂、「名目鈔」を著した。日記「実熙公記」(「洞院左府記」「東山左府記」とも)。

とういんさねよ【洞院実世】 1308～58.8.19 鎌倉末～南北朝期の公卿。父は公賢、母は家女房。一三二八年(嘉暦三)参議。後醍醐天皇に重用され、討幕計画に参画。三一年(元弘元)元弘の乱で六波羅探題に捕らえられ解官。鎌倉幕府の滅亡により権中納言に復し、建武政権で要職についた。南北朝分裂後は南朝に仕え、新田義貞とともに恒良親王を奉じて越前に下り、のち吉野へ赴き左大臣に任じられたという。

とうかいさんし【東海散士】 1852.12.2～1922.9.25 明治・大正期の政治家・小説家。本名柴四朗。安房国生れ。少年時に会津藩士として戊辰戦争を経験。アメリカに留学し、ペンシルバニア大学およびパシフィック・ビジネス・カレッヂを卒業。一八八五年(明治一八)帰国。同年持論の「国権伸長」論を基調とするナショナリズム文学「佳人之奇遇」初編を発表して好評を得、以後九七年まで八編を刊行。政治家としては九二年以降福島県選出の衆議院議員(憲政本党)として活躍。農商務次官・外務省参政官などを務めた。

とうがんえあん【東巌慧安】 1225～77.11.3 鎌倉中期の臨済宗宗覚派の禅僧。諡号は宏覚禅師。播磨国生れ。書写山で天台教学を修め、入宋を志し一二五七年(正嘉元)博多に至ったが、悟空敬念にあい心服して臨済に改宗。六二年(弘長二)鎌倉建長寺で兀庵普寧に参禅、帰国する兀庵を鳥羽に見送り、法衣と頂相・語録を授かる。六八年(文永五)京都に正伝寺を開創。元寇に際し祈禱を行う。晩年、天台僧徒のうらみをかったため鎌倉に下って安達泰盛の帰依を得、和賀江に聖海寺を開いた。

とうぎてってき【東儀鉄笛】 1869.6.16～1925.2.4 明治・大正期の俳優・音楽家。京都府出身。本名季治。雅楽を家業とする東儀家に生まれ、宮内省勤務後、坪内逍遥の演劇理念に共鳴し文芸協会に参加。同協会解散後も無名会を組織し多くの舞台に立つ。新派にも加入したほか、早大校歌「都の西北」の作曲でも知られ、音楽研究家としても著書を残している。

どうきょう【道鏡】 ?～772.4.7 奈良時代の僧。河内国若江郡弓削郷の人。俗姓弓削氏。義淵に師事し法相を学び、梵文にも通じた。禅行を認められて内道場に入り、禅師となる。七六二年(天平宝字六)孝謙上皇の看病に功があったとして寵を得、翌年少僧都、七六四年大臣禅師、七六五年太政大臣禅師となる。同年から西大寺造営に着手し、僧尼身分を証明する度牒にもっぱら道鏡印を用いた。翌年隅寺(海竜王寺)からの舎利出現を機に法王となり、身分は天皇に準じた。七六九年(神護景雲三)法王宮職印を使用し、宇佐八幡の神託を利用して皇位をうかがったが、和気清麻呂らに阻止された。翌年称徳天皇の没後、造下野薬師寺別当に左遷され、同地で没した。

どうげん【道元】 1200.1.2～53.8.28 鎌倉中期の僧で日本曹洞宗の開祖。法諱は希玄。号は仏法房。京都生れ。父は内大臣源通親、母は摂政太政大臣藤原基房の女伊子。幼少のとき父母に死別し、一三歳で比叡山で出家、天台教学を学んだ。人は本来、仏であるのに修行しなければならないという疑問を解くため山を下り、栄西の弟子明全に参じた。一二二三年(貞応二)明全とともに入宋、五年間の滞在中に天童山の如浄に参じ得悟した。帰国後「普勧坐禅儀」を著し、坐禅の方法などを説いた。一時建仁寺に身を寄せたが深草に移り、三三年(天福元)興聖寺を開き、主著「正法眼蔵」の著述を開始し、禅の宣揚に努めた。その間比叡山・東福寺などの圧迫があったため、四三年(寛元元)門弟波多野義重の招きで越前に移り永平寺を開いた。出家主義にもとづくきびしい修行のもとに教団を形成した。晩年は弟子懐奘に寺を譲り、京都で没した。

どうこう【道光】 生没年不詳。七世紀の僧。六五三年(白雉四)遣唐大使吉士長丹の船で恵施・弁正・道昭・定恵らとともに学問僧として入唐。律学を学んで六七八年(天武七)帰朝し、「依四分律抄撰録文」一巻を著した。六九四年(持統八)賻物を贈られており、これ以前に没したか。時に律師とある。

とうごうしげのり【東郷茂徳】 1882.12.10〜1950.7.23 昭和期の外務官僚。鹿児島県出身。一九一二年(大正元)外交官・領事官試験に合格。三三年(昭和八)外務省欧米局長。三四年外務省欧亜局局長。三七年ドイツ駐在特命全権大使。三八年駐ソ大使。松岡洋右外相の命により四〇年に帰朝。四一年日米交渉の継続を条件に東条内閣の外相兼拓相として入閣。四二年九月、大東亜省設置に反対して東条首相と対立し、単独辞職。同月勅選貴族院議員。四五年鈴木貫太郎内閣の外相兼大東亜相に就任。ソ連を仲介とした終戦工作にあたる。八月九日のソ連の対日参戦とアメリカの長崎への原爆投下により、国体護持を条件にポツダム宣言の受諾を主張。第二次大戦後A級戦犯として禁錮二〇年の判決をうけ、米陸軍病院で死亡。

とうごうせいじ【東郷青児】 1897.4.28〜1978.4.25 大正・昭和期の洋画家。鹿児島県出身。本名鉄春。一九一六年(大正五)第三回二科展で「パラソルをさせる女」が二科賞を受賞。有島生馬に師事した。一九〜二八年(大正八〜昭和三)滞仏。三〇年二科会会員。六一年から二科会会長を長く務めた。六〇年日本芸術院会員、七七年文化功労者。作品「サルタンバンク」。

とうごうへいはちろう【東郷平八郎】 1847.12.22〜1934.5.30 明治〜昭和前期の海軍軍人。鹿児島藩士出身。薩英戦争と戊辰戦争海戦に参加後、一八七一〜七八年(明治四〜一一)イギリスに留学。日清戦争のとき大佐で浪速艦長として出征。豊島沖で清国兵を輸送中のイギリス商船高陞号を国際公法にもとづいて撃沈し、有名となる。戦後、海軍大学校校長と佐世保鎮守府・常備艦隊・舞鶴鎮守府の各司令長官を歴任し、一九〇三年一二月連合艦隊司令長官となる。〇四年大将。日露戦争中の全海軍作戦を指揮し、ロシアの旅順艦隊には黄海海戦で勝ち、バルチック艦隊には日本海海戦で完勝した。提督としてネルソンと並び称される。戦後、海軍軍令部長となり元帥。大正期に東宮御学問所総裁、死去時に侯爵に昇叙され国葬。

とうし【東氏】 中世の武家。桓武平氏。千葉氏の支族。千葉常胤の六男胤頼が、鎌倉時代初めに下総国東荘(現、千葉県東庄町)に住み、東六郎大夫と称したのに始まる。子の重胤、孫の胤行は歌道にすぐれ、ともに源実朝に重んじられた。胤行は、承久の乱の戦功により美濃国山田荘(現、岐阜県大和町)の地頭となり、子の行氏がこの地に土着。以後、在京人として六波羅探題のもとで活躍。室町時代には幕府奉公衆となった。のち一五五九年(永禄二)一族の遠藤氏に攻められ滅亡。一族に、海上・風早・木内・小見などの諸氏がある。

どうじ【道慈】 ?〜744.10.2 奈良時代の僧。大和国添下郡の人。俗姓額田氏。七〇二年(大宝二)入唐、西明寺に住して三論に精通し、仁王般若経を講ずる高僧一〇〇人のうちに選ばれた。七一八年(養老二)帰朝し、日本三論宗の第三伝とされる。七一九年食封五〇戸を賜り、のち律師となり、七三六年(天平八)扶翼童子六人を賜った。翌年大安寺大般若経転読会を創始し、大極殿最勝王経講説の講師を勤めた。大安寺の平城京移建や「日本書紀」編纂にも関与し、「愚志」一巻を著して当時の仏教界を批判した。七〇余歳で没した。

どうしゃく【道綽】 562〜645 中国の六朝末〜唐初の浄土教僧。俗姓衛氏。山西省太原府生れ。出家後「涅槃経」を学び、また慧瓚のもとで戒律と禅定を修行、のち曇鸞の遺徳を慕って四八歳で浄土教に入る。以後、日に七万遍阿弥陀仏を念じ、周囲にも小豆で念仏の回数を数える小豆念仏を広めた。また「観無量寿経」を講ずること二〇〇回に及び、曇鸞の「往生論註」を継承した「安楽集」を著した。弟子は善導・道撫ら。

とうしゃろせん【藤舎芦船】 歌舞伎囃子方、東流二弦琴の家元名。二弦琴に名跡が継がれ明治期から八世を数える。初世(一八三〇〜八九)は本名加藤宗三郎。五世望月太左衛門の門弟で、能楽から歌舞伎に転向。二世杵屋勝三郎の「吾妻能狂言」の創作に協力。また八雲琴から独立し、東流二弦琴を創始。一九六三年(昭和三八)六世芦船と芦雪(のち七世)の二人が東流二弦琴の記録無形文化財に選択された。

どうしゅう【道宗】 ?〜1516 室町後期の真宗の在俗門徒。俗名は弥七(郎)。越中国五箇山赤尾谷の人。「赤尾の道宗」ともいう。蓮如の教化をうけ、その教えに傾倒。みずから道場を構えて信仰の宣揚をはかった。蓮如の御文を書写するとともに「道宗二一箇条」を定め、あるべき信徒の道をきわめようとした。行徳寺や道善寺の開祖と伝える。早くから往生人の一人に数えられ、後世には妙好人の代表とされた。

とうしゅうさいしゃらく【東洲斎写楽】 生没年不詳。寛政期の浮世絵師。伝歴は不明。一七九四年(寛政六)五月から翌九五年一月にかけての約一〇カ月間(閏月を含む)に一四〇余点の錦絵を制作。版元はすべて蔦屋重三郎。内容は江戸三座の役者絵と、当時人気をよんだ子供の相撲取大童山を描いた相撲絵に限定され、作風から九四年の夏狂言に取材した第一期、秋狂言に取材した第二期、顔見世狂言に取材した第三期、翌年一月の新春狂言に取材した第四期にわけられる。第一期は黒雲母摺の役者大首絵、第二期は全身図で統一されており、第一期が最もすぐれ、しだいに画格の低下がみられる。

どうしょう【道昌】 798～875.2.9 平安前期の三論・真言兼学僧。俗姓秦氏。讃岐国香川郡生れ。元興寺の明澄に三論教学を学び、受戒ののち空海に灌頂をうけた。以後、興福寺維摩会など諸法会の講師・導師を勤め、承和年間には大堰川の堤防を修築して行基の再来といわれた。また広隆寺別当・隆城寺別当を歴任。八六四年(貞観六)権律師に任じられ、八七四年少僧都まで昇る。さらに同年嵯峨葛井寺を再興して法輪寺と改め、中興開山となった。

どうしょう【道昭】 629～700.3.10 道照とも。七世紀の僧。河内国丹比郡の人。俗姓船連。飛鳥寺で得度。六五三年(白雉四)入唐し、玄奘に師事して法相宗を学び、慧満から禅を学ぶ。六六一年(斉明七)帰朝。翌年元興寺に禅院を建立して将来した経論を収め、法相・禅を広めて日本法相宗の第一伝とされる。諸国をめぐって社会事業を進め、宇治橋架設にも関与した。薬師寺繡仏開眼の講師となり、六九八年(文武二)大僧都。遺命により大和国粟原で日本初の火葬に付されたという。

どうしょうあんりゅうえい【道正庵隆英】 1171～1248.7.24 鎌倉前期の曹洞宗の禅僧。木下道正庵の祖。俗名は藤原隆英。法名道正。京都生れ。諸方を遍歴した後、一二二三年(貞応二)明全・道元とともに入宋し如浄のもとに大悟。二七年冬、帰国の途次道元が病をえると、神人が現れて一丸薬を与えたちまち回復した。道正が教えを乞うと神仙解毒の法を授けたという。道正は帰国後世事を断ち、洛西の木下(現、京都市上京区)に籠居、庵を道正庵と号した。庵主は歴代医術を伝えた。

とうじょうかげのぶ【東条景信】 生没年不詳。鎌倉中期の武士。安房国東条御厨の地頭。念仏の信者で、法華至上主義を唱える日蓮の敵対者。一二五三年(建長五)安房国清澄寺で日蓮が法華経の教えを主張しはじめた頃、日蓮の父母に恩ある「領家の尼」の所領を奪う一方、清澄寺や二間の寺の浄土教への改宗をはかって日蓮と対立、清澄寺から日蓮を退去させる。六四年(文永元)には安房にもどった日蓮一行を東条松原大路で襲った(小松原の法難)。

とうじょうきんだい【東条琴台】 1795.6.7～1878.9.26 幕末・維新期の儒者。名は信耕、字は子臧、通称文左衛門。江戸の町医の子。太田錦城・亀田鵬斎らに学び、林家に入門、昌平坂学問所でも講じた。越後国高田藩に仕えたが、著書「伊豆七島図考」が幕府に嫌われ藩邸に幽閉。赦免ののち高田に移り、藩の文教にあたった。新政府に出仕。著書「先哲叢談後篇」。

とうしょうだいごんげん【東照大権現】 ⇨徳川家康

とうじょうひでき【東条英機】 1884.12.30～1948.12.23 昭和期の軍人・政治家。東京都出身。陸軍士官学校(一七期)・陸軍大学校卒。満州事変頃から統制派の有力メンバーとして頭角を現し、関東憲兵隊司令官・同参謀長・陸軍次官などを歴任。第二・三次近衛内閣では陸相を務め、中国からの撤兵反対論を唱え、対米交渉で妥協を排した。一九四一年(昭和一六)一〇月大命により現役陸相のまま組閣、対米英開戦の決定を下した。国内の戦時動員体制を強化し、参謀総長も併任したが、四四年七月サイパン島陥落を機に総辞職。敗戦後、戦争犯罪人として極東国際軍事裁判でA級戦犯として起訴され、有罪の判決をうけ刑死。

どうじょうほうし【道場法師】 生没年不詳。飛鳥時代の僧。尾張国阿育知(愛智)郡生れ。敏達朝(六世紀後半)に農夫である父親が落雷を助けたことから強力の子として生まれる。一〇歳の頃、朝廷の力王と力比べして勝ち、のち元興寺(法興寺)の童子となって鐘堂にでる悪鬼を退治した。さらに優婆塞となって諸王の寺田引水の妨害を排除したことから、衆僧に得度を許されて道場法師と号したという。

とうじょうみさお【東条操】 1884.12.14～1966.12.18 大正・昭和期の方言学者。東京都出身。東大卒。国語調査委員会嘱託をへて、静岡高校・広島高等師範・学習院大学教授を歴任、任地周辺の方言調査を行う。一九三二年(昭和七)以降は関東地方の方言調査を行い、近代的方言研究の基礎を築いた。著書「大日本方言地図・国語の方言区画」。

とうしょく【東寔】 ⇨愚堂東寔

とうしろう【藤四郎】 ⇨加藤景正

とうじんおきち【唐人お吉】 1841.11.10～90.3.27 アメリカ駐日総領事ハリスの侍妾。本名斎藤きち。尾張国の船大工の子。一八四四年(弘化元)伊豆国下田に移る。五七年(安政四)日米和親条約改訂交渉中のハリスの要求により看護婦名義の侍妾となったが、腫物を理由に三夜で解雇された。異人との交わりのため下田にいられず、横浜で生活。のち下田に帰り、髪結・小料理店を営んだが破産し、九〇年(明治二三)投身自殺した。

どうせん【道詮】 ?～873.3.2/876.10.2 平安前期の三論宗僧。武蔵国生れ。法隆寺の寿仁のもとで出家、東大寺の玄耀に三論教学を学ぶ。ほかに真言密教も学んだと伝える。八五四年(斉衡元)大極殿最勝会講師、八五七年(天安元)御前論義座主を勤め、八六四年(貞観六)権律師、のち律師。聖徳太子を尊崇して法隆寺夢殿を再興、また法隆寺の

藤堂氏略系図

虎高―高虎〔今治藩・津藩〕┬高吉
　　　　　　　　　　　　└高次┬高久＝高睦＝高敏＝高治＝高豊(高朗)―高悠＝高嶷(高敦)―高兌―高猷―高潔(伯爵)
　　　　　　　　　　　　　　　└〔久居藩〕高通＝高堅―高陳＝高治＝高豊＝高雅＝高敦＝高朶＝高興＝高衡＝高矗＝高兌＝高邁＝高秭＝高聴＝高邦＝高義(子爵)

学問振興に尽力した。晩年、福貴寺を創建して隠棲した。著書「大乗三論大義鈔」。

どうせん【道璿】 702～760.閏4.18　奈良時代の唐からの渡来僧。洛陽大福先寺に住して定賓に戒律を、普寂に禅・華厳を学ぶ。入唐僧栄叡・普照の要請で、七三六年(天平八)菩提僊那らと来朝。大安寺西唐院に住して戒律の弘宣につとめ、七四三年興福寺北倉院で行表に授戒。七五一年(天平勝宝三)律師となり、翌年東大寺大仏開眼で呪願師を勤めた。七五四年来日した鑑真を東大寺に慰問。翌年吉野の比蘇寺に隠棲し、「註菩薩戒経」三巻などを著した。

どうぞう【道蔵】 640?～?　百済からの渡来僧。「日本書紀」によると、六八三年(天武一二)と六八八年(持統二)の旱魃に雨乞して雨を得たという。「続日本紀」養老五年(七二一)六月条に「法門の袖領、釈道の棟梁」とみえる。このとき年八〇をこえたとして施物を賜り、親族は課役免除となった。著書「成実論疏」。

とうちゅうけんくもえもん【桃中軒雲右衛門】 1873～1916.11.7　明治後期の浪曲師。茨城県出身。本名岡本峰吉。地方回りの祭文語り吉川繁吉の子。一九〇三年(明治三六)宮崎滔天や玄洋社の後援で「義士伝」を完成。武士道鼓吹を旗印に掲げ、〇七年には大阪中座や東京本郷座で大入りをとった。息の詰んだ豪快な語り口が、それまで寄席芸であった浪曲を劇場へ進出可能にし、浪曲そのものも社会の各階層へ急速に浸透した。晩年は病に倒れ、極貧のうちに他界。

とうつねより【東常縁】 1405/07～1484　室町時代の歌人。父は下野守益之。法名は素伝。東野州とも称される。正徹にも歌を学ぶが、一四五〇年(宝徳二)正式に二条派の尭孝の門弟となる。五五年(康正元)幕命により関東を転戦。応仁の乱では所領美濃国郡上を斎藤妙椿に奪われたが、これをなげいた常縁の歌により返還がかなった。七一年(文明三)宗祇に「古今集」の講釈を行った。後年「拾遺愚草」の注釈を宗祇に送っている。とくに古今伝授の祖として注目されるが、当時の歌壇の指導者であったわけではない。二条派歌学の正説を伝えた歌学者としての功績が大きい。家集「常縁集」、歌学書「東野州聞書」。

とうていかん【藤貞幹】 1732.6.23～97.8.19　江戸中・後期の考証学者。本姓は藤原で、藤井とするのは誤伝。名は貞幹、字は子冬、号は無仏斎など。京都仏光寺久遠院に生まれ得度したが、一八歳で還俗。和歌を日野資枝、有職故実を高橋宗直、儒学を後藤芝山・柴野栗山に学ぶなど和漢の学に通じ、清朝考証学の刺激もあって、日本古代史・古典・金石文などの研究に多くの成果を残した。寛政の内裏復旧にも協力。稿本類は大東急記念文庫・静嘉堂文庫などに所蔵。著書「衝口発」「好古日録」「逸号年表」。

どうとう【道登】 生没年不詳。七世紀の僧。山背の恵満の家の出身という。高句麗に留学し、帰国して元興寺に住した。一説に入唐して嘉祥大師吉蔵について三論宗を学んだともいう。六四五年(大化元)僧旻らとともに十師の一員に任命される。翌年、道昭と共同で宇治橋をかけたという。六五〇年(白雉元)穴戸国司が白雉を献上した際に、天皇の諮問に答えて祥瑞であることを上奏し、白雉改元となった。

とうどうし【藤堂氏】 近世の大名家。先祖は近江国愛智郡の大領家で、犬上郡藤堂村に住んだ景盛が藤堂を称する。景盛から七代後の虎高は武田・浅井両氏に属した。子の高虎は浅井長政・織田信澄・豊臣秀長に仕え、秀長没後豊臣秀吉のもとで伊予国板島七万石、のち八万石を領した。一六〇〇年(慶長五)の関ケ原の戦では東軍に属し、戦後同国今治で二〇万石をうけた。〇八年には伊賀・伊勢両国で二二万石余を与えられ、伊勢国津城に移る。その後大坂の陣の戦功などで加増され、一七年(元和三)三二万三九五〇石となった。以後高虎の子孫が代々津藩主を継いだ。六九年(寛文九)高久のとき無嗣断絶を防ぐため、弟高通に五万石を分封し久居藩を創立。維新後、本家は伯爵。

とうどうたかつぐ【藤堂高次】 1601～76.11.16　江戸前期の大名。伊勢国津藩主。父は高虎。一六三〇年(寛永七)遺領を継ぎ、津藩三二万三九五〇石の藩主となった。三四年大学頭、六六年(寛文六)左近衛少将に叙任。津城下町の整備や新田開発、用水路の開削など民政につくす。郷士制の組織や伊賀者の他国流出防止など兵制の確立にも努め、高虎後の藩政確立に努力。

とうどうたかとら【藤堂高虎】 1556～1630.10.5 織豊期～江戸初期の武将・大名。伊勢国津藩主。はじめ浅井長政に属し、のち豊臣秀長・同秀吉に仕えた。関ケ原の戦では東軍に属し、その戦功により伊予国今治二〇万石に封じられた。一六〇六年(慶長一一)和泉守に叙任。〇八年津に転封し、伊賀・伊勢両国を領有。大坂夏の陣で、真田幸村のため危機に陥った徳川家康を救った功で、一七年(元和三)には三二万三九五〇石を領した。幕府の信任が厚く、評定の席にもたびたび列した。

とうどうたかみち【藤堂高通】 1644～97.8.9 江戸前期の大名。伊勢国久居藩主。津藩主高次の次男。一六五九年(万治二)佐渡守に叙任。六九年(寛文九)兄高久から伊勢国一志・安濃郡などで五万石を分与され、城主格に列した。翌年、一志郡久居に陣屋を築く。久居藩創設は、宗家の津藩の世嗣断絶による改易防止のためとされる。高通は文化人としても知られ、北村季吟らに師事。歌集「袖中和歌集」。

とうどうたかゆき【藤堂高猷】 1813.2.9～95.2.9 幕末期の大名。伊勢国津藩主。父は高兌。一八二五年(文政八)遺領相続。和泉守。藩校造有館を基礎に、演武荘を創設し、洋式軍制を採用。江戸藩邸で上野彦馬らに写真撮影も行わせた。また町民のための修文館を設置。山内豊信(容堂)や松平慶永(春嶽)らと親交があり、公武合体派に属していた。六八年(明治元)勅令により津藩兵は官軍に参加。六九年津藩知事。

どうにゅう【道入】 1599～1656.2.12 京都楽焼の三代目。田中常慶の長男として生まれる。俗称のんこう。楽歴代のなかでも名工といわれ、開祖長次郎の作風を一変させた。黒楽・赤楽の茶碗はともに、おおむね大振りとなり、薄造りで釉にも光沢がある。明るく華やいだ効果は、千利休の美学から離れる意図が読める。高台を土見世にするのも新しい傾向。「楽」の文字の印を数個使いわけて捺印した。代表作に、黒楽茶碗の銘獅子・升・千鳥・稲妻、赤楽茶碗の銘鵺、鳳林・若山などがあり、のんこう七種とよばれる。

とうばたせいいち【東畑精一】 1899.2.2～1983.5.6 大正・昭和期の農政学者。三重県出身。東大卒。農学博士。一九二四年(大正一三)東京帝国大学助教授。アメリカ・ドイツ留学後、三三年(昭和八)教授。第二次大戦後、農林省農業総合研究所・アジア経済研究所の創設に参画し、初代所長。農業復興会議議長・農政審議会会長・税制調査会会長などを歴任。六四年日本学士院会員、六八年フィリピンのマグサイサイ賞、八〇年文化勲章受章。著書に「日本農業の展開過程」、訳書にシュンペーター「経済分析の歴史」。

ドゥーフ Hendrik Doeff, Jr. 1777.12.2～1835.10.19 ズーフ・ヅーフとも。江戸後期の長崎オランダ商館長。アムステルダム生れ。一七九八年東インドへ、九九年(寛政一一)日本へ来着。一時離日したが、一八〇〇年から日本商館に勤務。〇三～一七年(享和三～文化一四)商館長。当時オランダは戦乱下にあり、〇九年以降派船はとだえ、かつ〇八年のフェートン号事件、一三・一四年のジャワ副総督ラッフルズの商館接収目的の派船など、困難の続くなかで商館を維持した。また「ドゥーフハルマ」を編纂。一七年離日し、一九年帰国の途上に海難で日本での収集品を失った。著書「日本回想録」。

とうふくもんいん【東福門院】 1607.10.4～1678.6.15 後水尾天皇の中宮。名は和子。二代将軍徳川秀忠の女。母は浅井長政の女崇源院。一六二〇年(元和六)六月女御として入内。二皇子五皇女を生んだが、うち二皇子一皇女は夭折。二四年(寛永元)一一月中宮。二九年一一月後水尾天皇が興子内親王(明正天皇)に譲位したのにともない、院号宣下をうけた。その後三代の天皇の養母にもなり、皇族への物心両面にわたる援助に心を砕いた。

とうみやかねお【東宮鉄男】 1892.8.17～1937.11.14 大正・昭和前期の軍人。陸軍大佐。群馬県出身。陸軍士官学校卒(二七期)。一九一七年(大正六)シベリアに出征。二七年(昭和二)満州(中国東北部)の独立守備隊歩兵第二大隊中隊長として奉天に赴任。翌年六月四日の張作霖爆殺にかかわる。三二年関東軍司令部付・満州国軍事顧問として第一次武装移民の入植を行い、満蒙開拓青少年義勇軍の基礎もつくる。三七年一一月日中戦争に従軍し杭州湾で戦死。

どうみゃく【銅脈】 1752～1801.6.2 江戸後期の狂詩作者・戯作者。名は正盈、字は子允、通称政五郎のち頼母。別号は観斎(寛斎)。京都聖護院村の畠中正冬の養子となり、養父の跡を継いで聖護院の諸太夫となる。那波魯堂に儒学を学んだが、博識で滑稽の才に富み、狂詩集「太平楽府」で名をあげ、江戸の寝惚先生(大田南畝)と「寝惚の滑稽、銅脈の風刺」と並称された。狂詩集「太平遺響」、戯作「忠臣蔵人物評論」。

どうみょう【道命】 974～1020.7.4 平安中期の歌人。藤原道綱の子。母は源近広の女。早くに比叡山で出家、座主良源の弟子となる。読経の声に優れたという。一〇一六年(長和五)天王寺別当となった。花山院と親しく、院の死を悼む歌が残る。「宇治拾遺物語」などには和泉式部と関係があったとする説話がみえる。中古三十六歌仙の一人。「後拾遺集」以下の勅撰集に約五七首入集。家集「道命阿闍梨集」。

どうもといんしょう【堂本印象】 1891.12.25～19

'75.9.5 昭和期の日本画家。京都市出身。本名三之助。西山翠嶂(すいしょう)の画塾青甲社で学び、京都市立絵画専門学校卒。一九二一年(大正一〇)の帝展で「調鞠(ちょうきく)図」が特選となる。三四年(昭和九)画塾東丘社を創立。三六年京都市立絵画専門学校教授、四四年帝室技芸員、五〇年日本芸術院会員。六一年文化勲章受章。法然院・智積院など寺院の障屏画も多く制作。作品「爽山映雪」「華厳(けごん)」、著書「画室の窓」。

とうやまきゅうぞう【当山久三】 1868.11.9～1910.9.17 明治期の沖縄の社会啓蒙家・海外移民組織者。金武(きん)村出身。一八九〇年(明治二三)沖縄県尋常師範学校卒業後、羽地・金武の両尋常小学校の訓導を勤めるが、国頭(くにがみ)郡長と衝突して九五年辞職。九八年上京、謝花昇(じゃはなのぼる)に出会い、その民権運動に共鳴して翌年帰郷、謝花と行動をともにするが、民権運動の挫折により移民問題に活路をみいだし、成功。一九〇九年県会議員に当選し将来を嘱望されたが、翌年病没。

とうやまみつる【頭山満】 1855.4.12～1944.10.5 明治～昭和前期のナショナリスト。旧姓筒井。福岡藩士の家に生まれ、母方の頭山家を継ぐ。士族民権結社の矯志社をへて、一八七九年(明治一二)箱田六輔(ろくすけ)・平岡浩太郎らと福岡に向陽社を結成し、民権運動に活躍。八一年玄洋社と改称し、国権論・アジア主義を唱道した。日本の膨脹政策支援や孫文などのアジアの政治家の援助を行い、在野の右翼の巨頭として、政界に隠然たる影響力を発揮した。

どうゆう【道祐】 1201～56.2.5 鎌倉時代の禅僧。臨済宗楊岐派破庵派。筑前国博多の人。嘉禎年間に入宋し、諸知識の間を遍参したのち径山(きんざん)寺の無準師範に参禅。無準から「日本には禅はあるか」と問われ、「中国にもまたないではないか」と答えて印可されたという。無準から頂相(ちんそう)などをうけて帰国し、京都北山の妙見堂に隠棲、東福寺の延寿堂で没した。

とうらいさんな【唐来参和】 1744～1810.1.25 江戸中・後期の戯作者。本姓は加藤、通称は和泉屋源蔵。高家(こうけ)の家臣から江戸本所の娼家和泉屋の婿養子となる。洒落本「三教色」(一七八三)や黄表紙「莫切自根金生木(きるなのねからかねのなるき)」を執筆。寡作だが、後者のような趣向にとんだ秀作があり、天明期を代表する黄表紙作者となる。寛政の改革を風刺した黄表紙「天下一面鏡梅鉢(かがみのうめばち)」で筆禍をうけ、二年間ほど絶筆。以後はふるわなかった。

どうりょうさった【道了薩埵】 道了権現とも。神奈川県南足柄市にある曹洞宗最乗寺の守護神。開山の了庵慧明(えみょう)を補佐していた弟子の妙覚道了は師の没時、当寺の守護と衆生救済を誓って天狗に身を変じた。以後霊験ある神として庶民の信仰を集め、近世には江戸両国の回向院などで道了権現の出開帳(でかいちょう)も行われた。道了講として組織化され、関東を中心に東海地方にも広がり、いまも大祭には多くの参詣人が集まる。

とうりんていとうぎょく【桃林亭東玉】 1786～1849.8.19 江戸後期の講釈師。本名阿部桃次郎。江戸湯島聖堂の住込みから講釈界に転じ塚田太琉を名のる。かたい講釈を万人向けに講じ、客層を拡大させた功績は大きい。天保中期に贔屓(ひいき)のすすめにより東都の玉の意で桃林亭東玉と改名。二代は二代松林伯円が襲名、松林東玉となる。

トゥーンベリ ⇨ツンベリ

とおちし【十市氏】 中世大和国の国人・戦国大名。十市城(現、奈良県橿原(かしはら)市)を本拠とした。出自は十市県主(あがたぬし)・中原氏と諸説ある。春日社の神人(じにん)で、興福寺大乗院門跡坊人。同寺竜花院領三ケ井殿(さんがいどの)荘(現、大和郡山市)などの荘官を勤めた。室町中期以降、大名化。遠清(とおきよ)の代に山辺(やまのべ)・城上(しきのかみ)・城下(しきのしも)の三郡にも支配を広げ、山辺郡に竜王山城(現、天理市)を築城。戦国期末、松永久秀の進出により一族が二派に分裂し滅亡。

とおちのひめみこ【十市皇女】 ?～678.4.7 大友皇子の妃。天武天皇の長女。母は額田王(ぬかたのおおきみ)。葛野王を生む。壬申の乱後は父に従い、六七五年(天武四)阿閉(あべ)皇女(元明天皇)と伊勢神宮に参詣。六七八年、天武が祓(はらえ)をするため倉梯(くらはし)の川上に設けた斎宮に行幸しようとしたとき、宮中で没し大和の赤穂に埋葬される。「万葉集」に高市(たけち)皇子が詠じた哀傷歌三首がある。

とおやまかげもと【遠山景元】 1793.8.-～1855.2.29 江戸後期の幕臣。父は景晋(かげみち)。通称は金四郎。左衛門尉。号は帰雲。公事方勘定奉行などをへて、一八四〇年(天保一一)北町奉行。天保の改革の際に株仲間解散令などで老中水野忠邦と対立し、同僚矢部定謙(さだのり)の罷免、鳥居耀蔵(ようぞう)の着任により、厳酷な取締政治のなかで市政から外され、四三年大目付に転出。庶民生活に同情的な名奉行像が定着した。四五年(弘化二)南町奉行に復帰、五二年(嘉永五)病気辞職し隠居。

とおやまし【遠山氏】 中世の土豪、近世の旗本・大名家。源頼朝に仕えた加藤景廉(かげかど)が一一九五年(建久六)美濃国恵那郡遠山荘の地頭となり、子景朝が同郡岩村に住み遠山を称した。戦国期には苗木城・明知城などを拠点にした遠山七家が美濃東部に勢力を張る名族だったが、近世以降は苗木藩主遠山氏と旗本の明知遠山氏が存続。前者は関ケ原の戦で東軍に属して戦功をあげた友政が、戦後苗木藩主となり、恵那・加茂二郡で一万五〇〇〇石余を領したのがはじまり。維新後子爵。明知遠山氏は、利景が一五八二年(天正一〇)徳川家康に属し、一六〇三年(慶長八)恵那・土岐二郡で六五三〇石を安堵されたのにはじまる。庶流の子孫に名奉行といわれた金四郎景元(かげもと)がいる。

とおやまとしかげ【遠山利景】 1541～1614.5.20 織豊期～江戸初期の武将。美濃国明知城主遠山景玄の子。はじめ僧となり、一五七五年(天正三)還俗して、武田勝頼から明知城を奪還。森長可(ながよし)に属した後、徳川家康に従い駿府に移る。関ケ原の戦では明知城を奪回し、一六〇三年(慶長八)旧領六五〇〇石余を安堵され旗本となる。

とおやまともまさ【遠山友政】 1556～1619.12.19 織豊期～江戸初期の武将・大名。美濃国生れ。はじめ父友忠とともに織田信長に属したが、一五八三年(天正一一)から徳川家康に仕え、九〇年榊原康政に属し上野国館林に住んだ。一六〇〇年(慶長五)の関ケ原の戦で、木曾路を進軍中の徳川秀忠を助けるなど戦功をあげ、戦後に美濃国恵那郡などで一万五〇〇〇石を領し苗木藩主となる。大坂の陣でも戦功をあげた。

とがしし【富樫氏】 中世加賀国の豪族。鎮守府将軍藤原利仁(としひと)を始祖とする斎藤氏の支族。本拠は石川郡富樫郷(現、金沢市)。在庁官人として成長し、富樫介を称した。承久の乱後、加賀最大の武家に発展。南北朝初期、高家のときに加賀国守護となり、幕府方の武将として活躍。一五世紀中頃、教家(のりいえ)が将軍足利義教の勘気にふれ、家督を泰高(やすたか)に替えられたことから家督争いが生じ、教家・泰高両派に分裂。それぞれ半国守護となったが、以後も対立抗争が絶えなかった。教家の孫政親(まさちか)は、一時期一国を統一したが、一四八八年(長享二)一向一揆に攻められ滅亡。泰高が名目上あとを継いだが、一五七四年(天正二)泰高の孫泰俊(やすとし)も一向一揆に討たれ滅亡。

●● 富樫氏略系図

家国……高家―氏春―満家―満春┬教家―成春―政親
　　　　　　　　　　　　　　　└泰高―稙泰―泰俊

とがしまさちか【富樫政親】 1455～88.6.9 室町時代の武将。加賀半国守護。嘉吉の内紛ののち加賀北半の守護職は政親の父成春が、同南半の守護職は成春の叔父泰高がえた。前者は一時赤松氏に奪われたが、政親はこれを回復して泰高と対立、応仁・文明の乱では東軍、泰高は西軍に属した。一四七四年(文明六)には弟幸千代と争いこれを破った。七五年一向一揆と交戦。八七年(長享元)将軍足利義尚に従って近江に出陣したが、留守中に一揆の活動が熾烈となり、帰国して高尾(たこう)城(現、金沢市)に拠った。翌年六月同城を攻め落とされ自殺。

とがしやすたか【富樫泰高】 生没年不詳。室町時代の武将。加賀半国守護。一四四一年(嘉吉元)失脚した兄教家にかわり守護となったが、以後復権をねらう教家と争い、四七年(文安四)泰高が加賀南半の守護、教家の子成春が同北半の守護となった。なおも成春の子政親と争い、応仁・文明の乱では西軍、政親は東軍に属した。八八年(長享二)政親が一向一揆に倒されたのち、一揆により名目だけの守護に擁立された。

とがのおのしょうにん【栂尾上人】 ⇨明恵(みょうえ)

とがわしゅうこつ【戸川秋骨】 1870.12.18～1939.7.9 明治・大正期の英文学者・随筆家。本名明三。熊本県出身。明治学院卒。一八九三年(明治二六)北村透谷・島崎藤村・馬場孤蝶らと「文学界」創刊に参加。のち東大英文科(選科)に学び、慶大教授。翻訳、海外文学の紹介書のほか多くの随筆を残す。翻訳「エマーソン論文集」「十日物語」(ボッカチオ)、随筆「英文学覚帳」「自画像」。

とがわみちやす【戸川逵安】 1567～1627.12.25 織豊期～江戸初期の武将・大名。肥後守。はじめ宇喜多氏に属し、一五九九年(慶長四)宇喜多秀家の家臣宇喜多左京亮らと争論し追放されるが、翌年の関ケ原の戦で徳川家康に従って戦功をあげ、備中国で二万九〇〇〇石余を与えられて庭瀬藩主となった。大坂の陣でも戦功をあげた。

とき【直支】 腆支とも。生没年不詳。百済(くだら)の王(「三国史記」では在位四〇五～四二〇)。中国史書では余映。没年は「日本書紀」と「宋書」とで一致しない。三九七年、阿華(あか)王(阿莘王)の太子のとき高句麗と対抗するため、日本に人質として派遣され、四〇五年、阿華王の没後の政変時に倭の兵士一〇〇人に衛送されて帰国し、即位。来日に際して、多くの文物と博士らをもたらす。渡来人の祖とされる阿直岐(あちき)・阿知使主(あちのおみ)は直支の名が変化したものと思われる。

ときあきなお【土岐詮直】 ?～1399.11.15 南北朝期の武将。尾張国守護代。美濃国ほかの守護土岐康行の女婿。一三八八年(嘉慶二・元中五)康行の弟満貞が康行にかわって尾張国守護になると、詮直は康行とともに満貞の入国に抵抗。九九年(応永六)応永の乱で大内義弘と提携して挙兵したが、美濃国長森(現、岐阜市)で敗死。

ときえだもとき【時枝誠記】 1900.12.6～67.10.27 昭和期の国語学者。東京都出身。東大卒。京城帝国大学・東京帝国大学・早稲田大学の教授を歴任。近世以前の国学者などの言語研究を概観した「国語学史」(一九四〇)の執筆を基礎に、言語実在説を排して発話主体の心的過程に注目する言語過程説を提唱し、「国語学原論」に結実させた。著書「日本文法―口語篇」「日本文法―文語篇」「国語学への道」。

ときさだまさ【土岐定政】 1551～97.3.3 織豊期の武将。土岐明智氏の出で一族は代々美濃国を本拠とした。幼少のとき父定明が戦死し、母の実家菅沼氏を頼って三河にのがれた。成長して徳川家康に仕え、はじめ菅沼氏を称した。つねに家康に近侍し、剛勇無双の士として知られた。一五九〇年(天正一八)家康関東入部のとき下総国相馬郡で一万石を与えられ、九三年(文禄二)従五位下山城守に叙任し、土岐姓に復した。

ときし【土岐氏】 ㊀中世美濃国の豪族。清和源氏頼光流。美濃源氏。一説には源頼光の子孫光衡が、土岐郷(現、岐阜県瑞浪市・土岐市)に住み、土岐氏を称したのに始まるという。南北朝期、光衡の孫頼貞は足利尊氏に仕えて活躍し、美濃国守護となる。一族は桔梗一揆と称し、団結して足利方に加わり活躍。子頼遠・孫頼康も足利氏と深い関係を結び勢力を伸ばしたが、その後内紛が続き、勢力が衰えた。室町中期には、庶流二〇余家も幕府奉公衆に列し、一族の結束が崩れた。天文年間頼芸が斎藤道三に追われ、主流は没落。その子頼重・頼次の子孫が江戸時代に旗本となる。一族の庶流は多く、多治見・明智・饗庭・浅野・池尻・池田・蜂谷・原など一〇〇余家を数える。
㊁江戸時代の大名家。土岐氏庶流明智氏の出身。徳川家康に仕えた定政が、一五九〇年(天正一八)下総国で一万石を領した。のち転封・加増を重ね、一七四二年(寛保二)頼稔が上野国沼田藩三万五〇〇〇石の藩主となる。維新後、子爵。

ときじょうにん【富木常忍】 1216~99.3.20 俗名は常忍。日蓮の有力檀越。下総国守護千葉氏の被官で、同国八幡荘若宮に住んだ。一二五三年(建長五)頃日蓮の門に帰し、以後日蓮門下の重鎮として「観心本尊鈔」をはじめ数々の著作や書状を送られた。日蓮没後出家して日常を名のり、邸内の法華堂を法華寺に改めて日蓮遺文の収集に努めた。法華寺はのち本妙寺と合体して中山法華経寺へと発展。その門流は中山門流とよばれる有力教団に成長した。

ときぜんまろ【土岐善麿】 1885.6.8~1980.4.15 明治~昭和期の歌人・国文学者。雅号湖友・哀果。東京都出身。早大卒。読売新聞社、のち朝日新聞社に勤務。一九一〇年(明治四三)ローマ字歌集「NAKIWARAI」出版、生活派形成の端緒となり、石川啄木と親交を深める。一三年(大正二)文芸思想誌「生活と芸術」を創刊主宰、大杉栄・荒畑寒村らと交流。昭和初期に新短歌に転じるが、のち定型に復し時局抵抗歌を発表。研究書「田安宗武」により学士院賞受賞、文学博士。第二次大戦後は国語審議会会長。

ときとうぶん【土岐洞文】 生没年不詳。戦国期の画家。美濃の土岐氏一族には画技にすぐれた者がおり、おもに鷹の絵を好んで描いた。「洞文」の印章を用いるこの画家も土岐氏の一族といわれ、頼芸あるいは富景と同一人とも伝える。しかし洞文の名は富景とともに「土岐系図」の中にはみあたらず不明。天文年間を中心に活動し、画域は広く、作風には曾我派に通じる要素もある。

ときみつさだ【土岐満貞】 生没年不詳。南北朝期~室町中期の武将。尾張国守護。美濃国ほかの守護土岐康行の弟。土岐氏惣領を望んで策動し、一三八八年(嘉慶二・元中五)三月までに康行にかわり尾張国守護となったが、同年入国に際し守護代土岐詮直および康行の抵抗にあう。明徳の乱で失脚したらしく、のち今川貞世(了俊)に従って駿河国島田に居住したという。

ときやすゆき【土岐康行】 ?~1404.10.6 南北朝期の武将。美濃・尾張・伊勢各国守護。一三八七年(嘉慶元・元中四)叔父頼康から美濃国ほかの守護職を継承。尾張についてはまもなく弟満貞にかえられたことから、八八年尾張国守護代土岐詮直と満貞が交戦、康行も詮直を援助した。これが幕府への反抗とみなされて追討をうけ、九〇年(明徳元・元中七)没落(土岐氏の乱)。翌年明徳の乱で戦功をあげ、伊勢国守護職を回復。

ときやまなおはち【時山直八】 1838.1.1~68.5.13 幕末・維新期の萩藩士。名は養直。吉田松陰に学ぶ。京都藩邸で諸藩周旋掛として尊王攘夷運動に加わる。一八六四年(元治元)禁門の変に敗れ帰国、奇兵隊参謀となる。六六年(慶応二)第二次長州戦争では小倉口で活躍。六八年(明治元)戊辰戦争では北越に出征し、長岡藩との戦いで戦死。

ときよししんのう【世良親王】 ⇨世良親王

ときよしんのう【斉世親王】 886~927.9.10 宇多天皇の第三皇子。母は橘広相の女義子。八九八年(昌泰元)元服。三品に叙せられ、兵部卿・上総太守などを歴任した。菅原道真の女を妃としたが、九〇一年(延喜元)の道真失脚事件は道真が親王の擁立をはかったという嫌疑をうけたことによる。事件により親王は出家した。法名真寂。著書「慈覚大師伝」。

ときよりかね【土岐頼兼】 ?~1324.9.19 鎌倉後期の武将。清和源氏土岐頼貞の子。十郎と称する。日野資朝を中心とする後醍醐天皇の討幕計画に、一族の多治見国長とともに加わる。一三二四年(正中元)六波羅奉行人斎藤利行の女を妻にもつ従弟の土岐頼員(頼春とも)に裏切られ、計画は露見。九月一九日未明、京都三条堀河の宿所を六波羅軍に襲われて敗死。「太平記」は頼兼を頼貞と記すが、誤りであろう。

ときよりとお【土岐頼遠】 ?~1342.12.1 南北朝期の武将。美濃国守護。足利尊氏に従い、室町幕府草創期の竹ノ下の戦・多々良浜の合戦・青野ケ原の戦などに参加。一三三九年(暦応二・延元四)美濃国守護となった。四二年(康永元・興国三)九月、京都市中で光厳上皇の牛車に矢を放つ事件をおこして無断で美濃に帰国。一一月上京して赦免を請うがいれられず、一二月処刑された。当時既存の秩序を軽んじる婆娑羅(ばさら)の風潮があったが、頼遠は典型的な婆娑羅大名。

ときよりなり【土岐頼芸】 1501～82.12.4 戦国期の武将。美濃国守護。一五三五年(天文四)頃、斎藤道三に擁立され、土岐二郎にかわって守護となった。以後二郎およびこれを援助する朝倉氏・織田氏などと戦うが、五二年頃、道三に追放され、近江国六角承禎(じょうてい)を頼った。八二年(天正一〇)美濃に帰ったがまもなく死没。

ときよります【土岐頼益】 1351～1414.4.4 南北朝期～室町中期の武将。美濃国守護。土岐氏の傍流だったが、一四世紀末以後はこの流れが守護職を継承。一三八八年(嘉慶二・元中五)土岐氏の乱では父頼世とともに土岐康行らの追討にあたり、乱後頼世は美濃国守護となった。九五年(応永二)守護職を継承。九九年応永の乱で大内義弘と提携して挙兵した土岐詮直(あきなお)を長森城(現、岐阜市)で敗死させた。

ときよりやす【土岐頼康】 1318～87.12.25 南北朝期の武将。室町幕府初期の有力大名。美濃・尾張・伊勢各国守護。叔父頼遠の跡を継ぎ一三四二年(康永元・興国三)美濃国守護となる。観応の擾乱では足利尊氏に従い、五一年(観応二・正平六)尾張国守護、ついで伊勢国守護を兼ねた。幕政では斯波氏与党となり、七九年(康暦元・天授五)斯波義将(よしゆき)とともに細川頼之を失脚させた。桔梗一揆といわれる一族一揆を中心とする強大な軍事力を背景に幕府の有力者となった。

ときよりゆき【土岐頼行】 1608～84.12.10 江戸前期の大名。山城守。父は摂津国高槻藩主定義。一六一九年(元和五)父の死で家を継いだが、幼少のため高槻二万石を改め祖父定政の旧領下総国相馬郡一万石を与えられた。二八年(寛永五)祖父以来の忠功を賞され出羽国上山二万五〇〇〇石に加増転封。翌年紫衣(しえ)事件で処罰された沢庵宗彭(たくあんそうほう)を上山に預かり、交友を結んだ。槍術を松本一指(いっし)に学び、自得記流(じとくきりゅう)をおこした。

ときわいのみや【常磐井宮】 常盤井宮とも。❶鎌倉・室町時代の宮家で、最も早い世襲親王家。亀山天皇の皇子で、常盤井殿を譲られた恒明(つねあきら)親王に始まる。親王は父から後二条天皇の後継者に定められていたが、皇位につけなかった。その子全仁(まさひと)、孫満仁(みつひと)は親王宣下をうけて常磐井宮を称し、宮家として室町後期まで続いた。❷⇨桂宮(かつらのみや)

ときわごぜん【常盤御前】 生没年不詳。平安末期の女性。九条院(藤原呈子)の雑仕女。源義朝の妾となり、今若(阿野全成(あのぜんじょう))・乙若(義円、愛智円成)・牛若(源義経)を生む。平治の乱で義朝が敗北したあと、母と三児の助命を請い六波羅に出頭。その後平清盛の妾となり、廊の御方(藤原兼雅の妻)を生んだ。のち大蔵卿藤原長成の妻となり、能成を生む。「平家物語」「義経記」に登場し、後世の幸若舞や古浄瑠璃の題材とされた。

ときわだいじょう【常盤大定】 1870.4.8～1945.5.5 明治～昭和前期の僧・仏教学者。宮城県出身。真宗大谷派の寺に生まれる。東大卒。東京帝国大学インド哲学科講師をへて、一九二六年(昭和元)教授。大学から派遣されて二〇年以降五回訪中し、仏教史跡の調査に当たった。三一年の退任後は東方文化学院で後進を育成した。中国仏教史学の開拓者として知られる。著書「支那仏教史蹟」「支那仏教の研究」。

ときわづかねだゆう【常磐津兼太夫】 常磐津節浄瑠璃方。現在七世を数える。初世(一七五六～九九)は二世常磐津文字太夫の前名。初世文字太夫の門弟。本名越後屋佐六。天明期に活躍し、「関の扉(せきのと)」「古山姥(ふるやまんば)」「戻駕」などを初演。一七八七年(天明七)二世文字太夫を襲名。二世(一七五五～一八〇二)は初世の弟。一七八七年二世襲名。九九年(寛政一一)跡目相続争いにより兄に破門され吾妻国太夫を名のる。独立後まもなく刺されて死亡。三世(一七六一～一八一四)は二世の門弟。豪快さのある語り口で名人の誉れ高く、常磐津の芸風に変化をもたらしたという。

ときわづまつおだゆう【常磐津松尾太夫】 常磐津節浄瑠璃方。幕末期から四世を数える。二世は初世常磐津林中(りんちゅう)の前名。三世(一八七五～一九四七)は本名福田兼吉。六世岸沢古式部に師事し、のち初世常磐津林中の門下となる。一九〇六年(明治三九)三世を継ぐ。大正～昭和前期に大音声で一世を風靡し、第一人者として活躍。

ときわづもじたゆう【常磐津文字太夫】 常磐津節の家元名。江戸中期から九世を数える。初世(一七〇九～八一)は常磐津節の祖。本名は駿河屋文左衛門。宮古路豊後掾(みやこじぶんごのじょう)の門弟で、師とともに京から江戸に下り、宮古路文字太夫を名のる。元文期の豊後節禁圧後も江戸に残留し、四七年(延享四)関東を名のるが差し止められ、常磐津と改姓して独立、舞踊劇の伴奏音楽としての地盤を築く。四世(一八〇四～六二)は初世の孫市川男女蔵(おめぞう)の次男で初名は男熊(おくま)。一八三七年(天保八)四世襲名。五〇年(嘉永三)豊後大掾(だいじょう)藤原昶光の掾号をえる。五七年(安政四)四世岸沢古式部と不和を生じ分裂を招く。

ときわづもじべえ【常磐津文字兵衛】 常磐津節三味線方。幕末期から五世を数える。初世(一八三九～一九〇五)は本姓富坂で越後国生れ。はじめ太夫だったが、三味線に転じ、一八六二年(文久二)常磐津文字兵衛を名のる。二世(一八五七～一九二四)は初世常磐津文字助の子。本名鈴木金太郎、江戸生れ。常磐津林中(りんちゅう)・六世文字太夫らの三味線を弾く。三世(一八八八～一九六〇)

は二世の長男。本名鈴木広太郎、東京都出身。三世常磐津松尾太夫・千東勢太夫の三味線を弾き、名手といわれた。作曲も多く「松の名所」「独楽」など。芸術院会員・人間国宝。四世(一九二七〜)は三世の子。本名鈴木英一、東京都出身。「我輩は猫である」など作曲多数。一九九二年(平成四)人間国宝。

ときわづりんちゅう【常磐津林中】 1842.12.〜1906.5.6 常磐津節の太夫。盛岡藩士の子で本名石川忠助。常磐津和登太夫・四世文字太夫・初世松尾太夫らに学び、一八六二年(文久二)二世松尾太夫を名のる。七九年(明治一二)六世小文字太夫の未亡人常子の養子となり七世小文字太夫を継ぐ。対立していた岸沢派と和解するが、八六年家元家から離縁となり林中と改名。一時、宮古路国太夫半中を名のるが、盛岡に引きこもる。九六年九世市川団十郎の要請で上京し、歌舞伎座で「関の扉」を語り大好評を博す。声量があり明晰で格調高い語り口は、他分野の演奏家にも大きな影響を与えた。芸名は三世を数える。

ときわみつなが【常磐光長】 生没年不詳。平安後期の宮廷絵師。後白河上皇の命により制作された「年中行事絵巻」(原本は焼失)の主要作家と伝える。一一七三年(承安三)建春門院が建立した最勝光院の御所障子に、平野行啓・日吉御幸・高野御幸の絵を描き、参列した人々の面貌のみを藤原隆信が描いたことが知られる(「吉記」)。「年中行事絵巻」との類似から「伴大納言絵巻」の作者とも考えられる。

とくいつ【徳一】 760?〜835? 徳溢・得一とも。平安前期の法相宗僧。藤原仲麻呂の子と伝える。はじめ東大寺で修円らに学んだとされ、二〇歳頃東国へ移る。八一五年(弘仁六)空海から真言密教典籍の書写・布教を依頼されるが、これに対して真言密教への疑義「真言宗未決文」を送る。また天台教学に対して「仏性抄」を皮切りに批判を加え、八一七年頃から最澄との間に三一権実諍論を展開した。この間、会津恵日寺や筑波山中禅寺など東国に多くの寺を開いたと伝える。

とくえん【徳円】 785〜? 安証とも。平安前期の天台宗僧。俗姓刑部氏。下総国猿島生れ。広円・最澄・義真に学び、八二五年(天長二)梵釈寺十禅師に任じられ、のち伝灯大法師位をうける。八三一年、円澄とともに空海に密教受法を請い、天台密教の体系化に努めた。八四四年(承和一一)光定と中国天台の宗穎に教義を質す(唐決)など、密教を包摂した日本天台教学の組織化に尽力した。

とくおう【徳王】 Dewang 1902.2.8〜66.5.23 モンゴル近代の政治家。内モンゴル錫林郭勒盟蘇尼特右旗出身。ジャサクの家柄に生まれ、モンゴル名は徳穆楚克棟魯普。二四年錫林郭勒盟副盟長。三三年内蒙古王公会議を開催し、国民政府に高度の自治を要求したが失敗。日中戦争勃発後は日本の支持のもと、三七年蒙古連盟自治政府副主席(翌年主席)。日本敗戦後は国民政府と和解、共産党と戦う。五〇年逮捕され北京に送還。六三年特赦される。

とくがわあきたけ【徳川昭武】 1853.9.24〜1910.7.3 維新期の水戸藩主、明治期の華族。水戸藩主徳川斉昭の一八男として江戸に生まれる。一八六七年(慶応三)将軍徳川慶喜の名代としてパリ万国博覧会に派遣され、欧州各国を訪問。帰国後、水戸藩主。廃藩置県ののち陸軍に入ったが、軍籍を脱しパリ留学をへて宮中に出仕。晩年は茨城県下で牧場を経営、植林事業にも尽力した。

とくがわいえさだ【徳川家定】 1824.4.8〜58.7.6 江戸幕府一三代将軍(在職一八五三・一一・二三〜五八・八・八)。父は一二代家慶。母は側室本寿院。幼名政之助。はじめ家祥。法号温恭院。一八二五年(文政八)世子。四一年(天保一二)西丸入り。鷹司政通の養女有姫、ついで一条実良の女寿明姫を妻に迎えたが、ともに早世。五三年(嘉永六)将軍職を継いで家定と改めた。同年六月三日にペリーが浦賀に来航し、世情が動揺した時期であった。老中阿部正弘は、雄藩大名との協調路線から鹿児島藩主島津斉彬の養女篤姫を近衛忠煕の養女として家定の御台所に迎えた。家定は病弱で、世子の誕生が期待できなかったため、将軍継嗣が重大な政治問題となり、五八年(安政五)大老井伊直弼が和歌山藩主慶福(家茂)を継嗣と決定、直後に没した。

とくがわいえさと【徳川家達】 1863.7.11〜1940.6.5 明治〜昭和前期の政治家。徳川(田安)慶頼の三男。幼名亀之助。徳川慶喜の養嗣子。一八六八年(明治元)静岡七〇万石をつぎ、版籍奉還後は静岡藩知事。七七年イギリス留学、八四年公爵、一九〇三年以来貴族院議長五回。第一次山本内閣の辞職で後継首班に推されたが固辞。ワシントン会議では全権委員を務め、日本赤十字社社長、済生会・協調会の会長など多彩な活躍をした。

とくがわいえしげ【徳川家重】 1711.12.21〜61.6.12 江戸幕府九代将軍(在職一七四五・一一・二〜六〇・五・一三)。八代吉宗の長男。母は側室深徳院。弟に御三卿田安家の始祖宗武、一橋家の始祖宗尹がいる。幼名長福丸。法号惇信院。一七二四年(享保九)世子。四五年(延享二)将軍職を継いだ。生来病弱で若い頃から酒色にふけり、健康を損ない言語機能に障害もあった。小姓の大岡忠光のみがその意を解し、側用人にまで出世した。ただ家重は「将棋考格」の著作もなしたほどの将棋上手だったという。在世中は享保の改革の延長で表面上、幕府財政は安定していたが、全国各地で百姓一揆が頻発。六〇年(宝暦一〇)長男家治に将軍職を譲り、翌年没した。

とくがわいえつぐ【徳川家継】 1709.7.3～16.4.30 江戸幕府七代将軍(在職一七一三・四・二～一六・四・三〇)。六代将軍家宣の四男。母は側室月光院(お喜世の方)。幼名鍋松丸。法号有章院。五歳で将軍職を継ぎ、幼少のため側用人間部詮房が実権を握る。新井白石の献策により、一七一四年(正徳四)正徳金銀の鋳造、一五年正徳長崎新例による長崎貿易の制限など、前代の政治を継続した。霊元上皇の皇女八十宮と婚約したが、治世三年で没した。

とくがわいえつな【徳川家綱】 1641.8.3～80.5.8 江戸幕府四代将軍(在職一六五一・八・一八～八〇・五・八)。三代将軍家光の長男。母は側室宝樹院(お楽の方)。幼名竹千代。法号厳有院。一一歳で将軍職を継ぐが、就任当初、由比正雪らの慶安事件が生じた。前代の遺老酒井忠勝・松平信綱・阿部忠秋や叔父の保科正之が補佐。殉死の禁止、末期養子の禁緩和、証人(人質)制廃止などの牢人対策、寛文印知、度量衡の統一、全国的商品流通政策などの諸制度の整備、キリシタン統制のため宗門改の全国制度化など、大老・老中の合議制の下で幕藩制の安定化が進められた。保科正之らが引退してからは、大老酒井忠清に権力が集中した。

とくがわいえなり【徳川家斉】 1773.10.5～1841.閏1.7 江戸幕府一一代将軍(在職一七八七・四・一五～一八三七・四・二)。父は御三卿の一橋治済。母は側室慈徳院。幼名豊千代。法号文恭院。一〇代将軍家治は、田安家の定信を世子に望んだが、定信は田沼意次によって白河松平家に養子にだされ、一七八一年(天明元)家斉が世子となる。八六年家治の死去により将軍職を継ぐ。翌年白河藩主松平定信が老中首座に就任。寛政の改革が始まる。定信の失脚後、老中首座松平信明が改革路線を一応引き継いだが、一八一八年(文政元)家斉側近の水野忠成が老中首座になると、田沼時代末期のような賄賂・情実の政治が行われた。側室通算四〇人、子女五五人をもうけ豪華な生活を送り、三七年(天保八)隠居したが大御所として実権を握った。死後(発喪は閏正月三〇日)、天保の改革が始まる。

とくがわいえのぶ【徳川家宣】 1662.4.25～1712.10.14 江戸幕府六代将軍(在職一七〇九・五・一～一二・一〇・一四)。甲斐国甲府藩主の徳川綱重の長男。母は側室長昌院(お保良の方)。幼名虎松。通称左近。諱ははじめ綱豊。法号文昭院。一六七八年(延宝六)綱重の死後、甲府徳川家二五万石を就封、翌年近衛基熙の女熙子と結婚。一七〇四年(宝永元)叔父の将軍綱吉の養子となり家宣と改称、このとき家臣は幕臣に編入された。〇九年綱吉が没し、将軍職を継ぐ。前代の遺臣柳沢吉保や荻原重秀を退け、甲府時代からの侍講新井白石や側用人間部詮房を登用して文治政治を展開、閑院宮家の設立、朝鮮通信使の待遇改善、財政改革などを行い正徳の治と称されるが、治世わずか三年余で没した。

とくがわいえはる【徳川家治】 1737.5.22～86.8.25 江戸幕府一〇代将軍(在職一七六〇・九・二～八六・九・八)。九代家重の長男。母は側室至心院。幼名竹千代。法号浚明院。祖父吉宗の薫陶をうける。一七六〇年(宝暦一〇)将軍職を継ぎ、父家重の遺言で田沼意次を重用。田沼によって情報を統制され政治的活動が制限されたため、画業に専念するが、傑作には「政事之暇」の落款を押したという。生前に実子を失い、田沼の意見で一橋家から治済の長男家斉を迎えた。八六年(天明六)八月初めから水腫で療養中だったが、一六日田沼の推薦した町医者の調合薬を服用したところ二五日に急死したといわれる。家治の死は反田沼派によって田沼失脚に利用され、田沼は二六日辞職を願い、二七日老中を罷免。発喪は九月八日。この後一〇カ月の権力闘争をへて八七年六月、松平定信が老中に就任。

とくがわいえみつ【徳川家光】 1604.7.17～51.4.20 江戸幕府三代将軍(在職一六二三・七・二七～五一・四・二〇)。二代将軍秀忠の次男(兄長丸は早世)。母は正室崇源院(お江与の方)。幼名竹千代。法号大猷院。乳母春日局に養育される。一六二〇年(元和六)元服、二三年将軍職を継ぐ。三二年(寛永九)秀忠の死後に将軍政治を本格化、評定所寄合の定例化や老中月番制など江戸幕府の諸制度を整備した。朝幕関係では三四年三〇万の大部隊による上洛で朝廷を威圧し、幕藩関係では諸国巡見使の派遣、参勤交代の制度化、改易・転封策による大名統制策をとる。キリシタン禁圧と島原の乱の鎮圧、沿海防備体制の構築を推進する一方で、琉球国王・オランダ商館長の江戸参府、朝鮮通信使来聘を三回実現するなど、幕府の権威を高めた。

とくがわいえもち【徳川家茂】 1846.閏5.24～66.7.20 江戸幕府一四代将軍(在職一八五八・一二・一～六六・八・二〇)。父は和歌山藩主の斉順。母は側室実成院。幼名菊千代。法号昭徳院。斉順の遺領を相続した斉彊の養子となり、一八四九年(嘉永二)四歳で藩主。元服して慶福。時の一三代将軍家定は病弱で、世子誕生の期待が薄かったため将軍継嗣問題が発生し、慶福を推す門閥譜代の南紀派と、一橋慶喜を擁する一橋派の対立が激化。五八年(安政五)四月、南紀派の井伊直弼が大老に就任、六月慶福が継嗣と決定。七月家定が没し、同年末将軍職を継ぐ。公武合体のため孝明天皇の異母妹和宮と婚姻。六三年(文久三)・六四年(元治元)の二度上洛し、公武の融和に尽力。六六年(慶応二)の第二次長州戦争では進発し、大坂城に入ったが幕府軍の敗報の中で病死。八月二〇日発喪。

とくがわいえやす【徳川家康】 1542.12.26～1616.4.17 江戸幕府初代将軍(在職一六〇三・二・一二～〇五・四・一六)。三河国岡崎城主松平広忠の長男。母は同刈谷城主水野忠政の女(於大(おだい)の方)。岡崎生れ。幼名竹千代、通称次郎三郎、諱は元信・元康・家康と改称。法号安国院。六歳から織田信秀、八歳から一九歳まで今川義元の人質。一五五五年(弘治元)元服、六〇年(永禄三)桶狭間の戦で義元の敗死後に自立、六一年織田信長と結んで三河平定。六六年徳川に改姓、七〇年(元亀元)居城を浜松とし、姉川の戦で信長を助け、七五年(天正三)長篠の戦で武田氏を破る。駿府に本拠を移して駿河・遠江・甲斐・信濃・三河の五カ国経営にあたったが、九〇年北条氏の滅亡後は関八州へ転封となった。豊臣秀吉の死後はいわゆる五大老の筆頭となり、一六〇〇年(慶長五)九月関ケ原の戦で石田三成を破り、天下統一をなす。〇三年征夷大将軍に任命され、従一位右大臣、源氏長者となり、江戸幕府を開いた。〇五年将軍職を子の秀忠に譲った後も、駿府で大御所政治をとった。一五年(元和元)大坂の陣で豊臣氏を滅ぼし元和偃武(えんぶ)を実現。一六年三月太政大臣に任官、四月駿府城で病死。遺言で久能山に葬られたが、一七年正一位を追贈、東照大権現の勅号をうけ、日光山に改葬された。

とくがわいえよし【徳川家慶】 1793.5.14～1853.6.22 江戸幕府一二代将軍(在職一八三七・九・二～五三・七・二二)。父は一一代家斉。母は側室香琳院。幼名敏次郎。法号慎徳院。一八三七年(天保八)将軍職を継いだが、父家斉が大御所として実権を握っていた。四一年家斉の死後、信任する水野忠邦に倹約令と風紀取締りを基調とした天保の改革を断行させる。しかし四三年上知令問題の紛糾のため水野を罷免。土井利位(としつら)を老中首座に任じたが、土井も一年足らずで辞任。その後阿部正弘を老中に抜擢し混乱した幕政を立てなおさせた。家慶は「そうせい様」と陰口され、江戸庶民は顔を鋳型でいろいろに変える女性の図柄で風刺した。五三年(嘉永六)六月三日のペリー来航直後に病死。

とくがわかずこ【徳川和子】 ⇨東福門院(とうふくもんいん)

とくがわし【徳川氏】 江戸時代の将軍家。はじめ松平氏と称し、三河国松平郷に本拠をもつ。信重のときに世良田親氏(せらだちかうじ)(徳阿弥、上野国世良田荘、新田氏の後裔と称す)を養子としたのに始まるという。戦国期に七代清康が一時世良田氏を称し、九代家康の代に徳川氏に改称。六代信忠より繁栄、八代広忠は一族の反乱と織田氏の進出に悩み今川氏に属した。広忠の子家康は一五六〇年(永禄三)今川氏滅亡後織田氏と結び、三河国を平定。織田信長没後は豊臣政権に協力し、一五九〇年(天正一八)後北条氏の滅亡後に関八州に転封となった。豊臣秀吉没後、一六〇〇年(慶長五)関ケ原の戦で勝利し、〇三年将軍宣下をうけ江戸幕府を開いた。以後、徳川姓は本家並びに御三家(名古屋・和歌山・水戸)・御三卿(田安・一橋・清水)の嫡流にかぎり、他の庶流・支族は松平姓を称した。一五代将軍慶喜(よしのぶ)のとき大政奉還となり、一八六八年(明治元)家達(いえさと)(田安亀之助)が宗家を継ぎ静岡七〇万石を領し、廃藩置県後は華族に列する。八四年に公爵。旧御三家は侯爵。

●● 次頁

とくがわしげよし【徳川重好】 ⇨清水重好(しみずしげよし)

とくがわたけさだ【徳川武定】 1888.10.―～1957.11.29 大正・昭和期の海軍造船工学者。茨城県出身。昭武の子。東大卒。海軍に入り、平賀譲(ゆずる)のもとで巨大戦艦の設計・建造を行う。イギリスに留学。円筒型耐圧殻の強度について簡便な圧壊圧力近似式を創案し、潜水艦の合理的な設計を可能にした。のち東京帝国大学教授・海軍技術研究所所長。多数の蔵書を天理大学や藤原工業大学(現、慶大工学部)に寄贈。第二次大戦後は防衛庁技術研究所の嘱託顧問として海上自衛隊の技術指導や川崎重工業への指導を行った。

とくがわただなが【徳川忠長】 1606.5.7～33.12.6 江戸初期の大名。徳川秀忠の三男。母は正室崇源院(お江与の方)。幼名国松、通称駿河大納言。幼少時から才能に恵まれ、将軍を継承するともいわれたがかなわず、甲斐国を与えられた。一六二〇年(元和六)元服、従四位下参議。二三年従三位権中納言。二四年(寛永元)には駿河・遠江両国で五五万石を領して駿府藩主となり、二六年従二位権大納言。駿府藩主となってからの常軌を逸した振舞いが兄家光の不興を買い、三一年甲府蟄居(ちっきょ)を命じられ、三三年上野国高崎で自刃。

とくがわつなしげ【徳川綱重】 1644.5.24～78.9.14 江戸前期の大名。徳川家光の三男。母は側室順性院(お夏の方)。幼名長松。一六四九年(慶安二)竹橋に邸を与えられ、家老以下の家臣が付けられた。五一年一五万石を与えられ、五三年(承応二)元服、従三位中将兼左馬頭。六一年(寛文元)甲斐国府中に封じられ二五万石を領し、甲府宰相と称された。五代将軍を弟徳川綱吉と争い、大老酒井忠清に阻止されたともいわれる。子の綱豊は六代将軍家宣(いえのぶ)。

とくがわつなよし【徳川綱吉】 1646.1.8～1709.1.10 江戸幕府五代将軍(在職一六八〇・八・二三～一七〇九・一・一〇)。三代将軍家光の四男。母は側室桂昌院(お玉の方)。幼名徳松。法号常憲院。一六六一年(寛文元)上野国館林藩主となるが、八〇年(延宝八)五月四代将軍家綱の後継となり、同年将軍職を継ぐ。前半は大老堀田正俊の補佐で文治政治を推進、賞罰厳明策をとり、儒学を好んで、九〇年(元禄三)江戸忍岡の聖堂を湯島に移し、翌年林信篤を大学頭に任じて朱子学を官学とした。正俊の死後は側用人牧野成貞や柳沢吉保を寵用、生類憐みの令をとったため犬公方とよばれ、勘定奉行荻原重秀による貨幣改鋳などで治政は乱れたが、元禄文化が栄えた。

とくがわなりあき【徳川斉昭】 1800.3.11～60.8.15 幕末期の大名。常陸国水戸藩主。父は七代治紀。号は景山。諡は烈公。一八二九年(文政一二)兄斉脩の養子となり遺領を相続。改革派の藤田東湖・戸田蓬軒らを登用し、全領の検地、弘道館・郷校の設置、梵鐘没収と大砲鋳造、軍事調練など天保の藩政改革を行った。極端な排仏など政策の過激さにより四四年(弘化元)幕府から謹慎・隠居を命じられたが、老中阿部正弘や宇和島藩主伊達宗城らと書簡を交し、ペリー来航後は幕府海防参与となり、大船建造や軍制改革に参画。将軍徳川家定の継嗣問題では七男一橋慶喜を推したが、大老井伊直弼により和歌山藩主徳川慶福(家茂)が継嗣に内定、条約調印の決定に及び、五八年(安政五)六月二四日名古屋藩主徳川慶勝らと不時登城して井伊を詰問した。翌月謹慎を命じられ、翌年安政の大獄に連坐して国元永蟄居となる。

とくがわのぶやす【徳川信康】 ⇨松平信康

とくがわはるさだ【徳川治貞】 1728.2.16～89.10.26 江戸中期の大名。紀伊国和歌山藩主。父は六代宗直。はじめ頼淳。一七五三年(宝暦三)支藩の伊予国西条藩を相続。左京大夫。折衷学派の細井平洲について学ぶ。七五年(安永四)本家に戻り甥重倫の遺領を相続。権中納言。人材登用・質素倹約・文武奨励、城下京橋口に目安箱を設置するなど、八代将軍吉宗の例にならって藩政改革を行った。また田沼政権に反発し、松平定信の老中就任を支援。熊本藩主細川重賢らとともに名君といわれる。

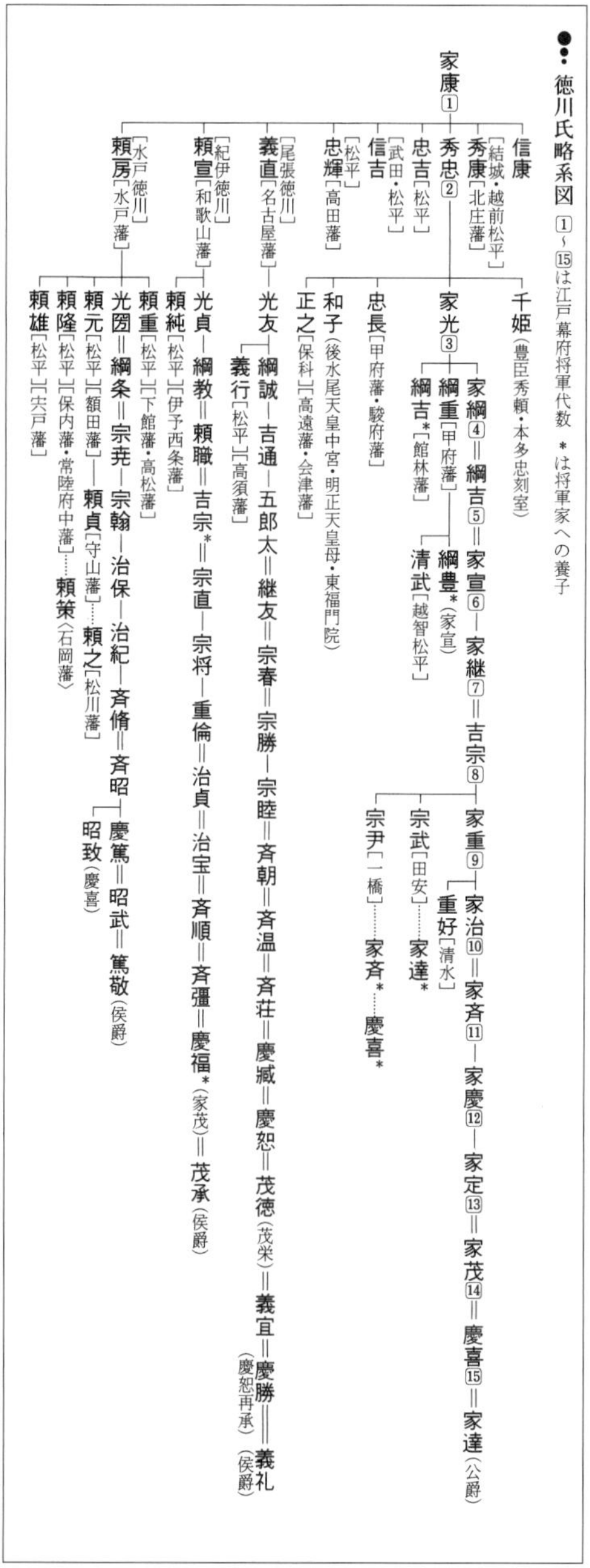

とくがわはるさだ【徳川治済】 ⇨一橋治済

とくがわはるとみ【徳川治宝】 1771.6.18～1852.12.7 江戸後期の大名。紀伊国和歌山藩主。父は八代重倫。一七七七年(安永六)九代治貞の養子となり、八九年(寛政元)遺領相続。権中納言、のち権大納言。九二年本居宣長を召し出し、また松坂郷校を建て、和歌山に医学館を設立。一八〇六年(文化三)仁井田好古に「紀伊続風土記」の新撰を命じた。二四年(文政七)幕命により隠居するが、のちに「大勢三転考」を著す伊達千広を勘定吟味役に抜擢するなど藩政を主導した。

とくがわひでただ【徳川秀忠】 1579.4.7～1632.1.24 江戸幕府二代将軍(在職一六〇五・四・一六～二三・七・二七)。初代将軍家康の三男。母は側室宝台院(お愛の方)。遠江国浜松生れ。幼名長松(長麿とも)、のちに竹千代。豊臣秀吉の一字を与えられて秀忠。法号台徳院。一六〇五年(慶長一〇)将軍職を継ぐ。一四年従一位右大臣に昇進。一五年(元和元)豊臣秀頼を大坂城に滅ぼした後、武家諸法度、禁中并公家諸法度などの法令を発布し、幕藩体制の確立に努めたが、その政策は駿府の大御所家康の影響下にあった。一六年家康の死後は直接政務をみた。二三年将軍職を家光に譲って大御所となり、江戸城西丸に住した。二六年(寛永三)上洛して、従一位太政大臣に昇進。

とくがわみつくに【徳川光圀】 1628.6.10～1700.12.6 江戸前期の大名。常陸国水戸藩主。初代藩主徳川頼房の三男。一六三三年(寛永一〇)のちに讃岐国高松藩主となる兄頼重をこえて継嗣に定まり、六一年(寛文元)二代藩主となる。九〇年(元禄三)家督を頼重の子綱条に譲った後、同国久慈郡新宿村に西山荘を建て隠居。この間幕府に先駆けて殉死を禁止し、藩士の規律、士風の高揚をはかる一方、藩内の寺院整理を行い、隠居後も八幡神社の整理と一村一社制の確立に努めるなど藩政に強い影響力をもった。藩主就任前の五七年(明暦三)江戸駒込の中屋敷に史局(のちの彰考館)をおき、「大日本史」の編纂に着手。名君のほまれ高く、のちに「水戸黄門漫遊記」が創作された。

とくがわむねたけ【徳川宗武】 ⇨田安宗武

とくがわむねただ【徳川宗尹】 ⇨一橋宗尹

とくがわむねちか【徳川宗睦】 1733.9.20～99.12.20 江戸中期の大名。尾張国名古屋藩主。父は宗勝。一七六一年(宝暦一一)遺領相続。藩政・軍制改革に着手。山村良由・人見幾邑・樋口好古ら地方巧者を登用。領内一〇区にそれぞれ「所付代官」を設置して、役人の不正を防止し、藩刑法を整備。新田開発を奨励。折衷学派の細井平洲を招聘して藩校明倫堂総裁とし、また「群書治要」を刊行。藩士の生活安定のため家禄の全額相続を保証したことから幕末の中級藩士活躍の素地を作った。

とくがわむねはる【徳川宗春】 1696.10.26～1764.10.8 江戸中期の大名。尾張国名古屋藩主。父は三代綱誠。はじめ通春。一七二九年(享保一四)支藩陸奥国梁川三万石を相続したが、翌年兄の六代継友が没したため遺領相続。三一年初入国前に「温知政要」を著し、八代将軍吉宗の享保の改革を批判し仁政実現を主張。祭礼・芝居や遊廓の隆盛を奨励。三九年(元文四)幕府から隠居・謹慎を命じられ、死後も一八三九年(天保一〇)まで罪人として扱われ、墓に金網がかぶせられた。

とくがわもちなが【徳川茂徳】 1831.5.2～84.3.6 「もちのり」とも。幕末期の大名。尾張国名古屋藩主のち一橋家当主。父は名古屋藩の支藩高須藩主松平義建。名古屋藩主徳川慶勝は兄、会津藩主松平容保と桑名藩主松平定敬は弟で、四人を「高須四兄弟」という。一八五〇年(嘉永三)高須松平家を相続。五八年(安政五)慶勝が不時登城事件で隠居したため名古屋藩主となる。六〇年(万延元)慶勝がゆるされると立場を失い、六三年(文久三)慶勝の子義宜に家督を譲った。六六年(慶応二)一橋慶喜の将軍就任により一橋家当主となる。六八年(明治元)官軍東下の際、徳川宗家の存続を願い出た。

とくがわよしあつ【徳川慶篤】 1832.6.3～68.4.5/12.16 幕末期の大名。常陸国水戸藩主。斉昭の長男。一八四四年(弘化元)斉昭が急進的な藩政指導によって幕府の忌諱に触れ、隠居・謹慎を命じられたため、一三歳で家督を相続。四九年(嘉永二)斉昭が復権し、ペリー来航後の中央政界で重きを占めたこともあって、藩内では急進的な攘夷派(天狗党)と保守派(書生派)の対立抗争が激化し、六四年(元治元)天狗党の乱が勃発、その対応に苦慮した。

とくがわよしかつ【徳川慶勝】 1824.3.15～83.8.1 幕末期の大名。尾張国名古屋藩主。父は支藩高須藩主松平義建。初名慶恕。一八四九年(嘉永二)名古屋藩を相続して藩政改革に着手。徳川斉昭や島津斉彬らと親交し、西洋事情を研究。五八年(安政五)斉昭・慶喜父子と不時登城事件をおこし、戸山邸で隠居・謹慎。六〇年(万延元)ゆるされ、六四年(元治元)征長総督となり、萩藩に寛大な処分を行う。六八年(明治元)藩論を朝廷方に統一、近隣諸藩を勤王に誘引。明治期は旧臣授産のため北海道八雲開拓を援助。また写真術を研究し、弟松平容保や、名古屋城・戸山邸・広島城下などを撮影、貴重な写真を残した。

とくがわよしちか【徳川義親】 1886.10.5～1976.9.6 明治～昭和期の華族(侯爵)。松平慶永の末子で、尾張徳川家の養子となる。東京都出身。東大卒。三月事件では資金を提供した。太平洋戦争中軍政顧問としてシンガポールに赴任。徳川生物学研究所・徳川林政史研究所を設立。

とくがわよしなお【徳川義直】 1600.11.28～50.5.7　江戸初期の大名。御三家の一つ尾張徳川家の祖。徳川家康の九男。母は側室相応院(お亀の方)。一六〇三年(慶長八)甲斐国府中二五万石をへて、〇七年尾張国清洲に入封、一〇年名古屋城に移り、一九年(元和五)には尾張・美濃国などで計六一万九〇〇〇石余を領した。二六年(寛永三)従二位権大納言に叙任。成瀬正成・竹腰正信ら付家老の補佐を得、法令や職制の整備、家臣団への知行割など初期名古屋藩の藩政を推進。儒教を奨励し、城内に聖堂を営んだ。

とくがわよしのぶ【徳川慶喜】 1837.9.29～1913.11.22　江戸幕府一五代将軍(在職一八六六・一二・五～六七・一二・一二)。父は水戸藩主の斉昭。母は貞芳院。幼名七郎麿。はじめ昭致。一八四七年(弘化四)御三卿一橋家を相続。五三年(嘉永六)将軍に就任した一三代家定は病弱で、将軍継嗣が重大な政治問題に発展。慶喜を擁する一橋派と和歌山藩主徳川慶福を推す南紀派との対立が激化。また日米修好通商条約の勅許問題も絡んで複雑な政治状況を呈した。五八年(安政五)南紀派の井伊直弼が大老に就任、無勅許の条約調印を断行し、慶福を一四代将軍家茂とした。慶喜は斉昭らと条約調印に異を唱え直弼を譴責したが、逆に隠居・謹慎を命じられた。六二年(文久二)一橋家再相続。将軍後見職。上洛し幕権の伸長に尽力。六六年(慶応二)家茂が第二次長州戦争の陣中で没したため、一五代将軍となる。新しい政治状況の醸成のため翌年大政奉還を行うが、王政復古の大号令、鳥羽・伏見の戦により政治的・軍事的に敗北し、朝廷に対して恭順した。一六八年(明治元)静岡に移住し三〇年間閑居。一九〇二年に公爵、〇八年には勲一等旭日大綬章をうけた。

とくがわよしむね【徳川吉宗】 1684.10.21～1751.6.20　江戸幕府八代将軍(在職一七一六・八・一三～四五・九・二五)。父は和歌山藩主の光貞。母は側室浄円院。幼名源六・新之助。はじめ頼方。法号有徳院。一六九七年(元禄一〇)越前国丹生郡に三万石を与えられたが、一七〇五年(宝永二)和歌山藩主となり、将軍綱吉の一字をもらって吉宗と改めた。質素倹約・財政安定などの藩政改革を推進、一六年(享保元)将軍家継の死後、老中らに推されて将軍職就任。幕府政治の再建をめざす享保の改革を行い、在職三〇年に及んだ。表面上は門閥譜代層を尊重したが、実際は紀州時代の御用役有馬氏倫・同加納久通を新設の側御用取次に抜擢、政事・人事の重要政策を相談した。役人間の調整役である小納戸頭取や情報収集にあたる御庭番を新設、庶民にも情報提供を求め目安箱を設置。四五年(延享二)将軍職を長男家重に譲り、西丸に移って大御所として家重政治を支えた。

とくがわよりのぶ【徳川頼宣】 1602.3.7～71.1.10　江戸前期の大名。御三家の一つ紀伊徳川家の祖。徳川家康の一〇男。母は側室養珠院(お万の方)。一六〇三年(慶長八)二歳で常陸国水戸二〇万石に入封。〇九年駿河国府中五〇万石をへて、一九年(元和五)紀伊国和歌山五五万五〇〇〇石に転封。安藤直次・水野重央ら付家老の補佐をうけ、二一年に和歌山城の大改修をはじめ職制の整備、諸法令の発布、家臣団の編成など、難治といわれた和歌山藩の藩政の確立に努めた。二六年(寛永三)従二位権大納言に叙任。

とくがわよりふさ【徳川頼房】 1603.8.10～61.7.29　江戸前期の大名。御三家の一つ水戸徳川家の祖。徳川家康の一一男。母は側室養珠院(お万の方)。一六〇五年(慶長一〇)三歳で常陸国下妻一〇万石に封じられ、〇九年に同国水戸二五万石の藩主となり、二二年(元和八)三万石を加増されて二八万石を領した。入国は一九年で、この間付家老の中山信吉らが藩政を行った。入国後は水戸城下町の建設、領内総検地の実施、鉱山開発など藩政の整備に努めた。二六年(寛永三)従三位権中納言に叙任。

とくげん【徳元】 1559～1647.8.28　江戸前期の俳人。姓は斎藤。名は元信。入道して徳元と称した。美濃国岐阜生れ。一五九一年(天正一九)頃、豊臣秀次に仕官、九六年(慶長元)美濃国墨俣城主となり織田秀信に仕えたが、一六〇〇年岐阜城攻防戦に敗れ、若狭に亡命。のち京極忠高に仕える。余技として連歌・俳諧をよくし、連歌は昌琢の門人。俳諧では貞徳門人の五俳哲とよばれるが、門人というより友人関係にあった。

とくしないしんのう【篤子内親王】 1060～1114.10.1　後三条天皇の第四皇女。母は藤原公成の女茂子。白河天皇の同母妹。斎院を勤め、准三宮となる。白河上皇の意志により、一〇九一年(寛治五)一九歳年下の堀河天皇に入内し、九三年中宮に立てられたが、皇子女は生まれなかった。一一〇七年(嘉承二)天皇の死去により出家した。

とくだいじきんいと【徳大寺公純】 1821.11.28～83.11.5　幕末期の公家。右大臣鷹司輔熙の子。徳大寺実堅の養子。一八三一年(天保二)従三位、五〇年(嘉永三)権大納言。五七年(安政四)議奏となり、六〇年(万延元)幕府の弾劾で辞任。六二年(文久二)内大臣・国事御用掛。八月十八日の政変後の公武合体派の回復で右大臣。六七年(慶応三)王政復古により参朝停止。嫡男実則は明治天皇の侍従長。

とくだいじけ【徳大寺家】 藤原氏閑院流。清華家。平安後期、藤原公実の五男実能に始まる。家名は実能が京都衣笠の山荘に建立

●徳大寺家略系図

実能─公能┬実定─公継─実基─公孝┬忻子（長楽門院）
　　　　　└多子（近衛天皇皇后・二条天皇後宮）
　　　　　　　　　　　　　　　　└実孝─公清─実時─公俊─実盛─公有─実淳─公胤─実通……公城……公純┬実則（侯爵・公爵）
　　└公望

した徳大寺にちなむ。鎌倉前期の公継は承久の乱の際、後鳥羽上皇による西園寺公経の処断を阻止したことで知られる。その子実基は後嵯峨上皇を支えた異色の政治家で、徹底した合理主義と王権至上主義の政治思想をもち、朝廷の弘安の徳政に大きな影響を与えた。江戸時代の家禄は四一〇石余。江戸中期の公城は宝暦事件に連坐して落飾。幕末・維新期の公純・実則父子は議奏を勤めた。維新後、実則は明治天皇の侍従長となり侯爵、のち公爵。

とくだいじさねあつ【徳大寺実淳】 1445.5.17～1533.8.24 室町後期の公卿・歌人。父は公有。一四六二年（寛正三）非参議従三位、一五一一年（永正八）太政大臣従一位で出家。法名忍継。謚号禅光院。和歌を好み歌壇活動に加わったほか、「実隆公記」永正七年（一五一〇）二月の記事では「古今集」の難義を三条西実隆に問うたといい、古今伝授も行った。著書「漢和法式」は五・七・五または七・七の和句と五言の漢句をまじえた漢和聯句の作法書。家集「徳大寺実淳集」は一四九五～一五〇六年（明応四～永正三）の日次歌集で五三三首、「私家集大成」所収。

とくだいじさねさだ【徳大寺実定】 1139～91.閏12.16 平安末～鎌倉前期の公卿。左大臣、正二位。後徳大寺と号す。公能の嫡男。一一八五年（文治元）源頼朝の奏請により、議奏公卿の一人となる。歌人として知られ、「千載集」「新古今集」などに多数入集。

とくだいじさねつね【徳大寺実則】 1839.12.6～1919.6.4 幕末～明治期の公家。清華家の徳大寺公純の長男。西園寺公望の兄。尊王攘夷派として活動したが、八月十八日の政変で一時退く。維新後、参与・議定・大納言などをへて侍従長となる。一八八四年（明治一七）侯爵、のち公爵。九一年内大臣兼侍従長となり、明治天皇の側近としてその死去まで補佐した。

とくだいじさねもと【徳大寺実基】 1201～73.2.14 鎌倉中期の公卿。父は公継、母は白拍子。一二四六年（寛元四）後嵯峨院政のもとで院評定が開始されると評定衆に任じられ、同年内大臣、五三年（建長五）太政大臣となる。六五年（文永二）出家、法名円性。「徒然草」では、因習にこだわらない人物として描かれる。残された「徳大寺実基意見状」にその政治理念がうかがえる。

とくだいじさねよし【徳大寺実能】 1096～1157.9.2 「さねまさ」とも。平安後期の公卿。徳大寺家の祖。藤原公実の五男。母は藤原隆方の女光子。徳大寺左大臣と称す。一一〇四年（長治元）従五位下。母が堀河・鳥羽両天皇の乳母、妹の璋子（待賢門院）が鳥羽の中宮という関係もあり順調に昇進。二二年（保安三）権中納言、その後権大納言・大納言・内大臣となり、五六年（保元元）左大臣。翌年出家、法名真理。この間、四七年（久安三）に徳大寺を建立。日記「実能記」。

とくだきゅういち【徳田球一】 1894.9.12～1953.10.14 大正・昭和期の日本共産党の指導者。沖縄県出身。日本大学卒。一九二二年（大正一一）七月の日本共産党結成に参加。二八年（昭和三）二月二六日治安維持法違反容疑で逮捕され、四五年一〇月一〇日まで入獄。釈放後は書記長として共産党再建に尽力し、四六年二月の総選挙に初当選。五〇年マッカーサー指令により共産党幹部が公職追放になると地下に潜り、同年九月中国に亡命。五三年北京で死去。

とくだしゅうせい【徳田秋声】 1871.12.23～1943.11.18 明治～昭和前期の小説家。本名末雄。金沢市出身。四高中退後、上京して尾崎紅葉に入門し「藪かうじ」を発表。紅葉門四天王の一人に数えられた。紅葉死後、自然主義文学の隆盛するなかでみずからの文学を確立し、「新世帯」「足迹」「黴」「あらくれ」などで自己と庶民の日常生活を淡々と描きあげた。以後私小説の極北とよばれる「仮装人物」などを発表、最晩年の「縮図」は軍部の思想統制により未完に終わったが、自然主義文学の最後の達成とされる。

とくだひろとよ【徳田寛豊】 1830.4.17～92.5.25 「ひろあつ」とも。幕末期の志士、明治期の宗教家。天照教の教祖。上野国の農家に生まれる。幕末期に鹿児島・水戸の藩士と交流、尊王攘夷派として活動し、桜田門外の変にもかかわった。明治維新後、国教神道をめざして天照教を開いた。一八七九年（明治一二）富士山麓に本教教会所を設け、一時は教徒二〇万と称した。

とくとみそほう【徳富蘇峰】 1863.1.25～1957.11.2 明治～昭和期の言論人。本名猪一郎。父一敬は横井小楠の高弟、徳冨蘆花は弟。肥後国生れ。熊本洋学校をへて同志社に学ぶ。熊本で大江義塾を経営後、一八八七年(明治二〇)民友社を創立して雑誌「国民之友」、九〇年「国民新聞」を創刊、平民主義を唱えて言論人としての地位を確立。日清戦争後は国家主義的論調の時局論を展開、政治的には桂太郎と密接な関係をもった。一九二九年(昭和四)国民新聞社を退社するが、言論活動は生涯継続した。修史事業をライフワークとし、「近世日本国民史」一〇〇巻を完成。他に二〇〇冊近い著作がある。第二次大戦中には大日本文学報国会・大日本言論報国会の会長に就任、戦後はA級戦犯容疑者となった。

とくとみろか【徳冨蘆花】 1868.10.25～1927.9.18 明治・大正期の小説家。本名徳富健次郎。熊本県出身。同志社中退後、上京して兄蘇峰の経営する民友社に入り、「不如帰(ほととぎす)」によってベストセラー作家となる。以後「自然と人生」や自伝的長編小説「思出の記」「黒潮(こくちょう)」などで地位を確立した。社会的関心も強く、大逆事件に際して政府の処置を批判する講演(「謀叛論」)を行うなど独自のヒューマニズムを実践したり、聖地巡礼とトルストイ訪問なども行った。妻との共著に自伝小説「富士」がある。

とくながすなお【徳永直】 1899.1.20～1958.2.15 昭和期の小説家。熊本県出身。貧しい家庭のため小学校を中退、印刷工見習いとなる。のち労働運動に近づき山川均をたよって上京、博文館印刷所(のち共同印刷)で植字工となるが、一九二六年(昭和元)共同印刷争議に参加して解雇される。二九年「太陽のない街」を「戦旗」に連載、ナップ派のプロレタリア文学の有力な新人として高く評価された。以降盛んな作家活動を続け、第二次大戦後も「妻よ眠れ」などの作品がある。

とくのうし【得能氏】 中世伊予国の豪族河野氏の支族。河野通信(みちのぶ)の子通俊(みちとし)が、得能荘(現、愛媛県丹原町)に住み、得能冠者と称したことに始まる。鎌倉中期、通俊は承久の乱で京方についたが、孫の通純(みちずみ)が弘安の役で活躍。元弘の乱では、通純の孫通綱が後醍醐天皇に味方し、同族土居通増(みちます)らと挙兵。以後南朝方に属したが、一三三七年(建武四・延元二)越前国で戦死。一族も南朝方で転戦したが、内乱のなかで断絶。

とくのうみちつな【得能通綱】 ?～1337.3.6 鎌倉末～南北朝初期の武将。伊予国の豪族河野氏の一族。父は通村。一三三三年(元弘三)土居通増とともに挙兵。国内の幕府勢力を制圧し、来襲した長門探題北条時直軍を破る。この功により建武政権から従五位下・備後守に任じられ、河野氏惣領職を認められる。建武政権崩壊後は新田義貞の配下で足利尊氏軍と戦い、北国へ下る義貞に従う。三七年(建武四・延元二)越前金崎(かねがさき)城(現、福井県敦賀市)で戦死。

とくのうりょうすけ【得能良介】 1825.11.9～83.12.27 明治期の官僚。鹿児島藩士得能直介の子。一七歳のとき藩庁に出仕。一八七〇年(明治三)民部大丞兼大蔵大丞に任官。七四年紙幣頭に抜擢された。この間、政府紙幣発行にたずさわり、とくに紙幣紙質の改善研究、紙幣偽造防止策の探求、写真術の採用など紙幣製造の発展に努め、王子村(現、東京都北区)に印刷工場を建設し、大蔵省印刷局の基礎を築く。

とくほん【徳本】 1758～1818.10.6 江戸中期の浄土宗の僧。名蓮社号誉と号す。俗姓は田伏氏。紀伊国生れ。一七八四年(天明四)二七歳のとき出家し、諸寺・庵に住し昼夜不断の礼仏称名や苦行を積んだ。大戒をうけようとして善導に誓願し梵網(ぼんもう)戒経を感得、修道の徳により独学で念仏の教義をさとったという。庶民の教化(きょうけ)に努め、その跡は畿内・北陸・関東に及ぶ。一八一四年(文化一一)増上寺典海(てんかい)の請いにより江戸小石川の一行院に入り、中興開山となった。

とくらしょうざぶろう【土倉庄三郎】 1840.4.10～1917.7.19 明治期の林業家。大和国吉野郡の林業家の家に生まれる。一八六八年(明治元)和歌山藩による吉野川流下木材の口銭(こうせん)徴収に反対して民部省に請願し廃止させ、山林王として吉野林業の改良、吉野川の水路改修に尽くす。自由民権家とも交流し、板垣退助の外遊費を出したとされる。

とくりきぜんせつ【徳力善雪】 1599～1680.7.29 江戸前期の画家。本願寺絵所(えどころ)徳力善宗の子。若い頃関東に下って絵を学び、のち帰京して本願寺絵所を継いだ。師については狩野山雪など諸説ある。京狩野様式に江戸狩野様式を加味した骨格の太い装飾的な作風を立てた。子孫も代々本願寺絵所を継ぎ、現在に至る。

とくわか【徳若】 生没年不詳。室町時代の能面作家。十作(じっさく)の一人。世阿弥晩年の「申楽談儀(さるがくだんぎ)」には、越前国の面打(めんうち)の系譜の最後にあげられる。喜多古能(きたこのう)の「仮面譜」(一七九七刊)によると、鎌倉に住み、一説に徳若太夫という能役者であったという。怪士(あやかし)などの霊系統の男面に優れたと伝える。

とごうし【都甲氏】 中世豊後国の豪族。本拠は宇佐弥勒(みろく)寺領都甲荘(現、大分県豊後高田市)。本姓大神(おおが)氏。平安末期、速見郡山香(やまが)郷司大神貞正(さだまさ)が、都甲荘を開発した源経俊(つねとし)の女を娶(めと)り同荘の地頭職を得たのに始まる。以後、同氏が世襲相伝し、家実の頃から都甲氏を称した。惟親(これちか)は文永・弘安の役で活躍。のち大友氏の支配下に入り、江戸時代には柞原(ゆすはら)(現、大分市)に移住。鎌倉～南北朝期を中心とした「都甲文書」を伝える。

どこうとしお【土光敏夫】 1896.9.15～1988.8.4 昭和期の実業家・財界人。岡山県出身。東京高等工業卒。一九二〇年(大正九)東京石川島造船所に入社、三六年(昭和一一)石川島芝浦タービンに移り、四六年社長となる。五〇年には石川島重工業社長として合理化による経営再建をはかり、六〇年に播磨造船との合併で石川島播磨重工業を設立した。六五年には東京芝浦電機の社長として経営再建をはたす。七四年以降は経団連会長・第二次臨時行政調査会会長・臨時行政改革推進審議会会長を歴任。石油危機以降の経済運営の転換、「増税なき財政再建」などの行政改革推進に尽力した。

とこく【杜国】 ?～1690.3.20　江戸前期の俳人。本名坪井庄兵衛、のち南彦左衛門と称す。名古屋の人。芭蕉の愛弟子で尾張蕉風の開拓者。一六八五年(貞享二)空米売買の罪で名古屋を追放され、三河に住んだ。八八年(元禄元)芭蕉の「笈の小文」の旅に従ったが、二年後に三〇余歳で没。

とこなみたけじろう【床次竹二郎】 1866.12.1～1935.9.8　明治～昭和初期の内務官僚・政治家。鹿児島藩士の子。東大卒。県知事・内務次官・鉄道院総裁などを歴任。立憲政友会に入党し、一九一三年(大正二)以来、衆議院議員連続当選八回。原・高橋両内閣の内相を務め、郡制廃止・選挙法改正・社会政策を推進。二四年清浦内閣の支援を主張して高橋総裁らと対立、脱党して政友本党を結成し総裁に就任。二七年(昭和二)憲政会との合同で立憲民政党が成立すると顧問になったが、対中不干渉政策に反対して政友会に復帰。犬養内閣の鉄道相。犬養の死後、総裁争いで鈴木喜三郎に敗れた。晩年は入閣問題で政友会を除名。

とさいちじょうけ【土佐一条家】 戦国期土佐国幡多荘を中心とした地域に土着し、戦国大名化した公家一条家の一流。三国司家の一つ。応仁の乱で、一条兼良の子前関白教房がみずから家領回復のため幡多荘中村へ赴き、その子房家が土佐国司に任命された。房冬・房基と続いたが、一五七四年(天正二)兼定は西進してきた長宗我部元親により豊後国に追われた。子の内政は長宗我部氏に庇護されたが、のち追放。長宗我部氏滅亡とともに、兼定の孫政親も土佐国を去り、土佐一条家は滅んだ。

とさかじゅん【戸坂潤】 1900.9.27～45.8.9　昭和前期の哲学者。東京都出身。京大卒。一九二九年(昭和四)大谷大学教授、三一年法政大学講師となり、三四年から著述生活に入る。三二年に結成した唯物論研究会を拠点として理論的にファシズム批判を展開し、機関誌「唯物論研究」を世に送り、「日本イデオロギー論」「思想と風俗」などを著した。三七年に執筆禁止、翌年治安維持法違反で検挙され、第二次大戦の敗戦直前に獄死した。

とさのぼうしょうしゅん【土佐房昌俊】 ?～1185.10.26　平安末期の僧・武士。「平治物語」は、源義朝の家人として平治の乱で戦ったとする。興福寺西金堂の堂衆で、その後源頼朝に仕えた。一一八四年(元暦元)源範頼の配下として平家追討軍に加わり、周防国から豊後国へと転戦。翌年源義経が頼朝に敵対すると、頼朝の義経追討の要請に応じて上洛。その居所を襲撃して失敗し、鞍馬山にのがれたが逮捕され梟首となった。

とさみつおき【土佐光起】 1617.10.23～91.9.25　江戸前期の画家。土佐光則の子。法名常昭。堺に生まれ、のち京都に移る。一六五四年(承応三)従五位下左近衛将監に任じられ、宮廷絵所預となり土佐家を復興。同年、御所障壁画制作に参加。八一年(天和元)に法橋、八五年(貞享二)に法眼となる。土佐派の伝統を重んじつつ、宋・元の院体画風の花鳥画や狩野派の画法も学び、時代に即応した画風を創造した。代表作「粟穂鶉図屏風」。晩年の著作「本朝画法大伝」。

とさみつのぶ【土佐光信】 生没年不詳。室町中期～戦国期の絵師。八代将軍足利義政の御教書によると、一四六九年(文明元)絵所預に補任された。九六年(明応五)には刑部大輔に任じる旨の口宣案がだされている。「槻峰寺建立修行縁起絵巻」「北野天神縁起」(一五〇三)、「清水寺縁起絵巻」(一五一七)などの作品が現存。これらの絵巻の画面は、みずみずしい色彩と、のびのびとした筆遣いを特色とする。京中を描いた屏風や仏画・肖像画なども手がけた。

とさみつのり【土佐光則】 1583～1638.1.16　織豊期～江戸初期の画家。土佐光吉の子、または弟子と伝えられる。通称源左衛門。光吉とともに堺で活躍。一六二九年(寛永六)狩野山楽・同山雪・同探幽らと「当麻寺縁起絵巻」を制作。三四年、子の土佐光起を連れて京都に移り、土佐派再興をはかる。土佐派本来の細密描法を極限にまでおしすすめた。代表作「源氏物語画帖」「人物禽虫画帖」。

とさみつもち【土佐光茂】 生没年不詳。戦国期の絵師。一五二二年(大永二)から六〇年代までの活躍が知られる。「当麻寺縁起絵巻」(一五三一)、「桑実寺縁起絵巻」(一五三二)などの作品が現存。文献から、多くの扇絵、将軍足利義晴の寿像、長谷寺の観音像、源氏物語の車争いの屏風などを描いていることがわかる。土佐光信の次世代の絵師として、光信の画風を継承しながら、独自の精緻で色彩豊かな画風を築いた。

とざわし【戸沢氏】 中世以来の武家で近世の大名家。出羽国新庄藩主。平貞盛の後裔衡盛が陸奥国岩手郡滴石荘戸沢村に住み戸沢を称した。のち出羽国山本郡角館に移る。一五九〇年(天正一八)豊臣秀吉の小田原攻め後、光盛が本領四万四〇〇〇石余を安堵された。関ケ原の戦では政盛が東軍に属し、戦後常陸国松岡四万石を与えられた。一六二二年(元和八)最上義俊改易により、出羽国新庄藩六万石に移され、明治期に至る。維新後子爵。

とざわまさもり【戸沢政盛】 1585～1648.閏1.22 織豊期～江戸前期の武将・大名。出羽国新庄藩主。父は出羽国角館城主盛安。右京亮。一五九三年(文禄二)遺領を継ぎ、同国北浦郡で四万四〇〇〇石余を領した。一六〇〇年(慶長五)関ヶ原の戦では東軍に属し、米沢の直江兼続に備えた。戦後、常陸国松岡に入るが、二二年(元和八)最上氏改易により出羽国最上・村山両郡内に六万石を領し、新庄城に住む。以後奥州外様の押えとして重んじられた。新田開発や鉱山経営など藩政の整備にも尽力。

としただしんのう【智忠親王】 ⇩八条宮智忠親王

としひとしんのう【智仁親王】 ⇩八条宮智仁親王

としまし【豊島氏】 中世武蔵国の武家。桓武平氏秩父流。豊島郡を本拠とする。始祖武常の曾孫清光は源頼朝に仕え、以後代々鎌倉御家人となる。南北朝期には足利氏に属す。上杉禅秀の乱では、関東管領上杉憲基に従い、以来山内上杉氏に従った。一四七七年(文明九)泰経のとき、長尾景春に味方し、太田道灌らに石神井城を攻められ討死。子孫は一族宮城氏とともに後北条氏に従い、のちには江戸幕府の旗本となった。

としみつつるまつ【利光鶴松】 1863.12.29～1945.7.4 明治～昭和期の実業家。豊後国生れ。明治法律学校卒。星亨の片腕となり、東京市会をへて一八九八年(明治三一)衆議院議員に当選。のち実業界に転じ、東京市街鉄道をおこし、一九〇六年三電合併とともに東京鉄道(都電の前身)取締役。二三年(大正一二)小田原急行鉄道社長。四一年(昭和一六)引退。

とせいちゅう【杜世忠】 1242～75.9.7 文永の役の翌年に来日した元の国使。モンゴル人。官は礼部侍郎にいたる。最初の日本遠征に失敗したフビライは、翌一二七五年(建治元)日本招諭の使者を派遣。杜世忠が正使として、何文著・撒都魯丁らとともに高麗をへて、四月一五日、長門国室津に到着。大宰府に移されたのち、八月鎌倉に送られたが、九月七日、竜口刑場で斬首された。

とだうじかね【戸田氏鉄】 1576～1655.2.14 織豊期～江戸前期の武将・大名。美濃国大垣藩主。父は近江国膳所城主一西。左門。一五八九年(天正一七)から徳川家康に仕え、関ヶ原の戦に従う。大坂の陣では居城膳所城を守る。のち摂津国尼崎藩主となり、一六三四年(寛永一一)従四位下に叙任、翌年数度の加増をあわせ、美濃国で一〇万石を領し、大垣城に住んだ。三七年島原の乱では、松平信綱とともに幕府上使となり諸軍を指揮。藩家臣団への俸禄制の採用や、新田開発の奨励など藩政の整備にも尽力。

とだうじのり【戸田氏教】 1754～1806.4.25 江戸後期の大名。美濃国大垣藩主。父は上野国館林藩主松平武元。大垣藩主戸田氏英の養子となり、一七六八年(明和五)遺領相続。奏者番・寺社奉行をへて、九〇年(寛政二)側用人。同年老中に就任。松平定信の寛政の改革を助けた。九三年定信失脚後の改革路線を引き継いだ松平信明・本多忠籌・牧野忠精とともに、「寛政の遺老」の一人。揖斐川灌漑工事や財政改革などの藩政にも尽力。

とだし【戸田氏】 江戸時代の譜代大名家。先祖は藤原氏の支流で三条家とされる。系譜が確実なのは宗光からで、この子孫から二連木戸田氏と田原戸田氏が出る。前者は宗光の孫政光が一五二

●戸田氏略系図

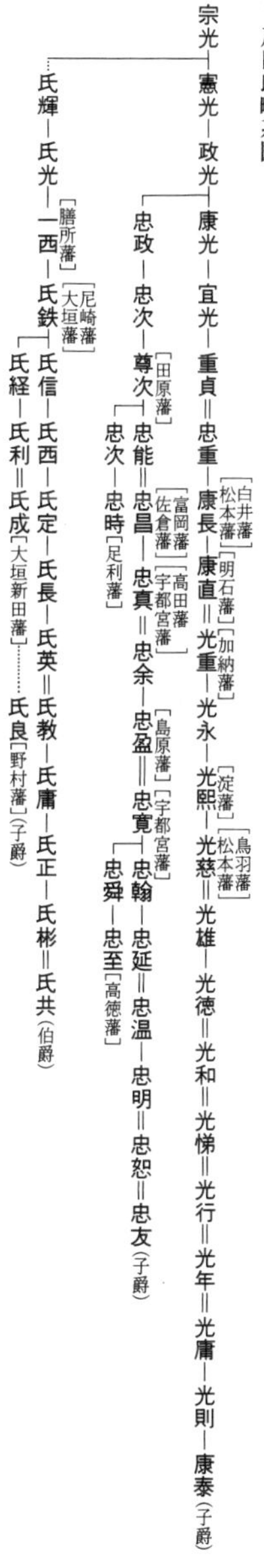

九年(享禄二)松平清康に属したのに始まり、康長のとき徳川家康から松平姓を与えられ、一七二五年(享保一〇)以後代々信濃国松本藩主六万石を継いだ。宗光から四代後の氏輝を祖とする美濃国大垣藩、その支藩の大垣新田藩などがある。田原戸田氏は政光の次男忠政を祖とし、七四年(安永三)忠寛のとき下野国宇都宮藩主七万七八〇〇石となり幕末にいたった。支藩に忠政の曾孫忠次を祖とする下野国足利藩、さらに忠寛の孫忠至のとき成立した下野国高徳藩(のち下総国曾我野藩)などがある。維新後、大垣藩主家は伯爵、他家は子爵。

とだじょうせい【戸田城聖】 1900.2.11～58.4.2 昭和期の宗教家。創価学会の創立者の一人。本名甚一。石川県出身。幼少時に北海道に移住。一九二〇年(大正九)上京して牧口常三郎に師事。二八年(昭和三)牧口につづき日蓮正宗に入信。三〇年に牧口と創価教育学会を創立して理事長となる。教勢を拡大するが、四三年に宗教弾圧にあう。第二次大戦後、創価学会として再建。五一年五月三日に同会二代会長就任。政教一致路線で同会の国政参加を実現させた。

とだただまさ【戸田忠昌】 1632～99.9.10 江戸前期の老中。下総国佐倉藩主。父忠次は旗本。伯父忠能の養嗣子となり、一六四七年(正保四)三河国田原藩を継ぐ。七一年(寛文一一)奏者番兼寺社奉行、七六年(延宝四)京都所司代に進み従四位下侍従、伊賀守から越前守に改め、八一年(天和元)老中となり山城守。この間三河・肥後・相模・武蔵と役職の変わるたび転封・加増され、八六年(貞享三)下総国佐倉で六万一〇〇〇石を領した。

とだただゆき【戸田忠恕】 1847.5.23～68.5.28 幕末期の大名。下野国宇都宮藩主。父は忠温。一八五六年(安政三)兄忠明の死去により遺領相続。越前守。六二年(文久二)歴代山陵修復を建議。山陵取締方普請等御用を勤める。六四年(元治元)水戸天狗党追討を命じられ出兵した際に失態を演じ、六五年(慶応元)五万石に減封、隠居・謹慎となるが、朝廷への嘆願により陸奥国棚倉への減転封は取り消された。戊辰戦争で旧幕府軍に城を一時奪われ、奪回直後に病没。

とだていぞう【戸田貞三】 1887.3.6～1955.7.31 大正・昭和期の社会学者。兵庫県出身。東大卒。富山薬学専門学校・大原社会問題研究所をへて一九二九年(昭和四)東京帝国大学教授。アメリカの社会調査論の導入による日本における実証的社会学、家族研究の創始者。日本社会学会初代会長。著書「家族の研究」「社会調査」「家族構成」。

とだもすい【戸田茂睡】 1629.5.19～1706.4.14 江戸前期の和学者。通称は茂右衛門、号は遺佚軒・不求橋・梨本など。徳川忠長の付人渡辺忠の子として駿府城内に生まれる。下野国黒羽に過ごしたのち、江戸に出て戸田氏の養子となる。三河国岡崎藩本多家への仕官をへて、浅草や本郷に隠棲、風雅を事とした。著書は、最初の江戸地誌「紫の一本」のほか、堂上歌学の因習を攻撃した「梨本集」「御当代記」「梨本書」「百人一首雑談」「鳥の跡」。

とだやすなが【戸田康長】 1562～1632.12.12 織豊期～江戸初期の武将・大名。二連木戸田氏の祖。父は忠重。一五六七年(永禄一〇)三河国の遺領を継ぎ、松平姓をうける。高天神城の初陣以来、小牧・長久手の戦、関ケ原の戦、大坂の陣などで戦功をあげた。この間領地を移転。数度の加増をうけ一六一七年(元和三)から信濃国松本七万石の藩主。

とだやすみつ【戸田康光】 ?～1547.9.5 戦国期の武将。三河国田原城(現、愛知県田原町)城主。東三河の実力者。三河は今川・織田両勢力の接点となったが、西三河の松平氏とともに今川氏に属した。しかし織田氏に内通し、一五四七年(天文一六)今川の人質として駿河にむかう松平竹千代(のちの徳川家康)を捕らえ、尾張に送って織田の人質とした。このため同年今川義元に田原城を攻められ敗死。

とちぎやまもりや【栃木山守也】 1892.2.5～1959.10.3 大正期の力士。栃木県出身。一九一〇年(明治四三)出羽海部屋に入門、一七年(大正六)大関昇進、翌年二七代横綱となる。二五年引退。のち年寄春日野として相撲協会取締などを務めた。

とちにしききよたか【栃錦清隆】 1925.2.20～90.1.10 昭和期の相撲力士。東京都出身。本名大塚(のち中田)清。一九三九年(昭和一四)春日野部屋に入門し、兵役をへて復員後の四七年に入幕、五四年九月場所後に横綱に昇進。第四四代に数えられる。小兵の技能派として好敵手若乃花と「栃若時代」を築いたが、六〇年五月現役引退。春日野を襲名し、日本相撲協会理事長を務めた。

とつかせいかい【戸塚静海】 1799～1876.1.29 幕末期の蘭方医。遠江国掛川の町医の子。名は維泰、静海は通称。松崎慊堂に儒学を、十束井斎に蘭学を学ぶ。一八二〇年(文政三)江戸で宇田川玄真に師事し、二四年長崎に赴きシーボルトの門弟となった。二九年シーボルト事件に連坐するが釈放され、三二年(天保三)江戸で外科医として開業し名声をあげた。四二年鹿児島藩主島津斉彬の侍医、五八年(安政五)将軍徳川家定危篤の際に幕府奥医師となり、のち法印に叙せられ静春院と号した。

とつかぶんけい【戸塚文卿】 1892.2.11～1939.8.17 昭和前期の宗教家・カトリック司祭・医学博士。神奈川県出身。海軍軍医総監戸塚環海の長男。文部省研究員としてパリのパスツール研究所に留学中、カトリック大学神学部に学び司祭に叙階され、一九二五年(大正一四)帰国。各地に病院を設立し医療に従事。雑誌「カトリック」編集長、「カトリック新聞」主幹を務めた。

とっこうやかくざえもん【徳光屋覚左衛門】 ?～1634.6.26 「とくみつや」とも。江戸初期の村上茶の始祖。越後国村上町の大年寄。姓は土田。一六二〇年(元和六)伊勢参宮の途上宇治で茶の苗木を求め、領主堀直寄(なおより)に献上して栽培をはかり、晩年には茶畑は数十町歩となった。延宝年間には村上藩の重要な財源となる。

どどいつぼうせんか【都々逸坊扇歌】 1804～52.10.29 江戸末期の音曲師。常陸国生れ。江戸へ出て船遊亭扇橋(せんきょう)に入門。美音で当意即妙、謎解き歌や俗曲「とっちりとん」で人気を得た。天保の改革で寄席の鳴物や音曲が禁じられたが、相変わらず三味線いりの謎解きを演じていたことが一八四六年(弘化三)の市中風聞書で知られる。晩年は江戸を去って放浪のうちに没した。名跡は現在まで七世を数える。

ととやほっけい【魚屋北渓】 1780～1850.4.9 江戸後期の浮世絵師。本姓岩窪、俗称金右衛門。魚商を営んでいたため魚屋とよばれ、号にも用いた。拱斎(こうさい)・葵岡(あおいがおか)とも号した。はじめ狩野惟信に学び、のち葛飾北斎に師事、その作風をよくうけついだ。狂歌摺物(すりもの)・狂歌本挿絵・肉筆画などに筆を染めたが、錦絵の作例は少ない。

となみのしるし【礪波志留志】 生没年不詳。八世紀後半の官人。越中国の人。東大寺との関係で栄達。七四七年(天平一九)米三〇〇〇石(五〇〇〇石とも)を大仏知識に献じ、無位から外従五位下に叙された。越中国礪波郡の東大寺領伊加留伎(いかるぎ)野地の南に土地を有した。七六七年(神護景雲元)越中国員外介(いんがいのすけ)に任じられ、墾田一〇〇町を東大寺に献じて従五位上に叙された。同年、越中国の東大寺の墾田の検校(けんぎょう)を命じられた。七七九年(宝亀一〇)伊賀守となったが、以後の経歴は不明。

とねりしんのう【舎人親王】 676～735.11.14 天武天皇の皇子。母は天智天皇の女新田部(にいたべ)皇女。誕生順では六番目と考えられるが、「続日本紀」は第三皇子とする。子の淳仁(じゅんにん)天皇が即位した後、七五九年(天平宝字三)崇道尽敬(すどうじんけい)皇帝と追尊された。八世紀前半、元正朝から聖武朝にかけて新田部親王とともに政界に重きをなし、七二〇年(養老四)藤原不比等(ふひと)の死後、知太政官事に任じられた。また「日本書紀」編纂の中心ともなった。七二九年(天平元)の長屋(ながや)王の変では新田部親王とともに王の尋問にあたったが、七三五年、一品で没した。

とのむらしげる【外村繁】 1902.12.23～61.7.28 昭和期の小説家。本名茂。滋賀県出身。東大卒。外村家は代々富裕な近江商人で、文学を志しながらも、家業の木綿問屋外村商店を継ぐために一時断念する。その後家業を弟に託し、商店時代の経験をもとに「鵜の物語」などの小説を発表し始めるが、外村家の源流を探る「草筏(くさいかだ)」が未完ながら芥川賞の候補になり、作家としての地位を確立した。以降「草筏」「筏」「花筏」の連作のほか、代表作に自身の性欲史を描いた「澪標(みおつくし)」などがある。

とのむらへいえもん【殿村平右衛門】 江戸時代の大坂両替商の世襲名。屋号は米屋。初代は一六八〇年(延宝八)摂津国島下郡に生まれ、宝永年間に大坂で商家の奉公人となり、一七一五年(正徳五)両替商を始めた。二三年(享保八)二代目が大名の資金を送金する江戸為替を始めたという。寛政期に幕府が公金貸付けを行うために結成させた融通方一二人の両替商のなかに加えられた。

とばそうじょう【鳥羽僧正】 ⇨覚猷(かくゆう)

とばてんのう【鳥羽天皇】 1103.1.16～56.7.2 在位1107.7.19～23.1.28 堀河天皇の第一皇子。名は宗仁(むねひと)。母は藤原実季の女苡子(いし)。祖父白河上皇の待望の皇嗣として誕生し、一歳で皇太子に立てられた。五歳で父の死去により践祚。一一一七年(永久五)白河に養育された藤原璋子(しょうし)(待賢門院、公実の女)が入内し、一九年(元永二)長子(崇徳(すとく)天皇)の誕生をみた。この頃から白河と天皇との確執が生じたらしい。二〇年(保安元)の関白藤原忠実(ただざね)勅勘事件ののち、二三年に天皇は白河の意志によって崇徳に譲位させられた。しかし、白河の死後、鳥羽上皇は忠実を政界に復帰させ、皇位継承についても藤原得子(美福門院、長実の女)の所生子(近衛天皇)を後継者に決め、四一年(永治元)崇徳からこれに譲位させた。さらに五五年(久寿二)近衛が病死すると、皇位に後白河天皇をあて、崇徳をあくまでも排除した。翌年、上皇は死去し、同時に保元の乱がおきることになる。

とばやさんえもん【鳥羽屋三右衛門】 1712～67.2.27 長唄・豊後節の三味線方鳥羽屋一門の祖。初名文五郎。師は四代杵屋六左衛門など諸説があり、のち東武線太夫を名のる。「臥猫(ふしねこ)」「狂獅子」などの作品がある。弟子に初世鳥羽屋里長など。芸名は三世続いたといわれるが未詳。

とばやりちょう【鳥羽屋里長】 常磐津節・富本節の三味線方であったが、五世のとき長唄の三味線方となり、現七世は長唄唄方。初世(一七三八～九四)は上総国生れで、里都(さといち)と称す。鳥羽屋三右衛門門弟。富本節に属していたが一七八三年(天明三)常磐津に転じ「関の扉(せきのと)」「山姥(やまんば)」「子宝三番叟(さんばそう)」「忍売(しのびうり)」「戻駕」などの名曲を残す。のち再び富本に移る。

とばりこがん【戸張孤雁】 1882.2.19～1927.12.9 明治・大正期の彫刻家・版画家。旧姓は志村、本名は亀吉。東京都出身。一九〇一年(明治三四)アメリカに渡りナショナル・アカデミー、アート・

ステューデンツリーグで油絵や挿絵を学ぶ。〇七年「孤雁挿絵集」を刊行。一〇年彫刻に転じ、太平洋画会研究所彫塑部に学ぶ。院展に「若き男の像」「曇り」を出品、一七年(大正六)日本美術院彫刻部同人となる。一八年日本創作版画協会創立に参加。水彩画も描いた。

どひさねひら【土肥実平】 生没年不詳。平安末～鎌倉初期の武将。中村荘司宗平の子。相模国土肥郷に住み土肥次郎と称する。一一八〇年(治承四)源頼朝に応じて挙兵に参加。石橋山の戦では頼朝の危機を救い、安房への脱出に成功。その後、頼朝の厚い信頼のもと、源義仲討伐や平家追討の合戦で侍大将を勤め軍功を重ねる。八四年(元暦元)には備前・備中・備後諸国の総追捕使に任じられ、占領地の軍政にもあたった。質素な生活ぶりを頼朝に称賛され、東国御家人を代表する人物とされた。八九年(文治五)の奥州合戦や翌年の頼朝の上洛にも従うが、九一年(建久二)七月以降の動向は不明。

どひし【土肥氏】 中世相模国の豪族。桓武平氏良文流。中村荘司宗平の次男実平が土肥郷(現、神奈川県湯河原町・真鶴町)を分領して土肥氏を称したのに始まる。実平は源頼朝に仕え、平家追討の際には備前・備中・備後三カ国の総追捕使となり、その子遠平も安芸国沼田・都宇・竹原荘などの地頭職を与えられた。遠平以後は小早川氏を称し、安芸国で栄えた。

どひつねひら【土肥経平】 1707.2.22～82.10.20 江戸中期の岡山藩士・有職故実家。土肥家は岡山藩の重臣。一七二九年(享保一四)家督を継ぐが、六四年(明和元)朝鮮使節の接待をめぐり蟄居を命じられた。その後は山城国宇治に住み、没するまで古典研究にうちこんだ。著書「栄花物語年立」「土肥直垂考」「本朝軍器考補正」「備前国誌」。

どひはらけんじ【土肥原賢二】 1883.8.8～1948.12.23 大正・昭和期の軍人。陸軍大将。岡山県出身。陸軍士官学校(一六期)・陸軍大学校卒。北京の坂西公館勤務、奉天督軍顧問など、長期間中国に駐在した陸軍内の中国通の一人。一九三一年(昭和六)奉天特務機関長となり、満州事変後に溥儀引出し工作を実行。華北分離工作にも従事し、三五年土肥原・秦徳純協定を結んだ。三六年以後、師団長・東部軍司令官・教育総監などを歴任。第二次大戦後、A級戦犯となり刑死。

どほう【土芳】 1657～1730.1.18 江戸前期の俳人。伊勢国津藩の伊賀付藩士。名は保英。通称半左衛門。初号は芦馬。もと木津氏で服部家の養子となる。一六八五年(貞享二)「野ざらし紀行」の旅の途中で帰郷した芭蕉に教えを請うたのを機に芭蕉に師事。致仕して俳諧に専念した。芭蕉から贈られた句を庵号とした蓑虫庵は、伊賀蕉門の拠点となった。芭蕉没後も伊賀蕉門の中心人物として活躍。著書「三冊子」は芭蕉の俳論をもっとも体系的に整理している。

トマス・デ・サン・アウグスティノ 1602?～37.9.20 日本人キリシタン。アウグスチノ会宣教師。肥前国大村生れ。有馬のセミナリヨに学び、一六一四年(慶長一九)宣教師追放によりマカオに移る。一八年(元和四)頃帰国し、潜伏しつつ布教。二二年マニラでアウグスチノ会の司祭となる。三二年(寛永九)までに再び日本に潜入。上長グティエレスが長崎奉行所の牢に捕らわれていることを知り、奉行所の馬丁となった。金鍔の脇差を帯びて武士に変装、金鍔次兵衛とよばれ、各地に神出鬼没の活動をしたが、三七年捕らえられ、逆吊しにより殉教。

トマス・デ・サン・ハシント 1590～1634.9.22 西トマスとも。ドミニコ会日本人宣教師。名は六左衛門。長崎イエズス会のセミナリヨで勉学。一六一四年(慶長一九)有馬直純によりマカオへ追放される。一六年(元和二)長崎に帰り、ドミニコ会の同宿(伝道士)となる。二〇年頃マニラに渡り、ドミニコ会に入会、司祭に叙階。二九年(寛永六)台湾・琉球をへて長崎に潜入、禁制下で布教を続ける。三四年長崎で捕らえられ、逆吊しにより殉教。

とまつまさやす【富松正安】 1849.9.13～86.10.5 明治前期の自由民権家。加波山事件の中心人物。常陸国生れ。一八八三年(明治一六)東京の飛鳥山で自由大運動会を開き、武装決起グループが形成された。八四年九月、福島の民権家などと加波山事件をおこしたが、一一月逮捕され、翌年死刑となる。

とみいまさあきら【富井政章】 1858.9.10～1935.9.14 明治～昭和初期の法学者。京都生れ。東京外国語学校などをへて、一八七七年(明治一〇)フランスのリヨン大学に留学。八五年東京大学法学部教授となる。民法典論争では延期派を主導し、九三年民法起草委員。戸水寛人らと日露主戦論の「七博士意見書」を発表。貴族院勅選議員・枢密顧問官などを歴任。梅謙次郎と和仏法律学校の経営にも尽力。著書「民法原論」。

とみおかてっさい【富岡鉄斎】 1836.12.19～1924.12.31 明治・大正期の南画家。京都生れ。石門心学・国学・漢学・陽明学など幅広く学問を修め、大田垣蓮月の感化もうけた。小田海僊・浮田一蕙を訪ねて絵画制作を始め、明・清画に接して文人画を描く。幕末には勤王派として奔走。維新後は立命館の教員、神社の宮司などをへて、一八八一年(明治一四)隠棲。以後文人生活をし、南画壇の中心的存在となった。京都市立美術工芸学校の修身担当教員、帝室技芸員、帝国美術院会員。

とみざきしゅんしょう【富崎春昇】 1880.9.12～1958.2.2 大正・昭和期の地歌・箏曲家。本名吉倉助次郎。文楽の人形遣い吉田玉助の子。大阪府出身。五歳で失明し、八歳で富崎宗順に入門。継山流箏組歌・野川流三弦本手の伝授をうけたほか、長歌・端歌および繁太夫物・永閑節・作物など幅広く習得。一九一八年(大正七)東京に移住し、関西の芸を広めた。芸術院会員・人間国宝。五七年(昭和三二)文化功労者。「蓬生」「楠昔噺」を作曲。弟子に富山清琴がいる。

とみずひろんど【戸水寛人】 1861.6.25～1935.1.20 明治・大正期の法学者。法学博士。加賀国生れ。東大卒。英・独・仏に留学し、法学・政治学を学ぶ。一八九四年(明治二七)帰国し、帝国大学法科大学教授。ローマ法・民法学を担当。一九〇三年富井政章らと日露主戦論の「七博士意見書」を発表した。〇五年講和会議に反対する論文で休職処分をうけるが、大学の自治をめぐる紛争に発展し翌年復帰(戸水事件)。〇八年より衆議院議員、当選五回。

とみたけいせん【富田渓仙】 1879.12.9～1936.7.6 大正・昭和前期の日本画家。福岡県出身。本名鎮五郎。都路華香に師事し、富岡鉄斎・仙厓義梵に傾倒。一九一二年(大正元)文展に入選した「鵜船」が横山大観に認められ、再興日本美術院で活躍、一五年同人となる。二一年ポール・クローデルと詩画集「皇城十二景」を合作。三五年(昭和一〇)帝国美術院会員(翌年辞任)。

とみたこうけい【富田高慶】 1814.6.1～90.1.5 幕末～明治前期の農政家・報徳社運動指導者。高慶の正式の読みは「たかよし」。陸奥国相馬生れ。通称久助、号は任斎。二宮尊徳に師事。中村(相馬)藩の財政再建・農村救済にあたる。一八七七年(明治一〇)興復社を設立して社長となり、県内に開墾奨励資金を貸し出した。

とみたし【富田氏】 近世初期の外様大名家。先祖は出雲国富田城に住したが、尼子氏により没落したという。近江国生れの知信は織田信長、ついで豊臣秀吉に仕え、九州平定・朝鮮出兵にも従軍した。一五九五年(文禄四)五万石で伊勢国津城主。知信の子信高は関ケ原の戦で東軍に属し、一時敗走するが、戦後本領を与えられ、一六〇八年(慶長一三)一〇万石余で伊予国板島(宇和島)藩主となる。一三年親戚の幕臣坂崎氏の罪人をかくまったとして改易。

とみたじんぺい【富田甚平】 1848.11.30～1927.3.3 冨田式暗渠排水法の考案者。肥後国生れ。一八七八年(明治一一)から暗渠排水の実験を試み、留井戸・水閘土管により排水を灌漑に利用する技術を考案した。鹿児島県知事の渡辺千秋・加納久宜に重用されて農事改良に成果をあげ、さらに山口県・秋田県で農業技師として耕地整理に尽力した。一九一四年(大正三)朝鮮霊岩郡西倉里で干拓事業を始めたが、負債を整理して木浦府の大成洞に隠棲。

とみたつねじろう【富田常次郎】 1865～1937.1.13 明治期の柔道家。伊豆国生れ。旧姓山田。講道館柔道の創始者嘉納治五郎の門人第一号。治五郎の父の書生であったが、治五郎にみこまれて一八八二年(明治一五)入門。西郷四郎・横山作次郎・山下義韶とともに講道館四天王といわれた。八七年郷里韮山に講道館最初の分教所を設置。一九〇四年渡米して柔道の普及に努めた。

とみたてつのすけ【富田鉄之助】 1835.10.16～1916.2.27 明治～大正初期の官僚・実業家。仙台藩士の子として生まれる。幕末～明治初年にアメリカに留学。岩倉遣外使節団に随行。帰国後、日本銀行の設立に尽力し、副総裁をへて総裁。のち貴族院議員に勅選。東京府知事。官界引退後、実業界に入り、紡績業・保険業の発展に貢献した。

とみながなかもと【富永仲基】 1715～46.8.28 江戸中期の町人学者。父は懐徳堂創設にかかわった大坂の有力商人富永芳春。字は子仲、号は謙斎。幼少から三宅石庵に学ぶが、一五～一六歳頃に儒教を歴史的に批判した「説蔽」を著し破門されたという。その後大乗仏教説の歴史的批判書である「出定後語」を著し、儒・仏・神の三教批判の上にたち、人のあたりまえに立脚する誠の道を提唱した「翁の文」を刊行。すべての教説・言語を歴史的に相対化する仲基の視点を支えるのは、加上の法則、三物五類の説とよばれる学問的方法論で、それが近代になって高く評価され、仲基の発見と顕彰の原動力となった。

とみながへいべえ【富永平兵衛】 生没年不詳。延宝～元禄期の上方の歌舞伎作者。俳名辰寿。俳優として出発し、のちに作者に転じた。一六八〇年(延宝八)番付に「狂言作り」として名をだし、世の非難をあびたが、これが作者名を明記する慣例をうんだとされる。作品の大半は御家騒動物で、複雑な展開や奇抜な趣向が特色。「役者論語」所収の「芸鑑」は、初期歌舞伎の脚本の姿を伝える貴重な著述。九七年(元禄一〇)頃没。

とみながゆうりん【富永有隣】 1821.5.14～1900.12.20 幕末期の萩藩の尊攘派志士、明治期の教育家。名は徳、のち悳彦。松下村塾で教え、さらに定基塾を開く。一八六六年(慶応二)第二次長州戦争で鋭武隊を率い、石州口・芸州口に転戦。六九年(明治二)脱隊騒動をおこし、諸国に逃亡のすえ七七年捕らえられた。八四年出獄、二年後山口県に帰り、帰来塾を開いた。

とみのいちい【迹見赤檮】 生没年不詳。六世紀末頃の舎人。用明二年四月、仏教受容をめぐる対立のなかで、物部氏側についた中臣勝海は押坂彦人大兄皇子と竹田皇子の像を造って呪った。のちにその非を悟り押坂彦人に帰順したが、赤檮は勝海を斬殺し、七月の物部氏討伐戦では物部守屋とその子を誅したという。「聖徳太子伝暦」には太子舎人とある。

とみのこうじけ【富小路家】 藤原氏北家摂関流の二条家庶流と称する。戦国期、九条家諸大夫富小路俊通が一条家諸大夫源康俊の猶子となって藤原氏に改姓し、さらに二条家庶流と称して堂上に昇ったのに始まる。江戸時代の家格は半家、家禄は二〇〇石で、和歌・俳諧を家業とした。江戸前期の永貞は議奏を勤めた。維新後、敬直のとき子爵。

とみもといつきだゆう【富本斎宮太夫】 1727〜1802.5.18 富本節浄瑠璃方の太夫。本名清水権次郎。宮古路品太夫(のち富本豊前掾)の門弟となるが、師が常磐津から独立し、富本をおこしたとき、富本斎宮太夫と名のる。師の没後、二世家元の後見役を勤める。名人とうたわれ、富本節の確立に貢献。芸名は明治初期まで四世を数え、二世は初世清元延寿太夫の前名。

とみもとけんきち【富本憲吉】 1886.6.5〜1963.6.8 昭和期を代表する陶芸作家。奈良県出身。東京美術学校図案科在学中イギリスに留学。帰国後、バーナード・リーチに出会って、陶工を志し、一九二六年(大正一五)東京祖師谷に窯を移す。四六年(昭和二一)郷里に帰り、やがて京都にでて五〇年に京都市立美術大学教授となる。民芸運動に共鳴したこともあったが離脱し、白磁・色絵・金襴手に独自の境地を開拓。六一年文化勲章受章。

とみもとぶぜんのじょう【富本豊前掾】 富本節家元。江戸中期〜明治中期に四世を数える。初世(一七一六〜六四)は富本節の始祖。本名福田弾司。宮古路豊後掾門下で品太夫を名のるが、豊後節禁圧後、兄弟子文字太夫が常磐津を樹立したとき、小文字太夫でワキを勤めた。一七四八年(寛延元)分派独立し、富本豊志太夫と改姓。四九年受領し豊前掾、六〇年(宝暦一〇)再受領し筑前掾を名のる。二世(一七五四〜一八二二)は初世の子。通称「馬づら豊前」。松江藩主松平不昧(治郷)の後援と生来の美声により、富本節の全盛時代を築く。

とみやすふうせい【富安風生】 1885.4.16〜1979.2.22 大正・昭和期の俳人。本名謙次。愛知県出身。東大卒。逓信官吏・次官となり、高浜虚子に師事。一九二八年(昭和三)貯金局有志の手になる「若葉」の雑詠欄を担当、以後これを主宰。句集「村住」。俳論も多い。

とめおかこうすけ【留岡幸助】 1864.3.4〜1934.2.5 明治・大正期の社会事業家。備中国生れ。一〇代で受洗。同志社卒業後、一八九一年(明治二四)北海道空知集治監教誨師となる。九九年東京巣鴨に家庭学校を設立して非行少年少女の感化教育にあたる。一九一四年(大正三)北海道上湧別村社名淵に分校・農場を開設した。

ともうじ【伴氏】 ⇨大伴氏

ともえごぜん【巴御前】 生没年不詳。平安後期の武勇の女性。源義仲の従者・妾。父は中原兼遠。「平家物語」諸伝本に容貌すぐれた一騎当千の大将として描かれ、しだいに伝説化した。義仲の挙兵に従い入洛、一一八四年(元暦元)義仲の討死直前まで防戦につとめ、故郷にもどったという。

ともしげ【友重】 刀工の名。加賀の刀工で、藤島姓の友重がおり、初代は来国俊門下または子で、貞和期頃に活躍したという。二代は加賀真景の子、三代は初代友重の子で応永期に活躍した。その後、古刀期を通じて七代まで知られる。また新刀期にも加賀で藤島友重を名のる刀工がおり、銘跡が続いていたという。寛永・寛文・貞享期頃の年紀の作がある。新々刀期にも陸奥に藤島友重を名のる刀工がいた。

ともだきょうすけ【友田恭助】 1899.10.30〜1937.10.6 大正・昭和前期の俳優。東京都出身。本名伴田五郎。早大在学中の一九一九年(大正八)新劇協会で初舞台。その後、わかもの座や築地小劇場に参加、女優の田村秋子と結婚後、三二年(昭和七)築地座を設立して、清新な創作劇・翻訳劇を盛んに上演した。三七年に始まる日中戦争に際して応召し、上海戦線で戦死。

ともながさんじゅうろう【朝永三十郎】 1871.2.5〜1951.9.18 明治〜昭和期の哲学者。長崎県出身。東大卒。一九〇七年(明治四〇)京都帝国大学助教授となり、〇九年ヨーロッパに留学。主としてハイデルベルク大学に学び、一三年(大正二)帰国して教授となる。一六年初版の「近世に於ける「我」の自覚史―新理想主義と其背景」は大正教養主義に広く迎えられた。学士院会員。

ともながしんいちろう【朝永振一郎】 1906.3.31〜79.7.8 昭和期の物理学者。東京都出身。京大卒。湯川秀樹の中間子論について共同研究を行う。ドイツ留学後、東京文理科大学教授・東京教育大学学長。第二次大戦後くりこみ理論を発表し、プリンストン高等研究所に入る。一九六五年(昭和四〇)ノーベル物理学賞受賞。日本学術会議原子核特別委員会委員長。パグウォッシュ会議や科学者京都会議に参加。原水爆禁止や原子力平和利用のために活動。学士院賞・文化勲章・朝日文化賞をうける。著書「量子力学」。

ともなり【友成】 刀工の名。古備前派の刀工で、長船派の太祖。御物の鶯丸のほか、平宗盛の佩刀という厳島神社の太刀を含む太刀二・短刀一が国宝、太刀四が重文である。ただし古備前友成にも時代の差から各代あるようだが、銘文による判別はむずかしい。その後、元久・嘉禎・文永頃の年紀にも友成銘があり、建武・天文期にも同名の刀工が確認されている。

とものこわみね【伴健岑】 生没年不詳。九世紀半ばの官人。皇太子恒貞親王の春宮坊帯刀舎人であったが、八四二年(承和九)嵯峨上皇の重病に際し謀反を企てたとされ、上皇没後、橘逸勢とともに捕らえられた(承和の変)。恒貞親王は皇太子を廃され、道康親王(文徳天皇、母は藤原冬嗣の女順子)がたてられた。健岑は隠岐国へ配流。八六五年(貞観七)恩赦により罪を免じられたとして入京したが、勅により出雲へ遷配となる。

ともよえもん【友野与右衛門】 生没年不詳。江戸前期の新田開発者。箱根用水の開削者。江戸浅草生れ。駿河国東部の水不足解消などのため芦ノ湖の水を黄瀬川に加水する用水路を計画。一六六六年(寛文六)四月小田原藩・沼津代官へ許可を出願、七月末から開始された。深良村名主大庭源之丞らの協力もあり七〇年通水し、約四〇〇〇石の新田が開発された。与右衛門は同時期に武蔵国吉田新田(現、横浜市中区)開発にも工事人として参加。

ともよざえもん【友野与左衛門】 戦国期～江戸時代の駿府の豪商の世襲名。戦国期今川氏の時代には友野座の棟梁と商人頭を勤めた駿府の特権商人として知られ、江戸時代には駿府町年寄を勤めた。明暦年間の与左衛門は安倍川の治水に功をなし、享保年間に開発した新田は与左衛門新田とよばれる。

とものよしお【伴善男】 811～868 九世紀半ばの公卿。大伴国道の子。伴中庸の父。八三〇年(天長七)校書殿に伺候。以後、仁明天皇に用いられた。大内記・蔵人・式部大丞などをへて八四七年(承和一四)蔵人頭・右中弁。八四八年(嘉祥元)参議。時に従四位下。右衛門督・検非違使別当・中宮大夫などを歴任。八五五年(斉衡二)藤原良房らと「続日本後紀」の編纂に従事。八五九年(貞観元)正三位。八六四年大納言。貞観期初めから左大臣源信らと対立し、八六六年応天門が焼失すると源信の放火と告発。しかし大宅鷹取が善男・中庸父子の陰謀を密告し、善男は伊豆国へ、中庸は隠岐国へ配流となり、莫大な田宅・資財が没収された(応天門の変)。二年後伊豆の配所で没。

ともばやしみつひら【伴林光平】 1813.9.9～64.2.16 「ばんばやし」とも。幕末期の歌人・国学者・尊攘派志士。河内国南河内郡林村の浄土真宗尊光寺伴林賢静の次男。はじめ仏道に入るが、還俗して伴林光平と改名し、加納諸平・伴信友に国学を学ぶ。一八六二年(文久二)大和国中宮寺の御内人となる。翌六三年八月天誅組の大和挙兵に加わり、吉野山中を転戦した。敗軍後京都へ潜行しようとしたが捕らえられ、京都六角獄に投獄され、翌年斬刑に処せられた。

ともひらしんのう【具平親王】 964.6.19～1009.7.28 後中書王・六条宮・千種殿とも。村上天皇の第七皇子。母は荘子女王(代明親王の女)。兵部卿・中務卿を歴任し、二品に叙せられた。詩文・和歌に秀で、多芸をもって知られた。子の師房が源朝臣を賜姓され、村上源氏の祖となった。

ともまつえんたい【友松円諦】 1895.4.1～1973.11.16 昭和期の宗教家・仏教学者。旧名諦春。愛知県出身。宗教大学・慶大卒。ドイツ、フランスに留学。帰国後の一九三二年(昭和七)仏教法政経済研究所を、翌年明治仏教史編纂所・国際仏教協会を設立。ラジオでの講義を通じて仏教の大衆化に寄与する。三四年から全日本真理運動を行い、機関誌「真理」を創刊。第二次大戦後大正大学教授。四八年に浄土宗を離脱。のち全日本仏教会事務総長。

ともみつ【倫光】 生没年不詳。南北朝期の備前長船派の刀工。義光・基光・政光などとともに、兼光一門または兼光とともに景光同門ともいう。日光二荒山神社に伝存する国宝の太刀は刃長一二六㎝で、貞治五年(一三六六)の年紀がある。南北朝期は刀剣長大化の時代といわれるが、当時の形状そのままのものは少なく貴重な太刀である。ほかに重文太刀一・短刀一。

とやしんえもん【戸谷新右衛門】 ?～1722.10.9? 江戸中期の義民。紀伊国伊都郡島野村庄屋。讃岐枡という大枡で年貢を徴収するなどの領主高野山の苛政に対し、領内七五カ村を代表して一七二〇年(享保五)寺社奉行に越訴。幕府は訴願を認め帰国を許したが、高野山は二二年に石子詰の極刑に処したと伝承される。自由民権期に顕彰活動が展開された。

とやべしゅんてい【鳥谷部春汀】 1865.3.3～1908.12.21 明治期の新聞記者・評論家。本名銑太郎。陸奥国五戸の木村家に生まれ、鳥谷部家を継ぐ。東京専門学校卒。毎日新聞記者などをへて、雑誌「精神」(のち「明治評論」と改題)や博文館の「太陽」に鋭い人物評・時事評論を掲載し評判を得た。

とやまかめたろう【外山亀太郎】 1867.9.26～1918.3.29 明治・大正期の遺伝学者。相模国生れ。東大卒。福島県蚕業学校校長。蚕の遺伝に関する実験的研究を行い、タイに養蚕指導で赴任。帰国後東京帝国大学助教授、のち教授。ヨーロッパへ派遣され、養蚕の実情を調査。蚕の雑種の研究でメンデルの法則を実証し、日本の実験遺伝学の基礎を作った。蚕の一代雑種利用を熱心に唱え、日本の養蚕産業に大きな貢献をした。学士院賞受賞。著書「蚕種論」。

とやましゅうぞう【外山脩造】 1842.11.10～1916.1.13 明治期の実業家。越後国生れ。大蔵省を辞したあと、第三十二国立銀行総監役・日本銀行理事・同初代大阪支店長をへて、一八九〇年(明治二三)大阪貯蓄銀行創立に参加して副頭取に就任。

多数の支店設置、大々的な宣伝などで貯蓄銀行業務の発展を図る。また大阪銀行集会所委員長をつとめ、阪神電鉄など各社の経営にも関与。

とやままさかず【外山正一】 1848.9.27～1900.3.8 明治期の教育者・社会学者・詩人。江戸生れ。号は、山。蕃書調所で英学を学び、一八六六年(慶応二)幕命でイギリスに渡る。のち外務省勤務でアメリカに渡るが、外務省を辞してミシガン大学に留学、化学・哲学を学ぶ。七六年(明治九)開成学校教授、九二年帝国大学ではじめて社会学を担当。九七年東京帝国大学総長、翌年文相。「新体詩抄」刊行、進化論の紹介、漢字廃止とローマ字化の提唱など多方面で活躍した。

とよ【台与】 ⇨壹与

とようけひめのかみ【豊宇気毘売神】 豊宇可乃売神とも。稚産霊神の子(「古事記」)。ウケは食物の意。大殿祭の祝詞に稲の霊と記され、俗にウカノミタマというとするが、「古事記」では宇迦之御魂神はスサノオの子(「日本書紀」一書ではイザナキの子)であり別神。伊勢神宮外宮の祭神であるトヨウケ神は一般にこれと同神とされるが、疑問も残る。

とよかわりょうへい【豊川良平】 1852.1.16～1920.6.12 明治・大正期の実業家。岩崎弥太郎の従弟。旧名小野春弥。土佐国生れ。慶応義塾卒。三菱商業学校などを設立。一八八九年(明治二二)三菱の第百十九銀行買収により頭取となり、三菱銀行部への改称とともに部長となる。以後三菱を代表して銀行集会所、手形交換所を舞台に金融界で活躍し、日露戦時の国債発行、戦後の財政整理に努力する一方、鐘紡・富士紡など多くの企業の再建に関与。一九一一年部長辞任。東京市会議員・貴族院議員。

とよきいりひこのみこと【豊城入彦命】 豊木入日子命とも。記紀伝承上の人物。崇神天皇の皇子。母は紀伊国の荒河戸畔の女遠津年魚眼眼妙媛。豊鍬入姫命は同母妹。崇神は、命と異母弟の活目尊(垂仁天皇)の二人をよび、見た夢を占って皇嗣を決めるといった。命は御諸山に登り、東にむかって槍と刀を八回振ったとのべ、活目尊は御諸山で縄を四方に張って雀を追いはらったとのべると、天皇は命に東国支配を命じ、活目尊を皇嗣としたと伝える。

とよくむぬのみこと【豊斟渟尊】 「日本書紀」神世七代のうち第二代の神。一書には多くの異称を載せる。名義は豊かに汲む沼の意。「古事記」神世七代の神のうちの豊雲野神(豊かな雲の漂う生気に満ちた野の意)にあてる説もある。

とよざわだんぺい【豊沢団平】 1828～98.4.1 幕末～明治期の義太夫節の三味線方。播磨国加古川生れ。本名加古仁兵衛、通称清水町。三世豊沢広助の門に入り、初名は力松。丑之助をへて、一八四四年(弘化元)二世団平を襲名。若くして技芸にすぐれ、三世竹本長門太夫・五世竹本春太夫・二世竹本越路太夫(摂津大掾)らの三味線を弾く。八四年(明治一七)文楽座を出て彦六座創設に参加、三世竹本大隅太夫の相三味線となる。九八年四月、稲荷座の初日に大隅太夫の「志渡寺」を演奏中脳溢血をおこし死去。復曲・作曲も手がけ、明治期を代表する名人。

とよしまよしお【豊島与志雄】 1890.11.27～1955.6.18 大正・昭和期の小説家。福岡県出身。東大卒。東京帝国大学在学中の一九一四年(大正三)第三次「新思潮」の同人となり、神秘的な雰囲気の「湖水と彼等」や「蠱惑」を発表し認められる。代表作「野ざらし」。「レ・ミゼラブル」「ジャン・クリストフ」の翻訳でも知られる。

とよすきいりひめのみこと【豊鍬入姫命】 記紀伝承上の人物。崇神天皇の皇女。母は紀伊国の荒河戸畔の女遠津年魚眼眼妙媛。豊城入彦命は同母兄。はじめ天照大神と倭大国魂神は宮殿に祭られていたが、崇神は二神の勢いを畏れ、天照大神を姫に託して倭の笠縫邑に祭らせた。その後、垂仁天皇は姫から天照大神を離し、皇女倭姫命に託したと伝える。邪馬台国の壹与にあてる説もある。

とよだきいちろう【豊田喜一郎】 1894.6.11～1952.3.27 大正・昭和期の技術者・実業家。静岡県出身。佐吉の長男。東大卒。豊田紡織に入社、父の自動織機開発を助け、一九二六年(大正一五)自動織機を完成。その特許権を譲渡して得た資金を自動車製造に投じ、三七年(昭和一二)トヨタ自動車工業を創立、四一年社長に就任。技術的諸困難のなかで国産車製造に努力、今日のトヨタ自動車の基盤を確立した。

とよたけえちぜんのしょうじょう【豊竹越前少掾】 1681～1764.9.13 江戸中期の義太夫節の太夫。大坂生れ。初世竹本義太夫の門に入り初名采女。一七〇三年(元禄一六)豊竹若太夫と改名して豊竹座を創設したが長続きせず、竹本座に戻る。〇七年(宝永四)人形遣いの辰松八郎兵衛を相座本に豊竹座を再興、竹本・豊竹二座の対抗時代を迎える。豊竹上野少掾藤原重勝をへて、三一年(享保一六)豊竹越前少掾藤原重泰を再受領。天性の美声で、歌う要素をもつ東風の様式を確立。浄瑠璃作者としての名は梁塵軒。

とよたけちくぜんのしょうじょう【豊竹筑前少掾】 1700～68.11.5 江戸中期の義太夫節の太夫。通称合羽屋伊兵衛。陸奥茂太夫の門に入り、豊竹伊太夫・竹本美濃太夫をへて、竹本座で竹本此太夫を名のる。一七四四年(延享元)竹本播磨少掾没後は竹本座の三段目を語るが、四八年(寛延元)の忠臣蔵騒動で退座。豊竹座に移って豊竹此太夫と改名。翌年筑前少掾を受領する。宝暦期前半の豊竹座の中心的存在として活躍するが、五七年(宝暦七)引退、後進の指導にあたる。

とよたけひぜんのじょう【豊竹肥前掾】 1705～58.1.5 江戸中期の義太夫節の太夫。通称新右衛門。大坂の商家に生まれ、豊竹上野少掾(越前少掾)の門に入る。初名は豊竹新太夫。一七三三年(享保一八)豊竹座を退座して江戸に下り、外記座に出演。三八年(元文三)豊竹肥前掾藤原清正を受領し、江戸堺町に肥前座を開場、劇場主と興行主と太夫とを兼ねた。四五年(延享二)無届興行の科で失脚するがまもなく肥前座を再興、江戸の義太夫節の基礎を作る。晩年、豊竹伊勢太夫に肥前掾を譲り、杉山丹後掾を名のろうとしたが不首尾に終わった。

とよたけやましろのしょうじょう【豊竹山城少掾】 1878.12.15～1967.4.22 明治～昭和期の義太夫節の太夫。東京都出身。本名金杉弥太郎。一八八九年(明治二二)二世竹本津太夫に入門、竹本津葉芽太夫を名のる。一九〇九年二世豊竹古靭太夫を襲名、四二年(昭和一七)文楽座の櫓下となる。四七年秩父宮家より豊竹山城少掾藤原重房を受領。情景や登場人物の心理描写に解釈が行き届いた理知的な芸風に特色があり、番付や浄瑠璃本の収集家としても知られた。芸術院会員・人間国宝・文化功労者。芸談集に「山城少掾聞書」。

とよたけろしょう【豊竹呂昇】 1874.8.4～1930.6.7 明治・大正期の女義太夫。愛知県出身。本名永田仲。竹本浪越太夫の門に入り初名は仲路。一八九二年(明治二五)大阪に出て、二世豊竹呂太夫に師事し、呂昇を名のる。大阪の席亭播重で活躍するが、南地演舞場の共楽会との問題で脱退、以後は都保美連という後援組織の支援で活動。大正期、大阪の女義太夫界の中心的存在として幅広い人気を得て、レコード吹込みも数多い。

とよたけわかたゆう【豊竹若太夫】 義太夫節の太夫。江戸前期～昭和期に一〇世を数える。初世は豊竹越前少掾の前名。一〇世(一八八八～一九六七)は本名林英雄。徳島県出身。二世呂太夫の門に入り、初名は英太夫。七世島太夫・三世呂太夫をへて、一九五〇年(昭和二五)一〇世若太夫を襲名。戦後は三和会(組合派)に属し活躍。時代物を得意とする豪快な芸風。六二年人間国宝。

とよださきち【豊田佐吉】 1867.2.14～1930.10.30 明治～昭和前期の発明家・実業家。遠江国生れ。小学校卒業後、家業の大工を継ぐ。一八八五年(明治一八)専売特許条例公布に刺激され発明を志し、九七年日本初の動力織機を完成。これに注目した三井物産は九九年井桁商会を設立し製造・販売を盛んに行ったが、佐吉は数年で同商会を離れた。一九〇六年三井物産は豊田式織機会社を設立し、佐吉の発明の工業化を行ったものの、佐吉は一〇年に辞任。佐吉は晩年まで力織機の発明に力を注ぎ、多数の特許を取得したが、その実用化を主目的に複数の紡織工場を所有、二一年(大正一〇)に中国の上海に豊田紡織廠も創立した。二六年(昭和元)豊田自動織機製作所を創立。

とよだたけし【豊田武】 1910.3.9～80.3.29 昭和期の日本史学者。東京都出身。一九三二年(昭和七)東大卒。東北帝国大学・一橋大学・法政大学の教授などを歴任。中世史専攻で、寺院・神社組織の研究、市場・座・商人などの商業史の研究、武士団や村落結合の研究など幅広い研究を行った。とくに商業史の研究はこの分野の研究水準を大幅に引きあげた。著書・論文は多数あり、「豊田武著作集」全八巻に収録。

とよだていじろう【豊田貞次郎】 1885.8.7～1961.11.21 大正・昭和期の軍人。海軍大将。和歌山県出身。海軍兵学校(三三期)・海軍大学校卒。ジュネーブ、ロンドン両海軍軍縮会議随員などをへて、一九三一年(昭和六)海軍省軍務局長。その後航空本部長・海軍次官などを歴任。日独伊三国同盟締結を推進。予備役編入後、第二次近衛内閣の商工相、第三次近衛内閣の外相として日米交渉にあたった。

とよたまひめ【豊玉姫】 「古事記」では豊玉毘売。記紀の神話にみえる神名で、海神の女。タマは真珠もしくは魂で、容貌の美しさを表すとも、神霊の寄りくる女の意ともされる。海神宮を訪問したヒコホホデミの妻となって懐妊し、陸に戻った夫を追って、海辺にたてられた産屋でウガヤフキアエズを生む。その際に夫が約束を破って異形の姿、「日本書紀」では竜、「古事記」では八尋和邇(サメか)をのぞいたため、恥じて海に戻った。その出産譚はトーテミズムを背景にするとも仏典に由来するともいわれ、同様の説話が東アジア・東南アジアに広く分布している。

とよだみつぎ【豊田貢】 1774～1829.12.5 江戸後期の京都・大坂におけるキリシタン摘発事件の中心人物とされた女性。越中国生れ。京都で陰陽師斎藤伊織と結婚したが、夫の駆落ち後、稲荷明神下げの祈禱師となった。天帝如来を崇拝する水野軍記に入門し教法・秘儀の伝授をうけ、軍記死後も女弟子に秘法を伝授。一八二七年(文政一〇)弟子の詐欺事件関与をきっかけに、大坂町奉行所与力大塩平八郎らが貢らの集団を摘発。二九年キリシタンとして貢ら六人は磔にされ、関係者六五人が処罰された。

とよとみし【豊臣氏】 織豊期の武家。豊臣秀吉に始まり、二代で絶えた。秀吉ははじめ木下氏、のち羽柴氏を名のる。姓は信長の後継という立場から平姓だったが、一五八五年(天正一三)七月近衛前久(さきひさ)の猶子となり藤原に改姓して関白に就任。さらに新姓の創出を申請し、「天地長久万民快楽」の意をこめて豊臣に改姓した。勅許は太政大臣就任を機に行われたようである。以後、豊臣姓は弟秀長や甥の秀次のほか宇喜多秀家など有力諸将にも与えられ、これにより大名掌握・統制をはかった。秀吉没後、子の秀頼があとをつぐが、関ケ原の戦・江戸開府などをへて、豊臣氏は公儀権力から転落、一六一五年(元和元)大坂夏の陣で徳川氏に滅ぼされた。

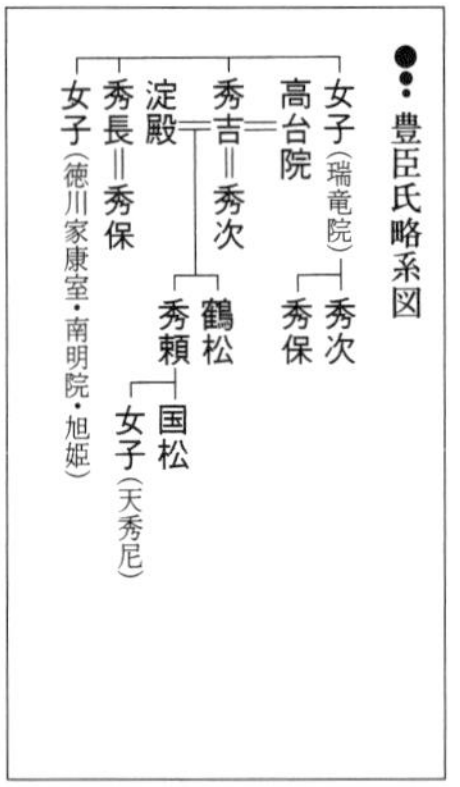

とよとみひでつぐ【豊臣秀次】 1568～95.7.15 織豊期の武将。父は豊臣秀吉の近臣三好吉房、母は秀吉の姉瑞竜院日秀。三好康長の養子となる。一五八四年(天正一二)小牧・長久手の戦で有力武将を失うなどの失態から叱責をうけるが、翌年の紀州・四国攻めの功により、近江などで四三万石を与えられる。九〇年の小田原攻め従軍後は、織田信雄改易後の尾張・北伊勢を領し清須(きよす)城に入る。九一年秀吉の子鶴松が夭折したため、関白職を譲られ聚楽第に住した。朝鮮出兵時には、それに専心する秀吉にかわり、人掃令の発令など国内統治にあたった。しかし九三年(文禄二)秀頼が生まれて秀吉と不和になり、謀反を疑われ高野山に追放のうえ切腹。妻子・側室も京都三条河原で処刑された。

とよとみひでなが【豊臣秀長】 1540.3.2～91.1.22 織豊期の武将。秀吉の弟。秀吉にならい木下姓から羽柴姓、さらに豊臣姓となる。一五八五年(天正一三)紀伊攻め、四国平定に活躍するなど秀吉の片腕的存在。同年閏八月大和国郡山城主として、大和・紀伊・和泉と伊賀の一部を領有、のちに大和大納言とよばれた。東大寺大仏殿の修築や領国内に溜池を造るなど領国支配にも力を注いだ。九州攻めや小田原攻めにも参陣。豊臣政権下、「内々の儀は宗易(千利休)、公儀は宰相(秀長)」が管掌していたとされる。

とよとみひでやす【豊臣秀保】 1579～95.4.16 織豊期の武将。三好吉房の三男。豊臣秀次・秀勝の弟。一五八八年(天正一六)叔父豊臣秀長の養子となる。九一年秀長の病没で家督を相続。秀長の遺領のうち大和・紀伊を継ぎ、大和中納言とよばれた。九五年(文禄四)天然痘で没。大和国十津川で水死したともいう。継嗣なく断絶。

とよとみひでよし【豊臣秀吉】 1537.2.6～98.8.18 織豊期の天下を統一した武将。尾張国愛智郡中村生れ。百姓弥右衛門の子。母はなか(天瑞院)。尾張を出、松下之綱に仕えた後、織田信長に仕える。はじめ木下藤吉郎。信長入京後は京都の民政にあたり、一五七三年(天正元)北近江の長浜城主となる。この頃から羽柴姓を用い、七七年一〇月からは中国攻めに従事。八二年六月本能寺の変に接し毛利輝元と急ぎ和睦して、山崎の戦で明智光秀を倒す。八三年四月、柴田勝家を賤ケ岳(しずがたけ)の戦で破って信長の後継者の地位を固め、大坂城を本拠とした。八四年、小牧・長久手の戦をへて徳川家康を臣従させ、八五年関白、翌年太政大臣となり、豊臣姓を受けた。四国・九州に続き、九〇年、関東・奥羽を服属させ、全国統一を完成。九二年(文禄元)からは「征明」を意図して朝鮮に出兵(文禄・慶長の役)したが、朝鮮水軍の抵抗などに苦戦するなか、九八年(慶長三)八月死去。秀吉は、ほぼ全国に行った太閤検地と刀狩によって兵農分離を完成させ、近世社会の基礎を築いた。また九州攻めの後、バテレン追放令を出しキリスト教の布教を禁じたが、ポルトガルとの貿易は継続したので徹底しなかった。

とよとみひでより【豊臣秀頼】 1593.8.3～1615.5.8 織豊期の武将。秀吉の子。側室浅井氏(茶々のち淀殿)を母として大坂城内で誕生、拾(ひろい)と名づけられた。一五九四年(文禄三)伏見城に移る。翌年、養嗣子秀次を処分した秀吉は、有力大名に秀頼への忠誠を誓約させた。秀吉の死後、遺言により大坂城へ移る。一六〇〇年(慶長五)関ケ原の戦後は実質上、摂津・河内・和泉六五万石余の大名となるが、公儀権力としての側面も保持、官位も徳川氏との均衡を保ちながら累進。この間徳川秀忠の女千姫と結婚、一一年に二条城で徳川家康と会見した。一四年、方広寺鐘銘事件をきっかけに大坂冬の陣が勃発、翌年の夏の陣で大坂城が陥落。母淀殿とともに自害し、豊臣氏は滅んだ。

とよとみみのみこ【豊聡耳皇子】 ⇨聖徳太子(しょうとくたいし)

とよはらのすみあき【豊原統秋】 1450～1524.8.20 名は「むねあき」とも。戦国期の楽人。笙の名家、豊原家の治秋(はるあき)の子として生まれ、後柏原天皇の笙の師となり秘曲を伝授した。三条西実隆とは和歌を、柴屋軒宗長(さいおくけんそうちょう)とは連歌を通じて親交があった。著書に音楽の秘事・秘伝を記した「体源抄」、家集「松下抄(しょうかしょう)」がある。

とよはらのときもと【豊原時元】 1058/59～1123.6.21 平安時代の楽人。笙(しょう)の名人。時光の子。一〇九六年(永長元)の御遊(ぎょゆう)、九八年(承徳二)の乞巧奠(きっこうでん)の管弦をはじめ、多くの御遊・御賀試楽に参じて笙・三鼓を奏した。また一一一一年(天永二)の賀茂社の御神楽、一四年(永久二)の石清水八幡宮の御神楽では拍子をつかさどっている。堀河天皇の笙師で、一八年(元永元)には関白藤原忠実に笙を教えた。

とよはらまたお【豊原又男】 1872.6.29～1947.11.10 明治～昭和前期に職業紹介事業を推進した社会事業家。新潟県出身。一八九〇年(明治二三)上京、のち佐久間貞一の援助をうけ工場法制定運動に関与。九九年最初の著作「資本と労働の調和」を刊行。同年刊の横山源之助著「日本之下層社会」の跋文を執筆。一九二〇年(大正九)東京府中央工業労働紹介所を設立。翌年東京府職業紹介所と改称し所長となる。三八年(昭和一三)職業紹介所の国営化にともない退任した。

とよみけかしきやひめのみこと【豊御食炊屋姫尊】 ⇨推古天皇

とよみしげたゆう【豊美繁太夫】 生没年不詳。江戸中期の浄瑠璃太夫。宮古路豊後掾の門下で京坂で活躍。芝居にも出勤し、寛保(一七四一～四四)頃、豊美繁太夫と改姓、独立したと考えられるが、一代で絶えた。地歌の鶴山勾当がその曲風を伝えた。

とらごぜん【虎御前】 1175～1245? 曾我十郎祐成の妾。相模国大磯の遊女。「曾我物語」によれば、父は伏見大納言実基、母は大磯の長者某の女とされる。一一九三年(建久四)曾我祐成が弟時致とともに源頼朝主催の富士の巻狩に乱入し、父の仇である工藤祐経を討って斬られると、一九歳で尼となり、信濃の善光寺に入ったという。のち紀伊の熊野に赴き、一二四五年(寛元三)七一歳で没したとされる。

とらざわけんぎょう【虎沢検校】 ?～1654.4.12 江戸初期の三味線演奏家・作曲家。三味線音楽の開祖といわれる石村検校の弟子。師とともに最古の三味線伴奏の芸術歌曲「琉球組」「鳥組」ほか七曲の三味線本手組(組歌)を作ったと伝えられる(「琉球組」を除く六曲という説や破手組も作曲したという説もある)。門下に沢住検校や、柳川検校の師とも伝える山野井検校らがいたといわれる。

ドーラード 1567?～1620.7.3 肥前国諫早生れの日本人キリシタン。日本名不詳。一五八二年(天正一〇)天正遣欧使節の随員としてヨーロッパに赴き、活版印刷技術を日本に伝えた。九五年(文禄四)イエズス会入会。バリニャーノの秘書や有馬セミナリヨのラテン語教師を勤めた。一六一四年(慶長一九)宣教師追放によりマカオにのがれ、一六年マラッカで司祭に叙階。マカオで没。

とらやえいかん【虎屋永閑】 生没年不詳。江戸の古浄瑠璃太夫。虎屋源太夫の弟子といわれ、寛文～元禄初期に活躍。正本に「仙人竜王威勢諍」「藤戸の先陣」「山科之右大将色好」など。寛文・延宝期に大いに流行し、伊勢大掾座の筆頭太夫の地位にあった。天和頃から江戸堺町に櫓をあげたが、一六九〇年(元禄三)には無座の太夫となった。脇語りに清五郎がいた。

とらやきだゆう【虎屋喜太夫】 生没年不詳。明暦～延宝期に京都浄瑠璃界をリードした太夫。江戸の虎屋源太夫門下で京都に進出したというが未詳。一六五八年(万治元)上総掾を受領。芝居は四条河原東詰南側にあった。その曲節は「平家とも舞とも謡とも知れぬ」印象を与えるものであったが、大坂の井上播磨掾や伊藤出羽掾らにも影響を与え、延宝期の宇治加賀掾・山本角太夫時代につないだ功績は大きい。

とらやげんだゆう【虎屋源太夫】 生没年不詳。江戸の古浄瑠璃太夫。活動時期は寛永末年に始まるとも、正保・慶安期頃ともいう。芝居小屋は江戸堺町にあって延宝期まで続き、名跡はさらに貞享・元禄期までうけつがれたと思われる。門下に虎屋永閑らを擁したという。演目に「四天王頼光勇力諍」「有時」など。また大坂道頓堀でも正保期頃から長右衛門改め虎屋源太夫が一座を構え、一六六二年(寛文二)「あさいな敵論」を出版している。同人説もあるが、別人か。

とりいいんせつ【鳥居引拙】 生没年不詳。室町中期の茶人。奈良流茶道の開祖村田珠光の弟子。堺の人と思われる。茶書「山上宗二記」に「名人」とされ、引拙の茶の風情は、一〇月の時雨の頃に木の葉が風に舞うような侘びたものであったとし、七〇歳で没したと記す。紹鷗茄子・楢柴肩衝・松本茄子茶入などの名物三〇種余の茶道具を所持したという。

とりいきよなが【鳥居清長】 1752～1815.5.21 江戸中期の浮世絵師。本姓関口、俗称市兵衛。鳥居家三代清満の門人で、明和末年から清満や鈴木春信の画風にならった錦絵を制作。安永期には礒田湖竜斎の影響をうけたが、天明期には、すらりとした長身に健康的な色香をただよわせた独自の美人画風を確立。大判錦絵を横につなげた二枚続・三枚続の画面に江戸の風景を写実的に描き、多数の美人を配した錦絵作品を得意とした。また役者絵に浄瑠璃の太夫を描いた出語り図を考案した。師清満の没後に鳥居家を継いでからは家業の芝居看板絵・番付絵に専念した。

とりいきよのぶ【鳥居清信】 1664～1729.7.28 江戸前期の浮世絵師。俗称庄兵衛。大坂生れ。一六八七年(貞享四)女方役者の父清元とともに江戸に下り、歌舞伎界と結びついて絵看板を描き始めたと伝えられる。九七年(元禄一〇)頃から仮名草子・絵入狂言本などの挿絵、また「瓢簞足蚯蚓描」の描法で役者絵の一枚絵を描き、役者絵界での地位を確立して、現代まで続く鳥居家の初代となる。

とりいきよます【鳥居清倍】 生没年不詳。江戸前・中期の浮世絵師。鳥居家初代清信の兄弟、あるいは子とされる。勇壮な元禄歌舞伎の美を表現した「瓢箪足蚯蚓描」の描法を用い、清信よりさらに完成度の高い鳥居派の役者絵を描き、宝永・正徳期に活躍、次代の享保期へつないだ。また清信風の美人画や、武者絵・鷹図なども描いている。版本の挿絵は報告されていない。

とりいきよみつ【鳥居清満】 1735～85.4.3 江戸中期の浮世絵師。鳥居家三代目。二世鳥居清倍の子。俗称亀次郎。父に浮世絵を学び、鳥居家の家業である芝居看板や番付絵を描いた。役者絵はそれまでの鳥居派の画風をうけつぎながらも繊細さを増しており、鈴木春信にも強い影響を与えた。作品のほとんどが紅摺絵で、画域は広く版本や美人画などにも筆を染めた。鳥居清長など門人は多い。二世清満は孫ではじめ清峰、鳥居家五代目を継ぎ、三世清満はその子で六代目。

とりいし【鳥居氏】 近世の譜代大名家。紀伊国熊野権現の神官鈴木氏を祖とする。忠吉が松平(徳川)氏に仕え、その子元忠が徳川家康の関東入部後、下総国矢作四万石を与えられた。元忠の子忠政は一六〇二年(慶長七)陸奥国磐城平一〇万石、さらに二二年(元和八)出羽国山形二〇万石に転封。のち二二万石。三六年(寛永一三)忠恒に嗣子なく所領没収となるが、同年弟忠春に信濃国高遠三万石が与えられた。その後能登国下村・近江国水口をへて、若年寄となった忠英は一七一二年(正徳二)下野国壬生三万石に転封。以後、壬生藩主として明治にいたる。維新後子爵。

とりいしんじろう【鳥井信治郎】 1879.1.30～1962.2.20 明治～昭和期の洋酒醸造家。大阪府出身。大阪商業学校に一時在学の後、薬種問屋などに奉公した。一八九九年(明治三二)大阪市西区に鳥井商店を開いてぶどう酒の販売を始め、後に寿屋洋酒店と改称し西川定義と共同経営。赤玉ポートワインを製造し新聞広告で販売を伸ばした。後に単独経営となり、一九二一年(大正一〇)株式会社寿屋を設立、二九年(昭和四)最初の本格的国産ウィスキーのサントリー白札の販売を開始した。

とりいすねえもん【鳥居強右衛門】 ?～1575.5.- 戦国期の武将。一説に実名勝商。三河国長篠城主奥平信昌の家臣。一五七五年(天正三)長篠城が武田勝頼軍に包囲された際、援軍要請の密使として城を脱出。岡崎城に赴き徳川家康・織田信長から即時出陣の返事をえたが、帰城途中で武田軍に捕らえられた。武田軍は強右衛門を城近くに連行、援軍は来ないといわせようとした。彼は偽って承諾し、城中にむかって「援軍が到着する」と叫んだため、磔にされた。

とりいそせん【鳥居素川】 1867.7.4～1928.3.10 明治・大正期の新聞記者。本名赫雄。熊本藩士の家に生まれる。済々黌に学び、独逸協会専門学校中退。中国に渡ったが、病気のため帰国。陸羯南の新聞「日本」をへて「大阪朝日新聞」で頭角を現す。社長村山竜平の信頼をうけ、一九一六年(大正五)編集局長。部下の長谷川如是閑・大山郁夫らと民本主義言論の先頭に立った。一八年、白虹事件で退社を余儀なくされ、一九年「大正日日新聞」を発刊したが、経営難のため翌年廃刊。

とりいただまさ【鳥居忠政】 1566～1628.9.5 江戸初期の大名。父は元忠。長久手の戦で戦功をあげ、一五八八年(天正一六)従五位下左京亮に叙任。関ケ原の戦では上杉景勝への備えとして下野国宇都宮を守った。戦後、父の遺領下総国矢作四万石を継ぐ。大坂の陣では江戸城の留守居を勤めた。一六〇二年(慶長七)陸奥国磐城平に移り一〇万石を領し、二二年(元和八)東北の押えとして出羽国山形二〇万石に移され、山形城に住んだ。二六年(寛永三)二万石加増で従四位下。

とりいもとただ【鳥居元忠】 1539～1600.8.1 戦国期～織豊期の徳川家康の部将。家康の今川氏人質時代、駿府に従って近侍した。その後家康の三河統一から遠江経営をたすけ、一五九〇年(天正一八)家康の関東入国に際し、下総国矢作四万石を領した。一六〇〇年(慶長五)関ケ原の戦では松平家忠らとともに家康から伏見城の留守居を命じられ、総大将として西軍の総攻撃によく耐えたが、八月一日伏見城は落城、元忠も戦死。

とりいようぞう【鳥居耀蔵】 1796.11.24～1873.10.3 江戸後期の幕臣。名は忠耀。甲斐守。父は大学頭林述斎。鳥居家の養子。目付時代に江川太郎左衛門英竜とともに江戸湾海防巡見を行うが、改革案で江川と対立、洋学者への反感から蛮社の獄を引き起こした。一八四一年(天保一二)南町奉行となり、老中水野忠邦の改革政治の実行者として市中取締に辣腕をふるい、妖怪(耀甲斐)と恐れられた。四四年(弘化元)開国勧告のオランダ国書を巡る評議で老中阿部正弘と対立、在任中の不正が発覚して免職改易された。

とりいりゅうぞう【鳥居竜蔵】 1870.4.4～1953.1.14 明治～昭和前期の人類学・民族学・考古学者。徳島県出身。東京帝国大学人類学教室で坪井正五郎に師事。当初は坪井を助けて国内各地を調査したが、一八九五年(明治二八)の中国遼東半島の調査を皮切りに、千島・台湾・中国南部・同東北部・朝鮮・モンゴル・シベリアなどの考古学的・人類学的調査に従事。日本人として空前絶後の行動で、調査結果は先駆的業績として評価された。この間、東京帝国大学から上智大学、さらに中国燕京大学に転じた。著書「有史以前の日本」「考古学上より見たる遼之文化」。

とりおこやた【鳥尾小弥太】 1847.12.5～1905.4.13 明治期の軍人・政治家。陸軍中将。子爵。号は得庵。萩藩士の家に生まれる。奇兵隊に加わり、戊辰戦争に従軍。新政府に入り兵部省(のち陸軍省)出仕。軍務局長・大阪鎮台司令長官・陸軍大輔・近衛都督・元老院議官などを歴任。谷干城・三浦梧楼らとともに陸軍部内の反山県系勢力の中心として活動。一八八八年(明治二一)議会開設を前にして保守中正論を唱えて機関紙「保守新論」を発行。のち枢密顧問官・貴族院議員。

とりがたういち【鳥潟右一】 1883.4.25～1923.6.5 大正期の電気工学者。秋田県出身。東大卒。ヨーロッパに留学。一九一一年(明治四四)鉱石検波器を発明し、長距離通信に成功した。一二年(大正元)横山英太郎・北村政次郎とともにＴＹＫ無線電話を製作し、無線電話の実用化に成功。受信真空管により同時送受話法を完成。電気試験所所長。工業教育や電気知識の普及に尽くした。

とりがたこさんきち【鳥潟小三吉】 1842.4.10～1909.10.15 幕末・維新期の軽業師。近代末期の親善使節。出羽国花岡村生れ。本名幸之助。陸奥宗光の下僕をへたのち、京坂で修業し絹糸渡りを得意とする。一八六六年(慶応二)一座を率いてヨーロッパへ巡業し、イギリスのビクトリア女王から、妙技に対し勲章を下賜されるなどの栄誉に浴した。渡欧中結婚したドイツ女性を連れて帰国し、国際結婚として大きな反響をよんだ。

とりぶっし【止利仏師】 ⇩鞍作鳥

とりやませきえん【鳥山石燕】 1712～88.8.3 江戸中期の画家。本姓佐野、名は豊房。号は船月堂・零陵洞・月窓・玉樹軒など。狩野玉燕の門人で、絵本や絵馬などの制作を手がけた町絵師的画家。木版のぼかし技法「拭きぼかし」や肉筆役者似顔絵の創始者に擬せられるなど浮世絵と深いかかわりをもっていた。江戸座の俳諧師で自詠の句や挿絵をいれた絵入俳諧本も多い。喜多川歌麿・恋川春町ら浮世絵師のほか俳諧の門人も多い。

トルーマン Harry Shippe Truman 1884.5.8～1972.12.26 アメリカ第三三代大統領(民主党、在職一九四五～五三)。一九四五年四月ローズベルト大統領の急逝により副大統領から大統領に昇格。ポツダム会談・原爆投下承認など第二次大戦の早期終結をめざし、戦後は共産主義勢力への対抗を宣言したトルーマン・ドクトリンを発表。マーシャル・プランなどが具体化され、対日占領政策も転換した。朝鮮戦争への米軍出動を勃発直後に決定したが、五一年にマッカーサーを解任。

トレス ■Baltasar Torres 1563.12.14～1626.閏4.26 スペインのグラナダ生れのイエズス会宣教師。一五八六年天正遣欧使節とともにリスボンからゴアをへてマカオに赴き、神学を教える。一六〇〇年(慶長五)来日、京都・加賀・能登などで布教。禁教令以後は潜伏。大坂城落城時には城内にいたが脱出し、禁制下の畿内で活動。病気のため長崎に行き、二六年(寛永三)有馬で捕らえられて大村牢に入牢、火刑により殉教。

■**Cosme de Torres** 1510～70.9.3 スペインのバレンシア生れのイエズス会宣教師。一五四九年(天文一八)ザビエルとともに鹿児島に上陸。五一年ザビエル離日後、その後任者となる。豊後の大友宗麟の保護をうけた。六三年(永禄六)大村純忠に授洗。鹿児島・山口・豊後などで布教し、二〇年近く日本布教の責任者を勤めた。ザビエルの布教方針を継承して日本への適応主義を実践し、三万人に授洗したという。七〇年(元亀元)カブラルにその職責を譲り、肥後国天草の志岐で没。

とんあ【頓阿】 1289～1372.3.13 「とんな」とも。鎌倉後期～南北朝期の歌人。父は二階堂光貞。藤原師実の子孫とする異説もあるが疑問。俗名貞宗。二条為世に師事し、慶運・浄弁・兼好とともに和歌四天王と称される。「新拾遺集」撰進の際には撰者二条為明が撰集途中で没したため、頓阿が継いで完成させた。二条派の重鎮。家集「草庵集」、歌学書「井蛙抄」「愚問賢註」。

どんかい【呑海】 1265～1327.2.18 鎌倉後期の時宗の僧。遊行上人四世。有阿弥陀仏、のち他阿弥陀仏。呑海は別号。相模国の俣野氏の出身。二世遊行上人真教に入門。一三〇一年(正安三)京都に七条道場金光寺を創建し、一九年(元応元)遊行上人を相続。兄俣野景平の援助により相模国藤沢に清浄光寺を建立して住した。のち呑海の門流を遊行派と称する。

とんぐうし【頓宮氏】 中世、備前・備中両国の豪族。嘉元年間(一三〇三～〇六)備前国藤野保(現、岡山県和気町)の地頭に頓宮肥後六郎義綱の名がみえる。「太平記」には、南北朝期、宮方の武将として頓宮六郎忠氏、のち細川氏に従った四郎左衛門尉がみえ、備前国福岡荘を支配したが、赤松則祐により押領されたという。備中国の頓宮氏も、「太平記」などにその活躍がみえる。

ドンクル・クルシウス ⇩クルティウス

どんちょう【曇徴】 生没年不詳。七世紀の高句麗からの渡来僧。六一〇年(推古一八)高句麗王から貢上されて法定とともに来朝。五経に詳しく、よく彩色(絵具)・紙墨を作り、また碾磑(水力を利用した臼)も造ったという。「聖徳太子伝暦」によると、聖徳太子は曇徴を斑鳩宮に招き、ついで法隆寺に止住させたという。

トンプソン David Thompson 1835.9.21～1915.10.29 アメリカ長老派教会宣教師。一八六三年(文久三)来日、横浜で日本語を勉強し、運上所・大学南校で教えた。七一年(明治四)各藩選抜の青年を引率して欧米諸国を視察。七三年築地居留地に東京日本基督公会(新栄教会)を設立、仮牧師に就任。東京一致神学校設立とともに旧約学を教え、また多数の日本人に授洗。

どんらん【曇鸞】 476?～542? 中国の六朝後期の僧。山西省雁門または汶水生れ。中国浄土教の始祖。近在の五台山の霊威に感じて出家、はじめ三論系の教学を学んだ。「大集経」研究の間に病気となり神仙術にひかれたが、洛陽で菩提流支にあって「観無量寿経」を授かり、浄土教に帰依した。以後浄土系経論の研究を行って「往生論註」「讃阿弥陀仏偈」を著し、称名念仏を柱とする教義を形成。また山西省を中心に念仏をすすめ、中国他力念仏の祖となった。

どんりゅう【呑竜】 1556.4.25～1623.8.9 戦国末～江戸前期の浄土宗の僧。字は故信、源蓮社然誉と号す。武蔵国埼玉郡生れ。幼くして郷里の林西寺岌弁に師事、のち江戸増上寺で修学。やがて武蔵国大善寺の三世となり檀林の基礎固めをし、増上寺の存応を助けて活躍。一六一三年(慶長一八)徳川家康の命で上野国太田に大光院が建立され、開山となる。一六年(元和二)孝心のため国禁を犯した子をかくまい幕府から譴責され、五年後に赦免。庶民教育に尽力し、「子育て呑竜」の異名をとる。

な

なあみ【南阿弥】 ?～1381.3.- 南北朝末期の遁世者。三代将軍足利義満に仕え、海老名の南阿弥陀仏とよばれた。観世座を後援し、京都今熊野で観阿弥・世阿弥父子が能を興行したとき、はじめて見物にきた義満に観阿弥を推奨して後援の糸口をつけた。琳阿弥の作詞した「東国下りの曲舞」に節付けをし、義満の御前で当時藤若と名のっていた世阿弥に謡わせて、琳阿弥に対する義満の勘気を解いたことは有名。

ナイエンローデ Cornelis van Neijenrode ?～1632.12.22 江戸初期の平戸オランダ商館長。シャム商館に勤務後、一六二三年(元和九)にフーデ・ホープ号の船長として来日。商館長カンプスとその後任に予定されていたウィルレム・ハイヘンの死亡により、経験も引継ぎもないまま同年商館長となり、浜田弥兵衛事件など商館運営の困難な時期に遭遇。精神に異常をきたし平戸で没。

ないとうきよつぐ【内藤清次】 1577～1617.7.1 江戸前期の大名。若狭守。父は関東総奉行を勤めた清成。幼年から徳川秀忠に近侍し、一六〇五年(慶長一〇)はじめて書院番がおかれたとき書院番頭となる。〇八年父の遺領を継ぎ、常陸・下総などで二万六〇〇〇石をえた。一六年(元和二)家康死去後年寄となり、家光の補佐役を命じられたが、翌年没した。弟清政が家督を継ぎ、子孫は信濃国高遠藩主となった。

ないとうこなん【内藤湖南】 1866.8.17～1934.6.26 明治～昭和前期の東洋史学者。本名虎次郎。陸奥国鹿角郡生れ。秋田師範学校卒。一八八七年(明治二〇)上京後、新聞記者として活躍し、中国問題の権威として認められた。一九〇七年京都帝国大学に迎えられ、のち教授となり一九年間東洋史講座を担当。その独創的見解への評価は高い。根本史料の発見収集にも努め、日本史に対する貢献も多大。能書家としても知られる。「内藤湖南全集」全一四巻。

ないとうし【内藤氏】 近世の大名家。応仁(一四六七～六九)頃から三河国に住したと伝える。室町末期、義清・清長父子は松平信忠・清康に仕え、三河国上野城主。続く家長は徳川家康に近侍し戦功を重ねたが、関ケ原の戦のとき伏見城を守り討死した。その子政長は秀忠・家光の信任厚く、一六二二年(元和八)陸奥国磐城平七万石の譜代大名となり、五代をへて政樹のとき日向国延岡に転封。清長の養子信成は徳川家康の異母弟ともいい、別に一家をおこし、子孫は越後国村上藩主五万石となる。清長の甥正成・忠政兄弟も徳川氏に仕えて戦功多く、忠政の子清成、その子清次は江戸幕府初期の要職を勤め、子孫は信濃国高遠藩主三万三〇〇〇石となった。いずれも維新後子爵。●● 次頁

ないとうジュリア【内藤ジュリア】 1566?～1627.3.28 織豊期～江戸初期の日本人修道女。如庵の妹。夫と死別後、京都で熱心な阿弥陀信仰の比丘尼となったが、キリストの教えをきき一五九六年(慶長元)頃受洗。その後身分の高い女性たちに布教。一六〇三～〇四年に京都に日本最初の女子修道会ベアタス会を設立。一四年追放されてマニラ

に赴き、同地で修道生活を送り没した。

ないとうじょあん【内藤如庵】 ?～1626 如安とも。近世初期のキリシタン大名。松永久秀の弟甚介の子。母は丹波国八木城主内藤定房の女。内藤飛驒守忠俊、徳庵。洗礼名ジョアン。一五六五年(永禄八)京都で受洗。足利義昭の没落により流浪した後、小西行長に登用されて小西姓を称する。朝鮮出兵の際に対明講和使節として活躍。関ケ原の戦で行長の処刑後、加藤清正、加賀国前田家に仕えた。一六一四年(慶長一九)キリシタンのため、高山右近らとともにマニラに追放され、二六年(寛永三)同地で没。

ないとうじょうそう【内藤丈草】 ⇨丈草(じょうそう)

ないとうただおき【内藤忠興】 1592～1674.10.13 江戸前期の大名。陸奥国磐城平(いわきたいら)藩主。政長の子。一六一五年(元和元)父の所領上総国佐貫で一万石をえた。大坂夏の陣では舅酒井家次の組に属して奮戦し、徳川家康に賞賛された。二二年父の転封にともない陸奥国磐城郡などで二万石。三四年(寛永一一)父の死により磐城平七万石を継いだ。五四年(承応三)から二度にわたって大坂城代を勤めた。

ないとうたみじ【内藤民治】 1885.10.28～1965.7.15 大正・昭和期の評論家。新潟県出身。東京農業大学卒。一九〇六年(明治三九)アメリカに渡り、ニューヨーク・ヘラルドの特派員となる。一七年(大正六)帰国し雑誌「中外」主幹となり、翌年には吉野作造らとともに黎明会を組織するなど大正デモクラシー運動に中心的役割をはたした。日ソ関係の改善にも尽力。

ないとうちそう【内藤耻叟】 1827.11.15～1903.6.7 明治期の歴史学者。水戸藩士出身。名は正直、碧海とも号す。藩校弘道館で会沢正志斎・藤田東湖らに学ぶ。藩の要職につき弘道館教授ともなったが、佐幕派とみなされ投獄。一八六八年(明治元)出獄後、東北各地を転々とした。七四年に大蔵省・東京府出仕ののち、八六年帝国大学文科大学教授、ついで宮内省嘱託。「古事類苑」の編纂に参画。著書「徳川十五代史」「安政紀事」。

ないとうとらじろう【内藤虎次郎】 ⇨内藤湖南(ないとうこなん)

ないとうのぶなり【内藤信成】 1545.5.5～1612.7.24 織豊期～江戸初期の武将。三河の住人島田景信の次男。母方の一族内藤清長の養子となる。家伝では実父は松平広忠で徳川家康の異母弟とする。若年から家康に仕え、武勇で知られた。一五九〇年(天正一八)家康関東入部のとき伊豆国韮山(にらやま)城一万石をえ、一六〇一年(慶長六)加増され駿河国府中城主四万石となる。〇六年近江国長浜城に移り、上方と北国筋の警衛にあたった。

ないとうふうこ【内藤風虎】 1619～85.9.19 江戸前期の大名。陸奥国磐城平(いわきたいら)藩主。忠興の子。名は頼長。のち義概(よしむね)、義泰(よしやす)。風虎は雅号。一六七〇年(寛文一〇)五二歳で家督相続。若い頃から学問に親しみ、和歌にすぐれ、北村季吟・宗因らと交わり俳諧でも活躍した。藩政では重用した家老の松賀族之助が専横をふるい、のち磐城騒動といわれる御家騒動をひきおこす原因となった。

ないとうまさなが【内藤政長】 1568～1634.10.17 織豊期～江戸初期の武将・大名。父は家長。三河国生れ。徳川家康・同秀忠に仕え、一六〇〇年(慶長五)伏見城を守備していた家長が西軍の攻撃をうけ討死したあと、上総国佐貫二万石の遺領を継いだ。二二年(元和八)陸奥国磐城平(いわきたいら)七万石に移封。秀忠・家光の信任が厚く、安房の里見忠義、筑後の田中忠政、肥後の加藤忠広の領地収公に際して城地請取の上使を勤めた。

ないとうめいせつ【内藤鳴雪】 1847.4.15～1926.2.20 明治・大正期の俳人。江戸生れ。幼名助之進。伊予国松山藩の藩校明教館で漢学を学ぶ。長州戦争に従軍後、一八六九年(明治二)昌平学校に

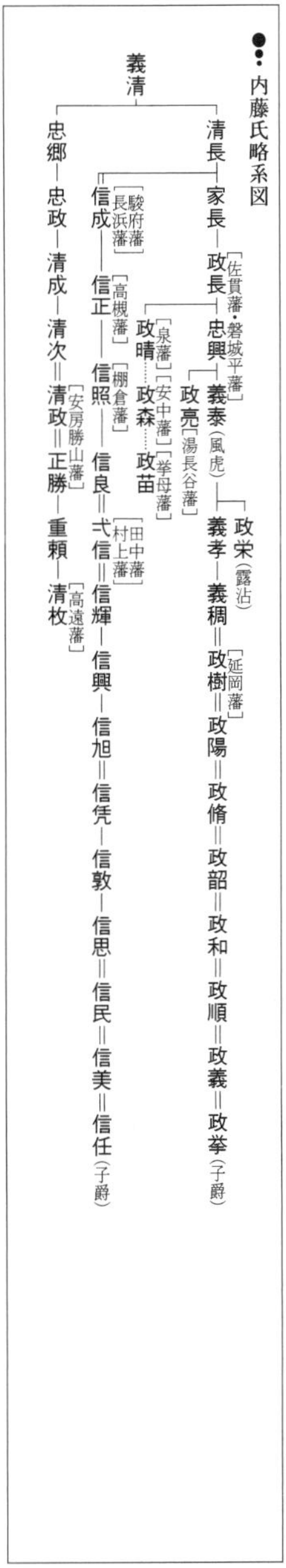

入る。八〇年文部省参事官。退官後、旧藩の青年育成機関常盤会の舎監を務めながら、藩史料編纂に従事。九二年正岡子規に俳句を学んだ後、子規門下の長老として活躍。漢詩の素養を軸に独自の句境を開きつつ、多くの後進を育成した。著書「鳴雪俳話」「俳句作法」。

ないとうろいち【内藤魯一】 1846.10.6～1911.6.29　明治期の自由民権家。福島藩の家老の家に生まれる。戊辰戦争では官軍に呼応。一八七九年(明治一二)三月、維新後転封された三河(現、愛知県刈谷市)で三河交親社を結成。八〇年には組織を拡大して愛知県交親社を結成。八一年に結成された自由党では幹事に選ばれ、「日本憲法見込案」を起草。八四年には加波山事件に連坐したが、出獄後は県会議員として地域の開発に尽力した。

ないとうろせん【内藤露沾】 ⇨露沾

ナウマン　Edmund Naumann 1854.9.11～1927.2.1　ドイツの地質学者。ザクセン生れ。ミュンヘン大学卒。一八七五年(明治八)御雇外国人として来日し、東京大学で地質学を教授。彼の提案で地質調査所が設置された。日本列島をフォッサマグナが東北日本と西南日本とに分断したと考えた。

なおえかねつぐ【直江兼続】 1560～1619.12.19　織豊期～江戸初期の武将。樋口兼豊の長男。幼名与六、元服後兼続、のち重光。通称山城守。越後国生れ。幼少から上杉謙信・同景勝に仕え、一五八三年(天正一一)直江家を継いで上杉家家老となる。景勝上洛の際には高野山に詣でて禅門に入り、京都五山の僧と交わる。文禄の役では朝鮮から漢籍や古活版を持ち帰って、禅林文庫の創設、直江版の出版など、文化面でも貢献した。

なおきさんじゅうご【直木三十五】 1891.2.12～1934.2.24　大正・昭和前期の小説家。大阪市出身。本名植村宗一。早大中退後、雑誌編集・映画製作のかたわら文壇ゴシップや世相批判を発表、やがて創作に進み、鹿児島藩お由羅騒動に材をとった一九三一年(昭和六)の「南国太平記」で大衆作家としての地位を確立。三二年には期限付のファシスト宣言を発表するなど、時代への機敏な反応や奇行でも知られた。没後直木賞が設定された。

なおたね【直胤】 1779～1857　幕末期を代表する刀工。出羽国山形生れ。庄司箕兵衛といい、大慶と号した。江戸に出て水心子正秀の門人となり、山形藩秋元氏に仕えた。一八二二年(文政五)頃筑前大掾を、四八年(嘉永元)美濃介を受領。作刀は広範囲で、備前伝と相州伝に特色ある作風を示す。

なおひとしんのう【尚仁親王】 ⇨八条宮尚仁親王

なおひとしんのう【直仁親王】 ㊀1335～98.5.14　花園天皇の皇子。母は宣光門院実子。光厳天皇の養子となり、一三四八年(貞和四・正平三)崇光天皇の皇太弟となる。五一年(観応二・正平六)正平一統により皇太弟を廃され、翌年光厳・光明・崇光三上皇とともに吉野の賀名生へ移された。五七年(延文二・正平一二)帰京。出家後、萩原宮と称された。
㊁⇨閑院宮直仁親王

なおびのかみ【直日神】 直備神とも。「古事記」では直毘神。穢や禍を祓い、直す神。ナオはマガ(曲・禍)をただす意で、祓除けによって清めること。ビは毘・日と記せば甲類で霊の意だが、備なら乙類で動詞「なおぶ」の語尾となる。「古事記」と「日本書紀」一書にイザナキが禍を直そうとして神直日・オオナオビが生じたとされ、大殿祭の祝詞では二神に対し、もし落ち度があれば見直し聞き直してくれるよう願っている。「古事記伝」が善福をもたらす神としたのは誤り。

なおらのぶお【直良信夫】 1902.1.10～85.11.2　昭和期の考古学・古生物学者で明石人骨の発見者。大分県出身。一九三一年(昭和六)兵庫県明石市西八木海岸で人の腰骨破片を発見し、当時の定説では存在しないとされていた日本の旧石器時代の証拠を示そうとした。戦後も栃木県葛生町、東京日本橋などで人骨を採集、更新世人類を追い続けた。六〇年～七二年早稲田大学教授。著書「日本旧石器時代の研究」。

ながいうた【長井雅楽】 1819.5.1～63.2.6　幕末期の萩藩士。名は時庸。世子の近侍から直目付となる。一八六一年(文久元)公武合体と開国を説いた航海遠略策が藩是となり、みずから朝幕間を周旋してほぼ両者の了解を得る。六二年中老格となるが、周布政之助・木戸孝允・久坂玄瑞ら改革派や尊攘派に批判され、また島津久光の率兵上京後は朝廷の支持も失い、同年辞職。翌六三年自刃した。

ながいかふう【永井荷風】 1879.12.3～1959.4.30　明治～昭和期の小説家・随筆家。本名壮吉。別号断腸亭主人・金阜山人など。東京都出身。一九〇二年(明治三五)ゾラの影響下に「地獄の花」を刊行。その後外遊し、「あめりか物語」「すみだ川」「冷笑」などで耽美派の中心となり、一〇年には慶応義塾教授に就任し、「三田文学」を主宰。重なる発禁や大逆事件に代表される時代状況のため、江戸戯作者の姿勢をとり、享楽の巷に潜んで「腕くらべ」「おかめ笹」「つゆのあとさき」「濹東綺譚」を書いた。日記に「断腸亭日乗」。五二年(昭和二七)文化勲章受章。

なかいけ【中井家】 ㊀江戸幕府の京都大工頭。家譜によれば、初代中井正清の父正吉はもと牢人だったが、法隆寺大工の一家を継ぎ、棟梁となったという。正清は関ヶ原の戦以降、徳川家康に仕え、法隆寺大工以下の上方先進地の職人を率いて全国の幕府作事を行い、大坂の陣にも参加、知行一〇〇〇石を与えられた。知行五〇〇石の三代正知以降、江戸にも幕府作事方が成立、中井家は禁裏作事を中心とした上方の幕府作事を統轄する京都大工頭となった。「中井家文書」が伝わる。

㊁近江国蒲生郡日野の代表的近江商人の家。一七一六年(享保元)生れの初代源左衛門光武は、一九歳で売薬行商から身をおこし、三〇歳で下野国に出店後、奥州街道沿いに店舗網を拡大し、仙台に元方店を開設した。古手・繰綿・青苧・紅花・生糸などを産物廻しの商法で展開し、質屋や酒造業も兼業した。十数支店網の管理のため複式決算を実行し、元方は資本金を望性金とよび、持分権は望性金割合によって定める合資形態をとった。経営理念を「金持商人一枚起請」に残している。初代の後は宗兵衛家・源三郎家・源左衛門本家・正治右衛門家にわかれ、本家は大坂、出羽国天童、陸奥国石巻、豊後国杵築に開店して繁栄したが、仙台藩蔵元役だったため、維新時の旧債不払いの打撃をうけて近代は衰退した。

なかいけいしょ【中井敬所】 1831.6.25～1909.9.30　明治期の篆刻家。幼名資三郎、名は兼之。字は資同。号は敬所・馨渚・菡萏居。江戸生れ。三世浜村蔵六・益田遇所に篆刻、山地蕉窓に「論語」、林大学頭に儒学を学ぶ。国璽や昌玉御璽、三条実美らの印章を刻した。印譜・金石・書画に造詣が深かった。一九〇六年(明治三九)帝室技芸員。

なかいげんざえもん【中井源左衛門】 1716～1805.9.-　江戸中期の近江商人。名は光武。近江国日野生れ。一九歳ではじめて関東で薬の行商を行った。一七四九年(寛延二)には下野国大田原に店を開き、奥羽地方にかけて木綿・古手の行商を続ける。生糸・絹・紅花・青苧を扱って仙台と伏見に店を開き、産物廻しの商法を展開した。中井家は、日野に本店をおいて京都・江戸・尾道などにも出店し、近江商人の筆頭になった。

ながいし【永井氏】 江戸時代の譜代大名家。先祖は桓武平氏の長田氏流とされる。系譜が確実なのは松平広忠に仕えた重元から。子の直勝は徳川家康・同秀忠に仕え、一六一六年(元和二)上野国小幡で一万七〇〇〇石をうけ、その後常陸国笠間をへて二二年に下総国古河藩主となり、七万二〇〇〇石を領した。その子尚政は老中を勤め、三三年(寛永一〇)山城国淀に移り一〇万石となる。八〇年(延宝八)尚政の孫尚長のとき、増上寺法要で内藤忠勝に殺害され除封。弟直円が改めて大和国新庄で一万石をうけ代々子孫が継いだ。分家には尚政の弟直清を祖とする摂津国高槻藩三万六〇〇〇石、尚政の三男尚庸を祖とする美濃国加納藩三万二〇〇〇石がある。維新後、いずれも子爵。

ながいし【長井氏】 中世武蔵国の豪族。鎌倉前期、大江広元の次男時広が、武蔵国長井荘(現、埼玉県妻沼町付近)を支配して長井氏を称したのに始まる。時広の長男泰秀は鎌倉幕府評定衆となり、以後嫡流は関東評定衆として幕府で重んじられた。次男泰重・三男泰茂の系統は、六波羅探題の重臣として活躍。幕府滅亡後、泰重の子孫で六波羅評定衆であった高広が建武政権に参加。ついで室町幕府評定衆となり、一門も幕府に仕えたが、往年の勢いはなかった。

なかいしゅうあん【中井甃庵】 1693.9.29～1758.6.17　江戸中期の儒者。名は誠之、字は叔貴、通称忠蔵。播磨国竜野生れ。一四歳で大坂に出、五井持軒・三宅石庵に学ぶ。有力五商人(五同志)とともに大坂町人の学問所懐徳堂の創立につくした。一七二六年(享保一一)幕府から官許の認可をえたのは、甃庵の粘り強い交渉によるところが大きい。懐徳堂の初代預り人となり、三宅石庵の没後は学主を兼ねた。竹山・履軒は子。著書「五孝子伝」「喪祭私説」。

なかいたいちろう【中井太一郎】 1830～1913　明治期の農事改良家。伯耆国の農家に生まれ、太一車とよばれる水田中耕除草機を案出。暗渠排水技術を紹介した「大日本簡易排水法」を著した。

ながいたつお【永井竜男】 1904.5.20～90.10.12　昭和期の小説家。東京都出身。一六歳で懸賞小説が入選、菊池寛の推賞をうける。小林秀雄・横光

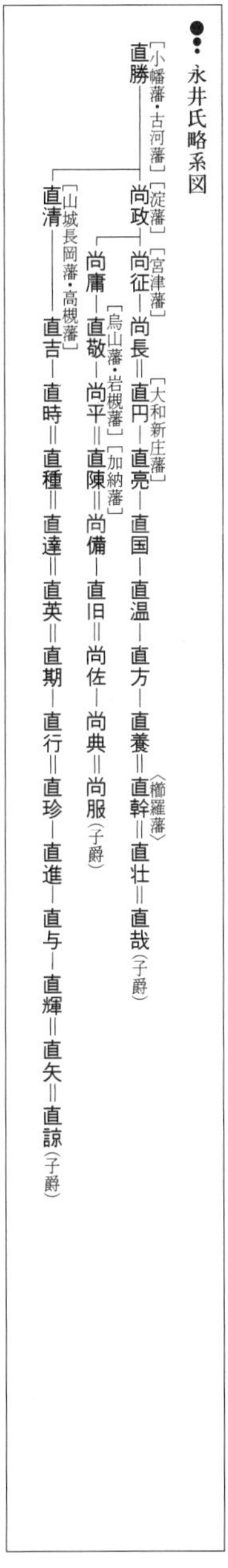

利一らと親交を結ぶ。文芸春秋に入社、のち専務取締役となる。第二次大戦後、退社。公職追放をうけ、その後は文筆活動に専念する。一九四九年(昭和二四)の短編「朝霧」で翌年横光利一賞を受賞。「風ふたたび」などの長編小説を新聞や雑誌に発表。六五年野間文芸賞・芸術院賞、七三年読売文学賞を受賞。八一年文化勲章受章。

なかいちくざん【中井竹山】 1730.5.15～1804.2.5 江戸後期の儒者。父は中井甃庵。名は積善、字は子慶、通称善太。大坂生れ。大坂の懐徳堂第四代学主として学校経営に力を注ぎ、弟履軒とともに懐徳堂の黄金期を形成。詩文に優れ、混沌社同人らとも広く交流した。また松平定信の諮問に答えて、幕政の改革案をのべた「草茅危言」を献上するなど、たんなる町人学校にとどまらぬ官許学問所としての公的な使命を追求した。師の五井蘭洲の遺稿「非物篇」を刊行し、自身も徂徠学批判の書「非徴」を著した。

ながいなおかつ【永井直勝】 1563～1625.12.29 江戸初期の大名。下総国古河藩主。父は長田重元。三河国生れ。一五八〇年(天正八)から徳川家康に近侍し、長久手の戦で戦功をあげ、関ケ原の戦や大坂の陣でも家康に従った。この間、九二年(文禄元)従五位下に叙任し右近大夫を称し、一六〇五年(慶長一〇)書院番頭となった。一九年(元和五)の福島正則、二二年の最上義俊の改易に際し上使を勤めた功により、同年古河藩主となり七万二〇〇〇石を領する。定府評定の席出座も命じられた。

ながいなおきよ【永井直清】 1591～1671.1.9 江戸前期の旗本、のち大名。直勝の次男。母は阿部正勝の女。通称伝十郎。日向守。幼少から徳川家康・同秀忠に仕える。一六二六年(寛永三)父の遺領三五〇〇石を分封され、四九年(慶安二)摂津国高槻藩三万六〇〇〇石に移封。書院番頭、大坂城代代行、江戸城普請・禁裏造営奉行などを勤める。

ながいなおまさ【永井尚政】 1587～1668.9.11 江戸初期の幕府年寄。直勝の長男。信濃守。駿河国生れ。幼少から徳川秀忠に近侍し、井上正就・板倉重宗とともに近侍の三臣と称された。一六一五年(元和元)小姓組番頭、二二年から老職。秀忠の西丸への引退後は西丸年寄として幕政に関与。二六年(寛永三)父の遺領とあわせ八万九〇〇〇石余を領し、下総国古河藩主となる。三三年山城国淀に転封して一〇万石となり、以後幕府の上方支配に重用された。

ながいなおゆき【永井尚志】 1816.11.～91.7.1 「なおむね」とも。幕末期の幕臣。父は三河国奥殿藩主松平乗尹。永井家の養子。長崎目付から一八五五年(安政二)長崎海軍伝習所総督となり、軍艦操練所監督・外国奉行・軍艦奉行を歴任したが井伊直弼政権で左遷。六四年(元治元)大目付となり、京都政局で活躍。長州戦争で萩藩側との交渉にあたる。六七年(慶応三)若年寄格となり、大政奉還の上表文を起草。鳥羽・伏見の戦後江戸へ脱出、榎本武揚らと行動をともにした。降伏後、開拓使用掛・左院少議官・元老院権大書記官などを勤め、七六年(明治九)隠居。

ながいながよし【長井長義】 1845.6.20～1929.2.10 明治・大正期の薬学者。阿波国生れ。東大卒。ドイツに留学。東京大学教授として薬学を担当。同時に大日本製薬で技術指導。動植物成分の分析研究を行う。エフェドリンを発見し、喘息の薬として発売された。一八八八年(明治二一)日本初の理学博士。女子の科学教育を提唱。日本薬学会初代会頭。日本化学会会長。

なかいひろし【中井弘】 1838.11.29～94.10.10 幕末～明治期の官僚。鹿児島藩士の子。藩校造士館に学ぶが後に脱藩して土佐に行く。一八六六年(慶応二)後藤象二郎の援助で渡英。翌年帰国後、伊達宗城に招かれ宇和島藩周旋方として活躍した。新政府では各国公使応接掛に起用され、英公使パークスの危急を救い、転じて工部大書記官として官営事業の育成にあたった。その後元老院議官・貴族院議員・京都府知事などを歴任。

なかいまさかず【中井正一】 1900.2.14～52.5.17 昭和期の美学者。広島県出身。京大卒。一九三〇年(昭和五)モダニズムによる美学・芸術史研究の同人誌「美・批評」を創刊し、三五年「世界文化」と改題。また週刊新聞「土曜日」を発行しファシズムに抵抗するが、三七年に検挙される。四八年国立国会図書館副館長。著書「近代美の研究」「美学入門」。

なかいまさきよ【中井正清】 1565～1619.1.21 織豊期～江戸初期の大工。初代京都大工頭。父は正吉。通称藤右衛門。大和国生れ。関ケ原の戦以降、徳川家康に仕えて五畿内近江六カ国の大工・大鋸支配となり、一六〇六年(慶長一一)従五位下大和守。〇九年一〇〇〇石に加増。伏見城・江戸城・駿府城、江戸の町割、内裏、増上寺・方広寺・相国寺、久能山廟・日光廟など慶長から元和年間にかけての幕府の重要な建築工事にかかわった。

ながいむねひで【長井宗秀】 1265～1327 鎌倉後期の幕府御家人。宮内権大輔・掃部頭。大江広元の次男時広の後裔で、時秀の子。一二八二年(弘安五)引付衆に加えられるが、八五年の霜月騒動で失脚。その後、評定衆に列し、北条貞時の信任を得て九三年(永仁元)越訴頭人、九八年引付頭人に任じられる。得宗私邸での寄合の構成員でもあり、得宗専制期の幕政の中枢にあった。法名は道雄。

なかいりけん【中井履軒】 1732.5.26～1817.2.15 江戸後期の儒者。父は中井甃庵。名は積徳、字は処叔、通称徳二。幽人とも号した。兄竹山とともに大坂の懐徳堂に生まれ育ち、五井蘭洲に師事。三六歳で独立して水哉館を開き、世間から離れて生涯を送った。著書「七経逢原」は経学の集大成で、懐徳堂経学の達成点を示す。天文や医学などの西洋近代知識にもふれ、広い視野にたって儒学的知を変容させた。竹山没後、懐徳堂の学主となる。

ながいりゅうたろう【永井柳太郎】 1881.4.16～1944.12.4 大正・昭和前期の政治家。石川県出身。早大卒。一九二〇年(大正九)衆議院に初当選。憲政会・民政党に属し、普選運動に活躍。三二年(昭和七)から民政党を代表し、斎藤内閣の拓務相、第一次近衛内閣の逓信相、阿部内閣の逓信相兼鉄道相として入閣。四〇年新体制運動の政党解消に同調し、民政党の即時解党を要求し脱党、大政翼賛会の中核の一人となり、常任総務・東亜局長・興亜局長などを歴任した。

なかうらジュリアン【中浦ジュリアン】 1569/70～1633.9.19 天正遣欧使節の副使の一人。肥前国中浦城主小佐々甚五郎純吉の子。肥前生れ。有馬セミナリヨに学ぶ。巡察師バリニャーノにより遣欧使節の副使に選ばれ、一五八二年(天正一〇)日本を出発。帰国後の九一年天草でイエズス会に入会、一六〇八年(慶長一三)司祭に叙階。一四年の宣教師追放に際して日本に残留したが、三二年(寛永九)小倉で捕らえられ、翌年長崎で穴吊しの刑により殉教。

なかえうしきち【中江丑吉】 1889.8.14～1942.8.3 大正・昭和前期の思想家・中国学者。中江兆民の長男。大阪市出身。一九一四年(大正三)東大卒。以後北京にあって独学で中国古代思想史を学び、東西の古典を渉猟し厳格な態度で学問に没頭。また潜伏中の片山潜・佐野学を助けた。日中戦争以降、ヘーゲルやマルクスに傾倒し、冷徹な分析で日本の敗北を予見していた。著書「中国古代政治思想」「中江丑吉書簡集」。

なかえちょうみん【中江兆民】 1847.11.1/27～1901.12.13 明治期の自由民権思想家。高知藩の下級武士の家に生まれる。篤助・篤介と称し、のち兆民の号を使う。藩校文武館をへて、長崎・江戸でフランス学を学ぶ。一八七一年(明治四)岩倉遣外使節とともにフランスに留学し、法学・哲学などを学ぶ。七四年帰国し、東京に仏学塾を設け、多くの学者・民権家を育成。翌年東京外国語学校長をへて、元老院権少書記官となるが、七七年辞職。以後八一年「東洋自由新聞」主筆、八二年「自由新聞」社説掛としての言論活動や、ルソー「民約訳解」翻訳刊行により、自由民権運動に人民主権の理論を提供した。九〇年衆議院議員となるが、翌年土佐派議員の裏切りに憤慨して辞職。著書「三酔人経綸問答」「一年有半」。

なかえとうじゅ【中江藤樹】 1608.3.7～48.8.25 江戸前期の儒学者。日本陽明学の祖。父は吉次。名は原、字は惟命、通称は与右衛門、号は嘿軒。自宅の藤の木にちなみ藤樹先生とよばれた。近江国高島郡小川村生れ。九歳で祖父に引き取られ、伯耆国米子、伊予国大洲と移り、祖父の死後大洲藩に出仕。京都から来た禅僧の「論語」講義聴講をきっかけに、「四書大全」で朱子学を独学。二七歳で近江に残る母への孝養を理由に脱藩、帰郷して学問に専念した。塾(藤樹書院)を開いて、道徳の形式よりも精神が重要であるとし、時・処・位の具体的場面に適した行動をとることを説いた。三七歳のとき王陽明の全書を得てその思想に傾倒。近江聖人として崇敬され、熊沢蕃山・淵岡山らの門人を出した。著書「翁問答」。

ながおかがいし【長岡外史】 1858.5.13～1933.4.21 明治・大正期の陸軍軍人・政治家。周防国生れ。陸軍士官学校(旧二期)・陸軍大学校卒。日露戦争時は参謀次長。その後、軍務局長・第一六師団長などを歴任、一九一六年(大正五)予備役編入。二四年衆議院議員。スキーの紹介や飛行機の振興でも知られる。

ながおかげとら【長尾景虎】 ⇨上杉謙信

ながおかげなか【長尾景仲】 1388～1463.8.26 室町時代の関東の武将。山内上杉氏の家宰。白井長尾氏。鎌倉公方足利成氏と上杉氏が対立すると、一四五〇年(宝徳二)扇谷上杉氏の家宰太田資清らとともに、鎌倉付近などで成氏と戦った(江ノ島合戦)。五四年(享徳三)成氏が関東管領山内上杉憲忠を謀殺したため、翌年武蔵国分倍河原(現、東京都府中市)などで再び成氏と戦い、幕府に求めて成氏討伐の兵を出させ、成氏を下総国古河に走らせた。

ながおかげなが【長尾景長】 1469～1528.1.15 室町時代の関東の武将。山内上杉氏の家宰。一五世紀後半に活躍した景仲・景信・景春らとは別系統で、下野国足利に拠る足利長尾氏。一四九六年(明応五)までに家督をつぐ。一五一〇年(永正七)山内上杉顕定の死後、憲房・顕実が跡目を争うと、憲房に味方してその家宰となる。画業にすぐれ、栃木県足利市の長林寺(長尾氏菩提寺)に自画像が現存。子憲長・孫政長も画業にすぐれた。

ながおかげはる【長尾景春】 1443～1514.8.24 室町時代の関東の武将。白井長尾氏。祖父景仲・父景信はともに山内上杉氏の家宰だったが、景春はなれず、このため山内上杉氏に不満を抱いた。一四七六年(文明八)武蔵国鉢形城(現、埼玉県寄居町)に拠り、翌年古河公方足利成氏と対陣中の上杉勢を五十子(現、本庄市)に攻撃。七八年上杉勢に鉢形城を攻略されたが、以後も情勢の変化に応じて扇谷上杉定正・越後長尾為景などと結び、山内上杉氏への敵対を続けた。

ながおかけんもつ【長岡監物】 1813.2.11～59.8.10 江戸後期の肥後国熊本藩家老。本姓米田、名は是容、通称源三郎。一八三二年(天保三)国家老職を父是睦にかわって継ぐが、藩内闘争により四七年(弘化四)免職。五三年(嘉永六)熊本藩江戸湾警備の責任者となり復職。横井小楠らとも交流があった。長岡家では家督相続とともに監物を称することが多く、是容の嫡子是豪も監物を称し、実学党系国老として尽力。第二次長州戦争では藩主の弟細川(長岡)護美のもとで活躍した。

なかおかこんいち【中岡艮一】 1903.10.12～? 原敬首相を殺害した人物。栃木県出身。高等小学校中退。山手線雑役夫・転轍手を務める。一九二一年(大正一〇)一一月四日、同年九月に発生した安田善次郎殺害事件に刺激されて東京駅改札口にさしかかった原首相を短刀で殺害。無期懲役となるが三回の恩赦で出獄した。

なかおかしんたろう【中岡慎太郎】 1838.4.-～67.11.17 幕末期の志士。土佐国の大庄屋の長男。二〇歳の頃高知に、さらに江戸に遊学。藩命により水戸・松代を歴遊し、一八六一年(文久元)藩主山内豊信に随伴して帰国し、土佐勤王党に加入した。六二年上洛し尊攘運動を展開。京都での尊攘運動弾圧時には脱藩して三条実美ら尊攘派公卿に従って長州に入り、長州の尊攘派を指導した。坂本竜馬の海援隊に対し、京都で陸援隊を組織する。政局の推移のなかで、薩長連合の必要を痛感し、竜馬とともに実現させた。武力倒幕をめざしたが、六七年(慶応三)竜馬とともに京都近江屋で見廻組に襲われ、死亡。

ながおかつるぞう【永岡鶴蔵】 1863.12.9～1914.2.10 明治期の鉱山労働運動家。大和国生れ。一六歳で宗日鉱山(奈良県)の見習となり、一八八二年(明治一五)友子同盟に加入。キリスト教に接して鉱夫の組織化にめざめ、九三年の院内銀山のスト指導を手始めに秋田県の諸鉱山で活動。夕張炭鉱に移り一九〇二年南助松と大日本労働至誠会を組織、片山潜とも接触した。南とともに足尾銅山に移り労働至誠会支部を結成し、足尾銅山争議にかかわった。

●長尾氏略系図

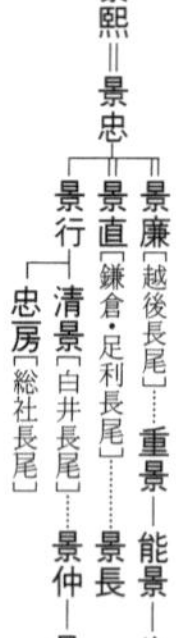

ながおかはんたろう【長岡半太郎】 1865.6.28～1950.12.11 明治～昭和期の物理学者。肥前国大村生れ。東大卒。ドイツに留学。帝国大学教授。磁歪や岩石弾性率の実験的研究を進めた。一九〇三年(明治三六)土星形原子模型を提唱し、ラザフォード・ボーアの太陽系原子模型の先駆をなす。理化学研究所物理部長兼任。三一年(昭和六)大阪帝国大学初代学長。日本の実験物理・数理物理・地球物理の研究の開拓者。学術行政面で活躍した。学士院院長。文化勲章受章。貴族院議員。

ながおかひさしげ【永岡久茂】 1840～1877.1.12 幕末期の会津藩士。明治初期の士族反乱指導者。昌平黌に学び、戊辰戦争に参加。明治維新後に斗南藩小参事、廃藩後に青森県大属となる。上京して急進的民権派新聞「評論新聞」創刊に参画。一八七六年(明治九)萩の乱に呼応して、千葉県庁襲撃を計画した思案橋事件で逮捕され獄死。

ながおし【長尾氏】 中世の武家・戦国大名。桓武平氏良兼流。坂東八平氏の一つ。鎌倉権五郎景政の孫景明を祖とする。本拠は相模国鎌倉郡長尾郷(現、横浜市)。鎌倉時代、景茂の頃には御家人となったが、一二四七年(宝治元)宝治合戦の際、三浦氏に従って滅亡。一族の景忠が、南北朝期、関東管領上杉憲顕に従い、発展の基礎を築いた。室町時代には、代々山内上杉氏の重臣として、越後・上野・武蔵・伊豆四カ国の守護代となり勢力を伸ばした。景忠以後、越後・鎌倉・足利・上野白井・上野総社などの系統にわかれ、戦国期、越後長尾氏が主家上杉氏をしのいで実権を握り、のち景虎(上杉謙信)の代に越後国を統一。一五六一年(永禄四)山内上杉憲政から上杉の姓を譲られ、関東管領となった。

なかおしせいりゅう【仲尾次政隆】 1810.5.11～71.7.8 幕末期の琉球における真宗の布教者。那覇泉崎生れ。財力のある那覇の中級役人であった。鹿児島藩の意向で禁じられていた真宗の熱心な信者で、遊廓や自宅で遊女・下級士族・百姓を集めてひそかに集会を開いた。一八五三年密告により逮捕され、審判の結果、八重山へ無期流刑となる。流刑先で住民のために尽くした功労により赦免となり、一一年ぶりに那覇に帰る。

ながおためかげ【長尾為景】 ?～1542 戦国期の武将。越後国守護代からおこって戦国大名長尾(のちの上杉)氏の先駆となった。一五〇七年(永正四)守護上杉房能を倒し、かわって同定実を擁立。〇九年房能の実兄である関東の山内上杉顕定の報復をうけ、一時越後を追われたが、翌年反撃して顕定を敗死させた。一三年定実と対立、定実方の兵と交戦してこれを破り、以後完全に国政の実権を握った。しかし国内諸氏の反発にあい、三〇年(享禄三)定実の甥上条定憲の挙兵をきっかけに越後は戦乱状態となった。はじめ為景方が優勢だったが、三五年(天文四)本庄・色部・中条などの諸氏が反為景方となり、劣勢に追い込まれた。このため子晴景に家督を譲らざるをえなかった。

なかおとざん【中尾都山】 1876.10.5～1956.10.10 尺八都山流の始祖。本名琳三。大阪府出身。母は寺内検校の娘で箏曲・地歌に秀で、尺八家近藤宗悦とも合奏した人。宗悦門下の小森隆吉に尺八の手ほどきをうけ、バイオリンも学ぶ。一七歳で明暗教会の虚無僧の資格をえ、一八九六年(明治二九)都山流を名のる。近代的な組織づくり、楽器改良、新工夫の楽譜の刊行、新様式の本曲の作曲などによって一大勢力を築いた。芸名は現在まで四世を数える。

ながおはるかげ【長尾晴景】 1509～53.2.10 戦国期の越後国の武将。長尾景虎(上杉謙信)の兄。景虎の威勢におされ、家督譲渡を強いられた。父為景は一時国政の実権を握ったが、国内諸氏の反発にさらされたため、一五三九年(天文八)までにかわって家督を継いだ。守護上杉定実を復権させて事態の収拾に努め、また景虎に中越地方を平定させたが、かえって景虎勢力の台頭を招いた。四八年定実の調停により景虎に家督を譲った。

ながおよしかげ【長尾能景】 ?～1506.9.19 室町時代の武将。越後国守護代。一四九八年(明応七)守護上杉房能が守護不入地の局限を試みた際、能景は当初守護代として協力する姿勢をみせたが、結局在地領主として既得権益の確保に走り、房能の意図をくじいた。しかし房能との対決はさけ、一五〇四年(永正元)関東に出陣して房能の実兄山内上杉顕定に協力。〇六年隣国越中の神保氏などに協力し、同国に進攻した加賀一向一揆と戦ったが、般若野(現、富山県砺波市ほか)で敗死。

なかがみきんけい【中神琴渓】 1744～1833.8.4 江戸後期の漢蘭折衷派の医師。通称は右内、琴渓は号。近江国山田村生れ。吉益東洞の書を精読し、四八歳のとき京都で開業。長崎にいき蘭医方を見聞、ついで諸国を巡遊。晩年は禁裏御料内の山城国田村新田に住んだ。名医のほまれ高く「近江扁鵲」とよばれた。著書「生々堂医譚」「生々堂雑記」。墓所は京都府井手町の宝蔵院墓地。

なかがわおつゆう【中川乙由】 ⇨乙由

なかがわきよひで【中川清秀】 1542～83.4.20 織豊期の武将。父は重清。摂津国茨木城主。はじめ池田勝正や荒木村重に仕え、一五七八年(天正六)村重に背き織田信長に帰順した。八二年六月本能寺の変後、山崎の戦で豊臣秀吉側に属し、翌年賤ケ岳の戦でも秀吉に属して奮戦したが、佐久間盛政に襲撃され大岩山で戦死。

なかがわし【中川氏】 近世の大名・旗本家。多田源氏の氏族として摂津中川氏・尾張中川氏、藤原氏の氏族として美濃中川氏・三河中川氏、織田氏族の尾張中川氏、荒木田氏族の伊勢中川氏などがある。摂津中川氏は、多田重国の子清深が中川氏を名のり始まる。子孫に一五八三年(天正一一)賤ケ岳で戦死した清秀がいる。清秀没後、遺領摂津国茨木一二万石は子秀政が継ぎ、一万八五〇〇石を弟秀成に分与。秀政は播磨国三木城に移封後の九二年(文禄元)文禄の役で戦死。そのため秀成に六万六〇〇〇石が安堵され、九四年豊後国岡に入封。のち領内総検地により七万四〇〇〇石余。以後、歴代岡藩主。維新後伯爵。尾張・美濃・三河の中川氏は寛永年間に旗本に列した。

なかがわじゅんあん【中川淳庵】 1739～86.6.7 江戸中期の蘭方医・蘭学者。若狭国小浜藩医で本草家。薬品会に出品、平賀源内の「物類品隲」などを校閲。一七六四年(明和元)源内とともに火浣布を完成。七一年長崎屋で「ターヘル・アナトミア」を入手し杉田玄白に仲介、前野良沢・玄白らと小塚原で観臓、会読を開始。七三年(安永二)の「解体約図」、七四年の「解体新書」出版に名を連ねた。オランダ商館長ティチングやツンベリと学術交換し、ヨーロッパにも名が知られた。訳書「和蘭局方」(未完)、「和蘭薬譜」「五液精要」。

なかがわすえきち【中川末吉】 1874.11.6～1959.4.9 明治～昭和期の実業家。滋賀県出身。酒造業赤塚又左衛門の五男で、中川武三の養嗣子となる。古河本店に入り、古河市兵衛の養女富子と結婚。のちイェール大学に留学。古河電工・横浜護謨社長、古河合名理事などを歴任。古河財閥の重鎮として知られた。

なかがわぜんのすけ【中川善之助】 1897.11.18～1975.3.20 昭和期の民法学者。東京都出身。東大卒。一九二二年(大正一一)東北帝国大学助教

●中川氏略系図

清秀―秀政＝秀成[岡藩]―久盛―久清―久恒―久通―久忠＝久慶＝久貞＝久持＝久貴＝久教＝久昭―久成(伯爵)

授、二七年(昭和二)に同教授となる。穂積重遠の身分法理論を発展させ、日本の身分法学を体系化させた。第二次大戦後の民法大改正の際には改正案起草を主導。六一年から学習院大学教授・金沢大学学長などを歴任した。著書「身分法の基礎理論」「身分法の総則的課題」。

なかがわのみやあさひこしんのう【中川宮朝彦親王】 1824.1.28～91.10.25 伏見宮邦家親王の第四王子。母は青蓮院門跡坊官鳥居小路経親の女信子。一八三六年(天保七)興福寺一乗院門跡に補され、三八年得度して尊応、のち尊融と称した。入道親王。五二年(嘉永五)青蓮院門跡に移る。一橋派として活動し、安政の大獄で永蟄居。六二年(文久二)赦免、国事御用掛を拝命。六三年孝明天皇の勅命で還俗、中川宮と改称。八月十八日の政変で重要な役割をはたすなど公武合体派として活躍。六八年(明治元)尊攘派の報復で広島藩に幽閉。許されて七五年久邇宮家を立て、同年神宮祭主。

なかがわひさきよ【中川久清】 1615.1.10～81.11.20 江戸前期の大名。豊後国岡藩主。父は久盛。山城国伏見生れ。一六三〇年(寛永七)徳川家光に御目見し、三五年従五位下山城守に叙任。五三年(承応二)遺領を継ぎ、七万石余を領した。以後六六年(寛文六)隠居するまで領内総検地の実施や、切支丹奉行の設置、岡山藩から熊沢蕃山を招き施政を仰ぐなど藩政の整備につくした。

なかがわひでまさ【中川秀政】 1569～92.10.24 織豊期の武将。父は清秀。摂津国生れ。織田信長に仕えた。一五七八年(天正六)信長の女鶴姫を娶り、八三年父の死により摂津国茨木で四万石余を領した。信長死後は豊臣秀吉に仕えたが、九二年(文禄元)の文禄の役に際し、朝鮮江原道智陽付近で鷹狩の最中、伏兵に襲撃され討死。

なかかんすけ【中勘助】 1885.5.22～1965.5.3 大正・昭和期の小説家・詩人・随筆家。東京都出身。東大卒。一高・大学を通じて夏目漱石の教えをうける。一九一三年(大正二)「銀の匙」を「東京朝日新聞」に連載、繊細な感受性をもつ子供の世界を描写。小説「提婆達多」「犬」では愛欲の妄執を鋭くえぐりだす。昭和期は静かな隠者的心境を描いた随筆「しづかな流」「蜜蜂」、童話「鳥の物語」、詩集「飛鳥」がある。常に文壇の外にあって孤高の文学を貫いた。

ながくぼせきすい【長久保赤水】 1717.11.6～1801.7.23 江戸中・後期の地理学者。名は守道、のち玄珠、字は子玉、通称源五兵衛、赤水は号。常陸国多賀郡赤浜村の農家の生れ。儒医鈴木玄淳、藩儒名越南渓に師事。奥羽地方を旅したり、近村漁民の漂流者引取りに長崎へ使して見聞を広めた。「日本輿地路程全図」や「大清広輿図」などの地図を著す。一七七七年(安永六)水戸藩主の侍講に抜擢され出府。九一年(寛政三)致仕、以後「大日本史」地理志の編修に加わった。

ながさきし【長崎氏】 鎌倉北条氏得宗家の被官。桓武平氏。平資盛の曾孫盛綱が北条氏得宗家の家令となり、伊豆国田方郡長崎郷(現、静岡県韮山町)をえて長崎氏を称したのに始まる。盛綱は北条泰時・経時・時頼に仕え、子頼綱も北条時宗・貞時の家令(内管領)となった。頼綱は、外様御家人の代表安達泰盛を滅ぼし実権を握ったが、一二九三年(永仁元)貞時により殺害された。その後、頼綱の甥光綱の子高綱(法名円喜)、ついで子高資が北条高時の家令になり幕政を握ったが、幕府滅亡により北条氏一門とともに滅亡。

●長崎氏略系図

盛綱 ┬ 頼綱(果円) ┬ 宗綱
　　 │　　　　　　 └ 資宗
　　 └ 光盛 ─ 光綱 ─ 高綱(円喜) ┬ 高資 ─ 高重
　　　　　　　　　　　　　　　　 └ 高貞

ながさきたかすけ【長崎高資】 ?～1333.5.22 鎌倉後期の武士。北条氏得宗家の被官。高綱の子。一三一七年(文保元)頃、父高綱から内管領の地位を継いで幕政の実権を握る。二一年(元亨元)頃、奥州安藤氏の内紛に際し、当事者双方から賄賂をとって紛争の激化を招き、幕府の権威を低下させた。二六年(嘉暦元)出家した執権北条高時の後任に金沢貞顕をすえるが、高時の弟泰家らの反対にあい貞顕はまもなく辞職。三一年(元弘元)高資の専横を憎む得宗高時はその殺害をはかるが、計画が露見するとみずからの関与を否定し処分を免れた。高資に対しては得宗すら無力だった。三三年新田義貞に鎌倉を攻略され、北条氏一門や一族とともに東勝寺で自害。

ながさきたかつな【長崎高綱】 ?～1333.5.22 鎌倉後期の武士。北条氏得宗家の被官。光綱の子。法名は円喜。「内ノ執権」と称された北条宗方が一三〇五年(嘉元三)に討たれたのち、内管領の地位につく。一一年(応長元)北条貞時から安達時顕とともに後事を託され、凡庸な執権高時を補佐して幕政の実権を握った。一七年(文保元)頃、内管領を嫡子高資に譲って出家するが、その後も幕政に大きな影響力をもった。三三年(元弘三)幕府滅亡に際し、鎌倉東勝寺で自害。

なかざとかいざん【中里介山】 1885.4.4～1944.4.28 明治～昭和前期の小説家。本名弥之助。神奈川県西多摩郡(現、東京都)出身。山口孤剣らと交わり「平民新聞」に寄稿、反戦詩人として知られる。一九〇五年(明治三八)火鞭会を結成。反戦の姿勢は四二年(昭和一七)の日本文学報国会加入拒否まで貫かれた。一九一三年(大正二)に起稿した「大菩薩峠」は大衆文学の先駆として広く読まれ、大乗思想の理解にもとづいた実践作でもあった。

なかざわし【中沢氏】 中世信濃国の豪族。諏訪氏の支族。本拠は伊那郡中沢（現、長野県駒ケ根市）。大祝為貞の四代孫真重が、中沢氏を称したのに始まる。真重の子直氏は、承久の乱の戦功により、出雲国淀本荘（現、島根県大東町）の地頭職を与えられた。室町幕府では、中沢三郎入道性忍が幕府奉行人となって以後、一族が代々奉行人として活躍。

ながさわし【長沢氏】 近世の旗本家。一八松平の一つ。始祖親則は松平信光の子。三河国宝飯郡長沢（現、愛知県音羽町）に居住したことから、長沢松平を称したとされる。七代政忠・八代康忠は続いて松平宗家（のちの徳川将軍家）と縁組し、康忠は一五六二年（永禄五）徳川家康から一八一〇貫文の領知を与えられた。嫡流は一六一六年（元和二）二一代を継いだ家康の子忠輝で断絶するが、一族には多数の旗本がいた。

なかざわどうに【中沢道二】 1725.8.15～1803.6.11 江戸中・後期の心学者。名は義道、通称は亀屋久兵衛、道二は号。京都の機織の家に生まれ家業を継いだが、四〇歳をすぎて布施松翁の勧めで手島堵庵に入門、心学を修めた。のち堵庵の命により関東に下り、江戸に参前舎を設立。心学の普及に努め、庶民層にとどまらず松平定信ら大名にも信奉者を得、人足寄場の教諭方にもなった。京都の上河淇水の活動ともあいまって、石門心学の全盛期を築いた。

なかざわりんせん【中沢臨川】 1878.10.28～1920.8.10 明治・大正期の評論家。長野県出身。旧姓塩沢、本名重雄。東大卒。温和な文明史的観点から評論を書き、自然主義などについて論じた。ベルグソンやオイケンなど海外の思潮の紹介も多い。工学者としては東京電気鉄道などの技術畑を長く歩んだ。著書「ツルゲーネフの自然観」「トルストイ」。

ながさわろせつ【長沢蘆雪】 1754～99.6.8 江戸中期の画家。名は政勝または魚。字は氷計・引裾、別号に于緝・于洲漁者、通称主計。山城国淀藩士の上杉家に生まれ、のち長沢家を継いだ。京都で円山応挙に画を学び、一七八七年（天明七）には応挙の代りに南紀の諸寺院で障壁画を制作。応挙の穏やかな画風と異なり、大胆な構図と奇抜な着想による才気あふれる作風が特徴。代表作は兵庫県大乗寺「群猿図襖」ほか、「山姥図」「月夜山水図」。

なかじまあつし【中島敦】 1909.5.5～42.12.4 昭和前期の小説家。東京都出身。東大卒。漢学者の家系で、父も漢文教師。中学時代は京城（現、ソウル）ですごす。横浜高女に勤めたが持病の喘息で退職。転地をかねて南洋庁パラオに赴任するが、身体不調で帰国。深田久弥の紹介で「山月記」を含む「古譚」を発表したが、ほどなく持病による心臓発作で死去。没後「弟子」「李陵」「名人伝」が発表され評価が高まる。

なかじまくまきち【中島久万吉】 1873.7.24～1960.4.25 明治～昭和期の実業家・政治家。横浜市出身。信行の長男。東京高等商業卒。一九〇六年（明治三九）古河鉱業に入社、古河合名理事や古河電気工業社長・横浜護謨製造社長を歴任。一七年（大正六）日本工業倶楽部の設立に尽力し、専務理事に就任。三〇年（昭和五）臨時産業合理局の常任顧問、三二年斎藤内閣の商工相。政党連合運動を理由に軍部ににらまれ、足利尊氏賛美論のため辞任。帝人事件後政界を引退。第二次大戦後、日本貿易会を創設した。

なかじまそういん【中島棕隠】 1779～1855.6.28 江戸後期の漢詩人・狂詩文作者。漢学者中島徳方（九華）の次男。名は規、字は景寛、通称文吉、棕隠は号。狂号は画餅居士・安穴道人など。京都生れ。伴蒿蹊に入門して国学と和歌を、村瀬栲亭に漢学と詩文を学んだ。京都の祇園の花街を詠んだ連作風俗詩「鴨東四時雑詞」の作者として知られる。漢詩文集「棕隠軒集」、狂詩集「太平新曲」、京都風俗誌「都繁昌記」もあり、好事儒者と称された。

なかじまちくへい【中島知久平】 1884.1.1～1949.10.29 大正・昭和期の実業家・政治家。群馬県出身。海軍機関学校卒。横須賀海軍工廠の飛行機工場長をへて、一九一七年（大正六）退官。群馬県太田に日本最初の民間飛行機製作所、中島飛行機研究所を設立。太平洋戦争とともに発展し、軍用機の約三割を生産する大軍需会社となった。この間政界にも進出、三〇年（昭和五）衆議院議員に当選。政友会に属し、犬養内閣で商工政務次官。三七年総裁を争い、三九年の分裂大会で政友会革新派の総裁に就任。近衛新党運動や新体制運動にも積極的に加担し、第一次近衛内閣の鉄道相、東久邇内閣の軍需相・商工相。第二次大戦後はA級戦犯容疑に指定されるが、四七年釈放。

なかじまとうえもん【中島藤衛門】 1745.12.7～1825.4.8 江戸中期の粉蒟蒻製法の開発者。常陸国久慈郡諸沢村生れ。一七五九年（宝暦九）腐りやすく輸送にも不便な生蒟蒻の乾燥法に着手、七六年（安永五）成功。一八〇〇年（寛政一二）諸沢村に蒟蒻会所を設立。水戸藩の特産物として販路拡大に貢献した。

なかじまとしこ【中島俊子】 ⇨岸田俊子

なかじまのぶゆき【中島信行】 1846.8.15～99.3.26 幕末～明治期の高知藩士・政治家。一八六四年（元治元）脱藩して長州に走り、海援隊ついで陸援隊に参加。維新後新政府に出仕、諸職をへて、七四年（明治七）神奈川県令・元老院議官。八一年自由党創立に参画、副総理に推され、同時に関西地方の立憲政党総裁、政党政治家として活動。議会開設で衆議院議員に当選、初代衆議院議長を務めた。イタリア公使・貴族院勅選議員。九六年男爵。

なかじまはんじろう【中島半次郎】 1871.12.23～1926.12.20 明治・大正期の教育学者。熊本県出身。一八九四年(明治二七)東京専門学校卒。「教育時論」記者などをへて、東京高等師範研究科で教育学を専攻。卒業後早稲田大学教授。その間清国の教育に参画する。一九一〇年ドイツに留学、新理想主義者オイケンらの人格教育学を日本に紹介した。

なかじまひろたり【中島広足】 1792.3.5～1864.1.21 江戸後期の国学者・歌人。父は熊本藩士中島惟規。通称嘉太郎、のち太郎、号は橿園など。本居宣長門人長瀬真幸について国学研究に専心。以後長崎・大坂・熊本で和歌や国学を講じ、藩校時習館の国学教師として多くの門弟を育て、肥後国学の基礎を築いた。先学研究の補訂に努め、とくに国語学の面で新境地を開いた。著書「詞玉緒補遺」「増補雅言集覧」。

なかじまみほえもん【中島三甫右衛門】 歌舞伎俳優。江戸中期～昭和期に六世を数える。初世と二世が著名。屋号は中島屋。初世(?～一七六二)は江戸中期の実悪役者。初世中島勘左衛門の門弟。容貌魁偉で口跡も鋭く、実悪に適し、公家悪は随一とされた。鬚鬘や糸鬢の創案者でもある。俳名重笠・笠子。二世(一七二四～八二)は初世の子。父譲りの実悪の立者。俳名天幸。

なかしまりきぞう【中島力造】 1858.1.8～1918.12.21 明治・大正期の倫理・哲学者。京都生れ。同志社選科に学んだのち渡米して、一八八九年(明治二二)にイェール大学の哲学博士号取得。九二年帝国大学教授。自我実現説の紹介者として「グリーン氏倫理学説」を著し、また一九一二年(大正元)「(英独仏和)哲学字彙」三版を井上哲次郎らと編纂した。Personalityを「人格」と訳したことでも有名。

なかじまりょうい【中島両以】 1604～? 江戸前期の美濃の豪商。通称助右衛門。美濃国方県郡長良(現、岐阜市)の地侍出身で、京都で質屋を営んでいた中島家に生まれた。一六一九年(元和五)長良で酒・味噌の醸造と質屋を始め、土地を集積し、高山藩・名古屋藩領の材木・薪伐採を請け負う材木商人となった。その後、隔地間商業を兼ね、江戸・大坂・敦賀に手代をおいて、美濃茶や北陸・東北の米・材木などを取引した。七五年(延宝三)に子孫のため「中島両以記文」を書いた。

なかじょういえなが【中条家長】 1165～1236.8.25 鎌倉前期の武将。父は武蔵七党の横山党小野氏の義勝房成尋。八田知家の養子となり藤原姓に改め中条と称する。平家追討の合戦では源範頼に従う。一一九〇年(建久元)許可なく官位を得て源頼朝の怒りをかう。その後、宿老の一人として幕政に重きをなし、一二二三年(貞応二)出羽守に任じられ、二五年(嘉禄元)幕府評定衆に列した。三二年(貞永元)「御成敗式目」制定の際、起請文に連署している。

なかじょうし【中条氏】 中世越後国の豪族。桓武平氏三浦和田氏の分流。和田合戦で、一族中一人幕府方についた高井重茂の子時茂(法名道円)は、所領越後国奥山荘(現、新潟県中条町・黒川村)地頭職を中条・南条・北条に三分。中条を譲られた孫茂連が中条氏の始祖となり、代々この地を本拠とした。鎌倉末期には北条氏被官となり、元弘の乱では幕府軍に参加したが、のち足利方についた。室町時代には、一族の黒川氏と対立抗争をくり返しながら、阿賀野川以北の有力な国人領主に成長。戦国期には上杉氏の家臣となり、一五九八年(慶長三)上杉氏の転封により会津に移る。「中条文書」を伝える。

なかしょうじれん【仲小路廉】 1866.7.3～1924.1.17 明治・大正期の官僚。徳山藩士の家に生まれる。大阪府立開成学校卒。司法官から逓信省官房長・内務省警保局長などをへて逓信次官となり、一九〇六年(明治三九)鉄道国有化に尽力。第三次桂内閣・寺内内閣の農商務相となった。晩年は枢密顧問官。

なかじんべえ【中甚兵衛】 1639～1730.9.20 江戸中期の河内国大和川の治水功労者。同国河内郡今米村の庄屋。一六八五年(貞享二)頃から河内平野の新田開発のため大和川の河道改修を幕府に懇願。一七〇三年(元禄一六)許可され、〇四年(宝永元)完成。播磨国姫路藩などが携わった工事のもとで地方役人として活躍し、完成後に新田八八〇町余を得たという。

ながすねひこ【長髄彦】 「古事記」では登美能那賀須泥毘古。神武天皇の大和地方制圧の神話に登場する生駒地方の豪族。神武天皇は難波から大和に入ろうとしたが長髄彦の抵抗にあい、孔舎衛坂の戦で長兄五瀬命を失った。そこで天皇は、紀伊半島に迂回して南から大和をめざし、大和盆地に勢力を張る豪族を平定したのち、ついに長髄彦を破ったが、改心しなかったため処刑した。長髄彦は、天降った饒速日命に妹の三炊屋媛を嫁がせて仕えていたという。

ながせしちろうえもん【永瀬七郎右衛門】 近世大坂の豪商で、惣年寄を勤めた家の当主の通称。始祖は肥後の牢人で、大坂に移住して材木商となった。その子初代七郎右衛門も徳川家の御用を勤め、一六二七年(寛永四)北組の惣年寄に任じられ、糸割符年寄を兼務した。屋号は木屋。西横堀を開削し、七郎右衛門町に名が残る。その後も惣年寄を代々勤めた。

ながせとみろう【長瀬富郎】 1863.11.21～1911.10.26 明治期の実業家。花王の創業者。美濃国生れ。幼名富二郎。一八八六年(明治一九)に東京日本橋の和洋小間物問屋伊能商店に雇われ、名を富郎とする。八七年に独立し長瀬洋物店を開業、九〇年に花王石鹸を製造販売する。花王の名は顔に音が通じ化粧石鹸にふさわしいことから。一九〇四年にはセントルイス博覧会で名誉銀牌受賞。販売や宣伝にも気を配り、粉歯磨・香水・化粧品などを製造・販売した。

なかそねとぅゆみや【仲宗根豊見親】 生没年不詳。一五世紀後半～一六世紀初めの宮古島の首長。豊見親とは鳴響む親(名高き首長)の意。字名は空広。一五〇〇年首里王府による先島(宮古・八重山諸島)支配の展開に際し、八重山のオヤケアカハチ征討軍の先導役を勤めた。宝剣治金丸と夜光の玉を尚真王に献上するなど、王府への忠節を示し、子孫は忠導氏を称した。張水港近くにはじめて蔵元を造営し、年貢収納と島政の整備をはかったとされる。

なかそねやすひろ【中曾根康弘】 1918.5.27～ 昭和後期の政治家。群馬県出身。東大卒。内務省入省。東京府属、海軍主計将校。第二次大戦後香川県警視・警視庁警視などをへて、一九四七年(昭和二二)の総選挙で初当選し政界に入る。民主党・改進党の系譜から保守合同で自民党に合流。第二次岸内閣の科学技術庁長官、第二次佐藤内閣の防衛庁長官、第二次田中角栄内閣の通産相などを歴任。八二年一一月、鈴木善幸の退陣後、党総裁となり組閣。電電・専売など公社の民営化を実施。八七年総理辞任後は世界平和研究所を設立し主宰。著書に自伝「天地有情」。

なかぞのけ【中園家】 藤原氏閑院流の藪家庶流。羽林家。藪嗣良の四男季定を祖とし、寛永年間(一六二四～四四)に創立。家禄は一三〇石。季定は議奏を勤めていた一六八一年(天和元)に子の季親・季起とともに小倉事件に連坐して逼塞を命じられた。維新後、実受のとき子爵。

なかだかおる【中田薫】 1877.3.1～1967.11.21 明治～昭和期の日本法制史家。鹿児島県出身。東大卒。一九〇二年(明治三五)東京帝国大学助教授、一一年教授。初期に荘園の研究や「知行論」などで、日本の中世法がドイツ中世の制度と類似することを明らかにし、後年の村や入会の研究でもドイツとの比較を通じてその法的性質を解明した。主要論文は「法制史論集」全四巻に収載。「徳川時代の文学に見えたる私法」も古典的価値をもつ。

ながたきんしん【永田錦心】 1885.12.1～1927.10.30 明治・大正期の琵琶演奏家。錦心流の創始者。東京都出身。本名永田武雄。薩摩琵琶の吉水経和門下の肥後錦獅に学ぶ。一九〇六年(明治三九)帝国黄嘴会を結成して独立。他の邦楽などを参考に、優美繊細な曲風を確立、錦心流を唱えた。全国的に普及し、高弟には「水号」を与えた。錦琵琶の水藤錦穣も弟子の一人。著書「愛吟琵琶歌之研究」。

なかだじゅうじ【中田重治】 1870.10.3～1939.9.24 明治～昭和前期の宗教家。日本ホーリネス教会創始者。青森県出身。東京英和学校卒。アメリカのムーディ聖書学院に留学し、超教派的志向を強め、一九〇一年(明治三四)C・E・カウマン夫妻と神田に中央福音伝道館を設立。一七年(大正六)東洋宣教会ホーリネス教会を組織しその監督になり、翌年から再臨運動を展開。ホーリネス教会の分裂により、三六年(昭和一一)きよめ教会を組織し監督になる。

ながたぜんきち【永田善吉】 ⇨亜欧堂田善

ながたちょうべえ【永田調兵衛】 江戸時代の京都の書肆。文昌堂と号した。錦小路新町に住む。一六二九年(寛永六)「医教指南」一四巻を刊行し、以後、文化期まで活動した。仏教、とくに浄土真宗関係、啓蒙教化の書が多い。本草学の書物として、貝原篤信(益軒)編著の「大和本草」(一七一五)、「養生訓」(一七一三)がある。

ながたていりゅう【永田貞柳】 ⇨油煙斎貞柳

ながたてつざん【永田鉄山】 1884.1.14～1935.8.12 大正～昭和前期の軍人。陸軍中将。長野県出身。陸軍士官学校(一六期)・陸軍大学校卒。ヨーロッパ駐在中、小畑敏四郎・岡村寧次らと陸軍の改革を決意し(バーデン・バーデンの密約)、帰国後一夕会などの中心となる。一九二六年(昭和元)陸軍省動員課長となり、以後同軍事課長・参謀本部第二部長などを歴任。三四年三月に陸軍省軍務局長に就任し、以後は統制派の中心とみられた。翌年八月皇道派の相沢三郎中佐に軍務局長室で刺殺された。

ながたとくほん【永田徳本】 生没年不詳。織豊期～江戸初期の医師。生国も不詳だが、一般に「甲斐の徳本」といわれる。首に薬嚢をかけ、牛の背に腰かけて、甲斐の徳本一服一八銭とよびながら諸国を漫遊して薬を売り歩いた。寛永期初め将軍徳川秀忠を診察し作用の強い薬をすすめ、治癒後も恩賞を固辞して薬価数十銭のみをうけとって去ったという。著書は「医之弁」「徳本遺方」などとされるが不明。

なかたにとよきち【中谷豊吉】 1837?～1912 明治期の生人形師。安芸国生れ。一八七〇年(明治三)宮島での初興行「五臓機関(仮称)」ののち大阪に行き、千日前を舞台に活躍。九二年「大江山実景」で大入りを記録し地歩を固めた。門弟から伜翫古・平櫛田中を輩出した。

ながたによしひろ【永谷義弘】 1681～1778.5.17 江戸中期の宇治煎茶の創始者。通称宗七郎。世襲名は三之丞。山城国綴喜郡湯屋谷村生れ。湿田の改良事業や製茶の改良を行い、高級煎茶の新製に成功。一七三八年(元文三)茶舗山本嘉兵衛が江戸に販路を開拓し、製法は宇治・木幡へ伝播、宇治茶として全国的に知られた。

ながたひでじろう【永田秀次郎】 1876.7.23～1943.9.17 大正・昭和前期の官僚・政治家。兵庫県出身。三高卒業後、文官高等試験に合格。内務省警保局長などを歴任後、一九二三年(大正一二)東京市長に就任し、震災後の復興に努めた。広田内閣の拓相、阿部内閣の鉄道相。この間、拓殖大学総長でもあった。四三年(昭和一八)フィリピンで病死。

ながたみきひこ【長田幹彦】 1887.3.1～1964.5.6 明治～昭和期の小説家。東京都出身。早大卒。北海道での放浪生活の後、一九一一年(明治四四)旅役者の生活を描いた「澪」や「零落」を発表して耽美派の人気作家となった。祇園の耽溺生活から「祇園夜話」を生み出し、情話文学の作者として知られたが、赤木桁平から「遊蕩文学の撲滅」で攻撃されて、通俗作家・歌謡作詞家となった。

ながたもえもん【永田茂右衛門】 ?～1659.5.22 江戸前期の鉱山家・治水家。甲斐国黒川金山の山師。一六四〇年(寛永一七)常陸国久慈郡町屋村に移住し周辺の金銀採掘に従事。水戸藩に起用され、子の勘右衛門と四五年(正保二)辰ノ口用水路、ついで小場江堰・岩崎江堰など水戸藩内各地の江堰・溜池を多く手がけた。

ながたゆうじ【永田友治】 生没年不詳。江戸中期の蒔絵師。正徳・享保期頃京都に住んだという。尾形光琳の作風にならった蒔絵を得意とし、高蒔絵の嵩上げに錫粉を用いるなど、いくつかの新しい工夫を考案。代表作は「永田友治」の金蒔銘と「方祝」の朱書判がある波千鳥蒔絵提重(東京国立博物館蔵)。

なかつかさ【中務】 生没年不詳。平安中期の歌人。三十六歌仙の一人。父は宇多天皇の皇子敦慶親王、母は歌人の伊勢。名は父が中務卿であったことによる。藤原忠平やその子の実頼に仕えたらしい。源信明と深い関係があったほか、藤原実頼・同師氏・同師尹・元良親王らにも愛された。とくに村上朝の歌合や屏風歌での活躍がめざましい。「後撰集」以下の勅撰集に約六九首入集。家集「中務集」。

ながつかたかし【長塚節】 1879.4.3～1915.2.8 明治期の歌人・小説家。茨城県出身。茨城県尋常中学を病気中退後、治療のため上京。正岡子規に入門。子規没後、伊藤左千夫らと一九〇三年(明治三六)「馬酔木」を創刊し、ついで「アララギ」同人となる。写生の歌を主張して、子規の理論の発展をはかるが、しだいに短歌から写生文・小説に関心が移り、一〇年には大作「土」に結実する。翌年喉頭結核の診断をうけ、短歌創作にもどる。そのときの連作「鍼の如く」は有名。

なかつすめらみこと【中皇命】 「万葉集」巻一の舒明朝の宇智野の歌の題詞、斉明朝の紀伊国作歌の題詞にみえる歌人。間人皇后説が有力。しかし「続日本紀」の宣命などにみえる「中都天皇」と同じ呼称であり、前後の天皇を結ぶ中間の天皇、もしくは中宮天皇の略称とみなして、舒明朝を皇極天皇、斉明朝を倭姫命(天智天皇の皇后)に比定する説(喜田貞吉)、神と天皇の間を仲介する聖なる者＝皇后と解して、二例とも皇極に比定する説(折口信夫)、中宮天皇・大后天皇は前皇后である天皇、仲天皇や「中都天皇」は中継ぎの天皇の意であるとして両者を峻別したうえで、間人皇后説を支持する見解(中西進)もある。日本史・国文学・民俗学など多方面から考察されているが、なお検討の余地を残す。

なかつつのおのみこと【中筒男命】 ⇩表筒男命

なかつひめのみこと【仲姫命】 応神天皇の皇后とされる伝説上の人物。「日本書紀」によると、景行天皇の皇子五百城入彦の孫で、応神二年三月に皇后となり、荒田皇女・仁徳天皇・根鳥皇子を生む。「古事記」には、品陀真若王の三女王のうちの中子として中日売命(仲姫命)がみえる。三姉妹ともに応神天皇の后となり子を生んだが、中日売命は木立荒田郎女・大雀命(仁徳天皇)・根鳥命を生んだという。

なかてんゆう【中天游】 1783～1835.3.26 江戸後期の医師・蘭学者。丹後国の儒医上田氏の子。名は環、号は思々斎・天游など。一八〇五年(文化二)江戸で大槻玄沢に蘭学を、古賀精里に儒学を学び、〇九年京都の海上随鷗(稲村三伯)の塾に入門し蘭学を修めた。一七年大坂で開業したが医業は妻に任せ、思々斎塾を開き子弟教育に専念し、緒方洪庵らに蘭学を教授した。訳著書に日本最初の幾何光学専門書「視学一歩」や引力論の「引律」、「把爾翕湮解剖図譜」。

なかとみうじ【中臣氏】 天児屋命を祖とする有力氏族。古来朝廷の祭祀をつかさどった。欽明朝に鎌子が崇仏に反対。敏達・用明朝にも勝海が物部氏とともに崇仏に反対し、蘇我氏に討たれた。「大中臣本系帳」は欽明朝の黒田に始まり、その子常磐が中臣連姓を賜ったとし、このため中臣氏の嫡流は勝海で途絶え、常陸鹿島の中臣氏が後を継いだとする説もある。中臣氏は七世紀までに間人・習宜・宮処・伊勢・鹿島など多くの支流に分裂。常磐の曾孫鎌足は大化の改新で活躍し、六六九年(天智八)藤原姓を賜った。六八四年(天武一三)に連から朝臣に改姓したが、六九八年(文武二)藤原朝臣は鎌足の子の不比等の直系に限定され、他は中臣に復した(姓は朝臣)。七六九年(神護景雲三)には中臣清麻呂が大中臣を賜った。

●中臣氏略系図

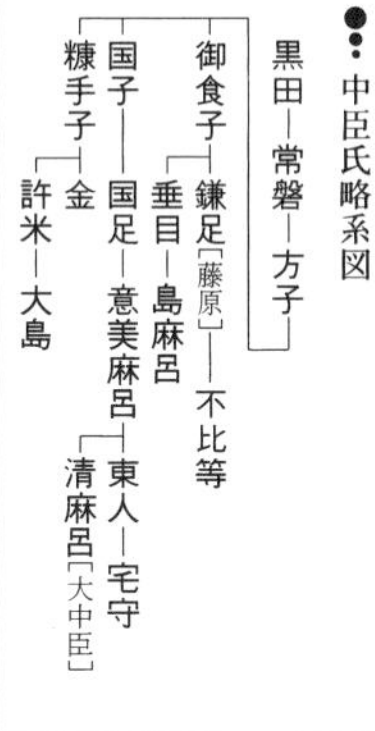

ながとみどくしょうあん【永富独嘯庵】 1732〜66.3.5　江戸中期の古方派の医師。名は鳳、字は朝陽、通称鳳介。長門国宇部村生れ。本姓は勝原氏、永富友庵の後嗣となる。山脇東洋に師事し、その才を愛された。越前の奥村良筑につき、吐剤で病邪を体外に排する吐方を学ぶ。諸国を歴遊し蘭医方の優位を悟る。大坂に居を構え小石元俊らを養ったが、三五歳で病死。著書「漫遊雑記」「嚢語」「黴瘡口訣」。墓所は大阪市の蔵鷺庵。

なかとみのいかつおみ【中臣烏賊津使主】 伊賀都臣・雷大臣とも。中臣氏の伝説上の始祖的人物で、天児屋命の五世孫とする。仲哀朝で卜部姓を賜り、四大夫の一人として神功皇后を補佐、神託時の審神者となった。のちに百済に使したときにもうけた二子が帰化して栗原勝氏の祖となったといい、允恭朝にも衣通郎姫のもとに使した舎人としてみえる。

なかとみのおおしま【中臣大島】 ?〜693.3.11?　七世紀後半の官人。六八五年(天武一四)九月以降は姓を藤原・葛原とも。許米の子。右大臣金の甥。馬養の父。六八一年「帝紀」および上古諸事の記定に参加し、筆録を担当。時に大山上。六八六年(朱鳥元)天武天皇の殯宮に兵政官の事を誄した。六九〇年(持統四)一月の持統天皇即位式および翌年一一月の大嘗祭で、神祇伯として天神寿詞を読む。「日本書紀」持統七年三月条に「直大弐葛原朝臣大島に賻物を賜う」とあり、この頃死去か。

なかとみのおみまろ【中臣意美麻呂】 ?〜711.閏6.22　臣万呂・臣麻呂とも。七世紀後半〜八世紀初めの官人。六九八年(文武二)神事に供するため藤原朝臣から旧姓に復し、以後中臣朝臣を名のった。国足の子。東人・清麻呂らの父。六八六年(朱鳥元)大津皇子の謀反に連坐し、捕らえられたが放免。時に大舎人。六九九年鋳銭司長官。七〇五年(慶雲二)左大弁。七〇八年(和銅元)神祇伯・中納言。七一一年正四位上。

なかとみのかつみ【中臣勝海】 ?〜587　六世紀後半の廷臣。系譜不明。敏達一四年二月、蘇我馬子は塔を築いて仏舎利を納めたところ病を得、さらに仏像を礼拝したが疫病が流行。翌月、勝海は物部守屋とともに馬子の仏法崇拝が疫病流行の原因だと奏上。用明二年天皇の病に際し、崇仏をめぐり馬子と守屋が再び対立。勝海ははじめ守屋側についたが、押坂彦人大兄皇子を訪ねた帰途、舎人の迹見赤檮に殺された。

なかとみのかね【中臣金】 ?〜672.8.25　七世紀の官人。糠手子の子。許米の異母兄。鎌足の従兄弟。六七〇年(天智九)祝詞を宣した。翌年一月、天皇の命で神事を宣べ、右大臣に任じられる。時に大錦上。一一月天智天皇の重病に際し、大友皇子らとともに詔に従うことを宣誓。六七二年(天武元)六月の壬申の乱で大友皇子側が敗北すると金も捕らえられ、八月近江国浅井郡田根(現、滋賀県東浅井郡北部)で斬殺、子も配流となった。

なかとみのかまこ【中臣鎌子】 生没年不詳。六世紀の廷臣。系譜不詳。欽明一三年一〇月、百済の聖明王から仏像・経論などが献上された際、欽明天皇は仏教崇拝の是非を群臣に尋ねた。蘇我稲目は崇仏を主張したが、鎌子は物部尾輿とともに蕃神を拝めば国神の怒りを招くと反対した。天皇が試みに稲目に仏像を礼拝させると疫病が流行し、天皇は尾輿と鎌子の仏像の投棄を受容した。

なかとみのかまたり【中臣鎌足】 ⇨藤原鎌足

なかとみのきよまろ【中臣清麻呂】 ⇨大中臣清麻呂

なかとみのすげのあそまろ【中臣習宜阿曾麻呂】 生没年不詳。八世紀後半の官人。七六六年(天平神護二)従五位下。翌年豊前介。「続日本紀」神護景雲三年(七六九)九月条などによれば、大宰主神のとき、八幡神の教えと偽って道鏡が皇位につけば天下泰平になるとのべた。しかし称徳天皇が和気清麻呂を宇佐へ派遣したところ、神託は偽りであることが判明。七七〇年(宝亀元)道鏡の下野配流とともに阿曾麻呂も多褹島守に左遷された。七七二年大隅守。

なかとみのみやこのあずまひと【中臣宮処東人】 ?〜738.7.10　奈良前期の官人。七二九年(天平元)二月一〇日、東人らは、長屋王がひそかに左道を学び国家を傾けようとしていると密告、二日後、長屋王は自殺した。同月二一日、東人は無位から外従五位下に叙され、封三〇戸・田一〇町を賜った。七三八年七月、かつて長屋王に仕えた大伴子虫と碁を囲み、話が長屋王に及んで憤激した子虫に斬殺された。時に外従五位下・右兵庫頭。

なかとみのやかもり【中臣宅守】 生没年不詳。奈良時代の官人・歌人。朝臣姓。神祇伯中臣東人(あずまひと)の第七子。狭野茅上娘子(さののちがみのおとめ)と結婚したが、流罪となり越前国味真野(あじまの)に流された。別離を悲しむ二人の贈答歌六三首が「万葉集」巻一五に収録されている。流罪の原因については女官茅上娘子との禁を犯しての結婚や殺人など諸説あるが、流動する政局の犠牲となったとみるのが妥当か。のち政界に復帰し、藤原仲麻呂の引き立てで従五位下まで進むが、仲麻呂の乱に連坐し除名された。

なかにしそうすけ【中西宗助】 1676〜1733.8.29 江戸時代の豪商三井家初期の手代。伊勢国生れ。一六八七年(貞享四)に三井松坂店に勤め、その後、京都店に移り、一七三〇年(享保一五)には大元〆(おおもとじめ)という重役の最高位となった。創業期の三井越後屋呉服店の店舗網の確立につとめ、店規則類を作成している。「町人考見録」の作成にも協力した。

ながぬまけんかい【長沼賢海】 1883.3.22〜1980.7.14 大正・昭和期の日本史学者。新潟県出身。一九〇七年(明治四〇)東大卒。二四年九州帝国大学法文学部国史学講座の初代教授となる。一九年にわたる九大在職中、宗教史・海事史の分野で先駆的研究を発表するとともに、九州地方の史料発掘に努めた。著書「日本宗教史の研究」「日本文化史の研究」「日本海事史研究」。

ながぬまし【長沼氏】 中世下野国の豪族。小山政光(おやままさみつ)の子宗政を祖とする。本拠は長沼荘(現、栃木県二宮町)。宗政は源頼朝に従い、平家との戦いや奥州平定などに参加。承久の乱でも活躍し、陸奥・武蔵など諸国に所領を得、摂津・淡路両国の守護となった。その後、一族は各地に分散し、一四世紀半ばには、惣領家は陸奥国に移住。戦国期には、会津地方の南部を支配したが蘆名(あしな)氏に圧迫され、同氏滅亡後は、伊達氏に従い、のち仙台に移った。

ながぬまみょうこう【長沼妙佼】 1889.12.25〜1957.9.10 昭和期の宗教家。立正佼成会創立者の一人。本名マサ。埼玉県出身。最初天理教に入信。ついで一九三六年(昭和一一)庭野日敬(にっきょう)に勧められて霊友会に入り、神がかりの法を伝授される。三八年霊友会会長小谷喜美(みき)に反発して、国柱会会員村山日襄(にちじょう)を会長に大日本立正交成会を創始した。四三年副会長となる。六〇年同会は妙佼を記念して立正佼成会と改称。

ながぬまむねまさ【長沼宗政】 1162〜1240.11.19 鎌倉前期の武将。長沼氏の祖。小山政光の子。本領は下野国長沼荘(現、栃木県二宮町)。一一八三年(寿永二)源頼朝に背いた源(志田)義広を破り、その後も平家追討や奥州合戦に従軍。一二二一年(承久三)承久の乱の勲功により摂津国守護職と同国藍荘地頭職を、ついで淡路国守護職と同国笑原保(のはらほ)・上田保地頭職を得る。のち淡路守。

ながぬまむねよし【長沼宗敬】 1635〜90.11.21 江戸前期開創の長沼流兵学の流祖。通称伝十郎・三左衛門・外記(げき)。名は広敬・宗敬。号は澹斎(たんさい)。信濃国松本藩士長沼長政の子。二三歳で同藩を致仕して江戸へ出て、私塾で甲州流軍学を講じ、明代の兵書を研究して斬新な兵法体系をうちたてた。のち、久留米藩有馬氏に仕えたが一六六八年(寛文八)辞去、八二年(天和二)から明石藩主松平家の国家老を勤めたのち、山城国伏見に隠退した。著書「兵要録」二二巻。

ながぬまもりよし【長沼守敬】 1857.9.23〜1942.7.18 明治・大正期の彫刻家。陸奥国一関生れ。上京してイタリア公使館に通弁見習として雇われ、一八八一年(明治一四)イタリアに渡り、ベネチア王立美術学校に学んだ。八九年明治美術会創立に参加。九八年東京美術学校教授となり、塑造科の基礎を築く。一九〇〇年パリ万博出品作「老夫」が金牌を受賞。内国勧業博覧会と文展の審査員を務める。日本の洋風彫塑の先駆者として活躍した。

なかねげんけい【中根元圭】 1662〜1733.9.2 江戸中期の暦算家。近江国浅井郡の医家の出。名は璋、通称丈右衛門、号は律襲。京都の白山(はくさん)町に住んだので白山先生とよばれた。田中由真・建部賢弘に学ぶ。一七一一年(正徳元)京都銀座役人。二一年(享保六)江戸に召され、梅文鼎(ばいぶんてい)の「暦算全書」の翻訳を命じられて訓点をつけた。三三年、将軍徳川吉宗の命により伊豆国下田で日月高低の観測をし「日月高測」にまとめる。著書「新撰古暦便覧」「天文図解発揮」。

なかねせっこう【中根雪江】 1807.7.1/3〜77.10.3 「ゆきえ」とも。幕末・維新期の政治家。越前国福井藩士。通称は靫負(ゆきえ)、雪江は号。江戸で平田篤胤(あつたね)に国学を学ぶ。藩主松平慶永(よしなが)の抜擢で参政として藩政改革を行う。一橋慶喜(よしのぶ)の擁立、公武合体運動のため慶永を助けて奔走。王政復古後は維新政府の参与となり、倒幕派と幕府間の調停をしたが、鳥羽・伏見の戦後間もなく辞任、帰郷し著述にたずさわった。著書「昨夢紀事」「再夢紀事」。

なかねとうり【中根東里】 1694〜1765.2.7 江戸中期の儒学者。名は若思、字は敬夫、東里と号し、通称貞右衛門。伊豆国下田の人。父の没後禅寺に入るが、一九歳のとき江戸で荻生徂徠(おぎゅうそらい)に文才を認められて師事。やがて病中に「孟子」浩然気章を読み還俗を志し、刻苦勉励するうちに徂徠の学に疑問を抱き、旧作の文章を焼いて室鳩巣(むろきゅうそう)に入門。のち王陽明の全書を読み以後陽明学に帰す。晩年は浦賀で著作を行い、万物一体説に拠り本体たる徳の修養を説く。著書「東里遺稿」「新瓦」。

なかのいんけ【中院家】 村上源氏。久我家一門。大臣家。後鳥羽上皇の後見として権勢をふるった源通親の五男通方に始まる。通方は乳父として後嵯峨天皇を自邸で養育し、当家の繁栄の基盤をつくった。六代通冬の「中院一品記」、一〇代通秀の「十輪院内府記」など歴代の日記が残る。江戸時代の家禄は三〇〇石、のち五〇〇石。通村・通茂・通躬は武家伝奏を勤め、維新後、通富のとき伯爵。

なかのいんさだひら【中院定平】 生没年不詳。鎌倉末～南北朝初期の公家。村上源氏源定成の子。初名は良定。後醍醐天皇の討幕計画に加わり、一三三一年(元弘元)天皇の京都脱出を助け、その後も幕府勢力と戦う。三三年護良親王に従って入京し、建武政権の恩賞方寄人となった。三六年(建武三・延元元)湊川の戦で足利尊氏軍に敗れ、天皇に従い比叡山にのがれる。同年天皇の帰洛に際し、命をうけて河内国に下ったが、以後の消息は不明。

なかのいんちかみつ【中院親光】 ?～1377.4.- 南北朝期の公卿。父は光忠。初名光房。一三一八年(文保二)後醍醐天皇の侍従に任じられ親光と改名。二九年(元徳元)参議となるが、翌年辞任。三六年(建武三・延元元)足利尊氏が西国から京へ攻め上った際、天皇に従い比叡山にのがれ、のち帰洛したが、天皇が吉野へのがれたため幕府に捕われた。五一年(観応二・正平六)正平一統に際し南朝で権中納言に任じられた。のち北朝へ帰り、七二年(応安五・文中元)権大納言に進んだ。

なかのいんみちかた【中院通方】 1189～1238.12.28 鎌倉時代の公卿。正二位大納言。中院家の祖。源通親の五男。承久の乱前は後鳥羽・土御門両天皇に近侍し、乱後は後堀河天皇の近習となった。兄通宗の女通子が生んだ後嵯峨天皇の乳父となり自邸で養育したが、その即位以前に没した。

なかのいんみちかつ【中院通勝】 1556.5.6～1610.3.25 織豊期～江戸前期の公家・歌人・和学者。中院通為の三男。母は三条西公条の女。幼名は松夜叉麿。出家して素然と名のり、也足軒と号した。一五七九年(天正七)権中納言正三位。はじめ伯父の三条西実枝に師事。八〇年に正親町天皇の勘気をこうむって丹後国に出奔し、細川幽斎に学んで和歌・和学をきわめた。九九年(慶長四)赦免。法号竹渓院前拾遺黄門素然智空。日記「継芥記」、著書「中院通勝集」「岷江入楚」。

なかのいんみちむら【中院通村】 1588.1.26～1653.2.29 江戸前期の公家・歌人。中院通勝の子。母は一色義次の女で細川幽斎の孫。幼名益丸、初名通貫。一字名は水・菊・山。後水尾院歌壇の指導者的立場にあり、世尊寺流の書もよくした。一六二四年(寛永元)から武家伝奏となるが、二九年の後水尾院譲位の責任を幕府に問われ、翌年伝奏を辞任、一時江戸上野に幽閉された。四七年(正保四)正二位内大臣。法号後十輪院虚観妙空。家集「後十輪院集」。

なかのいんみちもち【中院通茂】 1631.4.13～1710.3.21 江戸前期の公家・歌人。中院通純の子。母は高倉永慶の女。幼名安居丸。一字名は水・老。一六七〇年(寛文一〇)から六年間武家伝奏。一七〇四年(宝永元)内大臣、〇五年従一位。祖父通村、父通純から和歌を学び、三四歳のときに後水尾院から古今伝授をうけた。霊元院歌壇では指導的立場にあり、松井幸隆・香川宣阿など門人も多い。法号渓雲院。家集「老槐和歌集」。

なかのおおえのみこ【中大兄皇子】 ⇩天智天皇

ながのおきまろ【長奥麻呂】 意吉麻呂とも。生没年不詳。持統・文武朝の歌人。忌寸姓。「万葉集」に短歌のみ一四首を残す。柿本人麻呂よりやや後輩で、高市黒人と同輩の下級官人だったと考えられる。長氏は紀伊国那賀郡を本貫とする渡来系氏族とみられる。七〇一年(大宝元)の紀伊行幸、翌年の三河御幸に従った。公的な場の作歌のほか、宴席での即興歌に異才を発揮、巻一六には一首中に数種の物の名を詠みこんだ物名歌を残す。

ながのおさみ【永野修身】 1880.6.15～1947.1.5 明治～昭和期の軍人。海軍大将・元帥。高知県出身。海軍兵学校(二八期)・海軍大学校卒。アメリカ駐在などをへて、一九二三年(大正一二)軍令部第三班長となり、軍令部次長などを歴任。三五年(昭和一〇)ロンドン海軍軍縮会議の首席代表として会議脱退を通告。翌年広田内閣の海相となり、四一年から軍令部総長として太平洋戦争の開戦・遂行に大きな役割をはたした。戦後、A級戦犯に

●中院家略系図

通方┬通成―通頼―通重―通顕―通冬―通氏―通守―通淳―通秀＝通世―通胤……通勝―通村……通茂……通富(伯爵)
　　└雅家[北畠]

指名されたが、裁判中に病死。

なかのかんぱくけ【中関白家】 平安中期の関白藤原道隆の家と家系。号は道隆が父兼家と弟道長との中間の関白ということか。道隆は九九〇〜九九五年(正暦元〜長徳元)の間摂政・関白であり、女の定子を一条天皇の皇后とし、子の伊周・隆家を若くして昇進させ全盛を誇った。そのようすは「枕草子」にも詳しい。しかし道隆の没後、伊周は叔父道長との権力争いに敗れ、中関白家は早く没落した。

なかのごいち【中野梧一】 1842.1.8〜83.9.19 明治期の官僚・実業家。江戸生れ。幕臣のときの名は斎藤辰吉。戊辰戦争では彰義隊に参加したのち、五稜郭で投降。一時投獄されるが、一八七〇年(明治三)許されて改名。翌年大蔵省出仕となり、七二年山口県権令、七四年県令となるが翌年辞官。大阪に出て藤田伝三郎とともに西南戦争で輜重用達を命じられ巨利を得る。七八年大阪商法会議所を設立し副会頭に就任。その後、開拓使官有物払下げ事件にかかわり自刃。

ながのし【長野氏】 中世上野国の豪族。石上氏の子孫というが不詳。本拠は群馬郡長野郷(現、群馬県高崎市周辺)。一六世紀初め頃から箕輪城(現、箕郷町)を拠点に活躍。最盛期の業政は、榛名山の東部から南・西部地域の武士を組織した箕輪衆を率いて勢力をふるい、武田信玄と戦った。その子業盛の代、信玄に滅ぼされた。

ながのしげお【永野重雄】 1900.7.15〜84.5.4 昭和期の実業家・財界人。島根県出身。東大卒。浅野物産に入社。その後富士製鋼に転じ、同社の経営立直しに努めた。製鉄合同の結果、富士製鋼は日本製鉄に参加、同社富士製鋼所所長となる。第二次大戦後日本製鉄の解体で成立した富士製鉄の社長となった。六九年(昭和四四)日本商工会議所会頭に就任するなど、財界諸機関の代表を歴任した。

なかのしげはる【中野重治】 1902.1.25〜79.8.24 昭和期の小説家・評論家・詩人。別名日下部鉄。福井県出身。東京帝国大学在学中からプロレタリア文学運動に参加し、プロレタリア芸術連盟、ナップで活躍した。一九三一年(昭和六)共産党に入党するが、翌年コップ大弾圧で逮捕され、転向出所。その傷を負いながらも文学運動再建のために戦う。第二次大戦後は新日本文学会による民主主義文学運動の中心となって働いたが、共産党の官僚主義との戦いの末、六四年党から除名された。代表作「歌のわかれ」「むらぎも」。

なかのしまむらよもしち【中之島村与茂七】 1676〜1713.6.2 江戸前期の義民。大竹氏。越後国蒲原郡中之島村の名主。一七〇四年(宝永元)の大風雨時に堤防を守る活躍をしたが、そのときのもめごとから組庄屋と名主・百姓間の対立が激化し騒動となった。与茂七は敗訴し、徒党の頭取として脇川新田名主善助とともに獄門に処された。新発田藩の城下新発田町におきた火災は彼の怨霊によるとされ、地蔵尊に祭られた。

ながのしゅぜん【長野主膳】 1815〜62.8.27 幕末期の国学者。井伊直弼の腹心。諱は義言。部屋住時代の直弼の国学師匠で、一八五二年(嘉永五)近江国彦根藩士となる。大老となった直弼の京都工作を担い、一橋派の工作を妨害し、志士の探索を行って安政の大獄の端緒を作った。さらに水戸藩に下った密勅の返納沙汰書の朝廷工作が、桜田門外の変の遠因となった。直弼横死後も宇津木六之丞とともに藩政を主導したが、六二年(文久二)の政変で家老岡本黄石に斬罪にされた。

なかのしんのう【仲野親王】 792〜867.1.17 桓武天皇の第一二皇子。母は藤原大継の女河子。弾正尹・式部卿・常陸太守・上総太守・大宰帥を歴任し、二品に叙せられた。女の班子は光孝天皇の女御で、所生子が即位して宇多天皇となり、外祖父として一品太政大臣を追贈された。

なかのせいごう【中野正剛】 1886.2.12〜1943.10.27 大正・昭和前期の政治家。福岡県出身。早大卒。一九二〇年(大正九)から衆議院議員。三一年(昭和六)満州事変勃発後、安達謙蔵内相の協力内閣運動に加わり、民政党を脱党。三二年国民同盟(党首安達謙蔵)を結成したが、三六年国家主義的な東方会を結成しみずから総裁となる。太平洋戦争の戦局が悪化すると、東条内閣の倒閣を画策したため、四三年一〇月二一日憲兵隊に捕らわれ、釈放後割腹自殺した。

なかのせきおう【中野碩翁】 1765〜1842.5.12 江戸後期の幕臣。父は清備。播磨守。諱は清茂。小姓・小納戸頭取などを勤めたが、養女お美代の方が将軍徳川家斉の寵愛をうけ、大奥で絶大な権勢をもったため、二〇〇〇石に加増され新番頭格へと進んだ。剃髪して碩翁と称し、将軍家斉に近侍し、賄賂をとって役職斡旋に励んだ。家斉死後の一八四一年(天保一二)天保の改革に先立つ西丸粛正のため、登城差し止め、加増地没収などの処置をうけた。

なかのとものり【中野友礼】 1887.2.1〜1965.12.10 大正・昭和前期の実業家。日本曹達の創業者で、日曹コンツェルン総帥。福島県出身。一高臨時中等教員養成所を卒業後、京都帝国大学の助手となり、食塩水の電気分解法を完成。程谷曹達(現、保土谷化学工業)に参加したのち、一九二〇年(大正九)日本曹達を創設し、三六年(昭和一一)二代社長に就任。電気化学・冶金へと多角化し、系列四二社を支配したが、戦時経済期に経営が行き詰まり、四〇年に社長を辞任。第二次大戦後、製塩技術を研究。

ながのなりまさ【長野業政】 1499～1561.6.21 戦国期の武将。上野国箕輪城(現、群馬県箕郷町)城主。同族や近隣諸氏を箕輪衆として組織し、上野西部に勢力圏を築いた。上野は長く山内上杉氏の根拠地で業政も関東管領上杉憲政に従った。一五五二年(天文二一)憲政は越後に退いたが、六〇年(永禄三)長尾景虎(上杉謙信)が憲政を擁して関東に進出すると、箕輪衆を率いてこれに参加。箕輪衆の構成員はこのとき作成された「関東幕注文」によって知られる。

ながのなりもり【長野業盛】 1548～66.9.- 戦国期の武将。業政の子。上野国箕輪城(現、群馬県箕郷町)城主。一五六一年(永禄四)家督をつぐ。同年武田信玄の上野西部進攻が始まり、同地域を勢力圏とする長野氏はその矢面にたたされた。六四年までに箕輪衆の長野氏系諸氏の拠点はあいついで攻略され、六五年初頭には武田氏が箕輪城を狙う態勢となった。翌年九月箕輪城を攻め落とされて自殺、長野氏は滅亡。

なかのはんざえもん【中野半左衛門】 1804～74.2.13 江戸後期の豪農。長門国豊浦郡西市生れ。一八四六年(弘化三)大庄屋となる。四一年(天保一二)木屋川の開発計画をたて、五三年(嘉永六)通船事業をおこし成功。五五年(安政二)木屋川通船支配、翌年萩藩の勧農産物江戸方御内用掛となる。五九年佐波川、六七年(慶応三)厚狭川に通船、翌年渋木川を開削し、通船取建役についた。

なかのぶえい【中野武営】 1848.1.3～1918.10.8 明治・大正期の民権家・政党政治家・実業家。高松藩士出身。藩校講道館に学ぶ。農商務省少書記官時代に明治十四年の政変で下野し、立憲改進党に参加。愛媛県議・同議長として香川県再置に尽くした。第一～七回と第一〇回の総選挙で衆議院議員に当選。関西鉄道社長・東京株式取引所理事長・東京商業会議所会頭などを歴任、営業税廃止運動の中心として活躍した。

ながのまもる【永野護】 1890.9.5～1970.1.3 昭和期の実業家・政治家。島根県出身。有名な永野五兄弟の長兄。東大卒。渋沢栄一の秘書として渡米、帰国後財界に入る。一九四二年(昭和一七)から二期衆議院議員。第二次大戦後、五六年参議院議員となり、第二次岸内閣の運輸相となる。この間三四年帝人事件に連坐し検挙されたが、無罪。

ながのみこ【長皇子】 ?～715.6.4 長親王・那我親王とも。天武天皇の皇子。母は天智天皇の女大江皇女。弓削(ゆげ)皇子は同母弟。誕生順からは七番目と考えられるが、「続日本紀」は第四皇子とする。六九三年(持統七)浄広弐位を授けられた。死去したときは一品。

なかのよしお【中野好夫】 1903.8.2～85.2.20 昭和期の英文学者・評論家。松山市出身。東大卒。中学の英語教師などをへて、一九三五年(昭和一〇)東京帝国大学助教授、四八年同教授となり、五三年辞職。その後は著作活動に専念し、一時雑誌「平和」編集長を務めた。また憲法擁護・反安保・原水爆禁止・ベトナム戦争反対・沖縄返還などの平和運動に関与し、そのための時事評論を展開した。沖縄問題では沖縄資料センターを設立。この間シェークスピア関連の翻訳や著作を行う一方、評伝「蘆花徳富健次郎」で大仏次郎賞を受賞。「中野好夫集」全一一巻。訳業に未完となったがギボンの「ローマ帝国衰亡史」。

ながのよしとき【長野義言】 ⇨長野主膳(ながのしゅぜん)

なかのよしなり【中野能成】 生没年不詳。鎌倉前期の武士。信濃国中野郷(現、長野県中野市)に住み、中野五郎・左馬允と称する。一一八九年(文治五)奥州合戦に従軍。源頼家の側近として仕える。「吾妻鏡」によれば一二〇三年(建仁三)頼家の舅比企能員(ひきよしかず)が北条氏に滅ぼされた際、比企氏の残党として流罪となり、所領も没収されたという。しかし「市河文書」によれば、北条時政から本領と信濃国志久見郷の地頭職を安堵されている。

なかばしかのう【中橋狩野】 江戸時代の狩野派の奥絵師四家の一つ。狩野孝信の三男安信に始まる。安信は、一六二三年(元和九)に病死した狩野貞信の養子となって狩野宗家の跡職(あとしき)を継承。その後、兄探幽や尚信同様江戸幕府の用命をうけ、寛永年間に江戸中橋に屋敷を拝領したのでこの名でよばれた。安信は画論書「画道要訣」を著した。

なかはしとくごろう【中橋徳五郎】 1861.9.10～1934.3.25 明治・大正期の実業家・政治家。金沢藩士の子。一八九七年(明治三〇)逓信省監査局長、九八年鉄道局長。同年七月、岳父の後を継いで大阪商船の第四代社長に就任。海外航路を次々に開設し、日露戦後には遠洋航路にも進出し、大阪商船を日本郵船に次ぐ定期船企業に成長させた。一九一四年(大正三)社長辞任とともに政界に転出、石川県から衆議院議員に当選。政友会幹部として原・高橋両内閣の文相となり、高等教育機関拡充を実現した。のち田中義一内閣の商工相、犬養内閣の内相。

なかはままんじろう【中浜万次郎】 1827/28～98.11.12 ジョン万次郎とも。近世後期の漂流民・英学者。土佐国幡多郡中ノ浜生れ。一八四一年(天保一二)漁に出たところ仲間とともに暴風にあい漂流。アメリカ捕鯨船ジョン・ハウランド号に救助され、アメリカに渡り学校教育をうけた。捕鯨船や鉱山で働いたのち、五〇年(嘉永三)アメリカ船に乗り帰国の途につき、翌年琉球に上陸。長崎で尋問をうけ高知藩に引き渡される。高知藩で教授館に勤めたのち、五三年幕府の普請役格に登用され、江川太郎左衛門の手付となり翻訳に従事。五七年(安政四)軍艦操練所の教授方となり、明治維新後は開成学校で教えた。著書「英米対話捷径」。

なかばやしごちく【中林梧竹】 1827.4.19～1913.8.4 幕末～明治期の書家。名は隆経、字は子達。梧竹は号。肥前国小城生れ。一九歳で江戸に出て、書を市河米庵・山内香雪に学ぶ。一八八二年(明治一五)に渡清して潘存に学び、帰国後は清新な書風を披露して注目された。九七年再び渡清し、多数の漢碑を携えて帰朝、六朝書道の普及に努めた。著書「梧竹堂書話」。

なかばやしちくとう【中林竹洞】 1776～1853.3.20 江戸後期の南画家。名は成昌、字は伯明。号は竹洞・沖澹など。尾張国名古屋生れ。富商神谷天遊のもとで同家所蔵の中国画の臨模によって画の基礎を築く。上京したのちも明清画の研究にもとづき制作を行う。理論家で「竹洞画論」ほか多くの著書がある。

なかはらうじ【中原氏】 安寧天皇の皇子磯城津彦命の後裔と伝えられる氏族。本姓は十市宿禰。九七一年(天禄二)中原宿禰に、九七四年(天延二)朝臣に改められる。明経道の家として明経博士・助教に任じられる者が多く、平安中期の有象以来、嫡流は清原氏とともに外記局を主宰する大外記(局務)を世襲し、室町時代以降、押小路家を称する。有象の子致時の庶流からは明法道の中原氏が出た。致時の孫範政が一〇九七年(承徳元)明法博士に就任して以後、子の範光・明兼(法家坂上氏の祖)の二流にわかれて世襲。また蔵人所出納を勤めた中原氏は有象の五代の孫師元の養子祐安の子職国に始まり、平田家を称した。

なかはらすえとき【中原季時】 ?～1236.4.6 鎌倉前期の御家人。右京進・駿河守。中原(藤原)親能の子。幕府の実務官吏で、一一九四年(建久五)寺社訴訟担当を命じられ、鶴岡八幡宮の奉行人にも加えられた。一二〇五年(元久二)京都守護として上洛し、京都と鎌倉の連絡にあたった。一九年(承久元)源実朝の右大臣拝賀に従い、その暗殺事件後、出家して行阿と号した。鎌倉に住み、二一年の承久の乱では宿老として鎌倉にとどまった。

なかはらちかよし【中原親能】 1143～1208.12.18 鎌倉幕府草創期の官僚。中原広季の子で大江広元の兄弟。一説には藤原光能の子ともいう。のちに藤原姓に改める。斎院次官などを勤め、中納言源雅頼の家人。相模国で養育されて流人の源頼朝と知り合い、挙兵を聞いて鎌倉に下り政務に参じたという。頼朝の側近として活躍し、公文所寄人や公事奉行人として実務にたずさわる。平氏追討の際、各地を転戦、またたびたび上洛し公家との折衝にあたった。各地に多数の所領をもち、とくに九州の所領は猶子大友能直に譲られて大友氏発展の基盤となる。妻が頼朝の女三幡の乳母であったことから、三幡死去の際出家して掃部頭入道寂忍と称した。

なかはらちゅうや【中原中也】 1907.4.29～37.10.22 昭和前期の詩人。山口県出身。東京外語専修科修了。京都の立命館中学時代からダダイズムの詩を試作。一九二五年(大正一四)上京して富永太郎・小林秀雄らと知り合う。ランボー、ベルレーヌなどの影響をうけ、「朝の歌」に象徴派的詩風を結実させた。京都時代からの愛人が小林秀雄のもとに去ったり、長男を失うなど心身の痛手は多かった。詩集「山羊の歌」「在りし日の歌」。

なかはらていじろう【中原悌二郎】 1888.10.4～1921.3.28 大正期の彫刻家。北海道出身。白馬会絵画研究所、太平洋画会研究所で洋画を学ぶ。荻原守衛を知り、一九一〇年(明治四三)彫刻に転向。一八年(大正七)日本美術院同人となる。代表作は院展出品作の「石井鶴三像」「若きカフカス人」。遺稿集「彫刻の生命」。

なかはらのりかた【中原章賢】 生没年不詳。鎌倉末～南北朝期の明法家。章継の子。出家して是円房道昭と称す。建武新政府の雑訴決断所に従った。公家法にも武家法にも通暁し、「御成敗式目」に注釈を加えた「是円抄」を著したが、現在散逸。一三三六年(建武三・延元元)尊氏の諮問に答えるかたちで弟の真恵とともに「建武式目」を提出。なお是円房道昭の俗名を二階堂道昭、法名とあわせて二階堂是円とする説があったが、誤りである。

なかはらもろかず【中原師員】 1185～1251.6.22 鎌倉前期の吏僚。大外記・摂津守。父は師茂。一二一九年(承久元)藤原頼経が四代将軍に迎えられるのに従って鎌倉に下る。二五年(嘉禄元)初代評定衆に任じられ死去まで二六年間も在職。明経博士として天文や方位の吉凶を論じ、将軍以下の諮問に答えるなどの活躍を示した。

なかべいくじろう【中部幾次郎】 1866.1.4～1946.5.19 明治～昭和期の実業家。播磨国生れ。一代で明石の魚問屋から、大洋漁業を創立し大きく育てた。一九〇五年(明治三八)日本初の動力つき鮮魚運搬船「新生丸」を建造、大正初期仲買業から漁業直営を開始した。昭和戦前期は南氷洋捕鯨へ進出、第二次大戦直後には積極的に漁船建造を決定し、大洋漁業の飛躍的発展につながった。

なかみかどけ【中御門家】 [一]⇨松木家 [二]藤原氏勧修寺流。名家。鎌倉時代の吉田経俊の四男経継に始まる。家名は経継の中御門亭にちなむ。室町時代の明豊・宣胤・宣秀は、天皇側近で従一位に昇り、「宣胤卿記」「宣秀卿記」を残した。江戸時代の家禄は二〇〇石。江戸前期の資熙は議奏を勤めたが、東山天皇と幕府によって逼塞させられた。維新後、経明のとき伯爵、のち侯爵。

なかみかどつねゆき【中御門経之】 1820.12.17～91.8.27　幕末・維新期の公家。坊城俊明の子。中御門資文の養子となる。蔵人頭・右大弁をへて、一八六四年(元治元)参議。六六年(慶応二)大原重徳らと列参して王政復古を建白、閉門に処される。六七年赦免され、岩倉具視と討幕の密勅を策定。王政復古後、六八年(明治元)会計官知事、のち留守長官・権大納言を歴任。賞典禄一五〇〇石。七〇年新政府の開化政策を嫌い、官を辞す。九一年従一位。

なかみかどてんのう【中御門天皇】 1701.12.17～37.4.11　在位1709.6.21～35.3.21　東山天皇の第五皇子。名は慶仁。母は櫛笥隆賀の女新崇賢門院賀子。一七〇七年(宝永四)儲君に定まり親王宣下。〇八年立太子、翌年父の譲位により践祚。三五年(享保二〇)皇太子昭仁親王(桜町天皇)に譲位。書道・和歌を修め、二六年祖父霊元法皇から入木道伝授をうける。著書「公事部類」。

なかみがわひこじろう【中上川彦次郎】 1854.8.13～1901.10.7　明治期の実業家。豊前国生れ。福沢諭吉の甥。一八七四年(明治七)からイギリスに留学、井上馨の知遇をえて帰国後工部省・外務省に勤務したが、明治十四年の政変で辞職。慶応義塾出版社社長となり「時事新報」を発行した。八八年山陽鉄道社長となったが、九一年井上馨の推薦で経営危機に陥っていた三井銀行に入社、学卒の人材を採用するなど同行の立直しに従事。鐘淵紡績・王子製紙・芝浦製作所など三井の工業部門の拡充にも力を注いだ。

ながみち【長道】　陸奥国会津の刀鍛冶。初世(一六三三～八五)は通称を藤四郎、初銘を道長といい、一六五九年(万治二)に陸奥大掾を受領し、三善長道と改めた。父政長は伊予国松山の刀鍛冶であったが、加藤氏の転封にともない会津に移る。作風は江戸の虎徹に近い。山田吉睦が著した「懐宝剣尺」では「最上大業物」に選ばれている。二世以下明治期まで三善長道の名で続く。

なかみちよ【那珂通世】 1851.1.6～1908.3.2　明治期の東洋史学者。陸奥国岩手郡生れ。旧姓藤村。幼名荘次郎。一四歳で盛岡藩藩校教授江帾通高の養子となり、のち養父の復姓のときに改名。慶応義塾卒。一八七八年(明治一一)千葉師範学校校長兼千葉中学校総理、のち一高・東京高等師範教授などを歴任。日本における東洋史の創設者であり、漢文で書かれた「支那通史」は近代的な中国通史としては世界最初のものである。晩年は元史研究に専心し、蒙古文「元朝秘史」から翻訳した「成吉思汗実録」を一九〇七年に刊行した。

ながみつ【長光】　刀工の名。同名が多数いるが、備前長船派の長光が著名。光忠の子で、左衛門尉・左近将監。年紀は文永期頃からある。御物一、大般若長光など太刀五・薙刀一が国宝。重文は二八。嘉元期から銘振りが変わって以後を二代というが、左近将監を冠したものを初代の晩年作とみるか二代作とみるかは判断がむずかしい。「往昔抄」では初代長光は仏門にはいって順慶と号したとするが、順慶の作風は長光より古風という。

なかむたくらのすけ【中牟田倉之助】 1837.2.24～1916.3.30　明治期の海軍軍人。佐賀藩士出身。藩命により幕府の長崎海軍伝習所で学ぶ。戊辰戦争では佐賀藩・明治政府の軍艦を指揮して各海戦に参加。一八七〇年(明治三)海軍中佐に任命され、創立された海軍兵学寮の兵学権頭。少将まで昇進して兵学頭となり、海軍がイギリスからダグラス教官団を招いて、海軍がイギリス流に発展する基礎を確立。のち海軍兵学校校長、横須賀・呉鎮守府の各司令長官、海軍軍令部長(いずれも初代)。中将。

なかむらうたえもん【中村歌右衛門】　歌舞伎俳優。江戸中期から六世を数える。二世以外はすべて劇界を代表する名優。屋号は初世・三世は加賀屋、二世は蛭子屋、四世以降は成駒屋。初世(一七一四～九一)は安永・天明期京坂の実悪・敵役の名人。加賀国金沢生れ。本名大関栄蔵。俳名一先(洗)。三世(一七七八～一八三八)は化政期の東西を通じての名優。初世の子。本名大関市兵衛。体格・容貌には恵まれなかったが演技力は抜群。「兼ねる」の称をうけたほどの万能役者で、演出は「梅玉の型」として残る。所作事に長じ、変化物を多く上演。狂言作者(筆名金沢竜玉)も兼ねた。俳名芝翫のち梅玉。四世(一七九八～一八五二)は三世の門弟。本名平野吉太郎。江戸生れ。時代物と所作事に長じた。天保期劇壇の第一人者。俳名翫雀。五世(一八六五～一九四〇)は九世市川団十郎・五世尾上菊五郎亡き後の、東京演劇界の統率者。四世中村芝翫の養子。本名中村栄次郎。美貌と技量に恵まれ、時代物を得意とした。坪内逍遥作「桐一葉」の淀君の名演でも知られる。俳名梅玉・魁玉ほか。六世(一九一七～二〇〇一)は現代歌舞伎の女方の第一人者。五世の次男。東京都出身。本名河村藤雄。芸術院会員。人間国宝。文化勲章受章。

なかむらがくりょう【中村岳陵】 1890.3.10～1969.11.20　大正・昭和期の日本画家。静岡県出身。本名恒吉。野沢堤雨・川辺御楯に師事。東京美術学校卒。院展で活躍。一九一五年(大正四)日本美術院同人となるが、五〇年(昭和二五)同院を脱退、以後日展で活躍した。この間、四〇年法隆寺金堂壁画模写に参加。四七年帝国芸術院会員となる。六〇年四天王寺金堂壁画完成。六二年文化勲章受章。作品「気球揚る」。

なかむらかずうじ【中村一氏】 ?～1600.7.17　織豊期の武将。式部・少輔。父は一政。豊臣秀吉に仕え一五七三年(天正元)近江国長浜で二〇〇石を領した。八四年雑賀一揆に対するため和泉国岸和田城主として配置された。八五年従五位下式部少輔に叙任され、近江・伊賀両国のうち六万石をうけ水口城主となる。九〇年秀吉の小田原攻めに従軍し、同年駿河国で一四万五〇〇〇石を与えられ駿府城主となった。一六〇〇年(慶長五)関ケ原の戦では東軍に属したが、急病死した。

なかむらかんざぶろう【中村勘三郎】 江戸中村座の座元・歌舞伎俳優。江戸前期から一八世を数える。初世(一五九七頃～一六五八)は猿若勘三郎といい、山城国出身と伝える。初期歌舞伎の俳優で、通説では一六二四年(寛永元)江戸中橋に猿若座(のちの中村座)を創設。二世(一六四七～七四)は初世の次男で中村明石を名のる。若衆方を得意とし所作事に堪能だった。以後、幕末～明治期の一三世まで代々座元を勤め、四・八世は中村伝九郎を名のり俳優としても活躍。一四～一六世には座元名義を継承した三世中村仲蔵、一三世の子五世中村明石、その子勝子をあてる。一七世(一九〇九～八八)は三世中村歌六の子。本名波野聖司。屋号中村屋。芸域が広く、第二次大戦後を代表する名優の一人。人間国宝・芸術院会員。文化勲章をうける。

なかむらがんじろう【中村鴈治郎】 歌舞伎俳優。明治期から三世を数える。屋号は成駒屋。初世(一八六〇～一九三五)は大坂生れ。三世中村翫雀の子。本名林玉太郎。俳名扇若・亀鶴。別号玩辞楼。初世実川延若門下で下回りから修業し、明治後期には京坂随一の人気俳優となり、昭和前期まで長く道頓堀の王者として君臨。上方の和事芸を近代的に洗練した二枚目役が本領で、新作や時代物の英雄役にも当り役が多い。二世(一九〇二～八三)は初世の次男。本名林好雄。父の芸風を継承して少年時代から頭角を現し、後年はさらに写実味を深めた独自の芸風を確立。第二次大戦後の関西を代表する名優となった。映画でもすぐれた演技を残した。人間国宝・芸術院会員・文化功労者。

なかむらきちえもん【中村吉右衛門】 1886.3.24～1954.9.5 初世。歌舞伎俳優。東京都出身。三世中村歌六の長男。本名波野辰次郎。俳名秀山。屋号は播磨屋。子供歌舞伎で頭角を現し、明治末～大正期には六世尾上菊五郎と市村座で激しく人気を競った。以来、第二次大戦後まで東京劇壇の中心的存在として活躍。時代物の英雄役が本領だが、世話物の軽妙な役にも傑作が多い。芸術院会員。文化勲章をうける。

なかむらきちじ【中村吉治】 1905.2.4～86.12.10 昭和期の日本経済史学者。長野県出身。一九二九年(昭和四)東大卒。東北帝国大学・国学院大学教授を歴任。近世村落における生産共同体の研究をもとに、江戸時代を解体期封建社会ととらえた。著書「近世初期農政史研究」「日本の村落共同体」。

なかむらきちぞう【中村吉蔵】 1877.5.15～1941.12.24 明治～昭和前期の小説家・劇作家。幼名常治、号春雨。島根県出身。家業を継いだがあきたらず、一八九七年(明治三〇)浪華青年文学会の創設に参加。のち上京して広津柳浪に師事、東京専門学校に入学。在学中に「無花果」が「大阪毎日新聞」の懸賞に当選する。欧米に留学してイプセンの演劇に出会い、帰国後「牧師の家」「剃刀」などを発表。また島村抱月の芸術座に参加して、演出に尽力。代表作「井伊大老の死」。

なかむらきよお【中村精男】 1855.4.18～1930.1.3 明治・大正期の気象学者。長門国生れ。東大卒。ヨーロッパに留学し気象学を研究。一八九五年(明治二八)第三代中央気象台台長。日本の気象事業の整備に尽くした。八一年東京物理学校設立に関与し、九六年から第二代校長。日本気象学会会頭。

なかむらくさたお【中村草田男】 1901.7.24～83.8.5 昭和期の俳人。本名清一郎。中国福建省に生まれ、松山市で成長。東大卒。高浜虚子に師事。また東大俳句会において水原秋桜子の指導をうける。「ホトトギス」同人となるが、客観写生、花鳥諷詠一辺倒に与せず離脱。主観の燃焼的表現に独自の立場を築いた。石田波郷とともに人間探求派とよばれる。一九四六年(昭和二一)俳句誌「万緑」を創刊。

なかむらくめたろう【中村粂太郎】 1724～77.7.15 歌舞伎俳優。京都生れ。宝暦・明和期に京坂を中心に活躍した女方。容貌と風姿にすぐれ、地芸・所作ともに評判をとった。娘方・傾城事を得意とした。屋号は丹波屋。俳名は鯉長。文化期の三世まである。

なかむらけんきち【中村憲吉】 1889.1.25～1934.5.5 明治～昭和前期の歌人。広島県出身。東大卒。家業の酒造業に従事。一九〇八年(明治四一)創刊の「アララギ」に参加、翌年上京して伊藤左千夫に入門。一六年(大正五)歌集「林泉集」刊行、青春の浪漫的な感傷や官能を表現した。二一～二六年(大正一〇～昭和元)大阪毎日新聞社に勤務。しだいに写実的な歌風に移り、人生を深く観照する東洋的境地に到達。歌集「しがらみ」「軽雷集」。

なかむらこうや【中村孝也】 1885.1.2～1970.2.5 大正・昭和期の歴史学者。文学博士。群馬県出身。東大卒。同大学院をへて一九二五年(大正一四)同大学史料編纂掛編纂官となる。二六年(昭和元)同大学文学部助教授兼任。三八年同教授兼任となる。四五年定年退官ののち明治大学教授。江戸時代の文化史や徳川氏関係の研究など幅広い業績を残した。著書「元禄及び享保時代における経済思想」「徳川家康文書の研究」。

なかむらこれきみ【中村是公】 1867.11.25～1927.3.1 明治・大正期の官僚。安芸国生れ。東大卒。

大蔵省をへて台湾総督府の総務局長・財務局長を歴任。ついで満鉄副総裁から総裁となった。寺内内閣のとき鉄道院総裁。貴族院議員(勅選)・東京市長を務めた。

なかむらし【中村氏】 ㊀中世相模国の豪族。桓武平氏良兼(よしかね)または良文流。本拠は中村荘(現、神奈川県中井町・小田原市)。平安末期、中村荘司宗平(むねひら)が大庭御厨(おおばのみくりや)廃止問題の際に活躍。その子息は、鎌倉時代に土肥・土屋・二宮・堺の諸氏にわかれた。㊁中世筑前国の豪族。怡土(いと)荘(現、福岡県糸島郡)を本拠とする。志登(しと)社神宮寺別当伊勢氏より出たという。南北朝期には、松浦(まつら)一族と称した。「中村文書」を伝える。㊂中世肥前国の豪族。長島荘(現、佐賀県武雄市)を本拠とするが、もとは伊予国宇和荘を本拠とした橘氏の一族。橘公業(きみなり)が源頼朝に仕え、一二三六年(嘉禎二)長島荘惣地頭に任じられた。孫公光が同荘内中村を譲られて以降、中村氏を称した。戦国期には後藤氏の、江戸時代には武雄(たけお)鍋島氏の家臣となった。

なかむらしかん【中村芝翫】 歌舞伎俳優。江戸後期から七世を数えるが、初世・二・五・六世はそれぞれ三・四・五・六世中村歌右衛門の俳名また前名。芝翫としては四世が著名。屋号成駒(なりこま)屋。四世(一八三〇～九九)は大坂生れ。四世歌右衛門の養子。俳名児雀など。幕末から明治初年には東都で最高の人気俳優だったが、晩年は時流に遅れた。古風で秀麗な容姿と愛敬ある芸風で、芸域が広く舞踊を得意とした。七世(一九二八～　)は五世中村福助の子。人間国宝・芸術院会員。

なかむらしちさぶろう【中村七三郎】 歌舞伎俳優。江戸前期から五世を数えるが初世が著名。初世(一六六二～一七〇八)は元禄期の江戸を代表する名優。俳名少長。延宝期の立役天津七郎右衛門の子と伝える。美男で濡れ事・やつし事にすぐれ、曾我狂言の十郎役を和事で演じる伝統をつくった。京でも「傾城浅間嶽(けいせいあさまがたけ)」の巴之丞(ともえのじょう)で高い評判をとった。二世(一七〇三～七四)は初世の養子でその当り芸を継ぐ。三世は二世の孫、四世は二世の門弟の子。五世は大正・昭和前期の脇役で安田靫彦(ゆきひこ)の弟。

なかむらじゃくえもん【中村雀右衛門】 歌舞伎俳優。幕末期から四世を数える。屋号は初世が江戸屋、二世以降京屋。俳名は代々芝斗(しと)。初世(一八〇六～七一)は大坂生れ。四世中村歌右衛門門下で上方の実悪(じつあく)、老け役の名手。二世(一八四一～九五)は大坂生れ。初世の門弟で明治前期の上方の立役。三世(一八七五～一九二七)は大阪府出身。嵐璃笑(りしょう)の子で二世の養子となる。本名中島笑太郎。近代の上方の名女方の一人。四世(一九二〇～　)は六世大谷友右衛門の子。本名青木清治。人間国宝・芸術院会員。文化勲章受章。

なかむらじゅうすけ【中村重助】 江戸の歌舞伎作者。江戸中期～天保期に四世を数えるが、初世は表方の仕事が主でときに作者を兼ね、三世は中村座の帳元で作者ではない。作者としては二世が著名。二世(一七四九～一八〇三)は一説に一七四五年(延享二)生れ。俳優二世中村七三郎の子。幼名徳之助。六四年(明和元)壕越二三治(ほりこしにそうじ)の下で初出勤。六八年以後独立して江戸三座を歴勤。天明期を中心に活躍し、寛政初年まで多くの作品を書いた。舞踊劇の作詞にもすぐれ、また随筆「芝居乗合話」を残す。浮世絵師の歌舞伎堂艶鏡(えんきょう)と同一人物であるともいわれる。

なかむらそうじゅうろう【中村宗十郎】 1835～89.10.8 幕末～明治期の歌舞伎俳優。尾張国熱田生れ。本名藤井重兵衛。俳名千昇・霞仙。屋号末広屋。大坂へ出て修業し、明治前期には初世実川延若(じつかわえんじゃく)と並ぶ上方劇壇の巨頭となる。近代的・理知的な芸風で和実を本領とし、活歴風の史劇を手がけるなど革新的な仕事にも積極的だった。

なかむらそうてつ【中村宗哲】 1617～95 江戸前期の塗師。名は玄弼。漆翁・勇山・方寸斎などと号す。京都に住む。千宗旦(せんのそうたん)の弟子藤村庸軒と親しく、みずからも茶を好んだため、もっぱら茶道に用いる漆器の制作にあたる。宗哲の技は代々うけ継がれ、千家十職を務めて今日に至る。

なかむらたはちろう【中村太八郎】 1868.2.20～1935.10.17 明治・大正期の普選運動家。長野県出身。自由民権運動の影響をうけ地元で活動後、東京に出て社会問題研究会の発足に関与。松本に戻り、一八九七年(明治三〇)に木下尚江(なおえ)らとともに最も早い普通選挙期成同盟会を結成。以降、一九二〇年(大正九)まで全国の普選運動の中心的人物として活動。一九〇五年に山路愛山らの結成した国家社会党に参加し、日韓親善、土地国有化問題にも取り組んだ。

なかむらつね【中村彝】 1887.7.3～1924.12.24 大正期の洋画家。茨城県出身。一九〇六年(明治三九)白馬会絵画研究所で黒田清輝、〇七年太平洋画会研究所で中村不折・満谷(みつたに)国四郎に師事。中原悌二郎(ていじろう)と親交を結ぶ。荻原守衛(もりえ)の感化を受け、レンブラント、ルノワール、セザンヌらの影響をうけた。新宿中村屋の相馬家の庇護のもと、文展・帝展で活躍。作品「エロシェンコ氏の像」「髑髏(どくろ)を持てる自画像」、著書「芸術の無限感」。

なかむらてきさい【中村惕斎】 1629.2.9～1702.7.26 江戸前期の儒学者。名は之欽、字は敬甫。通称は七左衛門のち仲二郎、惕斎は号。京都の呉服商の家に生まれ、幼少から句読を郷師にうけ朱子学を学ぶ。天文地理・度量衡にも精通し、礼を重んじ誠敬を本とした。朱子の「四書集注」を注釈した「四書示蒙句解」は、「小学示蒙句解」とともに儒教を学ぶ者の入門書である。著書の多くは、家学を継承した門人増田立軒によって死後刊行された。著書はほかに「講学筆記」。

なかむらでんくろう【中村伝九郎】 歌舞伎俳優。江戸前期～大正期に六世を数えるが初世が著名。初世（一六六二～一七一三）は元禄期の江戸を代表する名優。俳名舞鶴。初世中村勘三郎の孫。四世勘三郎として座元を勤めた後、役者に専念、荒事・武道事を得意とし、奴丹前の芸で評判をとり、曾我狂言における朝比奈役の型を確立。二世（一七一九～七七）は六世勘三郎の次男で初世の当り役を継承。八世勘三郎として座元も勤めた。六世（一八五九～一九二三）は近代の立役初世中村芝鶴が名跡を継承。本名祖父江由三郎。

なかむらでんじろう【中村伝次郎】 歌舞伎振付師。江戸時代に五世を数える。初世（?～一七二九）は江戸振付師の始祖志賀山万作の子とされる。はじめ道化方の役者をつとめた。初世中村伝九郎の引立で中村座の振付で活躍。二世（?～一七八一）は初世の子。俳名舞扇。親にまさる振付師。門弟に初世中村仲蔵・中村弥八・初世藤間勘兵衛がいる。三世（?～一七八三）は二世の子。前名竹三郎。奴伝次郎と異名をとる。

なかむらときぞう【中村時蔵】 歌舞伎俳優。明治初期から五世を数える。初世は三世中村歌六の前名、二世はその養子だが早世。屋号は四世まで播磨屋。五世は万屋。三世（一八九五～一九五九）は初世の次男で大正・昭和期の女方の名優。本名小川米吉郎。俳名獅童。兄初世中村吉右衛門の相手役を長くつとめ、第二次大戦後は古風で堂々たる風格の立女方となった。芸術院会員。四世（一九二七～六二）は三世の次男。本名小川茂雄。美貌の女方で戦後の花形の一人となったが早世。

なかむらとみじゅうろう【中村富十郎】 歌舞伎俳優。江戸中期から五世を数える。初世と二世が著名。屋号は天王寺屋。初世（一七一九～八六）は江戸中期を代表する女方。初世芳沢あやめの三男。容貌・風姿にすぐれ、地芸・所作ともによく、三都の最高峰の位置にあった。「京鹿子娘道成寺」の初演者として知られる。俳名慶子。二世（一七八六～一八五五）は文化～天保期の京坂を代表する女方。三世中村歌右衛門の門人。風姿と口跡にすぐれ、地芸と所作を兼ねた。屋号は天王寺屋、のち八幡屋。俳名三光・慶子。四世（一九〇八～六〇）は東京都出身。本名渡辺亀蔵。二世坂東彦十郎の長男。第二次大戦後の関西劇壇の立女方。

なかむらなおかつ【中村直勝】 1890.6.7～1976.2.23 昭和期の日本史学者。大津市出身。一九一五年（大正四）京大卒。第三高等学校教授・京都帝国大学助教授・京都女子大学教授・大手前女子大学学長を歴任。中世史専攻で、文化史・荘園史・南北朝時代史・古文書学など広く研究・啓蒙活動を行った。著書は「日本文化史」「南朝の研究」「日本古文書学」など一〇〇冊をこえ、主要なものは「中村直勝著作集」全一二巻に収録。

なかむらなおぞう【中村直三】 1819.3.8～82.8.13 幕末～明治期の農事改良家。大和国生れ。文久年間（一八六一～六四）に多収穫の稲種伊勢錦を試作、周辺に広めた。また農書「勧農微志」を著し改良農法を紹介。維新後は奈良県植物試作掛をへて、秋田県勧業掛となり石川理紀之助を指導。その後宮城県勧業御用掛・堺県勧業掛を歴任、各地の稲作指導に回った。

なかむらなかぞう【中村仲蔵】 歌舞伎俳優。江戸中期～昭和期に五世を数える。初世（一七三六～九〇）は天明期を代表する立役・実悪役者。江戸生れ。風貌・技芸ともにすぐれ、地芸で「秀鶴型」といわれる新演出も試みた。舞踊志賀山流を継ぎ、舞踊劇の大成者としても知られる。屋号は栄屋。俳名秀鶴。三世（一八〇九～八六）は幕末～明治中期の実悪役者。江戸生れ。幼名は亀吉・富太郎。「与話情浮名横櫛」の蝙蝠安の名演で知られる。芸道に通じ当時の劇界のお師匠番。自叙伝「手前味噌」などの著書も名高い。屋号は舞鶴屋。俳名秀鶴。

なかむらばいぎょく【中村梅玉】 歌舞伎俳優。幕末期から四世を数えるが、初世は三世中村歌右衛門の俳名。屋号は高砂屋。二世（一八四一～一九二一）は京都生れ。本名笹木徳数。俳名三雀。立役を本領として明治後期には上方の中心的存在となり、晩年は長老格で重きをなした。三世（一八七五～一九四八）は二世の養子。本名笹木伊之助。俳名三雀など。大阪府出身。初代中村鴈治郎の相手役を長くつとめ、晩年は古風で格調ある女方芸が東京でも高く評価された。芸術院会員。

なかむらはじめ【中村元】 1912.11.28～99.10.10 昭和後期～平成期のインド哲学・仏教学者。島根県出身。東大印度哲学・梵文学科卒。東大助教授をへて同教授。古代インド哲学・ヒンドゥー教・原始仏教・仏教諸派などを中心に、広く日本・中国・インド・西洋にわたる比較思想・宗教の研究を進め国際的権威になった。一九五七年（昭和三二）「初期ヴェーダーンタ哲学史」で学士院恩賜賞、七七年文化勲章。東大退官後は私塾東方学院を主宰。数多くの著作は「中村元選集」全五〇巻に収録。

なかむらはんじろう【中村半次郎】 ⇨桐野利秋

なかむらひでたか【中村栄孝】 1902.5.1～84.1.4 昭和期の日本史・朝鮮史学者。千葉県出身。一九二六年（大正一五）東大卒。朝鮮総督府朝鮮史編修会で「朝鮮史」編修に従事。戦後、名古屋大学・天理大学教授を歴任。中世・近世の日朝関係を研究し、「日鮮関係史の研究」で七〇年(昭和四五)学士院恩賜賞をうける。

なかむらふせつ【中村不折】 1866.7.10～1943.6.6　明治～昭和前期の洋画家・書家。江戸生れ。本名は鈼太郎(さくたろう)。漢籍を学び長野で教員をしていたが、上京して小山正太郎に入門。一九〇一年(明治三四)渡仏してアカデミー・ジュリアンでジャン・ポール・ローランスに師事。官学を学び、帰国後は太平洋画会や官展に出品した。三四年(昭和九)太平洋美術学校校長に就任。帝国美術院会員・芸術院会員。歴史画を得意としたが、書にも優れ、碑版法帖(ほうじょう)の収集にも努めた。

なかむらまさなお【中村正直】 1832.5.26～91.6.7　幕末～明治期の教育家。幕臣の子として江戸に生まれる。敬輔、号は敬宇。昌平黌(しょうへいこう)に学んで幕府儒員となる。蘭学・英学を志し、幕府遣英留学生の監督として渡英。維新後は静岡に移り、「西国立志編」「自由之理(ことわり)」を訳出して刊行。一八七二年(明治五)上京して大蔵省に出仕。翌年同人社を開塾し、また女子教育・盲啞教育にも尽力。明六社創立員・東京大学教授・元老院議官などとして活動した。東京学士会院会員。

なかむらみつお【中村光夫】 1911.2.5～88.7.12　昭和期の評論家・劇作家・小説家。本名木庭(こば)一郎。東京都出身。東大卒。在学中から新進の批評家として知られる。一九三八年(昭和一三)からフランス留学。代表作「風俗小説論」「谷崎潤一郎論」「志賀直哉論」「二葉亭四迷伝」、戯曲「汽笛一声」、長編小説「贋(にせ)の偶像」、小説「グロテスク」。

なかむらやろく【中村弥六】 1854.12.8～1929.7.7　明治・大正期の林学者。信濃国生れ。ドイツに留学。一八八三年(明治一六)帰国、農商務省に入る。山林学校教授。林学の基礎を築く。長野県選出衆議院議員。治山・治水・林政を論じた。東京木材会社を設立し、木材業界に進出。帝国林政研究会会長・大日本山林会顧問。

なかむらゆうじろう【中村雄次郎】 1852.2.-～1928.10.20　明治・大正期の軍人・政治家。伊勢国生れ。陸軍中将。男爵。和歌山藩士の子。フランス留学後、陸軍士官学校長・陸軍次官などを歴任。退役後は製鉄所長官・満鉄総裁を務めた。第一次大戦中は現役に復帰し、関東都督。一九二〇年(大正九)宮内大臣となり、皇太子(のちの昭和天皇)の婚約をめぐる宮中某重大事件の処理に奔走し、翌年、婚約に変更のないことを公表して辞任した。

なかむららんだい【中村蘭台】 1856～1915　明治期の篆刻(てんこく)家。名は稲吉、のち蘇香。蘭台は号。はじめ高田緑雲について温雅な刻風を学び、のち徐三庚(じょさんこう)に傾倒し華麗な刻風となり、さらに秦・漢の古銅印や鄧完白(とうかんぱく)・趙之謙(ちょうしけん)の刀法を融合して多彩で独特の表現をみせる。次男の秋作が二世を襲名し斬新な刻風をみせた。

なかやいさぶろう【中屋伊三郎】 ?～1860　江戸後期の銅版画家。姓は中氏、号は凸凹堂・芝蘭堂。おもに上方で活動。医学人体解剖図の模刻に力をつくし、「解体新書」に収められた図(小田野直武画)を銅版画の技法により模刻し、一八二六年(文政九)「重訂解体新書」を完成。実用図としての銅版画技術を完成したことは高く評価される。

なかやうきちろう【中谷宇吉郎】 1900.7.4～62.4.11　昭和期の物理学者。石川県出身。東大卒。寺田寅彦の指導をうけた。一九二八年(昭和三)イギリスに留学、長波長X線を研究。帰国後は北海道帝国大学教授として雪の研究を開始。兎の毛を使って天然雪と同じ結晶を作ることに成功した。北大低温科学研究所所長を務め、プリンストン高級科学研究所教授や国際雪氷協会副会長を歴任。学士院賞受賞。また自然と人生についての随筆家としても知られる。

ながやおう【長屋王】 ?～729.2.12　天武天皇の孫で、高市(たけち)皇子の子。母は天智天皇の姉御名部(みなべ)皇女か。文武天皇の同母妹吉備内親王を正妻とし、親王に準じる高い待遇をうけた。元明天皇の信頼あつく、七二〇年(養老四)の藤原不比等(ふひと)の死後は政権の中核となり、右大臣ついで左大臣に任じられ、良田百万町の開墾計画(七二二)、三世一身の法の制定(七二三)などの諸政策を実施した。しかし七二四年(神亀元)の聖武天皇の即位後は、藤原武智麻呂(むちまろ)ら不比等四子の勢力が強まり、七二九年(天平元)謀反の罪で妻子とともに自殺に追いこまれた(長屋王の変)。漢詩文をよくし、自邸でしばしば詩宴を催したほか、仏教の信仰もあつかった。王の邸宅跡からは多くの木簡が出土している。

なかやまいさこ【中山績子】 1795.2.10～1875.2.12　幕末・維新期の朝廷女官。愛親(なるちか)の女。一八〇七年(文化四)東宮に出仕、上臈(じょうろう)となる。一八一七年仁孝天皇の践祚(せんそ)で典侍に任じられ宰相典侍と称した。四六年(弘化三)従三位に叙され、孝明天皇の践祚で大典侍。六七年(慶応三)明治天皇の践祚後も女官の筆頭にあって、六九年(明治二)正三位に進む。日記「中山績子日記」。

なかやまいちろう【中山伊知郎】 1898.9.20～1980.4.9　昭和期の経済学者。三重県出身。東京商科大学卒。一九二七年(昭和二)から英・米・独に留学、シュンペーターに師事。二九年東京商科大学助教授、三七年教授。第二次大戦後、一橋大学学長。四六年の中央労働委員会発足以来の公益委員で、五〇年から一〇年間会長。そのほか政府関係の審議会・調査会の会長職を数多く歴任し、経済政策に多大の影響を与えた。六八年文化功労者。「中山伊知郎全集」全一八巻・別巻一。

なかやまぎしゅう【中山義秀】 1900.10.5～69.8.

19　昭和期の小説家。本名議秀。福島県出身。早大卒。在学中師友横光利一を知る。一九三八年(昭和一三)発表の「厚物咲」で第七回芥川賞受賞。翌年小説「碑」で文壇的地位を確立。第二次大戦後は戦記文学「テニヤンの末日」、「咲庵」「芭蕉庵桃青」などの歴史小説に力を注いだ。

なかやまけ【中山家】　藤原氏花山院家庶流。羽林家。藤原忠宗の三男忠親に始まる。忠親は平氏全盛期に中宮(建礼門院平徳子)権大夫、東宮(安徳天皇)大夫を勤め、日記「山槐記」を残す。江戸時代の家禄は二〇〇石。代々議奏を勤めた。江戸後期の愛親は、尊号一件に連坐して閉門に処されたが、女績子は仁孝・孝明・明治の三天皇に仕えた。幕末の忠能の女慶子は、明治天皇の生母。忠能は議奏・国事御用掛を勤め、岩倉具視などと王政復古策をはかった。維新後は従一位・准大臣に昇り、侯爵。また大正天皇の養育掛となった。忠能の七男忠光は天誅組首領となり暗殺された。

なかやまこうよう【中山高陽】　1717～80.3.12　江戸中期の南画家。名は象先、のち廷沖。字は子和。高陽は号。土佐国高知の商家に生まれ、京坂へ遊学して彭城百川に入門。四二歳で江戸に出て、四五歳のとき詩書画への精励を約して高知藩士となった。作品に「象潟真景図」、著書に画論「画譚鶏肋」、旅行記「奥游日録」。

なかやまこみん【中山胡民】　1808～70.1.8　江戸末期の漆芸家。武蔵国葛飾郡の名主の家に生まれる。原羊遊斎の門下で蒔絵を学び、伝統様式にそった精巧で緻密な作風を確立。師としても小川松民をはじめ多くの門人を育てた。「蒔絵注文控」などの史料から、多数の器物の制作にたずさわったことがわかるが、現存する作品では東京国立博物館蔵の虫籠形蒔絵菓子器、個人蔵の山水蒔絵硯箱などが有名。

なかやまさくさぶろう【中山作三郎】　1785～1844.8.12　江戸後期のオランダ通詞。名は武徳。肥前国長崎生れ。一七九八年(寛政一〇)稽古通詞、一八一六年(文化一三)父作三郎武成の病没により小通詞役をつぎ、三〇年(天保元)大通詞となる。「ドゥーフハルマ」の翻訳増補訂正作業に従事。シーボルトの鳴滝学舎開設に尽力。シーボルト事件に際してはその処理にあたって長崎奉行の信任を得た。オランダ商館長の江戸参府にもしばしば随行、鷹見泉石など江戸の蘭学者との交流も深かった。

なかやまさだちか【中山定親】　1401～59.9.17　室町中期の公卿。父は満親。母は伊予守満貞の女。一四二一年(応永二八)参議。三六年(永享八)武家伝奏となる。四一年(嘉吉元)権中納言、四三年権大納言となり弾正尹を兼ねる。四六年(文安三)正二位に叙されたのち辞職。四八年出家、法名祐繁。「新続古今集」に和歌が選ばれた。日記「薩戒記」。

なかやまし【中山氏】　近世の旗本・水戸家付家老。姓は丹治。はじめ加治と号したが、武蔵国高麗郡中山に住んだため中山に改めたという。上杉氏・後北条氏に仕えたが、小田原攻め後、照守・信吉兄弟が徳川家康に仕えた。以後、照守の家系は旗本。信吉は家康の一一男頼房の傅役となり、一六〇九年(慶長一四)頼房の水戸入封にともない、一万五〇〇〇石を与えられて付家老となった。のち一万石加増。常陸国松岡を陣屋とした。一八六八年(明治元)二万五〇〇〇石で諸侯に列し、維新後男爵。

なかやましょうぜん【中山正善】　1905.4.23～67.11.14　昭和期の宗教家。天理教の二代真柱。初代真柱中山真之亮の長男で、教祖中山みきの曾孫。奈良県出身。東大卒。父の死にともない、一九一五年(大正四)一〇歳で真柱となり、のち管長。天理教の教義体系の確立に努力。スポーツ・文化活動に貢献し、海外布教にも努めた。第二次大戦中の国家権力による宗教統制に耐え、天理教の教勢を伸ばした。

なかやましんぺい【中山晋平】　1887.3.22～1952.12.30　大正・昭和期の作曲家。長野県出身。一九〇五年(明治三八)上京、島村抱月の書生をしながら東京音楽学校を卒業。一四年(大正三)芸術座公演「復活」の劇中歌「カチューシャの唄」を手始めに、「さすらいの唄」「船頭小唄」「東京行進曲」「東京音頭」など、民謡の音階とリズムを生かした大衆歌謡を作曲し、晋平節として広く愛唱された。「あの町この町」「証城寺の狸囃子」ほか童謡も数多く残す。

なかやまただちか【中山忠親】　1131～95.3.12　平安末～鎌倉初期の公卿。羽林家である中山家の祖。藤原忠宗の三男。母は藤原家保の女。中山内大臣と称する。一一四〇年(保延六)従五位下。蔵人頭・参議・権中納言などをへて九一年(建久二)内大臣。有職故実に通じ、朝儀に明るく重んじられた。八五年(文治元)源頼朝の推挙で議奏公卿となる。日記「山槐記」は治承・寿永の乱前後の重要史料。著書「貴嶺問答」。

なかやまただみつ【中山忠光】　1845.4.13～64.11.15　幕末期の公家。准大臣忠能の七男。母は肥前国平戸藩主松浦静山の女愛子。長兄忠愛の養子。一八五八年(安政五)侍従、六三年(文久三)国事寄人。尊攘派志士と交わり、大和行幸を企図。天誅組首領として大和国五条代官所を襲撃。幕府軍に敗れ長門国萩藩領に潜伏。六四年(元治元)藩内佐幕派に暗殺される。七〇年(明治三)贈正四位。萩藩側は、領内の住吉神社内の中山社(現、中山神社)に祭祀した。

なかやまただやす【中山忠能】　1809.11.11～88.6.12　幕末・維新期の公家。明治天皇の外祖父。忠頼の次男、母は正親町(おおぎまち)実同の女綱子。一八四七年(弘化四)権大納言、五八年(安政五)議奏。一八六一年(文久元)和宮降嫁の際、御用掛として江戸に赴く。翌年一時差控の後、国事御用掛。長門国萩藩尊攘派を支援し、六四年(元治元)禁門の変後、参朝停止。六七年(慶応三)明治天皇践祚(せんそ)で赦免、鹿児島・萩両藩に討幕の密勅を下す。王政復古で議定。六八年(明治元)輔弼(ほひつ)、従一位准大臣。六九年神祇伯、賞典禄一五〇〇石。八四年侯爵。

なかやまたろう【中山太郎】 1876.11.13～1947.6.13　大正・昭和期の民俗学者。栃木県出身。東京専門学校卒。東京・大阪での新聞記者をへて、雑誌記者として博文館に入る。博文館在職中、柳田国男と高木敏雄により創刊された雑誌「郷土研究」に触発され、研究の道を定める。以後、「郷土研究」誌上に多数の報告書・論文を発表し、同誌の常連となる。民俗学研究上、文献資料を高く評価し、対象を常民(じょうみん)に限らず上流や特権階級をも包含した。日本文化を北方系・南方系・アイヌ系の三つにわけ、前二者を重視する日本民族文化系統論を展開。著書「日本巫女史」「日本盲人史」「万葉集の民俗学的研究」「日本民俗学辞典」。

なかやまなるちか【中山愛親】 1741.5.25～1814.8.18　江戸後期の公家。栄親の子。母は勧修寺高顕の女。一七六一年(宝暦一一)参議、七四年(安永三)権大納言。八二年(天明二)議奏となり、光格天皇に近侍。天皇の実父閑院宮典仁(すけひと)親王への太上天皇号宣下に腐心したが、幕府が認めず事態は紛糾(尊号事件)。九三年(寛政五)幕命で武家伝奏正親町公明(おおぎまちきんあき)と江戸に喚問される。帰京後蟄居、議奏を罷免。一八八四年(明治一七)贈従一位。

なかやまのぶな【中山信名】 1787～1836.11.10　江戸後期の国学者。常陸国久慈郡石名坂村の医師の子。通称平四郎、のち勘四郎、号は柳洲。一六歳のとき塙保己一に入門。一八〇九年(文化六)幕臣中山有林の養子となり、林述斎のもとで書物御用出役として香取・鹿島両神宮の古文書調査に従事した。塙とともに「群書類従」の校訂を行い、和学講談所の教授にも推された。「常陸志料」など常陸を中心とした著書が多い。ほかに「関城書考」。

なかやまぶんしち【中山文七】 歌舞伎俳優。江戸中期～幕末期に四世を数える。初世(一七三二～一八一三)は明和・安永期の京坂劇壇の重鎮。実事(じつごと)と所作事(しょさごと)を得意とし、大柄な体格で力士役をよくした。屋号は和泉屋。俳名由男(しょお)。二世(一七五五～九八)は初世の実弟中山新九郎の養子。身分ある人物や金持の息子が仔細あって身を落とし、いやしい姿で演じるやつし事の功者として知られ、また実事にも長じ、初世の当り役を引き継いだ。屋号は三扇屋のち鬢付屋(びんつけや)。俳名至生・由男ほか。

なかやまぶんぽ【中山文甫】 1899.9.16～1986.10.16　未生(みしょう)流の生花(いけばな)師。本名文三。未空斎文甫と号した。京都の重森三玲(みれい)のもとに集まったいけばな人との交流のなかで、新しい花を追求し、一九四八年(昭和二三)前衛挿花(いけばな)個展を開催し、注目された。五四年に未生流中山文甫会を結成。五六年には前衛挿花のほか、暮らしのいけばなを提唱した。長男景之が二世を継ぐ。

なかやまみき【中山みき】 1798.4.18～1887.2.18　天理教の教祖。父は大和国山辺郡三昧田村の庄屋前川半七正信。前川家は代々浄土教の檀家であったことからみき自身信仰を厚くした。一八一〇年(文化七)中山善兵衛と結婚。三八年(天保九)一〇月二三日、長男秀司の足痛の治療のために修験者の加持台になっていたところ突然神がかり状態になり、三日三晩続いて「月日(神)のやしろ」となったことから宗教者の道を選択し、五三年(嘉永六)以降、活動を本格化させた。教義として「おふでさき」「みかぐらうた」「おさしづ」などを定め、歌や手振りを交えて布教を行った。七四年(明治七)以降、官憲の弾圧をうけてたびたび留置されたが、屈することなく布教活動に努めた。

なかやまよしこ【中山慶子】 1835.11.28～1907.10.5　明治天皇の生母。忠能の女。母は肥前国平戸藩主松浦静山の女愛子。一八五一年(嘉永四)孝明天皇の後宮に召され、権典侍と称した。五二年皇子祐宮(さちのみや)(明治天皇)を生む。五九年(安政六)祐宮付となり、六八年(明治元)従三位に叙され禄五〇〇石。七〇年東京に移り従二位。七九年から八九年まで明宮(はるのみや)(大正天皇)御用掛。一九〇〇年従一位。

ながよし【長吉】 刀工の名。同名が多く、南北朝期に越後に甘呂俊長の門下という桃川長吉がおり、室町時代まで続いた。大和にも千手院長吉がいた。最も著名なのは室町時代の京都の平安城長吉で、その祖は南北朝期までさかのぼり、室町時代を通じて銘跡が続く。伊勢・三河・小田原でも作刀し、村正の師という。この長吉はふつう「ちょうきち」と音読する。

ながよし【長義】 ⇨長義(ちょうぎ)

ながよせんさい【長与専斎】 1838.8.28～1902.9.8　幕末～明治期の医政家。肥前国大村生れ。一七歳で大坂の緒方洪庵の適塾に入門、のち長崎に赴き病院精得館に入り、蘭医ポンペの教えをうけた。一八七一年(明治四)の欧米派遣使節団に加わり、先進国の医学教育と衛生制度を視察。帰国後、文部省医務局長・東京医学校長などを歴任。七八年内務省衛生局長となり、コレラ予防法案、日本薬局方編纂、検疫、上下水道の改良など、衛生行政・医事薬務に尽くした。

ながよまたお【長与又郎】 1878.4.6～1941.8.16　明治～昭和前期の医学者。専斎の子。東京都出身。東大卒。ドイツに留学。東京帝国大学教授。心臓および肝臓の研究を進めた。伝染病研究所・癌研究所の所長を歴任。心筋グリコーゲン・ツツガムシ病原体・胃潰瘍・脚気・肝硬変などの研究を行った。東京帝国大学総長時代の一九三七年(昭和一二)矢内原事件では辞表を受理したが、三八年荒木貞夫文相の帝国大学総長官選案に反対して撤回させ、大学の自治を守った。

ながよよしろう【長与善郎】 1888.8.6～1961.10.29 大正・昭和期の小説家・劇作家。東京都出身。父は長与専斎。学習院をへて東大中退。武者小路実篤の思想にひかれ、一九一〇年(明治四三)創刊の「白樺」に翌年参加。自伝的小説「盲目の川」、戯曲「項羽と劉邦」などの躍動感みなぎる長編で作家的地位を確立。理想主義・人道主義の論客として活躍。関東大震災後「不二」創刊、東洋的心境の思想小説「竹沢先生と云ふ人」を連載。ほかに小説「青銅の基督」、自伝「わが心の遍歴」。

なからいぼくよう【半井卜養】 1607～78.12.26 江戸前期の狂歌作者・俳人・医師。本姓和気氏。名は慶友、通称宗松。別号は奇雲など。和泉国堺生れ。連歌師肖柏の孫。貞徳に俳諧を学び、堺俳壇の第一人者となったが、一六五三年(承応二)幕府の医官として江戸の鉄砲洲に屋敷を得た。江戸に出たのちは五俳哲の一人に数えられ、和歌や連歌にも才能を発揮したが、狂歌で最も知られた。歌集「卜養狂歌集」。

なからいろあん【半井驢庵】 ?～1547? 室町時代の医師。丹波利長の子。名は明親。姓は和気氏。半井の家名について「寛政重修諸家譜」は、明親の邸宅に名水があり、半ば禁裏御料、半ば和気氏に使用が許され、後柏原天皇がこの井戸に半井と命名したことにちなむと記すが、半井姓は文明年間にさかのぼりうる。蘭軒澄玄・春蘭軒とも号す。永正年間に明国に渡り、武宗の病に薬を献じて癒した。帰国にあたって武宗より驢馬を贈られ、以来驢庵を称する。明親以来歴代驢庵を称する。

ながわかめすけ【奈河亀輔】 ?～1790 安永・天明期の上方を代表する歌舞伎作者。奈良生れ。号永長堂ほか。初世並木正三門下。生粋の歌舞伎作者としては上方で最初の人だったので、中古歌舞伎作者の祖とよばれた。実録本や講釈を脚色したお家物が多く、「伽羅先代萩」など今日でも改訂を加えて上演される作品が多い。また、一日の狂言の四番続きの法則を創始し、上方の作劇法に影響を残したといわれる。初世奈河篤助が一時二世を名のった。

ながわしめすけ【奈河七五三助】 1754～1814.10.20 江戸中期の上方の歌舞伎作者。俳名洗口。大坂道頓堀生れ。初世奈河亀輔門下となり、一七七七年(安永六)から出勤。天明～文化期に活躍し、江戸にも三度下った。亀輔同様、講釈などから多く題材をとったが、先行作の改訂翻案が得意だったので、洗濯屋とあだ名された。代表作に「隅田川続俤」など。弟子の十八助が二世を継いだ。

なかんだかりちげん【仲村渠致元】 1696.8.19～1754.6.18 首里王府時代の陶工。唐名は用啓基。那覇泉崎生れ。先祖代々陶業に従事し、致元も家業をつぎ技を磨いた。一七二四年王府の命をうけて八重山に赴き陶業を指導。三〇年薩摩に陶法修業のため派遣された。子の致英も陶工で王府の御用を勤め、五二年士籍にとりたてられ、父致元を一世とする家譜の作成を許可された。伝致元の作品に「線彫染付魚文皿」がある。

なきさわめのみこと【啼沢女命】 「古事記」では泣沢女神。「古事記」でイザナミが火の神を生んだために死んだとき、イザナキがなげいて流した涙から成った神。「日本書紀」では一書にのみみえる。鎮座地は「万葉集」に哭沢の神社と歌われ、大和の式内社の畝尾都多本神社にあたると考えられる。

なごえし【名越氏】 中世相模国の豪族。桓武平氏。北条氏の有力支族。北条義時の次男朝時が鎌倉の名越亭に住み、名越氏を称したのに始まる。朝時は、加賀など五カ国の守護となり、執権・連署につぐ地位にあった。長男光時は執権北条時頼と対立し、一二四六年(寛元四)の宮騒動で敗れて配流。七二年(文永九)光時の弟教時は北条時宗を討とうとして失敗し殺害された。兄弟の時章も巻き込まれて殺されたが、子孫が名越氏を継ぎ、評定衆となった。鎌倉幕府滅亡とともに一族のほとんどが滅びた。

●名越氏略系図

朝時─光時
　　─時章─公時─時家─高家─高邦
　　─時長─長頼─宗長
　　─時幸
　　─教時─宗教

なごえときあきら【名越時章】 1215～72.2.11 鎌倉中期の武将。北条氏の一族。父は朝時。光時の弟。一二四六年(寛元四)前将軍藤原頼経を擁立し北条時頼を倒す陰謀事件(宮騒動)の首謀者の嫌疑をうける。許されて翌年評定衆となり、さらに引付頭人となる。七二年(文永九)京都で名越教時の乱が勃発すると、弟教時とともに鎌倉で殺された。事件後、無実だったとされた。

なごえともとき【名越朝時】 1194～1245.4.6 鎌倉中期の武将。北条氏の一族。名越氏の祖。父は北条義時。一二一二年(建暦二)義時に義絶され駿河に蟄居。和田合戦の際に許されて奮戦し、承久の乱でも北陸道大将軍として広範な軍事指揮権を獲得。加賀・能登・越中・越後・大隅五カ国の守護を兼任。執権北条泰時の治世にもたびたび謀反のうわさが流れ、その後も名越氏は北条氏一族内部で独自の政治的立場をとることが多かった。

なごえのりとき【名越教時】 1235～72.2.11　鎌倉中期の武将。朝時の子。将軍近侍の役をへて一二六五年(文永二)評定衆となる。将軍宗尊親王と親密で、六六年宗尊親王追放の際には親王方として反乱をおこしかねなかったといわれ、七二年兄時章とともに誅殺された(名越教時の乱)。これは反得宗勢力の中心と目された名越氏に対する粛清で、元寇に備えた得宗権力一本化の犠牲となったと考えられる。

なごえみつとき【名越光時】 生没年不詳。鎌倉中期の武将。北条氏の一族。越後守。朝時の長男。一二四六年(寛元四)御家人の間で前将軍藤原頼経を擁立し北条時頼を倒す陰謀が計画され、その首謀者となる。しかし事前に時頼の知るところとなり、捕らえられ伊豆国江馬に流刑となった(宮騒動)。のち許されて鎌倉に戻った。

なごしいえまさ【名越家昌】 ?～1629.4.14　織豊期～江戸初期の釜師。京都の名越善正の次男。名は弥五郎、随越と号した。一六一四年(慶長一九)京都方広寺の梵鐘鋳造に兄の三昌とともに従事し、越中少掾・日本鋳物師棟梁を名のることを許された。幕府に招かれて江戸に下り、江戸名越家をおこした。

なごしけ【名越家】 京都三条釜座に住んだ鋳物師の一派。家伝では三条釜座のなかで最も古い家系という。織豊期の一一代善正の頃から栄え、長子三昌は一六一四年(慶長一九)京都方広寺の梵鐘を惣棟梁として弟家昌とともに鋳造し、釜座の中心的家系だったとみられる。家昌は幕府に招かれて江戸にいき、三昌は京都にとどまり、京名越家として代を重ねた。

なごしぜんせい【名越善正】 ?～1619.4.-　織豊期～江戸初期、京都三条釜座に住んだ釜師。通称弥七郎。徳川家康の釜師と伝えられ、名越昌孝の「鋳家系」は「慶長年中、故有て釜座の号を止らる、駿府に下り、訴訟して、再び釜座の号を賜る」と記す。長子三昌は一六一四年(慶長一九)京都方広寺の梵鐘鋳造の際、惣棟梁として全国の鋳物師を統率しており、善正は三条釜座の中心的存在であったと推測される。

なごやげんい【名古屋玄医】 1628.3.21～96.4.18　江戸前期の京都の古方派の医師。字は閲甫、号は丹水子・宜春庵。京都生れ。中国明末の一六四六年に上梓された喩嘉言著「尚論篇」を読み、治病の原点を後漢の張仲景著とされる経験的処方を主とした「傷寒論」におくことを悟り、はじめて古医方を唱導した。儒学における伊藤仁斎らの古学派とともに古医方隆盛の端緒をひらいた。著書「難経註疏」「金匱要略註解」「医方問余」。墓所は京都市上京区の浄福寺。

なごやさんざぶろう【名古屋山三郎】 ?～1603　織豊期の武士。華奢・風流を好んだかぶき者の代表とされる人物。史実では金沢藩名越家の祖因幡守と織田信長の姪養雲院の子。蒲生氏郷の小姓として武功を立て、流行歌にもうたわれた。のちに九右衛門と改名して森忠政に仕官。同僚との刃傷沙汰で没した。出雲のお国の夫または愛人などとして、歌舞伎の創始とかかわらせた虚構の伝承によって知られる。

なしもとのみや【梨本宮】 伏見宮貞敬親王の王子守脩親王を祖とする宮家。江戸後期に守脩親王は出家して円満院門跡に入り、ついで梶井門跡に移るが、一八六八年(明治元)閏四月に還俗し、梶井宮守脩親王と号し、七〇年に梨本宮と改称した。六八年閏四月、二代から臣籍に列するものとされ、七〇年には宮家王子の臣籍降下は華族に列すると定められたが、山階宮晃親王第一王子の継嗣菊麿王は、久邇宮朝彦親王の請願により宮家の相続を許された。のち菊麿王は八五年山階宮家へ復籍したため久邇宮朝彦親王の王子多田王が勅旨により三代目となり、八六年守正と改名。一九四七年(昭和二二)皇籍を離脱して梨本家となった。

なしもとのみやもりまさおう【梨本宮守正王】 1874.3.9～1951.1.1　明治～昭和期の皇族・陸軍軍人。梨本宮第三代。久邇宮朝彦親王の第四王子。幼名は多田。山階宮晃親王の第一王子で梨本宮を継いだ菊麿王が一八八五年(明治一八)山階宮家へ復籍したため、勅旨により相続し、八六年守正と改名。陸軍に入り、一九〇三年フランスに留学、日露戦争時に帰国して従軍するが、戦後再度留学。二三年(大正一二)陸軍大将、三二年(昭和七)元帥府に列する。第二次大戦後、戦犯として一時拘留された。

なすし【那須氏】 中世下野国の豪族。那須郡を本拠とした。藤原貞信を始祖とし、はじめ須藤氏を称したという。屋島の戦で扇の的を射た与一宗隆が知られる。鎌倉時代には烏山(現、栃木県烏山町)を本拠とする宗家を中心に一族諸氏が党的結合をなし、那須衆といわれた。室町時代には足利氏に仕えた。上杉禅秀の乱をきっかけに、宗家は上の荘・下の荘の二家に分裂したが、一五一六年(永正一三)下の荘の資房が再び両家を統一。その後、資晴のとき豊臣秀吉に領地を没収されたが、その子資景は徳川氏に仕え、大名に取り立てられた。資徳の代に改易され、旗本となった。

なすすけたね【那須資胤】 ?～1583.2.11　戦国期の武将。下野国烏山城(現、栃木県烏山町)城主。同族や近隣諸氏との連合体制である那須衆に依拠して、下野北部に勢力をふるった。一五五一年

(天文二〇)家督となる。永禄初年北方の蘆名(あしな)・白川両氏と争ったが、この過程で那須衆の連合体制が動揺。六三年(永禄六)には白旗城(現、黒羽町)城主大関高増が東方の佐竹氏と通じて離反したが、のち和議を結び那須衆の連合を回復。

なすすけはる【那須資晴】 1556～1609.6.19 戦国期～織豊期の武将。父は資胤。大膳大夫・修理大夫。下野国烏山城主として宇都宮などの諸氏と対立し、一五八五年(天正一三)宇都宮国綱を薄葉原で破るが、九〇年豊臣秀吉の小田原攻めに遅参し所領を没収された。のちゆるされ同国福原で五〇〇〇石を領する。関ケ原の戦では東軍に属し、一六〇二年(慶長七)一〇〇〇石加増。

なすのよいち【那須与一】 余一とも。生没年不詳。鎌倉前期の武士。下野国那須郡の住人。父は藤姓資隆。実名は宗隆(宗高)。「平家物語」によると、一一八五年(文治元)屋島の戦に源義経指揮下で参戦し、平氏方の船に掲げられた扇の的を一矢で射落とし、両軍の喝采を浴びたという。このほかには確かな史料上の所見もなく、実像は不明。幸若舞曲・浄瑠璃・能「八島」など後世の芸能にとりいれられ広く親しまれた。

なつかまさいえ【長束正家】 ?～1600.9.30 織豊期の武将。豊臣氏五奉行の一人。一五八五年(天正一三)から豊臣秀吉に仕えた。財政能力にすぐれ、小田原攻めの兵糧奉行をはじめ、文禄・慶長の役でも兵糧の確保・輸送に手腕を発揮、近江・越前両国の検地奉行も勤めた。九五年(文禄四)近江国水口城主となり、のち従四位下侍従に叙任され一二万石。九八年(慶長三)頃五奉行の一人となり、関ケ原の戦で西軍に属し戦死。

なつめせいび【夏目成美】 ⇨成美(せいび)

なつめそうせき【夏目漱石】 1867.1.5～1916.12.9 明治・大正期の小説家。本名金之助。江戸生れ。東大卒。幼時塩原家に入るが、養父母の不和から生家に戻る。大学の同級に正岡子規がいた。一八九五年(明治二八)松山中学に赴任。翌年五高教授に転任。一九〇〇年文部省留学生としてロンドンに留学、英文学研究にたずさわる。〇三年一高教授兼東京帝国大学文科大学講師。〇五年「吾輩は猫である」と「倫敦塔(ロンドンとう)」などの短編を発表、文壇に登場。「坊っちゃん」「草枕」などで余裕派とよばれた。〇七年東京朝日新聞に入社、文芸欄で活躍する。「三四郎」「それから」「門」の中期三部作を発表。大病をへて「こゝろ」「道草」「明暗」などで苦悩する近代知識人の内面を描いた。

ナバレテ **Ⅰ Alonso Navarrete** 1571.9.21～1617.4.27 スペイン生れのドミニコ会宣教師。一六一一年(慶長一六)来日し、管区長代理として日本ドミニコ会を統率し、長崎を中心に布教。禁教令後も潜伏し、殉教によって証をたてるために肥前国大村領で公然と布教。一七年(元和三)捕らえられ、大村湾の高島で斬首により殉教。

Ⅱ Luis Navarrete Fajardo ?～1597.10.21 来日フィリピン使節。一五九七年(慶長二)サン・フェリペ号事件の積荷没収と日本二十六聖人の殉教への抗議のための正使としてフィリピンから派遣される。平戸に来着し、大坂城で豊臣秀吉と交渉。サン・フェリペ号乗組員の送還と殉教者遺物の引渡しには成功したが、積荷の返還と殉教者の遺体引渡しは拒否された。またキリスト教の布教交渉も行ったが失敗に終わった。滞日中に没。

なべしまかつしげ【鍋島勝茂】 1580.10.28～1657.3.24 江戸前期の大名。肥前国佐賀藩主。父は直茂。信濃守。一六〇七年(慶長一二)竜造寺家断絶により同家の家督を継ぎ、鍋島佐賀藩の初代藩主となる。以後、領内総検地の実施、家臣団の知行三部上地などで蔵入地の拡大に努める一方、惣仕置職(諸役家老)の設置や、蔵方頭人制定など佐賀藩の初期藩政を整備した。四二年(寛永一九)幕府から長崎御番役の命をうけ、翌年から福岡藩と一年交代で長崎の警備にあたるなど、長崎防備の一翼を担った。

なべしまし【鍋島氏】 近世の大名家。はじめ千葉氏、のち竜造寺氏に仕えた。巧みな婚姻・血縁関係を通じ竜造寺氏の有力な家臣となる。直茂(なおしげ)は、一五七〇年(元亀元)大友氏との肥前国今山合戦に勝利し、その地位を確立。八四年(天正一二)竜造寺隆信が島津氏との戦闘で戦死すると、隆信の子政家にかわり領国政治を掌握。さらに八七年豊臣秀吉による九州平定後、直茂は竜造寺氏の家臣団も掌握。関ケ原の戦で竜造寺氏は西軍に属したが、戦後旧領を保持。一六〇七年(慶長一二)勝茂が竜造寺家を相続し、鍋島佐賀藩三五万七〇〇〇石余が成立。四二年(寛永一九)までに小城(おぎ)・蓮池(はすのいけ)・鹿島の三支藩が成立。維新後、本家は侯爵、他は子爵。

●鍋島氏略系図

清房―直茂┬勝茂[佐賀藩]┬元茂[小城藩]―直能―元武―元延＝直英―直員―直愈―直知＝直尭―直亮＝直虎(子爵)
　　　　　│　　　　　　├忠直―光茂―綱茂＝吉茂＝宗茂―宗教＝重茂＝治茂―斉直―直正(閑叟)―直大(侯爵)
　　　　　│　　　　　　├直澄[蓮池藩]―直之＝直称―直恒―直興＝直寛―直温＝直与―直紀＝直柔(子爵)
　　　　　│　　　　　　└直朝[鹿島藩]―直条―直堅―直郷……直永＝直晴＝直賢＝直彬(子爵)
　　　　　└忠茂

なべしまなおしげ【鍋島直茂】 1538.3.13～1618.6.3 織豊期～江戸初期の武将。肥前国佐賀藩の祖。父は清房、母は竜造寺家純の女。飛騨守。はじめ西千葉家の養子となったが、のち佐賀に帰り竜造寺隆信に臣従。一五八四年(天正一二)隆信の死後、その子政家をたすけ、竜造寺の領国経営にあたった。九〇年肥前国神埼郡で四万五〇〇〇石を与えられ、政家の子高房にかわり同氏領の政治を総覧し事実上の大名となる。文禄・慶長の役にも従軍し、関ヶ原の戦では西軍に属した。

なべしまなおひろ【鍋島直大】 1846.8.27～1921.6.7 幕末期の佐賀藩主、明治・大正期の政治家。侯爵。諱は茂実(しげざね)。佐賀藩主鍋島直正の嫡子。一八六一年(文久元)襲封。戊辰(ぼしん)戦争に藩兵を率いて従軍。六九年(明治二)鹿児島・山口・高知の三藩主とともに版籍奉還を建白。イギリス留学をへて外務省に入り駐イタリア公使。ついで元老院議官・式部長官・宮中顧問官などを歴任。

なべしまなおまさ【鍋島直正】 1814.12.7～71.1.18 幕末期の大名。肥前国佐賀藩主。父は斉直。号は閑叟(かんそう)。一八三〇年(天保元)家督相続。質素倹約を旨とした藩財政の緊縮策を推進。三七年から農村支配機構の改革、小作料の一〇年間猶予による本百姓体制の再編、臘・石炭などの特産物奨励などを行った。伊王島・神島に洋式砲台を設置、また洋式大砲鋳造のため大銃製造方を設け国産初の反射炉を建設。西洋理化学研究所である精錬方をおく。また佐野常民ら藩士を長崎海軍伝習所に派遣、西洋船舶を輸入し強大な海軍力を育成した。さらに種痘を世子直大(なおひろ)に施し西洋医学の摂取に努めた。六一年(文久元)隠居したが藩政を主導し、戊辰(ぼしん)戦争では育成した軍事力が官軍の勝利をもたらし、明治政府のなかでの佐賀藩の地位を高めた。

なべしまなおよし【鍋島直彬】 1843.12.11～1915.6.14 幕末期の佐賀藩支藩鹿島藩主、明治期の政治家。子爵。号は絅堂(けいどう)。鹿島藩主鍋島直永の嫡子。一八四八年(嘉永元)襲封。重野安繹(やすつぐ)らに学ぶ。藩政改革を進め、戊辰(ぼしん)戦争では本藩を助けて出兵。アメリカ留学をへて侍従・侍補・沖縄県令・元老院議官・貴族院議員などを務めた。

なべやまさだちか【鍋山貞親】 1901.9.1～79.8.18 昭和期の社会運動家。福岡県出身。小学校卒。職工となり、労働運動に開眼、友愛会から荒畑寒村のL・L会(労働運動研究会)に加入。結党まもない共産党に入党、評議会中央委員となり、日本楽器の争議を指導。二七年テーゼ作成に参加、党中央委員として活躍中、四・一六事件で逮捕。無期懲役の判決をうけたが、佐野学と転向声明を発表、内外に多大の影響を与え、一九四〇年(昭和一五)恩赦で出獄。妻と中国に渡り、敗戦を迎える。戦後世界民主研究所を設立、反共運動を推進。

なまえたかゆき【生江孝之】 1867.11.12～1957.7.31 明治～昭和期の社会事業家。陸奥国仙台生れ。青年期に受洗。北海道で教誨師(きょうかいし)をつとめたのち、一九〇四年(明治三七)に神戸市奉公会・神戸市婦人奉公会を設立し、軍人遺族の授産・救護・保育事業を行う。〇九年には内務省地方局嘱託となり慈恵救済事業を行う。一一年の済生会設立にも関与した。

なみかわそうすけ【濤川惣助】 1847～1910.2.9 明治期を代表する七宝(しっぽう)作家。下総国生れ。若くして東京にでて、尾張七宝を研究する。一八八七年(明治二〇)頃、銅板に銅線で文様を表す有線七宝から無線文様の七宝法を開発し、濃淡・ぼかしなど日本画の効果をえることに成功し、外国でも好評を博した。九六年に帝室技芸員となる。

なみかわてんみん【並河天民】 1679～1718.4.8 江戸中期の儒学者。通称伝之助、名は亮、字は簡亮。天民は門人による没後の私諡。京都の豪農の生れ。生涯仕官しなかった。一六九一年(元禄四)伊藤仁斎に入門するが、のち師説に疑問をもつ。程朱学の天理太極のような実体概念を否定する面で師を継承しながら、仁義礼智の人間内在性である性の普遍性を説いて仁斎を批判した。仁斎の論孟中心・道徳重視に対し、書経を重んじ政事(まつりごと)の観点を強調。徂徠学とは異なった仁斎学の批判的継承の方向といえる。著書「天民遺言」。

なみかわやすゆき【並河靖之】 1845～1927.5.28 明治期を代表する七宝(しっぽう)作家。京都生れ。一八七二年(明治五)尾張の桃井儀三郎英升が京都で七宝をおこすと、門下生として研修した。尾張七宝の正統を継ぐ有線七宝を金銀線を使って表し、色ガラスも光沢をつけて日本風の花鳥・山水画を技巧的に表現して一世を風靡した。九六年に帝室技芸員となる。

なみきごへい【並木五瓶】 1747～1808.2.2 歌舞伎作者。大坂生れ。初世並木正三(一説に並木十輔)門下。前名五八(吾八)・五兵衛ほか。号並木舎(なみきのや)・浅草堂。安永期から大坂で名声をあげ、一七九四年(寛政六)以後、江戸で活躍。大坂時代は「金門五三桐(きんもんごさんのきり)」など伝奇的で壮大な構想の時代物に傑作が多く、江戸に下ってからは、「五大力恋緘(ごだいりきこいのふうじめ)」など、旧作を江戸むきに書きなおした世話物の名作を残した。緻密な構成や人物の首尾一貫した性格描写など、合理的・写実的な作風で知られる。五瓶は四世まであって二世(一七六八～一八一九)は初世の門人篠田金治が晩年に襲名。三世(一七九〇～一八五五)は二世の門人で「勧進帳」の作者として著名。四世(一八二九～一九〇一)は三世の子。

なみきしょうざ【並木正三】 1730～73.2.17 「しょうぞう」とも。歌舞伎作者。宝暦期を中心に活躍した上方の名作者。大坂道頓堀の芝居茶屋の子。浄瑠璃作者並木宗輔の門下となるが、師の没後歌舞伎に転向。人形浄瑠璃に学んだ雄大な構想、複雑な筋立てや独特の機知にとんだせりふで歌舞伎の戯曲性を高め、セリ・回り舞台・がんどう返しなど舞台機構を改良・創案。代表作「三十石艠始」。正三の名は明治期の三世まで伝えられる。

なみきそうすけ【並木宗輔】 1695~1751.9.7 宗助とも。江戸中期の浄瑠璃作者。青年期を備後国三原の禅寺ですごす。還俗後大坂豊竹座に入り、一七二六年(享保一一)「北条時頼記」が第一作(合作)。享保期後半~元文期の豊竹座の立作者として活躍。四二年(寛保二)末から歌舞伎作者に転じるが、三年後に浄瑠璃作者に復帰、並木千柳と名を改め竹本座に入る。竹田出雲・三好松洛とともに浄瑠璃全盛期の諸作に名を連ねる。五一年(宝暦元)並木宗輔の名で再び豊竹座に戻るが、「一谷嫩軍記」を三段目まで書いたところで没し、絶筆となる。

なみざきとくじ【名見崎徳治】 富本節三味線方。江戸中期~大正期に七世を数える。初世(?~一八一〇)は、一七七二年(安永元)から二世富本豊前太夫の立三味線を弾く。「鞍馬獅子」「浅間」を作曲。七世(一八四五~一九一七)は本名吉野万太郎。四世富本豊前太夫の門弟。七世を名のるが苦情があって三世得寿斎と改名。一九〇〇年(明治三三)独立し名見崎派をおこす。東京音楽学校の嘱託員に選ばれた。

なむらたいぞう【名村泰蔵】 1840.11.1~1907.9.6 明治期の司法官。肥前国長崎生れ。一八七二年(明治五)司法省出仕、のち司法大書記官・大審院検事長・大審院長心得などを歴任。刑法・治罪法などの立案、民権派の激化事件の処理に関与した。

なめかたきゅうべえ【行方久兵衛】 1616~86 江戸前期の若狭国小浜藩士。名は正成。大規模土木工事を成功させた人物として知られる。小浜藩作事奉行・郡奉行・勘定奉行などを勤める。郡奉行在任中の一六六二年(寛文二)三方郡浦見坂開削に着手し成功させたほか、勘定奉行のときには荒井用水改修、金山新田開拓を実現した。

なやすけざえもん【納屋助左衛門】 呂宋助左衛門とも。生没年不詳。織豊期の堺の貿易家。納屋氏は堺の上層市民、納屋衆の出身。「太閤記」などによると、一五九三年(文禄二)にルソンへ渡航して同地の珍貨をもたらし、豊臣秀吉に献上した。このとき舶載した真壺(呂宋壺)は茶道の珍器としてもてはやされ、巨利を博したという。その後、秀吉の忌諱にふれ失脚したが、一六〇七年(慶長一二)カンボジアに渡航し、同地の国王の信任を得たといわれる。

ならせんじ【奈良専二】 1822.9.13~92.5.4 明治期の篤農家。讃岐国の農家に生まれ、奈良稲とよばれる一本稲を広めた。一八八五年(明治一八)千葉県に出仕し、良米種の千葉錦を県内に普及させ、また「新撰米作改良法」「農家得益弁」を著した。九〇年秋田県有志の招聘に応じ、農事の改良と甘藷・落花生の栽培などを奨励した。

ならとしなが【奈良利寿】 1667~1736.12.14 江戸中期の装剣金工。奈良利治あるいは奈良利永の門人と伝え、土屋安親・杉浦乗意とともに奈良三作と評される名工。作品は縁頭が多く、腰の低い独特の形で、真鍮・赤銅・四分一などの地金を用い、高肉象嵌による花鳥・禽獣・人物などの表現に妙味をみせる。鐔は少ないが、すべて鉄地で雄勁かつ細密な高肉彫、金銀象嵌に特色がある。代表作「大森彦七図鐔」「牟礼高松図鐔」。

ならばやしそうけん【楢林宗建】 1802.2.7~52.10.6 江戸後期の長崎の蘭方医。父は栄哲。諱は高房、のち宗建。号は和山。シーボルトに牛痘法をはじめ医学全般を学び、父の跡をついで佐賀藩医となる。一八四七年(弘化四)藩主鍋島直正に牛痘法導入を命じられ、四九年(嘉永二)商館医モーニケと相談して牛痘痂皮をジャワからとりよせ、種痘に成功した。著書「牛痘小考」「瘍医方函」「外科瑣言」。墓所は長崎市の聖徳寺。

ならばやしちんざん【楢林鎮山】 1648.12.14~1711.3.29 江戸前期のオランダ通詞・外科医。名は時敏、鎮山は号。長崎生れ。通詞楢林家初代。一六五六年(明暦二)稽古通詞、六六年(寛文六)蘭語吟味の結果小通詞に、八六年(貞享三)大通詞に昇進した。この間七三年(延宝元)イギリス船、八五年ポルトガル船来航時に応接通詞を担当。九八年(元禄一一)蘭人に加担し勤方不行届きとして退職、医に転身した。通詞のかたわら蘭館医師から医術を学び、楢林流外科の開祖として名声をえた。著書「紅夷外科宗伝」。

ならはらさんじ【奈良原三次】 1876.12.29~1944.7.14 明治期の航空機研究家。鹿児島県出身。東大卒。海軍に入り、臨時軍用気球研究会委員として練習機の試作を命じられた。二号機は一九一一年(明治四四)五月、所沢で国産飛行機として初飛行に成功。東京飛行機製作所を創設。千葉県に飛行場を開設し、飛行家養成にあたった。

ならはらしげる【奈良原繁】 1834.5.23~1918.8.13 明治期の政治家。鹿児島藩士出身。幕末に島津久光の命で藩の尊攘派を弾圧(寺田屋騒動)。一八七八年(明治一一)内務省に出仕し、御用掛。以後内務権大書記官・農商務大書記官・静岡県令・元老院議官などを歴任。九二~一九〇八年沖縄県知事を務め、上からの近代化を強行、「琉球王」の異名をとったが、専制的支配に対し謝花昇らの民権運動がおこった。

ならやいちえもん【奈良屋市右衛門】 江戸町年寄奈良屋の世襲名。初代市右衛門は大和国の豪族大館氏の一族で奈良に居住したが、三河時代から徳川家康に仕えたと伝える。本能寺の変の際、家康の伊賀越の供をした小笠原小太郎が改名したとの説もある。家康の関東入国以来、樽屋・喜多村とともに一二代にわたり江戸町年寄を世襲。本町一丁目の拝領屋敷に役宅をおいて市政の一端を担った。一八三四年(天保五)一〇代市右衛門のとき、先祖にちなむ館の苗字を名のることを許された。

ならやどうせき【奈良屋道汐】 ?～1630.4.28 近世初期の堺の豪商で糸割符年寄。名は勝兵衛・一忠。伏見在城の徳川家康からポルトガル船生糸の買入れを要請されて応じ、一六〇四年(慶長九)糸割符法制定により堺糸割符仲間三七人のうちに加わり、その年寄となる。同じく仲間となった高石屋宗岸や伊予屋良干は同族。子の宗恵も糸割符年寄に任じられたが、その後衰微して仲間から外されたため、子孫利左衛門が特権回復の運動をしたことが「糸乱記」に載る。

ならやもざえもん【奈良屋茂左衛門】 1655?～1714.6.13 江戸中期の江戸の材木商人。通称奈良茂。姓は神田、諱は勝豊、安休と号す。寛永年間以来代々深川霊岸島に居住。茂左衛門勝豊は四代目にあたる。伝承によれば、勝豊は裏店住いの車力ないし小揚人足の子で、材木問屋奉公のち独立、日光東照宮の修復用材調達請負を契機に巨利を得、一代で急成長したという。勝豊は貸金と不動産所得を柱とした家産維持を子孫に遺命したが、五代目茂左衛門広璘と弟安左衛門勝屋は遊興で膨大な遺産の多くを使いはたし、以降同家の経営は衰退した。紀文(紀伊国屋文左衛門)・奈良茂と併称される英雄的豪商としての伝承は、四代目の出世譚と五代目兄弟の行状をあわせて形成されたと考えられる。

なりたそうきゅう【成田蒼虬】 ⇨蒼虬

なりたともみ【成田知巳】 1912.9.15～79.3.9 昭和期の政治家。香川県出身。東大卒。三井鉱山に入社。第二次大戦後三井化学文書課長を辞し、四六年社会党から衆議院議員に当選。左派に属し理論派として知られた。六二年、党内で批判をうけた江田三郎にかわって書記長に就任。六八～七七年委員長。党体制の改善を指摘したが、この間に党の支持率は低落した。

なりたや【成田屋】 ⇨市川団十郎

なりやすどうとん【成安道頓】 1533～1615 道頓堀の開削者の一人。摂津国平野の七名家の一つ成安家の出身で、豊臣政権に仕えた。一六一二年(慶長一七)同じ平野出身の平野藤次郎や久宝寺の安井九兵衛らとはかり、大坂城南の野原の下渡しをうけ、運河の開削と町屋の造成を自己資金で開始した。しかし大坂の陣で戦死し、一五年(元和元)平野らの手で完成をみた。運河ははじめ南堀川といったが、道頓堀として現在まで残る。かつて道頓は安井氏と考えられていたが誤り。

なりよししんのう【成良親王】 1326～44.1.6? 「なりなが」とも。後醍醐天皇の皇子。母は新待賢門院廉子。一三三三年(元弘三)足利直義に奉じられ鎌倉へ下向。三四年(建武元)四品・上野太守に叙任。三五年中先代の乱で鎌倉を脱出し帰京後、征夷大将軍に任じられた。三六年(建武三・延元元)足利尊氏により光明天皇の皇太子にたてられたが、後醍醐天皇が吉野へ移り南北朝分裂となったため廃された。

なるしまもとなお【成島司直】 1778～1862.8.13 江戸後期の幕臣・儒者。通称邦之丞、号は東岳。幕府書物奉行成島勝雄の子で、柳北の祖父。一八〇九年(文化六)から「徳川実紀」の編纂に従事、その功により四一年(天保一二)奥儒者から広敷用人次席格に昇り、図書頭に任官。翌年将軍徳川家慶の日光社参に供奉するが、四三年免職、隠居・慎を命じられた。

なるしまりゅうほく【成島柳北】 1837.2.16～84.11.30 幕末～明治期の漢詩人・新聞記者。本名惟弘。灤上漁史・何有仙史と号す。幕臣図書頭稼堂の三男として江戸に生まれる。奥儒者となり将軍徳川家定・家茂に経学を講じ、父祖編纂の「徳川実紀」「後鑑」を校訂。一八六三年(文久三)時事を諷して閉門、英学を学ぶ。慶応年間(一八六五～六八)騎兵奉行・外国奉行・会計副総裁を歴任。明治維新後は新政府の招きを拒み、「朝野新聞」主筆として讒謗律・新聞紙条例を批判。漢詩文誌「花月新誌」を刊行。著書「柳橋新誌」。

なるせし【成瀬氏】 尾張徳川家の付家老。三河国足助荘で生まれた関白二条良基の子が、成瀬郷に居住して成瀬を称したのに始まるという。次男の子基直が松平親氏に仕えて以来累世の臣となった。一五六七年(永禄一〇)誕生の正成は幼時から徳川家康に仕え、一六一二年(慶長一七)名古屋藩の政務専掌を命じられた。その後三万五〇〇〇石となり、代々名古屋藩付家老として竹腰氏とともに重きをなした。一八六八年(明治元)大名に列し、維新後男爵、のち子爵。

なるせじんぞう【成瀬仁蔵】 1858.6.23～1919.3.4 明治・大正期の女子高等教育推進者。周防国生れ。山口県教員養成所卒。一八七七年(明治一〇)大阪で受洗。翌年同地に梅花女学校を設立、校長となる。八九年新潟に女学校を設立。翌年アメリカに渡り、アンドーバー神学校・クラーク大学に留学。九四年帰国、再び梅花高等女学校長となる。女子高等教育機関の必要性を提唱。一九〇一年日本女子大学校を設立。女性の知性向上のために尽力した。

なるせまさなり【成瀬正成】 1567/68～1625.1.17 江戸初期の徳川家康家臣、名古屋藩付家老。幼名小吉。三河国生れ。一六〇七年(慶長一二)隼人正に叙任。はじめ家康に仕え、小牧・長久手の戦などで数々の戦功をあげた。一二年から家康九男の名古屋藩主徳川義直の傅役となる。大坂の陣では城の総堀埋立てに功があった。一七年(元和三)尾張国犬山城を給され、付家老として藩政を指導し、二〇年三万石を領した。

なるとみひょうご【成富兵庫】 1560～1634.9.18 織豊期～江戸前期の肥前国佐賀藩士・治水家。名は信安・茂安。もと竜造寺氏家臣。文禄・慶長の役で武功をあげた。緩流河川の改修に優れた技術をもち、藩主鍋島勝茂のもとで、筑後川岸の土堤をはじめとする多くの河川の改修、溜池の設置や三方潟(現、佐賀県武雄市)の開発など、多くの新田開発・治水工事にたずさわり、成功を収めた。

なわかっしょ【那波活所】 1595～1648.1.3 江戸初期の儒学者。名は信吉・方・觚、字は道円、通称平八。活所・祐氏と号す。播磨国姫路の豪農の家に生まれ、儒と医とを学んだ後、京都の藤原惺窩に入門。惺窩門の四天王と称されるが、陽明学への接近もみられる。一六二三年(元和九)肥後国熊本藩主加藤忠広に仕え、三五年(寛永一二)から紀伊国和歌山藩主徳川頼宣に儒臣として仕える。「和名抄」の刊行などに従事。剛直で直諫を憚らなかったという。「活所遺稿」がある。

なわし【名和氏】 伯耆国の豪族。村上天皇の後裔源行盛の子行高が長田(現、鳥取県大山町か)の地頭となり、長田氏を称し、その子長年が名和(現、名和町)に住み、名和氏を称した。長年は元弘の乱の際、隠岐を脱出した後醍醐天皇を船上山に迎え、以後一族とともに南朝方に属した。長年らの戦死後、孫顕興は肥後国八代(現、熊本県八代郡・八代市)に下って土着、伯耆氏を称した。その後、顕忠の代に相良氏に追われ、宇土(現、宇土市)へ移住し、宇土氏を称したが、のち宇土も失い各地を流浪。明治期、名和神社宮司に任じられ、のち男爵。

なわせいざえもん【名和清左衛門】 ?～1717 江戸前期の講釈師。辻講釈の祖。京都生れ。姓を赤松から名和に改めたという。大願をもって江戸にでたが滞在費に窮したため、浅草見付御門脇の仮小屋で「太平記理尽抄」を講じ人気を博する。以後も同所で子孫が「太平記」を読み継いだので、そこを太平記場といった。

なわながしげ【名和長重】 生没年不詳。南北朝期の武将。「名和系図」によれば長年の弟長義の子。太郎左衛門尉。一三三三年(元弘三)叔父長年とともに後醍醐天皇を伯耆国船上山に擁して挙兵、六波羅攻略にも参加した。五二年(文和元・正平七)正平一統が破れ、京都回復をはかる足利義詮と山城国男山で戦った際、神鏡の櫃を背負って敵軍の包囲を突破、大和国賀名生に逃れた後村上天皇のもとへ到着したという。

なわながとし【名和長年】 ?～1336.6.30 鎌倉末～南北朝期の伯耆国の武士。海運業で蓄財した有徳人。建武政権下の伯耆守。はじめ長高、長田又太郎と称する。一三三三年(元弘三)元弘の乱で後醍醐天皇の隠岐脱出の手引をし、伯耆国船上山に迎えて挙兵。以後、一族をあげて宮方の主将として戦う。建武政権の成立後は、記録所・武者所・恩賞方・雑訴決断所などで活躍し、後醍醐天皇の寵臣「三木一草」(伯耆守の「き」に由来)の一人として勢威をふるった。三六年(建武三・延元元)六月、足利尊氏が新政権に背いて京都を制圧すると、新田義貞とともに比叡山から攻め込んだが、三条猪熊で敗れて戦死。

なわやすし【名和靖】 1857.10.8～1926.8.30 明治・大正期の動物学者。美濃国生れ。岐阜農学校卒。岐阜師範で教師をしながら動物学を学ぶ。一八九六年(明治二九)教職を辞し、名和昆虫研究所を設立、農作物害虫の駆除・予防を研究。雑誌「昆虫世界」を発刊。全国で害虫の駆除講習会を開いた。著書「貝殻虫図説」「名和日本昆虫図説」。

なわろどう【那波魯堂】 1727～89.9.11 江戸後期の儒学者・朱子学者。名は師曾、字は孝卿、通称は主膳。魯堂・鉄硯道人と号す。播磨国姫路生れ。父祐胤は那波活所の曾孫。はじめ京都に出て古註学を岡白駒に学ぶが、のち家学である朱子学に移る。古文辞学を排撃し朱子学をもとにした儒教倫理の再興に努めた。晩年、阿波国徳島藩主蜂須賀治昭に仕え、藩学を興し「四国の正学」とよばれた。著書「学問源流」。

なんけ【南家】 藤原四家の一つ。不比等の長男武智麻呂の別称。平城宮の南に武智麻呂の邸宅が所在したことにちなみ、子孫も南家を称する。反乱をおこして敗死した仲麻呂(恵美押勝)、「続日本紀」編纂にあたった継縄らを輩出。伊予親王事件などで衰えるが、伊東氏・土肥氏らの坂東武士団は武智麻呂の三男乙麻呂の後裔。 ●● 次頁

なんじょうし【南条氏】 ㊀中世伊豆国の豪族。平姓。本拠は田方郡南条(現、静岡県韮山町)。鎌倉時代、北条氏得宗家の被官として活躍。「吾妻鏡」に、南条平次、七郎左衛門尉、兵衛尉忠時、新左衛門尉頼員など一族の名がみえる。㊁中世後期伯耆国の国人・戦国大名。出雲国守護塩冶氏の一族。河村郡に勢力をはる。初代貞宗は守護塩冶高貞の子で、父の死後越前国南仲条郡宅良谷(現、福井県今庄町)で養育され、成人後足利氏に仕えて伯耆守となり、尼子南条貞宗と称したという。天正年間、羽衣石城(現、鳥取県東郷町)城主。豊臣秀吉に従い、のち

関ケ原の戦で西軍につき滅亡。江戸時代に子孫が幕臣となった。

なんじょうぶんゆう【南条文雄】 1849.5.12～1927.11.9 明治・大正期の学僧・仏教学者。美濃国の真宗大谷派の寺に生まれ、京都高倉学寮に学ぶ。一八七六年(明治九)東本願寺から派遣されて渡英。オクスフォード大のミュラーのもとでサンスクリットを研究して八四年帰国。翌年東京大学講師。一九一四年(大正三)大谷大学学長。梵語原典による仏教学研究の開拓者。英文「大明三蔵聖教目録」は東西学界に貢献した。学士院会員。

なんしょうまい【難升米】 三世紀前半の倭国の人。二三九年六月、邪馬台国(やまたいこく)の女王卑弥呼(ひみこ)に派遣され、帯方郡の太守に案内されて同年一二月、魏(ぎ)の都洛陽(らくよう)に至り、明帝の詔書をうけた。このとき卑弥呼に親魏倭王の称号と金印紫綬(しじゅ)が、難升米には率善中郎将の称号と銀印青綬が授けられた。

なんせんしょうそまひと【南仙笑楚満人】 1749～1807.3.9 江戸後期の戯作者。本名は楠彦太郎。職業は江戸の書肆・版木師・鞘師(さやし)と諸説ある。三五歳のとき「敵討三味線由来(かたきうちさみせんのゆらい)」(一七八三)など四部の黄表紙で登場。「敵討義女英(かたきうちぎじょのはなぶさ)」(一七九五)が敵討物黄表紙流行の呼び水となり、寛政の改革以後模索の続いた黄表紙の伝奇長編化を促し、合巻(ごうかん)へ移行する契機となった。

なんばけ【難波家】 藤原氏北家師実流。羽林(うりん)家。平安後期、藤原師実の五男忠教に始まる。その子頼輔は蹴鞠(けまり)の名手で、難波・飛鳥井(あすかい)両流の蹴鞠の祖とされた。その孫の代で、嫡流である宗長の難波家と、雅経の飛鳥井家とにわかれた。宗長以降、鎌倉幕府の御鞠衆としてしばしば鎌倉に下向し、北条時頼などを門弟とした。南北朝期に一時断絶し、江戸初期に飛鳥井雅庸の次男宗勝が再興したが、猪熊(いのくま)事件で配流となり、のち甥の宗種が継いだ。江戸時代の家禄は三〇〇石。維新後、宗美のとき子爵。

なんばだいすけ【難波大助】 1899.11.7～1924.11.15 大正期のテロリスト。山口県出身。父作之進は衆議院議員。早稲田高等学院中退。テロリズムに共感、関東大震災の虐殺事件で反天皇思想を一層固め、摂政(昭和天皇)暗殺を計画、一九二三年(大正一二)一二月二七日、帝国議会開院式に向かう摂政を虎の門で狙撃したが失敗。ただちに逮捕され、翌年死刑判決を受け処刑された。

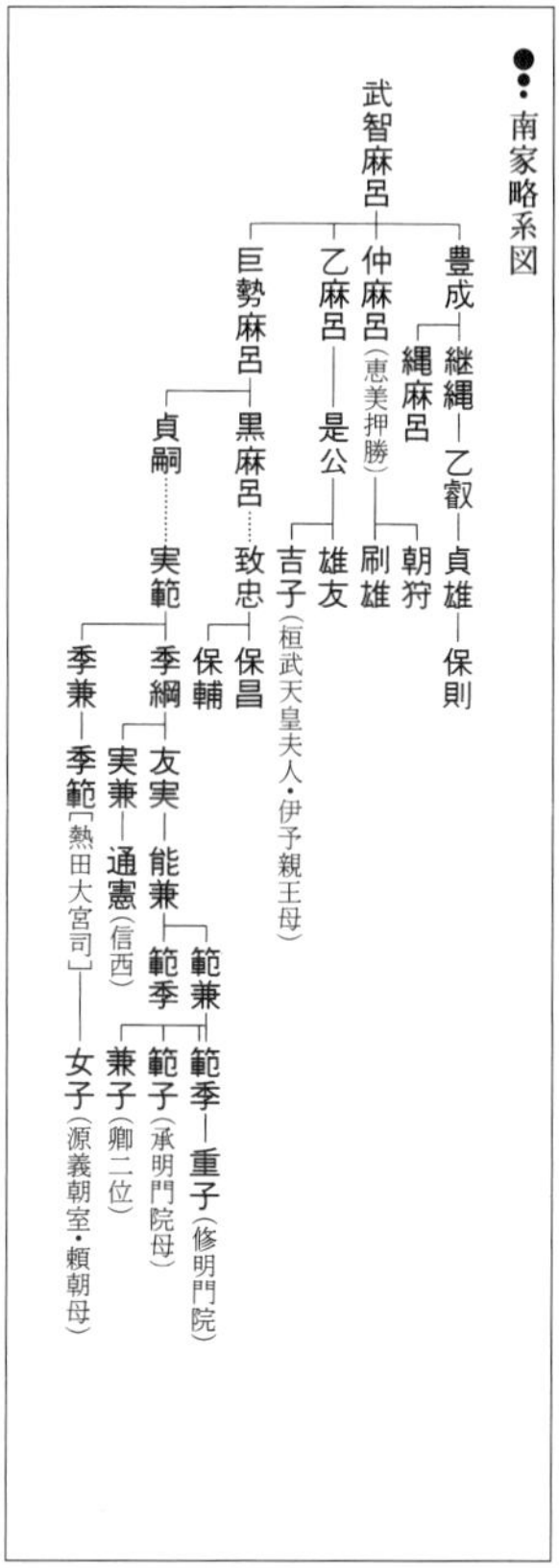

なんばらしげる【南原繁】 1889.9.5～1974.5.19 大正・昭和期の政治学者。香川県出身。東大卒。一時内務省に勤務したが、一九二一年(大正一〇)東京帝国大学助教授、ヨーロッパ留学後の二五年に同教授となり、政治学史を担当。第二次大戦後は四五～五一年(昭和二〇～二六)東京大学総長。同時に貴族院議員として憲法審議に加わり、教育刷新委員会で教育改革にも指導的役割をはたす。講和問題に際しては全面講和を唱えて吉田首相と対立した。著書「フィヒテの政治哲学」。「南原繁著作集」全一〇巻。

なんぶし【南部氏】 中世の陸奥国北部の豪族・近世大名家。清和源氏加賀美遠光の子光行を祖とし、甲斐国巨摩郡南部郷(現、山梨県南部町)に住して南部氏を称した。一一八九年(文治五)陸奥国糠部(ぬかのぶ)郡地頭職を補任されたといわれるが疑問。南北朝期に北畠顕家の国代として師行が糠部に入り、その後八戸根城(ねじょう)(現、青森県八戸市)を拠点に所領を拡大。室町中期～戦国期に三戸南部氏が勢力を伸張させ、南部信直が一五九〇年(天正一八)豊臣秀吉から南部内七郡の所領を安堵された。近世には盛岡を城下として一〇万石を領知し、一八〇八年(文化五)二〇万石に高直しされた。明治維新後、利恭(としゆき)のとき伯爵。また支族の八戸・七戸両藩の南部氏はともに子爵。●次頁

なんぶとしなお【南部利直】 1576.3.15～1632.8.18 近世前期の大名。陸奥国盛岡藩初代藩主。信直の子。信濃守。一六〇〇年(慶長五)関ケ原の戦では徳川家康方につき、最上義光(よしあき)の上杉景勝攻めを支援し山形に出陣。しかし和賀・稗貫(ひえぬき)

●南部氏略系図

光行―実光―時実┬政行┬師行
　　　　　　　│　　└政長―信政―信光……政栄┬直栄
　　　　　　　│　　　　　　　　　　　　　　└直政＝直義［遠野南部］
　　　　　　　└義元……政康┬安信―晴政―晴継＝信直―利直［盛岡藩］┬重直＝重信┬行信―信恩……利正―利敬……利剛―利恭［白石藩］［盛岡藩］（伯爵）
　　　　　　　　　　　　　│　　　　　　　　　　　　　　　　　　│　　　　　└政信……信鄰［七戸藩］
　　　　　　　　　　　　　│　　　　　　　　　　　　　　　　　　└直房［八戸藩］
　　　　　　　　　　　　　└高信―信直

一揆がおこり帰国、翌年鎮圧。一四年大坂冬の陣に出陣。二七年(寛永四)根城南部氏(八戸氏)を遠野に移封した。

なんぶのぶなお【南部信直】 1546.3.〜99.10.5 戦国期〜織豊期の武将。大膳大夫。南部高信の子。陸奥国三戸城主南部晴政の養子になり、のち宗家を継ぐ。一五九〇年(天正一八)豊臣秀吉に臣従し、南部のうち七郡を安堵されたが、津軽郡は大浦(津軽)為信の所領とされた。翌年一族の九戸政実の乱を豊臣軍の力で鎮圧、居城を福岡(現、岩手県二戸市)に移した。九二年(文禄元)秀吉の朝鮮出兵に際し肥前国名護屋に出陣。盛岡藩一〇万石の藩祖となる。

なんぶのぶみつ【南部信光】 ?〜1376.1.23 南北朝期の武将。一三五〇年(観応元・正平五)祖父政長から家督を継承。根城(現、青森県八戸市)に拠って陸奥北部の南朝方の拠点を維持し、その中心勢力として活動。六六年(貞治五・正平二一)までに本貫の甲斐国波木井郷(現、山梨県身延町)に帰るが、引き続き南朝方として活動し、翌年後村上天皇から褒賞をうけた。

なんぶまさなが【南部政長】 ?〜1350.8.18 南北朝期の陸奥国の武将。師行の弟。一三三三年(元弘三)新田義貞に従って鎌倉を攻略、幕府を滅亡させた。ついで陸奥に下り師行に協力、三七年(建武四・延元二)師行が北畠顕家に従って西上すると根城(現、青森県八戸市)を守り、翌年師行の戦死で南部氏を継承。以後陸奥北部の南朝方の中心となり、足利方の津軽曾我氏などと戦った。

なんぶもろゆき【南部師行】 ?〜1338.5.22 南北朝期の陸奥国の武将。本貫は甲斐だが一三三三年(元弘三)北畠顕家に従って陸奥に下り、糠部郡など三郡の管轄権をえて、根城(現、青森県八戸市)に拠った。三五年(建武二)顕家の西上には従わず、陸奥で足利方の津軽曾我氏・安藤氏などと戦う。三七年(建武四・延元二)顕家の二度目の西上に従って畿内で幕府軍と戦ったが、翌年和泉国石津(現、大阪府堺市)で顕家とともに戦死。

なんぼうそうけい【南坊宗啓】 生没年不詳。織豊期の茶人・禅僧。堺の富商淡路屋に生まれる。堺の禅通寺で得度して、慶蔵主と称した。堺の集雲庵二世住職という。茶道を津田宗達・同宗及・千利休に学び、奥義を極めたとされるが、その実在は確認されていない。利休流茶道の極意を記述して、茶道の聖典といわれる「南方録」の著者として有名。しかし近年、後世の茶人の創作した部分が多いとされる。「南方録」の編纂者の立花実山により、南坊流の祖とされる。

なんぽしょうみょう【南浦紹明】 1235〜1308.12.29 諱は「じょうみん」とも。鎌倉時代の臨済宗大応派の禅僧。諱は紹明、道号は南浦、勅諡号は円通大応国師。駿河国生れ。幼くして郷里の建穂寺に学び、一二四九年(建長元)鎌倉建長寺の蘭渓道隆に参禅。五九年(正元元)入宋し、虚堂智愚の法をつぐ。六七年(文永四)帰朝して建長寺に戻り、七〇年筑前国の興徳寺、七二年博多の崇福寺の住持となる。一三〇四年(嘉元二)後宇多上皇の招きにより上洛し万寿寺に入寺。〇七年(徳治二)建長寺住持。門下に宗峰妙超などがいる。著書「大応国師語録」。

なんぽぶんし【南浦文之】 ⇨文之玄昌

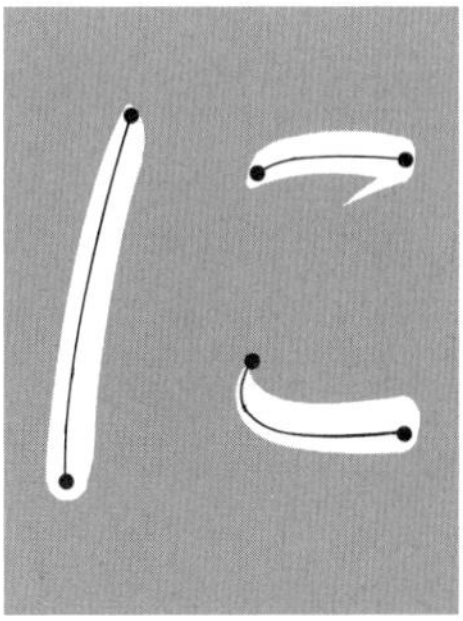

にいじまじょう【新島襄】 1843.1.14～90.1.23 同志社の創立者。幼名七五三太（しめた）、諱は経幹。安中（あんなか）藩士。江戸幕府の軍艦操練所に学び、一八六四年（元治元）箱館から密航しアメリカで勉強。ボストンの教会で按手礼（あんしゅれい）をうけ、アメリカン・ボードの宣教師としての任命書をうけて七四年（明治七）帰国。アメリカでの名ジョセフを襄と改名。翌年京都府顧問の山本覚馬、アメリカン・ボード宣教師J・D・デービスの協力により、同志社英学校を創立し、女学校・同志社病院・京都看病婦学校を開き、仙台に分校として東華学校を設立。八八年「同志社大学設立の旨意」を発表して設立運動を始めたが、九〇年病死。

にいだのぼる【仁井田陞】 1904.1.1～66.6.22 昭和期の中国法制史学者。旧姓管野。宮城県出身。東大卒。一九二九年（昭和四）東方文化学院東京研究所助手となり、三四年「唐令拾遺」により学士院恩賜賞を授与される。同年研究員となり、五二年東京大学東洋文化研究所教授、のち所長、六四年退官。「唐宋法律文書の研究」「支那身分法史」などによって中国法制史研究の発展に寄与した。

にいたべしんのう【新田部親王】 ?～735.9.30 天武天皇の皇子。母は藤原鎌足（かまたり）の女五百重娘（いおえのいらつめ）。誕生順では一〇番目と考えられるが、「続日本紀」は第七皇子とする。八世紀前半、元正朝から聖武朝にかけて、舎人（とねり）親王とともに政界に重きをなし、知五衛及授刀舎人事、畿内大惣管などを歴任。七二九年（天平元）の長屋王の変では王の尋問にあたった。死去のときは一品。親王の旧宅に唐招提寺がたてられた。

にいのあま【二位尼】 ⇨平時子（たいらのときこ）

にいみなんきち【新美南吉】 1913.7.30～43.3.22 昭和前期の童話作家。愛知県出身。東京外国語学校卒。生前はあまり評価されず、結核のため夭折。代表作の「ごん狐」「おぢいさんのランプ」「牛をつないだ椿の木」「花のき村と盗人たち」は、郷土色豊かでストーリー性に富み、宮沢賢治と人気を二分する。死後、与田準一らの尽力で童話集が出版された。

にいろし【新納氏】 中世以来の武家。島津氏の分流で家臣。一三三五年（建武二）島津貞久の弟時久が足利尊氏から日向新納院の地頭職を与えられ、新納氏の祖となる。南北朝期の実久や忠臣の代に、志布志（しぶし）松尾城を拠点とし、島津氏の日向侵攻を助けた。忠続とその弟是久（これひさ）の代に、飫肥（おび）で他氏との抗争が顕在化し、一四八五年（文明一七）是久は戦死。近世には是久の末流に薩摩大口の地頭の忠元と加治木新納氏の祖となる旅庵（りょあん）がいる。

にいろただもと【新納忠元】 1526～1610.12.3 織豊期～江戸初期の島津氏の重臣。薩摩国大口の地頭。祐久の子。号は拙斎。一五八四年（天正一二）島原の戦で竜造寺隆信を破り、八六年筑前国の岩屋・宝満両城を落城させるなど、島津氏の勢力拡大に多くの戦功をあげた。豊臣秀吉の九州攻めには最後まで抵抗。勇猛果敢な行動や清廉潔白な人格に加え、和歌にも長じ、薩摩武士の典型とされる。天保の飢饉に霊験があったとされ、忠元神社（現、鹿児島県大口市原田）に祭られる。

にいろちゅうのすけ【新納忠之介】 1868.11.25～1954.4.13 明治～昭和期の彫刻家。鹿児島県出身。東京美術学校卒。国宝保存委員会委員で、国宝修理に専心。二〇〇〇体以上の彫像を甦らせた。

にいろなかぞう【新納中三】 1832.4.15～89.12.10 幕末・維新期の鹿児島藩家老。鹿児島城下生れ。久仰（ひさのり）の子。字は久脩、刑部と称す。一八六二年（文久二）軍役奉行となり、翌年薩英戦争を指揮した。六五年（慶応元）五代友厚と鹿児島藩留学生を率いて渡英。ヨーロッパ諸国を視察旅行し、フランスのモンブランと貿易商社設立に関する仮条約を調印、パリ万国博覧会の参加を協議し、翌六六年に帰国。維新後は藩政改革にあたった。

にかいどうさだふじ【二階堂貞藤】 1267～1334.12.28 鎌倉後期の幕府吏僚。引付頭人・政所執事。父は行藤。三郎と称する。法名は道蘊（どううん）。一三三〇年（元徳二）光厳（こうごん）天皇擁立問題で上洛するなど、しばしば朝幕間の政治交渉に奔走。鎌倉幕府の滅亡時には奈良で降伏し、許されて建武新政下で雑訴決断所の四番所衆に登用されたが、のち陰謀を企てたとして処刑された。

にかいどうし【二階堂氏】 鎌倉・室町幕府の文官をだした伊豆国出身の豪族。藤原氏南家伊東氏流。工藤氏・狩野氏と同族。鎌倉幕府草創期に源頼朝に仕え、公文所寄人（よりうど）・政所別当となった行政（ゆきまさ）が、鎌倉の永福（ようふく）寺（二階堂）近辺に住んだことから二階堂を称した。代々政所執事となり、幕府の文官中で最も重用された。評定衆・引付衆も輩出。鎌倉幕府滅亡後は、建武政権に登用され、雑訴決断所の所衆となった。室町幕府の政所執事ともなったが、のち伊勢氏にかえられた。

にかいどうぜえん【二階堂是円】 ⇨中原章賢（なかはらのりかた）

にかいどうトクヨ【二階堂トクヨ】 1880.12.5～1941.7.17 大正・昭和前期の女子教育者。宮城県出身。東京女子高等師範卒。一九一一年(明治四四)母校の助教授に就任。のちイギリスのキングスフィールド体育専門学校に留学。二二年(大正一一)二階堂体操塾(現、日本女子体育大学)を創立。国際的陸上選手を育成した。

にかいどうもりよし【二階堂盛義】 ?～1581.8.26 戦国期の武将。陸奥国須賀川城(現、福島県須賀川市)城主。一五六六年(永禄九)頃蘆名盛氏に従い、子盛隆を人質とした。七四年(天正二)盛隆が蘆名氏を継いだため、二階堂氏は蘆名氏と事実上一体となり、以後田村氏を主敵とした。盛義の死後、二階堂・蘆名両氏とも伊達政宗に滅ぼされた。

にかいどうゆきまさ【二階堂行政】 生没年不詳。鎌倉前期の幕府の文官。藤原行遠の子。母は熱田大宮司藤原季範の妹という。母方が源頼朝の外戚からか頼朝に仕え、幕府草創期の吏僚として活躍。一一八四年(元暦元)公文所の寄人、九一年(建久二)政所の令、九三年政所別当になり、子孫が政所執事を世襲して繁栄する基礎を築いた。鎌倉の永福寺(二階堂)近辺に住んだことから二階堂を称した。

にかいどうゆきもり【二階堂行盛】 1181～1253.12.8 鎌倉前・中期の幕府の文官。北条政子の側近。行光の子。一二一八年(建保六)民部少丞、二一年(承久三)従五位下、二四年(元仁元)政所執事となる。二五年(嘉禄元)政子の死去により出家。法名は行然。その後も政所執事・評定衆として活躍し、五二年(建長四)四月、四番引付の頭人となる。

にきし【仁木氏】 ⇨仁木氏

にきたし【和田氏】 ⇨和田氏

にぎはやひのみこと【饒速日命】 櫛玉饒速日命とも。「古事記」では邇芸速日命。物部氏の祖。天神の子で、神武東征に先だって大和に降っていたが、長髄彦を殺して神武に帰順し、褒賞を得た。「先代旧事本紀」ではアメノオシホミミの子で、ニニギに先だって命をうけて天降ったが、復命以前に死亡したとする。

にこう【日向】 1253.2.16～1314.9.3 鎌倉中・後期の日蓮宗の僧。日向流あるいは身延門流の開祖。佐渡房・民部阿闍梨ともよばれ、日蓮の六門弟の一人。父は上総国藻原の武士。幼少から比叡山に学び帰郷、一三歳で日蓮に師事。師の佐渡配流にも従い、赦免後、藻原に妙光寺を開創。日蓮の没後身延山に登り門弟の教化に専念。日興との対立後、地頭波木井実長の庇護により身延山久遠寺の基礎を築き、身延別当二世となった。著書「金綱集」。

ニコライ Nikolai 1836.8.2～1912.2.4 ロシア正教会最初の来日宣教師。俗名はカサトキンIoan Dimitrovich Kasatkin。一八六一年(文久元)箱館領事館つき司祭として来日。七年間日本の国語・歴史・文学・宗教などを研究し、宣教に着手。日本正教ミッションを開設し、七二年(明治五)禁制の高札撤去を前に東京神田駿河台に本拠を移し、伝教学校・正教神学校を開き、日本ハリストス教会の基礎を築いた。九一年東京復活大聖堂(ニコライ堂)を建立。一九〇六年大主教に昇る。聖書・聖典の日本語版出版に努め、「正教新報」などの定期刊行物を出版。

ニコライにせい【ニコライ二世】Nikolai Ⅱ Aleksandrovich 1868.5.6～1918.7.17 ロシア最後の皇帝(在位一八九四～一九一七)。皇太子時代の一八九一年(明治二四)ウラジオストクのシベリア鉄道起工式に出席の途次、軍艦七隻とともに日本を訪問。京都から大津への遊覧の途中、警護中の巡査津田三蔵に切りつけられて負傷した(大津事件)。一九一七年三月(ロシア暦二月)革命で退位し、一一月革命後はエカテリンブルクへ移され、一八年七月に家族とともに銃殺された。

ニコラオ Giovanni Nicolao 1560～1626.3.16 イタリア人のイエズス会宣教師・絵師。キリスト教布教の一助としての絵画制作と教育のため、一五八三年(天正一一)七月二五日に来日した。一六一四年(慶長一九)マカオに渡るまで長崎のセミナリヨで絵画(油彩)・銅版画・工芸などを教え、遠近法・陰影法などを伝えたことは、初期洋風画の母体を形成したものとして大きな意味をもつ。

にしあまね【西周】 1829.2.3～97.1.31 幕末～明治期の学者。石見国津和野藩医の家に生まれる。大坂・江戸遊学後の一八五四年(安政元)脱藩して洋学に専念。五七年蕃書調所に出仕。六二年(文久二)幕府留学生としてオランダに向かい、翌年から六五年(慶応元)までフィセリングに師事。六八年(明治元)「万国公法」を訳出し刊行。七〇年育英舎を開塾して「百学連環」を講義。明六社創立員となり七四年「百一新論」などを刊行。七八年参謀本部に出仕して近代軍制、軍人精神確立に参画。東京学士会院会長・元老院議官などを歴任。

にしおおじけ【西大路家】 藤原氏北家末茂流の四条家庶流。羽林家。四条隆衡の長男隆綱に始まる。隆綱は四条または大宮と号し、その子隆行も四条を称したが、子隆政が鎌倉末期に西大路と号した。一四七三年(文明五)隆範の遁世により中絶。江戸初期、広橋総光の次男隆郷が入って再興。江戸時代の家禄は一〇〇石。書道の家。維新後、隆修のとき子爵。

にしおおじたかとも【西大路隆共】 1738～98.12.2 江戸中期の公家。隆廉の子。母は桜井兼供の女。一七五三年(宝暦三)従四位上左近衛権少将。桃園天皇に近習として仕え、五八年宝暦事件で遠慮に処される。六〇年落飾し孤雲と号した。

にしおかつねかず【西岡常一】 1908.9.4～95.4.11 宮大工の棟梁。奈良県出身。宮大工の家に生まれ、一九三四年(昭和九)から始まった法隆寺の昭和大修理を手がけ、五〇年の歳月をかけて八五年に完了した。薬師寺・法輪寺などの復興にもたずさわり、最後の宮大工棟梁といわれた。文化功労者。

にしおかとらのすけ【西岡虎之助】 1895.5.17～1970.2.26 昭和期の日本史研究者。和歌山県出身。一九二一年(大正一〇)東大国史学科選科卒。東京帝国大学史料編纂所に入り、三〇余年史料編纂に従事後、早稲田大学教授となる。その間、荘園史・民衆生活史に関する数多くの論文を発表。著書「荘園史の研究」「民衆生活史研究」などのほか、論文を収録した「西岡虎之助著作集」全四巻がある。

にしおし【西尾氏】 近世の譜代大名家。足利氏の一流吉良上総介満氏の後胤といい、初代吉次(よしつぐ)は尾張国に生まれ、織田信長・徳川家康に仕えた。宗家は一六〇二年(慶長七)の加増で一万二〇〇〇石、一八年(元和四)の加転封で常陸国土浦藩主となった。二度の転封をへて八二年(天和二)から遠江国横須賀藩主二万五〇〇〇石となり、明治にいたる。五代忠尚(ただなお)は西丸老中を勤めた。維新後子爵。分家に多数の旗本がいる。

にしおすえひろ【西尾末広】 1891.3.28～1981.10.3 大正・昭和期の政治家。香川県出身。高等小学校卒業後、職工となり友愛会に入会、以後右派系の労働運動家となる。総同盟内紛では左派除名を推進、社会民衆党結党に活躍。第一回普選以降当選一五回。国家総動員法案審議中「スターリンの如くあれ」と発言し、議員除名、補欠選で復帰。翼賛選挙に非推薦で当選。第二次大戦後日本社会党を結成、書記長。片山内閣の官房長官、芦田内閣の副総理となるが昭電疑獄事件で辞職。右派社会党に属し、一九六〇年(昭和三五)民主社会党結成、委員長となる。

にしかわこいさぶろう【西川鯉三郎】 日本舞踊名古屋西川流の家元名。幕末期から二世を数える。初世(一八二三～九九)は江戸生れ。歌舞伎俳優から四世西川扇蔵の門に入り振付師に転じた。一八四一年(天保一二)名古屋に移住、他流の長所をとりいれ一流を樹立し、劇場の振付を独占。二世(一九〇九～八三)は東京都出身。六世尾上菊五郎の門弟尾上志げるが一九四〇年(昭和一五)襲名。女方の名手で振付にも才を発揮、文芸作品の舞踊化に名品を残した。東西の花街舞踊、東宝歌舞伎で活躍。長男の右近が西川流家元を継ぎ、長女左近は西川流鯉風派にわかれた。

にしかわしゅんどう【西川春洞】 1847.5.25～1915.8.10 明治・大正期の書家。名は元譲。春洞は号。江戸生れ。五歳のとき書を中沢雪城に学ぶ。医師、大蔵省勤務ののち書に専念。はじめ銭梅渓の風をよくしたが、のちに徐三庚(じょさんこう)に傾倒。門下二〇〇〇人を有し、春洞流と称して一大勢力を誇った。子の西川寧(やすし)も昭和期を代表する書家の一人。

にしかわしょうじ【西川正治】 1884.12.5～1952.1.5 大正・昭和期の物理学者。東京都出身。東大卒。東京帝国大学助教授から教授。理化学研究所に入り、西川研究室を主宰。X線回折による物質の構造解析研究を進めた。磁鉄鉱などの同類的結晶内の原子配列の研究法は成果をあげ、アメリカで大きく発展した。昭和初期から原子核の研究に入り、仁科芳雄らとサイクロトロンを建設。日本結晶学会初代会長。日本数学物理学会会長を務めた。学士院賞・文化勲章をうけた。

にしかわじょけん【西川如見】 1648～1724.8.10 江戸前・中期の天文・地理学者、町人思想家。名は忠英、如見は号、求林斎とも号す。長崎生れ。儒学を木下順庵門下の南部草寿(じゅそう)に、南蛮系の天文・暦学を林吉左衛門らに学ぶ。一七一九年(享保四)将軍徳川吉宗に招かれ江戸に赴き、下問をうけた。著書も多く、「天文義論」「両儀集説」「増補華夷通商考」「日本水土考」など天文・暦学・地理学関係のものは、鎖国下における合理的認識の先駆に位置づけられる。一方、「町人嚢(ぶくろ)」「百姓嚢」など町人や百姓の心得を平易に説いた著書は、元禄期の庶民の社会意識を示している。

にしかわじんごろう【西川甚五郎】 近江商人西川家の当主名。初代は近江八幡町に本拠をおき、一六一五年(元和元)江戸日本橋に開店、二代は「近江蚊帳(かや)」の意匠を創案、六代は京都寺町にも開店、七代は一七九九年(寛政一一)に「定法」を定め、一一代は明治初年蒲団営業を開始、一三代は一九四七年(昭和二二)個人商店を株式会社に改組した。

にしかわすけのぶ【西川祐信】 1671～1750.7.19 江戸中期の京都の浮世絵師。俗称宇右衛門または祐助。号は自得叟(じとくそう)・自得斎・文華堂など。西園寺家に仕え右京と称した。狩野永納に京狩野を、土佐光祐に土佐派を学んだという。元禄後期には八文字屋本に挿絵を描いたと推定され、没年まで多数の絵本や肉筆美人画を制作したが、一枚絵の作例はない。優美で格調高い画風で鈴木春信など江戸の浮世絵師にも強い影響を与えた。子の祐尹(すけただ)が作風をついだ。

にしかわせいきゅう【西川正休】 1693.11.14～1756.5.1 江戸中期の天文学者。西川如見(じょけん)の子。長崎生れ。一七四〇年(元文五)幕府に召し出され、翌年から暦術測量御用を勤める。四六年(延享三)改暦御用を命じられ、翌年天文方。のち陰陽頭の土御門泰邦(つちみかどやすくに)と対立し五五年(宝暦五)免職。編著書「長崎夜話草」「天経或問(訓点本)」「大略天学名目鈔」。

にしかわせんぞう【西川扇蔵】 日本舞踊西川流宗家の名。江戸中期から一〇世を数える。初世(?～一七五六)は千蔵または仙蔵。能の囃子方から歌舞伎の鳴物師となったが振付師にはならなかった。二世(一七一八～一八〇八)は初世の門弟から養子となり、一七五七年(宝暦七)千蔵を襲名、市村座振付師となる。三年後扇蔵と改名。「鞍馬獅子」「関の扉」など名振付が多い。四世(一七九七～一八四五)は前名藤間勘助。二世と並ぶ名振付師で「勧進帳」など多くの傑作を残した。一〇世(一九二八～　)は東京都出身。本名尾村宏一郎。一九三五年(昭和一〇)に襲名、九九年(平成一一)人間国宝。

にしかわでんえもん【西川伝右衛門】 1626～1709.2.- 江戸前期の近江商人。はじめ荒物・菓子を、次に呉服・太物を北陸・奥羽に行商して身をおこした。ついで北海道に渡り、寛文年間には松前に住吉屋の店舗を開き、上方と北方の産物の商いで富を蓄えた。松前藩の用達となり、忍路などに漁場を開発して海産業をおこした。以後、代々伝右衛門を襲名し、場所請負人として活躍した。一〇代目貞二郎は一八八一年(明治一四)八幡銀行を設立して頭取となった。

にしかわみつじろう【西川光二郎】 1876.4.29～1940.10.22 明治期の初期社会主義者。兵庫県出身。札幌農学校時代に新渡戸稲造や社会主義に接して上京。東京専門学校を卒業後、毎日新聞社で社会労働問題に取り組む。片山潜とともに「労働世界」の発行、社会民主党の結成、平民社の活動などに従事。片山と並ぶ議会政策派で「社会新聞」にも関係したが、東京市電値上反対事件で入獄中に運動を離脱し、大逆事件後は精神修養家に転じた。

にしかんじろう【西寛二郎】 1846.3.10～1912.1.27 明治期の陸軍軍人。鹿児島藩士の子。戊辰戦争に従軍、一八七一年(明治四)御親兵二番隊長。佐賀の乱・西南戦争に参謀として参戦。日清戦争で歩兵第二旅団長、日露戦争で第二師団長として活躍。長く教育総監をつとめ、日露戦後の軍隊教育の基礎を築いた。

にしきいち【西毅一】 1843.7.-～94.3.28 明治期の政治家・教育者。旧姓霜山。西家の養子。備前国生れ。上海で英語を学び、岡山藩の外交応接方となる。明治維新後岡山県に出仕し参事。西南戦争後は岡山の自由民権運動の指導者となり、一八七九年(明治一二)起草の檄文「同胞兄弟に告ぐ」は全国の民権家に影響を与えた。九二年衆議院議員。

にしきのこうじよりのり【錦小路頼徳】 1835.4.24～64.4.27 幕末期の公家。唐橋在久の次男。錦小路頼易の養子。一八六二年(文久二)右馬頭・従四位上に叙任。翌年国事寄人、攘夷祈願の石清水八幡宮行幸に供奉。八月十八日の政変で失脚。三条実美らと長門国萩藩領に流寓(七卿落ち)、官位を剥奪される。六四年(元治元)同国赤間関で病死。六七年(慶応三)王政復古で官位を回復。七〇年(明治三)贈正四位。

にしきぶんりゅう【錦文流】 生没年不詳。江戸前・中期の浄瑠璃作者・浮世草子作者。山村氏。元禄期に雑俳前句付点者、出羽座の浄瑠璃作者として活躍。宝永期以後は竹本座に浄瑠璃を提供する一方、万屋彦太郎方の専属作者として浮世草子を制作する。派手さはないが技巧派で、浄瑠璃「傾城八花形」「心中恋の中道」などのほか、淀屋事件に独自の趣向を施した「棠大門屋敷」や「熊谷女編笠」などの浮世草子がある。

にしげんか【西玄可】 1555?～1609.11.14 織豊期のキリシタン。肥前国生月の籠手田氏の家老。籠手田一族とともに早くにキリシタンとなった。洗礼名ガスパル。一五九九年(慶長四)松浦鎮信の迫害による籠手田一族の追放後も生月に残り、当地のキリシタンの中心となった。一六〇九年妻子とともに殉教。生月最初の殉教者となる。黒瀬のガスパル様と崇敬され、墓地は黒瀬の辻とよばれた。

にしげんてつ【西玄哲】 1681～1760.2.8 江戸中期の蘭方医。ポルトガル通詞・オランダ通詞西玄甫の子。名は規矩。江戸生れ。フランス外科医パレの外科書を一七三五年(享保二〇)に翻訳し「金瘡跌撲療治之書」を著す。楢林鎮山の「紅夷外科宗伝」と同じ原著を訳したものだが、「金瘡自得」の項の二〇則に自己の経験による症例を示して、本文を補訂している。四七年(延享四)幕府医官となり、奥医師となった。杉田玄白に蘭方医学を教授。

にしげんぽ【西玄甫】 ?～1684.9.17 オランダ通詞・医師。長崎生れ。父初代吉兵衛の跡を継いで吉兵衛と名のりオランダ通詞となる。通詞退役後、江戸に召し出されて幕府の参勤通詞目付、外科医官を勤め、玄甫の通称を用いた。転びバテレンの沢野忠庵から南蛮医学を、オランダ商館医から紅毛医学を学び、南蛮・紅毛両流をあわせた西流外科を創設。一六五六年(明暦二)幕府から沢野忠庵が訳した南蛮天文説の翻訳などを命じられ、向井元升とともに従事し、「乾坤弁説」を著した。江戸で病死。

にしこうきち【西幸吉】 1855.4.8～1931.3.15 明治・大正期の薩摩琵琶演奏家。鹿児島生れ。町風琵琶の徳田善兵衛に師事。西郷隆盛の私学校に学び、西南戦争にも参加。一八七九年(明治一二)上京。森有礼文相に認められ音楽取調掛嘱託となる。明治天皇の御前弾奏も多く、薩摩琵琶の普及に貢献。勝海舟作詞の「城山」を作曲。

にしざわいっぷう【西沢一風】 1665～1731.5.24 江戸前・中期の書肆・浮世草子作者・浄瑠璃作

者。本名西沢義教。通称九左衛門。大坂の正本屋として豊竹座の浄瑠璃本などを出版。義経伝説をやつした浮世草子「御前義経記」が評判をよび、西鶴後の混迷する浮世草子界を大衆化路線へと先導し、八文字屋本への道を開いた。文章は平易で、赤穂事件の「傾城武道桜」や江島事件の「今源氏空船(うつぼぶね)」など話題作が多い。

にしざわいっぽう【西沢一鳳】 1802～52.12.2 江戸後期の歌舞伎作者。家は大坂の演劇書肆(しょし)で、浄瑠璃作者西沢一風の曾孫にあたる。通称正本屋利助。別号狂言綺語堂など。天保～弘化期に立作者的地位におかれ、「けいせい浜真砂(はままさご)」などを残したが、作者としての業績は少ない。演劇文献の収集家・考証家として名高く、「皇都午睡(みやこのひるね)」「伝奇作書」「脚色余録」などの随筆は演劇資料として貴重。

にしじまさだお【西島定生】 1919.6.25～98.7.25 昭和後期～平成期の東洋史学者。岡山県出身。東大東洋史学科卒。東大東洋文化研究所をへて、同文学部助教授・教授、新潟大教授などを歴任。中国古代史を中心に古代帝国の形成、商品経済の発展、中国を中心とする冊封体制による東アジアの国際秩序の形成などについて多くの業績がある。著書「中国古代帝国の形成と構造」「中国経済史研究」「中国古代国家と東アジア世界」など。

にしじまはちべえ【西島八兵衛】 1596～1680.3.20 江戸前期の土木治水家。名は之尤、のち之友。遠江国浜松生れ。一六一二年(慶長一七)津藩主藤堂高虎に仕える。一九年(元和五)二条城、翌年大坂城普請にかかわる。二五年(寛永二)讃岐国に派遣され満濃池など多くの溜池を築造。四八年(慶安元)伊賀国雲出村に井手を完成。同年山城国・大和国の津藩領の城和奉行となる。

にしぜんざぶろう【西善三郎】 ?～1768 江戸中期のオランダ通詞。父は善右衛門。一七二二年(享保七)から出島に出入りする。三六年(元文元)稽古通詞、五四年(宝暦四)大通詞となり、六八年(明和五)まで勤務。一七六六年江戸の長崎屋で前野良沢・杉田玄白らにオランダ語学習の困難性を説いた。晩年、マーリンの蘭仏辞典から蘭日辞書の編纂を企画したが、完成をみず病没。

にしだきたろう【西田幾多郎】 1870.5.19～1945.6.7 明治～昭和前期の哲学者。号は寸心。石川県出身。東大卒。帰郷して教職につき、一八九九年(明治三二)四高教授。一九〇七年「哲学雑誌」に「実在に就いて」を掲載して学界に知られた。〇九年学習院教授、翌年京都帝国大学助教授。一一年に「善の研究」を刊行。一三年(大正二)同大教授となる。大学ではブッセ、ケーベルらに学んだが、グリーンの自我実現説に関心を抱き、金沢時代の一〇年間は参禅によって思索を深めた。中央を離れての生活が「善の研究」の中核をなす純粋経験へと結晶し、以後はもっぱらその論理的純化に努めた。西田哲学とよばれるその思想体系は東洋的といわれるが、意図的ではない点から独創的とされる。学士院会員。四〇年(昭和一五)文化勲章受章。

にしだてんこう【西田天香】 1872.2.10～1968.2.29 修養団体一灯園の創始者。本名市太郎。滋賀県出身。生家は真宗大谷派の檀家。一八九二年(明治二五)に二宮尊徳「報徳記」の影響をうけて北海道開拓事業に参加するが挫折。一九〇五年故郷での修行をもとに、他家の便所掃除を行うことで自己を生存競争の最下位に位置付ける六万行願という奉仕活動を始める。〇六年天香に共鳴する婦人たちの集団を一灯会と命名。一三年(大正二)京都で一灯園献堂式。自著「懺悔の生活」の出版活動・演劇活動・教育活動を行う。四七年(昭和二二)に国民総懺悔を唱え、参議院に全国区で当選した。

にしだなおじろう【西田直二郎】 1886.12.23～1964.12.26 大正・昭和期の日本文化史学者。大阪府出身。京大卒。のち母校の教授となる。「王朝時代の庶民階級」で文学博士。この間英・独に留学、社会心理学・民俗学の方法・成果などもとりいれて日本文化史の研究に業績をあげた。国民精神文化研究所所員を兼任し、日本精神史を説いた。第二次大戦後、一時教職追放。著書「日本文化史序説」「日本文化史論考」。

にしだみつぎ【西田税】 1901.10.3～37.8.19 昭和前期の国家主義者。鳥取県出身。陸軍士官学校卒。士官学校時代から国家主義的傾向を強め、予備役編入後、北一輝(きいっ)の「国家改造案原理大綱」の理念を実現するため、行地(ぎょうち)社などを活動拠点に青年将校を組織。一九二七年(昭和二)には天剣党事件をおこした。軍隊を通じての国家改造をめざし、三一年の十月事件などに関与。三六年の二・二六事件では民間側の主謀者の一人とされて北とともに死刑となった。

にしなし【仁科氏】 中世信濃国の豪族。仁科御厨(みくりや)を本拠とし、平氏を称した。鎌倉前期、源義仲の配下として盛家の名がみえる。盛遠は後鳥羽上皇に仕え、承久の乱で京方に属したが、鎌倉御家人となった一族もあった。南北朝期には氏重・重貞らが南朝方として活躍。室町時代にも国人として大文字一揆に参加。戦国期、盛政のとき武田信玄に滅ぼされ、信玄の子盛信が仁科氏を継ぐ。盛信は一五八二年(天正一〇)織田信長に攻められ戦死。

にしなもりとお【仁科盛遠】 生没年不詳。鎌倉前期の武士。信濃国の住人。父は中方、祖父は文覚(もんがく)上人の弟子妙覚といわれる。通称仁科次郎、別称盛朝。熊野参詣の途上、後鳥羽上皇に参会し、以後、二子とともに院北面に出仕。承久の乱では、京方として北陸道に出兵したが、越中・加賀国境の礪波山で武家方の名越朝時軍に敗れ逃走。消息を絶つが、近江国の瀬田か山城国の宇治で戦死したともいう。

にしなよしお【仁科芳雄】 1890.12.6～1951.1.10 昭和期の物理学者。岡山県出身。東大卒。理化学研究所に入る。ヨーロッパに留学。原子核の研究に早くから参加し、クライン・仁科の式を作った。一九三一年(昭和六)から理化学研究所仁科研究室を主宰。アンダーソンとほぼ同時期に宇宙線のなかでμ中間子を発見。三七年と四四年にサイクロトロンを完成。第二次大戦後科学研究所を設立し、ペニシリンの国産化を進めた。四六年文化勲章受章。

にしのうみかじろう【西ノ海嘉治郎】 明治～昭和前期の力士。㊀初代1855.1.3～1908.11.30 薩摩国生れ。高砂部屋の力士で、一八九〇年(明治二三)一六代横綱となる。九六年引退し、井筒部屋をおこす。㊁二代1880.2.6～1931.1.27 鹿児島県出身。初代の弟子で、一九一六年(大正五)二五代横綱となる。一八年引退。㊂三代1890.11.2～1933.7.28 鹿児島県出身。二代の弟子で、一九二三年(大正一二)三〇代横綱となる。二八年(昭和三)引退。

にしのとういんけ【西洞院家】 桓武平氏。桓武天皇皇子葛原親王の子高棟王の裔。南北朝期の行時のときに居所にちなんで家号を西洞院と称した。七代後の時当が一五六六年(永禄九)に没して中絶。七五年(天正三)河鰭公虎が再興し、時通のち時慶と改名。江戸時代の家格は半家。家禄は二七三石、のち二六〇石。時慶・時直父子は歌人として知られる。時名は竹内式部の高弟で、同門の公家らと桃園天皇に「日本書紀」などを進講したため、一七五八年(宝暦八)の宝暦事件に連坐して免官・永蟄居に処せられ、その後出家を命じられた。一八九一年(明治二四)正三位追贈。一八八四年信愛のとき、子爵。

にしのとういんときよし【西洞院時慶】 1552.11.5～1639.12.20 戦国期～江戸初期の公家。飛鳥井雅綱の孫で安居院覚澄の子。初名は公虎、のち時通・時慶。一五六四年(永禄七)伯父飛鳥井雅春の猶子となり、中絶していた河鰭家を相続。七四年(天正二)左近衛権少将。翌年河鰭家を出て、西洞院家を再興し右衛門佐にかえった。九一年時慶と改名。一六一一年(慶長一六)従二位右衛門督。二四年(寛永元)出家し、法名円空。歌人として活躍し、歌集「詠草」がある。日記「時慶卿記」。

にしはらかめぞう【西原亀三】 1873.6.3～1954.8.22 明治～昭和期の実業家・政治家。京都府出身。同郷の政治家神鞭知常の影響をうけてアジア問題に関心をもち渡韓。ソウルで共益社をおこし、綿製品取引で在韓の有力実業家となる。朝鮮総督寺内正毅の知遇をえ、寺内内閣期には寺内の腹心として、勝田主計蔵相と協力して清国の段祺瑞政権に対する借款(西原借款)を行った。晩年は帰郷し、雲原村村長として農村更正運動にあたる。

にしむらいさく【西村伊作】 1884.9.6～1963.2.11 明治～昭和期の教育家。和歌山県出身。広島市の私立明道中学卒。平民社運動に参加。一九二一年(大正一〇)娘の教育のため東京駿河台に文化学院を創設。与謝野晶子ら文化人を招き、文部省令にしばられない自由な教育を実践する。二三年には息子のために男女共学とした。教育方針が当局の忌諱にふれ、四三年(昭和一八)不敬罪で起訴、同校も一時強制閉鎖された。

にしむらいちろうえもん【西村市郎右衛門】 近世の京都の書肆。一六七五年(延宝三)初代市郎右衛門久重が三条通油小路東入に店を開いた。久重は未達・嘯松子と号し、俳人で浮世草子の作者でもあった。久重自身の作と思われる「新御伽婢子」「宗祇諸国物語」など、多くの初期浮世草子を刊行、これらは西村本とよばれている。店は天明年間まで存続し、草紙類を多くだした。

にしむらかつぞう【西村勝三】 1836.12.9～1907.1.31 明治期の実業家。茂樹の弟。佐倉藩側用人の子に生まれ、佐野藩で砲術助教を勤めたが脱藩、横浜で修業ののち一八六七年(慶応三)江戸で伊勢勝商店を開業。戊辰戦争では大総督府御用達として武器売買で巨利を得た。七〇年(明治三)伊勢勝造靴工場・製革工場(八四年桜組と改称)を設けて軍靴を製造、甲申事変で経営を軌道に乗せ、近代的製革・製靴業の先駆者になった。また、深川白煉化石工場(八四年)・品川硝子製造所(八五年)の払下げをうけた。

にしむらきゅうざえもん【西村久左衛門】 生没年不詳。江戸前期の豪商。出羽国米沢藩の御用達。屋号は米沢屋。先祖は京都商人。蒲生氏郷の会津移封にともない米沢地方と関係をもった。上杉氏入部後は米沢青苧の上方輸送を独占。一六九二年(元禄五)最上川上流の開削を行い舟屋敷や田屋倉を設けたが、一七一〇年(宝永七)経営難に陥り、京都御用を追放され没落。

にしむらごうん【西村五雲】 1877.11.6～1938.9.16 大正・昭和前期の日本画家。京都府出身。染色業の家に生まれる。本名源次郎。岸竹堂・竹内栖鳳に師事。京都市立美術工芸学校・京都市立絵画専門学校で教鞭をとる。病弱のため制作数は少ないが、竹堂・栖鳳の画風をうけて動物画を得意とした。帝展審査員。芸術院会員。

にしむらしげき【西村茂樹】 1828.3.13～1902.8.18 幕末期の下総国佐倉藩士、明治期の道徳教育家。号は泊翁。江戸生れ。儒学・洋学を学び藩政に加わった。明治維新後、新政府の文部省に出仕。明六社結成に中心的役割をはたす。一八七六年(明治九)東京修身学社を設立し、八四年日本講道会と改めて会長に就任。八七年「日本道徳論」を刊行し、会名を日本弘道会と改めた。晩年講演旅行によって儒教主義・皇室中心主義の道徳思想を鼓吹した。華族女学校校長なども務めた。東京学士会院会員。

にしむらしげなが【西村重長】 ?～1756.6.27 江戸中期の浮世絵師。江戸通油町の地主でのち神田で本屋を営んだという。はじめ影花堂、のち仙花堂と号した。別号百寿。享保～宝暦期に奥村政信の影響をうけて美人画や役者絵・浮絵を制作。絵本も手がけた。作例の多くは漆絵だが、紅摺絵もみられる。細判三枚続の「三幅対もの」や、墨地に白抜きの石摺絵の考案者といわれる。門人に石川豊信がいる。

にしむらしんじ【西村真次】 1879.3.30～1943.5.27 大正・昭和前期の日本古代史・人類学者。三重県出身。東京専門学校卒。朝日新聞社をへて、一九一八年(大正七)から早稲田大学で教鞭をとる。人類学的視点を導入した独自の日本古代史を展開。また日本にいちはやく欧米の人類学を紹介した。日本古代船舶の研究でも知られる。著書「大和時代」。

にしむらてんしゅう【西村天囚】 1865.7.23～1924.7.29 明治・大正期の新聞記者・漢学者。本名時彦。別号碩園。大隅国種子島生れ。東大中退。社会風刺的小説「屑屋の籠」で注目され、地方新聞や「大阪公論」をへて、一八九〇年(明治二三)「大阪朝日新聞」に入社。記者のかたわら大阪の文学活動興隆に尽力。社内では鳥居素川と対抗したが、一九一八年(大正七)白虹事件で鳥居派が退社し編集責任者となるが、翌年退社。宋学の研究でも知られ、懐徳堂再建にも功績があった。

にしむらどうにん【西村道仁】 生没年不詳。織豊期の釜師。名越浄祐の門人と伝え、京三条釜座に住んだ。天下一の称号をもち、武野紹鷗・織田信長の釜師で、千利休の釜師辻与次郎の師としても著名。紹鷗好みの「さくら川」や「有明」「靨」などの釜を作ったがいずれも現存しない。釜以外の作では、文禄二年(一五九三)銘羽黒山擬宝珠、慶長一〇年(一六〇五)銘京都本圀寺梵鐘、慶長一一年銘京都妙蓮寺灯籠など。

にしやましちょう【西山志澄】 1842.6.6～1911.5.26 幕末～明治期の高知藩士・政治家。戊辰戦争で高知藩軍に属し転戦。明治政府に出仕したが、明治六年の政変で退官。立志社に参画し、一八七八年(明治一一)同副社長、八〇年大阪で開催された愛国社大会で副議長として国会開設請願運動に尽力。土陽新聞社長となり、議会開設以後は衆議院議員に当選四回、九八年大隈内閣の警視総監となる。

にしやますいしょう【西山翠嶂】 1879.4.2～1958.3.30 明治～昭和期の日本画家。京都市出身。本名卯三郎。京都市立美術工芸学校卒。竹内栖鳳に師事し、のち女婿となる。四条円山派の画風を継いだ。一九二九年(昭和四)帝国美術院会員、三三年京都市立美術工芸学校および京都市立絵画専門学校の校長となる。五七年文化勲章受章。作品「木槿」。

にしやませっさい【西山拙斎】 1735.8.17～98.11.5 江戸中・後期の朱子学派の儒者。名は正、字は士雅。備中国鴨方の医者の子。京都の那波魯堂に学び、師とともに徂徠学から朱子学に転じた。仕官を断って鴨方に帰り、私塾欽塾を開いて郷民教化の生涯を送った。寛政異学の禁は、柴野栗山に送った彼の建議によるといわれる。著書「間窓瑣言」「拙斎詩文集」。

にしやまそういん【西山宗因】 ⇨宗因

にじょうあきざね【二条昭実】 1556.11.1～1619.7.14 織豊期～江戸初期の公家。二条晴良の次男。母は伏見宮貞敦親王の女位子女王。一五八四年(天正一二)一二月左大臣、翌年二月関白。同年三月豊臣秀吉の内大臣就任にともない左大臣を辞し、七月には秀吉に関白を譲った。一六〇五年(慶長一〇)准三宮宣下。一五年(元和元)七月禁中并公家諸法度制定に参画し、将軍徳川秀忠・前将軍家康とともに連署。まもなく関白に還任。

にじょういん【二条院】 1026.12.9～1105.9.17 後冷泉天皇の中宮。後一条天皇の第一皇女。名は章子。母は藤原道長の三女威子。一〇三七年(長暦元)着裳とともに皇太子親仁親王(後冷泉天皇)の妃となる。四五年(寛徳二)後冷泉天皇即位とともに女御、四六年(永承元)中宮、六八年(治暦四)皇太后。翌年(延久元)出家して太皇太后となり、七四年(承保元)院号宣下をうける。

にじょういんのさぬき【二条院讃岐】 1141?～1217? 内讃岐・中宮讃岐とも。平安末～鎌倉前期の歌人。「沖の石の讃岐」は百人一首の歌による異名。父は源頼政、母は源斉頼の女。二条天皇に出仕し、天皇没後に藤原重頼と結婚、その頃すでに世評をえて「歌仙落書」に入る。一一九〇年(建久元)頃、後鳥羽上皇中宮任子に再出仕。隠棲後も後鳥羽上皇・順徳上皇の歌壇に迎えられ、「正治二年初度百首」「千五百番歌合」に載る。「千載集」に初出。家集に「寿永百首」がある。

にじょうけ【二条家】 ❶藤原氏北家嫡流の九条家支流。五摂家の一つ。鎌倉中期の九条道家の次男良実に始まる。家名は良実の二条京極第による。道家は承久の乱後、朝廷を統轄して九条家の全盛期を築いたが、かねて良実とは仲が悪く、一二四六年(寛元四)の名越光時の乱(宮騒動)、翌年の宝治合戦に関連して失脚したのは、良実の

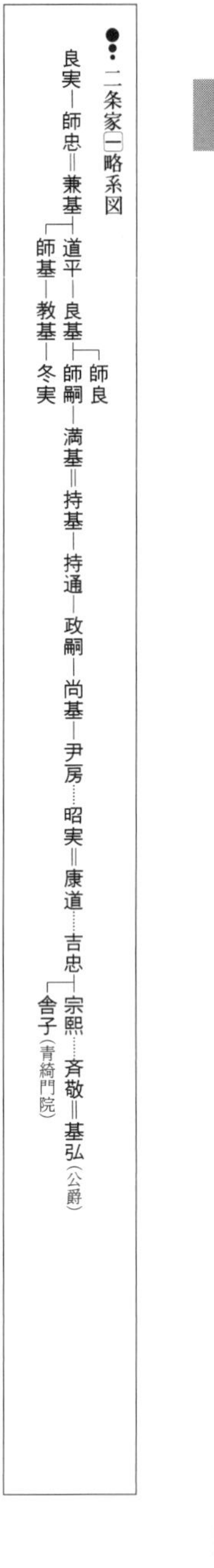

誣告によるものとみて義絶した。道家没後、良実は関白に再任。以後他の摂家と並んで代々摂関に任じられた。鎌倉末期、道平は後醍醐天皇に仕えたが、子の良基は北朝の重鎮。江戸時代の家禄は一七〇八石余。康道以降、将軍の偏諱をうけた。維新後、基弘のとき公爵。

㊁藤原氏御子左家の嫡流。歌道の家。鎌倉中期の藤原為家の子為氏に始まる。その子為世から二条と号し冷泉・京極家と対立。中世後期に断絶。

にじょうためうじ【二条為氏】 1222～86.9.14 鎌倉中期の公卿。正二位権大納言。歌人で、歌道の家二条家の祖。藤原為家の子。母は宇都宮頼綱の女。大覚寺統に近侍。和歌の世界で大きな力をもち、一二七八年(弘安元)亀山上皇の命により「続拾遺集」を撰進。弟京極為教・冷泉為相と不和で、御子左家の分裂を招いた。また為相の母阿仏尼と播磨国細川荘(現、兵庫県三木市付近)をめぐって争った。法名覚阿。

にじょうためさだ【二条為定】 1293?～1360.3.14 鎌倉末～南北朝期の歌人。二条為世の孫で為道(通)の子、母は飛鳥井雅有の女。正二位民部卿権大納言に昇り、一三五五年(文和四・正平一〇)出家。法名釈空。父の早世の後、叔父為藤の感化をうけ一三二五年(正中二)後継者として「続後拾遺集」を撰進。後醍醐天皇に近侍したが元弘の乱以降は従わず、北朝とも通じて五九年(延文四・正平一四)「新千載集」を撰進、動乱期の歌道師範家を守った。「玉葉集」以下の勅撰集に入集。

にじょうためふゆ【二条為冬】 ?～1335.12.12 鎌倉後期の公家・歌人。左中将。父は為世。幼名は幸鶴。祖父の代から大覚寺統に近侍し、後醍醐天皇に仕える。箱根竹ノ下の戦では新田義貞軍に属し、敗走して伊豆の佐野山で戦死。父により「続後拾遺集」の撰者に推されたが、二条為定の反対で実現しなかった。家集「為冬集」。

にじょうためよ【二条為世】 1250～1338.8.5 鎌倉後期の歌人。為氏の長男。母は藤原教定の女。大覚寺統の天皇に親仕し、持明院統の伏見天皇に近侍した京極為兼と鋭く対立した。一三〇三年(嘉元元)後宇多上皇の命をうけ「新後撰集」を撰進。〇九年(延慶二)頃為兼と勅撰集撰者の地位をめぐって対立、為世は敗れ為兼が「玉葉集」を撰進した。大覚寺統の後醍醐天皇が即位した後、「文保百首」に参加、二〇年(元応二)には後宇多上皇に「続千載集」を撰進した。地下出身の浄弁・頓阿・兼好・慶運らの門弟を育て、二条派の宗匠としてその歌風を完成させた。家集「為世集」。

にじょうてんのう【二条天皇】 1143.6.17～65.7.28 在位1158.8.11～65.6.25 後白河天皇の第一皇子。名は守仁。母は藤原経実の女懿子。藤原得子(美福門院、鳥羽上皇皇后)に養育され、出家を予定されていたが、近衛天皇が死去したため、鳥羽法皇によってにわかに皇位継承者とされた。一一五五年(久寿二)後白河の皇太子に立ち、五八年(保元三)譲位をうけて践祚。後白河上皇の院政を認めずみずから政治にあたったが、二三歳の若さで死去した。

にじょうなりゆき【二条斉敬】 1816.9.12～78.12.5 幕末・維新期の公家。人臣最後の摂政。左大臣斉信の次男、母は水戸藩主徳川治紀の女従子。一八二五年(文政八)従三位、三一年(天保二)権大納言。条約勅許に反対し、五九年(安政六)安政の大獄で一時謹慎処分となる。六二年(文久二)国事御用掛。中川宮朝彦親王・近衛忠煕と提携し公武合体を推進した。翌年八月十八日の政変後、関白。六七年(慶応三)明治天皇践祚で摂政。王政復古で罷免され参朝停止。六九年(明治二)麝香間祗候となる。

にじょうみちひら【二条道平】 1287～1335.2.4 鎌倉末期の公卿。後光明照院と称する。父は兼基、母は御子左為顕の女。一二九五年(永仁三)公卿に列し、一三一六年(正和五)から二年間花園天皇の関白、二七年(嘉暦二)から三年間後醍醐天皇の関白となる。天皇の倒幕計画に協力したらしく、三二年(元弘二)幕府により、父兼基に預けられた。しかし翌年隠岐から反撃にでた天皇によって左大臣・氏長者に任じられ、三四年(建武元)には内覧となった。

にじょうもろもと【二条師基】 1301～65.1.26 南北朝期の公卿。父は兼基、母は源兼任の女。一三一二年(正和元)従三位。一六年権大納言となるが、二三年(元亨三)辞し、三六年(建武三・延元元)南北朝分裂とともに南朝に仕えた。三八年(暦応元・延元三)内大臣、五一年(観応二・正平六)関白となる。五九年(延文四・正平一四)出家したが、翌年の赤松宮攻めに大将軍として従軍。

にじょうよしざね【二条良実】 1216～70.11.29 鎌倉中期の公卿。五摂家の一つ二条家の祖。九条道家の次男。母は西園寺公経の女掄子。幼少時から父にうとまれたが、外祖父公経の引き立てで一二三五年(嘉禎元)内大臣、四二年(仁治三)関白となる。四六年(寛元四)道家の圧力で関白を弟一条実経に譲った。同年名越光時の乱に関連して失脚した道家に、北条氏との内通を疑われて義絶され、五〇年(建長二)には九条家領の伝領を禁じられた。その後六一年(弘長元)関白に再任し、六五年(文永二)退任後も内覧として朝政に参画。

にじょうよしもと【二条良基】 1320～88.6.13 南北朝期の公卿・歌人・連歌師。諡は後普光園院。道平の子、母は西園寺公顕の女。はじめ後醍醐天皇に仕えたが、南北朝期には北朝の五代の天皇に仕えて太政大臣にいたり、四度摂政・関白となった。足利将軍家とも親近した。連歌にうちこみ、救済と協力して準勅撰集「菟玖波集」を編纂し、自句を八七句入集したほか、連歌論書は「連理秘抄」「撃蒙抄」「筑波問答」「九州問答」など、古典学では「万葉詞」の著作のほか、「光源氏一部連歌寄合」の成立にかかわった。和歌は二条派の二条為定と頓阿に師事。勅撰集に入集し、「近来風体抄」の著もある。連歌の門弟に梵灯庵と今川貞世(了俊)がいる。

にしるいす【西類子】 ?～1646.1.15 近世初頭の貿易家。肥前大村氏の家臣西宗源の子。通称九郎兵衛、号は宗真。キリシタン。洗礼名ルイス。ルソン貿易に従事して、一六〇七年(慶長一二)徳川家康に謁し、海外事情を述べて信任を得た。朱印船を派遣してルソン貿易を行い、投銀などの投資や貿易業務の委託などにより貿易活動の場を拡大した。内国市場の遠隔地取引などの商業活動も行った。晩年は和泉国堺に隠棲。彼の異国関係文書や遺物は堺の本受寺に寄進された。

にしわきじゅんざぶろう【西脇順三郎】 1894.1.20～1982.6.5 大正・昭和期の詩人・英文学者。新潟県出身。慶大卒。一九二二年(大正一一)渡英。オックスフォード大で主として英語・英文学を学ぶ。二五年帰国、翌年慶応義塾大学文学部教授就任。同時に新詩運動の中心的指導者として活躍。詩集「Ambarvalia」「旅人かへらず」。詩論集・随筆・評論も多い。

にたんし【仁田氏】 ⇨仁田氏

にちえん【日延】 生没年不詳。平安中期の延暦寺の僧。肥前国生れ。権律師仁観の弟子。九五三年(天暦七)中国の天台山から天台教籍の書写送付の要請をうけ、送使として渡海。九五七年(天徳元)新暦法の符天暦と一〇〇〇巻余の内典・外典をたずさえて帰朝。村上天皇からその功を賞され僧綱宣旨を得るが、辞退して大宰府に下り、康保年間(九六四～九六八)藤原師輔のために大浦寺を建立。以後の消息は不明。符天暦請来は日本の宿曜道成立の一大画期となった。

にちおう【日奥】 1565.6.8～1630.3.10 織豊期～江戸前期の日蓮宗の僧。不受不施派の中心的人物。字を教英、安国院・仏性院と号す。京都町衆の呉服商の子として生まれる。一五七四年(天正二)京都妙覚寺の日典に師事。九五年(文禄四)豊臣秀吉主催の方広寺大仏殿の供養会の出仕をめぐり、日重らの受不施派と対立。自説を主張して丹波国小泉に隠棲した。九九年(慶長四)徳川家康による供養会に出席せず、対馬に配流。在島一三年、一六二三年(元和九)不受不施を公許される。著書「宗義制法論」。

にちおん【日遠】 1572～1642.3.5 江戸前期の日蓮宗の僧。字は尭順、心性院と号す。京都生れ。受不施派の京都本満寺の日重に師事。徳川家康の側室養珠院お万の方の帰依をうけ、身延大野に本遠寺を建立。一六三〇年(寛永七)江戸城内の受・不受宗論で不受派を破り、池上本門寺に入山。翌年、鎌倉の不二庵に隠棲。養珠院をはじめ参詣の信者が跡をたたなかった。著書「玄義聞書」。

にちがく【日覚】 生没年不詳。平安後期の延暦寺の僧・宿曜師。陰陽家安倍晴明の曾孫政義を父とし、宿曜や易筮・占術をよくした。暦算にも詳しく、ことに漏刻の製作で知られる。「朝野群載」によれば、円形の天盤と方形の地盤をもち、回転して時刻になると、十二神将が現れて音を発する仕掛けであったという。

にちこう【日向】 ⇨日向

にちじ【日持】 1250～? 鎌倉中・後期の日蓮宗の僧。駿河国松野の蓮永寺の開山。日蓮六門弟の一人。甲斐公・蓮華阿闍梨と号す。駿河国生れ。はじめ故郷駿河国の天台寺院四十九院で日興に師事。のち日蓮の弟子。日蓮没後日興と不和になり、一二八八年(正応元)日浄とともに願主となって池上本門寺に日蓮影像を安置し、その後の消息は不明。布教をめざし北海道、大陸に渡ったともいう。

にちじゅ【日樹】 1574～1631.5.19 江戸前期の日蓮宗の僧。池上・比企両山一六世。備中国生れ。下総の飯高・中村檀林で学業をつみ、飯高檀林の七世化主となる。不受不施派の日奥を中心とする関東学派に属し、本満寺の日重、身延山の日乾らの関西学派と対立。一六一九年(元和五)池上に入山し本門寺の復興につとめたが、三〇年(寛永七)江戸城内での受・不受の係争では、体制側の関西学派に敗れ、信濃国飯田に配流。その後、池上本門寺は体制側に編入。著書「不受不施言上」。

にちじゅう【日什】 1314.4.28～92.2.28 南北朝期の日蓮宗の僧侶。陸奥国会津黒川生れ。はじめ天台僧だったが、一三八〇年(康暦二・天授六)改宗して下総の中山門流の真間弘法寺に入寺。僧徒の教育に努めながら、関白二条師嗣らに改宗をせまる諫暁を三度行った。八七年(嘉慶元・元中四)中山門流と決別し、京都に小庵(のち妙満寺)を建立。九一年(明徳二・元中八)将軍足利義満に法門を奏上したが、以後の諫暁を禁止され、会津に下った。日什の系統は日什門流という一派を形成し、のち顕本法華宗と称した。

にちじゅう【日重】 1549～1623.8.6　戦国期～江戸前期の日蓮宗の僧。一如院と号す。若狭国生れ。幼くして仏心院日珖に師事。南都の教学をはじめ漢詩文や儒学も修め、本満寺一二世となる。教学的には、師日珖の折伏主義を排して摂受主義の教義を発展的に継承。一五九五年(文禄四)豊臣秀吉による京都方広寺大仏殿の千僧供養会出仕の出・不出問題では、宗門護持の立場から受不施を推進し、不受不施派の日奥と鋭く対立した。著書「見聞愚案記」。

にちじょう【日乗】 ⇨朝山日乗

にちじょう【日常】 ⇨富木常忍

にちじょう【日静】 1298～1369.6.27　鎌倉後期～南北朝期の日蓮宗の僧侶。号は妙竜院。はじめ治部公日位、ついで摩訶一房日印に師事し、日印から鎌倉本勝寺、越後国本成寺を譲られる。一三三八年(暦応元・延元三)上洛、本勝寺を六条堀川に移して本国寺(現、本圀寺)と称した。その弟子日伝は本国寺、日陣は本成寺を継承。本国寺の系統は六条門流といわれ、日像の開いた妙顕寺の四条門流とともに、京都日蓮宗の二大門流を形成した。

にちぞう【日像】 1269～1342.11.13　鎌倉後期の日蓮宗の僧。京都妙顕寺の開祖。肥後房・肥後阿闍梨と号す。四条門流派祖。出自は下総国の平賀氏。日朗に師事、のち日蓮の弟子となり経一丸の名を得て、本尊を授けられる。一二九三年(永仁元)日蓮の遺命により京都布教を決行。上洛後、京都の有力町衆を信徒としたが、比叡山などの圧力をうける。その間、一三二一年(元亨元)妙顕寺を今小路に開創。以後、後醍醐天皇の京都還幸を祈り、北朝光厳上皇の祈禱も行い、公武の信仰を集めた。

にちら【日羅】 ?～583.12.30　六世紀の倭人系百済官人。火葦北国造阿利斯登の子。父の派遣先である百済で生まれた。達率の官位を与えられ百済王に仕えたが、敏達天皇の重ねての要請で敏達一二年帰国。物部贄子・大伴糠手子らに国政について問われ、兵を興すよりも民を富ませ国力の充実を図るべき時であると答えた。さらに百済の九州侵略計画を告げたため、同年一二月、同行の百済使徳爾らに殺された。

にちりゅう【日隆】 1385～1464.2.25　室町中期の日蓮宗の僧。京都本能寺の開山。本門仏立宗・本門法華宗の祖。桃井尚儀の子。幼名は長一丸、深円・慶林坊と号す。越中国生れ。同国遠成寺に入り、一八歳で上洛し妙本寺日霽に師事。師の没後、西洞院の柳酒屋の像師堂(妙蓮寺)を拠点に研鑽。一四二九年(永享元)六角堂町の豪商小袖屋宗句の庇護で本応寺を開創(三三年本能寺と改称)、同宗の京畿地方の発展の礎を固めた。中国・四国にも巡化した。著書「本門弘経抄」。

にちれん【日蓮】 1222～82.10.13　鎌倉時代に法華宗(日蓮宗)を開いた僧。字は蓮長。安房国小湊の海縁村落の「海人の子」として誕生。一二歳で故郷の天台寺院清澄寺にのぼり、一六歳のとき、「日本第一の智者」になるべく出家して是聖房蓮長と名のる。以後、鎌倉・比叡山・南都・高野山などに修学した結果、仏法の真髄は「法華経」にあると悟って、一二五三年(建長五)法華宗を開示。念仏は無間地獄、禅は天魔の所為、律は国賊、真言宗は亡国とした「四箇格言」に示されるように、徹底した他宗批判を行った。「法華経」の採用を求め、六〇年(文応元)幕府へ「立正安国論」を上呈。元寇を目前にした予言的言動により一定の信者を得たが、幕府からはつねに弾圧され、波瀾のなかに身をおいた。七一年(文永八)の佐渡流罪と、その後の身延入山を通して仏使としての自覚を強める一方、現世と来世を超越した「法華経」の世界を思索した。「法華経の行者日蓮」の残した思想と行動は、本弟子六人(六老)に継承された。大正期に立正大師の諡号が贈られた。著書「開目鈔」「観心本尊鈔」。

にちろう【日朗】 1245.4.8～1320.1.21　鎌倉中・後期の日蓮宗の僧。日朗門流・池上門流の派祖。筑後房と号す。大国阿闍梨ともいう。日蓮の六門弟の一人。下総国生れ。佐渡配流の師日蓮を八度も訪ね、一二七四年(文永一一)赦免状をたずさえ佐渡に渡った。鎌倉比企谷の妙本寺を建立し、そこを拠点に日昭とともに鎌倉で布教。八八年(正応元)池上宗仲と協力して日蓮の御影像を造立し、池上本門寺の礎を固めた。下総国曾谷氏の庇護で平賀本土寺を開創。

にっきし【仁木氏】 「にき」とも。中世の豪族。清和源氏。足利氏の支族。足利義清の孫実国が、三河国額田郡仁木郷(現、愛知県岡崎市)に住み、仁木太郎と称したのに始まる。南北朝期の頼章・義長は、足利尊氏の信任をうけ、将軍方について転戦。その功により丹波・伊賀・伊勢諸国の守護となり、各地に勢力を伸ばした。尊氏の死後、一時没落、のち伊勢国などの守護に復した。応仁・文明の乱後は衰退。子孫は各地に土着した。

にっきよしなが【仁木義長】 ?～1376.9.10　南北朝期の武将。義勝の子。頼章の弟。二郎四郎。越後守・右京大夫。足利尊氏の西走に従い、筑前国多々良浜の戦で菊池氏の大軍を撃破。観応の擾乱では尊氏方に属して関東に下った。尊氏の信任厚く、伊勢・伊賀などの守護を歴任、侍所頭人も二度勤めた。尊氏と頼章の没後は、執事細川清氏との対立で、一三六〇年(延文五・正平一五)伊勢に下り、翌年南朝方へ参じた。のち幕府復帰をゆるされるが、安定的地盤は確保できなかった。

にっきよりあき【仁木頼章】 1299～1359.10.13 南北朝期の武将。義勝の次男。二郎三郎。周防守・伊賀守・兵部大輔・左京大夫。法名道璟。元弘の乱以来、足利尊氏に従う。尊氏西走の際、丹波に赴き兵を集めて上洛、東寺で新田義貞軍を破った。その後、金崎の戦・四条畷の戦などで軍功をあげる。観応の擾乱では尊氏方に属し、関東下向に従った。東国滞在中は幕府執事に任じられ、また丹波国守護を三度勤め、山陽道の南朝軍から京都を防衛した。

にっけ【日華】 1252.11.15～1334.8.16 鎌倉中・後期の日蓮宗の僧。日興の有力門弟の一人。寂日房と号し、二十家阿闍梨と称す。甲斐国生れ。一二七六年(建治二)日興が鰍沢で布教した際に師事。以後、日興と行動をともにし、身延入山・離山にも従う。一三一四年(正和三)頃四国に渡り、讃岐本門寺を建立。二四年(正中元)南条時光の室妙蓮尼の寄進をうけ、妙蓮寺を開創(のちの富士五山の一つ)。甲斐国小室に妙法寺、鰍沢に経王寺を開き、日興の富士門流の発展に専心した。

にっけん【日乾】 1560～1635.10.27 織豊期～江戸前期の日蓮宗の僧。字は孝順・寂照院と号す。若狭国生れ。一五六九年(永禄一二)故郷の長源寺の日欽に師事。二年後、京都本満寺の日重に修学。八八年(天正一六)師から本満寺八世をつぐ。文禄年間頃は不受不施を主張したが、慶長期に入ると受不施の立場にかわり、身延山久遠寺に入寺、二一世となる。一六二七年(寛永四)本阿弥光悦の招きをうけ鷹峰檀林を開いた。著書「宗門綱格」。

にっこう【日珖】 1532～98.8.27 織豊期の日蓮宗の僧。竜雲院・仏心院と号す。堺の豪商油屋の伊達常言の子。郷里の長源寺に入り、園城寺・比叡山に学ぶ。比叡山の師尊契は、その広い学識に感じて最澄ゆかりの神宝、紫袈裟を切って贈ったという。一五五五年(弘治元)頂妙寺三世をつぎ、三年後、長源寺を再興するかたわら、河内国の三好一族の信仰を得た。はじめ強硬な折伏主義をとったが、七九年(天正七)織田信長の命による浄土宗との論争、安土宗論をきっかけに摂受主義に転じた。著書「安土問答記録」。

にっこう【日興】 1246.3.8～1333.2.7 鎌倉後期の日蓮宗の僧。日興門流・富士門流の派祖。日蓮六門弟の一人。字は白蓮、別称を伯耆阿闍梨。甲斐国生れ。駿河国の天台寺院四十九院に入寺、ついで日蓮に師事。師の佐渡流刑に従う。富士郡の熱原の法難の際には身延の日蓮と連絡をとりつつ事にあたった。師の没後、身延の檀越波木井氏と不和になり、身延を下山し富士郡の檀越南条時光の請いをうけて、のちの大石寺の礎を開く。

にっこう【日講】 1626～98.3.10 江戸前期の日蓮宗の僧。安国院と号す。京都生れ。京都妙覚寺の日習に入門し、下総国の飯高・中村檀林に学ぶ。一六六五年(寛文五)江戸幕府は日蓮宗寺院に対し、朱印地は国主が供養したものと認める手形の提出を命じたが、不受不施の立場をとる日講らは提出を拒否。翌年、幕府はさらに地子・寺領だけでなく、飲水・行路すべて国主の供養である旨の手形提出を強要。提出を拒んだ日講は日向国佐土原に配流され、この地で日蓮遺文の注釈書「録内啓蒙」を著した。

にっしょう【日正】 1829～1908 幕末～明治期の宗教家。日蓮宗僧侶。別名宣明院。不受不施派の再興に尽くした。禁制下で表面的には日蓮宗の受派寺院に所属していた信者(内信・内信者)の統一を進め、一八七六年(明治九)の教部省達によって公認を得ることに成功。ついで江戸末期の医者難波抱節の邸宅を入手して妙覚寺(岡山県御津町)とし、不受不施派の総本山とした。

にっしょう【日昭】 1221～1323.3.26 鎌倉中・後期の日蓮宗の僧。日昭門流・浜門流の派祖。日蓮六門弟の一人。下総国生れ。字は大成弁、別に弁阿闍梨という。はじめ天台僧だったが日蓮に師事し、日蓮の配流中も鎌倉を離れず師説を広めた。天台宗的色彩を残しながら、鎌倉浜土の法華寺を拠点に布教に専心。幕府の弾圧にも、みずから天台沙門と名のり臨機応変に対応。一三〇六年(徳治元)越後国風間氏の庇護で相模国妙法寺(のち越後に移転)を創立。

にっしん【日親】 1407～88.9.17 室町時代の日蓮宗の僧。上総国生れ。はじめ中山門流に属したが、その厳格な折伏主義のため破門される。一四三七年(永享九)上洛して本法寺を建立。「立正治国論」を著し、命令に背いて将軍足利義教に改宗をせまる諫暁を再度行おうとしたため逮捕され、「なべかむり日親」の名の由来となるきびしい拷問をうけた。義教の死でゆるされる。弾圧中に破壊された本法寺を再建。その肖像はのち庶民の攘災招福の信仰対象となる。

にったくにてる【新田邦光】 1829.12.5～1902.11.25 幕末～明治期の神道家。神道修成派の創立者。旧名は竹沢寛三郎。徳島藩士。尊王攘夷運動にかかわる。一八六八年(明治元)に神祇官御用掛、七三年に教導職の大講義となる。同年御嶽講・富士講を結集して修成講社を結成、七七年に初代管長となる。

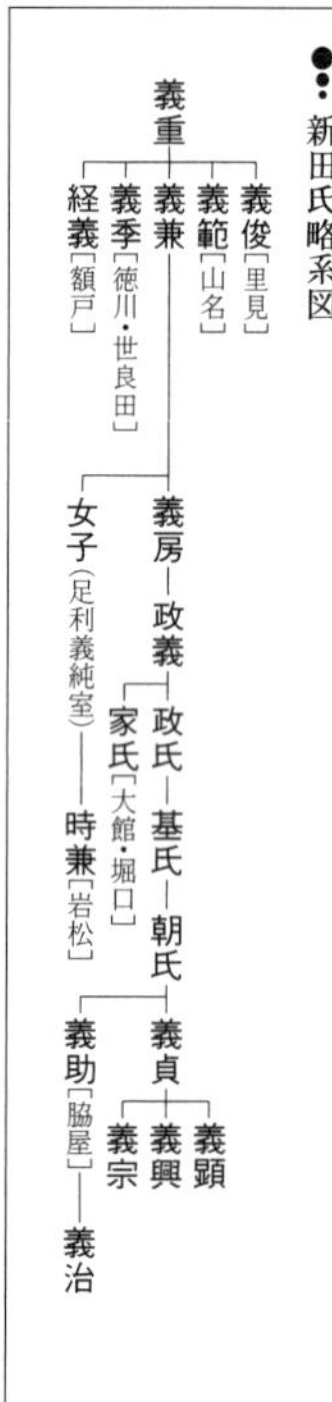

にったし【仁田氏】「にたん」とも。新田・日田とも。鎌倉時代伊豆国の豪族。藤原氏南家、天野氏支族。本拠は仁田郷(現、静岡県函南町)。鎌倉前期の忠常は、源頼朝の信任が厚く、曾我兄弟の仇討の際の活躍や、富士山麓の人穴探検などで知られる。一二〇三年(建仁三)比企氏の乱直後、北条氏に滅ぼされた。

にったし【新田氏】 中世上野国の豪族。清和源氏。源義家の孫義重が、上野国新田荘(現、群馬県新田郡・太田市一帯)を開発して、新田氏を称したのに始まる。治承の内乱の際、源頼朝に従い、以後御家人となった。一族は、新田郡を中心に各地に広がり繁栄。庶家には、山名・里見・岩松・徳川・世良田・額戸などがある。鎌倉後期、嫡流の義貞は後醍醐天皇に味方し、鎌倉を攻略して北条氏を滅ぼした。建武政権下では足利尊氏と対立、一族とともに南朝方につき、各地で戦ったが、一三三八年(暦応元・延元三)越前国で敗れ滅亡。庶流の岩松氏のみは、足利氏に従ったため存続し、新田荘を継承した。明治以降、新田姓に復し男爵。

にったただつね【仁田忠常】 1168~1203.9.6 新田・日田とも。鎌倉初期の武士。伊豆国生れ。四郎と称する。一一八〇年(治承四)源頼朝の挙兵以来、家人として従い多くの戦功をあげた。九三年(建久四)富士の巻狩で曾我祐成を討ち、事件の鎮圧に功があった。比企氏の乱直後、将軍源頼家から北条時政を討つよう命じられたが、事前に北条側に察知され、一族・郎党とも滅ぼされた。

にったよしあき【新田義顕】 ?~1337.3.6 南北朝期の武将。新田義貞の嫡子。南朝方として父とともに活動。一三三三年(元弘三)の鎌倉攻略、三六年(建武三・延元元)の京都奪回作戦などに参加。同年一〇月義貞とともに後醍醐天皇の皇子恒良親王を擁して越前にのがれ、金崎城(現、福井県敦賀市)に拠った。翌年正月から高師泰を大将とする室町幕府軍に包囲され、三月に落城。義貞はのがれたが、恒良親王は捕らえられ、義顕は自殺。

にったよしおき【新田義興】 1331~58.10.10 南北朝期の武将。新田義貞の子。南朝方として関東で活動。一三五二年(文和元・正平七)後醍醐天皇の皇子宗良親王を擁し、異母弟義宗らとともに上野で挙兵。鎌倉に進撃して一時これを占領。ついで武蔵各地で足利尊氏の兵と戦ったが敗れ(武蔵野合戦)、越後に退いた。のち再び関東で活動したが、五八年(延文三・正平一三)関東執事畠山国清の謀略にかかり、多摩川の矢口渡(現、東京都大田区か)で殺害された。

にったよしさだ【新田義貞】 ?~1338.閏7.2 南北朝期の武将。一三三三年(元弘三)本国上野で挙兵して鎌倉にむかい、途中分倍河原合戦などで幕府軍を撃破、まもなく鎌倉を攻略して鎌倉幕府を滅亡させた。ついで建武政権に従い、三五年(建武二)鎌倉で反乱した足利尊氏の討伐にむかったが、竹ノ下の戦で敗れた。京都に攻め上った尊氏をいったん撃退したが、三六年(建武三・延元元)五月湊川の戦で敗れ、京都を奪われた。一〇月後醍醐天皇の皇子恒良親王を擁して越前にのがれ、以後同国で活動。金崎城(現、福井県敦賀市)に拠ったが、翌年室町幕府軍に包囲され落城。三八年藤島城(現、福井市)付近の戦闘で負傷し、のち自殺。

にったよししげ【新田義重】 1135~1202.1.14 平安末~鎌倉前期の武将。新田氏の祖。義国の長男。母は藤原敦基の女。新田太郎・新田冠者と称する。従五位下。九条院判官代・左衛門尉・大炊助などを歴任。上野国新田郡の一部を開発し、花山院忠雅に寄進、新田荘の下司となる。平宗盛の家人として在京。一一八〇年(治承四)源頼朝挙兵に際して追討の命をうけ急ぎ帰国。上野国に兵を集めたが独自の動きをみせ、頼朝に帰属するのが遅れてその叱責をうけた。

にっちょう【日頂】 1252~1317.3.8 鎌倉後期の日蓮宗の僧。伊予房、のちに伊予阿闍梨と称す。日蓮六門弟の一人。駿河国生れ。日蓮の有力檀越の富木常忍(日常)の養子となり、幼くして日蓮に師事。日蓮の佐渡配流中も師に従って奉仕した。日蓮没後、下総国真間の弘法寺を拠点に布教。晩年、父常忍と対立し、駿河国の日興のもとに赴き、重須本門寺学頭となる。

にっちょう【日朝】 1422~1500.6.25 室町時代の日蓮宗の学僧。号は行学院。幼時に一乗坊日出に師事し、比叡山や奈良に遊学して天台など諸宗の教学を究めた。一四六二年(寛正三)身延山久遠寺一一世の貫主となる。以後、三七年間の在任中に西谷から現在地への伽藍の移転・整備や、法制・組織の制定に尽力。日蓮遺文を収集し、その注釈書「御書見聞」や日蓮の伝記「元祖化導記」を著した。

にっぽうそうしゅん【日峰宗舜】 1368～1448.1.26　南北朝期～室町中期の臨済宗の僧。俗称藤原氏。妙心寺中興の祖。京都生れ。一五歳のとき天竜寺で出家し、その後諸国を行脚し摂津海清寺の無因宗因のもとに参じた。無因没後尾張に赴き、一四一五年(応永二二)犬山に瑞泉寺を創建。応永の乱後荒廃した妙心寺に請われて住し、養源院などをたて復興に努めた。四七年(文安四)には勅により大徳寺の住持となり、翌年没した。

にとべいなぞう【新渡戸稲造】 1862.8.8～1933.10.15　明治～昭和前期の教育家・思想家。陸奥国岩手郡生れ。札幌農学校在学中に受洗。東京大学選科生として美学・統計学などを学ぶが、一八八三年(明治一六)退学し、アメリカ・ドイツへ留学、アメリカでクエーカー教徒となる。経済学・歴史学・文学・農政学などを学び、九一年帰国。札幌農学校教授・京都帝国大学教授をへて、一九〇六年一高校長に就任。人格主義教育で多大な影響を与えた。〇九年から東京帝国大学教授を兼務。一一年最初の日米交換教授としてアメリカ各地の大学で講義する。一八年(大正七)東京女子大学初代学長に就任。二〇年国際連盟事務次長、二六年(昭和元)貴族院議員となる。三三年日本代表として太平洋問題調査会の国際会議出席のためカナダ滞在中に客死した。八四年以降発行の五〇〇〇円札の図案は彼の肖像。

にながわし【蜷川氏】 中世～近世の武家。宮道氏の出身という。祖大田親直が源頼朝の挙兵に従い、勲功として越中国礪波・新川両郡を領し、新川郡蜷川村(現、富山市)に住んで蜷川を称したのに始まる。末裔の親行は足利尊氏に仕え、妹が室町幕府の政所執事伊勢貞継の子貞信に嫁したことから、以後伊勢氏と姻戚関係を結んだ。親当から代々、室町幕府政所代を勤めた。幕府滅亡後、一時長宗我部氏を頼ったが、同氏が滅んだあとは徳川家康の旗本となった。「蜷川家文書」を伝える。

にながわちかとし【蜷川親俊】 ?～1569.11.14　戦国期の武士。親順の子。新右衛門尉・大和守。のち親世と改名。法名道哉。室町幕府の政所執事伊勢貞孝の被官。若年で家督をつぎ、家職である政所代を勤める。出羽国村山郡で没した。「蜷川親俊日記」が伝わる。

にながわちかまさ【蜷川親当】 ?～1448.5.12　室町中期の武士・連歌師。親俊の子。新右衛門尉。法名智蘊。幕府の政所執事伊勢氏の被官。政所代を勤める。姉は主人伊勢貞国の妻。和歌を正徹に、連歌を梵灯庵に学び、のち宗祇が選んだ連歌七賢の一人とされ、「竹林抄」「新撰菟玖波集」に多数の作品が載る。ほか自選の「親当句集」がある。一休宗純に感化をうけ、近世の「一休咄」にも登場する。

にながわちかもと【蜷川親元】 1433～88.5.25　室町中期の武士。親当(智蘊)の子。新右衛門尉。法名道寿。道号友石・不白軒。幕府の政所執事伊勢貞親・同貞宗の被官。政所代を勤め、政所へ提出された文書と発給文書の控を残す。和歌をよくし三条西実隆とも交際があり、能書家としても有名。「蜷川親元日記」が伝わる。

にながわとらぞう【蜷川虎三】 1897.2.24～1981.2.27　昭和期の経済学者・京都府知事。東京都出身。農商務省水産講習所をへて京大卒。京都帝国大学講師・助教授をへて一九三九年(昭和一四)教授。四五年経済学部長。翌年辞職し四八年初代中小企業庁長官。吉田茂首相と衝突して五〇年懲戒免職。同年四月民主戦線統一会議の推薦をうけ社会党籍で京都府知事に当選、以後七期二八年間革新府政を推進した。著書「統計利用における基本問題」「洛陽に吼ゆ—蜷川虎三の回想録」。

ににぎのみこと【瓊瓊杵尊】 「古事記」では邇邇芸命。天津彦彦火瓊瓊杵尊・天津彦根火瓊瓊杵根尊などとも。天孫降臨神話で葦原中国に降臨する神。名の核となるホノニニギは稲穂の豊饒を意味する。降臨後にコノハナサクヤヒメを妻とし、ホノスソリ・ヒコホホデミらを生む。「日本書紀」では真床追衾にくるまれて降り、「古事記」では父アメノオシホミミにかわって誕生直後に降されたとあるように、ともに嬰児の姿で降ったと考えられるが、それは穀霊の新生を表すものであった。なお真床追衾の存在から大嘗祭の起源説話とする説もある。

にのみやけいさく【二宮敬作】 1804.5.10～62.3.12　江戸後期の蘭方医。号は如山。伊予国宇和島生れ。一八一九年(文政二)長崎で蘭学と蘭方医学を学ぶ。本草学・理学にも通じる。二三年シーボルトの来日とともに鳴滝塾に入門。二六年シーボルトの江戸参府に随行。二八年シーボルト事件に連坐し禁錮数カ月。のち帰郷して医業を開く。また宇和島藩医となり、種痘の普及にも努めた。シーボルトの娘楠本いねを養育、高野長英・大村益次郎らと親交があった。

にのみやそんとく【二宮尊徳】 1787.7.23～1856.10.20　江戸後期の農村復興の指導者。通称金次郎。公人としては尊徳を使用。諱である尊徳の正式の読みは「たかのり」。相模国足柄上郡栢山村生れ。少年期に父母を失い、災害で没落した家を独力で再興。この体験をもとに天地人三才の徳に報いることを説く報徳思想を形成、また家・村を復興し興国安民を実現する仕法を体系化した。一八二二年(文政五)に小田原藩に登用され、四二年(天保一三)には普請役格の幕臣となる。関東と周辺の諸藩領・旗本領・幕領・日光神領の復興や個別の家・村の再建を依頼されて指導。下野国今市の仕法役所で没す。その思想・仕法は報徳社に受け継がれた。著作・仕法書類は「二宮尊徳全集」所収。

にのみやちゅうはち【二宮忠八】 1866.6.9～1936.4.8　明治期の飛行機研究家。伊予国生れ。陸軍勤務中の一八八九年(明治二二)飛行機の研究を始める。翌年ゴム動力で飛ぶプロペラ式模型飛行機、九三年大きさ約二mの玉虫型模型飛行機を製作し、発明の実用化を陸軍上司に二回申請したが、却下された。一九〇三年ライト兄弟の飛行成功の報に接して研究を中止。退役後は製薬業に進出。京都の飛行神社の神主を務めた。

にほんざえもん【日本左衛門】 1719～47.3.21　江戸中期の盗賊。本名浜島庄兵衛。尾張国生れ。多くの手下をかかえ武装した盗賊集団を形成し、遠江国を根拠に東海道筋を荒らし回った。一七四六年(延享三)冬に召捕りの町触が江戸でだされ、翌年京都町奉行所へ自首し、江戸で死罪となった。その後、富豪を狙った義賊という伝承もうまれ、河竹黙阿弥によって、一八六二年(文久二)初演の歌舞伎、通称「白浪五人男」に描かれた。歌舞伎には日本駄右衛門として登場する。

にほんまつし【二本松氏】 中世陸奥国安達郡の豪族。畠山氏支族。奥州探題畠山国氏が観応の擾乱の際に吉良貞家に討たれたのち、その子国詮が二本松(現、福島県二本松市)に土着したのに始まる。戦国期末、義継のとき伊達氏と争い、一五八六年(天正一四)滅亡。

にほんまつよしつぐ【二本松義継】 ?～1585.10.8　織豊期の武将。南北朝期の奥州管領畠山国氏の子孫。一五七四年(天正二)八丁目城(現、福島市)を奪われるなど北方の伊達氏に圧迫され、会津の蘆名氏や常陸の佐竹氏と同盟を結んだ。八五年一〇月伊達輝宗との戦闘で降伏し、講和の場で輝宗を拉致し逃亡。しかし輝宗の子政宗の追撃をうけ、阿武隈川岸の高田原で輝宗とともに殺された。翌年政宗は二本松城を攻撃、二本松氏は滅亡。

にょほう【如宝】 ?～815.1.7　安如保・如保とも。奈良～平安初期の渡来僧。中央アジアのサマルカンド地方の安国の出身か。鑑真に師事し、師とともに七五四年(天平勝宝六)来朝。東大寺戒壇院で受戒。一時下野薬師寺に住したが、鑑真の死でその委嘱をうけ唐招提寺に帰住し、伽藍造営と律宗の高揚に尽力。七九七年(延暦一六)律師、八〇六年(大同元)少僧都。「日本後紀」の卒伝によると、戒律を厳守し大国の風格があったという。

にょらいし【如儡子】 1603?～74.3.8　江戸前期の仮名草子作者。本名は斎藤清三郎。出羽国山形藩最上家の家臣だったが、最上家が改易となったため牢人。江戸での仕官後に再度牢人となり、医を業とする。その間、社会に対する屈折した思いと為政者への批判を如儡子の名で「可笑記」にぶつけ、大名や旗本に出入りして「百人一首」を講釈。禅に帰依して「百八町記」を書くが、晩年は嫡男の仕官に従い陸奥国二本松に移る。

ニール　Edward St. John Neale ?～1866.12.-　イギリス陸軍中佐・駐日代理公使。一八三七年陸軍を退役し外交官に転じた。駐清公使館書記官をへて、六二年(文久二)四月からオールコック公使の賜暇帰国中イギリス駐日代理公使を勤める。第二次東禅寺事件、生麦事件、萩藩の外国船砲撃の際、冷静な態度で幕府と交渉、英仏軍の横浜駐屯権を獲得。イギリス艦隊による薩英戦争にも参加。六四年一月公使の帰任により離日した。

にれかげのり【仁礼景範】 1831.2.24～1900.11.22　明治前期の海軍軍人。鹿児島藩士の子。一八七二年(明治五)海軍省出仕、少佐。八四年海軍省軍事部部長に就任、軍令事項を管掌する。八六年参謀本部次長、八八年海軍参謀本部長。九二年第二次伊藤内閣の海相に就任、海軍軍備の充実をはかる。のち枢密顧問官。

にわし【丹羽氏】 ❶江戸時代の外様大名家。はじめ児玉と号したが、のち尾張国丹羽郡に移り、丹羽に改めた。関ケ原の戦後所領を没収された長重が、一六〇三年(慶長八)常陸国古渡で一万石を与えられ再興。陸奥国棚倉・白河をへて、四三年(寛永二〇)光重のとき、同国二本松一〇万七〇〇〇石へ転封となり、二本松藩主として明治期にいたる。維新後子爵。❷江戸時代の譜代大名家。はじめ一色と称したが、尾張国丹羽郡に移り、丹羽に改めた。関ケ原の戦の功により、一六〇〇年(慶長五)氏次が三河国伊保で一万石をえた。その後美濃国岩村などをへて、一七四六年(延享三)薫氏が播磨国三草で一万石を領有し、三草藩主として明治期にいたる。維新後子爵。

にわしょうはく【丹羽正伯】 1691～1756.4.14　「せいはく」とも。江戸中期の本草家。医家丹羽徳応の長男。名は貞機、字は哲夫、号は称水斎。伊勢国松坂生れ。京都に遊学し、山脇玄脩らに医学を、稲生若水に本草学を学ぶ。一七二〇年(享保五)幕府の採薬使となり諸国に採薬。二二年幕府医官となり、下総国滝台野の薬園管理にあたった。三四年師若水の「庶物類纂」の増修を命じられ、幕命をうけ「諸国産物帳」「産物絵図帳」を編集。これをもとに、三八年(元文三)「庶物類纂」後編六三八巻を完成した。

にわたけ【庭田家】 宇多源氏。羽林家。有資の子経資に始まる。経資は後深草・伏見両天皇の近臣。孫重資のあと庭田と田向に分流。重資の女資子が崇光天皇との間に栄仁親王(伏見宮初代)を生んだことから、当家は伏見宮に近侍した。重資の子経有の女幸子も栄仁親王の子貞成親王(後崇光院)との間に後花園天皇を生んだ。江戸時代の家禄は三五〇石。神楽の家。江戸前・中期の重条は武家伝奏、子の重孝は議奏、幕末の重胤は国事御用掛などを勤めた。維新後、重直のとき伯爵。

にわながしげ【丹羽長重】 1571～1637.閏3.4 織豊期～江戸初期の武将・大名。長秀の子。豊臣秀吉に仕え、一五八五年(天正一三)家督相続で、越前国府中城主として越前・若狭と加賀半国を領知。その後家中騒動で加賀国松任四万石に減封。九八年(慶長三)加増され、同国小松城主となり一二万五〇〇〇石余。関ケ原の戦で西軍に属し、戦後に改易。その後、常陸国古渡に一万石を与えられ、同国江戸崎二万石をへて陸奥国棚倉藩主五万石。一六二七年(寛永四)には同国白河藩主一〇万石余。

にわながひで【丹羽長秀】 1535～85.4.16 織豊期の武将。長政の子。織田信長に仕え、一五七〇年(元亀元)姉川の戦、七五年(天正三)北陸一向一揆の鎮圧に活躍。惟住の姓を称す。八二年(天正一〇)本能寺の変に際し、織田信孝とともに大坂で明智光秀の婿織田信澄を攻めて自害させた。豊臣秀吉と合流し山崎の戦で光秀を破る。戦後若狭一国と近江国滋賀・高島両郡を領知。翌年賤ケ岳の戦の戦功で越前・若狭両国と加賀半国が与えられ越前国北庄城主となる。

にわのにっきょう【庭野日敬】 1906.11.15～99.10.4 昭和期の宗教家。立正佼成会創立者の一人。本名鹿蔵。新潟県出身。一九三四年(昭和九)霊友会に入信するが、三八年脱会、長沼妙佼と大日本立正交成会(のち立正佼成会)を創立。のち会長に就任。六五年にバチカン公会議に出席し、新日本宗教団体連合会理事長となる。第一回世界宗教者平和会議共同議長、七二年世界宗教者会議日本委員会委員長を歴任。七八年庭野平和賞創設。

にわやすじろう【丹羽保次郎】 1893.4.1～1975.2.28 大正・昭和期の電気工学者。三重県出身。東大卒。アメリカに留学。日本電気技術部長。NE式写真電送法を完成し、一九二八年(昭和三)の天皇即位式の写真電送で優秀な成果を得た。ベルリン・オリンピックの無線写真電送で八〇〇〇kmの最長距離を記録。電気通信学会会長・東京電機大学学長。電気通信技術の発展に貢献。文化勲章受章。

にわよしのぶ【丹羽嘉言】 1742～86.3.16 江戸中期の南画家。嘉言は名、字は彰甫、謝庵と号した。尾張国名古屋生れ。尾張徳川家の重臣竹中氏に仕えるが、父の没後辞し雲臥禅師に参禅。禅師と庵を並べ独居自炊、隠者のような生活を送った。画の師は不明。中林竹洞ら尾張の南画に影響を与えた。代表作に「神州奇観図」があり、「福善斎画譜」を刊行。没後に「謝庵遺稿」が出された。

にんがい【仁海】 951～1046.5.16 小野僧正・雨僧正・雨海大師とも。平安中期の真言宗僧。宮道惟平の子。和泉国生れ。高野山の雅真のもとで得度し、元杲に灌頂をうける。九九一年(正暦二)山科小野に曼荼羅寺を創建し、小野流を開いた。一〇一八年(寛仁二)祈雨に法験を現し権律師となる。以後祈雨を修すること九回、名声は宋まで伝わった。この間、東大寺別当・東寺長者法務を歴任し僧正まで昇る。晩年輦車の宣旨を賜る。著書「小野六帖」。

にんかん【仁寛】 生没年不詳。東院阿闍梨・左大臣阿闍梨・大夫阿闍梨・伊豆阿闍梨とも。のちに蓮念と改名。平安後期の真言宗僧。左大臣源俊房の子。一一〇一年(康和三)醍醐寺の勝覚から灌頂をうける。後三条天皇の皇子輔仁親王の護持僧となり、一一一三年(永久元)親王を皇位に就けるため鳥羽天皇の暗殺を企て、伊豆に配流される。二九年(大治四)召還。室町時代には高野山の宥快らによって立川流の祖とされたが、実態は不明。

にんけんてんのう【仁賢天皇】 記紀系譜上の第二四代天皇。億計天皇・意祁天皇と称し、また大脚・島郎ともいう。履中天皇の子の市辺押磐皇子の第一子。母は葛城蟻臣の女荑媛。顕宗天皇の同母兄。父が雄略天皇に殺されたことを聞いた兄弟は、はじめ丹波国余社郡(現、京都府与謝郡)に、次に播磨国赤石郡の縮見屯倉に隠れたが、子のない清寧天皇に捜しだされ、皇嗣として迎えられた。天皇の死後、弟と皇位を譲りあい、弟を先に即位(顕宗天皇)させ、その死後皇位についたと伝える。

にんこうてんのう【仁孝天皇】 1800.2.21～46.1.26 在位1817.3.22～46.1.26 光格天皇の第六皇子。名は恵仁。生母は勧修寺経逸の女東京極院婧子。一八〇七年(文化四)中宮欣子内親王(後桃園天皇皇女)の実子とされ儲君に定まり、親王宣下。〇九年立太子。一七年父の譲位により践祚。即位後も父上皇が院政を行い、政務を執った。生前、堂上子弟の学習所の設置を計画し、のち学習院として実現した。

にんしょう【忍性】 1217.7.16～1303.7.12 鎌倉中・後期の真言律宗の僧。字は良観房。鎌倉極楽寺の開山。叡尊の弟子。大和国生れ。父は伴貞行。大和国額安寺で出家し東大寺で受戒したのち、一二四五年(寛元三)叡尊に別受戒をうけ比丘となった。年少より行基を思慕し、文殊を深く信仰して非人救済に尽くした。五二年(建長四)関東に下向し、常陸国三村寺を活動の拠点とした。六一年(弘長元)鎌倉に入り、北条氏の帰依を得て授戒活動を活発に行った。六七年(文永四)招かれて極楽寺開山となった。その宗教活動は授戒とともに、療病院・癩宿などの救済施設を造り、道路・橋梁などの土木事業を行い、そのための津料・関銭徴収権を得るなど社会事業的な面があった。幕命で攘夷や雨乞い祈禱を行うなど、真言修法と戒律が兼修されていた。

にんせい【仁清】 ⇨野々村仁清

にんそう【仁宗】 生没年不詳。平安中期の興福寺の僧。符天暦にもとづき星占や暦算を行う宿曜師として、九八二年(天元五)藤原実資のために宿曜を上申したのを初出に、以後活躍する。九九五年(長徳元)朝廷のために暦算を行う。暦博士賀茂光栄と共同で造暦を行った。一〇〇〇年(長保二)造暦の功により西大寺別当に任じられる。一五年より前に没したらしい。

にんとう【仁統】 生没年不詳。平安中期の興福寺僧で宿曜師。貴族のためにさまざまな宿曜勘文をだし、祈禱を行った。一〇一五年(長和四)暦博士賀茂守道の申請により造暦の宣旨をうけ、ともに暦を作成したが、暦に署名をしなかったようである。二五年(万寿二)その功により西大寺別当に任じられた。

にんとくてんのう【仁徳天皇】 記紀系譜上の第一六代天皇。五世紀前半頃の在位という。大鷦鷯天皇と称する。応神天皇の皇子。母は皇后仲姫命。応神は、仁徳の異母弟菟道稚郎子皇子を皇太子としたが、応神の死後、太子は仁徳に皇位を譲ろうとした。仁徳が固辞したため天皇空位となったところ、異母兄の大山守皇子が皇位を狙い兵をあげた。これを鎮圧した後も仁徳が固辞したため、太子はみずから命を断って即位を促したという。難波に高津宮(現、大阪市中央区法円坂町)を営み、葛城襲津彦の女磐之媛命を皇后として、履中・反正・允恭の三天皇をもうけた。人民の苦しみをみて三年の間課役徴収を停止するなど、仁政の王として賞賛されるが、応神の事績と重なることが多く、実在を疑う意見もある。葬られた百舌鳥耳原中陵は大阪府堺市大仙町の大山古墳にあてられているが、時期的にあわないとする見解がある。「宋書」倭国伝の倭王讃または珍に比定する説もある。

にんなじのみやよしあきらしんのう【仁和寺宮嘉彰親王】 ⇨小松宮彰仁親王

にんなみどうはち【仁阿弥道八】 ⇨高橋道八

にんみょうてんのう【仁明天皇】 810～850.3.21 在位833.2.28～850.3.21 深草帝とも。嵯峨天皇の第一皇子。名は正良。母は橘清友の女嘉智子。八二三年(弘仁一四)淳和天皇の皇太子に立ち、八三三年(天長一〇)譲位をうけて践祚した。皇太子にははじめ恒貞親王(淳和天皇の皇子)を立てたが、八四二年(承和九)これを廃し(承和の変)、長子(文徳天皇)の立太子を実現した。出家して二日後、在位のまま死去。

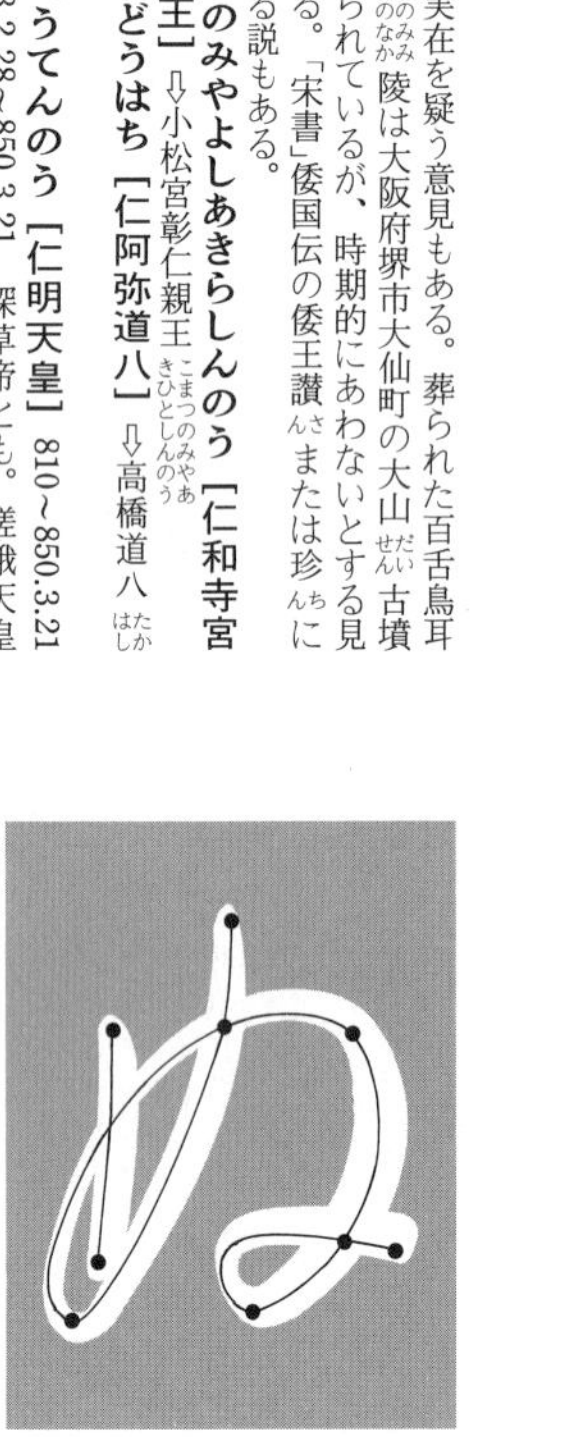

ヌイツ Pieter Nuijts 1598～1655 オランダの台湾長官。ミッデルブルグ生れ。ライデン大学を出てインド評議会員外参事として一六二七年バタビア来着。すぐに台湾長官に任命され、貿易をめぐる日本人との紛争を解決するため特使として日本に派遣されたが、将軍に謁見できずに戻る。二八年(寛永五)浜田弥兵衛事件が起こり日蘭貿易は中絶。二九年台湾からバタビアに帰還するが、三二年同事件の責任者として日本へ送られ三六年まで抑留された。翌年本国へ帰り、四九～五〇年ヒュルストで市長を勤め、同市で没。

ぬかたのいまたり【額田今足】 生没年不詳。平安前期の明法家。国造姓から宿禰姓を賜る。八二六年(天長三)明法博士であった今足は、律令に関する従来の学者の諸説を撰定し、公的解釈の作成を提起・申請して勅許され、これがのちに「令義解」となった。時に外従五位下、八二九年に入内。今足の令文解釈は「令集解」に額云や額(博士・大夫)説などとして引用される。「政事要略」「法曹類林」などに勘文が収載される。

ぬかたのおおきみ【額田王】 生没年不詳。七世紀後半の万葉歌人。鏡王の女。藤原鎌足の妻となった鏡姫王の妹とする説もあるが、系譜関係などは明らかでない。天武天皇との間に大友皇子の妃となる十市皇女を生んだ。「万葉集」に多くの歌を残す。伊予の熟田津での船出を待つ歌は、斉明天皇が百済救援軍を率いて筑紫に船出する情景を詠んだものとされる。また近江遷都後の六六八年(天智七)に蒲生野(現、滋賀県安土町一帯)で狩が行われた際、大海人皇子との間に交した贈答歌はよく知られている。同じ頃天智天皇を慕う歌もあり、王の存在が天智と大海人の不和をうみ、ひいては壬申の乱の原因になったとする説もあるが、疑わしい。

ぬきなかいおく【貫名海屋】 1778～1863.5.6　江戸後期の画家・書家。幕末三筆の一人。徳島藩士の子。名は苞。海屋は号。書ははじめ徳島の西宣行につき、のち高野山で空海の真蹟を実見して書風を一新。画は狩野派を学び、のちに長崎で南画を修得。儒学にも長じ、儒者・画家として知られたが、晩年は京都第一の書人と称された。

ぬたこばやかわし【沼田小早川氏】 ⇨小早川氏

ぬなかわひめ【沼河比売】 八千矛神(オオクニヌシ)が求婚した高志国の女神。沼河は越後国頸城郡の地名。「古事記」はその歌謡物語を載せるが、それは八島国の世界を全体として支配するオオクニヌシにふさわしい色好みとしての意味をもっている。「出雲国風土記」では奴奈宜波比売命と記し、俾都久辰為命の子とする。なお越後国の式内社に奴奈川神社がある。

ぬなきいりひめのみこと【渟名城入姫命】 記紀伝承上の人物。崇神天皇の皇女。母は尾張大海媛。崇神はそれまで天照大神と倭大国魂神を宮殿に並べて祭っていたが、二神の勢いを恐れ、倭大国魂神を姫命に託して祭らせようとした。ところが、姫命は髪が抜け落ち、体はやせて神を祭ることができなかったという。

ぬなみけいおん【沼波瓊音】 1877.10.1～1927.7.19　明治・大正期の国文学者・俳人。名古屋市出身。本名武夫。東大卒。大学在学中に大野洒竹・笹川臨風らに句作を学ぶ。一九〇〇年(明治三三)「俳諧音調論」を著す。〇三年文部省嘱託。〇七年「万朝報」入社。一一年から「俳味」を主宰。一時、宗教的懐疑を抱いて文筆を絶つ。二二年(大正一一)から一高教授。二六年(昭和元)には日本精神研究のための瑞穂会を一高に設立した。著書「俳句評釈」「蕉風」「徒然草講話」。

ぬなみろうざん【沼波弄山】 1718～77　伊勢の万古焼の創始者。伊勢国桑名生れで豪商。名は重長、通称五左衛門。弄山は号、寸方斎とも。伊勢国小向村(現、三重県朝日町)に窯を築き、京焼の技術を導入し異国風の図様も加えて、茶道具から食器まで広く手がけた。一七六三年(宝暦一三)前後に江戸小梅の別邸に江戸万古焼をおこした。

ぬまじりぼくせん【沼尻墨僊】 1775.3.15～1856.4.26　江戸後期の地球儀製作者。常陸国土浦の商家中村治助の子。町医沼尻石牛の養嗣子。名は一貞。通称は完蔵、墨僊は号。ほかに無適散人・蘆間山人とも。一七一八年(享保三)土浦城下で寺子屋を開いた。天文地理に通じ、一八〇〇年(寛政一二)「地球万国図説」を著した。また舟底形紙片を一二枚傘骨式の竹骨に張った傘式とよばれた「大輿地球儀」を作製し、長く秘蔵していたが、五五年(安政二)発表した。前水戸藩主徳川斉昭に賞賛され、諸大名や同好者の注文に応じ、好評を博した。

ぬまたゆきよし【沼田順義】 1792～1849.12.17　江戸後期の国学者。上野国群馬郡仲尾村の豪農の子。字は道意、号は楽水堂。医術を高崎の大熊松泉・吉田平格や甲斐国の座光寺南屏・磯野公道などに学ぶ。江戸で林述斎に入門。失明してから国学の造詣を深め、国学者として分類されることが多いが、「級長戸風」では本居宣長の「直毘霊」を朱子学的立場から批判している。著書「級長戸追風」「国意考弁妄」。

ぬまたらいすけ【沼田頼輔】 1867.4.17～1934.1.27　明治・大正期の紋章学者。山本喜三郎の次男、沼田家の養子となる。相模国生れ。神奈川県師範学校高等科卒業後、小学校校長などになったが、一八九〇年(明治二三)帝国大学理科大学に進む。開成中学校・米子中学校教諭などを歴任し、帝国大学文科大学史料編纂係となる。一九二五年(大正一四)「日本紋章学」を上梓。

ぬまもりかず【沼間守一】 1843.12.2～90.5.17　明治前期の民権政治家・新聞人。幕臣高梨氏に生まれ、幕臣沼間平六郎の養子となる。横浜のヘボン塾に学ぶ。幕府の陸軍伝習所に入り、戊辰戦争に従軍。維新後、大蔵省・司法省に出仕、欧州視察ののち元老院議官・同権大書記官となる。一八七九年(明治一二)辞官。「横浜毎日新聞」を買収し、「東京横浜毎日新聞」社長として民権論を展開。また嚶鳴社を率いて立憲改進党に参加、幹部となる。東京府会議員・同議長を歴任。

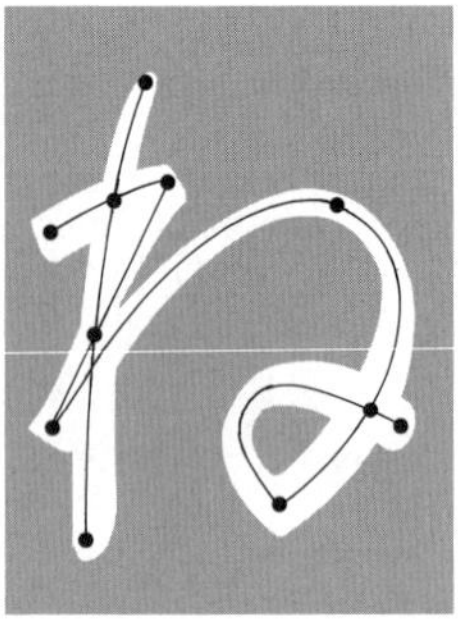

ねぎしやすもり【根岸鎮衛】 1737～1815.11.- 江戸中・後期の幕臣。通称九郎左衛門、肥前守。実父の安生定洪(あんじょうさだひろ)は相模国若柳村生れで、御家人株を取得し代官を勤めた。鎮衛は勘定から累進して一七八七年(天明七)勘定奉行、九八年(寛政一〇)南町奉行、高一〇〇〇石まで異例の出世をとげた。随筆「耳嚢(みみぶくろ)」の著者。

ねじめし【禰寝氏】 中世大隅国の豪族。建部(たけるべ)氏。平安時代には郡司、大隅正八幡宮神人(じにん)となる。一二〇三年(建仁三)清重(きよしげ)が禰寝院南俣(みなみまた)(現、鹿児島県根占(ねじめ)町)の地頭となり、禰寝氏を称したことに始まる。代々禰寝院地方を支配した。南北朝期、八代清有・九代久清は足利氏に従い、九州各地を転戦。その功により、大(おお)禰寝院の地頭職を兼任し、大隅国南部に勢力をふるった。戦国期には島津氏に服属し薩摩国吉利(よしとし)郷(現、日吉(ひよし)町)に移住。以後、島津氏の重臣となり、江戸時代には小松氏と改称。「禰寝文書」を伝える。

ねずみこぞうじろきち【鼠小僧次郎吉】 1797?～1832.8.19 江戸後期の盗賊。生い立ちについては諸説があり、江戸の鳶人足(とびにんそく)が身をもち崩したものという。一八二三年(文政六)頃から、武家屋敷を中心に盗みをかさね、三二年(天保三)松平宮内少輔の屋敷に忍び込んだところを捕縛され、市中引回しのうえ、磔(はりつけ)獄門となった。武家屋敷を狙ったため、義賊との評判が高く、芝居や講談に多く取りあげられた。

ねづかいちろう【根津嘉一郎】 1860.6.15～1940.1.4 明治～昭和前期の実業家・政治家。甲斐国生れ。地主の次男に生まれ村長などに就任したが、やがて上京して甲州出身者と共同で株式投資を行い、東京電灯監査役などに就任した。一九〇五年(明治三八)東武鉄道社長に就任、その後も多くの鉄道企業に関係し鉄道王とよばれた。このほか日本麦酒鉱泉など多くの会社に関係し、衆議院議員・貴族院議員(勅選)も務めた。武蔵高校(現、武蔵大学)を設立、死後根津美術館が設立された。

ねづはじめ【根津一】 1860.5.2～1927.2.18 明治・大正期の軍人・教育者。甲斐国生れ。陸軍士官学校・陸軍大学校をへて参謀本部員となる。一八九〇年(明治二三)荒尾精(いせ)と上海に日清貿易研究所を設立したが、日清戦争時に参謀本部に復帰。一九〇〇年近衛篤麿(あつまろ)に請われて南京の東亜同文書院院長となり、上海移転後も長く院長を務めた。

ねもとつうめい【根本通明】 1822.2.15～1906.10.3 幕末～明治期の儒者。号は羽嶽。出羽国生れ。秋田藩校分校崇徳書院に学び、一八六九年(明治二)同藩少参事。七四年大蔵省に出仕。辞職後宮内省御用掛。九〇年根本義塾を創立。易学者としても知られ、八四歳まで東京帝国大学教授を務めた。

ねんありょうちゅう【然阿良忠】 1199.7.27～1287.7.6 鎌倉中期の念仏僧。然阿弥陀仏、略して然阿という。記主(きしゅ)禅師。浄土宗の第三祖。石見国生れ。一二一四年(建保二)に延暦寺戒壇で受戒。三六年(嘉禎二)九州に下って鎮西義の派祖弁長(べんちょう)の弟子となる。中国地方から信濃をへて関東地方に布教。六〇年(文応元)鎌倉に入り、佐助(さすけ)悟真寺(のち光明寺に発展)を拠点として布教。著書「選択伝弘決疑鈔」ほか多数。

ねんぶつじゅうべえ【念仏重兵衛】 1817～69.8.9 幕末・維新期の近江国膳所(ぜぜ)の製茶家。姓は太田。近江国生れ。念仏は先祖の事跡の伝承による通称。宇治の製茶技術を導入し、一八六二年(文久二)膳所藩の命で開いた茶園はのち岩倉具視(ともみ)により念仏園と命名された。六六年(慶応二)から産物会所茶方御用を勤めたが、六九年(明治二)に暗殺された。

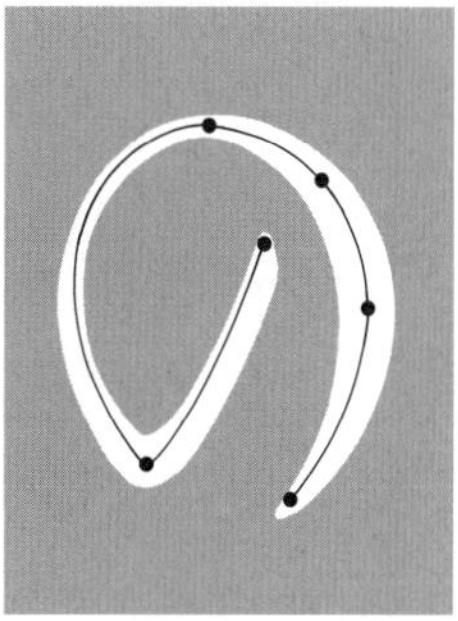

のうあみ【能阿弥】 1397～1471 足利義教・同義政に仕えた同朋衆。芸阿弥の父。相阿弥の祖父。真能とも称す。号は秀峰。将軍家所蔵の唐物の管理や座敷飾などを担当し、収蔵された中国絵画の目録「御物御画目録」をのこす。連歌師としても北野会所奉行となり、宗祇七賢の一人に数えられ、作品が「竹林抄」「新撰菟玖波集」に収録される。香の上手であり、画を描き、絵画の表装を行うなど、多彩な活動が知られる。牧谿の影響を強くうけ、一四六九年(文明元)七三歳の作品「花鳥図屏風」が代表作。

のういん【能因】 988～? 平安中期の歌人。俗名橘永愷。元愷の子。一族の為愷の養子となった。文章生で肥後進士と号したが、出家。藤原長能に師事し、大江嘉言・源道済らと交流。甲斐国や陸奥国などに旅し、多くの歌を残した。「賀陽院水閣歌合」など晴儀の歌合にもたびたび詠進。中古三十六歌仙の一人。「後拾遺集」以下の勅撰集に六五首入集。家集「能因集」。ほかに私撰集「玄々集」、歌学書「能因歌枕」などがある。

のうさん【能算】 ?～1094.6.27 平安後期の興福寺の僧。符天暦にもとづき星占や暦算を行う宿曜師。明算の父。一〇六二年(康平五)西大寺別当、七五年(承保二)から没年まで法隆寺別当。堀河天皇誕生に際して本命元辰供を行うなど、天皇・皇子・貴族に宿曜師として奉仕。西大寺・法隆寺の別当就任もその労による。

のうとみかいじろう【納富介次郎】 1844～1918.3.9 明治期の窯業界の先駆者。肥前国小城藩士柴田花守の子として生まれ、のちに納富家の養子となる。一八七三年(明治六)ウィーン万国博覧会に出向し、各国の陶芸界を視察して帰国。七八年東京牛込に江戸川製陶所を開く。窯業学校の開設に努め、陶技の開発や陶工の育成にあたった。

のうにん【能忍】 ?～1195? 鎌倉初期の僧。達磨宗(日本禅宗の一派)の開祖。字は大日。諡号は深法禅師。平景清の叔父。筑前国博多の人。出家したのち、来朝した宋人らからの伝聞で禅に関心をもち、師を得ないままみずから工夫して禅を修めた。摂津国三宝寺で禅を広めたが、師のないことを諫められたので、一一八九年(文治五)に弟子を南宋に遣わし、育王山の拙庵徳光に後嗣を認められた。栄西に先立って禅を広め、日本達磨宗と唱えた。しかし比叡山の弾圧をうけ、九四年(建久五)栄西とともに京都布教を禁じられた。死後、その禅は曹洞宗に吸収された。

のうひめ【濃姫】 1535～1612.閏7.9? 織田信長の正室。美濃国稲葉山城主斎藤道三の女。名は帰蝶、鷺山殿。一五四九年(天文一八)尾張国那古野城主織田信長と婚姻。実子もなく、不明な点が多い。信長没後の「織田信雄分限帳」に、信雄から六〇〇貫文の知行をうけている「安土殿」が濃姫と考えられる。一六一二年(慶長一七)没とする過去帳がある。

のがみとよいちろう【野上豊一郎】 1883.9.14～1950.2.23 大正・昭和期の能楽研究家・英文学者。大分県出身。号は臼川。東大卒。一九〇九年(明治四二)法政大学講師となり、四七年(昭和二二)総長に就任。一高在学中から夏目漱石に師事。ギリシア古典劇の研究から能の芸術学的解明を志し、国内外への紹介・普及に尽力。功績により法政大学に野上記念能楽研究所が設立された。著書「能─研究と発見」「能の再生」。作家の野上弥生子は夫人。

のがみやえこ【野上弥生子】 1885.5.6～1985.3.30 大正・昭和期の小説家。本名ヤエ。大分県出身。明治女学校卒。夫の野上豊一郎を通じて夏目漱石を知り、漱石の推薦で処女作「縁」を「ホトトギス」に掲載。以後、精力的に作品を発表。三児出産後は「母上様」ほか母親ものを、大正期には近代劇隆盛を背景に戯曲も執筆。プロレタリア文学運動にも強い関心を示し、長編小説「真知子」を書く。第二次大戦中も戦後も創作意欲は衰えず、「迷路」「秀吉と利休」「森」を執筆。一九七一年(昭和四六)文化勲章受章。

のぎまれすけ【乃木希典】 1849.11.11～1912.9.13 明治期の陸軍軍人。萩藩士の子。一八六五年(慶応元)報国隊に参加し幕府軍と戦う。六九年(明治二)伏見御親兵兵営に入営、翌年脱藩騒動鎮圧のため帰藩。西南戦争では軍旗を失う。八六～八八年川上操六とともにドイツ留学、帰国後軍紀確立を主張する報告書を提出。日清戦争では歩兵第一旅団長として旅順攻略。九六年に台湾総督に就任。日露戦争では第三軍司令官として旅順攻撃を指揮、二子をはじめ多くの戦死者をだす。戦後学習院院長。明治天皇の大喪の日、妻静子とともに殉死。国民的英雄として多くの伝説をうみ、またその死は賛否両論をまきおこした。

のぐちうじょう【野口雨情】 1882.5.29～1945.1.27 大正・昭和前期の詩人。茨城県出身。本名英吉。東京専門学校中退。北海道に渡り新聞社を転々とする。「下総のお吉」が好評を博し、詩壇へ復帰。北原白秋・西条八十とともに童謡の近代化に貢献、代表作「十五夜お月さん」「七つの子」「青い眼の人形」。「船頭小唄」(一九二二)が中山晋平の作曲で映画主題歌となり、また「波浮の港」がレコード化され、歌謡界・童謡界で作詞第一人者となった

のぐちえんたろう【野口援太郎】 1868.9.18～1941.1.11 明治～昭和前期の新教育運動推進者。福岡県出身。東京高等師範卒。福岡県尋常師範学校などをへて、一九〇一年(明治三四)兵庫県第二(姫路)師範学校初代校長となり、教育改革に従事する。一九年(大正八)帝国教育会専務理事兼専務主事に就任。二三年に教育の世紀社設立、二四年東京池袋に児童の村小学校を設立、二五年には城西学園中学校を設立し、ともに校長を務める。三〇年(昭和五)新教育協会を設立し会長となる。

のぐちかねすけ【野口兼資】 1879.11.7～1953.10.4 明治～昭和期の能役者。シテ方宝生流。本名政吉。愛知県出身。宝生流の名家野口庄兵衛の孫。祖父に謡を、松本金太郎に型を学び、一六世宝生九郎に入門し、没するまできびしい稽古をうけた。非常な難声であったが、幽玄無上な芸風に到達した。一九五〇年(昭和二五)芸術院会員。福岡で演能中に急逝。

のぐちしたがう【野口遵】 1873.7.26～1944.1.15 明治～昭和前期の実業家。日窒コンツェルンの総帥。石川県出身。帝国大学電気工学科を卒業後、発電所建設・電気化学工業の事業に着手。一九〇八年(明治四一)に日本窒素肥料を創設、石灰窒素の生産を開始した。二三年(大正一二)には宮崎県延岡で合成硫安の製造を開始する一方、ビスコース法や銅アンモニア(ベンベルグ)法人絹を製造、多角化をはかる。電源を求めて朝鮮に進出、発電所と化学工業・冶金工業を興し、新興財閥の日窒コンツェルンをつくる。

のぐちひでよ【野口英世】 1876.11.9～1928.5.21 明治・大正期の細菌学者。幼名清作。福島県猪苗代湖畔の小農家に生まれる。一八九七年(明治三〇)東京の済生学舎に入り、医術開業試験に合格したのち、伝染病研究所助手補となった。一九〇〇年渡米、フレクスナーの助手になって蛇毒の研究に従事し、その業績によってカーネギー研究所から奨励金をうけた。その後、ロックフェラー医学研究所助手・准正員となり、一一年梅毒病原体スピロヘータの純粋培養に成功。一四年(大正三)同研究所正員となり、その翌年日本の帝国学士院から恩賜賞が授与された。一九年エクアドルの黄熱病病原体発見を発表。二八年(昭和三)黄熱病がアフリカに発生すると、その調査・研究に赴き同病に感染、ガーナのアクラで死去した。

のぐちよねじろう【野口米次郎】 1875.12.8～1947.7.13 明治～昭和期の詩人。愛知県出身。イギリスでの詩人名ヨネ・ノグチ。慶大中退後、一九歳で渡米。サンフランシスコの日本語新聞の記者となる。W・ミラーの知遇を得て詩作を始め、一八九六年「Seen and Unseen」を上梓して注目された。一九〇二年渡英、「From the Eastern Sea」で英国詩壇でも好評を博す。〇四年(明治三七)帰国。翌年から慶応義塾教授。二〇年(大正九)頃から日本語で詩作。浮世絵などの日本文化研究も多い。著書「二重国籍者の詩」「表象抒情詩」。

のぐにそうかん【野国総管】 生没年不詳。一六〇五年琉球にはじめて甘藷を導入した人物。これより早く、一五九七年長真氏旨屋が宮古島に甘藷を導入したという説もある。野国は進貢船の総管という役職に就任し、中国福建省で甘藷の鉢植えを手に入れ、琉球に持ち帰って北谷間切野国周辺で栽培した。首里王府の官僚儀間真常は野国から栽培法を学び、天災に強い食料作物の甘藷を琉球に普及させた。

のさかさんぞう【野坂参三】 1892.3.30～1993.11.14 昭和期の社会運動家・政治家。山口県出身。慶大在学中から労働運動に参加。一九二二年(大正一一)日本共産党に入党。日中戦争中の四〇年ソ連から延安に入り、中国共産党とともに日本軍兵士の反戦運動を組織。戦後、共産党幹部、中央委員会議長を務めた。九二年(平成四)戦前に同志をスパイ容疑でコミンテルンに告発したことが明るみに出て党を除名される。

のざきぶざえもん【野崎武左衛門】 1789.8.1～1864.8.29 江戸後期の塩業家。父は昆陽野貞右衛門。諱は弼。備前国児島郡味野村生れ。足袋の製造販売で蓄えた資本をもとに塩田開発に進出。一八二九～三一年(文政一二～天保二)に野崎浜一五町歩余を開発、幕末期には四八町歩余に達した。四七年(弘化四)苗字帯刀・五人扶持となり野崎姓を名のる。四八年(嘉永元)福田新田の干拓に着手、五七年(安政四)までに一三三町歩余を開発した。

のざわきちべえ【野沢吉兵衛】 義太夫節の三味線方。江戸中期～昭和期に九世を数える。三世(一八二二～六二)は本名佐田屋市知郎、通称鬼吉兵衛。大坂生れ。一八四四年(弘化元)三世を襲名。野沢中興の祖といわれた。六世(一八六八～一九二四)は本名松井福松。大阪府出身。一九〇七年(明治四〇)六世を襲名。三世竹本越路太夫や三世竹本津太夫の三味線を弾く。若手の勉強会野沢会を主宰。七世(一八七九～一九四二)は本名竹中卯之助。大阪府出身。一九二六年(昭和元)七世を襲名。六世竹本土佐太夫の相三味線。

のざわきはちろう【野沢喜八郎】 義太夫節の三味線方。江戸中期～昭和期に九世を数える。初世(生没年不詳)は通称間ノ町。宝永～享保期に竹本・豊竹両座で活躍。野沢派の元祖。二世

(生没年不詳)は通称富小路。延享～安永期に活躍。一七四八年(寛延元)忠臣蔵騒動で豊竹座から竹本座に移り、竹本大和掾の三味線を弾く。

のざわぼんちょう【野沢凡兆】 ⇨凡兆

のせあさじ【能勢朝次】 1894.4.1～1955.2.25 昭和期の国文学者・能楽研究者。京都府出身。旧姓岩本。京大卒。大谷大学・東京高等師範・東京文理大学・東京教育大学の教授を歴任。能楽史を中心に研究を進め、一九三八年(昭和一三)「能楽源流考」をまとめた。五四年奈良学芸大学学長に就任。和歌・連歌・俳諧など韻文文学の研究にも多くの業績をあげた。学士院恩賜賞受賞。著書「世阿弥十六部集評釈」「聯句と連歌」。「能勢朝次著作集」全一〇巻。

のぞきたいか【莅戸太華】 1735～1803.12.25 江戸中期の米沢藩家臣。名は善政、通称は九郎兵衛、のち六郎兵衛、太華・南溟と号した。詩文などには源鵬士雲と記し、書斎名は好古堂・既酔亭。江戸で渋井孝徳に学び、帰国後の一七六七年(明和四)上杉治憲(鷹山)の襲封にともない、竹俣当綱とともに藩政改革に貢献。八二年(天明二)竹俣が失脚し、翌年には太華も職を辞した。九一年(寛政三)再び改革が進められるなかで、中老職兼郷村頭取に任じられ、九四年に奉行職に進み一〇〇〇石。この間の動向を記した「太華翁日記」がある。実質的な農村援助策を建策し、絹織物・絹糸などの生産による殖産政策を進めた。

のづしずお【野津鎮雄】 1835.9.5～80.7.22 明治前期の陸軍軍人。鹿児島藩士の子。薩英戦争・戊辰戦争に従軍。一八七一年(明治四)御親兵に加わり、大佐。佐賀の乱では熊本鎮台司令長官代理として活躍。西南戦争でも征討第一旅団司令長官として転戦。のち中部監軍部長となるが早世。

のづみちつら【野津道貫】 1841.11.3～1908.10.18 明治期の陸軍軍人。鹿児島藩士の子。戊辰戦争に参戦。一八七一年(明治四)御親兵に加わる。西南戦争では征討第二旅団参謀長。その後、東京鎮台司令長官・第五師団長をつとめ、その間に八四年大山巌の欧州視察、翌年の伊藤博文の清国出張に随行。日清戦争では第一軍司令官。近衛師団長・教育総監などをへて、日露戦争では第四軍司令官。戦後、貴族院議員。野津鎮雄は兄、上原勇作は女婿。

のなかいたる【野中至】 1867.8.-～1955.2.28 明治期の高山気象観測の開拓者。筑前国生れ。本名は到。富士山頂越冬気象観測を計画して大学予備門を中退。一八九五年(明治二八)山頂剣ケ峰に私設観測所を設立し、中央気象台嘱託となる。観測器材を貸与されて、一〇月から越冬観測を始めたが、妻千代子とともに病に倒れ一二月に下山。明治の三大冒険(福島安正のシベリア単騎横断、郡司成忠の千島探検)の一つ。

のなかえん【野中婉】 1660～1725.12.29 江戸中期の医者。高知藩士野中兼山の四女。号は安履亭・貴趾亭・柳陰。一六六四年(寛文四)藩政改革に失敗した亡父の処罰に連坐して幡多郡宿毛(現、高知県宿毛市)に禁錮。一七〇三年(元禄一六)に赦免されるまで、文通により谷秦山から教授をうけ儒学・詩歌・書に通じた。赦免後は高知藩から八人扶持を給され医を業とした。生涯独身で亡父らの墓をたて、その鎮魂に努めたという。

のなかけんざん【野中兼山】 1615～63.12.15 江戸前期の高知藩家老・儒学者。父は良明。一六三一年(寛永八)奉行職となり、三六年養父直継の死により家督を継ぎ六〇〇〇石。谷時中について南学を修め、その封建教理を施政方針として、河川の改修、新田開発、郷士の採用、専売制の実施など藩政を推進。五四年(承応三)の小倉勝介・三省父子の死後独裁化し、六三年(寛文三)一門や重臣の弾劾により奉行職を解任され失脚、野中家は改易となった。

のなかしろう【野中四郎】 1903.10.27～36.2.29 昭和前期の軍人。二・二六事件の反乱軍将校の一人。青森県出身。陸軍士官学校卒(三六期)。一九二五年(大正一四)歩兵第三連隊に配属、三三年(昭和八)大尉。事件当時第五中隊長として三六年二月二六日に中隊の下士官・兵四三〇人を率いて警視庁を占拠した。蹶起趣意書の原案を書き、署名している。二九日自決。

ののぐちたかまさ【野之口隆正】 ⇨大国隆正

ののぐちりゅうほ【野々口立圃】 ⇨立圃

ののみやけ【野宮家】 藤原氏花山院家庶流。羽林家。花山院忠長の次男定逸を祖とし、一六二二年(元和八)創立。家禄は一五〇石、のち合力米一五〇俵を加えられた。定逸は、父忠長が猪熊事件で流罪となったため、祖父定熙の子となっている。三代定基は有職家として知られる。定逸は武家伝奏を、定晴・定祥は議奏を、定功は幕末期の議奏・武家伝奏を勤め、維新後は皇后宮大夫・山陵御用掛を歴任。定穀のとき子爵。

ののみやさだもと【野宮定基】 1669.7.14～1711.6.29 江戸中期の公家・有職故実家。中院通茂の次男に生まれ、野宮家を継ぐ。御厨子所預で、有職の大家高橋宗恒に学ぶ。当時の朝儀の再興、とりわけ賀茂祭の復興に直接関与し、滋野井公澄などとともに有職の四天王と並び称された。著書では、新井白石の質問に答えた「新野問答」が有名。

ののむらにんせい【野々村仁清】 生没年不詳。京都御室焼の主宰者で、京焼色絵陶器の大成者。俗名清右衛門。丹波国野々村生れ。若くして瀬戸で修業し、京都御室仁和寺門前で製陶を行う。「隔蓂記」の慶安二年(一六四九)条に清右衛門の名が認められ、一六五七年(明暦三)仁和寺宮から「仁」と清右衛門の「清」をあわせた仁清の号を与えられた。量産型の茶碗を多く焼いたが、主力製品は一品製作の色絵磁器だった。同年には色絵法を完成し、洗練された優雅な作風は一世を風靡した。現在に伝わる一七世紀の京焼の名作は、彼の作品に集約される。色絵藤花文茶壺(MOA美術館蔵。国宝)はその代表作。

のぶいえ【信家】 金工の名。尾張は鐔工の集合地で、作品が多い。いずれも鉄地で、透鐔と板鐔に大別できる。便宜上、前者を尾張透、後者を尾張鐔と通称しているが、尾張鐔の金工のうち最も著名なのが信家である。古くは、信家鐔は具足師増田明珍派一七代の信家の製作するものとされたが、現在では甲冑師信家と鐔工信家は別人とされ、鐔工信家は尾張の工人という。ただ鐔工信家にも同名が二代おり、一門にも信家を名のる者がいたようである。なお、信家鐔には「南無妙法蓮華経」の題目を毛彫したものが何枚かあり、法華信者との関係を思わせる。門人と伝えられる者に山吉がいる。

のぶくには【信国派】 古刀期の刀工の一派。信国は来派の了戒の流れをくむ山城の刀工で、初代は建武期頃とされるが、在銘の確実なものはない。以下、二代を延文期頃、三代を嘉慶期頃とし、さらに源左衛門尉を代表とする応永期頃の信国へと続く。応永期頃から諸国に散り、とくに豊前国宇佐へ下った信国派は、信国吉包のように信国を姓とするなど、筑紫信国とよばれる一派を形成し、新刀期まで続いた。

のぶときよし【信時潔】 1887.12.29～1965.8.1 大正・昭和期の作曲家。大阪府出身。一九一〇年(明治四三)東京音楽学校卒。二〇年(大正九)文部省在外研究員としてドイツ留学、帰国後母校の教授となる。三二年(昭和七)東京音楽学校作曲部創設に尽力、五四年まで後進の育成に心血をそそいだ。六三年文化功労者。作品「海道東征」「沙羅」「海ゆかば」。

のぶひとしんのう【宣仁親王】 ⇩高松宮宣仁親王

のぶふさ【信房】 刀工の名。現代刀工を含め同名が多い。古備前派と備前福岡一文字派におり、前者は、後鳥羽上皇から日本国の鍛冶の惣長者に任じられたといい、信房作と三字銘にきる。御物一、国宝一、重文四。後者は、後鳥羽上皇の番鍛冶の一人で延房作ときるが、作例は少ない。前者の古備前派信房と混同されることがある。

のませいじ【野間清治】 1878.12.17～1938.10.16 明治～昭和前期の出版者。群馬県出身。教師としてスタートし、一九〇九年(明治四二)大日本雄弁会を設立、翌年「雄弁」を創刊。さらに講談社をおこし、「講談倶楽部」「少年倶楽部」「面白倶楽部」「現代」「婦人倶楽部」「少女倶楽部」「キング」「幼年倶楽部」を発行し、大衆娯楽の発展と大衆文学の隆盛に力を尽くした。

のまひろし【野間宏】 1915.2.23～91.1.2 昭和期の小説家。神戸市出身。京大仏文科卒。戦後青年の再出発を訴えた処女作「暗い絵」が注目され、椎名麟三・武田泰淳・埴谷雄高・梅崎春生らとともに、第一次戦後派とよばれる。「近代文学」の同人となり、日本共産党に入党、「政治と文学」の問題を追究した。人間を生理・心理・社会の三面からとらえる全体小説をめざし、長編小説「青年の環」を書き進めた。

ノーマン ❶**Daniel Norman** 1864.3.10～1941.6.19 カナダ・メソジスト教会(のちカナダ合同教会)宣教師。一八九七年(明治三〇)来日し、東京・金沢で伝道。一九〇二年以降長野市に定住し北信濃の伝道に尽くした。毎年農民福音学校を開き、農村伝道神学校の一源流をなした。軽井沢避暑地づくりに貢献。

❷**Edgerton Herbert Norman** 1909.9.1～57.4.4 カナダの外交官・日本史研究者。長野県生れ。D・ノーマンの次男。ケンブリッジ大学・ハーバード大学に学び、日本近代史を研究。第二次大戦中は太平洋問題調査会で活動。一九四五年(昭和二〇)GHQ対敵諜報部の調査分析課長となり、近衛文麿の戦犯指定に影響を与えた。極東委員会在日カナダ代表部で活動後、カナダ外務省極東局長・国連代表代理を歴任するが、マッカーシズムに巻きこまれる。五七年エジプト大使赴任中に自殺。

のみし【能見氏】 「のうみ」とも。近世の譜代大名家。一八松平の一つ。祖は松平氏三代信光の一〇男とされる光親で、三河国額田郡野見郷地方を領した。一六一一年(慶長一六)重勝が越後国蒲原郡三条城を、徳川家康の子松平忠輝から与えられた。一七年(元和三)二代将軍徳川秀忠から下総国関宿二万六〇〇〇石を与えられ、以後遠江国横須賀、出羽国上山、摂津国三田、豊前国竜王(豊後国高田)をへて、四五年(正保二)豊後国杵築三万七〇〇〇石の藩主となる。以後代々同藩主。維新後子爵。

のみのすくね【野見宿禰】 天穂日命の一四世孫で土師連(のちに宿禰)氏の祖とされる伝説上の人物。垂仁天皇の召しにより出雲国から上京し、当麻蹶速との力競べでこれを殺したという。「出雲国風土記」飯石郡条に野見の地名がみえる。また、垂仁皇后の日葉酢媛命が死去した際、殉死の習俗の悲惨を奏上すると同時に、出雲国の土部一〇〇人を指揮して埴輪を作り、これを陵墓にたてることを進言。天皇はその功績を賞し、鍛地(良質の陶土を産出する地)を賜り、土部の職に任じて土部臣に改姓させたという。さらに「播磨国風土記」では、揖保郡条に立野(竜野)の起源として、土師弩美宿禰が出雲国への往来の途中で病死したため、出雲国の人が墓を造った話を収める。

のむらかねたろう【野村兼太郎】 1896.3.20～1960.6.22 大正・昭和期の経済学者。東京都出身。慶大卒。同大学助手・教授を歴任。日本経済史・西洋経済史・経済哲学など幅広い分野を研究。西洋経済史の成果は学位論文「英国資本主義の成立過程」に結実し、日本経済史の分野では「徳川封建社会の研究」「五人組帳の研究」「村明細帳の研究」などの著作がある。

のむらきちさぶろう【野村吉三郎】 1877.12.16～1964.5.8 明治後期～昭和前期の海軍軍人・外交官。和歌山県出身。海軍兵学校卒(二六期)。墺・独・米に駐在、また軍令部次長・横須賀鎮守府司令長官などを歴任。一九三二年(昭和七)第一次上海事変に際して第三艦隊司令長官に就任、同年上海で爆弾テロにあい右眼を失う。三七年予備役編入、学習院院長。阿部信行内閣では外相、四〇年から駐米大使となり日米交渉にあたるが、開戦を避けられなかった。戦後、参議院議員。

のむらこどう【野村胡堂】 1882.10.15～1963.4.14 昭和期の小説家・音楽評論家。本名長一。岩手県出身。東大中退。報知新聞社に入社、人物評論などを執筆し、やがて創作に進む。代表作は「銭形平次捕物控」(一九三一～五七)。四九年(昭和二四)捕物作家クラブ会長。他にあらえびすの名による音楽評論がある。

のむらとくしち【野村徳七】 1878.8.7～1945.1.15 明治～昭和前期の実業家、野村証券・大和銀行の創業者。大阪府出身。先代から両替店を継承して証券仲買業に進出。日露戦争時の株式ブームで巨利を得、一九一〇年(明治四三)の国債借替で再下請を担当。第一次大戦期の仕手戦の利益で一七～一八年(大正六～七)野村徳七商店を株式会社化し、大阪野村銀行(現、大和銀行)を設立。戦後の反動期に株界から撤退し公社債業務に専念。二二年に野村合名会社を設立し、野村証券(二五年設立)と銀行を支柱とした財閥を形成。

のむらまんさい【野村万斎】 1862.7.21～1938.1.14 明治～昭和前期の狂言役者。和泉流三宅派、野村万蔵家五世。加賀国生れ。父の四世万蔵などに師事。明治一〇年代に上京、三宅庄市などに師事。達者な芸で当代一流の役者として活躍。子に六世万蔵・九世三宅藤九郎がおり、和泉流の今日の隆盛の礎を築いた。二世万斎は曾孫。

のむらもとに【野村望東尼】 1806.9.6～67.11.6 江戸後期の歌人・勤王家。福岡藩士浦野勝幸の三女。名はもと・もと子。号は招月・向陵。郡利貫と離婚後、福岡藩士野村貞貫の後妻となる。夫とともに大隈言道に師事して和歌を学び、大田垣蓮月・千種有文らと交わった。夫と死別後、出家して向陵院招月望東禅尼と称した。勤王の志士と深くかかわり、一八六五年(慶応元)筑前国姫島(現、福岡県志摩町)に流罪となるが、翌年救出。家集「向陵集」。

のむらやすし【野村靖】 1842.8.6～1909.1.24 明治期の政治家。子爵。萩藩下級武士出身。松下村塾で吉田松陰に学び、尊王攘夷運動に活躍。岩倉遣外使節団に加わり欧米諸国を視察。のち神奈川県令・駅逓総監・枢密顧問官・駐仏公使などを歴任。一八九四年(明治二七)第二次伊藤内閣の内相となったが、自由党との提携に反発して九六年辞任。政党内閣に反対して伊藤博文と疎遠になり、山県有朋に接近。晩年は政界を退き皇女の養育掛となった。

のりしげ【則重】 生没年不詳。刀工の名。越中国婦負郡呉服に住んだという。佐伯姓。延慶～嘉暦期の年紀作があり、正中二年(一三二五)紀は相州打というが疑わしい。則重は正宗門下とも義弘門下ともいうが、「往昔抄」には義弘の父とある。年紀と作風からみて正宗・義弘よりも先輩か、新藤五国光の門下で正宗と同期と考えられる。

のりふさ【則房】 刀工の名。新刀期を含めて同名が一〇人ほどいる。備前福岡一文字派の則房は信房の子で、鎌倉中期に活躍したという。福岡一文字の代表工であるが、居住地が福岡の東南片山であったために、とくに片山一文字とよばれている。この則房の後代が鎌倉末期に備中国境寄りの津高郷に移り、さらに備中国片山に移住したため、備中でも片山一文字が形成された。国宝二、重文四。

のりむね【則宗】 刀工の名。同名が十数人いるが、備前福岡一文字派の則宗が著名。承元期(一二〇七～一一)頃に活躍したといい、備前太郎と称した。福岡一文字派の祖で、後鳥羽上皇の番鍛冶の一人。御物もあり、太刀一が国宝、太刀二・刀一が重文。のち三代ほど知られる。長船派にも則宗がおり、鎌倉末期頃から数代続いた。さらに相模国に承安期頃に活躍した沼間藤源次大夫則宗がいる。

のりよししんのう【義良親王】 ⇨後村上天皇

のろえいたろう【野呂栄太郎】 1900.4.30～34.2.19 大正・昭和前期の社会科学者。共産党の理論的指導者。北海道出身。慶大卒。学生時代から社会運動に関係し、一九二六年(昭和元)一月の京都学連事件に連坐し、二九年の四・一六事件で検挙。同年プロレタリア科学研究所設立に参画。この頃共産党に入党し、のち「日本資本主義発達史講座」全七巻の企画を主導した。三三年末から地下活動に入り、翌年一一月逮捕。拷問による病状悪化で死去。「野呂栄太郎全集」全二巻。

のろかいせき【野呂介石】 1747.1.20～1828.3.14

江戸後期の南画家。名は隆、字は隆年。号は介石・四碧斎など。紀伊国和歌山生れ。伊藤蘭嵎に学問を学び、一四歳で京都に遊学。長崎派の鶴亭や池大雅に画を学ぶ。画風は温雅で、南画の一典型を示す。四七歳で和歌山藩に出仕し、来訪する文人墨客と交流しながら悠々の生涯を送った。談話の筆記録「四碧斎画話」がある。

のろかげよし【野呂景義】 1854～1923.9.8 明治・大正期の鉄鋼技術者。尾張国生れ。東大卒。欧米に留学後、帝国大学工科大学教授。一八九二年(明治二五)釜石鉱山田中製鉄所の顧問となり、二五トン高炉のコークス操業を成功に導き、日本の製鉄技術の基礎を築いた。官営八幡製鉄所の建設計画にも参加。日本の近代鉄鋼技術の確立と鉄冶金学の発展に尽力した。日本鉄鋼協会初代会長。

のろげんじょう【野呂元丈】 1693.12.20～1761.7.6 江戸中期の本草学者。名は実夫。元丈は字。伊勢国生れ。京都の山脇玄修に医学を、並河天民に古学を、稲生若水に本草学を学ぶ。一七一九年(享保四)幕府の採薬御用を命じられ、各地に採薬。四〇年(元文五)青木昆陽とともに将軍徳川吉宗からオランダ語学習の内旨をうけ、江戸参府ごとにオランダ通詞を介してオランダ本草について質疑した。「阿蘭陀禽獣虫魚図和解」「阿蘭陀本草和解」などを著し、蘭学興隆の基礎をなした。

のんこう ⇨道入

はいきゅう【裴璆】 生没年不詳。一〇世紀初めに来日した渤海および東丹国の使者。父裴頲も渤海使として二度来日。九〇八年(延喜八)と九一九年には渤海の大使として来日し、入京。詩文の贈答・唱和を通した大江朝綱・菅原淳茂などとの親交が知られる。渤海滅亡直前の九二五年には使者として後唐に遣わされる。亡国にあたって妻子離散するが、契丹によってたてられた東丹国に仕え、九二九年(延長七)にその使者として来日。このとき契丹王を誹謗したため怠文を提出させられた。

ばいざんもんぽん【梅山聞本】 ?～1417.9.7 室町時代の曹洞宗の僧。美濃国生れ。美濃国の律寺に入ったが、のち禅宗に帰依し、建仁寺孤山に入門。諸国行脚をへて加賀国仏陀寺の太源宗真に随侍し法をついだ。のち越前国竜沢寺・加賀国金剛寺を開創。足利義満に京都に招かれたが固辞して赴かなかったという。弟子に傑堂能勝・如仲天誾などがいる。著書に「梅山和尚戒法論」があるが真偽未詳。

ばいしつ【梅室】 1769.11.27～1852.10.1 江戸後期の俳人。桜井氏。加賀国金沢の研刀師の家に生まれる。馬来に師事、蒼虬に兄事。一八〇一年(享和元)上京、闌更追善俳諧に出座。〇四年(文化元)隠居。〇七年京都移転後、大坂をへて二三年(文政六)江戸に移住したが、三四年(天保五)庵が類焼したため金沢へ移る。四一年四国・中国を行脚し、帰京。五一年(嘉永四)二条家から花の本宗匠の称をうける。天保三大家の一人。京都で没。編著「四時行」「梅室家集」。

ばいしないしんのう【禖子内親王】 1039.8.19～96.9.13 後朱雀天皇の第四皇女。母は嫄子女王(敦康親王の女、藤原頼通の養女)。一〇四六年(永承元)斎院に選ばれたので、六条斎院とよばれた。和歌に秀で、五五年(天喜三)五月三日の六条斎院歌合は有名である。五八年(康平元)病により斎院を退いた。

はいせいせい【裴世清】 生没年不詳。六世紀後半～七世紀前半の隋・唐の官人。六〇八年(推古一六)四月、遣隋使小野妹子を送って筑紫に上陸。六月難波津に泊まり、八月大和国海石榴市の衢に迎えられ、小墾田宮に召された。世清は信物を届け国書を読んだ。身分は「日本書紀」では鴻臚寺掌客、「隋書」では文林郎。「元興寺伽藍縁起」によれば、副使尚書祠部主事遍光高が世清に従って来朝した。世清は唐朝にも仕え、江州刺史となった。

ばいそうけんじょう【梅荘顕常】 ⇨大典

はいてい【裴頲】 生没年不詳。平安前期に大使として二度来日した渤海の官人。のち子の裴璆も使者として来日。八八二年(元慶六)副使高周封らとともに加賀国に来着。翌年入京。当時の官品は文籍院少監正四品賜金魚袋。文豪として日本にも知られ、応接の役にはとくに菅原道真・島田忠臣らがあてられた。詩の贈答・唱和を通した彼らとの交流は著名。道真とは互いに才能を高く評価している。八九四年(寛平六)にも来日。翌年入京し、道真らとも再会した。

ばいていきんが【梅亭金鵞】 1821.3.30～93.6.30 幕末～明治前期の戯作者。本名は吉田政和。御家人の次男として生まれるが、のちに瓜生家の養子となる。松亭金水らと交際し、筆耕から戯作の道に入り、滑稽本「茶番今様風流」「七偏人」や人情本「柳横櫛」で幕末の江戸戯作を支えた。明治初期には西洋事情を紹介する「西洋新書」「西洋見聞図解」などを執筆し、「寄笑新聞」「妄想未来記」で新時代を戯画化した。

はいやさぶろうすけ【灰屋三郎助】 1810～74.6.23 幕末・維新期の備後国尾道の商人。橋本氏総本家九代目。諱は正義、号は黍庵。はじめ太吉・長右衛門・又三郎と称した。問屋業のほか醤油・酢の醸造業を営み、尾道問屋役所の代表となるなど尾道商人の中核的存在であった。藩士との交流を通じ、幕末期広島藩の政治的活動に関与したことでも知られる。

はいやじょうえき【灰屋紹益】 1607/10～91.11.12 江戸前期の京都の豪商。風雅人。本姓は佐野氏、灰屋は屋号。名は重孝、通称三郎左衛門。本阿弥光悦の甥の子で、灰屋紹由の養子となり家督を継いだ。養父とともに風流三昧の生活を送った。和歌を飛鳥井雅章・烏丸光広に、俳諧を貞徳に学び、随筆「にぎはひ草」を著した。茶・書・蹴鞠など各種の芸能に長じ、後水尾上皇期の京都文化サロンの中心の一人として活躍した。島原名妓の吉野太夫を身請けしたことでも有名。

はいやじょうゆう【灰屋紹由】 ?～1622.3.16 江戸前期の京都の豪商。風雅人。姓は佐野氏。灰屋は屋号。はじめ承由といい、連歌の師紹巴から紹の字を譲られ改名したと考えられている。灰屋は南北朝期末頃から京都で紺染め用の紺灰を扱い、紺灰座ひいては紺座の棟梁ともなった京都有数の町衆である。紹由自身は家業を廃していたようだが、豪富を背景に連歌・茶・書・蹴鞠などの芸道にいそしみ、風流・雅遊の生活を送り、桃山～江戸初期の文化の形成に役割をはたした。

ハウカセ 生没年不詳。近世前期の蝦夷地石狩地方を根拠としたアイヌの首長。シャクシャインの蜂起の際には和人の襲撃に参加せず、武装中立的な立場をとった。松前藩の交易中止の脅しに対しては、商船が来なくても魚・鹿があるので衣食に困らないと一蹴。また松前藩の非法が変わらないならば、高岡(弘前藩)との交易再開を希望するなどと、独自の政治手腕を発揮した。

ハウス Edward Howard House 1836.10.5～1901.12.18 明治初期の日本で活躍したアメリカ人新聞記者。江戸幕府の遣米使節を取材して日本に関心をもつ。一八六九年(明治二)来日、台湾出兵や西南戦争の従軍記者として活躍し、その後も日本に滞在。週刊英文紙「トウキョウ・タイムズ」を発行し、日本の立場を弁護する記事・評論を英文で発表した。宮内省の音楽指導にもあたる。

ハウスクネヒト Emil Hausknecht 1853.5.23～1927.12.19 御雇ドイツ人教師。ベルリン大学卒業後、中等学校やギムナジウムで外国語を教える。一八八七年(明治二〇)に来日、帝国大学で語学・教育学を担当、ヘルバルト派教授学の導入と中等教育の改革に尽力した。九〇年に離日、ギムナジウム校長などを歴任。ロンドンで客死。

バウティスタ Pedro Bautista Blazquez 1546.6.24～96.12.19 スペイン人のフランシスコ会宣教師。日本二十六聖人の一人。一五九三年(文禄二)フィリピン総督の使節として来日し、肥前国名護屋城で豊臣秀吉に謁見。京都に移り、教会などをたて、布教活動を行った。九六年(慶長元)サン・フェリペ号事件にまきこまれ、京都で捕えられた。長崎に送られ西坂の丘で磔刑により殉教。二十六聖人の精神的な指導者といわれる。

ばえん【馬遠】 生没年不詳。中国の南宋の画家。字は遥父、号は欽山。本籍は河中(現、山西省永済県)、浙江銭塘(現、杭州)で育つ。夏珪とともに、南宋後半期の院体山水画(宮廷山水画体)の代表。馬一族は北宋末以来、多数の画院画家を輩出。家学を継承し、南宋の三代光宗・四代寧宗の翰林図画院の下級事務官の待詔を歴任。構図は、自然の狭い部分の景観をとりあげ「馬の一角」などとよばれる。代表作「西園雅集図巻」などがあるが、確証のある作品はない。

はがし【芳賀氏】 中世下野国の豪族。清原氏。下野国に配流された清原高重が、芳賀郡大内荘(現、栃木県真岡市)に住んだのに始まる。子孫の高親は宇都宮宗綱に仕え、以後代々、宇都宮氏と姻戚関係を結ぶ有力家臣となる。南北朝期、高名(禅可)は北朝方につき、宇都宮氏綱の後見として勢力を伸ばした。子の高貞・高家らも越後・上野両国の守護代になり活躍したが、関東公方足利基氏に攻められ敗北。のち高継の代には、主家宇都宮氏とともに後北条氏と戦った。一五九七年(慶長二)宇都宮国綱の改易とともに滅亡。

はがぜんか【芳賀禅可】 ?～1372 南北朝期の関東の武将。実名は高名、禅可は法名。宇都宮氏綱の重臣。観応の擾乱では足利尊氏方に属して活躍し、乱後、一三五二年(文和元・正平七)氏綱が上杉憲顕にかわって上野・越後両国守護になると、芳賀一族は守護代を勤めた。六二年(貞治元・正平一七)鎌倉公方足利基氏が憲顕を越後国守護に復帰させるとこれに抵抗、翌年関東管領就任のため鎌倉にむかう憲顕の阻止をはかった。しかし芳賀軍は、武蔵国岩殿山(現、埼玉県東松山市)で憲顕を支持する基氏軍に敗れ、憲顕の復権を許した。

はがたかさだ【芳賀高貞】 生没年不詳。南北朝期の関東の武将。宇都宮氏綱の重臣芳賀禅可の養子。氏綱に従い、観応の擾乱では足利尊氏方として武蔵野合戦などで活躍。乱後、一三五二年(文和元・正平七)氏綱が上野・越後両国守護になると、越後国守護代となった。六二年(貞治元・正平一七)上杉憲顕が越後国守護に復帰して氏綱が守護職を失うと、翌年関東管領就任のため鎌倉にむかう憲顕を阻止しようとしたが、憲顕を支持する鎌倉公方足利基氏に敗れた。六八年(応安元・正平二三)にも憲顕に反抗した。

はかまだれ【袴垂】 平安中期の伝説上の大盗賊。「今昔物語集」「宇治拾遺物語」にその活動が記される。武芸の人として知られる藤原保昌を襲おうと跡をつけたがはたせず、家に招かれて衣を与えられた。のちに袴垂と保昌の弟保輔が混同され、盗賊袴垂保輔の説話がつくられた。

はがやいち【芳賀矢一】 1867.5.14～1927.2.6 明治・大正期の国文学者。越前国生れ。東大卒。一九〇〇年(明治三三)ドイツに留学し文献学を学ぶ。〇二年帰国し、東京帝国大学教授。のち国学院大学学長。ドイツ文献学の方法から近世の国学を見直し、国文学の文献学的研究を確立した。国文学の方法論確立の先駆的役割をはたす。著書「国文学史十講」。

はきいさねなが【波木井実長】 1222～97.9.25 「はきり」とも。鎌倉中・後期の武将。甲斐国波木井郷を名字の地とする南部氏の一族。身延山久遠寺の檀越。法名は日円。日蓮の弟子日興の教化をうけて日蓮宗に帰依し、所領身延に堂塔を建て日蓮を招いた。日蓮の死後、弟子たちが輪番制で廟所を経営したが、のち日興と対立し、一二八八年(正応元)日興が身延を退去すると、日向を久遠寺二世に推した。

はぎのやえぎり【萩野八重桐】 生没年不詳。歌舞伎俳優。前姓荻野。若女方として元禄末期から京坂の舞台に立ちはじめ、正徳期以後は上方劇界の代表的存在となる。地芸・所作事いずれもよく、濡れ事・心中物を得意とした。元文初年没。芸名は明治期の四世まで伝えられる。

はぎのよしゆき【萩野由之】 1860.4.17～1924.2.2 明治・大正期の国文・日本史学者。佐渡国生れ。東大卒。元老院書記生をへて、学習院大学教授・東京高等師範教授・東京帝国大学教授などを歴任。文学博士・帝国学士院会員。古代史・維新史・古典文学などの研究に貢献した。編著書「日本文学全書」「徳川慶喜公伝」「王政復古の歴史」。

はぎわらかねより【萩原兼従】 1590～1660.8.13 江戸前期の神道家。吉田兼治の子。一五九九年(慶長四)祖父兼見の画策から兼見の養子となり、豊国神社の社務職について萩原を名のる。一六一五年(元和元)豊臣氏滅亡にともなって豊国神社は破却されたが、兼従の豊後国配流は細川忠興の計らいで許された。のち吉田家後見役となって、吉川惟足に唯一神道を継承させた。死後、吉田神社境内に神海霊社が建立された。

はぎわらけ【萩原家】 卜部氏吉田家庶流。半家。吉田兼治の次男兼従を祖とし、慶長年間(一五九六～一六一五)に創立。同家の創立は豊国神社の社務職世襲のためで、兼従は祖父吉田兼見の子となっている。家禄は一〇〇〇石。員従のとき藤原氏となるが、兼武のとき卜部氏に復した。維新後、員光のとき子爵。

はぎわらさくたろう【萩原朔太郎】 1886.11.1～1942.5.11 大正・昭和前期の詩人。群馬県出身。一九一三年(大正二)北原白秋主宰誌「朱欒」に詩を発表した際、同時に掲載された室生犀星の「小景異情」に感動して親交を結んだ。一六年犀星と「感情」を創刊。翌年には処女詩集「月に吠える」で病める神経の世界を歌い、二三年に憂鬱と倦怠のただよう「青猫」を発表して詩壇に確固とした地位を築いた。日本の口語自由詩の完成者として知られる。

はぎわらひろみち【萩原広道】 1815.2.19～63.12.3 江戸後期の国学者。父は岡山藩士藤原台得。初姓は藤原、通称は鹿蔵、号は葭沼・鹿鳴草舎など。備前国生れ。一八四五年(弘化二)藩を去って大坂へ移住。平賀元義や大国隆正の指導をうけ、本居宣長の学問に深く傾倒し、その文法的な考察の整備をはかって「源氏物語評釈」を執筆、刊行に精力を注いだ。著書はほかに「小夜時雨」「てにをは係辞弁」。

はくいんえかく【白隠慧鶴】 1685.12.25～1768.12.11 江戸中期の臨済宗の僧。号は鵠林。日本臨済宗中興の祖。駿河国生れ。同国松蔭寺で出家後、沼津大聖寺、美濃瑞雲寺、越後英巌寺などを巡り、信濃正受庵の慧端の影響を強くうけた。一七一七年(享保二)松蔭寺に住し、翌年妙心寺第一座となった。広い学識をもとに独自な公案体系を確立、正法の高揚と民衆教化に尽くした。著書「十善法語」など多数。

パークス Harry Smith Parkes 1828.2.24～85.3.22 イギリスの外交官。厦門領事・広東代理領事・上海領事をへて、一八六五年(慶応元)閏五月駐日公使として横浜に着任、幕末・維新期の列国の対日外交をリードした。攘夷政策から積極的な通商貿易に転換した鹿児島・萩両藩に接近し、幕府を熱心に支持した駐日フランス公使ロッシュと激しく対立。またイギリスの自由貿易主義政策を強硬に遂行し改税約書を締結した。戊辰戦争では局外中立の立場で江戸城無血開城に尽力し、六八年(明治元)閏四月列国に先がけて明治新政府を承認。七八年外務卿寺島宗則による条約改正交渉では、強圧的外交で反対論を主張。八三年七月駐清国公使に転じ、八五年北京で客死。

ばくすい【麦水】 1718～83.10.14 江戸中期の俳人。堀氏。別号は四楽庵・樗庵。加賀国金沢の人。一七四七年(延享四)伊勢の麦浪が金沢を訪れた折、麦水の号をうける。諸国を行脚して、涼袋(建部綾足)・鳥酔・服部南郭・蕪村らと交流を結ぶ。七〇年(明和七)成立の「俳諧蒙求」「貞享正風句解伝書」、七三年(安永二)刊の「蕉門一夜口授」などで初期芭蕉への復帰を提唱。中興俳諧史上に異彩を放つ。実録の執筆や謡曲の注釈、骨董鑑定、囲碁・双六など多彩な才能を発揮。句集「樗庵麦水発句集」。

はぐらかんどう【羽倉簡堂】 1790.11.1～1862.7.3 江戸後期の幕臣・儒学者。父秘救は旗本で代官。名は用九、字は士乾、通称は外記。大坂生れ。古賀精里に学び、父の任地豊後国日田に赴き、広瀬淡窓と交流。のち代官として関東・東海の各地に赴き、海防のため伊豆諸島を巡視。老中水野忠邦に用いられ、納戸頭となり生野銀山を視察。また大坂の豪商に幕府への献金を説得する。忠邦失脚とともに辞職。嘉永年間に「海防私策」を幕府に建言した。

はぐりのかける【羽栗翔】 生没年不詳。奈良時代の官人。阿倍仲麻呂の従者として長安にいた吉麻呂と唐の女性との間の子。翼の弟。七三四年(天平六)父に従い来日。のち遣唐使藤原清河を迎える使の録事となり、七五九年(天平宝字三)出航、渤海をへて長安に至る。以後不詳。「入唐求法巡礼行記」の開成五年(八四〇)三月七日条に、円仁が登州開元寺で僧伽和尚堂の仏画の願主となった日本国使の名を写しとっているが、その中の「録事正六位上羽豊翔」は彼と考えられる。

はぐりのつばさ【羽栗翼】 719～798.5.27 奈良末～平安初期の官人。阿倍仲麻呂の従者として長安にいた吉麻呂と唐の女性との間の子。翔の兄。七三四年(天平六)父に従い来日。僧となったが才能を惜しまれて還俗。七七五年(宝亀六)外従五位下、遣唐使准判官、翌年大外記兼勅旨大丞となり臣姓を賜る。本貫は山背国乙訓郡。七七七年渡唐、翌年帰国し「宝応五紀暦経」をもたらす。のち丹波介・内薬正・侍医・左京亮・内蔵助・勅旨所助を歴任、正五位下に至る。

はこだろくすけ【箱田六輔】 1850.5.-～88.1.19 明治前期の自由民権家。福岡藩士の家に生まれる。一八七六年(明治九)の萩の乱に呼応し捕らえられた。七八年秋に向陽社の結成に参加し、七九年に玄洋社を結成。八〇年一月には条約改正と国会開設の請願建白書を奉呈した。八一年五月には筑前共愛会会長に就任し、民権運動を指導した。

はざましげとみ【間重富】 1756.3.8～1816.3.24 江戸後期の天文暦学者。質商十一屋五郎兵衛の子。通称十一屋五郎兵衛、字は大業、号は長涯・耕雲。大坂生れ。一七八七年(天明七)麻田剛立に入門。苦労の末「暦象考成後編」を入手し、剛立・高橋至時とともに研究した。九五年(寛政七)幕命により至時とともに寛政改暦を行った。実測とともに天文振子時計や子午線観測装置などの観測器機を製作。著書「垂球精義」「天地二球用法記評説」「算法弧矢索隠」。

はざまじゅうしん【間重新】 1786～1838.1.2 江戸後期の天文観測家。間重富の長男。幼名清一郎、字は伯固、号は確斎・盛徳、名は重威のちに重新。大坂生れ。算学を松岡能一に学び、父の教えで天文観測に従事。観測技術では当代随一といわれ、江戸の天文方渋川景佑に観測記録を送った。一八〇九年(文化六)正式に幕府御用を命じられた。実測に力点をおいていたため大部な著書はない。著書「彗星概説」「未舶載洋器シルケル私意製作用法」。

はじうじ【土師氏】 古代の伴造氏族。埴輪や土器の製作、葬制などを担当する土師部を管理した。和泉国百舌鳥(現、大阪府堺市百舌鳥)、河内国志紀郡(現、大阪府藤井寺市)・丹比郡(現、堺市)、大和国菅原・秋篠(現、奈良市)などがおもな根拠地。姓ははじめ連、天武天皇の八色の姓で宿禰を賜る。令制では、陵墓を管理する治部省諸陵司に土部が所属した。七八一年(天応元)・七八二年(延暦元)に菅原・秋篠などに改氏し、のち大枝(大江)にもわかれた。

パジェス Léon Pagès 1814.9.-～86.11.- フランスの東洋学者・キリシタン研究者。パリ生れ。編集者をへて、北京公使館勤務。このとき東洋学に関心を抱き、一八五五年に「ザビエル書簡集」二巻を出したのを皮切りに、「日本図書目録」(一八五九)、「日本文典論」(一八六一)、「日本二十六聖人殉教記」(一八六二)、「日仏辞典」(一八六八)、「日本切支丹宗門史」二巻(一八六九～七〇)などを著し、キリシタン史研究の先鞭をつけた。

パジオ Francesco Pasio 1554?～1612.8.30 イタリアのボローニャ生れのイエズス会宣教師。一五八三年(天正一一)長崎に到着。長崎を中心に堺・豊後で布教に従事。一六〇〇年(慶長五)イエズス会日本準管区長ゴメスが没すると、後継者となる。〇七年駿府に徳川家康を、江戸に将軍徳川秀忠を訪問。一一年巡察師に任命される。一二年マカオに渡り、同地で没。徳川政権成立時のイエズス会の最高責任者であった。

はしおかきゅうたろう【橋岡久太郎】 1884.7.12～1963.9.15 大正・昭和期の能役者。シテ方観世流。本名乃村久太郎。香川県出身。大阪の謡曲指南橋岡雅雪の芸事後継者となり、一九〇一年(明治三四)上京して二三世宗家観世清廉に入門。謡は低声難調だが淡々として力強い芸風であった。六三年(昭和三八)芸術院会員となる。後継者に子の久馬・久共(慈観)がある。

はしおし【箸尾氏】 中世大和国の国人。広瀬郡箸尾郷(現、奈良県広陵町)の出身。本姓藤原氏と伝えるが未詳。鎌倉時代以来、摂関家領長河荘の執行職・検断職で、春日社神人でもあった。春日若宮祭礼に奉仕する六党の一つ長川党の刀禰を勤めた。南北朝期以降、興福寺一乗院方坊人として、箸尾城を拠点に越智氏とともに活躍。一四三一年(永享三)大和永享の乱で、筒井方の攻撃により落城。その後、宗信のときに筒井方に従った。

はしぐちごよう【橋口五葉】 1880.12.21～1921.2.24 明治・大正期の版画家。鹿児島県出身。本名清。橋本雅邦・黒田清輝に師事。東京美術学校卒。夏目漱石の「吾輩は猫である」の装丁や、浮世絵研究も行った。浮世絵版画の技法を新時代に生かした大正期の代表的版画家。作品「髪梳ける女」。

はしだくにひこ【橋田邦彦】 1882.3.15～1945.9.14 大正～昭和前期の医学者・教育行政家。鳥取県出身。東大卒。ヨーロッパに留学し、生理学を研究。帰国後東京帝国大学助教授として実験生理学を担当、のちに教授。王陽明や道元の思想に詳しく、日本主義的科学論を代表する人物で、国民教育にも独自の見解をもつ。一九四〇年(昭和一五)第二次近衛内閣、四一年第三次近衛内閣・東条内閣の文相を務め、戦時教育政策を遂行。四五年GHQの戦犯指名をうけ、服毒自殺。

はしばし【羽柴氏】 豊臣秀吉が豊臣氏を名のる以前の姓。秀吉ははじめ木下、ついで羽柴を名のった。木下は、秀吉の父の姓であるとも、正室高台院の実家の姓を借用したともいう。羽柴への改姓は、一五七三年(天正元)七月で、近江国長浜城主となった時期。織田信長の重臣丹羽長秀と柴田勝家にあやかったといわれる。豊臣期には多くの大名に羽柴姓が与えられた。

はしばひでかつ【羽柴秀勝】 ❶1568～85.12.10 織豊期の武将。織田信長の四男で、豊臣秀吉の養子。幼名於次丸から、御次秀勝といわれる。中国攻め・山崎の戦に従い、一五八二年(天正一〇)一〇月、大徳寺での信長の葬儀に参列。明智光秀の遺領丹波国亀山城を領する。小牧・長久手の戦に参陣。正三位権中納言に昇進したが、病没。❷1569～92.9.9 織豊期の武将。豊臣秀吉の姉瑞竜院日秀の次男。幼名小吉から、小吉秀勝といわれる。御次秀勝の死後、遺領の丹波国亀山を与えられ、九州攻めに参加。戦後、知行高をめぐって秀吉と対立。勘当されたのち越前国敦賀に移された。小田原攻め後、甲斐、さらに岐阜に転じた。文禄の役に出陣し、朝鮮の巨済島で病没、無嗣のため断絶。妻は淀殿の妹お江与(崇源院)。

はしばひでなが【羽柴秀長】 ⇨豊臣秀長

はしばひでよし【羽柴秀吉】 ⇨豊臣秀吉

はしひとのひめみこ【間人皇女】 ?～665.2.25 孝徳天皇の皇后。舒明天皇の皇女。母は皇極(斉明)天皇。六五三年(白雉四)飛鳥遷宮を願う兄の中大兄皇子と、それを認めない孝徳が対立すると、飛鳥河辺行宮に移る中大兄に従った。六六七年(天智六)斉明とともに小市岡上陵に合葬される。「大安寺伽藍縁起幷流記資財帳」にみえる「仲天皇」、「万葉集」巻一の題詞「中皇命」、野中寺弥勒菩薩造像銘「中宮天皇」を間人皇女に比定する説もある。

はしもとがほう【橋本雅邦】 1835.7.27～1908.1.13 幕末～明治期の日本画家。江戸木挽町の狩野家邸内で生まれる。父は川越藩絵師の橋本晴園養邦。一〇歳頃狩野雅信に師事。維新後、海軍兵学寮に出仕した。鑑画会に参加、同門だった狩野芳崖とともに、狩野派に洋画風の表現をとりいれるなど、新日本画の創作につとめた。一八九〇年(明治二三)東京美術学校教授に就任。九八年岡倉天心らと日本美術院を創立、主幹となる。帝室技芸員。

はしもとかんせつ【橋本関雪】 1883.11.10～1945.2.26 大正～昭和前期の日本画家。兵庫県出身。本名関一。一九〇三年(明治三六)竹内栖鳳の画塾竹杖会に入門。文展・帝展で活躍。一三年(大正二)はじめて中国に旅行、以後頻繁に訪中。三四年(昭和九)帝室技芸員、三五年帝国美術院会員。作品「玄猿」、著書「南画への道程」。

はしもときんごろう【橋本欣五郎】 1890.2.19～1957.6.29 昭和期の軍人。陸軍大佐。岡山県出身。陸軍士官学校(二三期)・陸軍大学校卒。トルコ公使館付武官などをへて、参謀本部ロシア班長となる。急進派将校による桜会を結成し、一九三一年(昭和六)の三月事件・十月事件の首謀者となる。二・二六事件後予備役となり、大日本青年党を結成。日中戦争で召集され、レディバード号事件をおこす。四〇年大政翼賛会常任総務となり、四二年の翼賛選挙で衆議院議員。第二次大戦後、A級戦犯として終身刑。

はしもとけ【橋本家】 藤原氏閑院流の西園寺家庶流。羽林家。鎌倉後期、西園寺公相の四男実俊に始まる。その孫実澄のときから橋本と号した。一五八八年(天正一六)実勝が横死したため、江戸初期に実勝の甥実村が家を継いだ。家禄は二〇〇石。将軍徳川家茂に降嫁した仁孝天皇皇女の親子内親王(和宮)は、実久の外孫。維新後、実梁のとき伯爵。

はしもとさない【橋本左内】 1834.3.11～59.10.7 幕末期の志士。福井藩医の長男。名は綱紀、通称左内、号は景岳。大坂の適々斎塾で医学を修得。藩命による江戸遊学中、西郷隆盛・藤田東湖らと交わる。福井藩藩政改革の中心として横井小楠んを招き、開国貿易・殖産興業・軍備強化などをめざした改革を行った。将軍徳川家定の継嗣問題では、藩主松平慶永の意をうけ一橋慶喜擁立のため活動した。そのため安政の大獄で慶永が処罰されるとともに謹慎処分をうけ、一八五九年(安政六)江戸で斬首された。

はしもとさねやな【橋本実梁】 1834.4.5～85.9.16 幕末・維新期の公家。小倉輔季の子。橋本実麗の養子。一八五八年(安政五)日米修好通商条約勅許問題で公卿列参に参加。六二年(文久二)国事御用掛。翌年左近衛権少将になるが、八月十八日の政変で差控。六七年(慶応三)赦免され、王政復古で参与。翌年(明治元)東海道先鋒総督。六九年賞典禄二〇〇石、八四年伯爵、翌年元老院議官、従二位特叙。

はしもとしんきち【橋本進吉】 1882.12.24～1945.1.30 大正～昭和前期の国語学者。福井県出身。東大卒。一九二九年(昭和四)東京帝国大学教授。国語学の諸方面にわたり、綿密な実証的研究を展開。上代特殊仮名遣いの発見や、キリシタン資料にもとづく中世の音韻体系の解明など多くの成果をあげた。また外形面に注目する文法論は文部省の教科書に採用され、学校文法として広く受容された。著書「国語学概論」「文字及び仮名遣の研究」。

はしもとそうきち【橋本宗吉】 1763～1836.5.1 江戸後期の蘭学者。名は鄭、宗吉は通称。阿波国生れ。はじめ大坂の傘屋で紋描き職人をしたが、小石元俊・間重富にその才をみいだされ、一七八九年(寛政元)江戸の大槻玄沢の芝蘭堂に入門。多くの訳書を著す一方、大坂で糸漢堂を開き診療と蘭学教育に従事、またエレキテル研究で先進的役割をはたすなど、関西における蘭学の基礎を築いた。訳著書「喎蘭新訳地球全図」「阿蘭陀始制エレキテル究理原」。

はしもとますきち【橋本増吉】 1880.6.12～1956.5.19 大正・昭和期の東洋史学者。長崎県出身。東大卒。早稲田大学講師などをへて、一九二〇年(大正九)慶応義塾大学教授となり、四四年(昭和一九)まで在職。この間「東洋史上より見たる日本上古史研究」「支那古代暦法史研究」を著す。太平洋戦争中に大亜細亜協会理事・東洋大学学長を務め、戦後公職追放となる。

はしもとますじろう【橋本増治郎】 1875.4.28～1944.1.18 明治～昭和前期の自動車産業の開拓者。愛知県出身。東京工業学校卒。一九〇二年(明治三五)農商務省海外実業練習生として渡米、帰国後中島鉄工所などをへて、一一年自動車会社快進社を創立し、ダット号を完成。三一年(昭和六)ダット自動車製造の株式を戸畑鋳物に買収され、第一線から引退した。

はしもとめいじ【橋本明治】 1904.8.5～91.3.25 昭和期の日本画家。島根県出身。東京美術学校卒。松岡映丘に師事。一九四〇年(昭和一五)から法隆寺金堂壁画模写を担当。四八年創造美術創立に参加、のち脱退し日展で活躍。五五年「まり千代像」で日本芸術院賞受賞。七一年日本芸術院会員。七四年文化勲章受章。

はしもとりゅうたろう【橋本竜太郎】 1937.7.29～ 昭和後期～平成期の政治家。東京都出身。慶大卒。一九六三年(昭和三八)父竜伍(元厚相)の地盤をつぎ岡山県二区(現四区)から衆議院議員に当選。以後連続当選。田中派・竹下派と自民党主流にあって厚相・運輸相・蔵相・通産相を歴任、党内では幹事長・政務調査会長を務めた。九五年(平成七)自民党総裁、村山内閣の副総理。九六年一月首相となり、社会党・新党さきがけと連立内閣(第二次は自民党単独)を組織、行政改革や金融安定化に努力。九八年七月参議院選挙で自民党の議席が大幅減となり、退陣した。

ばしょう【芭蕉】 1644～94.10.12 江戸前期の俳人。本名は松尾忠右衛門宗房。伊賀国上野の地侍クラスの農人の子として生まれ、津藩の侍大将藤堂良精に仕えた。俳諧は一〇代半ば頃からたしなみ、北村季吟の指導をうけた。二三歳のとき良精の子良忠の急死で辞し、一六七二年(寛文一二)「貝おほひ」を編んだ。三一歳頃、俳諧師として立つために江戸に下り、翌年談林派の総帥宗因に才を認められ、同派の江戸宗匠として活躍。いままでの戯笑俳諧にあきたらず、八四年(貞享元)頃、新たに蕉風俳諧を打ちたて、俳諧を和歌と対等の地位に引きあげた。旅を好み「野ざらし紀行」「おくのほそ道」などの紀行文を残したが、九州にむかう途中、大坂で客死。一代の作風は「俳諧七部集」にまとめられている。

はじん【巴人】 1676～1742.6.6 江戸前・中期の俳人。早野氏。下野国那須郡烏山の人。江戸に出て、其角・嵐雪に師事。一七〇二年(元禄一五)頃から巴人と号す。二五年(享保一〇)頃京都に移住。点者として活動するが、三七年(元文二)江戸に帰り、日本橋本石町に夜半亭を結ぶ。翌年から歳旦帖を刊行。宰鳥(蕪村)・雁宕・几圭らの門弟が加入。三九年宋阿号で其角・嵐雪三十三回忌追善集「桃桜」を刊行。後年夜半亭は蕪村が二世を、几圭の子几董が三世を継承。句集「夜半亭発句帖」。

ハース Hans Haas 1868.12.3～1935.9.10 ドイツの普及福音新教伝道会宣教師・神学博士。一八九八年(明治三一)来日、新教神学校教授、第一高等学校・東京帝国大学のドイツ語教師。日本の宗教およびキリシタン史を研究し、ドイツ語で「日本キリスト教史」「日本仏教」「アイヌ民族とその宗教」などを著述。一九〇九年帰国、ライプチヒ大学教授を務めた。

はすだいちごろう【蓮田市五郎】 1833～61.7.26

幕末期の尊攘派志士。水戸藩士蓮田栄助の子。家督をつぎ一八四八年(嘉永元)町方同心、五五年(安政二)寺社方手代。常陸国静神社の斎藤監物と親交、安政の大獄に憤激して大老井伊直弼(なおすけ)暗殺計画に加わる。桜田門外で井伊を襲撃して負傷し、監物らと老中脇坂安宅(やすおり)邸に自首。翌六一年(文久元)江戸伝馬町の獄で斬刑に処された。

はせがわあきみち【長谷川昭道】 1815.12.29～97.1.30 幕末・維新期の信濃国松代藩士。長谷川正次の長男。松代藩では佐久間象山(しょうざん)と並ぶ人材。郡奉行兼勝手元締役などで藩政に手腕をふるうが、ペリー来航後開国佐幕論の象山と対立して失脚、蟄居となる。その間学問研究と著述に努めた。一八六四年(元治元)許され、藩の周旋方として上洛して活動。維新に際し藩論を勤王とするために尽力、その後は松代と東京で活躍した。

はせがわかくぎょう【長谷川角行】 1541.1.15～1646.6.3 戦国末～江戸前期の伝説上の富士行者。富士講の元祖。肥前国長崎生れ。陸奥国で修行中、役行者(えんのぎょうじゃ)が現れ富士登拝を勧められて富士山にのぼり、角材の切口に立って一〇〇〇日間の立行を修め、諸国へ行脚したあと再び富士山に戻った。一六二〇年(元和六)頃江戸に流行した悪疫を呪術により払ったことで評判になる。伝説の典拠の富士講教典「御大行の巻」の信憑性は疑わしいが、近世の富士講と山岳行者を語って興味深い。

はせがわかずお【長谷川一夫】 1908.2.27～84.4.6 昭和期の映画俳優。京都市出身。関西歌舞伎で活躍したのち、一九二七年(昭和二)松竹へ入社、「稚児(ちご)の剣法」でデビュー。松竹時代は芸名を林長二郎といったが、三七年東宝入社後本名を名のる。品のある甘いマスクで日本映画の人気スターとして一世を風靡。代表作「雪之丞変化」「地獄門」「近松物語」。七四年宝塚歌劇の「ベルサイユのバラ」を演出した。

はせがわかんべえ【長谷川勘兵衛】 歌舞伎の大道具師。江戸前期から一七世を数える。初世(?～一六五九)は江戸日本橋の宮大工の子で専門大道具師の元祖とされる。六世(?～一七三七)の頃には劇場大道具を独占。一一世(一七八一～一八四一)は長谷川家中興の祖。文化・文政期に流行した怪談劇の仕掛物を考案、からくり見世物なども手がけた。一四世(一八四七～一九二九)は一一世の孫で明治期の名人。一六世(一八八九～一九六四)は本名源次郎。一九五一年(昭和二六)長谷川大道具株式会社を設立して大道具の機械化をはかった。紫綬褒章をうける。

はせがわきゅうぞう【長谷川久蔵】 1568～93.6.15 桃山時代の画家。長谷川等伯の長男。能登国七尾に生まれ、幼時に父とともに上洛。父の教えをうけて長谷川派の有力画家となり、天分に恵まれ将来を期待されたが、二六歳で早世。長谷川派による智積(ちしゃく)院障壁画(国宝)のうち「桜図襖」が彼の作とされる。ほかに「大原御幸(おはらごこう)図屛風」(東京国立博物館蔵)、「朝比奈草摺曳(くさずりびき)図扁額」(清水寺蔵)などを描いた。

はせがわごんろく【長谷川権六】 ?～1630 江戸初期の長崎奉行。字は守尚・藤正・尚之。前任者長谷川藤広の甥とされる。一六〇九年(慶長一四)本多正純の取次により、ルソン渡航の朱印状を下賜され、海外貿易にも従事。藤広の没後、一八年(元和四)頃に長崎奉行となり、宣教師の摘発、高木作右衛門ら特権的豪商の改宗、諏訪社の再興など、長崎の教会組織に打撃を与え、二二年元和大殉教といわれるキリシタン弾圧を強行した。二六年(寛永三)辞任。

はせがわしぐれ【長谷川時雨】 1879.10.1～1941.8.22 明治期の劇作家。本名ヤス。東京都出身。「海潮音」で認められ、人気劇作家として「覇王丸」「操(みさお)」などを発表。「女人(にょにん)芸術」を主宰、林芙美子ら多くの女流作家を育てる。ほかに評伝「近代美人伝」。

はせがわしん【長谷川伸】 1884.3.15～1963.6.11 大正・昭和期の劇作家・小説家。本名伸二郎。神奈川県出身。小学校中退後職を転々とする。一九二四年(大正一三)「夜もすがら検校」で認められた。戯曲「沓掛時次郎」「瞼の母」、史伝体小説「日本捕虜志」など執筆の一方、新鷹(しんよう)会・二十六日会などを主宰、後進の育成に尽力した。

はせがわせんし【長谷川千四】 1689～1733.4.20 江戸中期の浄瑠璃作者。僧侶から還俗して大坂竹本座の浄瑠璃作者となる。単独作は一七二七年(享保一二)「敵討御未刻太鼓(かたきうちおやつのたいこ)」が第一作。初世竹田出雲や文耕堂との合作が多い。晩年、竹本大和太夫や吉田文三郎とともに竹本座からの独立を企てるが、実現に至らなかった。「はつか草」は追善集。

はせがわそうにん【長谷川宗仁】 1539～1606.2.9 織豊期の武将。もと堺の商人。織田信長・豊臣秀吉に仕え、一五八九年(天正一七)伏見の豊臣蔵入地代官となる。九二年(文禄元)肥前国名護屋城の普請に参加。武野紹鷗(じょうおう)の門下で茶道や書画に長じ、九八年(慶長三)秀吉の醍醐の花見で茶席を催した。関ケ原の戦で西軍に属した。

はせがわたい【長谷川泰】 1842.6.-～1912.3.11 幕末～明治期の医学者。越後国生れ。佐倉の順天堂に入り、のち松本良順に従って医学所に学んだ。一八六九年(明治二)大学東校の少助教となった。七六年東京本郷に医術開業試験受験生のために済生学舎を開校し、一九〇三年廃校となるまでに、当時の西洋医の半数の九〇〇〇人を育成し医学教育に貢献した。

はせがわてんけい【長谷川天渓】 1876.11.26～1940.8.30 明治～昭和前期の評論家・英文学者。

本名誠也。新潟県出身。東京専門学校卒。「太陽」の記者となり、「文学の試験的方面」などで批評の科学的方法を主張、自然主義文学への理論的根拠を与えたが、日露戦争後の自然主義最盛期には科学主義を捨て、「幻滅時代の芸術」「現実暴露の悲哀」などで無技巧・無解決を理想とする独自の自然主義理論を展開した。以後はもっぱら編集・出版事業の方面で活躍し、英文学研究や国語問題にも力をいれた。

はせがわとうはく【長谷川等伯】 1539～1610.2.24 桃山時代の画家。長谷川派の祖。名あるいは号に又四郎・帯刀・信春など。能登国七尾生れ。実父は七尾城主畠山家家臣奥村文之丞と伝えられ、染色業を営む長谷川宗清の養子。二〇代半ばから能登で仏画などを制作、一五七一年(元亀二)頃上洛。本法寺に「日尭上人像」を描く。その後三玄院襖絵(円徳院・楽家蔵、重文)など大徳寺諸塔頭に作画し、九一年(天正一九)建立の祥雲寺障壁画(現、智積院蔵、国宝)では一門を率いて独自の金碧画様式を形成。一方、宋元画に学び「松林図屏風」(東京国立博物館蔵、国宝)で水墨画の和様化の極致を示した。晩年まで制作にはげみ、江戸で病没。「等伯画説」は画論として貴重。

はせがわとしゆき【長谷川利行】 1891.7.9～1940.10.12 大正・昭和前期の洋画家。京都市出身。独学で絵を制作。一九二七年(昭和二)二科展で「麦酒室」が樗牛賞受賞。小説・詩・短歌もよくし、一九二三年(大正一二)歌集「大火の岸に距りて歌へる」を刊行。作品「ノアノア」。放浪癖と無頼性から最後は行路病者として施設で死去。

はせがわにょぜかん【長谷川如是閑】 1875.11.30～1969.11.11 明治～昭和期のジャーナリスト・思想家。本名は山本万次郎。東京都出身。東京法学院卒。新聞「日本」をへて、一九〇八年(明治四一)「大阪朝日新聞」に転じ、コラム・論説・小説などで大正デモクラシー運動を先導する。一八年(大正七)の白虹事件で引責退社。翌年雑誌「我等」を創刊。第二次大戦中は日本文化を研究、戦後もリベラリストとして活躍した。

はせがわひでかず【長谷川秀一】 ?～1594? 織豊期の武将。織田信長の近臣。通称竹。本能寺の変のとき、徳川家康とともに和泉国堺から伊賀越えをして三河国へ逃れた。その後、豊臣秀吉に仕え、一五八五年(天正一三)紀伊攻めや四国攻めに活躍し、越前国敦賀郡に一一万石を与えられ東郷城主となる。小田原攻めや文禄の役に参陣したが、九四年(文禄三)朝鮮で病死。慶長の役で病死したとの説もある。継嗣がなく断絶。

はせがわひろし【長谷川寛】 1782～1838.11.20 江戸後期の数学者。通称藤次郎、のち善左衛門。号は西磻。江戸生れ。数学を日下誠に学ぶ。変形術・極形術という新しい方法を考案した。塾を長谷川数学道場と名づけ、弟子の名で次々と数学書を刊行。なかでも千葉胤秀の名で出版した「算法新書」は評判が高く、明治中期まで愛読された。子がなく、千葉の弟子佐藤秋三郎を養子とし、二代長谷川善左衛門弘とした。

はせがわふじひろ【長谷川藤広】 1568～1617.10.26 江戸初期の長崎奉行。通称左兵衛。法名秀月盛白。徳川家康の側室お夏の方の兄。前任者長谷川重吉の弟。一六〇六年(慶長一一)長崎奉行となり、キリシタン禁制や外国船に対する幕府の先買権を確立するなど、対外政策面で活躍した。ノッサ・セニョーラ・ダ・グラッサ号事件、日蘭交渉の処理、高山右近らの国外追放にも関与する。一四年堺奉行、翌年には小豆島代官を兼任した。

はせがわへいぞう【長谷川平蔵】 1745～95.5.19 江戸後期の幕臣。初代平蔵宣雄の子。名は宣以。西丸書院番・西丸徒頭をへて同先手弓頭となり、一七八七年(天明七)火付盗賊改の加役を命じられる。下情に通じ、利益を貪る山師との悪評もあったが、盗賊逮捕に実績をあげ、当時問題化していた無宿人収容のために、石川島(現、東京都中央区)の人足寄場建設を老中松平定信に建議し、九〇年(寛政二)から九二年まで人足寄場取扱を兼務。在職中に没。

はせがわまちこ【長谷川町子】 1920.1.30～92.5.27 昭和期の漫画家。佐賀県出身。山脇高女卒。在学中に田河水泡に師事。一九四六年(昭和二一)「夕刊フクニチ」に連載されたコミカルな家庭漫画「サザエさん」が好評を博し、四九年から「朝日新聞」に舞台を移して二五年にわたる長期連載となった。そそっかしく快活な女性主人公サザエさんは、テレビアニメでも放映され、国民的キャラクターとして人気をえた。他の作品に「エプロンおばさん」「いじわるばあさん」。東京都世田谷区に長谷川美術館を開設。九二年(平成四)国民栄誉賞追贈。

はせがわよしみち【長谷川好道】 1850.8.26～1924.1.27 明治・大正期の陸軍軍人。周防国岩国藩士の子。戊辰戦争に参加。一八七一年(明治四)任官。日清戦争には歩兵第一二旅団長として、日露戦争には近衛師団長として出征。一九一二～一五年(大正元～四)参謀総長。在任中、二個師団増設問題がおこり、軍部大臣現役武官制廃止が行われた。一六年から朝鮮総督、三・一運動を弾圧。陸軍長州閥の主流であったが、政治色は希薄だった。

はせくらつねなが【支倉常長】 1571～1622.7.1 慶長遣欧使節の大使。父は山口常成。伯父支倉時正の養子。与市、のち六右衛門。一六一三年(慶長一八)スペインとの通商を望む仙台藩主伊達政宗の命により、フランシスコ会宣教師ソテーロとともに陸奥国牡鹿郡月浦を出帆。メキシコをへてマドリードにいたり、スペイン国王フェリペ三世に謁見し、政宗の書状を呈した。同地で受洗。通商交渉は成功しなかった。さらにローマで教皇パウロ五世に謁見して政宗の書状を呈し、ローマ市民権を与えられた。二〇年(元和六)仙台に帰着したが、すでに仙台藩領でもキリシタン禁制が実施されており、不遇のうちに没したらしい。

パセコ ⇨パチェコ

はせばすみたか【長谷場純孝】 1854.4.1～1914.3.15 明治・大正期の政党政治家。薩摩国の郷士の子。西南戦争に従軍して下獄。出獄後は鹿児島県議などをへて、第一回総選挙から衆議院議員に連続一一回当選。はじめ自由党に属したが、星亨議長除名問題で脱党。立憲革新党・進歩党をへて、立憲政友会創立に参加。第二次西園寺内閣の文相、衆議院議長などを歴任した。

はせべことんど【長谷部言人】 1882.6.10～1969.12.3 明治～昭和期の解剖学者・人類学者。東京都出身。東大卒。京都帝国大学・新潟医学専門学校をへて、東北帝国大学教授。ヨーロッパ留学後、東京帝国大学理学部に人類学教室を創設、総合的人類学の研究と指導にあたった。日本人の起源や、中国北京郊外の周口店発掘の化石人骨の研究を行い、人類学の発展に貢献。日本の石器時代人は現代日本人の直接の祖型であると主張した。日本人類学会会長。

はせべのぶつら【長谷部信連】 ?～1218.10.27 鎌倉前期の武士。三河国長馬の住人。父は長馬新大夫為連。長谷部氏は代々朝廷に臣従した武家で、信連も以仁王に仕えた。一一八〇年(治承四)源頼政・以仁王が挙兵すると、以仁王に従って奮戦したが、捕らえられて伯耆国に配流。鎌倉幕府が成立すると召還されて御家人になり、能登国大屋荘などを領し、同所で病没。

ばせんざん【馬占山】 Ma Zhanshan 1885.11.30～1950.11.29 中国近代の軍人。吉林省出身。馬賊から清国正規軍に転じ、辛亥革命前後から張作霖のもとで出世。満州事変勃発後、黒竜江省主席代理となり、関東軍の北満侵攻に抵抗。一九三二年(昭和七)一度は日本に協力するが再び離反し、関東軍に追われソ連に亡命。翌年帰国、国民政府軍事委員会委員として日中戦争にも活躍。第二次大戦後の四六年東北保安副司令に就任。

はたうじ【波多氏】 八多・羽田・八太とも。大和国高市郡波多郷を本拠とする氏族。姓は臣。「古事記」によると、武内宿禰の長子の波多八代宿禰を祖とするという。六二三年(推古三一)に新羅征討副将軍として波多広庭が、六四六年(大化二)に東国国司として羽田臣(名を欠く)などがみえる。六八四年(天武一三)に朝臣姓を賜り、その後も六八九年(持統三)に撰善言司に任じられた羽田斉がみえる。

はたうじ【秦氏】 弓月君を祖と伝える有力渡来系氏族。姓は造で、西日本に広範に分布する秦人の伴造。本拠地は山背国葛野郡。天武朝の八色の姓で忌寸姓となる。「日本書紀」には応神一四年、弓月君が一二〇県の人夫を率いて百済から渡来し、雄略一五年、諸国に分散している秦人を秦酒公に与えたとある。これらは東漢氏や西文氏に対抗して造作した伝承で、百済系というのも疑問である。一般には、古くから西日本一帯に移住し機織や農耕に従事していた新羅系の人々が、欽明朝に王権に接近した山背の勢力を伴造として氏族的結合をとげたものとされている。以後、多くの貢納によって王権を支えたので、一族は朝廷の倉の管理と関係が深い。推古朝に、蜂岡寺(広隆寺)を建立した秦河勝がいる。

はたえいたろう【畑英太郎】 1872.7.25～1930.5.31 明治後期～昭和前期の陸軍軍人。福島県出身。陸軍士官学校(七期)・陸軍大学校卒。航空局次長から一九二二年(大正一一)軍務局長に就任、山梨半造・宇垣一成陸相のもとで軍縮に尽力、二六年陸軍次官。以後、第一師団長・関東軍司令官を歴任するが病没。畑俊六は弟。

はたけなかかんさい【畠中観斎】 ⇨銅脈

はたけやまあきたか【畠山昭高】 ?～1573.6.25 秋高とも。戦国期の武将。政国の三男。初名政頼。次郎四郎。左衛門督。一五六五年(永禄八)兄高政にかわって家督をつぐ。織田信長の命で三好三人衆と戦った。七三年(天正元)足利義昭が信長に対して挙兵すると、これに応じた家臣遊佐信教に殺された。

はたけやまくにきよ【畠山国清】 ?～1362 南北朝期の武将。家国の子。次郎。左近将監・修理権大夫・阿波守。法名道誓。建武政権離反以来足利尊氏に属し、開幕後は和泉・紀伊両国の守護や引付頭人を勤める。観応の擾乱でははじめ足利直義に属すが、まもなく尊氏に帰順。一三五三年(文和二・正平八)関東執事となり、鎌倉公方足利基氏を補佐した。五九年(延文四・正平一四)関東諸将を率いて畿内南朝軍の制圧にあたるが失敗。六一年(康安元・正平一六)執事を罷免されて没落。大和付近で没した。

はたけやまし【畠山氏】 ㊀中世武蔵国の豪族。桓武平氏良文流、秩父氏支族。秩父重綱の孫重能が畠山荘(現、埼玉県川本町周辺)を開発し、畠山荘司を称したのに始まる。その子重忠は源頼朝に従い、数々の軍功により鎌倉幕府の重臣となったが、北条氏によって滅ぼされた。㊁室町幕府管領。清和源氏。足利氏一門。畠山重忠の死後、妻(北条時政の女)が足利義純に再嫁したため、義純が畠山氏の名跡を継承。南北朝期、畠山一族は本宗足利尊氏に従い、有力武将として活躍。基国(もとくに)の代には足利義満に重んじられ、以後子孫は代々幕府管領となり、将軍家を補佐。家督争いによる内紛が、応仁・文明の乱の一因となり、乱後は衰退。嫡流の子孫は徳川家康に仕え、江戸時代五〇〇〇石の高家となった。

はたけやましげただ【畠山重忠】 1164〜1205.6.22 鎌倉前期の武将。武蔵国の在庁筆頭である有力御家人。秩父平氏の一族で父は重能、母は三浦義明の女。一一八〇年(治承四)石橋山の戦では源頼朝に敵対したが、その後帰服。源義仲や平氏の追討では源義経に従って戦功をあげた。奥州合戦でも活躍し所領をえた。伊勢国の所領沼田御厨の代官の濫妨によって罪を負ったがひとことの弁解もせず、剛毅にして誠実な人物として「吾妻鏡」に記される。秩父氏の家督として武蔵国の御家人を統制したが、武蔵国務を握る北条氏との対立を深めた。一二〇五年(元久二)子の重保が、北条時政の後妻牧の方の女婿平賀朝雅と争って時政に討たれ、重忠も武蔵二俣川で北条義時軍と戦い敗死。

はたけやましげよし【畠山重能】 生没年不詳。平安末〜鎌倉初期の武士。秩父重弘の子。重忠は次男。畠山庄司と称する。武蔵国男衾(おぶすま)郡畠山荘(現、埼玉県川本町)を本拠とした。一一五五年(久寿二)源義平が叔父源義賢と戦った際には、義平軍に属した。平治の乱後、平氏家人となり、武蔵国内の有力武士に成長。八〇年(治承四)源頼朝の挙兵の際には在京中で平家軍に参加、北陸道を転戦した。八三年(寿永二)平家西走ののち帰国し、頼朝に従った。

はたけやまたかくに【畠山高国】 1305〜51.2.12 南北朝期の武将。系図では時国の子だが疑問。上野介。法名信元。建武政権離反以来、足利尊氏に従って活躍。室町幕府成立後は伊勢国守護となる。一三四五年(貞和元・興国六)嫡子国氏(くにうじ)が吉良貞家とともに奥州管領になると多賀国府へ同行、補佐にあたる。観応の擾乱の勃発後、高国父子は足利直義(ただよし)派の貞家と交戦、岩切城(現、仙台市岩切)に攻められて父子ともに自害。

はたけやまたかまさ【畠山高政】 1527〜76.10.15 戦国期の武将。政国の長子。二郎。尾張守。河内国守護。一五五〇年(天文一九)父の死で家督を継承。はじめ三好長慶と結ぶが、六〇年(永禄三)長慶に河内国高屋城を攻められて没落。六六年に三好氏と和し、六八年の織田信長入京後、河内南半国と高屋城を与えられる。翌年、家臣遊佐(ゆさ)信教により紀伊国岩室城に追われた。

はたけやまたすけ【畠山太助】 1816〜73.5.28 彼の住む田野畑(たのはた)村を発頭村として一八五三年(嘉永六)に発生した陸奥国盛岡藩三閉伊(さんへい)一揆の頭取。仙台藩領へ逃散後、両藩との交渉に残った四五人の一人として活動し、全面的に勝利して帰村した。七三年(明治六)同村で発生した地租改正反対一揆に加わった容疑で盛岡で吟味中、旅宿で自殺。

はたけやまただあき【畠山直顕】 生没年不詳。南北朝期の武将。宗義の子。初名義顕。七郎。修理亮・治部大輔。一三三六年(建武三・延元元)足利尊氏の西走に従い、筑前国多々良浜(たたらはま)の戦に勝ったのち国大将として日向へ派遣された。のち守護職も兼任し、国人層の掌握に成功。観応の擾乱では足利直冬方で幕府方を圧倒したが、五二年(文和元・正平七)日向国守護職を解任され、鎮西管領一色(いっしき)直氏が同職を兼ねると国人層の支持を失った。九州探題今川了俊の下向後、消息を絶つ。

はたけやまひさのぶ【畠山尚順】 1475〜1522.7.17 名は「ひさよし」とも。戦国期の武将。政長の子。初名尚慶。尾張守。法名卜山。一四九三年(明応二)父の自害後紀伊にのがれ、再三河内に侵攻して、畠山義就(よしなり)の子基家や和泉国守護細川元有らを攻め殺すが、細川政元に敗れて紀伊へ撤退。一五〇四年(永正元)基家の子義英と和して河内南半国をえ、〇七年以降は、義英を圧倒。翌年上洛した将軍足利義稙(よしたね)に家督を公認された。一一年、河内国高屋城を嫡男稙長(たねなが)に譲り紀伊に移る。二〇年に家臣の反乱で和泉国堺にのがれ、のち淡路で死去。

はたけやままさなが【畠山政長】 1442〜93.閏4.25 室町中期〜戦国期の武将。持国の弟持富の子。弥二郎。尾張守・左衛門督。一四五九年(長禄三)持国の子義就(よしなり)と家督を争っていた兄弥

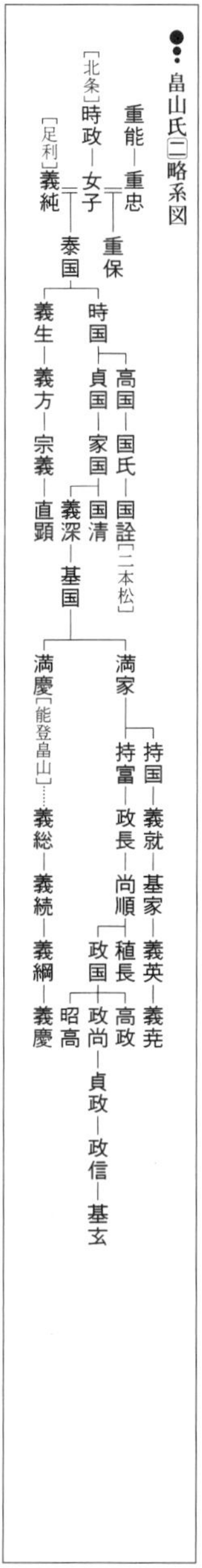

三郎の死後、かわって家臣に擁立された。翌年細川勝元などの後援で家督をつぎ、六四年(寛正五)管領に就任。六六年(文正元)義就が山名宗全を頼り入京すると、管領を罷免され、翌年上御霊社で義就に敗北。これを契機に応仁・文明の乱が勃発し、東軍方の政長は将軍足利義政から家督を認められる。乱後管領となるが、河内を義就に奪われ、山城の国一揆で山城を退却。このため義就の子基家の討伐を将軍足利義稙に要請、九三年(明応二)義稙とともに河内へ出陣するが、細川政元に同国正覚寺城を攻囲されて自害。

はたけやまみついえ【畠山満家】 1372〜1433.9.19 室町中期の武将。基国の嫡子。尾張守・左衛門督。法名道端。足利義満に疎んぜられ、一四〇六年(応永一三)父の死後、弟満慶が家督をつぐ。義満没後、満慶から家督と能登以外の分国である河内・紀伊・越中三国を譲られる。足利義持のもとで二度管領を勤め、義持の死後、石清水八幡宮の神籤で足利義教を後継将軍に決定。その後も宿老として影響力をもち、満済とともに重臣会議を主導し、幕政の安定に貢献。

はたけやまもちくに【畠山持国】 1398〜1455.3.26 室町中期の武将。満家の嫡子。尾張守・左衛門督。法名徳本。父の死で家督を相続、河内・紀伊・越中三国守護となる。一四四一年(永享一三)将軍足利義教の勘当をうけて没落、弟持永が家督となる。同年義教の横死後、幕府へ復帰し持永を倒した。二度管領を勤め、細川勝元と対立しながら幕政を主導。弟持富を養嗣子としたが、四〇歳で妾腹に義就が生まれ、家督とした。しかし一部の家臣や勝元が、持富の子弥三郎を支援したため、家臣団の分裂・抗争を招いた。

はたけやまもとくに【畠山基国】 1352〜1406.1.17 南北朝期〜室町中期の武将。義深の長子。三郎。右衛門佐。法名徳元。一三七九年(康暦元・天授五)父の死で家督を継承、越前国守護となる。同年越中国守護に転じ、やがて河内・能登を分国に加えた。この間二度にわたって侍所頭人。足利義満に信任され、九八年(応永五)畠山氏としてはじめて管領となる。応永の乱の戦功で紀伊国守護を兼ねた。畠山氏は、基国により管領家の家格と地盤を確立。

はたけやまよしなり【畠山義就】 1437〜90.12.12 室町中期〜戦国期の武将。持国の子。初名義夏。伊予守・右衛門佐。持国はながく子がなく、弟持富を養嗣子としていたが、四〇歳で妾腹に生まれた義就が一四四八年(文安五)家督とされた。のち持富の子弥三郎を駆逐したが、六〇年(寛正元)弥三郎の弟政長が細川勝元らの支援で家督を認められると、河内国嶽山城にこもって幕府に抵抗。六六年(文正元)山名宗全を頼ってゆるされ入京。翌年政長を討とうとして勃発した応仁・文明の乱では西軍の主力として活躍。七七年(文明九)乱の終息で河内へ撤退し、同国の主要部を確保。八三年、南山城に侵攻したが、山城国一揆の要求で撤兵。その後も幕府からゆるされず、河内・大和両国主要部の実力支配を続けながら病没。

はたけやまよしふさ【畠山義総】 1491〜1545.7.12 戦国期の武将。慶致の子。次郎。左衛門佐・修理大夫。法名徳胤。はじめ上洛して将軍足利義稙の御供衆。一五一四年(永正一一)能登へ下国、翌年伯父義元の死去で能登国守護家の家督を継承。一九・二〇年、越中の内乱に畠山尚順の要請で出兵、越後国守護代長尾為景と結んで神保慶宗・一向一揆軍を鎮圧。以後、隣国の守護代層や一向一揆勢力と協調して北陸の政情安定に努める。文芸活動では三条西実隆らとの親交が知られる。

はたざきかなえ【幡崎鼎】 1807〜42.7.2 江戸後期の蘭学者。本名は藤市とも藤平ともいう。出島オランダ商館の部屋付小者で、シーボルトにオランダ語を学び、シーボルト事件で町預りとなった。一八三〇年(天保元)長崎を脱走し、江戸に出て幡崎鼎と変名。三三年青地林宗の後をうけて水戸藩に召し抱えられる。三七年藩命によって長崎出張中、栄達をねたむ者から密告され、長崎奉行所に捕らえられた。軽追放となり、伊勢菰野藩に預けられて当地で病没。

はたさはちろう【秦佐八郎】 1873.3.23〜1938.11.22 明治〜昭和前期の細菌学・化学療法学者。島根県出身。三高医学部を卒業後、伝染病研究所に入って北里柴三郎の下で細菌学、とくにペストを研究。一九〇七年(明治四〇)ドイツに留学、コッホ研究所から国立実験治療研究所に移り、エールリッヒの下で化学療法の研究に専念して、梅毒・マラリアに卓効のある六〇六号(サルバルサン)を発見した。

はたしゅんろく【畑俊六】 1879.7.26〜1962.5.10 明治〜昭和期の軍人。陸軍大将・元帥。東京都出身。兄は陸軍大将畑英太郎。陸軍士官学校(一二期)・陸軍大学校卒。一九二八年(昭和三)参謀本部第一部長、以後砲兵監・航空本部長・教育総監などを歴任。三九年侍従武官長に就任。同年阿部内閣の陸相となり、米内内閣でも留任したが、単独辞職して同内閣を倒した。その後支那派遣軍総司令官・第二総軍司令官を歴任。第二次大戦後、A級戦犯として終身刑。

はたぞうろく【秦蔵六】 1806〜90 幕末〜明治期の鋳金家で、以後歴代が蔵六を名のる。幼名は米蔵。山城国雲ケ畑生れ。中国古銅器の模作や鉄瓶の蠟型鋳造を特色とした。一八七三年(明治六)長男の二世蔵六(本名は祝之助)とともに、「天皇御璽」「大日本国璽」の金印を鋳造したことで有名。現在は四世が襲名する。

はたつとむ【羽田孜】 1935.8.24〜 昭和後期〜平

成期の政治家。東京都出身。成城大学卒。小田急バス勤務のサラリーマンをへて、父のあとをついで政界に入る。一九六九年(昭和四四)衆議院選挙で長野二区から初当選。農水相・蔵相などを歴任。九三年(平成五)六月、自民党を離党して新生党を結成、同年八月、細川内閣に副総理・外相として入閣した。九四年四月、細川内閣にかわり羽田内閣を組閣したが、二カ月で退陣。九六年一二月、新進党を離党して太陽党を結成。九八年民政党をへて新「民主党」の結成とともに党幹事長となった。

はたときよし【畑時能】 ?～1341.10.24 南北朝期の武将。六郎左衛門尉。武蔵国秩父郡の人で、のち信濃国に移る。一三三六年(建武三・延元元)新田義貞に属して活躍。翌年以降は脇屋義助に属して越前を転戦、義助没落後も鷹巣城(現、福井市高須町)を堅守した。四一年(暦応四・興国二)斯波高経と伊地知山に戦って深手を負い死亡。「太平記」にその大力ぶりが伝えられる。

はたのかわかつ【秦河勝】 川勝とも。生没年不詳。六世紀後半～七世紀前半の官人。厩戸皇子(聖徳太子)の側近。用明二年物部守屋征討の際、軍政人として活躍。六〇三年(推古一一)太子所有の仏像を授かり、山城国葛野に蜂岡寺(広隆寺)を造立した(「日本書紀」)。ただし「広隆寺縁起」などは同寺建立を壬午歳(推古三〇年)とする。六一〇年新羅・任那使入京の際、導者となった。六四四年(皇極三)常世神信仰が流行すると、首謀者の大生部多を討った。

はたのけんぎょう【波多野検校】 ?～1651 江戸前期の平家琵琶演奏家。波多野流の祖。名は孝一。山中検校に師事。一六四六年(正保三)から第二六代職検校を勤める。徳川三代将軍家光らの厚遇をうけ、初代江戸宗匠となった。一六三四年(寛永一一)制定の「当道要集」に署名がある。

はたのさけのきみ【秦酒公】 秦造酒とも。雄略天皇に仕えたとされる伝説上の人物。闘鶏御田が無実の罪におとされようとしたとき、側にいた酒が歌に託して天皇を諫めたという。また、それまで諸氏族の支配下にあった秦の民を天皇から一括して賜った酒は、返礼として「百八十種勝」をひきいて庸調の絹布を献上し朝廷にうず高く積みあげたため、賞されて禹豆麻佐(太秦)の姓を賜った。「新撰姓氏録」にも同様の話があり、貢物を収める大蔵の官人の長となったという。

はたのし【波多野氏】 ㊀中世相模国の豪族。藤原秀郷流。一一世紀半ば相模守公光の子経範(公俊)が、波多野荘(現、神奈川県秦野市)を本拠としたことに始まる。その玄孫義通は、保元・平治の乱で源義朝に従うが、子義常は源頼朝に敵対して自害。嫡子有経はのち許されて松田郷(現、同県松田町)を与えられ、松田氏を称した。義常の弟忠綱は幕府御家人となり、子の義重も六波羅評定衆として活躍。以後代々京にあって六波羅に仕え、室町幕府成立後は評定衆になった。㊁丹波国の戦国大名。石見国の土豪波多野(吉見)清秀が細川勝元・政元に仕え、応仁・文明の乱の功により多紀郡を与えられ、八上城(現、兵庫県篠山市)を本拠にした。以後周辺の国人を従え、清秀の孫秀忠のとき戦国大名化した。一五七九年(天正七)秀治のとき、織田信長に敵対し明智光秀に攻められ落城、滅亡した。

はたのせいいち【波多野精一】 1877.7.21～1950.1.17 明治～昭和期の哲学者。長野県出身。東大卒。植村正久により受洗。一九〇四～〇六年(明治三七～三九)早大の紛争を機に教授を辞任して京都帝国大学教授。四七年(昭和二二)玉川学園大学部教授、のち学長。宗教哲学の体系化に尽力。著書「西洋哲学史要」「基督教の起源」「時と永遠」。学士院会員。

はたのたかお【羽田野敬雄】 1798.2.14～1882.6.1 幕末～明治前期の国学者。三河国宝飯郡西方村の神官の子。常陸と称する。羽田八幡宮神官羽田野敬道の養子となり、のち同宮神官。本居大平・平田篤胤の門人で三河平田派の中心として活躍。幕末には志士を支援、維新後は皇学所御用掛から権少教正。一万余巻収集の羽田八幡宮文庫の設立者でもある。著書「三河国古蹟考」。

はたのちてい【秦致貞】 「むねさだ」とも。生没年不詳。平安中期の絵師。一〇六九年(延久元)法隆寺東院の絵殿に「聖徳太子伝障子絵」(東京国立博物館蔵)を描き、同年仏師円快作「聖徳太子坐像」(法隆寺蔵)の彩色を行った(像内銘)。「法隆寺別当次第」などによれば摂津国の住人とあり、おそらく四天王寺関係の絵師であろう。

はたのちょうげん【秦朝元】 生没年不詳。八世紀前半の官人。僧弁正の子。七〇二年(大宝二)父と兄の朝慶とともに遣唐使に同行して入唐。父・兄が唐で病没後に帰国。七二一年(養老五)医術にすぐれた者として賞を賜った。七三〇年(天平二)弟子に漢語を教授。七三三年入唐判官として渡唐

●波多野氏㊀略系図

経範(公俊)―経秀―秀遠―遠義┬義通┬義常―有経[松田]
　　　　　　　　　　　　　　│　　└忠綱―義重―時光―重通―朝通―通貞―通郷
　　　　　　　　　　　　　　└秀高[河村]

し、玄宗に厚遇された。七三五年帰国し、外従五位上。図書頭・主計頭を歴任。

はたのつるきち【波多野鶴吉】 1858.2.13～1918.2.23　明治・大正期の製糸業経営者。丹波国何鹿郡の大庄屋に生まれた。一八八六年(明治一九)以降郡・府の蚕糸業者団体の要職を歴任。郡是(郡の経済計画)確立を提唱する前田正名に触発され、小製糸家や養蚕農家の資金を広く集めて九六年に郡是製糸を設立、社長として大製糸企業に発展させた。

はたのでんざぶろう【波多野伝三郎】 1856.8.-～1907.2.13　明治期の民権家・政党政治家。越後国生れ。共立学舎に入学、のち教授。立憲改進党の毎日系に属した。新潟県議などをへて、第一回総選挙から衆議院議員に五回当選。改進党の論客ではあったが、必ずしも主流ではなかった。

はたのやくに【羽田八国】 ?～686.3.25　矢国とも。七世紀の武将・官人。壬申の乱では近江朝廷の将軍だったが、子の大人とともに大海人皇子(天武天皇)側に投降。斧鉞を授けられて将軍に任じられ、北方の越に入り、出雲狛とともに三尾城(現、滋賀県高島郡)を攻略した。六八三年(天武一二)諸国の境界を定める使者としてみえ、天武朝で大弁官直大参。死去に際し、壬申の年の功により直大壱の位を贈られた。

はたのよししげ【波多野義重】 生没年不詳。鎌倉中期の武将。六波羅評定衆。相模国出身。承久の乱後、六波羅探題がおかれると、女婿として探題北条重時の代官を勤め京都で活躍。越前の志比荘など畿内近国に所領・所職をもち、道元に帰依し永平寺開創の際に所領を寄進。のちに一族は六波羅評定衆を歴任する。

パチェコ ㊀**Francisco Pacheco** 1565～1626.閏4.26　ポルトガル人イエズス会宣教師。一六〇四年(慶長九)来日。大坂・堺などで布教。〇八年マカオに移ったが、一二年再び来日。一四年マカオへ追放されたが、一五年(元和元)日本に潜入し、二一年日本管区長となる。二五年(寛永二)肥前国口之津で捕らえられ、翌年長崎で火刑により殉教。

㊁**Luis Paes Pacheco** 1573?～1640.6.16　来日マカオ市代表使節。一六三九年(寛永一六)江戸幕府はポルトガル船来航禁止を決定し、ポルトガル人に伝達。日本貿易禁止はマカオ市に打撃を与えたため、翌年パチェコら四人の使節を日本へ派遣し、貿易再開を嘆願した。長崎に来着した使節・乗組員は出島に拘禁され、パチェコ以下六一人は西坂で斬首、下級船員一三人はマカオに送還された。以後、日本とポルトガルとの通交は断絶。

バチェラー John Batchelor 1854.3.20～1944.4.2　イギリス国教会宣教師・神学博士・アイヌ語学者。一八七七年(明治一〇)来日し北海道に居住。六〇余年にわたってアイヌにキリスト教を伝道、また福祉に尽くし「アイヌの父」といわれた。「アイヌ語辞典」をはじめアイヌ民俗関係の著書四〇余冊を出版し、学界に大きな影響を与えた。第二次大戦のため帰国。

はちじょういん【八条院】 1137.4.8～1211.6.26　平安末～鎌倉前期の女院。名は暲子。鳥羽天皇の第三皇女。母は藤原長実の女で天皇の寵妃美福門院得子。一一三八年(保延四)内親王、四六年(久安二)には准三宮。五七年(保元二)出家し、法名は金剛観。六一年(応保元)二条天皇の准母として、内親王としてはじめて院号を宣下された。父母の寵愛をうけ、八条院領と称される膨大な所領を譲られた。以仁王を猶子とし、またその子女を養育した。

はちじょういんのたかくら【八条院高倉】 1177?～?　鎌倉初期の歌人。安居院法印澄憲の女、母は鳥羽上皇皇女高松院。八条院に出仕。一二〇一年(建仁元)後鳥羽上皇に「曇れかし」の歌を認められ、以後〇四年(元久元)「春日社歌合」、一六年(建保四)「内裏百番歌合」、三七年(嘉禎三)「覚寛勧進七十首」などに歌を詠んだ。「新古今集」初出。勅撰入集歌の詞書が人柄・事績を伝える。「新三十六人撰」「新時代不同歌合」に入集。

はちじょうけ【八条家】 藤原氏北家末茂流の櫛笥家支流。羽林家。東山天皇の外祖父櫛笥隆賀の次男隆英を祖とし、正徳年間(一七一一～一六)に創立。家禄は一五〇石、のち一七六石余。隆英は議奏・院伝奏を勤めた。幕末期の隆祐は孝明天皇の諡号を勧進し、その子隆声は和宮の江戸下向に供奉した。維新後、隆吉のとき子爵。

はちじょうのみや【八条宮】 ⇨桂宮

はちじょうのみやとしただしんのう【八条宮智忠親王】 1619.11.1～62.7.7　八条宮(桂宮)第二代。八条宮智仁親王の第一王子。母は丹後国宮津藩主京極高知の女常照院。幼名多古麿。一六二四年(寛永元)七月後水尾天皇の猶子となる。二六年一一月親王宣下、二九年二月元服。四二年九月金沢藩主前田利常の女富子(東福門院猶子)と婚姻。子女はない。婚姻の前後から父智仁親王の造営した桂山荘の修復・増築を進め、現在の桂離宮の原形を造った。

はちじょうのみやとしひとしんのう【八条宮智仁親王】 1579.1.8～1629.4.7　八条宮(桂宮)初代。正親町天皇の皇子誠仁親王の第六王子。母は勧修寺晴右の女新上東門院晴子。幼称六宮・胡佐麿。豊臣秀吉の猶子になったが、一五八九年(天正一七)秀吉の子鶴松の誕生により、同年一二月八条宮家を創立した。九一年一一月親王宣下。一六〇〇年(慶長五)細川幽斎から古今伝授をうけ、後水尾天皇に相伝。御所伝授のはじめとなった。家領の下桂村に山荘(現、桂離宮)を造営。

はちじょうのみやなおひとしんのう【八条宮尚仁親王】 1671.11.9～89.8.6 八条宮(桂宮)第五代。後西(ごさい)天皇の第八皇子。母は梅小路定矩(さだのり)の養女定子(六条局)。幼称員宮(かずのみや)。一六七五年(延宝三)六月兄長仁(おさひと)親王の死去により、八月八条宮を相続。八四年(貞享元)一一月親王宣下。朱子学に傾倒したといわれる。

はちすかいえまさ【蜂須賀家政】 1558～1638.12.30 織豊期～江戸初期の武将。正勝の子。号は蓬庵。父とともに織田信長・豊臣秀吉に仕え、毛利氏への侵攻、賤ケ岳(しずがたけ)の戦に活躍。一五八四年(天正一二)播磨国佐用郡に三〇〇〇石。四国攻め後に阿波国徳島城主となり一七万五七〇〇石を領有。一六〇〇年(慶長五)子至鎮(よししげ)に家督を譲るが、その後も藩政を指導。関ケ原の戦では西軍に属したが出陣せず、至鎮は東軍に属し所領は維持された。二〇年(元和六)至鎮没後は嫡孫忠英(ただてる)を藩主とし、後見役として藩政の確立に尽力。

はちすかし【蜂須賀氏】 尾張国蜂須賀村(現、愛知県美和町)の土豪に出自をもつ近世の大名家。正勝のとき、その子家政とともに豊臣秀吉に仕える。墨俣(すのまた)築城や備中国高松城水攻めなど多くの戦功がある。一五八五年(天正一三)阿波一国が与えられ、家政は徳島城主一七万五七〇〇石となる。関ケ原の戦で西軍に属したが、家政は出陣せず、嫡子至鎮(よししげ)を東軍に送り、旧領を安堵された。至鎮は一六一五年(元和元)徳川秀忠から淡路一国を加増され、二五万七〇〇〇石余となる。二〇年至鎮が早死し、その子忠英(ただてる)が継ぐ。以後、徳島藩主として明治に至る。維新後侯爵。

●蜂須賀氏略系図

正利―正勝―家政―至鎮[徳島藩]―忠英┬光隆―綱通＝綱矩―宗員＝宗英＝宗鎮＝至央＝重喜―治昭―斉昌＝斉裕―茂韶(侯爵)
　　　　　　　　　　　　　　　　　└隆重[富田藩]……正員(宗員)

はちすかまさかつ【蜂須賀正勝】 1526～86.5.22 織豊期の武将。尾張国蜂須賀村の土豪。通称小六(ころく)、のち彦右衛門。斎藤道三に仕え、のち織田信長に仕えて桶狭間の戦に参加。豊臣秀吉に従い一五六六年(永禄九)墨俣(すのまた)築城。七七年(天正五)秀吉の播磨侵攻に従い、戦功で八〇年同国竜野城主となる。八二年備中国高松城水攻めでは築堤惣奉行として活躍。四国攻め後に阿波一国を与えられた。阿波国は嫡子家政が領し、自身は摂津国に五〇〇〇石を領知し、大坂で病没。

はちすかもちあき【蜂須賀茂韶】 1846.8.8～1918.2.10 維新期の徳島藩主、明治期の政治家。侯爵。徳島藩主蜂須賀斉裕(なりひろ)の子として江戸藩邸に生まれる。一八六八年(明治元)襲封。廃藩置県後、イギリス留学をへて大蔵省関税局長・参事院議官・駐仏公使・元老院議官・東京府知事などを歴任。九一年貴族院議長、ついで第二次松方内閣の文相、枢密顧問官を務めた。

はちすかよししげ【蜂須賀至鎮】 1586～1620.2.26 江戸初期の大名。阿波国徳島初代藩主。家政の子。豊臣秀吉の死後、石田三成と対立。一六〇〇年(慶長五)徳川家康の養女をめとる。同年父の隠居で阿波国徳島を相続し、関ケ原の戦で東軍に属し阿波一国を安堵される。大坂の陣の戦功で松平の姓をうけ、淡路一国を加増され二五万七〇〇〇石余。

はちまんたろう【八幡太郎】 ⇨源義家(みなもとのよしいえ)

はちもんじきしょう【八文字其笑】 ?～1750.8.19 江戸中期の京都の書肆八文字屋の主人。安藤氏。父は初代八文字自笑。父の跡をついで八文字屋八左衛門を称し、多田南嶺(なんれい)作とされる多くの浮世草子のほか、役者評判記・絵入狂言本の出版に従事した。

はちもんじじしょう【八文字自笑】 ?～1745.11.11 江戸中期の京都の書肆八文字屋の主人。安藤氏。通称八文字屋八左衛門。初代は、浄瑠璃本の版元だった家業をつぎ、さまざまな新機軸を出して出版界の雄となった。絵入狂言本の出版に成功し、江島其磧(きせき)「役者口三味線」の刊行によって役者評判記の様式を定め、役者評判記の版元として有名になった。其磧の「けいせい色三味線」をはじめとする浮世草子の出版に力を入れ、八文字屋本といわれる作品群を残した。二代・三代はともに初代の孫で、三代自笑のとき廃業。

バックストン Barclay Fowell Buxton 1860.8.16～1946.2.5 イギリス国教会宣教師。日本伝道隊の創立者。一八九〇年(明治二三)来日、翌年伝道未開拓の山陰松江に赴任、後続のP・ウィルクスとともに伝道し、松江バンドとよばれる純福音系教会の指導者を育成した。一時帰国し、日本伝道隊を組織して総理となり、一九〇五年再来日、神戸に本部をおき伝道者を養成した。

はっけ【伯家】 ⇨白川家(しらかわけ)

はっしん【法進】 ⇨法進(ほうしん)

はったともいえ【八田知家】 生没年不詳。平安末～鎌倉前期の常陸国の武士。右衛門尉・筑後守・常陸国守護。下野国の豪族宇都宮氏の一族。父は宇都宮宗綱。一説に源義朝の子とも。源頼朝に従い、一一八三年(寿永二)源義広を滅ぼした。八九年(文治五)の奥州合戦では東海道軍の大将となり、承久の乱では宿老として鎌倉を守るなど、幕府の重鎮として執権政治に参画。

はったとものり【八田知紀】 1799.9.15～1873.9.2 江戸後期の歌人。父は鹿児島藩士の八田善助。幼名彦太郎。通称は喜左衛門。号は桃岡。一八二五年(文政八)京都藩邸勤務を望んで上京、香川景樹に和歌を学び、桂園社中の有力歌人となった。六三年(文久三)から近衛家に仕え、勤王運動にもかかわる。維新後は宮内省に出仕し、歌道御用掛を命じられた。贈従五位。家集「しのぶ草」のほか、「白雲日記」「調の説」など著書多数。

はっとりうのきち【服部宇之吉】 1867.4.30～1939.7.11 明治～昭和前期の中国学者。号は随軒。陸奥国二本松藩士の家に生まれる。東大卒。東京帝国大学文学部長・京城帝国大学総長・国学院大学学長などを歴任。その間、清とドイツへ留学、清とアメリカで教えて、日本と清の文教行政にも関与した。中国の思想・倫理・制度・風俗を研究して、「清国通考」二編などを著し、孔子の教えの活用による国民道徳の確立を主張した。学士院会員。

はっとりかねさぶろう【服部兼三郎】 1870～1920 明治・大正期の実業家。愛知県出身。糸問屋に奉公したのち、一八八七年(明治二〇)服部家の養子となり、太物商を営む。一九一二年(大正元)⌐カ(カネカ)服部商店を設立。知多などに多数の賃織工場を擁し、一四年以降愛知県を中心に複数の紡織工場を経営したが、二〇年恐慌で投機が破綻して自殺。

はっとりきんたろう【服部金太郎】 1860.10.9～1934.3.1 服部時計店(現在の服部セイコー)・精工舎の創立者。江戸生れ。時計店での徒弟奉公をへて、一八八一年(明治一四)東京京橋区銀座に時計店を開業。八四年頃より輸入時計の販売を開始し、九九年アメリカのウォルサム社と直輸入契約を締結。九二年に精工舎を創設して国産時計を製作、セイコーの名を世界に広め、時計王とよばれた。

はっとりしそう【服部之総】 1901.9.24～56.3.4 昭和期の歴史学者。島根県出身。東大卒。東洋大学講師をへて一九二七年(昭和二)産業労働調査所所員。二八年「マルクス主義講座」に「明治維新史」を発表。三一年プロレタリア科学研究所所員。同年「日本資本主義発達史講座」の執筆陣に加わり、間もなく「幕末＝厳マニュ時代説」を提唱して土屋喬雄と論争を展開。第二次大戦後は法政大学教授。「服部之総全集」全二四巻。

はっとりじほう【服部持法】 生没年不詳。鎌倉後期の武士。通称高畠右衛門太郎。伊賀国服部郷高畠(現、三重県上野市)を名字の地とする御家人。一三二七年(嘉暦二)以後、幕府の命令で守護代平常茂とともに悪党追捕のため黒田荘に入ったが、不徹底な態度に終始し、幕府から悪党にくみするものとの嫌疑をうけた。幕府滅亡後、北伊賀地方を支配して荘園領主から「当国名誉大悪党張本」と訴えられるが、その後も国人一揆の中心となって守護に抵抗した。

はっとりせいいち【服部誠一】 1841.2.15～1908.8.15 明治期の文学者。陸奥国安達郡生れ。号は撫松。二本松藩儒の家に生まれたが、維新後に家禄を奉還し上京、開成学校教授となる。一八七四年(明治七)「東京新繁昌記」を著し、一躍有名になる。七六年四月「東京新誌」を創刊、八三年同誌発禁後は「吾妻新誌」を発行。この間ほかにも「江湖新報」などを刊行。

はっとりどほう【服部土芳】 ⇨土芳

はっとりなかつね【服部中庸】 1756.7.16～1824.3.14 江戸後期の国学者。別姓は渡辺、通称は義内、号は水月。和歌山藩松坂城代の与力。本居宣長の門人。師の幽冥観にもとづいて執筆した「三大考」は、「古事記伝」第一七巻に付載されて賛否両論をひきおこした。平田篤胤を一貫して支持し、その評価のために奔走した。

はっとりなんかく【服部南郭】 1683.9.24～1759.6.21 江戸中期の文人学者。通称小右衛門、名は元喬、字は子遷、南郭は号。京都の町人出身。はじめ歌人として柳沢吉保に仕え、のち致仕して講義などで生計を立てた。一七一〇年(宝永七)頃荻生徂徠に入門。とくに古文辞による詩文創作の主張を継承。大名など交際範囲が広く、詩名も高かった。遺託をうけて「徂徠集」「論語徴」など師の遺著の刊行にあたった。経世面では老荘風の無為の説に立つ。文雅風流に生きる理念は、江戸後期に輩出する文人の先駆をなした。世襲身分制の近世社会で、文学にかけて悔いない自我意識を立てた意義は大きい。「疎朗にして豪志あり」との徂徠評がある。著書「唐詩選国字解」「南郭文集」。

はっとりはんぞう【服部半蔵】 ⇨服部正成

はっとりまさなり【服部正成】 1542～96.11.4 織豊期の武将。保長の子。通称半蔵(半三とも)。石見守。法名西念、異名鬼半蔵。父の跡を継いで徳川家康に仕え、伊賀者を支配。三河国宇土城夜討の際、一六歳で伊賀者を率いて戦功をあげ、遠江国掛川城攻め、姉川の戦、三方原の戦の諸戦に従軍する。遠江国に八〇〇〇石を領する。家康の関東入国後は与力三〇騎・伊賀同心二〇〇人を支配した。

はっとりらんせつ【服部嵐雪】 ⇨嵐雪

はっとりりょういち【服部良一】 1907.10.1～93.1.30　昭和期の作曲家。大阪市出身。大阪市実践商業卒。NHK大阪放送局が結成したオーケストラに入団、ジャズの編曲をよくした。一九三六年(昭和一一)コロムビアレコード入社。三七年作曲し淡谷のり子が歌った「別れのブルース」が、折からの日中戦争前線の兵士たちにうけ大ヒットした。戦中は「湖畔の宿」「蘇州夜曲」などの情感あふれるブルースを、戦後は「東京ブギウギ」「買物ブギ」「銀座カンカン娘」などの明るくはじける曲調を得意とした。九三年(平成五)国民栄誉賞追贈。

はとやまいちろう【鳩山一郎】 1883.1.1～1959.3.7　大正・昭和期の代表的政党政治家。東京都出身。両親(和夫と春子)は明治期の政・官界および女子教育界で幅広く活躍した。東大卒。一時父の法律事務所で弁護士の仕事をし、東京市会議員から衆議院議員へと進み、立憲政友会で地歩を築く。田中義一内閣の書記官長、犬養毅・斎藤実両内閣の文相などを歴任、在任中に滝川事件がおきた。太平洋戦争中は大政翼賛会に批判的な立場を堅持した。戦後は日本自由党創立の中心となるが、GHQの公職追放によりしばらく政界の第一線から退く。一九五一年(昭和二六)追放解除後は反吉田陣営の中心となり、五四年から日本民主党・自民党の総裁として内閣を組織。日ソ交渉を手がけ、五六年日ソ共同宣言に調印、国交を回復させた。同年退陣。

はとやまかずお【鳩山和夫】 1856.4.3～1911.10.4　明治期の法律家・官僚・政党政治家。美作国勝山藩士の子として江戸に生まれる。一郎・秀夫の父。開成学校卒業後アメリカに留学、イェール大学で学位取得。代言人・東京府議をへて、一八八五年(明治一八)外務省に入り、取調局長・翻訳局長、さらに法科大学教授などを歴任。第二回総選挙から衆議院議員に連続九回当選。九六年衆議院議長。立憲改進党に籍をおき、第一次大隈内閣の外務次官などを務めたが、民権家としての活動歴に乏しいため非主流で、のち立憲政友会に転身した。

はとやまはるこ【鳩山春子】 1861.3.23～1938.7.12　明治～昭和前期の女子教育家。旧姓多賀。信濃国生れ。東京女子師範卒。一八八一年(明治一四)鳩山和夫(のち衆議院議長)と結婚、八四年から母校で教鞭をとる。八六年宮川保全らと共立女子職業学校(現、共立女子学園)設立に参画、のち同校校長となる。社会事業にもたずさわった。長男一郎はのち首相、次男秀夫はのち東京帝国大学教授。

はとやまひでお【鳩山秀夫】 1884.2.7～1946.1.29　大正・昭和期の民法学者・政治学者。和夫の次男。東京都出身。東大卒。東京帝国大学助教授、ドイツなどへの留学をへて一九一六年(大正五)同教授として民法講座を担当。「日本債権法総論」をはじめとする著作は圧倒的な権威をもち、当時の学界・実務界に大きな影響を与えた。三二年(昭和七)衆議院議員。著書「日本債権法各論」二巻、「日本民法総論」。

はないたくぞう【花井卓蔵】 1868.6.-～1931.12.3　明治～昭和前期の政党政治家・法律家。広島県出身。英吉利法律学校卒。弁護士となり、「法学新報」主筆・東京弁護士会会長・中央大学講師などを務める。第六回総選挙から衆議院議員に七回当選。衆議院副議長も務める。常に無所属あるいは猶興会・中正会などの中間会派に属し、普通選挙や政界革新を主張した。のち貴族院勅選議員。

はなおかせいしゅう【華岡青洲】 1760.10.23～1835.10.2　江戸後期の外科医師。父は医家の直道。名は震、通称は随賢、青洲は号。紀伊国西野山村平山生れ。京都で吉益南涯に本道(内科一般)を、大和見立に紅毛流外科を学ぶ。三年後、帰郷して家業を継ぐ。創意実験のすえ全身麻酔剤の通仙散を作り、一八〇四年(文化元)一〇月一三日全身麻酔下ではじめて乳癌摘出手術を行った。多くの門弟を指導し、近代外科学の基礎を作った。著書はないが、門人の記録した口授本は多い。墓所は和歌山県那賀町の華岡家墓地。

はなさんじん【鼻山人】 1791～1858.3.25　江戸後期の戯作者。本名は細川浪次郎。別号に東里山人など。御家人で与力だったが、山東京伝に入門して「青楼籬の花」や「廓宇久為寿」などの洒落本を書くかたわら、十返舎一九の人情本をついで「未曾可の月」を作成。文政・天保期に「蘭蝶記」など三〇ほどの作品を発表して春水人情本の後を追った。

はなぞのけ【花園家】 藤原氏閑院流の正親町三条家庶流。羽林家。正親町三条公兄の孫の公久を祖とし、元和年間(一六一五～二四)に創立。家禄は一五〇石。江戸中期の実廉は桂宮家仁親王から琵琶の伝授をうけ、実章は琵琶の大家といわれる。維新後、公季のとき子爵。

はなぞのてんのう【花園天皇】 1297.7.25～1348.11.11　在位1308.8.26～18.2.26　伏見天皇の皇子。名は富仁。母は洞院実雄の女顕親門院季子。一三〇一年(正安三)持明院統の分裂をさけるため、父の命で兄後伏見上皇の猶子となり、大覚寺統の後二条天皇の皇太子に立つ。〇八年(延慶元)即位。在位中の前半は父伏見上皇が、後半は兄後伏見上皇が院政をとった。一八年(文保二)後二条の弟後醍醐天皇に譲位。三五年(建武二)出家ののち萩原殿に住んだ。法名遍行。和漢の学問に通じ、日記「花園天皇宸記」には学芸に関する記述が多い。著書「誡太子書」「学道の御記」。

はなだきよてる【花田清輝】 1909.3.29～74.9.23　昭和期の評論家。福岡県出身。京大中退。一九四〇年(昭和一五)から「文化組織」を発行、マルクス主義の立場から華麗なレトリックを駆使して転形期の論理を探る評論を掲載した。これをまとめた四六年の「復興期の精神」によって、特異な評論家として広く認められ、その後も多くの論争を含む評論活動で、現代社会の変革を追求した。「夜の会」の結成など前衛的な芸術運動にも深くかかわった。戯曲・小説などの著作もある。

バーナード・リーチ ⇨リーチ

はなびしアチャコ【花菱アチャコ】 1897.2.14～1974.7.25 昭和期の漫才師・俳優。福井県出身。本名藤木徳郎。横山エンタツとコンビを組み、一九三四年(昭和九)「早慶戦」で近代的漫才を確立した。映画「あきれた連中」や「二等兵物語」も大ヒット。五四～六五年のNHKラジオ番組「お父さんはお人好し」では数多くの流行語をうんだ。

はなぶさいっちょう【英一蝶】 1652～1724.1.13 江戸中期の狩野派系の画家。伊勢国亀山城主の侍医の子。京都生れ。狩野安信の門人。はじめ多賀朝湖と称す。俳諧をたしなみ遊廓吉原に通じた才人として江戸の都市風俗を自由闊達に描き、形式化した当時の狩野派の中では抜きん出ていたが、遊興の度がすぎ一六九八年(元禄一一)三宅島に配流された。一七〇九年(宝永六)赦されて江戸に戻り英一蝶と改名。晩年は古典的狩野派様式に回帰。英派の祖。

はなぶさよしもと【花房義質】 1842.1.1～1917.7.9 明治期の外交官。子爵。岡山藩士出身。一八六七～六八年(慶応三～明治元)藩命で欧米諸国を視察。帰国後に外務省に入り、七〇年柳原前光とともに渡清して日清修好条規の締結交渉にあたる。駐朝鮮公使となり八二年に壬午事変に遭遇し、済物浦条約を締結。駐露公使を最後に外交界を退き、農商務次官・宮中顧問官・宮内次官・枢密顧問官・日本赤十字社社長などを歴任。

はなもりやすじ【花森安治】 1911.10.25～78.1.14 昭和期のジャーナリスト。兵庫県出身。東大卒。大政翼賛会宣伝部で国策宣伝活動に従事。一九四六年(昭和二一)大橋鎮子とともに衣裳研究所を設立して雑誌「スタイルブック」を創刊。四八年九月「美しい暮しの手帖」と改題、さらに五三年一二月「暮しの手帖」と改めた。広告収入に依存せず、消費者の立場での商品テストと生活合理化の提唱で読者の支持を得た。

はなやぎじゅすけ【花柳寿輔】 日本舞踊花柳流の家元名。幕末期から三世を数える。初世(一八二一～一九〇三)は四世西川扇蔵に入門、七世市川団十郎門下で振付師に転じ、西川芳次郎の名で活躍。一八四九年(嘉永二)花柳流を創始。寿助、つづいて寿輔と改名。「連獅子」「土蜘」など多くの名振付を残す。二世(一八九三～一九七〇)は初世の次男で初世没後、俳優修業をへて一九一八年(大正七)襲名。花柳舞踊研究会を組織、新舞踊運動の先達となる。のち寿応と改名。人間国宝・芸術院会員。三世(一九三五～　)は二世の娘わかばが六三年(昭和三八)に襲名。

はなやぎしょうたろう【花柳章太郎】 1894.5.24～1965.1.6 明治～昭和期の新派俳優。東京都出身。本名は青山章太郎。喜多村緑郎に入門し、一九〇九年(明治四二)初舞台。美貌の女方として人気を集め、大正期には幹部に昇進して活躍。昭和期には新生新派を組織して意欲的に舞台に取り組み、女方だけでなく立役(男役)にも比類ない演技をみせた。主役を演じる役者としては新派最後の女方であり、晩年には芸術院会員・文化功労者に選ばれた。

はなやましんしょう【花山信勝】 1898.12.3～1995.3.20 昭和期の宗教家・仏教学者。浄土真宗本願寺派僧侶。石川県出身。東大卒。一九三五年(昭和一〇)学士院恩賜賞受賞。四六年二月東京帝国大学助教授のとき、巣鴨拘置所教誨師となり、A級戦犯七人の死刑執行に立ち会った。東京大学名誉教授。全日本仏教会副会長となる。

はなわほきいち【塙保己一】 1746.5.5～1821.9.12 江戸後期の国学者。父は武蔵国児玉郡保木野村の豪農荻野宇兵衛。通称は寅之助などをへて保己一、号は温故堂など。七歳で失明し、雨富須賀一に音曲・鍼医術を、萩原宗固・川島貴林・山岡浚明に歌文・神道・律令を学んだ。賀茂真淵にも短期間師事。一七七九年(安永八)に「群書類従」の編纂に着手し、四一年後に全六七〇冊の刊行を完了。この間、「大日本史」の校正にも参加、九三年(寛政五)には和学講談所を設立。六国史以後の史料を集めた「史料」の編纂により、のちの「大日本史料」の先駆的業績も残した。その堅実な考証は近代史学につながるものと評される。一八二一年(文政四)総検校。ほかに編纂書は「武家名目抄」「鶏林拾葉」。

はにごろう【羽仁五郎】 1901.3.29～83.6.8 昭和期の歴史家。群馬県出身。旧姓森。羽仁説子と結婚。東大卒。ドイツのハイデルベルク大学に学ぶ。野呂栄太郎らと「日本資本主義発達史講座」の刊行に参画。人民史観に立った論文を執筆。日本大学教授となったが治安維持法違反で検挙され辞任。第二次大戦後は参議院議員・日本学術会議議員。大学紛争で全共闘系学生を支援するなど、新左翼の革命理論家として知られた。著書「明治維新史研究」「都市の論理」。

はにせつこ【羽仁説子】 1903.4.2～87.7.10 昭和期の教育家・社会運動家。吉一・もと子の長女。本名は説。東京都出身。自由学園卒。一九一八年(大正七)受洗。在学中に賀川豊彦のセツルメントに参加。のち同校教師と「婦人之友」記者を兼務。第二次大戦後、民主保育連盟・日本子どもを守る会・日本母親大会などの結成に参加するなど、晩年まで社会運動にたずさわった。五郎は夫。

はにはらまさなお【埴原正直】 1876.8.25～1934.12.20 明治・大正期の外交官。山梨県出身。東京専門学校卒。アメリカ在勤が長く、一九二二年(大正一一)末より特命全権大使として、排日移民問題の解決、日米関係の修復に努力。しかし、二四年四月ヒューズ国務長官にあてた埴原書簡の一部の文言がアメリカ議会で問題化し、結果的に同年五月排日移民法案の成立を促した。

はにもとこ【羽仁もと子】 1873.9.8～1957.4.7 大正・昭和期のジャーナリスト・女子教育者。旧姓松岡。青森県出身。東京府立第一高等女学校在学中に受洗。のち明治女学校に学び、「女学雑誌」の編集に参加。報知新聞社で女性記者の先駆けとなり、退社後の一九〇一年(明治三四)羽仁吉一と結婚。〇三年夫婦で「家庭之友」(のち「婦人之友」)を創刊し、徹底した生活の合理化を主張した。二一年(大正一〇)東京に自由学園を創設、キリスト教的自由主義による家族的な人格教育を実践した。説子は長女。

はねじちょうしゅう【羽地朝秀】 1617.5.4～75.11.20 一七世紀中～後半の首里王府の摂政(せっせい)。島津氏侵入後の琉球の再建にあたり、近世琉球の基礎を固めた政治家と評される。唐名は向象賢(しょうじょうけん)、位は按司(あじ)。のちに王子位を追賞された。王家の分流である向氏羽地家の長子で、若年から経世に志し、薩摩の儒学者泊如竹(とまりじょちく)の教えをうけた。一六五〇年に命をうけて王国初の正史となる「中山世鑑(ちゅうざんせいかん)」を編集。六六年摂政に任職すると、王府の政治・財政・農政など全般にわたる改革に着手。その基本は古琉球的体制の打破、近世的体制の確立にあった。摂政期に出された令達は後代「羽地仕置」としてまとめられた。

はねだとおる【羽田亨】 1882.5.15～1955.4.13 大正・昭和期の東洋史学者。旧姓吉村。京都府出身。東大卒。一九〇九年(明治四二)京都帝国大学講師となり、教授・文学部長をへて、三八年(昭和一三)総長に就任したが、第二次大戦後辞任して貴族院議員となる。五三年文化勲章受章。満州・モンゴル・ウイグルの歴史から西域史にいたる研究の開拓者である。著書「西域文明史概論」「西域文化史」。

ばばえいいち【馬場鍈一】 1879.10.5～1937.12.21 大正・昭和前期の官僚・財政家・政治家。東京都出身。馬場兼の養子で旧姓山本。東大卒。一九〇三年(明治三六)大蔵省に入省。韓国統監府書記官などをへて二二年(大正一一)に法制局長官。同年貴族院議員となる。二七年(昭和二)日本勧業銀行総裁として金融恐慌の処理などに実績をあげた。のち広田内閣の蔵相に就任し、第二次大戦の戦時体制構築の一環として、所得税増税や本格的地方財政調整制度の導入を含む抜本的税制改革案を作成した。三七年軍部の要請で第一次近衛内閣の内相に就任するが、在職中に病没した。

ははかべし【波々伯部氏】 「ほほかべ」とも。中世丹波国の豪族。本拠は波々伯部保(現、兵庫県篠山市)。藤原姓。波々伯部保は、京都の祇園社感神院領で、一族はしばしば祇園社の支配に抵抗して訴訟をおこした。「太平記」によれば、南北朝期に為光(ためみつ)が、久下(くげ)氏・中沢氏らとともに丹波を中心とした山陰道の戦に参加。その後、室町幕府奉公衆中に一族の名がみえ、丹波国守護細川氏の被官として活躍。

ばばこちょう【馬場孤蝶】 1869.11.8～1940.6.22 明治～昭和前期の英文学者・翻訳家・随筆家。本名勝弥。自由民権運動家馬場辰猪(たつい)の弟。高知県出身。明治学院卒。一八九三年(明治二六)北村透谷・島崎藤村・戸川秋骨らと「文学界」創刊に参加。ドーデ、ゴーリキーなどヨーロッパ文学の翻訳・紹介で活躍する。慶大教授。大正期には積極的に社会改良運動に参加。翻訳集「やどり木」「戦争と平和」、随筆「明治の東京」「明治文壇回顧」。

ばばさじゅうろう【馬場佐十郎】 1787～1822.7.27 江戸後期のオランダ通詞・蘭学者。名は貞由(さだよし)。志筑忠雄(中野柳圃)に師事。ドゥーフからオランダ語・フランス語を、ブロンホフから英語を、ゴロブニンからロシア語を学んだ。一八〇八年(文化五)幕府天文台の「万国全図」補訂事業に加わり、一一年、天文台に開局された蛮書和解御用(ばんしょわげごよう)の中心的存在として、外交文書翻訳、異国船に対する出張応接、ショメルの「日用百科事典」の翻訳に従事。オランダ語文法を江戸の蘭学界に伝えた。

ばばたつい【馬場辰猪】 1850.5.15～88.11.1 明治前期の自由民権家。高知藩士出身。藩校文武館や慶応義塾に学び、一八七〇年(明治三)藩命でイギリス留学。七四年帰国、翌年から七七年まで再度イギリス留学。帰国後、共存同衆で民権論を主張。八一年国友会を結成し、自由党に参加して常議員。八二年「自由新聞」主筆となるが、板垣退助の洋行に反対し免職となる。八三年自由党を脱党。八六年渡米し日本紹介活動を行った。

ばばつねご【馬場恒吾】 1875.7.13～1956.4.5 大正・昭和期の新聞人。岡山県出身。東京専門学校などを中退。一九〇〇年(明治三三)七月「ジャパン・タイムズ」に入社。〇九年七月渡米し、雑誌「オリエンタル・レビュー」編集長として活躍。一三年(大正二)二月帰国し、「ジャパン・タイムズ」編集長に就任。翌年八月「国民新聞」に迎えられ、編集局長などを務め二四年退社。四五年(昭和二〇)一二月戦犯指定をうけた正力松太郎にかわり「読売新聞」社長となり、五一年退社。

ばばとししげ【馬場利重】 ?～1657.9.10 江戸前期の長崎奉行。昌次の子。母は千村良重の女。通称三郎左衛門、法名振鉄。一六〇〇年(慶長五)徳川家康に初目見え、その後父の跡を継ぐ。書院番・使番・目付をへて、三六年(寛永一三)長崎に赴き鎖国令を断行する。島原の乱後の三八年一一月に正式に長崎奉行に就任し、五二年(承応元)に致仕。

ばばのきんらち【馬場金埒】 1751～1807.12.4 江戸後期の狂歌作者。通称大坂屋甚兵衛。狂名は物事明輔(ものごとのあけすけ)、のち銭屋金埒と改めたが、馬場金埒の名でとおる。別号は滄洲楼など。江戸数寄屋橋外の両替商で、早く天明狂歌壇に登場し、鹿津部真顔(しかつべのまがお)とスキヤ連を結成して活躍。真顔・宿屋飯盛(やどやのめしもり)(石川雅望)・頭光(つむりのひかる)とともに狂歌四天王と称されたが、家業のためか途中で狂歌を捨てたと伝えられる。近代の編になる「滄洲楼家集」がある。

ばばぶんこう【馬場文耕】 1718～58.12.25/29 馬文耕とも。江戸中期の講釈師・著述家。伊予国生れ。僧籍から還俗し講釈界に入る。一七五七年(宝暦七)江戸の采女ケ原(うねめがはら)(現、中央区銀座)に仮設の小屋を設けて、「心学表裏咄(しんがくひょうりばなし)」を講じたのを皮切りに、風刺の利いた作品を発表し、人気を得た。審理中の美濃国の金森騒動(郡上(ぐじょう)一揆)に取材した「珍説もりの雫(しずく)」で、幕府批判をして死罪。講釈師としての活躍は短期間。著書「近代江都著聞集」。

はばらゆうきち【羽原又吉】 1880.12.5～1969.3.19 昭和期の漁業経済史学者。大分県出身。東大卒。北海道庁に勤務しながら全国的規模で史料を発掘し、古代～明治期の漁業発達史を漁業技術・制度・市場の各方面から究明した。浦方居住民平等の漁場総有説を唱えたが、これに対しては本百姓主体の漁場利用関係を基本とみる総百姓共有漁場説の批判がある。著書「日本漁業経済史」。

ハビアン 1565?～1621.1.- 日本人転びキリシタン。本名不詳。不干斎巴鼻庵(ふかんさいはびあん)と号す。臨済宗大徳寺の所化(しょけ)だったが、一五八三年(天正一一)京都で受洗、八六年イエズス会入会。九二年(文禄元)天草で「平家物語」を編纂。一六〇三年(慶長八)京都下京の教会に派遣され、〇五年教理書「妙貞問答」を著し、〇六年林羅山と論争した。〇八年修道女とともにイエズス会を脱会。一九年(元和五)長崎で幕府のキリシタン迫害に協力し、翌年排耶書「破提宇子(はだいうす)」を執筆・刊行。同地で没。

はぶげんせき【土生玄碩】 1762～1848.8.17 江戸後期の蘭方眼科医。安芸国の眼科医の子。名は義寿、号は桑翁。京都・大坂で学ぶが、従来の眼科にあきたらず、再度大坂で三井元孺(げんじゅ)・高充国(こうあつくに)らから蘭方の新知識をうけ、眼科手術を得意とした。広島藩医をへて一八一〇年(文化七)将軍徳川家斉の侍医・法眼となり、杉田玄白・大槻玄沢らと親交。二六年(文政九)シーボルトの江戸参府の際に散瞳薬の伝授をうけ、その謝礼とした将軍拝領の紋服がシーボルト事件で摘発され、改易・家禄没収の罰をうけるがのち許された。

はぶとまさやす【羽太正養】 1752～1814.1.22 江戸後期の幕臣。父は正香。通称は左近・主膳・庄左衛門。安芸守。目付時代の一七九九年(寛政一一)東蝦夷地(ひがしえぞち)の第一次幕領化に際し蝦夷地取締御用掛に任じられ、一八〇二年(享和二)蝦夷地奉行(箱館奉行)が新設されると、戸川安論(やすのぶ)とともに任命された。〇七年(文化四)西蝦夷地も幕領となり、松前奉行と改称。ロシアとの避戦を主張したが、同年四月ロシア船の択捉(えとろふ)島襲撃事件がおこり、取締不行届を咎められ、同年一一月罷免、逼塞(ひっそく)を命じられた。編著に蝦夷地の経営記録をまとめた「休明光記(きゅうめいこうき)」がある。

パブロワ Eliana Pavlova 1899.3.10～1941.5.6 昭和前期の舞踊家。ロシア人貴族。レニングラード帝室バレエ学校教授クレムラコバに学ぶ。一九一七年(大正六)のロシア革命で流浪、母・妹とともに来日。二五年頃からパブロワ・バレエ団の公演活動を行い、鎌倉にバレエ研究所を開設。服部智恵子・橘秋子・東勇作・貝谷八百子ら日本バレエ界のパイオニアを育てる。三七年(昭和一二)帰化、霧島エリ子を名のる。日中戦争の慰問旅行の途次南京で没した。

パーマー Harold E. Palmer 1877.3.6～1949.11.16 大正・昭和期の英語教育の指導者。一九二二年(大正一一)イギリスから来日、文部省顧問となり省内に英語教授研究所を設立、所長となる。中等・高等教育の拡大にともない英語教育が重視されるなかで、研究所主催の全国英語教授研究大会を毎年開催し、オーラル・メソッドの提唱者として大きな影響を与えた。三六年(昭和一一)帰国。

はまおあらた【浜尾新】 1849.4.20～1925.9.25 明治期の教育行政家。但馬国生れ。一八七二年(明治五)以降文部行政にたずさわる。七四年開成学校校長心得、八一年専門学務局長。外遊後農科大学の設立に尽力し、九三年に帝国大学総長。この間元老院議員・貴族院議員などを歴任。九六年高等教育会議議長をへて、同年文相。一九〇五年戸水(とみず)事件収拾のため再び東京帝国大学総長となる。一一年枢密顧問官兼務(のち枢密院議長)、一四年(大正三)東宮御学問所副総裁に就任した。

はまおかこうてつ【浜岡光哲】 1853.5.29～1936.12.6 明治・大正期の実業家。京都生れ。一八八一年(明治一四)五月「京都新報」を創刊(のち「京都滋賀新報」「中外電報」と改題)。八五年四月「日出新聞」を創刊(のち「京都日出新聞」)し、一九〇二年一月まで社長。京都株式取引所・京都商業銀行など多数の事業を創設、関西政財界の重鎮であった。

はまぐちおさち【浜口雄幸】 1870.4.1～1931.8.26 明治末～昭和前期の官僚・政党政治家。高知県出身。旧姓水口。浜口家の養子となる。東大卒。大蔵省に入り、煙草専売局長官・逓信次官・大蔵次官などを歴任。その間、立憲同志会(のち憲政会)結成に参画。一九一五年(大正四)以来衆議院議員当選六回。二四～二六年加藤高明・第一次若槻両内閣の蔵相。二六年内相。二七年(昭和二)立憲民政党結成とともに総裁。二九年内閣を組織し、協調外交と緊縮財政・産業合理化を進めた。しかし世界恐慌のなかでの金解禁が経済混乱を招き、またロンドン海軍条約調印が反対派から統帥権干犯と非難され、三〇年一一月、急進的な国家主義者に狙撃されて重傷を負った。翌年病状悪化により内閣総辞職した。

はまだくにまつ【浜田国松】 1868.3.10～1939.9.6 明治～昭和前期の政治家。三重県出身。東京法学院(現、中央大学)卒。地方議会議員をへて、一九〇四年(明治三七)衆議院議員となる。立憲国民党・革新倶楽部などをへて、二五年(大正一四)以後立憲政友会に属し、政友会総務、衆議院副議長、田中義一内閣の司法政務次官、衆議院議長を務めた。三七年(昭和一二)腹切り問答事件をおこし、広田内閣退陣の原因をつくった。

はまだこうさく【浜田耕作】 1881.2.22～1938.7.25 大正・昭和期の考古学者。号は青陵。大阪府出身。東大卒。京都帝国大学講師となり考古学講座開設の目的でヨーロッパに留学。ロンドン大学でペトリー教授に師事。帰国後、大阪府国府遺跡を発掘。内外の遺物を収集して陳列館を充実し、大学の考古学講座のあるべき姿を示した。また『通論考古学』『考古学入門』などを著し、啓蒙的な活動にもあたった。京都帝国大学総長在任中死去。著書『東亜考古学研究』『百済観音』。

はまだしょうじ【浜田庄司】 1894.12.9～1978.1.5 昭和期を代表する陶芸作家。本名は象二。神奈川県出身。東京高等工業学校窯業科に入学し、板谷波山に師事。一九一八年(大正七)にバーナード・リーチを知り、柳宗悦の提唱する民芸運動に参加して、栃木県益子町に窯を開く。白釉・黒釉・緑釉・鉄絵・上絵などの素朴な技をもって、野趣あふれる陶芸を展開した。六二年(昭和三七)人間国宝。六八年文化勲章を受章。

はまだひこぞう【浜田彦蔵】 1837.8.21～97.12.12 幕末期の漂流者・新聞人。播磨国生れ。幼名は彦太郎。一八五〇年(嘉永三)冬に難破し、アメリカ船に救われ滞米一〇年。日本人として最初にカトリックの洗礼をうけてジョセフ・ヒコとなり、また市民権をえてアメリカ国籍を取得。五九年(安政六)横浜開港時にアメリカ領事館通訳として帰国。六四年(元治元)日本語新聞『新聞誌』を刊行。著書に『漂流記』、英文の『自伝』。

はまだひろすけ【浜田広介】 1893.5.25～1973.11.17 大正・昭和期の童話作家。山形県出身。早大卒。児童文学の地位向上に貢献。「りゅうの目のなみだ」「泣いた赤おに」「椋鳥の夢」など、今日なお根強い人気をもつ。一九四二年(昭和一七)野間文芸奨励賞、五三年芸術選奨文部大臣賞、五七年産経児童出版文化賞受賞。日本児童文芸家協会の初代理事長を務める。

はまだやひょうえ【浜田弥兵衛】 生没年不詳。近世初期の貿易家で、長崎代官末次平蔵の朱印船の船長。しばしばタイオワン(台南の外港安平)に渡航したが、同地の交易独占を意図するオランダ勢力に取引を妨害され、これと対立。一六二八年(寛永五)五月、オランダ商館と紛争(浜田弥兵衛事件)を引きおこし、幕府を巻きこんで五カ年にわたる日蘭貿易の中断をもたらした。島原の乱では子の新蔵とともに乱鎮圧に活躍した。

はまのしょうずい【浜野政随】 1696～1769.10.26 江戸中期の装剣金工。江戸神田に住む。奈良派の名工利寿に学び、独立後はみずから兼随・矩随をはじめ多くの子弟を養成した。浜野派をおこし、横谷派・奈良派とともに江戸町彫の主要流派を形成。鉄のほか赤銅・素銅・四分一・真鍮など各種の色金を用いた。作品には花鳥・風景・人物・器物などあらゆるものをとりあげ、緻密で濃厚な高肉彫・象嵌で表すのを得意とした。

はまべのくろひと【浜辺黒人】 1717～90.5.18 江戸後期の狂歌作者。本名斯波孟雅、通称三河屋半兵衛。別号は桃翁。江戸本芝の書肆で、天明以前から狂歌を詠み芝連の総帥として活躍。安永末年、はじめて入花料(点料)をとって狂歌を募集したことで知られる。『初笑不琢玉』『栗の下風』の撰がある。

はままつうたくに【浜松歌国】 1776～1827.2.19 江戸後期の歌舞伎作者。大坂島の内生れ。通称布屋氏助。奈河晴助の世話で寛政末期に作者となる。初名浜松氏助。別名八重牆(垣)歌国。一八二〇年(文政三)歌国と改名。作者としての業績は少なく、助作者の地位をでなかったが、演劇および大坂に関する考証家としての業績は多く、『南水漫遊』『摂陽奇観』『摂陽落穂集』などの著書を残した。

はまむらぞうろく【浜村蔵六】 浜村家は江戸後期から明治に至る約一五〇年続いた篆刻の名家。初世から五世まで蔵六を襲名したが、すべて養子。初世は、高芙蓉に師事し鋳印に秀で一家をなす。二世は、古印を臨写模刻し古法を探り、名人蔵六と称せられ、浜村家の基礎を固めた。五世は、呉昌硯に心酔し新風をおこし、丁未印社を創設して篆刻の向上発展に尽力した。

はむろあきたか【葉室顕隆】 ⇨藤原顕隆

●葉室家略系図

顕隆―顕頼┬光頼┬光雅―光親┬光俊
　　　　　│　　│　　　　　└定嗣―定藤―光定―光顕―光資
　　　　　│　　└宗頼┬宗方―資頼―季頼―頼親―頼藤―長隆―長光―長宗―長忠―教忠―光忠―頼継―頼房……長順―長邦(伯爵)
　　　　　│　　　　　└宗行
　　　　　└惟方［粟田口］

はむろけ【葉室家】 藤原氏勧修寺(かじゅうじ)流。名家(めいか)。藤原為房の次男顕隆に始まる。家名は、その孫光頼が山城国葛野(かどの)郡葉室(現、京都市西京区山田)に営んだ別荘にちなむ。顕隆は白河上皇の近臣として権勢をふるい、夜の関白と称された。五代光親は後鳥羽上皇の近臣。承久の乱後に幕府に捕らえられ刑死。その子定嗣も後嵯峨上皇の近臣として活躍し、日記「葉黄記(ようこうき)」を残す。江戸時代の家禄は一八三石。議奏就任者が多く、幕末の長順(ながとし)は最後の議奏の一人。維新後、長邦のとき伯爵。

はむろさだつぐ【葉室定嗣】 1208〜72.6.26 鎌倉中期の公卿。正三位権中納言。初名は光嗣で、高嗣・定嗣と改めた。後鳥羽上皇の近臣光親の次男。父は承久の乱後処刑され、兄光俊も配流。定嗣もしばらく昇進が停滞したが、有能な実務官僚として頭角を現し、後嵯峨上皇の院政では、院中の雑務をとりしきる執権となり、また伝奏・評定衆として活躍した。一二五〇年(建長二)葉室の別業で出家。日記「葉黄記(ようこうき)」。

はむろときなが【葉室時長】 藤原時長とも。生没年不詳。鎌倉時代の公家。「平家物語」の作者とする説がある。「醍醐雑抄」には一説として、「平家物語」は中山中納言顕時の子左衛門佐盛隆の子民部権少輔時長が作り、「将門記」「保元物語」「平治物語」も時長の作と伝える。「徒然草」が記す「平家物語」の作者信濃前司行長は従兄弟にあたる。

はむろみつちか【葉室光親】 ⇨藤原光親(ふじわらのみつちか)

はむろみつより【葉室光頼】 ⇨藤原光頼(ふじわらのみつより)

バモオ Ba Maw 1893.2.8〜1977.5.28 ビルマ(現、ミャンマー)の政治家。一九三三年シンイェダー(貧民党)を結成して政界に進出し、三七年初代ビルマ首相に就任。三九年「ビルマ自由ブロック」議長。対英協力拒否で投獄されたが、第二次大戦中の日本占領下に政界復帰。四三年八月、日本によるビルマ独立許容で国家主席となり、一一月の大東亜会議に出席。日本の敗戦後逮捕されるが、のち政界復帰しマハ・バマ党党首となる。

はやかわこうたろう【早川孝太郎】 1889.12.20〜1956.12.23 昭和期の民俗学者。愛知県出身。若い頃画家を志したが、柳田国男の知遇をえて民俗学の道に入る。「三州横山話」など郷里の民俗誌をつくる一方、花祭の調査を行い、大著「花祭」(一九三〇)をまとめた。その後調査地域を広げ、渋沢敬三のアチック・ミューゼアム(日本常民文化研究所)の同人となった。民俗調査の第一人者として評価が高い。

はやかわせっしゅう【早川雪洲】 1889.6.10〜1973.11.23 大正・昭和期の映画俳優。本名早川金太郎。千葉県出身。一九〇九年(明治四二)渡米、一四年(大正三)アメリカ映画「タイフーン」に出演。以降仏・英とめぐり国際映画俳優として活躍、風格ある演技で高く評価された。第二次大戦後帰国。おもな出演作「ヨシワラ」「山下奉文」「戦場にかける橋」。

はやかわせんきちろう【早川千吉郎】 1863.6.21〜1922.10.14 明治・大正期の大蔵官僚・実業家。加賀国生れ。東大卒。大蔵官僚として活躍したが、一九〇〇年(明治三三)に三井同族会理事に転じ、翌年中上川(なかみがわ)彦次郎死去のあとをうけて三井銀行専務理事に就任。商業銀行としての業務発展に尽くし、〇九年の組織変革によって筆頭常務取締役となった。のち三井合名会社副理事長、ついで満鉄社長に就任。

はやかわとくじ【早川徳次】 1893.11.3〜1980.6.24 大正・昭和期の実業家。東京都出身。貧困のために小学校二年で中退、丁稚奉公後一九歳で独立。一九一六年(大正五)シャープペンシルを発明し成功したが、関東大震災で工場が壊滅、妻子も失う。二四年大阪に早川金属工業研究所(早川電機工業をへて現在シャープ)を設立し、ラジオ受信機を製造。第二次大戦後はテレビ受像機で成功し、六三年太陽電池、六四年卓上電子計算機を開発。七〇年社長を退き、会長に就任。

はやかわまさとし【早川正紀】 1739〜1808.11.10 江戸後期の幕府代官。旧姓は和田。通称八郎左衛門。一七八一年(天明元)出羽国尾花沢代官となり、天明の飢饉の際には民衆の教化を行う。美作国久世、備中国倉敷・笠岡代官所に転じ、五人組制の強化、貯穀の推進、本百姓維持のための教化などの勧農政策を展開。一八〇一年(享和元)関東地廻役代官となり武蔵国久喜に陣屋をおき、教化・治水に尽力。各地に学舎を建設し、その教諭書「久世条教」は他の代官にも援用された。

はやくもちょうだゆう【早雲長太夫】 江戸時代の京都の歌舞伎の名代。もとは綱渡りなどの軽業を演じる蜘舞(くもまい)の芸団であったものが歌舞伎の芸団へと転じて、一六六九年(寛文九)早雲長吉の名で名代赦免をうけた。九一年(元禄四)には長太夫への改名を許された。一八一八年(文政元)以降は亀谷久米之丞との名代連立が固定化、以後は四条北側芝居で興行を打ち続けて明治期に至った。

はやしうたこ【林歌子】 1864.12.14～1946.3.24 明治～昭和初期の社会事業家。越前国生れ。福井女子師範卒。一八八五年(明治一八)上京して受洗。小橋勝之助が創立した孤児院博愛社を運営。九九年日本基督教婦人矯風会大阪支部を、一九一八年(大正七)女性の保護と職業紹介活動を行う婦人ホームを設立。一方で遊廓廃止運動にもとりくんだ。三八年(昭和一三)日本基督教婦人矯風会第五代会頭となる。

はやしおうえん【林桜園】 1797/98～1870.10.12 幕末～明治初期の国学者。父は熊本藩士林通英。国学者長瀬真幸(まさき)に入門、家塾原道館を開く。学風は儒・仏・兵・歌・医・国学・天文・地理・歴史など広範囲に及んだ。本居宣長の影響をうけながら仏老を愛好し、その形而上学的傾向は尊王攘夷主義者のうちでも際立つ。神道の現世での興起を説き、神風連の思想的な祖師としても有名。門下には宮部鼎蔵(ていぞう)・横井小楠・吉田松陰・真木和泉らがいる。

はやしおんり【林遠里】 1831.1.24～1906.1.30 明治期の篤農家。筑前国生れ。元福岡藩士。維新後稲作改良を志し、種籾の寒水浸し・土囲法を考案、その普及のため「勧農新書」を著した。各県の招請に応じて稲作技術の普及に努め、みずから設立した勧農社を中心に、従来の長床犂(ちょうしょうり)にかえて深耕可能な抱持立犂(かかえもちたちすき)による馬耕法を広めた。

はやしかねあき【林包明】 1852.8.-～1920.6.17 明治前期の自由民権家。土佐国生れ。高知藩藩校致道館や同人社などに学ぶ。宿毛(すくも)に合立社を結成し、愛国社・国会期成同盟に参加。一八八一年(明治一四)自由党結成に加わり、幹事となる。三大事件建白運動に尽力し、八七年保安条例違反で東京を追われるが、八九年特赦。

はやしがほう【林鵞峰】 1618.5.29～80.5.5 江戸前期の儒学者。羅山の三男。名は又三郎・春勝・恕、字は子和・之道。春斎・鵞峰・向陽軒などと号す。文穆は私諡。那波活所(かっしょ)に師事後、幕府に出仕。一六五七年(明暦三)林家を継ぎ幕政に参与。六三年(寛文三)将軍徳川家光に五経を講じ弘文院学士号を得る。日本史に通じ、「本朝通鑑」「寛永諸家系図伝」などの幕府初期の編纂事業を主導し、近世の歴史学に強い影響を与えた。彼が整備した林家学塾の組織は、のちの昌平坂学問所の基礎となった。「鵞峰先生林学士文集」がある。

はやしきゅうじろう【林久治郎】 1882.10.17～1964.7.23 明治～昭和期の外交官。栃木県出身。早大卒。一九〇六年(明治三九)外交官試験に合格。済南・福州・漢口など中国各地の総領事を歴任し、二八年(昭和三)三月、奉天総領事となる。三一年、満州事変に際して正確な情報を内閣にもたらし、事変の不拡大に努力したがはたさず、三二年ブラジル特命全権大使に転出、三六年退官。太平洋戦争中の四二～四五年は陸軍司政長官としてジャワに駐在した。

はやしきろく【林毅陸】 1872.5.1～1950.12.17 明治～昭和期の外交史家・政治家。佐賀県出身。慶大卒。一八九六年(明治二九)慶応義塾講師となり、ヨーロッパ留学後に同大学教授。一九一二年(大正元)衆議院議員に当選、第一次憲政擁護運動に加わる。パリ講和会議・ワシントン会議に参加。二三年慶応義塾大学総長、三六年(昭和一一)学士院会員となる。第二次大戦後に枢密顧問官を務めた。著書「欧州近世外交史」「欧州最近外交史」。

はやしけ【林家】 ⇨林家(りんけ)

はやしごんすけ【林権助】 1860.3.2～1939.6.27 明治・大正期の外交官。会津藩士の子。東大卒。一八八七年(明治二〇)外務省出仕、九八年に通商局長となる。翌年駐韓公使となり対韓強硬外交を推進し、日露戦争時は日韓議定書、第一次・第二次日韓協約を締結。一九〇六年駐清公使としても強硬外交で知られた。関東長官をへて駐英大使となり国際連盟総会に出席。退官後式部長官・枢密顧問官。

はやしざきしげのぶ【林崎重信】 生没年不詳。抜刀居合(ばっとういあい)術の中興の祖といわれる。神明夢想(林崎)流の流祖。通称甚助。戦国末期に活躍。はじめ神道流を学んで兵学者を志したが、出羽国楯岡(現、山形県村山市)の林崎明神に参籠して、長柄の刀の用法と万字剣(まんじけん)という居合の極意を得たという。晩年の消息は不明。門人に田宮重正(田宮流の祖)・東(とう)元治(神明夢想東流の祖)・片山久安(伯耆流の祖)・高松信勝(一宮流の祖)がいる。

はやししへい【林子平】 1738.6.21～93.6.21 江戸中・後期の経世思想家。名は友直、号は六無斎。父は幕臣だったが牢人となり、兄の仙台藩への出仕を機に仙台に移った。江戸や長崎に遊学し、工藤平助や大槻玄沢(げんたく)らと交わり海外事情を学んだ。藩当局に藩政改革に関する上書を三度提出する一方、一七八五年(天明五)「三国通覧図説」、翌年「海国兵談」を著し、日本周辺の状況と海防への世論の喚起をはかった。しかし、これらの書物は人心を惑わし政治を私議したとの理由で、九二年(寛政四)仙台蟄居を命じられ、板木・製本とも没収、翌年不遇のうちに病没した。高山彦九郎・蒲生君平とともに寛政三奇人の一人。

はやしじゅっさい【林述斎】 1768.6.23～1841.7.14 江戸後期の儒学者。大学頭。美濃国岩村藩主松平乗蘊の子。名は乗衡・衡、字は熊蔵・叔紞。述斎・蕉軒・蕉隠などと号す。渋井太室らに師事。一七九三年(寛政五)林信敬の養子となり林家を継ぐ。文書行政の中枢として幕政に参与。朝鮮通信使の応接を対馬国で行う聘礼の改革にも関係した。教学の刷新にも尽くし、昌平坂学問所の幕府直轄化を推進。朱子学を基礎としつつ清朝考証学に関心を示し、「寛政重修諸家譜」「徳川実紀」「朝野旧聞裒藁」など幕府の編纂事業を主導した。代表的門人は佐藤一斎・松崎慊堂。和漢の詩才をうたわれ、歌集「家園漫吟」などがある。中国で散逸した漢籍を収めた「佚存叢書」は中国でも評価が高い。

はやしせんじゅうろう【林銑十郎】 1876.2.23～1943.2.4 大正・昭和前期の陸軍軍人・首相。石川県出身。陸軍士官学校・陸軍大学校卒。満州事変に際し、朝鮮軍司令官として参謀本部の制止を無視して満州に進攻し追認された。荒木貞夫・真崎甚三郎が一夕会を基礎に皇道派を形成すると当初同調するが、荒木・真崎の派閥人事に反発し、一九三四年(昭和九)陸相に就任すると永田鉄山を軍務局長に起用、真崎教育総監を更迭して皇道派に打撃を与え、初期統制派の形成を庇護した。相沢事件で引責辞任、三六年予備役編入。三七年宇垣一成の組閣失敗後をうけて内閣を組織、祭政一致を掲げ政党と絶縁。「食い逃げ解散」を敢行したが選挙で政党側が大勝、四カ月余で総辞職した。四〇年から内閣参議。

はやしだかめたろう【林田亀太郎】 1863.8.15～1927.12.1 明治～昭和前期の官僚・政党政治家。肥後国生れ。大学予備門をへて東大卒。法制局参事官・衆議院書記官長などを歴任。第一四・一五回総選挙で衆議院議員に当選。鮫川電力社長なども務めた。著書「日本政党史」。

はやしたけし【林武】 1896.12.10～1975.6.23 大正・昭和期の洋画家。東京都出身。本名武臣。一九二〇年(大正九)日本美術学校に入るが退学。翌年二科展で「婦人像」が樗牛賞受賞。二科会・円鳥会・一九三〇年協会をへて、三〇年(昭和五)独立美術協会創立に参加。フォービスム、キュービスムをとりいれた画風を確立する。三四年渡欧。五二年東京芸術大学教授。五九年日本芸術院賞受賞、六七年文化勲章受章。作品「コワフューズ」。

はやしただす【林董】 1850.2.29～1913.7.10 明治期の外交官。下総国生れ。蘭方医佐藤泰然の第五子。林洞海の養子となり董三郎と称す。一八六六年(慶応二)江戸幕府のイギリス留学生となり、六八年帰国。戊辰戦争では榎本軍に加わり、敗れて禁錮。釈放後に岩倉遣外使節に随行出張。工部省・逓信省・県知事をへて外務次官に就任。駐英公使在任中に日英同盟締結に尽力した。西園寺内閣の外相時には日韓・日仏・日露の各協約を結ぶ。のち逓信相・伯爵。回顧録「後は昔の記」。

はやしたつお【林達夫】 1896.11.20～1984.4.25 昭和期の批評家。東京都出身。京大卒。美学・美術史を学ぶ。東洋大学・津田英学塾・法政大学・立教大学・鎌倉大学校(のち鎌倉アカデミア)・明治大学で教え、唯物論研究会・昭和研究会に参加した。一九四五年(昭和二〇)まで雑誌「思想」の編集にたずさわり、五四～五八年平凡社「世界大百科事典」の編集長を務めた。著書「思想の運命」「歴史の暮方」、訳書にベルグソン「笑」。

はやしつるいち【林鶴一】 1873.6.13～1935.10.4 明治・大正期の数学者。徳島県出身。東大卒。京都帝国大学・東京高等師範で教え、一九一一年(明治四四)東北帝国大学理学部創設に際し教授となる。藤原松三郎らの協力を得て、私費で「東北数学雑誌」を発行。数学教育法にすぐれた功績を残し、当時編纂した中等学校の教科書は広く読まれた。和算の研究家としても知られる。著書「和算研究集録」。

はやしどうかい【林洞海】 1813.3.3～95.2.2 幕末～明治前期の蘭方医。名は彊、字は健卿、別号は冬皐。豊前国小倉生れ。一九歳で京都・大坂に遊び、一八三二年(天保三)江戸の蘭方医足立長雋の門下となる。佐藤泰然にも学んだ。ついで長崎で蘭医ニーマンに師事。四三年泰然の旧宅に開業。五六年(安政三)小倉藩医をへて幕府二の丸製薬所主任となり、侍医・法眼。明治維新後は大学中博士・権大典医をへて四等侍医に任じられた。訳書「窊篤児薬性論」。

はやしともゆき【林友幸】 1823.2.6～1907.11.8 幕末期の志士、明治期の政治家。伯爵。萩藩士の子として生まれる。奇兵隊に加わり倒幕運動に活躍し、戊辰戦争に従軍。明治政府に入り内務少輔・元老院議官・貴族院議員などを歴任。皇女の養育主任を務めた。晩年は枢密顧問官。

はやしひろもり【林広守】 1831.11.25～96.4.5 幕末～明治期の雅楽家。天王寺方の雅楽伝承者の家系に生まれる。広倫の子。のち広就の養子となり、広就とその父広済から笙を習う。はじめ天王寺楽人として勤仕したが、一八六九年(明治二)東上し、雅楽局(宮内庁楽部の前身)の創設に尽力。「君が代」は、八〇年に海軍省が宮内省式部職雅楽課に作曲を委嘱、課内の数名の合作による旋律を林広守撰譜として発表したもの。

はやしふくさい【林復斎】 1800.12.27～59.9.17 江戸後期の儒学者。大学頭。述斎の子。名は韑之助・韑、字は弸中、通称は式部。復斎・梧南・藕潢と号す。支家を継ぎ書物奉行などを歴任し学問所御用兼務。一八五三年(嘉永六)林家を継ぐ。「藩鑑」「通航一覧」などの幕府の編纂事業や米国使節ペリーとの応接、日米和親条約締結などに携わる。詩文にも長じ「復斎詩文稿」を著し、「重訂御書籍来歴志」「重訂御書籍目録」などで書誌の才を示した。

はやしふみこ【林芙美子】 1903.12.31～51.6.28 昭和期の小説家。本名フミコ。山口県出身。私生児として生まれ、幼少期から行商の旅で各地を渡り歩き貧窮のなかに育つ。上京して職を転々とし、アナーキストの詩人たちと知り合い影響をうけた。一九二九年(昭和四)詩集「蒼馬を見たり」を出版、翌年には自作の詩をいれた自伝的日記体小説「放浪記」が刊行されて大ベストセラーになった。その後「風琴と魚の町」「牡蠣」「稲妻」「晩菊」「浮雲」など数多くの作品を発表。

はやしほうこう【林鳳岡】 1644.12.14～1732.6.1 江戸中期の儒学者。大学頭。鵞峰の次男。名は又四郎・春常・信篤・戇、字は直民。鳳岡・整宇と号す。正献は私諡。一六八〇年(延宝八)林家を継ぎ、徳川家綱以後五代の将軍のもとで幕府の文書行政に参与。朝鮮通信使の応接にもかかわる。「武徳大成記」などの編纂に従事し、林家の官学的傾向を強めた。一六九一年(元禄四)湯島聖堂の竣工にあわせて大学頭に任じられ、儒官の剃髪も終焉した。「鳳岡林先生全集」がある。

はやしまさあき【林正明】 1847.5.～85.3.21 明治前期のジャーナリスト、自由党結党時の幹事。肥後国生れ。慶応義塾卒。ヨーロッパ留学後、司法省・大蔵省に勤務。一八七六年(明治九)共同社をおこし、社長として雑誌「近事評論」「扶桑新誌」を発行。「東洋自由新聞」にも執筆する。八〇年交詢社、八一年自由党の発足に参画した。

はやしまたしち【林又七】 1605.8.13～91.9.9 江戸前期の鐔工。肥後国熊本生れ。父は尾張で加藤清正に抱えられた鉄砲工で、清正に従い肥後国に入国した。細川忠利の肥後入国後は細川忠興(三斎)の指導によって鐔の製作を行い、春日村(現、熊本市)に住んだ。肥後には林のほかに平田・西垣・志水などの流派があり、肥後金工といわれる。又七の鐔は精良な鉄の地金と精巧な透彫、また細緻な布目象嵌に特色があり、華麗さと品格をもち肥後金工を代表する。

はやしやしょうぞう【林屋正蔵】 落語家。江戸後期～昭和期に八代を数える。五代から林家。初代(一七八〇?～一八四二)は江戸生れ。一八〇六年(文化三)初代三笑亭可楽に入門。式亭三馬の「浮世床」で、初代朝寝坊夢羅久・初代三遊亭円生と並称される。怪談噺を得意としたが、天保の改革で落し咄以外の口演を禁じられたため、それを苦にしてか没した。八代(一八九五～一九八二)は東京都出身。本名岡本義。一九一二年(明治四五)三遊亭三福に入門。二〇年(大正九)三代三遊亭円楽で真打になり、五〇年(昭和二五)八代林家正蔵を襲名。芝居噺・怪談噺を得意とした。七代の子林家三平の死で正蔵の名跡を遺族に返し、八一年に彦六を名のった。

はやしやたつさぶろう【林屋辰三郎】 1914.4.14～98.2.11 昭和・平成期の日本史学者。石川県出身。京大卒。立命館大教授・京大人文科学研究所長・京都国立博物館長などを歴任。日本学士院会員。中世芸能史・文化史を中心に女性史・被差別部落史、とりわけ「町衆」の研究などに多くの業績をあげ、「林屋史学」の学派を形成。古文書収集でも有名。著書「中世芸能史の研究」「古代国家の解体」「日本芸能史論」など。

はやしゆうぞう【林有造】 1842.8.17～1921.12.29 明治期の民権家・政党政治家。土佐国生れ。岩村通俊の弟、岩村高俊の兄。林譲治は次男。戊辰戦争に従軍。渡英し、帰国後外務省出仕。立志社創立に参加。西南戦争では挙兵を企図したが、失敗して入獄。出獄後、大同団結に際して愛国公党結成に参加。第一回総選挙から衆議院議員に九回連続当選。自由党と第二次伊藤内閣との提携後、伊東巳代治とのパイプを独占し、土佐派の中心として活躍。第一次大隈内閣の逓信相、第四次伊藤内閣の農商務相。星亨台頭後は振わず、立憲政友会を脱党。

はやしゆうてき【早矢仕有的】 1837.8.9～1901.2.18 明治期の医師・貿易商。美濃国の医師山田柳長の子。庄屋早矢仕家の養子。大垣と名古屋で医学を学び、帰郷して開業。一八五七年(安政四)江戸にでて翌年開業し、蘭学を学び福沢諭吉から英学も学んだ。明治初期に横浜で書籍輸入などを行う丸屋商社を創業、これがのちの丸善へと発展。横浜正金銀行の創立発起人にも名を連ねた。

はやしらざん【林羅山】 1583.8.～1657.1.23 江戸初期の儒学者。名は忠・信勝、字は子信、通称は又三郎・道春。羅山・夕顔巷と号す。文敏は私諡。京都生れ。建仁寺で禅学を学び、一六〇四年(慶長九)藤原惺窩に師事。惺窩のすすめで徳川家康に謁見して以後四代の将軍に仕え、幕府の文書行政に携わる。三〇年(寛永七)徳川家光から上野忍岡の地を寄進され、学寮を建設。林家の幕府学政への参与の道を開く。朱子学を基調とするが理気説などに朱子との差違がみられる。神儒合一の理当心地神道を唱え、キリスト教批判も激烈。博学を本領とし、将軍や幕閣からの諮問への応答や、文書の起草・編纂などをおもな任とした。武家諸法度、「寛永諸家系図伝」、朝鮮使節への国書の起草はその代表。「羅山先生文集」がある。

はやたけとらきち【早竹虎吉】 ?～1868.1.16 幕末期に人気を博した軽業芸人。曲独楽にも巧みであった。上方の人で、早竹座を率いて天保末頃から大坂の難波新地などで興行、江戸では一八五七年(安政四)二月の西両国興行が大当りして知られる。六七年(慶応三)にアメリカへ渡り、翌年、巡業先のニューヨークで死亡。弟が二代目を継いだ。

はやたぶんぞう【早田文蔵】 1874.12.2～1934.1.13 大正・昭和前期の植物学者。新潟県出身。東大卒。私費でヨーロッパに留学。のち東京帝国大学教授。同付属植物園園長。植物分類学を専攻。主として台湾産植物の研究を開拓し、一九二一年(大正一〇)既成の分類方式に反対し、茎の中心柱の形態を基準とした独自の分類体系を提唱。

はやたまのおのかみ【速玉之男神】 「日本書紀」の神話にみえる神。伊奘諾尊が伊奘冉尊を訪ねて黄泉国へいくが、伊奘冉尊の醜い姿をみたためわかれることになり、「族離れなむ」と唾くときに化した神。紀伊国や出雲国の熊野速玉神社の祭神として「延喜式」に記載される。

はやのはじん【早野巴人】 ⇨巴人

はやぶさわけのみこ【隼別皇子】 速総別王とも。記紀伝承上の人物。応神天皇の皇子。母は桜井田部連男鉏の妹糸媛。異母兄の仁徳天皇が、雌鳥皇女を妃にしようとして皇子を遣わしたとき、皇子は皇女を自分の妻としてしまった。それを知った天皇は、一度は皇后八田皇女の言葉をはばかり断念したものの、その後、皇子の殺害を企てた。皇子は危険を察知して皇女を連れて伊勢神宮に逃れようとしたが、討手を派遣され、ついに皇女とともに伊勢の蔣代野で殺されたと伝える。

はやまよしき【葉山嘉樹】 1894.3.12～1945.10.18 昭和前期の小説家。福岡県出身。早大予科中退。船員などの職を転々とする。労働運動に参加し、投獄中に作家生活に入り、一九二五年(大正一四)「淫売婦」を発表。「文芸戦線」同人。翌年の「海に生くる人々」はプロレタリア文学初期の傑作として著名。のち長野県に移り、その風土や生活を反映した作品を執筆。四三年(昭和一八)満州開拓村へ渡るが、引揚げの車中で病没した。

はやみぎょしゅう【速水御舟】 1894.8.2～1935.3.20 大正・昭和前期の日本画家。東京都出身。旧姓蒔田、本名栄一。一九〇八年(明治四一)松本楓湖の安雅堂画塾に入門。同門の今村紫紅に強い影響をうけ、一一年紅児会に参加、一四年(大正三)赤曜会を結成。一七年第四回再興院展に「洛外六題」を出品、横山大観に絶賛され日本美術院同人となる。一九年浅草で市電にひかれ左足を失う。三〇年(昭和五)渡欧。作品「炎舞」「名樹散椿」(ともに重文)。

はやみけんぞう【速水堅曹】 1839.6.13～1913.1.18 明治前期の製糸業指導者。前橋藩士の子。一八七〇年(明治三)にスイス人の指導をうけて日本初の洋式器械製糸所である藩営前橋製糸所を設立。また福島県の二本松製糸会社設立を指導。七九～八〇年、八五～九三年に官営富岡製糸場所長を務め、器械製糸技術の普及に貢献した。

はやみせいじ【早速整爾】 1868.10.2～1926.9.13 明治・大正期の政治家。広島県出身。広島県会議員・同市会議員をへて、一九〇四年(明治三七)以来、衆議院議員七回連続当選。この間、衆議院副議長・鉄道次官などを歴任。憲政会に所属。二五年(大正一四)加藤高明内閣の農林相、翌年第一次若槻内閣の蔵相となり健全財政を推進した。

はやみそうだつ【速水宗達】 1739～1809.10.27 江戸後期の茶人。京都生れ。号は養寿院・扶桑翁。裏千家五世又玄斎宗室の弟子。速水流開祖。聖護院宮に茶道を伝授して、「大日本茶博士」の称号をえた。著書「茶理譚」「喫茶指掌篇」。

はやみふさつね【速水房常】 1700～69.2.4 江戸中期の有職故実家。号は方巾斎。京都の人。民間の有職故実の大家である壺井義知の門に学ぶ。「公事根源愚考」「禁中方名目鈔校註」(ともに「故実叢書」所収)の著作で有名。ほかに公家の系譜を編集した「改正増補諸家知譜拙記」がある。

バラ ■James Hamilton Ballagh 1832.9.7～1920.1.29 アメリカのオランダ改革派教会宣教師。一八六一年(文久元)来日、横浜英学所・高島学校で教え、小教会堂で日本人学生に英語・聖書を教えバラ学校といわれた。六五年(慶応元)日本語教師矢野元隆が洗礼をうけ、日本人最初のプロテスタントとなる。七二年(明治五)日本最初のプロテスタント教会である日本基督公会を設立し、仮牧師に就任。一九一九年(大正八)帰国。

■**John Craig Ballagh** 1842.9.25～1920.11.15 明治・大正期のアメリカ人教師。兄のジェームズに請われ一八七二年(明治五)来日、横浜の高島学校英語教師となる。のちヘボン塾で教え、同塾はバラ学校とも称された。八〇年ヘボン塾は東京に移転して築地大学校となり、さらに東京一致英和学校をへて明治学院となるが、この間バラは数学・天文学・簿記学を担当した。

はらいちのしん【原市之進】 1830.1.6～67.8.14 幕末期の水戸藩士。水戸藩士原雅言の次男。従兄藤田東湖や昌平黌に学び、水戸弘道館訓導などを勤めるが、尊攘派とも画策した。一橋慶喜に随従して上洛し、慶喜が徳川宗家をつぐと幕臣となり、兵庫開港推進の立場に転じた。そのため攘夷派に狙われ、幕臣に官舎を襲われ暗殺された。

はらかつろう【原勝郎】 1871.2.26～1924.1.14 明治・大正期の歴史学者。岩手県出身。東大卒。京都帝国大学文科大学教授。古代史が著しく重視され、鎌倉時代や室町時代は暗黒時代とみられていた明治期に、はじめて中世という時代呼称を用い、この時代および武士階級を日本文明の出発点・担い手として高く評価した。英米仏に留学し、大学では西洋史を講じた。著書「日本中世史」「西洋史」「東山時代に於ける一縉紳の生活」。

はらざいちゅう【原在中】 1750～1837.11.15　江戸後期の画家。原派の始祖。名は致遠、字は子重。別号は臥遊。京都の酒造家に生まれる。石田幽汀に師事し、のち幽汀門下の円山応挙に学ぶ。山本探淵から仏画の手ほどきをうけ、明画・古狩野・土佐派なども学んだ。有職故実にも詳しく、精緻で装飾的・技巧的な作風をもつ。寛政年間造営の御所障壁画制作に参加。代表作は京都相国寺の「補陀落図襖」「群仙図襖」。

はらさんけい【原三渓】 1868.8.23～1939.8.16　明治～昭和前期の事業家・美術品収集家。旧姓青木、本名は富太郎。岐阜県出身。東京専門学校卒。横浜の生糸売込商の原商店に入り、一九一五年(大正四)帝国蚕糸を設立。この間、古美術品を収集、天瑞寺寿塔覆堂などを移築し、一九〇六年(明治三九)横浜に三渓園を公開。一一年から岡倉天心を通じて安田靫彦・前田青邨らを援助し、一四年日本美術院再興に際して賛助員兼評議員となる。一二年から作家や美術史家らと古美術鑑賞研究会も行った。

はらし【原氏】 中世下総国の豪族。千葉氏の一族。本拠は原郷(現、千葉県多古町か)。応永年間胤隆は小弓城を拠点としたが、友幸の代、古河公方足利政氏の次男義明に攻められ滅亡。永禄年間、一族の胤貞が小弓城、臼井城(現、佐倉市)の城主となって、主家千葉氏をしのぐ勢力を誇った。後北条氏に属し、一五九〇年(天正一八)胤栄のとき、同氏の滅亡とともに滅んだ。友胤の子虎胤は甲斐国の武田氏を頼り、その滅亡後は江戸幕臣となったと伝える。

はらぜんざぶろう【原善三郎】 1827.4.28～99.2.6　明治前期の横浜生糸商人。武蔵国児玉郡の絹物商に生まれた。開港直後から輸出用生糸を出荷し、幕末期に横浜に出店(亀屋)し最大級の生糸売込商に成長。一八八〇年代以降、横浜商法会議所会頭・横浜商業会議所会頭・横浜蚕糸売込業組合頭取・横浜市会議長・横浜政財界のリーダーとして活躍。九二年(明治二五)以降は衆議院議員・貴族院議員となり、輸出税廃止運動などに尽力した。

はらだかい【原田甲斐】 1619～71.3.27　江戸前期の仙台藩の奉行(家老)。名は宗輔。仙台藩伊達家の宿老の家に生まれ、評定役をつとめる。のち奉行となり、藩主一門の伊達兵部宗勝と結んで藩政を主導。一六七一年(寛文一一)いわゆる伊達騒動の当事者の一人として、幕府大老酒井忠清邸に召喚されるが、その場で対立する伊達安芸宗重を斬殺し、甲斐自身も殺害された。

はらたかし【原敬】 1856.2.9～1921.11.4　明治・大正期の政党政治家。盛岡藩士(家老職)の次男として盛岡に生まれたが、のち分家して平民となる。司法省法学校退学後、郵便報知新聞社をへて一八八二年(明治一五)外務省に入省。陸奥宗光の知遇を得て農商務省・外務省の要職を歴任し、外務次官をへて駐朝鮮日本公使。九八年官界を辞して大阪毎日新聞社社長となる。一九〇〇年立憲政友会結成に参加、同年幹事長、第四次伊藤内閣の逓信相になる。〇二年衆議院議員に当選し、以後連続八回当選。総裁西園寺公望を補佐し桂太郎との提携を推進、積極政策をかかげて政友会の勢力拡大を実現した。一四年(大正三)政友会総裁に就任。一八年内閣を組織し平民宰相とよばれたが、多数による力の政治や利益誘導政治に対する批判も強く、東京駅で暗殺された。「原敬日記」八二冊が現存。

はらだきえもん【原田喜右衛門】 生没年不詳。織豊期の貿易家。キリシタン。洗礼名パウロ。ルソン貿易に従事し、フィリピン事情に通じた。豊臣秀吉の側近長谷川宗仁を介してルソン侵攻を進言。その結果、一五九二年(文禄元)マニラのスペイン政庁に入貢を促す第一次ルソン遣使が行われた。これを契機に日本と同地の間に使節が往復し、喜右衛門自身も九三年四月、第二次遣使の大使としてマニラに渡航した。

はらだくまお【原田熊雄】 1888.1.7～1946.2.26　大正・昭和期の政治家。男爵。東京都出身。京大卒。一九二四年(大正一三)加藤高明内閣の首相秘書官。その後、西園寺公望の秘書となり、木戸幸一や近衛文麿との政治的関係を保ちながら、親英米の立場から政界情報の収集、西園寺の意思伝達のため奔走。三一年(昭和六)貴族院議員。昭和戦前期政治史の重要資料で、極東国際軍事裁判の検事側証拠とされた「西園寺公と政局」を遺している。

はらださぶろうえもん【原田三郎右衛門】 ?～1740　江戸中期の勧農家。対馬国上県郡仁田村生れ。一七一五年(正徳五)ひそかに薩摩国に渡航し、琉球芋の種を持ち帰り移植。二四年(享保九)頃再渡航後、対馬全島に甘藷栽培が浸透し、孝行芋と称された。

はらだとしあき【原田敏明】 1893.11.1～1983.1.17　昭和期の宗教学者。熊本県出身。東大卒。大谷大学・神宮皇学館大学・熊本大学・東海大学の教授を歴任。宗教・祭事信仰について全国的な調査により実証的に研究を進めた。著書「古代日本の信仰と社会」。

はらだともひこ【原田伴彦】 1917.3.11～83.12.8　昭和期の歴史学者。中国奉天出身。東大卒。「国民新聞」記者として中国に従軍。第二次大戦後にレッドパージで職を追われ、のち大阪市立大学に勤め、一九五九年(昭和三四)教授。六八年部落解放研究所初代理事長。日本封建都市史研究を主導し、部落史研究にもすぐれた業績をあげた。「原田伴彦著作集」がある。

はらだとよきち【原田豊吉】 1860.11.21～94.12.1 明治期の地質学者。江戸生れ。ドイツに留学し、オーストリア地質調査所に勤務。一八八三年(明治一六)帰国、地質調査所に入り、東京帝国大学地質学科の初代日本人教授を兼ねて古生物学を担当。広く本州・四国を踏査して地質図幅事業を推進した。ナウマンが唱えたフォッサマグナ論に反対し、日本列島を構成するいくつかの弧状褶曲山脈が中央日本で会合し対曲すると主張して、ナウマン論争を展開した。

はらだなおじろう【原田直次郎】 1863.8.30～99.12.26 明治期の洋画家。江戸生れ。東京外国語学校卒。山岡成章・高橋由一(ゆいち)に洋画を学ぶ。一八八四年(明治一七)ミュンヘン・アカデミーに留学してガブリエル・マックスに師事、ドイツ官学派の写実的技法を学び、「靴屋の阿爺(おやじ)」などを制作した。帰国後、竜池会で絵画改良論を発表。私塾鍾美館を開設し、明治美術会創立会員となる。画題論争をおこした「騎竜観音」など、構想画に意欲的にとりくんだ。留学中から没年まで続いた森鷗外との親交は有名。

はらたねあき【原胤昭】 1853.2.2～1942.2.23 明治～昭和前期の社会事業家。江戸生れ。出獄人保護や児童虐待防止に努める。クリスチャン。東京銀座にキリスト教関係図書出版・販売の十字屋開業。教誨師(きょうかいし)をつとめ、一八九七年(明治三〇)神田神保町に東京出獄人保護所「原寄宿舎」を設立、関東大震災後の一九二四年(大正一三)神田須田町に移転・復興。二七年(昭和二)財団法人東京保護会(一九三八解散)とし、理事長となる。著書「出獄人保護」。

ハラタマ Koenraad Woulter Gratama 1831.4.25～88.1.19 オランダの化学者・軍医。日本ではじめて専門的な理化学教育を行った。ユトレヒトの陸軍軍医学校を出て、長崎養生所に新設の分析究理所の教師として一八六六年(慶応二)来日。翌年、開成所の理化学校のため江戸へ移り、幕府崩壊後は明治新政府の大阪舎密(せいみ)局教頭として教育にあたった。七一年(明治四)帰国。「舎密局開講之説」「理化新説」「オランダ人の見た幕末・明治の日本—化学者ハラタマ書簡集」がある。

はらだまごしちろう【原田孫七郎】 生没年不詳。織豊期の貿易家。キリシタン。洗礼名ガスパル。原田喜右衛門の一族で、その手代としてルソン貿易に従事した。一五九二年(文禄元)豊臣秀吉の使者としてマニラに赴き、長官ダスマリーニャスにルソン勧降の書を渡した。長官は表面上は彼を厚遇して返書を与え、ドミニコ会士コーボを答礼使として日本に派遣した。

はらたみき【原民喜】 1905.11.15～51.3.13 昭和期の詩人・小説家。広島県出身。慶大卒。一九四五年(昭和二〇)八月疎開先の広島での被爆体験から、悲惨な状況下での人間の姿を描いた一連の作品をうんだ。四七年に書かれた「夏の花」はその代表作。第一回水上滝太郎賞をうけた。

はらだよしと【原田淑人】 1885.4.5～1974.12.23 大正・昭和期の考古学者。東京都出身。東大卒。同教授。学士院会員。日本考古学会会長・文化財保護専門審議会会長。一九二五年(大正一四)浜田耕作とともに東亜考古学会を組織し、中国各地の調査にあたる。朝鮮半島では楽浪郡治跡や王盱(おうく)墓を調査。中国の古典を駆使して考古資料の解釈にあたるという独特の学風を開き、正倉院宝物の研究にも貢献。著書「唐代の服飾」「漢六朝の服飾」「楽浪」。

はらたんざん【原坦山】 1819.10.18～92.7.27 幕末～明治期の僧・仏教学者。号は覚仙。陸奥国磐城平藩士の家に生まれる。のち出家し京阪方面で参禅、かたわら西洋医学を学ぶ。一八七九年(明治一二)東京大学和漢文学科講師として仏教典籍を講義し、東大インド哲学科の源流となった。のち曹洞宗大学林総監・東京学士会院会員。奇行で知られたが、心身の調和を唱え仏教の身心論的解釈を志した。「坦山和尚全集」全一巻。

はらぶだゆう【原武太夫】 1697～1776.7.9/92.2.22 享保頃の三味線の名手。本名盛和。幕府の御手先与力だったが、遊芸を好み、三味線組歌・長唄や河東節・一中(いっちゅう)節など諸浄瑠璃を習得。一中節「夕霞浅間嶽」、長唄「吉原雀」の一節を作曲したとも伝える。一七三六年(元文元)三弦を断つ。狂歌も作った。著書「断絃余論」「奈良柴」。

はらマルチノ【原マルチノ】 1568?～1629.10.23 天正遣欧使節副使の一人。一五八二年(天正一〇)長崎を出発しスペイン、ローマなどに赴く。ラテン語の才に恵まれ、帰途の八七年インドのゴアでバリニャーノに対しラテン語で謝辞をのべる。帰国後の九一年、天草でイエズス会に入会。在欧中に習得した洋式活字印刷の技術によって、キリシタン版の刊行に貢献。一六一四年(慶長一九)禁教令によりマカオに追放され、同地で没。

ばらもんそうじょう【婆羅門僧正】 ⇨菩提僊那(ぼだいせんな)

はらもんど【原主水】 1587～1623.10.13 江戸初期のキリシタン武士。下総国臼井城主の原氏出身。名は胤信。一六〇〇年(慶長五)頃受洗し、洗礼名ジョアン。徳川家康の小姓から、〇三年御徒三十人組の頭となる。一二年旗本ら直臣にキリシタン禁制が実施された際に改易。一四年捕らえられ、額に十字の烙印を押され手足の指を切断されて翌年追放。江戸浅草の癩病院に潜伏して信者の世話をしていたが、密告により捕縛され、二三年(元和九)江戸大殉教で高輪札の辻で火刑により殉教。

はらようゆうさい【原羊遊斎】 1769～1845.12.25 江戸後期の蒔絵師。通称は久米次郎、号は更山。江戸神田に住む。琳派風の装飾性豊かな意匠と、薄肉高蒔絵を基調とした精細な技法で知られ、中山胡民をはじめとする多くの門人を育てた。酒井抱一・鷹見泉石・谷文晁・大田南畝ら当時一流の文化人と交流があり、職人というより工房の主宰者としての性格が強かった。代表作は静嘉堂文庫蔵の片輪車蒔絵大棗、江戸東京博物館蔵の蔓梅擬目白蒔絵軸盆。

はらよしみち【原嘉道】 1867.2.18～1944.8.7 明治～昭和前期の法律家・政治家。信濃国生れ。東大卒。農商務省勤務の後、一八九三年(明治二六)弁護士となり、民事訴訟の第一人者として知られた。田中義一内閣の法相を務め治安維持法の「改悪」にかかわった。一九三一年(昭和六)枢密顧問官、三八年枢密院副議長、四〇年から死去まで枢密院議長を務め、御前会議などに列席、太平洋戦争の開戦決定には批判的であった。

はらりょうざぶろう【原亮三郎】 1848.10.18～1919.12.8 明治期の出版業者。美濃国生れ。一八六八年(明治元)上京。前島密に認められ神奈川県の官吏となるがほどなく辞し、七五年横浜弁天通りに書店金港堂を開く。翌年東京日本橋に移転、各種出版事業で著名となる。一九〇二年教科書疑獄事件まで東京書籍組合の重鎮であった。

はらろくろう【原六郎】 1842.11.9～1933.11.14 明治・大正期の実業家。但馬国生れ。一八七一年(明治四)欧米に留学。七八年国立第百銀行頭取、八〇年東京貯蔵銀行創立、八三年横浜正金銀行頭取となる。以後日本銀行・台湾銀行・日本勧業銀行・日本興業銀行の創立委員として銀行業の発展に寄与した。そのほか、山陽鉄道・東武鉄道・富士製紙・横浜船渠・東洋汽船などの経営に関与し、経済界に主導的地位を築いた。一九一九年(大正八)引退。原邦造は養子。

ハリス **Ⅰ Merriman Colbert Harris** 1846.7.9～1921.5.8 アメリカ・メソジスト監督教会宣教師。一八七三年(明治六)来日、翌年函館に赴任し、同地最初のプロテスタント教会の函館教会を創立、札幌バンドの学生たちに授洗。一時帰国し一九〇四年、日本・朝鮮宣教監督として再来日、〇七年のメソジスト三派合同による日本メソヂスト教会の成立に本多庸一とともに尽力した。青山学院内のハリス館で死去。

Ⅱ Townsend Harris 1804.10.4～78.2.25 アメリカの外交官。ニューヨークの商人出身。中国・東南アジアで貿易に従事したのち、一八五四年寧波領事。ただしみずからは赴任しなかった。五五年下田駐在の初代米国総領事に任命され、通商条約締結の全権を委任された。五六年(安政三)シャム(タイ)で通商条約を締結したのち下田に来航、玉泉寺に総領事館を開いた。五七年下田条約締結。同年、江戸に上り将軍徳川家定に大統領の親書を上呈。老中堀田正睦に通商の急務を説いて通商条約の交渉に入った。五八年他国にさきがけて日米修好通商条約の調印に成功。五九年初代駐日公使となり、江戸麻布善福寺に公使館を設けた。外国外交団中の最古参として幕府の信頼を得た。六二年(文久二)帰国。

はりつけもざえもん【磔茂左衛門】 ?～1682? 江戸前期の義民。杉木氏。上野国月夜野村の百姓。両国橋普請の材木山出し人足徴発、諸運上、伊賀枡という不正枡による収奪などの沼田藩主真田伊賀守信利の苛政を、一六八一年(天和元)幕府に越訴し磔に処されたというが、事実は確認できない。直訴状の写は沼田領内各地に存在し、直訴者については異なる伝承がある。茂左衛門地蔵尊が現存し、明治期以降物語が作成され、代表越訴型一揆の典型とされるにいたった。

バリニャーノ **Alexandro Valignano** 1539.2.-～1606.1.20 イタリア人イエズス会巡察師。一五七九年(天正七)肥前国口之津に上陸、翌年五畿内を巡察し、織田信長から歓待された。日本イエズス会第一回協議会を開き、布教方針に日本の習慣などへの適応主義を採用、日本人聖職者養成のための教育機関であるセミナリヨ、コレジヨ、ノビシヤドの設立を指令した。通信制度を改革し、日本年報を作成させた。八二年天正遣欧使節を伴い離日。九〇年インド副王使節として長崎に上陸。豊臣秀吉のバテレン追放令への対処を協議し、キリシタン版の出版にも着手。九一年聚楽第で秀吉に謁見。九二年(文禄元)長崎での第一回日本イエズス会管区会議後に再離日。九八年(慶長三)三度目の来日。一六〇三年まで長崎を中心に滞在。マカオで病死。

ハリマン **Edward Henry Harriman** 1848.2.20～1909.9.9 アメリカの鉄道企業家。シカゴから太平洋岸間の諸鉄道を支配下に収め、さらに極東を含めた世界一周鉄道計画を構想した。日露戦争終結時に南満州鉄道の日米共同経営を計画し、桂太郎首相との間で予備協定覚書を交わしたが、小村寿太郎外相の反対により協定は破棄され失敗。一九〇九年(明治四二)には錦州―愛琿鉄道を計画したが、急死した。

ハル **Cordell Hull** 1871.10.2～1955.7.23 アメリカの国務長官。F・D・ローズベルト政権の一九三三年三月四日～四四年一一月三〇日在職。南部出身の低関税論者で互恵通商協定を中南米諸国と締結、貿易拡大、「善隣外交」を展開した。一方、満州・中国をブロック化する日本の政策に反発し、日中開戦以降、九カ国条約の遵守を求めた。日米交渉の最終局面では中国からの日本軍全面撤退など、きびしい要求を含む覚書(ハル・ノート）を提示した。四五年ノーベル平和賞受賞。

パル Radha Binod Pal 1886.1.-～1967.1.- インドの法律家。名はラダビノードという表記もある。ベンガル州ナディア地方の貧しい農家の生れ。カルカッタ大学法学教授、カルカッタ高等裁判所判事、カルカッタ大学副学長を歴任。極東国際軍事裁判のインド代表判事を務め、「パル判決」とよばれる大部の別個意見を提出して、国際法上、戦争の犯罪性を否定し、被告全員の無罪を勧告した。

はるきよしあき［春木義彰］ 1846.1.1～1904.12.17 明治期の司法官僚。大和国生れ。幕末期の尊王運動に奔走。一八七一年（明治四）五条県権少属、翌年奈良県属・同大属。司法界に転じ東京上等裁判所判事などを歴任。八二年に下野し、立憲改進党結成に参加。のちに復帰し、九二年には検事総長、一九〇三年東京控訴院院長に就任。翌年貴族院勅選議員。

はるずみのよしただ［春澄善縄］ 797～870.2.19 平安前期の学者。伊勢国員弁（いなべ）郡生れ。父は周防の大目（だいさかん）猪名部豊雄。字は名達。本姓は猪名部造（いなべのみやつこ）。八二八年（天長五）春澄宿禰（すくね）に改姓し（八五三年朝臣）、文章得業生（もんじょうとくごうしょう）となる。八三〇年対策に及第。内記・東宮学士をへて、八四二年（承和九）文章博士。八六〇年（貞観二）参議、翌年式部大輔。この間、諸国の国司も歴任した。「続日本後紀」の編纂にたずさわり、仁明（にんみょう）・文徳両天皇に漢籍を講じた。「経国集」「本朝文粋」に詩文が残る。

はるふじしょうでん［春富士正伝］ 生没年不詳。豊後系浄瑠璃の一派正伝節の太夫。京都の人。初世宮古路薗八（そのはち）の弟子で、初名宮古路哥内（かない）。一七五八年（宝暦八）頃、春富士正伝を名のる。江戸に下って吉原に住み、芝居に出勤して薗八節を伝えた。弟は宮薗鸞鳳軒（みやぞのらんぽうけん）の弟子の春太夫で、江戸に下り初世宮薗千之に宮薗節を伝える。

ハルマ François Halma 1653.1.13～1722.1.13 オランダの書籍商・出版業者。ランゲラック生れ。ユトレヒトでラテン語を学び、フランス語や出版知識を身につけ、一六七四年出版業者として独立。九九年アムステルダム、一七一〇年にはレーウワルデンに移転し、多くの学問的書籍を刊行、高い評価をえた。日本ではその出版書「蘭仏辞典」がハルマ（法児馬）として知られ、江戸を中心とする学者たちとドゥーフ指導下の長崎の学者らがそれぞれ訳出し、蘭学の発展に大きな影響を与えた。

バレト Belchior Nunes Barreto 1520?～71.8.10 ポルトガル人イエズス会宣教師。一五五三年インド管区長に任命。五六年（弘治二）当時インド管区に属していた日本へ視察のため来日。宗教用語問題の方針を定め、ザビエルのカテキズモ（教理問答書）を再編成し、教理書「二十五箇条」を編集。同書は七〇年（元亀元）まで使用された。五七年インドに戻り、ゴアで没。

ハーン ⇨小泉八雲（こいずみやくも）

はんがく［板額］ 生没年不詳。鎌倉前期の武勇に優れた女性。父は越後国の豪族城（じょう）資国。一二〇一年（建仁元）兄城長茂の乱に呼応して、本国で挙兵。長茂が京都で敗死すると、甥資盛とともに蒲原郡鳥坂城に籠城して佐々木盛綱の率いる幕府軍と交戦し、勇名をはせる。落城後、鎌倉に護送されたが、甲斐源氏の浅利義遠が将軍源頼家に助命嘆願して引きとり、妻とした。

はんけい［繁慶］ 生没年不詳。江戸前期の鉄砲工・刀工。野田善四郎清尭（きよたか）。三河国出身の鉄砲鍛冶で、徳川将軍（家康または秀忠）の命により一六一〇～一四年（慶長一五～一九）に諸国の一宮や大社に鉄砲を奉納している。のち刀鍛冶に転じて繁慶を名のる。刀剣の作風は古作正宗を理想とした独特のもの。

ばんけいえいたく［盤珪永琢］ 1622～93.9.3 「ようたく」とも。江戸前期の臨済宗妙心寺派の禅僧。諱は永琢、字は盤珪。播磨国生れ。諡号は仏智弘済禅師・大法正眼国師。一六歳のとき雲甫元祥について得度、牧翁祖牛（ぼくおうそぎゅう）について法をついだ。肥前国平戸の松浦鎮信ほか諸大名の帰依をうける。播磨国姫路の竜門寺、江戸天祥寺などの開山となり、一六七二年（寛文一二）京都妙心寺の住持となる。不生禅を唱えた。

ばんこうけい［伴蒿蹊］ 1733.10.1～1806.7.25 江戸後期の歌人・文章家。名は資芳（すけよし）、蒿蹊は号。また閑田廬と号す。近江八幡出身の京都の商家に生まれ、八歳で本家の富商伴資之の養子となる。一八歳で家督を相続し家業に精励したが、三六歳で隠居・剃髪し以後著述に専念した。著書「主従心得草」は近江商人の典型的家訓とされ、また「近世畸人伝」は伝記として名高い。ほかに日本散文史の嚆矢といわれる「国文世々（くにつふみよよ）の跡」などがある。

ばんざいりはちろう［坂西利八郎］ 1871.12.16～1950.5.31 明治～昭和期の軍人。陸軍中将。和歌山県出身。陸軍士官学校（二期）・陸軍大学校卒。長く中国に駐在し、袁世凱（えんせいがい）らの軍閥と関係をもち、情報収集・謀略活動などに従事。

はんしじょおう［班子女王］ 833/853～900.4.1 光孝天皇の女御（にょうご）。父は仲野親王。母は当宗（あてむね）氏。時康親王（光孝天皇）の室となり、源定省（さだみ）（宇多天皇）らを生んだ。八八四年（元慶八）光孝天皇の即位にともない女御となる。八八七年（仁和三）皇太夫人、八九七年（寛平九）皇太后となった。その間、天皇家の重鎮として政治にたびたび関与した。

ばんずいい［幡随意］ 1542.10.15～1615.1.5 演蓮社智誉向阿白道とも。江戸初期の浄土宗の学僧。相模国生れ。郷里の二伝寺で出家、鎌倉光明寺で修学。武蔵国川越の蓮馨(れんけい)寺の存貞に学ぶ。一六〇一年(慶長六)京都知恩院の住持となり、二年後江戸に新知恩寺(幡随院)を開創。徳川家康の命で北九州に下り、キリスト教徒の改宗に尽力。

ばんずいいんちょうべえ【幡随院長兵衛】 ?～1657.7.18　江戸前期の侠客・町奴(まちやっこ)。経歴は不明だが、大名・旗本への奉公人の口入れ稼業をしていたと推定される。判明している事実は、一六五七年(明暦三)七月一八日に万随長兵衛と名のる牢人が、旗本水野十郎左衛門成之の屋敷で些細なことから十郎左衛門と口論となり、無礼のかどで切り殺されたということだけである。後年これが旗本奴と町奴の抗争事件として、芝居や講談でとりあげられて有名となった。

はんぜいてんのう【反正天皇】　記紀系譜上の第一八代天皇。五世紀前半頃の在位という。多遅比瑞歯別(たじひのみずはわけ)天皇と称する。父は仁徳天皇、母は皇后磐之媛(いわのひめ)。履中天皇の同母弟。河内の丹比(たじひ)に柴籬(しばがき)宮を営んだ。『宋書』倭国伝にみえる倭王珍(ちん)は、名前の瑞が転訛したとする説がある。葬られた百舌鳥耳原北(もずのみみはらのきた)陵は、大阪府堺市の田出井山古墳にあてられているが、誉田山(こんだやま)古墳(応神陵)に求める説もある。

ばんだんえもん【塙団右衛門】　⇨塙直之(ばんなおゆき)

ばんどうしゅうか【坂東しうか】 1813～55.3.6　歌舞伎俳優。江戸後期の女方。江戸生れ。屋号は大和屋。三世坂東三津五郎の養子。風姿と口跡にすぐれた派手な芸風で、八世市川団十郎と江戸の人気を二分。勇み肌の女性を演じて評判をとる。所作事(しょさごと)にも秀でていた。俳名玉花・秀歌。昭和期の四世まである。

ばんどうせつ【伴道雪】 ?～1621　織豊期～江戸初頭の弓術家で、道雪派の祖。名は喜左衛門一安。道雪は号。京都建仁寺の小法師の子といわれ、雪荷(せっか)派の祖吉田重勝が同寺に住した頃弟子となった。重勝から唯一奥秘を伝授され、道雪派をたてた。はじめ丹後国田辺城主細川幽斎に仕え、のち田辺を辞去して諸国を歴遊。のち尾張清洲藩(松平忠吉)・大和国郡山藩に仕えた。

ばんどうつまさぶろう【阪東妻三郎】 1901.12.14～53.7.7　大正・昭和期の映画俳優。本名田村伝吉。東京都出身。歌舞伎役者から一九二三年(大正一二)映画俳優に転じ、「討たるる者」「影法師」「雄呂血」など虚無的時代劇映画で注目された。以後独特のせりふ回し、重厚な演技で時代劇の大スターとして君臨。一方「無法松の一生」「王将」「破れ太鼓」などの現代劇にも好演し、幅広い演技力が高く評価された。

ばんどうひこさぶろう【坂東彦三郎】　歌舞伎俳優。江戸中期から八世を数える。初世・三世・五世が著名。屋号は万屋(よろずや)。三世の途中から音羽屋。初世(一六九三～一七五一)は初世坂東又太郎の弟子。武道事・実事(じつごと)をよくした享保～寛延期の名優。俳名薪水。三世(一七五四～一八二八)は八世市村羽左衛門の末子。地芸・所作事(しょさごと)ともによく、和事・実事・武道事を得意とした。俳名橘子(きっし)のち薪水。五世(一八三二～七七)は江戸生れ。四世の養子。幼名銀蔵。幕末・明治期の江戸劇団を代表する名優。容姿・技芸とも天分に恵まれ、すべての役柄に長じた。俳名鶴子のち薪水。

ばんどうみつごろう【坂東三津五郎】　歌舞伎俳優。江戸中期から一〇世を数える。屋号は大和屋。三世(一七七五～一八三一)は化政期の名優。三世中村歌右衛門と江戸の人気を二分。初世の実子。風姿にすぐれ、和事・実事(じつごと)を得意とし、所作事(しょさごと)の名人とされた(坂東流)。俳名秀歌・秀佳。俗称永木(えいき)の三津五郎。四世は一一世守田勘弥(もりたかんや)の前名。七世(一八八二～一九六一)は一二世守田勘弥の長男。本名守田寿作。東京都出身。舞踊の名人と称された。芸術院会員。人間国宝。八世(一九〇六～七五)は七世の養子。本名守田俊郎。東京都出身。実悪(じつあく)・老役(ふけやく)に長じ、第二次大戦後、武智鉄二の唱える武智歌舞伎では指導者となった。人間国宝。

ばんな【鑁阿】 ?～1207　「ばんあ」とも。平安末～鎌倉前期の高野山の僧。高野山興隆のための勧進活動に従事。一一八六年(文治二)には後白河上皇に勧めて、その所領備後国大田荘を高野山に寄進させ、以後も置文を定めて同荘の経営に尽くした。のち和泉国の荒野の開発も手がけている。栃木県足利市にある鑁阿寺の開基足利義兼と同一人物という説もあるが、確証はない。

ばんなおゆき【塙直之】 1567～1615.4.29　織豊期～江戸初期の武将。通称団右衛門。加藤嘉明の家臣で一〇〇〇石を領したが、一六〇〇年(慶長五)関ケ原の戦での行動を嘉明にとがめられ牢人となる。その後小早川秀秋に仕え鉄砲大将を勤めたという。一四年大坂冬の陣では豊臣方に参陣し、大野治長の指揮下に属した。翌年夏の陣では、大野治房らとともに大将格となり、四月二九日、和泉国樫井在陣の浅野長晟(ながあきら)と戦い戦死。

ばんのぶとも【伴信友】 1773.2.25～1846.10.14　江戸後期の国学者。父は若狭国小浜藩士山岸惟智。通称鋭五郎、のち州五郎、号は特(こと)・事負。平田篤胤・香川景樹・橘守部と並ぶ天保四大人の一人。同藩士伴信当の養子となり江戸に転居。一八〇一年(享和元)本居宣長没後の門人となって本居大平の指導をうけた。その学風は精緻・周到で慎重な点が特色。考証史学の面で頭角を現し、同門としてはじめ緊密な関係にあり、のちに断交した平田篤胤とは対照的であった。終生、史料の探索と諸書の校訂に従事し、三〇〇巻に及ぶ著書は諸方面にわたるが、とくに「日本書紀」後世改刪説や「長等の山風」における大友皇子即位説は有名。著書「比古婆衣」「神名帳考証」。

ばんばやしみつひら【伴林光平】 ⇨伴林光平

はんふ【潘阜】 生没年不詳。高麗の官人。巨済島(現、慶尚南道)生れ。起居舎人の任にあった一二六七年(文永四)、元の黒的らにかわって元の国書と高麗の書を携え、日本に遣わされた。翌年大宰府に着き、少弐資能に国書を渡し、初の日元交渉が始まるが、幕府は回答を拒絶。六九年再び日本にむかうが、対馬島から先に進めなかった。文永の役には、知兵馬副使として参戦。

はんぶんこ【范文虎】 生没年不詳。中国の元の武将。はじめ南宋の武将だったが、一二七五年、元軍が安慶(現、安徽省)に侵入した際、元軍に降る。八一年(弘安四)征日本行省右丞として、江南軍を率いて日本に遠征したが大暴風のために壊滅。范文虎はかろうじて帰還したが、罰せられなかった。八七年、モンゴル族のノヤンが反乱した際、フビライの親征に従軍し、東北地方鎮撫のため遼東行省の設置を願い、認められる。

ハンベンゴロ ⇨ベニョフスキ

バン・ボールクンバーク ⇨ファルケンブルグ

ばんりしゅうく【万里集九】 1428.9.9～? 室町中・後期の臨済宗の僧で、後期五山文学の代表的詩人。近江国生れ。相国寺の大圭宗价に従って出家した。その後、常在光寺の一華建怤などから学芸面での指導をうけ、以後詩文の道に励んだ。応仁・文明の乱の際に還俗し漆桶万里と称した。一四八五年(文明一七)太田道灌の招きで江戸に赴いた。生涯をとおして美濃・尾張・関東・越後など各地を遍歴した。詩文集「梅花無尽蔵」。

バン・リード Eugene Miller Van Reed 1835.4.6～73.2.3 幕末・維新期のアメリカ人外交官・商人。一八五三年、サンフランシスコでジョセフ・ヒコ(浜田彦蔵)と出会う。五九年(安政六)来日、神奈川アメリカ領事館書記生となるが翌年辞職。六三年にオーガスティン・ハード商会の横浜支店に勤務、六五年に帰国療養、その間に駐日ハワイ国総領事職につく。翌年再来日し、六八年ハワイへの最初の日本人移民を斡旋、送り出した。

ばんりゅう【播隆】 1782～1840 江戸後期の山岳修行者。越中国生れ。生家は代々一向宗の道場。一九歳で出家、のちに巡錫の旅にでる。円空が開山と伝える飛驒国笠ケ岳を再度開く。その後中田又重郎の協力をえて数回の登山を試み、一八二八年(文政一一)槍ケ岳の初登頂に成功、さらに登山道を整備した。

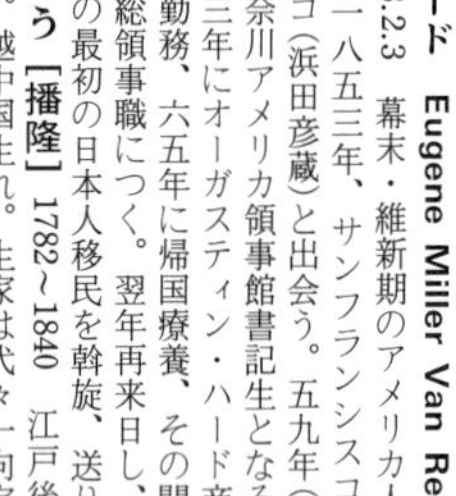

ピアソン Louise Henrietta Pierson 1832.4.7～99.11.28 アメリカ婦人一致外国伝道協会の宣教師。一八七一年(明治四)他の二婦人とともに来日、横浜山手に亜米利加婦人教授所(のち横浜共立学園)を創立し、校長に就任。八一年偕成伝道女学校(のち共立女子神学校)を設立、校長を兼任。横浜で没した。

ひうじ【肥氏】 肥後国北部を本拠とした豪族。肥(火)君を名のる。「古事記」には神八井耳命を祖と記し、「肥前国風土記」には崇神朝に肥君の祖健緒組が火国を治めたとあり、火国造に任命されたものと考えられる。「日本書紀」欽明紀には、筑紫火君が外征に従事したことがみえる。八世紀には筑前国志麻郡大領に肥君姓の者がみえ、この地に居住した者は多い。そのほか薩摩国の郡司にも肥君姓の者があり、南北に進出している。

ビエイラ Sebastião Vieira 1573～1634.5.14 ポルトガル人イエズス会宣教師。一六〇四年(慶長九)来日し、広島で布教。一時マカオに戻ったが、再び来日。一四年禁教令でマニラに渡ったが、一五年(元和元)日本に潜入、大村地方に布教。一九年マカオに移り、ローマに赴いた。三二年(寛永九)フィリピンから日本に潜入し、その後大坂で捕らえられ、江戸で殉教。

ひえだのあれ【稗田阿礼】 654?～? 七～八世紀の人。諸家に伝わる「帝紀」や「旧辞」を整理編修しようとした天武天皇は、舎人であった阿礼に命じ、それらを「誦習」させたという。時に二八歳。阿礼が選ばれたのは、生まれつき聡明で、どんな文もみればすぐに音読し、一度聞けば二度と忘れなかったためであった。したがって編修そのものにたずさわったわけではなかったと考えられる。天武天皇が没したため作業は完了しなかったが、七一一年(和銅四)元明天皇が太安麻呂に命じて阿礼の誦習の成果を撰録させ、翌年に「古事記」として完成した。稗田氏は天鈿女命を祖とする猿女君氏の一族で、大和国添上郡稗田(現、奈良県大和郡山市稗田町)を本拠とした。阿礼を女性とする説があるが誤り。

ひおきえき【日置益】 1861.11.20～1926.10.22 明治・大正期の外交官。伊勢国生れ。東大卒。一九一〇～二〇年代に対中国外交にたずさわる。一五年(大正四)の対華二十一カ条の要求の際には中国公使として難交渉にあたった。二五年の北京関税特別会議には日本全権として参加、中国側の関税自主権回復要求に好意的に対応し、日中協調に努めた。

ひがきのおうな【檜垣嫗】 生没年不詳。平安時代の歌人。伝説的な人物で、実体はわからない。「後撰集」は筑紫国の白川に住む檜垣嫗の家の前を通った大宰大弐藤原興範が水を求めたところ、「年ふればわが黒髪も白川のみづはぐむまで老いにけるかな」と詠んだとのせる。勅撰集入集はこの一首のみ。「大和物語」でも機知が評価されている。「檜垣嫗集」があるが、虚構性が強く檜垣嫗の家集とはいいがたい。その老醜のイメージは謡曲にも謡われている。

ひがしおんなかんじゅん【東恩納寛惇】 1882.10.14～1963.1.24 昭和期の歴史家。号は虬州。沖縄県出身。東大卒。東京府立高校教授、法政大学・拓殖大学講師。広い視野に立ち手堅い実証的方法で本格的な琉球史の研究を進め、「尚泰侯実録」など多くの先駆的業績を残す。「東恩納寛惇全集」全一〇巻。

ひがしくぜけ【東久世家】 村上源氏久我家庶流。羽林家。権大納言久我通堅の孫通廉を祖とし、一六四四年(正保元)に創立。通廉の父祖秀(下津棒庵)は加藤清正に仕えた。家禄は三〇石三人扶持。通積は宝暦事件に連坐して落飾。通禧は幕末・維新期に活躍し、維新後、伯爵となり、元老院・貴族院・枢密院の副議長を歴任。通禧の四男秀雄も一家を創立し男爵。

ひがしくぜみちつむ【東久世通積】 1708.9.6～64.8.21 江戸中期の公家。博高の子。一七四一年(寛保元)従三位。四七年(延享四)議奏。竹内式部に垂加神道を学ぶ。五八年(宝暦八)宝暦事件で議奏を罷免。翌年差控に処され、六〇年落飾して思寛と称した。

ひがしくぜみちとみ【東久世通禧】 1833.11.22～1912.1.4 幕末期の公家、明治期の政治家。伯爵。号は竹亭・古帆軒。国事御用掛・国事参政となり尊王攘夷を唱えたが、一八六三年(文久三)の八月十八日の政変で罷免され、西国に脱出(七卿落ち)。王政復古により新政府に入り、外国事務総督・神奈川府知事・開拓長官・侍従長などをへて、七一～七二年(明治四～五)岩倉遣外使節団に理事官として加わり欧米を視察。元老院議官・同副議長・枢密顧問官・貴族院副議長・枢密院副議長を歴任。

ひがしくになるひこ【東久邇稔彦】 1887.12.3～1990.1.20 昭和期の元皇族・陸軍軍人。久邇宮朝彦親王の第九子。東久邇宮家を創立。妃は明治天皇の皇女聡子内親王。陸軍大学校卒、一九二三年(大正一二)フランス陸軍大学卒。軍事参議官・陸軍大将。第二次大戦後の混乱を防ぐ目的で、とくに天皇に請われて四五年(昭和二〇)八月内閣を組織。降伏文書の調印、軍の解体などの終戦処理を実施したが、占領軍当局の急激な民主化政策に追いつけず二カ月で総辞職。四七年の皇室改革で皇籍を離れ、晩年は新興宗教の開祖となるなど奔放な生活ぶりで話題をまいた。

ひがしくにのみや【東久邇宮】 一九〇六年(明治三九)一一月勅旨により久邇宮朝彦親王の王子稔彦王が創立した宮家。稔彦王は一五年(大正四)明治天皇の第九皇女聡子内親王と結婚し、長男盛厚王も昭和天皇の第一皇女成子内親王と結婚。稔彦王は陸軍に入り大将に進み、第二次大戦終結後、日本憲政史上初の皇族内閣を組織し終戦処理にあたった。四七年(昭和二二)皇籍を離脱して東久邇家となった。

ひがしさんじょういん【東三条院】 962～1001.閏12.22 円融天皇の女御。名は詮子。父は藤原兼家。母は藤原時姫。九七八年(天元元)円融天皇の女御となり、九八〇年懐仁親王(一条天皇)を生んだ。九八六年(寛和二)皇太后となる。九九一年(正暦二)出家し、皇太后宮職を止め、太上天皇に準じて院号を授けられ、東三条院と称した。これが女院制のはじめである。以後しばしば政治に関与した。

ひがしぞのけ【東園家】 藤原氏北家頼宗流の園家支流。羽林家。神楽の家。園基任の次男基教を祖とし、元和年間(一六一五～二四)に創立。二代は園基音次男基賢が相続して一六六三年(寛文三)議奏。正二位権大納言に昇り、これが極位極官となる。家禄は一八〇石。一〇代基敬は一八六三年(文久三)八月十八日の政変で差控の処分をうけるが、六七年(慶応三)一二月九日の王政復古で新政府参与となる。維新後、基愛が伯爵となり、侍従・掌典次長を歴任。

ひがしふしみのみや【東伏見宮】 伏見宮第一七王子依仁親王を祖とする宮家。依仁親王は一八六九年(明治二)長兄の山階宮晃親王の養子となり、のち兄小松宮彰仁親王の養子として小松宮の後嗣となった。一九〇三年彰仁親王の願いにより後嗣を止め、依仁親王は新たに東伏見宮家を立てた。同親王には継嗣がなく、親王の死後、三一年(昭和六)に久邇宮邦彦王の第三王子邦英王が臣籍に下って東伏見家を立てて祭祀を継承した。

ひがしふしみのみやよしあきらしんのう【東伏見宮嘉彰親王】 ⇨小松宮彰仁親王

ひがしふしみのみやよりひとしんのう【東伏見宮依仁親王】 1867.9.19～1922.6.27　明治期の皇族・海軍軍人。伏見宮邦家親王の第一七王子。幼名は定宮。一八六九年(明治二)長兄の山階宮晃親王の養子となる。八四年から九二年まで英・仏に留学。八五年小松宮の継嗣となり、翌年親王宣下により依仁の名をうける。一九〇三年東伏見宮家を創立。海軍軍人として日清・日露戦争に功があり、一八年(大正七)海軍大将。大日本水産会総裁・日仏協会名誉総裁を務める。

ひがしぼうじょうけ【東坊城家】 菅原氏五条家庶流。半家。鎌倉末期の五条長経の次男茂長に始まる。紀伝道の家。二代長綱以降、大学頭・文章博士などを歴任し、権大納言を極官とした。戦国期～近世初期の和長・盛長は氏長者となる。江戸時代の家禄は三〇一石。幕末期の聡長は議奏・武家伝奏を勤めた。維新後、徳長のとき子爵。

ひがしやまかいい【東山魁夷】 1908.7.8～99.5.6　昭和期の日本画家。神奈川県出身。本名新吉。東京美術学校卒。結城素明に師事。一九三三～三五年(昭和八～一〇)ドイツ留学。五六年日本芸術院賞受賞。六五年日本芸術院会員。六九年文化勲章受章。八〇年唐招提寺襖絵完成。作品「道」、著書「風景との対話」。

ひがしやまちえこ【東山千栄子】 1890.9.30～1980.5.8　大正・昭和期の俳優。千葉県出身。本名河野せん。学習院女学部卒。結婚後、ロシア革命前のモスクワで生活。帰国後一九二五年(大正一四)築地小劇場へ入団し、三五歳で初舞台。四四年(昭和一九)俳優座の創立に参加。当り役は「桜の園」のラネーフスカヤ夫人。映画でも多くの小津安二郎監督作品で活躍した。

ひがしやまてんのう【東山天皇】 1675.9.3～1709.12.17　在位1687.3.21～1709.6.21　霊元天皇の第四皇子。名は朝仁。母は松木宗条の女敬法門院宗子。幼称五宮。一六八二年(天和二)三月父霊元天皇の意思により儲君に決定。同年一二月親王宣下、翌年二月立太子。八七年(貞享四)四月即位礼、一一月大嘗会が行われた。立太子礼および大嘗会はこのとき再興。天皇は上皇方の意向にしばしば悩まされたが、徐々に主導権を得、幕府との関係も安定した。

ひがしゅんちょう【比嘉春潮】 1883.1.9～1977.11.1　大正・昭和期の沖縄史・沖縄文化の研究者。本名春朝。沖縄県西原間切出身。沖縄師範学校卒。教職をへてのち新聞記者となる。伊波普猷や柳田国男を知り影響をうける。一九二三年(大正一二)上京し、改造社に勤めるかたわら、柳田とともに「島」を刊行して歴史・民俗に関する論考を発表。「翁長旧事談」はよく知られている。著書「沖縄の歴史」。「比嘉春潮全集」全五巻。

ひかみのかわつぐ【氷上川継】 河継とも。生没年不詳。八世紀後半～九世紀前半の官人。新田部親王の孫。父は塩焼王、母は不破内親王。志計志麻呂の弟。七七九年(宝亀一〇)従五位下。七八二年(延暦元)一月因幡守、翌月謀反の企てが露見したが、光仁天皇の諒闇のために死一等を減じられ、妻とともに伊豆国三島へ配流。八〇五年桓武天皇の病による恩赦で許され、翌年天皇死去の前日に従五位下に復した。八〇九年(大同四)典薬頭、八一二年(弘仁三)伊豆守。以後の消息は不明。

ひかみのしおやき【氷上塩焼】 ⇨塩焼王

ひかみのしけしまろ【氷上志計志麻呂】 生没年不詳。八世紀後半の賜姓皇族。新田部親王の孫。父は塩焼王、母は不破内親王。川継の兄。七六四年(天平宝字八)恵美押勝の乱に連坐した父は斬られたが、母が聖武天皇の皇女であったため連坐を免れた。七六九年(神護景雲三)県犬養姉女が首謀者となり、志計志麻呂を皇位につけようと称徳天皇を厭魅呪詛した事件が発覚し、土佐国へ配流。七七一年(宝亀二)事件は誣告として関係者は許されたが、志計志麻呂の消息は不明。

ひきし【比企氏】 平安後期～鎌倉前期の武蔵国の豪族。藤原秀郷流。比企郡よりおこった。平安末、比企掃部允の妻比企尼は源頼朝の乳母として大功があり、甥の能員も頼朝の側近、頼家の乳母の夫として活躍。さらに女の若狭局が頼家に嫁して一幡を生んだため、頼家が将軍になると外戚として勢威をふるったが、その勢いを恐れた北条氏により一二〇三年(建仁三)能員は謀殺され、一族は滅亡(比企氏の乱)。

ひきともむね【比企朝宗】 生没年不詳。平安末～鎌倉初期の武将。源頼朝の乳母比企尼の夫比企掃部允遠宗の弟か。一一八四年(元暦元)源義仲滅亡後、鎌倉殿勧農使として北陸道の戦後処理を行う。その後、源範頼に従い平家追討のため西国を転戦。八六年(文治二)源頼朝の使節として上洛、源義経の捜索にあたる。八九年奥州合戦に従軍、藤原氏討伐後、平泉の諸寺院の安堵にたずさわった。

ひきのあま【比企尼】 生没年不詳。源頼朝の乳母。比企掃部允遠宗の妻。一一五九年(平治元)頼朝が伊豆に流刑になると、夫の本領武蔵国比企郡に下った。三人の女は、河越重頼・安達盛長・平賀義信ら有力御家人に嫁ぎ、それぞれ源義経の妻、源範頼の妻、平賀朝雅らを生んだ。養子とした能員(よしかず)の女を源頼家に嫁がせたり、源家有力者との多角的な姻戚関係を通して初期幕府政治の陰の実力者として活動した。

ひきよしかず【比企能員】 ?~1203.9.2 鎌倉前期の武将。武蔵国比企郡の豪族。上野・信濃両国の守護。藤四郎と称する。源頼朝の乳母比企尼の姉妹の子で、比企氏を継ぐ。将軍家との縁が深く、妻(渋河氏)や義妹ら(平賀義信の妻、河越重頼の妻)は源頼家の乳母、女の若狭局は頼家の妻となった。一一八九年(文治五)の奥州合戦では北陸道大将軍、翌年の大河兼任(かねとう)の乱では東山道大将軍。頼朝の死後は将軍頼家の外戚として勢威をふるった。一二〇三年(建仁三)頼家が危篤となると、若狭局の生んだ長子一幡(いちまん)の擁立をはかり、弟千幡(実朝)を推す北条氏と対立、同年九月に北条時政の名越亭で謀殺された。

ひぐちいちよう【樋口一葉】 1872.3.25~96.11.23 明治前期の小説家・歌人。本名奈津。なつ・夏子ともいう。東京都出身。父は株を買った御家人で、明治維新後は下級府吏。一八八六年(明治一九)中島歌子の萩の舎塾に入門。八八年長兄が病死し、相続戸主となる。翌年父も死去し一家を背負う。三宅花圃(かほ)の「藪の鶯」に刺激をうけ、小説で生計をたてようとする。半井桃水(なからいとうすい)に師事するが、師弟関係が醜聞化し桃水から離れた。九二年に発表した「うもれ木」が「文学界」同人の目にとまり、交友が始まる。下谷竜泉寺町・本郷丸山町での生活を背景に「大つごもり」「にごりえ」「十三夜」「わかれ道」などを発表。「たけくらべ」は森鷗外・幸田露伴(ろはん)・斎藤緑雨(りょくう)の絶賛をうけ、文名は一気にあがったがまもなく病没。一連の日記が残る。

ひぐちかんじろう【樋口勘次郎】 1871.11.27~1917.12.13 明治期の新教育の主唱者。長野県出身。長野県尋常師範卒業後、小学校訓導をへて東京高等師範卒。のち同校教諭。一八九九年(明治三二)「統合主義新教授法」刊行。ヘルバルト教育学を批判し、児童の自発的活動を中心とする教育への転換を訴えて芦田恵之助らに影響を与えた。翌年イギリス・フランスに留学、教育学などを学ぶ。帰国後の一九〇四年に高等師範を辞め、「国家社会主義新教育学」を刊行。教育の重点を個人から国家に移した。

ひぐちきよゆき【樋口清之】 1909.1.1~97.2.21 昭和・平成期の考古学・歴史学者。奈良県出身。国学院大国史学科卒。国学院大教授・同栃木短大学長などを歴任。登呂遺跡をはじめ各地の古墳を発掘調査。考古学・庶民生活文化史について著作や放送で啓蒙的活動を進め、その大衆化に貢献。放送文化賞受賞。日本風俗史学会会長。著書「梅干と日本刀」「こめと日本人」「恋文から見た日本女性史」「化粧の文化史」など多数。

ひぐちけ【樋口家】 藤原氏北家長良流の高倉家庶流。羽林家(うりんけ)。高倉永家の子親具(ちかとも)の次男信孝を祖とし、慶長年間(一五九六~一六一五)に創立。家禄は二〇〇石。徳川家との交流が深く、信孝の次男中条信慶(ちゅうじょうのぶよし)は旗本になり、三女は名古屋藩主徳川光友との間に義昌を生んだ。維新後、誠康(なるやす)のとき子爵。

ひぐちごんえもん【樋口権右衛門】 ⇨小林義信(こばやしよしのぶ)

ひぐちたけし【樋口武】 1815.11.-~70.6.14 幕末期の尊攘派志士。土佐国幡多(はた)郡中村の郷士樋口正虎の子。学問と砲術を修め、諸国遊歴後に帰郷して学塾を開き、多くの子弟を教育。文久期以後郷里の尊攘派の中心的存在となる。一八六八年(明治元)戊辰(ぼしん)戦争に出陣し、凱旋後留守居組に昇進した。七〇年徳大寺家の公務人となり東京で没した。

ひぐらしこだゆう【日暮小太夫】 京都の歌念仏系の説経太夫。八太夫とともに日暮派を代表する名跡。寛文期の小太夫が著名で、「百合若大臣」(一六六二刊)、「王昭君」(一六六九刊)などの正本がある。芝居小屋は四条河原にあり、黒川古文化研究所蔵「四条河原風俗図巻」がその景観をよく写す。櫓紋(やぐらもん)は抱柏(だきがしわ)。延宝頃襲名の小太夫以降は人気も衰え、地方回りに明け暮れし、園城寺五別所の一つ近松(ごんしょう)寺(蟬丸宮)配下として、諸国説経者との連絡役をもはたした。

ひぐらしはちだゆう【日暮八太夫】 京都の歌念仏系の説経太夫。小太夫とともに日暮派を代表する名跡として、代々襲名された。八太夫名の正本は現存せず、芝居はとくにもたなかったのかもしれない。園城寺五別所の一つ近松(ごんしょう)寺(蟬丸宮)とはときに衝突しながらも配下にあったらしい。蟬丸宮祭礼にしばしば奉仕し、諸国の説経者にも影響力をもった。享保中期は宮古路歌内を名のって浄瑠璃太夫を兼ねた八太夫がいる。

ひぐらしりんせい【日暮林清】 生没年不詳。京都の歌念仏の語り手。寛文~元禄頃に活躍したらしい。林清の歌念仏は門付芸とは異なり、社寺などに聴衆を集めて行う説経に近いものと思われる。義太夫節の「井筒業平河内通(いづつなりひらかわちがよい)」の第二にみられる「林清(りんしん)」の節付けも説経「山椒太夫(さんしょうだゆう)」の部分に付されている。のちの義太夫節でも、もの寂しい場面を表す場合などにこの曲節を用いた。

ひけたべのあかいこ【引田部赤猪子】 「古事記」雄略天皇段に登場する説話中の女性。大和の美和河(三輪川)の辺で洗濯をしていた赤猪子を見初めた雄略天皇は、いずれ宮中に迎えるから結婚せずに待っていよと命じた。赤猪子はこれを信じて八〇年がすぎてしまい、せめて恨み言をいおうと、結納の品々を献上し訴えた。そのことをすっかり忘れていた天皇は赤猪子を憐れみ、多くの品々を与えたという。

ビゴー Georges Ferdinand Bigot 1860.4.7～1927.10.10 明治期のフランス人風刺漫画家。パリ生れ。五歳でその画才が人々を驚かす。パリの美術学校を中退、新聞や雑誌の画の仕事をうけるうち日本美術に魅せられる。一八八二年(明治一五)に来日、陸軍士官学校の画学教師を二年勤める。日本と日本人の生活を描きつつ、雑誌「トバエ」などを創刊、日本の新聞・雑誌にも時局風刺漫画を数多く発表した。治外法権が撤廃される直前の九九年六月、離日した。

ひこうしおう【彦主人王】 生没年不詳。五世紀半ばから後半の人。継体天皇の父。妻は越前国三国坂中井出身で、垂仁天皇七世の孫振媛。「古事記」「日本書紀」は継体天皇を応神天皇五世の孫として、父の名の彦主人王のみをあげるだけだが、「釈日本紀」に引用される「上宮記」は、凡牟都和希王(応神天皇)から継体に至る五代すべてをのせる。そこでは王は汙斯王と記され、またその父は乎非王とよばれたことが知られる。

ひこさかみつまさ【彦坂光正】 1565～1632.2.29 江戸前期の幕閣。駿府町奉行。今川義元の家臣彦坂成光の長男。通称九兵衛。本多広孝に仕え、小牧・長久手の戦で功をあげ、徳川家康の駿府政権のもとで出頭人として活躍。岡本大八事件、大久保長安事件、東福寺文英清韓(方広寺鐘銘の作者)拘禁などに関与した。家康死後は和歌山藩主徳川頼宣の付家老となったが、一六三二年(寛永九)頼宣のもとを去り、日光で没。

ひこさかもとまさ【彦坂元正】 ?～1634.1.8 元成とも。江戸前期の代官頭。今川義元の家臣彦坂光景の長男。通称小刑部。一五八九年(天正一七)徳川氏の五カ国総検地の奉行。徳川家康の関東入国後は江戸町奉行、また代官頭として相模国岡津(現、横浜市泉区)に陣屋を構え、南関東を支配。地方巧者で、伊奈忠次・大久保長安とともに関東三奉行とされる。一六〇一年(慶長六)一時閉門、〇六年には農民に不正を訴えられ改易。

ピゴット Ⅰ **Francis Stewart Gilderoy Piggott** 1883.3.18～1966.4.26 イギリスの駐日武官。陸軍少将。法律家F・T・ピゴットの子。一八八八年(明治二一)父の日本赴任により来日。のち語学将校として再来日。一九二一～二六年(大正一〇～昭和元)、三六～三九年の二度イギリス大使館付武官として東京に勤務。日英間の融和に努力。回想録「絶たれたきずな」。

Ⅱ **Francis Tayler Piggott** 1852.4.25～1925.3.12 イギリスの法律家。ギルドフォード生れ。ケンブリッジ大学卒。弁護士となり、イギリス法の研究で業績をあげた。一八八八年(明治二一)来日し、日本政府の法律顧問となり、憲法制定にあたって伊藤博文・井上毅らの諮問に応じた。九一年帰国。のち国際法・海事法の権威となり、香港の最高法院長などを務め、日本に関する多くの論文・評論を発表した。

ひこほでみのみこと【彦火火出見尊】 「古事記」では日子穂穂手見命。火遠理命・火折尊とも。記紀の神話にみえる神名で、ニニギとコノハナサクヤヒメとの間の子。火中出産によって生まれた。ヒコは天につながる嫡流であることを示し、ホホデミの名は炎が燃え出る意と稲穂が現れ出る意とを表す。山幸彦として、なくした兄海幸彦の釣針を求め海神の宮に赴き、その女トヨタマヒメと結婚、陸に戻り兄を屈服させた。子供にウガヤフキアエズがいる。神武天皇の別名にヒコホホデミがあることから、元来はヒコホホデミが東征の主人公であったかともいわれる。

ひさあきしんのう【久明親王】 1276.9.11～1328.10.14 鎌倉幕府八代将軍(在職一二八九・一〇・九～一三〇八・八・四)。父は後深草天皇、母は三条公親の女房子。一二八九年(正応二)親王の号を許され、ついで将軍に任じられて鎌倉に下った。将軍としての実権はほとんど有名無実であったが、一三〇八年(延慶元)将軍職を退いて京都へ上った。北条氏の主導する幕府により追放されたらしい。

ひさだけ【久田家】 茶道表千家系の茶家。近江国蒲生郡久田の武士久田刑部少輔実房がのちに堺にでて、千利休の妹を妻とした。その子宗栄(一五五七/五九～一六二四)を初世とする。二世宗利(一六〇六～八五)は利休の孫宗旦の女くれを娶り、弟に茶人藤村庸軒がいる。三世宗全は宗旦に茶を学び、弟は表千家五世の随流斎宗左、息子は同じく六世の覚々斎宗左となり、ここに家勢は安定した。以下現在の一二世宗也に至るまでその家系を継承している。

ひさだそうぜん【久田宗全】 1647～1707.5.6 江戸前期の茶人。茶道家元久田流第三世。父は二世宗利。母は千利休の孫宗旦の女。もと雛屋本間勘兵衛。号は半床庵・徳誉斎。叔父に茶人の藤村庸軒がおり、弟は表千家不審庵五世随流斎宗左、息子は同六世覚々斎宗左となるなど、茶道界に大きな影響力をもった。手づくりの茶道具に巧みで、赤茶碗銘かき餅・赤筒茶碗独り子、宗全手付置籠・ぶりぶり籠などがある。

ひさまつし【久松氏】 近世の大名・旗本家。菅原道真の孫雅規(童名久松丸)が尾張国智多郡阿古居(現、愛知県阿久比町)に配流され、子孫が久松を称したという。戦国期の俊勝は徳川家康の生母於大の方を室としたため、一五六〇年(永禄三)に松平姓を許され、以後同姓を称する。江戸時代には多数の大名・旗本がいる。宗家は俊勝の子定勝の嫡流で定行以後、伊予国松山藩主一五万石。分家には定行の弟定綱・定房をそれぞれ祖とする伊勢国桑名藩主一一万石・伊予国今治藩主三万五〇〇〇石のほか、定勝の兄勝俊流の下総国多古藩主などがいた。宗家は維新後伯爵。他は子爵。

ひさまつせんいち【久松潜一】 1894.12.16～1976.3.2 大正・昭和期の国文学者。愛知県出身。東大卒。一高・東京帝国大学教授を歴任。契沖研究を出発点に、文献学的研究方法によって日本古典文学を考究。「校本万葉集」の編纂に従事。古典文学全体を文芸思潮の変遷として通観する規模の大きな研究を展開し、多くの門下を育成した。著書「日本文学評論史」「国文学通論」「日本歌論史の研究」。「久松潜一著作集」全一三巻。

ひさまつとしかつ【久松俊勝】 1526～87.3.13 戦国期の武将。尾張国阿古居城(現、愛知県阿久比町)城主。徳川家康の家臣。妻は家康の生母於大(伝通院)。一五六〇年(永禄三)以後家康の三河制圧に従事。六二年西郡上ノ郷城(現、蒲郡市)を攻略、同城を与えられた。しかし阿久比・上ノ郷両城を子に譲り、自身は岡崎城で家康の留守居を勤めた。於大の生んだ子は家康の異父弟であるため松平の称号を許され、孫の定行以後は代々伊予松山藩主となった。

ひじかたおひさ【土方雄久】 1553～1608.11.12 織豊期の武将。父は信治。河内守。尾張国生れ。織田信雄に仕え伊賀一揆鎮定や小牧・長久手の戦で戦功をあげ、尾張国犬山で四万五〇〇〇石を与えられた。信雄の改易後豊臣秀吉に仕え、朝鮮出兵では名護屋に従軍。一五九六年(慶長元)には一万二〇〇〇石を領した。九九年徳川家康暗殺の嫌疑をうけ、常陸の佐竹氏に預けられたが、関ケ原の戦の際ゆるされ、家康に仕えた。同年越中国で一万石を与えられ、一六〇五年下総国で五〇〇〇石を加増された。

ひじかたし【土方氏】 近世の大名家。源頼親から五代後の秀治が祖。雄久のとき織田信雄に仕え、尾張国犬山四万五〇〇〇石を領する。のち豊臣秀吉に仕えた。一五九九年(慶長四)徳川家康暗殺の嫌疑により常陸国の佐竹氏に預けられたが、翌年ゆるされ、のち一万五〇〇〇石を領し、次男雄重が継いだ。一六二二年(元和八)陸奥国菊多に移るが、八四年(貞享元)後継をめぐる内紛により改易。長男の雄氏は徳川秀忠に仕え、一六〇〇年伊勢国菰野藩主一万二〇〇〇石となり、代々子孫が継ぐ。維新後子爵。

ひじかたせいび【土方成美】 1890.7.10～1977.2.14 昭和期の財政学者。兵庫県出身。土方寧の養子で旧姓町田。東大卒。一九二一年(大正一〇)東京帝国大学教授になり財政学講座を担当。国民経済と切り離されたドイツ正統派財政学を批判し、配分経済学を提唱。第二次大戦期にはマルクス経済学者を論敵として統制経済論に傾いた。三九年(昭和一四)の平賀粛学で大学を追われた。

ひじかたていいち【土方定一】 1904.12.25～80.12.23 昭和期の美術史家・美術評論家。岐阜県出身。東大卒。はじめ文学評論家として出発し、一九三六年(昭和一一)「近代日本文学評論史」を刊行。この頃から美術評論を始め、五一年神奈川県立近代美術館副館長、六五年同館長に就任。幅広い評論活動と、日本の近代美術館の普及に尽力した。六三年毎日出版文化賞、六八年芸術選奨文部大臣賞、七三年菊池寛賞を受賞。

ひじかたとしぞう【土方歳三】 1835～69.5.11 新撰組副長。武蔵国多摩郡の農家に生まれ、散薬の行商のかたわら剣術を学び、江戸の天然理心流近藤周助の門弟となる。一八六三年(文久三)の将軍徳川家茂上洛にともなって組織された浪士隊に参加、京都に残留し、新撰組の結成に加わった。同郷の隊長近藤勇のもとで副長を勤めた。六七年(慶応三)幕臣となり、戊辰戦争では各地を転戦。六九年(明治二)二月の箱館政権では陸軍奉行並に選ばれた。五月一一日、五稜郭の戦闘で銃弾に倒れる。

●久松氏略系図

俊勝―定勝［掛川藩・桑名藩］［松平］

- 定行［掛川藩・伊予松山藩］―定頼―定長＝定直―定英―定喬＝定功＝定静＝定国―定則＝定通＝勝善＝勝成＝定昭＝勝成(再承)＝定昭(再承)＝定謨(伯爵)
- 定綱［下総山川藩・桑名藩］―定良＝定重［高田藩］―定逵―定輝＝定儀＝定賢［白河藩］―定邦＝定信―定永［桑名藩］―定和―定猷＝定敬＝定教(子爵)
- 定房［今治藩］―定時―定陳―定基＝定郷―定温―定休―定剛―定芝＝勝道＝定法＝定弘(子爵)
- 定政［刈谷藩］

ひじかたひさもと【土方久元】 1833.10.6～1918.11.4 幕末～明治期の高知藩士・政府高官。一八六三年(文久三)藩命で上京、公家三条実美の信をえて学習院御用掛、同年八月十八日の政変で三条に従い長州、さらに大宰府にも随従。坂本竜馬・中岡慎太郎らが推進した薩長連合工作を側面で斡旋。明治政府に出仕し宮内少輔・内務大輔・元老院議官・宮中顧問官・農商務大臣をへて、八七年(明治二〇)宮内大臣に就任、以後一〇年勤務した。九五年伯爵。著書「回天実記」。

ひじかたよし【土方与志】 1898.4.16～1959.6.4 大正・昭和期の演出家。東京都出身。本名久敬。東大卒。明治期の元勲土方久元の孫で、一九一九年(大正八)ともだち座を結成し演劇研究を始める。渡欧して演劇研究後、二四年築地小劇場設立に尽力。その後も、新築地劇団を組織し、社会主義リアリズム演劇を推進。プロレタリア演劇運動にかかわってモスクワで活動し、帰国後投獄された。第二次大戦後も後進の指導や演出にあたった。著書「なすの夜ばなし」。

ひしかりたか【菱刈隆】 1871.11.16～1952.7.31 明治中期～昭和前期の陸軍軍人。鹿児島県出身。幼名幸吉。西郷隆盛にちなみみずから隆と改名。陸軍士官学校(五期)・陸軍大学校卒。台湾軍司令官・軍事参議官をへて、一九三三年(昭和八)関東軍司令官兼満州国特命全権大使・関東長官に就任。三五年予備役編入。

ひしかわもろのぶ【菱川師宣】 ?～1694.6.4 江戸前期の浮世絵師。江戸浮世絵の開祖とされる。安房国平群郡の縫箔師の家に生まれる。俗称吉兵衛。画系は不明だが、土佐派・長谷川派・岩佐又兵衛風・漢画などを自得し、みずから大和絵師・日本画師と称して独自の画風を確立した。版本では一六七一年(寛文一一)刊の「私可多咄」(無款)が早く、以後「吉原恋の道引」(一六七八)、「月次のあそび」(一六八〇)、「浮世続絵尽」(一六八二)、「美人絵づくし」(一六八三)など多数に描く。また「見返り美人図」など、吉原・歌舞伎・江戸名所を描いた肉筆画の作品も多く残している。こうした作品から菱川様の人気が高まり、一枚絵も描かれ、当時流行の絵画として浮世絵の名がつけられた。

ひしだしゅんそう【菱田春草】 1874.9.21～1911.9.16 明治期の日本画家。長野県出身。本名は三男治。上京してはじめ結城正明に師事。東京美術学校に入り、橋本雅邦らの指導をうけ頭角をあらわす。一八九八年(明治三一)日本美術院の創立に参加。横山大観らとともに朦朧体の画法を試みるなど日本画の革新に努力。大観と一九〇三年インド、〇四年ヨーロッパへ巡遊。初期文展に「落葉」「黒き猫」などの名作を出品した。失明し三七歳で死去。

ビスカイノ Sebastián Vizcaíno 1551?～1615 スペイン人探検家。一六〇九年(慶長一四)メキシコへの帰国途上、上総沿岸に漂着した前フィリピン臨時総督ビベロ救助の答礼使節として、一一年来日。奥州沿岸を調査し、地図を作成したり、金銀島探検などを試みたりしたため、行動を警戒されたこともあった。一三年伊達政宗が派遣した慶長遣欧使節の船に便乗し、メキシコに帰国。著書「金銀島探検報告」。

ビセンテとういん【ビセンテ洞院】 1540?～1609.5.- キリシタン文学者。養方軒パウロの子。若狭国生れ。一五八〇年(天正八)イエズス会に入りイルマンとなる。日本の言語・文学に精通し、おもに畿内で布教に貢献。八七年のバテレン追放令以後、細川ガラシャの受洗に関与し、翌年長崎に赴きキリシタン版邦訳書の仕事に従事。

ひだいてんらい【比田井天来】 1872.1.23～1939.1.4 明治～昭和前期の書家。長野県出身。名は象之。天来は号。上京し日下部鳴鶴に師事。碑版法帖に造詣が深く、直接古典を研究し独特の書風を展開。書学院を創立して、古法帖を出版し古典の普及に貢献するとともに、門弟の育成を図る。一九三七年(昭和一二)書家としてはじめて帝国芸術院会員に推挙される。

ひだかしんろくろう【日高信六郎】 1893.4.10～1976.6.18 大正・昭和期の外交官。神奈川県出身。一九一九年(大正八)東大卒業と同時に高等試験外交科合格。南京総領事・上海総領事を歴任、四〇年(昭和一五)在華大使館参事官として日華基本条約締結交渉に関与。駐イタリア大使を最後に四六年退官。

ひたちぼうかいそん【常陸坊海尊】 生没年不詳。源義経の家臣。快賢・荒尊とも称する。「源平盛衰記」「義経記」などに名がみえる伝説的人物。もと園城寺の僧で、弁慶らとともに義経の都落ちに同行し、大物ノ浦で活躍。衣川合戦では物詣に出て帰らず、難をのがれたという。東北地方には、海尊が不老長寿の身となり源平争乱を各国に語り伝えたという廻国伝承が広く分布する。

ひたちやまたにえもん【常陸山谷右衛門】 1874.1.19～1922.6.19 明治・大正期の力士。茨城県出身。一八九一年(明治二四)出羽海部屋に入門。一九〇一年大関、〇三年一九代横綱となり、二代梅ケ谷とともに梅常時代を築く。一四年(大正三)引退し、年寄出羽海を襲名。一五年に力士団を率いてアメリカ巡業。横綱栃木山をはじめ多くの名力士を育てた。

びだつてんのう【敏達天皇】 記紀系譜上の第三〇代天皇。六世紀後半の在位という。渟中倉太珠敷天皇、また訳語田に宮を開いたことから訳語田天皇とも称する。欽明天皇の第二子。母は宣化天皇の皇女石姫。はじめ息長真手王の女広姫を皇后とし、その死後は天皇の異母妹の豊御食炊屋姫尊(推古天皇)を皇后とした。欽明の後をうけ、任那復興に努力したがはたせなかった。皇后のための私部を設置するなど、宮廷制度を整備する一方、仏教を排斥したという。

ひだやきゅうべえ【飛驒屋久兵衛】 1766～1827 江戸中期の蝦夷地の場所請負商人。姓は武川。久兵衛家四代。倍安の子。名は益郷。飛驒国益田郡下呂郷湯之島村生れ。初代以来の奥羽・蝦夷地唐檜伐採業と父の代からの松前藩への融資を土台に場所請負漁業を展開し、産物を本州に売りさばいた。一七八九年(寛政元)アイヌに対する使用人の虐待からクナシリ・メナシの蜂起を誘発、請負を罷免された。

ひだりじんごろう【左甚五郎】 生没年不詳。桃山時代～江戸前期に活躍したとみられる建築彫刻の名工。しかし、出生地をはじめ経歴には諸説あり一定しない。黒川道祐の「遠碧軒記」(一六七五)をはじめ、近世の諸書に彼の記事が散見するが、いずれも伝承の域をでない。日光東照宮の眠り猫など、彼の作とされるものも多いが、必ずしも確証はない。江戸初期に、四国の高松藩に甚五郎という名の大工頭がいたのでその存在は否定できないが、後世、実在の人物を離れて語り継がれ、理想化されたものと思われる。

ビッテ ⇨ウィッテ

ビッドル James Biddle 1783.2.18～1848.10.1 アメリカの海軍軍人。一八四五年東インド艦隊司令長官となる。日本の開港や条約締結の意思を確認するため、四六年(弘化三)軍艦二隻を率いて浦賀に来航。浦賀奉行と交渉したが、日本側の断固たる開国拒否にあって退去した。

びとうかげつな【尾藤景綱】 ?～1234.8.22 鎌倉中期の武士。父は知景。次郎と称する。北条義時の被官として活躍し、一二二四年(元仁元)泰時の代に得宗家初代家令となった。泰時邸内に自宅を構え、得宗家御内法を制定する奉行を勤め、北条氏公文所を統轄した。泰時の次男時実の乳母の夫となるが、二七年(安貞元)時実の死により出家。法名は道然。

びとうし【尾藤氏】 中世の武家。藤原秀郷流。佐藤氏支族。佐藤公清の曾孫知昌・玄孫知忠が尾張守だったため、知忠の子知広の代に尾藤姓を称した。鎌倉時代、知広の孫景綱は、北条泰時の側近として、得宗家初代の家令となり、その妻も泰時の次男時実の乳母となった。家令職は景綱ののち平盛綱に譲られ、以後長崎氏が継いだが、一族はその後も北条氏に仕えて活躍した。

びとうじしゅう【尾藤二洲】 1747.10.8～1813.12.14 江戸後期の朱子学派の儒者。名は孝肇、字は志尹、通称良佐。伊予国川之江の廻船業者の子。大坂の片山北海に入門するが、頼春水・古賀精里らと正学を学び朱子学を選んだ。大坂に開塾したが、一七九一年(寛政三)幕府に登用され、聖堂学問所の儒者として寛政期の学政に参画した。寛政の三博士の一人。著書「素餐録」「正学指掌」「称謂私言」。

ひとつばしけ【一橋家】 徳川家の分家。田安家・清水家とともに御三卿の一つ。一七四一年(寛保元)将軍徳川吉宗の四男宗尹が江戸城一橋門内に居住したのに始まる。公卿に叙任、代々刑部卿・民部卿・兵部卿を称した。賄料領知一〇万石を領したが、主要役職は幕臣から派遣されて老中支配であった。将軍に一一代家斉、一五代慶喜を出した。一八六八年(明治元)藩屏に列して独立した家となり、七〇年家禄三八〇五石を与えられた。八四年伯爵家となる。

ひとつばしはるさだ【一橋治済】 1751.11.6～1827.2.20 御三卿一橋家の二代当主。一一代将軍徳川家斉の実父。初代宗尹の四男。一七五八年(宝暦八)世子となり、六二年元服して民部卿。六四年(明和元)遺領相続。九九年(寛政一一)隠居。このとき従二位権大納言に叙任。新規賄料として五万俵、年金五〇〇〇両を与えられた。一八一八年(文政元)出家して穆翁と称す。二〇年従一位、二五年准大臣に昇進。田沼意次の失脚と松平定信の政権獲得に関与するなど幕政に影響を及ぼした。

ひとつばしむねただ【一橋宗尹】 1721.閏7.16～64.12.22 御三卿一橋家の初代当主。八代将軍徳川吉宗の四男。一七三五年(享保二〇)賄金として年金三〇〇〇両を与えられ、同年元服後、従三位左近衛権中将に叙任、刑部卿を称した。四一年(寛保元)江戸城本丸から一橋門内の屋敷に移る。四六年(延享三)播磨・和泉・甲斐・武蔵・下総・下野で一〇万石を与えられた。父吉宗に似て武芸・狩猟を好み、手先が器用で、陶芸・染色・菓子などを作り、将軍に献上した。

ひとつやなぎし【一柳氏】 近世の大名家。伊予国河野氏の一族と称する美濃の豪族の出。宣高のとき土岐氏に仕え、一柳を称す。孫直末は豊臣秀吉に仕え、小田原攻めで戦死。弟直盛は尾

●● 一橋家略系図

宗尹―治済┬家斉
　　　　　└斉敦―斉礼＝斉位＝慶昌＝慶寿＝昌丸＝慶喜＝茂栄(茂徳)――達道(伯爵)

張国黒田城主三万石をへて、関ケ原の戦後は伊勢国神戸五万石。一六三六年(寛永一三)伊予国西条六万八〇〇〇石余を与えられたが、同年没し、遺領は三子に分与。長男直重は嗣子がなくその後断絶。次男直家は播磨と伊予で二万八六〇〇石余だったが、直家の没後、末期養子のため伊予領を失い、以後播磨国小野藩主一万石。維新後子爵。三男直頼は一万石を分与され伊予国小松藩主。維新後子爵。

ひとつやなぎなおいえ【一柳直家】 1599～1642.5.29 江戸初期の大名。播磨国小野藩主。直盛の次男。一六三六年(寛永一三)父の遺領のうち播磨国加東、伊予国宇摩・周布の三郡で二万八六〇〇石余が与えられ、翌年加東郡敷地村に陣屋を構えた。嗣子がなく、丹波国園部藩主小出吉親の次男直次を養子とする。没後、末期養子のため伊予領を没収された。

ひとつやなぎなおすえ【一柳直末】 1553～90.3.29 織豊期の武将。直高の長男。早くから豊臣秀吉に仕え、一五七三年(天正元)近江国長浜で二五〇石を与えられて以降、八〇年播磨国姫路二五〇〇石、八二年丹波・山城両国で六一五〇石、翌年六二〇〇石に加増され、八四年山城国宇治槇島城主一万石となる。翌年美濃国大垣城主となり二万五〇〇〇石を領有。八九年三月美濃国軽海西城主五万石となるが、翌年小田原攻めに従軍し伊豆山中で戦死。

ひとつやなぎなおもり【一柳直盛】 1564～1636.8.19 織豊期～江戸初期の武将・大名。直高の次男。豊臣秀吉に仕え、一五九〇年(天正一八)兄直末の戦死で家督相続し、尾張国黒田城主となり三万石を領有。九二年(文禄元)美濃国本巣郡四五〇〇石余を加増。関ケ原の戦で東軍に属し、美濃国岐阜城を攻略した戦功により伊勢国神戸城主五万石となる。一六三六年(寛永一三)六月一万八〇〇〇石余を加増され伊予国西条へ転封されたが、赴任途中大坂で没。

ひとつやなぎなおより【一柳直頼】 1602～45.4.28 江戸初期の大名。直盛の三男。伊勢国神戸生れ。一六一八年(元和四)将軍徳川秀忠に仕え、二六年(寛永三)将軍家光の上洛に際し、父直盛とともに従う。三六年父の遺領のうち伊予国周布・新居両郡で一万石を分封され、同国小松初代藩主となる。

ひとつやなぎめれる【一柳米来留】 1880.10.28～1964.5.7 カンザス州生れのアメリカ人。本名ウィリアム・メレル・ボーリーズ William Merrell Vories。明治～昭和期の宗教家。近江兄弟社の創立者。一九〇五年(明治三八)滋賀県立八幡商業学校教師として来日。一〇年吉田悦蔵らと近江基督教伝道団(のち近江兄弟社)を設立、医療事業を中心に伝道。メンソレータムの販売や学園経営、また建築事務所を経営し、キリスト教関係の建築を行う。一柳満喜子と結婚し帰化した。

ひとみきぬえ【人見絹枝】 1907.1.1～31.8.2 昭和前期の陸上競技選手。岡山県出身。二階堂体操塾卒。一九二六年(昭和元)第二回世界女子陸上競技大会の走幅跳で世界新記録をだし、日本の女子選手としてはじめて国際大会で優勝。二八年第九回オリンピック(アムステルダム)の女子八〇〇m競走で二位、日本の女子選手最初のメダリストとなった。三一年病没。

ひとみし【人見氏】 中世武蔵国の豪族。武蔵七党の一つ猪俣党。小野姓。猪俣時範の子孫政経が藤沢郡人見(現、埼玉県深谷市)に住み、人見氏を称したのに始まる。政経の子行経は源頼朝に従い、平家追討に加わり、その弟高経は承久の乱で戦功をあげた。鎌倉末期には、光行が北条高時に仕え、一三三三年(元弘三)元弘の乱では、楠木正成を攻め戦死、一族の多くも討死した。

ひとみとうめい【人見東明】 1883.1.16～1974.2.4 大正・昭和期の詩人・評論家。本名は円吉。東京都出身。早大卒。一九〇七年(明治四〇)早稲田詩社、〇九年自由詩社設立に参加。一一年に「夜の舞踏」を刊行し、自然主義から文語定型詩へ移行する。のち詩作から離れ、二〇年(大正九)日本女子高等学院(現、昭和女子大学)を設立、三〇年(昭和五)以降理事長を務めた。

ヒトラー Adolf Hitler 1889.4.20～1945.4.30 国民社会主義ドイツ労働者党党首。一九三三年一月にドイツ首相就任、翌年八月には大統領職を兼任、総統と称した。独特の人種イデオロギーと生存圏理論にもとづき外交・戦争政策を展開し、日本とも防共協定と日独伊防共協定により同盟関係を形成した。三九年九月ポーランドに侵攻して第二次大戦の火蓋を切り、戦時中にはユダヤ系市民を強制収容所で大量虐殺する政策を推進した。四五年四月末に自殺。

ひなつこうのすけ【日夏耿之介】 1890.2.22～1971.6.13 大正・昭和期の詩人・英文学者。本名樋口国登。長野県出身。早大卒。一九一七年(大正六)詩集「転身の頌」、二一年「黒衣聖母」刊行。荘重で神秘的な幻想を表現する象徴的・高踏的な詩風を示す。キーツの研究により文学博士。英文学のほか日本近代詩・浪漫主義の研究がある。早稲田大学・青山学院大学の教授。

ひなつしげたか【日夏繁高】 1660～1731.5.9 江戸中期の兵学者。丹波国篠山藩の天道流師範日夏能忠の子。通称弥助。幼少から文武に優れ、父から天道流兵法を、堀貞則に武田流兵学を学んだ。父の没後は家督をついだが、のち出奔して江戸青山に住み、兵学を講じた。著書「本朝武芸小伝」「兵具詠草」「本朝馬法故実源始」「兵家記事珠」「兵家茶話」「本朝武林原始」。

ひねのひろなり【日根野弘就】 ?～1602.5.28　織豊期の武将。備中守。美濃国生れ。はじめ斎藤道三に仕え、道三死後は子義竜・孫竜興に仕えた。斎藤氏滅亡後は浅井長政に仕えるが、長政の家臣浅井十郎を殺害して出奔、織田信長に仕えた。信長死後は豊臣秀吉に属し、一五八四年(天正一二)の小牧・長久手の戦に従軍。のち一時牢人となったが、再び秀吉に仕え、九四年(文禄三)尾張・三河両国で一万六〇〇〇石を領した。

ひねのよしあき【日根野吉明】 1587～1656.3.26　江戸前期の大名。織部正。一六〇〇年(慶長五)父高吉の遺領信濃国諏訪郡二万石余を継ぎ、翌年徳川家康に謁見。〇二年下野国壬生に入り一万九〇〇〇石を領した。大坂の陣に従軍し、夏の陣では大功をあげた。三三年(寛永一〇)青山幸成付属の騎馬二〇人、歩卒一〇〇人を預けられ、百人組の頭となる。三四年豊後国府内に転封となり二万石を領し、百人組頭は免除された。

ひのあしへい【火野葦平】 1907.1.25～60.1.24　昭和期の小説家。本名玉井勝則。福岡県出身。早大中退。労働運動に関心をもち、家業玉井組を継いで石炭沖仲士として働くが、ゼネストの指導などで逮捕され転向。一九三七年(昭和一二)応召、中国の杭州湾に敵前上陸する。同年「糞尿譚」で芥川賞を受賞。翌年の徐州作戦に軍報道班として従軍、それに取材した「麦と兵隊」はベストセラーとなる。戦後も旺盛な執筆活動を行った。

ひのありみつ【日野有光】 1387～1443.9.26　室町中期の公卿。父は資教。一四一一年(応永一八)参議、二一年権大納言に進んだが、二五年に辞して出家、法名祐光。将軍足利義教にうとまれ所領を没収されたため、幕府をうらむようになる。四三年(嘉吉三)南朝の後胤尊秀王ら数百人とともに、後南朝の皇子金蔵主・通蔵主を奉じて禁裏に乱入、神器を奪取し延暦寺根本中堂にたてこもったが、幕府軍に敗れ殺された。

ひのかつみつ【日野勝光】 1429～76.6.15　室町中期の公卿。父は政光、母は従三位北小路苗子。一四三四年(永享六)祖父義資が横死し、父政光が出家したため六歳で家督をつぐ。五〇年(宝徳二)蔵人頭から参議・権中納言へと昇任。妹富子が八代将軍足利義政の室となった関係から権勢をふるい、六七年(応仁元)内大臣、七六年(文明八)左大臣となるが、同年これを辞し、翌日没した。毒殺ともいわれる。

ひのきみ【肥君】 ⇨肥氏

ひのきみのいて【肥君猪手】 650～?　正倉院に残る七〇二年(大宝二)筑前国島郡川辺里戸籍にみえる人物。戸籍によれば、当時は同郡の大領で追正八位上勲十等、五三歳。その戸口は現在知られる古代の家族では最大の一二四人からなり、そのうち三七人は奴婢。受田額は一三町六段一二〇歩。古代家族の全貌がわかる例として貴重。

ひのくにみつ【日野邦光】 1320～63　南北朝期の公卿。童名阿新丸。正中の変で佐渡に流された日野資朝の子。「太平記」によると、一三歳の阿新は、佐渡にいき父との対面を願ったが、守護本間山城入道は許さず資朝を死罪に処したので、入道の子三郎を殺して仇を討ち、山伏に助けられて佐渡を脱出したという。のち南朝の廷臣となり、一三五〇年(観応元・正平五)勅使として鎮西に赴き、菊池氏に挙兵を促し、六一年(康安元・正平一六)京都を攻めて幕府軍を破った。六〇年権中納言に任じられる。

ひのくまじょおう【檜隈女王】 生没年不詳。万葉第二期の歌人。七三七年(天平九)従四位上。「万葉集」巻二に残る高市皇子への挽歌「或る書の反歌一首」の左注に、「類聚歌林に曰く、檜隈女王の、泣沢神社を怨むる歌なり」とある。七三五年作成の相模国封戸租交易帳に山形女王・鈴鹿王らと並んで食封の記事があり、彼らと同じく高市皇子の子と推測される。

ひのくまのたみのつかいはかとこ【檜隈民使博徳】 雄略天皇に寵愛された東漢氏配下の渡来人。雄略八年、身狭村主青とともに呉に派遣され、一〇年、呉から鵞鳥を持ち帰ったが、筑紫の水間君の犬に食われた。一二年にも派遣され、一四年に手末才伎の漢織・呉織や衣縫の兄媛・弟媛を連れ帰ったという。

ひのけ【日野家】 藤原氏北家内麻呂流の嫡流(日野流)。名家。九世紀に藤原家宗が山城国宇治郡日野(現、京都市伏見区)に建立した法界寺が、一門結合の紐帯となり、家宗五世の孫資業が法界寺薬師堂を建て、以後日野を称した。儒道の家。摂関家の家政、院中の庶務にたずさわった。室町時代には、足利義満の室北山院康子、足利義政の室富子など将軍の妻を多く出して権勢をふるった。戦国期に一時中絶したが、広橋家の輝資が相続。江戸時代の家禄は一一〇三石、のち一一五三石。武家伝奏就任者が多い。維新後、資秀のとき伯爵。●● 次頁

ひのしげこ【日野重子】 1411～63.8.8　室町幕府の六代将軍足利義教の室。義勝・義政の母。日野(裏松)重光の女。従一位。義教最初の正室であった姉観智院の離別後に側室となる。義勝は正室正親町三条尹子の猶子として将軍となり、ついで義政が将軍を継ぐと甥政光の女富子を正室とした。将軍生母として崇敬され、大方殿・高倉殿と称された。

ひのしげみつ【日野重光】 1370～1413.3.16　室町時代の公卿。父は資康。裏松日野家の祖。一三九二年(明徳三・元中九)参議。姉康子が三代将軍足利義満の室として後小松天皇の准母、妹栄子が四代将軍足利義持の室として称光天皇の准

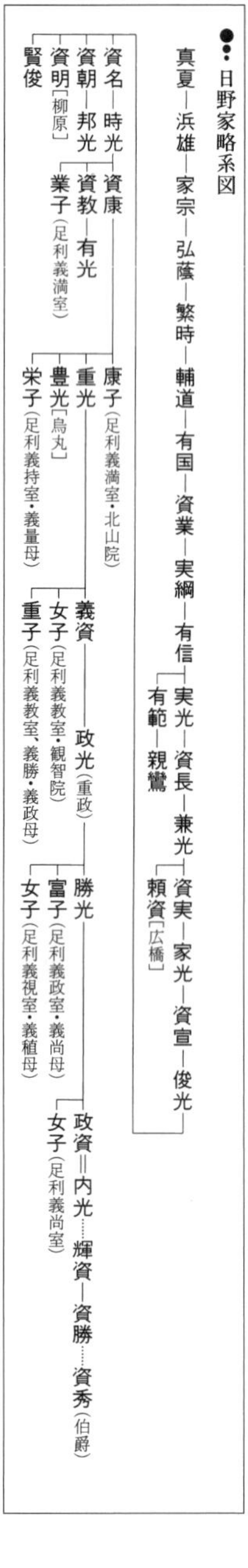

母、女重子が六代将軍足利義教の室となるなど、将軍家との姻戚関係を通じて権勢をふるった。一四一一年(応永一八)大納言。四五年(文安二)左大臣を追贈された。

ひのすけかつ【日野資勝】 1577~1639.6.15 江戸前期の公家。日野輝資の子。母は住吉神社神主津守国繁(つもりくにしげ)の女。一五九九年(慶長四)一一月参議。一六〇二年一月近衛家との家礼相論が原因で父輝資とともに出仕を止められ、出奔。同年四月徳川家康の周旋により勅免、再出仕。一四年一月権大納言、位は一九年(元和五)正二位まで昇った。二六年(寛永三)一月神宮伝奏、三〇年九月武家伝奏。日記「資勝卿記」。

ひのすけとも【日野資朝】 1290~1332.6.2 鎌倉末期の公卿。権中納言。持明院統の近臣であった俊光の子。後醍醐天皇の近臣で、天皇の倒幕計画に参画しその中心となった。一三二四年(正中元)謀議が幕府に漏れて捕らえられ、翌年佐渡に流された(正中の変)。三一年(元弘元)再び後醍醐天皇の倒幕計画が露見し、翌年天皇が隠岐に流されると、幕府の命で配所で殺された(元弘の乱)。

ひのすけな【日野資名】 1285~1338.5.2 鎌倉時代の公卿。父は俊光、母は藤原公寛の女。一三三一年(元弘元)光厳(こうごん)天皇即位に関与し、天皇に重用されて権大納言に進む。三三年六波羅陥落の際、探題北条仲時らと天皇を奉じ京を脱出したが逃げきれず、近江国番場で出家。足利尊氏が建武政権に背き、光明天皇を擁立した際には、光厳上皇の院宣をとりついだ。日記「資名卿記」。

ひのつとむ【日野強】 1865.1.23~1920.12.23 明治・大正期の軍人・地理研究家。伊予国生れ。陸軍士官学校卒。日露戦争では参謀本部出仕となる。一九〇六年(明治三九)中国新疆省視察の内命をうけ、一年四カ月をかけて伊犂(いり)からヒマラヤ山脈をこえインドに入った。辛亥(しんがい)革命後の一二年(大正元)再び中国に派遣され、李烈鈞らの革命派を援助、李の日本亡命を助けた。退役後中国で実業に従事、また大本(おおもと)教の幹部となった。

ひのてるすけ【日野輝資】 1555~1623.閏8.2 織豊期~江戸前期の公家。広橋国光の子。母は高倉永家の女。初名は兼保。中絶した本家の日野家を相続して輝資と改名。一五七七年(天正五)権大納言に至る。一六〇二年(慶長七)近衛家との家礼相論がもとで出仕を止められ出奔したが、徳川家康の仲介で帰京、翌年官を辞す。〇七年出家して唯心院と号す。以後しばしば駿府の家康のもとへ下向し一〇三〇石を与えられた。日記「輝資卿記」。

ひのとしもと【日野俊基】 ?~1332 鎌倉末期の公卿。種範の子。後醍醐天皇の近臣。一三二三年(元亨三)後醍醐に抜擢されて蔵人頭(くろうどのとう)となり、後醍醐の倒幕計画に参画。二四年(正中元)謀議が幕府に漏れて捕らえられ鎌倉に送られたが、許された(正中の変)。三一年(元弘元)再び後醍醐の倒幕計画に参加したが、露見。捕らえられて鎌倉に送られ(元弘の乱)、翌年殺された。

ひのとみこ【日野富子】 1440~96.5.20 室町幕府の八代将軍足利義政の室。九代将軍義尚(よしひさ)の母。日野政光の女。一四五五年(康正元)義政の生母日野重子の意向で義政に嫁す。はじめ義政に男子がなく、六四年(寛正五)弟義視(よしみ)を継嗣としたが、翌年富子が義尚を生み、両者をめぐる対立が応仁・文明の乱の一因となった。乱中、義視が西軍に出奔したため、七三年(文明五)義尚が将軍となる。以後数年間、兄勝光と執政にあたり、八九年(延徳元)義尚死後、妹の子義材(よしき)(義稙(よしたね))を継嗣に定めた。翌年義政の死後出家して妙善院慶山と称す。のち義材との関係は悪化、九三年(明応二)細川政元の清晃(義澄)擁立を支持し、清晃を義政猶子(ゆうし)分として継嗣に立てた。富子の行使した将軍家重事の決定権は、御台あるいは後家の尼たる地位に由来し、中世の女性として例外的なものではない。

ひのにしけ【日野西家】 藤原氏日野流の広橋家庶流。羽林家(うりんけ)。広橋総光(ふさみつ)の三男総盛(ふさもり)を祖とし、江戸初期に創立。家号は室町時代の日野時光の子資国の号にちなむ。家禄は二〇〇石。二代から四代まではいずれも広橋家からの養子で、以後も他家からの養子が多い。九代延光は一四年間議奏を勤め、一一代延栄は睦仁親王(明治天皇)の祗候を勤めた。維新後、光善のとき子爵。

ひのれいずい【日野霊瑞】 1818.8.10～96.5.13　幕末～明治期の宗教家。浄土宗の僧侶。旧姓丸山。号は一鳳眠竜・麟蓮。香衣上人・亀阿上人とよばれた。信濃国生れ。江戸増上寺の学寮で学ぶ。令名をうたわれ、権大納言日野資愛の猶子となる。のち増上寺学寮主・同学頭を歴任。一八八六年(明治一九)に増上寺住職・浄土宗管長となり、のち知恩院門跡となる。

ひばすひめのみこと【日葉酢媛命】　垂仁天皇の皇后とされる伝説上の人物。丹波道主命の女。景行天皇の母。「日本書紀」は、垂仁三二年の葬儀の際に野見宿禰の建言で殉死が禁止され、出雲国の土部一〇〇人に土で人馬や種々の物を作らせて墓にたてたという、埴輪の起源説話をのせている。

ひびおうすけ【日比翁助】 1860.6.26～1931.2.22　三越百貨店の創業者。筑後国久留米藩士竹井安太夫吉堅の次男。一八七九年(明治一二)日比家の養嗣子になり、上京して慶応義塾に学ぶ。九七年三井銀行に入行し、翌年三井呉服店の支配人となり呉服業の改革に着手。一九〇四年三井呉服店が三井家から分離され、株式会社三越呉服店となると専務取締役についた。日露戦争後に欧米のデパートメント・ストアを視察し、呉服専業の三越を日本初の百貨店に転身させた。一三年(大正二)三越の取締役会長に就任。

ひびやへいざえもん【日比谷平左衛門】 1848.2.21～1921.1.9　明治・大正期の実業家。越後国の大島家の生れ。江戸日本橋の綿糸商松本屋に奉公し、一八七八年(明治一一)日比谷家の養子となり、綿花・綿糸商として独立した。九六年に東京瓦斯紡績を設立以来、富士紡績・鐘淵紡績・日清紡績などに関係し、東京における紡績業界を主導した。没後、長男新次郎が二代目を襲名。

ひびやりょうけい【日比屋了珪】　了慶とも。生没年不詳。織豊期の堺の豪商。キリシタン。一五五〇年(天文一九)山口から京都にむかうザビエル一行を宿泊させ、六一年(永禄四)宣教師ビレラを自宅に招いた。その際子供たちが受洗し、のちみずからも受洗。洗礼名ディエゴ。八七年(天正一五)のバテレン追放令に際しては自宅を教会に提供。一六〇〇年(慶長五)までは健在だったが、その後の消息は不明。

びふくもんいん【美福門院】 1117～60.11.23　鳥羽上皇の皇后。名は得子。父は藤原長実。母は源俊房の女方子。鳥羽上皇の寵を得、体仁親王(近衛天皇)らを生んだ。一一四一年(永治元)近衛天皇の即位にともなって皇后に昇り、「国母の皇后」と称された。四九年(久安五)院号宣下をうけ、隠然たる政治力を保持した。

ビベロ　Don Rodrigo de Vivero y Velasco 1564～1636　メキシコ官吏。一六〇八年スペインのフィリピン臨時総督。〇九年(慶長一四)後任総督着任によりメキシコへ帰国途上、上総沿岸に漂着し、江戸幕府に救助された。メキシコとの貿易を模索していた徳川家康によって、同地へ派遣された貿易商田中勝介とともに一〇年帰国。日本滞在中の見聞をもとに「日本見聞録」を著した。

ひみ【氷見】　日氷とも。生没年不詳。室町時代の能面作家。十作の一人。霊系統の面に優れたと伝える。喜多古能の「仮面譜」(一七九七刊)によると、越中国日氷(氷見)郡に住み、一説に法華宗の僧という。東京宝生会蔵の文亀四年(一五〇四)銘の姥は彼の作と伝える。

ひみこ【卑弥呼】「ひめこ」とも。「魏志倭人伝」にみえる邪馬台国の女王。倭の諸国間に大乱がおこったとき、それを収拾するため諸国の王に共立されて女王となった。独身で鬼道をよくしたことから、シャーマン的要素が指摘される。また男弟が助けて国を治めたという記述から、男女で支配者の権能をわけもつヒメ・ヒコ制の原形としても注目される。二三九年から四回中国の魏に朝貢。最初の遣使で魏の皇帝から親魏倭王の称号と金印紫綬をうけた。南の狗奴国の王である卑弥弓呼と対立、二四七年に戦闘状態に陥ったことを帯方郡に連絡して督励使をうけたが、この戦の最中に命を失ったらしい。墓は径一〇〇余歩と伝えられ、奈良県桜井市の箸墓古墳にあてる説もある。

ひみここ【卑弥弓呼】「魏志倭人伝」にみえる狗奴国の国王。邪馬台国の女王卑弥呼と対立した。卑弓弥呼の誤りとする説、卑弥弓呼素とする説がある。

ひむかのかみながひめ【日向髪長媛】　日向国の諸県君牛諸井の女とされる伝説上の人物。「古事記」「日本書紀」によると、日向国に美人のいることが奏され、応神天皇は媛を召して桑津邑に安置したが、皇子の大鷦鷯尊(仁徳天皇)が媛に恋情を抱いたので皇子に賜い、のち大草香皇子・草香幡梭皇女が生まれたという。

ひめたたらいすずひめのみこと【媛蹈鞴五十鈴媛命】「古事記」では富登多多良伊須須岐比売命。神武天皇の皇后で綏靖天皇の母と伝えられる伝説上の人物。「日本書紀」は大三輪の神の子あるいは事代主神の子とし、「古事記」では美和大物主神が三島湟咋の女勢夜陀多良比売に生ませた子と伝える。神武天皇の没後、子の皇子を助けて即位させたという。

ひゃくたけさぶろう【百武三郎】 1872.6.3～1963.10.30　明治～昭和前期の軍人。海軍大将。佐賀県出身。弟の源吾も海軍大将。海軍兵学校(一九期)・海軍大学校卒。ヨーロッパに駐在、帰国後榛名艦長・佐世保鎮守府司令官・軍事参議官などを歴任し予備役となる。二・二六事件後の一九三六年(昭和一一)一一月侍従長となり、四四年まで在任。

ヒュースケン　Hendrik Conrad Joannes Heusken 1832.1.20～60.12.6　駐日米国総領事館・公使館通訳。オランダ人。一八五三年アメリカに移住。五五年駐日総領事に任命されたハリスの通訳となり、五六年(安政三)ハリスとともに下田に来航。日米修好通商条約締結などでハリスを補佐して活躍した。イギリス使節やプロイセン使節の通商条約締結に際してもオランダ語通訳として協力。六一年一月一五日(万延元年一二月五日)攘夷派の鹿児島藩士らに襲われ、翌未明死亡。

ひょうえい【平栄】「へいえい」とも。生没年不詳。奈良時代の僧。東大寺三綱を歴任し、七四七～七五二年(天平一九～天平勝宝四)頃まで知事(寺主)、七五六～七六〇年(天平勝宝八～天平宝字四)頃まで上座に在任。七五五～七六二年頃までは僧綱の佐官も兼ね、七七〇年(宝亀元)には中鎮となった。経典貸借・奴婢売買や、越前・越中・因幡・阿波などの諸国荘園に下向して寺地点定を行い、東大寺運営の実務に活躍した。

ひょうどうひでこ【兵藤秀子】 1914.5.20～95.2.24　昭和期の水泳選手。旧姓前畑。和歌山県出身。椙山女学園専門部卒。一九三六年(昭和一一)ベルリン・オリンピック大会の女子二〇〇m平泳ぎで金メダル。日本女性としてはじめてオリンピックで金メダルを獲得。

ひらいいっかん【飛来一閑】 1578～1657.11.20　江戸前期の塗師。中国明の人。朝雪斎・金剛山人と号す。寛永年間に日本に帰化し、和紙を張り重ねた素地に漆を塗って器物を作る一閑張を創始。侘茶に徹した千宗旦と親交があり、茶器を中心に多くの作品を残した。一閑の系統は代々千家十職を務めて現在に至る。

ひらいきしょう【平井希昌】 1839.1.27～96.2.12　幕末期の通弁、明治前期の外交官。肥前国長崎生れ。父の後を継いで唐稽古通事。英語を学び長崎奉行所で通弁御用頭取となり、外国人との折衝にあたる。明治維新後、工部省に出仕。マリア・ルス号事件で副島種臣の対清交渉を補佐。その後、太政官に勤務し賞勲制度の確立に尽力した。

ひらいごんぱち【平井権八】 1655?～79.11.3　江戸前期の牢人。もと因幡国鳥取藩士だったが、国元を出奔して江戸にでた。追いはぎ・辻斬などを重ね、その金で吉原に通ったといわれる。捕らえられて処刑後、鈴ケ森でさらされた。遊女小紫との関係にちなんだ目黒比翼塚の由来が脚色され、歌舞伎や人形浄瑠璃の主人公白井権八として知られる。

ひらいしゅうじろう【平井収二郎】 1835～63.6.8　幕末期の尊攘派志士。高知藩士平井直証の子。号は隈山。一八六一年(文久元)武市瑞山の土佐勤王党に加わり、翌年藩主山内豊範の上洛に随従、他藩応接掛となり広く志士と交わった。のち武市の藩政改革意見がいれられなかったので、間崎哲馬らと中川宮朝彦親王の権威をかりて改革を企て、前藩主豊信(容堂)の怒りにふれ、土佐に護送され、切腹刑に処された。

ひらいずみきよし【平泉澄】 1895.2.15～1984.2.18　大正・昭和期の国粋主義的歴史学者。福井県出身。東京帝国大学教授。当初、西欧の中世史研究の成果をとりいれすぐれた研究を行ったが、日本の対外膨張とともに熱狂的な皇国史観の指導者となり、大きな影響力をもった。敗戦後、大学を辞し、郷里にもどって白山神社宮司となった。著書「中世に於ける精神生活」「中世に於ける社寺と社会との関係」「建武中興の本義」。

ひらいわちかよし【平岩親吉】 1542～1611.12.30　織豊期～江戸初期の武将。徳川家康に仕え、家康の長子信康の補佐役。一五七九年(天正七)信康が自害すると一時謹慎。九〇年家康の関東入国に従い、上野国厩橋城主となり、三万三〇〇〇石を領有。関ケ原の戦後、甲斐国に移り六万三〇〇〇石。一六〇三年(慶長八)家康の子義直が甲斐国に入封すると国務を補佐。さらに〇七年義直が尾張国清洲に移ると、付家老として同国犬山に一二万三〇〇〇石を領有。後嗣なく断絶。

ひらいわよしやす【平岩愃保】 1856.12.17～1933.7.26　明治～昭和前期の牧師。幕臣の家に生まれる。開成学校で理化学を学び、一八七五年(明治八)G・コクランから受洗。八一年按手礼をうけ、甲府教会をはじめ諸教会の牧師を歴任、東洋英和学校総理を務め、山路愛山・高木壬太郎らに授洗。のち関西学院院長、日本メソヂスト教会の第二代監督。

ひらおかぎんしゅう【平岡吟舟】 1856～1934.5.6　明治～昭和前期の実業家、東明流の創始者。江戸生れ。本名平岡熙。一八七一年(明治四)一六歳で渡米、七七年に帰朝し工部省技官、八七年独立して車両製造工場を設立。三味線音楽に通じ、独自の曲風を確立し、東明節(のち東明流と改称)と名のった。東明節「向島八景」「大磯八景」「都鳥」「三九年川」のほか、小唄も創作。

ひらおかこうたろう【平岡浩太郎】 1851.6.23～1906.10.24　明治期のナショナリスト・政治家。福岡藩士の子。戊辰戦争に官軍として参加。武部小四郎らと西南戦争に呼応したが失敗。一八七九年(明治一二)頭山満らと向陽社を結成し、民権運動に活躍した。八一年、玄洋社と改称し社長となる。九四年衆議院議員となり、憲政党結成に尽力。朝鮮・中国問題に積極的で、対外硬派の指導者として国権論・アジア主義を唱道した。

ひらおはちさぶろう【平生釟三郎】 1866.5.22～1945.11.27　明治～昭和前期の実業家・財界人・教育者。美濃国生れ。東京高等商業卒。同校助教諭ののち東京海上保険に入社、一九一七年(大正六)専務取締役に就任。一方、一九一〇年(明治四三)甲南幼稚園、二三年甲南高等学校などを創立した。三三年(昭和八)川崎造船所社長に就任して再建に努めた。貴族院議員・広田内閣文相・日本製鉄会長・大日本産業報国会会長・大政翼賛会総務・枢密顧問官を歴任。

ひらがげんない【平賀源内】 1728～79.12.18　江戸中期の本草家・戯作者。名は国倫、字は士彝、号は鳩渓・風来山人・天竺浪人・福内鬼外。讃岐国高松藩の志度浦蔵番の子。一七五六年(宝暦六)江戸に出て田村藍水に入門し本草学を学ぶ。翌年から藍水らと江戸湯島に日本初の薬品会(物産会)を開催。数次にわたる出品物について解説した「物類品隲」を刊行した。蘭書によって火浣布・寒暖計・エレキテル(摩擦起電機)を製作。秩父で金鉄鉱山の開発を試みるが失敗し、山師といわれた。田沼意次に認められたが幕府への仕官がかなわず、不遇で晩年は戯作者となり「風流志道軒伝」「放屁論」などを書き、江戸滑稽文学の先駆者となる。浄瑠璃作品「神霊矢口渡」なども残した。

ひらがし【平賀氏】 ㊀中世安芸国の豪族。本姓藤原氏。本拠は高屋保(現、東広島市)。始祖資宗は松葉氏を称し、その子惟泰から出羽国平賀郡を名字の地として平賀氏を称した。資宗は源実朝の学問所番衆を勤めた。南北朝期、惟泰の曾孫共兼は足利尊氏に従い、北朝方として細川頼之のもとで戦功をあげた。一四〇四年(応永一一)の安芸国衆一揆では、共兼の甥妙章が毛利光房とともに指導的役割をはたした。その後大内氏に仕え、ついで毛利氏に従った。関ケ原の戦ののち長門国に移った。「平賀家文書」を伝える。㊁鎌倉御家人。清和源氏のうち信濃源氏。源義光の子盛義が信濃国平賀(現、長野県佐久市)を本拠としたのに始まる。盛義の子義信は平治の乱で源義朝に従い、鎌倉幕府創設期にも源氏宿老として源頼朝に重用された。その子惟義・惟信父子は大内氏を称し、畿内数カ国の守護となった。また義信の子朝雅は京都守護として活躍したが、牧氏の変に連坐して討たれた。「吾妻鏡」には義信の曾孫惟時も御家人として活躍したとある。

ひらがともまさ【平賀朝雅】 ?～1205.閏7.26　朝政とも。鎌倉前期の武将。武蔵守・右衛門権佐。父は義信、母は比企尼の女。源頼朝の猶子。比企能員の乱鎮圧に活躍し、一二〇三年(建仁三)京都守護となり、〇四年(元久元)伊勢平氏の乱を鎮圧して伊勢・伊賀両国の守護となる。執権北条時政の後妻牧の方の女婿だったため、〇五年閏七月に牧の方が朝雅を将軍に擁立しようとした計画が露見し、京都で討たれた(牧氏の変)。

ひらがもとよし【平賀元義】 1800.7.3～65.12.28　江戸後期の歌人。父は岡山藩中老池田憲成の家臣平尾長春。幼名猪之介、のち七蔵。名は直元・長元・義元・直満・直義。通称は喜左衛門・丹介・新吉郎。吉備雄・備前処士・楯之舎・源猫彦・石楯と号した。一時期、継祖母の実家興津氏を名のるが、一八三二年(天保三)岡山藩を脱藩して本姓の平賀に戻った。賀茂真淵に私淑し、独学で古典研究に励んだ。著書「出雲風土記考」。

ひらがゆずる【平賀譲】 1878.3.8～1943.2.17　大正～昭和前期の造船工学者。東京都出身。東大卒。イギリスに留学。海軍技術研究所所長・海軍造船中将。戦艦陸奥・長門を設計し高い技術水準を示した。ワシントン軍縮会議の結論で妙高型巡洋艦を設計。造船界の基礎を作る。東京帝国大学教授、のち総長時代の一九三九年(昭和一四)平賀粛学を断行。学士院賞受賞。

ひらがよしのぶ【平賀義信】 生没年不詳。平安後期～鎌倉前期の武将。信濃源氏平賀盛義の子。本名は義遠。平治の乱で源義朝方に従軍。のち源頼朝の挙兵に応じ、一一八四年(元暦元)にその推挙をえて武蔵守に任じられた。頼朝は義信の国務善政をたたえ、以後国司の例とするよう国庁に壁書させたという。将軍頼家の乳母の夫で、将軍実朝元服時の加冠役となるなど、幕政を支えた。

ひらくしでんちゅう【平櫛田中】 1872.6.30～1979.12.30　明治～昭和期の木彫家。岡山県出身。旧姓田中、名は倬太郎。大阪で人形師中谷豊吉に木彫技術を学び、上京して高村光雲に師事し、兄弟子米原雲海から多くを学んだ。一九〇七年(明治四〇)日本彫刻会を結成、岡倉天心に認められ、日本美術院再興記念展に出品し同人となった。院展には「転生」「五浦釣人」「鏡獅子」などを発表。東京芸術大学教授として長く教育にも尽力。帝室技芸員。文化勲章受章。

ひらさわけいしち【平沢計七】 1889.7.14～1923.9.4　大正期の労働運動家。新潟県出身。日本鉄道大宮職工見習生をへて大宮工場で働く。友愛会に入会、本部書記から城東連合会会長となったが辞任。この間「労働及産業」に小説などを発表。一九二〇年(大正九)純労働者組合主事となり、プロレタリア文学・演劇運動を推進。関東大震災の際、官憲に虐殺された(亀戸事件)。

ひらさわさだみち【平沢貞通】 1892.2.18～1987.

5.10　一九四八年(昭和二三)一月二六日におきた帝銀事件の犯人とされた死刑囚。テンペラ画をよくする画家。東京の帝国銀行椎名町支店でおきた、行員一二人毒殺、現金強奪事件の犯人として逮捕され、五五年五月に死刑確定。しかし証拠の確定が不十分であるとの印象はぬぐえず、死刑執行のないまま獄中で老衰により死亡。

ひらたあつたね【平田篤胤】 1776.8.24～1843.閏9.11　江戸後期の国学者。通称は大角・大壑、号は気吹之舎。出羽国秋田郡久保田生れ。秋田藩士・備中国松山藩士をへてのち致仕。江戸に出て独学で国学を学び、本居宣長没後の門人となる。一八一三年(文化一〇)著の「霊能真柱」以後、死後の霊は大国主命の主宰する幽冥にいくとする死後安心論を展開して宗教化を強め、儒教・道教や洋学の知識を用いて古伝説の再編を行い、独自の立場をうちだした。神官・豪農を中心に五五三人に及ぶ門人がいたが、晩年は幕府から譴責をうけるなど不遇だった。幕末期の尊王攘夷運動に大きな影響を与え、近代では国家神道を支えるものとして宣揚された。著書「古道大意」「古史成文」「古史伝」「古史徴」。「新修平田篤胤全集」全二二巻。

ひらたかねたね【平田鉄胤】 1799～1880.10.25　銕胤とも。幕末～明治期の国学者。伊予国生れ。旧名は碧川篤実。通称は内蔵介、のちに大角。一八二二年(文政五)平田篤胤に入門。のち養子となり篤胤の長女と結婚、篤胤の活動を補助する。篤胤没後は平田学派を率い、養父の学問の維持に努めた。維新後、神祇事務局判事・明治天皇侍講・大学大博士などをへて、七九年(明治一二)大教正。著書「祝詞正訓」。

ひらたけ【平田家】 中原氏の庶流。平安末期から蔵人所の出納を世襲した地下官人家。中原師元の養子祐安の子職国を祖とする。内蔵寮年預なども兼務。近世には出納職を独占し、大外記押小路家・左大史壬生家とともに三催と称された。江戸初期の職忠は有職故実に通じ、後陽成天皇の信任を得て院への昇殿を許され、正四位に叙せられた。以後、当主の多くは四位に昇った。家禄は三一石余。「平田家記録」を伝える。

ひらたとうすけ【平田東助】 1849.3.3～1925.4.14　明治・大正期の官僚・政治家。米沢藩医の家に生まれる。大学南校に入り、一八七一年(明治四)岩倉遣外使節団に随行してドイツに留学。七六年帰国後、内務省御用掛・大蔵省少書記官をへて八二年三月伊藤博文と憲法調査のため渡欧。同年一一月帰朝後法制局に勤務。九〇年九月帝国議会開設とともに貴族院議員となる。九八年法制局長官、一九〇一年農商務相として産業組合の設立に尽力し、〇四年大日本産業組合中央会会頭に就任。〇八年には内相となり地方改良運動を推進した。一七年(大正六)臨時外交調査委員会委員、臨時教育会議総裁、二二年内大臣となる。山県有朋系官僚閥の中心人物として政界に大きな勢力をもった。

ひらたどうにん【平田道仁】 1591～1646　江戸初期の七宝工人。美濃国生れ。通称は彦四郎。はじめ金工だったが、慶長年間に徳川家康の命をうけてオランダ人(一説では中国・朝鮮人)から七宝の製法をうけ、城郭建築の装飾具を作り、刀剣の刀装品も手がけたという。その製品は平田七宝の名でよばれ、現在は一二世を数える。

ひらつかつねじろう【平塚常次郎】 1881.11.9～1974.4.4　明治～昭和期の実業家・政治家。北海道函館市出身。一九〇六年(明治三九)堤清六と日魯漁業の前身である堤商会を設立し、露領漁業を開拓。四六年(昭和二一)衆議院議員、第一次吉田内閣の運輸相、翌年公職追放となるが、解除後政界復帰。大日本水産会会長・日魯漁業社長を務め、日ソ・日中漁業交渉にあたる。

ひらつかひょうさい【平塚飄斎】 1794.閏11.7～1875.2.13　幕末期の幕臣。名は茂喬。京都町奉行所与力を勤める。山陵の研究に取り組んで「山陵一隅抄」を著し、水戸藩主徳川斉昭に献じたが、安政の大獄で処罰された。一八六二年(文久二)赦免され、以後与力として精勤しながら山陵調査にあたり、山陵奉行戸田忠至の手付となり、朝廷からたびたび褒賞された。

ひらつからいちょう【平塚らいてう】 1886.2.10～1971.5.24　大正・昭和期の女性解放思想家・運動家。本名奥村明。東京都出身。日本女子大学卒。一九一一年(明治四四)「青鞜」を創刊し、日本の女権宣言といわれる発刊の辞「元始、女性は太陽であった」を執筆。二〇年(大正九)には女性による社会改造をめざして市川房枝らと新婦人協会を設立。昭和初期にはアナーキズムに接近し、消費組合を設立して地域活動を行った。第二次大戦後は平和運動と女性運動に力を注ぐ。自伝「元始、女性は太陽であった」全四巻、「平塚らいてう著作集」全八巻。

ひらてまさひで【平手政秀】 1492～1553.閏1.13　戦国期の武将。織田信長の傅役。信長の父信秀に仕えたが、信長の那古屋城相続を機に傅役となり、元服・初陣・婚儀などの面倒をみた。しかし信長の奔放な言動を諫めていれられず、一五五三年(天文二二)所領の尾張国志賀村(現、名古屋市)で自殺。信長は政秀寺を建立して政秀の冥福を祈った。

ひらぬまきいちろう【平沼騏一郎】 1867.9.28～1952.8.22　明治～昭和前期の司法官僚。昭和戦前期の重臣。美作国生れ。東大卒。司法省に入り、東京地方裁判所、東京控訴院などの判事をへて、一九〇五年(明治三八)大審院検事。〇九年司法省民刑局長兼大審院検事のとき、日糖事件を直接指揮して捜査。一〇年同じ検事局の布陣で大逆事件を摘発。一一年以降、司法次官・大審院長・司法大臣を歴任。二六年(昭和元)枢密院副議長。国本社を組織するなどの右翼的傾向が元老西園寺公望(きんもち)に忌避された。三六年三月枢密院議長。三九年一月組閣。しかし日独伊三国防共協定の強化交渉をめぐって閣内対立が激化し、八月総辞職。第二次近衛内閣の内相・国務大臣。四五年四月から一二月まで枢密院議長。A級戦犯容疑で収監され、終身禁錮となる。

ひらぬまよしろう【平沼淑郎】 1864.2.7～1938.8.14 明治～昭和前期の経済史学者。美作国生れ。津山藩士平沼晋の長男。騏一郎は弟。東大卒。大阪高等商業学校校長・大阪市助役などをへて、一九〇四年(明治三七)早稲田大学に迎えられ、一八年(大正七)から三年間学長を務めた。三〇年(昭和五)以降社会経済史学会初代代表理事。著書に商業史・経済史の講義録のほか、死後刊行の「近世寺院門前町の研究」がある。

ひらぬまりょうぞう【平沼亮三】 1879.2.25～1959.2.13 大正・昭和期の政治家・実業家。横浜市出身。慶大卒。一九〇八年(明治四一)神奈川県議会議員を振りだしに長く県政・市政に重きをなし、衆議院議員・貴族院議員にもなった。この間多くの会社重役、各種スポーツ団体会長を兼任。オリンピック日本選手団団長を二度務め、スポーツ界でも活躍した。五一年(昭和二六)四月横浜市長に就任し、横浜の第二次大戦の戦災と占領期からの復興に尽力した。

ひらのきんか【平野金華】 1688～1732.7.23 江戸中期の文人学者。通称源右衛門、名は玄中、字は子和、金華は号。陸奥国三春生れ。幕医千田大円堂に従学。一七一二年(正徳二)前後に荻生徂徠に入門。とくに詩才を賞された。自由奔放、ユーモアに満ちた人柄で蘐園(けんえん)派の一面を代表。一九年(享保四)の朝鮮通信使来日時に応接要員として三河国刈谷藩に仕え、のち水戸藩支藩陸奥国守山藩儒となる。著書「金華稿刪(こうさん)」。

ひらのくにおみ【平野国臣】 1828.3.29～64.7.20 幕末期の尊攘派志士。福岡藩士平野吉郎右衛門の次男。普請方などで江戸・長崎に勤務したが、ペリー来航後尊攘論者となり、一八五八年(安政五)脱藩上京。以後九州各地を遊説し尊攘派の結集にあたる。安政の大獄時から幕吏に追われる身ながら建策数点を残す。六三年(文久三)一〇月沢宣嘉(のぶよし)を擁して但馬国に入り、生野(いくの)代官所を襲撃して挙兵するが、敗れて捕らえられ、翌年(元治元)禁門の変に際し京都六角獄(ろっかくごく)で斬殺された。

ひらのけん【平野謙】 1907.10.30～78.4.3 昭和期の評論家。本名朗(あきら)。京都市出身。東大卒。左翼運動にたずさわったが、その崩壊にあたって組織に対する批判的視点をもった。一九四六年(昭和二一)に創刊された「近代文学」の同人として、「政治と文学」論争をはじめ活発な評論活動を行った。また実生活と芸術の関係に注目し、「島崎藤村」「芸術と実生活」などで優れた業績をあげ、昭和文学史に関する評論も多い。

ひらのとうじろう【平野藤次郎】 ?～1638.6.10 近世初頭の海外貿易家、銀座頭役。諱は正貞。父は摂津国平野郷の豪商の末吉次郎兵衛長成。正貞以後、代々平野藤次郎を称する。安井九郎兵衛と協力して大坂道頓堀(どうとんぼり)を開削し、大坂の陣では徳川方に加担、その功で一六一五年(元和元)代官に任じられる。銀座頭役の一員として銀座の運営に参画。朱印船貿易家として台湾・トンキン(北部ベトナム)・交趾(コーチ)(中部ベトナム)に船を派遣して貿易に従事、活躍した。

ひらのとみじ【平野富二】 1846.8.14～92.12.3 明治期の造船家。肥前国長崎生れ。一八六一年(文久元)長崎製鉄所機関手見習、その後幕府や高知藩の汽船機関手を務め、六九年(明治二)長崎小菅造船所所長、翌年本木昌造(しょうぞう)の後を継いで長崎製鉄所所長を兼ねたが七一年辞職。本木の活版製造業を引き継いで翌年上京、七六年石川島平野造船所をおこす。

ひらのながやす【平野長泰】 1559～1628.5.7 織豊期～江戸初期の武将。早くから豊臣秀吉に仕えた。賤ケ岳(しずがたけ)の七本槍の一人。小牧・長久手の戦でも活躍し、一五九五年(文禄四)大和国田原本に五〇〇〇石を与えられる。九八年(慶長三)豊臣姓をうけたが、関ケ原の戦では東軍に属す。大坂の陣で江戸留守居を勤めた。

ひらのよしたろう【平野義太郎】 1897.3.5～1980.2.8 昭和期の法学者・社会科学者。東京都出身。東大卒。一九二三年(大正一二)東京帝国大学助教授。二七年(昭和二)フランクフルト大学社会学研究所に留学、三〇年帰国。同年七月治安維持法違反事件で東大を辞職。三二年「日本資本主義発達史講座」の刊行に参画し、講座派の指導的論客となる。三六年コム・アカデミー事件で検挙。第二次大戦後は世界平和運動で活躍。著書「日本資本主義社会の機構」。

ひらのりきぞう【平野力三】 1898.11.5～1981.12.17 大正・昭和期の農民運動家・政治家。岐阜県出身。拓殖大・早大卒。一九二二年(大正一一)日本農民組合関東同盟理事となり、山梨県で運動にとりくむ。労働農民党分裂の際には右派として日本農民党を結成。国家主義に傾斜し、三三年(昭和八)皇道会を組織。三六年総選挙後当選七回。第二次大戦後日本社会党を結成、常任中央執行委員。片山内閣の農相となったが、独自発言で罷免、公職追放される。解除後社会革新党などを結成するが影響力はなかった。

ひらばやししんしち【平林新七】 ?～1721.6.14

信濃国上田藩領中挟村の組頭。享保頃藩へ減免を願い出、四五俵の用捨米をえた。伝承によれば、藩役人が検見の行われない土地でありながら、検見を強行したため、抗議して役人を殺害、追放(一説に処刑)されたという。一七六七年(明和四)以降村人によって新七稲荷に祭られた。

ひらばやしたいこ【平林たい子】 1905.10.3～72.2.17 昭和期の小説家。本名タイ。長野県出身。県立諏訪高女卒業後、作家を志し、また社会主義運動のために上京。一九二七年(昭和二)「施療室にて」でプロレタリア文学の有力な新人として認められた。以降、労農芸術家連盟の主要な作家の一人として活躍。第二次大戦後も「かういふ女」をはじめ、盛んな創作力を示した。遺言により平林たい子文学賞が設けられた。

ひらばやしはつのすけ【平林初之輔】 1892.11.8～1931.6.15 大正・昭和前期の評論家。京都府出身。早大卒。一九二〇年(大正九)国際通信社に入社、勤務のかたわら文芸評論を発表。初期プロレタリア文学の理論構築に貢献したが、やがて文化総体の実証的研究に赴く。二九年(昭和四)「新潮」に発表した評論「政治的価値と芸術的価値」は政治と芸術の関係を論じて空前の文学論争をまきおこした。その関心領域は広く、機械文明や映画・探偵小説に及び、翻訳も多い。

ひらふくひゃくすい【平福百穂】 1877.12.28～1933.10.30 大正・昭和前期の日本画家。秋田県出身。本名貞蔵。父は日本画家平福穂庵。川端玉章に学ぶ。東京美術学校卒。一九〇〇年(明治三三)結城素明らと无声会を組織。文芸雑誌や新聞の挿絵で画名をあげた。一六年(大正五)金鈴社を設立。南画の手法もとりいれた清新な画風で、文展を中心に活躍。帝国美術院会員・東京美術学校教授。歌集「寒竹」などアララギ派の歌人としても知られ、秋田蘭画の研究書「日本洋画曙光」を著した。

ひらまつけ【平松家】 桓武平氏西洞院庶流。名家。西洞院時慶の次男時庸を祖とし、慶長年間(一五九六～一六一五)に創立。家禄は二〇〇石。江戸中・後期の時行・時章父子は議奏・院伝奏を歴任。幕末期の時厚は鳥羽・伏見の戦の戦功で、一八六九年(明治二)賞典禄五〇〇石を与えられる。子爵。参与・元老院議官・貴族院議員などを歴任。

ひらやまこうぞう【平山行蔵】 1759.12.8～1828.12.24 江戸後期の兵学者。名は潜、字は子竜、号は兵原・運籌真人・練武堂。幕臣の子として江戸に生まれる。幼時から文武にすぐれ武芸百般を修めた。はじめ幕府に出仕したが辞し、兵学研究と道場経営に励んだ。一八〇七年(文化四)ロシア南下に対し、幕府に上書し北方鎮定の先兵を願い出るが許されなかった。再度上書して幕府を批判。晩年は憂国のうちに多くの著述を残した。著書「海防問答」「孫子折衷」「剣説」「槍法実用」。

ひらやますえしげ【平山季重】 生没年不詳。平安後期～鎌倉前期の武士。武蔵国平山郷を名字の地とする在地領主。武蔵七党の一つ西党に属する。平山武者所と称した。父は直季。源氏の家人として保元・平治の乱で活躍し、平氏追討では源義経に従って宇治川・一の谷の戦などで軍功をあげた。一一八五年(文治元)源頼朝の許可なく右衛門尉に任官したため、一時勘気をこうむった。

ひらやませいさい【平山省斎】 1815.2.19～90.5.23 幕末期の幕臣、明治前期の神道家。父は陸奥国三春藩士黒岡氏。諱は敬忠。幕臣平山氏の養子となり、一八五一年(嘉永四)徒目付。五四年(安政元)ペリー応接など対外交渉に活躍したが、井伊直弼政権では左遷される。六五年(慶応元)目付となり、徳川慶喜側近として幕政改革やフランスとの交渉にあたり、若年寄並外国惣奉行に昇進。明治期に神道大成教を創始。

ひらやまなりのぶ【平山成信】 1854.11.6～1929.9.25 明治・大正期の官僚・政治家。男爵。幕臣の家に生まれる。一八七一年(明治四)左院に勤務し、ウィーン万国博覧会に事務官として出張。帰国後、大蔵省・元老院に出仕し、九一年第一次松方内閣の書記官長・枢密院書記官長、第二次松方内閣の書記官長・大蔵省官房長などを歴任。この間、貴族院勅選議員となり茶話会に属し官僚派として活躍。晩年は枢密顧問官・宮中顧問官・日本赤十字社社長を務め、女子教育にも尽力した。

ビリオン Amatus Villion 1843.9.2～1932.4.1 パリ外国宣教会宣教師。一八六八年(明治元)長崎に来航、大浦天主堂で布教。七一年神戸教会に赴任。七九年京都で布教のかたわらフランス語塾を開く。この時期に殉教者伝「鮮血遺書」を刊行。東京では和仏学校で西園寺公望・原敬らに教えた。のち山口や萩に赴任。真言宗・日蓮宗を研究し、「日本仏教史」や「バラモン教論」を執筆。

ビレラ Gaspar Vilela 1525～72 ポルトガル人イエズス会宣教師。一五五六年(弘治二)豊後国府内(大分)着。平戸・博多で布教。五九年(永禄二)日本布教長トレスの命令により日本人イルマンのロレンソらとともに上京、京都開教にあたった。翌年将軍足利義輝に謁見し、布教許可の制札を得て京都布教を開始。結城忠正・清原枝賢・高山図書らに授洗。六五年の義輝暗殺後、京都から追放され堺に退避。豊後国に移り、七〇年(元亀元)日本を去り、インドのゴアで没。

ひろおかきゅうえもん【広岡久右衛門】 近世大坂の豪商加島屋広岡家の当主の通称。同家は一六二五年(寛永二)初代正教が摂津国浪花村から大坂に移住して精米業兼両替屋を開業したのに始まり、諸国取引米問屋となり、米年寄(五仲買)を勤めた。江戸中期以降は鴻池と並ぶ大坂屈指の豪商として大名貸を広範に展開した。玉水町に居住。幕末～明治期に兵庫商社・通商司などにかかわり、鴻池らと貿易商社尽力組などをおこし、一八八八年(明治二一)加島銀行を創立した。

ひろかわこうぜん【広川弘禅】 1902.3.31～67.1.7 昭和期の政治家。本名弘。福島県出身。曹洞宗大学中退。東京市議・同府議をへて、一九四〇年(昭和一五)衆議院議員に当選。第二次大戦後に第三次・第四次吉田内閣の農相に就任したが、鳩山派についたため罷免され、政治生命を失った。

ひろさわさねおみ【広沢真臣】 1833.12.29～71.1.9 幕末・維新期の萩藩士、新政府の指導者。長門国萩城下に生まれ、波多野家の養子となる。旧姓柏村。のち広沢と改姓。藩の要職を歴任し、尊王攘夷派に接近。禁門の変に敗れて幕府の追討をうけ、恭順派が藩政を握ると投獄された。倒幕派の勢力回復により出獄し、木戸孝允(たかよし)とともに藩政を指導。一八六七年(慶応三)大久保利通(としみち)らと倒幕を協議し、討幕の密勅をうけた。翌年新政府の参与、ついで民部大輔・参議に任じられた。六九年(明治二)木戸・大久保・後藤象二郎らと版籍奉還の実現に尽力。七一年東京の私邸で暗殺され、多くの容疑者が捕らえられたが、証拠に乏しく犯人は不明のままとなった。

ひろざわとらぞう【広沢虎造】 浪曲師。大正期から三代を数える。初代は三代広沢虎吉の前名。二代(一八九九～一九六四)は東京都出身。本名金田信一、のち山田家に婿入り。大阪の二代広沢虎吉の門人。天華などをへて二代を襲名し、真打。帰京後、神田伯山から「清水次郎長伝」を伝授され、独特の節調を加え一世を風靡。以後、舞台・映画で活躍。三代(一九二一～九三)は本名田中武雄。日本浪曲協会会長を務めた。

ひろせいぜん【広瀬惟然】 ⇨惟然(いぜん)

ひろせきゅうべえ【広瀬久兵衛】 1790～1871.9.29 江戸後期の勧農家。豊後国日田の豪商。兄は広瀬淡窓。号は南陔。諸土木工事に才覚を現し、一八二三年(文政六)以降日田郡小ケ瀬(おかせ)井路・豊前国宇佐郡広瀬井路の開削、三隈・中城川の浚渫(しゅんせつ)、豊前・豊後・筑前・筑後各国の沿岸干拓を指揮。天保年間以降は対馬国府中藩の借財整理、豊後国府内藩や福岡藩の財政再建に尽力。

ひろせきょくそう【広瀬旭荘】 1807.5.17～63.8.17 江戸後期の儒学者・詩人。広瀬淡窓の末弟。名は謙、別号は梅墩(ばいとん)。豊後国日田生れ。筑後国の樺島石梁、備後国の菅茶山に学ぶ。天保初年兄の私塾咸宜(かんぎ)園を助け、のち諸国を遊歴。晩年郷里で雪来館を創設したが、摂津国池田で没した。博覧強記で、とりわけ詩学にすぐれ、佐久間象山・僧月照らと親交があった。著書「梅墩詩鈔」「九桂草堂随筆」。

ひろせげんきょう【広瀬元恭】 1821～70.10.27 幕末期の医師・蘭学者。字は礼卿、号は藤圃・天目山人。甲斐国生れ。代々医家で一五歳のとき江戸に出る。坪井信道(誠軒)に一〇年余オランダ医学を学ぶ。一八四七年(弘化四)京都に開業し、蘭学塾時習堂を経営。頼(らい)三樹三郎・吉田松陰・森田節斎らの志士とも交際があり、兵学に通じた。伊勢国津藩医を勤め、明治維新時には京都官軍病院長に任じられた。著書「人身窮理」「理学提要」「知生論」。

ひろせさいへい【広瀬宰平】 1828.5.5～1914.1.31 幕末～明治期の実業家。近江国生れ。旧姓は北脇。一八三八年(天保九)別子銅山勘定場に奉公、五五年(安政二)住友友視の推挙で住友浅草店支配人の広瀬家の夫婦養子となった。六五年(慶応元)別子銅山支配人となり、維新期の別子銅山の国への接収を阻止し、フランス人技師を招いて同山の近代化をはかるなど住友の経営危機を救った。七七年(明治一〇)住友家総理代人(のち総理事)に就任して住友の事業を指導する一方、大阪商船の設立などに携わった。九四年引退。

ひろせたけお【広瀬武夫】 1868.5.27～1904.3.27 明治期の海軍軍人。大分県出身。海軍兵学校卒(一五期)。一八九七～一九〇二年(明治三〇～三五)ロシア留学。戦艦朝日水雷長として日露戦争に出征、旅順港の閉塞作戦で戦死。その部下を思っての死は「軍神」として伝説化され、国民的英雄となった。一方、ロシア女性とのロマンスの経験をもつなど、深い教養と誠実で明るい人柄の魅力的な人物でもあった。

ひろせたんそう【広瀬淡窓】 1782.4.11～1856.11.1 江戸後期の儒学者。父は幕府代官所や諸藩の御用達商人博多屋三郎左衛門貞恒。名は簡・建、字は廉卿、別号は青渓・遠思楼主人など。豊後国日田生れ。筑前国の亀井南冥・昭陽父子の塾に入ったが、結核を患い退塾して独学。一八〇五年(文化二)儒者としてたつことを決意し、家業を弟に譲り、やがて開塾。塾生が増加するにしたがい、家塾咸宜(かんぎ)園を新築。教育方針は学歴・年齢・家格を問わず万人に門戸を開いたため、塾生はのべ総数四六〇〇人におよび、高野長英・大村益次郎・羽倉簡堂らの俊才を輩出。思想は敬天を主とし、老子や易などを含む独自のものである。著書「約言」「迂言」。

ひろたこうき【広田弘毅】 1878.2.14～1948.12.23 大正・昭和前期の外交官・政治家。福岡県出身。東大卒。一九〇六年(明治三九)外交官試験に合格、同期に吉田茂がいた。若い頃には玄洋社と関係があった。二七年(昭和二)駐オランダ公使、三〇年駐ソ連大使、斎藤・岡田両内閣の外相を歴任。三六年外交官出身者として初の総理大臣となるが、軍部大臣現役武官制を復活させた。三七年第一次近衛内閣で再度外相に就任。戦後、この間の天羽(あもう)声明・広田三原則・帝国外交方針・国策の基準・近衛声明など一連の重要政策の策定に責任があった者として、極東国際軍事裁判でA級戦犯として起訴され、有罪の判決をうけ絞首刑に処された。

ひろつかずお【広津和郎】 1891.12.5～1968.9.21 大正・昭和期の小説家・評論家。東京都出身。早大卒。広津柳浪(りゅうろう)の次男。早稲田大学在学中の一九一二年(大正元)同人誌「奇蹟」を創刊。はじめ文芸評論家として活躍し、一七年性格破綻者を描いた「神経病時代」で小説家として注目される。昭和初期には「風雨強かるべし」などで時流に迎合しない同伴者作家の姿勢を示し、忍耐強く現実を凝視し、みだりに悲観も楽観もしない散文精神を主張した。第二次大戦後の代表作に、松川裁判を批判した「松川裁判」がある。

ひろつりゅうろう【広津柳浪】 1861.6.8～1928.10.15 明治期の小説家。肥前国長崎出身。本名直人。東大中退。農商務省に勤めたが放蕩などのため非職となり、浪人生活を経験。一八八七年(明治二〇)政治小説「女子参政蜃中楼」を発表。八九年硯友社同人。破滅的な生を描いた小説を次々と発表。九五年障害者や被差別者を主人公にした「変目伝(へめでん)」「黒蜥蜴(くろとかげ)」などを発表、「深刻小説」と命名された。以後「今戸心中」「雨」などで悲惨な人生を活写した。和郎は次男。

ひろはしかねかつ【広橋兼勝】 1558.10.23～1622.12.18 織豊期～江戸前期の公家。広橋国光の子。日野輝資(てるすけ)の弟。一六一八年(元和四)一一月内大臣となるが、翌年二月辞官。二〇年閏一二月従一位。勧修寺光豊とともに江戸時代最初の武家伝奏となる。権勢が強く、朝廷内には非難の声もあった。

ひろはしかねなか【広橋兼仲】 1244～1308.1.20 鎌倉後期の公卿。従二位権中納言。居所から勘解由小路(かでのこうじ)と称する。父は経光、母は藤原親実の女。蔵人・弁官をへて、一二九一年(正応四)蔵人頭に任じられ朝廷の実務を担った。摂関家にも仕え、鷹司兼平・近衛家基の執事となる。一三〇八年(延慶元)出家、法名兼寂。日記「勘仲記(かんちゅうき)」は兼仲のたずさわった実務や、当時の朝廷の政治状況に関する記述が多い。

ひろはしかねのぶ【広橋兼宣】 1366～1429.9.14 室町時代の公卿。父は仲光、母は家女房。一三七二年(応安五・文中元)元服。蔵人・弁官をへて一四〇〇年(応永七)参議。翌年武家伝奏となり公武の政情に通じた。二三年大納言に進んだが、二五年に辞して出家。准大臣となる。法名常寂。没後、内大臣の官を贈られる。「新続古今集」に入集。日記「兼宣公記」。

ひろはしけ【広橋家】 藤原氏日野家支流。名家(めいか)。鎌倉前・中期の兼光の五男頼資に始まる。鎌倉時代には勘解由小路(かでのこうじ)と称したが、一四世紀末の兼宣に至り広橋と号した。頼資以下四代は中納言を極官としたが、兼綱が後円融天皇の外祖父として贈左大臣に、その孫兼宣が准大臣(贈内大臣)となり、以後、内大臣・准大臣を多くだした。日記を多く残した家としても知られる。江戸時代の家禄は八五八石。兼勝は江戸時代最初の武家伝奏。以後、伝奏就任者が多い。維新後、賢光のとき伯爵。「広橋家記録」を伝える。

ひろはしつなみつ【広橋綱光】 1431.6.13～77.2.14 室町中期の公卿。父は兼郷、母は神祇伯資忠王の女豊子女王。蔵人・弁官をへて一四五四年(享徳三)参議。五六年(康正二)権中納言。ついで武家伝奏となる。七〇年(文明二)権大納言、七七年准大臣、同年没後、内大臣を贈られた。日記「綱光公記」。

ひろはたけ【広幡家】 正親町(おおぎまち)源氏。清華(せいが)家。正親町天皇の孫八条宮智仁(としひと)親王の子忠幸を祖とし、一六六三年(寛文三)源姓・朝臣となり創立。忠幸は早くに名古屋藩主徳川義直の猶子となり、義直の女と結婚。家禄ははじめ一〇〇〇石、忠幸没後、相続の届出が遅れて五〇〇石。幕末の忠礼(ただあや)は議奏・国事御用掛を勤めたが、一八六三年(文久三)の八月十八日の政変で、議奏御免、他人面会を禁じられた。のち許されて出仕。維新後侯爵。

ひろみつ【広光】 刀工の名。新刀期を含め同名が何人かいるが、古刀期の相模の広光が代表。正宗の門下または子という南北朝期の九郎二郎広光を初代とし、古刀期を通じて銘跡が続くが、明徳期頃の二代は後銘を正広とする。正広の後代が北条氏綱に召されて「綱」を下賜されたのが、小田原相州の一人初代綱広であるという説もある。

ひろみねし【広峰氏】 播磨国の豪族。凡河内(おおしこうち)氏の一族。広峰神社の神官。凡河内躬恒(みつね)の五世の孫勢連(せいれん)より広峰氏を称した。代々、広峰

広橋家略系図

頼資―経光―兼仲―光業―兼綱┬仲光―兼宣［広橋］―兼郷―綱光―兼顕＝守光―兼秀―国光┬輝資
　　　　　　　　　　　　　└仲子(崇賢門院)　　　　　　　　　　　　　　　　　　　　└兼勝―総光┬兼賢…兼胤…賢光(伯爵)
　　└総盛［日野西］

神社大別当職を相伝し、鎌倉時代には幕府御家人となった。南北朝期、北朝方として活躍。以降、播磨国守護赤松氏に従い、村上源氏赤松氏の末流と称し南朝方と戦い、数々の軍功をあげた。

ひろやすおう【博恭王】 ⇩伏見宮博恭王(ふしみのみやひろやすおう)

ピント Fernão Mendez Pinto 1509?〜83 ポルトガルの旅行家。一五三七年頃からおよそ二一年間、アフリカやアジア諸国を遍歴。五八年ポルトガルに帰国し、その後、東洋での見聞を自伝風にまとめ「東洋遍歴記」を著した。同書によれば日本に四度来訪し、はじめて種子島に赴き鉄砲を伝えたヨーロッパ人の一人と自称するが、史実にあわない点も多い。

びんひ【閔妃】 Min-bi 1851.9.25〜95.10.8 李氏朝鮮第二六代国王高宗の妃。一八六六年王妃となり、七三年高宗の実父大院君(たいいんくん)を引退させ閔氏戚族による政権独占をもたらす。壬午(じんご)・甲申(こうしん)両事変の危機を脱してから、清国・ロシアの力を背景に権力を強化した。日清戦争・甲午改革で閔氏戚族は失脚したが、三国干渉後ロシアに接近し再び権力を握った。これを不満とした駐朝公使三浦梧楼(ごろう)らによって、九五年一〇月王宮を襲われ殺害された。

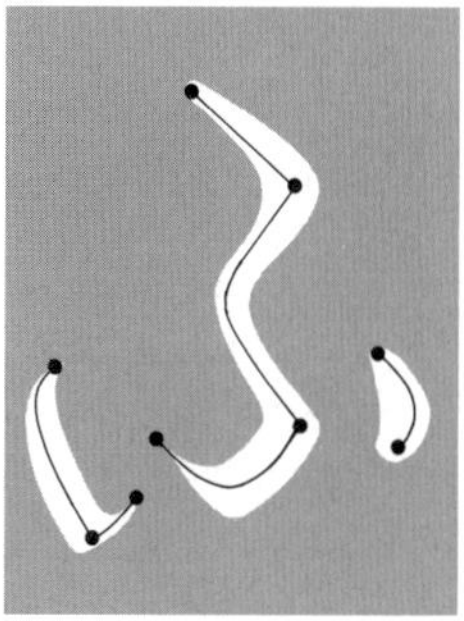

ぶ【武】「宋書」倭国伝に記される倭の五王の一人。五世紀後半頃の王。済(せい)の子、また興(こう)の弟。興の死後に王となった。四七八年中国南朝に遣使して上表し、みずからの国土平定の事績をのべるとともに、高句麗の非道を訴え、それに対抗する決意を示した。宋の順帝はこれに対し、安東大将軍の号を与えた。宋の滅亡後も南朝の斉・梁に遣使し、鎮東大将軍(四七九年)、征東大将軍(五〇二年)の号を与えられた。雄略天皇の名の幼武(わかたける)の「タケル」を漢訳したとする説が有力。

ファルケンブルグ Robert Bruce van Valkenburgh 1821.9.4〜88.8.1 アメリカの外交官。米下院議員などをへて、一八六六年(慶応二)駐日弁理公使として来日。戊辰戦争では局外中立を守り、幕府がアメリカから購入した軍艦の引渡しを拒否した(のち明治政府に納入)。幕府や明治政府のキリスト教禁教や弾圧に抗議し、悪貨処分問題、日本人ハワイ移民問題などに対処。六九年(明治二)帰国。

ぶあん【豊安】 ?〜840.9.13 平安初期の僧。三河国の人。唐招提寺に入り、鑑真(がんじん)の弟子如宝(にょほう)に師事して戒律を修める。八一五年(弘仁六)如宝の没後、唐招提寺第五世となり、翌年律師となる。平城(へいぜい)上皇らに菩薩戒を授け、八二七年(天長四)少僧都に進み、八三〇年律宗を代表して「戒律伝来宗旨問答」三巻を撰呈。八三五年(承和二)大僧都。七七歳で没したとの説がある。死後僧正を追贈された。著書「鑑真和尚三異事」。

フィゲイレド Melchior de Figueiredo 1528?〜97.7.3 インドのゴア生れのポルトガル人イエズス会宣教師。一五六四年(永禄七)来日。口之津・島原などで布教。府内(大分)のコレジヨの院長を勤めたが、病気になり、当代随一の名医といわれた曲直瀬(まなせ)道三の治療をうけた。これを機縁に八四年(天正一二)道三が入信したと伝えられる。八七年ゴアに戻り、同地で没。

フィッセル Johan Frederik van Overmeer Fisscher 1800.2.18〜48.10.23 江戸後期に来日したオランダ商館員。一八二〇年(文政三)七月二三日長崎に到着し、二九年二月二四日離日。商館の筆者頭のち荷倉役。二二年商館長ブロンホフの江戸参府に随行した。三〇年祖国に帰り、三三年「日本風俗備考」をアムステルダムで刊行。日本での収集品はライデン国立民族博物館・ライデン大学図書館に保管されている。

ふうぎょくしょう【馮玉祥】 Feng Yuxiang 1882.11.6〜1947.9.1 中国近代の軍人。安徽(あんき)省出身。一九二二年河南省督軍。二四年第二次奉直戦争では北京でクーデタを断行し、直隷派の敗北を決定づけた。二六年ソ連に出国。帰国後国民党に入党し北伐に参加。三〇年反蔣戦争をおこしたが失敗し、一時下野。以後、国民党の要職を歴任し、三三年には察哈爾(チャハル)民衆抗日同盟軍を組織。日本敗戦後四六年外遊に出て、アメリカからソ連をへて帰国する予定だったが、その途上、黒海で船火事により死亡。

ふうこ【風虎】 ⇩内藤風虎(ないとうふうこ)

フェイト Arend Willem Feith 1745〜82.5.14

江戸中期の長崎オランダ商館長。マラバルのコイラン生れ。一七六二年から東インドで勤務、六五年(明和二)に長崎来着。七一～八一年(明和八～天明元)の間に五度にわたって商館長を勤め、その間六回江戸に参府。在日期間が長かったため、江戸や長崎で多くの日本人蘭学者や知識人たちと交流があり、彼らの西洋の知識に影響を与えた。本国への帰途船上で死亡し、バタビアに埋葬された。

フェスカ Max Fesca 1846.3.31～1917.10.31 明治期の御雇外国人、ドイツ人農学者。ゲッティンゲン大学私講師の後、一八八二年(明治一五)来日。農商務省地質調査所で地質調査を指導する一方、駒場農学校・東京農林学校・帝国大学農科大学で農学を講じ、九五年帰国。著書に全国の地質調査結果をまとめた「地質産要覧図」、日本の農業事情と提言からなる「日本地産論」がある。

フェノロサ Ernest Francisco Fenollosa 1853.2.18～1908.9.21 明治期に来日したアメリカ人哲学者・美術研究家。マサチューセッツ州生れ。ハーバード大学卒。一八七八年(明治一一)東京大学に招かれて来日、経済学・哲学を講義。東洋美術・日本美術に関心をもち、八二年竜池会での講演「美術真説」で日本美術を再評価すべきことを力説。八四年岡倉天心らと鑑画会を結成し、狩野芳崖・橋本雅邦などの日本画家の指導・助成に尽力した。展覧会の企画・美術教育・古美術調査などのほか、東京美術学校の設立にもかかわった。九〇年帰国し、ボストン美術館主管として東洋美術の紹介に努めた。九八～一九〇〇年再来日し、東京高等師範で英語を教えた。ロンドンで没。

フェルナンデス Juan Fernandez 1525/26～67.5.20 ポルトガルのイエズス会宣教師。スペインのコルドバで裕福な商人の家に生まれる。一五四七年イエズス会に入会。翌年インドに派遣され、四九年(天文一八)ザビエルとともに鹿児島に上陸。ザビエルに随行して平戸・山口・堺・京都に赴いた。日本語が巧みで、ザビエル離日後も西九州で布教。平戸で没。

フェルビースト Ferdinand Verbiest 1623.10.9～88.1.28 中国の明末～清初に活躍したイエズス会宣教師。ベルギー生れ。中国名は南懐仁。一六五九年中国に到着、布教に従事し、のちに欽天監(天文台)で活躍し、改暦に従事。著書の「教要序論」「霊台儀象表」「坤輿図説」などは、鎖国下の日本にも流入し、近世科学の発展に影響を与えた。

フェレイラ ⇨沢野忠庵

フェントン John William Fenton 1828.7.12～? イギリス陸軍の軍楽隊長。アイルランド生れ。一八六八年(明治元)三月イギリス第一〇連隊付属軍楽隊長として来日、横浜駐留地で鹿児島藩士に洋式軍楽を伝授。七一年に兵部省水兵本部楽隊教師に就任。七六年から宮内省雅楽伶人にも洋式吹奏楽を教えた。西南戦争の最中に退任し、横浜で再婚したジェーン夫人の故郷アメリカに向けて離日。七八年川村純義海軍卿に再任希望の手紙を送るが、その後の消息は不明。

フォンタネージ Antonio Fontanesi 1818.2.23～82.4.17 イタリアの画家。レッジョ・エミリア生れ。同地の美術学校に学ぶ。バルビゾン派の画家たちと交流し、各地を旅行、一九世紀イタリア風景画の代表的作家と目された。トリノの王立アルベルティーナ美術学校教授。一八七六年(明治九)日本政府の招請で来日。開設された工部美術学校の画学教師となり、西洋の正則カリキュラムによって、小山正太郎・松岡寿・浅井忠らを指導した。病により二年後帰国、トリノで死去。

ふかいえいご【深井英五】 1871.11.20～1945.10.21 昭和前期の財政家・政治家。日本銀行一三代総裁。群馬県出身。同志社卒。新聞記者となるが、松方正義の知遇を得て一九〇一年(明治三四)に日本銀行に入行。日露戦費の外債募集のため高橋是清副総裁に随行して欧米に赴き活躍した。国債・営業各局長、理事を歴任して二八年(昭和三)副総裁。金輸出解禁から再禁止に至る井上財政と高橋財政の通貨金融政策の遂行に主導的役割をはたした。三五年日銀総裁。三八年枢密顧問官。経済外交や理論分野でも活躍。

ふかいしどうけん【深井志道軒】 ?～1765.3.7 江戸中期の講釈師。京都生れ。幼児から仏門に入るが、禁忌を犯して追放。一時は願人坊主になり諸国を流浪していたが、江戸に落ちつく。享保年間に浅草観音堂脇に仮設の小屋を建て辻講釈を始める。手には男根形の棒をもって机をたたき、みだらなものや諧謔たっぷりの講釈を読んだが、それを身振りをまじえた仕方咄で演じたのが特色。著書「元無草」。

ふかおすまこ【深尾須磨子】 1888.11.18～1974.3.31 大正・昭和期の詩人。兵庫県出身。京都菊花高等女学校卒。与謝野晶子に師事、第二期「明星」に参加。一九二二年(大正一一)詩集「真紅の溜息」、二五年「斑猫」「呪詛」「焦躁」を刊行し、渡欧三回、フランス的教養を身につけ、詩風は社会風刺の傾向に変化。第二次大戦後は婦人・平和運動に貢献。

ふかく【不角】 1662～1753.7.21 江戸前・中期の俳人・雑俳点者。立羽氏。江戸平松町南側の書肆。一三歳で不卜門に入り、調和の前句付に投句。一六九〇年(元禄三)前句付高点句集「二葉の松」刊行、九三年月並発句高点集を編み、以降続刊。其角の洒落風に対し、俗意を含んだ古典的表現で、化鳥風と称される。門人の淡々や紀逸などが享保期以降の俳壇に影響を与えた。紀行集「笠の蠅」「木曾の麻衣」など。

ふかねのすけひと【深根輔仁】 生没年不詳。平安中期の医家。深根氏は百済系渡来氏族で薬部の一つ蜂田薬師の分脈。九一八年(延喜一八)右衛門医師のとき「掌中要方」一巻を撰しており、この頃醍醐天皇の勅を奉じて「本草和名」二巻を撰進した。権医博士・侍医を勤め、名医とうたわれた。著書「養生抄」七巻、「養生秘抄」一巻。

ふかぼりし【深堀氏】 中世〜近世の武家。桓武平氏三浦氏の支族。平仲光が上総国深堀(現、千葉県大原町か)を本拠として深堀氏を称したのに始まる。仲光は鎌倉御家人となり、その子能仲は、一二五五年(建長七)肥前国彼杵荘戸町浦(戸八浦とも。現、長崎市)の地頭になり、その庶子が元寇に備えてこの地に下り土着。能仲の曾孫時仲は、弘安の役の戦功で肥前国神埼荘内の地を与えられた。南北朝期には北朝方につき、肥前・筑前両国内に数カ所の所領を得た。戦国期には竜造寺氏に従い、大村純忠と戦った。その後鍋島氏の家臣となり、鍋島姓を名のる。「深堀文書」を伝える。

ふかみじゅうざえもん【深見十左衛門】 ?〜1730.3.18 江戸前期の男達。本姓深溝、名は貞国。経歴の真偽は不明。諸書によれば、寛文頃に江戸でかぶき者仲間の頭領だったという。男達で喧嘩に明け暮れる一方、俳句もたしなみ、その風貌や老いても強健で朱鞘の大脇差を帯していたという逸話には、当時のかぶき者の典型的な生きざまが示される。

ふかん【普寛】 1731〜1801.9.10 江戸中期の御嶽講の行者。武蔵国秩父郡生れ。江戸にでて修験者となり、はじめ秩父三峰山で修行。のちに江戸八丁堀の修験法性院の弟子となる。出世して聖護院派の修験長になるが、五二歳のときに辞して諸国巡歴の旅にでる。再び江戸に戻って、病気治しの祈禱で信者を獲得した。一七九二年(寛政四)木曾の杣頭与左衛門・吉右衛門の手引きで木曾御嶽に登り、王滝口登山道を開発。江戸を中心とした関東地方一帯の御嶽講は、いずれも普寛行者を祖とする。

ふぎ【溥儀】 Puyi 1906.2.7〜67.10.17 清朝最後の皇帝。満州国皇帝。姓は愛新覚羅。醇親王載灃の長子。一九〇八年光緒帝の没後三歳で即位(清朝一二代皇帝宣統帝)。一一年辛亥革命がおき翌年退位。二四年馮玉祥の北京占領によりいっさいの特権を奪われ、日本公使館へ逃げ込み、日本の庇護のもと天津に住む。三一年(昭和六)満州事変が勃発すると、天津を脱出、翌年満州国の国家元首(執政)に擁立され、三四年皇帝に即位。第二次大戦の敗戦後日本に亡命しようとしたが、四五年八月一九日瀋陽でソ連軍に逮捕され、翌年東京裁判に証人として出廷。五〇年身柄は中国に引き渡され、五九年の特赦まで戦犯収容所に収容。六七年北京で死去。

ふくいきゅうぞう【福井久蔵】 1867.11.18〜1951.10.23 明治〜昭和期の国語・国文学者。但馬国生れ。兵庫県立神戸師範卒。学習院大学・駒沢大学・早稲田大学・昭和女子大学などで教鞭をとる。国語学・歌学、和歌・連歌の歴史的研究を中心とし、「連歌の史的研究」で文学博士となる。一九二四年(大正一三)の「日本新詩史」は日本近代詩史研究に先鞭をつけた。

ふくいけんいち【福井謙一】 1918.10.4〜98.1.9 昭和期の化学者。奈良県出身。京大卒。京都大学教授・京都工芸繊維大学学長を歴任。芳香族炭化水素の反応が古典的な有機電子論では説明できないことに着目し、化学反応の起り方を電子の軌道を使って説明したフロンティア軌道理論で世界的に知られ、一九八一年(昭和五六)ノーベル化学賞を受賞。学士院賞・文化勲章をうける。ヨーロッパとアメリカのアカデミー会員。

ふくいさくざえもん【福井作左衛門】 江戸時代、幕府公許の京枡座を主宰した福井家の当主の世襲名。祖先は大和国平群郡出身で、江戸時代には中井大和守配下の大工棟梁として二条城の普請などに従事。一六三四年(寛永一一)鈴木源太夫の跡に枡御用を命じられて京枡座を開き、枡の製作・販売・修理・検定などを行うようになる。明治維新後も民間業者として営業を続けた。「福井家文書」は京都市歴史資料館蔵。重文。

ふくおかたかちか【福岡孝弟】 1835.2.6〜1919.3.7 幕末〜明治期の高知藩士・政府高官。土佐国高知生れ。通称藤次。吉田東洋門下の能吏で重職を歴任し、大政奉還運動を後藤象二郎と連携して成功に導き、賞典禄五〇〇石。明治政府の参与となり、五カ条の誓文の起草に関与。文部大輔・司法大輔を歴任したが、明治六年の政変後辞職。間もなく左院一等議官、ついで元老院議官、一八八一年(明治一四)文部卿、同年参議に昇任、八五年内閣制度施行まで在任した。この間参事院議長兼任。八四年子爵。以後宮中顧問官・枢密顧問官。

ふくおかやごしろう【福岡弥五四郎】 1641?〜? 江戸中期の京坂の歌舞伎俳優・狂言作者。別名京屋弥五四郎。立役から親仁方、のちに道化方となったが、元禄末年頃から作者を兼ねて名声をあげ、享保末年頃まで活躍。初世芳沢あやめの芸談「あやめぐさ」の筆録者としても知られる。

ふくざわももすけ【福沢桃介】 1868.6.25〜1938.2.15 明治〜昭和前期の実業家。武蔵国横見郡(現、埼玉県吉見町)の農業岩崎紀一・サダの次男。慶応義塾に学び、福沢諭吉の次女房子の婿となる。渡米ののち、北海道炭礦鉄道に入社、日露戦後に株式取引で巨富を得たが、以後電力事業に専念した。名古屋電灯社長・大阪送電社長などを務め、大同電力(大阪発送電の後身)の外資導入に尽力した。一九一二～一四年(大正元～三)には代議士としても活躍した。

ふくざわゆきち【福沢諭吉】 1834.12.12～1901.2.3 幕末～明治期の啓蒙思想家・教育者。豊前国中津藩の大坂蔵屋敷で生まれ、幼時に中津に帰る。長崎遊学、大坂の適々斎塾に学び、一八五八年(安政五)江戸築地鉄砲洲の中津藩中屋敷内で蘭学塾を開く。六〇年幕府使節に随行し渡米。翌年から一年間ヨーロッパを歴訪。六四年(元治元)幕臣・外国奉行翻訳方となる。六六年(慶応二)「西洋事情」刊行。六八年(慶応四＝明治元)塾を慶応義塾と改称。「学問のすゝめ」以降、啓蒙書をあいついで刊行、明六社でも活躍。七四年から三田演説会を開き、都市の民権運動を主導。八二年「時事新報」を創刊し、皇室論・女性論・アジア政略論を展開した。「福沢諭吉全集」全二一巻・別巻一。

ふくしこうじろう【福士幸次郎】 1889.11.5～1946.10.11 大正・昭和期の詩人。青森県出身。国民英学会卒。一九一二年(大正元)千家元麿(せんげもとまろ)らと「テラコッタ」創刊。一四年詩集「太陽の子」刊行、自然主義から人道的理想主義への魂の遍歴を口語自由詩で表現。関東大震災後郷里に帰り地方文化運動をおこす。音数律や民俗学の研究もある。

ふくしままさのり【福島正則】 1561～1624.7.13 織豊期～江戸初期の武将・大名。幼名市松。尾張国生れ。幼少から豊臣秀吉に仕え各地を転戦。賤ケ岳(しずがたけ)七本槍の一人。一五八五年(天正一三)伊予国今治城主。九州攻め、小田原攻め、文禄・慶長の役などに参戦。九五年(文禄四)尾張国清須(洲)(きよす)城主となり二四万石余を領有。秀吉の死後、対立していた石田三成を失脚させ、関ケ原の戦で東軍の主力として活躍。戦後、安芸国広島城主となり四九万八〇〇〇石余を領有。大坂の陣では、江戸の留守居を勤めたが、一六一九年(元和五)広島城の修築を理由に除封。ただし越後・信濃に四万五〇〇〇石が与えられ、正則は信濃国高井野村で蟄居(ちっきょ)。翌年子忠勝が没し越後の所領は返上。信濃の所領も正則の死後没収された。

ふくしまやすまさ【福島安正】 1852.9.15～1919.2.19 明治・大正前期の陸軍軍人。信濃国松本藩士の子。西南戦争に出征、一八七八年(明治一一)中尉。九二～九三年、単騎でシベリア横断を敢行する。日清戦争では第一軍参謀をつとめ、戦後欧州・アジア各地を視察。帰国後は参謀本部第三部長・同第二部長を歴任。日露戦争では大本営参謀・満州軍参謀、一九〇六年参謀本部次長。情報収集にすぐれた才能を発揮した。

ふくずみまさえ【福住正兄】 1824.8.21～92.5.20 幕末～明治前期の報徳運動の指導者。相模国大住郡片岡(かとうか)村の名主大沢市左衛門の五男。幼名政吉、のち九蔵・正兄。父が二宮尊徳に仕法を学んだ関係で一八四五年(弘化二)尊徳に入門、六年間随身。五〇年(嘉永三)箱根湯本村の旅館福住家の婿養子となり、同家を再建。平田国学を学び報徳教義を神道流に解釈して布教に努める一方、報徳社運動を指導。著書「富国捷径」「二宮翁夜話」。

ふくだぎょうかい【福田行誡】 1804/09.4.9～88.4.25 幕末～明治前期の宗教家。浄土宗の僧侶。諱(いみな)は大堂。江戸生れ。一八五二年(嘉永五)伝通院学頭。明治初年にキリスト教伝道師の仏教批判に対してキリスト教批判を展開し、廃仏毀釈の動きに対抗して仏教諸宗をまとめた。ついで教部省下に大教院が設立されると教頭となり、七九年(明治一二)浄土宗東部管長、八七年知恩院門主・浄土宗管長となる。

ふくだたけお【福田赳夫】 1905.1.14～95.7.5 昭和後期の政治家。群馬県出身。東大卒。一九二九年(昭和四)大蔵省に入り、銀行局長・主計局長を歴任、昭和電工疑獄に連坐。五二年の衆議院選挙で初当選して政界に転じ、岸派の有力者として成長。佐藤栄作引退後の総裁・総理の座をめぐり、田中角栄・三木武夫・大平正芳と激突。七六年一二月、三木内閣退陣後、政権を担当し、日中平和友好条約を締結。二年後の総裁予備選挙では大平に首位を奪われ引退。

ふくだつねあり【福田恆存】 1912.8.25～94.11.20 昭和期の評論家・劇作家。東京都出身。東大卒。第二次大戦後、日本の近代、また知識人のあり方などを鋭く批判する評論活動で知られ、「人間・この劇的なるもの」など多くの著作がある。「キティ颱風」などの戯曲のほか演出家としても活躍し、なかでも「シェイクスピア全集」の現代語訳は特記される。

ふくだとくぞう【福田徳三】 1874.12.2～1930.5.8 明治末～昭和前期の経済学者。東京都出身。東京高等商業卒。ドイツに留学、歴史学派左派の領袖ブレンターノのもとで研究。学位論文はヨーロッパ語圏初の本格的な日本研究文献として有名。帰国後、母校東京高等商業および慶応義塾で講義。経済学の定着に貢献する一方、社会政策学会の中心として政策提言を積極的にこころみ、第一次大戦末期には吉野作造とともに黎明会を組織。戦後、マルクス主義の影響が強まると批判的立場を明確にし、河上肇と再生産論をめぐる論争のほか幾度か論争した。またピグーの厚生経済学の導入に努めた。自由主義的基盤にたちながら、政府による社会・労働問題の解決を一貫して提唱したことから、福祉国家論の先駆者と評される。

ふくだひでこ【福田英子】 1865.10.5～1927.5.2 明治・大正期の社会運動家・女性解放論者。備前国生れ。旧姓景山。岸田俊子の岡山遊説に触発されて自由民権運動に参加。一八八五年(明治一八)大井憲太郎らとともに大阪事件で収監される。夫福田友作と死別後の一九〇四年「妾の半生涯」を刊行。女子の経済的自立のための実業学校の設立、男女同権民法の改正要求、足尾銅山鉱毒事件の救援、平民社の社会主義運動などの活動を展開。石川三四郎の協力で女性解放誌「世界婦人」の主幹も務めた。

ふくだへいはちろう【福田平八郎】 1892.2.28～1974.3.22 昭和期の日本画家。大分県出身。京都市立絵画専門学校卒。第三回・第四回帝展で連続特選。一九三〇年(昭和五)中村岳陵らと六潮会を結成。三六年京都市立絵画専門学校教授。日本芸術院会員。六一年文化勲章受章。作品「漣」「雨」。

ふくだりけん【福田理軒】 1815.5.-～89.3.19 幕末～明治期の数学者。通称謙之丞・鼎、号は理軒・順天堂。はじめは本橋惟義といった。大坂生れ。兄の福田復も数学者。武田真元に数学を学ぶが、浪速天満宮奉額題で武田と論争する。維新後、東京神田に私塾順天求合社を開き、明治期の西洋数学普及に尽くした。著書「順天堂算譜」「算法玉手箱」。

ふくちげんいちろう【福地源一郎】 1841.3.23～1906.1.4 明治期のジャーナリスト。肥前国長崎生れ。号は桜痴。漢・蘭・英学を修め、一八五九年(安政六)幕府に出仕。翌年遣米使節、以後二度遣欧使節に随行。六八年(明治元)「江湖新聞」を発行、新政府批判で逮捕されるが、木戸孝允の尽力で放免された。七〇年大蔵省出仕、翌年岩倉遣欧使節に随行。七四年「東京日日新聞」に入り、八二年立憲帝政党を組織、八八年まで新聞を主宰。以後は寄稿のほか政治小説や歌舞伎脚本も執筆。歌舞伎座建設にたずさわり、九世市川団十郎とともに演劇改良(活劇)に尽力。代表作「幕府衰亡論」。

ふくながじゅうざぶろう【福永十三郎】 1721.3.14～74.7.4 江戸中期の義民。越後国直江津町の豪商、高田藩の御用達。一七五九～七四年(宝暦九～安永三)同国高田藩領高田町と直江津町の間で展開した鮮魚販売をめぐる出入で、直江津の代表として尽力。伝承では勝訴して江戸からの帰郷時、高田町で喀血して死んだとされる。明治期以降鮮魚商人らによって顕彰活動が続けられている。

ふくながたけひこ【福永武彦】 1918.3.19～79.8.13 昭和期の小説家。福岡県出身。東大卒。詩のグループ「マチネ・ポエティク」の主要メンバー。フォークナーやボードレールの影響をうける。代表作「塔」「草の花」「忘却の河」「死の島」。

ふくばはやと【福羽逸人】 1856.12.16～1921.5.19 明治・大正期の園芸学者。石見国生れ。養父は福羽美静。東京農学社卒。勧農局試験農場でブドウを研究した。ヨーロッパ留学後、農商務省技師兼東京農林学校勤務。新宿植物御苑係長。柑橘類の調査や葡萄試験地を開設。フクバイチゴ、菊の千輪作りを開発し、近代園芸の基礎を開いた。晩年に内苑局長・大膳頭。

ふくばびせい【福羽美静】 1831.7.17～1907.8.14 「よししず」とも。幕末～明治期の国学者。石見国生れ。通称は文三郎。木園・硯堂と号す。津和野藩校養老館に学び、二二歳のとき京都に出て大国隆正に入門。のち江戸に行き平田鉄胤に学ぶ。一八六二年(文久二)上洛して尊王攘夷派として奔走。維新後、徴士・神祇事務局権判事となり、神道政策を推進した。明治天皇に「古事記」を進講。元老院議官・貴族院議員を歴任。

ふくはらありのぶ【福原有信】 1848.4.8～1924.3.30 明治・大正期の実業家。資生堂・帝国生命の創設者。安房国生れ。一八六四年(元治元)江戸に出て織田研斎のもとで医学を学ぶ。東京大病院の中司薬、海軍病院薬局長を務めた。七二年(明治五)に辞職して薬局資生堂を創設し、製薬所を設立。八八年には帝国生命を創設し、常勤理事員となった。一九一七年(大正六)に国策会社内国製薬(現、三共)会長、生命保険会社協会理事会会長に就任。

ふくはらえちご【福原越後】 1815.8.28～64.11.12 幕末期の萩藩家老。名は勝定・元定・元僴。藩最後の当職(国家老)のち加判役の重職となる。八月十八日の政変の罪をそそぐため、翌一八六四年(元治元)兵を率いて上京。禁門の変をひきおこし敗れて帰国。征長軍への謝罪のため、益田右衛門介・国司信濃とともに切腹させられた。

ふくもとかずお【福本和夫】 1894.7.4～1983.11.16 昭和期の思想家。鳥取県出身。東大卒。松江高校教授として独・仏に留学、マルクス主義を研究。帰国後山口高等商業教授に就任、山川均批判や「分離結合論」で一躍著名となる。一九二六年(昭和元)共産党に入党、再建大会の理論的指導者となるが、二七年テーゼ採択で失脚。二八年の三・一五事件で逮捕投獄、四二年出獄後は江戸文化などの研究に従事。第二次大戦後共産党に復帰、五〇年の分裂時には徳田批判を展開。のち党中央と対立し除名された。

ふくもとにちなん【福本日南】 1857.5.23～1921.9.2 明治・大正期の新聞記者・政治家。本名誠。福岡藩士の子。司法省法学校中退。北海道開拓・南方進出の運動に従事。一八九〇年(明治二三)陸羯南の「東京電報」に入り、ついで新聞「日本」で筆をふるった。同時に条約改正問題などの対外硬運動にも従事。一九〇五年「九州日報」主筆に就任、〇八年には憲政本党から代議士に当選。史伝を得意とし、著作に「元禄快挙録」「豊太閤」など。

ふくもりきゅうすけ【福森久助】 1767〜1818.9.8 歌舞伎作者。江戸本所生れ。前名昌橋丘次・奥田丘次・玉巻久次など。一時喜宇助とも記す。初世桜田治助門下となり一七八五年(天明五)初出勤。四世鶴屋南北とともに寛政の改革以後の江戸劇壇を支えた。師の作風を継承し、世話物や舞踊劇に佳作が多い。代表作「短夜仇散書」。幕末の三世まで伝えられる。

ふくやまとしお【福山敏男】 1905.4.1〜95.5.20 昭和期の建築史学者。福岡県出身。京大卒。京都大学教授。厳密な資料批判と考証をもとに、出雲大社・春日大社など古社寺創建時の事情や建築構造を解明して、日本建築史の基礎を築いた。七支刀の銘文解釈をはじめ金石文研究にも業績を残す。学士院賞受賞。著書「日本建築史研究」。

ふこうずし【深溝氏】 近世の譜代大名家。一八松平の一つ。祖は松平氏三代信光の七男忠景の次男忠定。三河国宝飯郡深溝城を本拠とし、深溝松平を称した。「家忠日記」で著名な四代家忠は武蔵国忍・下総国上代・同国小見川の各城主となった。その後同氏は三河・丹波両国内の各地をへて、一六六九年(寛文九)肥前国島原藩主六万五九〇〇石。一七四九年(寛延二)下野国宇都宮の戸田氏と相互移封となるが、七四年(安永三)復封した。維新後子爵。

ふじいうもん【藤井右門】 1720〜67.8.22 江戸中期の勤王家。父はもと播磨国赤穂藩士の藤井又左衛門。名は吉太郎のち直明。越中国生れ。一六歳のとき郷里を出奔して上京し、諸大夫藤井大和守忠義の養子となり家督を継ぐ。公卿と交際し軍旅の事を教授。宝暦事件で竹内式部が捕らえられると京都を出奔して右門と名のり、江戸で山県大弐宅に寄宿。一七六六年(明和三)明和事件の際に大弐とともに捕らえられ、翌年兵書雑談の内容に不敬があったとして打首・獄門となった。

ふじいけんじろう【藤井健次郎】 1866.10.5〜1952.1.11 明治〜昭和期の植物学者。加賀国生れ。東大卒。ドイツに留学。東京帝国大学教授となり、一九一八年(大正七)日本ではじめての遺伝学講座を開く。植物形態学・細胞遺伝学の世界的権威。染色体螺旋説は高い評価を得た。二九年(昭和四)細胞学雑誌「キトロギア」を創刊。五〇年文化勲章受章。

ふじいさだもと【藤井貞幹】 ⇨藤貞幹

ふじいじんたろう【藤井甚太郎】 1883.3.25〜1958.7.9 大正・昭和期の歴史学者。福岡県出身。東大卒。渋沢編纂所に入り「徳川慶喜公伝」の編纂に従事。のち文部省維新史料編纂官となり、一九二五年(大正一四)京都帝国大学文学部講師として明治維新史を講じた。四九年(昭和二四)法政大学教授。日本地理歴史学会会長・日本近代史学会会長。明治維新の実証的研究の先駆者として活躍。著書「日本憲法制定史」「明治維新史講話」。

ふじいたかなお【藤井高尚】 1764〜1840.8.15 江戸後期の国学者。備中国宮内の吉備津宮社家の子。通称小膳、号は松斎など。歌学を父高久や栂井一室に、和漢の学を小寺清先に学び、京都に出て橋本経亮らと交わり、のち本居宣長に入門。宣長没後も関西の本居派の中心として活躍し、京都の鐸屋において講義も行った。主著「三のしるべ」には儒・仏を神道をたすけるものとする、三教一致論的立場が示される。

ふじいたけし【藤井武】 1888.1.15〜1930.7.14 大正期のキリスト教伝道者。金沢藩士浅村家に生まれ、藤井鉄太郎の養子になる。東大卒。山形県理事官を一九一五年(大正四)辞職し、内村鑑三の助手となる。二〇年独立して雑誌「旧約と新約」を創刊。二二年から東京神田基督教青年会館で聖書の公開講演を行った。

ふじいちくがい【藤井竹外】 1807.4.20〜66.7.21 幕末期の漢詩人。摂津国高槻藩士藤井貞綱の子。名は啓、字は士開、号は竹外・雨香仙史。高槻藩に仕え、鉄砲の術にたけた。頼山陽に詩を学び、山陽没後は梁川星巌に兄事。七言絶句を得意とし、「絶句竹外」と称された。七言絶句「吉野」はとくに名高い。人柄は疎放で、大声豪語の癖があった。詩集「竹外二十八字詩」。

ふじいひとし【藤井斉】 1904.8.3〜32.2.5 昭和前期の軍人・国家改造運動指導者。海軍少佐。佐賀県出身。海軍兵学校(五三期)卒。大正末年頃から大川周明・安岡正篤・西田税らと関係する。一九二八年(昭和三)海軍内の青年士官を糾合し王師会を組織、ロンドン海軍軍縮条約締結反対運動を行う。のち大村航空隊付となり、三二年上海事変で戦死。直後の血盟団事件や五・一五事件に影響を与えた。

ふじおかいちすけ【藤岡市助】 1857.3.14〜1918.3.5 明治期の電気学者。周防国生れ。御雇外国人教師エアトンの薫陶をうけ、工部大学校電信科を卒業後、同校教授に着任。一八八六年(明治一九)に東京電灯の技師長となり、東京電気の前身である白熱舎の創立にも関与した。弧光灯の点火、白熱電灯の点火、直流発電機第一号の試作、白熱電灯用発電機の製作指導など、黎明期の電気事業の発展に貢献した。

ふじおかけんじろう【藤岡謙二郎】 1914.4.15〜85.4.14 昭和期の地理学者。京都府出身。京大卒。先史地理学を専攻。立命館大学をへてのち京都大学教授となり、人文地理学を担当。野外歴史地理学研究会を創設、さらに野外歴史地理学研究所を併設。歴史地理学の研究と啓蒙に尽くす。その後奈良大学教授。また人文地理学会・歴史地理学会・日本都市学会などの会長を歴任。一〇〇点におよぶ編著書がある。

ふじおかさくたろう【藤岡作太郎】 1870.7.19～1910.2.3 明治期の国文学者。号は東圃・李花亭・枇杷園。石川県出身。東大卒。第三高等学校教授などをへて、一九〇〇年東京帝国大学助教授。国文学史の研究にすぐれた業績を残す。主著「国文学全史平安朝篇」。四一歳で夭折したが、死後門下生たちにより「東圃遺稿」全四巻が編まれる。

ふじかけしずや【藤懸静也】 1881.2.25～1958.8.5 大正・昭和期の美術史家。茨城県出身。東大卒。同大学院で日本美術史を専攻。一九一七年(大正六)国学院大学教授、二七年(昭和二)帝室博物館勤務。二五年文化財専門審議会委員、二八年以降国宝保存会・重要美術品等調査委員会の各委員など美術品保護に尽力した。三四～四一年東京帝国大学教授、四五年「国華」主幹となる。浮世絵研究に優れた業績を残した。著書「浮世絵の研究」。

ふじかげせいじゅ【藤蔭静樹】 1880.10.20～1966.1.2 明治～昭和期の日本舞踊家。新潟県出身。本名内田ヤエ。一三歳で女役者をめざし上京。二世藤間勘右衛門に入門。一九〇七年(明治四〇)藤間静枝の名を許される。新橋芸者となり、永井荷風との短い結婚生活後、一七年(大正六)藤蔭(とういん)会をつくり新舞踊運動を始めた。二三年藤蔭流を創立。二九年(昭和四)渡欧、パリで公演。三一年藤蔭静枝(初世)、五七年静樹と改名。二世静枝は門下の美代枝が継ぐ。六四年文化功労者。

ふじかわゆう【富士川游】 1865.5.11～1940.11.6 明治～昭和前期の医学史研究家。安芸国生れ。広島医学校卒。東京に出て「中外医事新報」の編集者となった。ドイツに留学して一九〇〇年(明治三三)帰国、京都・九州・東北各帝国大学で医学史を講じた。十数年かけて日本の古い医書を集め、一九一二年(大正元)「日本医学史」で帝国学士院恩賜賞を得た。ほかに「日本疾病史」「脚気病の歴史」「小児伝染病略史」。

ふじかわゆうぞう【藤川勇造】 1883.10.31～1935.6.15 大正・昭和前期の彫刻家。香川県出身。東京美術学校卒。農商務省海外練習生として渡仏し、アカデミー・ジュリアンでジャン・ポール・ローランスに学ぶ。一九一二年(大正元)頃ロダンの弟子兼助手となり、「ブロンド」などを制作。一五年病のため帰国。二科会彫塑部創立会員となる。

ふじきあつなお【藤木敦直】 1582～1649.1.4 江戸初期の書家。代々京都賀茂神社の祠官の家柄。従五位甲斐守に叙された。号は正心斎。空海や三蹟の書に傾倒し独自の書風を確立、賀茂流・甲斐流と称される。後水尾(ごみずのお)天皇により宮廷公事の書役をつかさどる書博士に任じられた。門弟から荒木素白(そはく)・佐々木志津磨(しずま)らの能書家を輩出。

ふじさわあさじろう【藤沢浅二郎】 1866.4.25～1917.3.3 明治期の新派俳優。京都生れ。明治末期の新派全盛期に活躍し、一九〇八年(明治四一)東京俳優養成所を創設して後進の育成に努めた。

ふじさわりきたろう【藤沢利喜太郎】 1861.9.9～1933.12.23 明治・大正期の数学者。越後国生れ。東大卒。ヨーロッパに留学。級数論で学位を取得。一八八七年(明治二〇)帝国大学教授。学問的な数学を日本にはじめて紹介。専門は関数論で、楕円関数の乗法に関する研究を行った。中年以後は研究から遠ざかったが、大学にゼミナール制度を開設したり、数学教育・統計学・保険数学の導入などに活躍し、一時は日本数学界の指導者的存在であった。貴族院議員。

ふじしまたけじ【藤島武二】 1867.9.18～1943.3.19 明治～昭和前期の洋画家。薩摩国生れ。はじめ川端玉章に日本画を、のち曾山幸彦・中丸精十郎・松岡寿(ひさし)・山本芳翠(ほうすい)らに洋画を学ぶ。一八九六年(明治二九)白馬会創立に参加。東京美術学校西洋画科助教授。雑誌「明星」の表紙や挿絵を担当し、白馬会に「天平の面影」など浪漫主義的作品を発表。一九〇五年渡欧、パリでコルモンの、イタリアでデュランの指導をうけた。帝国美術院会員・帝室技芸員。第一回文化勲章受章。

ふじたおとぞう【富士田音蔵】 長唄唄方。江戸中期から六世を数える。初世(?～一八二七)は初世富士田吉次の門弟。一七七〇年(明和七)音蔵を名のる。「蜘蛛(くも)拍子舞」を初演。二世(一七九八～一八五九)は初世富士田千蔵の門弟。「美音の音蔵」とよばれ天保の三名人に数えられた。六世(一八九九～一九七二)は本名高野銀五郎。東京都出身。一九四九年(昭和二四)襲名。菊五郎劇団の立唄を勤めた。

ふじたきちじ【富士田吉次】 1714?～71.3.29 吉治とも。長唄唄方。富士田派の祖。江戸乗物町伏見屋の色子で、主人の初世都太夫和中に一中(いっちゅう)節を学ぶ。歌舞伎の佐野川万菊の弟子となり、佐野川千蔵の名で舞台をふみ、弾き歌いの美声が評判となる。一七五七年(宝暦七)俳優を廃業し一中節の太夫となり、二世都太夫和中を名のる。五九年長唄に転向、ふじ田吉次郎と称した。その後富士田吉次ついで吉治と改名。長唄に一中節など浄瑠璃の曲風を摂取し、唄浄瑠璃の様式を創始。「鷺娘」「吉原雀」「安宅松」などの名曲を残す。芸名は昭和期まで四世を数える。

ふじたけんぞう【藤田顕蔵】 1781?～1829 江戸後期の蘭方医・キリシタン。阿波国山崎生れ。大坂に出て堂島の医師藤田幸庵に医術を学び、婿養子となる。医学研究のため蘭学・洋学に親しむ。キリスト教を信仰するようになり一八二二年(文政五)出奔。二七年露顕し、家宅捜索によりキリシタン関係の書などが没収され、処刑された。

ふじたこしろう【藤田小四郎】 1842～65.2.4 幕

末期の尊攘激派志士。水戸藩士藤田東湖の四男。父に水戸学を学び尊王攘夷の強い気概をもつ。一八六三年(文久三)藩主徳川慶篤に随従して上洛。広く志士と交わり、とくに萩藩の桂小五郎(木戸孝允)らと東西呼応した挙兵を画策。翌年(元治元)町奉行田丸稲之衛門らと筑波山で挙兵した。諸生党や幕府・諸藩兵に攻撃され各地で転戦するが敗れ、武田耕雲斎を首領として西上の途中金沢藩に降伏し、敦賀で斬刑に処せられた。

ふじたごろう【藤田五郎】 1915.9.28～52.12.8 昭和期の歴史家。東大卒。福島大学教授などを歴任。日本近世の農村社会において、上層農民がブルジョア的性格をもちつつ成長し、藩権力との連携を強めて持続的上昇・転化をとげた結果、明治絶対主義が成立したと主張した(豪農マニュファクチュア段階論)。業績は「藤田五郎著作集」所収。

ふじたさだすけ【藤田貞資】 1734.9.16～1807.8.6 江戸中期の数学者。通称彦太夫・権平。字は子証、号は雄山。武蔵国男衾郡生れ。山路主住の弟子で、山路の暦観測を手伝うが、眼病のため辞し筑後国久留米藩主有馬頼徸の算学棟梁となる。変商の考えは新しい研究課題を提供した。著書「精要算法」「神壁算法」。子の嘉言も数学者。

ふじたさぶろう【藤田三郎】 生没年不詳。鎌倉中期の武蔵国の御家人・武士。父は行康。本名は能国。小三郎とも称する。承久の乱で後鳥羽上皇が降伏したとき、北条泰時の軍五〇〇〇余人のなかからとくに選ばれて上皇の院宣を読みあげた。文博士といわれたという。

ふじたつぐはる【藤田嗣治】 1886.11.27～1968.1.29 大正・昭和期の洋画家。東京都出身。東京美術学校卒。一九一三年(大正二)渡仏。モジリアニ、ピカソらと交友し、エコール・ド・パリの寵児として活躍。第二次大戦中は軍の依頼で戦争記録画を描く。四九年(昭和二四)再渡仏。五五年フランスに帰化し、洗礼をうけてレオナール・フジタと名のる。晩年ランスのノートルダム・ド・ラ・ペ礼拝堂壁画制作に従事。チューリッヒで死去。

ふじたでんざぶろう【藤田伝三郎】 1841.5.15～1912.3.30 明治期の実業家。長門国生れ。幕末に奇兵隊に参加したが、明治維新後は陸軍用達業者となり、長州閥との関係を利用して一代で巨富を築いた。一八八一年(明治一四)実兄の藤田鹿太郎・久原庄三郎とともに藤田組を設立。八四年官営小坂鉱山の払下げをうけ、八九年岡山県児島湾の干拓事業の許可をうけた。大阪紡績や阪堺・山陽両鉄道の設立などに参加。大阪商法会議所会頭となるなど、関西財界の指導的立場にあった。

ふじたとうこ【藤田東湖】 1806.3.16～55.10.2 江戸後期の常陸国水戸藩士。後期水戸学の創唱者藤田幽谷の次男。名は彪、字は斌卿、幼名武二郎のち虎之助、通称誠之進、東湖は号。一八二七年(文政一〇)家督を継ぎ進物番・彰考館編修となる。藩主の後継問題では徳川斉昭の擁立に尽力し、斉昭の藩主就任後は、腹心として藩政の改革を推進して郡奉行など諸役を歴任。四四年(弘化元)斉昭が幕府から隠居謹慎を命じられると東湖も蟄居幽閉の処分をうけたが、五三年(嘉永六)斉昭が幕政参与となるや側用人として藩政に復帰した。安政の大地震で圧死。主著「弘道館記述義」は水戸学の代表的著作。また幽閉中に執筆した「回天詩史」「常陸帯」「和文天祥正気歌」は幕末の志士に愛読された。

ふじたとよはち【藤田豊八】 1869.9.15～1929.7.15 明治～昭和前期の東洋史学者。徳島県出身。東大卒。一八九七年(明治三〇)羅振玉に招かれて上海に行き、羅とともに東文学社をおこした。ペリオの発掘した敦煌文献により「慧超往五天竺国伝箋釈」を発表してから東洋史の研究に専念し、一九二三年(大正一二)早稲田大学教授、二六年(昭和元)東京帝国大学教授となり、二八年新設の台北帝国大学文政学部長となったが、翌年七月東京で病没した。著書「東西交渉史の研究」。

ふじたにけ【藤谷家】 藤原氏御子左流の冷泉家庶流。羽林家。上冷泉為満の次男為賢を祖とし、慶長年間(一五九六～一六一五)に創立。歌道の家。家禄は二〇〇石。三代為茂は霊元天皇の近習で、天皇の譲位にともない院評定に、ついで院伝奏になる。維新後、為寛のとき子爵。

ふじたになりあきら【富士谷成章】 1738～79.10.2 江戸中期の国学者。皆川成慶の次男。通称は千右衛門、字は仲達、号は咸章・北辺。京都生れ。漢学は実兄の皆川淇園に従い、和歌を有栖川宮職仁親王に学ぶ。著書のうち和歌の変遷を示した「六運略図」「北辺七体七百首」は本居宣長の激賞をうけた。語学書の「挿頭抄」「脚結抄」は品詞研究の画期的な成果。歌集「北辺成章家集」、詩集「吟候社詩稿」。

ふじたにみつえ【富士谷御杖】 1768～1823.12.16 江戸中・後期の国学者。富士谷成章の子。通称は千右衛門、名は成寿また成元、号は北辺。京都生れ。筑後国柳河藩主立花家に仕える。漢学を伯父皆川淇園に学び、和歌を日野資枝に学ぶ。父の学説の継承を旨としながら、「言霊倒語説」を創唱して形而上学的歌論書「真言弁」を著す。「古事記灯」で独特の神秘的解釈を施し、本居宣長の神道説に反対した。著書はほかに「歌袋」「土佐日記灯」。

ふじたもきち【藤田茂吉】 1852.6.25～92.8.19 明治期の新聞記者。豊後国生れ。同郷の友人矢野竜渓の勧めで上京、慶応義塾に学び、一八七四年(明治七)「郵便報知新聞」に入社。主幹・編集長を務め、没時まで同紙の発展に尽くした。「文明東漸史」などの論説や小説も執筆。立憲改進党創立に参加、第一・二回総選挙で衆議院議員に当選。

ふじたもとはる【藤田元春】 1879.2.4～1958.4.13 明治～昭和期の地理学者。京都府出身。師範学校を出たが、三七歳で京都帝国大学史学科選科に入り、小川琢治に師事。地球学団に加わり、のちに代表者。中国に調査旅行し、中国の歴史地理についても詳しい。歴史地理・地理教育の分野で活躍し、地図帳の編集にあたった。三高および大阪高校教授。「日本民家史」「日本地理学史」「尺度綜考」などを著し、都市研究で独自の分野を開いた。山梨大学・立命館大学各教授。

ふじたゆうこく【藤田幽谷】 1774.2.18～1826.12.1 江戸後期の儒学者。常陸国水戸藩士。後期水戸学の創始者。名は一正、字は子定、通称は熊之介・与介・次郎左衛門、幽谷は号。古着商の次男で、彰考館総裁立原翠軒に入門。一七八八年(天明八)彰考館に入り九一年(寛政三)編修となり、「大日本史」編纂に従事。同年「正名論」を執筆。九七年、藩政の現状を批判した「丁巳封事」を藩主に呈出して不敬の廉で謹慎処分となる。のち許され、一八〇七年(文化四)彰考館総裁に就任、翌年郡奉行。藩政と対外情勢に強い危機感をもち藩政の改革理論を藩祖「威・義二公の精神」に求め、人材養成に力を尽くした。他方「大日本史」編纂をめぐる翠軒との対立は、のちの党争の起因をなした。著書はほかに「勧農或問」。

ふじたりょうさく【藤田亮策】 1892.8.25～1960.12.12 昭和期の考古学・朝鮮史学者。新潟県出身。東大卒。一九二二年(大正一一)朝鮮総督府に入り、古蹟調査、総督府博物館・朝鮮史編修会などの事業を指導。二六年(昭和元)京城帝国大学朝鮮史学講座を担当、教授。この間慶州・楽浪などの古蹟を調査。四八年日本考古学協会の創立にあたり委員長となる。東京芸術大学教授・奈良国立文化財研究所所長を歴任。著書「朝鮮考古学研究」「朝鮮学論考」。

ふじなみあきら【藤浪鑑】 1870.11.29～1934.11.18 明治～昭和前期の病理学者。愛知県出身。東大卒。ドイツ留学をへて一九〇〇年(明治三三)京都帝国大学医科大学教授、三〇年(昭和五)退官。この間、日本住血吸虫病の研究により、桂田富士郎とともに帝国学士院賞を受賞。可移植性腫瘍の藤浪肉腫でも有名。また中国東北地方に発生した肺ペスト研究のためハルビンに渡った。

ふじなみけ【藤波家】 大中臣氏。天児屋命の後裔常磐大連を始祖とする。平安時代から明治維新まで伊勢神宮祭主・神祇大副を世襲した。平安後期から伊勢に居住し岩出を称したが、一六世紀後半までには京都に還住。江戸時代の家格は半家。家禄は一七二石余、祭主料六六六石余。江戸初期の種忠のとき勅勘により地下身分に落ち、孫の景忠のとき堂上公家に復帰、家号が藤波に定まった。維新後、言忠のとき子爵。

ふじなみよへえ【藤浪与兵衛】 歌舞伎の小道具師。明治前期から直系で四世を数える。初世(一八二九～一九〇六)は武蔵国埼玉郡生れ。小道具賃貸業を思いたち、一八七二年(明治五)藤浪小道具を創業。二世(一八六六～一九二一)は本名与三郎。芝居用の馬を改良するなど考案者としてすぐれた。三世(一八九一～一九五二)は本名藤三郎。鎧の製作者としてすぐれ、有職故実を研究し資料を整備した。四世(一九二六～七五)は本名光夫。家業を継承、拡大。著書「芝居の小道具―創意と伝承」。

ふじばやしふざん【藤林普山】 1781.1.16～1836.1.14 江戸後期の蘭学者。名は紀元、通称は泰助。山城国生れ。京都の海上随鷗(稲村三伯)にオランダ語を学ぶ。「ハルマ和解」から三万語を選び「訳鍵」と題して一八一〇年(文化七)に出版、薬名を付録し、「凡例附録」でオランダ語文法を略説(のちの「蘭学逕」)、大いに用いられた。三〇年(天保元)有栖川宮家の医員となる。「和蘭語法解」でオランダ語の文脈・語法を説いた。

ふしはらけ【伏原家】 清原氏舟橋家の庶流。半家。式部少輔舟橋秀賢の次男賢忠を祖とし、寛永年間(一六二四～四四)に創立。後水尾天皇の意向という。家禄は二三〇石。明経道を家職とし、代々明経博士、少納言。賢忠は後光明天皇の侍読で、二代以後もしばしば勤めた。また二代宣幸は霊元天皇、三代宣通は東山天皇の近習。維新後、宣足のとき子爵。

ふじまかんえもん【藤間勘右衛門】 歌舞伎振付師、藤間流一分派の家元名。三世以降歌舞伎俳優が兼ね、江戸後期から六世を数える。初世(一八一三～五一)は七世市川団十郎門弟市川金太郎が二世藤間勘十郎の門に入り振付師に転じた。二世(一八四〇～一九二五)は初世の実子。九世団十郎の知遇を得て明治・大正期の名振付師とうたわれる。一時、六世西川扇蔵を名のる。のち勘翁。三世は七世松本幸四郎。勘斎と改名。四世は二世尾上松緑。五世(一九四六～八七)は四世の長男。本名藤間亨。六五年初世辰之助。七五年襲名。

ふじまかんじゅうろう【藤間勘十郎】 歌舞伎振付師、藤間流一分派の家元名。江戸後期に三世藤間勘兵衛が養家を一時でたときに始まり八世を数える。現勘十郎家は二世を初代とする。二世(一七九六～一八四〇)は初世(三世藤間勘兵衛)の養子藤間大助が別家をたて俗に「茅場町の藤間」という。文政・天保年間に振付に活躍。三世～六世は女性が襲名、劇場と離れた。七世(一九〇〇～九

●伏見宮家略系図　①～㉔は当主代数

崇光天皇―栄仁親王①┬治仁王②
　└貞成親王③(後崇光院)┬後花園天皇
　　└貞常親王④―邦高親王⑤―貞敦親王⑥―邦輔親王⑦―貞康親王⑧―邦房親王⑨―貞清親王⑩┬邦尚親王⑪
　　　└邦道親王⑫―貞致親王⑬―邦永親王⑭―貞建親王⑮┬邦忠親王⑯＝貞行親王⑰(桃園天皇皇子)
　　　　└邦頼親王⑱―貞敬親王⑲―邦家親王⑳┬朝彦親王(中川宮)［久邇宮］
　　　　　├貞教親王㉑
　　　　　└貞愛親王㉒―博恭王㉓―博義王―博明王㉔

〇)は六世尾上梅幸門弟の尾上梅雄が一九二七年(昭和二)襲名、劇場振付師としての地位を築く。人間国宝・芸術院会員。文化勲章をうける。晩年勘祖を名のり、娘康詞に八世を譲る。

ふじまかんべえ【藤間勘兵衛】 歌舞伎振付師。江戸中期～明治期に九世を数える。初世(?～一七六九)は武蔵国入間郡藤馬村(現、埼玉県川越市)生れ。宝永年間、江戸にでて踊師匠から振付師となる。二世(?～一七八五)は初世の実子。一七七二年(安永元)襲名。三世(?～一八二一)は二世養女みよの婿、九〇年(寛政二)襲名。一時養家をでて勘十郎を名のる。変化舞踊の隆盛に貢献。四世以降は町師匠となり、四世は三世の妻みよ。五世は四世の娘るん。六世は五世の養女りえ。七世は六世の義妹たま。八世は七世の養女みよ。九世は八世の養女ふく。

ふじまつかがたゆう【富士松加賀太夫】 新内節浄瑠璃方。江戸後期に中絶していた富士松家を再興した富士松魯中の前名。昭和期まで九世を数えるが、数え方には疑問がある。五世(一八五五～九二)は魯中の子。本名野中富士松。魯中の高弟紫朝に学ぶ。二六歳で加賀太夫を襲名。「花井お梅」「高橋お伝」などの作品を残す。七世(一八五六～一九三〇)は五世の弟子。本名小林文太郎。社中の一部の人に推挙され富士太夫から七世を襲名。美声で奔放な語り口により人気をえ、近代の名人と評された。

ふじまつさつまのじょう【富士松薩摩掾】 1686～1757.6.6 江戸中期の新内節浄瑠璃方。新内節の遠祖と称される。本名野中彦次郎。豊後節の祖宮古路豊後掾の弟子。宮古路加賀太夫を名のったが、豊後節弾圧後も江戸に残留し、一七四五年(延享二)富士松薩摩と改姓、独立。翌年掾号をえる。門下から鶴賀若狭掾がでた。芸名は昭和期まで三世を数える。

ふじまつろちゅう【富士松魯中】 1797～1861.6.20 江戸後期の新内節中興の祖。本名野中彦兵衛。鶴賀加賀八太夫を名のったが、三世家元鶴賀鶴吉の娘ひでとの恋愛事件で破門、在来の曲の演奏を差し止められた。天保末年頃、中絶していた富士松家を再興し、富士松加賀太夫魯中(のち富士松魯中)と改名。高弟紫朝らの協力のもとに新作に励み、語り口も一中節などを摂取して品位を高め、自流を富士松浄瑠璃と称した。「真夢」「宗吾郎」「弥次喜多」などの作品を残す。

ふしみてんのう【伏見天皇】 1265.4.23～1317.9.3 在位1287.10.21～98.7.22 後深草天皇の第二皇子。名は熙仁。母は洞院実雄の女玄輝門院愔子。一二七五年(建治元)大覚寺統の後宇多天皇の皇太子となり、八七年(弘安一〇)践祚。後深草上皇の院政をへて、九〇年(正応三)から親政、裁判制度の整備などに積極的にとりくんだ。京極為兼を和歌の師とし、歌壇の振興にも努めた。一三一三年(正和二)出家、法名素融。

ふしみのみや【伏見宮】 北朝の崇光天皇の第一皇子栄仁親王に始まる宮家。一三五二年(文和元・正平七)崇光天皇の退位をうけて弟の後光厳天皇が即位したが、のちに崇光上皇は、持明院統の正嫡である親王の即位を望んで室町幕府に働きかけた。上皇は願いをはたさぬまま死去、親王は出家を余儀なくされた。また父から伝領した長講堂領以下の持明院統の所領を朝廷に没収されたが、山城国伏見荘などの若干の所領を回復。その遺跡は、子の治仁王、ついで貞成親王(後崇光院)が相続した。一四二八年(正長元)称光天皇に皇嗣がなく、貞成の子彦仁王が後小松天皇の猶子に迎えられて即位、後花園天皇となった。これによって宮家としての立場が安定し、代々親王宣下をうけ、一九四七年(昭和二二)まで続いた。「伏見宮記録文書」を伝える。

ふしみのみやさだなるしんのう【伏見宮貞愛親王】 1858.4.28～1923.2.4 明治期の皇族・陸軍軍人。伏見宮第二二代。二〇代邦家親王の第一四子。幼名敦宮。一八六〇年(万延元)妙法院門跡を相続したが、六二年(文久二)伏見宮の継嗣となり、七一年(明治四)の親王宣下で名を貞愛とし、翌年相続した。七三年陸軍幼年学校入学、七五年陸軍中尉に任官して士官学校入学。七七年西南戦争に従軍、日清・日露戦争にも出征した。一九〇四年陸軍大将、一二年(大正元)内大臣府出仕、一五年元帥府に列した。

ふしみのみやひろやすおう【伏見宮博恭王】 1875.10.16～1946.8.16 明治～昭和前期の皇族・海軍軍人。伏見宮第二三代。二二代貞愛親王の第一王子。幼名は愛賢(なるかた)。一八八三年(明治一六)華頂宮を継承し、名を博恭と改めた。ドイツの海軍兵学校・同大学校に留学、九五年帰朝。一九〇四年伏見宮の継嗣邦芳(くにか)王が病弱だったため、伏見宮に戻る。日露戦争に出征し、黄海海戦で負傷。一四年(大正三)海軍大学校校長、その間累進して二二年海軍大将。二三年宮家を相続。三二年(昭和七)海軍軍令部長となり元帥に列する。翌年から四一年まで軍令部総長。

ふじむらつくる【藤村作】 1875.5.6～1953.12.1 明治～昭和期の国文学者。福岡県出身。東大卒。広島高等師範教授などをへて、一九二二年(大正一一)東京帝国大学教授。のち東洋大学学長。二四年専門の研究雑誌「国語と国文学」を創刊。著書「上方文学と江戸文学」。

ふじむらトヨ【藤村トヨ】 1877.6.16～1955.1.18 明治～昭和期の女子体育教育家。香川県出身。東京女子医学専門学校卒。一九〇四年(明治三七)女性初の体操科文部省検定合格者となる。東京女子体操音楽学校に勤務、〇八年同校校長。そのかたわら東京女子医専に学ぶ。二八年(昭和三)から海外視察し、ドイツ体操を奨励。四四年に東京女子体育専門学校校長となり女子体育指導者養成に尽力した。

ふじむらみさお【藤村操】 1886.7.-～1903.5.22 明治期の哲学青年。大蔵官僚藤村胖(かゆた)の三男として東京に生まれる。一高文科一年在学中に日光華厳の滝に投身自殺した。失恋によるという説もあるが、滝上の大樹を削って墨書された「巌頭之感」中の「煩悶」の二字が二〇世紀初頭の混乱をよく象徴し、その死は知識人や青年にとって衝撃的であった。那珂通世は父の弟。

ふじむらようけん【藤村庸軒】 1613～99.閏9.17 江戸初期の茶人。千宗旦の弟子。庸軒流茶道の開祖。茶家久田宗栄の次男。号を反古庵徹翁。茶道を藪内紹智(やぶのうちじょうち)に学び、小堀遠州・金森宗和の薫陶もうけた。茶風はこれらの混合されたものだが、晩年は宗旦の侘茶(わびちゃ)に徹した。詩集に「庸軒詩集」があり、好みの茶席に京都の淀看席(よどみのせき)、近江の天然図画亭がある。

ふじもとせいべえ【藤本清兵衛】 明治～昭和期の商人・実業家。❶初代1841.6.15～91.10.31 丹波国生れ。大坂で奉公ののち米穀商住吉屋清兵衛の養嗣子となり、米穀取引で成功、米輸出入にもたずさわった。❷二代1870.10.15～1949 和歌山県出身。藤本商店に入り、初代の没後養女と結婚して同家を継いだ。福島紡績社長・紀阪銀行頭取などを務めるほか、一九〇二年(明治三五)藤本ビルブローカーを開業、〇七年藤本ビルブローカー銀行(大和証券の前身)に発展させ、株式仲買業も営んだ。

ふじもとぜんえもん【藤本善右衛門】 1773～1822 江戸後期の養蚕家。名は昌信。信濃国小県(ちいさがた)郡上塩尻村の豪農。一八〇八年(文化五)上野国から糸繰り職人の高山要七を招き、翌年埴科(はにしな)郡新地村の糸商山崎丈右衛門とともに糸市を開設。生糸の生産や販路の拡張に努め、一六年為登糸(のぼせいと)の品位を高めた功により松代藩主から表彰。一九年(文政二)藩産物の奨励に尽力した功により再び表彰された。孫の縄葛(つなね)も善右衛門の名を継ぎ、七〇年(明治三)蚕種輸出組合を組織。七二年長野県蚕種大惣代となる。

ふじもとそうたろう【藤本荘太郎】 1849.4.12～1902.7.28 明治期の実業家。和泉国の堺緞通(だんつう)の創始者藤本庄左衛門の孫として生まれ、緞通の生産改良に努め、内国勧業博覧会や共進会にたびたび製品を出品して高い評価を得た。緞通の海外輸出にも尽力。堺緞通商組合組長・堺商法集会所会頭・堺商業会議所会頭・大阪府緞通組合組長などを歴任。

ふじもとてっせき【藤本鉄石】 1816.3.17～63.9.25 幕末期の尊攘派志士。備前国御野(みの)郡東川原村の片山佐吉の四男。岡山藩軽卒の叔父藤本重賢の養子。名は真金(まかね)。鉄石は号。一八四〇年(天保一一)脱藩し、広く志士と交わる。書画に秀で和歌・漢詩に通じた。六三年(文久三)吉村寅太郎らと公卿中山忠光を奉じて大和国に挙兵、天誅組と称して総裁の一人となる。五条代官所を襲い新政を布告するが、幕府諸藩兵の追討をうけて敗走し、吉野の鷲家口(わしかぐち)で戦死。

ふじもととぶん【藤本斗文】 生没年不詳。江戸中期の歌舞伎作者。享保末年に役者から作者に転向し、宝暦中頃まで江戸を代表する作者として活躍。新奇な趣向を得意として「仕組の名人」とよばれた。また舞踊劇の作詞にすぐれ、外題のつけ方に工夫を凝らすなど、江戸の狂言作者の一つの典型をつくりあげた。「男伊達初買曾我(おとこだてはつがいそが)」など、初春の曾我狂言に代表作が多い。

ふじもりこうあん【藤森弘庵】 1799.3.11～1862.10.8 江戸後期の儒学者。父は義正。名は大雅、字は淳風、別号は天山。江戸生れ。父のあとをつぎ、播磨国小野藩に仕え、右筆兼世子侍読となる。のち常陸国土浦藩に招かれ藩校郁文館の学務から郡奉行に抜擢されるが、讒言により藩を去り江戸で開塾。ペリー来航に際して幕府に「海防備論」を、また水戸藩主徳川斉昭に「新政談」を建白し、後者により名声をえた。安政の大獄で志士日下部伊三治との関係などを問われて連坐し、江戸追放となる。

ふじもりせいきち【藤森成吉】 1892.8.28～1977.5.26　大正・昭和期の劇作家・小説家。長野県出身。東大在学中の一九一四年(大正三)処女長編「波」(のち「若き日の悩み」と改題)を発表。労働体験などをへてしだいに社会主義の傾向を強め、日本社会主義同盟・日本フェビアン協会などにかかわり、二八年(昭和三)ナップの初代委員長。著書「磔茂左衛門」。

ふじゃく【普寂】 1707.8.15～81.10.14　江戸中期の浄土宗の僧。字は徳門、のち道光。伊勢国生れ。父は同国桑名の真宗大谷派源流寺の秀寛、母は中村氏。真宗の教義に満足せず諸師について修学しなおし、何度か受戒した。一七五一年(宝暦元)京都長時院に、六三年には江戸長泉院に住して、華厳・天台・倶舎などの諸学を講じた。

ふじやまあいいちろう【藤山愛一郎】 1897.5.22～1985.2.22　昭和期の財界人・政治家。東京都出身。藤山雷太の長男。慶大中退。太平洋戦争期に財界トップの一員となり、岸信介との関係も形成。公職追放解除後の一九五〇年(昭和二五)財界活動を再開。五七年岸内閣に入閣し、外相として日米安保条約改定作業に取り組む。以後自民党総裁選に三度挑んで失敗。七〇年代初頭には日中関係正常化にも心血を注いだ。莫大な資産を政治に投じたため井戸塀政治家の典型といわれる。

ふじやまいちろう【藤山一郎】 1911.4.8～93.8.21　昭和期の声楽家・歌手。東京都出身。本名増永丈夫。東京音楽学校卒。在学中から「酒は涙か溜息か」「丘を越えて」などの流行歌を見事なテノールで歌って人気をえた。「上野(東京音楽学校のこと)の逸材」と称されクラシック声楽家としても期待されたが、卒業後は歌手として「東京ラプソディー」などヒットを飛ばし、戦後も「青い山脈」「長崎の鐘」など明るい希望を与える歌で歌謡界に一大足跡を記した。一九九二年(平成四)国民栄誉賞。

ふじやまかんび【藤山寛美】 1929.6.15～90.5.21　昭和期の喜劇俳優。大阪府出身。本名稲垣完治。四歳のとき大阪角座で初舞台。一九四八年(昭和二三)松竹新喜劇結成と同時に参加、のち座長。一代の名演技となったアホ役は渋谷天外と共演した五九年の日本テレビ「親バカ子バカ」が最初で、生涯を通して庶民の哀歓を演じ続けた。著書「凡談愚言」。

ふじやまらいた【藤山雷太】 1863.8.1～1938.12.19　明治～昭和前期の実業家。肥前国松浦郡生れ。長崎師範卒。教師を務めたのち慶応義塾に学ぶ。三井銀行に入り、のち芝浦製作所支配人・王子製紙専務を歴任。一九〇九年(明治四二)大日本製糖の経営破綻に際して社長に就任し、再建に成功。その後同社を中心に台湾の糖業・パルプ業に進出。また東京商工会議所会頭・貴族院議員を務めた。

ふしょう【普照】 生没年不詳。奈良時代の僧。母は白猪与呂志の女。興福寺に住した。七三三年(天平五)出家者に正しい戒を授ける伝戒師を招請するために栄叡とともに入唐。洛陽大福先寺で具足戒をうけ、道璿に来日を促す。入唐一〇年目に揚州大明寺の鑑真に謁して日本への渡航を懇請し、七五四年(天平勝宝六)鑑真に従って帰朝。東大寺に住し、七五九年(天平宝字三)に旅人の飢えを救うため京外の道路に果樹を植えることを上奏した。のち西大寺大鎮も勤めた。

ふじわらうじ【藤原氏】 六六九年(天智八)大化の改新の功臣中臣鎌足が臨終に際して、藤原の姓を賜ったことに始まる新興氏族。古代以来、朝廷の上層部を占める。鎌足の生誕地名に由来するという。六九八年(文武二)鎌足の次男不比等の系統にのみ限定され、他は旧姓中臣氏に復する。不比等は右大臣に至り、その四子武智麻呂・房前・宇合・麻呂は、南・北・式・京四家に分立して聖武朝では議政官に列した。また女宮子は文武天皇の夫人となり聖武天皇を生み、光明子も聖武の皇后となって孝謙天皇をもうけるなど、天皇家と二重の婚姻関係を結んで勢力を扶植した。平安時代に入ると、京家は早くからふるわず、南家は平城朝の伊予親王事件、式家も薬子の変で衰微するが、北家では嵯峨天皇の信任を得て蔵人頭に登用された冬嗣が、女の順子を仁明天皇の女御にいれ、良房の女明子が文徳天皇の女御になって清和天皇をもうけるなど、天皇の外戚として嫡流の地位を保つ。以後摂関家として栄えるが、鎌倉時代には五摂家に分立した。鎌倉幕府の源氏が絶えると二代の摂家将軍をだした。●● 次頁

ふじわらきょうけ【藤原京家】 ⇨京家

ふじわらぎんじろう【藤原銀次郎】 1869.6.17～1960.3.17　明治～昭和前期の実業家・政治家。長野県出身。慶応義塾卒。松江日報・三井銀行・三井物産などをへて、一九一一年(明治四四)から専務・社長・会長として王子製紙の経営にたずさわる。経営不振だった同社を再建、三三年(昭和八)には富士製紙・樺太工業を合併し、洋紙生産の八〇%以上を占める一大独占企業に育てた。四〇年に退社して米内内閣の商工相に就任、以後軍需相・行政査察使などを務めた。四八年に公職追放となる。

ふじわらさくへい【藤原咲平】 1884.10.29～1950.9.22　大正・昭和期の気象学者。長野県出身。東大卒。中央気象台に入る。ヨーロッパに留学、渦動論・天気予報を学ぶ。帰国後中央気象台で渦動

●藤原氏略系図 *は養子関係

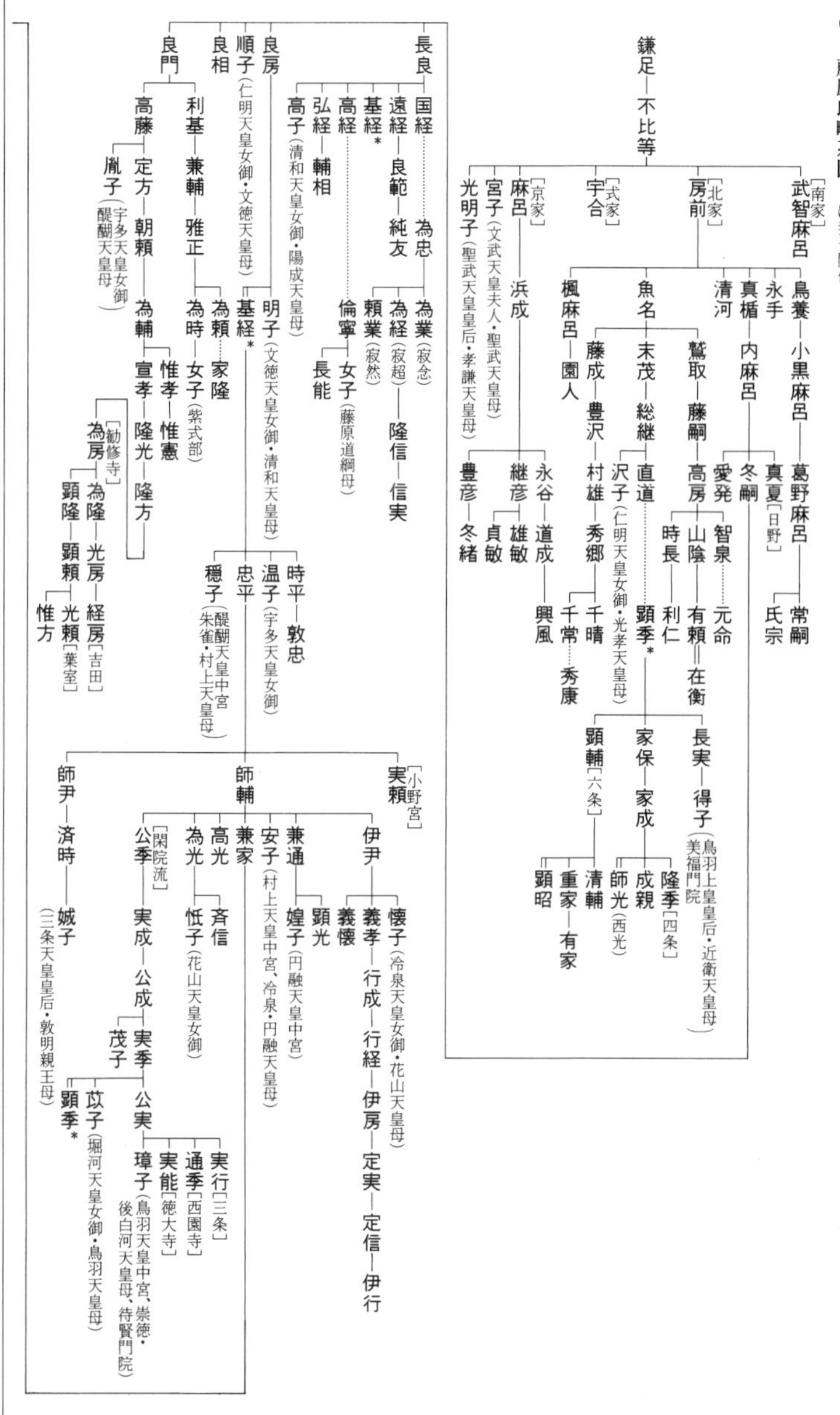

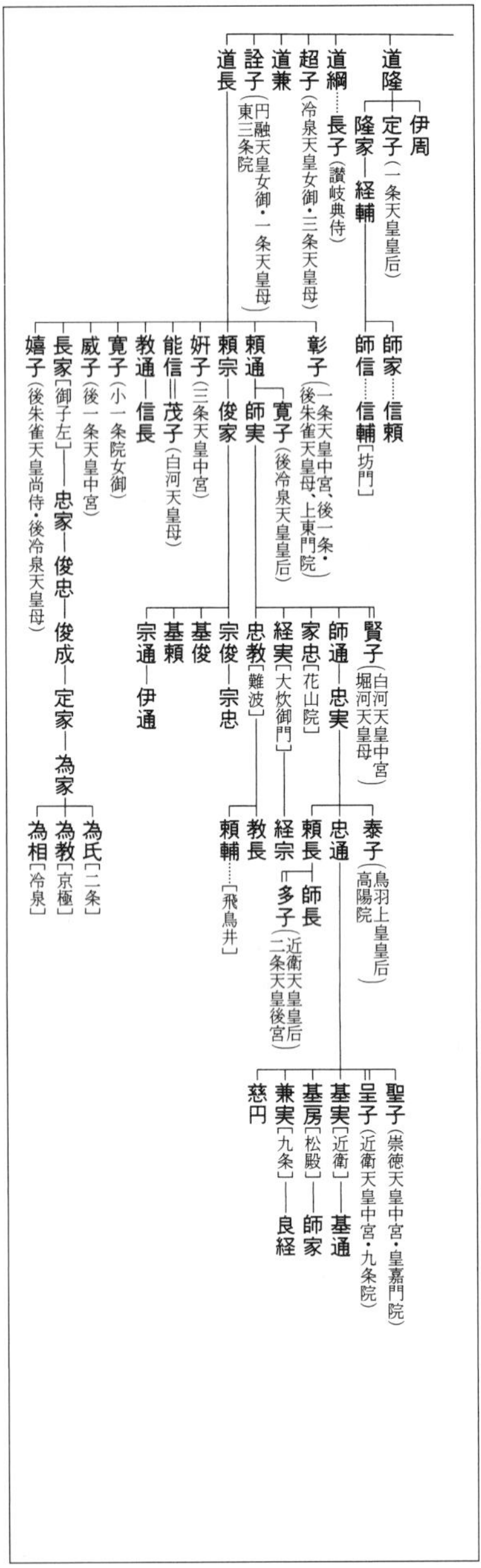

論、雲、また物理学的基礎にたつ天気予報の研究を進め、お天気博士として親しまれた。のち東京帝国大学教授として気象学を講じた。一九四一年(昭和一六)から中央気象台長として気象事業の近代化に尽くす。第二次大戦後公職追放となり、執筆活動に専念。学士院賞受賞。

ふじわらしきけ【藤原式家】 ⇩式家

ふじわらせいか【藤原惺窩】 1561~1619.9.12 織豊期~江戸初期の儒学者。日本近世朱子学の祖。冷泉為純の子。名は粛、字は斂夫。惺窩は号。北肉山人・柴立子・広胖窩は別号。播磨国生れ。相国寺の僧となり朱子学を学ぶ。中国儒学を直接学ぶために渡明を企図するが失敗。その後朝鮮儒者姜沆との交流などをへて、学問を体系化し京学派を形成した。朱子学を基調とするが、陽明学も受容するなど包摂力の大きさに特徴がある。林羅山・那波活所・松永尺五・堀杏庵は惺門の四天王とよばれた。和歌や古典の造詣も深い。豊臣秀吉・徳川家康に進講し、家康には仕官を要請されるが辞退、羅山を推挙した。著書「寸鉄録」「文章達徳綱領」「惺窩先生文集」。

ふじわらなんけ【藤原南家】 ⇩南家

ふじわらのあきすえ【藤原顕季】 1055~1123.9.6 平安後期の公卿・歌人。隆経の子。母は藤原親国の女で白河天皇の乳母親子。のちに藤原実季の養子。子に長実・顕輔ら。白河上皇近臣で受領を歴任、正三位修理大夫に至り、大宰大弐にも任じた。白河院政の開始後は院別当として権勢を誇った。白河院歌壇の指導者で、歌合・歌会への出詠のほか、主催者や判者となることも多かった。一一一八年(元永元)にははじめて柿本人麻呂影供歌会を行う。歌学の家六条(藤)家の祖。「後拾遺集」以下の勅撰集に五七首入集。家集「六条修理大夫集」。

ふじわらのあきすけ【藤原顕輔】 1090~1155.5.7 平安後期の公卿・歌人。顕季の子。母は藤原経平の女。子に清輔・重家・季経ら。養子に顕昭。白河上皇近臣として昇進したが、のちに疎外される。上皇の没後官界に復帰し、正三位左京大夫に至る。周辺に優れた歌人が多く、歌会・歌合などで活躍、父から六条(藤)家の象徴である人麻呂影供をうけついだ。崇徳上皇の命をうけ、「詞花集」を撰集。「金葉集」以下の勅撰集に八四首入集。家集「顕輔集」。

ふじわらのあきたか【藤原顕隆】 1072~1129.1.15 葉室顕隆とも。平安後期の公卿。葉室家の祖。勧修寺流藤原氏の為房の次男。母は源頼国の女。葉室中納言と称する。一〇八八年(寛治二)従五位下、その後受領・弁官を歴任。一一一五年(永久三)右大弁・蔵人頭、一一二一年(保安二)参議・権中納言。白河上皇の近臣として権勢をふるい、「夜の関白」と称された。

ふじわらのあきひら【藤原明衡】 ?～1066.10.18 平安中期の儒者・文人。式家。字は耆莱。あるいは安蘭。儒家出身でないため対策に及第するのに年月を要したが、後冷泉朝で文章博士・東宮学士・大学頭などを歴任し、従四位下に至った。当代一流の学者で、「本朝文粋」「本朝秀句」を編み、「新猿楽記」「明衡往来」を著した。作品は「本朝続文粋」「本朝無題詩」に収める。

ふじわらのあきみつ【藤原顕光】 944～1021.5.25 堀河左大臣・悪霊左大臣とも。平安中期の公卿。兼通の長男。九六一年(応和元)従五位下。九七五年(天延三)参議となり、順調に昇進して九九六年(長徳二)に右大臣、一〇一七年(寛仁元)に左大臣となる。儀式の遂行に失態が多く、至愚と嘲笑されたことで有名。女の元子が一条天皇の女御となったが男子がなく、延子の嫁した敦明親王は皇太子を辞したため外戚の実権をもてなかった。死後、藤原道長に祟ったとされる。

ふじわらのあきらけいこ【藤原明子】 828～900.5.23 文徳天皇の女御。染殿后と称された。父は藤原良房。皇太子道康親王(文徳天皇)の妃となり、八五〇年(嘉祥三)惟仁親王(清和天皇)を生んだ。八五八年(天安二)の清和天皇即位にともなって皇太夫人となり、八六四年(貞観六)の元服まで天皇と同居して後見した。同年皇太后、八八二年(元慶六)太皇太后となる。物の怪がちであったという。

ふじわらのあすかべひめ【藤原安宿媛】 ⇨光明皇后

ふじわらのあつただ【藤原敦忠】 906～943.3.7 平安中期の公卿・歌人。三十六歌仙の一人。時平の三男。母は在原棟梁の女。九三九年(天慶二)参議となり、従三位権中納言に至る。枇杷中納言・本院中納言とよばれる。美貌で、和歌のほか管弦にも通じたという。「後撰集」や「大和物語」などに多くの女流との贈答歌が残る。「後撰集」以下の勅撰集に約三〇首入集。家集「敦忠集」。

ふじわらのあつみつ【藤原敦光】 1063～1144.10.28 平安後期の儒者・文人。明衡の子。式家。大内記・文章博士・大学頭・式部大輔などを歴任し、近衛天皇や藤原頼長の侍読も勤めた。文章・漢詩・和歌のいずれにも才能を示し、「朝野群載」「本朝続文粋」「本朝無題詩」「金葉集」に多くの作品を残す。参議を切望したもののはたさず、そのため浄土信仰に傾き、「往生拾因」の序文や「三教指帰注」を著した。

ふじわらのあらち【藤原愛発】 787～843.9.16 名は「ちかなり」とも。九世紀前半の公卿。右大臣内麻呂の七男。八〇九年(大同四)文章生。春宮大進・式部少丞をへて八一三年(弘仁四)蔵人。八一五年従五位下。八二三年右中弁。翌年(天長元)蔵人頭。八二六年参議。時に従四位下。八三二年従三位・中納言、八四〇年(承和七)一月正三位、八月大納言。八四二年七月承和の変に連坐して免官。

ふじわらのありいえ【藤原有家】 1155～1216.4.11 鎌倉前期の歌人。父は従三位藤原重家。母は正二位中納言藤原家成の女。三〇歳代まではめだった活動はないが、以後「六百番歌合」や守覚法親王家の催しなどに参加。後鳥羽院歌壇では六条(藤)家の有力歌人として活躍。一二〇一年(建仁元)和歌所寄人となり、「新古今集」撰者の一人。順徳上皇の歌壇でも活躍。一二一五年(建保三)出家、法名寂印。「千載集」以下の勅撰集に入集。

ふじわらのありくに【藤原有国】 943～1011.7.11 平安中期の公卿。もと在国、九九六年(長徳二)有国と改名。字は藤賢。輔道の子。少弁・中弁をへて九八八年(永延二)右大弁となり、九八九年(永祚元)勘解由使長官を兼ねる。さらに翌年には蔵人頭を兼ね、従三位に昇る。一〇〇一年(長保三)参議・従二位に至る。実務官人ながら文才に富み、一条朝の九卿に数えられた。

ふじわらのありひら【藤原在衡】 892～970.10.10 粟田左大臣とも。平安中期の公卿。父は大僧都如無で、父の兄有頼の養子。学問に秀で、文章生から少内記・大学頭・式部大輔・右大弁を歴任。以後も稀有の昇進を続け、九四七年(天暦元)従三位・権中納言。九六九年(安和二)右大臣、翌年(天禄元)左大臣に至る。贈従一位。女は村上天皇の女御となった。

ふじわらのあんし【藤原安子】 927～964.4.29 村上天皇の中宮。冷泉・円融両天皇、為平親王・選子内親王らの生母。父は藤原師輔。九四〇年(天慶三)成明親王(村上天皇)の妃となり、九五八年(天徳二)中宮となる。師輔没後は藤原氏の中心として政務に関与し、一門の発展に寄与した。

ふじわらのいえたか【藤原家隆】 1158～1237.4.9 名は「かりゅう」とも。壬生二品とも。鎌倉前・中期の歌人。父は光隆。母は藤原実兼の女。従二位宮内卿。和歌を藤原俊成に学ぶ。一一八六年(文治二)西行勧進の「二見浦百首」を詠み、以後「六百番歌合」などに参加、藤原定家らとともに歌壇に新風を吹きこんだ。「正治初度百首」に参加し、後鳥羽院歌壇の有力歌人として活躍。「新古今集」の撰者の一人。つづく順徳天皇歌壇では指導者的立場で活動した。承久の乱後は隠岐国の後鳥羽上皇と連絡を絶やさず、「遠島御歌合」には自詠を送っている。晩年まで旺盛な作歌活動をつづけた。家集「壬二集」は藤原基家編の他撰家集。「千載集」以下の勅撰集に入集。

ふじわらのいえただ【藤原家忠】 1062～1136.5.14 花山院左大臣とも。平安後期の公卿。花山院家の祖。師実の次男。一〇七二年(延久四)従五位

下。八〇年(承暦四)従三位、翌々年参議。権中納言・権大納言・大納言をへて、一一二二年(保安三)右大臣。三一年(天承元)左大臣従一位。

ふじわらのいし【藤原威子】 999.12.23〜1036.9.6 後一条天皇の中宮。二条院らの母。藤原道長の女。一〇一二年(長和元)尚侍に任じられ、一八年(寛仁二)女御となり、ついで中宮になった。その祝宴で道長が歌ったのが有名な「この世をば」の歌。三六年(長元九)天皇死去の半年後に病没。

ふじわらのいし【藤原為子】 ⇨藤原為子①

ふじわらのいんし【藤原胤子】 ?〜896.6.30 宇多天皇の女御。父は藤原高藤。母は宇治郡大領宮道弥益の女列子。八八五年(仁和元)源定省(宇多天皇)の皇子敦仁親王(醍醐天皇)を生み、八九三年(寛平五)女御となった。高藤が鷹狩の途中に列子と出会った説話は有名。生家の弥益宅は勧修寺となった。

ふじわらのうおな【藤原魚名】 721〜783.7.25 奈良後期の公卿。房前の第五子。母は房前の異母姉片野。守真居士と称する。七四八年(天平二〇)従五位下に叙され、以後、河内守・備中守・宮内卿などを歴任。七六六年(天平神護二)従三位に昇り、七六八年(神護景雲二)参議。大納言・内臣・忠臣・内大臣をへて、七八一年(天応元)正二位で左大臣兼大宰帥に昇る。七八二年(延暦元)氷上川継の変に連坐して左遷され、翌年帰京を許されるがまもなく死去。

ふじわらのうじむね【藤原氏宗】 810〜872.2.7 平安前期の公卿。葛野麻呂の七男。八三八年(承和五)従五位下。八五〇年(嘉祥三)蔵人頭・右大弁。翌年(仁寿元)参議。左大弁・左衛門督などを歴任、八六一年(貞観三)中納言。八六七年正三位・大納言。翌々年東宮傅を兼ねる。八七〇年右大臣。贈正二位。「貞観格式」編纂に参加。

ふじわらのうちまろ【藤原内麻呂】 756〜812.10.6 平安初期の公卿。房前の孫。真楯の子。母は阿倍帯麻呂の女。七八一年(天応元)従五位下に叙され、以後累進して七九四年(延暦一三)従四位下で参議となる。中納言・大納言をへて八〇六年(大同元)右大臣に昇り、長く枢要な地位を占める。温雅な性格で過失なく、没後に従一位左大臣を贈られる。

ふじわらのうまかい【藤原宇合】 694〜737.8.5 馬養とも。奈良前期の公卿。不比等の第三子。母は蘇我連子の女娼子。式家の祖。七一六年(霊亀二)遣唐副使に任じられ従五位下を特授される。七一八年(養老二)帰朝。常陸守・式部卿を歴任し、七二五年(神亀二)征夷の功で従三位・勲三等に叙され、七三一年(天平三)参議となる。長屋王の変で王邸を包囲するなど武事で活躍したが、七三七年天然痘により死去。「懐風藻」「万葉集」に詩歌が収められ、文才にも秀でた。

ふじわらのおきかぜ【藤原興風】 生没年不詳。平安時代の歌人。三十六歌仙の一人。浜成の曾孫。道成の子。京家。治部少丞などを歴任、最高位は正六位上。「古今集」時代に活躍、「寛平后宮歌合」「亭子院歌合」など歌合への参加も多い。音楽にも堪能であったと伝えられる。「古今集」以下の勅撰集に三八首入集。家集「興風集」。

ふじわらのおぐろまろ【藤原小黒麻呂】 733〜794.7.1 八世紀後半の公卿。房前の孫。鳥養の次男。女の上子は桓武天皇皇女滋野内親王の母。七六四年(天平宝字八)従五位下。七七九年(宝亀一〇)参議。翌年持節征東大使として蝦夷を征討。七八一年(天応元)正三位。七九〇年(延暦九)大納言。七九四年従二位追贈。

ふじわらのおつぐ【藤原緒嗣】 774〜843.7.23 平安初期の公卿。百川の長男。式家。桓武天皇を擁立した父の功績により優遇され、七八八年(延暦七)殿上に召されて加冠、封一五〇戸を賜った。八〇二年には二九歳で参議となる。観察使・左大弁・中納言・大納言を歴任。八二五年(天長二)右大臣、八三二年左大臣に至る。政術に通暁し、八〇五年の徳政論議で征夷と造都の停止を主張し容れられたことで有名。贈従一位。「新撰姓氏録」「日本後紀」の編纂に参加。

ふじわらのおとえい【藤原乙叡】 761〜808.6.3 名を「たかとし」とも。八世紀末〜九世紀初頭の公卿。南家。父の右大臣継縄と母の百済王明信の力で要職を歴任し、七九四年(延暦一三)参議。のち中衛大将を兼ね、八〇六年(大同元)中納言に至る。しかし平城天皇に恨まれ、翌年伊予親王の変に連坐させられ、解官された。

ふじわらのおとし【藤原雄敏】 ?〜848 平安前期の中級官人。麻呂(京家)の曾孫。継彦の子。勘解由長官や兵部大輔を歴任。「令義解」撰定にも参画した。最高位は従四位上。八三六年(承和三)には緒嗣・三守・吉野・愛発・良房らの藤原氏の公卿とともに、施薬院・勧学院の財源確保を申請している。

ふじわらのおとむろ【藤原乙牟漏】 760〜790.閏3.10 桓武天皇の皇后。良継の女。母は阿倍古美奈。式家。皇太子時代に入内し、平城天皇・嵯峨天皇・高志内親王(淳和天皇の贈皇后)らをもうける。七八三年(延暦二)正三位に叙され、夫人をへて四月に皇后となる。柔順な性格で母の徳があったという。諡号は天之高藤広宗照姫尊。皇太后・太皇太后を追尊された。

ふじわらのおんし【藤原温子】 872〜907.6.8 宇多天皇の女御。父は藤原基経。七条后とも称す。阿衡の紛議の収拾のため、八八八年(仁和四)入内し女御となる。醍醐天皇の養母となり、八九七年(寛平九)に醍醐天皇が即位すると皇太夫人となった。九〇五年(延喜五)出家。後宮歌壇の中心の一人。

ふじわらのおんし【藤原穏子】 885～954.1.4 醍醐天皇の中宮。父は藤原基経。九〇一年(延喜元)女御となり、保明親王・寛明親王(朱雀天皇)・成明親王(村上天皇)らを生んだ。九二三年(延長元)中宮、九三一年(承平元)皇太后、九四六年(天慶九)太皇太后となった。

ふじわらのかえでまろ【藤原楓麻呂】 723～776.6.13 楓万呂とも。八世紀半ばの公卿。房前の七男。七五八年(天平宝字二)一月西海道問民苦使。八月従五位下。七六四年九月藤原仲麻呂追討にあたり、一〇月美濃守。翌年(天平神護元)一月勲四等、七月右兵衛督。以後大宰大弐・右大弁・弾正尹・右衛士督などを歴任。七七二年(宝亀三)四月参議。七七四年一月従三位。翌年一一月大蔵卿で摂津大夫を兼任した。

ふじわらのかどのまろ【藤原葛野麻呂】 755～818.11.10 奈良～平安前期の公卿。小黒麻呂の長子。七八五年(延暦四)従五位下。少納言・右大弁・大宰大弐などを歴任。八〇一年遣唐大使に任じられ、八〇四年入唐。徳宗に謁見し翌年帰国。八〇六年参議、時に従三位。八〇八年(大同三)中納言。翌年正三位。八一〇年(弘仁元)薬子の変に際し平城上皇をいさめたがいれられなかった。「弘仁格式」の編纂に参加。

ふじわらのかねいえ【藤原兼家】 929～990.7.2 法興院殿・東三条殿とも。平安中期の公卿。師輔の三男。九四八年(天暦二)従五位下。九六八年(安和元)兄兼通をこえて従三位。参議をへずに中納言・大納言と昇進したが、九七二年(天禄三)摂政伊尹の後継をめぐる兼通との争いに敗れ、九七七年(貞元二)兼官の右近衛大将を削られ治部卿に左遷された。しかしまもなく兼通が没し、翌年右大臣となる。九八六年(寛和二)花山天皇を退位させ、女の詮子(円融天皇女御。東三条院)が生んだ一条天皇を即位させて摂政となり、右大臣を辞した。九八九年(永祚元)太政大臣。翌年(正暦元)関白となったが病没。兄兼通との不仲は有名で「大鏡」「栄花物語」に逸話がみえる。

ふじわらのかねざね【藤原兼実】 ⇨九条兼実

ふじわらのかねすけ【藤原兼輔】 877～933.2.18 平安中期の歌人。三十六歌仙の一人。冬嗣の曾孫。利基の子。母は伴氏。子に清正、曾孫に紫式部。家が賀茂川堤近くにあったため、堤中納言とよばれる。従三位中納言に至る。女の桑子は醍醐天皇の更衣で、章明親王を生んだ。従兄弟で妻の父である右大臣藤原定方とともに歌壇の中心人物であり、多くの歌人が邸に集まった。紀貫之や凡河内躬恒もその庇護をうけた。「古今集」以下の勅撰集に約五六首入集。家集「兼輔集」。

ふじわらのかねみち【藤原兼通】 925～977.11.8 堀川殿とも。平安中期の公卿。諡は忠義公。師輔の次男。九四三年(天慶六)従五位下。九六九年(安和二)参議、九七二年(天禄三)権中納言となる。弟の大納言兼家に位階・官職をこされていたが、この年、摂政伊尹の後継をめぐる兼家との争いに勝利し内大臣となる。関白就任もこの時とみる説がある。その後、女の媓子を円融天皇の中宮とし、九七四年(天延二)氏長者・太政大臣となる。九七七年(貞元二)病没の直前に関白・氏長者の地位を藤原頼忠に譲り、兼家に対しては兼官の右近衛大将から治部卿に左遷して打撃を与えた。兼家との権力争いは有名で「大鏡」「栄花物語」に逸話がみえる。没後に遠江国に封じられ、贈正一位。

ふじわらのかまたり【藤原鎌足】 614～669.10.16 七世紀中頃の官人。大化の改新の功臣で藤原氏の祖。小徳冠中臣御食子の子。母は大伴咋の女智仙娘。はじめ中臣鎌子と称する。舒明朝の初め、神祇伯就任を辞退して摂津三島に隠棲。皇極朝になると軽皇子(孝徳天皇)、ついで中大兄皇子に接近し、専横をふるう蘇我氏打倒の謀議をめぐらす。六四五年(大化元)六月、三韓進調の儀式のときに不意をついて中大兄皇子とともに蘇我入鹿を斬り、ついで蝦夷邸を包囲して滅ぼした。皇極天皇が退位すると、中大兄即位の時期尚早をとなえて孝徳の即位を促し、改新政府が発足した。鎌足は内臣に任じられて皇太子中大兄の補佐を勤め、政策全般にわたって関与した。六五五年(斉明元)大紫冠を授けられる。六六三年白村江で敗戦し、緊迫する東アジア情勢のもと、中央集権国家建設のため律令諸制度の整備を推進した。後世「近江令」を制定したとされるが、完成は疑問。臨終のとき大織冠と藤原姓を賜る。阿武山古墳が墳墓とされる。大海人皇子(天武天皇)の信用もあつく、女の氷上娘・五百重娘は夫人になり、壬申の乱で大海人は、鎌足がいればこのような事態にはならなかったと嘆いたという。

ふじわらのかんし【藤原寛子】 ❶999～1025.7.9 敦明親王(小一条院)の女御。父は藤原道長。一〇一七年(寛仁元)道長の圧力で東宮を辞した敦明親王の妃となる。連年の出産の無理で没。❷1036～1127.8.14 後冷泉天皇の皇后。父は藤原頼通。四条后とも称す。一〇五〇年(永承五)女御となり、翌年皇后、六八年(治暦四)中宮、六九年(延久元)皇太后、七四年(承保元)太皇太后となった。和歌に関心が深く、一〇五六年(天喜四)皇后宮春秋歌合を主催した。

ふじわらのきし【藤原嬉子】 1007.1.5～25.8.5 後冷泉天皇の母。父は藤原道長。一〇一八年(寛仁二)尚侍となり、ついで長姉彰子の生んだ東宮敦良親王(後朱雀天皇)に仕えた。二五年

(万寿二)臨月に赤斑瘡を患い、親仁親王(後冷泉天皇)を生んで没した。異母姉で小一条院女御の寛子の死の直後のことである。

ふじわらのきっし【藤原姞子】 ⇩大宮院

ふじわらのきよかわ【藤原清河】 河清とも。生没年不詳。八世紀後半の公卿。房前の四男。七四〇年(天平一二)従五位下。七四九年(天平勝宝元)参議。七五二年遣唐大使として入唐。明州・越州を経由して長安に入り、玄宗に謁見。翌年帰途につくが安南(現、ベトナム)に漂着。乗員の多くが現地で殺されたが、難をのがれて長安へ戻り、秘書監として唐朝に仕えた。日本への帰国を粛宗が許さず、在唐のまま従三位に昇り死去。八三六年(承和三)従一位追贈。

ふじわらのきよすけ【藤原清輔】 1104～77.6.20 平安末期の歌人。顕輔の子。母は高階能遠の女。弟に重家ら、義弟に顕昭。父に疎外され、官位には恵まれなかった。「久安百首」に詠進、「奥義抄」「和歌一字抄」などの歌学書を著す。やがて父から六条(藤)家を継ぎ、御子左家の藤原俊成に対抗した。「袋草紙」「和歌初学抄」など多くの著作を残し、六条(藤)家歌学の確立者であるのみならず、平安歌学の大成者とされる。「千載集」以下の勅撰集に約九〇首入集。家集「清輔集」。

ふじわらのきよひら【藤原清衡】 1056～1128.7.13/16 平安後期の武将。奥州藤原氏の祖。奥州藤原氏繁栄の基礎を築く。父は経清。母は安倍頼時の女。父が前九年の役で処刑されたあと、母が清原武貞に再嫁したため清原氏を名のる。一〇八三年(永保三)異父弟家衡と結び、武貞の嫡男真衡と争った。真衡の死後は家衡と争い、源義家の支持をえて滅ぼした(後三年の役)。安倍・清原両氏の所領を支配し、藤原姓に復した。平泉を居館とし、中尊寺を建立。

ふじわらのきんすえ【藤原公季】 957～1029.10.17 閑院太政大臣とも。平安中期の公卿。諡は仁義公。師輔の一一男。三条・西園寺・徳大寺の三家に分派する閑院流の祖。九六七年(康保四)元服し正五位下、九八一年(天元四)従三位、翌々年(永観元)参議。九九七年(長徳三)内大臣、一〇一七年(寛仁元)右大臣、一〇二一年(治安元)には従一位・太政大臣となる。没後に甲斐国に封じられ、贈正一位。

ふじわらのきんつね【藤原公経】 ⇩西園寺公経

ふじわらのきんとう【藤原公任】 966～1041.1.1 平安中期の公卿・歌人・文人。通称は四条大納言。関白頼忠の子。母は代明親王の女厳子女王。子に定頼ら。正二位大納言に至る。和歌・漢詩・管弦に通じた。私家集「拾遺抄」「金玉集」、秀歌撰「三十六人撰」、歌論書「新撰髄脳」「和歌九品」。ほかに「和漢朗詠集」、有職故実書「北山抄」がある。中古三十六歌仙の一人。「拾遺集」以下の勅撰集に約八九首入集。家集「公任集」。

ふじわらのくすこ【藤原薬子】 ?～810.9.12 平安初期の高級女官。種継の女。式家。藤原縄主に嫁して三男二女をもうける。長女が皇太子安殿親王(平城天皇)の妃となると、東宮宣旨に登用される。桓武天皇に退けられる時期もあったが、平城天皇の即位後、典侍をへて尚侍に、位階も八〇九年(大同四)には正三位に至る。平城の譲位後も上皇の側近として兄仲成と権勢をふるったため嵯峨天皇方と対立。上皇の平城京遷都命令で全面対決となり、敗れて服毒自殺した。

ふじわらのくにひら【藤原国衡】 ?～1189.8.10 平安末～鎌倉初期の武将。秀衡の庶長子。西木戸太郎と称する。秀衡は国衡とその異母弟泰衡に、源義経を主君と仰ぐよう遺言したが、泰衡による義経謀殺を傍観。源頼朝の奥州征討の際、泰衡とともに阿津賀志山(現、福島県国見町)で鎌倉方と戦ったが敗れ、和田義盛らに討たれた。

ふじわらのけんし【藤原妍子】 994.3.～1027.9.14 三条天皇の中宮。藤原道長の次女。一〇〇四年(寛弘元)尚侍に任じられ、一〇年皇太子居貞親王(三条天皇)の妃となった。一一年女御となり、一二年(長和元)妍子が中宮に、藤原済時の女娍子が皇后となった。東宮敦良親王(後朱雀天皇)の妃となった禎子内親王(陽明門院)を生んだが、男子の出生はなかった。一八年(寛仁二)皇太后となる。

ふじわらのけんし【藤原兼子】 1155～1229.8.16 鎌倉前期の女房。従二位。卿三位、のち卿二位と称す。藤原範兼の女。南家。叔父範季が後鳥羽上皇を養育したことから、上皇の後見というべき女房となる。重要案件の取次役として上皇への影響力が大きく、人事権を掌握。貴族から多大の賄賂を得た。また養育した上皇の皇子頼仁親王を、源実朝の後継者とする約束を北条政子と交した。その権勢のありさまは「愚管抄」に、「京ニハ卿二位ヒシト世ヲ取タリ」とみえる。

ふじわらのけんし【藤原賢子】 1057～84.9.22 白河天皇の中宮。父は源顕房。関白藤原師実の養女となり、一〇七一年(延久三)皇太子貞仁親王(白河天皇)の妃となる。七四年(承保元)中宮にたち、敦文親王・媞子内親王(郁芳門院)・善仁親王(堀河天皇)らを生んだが、八四年(応徳元)急死。天皇の悲嘆は大きく、「中右記」では退位の原因の一つとされている。

ふじわらのこうし【藤原高子】 ⇩藤原高子

ふじわらのこれかた【藤原惟方】 1125～? 平安後期の公卿。顕頼の次男。母は藤原俊忠の女で二条天皇の乳母俊子。粟田口別当と称す。美福門院に仕え、一一三六年(保延二)従五位下。国司などを歴任。保元の乱後昇進を重ね、五八年(保元三)蔵人頭・参議、翌年検非違使別当。同年の平治の乱では、はじめ源義朝らに同調したが離反。二条天皇の側近となり専権をふるったが後白河上皇の反感をかい、六〇年(永暦元)長門国へ配流。六六年(仁安元)召還。歌集「粟田口別当入道集」。

ふじわらのこれきみ【藤原是公】 727～789.9.19 奈良後期の公卿。武智麻呂の孫。乙麻呂の長男。南家。はじめ黒麻呂と称し、七六五年(天平神護元)是公と改名。七六一年(天平宝字五)従五位下に叙され、左衛士督・式部大輔などを歴任して七七四年(宝亀五)参議となる。中納言・大納言をへて七八三年(延暦二)右大臣に昇る。従二位右大臣兼中衛大将で没し、従一位を追贈される。時務に練達した有能な官人であったという。

ふじわらのこれちか【藤原伊周】 974～1010.1.28 儀同三司とも。平安中期の貴族。父は関白道隆、妹は一条天皇の皇后定子。九八五年(寛和元)従五位下。九九〇年(正暦元)父道隆が実権を握ると、若くして参議・権中納言・権大納言・正三位と累進し、九九四年には内大臣となり、中関白家の盛期を迎える。父の病で内覧宣旨をうけるが、没後叔父道長との権力争いに敗れ、九九六年(長徳二)には大宰権帥に左遷。翌年京に戻りのち准大臣・正二位となるが、発言力はなかった。

ふじわらのこれのり【藤原惟憲】 963～1033.3.26 一〇世紀末～一一世紀初めの官人。藤原道長の家司。中納言為輔の孫。惟孝の子。母は伴清兼の女。九八五年(寛和元)従五位下。大蔵大輔・因幡守・甲斐守を歴任。一〇〇七年(寛弘四)造安殿の賞で従四位下。一三年(長和二)中宮行幸の賞により正四位下。近江守・左京大夫・播磨守などをへて二三年(治安三)従三位・大宰大弐。翌年(万寿元)大宰府赴任の賞で正三位。三三年(長元六)非参議のまま死去。

ふじわらのこれふさ【藤原伊房】 1030～96.9.16 一一世紀後半の公卿。権大納言行成の孫。参議行経の子。一〇三一年(長元四)従五位下。少納言・蔵人・木工頭・権左中弁などを歴任し、六九年(延久元)六月蔵人頭。一二月左中弁。七二年右大弁・参議。時に正四位上。八〇年(承暦四)権中納言。八二年(永保二)正二位。九四年(嘉保元)遼と私貿易を行ったとして従二位におとされ停職。死去の直前復位。世尊寺流の能筆家で、尊経閣文庫蔵「北山抄」は直筆。

ふじわらのこれまさ【藤原伊尹】 924～972.11.1 「これただ」とも。一条摂政とも。平安中期の公卿。諡は謙徳公。師輔の長男。行成の祖父。九四一年(天慶四)従五位下。九六〇年(天徳四)参議。九七〇年(天禄元)右大臣に至る。同年実頼の後をうけて円融天皇の摂政となり、翌年正二位・太政大臣に昇る。没後に贈正一位、三河国に封じられる。和歌にすぐれ「一条摂政御集」がある。女の懐子が冷泉天皇女御となり花山天皇を生んだ。

ふじわらのこれみち【藤原伊通】 1093～1165.2.15 九条大相国・大宮大相国とも。平安後期の公卿。宗通の子。一一〇〇年(康和二)従五位下。二二年(保安三)参議。三〇年(大治五)の人事で権中納言に昇進されないことに抗議して出仕せず、解職された。三三年(長承二)権中納言となり、大納言・内大臣・左大臣をへて、六〇年(永暦元)太政大臣・正二位に至った。帝王学の書「大槐秘抄」を著し、二条天皇に献じた。

ふじわらのこれゆき【藤原伊行】 ?～1175? 平安後期の能書家。能書の名門、世尊寺流の六代。父は定信。従五位上・宮内少輔。一一五三年(仁平三)知足院堂供養の願文を清書。五九年(平治元)と六六年(仁安元)に大嘗会の悠紀主基屏風の色紙形の筆者に選ばれた。書道の秘伝書「夜鶴庭訓抄」は伊行が女に書き与えたもの。書跡「戊辰切」「葦手下絵和漢朗詠集」。

ふじわらのさだいえ【藤原定家】 1162～1241.8.20 「ていか」とも。鎌倉前・中期の歌人。父は俊成。母は美福門院加賀。京極中納言と称される。一二三三年(天福元)出家、法名明静。二〇歳頃父の教えに従って本格的に詠作を始め、九条良経らのもと新風和歌を開拓。「正治初度百首」では後鳥羽上皇から高く評価され、院歌壇の中心的歌人として活躍。「新古今集」撰者の一人。二〇年(承久二)後鳥羽上皇の怒りをうけ閉門、そのまま承久の乱を迎えた。三五年(嘉禎元)「新勅撰集」を単独撰進。晩年は古典研究、書写校勘に努め、多くの功績を残す。自撰家集「拾遺愚草」、著書「近代秀歌」「詠歌大概」「顕注密勘」、日記「明月記」。

ふじわらのさだとし【藤原貞敏】 807～867.10.4 平安初期の官人で琵琶の名手。刑部卿従三位継彦の子。京家。若い頃から音楽を耽愛、弦楽器を学ぶ。八三五年(承和二)美作掾となり遣唐使准判官を兼任。八三八年入唐し、琵琶の名人劉二郎(一説に廉承武)に学び、その娘から箏の新曲を伝授され、帰国に際し楽譜数十巻と琵琶二面を贈られた。帰国後、三河介・主殿助・雅楽助・同頭・備前介を歴任し、従五位上掃部頭兼備中介で没。

ふじわらのさだのぶ【藤原定信】 1088～1154? 平安後期の能書家。能書の名門、世尊寺流の五代。正五位下・宮内大輔。御願寺の扉の色紙形や門額の揮毫をはじめ、上表文・願文の清書など輝かしい揮毫活動をとげた。運筆が速く、二三年間で一筆一切経の書写を終える大事業を行った。書跡「金沢本万葉集」「久能寺経」。

ふじわらのさだより【藤原定頼】 995～1045.1.19 平安中期の歌人。公任の子。母は昭平親王の女。正二位権中納言に至る。「賀陽院水閣歌合」

」などの歌合に出詠。やや軽薄な人柄で、小式部内侍にやりこめられた逸話が残る。相模や大弐三位らと関係をもった。音楽・読経・書の名手。中古三十六歌仙の一人。「後拾遺集」以下の勅撰集に四六首入集。家集「定頼集」。

ふじわらのさねすけ【藤原実資】 957～1046.1.18 平安中期の公卿。後小野宮・賢人右府とも。父は斉敏。祖父実頼の養子となり、小野宮嫡流として豊富な財産と儀礼を継ぐ。九六九年(安和二)元服し、従五位下。円融・花山・一条天皇三代の蔵人頭を勤め、九八九年(永祚元)参議。のち右近衛大将を兼ねる。一〇二一年(治安元)右大臣に至り、九〇歳の死去まで在任。この間三七年(長暦元)従一位。政務に明るく、また藤原道長に批判的だった。日記「小右記」、儀式書「小野宮年中行事」。

ふじわらのさねとお【藤原実遠】 ?～1062.4.10 一一世紀初頭の下級官人。伊賀国の古老の話に、実遠は伊賀国の猛者で諸郡に所領があり、郡々に田屋をたて佃を作り、国内の人民は皆実遠の従者として従ったので、加地子をとらなかったという。石母田正の「中世的世界の形成」以来、典型的な私営田領主として注目されてきたが、その性格づけには異論が多い。「今昔物語集」にみられる「猫恐ノ大夫」藤原清廉は実遠の父。

ふじわらのさねよし【藤原実能】 ⇩徳大寺実能

ふじわらのさねより【藤原実頼】 900～970.5.18 小野宮殿とも。平安中期の公卿。諡は清慎公。九条流と並ぶ小野宮流の祖。忠平の長男。実資の養父。九一五年(延喜一五)従五位下。九三一年(承平元)参議、九四七年(天暦元)左大臣、九六七年(康保四)冷泉朝の関白・太政大臣。翌々年(安和二)円融朝の摂政となったが、外戚でないため無力。没後に正一位を贈られ、尾張国に封じられる。日記「水心記」は散逸。家集「清慎公集」。

ふじわらのさり【藤原佐理】 ⇩藤原佐理

ふじわらのさわこ【藤原沢子】 ?～839.6.30 仁明天皇の女御。光孝天皇の母。父は藤原総継。天長年間(八二四～八三四)に東宮正良親王(仁明天皇)の妃となり、時康親王(光孝天皇)らを生んだ。八三三年仁明天皇の即位とともに女御となったが、八三九年(承和六)急死した。

ふじわらのしげいえ【藤原重家】 1128～80.12.21 平安後期の歌人。顕輔の子。母は家の女房。兄に清輔、子に経家・有家ら。非参議従三位に至る。広く歌壇で活動し歌合への参加も多い。一一六六年(仁安元)の「中宮亮重家朝臣家歌合」に六条(藤)家と対立する御子左家の藤原俊成を判者に迎えたことが注目される。才人で諸芸に通じた。「千載集」以下の勅撰集に約三〇首入集。家集「重家集」。

ふじわらのしし【藤原忯子】 969～985.7.18 花山天皇の女御。父は藤原為光。九八四年(永観二)入内し女御となる。関白藤原頼忠の女諟子らをしのいで天皇の寵愛を独占したが、懐妊後病気となり九八五年(寛和元)一七歳で没した。天皇の嘆きは深く、翌年藤原氏の策謀により突然出家・退位させられる原因となった。

ふじわらのじゅんし【藤原順子】 809～871.9.28 仁明天皇の女御。文徳天皇の母。父は藤原冬嗣。東宮正良親王(仁明天皇)の妃となり、道康親王(文徳天皇)を生んだ。八三三年(天長一〇)女御となり、八四二年(承和九)承和の変で道康親王が立太子。八五〇年(嘉祥三)皇太夫人、八五四年(斉衡元)皇太后、八六四年(貞観六)太皇太后となった。

ふじわらのじゅんし【藤原遵子】 957～1017.6.1 円融天皇の皇后。父は藤原頼忠。九七八年(天元元)女御となり、九八二年中宮、九九〇年(正暦元)皇后になった。一〇〇〇年(長保二)皇太后、一〇一二年(長和元)太皇太后となる。父は藤原兼家におされ、遵子も皇子女の誕生がなかったので「素腹の后」と称された。

ふじわらのしゅんぜい【藤原俊成】 ⇩藤原俊成

ふじわらのしょうし【藤原彰子】 ⇩上東門院

ふじわらのすえのり【藤原季範】 ⇩熱田大宮司季範

ふじわらのすけふさ【藤原資房】 1007～57.1.24 平安中期の公卿。正三位参議。藤原実資の養子資平の長男。近衛少将・中将・蔵人頭をへて、一〇四二年(長久三)参議となる。小野宮家の嫡流だったが、春宮権大夫としてのちの後三条天皇に近侍し、摂関家と対立したため不遇であった。日記「春記」。

ふじわらのすけまさ【藤原佐理】 944～998.7.- 「さり」とも。平安中期の貴族。能書家で三蹟の一人。父敦敏は早世し、祖父実頼に後見された。九六一年(応和元)従五位下となり、右近衛権少将・蔵人・右中弁・参議などを歴任。九八四年(永観二)新内裏の額を書き従三位に昇った。円融・花山・一条各天皇の大嘗会の屛風色紙形を書く。九九〇年(正暦元)兵部卿となったが、翌年辞し大宰大弐として赴任。九九二年正三位となるが、宇佐八幡宮との事件から九九五年(長徳元)解任され京に召還された。のち許され、兵部卿に再任したが、まもなく没した。書に名高く、「栄花物語」に「手書きのすけまさ」とみえる。「詩懐紙」「離洛帖」などの書がある。

ふじわらのすけみ【藤原輔相】 生没年不詳。平安時代の歌人。長良の孫。弘経の子。藤六と号したが、六男の意か六位の意か不明。源順らと交流があった。事物を詠みこむ物名歌の名手として知られた。勅撰集では「拾遺集」に三七首が入集し、巻七物名部の半数近くを占める。「新拾遺集」には一首。家集「藤六集」があり、三九首すべてが物名歌である。「宇治拾遺物語」「袋草紙」に逸話がみえる。

ふじわらのすけよ【藤原佐世】 847～897.10.27 「すけつぎ」とも。平安前期の儒者。式家。菅原是善の門下に学び、対策に及第したのち、大学頭・式部少輔・右大弁などを歴任。最高位は従四位下。その間、藤原基経の家司となり、八八七年(仁和三)の阿衡の紛議の火付け役となったため、宇多天皇にうとまれて陸奥守に任じられた。文人としては「日本国見在書目録」「古今集注孝経」を撰した。

ふじわらのすみとも【藤原純友】 ?～941.6.20 平安中期の地方豪族。藤原北家長良流の良範の子。もしくは伊予前司高橋友久の子で良範の養子とも。伊予掾に任じられていた九三六年(承平六)伊予守紀淑人とともに海賊追捕の宣旨をうけ活躍。九三九年(天慶二)東国で平将門の乱がおきたのとほぼ同時期、瀬戸内海で反乱をおこした(藤原純友の乱)。朝廷は翌年従五位下の位階を授け懐柔しようとしたが失敗。各地の国衙を襲撃し、瀬戸内沿岸や九州にまで勢力をのばした。追捕使小野好古や源経基らの攻撃で伊予国を追われ、大宰府を襲ったが敗北。再び伊予国の日振島に戻ったところを、警固使橘遠保に討たれた。

ふじわらのせいし【藤原娍子】 972～1025.3.25 三条天皇の皇后。父は藤原済時。正暦年間に東宮居貞親王(三条天皇)の妃となり、敦明親王(小一条院)らを生んだ。一〇一一年(寛弘八)三条天皇の即位にともない女御となる。一二年(長和元)皇后となったが、同時に中宮となった道長の女妍子におされて不遇であった。

ふじわらのせんし【藤原詮子】 ⇩東三条院

ふじわらのそのひと【藤原園人】 756～818.12.19 平安前期の貴族。房前の孫。楓麻呂の子。七七九年(宝亀一〇)従五位下、国司を歴任して良吏とたたえられた。大蔵卿・宮内卿をへて八〇六年(大同元)参議に列し、八〇九年正三位、嵯峨天皇即位後に中納言。翌年大納言、八一二年(弘仁三)右大臣に昇り、嵯峨朝の首班として政務にあたった。八一四年従二位。贈左大臣正一位。「新撰姓氏録」の編纂にもあたった。

ふじわらのたかいえ【藤原隆家】 979～1044.1.1 平安中期の貴族。父は関白道隆、兄は伊周、姉は一条天皇皇后定子。九八九年(永祚元)従五位下。九九〇年(正暦元)父道隆が実権を握ると、若くして左少将・従三位・中納言と昇進。父の没後、叔父道長との権力争いに敗れ、出雲権守に左遷。九九八年帰京、のち中納言に再任した。大宰権帥を兼ねて赴任し正二位となり、在任中一〇一九年(寛仁三)刀伊入寇の撃退に活躍した。

ふじわらのたかいこ【藤原高子】 842～910.3.24 清和天皇の女御。陽成天皇の母。父は藤原長良。基経の同母妹。二条后とも称す。八六六年(貞観八)女御となり、貞明親王(陽成天皇)らを生む。八七七年(元慶元)皇太夫人、八八二年皇太后となるが、八九六年(寛平八)僧善祐と密通したとして廃后される。在原業平との関係でも有名。九四三年(天慶六)復后。

ふじわらのたかとお【藤原高遠】 949～1013.5.- 平安中期の歌人。実頼の孫。斉敏の子。母は藤原尹文の女。弟に「小右記」を残した実資。非参議正三位に至る。和歌のほか笛を得意とした。中古三十六歌仙の一人。「拾遺集」以下の勅撰集に二七首入集。家集「大弐高遠集」。

ふじわらのたかとし【藤原乙叡】 ⇩藤原乙叡

ふじわらのたかのぶ【藤原隆信】 1142～1205.2.27 平安後期～鎌倉前期の公家。父は為経。定家は異父兄。絵画・和歌にすぐれ、後白河上皇に重用され近臣として仕えた。官歴は国司を歴任、正四位下右京権大夫に至る。画家としては人物の面貌を描くことにすぐれ、技法は子の信実にひきつがれ、鎌倉時代に展開する似絵はこの家系の人々が多く関与した。一一七三年(承安三)建春門院発願の最勝光院御所の障子絵を、絵師常磐光長とともに担当し、とくに命じられて高野御幸以下三度の行事に供奉した廷臣の面貌を描いた。京都神護寺の「源頼朝像」「平重盛像」「藤原光能像」を隆信の作と伝える。勅撰集への入首も多く、家集「隆信朝臣集」が残る。

ふじわらのたかふじ【藤原高藤】 838～900.3.12 小一条内大臣・勧修寺内大臣とも。平安前期の公卿。冬嗣の孫。良門の子。八六八年(貞観一〇)従五位下。八九四年(寛平六)従三位、翌年参議。累進して九〇〇年(昌泰三)内大臣に至る。贈正一位太政大臣。女の胤子は宇多天皇女御となり醍醐天皇を生んだ。

ふじわらのたかみつ【藤原高光】 ?～994 平安中期の歌人。三十六歌仙の一人。師輔の子。母は醍醐天皇の皇女雅子内親王。九六一年(応和元)若くして出家、多武峰に住んだ。法名如覚。権門の貴公子の出家は世の中に衝撃を与え、「多武峰少将物語」が作られた。「拾遺集」以下の勅撰集に二三首入集。家集「高光集」。

ふじわらのたかよし【藤原隆能】 生没年不詳。平安後期の宮廷絵師。一一四七年(久安三)藤原忠実七十の賀の蒔絵硯筥の絵様を、五四年(久寿元)には鳥羽金剛心院の扉絵を描いた。四天王寺の鳥羽院御影は七四年(承安四)時で「故隆能画」と記されており(「吉記」)、没年の下限が知られる。かつて「源氏物語絵巻」の作者とされていたが確証はない。

ふじわらのたくし【藤原沢子】 ⇨藤原沢子

ふじわらのただざね【藤原忠実】 1078.12.～1162.6.18 知足院・富家殿とも。平安後期の公卿。父は師通。一〇九一年(寛治五)従三位。鳥羽天皇の摂政・関白となったが、一一二〇年(保安元)女の泰子の入内をめぐり白河法皇の怒りにふれ、翌年長男忠通に関白・氏長者を譲り宇治に蟄居。二九年(大治四)法皇が没すると鳥羽院政下で復帰したが、今度は忠通と対立。次男頼長をたてたが、保元の乱後に知足院に閉居となる。日記「殿暦」や「富家語」が現存する。

ふじわらのただのぶ【藤原斉信】 967～1035.3.23 「なりのぶ」とも。平安中期の公卿。為光の次男。九八一年(天元四)従五位下。九九四年(正暦五)蔵人頭、翌々年(長徳二)参議となる。以後累進して正二位・大納言に至り、民部卿・中宮大夫を兼ねた。一条朝の四納言に数えられた有能な人物で、「枕草子」「江談抄」「古事談」などに逸話がみえる。

ふじわらのただひら【藤原忠平】 880～949.8.14 小一条殿とも。一〇世紀前半の公卿。基経の四男。母は人康親王の女。同母兄に時平・仲平、同母妹に醍醐天皇の中宮穏子。諡は貞信公。九〇〇年(昌泰三)参議となるが、辞退して叔父清経に譲る。九〇八年(延喜八)還任、翌年時平の死にともない従三位権中納言・氏長者となり、以後累進して九一四年右大臣。抜擢の背景には宇多法皇・穏子の影響が推測される。朱雀・村上両天皇のもとでは摂政・関白・太政大臣を勤めた。七〇歳で病没。贈正一位、封信濃国。温厚な性格だったと伝えられる。忠平の時代は律令制の最終段階であるとともに、摂関の制度的成立、儀式や故実の集成など、摂関政治体制の成立期でもあった。日記「貞信公記」。

ふじわらのただひら【藤原忠衡】 1167～89.6.26 平安末～鎌倉初期の武将。秀衡の三男。秀衡の館の泉屋の東に邸宅を構えたことから、泉三郎・泉冠者ともいう。「吾妻鏡」は、源義経追討の宣旨に背き、義経に味方したとして、兄の泰衡に滅ぼされたと伝える。

ふじわらのただふみ【藤原忠文】 873～947.6.26 宇治民部卿とも。一〇世紀前半の官人。曾祖父は緒嗣、父は枝良。母は息長息継の女。式家。左馬頭・修理大夫等をへて九三九年(天慶二)参議。翌年平将門追討のため征東大将軍となるが、関東到着以前に将門は討たれた。九四一年には征西大将軍に任じられ、藤原純友の乱を鎮圧。参議民部卿正四位下で没した。贈中納言正三位。馬・鷹の名手であった。藤原実頼の反対で将門の乱鎮定の恩賞を得られず、死後その子孫にたたったとの伝承がうまれた。

ふじわらのただまろ【藤原縄麻呂】 729～779.12.13 縄万呂・綱麻呂とも。奈良後期の公卿。豊成の四男。母は藤原房前の女。南家。七四九年(天平感宝元)従五位下に叙され、侍従・礼(治)部大輔などを歴任し、七六四年(天平宝字八)参議、七七一年(宝亀二)中納言に昇る。七七〇年八月、称徳天皇没後に藤原百川・同永手らと光仁天皇の擁立に尽力。従三位中納言兼勅旨卿侍従勲三等で没し、従二位大納言を追贈される。

ふじわらのただみち【藤原忠通】 1097.閏1.29～1164.2.19 法性寺殿とも。一二世紀の公卿。忠実の長男。母は源顕房の女師子。頼長は異母弟(のち猶子)。一一〇七年(嘉承二)元服、権中納言・権大納言・内大臣をへて、二一年(保安二)白河上皇の不興を買った父にかわり関白となる。翌年左大臣従一位。のち崇徳・近衛両天皇の摂政・関白・太政大臣。白河上皇没後政界に復帰した忠実と対立を深め、五〇年(久安六)義絶され、氏長者職を頼長に奪われる。これに対し忠通は美福門院に接近して対抗。後白河天皇即位にともなう忠実・頼長の失脚で再び氏長者となり、五八年(保元三)関白を嫡子基実に譲る。六二年(応保二)出家、法名円観。忠通の時代、摂関家は父弟との争いにより院権力の介入を許し、弱体化していった。書の名手で法性寺流の祖。

ふじわらのたねつぐ【藤原種継】 737～785.9.24 種嗣とも。奈良後期の公卿。宇合の孫。清成の子。母は秦朝元の女。式家。七六六年(天平神護二)従五位下に叙され、近衛少将・左衛士督などをへて、七八二年(延暦元)参議。式部卿・近江按察使を歴任し、七八四年一月中納言に昇る。桓武天皇の信任あつく、六月に造長岡宮使になり造都に尽力した。遷都後の七八五年、桓武の留守中に大伴継人らに射殺される。正一位左大臣を贈られ、のち太政大臣を追贈される。

ふじわらのたまろ【藤原田麻呂】 722～783.3.19 奈良後期の公卿。宇合の五男。母は小治田牛養の女。式家。兄の広嗣の乱に連坐して隠岐に配流される。のち許されて七六一年(天平宝字五)従五位下に叙され、左虎賁衛督・右中弁・外衛大将などを歴任し、七六六年(天平神護二)参議。位階も累進して従三位に至り、中納言・大納言をへて七八二年(延暦元)右大臣に昇る。恭謙な性格で、人と競うことがなかったという。

ふじわらのためいえ【藤原為家】 1198～1275.5.1 鎌倉中期の歌人。父は定家。母は藤原実宗の女。承久の乱後の後嵯峨院歌壇の中心的歌人として活躍、「宝治百首」に参加。ついで一二五一年(建長三)「続後撰集」を単独で撰進。六五年(文永二)には藤原基家ら四人の撰者とともに「続古今集」を撰進した。晩年は阿仏尼と同棲しその子為相を溺愛、財産相続の問題を残した。家集「中院

集」、歌論書「詠歌一体」。「新勅撰集」以下の勅撰集に入集。

ふじわらのためうじ【藤原為氏】 ⇨二条為氏

ふじわらのためこ【藤原為子】 ❶1251?～1316? 鎌倉後期の歌人。大宮院権中納言・藤大納言典侍・大納言三位・従二位為子とも称す。京極為教の女。為兼の姉。後嵯峨上皇の中宮大宮院と伏見上皇に出仕。藤原為家から三代集を伝授され、京極派歌風形成に参与。為兼失脚後は消息不明。「続拾遺集」以下に入集。家集「藤大納言典侍集」。❷?～1311/12? 鎌倉後期の歌人。遊義門院権大納言・後二条院権大納言典侍・贈従三位為子とも称す。二条為世の女。後宇多天皇の皇后遊義門院、ついで後二条天皇に出仕し、のち東宮時代の後醍醐天皇との間に尊良・宗良両親王らをもうける。「嘉元仙洞百首」の作者で、「新後撰集」以降の勅撰集に入集。

ふじわらのためさだ【藤原為定】 ⇨二条為定

ふじわらのためすけ【藤原為相】 ⇨冷泉為相

ふじわらのためたか【藤原為隆】 1070～1130.9.8 平安後期の公卿。参議従三位。為房の長男。蔵人・弁官・蔵人頭をへて、1122年(保安3)12月参議となる。父や同母弟の顕隆は白河上皇の近臣として知られるが、為隆は摂関藤原忠実の側近で、「大槐秘抄」に「関白摂政のうしろみ」とみえる。日記「永昌記」。

ふじわらのためとき【藤原為時】 生没年不詳。平安中期の歌人。紫式部の父。菅原文時の門下。花山朝に藤原義懐の知遇をえて式部丞・蔵人になり、一条朝に左少弁になったほかは受領層の下級貴族としての人生を歩んだ。最高位は正五位下。1016年(長和5)に出家。詩歌の才能には定評があり、「本朝麗藻」などに作品を残す。

ふじわらのためなり【藤原為業】 生没年不詳。平安末期の歌人。為忠の子。母は橘大夫の女。受領などを歴任したが、出家。法名寂念。弟の寂超(為経)・寂然(頼業)とともに、大原(常磐)の三寂とよばれる。歌合への参加のほか、自邸で主催したこともある。「千載集」以下の勅撰集に六首入集。

ふじわらのためのり【藤原為教】 ⇨京極為教

ふじわらのためふさ【藤原為房】 1049～1115.4.2 平安後期の公卿。勧修寺流藤原氏の祖。父は隆方。母は平行親の女。後三条・白河・堀河三天皇の蔵人、鳥羽天皇の蔵人頭を勤めた。遠江・加賀・尾張の国守や内蔵頭などをへて、正三位参議に昇る。博識をもって実務にあたり、のちの勧修寺家一門の隆盛の基礎を築く。日記「大府記」(「為房卿記」)。「撰集秘記」「貫首抄」「装束抄」を編纂。

ふじわらのためふゆ【藤原為冬】 ⇨二条為冬

ふじわらのためみつ【藤原為光】 942～992.6.16 後一条太政大臣・法住寺殿とも。10世紀後半の公卿。師輔の九男。母は醍醐天皇の皇女雅子内親王。諡は恒徳公。侍従・左中弁・蔵人頭等をへて970年(天禄元)参議。権中納言・中納言・大納言と進み、986年(寛和2)右大臣となる。翌年従一位。991年(正暦2)太政大臣に任じられたが翌年没した。贈正一位、封相模国。邸宅の一条院は姪の詮子に伝領された。長女忯子は花山天皇の女御。日記「法住寺相国記」。

ふじわらのためよ【藤原為世】 ⇨二条為世

ふじわらのちはる【藤原千晴】 生没年不詳。平安中期の武将。秀郷の子。相模権介、さらに「尊卑分脈」は鎮守府将軍に任じられたとする。父同様、北関東に勢力をふるい、朝廷との結びつきを強めた。967年(康保4)村上天皇の死に際して固関伊勢関使となる。源高明に従い、969年(安和2)安和の変にまきこまれ、隠岐国に配流。

ふじわらのちょうし【藤原長子】 ⇨讃岐典侍

ふじわらのつぐただ【藤原継縄】 727～796.7.16 奈良末～平安初期の公卿。豊成の次男。母は路虫麻呂の女。南家。763年(天平宝字7)従五位下となり、信濃守・越前守を歴任して766年(天平神護2)参議、771年(宝亀2)従三位に昇る。中納言・大納言をへて790年(延暦9)右大臣に昇り、皇太子傅・中衛大将を兼ねる。凡庸な人物だが人柄はよかったという。「続日本紀」前編20巻の編纂を主宰。没後に従一位を贈られる。

ふじわらのつねつぐ【藤原常嗣】 796～840.4.23 平安前期の公卿。延暦の遣唐大使葛野麻呂の子。母は菅野池成の女浄子。大学に学び、学問・隷書をよくした。右京少進・春宮亮・蔵人頭・右大弁等を歴任して831年(天長8)参議になり、833年完成の「令義解」編纂にもたずさわった。834年(承和元)遣唐大使に任じられる。風雨のため2回渡海に失敗、3回目の838年に入唐をはたした。翌年帰国し従三位に叙せられる。最澄と交流があり、天台宗の外護檀越でもあった。

ふじわらのつねむね【藤原経宗】 1119～89.2.28 中御門・阿波大臣とも。平安末期の公卿。父は師実の子経実。母は藤原公実の女公子。大炊御門家。1158年(保元3)権大納言。同年甥にあたる二条天皇が即位すると、藤原惟方(信西)らと対抗、平治の乱後優位にたつが、後白河上皇により60年(永暦元)解官され阿波国に配流。六二年(応保二)召還、六四年(長寛二)右大臣、翌々年左大臣となる。八九年(文治五)出家、ついで没した。

ふじわらのていか【藤原定家】 ⇨藤原定家

ふじわらのていし【藤原定子】 976～1000.12.16 一条天皇の中宮・皇后。父は藤原道隆。九九〇年(正暦元)入内し、女御となる。同年、円融天皇の中宮遵子を皇后とし、定子は中宮とされたが、これは皇后・中宮並立の初例。父や兄の伊周らの後見を失い、九九九年(長保元)第一皇子敦康親王を生んだが、道長の世にあって不遇であった。一〇〇〇年定子を皇后に、彰子を中宮にしたのは一帝二后並立の初例。清少納言らを擁した文芸サロンを形成した。

ふじわらのときひら【藤原時平】 871～909.4.4 平安前期の貴族。本院大臣と称する。父は基経。弟に忠平、妹に温子・穏子、子に敦忠らがいる。八八六年(仁和二)元服の際、光孝天皇が加冠し正五位下の位記も天皇みずから筆をとった。蔵人頭をへて八九〇年(寛平二)従三位、翌年参議。ついで中納言・大納言に昇り、廟堂の首班となる。宇多天皇の譲位後、蔵人所別当・正三位。宇多は醍醐天皇の長じるまで時平と寵臣菅原道真に政務をまかせた。八九九年(昌泰二)左大臣。九〇一年(延喜元)には従二位となり、右大臣道真を左遷。翌年封二〇〇〇戸を賜る。九〇七年正二位。贈正一位太政大臣。「大鏡」は道真左遷のゆえに子孫続かずと記す。

ふじわらのとくし【藤原得子】 ⇨美福門院

ふじわらのとしいえ【藤原俊家】 1019～82.10.2 一一世紀半ばの公卿。権大納言頼宗の次男。母は内大臣伊周の女。一〇三一年(長元四)元服し従五位上。侍従・右近衛中将などをへて三五年蔵人頭。三八年(長暦二)参議。四八年(永承三)権中納言。六五年(治暦元)権大納言。八〇年(承暦四)右大臣。時に正二位。八二年(永保二)出家。

ふじわらのとしなり【藤原俊成】 1114～1204.11.30 「しゅんぜい」とも。平安末・鎌倉前期の歌人。御子左家藤原俊忠の子。母は藤原敦家の女。子に定家ら。父の死後、葉室顕頼の養子となり、五三歳まで顕広を名のる。正三位に昇り、皇太后宮大夫となる。六三歳で出家、法名釈阿。源俊頼や藤原基俊に学び、やがて歌壇の指導者の地位についた。業績は「千載集」の撰集、歌学書「古来風体抄」「俊成卿和字奏状」「万葉集時代考」「古今問答」、さらに「六百番歌合」ほか四〇ほどの歌合の判詞の執筆など多彩。和歌の道で対抗する六条(藤)家を圧倒、定家ら新古今時代の歌人たちを育てた。一二〇三年(建仁三)には後鳥羽上皇から九十賀を賜る。「詞花集」以下の勅撰集に約四二〇首入集。家集「長秋詠藻」「俊成家集」。

ふじわらのとしなりのむすめ【藤原俊成女】 生没年不詳。鎌倉前期の歌人。藤原盛頼の女。母は俊成の女八条院三条。祖父俊成の養女。源通具との間に一男一女を生む。後鳥羽院歌壇で活躍、歌合への参加が多い。晩年の歌論に「越部禅尼消息」がある。「新古今集」以下の勅撰集に一一六首入集。家集「俊成卿女集」。「無名草子」の著者とする説がある。

ふじわらのとしひと【藤原利仁】 生没年不詳。平安中期の武将。民部卿藤原時長の子。母は越前の人秦豊国の女。越前国敦賀の豪族有仁の女婿となった。九一一年(延喜一一)上野介となり、以後上総介・武蔵守など坂東諸国の国司を歴任。この間九一五年に下野で群盗を鎮圧した(「鞍馬蓋寺縁起」)。鎮守府将軍を勤めるなど平安時代の代表的な武人として伝説化され、多くの説話が残る。五位の男に芋粥を食べさせようと、京から敦賀の館へ連れ帰った話(「今昔物語集」)は有名。

ふじわらのとよなり【藤原豊成】 704～765.11.27 奈良中期の公卿。武智麻呂の長男。母は阿倍貞吉(あるいは真虎)の女。仲麻呂の兄。南家。内舎人として出身し、七二四年(神亀元)従五位下に叙され、兵部少輔・兵部卿を歴任。七三七年(天平九)参議となり、中納言・大納言をへて、七四九年(天平感宝元)右大臣に昇る。橘奈良麻呂の変に連坐して大宰員外帥に左遷され、恵美押勝の乱後に右大臣に復し従一位に昇る。才学の聞えがあったという。

ふじわらのながて【藤原永手】 714～771.2.22 奈良後期の公卿。房前の次男。母は牟漏女王。七三七年(天平九)従五位下に叙され、大倭守・中務卿などを歴任し、位階は従三位に至る。参議をへずに七五七年(天平宝字元)中納言に任じられる。大納言をへて七六六年(天平神護二)右大臣ついで左大臣に昇る。称徳天皇没後、道鏡を排除して藤原百川らと白壁王(光仁天皇)を擁立し、その即位により正一位に昇る。光仁は永手の死を悼み、太政大臣を追贈。

ふじわらのながとう【藤原長能】 「ながよし」とも。生没年不詳。平安中期の歌人。倫寧の子。母は源認の女。藤原道綱母は異母姉。従五位上伊賀守に至る。花山院歌壇で活躍、「拾遺集」撰定に関与したと考えられる。門弟の能因が撰した「玄々集」には最多の一〇首が入集。中古三十六歌仙の一人。「拾遺集」以下の勅撰集に約五七首入集。家集「長能集」。

ふじわらのなかなり【藤原仲成】 764～810.9.11 平安前期の貴族。父は桓武天皇に重用された式家の種継。七八五年(延暦四)従五位下となり、地方官などを歴任。妹薬子が平城天皇の寵愛を得て、八〇九年(大同四)従四位下で北陸道観察使(のち参議)右兵衛督となり威を振い乱行があった。譲位の後、平城上皇が旧都平城京に戻り、嵯峨天皇と対立して薬子の変がおきると、嵯峨方に捕らえられ、射殺された。

ふじわらのなかまろ【藤原仲麻呂】 706～764.9.18 奈良中期の公卿。武智麻呂(むちまろ)の次男。母は安倍貞吉(一説に真虎(まとら))の女。南家。七三四年(天平六)従五位下に叙され、民部卿をへて七四五年参議。叔母光明皇后の信任と大仏造立の推進で政治的地位を上昇させ、近江守・式部卿を歴任。七四九年(天平勝宝元)大納言、紫微中台(しびちゅうだい)の長官紫微令を兼ねて実権をにぎる。七五七年(天平宝字元)大臣待遇で軍事権をもつ紫微内相に転じ、橘奈良麻呂の謀反を未然に防いで反対派を中央から一掃し、名実ともに太政官の首班となる。翌年、仲麻呂に擁立されて即位した淳仁天皇から恵美押勝(えみのおしかつ)の名を賜る。正一位大師(太政大臣)に至ったが、七六四年(天平宝字八)孝謙太上天皇の寵愛する僧道鏡の排除を図り、計画がもれて機先を制され、近江国勝野鬼江で斬死した。

ふじわらのながら【藤原長良】 802～856.7.3 枇杷殿とも。九世紀半ばの公卿。冬嗣(ふゆつぐ)の長男。母は藤原真作の女尚侍美都子。基経(もとつね)・高子の実父。仁明天皇の東宮時代に近侍、左兵衛督などをへて八四四年(承和一一)参議。従二位権中納言で没した。昇進は弟良房に遅れたが、高潔な性格で人に慕われた。陽成天皇の外祖父で、のち正一位左大臣、ついで太政大臣を追贈された。

ふじわらのなりちか【藤原成親】 1138～77.7.9 後白河上皇の近臣。鳥羽上皇の寵臣家成の三男。母は藤原経忠の女。「芙蓉の若殿上人」として後白河上皇に寵愛される。平治の乱で藤原信頼に連坐するが、平重盛との姻戚関係から死罪を免れる。一一六一年(応保元)に後白河上皇の皇子憲仁(のりひと)立太子事件に参画。六六年(仁安元)参議正三位。のち権大納言正二位。所領をめぐる争いから延暦寺の訴えでたびたび解官・配流されるが、後白河上皇の保護により復任、しだいに平氏と対立。鹿ケ谷(ししがたに)の謀議にかかわり備前国に配流され、殺害された。

ふじわらののぶざね【藤原信実】 1176?～1265? 鎌倉前・中期頃の公家。父隆信と同じく絵画や和歌にすぐれ、位も正四位下左京権大夫に至る。大阪水無瀬神宮に伝わる「後鳥羽院像」が、信実の手になると考えられる。短い線を何本も慎重に引き重ねて、像主の面貌をとらえる技法が特色。大倉集古館「随身庭騎絵巻」、佐竹本「三十六歌仙絵巻」などの作品は、信実とその家系に連なる画家たちの共同制作と想定される。信実の家系は南北朝頃まで続き、いわゆる似絵(にせえ)の家系として知られる。自撰歌集「藤原信実朝臣歌集」を残す。

ふじわらののぶたか【藤原宣孝】 ?～1001.4.25 平安中期の官人。右大臣定方の曾孫。為輔の子。紫式部の夫として有名。妻としてほかに下総守藤原顕猷(あきみち)の女、讃岐守平季明の女、中納言藤原朝成の女らが知られる。中宮大進・右衛門権佐・左衛門尉・蔵人・大宰少弐などを歴任し、九九〇年(正暦元)筑前守。九九八年(長徳四)山城守を兼任。同年末から翌年(長保元)初め頃、紫式部と結婚し賢子(大弐三位、弁乳母)が生まれた。一〇〇一年疫病で没。時に正五位下。

ふじわらののぶなが【藤原信長】 1022～94.9.3 九条太政大臣とも。一〇世紀の公卿。教通(のりみち)の三男。母は藤原公任(きんとう)の女。一〇三二年(長元五)元服、従五位下となる。権中納言・大納言・内大臣などをへて八〇年(承暦四)太政大臣。この間、教通は信長に関白を譲ろうとするが、はたせず没する。八八年(寛治二)従一位に昇るが、三日後に辞任。九四年(嘉保元)老病により出家、同日没した。

ふじわらののぶより【藤原信頼】 1133～59.12.27 後白河上皇の近臣。鳥羽上皇の近臣忠隆の三男。母は藤原顕頼の女。同母妹は藤原基実(もとざね)の室。保元の乱後、後白河天皇の寵愛をうけ、一一五八年(保元三)参議、ついで権中納言右衛門督といっきょに昇進した。さらに右近衛大将を望んだが、藤原通憲(みちのり)(信西)に反対され、源義朝ら反信西派を糾合して平治の乱をおこした。信西を討ち一時政権を掌握したものの、平清盛の計略により結局敗北、京の六条河原で斬られた。

ふじわらののりすえ【藤原範季】 1130～1205.5.10 平安末～鎌倉前期の公卿。能兼の子で兄範兼の猶子(ゆうし)。南家。後白河上皇の近臣で、九条兼実にも仕えた。後鳥羽天皇を養育し、その即位に尽力。死後、女の修明門院重子が後鳥羽との間に生んだ順徳天皇の即位によって、左大臣正一位を追贈された。

ふじわらののりなが【藤原教長】 1109～80? 平安後期の公卿・歌人。忠教の子。母は源俊明(としあきら)の女。崇徳(すとく)上皇に近侍し、保元の乱に連坐して配流、のち高野山に入った。崇徳院歌壇で活躍。「詞花集」に対抗し「拾遺古今」(散逸)を撰集、「古今集註」や書道の伝書「才葉抄」などの著書がある。「詞花集」以下の勅撰集に入集。家集「貧道(ひんどう)集」。

ふじわらののりみち【藤原教通】 996.6.7～1075.9.25 二条殿・大二条殿とも。一一世紀の公卿。父は道長。母は源雅信の女倫子(りんし)。同母兄の頼通に続いて権中納言・権大納言・内大臣・右大臣を歴任、一〇五八年(康平元)従一位、六〇年左大臣。頼通から六四年氏長者(うじのちょうじゃ)を譲られ、六八年(治暦四)関白となる。道長の遺志であったという。七〇年(延久二)太政大臣。頼通の嫡子師実(もろざね)ではなく自分の子信長に関白を譲ろうとするが、結局はたせず八〇歳で没。死後師実が関白になった。

ふじわらのはまなり【藤原浜成】 724～790.2.18
浜足とも。奈良時代の公卿・歌学者。麻呂の子。京家。七七二年(宝亀三)参議・従四位上のとき、最古の歌学書「歌経標式」を著し、光仁天皇に献上した。その後昇叙を重ね、七七六年従三位、七八一年(天応元)大宰帥となるが、同年六月員外帥に降ろされ、七八二年(延暦元)氷上川継の変に連坐して参議・侍従の官を解かれた。

ふじわらのひでさと【藤原秀郷】 生没年不詳。
平安中期の武将。魚名流藤原氏という。小山氏・藤原姓足利氏などの祖。村雄の子。母は下野掾鹿島氏の女。俵(田原)藤太と称する。数代前から下野国に土着し、秀郷は下野国を本拠に勢力を広げた。九一六年(延喜一六)一族とともに下野国司に訴えられ流罪。九二九年(延長七)にも同国から乱行を訴えられた。九四〇年(天慶三)には平貞盛とともに平将門の乱を鎮圧し滅ぼした。その功により従四位下・下野守に任じられ、北関東に大勢力を築いた。

ふじわらのひでひら【藤原秀衡】 1122～87.10.29
平安末～鎌倉初期の武将。奥州藤原氏三代目の当主。基衡の子。母は安倍宗任の女。一一七〇年(嘉応二)従五位下、鎮守府将軍となる。八一年(養和元)従五位上・陸奥守。平泉を拠点として陸奥・出羽両国に強力な支配を展開した。源平争乱に際しては、双方から誘いをうけたが動かなかった。源義経の保護者で、源頼朝の追討令が出たのちも義経をかくまったことが、平泉攻めの口実となった。無量光院を建立。

ふじわらのひでやす【藤原秀康】 ?～1221.10.-
鎌倉前期の武士。承久の乱における京方の軍事指導者。父は藤原秀郷の流れをくむ秀宗。母は伊賀守源光基の女。後鳥羽院政下の院北面・院西面・検非違使の中心として院の軍事力を担い、諸国の国守も歴任し、後鳥羽上皇近臣として活躍。承久の乱では主戦論を唱えて総大将となるが、鎌倉幕府勢力に各所で惨敗。大手の美濃国免戸の陣(現、岐阜県各務原市)を捨てて帰京し、宇治・勢多の合戦にも敗れ、弟の河内判官秀澄とともに奈良・河内に潜伏。一〇月に捕らえられて六波羅に護送され、処刑された。

ふじわらのひろつぐ【藤原広嗣】 ?～740.11.1
八世紀前半の官人。宇合の長男。式家。七三七年(天平九)従五位下。式部少輔・大養徳守をへて七三八年一二月大宰少弐に左遷。七四〇年八月上表して時政の得失を指摘し、天地の災異をのべて玄昉・吉備真備の排除を要求。中央からの返事を待たずに翌月挙兵したが、大野東人を大将軍とする一万七〇〇〇騎の軍に鎮圧され、一一月斬殺された。「万葉集」に一首を収める。

ふじわらのふささき【藤原房前】 681～737.4.17
奈良前期の公卿。不比等の次男。母は蘇我連子の女娼子。北家の祖。七〇五年(慶雲二)従五位下に叙され、しばしば巡察使に任じて諸国の政情を視察。七一五年(霊亀元)従四位下に昇り、七一七年(養老元)朝政への参議を許される。元明太上天皇の危篤に際し内臣として元正天皇の補弼にあたり、また授刀督・中衛大将として武力を掌握した。七三七年(天平九)天然痘により没し、正一位左大臣、さらに太政大臣を追贈される。

ふじわらのふひと【藤原不比等】 659～720.8.3
奈良初期の公卿。鎌足の次男。母は車持国子の女与志古娘。本来名は史と記し、養育された田辺史大隅の史姓に由来。六八九年(持統三)判事に任じられる。六九八年(文武二)藤原姓の独占的使用を認められ、鎌足の政治的遺産を継承。七〇一年(大宝元)正三位に叙され、大納言に昇る。七〇八年(和銅元)右大臣に至り、左大臣石上麻呂の没後は太政官の首班となる。大宝律令制定を主導し、養老律令撰定も主宰。元明天皇即位、平城遷都の主唱者と目される。没後に太政大臣正一位を贈られ、淡海公と称せられた。東大寺献物帳に記す黒作懸大刀の由緒は、不比等と皇室草壁直系の密接な関係を示す。四男子は中央政府で活躍し、女には文武天皇の夫人宮子、聖武天皇皇后の安宿媛(光明子)、長屋王の妾などがいる。

ふじわらのふゆお【藤原冬緒】 808～890.5.23
九世紀後半の公卿。豊彦の三男。祖父は浜成。母は大伴永主の女。京家。勘解由判官・大宰大弐・右大弁等を歴任し、しだいに政治能力を認められ、八六九年(貞観一一)参議、のち正三位大納言。この間、元慶官田設置の奏上を行う。八八七年(仁和三)八〇歳で辞任。学問にも優れ通儒とよばれた。京家最後の公卿。

ふじわらのふゆつぐ【藤原冬嗣】 775～826.7.24
平安初期の公卿。父は内麻呂。母は女嬬百済永継。同母兄に真夏がおり、桓武天皇の皇子良岑安世は同母弟。号は閑院大臣。大判事・春宮亮・蔵人頭をへて八一一年(弘仁二)参議となる。嵯峨天皇に信任され、権中納言・中納言・大納言・右大臣と昇進、左近衛大将を兼任し、政界の中心として現実的地方政策の推進にあたった。八二五年(天長二)には左大臣となったが、翌年没した。正二位。のち贈正一位太政大臣。穏和な性格で文武を兼ね備え、よく人に慕われたという。「弘仁格式」「内裏式」の編纂に従事した。藤原氏および北家興隆の基礎を築き、一族のために勧学院をたてたり施薬院を復興したりもした。文徳天皇の外祖父。

ふじわらのまたて【藤原真楯】 715～766.3.12
奈良時代の公卿。房前の三子。もと八束。七四〇年(天平一二)従五位下。七六〇年(天平宝字四)従三位大宰帥、真楯の名を賜る。七六四年正三位、七六六年(天平神護二)大納言。若い頃、従兄仲麻呂に才を妬まれ、家居し読書にふけったという。七三三年(天平五)病床の山上憶良(やまのうえのおくら)に使者を立てて見舞い、また大伴家持と親交があって、「万葉集」に旋頭歌一首、短歌七首を残す。

ふじわらのまろ【藤原麻呂】 695～737.7.13 名は万里とも。八世紀前半の公卿。不比等(ふひと)の四男。母は五百重娘(いおえのいらつめ)。京家の祖。七一七年(養老元)従五位下。七二一年左京大夫。七二九年(天平元)従三位。七三一年参議。時に兵部卿。天平八年八月二日付の平城京二条大路跡出土木簡の記載から、邸宅は左京二条二坊五坪にあったと推定される。七三七年天然痘にかかり没した。

ふじわらのみちかね【藤原道兼】 961～995.5.8 粟田関白とも。平安中期の貴族。兼家の三男。兄道隆・弟道長と同母。九七五年(天延三)従五位下、九八四年(永観二)蔵人・左少弁。九八六年(寛和二)花山天皇の出家を仕組んで一条朝と父兼家の実権掌握をもたらし、権中納言正三位に昇った。権大納言・内大臣をへて、九九四年(正暦五)右大臣に進む。翌年兄道隆の死去をうけ関白となるがすぐに没し、七日関白と称された。贈太政大臣正一位。

ふじわらのみちたか【藤原道隆】 953～995.4.10 中関白(なかのかんぱく)とも。平安中期の貴族。兼家の長男。弟に道兼・道長、子に伊周(これちか)・隆家・定子(ていし)がいる。九六七年(康保四)従五位下、九八四年(永観二)従三位。九八六年(寛和二)一条朝となって父兼家が実権を握ると、権大納言・内大臣に累進し、九九〇年(正暦元)父の病死をうけ関白・摂政となった。女の定子を入内させ、九九三年(正暦四)再び関白。翌年病を得、子伊周が内覧宣旨をうけるが、その関白就任のかなわないまま没した。

ふじわらのみちつな【藤原道綱】 955～1020.10.15 一〇世紀末～一一世紀初めの公卿。摂政兼家の次男。母は藤原倫寧(ともやす)の女で「蜻蛉日記」の作者。九七〇年(天禄元)従五位下。九八六年(寛和二)蔵人。翌年(永延元)従三位。九九一年(正暦二)参議。九九六年(長徳二)四月中納言、一二月右近衛大将。翌年大納言。一〇二〇年(寛仁四)出家、死去。時に正二位。

ふじわらのみちつなのはは【藤原道綱母】 936?～995? 平安中期の歌人・日記文学作者。「蜻蛉(かげろう)日記」の作者。父は藤原倫寧(ともやす)、母は主殿頭春道の女か。本名は未詳。「尊卑分脈」には「本朝第一美人三人内也」とある。藤原兼家と結婚して道綱を生む。「蜻蛉日記」は結婚生活の苦悩を綴ったもの。歌の才は当時から評価され、他撰の家集「道綱母集」(「傅(ふ)大納言殿母上集」)がある。「拾遺集」以下の勅撰集に約三八首入集。中古三十六歌仙の一人。

ふじわらのみちとし【藤原通俊】 1047～99.8.16 平安後期の公卿・歌人。経平の子。母は高階成順(たかしなのなりのぶ)の女で、伊勢大輔(いせのたいふ)は外祖母にあたる。養母は藤原家業(いえなり)の女。従二位権中納言に至る。白河天皇の側近で、その歌壇で活躍、「承暦内裏歌合(うたあわせ)」などに参加。さらに勅をうけ「後拾遺集」を撰集した。「後拾遺集」以下の勅撰集に二七首入集。家集は伝わらない。

ふじわらのみちなが【藤原道長】 966～1027.12.4 平安中期の貴族。兼家の子。兄に道隆・道兼、姉に詮子、子に頼通らがいる。九八〇年(天元三)従五位下。九八六年(寛和二)一条朝になり父兼家が実権を握ると蔵人・左少将、翌年従三位。権中納言・権大納言と進み、九九五年(長徳元)兄道隆・道兼の死去により、甥伊周(これちか)を退けて内覧・右大臣・氏長者となって実権を握る。翌年左大臣・正二位。女の中宮彰子(しょうし)は後一条・後朱雀を生み道長の外戚化に貢献。一〇一一年(寛弘八)三条朝になると、女の中宮妍子(けんし)に親王が生まれず、天皇と確執が生じた。一六年(長和五)後一条朝となり摂政になるが、翌年摂政を子頼通に譲って従一位太政大臣。一八年(寛仁二)女の威子(いし)を後一条中宮として一家三后を実現し、「この世をば我が世とぞ思ふ」と謳った。翌年出家し、法名行観(のち行覚)となる。この年准三宮。法成寺(ほうじょうじ)を建立。御堂関白と称され、日記「御堂関白記」は自筆原本で伝わる。「大鏡」「栄花物語」は彼の栄華を描く。

ふじわらのみちのり【藤原通憲】 ?～1159.12.13 平安末期の官人・学者。後白河天皇(上皇)の近臣。法名ははじめ円空、のち信西(しんぜい)。父は実兼(さねかね)。母は源有房の女。高階経敏の養子となったが、のち藤原に復した。藤原頼長と双璧をなす学者であったが、南家出身のため不遇で、官位は正五位下・少納言にとどまった。一一四四年(天養元)に出家したが、政界から引退はせず、妻の紀伊二位が後白河天皇の乳母であったため天皇即位後は重用された。五六年(保元元)に保元の乱がおこると、源義朝の意見を容れて崇徳(すとく)上皇方を破った。五八年に後白河院政が開始されると、平清盛と結んで権勢を誇った。このため同じく院近臣の藤原信頼と対立し、五九年(平治元)平治の乱で義朝と結んだ信頼に殺害された。「本朝世紀」「法曹類林」などを編纂。

ふじわらのみつちか【藤原光親】 1176～1221.7.12 葉室光親とも。鎌倉前期の公卿。正二位権中納言。父は光雅。母は藤原重方の女。後鳥羽・順徳両上皇の近臣として活躍。承久の乱では後鳥羽上皇をいさめたといわれるが、北条義時追討の院宣を書いた。乱後その責任を問われ、鎌倉に護送される途中、駿河国加古坂で武田信光に斬首された。法名西親。

ふじわらのみつより【藤原光頼】 1124～73.1.5 平安後期の公卿。顕隆の孫で、顕頼の長男。母は藤原俊忠の女。桂大納言・葉室大納言と称す。一一三二年(長承元)従五位下。伯耆守・右少弁・左衛門佐・右中弁・蔵人頭をへて、五六年(保元元)参議、六〇年(永暦元)権大納言、翌年正二位。六四年(長寛二)出家、法名は光然。平治の乱では、内裏に幽閉された二条天皇を六波羅に移すなど平家方として行動した。日記「光頼卿記」、私家集「桂大納言集」。

ふじわらのみやこ【藤原宮子】 ?～754.7.19 文武天皇の夫人。不比等の女。母は賀茂比売。六九七年(文武元)入内し、七〇一年(大宝元)首皇子(聖武天皇)を生む。七二三年(養老七)従二位、のち従一位に昇る。聖武の即位にともない大夫人の称を奉られたが、長屋王らの異議により皇太夫人と改められた。孝謙朝には太皇太后と称した。七三七年(天平九)玄昉により長年の病気が回復し、はじめて聖武と対面した。

ふじわらのむちまろ【藤原武智麻呂】 680～737.7.25 奈良前期の公卿。不比等の長男。母は蘇我連子の女娼子。南家の祖。内舎人として出身し、七〇五年(慶雲二)従五位下に叙され、大学頭・近江守・式部卿などを歴任。七二一年(養老五)正三位に昇り中納言となる。皇太子傅として首皇子(聖武天皇)の教育にあたる。長屋王の変に際し、王を糾問。変後に大納言に昇り、右大臣に至る。七三七年(天平九)正一位左大臣となった直後に天然痘にかかり没した。延慶撰上の伝記「武智麿伝」(「藤氏家伝」下巻)がある。

ふじわらのむねただ【藤原宗忠】 1062～1141.4.20 中御門右大臣とも。平安後期の公卿。道長の次男頼宗の曾孫で、宗俊の長男。母は藤原実綱の女。侍従・右左近衛少将・右左大弁を歴任、一〇九九年(康和元)参議。公事の実務能力に優れ、勤勉な性格で白河上皇・堀河天皇の信任を得、権中納言・権大納言・内大臣をへて、一一三六年(保延二)七五歳で右大臣に進んだ。三八年従一位に叙されるがまもなく出家、八〇歳で没。学問にも造詣深く、詩文作成参考書である「作文大体」などの著書がある。日記「中右記」。

ふじわらのむねゆき【藤原宗行】 1174～1221.7.14 鎌倉前期の公卿。権中納言正三位。行隆の五男。藤原宗頼の養子。後鳥羽上皇の近臣。有能な実務官僚で、院中の雑務を奉行し伝奏を勤めた。承久の乱に深くかかわり、乱後首謀者の一人として関東に送られ、駿河国藍沢で小山朝長により処刑された。

ふじわらのもといえ【藤原基家】 ⇨九条基家

ふじわらのもとざね【藤原基実】 1143～66.7.26 六条殿・梅津殿・中殿とも。平安末期の公卿。忠通の嫡子。母は中納言源国信の女信子。一一五〇年(久安六)八歳で元服。権中納言・権大納言をへて、五七年(保元二)右大臣。翌年の二条天皇の践祚の日に父にかわって関白・氏長者になる。のち左大臣。六四年(長寛二)平清盛の女盛子と結婚。六五年(永万元)六条天皇の摂政となるが、翌年痢病により二四歳で没。贈太政大臣正一位。遺領は大部分盛子が相続した。近衛家の祖とされる。

ふじわらのもとつね【藤原基経】 836～891.1.13 九世紀後半の公卿。長良の三男、のち叔父良房の猶子。母は藤原総継の女乙春。諡は昭宣公。八五一年(仁寿元)元服、翌年蔵人となり、侍従・少納言・蔵人頭などをへて、八六四年(貞観六)参議。幼少から才気煥発で父はその才能を見抜き、文徳天皇に寵愛された。八六六年にはいっきょに従三位中納言に昇進した。大納言をへて八七二年八月正三位右大臣となり、まもなく没する良房にかわって、以後清和・陽成・光孝・宇多の四天皇代二〇年間にわたる国政を領導した。この間、陽成天皇の幼少の間の摂政、宇多天皇の関白を勤め、太政大臣従一位まで昇進。関白の職掌をめぐって紛糾した阿衡の紛議事件が有名だが、元慶官田の設置や元慶の乱の収拾、陽成天皇の廃位など政治的手腕も優れていた。学問・芸術にも造詣が深く、「文徳実録」編纂を行い、笙の名人でもあった。八九一年(寛平三)堀河院の邸宅で没。贈正一位、封越前国。

ふじわらのもととし【藤原基俊】 1060～1142.1.16 平安後期の歌人。右大臣俊家の子。母は高階順業の女。名門の子弟ながら昇進は遅く、従五位上で終わった。一一三八年(保延四)出家。歌壇への登場も遅かったが、歌合では詠進のほか、判者をつとめることも多く、源俊頼のライバルと目された。漢詩文にも通じ「新撰朗詠集」を撰集。藤原俊成もその教えをうけた。「金葉集」以下の勅撰集に一〇七首入集。家集「基俊集」。

ふじわらのもとなが【藤原元命】 生没年不詳。平安中期の官人。経臣の子。九八六年(寛和二)尾張守。九八八年(永延二)一一月、定例の出挙以外に多額の正税を加徴して不当な息利を得たこと、法外に租穀を加徴して非法の官物を責めとったこと、また京から下向するたびに不善の輩をひきつれて濫行に及んだことなど、三一カ条にわたる悪政を郡司・百姓らに訴えられた。翌年尾張守を解任されたが、その後も他国の国守に任じられ、従四位下まで昇叙した。

ふじわらのもとひら【藤原基衡】 ?～1157? 平安後期の武将。清衡の子。母は平氏という。陸奥・出羽両国の押領使。父の死の直後、一一二九年(大治四)兄惟常と戦って勝利を収め、奥州藤原氏二代目当主の地位を確立。平泉を本拠に奥羽両国を支配し、子の秀衡とともに奥州藤原氏の全盛期を築いた。摂関家に所領を寄進しその管理にあたったが、五三年(仁平三)年貢増徴をめぐって藤原頼長と争った。毛越寺を建立。

ふじわらのもとふさ【藤原基房】 1144/45～1230.12.28　松殿・菩提院・中山とも。平安後期の公卿。忠通の次男。母は中納言源国信の女国子。一一六六年(仁安元)兄の摂政基実の病没により摂政。のち太政大臣、関白。殿下乗合事件もあってしだいに平氏と対立し、七九年(治承三)平清盛によって解官され大宰権帥に流されるところ、出家し備前に配流された。翌年恩免。八三年(寿永二)入京した源義仲を婿に迎え、子師家を摂政とするが、義仲敗死とともに政界から退く。故実にも詳しかった。

ふじわらのももかわ【藤原百川】 732～779.7.9　奈良後期の公卿。宇合の八男。母は久米若女。式家。はじめ名を雄田麻呂(雄田万呂)と称し、七七一年(宝亀二)頃百川と改名。七五九年(天平宝字三)従五位下に叙され、左中弁・右兵衛督・河内大夫などを歴任。七七一年参議となり、中衛大将などを兼ね、従三位に至る。白壁王(光仁天皇)を擁立、皇太子他戸親王を廃して山部親王(桓武天皇)の立太子を実現するなど権謀術数にたけた。外孫淳和天皇の即位により太政大臣正一位を追贈される。

ふじわらのもろいえ【藤原師家】 1172～1238.10.4　平安末～鎌倉前期の公卿。松殿・天王寺と号す。松殿基房の三男。一一七九年(治承三)一〇月、平清盛の女婿藤原基通の官位をこえて従三位権中納言となる。これが契機となり、一一月、清盛は、基房・師家以下院近臣を解官し、後白河上皇の執政をとどめた。八三年(寿永二)平氏が西走すると、基房は源義仲と結び、師家は摂政となったが、翌年一月、義仲の敗死により摂政は基通にかえられた。

ふじわらのもろざね【藤原師実】 1042.2.-～1101.2.13　京極殿・後宇治殿とも。平安後期の公卿。関白頼通の三男。母は藤原祇子。一〇五六年(天喜四)非参議から権中納言となり、内大臣・右大臣・左大臣を歴任。一〇七五年(承保二)白河天皇の関白、八六年(応徳三)堀河天皇の摂政となる。八八年(寛治二)太政大臣、翌年辞任。九〇年関白。養女賢子(源顕房の女)は白河天皇中宮として堀河天皇を生んだ。日記「京極関白記」は逸文のみ。

ふじわらのもろすけ【藤原師輔】 908～960.5.4　平安中期の公卿。九条殿・坊城大臣とも。関白忠平の次男。母は源能有の女。九三一年(承平元)蔵人頭、九三五年参議、九四二年(天慶五)大納言。九四七年(天暦元)右大臣となる。九五五年正二位。女の安子は村上天皇の中宮となり、冷泉・円融両天皇を生んだ。子の伊尹・兼通・兼家は摂関につき、以後師輔の家系が摂関の地位を占めた。有職故実の九条流の祖。著書「九条年中行事」「九条殿遺誡」、日記「九暦」。

ふじわらのもろただ【藤原師尹】 920～969.10.15　「もろまさ」とも。小一条左大臣とも。平安中期の公卿。関白忠平の五男。母は源能有の女。九四四年(天慶七)蔵人頭・左近衛中将、九四八年(天暦二)権中納言、九六〇年(天徳四)権大納言、九六七年(康保四)正二位右大臣。九六九年(安和二)三月安和の変で左大臣源高明を大宰府へ左遷し、その後任として左大臣につく。日記「小一条記」は逸文のみ。

ふじわらのもろなが【藤原師長】 1138.2.-～92.7.19　妙音院太政大臣とも。平安後期の公卿。左大臣頼長の次男。母は源信雅の女。祖父忠実の養子となる。参議をへて一一五四年(久寿元)権中納言。五六年(保元元)保元の乱に連坐し土佐国へ配流された。六四年(長寛二)召還され、内大臣などをへて七七年(治承元)太政大臣。七九年平清盛のクーデタにより尾張国に配流され出家した。八一年(養和元)帰京。琵琶と箏を究め、琵琶の譜「三五要録」、箏の譜「仁智要録」を著した。

ふじわらのもろまさ【藤原師尹】 ⇨藤原師尹

ふじわらのもろみち【藤原師通】 1062.9.11～99.6.28　後二条殿とも。平安後期の公卿。関白師実の長男。母は源麗子。参議・権中納言・権大納言をへて、一〇八三年(永保三)内大臣となる。九四年(嘉保元)父師実から執政を譲られて関白となる。以後、白河上皇や父師実から自立した政治を志向。九六年(永長元)従一位。学問を好み、大江匡房らから経史を学ぶ。日記「後二条師通記」。

ふじわらのもろみつ【藤原師光】 ?～1177　平安末期の官人。鳥羽上皇・後白河上皇の近臣。家成の養子。藤原通憲(信西)の乳母子といわれる。法名は西光。一一五九年(平治元)平治の乱で通憲が殺害されたため出家したが、政界にとどまり、後白河上皇の第一の近臣と称された。子の師高が日吉社の末社と争って配流となったとき、上皇に奏して天台座主の明雲を伊豆国へ配流。七七年(治承元)鹿ケ谷で藤原成親・俊寛らと平氏打倒を謀議したことが発覚、朱雀大路で斬首された。

ふじわらのやすすけ【藤原保輔】 ?～988.6.17　平安中期の官人で強盗の首領。大納言元方の孫で右京大夫従四位下致忠の子。南家。右兵衛尉正五位下であったが、「強盗の張本、本朝第一の武略、追討の宣旨を蒙ること十五度」と「尊卑分脈」に記される。九八五年(寛和元)傷害事件をおこし、さらに九八八年(永延二)には強盗などの罪を重ね、逮捕の際に自害を図り、翌日獄中で死亡。後世「今昔物語集」などにみえる盗賊の袴垂と同一視され、袴垂保輔という伝説的人物となった。

ふじわらのやすのり【藤原保則】 825～895.4.21 平安前期の公卿。貞雄の子。南家。八六六年(貞観八)従五位下。貞観年間に備前・備中の国司となり、善政を行った。八七八年(元慶二)出羽権守。俘囚の乱の平定にあたり、翌年収拾。以後讃岐守・大宰大弐を歴任し治績をあげた。八九一年(寛平三)左大弁。翌年従四位上で参議となり、寛平の治に参画。三善清行の「藤原保則伝」がある。

ふじわらのやすひら【藤原泰衡】 1155～89.9.3 奥州藤原氏四代当主。秀衡の次男、母は藤原基成の女。一一八七年(文治三)父の跡を継ぎ、陸奥・出羽両国の押領使となる。兄国衡・源義経とともに「三人一味」せよという父の遺言に反し、源頼朝の命に従い義経を討つ。その後、頼朝の大軍に攻められ、平泉を捨てて敗走。途中、肥内郡贄柵で家臣の河田次郎に殺された。首は源家の故実により眉間に八寸釘を打って柱にかけられ、のち中尊寺金色堂に納められた。

ふじわらのやすまさ【藤原保昌】 958～1036.9.- 平安中期の官人。致忠の子。母は元明親王の女。南家。和泉式部の夫。摂津国平井に住し、平井氏を名のった。藤原頼通の家司。一〇一三年(長和二)左馬権頭兼大和守。円融院判官代・丹後守・摂津守などを歴任。武勇をもって知られ、「今昔物語集」の盗賊袴垂との説話は著名。

ふじわらのゆきなり【藤原行成】 972～1027.12.4 「こうぜい」とも。平安中期の公卿。義孝の子。摂政伊尹の孫。母は源保光の女。祖父・父を幼時に亡くして昇進が遅れたが、九九五年(長徳元)蔵人頭となってからは一条天皇・藤原道長の信任厚く累進した。左中弁・右大弁をへて、一〇〇一年(長保三)参議、〇九年(寛弘六)権中納言、二〇年(寛仁四)権大納言。一条朝の四納言の一人に数えられる。能書家で三蹟と称され、世尊寺流の祖。真跡として「白氏詩巻」「消息」などが伝わる。日記「権記」は、政務手続きや一条天皇・道長との交渉をよく伝える。

ふじわらのよしお【藤原刷雄】 生没年不詳。奈良後期の官人。仲麻呂の六男。母は大伴犬養の女か。南家。七五二年(天平勝宝四)留学生として渡唐。帰国年次は不明だが、父仲麻呂の乱の処罰では、若年から禅行を修めたとして、その妻子のなかでただ一人死を免じられ隠岐に流された。七七二年(宝亀三)本位従五位下・本姓藤原朝臣に復し、のち但馬守・大学頭・陰陽頭などを歴任。鑑真や淡海三船とも交流があった。延慶や徳一との同一人説は誤り。また「さつお」と読んで仲麻呂の子薩雄と同人とする説もあるが、別人か。

ふじわらのよしこ【藤原吉子】 ?～807.11.12 桓武天皇の夫人。父は藤原是公。南家。七八三年(延暦二)夫人となり、伊予親王を生む。八〇七年(大同二)謀反の疑いで藤原仲成によって伊予親王とともに川原寺に幽閉され、飲食を絶たれた。母子は自殺したが、のちに祟りを恐れた政府によって復位・贈位された。

ふじわらのよしちか【藤原義懐】 957～1008.7.17 平安中期の公卿。摂政伊尹の子。母は代明親王の女恵子女王。姉懐子が冷泉天皇の女御として花山天皇を生み、みずからも外戚として関白頼忠にかわり花山朝の政務を担う。九八四年(永観二)八月花山即位にともない蔵人頭。九八五年(寛和元)九月参議、同一二月権中納言となる。翌年六月二三日、藤原兼家の企図により花山天皇が出家・退位においこまれると、翌日出家した。

ふじわらのよしつぐ【藤原良継】 716～777.9.18 奈良後期の公卿。宇合の次男。母は石上麻呂の女。式家。はじめ名を宿奈麻呂と称し、七七〇年(宝亀元)頃良継と改名。藤原広嗣の乱に連坐して伊豆国に配流。二年後に許され、七四六年(天平一八)従五位下に昇り、越前守・上総守などを歴任。藤原仲麻呂の専権に不平をもち、石上宅嗣・大伴家持と謀議をめぐらすが、もれて官位と姓を剝奪される。恵美押勝(仲麻呂)の乱では戦功をあげ、光仁天皇擁立にも功があり、参議・中納言・内臣をへて内大臣に至る。没後に正一位太政大臣を追贈される。

ふじわらのよしつね【藤原良経】 ⇨九条良経

ふじわらのよしのぶ【藤原能信】 995～1065.2.9 平安中・後期の公卿。藤原道長の子。母は源明子。少納言・蔵人頭・権中納言などをへて、一〇二一年(治安元)正二位権大納言。後見する女性の入内を競いあうなど異母兄の関白頼通と不仲だったため、以後官位は上らなかった。四五年(寛徳二)後冷泉天皇即位と同時に尊仁親王(後三条天皇)を皇太子におす。養女茂子と後三条との間の皇子が即位した(白河天皇)ため、七三年(延久五)外祖父として正一位太政大臣を追贈された。

ふじわらのよしふさ【藤原良房】 804～872.9.2 平安前期の公卿。藤原冬嗣の次男。母は藤原美都子(大庭女王とも)。白河殿・染殿と称される。諡号は忠仁公。嵯峨天皇に才能を認められ、皇女源潔姫と結婚。八三三年(天長一〇)仁明天皇の即位とともに蔵人頭。八三四年(承和元)参議。翌年、従三位権中納言となる。八四二年承和の変で藤原愛発にかわって大納言につき、妹順子が生んだ道康親王(文徳天皇)を皇太子に立てた。八四八年(嘉祥元)右大臣。八五〇年文徳天皇が即位すると、女明子の生んだ惟仁親王(清和天皇)を皇太子に立てる。八五七年(天安元)人臣としてははじめて生前に太政大臣となる。翌年清和の即位と同時に人臣最初の摂政になったともいうが、これは、八六六年(貞観八)の応天門の変に際して下された、「天下の政を摂行せよ」との勅に由来しており、清和即位時に後世と同じような摂政になったか否かは不明。死後は正一位を贈られ美濃国に封じられるなど、特別な待遇をうけた。後継者の基経は養子(兄長良の三男)。

ふじわらのよしみ【藤原良相】 813/817～867.10.10 西三条大臣とも。平安前期の公卿。藤原冬嗣の五男。母は藤原美都子。蔵人頭・参議・右大弁・左大弁を歴任して、八五一年(仁寿元)権中納言、八五四年(斉衡元)権大納言、八五七年(天安元)右大臣。以後、兄の太政大臣良房のもとで、政務運営の中心となる。また自費で延命院・崇親院をたて、藤原氏内の困窮者を扶養。八六六年(貞観八)の応天門炎上の際、左大臣源信にその罪をきせようとしたが、良房にはばまれた。

ふじわらのよしやす【藤原能保】 ⇨一条能保

ふじわらのよりただ【藤原頼忠】 924～989.6.26 三条太政大臣とも。平安中期の公卿。左大臣小野宮実頼の次男。母は左大臣藤原時平の女。子に公任・遵子(円融天皇皇后)・諟子(花山天皇女御)がある。諡号は廉義公。参議・中納言・権大納言をへて九七一年(天禄二)正三位右大臣。九七六年(貞元元)一上の宣旨をこうむる。翌年四月正二位左大臣、一〇月には藤原兼通が没し円融天皇の関白となる。九七八年(天元元)太政大臣。九八一年従一位。九八四年(永観二)に花山天皇が即位してからも関白にとどまるが、実権を藤原義懐に握られ公事には従わなかった。

ふじわらのよりつぐ【藤原頼嗣】 1239.11.21～56.9.25 鎌倉幕府五代将軍(在職一二四四・四・二八～五一・一二)。父は四代将軍藤原頼経。母は藤原親能の女。一二四四年(寛元二)父にかわって将軍となる。幼少の将軍で、実権はほとんど北条氏に握られていた。五一年(建長三)幕府への謀反事件が発覚し、父頼経の関与が疑われて将軍の地位を追われ、翌年京都に追放となる。

ふじわらのよりつね【藤原頼経】 1218.1.16～56.8.11 鎌倉幕府四代将軍(在職一二二六・一・二七～四四・四・二八)。父は九条道家。母は西園寺公経の女。寅の年、寅の月、寅の刻に生まれたので、幼名は三寅といった。三代将軍源実朝の横死後、幕府に将軍予定者として迎えられ、一二一九年(承久元)鎌倉へ赴いた。二五年(嘉禄元)北条政子が死去したことから元服し、翌年正式に将軍となった。成長にしたがい将軍権力の伸長をはかるようになったため、四四年(寛元二)執権北条経時に将軍職を子の頼嗣へ譲らされた。翌年出家。以後も大殿とよばれて一勢力を保ったが、四六年幕府への謀反事件に関連したとして、執権北条時頼により京都に追放された。

ふじわらのよりなが【藤原頼長】 1120.5.～56.7.14 宇治左大臣とも。平安後期の公卿。関白忠実の次男。母は藤原盛実の女。二三歳年長の異母兄忠通の子となるが、もっぱら実父忠実の後援で昇進を重ね、忠通と対立した。権中納言・権大納言をへて、一一三六年(保延二)内大臣、四九年(久安五)左大臣。五〇年には忠通にかわって氏長者となり、翌年内覧の宣旨をこうむる。政務に厳格で周囲からおそれられて「悪左府」の異名をとり、五五年(久寿二)の後白河天皇の即位を境に鳥羽法皇からも冷遇されて孤立。五六年(保元元)の鳥羽死去を機に、崇徳上皇とともに挙兵したが、敗死(保元の乱)。経書に通じ、合理的精神の持ち主として知られる。日記「台記」。

ふじわらのよりなり【藤原頼業】 生没年不詳。平安後期の歌人。為忠の子。母は橘大夫の女。従五位下で出家、法名は寂然、唯心房と号した。兄の寂念(為業)・寂超(為経)とともに、大原(常磐)の三寂とよばれる。西行と親しかった。「千載集」以下の勅撰集に約四八首入集。家集に「寂然法師集」と二種の「唯心房集」。ほかに釈教歌を集めた「法門百首」がある。

ふじわらのよりみち【藤原頼通】 992.1.～1074.2.2 宇治殿とも。平安中期の貴族。道長の長男。母は源倫子で教通・彰子らと同母。一〇〇三年(長保五)正五位下となり、累進して〇六年(寛弘三)正三位。一七年(寛仁元)内大臣となり、父に譲られ二六歳で摂政となる。翌々年父の出家後に関白。二一年(治安元)従一位左大臣。後一条・後朱雀・後冷泉朝に関白を勤め、荘園整理も行う。五二年(永承七)宇治別業を寺(平等院)とし、鳳凰堂を建立。六〇年(康平三)左大臣を辞すが翌年太政大臣。六四年氏長者を弟教通に譲り、六八年(治暦四)政界から引退して宇治に住んだ。

ふじわらのよりむね【藤原頼宗】 992/993～1065.2.3 平安中・後期の公卿。藤原道長の次男。母は源高明の女明子。道長の正妻源倫子が生んだ異母兄頼通とくらべて昇進が遅れた。一〇一四年(長和三)権中納言、二一年(治安元)権大納言。春宮大夫・右近衛大将などを兼ね、四七年(永承二)内大臣、六〇年(康平三)右大臣となる。家集「入道右大臣集」。

ふじわらほっけ【藤原北家】 ⇨北家

ふじわらまつさぶろう【藤原松三郎】 1881.2.14～1946.10.12 明治～昭和期の数学者。三重県出身。東大卒。ヨーロッパ留学後、一九一一年(明治四四)東北帝国大学教授。林鶴一らと「東北数学雑誌」を刊行。専攻は代数学・解析学で、幅広い研究を行う。晩年は和算の研究に力を注ぎ、「明治前日本数学史」五巻をまとめた。

ふじわらよしえ【藤原義江】 1898.12.5～1976.3.22 大正・昭和期のテノール歌手。山口県出身。父はイギリス人。一九一八年(大正七)浅草オペラに戸山英次郎の芸名で出演していたが、翌年イタリアに留学。二五年頃から国際的歌手として活躍。帰国後は山田耕筰の日本楽劇協会に出演。三四年(昭和九)藤原歌劇団を創立、以後数回にわたって海外公演を行った。彼の独特の歌いまわしは「藤原節」として親しまれた。イタリア、フランス両国政府から勲章をうける。四七年度芸術院賞受賞。

ブスケ ①**Albert Charles du Bousquet** 1837.3.25～82.6.18 フランスの軍人。西欧軍制の導入に寄与した明治政府の御雇外国人。一八六七年(慶応三)幕府招聘のフランス軍事教官団の一員として来日し、幕府倒壊後もフランス公使館付通訳として日本に留まった。七〇年(明治三)一一月兵部省兵式顧問、七一年一一月左院御雇、その後正院・元老院御雇にもなった。フランス式軍制の導入につとめ、とくに徴兵令制定に影響を与えた。

②**George Hilaire Bousquet** 1846.3.3～1937.1.15 フランスの法律家。一八七二年(明治五)日本初のフランス人法律顧問兼教師として招かれ、明法寮・司法省法学校で教えた。江藤新平による民法会議に参加し、民法草案を起草したが、採用されなかった。その他立法・司法組織につき建議し、区裁判所規則編纂にも参画した。七六年、契約満期となり帰国。

ふせいもんいん【敷政門院】 ?～1448.4.13 後崇光院(貞成親王)の妃。後花園天皇の母。名は幸子。父は庭田経有、母は飛鳥井雅冬の女。後花園のほか貞常・性恵・理延の三男と三女を生む。今参・二条局・南御方などとも称す。一四四八年(文安五)女院号を宣下され、一カ月後に没した。

ふせし【布施氏】 中世の武家。三善氏の一族。鎌倉時代は幕府奉行人を勤める家柄であったらしい。建武政権のもとで、道乗が雑訴決断所職員を勤めた。室町幕府成立後は代々、幕府の奉行人・評定衆などを勤め活躍。一五世紀半ば、貞基のとき、幕府奉行人筆頭の公人奉行に任じられ、のち評定始の式に列席しうる上位の式評定衆ともなった。その子英基は、応仁・文明の乱後の幕府衰退期に政所執事代となり、幕府の支柱として活躍したが、一四八五年(文明一七)奉公衆勢力と対立し殺された。

ふせしょうおう【布施松翁】 1725.12.22～84.7.7 江戸中期の心学者。名は矩道、通称は松葉屋伊右衛門、松翁は号。京都の呉服商の家に生まれ、家業のかたわら石田梅岩門人の富岡以直から心学を学び、手島堵庵の道友・門弟となり心学の普及に努めた。老荘の無為の影響をうけ、堪忍を諸徳の根源とした。著書「松翁道話」「松翁ひとり言」。

ふせたつじ【布施辰治】 1880.11.13～1953.9.13 大正・昭和期の弁護士・社会運動家。宮城県出身。明治法律学校卒。東京市電争議、亀戸事件、三・一五事件、四・一六事件などの弁護や人権擁護に尽力した。一九三二年(昭和七)司法当局の圧力により弁護士資格を剝奪されたが、第二次大戦後弁護士活動を再開。三鷹・松川事件の弁護などに関与し、自由法曹団の中心人物としても活躍。

ぶそん【蕪村】 1716～83.12.25 江戸中期の俳人。本姓谷口氏、のち与謝氏。摂津国東成郡毛馬村生れという。一七三八年(元文三)夜半亭巴人の歳旦帖に宰鳥号で初入集。四四年(延享元)宇都宮ではじめて歳旦帖を編む。五一年(宝暦元)秋京都に住むが、画業のため丹後国宮津・与謝地方や讃岐国に転住。七〇年(明和七)には夜半亭二世を継承。翌年歳旦帖「明和辛卯春」を刊行。七七年(安永六)「春風馬堤曲」「澱河歌」や、亡母追善の「新花つみ」を編述。八三年(天明三)暁台主催の芭蕉百回忌追遠興行を後援、同年冬京都で没した。大雅との競作「十便十宜図」をなすなど南画の大成者としても著名。句集「蕪村句集」「蕪村遺稿」。

ふたこれてる【布田惟暉】 1801～73.4.3 江戸末期の肥後国上益城郡矢部手永の惣庄屋兼代官。通称保之助。矢部郷南手八カ村の用水確保のため、笹原川の水を引く樋橋を計画。熊本藩の許可を得て一八五二年(嘉永五)工事着手、五四年(安政元)完成、五七年に通水。樋橋は通潤橋とよばれ、約九〇町歩の水田灌漑用水と二五〇戸の飲料水を供給したという。のち村人により記念碑が建立された。

ふたばていしめい【二葉亭四迷】 1864.2.3/28～1909.5.10 明治期の小説家・翻訳家。本名長谷川辰之助。江戸生れ。東京外国語学校露語科の東京商業への再編を機に中退し、文学に接近。坪内逍遥の知遇を得て、一八八六年(明治一九)ベリンスキーの文学理論に学んだ独自の写実理論「小説総論」を発表。ついで書かれた言文一致体の小説「浮雲」は、日本における最初のリアリズム小説で、ツルゲーネフ「猟人日記」の抄訳「あひゞき」などとともにのちの文学者たちに多大の影響を与えた。しかし、二葉亭自身は文学をみずからの天職とするにはなお懐疑的で、「其面影」「平凡」の発表後、関心はもっぱら外交や実業にむかい、「朝日新聞」の特派員としてロシアに赴任、船での帰途肺結核のためベンガル湾上で客死した。

ふたばやまさだじ【双葉山定次】 1912.2.9～68.12.16 昭和期の力士。大分県出身。一九二七年(昭和二)立浪部屋に入門。三六年大関、三七年三五代横綱となる。この間三六年一月から三九年一月までの七場所で六九連勝の大記録を達成した。四五年引退し、年寄時津風となる。五七年日本相撲協会理事長となった。

ふちこうざん【淵岡山】 1617～86.12.2 江戸前期の儒学者。名は惟元・宗誠、通称は四郎右衛門のち源右衛門もしくは源兵衛。陸奥国仙台生れ。旗本一尾氏に仕え、領知の近江に派遣された折に中江藤樹の名を聞き、一六四四年(正保元)入門。師の没後、京都に藤樹の祠堂と学館を建て、江戸や会津・大坂・熊本などに学を広めた。藤樹晩年の内省的傾向を伝え、以後の藤樹学派は宗教性を強めて展開した。著書「岡山先生示教録」。

プチャーチン Evfimii Vasilievich Putyatin 1804.11.7～83.10.16 ロシアの海軍将校・政治家。一八二二年海軍兵学校を卒業。三年間の世界周航演習後、海軍士官として数々の武勲をたて、四〇年代以降はおもに外交官として活躍。五二年通商開始と国境確定のため日本にむけ出発、五三年(嘉永六)長崎に来航した。クリミア戦争勃発により優勢なイギリス艦隊と交戦状態にあった困難な状況下で、五五年二月(安政元年一二月)下田で日露通好条約を締結した。アロー戦争処理のため中国に派遣され天津条約(一八五八)を結ぶが、その前後長崎に赴いて日露追加条約(一八五七)と日露修好通商条約(一八五八)を締結。帰国後海軍大将となり、文部大臣・国務顧問官を務めた。誠実な人柄や日本の国法を重んじる態度は幕府の役人にも好印象を残した。

ぶってつ【仏哲】 仏徹とも。生没年不詳。奈良時代の渡来僧。林邑国(インドシナ半島南東部)の出身。天竺(インド)僧の菩提僊那に従って唐におもむき、日本の入唐僧理鏡らの招請に応じて七三六年(天平八)に菩提僊那や唐僧の道璿らと来日。大安寺に住して菩薩・抜頭などの舞や林邑楽を伝えた。七五二年(天平勝宝四)の東大寺大仏開眼供養会でも雅楽の師として舞を伝授。多くの密教経典を将来したという。著書「悉曇章」。

ふつぬしのかみ【経津主神】 経津主命・布都主命・布都怒志命とも。「日本書紀」で天孫降臨に先だち、タケミカヅチとともに葦原中国平定に派遣された神。イザナキがカグツチを斬った際にしたたった血から化生した磐裂根裂神の孫。「古事記」にはみえない。また「出雲国造神賀詞」では天夷鳥命とともに派遣されたとする。フツは物を断ち切る擬声語で、刀剣の神。ヌシをもつ神名の成立は新しいといわれる。「肥前国風土記」に物部経津主之神とあり、本来物部氏に奉斎されていたか。「古語拾遺」は香取神宮の祭神と記す。

ぶてい【武帝】 前156～前87.2.14 前漢第七代の皇帝劉徹(在位前一四一～前八七)。充実してきた国力を背景に、内政では封国への統制を強めて皇帝の中央集権体制を確立し、外政では前一〇八年に衛氏朝鮮を滅ぼして楽浪等の四郡をおくなど、周辺諸国を平定して領土を拡大した。しかし連年の匈奴征討にともなう増税などで国内は疲弊した。

プティジャン Bernard Thadée Petitjean 1829.6.14～84.10.7 パリ外国宣教会宣教師・司教。一八六〇年(万延元)那覇に上陸、六三年(文久三)長崎で大浦天主堂の建立に協力するとともに、長崎奉行所語学所で教える。六五年(慶応元)天主堂で浦上のキリシタンを発見。浦上四番崩れのときキリシタンの釈放に奔走。南緯教区司牧。神学校の開設、キリシタン版の複製などに貢献し、長崎で没。

ふとたまのみこと【太玉命】 「古事記」では布刀玉命。記紀の神話でニニギの降臨にあたって随伴した五部神の一神。忌部氏の祖。アマテラスが天の石窟に籠もった際、アメノコヤネとともに祈禱した。「古語拾遺」はタカミムスヒの孫でニニギ・アメノオシヒと同母兄弟とし、また安房坐神社の祭神と記す。

ふなつたついちろう【船津辰一郎】 1873.8.9～1947.4.4 明治～昭和前期の外交官。佐賀県出身。一八九五年(明治二八)外務省留学生試験に合格後、陸軍省雇員となる。芝罘領事館書記生を皮切りに、九六年から一九二六年(昭和元)まで、アメリカ在勤の五年間を除けば書記官・総領事として中国各地に駐在。退官後、在華日本紡績同業会総務理事となり、日中戦争勃発直後、外務省に依頼され日華和平工作に奔走。四〇年から終戦まで上海特別市政府顧問を務めた。

ふなづでんじべい【船津伝次平】 1832.11.1～98.6.15 明治期の篤農・農業指導者。上野国の農家に生まれ、幕末期に植林事業に名主として尽力。維新後熊谷県に登用されて養蚕の普及に努めたことが認められ、一八七七年(明治一〇)内務省御用掛となり、駒場農学校の農場を担当して実習指導と農業の講義にあたった。のち農商務省農務局をへて農事試験場技師となった。その間巡回教師として全国の農談会などに招かれ、農事改良の指導に努めた。著書「養蚕の教」「稲作小言」。

ふなどおう【道祖王】 ?～757.7.- 天武天皇の孫で、新田部親王の子。塩焼王の弟。七三七年(天平九)従四位下に叙せられ、散位頭・中務卿などを勤めた。七五六年(天平勝宝八)聖武太上天皇の遺詔により皇太子となったが、翌年太上天皇の喪中に不謹慎な振舞いが多く、諫めても改めなかったとして孝謙天皇に皇太子を廃された。さらにこの年、橘奈良麻呂の乱に関与したとして捕らえられ、拷問されて死んだ。

ふなはしけ【舟橋家】 清原氏の嫡流。天武天皇の皇子舎人親王の孫小倉王の裔。明経道の家。はじめ高倉を称したが、一六〇一年（慶長六）秀賢のとき家号を舟橋とした。家格は半家。家禄は四〇〇石。秀賢は「慶長日件録」の記主でもあり、明経博士に任じられた。以後代々多くが明経博士になる。親賢は竹内式部の門下で、宝暦事件後の一七六一年（宝暦一一）位記を返上した。維新後、遂賢のとき子爵。

ふなはしせいいち【舟橋聖一】 1904.12.25～76.1.13 昭和期の小説家・劇作家。東京都出身。東大卒。一九三三年（昭和八）創刊の「行動」の同人となり、翌年「ダイヴィング」を発表、行動主義を提唱して文壇の注目を集めた。第二次大戦後は「雪夫人絵図」「ある女の遠景」をはじめとする愛欲文学に独自の境地をみせた。

ふなはしひでかた【舟橋秀賢】 1575～1614.6.28 織豊期～江戸初期の公家。舟橋家初代。清原国賢の子。式部大丞・明経博士・式部少輔などを歴任、後陽成・後水尾両天皇の侍読も勤める。漢文学・連歌に通じ、活版印刷にも詳しく「古文孝経」「式目仮名抄」などの出版にあたる。日記「慶長日件録」がある。

ふなもとあきさだ【船本顕定】 生没年不詳。近世初期の朱印船貿易家。通称弥七郎。肥前国長崎外浦町に居住。一六〇四～二〇年（慶長九～元和六）に一一回の朱印船派遣が確認される。渡航地は交趾・カンボジアなど。交趾の安南大都統瑞国公阮潢は彼を重用して養子の待遇を与え、渡航日本人の取締りにあたらせるよう幕府に要請した。

ぶねい【武寧】 1356～1406 琉球国中山王（在位一三九六～一四〇五）。察度王の子。一三九六年即位し、明国との貿易を積極的に進めた。一年二貢あるいは三貢の割合で交易船を派遣し、一四〇六年には石達魯ら官生六人を送った。同年佐敷按司尚巴志により滅ぼされ、武寧の名は「明実録」から消える。浦添城を拠点に活動したとみられる。

ぶねいおう【武寧王】 462～523.5.7 百済の王（在位五〇一～五二三）。諱は斯麻（斯摩）。中国史書では余隆。「三国史記」では東城王（末多）の次男とするが、「日本書紀」では「百済新撰」にもとづいて、蓋鹵王の弟昆支が王の妃を妻として日本に行く途中、妻が王の子を筑紫で生んだものとする。日本の支持により加羅の己汶・滞沙を領有し、日本に五経博士を派遣している。一九七一年、韓国公州で未盗掘の陵が発掘され、墓誌が出土した。

ふねうじ【船氏】 王辰爾を祖とする百済系渡来氏族。「日本書紀」欽明一四年七月条によれば、王辰爾を船長として船賦（船に関する税）を数え記録させたことにより、船史の氏姓を賜ったという。六八三年（天武一二）一〇月に連姓を賜り、七九一年（延暦一〇）一月に宮原宿禰に改姓した。河内国丹比郡野中郷を本拠とし、野中寺は氏寺である。

ふねおう【船王】 生没年不詳。舎人親王の子。七二七年（神亀四）無位から従四位下に叙された。七五七年（天平宝字元）の皇太子選定の会議では「閨房修まらず」として候補から外されたが、以後、藤原仲麻呂のもとで優遇され、同年の橘奈良麻呂の変では尋問の役を務め、首謀者を刑死させた。弟の淳仁天皇が即位すると親王とされたが、七六四年、恵美押勝（仲麻呂）の乱に連坐。諸王に下されて隠岐国に配流され、以後も許されなかった。

ふねのえさか【船恵尺】 恵釈とも。生没年不詳。七世紀半ばの河内国丹比郡の人。船氏の祖王辰爾の子または孫。僧道昭の父。「日本書紀」によれば、六四五年（大化元）六月、中大兄皇子らに蘇我入鹿が殺された際、入鹿の父蝦夷は自害にのぞんで「天皇記」「国記」などをすべて焼いた。このとき恵尺は火中から「国記」をとりだし、中大兄皇子に献じた。「続日本紀」文武四年（七〇〇）三月条の道昭の卒伝によれば、恵尺の冠位は小錦下。

ふねのふひと【船史】 ⇨船氏

フビライ Hubilie 1215.8.28～94.1.22 クビライとも。中国の元の初代皇帝（在位一二六〇～九四）。モンゴル帝国五代ハン（汗）にあたる。漢字表記は忽必烈。廟号は世祖。チンギス・ハンの末子トゥルイの三男。四代ハンのモンケ（憲宗）の弟。モンケを助け中国の征服に従い、大理国（雲南）・チベットなどを征服。一二五九年モンケが没すると、翌年帝位につく。六七年大都（現、北京）に遷都し、七一年国号を大元とする。七九年南宋を滅ぼし、中国の統一を完成。高麗を属国とし、日本や東南アジアを攻めて服属を要求。日本に対しては一二六八年（文永五）以降、再三使節を送り服属を要求するが拒絶され、七四年の文永の役、八一年（弘安四）の弘安の役で東征軍を派遣したが失敗。

ふみうじ【文氏】 書氏とも。(1)西文氏とも。応神朝に来朝したと伝える王仁を祖とする氏族。「新撰姓氏録」左京諸蕃上所載。(2)東文氏とも。応神朝に来朝したと伝える阿知使主を祖とする氏族。「新撰姓氏録」右京諸蕃上所載。(1)(2)は東西史部と並称された。

ふみのねまろ【文根麻呂】 ?～707.9.21 根摩呂・尼麻呂・禰麻呂とも。七世紀後半～八世紀初めの人。壬申の乱の功臣。はじめ書首、のち文忌寸。六七二年（天武元）大海人皇子の舎人として挙兵に従い、村国男依らとともに数万の兵を率いて不破から近江へ進攻した。功により封一〇〇戸を賜った。七〇七年(慶雲四)九月に従四位下・左衛士督で没。のち正四位上を追贈。「壬申年将軍」と刻んだ墓誌が出土。

ふみのはかせ【文博勢】 生没年不詳。史博勢・史博士とも。七世紀末の官人。六九五年(持統九)三月多禰(種子島)に派遣され、島内を調査。時に務広弐。六九八年(文武二)四月には国覓使として戎器を賜り南島(南西諸島)へ派遣され、翌年一一月帰還。同年七月の多褹(種子島)・夜久(屋久島)・菴美(奄美大島)・度感(徳之島)の朝貢は、博勢らの活動の成果と考えられる。

ブラウン Nathan Brown 1807.6.22～86.1.1 アメリカのバプティスト派宣教師。インドの奥地で伝道後、一八七三年(明治六)バプティスト宣教連合の宣教師として横浜に来航、山手に横浜第一浸礼教会を創立。大衆のための新約聖書『志無也久世無志与』を独力で刊行。また賛美歌の和訳にも早くから着手した。横浜で没。

ブラウン Samuel Robbins Brown 1810.6.16～80.6.20 アメリカのオランダ改革派教会宣教師。中国伝道後一八五九年(安政六)来日、幕府の横浜英学所・横浜修文館で教え、七三年(明治六)横浜山手にブラウン塾を開き、超教派志向の横浜バンドとよばれる青年たちを育成した。のち東京築地の東京一致神学校に合流。また新約聖書翻訳委員長を務めた。七九年帰国。

ブラキストン ⇩ブレーキストン

ぶらくもんいん【豊楽門院】 1464～1535.1.11 後柏原天皇の妃。後奈良天皇の母。名は藤子。父は勧修寺教秀、母は飛鳥井雅永の女。後奈良のほか尊鎮法親王と一皇女を生む。一五二六年(大永六)後柏原天皇の没後、落飾。後奈良天皇の践祚後、従三位に叙され、准三宮宣下をうけた。没後女院号を贈られた。

ブラック John Reddie Black 1827.1.8～80.6.11 幕末・維新期に来日したイギリス人。スコットランド出身。一八六七年(慶応三)「ジャパン・ガゼット」を横浜で、七二年(明治五)三月「日新真事誌」を東京で創刊。

フランシスコ・デ・サンタ・マリア Francisco de Santa Maria ?～1627.7.7 スペイン人フランシスコ会宣教師。日本語に熟達し、マニラ近郊で日本人に布教。一六二三年(元和九)元和大殉教後の日本に潜入し、ディエゴ・デ・サン・フランシスコの指示で長崎周辺を巡回。二七年(寛永四)訴人により捕らえられ、長崎で火刑により殉教。

フランシスコ・デ・ヘスース Francisco de Jesús 1590.6.2～1632.7.19 スペイン生れのアウグスチノ会宣教師。一六二三年(元和九)アウグスチノ会日本教区管区長代理の資格で潜入し、長崎で日本語を学んだ。二六年(寛永三)フランシスコ会士らに協力し、出羽国米沢地方を中心に活躍。二八年長崎に戻り、翌年捕らえられた。三一年雲仙で拷問をうけ、翌年長崎で殉教。

ブラント Max August Scipio von Brandt 1835.10.8～1920 ドイツの外交官。一八六一年一月(万延元年一二月)東アジア遠征隊オイレンブルク公使による日普修好通商条約の締結に随行。六三年一月(文久二年一一月)初代駐日領事として横浜に着任。のち代理公使。六九年(明治二)北ドイツ連邦代理公使として日本とオーストリア・ハンガリー帝国との修好通商航海条約締結にあたり、イギリス公使らと包括的な不平等条約の完成に努めた。

フリース Maerten Gerritsz de Vries ?～1647.4.- オランダ人航海家。一六二二年東インドへ来着。のち船長となり四〇年マラッカ攻略に参加。総督の命により四三年、第二回金銀島探検航海の司令官としてカストリクム号で出帆。暴風のため僚船ブレスケンス号と離れ北上し、アイヌと接触、北緯四八度五四分に達して帰航。四六年からのマニラ攻略に出撃中に死亡。

ブリュナ Paul Brunat 1840.6.30～1908 明治初年の御雇外国人技師。南フランスに生まれ、リヨンの絹問屋に勤め、一八六九年(明治二)横浜のオランダ八番館生糸検査技師として来日。翌年から富岡製糸場建設のため、フランス式機械の注文・据付けなど、初期の経営にあたった。七五年末離日し、以後上海で製糸工場建設や生糸仲買を営む。

ブリュネ Jules Brunet 1838.1.2～1911.8.12 フランスの陸軍軍人。幕末期に来日したフランス軍事顧問団の副団長。幕府崩壊後、軍事顧問団も契約をとかれたが、一八六八年(明治元)仲間数人と榎本武揚軍に加わり、箱館五稜郭で政府軍と交戦。陥落直前フランス軍艦で脱出し、サイゴン経由で帰国。その後予備役となり、七〇年現役復帰した。九八年、陸軍大臣となった元顧問団長のシャノアーヌのもとで官房長官に任命された。

ブリンクリー Francis(Frank) Brinkley 1841.11.9～1912.10.28 イギリスの海軍軍人・ジャーナリスト。一八六七年(慶応三)来日して海軍砲術学校・工部大学校などで砲術・数学を教えた。八一年(明治一四)に「ジャパン・メイル」紙の経営者兼主筆、九二年に「ロンドン・タイムズ」東京通信員となり、日本の紹介に努めた。

ふるいちこうい【古市公威】 1854.閏7.21～1934.1.28 明治・大正期の土木工学者。江戸生れ。一八七五年(明治八)フランスに留学。エコール・サントラル工業大学卒。帰国後内務省土木局に勤務。帝国大学工科大学教授兼学長。八八年初の工学博士。内務省土木局の技師・局長として全国の河川治水・港湾修築にたずさわり、土木関係の法規の整備にあたった。土木工業界の最高指導者として活躍。土木学会会長・理化学研究所所長・朝鮮総監府鉄道管理局長官・日仏文化会館理事長などを歴任。貴族院議員。

ふるいちし【古市氏】 中世大和国の国人・戦国大名。本姓清原氏。興福寺衆徒(しゅと)、大乗院領福島市(ふくしまのいち)などの下司。本拠は奈良東郊の古市城（現、奈良市）。南北朝期から大乗院方衆徒として台頭。一五世紀半ば澄胤(ちょういん)が出て、応仁・文明の乱の混乱に乗じて勢力を拡大。南大和の越智(おち)氏と結び、北大和の筒井(つつい)氏を圧倒。筒井氏に代わり、衆徒の棟梁である官符職を得て大和国の一大勢力となる。筒井氏らの反撃をうけ澄胤が敗死したのち衰退。

ふるいちちょういん【古市澄胤】 1452～1508.7.25 戦国期の武将。胤仙(いんせん)の次男。大和国生れ。興福寺衆徒。播磨律師。はじめ興福寺発心院に入り倫観房と称す。一四七五年(文明七)兄胤栄(いんえい)を隠居させて家督を継承。以後、越智氏と結んで筒井氏を圧倒する。九三年(明応二)伊勢貞陸(さだみち)のもとで守護代として南山城に入り、国一揆を鎮圧した。のち細川政元の武将赤沢宗益の大和侵攻に協力。一五〇八年(永正五)には細川澄元の武将赤沢長経に属して河内国高屋城に畠山尚順(ひさのぶ)を攻めて敗走、戦死した。

ふるかわいちべえ【古河市兵衛】 1832.3.16～1903.4.5 明治期の実業家・鉱業家。京都岡崎の商人木村長右衛門の次男。小野組糸店の手代古河太郎左衛門の養子になり古河市兵衛を名のる。小野組に勤め、生糸貿易でその才能をみせたが、小野組が破産したため独立。渋沢栄一らの援助で鉱山経営にのりだし、一八七七年(明治一〇)足尾銅山を取得すると積極的に洋式技術を導入し、日本最大の銅山に育てた。官営の院内・阿仁両鉱山の払下げをうけるなど鉱山業を拡大し、銅山王とよばれた。しかし足尾銅山鉱毒事件をひきおこし、経営が難局を迎えるなかで没した。

ふるかわうじきよ【古川氏清】 1758～1820.6.11 江戸後期の数学者・旗本。通称吉次郎・吉之助、字は珺璋、号は不求。晩年勘定奉行となる。関川美郷・安井信名・栗田安之に学ぶ。自分の流派を三和一致流、のちに至誠賛化流といい、多くの数学者を育てる。古川の塾では毎回問題を出しあい、競いあった。子の氏一、孫の氏朝も数学者。

ふるかわこしょうけん【古川古松軒】 1726.8.-～1807.11.10 江戸中・後期の地理学者。備中国生れ。名は辰・正辰、通称は平次兵衛、古松軒は号。全国各地の社会経済状態を比較検討した。一七七五年(安永四)山陽道から九州各地を旅行、「西遊雑記」を著す。八七年(天明七)幕府巡見使に随行して東北各地・蝦夷地を旅し「東遊雑記」を著す。八九年(寛政元)老中松平定信に武蔵国の地誌調査・地図校訂を嘱され、九四年「四神地名録」として報告した。

ふるかわぜんべえ【古河善兵衛】 1576～1637 江戸前期の水利功労者。米沢藩士。福島奉行兼郡代。父は小笠原重成。諱は重吉。信濃国塩崎生れ。武田氏滅亡後上杉氏に仕える。元和年間から陸奥国伊達郡西根郷の丘陵地に上堰の開削を計画、延長約八里、二五カ村・約六六〇町歩を灌漑した。一六三七年(寛永一四)中村藩領との境界争いで西根郷支配の佐藤新右衛門と対立、評定の場で相討ちで死んだといわれる。

ふるかわたしろう【古河太四郎】 1845.2.20～1907.12.26 明治期の障害児教育者。京都生れ。明治維新前は兄の家塾で教え、志士として活動する。維新後、京都で郷学(のちの小学校)教員となる。一八七三年(明治六)頃から聾唖教育にたずさわり、のち手話を基礎とした教育法を考案する。七八年日本最初の盲唖院を設立、翌年府立となり院長に就任。八九年同校が市立となった際に退職。一九〇〇年新設の私立大阪盲唖院院長となり、障害者の教育に尽力した。

ふるかわろっぱ【古川緑波】 1903.8.13～61.1.16 昭和期の俳優。東京都出身。本名郁郎。加藤照麿男爵の六男で古川家の養子となる。映画批評や声帯模写から俳優に転じ、一九三三年(昭和八)喜劇団「笑の王国」に参加、ユーモアと機知に富むモダン喜劇をめざした。代表作は三五年の舞台「歌う弥次喜多」「ガラマサどん」、五一年のNHKラジオ「さくらんぼ大将」。

ふるこおりまごだゆう【古郡孫大夫】 1599～1664.閏5.22 江戸前期の治水家・新田開発者。名は重政。徳川家康に仕え、駿河国富士郡下で代官となる。一六二四年(寛永元)徳川忠長に付属し、二七年富士川下流域の開発に着手したが忠長の失脚により中断。再び御家人となり、四〇年開発を続行、富士川の乱流を一つにし河道の方向をかえる雁(かりがね)堤を考案した。事業は子重年に引き継がれ、七四年(延宝二)完成。

ふるさわしげる【古沢滋】 1847.1.11～1911.12.22 幕末～明治期の高知藩士・政治家。名は迂郎(うろう)とも称する。土佐国生れ。勤王運動で捕らえられ、王政復古で赦免後、政府にイギリス留学を命じられ政治学を修得して帰国。明治六年の政変で下野した板垣退助の依頼で民撰議院設立建白書を起草。一八七五年(明治八)官界に転じて元老院・太政官の大書記官を務め八〇年退官。板垣外遊問題後の「自由新聞」主筆として、イギリス流立憲議会主義を主張。八六年官界に復帰し、内務省参事官、奈良・山口両県知事を歴任し、貴族院議員を務めた。

ふるしまとしお【古島敏雄】 1912.4.14～95.8.29

農業史家。長野県出身。東大卒。一九三八年(昭和一三)東京帝国大学農学部講師、四八年東京大学助教授、五九年同教授、翌年一橋大学教授併任。定年後の七三年から一〇年間専修大学教授。「近世日本農業の構造」「日本農学史」など、実証的農業史研究をつぎつぎと発表するとともに、多くの実証的共同研究を組織した。「古島敏雄著作集」全一〇巻。

ブルース ⇨エルギン

ふるたおりべ【古田織部】 1544?～1615.6.11 織豊期の大名茶人。美濃国生れ。名は重然(しげなり)。千利休の高弟で七哲の一人。はじめ織田信長に仕え、のち豊臣秀吉に従って諸戦に活躍。一五八五年(天正一三)従五位下織部正に叙任され、ついで山城国西岡に三万五〇〇〇石の知行をえた。二代将軍徳川秀忠の茶道指南役として名をはせた。武家好みの動的で、豪壮・華麗、斬新な感覚で多くの作品をうみ、茶道を大きく改革。茶室には猿面茶室・八窓庵・燕庵があり、茶器は沓形茶碗・餓鬼腹茶碗・織部形伊賀水指などがある。大坂夏の陣で、豊臣方への内通の嫌疑をかけられ切腹。

ふるたしげかつ【古田重勝】 1560～1606.6.16 織豊期～江戸初期の武将・大名。伊勢国松坂藩主。兵部少輔。はじめ豊臣秀吉に仕え小田原攻めに従う。文禄の役では朝鮮に渡り首級をあげた。一五九五年(文禄四)伊勢国で三万五〇〇〇石を与えられた。一六〇〇年(慶長五)関ケ原の戦では東軍に属し、富田信高の守る伊勢国津城に援軍を送るなどの功で、戦後五万五〇〇〇石に加増された。

ふるたりょういち【古田良一】 1893.11.7～1967.7.12 大正・昭和期の歴史学者。愛知県の廻船問屋に生まれる。京大卒。大学で内田銀蔵に師事し、「神戸市史」編纂員をへて、一九二三年(大正一二)東北帝国大学助教授、二九年(昭和四)同教授。日本海運史を専門とし、東廻海運・西廻海運の研究にあたる。東北地方の歴史学振興にも努め、「宮城県史」「仙台市史」などを編纂。著書「東廻海運及び西廻海運の研究」。

ブルック John Mercer Brooke 1826.12.18～1906.12.14 アメリカの海軍軍人・科学者。一八五九年(安政六)測量船フェニモア・クーパー号艦長としてサンフランシスコから香港までの航路調査後、横浜に入港。同船の難破により横浜に滞在していたが、遣米使節の別艦派遣に際して助言を与え、六〇年(万延元)部下とともに咸臨丸に同乗して帰国。咸臨丸での日本人初の太平洋横断の成功はブルックらの貢献によるところが大きい。

ブルーノ・タウト ⇨タウト

ふるはしげんろくろう【古橋源六郎】 1850.11.28～1909.11.13 明治期の農業指導者。三河国設楽(したら)郡稲橋村の名主の家に生まれ、父は六代目源六郎暉児(てるのり)。諱は義真。維新後北設楽郡長・東加茂郡長などを務める一方、植林・養蚕・製茶を奨励し、みずから茶の種子を買って農家に配布。貯金奨励なども行い、三河国農会・北設楽郡報徳会・全国農事会などの創立に尽力。

ふるはしてるのり【古橋暉児】 1813.3.23～92.12.24 幕末～明治前期の三河の豪農・志士。幼名唯四郎。家督相続後六代源六郎。暉児は諱。俳号笑山。三河国設楽(したら)郡稲橋村生れ。一八三一年(天保二)に家政を改革、また稲橋村と周辺各村の名主としてその復興につくす。幕末、平田国学を学び尊王攘夷運動に参加。維新後は地域の殖産興業と自力更生運動を指導、天下の三老農と称された。

ふるはたたねもと【古畑種基】 1891.6.15～1975.5.6 大正・昭和期の法医学者。三重県出身。東大卒。東京帝国大学・東京医科歯科大学教授。警察庁科学警察研究所所長。法医学・血清医学の権威。血液遺伝で三対立遺伝子説を唱えた。一九四九年(昭和二四)の下山事件で他殺説を主張。平泉(ひらいずみ)の藤原三代のミイラから血液型と指紋を検出。五六年文化勲章受章。

ふるひとのおおえのみこ【古人大兄皇子】 ?～645.9.? 古人大市(おおち)皇子・吉野太子とも。舒明天皇の皇子。母は蘇我馬子(そがのうまこ)の女法提郎女(ほほてのいらつめ)。六四五年(大化元)乙巳(いっし)の変で蘇我蝦夷(えみし)・入鹿(いるか)父子が殺された後、皇極天皇の譲位をうけて皇位につくことを勧められたが固辞し、出家して吉野に隠退した。しかし同年、謀反を企てたとして中大兄(なかのおおえ)皇子(天智天皇)に攻め殺された。

フルベッキ Guido Herman Fridolin Verbeck 1830.1.23～98.3.10 アメリカのオランダ改革派教会宣教師。英語読みはバーベック。オランダに生まれ、アメリカの神学校を卒業。一八五九年(安政六)長崎に来航、幕府の済美(せいび)館、佐賀藩の致遠(ちえん)館で大隈重信らを教え、新政府の開成学校教頭に就任。七五年(明治八)以降は伝道に従事し、聖書翻訳にもあたり、明治学院教授を務めた。東京で没。

ブレーキストン Thomas Wright Blakiston 1832.12.27～91.10.15 ブラキストンとも。イギリスの実業家・動物学者。ハンプシャー生れ。陸軍大学卒。一八六二年(文久二)箱館にきて、貿易に従事。気象観測や鳥の採集調査を行い、本州と北海道では鳥の種類が異なることから、八〇年(明治一三)津軽海峡が生物境界線(ブレーキストン線)であると提唱。八四年に帰国後渡米し、カリフォルニアで死去。

ぶれつてんのう【武烈天皇】 記紀系譜上の第二五代天皇。五世紀末頃の在位という。小泊瀬稚鷦鷯(おはつせのわかさざき)天皇と称する。仁賢天皇の皇子。母は雄略天皇の女春日大娘(かすがのおおいらつめ)皇女。「日本書紀」所伝では仁賢死後、平群真鳥臣が武烈天皇のためと偽って宮を造り、また物部麁鹿火大連の女影媛を得ようとしたところ、真鳥の息子鮪に姦されたことを知り、大伴金村連に兵をおこさせ、この親子を討った。泊瀬列城に壇場を設けて即位し、ここを宮にしたという。春日娘子を皇后としたが子ができず、皇位継承者が皆無となった。妊婦の腹を裂いて胎児をみたり、人をいたずらに殺すなど、暴虐な性格の持ち主として描かれる。

フロイス Luis Frois 1532～97.5.24 ポルトガル人イエズス会宣教師。ポルトガルのリスボンに生まれ、一五四八年同地でイエズス会に入会。同年ゴアでザビエルと日本人ヤジロウに出会う。六三年(永禄六)来日、肥前国横瀬浦に上陸し、度島、平戸・口之津をへて上京。六五年正親町天皇の綸旨により京都から追放。六八年織田信長が入京すると、翌年上京。信長と対面し、以後親交を重ねた。同年、朝山日乗を宗論で論破。その後、豊後国に転じ、八一年(天正九)巡察師バリニャーノの通訳として上京、信長から歓迎をうけた。八六年準管区長コエリョの通訳として大坂に赴き、豊臣秀吉に謁見。翌年バテレン追放令により平戸に赴き、西九州にとどまる。長崎で没。語学・文筆の才能に優れ、多くの通信文を残し、「日本史」「日欧風習対照覚書」「日本二十六聖人殉教記」を著した。

ブローエル Hendrick Brouwer 1580?～1643.8.7 ブラウエルとも。江戸初期の平戸オランダ商館長・東インド総督。一六一二年(慶長一七)上級商務員として平戸に来着し、江戸・駿府へ参府。一二～一四年商館長を勤めた。一五年の帰国後は一七年東インド会社のアムステルダム理事、三二～三六年東インド総督を勤め、四一年西インド総督に任じられ、チリで病没。

ブロンホフ Jan Cock Blomhoff 1779.8.5～1853.10.13 江戸後期の長崎オランダ商館長。アムステルダム生れ。軍人として働いた後、一八〇九年(文化六)長崎来着、一三年まで荷倉役。当時本国はイギリスと交戦中で、ジャワを占領したイギリス東インド会社のラッフルズは長崎出島の商館も接収しようと派船。ブロンホフは交渉のためジャワへ派遣されたが、捕虜としてイギリスへ送られた。帰国後一七年商館長として日本に再来、二三年(文政六)まで勤めた。大名・蘭学者・通詞などと交際が広く、交換した書簡などが残る。アーメルスフォールトで没。

ふわかずえもん【不破数右衛門】 1670～1703.2.4 一七〇二年(元禄一五)の赤穂事件で、吉良義央邸に討ち入った浪士の一人。名は正種。もと赤穂藩馬廻。藩主浅野長矩が刃傷事件をおこし自刃を命じられたときは牢人の身であったが、大石良雄に願い出て吉良邸襲撃に加わった。討入り後、松山藩久松松平家上屋敷に預けられ、翌年幕命により自刃。

ふわないしんのう【不破内親王】 生没年不詳。塩焼王(氷上塩焼)の室。聖武天皇の皇女。母は県犬養広刀自。七六九年(神護景雲三)子の氷上志計志麻呂を皇位につけるために県犬養姉女らと共謀して称徳天皇を呪詛したことが発覚し、厨真人厨女と改名のうえ京外に追放された。七七二年(宝亀三)許されて皇籍に復し、四品をへて七八一年(天応元)二品に昇る。七八二年(延暦元)子の氷上川継の謀反事件に連坐して淡路国に配流され、七九五年に和泉国に移されたが、まもなく没したらしい。

ふわばんざえもん【不破伴左衛門】 歌舞伎「不破」の主人公。豊臣秀次の小姓の不破万作がモデルとされる。延宝年間の江戸の土佐浄瑠璃「名古屋山三郎」や、市村座の歌舞伎「遊女論」に源流がみられる。遊女葛城をめぐって名古屋山三郎と争い、最後に討たれる役柄。一六九七年(元禄一〇)江戸中村座の「参会名護屋」初演の、山三郎と不破の「鞘当」の場が有名になり、不破役の初世市川団十郎の荒事芸の一つとして定着した。

ぶんえいせいかん【文英清韓】 1568～1621.3.25 江戸初期の臨済宗の禅僧。諱は清韓、字は文英。不放子とも号す。俗名は中尾重忠。伊勢国生れ。出家して文禄の役で加藤清正に従って朝鮮に渡る。一六〇〇年(慶長五)に京都東福寺、ついで南禅寺の長老となる。碩学で漢詩文を得意とし、一四年に京都方広寺の鐘銘を作ったが、これが大坂冬の陣のきっかけとなった。

ぶんこうどう【文耕堂】 生没年不詳。江戸中期の浄瑠璃作者。本名松田和吉。近松門左衛門の門弟といわれ、一七二〇年(享保五)頃から大坂竹本座の浄瑠璃を書いた。作者として二五作の浄瑠璃に名を連ねるが、単独作は六作で、長谷川千四・初世竹田出雲・三好松洛らとの合作が多い。近松没後の竹本座の立作者として活躍。享保期後半、一時歌舞伎の作者に転じていたが、晩年は浄瑠璃作者に専念する。竹本座直系の古風な理想主義的作風。

ぶんしげんしょう【文之玄昌】 1555～1620.9.30 織豊期～江戸初期に文筆で活躍した臨済僧。号は南浦・懶雲など。日向国生れ。幼時に仏門に入り、桂庵玄樹の孫弟子一翁玄心に学ぶ。章句訓詁に通じ、その文才が京都にも聞こえ、一五歳で上洛し東福寺竜吟庵煕春の門に入る。のち郷里に帰り、領主島津義久・同義弘に請われて諸寺を歴住し、また明・琉球との外交文書作成にたずさわった。桂庵の訓点を改訂した「四書集注」は文之点として尊重され、著書「鉄炮記」は欧人の初来航を伝える貴重な記録。

ぶんせい【文清】 生没年不詳。室町時代の画家。

大徳寺に縁のある画家とみられる。大徳寺養叟宗頤自賛の頂相(一四五二)や、存耕祖黙賛「維摩居士図」(一四五七)などの人物画のほか、平遠形式による独特の山水画を残す。画風には李朝絵画の影響が認められ、朝鮮からの渡来画人との見方も強い。

ぶんぞう【文蔵】 生没年不詳。南北朝期～室町中期の能面作家。十作の一人。女面に優れたと伝える。世阿弥晩年の「申楽談儀」には、越前国の面打として小牛の前にあげられており、一四世紀頃に活躍したとみられる。経歴には不明な点が多い。

ぶんちじょおう【文智女王】 1619.6.20～97.1.13 円照寺開山。後水尾天皇の第一皇女。母は四辻公遠の女与津子(明鏡院)。幼称梅宮。兄賀茂宮の出生とあわせ、徳川和子入内を目前にした幕府と朝廷の間に紛議を生じる一因となった。一六三一年(寛永八)鷹司教平に嫁すが、離婚。四〇年八月禅僧一糸文守について得度し、大通文智と称した。翌年洛北修学院に庵室(円照寺)を設け、五六年(明暦二)これを大和国八島村(現、奈良市八島町)、六九年(寛文九)さらに同国山村(現、奈良市山村町)に移転した。

ぶんぶおう【文武王】 ?～681.7.1 新羅国王(在位六六一～六八一)。武烈王(金春秋)の子。名は法敏。母は金庾信の妹。六六〇年、唐の百済討滅戦に庾信らと参加。六六一年即位。当初は親唐政策をとり、鶏林州大都督に任じられたが、六六八年に高句麗が滅亡した後は唐と対立。高句麗復興軍を援助して唐軍と戦い、六七一年に百済旧領を、六七六年に高句麗旧領の一部を支配し、三国統一を達成した。

ふんやうじ【文室氏】 文屋氏とも。天武天皇の皇子長親王の後裔氏族。真人姓、のち朝臣姓。七五二年(天平勝宝四)智努王・大市王が賜姓される。ほかに七七二年(宝亀三)長谷於保が改賜姓されており、長親王以外の複数の系統がある。坂上田村麻呂以前の征夷事業にたずさわった大原、胆沢城・斯波城に拠って東北経営にあたり中納言に至った綿麻呂、承和の変に連坐した参議秋津、六歌仙の一人文屋康秀らがいる。

ふんやのおおち【文室大市】 704～780.11.28 邑珍とも。奈良時代の皇親。天武天皇の孫。長皇子の七男。もと大市王。七三九年(天平一一)従四位下に叙され、刑部卿・民部卿などを歴任。七五二年(天平勝宝四)文室真人姓を賜り臣籍にくだる。七六五年(天平神護元)従三位に昇り、参議・中納言をへて、七七一年(宝亀二)大納言。七七四年致仕。皇位継承をめぐる混乱のため出家して保身を図ったという。

ふんやのきよみ【文室浄三】 693～770.10.9 奈良時代の皇親。天武天皇の孫。長皇子の子。もと智努王。七一七年(養老元)従四位下に叙され、造宮卿などを歴任。七五二年(天平勝宝四)文室真人姓を賜って臣籍にくだり、七六一年(天平宝字五)頃浄三と改名。七五七年(天平宝字元)参議、中納言をへて七六二年御史大夫(大納言)に昇る。二年後に致仕。称徳天皇没後、吉備真備に皇嗣に推されるが、辞退したという。

ふんやのみやたまろ【文室宮田麻呂】 生没年不詳。平安初期の官人。八三九年(承和六)従五位上、八四〇年に筑前守に任じられたが、八四二年には解任されていた。この間新羅の海商張宝高に絁を贈って唐物を得ようとしたが、張宝高の死により失敗。八四三年散位従五位上のとき謀反の罪で伊豆に流されたが、冤罪だったらしく八六三年(貞観五)に神泉苑の御霊会で慰霊される。この年、近江国にもっていた家一〇区、地一五町、水田三五町が貞観寺に勅施入された。

ふんやのやすひで【文屋康秀】 生没年不詳。平安前期の歌人。六歌仙・中古三十六歌仙の一人。宗于の子。子に朝康。官人としては卑官に終始した。「古今集」仮名序では「詞はたくみにて、そのさま身におはず、いはば商人のよき衣着たらんがごとし」と評される。「古今集」に五首、「後撰集」に一首入集するが、「古今集」の二首は子の朝康の作ともいう。小野小町と親密であったらしい。

ふんやのわたまろ【文室綿麻呂】 765～823.4.24 平安初期の東北経営に活躍した武将・公卿。文室浄三(智努王)の孫。三諸大原の子。はじめ三諸朝臣、八〇九年(大同四)三山朝臣、さらに文室朝臣。八一〇年(弘仁元)の薬子の変で平城上皇側について拘禁されたが、坂上田村麻呂の奏請で許され、参議となって上皇の東国入りを阻止。翌年征夷将軍となり陸奥国の征夷事業を完了させ、従三位に昇った。八一八年中納言となる。

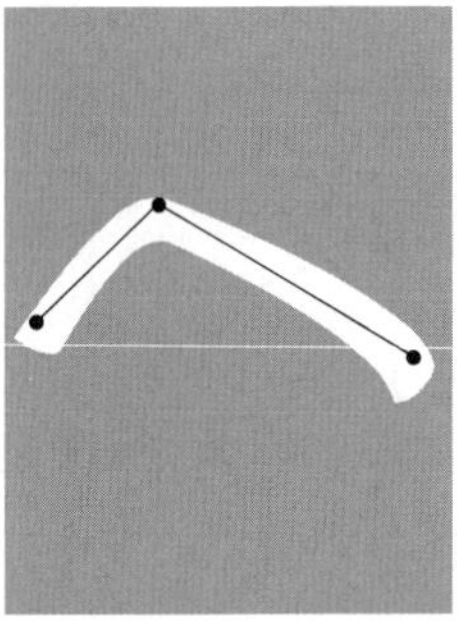

へいし【平氏】 平姓をもつ氏族の総称。皇族賜姓の一つ。桓武天皇の皇子葛原親王の子高棟王らに平朝臣の姓が与えられたのを始めとする。以後、二世王(親王の子)以下に与えられる姓となり、桓武平氏・仁明平氏・文徳平氏・光孝平氏などがある。最も有力なのは桓武平氏で、高棟流は宮廷貴族となり、高望流は下総・常陸・武蔵など関東諸国に土着し、坂東平氏各流となった。千葉・畠山・上総・三浦・梶原・北条などの諸氏はその流れで、鎌倉幕府の中核を形成。坂東平氏の一部は、伊勢国に進出して伊勢平氏となり、平安後期には中央に進出。清盛のとき、一躍政治の実権を握り、初の武家政権を樹立したが、治承・寿永の内乱により倒され、一族の大半が滅ぼされた。

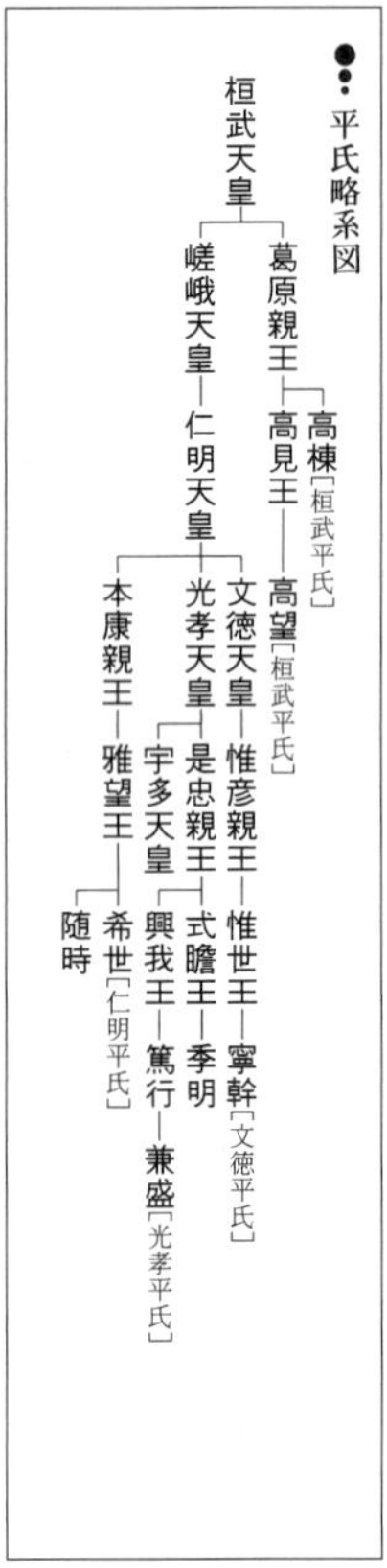

へいぜいてんのう【平城天皇】 774.8.15～824.7.7 在位806.3.17～809.4.1 桓武天皇の第一皇子。名は安殿。母は藤原良継の女乙牟漏。嵯峨天皇・高志内親王と同母である。七八五年(延暦四)桓武の皇太子に立ち、八〇六年(大同元)父の死去により即位した。弟の神野親王(嵯峨天皇)を皇太弟に立て、八〇九年これに譲位したが、平城の子高岳親王が皇太子に立てられた。平城上皇は藤原仲成・薬子兄妹を重んじ、平城京遷都計画などをもって政権の掌握をはかり、八一〇年(弘仁元)挙兵を企てたが失敗、出家した(薬子の変)。これにより高岳は皇太子を廃され、かわって大伴親王(淳和天皇)が皇太弟に立った。

ベイティ Thomas Baty 1869.2.8～1954.2.2 イギリスの国際法学者。日本外務省法律顧問。オックスフォード大学・ケンブリッジ大学卒。イギリス法曹界で活躍後、一九一五年(大正四)デニソンの後任の外務省法律顧問として来日。リットン報告書への反駁文となる日本政府意見書を執筆。第二次大戦後の極東国際軍事裁判でも、日本人弁護人に対し熱心な支援と助言を行った。千葉県一宮町で客死。

へいのうちけ【平内家】 甲良家とならぶ江戸幕府作事方大棟梁の一家。初期は塀内。紀伊国根来の出で、四天王寺流を称した。初代吉正は京都方広寺大仏殿などの諸作事にもたずさわったといわれ、棟札によれば一六〇六年(慶長一一)和歌山天満宮を建立。この頃吉正と子の正信は江戸に出て、一九年(元和五)に鹿島社・日光輪王寺常行堂、三二年(寛永九)に増上寺台徳院霊廟などの作事を行い、幕府大工頭木原・鈴木両家のもとで大棟梁となった。吉正・正信は日本で最初の体系的な木割書「匠明」(一六〇八～一〇)を、一〇代廷臣は「矩術新書」(一八四八)を著した。

へきだんじょう【日置弾正】 1444?～1502? 室町中期～戦国期の弓術家。実名は正次・宗品・影光・豊秀など。のち瑠璃光坊威徳・道以とも。大和国または伊賀国出身。遊戯化していた弓術を革新して日置流弓術をおこし、のち門人吉田重賢が吉田流として世に広める。事績については異説が多い。晩年は高野山で出家したという。

へぐりうじ【平群氏】 大和国平群郡平群郷を本拠とする古代氏族。臣姓。武内宿禰の子木菟を始祖とする。「日本書紀」に、雄略朝からの大臣であった真鳥が、仁賢天皇没後、子の鮪とともに大伴金村に滅ぼされたとあるのは、鮪が歌垣での女性をめぐる争いから即位前の顕宗天皇に殺されたという「古事記」の説話を大伴氏が粉飾したものと思われる。その後も平群氏は外交・軍事担当の氏族として活躍し、六八四年(天武一三)に朝臣姓を授けられた。

へぐりのしび【平群鮪】 「古事記」では平群志毘。「日本書紀」は、仁賢天皇没後、即位前の武烈天皇が召そうとした物部麁鹿火の女影媛を鮪が奪った。これが歌垣の場で露顕し、大伴金村によって父の大臣真鳥とともに滅ぼされたとするが、「古事記」では平群氏の祖とし、即位前の顕宗天皇と菟田首らの女大魚をめぐって争い殺されたとするほうが原型と思われる。とすれば真鳥の存在自体が疑問であり、平群氏本来の祖先伝承は木菟と鮪のみであった可能性がある。

へぐりのずく【平群木菟】「つく」とも。武内宿禰の子とされる伝説上の人物。平群臣などの祖。「日本書紀」の仁徳の命名説話に登場するほか、百済に遣わされて辰斯王の無礼を責めたり、加羅に出兵するなど対外関係に活躍した。応神・仁徳・履中の三朝に忠節を尽くすなど武内宿禰と同様の伝承がみえ、政治的に造作された可能性がある。

へぐりのひろなり【平群広成】?～753.1.28 八世紀前半の官人。七三三年(天平五)四月遣唐使判官として難波津を出航。翌年一〇月帰国の途次遭難し、崑崙国(現、ベトナムか)に漂着。崑崙王に謁見し、七三五年唐へ戻った。七三八年渤海使とともに日本へむかったが、再び遭難。渤海大使らは没したが、広成は出羽に漂着。翌年一〇月渤海客とともに入京、一一月拝朝、一二月正五位上。のち刑部大輔・式部大輔・摂津大夫などを歴任し、従四位上まで昇る。

へぐりのまとり【平群真鳥】「日本書紀」にだけみえる伝説上の人物。雄略～仁賢朝に大臣に任じられたという。武烈即位前紀には、大臣として専横をきわめ、子の鮪が物部麁鹿火の女影媛を武烈と争って殺されたのち、真鳥も大伴金村に殺されたという説話を収めている。

へしきやちょうびん【平敷屋朝敏】1700.11.23～34.6.26 首里王府時代を代表する和文学者。勝連間切平敷屋の地頭、位は親雲上。六歳で父を失い、母方の祖父で和文学者の屋良宣易の影響下に成長したとされる。一七三四年友寄安乗らと謀って鹿児島藩在番奉行所へ落書。「国家の御難題相企み」として、関係者数十人が逮捕、平敷屋と友寄は八付(磔刑)、他は斬罪、流罪に処せられた(友寄・平敷屋事件)。和歌・琉歌にも優れていた。作品に擬古文「若草物語」、組踊「手水の縁」。

へずつとうさく【平秩東作】1726.3.28～89.3.8 江戸後期の戯作者・狂歌作者。本名立松懐之、字は子玉、通称稲毛屋金右衛門。江戸四谷新宿の煙草屋。早くから和漢の学に広く親しみ、平賀源内を慕って戯作を試みたが、広範な企業活動に手を染めるなど、とかくの風評も多かった。天明文壇の長老格で、四方赤良(大田南畝)や唐衣橘洲らとともに江戸狂歌の創始者の一人に数えられる。戯作に「当世阿多福仮面」、随筆「莘野茗談」。

へちかん【ノ貫】ノ観とも。生没年不詳。織豊期の茶人。京都上京坂本屋に生まれ、山科に住む。千利休とも親交があり、手取釜一つの侘茶に過ごした。「長闇堂記」には、一五八七年(天正一五)に豊臣秀吉が催した北野大茶湯で、茶席に朱塗りの大傘をさしかけて、人々の目を驚かしたという。秀吉もこれを賞して、諸役免除の恩典を与えたという。伝記の詳細は不詳。

べっきし【戸次氏】「へつぎ」とも。中世豊後国の豪族。大友氏の支族。本拠は大分郡戸次荘(現、大分市)。鎌倉時代、大友氏始祖能直の子親秀の次男重秀が、戸次荘地頭の戸次(大神姓)惟澄の養子に入り、戸次氏を称したことに始まる。その後、豊後国内の有力氏族となった。戦国期、鑑連は本宗家大友宗麟に仕え、立花道雪と称し、宿老として活躍。甥鎮連は島津方と結んだが、その子統連はそれを恥じて大友方で奮戦し、戦死。その後、一族は大友氏の改易とともに滅びた。

べつきしょうざえもん【別木庄左衛門】?～1652.9.21 戸次とも。江戸前期、牢人を主体とした謀反事件(承応事件)の首謀者の一人。大量の牢人が存在し、幕政に対する不満が高まっていた一六五二年(承応元)、牢人や旗本家臣らを糾合し、二代将軍の御台所崇源院の法要に乗じて放火・騒動をおこすことを計画。密告により捕らえられ、磔になった。

べっきどうせつ【戸次道雪】1513.3.17～85.9.11 戦国大名大友氏の家臣。父は親家、母は由布惟常の女。幼名八幡丸。鑑連。伯耆守。法名道雪。一五六五年(永禄八)毛利氏に内応した立花鑑載が大友氏に討たれた後、七一年(元亀二)大友宗麟の命で立花城に入り、同家の名跡を継ぐ。宗麟の重臣として加判衆・筑後方分などを勤めた。八五年(天正一三)竜造寺氏領の筑後侵攻の途上、同国高良山(現、福岡県久留米市)の陣中で病没。

べっしょながはる【別所長治】?～1580.1.17 戦国期の武将。播磨国三木城(現、兵庫県三木市)城主。当初は織田信長に従ったが、天正初年織田・毛利両勢力が対決し、一五七八年(天正六)信長の中国征伐が開始されると、毛利氏と結んで反抗。三木城に籠城したが豊臣秀吉の兵粮攻め(三木の干殺し)に屈し、八〇年自決。

ベッテルハイム Bernard Jean Bettelheim 1811.6.16～70.2.9 一八四六～五四年に琉球に滞在したイギリスの宣教師・医者。ハンガリー生れ。四五年イギリス海軍軍人の琉球伝道会の宣教師となり、四六年家族と通訳の中国人とともに那覇に強行上陸し、キリスト教の布教と医療活動を展開。琉球語訳の聖書を作成し、五五年香港で出版。首里王府はキリシタン厳禁策をとり布教活動を徹底的に妨害したため、目的はとげられなかった。

べっぷしんすけ【別府晋介】1847～77.9.24 幕末・維新期の鹿児島藩士。桐野利秋の従弟。一八六八年(明治元)の戊辰戦争では鹿児島藩隊分隊長として奥羽地方を転戦、翌年鹿児島常備隊小隊長。七一年近衛陸軍少佐、翌年朝鮮に赴き情勢を視察する。七三年西郷隆盛に従って辞職、帰郷後私学校の幹部となる。七七年西南戦争で西郷軍大隊長として熊本城を包囲、のちに敗れて鹿児島の城山で西郷を介錯し自刃した。

ペドロ・カスイ・きべ [ペドロ・カスイ・岐部] 1587～1639.6?- 織豊期～江戸前期のキリシタン。豊後国東半島の豪族岐部氏出身。両親もキリシタン。一六一四年(慶長一九)禁教令によりマカオに渡り、インド、パレスチナをへてローマに赴く。二〇年司祭に叙階、イエズス会入会。三〇年(寛永七)薩摩国坊津から日本潜入をはたし、東北地方に潜伏して布教したが、三九年仙台藩領で逮捕。江戸に送られ斬首により殉教。

ペドロ・バウティスタ ⇨バウティスタ

ベニョフスキ Móric August Aladár Ben'yovzky 1744.9.-～86.5.12 ハンガリーの軍人・冒険家。ポーランド軍に入り、一七六八～六九年のロシア戦で捕虜になり、七一年カムチャツカに流されたが脱走。ロシアの軍艦を奪って逃亡中、阿波国日和佐浦と奄美大島に寄港、オランダ商館長あての書状でロシアの南下を警告し、日本人を驚かせた。日本側の記録には「ハンベンゴロ」の名で登場する。その後マカオからフランスへ行き、マダガスカル島の開拓やバイエルン継承戦争への参加など波瀾に満ちた生涯を送り、マダガスカル島でフランス軍と交戦中に死亡。

ヘボン James Curtis Hepburn 1815.3.13～1911.9.21 平文とも。アメリカの宣教師・医師。英語読みはヘプバーン。ペンシルバニア州出身。プリンストン大学・ペンシルバニア大学卒。一八五九年(安政六)来日し、横浜居留地に施療院を開くかたわら、日本語の研究や聖書の和訳などに力を注ぐ。六七年(慶応三)日本初の和英辞書「和英語林集成」を出版、第三版からは羅馬字会提唱のローマ字表記法を採用し、以後ヘボン式表記法とよばれた。八九年(明治二二)明治学院初代総理に就任。九二年帰米。

へみし [逸見氏] 「へんみ」とも。中世甲斐国の豪族。甲斐源氏武田氏の支族。本拠は逸見荘(現、山梨県北巨摩郡)。平安後期に、武田氏の祖義清の子清光の長子光長が、父の遺領を継ぎ逸見氏を名のったのに始まる。鎌倉時代には御家人となり、甲斐源氏の有力な一族として活躍。南北朝期には南朝方に属し、北朝方の武田氏と対立。上杉禅秀の乱では、関東公方足利持氏に従い、持氏から甲斐一国を得た。一時は武田氏をしのぐ勢力となったが、永享の乱で持氏が敗れたのちは、武田氏に押され衰亡。

ベリー John Cuting Berry 1847.1.16～1936.2.9 アメリカン・ボードの医療宣教師。一八七二年(明治五)来日。神戸生田神社前に施療所を設立し貧民の治療にあたり、神戸監獄の病人治療の経験から明治政府に監獄制度の改良を進言。七八年岡山に赴任、のち京都に移り、新島襄に協力して京都看病婦学校・同志社病院を設立し、院長に就任、看護教育に尽くした。

ペリー Matthew Calbraith Perry 1794.4.10～1858.3.4 アメリカの海軍軍人。米国初の蒸気軍艦を建造して「蒸気船海軍の父」とよばれる。一八五二年東インド艦隊司令長官となり、遣日特使として五三年(嘉永六)六月、軍艦四隻を率いて浦賀に来航。蒸気艦の来航は鎖国体制に大きな衝撃を与えた。久里浜で修好通商を求めるフィルモア大統領親書を伝達し、再来を表明して退去。翌年一月、軍艦七隻を率いて再渡来、江戸湾深く航行して幕府に圧力をかけた。ペリーの要求により横浜応接所で開かれた日米会談では幕府の譲歩をかちとり、日米和親条約の締結に成功。帰途、那覇で琉球と修好条約を締結。帰国後「日本遠征記」を監修。

ベルクール Gustave Duchesne de Bellecourt 1817.2.23～81.7.23 初代駐日フランス公使。一八五八年(安政五)日仏修好通商条約締結のため来日したグロ使節の一等書記官として初来日。五九年総領事として再来日し、宣教師のジラールらを通訳として初期の日仏外交にあたった。おおむね英公使オールコックと協調した対幕府政策をとった。六四年(元治元)ロッシュと交代しチュニス総領事に転出。

ペルス・ライケン Gerhard Christiaan Coenraad Pels Rijcken 1810.1.8～89.5.2 オランダの海軍士官。ジャワで勤務後、オランダ政府が派遣した海軍教育の教師団の隊長として、一八五五年(安政二)国王から幕府へ寄贈される軍艦スンビン号(のち観光丸)で来日。同艦を練習艦として長崎海軍伝習所で二年にわたって幕府・諸藩の伝習生に教育を行い、みずからも航海術・運用術などを教えた。五七年にカッテンダイケの第二次派遣隊を迎え帰国。六五年国王の侍従武官、六六～六八年海軍大臣を勤め、ブレダで死亡。

ベルツ Erwin Otto Eduard von Bälz 1849.1.13～1913.8.31 明治期のドイツ人御雇外国人医師。ビーティヒハイム生れ。チュービンゲン大学で基礎医学を学び、ライプチヒ大学で内科学教授ブンダーリヒにつき同大学を卒業。一八七六年(明治九)東京医学校(のちの東京大学医学部)の教師招聘に応じ、六月に来日。一九〇二年まで二六年間にわたっておもに内科学を教え、病理学や精神医学なども担当。その後三年間、宮内省御用掛(侍医)になり、〇五年六月帰国。この間、恙虫病や脚気など多くの研究を発表。人々の身近な健康問題に注意をはらい、温泉・スポーツ・海水浴の効用を説いた。在日中に書いた日記「ベルツの日記」がある。

ベルニ　François Léonce Verny　1837〜1908.5.2　フランス人造船技術者。パリの理工科大学卒業後、フランス海軍に入り技師となる。一八六五年(慶応元)フランス公使ロッシュの斡旋で横須賀製鉄所首長として来日。その設立と経営にあたる。維新後も引き続き日本に滞在、日本人技師・職工の養成に努め、日本の造船業の創設に大きく貢献した。七六年(明治九)満期解約で帰国。

ベルリオーズ　Alexandre Berlioz　1852.9.12〜1929.12.30　パリ外国宣教会宣教師。一八七九年(明治一二)来日し、盛岡・浅草で布教、九一年初代函館司教に選任された。病院・学校・孤児院・教会を設立、トラピスト会・神言会・フランシスコ会を招致し、北海道・東北地方の布教に努め、またアイヌ語の教理書を編纂した。

べんえん【弁円】⇨円爾

べんけい【弁慶】?〜1189.閏4.?　平安後期の僧。源義経の郎従。武蔵坊と称する。「吾妻鏡」に名がみえるので実在の人物とみられるが、「平家物語」「義経記」などで虚構化されて伝えられ、実像は不詳。熊野別当が大納言の女を強奪して生ませた子で、鬼神のような怪力をもち、幼少から比叡山、四国霊場、播磨の書写山で修行した。寺を追われてのち京都に入って刀狩をしていたが、義経に清水観音境内(のち五条大橋として伝説化)で敗れて臣従。平氏追討・奥州逃避行に従い、各所で知略・怪力によって主君を助け、衣川合戦で殉死。以上は「義経記」による伝記だが、室町時代の謡曲・幸若舞・物語草子や、江戸時代の歌舞伎・浄瑠璃などでさまざまに脚色され流布した。

へんじょう【遍照】816〜890.1.19　遍昭とも。平安前期の歌人。六歌仙・三十六歌仙の一人。俗名は良岑宗貞。安世の子。子に素性。従五位上蔵人頭であったが、仁明天皇の死去により出家。円仁・円珍に師事し、八八五年(仁和元)僧正となる。元慶寺を建立、花山僧正とよばれた。「古今集」仮名序は「歌のさまは得たれども、まことすくなし」と評する。「古今集」以下の勅撰集に約三五首入集。家集「遍照集」。

べんちょう【弁長】1162.5.6〜1238.閏2.29　平安後期〜鎌倉時代の念仏僧で、浄土宗鎮西義の派祖。字は弁阿、房号は聖光房。筑前国生れ。父は古川則茂。一一六八年(仁安三)に出家。七五年(安元元)観世音寺戒壇で受戒し、天台系の僧となったが、九七年(建久八)遁世して法然の弟子となる。筑後を中心に善導寺など多くの寺院を建立。著書「徹選択本願念仏集」。

べんてんこぞう【弁天小僧】歌舞伎「青砥稿花紅彩画」に登場する盗賊仲間「白浪五人男」のひとり。女装を特技とする。弁天小僧の出生にまつわる因縁を軸に展開するこの芝居はのちに「弁天小僧」とよばれる。一八六二年(文久二)三月に江戸の市村座で初演。作者は河竹黙阿弥。弁天小僧は羽左衛門(のちの五代目菊五郎)が演じ大成功を収めた。

べんねん【弁円】⇨円爾

べんのないし【弁内侍】後深草院弁内侍とも。生没年不詳。鎌倉時代の歌人。「弁内侍日記」の作者。藤原信実の女。藻壁門院少将の妹、後深草院少将内侍の姉。後深草上皇の東宮時代から出仕し、一二五九年(正元元)譲位とともに退出。日記はその前半期を伝える。藤原雅平との間に一女をもうけ、六五年(文永二)妹の死に際して出家。七六年(建治二)撰の「現存三十六人詩歌」に名がみえる。「宝治百首」作者。「続後撰集」以下の勅撰集に入集。「筑波問答」によれば連歌作者でもあり「菟玖波集」に採録。

べんのめのと【弁乳母】生没年不詳。平安中期の歌人。本名藤原明子。順時の女。母は紀敦経の女。藤原兼経の妻、子に顕綱。孫に讃岐典侍。一〇一三年(長和二)三条天皇の皇女禎子内親王(陽明門院)の乳母となる。藤原頼通の時代には禎子とともに疎外されたが、院政期に入り歌合などで活躍。「後拾遺集」以下の勅撰集に約三〇首入集。家集「弁乳母集」。

ヘンミー　Gijsbert Hemmij　1747.6.16〜98.4.24　江戸後期の長崎オランダ商館長。喜望峰生れ。ユトレヒトで学んだ後、一七七二年東インド会社に入り、九二年(寛政四)商館長として来日。二度の参府で多くの医師・蘭学者らと交流した。九八年東インド会社の活動停止により、バタビアとの連絡が困難になり、同年三月には参府の留守中に商館が類焼するなどきびしい状況のなか、参府の帰途に遠江国掛川で没した。

へんみじゅうろうた【辺見十郎太】1849.11.7〜77.9.24　幕末・維新期の鹿児島藩士。一八六八年(明治元)戊辰戦争で鹿児島藩隊小隊長として東北地方を転戦、翌年鹿児島常備隊小隊長。七一年近衛陸軍大尉となるが、七三年西郷隆盛に従って辞職し帰郷。七七年西南戦争で西郷軍小隊長、のち大隊長として転戦、鹿児島の城山で西郷らとともに戦死した。

ほあしばんり【帆足万里】 1778.1.15～1852.6.14 江戸後期の儒学者。父通文は豊後国日出藩家老。字は鵬卿、号は愚亭など。豊後国の脇愚山、大坂の中井竹山、京都の皆川淇園に学ぶ。藩の家老として藩の財政改革を行う。致仕後、私塾西崦精舎で子弟の教育にあたる。自然哲学者三浦梅園の影響により窮理の学に関心をもち、一〇余種の蘭書を駆使して著した「窮理通」は日本の自然科学史の画期をなす。「東潜夫論」は独自の経世論。

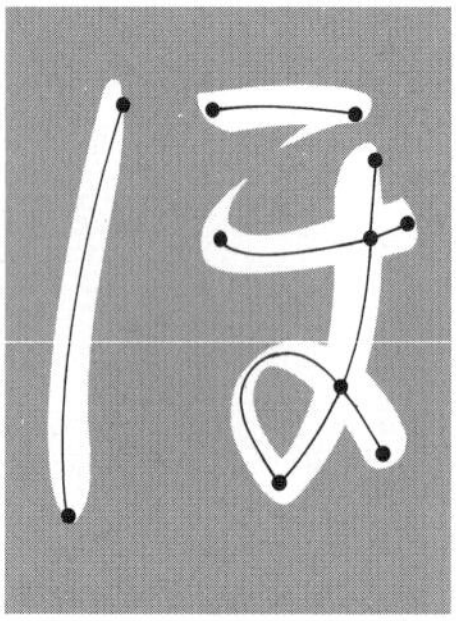

ボアソナード **Gustave Emile Boissonade** 1825.6.7～1910.6.27 フランスの法学者。パリ大学で法律学などを学び、グルノーブル大学・パリ大学の助教授を歴任。一八七三年(明治六)日本政府から招聘され、司法省法学校で自然法などを教授。治罪法・刑法案を起草したが、民法案は民法典論争がおき、不採用となった。和仏法律学校・明治法律学校でも教授し、在野法学教育の基礎作りにも尽力。二二年間滞日して九五年帰国。

ほいだただとも【穂井田忠友】 1791.1.23～1847.9.19 江戸後期の国学者。通称久間次郎など、号は蓼莪。備中国生れ。摂津国生玉神社社司の養子となり、平田篤胤に入門。藤林普山から西洋医学を、香川景樹からは歌学を学ぶ。とくに奈良時代の考証を専門とし、正倉院文書の整理紹介を行った。歌人としても有名。著書「中外銭史」。

ほいだもときよ【穂田元清】 1551～97.7.9 戦国期～織豊期の武将。毛利元就の子。毛利氏の一族として備中の経略を担当。一五六七年(永禄一〇)穂田(庄)氏を継承。七五年(天正三)以後猿掛城(現、岡山県矢掛町ほか)を守備し、八一年には備前国児島付近で宇喜多氏と戦った。子秀元は一時毛利輝元の養嗣子となり、文禄・慶長期に活躍。

ホイットニー ❶**Courtney Whitney** 1897.5.20～1969.3.21 GHQ民政局長で日本国憲法GHQ案の起草責任者。ワシントンDC生れ。ジョージ・ワシントン大学で法学博士の学位を取得。フィリピンで弁護士活動を行い、マッカーサーと親交を結ぶ。一九四〇年陸軍に再召集され、日米開戦後マッカーサーの参謀、終戦後GHQ民政局長として占領行政の中枢を掌握。公職追放や新憲法起草など民主化政策に大きな役割をはたした。

❷**William Cogswell Whitney** 1825.1.25～82.8.29 明治期のアメリカ人教師。イェール大学卒業後、商業学校を創設。一八七五年(明治八)森有礼の斡旋で来日、私立の商法講習所の教師としてビジネス・カレッジをモデルとした教育を行う。七八年解職ののち簿記夜学校の教師をへて、八〇年に帰国。再来日の途中、ロンドンで客死。

ほうかいぼう【法界坊】 ⇨穎玄

ほうがん【法岸】 1744.5.4～1815.12.5 江戸後期の浄土宗の僧。号は円蓮社光誉。字は性如。周防国生れ。増上寺学林に入り五重相伝したが、法然にならい遁世を志し、日課念仏一万遍あるいは三万遍を誓約して諸国を遍歴した。一七七九年(安永八)請われて長門国西円寺に住した。著書「口称三昧感得記」「専修要文集」。

ほうきんに【法均尼】 ⇨和気広虫

ほうげつけいご【宝月圭吾】 1906.8.12～87.9.13 昭和期の日本中世史学者。長野県出身。東大卒。一九三〇年(昭和五)東京帝国大学史料編纂所に入所し、「東寺文書」「大徳寺文書」などの編纂に従事、五四年文学部教授となった。「中世灌漑史の研究」や「中世量制史の研究」(学士院賞受賞の著作)などを著し、中世社会の基礎的研究に大きな業績をあげた。精力的に史料調査を行い、長野・岐阜・茨城などの県史編纂にも尽力。

ほうざんぶんぞう【宝山文蔵】 ⇨雲林院文蔵

ほうじゅ【宝寿】 陸奥の刀工の名。刀剣伝書類では平安末～鎌倉初期の年紀をあげて平泉の刀工とするが、確実な作例は鎌倉中期で、以後、南北朝～室町時代にわたる。このうち延慶四年(一三一一)紀で「大和国住塔本宝寿」銘の短刀があり、大和にも宝寿を名のる刀工がいたのか、陸奥からの移住かは説がわかれる。

ほうしゅんもんいん【逢春門院】 1604～85.5.22 後水尾天皇の妃。後西天皇の生母。名は隆子。櫛笥隆致の女。後西天皇・穏仁親王・光子内親王ら六皇子四皇女を生んだ。一六八五年(貞享二)五月没時に准三宮。生前の後水尾法皇が内々院号を定めていたため院号宣下はなく、没後逢春門院と発表された。

ほうじょうあきとき【北条顕時】 ⇨金沢顕時

ほうじょううじかつ【北条氏勝】 1559～1611.3.24 織豊期～江戸初期の武将。後北条氏の支城相模国玉縄城(現、神奈川県鎌倉市)城主。のち下総国岩富藩主。一五八二年(天正一〇)までに玉縄城主となる。九〇年豊臣秀吉の関東出兵の際は、小田原防衛の重要拠点伊豆国山中城(現、静岡県三島市)を守ったが敗れ、玉縄城にのがれたのち降伏。戦後徳川家康に従い、岩富(現、千葉県佐倉市)に所領を与えられた。

ほうじょううじくに【北条氏邦】 1541/43?～97.8.8 戦国期～織豊期の武将。後北条氏の支城武蔵国鉢形(はちがた)城(現、埼玉県寄居町)城主。北条氏政の弟。永禄末年鉢形城に入る。一五七九年(天正七)からは上野方面で活動。八九年真田昌幸の名胡桃(なぐるみ)城(現、群馬県月夜野町)を奪ったが、豊臣秀吉にとがめられた。九〇年秀吉の関東出兵(小田原攻め)の際は鉢形城に拠ったが、小田原落城に先だって降伏。身柄は前田利家が預り、加賀国金沢に移され同地で死没。

ほうじょううじつな【北条氏綱】 1487～1541.7.19 戦国期の武将。相模国小田原城(現、神奈川県小田原市)城主。北条早雲の子。戦国大名後北条氏二代。一五一八年(永正一五)家督となる。二四年(大永四)江戸城、三七年(天文六)河越城を奪い武蔵に進出して扇谷(おうぎがやつ)上杉氏を圧迫。同年駿河で今川義元と戦い(河東一乱)、翌三八年小弓御所足利義明を破って房総勢の台頭を退けた(国府台(こうのだい)の戦)。当初伊勢氏を称したが二三年北条氏に改め、執権北条氏と同姓として相模・武蔵支配の正当性を主張。

ほうじょううじてる【北条氏照】 1540?～90.7.11 戦国期～織豊期の武将。後北条氏の支城武蔵国滝山城(現、東京都八王子市)城主。北条氏政の弟。永禄初年滝山城に入る。一五七五年(天正三)からは下総国栗橋城(現、茨城県五霞村)を拠点に下総・下野方面で活動、八二年には上野・信濃に進攻。この間他大名との交渉にもたずさわり、上杉・織田氏などと接触。九〇年豊臣秀吉の関東出兵(小田原攻め)の際は小田原城に籠って抵抗したが敗れ、降伏ののち氏政とともに切腹。

ほうじょううじなお【北条氏直】 1562～91.11.4 織豊期の武将。氏政の子。相模国小田原城(現、神奈川県小田原市)城主。戦国大名後北条氏五代。一五八〇年(天正八)家督をつぐ。八二年本能寺の変ののち上野・信濃・甲斐の旧織田氏領国に進攻、徳川家康と衝突した。豊臣秀吉から臣従の礼を求められたが応じず、八八年叔父氏規を派遣、その間決戦を予想し軍備増強に努めた。八九年叔父氏邦が真田昌幸の上野国名胡桃(なぐるみ)城(現、群馬県月夜野町)を奪ったが、秀吉にとがめられ、九〇年の関東出兵(小田原攻め)を招いた。小田原城に籠って抵抗したが敗れ、降伏ののち高野山で謹慎。翌年許されたがまもなく大坂で死没。

ほうじょううじなが【北条氏長】 1609～70.5.29 江戸前期の幕閣。北条流軍学の祖。繁広の子。幼名梅千代。通称新蔵、のち正房。江戸生れ。一六一四年(慶長一九)徳川家康に、一六年(元和二)秀忠に初御目見し、二五年(寛永二)小姓組に召し出されたのち、徒頭・鉄砲頭・持筒頭・新番頭・大目付に進む。小幡景憲に甲州流軍学を学び、北条流を開く。「兵法雄鑑」「士鑑用法」など多数を著し、幕府軍制を整備して慶安の軍役令を起草。

ほうじょううじのり【北条氏規】 1545～1600.2.8 戦国期～織豊期の武将。後北条氏の支城相模国三崎城(現、神奈川県三浦市)城主、ついで伊豆国韮山(にらやま)城(現、静岡県韮山町)城主。氏康の子。氏政の弟。外交の分野で活躍し、一五八二年(天正一〇)甲斐・信濃などでの紛争処理のため徳川氏と、八八年後北条氏を代表して上洛し豊臣政権と、それぞれ接触。九〇年秀吉の関東出兵(小田原攻め)の際は韮山城に拠って抵抗したが降伏、小田原城に入り開城をすすめた。このため戦後ゆるされて河内で所領をえた。

ほうじょううじまさ【北条氏政】 1538～90.7.11 戦国期～織豊期の武将。相模国小田原城(現、神奈川県小田原市)城主。戦国大名後北条氏四代。武田信玄の女婿。永禄初年家督をつぐ。父氏康の後見をえて上杉謙信・里見義弘らと戦い、北関東にも勢力をのばした。一五六九年(永禄一二)氏康の主導によって謙信と結び信玄と敵対したが、七一年(元亀二)氏康が死ぬと、武田氏との同盟を回復。しかし七八年(天正六)以後再び敵対、七九・八〇年武田勝頼と駿河国黄瀬川(現、静岡県沼津市)で対陣。同年子氏直に家督を譲る。九〇年豊臣秀吉の関東出兵(小田原攻め)をうけ、小田原城に籠ったのち降伏、切腹した。

ほうじょううじやす【北条氏康】 1515～71.10.3 戦国期の武将。相模国小田原城(現、神奈川県小田原市)城主。戦国大名後北条氏三代。後北条氏は氏康の代に戦国大名として確立。一五四一年(天文一〇)家督をつぐ。四六年河越城の戦の勝利などによって上杉氏を圧倒、関東における後北条氏の優位を不動にした。五四年今川・武田両氏と三者同盟を結ぶ(善徳寺の会盟)。内政面では租税制度・貨幣制度・伝馬制度などを整備。永禄初年家督を子氏政に譲り後見となるが、同時に支城制度を固め、氏政の弟らを領国の各所に配置。六一年(永禄四)上杉謙信に小田原城を攻められたが、武田信玄が南進に転じたため、六九年には謙信と結んだ(越相同盟)。

ほうしょうおう【豊璋王】 生没年不詳。百済(くだら)国王義慈王の子。糺解(きゅうかい)・余豊(よほう)とも。六三一年(舒明三)人質として渡来。六六〇年に唐が百済を滅ぼしたのち、百済遺民の鬼室福信(きしつふくしん)が豊璋を王として迎えることを請求してきた。豊璋は百済へ送られ六六二年に即位したが、日本を去るとき織冠を授けられ、百済王が大和朝廷に臣従する形式をとらされた。その後、鬼室福信と対立して、六六三年福信を殺害。同年、唐と新羅(しらぎ)の攻撃をうけて敗戦。豊璋王は高句麗に逃れ、以後の消息は不明。翹岐(ぎょうき)や「万葉集」にみえる軍王と同一人物とする説がある。

ほうじょうかてい【北条霞亭】 1780.9.5～1823.8.17 江戸後期の朱子学派の儒者・詩人。名は譲、字は子譲、通称譲四郎。志摩国答志郡の儒医の長男。京都で皆川淇園に儒学を、広岡文台に医学を学び、江戸で亀田鵬斎の塾に身をよせる。一時伊勢内宮林崎文庫長についたあと、京都に移る。菅茶山に招かれ廉塾の都講となり、備後国福山藩校に出講、やがて福山藩の江戸詰の儒官となった。詩文にすぐれ、頼山陽と親交厚かった。著書「霞亭渉筆」「嵯峨樵歌」。

ほうじょうかねとき【北条兼時】 1264～95.9.18 鎌倉後期の武将。長門国守護。父は時宗の弟宗頼。はじめ時業と称する。弘安の元軍襲来に際し、播磨に出兵し異国警固に尽くす。摂津国守護となり、一二八四年(弘安七)六波羅探題南方、ついで八七年同北方に就任。九三年(永仁元)異国警固の任により最初の鎮西探題となる。二年後関東にもどり評定衆となった。

ほうしょうくろう【宝生九郎】 1837.6.8～1917.3.9 幕末～大正期の能役者。シテ方宝生流の一六世宗家。幼名石之助。江戸生れ。一五世宝生弥五郎友于の次男。一八五三年(嘉永六)家督を相続して知栄を名のり、七世宝生九郎を継ぐ。人格高潔、気品ある芸位で明治維新後の能楽復興に尽力。初世梅若実・桜間伴馬とともに明治の三名人とうたわれた。一九〇六年(明治三九)「安宅延年之舞」を舞納めとして舞台を引退。以後は謡専門に転じ、後進の指導にあたった。なお、九郎は宗家の通り名として八～一七世まで八人が名のっている。

ぼうじょうけ【坊城家】 藤原氏勧修寺流。名家。鎌倉末期の定資の子俊実に始まる。勧修寺経顕は弟。家名の坊城は勧修寺流の号の一つで、定資の父俊定も用い、俊実の子俊冬が小川坊城に住んだことにより、当家に定着。戦国期に中絶したが、一五九四年(文禄三)勧修寺晴豊の三男俊昌が再興。江戸時代の家禄は一八〇石。江戸中期の俊逸は宝暦事件に連坐して落飾。幕末の俊明・俊克は議奏・武家伝奏として活躍。維新後、俊章のとき伯爵。

ほうじょうげんあん【北条幻庵】 1493?～1589.11.1? 戦国期の武将。北条早雲の子。箱根権現別当金剛王院院主。法名長綱・宗哲。早くに仏門に入ったが、のちに武将として活動し、後北条氏一族の重鎮となった。一五五九年(永禄二)作成の「小田原衆所領役帳」では知行高五四四二貫文余。「静意」の印判を使用。文人としても知られる。

ほうじょうさだあき【北条貞顕】 ⇨金沢貞顕

ほうじょうさだとき【北条貞時】 1271～1311.10.26 鎌倉後期の幕府執権。父は時宗、母は安達泰盛の妹(女とする説もある)。一二八四年(弘安七)時宗の死により執権となる。北条氏の家督である得宗として被官の最有力者平頼綱と、外戚で有力御家人の安達泰盛に支えられ、得宗専制体制を確立した。九七年(永仁五)徳政令を発した。一三〇一年(正安三)執権を退き出家。その後も得宗として政務を主導した。

ほうじょうさねとき【北条実時】 ⇨金沢実時

ほうじょうさねまさ【北条実政】 ⇨金沢実政

ほうじょうし【北条氏】 ㊀鎌倉の北条氏。鎌倉幕府の執権を勤めた一族。桓武平氏の一流。時政の父時方が伊豆介となり、伊豆国田方郡北条(現、静岡県韮山町)に住んで北条氏を称したのに始まる。時政は、源頼朝の舅として鎌倉幕府創設に活躍して勢力を伸ばし、初代執権となる。以後、代々執権となり、他の有力御家人を倒して幕府の実権を掌握。嫡流得宗家は、一門を連署、六波羅・鎮西両探題、評定衆、諸国守護など重職につけ、幕政を支配。名越・赤橋・金沢・大仏の諸氏を分出。一三三三年(元弘三)元弘の乱で敗れ滅亡。

㊁小田原の北条氏。戦国大名。鎌倉幕府執権の北条氏と区別し後北条氏ともいう。始祖早雲(伊勢宗瑞)は、一四七六年(文明八)今川家の内紛に乗じて台頭。九一年(延徳三)伊豆国を平定、ついで相模国を征服した。小田原城を本拠とし、二代氏綱から北条氏に改め、五代に及び関東に勢力をふるったが、一五九〇年(天正一八)豊臣秀吉の小田原攻めにより滅亡。ただし、氏綱の孫氏規の子孫は江戸時代に河内国狭山藩主となり、維新後、子爵。●● 次頁

ほうじょうしげとき【北条重時】 1198.6.6～1261.11.3 鎌倉中期の武将。父は北条義時、母は比企朝宗の女。泰時の弟。極楽寺殿と称する。小侍所別当として将軍に近侍し、一二三〇年(寛喜二)六波羅探題北方として上京。一八年間、幕府の京都統治の安定に努める。宝治合戦ののち、北条時頼に招かれ関東にもどり、四七年(宝治元)連署に就任。五六年(康元元)出家し、のち鎌倉極楽寺に住んだ。「北条重時家訓」は鎌倉時代の武家の主従慣行や日常道徳を伝える。

ほうしょうしん【宝生新】 1870.10.23～1944.6.10 明治～昭和前期の能役者。ワキ方下掛り宝生流の一〇世宗家。本名朝太郎。父は忠英。東京都出身。九世宝生金五郎英周の長男。父および祖父八世宝生新朔に師事。容姿端麗で豊かな声量をもって名人とうたわれた。一九三七年(昭和一二)帝国芸術院創設と同時に初世梅若万三郎とともに会員となる。著書「宝生新自伝」。

ほうじょうそううん【北条早雲】 1432～1519.8.15 戦国期の武将。戦国大名後北条氏の初代。北条氏を称するのは二代氏綱以後で、早雲は伊勢新九郎と称した。入道して早雲庵宗瑞(そうずい)。京都の出身で、一四六九年(文明元)頃駿河に下向したという。七六年以後今川氏の内紛に関係。八七年(長享元)駿河国興国寺城(現、静岡県沼津市)城主となり、以後独自の勢力圏を築いた。九一年(延徳三)堀越公方足利政知の遺児茶々丸(ちゃちゃまる)を滅ぼして伊豆を、九五年(明応四)大森藤頼を追って相模国小田原を制圧。また扇谷(おうぎがやつ)上杉氏を支援して武蔵・相模で山内上杉氏と戦った。一五一六年(永正一三)三浦義同(よしあつ)を滅ぼして相模全域を制圧。この間検地の実施や貫高の整備に着手したほか、家訓・家法(「早雲寺殿二十一箇条」)を制定したといわれる。

ほうじょうたかとき【北条高時】 1303～33.5.22 鎌倉後期の幕府執権。父は貞時、母は安達泰宗の女。相模太郎と称する。一三一一年(応長元)貞時の死により鎌倉幕府最後の得宗の地位につく。一六年(正和五)執権となる。「保暦間記(ほうりゃくかんき)」によると、幼少より病弱で頼りない存在だったが、外戚の安達時顕と被官の長崎高綱の補佐により政務は運営された。二六年(嘉暦元)執権を退き出家。その後は田楽(でんがく)にふけった。三三年(元弘三)の鎌倉幕府滅亡時に鎌倉の東勝寺で自刃。

ほうじょうだんすい【北条団水】 1663～1711.1.8 江戸前期の浮世草子作者・俳人。名は義延。出身地不詳。大坂・京都などに住んだ。延宝頃、井原西鶴に師事、二五歳で浮世草子「武道一覧」を著した。西鶴没後「西鶴庵」を名のって遺稿を整理、「西鶴置土産」「万の文反古(よろずのふみほうぐ)」などとして刊行。一方、元禄初年頃から談林系の俳諧点者(てんじゃ)として活躍。浮世草子に「日本新永代蔵」「本朝智恵鑑(ほんちょうちえかがみ)」。

ほうじょうつなしげ【北条綱成】 1515～87.5.6 「つなり」とも。戦国期の武将。後北条氏の支城相模国玉縄(たまなわ)城(現、神奈川県鎌倉市)城主。北条氏綱の女婿。玉縄城主は代々綱成の系統に継承された(玉縄北条氏)。一五四二年(天文一一)城主となり、四六年河越城の戦では上杉軍に包囲されたがもちこたえた。七一年(元亀二)北条氏康の死をきっかけに、翌年嫡子康成(氏繁)に城主を譲った。

ほうじょうつねとき【北条経時】 1224～46.閏4.1 鎌倉中期の幕府執権。父は時氏、母は安達景盛の女(松下禅尼)。一二四二年(仁治三)祖父泰時が死去、父時氏が早世していたため執権となる。四四年(寛元二)自立しはじめた四代将軍藤原頼経を廃して、その子の頼嗣(よりつぐ)を将軍とした。四六年病気により執権を弟時頼に譲り、出家ののち死去。

ほうじょうときさだ【北条時定】 1145～93.2.25 平安末～鎌倉初期の武将。父は時兼。時政の甥。平六と称する。北条氏惣領家とする説もある。一一八〇年(治承四)源頼朝の挙兵に参加。八五年(文治元)時政とともに上洛し、翌年時政が鎌倉に下ったあとも在京、その代官として洛中警衛にあたった。同年源行家らを討ち、その功で左兵衛尉。八九年左衛門尉に任じられたが、翌年辞退。在京中に没した。

ほうじょうときすけ【北条時輔】 1248.5.28～72.2.15 鎌倉中期の武将。伯耆国守護。父は北条時頼。幼名は宝寿丸、初名は三郎時利。一二六四年(文永元)六波羅探題南方として上洛、異母弟の時宗が執権になると疎外され、七二年の名越(なごえ)教

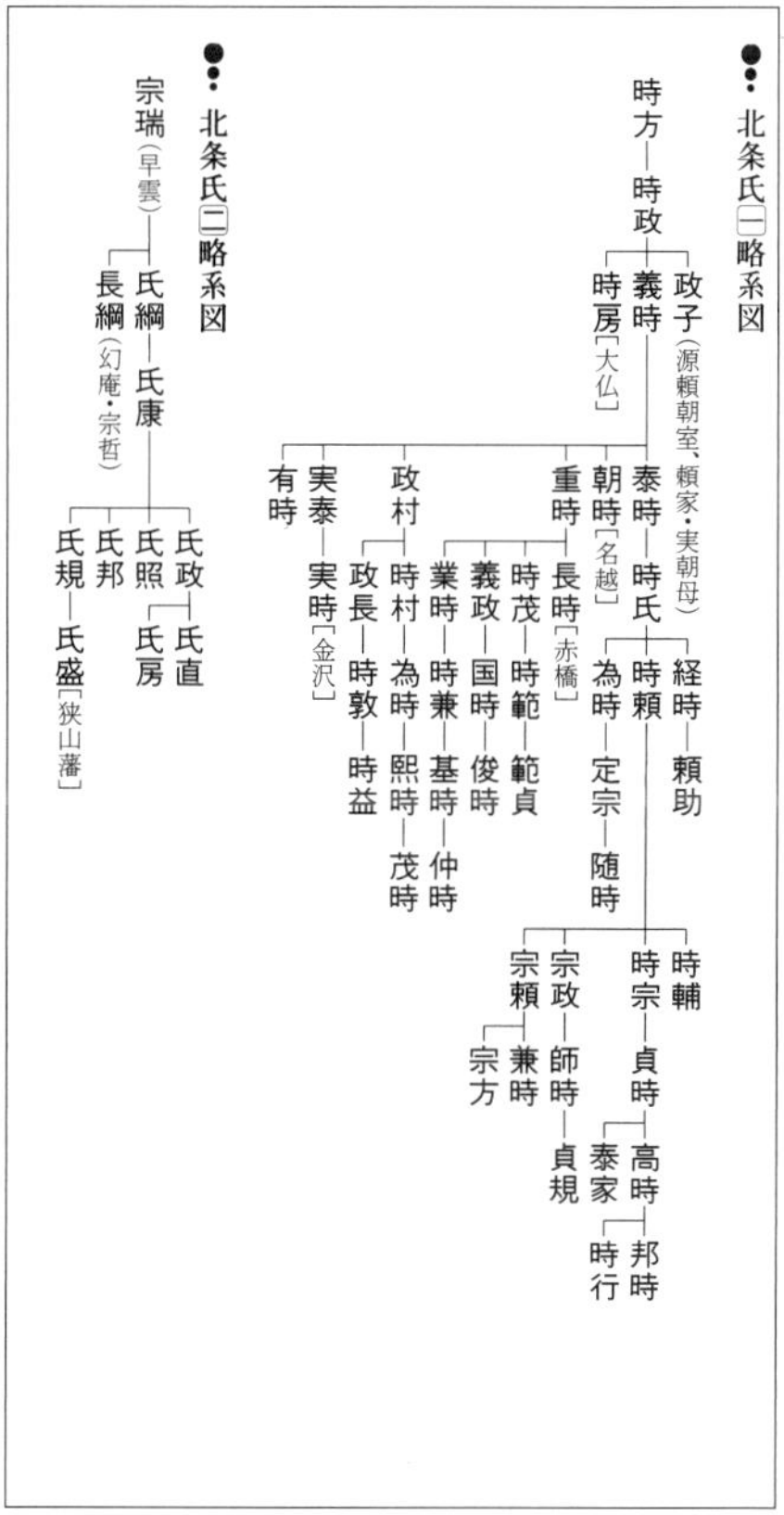

時の乱で、時宗の指示をうけた六波羅探題北方北条義宗に攻められ敗死。

ほうじょうときふさ【北条時房】 1175～1240.1.24 鎌倉前期の武将。幕府の初代連署。父は時政。義時の弟。はじめ時連と称する。たびたびの合戦で戦功をあげる一方、武蔵守として新田開発を推進。一二二一年(承久三)承久の乱で甥泰時をたすけ東海道軍として上洛。乱後は六波羅探題南方として京都の戦後処理に尽くした。二四年(元仁元)義時の死後は泰時とともに鎌倉にもどり、翌年連署に就任。

ほうじょうときまさ【北条時政】 1138～1215.1.6 平安後期～鎌倉前期の武士。父は時方、母は伊豆掾伴為房の女。四郎と称する。北条氏は伊豆国田方郡北条を本拠とする豪族で国の在庁官人。時政は伊豆国に流された源頼朝の監視役を命じられた。女政子が頼朝と夫婦となったことから、一一八〇年(治承四)頼朝を助けて挙兵、頼朝側に従って活躍。八五年(文治元)上洛し、翌年まで朝廷との交渉や京都の警固などの任務にあたった。頼朝の死後は、二代将軍源頼家にかわって訴訟を扱う一三人の御家人の一人に数えられた。やがて頼家や頼家の外戚比企能員と対立、一二〇三年(建仁三)能員を討ち、頼家を廃して三代将軍実朝を擁立した。以後幕府政治の中心となり、初代の執権と称されるが、強圧的な姿勢が他の御家人の反発を招き、〇五年(元久二)子の政子と義時により出家のうえ、伊豆に隠遁させられた。

ほうじょうときます【北条時益】 ?～1333.5.7 鎌倉後期の武将。鎌倉幕府最後の六波羅探題。父は時敦。一三三〇年(元徳二)六波羅探題南方として上洛。加賀・讃岐・伯耆・丹波諸国の守護を兼任し、畿内の討幕運動に対抗。三三年(元弘三)赤松則村・千種忠顕らの軍と戦うが、足利尊氏の離反によって六波羅は陥落。光厳天皇らをともない関東に逃走をはかるが、京都東山の渋谷越で野伏に射られ戦死。

ほうじょうときむね【北条時宗】 1251.5.15～84.4.4 鎌倉中期の幕府執権。父は時頼、母は北条重時の女。相模太郎と称する。一二六三年(弘長三)父時頼が死去し、翌年執権の北条長時が死去したため、とりあえず一門の長老北条政村が執権になり、時宗は連署となる。六八年(文永五)元から国書が届き、その対応を迫られるなか、執権に就任。七二年には名越教時ら北条一門の反時宗派を討ちとった。七四年と八一年(弘安四)の二回にわたり元軍の襲撃をうけ、防戦の指揮にあたった。その後も警備体制の強化をはかった。八二年鎌倉に円覚寺を建立し、中国からの渡来僧無学祖元を住持に招いた。

ほうじょうときむら【北条時村】 1242～1305.4.23 鎌倉中・後期の武将。父は政村、母は三浦氏。はじめ三郎時遠と称する。左近将監・陸奥守をへて、一二七七年(建治三)六波羅探題北方として上洛。一三〇〇年(正安二)周防・長門両国守護を兼任して長門探題となり、翌年、得宗貞時の引退で連署に就任。北条宗方の乱で殺された。

ほうじょうときゆき【北条時行】 ?～1353.5.20 南北朝期の武将。高時の次男。相模次郎。鎌倉幕府滅亡の際、北条氏得宗家の被官諏訪盛高の手により鎌倉をのがれ、信濃の諏訪頼重にかくまわれた。一三三五年(建武二)京都の西園寺公宗とはかって挙兵(中先代の乱)、鎌倉を占領したが、追討に下った足利尊氏に敗れ二〇余日で鎌倉を奪還された。その後は南朝に属して尊氏に対抗したが、鎌倉竜口で斬首。

ほうじょうときより【北条時頼】 1227.5.14～63.11.22 鎌倉中期の幕府執権。父は時氏、母は安達景盛の女(松下禅尼)。五郎と称する。一二四六年(寛元四)兄経時より執権の地位を譲られる。同年名越光時、前将軍藤原頼経らの反対派を一掃。四七年(宝治元)有力御家人の三浦氏を滅ぼした。この間、寄合という私的な会議を開き、重要事項を決定するなど、北条氏による専制を推し進めた。四九年(建長元)土地関係の訴訟を審議する引付を評定の下に設置。五六年(康元元)執権を退き出家して最明寺入道と称したが、実権を握り続けた。諸国を回って弱者の救済を図ったとの伝説がある。

ぼうじょうとしざね【坊城俊実】 1296～1350.2.23 鎌倉後期～南北朝期の貴族。父は藤原定資、母は藤原隆康の女。弁官・蔵人をへて従二位権中納言となる。一三三三年(元弘三)六波羅探題滅亡の際、北条仲時・光厳天皇などと京都を脱出したが、近江で捕らえられて出家し、政界から退いた。

ぼうじょうとしはや【坊城俊逸】 1727.12.23～73.1.20 江戸中期の公家。坊城俊清の養子。俊将の子。母は俊清の女。一七五二年(宝暦二)参議。竹内式部に学び、五八年宝暦事件で解官・永蟄居。六〇年落飾して常徹と称した。没後の七八年(安永七)とくに永蟄居をとかれた。

ほうじょうともとき【北条朝時】 ⇨名越朝時

ほうじょうなかとき【北条仲時】 1306～33.5.9 鎌倉後期の武将。父は基時。一三三〇年(元徳二)六波羅探題北方に就任。元弘の乱がおこると反幕勢力の鎮圧に尽くしたが、足利尊氏らに六波羅を攻め落とされ、光厳天皇などを擁して鎌倉をめざし敗走。途中、近江の番場宿で付近の反幕軍に囲まれ、配下の四〇〇余人とともに自害。時衆により同所の蓮華寺に葬られた。

ほうじょうながとき【北条長時】 1230.2.27～64.8.21 鎌倉中期の幕府執権。父は重時、母は平時親の女。陸奥四郎と称する。一二四七年(宝治元)

六波羅探題北方となり、五六年(康元元)鎌倉に戻って評定衆、さらに執権となったが、北条時宗が幼少の間の代官としての役割であった。六四年(文永元)出家、執権を北条政村に譲った。

ほうじょうひさとき【北条久時】 1272～1307.11.28 鎌倉後期の武将。父は北条(赤橋)義宗。陸奥彦三郎と称する。河内・摂津・信濃・紀伊・日向諸国の守護をへて一二九三年(永仁元)六波羅探題北方として上洛。九七年鎌倉にもどって、評定衆・引付頭人(ひきつけとうにん)・官途奉行など要職を歴任し、得宗家の寄合にも参画。歌人としても知られる。

ほうじょうひろとき【北条熙時】 1279～1315.7.18/10.9 鎌倉後期の幕府執権。父は為時、母は不詳。一三〇一年(正安三)評定衆に加えられる。〇五年(嘉元三)北条宗方の乱の際に祖父時村が殺されたが、無事であった。一一年(応長元)連署に任じられ、一二年(正和元)執権となる。一五年執権を退き出家。和歌が「玉葉集」などに入集。

ほうじょうまさこ【北条政子】 1157～1225.7.11 将軍源頼朝の妻。二位尼・尼将軍と称する。伊豆流刑中の頼朝と結ばれ、一一八〇年(治承四)一〇月鎌倉に入り、二男二女をもうけた。頼朝が急死した九九年(正治元)に出家したが、父時政・弟義時らとともに幕政の主導権を保持。一二〇三年(建仁三)将軍頼家を廃しその外戚比企氏を討ち、次男の実朝を擁立してみずから将軍後見役となった。〇五年(元久二)将軍廃立を企てた父時政を失脚させ、一八年(建保六)にはみずから上洛して京都の実力者藤原兼子(卿二位)と会見。実朝の死後は、幼少の藤原頼経にかわる事実上の鎌倉殿として幕政に参画し、承久の乱では御家人の結束の大切さを説いて勝利に導いた。

ほうじょうまさむら【北条政村】 1205.6.22～73.5.27 鎌倉中期の幕府執権。父は義時、母は伊賀朝光の女。陸奥四郎と称する。一二二四年(元仁元)義時の死後、母方の伊賀氏により次期執権に担ぎだされたが阻止され、兄泰時が執権についた。五六年(康元元)連署となる。六四年(文永元)北条時宗が幼少のため執権となるが、六八年には時宗に執権を譲り、みずからは連署に戻って補佐した。

ほうじょうみつとき【北条光時】 ⇨名越光時(なごえみつとき)

ほうじょうむねかた【北条宗方】 1278～1305.5.4 鎌倉後期の武将。左近将監(さこんのしょうげん)・駿河守。父は北条時宗の弟宗頼。母は大友頼泰の女。一二九七年(永仁五)六波羅探題北方として上洛。一三〇〇年(正安二)鎌倉にもどり、以後評定衆・引付頭人(ひきつけとうにん)など要職を歴任し幕政に参画、勢力を強めた。〇五年(嘉元三)四月二三日、対抗意識の強かった連署北条時村を夜討にしたが、五月四日に得宗北条貞時の手勢に滅ぼされた。

ほうじょうもととき【北条基時】 ?～1333.5.22 鎌倉後期の幕府執権。父は時兼、母は不詳。一三〇〇年(正安二)六波羅探題北方に任じられて翌年京都へ赴く。〇三年(嘉元元)鎌倉へ戻る。一五年(正和四)執権に就任。一六年執権を北条高時に譲り出家、信忍と号した。三三年(元弘三)の鎌倉幕府滅亡に際し、高時以下の一門とともに鎌倉東勝寺で自決。

ほうじょうもろとき【北条師時】 1275～1311.9.22 鎌倉後期の幕府執権。父は宗政。北条時宗の猶子。武蔵四郎と称する。得宗北条貞時の女婿。一二九三年(永仁元)評定衆に加えられる。一三〇一年(正安三)執権となる。〇五年(嘉元三)連署の北条時村とともに北条宗方の攻撃目標とされ、時村は討たれるが、貞時の力により鎮圧。

ほうじょうやすいえ【北条泰家】 生没年不詳。鎌倉後期の武将。父は得宗貞時、母は安達一族。得宗高時の弟。初名は時利。相模四郎と称す。一三二六年(嘉暦元)兄の後任として執権を希望するがはたせず出家、法名は慧性(えしょう)。のち還俗して時興と改名。幕府滅亡時に鎌倉を脱出、親幕派の公家西園寺公宗(きんむね)のもとに潜伏して、旧北条氏党の反乱を画策するが露見し失敗。三六年(建武三・延元元)に信濃国で挙兵、その後の消息は不明。

ほうじょうやすとき【北条泰時】 1183～1242.6.15 鎌倉中期の幕府執権。父は義時、母は不詳。幼名は金剛。江馬太郎と称する。一二一八年(建保六)侍所別当に任じられる。二一年(承久三)承久の乱がおこると、父義時の命により、叔父時房とともに幕府軍の大将として東海道を攻めのぼり、後鳥羽上皇方の軍を打ち破って京都に入った。そのまま京都にとどまり、初代の六波羅探題北方となる。二四年(元仁元)義時の死により鎌倉へ帰り、執権の地位を継いだ。二五年(嘉禄元)北条政子が死去すると、執権補佐として連署の地位を設け、政務決定機関である評定を設置した。これにより、幕府政治は執権が主導する体制が確立した。三二年(貞永元)幕府の基本法である「御成敗式目」を制定。鎌倉市街の整備にも努めた。

ほうじょうよしとき【北条義時】 1163～1224.6.13 鎌倉前期の幕府執権。父は時政、母は伊東入道の女。幼少の頃は江馬(えま)小四郎と称した。父時政とともに、源頼朝に挙兵以来つき従って活躍。頼朝の死後、有力御家人一三人に加えられ、将軍頼家にかわって訴訟の指揮にあたった。一二〇五年(元久二)時政と対立、姉の政子と協力して時政を引退に追いこんだ。時政にかわり政所別当となったのち、一三年(建保元)和田義盛を挑発してこれを討ち、義盛にかわって侍所別当の地位もえた。三代将軍実朝の横死後は、政子を助けて幕府を主導し、二代執権と称される。二一年(承久三)

の承久の乱の際には、御家人を指揮して後鳥羽上皇の軍を破った。乱後は後鳥羽上皇らを配流、京都に六波羅探題を設置した。突然の死については、毒殺との風聞もあった。

ほうじょうよしまさ【北条義政】 1242～81.11.27 鎌倉中期の武将。鎌倉幕府の連署。父は重時。通称陸奥六郎、本名は時量。要職を歴任するが、元軍襲来で緊迫する一二七七年(建治三)突如連署を辞任、遁世して信濃国塩田荘にこもったため所領を没収された。幕府内部の政争が原因らしい。

ほうしん【法進】 709～778.9.29 「はっしん」とも。奈良時代の渡来僧。唐の申州の人。揚州白塔寺に住し、鑑真に師事して律・天台を学び、師に従って苦難の末に七五四年(天平勝宝六)来朝。鑑真の東大寺戒壇院設立を助けて、七六三年(天平宝字七)その初代戒和上となった。この間、律師・少僧都・大僧都と昇任。該博な教学上の知識で律・天台の講演につとめた。著書「註梵網経」「沙弥十戒並威儀経疏」「東大寺授戒方軌」。

ほうせいどうきさんじ【朋誠堂喜三二】 1735.閏3.21～1813.5.20 江戸中・後期の戯作者。本名は平沢常富。一四歳で出羽国秋田藩士平沢家の養子となり、のちに江戸留守居役となる。宝暦の色男と自称した通人ぶりは、黄表紙「親敵討腹鞁」「案内手本通人蔵」「見徳一炊夢」などにも反映して、安永・天明期を代表する作者となるが、寛政の改革を風刺した「文武二道万石通」で筆禍をうけて筆を折る。

ほうぞう【法蔵】 ❶643～712 賢首大師とも。中国唐代の華厳宗僧で同宗第三祖。俗姓康氏、西域康居国丞相の血筋。長安生れ。智儼に「華厳経」を学び、六七〇年勅命で出家。則天武后の庇護のもと華厳教学を宣揚、その実質的な大成者となった。また実叉難陀の八〇巻「華厳経」訳出や義浄の訳経などに関与した。著書「華厳経探玄記」「華厳五教章」。弟子に文超・慧苑がいる。

❷905/908～969.1/2.3 平安中期の法相宗僧。俗姓藤原氏。京都生れ。東大寺で寛救に法相教学を、延敒に三論教学を、醍醐寺の定助に密教を学び、東大寺実相院に住した。九六〇年(天徳四)維摩会講師を勤め、九六三年(応和三)の応和宗論で良源と対論。翌年権律師に任じられ、九六八年(安和元)権少僧都まで昇る。この間東大寺別当も勤めた。宿曜道にも通じ、九六一年、村上天皇の本命供をめぐって陰陽師賀茂保憲と対立し、勘文を奉っている。

ほうぞういんいんえい【宝蔵院胤栄】 1521～1607.8.26 織豊期の武道家・僧侶。覚禅坊。奈良興福寺の子院宝蔵院の院主。従来の素槍中心の槍術に対し、十文字鎌を使用した宝蔵院流槍術を創始した。多くの師についたとされるが、とくに香取神道流大西木春見の影響が大きい。素槍にくらべその攻防を多様にする十文字鎌槍の創始は画期的であった。

ほうぞういんいんしゅん【宝蔵院胤舜】 1589～1648.1.12 江戸前期の武道家・僧侶。山城国の郷士の出身。奈良興福寺の子院宝蔵院の院主。宝蔵院胤栄が創始した十文字鎌を使用する宝蔵院流槍術を完成させ、江戸時代における同流繁栄の基礎を築いた。裏一一本の式目を完成させた。

ほうどうじぜん【法道寺善】 1820～68.9.16 幕末期の数学者。通称和十郎、字は通達、号は観または観山。安芸国広島生れ。梅園立介に数学を学び、のち江戸の内田五観の門に入る。その後、九州から東北まで数学指導の旅に出、各地で自筆の稿本を多数残す。図形の反転を考えたすぐれた研究を行い、算変法を創始、観が新しく考えたという意味で著書に「観新考算変」の題名をつけている。

ほうねん【法然】 1133.4.7～1212.1.25 平安末～鎌倉初期に日本浄土宗を開創した僧侶。法然は房号で、諱は源空。諡号は円光大師など。美作国生れ。父は稲岡荘の押領使漆間時国。母は秦氏。九歳で父を亡くし、一一四七年(久安三)に延暦寺にのぼり、皇円を師として出家し、延暦寺戒壇で受戒。五〇年には西塔の黒谷に遁世して、慈眼房叡空の弟子となり、法然房源空と名のった。七五年(安元元)四三歳のとき、善導著「観無量寿経疏」によって専修念仏に帰し、浄土宗の開創をめざした。まもなく延暦寺をおりて、東山吉水で自己の所信をひろめ、隆寛・親鸞・九条兼実ほか多くの弟子・信者を獲得したが、旧仏教勢力の迫害をうけた。一二〇七年(承元元)二月には土佐国に流され(実際は讃岐)、同年一二月にゆるされた。著書「選択本願念仏集」「一枚起請文」。

ぼうもんいん【坊門院】 1177～1210.4.12 高倉天皇の皇女。名は範子。母は藤原成範の女小督局。一一七八年(治承二)内親王の宣下をうけ、同日賀茂斎院となる。八一年(養和元)父高倉天皇の死去により斎院を退いた。九五年(建久六)准三后、九八年土御門天皇の准母となり、一二〇六年(建永元)院号宣下。

ぼうもんきよただ【坊門清忠】 ?～1338.3.21 鎌倉末～南北朝初期の公卿。父は俊輔。右大弁をへて一三二八年(嘉暦三)参議。三一年(元弘元)官を辞したが、三三年建武政権成立とともに還任。翌三四年(建武元)従二位大蔵卿となる。「太平記」によれば、武家をあなどる公家の代表的人物とされ、新田義貞・楠木正成の奏上に反対してこれを退け、湊川の敗戦を招いて後醍醐天皇とともに吉野に亡命したという。

ぼうもんけ【坊門家】 藤原氏北家道隆流。後白河上皇の近臣藤原信隆に始まり、子の信清と隆清が、それぞれ坊門と号して家をおこした。家名は信隆が、七条坊門小路ぞいに住んだことにちなむ。信隆の女七条院殖子が、高倉天皇の寵をうけて守貞親王(後高倉上皇)・後鳥羽天皇を生み、信隆は左大臣を贈られ、一門は後鳥羽上皇の近臣として隆盛をきわめた。信清は内大臣にまで昇ったが、その子忠信が承久の乱で越後国に配流され、衰退した。

ほうらいさんじんききょう【蓬萊山人帰橋】 1760?～89.2.26? 江戸中期の戯作者。上野国高崎藩士で、本名は河野通秀ともいわれる。江戸深川を舞台とした洒落本に特質があり、「美地の蠣殻」「家暮長命四季物語」「富賀川拝見」「愚人贅漢居続借金」などの作品で、通を主流とした天明期洒落本を形成し、半可通の演じる滑稽を中心とした安永期洒落本と一線を画した。一七八六年(天明六)に黄表紙を発表して以降、戯作から遠ざかる。

ほうりん【法霖】 1693～1741.10.17 江戸中期の浄土真宗西本願寺の四世能化(学頭)。諱は慧琳。号は日渓・松華子。諡は演暢院。紀伊国生れ。父は佐竹忠蔵。一七一九年(享保四)学林に入り若霖に師事、副講にあげられ近江国正崇寺をついだ。きわめて学才に富み、三一年には華厳宗鳳潭の論難に対し「浄土折衝編」を著して反駁し、翌年若霖の死により四世能化となった。「日渓学則」や安居の法則五カ条を作って宗内の学徒を教導した。

ほうろう【鳳朗】 1762～1845.11.28 江戸後期の俳人。田川氏。もと熊本藩士。一七九八年(寛政一〇)に致仕、諸国を遊歴。熊本では父(俳号鼎石)や綺石に俳諧を学ぶ。一八一六年(文化一三)江戸本所に庵を結び、成美や道彦らと交流。翌年「芭蕉葉ぶね」を執筆。芭蕉百五十回忌の四三年(天保一四)二条家に請願して、芭蕉に花下大明神の神号を授与され、みずからも花下翁の称を得た。天保三大家の一人。

ほおりのみこと【火遠理命】 ⇨彦火火出見尊

ぼくえいこう【朴泳孝】 Pak Yong-hyo 1861.6.12～1939.9.20 李氏朝鮮末期の政治家。金玉均・洪英植らとともに開化派として、一八八四年の甲申事変を企てたが挫折し、日本に亡命した。九四年帰国して甲午革命に参加し内部大臣となるが、独断専行で陰謀罪に問われ再び日本に亡命。一九〇七年帰国し宮内大臣となるが、李完用内閣と対立し追放される。日韓併合により侯爵をうける。

ほくし【北枝】 ?～1718.5.12 江戸前期の俳人。姓は立花。通称源四郎。加賀国小松生れ。若い頃金沢に移住、刀の研師を本業とした。はじめ談林俳諧に遊んだが、一六八九年(元禄二)夏に「おくのほそ道」の途次に立ち寄った芭蕉に入門、山中温泉まで同行し、聞書「山中問答」を書き残した。生涯で芭蕉との対面はこのときだけだが、北越蕉門の中核となった。編著「卯辰集」「喪の名残」。蕉門十哲の一人。

ぼくしゅんきん【朴春琴】 Pak Chun-gŭm 1891.4.17～1973.3.31 昭和期の朝鮮人政治家。慶尚南道出身。一九〇七年頃来日し、二一年(大正一〇)親日融和団体である相愛会を設立、副会長となった。三二年(昭和七)東京府第四区から衆議院選に出て朝鮮人として初当選した。三七年再選、朝鮮人への参政権賦与や志願兵制度導入を請願。朝鮮解放後、民族反逆者に指名されたが、のち在日本大韓民国居留民団中央本部顧問となり、祖国統一促進協議会でも活動。

ぼくせいき【朴正熙】 Pak Chŏng-hŭi 1917.11.14～79.10.26 韓国の政治家。慶尚北道出身。一九四四年(昭和一九)日本の陸軍士官学校を卒業。関東軍の中尉として日本の敗戦をむかえ、韓国建国後国防軍に入る。六一年五月他の若手将校とともにクーデタを断行し、張勉政権を打倒。同年七月国家再建最高会議議長、六二年三月大統領代行。六三年大統領に就任し、以後五選。六五年六月には日韓国交正常化を実現。七九年一〇月金載圭中央情報部長に射殺される。

ぼくたつ【朴達】 Pak Tal 1910.12.～60.3.- 朝鮮の独立運動家。本名朴文湘。一九三七年(昭和一二)朝鮮民族解放同盟を基盤として、金日成部隊のパルチザン闘争に呼応。三八年恵山事件で逮捕され、解放まで獄中生活を送った。

ほくりくのみや【北陸宮】 1165～1230.7.8 木曾宮・還俗宮・加賀宮・今屋殿とも。以仁王の子。一一八〇年(治承四)父が平氏との合戦で敗死すると、出家して乳父讃岐前司重秀に伴われ北陸へ逃れた。源義仲に奉じられて元服を遂げ、京都に戻った。八三年(寿永二)義仲は皇位継承者

●坊門家略系図

```
信輔─┬信隆─┬殖子(七条院)
     │      ├信清─┬忠信─長信─信家─信顕═信良─信行─信藤─信守─信豊
     │      │      ├女子(坊門局・西御方)
     │      │      └女子(源実朝室・西八条禅尼)
     │      └隆清─清親─基輔─俊輔─┬俊親─親輔
     │                              └清忠─重隆
     └親信[水無瀬]
```

として推挙したが、後白河上皇に阻止された。その後源姓下賜を望んだが許されず、嵯峨に住んで土御門天皇の皇女を養育した。

ぼくれつ【朴烈】 Pak Yol 1902.2.3～74.1.17 朝鮮の独立運動家。慶尚北道出身。一九一九年(大正八)の三・一運動に参加し、日本に渡って反日運動を展開。二三年の関東大震災時、朝鮮人暴動のデマの流れるなか、同棲中の金子文子とともに検挙され、予審中に「大逆」計画犯人とされる。二六年三月大審院で死刑判決、のち無期懲役に減刑。その過程で同年七月朴と金子が抱き合う怪写真が市中に流され、第一次若槻内閣倒閣運動にも利用された。四五年(昭和二〇)釈放、翌年在日朝鮮居留民団初代団長となり、朝鮮戦争中に北朝鮮に渡った。

ほしかわのみこ【星川皇子】 記紀伝承上の人物。雄略天皇の皇子。母は吉備上道臣の女稚姫。天皇は死に臨み、大伴室屋と東漢掬に皇子の動向に注意するように遺言した。天皇死後、皇子は母にそそのかされ、皇位を狙い、同母兄の磐城皇子の忠告を無視して大蔵を襲った。室屋と掬は兵を率いて大蔵を囲み、火をつけて皇子を焼き殺した。このとき吉備上道臣らが軍船を率いて皇子の助勢にきたが、皇子が死んだと聞くと帰ったと伝える。

ほしじまにろう【星島二郎】 1887.11.6～1980.1.3 大正・昭和期の政治家。岡山県出身。東大卒。弁護士をへて一九二〇年(大正九)衆議院議員に初当選。同郷の犬養毅とともに立憲国民党・革新倶楽部に属し、普選運動を進めた。太平洋戦争時にもリベラルな態度を保ち、翼賛選挙では非推薦で当選。戦後は日本自由党結成に加わり、第一次吉田内閣で商工相に就任。しかし総裁吉田茂と対立し、五四年(昭和二九)日本民主党に参加、翌年自由民主党に合流した。五八年衆議院議長となったが、警職法問題で辞任。

ほしとおる【星亨】 1850.4.14～1901.6.21 明治期の政党政治家。江戸の職人の家に生まれる。維新後に横浜税関長を務め、のち渡英してイギリスの弁護士資格を取得。帰国後に代言人となる。一八八二年(明治一五)自由党入党。解党後、三大事件建白運動を推進。第二回総選挙に当選して衆議院議長となり、自由党を第二次伊藤内閣との協調に導いたが、党内外から反発をうけて第五議会で議員を除名された。九八年、憲政党と第二次山県内閣との提携に成功し、日清戦後の懸案であった地租増徴を成功させる。一九〇〇年、立憲政友会が発足すると憲政党を挙げて参加し、党内最大の実力者となる。第四次伊藤内閣の逓信相となるが東京市疑獄事件で辞任、半年後、伊庭想太郎に刺殺された。地方利益の誘導による党勢拡張という、日本型政党政治の原型をつくった人物とされる。

ほしなこういち【保科孝一】 1872.9.20～1955.7.2 明治～昭和期の国語学者・国語改良論者。山形県出身。一八九七年(明治三〇)東大国文科卒。東京高等師範教授などをへて、一九三〇年(昭和五)東京文理科大学教授。国語問題・国語教育問題に従事し、第二次大戦後の漢字制限や仮名づかい改訂を実現。著書「新体国語学史」。

ほしなし【保科氏】 近世の大名家。信濃国高井郡保科郷の出。正直は武田氏に仕えたが、武田氏滅亡後徳川家康に臣従し、信濃国高遠を領した。一五九〇年(天正一八)下総国多胡に移り、一六〇〇年(慶長五)正光のとき旧領高遠二万五〇〇〇石に復帰。一七年(元和三)徳川秀忠の四男正之を預かり、正光没後正之が遺領を継いだ。その後出羽国山形をへて四三年(寛永二〇)陸奥国会津で二三万石を領し、九六年(元禄九)松平姓を与えられた。上総国飯野藩二万二〇〇〇石は分家。維新後子爵。

ほしなまさなお【保科正直】 1542～1601.9.29 織豊期の武将。父は正俊。越前守・弾正忠。はじめ武田信玄に仕えたが、一五八二年(天正一〇)から徳川家康に属し、信濃国高遠二万五〇〇〇石を領した。同年藤沢頼親のこもる箕輪城を攻略し、八四年の妻籠城攻めに参加。翌年には上田城攻めに従軍し戦功をあげた。八九年京都方広寺建立の際、富士山の木材を豊臣秀吉に贈り、また甲斐国浄居寺城の普請を奉行した。九〇年の小田原攻めにも参加。

ほしなまさみつ【保科正光】 1561～1631.10.7 江戸初期の大名。父は正直。一五八二年(天正一〇)から徳川家康に近侍し、小牧・長久手の戦や小田原攻めに従った。九〇年下総国多胡で一万石を与えられ、九三年(文禄二)従五位下肥後守に叙任。一六〇〇年(慶長五)関ケ原の戦ののち信濃国高遠に二万五〇〇〇石で復帰。一八年(元和四)には三万石となった。

ほしなまさゆき【保科正之】 1611.5.7～72.12.18 江戸前期の大名。陸奥国会津藩主。徳川秀忠の四男。一六一七年(元和三)秀忠の密命で保科正光の養子となった。三一年(寛永八)正光の遺領信濃国

●保科氏略系図

正則―正俊―正直┬正光［高遠藩］＝正之［山形藩 会津藩］―正経―正容［松平］
　　　　　　　　└正貞［飯野藩］―正景―正賢―正殷＝正寿―正富―正率―正徳―正丕―正益（子爵）

高遠三万石を領し、三六年出羽国山形藩主となり、四三年会津二三万石に転じた。五三年(承応二)正四位下中将。兄の徳川家光死後、その遺言により家綱をたすけ、幕閣の重鎮として活躍。寛文の武家諸法度発布に際しては、正之の意見により殉死の禁が口達されている。ほとんど江戸住いだったが、藩政においても国元の家老以下を指導し、社倉の採用や蠟・漆の生産奨励と専売制の実施など会津藩政の基礎確立に尽くした。

ほしのなおき【星野直樹】 1892.4.10～1978.5.29 昭和期の官僚・政治家。神奈川県出身。東大卒。大蔵省に入省。一九三二年(昭和七)満州国に赴任し、三七年総務長官に就任。東条英機・岸信介(のぶすけ)らとともに満州国建設を主導した。四〇年に帰国後、第二次近衛内閣の企画院総裁、東条内閣の内閣書記官長などを歴任。第二次大戦後、A級戦犯容疑者として逮捕・起訴され、極東国際軍事裁判で終身刑の判決をうけた。五五年釈放。以後は実業界に転じ、東急国際ホテル社長などを歴任。

ほしのひさし【星野恒】 1839.7.7～1917.9.10 明治・大正期の日本史学者・漢学者。文学博士。越後国生れ。江戸で塩谷宕陰(しおのやとういん)に漢学を学ぶ。重野安繹(しげのやすつぐ)の引き立てで修史局に入り、古文書調査にあたる。帝国大学文科大学教授となり、史料編纂委員・同部長などを歴任し「大日本史料」「大日本古文書」の刊行に尽力。広い学識と手堅い実証的方法で国史学の発展に貢献した。帝国学士院会員・史学会会長を務めた。著書「国史纂要」「史学叢説」。

ほしのりょうえつ【星野良悦】 1754～1802.3.10 江戸後期の広島の医師。名は範寧、字は子康、号は柳子。一七九一年(寛政三)広島で刑死体二体の解剖を行った。これをもとに原田孝次に作らせた木骨(木製骨格模型)をもって長崎・江戸にいく。幕府医官多紀元簡(げんかん)は木骨を医学館で公開させた。帰郷後、さらに一体を作り幕府に献上して褒美をうけた。木骨は現在広島県立美術館にある。

ボース Subhas Chandra Bose 1897.1.23～1945.8.18 インドの独立運動家。ケンブリッジ大学卒業後、反英運動に参加しくりかえし投獄された。一九三〇年カルカッタ市長、三八年国民会議派議長に就任、武力独立運動をめざしてガンジーと対立、翌年辞任。四一年ドイツへ脱出。四三年に来日し独立運動への協力を求め、自由インド仮政府を樹立。さらにインド国民軍を率いてインパール作戦に参加するが敗走、四五年ソ連にむかう途中、台北で搭乗機が墜落、死亡した。

ほそいこうたく【細井広沢】 1658.10.8～1735.12.23 江戸中期の儒学者・書家。名は知慎(ともちか)、字は公謹、通称次郎太夫。広沢は号。別号は思貽斎・蕉林庵・玉川・奇勝堂など。遠江国生れ。一時辻弁庵と名のる。朱子学を坂井漸軒に、書法を北島雪山に学ぶ。兵学・歌道のほか天文や算数などの学識も豊かで、柳沢吉保に招かれたのち、水戸藩や幕府に登用される。著書「国字国訓弁」「紫微字様」、ほかに法帖・印譜類も多数。

ほそいへいしゅう【細井平洲】 1728.6.28～1801.6.29 江戸中・後期の折衷学派の儒者。名は徳民、字は世馨(せいけい)、通称甚三郎。尾張国知多郡の富農の子。京都に遊学後、名古屋で折衷学の中西淡淵に学ぶ。長崎遊学ののち、江戸で私塾嚶鳴館(おうめいかん)を営む。西条・米沢・人吉・郡山・延岡などの諸藩に賓師として招かれた。とくに米沢藩主上杉治憲の教育にあたり、藩校興譲館の整備と民衆教化を行った。一七八〇年(安永九)名古屋藩に仕え、藩校明倫堂督学。藩士教育と領民教化につくした。著書「嚶鳴館遺草」「詩経古伝」。

ほそいわきぞう【細井和喜蔵】 1897.5.9～1925.8.18 大正期の作家。京都府出身。養育者の祖母の死で小学校中退。織物工場などの職工となり、友愛会に加入。一九二〇年(大正九)上京し、労働運動に参加。「種蒔く人」に小説を発表。自分と妻の体験記録「女工哀史」の出版で一躍著名となるが、直後に病死。印税は東京青山墓地の「解放運動無名戦士之墓」建立の基金となる。

ほそかわあきうじ【細川顕氏】 ?～1352.7.5 南北朝期の武将。頼貞の嫡子。小四郎。兵部少輔・陸奥守。元弘の乱以来足利尊氏に従い、一三三六年(建武三・延元元)尊氏の九州敗走の際、一族とともに四国に派遣され軍勢を集めた。ついで河内・和泉・讃岐三国守護となり、畿内で南朝方と戦う。一時侍所頭人も兼任。観応の擾乱では当初足利直義(ただよし)方に属したが、直義の北陸下向にともない尊氏方へ帰順。五二年(観応三・正平七)四月、男山合戦の総大将として南朝方を撃破したが、まもなく病没。

ほそかわあきもと【細川昭元】 1548～92.5.7 戦国期～織豊期の武将。晴元の子。母は六角定頼の女。初名信元、のち信良。幼名聡明丸。六郎。右京大夫。はじめ三好長慶・三好三人衆に擁されたが、一五七一年(元亀二)足利義昭に出仕。義昭追放後は織田信長に属し、七六年(天正四)頃信長の妹お犬を娶る。本能寺の変後は反秀吉方として活動し、長宗我部(ちょうそかべ)元親を頼って土佐に下る。のち本願寺顕如(けんにょ)のもとへ身をよせた。

ほそかわうじつな【細川氏綱】 ?～1563.12.20 戦国期の武将。室町幕府最後の管領。尹賢(これかた)の子、高国の養子。二郎。右京大夫。一五四三年(天文一二)高国方の残党に擁されて摂津で挙兵、細川晴元と戦う。のち三好長慶に擁され、四九年将軍足利義輝や晴元を近江に追う。五二年長慶と義輝の講和で幕府に出仕、管領となる。五九年(永禄二)長慶に山城国淀城(現、京都市伏見区)に移され、同城で病没。

ほそかわうじはる【細川氏春】 ?～1387.10.19

南北朝期の武将。師氏の子。彦四郎。兵部少輔・左衛門佐。一三四八年(貞和四・正平三)父の死で淡路国守護を継承。六一年(康安元・正平一六)細川清氏の南朝投降に応じて翌年讃岐へ渡るが、清氏敗死後、幕府へ帰順して淡路国守護に復帰。七三年(応安六・文中二)河内の南朝追討にあたり、一時紀伊国守護を兼任。康暦の政変で細川頼之と京都をのがれたが、のちゆるされて淡路国守護に再任。

ほそかわおきもと【細川興元】 1566～1619.3.18 織豊期～江戸初期の武将。藤孝の次男。若年から父の軍に従い、兄忠興とともに戦功を重ねた。一六〇一年(慶長六)忠興と不和になり、豊前国小倉を去って京都・堺に流寓した。〇八年徳川家康の命で和解。徳川秀忠に仕え、下野国茂木(もてぎ)で一万石を領有した。大坂夏の陣での戦功を賞され、一六一六年(元和二)常陸国内で六〇〇〇石を加増された。子孫は代々常陸国谷田部(やたべ)藩主となった。

ほそかわかずうじ【細川和氏】 1296～1342.9.23 「ともうじ」とも。南北朝期の武将。公頼(きんより)の子。弥八。阿波守。法名竹渓。元弘の乱以来足利尊氏に従い、一三三六年(建武三・延元元)尊氏の西走に際し四国に派遣された。室町幕府成立後は引付頭人、ついで侍所頭人。三九年(暦応二・延元四)夢窓疎石(むそうそせき)を開山に招き、阿波国秋月荘に補陀(ふだ)寺を建立。初代阿波国守護といわれる。

ほそかわかつもと【細川勝元】 1430～73.5.11 室町中期の武将。持之(もちゆき)の嫡子。聡明丸・六郎。右京大夫。法名竜安寺宗宝仁栄。一四四二年(嘉吉二)父の死去で家督を継承、摂津・丹波・讃岐・土佐四カ国守護となる。若年のため叔父持賢の補佐をうけた。将軍足利義政のもとで管領を三度勤める。畠山持国と対抗するため、はじめ山名持豊(宗全)と結んでその女婿となるが、赤松氏の再興、斯波・畠山両氏の家督争い、さらには将軍家継嗣問題をめぐって対立を深めた。六七年(応仁元)一月、持豊が勝元の支援する管領畠山政長の失脚をはかったため両者は兵を京都に集結、応仁・文明の乱が勃発した。将軍義政を擁し、東軍の総大将として持豊率いる西軍と争ったが、勝敗が決まらないまま持豊没後まもなく病没。

ほそかわガラシャ【細川ガラシャ】 1563～1600.7.17 織豊期の女性キリシタン。明智光秀の女、細川忠興の室。名は玉子。一五八二年（天正一〇）本能寺の変後、丹後国味土野(みどの)に幽閉されるが、八四年豊臣秀吉に許されて大坂の細川邸に移る。忠興が高山右近の友人だったことからキリシタンの教えに関心をもつ。八七年忠興が九州出陣中に大坂の教会を訪問。侍女の清原枝賢(えだかた)の女に教理を学ばせ、侍女は受洗してマリアと称した。同年マリアから受洗、洗礼名ガラシャ。一六〇〇年(慶長五)関ケ原の戦に際し、石田三成に細川邸を囲まれ、家老に自らを討たせた。

ほそかわかろく【細川嘉六】 1888.9.27～1962.12.2 大正・昭和期の社会科学者・植民地問題研究者。富山県出身。東大卒。一九二〇年(大正九)大原社会問題研究所に入り、労働問題・植民地民族問題などを研究。マルクス・レーニン主義の立場から中国革命などに関する論説を発表し、三三年(昭和八)共産党シンパ事件、四二年筆禍事件(横浜事件)で検挙された。第二次大戦後は日本共産党に入党、参議院議員に当選、日中国交回復運動でも活躍。

ほそかわきようじ【細川清氏】 ?～1362.7.24 南北朝期の武将。和氏(かずうじ)の嫡子。初名元氏。弥八。左近将監・伊予守・相模守。観応の擾乱では足利尊氏方に属して軍功を重ね、伊賀・若狭両国守護を歴任、評定(ひょうじょう)衆・引付頭人を勤めた。幕府執事として将軍足利義詮(よしあきら)を補佐し、河内の南朝方討伐や仁木義長の排斥などを行った。しかし専横にはしり、佐々木高氏らの反感を招いて一三六一年(康安元・正平一六)若狭に退いた。南朝に帰順し一時京都を占拠。翌年四国に赴き再起をはかるが、讃岐国白峰山麓で細川頼之と戦って敗死。

ほそかわし【細川氏】 室町幕府の管領、近世の大名家。清和源氏足利氏の支族。足利義清の孫義季(よしすえ)が、三河国額田郡細川郷(現、愛知県岡崎市)に住み、細川氏を称したのに始まる。その子孫は足利尊氏の挙兵に従い、軍功をたてて勢力を伸ばした。七代頼之(よりゆき)が三代将軍足利義満の後見となり管領として幕政を主導。以後、嫡家(京兆(けいちょう)家)は幕府管領家の一つとなり、摂津・丹波・讃岐・土佐諸国の守護を世襲。嫡家を中心に、阿波・備中・淡路・和泉の守護家など庶流数家が連合し、幕府内に有力な地位を占めた。応仁の乱後、嫡家・庶家ともに衰退、滅亡したが、和泉国守護の末裔藤孝(幽斎)・忠興(ただおき)(三斎)父子が織田・豊臣両氏に従い、一族を再興。のち徳川氏に属し、肥後国熊本城主となり、外様の有力大名として存続し明治期に至る。維新後、侯爵。庶流三家は子爵。「細川家史料」を伝える。●• 次頁

ほそかわしげかた【細川重賢】 1720.12.26～85.10.22 江戸中期の大名。肥後国熊本藩主。父は四代宣紀。越中守。一七四七年(延享四)兄宗孝が江戸城内で旗本板倉勝該(かつかね)に斬りつけられ不慮の死を遂げたため同年遺領相続。四八年(寛延元)初入国し改革の決意を表明。用人堀勝名を大奉行に抜擢し、行政機構改革、「刑法草書」編纂による刑法改正、司法と行政の分離、衣服令細則の制定、櫨方(はぜかた)役所の設置による専売制の企画、検地による隠田摘発など、宝暦の改革を推進し一応の成功を収めた。また五五年(宝暦五)藩校時習館開設、五七年医学寮(再春館)、翌年薬園蕃滋園を開く。博物学に関心を示し「聚芳図」などを著し

た。上杉治憲・徳川治貞・佐竹義和とともに四名君といわれる。

ほそかわじゅんじろう【細川潤次郎】 1834.2.2～1923.7.20 明治・大正期の法学者・教育者。号は十洲。土佐国生れ。長崎で蘭学を、中浜万次郎に英語を学び、高知藩藩校致道館教授となる。明治維新後新政府に出仕。新聞紙条例・出版条例を起草し、一八八一年(明治一四)司法大輔。刑法・治罪法などの法典整備に貢献し、教育界でも活躍。「十洲全集」全三巻。

ほそかわすみもと【細川澄元】 1489～1520.6.10 戦国期の武将。阿波国守護細川義春の子。六郎。細川政元の養子となり、三好之長をともなって阿波から上洛、細川澄之にかわって京兆家家督となる。一五〇七年(永正四)澄之を擁する香西元長らの襲撃をうけ近江に落ちたが、細川高国らが澄之らを滅ぼすと入京して家督を回復。しかし、前将軍足利義稙の上洛を前に細川京兆家内衆の支持を失い阿波へ帰国。その後も畿内侵攻をはかり高国と戦ったが成功せず、阿波で病没。

ほそかわすみゆき【細川澄之】 1489～1507.8.1 戦国期の武将。父は前関白九条政基、母は武者小路隆光の女。一一代将軍足利義澄の従兄弟。幼名聡明丸。通称九郎。一四九一年(延徳三)細川政元の養子となるが、一五〇六年(永正三)もう一人の養子澄元が京兆家家督をついだ。翌年政元を暗殺した香西元長らに擁されて家督となるが、細川高国の攻撃にあい、洛中の崇禅寺遊初軒で自害。

ほそかわたかくに【細川高国】 1484～1531.6.8 戦国期の武将。政春の子、政元の養子。六郎。民部少輔・右京大夫。法名道永、のち常桓。足利義稙が上洛すると、細川京兆家内衆の支持をえて家督をつぎ、ついで管領となる。細川澄元の二度の畿内侵攻を撃退、義稙の淡路出奔後は足利義晴を将軍に擁した。一五二六年(大永六)柳本賢治の離反を契機に阿波から三好氏が侵攻、翌年義晴とともに近江にのがれた。三好元長は足利義維・細川晴元を擁して和泉国堺に上陸、高国はこれに対抗し、浦上村宗とともに摂津へ進攻したが、同国天王寺で敗北。尼崎で捕らえられて自害。

ほそかわただおき【細川忠興】 1563.11.13～1645.12.2 織豊期～江戸初期の武将。藤孝の長男。若年から父とともに織田信長に従い、松永久秀討伐をはじめ戦功をたてた。本能寺の変に際しては室のガラシャ(明智光秀の女)を一時離縁して光秀の誘いをしりぞけ、豊臣秀吉から丹後一国を安堵された。文禄の役では二年半朝鮮に滞陣。秀吉没後は親徳川派となり、関ケ原の戦功で豊前小倉三九万石余に移封。一六二〇年(元和六)病気により隠居し、剃髪して三斎宗立と号した。三二年(寛永九)子忠利の国替えで肥後に移り、八代を居城とした。引退後もつねに藩政や軍事について忠利を指導し、幕府有力者との関係保持に努めた。茶道は千利休の高弟で三斎流をおこした。

ほそかわただとし【細川忠利】 1586.10.11～1641.3.17 江戸初期の大名。肥後国熊本藩初代藩主。忠興の三男。母は明智光秀の女ガラシャ。関ケ原の戦に際して人質として江戸に赴き、徳川秀忠に扈従、一六〇四年(慶長九)二兄がありながら嫡子となる。二〇年(元和六)父の隠居で家督を相続、豊前国小倉藩主となる。三二年(寛永九)熊本五四万石に加増転封。島原の乱では子光尚とともに三万余の軍勢を率いて活躍した。つねに適切な言行によって幕府の信頼をえ、肥後細川家の基盤を築いた。

ほそかわはるもと【細川晴元】 1514～63.3.1 戦国期の武将。澄元の子。聡明丸・六郎。右京大夫。法名一清。一五二七年(大永七)足利義維とともに三好元長に擁されて阿波から和泉国堺へ

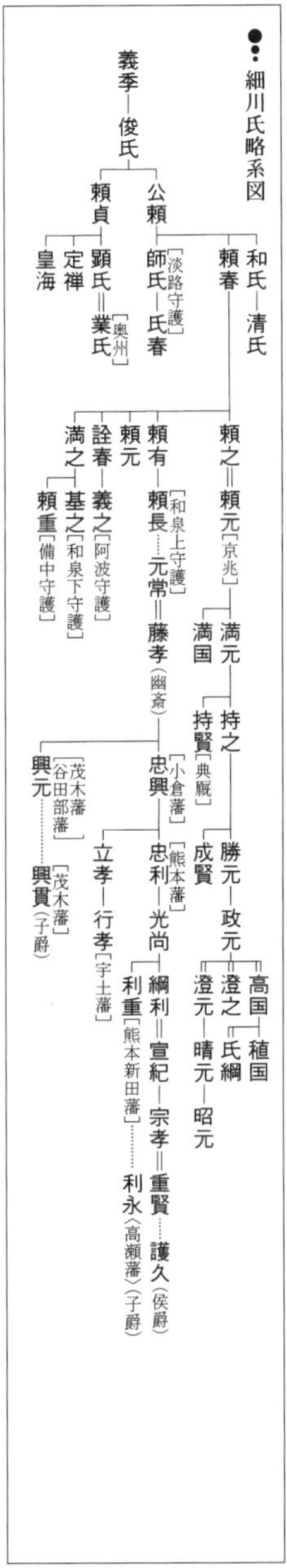

上陸。細川高国を追い、堺にいながら京都を支配した。元長の強大化を嫌い、一向一揆を動かして自刃させる。三六年(天文五)天文法華の乱の鎮静後入京。しかし元長の子長慶が背いたため、四九年、将軍足利義輝と近江へ出奔。義輝と長慶の和睦後若狭に逃れ、六一年(永禄四)長慶と和して摂津国普門寺に隠棲。

ほそかわふじたか【細川藤孝】 1534.4.22～1610.8.20 戦国期～織豊期の武将。幽斎玄旨(ゆうさいげんし)と号す。父は三淵晴員(みつぶちはるかず)。実父は将軍足利義晴とも。細川元常の養子。足利将軍家に仕え、義輝が暗殺されたのちは義昭の擁立に尽力した。一五七三年(天正元)義昭が京都を追放されると織田信長に属し、所領山城国長岡にちなみ長岡を姓とする。八〇年子の忠興とともに丹後を攻めとり、宮津に居城した。本能寺の変に際しては旧友明智光秀の誘いを拒み、剃髪して忠興に家督を譲った。のち豊臣秀吉に従い、関ケ原の戦では忠興とともに東軍に応じ、丹後国田辺城に二カ月籠城した。武芸をはじめ文学・有職故実・能楽などに精通し、歌道は三条西実枝(さねき)から古今伝授をうけた。

ほそかわまさもと【細川政元】 1466～1507.6.23 戦国期の武将。勝元の子、母は山名持豊の養女。聡明丸・九郎。右京大夫。摂津・丹波・讃岐・土佐四カ国守護。管領を四度つとめた。一四九三年(明応二)足利義材(よしき)(義稙(よしたね))を廃して義澄を将軍に擁立、畠山政長を攻め殺して細川京兆家(けいちょうけ)の畿内支配の確立をはかった(明応の政変)。政変の準備段階で細川澄之を養子としたが、一五〇六年(永正三)阿波国守護家の澄元を養子に迎え家督に定めた。この間、畿内の実権掌握をめぐって内衆(うちしゅう)と対立しており、家督を廃されて不満をもつ澄之を擁した香西(こうざい)元長らに暗殺された。

ほそかわマリヤ【細川マリヤ】 1544～1618.7.26 織豊期のキリシタン保護者。細川藤孝の室、忠興の母。法号は光寿院。一五九五年(文禄四)次男興元が受洗した際には書状を送り、棄教を勧めた。イエズス会の報告には「ドンナ・マリヤ」とある一方で、キリシタンに好意を示したが異教徒であると記されており、受洗しなかったと考えられる。

ほそかわみつもと【細川満元】 1378～1426.10.16 室町中期の武将。頼元の子。聡明丸・五郎。右馬頭・右京大夫。法名道観。父の死で家督を継承、摂津・丹波・讃岐・土佐四カ国守護となる。将軍足利義持のもとで管領。この間有力守護と将軍近習の間で幕政の主導権争いが芽生え、上杉禅秀の乱の処理を通じて激化するが、満元は守護の合議体制を固めて近習富樫満成を失脚に追いこみ、幕政の安定に成功。和歌をよくし、正徹(しょうてつ)や尭孝(ぎょうこう)とも関係が深い。

ほそかわもちゆき【細川持之】 1400～42.8.4 室町中期の武将。満元の子。九郎。中務少輔・右京大夫。兄持元の早世で家督をつぎ、摂津・丹波・讃岐・土佐四カ国守護になる。将軍足利義教(よしのり)のもとで管領となるが、その専制強化や有力守護弾圧を抑えられなかった。嘉吉の乱後、諸大名と合議し遺児足利義勝の擁立、赤松満祐の追討をはたした。

ほそかわもりたつ【細川護立】 1883.10.21～1970.11.18 大正・昭和期の美術品収集家。熊本藩知事細川護久の四男。東京都出身。東大中退。一九一四年(大正三)侯爵家の宗家を継ぎ、旧熊本藩主細川家の当主となる。同年貴族院議員。国宝保存会会長・文化財保護委員会委員など文化財保護に尽力し、東洋文庫理事長・ヌビア遺跡保護協力委員長も務めた。美術品の愛好と収集でも知られる。収集品と細川家伝来品は永青文庫・熊本県立美術館に分蔵。

ほそかわもりひろ【細川護熙】 1938.1.14～ 昭和後期～平成期の政治家。旧熊本藩主細川家の一八代目。東京都出身。上智大学卒。朝日新聞記者をへて政界に入り、参議院議員(自民党)・熊本県知事などを歴任。一九九二年(平成四)五月に日本新党を結成。九三年七月の総選挙で衆議院議員に初当選、八月細川内閣を組閣し、小選挙区制・政治腐敗防止法などを成立させたが、翌年退陣。九八年議員を辞職して政界を引退。

ほそかわゆうさい【細川幽斎】 ⇨細川藤孝(ほそかわふじたか)

ほそかわよりはる【細川頼春】 1299/1304～52.閏2.20 南北朝期の武将。公頼の子。九郎。刑部大輔・讃岐守。元弘の乱以来足利尊氏に従い、尊氏の九州敗走の際、兄の和氏らと四国に派遣された。のち阿波・備後両国守護を勤め、一時伊予国守護も兼任。観応の擾乱では尊氏方に属し、侍所頭人・引付頭人となる。京都に侵攻した南朝軍と戦って討死。

ほそかわよりもと【細川頼元】 1343～97.5.7 南北朝期の武将。頼春の四子、母は近衛経忠の女。兄頼之の養嗣子。初名頼基。聡明丸・三郎。右馬助・右京大夫。一三七三年(応安六・文中二)頃摂津国守護。康暦の政変で四国へ下るが、八一年(永徳元・弘和元)ゆるされて幕府へ出仕、摂津国守護に復任、ついで管領。明徳の乱鎮圧の功で丹波国守護を兼ね、頼之の死後讃岐・土佐両守護も兼任、細川京兆家(けいちょうけ)の地盤を確立した。

ほそかわよりゆき【細川頼之】 1329～92.3.2 南北朝期の武将。頼春の嫡子。弥九郎・右馬助。右馬頭・武蔵守。法名常久。父の戦死後阿波国守護を継承、のち伊予国守護も兼任。一三五六年(延文元・正平一一)以降中国管領として足利直冬党と戦い、六二年(貞治元・正平一七)南朝に降った細川清氏を讃岐で滅ぼした。これらの功で讃岐・土佐両国守護を兼任。六七年将軍足利義詮(よしあきら)の遺命で管領となり、幼少の将軍義満を補佐した。以後一二年間在任して幕府の体制確立に努めたが、康暦の政変で失脚、四国へ下る。のち伊予国守護職の放棄を条件にゆるされ、九〇年（明徳元・元中七）備後国守護に任じられて山名時熙を追討し、翌年上洛。管領の養嗣子頼元を後見し、明徳の乱を鎮定。この間一族の領国は八カ国に及び、幕府内の細川氏の地歩は確立した。

ほそだえいし【細田栄之】 ⇩鳥文斎栄之

ぼだいせんな【菩提僊那】 704～760.2.25 婆羅門僧正とも。奈良時代に来朝したインド僧。在唐中に日本の入唐僧理鏡らの要請をうけて、道璿・仏哲らと七三六年（天平八）来朝、行基に迎えられて大安寺に入る。同年時服を賜り、七四二年秦大蔵連喜達の得度（優婆塞）を願いでた。七五一年（天平勝宝三）僧正に任命され、翌年には東大寺大仏の開眼師を勤めた。大安寺で没し、翌月、登美山の右僕射林に葬られたという。

ぼたんかしょうはく【牡丹花肖柏】 ⇩肖柏

ほっけ【北家】 藤原四家の一つ。不比等の次男房前の別称。平城宮の北にその邸宅が所在したことにちなみ、子孫も北家と称した。嵯峨朝に内麻呂・冬嗣が活躍して嫡流となり、人臣初の摂政良房や初代関白基経らを輩出。一時中断した摂関を再開した忠平、その次男師輔の子孫が代々摂関を継承し、三人の女を中宮にした道長に至り全盛期を迎える。摂関家はのち近衛・鷹司・九条・二条・一条の五摂家にわかれ、明治維新まで続く。●藤原氏

ほったし【堀田氏】 江戸時代の譜代大名家。本姓は紀氏。武内宿禰から三二代後の鎌倉時代の之高が、尾張国中島郡堀田村に住んで堀田を称したという。徳川家光のとき老中を勤めた正盛から発展し、一六四二年（寛永一九）下総国佐倉で一一万石を領したが、家光に殉死。遺領は長子正信が継いだが、六〇年（万治三）改易。嫡子正休が一万石を与えられ、九八年（元禄一一）近江国宮川に転封、代々同藩主。維新後に子爵。正盛の三男正俊は遺領のうち一万石を分与され、数度の加増・転封のち八一年（天和元）下総国古河で九万石を領し、徳川綱吉のもとで大老を勤め、一三万石の藩主となった。一七四六年（延享三）正亮のとき同国佐倉に移り、維新後伯爵。分家に正俊三男正高を祖とする下野国佐野藩一万六〇〇〇石があり、維新後子爵。

ほったまさあつ【堀田正敦】 1758～1832.6.17 江戸後期の若年寄。近江国堅田・下野国佐野藩主。父は仙台藩主伊達宗村。堅田藩主堀田正富の養子となり、一七八七年（天明七）家督相続。九〇年（寛政二）若年寄。九九年「寛政重修諸家譜」編纂を建議し、総裁として完成。一八〇七年（文化四）文化露寇事件処理のため箱館に出張。その間仙台藩主伊達周宗の政務補佐を勤め、とくに藩士大槻玄沢の蘭学研究を支援しかつその恩恵を享受した。

ほったまさすけ【堀田正亮】 1712.1.6～61.2.8 江戸中期の老中。出羽国山形・下総国佐倉藩主。父は下総国古河藩主堀田正俊の子正武。相模守。伯父の山形藩主正虎の養子となり三〇〇〇石を分与される。藩主正春夭折のため一七三一年（享保一六）遺領相続。奏者番・寺社奉行・大坂城代をへて、四五年（延享二）老中。四六年佐倉へ転封。四九年（寛延二）老中首座となり九代将軍徳川家重を支えた。

ほったまさとし【堀田正俊】 1634～84.8.28 江戸前期の老中・大老。父は正盛。一六三五年（寛永一二）徳川家光の乳母春日局の養子となり、四一年徳川家綱の小姓。六〇年（万治三）奏者番、七〇年（寛文一〇）若年寄、七九年（延宝七）老中となり従四位下に叙任。徳川綱吉の将軍擁立につくし、綱吉の厚い信頼により財政専管を命じられる。八一年（天和元）下総国古河藩主となって備中守から筑前守に改め、大老にのぼった。翌年加増され一三万石。譜代大名の改易・減封や世襲的代官の大量処分など、綱吉の初政である天和の治を補佐したが、その武断的な政治は幕臣の反感をよび、八四年（貞享元）八月、江戸城中で父正盛の従弟、若年寄稲葉正休により刺殺。

ほったまさのぶ【堀田正信】 1631～80.5.20 江戸前期の大名。下総国佐倉藩主。正盛の長男。一六四四年（正保元）従五位下上野介に叙任。五一年（慶安四）徳川家光に殉死した父の遺領佐倉一一万石を継いだ。六〇年（万治三）老中阿部忠秋らに幕政批判の諫書を提出。所領返上と交換に困窮した旗本の救済を願い、みずからは無断で佐倉に帰国した。これにより改易となり信濃国飯田などをへて阿波国徳島に移され、八〇年（延宝八）徳川家綱

●堀田氏略系図

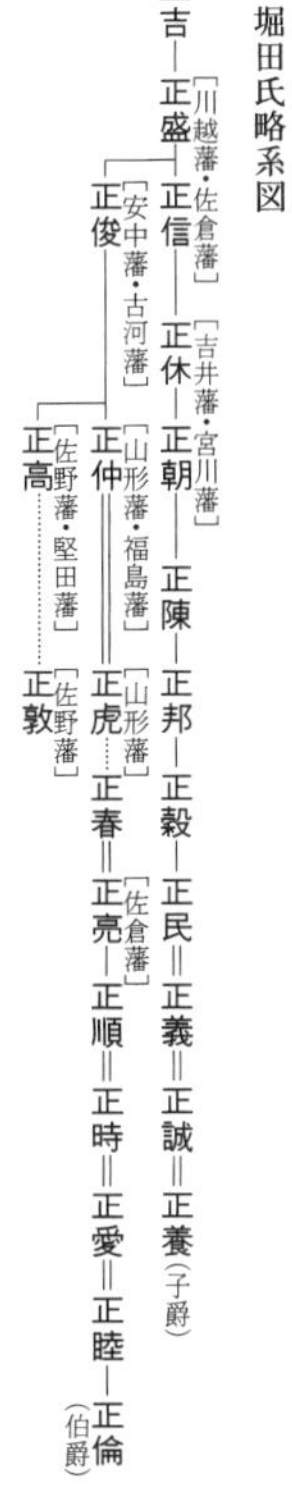

に殉死。

ほったまさもり【堀田正盛】 1608～51.4.20 江戸前期の老中。加賀守。父正吉は旗本、母は稲葉正成の女。春日局は義理の外祖母。一六二〇年(元和六)から徳川家光に仕え、二六年(寛永三)小姓組番頭。三三年六人衆となり、同年には年寄並として幕政に参画。三五年武蔵国川越藩主となり三万五〇〇〇石を領した。三八年老中退任、信濃国松本一〇万石に転封となるが、以後も家光政権の中枢に参画。四二年下総国佐倉一一万石に転封。五一年(慶安四)家光に殉死。

ほったまさよし【堀田正睦】 1810.8.1～64.3.21 幕末期の老中。下総国佐倉藩主。父は正時。相模守・備中守。従兄正愛の養子となり一八二五年(文政八)遺領相続。二九年奏者番就任以来、寺社奉行兼帯・大坂城代・西丸老中を勤め、四一年(天保一二)本丸老中となり天保の改革を支えたが、四三年罷免。五五年(安政二)阿部正弘の推挙により老中首座となり翌年外国御用取扱。五八年アメリカ駐日総領事ハリスの出府・将軍謁見を実現。日米修好通商条約を審議し、勅許をえるために上京するが失敗。直後、井伊直弼が大老に就任し無勅許調印を行い、正睦は責任を転嫁され罷免。翌年隠居、六二年(文久二)蟄居。学問振興のため藩校成徳書院・演武場を設け、蘭学者佐藤泰然を招き日本初の私立病院順天堂を開かせた。これにより「西の長崎、東の佐倉」と称されるほど蘭学が興隆した。

ほづみうじ【穂積氏】 大和国山辺郡穂積郷(現、奈良県天理市前栽付近か)を本拠とした氏族。六八四年(天武一三)一一月に臣から朝臣に改姓。「古事記」神武段および「新撰姓氏録」左京神別の穂積朝臣条などは、饒速日命の後裔で物部・采女両氏と同族とする。しかし「古事記」孝元段や「日本書紀」開化即位前紀は、内色許男命(鬱色雄命)を祖とする。前者は、物部氏の祖伊香色雄命(饒速日命の五世孫)と内色許男命を混同した疑いがあり、物部氏との同族関係には疑問もある。

ほづみしげとお【穂積重遠】 1883.4.11～1951.7.29 明治～昭和期の民法学者。陳重の長男。東京都出身。東大卒。東京帝国大学助教授となり一九一二年(大正元)ヨーロッパ留学、一六年同教授として民法・法理学講座を担当した。近代的な家族観にもとづいて旧民法規定の「家」制度を批判、また身分法研究に業績を示し多くの影響を与えた。第二次大戦後は東宮侍従長をへて最高裁判所判事を務めた。著書「民法読本」「離婚制度の研究」「親族法」。

ほづみしんのう【穂積親王】 ?～715.7.27 天武天皇の皇子。母は蘇我赤兄の女大蕤娘。出生順では八番目と考えられるが、「続日本紀」では第五皇子。七〇二年(大宝二)持統天皇の殯宮を造る司に任命され、翌年の葬儀では御装長官を勤めた。時に二品。七〇五年(慶雲二)知太政官事に任命され、七一五年(霊亀元)一品に昇叙されたが、同年死去。高市皇子の妃で異母妹の但馬皇女との恋愛の歌を「万葉集」に収める。

ほづみのおしやま【穂積押山】 生没年不詳。六世紀前半の豪族。継体六年四月百済に派遣され、一二月百済の任那四県割譲要求に対して、大伴金村にこれを是とする上申を行ったため、割譲が決定。時に多唎国守。のち金村とともに百済から賂をうけたと流言された。継体二三年三月、押山は百済が朝貢の港津として加羅の多沙津を望んでいることを上奏し、多沙津は百済に与えられた。これにより加羅は日本を怨み、新羅と結んだという。

ほづみのぶしげ【穂積陳重】 1856.7.11～1926.4.7 明治・大正期の法学者。八束の兄。伊予国生れ。大学南校をへて英・独に留学。帰国後、一八八二年(明治一五)東京大学教授となり、法理学を担当。九三年梅謙次郎・富井政章と民法典起草委員となるなど、多くの法典編纂に功績を残し、比較法学・法史学・法哲学の分野も開拓した。九〇年貴族院勅選議員、一九二五年(大正一四)枢密院議長。

ほづみやつか【穂積八束】 1860.2.28～1912.10.5 明治期の憲法学者。陳重の弟。伊予国生れ。東大卒。ドイツ留学をへて、一八八九年(明治二二)帝国大学教授となり、憲法講座を担当。民法典論争に際し「民法出デテ忠孝亡ブ」を著し反対した。以後法典調査会査定委員・貴族院勅選議員・宮中顧問官などを歴任。学説が権力的・概念的であったため、有賀長雄・美濃部達吉などの批判を浴びた。

ほてい【布袋】 ?～917 定応大師とも。中国後梁の僧。姓不詳、名は契此。明州奉化県(寧波付近)嶽林寺に住した。天候・吉凶の占いに長じ、また日用品いっさいを布袋にいれて杖で荷っていたと伝える。その特異な性癖と肥満体が禅僧の画題として好まれ、江戸時代には袋の中身を財宝にみたてて七福神の一人とされた。

ほていやうめのじょう【布袋屋梅之丞】 江戸時代の京都の歌舞伎の名代。一六六九年(寛文九)に蜘舞の芸団の早雲長吉が「歌舞伎物真似」「蜘舞物真似」という二つの名目の名代赦免をうけたが、そのうち前者は九四年(元禄七)に布袋屋梅之丞と改められた(後者は早雲長太夫となった)。名義は明治期まで存続したが、一八一八年(文政元)以降は都万太夫とともに四条南側芝居(南座)興行の名代として固定化した。

ほでりのみこと【火照命】 ⇨火闌降命

ボードイン Antonius Franciscus Bauduin

1820.6.20～85.6.7　オランダの陸軍軍医。幕末・維新期に来日し日本の近代医学に貢献。ユトレヒト陸軍軍医学校卒。一八六二年(文久二)一〇月長崎に着き、ポンペのあとをうけて六六年(慶応二)まで長崎養生所で講義。理化学教育を行う分析究理所を併設してオランダからハラタマを招く。翌年一時帰国するが六九年(明治二)頃再来日、大阪仮病院で教え、大阪軍事病院に移る。翌年帰国予定のところ、依頼により東京の大学東校で短期間講義、同年末離日した。著書「日講記聞」。

ほとけごぜん【仏御前】　生没年不詳。「平家物語」に登場する白拍子。一六歳のとき、平清盛に舞を披露しようとして追い返されそうになったが、同じ白拍子の祇王のとりなしで今様を歌い舞った。こののち清盛は祇王らを邸内から追放、かわって仏御前を寵愛した。祇王らの出家の噂を聞いてみずからも尼となり、嵯峨の往生院で祇王らとともに暮らしたという。

ほなみけ【穂波家】　藤原氏勧修寺流の勧修寺家庶流。名家。勧修寺経広の次男経尚がはじめ海住山と称し、一六六五年(寛文五)穂波と改め成立。家禄は蔵米三〇石三人扶持。幕末期の経度は、戊辰戦争で東征軍の錦旗奉行という栄職を勤めた。維新後、経藤のとき子爵。一九〇五年(明治三八)爵位返上。

ほのすそりのみこと【火闌降命】　火酢芹命とも。「日本書紀」でコノハナサクヤヒメが火中出産したニニギの第一子または第二子。名義は火が燃え進む意、また稲穂の実りが進む意ともいう。海幸彦として弟山幸彦と争い敗れ、隼人の吾田(阿多)君の始祖となったという。「古事記」でこれと同様の役割をはたす神は火照命であり、別に火須勢理命が存在する。

ホフマン　❶**Johann Joseph Hoffmann**　1805.2.16～78.1.19　ドイツ生れのオランダ人で、日本学者・中国学者。一八三〇年にシーボルトに会い、助手としてシーボルトの「日本」刊行に協力した。五五年にはライデン大学の日本学講座教授に就任。来日した経験はないが、六二年(文久二)の江戸幕府の遣欧使節訪蘭の際の接待役や、翌年の榎本武揚・西周らオランダ留学生の指導を通じて日本研究を深め、六七年には「日本文典」(Japanische Spraakleer)を出版。ヨーロッパにおける日本学研究の基礎を築いた。

❷**Theodor Eduard Hoffmann**　生没年不詳。明治初期の御雇外国人。ドイツ人医師。ブレスラウとベルリン両大学で内科学を修めたのち、一八七一年(明治四)外科医ミュラーとともに来日。海軍軍医少尉。大学東校で内科・病理学を教授。七三年、脚気と間欠熱で死亡した男性をデーニッツとともに解剖した。日本の特志者以外の病理解剖第一号。七五年帰国。

ほほかべし【波々伯部氏】　⇨波々伯部氏

ほむつわけのみこと【誉津別命】　記紀伝承上の人物。垂仁天皇の皇子。母は狭穂姫。母の同母兄狭穂彦王が天皇暗殺をはかって失敗すると、母は命を連れて兄の造った稲城に赴いた。天皇の軍に囲まれ、母は命を託し、兄とともに焼き殺されたという。命は壮年になっても言葉を話さなかったが、鵠(白鳥)の鳴いて飛ぶのを見て言葉を発したことから、天皇がこの鳥を捕らえさせたところ話をするようになったので、捕獲に尽力した天湯河板挙に鳥取造の姓を与えたという。

ほりおし【堀尾氏】　江戸初期の大名家。出自は高市皇子までさかのぼる説もあるが詳細は不明。系譜が確実なのは泰晴からで、織田信長に仕えた。子の吉晴は豊臣秀吉に仕え、遠江国浜松で一二万石を領し、豊臣三中老の一人となった。その子忠氏は関ケ原の戦で東軍に属し、戦後出雲国松江で二四万石を与えられた。忠氏没後は嗣子忠晴が家督を継ぐが、幼少により吉晴が藩政を行った。一六三三年(寛永一〇)無嗣断絶。

ほりおただはる【堀尾忠晴】　1599～1633.9.20　江戸初期の大名。出雲国松江藩主。一六〇四年(慶長九)父忠氏の遺領出雲・隠岐両国で二四万石を継いだが、幼少により国政は祖父吉晴が行った。一一年従四位下山城守に叙任。一四年大坂冬の陣では上杉景勝とともに鉄砲隊を指揮し戦功をあげた。一九年(元和五)福島正則改易の際、広島城をうけとる。二六年(寛永三)侍従に昇進。嗣子がなく死後堀尾家は断絶。

ほりおよしはる【堀尾吉晴】　1543～1611.6.17　織豊期の武将。父は尾張国の土豪であった泰晴。幼少から豊臣秀吉に仕え、備中国高松城攻めや山崎の戦などで戦功をあげ、一五九〇年(天正一八)遠江国浜松一二万石の城主となった。秀吉死後は徳川家康に接近。関ケ原の戦後、出雲・隠岐両国で二四万石を与えられた子忠氏に従い出雲国富田城に住み家督も譲ったが、忠氏の早世で、幼少の孫忠晴にかわり国政を行った。

ほりかわけ【堀河家】　藤原氏北家長良流の高倉家庶流。羽林家。高倉永家の次男親具の子康胤を祖とし、慶長年間(一五九六～一六一五)に創立。家禄は一八〇石、幕末には二三〇石余。親具は水無瀬兼成の養子となったが、家中騒動のため一五九五年(文禄四)徳川家康を頼り出家。徳川氏との縁故から康胤以来江戸幕府の昵近衆となった。康親の次男具視は岩倉具慶の嗣となり、幕末・明治期に活躍。また康親の女紀子は孝明天皇に仕えて和宮降嫁に関与。維新後、康隆のとき子爵。

ほりかわてんのう【堀河天皇】　1079.7.9～1107.7.19　在位1086.11.26～1107.7.19　白河天皇の第二皇子(第一皇子は夭逝)。名は善仁。母は藤原師実の養女賢子(実父は源顕房)。皇太子実仁親王の死去から一年後の一〇八六年(応徳三)立太子し、その日に父白河から譲位をうけて践祚した。いわゆる院政の始まりとされる。他の皇位継承候補者(輔仁親王)に対抗し、長子(鳥羽天皇)の誕生をまって、これを皇太子に立てた。

ほりかわみちとも【堀川通具】 ⇨源通具

ほりきょうあん【堀杏庵】 1585.5.28～1642.11.20 江戸初期の儒医・儒学者。父は医師徳印。名は正意、字は敬夫、通称与十郎。杏庵・杏隠・敬庵・蘇巷・茅山山人は号。近江国生れ。医を曲直瀬正純に、句読を南禅寺帰雲院梅心正悟長老に、儒学を藤原惺窩に学び、惺門の四天王の一人。博学で知られ、文章の評価も高い。広島藩主浅野幸長・同長晟、名古屋藩主徳川義直に仕え、幕府の「寛永諸家系図伝」の編纂事業にも従事。著書「堀杏庵文集」「杏陰集」「東行日録」「有馬温湯記」。

ほりきりぜんじろう【堀切善次郎】 1884.9.2～1979.11.1 大正・昭和期の官僚・政治家。堀切善兵衛の弟。福島県出身。東大卒。内務省に入り、一九二五年(大正一四)神奈川県知事に就任。以後復興局長官・東京市長・拓務次官をへて斎藤内閣の法制局長官・内閣書記官長を務めた。第二次大戦後は幣原内閣の内相。公職追放解除後、東京都公安委員長となる。

ほりぐちさだみつ【堀口貞満】 1297～1338.1.- 鎌倉後期～南北朝期の武将。貞義の子。新田氏の庶流。三郎。大炊助・美濃守。一三三三年(元弘三)新田義貞に従って鎌倉攻めに参加。三六年(建武三・延元元)一〇月、義貞とともに恒良・尊良両親王を奉じて北陸へむかい、越前国金崎城に入った。その後美濃へ移り、三八年一月初旬、北畠顕家が再度上洛した際、これに合流。その直後、越前で死亡したという。

ほりぐちだいがく【堀口大学】 1892.1.8～1981.3.15 大正・昭和期の詩人・翻訳家。東京都出身。一九〇九年(明治四二)新詩社に入る。一一年慶大予科中退、外交官の父の任地メキシコにおもむく。以後ヨーロッパ各地を巡り、二五年(大正一四)帰国。外遊中に詩集「月光とピエロ」「水の面に書きて」などを刊行、軽快で瀟洒な知的抒情を特色とする。フランス訳詩集「月下の一群」は昭和詩に多大な影響を与えた。詩誌「パンテオン」「オルフェオン」で後進を育成。七九年(昭和五四)文化勲章受章。

ほりけ【堀家】 江戸時代の鋳物師の家系。初代は浄栄と号した。一六一七年(元和三)幕府の命により江戸に出て、山城守を受領。以後代々幕府抱えの釜師として江戸に住む。初代の浄栄から四代までは弥助、五代以降は藤兵衛と称した。六代目のとき、山城守という官名が名字のようになり、山城藤兵衛と称した。安永頃の弟子に堀与斎・市兵衛の兄弟がいる。茶の湯釜のほか、銅灯籠・梵鐘など大型の作品も多く製作した。

ほりけいざん【堀景山】 1688～1757.9.19 江戸中期の儒学者・医者。安芸国広島藩儒。藤原惺窩の弟子堀杏庵の曾孫。通称禎助、名は正超、字は君燕、景山は号。京都生れ。荻生徂徠の弟子山田麟嶼を京都で世話した関係から、徂徠と交流をもった。朱子学を中心としたが古文辞学にも造詣が深く、契沖の業績も評価している。のち京都遊学時の本居宣長の師となり、契沖・徂徠らの学問を伝えた意義は大きい。伊藤東涯、従兄の堀南湖とともに、服部南郭から平安の三人と称された。著書「不尽言」。

ほりこしにそうじ【壕越二三治】 二三次とも。生没年不詳。寛延～安永期の江戸を代表する歌舞伎作者。初世沢村宗十郎の門弟。俳優から作者に転じて沢村二三治と名のり、一七四五年(延享二)初出勤。その後堀越、さらに壕越と改姓。一時俳名の菜陽を筆名とし、六七年(明和四)剃髪隠居するが、再び劇界に戻り、八一年(天明元)まで七〇編をこえる作品を残した。時代狂言を世話物にくずした作風は後続の作者に影響を与え、また、常磐津の作詞を得意とし、一日の狂言のなかに舞踊劇の一幕を挿入する形式を始めた。

ほりし【堀氏】 近世の大名家。鎮守府将軍藤原利仁を祖とし、織豊期に秀政が織田信長ついで豊臣秀吉に仕え、一五八五年(天正一三)越前国北庄で一八万石余を領した。子の秀治は九八年(慶長三)越後国春日山四三万石に移ったが、一六一〇年、忠俊のとき内紛により改易。秀政の次男親良の系統が信濃国飯田藩主二万石として明治期まで続いた。秀政の従兄直政は斯波満種の後裔で、奥田を称したが秀政から堀姓を与えられ、以後藤原利仁流。その子孫から越後国村松藩主三万石・同国椎谷藩主一万石・信濃国須坂藩主一万石などが出て明治期まで存続。維新後、いずれも子爵。

ほりじょうえい【堀浄栄】 生没年不詳。江戸前期の鋳物師、堀山城家の祖。名は清光、通称は弥助、浄栄は号。京都の釜師、名越三昌の次男。一六一七年(元和三)幕府の招きにより江戸に下る。鉄釜と唐銅物細工の御用を命じられ、御細工支配として山下御門川岸通山城町に細工地・切米を給された。元和三年銘の銅灯籠が日光東照宮にある。

ほりたつお【堀辰雄】 1904.12.28～53.5.28 昭和期の小説家。東京都出身。東大卒。一高在学中に室生犀星・芥川竜之介の知遇をえる。東京帝国大学在学中に中野重治らと同人誌「驢馬」を創刊。一九三〇年(昭和五)ラディゲの影響をうけ、松村みね子母娘と芥川・堀の恋愛をモデルとした「聖家族」で文名が高まる。三五年婚約者を結核で失い、リルケの影響をうけた「風立ちぬ」で愛と死を追求。プルーストの影響下に「美しい村」、王朝文学の関心下に「かげろふの日記」、モーリヤックの影響下に「菜穂子」を書いた。

ほりちかよし【堀親良】 1580〜1637.5.13　江戸初期の大名。美作守(みまさかのかみ)。秀政の次男。豊臣秀吉に仕え一五九〇年(天正一八)越前国で二万石を領し、翌年美作守に叙任。九八年(慶長三)越後国蔵王堂城主となり四万石を領した。関ケ原の戦では越後一揆の鎮圧に尽力。一六〇二年病のため一時引退したが、〇六年本多正純の仲介で徳川秀忠に近侍し、一一年下野国真岡藩主となり一万二〇〇〇石を領した。大坂の陣にも参加。二七年(寛永四)下野国烏山二万五〇〇〇石に転封。子の親昌以降は信濃国飯田藩主。

ほりとしひろ【堀利熙】 1818.6.19〜60.11.6　江戸後期の幕閣。外国奉行。利堅の四男。母は林述斎の女。通称省之助・織部、諱ははじめ利忠のち利熙、字は欽文・士績、号は有梅・梅花山人。一八四一年(天保一二)小姓組に出仕、徒頭となり、五二年(嘉永五)目付海防掛、五四年(安政元)蝦夷地掛・箱館奉行となる。その後、外国奉行・神奈川奉行を兼帯して、修好通商条約の締結にあたる。開明派であったが、六〇年(万延元)老中安藤信正と対立、自刃した。

ほりなおとら【堀直虎】 1836.8.16〜68.1.17　幕末期の大名。信濃国須坂藩主。父は一一代直格(なおただ)。長門守。内蔵頭。兄直武の隠居により一八六一年(文久元)家督相続。家老以下三三人を処罰して藩政改革に着手。幕府大番頭・府中見廻役・呉服橋門番などを勤め、六七年(慶応三)若年寄・外国奉行に就任。六八年(明治元)徳川慶喜(よしのぶ)東帰後の混乱する江戸城中で自刃。

ほりなおまさ【堀直政】 1547〜1608.2.26　織豊期〜江戸初期の武将。越後国春日山藩家老。父は奥田直純。監物。織田信長の家臣従弟堀秀政に属し、山崎の戦や賤ケ岳の戦などで戦功をあげ、一五九〇年(天正一八)秀政が小田原の陣で没すると、幼嗣子秀治をたすけ、九八年(慶長三)秀治の春日山城移封に際し、沼垂(ぬったり)郡で五万石を与えられた。その後も関ケ原の戦の際の越後一揆鎮圧や幕府との折衝など、初期の春日山藩の重鎮として活躍。

ほりのうちせんかく【堀内仙鶴】 1675〜1748.閏10.21　江戸中期の茶人。江戸生れ。京都に移り、茶道家元表千家原叟(げんそう)宗左に学ぶ。茶道家元堀内家を創設。号は長生庵・化南庵。俳句を水間沾徳(せんとく)に学び、茶人に伝授したという。著書「寄南篇」「忘草」。

ほりばくすい【堀麦水】 ⇨麦水(ばくすい)

ほりひではる【堀秀治】 1576〜1606.5.26　織豊期〜江戸初期の武将・大名。一五九〇年(天正一八)一五歳で父秀政の遺領を継ぎ、越前国北庄(きたのしょう)一六万石の城主となり、従五位下侍従に叙任。翌年従四位下に進んだ。文禄の役では名護屋に在陣。九八年(慶長三)上杉景勝転封の跡をうけて、越後国春日山城主となり、四三万石余を領した。

ほりひでまさ【堀秀政】 1553〜90.5.27　織豊期の武将。父は秀重。美濃国生れ。はじめ織田信長に仕え、越前一向一揆や紀伊雑賀(さいか)一揆の鎮圧につくし、一五八一年(天正九)近江国長浜城主となる。本能寺の変後、山崎の戦では明智光秀軍を破り、清須会議ののち豊臣秀吉に仕えた。八三年近江国佐和山九万石の城主。八五年従四位下侍従に叙任され、同年越前国北庄(きたのしょう)に移り一八万石余を領した。九〇年小田原攻めの最中、陣中で病死。

ほりべやすべえ【堀部安兵衛】 1670〜1703.2.4　一七〇二年(元禄一五)の赤穂事件で、吉良義央(よしなか)を討った浪士の一人。名は武庸(たけつね)。実父は越後国新発田(しばた)藩士。牢人した父の没後江戸に出、高田馬場の仇討で名を馳せ、赤穂藩士堀部弥兵衛の養子となる。馬廻二〇〇石。吉良討伐の急進派として知られ、元家老大石良雄らとの往復書状をまとめた「堀部武庸筆記(たけつねひっき)」にみえるように、亡君の仇討遂行を第一義とした。討入り後、松山藩久松松平家上屋敷に預けられ、翌年幕命により自刃。

ほりべやへえ【堀部弥兵衛】 1627〜1703.2.4　赤穂事件で吉良義央(よしなか)を討った浪士の一人。名は金丸。赤穂藩主浅野長直に出仕。孫の長矩の代に抜擢されて江戸留守居役を勤めた。長槍の名手。「堀部武庸筆記(たけつねひっき)」で知られる安兵衛の養父で、討入りの浪士中最年長であった。討入り後、熊本藩細川家下屋敷に預けられ、翌年幕命により自刃。

ホール ❶**John Whitney Hall** 1916.9.23〜97.10.21　アメリカの日本研究家・歴史学者。宣教師の子として東京に生まれる。ハーバード大学でライシャワーに学び、田沼意次(おきつぐ)研究で博士号。ミシガン大学をへてエール大学歴史学部教授。日本の封建社会、とくに岡山藩について実証的に研究。近代化論の視点から徳川社会を積極的に評価。一九五八年(昭和三三)から一〇年間、日本近代化の日米共同研究で議長を務めた。著書「徳川社会と近代化」「室町時代」など。

❷**Robert Burnett Hall** 1896.7.18〜1975.4.4　アメリカの地理学者。一九二九年(昭和四)以来数度来日し、日本の人文地理学研究に従事。四七年ミシガン大学日本研究所所長。五〇年同大学日本研究センター日本分室(岡山)初代所長。岡山市の北の新池で詳細な日本村落研究を行う。アジア財団が東京に設置され、代表者として日本人研究者

を援助。日本地理学の発展に尽力。

ポルスブルック Dirk de Polsbroek 生没年不詳。オランダの外交官。伯爵。一八五八年(安政五)日蘭修好通商条約締結の際、理事官の秘書を勤め、翌年神奈川駐在副領事。六三年(文久三)から総領事兼外交代表となり、翌年(元治元)英・米・仏との四国連合艦隊での下関砲撃・占領に参加、横浜で下関取極書に署名した。六五年(慶応元)には兵庫沖に連合艦隊を結集し条約勅許をえ、六六年改税約書を締結。またスイス、デンマーク、スウェーデン、ノルウェーと日本の条約締結にも手を貸した。六八〜六九年(明治元〜二)弁理公使。

ポーロ Giovanni Battista Porro 1576.5.7〜1639 イエズス会宣教師。イタリアのミラノ生れ。一六〇五年(慶長一〇)来日。肥前国有馬のセミナリヨで教師を勤める。一四年の宣教師追放後も国内にとどまる。大坂の陣では城内におり、落城後、広島にのがれて中国・四国地方で布教。その後、式見市左衛門、ペドロ・カスイ・岐部とともに東北地方に布教。三八年(寛永一五)仙台藩領で捕らえられ、江戸で大目付井上政重の取調べをうける。拷問により式見とともに転宗。井上邸に監禁され没。

ほんあみけ【本阿弥家】 室町時代から刀剣の研磨と鑑定(目利)を業とした家。伝によれば、家祖妙本は足利尊氏の刀剣奉行であったという。のち鎌倉から京に移り、織田信長・豊臣秀吉ら有力武将と結んで、有力町衆に成長。また近世にも幕府の刀剣目利所となり、その鑑定書(折紙)の裏には必ず「本」の銅印が押され、非常な権威をもった。京都市上京区にあった本阿弥辻子の地名は本家宅跡にちなむもの。

ほんあみこうえつ【本阿弥光悦】 1558〜1637.2.3 寛永文化をになった中心的文化人の一人。庵号は太虚庵。京都の上層町衆本阿弥家に生まれる。芸術に多才を示し、書は近衛信尹・松花堂昭乗と並んで寛永の三筆といわれ、のちに光悦流とよばれる。嵯峨本は彼の書を版下に、華麗な装幀がほどこされたもの。一六一五年(元和元)徳川家康から洛北鷹峰を与えられ、一族とともに茶屋四郎次郎・尾形宗柏・筆屋妙喜らと移り住み、光悦町をひらいて芸術の里とした。そこでは楽常慶の協力をえて作陶を行い、蒔絵の意匠にも参与し、光悦蒔絵とよばれる様式が成立した。代表作は白楽茶碗「不二山」「舟橋蒔絵硯箱」(ともに国宝)。

ほんあみこうほ【本阿弥光甫】 1602?〜82.7.24 江戸前期の京都の文化人。号は空中斎。本阿弥光瑳の子で、家業の刀剣鑑定にすぐれ、金沢藩前田家から三〇〇石をうけた。祖父光悦の資質をうけつぎ、家業のかたわら、書では光悦流をよくし、楽焼を作って茶碗を残し、信楽焼の作風では茶碗・水差・香合などに力作がある。絵画にも長じ、「藤・牡丹・楓」の三幅対(東京国立博物館蔵)が有名。

ほんいんのじじゅう【本院侍従】 生没年不詳。平安中期の歌人。系譜未詳。よび名の由来も未詳。村上天皇の中宮安子や斎宮女御徽子女王に仕えた。藤原伊尹・兼通の兄弟や藤原朝忠ら名門の貴公子と恋愛関係があったらしい。「天徳内裏歌合」に出詠。「後撰集」以下の勅撰集に一六首入集。家集に「本院侍従集」があり、三人称で恋愛の経過をつづる物語的記述が特徴。なお平中説話にみえる本院侍従は別人。

ほんいんぼう【本因坊】 江戸幕府の扶持をうけた碁打四家の筆頭。京都寂光寺の塔頭本因坊に住んだ江戸初期の碁打算砂を祖とする。一六五四年(承応三)二世算悦のとき京都から江戸へ移住、幕府碁所(その司が名人)の座を他の三家(井上・安井・林)と競い、四世道策・五世道知・九世察元・一二世丈和が名人となる。二一世秀哉が一九四〇年(昭和一五)没して断絶。秀哉が引退を機に本因坊の名跡を日本棋院に譲り、本因坊はタイトル戦の名称となった。プロの本因坊戦だけでなく、アマチュア・文壇・女流・学生などでも行われている。

ほんいんぼうさんさ【本因坊算砂】 1559〜1623.5.16 江戸初期の碁打で日蓮宗の僧。京都生れ。本因坊家の初世で、「言経卿記」文禄三年(一五九四)条の記事に徳川家康の上洛に際し宴席に接待要員として召し出されたとある。公家や武家との交際も多く寺社にも招かれ、職業的な碁打の先駆。一六〇三年(慶長八)利玄坊・仙角・道碩らとともに禁裏で技を披露した。一二年幕府から五〇石五人扶持を支給される。将棋にも堪能で、大橋宗桂と駿府城や伏見城で対局している。「言緒卿記」元和元年(一六一五)条に後陽成上皇御所にたびたび招かれ側近らと碁を打ったとみえる。

ほんいんぼうしゅうえい【本因坊秀栄】 1852〜1907.2.10 一七世・一九世本因坊。一四世本因坊秀和の次男。江戸生れ。囲碁家元の林家一二世門入の養子となり一八六五年(慶応元)家督を継いだが、維新以後衰微がはなはだしい坊門復活のため八四年(明治一七)家督を継いで一七世本因坊となる。林家は絶家。八六年、後藤象二郎・井上毅・金玉均らの斡旋で対抗していた方円社と和解、村瀬秀甫に家督を譲るが、秀甫の急逝により八八年再び名跡を継ぎ一九世となる。以後第一人者として坊門の隆盛を回復し、一九〇六年維新以後初の名人となる。

ほんいんぼうしゅうえつ【本因坊秀悦】 1850〜90.8.23 一五世本因坊。一四世本因坊秀和の長男。江戸生れ。歴代養子が家督を継いだ本因坊家で実子として初の跡目となり、一八七三年(明治六)六段で相続。しかし維新後幕府の庇護を失ったうえ、秀和の高弟の村瀬秀甫が坊門を脱して七九年に方円社を結成すると、本因坊家は衰微し、失意と病のうちに同年家督を弟秀元に譲った。

ほんいんぼうしゅうげん【本因坊秀元】 1855～1917.9.5 一六世・二〇世本因坊。四段。一四世秀和の三男。江戸生れ。一八七九年(明治一二)兄秀悦から家督を継いだが、方円社の興隆に比して坊門の衰微ははなはだしく、対抗のため八四年、林家を継いでいた次兄秀栄に家督を譲って退隠した。一九〇七年秀栄没後の跡目争いのため再び二〇世を相続し、翌年田村保寿に二一世を譲った。

ほんいんぼうしゅうさい【本因坊秀哉】 1874.6.24～1940.1.18 明治～昭和前期、終身制最後の第二一世囲碁本因坊。東京都出身。本名田村保寿。本因坊秀栄門下。一九二三年(大正一二)中央棋院設立時に、本因坊家の免状発行権を委譲。さらに三九年(昭和一四)には新聞社主催の棋戦による実力本因坊制をとることを認め、自身の棋風の革新とともに、組織面でも碁界の近代化をはたした。川端康成「名人」は秀哉を描いたもの。

ほんいんぼうしゅうほ【本因坊秀甫】 1838～86.10.14 一八世本因坊。本名村瀬弥吉。江戸生れ。一四世秀和の高弟であったが、一五世を秀悦が相続したため坊門を離れ、一八七九年(明治一二)に方円社を創設、棋界の閉鎖性を打破し囲碁の普及に努めた。当初囲碁家元も参加したが免状発行問題もからんで分裂。八一年準名人八段に進む。八六年七月坊門と和解して一八世を相続したが、三カ月後に没した。

ほんごうし【本郷氏】 中世若狭国の豪族。村上源氏。大飯郡本郷(現、福井県大飯町)の地頭。源師房の子広綱の子孫、美作守朝親を祖とする。鎌倉時代には御家人となり、一二五八年(正嘉二)一月、泰朝が将軍の鶴岡八幡宮参詣の先懸として「吾妻鏡」にみえる。南北朝の内乱期には足利尊氏に従い、室町幕府成立後は、幕府奉公衆として代々将軍家に仕えた。江戸時代には旗本となり、山城国内五〇〇石を領す。

ほんごうむらぜんくろう【本郷村善九郎】 1757～74.12.5 一七七一～八九年(明和八～寛政元)に飛騨国幕領でおきた大原騒動のうち、安永騒動の指導者の一人。本郷村小割堤や宮村水無神社の集会の中心として活躍。一二月五日、一八歳で高山の桐生河原で獄門となる。処刑四日前に牢内から妻おかよにあてた手紙が残る。墓は岐阜県上宝村の臨済宗本覚寺と神岡町の実家敷地内の二ヵ所にある。

ぼんしゅん【梵舜】 1553～1632.11.18 織豊期～江戸初期の神道家・僧侶。吉田兼右の子で、兼見の弟。神竜院・竜玄とも称した。神道を学んだのち、出家して吉田家菩提寺神竜院住職を勤め、豊国神社別当職にもついた。徳川家康に神道に関して講義を行い、家康の死後、遺言により久能山への葬儀を担当して久能山東照宮の創祀に関与した。「梵舜日記」が残る。

ぼんしょう【梵勝】 生没年不詳。室町時代の後南朝の皇族。長慶天皇の皇子玉川宮の末孫。将軍足利義教の猶子となり、五歳で相国寺の喝食となった梵邵と同一人物とみられる。その後、同寺慶雲院主となるが、一四五五年(康正元)弟の梵仲とともに逐電し行方不明。一説に、五七年(長禄元)赤松遺臣に神璽を奪還され殺された北山宮・自天王・河野宮忠義王兄弟は、梵勝・梵仲兄弟にあたるという。

ほんじょうえいじろう【本庄栄治郎】 1888.2.28～1973.11.18 大正・昭和期の日本経済史家。経済学博士。京都市出身。京大卒。大学院へ進学後、同大学講師・助教授・教授、大阪商科大学学長兼教授、大阪府立大学教授などを歴任。この間「西陣研究」「徳川幕府の米価調節」など近世日本経済史や経済思想史に関する著書・論文を多数発表。経済史研究会を組織し、機関誌「経済史研究」の発行にも尽力。

ほんしょうさいいっぽ【本松斎一甫】 ?～1872.8.17 幕末・維新期の遠州流の生花師。江戸生れ。浅草遠州と通称される本松斎一得の流れをくむ本松斎一鯨の門弟。松養斎一伯と号し一鯨を襲名したが、同門で一鯨を称する者があり一甫と改名。その跡は芹田・遠田・福村・服部・矢島の各氏が継承。この流れを一甫派本松斎ともいう。

ほんじょうし【本庄氏】 江戸時代の譜代大名家。系譜が確実なのは宗正からで、その女が徳川綱吉の生母桂昌院という関係から一族は大名にとりたてられた。宗正の長男道芳は綱吉に属して上野国館林藩の家老となり、その孫道章のとき美濃国岩滝藩を創立、のち陣屋を同国高富に移し高富藩主一万石。宗正の次男宗資も綱吉に出仕し、一六九二年(元禄五)常陸国笠間で四万石を領し、子孫が数度の転封のち一七五八年(宝暦八)丹後国宮津七万石に移されて明治期に至る。維新後ともに子爵。

ほんじょうしげなが【本庄繁長】 1539～1613.12.- 戦国期～江戸初期の武将。越後国岩船郡の在地領主で、上杉謙信の越後統一後は謙信に属したが、一時武田信玄と結ぶなど自立性をもった。謙信死後は上杉景勝を支援。一五九一年(天正一九)豊臣秀吉から出羽国仙北一揆をそそのかしたとの嫌疑をうけ、大和国西の京に蟄居。文禄の役に参陣を許されて上杉家に帰参。九八年(慶長三)陸奥国守山城主となり一万石を領したが、関ケ原の戦後、景勝減封にともない所領は三分の一となった。

ほんじょうしげまさ【本庄重政】 1606～76.2.15 江戸前期の兵法家・新田開発者。尾張国生れ。諸国を遍歴し島原の乱の際は寺沢堅高に、一六三九年(寛永一六)池田光政に仕えたがのち牢人。五四年(承応三)長子を福山藩に出仕させ、自らは後見となる。五六年(明暦二)備後国沼隈郡柳津新田、五九年(万治二)高須新涯を開発。翌年から柳津・神村沖の干拓に着手、六七年(寛文七)完成、松永塩田と命名した。

ほんじょうしげる【本庄繁】 1876.5.10～1945.11.20 大正～昭和前期の軍人。陸軍大将。兵庫県出身。陸軍士官学校(九期)・陸軍大学校卒。参謀本部支那課勤務、北京・上海駐在、張作霖の軍事顧問などを歴任し、陸軍の中国通として知られる。一九二八年(昭和三)第一〇師団長、三一年関東軍司令官となり、満州事変にも関与。三三年侍従武官長となり、二・二六事件後に予備役に編入。その後、傷兵保護院総裁・枢密顧問官を務め、第二次大戦後自決した。

ほんじょうむねすけ【本庄宗資】 1629～99.8.16 江戸前期の大名。常陸国笠間藩主。因幡守。父宗正は二条家の家司。異父姉は徳川綱吉の生母桂昌院。綱吉が将軍になった一六八〇年(延宝八)御家人となる。以後異例の出世をとげ、八四年(貞享元)寄合に列し、従五位下因幡守。八八年(元禄元)下野国で一万石を与えられ、九〇年従四位下。九二年常陸国笠間藩主となり四万石を領した。九四年一万石を加増され侍従となる。

ほんじょうむねひで【本庄宗秀】 1809.9.13～73.11.20 幕末期の老中。丹後国宮津藩主。父は四代宗允(むねただ)。伯耆守。一八四〇年(天保一一)遺領相続。翌年の奏者番就任以来、寺社奉行兼帯・大坂城代・京都所司代を勤め、六四年(元治元)老中。六五年(慶応元)外国掛。翌年の第二次長州戦争では幕府軍先鋒総督差添となるが、萩藩家老を独断で釈放したため罷免され隠居した。鳥羽・伏見の戦の際、藩士が官軍に発砲し、子の宗武とともに朝敵の嫌疑をうけた。廃藩後は神宮大宮司。

ほんだこうたろう【本多光太郎】 1870.2.23～1954.2.12 明治～昭和期の冶金学者。愛知県出身。東大卒。ドイツに留学。東北帝国大学教授、のち総長。磁気分析法によって鉄鋼の本質的解明を進め、多くの人材を育成した。金属材料研究所を設置し、多くの成果をあげ、強力磁石鋼のKS鋼や新KS鋼の発明で知られる。特殊鋼の研究を通じて、第一次大戦中は軍需部門からの要請に応じた。日本金属学会会長。ベッセマー賞・学士院賞・文化勲章をうけた。

ほんだし【本多氏】 江戸時代の譜代大名家。三河国よりおこり、藤原氏北家兼道流を称する。松平以来の徳川氏最古の譜代で、重臣として仕え勲功をあげた。定通系と定正系にわかれ、前者に助時流・正時流、後者に正明流・正経流があり、江戸時代には大名一三家、旗本四五家に拡大。宗家は助時流とされ、徳川四天王の一人平八郎忠勝はこの出自。子孫はのち三河国岡崎藩主五万石となり、分家に播磨国山崎藩・陸奥国泉藩がある。正時流には近江国膳所(ぜぜ)藩主六万石のほか、伊勢国神戸(かんべ)藩・三河国西端藩がある。正明流には慶長・元和期に幕政を主導した正信・正純父子がおり、ほかに安房国長尾藩四万石、正経流に信濃国飯山藩二万石などがあり、いずれも維新後子爵。

●● 次頁

ほんだしげつぐ【本多重次】 1529～96.7.26 戦国期～織豊期の徳川家康の部将。通称作左衛門。父は重正。清康・広忠・家康の松平徳川家三代に仕え、家康には一五五八年(永禄元)の三河国寺部城攻め以来、一隊の将として従い、多くの戦陣で戦功をあげた。六八年岡崎三奉行の一人となり、八二年(天正一〇)には駿河奉行、八五年には石川数正出奔の後をうけ岡崎城代となった。八六年豊臣秀吉の母大政所が岡崎に下った際の処遇をとがめられ、九〇年秀吉の命で上総国古井戸に閉居。家康は三〇〇〇石を与えた。

ほんだせいろく【本多静六】 1866.7.2～1952.1.29 明治～昭和期の林学者。武蔵国埼玉郡生れ。東京農林学校卒。ドイツに留学、林学・国家財政学を研究。東京帝国大学教授。日本最初の林学博士。森林の保護と生産の造林学の理論をたて、日本各地の自然公園の創設、東京の水源林開設に尽くす。大日本山林会会長。著書「本多造林学」。

ほんだそういちろう【本田宗一郎】 1906.11.17～1991.8.5 昭和期の実業家。静岡県出身。第二次大戦前は自動車修理工場経営やピストンリング製造に従事、一九四六年(昭和二一)静岡県浜松市に本田技術研究所を創立、モーターバイクの製作を開始した。四八年本田技研工業を設立し、六二年自動車生産に参入。七三年社長を退任。八九年(平成元)アメリカの自動車殿堂入りした。

ほんだただかず【本多忠籌】 1739.12.8～1812.12.15 江戸後期の老中格。陸奥国泉藩主。父は忠如(ただゆき)。一七五四年(宝暦四)家督相続。みずから木綿を着用し倹約令を出して財政再建に着手。間引の禁止や小児養育掛を設置し、養育料を支給して農村の復興に尽力。これら改革事業を老中松平定信が知り、八七年(天明七)若年寄に抜擢。八八年側用人、九〇年(寛政二)老中格となり、松平定信の寛政の改革を助けた。九三年定信失脚後の、改革路線を引き継いだ松平信明(のぶあきら)・牧野忠精(ただきよ)・戸田氏教らとともに「寛政の遺老」の一人。

ほんだただかつ【本多忠勝】 1548～1610.10.18 戦国期～江戸初期の徳川家康の部将。中務大輔。父は忠高。三河国生れ。幼少から徳川家康に仕え、一五六〇年(永禄三)尾張国大高城攻めの初陣以来、戦陣のたびに大きな戦功をあげた。九〇年(天正一八)家康関東入国の際、上総国大多喜城主に封じられ一〇万石を領し、一六〇一年(慶長六)伊勢国桑名に移される。猛将のほまれ高く、酒井忠次・榊原康政・井伊直政とともに徳川四天王と称され、家康の幕府創業を軍事面で支えた。

ほんだただつぐ【本多忠次】 生1548～1612 戦国期～江戸初期の徳川家康の部将。父は忠俊。一五六四年(永禄七)家康の三河国吉田城攻めに戦功をあげ、同国宝飯郡で五〇〇〇貫を与えられる。七〇年(元亀元)姉川の戦に参陣。七五年(天正三)長篠の戦では酒井忠次軍に属して戦功をあげ、八一年の高天神城攻略でも活躍。八九年隠居。

生1679.10.21～1711.11.20 江戸前期の大名。三河国挙母藩主。長門国長府藩主毛利綱元の次男。初名匡英。一六九二年(元禄五)挙母藩主本多忠利の養子となる。一七〇〇年養父の遺領一万石を継ぎ同藩主。〇七年(宝永四)従五位下山城守。この間矢作川洪水のため領内の大浜道の改修を行った。

ほんだただまさ【本多忠政】 1575～1631.8.10 江戸初期の大名。父は忠勝。徳川家康に仕え、一五九〇年(天正一八)小田原攻めに初陣。同年家康の嫡男信康の女を娶る。九八年(慶長三)従五位下美濃守に叙任。関ケ原の戦では徳川秀忠に従い、信濃国上田城を攻めた。一六一〇年父の遺領伊勢国桑名藩一〇万石を継ぎ、一七年(元和三)播磨国姫路に移され、一五万石を領した。二六年(寛永三)従四位下侍従に昇進。

ほんだていきち【本多貞吉】 1766～1819.4.6 江戸後期の九谷焼の陶工。肥前国島原生れ。諸国の窯をめぐったのち、晩年の十数年間を加賀の窯業の復興発展に尽力。師の青木木米に従って金沢の春日山窯をおこし、一八一一年(文化八)に若杉窯を開いて金沢藩の直轄下におかれたときには職長となり、一時途絶えた九谷焼の再興に努めた。

ほんだとしあき【本多利明】 1743～1820.12.22 江戸後期の経世思想家。通称三郎右衛門、北夷・魯鈍斎などと号す。生地は越後国と推定される。一八歳のとき江戸にでて和算や天文学などを学び、のち諸国を遊歴し物産や地理の実際的な知識を身につけ、航海術を修めた。ほとんど仕官することなく、江戸に塾を開き門弟に教えて一生を送った。天明の飢饉やロシアの南下を機とする北方問題などへの関心から、蘭学による西洋認識にもとづいてイギリスなどを範とする、新たな富国策の必要を強調し、国土の開発とともに藩体制をこえた重商主義的な国営貿易を行うよう提言した。著書「経世秘策」「西域物語」。

ほんだまさずみ【本多正純】 1565～1637.3.10

●本多氏略系図

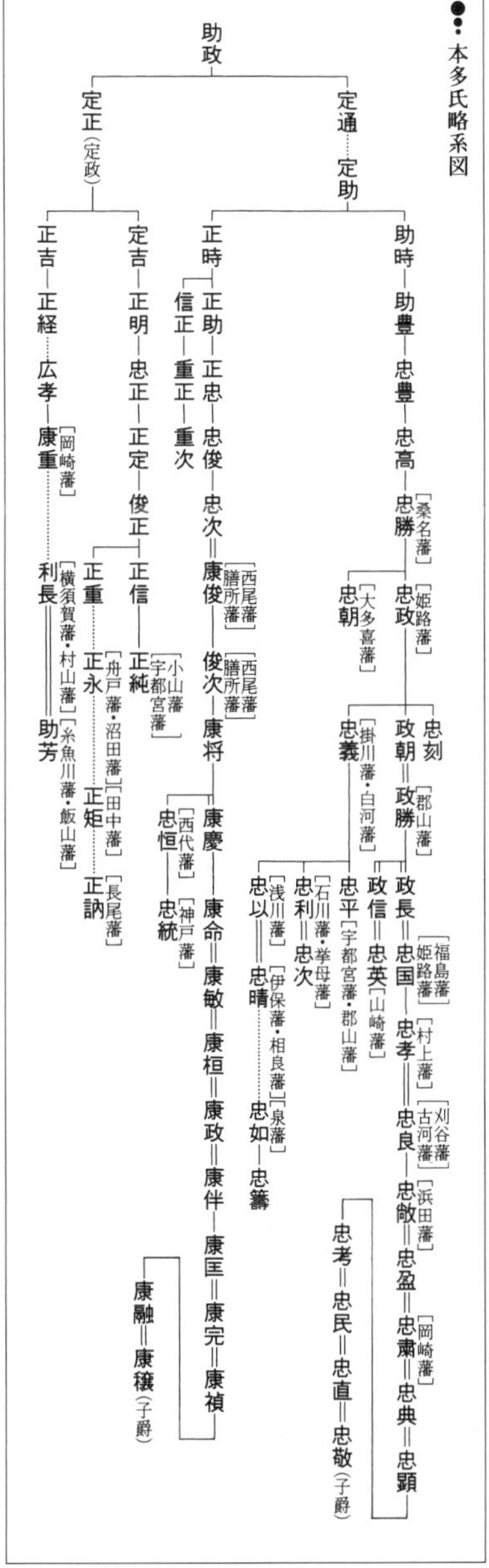

江戸初期の大名。正信の長男。徳川家康に仕え、側近として信任された。家康が将軍職を秀忠に譲り、一六〇七年(慶長一二)から駿府で幕政を統轄すると、最高実力者として政務を統轄。とくに外交・貿易面での権限は絶大であった。同年下野国小山藩主三万三〇〇〇石。一四年大坂冬の陣の講和後、豊臣側をあざむいて大坂城の内堀を埋めさせた。家康の死後、秀忠に仕え一九年(元和五)下野国宇都宮藩主一五万五〇〇〇石。二二年出羽国山形藩主最上氏の改易で城受取りに出向した留守に改易され、出羽国横手へ配流された。

ほんだまさのぶ【本多正信】 1538～1616.6.7 織豊期～江戸初期の武将・大名。徳川家康に仕えたが、一五六三年(永禄六)三河一向一揆で一揆勢に加わり家康と交戦。その後家康に再び仕え、政務能力を高く評価される。九〇年(天正一八)家康の関東入国に従い相模国玉縄(たまなわ)(上野八幡とも)に一万石を与えられ、関東総奉行となる。以後、家康の側近として活躍。一六〇三年(慶長八)家康が将軍になると秀忠付となり、大久保忠隣(ただちか)とともに秀忠政権を支え、二万二〇〇〇石に加増。

ほんだよういつ【本多庸一】 1848.12.13～1912.3.26 明治期の牧師・教育家。弘前藩士で廃藩置県の前後に二度横浜に留学し、一八七二年(明治五)改革派のJ・H・バラから受洗。七四年弘前の東奥義塾塾頭に就任、弘前公会を設立。一時期民権運動に従事したが、八六年仙台教会に牧師として赴任。のちメソジストの東京英和学校(のち青山学院)校長に就任。一九〇七年メソジスト三派合同を実現し、日本メソヂスト教会の初代監督に就任。

ぼんちょう【凡兆】 ?～1714 江戸前期の俳人。姓は野沢。宮城氏・越野氏・宮部氏ともいわれる。名は允昌か。加賀国金沢の人。京都で医を業とした。一六八九年(元禄二)「あら野」に入集。芭蕉が幻住庵に入庵した頃から指導をうけ、とくに芭蕉の落柿舎(らくししゃ)滞在中は、妻とめ(羽紅)としばしば訪れた。去来とともに「猿蓑(さるみの)」の編纂に尽くし、四一句入集。その後、芭蕉から遠ざかり、越人(えつじん)・荷兮(かけい)らに接近。九三年、事件に連坐して投獄され、その後は大坂でひっそりと生活した。

ぼんとうあん【梵灯庵】 1349～? 南北朝期～室町中期の連歌作者。足利家の家臣朝山小次郎師綱、のちに勝部姓。二条良基(よしもと)に連歌を学び、将軍足利義満に連歌・和歌をもって仕え、使者として薩摩国に二度下った。四五歳以降に出家、その前後二〇年間諸国を歩いた。作風は周阿(しゅうあ)の影響をうけて技巧的だが、連歌論では「誠の数寄」にふれ、主観的美意識を唱えた。独吟の「名所百韻」、連歌論書に「梵灯庵袖下集」「梵灯庵主返答書」などがある。

ほんどうし【本堂氏】 近世の旗本、のち大名家。出羽国出身。一五九〇年(天正一八)忠親のとき豊臣秀吉の配下に入り、出羽国本堂で八九八〇石余を知行。その子茂親は徳川家康に属し、一六〇一年(慶長六)所領を常陸国志筑八五〇〇石に移された。のち分知により八〇〇〇石。幕末まで交代寄合として存続するが、一八六八年(明治元)親久のとき一万石に高直しされて大名に列せられ、志筑藩主となる。維新後子爵。

ポンペ Johannes Lijdius Catharinus Pompe van Meerdervoort 1829.5.5～1908.10.7 幕末期に来日したオランダ海軍軍医。ベルギーのブルージュ生れ。一八五七年(安政四)第二次海軍伝習の医学伝習教官として長崎に到着、松本良順ら医学生にはじめて組織的な西洋近代医学教育を行う。六一年(文久元)日本最初の西洋式病院長崎養生所を創設した。六二年帰国、幕府派遣留学生を世話し、七四年(明治七)駐露公使榎本武揚(たけあき)の外交顧問を務めた。著書「日本滞在見聞記」。

ほんましげよし【本間重慶】 1856～1933.8.24 明治～昭和前期の宗教家。日本組合基督教会牧師。伊勢国の士族。神戸でアメリカン・ボードのJ・D・デービスに学び、同志社に入学。在学中から伝道に従事し、京都の東竹屋町耶蘇公会(のち平安教会)の設立に参加、仮牧師に就任。その後、彦根・天満・神戸など各教会の牧師を歴任、晩年にはYMCA運動に尽くした。

ほんましろうさぶろう【本間四郎三郎】 ⇨本間光丘(ほんまみつおか)

ほんまそうけん【本間棗軒】 1804～72.2.8 江戸後期の蘭方医。名は救、通称玄調、棗軒は号。常陸国の医家に生まれる。杉田立卿(りゅうけい)・華岡青洲(せいしゅう)・シーボルトらに蘭学を学び、江戸ついで水戸で開業した。また水戸藩主徳川斉昭(なりあき)の侍医に任じられ、一八四三年(天保一四)弘道館医学館教授となる。全身麻酔薬を用い、内外科ともに優れた。著書「瘍科秘録」「内科秘録」。

ほんまたくさい【本間琢斎】 1812～91 幕末～明治期を代表する鋳金家。越後国生れ。本名は原文平。本間家を継いで本間琢斎を称する。一八四七年(弘化四)佐渡奉行に招かれて大砲の鋳造を行い、のちには斑紫銅を発明する。

ほんまたろうえもん【本間太郎右衛門】 1692～1752.7.18 江戸中期の義民。佐渡国山田村の名主。一七三六～三七年(元文元～二)辰巳村を開拓し山田村から移住。四九～五〇年(寛延二～三)に発生した年貢増徴政策に反対する一揆の頭取となり、江戸越訴の訴状下書きを作成するなど一揆を指導したが、五二年(宝暦二)死罪に処された。一九三五年(昭和一〇)に碑が建立され、義民として顕彰されている。

ほんままさはる【本間雅晴】 1887.11.27～1946.4.3 大正・昭和期の軍人。陸軍中将。新潟県出身。

陸軍士官学校(一九期)・陸軍大学校卒。駐英大使館付武官・陸軍省新聞班長などをへて、一九三八年(昭和一三)参謀本部第二部長。台湾軍司令官となり、太平洋戦争では第一四軍司令官としてフィリピン作戦を指揮。敗戦後バターン死の行進の責任者としてマニラで刑死。

ほんまみつおか【本間光丘】 1732.12.25～1801.6.1 江戸中期の出羽国酒田の豪商本間家の三代当主。通称四郎三郎。本間家は古手(ふるて)・木綿・瀬戸物・米・紅花などを扱う問屋業のほか、回漕業・金融も行い、初代で二〇町歩ほどの地主となった。一七五四年(宝暦四)三代目の家督を継ぎ、八六七年(明和四)に鶴岡藩の御家中勝手向取計、八一年(天明元)から御勝手御用掛として藩の財政再建にあたった。そのなかで、本間家は広大な土地を集積し、巨大地主となる。寛政期には米沢藩の財政にもかかわった。

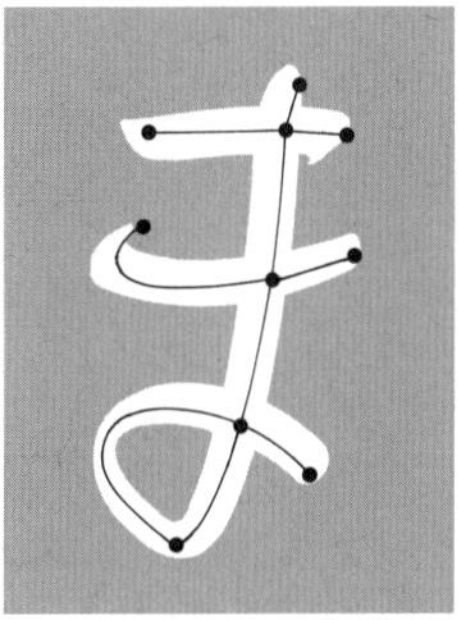

マイエット Paul Mayet 1846.5.11～1920.1.9 明治前期のドイツ人御雇外国人。一八七六年(明治九)来日。大蔵・農商務・逓信各省の顧問をし、郵便貯金・保険・公債制度などを献策した。九三年帰国。著書「日本農民の疲弊及其救治策」。

まいたし【蒔田氏】 江戸時代の旗本・大名家。藤原南家の系流で、陸奥国蒔田城にあった蒔田維昌の子孫が、尾張国織津に移ったという。広光の代に織田信長・豊臣秀吉に仕え、その子広定も秀吉のもとで一万石を領するが、関ケ原の戦で西軍に属したため一時高野山に蟄居(ちっきょ)。のち徳川家康に一万石余を与えられ、陣屋を備中国賀陽郡におく。その後、分知により旗本として幕末にいたり、一八六三年(文久三)備中国浅尾一万石の大名となる。維新後子爵。

まいたひろさだ【蒔田広定】 1571～1636.8.23 織豊期～江戸初期の武将。父は広光。尾張国織津生れ。豊臣秀吉に仕え一万石を領するが、関ケ原の戦で西軍についたため、戦後高野山に蟄居(ちっきょ)。のち浅野幸長(よしなが)のとりなしで許され、備中・河内・山城・摂津諸国などで一万石余を領した。大坂の陣にも従った。

まいでちょうごろう【舞出長五郎】 1891.9.8～1964.7.15 大正・昭和期の経済学者。神奈川県出身。東大卒。一九二三年(大正一二)東京帝国大学教授。第二次大戦直後には経済学部長として、矢内原忠雄・大内兵衛・有沢広巳・山田盛太郎らの大学復帰を実現した。著書「理論経済学概要」「経済学史概要」。

まえじまひそか【前島密】 1835.1.7～1919.4.27 明治・大正期の官僚・政治家・実業家。男爵。越後国生れ。旧姓上野。洋学を学び全国を周遊し、幕臣前島家を継ぐ。一八六九年(明治二)明治政府に仕え、イギリス留学をへて、七一年駅逓頭(えきていのかみ)となる。駅逓局長・駅逓総監を歴任し、近代的な郵便事業の確立に尽力。国字・国語の改良を説き、漢字廃止論を唱えた。明治十四年の政変で官を辞し、翌年大隈重信を党首とする立憲改進党の結成に参加。民間にあって東京専門学校校長・関西鉄道社長を務めたが、八八年官界に復帰して逓信次官となり、電話事業の開設にあたった。晩年は貴族院議員。鉄道・海運事業にも貢献した。

まえだえうん【前田慧雲】 1857.1.14～1930.4.29 明治・大正期の宗教家。浄土真宗本願寺派の学僧。伊勢国生れ。大谷光瑞(こうずい)の侍講。一九〇〇年(明治三三)に東京帝国大学文学部講師。〇三年に高輪仏教大学学長となるが、宗派執行部と衝突して僧籍を剥奪された(〇五年に復籍)。のち東洋大学・竜谷大学の学長などを歴任。

まえだかんじ【前田寛治】 1896.10.1～1930.4.16 大正・昭和前期の洋画家。鳥取県出身。白馬会絵画研究所で洋画を学ぶ。東京美術学校卒。藤島武二に師事。一九二二年(大正一一)渡欧し、グランド・ショミエールで学ぶ。クールベの影響から写実表現を追求。帰国後の二六年(昭和元)里見勝蔵・佐伯祐三らと一九三〇年協会を結成し、二八年前田写実研究所を開設。二九年帝国美術院賞受賞。作品「赤い帽子の女」、著書「クールベ」。

●●前田氏略系図

利隆―利昌(利春)―利家┬[加賀金沢藩]利長═利常┬光高―綱紀―吉徳―宗辰═重熙═重靖═重教═治脩═斉広―斉泰―慶寧―利嗣(侯爵)
　├[富山藩]利次―正甫―利興═利隆―利幸═利与═利久═利謙═利幹═利保―利友═利声═利同(伯爵)
　└[大聖寺藩]利治═利明―利直═利章―利道―利精═利物═利考═利之―利極═利平═利義═利行═利鬯(子爵)
利家├利政
　└[七日市藩]利孝

まえだげんい【前田玄以】 1539～1602.5.7 織豊期の武将。号は半夢斎・民部卿法印・徳善院。織田信忠の家臣で、本能寺の変に際し、信忠の子三法師(秀信)とともに逃れた。その後京都奉行となり、豊臣秀吉に仕えた。一五八五年(天正一三)丹波国亀山城主となり五万石。九五年(文禄四)近江国八幡城主。豊臣政権の五奉行の一人として活躍。関ケ原の戦では西軍に属して大坂城に残ったが、戦後本領を安堵された。

まえだけんぎょう【前田検校】 ?～1656/85 江戸初期の平家琵琶演奏家。前田流流祖。名は九一。高山検校に師事。三代将軍徳川家光に厚遇され、波多野検校の跡を継ぎ二代江戸宗匠となった。すぐれた門下を輩出し、この系統だけが現在まで伝承されている。

まえだこうひろいちろう【前田河広一郎】 1888.11.13～1957.12.4 大正・昭和期の小説家・評論家。宮城県出身。中学校中退後、徳冨蘆花に師事。一九〇七年(明治四〇)渡米し、職を転々としながら英文による創作を始める。二〇年(大正九)帰国、翌年「三等船客」を発表して認められ、以後プロレタリア文学作家として評論・創作・翻訳に活躍した。

まえださんゆう【前田三遊】 1869.10.17～1923.11.15 明治・大正期のジャーナリスト。本名は貞次郎。京都府出身。一八八三年(明治一六)上京し、中江兆民の仏学塾に学ぶ。八八年「東雲(しののめ)新聞」入社。その後、「芸備日日新聞」を中心に筆をとり、部落差別撤廃を訴え続けた。みずからも部落改善にとりくみ、一九〇七年広島市内の改善団体福島町一致協会の設立に尽力。労働問題にも強い関心をもち、一七年(大正六)友愛会広島支部が発足すると支部長となる。

まえだし【前田氏】 近世の大名家。菅原姓を称したが、詳細は不明。戦国末期、尾張国愛知郡荒子村(現、名古屋市中川区)の土豪だった前田利昌の子利家が織田信長に仕え、軍功により一五七五年(天正三)越前国府中に三万三〇〇〇石を与えられた。のち豊臣秀吉に臣従し、子利長が関ケ原の戦で徳川家康方につくなどして領地を拡大。江戸初期には加賀・能登・越中三カ国、総計一一九万石余を領有する大大名となった。その後、家督を継いだ弟の利常は次男利次に越中国富山藩一〇万石、三男利治に加賀国大聖寺(だいしょうじ)藩七万石を分知。ほかに利家の五男利孝を祖とする上野国七日市藩がある。本家は加賀国金沢を城下とする一〇二万石余の藩主家として、利家から数えて一四代慶寧(よしやす)まで続いた。維新後、本家は侯爵、分家は伯爵・子爵。

まえだせいそん【前田青邨】 1885.1.27～1977.10.27 大正・昭和期の日本画家。岐阜県出身。本名廉造。一九〇一年(明治三四)梶田半古(はんこ)に入門し、紅児(こうじ)会に参加。一四年(大正三)再興日本美術院同人となり、小林古径(こけい)・安田靫彦(ゆきひこ)とともに院展三羽烏として活躍。二二年渡欧。三七年(昭和一二)帝国芸術院会員、五一年東京芸術大学教授となる。五五年文化勲章受章。法隆寺金堂壁画再現模写や高松塚古墳壁画模写に従事した。作品「洞窟の頼朝」「お水取」。

まえだたもん【前田多門】 1884.5.11～1962.6.4 大正・昭和期の官僚・政治家。大阪府出身。東大卒。内務省入省後、一九二〇年(大正九)東京市助役となり、東京市政調査会の創立に参加。二三年から二七年(昭和二)まで国際労働理事会・国際労働総会の日本政府代表としてジュネーブに駐在する。帰国後、東京朝日新聞社論説委員。太平洋戦争中は新潟県知事、貴族院議員を務め、戦後文相に就任するが公職追放となった。解除後は各種団体の会長職などを歴任。

まえだつなのり【前田綱紀】 1643.11.16～1724.5.9 江戸前期の大名。加賀国金沢藩主。光高の長男。一六四五年(正保二)三歳で家督相続し藩主となる。祖父利常、舅保科正之の後見をうける。六一年(寛文元)金沢へはじめて入国。藩政では利常の改作仕法を引き継ぐとともに、十村(とむら)制度の整備、切高仕法の導入などを行った。好学の大名として知られ、木下順庵・室鳩巣(むろきゅうそう)・稲生若水(いのうじゃくすい)らの多くの学者を招くとともに、書物の収集、東寺・三条西家などの古文書の整理・補修を行った。

まえだとしいえ【前田利家】 1538～99.閏3.3 織

豊期の武将。利昌の子。尾張国愛知郡荒子村の土豪の家に生まれる。はじめ織田信長に仕え、戦功により赤母衣衆に加えられる。一五七五年(天正三)越前国を与えられた柴田勝家の目付役として同国府中に赴き、八一年八月能登一国を与えられ大名格となる。本能寺の変後は八三年の賤ケ岳の戦で豊臣秀吉方につき、加賀国北半を与えられ、八五年には越中国にも領地をえた。秀吉との関係は尾張以来の親密なもので、秀吉の全国統一後は豊臣政権を支える最有力大名の地位にあった。九八年(慶長三)八月の秀吉死後は、遺児秀頼の後見役として大坂城に入り、徳川家康と以後の体制作りに努めたが翌年病没。

まえだとしさだ【前田利定】 1874.12.10～1944.10.2　明治～昭和前期の政治家。上野国七日市藩主利昭の長男。東大卒。東大入学前の一八九五年(明治二八)陸軍歩兵少尉として日清戦争に従軍。司法官試補をへて、一九〇四年貴族院互選議員(子爵)に当選、研究会に属した。加藤友三郎内閣の逓信相、清浦内閣の農商務相などを歴任。

まえだとしつぐ【前田利次】 1617.4.29～74.7.7　江戸前期の大名。越中国富山藩初代藩主。金沢藩主前田利常の次男。母は徳川秀忠の女天徳院。一六三一年(寛永八)元服、三九年に利常から越中国婦負郡・新川郡などのうち一〇万石を分知される。はじめ百塚に築城しようとし、百塚侍従とよばれたが富山に変更。六一年(寛文元)から城改修、城下町の整備を行った。

まえだとしつね【前田利常】 1593.11.25～1658.10.12　江戸前期の大名。加賀国金沢藩主。藩祖前田利家の四男。一六一〇年(慶長一五)兄利長の跡を継ぐ。三九年(寛永一六)隠居し小松城に退いたが、四五年(正保二)嫡男で藩主光高の急死により跡を継いだ孫の綱紀の後見となる。幕府との緊張緩和につくし、農政では改作仕法を導入した。

まえだとしなが【前田利長】 1562.1.12～1614.5.20　織豊期～江戸初期の武将・大名。加賀国金沢藩主。藩祖前田利家の嫡男。はじめ父とともに織田信長に仕え、のち豊臣秀吉に臣従、加賀国松任、越中国守山、同国富山などを次々に居城とした。一五九八年(慶長三)利家の家督を継ぎ金沢城に移り、翌年利家の死去で、いわゆる五大老の一人となった。一時徳川家康と対立関係にあったが、母を人質とすることで収拾。翌年の関ケ原の戦では徳川方につき、戦後加賀・能登・越中三国を領した。

まえだとしはる【前田利治】 1618.8.-～60.4.21　江戸前期の大名。加賀国大聖寺藩祖。金沢藩主前田利常の三男。一六三九年(寛永一六)利常から加賀国江沼郡の大部分と越中国新川郡の一部の計七万石を分知される。居館は江沼郡大聖寺。領内の金銀山の開発および陶石の発見による九谷焼の創始につくした。

まえだとしやす【前田利保】 1800.3.1～59.8.18　江戸後期の大名。越中国富山藩主。父は八代利謙。一八三五年(天保六)義兄利幹の隠居により家督相続。産物方を設置して陶器製造を、薬草園を開設して売薬業を振興させ、さらに倹約令や藩校改革などの藩政改革を推進。海防整備を急いだ。著書「本草通串」「万香園裡花壇綱目」「本草徴解」。

まえだなつかげ【前田夏蔭】 1793～1864.8.26　江戸後期の国学者。通称は健助、別号は鶯園。江戸生れ。清水浜臣に学ぶ。水戸藩主徳川斉昭に招かれ、のち幕府に仕え勘定格、蝦夷地関係の史料の調査・収集を命じられる。その成果は没後、子の健次郎らにより「蝦夷志料」として完成。ほかに「稲荷神社考」「古今集弁誤」など著書多数。

まえだなりやす【前田斉泰】 1811.7.10～84.1.16　江戸後期の大名。加賀国金沢藩主。父は斉広。一八二二年(文政五)家督相続。年寄奥村栄実に財政再建のため藩政改革を推進させた。奥村死後は黒羽織党とよばれる改革派を藩政に参画させる。六四年(元治元)世子慶寧が禁門の変に際し朝廷警固を放棄したことから、慶寧を謹慎させ藩内勤王派を処断した。

まえだはるなが【前田治脩】 1745.1.4～1810.1.7　江戸後期の大名。加賀国金沢藩主。父は吉徳。浄土真宗本願寺派勝興寺(越中国射水郡)住職。還俗して兄重教の養子となり、一七七一年(明和八)家督相続。綱紀粛正・財政再建・文教振興を行う。九一年(寛政三)新井白蛾を招き、翌年藩校明倫堂・経武館を開設。

まえだまさな【前田正名】 1850.3.12～1921.8.11　明治期の経済官僚・産業運動指導者。鹿児島藩医の家に生まれる。約七年間の国費フランス留学をへて、一八七七年(明治一〇)帰国。中央官僚として輸出品中心、地方産業優先の近代化を主張。八四年に体系的経済計画である「興業意見」の編纂を農商務省内で始めるが挫折。九〇年に農商務次官となるが半年で辞任。のち在野で地方産業の振興、実業者の組織化を提唱し、明治中期の全国実業者大会開催や系統農会設立を主導した。

まえだゆうぐれ【前田夕暮】 1883.7.27～1951.4.20　明治～昭和期の歌人。神奈川県出身。旧制中学中退。一九〇四年(明治三七)上京、国語伝習所・二松学舎に学ぶ。尾上柴舟に師事、車前草社に参加。〇六年白日社創立、一〇年歌集「収穫」刊行。平面描写風の手法により、若山牧水とともに自然主義歌人と目される。一一年「詩歌」創刊、二四年(大正一三)「日光」に参加。大正期は絵画的な明るい作風に変化。二九年(昭和四)頃から新感覚派風の自由律短歌に転じるが、四三年定型に復帰。

まえだよねぞう【前田米蔵】 1882.2.17～1954.3.

18 大正・昭和期の立憲政友会系政治家。和歌山県出身。東京法学院卒。弁護士となり同学先輩の横田千之助と法律事務所を開く。一九一七年(大正六)衆議院議員に当選。二七年(昭和二)田中義一内閣法制局長官、三一年犬養内閣商工相、三六年広田内閣鉄道相を歴任。以後近衛文麿を党首とする新党運動にかかわり、また東条内閣期には翼賛政治会常任総務となった。第二次大戦後の四七年公職追放となる。

まえだれんざん【前田蓮山】 1874~1961.9.12 明治~昭和期の新聞記者・政治評論家。本名又吉。長崎県出身。高等師範学校・東京専門学校卒。電通、「東京毎日新聞」「時事新報」の政友会担当記者となる。同党の院外団的役割をはたして政界の裏面に通じ、独特の評論や人物評で評判を得た。特異な政党政治史の「星亨伝」「原敬伝」「床次竹二郎伝」がある。

まえのりょうたく【前野良沢】 1723~1803.10.17 江戸中期の蘭学者・蘭方医。名は熹、号は楽山また蘭化。古方医の伯父宮田全沢に感化をうけた。青木昆陽にオランダ語を学び長崎へ遊学、オランダ通詞に学び蘭書を購入して帰府。一七七一年(明和八)三月四日江戸千住小塚原で腑分を観察、「ターヘル・アナトミア」の正確さに驚嘆、翌日から築地鉄砲洲の中津藩邸内良沢の宿所で、杉田玄白・中川淳庵らと会読を開始。オランダ語の教授と翻訳の主力となった。その成果が七四年(安永三)に公刊された「解体新書」だが、良沢は自分の名の掲載を拒絶した。訳著に「蘭語随筆」「字学小成」「和蘭訳文略」「和蘭訳筌」「和蘭点画例考補」など語学書をはじめ、世界地理・築城書がある。

まえばらいっせい【前原一誠】 1834.3.20~76.12.3 幕末期の萩藩士、明治初期の政治家・士族反乱指導者。旧姓佐世。松下村塾に学び、長崎遊学。一八六三年(文久三)萩藩右筆役となる。高杉晋作らと藩内戦を戦い、新藩庁を設立。戊辰戦争に参加し、六九年(明治二)参議・兵部大輔となる。新政府内での対立により、七〇年下野し帰郷。七六年神風連の乱に呼応して萩の乱をおこしたが失敗し、処刑される。

マガウアン Daniel Jerome Macgowan 1814~93 アメリカのバプティスト教会宣教師。中国名瑪高温。一八四三年医療宣教師として香港に着き、寧波に病院を開いて医療伝道を行う。五九年(安政六)日本を訪問。六二年アメリカに帰り、南北戦争に軍医として従軍。再び中国に戻り中国税関の徴税事務を担当。上海で没。中国文の著訳書により西洋近代科学を紹介、中国語定期誌「中外新報」を刊行。これらの著作は幕末~明治期の日本に流入した。

まがつひのかみ【枉津日神】 「古事記」では禍津日神。災禍・汚穢・悪事の霊力の神。黄泉国から逃げ戻ったイザナキが禊をして中つ瀬に身をすすいだときに八十禍津日・大禍津日の二神が黄泉国の汚垢によって成ったという(「古事記」)。「日本書紀」一書では八十枉津日のみが化生する。御門祭の祝詞にも災禍の元凶としてマガツヒの名がみえるが、それらマガツヒの災禍・汚穢はナオビの霊力によって直される。なお大祓詞の瀬織津比咩をマガツヒの別名とする説もある。

まかべし【真壁氏】 中世常陸国の豪族。桓武平氏。常陸大掾氏の一族。真壁郡よりおこり、多気直幹の子長幹を始祖とする。平安末期、真壁郡司として台頭。鎌倉幕府成立後は御家人となり、陸奥・美濃両国にも所領を得、庶流をうんだ。郡内一四カ郷の地頭職は嫡流が継いだ。南北朝期には北朝方につき、幕府扶持衆として東国に勢力を保持した。のち常陸国の有力氏族佐竹氏に属し、同氏の秋田移封に従って角館に移った。「真壁文書」を伝える。

マカーロフ Stepan Osipovich Makarov 1849.12.27~1904.3.31 ロシアの提督。日露戦争時の極東艦隊司令長官。一九〇四年四月乗艦ペトロパブロフスクが触雷し戦死した。

まきいずみ【真木和泉】 1813.3.7~64.7.21 幕末期の尊攘派志士。筑後国久留米水天宮祠官真木旋臣の長男。名は保臣、通称和泉。藩校明善堂に学び、江戸・水戸に遊学し尊王攘夷を唱える。帰藩後藩政改革の建白をして執政有馬監物らの排斥をはかるが失敗。蟄居中に「大夢記」「義挙三策」などを著し、尊攘実践に理論的根拠を与えた。一八六二年(文久二)脱藩し、島津久光の挙兵上洛を機に討幕挙兵を意図するが、寺田屋騒動で捕らえられた。翌年許されて上洛、尊攘派の中心人物として活動し、学習院にも出仕。八月十八日の政変後七卿に従って西下し、その後は萩藩尊攘派とともに活動した。六四年(元治元)来島又兵衛・久坂玄瑞らと上洛して禁門の変をおこし、敗れて同志一六人とともに自刃。

まきぐちつねさぶろう【牧口常三郎】 1871.6.6~1944.11.18 昭和前期の宗教家・教育家。創価学会の創立者の一人で初代会長。旧姓渡辺。新潟県出身。北海道に移住。一九〇一年(明治三四)上京して「人生地理学」を出版するが、学者の道をあきらめ小学校の訓導となる。日蓮宗に入信、三〇年(昭和五)弟子の戸田城聖と初等教育の実践研究団体として創価教育学会を創立。四三年の同学会弾圧で検挙され、巣鴨拘置所で病死。

まきけんじ【牧健二】 1892.11.14~1989.7.24 大正・昭和期の日本法制史家。京都府出身。京大卒。一九二三年(大正一二)京都帝国大学助教授、三〇年(昭和五)日本法制史講座教授。三三年滝川事件でいったんは辞表提出、その後残留。四五年依願退職。のち京都学芸大学・竜谷大学教授。「日本封建制度成立史」は日本の封建制度の特徴を解明したものとして学界に大きな影響を与えた。

まきしまし【真木島氏】 中世山城国の豪族。藤原姓。久世郡槇島(まきしま)（現、京都府宇治市）からおこる。山城国五箇荘(ごかのしょう)の有力名主・荘官。宇治離宮社の神官も勤めた。応仁・文明の乱頃に室町幕府奉公衆となる。山城国一揆では中心人物として活躍。戦国期末の昭光(あきみつ)は、一五代将軍足利義昭の側近で、義昭が織田信長に反旗を翻したとき、本拠槇島城に立てこもり信長軍と戦った。以後義昭の死去まで仕えた。のち豊臣氏に仕え、大坂落城後は細川忠興(ただおき)の扶持を得たというが不詳。

まきたたまき【牧田環】 1871.7.20～1943.7.6　明治～昭和前期の実業家。大阪府出身。東大卒。三井鉱山に入社。団琢磨(たくま)に評価されて女婿となり、一九一三年（大正二）三井鉱山取締役、一八年常務取締役となって三井の炭鉱・鉱山部門の近代化と重化学工業部門の多角化を主導した。三四年（昭和九）三井鉱山取締役会長となり、昭和飛行機社長・帝国燃料興業総裁などを務めた。

まきとくえもん【牧徳右衛門】 ?～1727.3.12　江戸中期の義民。美作国真島郡仲間村牧分の百姓。池田氏。一七二六年（享保一一）津山藩山中(さんちゅう)一揆の頭取。見尾村の樋口弥治郎らとともに一揆を指導したが、逮捕され磔刑に処された。彼の墓碑は徳右衛門御前(きみさ)として村人から信仰され、義民として伝承された。

まきのえいいち【牧野英一】 1878.3.20～1970.4.18　明治～昭和期の刑法学者。岐阜県出身。東大卒。判事・検事を歴任し、一九〇七年（明治四〇）東京帝国大学助教授となり刑法講座を担当、ヨーロッパ留学後の一三年（大正二）同教授となる。主観主義刑法理論を唱え、客観主義・応報刑論と対立した。著書「日本刑法」「刑法総論・各論」。

まきのかた【牧の方】 生没年不詳。鎌倉幕府の執権北条時政の後妻。駿河国の住人牧宗親の女（妹とも）。一二〇四年（元久元）女婿平賀朝雅の訴えをうけて畠山重忠・重保父子を時政に讒言(ざんげん)し、翌年討滅させた。同年、朝雅を将軍に擁立しようと画策し、源実朝の暗殺をはかるが発覚。北条政子・義時らに攻められ、夫とともに出家し、伊豆国北条に隠遁したと伝える。このとき兄弟の大岡時親も出家させられた。

まきのし【牧野氏】 江戸時代の旗本・大名家。一五世紀前半に三河国宝飯(ほい)郡牧野村に移り田口から牧野に改姓。戦国初期は今川氏に属したが、一五六五～六六年（永禄八～九）松平氏に帰属し、一族は譜代の家臣として大名・旗本となる。九〇年（天正一八）康成のとき上野国大胡(おおご)で二万石を領し、嗣子忠成は越後国長峰へ転封を命じられたが、一六一八年（元和四）さらに同国長岡へ移され、のち七万四〇〇〇石を領し、以後代々長岡藩主を継いだ。支藩に信濃国小諸藩・越後国三根山藩、一族に常陸国笠間藩・丹後国田辺藩などがある。いずれも維新後子爵。

まきのしょうぞう【牧野省三】 1878.9.22～1929.7.25　明治～昭和初期の映画製作者・監督。京都府出身。劇場の経営から一九〇八年（明治四一）、「本能寺合戦」を製作したのを皮切りに映画製作にのりだし、尾上松之助を起用して「碁盤忠信」を発表、以後彼とのコンビで忍術やアクションをとりいれた娯楽時代劇映画を数多くつくる。後年にはマキノ・プロを設立、脚本家寿々喜多呂九平、俳優阪東妻三郎・片岡千恵蔵、監督マキノ雅弘・衣笠貞之助など多くの著名な人材を育成し、日本映画界に大きな功績を残した。

まきのしんいち【牧野信一】 1896.11.12～1936.3.24　大正・昭和前期の小説家。神奈川県出身。早大卒。幼児期に父が渡米、母も教員となり、祖父母に育てられる。「爪」が島崎藤村に認められ、一九二四年（大正一三）「父を売る子」を刊行して作家的地位をえた。プロレタリア文学隆盛の際、一時小田原に戻り、その頃から幻想化した故郷を舞台に「村のストア派」「ゼーロン」など、「ギリシャ牧野」とよばれる神話的物語を執筆したが、しだいに神経衰弱になり、「鬼涙(きなだ)村」などを著し、自

●● 牧野氏略系図

氏勝―貞成＝成定―康成［大胡藩］―忠成［長峰藩・長岡藩］―光成―忠成―忠辰＝忠寿―忠周＝忠敬＝忠利＝忠寛―忠精―忠雅＝忠恭＝忠訓＝忠毅＝忠恭（再承）―忠篤（子爵）

忠成―康成［与板藩］―康道＝康重［小諸藩］―康周―康満―康陛―康儔―康長―康明＝康命＝康哉―康民―康強（子爵）

忠成―定成＝忠清―忠貴＝忠列―忠知―忠義―忠救＝忠衛＝忠直＝忠興＝忠泰［三根山藩］〈峰岡藩〉

康成―儀成―成貞［関宿藩］＝成春［三河吉田藩］―成央［延岡藩］＝貞通［笠間藩］

殺。

まきのただきよ【牧野忠精】 1760.10.19～1831.7.14 江戸後期の老中。越後国長岡藩主。父は八代忠寛。一七六六年(明和三)遺領相続。寺社奉行をへて、九二年(寛政四)大坂城代。同年老中松平定信の女を嫡子忠鎮の室に迎える。九三年定信の失脚後、松平信明・本多忠籌・戸田氏教らとともに改革路線を引き継いだ「寛政の遺老」の一人。九八年京都所司代。一八〇一年(享和元)老中となり、勝手掛・日光東照宮二百回忌総奉行などを勤めた。長岡城東の悠久山を開き、蒼柴神社を建立。

まきのただなり【牧野忠成】 1581～1654.12.16 江戸前期の大名。越後国長岡藩初代藩主。駿河守。父は康成。徳川家康に仕え、関ケ原の戦では徳川秀忠に従って信濃国上田城を攻める。一六〇九年(慶長一四)父の遺領を継ぎ上野国大胡で二万石を領した。大坂の陣にも参陣。数度の加増をうけ、一八年(元和四)長岡に転封。長岡城下の整備をはじめ、長岡藩創業に功があった。一九年福島正則改易の際には、城受取りの上使を勤めた。孫で二代藩主も忠成。

まきのとみたろう【牧野富太郎】 1862.4.24～1957.1.18 明治～昭和期の植物学者。土佐国生れ。独学の学究として知られ、植物分類学の権威。一九歳で上京し、東京帝国大学助手・講師を四〇余年間勤めた。一八八九年(明治二二)日本人としてはじめてヤマトグサに学名を与え、一〇〇〇種の新種、新変種一五〇〇種を命名し、五〇余万点の標本を採集した。著書「牧野植物図鑑」。文化勲章・朝日文化賞をうけた。

まきのなりさだ【牧野成貞】 1634～1712.6.5 五代将軍徳川綱吉の側用人。儀成の次男。母は朝倉在重の女。通称蔵人・兵部。備後守。諱ははじめ成恒。大夢と号す。一六六〇年(万治三)父の遺領のうち二〇〇〇石をうけて綱吉に仕え、七〇年(寛文一〇)上野国館林藩の家老となる。八〇年(延宝八)綱吉の将軍就任に従い幕臣となる。八一年(天和元)側用人となり、八三年下総国関宿藩主五万三〇〇〇石となった。九五年(元禄八)に致仕。

まきののぶあき【牧野伸顕】 1861.10.22～1949.1.25 明治～昭和期の政治家。伯爵。大久保利通の次男。薩摩国鹿児島に生まれ、牧野家の養子となる。岩倉遣外使節団に同行してアメリカに留学。開成学校(のち東大)中退後、外務省出仕。黒田首相秘書官・文部次官・駐伊公使・駐オーストリア公使などをへて、一九〇六～〇八年(明治三九～四一)第一次西園寺内閣の文相。のち枢密顧問官・農商務相・外相。一九年(大正八)パリ講和会議全権委員。二一年宮内相、二五～三五年(大正一四～昭和一〇)内大臣。国際協調・立憲政治擁護の立場から摂政宮(のち昭和天皇)を補佐したが、急進派青年将校からは親英米派・自由主義者と目され、五・一五事件、二・二六事件で襲撃目標とされた。吉田茂は女婿。

まきのやすしげ【牧野康成】 1548～99.3.8 「やすなり」とも。織豊期の徳川家康の部将。三河国生れ。はじめ今川氏真に仕えたが、一五六五年(永禄八)父定成とともに家康に仕えた。長篠の戦や高天神城の戦で軍功をあげ、のち家康の命で本多正信・大久保忠隣・阿部正勝とともに申次の役を勤めた。九〇年(天正一八)武蔵国石戸五〇〇〇石を与えられる。文禄の役では肥前国名護屋に従軍。九六年(慶長元)従五位下讃岐守。子孫は丹後国田辺藩主。

まきのやすなり【牧野康成】 ❶1555～1609.12.12 織豊期～江戸初期の徳川家康の部将。右馬允。三河国生れ。幼少から徳川家康に仕え、長篠の戦や一五八二年(天正一〇)の駿河国田中城攻めなどに戦功をあげ、九〇年の家康関東入国に際し、上野国勢多郡大胡二万石の城主となる。関ケ原の戦では徳川秀忠に従い、信濃国上田城を攻める。一六〇四年(慶長九)閑居。

❷1617～57.12.30 江戸前期の大名。越後国与板藩初代藩主。牧野忠成の次男。祖父康成の名を継ぐ。一六三四年(寛永一一)父から一万石を分与。四九年(慶安二)五月から常陸国下館城を守衛。五七年(明暦三)九月与板村に陣屋をおいた。

まきのりょうぞう【牧野良三】 1885.5.26～1961.6.1 大正・昭和期の政治家。岐阜県出身。東大卒。弁護士・文相秘書官をへて政界に入り、一九二〇年(大正九)以来衆議院議員当選一〇回。立憲政友会所属。第二次大戦後、公職追放。追放解除後は公明選挙運動を推進。五二年(昭和二七)衆議院議員に返り咲き、自由党・日本民主党をへて自由民主党結成に参画。第三次鳩山内閣の法相。

マキム John McKim 1852.7.17～1936.4.4 マッキムとも。日本聖公会主教。アメリカ生れ。一八八〇年(明治一三)来日し、東京築地の聖パウロ学校(立教大学)で教え、ついで大阪の照暗女学校(のち平安女学院)に司祭として赴任。九三年北東京地方部主教に任命され、立教学院理事長にもなり、一九三五年(昭和一〇)まで在任した。

まきむらまさなお【槇村正直】 1834.5.23～96.4.21 明治前期の官僚。男爵。萩藩の下級武士の子。旧姓羽仁。のち槇村家の養子となる。砲術を学び干城隊のなかの鐘秀隊に入り、長州戦争に従軍。一八六八年(明治元)京都府に出仕し、大参事をへて七七～八一年京都府知事。多くの勧業施設を設け、西陣織を奨励するなど産業育成にあたった。元老院議官・行政裁判所長官などを歴任。貴族院議員にも選ばれた。

まきやすおみ【真木保臣】 ⇨真木和泉

まきりょうこ【巻菱湖】 1777〜1843.4.7　江戸後期の書家。名は大任、字は致遠。菱湖は号。越後国生れ。一七九四年(寛政六)に上京して亀田鵬斎に師事。のち中国の書法を研究して世に唐様書家として知られ、一門を形成した。市河米庵・貫名海屋とともに幕末の三筆と称される。

まくずちょうぞう【真葛長造】 1797〜1860　江戸後期の京都の陶工。姓は宮川。陶法を青木木米に学び、一八四三年(天保一四)に京都東山祇園の真葛ケ原に開窯し、真葛焼の名を用いた。野々村仁清の写しを得意とした。

マクドナルド ❶Claude Maxwell Macdonald 1852.6.12〜1915.9.10　イギリスの外交官。一八九六年駐清公使に就任。義和団事件では外交団の防衛指揮官として活躍。一九〇〇年(明治三三)一〇月駐日公使に転任、在任中の〇二年一月日英同盟が成立。〇五年公使館が大使館に昇格、一二年(大正元)まで初代駐日大使を務めた。❷**Ranald MacDonald** 1824.2.3〜94.8.26　日本で最初の英語教師といわれる。アメリカ合衆国オレゴン州アストリアに白人とインディアンの混血児として生まれた。一八四七年秋捕鯨船プリマス号に乗りこみ日本に向かう。翌四八年(嘉永元)北海道焼尻島に上陸したのち利尻島野塚へ上陸。松前藩により長崎へ護送され、七カ月監禁される。この間森山栄之助らオランダ通詞に英語を教える。四九年四月アメリカ軍艦プレブル号にひき渡され、五三年帰国。著書「日本回想記」。

マクネア Theodore Monroe MacNair 1858〜1915.11.21　アメリカ長老派教会宣教師・賛美歌作詞者。一八八四年(明治一七)来日。東京一致英和学校教授・明治学院教授、のち婦人伝道師養成の聖書学館で教えた。一九〇〇年讃美歌委員会委員になり「さんびか」の編集に参加。

マクレー Robert Samuel Maclay 1824.2.7〜1907.8.18　アメリカのメソジスト監督教会宣教師。中国で二五年間伝道ののち、一八七三年(明治六)日本の開拓伝道者として来日、横浜山手に伝道本部をおき、七五年教会堂(天安堂)を建立、ついで美会神学校を設立、これを東京英和学校(のち青山学院)に発展させ、総理に就任。また聖書常置委員として聖書の翻訳に尽くした。

まごしきょうへい【馬越恭平】 1844.10.12〜1933.4.20　明治・大正期の実業家。備中国生れ。一八七三年(明治六)上京して、先収会社に入社、三井物産の設立時に横浜支店長に就任したが、九六年退社。帝国商業銀行頭取となり、さらに大日本麦酒を設立して社長に就任。一九二四年(大正一三)には貴族院議員に勅撰された。

まごめかげゆ【馬込勘解由】 近世、江戸の道中伝馬役・名主を勤めた家の世襲名。先祖は遠江国馬込村の出身で、一五九〇年(天正一八)徳川家康に従って江戸に出た。代々勘解由を名のって大伝馬町に居住し、同町の佐久間善八、南伝馬町の吉沢主計・高野新右衛門・小宮善右衛門、小伝馬町の宮辺又四郎らとともに道中伝馬役を勤める(佐久間・吉沢の二家はのちに廃絶)。名主役としては大伝馬町一丁目をはじめ日本橋の中心部の町を支配し、草分名主として江戸名主の筆頭であった。また大名などへの貸金を行ってもいた。

まさおかしき【正岡子規】 1867.9.17〜1902.9.19　明治期の俳人・歌人。伊予国生れ。本名常規。号は獺祭書屋主人・竹の里人など。松山の寺子屋に学び、藩儒に漢学を学ぶ。松山中学時代、自由民権思想に接し政治家を志す。一八八三年(明治一六)上京して大学予備門に入学、夏目漱石を知る。志望を審美学に改め、和歌や俳句を始める。九二年東大を退学し、日本新聞社入社。結核と闘いながら文筆にたずさわり、九七年には松山から出た「ホトトギス」を支援。九八年「歌よみに与ふる書」で短歌革新の狼煙をあげ、根岸短歌会を設立。「ホトトギス」の編集・刊行も引きうけて伝統詩革新の先頭に立つが、結核に倒れた。随筆「墨汁一滴」「仰臥漫録」「病牀六尺」、句集「寒山落木」、歌集「竹乃里歌」。

まさおとうきち【政尾藤吉】 1870.11.17〜1921.8.11　明治・大正期の法律家・外交官。法学博士。愛媛県出身。東京専門学校卒。渡米しイェール大学で法学を学ぶ。帰国後ジャパン・タイムズ主筆代理。一八九七年(明治三〇)外務省からシャム(現、タイ)に派遣され、同国政府顧問となって刑法・商法・民法の起草に参画し、領事裁判制度撤廃に尽力。帰国後、衆議院議員に当選。一九二一年(大正一〇)駐シャム日本公使となり、同年バンコクで急逝。

まさきあきら【正木亮】 1892.3.25〜1971.8.22　大正・昭和期の検察官・弁護士。広島県出身。東大卒。牧野英一にも影響されて監獄事情に関心を深め、検察官として監獄行政を担当。広島控訴院検事長時代に被爆。第二次大戦後、矯正協会会長として受刑者の更生に努力した。また死刑廃止論者としても活躍。

まさきし【正木氏】 中世〜近世の武家。一五世紀末、三浦時高の子時綱が、時高の養子義同に追われ、安房国正木郷(現、千葉県館山市)にのがれ、正木氏を称したのに始まる。代々、房総の戦国大名里見氏の家臣として活躍。一五八一年(天正九)憲時のとき、主家に背き里見義頼に攻められ横死。義頼の次男時尭が入って名跡を継ぎ、上総国大多喜城(現、大多喜町)に住んだ。豊臣秀吉に上総国を没収されたあと館山に移住したが、一六一四年(慶長一九)里見氏改易の際、鳥取藩に預けられ、子孫は池田氏の家臣となる。

まさきじんざぶろう【真崎甚三郎】 1876.11.27～1956.8.31 大正・昭和期の軍人。陸軍大将。佐賀県出身。陸軍士官学校(九期)・陸軍大学校卒。教育総監部第二課長・陸軍省軍務局軍事課長・陸軍士官学校校長などをへて、一九二九年(昭和四)第一師団長となる。台湾軍司令官ののち、三二年参謀次長となり、荒木貞夫とともに皇道派中心の人事を推進。三四年教育総監となるが、翌年林銑十郎陸相により罷免された。これが相沢事件、二・二六事件の遠因となった。二・二六事件後に予備役編入となり、反乱幇助容疑で軍法会議にかけられたが無罪。

まさきひろし【正木ひろし】 1896.9.29～1975.12.6 昭和期の弁護士。本名は昊。東京都出身。東大卒。弁護士としては民事に定評があった。一九三七年(昭和一二)個人雑誌「近きより」を創刊、軍国主義批判を展開。四四年の炭鉱夫拷問致死事件、四六年の食糧メーデーにおけるプラカード事件などの弁護を行った。三鷹事件、八海事件、菅生事件などを弁護し、徹底して権力からの人権擁護にあたった。著書「日本人の良心」「わが法廷闘争」。

まさじまけんぎょう【政島検校】 ?～1780 江戸中期の地歌三弦および胡弓の演奏家。名は実一。藤永検校門下で、端歌「寿」(菊永検校と共作)、「そらいびき」(亀島検校と共作)などを作曲。大坂島之内の胡弓の名手としても知られ、「八千代獅子」を尺八から胡弓に移曲。胡弓の政島流を創始。江戸にでた孫弟子の森岡正甫が「政島流本手組掃弓雅吟集」(一八一一刊)を編んだ。

まさつね【正恒】 刀工の名。古備前派の正恒と備中青江派の正恒が著名。前者は永延期頃に活躍し、陸奥有正の子で奥州太郎の異称をもつという。鬼切、足利忠綱の綱切、平清盛の太刀などの作者とされる平安中期の刀工。ただし古備前の正恒に七種ありといわれ、代別を含めて同名が数人いるようで、その判別はむずかしい。国宝太刀五、重文太刀八・小太刀一。後者は鎌倉初期の備中青江の刀工。やはり同名が数人いるようで、備前との区別もむずかしいという。国宝太刀一、重文太刀六。

まさなりしんのう【雅成親王】 1200.9.11～55.2.10 後鳥羽天皇の皇子。母は藤原範季の女修明門院。宣陽門院の養子となる。一二〇四年(元久元)親王宣下。承久の乱に関与したことから但馬に流され、二六年(嘉禄二)同地で出家。六条宮・但馬宮ともよばれた。

まさひで【正秀】 ❶1657～1723.8.3 江戸前期の俳人。姓は水田。一説に永田氏とも。通称孫右衛門。別号は竹青堂・節青堂。近江国膳所の人。膳所藩士とも商人ともいう。のちに清庵と号し医を業とする。はじめ尚白に師事、のち芭蕉に入門。元禄初年、家が類焼したとき詠んだ「蔵焼けて障るものなき月見哉」が、芭蕉に激賞されたという。「ひさご」の重要な一人。近江国義仲寺内に無名庵を建立するなど芭蕉につくした。芭蕉没後は、流行より不易をとる態度を示した。洒堂との共編「白馬」がある。❷1750～1825 江戸後期に最も多くの門流を輩出した刀工。出羽国赤湯の人。一七七四年(安永三)山形藩秋元氏の家臣となり、川部儀八郎正秀と名のる。号は水心子。一八一八年(文政元)に名を天秀と改めた。著書「刀剣実用論」。

まさむね【正宗】 生没年不詳。鎌倉末期の相模の刀工。五郎入道と称する。新藤五国光の門下。行光の子とも行光と同門ともいう。硬軟の鋼をくみあわせた変化の多い地金と、沸の強い、湾れとよぶ大模様の刃文を特徴とし、後世のいわゆる相州伝を編みだした。豊臣秀吉以来もてはやされて近世以降の評価は高い。しかし、ほとんどが大磨上無銘の極めであるため、近代に至り、秀吉あたりが仮託した刀工とする、いわゆる正宗抹殺説が主張された。ただ、「観智院本銘尽」などにもみえ、京極・不動・大黒・本荘など在銘確実なものもあるため、現在は抹殺説は下火である。正宗作の国宝・重文十数点のほとんどが名物として号をもち、評価の高い割には不明な部分の多い刀工である。

まさむねはくちょう【正宗白鳥】 1879.3.3～1962.10.28 明治～昭和期の自然主義の小説家・劇作家・文芸評論家。本名忠夫。岡山県出身。東京専門学校卒。代表作「何処へ」「入江のほとり」「牛部屋の臭ひ」「毒婦のやうな女」「光秀と紹巴」「今年の秋」。文芸評論では「文壇人物評論」「自然主義盛衰史」が代表作。

ましたながもり【増田長盛】 1545～1615.5.27 織豊期～江戸初期の武将。豊臣氏の老臣(奉行)。出身は近江・尾張の二説がある。豊臣秀吉に仕え、一五八四年(天正一二)小牧・長久手の戦功で二万石。この頃から奉行として活動、おもに検地など民政にあたった。文禄の役には渡海し、兵站補給などを担当。九五年(文禄四)に大和郡山二〇万石、秀吉の晩年には年寄(五奉行)の一人に数えられる。関ケ原の戦では西軍につき、戦後、領地を没収され、高野山のち武蔵国岩槻へ配流。大坂夏の陣で子の盛次が大坂方となったため死を命じられた。

まじませいがん【馬島清眼】 ?～1379.3.19 南北朝期の眼科医。馬島流眼科の祖。夢で異人から眼病治療の秘書を授けられ、試みると効験神のごとく、眼科の名手として一流を立てるに至ったという。中国の伝統医学を基礎としつつ経験により薬物の適応と食物の禁好を定めた独自の治療方針を施した。秘伝として金針の術という白内障の水晶体撥下法を代々伝えるが、これは清眼が仏典の中から再発見した古代インドの眼科手法である。尾張国馬島薬師寺の中興開山で大僧上。

まじまとしゆき【真島利行】 1874.11.13～1962.8.19 「りこう」とも。明治～昭和期の化学者。京都府出身。東大卒。欧米留学。天然有機化学の開拓者。東北帝国大学教授・北海道帝国大学教授・大阪帝国大学総長を歴任。一九四九年(昭和二四)文化勲章受章。

ましみずぞうろく【真清水蔵六】 1822～77.6.12 幕末の京都の代表的な陶工。山城国生れ。太三郎と称した。陶法を和気亀亭に学び、一八四三年(天保一四)五条坂に開窯。名を蔵六に、姓を清水から真清水に改め、青磁・染付などに妙技を示した。二世蔵六も家業を継ぎ、内外の陶磁器の研究者として有名。

ましやまし【増山氏】 「ますやま」とも。近世の譜代大名家。初代利長の次女が四代将軍徳川家綱の生母お楽の方で、その縁から二代正利は三代将軍家光に仕えて増山を称するようになり、一六五九年(万治二)三河国西尾藩主二万石となった。宗家はのち常陸国下館藩主をへて、一七〇二年(元禄一五)伊勢国長島藩主二万石となり、明治期にいたる。維新後子爵。

ましやませっさい【増山雪斎】 1754.10.14～1819.1.29 江戸中期の伊勢国長島藩主・画家。名は正賢、字は君選、雪斎は号。一七七六年(安永五)藩主となり、一八〇一年(享和元)隠居。長崎派系の花鳥画を得意とし、「虫豸帖」などの作品がある。画家十時梅厓・春木南湖をかかえ、酒造業者でもある木村蒹葭堂が酒造過多を疑われてとがめをうけた際、これを領内に庇護するなど、京坂南画界のよい理解者であった。

ますだかねたか【益田兼堯】 ?～1485.5.23 室町時代の石見国の武将。幕府の動員に応じて各地に出動。畠山氏の内紛では、一四六一年(寛正二)以後畠山政長に与して河内などで戦った。応仁・文明の乱では子の貞兼とともに、大内政弘に従って西軍に属した。七一年(文明三)大内氏領国で大内教幸がそむくと、貞兼・女婿陶弘護とともに鎮圧にあたった。画人雪舟を居城のある益田に招いたといわれ、雪舟筆の「兼堯画像」が現存。

ますだげんしょう【益田元祥】 1558～1640.9.22 「もとよし」とも。江戸初期の長門国萩藩家老。右衛門佐・越中守・玄蕃頭。牛庵と号する。妻は吉川元春の女。益田家は一二世紀以降、山陰の有力武士として栄え、大内氏配下、大内氏滅亡後は毛利氏に仕え、永代家老として重きをなした。元祥は毛利輝元の下で四国・中国攻め、文禄・慶長の役などにも参加し、輝元の長門・周防二カ国への減封後は、藩政の基礎づくりに尽力した。狩野松栄筆「益田元祥画像」は重文。

ますだこうぞう【升田幸三】 1918.3.21～91.4.5 昭和期の将棋棋士。広島県出身。一四歳のとき名人を志して郷里を出奔し、木見金治郎に入門。一九四七年(昭和二二)八段。五二年木村義雄、五六年には大山康晴の両名人から王将位を奪取。名人に「香を引く」という快挙をなし、五七年には当時の全タイトル、名人・王将・九段を独占。同門の大山と一時代を築いた。天才的な構想による攻め将棋で「新手一生」を掲げ、昭和将棋界の人気を博した。

ますだごろうえもん【増田五郎右衛門】 1777～1818.6.28 一八一六年(文化一三)駿河国田中藩におきた百姓一揆の頭取。同国細島村庄屋。暴風雨による不作にみあった減免を要求し、八〇カ村余の百姓四、五千人が城下へ強訴。人々は死罪となった彼の徳を慕い、命日を首切り正月として農作業を休み墓参したという。

ますだし【益田氏】 中世～近世石見国の武家。御神本氏の一族。関白藤原忠平の九代の孫国兼を祖とし、その曾孫兼高が鎌倉御家人となり、石見国押領使となって益田(現、島根県益田市)に土着し、益田氏を称した。南北朝期以降活躍がみられ、七尾城を本拠に益田周辺を支配。八代兼見のときから大内氏に従い、その曾孫兼理は大内盛見について少弐氏と戦い、戦死。大内氏滅亡後は毛利氏に仕え、明治期に至るまで同家の家老となった。一九〇〇年(明治三三)男爵。「益田文書」を伝える。

ますだしろう【増田四郎】 1908.10.2～97.6.22 昭和・平成期の西洋史学者。奈良県出身。東京商大(現一橋大学)卒。一橋大教授・東経大教授・同理事長などを歴任。日本学士院会員。ドイツを中心にヨーロッパ中世史を研究、とくに都市・村落・市民意識の形成などについて多くの業績をあげ、その比較社会史的研究への道を開いた。一九九五年(平成七)文化勲章。著書「独逸中世史の研究」「ヨーロッパ社会の誕生」「西洋中世社会史研究」など多数。

ますだたかし【益田孝】 1848.10.17～1938.12.28 明治・大正期の実業家。佐渡国生れ。一八六三年(文久三)江戸幕府の遣欧使節に幕臣の父孝義とともに随行。維新後横浜で貿易商に勤務したが、井上馨の勧めで大蔵省に勤務。のち井上とともに辞職し先収会社に加わる。七六年(明治九)同社の業務が三井物産に引き継がれると、総轄(社長)に就任。一九〇二年三井家同族会管理部専務理事となり三井家の組織改革を主導、〇九年三井合名会社を設立してコンツェルン体制を確立した。男爵。茶人としても知られ、鈍翁と号した。

ますだときさだ【益田時貞】 1623?～38.2.28 島原の乱の一揆側総大将。通称天草四郎。関ケ原の戦後、肥後国宇土郡江部村に帰農していた小西行長の遺臣益田甚兵衛の子。姉婿の渡辺小左衛門らに「でいうすの再誕」とされ、象徴的存在として一揆を指導。はじめ天草富岡城を攻め、のち島原・天草の一揆勢を統合して肥前国有馬の原城に籠城。幕府軍の攻撃によく耐えたが、三万七〇〇〇人のキリシタン民衆とともに討死した。

ますたにしゅうじ【益谷秀次】 1888.1.17～1973.8.18 大正・昭和期の政治家。石川県出身。京大卒。広島・東京などの地方裁判所判事をへて政界に入り、一九二〇年(大正九)衆議院議員に初当選。第二次大戦後、第二次・第三次吉田内閣の建設相、第二次岸内閣の副総理。その間、衆議院議長(一九五五)を務め、自由民主党結成に尽力。

ますだのなわて【益田縄手】 生没年不詳。奈良時代の工匠。東大寺・西大寺の造営に参加。七五六年(天平勝宝八)に東大寺の造大殿所大工を勤めている。「続日本紀」によると越前国足羽郡の人で、七六四年(天平宝字八)に従五位下、翌年に連姓を賜る。七六八年(神護景雲二)に遠江員外介、翌年五位上。「東大寺要録」は東大寺大仏殿造営の大工を勤めたとする伝と、もと和泉国の人で小工を勤め紀伊権守に任じられたとする二つの伝をのせる。

ますほざんこう【増穂残口】 1655～1742.9.26 江戸前・中期の神道家。本姓は竹中。最仲・大和と称し、号は待暁翁・似切斎。豊後国大分郡生れと伝えられ、当初は日蓮宗の僧侶だったが、京都に出て神道を学び、吉田家門人となる。一七一五年(正徳五)に著した「艶道通鑑」をはじめとする残口八部書が主要著作であり、平易な文章で民衆教化に努めた。神道復興をめざし、神道教化の手段として仏教・僧侶の排斥をも主張した。

ますみかとう【十寸見河東】 1684～1725.7.20 江戸中期の浄瑠璃太夫。河東節の始祖。本名伊藤藤十郎。江戸日本橋品川町の魚商天満屋に生まれる。江戸半太夫の門に入り、一七一七年(享保二)市村座に出演。当時の式部節や手品節を摂取して独自の芸風を築き、師の半太夫節をしのいで河東節を樹立。江戸太夫河東とも称した。代表作は「松の内」「神楽獅子」。酒好きで手蘭干と号した。十寸見河東の姓は大正年間の一一世まで続いた。歌舞伎十八番の「助六」は四世(?～一七七一)のときに初演。

ますやこえもん【升屋小右衛門】 ⇨山片蟠桃

ますやへいえもん【升屋平右衛門】 江戸時代、大坂の米仲買・両替商升屋山片家当主の世襲名。初代光重は摂津国高槻から京都に出店。一六九四年(元禄七)には大坂堂島に進出して米相場にたずさわり、のち米仲買となり米年寄にも選任された。二代重賢からは大名貸を中心に両替商をも兼ね、一九世紀前期の四代重芳のときに最盛期を迎える。維新期には重芳の孫重明が通商司の重役となるが、藩債処分の影響でまもなく家産は傾いた。なお二～四代当主に仕えた番頭升屋小右衛門は学者山片蟠桃として知られる。

またしち【又七】 ⇨林又七

まちじりけ【町尻家】 藤原氏北家道隆流の水無瀬家庶流。羽林家。権中納言水無瀬兼俊の次男具英を祖とし、江戸初期に創立。家禄は三〇石三人扶持。江戸中期の兼重は議奏を勤め、弟で養子の説久とその子説望は宝暦事件に連坐して出家。説望はのち再出仕。維新後、量衡のとき子爵。

まちだじゅあん【町田寿安】 生没年不詳。江戸初期のキリシタン。長崎町年寄だったが、一六二六年(寛永三)長崎奉行水野守信の迫害により長崎を出る。一六一八年(元和四)のコーロス徴収文書、二一年の教皇宛奉答文に署名が残る。三一年一二月八日陸奥国会津で殉教したキリシタンに町田寿安という人物がいるが、同一人物かどうかは不明。

まちだちゅうじ【町田忠治】 1863.3.30～1946.11.12 明治～昭和期の政党政治家。出羽国秋田郡生れ。東大卒。新聞記者、日銀勤務などをへて、一九一二年(明治四五)五月衆議院議員初当選。のち憲政会・立憲民政党に属し、第一次若槻・浜口・第二次若槻各内閣の農相、岡田内閣の商工相兼蔵相、小磯内閣の国務大臣を務めた。四五年(昭和二〇)日本進歩党を結成、総裁に推されたが、翌年公職追放令により引退した。

まちだひさすみ【町田久成】 1838.1.-～97.9.15 明治期の官僚。鹿児島藩日置石谷城主の長男として生まれる。島津斉彬に仕え、一八六五年(慶応元)藩命でイギリスに密航、六七年帰国。明治維新後新政府に出仕し、外務大丞・文部大丞をへて、七二年(明治五)から内外の博覧会事業に従事する。正倉院をはじめとする古社寺調査と古器物保護を行い、博物館の創設者として活躍し、鑑識にも優れていた。八五年元老院議官となるが、同年辞職。剃髪して仏門に入り、園城寺光浄院住職となった。

まちのたけま【町野武馬】 1875.11.16～1968.1.10 大正・昭和期の陸軍軍人。福島県出身。陸軍士官学校卒。辛亥革命の際に張作霖らと満州の独立を画策、大正期には奉天軍閥の顧問として満州での日本の影響力増大に努めた。大佐で予備役に入ったが、張作霖の顧問を続け、第二次奉直戦争・郭松齢事件の収拾に関与。張が暗殺されたため帰国した。その後も中国通として活動した。

まついいわね【松井石根】 1878.7.27～1948.12.23 大正・昭和期の軍人。陸軍大将。愛知県出身。陸軍士官学校(九期)・陸軍大学校卒。陸軍の中国通の一人。ハルビン特務機関長・参謀本部第二部長・台湾軍司令官などを歴任し、のち予備役。一九三七年(昭和一二)召集されて中支那方面軍司令官となり、のち内閣参議に就任。敗戦後南京大虐殺の責任を問われ、A級戦犯として絞首刑。

まついげんすい【松井源水】 香具師(やし)・大道芸人・寄席芸人の世襲名。昭和期まで一七代を数える。その祖は富山の反魂丹(はんごんたん)売りで、江戸前期の延宝・天和期頃に四代目が江戸に出たといわれる。販売の愛嬌芸に、はじめは枕返しを演じていたが、のちに居合抜、そして曲独楽(きょくごま)が主流となった。品物も歯磨粉や歯薬となり、代々浅草に居をかまえて歯療治も行った。一三代目は一八六六年(慶応二)に曲独楽の芸をもって渡米。一六代目は明治後期に寄席で活躍。

まついげんたい【松井元泰】 1689.9.9～1743.3.16 江戸中期の製墨家。字は貞文、号は長江・玄々斎。父は奈良の製墨店「古梅園」主人松井元規。元泰は五代目にあたる。長崎で中国の製墨法を会得するなど研究心旺盛で、良墨を数多く世に送った。著書「墨譜」「古梅園墨談」「大墨鴻壺集」。

まついし【松井氏】 江戸時代の譜代大名家。はやくから三河国で松平氏に仕え、一五六四年(永禄七)康親が松平姓を授けられる。江戸開府後は常陸国笠間・丹波国篠山・和泉国岸和田・播磨国山崎・石見国浜田と転封。康福(やすよし)のとき下総国古河に移り、のち老中。一七六九年(明和六)浜田へ再封し、のち六万石余を領した。康任・康爵も老中を勤める。一八三六年(天保七)陸奥国棚倉へ転封。六五年(慶応元)康英が老中就任。翌年武蔵国川越に移り八万石余を領した。維新後子爵。

まついしょうおう【松居松翁】 1870.2.18～1933.7.14 明治・大正期の劇作家。本名真玄(まさはる)。号松葉(しょうよう)、のち松翁。宮城県出身。「中央新聞」「報知新聞」などで劇評を執筆。一八九九年(明治三二)初代市川左団次が歌舞伎座で松翁作の「悪源太」を上演、座付作者以外の作品の初の上演となる。欧米に遊び、二世左団次と合流、帰朝公演に協力した。帝国劇場・公衆劇団・松竹で活躍。代表作「袈裟と盛遠」。

まついすまこ【松井須磨子】 1886.7.20～1919.1.5 明治・大正期の俳優。長野県出身。本名小林正子。一九〇九年(明治四二)坪内逍遥(しょうよう)主宰の文芸協会演劇研究所の第一期生として入所。「ハムレット」や「人形の家」に主演し評価を得る。島村抱月(ほうげつ)との恋愛事件により文芸協会を退会後、抱月と芸術座をおこし、「復活」「サロメ」「カルメン」などで有名となる。「復活」の劇中歌「カチューシャの唄」は一世を風靡(ふうび)したが、急死した抱月の後を追い、二カ月後に自殺をとげた。

まついなおきち【松井直吉】 1857.6.25～1911.2.1 明治期の化学者。美濃国生れ。貢進生として大学南校に学ぶ。一八七五年(明治八)第一回文部省留学生として渡米し、コロンビア大学鉱山学科を卒業。八〇年帰国後、東京大学教授として一般化学・分析化学を担当。のち帝国大学農科大学教授兼学長。農芸化学を担当。一九〇五年東京帝国大学総長となるが、ごく短期間で辞任。美術評論家としても知られる。

まついのりなが【松井儀長】 1570～1657 江戸前期の治水功労者。通称五郎兵衛。日向国飫肥(おび)藩士。慢性的な干害に悩む同国那珂郡清武郷八カ村に用水を計画し、一六三九年(寛永一六)許可をえて着工。大淀川支流の清武川に堰を築き、途中の須田木山には隧道を掘り、幹線二里余の用水路を完成させ四四〇町歩余を灌漑した。

まついひとし【松井等】 1877.6.12～1937.5.12 大正・昭和前期の東洋史学者。旧姓大蔵。母方の姓をつぐ。東京都出身。東大卒。満州史を専攻、南満州鉄道嘱託として「満州歴史地理」「満州歴史地理報告」に多数の論文を発表した。国学院大学教授のほか多くの大学の教壇に立ち、東洋史一般の総論に優れていた。

まついやすなお【松井康直】 1830.5.26～1904.7.5 幕末期の老中。はじめ旗本、のち陸奥国棚倉・武蔵国川越藩主。松井松平家の分家松井康斉の長男。外国奉行・神奈川奉行を歴任。一八六二年(文久二)開港延期交渉使節団副使として渡欧、翌年帰国。のち勘定奉行・町奉行。六四年(元治元)本家棚倉藩主松平康泰(やすひろ)の養子となり遺領相続、康英と改名。寺社奉行・老中を歴任。六六年(慶応二)川越藩主。

まついやすゆき【松井康之】 1550.11.1～1612.1.23 戦国末～江戸初期の武将。父は正之。細川家筆頭家老。はじめ足利義輝に仕え、のち細川藤孝の客分となり軍功をあげる。細川忠興が豊後国速見郡の領主になると杵築(きつき)城を預かり、関ケ原の戦では九州東軍の拠点として活躍、豊前国小倉藩成立後は二万五〇〇〇石を知行した。千利休の高弟としても知られる。

まついゆうかん【松井友閑】 宮内卿法印とも。生没年不詳。織田信長の家臣。和泉国堺の政所(まんどころ)となる。信長の命で京都・堺の茶人の名器召しあげの使者をつとめ、一五七四年(天正二)信長が勅許をえて正倉院の香木蘭奢待(らんじゃたい)を拝受した折の奉行。七七・七八年には信長に叛意を示した松永氏・荒木氏の慰撫(いぶ)にあたり、八〇年の石山本願寺との勅命講和には織田家を代表して交渉。のち豊臣秀吉に仕えるが、八六年堺政所を罷免。

まつらあきら【松浦詮】 1840.10.18～1908.4.13 幕末期の大名。肥前国平戸藩主。父は一〇代熙(ひろむ)の次男秋。一八五八年(安政五)伯父の一一代曜(てらす)死去により遺領相続。肥前守。新田開発・海防整備を推進。慶応年間は勤王派と連絡をとりながら国事に奔走。維新後、制度局副総裁・平戸藩知事・第十五国立銀行取締役・貴族院議員などを歴任。伯爵。

●• 松浦氏略系図

久……隆信―［平戸藩］鎮信―久信―隆信―鎮信┬棟＝篤信―有信＝誠信―政―清（静山）―熙＝曜＝詮（伯爵）
　　　　　　　　　　　　　　　　　　　　　└［平戸新田藩］昌―邑―鄰＝致―宝―矩＝良＝皓―脩

まつうらかしょう【松浦霞沼】 1676～1728.9.1 江戸中期の対馬国府中藩儒。名は儀・允任(まさただ)、字は禎卿、通称佐太郎・権四郎・儀右衛門。霞沼は号。播磨国姫路生れ。一三歳で府中藩に禄仕後、木下順庵に入門。のち江戸から対馬に移り朝鮮外交にたずさわる。朝鮮外交の制度・文書を熟知し、「朝鮮通交大紀」を編著。詩人としても有名で「霞沼詩集」が残る。

まつうらけんぎょう【松浦検校】 ?～1822.11.21 江戸後期の箏曲・地歌三弦の演奏家・作曲家。京都生れ。名は久保一。間奏を重視した箏曲である京流手事物(てごともの)の確立者。箏は藤池流に属し、文化新調として組歌「十八公」を作曲。三弦手事物には「宇治巡り」「四季の眺」「四つの民」「深夜の月」(以上松浦の四つ物)、「新浮舟」「末の契(ちぎり)」「若菜」のほか、京端歌にも「菊」などの名品がある。

まつうらし【松浦氏】「まつら」とも。肥前国松浦(まつら)郡の豪族で近世には大名家。中世に松浦党として活動するなかで、戦国期には平戸松浦氏が松浦郡北部と壱岐国で覇権を確立。豊臣秀吉の九州攻めに参戦し、その功績で旧領を安堵され、関ヶ原の戦後、朱印高六万三二〇〇石、平戸を城地とする大名となる。初代平戸藩主鎮信(しげのぶ)以降、明治維新まで一二代続く。九代藩主清(静山)はその著「甲子夜話(かっしやわ)」で知られる。維新後伯爵。

まつうらしげのぶ【松浦鎮信】 🅘1549～1614.5.26 戦国末～江戸初期の武将。肥前国平戸藩初代藩主。隆信の子。平戸生れ。一五六八年(永禄一一)家督を相続。豊臣秀吉の九州攻めに従い旧領を安堵される。八九年(天正一七)二月二七日、法印に叙され式部卿と称する。朝鮮出兵には小西行長の第一軍に属して奮戦。一六〇〇年(慶長五)関ヶ原の戦では東軍に属し、所領を安堵される。肥前国松浦・彼杵(そのき)両郡、壱岐国で六万三二〇〇石を領し、平戸城に住した。

🅘1622.3.13～1703.10.6 江戸前期の大名。肥前国平戸藩四代藩主。号は天祥。父は三代隆信。江戸生れ。一六三七年(寛永一四)家督を相続。同年の島原の乱に出兵。四一年オランダ商館の長崎移転により藩財政に大打撃をうけ、以後、藩政の再建・強化に努めた。片桐石州に茶道を学び鎮信流をおこすなど、文人としても知られる。

まつうらせいざん【松浦静山】 1760.1.20～1841.6.29 江戸中・後期の大名。肥前国平戸藩九代藩主。父は八代誠信(さねのぶ)の子政(まさし)。名は清。別号雲洲。壱岐守。一七七五年(安永四)家督相続。同年初入国し「訓戒十条」を開示して財政再建を推進。殖産興業・新田開発を奨励。藩校維新館、江戸に感恩斎文庫、平戸に楽歳堂文庫を創設。三万冊以上の和漢洋の書籍を収集。一八〇六年(文化三)隠居。二一年(文政四)随筆「甲子夜話(かっしやわ)」二七八巻を著す。

まつうらたけしろう【松浦武四郎】 1818.2.6～88.2.10 幕末期の北方探検家。伊勢国一志郡須川村の郷士出身。一八四五年(弘化二)はじめて蝦夷地に入り、四九年(嘉永二)にかけて樺太・択捉(えとろふ)島まで巡歴。五五年(安政二)蝦夷地御用掛となり、翌年から五八年にかけて蝦夷地を踏査し、場所請負制下に苦しむアイヌの実情を明らかにする。六九年(明治二)開拓使判官となり、北海道の名付親となったが、翌年辞任。「東西蝦夷山川地理取調日記」など著作多数。

まつえしげより【松江重頼】 ⇩重頼(しげより)

まつえもん【松右衛門】 近世、江戸の四カ所非人頭の一人。代々松右衛門を襲名。品川に居小屋の地(囲内)があり、芝・青山・品川などの江戸南部一帯を持場(勧進場(かんじんば))としていた。そこに散在する二〇〇軒をこす小屋頭とその抱非人をあわせて一〇〇〇人余の手下(てか)非人を支配し、鈴ヶ森での行刑(ぎょうけい)の下役、品川溜(ためた)の管理などの役を勤めた。彼の勧進場は大井村の穢多小頭の職場の範囲を安堵されたもので、それに対して場役(斃牛馬処理の実務)を勤めた。川柳などでは非人の総称として松右衛門という語が用いられた。

まつおかえいきゅう【松岡映丘】 1881.7.9～1938.3.2 大正・昭和前期の日本画家。兵庫県出身。本名輝夫。井上通泰(みちやす)・柳田国男は実兄。山名貫義(つらよし)に師事。東京美術学校卒。一九〇八年(明治四一)から長く東京美術学校で後進を育成した。一六年(大正五)金鈴社、二一年新興大和絵会、三五年(昭和一〇)国画院を結成し、やまと絵の革新を図る。三〇年帝国美術院会員。作品「伊香保の沼」「右大臣実朝」。

まつおかこまきち【松岡駒吉】 1888.4.8～1958.8.14 大正・昭和期の労働運動家・政治家。鳥取県出身。高等小学校卒。職工となり、キリスト教に入信。友愛会室蘭支部幹事から本部の主事となる。日本労働総同盟内の右派指導者から一九三二年(昭和七)会長に就任、日中戦争下には争議絶滅を宣言、産業報国運動の労組解消方針に反対したが、四〇年解散。勤労国民党を結党したが解散させられる。第二次大戦後日本労働組合総同盟を再建、会長に就任。日本社会党結党に参加、総選挙に当選六回。新憲法下初の衆議院議長。

まつおかじょあん【松岡恕庵】 1668～1746.7.11 江戸中期の本草家。名は玄達、字は成章、号は怡顔斎。京都生れ。山崎闇斎・伊藤仁斎に儒学を、稲生若水に本草学を学ぶ。儒医として京都に開業。一七二一年(享保六)幕命で江戸に下り、和薬改会所設置に関与した。薬物学より名物学・物産学に重点をおいて研究。津島如蘭・小野蘭山・江村如圭ら多数の本草家を育てた。著書「用薬須知」「食療正要」「怡顔斎桜品」。

まつおかせいら【松岡青蘿】 ⇨青蘿

まつおかちゅうりょう【松岡仲良】 1701.8.24?～83.11.13 江戸中期の垂加流神道家。名は雄淵、仲良は字。尾張国生れ。代々熱田神宮祠官。吉見幸和に神道を学び、京都で崎門学派の若林強斎に師事。玉木正英から諸伝を伝授されたが、玉木が秘事口伝を重視する橘家神道を提唱したことを批判し破門された。のち吉田家の家士となり、多くの公卿を弟子とした。著書「神道学則日本魂」。

まつおかときかた【松岡辰方】 1764.2.12～1840.5.1 江戸後期の有職故実家。通称清左衛門、号は梅軒・双松軒。江戸居住の久留米藩士で、塙保己一・伊勢貞春に武家故実を学び、保己一の高弟として「群書類従」の編纂出版に関与。高倉永雅から公家故実を習得し、公武双方に通じた有職故実の松岡流を称す。著書「冠帽図会」「織文図会」。

まつおかばんきち【松岡磐吉】 ?～1871 幕末期の幕臣。一八五六年(安政三)伊豆代官江川太郎左衛門の家来から長崎海軍伝習生に選ばれ、五八年江戸へ召還されて幕府軍艦操練所教授方出役となる。軍艦役勤務ののち六八年(明治元)軍艦頭並。蟠竜艦艦長として榎本武揚に従い、翌年の箱館戦争では政府艦隊を迎撃して朝陽艦を轟沈させた。敗戦後榎本らとともに東京に護送、投獄され、獄中で病死。

まつおかひさし【松岡寿】 1862.2.5～1944.4.28 明治～昭和前期の洋画家。備前国生れ。川上冬崖に学び、のち工部美術学校でフォンタネージの指導をうける。十一会を結成。一八八〇年(明治一三)渡伊し、国立ローマ美術学校を卒業。八八年帰国。明治美術会の設立に参加し、「ベルサリエーレの歩哨」などを出品、同会の中心的存在として活躍。内国勧業博覧会・文展の審査員も務め、東京高等師範・東京美術学校教授、東京高等工芸学校校長として後進の指導に力を注いだ。

まつおかやすこわ【松岡康毅】 1846.6.23～1923.9.1 明治・大正期の官僚政治家。阿波国生れ。維新後徳島藩に出仕し、ついで政府に入り司法官として累進、検事総長をへて二度の内務次官、行政裁判所長官などを歴任、貴族院議員にも勅選された。第一次西園寺内閣で農商務相を務め、のち枢密顧問官。関東大震災で死亡した。男爵。

まつおかようすけ【松岡洋右】 1880.3.4～1946.6.27 大正・昭和前期の外交官・政治家。山口県出身。苦学してオレゴン州立大学を卒業し、外務省に入る。のち退官して南満州鉄道(満鉄)理事となり、一九二七年(昭和二)副総裁として田中義一内閣の積極外交を支える。田中内閣崩壊後、立憲政友会代議士として幣原外交を批判。三二年国際連盟総会の首席全権となり、結果的に連盟脱退に導いた。三五年満鉄総裁。四〇年には第二次近衛内閣の外相となり、大東亜共栄圏を提唱。日独伊三国同盟および日ソ中立条約を締結し、そのうえで日米関係を打開しようとしたが、独ソ戦が勃発し、内閣総辞職のかたちで更迭された。第二次大戦後、極東軍事裁判でA級戦犯に指名されたが、判決前に病死。

まつおしげよし【松尾臣善】 1843.2.6～1916.4.8 明治期の大蔵官僚・銀行家。播磨国姫路の郷士の家に生まれ、宇和島藩に出仕。男爵。一八六八年(明治元)に大阪府出仕。翌年大蔵省に移り、通商司・戸籍寮などをへて八六年に出納局長に就任し、以後主計・預金・国債局などの局長を歴任。一九〇三年に日露開戦必至という状況のなかで大蔵省と日本銀行の連携を強化するため、理財局長から第六代日本銀行総裁に就任。一一年に辞職するまで日露戦時・戦後の金融政策を担当した。

まつおそうじ【松尾宗二】「そうに」とも。❶1579～1658.5.24 江戸前期の茶人。家祖辻玄哉の孫。父等政五助より松尾家を名のる。千宗旦に師事して「楽只軒」の額を贈られ、以後松尾家の号となった。

❷1677～1752.9.5 ❶の宗二の曾孫。江戸中期の茶人。茶道家元松尾流の初世。名は重賢。宗旦流の茶人町田秋波に学び、のちに表千家六世覚々斎原叟に師事して、松尾流を創設。名古屋地方の茶道普及に尽力。近衛家熙(予楽院)・鷹司輔信などとの交流も知られる。著書「敝帚記」。

まつおたせこ【松尾多勢子】 1811.5.25～94.6.10 幕末期の女性勤王家。信濃国伊那郡山本村の竹村党盈の長女。一九歳で同郡伴野村の豪農松尾淳斎に嫁ぐ。国学・歌道を学び、岩崎長世の勤王論に感化され、一八六二年(文久二)五二歳で上京、公卿の間に出入りし、翌年二月の足利氏木像梟首事件に関与した。六八年(明治元)再び上洛、岩倉家に仕え女参事といわれ、戊辰戦争に長男を従軍させた。のち郷里に帰って余生を送った。

まつおばしょう【松尾芭蕉】 ⇨芭蕉

マッカーサー Douglas MacArthur 1880.1.26

~1964.4.5 アメリカの陸軍元帥。日本占領の連合国軍最高司令官。アーカンソー州生れ。一九〇三年陸軍士官学校を首席で卒業、三〇年史上最年少の五〇歳で参謀総長に就任。三五年フィリピン軍事顧問。四一年現役復帰し、新設の米極東軍司令官として第二次大戦の対日戦を指揮。四五年(昭和二〇)八月連合国軍最高司令官に就任、日本占領政策を遂行、「青い目の大君」の異名をとる。朝鮮戦争の作戦指導のあり方をめぐりトルーマン大統領と対立、五一年四月解任された。

まつかたこうじろう【松方幸次郎】 1865.12.1~1950.6.24 明治~昭和期の実業家。薩摩国生れ。正義の三男。一八八四~九〇年(明治一七~二三)留学。イェール大学・ソルボンヌ大学卒。九六年川崎正蔵の要請で株式会社改組後の川崎造船所社長に就任、一九二八年(昭和三)まで務め、同社を日本有数の造船会社に育てた。ほかに川崎汽船・国際汽船・神戸ガス・日本毛織などの社長・重役を歴任した。三六年以来衆議院議員に当選四回。第一次大戦から戦後にかけて、ヨーロッパ各地で収集した美術品が松方コレクションであり、国立西洋美術館の母胎となった。

まつかたさぶろう【松方三郎】 1899.8.1~1973.9.15 大正・昭和期の登山家・ジャーナリスト。東京都出身。本名義三郎。松方正義の一三男。京大卒。少年期から登山を始め、スイスの山々にも登った。第二次大戦後は日本山岳会会長やエベレスト登山隊隊長などを務めた。ジャーナリストとしては同盟通信社記者などをへて共同通信社専務理事。

まつかたまさよし【松方正義】 1835.2.25~1924.7.2 明治・大正期の政治家。鹿児島藩士の出身。公爵。明治維新後、日田県知事・大蔵大輔・内務卿をへて、明治十四年の政変により参議兼大蔵卿に就任。一八九二年(明治二五)まで大蔵卿・蔵相として松方財政を展開、日清戦争後も第二次伊藤・第二次松方・第二次山県内閣の蔵相として戦後経営を担当した。その間八六年に銀本位制、九七年に金本位制を確立するなど財政・金融制度を整備。二度政権を担当し、第一次内閣では激しい選挙干渉などで民党と対立したが、第二次内閣では進歩党と提携、大隈重信を外相として入閣させ松隈(しょうわい)内閣とよばれた。以後も内大臣に就任するなど、元老として活躍。

まつかわしげあき【松川重明】 1802.4.9~76.7.27 幕末期の蝦夷地(えぞち)の開拓功労者。通称弁之助。越後国蒲原郡井栗西村の大庄屋松川家の六男。蝦夷地開拓を志して一八五六年(安政三)に箱館へ渡り、当時工事中であった五稜郭や弁天台場などの石垣築造に従事し、箱館平野部の開拓を手がける。五七年には蝦夷地直捌所差配人に任命され樺太の漁場経営にもあたったが、六二年(文久二)帰郷。

まつきけ【松木家】 戦国期の駿府(現、静岡市)の有力商人。友野家と並ぶ御用商人として今川氏・武田氏に相次いで仕えた。今川氏のもとでは京都との通信・輸送業務に従事して功があり、諸役免除・徳政免除などさまざまな特権を与えられた。商業をはじめ酒造業や金融業など多角的な経営を行い、集積した土地もかなりの広さに及んだ。近世には駿府の町年寄として町政にたずさわり、鉱山開発にも意欲を示した。

まつきこうあん【松木弘安】 ⇨寺島宗則(てらしまむねのり)

まつきし【松木氏】 伊勢外宮(げくう)の禰宜(ねぎ)の一族。度会(わたらい)氏彦が江戸初期に居住地にちなんで松木を称したことに始まり、以後も外宮禰宜を勤めた。一八世紀前半に活躍した一族の松木智彦は、神宮の故実に通じ、寛延年間の遷宮のときに中絶していた外宮玉垣門の扉を復興し、「校正度会系図」を編纂した。明治維新後、男爵。

まつきしんざえもん【松木新左衛門】 駿府(現、静岡市)の豪商の当主名。甲州から駿府に移り、戦国大名今川・武田両氏のもとで特権的商業を営み、徳川家康のもとでは町方の頭人として駿府糸割符配分の特権をうけた。五代宗周(むねちか)の代に町年寄と長崎仲間を兼任して最盛期を迎え、一六九七年(元禄一〇)江戸上野の寛永寺根本中堂の用材を紀伊国屋文左衛門とともに請け負って巨利を得た。晩年には日向国の新田開発も企図したが、子孫は諸特権を失って衰退した。

まつきたんたん【松木淡々】 ⇨淡々(たんたん)

まつきちょうそう【松木長操】 1625~52.5.16 若狭国遠敷(おにゅう)郡新道村の庄屋。名は荘左衛門。長操は法名。小浜藩の大豆年貢増徴に反対して、領内二五二カ村が数次にわたって訴願した一揆の頭取。投獄された他の惣代たちが屈伏するなか九年間も屈せず訴願を続けた。このため租率は旧に復したが、一六五二年(承応元)磔刑に処された。江戸後期以降人々によって顕彰されている。

まつくらしげまさ【松倉重政】 ?~1630.11.16 織豊期~江戸初期の武将・大名。肥前国島原藩主。関ケ原の戦の武功により一六〇八年(慶長一三)大和国五条に一万石、大坂夏の陣の武功により一六年(元和二)肥前国高来郡日野江に四万石を与えられた。領内のキリシタン弾圧を行い、また石高相当をこえる公儀普請役負担や島原城築城により、領内の年貢負担を増大させ、島原の乱の一因をつくった。三〇年(寛永七)ルソン攻略を上申し準備にかかったが、実行前に死去。

まつくららんらん【松倉嵐蘭】 ⇨嵐蘭(らんらん)

まつざかひろまさ【松阪広政】 1884.3.25~1960.1.5 昭和期の検察官僚。京都府出身。東大卒。一九一二年(大正元)検事に任官。東京地方裁判所次席検事時代の三・一五事件捜査指揮と、検事総長時代の中野正剛代議士検束をめぐる東条首相への異論表明で知られる。小磯・鈴木貫太郎両内閣の司法相を務めた。

まつざきかんかい【松崎観海】 1725.5.4～75.12.23 江戸中期の儒学者。丹波国篠山藩士。父は松崎白圭(観瀾)。通称才蔵、名は惟時、字は君脩、観海は号。江戸に出て太宰春台・高野蘭亭に師事。古今東西の書物に通じ神童と称され、一九歳のとき「六術」を著す。湯浅常山の「文会雑記」に頻繁に登場し、蘐園諸子の人物学問論を中心に批評した。藩では留守居役、番頭などを歴任。一七四八年(寛延元)来日した朝鮮通信使と詩文をやりとりし、文名を得ている。武技に励み名節を重んじ、熊沢蕃山を尊敬した。著書「観海集」「未庭集」。

まつざきこうどう【松崎慊堂】 1771.9.27～1844.4.21 江戸後期の儒学者。名は復、字は明復。肥後国益城郡の農家に生まれる。江戸に出奔して昌平黌に学び、林述斎の家塾に入る。のち遠江国掛川藩藩校に教授として招かれた。一八一一年(文化八)述斎の求めに応じ、朝鮮通信使の応接にあたる。隠退後江戸目黒に私塾石経山房を開いた。交友範囲が広く、日記「慊堂日暦」には多くの文人藩士の名がみえる。「開成石経十二経」の復刻など考証学上の著書もある。

まつざわきゅうさく【松沢求策】 1855.6.15～87.6.25 明治前期の自由民権家。信濃国の農家に生まれる。地元の私塾、東京の講法学社などに学ぶ。一八七八年(明治一一)頃から民権運動に加わり、義民芝居「民権鑑嘉助の面影」を執筆。八〇年奨匡社結成に参加。国会期成同盟常務委員ともなり、政党結成を提案。八一年「東洋自由新聞」創刊に加わるが、西園寺公望の退社に抗議する檄文で懲役に処せられた。

まつしたけんりん【松下見林】 1637.1.1～1703.12.7 江戸前期の儒医・歴史学者。見朴の子。名は秀明・慶、字は諸生、通称が見林。西峰散人と号す。大坂天満町生れ。句読を父にうけ、医を古林見宜に学ぶ。二一歳で京都堀川に開業し、儒学や歴史も教授した。一六九〇年(元禄三)讃岐国高松藩主の松平頼常に招かれ天皇陵を調査し、著述出版の援助をうけた。舶来書籍の購入に熱心で、蔵書は一〇万巻に及んだという。代表的著作「異称日本伝」は近世の歴史学の名著。

まつしたこうのすけ【松下幸之助】 1894.11.27～1989.4.27 松下電器産業の創立者。和歌山県出身。大阪で丁稚奉公、大阪電灯の見習工をへて、一九一八年(大正七)松下電気器具製作所を設立。アタッチメントプラグ・自転車用ランプなどの生産で事業を拡大。三五年(昭和一〇)松下電器産業株式会社に改組し、社長に就任。独自の経営哲学・量産量販思想で知られ、「経営の神様」といわれた。またPHP研究所・松下政経塾の設立など社会活動にも力をいれた。

まつしたしげつな【松下重綱】 1579～1627.10.2 織豊期～江戸初期の大名。遠江国久野城主松下之綱の子。はじめ豊臣秀次に、一五九八年(慶長三)以降は徳川家康に仕え、石見守となる。関ケ原の戦では東軍に参加、一六〇三年常陸国小張を領し、大坂の陣の功で下野国烏山城に二万八〇〇〇石、二七年(寛永四)陸奥国二本松五万石に転封。

まつしたぜんに【松下禅尼】 生没年不詳。鎌倉幕府の執権北条経時・同時頼の母。父は安達景盛。夫は北条泰時の嫡男時氏。六波羅探題に就任した時氏とともに上洛。一二三〇年(寛喜二)時氏の死後出家し、安達氏の甘縄邸に住んだ。「徒然草」によると、時頼に倹約の大切さを説き、障子の破れた箇所を修繕してみせたという。六〇年(文応元)五月、父景盛の十三年忌追福の施主を勤めた。

まつしただいざぶろう【松下大三郎】 1878.10.24～1935.5.2 明治～昭和前期の国語学者。静岡県出身。国学院大学卒。一九〇一年(明治三四)口語文典の嚆矢「日本俗語文典」を刊行。二六年(昭和元)母校の教授となる。理論的明晰さを発揮した独自の文法体系を樹立した。明治末～大正末期に編纂した「国歌大観」「続国歌大観」は和歌研究発展の基礎となった。

まつしましょうごろう【松島庄五郎】 長唄演奏家。江戸中期から四世を数える。初世・二世は唄方、三・四世は三味線方。初世(生没年不詳)は享保～宝暦期に活躍。江戸四谷の青物市場の呼込役から声をみこまれ長唄に入ったという。坂田兵四郎・初世吉住小三郎らと並び称された。二世(一八三三～九〇)は五世松永忠五郎の実子。三世杵屋正次郎とくみ、「土蜘」「茨木」「船弁慶」などの立唄を勤め、名声をえた。

まつだいらいえただ【松平家忠】 1555～1600.7.30 徳川家康の部将。三河国深溝松平家当主。家康に従って多くの合戦に出陣。徳川氏の関東入部後は武蔵国忍で一万石。一五九二年(文禄元)下総国上代に、ついで同国小見川に転封。関ケ原の戦で伏見城西丸を守って戦死した。築城技術に優れ、七七～九四年(天正五～文禄三)の日記「家忠日記」を残す。

まつだいらかたのぶ【松平容頌】 1744.1.9～1805.7.29 江戸中期の大名。陸奥国会津藩主。父は四代容貞。肥後守。一七五〇年(寛延三)七歳で遺領相続。叔父容章が一五年間政務を補佐した。質素倹約を旨とした藩財政の緊縮策を推進。八二年(天明二)大凶作により農村が荒廃。家老田中玄宰に寛政の改革を断行させた。郷村支配強化、漆木・養蚕・薬用人参などの特産物を奨励し、漆器・酒造・製陶業を振興。また藩校日新館を開設。藩士子弟の入学を義務づけた。初代正之以来の名君と称された。

まつだいらかたもり【松平容保】 1835.12.29～93.

12.5 幕末期の京都守護職。陸奥国会津藩主。父は名古屋藩の支藩高須藩主松平義建(よしたつ)。肥後守。一八四六年(弘化三)会津藩主松平容敬(かたたか)の養子となり、五二年(嘉永五)遺領相続。六二年(文久二)京都守護職に任じられ、上洛。八月十八日の政変で攘夷派の公家衆を追放し、六四年(元治元)禁門の変では上京の萩藩兵を攻撃。長州戦争でも軍を進めた。大政奉還後、鳥羽・伏見の戦に敗れ会津に帰国。戊辰(ぼしん)戦争での敗戦後、鳥取池田家に預けられる。

まつだいらきよやす【松平清康】 1511～35.12.5 戦国期の武将。三河国岡崎城(現、愛知県岡崎市)城主。徳川家康の祖父。戦国大名としての松平氏の基礎を築いた。一五二三年(大永三)家督となる。翌年岡崎城に拠り、以後三河制圧に努めた。さらに尾張進出を狙い、三五年(天文四)守山城(現、名古屋市)を攻めたが、陣中で家臣に殺害され、松平勢は退却(守山崩れ)。事件後家督を奪った清康の叔父信定の謀略とする説もある。

まつだいらさだあき【松平定敬】 1848.12.2～1908.7.21 幕末期の京都所司代。伊勢国桑名藩主。父は名古屋藩の支藩高須藩主松平義建(よしたつ)。一八五九年(安政六)桑名藩主松平定猷(さだみち)の没後養子となり、同年相続。六二年(文久二)・六四年(元治元)の将軍上洛に供奉。京都警備につき、守護職の兄容保(かたもり)の推薦で京都所司代に任じられ、禁門の変・長州戦争にかかわった。大政奉還後、鳥羽・伏見の戦に敗れて江戸に帰るが、その後柏崎・会津・箱館五稜郭と転戦。家臣の説得で降伏。津藩に預けられた。

まつだいらさだかつ【松平定勝】 1560～1624.3.14 江戸初期の大名。父は久松俊勝。尾張国生れ。徳川家康の異父弟で、松平姓を与えられる。一五八四年(天正一二)尾張国蟹江城攻めに先陣の功をあげる。豊臣秀吉の養子となる計画があったが、母於大の方(伝通院)の反対で実現しなかった。家康の関東入部後、下総国小南(こみなみ)三〇〇〇石を領した。関ケ原の戦の後、遠江国掛川三万石。一六〇七年(慶長一二)封地を子の定行に譲り、伏見城代となる。一七年(元和三)伊勢国桑名一一万石に転封。

まつだいらさだのぶ【松平定信】 1758.12.27～1829.5.13 江戸後期の老中首座。陸奥国白河藩主。父は御三卿の田安宗武。八代将軍徳川吉宗の孫。幼名賢丸(さだまる)。号は楽翁。一〇代将軍家治の世子に望まれたが、田沼意次らにより白河松平家(久松氏)に養子にだされた。一七八三年(天明三)家督相続。八七年老中首座、翌年将軍補佐役に就任。吉宗の享保の改革を手本とした寛政の改革を行う。しかし尊号事件や大奥に対する引締め策が原因で、九三年(寛政五)辞職。白河に戻ってからは、藩校立教館の充実や「白河風土記」の編纂、一般庶民の教育機関敷教舎(ふぎょうしゃ)の設置などの文教政策を進め、南湖の魚介養殖奨励など殖産興業も行った。一八一二年(文化九)隠居。自叙伝「宇下人言(うげのひとごと)」など一三八部以上の著作を残した。

まつだいらさだまさ【松平定政】 1610～72.11.24 江戸初期の譜代大名。松平定勝の六男。伏見生れ。一六三四年(寛永一一)五〇〇〇石を与えられ小姓組番頭。三五年には二〇〇〇石の加増をうけ伊勢国長島に移り、四九年(慶安二)三河国刈谷二万石を領する。五一年、徳川家光の葬儀をつかさどった直後に遁世。幕閣批判・旗本救済を訴えた意見書を老中に提出するが、狂気の所行として所領没収のうえ兄の伊予国松山藩主松平定行に預けられた。

まつだいらし【松平氏】 三河国の武士で、江戸時代の旗本・大名家。宗家は家康のとき徳川と改姓して江戸幕府将軍家となった。出自・系譜は明らかでない。氏は本貫の松平郷からとったものだが、実在が確認できるのは三代信光以降で、一五世紀後半に国内に所領を拡大し、一族を各地に分封。それらの諸氏は家康以前の段階で、いわゆる一八松平とよばれる一八家を数え、松平氏台頭の基となり、江戸時代に大名・旗本として繁栄した。家康の次男秀康の子孫である越前家、御三家の支流、家康の異父弟の系統の久松氏も松平を称する。ほかに譜代・外様大名で松平姓が与えられた者もいるが、維新後は各自もとの姓に復した。●● 次頁

まつだいらしゅんがく【松平春嶽】 ⇨松平慶永(まつだいらよしなが)

まつだいらたけちか【松平武元】 1713.12.28～79.7.25 江戸中期の老中。陸奥国棚倉・上野国館林藩主。右近将監。父は常陸国石岡藩主松平頼明。館林藩主松平武雅の養子となり、一七二八年(享保一三)遺領相続。直後に棚倉へ転封。奏者番、のち寺社奉行兼帯、四六年(延享三)西丸老中となり、館林へ転封。翌年本丸老中となり、のち勝手掛を兼任、七九年(安永八)まで老中職。「方正な君主」と評されるが、在職中にすでに田沼意次の進出が認められる。

まつだいらただあきら【松平忠明】 1583～1644.3.25 江戸初期の大名。下総守。父は奥平信昌、母は徳川家康の長女亀姫。家康の養子となり松平を称した。大坂夏の陣で戦功をあげ、陣後大坂城を預けられ摂津・河内両国で一〇万石を領し、大坂藩主となる。一六三二年(寛永九)徳川秀忠の遺言により家光を補佐し幕政に参与。この間大和国郡山をへて、三九年播磨国姫路藩主となり、一八万石を領した。

まつだいらただちか【松平忠周】 ■1645～1711.6.20 江戸前期の幕臣。忠久の三男。通称五郎右衛門。玄蕃頭・内記。一六九二年(元禄五)から八年間大坂町奉行を勤め、水運の整備に尽力。

■1661～1728.4.30　江戸前・中期の幕閣。大名。丹波国亀山藩主忠晴の三男。阿波守・伊賀守。侍従。諱は忠易・忠徳・忠栄。兄忠昭の養子として藩主となる。一六八五年(貞享二)若年寄、将軍徳川綱吉の側用人。八六年武蔵国岩槻藩四万八〇〇〇石に転封。八九年(元禄二)側用人解職。のちに但馬国出石藩へ転封。一七〇五年(宝永二)再度側用人に登用され、翌年信濃国上田藩に転じ、五万八〇〇〇石に加増。一七年(享保二)京都所司代、二四年老中。

まつだいらただてる【松平忠輝】 1592.1.4～1683.7.3　江戸初期の大名。徳川家康の六男。一五九九年(慶長四)長沢松平家を継いで武蔵国深谷城主となり、のち下総国佐倉・信濃国川中島と城地を移し、一六一〇年越後国福島藩主となり四五万石

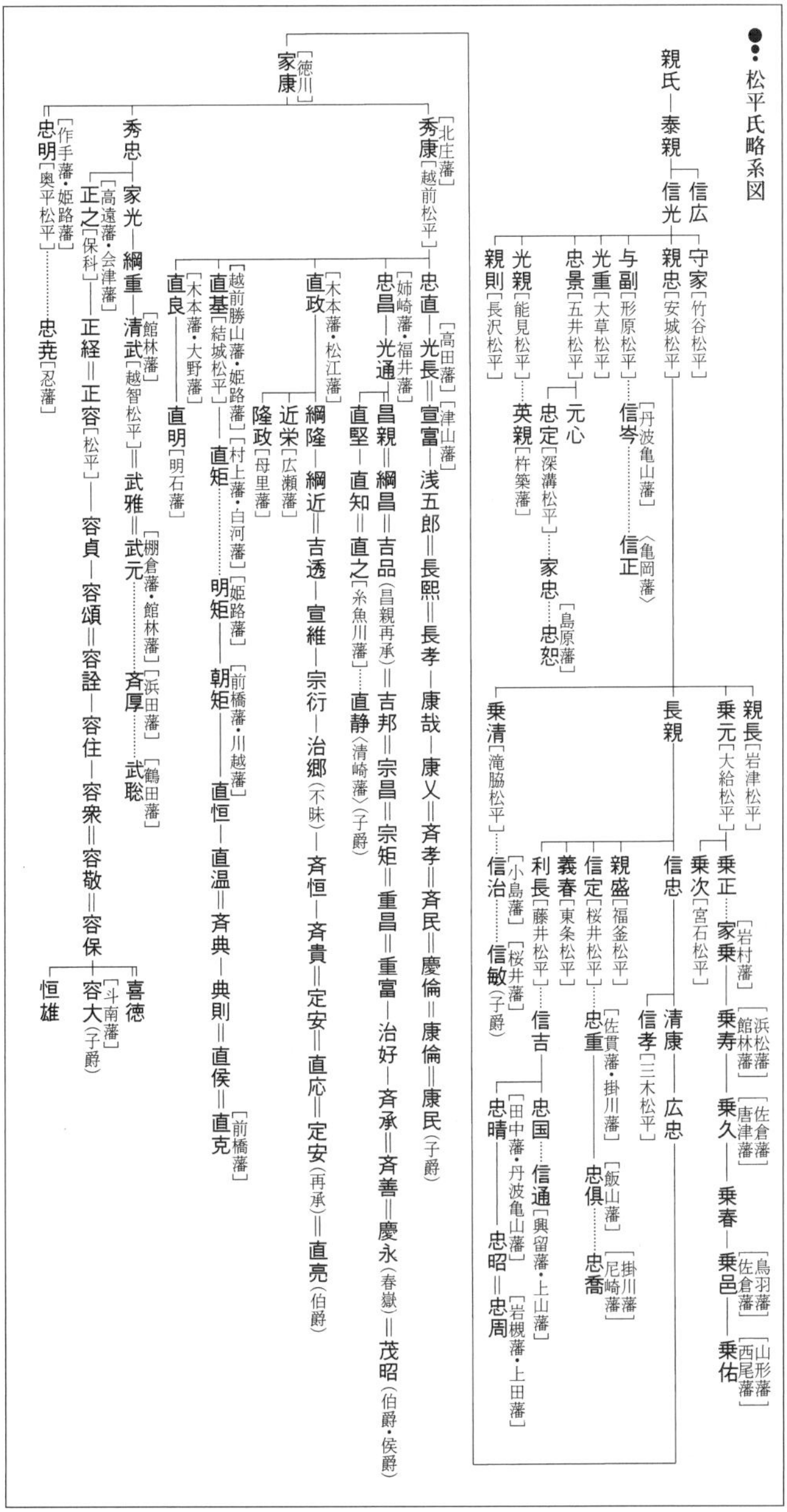

を領する。この間、従四位下右近衛少将に叙任。一四年には築城された越後国高田城に移ったが、大坂夏の陣に遅参したため家康の不興を買い、翌一六年(元和二)改易となり伊勢国朝熊(あさま)に配流。その後飛驒国高山・信濃国諏訪と配地を移された。

まつだいらただなお【松平忠直】 1595～1650.9.10 江戸初期の大名。越前国北庄(きたのしょう)藩主。結城秀康の長男。徳川家康の孫。一六〇七年(慶長一二)父の遺領六八万石を継ぐ。大坂夏の陣では敵将真田幸村を討ちとるなど大功をあげ、従三位参議となり、一七年(元和三)越前守に改めた。しかし恩賞を不満とし、とくに家康死後は参勤を怠るなど不遜な行動がめだち、二三年改易となり豊後国萩原に配流。室は徳川秀忠の女勝姫。嫡男光長は翌年越後国高田に転封。北庄は弟忠昌が継いだ。

まつだいらただまさ【松平忠昌】 1597.12.14～1645.8.1 江戸前期の大名。越前国福井藩主。結城秀康の次男。一六〇七年(慶長一二)上総国姉崎一万石を与えられる。一五年(元和元)の大坂夏の陣で武功をあげ、常陸国下妻に三万石を与えられた。一七年には信濃国川中島一二万石、一八年には越後国高田二五万石と加増転封を続け、二四年(寛永元)兄忠直の改易の後をうけ、越前国のうち五〇万石を受封。同年居城北庄(きたのしょう)を福井と改めた。

まつだいらただよし【松平忠吉】 1580.9.-～1607.3.5 江戸初期の武将・大名。徳川家康の四男。はじめ東条松平家を継ぎ、駿河国三枚橋を領した。一五九二年(文禄元)に元服し、武蔵国忍(おし)一二万石(一〇万石とも)を与えられる。一六〇〇年(慶長五)の関ケ原の戦で武功をあげ、戦後尾張一国五二万石を領し清須(洲)城によったが、二八歳の若さで病没。子がなく、遺領には家康九男の義利(義直)が封じられた。

まつだいらたろう【松平太郎】 1839～1909.5.24 幕末期の幕臣。奥右筆・外国奉行支配組頭から、一八六八年(明治元)鳥羽・伏見の戦ののち主戦派として台頭し、歩兵頭ついで陸軍奉行並となる。江戸開城後榎本武揚と行動をともにし、箱館政府では副総裁となる。明治政府軍の攻撃によく抵抗したが、参謀黒田清隆の勧告に従い降伏。東京で禁錮ののち外務省などに勤務したが、ほどなく退職。「江戸時代制度の研究」の著者松平太郎の父。

まつだいらちかただ【松平親忠】 1431/39～1501.8.10 室町時代の武将。三河国安祥(あんじょう)城(現、愛知県安城市)城主。のちに徳川家康を出す安城松平家の初代。松平信光の子で文明初年独立し、ついで安祥城に拠った。一四九三年(明応二)の井田野(現、岡崎市)合戦では松平軍の主将となるなど、松平氏内部での地位を確立。一五〇一年(文亀元)の死の直後、松平一族が安城家菩提所大樹寺(同市)の警固を誓約しており、事実上安城家が惣領家となったことを示すものとみられる。

まつだいらちょうしちろう【松平長七郎】 生没年不詳。江戸幕府三代将軍徳川家光の弟駿府藩主徳川忠長の嫡男とされる。名は長頼。忠長の改易・自刃後、諸国を流浪し、数奇な生涯を送ったとされる。一六一四年(慶長一九)生れともいわれるが、忠長の年齢から考えると不自然。実体は不明。その生涯は講談・歌舞伎などの題材となった。

まつだいらつねお【松平恒雄】 1877.4.17～1949.11.14 大正・昭和期の外交官・重臣。東京都出身。旧会津藩主松平容保(かたもり)の四男。東大卒。一九〇二年(明治三五)外交官および領事官試験合格。イギリス大使館を中心に勤務し、二〇年(大正九)以降、外務省欧米局長・ワシントン会議全権委員随員・外務次官を歴任。昭和期に駐米大使・駐英大使を務め、親英米派・穏健派の代表的人物。三六～四五年(昭和一一～二〇)宮内大臣。四七～四九年参議院議長。

まつだいらなりつね【松平斉典】 1797.11.2～1850.1.20 江戸後期の大名。武蔵国川越藩主。父は直恒。大和守。兄直温(なおのぶ)の没後、一八一六年(文化一三)遺領相続。財政再建のため質素倹約を奨励、御用達横田家を士分・勘定奉行格に登用。二〇年(文政三)相州警固を命じられる。幕府の文政の改革では領内手限(てかぎり)に改革組合を設置。四〇年(天保一一)出羽国庄内へ転封の予定だったが、庄内の三方領知替(さんぽうりょうちがえ)反対一揆勃発で中止となり、二万石加増。藩校博喩(はくゆ)堂を創設。

まつだいらのぶあきら【松平信明】 1760～1817.8.29 江戸後期の老中首座。三河国吉田藩主。父は信礼。一七七〇年(明和七)遺領相続。奏者番・側用人をへて八八年(天明八)老中に就任。松平定信の寛政の改革を助けた。九三年(寛政五)定信失脚後、老中首座となり、本多忠籌(ただかず)・牧野忠精(ただきよ)・戸田氏教らとともに改革路線を引き継いだ。また「寛政重修諸家譜」の編纂を主宰した。

まつだいらのぶつな【松平信綱】 1596.10.30～1662.3.16 江戸前期の老中。武蔵国忍(おし)藩主、のち川越藩主。伊豆守。俗称知恵伊豆。父は大河内久綱。叔父松平正綱の養子となる。一六〇四年(慶長九)徳川家光に近侍し、二三年(元和九)小姓組番頭、三二年(寛永九)年寄並。翌年六人衆として幕政に参画。三万石。三四年従四位下に進み、翌年名実ともに年寄(老中)となった。三七年の島原の乱鎮定の功により、三九年川越六万石を与えられる。家光死後は徳川家綱を補佐し、幕閣の中心として活躍。

まつだいらのぶみつ【松平信光】 1404～88.7.22 室町時代の三河国の武将。松平氏歴代のうち確実な史料にみえる最初の人物。岩津城(現、愛知県岡崎市)を本拠として勢力圏を拡大。室町幕府政所執事伊勢氏の被官で、一四六五年(寛正六)額田郡中小領主の蜂起ではじめこれに協力したようだが、伊勢氏に制止された。応仁・文明の乱中に岡崎・安祥両城を獲得、各所に一族・庶子を分出させ、松平氏発展の基礎を築いた。

まつだいらのぶやす【松平信康】 1559.3.6～79.9.15 織豊期の武将。徳川家康の長男。一五六二年(永禄五)今川氏の人質として母築山殿とともに滞在していた遠江国浜松から三河国岡崎に戻る。六七年織田信長の女徳姫と結婚。七〇年(元亀元)元服して岡崎城主となる。七九年(天正七)徳姫から信長へ武田氏との通謀を訴える書状がだされ、信長の圧力をうけた家康により、岡崎にひきとられていた母は殺害され、信康は岡崎城追放のうえ切腹となった。

まつだいらのぶよし【松平信吉】 1583.9.13～1603.9.11 織豊期の武将。常陸国水戸城主。徳川家康の五男。母は穴山梅雪の養女。甲斐武田氏の名跡を継いで武田七郎信義と称したが、のち松平七郎信吉と改めた。一五九〇年(天正一八)下総国小金三万石。九二年(文禄元)同国佐倉に転じる。一六〇二年(慶長七)には常陸国水戸一五万石に封じられたが、翌年病没。継子がなく、遺領には家康一〇男の頼将(頼宣)が封じられた。

まつだいらのりかた【松平乗謨】 ⇨大給恒

まつだいらのりさと【松平乗邑】 1686.1.8～1746.4.16 江戸中期の老中。下総国佐倉藩主。父は肥前国唐津藩主乗春。和泉守・左近将監・侍従。一六九〇年(元禄三)遺領相続。志摩国鳥羽・伊勢国亀山・山城国淀に転封。一七二三年(享保八)老中となり、佐倉藩主。三七年(元文二)勝手掛。四五年(延享二)一万石加増。八代将軍徳川吉宗の享保の改革を支え、農政・財政の責任者だったが、同年吉宗が引退する際、罷免。加増一万石も没収され、隠居・蟄居となった。

まつだいらはるさと【松平治郷】 1751.2.14～1818.4.24 江戸中期の大名。出雲国松江藩主。父は六代宗衍。佐渡守・出羽守。号は不昧。一七六七年(明和四)家督相続。宗衍の登用した朝日茂保に藩政改革を継続させ、藩校文明館を明教館と改称・拡充した。浜山砂防林や佐陀川開削事業を行い、木綿・薬用人参などの栽培を奨励。寛政期には唐船番隊を編成して海防整備を図った。若い頃から石州流茶道を嗜み、優れた茶道具を収集して「雲州蔵帳」を編み、独自の流儀により不昧流を確立。

まつだいらひろただ【松平広忠】 1526～49.3.6 戦国期の武将。三河国岡崎城(現、愛知県岡崎市)城主。徳川家康の父。一五三五年(天文四)父清康の死後、清康の叔父信定に岡崎を追われた。三七年今川義元の援助をえて岡崎を奪回、以後義元の指揮下にあって織田信秀との抗争を展開。しかし安祥城の陥落、小豆坂の戦の敗北、一族の離反などが相つぎ、四八年二度目の小豆坂の戦で勝ったものの、翌年信秀方の刺客に殺害された。

まつだいらまさつな【松平正綱】 1576～1648.6.22 江戸初期の幕府勘定頭。相模国玉縄藩主。父は大河内秀綱。徳川家康の命で松平正次の養子となる。一五九二年(文禄元)から家康に近侍し、家康の駿府引退後は板倉重昌らとともに近習出頭人となり、駿府の勘定頭を兼ねた。家康没後は徳川秀忠に仕えたが、おもに幕府財政に関与、伊丹康勝とともに年寄に匹敵する権勢を誇った。一六二五年(寛永二)玉縄藩主。秀忠没後の三三年徳川家光のとがめをうけ失脚。翌年ゆるされて復帰するが往年の力は失った。

まつだいらみつなが【松平光長】 1615.11.29～1707.11.17 江戸前期の大名。越後国高田藩主。父は忠直。一六二三年(元和九)父の配流により、越前国北庄七五万石を継いだが、翌年高田二五万石に転封。五一年(慶安四)従三位右近衛権中将に昇進、越後中将とよばれた。小栗正高・美作父子の補佐のもと、新田・銀山の開発や城下町の整備など藩政確立に努めたが、八一年(天和元)越後騒動の責任を問われ、伊予国松山に配流。八七年(貞享四)赦免。

まつだいらむねのぶ【松平宗衍】 1729.5.28～82.10.4 江戸中期の大名。出雲国松江藩主。父は五代宣維。出羽守。号は南海。一七三一年(享保一六)遺領相続。四七年(延享四)親政を始め、藩内に泉府方・木実方など新部局を設置して殖産興業を企画したが挫折、六六年(明和三)朝日茂保を登用して、みずからは翌年引責隠居した。藩校文明館を創設。

まつだいらもちあき【松平茂昭】 1836.8.7～90.7.25 幕末期の大名。越前国福井藩主。日向守。左近衛権少将。父は福井藩の支藩糸魚川藩主松平直春。一八五八年(安政五)福井藩主の松平慶永が不時登城により隠居・謹慎に処せられたため、幕命により家督相続。六〇年(万延元)初入国。中根雪江・横井小楠らの補佐を得て慶永の藩政改革を継承。第一次長州戦争では幕府軍副総督として小倉に出陣。戊辰戦争では官軍として藩兵を出兵させた。

まつだいらやすひで【松平康英】 ❶1768～1808.8.17 江戸後期の幕臣。父は前田清長。松平康疆の養子。目付・船手頭兼帯などをへて、一八〇七年(文化四)長崎奉行となり、ロシア船の警備対策を定めるなど、対外防備を固めた。翌年八月一五日、当時オランダと敵対していた英艦フェートン号がオランダ国旗を掲げて長崎に侵入した際、オランダ人を捕縛したが、佐賀藩の警備不備により撃退できず、食料などの支給の要求を受け入れ、八月一七日退去させた。その夜、責を負って切腹自殺。

❸⇨松井康直

まつだいらやすよし【松平康福】 1719～89.2.8 江戸中期の老中。石見国浜田藩主。父は康豊。周防守。一七三六年(元文元)遺領相続。奏者番、五九年(宝暦九)寺社奉行兼帯、下総国古河に転封。翌年大坂城代。六二年三河国岡崎に転封。同年西丸老中。六四年(明和元)本丸老中。六九年浜田に転封。八五年(天明五)一万石加増。翌年田沼意次の失脚で老中首座となるが、松平定信の登場により辞職。

まつだいらよしなが【松平慶永】 1828.9.2～90.6.2 幕末期の大名。越前国福井藩主。父は田安斉匡。越前守。号は春嶽。福井藩主松平斉善の没後養子となり、一八三八年(天保九)遺領相続。徳川斉昭・島津斉彬・伊達宗城らと海外・政治情報を頻繁に交換。将軍継嗣問題では一橋慶喜を推すが、五八年(安政五)井伊直弼の大老就任後、不時登城を理由に隠居・謹慎を命じられた。六二年(文久二)政界復帰。同年政事総裁職に就任、将軍後見職一橋慶喜とともに中根雪江・横井小楠らを用いて幕政改革に着手。参勤交代の緩和を断行。公武合体を主張したが挫折。維新後は議定・内国事務総督・民部卿・大蔵卿などを歴任。七〇年(明治三)公職を退き著述に専念。

まつだいらよりしげ【松平頼重】 1622.7.1～95.4.12 江戸前期の大名。讃岐国高松藩主。讃岐守。父は水戸藩主徳川頼房。光圀の兄。一六三九年(寛永一六)常陸国下館で五万石を領したが、四二年高松一二万石の藩主となった。その後領内に多数の溜池を築き、新田開発を行うとともに、総検地(亥内検地)を実施するなど農村支配の安定化をはかった。家臣団の物成統一や高松城の修築、城下町の建設など藩政確立に尽力。

まつだかんえもん【松田勘右衛門】 ?～1740.11.21 一七三九年(元文四)因幡国鳥取藩領におきた百姓一揆の頭取。八東郡東村の百姓。同一揆は請免法に反対し鳥取藩のほぼ全領域が参加した強訴。算術が得意で地方巧者であった勘右衛門は、一揆前に農政について建言したが、郡代米村所平はこれをとりあげなかった。一揆後弟武源次とともに梟首された。

まつだごんろく【松田権六】 1896.4.20～1986.6.15 大正・昭和期の漆芸家。石川県出身。東京美術学校で六角紫水に漆芸を学ぶ。昭和初年以降、帝展・文展などに出品して多くの賞をうけ、東京美術学校教授・芸術院会員などを歴任。一九五五年(昭和三〇)人間国宝となる。七六年文化勲章受章。著書「うるしの話」。

まつだし【松田氏】 中世の豪族。波多野氏の一族。本拠は相模国足柄上郡松田郷(現、神奈川県松田町)。康永・貞和年間頃、貞秀が室町幕府引付衆、のち評定衆となった。応安年間には政所執事代に任じられ、以後、永禄年間まで子孫は幕府奉行人として活躍。戦国期には、庶流の憲秀が後北条氏の重臣となった。

まつだでんじゅうろう【松田伝十郎】 1769～? 近世後期の幕臣・北方探検家。越後国頸城郡鉢崎村の農民の子。のち幕府小人目付松田伝十郎の養子となる。一七九九年(寛政一一)蝦夷地御用掛となり東蝦夷地に赴く。一八〇三年(享和三)箱館奉行支配調役下役として択捉島にいたり越年。〇八年(文化五)間宮林蔵とともに樺太見分の命をうけ、林蔵にさきだち樺太が島であることを確認した。のち山丹交易の改善、ゴロブニン一行の護送にかかわった。著書「北夷談」。

まつだまさひさ【松田正久】 1845.4.-～1914.3.5 明治・大正期の政党政治家。肥前国小城生れ。陸軍省の命令でフランスに留学。帰国後、おもに九州で政治活動に従事し、「東洋自由新聞」の編集にもかかわる。一八九〇年(明治二三)国会開設にあたり、衆議院議員となる。以後、第一次大隈内閣の蔵相、立憲政友会設立にともなって総務委員、第四次伊藤内閣の文相などを歴任。日露戦争時は衆議院議長。第一次・第二次西園寺、第一次山本の三内閣で司法相。桂園時代の原敬と並ぶ政友会党人派の実力者。

まつだみちゆき【松田道之】 1839.5.12～82.7.6 明治前期の官僚。鳥取藩士の子として生まれる。豊後国日田で広瀬淡窓に学び、帰藩後、尊王攘夷派を支援。明治新政府に入り、京都府大参事・大津県令・内務大書記官などを歴任。一八七九年(明治一二)政府の命により兵を率いて琉球に赴き、首里城を接収し廃藩置県を実施した。同年東京府知事。

まつどのもとふさ【松殿基房】 ⇨藤原基房

まつどのもろいえ【松殿師家】 ⇨藤原師家

まつながし【松永氏】 大和国の戦国大名。久秀が三好長慶に右筆として仕えたのが始まり。久秀は阿波国の出身とも京都の西郊西岡の出身ともいう。優れた事務処理能力により長慶に重用された。のち大和国を与えられ、多聞山城を築く。弟長頼は軍事に長じ、丹波国南部を支配。長慶死後、久秀は三好三人衆と争い、織田信長に服属するが、一五七七年(天正五)謀反をおこし、子の久通とともに自害。俳人の貞徳は久秀の孫という。

まつながせきご【松永尺五】 1592～1657.6.2 江戸前期の儒学者。名は昌三、字は遐年、通称昌三郎。尺五は号。貞徳の子。京都生れ。藤原惺窩に学ぶ。学問は該博で儒・仏・道の三教に通じ、詩文もよくした。西洞院二条南の春秋館、堀川二条南の講習堂、堺町御門前の尺五堂を創設し、経学・歴史・兵書などを講じた。門弟は五〇〇〇人を超え、木下順庵・貝原益軒らの逸材を輩出した。著書は「尺五先生全集」「五経私考」「釈奠儀例」など多数。

まつながちゅうごろう【松永忠五郎】 長唄演奏家。江戸後期から八世を数える。現八世のみ三味線方で、代々唄方。初世(?～一八〇八)は松永派の祖。天明・寛政期の名人。一七九五年(寛政七)和風と改名。「二人椀久」「仲蔵狂乱」「羽根の禿(かむろ)」などの立唄を勤めた。

まつながていとく【松永貞徳】 ⇨貞徳(ていとく)

まつながひさひで【松永久秀】 1510～77.10.10 戦国期の武将。大和国信貴山(しぎさん)城(現、奈良県平群町)・多聞山(たもんやま)城(現、奈良市)の城主。三好長慶(ながよし)の家臣となり、一五五九年(永禄二)以後大和を領国とし、多聞山城に拠った。六四年長慶が死ぬと三好三人衆とともに実権を握り、翌年三好政権と対立する将軍足利義輝を暗殺。しかし三人衆と不和となり抗争を続けるうち、六七年には東大寺大仏殿を焼失させた。六八年織田信長が入京するとこれに従ったが、七一年(元亀二)武田信玄に通じて離反。七三年(天正元)降伏し、多聞山城から信貴山城に移った。七七年再び反信長の兵をあげたが失敗、信貴山城で自殺。

まつながやすざえもん【松永安左ヱ門】 1875.12.1～1971.6.16 「電力の鬼」とよばれた、日本を代表する電力業経営者。長崎県出身。慶大中退。九州電灯鉄道の常務や東邦電力の社長を歴任。水力・火力併用の電源開発や低コスト資金の調達を進め、発電コストの切下げ、サービス向上に成果をあげた。第二次大戦後の一九四九～五〇年(昭和二四～二五)に電気事業再編成審議会の会長として、電気事業再編成に主導的役割をはたし、現在の民営九電力体制の生みの親となった。

まつながよしすけ【松永良弼】 1690?～1744.6.23 江戸中期の数学者。通称は権平・安右衛門、号は東岡・葆真斎など。荒木村英(むらひで)に数学を学ぶ。陸奥国磐城平藩主内藤政樹に仕える。親友久留島義太(よしひろ)の協力を得て、円理その他に画期的な業績を残す。$\sin x$, $\cos x$, $\cot x$, $\operatorname{cosec} x$, $\arcsin x$ の展開式を作る。π^n($n=1,2,3,\ldots\ldots,12$)級数、多角形の辺と対角線の関係式、行列式、方陣などの研究がある。

まつながわふう【松永和風】 長唄唄方。初世松永忠五郎が和風と改名したことに始まり、四世を数える。三世(一八三九～一九一六)は五世松永忠五郎の女婿。清元も学んだが、七世忠五郎をへて和楓を襲名。四世(一八七四～一九六二)は三世和楓の門弟。本名吉田定次郎。東京都出身。歌舞伎座専属となる。一九二九年(昭和四)四世和楓を襲名。三一年和風と改名。美声と独特の節回しに人気があった。

まつなみかんじゅうろう【松波勘十郎】 ?～1710.11.19 江戸中期の財政家。名は良利。美濃国生れ。地方の諸事に精通し、幕領や旗本領の検地に参与。元禄期には大和国郡山藩・備後国三次(みよし)藩・陸奥国棚倉藩などで藩政改革の指導や財政立直しを請け負う。一七〇六年(宝永三)水戸藩に招かれて財政改革を手がけたが、領民の反発をうけて失敗。追放の後、捕らえられ水戸で獄死。

まつのきけ【松木家】 藤原氏北家頼宗流の嫡流(中御門(なかみかど)流)。羽林家(うりんけ)。関白藤原道長の次男頼宗の嫡孫宗俊を祖とする。子の右大臣宗忠は「中右記(ちゅうゆうき)」の記主として有名。はじめ中御門を号したが、室町時代の宗宣以来、松木を家号とした。楽道・笙(しょう)の家。江戸時代の家禄はおおむね三四一石余。宗条(むねえだ)は東山天皇の外祖父で、子の宗顕ともども内大臣にまで昇った。維新後、宗隆のとき伯爵。

まつのつるへい【松野鶴平】 1883.12.22～1962.10.18 大正・昭和期の政治家。熊本県出身。地方政治家をへて、一九二〇年(大正九)以来、衆議院議員当選七回。立憲政友会幹事長を務め、四〇年(昭和一五)米内(よない)内閣の鉄道相。第二次大戦後に公職追放、解除後に参議院議員となり、五五年自由民主党結成に尽力。党人派長老として五六～六二年参議院議長。

まつのはざま【松野礀】 1847.3.7～1908.5.14 明治期の林学者。長門国生れ。東京へ出て、医学・ドイツ語を学ぶ。一八七〇年(明治三)北白川宮のドイツ留学に随行し、エーベルスワルデ高等農林学校で林学を学ぶ。帰国後、内務省地理寮・山林局で山林行政制度と官有林の地籍の調査に従事。大日本山林会を創設。八二年山林学校の開設とともに校長兼教授。一九〇五年林業試験所所長。

まつのまるどの【松丸殿】 ?～1634.9.1 京極殿・西丸殿とも。豊臣秀吉の側室。京極高吉(たかよし)の女。母は浅井久政の女。名は竜子。若狭国守護家武田元明の室であったが、一五八二年(天正一〇)七月元明の没後、秀吉の側室となる。側室のなかでは淀殿につぐ勢力をもった。秀吉の死後落飾し、兄京極高次の近江国大津城に移り、のち京都誓願寺に閑居。

まつまえくにひろ【松前邦広】 1705～43.閏4.8 江戸中期の大名。蝦夷地松前藩主。初代慶広の次男忠広の孫にあたる旗本松前本広の三男。志摩守。五代矩広(のりひろ)の養子となり、一七二一年(享保六)遺領相続。人材登用・問屋株仲間化・倹約令・新田開発などの藩政・財政改革に着手。七代資広とともに中興の祖とされる。

まつまえし【松前氏】 近世、北海道渡島(おしま)半島南端部を領した大名家。徳川家康の命により蠣崎慶広(かきざきよしひろ)が一五九九年(慶長四)松前氏に改姓。一六〇四年家康黒印状で対アイヌ交易独占権を保

松前氏略系図

信広[蠣崎]─光広─義広─季広─慶広[松前藩][松前]─盛広─公広┬氏広─高広─矩広＝邦広─資広─道広┬章広[梁川藩][松前藩]─見広─良広＝昌広＝崇広＝徳広─修広(子爵)
　　　　　　　　　　　　　　　　└泰広　　　　　　　　　　　　　　　└広年(波響)

証される。矩広の代にシャクシャインの戦がおこる。無高の大名であったがほぼ一万石格で、幕末に三万石となる。一八〇七～二一年(文化四～文政四)は陸奥国梁川に転封。藩主崇広は六四年(元治元)老中となる。明治維新後、修広のとき子爵。

まつまえしげよし【松前重義】 1901.10.24～91.8.25 昭和期の政治家・学校経営者。熊本県出身。東北大卒。逓信省に入り、無装荷ケーブルを発明。一九四四年(昭和一九)東条英機を批判したため召集される。復員後の四五年逓信院総裁に就任。公職追放解除後、熊本一区から衆議院議員に当選、以後当選六回。日本社会党所属。原子力基本法の成立に努め、原子力の平和利用に道を開いた。六七年東海大学総長に就任。国際柔道連盟会長なども務めた。

まつまえたかひろ【松前崇広】 1829.11.15～66.4.25 幕末期の老中。松前藩主。九代藩主章広の第六子。伊豆守。甥の昌広の跡をつぎ藩主となる。一八六三年(文久三)以降、寺社奉行・老中格・海陸軍総奉行・老中・陸海軍総裁を歴任。六五年(慶応元)英・米・仏・蘭四国公使が兵庫開港を求めた件で、勅許をえない即時開港を主張し、老中阿部正外とともに罷免された。

まつまえやすひろ【松前泰広】 1625～80.9.24 江戸前期の旗本。通称八左衛門。松前藩主公広の三男。一六四六年(正保三)幕府御小姓組に列し廩米一〇〇〇俵。六九年(寛文九)のシャクシャインの戦に際し、松前藩主矩広が幼少のため、将軍徳川家綱の命により松前に下向、鎮圧の総指揮をとる。この功により五〇〇石加増。また七二年にも松前に赴き、島御目付(松前御目付)として藩政に関与した。のち御使番などを勤める。

まつまえよしひろ【松前慶広】 1548.9.3～1616.10.12 織豊期～江戸初期の武将・大名。松前藩初代藩主。蠣崎季広の子。志摩守のち伊豆守。一五九〇年(天正一八)上洛して豊臣秀吉に謁見。翌年九戸政実の乱に秀吉方として参戦。九三年(文禄二)秀吉の朝鮮出兵につき肥前国名護屋に赴き、秀吉から船役徴収権をえる。これにより檜山安藤氏から自立し、蝦夷島主となる。九九年(慶長四)それまでの蠣崎姓を松前に改める。一六〇四年徳川家康からアイヌ交易独占権を認められ、藩の基礎を固める。

まつみやかんざん【松宮観山】 1686.10.8～1780.6.24 江戸中期の兵学者。名は俊仍、字は旧貫、左司馬・主鈴と称し、観山・観梅道人と号す。下野国生れ。江戸に出て松宮政種の養子となり、北条流兵学を習得。儒学・国学をはじめとした諸学に通じ、神・儒・仏三教一致の思想を展開。明和事件に連坐して江戸払いとなる。著述も多い。「松宮観山集」がある。

まつむらかいせき【松村介石】 1859.10.15～1939.11.29 明治～昭和前期の宗教家。播磨国生れ。横浜の住吉町(指路)教会で受洗。東京一致神学校を中退して、一八八二年(明治一五)岡山県の高梁教会牧師に就任。一九〇七年日本教会を創立、のち道会と改称し、東京渋谷に拝天堂を建立、独自の教えを説いた。

まつむらけいぶん【松村景文】 1779.9.5～1843.4.26 江戸後期の画家。呉春の異母弟。幼名直治、通称要人、字は士藻。別号は華渓。京都金座役人松村家に生まれる。呉春に画を学び、その没後は四条派の中心となる。軽快な筆法による花鳥画を得意とし、代表作は京都祇園会の長刀鉾の天井画「群鳥図」のほか「花鳥図襖」。

まつむらげっけい【松村月渓】 ⇨呉春

まつむらけんぞう【松村謙三】 1883.1.24～1971.8.21 昭和期の政治家。富山県出身。早大卒。新聞記者などをへて一九二八年(昭和三)衆議院議員に当選。立憲民政党に所属し、農政畑を歩む。太平洋戦争中は翼賛政治会政務調査会長、大日本政治会幹事長を務めた。戦後は東久邇宮内閣の厚相兼文相、幣原内閣の農相となるが、公職追放。解除後は改進党を結成して吉田内閣打倒をめざした。五四年日本民主党結成に加わり、翌年第二次鳩山内閣の文相に就任。日中関係の改善にも尽力した。六九年政界を引退。

まつむらごしゅん【松村呉春】 ⇨呉春

まつむらたけお【松村武雄】 1883.8.23～1969.9.25 大正・昭和期の神話学者。熊本県出身。東大卒。民俗学の成果をとりいれ、ヨーロッパの宗教と比較しながら日本の神話の体系的分析を試み、一九四七年(昭和二二)「神話学原論」で学士院恩賜賞を受賞。

まつむらぶんじろう【松村文次郎】 1839.3.～1913.9.23 明治期の民権家・政党政治家。越後国生れ。一八七九年(明治一二)新潟県議に当選、同議長となる。八二年北辰自由党に参加、八三年東京の自由党定期大会で星亨(とおる)・西山志澄(しちょう)・新井章吾らとともに自由党常議員に選出された。大同団結運動期の八九年には越佐(えっさ)同盟会評議員。第一・二回の総選挙に当選したが第三・四回には落選し、以後政界の第一線から退いた。

まつもといっし【松本一指】 1586～1660.9.5 江戸前期の武術家。一指は法号。名は定好(一説には利直)。越後国生れ。日本覚天流槍術を修行し、出羽国山形藩最上氏、最上氏改易後は新藩主鳥居氏に仕えた。ついで同国上山(かみのやま)藩に出仕。当時同藩では藩主土岐頼行が槍術を好み、また剣禅一如(いちにょ)を主張する僧沢庵(たくあん)が紫衣事件で流罪となり、同藩預けとなっていた。こうした環境のなかで一指流を大成させた。のち出雲国松江藩に出仕し、同所で没した。

まつもときさぶろう【松本喜三郎】 1825.2.～91.4.30 幕末～明治期の生人形(いきにんぎょう)師。肥後国生れ。生人形の見世物の始祖とされる。もと熊本の職人だったが、大坂へ行き、一八五四年(安政元)一月の難波新地での初興行、異国人物生人形が大当りとなり、以後各地で種々の生人形興行を行った。とくに「西国三十三所観音霊験記」の生人形は有名で、七一年(明治四)の浅草興行を皮切りに、日本全国を巡業した。生人形師の安本亀八とは同郷で旧知の間柄。

まつもときんたろう【松本金太郎】 1843.9.19～1914.12.16 幕末～明治期の能役者。シテ方宝生(ほうしょう)流。金沢藩お抱え大鼓方(おおつづみかた)葛野(かどの)流の中田万三郎家に生まれ、宝生流の松本弥八郎の養子となる。明治維新に際し、徳川慶喜(よしのぶ)に随行して静岡に移住したが、のち帰京して一六世宗家宝生九郎の片腕として活躍し、宝生流の流勢回復に寄与。次男の長(ながし)が後を継いだ。

まつもとけいどう【松本奎堂】 1831.12.7～63.9.25 幕末期の尊攘派志士。三河国刈谷藩士印南維成(いんなみこれしげ)の次男。通称謙三郎。松本氏に養われ、選ばれて昌平黌(しょうへいこう)に学び、帰国後教授兼侍講となるが辞職。一八六一年(文久元)大坂で同学松林飯山・岡鹿門と双松岡学舎を開き、その後京都に移り藤本鉄石・吉村寅太郎ら志士と交わる。六三年八月に天誅組総裁の一人になり、大和国五条代官所を襲撃したが、八月十八日の政変後諸藩兵の攻撃をうけ、吉野の鷲家口(わしかぐち)で自刃。

まつもとけんじろう【松本健次郎】 1870.10.4～1963.10.17 明治～昭和期の石炭企業経営者。安川敬一郎の次男として福岡県に生まれ、のち松本家に入籍。一八九一年(明治二四)ペンシルバニア大学入学、九三年帰国して石炭業に従事。一九一九年(大正八)明治鉱業社長に就任(～二九年)。筑豊鉱業組合総長・石炭鉱業連合会会長・石炭統制会会長を歴任。

まつもとごうきち【松本剛吉】 1862.8.～1929.3.5 明治～昭和初期の政治家。丹波国生れ。父は柏原藩士今井源左衛門。逓信相秘書官・農商務相秘書官などを務めたのち、田(でん)健治郎の引き立てで政界入りし、一九〇四年(明治三七)以来衆議院議員当選四回、山県(やまがた)系勢力に連なった。のち貴族院議員に勅選。山県・西園寺・田・原ら政界首脳間の連絡役として活動。

まつもとこうしろう【松本幸四郎】 歌舞伎俳優。江戸中期から九世を数える。四世以後、屋号は高麗(こうらい)屋。初世(一六七四～一七三〇)は元禄～享保期の江戸を代表する立役。下総国小見川生れ。俳名小見川・男女川(おめがわ)。二・三世はのちの四・五世市川団十郎。四世(一七三七～一八〇二)は四世団十郎門下。京都生れ。和事と実事を得意とした。五世(一七六四～一八三八)は四世の子で文化・文政期を代表する名優。俳名錦升。実悪(じつあく)を得意とし生世話(きぜわ)物に新境地を開いた。通称鼻高幸四郎。六世(一八一二～四九)は五世の子。七世(一八七〇～一九四九)は三重県出身。本名藤間金太郎。舞踊家二世藤間勘右衛門の養子で、九世団十郎に入門。近代を代表する英雄役者で「勧進帳」の弁慶が当り役。芸術院会員。八世(一九一〇～八二)は七世の次男で東京都出身。本名藤間順次郎。第二次大戦後の立役の名優で「明智光秀」「オセロー」など新しい役にもとりくんだ。晩年、白鸚(はくおう)と改名。人間国宝・芸術院会員。文化勲章をうける。

まつもとじいちろう【松本治一郎】 1887.6.18～1966.11.22 大正・昭和期の部落解放運動指導者。福岡県出身。中学中退後土建業を始め、部落解放運動に参加、一九二五年(大正一四)全国水平社中央委員会議長。福岡連隊差別糾弾闘争などを指導、三六年(昭和一一)総選挙に社会大衆党から当選。第二次大戦後日本社会党に参加。部落解放全国委員長。四七年参議院初代副議長として天皇拝謁拒否事件をおこす。吉田内閣の策動により一時公職追放。五三年復帰後社会党左派のリーダー。

まつもとしげはる【松本重治】 1899.10.2～1989.1.10 昭和期のジャーナリスト。大阪府出身。東大卒。欧米に留学後、一九三二年(昭和七)新聞連合社(現、共同通信社)に入社。上海支局長をつとめ西安事件の特報記事で名をあげた。帰国後に近衛文麿の私的顧問となった。第二次大戦後、新聞「民報」を創刊して新しいジャーナリズムをめざしたが成功しなかった。五二年、財団法人国際文化会館を創設し、国際交流に尽力した。

まつもとじゅうたろう【松本重太郎】 1844.10.5～1913.6.20 明治期の関西財界の重鎮。丹後国生れ。幼名は松岡亀蔵。京都・大坂の繊維問屋に奉公後、独立して洋反物・雑貨商店(丹重)を開業。松本重太郎に改名。洋物で巨利を得、実業界に進出。一八七八年(明治一一)に第百三十国立銀行を設立したのをはじめ、大阪紡績・山陽鉄道・明治生命保険・大阪麦酒など多数の企業に関与した。

まつもとじゅん【松本順】 1832.6.16～1907.3.12 明治期の軍医・医政家。江戸生れ。蘭方医佐藤泰然の次男。幕府医官松本良甫の養子となり、良順のち順と改名。長崎に留学して蘭医ポンペの助手となった。彼の離日後江戸に帰り西洋医学所頭取助、ついで頭取になり医学所を改革。戊辰戦争では会津に病院を設けて傷病者の治療につくした。一八七三年(明治六)初代陸軍軍医総監となり陸軍軍医制度を確立した。牛乳・海水浴の効を説き、神奈川県大磯の海水浴場を開いた。

まつもとしゅんすけ【松本竣介】 1912.4.19～48.6.8 昭和期の洋画家。東京都出身。旧姓佐藤。中学時代に聴覚を失う。太平洋画会研究所で学び、内省的な都会風景を描いた。作品「立てる像」。

まつもとじょうじ【松本烝治】 1877.10.14～1954.10.8 大正・昭和期の商法学者・政治家。東京都出身。東大卒。一九〇三年(明治三六)東京帝国大学助教授、商法を担当。欧州留学後の一〇年同教授となる。一九年(大正八)同大学を辞し、満鉄副社長・内閣法制局長官・商工相(斎藤実内閣)などを歴任。第二次大戦後幣原(しではら)内閣の国務大臣として憲法改正案の起草を手がけたが、総司令部の拒否にあった。著書「私法論文集」。

まつもとせいちょう【松本清張】 1909.12.21～92.8.4 昭和期の小説家。福岡県出身。本名清張(きよはる)。版下工などをへて朝日新聞西部本社社員となる。一九五〇年(昭和二五)「週刊朝日」の懸賞小説に「西郷札」が入選。五二年「或る「小倉日記」伝」で芥川賞受賞。五六年から文筆専業となり、「点と線」などの推理小説のほか、「古代史疑」「昭和史発掘」など史実解明にとりくんだ作品もある。

まつもとながし【松本長】 1877.11.11～1935.11.29 明治後期～昭和前期の能役者。シテ方宝生流。松本金太郎の次男。静岡県出身。一八八二年(明治一五)父とともに上京、一六世宗家宝生九郎に入門。九郎が没するまで稽古をうけた。堅実かつ力強い芸風で、野口兼資(かねすけ)とともに宝生流の双璧とうたわれた。長男のたかしは俳人、次男の恵雄(しげお)が後を継いだ。

まつもとのぶひろ【松本信広】 1897.11.11～1981.3.8 昭和期の民族学者。東京都出身。慶大卒。一九二四年(大正一三)パリに留学し、フランス社会学の成果を吸収した。帰国後は慶応義塾大学で教鞭をとりながら日本神話の研究、東南アジア研究、またそれらに着想を得た日本民族文化の南方系統説を展開。とくに日本の東南アジア研究の開拓に功があった。著書「日本神話の研究」「印度支那の民族と文化」。

まつもとひでもち【松本秀持】 1730～97.6.5 江戸中期の幕臣。父は忠重。十郎兵衛、伊豆守。勘定組頭・吟味役となり、明和・安永期の貨幣政策に参画し、一七七九年(安永八)田沼意次により勘定奉行に抜擢される。田沼の忠実な腹心として印旛沼干拓や蝦夷地政策を推進したが、八六年(天明六)田沼の失脚後職を奪われ、減封逼塞(ひっそく)の処罰をうけた。

まつもとまたたろう【松本亦太郎】 1865.9.15～1943.12.24 明治～昭和前期の心理学者。上野国生れ。東大卒。イェール大学などに留学し、一九〇〇年(明治三三)帰国して翌年東京帝国大学講師。心理学研究室充実のために、教授元良(もとら)勇次郎を助けた。京都帝国大学・東京帝国大学の教授などを歴任。学士院会員。日本の実験心理学発展に寄与した。「現代の日本画」という著作もある。

まつもとまなぶ【松本学】 1887.12.28～1974.3.27 大正・昭和期の内務官僚。岡山県出身。東大卒。内務省に入るが、地方長官時代は民政党系と目され、政党人事により休職の憂き目にあう。五・一五事件後、警保局長となり、国維会系の新官僚として脚光を浴びた。また日本主義思想にもとづき文化人を統合、紀元二六〇〇年祭の運営に尽力。第二次大戦後は世界貿易センター会長として貿易振興に努めた。

まつもとりょうじゅん【松本良順】 ⇨松本順(まつもとじゅん)

まつやひさまさ【松屋久政】 1521?～98.4.4 織豊期の奈良の茶人。茶会記「松屋会記」が有名。代々東大寺鎮守の若宮八幡神人(じにん)として塗師(ぬし)を家業としていたらしく、二郎を称する松屋本家に対し、久政は分家筋にあたり、源三郎を代々の通称とし、漆屋(塗師屋)ともよぶ。松屋には松屋三名物といわれる松屋肩衝(かたつき)・徐熙(じょき)筆「白鷺緑藻図(鷺の絵)」・存星盆が伝わり、武野紹鷗(じょうおう)や千利休が賞美した。茶会記からは南都・堺・京の代表的な人物との交流が知られ、また「北野大茶湯記」は久政の記録にもとづくとされる。

まつやまたかよし【松山高吉】 1846.12.10～1935.1.4 明治～昭和前期の宗教家。はじめ日本組合基督教会のち日本聖公会所属。越後国生れ。早くから国学・漢学を学び、一八七二年(明治五)神戸の会衆派宣教師D・C・グリーンの日本語教師となり、七四年受洗し摂津第一基督公会(のち神戸教会)の信徒となる。八三年同志社社員となり要職を歴任。また賛美歌編纂、聖書の翻訳に尽くし、日本固有の宗教を研究して伝道の資とした。

まつらたかのぶ【松浦隆信】 1529～99.閏3.6 肥前国松浦氏の庶流平戸氏出身の戦国大名。父は興信。肥前守。法名道可。一五四三年(天文一二)家督を継承。六五年(永禄八)松浦氏嫡流の松浦親・同盛を廃し、みずからの三男を養子に入れて親と名のらせる。この頃から松浦姓を称するようになったらしい。海外貿易の利に着眼し、貿易拠点の地位を大村氏と争う。六八年隠居し、嫡子鎮信に家督譲渡。豊臣秀吉の九州攻めに際し、鎮信とともにいち早く服従し、本領を安堵される。曾孫の平戸藩三代藩主も同名。

まつらのさよひめ【松浦佐用媛】 肥前国松浦郡に伝わる伝説上の女性。「万葉集」巻五では、宣化朝に任那に派遣された大伴狭手彦との別れを惜しみ、峰に登って領巾を振りつづけたという。「肥前国風土記」ではのちに蛇を婿として沼底に沈んだ話が加えられており、水神の生贄とされた女性の説話が各地に残る。

マーティン William Alexander Parsons Martin 1827.4.10～1916.12.17 アメリカ人宣教師。日本の幕末・明治期の外交に影響を与えた漢訳「万国公法」の訳者。中国の寧波を中心に一八五〇年から伝道とアメリカ外交使節顧問として活動。六二年北京に移り、六五年同文館英文教授、六九年同館館長。清国国際法顧問としても活躍した。九八年北京大学の前身である京師大学堂に関係。一九〇〇年伝道生活に戻り、一六年死去。

までのこうじあつふさ【万里小路充房】 1562.6.24～1626.9.12 織豊期～江戸初期の公家。勧修寺晴右の子。母は栗屋元隆の女。一五七三年(天正元)万里小路家を相続。のち権大納言、従二位に昇る。一六〇五年(慶長一〇)出家し、法名は等刹、桂哲。一九年(元和五)徳川秀忠の女和子の入内を進めていた幕府は、四辻公遠の女が後水尾天皇の皇子女をもうけたため、宮中における風儀の乱れを理由に天皇の近臣らの処罰を奏請。充房も丹波国篠山に配流となった。翌年六月ゆるされて帰京。

までのこうじけ【万里小路家】 藤原氏勧修寺流。名家。鎌倉中期の吉田資経の四男資通に始まる。その子宣房は子の藤房・季房とともに後醍醐天皇の近臣。季房の曾孫時房は内大臣にまで昇り、日記「建内記」を残す。江戸時代の家禄は三九〇石余。政房は議奏・武家伝奏を歴任したが、尊号事件で差控となる。正房・博房は幕末に活躍。維新後、通房のとき伯爵。

までのこうじすえふさ【万里小路季房】 ?～1333.5.20 鎌倉末期の公卿。正四位下、参議。父宣房、兄藤房とともに後醍醐天皇の側近。一三三一年(元弘元)倒幕計画が露見し、後醍醐天皇が京都を脱出した際、嵯峨に隠れた中宮禧子に従い、のち捕らえられた。鎌倉幕府滅亡の直前、配流先で死亡。

までのこうじときふさ【万里小路時房】 1394.12.27～1457.11.20 室町中期の公卿。父は嗣房、母は家女房。一四〇一年(応永八)叙爵。蔵人をへて一六年参議。二五年権大納言。二八年(正長元)武家伝奏となる。四五年(文安二)内大臣となるが、翌年洞院実熈の訴により未拝賀のまま辞退。没後建聖院内府と称され浄蓮華院に葬られた。日記「建内記」は室町時代史研究の重要史料。

までのこうじのぶふさ【万里小路宣房】 1258～1348.10.18 鎌倉中期～南北朝期の公卿。従一位大納言。資通の子。初名は通俊。後醍醐天皇の有力な近臣で、吉田定房・北畠親房とともに「後の三房」と称された。一三二四年(正中元)の正中の変の際、勅使として鎌倉に下向し事件を落着させた。建武政権下では、雑訴決断所の頭人となる。三六年(建武三・延元元)出家。日記「万一記」。

までのこうじひろふさ【万里小路博房】 1824.6.25～84.2.22 幕末・維新期の公家。正房の子。母は藤波寛忠の女。一八六二年(文久二)勅使大原重徳の江戸下向の方針についての勅問に三条実美らと奉答、国事御用掛となる。翌年国事参政に転じ八月十八日の政変で失脚、差控を命じられる。六七年(慶応三)赦免、蔵人頭・右大弁、ついで参議。王政復古で参与。六八年(明治元)制度寮事務総督・議定、のち宮内卿・皇太后宮大夫を歴任。日記「博房卿記」。

までのこうじふじふさ【万里小路藤房】 1295～? 鎌倉末～南北朝期の公卿。宣房の子。蔵人・弁官をへて正二位中納言に昇った。後醍醐天皇の近臣で、天皇の倒幕計画に関与。笠置落城の際、捕らえられ常陸国に流された。幕府滅亡後帰京し、建武政権下で検非違使別当・恩賞方筆頭となったが、新政権に失望して出家。

まなせどうさん【曲直瀬道三】 1507.9.18～94.1.4 戦国期～織豊期の医師。堀部親真の子という。名は正慶または正盛、字は一渓・道三。雖知苦斎・翠竹院・亨徳院と号す。京都生れ。下野国の足利学校に学び、この地で田代三喜の門に入り、京都に帰って還俗し医を開業。将軍足利義

●万里小路家略系図

```
資通―宣房┬藤房
　　　　　└季房―仲房―嗣房―時房―冬房＝賢房┬秀房┬惟房……充房……正房―博房―通房(伯爵)
　　　　　　　　　　　　　　　　　　　　　　│　　　└房子(誠仁親王母)
　　　　　　　　　　　　　　　　　　　　　　└栄子(正親町天皇母・吉徳門院)
```

輝の病を癒し、細川晴元・正親町天皇からも厚遇された。京都に日本初の医学校啓迪院を創設。三喜からうけた明の新しい李朱医学をさらに親試実験して医療の実際に用い、一五七四年(天正二)医書「啓迪集」を著した。

まなべあきかつ【間部詮勝】 1804.2.19～84.11.28 幕末期の老中。越前国鯖江藩主。父は五代詮熙。二六年(文政九)の奏者番就任以来、寺社奉行・大坂城代・京都所司代を勤め、四〇年(天保一一)西丸老中。四三年辞任。五八年(安政五)井伊直弼の大老就任直後、老中就任。勝手掛兼外国掛。同年日米修好通商条約調印の事情説明のため上洛し、尊攘派を弾圧(安政の大獄)。翌年老中辞任。六二年(文久二)隠居・謹慎。維新直後、新政府から二カ月の謹慎を命じられた。

まなべあきふさ【間部詮房】 1666.5.16～1720.7.16 江戸前・中期の側用人。大名。武蔵国忍に生まれ、一六八四年(貞享元)甲府藩主徳川綱豊(家宣)の桜田館に近習として出仕。小姓・用人を勤め、家宣が将軍綱吉の継嗣として江戸城西丸に入ると、奥番頭・側用人となり、一七〇九年(宝永六)家宣の六代将軍就任により老中格。翌年上野国高崎五万石の藩主。家宣没後、幼少の家継を補佐し、新井白石を相談役として幕政を主導。吉宗の将軍就任後は引退し、一七年(享保二)越後国村上に転封。その地で没した。

まなべし【間部氏】 近世の譜代大名家。もと塩川氏。刑部詮光のとき、母方の真鍋を名乗り徳川家康に仕える。詮房の代に間部と改めた。詮房は一六八四年(貞享元)甲府藩主徳川綱豊(家宣)の小姓となり、以来将軍となった家宣・家継に仕えて幕政改革に参画。加増を重ねて一七一〇年(宝永七)高崎藩主五万石。村上藩主をへて、二〇年(享保五)詮言の代に鯖江藩主五万石となり、明治にいたる。維新後子爵。幕末に老中を勤めた詮勝がいる。

まぶちし【馬淵氏】 中世近江国の豪族。近江源氏佐々木氏の一流。本拠は蒲生郡馬淵荘(現、滋賀県近江八幡市)。鎌倉前期、佐々木定綱の五男広定が、この地を支配して馬淵氏を称したのに始まる。以後、室町時代にいたるまでしばしば近江国守護代となり、本宗佐々木氏の惣領家六角氏に従った。居館馬淵城は、現在の近江八幡市馬淵町字城屋敷にあったといわれ、一五〇二年(文亀二)伊庭貞隆の攻撃をうけ落城。六七年(永禄一〇)制定の「六角氏式目」の六角氏重臣が連署した起請文のなかに宗綱と建綱の名がみえる。

まふねゆたか【真船豊】 1902.2.16～77.8.3 昭和期の劇作家・小説家。福島県出身。早大英文科中退。左翼運動に参加。一九三四年(昭和九)戯曲「鼬」を発表、創作座で上演され注目を集めた。翌年の「鉈」以降、「太陽の子」「裸の街」が好評を博し人気作家となる。第二次大戦後はファルス(笑劇)への志向が強まり、「黄色い部屋」「猿蟹合戦」「たつのおとしご」などを創作した。

ままのてこな【真間手児奈】 下総国真間(現、千葉県市川市)の辺りにいたという伝説の女性。真間はもと崖を意味する普通名詞。「万葉集」に「勝鹿の真間の手児奈」として歌われる。山部赤人の作や東歌は伝説の詳細を歌詞には表さず、歌の場の共通了解としている。高橋虫麻呂の歌によれば、多くの男に想いを寄せられてわが身を思いつめ、入水自殺をしたとされる。

まみやことのぶ【間宮士信】 1777～1841.7.13 江戸後期の幕臣。書院番公信の次男。一八一〇年(文化七)昌平坂学問所内に地誌編修取調所が設けられると出役となり、一二年同所頭取。「編脩地誌備用典籍解題」「新編武蔵風土記稿」「新編相模風土記稿」「武州文書」「相州文書」の編集を主任。三一年(天保二)西丸小姓組頭、四〇年二の丸留守居に移った後も、昌平坂学問所の史局で編集事業にあたった。

まみやりんぞう【間宮林蔵】 1775～1844.2.26 近世後期の北方探検家。常陸国筑波郡上平柳村の箍職人の子。名は倫宗。一七九九年(寛政一一)蝦夷地にはじめて渡り、翌年蝦夷地御用雇となる。この年箱館で伊能忠敬に会い測量術を学ぶ。一八〇七年(文化四)ロシア船の択捉侵攻事件により取り調べられたが咎めなく、御雇同心格となる。〇八年松田伝十郎とともに樺太に渡り、樺太が島であることを確認。翌年単身で海峡を大陸に渡り、黒竜江を遡り満州仮府所在地デレンに至る。その様子は「東韃地方紀行」に詳しい。二二年(文政五)勘定奉行属普請役、二四年房総御備場掛手付。シーボルト事件の密告者といわれ人望を失い、その後幕府隠密として行動。

まやませいか【真山青果】 1878.9.1～1948.3.25 明治～昭和期の小説家・劇作家。仙台市出身。二高医学部中退後、上京して小栗風葉の門に入り、以後師弟をこえた交友が深まる。「南小泉村」が注目され、自然主義小説家として認められた。一九一一年(明治四四)の原稿二重売り事件で文壇を離れ、のち松竹に入社、劇作家として歩み始める。「玄朴と長英」が好評を博し、「平将門」「元禄忠臣蔵」などの史劇を書き、代表的劇作家となった。

まゆわおう【眉輪王】 目弱王とも。記紀伝承上の人物。大草香皇子の子。母は中蒂姫命。安康天皇は、弟の大泊瀬皇子(雄略天皇)と大草香皇子の妹幡梭皇女との婚姻を申し入れた。使者根使主の偽りの報告のため大草香皇子に断わられたと思った天皇は、皇子を死に追いやった。その後、母の中蒂姫命は天皇の皇后となり、眉輪王の命は助けられたが、事の真相を知った王は天皇を殺害し、葛城円大臣(かずらきのつぶらのおおみ)の家に逃げた。雄略天皇は家を囲み、火をつけて王を殺したと伝える。

まるおかひでこ【丸岡秀子】 1903.5.5〜90.5.25　昭和期の評論家。長野県出身。奈良女子高等師範卒。一九二八年(昭和三)産業組合中央会に勤務し、昭和恐慌下の全国農村を一〇年間にわたって調査。農村女性をはじめて婦人問題として論じた「日本農村婦人問題」を著す。第二次大戦後、母と女教師の会、日本母親大会の発足に尽力。自伝小説「ひとすじの道」。

マルケス ■Francisco Marques　1608〜43.2.6　イエズス会宣教師。ポルトガル人を父に日本人を母に長崎に生まれる。両親没後、弟とともにマカオに送られ、イエズス会に入会。一六四一年(寛永一八)司祭に叙せられ、翌年転びバテレン沢野忠庵(フェレイラ)を立ち返らせるためにルビノに率いられ、マニラから薩摩に潜入。捕らえられ長崎に送られる。穴吊しの拷問をうけ、斬首により殉教。

■Pedro Marques　1575〜1657.5.1　ポルトガル人イエズス会宣教師。一六〇九年(慶長一四)長崎着、長崎・口之津で布教。一四年マカオに追放され、四三年(寛永二〇)日本管区長としてキアラらとともに筑前国大島に潜入したが、ただちに捕らえられ、江戸に送られた。初代宗門改役の井上政重の尋問をうけて転宗、小石川の切支丹屋敷に幽閉され、同屋敷で病死。

マルコ・ポーロ Marco Polo　1254〜1324.1.9　中世イタリアの旅行家。ベネチアの商家に生まれ、一二七一年父ニコロ、伯父マッフェオとともに中央アジアを陸路東行。七五年から元のフビライの臣下として中国に滞在。九一年イル・ハン国王の妃となる、フビライの王女コカチンを送る使節の案内者として、泉州から海路ホルムズに赴き、使命をはたした後、九五年ベネチアに帰る。その後、ジェノバとの海戦に参加して捕虜となり、獄中での回顧談を同じ囚人の物語作者ルスティケロが、九八年「東方見聞録」にまとめた。同書は一三世紀のイラン・中央アジア・中国などに関する貴重な史料であるとともに、「ジパング」の名で日本が登場し、のちのヨーロッパ人の日本への関心を高めた。

まるし【丸氏】 古代末〜中世の安房国の豪族。桓武平氏という。本拠は朝夷郡満禄(ろま)郷(現、千葉県丸山町)。「保元物語」には源義朝に従った安房国の住人丸太郎がみえ、「吾妻鏡」にも一一八〇年(治承四)源頼朝が安房国に逃れてきた際、丸五郎信俊の案内で丸御厨(みくりや)を巡見した記事がある。以後、鎌倉時代を通じ、御家人としてその名がみえる。室町中期、信朝(のぶとも)の代に里見義実(よしざね)・安西景春(かげはる)らに攻められ没落。のち戦国期末まで里見氏に従ったが、同氏没落後は不詳。

マルティンス Pedro Martins　1541?〜98.2.13　ポルトガル人イエズス会宣教師。一五九二年ゴアで第二代日本司教に任命され、九六年(慶長元)長崎着。インド副王使節の資格で豊臣秀吉に伏見で謁見。同年サン・フェリペ号事件がおこり、長崎で二十六聖人の殉教を目撃後、マカオに去る。マカオからゴアへ向かう途中、マラッカ沖で病死。

マルナス Francisque Marnas　1859.3.11〜1932.10.13　パリ外国宣教会会員・カトリック大阪司教区名誉司教総代理。司祭に叙階され、一八八九年(明治二二)来日、九三年再来日して史料を調査。九六年「日本キリスト教復活史」二巻を刊行した。帰国後教会の要職を歴任。

まるばしちゅうや【丸橋忠弥】 ?〜1651.8.10　江戸初期の慶安事件の首謀者の一人。槍術の達人。江戸お茶の水に道場を開く。一六五一年(慶安四)由比正雪らと倒幕を計画したが、事前に密告者が出て捕縛された。忠弥、兄の加藤市郎右衛門、母、親類を含めた三〇人余が品川で磔刑となった。浄瑠璃・歌舞伎などの題材とされ、初代市川左団次の当り役となった。

まるめくらんど【丸目蔵人】 1540〜1629.5.7　戦国〜江戸前期の武術家。名は長恵(ながやす)。徹斎・石見入道などと号する。肥後国人吉生れ。新陰流の祖上泉信綱らに学ぶ。のち迷いを捨てる意をこめたタイ捨流を称した。人吉藩相良家に出仕、一七〇石を給された。

まるやまおうきょ【円山応挙】 1733.5.1〜95.7.17　江戸中期の画家。円山派の始祖。初名は岩次郎、通称は主水(もんど)、字は仲均・仲選。号ははじめ一嘯(いっしょう)・夏雲・仙嶺、一七六六年(明和三)に名を氐(いで)から応挙に改めて以後はこれを落款に用いた。丹波国穴太(あなお)村(現、京都府亀岡市)の農家に生まれる。京都で石田幽汀(ゆうてい)に画を学び、西洋画の遠近法・陰影法をとりいれた眼鏡絵(めがねえ)の制作に従事。近江国円満院の門主祐常(ゆうじょう)の庇護(ひご)のもと、写生を重視しながら元・明の院体画風の花鳥画、南蘋(なんぴん)画なども学び、写実性と装飾性の調和した画風を確立した。多くの門人を擁し、彼らとともに描いた襖絵(ふすまえ)が香川県金刀比羅(ことひら)宮、兵庫県大乗寺などに残る。代表作「雪松図屏風」「保津川図屏風」。

まるやまさくら【丸山作楽】 1840.10.3〜99.8.19　明治期の政治家。島原藩士出身。平田鉄胤(かねたね)に国学を学び、尊攘派志士として活躍。明治新政府に出仕し、一八六九年(明治二)外務大丞。外務省内の征韓問題の対立により七二年終身禁獄となるが、八〇年に恩赦で出獄。八二年福地源一郎らと立憲帝政党を結成。八六年官界に復帰し、憲法・皇室典範・帝室制度調査を行った。九〇年元老院議官・貴族院議員。かな文字使用、成城学校設立にも尽力。

まるやまさだお【丸山定夫】 1901.5.31～45.8.16 大正・昭和前期の俳優。愛媛県出身。一九二四年(大正一三)築地小劇場に入団。のちに、新築地劇団設立に加わる。榎本健一一座や映画にも出演し多彩に活躍。第二次大戦中、移動演劇の劇団桜隊で公演を行ったが、四五年(昭和二〇)広島で原爆投下の犠牲となった。

まるやままさお【丸山真男】 1914.3.22～96.8.15 昭和・平成期の政治学・政治思想史学者。大阪市出身。ジャーナリスト丸山幹治の次男。東大卒。東京帝国大学法学部助手・助教授をへて、一九五〇～七一年(昭和二五～四六)東京大学教授。東洋政治思想史の講座を担当。荻生徂徠・福沢諭吉の学問と思想を中心に日本政治思想史研究に大きな業績をあげた。第二次大戦後、日本軍国主義者・超国家主義者の思想と行動の解明などの評論を次々に発表。自由主義・民主主義派の知識人として五〇～六〇年代の論壇に大きな影響を及ぼす。大学紛争をへて退官。日本学士院会員。大仏次郎賞・朝日賞受賞。著書「日本政治思想史研究」「現代政治の思想と行動」「日本の思想」。「丸山真男集」全一六巻・別巻一。

マレー David Murray 1830.10.15～1905.3.6 モルレーとも。御雇アメリカ人教師。両親はスコットランド出身。ユニオン大学卒業後、一八六三年にラトガーズ大学教授に就任、天文学・数学を担当した。駐米小弁務使森有礼の日本の教育に関する質問書に答えたことなどを機縁に、七三年(明治六)日本政府から文教行政の最高顧問として招かれ来日。七四～七八年に学監として文部大輔田中不二麻呂に助言し、東京大学の改革、東京女子師範および付属幼稚園の創設、博物館の設置などに尽力、七九年の教育令の起草にも影響を及ぼした。一八七八年末に離日。帰国後はニューヨーク州の教育行政などに従事した。ニュージャージー州で死去。

まんがん【満願】 万巻とも。生没年不詳。奈良～平安初期の僧。広く諸国を遊行して神仏習合を推進し、鹿島・箱根三所・多度などの神宮寺創建や神像製作に大きな役割をはたした。「箱根山縁起」によると、七二〇年(養老四)沙弥智仁の子として生まれ、八一六年(弘仁七)一〇月二四日に三河国楊那郡で九七歳で没したという。

まんげんしばん【卍元師蛮】 1626～1710.2.12 江戸前期の臨済宗妙心寺派の僧。諱は師蛮、字は卍元。独師とも称する。相模の熊沢氏の出身。一八歳で出家し、京都妙心寺の黙水竜器の法をつぐ。諸国に遊歴し、日本の僧伝の編集を志し、僧伝資料の収集につとめた。そのため三〇余年を費やし、一六七八年(延宝六)に「延宝伝灯録」を、一七〇二年(元禄一五)に「本朝高僧伝」を完成。未刊の「東国高僧伝弾誤」も著す。

まんさい【満済】 1378.2.-～1435.6.13 「まんぜい」とも。南北朝期～室町中期の真言宗の僧。法身院准后と称す。醍醐寺座主。三宝院門跡。父は今小路師冬、母は聖護院房官法印源意の女白河殿。足利義満の猶子となり報恩院隆源について得度した。将軍家の護持僧として義満・義持の信任厚く、東寺長者や四天王寺別当を兼ねる一方、義教の将軍擁立をはじめ内政・外交などの幕政に深く関与し、黒衣の宰相とよばれた。「満済准后日記」は室町時代の重要史料。

まんざんどうはく【卍山道白】 1636～1715.8.19 江戸前期の曹洞宗の禅僧。諱は道白、字は卍山。随時子・復古道人とも称する。備後国の藤井氏の出身。一六四二年(寛永一九)同国の竜興寺に入り、四五年(正保二)一線道播を師として得度。七九年(延宝七)越前の永平寺、八〇年には加賀の大乗寺の住持となる。曹洞宗教団の改革につとめる。著書「卍山和尚広録」。

まんじゅうやそうじ【饅頭屋宗二】 1498～1581.7.11 戦国期～織豊期の和漢学者。姓は林で、「りん」とも「はやし」ともよんだ。名は逸。法名を桂室宗二居士という。南北朝期に来朝した林浄因の子孫で、浄因以来奈良に住み饅頭屋を家業としたことから通称でよばれる。牡丹花肖柏に古今伝授をうけて奈良伝授の嚆矢となり、三条西実隆に学んで「源氏物語林逸抄」を、清原宣賢に学んで「毛詩抄」「春秋左氏伝抄」を著し、五山僧とも交わって「山谷詩抄」「江湖風月集抄」なども著した。「饅頭屋本節用集」の著者に擬せられるが確証はない。

まんぜい【満誓】 ⇨笠麻呂

まんだおう【茨田王】 生没年不詳。八世紀半ばの皇族。七三九年(天平一一)従五位下。七四四年聖武天皇の難波行幸に際し、駅鈴・内外印をとりに恭仁宮に派遣された。時に少納言。七四六年宮内大輔。翌年越前守。七五三年(天平勝宝五)一月石上宅嗣の家の宴で詠んだ歌一首が「万葉集」にある。時に中務大輔。七五七年(天平宝字元)越中守。

まんだしんのう【万多親王】 788～830.4.21 桓武天皇の皇子。母は藤原鷲取の女小屎。はじめ茨田親王。中務卿・式部卿・大宰帥を歴任し、二品に叙せられる。藤原園人らとともに「新撰姓氏録」を編纂し、八一五年(弘仁六)に完成させた。死後一品を追贈される。

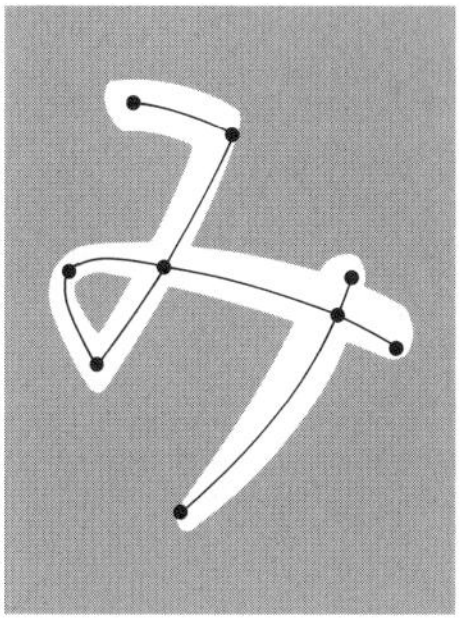

み【彌】「梁書」倭伝に記される倭の五王のうち二番目の王。「宋書」倭国伝の珍（ちん）にあたる。珍の異体字「彌（弥）」の誤伝らしい。「宋書」が珍と次の済（せい）との続柄を記さないのに対し、「梁書」が彌の子を済とすることから、彌と珍を別人とする説もあるが、「梁書」はそれ以前の史書を再編集したもので、やはり「宋書」に従うべきであろう。

みうらあんじん【三浦按針】⇨アダムズ

みうらきんのすけ【三浦謹之助】1864.3.21～1950.10.11　明治～昭和期の内科医。陸奥国伊達郡生れ。東大卒。ベルツの内科助手となり、のち留学しベルリン大学で内科学・病理学を学び、パリで神経病学を修め一八九二年（明治二五）帰国。九五年帝国大学医科大学内科学教授に就任。首下がり病・回虫卵の研究、ナナ条虫の発見などで知られる。日本神経学会・日本内科学会の創立にも尽力。一九二四年（大正一三）退官。八〇歳を過ぎても診療に従事した。四九年（昭和二四）文化勲章受章。

みうらけんや【三浦乾也】1821.3.3～89.10.7　江戸後期～明治期に活動した多芸な才人で、陶工として有名。伯父の井田吉六について陶法を学び、尾形乾山を慕って六世乾山を称し、雅陶を焼く。漆器に陶器を嵌入（かんにゅう）する小川破笠（はりつ）流の細工も巧みだった。地方を行脚し、幕府から軍艦の製造も命じられた。晩年は東京向島長命寺内に築窯して、製陶を楽しんだ。

みうらごろう【三浦梧楼】1846.11.15～1926.1.28　明治・大正期の陸軍軍人・政治家。萩藩士の子。号は観樹。奇兵隊に入り第二次長州戦争で活躍。戊辰（ぼしん）戦争に参加。西南戦争に第三旅団司令長官として出征。一八八一年（明治一四）開拓使官有物払下げ反対を建白。陸軍部内では主流派と対立し、八六年休職。学習院院長・貴族院議員をへて、九五年朝鮮国駐在特命全権公使となり閔妃（びんひ）殺害に関与し、罷免・投獄されたが、裁判で無罪となる。一九一〇年枢密顧問官に就任、政界の黒幕として二四年（大正一三）第二次護憲運動のとき、政友・憲政・革新の三党首会談を斡旋した。

みうらし【三浦氏】㊀中世相模国の豪族。桓武平氏良文流または良茂（よしもち）流。本拠は三浦郡。義明の代に相模大介（おおすけ）となり、以後、嫡流は三浦介を称した。源頼朝挙兵の際に頼朝をたすけた功により、鎌倉幕府創設後、義明の子義澄（よしずみ）が相模国守護に任じられ幕府宿老となった。その子義村は、北条氏に協調して勢力を強め、承久の乱後には北条氏と並ぶ権勢を誇った。一二四七年（宝治元）泰村の代に、北条時頼の策謀で滅亡。庶流の佐原氏のみ時頼方について三浦介をつぎ、かなりの勢力を保ったが、戦国期、義同（よしあつ）の代に北条早雲に滅ぼされた。㊁江戸時代の大名家。出自については諸説がある。徳川家光に仕えた正次が、一六三九年（寛永一六）下野国壬生（みぶ）藩二万五〇〇〇石の藩主となる。その後数度の転封を重ね、一七六四年（明和元）明次のとき美作国勝山に入封。維新後、子爵。

みうらじょうしん【三浦浄心】1565～1644.3.12　江戸初期の仮名草子作者。本名は三浦五郎左衛門尉茂正。浄心は法名。後北条氏譜代の武士で、後北条氏滅亡後は江戸で商人となり、晩年は天海僧正に帰依。代表作「北条五代記」で後北条五代の善政をたたえ、徳川政権への異議をとなえた。新興都市江戸での見聞を記した「慶長見聞集」、遊女に関する話をまとめた「そぞろ物語」などを著し、諸国一見の経験を「順礼物語」に記した。

みうらたねよし【三浦胤義】?～1221.6.15　鎌倉前期の武将。承久の乱の京方大将。父は義澄。義村の弟。通称九郎。和田合戦の功で上総国伊北郡を与えられる。その後、京の検非違使（けびいし）に任じられ、承久の乱では京方の武家を指揮。義村に北条義時の追討を要請するが拒否され、幕府の上洛軍を退けられず各所で敗北を重ね、嵯峨太秦（うずまさ）

●●三浦氏㈠略系図

為継（為次）─義継（義次）─義明┬義宗［杉本］─義盛［和田］
　　├義澄┬義村┬泰村─景村
　　│　　└胤義└光村
　　└義連［佐原］─盛連─盛時［三浦］─頼盛─時明─時継─高継─高通─高連─高明─時高＝義同（道寸）─義意

の木島(このしま)で自害。

みうらたまき【三浦環】 1884.2.22～1946.5.26 明治～昭和期のソプラノ歌手。東京都出身。旧姓柴田。日本オペラ創成期のプリマドンナ。一九〇四年(明治三七)東京音楽学校卒。在学中の一九〇三年歌劇「オルフォイス」に出演。研究科修了後母校の助教授、一〇年帝劇歌劇部の教師となる。一五年(大正四)から欧米各地で「蝶々夫人」を演じて好評を博し、イタリアで作曲者プッチーニの知遇を得た。三五年(昭和一〇)イタリアのパレルモで二〇〇〇回出演の記録をつくって帰国、以後後進の指導にあたった。

みうらためはる【三浦為春】 1573～1652.7.2 江戸初期の仮名草子作者。本名は正木勝兵衛。徳川家康に出仕し三〇〇〇石をうけるが、家康の命で三浦姓に復し、長門守を称する。妹お万の方と家康との子頼宣に従い、紀伊国和歌山に移る。致仕後は定環と号して歌や俳諧を楽しみ、連歌や俳諧関係の書も少なくない。代表作は室町時代の物語から仮名草子へ移る過渡期的作品「あだ物語」。

みうらちょら【三浦樗良】 ⇨樗良(ちょら)

みうらときたか【三浦時高】 1416～94.9.23 室町時代の武将。相模国守護。一四三八年(永享一〇)永享の乱では関東管領上杉憲実に呼応して鎌倉を制圧し、鎌倉公方足利持氏を敗北させた。養子義同(よしあつ)を殺して晩年に生まれた子高教をたてようとしたが、九四年(明応三)本拠新井城(現、神奈川県三浦市)を義同に攻められ、高教とともに敗死。

みうらばいえん【三浦梅園】 1723.8.2～89.3.14 江戸中期の哲学者。名は晋(すすむ)、字は安貞、梅園は号。豊後国国東(くにさき)生れ。長崎に二度、伊勢に一度旅行した以外、ほとんど故郷を離れることがなく、祖父の代からの医業を継ぐかたわら、研究と著作に精進した。根源的な思索ののち、気の哲学に到達し、儒教の自然哲学と洋学的な知識にもとづく体系的な自然哲学を提唱。彼によれば、天地万物は根元的な一気(元気)が現象したものであり、個々の存在は整然と秩序づけられる。それらの関係を条理とよび、条理を認識する方法が反観合一(はんかんごういつ)である。この独特の自然哲学は、主著の「玄語(げんご)」をはじめ「贅語(ぜいご)」や「敢語(かんご)」などの著作にまとめられている。

みうらひろゆき【三浦周行】 1871.6.4～1931.9.6 明治～昭和前期の日本史・日本法制史学者。島根県出身。一八九三年(明治二六)帝国大学文科大学選科修了。史料編纂所員・編纂官として「大日本史料」編纂に従事。国学院大学・東京帝国大学をへて一九〇九年京都帝国大学国史学講座教授。京大国史研究室の草創期に史料収集に努めた。研究の分野は広く、時代も古代から近代に及ぶ。主著「日本史の研究」正続、「法制史の研究」正続。

みうらみつむら【三浦光村】 ?～1247.6.5 鎌倉中期の武士。義村の子。泰村の弟。幕府評定衆。将軍藤原頼経の近習(きんじゅう)として二〇年あまり仕えた。一二四六年(寛元四)の宮騒動によって頼経が京都に送還されたとき、護送人の一人として上洛、その後「今一度鎌倉中に入れ奉らんと欲す」と語るなど、頼経の復権をはかった。北条氏に頼経を追放された恨みもあって、反北条時頼派の中心人物の一人となり、宝治(ほうじ)合戦に参加し、一族とともに源頼朝墓所の法華堂で自殺した。

みうらめいすけ【三浦命助】 1820～64.2.10 一八五三年(嘉永六)に発生した盛岡藩三閉伊(さんへい)一揆で畠山太助とともに活動した最高頭取の一人。陸奥国上閉伊郡栗林村の百姓で本家は肝煎。五四年(安政元)老名(おとな)となるが、同年に発生した村方騒動にまきこまれ出奔。仙台藩領の村で修験として活動したあと京都へ赴き、二条家家臣として名乗ることを許可される。五七年帰村する途中で藩により逮捕され、六四年(元治元)牢死。入牢中留守家族のために書き綴った「獄中記」は、幕末期の民衆の思想状況を知る貴重な文献。

みうらやすむら【三浦泰村】 ?～1247.6.5 鎌倉中期の武将。三浦介・若狭守・相模国守護。義村の嫡子。母は土肥遠平の女。通称駿河次郎。承久の乱では父とともに北条泰時率いる東海道軍に加わり上洛。一二三八年(暦仁元)評定衆となるが、四六年(寛元四)名越光時の乱に弟光村が加担していたため北条時頼に排撃の口実を与える。翌年、時頼の挑発にのり鎌倉で戦って敗れ、法華堂で一族とともに自殺。

みうらよしあき【三浦義明】 1092～1180.8.27 平安後期の武将。義継(義次)の子。桓武平氏。三浦大介(おおすけ)と称する。相模国三浦荘衣笠(きぬがさ)(現、神奈川県横須賀市)を本拠とする。相模大介を世襲し、天治年間以来有力な在庁官人となる。源義朝の家人でもあった。一一八〇年(治承四)源頼朝の挙兵に際し、石橋山に一族を遣わしたが敗戦の報を聞いて引き返した。途中、鎌倉で畠山重忠軍と戦い破ったが、加勢をえた重忠軍に衣笠城を攻められ、一族の脱出後に討死。

みうらよしあつ【三浦義同】 ?～1516.7.11 戦国期の武将。法名は道寸。相模国新井城(現、神奈川県三浦市)城主。扇谷(おうぎがやつ)上杉高救(たかひら)の子。一四九四年(明応三)養父三浦時高を倒して家督をついだ。のちに新井城を嫡子義意(よしおき)に与え、みずからは岡崎城(現、平塚市ほか)に拠ったが、一五一二年(永正九)相模制圧をめざす北条早雲に攻略された。後退して鎌倉付近で抵抗したのち新井城に籠城。一六年陥落し、義意とともに戦死。これにより後北条氏は全相模を制圧。

みうらよしずみ【三浦義澄】 1127～1200.1.23 平安後期～鎌倉前期の武将。三浦介・相模国守護。父は三浦大介(おおすけ)義明。通称荒次郎。一一八〇年(治承四)源頼朝の挙兵に応じて、父とともに衣笠城で旗あげするが、豪雨で到着が遅れ、頼朝は石橋山で敗れた。帰路、畠山氏に襲われ父を失うが、海路安房に渡って頼朝と合流。八四年(元暦元)源範頼の平氏追討軍に加わり、壇ノ浦の戦で戦功をあげた。奥州合戦でも活躍し、頼朝の死後も宿老の一人として幕府を支えた。将軍源頼家の親裁をやめて一三人の合議制がしかれたときもその一員となった。

みうらよしむら【三浦義村】 ?～1239.12.5 鎌倉前期の武将。左衛門尉・駿河守。父は義澄、母は伊東祐親の女。通称平六。源頼朝の挙兵に際し、父に従って転戦。梶原景時の失脚後、北条氏に並ぶ重鎮となり、優れた政治判断によって危機を回避した。一二一三年(建保元)一門の和田義盛が北条氏に挑発されて滅亡したときも、約束を破棄して寝返りと非難された。公暁(くぎょう)の討滅、承久の乱、伊賀氏の変でも、ことごとく北条氏と同一歩調をとり、三浦氏嫡流の地位を確立。一二二五年(嘉禄元)評定衆に選ばれ、「御成敗式目」の制定にも参加するなど、執権北条泰時の信任をえた。

みかさのみやたかひとしんのう【三笠宮崇仁親王】 1915.12.2～ 大正天皇の第四皇子。母は貞明皇后。幼称は澄宮(すみのみや)。一九三五年(昭和一〇)成年にともない一家を創立し、三笠宮の宮号をうける。陸軍に入り、第二次大戦の終戦時は支那派遣軍参謀・騎兵少佐。戦後は東大文学部で聴講生としてヘブライ史の研究に従事、日本オリエント学会名誉会長などを務める。四一年高木正得の娘百合子と結婚。

みかたたじま【味方但馬】 1563～1623.4.8 江戸初期の有力山師。佐渡金銀山の主要坑・割間歩(わりまぶ)を代々稼行した味方氏の初代。父は村井善左衛門。近江国生れ。福島正則に仕えたが、牢人して佐渡に渡り山師となる。はじめ孫太夫と称し、一六一〇年(慶長一五)以前に将軍の意により但馬守家重と改める。一八年(元和四)割間歩を請け負い湧水の処理に成功。ほかに但馬国中瀬金山・摂津国多田銀銅山を稼行し、南部の諸金山の請負を企てた。京都妙覚寺祖師堂建立の中心となった。

みかみおときち【三上於菟吉】 1891.2.4～1944.2.7 大正・昭和前期の小説家。埼玉県出身。自然主義運動に感銘をうけ、早大中退。作品はたびたび発禁処分をうける。放蕩生活を送り、長谷川時雨(しぐれ)と同棲。一九一六年(大正五)の「悪魔の恋」以降、大衆小説界の寵児となる。代表作に「黒髪ざんげ」「雪之丞変化」、後者は数度映画化された。

みかみさんじ【三上参次】 1865.9.28～1939.6.7 明治～昭和前期の日本史学者。播磨国生れ。東大卒。大学院で国史を研究し、一八九九年(明治三二)東京帝国大学教授。国史科独立の功労者で、史料編纂掛の事務主任として編纂事業の基礎を築いた。退官後は臨時帝室編修官長として「明治天皇御紀」を完成。貴族院議員も勤めた。著書「白河楽翁と徳川時代」「江戸時代史」。

みかみし【三上氏】 中世近江国の豪族。清和源氏。本拠は野洲(やす)郡三上(現、滋賀県野洲町)。源頼義の次男義綱の子盛実(もりざね)が三上冠者を名のり、以後子孫が三上氏を称したという。また一説には、近江国三上社(御上神社)の祝(はふり)一族御上氏から出たともいう。一三三四年(建武元)の「吉身(よしみ)庄検注目録」には下司として三上盛貞の名がみえる。室町時代には、近江守護六角氏の重臣として活躍。

みかみせんな【三上千那】 ⇨千那(せんな)

みかみたく【三上卓】 1905.3.22～71.10.25 昭和期の軍人・右翼運動家。海軍中尉。佐賀県出身。海軍兵学校(五四期)卒。海軍内の革新運動派の中心の一人であり、井上日召らの影響をうけ、一九三二年(昭和七)五・一五事件をおこして犬養首相を射殺、反乱罪で禁錮刑一五年。三八年仮出所後、皇道翼賛青年連盟を結成。六一年の三無事件にも関係した。

みかみつぎお【三上次男】 1907.3.31～87.6.6 昭和期の東洋史学・東洋考古学者。京都府出身。東大卒。東方文化学院研究員・東京大学東洋文化研究所研究員をへて東京大学教養学部教授となり、一九六五年(昭和四〇)から文学部教授を併任し考古学科主任となる。第二次大戦前は東北アジア史、中国東北部・朝鮮の原始墳墓の研究を、戦後は中国・日本の陶磁からペルシア、エジプトの陶磁の実地調査を行った。その成果が「陶磁貿易史研究」である。学士院会員。

みかみよしお【三上義夫】 1875.2.16～1950.12.31 大正・昭和期の数学史家。広島県出身。文部省検定試験で中学校数学科教員免許を取得。学士院嘱託として和算史の研究に従事。一九一四年(大正三)東大哲学科卒。学問に専念するため、生涯専任の職業につかなかった。著書に遠藤利貞の遺稿を改定した「増修日本数学史」、「文化史上より見たる日本の数学」。

みききよし【三木清】 1897.1.5～1945.9.26 昭和前期の哲学者。兵庫県出身。京大卒。一九二二年(大正一一)渡欧し、リッケルト、ハイデッガーらに学び、パリでパスカルを研究して二五年に帰国。二七年(昭和二)法政大学教授となり、同時に唯物史観を論じて論壇に登場した。三〇年日本共産党への資金提供容疑で検挙され退職。以後は三八年昭和研究会員となるなど体制寄りの行動とマルクス主義の間で微妙な動きをみせながら、三九年「構想力の論理第一」を発表した。四五年に再検挙され、敗戦直後に獄死。著書「唯物史観と現代の意識」「歴史哲学」。

みぎしこうたろう【三岸好太郎】 1903.4.18～34.7.1 大正・昭和前期の洋画家。北海道出身。作家子母沢寛は異父兄、夫人は画家三岸節子。独学で絵を学び、一九二四年(大正一三)春陽会賞受賞。三〇年(昭和五)独立美術協会の創立に参加し、以後同展に出品する。作品「海と射光」、長編詩「蝶と貝殻」。

みきたけお【三木武夫】 1907.3.17～88.11.14 昭和期の政治家。徳島県出身。一九三七年(昭和一二)明治大学卒業直後、衆議院議員に当選。第二次大戦後は国民協同党・改進党・民主党をへて自由民主党に入る。石橋湛山内閣の実現に功績があり幹事長就任。少数派閥のリーダーであったが、田中金脈問題で田中角栄が失脚した後、複雑な党内事情を背景に推されて首相に就任。ロッキード事件の解明に力をいれ、政界浄化と政治倫理の問題を生涯の仕事とした。

みきたけじ【三木竹二】 1867～1908.1.10 明治期の劇評家。石見国生れ。本名森篤次郎。森鷗外の弟。東大卒。開業医のかたわら劇評を執筆。一八九二年(明治二五)「歌舞伎新報」の編集に参画、一九〇〇年から「歌舞伎」(第一次)を主宰刊行。通人臭を脱した高い学識と批評精神にもとづく近代劇評の開拓者であり、また名優の型(演出)の緻密な記録を残した。

みきたし【和田氏】「にきた」とも。中世和泉国の豪族。平安末期、河内国矢田部(現、大阪市)にいた大中臣助正が、和泉国大鳥郡和田郷に移って同地を開発。鎌倉時代には御家人となって、和田氏を称した。子の助綱のとき、所領を金剛寺に寄進して和田荘が成立し、以後同荘を本拠に発展。南北朝期には、南朝方について活躍。楠木氏の配下に属した。その後、幕府方に帰順。戦国期には、守護細川氏に従って戦功をあげている。

みきとくちか【御木徳近】 1900.4.8～83.2.2 昭和期の宗教家。PL教団の創立者。ひとのみち教団教祖御木徳一の長男。前名皦正。愛媛県出身。一九二九年(昭和四)六月、人道徳光教会の準教祖となる。三六年九月六日ひとのみち教団の第二代教主となるが、翌年不敬罪で投獄される。四六年にPL教団を創立。五一年新日本宗教団体連合会結成に指導的役割をはたした。

みきとくはる【御木徳一】 1871.1.27～1938.7.6 大正・昭和前期の宗教家。ひとのみち教団(のちPL教団)の創立者。幼名長次郎。愛媛県出身。一九一六年(大正五)大阪で神道徳光教の教師となる。金田徳光没後の二五年に御嶽教徳光大教会を設立。徳光から伝授された修法による信仰治療を行う。二八年(昭和三)扶桑教に転属して人道徳光教会となり、三一年に扶桑教ひとのみち教団と改名。三七年に不敬罪で起訴され、裁判中に死亡した。

みきぶきち【三木武吉】 1884.8.15～1956.7.4 大正・昭和期の政治家。香川県出身。東京専門学校卒。一九一七年(大正六)衆議院に初当選。二八年(昭和三)東京市疑獄事件に連坐。四二年翼賛選挙に非推薦で当選、反東条内閣運動を展開。第二次大戦後、日本自由党(党首鳩山一郎)を結成、四六年衆議院議長に当選するが公職追放。解除後五二年議員に復帰。五四年日本民主党(党首鳩山)を結成、念願の鳩山内閣を実現。五五年一一月自由党の大野伴睦らと協力、保守合同により自由民主党を結成した。

みきもとこうきち【御木本幸吉】 1858.1.25～1954.9.21 明治～昭和期の実業家。志摩国生れ。うどんの製造・販売業を営んでいた音吉の長男。青物行商・穀物小売業のかたわら水産物に興味をもち、志摩郡明神浦で真珠貝の培養を試みた。一八九三年(明治二六)英虞湾多徳島に真珠の養殖場を設けて、一九〇五年真円真珠を完成、〇八年特許をとった。その後養殖場を和歌山・長崎・石川・沖縄各県に拡大、御木本真珠(ミキモトパール)は万国博覧会などで世界的な評価をうけ、ロンドン、ニューヨーク、パリなどに直販店を設けて広く海外に輸出され、世界市場の六割を占めるに至った。第二次大戦中は養殖を禁じられたが、五〇年(昭和二五)事業を再開した。

みきろふう【三木露風】 1889.6.23～1964.12.29 明治～昭和期の詩人。兵庫県出身。早大・慶大中退。一九〇七年(明治四〇)相馬御風・野口雨情らと早稲田詩社を結成。〇九年に第一詩集「廃園」を刊行し、北原白秋とともに詩壇の一時代を画した。抒情的詩風は「白き手の猟人」に至って象徴詩となり、やがてキリスト教への帰依から宗教的となった。児童雑誌「赤い鳥」などに童謡も書き、「赤とんぼ」は有名。

みくにだいがく【三国大学】 1810.10.1～96.5.30 幕末～明治前期の儒者。号は幽民または幽眠。父は越前国三国の豪商森与兵衛。父の代に地名をとって改姓。京都に出て摩島松南に師事、詩を学ぶ。一八三六年(天保七)塾を開く。著書「古註孝経」の光格上皇上覧を契機に、三八年鷹司家儒官となる。安政期に橋本左内を公家衆に紹介し、安政の大獄で中追放処分となり、近江国石山に居住。七三年(明治六)教部省権大講義。晩年は俗事にかかわらなかった。

みこがみてんぜん【神子上典膳】 ⇩小野忠明

みこひだりけ【御子左家】 藤原氏。藤原道長の第六子長家の後裔。御子左の称は、長家が醍醐天皇の皇子兼明親王の御子左第を伝領したことによる。平安末～鎌倉前期に有名な歌人の俊成とその子定家が現れ、歌の家として確立。以後、この流れはながく歌壇に君臨した。定家の子為家は蹴鞠にもすぐれ、その流れは御子左流といわれた。鎌倉後期に為家の三人の子が家領をめぐって争い、嫡流の二条、庶流の京極・冷泉の三家にわかれた。二条・京極両家は南北朝期までに断絶し、現在冷泉家のみ残る。

みしなしょうえい【三品彰英】 1902.7.5～71.12.19　昭和期の神話学・古代学者。滋賀県出身。一九二八年(昭和三)京大卒。海軍機関学校・大谷大学・同志社大学教授、大阪市立博物館長を歴任。文化人類学などの研究法で文献を考証し、日本と朝鮮の古代史を研究。日本書紀研究会などの研究会を組織。「三品彰英論文集」全六巻(「新羅花郎の研究」など)。

みしまちゅうしゅう【三島中洲】 1830.12.9～1919.5.12　幕末～明治期の漢学者。名は毅、通称は貞一郎、別号は桐南・絵荘など。備中国生れ。山田方谷・斎藤拙堂に師事、二八歳で昌平黌に入り、佐藤一斎・安積艮斎に学ぶ。一八五九年(安政六)備中国松山藩藩校有終館の学頭となる。明治維新後は司法官をへて七七年(明治一〇)漢学塾二松学舎を創設。東京高等師範・東京帝国大学古典科でも教えた。東宮侍講・宮中顧問官などを歴任。

みしまとくしち【三島徳七】 1893.2.24～1975.11.19　大正・昭和期の冶金学者。兵庫県出身。東大卒。東京帝国大学教授。強磁石合金・耐熱合金・鋼鋳造などを研究し、一九三二年(昭和七)画期的な強力磁石合金ＭＫ磁石鋼を発明。鋳造技術の発展に尽くす。日本鉄鋼協会会長・金属学会会長。学士院賞・文化勲章をうける。

みしまみちつね【三島通庸】 1835.6.1～88.10.23　明治前期の官僚・政治家。子爵。鹿児島藩士出身。尊王攘夷運動に活躍し、戊辰戦争に従軍。明治政府に入り、酒田・鶴岡・山形・福島・栃木の各県令を歴任。在任中、各地で道路の開発や庁舎・学校・病院・勧業試験場の建設など産業振興・都市計画を推進。反面、強引なやり方で住民と対立。とくに福島県令時代の一八八二年(明治一五)道路建設の夫役が強い反対にあい、自由党員を中心とする県会と衝突し、福島事件のきっかけとなった。ついで内務省土木局長をへて警視総監兼臨時建築局副総裁となる。八七年一二月保安条例による民権派の東京外退去の実施にあたった。

みしまやたろう【三島弥太郎】 1867.4.1～1919.3.7　明治・大正期の銀行家。薩摩国生れ。三島通庸の長男。アメリカ留学ののち一八八七年(明治二〇)家督を継ぎ、子爵。一九〇六年横浜正金銀行取締役、一一年同行頭取。一三年(大正二)から日本銀行総裁。また一八九七年から貴族院勅選議員、院内会派の研究会の領袖として活躍。

みしまゆきお【三島由紀夫】 1925.1.14～70.11.25　昭和期の小説家・劇作家。本名平岡公威。東京都出身。東大卒。学習院時代、一六歳で「文芸文化」に「花ざかりの森」を発表する早熟さをみせる。一九四九年(昭和二四)「仮面の告白」で新進作家としての地位を確立。「禁色」「潮騒」「金閣寺」「憂国」「サド侯爵夫人」「豊饒の海」など絢爛たる文体による緻密な構成の作品を多く発表した。六八年楯の会を結成し、七〇年その会員四人とともに自衛隊市ケ谷駐屯地に赴きクーデタ決起を促したが、失敗して割腹自殺。

みずきたつのすけ【水木辰之助】 1673～1745.9.23　歌舞伎俳優。元禄期の上方を代表する女方。おかしみを帯びた半分道化た敵役を演じる半道方斎藤新八の子で、伯父は座本で立役の名優だった初世大和屋甚兵衛。所作事を得意とし、一六九五年(元禄八)江戸で演じた「四季御所桜」の猫の所作事と槍踊りは大評判になった。変化舞踊の先駆というべき「七化け」も有名で、日本舞踊水木流の流祖とされる。「水木帽子」の流行をうむなど人気も高かったが、一七〇四年(宝永元)引退。

みずたにちょうざぶろう【水谷長三郎】 1897.11.4～1960.12.17　大正・昭和期の社会運動家・政治家。京都府出身。京大卒。在学中友愛会に入り、労学会を組織。卒業後労働総同盟・日本農民組合の顧問弁護士。第一回普選で労働農民党代議士となる。以後右傾化し三六・三七年(昭和一一・一二)の総選挙には社会大衆党から当選。反軍演説の斎藤隆夫の除名に反対、翼賛選挙に非推薦で当選。第二次大戦後日本社会党結党に参加、片山内閣の商工相となり炭鉱国管を推進、芦田内閣にも留任。右派に属し、民主社会党に参加。

みずたにやえこ【水谷八重子】 1905.8.1～79.10.1　大正・昭和期の女優。東京都出身。本姓松野。一九一三年(大正二)島村抱月の芸術座公演で初舞台。その後、新劇の舞台での活躍のほか映画にも出演した。二四年には第二次芸術座を結成。昭和期からは新派での出演が多く、以後の半生は新派の大女優として人気・実力を誇った。娘良重(本名好重)が二世を襲名。

みずたまさひで【水田正秀】 ⇨正秀　一

みずのかつなり【水野勝成】 1564～1651.3.15　江戸初期の大名。三河国刈谷城主水野忠重の子。徳川家康の従兄弟。一五七九年(天正七)以降各地

●御子左家略系図

長家―忠家―俊忠―俊成┬成家
　　　　　　　　　　├定家―為家┬為氏[二条]―為世┬為通―為定―為遠―為衡
　　　　　　　　　　│　　　　　│　　　　　　　　├為子
　　　　　　　　　　│　　　　　│　　　　　　　　└為冬
　　　　　　　　　　│　　　　　├為教[京極]┬為子
　　　　　　　　　　│　　　　　│　　　　　└為兼
　　　　　　　　　　│　　　　　└為相[冷泉]
　　　　　　　　　　└女子

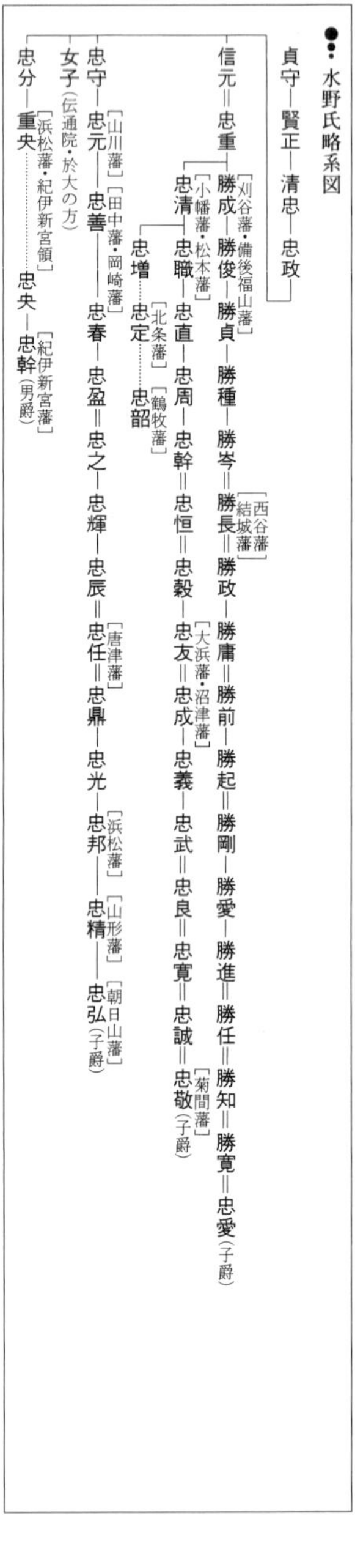

に転戦。小牧・長久手の戦ののち父の勘気をうけ徳川氏を離れ、八五年、豊臣秀吉に仕えて摂津国豊島郡で七〇〇石余を与えられる。九州攻めののちも肥後に留まり、佐々(さっさ)氏・小西氏に仕える。一六〇〇年(慶長五)父の遺領刈谷三万石を継ぐ。大坂夏の陣に活躍し、大和国郡山六万石、二〇年(元和六)備後国福山一〇万石に転封。

みずのし【水野氏】 江戸時代の旗本・譜代大名家。初代重房から一三代の貞守は尾張国春日井郡山田庄水野から三河国刈谷に進出、尾張東部と西三河に勢力をはったが、今川・松平両氏と織田氏との間で去就は定まらなかった。貞守から四代目の忠政の女(於大(おだい)の方)は松平広忠に嫁して家康を生むが、兄の信元が織田信長に属したため離別される。信元を継いだ弟忠重は本能寺の変ののちいったん徳川家康に仕えるが、小牧・長久手の戦後は豊臣秀吉に仕え、関ケ原の戦のとき、徳川方に復帰。一族のうち大名家は、宗家の下総国結城藩一万八〇〇〇石をはじめ、駿河国沼津藩・上総国鶴牧藩、信元の弟忠守系の出羽国山形藩五万石・忠分(ただちか)系の紀伊国新宮藩三万五〇〇〇石があり、維新後新宮藩主は男爵、ほかは子爵。他に多くの旗本を輩出。

みずのじゅうろうざえもん【水野十郎左衛門】
⇨水野成之(みずのなりゆき)

みずのせいいち【水野清一】 1905.3.24～71.5.25 昭和期の考古学者。神戸市出身。京大卒。東洋考古学を専攻。第二次大戦前は中国の雲崗(うんこう)・竜門などの石窟寺院を調査。戦後はアフガニスタン、パキスタンの石窟寺院の調査にあたった。長広敏雄との共著「雲崗石窟」は全三二冊にのぼる膨大なもので、学士院賞受賞。著書「ハイバクとカシュミールスマスト」「中国の仏教美術」。

みずのただあきら【水野忠成】 1762.12.1～1834.2.28 江戸後期の老中。駿河国沼津藩主。父は旗本岡野知暁。旗本水野氏の養子をへて沼津藩主水野忠友の婿養子。出羽守。小姓時代から一一代将軍徳川家斉(いえなり)の信任を得、寺社奉行・若年寄をへて、一八一二年(文化九)西丸側用人となる。一七年本丸老中格、一八年(文政元)勝手掛となり財政を主管し、三四年(天保五)没するまで幕政を主導。八度に及ぶ貨幣改鋳、治安対策の文政改革、異国船打払令、婚姻を利用した大名融和策などの施策を行った。賄賂政治との悪評もあった。

みずのただくに【水野忠邦】 1794.6.23～1851.2.10 江戸後期の老中。肥前国唐津・遠江国浜松藩主。越前守。父は唐津藩主水野忠光。一八一二年(文化九)家督相続。倹約令を発し、二本松義廉を登用して財政改革を企画。奏者番・寺社奉行兼帯。浜松へ転封後、殖産興業・軍制改革を骨子とした藩政改革を断行。大坂城代・京都所司代をへて、二八年(文政一一)西丸老中、三四年(天保五)本丸老中。のち一万石加増。三九年老中首座。大御所家斉没後、四一年から天保の改革を主導。鳥居耀蔵を町奉行に登用し強圧的な政治を行ったため反発をうけ、四三年上知令撤回後、失脚時に江戸屋敷に投石する者が押し寄せた。四四年(弘化元)老中再任。翌年辞職。鳥居らの不正が発覚し二万石減封、隠居・蟄居となる。

みずのただとも【水野忠友】 1731～1802.9.19 江戸中期の老中。三河国大浜・駿河国沼津藩主。父は旗本七〇〇〇石水野忠穀(ただよし)。出羽守。八代将軍徳川吉宗の孫竹千代(家治)の近習となり、一七四二年(寛保二)家督相続。田沼意次と親しく、引きたてられて小姓番頭・若年寄となり、大浜藩主。その後側用人、沼津に転封。老中格をへて、八五年(天明五)老中勝手掛。翌年の田沼失脚により養子である田沼の四男忠徳を離縁して、保身を図ったが老中を罷免。松平定信失脚後、老中に復職した。

みずのただなか【水野忠央】 1814.10.1～65.2.25 江戸後期の紀伊国和歌山藩付家老。新宮三万五〇〇〇石領主。父は忠啓。土佐守。号鶴峰。一八三五年(天保六)家督相続。五二年(嘉永五)藩主徳川治宝が没すると、藩権力を掌握。五八年(安政五)大老井伊直弼とはかって幼少の藩主慶福(家茂)を将軍継嗣とした。国史・国文の奇書を収集した「丹鶴叢書」一五四冊を編纂・刊行。六〇年(万延元)幕府の命により隠居。

みずのただのり【水野忠徳】 1810～68.7.9 幕末期の幕臣。筑後守・下総守。浦賀奉行をへて、一八五三年(嘉永六)長崎奉行となり、五四年(安政元)日英約定の調印交渉を行う。同年から勘定奉行、五七年長崎奉行をも兼ね、目付岩瀬忠震とともに長崎で日蘭・日露追加条約を締結。五八年外国奉行となる。小笠原島の開拓に着手したが、公武合体に反対して、六二年(文久二)箱館奉行に任命されると隠居した。その後も幕政の裏面で活動した。

みずのただゆき【水野忠之】 1669.6.7～1731.3.18 江戸中期の老中。三河国岡崎藩主。父は忠春。旗本水野忠近の養子となり、家督相続後、使番・新番頭を勤めた。兄の岡崎藩主水野忠盈が世子のないまま没したため一六九九年(元禄一二)遺領相続。赤穂浪士を預けられた際、配慮のある取扱いをして評判だった。奏者番・若年寄・京都所司代をへて一七一七年(享保二)老中となり、二二年には勝手掛に就任、享保の改革に協力した。二五年一万石加増。三〇年隠居。

みずのとしかた【水野年方】 1866.1.20～1908.4.7 明治期の日本画家。江戸生れ。通称粂次郎。月岡芳年に入門して浮世絵を、山田柳塘に陶画を、柴田芳州に南画を学び、のちに渡辺省亭らにも師事。「やまと新聞」の挿絵で名をあげる。浮世絵系風俗画の代表的画家。歴史人物画を得意とし、日本美術協会・日本美術院などに出品。門下から鏑木清方らが輩出した。

みずのなおし【水野直】 1879.1.5～1929.4.30 明治～昭和前期の政治家。旧下総国結城藩主水野忠愛の養嗣子。一九〇三年(明治三六)東大卒。翌年貴族院互選議員(子爵)に当選、研究会に属した。研究会幹部として原内閣との提携を推進。二五年(大正一四)陸軍政務次官。臨時教育会議委員・鉄道会議臨時議員などを歴任。

みずのなりゆき【水野成之】 ?～1664.3.27 江戸前期の旗本。かぶき者。成貞の長男。母は徳島藩主蜂須賀至鎮の女。幼名百助。通称十郎左衛門。諱ははじめ貞義、のち成之。一六五〇年(慶安三)三〇〇〇石で小普請組に列し、翌年将軍徳川家綱に拝謁。江戸市中で旗本奴の大小神祇組を組織、町奴と対立し、五七年(明暦三)七月一八日幡随院長兵衛を殺害。六四年(寛文四)幕府評定で切腹を命じられ、家名も断絶した。

みずのれんたろう【水野錬太郎】 1868.1.10～1949.11.25 明治～昭和前期の官僚・政治家。秋田県出身。東大卒。内務省参事官・内相秘書官・神社局長・地方局長・内務次官などを歴任。一九一八年(大正七)寺内内閣の内相、翌年斎藤実朝鮮総督のもとで政務総監を務め文化政策を推進。二二～二四年加藤友三郎・清浦両内閣の内相。二六年(昭和元)立憲政友会に入り、二七年田中義一内閣の文相となったが、翌年久原房之助の入閣に反対して辞任。貴族院における政友会議員の中心であった。

みずはらしゅうおうし【水原秋桜子】 1892.10.9～1981.7.17 大正・昭和期の俳人。本名豊。別号喜雨亭・白鳳堂。東京都出身。東大卒。はじめ窪田空穂に短歌を学ぶ。東大俳句会を再興し、この会を通じて高浜虚子の指導をうける。大正末～昭和期に「ホトトギス」の黄金時代を築いた。のち虚子から離れ、一九三四年(昭和九)以降「馬酔木」を主宰。句集「葛飾」。俳論も多い。

みずませんとく【水間沾徳】 ⇨沾徳

みずまちけさろく【水町袈裟六】 1864.3.11～1934.7.10 明治～昭和前期の大蔵官僚・銀行家。肥前国佐賀生れ。東大卒。一八九一年(明治二四)に大蔵省入省、理財局長・次官・海外駐箚財務官などを歴任し、一九一一～一九年(明治四四～大正八)に日本銀行副総裁、二四～二九年(大正一三～昭和四)に会計検査院院長、二九～三四年に枢密顧問官を務めた。

みすみかねつら【三隅兼連】 ?～1355.3.12 南北朝期の石見国の武将。一三三三年(元弘三)後醍醐天皇が伯耆国船上山(現、鳥取県赤碕町)で募兵するとこれに応じ、ついで後醍醐に従って入京。南北朝分立後は石見の南朝方の中心となり、幕府方の石見国守護上野頼兼などに攻められた。五二年(文和元・正平七)足利直冬が南朝方となり、五五年正月京都を占領。兼連はこれに参加したが、三月幕府軍と交戦して戦死。

みすみし【三隅氏】 中世石見国西部の豪族。石見国の豪族御神本氏支族の益田氏の祖、益田兼高の次男兼信が、那賀郡三隅郷(現、島根県三隅町)を本拠とし、三隅氏を称したのに始まる。一三三三年(元弘三)曾孫の兼連が一族とともに伯耆国船上山の後醍醐天皇に味方して以後、西石見の南朝方の中心勢力として活躍。兼連の死後も、三隅高城(たかじょう)を本拠に西石見一帯に勢力をふるったが、一五七〇年(元亀元)毛利氏に攻められ滅亡。

ミス・ワカナ 1910~46.10.14 昭和初期の漫才師。本名河本杉子。鳥取県出身。幼時から父の劇団に入って旅回りをし、曲芸や安来節を演じた。一九二八年(昭和三)夫の玉松一郎とコンビを組み、早口でしゃべりまくる女性主導型の漫才で人気をとった。代表作は三八年の中国大陸慰問の「わらわし隊」、映画では三九年の「お伊勢詣り」。

みせしゅうぞう【三瀬周三】 1839.10.1~77.10.19 江戸後期の蘭方医。幼名は弁次郎、諱は諸淵(もろぶち)。伊予国生れ。シーボルトの門人二宮敬作の甥。医学を二宮に、オランダ語を大村益次郎に学ぶ。一八五九年(安政六)再来日したシーボルトに師事、師の通詞と長男アレクサンダーの日本語教授を兼任した。シーボルトの幕府顧問解任にともない六二年(文久二)投獄、二年後出獄、宇和島で蘭学と産科を教えた。シーボルトの孫娘たかと結婚。明治維新後、大阪の医学校兼病院創設などに関与。著書「蘭語翻訳の鍵」「独英蘭対訳集」。

みぞぐちけんじ【溝口健二】 1898.5.16~1956.8.24 大正・昭和期の映画監督。東京都出身。はじめ絵画を学んだが一九二〇年(大正九)日活に入社、二二年「愛に甦へる日」で監督となる。第二次大戦前には「浪華悲歌(なにわエレジー)」「祇園の姉妹」など、きびしい現実を生きる女性像をリアルに描いた名作がある。戦後は「西鶴一代女」「雨月物語」など、日本映画史上に残る秀作をつくった。後者はベネチア国際映画祭で、銀獅子賞を受賞。国際的な評価を受ける映画監督の一人。

みぞぐちし【溝口氏】 江戸時代の譜代大名家。清和源氏逸見義重の子孫といわれ、代々美濃国に住し、のち尾張国溝口郷に移り姓とする。勝政の子秀勝は織田信長に仕え、丹羽長秀に属した。のち豊臣秀吉に仕え、一五八四年(天正一二)加賀国大聖寺四万四〇〇〇石、九八年(慶長三)越後国新発田(しばた)六万石を与えられる。二代宣勝のとき、弟善勝に分与して沢海(そうみ)藩を立藩。三代宣直も弟に領地を分与した。維新後、宗家は伯爵。

みぞぐちなおあき【溝口直諒】 1799.1.8~1858.6.18 江戸後期の大名。越後国新発田(しばた)藩主。父は直侯(なおよし)。伯耆守。一八〇二年(享和二)四歳で遺領相続。幼少時儒学者佐藤明善に学ぶ。成人後、学術の振興をはかり、藩校の講義を庶民にも公開し、みずからも「報国論」「開国論」「海防策」を著した。三八年(天保九)隠居後は江戸で幅広く交際。

みぞぐちひでかつ【溝口秀勝】 1548~1610.9.28 織豊期~江戸初期の大名。父は勝政。尾張国溝口郷生れ。丹羽長秀、ついで織田信長に仕えて、若狭国高浜城を領有。賤ケ岳(しずがたけ)の戦には豊臣秀吉に属し、戦後加賀国大聖寺四万四〇〇〇石を与えられる。一五八六年(天正一四)豊臣姓と秀吉の一字をうける。九八年(慶長三)越後国新発田(しばた)六万石に移され、以後、領内の体制確立につとめた。関ケ原の戦では東軍に属し、上杉氏と結んだ越後国内の一揆を平定した。

みそらひばり【美空ひばり】 1937.5.29~89.6.24 昭和期の歌手・俳優。横浜市出身。本名加藤和枝。九歳のとき父が結成した素人楽団で歌い始め、一九四八年(昭和二三)日劇小劇場出演の際に美空ひばりと名のる。翌年「のど自慢狂時代」で映画初出演、松竹映画「悲しき口笛」では初主演。同名の主題歌をはじめ、吹きこんだ歌は一二〇〇曲で、「リンゴ追分」「柔(やわら)」「悲しい酒」「川の流れのように」などヒット曲多数。歌謡界の女王として第二次大戦後日本の大衆文化を代表する一人。死後、国民栄誉賞をうけた。

みたさだのり【三田定則】 1876.1.27~1950.2.6 明治~昭和期の法医学・血清学者。岩手県出身。東大卒業後、医化学教室に入り、のち法医学教室に転じ、血清化学講座を担当。一九二一年(大正一〇)法医学教授に就任して三六年(昭和一一)退職。のち台北帝国大学医学部を創設、ついで同大学総長になった。

みたにさんくろう【三谷三九郎】 江戸の両替商三谷家の世襲名。一六五七年(明暦三)以前から江戸本両替仲間に名を連ね、大坂の鴻池(こうのいけ)と並び称される金融界の雄として知られた。江戸中期以降は米沢・秋田・会津など奥羽諸藩への大名貸で発展。これら諸藩の用達として国産物の一手販売を行うなど、殖産政策・藩政改革にも深く関与して重用された。幕府の寛政の改革では、勘定所御用達に任命されてその経済政策の実現を担った。維新後、陸軍省の官金運用に失敗して破産。

みたにそうちん【三谷宗鎮】 1665~1741.5.12 江戸中期の茶人。三谷流茶道の開祖。京都油小路竹屋町に住む。号は丹下・不易斎。表千家六世覚々斎原叟(げんそう)の弟子。伊藤東涯に儒学を学び、広島藩茶頭(さどう)格として召されたがこれを断り、儒学者として二〇〇石で召し抱えられたことで知られる。著書「和漢茶誌」「四畳半差図」。

みたにたかまさ【三谷隆正】 1889.2.6~1944.2.17 大正・昭和前期の教育家・無教会主義キリスト教徒。神奈川県出身。一九〇七年(明治四〇)一高に入学、校長新渡戸(にとべ)稲造の紹介で内村鑑三に師事、矢内原忠雄・南原繁らと親交を結んだ。東大英法科卒業後、六高教授、のちに一高教授となる。「三谷隆正全集」全五巻。

みたまさんぺい【美玉三平】 1822~63.10.14 幕末期の尊攘派志士。鹿児島藩士。本名高橋祐次郎。安政末年から尊攘運動に参加、一八六二年(文久二)寺田屋騒動に連坐し藩邸に囚われたが逃亡した。翌年但馬国に入り農兵組織化を進め、八月十八日の政変後平野国臣(くにおみ)らと生野において挙兵するが、敗れて農兵に襲われて討死。

みたむらえんぎょ【三田村鳶魚】 1870.3.17～1952.5.14　明治・大正期の随筆家。東京都出身。本名玄竜。青年期は三多摩壮士として政治運動に参加。「自由灯」「山梨民報」などに関係し、日清戦争中は「中外商業新聞」の従軍記者であった。一九〇八年(明治四一)「日本及日本人」に政教社員として執筆を始め、以後「元禄快挙別録」「江戸の珍物」「御殿女中」など江戸時代の文化・風俗研究を多数発表し、また雑誌「江戸趣味」「江戸読本」を創刊。「三田村鳶魚全集」二七巻・別巻一巻。

みたむらしろう【三田村四郎】 1896.8.25～1964.6.20　大正・昭和期の社会運動家。石川県出身。本名は四朗。商業夜学校卒。警察官になったが社会主義に関心をもち罷免される。評議会に参加、日本楽器の争議を指導。共産党に入党し、三・一五事件後の再建活動中警官をピストルで狙撃。四・一六事件で検挙され、懲役一五年の判決をうけ、獄中で転向。第二次大戦後日本労働組合会議を結成、反共組合民主化運動を推進した。

みちかぜ【三千風】 1639～1707.1.8　江戸前期の俳人。本姓は三井、大淀を称す。名は友翰。別号は松島軒・紫冥軒・寓言堂など。伊勢国射和(いざわ)生れ。三一歳で剃髪、陸奥国松島・仙台に一五年滞在する。一六七九年(延宝七)三月、二八〇〇句を独吟し、井原西鶴の賛辞を得て「仙台大矢数(おおやかず)」を出版。八三年(天和三)から七年間全国を行脚し、「日本行脚文集」を著した。九五年(元禄八)相模国大磯に鴫立庵(しぎたつあん)を再興、西行五〇〇年忌にちなんで「倭漢田鳥集」を編んだ。

みちしまのしまたり【道島島足】 ?～783.1.8　八世紀後半の武人。陸奥国牡鹿郡の人。もと丸子氏、のち牡鹿連・道島宿禰。七六四年(天平宝字八)恵美押勝の乱で藤原訓儒麻呂(くずまろ)を射殺し、従四位下に特進。七六七年(神護景雲元)陸奥大国造。七七〇年(宝亀元)蝦夷逃還の虚実を検問した。近衛中将・内厩頭を歴任。七八三年(延暦二)正四位上で没した。

みちのおびとな【道首名】 663～718.4.11　奈良前期の官人。七〇〇年(文武四)六月、大宝律令の撰定により賜禄。時に追大壱。翌年(大宝元)六月大安寺で僧尼令を講じた。七一一年(和銅四)四月従五位下。翌年九月遣新羅大使。七一三年八月に帰国後、筑後守となり、のち肥後守を兼任。卒伝によれば、良吏で死後百姓に祭られた。八六五年(貞観七)従四位下追贈。「懐風藻」に詩一首を収める。

みちのおみのみこと【道臣命】 大伴氏の祖と伝える伝説上の人物。本来の称は日臣(ひのおみ)命。高魂命の九世孫と伝える。「日本書紀」によると、神武天皇に従って大来目部(おおくめべ)を率い、熊野山中を踏みわけて菟田下県(うだのしもつこおり)(宇陀郡)に達したとある。この功によって道臣の名を賜り、以後も大来目部を率いて神武の事業を助けたという。

みついしんな【三井親和】 1700～82.3.7　江戸中期の書家。親和流の始祖。信濃国生れ。江戸に出て、町奉行の与力を勤めるかたわら、細井広沢(こうたく)に師事し唐様を学ぶ。広沢門下の四天王。深川に住み、社寺の額などを揮毫(きごう)して書名が高まり、篆書(てんしょ)を得意とした。彼の書は絹縮緬に染め抜かれ、親和染の名で流行した。

みついたかとし【三井高利】 1622～94.5.6　江戸前期の豪商。三井家経営の創始者。父は高俊、母は殊法。通称は八郎兵衛。法名は宗寿。伊勢国松坂生れ。江戸の長兄三郎左衛門俊次の店で働き、一〇余年後に松坂に戻って大名貸しや郷貸しを行った。一〇男五女をもうけ、長男高平・次男高富・三男高治らを俊次の店で働かせた。一六七三年(延宝元)俊次が没すると、高平・高富らに江戸で越後屋呉服店を開かせ、京都にも仕入店を開い

●三井家略系図

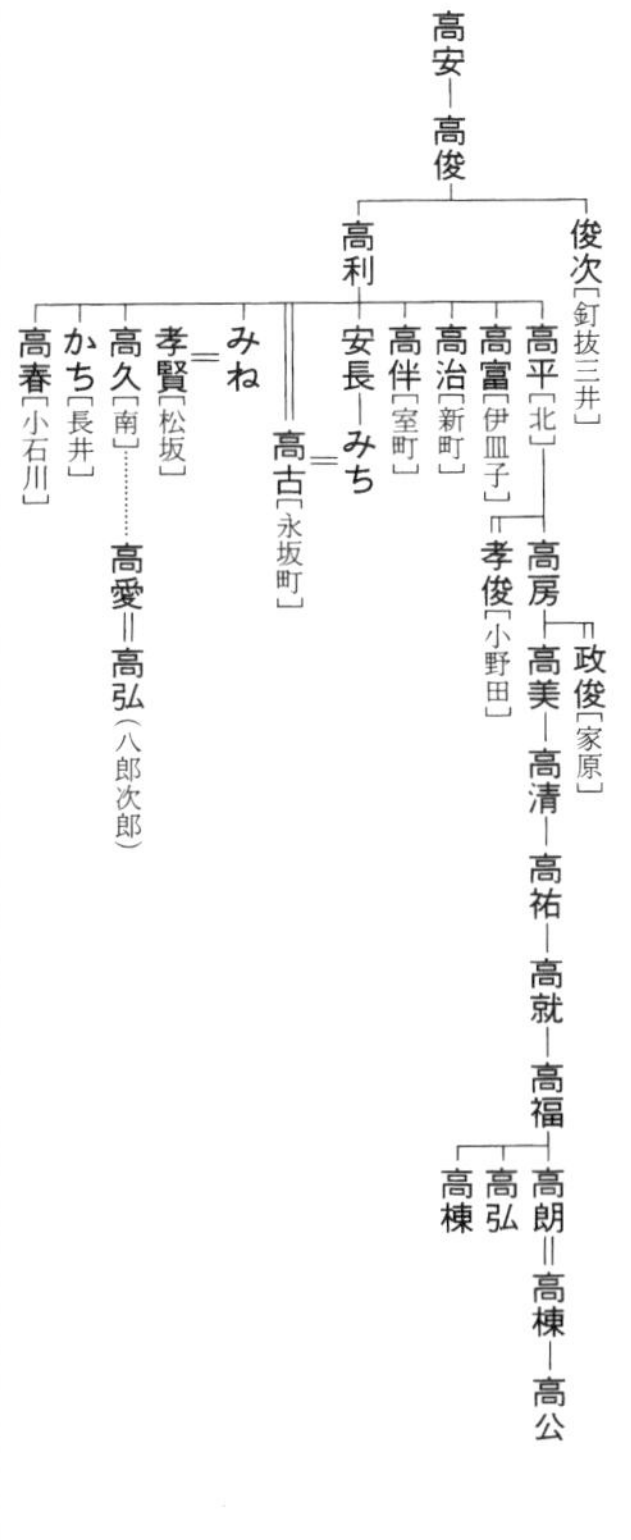

た。江戸の呉服店を開くにあたり現金掛値なしという新しい経営方針を示し、越後屋は江戸有数の呉服店になった。

みついたかとみ【三井高富】 1654～1709.5.5 江戸前期の豪商。三井高利の次男。法名は宗栄。伯父三郎左衛門俊次の呉服店で働いた後、父高利を助けて一六七三年(延宝元)に江戸本町一丁目に開店した呉服店の経営をとりしきり、現金掛値なしの商法を看板に江戸での越後屋呉服店の基礎を築き、両替店も創設した。二代目八郎右衛門として、高利没後には規則類を整備するなど、三井同族団強化に才能を発揮した。

みついたかひら【三井高平】 1653.4.27～1737.閏11.27 江戸前期の豪商。三井高利の長男。法名は宗竺。一五歳のときから伯父三郎左衛門俊次の呉服店で働き、初代八郎右衛門を名のった。高利による江戸本町一丁目の呉服店開店後は、京都で呉服物の仕入れにあたった。幕府の御納戸呉服御用や御為替御用をひきうけ、三井家経営の基礎を築く。高利没後は家産共有制を守り、大元方制度を創設。一七二二年(享保七)高利の遺訓を集大成して「宗竺遺書」を作成し、三井家の家法とした。

みついたかふさ【三井高房】 1684.1.1～1748.10.17 江戸中期の豪商。三井惣領家二代高平の長男。法名は宗清、のちに崇清。四代目八郎右衛門として早くから越後屋呉服店と両替店の店規則類の整備にあたり、父高平没後は「親分」として三井家同族団をまとめた。京都町人が大名貸や贅沢によって没落するさまを父から聞いて、一七二八年(享保一三)「町人考見録」を編纂、三井家に残した。

みついたかみね【三井高棟】 1857.1.14～1948.2.9 明治～昭和期の実業家。三井北家(総本家)第一〇代当主。京都生れ。高福の八男。一八八五年(明治一八)家督を相続、八郎右衛門を襲名。九三年三井家同族会議長・三井元方総長、一九〇九年三井合名社長に就任し、変革期の三井家を主導した。三三年(昭和八)財閥批判のなか家督を嫡男高公に譲って引退した。

みついたかよし【三井高福】 1808.9.26～85.12.20 幕末～明治期の豪商。三井惣領家八代で、七代高就の長男。一八三七年(天保八)一三代八郎右衛門を襲名し、三井家の家政改革にとりくんだ。開港時に横浜店を開き、外国方御金御用達を勤め、六六年(慶応二)御用所を設置。維新時には、明治政府の財政金融政策と結びつき、七六年(明治九)三井銀行を設立して初代総長となった。

みついはちろうえもん【三井八郎右衛門】 ⇩三井高平

みついはちろうじろう【三井八郎次郎】 1849.4.7～1919.9.30 明治・大正期の実業家。京都生れ。三井北家高福の五男。本名は高弘。三井南家高愛の養子となり、一八五三年(嘉永六)家督を相続、八郎次郎を襲名。七八年(明治一一)第一銀行取締役に就任。一九〇一年三井物産の社長となるが、一四年(大正三)シーメンス事件で辞任。

みつかわかめたろう【満川亀太郎】 1888.1.18～1936.5.12 大正～昭和期の社会運動家・国家主義者。大阪市出身。早大在学中に社会主義・支那革命に思想的に共鳴し、大学中退後に一水会・大日本国防義会を創立、機関誌「大日本」の編集を担当。一九一八年(大正七)一〇月老壮会を設立、会員は右翼・左翼の代表的人物を網羅した。翌年一月大川周明とともに猶存社をつくり、上海にいた北一輝も同人としたことにより、満川・大川・北の国家主義者の「三位一体」時代とよばれた。のち行地社・神武会に関係。拓殖大学教授。早稲田大学「潮の会」の指導者でもあった。著書「三国干渉以後」。

みつくりげんぱち【箕作元八】 1862.5.29～1919.8.9 明治・大正期の西洋史家。江戸鍛冶橋の津山藩邸に生まれる。東大卒。一八八六年(明治一九)動物学研究のためドイツに留学したが、強度の近視のため歴史学に転じた。九二年帰国し、高等師範・一高の教授となる。独仏両国への再度の留学ののち一九〇二年東京帝国大学教授となる。フランス革命史を中心に実証的研究を進め、揺籃期の日本西洋史学の進展に寄与した。著書「フランス大革命史」全二巻、「ナポレオン時代史」「西洋史講話」。

みつくりげんぽ【箕作阮甫】 1799.9.7～1863.6.17 江戸後期の蘭学者。名は虔儒、字は庠西、通称が阮甫、号は紫川・逢谷など。美作国津山藩医の家に生まれる。吉益文輔に漢方を、宇田川玄真に蘭方を学ぶ。江戸で開業したが火災に遭い、以後翻訳に専念。一八三九年(天保一〇)幕府天文方蛮書和解御用の局に迎えられ、外交文書の翻訳にあたる。五六年(安政三)蕃書調所教授に任命され、同所の基礎を固めた。「八紘通誌」「泰西名医彙講」など訳書多数。

みつくりしゅうへい【箕作秋坪】 1825.12.8～86.12.3 幕末～明治前期の洋学者・教育家。旧姓菊池、名は矩、通称文蔵。美作国津山藩の学監菊池文理の次男。箕作阮甫・緒方洪庵に蘭学を学び、阮甫の女婿となる。一八五三年(嘉永六)以降、幕府天文方、津山藩侍医をへて幕臣となる。六一年(文久元)遣欧使節に随行、六六年(慶応二)ロシアを訪れる。新政府には仕えず三叉学舎を開き、明六社に参加、後進の指導にあたる。東京師範学校摂理、教育博物館館長などを歴任。菊池大麓、箕作佳吉・元八は子。

みつくりしょうご【箕作省吾】 1821～46.12.13 江戸後期の世界地理学者。名は寛、通称左衛次、字は玉海。陸奥国仙台藩領水沢の藩士佐々木家に生まれる。蘭医坂野長安に師事、師の賞揚する箕作阮甫に学ぶため出府、門人となって頭角を現す。阮甫の女婿になった一八四四年(弘化元)「新製輿地全図」を著す。翌年世界地誌「坤輿図識」を編訳。四六年から「坤輿図識補」に着手したが、肺を病んで死去。

みつくりりんしょう【箕作麟祥】 1846.7.29～97.11.29　明治期の洋学者・法学者。法学博士。地理学者箕作省吾の子。江戸生れ。家で蘭学・英学を学び、開成所などに出仕。のちフランス学も修める。明治維新後新政府に出仕し、一八六九年(明治二)翻訳御用掛、大学中博士。七七年司法大書記官、翻訳課・民法編纂課課長、民法編纂委員、八四年から商法などの編纂委員を務め、法典整備に貢献。明六社で啓蒙活動にも尽力。八八年司法次官。九〇年和仏法律学校校長。

みつこないしんのう【光子内親王】 1634.7.1～1727.10.6　後水尾天皇の第八皇女。母は櫛笥隆致の女逢春門院隆子。幼称緋(朱)宮。一六三八年(寛永一五)内親王宣下。八〇年(延宝八)父法皇の死を機に得度して照山元瑶と称し、八二年(天和二)修学院山荘楽只軒の一画に林丘寺を建立する。一七〇七年(宝永四)退隠、以後普明院宮と号した。

みつざきけんぎょう【光崎検校】 ?～1853?　江戸後期の箏曲・地歌の演奏家、作曲家。名は浪の一、のち富機一。箏曲は八重崎検校に学び、三弦は菊岡検校と同門で一山検校に学ぶ。箏二重奏曲「五段砧」や新形式の箏組歌「秋風の曲」などを作曲し、純箏曲復興を図り箏曲の新生面を開いた。地歌手事物として「三津山」「千代の鶯」「七小町」を作曲。三味線組歌などの楽譜「絃曲大榛抄」(一八二八刊)を校閲、一八三七年(天保八)「秋風の曲」の楽譜を「箏曲秘譜」として刊行するなど、革新的行動のため、職屋敷を追放されたとも伝えられる。

みつだけんすけ【光田健輔】 1876.1.12～1964.5.14　明治～昭和期のハンセン病救済につとめた医師。山口県出身。東大で病理学を修めた。東京市養育院に勤務してハンセン病に関心をもち、院内にハンセン病患者専用の回春病室を設け、社会にハンセン病予防の必要なことを訴えた。公立多磨全生園園長をへて、一九三一年(昭和六)岡山県の国立療養所長島愛生園園長に就任。著書「癩病理図譜」「愛生園日記」。五一年文化勲章受章。

みつただ【光忠】 刀工の名。備前長船派の祖。近忠の子、長光の父という。鎌倉中期の正嘉期頃に活躍というが、さかのぼる可能性もある。銘振りは長船光忠と類似しながらも、作風ははるかに古調であり、古備前派にはいる光忠の存在も知られるが、古備前光忠を長船光忠の父またはその初銘とする説もある。長船光忠は無銘極めを含めて国宝三、重文一三がある。

みつたにくにしろう【満谷国四郎】 1874.10.11～1936.7.12　明治～昭和前期の洋画家。岡山県出身。五姓田芳柳・小山正太郎に学び、明治美術会に出品。一九〇〇年(明治三三)渡欧、翌年帰国して太平洋画会を結成した。文展に「車夫の家族」などを出品、審査員も務める。のち帝展審査員・帝国美術院会員。一一年再渡欧して後期印象派の影響をうけ、平明な装飾的画風を確立した。

みつちちゅうぞう【三土忠造】 1871.6.25～1948.4.1　明治～昭和期の政治家。香川県出身。旧姓宮脇、三土家の養子。東京高等師範卒。教師をへて一九〇八年(明治四一)衆議院に当選。政友会に所属。二七年(昭和二)田中義一内閣の文相。同年高橋是清の辞任後蔵相に転じ、金融恐慌後の処理にあたる。犬養内閣の逓信相、斎藤内閣の鉄道相をへて、四〇年から枢密顧問官。第二次大戦後の四六年一月幣原内閣の内務相、翌月には貴族院議員に勅選された。

みつながへいぞう【光永平蔵】 1804～62.10.9　江戸後期の新田開発者。名は惟詳。一八三一年(天保二)肥後国上益城郡木倉手永の惣庄屋となる。五三年(嘉永六)阿蘇外輪山西麓の用水不足解消のため着工した嘉永井手は、オランダ製の測量器具や漆喰など進んだ技術を使用して六年後に完成した。ほかに御船川橋や八勢橋の架橋なども行った。

みつながほしろう【光永星郎】 1866.7.26～1945.2.20　明治・大正期の実業家、電通の創業者。本名喜一、号は八火。肥後国生れ。保安条例にふれ、一八八七年(明治二〇)東京退去処分をうける。「大阪公論」「大阪朝日新聞」「めさまし新聞」の記者をへて、一九〇一年広告代理業の日本広告、ニュース通信業の電報通信社を設立。〇六年日本電報通信社(電通)を設立し、両社を吸収。三六年(昭和一一)通信部門を同盟通信社に移譲、電通は広告代理業専業となる。一九三三年貴族院議員。

みつはしけんぎょう【三橋検校】 1693?～1760.2.9　江戸中期の箏曲・地歌の演奏家・作曲家。膳所藩家老の子。名は弥之一。生田検校門下の倉橋検校の弟子。富山藩に召し抱えられ、江戸の地に生田流を根づかせた。箏組歌「雪月花」「二長」「浮舟」「六玉川」「四季の富士」「玉鬘」「宮の鶯」を作曲。

みとく【未得】 1587?～1669.7.18　江戸前期の俳人。姓は石田。通称又左衛門(文左衛門とも)。別号は乾堂・巽庵。江戸の人。もと両替商。相模国に蟄居した後、剃髪し江戸に戻る。貞門で、江戸五哲の一人と称され、寛文期以降は点者にもなった。貞門俳壇における廻文俳諧流行のきっかけをつくり、狂歌にもすぐれた。著書「一本草」「吾吟我集」。

みとこうもん【水戸黄門】 ⇩徳川光圀

ミドン Félix Nicolas Joseph Midon 1840.5.7～93.4.12 パリ外国宣教会会員。一八七一年(明治四)来日、七六年新設の北緯代牧区の司教P・M・オズーフを補助し布教。八八年中部代牧区の初代代牧に叙階され大阪に赴任、九一年初代大阪司教に任命され、学校や孤児院を設立し布教に尽力。

みなかたくまぐす【南方熊楠】 1867.4.15～1941.12.29 明治～昭和前期の植物学者・民俗学者。紀伊国生れ。生物学を研究しながら中南米各地を放浪。一八九二年(明治二五)に天文学論文が認められて、大英博物館東洋調査部に勤務。十数カ国語に通じ、イギリスの専門雑誌に多数の論文を寄稿。一九〇〇年に帰国、和歌山県田辺町に定住し、菌類や民俗学の研究を続けた。粘菌の研究は世界的に評価された。〇六年の神社合祀令に反発して反対運動を続けた。「南方熊楠全集」全一〇巻・別巻二。

みなかみたきたろう【水上滝太郎】 1887.12.6～1940.3.23 明治～昭和前期の小説家・評論家・劇作家。本名阿部章蔵。東京都出身。三田派の作家として活躍。代表作「大阪」「大阪の宿」「貝殻追放」。

みながわきえん【皆川淇園】 1734.12.8～1807.5.16 江戸中期の儒者。国学者富士谷成章は弟。名は愿、字は伯恭、通称文蔵。京都生れ。伊藤錦里ら諸儒に学ぶ。易学研究を深め、独自の言語論により「名」と「物」との関係を解釈する開物学を唱え、多くの経書注釈書を残した。亀山・平戸・膳所などの諸藩主に賓師として招かれた。京都に開塾し、門人は三〇〇〇人をこえたという。晩年諸侯の協力により、京都に弘道館という学問所を開設した。著書「易原」「名疇」「問学挙要」。

みながわし【皆川氏】 中世～近世下野国の武家。小山氏一族の長沼氏の支族。長沼宗政の孫宗員が、都賀郡皆川荘(現、栃木市)を本拠とし、皆川氏を称したのに始まる。鎌倉末期、宗常の代に北条高時に背いて断絶。室町中期、長沼氏秀により再興され、以後、皆川城を本拠に勢力を伸ばした。天正年間、広照の代には、はじめ後北条氏と戦ったが和睦して北条氏政に服属、のち小田原攻めに際し豊臣秀吉に投降した。その後、徳川家康に従い、江戸時代には旗本として存続。「皆川文書」を伝える。

みながわひろてる【皆川広照】 1548～1627.12.22 織豊期～江戸初期の武将。俊宗の子。下野国長沼城主として後北条氏に属した。小田原攻めでは投降して本領を安堵され、徳川家康のもとで松平忠輝を補佐。一六〇三年(慶長八)忠輝に従って信濃国に移り、飯山四万石をえて七万五〇〇〇石を領有。のち忠輝家中の内紛により改易。二三年(元和九)許され、常陸国で一万石を与えられる。

みなせけ【水無瀬家】 藤原氏北家道隆流の嫡流。羽林家。平安末期の坊門親信に始まる。その子親兼と孫信成は後鳥羽上皇の近臣。上皇は崩御に先立ち、信成の子親成に、離宮水無瀬殿のあった水無瀬荘などを譲与。親成は離宮跡に居住して御影堂を建て、上皇の菩提を弔った。以後、水無瀬を称す。江戸時代の家禄は四三六石余、のち六三一石余。維新後、忠輔のとき子爵。水無瀬神宮の宮司となった。

みなぶちのしょうあん【南淵請安】「じょうあん」とも。清安とも。生没年不詳。遣隋学問僧。姓は漢人。南淵は大和国高市郡飛鳥川上流の地名(現、奈良県明日香村稲淵)で、五世紀後半以降に新しく渡来した東漢氏系氏族。六〇八年(推古一六)遣隋使小野妹子らに従って留学し、六四〇年(舒明一二)百済使・新羅使とともに帰国。中大兄皇子と中臣鎌足がともに儒教を学んだという南淵先生は請安のことと考えられる。大化の新政権には名がみえず、その直前に没したとも推測される。

みなぶちのとしな【南淵年名】 807/808～877.4.8/9 九世紀半ばの公卿。はじめ坂田朝臣。八二三年(弘仁一四)南淵朝臣を賜った。坂田奈弖麻呂の孫。永河(一説に弘貞)の子。八四一年(承和八)従五位下。蔵人頭・勘解由長官・左大弁などを歴任し、八六四年(貞観六)参議。従三位・大納言で死去。「貞観格式」「文徳実録」などを編纂。

みなぶちのひろさだ【南淵弘貞】 777～833.9.19 平安前期の文人政治家。坂田奈弖麻呂の子。八二三年(弘仁一四)弟の永河とともに坂田朝臣を改め南淵朝臣の姓を賜る。文章生から内記・少外記・左右少弁・蔵人・式部輔丞・東宮学士や主計頭・主税頭・諸国守などを歴任し、八二五年(天長二)参議、八三一年従三位に至る。「令義解」の撰定に参画し、また「経国集」の撰者ともなり、詩も一首収められる。

みなみごろうざえもん【三並五郎左衛門】 1568?～1603.11.6 織豊期～江戸初期のキリシタン。洗礼名ジョアン。京都生れ。加藤清正のキリシタン弾圧により、八代から熊本に連行されて殉教。妻子は翌日八代で殉教。遺骸は長崎のトードス・オス・サントス教会に葬られたという。

みなみじろう【南次郎】 1874.8.10～1955.12.5 明治後期～昭和前期の陸軍軍人・政治家。大分県出身。陸軍士官学校・陸軍大学校卒。参謀次長・朝鮮軍司令官などを歴任。一九三一年(昭和六)第二次若槻内閣の陸相に就任、柳条湖事件勃発時には不拡大の方針で臨んだが、のち現地軍の軍事行動拡大を追認した。三四年関東軍司令官兼満州国特命全権大使・関東長官、三六～四二年朝鮮総督。四五年大日本政治会総裁。第二次大戦後、東京裁判で終身禁錮刑となる。

みなみひろし【南弘】 1869.10.10～1946.2.8 明治～昭和前期の官僚・政治家。富山県出身。東大卒。第一次・第二次西園寺内閣の内閣書記官長。貴族院議員に勅選され、貴族院の立憲政友会系勢力を支えた。福岡県知事・文部次官をへて、一九三二年(昭和七)犬養内閣のとき台湾総督。同年斎藤内閣の逓信相。晩年は枢密顧問官。

みなみむらばいけん【南村梅軒】 生没年不詳。戦国期の儒学者。南村は号で「なんそん」と読むという説もある。朱子の新注にもとづいて四書を講じ、儒禅一致の立場をとったことから五山の学風をうけたと考えられる。周防国の大内義隆に仕え、一五四八年(天文一七)か翌年頃に土佐国に赴き五一年まで吉良宣経に仕え、儒学と兵法を講じた。晩年は周防に戻り生涯を終えたらしいが、土佐での活躍がのちに谷時中や山崎闇斎などの南(海南)学派を輩出するもととなった。

みなもとのあきふさ【源顕房】 1037～94.9.5 六条右大臣とも。平安後期の公卿。父は源師房。母は藤原道長の女尊子。源俊房の弟。侍従・近衛中将・蔵人頭などをへて、一〇六一年(康平四)参議。八三年(永保三)兄の左大臣俊房と並んで右大臣となる。女の賢子が白河天皇との間に生んだ堀河天皇の践祚により、村上源氏の主流となった。顕房が久我に別荘を営んだことが、久我家の家名の由来となった。

みなもとのありひと【源有仁】 1103～47.2.13 花園左大臣とも。平安後期の公卿。父は後三条天皇の皇子輔仁親王。母は源師忠の女。白河上皇の養子となり皇嗣に擬せられたが、崇徳天皇の誕生により一一一九年(元永二)源姓を賜る。従一位左大臣まで昇る。詩歌・管弦・書に長じた。儀式や故実を集大成し「春玉秘抄」などの儀式書を編纂。有仁の説は「花園説」として非摂関家を中心に相伝された。日記「花園左府記」。

みなもとのいえなが【源家長】 ?～1234 鎌倉前期の歌人。醍醐源氏、父は時長。妻は後鳥羽上皇の女房下野。家清・藻壁門院但馬の父。一二二七年(安貞元)従四位上。一一九六年(建久七)後鳥羽上皇に出仕、終始院歌壇の中心にあり、一二〇一年(建仁元)和歌所開闔となって「新古今集」編纂実務にあたった。「源家長日記」はその間の回想記。後鳥羽上皇の隠岐国遷幸後も書信を通わせた。九条家の和歌催事にも参加。藤原定家とも親交があった。「続歌仙落書」に歌評。「新古今集」以下の勅撰集に入集。家集は散逸。連歌・笛・蹴鞠に秀でた。

みなもとのかねずみ【源兼澄】 生没年不詳。平安中期の歌人。公忠の孫。信孝の子。信明は伯父。子に命婦乳母。大中臣能宣の女婿。従五位上加賀守に至る。一条朝の歌合や屏風歌で活躍。一〇一二年(長和元)三条天皇の大嘗会には主基方風俗歌を詠進した。「拾遺集」以下の勅撰集に一一首入集。家集「兼澄集」。

みなもとのかねゆき【源兼行】 生没年不詳。平安中期の能書家。正四位下・大和守。当時第一の手書きとして、位記や上表文の清書、願文の執筆、色紙形や門額の揮毫などを担当した。大嘗会の悠紀主基屏風の色紙形の揮毫を、後冷泉・後三条・白河天皇の三代にわたり担った。また平等院鳳凰堂色紙形の執筆や、その筆跡から、「桂本万葉集」や「高野切」第二種などの一群の古筆が兼行筆と認められている。

みなもとのきよつね【源清経】 生没年不詳。郢曲に長じていた平安後期の官人。出自は未詳だが、娘は歌人西行の母。一〇九三年(寛治七)に監物に任じられる。「梁塵秘抄口伝集」巻一〇によれば、尾張国からの帰途、美濃国で傀儡の歌い手である目井と乙前に出会い、都へ連れてかえり、その後援者となったという。

みなもとのきよひめ【源潔姫】 810～856.6.25 嵯峨天皇の皇女。母は当麻氏。八一四年(弘仁五)源朝臣を賜姓され、臣籍に下る。八二三年頃、嵯峨天皇の意志により藤原良房の妻となり、明子を生む。明子が文徳天皇に入内し、清和天皇を生んだことによって、皇位継承と良房の地位の確立に大きな役割をはたした。

みなもとのきんただ【源公忠】 889～948.10.29 平安中期の官人・歌人。三十六歌仙の一人。光孝天皇の孫。国紀の子。信明の父。醍醐・朱雀両朝の蔵人を勤め、のち従四位下右大弁に至る。歌合や屏風歌で活躍。紀貫之からは辞世の歌を贈られた。合香や鷹狩の名手でもあった。「大和物語」「大鏡」などに説話が残る。「後撰集」以下の勅撰集に二一首入集。家集「公忠集」。

みなもとのさだひら【源定平】 ⇨中院定平

みなもとのさねあきら【源信明】 910～970 平安中期の歌人。三十六歌仙の一人。公忠の子。受領を歴任、従四位下に至る。屏風歌での活躍のほか、宇多上皇死去の哀傷歌などが残る。中務とはかなり親密な関係にあった。「後撰集」以下の勅撰集に約二一首入集。家集「信明集」。

みなもとのさねとも【源実朝】 1192.8.9～1219.1.27 鎌倉幕府三代将軍(在職一二〇三・九・七～一九・一・二七)。父は初代将軍頼朝。母は北条政子。幼名千幡。一二〇三年(建仁三)兄で二代将軍の頼家が幽閉されたあとをうけ、三代将軍となる。北条氏に掣肘されて政治の実権はもてなかったとされるが、政所を中心として将軍権力の拡大に努めた。京都の文化に強い関心をもち、和歌や蹴鞠に親しんだ。和歌を通じて藤原定家とも親交があり、家集に「金槐和歌集」がある。一六年(建保四)宋へ渡ることを思いたち、大船の建造を命じるが、翌年完成した船は浮かばず、失敗に終わる。一九年(承久元)鎌倉鶴岡八幡宮での右大臣拝賀の儀式のとき、甥の公暁に暗殺された。

みなもとのしげゆき【源重之】 ?～1000 平安中期の歌人。三十六歌仙の一人。兼信の子。伯父兼忠の養子。九七六年(貞元元)相模権守になるなどしたが、官職には恵まれなかった。陸奥守藤原実方に随行して陸奥国に下り、その地で没した。家集「重之集」にみえる「重之百首」は、最古の百首歌の一つ。旅の歌や不遇を嘆く歌が多い。「拾遺集」以下の勅撰集に約七〇首入集。子供にも「重之子集」「重之女集」がある。

みなもとのしたごう【源順】 911～983 平安中期の歌人・文人。三十六歌仙の一人。挙の子。文章生の出身。二〇代半ばで「和名類聚抄」を著す。九五一年(天暦五)には梨壺の五人の一人に選ばれ、「万葉集」の訓読、「後撰集」の撰集にあたった。歌合や屏風歌でも活躍。和漢に通じた博学で、遊戯的な言語技巧にも優れた。不遇を嘆く作品が多い。「拾遺集」以下の勅撰集に約五〇首入集。家集「源順集」。「宇津保物語」などの作者とする説があるが、確証はない。

みなもとのすけかた【源資賢】 1113～88.2.26 平安末期の公卿。歌人。正二位権大納言。有賢の長男。後白河上皇の近臣で、郢曲の名手。一一七九年(治承三)平清盛のクーデタで権大納言を解官。八一年(養和元)一二月還任されたが、翌年出家。

みなもとのすけよし【源扶義】 951～998.7.25 平安中期の公卿。左大臣雅信の四男。母は大納言藤原元方の女。九七五年(天延三)文章生。蔵人・左中弁・播磨権守などを歴任し、九九一年(正暦二)蔵人頭。翌年内蔵頭。九九四年参議。時に正四位下。その後、美作守・左大弁・大蔵卿を兼任した。

みなもとのたかあきら【源高明】 914～982.12.16 西宮左大臣とも。平安中期の公卿。醍醐天皇皇子。母は更衣源唱の女周子。九二〇年(延喜二〇)源朝臣を賜り臣籍降下。九三九年(天慶二)参議。時に正四位下。大蔵卿・右衛門督を歴任。九四六年従三位。翌年(天暦元)四月権中納言。九四八年中納言に転じ、左衛門督・検非違使別当を兼任。九五三年大納言。その後、中宮大夫・左近衛大将などを兼任。九六六年(康保三)右大臣。時に従二位。翌年一〇月正二位、一二月左大臣。九六九年(安和二)安和の変により大宰権帥に左遷される。九七二年(天禄三)帰京し、封戸を賜った。「西宮記」を編述。家集「西宮左大臣御集」。「源氏物語」の光君のモデルとする説がある。

みなもとのたかくに【源隆国】 1004～77.7.9 宇治大納言とも。平安後期の公卿。幼名宗国。大納言俊賢の次男。母は藤原忠尹の女。一〇一四年(長和三)従五位下。侍従・伊予介・右近衛権中将・蔵人頭などを歴任し、三四年(長元七)従三位・参議。四三年(長久四)権中納言。六一年(康平四)権中納言を辞し、子の俊明を加賀守に申任。六七年(治暦三)権大納言。時に正二位。七四年(承保元)権大納言を辞し、外孫藤原師兼を申任。「宇治大納言物語」(散逸)の作者とされる。

みなもとのためとも【源為朝】 1139～70/77 平安末期の武将。為義の八男。母は摂津国江口の遊女。鎮西八郎と称する。一三歳のとき父に鎮西へ追放される。武勇にすぐれ、九州各地で騒擾事件をおこし朝廷に訴えられたが、召喚命に従わなかった。一一五四年(久寿元)父が解任されたことを知り上洛。保元の乱にまきこまれ、父とともに崇徳上皇側で奮戦したが捕らえられた。すぐれた武芸のために死を免れ、伊豆大島に配流。配流後は大島や近隣の島々を襲撃したため、七〇年(嘉応二)工藤(狩野)茂光の追討をうけ自害したという。「尊卑分脈」は没年を七七年(治承元)とする。後世、琉球にのがれ、舜天王の父になったという伝説がうまれた。

みなもとのためのり【源為憲】 ?～1011.8.- 平安中期の文人。光孝源氏。字は源澄。文章生から内記・蔵人・式部丞や諸国守を歴任。「北山抄」吏途指南に遠江守在任時の功過定の事がみえる。源順の弟子で文章・漢詩・和歌に秀で、「口遊」「世俗諺文」などの教養書を撰し、「本朝文粋」に受領申文をのせ、「本朝麗藻」「類聚句題抄」「拾遺集」などに作品を残す。また仏教にも造詣が深く、「三宝絵詞」「空也誄」を撰した。

みなもとのためよし【源為義】 1096～1156.7.30 平安後期の武将。義親の子。六条判官と称する。一一〇八年(天仁元)父が平正盛に追討されたため、叔父義忠ついで祖父義家の養子となり、源氏の正嫡となる。翌年、義家の弟義綱追捕の功により左衛門尉に任じられた。その後、平氏とともに寺社の強訴の鎮静化などに活躍。四三年(康治二)には藤原頼長に従い、四六年(久安二)検非違使に任官。五四年(久寿元)子の為朝の乱行の責めをうけて解任、家督を嫡子義朝に譲った。五六年(保元元)保元の乱に際しては、子六人とともに崇徳上皇・藤原頼長側に加わって敗北。延暦寺で出家し、義朝のもとに投降した。義朝は助命を嘆願したが、いれられず斬首された。

みなもとのちかこ【源周子】 ?～935　「しゅうし」とも。近江更衣とも。醍醐天皇の更衣。父は源唱。時明・盛明の二親王、勤子・都子・敏子・雅子の四内親王、源高明・源兼子を生んだ。歌人としても知られ、「後撰集」以下の勅撰集に入集。

みなもとのちかゆき【源親行】 生没年不詳。鎌倉前・中期の歌人・源氏学者。法名覚因。父は光行。一二〇五年(元久二)左馬允に任じられ、以後式部大夫・河内守などを歴任。鎌倉に住み源実朝以下三代の和歌奉行を勤めた。「万葉集」「古今集」などの校合を行う一方、父の業を継ぎ五五年(建長七)「源氏物語」本文校訂を河内本として完成。父の稿本をもとに「水原抄」をまとめ、さらに河内家流秘説集の「原中最秘抄」(子の聖覚、孫の行阿が加筆)をなした。「新続古今集」以下に入集。

みなもとのつねのぶ【源経信】 1016～97.閏1.6　帥大納言とも。平安後期の公卿。父は道方。母は源国盛の女。一〇六二年(康平五)右中弁。その後、蔵人頭などをへて六七年(治暦三)参議。八三年(永保三)には権大納言に進み、その間大蔵卿・民部卿を兼任。九四年(嘉保元)大宰権帥に任じられ翌年下向し、九七年(承徳元)大宰府で没した。詩歌・管弦に長じ、和漢の学を兼ね、法令にも通じた。日記「帥記」。

みなもとのつねもと【源経基】 ?～961.11.4　平安中期の武将。清和源氏の祖。清和天皇第六皇子貞純親王の子。母は源能有の女。六孫王と称する。「尊卑分脈」は、生年を九一七年(延喜一七)とするが疑問。武蔵介として赴任していた九三八年(天慶元)権守興世王とともに足立郡司武蔵武芝と争う。平将門による調停が失敗に終わると、翌年上洛し将門の行為を反乱と報告。その功により従五位下、将門追討の征東副将軍となった。小野好古と、藤原純友の乱の鎮圧にも活躍。九四一年警固使・大宰権少弐に任じられ、純友の残党と戦った。正四位上に昇進して内昇殿を許され、九六一年(応和元)源朝臣の姓を与えられ臣籍降下。

みなもとのとおる【源融】 822～895.8.25　河原左大臣とも。平安初期の公卿。嵯峨天皇皇子。母は大原全子。仁明天皇の養子となった。源朝臣を賜り臣籍降下。八三八年(承和五)元服し正四位下。八五六年(斉衡三)参議。時に従三位。八六四年(貞観六)中納言。八七〇年大納言。八七二年左大臣。八八八年(仁和四)阿衡の紛議を判じた。八九五年(寛平七)正一位追贈。「大鏡」に陽成天皇の譲位に際し、皇位を望んだとみえる。

みなもとのときわ【源常】 812～854.6.13　東三条左大臣とも。平安初期の公卿。嵯峨天皇皇子。母は更衣飯高氏。八一四年(弘仁五)源朝臣を賜り臣籍降下。八二八年(天長五)従四位下。八三一年従三位。翌年参議をへずに中納言。八四〇年(承和七)右大臣。翌年従二位、東宮傅兼任。八四四年左大臣。八五〇年(嘉祥三)正二位。八五四年(斉衡元)正一位追贈。「令義解」「日本後紀」の編纂に参加。

みなもとのとしあきら【源俊明】 1044～1114.12.2　平安後期の公卿。白河上皇の院司。大納言隆国の三男。母は左大弁源経頼の女。一〇五三年(天喜元)従五位下。左近衛中将・蔵人頭などを歴任し、七五年(承保二)参議。中宮権大夫・右衛門督・検非違使別当などを兼任。八二年(永保二)権中納言。さらに治部卿・太皇太后宮大夫を兼任。九七年(承徳元)権大納言。一一〇〇年(康和二)大納言。

みなもとのとしかた【源俊賢】 960～1027.6.13　平安中期の公卿。左大臣高明の三男。母は右大臣藤原師輔の女。九七五年(天延三)従五位下。侍従・右中弁・蔵人頭などを歴任し、九九五年(長徳元)参議。時に従四位下。右兵衛督・勘解由使長官・修理大夫を兼任。一〇〇四年(寛弘元)権中納言。皇太后宮大夫を兼任。一七年(寛仁元)権大納言。太皇太后宮大夫を兼ねたが、翌年権大納言の職を辞退した。一条朝の四納言の一人。

みなもとのとしふさ【源俊房】 1035～1121.11.12　堀川左大臣とも。平安後期の公卿。父は源師房。母は藤原道長の女尊子。一〇四五年(寛徳二)に藤原頼通の養子として元服。参議・大納言・右大臣などをへて八三年(永保三)左大臣。後冷泉から鳥羽まで五代の天皇に出仕。朝儀の先例故実に通じ、村上源氏の最盛期を現出したが、一一一三年(永久元)子の仁寛(輔仁親王の護持僧)が鳥羽天皇暗殺を企て、弟の顕房の子孫に村上源氏の主流を譲った。日記「水左記」。

みなもとのとしより【源俊頼】 1055～1129　平安後期の歌人。経信の子。母は源貞亮の女。子に俊恵。一一一一年(天永二)従四位上木工頭で退官。歌人としては堀河院歌壇で活躍、歌合への参加のほか「堀河院百首」に深くかかわった。二四年(天治元)白河院の命をうけ「金葉集」を撰定。藤原基俊とはライバル関係にあった。革新的な歌を詠み、その与えた影響は大きい。歌学書に「俊頼髄脳」がある。「金葉集」以下の勅撰集に二一〇首入集。家集「散木奇歌集」。

みなもとののりより【源範頼】 生没年不詳。鎌倉前期の武将。義朝の六男。母は遠江国池田宿の遊女。通称蒲冠者。平治の乱で父が敗死したのち、九条兼実の家司藤原範季の養子となり、扶持をうける。妻は安達盛長の女。異母兄源頼朝の挙兵に参加し、配下の将として源義広や平氏の追討に東奔西走し、頼朝の推挙で三河守となる。武蔵国吉見・相模国当麻などを領するが、一一九三年（建久四）曾我兄弟仇討事件で頼朝暗殺が誤り伝えられると、鎌倉留守居役だった範頼の不用意な発言が問題となり、八月一七日に伊豆国に流され、その直後に殺されたらしい。

みなもとのひろまさ【源博雅】 918～980.9.28 平安中期の官人。醍醐天皇の皇子克明親王の子。母は左大臣藤原時平の女。博雅三位・長秋卿と称された。九三四年（承平四）従四位下に叙せられ、中務大輔・右中将・右兵衛督・左中将を歴任し、九七四年（天延二）には従三位皇太后宮権大夫。歌謡とともに管弦奏者としてもすぐれ、郢曲(えいきょく)は敦実親王、琵琶は源脩、横笛は源雅信から伝授され、「新撰楽譜」を撰した。音楽に関する逸話が多く残る。

みなもとのまこと【源信】 810～868.閏12.28 北辺大臣とも。九世紀半ばの公卿。嵯峨天皇皇子。母は広井宿禰氏。八一四年（弘仁五）源朝臣を賜り臣籍降下。八二五年（天長二）従四位上。八三一年参議。大納言・東宮傅・右近衛大将などを歴任し、八五七年（天安元）左大臣。翌年正二位。貞観の初め頃から伴善男(とものよしお)と対立し、八六六年（貞観八）応天門放火の犯人と誣告(ぶこく)され、結局善男が真犯人とされたが、以後出仕しなかった。八六九年正一位追贈。

みなもとのまさかね【源雅兼】 1079～1143.11.8 薄雲中納言とも。平安後期の公卿・歌人。顕房(あきふさ)の子。母は藤原惟綱の女掌侍(ないしのじょう)惟子。従三位権中納言に至る。一一三五年（保延元）出家。白河・鳥羽の両院に重用された。日記「雅兼卿記」が残る。内大臣藤原忠通家の歌合(うたあわせ)などに参加した。「金葉集」以下の勅撰集に九首入集。家集「雅兼集」。

みなもとのまさざね【源雅実】 1059～1127.2.15 久我(こが)太政大臣とも。平安後期の公卿。顕房(あきふさ)の長子。母は源隆俊の女。侍従・近衛中将・蔵人頭などをへて、一〇七七年（承暦元）参議。堀河天皇の践祚以後、外舅として昇進し、一一二二年（保安三）源姓で最初の太政大臣となった。公事に精通し、太政大臣のまま叙位除目(じもく)を勤めた。舞楽をよくしたことでも有名。日記「久我相国記」。

みなもとのまさのぶ【源雅信】 920～993.7.29 一条左大臣とも。平安中期の公卿。宇多天皇皇子の敦実(あつみ)親王の三男。母は左大臣藤原時平の女。九五一年（天暦五）参議。時に従四位上。近江権守・治部卿・左兵衛督などを兼ね、九七〇年（天禄元）一月権中納言、八月中納言、九七二年大納言。九七七年（貞元二）右大臣。翌年左大臣。九八七年（永延元）従一位。九九三年（正暦四）病により出家し死去。正一位追贈。女の倫子(りんし)は藤原道長に嫁し、頼通・教通・彰子らを生む。

みなもとのまさみち【源雅通】 1118～75.2.27 平安後期の公卿。権大納言顕通の子。母は源能俊の女。叔父の右大臣雅定の養子。一一二九年（大治四）従五位下。五〇年（久安六）参議。六八年（仁安三）内大臣に至り右近衛大将を兼ねたが、宿病により翌年（嘉応元）以降籠居。久我(こが)の別荘で死去。時に正二位。

みなもとのまさる【源多】 831～888.10.17 平安初期の公卿。仁明(にんみょう)天皇の皇子。源朝臣を賜り臣籍降下。八四九年（嘉祥二）従四位上。翌年天皇に従って出家。のち還俗し、宮内卿・美作守・備中守などを勤め、八五四年（斉衡元）参議。時に従四位上。左衛門督・大納言をへて八八二年（元慶六）右大臣。八八七年（仁和三）正二位。翌年従一位追贈。

みなもとのみちかた【源通方】 ⇩中院通方(なかのいんみちかた)

みなもとのみちちか【源通親】 1149～1202.10.21 平安末～鎌倉前期の公卿。正二位内大臣。土御門(つちみかど)・久我(こが)と号す。雅通の長男。高倉天皇や平清盛に近かったが、一一八三年（寿永二）平氏の西走後は、後鳥羽天皇の乳母(めのと)藤原範子を妻に迎え、後白河上皇の側近として活躍。上皇の寵妃丹後局（高階栄子(たかしなのえいし)）と結んで、上皇の死後も勢力を保持し、九条兼実に対抗。九六年（建久七）兼実らを朝廷から追放（建久七年の政変）。九八年、養女在子が生んだ土御門天皇が即位して天皇の外戚となり、後鳥羽上皇の執事別当となって朝政を掌握。源博陸(はくろく)（博陸は関白の意）といわれた。

みなもとのみちとも【源通具】 1171～1227.9.2 鎌倉前期の歌人。父は通親。母は平教盛の女。堀川大納言と称される。藤原俊成の女を妻としたが、のち離別。主として後鳥羽院歌壇で活躍。「新古今集」の撰者の一人に選ばれるが、父通親の代理的な意味が強い。「千五百番歌合(うたあわせ)」などに出詠。後鳥羽上皇や藤原定家の評価はあまり高くなかった。「新古今集」に入集。

みなもとのみちなり【源道済】 ？～1019 平安中期の歌人。信明(さねあきら)の孫。方国(まさくに)の子。正五位大宰少弐に至り、任地で没した。藤原道長時代の歌壇で活躍、「拾遺集」の撰集にもかかわったとされる。歌学書「道済十体(じってい)」がある。漢詩文にも優れた。中古三十六歌仙の一人。「拾遺集」以下の勅撰集に約六一首入集。家集「道済集」。

みなもとのみつなか【源満仲】 912/913?～997 平安中期の武将。経基(つねもと)の子。頼信の父。多田満仲(ただのまんじゅう)・多田新発意(しんぼち)とも称する。摂津国に創立した多田院を拠点としたことから、この流を多田源氏ともいう。伊予・武蔵など各国司や左馬権頭などを歴任。九六九年（安和二）藤原氏と結んで安和(あんな)の変の陰謀を密告、その功で正五位下に叙された。これにより武者として対抗していた藤原千晴の排除に成功。その後も摂関家との結びつきを強化しながら、軍事貴族としての地位を確立。

みなもとのみつゆき【源光行】 1163～1244.2.17 平安後期～鎌倉中期の歌人・源氏学者。法名寂因。親行の父。正五位下河内守。和歌を藤原俊成に、漢学を藤原孝範に学び、一一九七年(建久八)頃鎌倉に移住。源頼朝以下三代に仕え、一二〇四年(元久元)「蒙求和歌」「百詠和歌」「楽府和歌」を源実朝に献上。承久の乱では討幕方についたが、斬罪をゆるされて出家した後は「源氏物語」研究に励み、河内方学派の基を築いた。「平家物語」の詩歌や文章作成にもかかわったという。「千載集」以下に入集。

みなもとのむねゆき【源宗于】 ?～939.11.22 平安前・中期の歌人。三十六歌仙の一人。父は光孝天皇の皇子是忠親王。八九四年(寛平六)臣籍に下り、正四位下右京大夫に至る。「寛平后宮歌合」などの歌合に参加、紀貫之と交流があった。「大和物語」にも登場。「古今集」以下の勅撰集に一五首入集。家集「宗于集」。

みなもとのめいし【源明子】 ?～1049 高松殿とも。平安中期の左大臣源高明の女。九六九年(安和二)に父が左遷されたため、叔父盛明親王の養女となる。同親王の没後、東三条院(藤原)詮子のもとに迎えられ、九八七～九八八年(永延元～二)頃に藤原道長と結婚。頼宗・能信・長家らを生むが、正妻源倫子よりは扱いが低かった。

みなもとのもろふさ【源師房】 1008～77.2.17 土御門右大臣とも。平安中期の公卿。村上源氏の祖。父は村上天皇の皇子具平親王。母は為平親王の女。はじめ資定といい、藤原頼通の養子となる。一〇二〇年(寛仁四)元服し、源姓を賜り師房と改名。道長の女の尊子を妻にして藤原氏と密接な関係をもち、村上源氏の政界進出の礎を築く。従一位右大臣まで昇る。和歌をよくし、勅撰集にも入集。日記「土右記」。「叙位除目抄」を編む。

みなもとのゆきいえ【源行家】 ?～1186.5.12 平安後期の武将。為義の末子。本名は義盛、通称は新宮十郎。八条院の蔵人となり、一一八〇年(治承四)源頼政の挙兵には、以仁王の令旨を諸国の源氏に伝えた。源頼朝にいれられず源義仲と結んで上洛し、備前守に任じられる。その後、義仲とも対立し和泉国に下ったが、頼朝・義経兄弟の不仲が表面化すると義経側に加担し、朝廷から四国の地頭に任じられた。摂津の大物浦で遭難後、和泉に潜伏中を捕らえられ殺された。

みなもとのゆきつな【源行綱】 多田行綱とも。生没年不詳。平安末期の武将。多田源氏頼盛の長男。多田太郎・多田蔵人・六条蔵人と称す。摂津国多田荘(現、兵庫県川西市)を本拠とする。正五位下。一一七七年(治承元)鹿ケ谷の謀議に参加したが、平氏に密告し以後平家方となる。八三年(寿永二)摂津・河内両国の反平氏勢力を組織し、淀川川尻を押さえた。翌年、一の谷の戦に参加。八五年(文治元)源頼朝に反旗を翻した源義経が西海に赴こうとしたとき、摂津国河尻で襲撃。

みなもとのよしあり【源能有】 845～897.6.8 近院大臣とも。平安初期の公卿。文徳天皇皇子。妻は藤原基経の女。八五三年(仁寿三)源朝臣を賜り臣籍降下。八六二年(貞観四)無位から従四位上。八七二年参議。八九〇年(寛平二)正三位。八九六年右大臣。翌年正一位追贈。宇多天皇の詔により「三代実録」の編纂に従事。

みなもとのよしいえ【源義家】 1039～1106.7.- 平安後期の武将。頼義の長男。母は平直方の女。八幡太郎と称する。前九年の役に父に従い、その功により一〇六三年(康平六)従五位下、出羽守に任じられた。八三年(永保三)陸奥守・鎮守府将軍。後三年の役に介入し、清原(藤原)清衡を援助して鎮圧。朝廷は私闘とし行賞を認めなかったため、私財を将士に提供。これにより武家の棟梁としての名声はかえって高まり、東国武士団との主従結合は強化された。また荘園の寄進が相ついだため、朝廷は九二年(寛治六)義家が立てた荘園を禁じる宣旨を発布。九八年(承徳二)正四位下に叙され院昇殿を許されたが、晩年は嫡子義親が追討されるなど、朝廷内で苦しい立場におかれた。

みなもとのよしかた【源義賢】 ?～1155.8.16 平安後期の武将。為義の次男。母は六条大夫重俊の女。義仲の父。帯刀先生・多胡先生と称する。上野国多胡郡(現、群馬県多野郡)に居住し、武蔵国の在地武士秩父重隆の女婿となり、同国北西部に進出。しかし鎌倉を本拠に武蔵国にも勢力を拡大しつつあった兄義朝と対立し、比企郡大蔵館(現、埼玉県嵐山町)で、義朝の子義平と合戦し、重隆とともに討たれた。

みなもとのよしくに【源義国】 1091?～1155.6.26 平安後期の武将。長子義重は新田氏、次子義康は足利氏の祖。義家の三男。母は藤原有綱(あるいは有継)もしくは足利基綱の女。足利式部大夫と称する。下野国足利荘を拠点に、下野・上野両国に勢力を拡大。一一五〇年(久安六)郎従が右大臣藤原実能邸を焼き払った事件でとがめをうけて足利荘に下り、上野国新田荘の経営に努めた。加賀介・式部丞・帯刀長などを歴任。従五位下。

みなもとのよしちか【源義親】 ?～1108.1.6 平安後期の武将。義家の次男。母は源隆長の女。長兄義宗の早世で嫡男となる。左兵衛尉をへて対馬守として在任中、年貢横領などのため一一〇一年(康和三)大宰府に訴えられ、翌年捕らえられて解任、隠岐国に配流。〇七年(嘉承二)出雲国に脱出、目代を殺害し官物を奪うなどの乱行のため、平正盛が追討使となり翌年討たれた。

みなもとのよしつな【源義綱】 ?～1132?/34?　平安後期の武将。石橋氏の祖。頼義の次男。母は平直方の女。賀茂二郎と称する。前九年の役に兄義家とともに参加し、その功により左衛門少尉。義家に対抗するほどに勢力を拡大、一〇九一年(寛治五)には両者が都で戦った。翌年陸奥守・従四位上。一一〇九年(天仁二)義家の子義忠を殺害した罪で追捕され佐渡国に配流。その後入洛したが、再び追討を受け、近江国甲賀山で自害。三二年(長承元)配流先の佐渡国で死亡したとの説もある。

みなもとのよしつね【源義経】 1159～89.閏4.30　鎌倉前期の武将。父は義朝、母は常盤(ときわ)御前。頼朝の異母弟。幼名は牛若、九郎御曹司と称する。のち義行・義顕と改名。妻は河越重頼の女。平治の乱後鞍馬寺に流され、のち奥州藤原秀衡(ひでひら)の扶持をうける。一一八〇年(治承四)頼朝が挙兵するとその軍に加わり、代官として兄範頼とともに東国武士を率いて上洛、源義仲や平氏一門を追討した。地域住人に対する徹底した軍事動員と、当時の合戦の作法を度外視した戦法によって連戦連勝した。頼朝の許可なく任官したため頼朝と不和となり、平氏滅亡後、鎌倉に下向したが鎌倉入りを拒絶され、八五年(文治元)一〇月、後白河上皇から頼朝追討の院宣をえた。九国地頭職として西国住人に挙兵をよびかけたが失敗。再び奥州藤原氏を頼ったが、秀衡の子泰衡に殺害された。

みなもとのよしとも【源義朝】 1123～60.1.3　平安後期の武将。為義の長男。母は藤原忠清の女。通称左馬頭(さまのかみ)。鎌倉を本拠に勢力を拡大、所領相論をおこしながら在地武士を組織化。上洛して一一五三年(仁平三)従五位下、下野守となり、翌年家督を継ぐ。五六年(保元元)保元の乱では、平清盛らとともに後白河天皇側の主力をなした。義朝の主張した夜襲により天皇側は勝利を収め、その功により従五位上・左馬頭に任じられ、昇殿を許された。崇徳上皇側に加わった父や兄弟の助命嘆願は許されず、斬首した。後白河天皇の近臣藤原通憲(信西)や清盛と対立し、五九年(平治元)藤原信頼と組んで平治の乱をおこしたが失敗。尾張国知多郡野間(現、愛知県美浜町)で長田(おさだ)忠致(ただむね)に殺された。

みなもとのよしなか【源義仲】 1154～84.1.20　平安後期の武将。父は義賢。母は遊女という。通称木曾冠者(きそのかじゃ)。一一五五年(久寿二)父義賢が武蔵の大蔵合戦で甥義平に敗れて戦死すると、信濃国の木曾谷で乳母の夫中原兼遠に養育された。八〇年(治承四)九月、以仁王(もちひとおう)の令旨(りょうじ)に応じて信濃で挙兵し、翌年北陸道を制圧。八三年(寿永二)嫡子義高を源頼朝の婿として鎌倉に送り、倶利伽羅峠(くりからとうげ)の戦で平家の大軍を破って入京をはたした。勲功により伊予守に任官したが、武家によるはじめての洛中軍政で公家の不満がつのり、以仁王の子北陸宮擁立を画策して朝廷と対立を深めた。一一月院近臣の反乱を武力鎮圧してクーデタをおこしたが孤立し、翌年一月征夷大将軍となってみずから旭将軍と称したが、早々に源範頼・義経の大軍に攻められ、近江の粟津で敗死。

みなもとのよしひら【源義平】 1141～60.1.19　平安後期の武将。義朝の長子。(鎌倉)悪源太(あくげんた)と称する。義朝上洛後、東国経営にあたる。一一五五年(久寿二)叔父義賢(よしかた)(義仲の父)を武蔵国大蔵館で殺害。五九年(平治元)平治の乱に上洛、奮戦したが敗れた。父の命で北国勢を集めるため北陸道に向かったが、越前国足羽(あすわ)(現、福井県足羽郡)で父の死を聞き再び上洛。平清盛暗殺の機会を狙ったがはたせず、捕らえられて斬首。

みなもとのよしひろ【源義広】 ?～1184/86?　義憲・義弘・義範とも。平安末～鎌倉初期の武将。為義の三男。母は六条大夫重俊の女。志田(志太)三郎先生(せんじょう)と称する。常陸国志田(信太)郡(現、茨城県稲敷郡)を本拠とし、同国南部に勢力を拡大。甥の源頼朝と対立し一一八三年(寿永二)挙兵したが、下野国野木宮(現、栃木県野木町)の戦で敗北。源義仲軍に加わり入洛し、翌年源義経軍に敗れた。『吾妻鏡』は八四年伊勢国で斬首されたとするが、『平家物語』では義経と組んで頼朝に反抗、八六年(文治二)自害したと伝える。

みなもとのよしみつ【源義光】 1045～1127.10.20　平安後期の武将。佐竹・武田・小笠原各氏の祖。頼義の三男。母は平直方の女。新羅(しんら)三郎・館三郎と称する。後三年の役に苦戦していた兄義家の救援にむかったが、朝廷の許可をえないまま赴いたため、左兵衛尉を解任された。戦乱後に従五位下、のち常陸介・甲斐守などを歴任、その地に勢力をのばし子孫繁栄のもとを築いた。笙(しょう)の名手としても知られる。

みなもとのよりいえ【源頼家】 1182.8.12～1204.7.18　鎌倉幕府二代将軍(在職一二〇二・七・二三～〇三・九・七)。父は初代将軍頼朝。母は北条政子。幼名は万寿。一一九九年(正治元)頼朝の死後家督を継ぎ、一二〇二年(建仁二)将軍となる。訴訟を扱う権限は有力御家人一三人の合議に移され、実権をなかば失った将軍であった。側近の梶原景時は、一一九九年北条氏ほかの御家人集団により追放された。比企能員(ひきよしかず)の女(若狭局)との間に男子一幡(いちまん)が生まれ、比企氏が外戚となったため、これを警戒した北条時政により一二〇三年比企氏と一幡は攻め滅ぼされた。頼家自身も伊豆国修禅寺に幽閉され、翌年死去。北条氏による暗殺という。

みなもとのよりちか【源頼親】 生没年不詳。平安中期の武将。大和源氏の祖。源満仲の次男。母は藤原致忠あるいは源俊の女。藤原道長・実資らに接近し、周防・淡路などの国司を歴任。摂津国豊島郡を本拠としたが、大和守に三度任じられ、大和国を中心に勢力を築いた。このため興福寺・春日大社などと紛争をくり返した。一〇五〇年(永承五)には興福寺と対立して訴えられ、土佐国に配流。

みなもとのよりとも【源頼朝】 1147～99.1.13 鎌倉幕府初代将軍(在職一一九二・七・一二～九九・一・一三)。父は源義朝。母は熱田大宮司藤原季範の女。一一五九年(平治元)の平治の乱で義朝が敗れたため、翌年平氏に捕らえられ、伊豆国に流罪となった。八〇年(治承四)以仁王の平氏討伐の令旨に応じるかたちで、反平氏の兵を挙げる。石橋山の合戦で敗れたものの、房総へ渡って勢力を回復、富士川の戦で勝利し、同年末までに鎌倉を本拠とする南関東軍事政権を確立した。八三年(寿永二)同族の源義仲が平氏を追い落として京都に入ったが、頼朝は後白河上皇に接近し、義仲を出し抜いて東国の支配権を認めさせた。八四年(元暦元)には弟の源範頼・同義経を派遣して義仲を破った。八五年(文治元)平氏を滅ぼす。その後義経と対立、上皇が一時義経に味方したため、その追捕を名目に上皇に迫って議奏公卿および守護・地頭の設置を実現させた。八九年義経死後、奥州藤原氏を討ち、九〇年(建久元)上洛し、上皇に対面して和解。権大納言・右近衛大将に任命されたが、まもなく辞した。九二年上皇の死後に征夷大将軍に任命された。

みなもとのよりのぶ【源頼信】 968～1048.9.1 平安中期の武将。河内源氏の祖。満仲の三男。母は藤原致忠(藤原元方とも)の女。従四位上。藤原氏とくに道長に接近し、上野介・上総介などの受領を歴任。甲斐守在任中に平忠常の乱がおき、平直方らが追討に失敗したあとの追討使となる。頼信の進攻で忠常は戦わずに降伏、この功により美濃守に任じられた。乱の鎮圧で名声が高まり、東国の源氏勢力拡大のきっかけとなった。

みなもとのよりまさ【源頼政】 1104～80.5.26 平安末期の武将。仲政の長男。母は藤原友実の女。源三位頼政・源三位入道と称する。摂津源氏の流れをくみ、摂津国渡辺(現、大阪市中央区)を本拠とした。白河院判官代となり、一一三六年(保延二)従五位下、蔵人。五五年(久寿二)兵庫頭。保元の乱には後白河天皇側に加わる。平治の乱でははじめ源義朝にくみしたが、離反して平清盛についた。清盛の厚い信頼もあり、六六年(仁安元)正五位下に叙されたあと昇進を続け、七八年(治承二)従三位。八〇年には以仁王を奉じて反平氏の兵を挙げたが失敗し、宇治で敗死。弓の名手、歌人としても有名。「新古今集」に入集、私家集「源三位頼政集」。

みなもとのよりみつ【源頼光】 948～1021.7.19 平安中期の武将。摂津源氏の祖。満仲の長男。母は源俊の女。父同様摂関家に接近し、備前・但馬・美濃などの国司を歴任。莫大な財力で摂関家に奉仕し、一〇一八年(寛仁二)藤原道長の土御門殿の新造に際しては、家具・調度いっさいを献上し世人を驚かした。二一年(治安元)摂津守に任じられ、同国に勢力をかためた。郎党の渡辺綱ら四天王を率いて大江山の酒呑童子を退治した逸話は有名。文武にすぐれた人物として「今昔物語集」にも登場する。

みなもとのよりよし【源頼義】 988～1075.10.12 平安中・後期の武将。頼信の長男。母は修理命婦。一〇三一年(長元四)父とともに平忠常の乱を鎮圧。東国の国司を歴任、在地武士の組織化を進めた。五一年(永承六)陸奥守、五三年(天喜元)鎮守府将軍となり安倍氏と対立、前九年の役を起こす。清原武則の応援をえて平定し、東国における源氏の地位を確立。相模国由比郷(現、神奈川県鎌倉市)に石清水八幡宮を勧請し、鶴岡八幡宮の起源とした。平直方の女婿となり、鎌倉の屋敷を譲られた。

みなもとのりんし【源倫子】 964～1053.6.11 鷹司殿とも。平安中期の左大臣源雅信の女。母は藤原穆子。九八七年(永延元)藤原道長と結婚し、翌年彰子(一条天皇中宮、後一条・後朱雀両天皇の母、上東門院)を生む。妍子・威子・嬉子もそれぞれ三条・後一条・後朱雀の後宮に入る。男子に頼通・教通がいる。一〇〇八年(寛弘五)無官の女性としては異例の従一位に叙される。一六年(長和五)人臣の妻としてははじめて、三后に準じて年官・年爵・封戸を与えられる。

みぬまうじ【水沼氏】 水間氏とも。古代、筑後国三潴郡(現、福岡県久留米市・筑後市の一部から三潴郡にかけての地域)を本拠とした氏族。姓は君。「日本書紀」神代上に筑紫の水沼君が宗像三女神を祭ることがみえ、雄略一〇年九月には呉からもたらされた鵞鳥を水間君の犬がかみ殺したとある。久留米市大善寺町宮本にある御塚・権現塚古墳(国史跡)は水沼君の墳墓と推定される。

みねざきこうとう【峰崎勾当】 生没年不詳。江戸後期の地歌作曲家。寛政頃、大坂で活躍し、地歌手事物の確立者といわれる。豊賀検校の門下。端歌の名曲「雪」をはじめ、「こすのと」「袖香炉」「袖の露」「花の旅」、手事物の「吾妻獅子」「越後獅子」「翁」「残月」を作曲。「越後獅子」は九代目杵屋六左衛門作曲の長唄の同名曲の下敷きとなった曲。「新大成糸のしらべ」(一八〇一刊)の校訂を行った。

みねしゅんたい【嶺春泰】 1746～93.10.6 江戸中期の医師。名は観、字は子光。一七五七年(宝暦七)高崎藩侍医。前野良沢・杉田玄白・中川淳庵らの「解体新書」訳述事業に参加。ボイセンの著書を訳した「五液精要」は未完。

みのうらかつんど【箕浦勝人】 1854.2.～1929.8.30 明治～昭和前期の政党政治家。豊後国臼杵藩士の子。慶応義塾卒。民権運動に従事。立憲改進党の報知系に属し、東京府議となる。のちに報知新聞社長。第一回総選挙から衆議院議員に連続一五回当選。第二次松方内閣で農商務省商務局長、第一次大隈内閣で逓信次官、第二次大隈内閣で逓信相。鉄道問題に熱心で鉄道会議発足時に衆議院議員代表として参加。一九二六年(昭和元)松島遊廓疑獄で起訴されて引退(判決は無罪)。

みのおう【三野王】 ?～708.5.30 弥努王・美努(弩・奴)王とも。七世紀後半～八世紀初めの皇族。父は栗隈王。妻の県犬養三千代との間に橘諸兄・佐為王・牟漏女王がいる。六七二年(天武元)六月の壬申の乱の際、父とともに筑紫にいたが、大友皇子側の軍兵徴発要求を拒否。六八一年川島皇子らと「帝紀」および上古諸事の記録・校定に従事。六九四年(持統八)筑紫大宰率。時に浄広肆。のち造大幣司長官・左京大夫・摂津大夫などを歴任し、従四位下で死去。藤原宮跡出土木簡に「弥努王」の名がみえる。なお美濃王と同一人物とする説もある。

みのおう【美濃王】 御野王とも。生没年不詳。七世紀後半の皇族。六七二年(天武元)六月に大海人皇子が吉野で挙兵し、東国へむかう途中、大和国甘羅村を過ぎたところで軍に従った。翌年造高市大寺(大官大寺)司。時に小紫。六七五年風神を竜田の立野に祭った。なお三野王と同一人物とする説もある。

みのげんじ【美濃源氏】 美濃国を本拠とする清和源氏の一流。経基・満仲・頼光・頼信・頼国ら美濃守を経験した清和源氏から出た。満仲の弟満政と頼国の子国房の系統が有力。満政流は、満政の曾孫重宗から佐渡・八島・浦野・木田など諸氏が出た。国房流は、多芸郡を本拠に国房・光国父子が勢力をはり、白河・鳥羽両上皇の武力の一翼を担った。光国の子光信は土岐郡に住み、土岐氏を称して栄えたという。

みのだむねき【蓑田胸喜】 1894.1.26～1946.1.30 大正・昭和期の国家主義者。熊本県出身。東大卒。一九二五年(大正一四)共産主義撲滅・政党撲滅・帝国大学粛正を掲げて原理日本社を設立し、機関誌「原理日本」を刊行。過激な攻撃ぶりから「きょうき＝狂気」と恐れられた。滝川事件・天皇機関説問題の火つけ役をはたし、自由主義的な学問・思想を執拗に攻撃した。戦後、郷里で自殺。

みのべたつきち【美濃部達吉】 1873.5.7～1948.5.23 明治～昭和期の憲法・行政法学者。美濃部亮吉の父。兵庫県出身。東大卒。内務省をへて一八九九年(明治三二)から独・英・仏に留学。一九〇二年に帰国し東京帝国大学教授となり、行政法講座を担当。一二年(大正元)天皇機関説に立つ「憲法講話」刊行。上杉慎吉と論争となるが、学界の支持をえた。二〇年から憲法第二講座兼担。三二年(昭和七)貴族院勅選議員。三四年定年退官。学説に軍部・ファッショ勢力の批判が強まり、三五年の貴族院での菊池武夫の攻撃を契機に政治問題化。著書の発禁と不敬罪で告訴され、議員を辞職した(天皇機関説事件)。第二次大戦後、新憲法の調査・改正に参画。

みのべようじ【美濃部洋次】 1900.11.1～53.2.28 昭和期の革新官僚。東京都出身。美濃部達吉の甥。東大卒。商工省入省後、一九三三年(昭和八)満州国に赴任、約三年の在満をへて帰国。以後商工省繊維局・物価局などで要職を占め、新体制運動期には企画院にも出向。秋永月三・迫水久常・毛里英於菟らとともに「経済新体制確立要綱」作成などを主導した。太平洋戦争期には軍需省機械局長などを歴任。四六年公職追放。追放解除後、日本評論新社社長などを務めた。

みのべりょうきち【美濃部亮吉】 1904.2.5～84.12.24 昭和期の経済学者・政治家。東京都出身。美濃部達吉の長男。東大卒。大内兵衛に師事し、日本資本主義論争に労農派の一員として参加した。第二次大戦後は統計委員会事務局長などを務め、「日本経済図説」などの編著書や経済学の啓蒙活動で知られる。一九六七年(昭和四二)東京都知事に当選、大阪・京都の両府知事とならび、全国革新自治体の象徴的存在として三期一二年務めた。八〇年参議院議員。

みのまさたか【蓑正高】 ?～1771.8.7 江戸中期の幕府代官。通称は庄次郎・笠之助。一七一六年(享保元)宝生座配下の猿楽師蓑(巳野)兼正の養子となる。農政・治水に通じ、地方巧者の田中丘隅の女を妻とした。二九年幕府に出仕し、南町奉行・関東地方御用掛の大岡忠相のもとで相模国足柄上・下両郡内の村の支配、酒匂川普請などを行う。三九年(元文四)代官となるが、四九年(寛延二)手代の不正のために罷免され、小普請となった。五六年(宝暦六)隠居。著書は地方書「農家貫行」。

みのりかわなおさぶろう【御法川直三郎】 1856.7.13～1930.9.11 明治・大正期の製糸機械の発明家。出羽国秋田郡生れ。一八八七年(明治二〇)西ケ原蚕病試験場を修了した頃から発明を次々に行った。最も有名な発明品は御法川式多条繰糸機で、一九〇三～〇四年頃に発明したが、実用化は片倉製糸が採用した大正末期以降。これによって生産された最高級生糸は、「ミノリカワ・ローシルク」の名で昭和初期のニューヨーク生糸市場で多額のプレミアムつきで取引された。

みぶいん【壬生院】 1602～56.2.11 後水尾

天皇の妃。後光明天皇の生母。名は継子、のち光子。園基任の女。後光明天皇・輪王寺宮守澄入道親王など三皇子二皇女を生んだ。一六五四年(承応三)九月後光明天皇の没後、准三宮宣下、院号宣下をうけた。ただし宣下の日付は天皇生前の八月一八日となっている。

みぶけ【壬生家】 ㊀平安後期以降、官務の地位を独占した小槻氏の嫡流(隆職流)で、左大史・算博士などを世襲した地下官人家。広房流の大宮家とその地位を争うが、戦国期に大宮家が断絶して独占。江戸時代には朝儀・公事の運営を行い、家禄は一〇〇石。維新後、男爵。「壬生官務家日記記録」や多くの古文書を伝える。㊁藤原氏北家頼宗流の持明院家庶流。羽林家。霊元天皇の外祖父園基音の末子基起を祖として万治年間(一六五八～六一)に創立。はじめ葉川を号したが、四代俊平のとき壬生に改めた。家禄は一三〇石。幕末期の基修は尊王攘夷派として知られ、七卿落ちの一人。維新後、子爵のち伯爵。

みぶただとお【壬生匡遠】 ?～1366.5.4 南北朝期の官人。父は千宣。一三一六年(正和五)主殿頭、二三年(元亨三)左大史となり、終生その地位にあった。一三二〇年(元応二)能登権介、四三年(康永二・興国四)備前介を兼ね、建武政権では雑訴決断所の職員となる。四九年(貞和五・正平四)左大史としてはじめて従四位下に叙され、のち正四位上まで昇った。日記「匡遠記」。

みふねとしろう【三船敏郎】 1920.4.1～97.12.24 昭和期の映画俳優。中国青島生れ。旧制大連中学卒。一九四七年(昭和二二)東宝ニューフェース第一期生に合格。四八年の「酔いどれ天使」で動物的ともいえる敏捷さでやくざ役を演じ注目された。「野良犬」(一九四九)、「羅生門」(一九五〇)、「七人の侍」(一九五四)など、鮮烈なエネルギーが画面全体からほとばしってくるような演技をした。黒沢明監督とのコンビは一六本に上る。「用心棒」「赤ひげ」でベネチア国際映画祭最優秀男優賞を二度、六七年度芸術選奨文部大臣賞を受賞。

みぶのただみ【壬生忠見】 生没年不詳。平安中期の歌人。三十六歌仙の一人。忠岑の子。幼名あるいは別名なた。卑官であったが、歌人として歌合や屏風歌で活躍。「天徳内裏歌合」で「恋すてふ我が名はまだき立ちにけり人知れずこそ思ひそめしか」と詠み、平兼盛に敗れたために悶死したという説話が有名。「後撰集」以下の勅撰集に約三七首入集。家集「忠見集」。

みぶのただみね【壬生忠岑】 生没年不詳。平安前・中期の歌人。三十六歌仙の一人。安綱の子。子に忠見。卑官に終始したが、歌人として「寛平后宮歌合」などの歌合や屏風歌で活躍した。「古今集」撰者の一人。「大井川行幸和歌」には紀貫之とは別に序を書いた。「古今集」以下の勅撰集に約八二首入集。家集「忠岑集」。なお序文に九四五年(天慶八)の忠岑の著とある歌論書「和歌体十種」は、後人による偽書とする説が強い。

みぶまさひさ【壬生雅久】 ?～1504.11.22 室町時代の官人。父は晴富。主殿頭をへて一四七二年(文明四)左大史。九二年(明応元)正四位上まで進んだが、九四年官務職を、九七年氏長者職を大宮時元に譲り、晩年は不遇であった。女子が後奈良天皇の後宮に入り、伊予局と称し、僧覚恕を生む。日記「雅久宿禰記」。

みぶもとおさ【壬生基修】 1835.3.7～1906.3.6 幕末・維新期の公家。庭田重基の三男。壬生道吉の養子。尊攘派として活動し、一八六三年(文久三)国事寄人となる。八月十八日の政変で失脚、長門国萩藩領に流寓(七卿落ち)。王政復古で復権。六八年(明治元)参与、会津征討越後口総督の参謀。翌年東京府知事、賞典禄二〇〇石。八一年子爵、九一年伯爵、貴族院議員。

みまし【味摩之】 生没年不詳。推古朝の伎楽舞者。百済の人。六一二年(推古二〇)日本に帰化し、中国南朝の呉で習得した伎楽舞を伝来した。伎楽は一種の仮面劇で、朝廷は味摩之を大和国桜井の地に住まわせて少年らに教習させたが、とくに真野弟子・新漢済文がこれをうけついだという。令制雅楽寮には伎楽師・伎楽生があり、伎楽生は楽戸からとられたが、その起源にかかわった人物として知られる。

みまじゅんぞう【美馬順三】 1795～1825.6.11 江戸後期の蘭方医。名は茂親、号は如柳。阿波国生れ。はじめ京都、のち長崎に遊学し蘭学と蘭方医学を学ぶ。和漢の学にも通じる。一八二三年(文政六)シーボルトの鳴滝塾に入門、塾頭となる。賀川玄悦著「産論」、石坂宗哲著「鍼灸知要一言」の大要を蘭訳、シーボルトの著述編纂に協力した。

みますやにそうじ【三升屋二三治】 1784～1856.8.5 江戸末期の歌舞伎作者。江戸浅草蔵前の札差出身。通称伊勢屋宗三郎。初世桜田治助門下。一八三〇年(天保元)立作者となり、五三年(嘉永六)引退。作品は先行作の増補改訂がほとんどだが、舞踊劇の作詞では後世に残る作が多い。また、故実家として尊敬され、「作者店おろし」「戯場書留」「作者年中行事」など、歌舞伎資料として貴重な著書を残した。

みますやひょうご【三升屋兵庫】 ⇨市川団十郎

みむろどけ【三室戸家】 藤原氏日野流の柳原家庶流。名家。柳原資行の三男誠光を祖とする。誠光ははじめ北小路を号したが、一六六五年(寛文五)三室戸に改めた。家禄は一三〇石。誠光は霊元天皇の近習で、天皇の譲位にともない院評定を勤めた。五代能光(やすみつ)は権大納言に昇った。維新後、雄光(たけみつ)のとき子爵。

みもろわけおう【御諸別王】 崇神天皇の皇子豊城入彦(とよきいりひこ)命の孫の彦狭島(ひこさしま)王の子とされる伝説上の人物。「日本書紀」によると、景行五六年、東山道一五国の都督として任所におもむく途中で没した父にかわり、東国の統治を命じられた。蝦夷(えみし)の騒動をすみやかに平定するなど、善政を行ったという。

みやおいやすお【宮負定雄】 1797.9.10～1858.9.23 江戸後期の国学者。父は下総国香取郡松沢村の名主宮負定賢。平田篤胤門下であった父の紹介で一八二六年(文政九)入門。三一年(天保二)平田国学の立場から民衆教化を説く「民家要術」「国益本論」を著した。三四年頃名主を辞して出奔、江戸を中心に各地を放浪し、五一年(嘉永四)頃帰村。著書「蔵六集」「富草」「地震道中記」「大神宮霊験雑記」「奇談雑記」「野夫拾遺物語」「貧富正論」。

みやおかめぞう【宮尾亀蔵】 1782～1853 鰹節製造法の改良者。土佐国高岡郡宇佐浦(現、高知県土佐市)の漁家に生まれ、播磨屋を名のる。子の佐之助とともに、魚身の裁断を工夫して小骨を抜き、火力で燻乾し、かびをつけて光沢をだすなどの工夫により、高品質の鰹節を作りだした。このため、鰹節は幕末以降高知の一大物産となった。

みやがわしろべえ【宮川四郎兵衛】 1653～1740.1.16 江戸中期の新田開発者。祖父は上総国千葉氏の後裔で、後北条氏の滅亡後、越後国柏崎に移住して宮川と改姓し、のち柏崎納屋町庄屋。四郎兵衛は分家で、測量術に長じ、一七〇三～三六年(元禄一六～元文元)越後国五郡内に新田高一万八〇〇〇石余、新村五二カ村を開発、越後瑞賢と称された。養子の儀右衛門は蒲原郡紫雲寺潟新田の開発の祖となる。

みやがわちょうしゅん【宮川長春】 1682～1752.11.13 江戸中期の浮世絵師。宮川派の祖。尾張国宮川村生れと伝えられ、江戸で活躍。狩野派・土佐派・懐月堂派など広く諸派を学ぶが、とくに図様の類似や画題の扱い面で、菱川師宣(もろのぶ)の強い影響がみられる。版画制作は行わず肉筆画に専念。遊里や遊女を題材に入念精緻な彩色の品格ある作品が多い。一七四九年(寛延二)日光東照宮修復に加わるが、翌年その賃金不払いがもとで狩野春賀一門と紛争し、宮川派は解体した。

みやがわつねてる【宮川経輝】 1857.1.17～1936.3.2 明治・大正期の牧師。肥後国阿蘇神社の社家の生れ。熊本バンドの一人。同志社英学校卒業後、同志社女学校教頭に就任。一八八二年(明治一五)大阪教会牧師に就任し、四三年間務めた。小崎(こざき)弘道・海老名弾正(えびなだんじょう)とともに日本組合基督教会の三元老とよばれた。

みやぎきよつら【宮城清行】 生没年不詳。江戸前期の数学者。宮城流の祖。京都に住み、はじめ柴田理右衛門という。著書に「明元算法」(一六八九)と「和漢算法」(一六九五)があり、いずれも関孝和の演段法を利用している。弟子二人に命じ、「改算記」に頭書きして注釈を加えた。序文で関孝和を称賛している。

みやぎみちお【宮城道雄】 1894.4.7～1956.6.25 大正・昭和期の地歌・箏曲の演奏家・作曲家。兵庫県出身。旧姓菅。八歳のとき地元神戸の二世中島検校(初世絃教(げんきょう))に入門、その後二世中島絃教および熊本の三弦家長谷幸輝(ながたにゆきてる)に学ぶ。一九二〇年(大正九)本居長世と「新日本音楽大演奏会」を開催し、以来、新鮮な感覚と技巧的な作品を多数発表するとともに、十七弦・新胡弓(こきゅう)・八十弦などを考案し、全国的に名をあげる。三〇年(昭和五)東京音楽学校講師。三二年教授。東京盲学校の講師も務める。四八年芸術院会員。五六年列車から転落して死亡。「落葉の踊」「越天楽(えてんらく)変奏曲」「春の海」など三五〇曲をこえる作品を残す。名随筆家でもあった。

みやけかほ【三宅花圃】 1868.12.23～1943.7.18 明治期の小説家・随筆家。東京都出身。本名竜子(たつこ)。旧姓田辺。明治女学校などに学び、中島歌子の萩の舎塾では樋口一葉と同門。一八八八年(明治二一)「藪の鶯」で作家として認められる。翌年東京高女卒。三宅雪嶺(せつれい)と結婚。短編集「みだれ咲」。野村望東尼(もとに)の伝記「もとのしづく」、随筆集「その日その日」。

みやけかんらん【三宅観瀾】 1674～1718.8.21 江戸前期の儒学者。常陸国水戸藩士。京都の町人儒者三宅道悦の子で、大坂懐徳堂の学主三宅石庵の弟。名は緝明(つぐあき)、字は用晦、通称九十郎、観瀾は号。崎門(きもん)学派の浅見絅斎(けいさい)に入門したがのちに破門。一六九九年(元禄一二)栗山潜鋒(せんぽう)の推薦で水戸藩に仕官。右筆・彰考館編修をへて、一七一〇年(宝永七)彰考館総裁。翌年、室鳩巣(むろきゅうそう)とともに幕府の儒官として登用された。著書「中興鑑言」「烈士報讐録」「観瀾集」。

みやけこっき【三宅克己】 1874.1.8～1954.6.30 明治～昭和期の水彩画家。徳島県出身。曾山幸彦(さちひこ)・原田直次郎に師事。一八九七年(明治三〇)渡米し、イェール大学付属美術学校に入学、ヨーロッパ各国を巡歴した。白馬会会員となり、「巴里(パリ)ノートルダム」などを発表。水彩画の中心的作家として活躍した。一九一二年(大正元)中沢弘光らと光風会を結成。技法書「水彩画の手引」も著した。帝展審査員。日本芸術院恩賜賞受賞。

みやけし【三宅氏】 近世の譜代大名家。古くは備前国児島郡三宅(現、岡山県玉野市)の豪族で、一五五八年(永禄元)から徳川家康に出仕したという。江戸時代には多数の分家があったが、本家は一六〇四年(慶長九)に三河国挙母(ころも)藩主一万石となったのち、伊勢国亀山藩主などをへて六四年

(寛文四)から三河国田原藩主一万二〇〇〇石。日光祭礼奉行などの幕府要職をたびたび勤めた。維新後子爵。

みやけしょうさい【三宅尚斎】 1662.1.4～1741.1.29 江戸中期の朱子学者。名は重固、通称儀左衛門。播磨国明石生れ。崎門三傑の一人。京都で医術を学んだが、一九歳のとき山崎闇斎に入門。三年後に闇斎が没し、佐藤直方・浅見絅斎に兄事した。一六九〇年(元禄三)老中で武蔵国忍藩主阿部正武に仕えて儒官となるが、のち主君に諫言して城中の牢に監禁された。五代将軍徳川綱吉没後の大赦により出獄。直方・絅斎の没後は崎門の長老として多くの門人を育成し、崎門学派の学統の維持に貢献した。

みやけしょうざん【三宅嘯山】 ⇩嘯山

みやけせきあん【三宅石庵】 1665.1.19～1730.7.16 江戸中期の儒者。通称新次郎、万年とも号す。京都生れ。弟の観瀾とともに浅見絅斎に師事。のち大坂で塾を開き、一七一三年(正徳三)安土町に多松堂を開設、有力商人を門弟に集めた。二六年(享保一一)五同志と呼ばれる商人らにより創設された学問所懐徳堂の初代学主に招かれた。学風は朱子学と陽明学をあわせた折衷的なもので、鵺学問と評された。

みやけせつれい【三宅雪嶺】 1860.5.19～1945.11.26 明治～昭和前期の言論人。名は雄二郎。金沢藩儒医の家に生まれる。東大卒。若くして東大准助教授・文部省雇員として勤務したが、一八八八年(明治二一)政府の欧化主義に反対して同志とともに政教社を創立し、「日本人」を創刊した。以後在野のジャーナリストとして社会問題から宇宙観にわたり幅広く論じた。妻竜子は歌人の三宅花圃。著書「同時代史」六巻。

みやけとものぶ【三宅友信】 1806.11.27～86.8.8 幕末期の蘭学者。父は三河国田原藩の八代藩主康友。兄の一〇代康明没後、家督相続の予定だったが、財政難により一八二七年(文政一〇)持参金付の養子である姫路藩酒井家の康直を迎えたため、江戸の巣鴨邸に隠居。家臣の渡辺崋山の勧めにより、隠居料で多くの蘭書を購入、高野長英・小関三英らに翻訳をさせ、みずからも兵書研究を行う。「鈐林必携」「泰西兵鑑」「崋山先生略伝」を著す。五〇年(嘉永三)長男康保が一二代藩主として家督相続。

みやけよねきち【三宅米吉】 1860.5.13～1929.11.11 明治・大正期の日本史・考古学者。紀伊国生れ。一八七二年(明治五)慶応義塾に入学したが三年後に退学。独学で日本史を学び大成。東京文理科大学学長・帝室博物館総長などを歴任。九五年同好の士を集めて考古学会を結成し、一九〇一年初代会長となる。三宅は筑前国志賀島出土の金印を「漢の委の奴の国の王」と読むことを主張し、今も多くの人がこれに従っている。著書「日本史学提要」。

みやこじそのはち【宮古路薗八】 薗八節(のち宮薗節とも)の太夫名。江戸時代に二世を数える。初世(生没年不詳)は薗八節の始祖。豊後節の祖宮古路豊後掾が上方で国太夫を名のっていた頃の高弟。享保末頃、一派をなす。二世は宮薗鸞鳳軒の前名。

みやこじぶんごのじょう【宮古路豊後掾】 ?～1740.9.1 江戸中期の豊後節の始祖。京都生れ。都太夫一中の弟子。都国太夫半中と名のり、享保初年には半中節として知られ、一七二二年(享保七)宮古路国太夫半中と改め独立、国太夫節と称される。三〇年頃宮古路豊後となり江戸に下る。三四年名古屋で心中事件を脚色した「睦月連理椿」が好評を博し、再び江戸に進出し豊後節の大流行を招いた。同年豊後掾を受領。三六年(元文元)に始まる豊後節弾圧のため、翌年帰洛し、掾号も返上。宮古路薗八・常磐津文字太夫・富士松薩摩掾らを育てた。

みやこだゆういっちゅう【都太夫一中】 1650～1724 江戸前期の浄瑠璃太夫。一中節の祖。本名は恵俊。京都の本願寺派の住職の家に生まれたが、跡を弟に譲って還俗し、京都都万太夫座の座本都越後掾に入門。当時人気のあった初世岡本文弥の「泣き節」などを加味して一流を樹立。抒情的な道行・景事を主とする座敷浄瑠璃が中心だったが、歌舞伎にも出演、江戸に下って流儀拡大を図った。門下に宮古路豊後掾がいる。

みやこでんない【都伝内】 江戸都座の座元。明暦期頃、放下師久三郎が都伝内と改名し、堺町で櫓をおこした(古伝内)。江戸で最初の多幕物「今川忍び車」の作者と伝えるが疑問。遅れて上方から下った放下師も都伝内を名のった(新伝内)。のちに古伝内の子孫と称する者が名代株をもち伝え、中村座の控櫓となったが、いずれも経歴・系譜に不明な点が多い。

みやこのにしき【都の錦】 1675～? 江戸前期の浮世草子作者。本名は宍戸与一。大坂生れ。父と京にのぼるが、放蕩のために勘当される。「元禄曾我物語」を執筆して以来、大望を抱いて江戸に行くまでの一年余に、古典の俗解「風流神代」、怪談集「御前御伽」、文明批評「元禄大平記」など七、八編の浮世草子を書く。江戸で無宿人として捕えられ、薩摩国の金山に送られる。のちに赦免されて京に戻り、往悔子の名で述作したという。

みやこのはらか【都腹赤】 ⇩桑原腹赤

みやこのよしか【都良香】 834～879.2.25 平安前期の文人。本名言道。宿禰姓から朝臣姓を賜る。対策に及第後、少内記・掌渤海客使をへて従五位下、文章博士兼大内記に至る。「文徳実録」の編纂にたずさわったが、完成直前に没した。家集「都氏文集」には詔勅や策問などの名文が多く残されている。また、対策が問者春澄善縄の策問とともに「本朝文粋」にとられ、「本朝神仙伝」「十訓抄」に逸話が収められている。

みやこまんだゆう【都万太夫】 江戸時代の京都の歌舞伎の名代。一六六九年(寛文九)に名代赦免をうけた。一七一〇年(宝永七)には代替りが行われている。四五年(延享二)から名義は都半太夫と改まったが、六〇年(宝暦一〇)から万太夫に復した。一八一八年(文政元)以降、布袋屋梅之丞とともに四条南側芝居(南座)興行の名代として固定化し、明治期に至った。

みやざきいちさだ【宮崎市定】 1901.8.20～95.5.24 昭和期の東洋史学者。長野県出身。京大卒。京都大学教授。学士院賞をうけた「九品官人法の研究—科挙前史」をはじめ中国史に対する研究や、「謎の七支刀」など日中交渉史にも著作を残している。文化功労者。著書「アジア史研究」。

みやざきかんち【宮崎寒雉】 ?～1712 江戸前期の釜師。名は義一、通称彦九郎。能登国中居の鋳物師の家に生まれる。京に上り名越三昌に学ぶというが疑わしく、ほかに大西浄清・定林に学んだなど諸説がある。金沢藩藩主前田利常の小松城造営のとき小松に移り、利常が金沢に戻ると寒雉も従った。釜作りは前田家の茶道指南であった裏千家仙叟の指導をうけたとされ、焼飯釜・塩屋釜など独自の造形をみせる。釜以外にも梵鐘・仏具などの作品も多い。子孫は現在まで一三代続く。

みやざきこしょし【宮崎湖処子】 1864.9.20～1922.8.9 明治・大正期の小説家・評論家・牧師。筑前国生れ。本名八百吉。東京専門学校卒。民友社に入社。一八九〇年(明治二三)から「国民新聞」編集員となる。同年刊の小説「帰省」は立身出世主義批判の書として知られる。著書「湖処子詩集」「バイブルの神の罪悪」。

みやざきしゃのすけ【宮崎車之助】 1839～76.10.28 幕末・維新期の筑前国秋月藩士。明治維新後に秋月藩少参事。廃藩後国権拡張を主張し、一八七三年(明治六)の政府分裂を機に征韓論を唱えて、同志とともに一派を結成する。熊本の敬神党(神風連)や萩の前原一誠らと意を通じ、七六年一〇月に神風連の乱が勃発すると、これに呼応して磯淳らと決起、秋月の乱をおこしたが失敗し、他の幹部とともに自刃した。

みやざきたみぞう【宮崎民蔵】 1865.5.20～1928.8.15 明治・大正期の社会運動家。肥後国生れ。滔天の兄。小作農民の惨状をみて土地問題に取り組み、アメリカの経済学者H・ジョージの影響をうけ、米・英・仏の実地調査も行った。一九〇二年(明治三五)土地復権同志会を結成。「土地均享・人類の大権」を著し、土地は人類が享有し平等に配分されるべきであると主張した。大逆事件後朝鮮に逃れ、のち中国にも渡った。

みやざきとうてん【宮崎滔天】 1870.12.3～1922.12.6 明治・大正期の中国革命の協力者。本名虎蔵。八郎・民蔵の弟。熊本県出身。大江義塾・東京専門学校に学ぶ。キリスト教に帰依し、のちアジア革命に関心を深めた。一八九七年(明治三〇)孫文と知り合い、以後中国の革命運動を援助。一時浪曲師となり、革命精神を語る。一九〇五年孫文らと東京で中国同盟会を結成。辛亥革命以後も革命派を支援した。自伝「三十三年の夢」。

みやざきはちろう【宮崎八郎】 1851～77.4.6 明治前期の自由民権家。民蔵・滔天の兄。肥後国生れ。熊本藩藩校時習館をへて、藩命で東京遊学。一八七四年(明治七)岩倉具視襲撃の赤坂喰違の変に連坐して投獄。翌年愛国社結成大会に加わり、熊本での民権教育の実施や民会開設運動に活躍。西南戦争で西郷軍に参加し戦死。

みやざきやすさだ【宮崎安貞】 1623～97.7.23 江戸前期の農学者。通称は文太夫。安芸国広島藩士宮崎儀右衛門の次男。二五歳のとき筑前国福岡藩に仕え二〇〇石を給されるが、三〇歳を過ぎて致仕。同国女原村(現、福岡市西区)に隠居し農事を業とする。山陽道をはじめ畿内・伊勢・紀伊など諸国を回り老農の説を聞書きする一方、貝原益軒らとも交わり中国の農書や本草書を研究。みずからも栽培技術の改良を試みた。中国の「農政全書」を参考に、四〇年の経験と研究をもとに一六九六年(元禄九)「農業全書」一〇巻を著し、翌年出版。日本初の体系的農書として最高との評価をうける。大蔵永常・佐藤信淵とともに江戸時代の三大農学者と称された。

みやざきゆうぜん【宮崎友禅】 生没年不詳。友禅斎とも。江戸前・中期に活躍した絵師。元禄頃、京都知恩院前に住み、扇絵を得意とする僧形の絵師として一世を風靡した。のち小袖模様の意匠を手がけ、この分野でも好評を博した。一六九二年(元禄五)「余情ひなかた」を刊行し、描絵小袖の領域でも注目を集めた。俗に友禅染の創始者とされるが、彼は意匠家としての役割をはたしたもので、近世初期から伝わる糸目糊の技術を友禅染として大成したのは、京都五条近辺の染工たちであったと考えられる。

みやざきりゅうすけ【宮崎竜介】 1892.11.2～1971.1.23 大正・昭和期の社会運動家・弁護士。熊本県出身。滔天は父。東大卒。在学中、新人会を結成したが、柳原白蓮との恋愛事件で除名され、白蓮と結婚。社会民衆党結成に参加、以後中間派社会民主主義の路線を歩み、のち東方会に属す。第二次大戦後日本社会党の結党に参加、中央委員になったが、すぐに離党。以後憲法擁護運動・日中友好運動などで活躍した。

みやざわきいち【宮沢喜一】 1919.10.8～ 昭

和・平成期の官僚・政治家。広島県出身。東大卒。大蔵省に入省。政界に転じ、一九五三年(昭和二八)参議院議員、六七年から衆議院議員となる。三木・鈴木・中曾根内閣の蔵相・外相、竹下内閣の副総理など政府の要職を歴任。数多くの外交の場も経験しているが、自民党の党務の経験は比較的少ない。九一年(平成三)一一月、海部内閣のあと総理に就任。九二年PKO協力法案を可決し、自衛隊をカンボジアに派遣した。九八年小渕内閣の蔵相に就任。

みやざわけんじ【宮沢賢治】 1896.8.27～1933.9.21 大正・昭和前期の詩人・児童文学者。岩手県出身。裕福な質屋の長男に生まれ、盛岡高等農林に学んだ。在学中から日蓮宗の熱烈な信者となり、真宗信者の父母にも改宗を迫ったが拒絶され、一九二一年(大正一〇)上京して自活。布教に従事し、童話の創作にも励んだが、妹トシの病気により帰郷。稗貫農学校教諭となる。二四年「春と修羅」「注文の多い料理店」を刊行したが反響はなかった。二六年(昭和元)に農学校退職。羅須地人協会を設立し、農民に献身する生活を送ったが、二八年病に倒れた。「雨ニモマケズ」は病床で手帳に書いた晩年の理想像である。「銀河鉄道の夜」も死後未定稿のまま発見された。

みやざわとしよし【宮沢俊義】 1899.3.6～1976.9.4 大正・昭和期の憲法学者。長野県出身。東大卒。東京帝国大学助教授をへて、一九三四年(昭和九)同教授、憲法講座を担当。美濃部達吉門下で合理主義的憲法論を展開した。第二次大戦後、ポツダム宣言の受諾が国体の変更にあたるとする「八月革命説」を唱えるなど、日本国憲法の解釈・普及・擁護に努め、「日本国憲法」はその代表的解説書。

みやし【宮氏】 中世備後国の豪族。備後国一宮吉備津神社(現、広島県新市町)の社家。「太平記」には、船上山の後醍醐天皇のもとに参じた備後国の軍勢中にみえ、その後、同国の北朝方の勢力として宮兼信の名がみえる。室町時代には幕府奉公衆となった。天文年間に毛利氏と戦ったが、天正年間には断絶したという。

みやしたたきち【宮下太吉】 1875.9.30～1911.1.24 明治期の初期社会主義者。山梨県出身。小学校卒業後機械工となり、各地の工場を移動中に「平民新聞」に接する。各種の社会主義書籍を読み、民衆の天皇崇拝の迷信打破を目的に天皇襲撃を企図。一九〇九年(明治四二)二月幸徳秋水・森近運平を訪ねて決意を告げ、新村忠雄・管野スガの協力も得て爆裂弾を試作。一〇年五月未遂のまま逮捕され、大逆事件の端緒となり、一一年に処刑。

みやじなおかず【宮地直一】 1886.1.24～1949.5.16 明治～昭和期の神道学者。高知市出身。東大卒。一九〇九年(明治四二)内務省に入って神社考証を担当し、のち明治神宮造営局参事、東京帝国大学講師などを歴任。三八年(昭和一三)内務省退任と同時に東京帝国大学神道講座主任教授に就任。「熊野三山を中心としたる神社の史的研究」で文学博士の学位をうけるなど、神社や神道の実証的研究方法を確立した。「宮地直一論集」全八巻。

みやじませいじろう【宮島清次郎】 1879.1.20～1963.9.6 大正・昭和期の実業家。栃木県出身。旧姓小林。東大卒。住友別子鉱業所に勤務。東京紡績社長田村利七の娘と結婚し、利七の実家宮島家を継ぐ。東京紡績専務取締役、日清紡績・日清レイヨン・国策パルプ工業などの社長を務め、第二次大戦後は日本工業倶楽部理事長・日本銀行政策委員などを歴任。

みやすひめ【宮簀媛】 「みやずひめ」とも。「古事記」では美夜受比売。尾張氏の女とされる伝説上の人物。「古事記」には倭建命が東征の折、尾張国造の女である媛と結婚の約束をし、帰途に娶ったとある。そして伊服岐能山(伊吹山)の荒ぶる神を退治に行く際に、草薙剣を媛のもとにおいて行ったために病気となり、尾張に戻るが媛のもとには寄らずに伊勢にむかった。「尾張国風土記」逸文には媛がその剣を奉祭したのが熱田社の由来であるとしている。

みやぞのらんぽうけん【宮薗鸞鳳軒】 ?～1785.5.9 宮薗節の創始者。京都生れ。本名木岡光義。豊後系浄瑠璃の初世宮古路薗八の弟子。二世薗八を継ぐが、一七六二年(宝暦一二)宮古路の「宮」と薗八の「薗」をとり宮薗豊前と改名、六六年(明和三)鸞鳳軒を名のる。座敷浄瑠璃として活躍したが、美声で作曲にも長じ、宮薗節の現行古典曲一〇段の作曲者とされる。「宮薗花扇子」「宮薗新曲集」などを刊行。

みやたけがいこつ【宮武外骨】 1867.1.18～1955.7.28 明治～昭和期の著述家。讃岐国生れ。幼名亀四郎。「滑稽新聞」「不二」など奇想に満ちた新聞雑誌を次々に刊行。過激な表現が危険視され、不敬罪による入獄を含め筆禍二九回に及んだ。社会主義や差別問題に関心をもつ一方、吉野作造・尾佐竹猛らと明治文化研究会を組織、風俗研究家として活躍。晩年はその収集をもとに東京大学法学部内に明治新聞雑誌文庫を創設、みずから収集・整理にあたった。「宮武外骨著作集」全八巻。

みやなりし【宮成氏】 宇佐神宮大宮司の一族。鎌倉後期に宇佐大宮司を勤めた宇佐公世の長男公敦に始まる家系。公敦は一三二二年(元亨二)の最後の式年遷宮を担当し、その後も宇佐神宮の復興にかかわった。南北朝期には北朝の大宮司に補任され、近世には到津氏とともに両大宮司家とよばれた。明治期には男爵を授けられ、昭和期に宇佐姓に戻した。「宮成文書」を伝える。

みやはらせいいち【宮原誠一】 1909.8.26～78.9.

26　昭和期の教育学者。東京都出身。東大卒。一九三五年(昭和一〇)日本放送協会に入る。三九年教育科学研究会常任幹事、四〇年法政大学講師、ついで教授となる。第二次大戦後の四七年に東大講師、のち教授となり社会教育講座を担当。教育科学研究会の再建に尽力し、日教組の教育研究運動の指導者としても活動。著書「宮原誠一教育論集」。

みやべきんご【宮部金吾】 1860.閏3.7～1951.3.16　明治～昭和期の植物学者。江戸生れ。札幌農学校卒。開拓御用掛として東京大学に学び、アメリカに留学。札幌農学校・北海道帝国大学教授として日本の植物病理学の基礎を築く。北海道の未開拓地を踏査・研究。択捉(えとろふ)島－ウルップ島間に北方植物分布境界線(宮部ライン)を設定。その他菌類・海藻の研究がある。松浦武四郎の影響で札幌農学校に入り、内村鑑三・新渡戸稲造とも親交があった。文化勲章受章。

みやべけいじゅん【宮部継潤】 ?～1599.3.25　織豊期の武将。善祥坊と称する。近江国生れ。はじめ浅井長政に仕えるが、一五七一年(元亀二)織田信長に属する。のち豊臣秀吉に仕え、中国平定後鳥取城代として因幡方面を支配。九州攻め・小田原攻めに従軍。九三年(文禄二)大友氏改易後の豊後に山口玄蕃(げんば)と検地を執行、継続して二万石分の代官支配を行う。

みやべていぞう【宮部鼎蔵】 1820.4.-～64.6.5　幕末期の尊攘派志士。肥後国上益城(かみましき)郡西上野村の医師宮部素直の子。叔父増美に兵学を学びその養子となる。熊本藩に出仕するが、一八五一年(嘉永四)吉田松陰と各地を遊歴。時務策の建言が採用されずしばらく隠棲後、六三年(文久三)上洛し御親兵総監になるが、八月十八日の政変後七卿落ちに同行した。翌年萩藩主の雪冤(せつえん)のため上洛し、池田屋で同志と会合中新撰組に襲われて自刃。

みやべのぼる【宮部襄】 1847.4.8～1923.9.5　明治期の自由民権家・政治家。上野国高崎藩士出身。群馬県吏となり自由民権運動に参加。民権結社有信社を創設して社長となる。自由党結成に参画し、一八八四年(明治一七)政府の密偵とみられた照山峻三殺害事件に連坐、徒刑一二年。八九年大赦で出獄。帝国党に加入し、一九〇四年衆議院議員に当選。桂太郎系の大同倶楽部に属したが、まもなく立憲政友会に入党。

みやます【宮増】 生没年不詳。室町時代の能役者・能作者。室町中期～戦国期に大和猿楽系の諸座には宮増を名のる能役者が複数いたが、「四座役者目録」には宝生(ほうしょう)座のワキ役者生一(しょういち)小次郎の師であったとされ、「能本作者註文」に宮増を「脇之上手」と伝えるのに対応する。また同書に一〇番、「自家伝抄」に二八番の能の作者として記載されるが、両書で曲名が共通するのは「元服曾我」「調伏曾我」の二番のみ。

みやもとけんじ【宮本顕治】 1908.10.17(戸籍10.20)～　日本共産党の活動家・指導者。山口県出身。東大卒。在学中に「改造」懸賞論文一等入選。共産党入党後、中条百合子と結婚。一九三三年(昭和八)党中央委員となり、共産党リンチ事件に関与した直後に検挙され、第二次大戦後の四五年に釈放(非転向)。五〇年の党分裂の際には国際派(反主流派)に属したが、五五年の六全協で党指導部に復帰。以後、党内での主導権を確保・維持し、党の基本路線・方針の確立に決定的役割をはたした。

みやもとつねいち【宮本常一】 1907.8.1～81.1.30　昭和期の民俗学者。山口県出身。大阪にでて、小学校教員のかたわら民俗学の道に入る。一九五四年(昭和二九)上京、渋沢敬三のアチック・ミューゼアム(日本常民文化研究所)に入り、全国各地への旅を続ける。柳田国男の民俗学とは一線を画し、非農業民を含めた常民文化の特質を追究した。とくに海からの視点をもち、離島振興に努めた。膨大な旅と、郷里で体験した生活記録を背景に、「忘れられた日本人」「家郷の訓(おしえ)」など数多くの著作をまとめた。

みやもとまたじ【宮本又次】 1907.3.5～91.3.12　昭和期の日本経済史・経営史研究家。大阪市出身。京大卒。九州大学教授などをへて一九五〇年(昭和二五)大阪大学教授。七九年より日本学士院会員、八八年文化功労者。重厚な実証研究を学風とし、江戸時代～明治期における大坂の経済や鴻池・住友・小野組などの富豪の実態を詳細に解明。著書「株仲間の研究」「日本近世問屋制の研究」「小野組の研究」。

みやもとむさし【宮本武蔵】 1584～1645.5.19　江戸初期の剣術家。二天一流の祖。生国は美作・播磨国説などがある。名字は「新免」も用いた。実像の詳細は不明だが、一三～二九歳に六〇度余の他流試合を行い、一度も負けなかったという。佐々木小次郎との巌流(がんりゅう)島の決闘後、剣理の追究に努め、一六四〇年(寛永一七)から熊本藩主細川忠利の客分となり、「五輪書」を書きあげた。書・画などにも才能を発揮した。江戸時代から歌舞伎「敵討巌流島」や浄瑠璃などにとりあげられ、吉川英治著「宮本武蔵」は青年剣豪の武蔵像を一般に定着させた。

みやもとゆりこ【宮本百合子】 1899.2.13～1951.1.21　大正・昭和期の小説家。東京都出身。建築家中条精一郎の長女。本名ユリ。東京都出身。日本女子大中退。在学中「貧しき人々の群(むれ)」(中条百合子名)で注目される。結婚に破れた顚末を「伸子(のぶこ)」に描く。ロシア文学者湯浅芳子の影響でマルクス主義に開眼、一九三一年(昭和六)共産党入党。翌年宮本顕治と再婚。第二次大戦中も非転向を貫き転向文学を批判。戦後は新日本文学会の中心メンバーとして活躍。「道標」発表後急逝。

ミュラー Benjamin Carl Leopold Müller 1824.6.24～93.10.13 明治初期の御雇ドイツ人外科医。ボン大学とベルリン大学で医学を学んだ。一八七一年(明治四)内科医ホフマンとともに来日。陸軍軍医少佐。大学東校で外科・婦人科・眼科を教授。七四年任期満了となり、翌年帰国した。

ミュルレル ⇨ミュラー

みょうあんえいさい【明庵栄西】 ⇨栄西

みょういつ【明一】 728～798.3.27 奈良～平安初期の僧。大和国添上郡大宅郷の人。俗姓大宅氏。慈訓に師事して東大寺で修学。七五二年(天平勝宝四)東大寺盂蘭盆経の講師を、七八〇年(宝亀一一)維摩会の講師を勤めた。延暦初年に唐から行賀が帰国した際、宗義を質してその学浅を痛罵した。この頃三綱上座として東大寺運営にあたり、七九四年(延暦一三)には比叡山中堂供養の職衆を勤めた。晩年に妻帯して名声を失ったという。著書「法華経略記」「聖徳太子伝」。

みょううん【明雲】 1115～83.11.19 平安末期の天台宗僧。源顕通の次男。円融房・慈雲房と称する。天台座主最雲法親王の弟子となり、一一六七年(仁安二)天台座主。平清盛との結びつきが深く、その出家に際して戒師となる。七七年(治承元)延暦寺末寺の白山と加賀国司が争った事件で責任を問われ、座主職を解任。七九年再任、八二年(寿永元)大僧正。翌年、源義仲が後白河上皇を襲撃した法住寺の戦で流れ矢にあたり死亡。

みょうえ【明恵】 1173.1.8～1232.1.19 鎌倉前期の華厳宗の僧。明恵房高弁。栂尾上人。紀伊国生れ。父は平重国、母は湯浅宗重の女。幼くして両親を失い、高雄神護寺に文覚の弟子上覚を師として出家。仁和寺や東大寺に真言密教や華厳を学び将来を嘱望されたが、俗縁を絶ち紀伊国有田郡白上や同国筏立に遁世した。釈尊への思慕の念が深く二度インドへの渡航を企てたが、春日明神の託宣により中止した。一二〇六年(建永元)後鳥羽上皇から栂尾を下賜されて高山寺を開き、観行と学問につとめた。著書に「摧邪輪」「涅槃講式」「舎利講式」や、四〇年に及ぶ観行での夢想を記録した「夢記」などがあり、弟子の筆記になる「却廃忘記」など多数ある。和歌を多く残し「明恵上人和歌集」がある。

みょうえん【明円】 「めいえん」とも。生没年不詳。平安末～鎌倉初期に活躍した仏師。円派の一人で、始祖円勢から数えて四世代目。一一六五年(永万元)が事績の初見で、このときすでに法橋位にある。九四年(建久五)までに法印となり、九九年(正治元)頃に没した。この間一一七六年(安元二)に現存する大覚寺五大明王像(重文)を造り、兵火後の興福寺復興では金堂本尊像を担当した。京都三条南京極東に住んでいた。

みょうがく【明覚】 1056～? 「めいかく」とも。加賀の隠者とも。平安後期の天台宗僧。比叡山で覚厳らに師事。安然の学風を慕い悉曇学を究め、加賀国温泉寺に止住。「悉曇要訣」などを著し、後世悉曇学の祖師として仰がれ、また経典の訓点においても業績を残す。

みょうぐう【明空】 「みょうくう」とも。生没年不詳。鎌倉時代の早歌の作者。出自も不詳だが、鎌倉の極楽寺に関係する僧か。「撰要目録巻」序によれば、一三〇六年(徳治元)頃六〇歳余。早歌(宴曲)を作り、みずからも歌ったという。雅楽や声明など芸能諸方面に造詣の深さを感じさせる作が多い。「撰要目録巻」「宴曲集」「宴曲抄」「真曲抄」「究百集」「拾菓集」「拾菓抄」「別紙追加曲」「玉林苑」を編集した。

みょうせん【明詮】 789?～868.5.16 音石僧都とも。平安前期の法相宗僧。俗姓大原氏。奈良生れ。元興寺の施厳・仲継に法相教学を学び、八四九年(嘉祥二)から維摩会講師などを勤め、八五一年(仁寿元)権律師、八六四年(貞観六)大僧都まで昇る。玄奘に私淑して弥勒信仰を宣揚し、元興寺の南に玉華院を創建してはじめて竜華初会を行った。当時を代表する法相・因明の学匠で、その学説は後世まで重用された。

みょうぜん【明全】 1184～1225.5.27 鎌倉前期の臨済宗黄竜派の僧。房号は仏樹。はじめ延暦寺の杉井房明融に、ついで栄西に法をうけた。一二二三年(貞応二)道元・高照・廓然らを伴って入宋し、景福寺の妙雲、ついで栄西が教えをうけた太白山景徳寺の無際了派のもとで学んだ。在山三年で病に倒れ了然院で没した。道元は師弟関係九年の間に天台・黄竜派の禅・律などを学び、その遺骨を持ち帰って「舎利相伝記」を著し、明全の戒牒に奥書を記して永平寺に納めた。

みょうぜん【明禅】 1167～1242.5.2 鎌倉前・中期の天台宗の僧。通称は毘沙門堂明禅。父は参議葉室成頼。比叡山に上り顕真・智海に檀那流、法曼院の仙雲から小野流をうける。最勝講の盛大な儀式を世俗的な栄華と観じ、法然の弟子信空に浄土の要義を学んだ。「選択本願念仏集」を熟読し、称名念仏に邁進した。「述懐鈔」を著して念仏義をたたえ、隠岐島の後鳥羽上皇から出離の要諦について尋ねられ、これに答えた。

みょうちょう【妙超】 ⇨宗峰妙超

みょうちん【明珍】 甲冑師の一派。「明珍系図」によると、中興の祖宗介は近衛天皇から明珍の号を賜わるとあるが、確証がない。実際の作品は室町末期からみられ、明珍信家に明応・永正年紀の鉄錆地筋兜鉢がある。江戸時代になると江戸・弘前・仙台・金沢・広島・高知などに広く分布し、甲冑師では明珍派が最も栄えた。「毛吹草」

に「明珍・鎖」とあるように、甲冑以外の鐔・鷹の鈴・自在置物・轡など、さまざまな鉄の細工物を製作した。

みょうにょ【明如】 ⇩大谷光尊

みょうへん【明遍】 1142～1224.6.16 平安後期～鎌倉前期の僧で、法然の門下に入った三論宗の碩学。真言にも精通していた。藤原通憲(信西)の末子。空阿弥陀仏。一八歳のとき平治の乱にあって越後国に配流され、赦免後は東大寺で三論宗を学ぶ。五〇余歳で遁世して高野山に入り、蓮花三昧院を開創。専修念仏へ帰入した時期は不明。「往生論五念門略作法」などの著作は伝存しない。

みょうりゅう【妙竜】 1705.6.22～86.6.10 江戸中期の真言律宗の僧。美濃国生れ。尾張国の八事山興正寺五世。字は諦忍。号は雲蓮社空華。美濃国長安寺の岱梁に戒律を学び、一五歳で真言宗の四度加行をうけ、一七歳で興正寺に入り具足戒を、同年浄土宗鎮西派白旗流の璽書をうける。生涯を通して密・律・浄土の三教を学び、その興隆に尽くした。

みよしいへいじ【三好伊平次】 1873.12.20～1969.1.8 明治～昭和期の部落改善・融和運動家。号は黙軒。岡山県出身。一九〇二年(明治三五)岡山県下の被差別部落の有力者を集めて、自主的な改善団体備作平民会を組織。翌年全国の改善運動家と連絡をとり、大日本同胞融和会を結成。〇六年日本社会党に入党、社会主義運動にも一時接近した。二〇年(大正九)融和団体岡山県協和会を結成、同年内務省に入り融和事業を推進。中央融和事業協会理事、部落解放全国委員会の中央本部顧問などを歴任。

みよしうじ【三善氏】 (1)百済国速古王の後裔とされる渡来系氏族。はじめ錦織(部)首(のち連に改姓)。延暦～大同期頃、姉継ら錦部連の一部が三善宿禰の氏姓を賜る。その後、三善清行が延喜初年頃朝臣姓を賜ったらしい。平安中期以降、紀伝道の家を形成した。(2)一方、九七七年(貞元二)の左少史錦宿禰時佐の申状(「類聚符宣抄」)では、錦宿禰も(1)の錦織氏と同源だと主張し、主税助錦宿禰茂明が三善朝臣を賜った。子孫は算道の家を形成した。(3)中世には鎌倉幕府の問注所執事となった康信がでたが、系譜関係は不明。

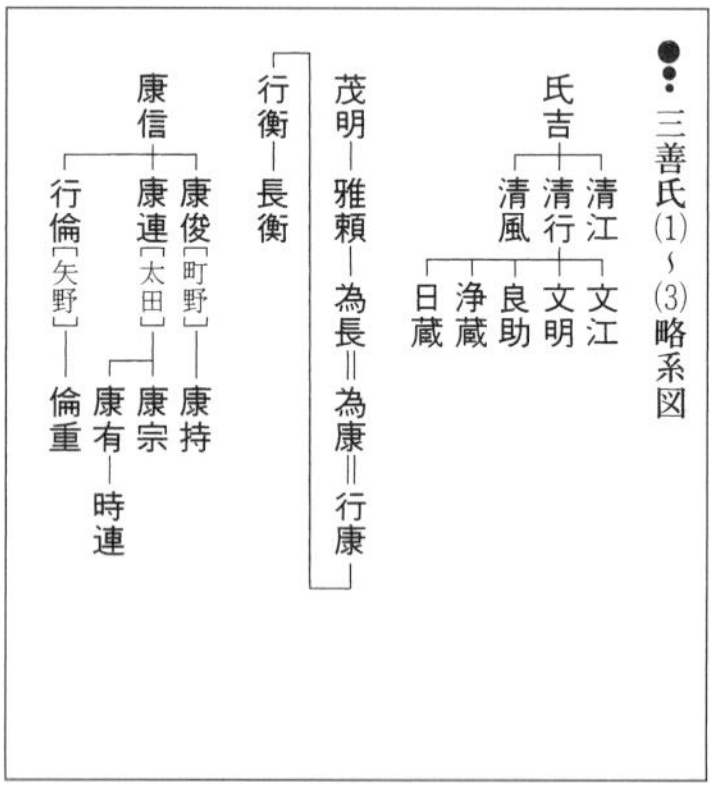

みよしし【三好氏】 中世阿波国の豪族。清和源氏。甲斐源氏小笠原長清は、承久の乱の功で阿波国守護となり、三好郡に住んで子孫が土豪化、長隆の養子義長の頃から三好氏を称したという。南北朝期、はじめ南朝方で活躍したが、のち阿波国守護細川氏に仕えた。以後、細川氏のもとで勢力を伸ばしたが、戦国期長慶のとき、細川氏の勢力が衰えると、主家を退け幕府の実権を握った。その後、家臣松永久秀に実権を奪われ、のち織田信長に滅ぼされた。

みよしじゅうろう【三好十郎】 1902.4.21～58.12.16 昭和期の詩人・劇作家。佐賀県出身。早大英文科卒。学生時代から前衛的な詩を作る。のちマルキシズムに近寄り、左翼芸術同盟を結成、一九二八年(昭和三)に処女戯曲「首を切るのは誰だ」を発表した。のちマルキシズムを離れ、「斬られの仙太」を刊行。東宝映画の前身PCLに入社後、「彦六大いに笑ふ」、自伝戯曲「浮標」などを発表。第二次大戦後にかけて劇作に専念する。

みよししょういち【三吉正一】 1853.10.28～1906.3.24 明治期の電機製造業者。周防国生れ。開成学校・電信修技学校をへて工部省電信寮製機掛に勤務。一八八三年(明治一六)東京に三吉工場を創設し、八五年同郷の藤岡市助の設計で日本初の発電機を、九四年初の電車用電動機を製造。九八年に倒産したが、明電舎の創設者重宗芳水ら多くの電機製造者を輩出し、工場は日本電気(NEC)に引き継がれた。また藤岡と一八九〇年に創設した電灯製造の白熱舎は東芝の前身の一つ。

みよししょうらく【三好松洛】 生没年不詳。江戸中期の浄瑠璃作者。僧侶から還俗して浄瑠璃作者になったともいわれるが、伝未詳。一七三六年(元文元)竹本座の「赤松円心緑陣幕」を文耕堂と合作したのが最初で、七一年(明和八)近松半二らの「桜御殿五十三駅」に後見として名を記すまで、五〇以上の作品にかかわっているが、すべて合作で単独作はない。

みよしたいぞう【三好退蔵】 1845.5.12～1908.8.18 明治前期の司法官僚。日向国生れ。一八九〇年(明治二三)初代検事総長となり、大津事件への皇室に対する罪の適用を主張。九二年の司法官弄花事件をめぐっても司法次官として児島惟謙大審院長と対立した。九三年大審院長となるが、判事懲戒裁判をめぐる他判事との対立により九六年に依願退職。九九年から五年間東京弁護士会会長。

みよしたつじ【三好達治】 1900.8.23～64.4.5 昭和期の詩人。大阪市出身。東大卒。萩原朔太郎を愛読、第三高等学校同級の丸山薫に影響され詩作を始める。「詩と詩論」同人。昭和新詩運動の試みから「測量船」が生まれた。一九三四年(昭和九)「四季」を創刊し、この期の詩壇の主流となる。他の代表作に「艸千里」「駱駝の瘤にまたがつて」、ボードレールの訳詩集「巴里の憂鬱」。

みよしながはる【三好長治】 1553～77.3.28 戦国期の武将。義賢の子。彦次郎。阿波守。元来は阿波国守護細川真之の家宰。一五六二年(永禄五)父の戦死後家督を継承。篠原長房の補佐で分国法新加制式を制定。六八年正月、和泉国堺に進んで摂津国富田の足利義栄を将軍に擁したが、一〇月、織田信長の入京にともない阿波へ退却。七五年(天正三)阿波一国に日蓮宗を強要して諸宗の反発をうけた。翌年細川真之と戦い、阿波国荒田野(現、徳島県阿南市)で敗れて自刃。

みよしながゆき【三好長逸】 長縁とも。生没年不詳。戦国期の武将。長則の子。孫四郎。日向守。三好長慶に属し、山城国飯岡城(現、京都府京田辺市)を拠点に南山城を支配。長慶死後、三好政康・岩成友通とともに長慶の猶子義継を擁して三好三人衆と称される。三好一族の最長老で三人衆の筆頭。織田信長の入京後、本願寺顕如光佐らと結んで抵抗。一五七三年(天正元)友通の敗死後は、目立った活動がみえない。

みよしながよし【三好長慶】 1522～64.7.4 戦国期の武将。元長の嫡男。初名利長、ついで範長。孫次郎。伊賀守・筑前守・修理大夫。一五三二年(天文元)父の討死により家督を継承。細川晴元の将だったが、四八年離反。翌年、将軍足利義輝と晴元を近江に駆逐。五二年義輝と和すが、翌年再び近江に追った。同年摂津国越水城(現、兵庫県西宮市)から同国芥川城(現、大阪府高槻市)にうつる。五八年(永禄元)再度義輝と和して京都に迎え、六〇年には配下の松永久秀が大和を制圧、畿内全域と丹波・淡路・讃岐・阿波各国を支配下におき、みずからは河内国飯盛山城(現、大阪府四條畷市)に入った。六三年に嫡子義興が急死すると政務への意欲を失い、翌年久秀の讒言で弟安宅冬康を殺害後、まもなく病死。

みよしのきよゆき【三善清行】 847～918.12.7 「きよつら」とも。平安前期の学者・官人。幼名は文雄。字は三耀・居逸。善相公とも称した。氏吉の子。母は佐伯氏。八七三年(貞観一五)文章生。翌年、巨勢文雄の推薦で文章得業生に選ばれた。八八一年(元慶五)方略試で不第とされたが、二年後に改判で丁第とされ官途につく。八八七年(仁和三)従五位下。その後、大内記・備中介・文章博士・大学頭などを歴任。この間「革命勘文」を奏上し、辛酉革命説にもとづき改元を求めて容れられ、九〇一年(昌泰四)七月、延喜と改元された。九〇五年「延喜格式」編纂員に任じられた。九一四年従四位上・式部大輔となり、醍醐天皇の諮問に答えて政治改革を説いた「意見十二箇条」を上奏。九一七年参議となる。

みよしのためやす【三善為康】 1049～1139.8.4 平安後期の学者・官人。越中国射水郡の射水氏の出自だったが、平安京にのぼって算博士三善為長の弟子となり、三善朝臣と改氏姓。紀伝道からの省試をへての出身ははたせず、少内記・算博士・尾張介・越後介・諸陵頭・越前権介を歴任し、正五位下に昇る。算博士として活躍したが、文人・浄土信仰者としての活動が有名で、「朝野群載」「掌中歴」「童蒙頌韻」「続千字文」「拾遺往生伝」「後拾遺往生伝」などを著し、自身も「本朝新修往生伝」に往生人として描かれた。

みよしのときつら【三善時連】 ⇩太田時連

みよしのやすあり【三善康有】 ⇩太田康有

みよしのやすつら【三善康連】 1193～1256.10.3 鎌倉幕府評定衆。問注所執事。父は初代執事の三善康信。はやくから法曹官僚としての能力を認められ、「御成敗式目」の制定にも貢献。備後国太田荘(現、広島県甲山町)の地頭であったので、子孫は太田氏を称し、問注所執事職を世襲した。

みよしのやすのぶ【三善康信】 1140～1221.8.9 鎌倉幕府草創期の官僚。平安末期に太政官の史や中宮少属を勤める。母が源頼朝の乳母の妹であった関係から、伊豆配流中の頼朝に月三度京都の情報を送り、一一八〇年(治承四)には源氏追討の動きをいち早く頼朝に知らせた。その後出家して入道善信と称し、八四年(元暦元)頼朝の招きで鎌倉に下向し、政務についた。頼朝の訴訟機関問注所の実務を担い、九一年(建久二)問注所初代執事となって、幕府の基礎固めに努める。源家将軍三代および北条執権体制下に宿老として幕政に重きをなしたが、承久の乱直後に問注所執事の職を子の康俊に譲り没した。

みよしのやすむね【三善康宗】 ⇩太田康宗

みよしまさやす【三好政康】 政生とも。生没年不詳。戦国期の武将。頼澄の子。下野守・釣閑斎宗渭。三好長慶の死後、三好長逸・岩成友通とともに長慶の猶子義継を後見し、三好三人衆と称される。一五六五年(永禄八)松永久秀と結び将軍足利義輝を殺害。織田信長の入京に抵抗し、六九年には長逸・友通とともに京都本圀寺に将軍足利義昭を襲撃して失敗。おしどりをかたどった花押は著名。のち豊臣秀吉・同秀頼に仕え、大坂夏の陣で戦死したともいう。

みよしまなぶ【三好学】 1861.12.5～1939.5.11 明治～昭和前期の植物学者。美濃国生れ。東大卒。ドイツに留学し、花粉管の研究で注目された。帰国後帝国大学教授。植物生理学などを研究、植物生態学という語を作った。天然記念物保存の立法化にも努力し、花菖蒲・桜の研究で知られる。小石川植物園園長を務めた。

みよしよしかた【三好義賢】 1526～62.3.5 戦国期の武将。元長の子。之康・之虎・元康とも。豊前守、物外軒実休。はじめ阿波国守護細川持隆の重臣として伊予や讃岐に侵攻し、兄長慶をたすけて畿内にも転戦。一五五三年(天文二二)持隆を殺害し阿波の実権を掌握、末弟十河一存の和泉転出で讃岐も支配した。六〇年(永禄三)長慶に従い河内に出陣、畠山高政を追って高屋城に入るが、根来寺などの加勢をうけた高政の反撃で、和泉国久米田(現、大阪府岸和田市)で討死。

みよしよしつぐ【三好義継】 ?～1573.11.16 戦国期の武将。十河一存の子。初名重存、ついで義重。左京大夫。一五六三年(永禄六)伯父三好長慶の養嗣子、翌年長慶の病死で家督を継承。当初は三好三人衆に擁されたが、六七年松永久秀を頼る。翌年久秀とともに将軍足利義昭・織田信長に降伏、河内北半国守護として若江城(現、大阪府東大阪市若江南町付近)を居城とした。七三年(天正元)信長に追われた義昭をかくまった罪で、信長の将佐久間信盛に城を攻囲され自刃。

ミルン John Milne 1850.12.30～1913.7.31 イギリスの地質学者。リバプール生れ。王立鉱山学校卒。一八七六年(明治九)御雇外国人として来日。工部大学校で地質学と鉱山学を教えた。鉱物や火山を研究し、八〇年の横浜地震を契機として外国人学者による日本地震学会を設立し、副会長となった。地震学の研究に進み、地震学の父といわれた。地震計の製作、地震観測網の整備、地震予知・震災対策などの研究を提唱。九五年帰国。

みわおう【神王】 737～806.4.24 天智天皇の子施基皇子の孫。父は榎井王。妻は光仁天皇皇女美努摩内親王。七六七年(神護景雲元)無位から従五位下に叙され、叔父の白壁王(光仁天皇)が即位すると従四位下に昇進した。以後、参議・大納言を歴任、七九六年(延暦一五、「公卿補任」は七九八年)には右大臣に就任し、桓武天皇の近親として桓武朝後半期の太政官の主座を占めた。また七九七年には刪定令格四五条の施行にたずさわっている。

みわしっさい【三輪執斎】 1669～1744.1.25 江戸中期の儒学者。父は医業を営む沢村自三。名は希賢、通称は善蔵、号は執斎・躬耕廬。京都生れ。父の没後、親戚の豪商初代白木屋に養育され、真野氏を継ぐが、一九歳で江戸に出て佐藤直方に学び、本姓三輪に復した。朱子学から陽明学に転じて、一時直方から絶交された。江戸で明倫堂を開設し門人を教導、大坂の懐徳堂創立に尽力。王陽明の語録を注釈した「標註伝習録」は日本における陽明学の普及に貢献。著書はほかに「日用心法」「正享問答」。

みわじゅそう【三輪寿壮】 1894.12.15～1956.11.14 大正・昭和期の弁護士・社会運動家。福岡県出身。東大卒。在学中、新人会に参加、卒業後自由法曹団の弁護士として活躍。労働農民党書記長になったが、分裂時に日本労農党に移り書記長。以後は中間派的立場をとり、一九三七年(昭和一二)社会大衆党から代議士に当選。大政翼賛会・大日本産業報国会の幹部となり、第二次大戦後公職追放。東京裁判では岸信介を弁護。追放解除後社会党に入党、右派に属し、五二年総選挙後三回連続当選。

みわせいあ【三輪西阿】 ⇨玉井西阿

みわたまさこ【三輪田真佐子】 1843.1.1～1927.5.3 明治・大正期の女子教育家。漢学者の娘として京都に生まれ、伊予国松山出身の尊王派の志士三輪田元綱と結婚。元綱の死後、一八八〇年(明治一三)松山に私塾明倫学舎を、八七年東京に私塾翠松学舎を開き、一九〇二年にはこれを整備・拡充して三輪田女学校を創立。翌年に五年制の三輪田高等女学校とし、校長として儒教的秩序観にもとづく良妻賢母主義教育を推進した。

みわのたけちまろ【三輪高市麻呂】 ⇨大神高市麻呂

みん【旻】 ?～653.6.- 七世紀の僧。六〇八年(推古一六)九月、遣隋使小野妹子に従って高向玄理・南淵請安らと入隋し、六三二年(舒明四)八月帰朝。帰国後、蘇我入鹿・藤原鎌足らに「周易」を講じた。六三七年流星があった際に天狗の吠声であると主張し、さらに六三九年彗星出現により飢饉を予告するなど、祥瑞思想に詳しかった。大化の改新後、六四五年(大化元)高向玄理とともに国博士となり、十師の一員にも任じられた。六四九年高向玄理と八省・百官の制を起案し、翌年穴戸国司から白雉が献上されると、その祥瑞を説いて白雉改元となった。六五三年(白雉四)五月病気となり、孝徳天皇の見舞をうけ、翌月没した。

みんきそしゅん【明極楚俊】 1262～1336.9.27 鎌倉後期中国の元から来朝した臨済宗の僧。諱は楚俊。仏日焰慧禅師と号す。虎巌浄伏の法をつぎ、径山寺の前堂首座を勤めていた頃招請に応じ、一三二九年(元徳元)竺仙梵僊・雪村友梅らとともに博多に到着。関東に下る途中、京都で後醍醐天皇に会い法問をうける。北条高時の招請に応じて建長寺の住持。三三年(元弘三)南禅寺一三世、翌年建仁寺二四世となる。後醍醐天皇の流謫中に復位を予言したという。著書「明極和尚語録」。

みんちょう【明兆】 1352～1431.8.20 南北朝期～室町中期の画僧。明兆は法諱、道号は吉山。破草鞍と号す。長く殿司の役にあったので兆殿司と称される。淡路国生れ。幼くして同地の安国寺に入り僧となり、大道一以の法を嗣ぐ。その後師に従い東福寺に移る。生来画技を好み、東福寺では画僧として活躍、「五百羅漢図」(一三八六)、「大涅槃図」(一四〇八)、「聖一国師像」「達磨・蝦蟆・鉄拐図」など、多くの仏画や頂相を制作。宋元画を範としながらも、力強い運筆による雄渾な画風に特徴がある。なお詩画軸の名品「渓陰小築図」(一四一三)も明兆筆と推定され、画域は広い。弟子に赤脚子・霊彩がいる。

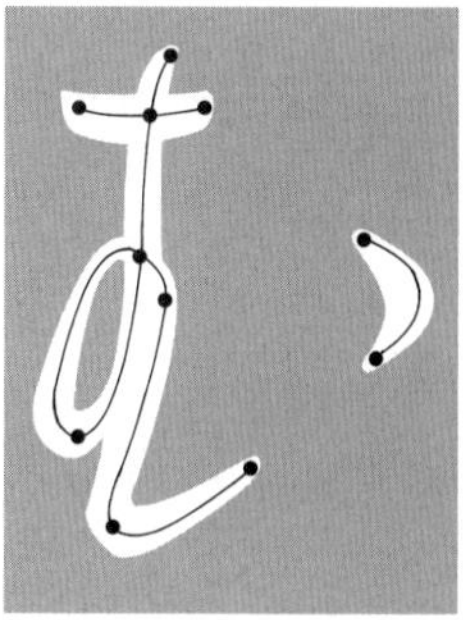

むいつこくごん【無逸克勤】 生没年不詳。中国明代の天台宗僧。名は克勤、通号は無逸。一三七二年(応安五・文中元)明の太祖洪武帝の命により、仲猷祖闡とともに大統暦と文綾紗羅を持参して来日。翌年京都嵯峨の向陽庵に滞在して、明と室町幕府の間の最初の交渉を行う。帰途、七四年まで博多妙楽寺に滞在し、幕府の答使宣聞渓・浄業らと明人・高麗人の被虜人を伴い、同年帰国。詩文にすぐれ、日本禅僧の求めに応じて多くの作品を残した。

むかいきょらい【向井去来】 ⇨去来

むかいげんしょう【向井元升】 1609.2.2～77.11.1 江戸前期の儒医。初名は玄松。肥前国神崎郡生れ。少年時、長崎に移り南蛮天文学・儒学・医術・本草学を修めた。一六三九年(寛永一六)から唐船持渡りの書物改めにたずさわり、また四七年(正保四)長崎に聖堂をたてみずから祭酒となり、ついで私塾輔仁堂を開き儒学を講じた。五八年(万治元)京都で開業、名医として名を高めた。著書「包厨備用倭名本草」「乾坤弁説」。俳人去来は次男。

むかいしょうげん【向井将監】 1582～1641.10.14 江戸前期の幕府船手頭。父は正綱。諱は忠勝。一六歳で徳川秀忠に仕え、大坂の陣では水軍を率いて活躍、秀忠・家光の御座船も指揮した。以後、向井家は代々将監を称して船手頭を世襲、その首位の座にあり、将軍御座船の指揮をとった。幕府船手の秘法である向井流の泳法も継承した。

むがくそげん【無学祖元】 1226～86.9.3 鎌倉中期に中国の南宋から来朝した臨済宗僧。道号は無学、法諱は祖元。はじめ子元と号す。追号は仏光円満常照国師。会稽生れ。七歳で家塾に入り習学、父の死により一三歳で浄慈寺に赴き、剃髪受戒し祖元と名のる。一二三九年径山の無準師範に参禅。その後、霊隠寺・育王山・大慈寺で参禅。六九年台州真如寺に在住の折、元軍の侵入に遭遇し「臨剣頌」を作る。七九年(弘安二)北条時宗の招請により来朝。建長寺・円覚寺の住持・開山となる。弟子に高峰顕日・規庵祖円など。

むかんふもん【無関普門】 1212～91.12.12 鎌倉中期の臨済宗の僧。諱は玄悟、普門は房号。信濃国生れ。一三歳のとき越後国正円寺で剃髪。信濃国塩田の講席に列し、数年後正円寺に戻り伯父寂円に仕える。一九歳のとき上野国長楽寺で栄朝から菩薩戒をうける。その後、関東・北越の講席を歴遊し、京都東福寺の円爾に参禅。一二五一年(建長三)入宋し、六一年(弘長元)まで禅宗寺院をめぐり参禅、帰国後、八一年(弘安四)東福寺に住した。八八年(正応元)亀山上皇のために妖怪を降伏した功で南禅寺の第一祖となる。

むきょくしげん【無極志玄】 1282～1359.2.16 鎌倉後期～南北朝期の臨済宗の僧。父は順徳天皇の孫尊雅王。一三歳のとき京都安部の願成寺で出家、以後、東寺・東福寺などで修学した。のち夢窓疎石に師事し南禅寺・臨川寺に住した。一三四六年(貞和二・正平元)疎石の跡をつぎ、天竜寺二世となった。

むくなしし【椋梨氏】 安芸国の中世豪族。桓武平氏土肥氏の流、小早川氏の支族。小早川氏の相伝していた沼田荘(現、広島県三原市・本郷町・大和町付近)のうち、沼田新荘の地頭となった季平に始まる。以後、椋梨川南岸を拠点に代々新荘方の庶氏家を率いて、小早川一族のなかでも沼田惣領家につぐ地位を占めていた。のち毛利氏の家臣となる。

むくなしとうた【椋梨藤太】 1805～65.閏5.28 幕末期の萩藩士。名は景治。一八四三年(天保一四)坪井九右衛門の添役として右筆となるが、五三年(嘉永六)政敵である革新派の周布政之助に交代。のち明倫館頭人となるが再び周布派に追われる。六三年(文久三)八月十八日の政変後、俗論派を結集して藩主に迫り隠居させられるが、六四年(元治元)禁門の変後に復帰。しかし高杉晋作らの挙兵に敗れ、六五年(慶応元)萩から脱走。津和野で捕らえられ、萩の野山獄で斬首された。

むこうやませいさい【向山誠斎】 1801～56.10.- 江戸後期の幕臣。源太夫。諱は篤。一八三八年(天保九)奥右筆となり、記録・先例類・寄留帳の調査を命じられる。四三年勘定組頭に転じ、天保の改革のなかで勝手向の職務に精勤するが、翌年一〇月罷免。五五年(安政二)箱館奉行支配の組頭となり、翌年蝦夷地調査に従事中、宗谷で死去。編著「蠹余一得」「吏徴」。

むさのあお【身狭青】 雄略天皇に寵愛された東漢氏配下の渡来人。身狭は大和国高市郡の地名で、史部として朝廷の記録・外交を担当。姓は村主。雄略八年、檜隈民使博徳とともに呉に派遣され、同一〇年に呉から鵞鳥を持ち帰ったが、筑紫の水間君の犬に食われた。同一二年にも呉に派遣され、同一四年に手末才伎の漢織・呉織や衣縫の兄媛・弟媛を連れ帰ったという。

むじゃく【無著】 ⇩無著

むしゃのこうじけ【武者小路家】 藤原氏閑院流の三条西家庶流。羽林家。右大臣三条西実条の次男公種を祖とし、寛永年間(一六二四～四四)に創立。家禄は一三〇石。代々歌道をもって朝廷に仕え、とくに二代実陰は宮廷歌壇で重要な地位を占めた。また実陰・公野父子は議奏も勤めた。維新後、実世のとき子爵。一一代公共はドイツ大使・宗秩寮総裁となる。実篤は公共の弟。

むしゃのこうじさねあつ【武者小路実篤】 1885.5.12～1976.4.9 明治～昭和期の小説家・劇作家・詩人。東京都出身。子爵の家柄に生まれる。学習院をへて東大中退。メーテルリンクの影響などにより厳格なトルストイ主義から脱却。一九一〇年(明治四三)志賀直哉らと「白樺」創刊、大胆な自我肯定の文学を展開。一八年(大正七)人道主義の立場から「新しき村」を宮崎県に創始。第二次大戦後も小説・詩・絵画と旺盛な創作活動を続けた。小説「お目出たき人」「友情」、戯曲「愛欲」。五一年(昭和二六)文化勲章受章。

むしゃのこうじさねかげ【武者小路実陰】 1661.11.1～1738.9.30 江戸中期の公家・歌人。西郊実信の子、武者小路公種の養子。幼名虎丸。一字名は蘊・芳。一六九九年(元禄一二)から一〇年間議奏。一七三八年(元文三)准大臣従一位。霊元院歌壇の代表的歌人。五四歳のとき院から古今伝授をうけた。法号は超嶽院天休明徳。家集「芳雲集」。

むしゃのこうじせんけ【武者小路千家】 江戸初期に成立した茶道三千家の一つ。千利休の孫宗旦の次男一翁宗守を開祖とする。他家に入っていた宗守が、表裏両千家に遅れて京都武者小路に官休庵を建て、千家に復したことに始まる。宗守は高松藩松平家茶頭にもなり、以後代々同家に出仕。五世一啜斎宗守の頃を最盛期とし、一時衰退したが九世愈好斎のときに再盛。現一一世不徹斎宗守に継ぐ。

むじゅう【無住】 1226.12.28～1312.10.10 鎌倉中・後期の僧侶。梶原氏、俗名不明。諱は道暁。号は一円房。諡号大円国師で、一五四六年(天文一五)に勅諡。鎌倉生れ。一八歳で常陸国法音寺で出家。以後関東・大和諸寺で諸宗を兼修。一二六二年(弘長二)尾張国長母寺(現、名古屋市東区)に住み、八〇歳で寺内桃尾軒に隠居した。和歌即陀羅尼論の提唱者、話芸の祖。事績は著作中の述懐記事や「無住国師行状」などの伝記、高僧伝が伝える。編著書「沙石集」「聖財集」「妻鏡」「雑談集」。

むそうそせき【夢窓疎石】 1275～1351.9.30 鎌倉後期～南北朝期の臨済宗の僧。道号は夢窓、法諱は疎石、国師号は心宗国師。別に木訥叟と称す。伊勢国生れ。一二九二年(正応五)天台宗の明真に師事するが、一字も説かずに死んだ明真をみて、ひそかに教外別伝の禅宗に傾く。翌年、京都建仁寺の無隠円範に参見し、法諱を疎石、道号を夢窓と自称。九九年(正安元)来朝した一山一寧に師事した。一三〇三年(嘉元元)高峰顕日に就学。二五年(正中二)後醍醐天皇の命で南禅寺に、二九年(元徳元)北条高時に請われて円覚寺に入寺。三六年(建武三・延元元)には足利尊氏が弟子の礼をとった。春屋妙葩以下の俊秀を養成して臨済宗の黄金期を築く。後醍醐天皇没後に建立された天竜寺の開山となる。その造園技術による京都西芳寺(苔寺)・天竜寺などの庭園も有名。著書「夢中問答集」。

むたいりさく【務台理作】 1890.8.8～1974.7.5 昭和期の哲学者。長野県出身。京大卒。一九二六年(昭和元)渡欧してフッサールに学ぶ。のち台北帝国大学・東京文理科大学・慶応義塾大学の教授を務め、東京文理科大学学長となる。四四年「場所の論理学」を著したが、第二次大戦後は新しいヒューマニズムの創出を意図し、憲法問題研究会にも参加、平和問題など社会的発言も積極的に行った。著書「ヘーゲル研究」「社会存在論」「思索と観察」。

むたぐちげんがく【牟田口元学】 1844.12.26～1920.1.13　明治・大正期の実業家。肥前国高尾村生れ。戊辰戦争で官軍に従軍、維新後は工部省・文部省・農商務省などに出仕。明治十四年の政変で下野し、一八八九年（明治二二）実業界に入る。東京馬車鉄道・東京鉄道・播但鉄道・小倉鉄道などの鉄道事業、大正瓦斯・日清生命などの経営に参画。一九一六年（大正五）貴族院議員。

むたぐちれんや【牟田口廉也】 1888.10.7～1966.8.2　昭和期の軍人。陸軍中将。佐賀県出身。陸軍士官学校（二二期）・陸軍大学校卒。参謀本部庶務課長などをへて、一九三六年（昭和一一）四月支那駐屯軍歩兵第一連隊長。盧溝橋事件で拡大派として活動。四三年第一五軍司令官となりインパール作戦を指揮するが失敗。四四年一二月予備役。

むぢゃく【無著】 395～470?/310～390?　無障礙・阿僧伽とも。インドの初期唯識仏教の大成者。パキスタンのペシャワールのバラモン出身。はじめ小乗仏教の説一切有部で出家したが、弥勒から空などの大乗思想を学び転向した。唯識教学の基本論書である「摂大乗論」を著す。

ムッソリーニ　Benito Mussolini 1883.7.29～1945.4.28　イタリアの政治家。第一次大戦前はイタリア社会党に属し、党機関紙「前進」の編集を担当した。大戦に際し参戦論を展開、党を除名される。一九一九年「戦闘ファッシ」を結成しファシズム運動を開始。二二年のローマ進軍の成功以来二〇年にわたって首相を務める。四三年七月失脚し逮捕されたがドイツ軍に救出され、新たにイタリア社会共和国（サロ共和国）を樹立。四五年四月パルチザンにより銃殺刑に処せられた。

むつむねみつ【陸奥宗光】 1844.7.7～97.8.24　幕末期の和歌山藩士、明治期の政治家。旧名伊達陽之助。幕末期に脱藩して坂本竜馬の知遇を得て海援隊に加わる。維新後、外務大丞・大蔵省租税頭・元老院議官などを歴任したが、西南戦争時に西郷軍に通謀した疑いで一八七八年（明治一一）禁獄五年の刑をうけた。八二年特赦されて欧米に渡り、八八年駐米公使としてメキシコとの対等条約の締結に成功。九〇年第一次山県内閣の農商務相に起用され、第一次松方内閣にも残留、旧縁をいかして自由党・独立倶楽部に独自の影響力をもった。九二年の選挙干渉問題で品川弥二郎内相と対立して辞任したが、第二次伊藤内閣の外相となり、治外法権の撤廃を内容とする条約改正を実現したほか、日清戦争の講和条約、三国干渉などの処理や議会対策に大きな成果を残した。伯爵。

むとうあきら【武藤章】 1892.12.15～1948.12.23　昭和期の軍人。陸軍中将。熊本県出身。陸軍士官学校（二五期）・陸軍大学校卒。陸軍省軍務局員をへて、一九三七年（昭和一二）参謀本部作戦課長、日中戦争では強硬論を唱えた。三九年陸軍省軍務局長となり、日独伊三国同盟の締結、大政翼賛会の設立などを推進。太平洋戦争ではフィリピン作戦に参加。敗戦後A級戦犯として絞首刑。

むとうさんじ【武藤山治】 1867.3.1～1934.3.10　明治・大正期の実業家。尾張国生れ。一八八四年（明治一七）慶応義塾卒業後、アメリカに留学、八七年帰国。九三年中上川彦次郎による三井の改革時に招かれて三井銀行に入行。翌年鐘淵紡績の新鋭工場である兵庫工場支配人として迎えられ、同社の経営改革に尽力し、一九二一年（大正一〇）社長に就任。家族主義的労務管理の推進者として知られる。三〇年（昭和五）社長辞任後、帝人事件で政財界の腐敗を糾弾する論陣をはり、自邸近くで狙撃され死去。

むとうし【武藤氏】 中世北九州の豪族。藤原秀郷流。秀郷の子孫頼平から武藤氏を称したという。頼平の子資頼は、源平争乱のとき、平家方に属し捕虜となったが、のち許されて鎌倉御家人となる。建久年間九州に下り、鎮西奉行天野遠景のあとをうけ大宰府の現地最高責任者となった。筑前・肥前諸国などの守護を兼務し、のち大宰少弐となる。子資能の系統は少弐氏を称し、鎌倉・南北朝時代を通じ鎮西に勢力をふるった。孫景頼の系統は、引付衆・評定衆を歴任する鎌倉幕府の重臣となったが、霜月騒動で安達氏とともに滅亡。

むとうのぶよし【武藤信義】 1868.7.15～1933.7.28　明治～昭和前期の軍人。陸軍大将・元帥。佐賀県出身。陸軍士官学校（三期）・陸軍大学校卒。日清・日露戦争に出征。シベリア出兵では諜報活動にあたる。参謀本部第一部長・関東軍司令官・教育総監を歴任。一九三二年（昭和七）再び関東軍司令官となり、駐満州国特命全権大使・関東長官を兼任した。

むとべよしか【六人部是香】 1806～63.11.28　幕末期の国学者。山城国乙訓郡向日神社祠官の子。通称は縫殿など、号は葵舎・一翁など。平田篤胤門人で、産霊神や各地の産須那神を中心とする幽冥論を説き、関西平田派の重鎮として活躍。歌学や洋学など幅広い学識でも知られた。著書「産須那社古伝抄広義」「顕幽順考論」。

むなかたうじ【宗像氏】 福岡県玄海町にある宗像神社の神官。宗像郡の郡司職であったが、九七八年（天元元）氏能が初代の大宮司に補任されて以後、宗像氏が勤めた。一一四六年（久安二）からは、それまでの官符による補任から本家による補任に変化した。鎌倉時代には御家人となり、この地域の領主としても発展。室町時代には大内氏に属して黒川氏を名のったこともある。一六世紀末、嗣子がないまま当主が病死し断絶。

むなかたしこう【棟方志功】 1903.9.5~75.9.13 大正・昭和期の版画家。青森県出身。洋画を志し働きながら独学。川上澄生の版画に感銘をうけ、一九二八年(昭和三)平塚運一を知り木版画に転向、板画と称した。五五年サンパウロ・ビエンナーレで最高賞、翌年ベネチア・ビエンナーレで国際版画大賞を受賞、独創的な画風で国際的評価を得た。七〇年文化勲章受章。作品「二菩薩釈迦十大弟子」「湧然する女者達々」。

むなかたせいや【宗像誠也】 1908.4.8~70.6.22 昭和期の教育行政学者。東京都出身。東大卒。一九四〇年(昭和一五)に法政大学教授となり、教育科学研究会に参加。第二次大戦後、四九年に東京大学教育学部教授となり教育行政学を担当、日教組の教育研究運動の指導者、教科書裁判の支援者としても活動した。著書「宗像誠也教育学著作集」。

ムニクー Pierre Mounicou 1825.3.4~71.9.3 パリ外国宣教会宣教師。フランス人。一八五五年(安政二)那覇に上陸、日本語を学ぶ。六〇年(万延元)ジラールに招かれて横浜に赴き、布教の準備を進める。六六年(慶応二)箱館に移って、聖堂を建設。六八年(明治元)神戸に移り、その後大阪・神戸に教会を建設。神戸で病死。

ムニョス Alfonso Muñoz ?~1620.8.20 スペイン人フランシスコ会宣教師。一五九七年マニラで二十六聖人殉教の報に感動し、渡日を試みる。一六〇六年(慶長一一)肥前国深堀に上陸、同年伏見で徳川家康に謁見し、ルソン貿易を斡旋。大坂に修練院を設けて関西に布教。メキシコ貿易仲介のため、一〇年徳川秀忠のスペイン国王あて国書をたずさえ、前フィリピン臨時総督ビベロらとともに帰国するが、幕府のキリシタン弾圧の開始などにより交渉は失敗。メキシコに渡り同地で没。

むねたかしんのう【宗尊親王】 1242.11.22~74.8.1 鎌倉幕府六代将軍(在職一二五二・四・一~六六・七・四)。父は後嵯峨天皇、母は平棟子。中務卿になったため中書王ともよばれた。一二五二年(建長四)鎌倉へ下り、皇族としてはじめて将軍となる。六六年(文永三)幕府への謀反の疑いありとして、京都へ追放された。七二年出家、法名は行証。歌人として知られ、家集「瓊玉和歌集」「中書王御詠」。

むねちか【宗近】 刀工の名。「日本刀銘鑑」によれば同名が十数人いるが、謡曲「小鍛冶」に登場する京都の三条小鍛冶の宗近が著名で、刀剣書類では永延頃に活躍という。後鳥羽上皇の浮丸・鵜丸・蝶丸、信西の小狐、弁慶の薙刀の作者、また摂関家の家司とする説もある。知恩院内に関係の遺跡もあるが、いずれも伝承にすぎない。異説もあるが、遺品は伯耆の安綱らとともに現存する在銘最古のもので、平安末期の作である。名物三日月太刀一が国宝、太刀二が重文。

むねよししんのう【宗良親王】 1311~85.8.10? 「むねなが」とも。後醍醐天皇の皇子。母は二条為世の女為子。幼くして妙法院に入室、法名尊澄。一三三〇年(元徳二)天台座主となる。翌年元弘の乱で挙兵したが失敗し、讃岐国へ流された。幕府滅亡後帰京し天台座主に復したが、足利尊氏が離反すると還俗し宗良と称した。三八年(暦応元・延元三)北畠親房らとともに伊勢から海路東国下向を試みたが遭難。遠江・越後・信濃などを転々としたのち、五二年(文和元・正平七)後村上天皇から征夷大将軍に任じられた。南朝君臣の詠歌を編集した「新葉和歌集」を撰進。家集「李花集」。

むほんかくしん【無本覚心】 ⇨覚心

むもんげんせん【無文元選】 1323.2.15~90.閏3.22 南北朝期の臨済宗の僧。父は後醍醐天皇。天皇死去の翌年建仁寺で出家し、明窓宗鑑・雪村友梅などに師事した。一三四三年(康永二・興国四)中国の元に渡ることを志し、博多聖福寺の無隠元晦に参じた。のち中国福州の大覚寺で古梅正友に参禅し、各地を巡拝。帰国後は各地を教化し、遠江国方広寺などを開いた。勅諡号は聖鑑国師・円明大師。著書「無文禅師語録」。

むらいきちべえ【村井吉兵衛】 1864.1.22~1926.1.2 明治・大正期の実業家。京都生れ。煙草の販売業から製造業に転じ、洋式の巻煙草サンライズの製造販売を始め、村井兄弟商会を設立、岩谷松平の和式煙草に対抗した。煙草専売制実施を機に一九〇四年(明治三七)東京に村井銀行を創立、鉱山・石油・製糖・製粉などの諸事業に関係した。

むらいげんさい【村井弦斎】 1863.12.18~1927.7.30 明治・大正期の新聞記者。三河国生れ。本名寛。東京外国語学校中退。二年間渡米し、帰国後の一八八八年(明治二一)「郵便報知新聞」に入社、九五年編集長となる。この間「小説家」「日の出島」などの小説を執筆。一九〇六年実業之日本社社長増田義一と協力し「婦人世界」を創刊。著書「食道楽」。

むらいさだかつ【村井貞勝】 ?~1582.6.2 織豊期の武将。織田信長の家臣。一五七三年(天正元)七月、京都所司代。安土築城や御所修築、将軍居館の新築などをつかさどり、また明智光秀とともに京都の庶政にあたる。本能寺の変では二条御所で織田信忠に殉じて討死。

むらいちゅうぜん【村井中漸】 1708~97.2.24 江戸中期の数学者・儒医。はじめ原田秀箇と称す。熊本生れで京都に住む。中根彦循の「勘者御伽双紙」を模して内容の高度な数学遊戯の書「算法童子問」を著した。本書には測量・度量衡の説明もある。ほかに「開商点兵算法」。また大名の有馬頼僮(よりゆき)や毛利高標(たかすえ)の知遇をえた。

むらおかつねつぐ【村岡典嗣】 1884.9.18～1946.4.13 大正・昭和期の思想史学者。東京都出身。早大卒。広島高等師範教授などをへて、一九二四年(大正一三)東北帝国大学教授となり、日本思想史講座を担当。新カント学派の文化科学的方法を日本思想史の研究に適用し、日本思想史学の基礎を確立した。著書「本居宣長」「日本思想史研究」。

むらおかのつぼね【村岡局】 ⇨津崎矩子(つざきのりこ)

むらおかりょうすけ【村岡良弼】 1845.2.10～1917.1.4 明治・大正期の法制官僚、地理・制度史学者。下総国生れ。櫟斎と号する。一八六九年(明治二)昌平黌明法科に入学、同年一一月刑部(ぎょうぶ)省に勤務し、新律綱領の編集に参画した。司法省・参事院・宮内省勤務をへて八六年五月には内閣記録課課長に就任。九二年五月の退官後は「日本地理志料」七二巻(一九〇三)に代表される旺盛な学究活動に専念した。

むらがきのりまさ【村垣範正】 1813.9.24～80.3.15 幕末期の外国奉行。通称淡路守。号は淡叟(たんそう)。村垣家は御庭番の家。祖父定行の功により一八三一年(天保二)新規召出。五四年(安政元)勘定吟味役となり、海防掛・蝦夷地掛を兼務。一〇月下田でロシア使節を応接。五六年箱館奉行、五八年外国奉行、五九年神奈川奉行と兼職し、外交の一線に立つ。六〇年(万延元)の遣米使節副使。六一年(文久元)箱館奉行として着任、ロシア軍艦対馬占領事件の処理交渉にあたった。六三年作事奉行に転じて外交から引退、六八年(明治元)病気隠居。「遣米使日記」を残す。

むらかみかがく【村上華岳】 1888.7.3～1939.11.11 大正・昭和前期の日本画家。大阪市出身。本名武田震一。京都市立美術工芸学校をへて、京都市立絵画専門学校卒。竹内栖鳳(せいほう)に師事する。一九一六年(大正五)文展特選となるが、反官展を標榜し、一八年国画創作協会を結成。二三年京都を離れ、芦屋に隠棲、六甲風景や仏画を描いた。作品「裸婦」「日高河清姫図」、著書「画論」。

むらかみかんべえ【村上勘兵衛】 京都の書肆。代々勘兵衛を称し、号は平楽寺。江戸初期の元和期から活動し近代にいたる。三代宗信が日蓮宗に改宗し深草に隠棲したことから、四代元信は深草の日蓮宗の僧元政と関係をもち、日蓮宗の図書を出版しはじめた。以後、日蓮宗図書の出版で知られる。店は二条車屋町(「京羽二重」)。近代に入って井上氏に店舗を譲り、平楽寺書店となった。

むらかみきじょう【村上鬼城】 1865.5.17～1938.9.17 明治～昭和前期の俳人。江戸生れ。本名荘太郎。大正期の「ホトトギス」の主要俳人。耳疾と困窮のなか、群馬県高崎で「鬼城句集」などの作品を残した。

むらかみげんじ【村上源氏】 賜姓源氏の一つ。村上天皇の孫に始まる二世源氏で、具平(ともひら)親王の子師房(もろふさ)が一〇一八年(寛仁二)に賜姓。そのほか賜姓年月は不明であるが、為平・具平両親王の子は僧・女子を除いてみな村上源氏に属した。師房とその子孫は大臣を歴任し、摂関の妻を輩出して摂関家を支えるとともに牽制する役割をはたした。師房の子顕房の女賢子が白河天皇の中宮となったのを契機に、院政期には顕房の直系子孫である久我(こが)家を頂点として、しばしば摂関家をこえる実権をもった。鎌倉初期には、反幕派の久我通親が親幕派の関白九条兼実を失脚させて権勢を振った。鎌倉中期以降、堀川・土御門(つちみかど)・中院(なかのいん)・六条・千種・北畠などの家にわかれ、藤原氏とともに中世以降の公家世界の枢要を維持した。

むらかみし【村上氏】 ❶中世信濃国の豪族。清和源氏。頼信流の盛清(もりきよ)が村上(現、長野県坂城町)に住み、その子為国が村上氏を称したのに始まる。為国の子基国・経業は源頼朝に属し御家人となった。一四〇〇年(応永七)満信が大文字一揆とともに守護小笠原氏を破り勢力を伸ばしたが、一五五三年(天文二二)義清のとき武田信玄に信濃国を追われた。
❷三島村上氏とも。中世後期に瀬戸内海の因島(いんのしま)・能島(のしま)・来島(くるしま)を拠点に活躍した海上の武装集団。海賊行為をする一方で、近隣荘園の所務や海上警固を担って勢力を伸ばした。河野氏の

支配下で山名氏・大内氏ともつながり、対外貿易も行った。毛利氏配下の水軍として、石山本願寺への兵粮輸送を行うなど力を発揮するが、来島村上氏が豊臣秀吉の勢力下に入るにおよんで、三島村上氏は分裂。秀吉が一五八八年(天正一六)に海賊禁止令を出すと、その組織は解体した。

むらかみしまのじょう【村上島之丞】 1760～1808 江戸後期の幕吏・旅行家。名は中仲、筆名は秦檍麿。伊勢国宇治山田の生れ。松平定信にみいだされ以後幕吏となる。伊豆巡見に従事したほか、一七九八年(寛政一〇)から一八〇六年(文化三)まで普請役御雇いとして蝦夷地を検分。また植林や農業の指導を行った。著書「蝦夷島奇観」「東蝦夷地名考」。

むらかみせんしょう【村上専精】 1851.4.1～1929.10.31 明治・大正期の僧・仏教学者。丹波国の真宗大谷派の寺に生まれる。各地で研鑽ののち、一八九四年(明治二七)創刊の「仏教史林」によって仏教研究の開拓者となった。一九一七年(大正六)東京帝国大学教授、二六年(昭和元)大谷大学学長。大谷派改革運動に加わり、僧籍を離れた時期もあった。学士院会員。

むらかみてんのう【村上天皇】 926.6.2～967.5.25 在位946.4.20～967.5.25 醍醐天皇の第一四皇子。名は成明。母は藤原基経の女穏子。保明親王・朱雀天皇は同母兄である。保明とその子慶頼が死去し、朱雀にも男子がなかったため、九四四年(天慶七)皇太子に立った。二年後、朱雀の譲位をうけて践祚。九五〇年(天暦四)藤原安子(師輔の女)に男子(冷泉天皇)が生まれると、これを皇太子に立てた。関白藤原忠平・同師輔らに補佐されたが、その治世は「天暦の治」とよばれ、醍醐天皇の「延喜の治」とともに聖代とみなされた。日記「村上天皇宸記」。儀式書「清涼記」も村上の著作と伝えられる。

むらかみなおじろう【村上直次郎】 1868.2.4～1966.9.17 明治～昭和期の歴史学者。大分県出身。東大卒。坪井九馬三らに師事し、日欧交渉史を専攻。帝国大学文科大学講師・史料編纂官などを勤め、一九二八年(昭和三)台北帝国大学教授。のち上智大学教授。欧文史料を駆使して対外関係史の基礎を確立した。おもな業績に「耶蘇会士日本通信」「長崎オランダ商館の日記」などの翻訳がある。

むらかみなみろく【村上浪六】 1865.11.1～1944.12.1 明治・大正期の小説家。和泉国堺生れ。本名兼松信子。波瀾の少年期を送り、各地を転々とする。一八九〇年(明治二三)報知新聞社入社。森田思軒の勧めで、町奴を主人公とする撥鬢小説(侠客小説)「三日月」を発表。その後「破太鼓」「髯の自休」などを書き、時代物の保守的倫理にみずからの理想を託した。

むらかみひでとし【村上英俊】 1811.4.8～90.1.10 幕末～明治期のフランス学者。下野国生れ。足立長雋に蘭方医学を、宇田川榕庵に蘭学を学ぶ。信濃国松代藩士佐久間象山からフランス語で書かれたベルセリウスの「化学提要」の訳出を頼まれ、フランス語文法を独学して訳出した。蕃書調所教授手伝。のち私塾達理堂でフランス語を教授。著書「三語便覧」「五方通語」「仏語明要」「英語箋」。

むらかみよしあきら【村上義明】 ❶生没年不詳。織豊期～江戸初期の武将。義明は通称、本名頼勝。丹羽長秀に仕えたが、一五八五年(天正一三)長秀没後堀秀政に属し、加賀国小松城主。九八年(慶長三)越後国村上城主となり九万石を領し、一六一〇年松平忠輝の与力となる。慶長末頃没。

❷?～1623.9.26 織豊期～江戸初期の武将。義明は通称、本名忠勝。父は戸田氏繁。村上頼勝の養子となり、越後国村上藩を継ぐ。大坂夏の陣では松平忠輝に従い、一六一六年(元和二)忠輝改易に続き、一八年みずからも家中不取締りを理由に改易、丹波国篠山藩に預けられた。

むらかみよしきよ【村上義清】 1501?～73.1.10 戦国期の北信濃の武将。信濃国葛尾城(現、長野県坂城町)城主。一五四八年(天文一七)上田原(現、上田市)、五〇年戸石城(現、上田市)で武田信玄を大敗させたが、五三年葛尾城を攻略され、以後越後の上杉謙信を頼り指揮下に入った。

むらかみよしてる【村上義光】 ?～1333.閏2.1 義日とも。鎌倉後期の武将。信濃源氏。父は信泰。通称彦四郎。一三三一年(元弘元)笠置落城後、子義隆とともに護良親王に従い転戦し、二年後、護良の身代りとなって吉野で討死。

むらくにのおより【村国男依】 ?～676.7.- 雄依・小依とも。七世紀後半の官人。壬申の乱の功臣。三野国各牟評を本拠とする豪族の出身で、大海人皇子の舎人として吉野隠棲に従った。六七二年(天武元)六月壬申の乱がおこると美濃国安八磨郡湯沐邑に派遣され、兵を集め不破道をふさいだ。六七六年没し、戦功により外小紫位を贈られた。

むらくもにちえい【村雲日栄】 1855.2.17～1920.3.22 明治・大正期の宗教家。日蓮宗の尼僧。伏見宮邦家親王の第八王女。村雲尼公とよばれる。京都の瑞竜寺(村雲御所)において八歳で落飾し、尼僧として仏門に仕える。日蓮宗中檀林総裁。篤志看護婦人会京都支部を隆盛に導き、村雲婦人会を創設するなど社会事業に尽力した。

むらさきしきぶ【紫式部】 生没年不詳。「源氏物語」「紫式部日記」の作者。生年は九七〇年代、没年は一〇一〇年代と推測される。父は藤原為時、母は藤原為信の女。本名は未詳。女房名は藤式部。「源氏物語」の女主人公紫の上にちなんで、死後紫式部の呼称が生じたらしい。兄弟に惟規がいる。藤原宣孝の妻となり、大弐三位を生む。「後拾遺集」以下の勅撰集に六〇首ほど入集。中古三十六歌仙の一人。学者で漢詩人の父に育てられ漢詩文の素養を身につけた。夫の死後に書きはじめた物語が高い評価をうけて、藤原道長の女上東門院(一条天皇の中宮)彰子に出仕。宮仕えの苦労が「紫式部日記」に記される。「源氏物語」の執筆はその後も継続され、虚構ではあるがすぐれた同時代史でもある。家集「紫式部集」。

むらせしゅうほ【村瀬秀甫】 ⇨本因坊秀甫

むらたうじひさ【村田氏寿】 1821.2.14～99.5.8 幕末・維新期の藩政家。福井藩士村田氏英の子。ペリー来航に際しての江戸行で藩士頭取となる。藩命で横井小楠招聘役として熊本に赴き、ついで各地の志士と交わる。前藩主松平慶永が幕府の政事総裁職になると補佐役を勤め、一八六八年(明治元)戊辰戦争では会津征討で戦功をあげ、翌年藩参政、七〇年に大参事に昇進。以後福井県参事・岐阜県権令、また熊本の神風連の乱に対し内務大丞兼警保頭などを歴任。

むらたきよかぜ【村田清風】 1783.4.26～1855.5.26 「せいふう」とも。江戸後期の萩藩士。天保期の藩政改革の指導者。通称は亀之助・新左衛門・四郎左衛門。号は松斎。一八三八年(天保九)に表番頭・地江戸両仕組掛となり、防長一揆で破綻した藩財政再建に着手。越荷方拡充・専売制などで一定の成果をあげたが、家臣の借財整理を意図した三七カ年賦皆済仕法への反発、幕府の諸国専売制の禁止で財政再建策がゆきづまり、四四年(弘化元)辞任。五五年(安政二)後継者の周布政之助に登用された直後に病死した。

むらたじゅこう【村田珠光】 1423～1502.5.15 室町中期の茶人。茶の湯の開山といわれ、奈良流茶道を大成。その経歴は不詳だが、後世の史料によれば、父は村田杢市検校、幼名茂吉といった。三〇歳の頃、京都大徳寺の一休宗純に参禅して、「仏法モ茶ノ湯ノ中ニアル」(「山上宗二記」)と悟り、茶禅一味の境地を会得。八代将軍足利義政に茶道指南として仕えた。能阿弥の規格化した華麗な茶事に対して、内省的で心の美や侘の境地を強調。その精神は弟子に与えたという「珠光古市播磨法師宛一紙目録」に記される。要旨は、人はつねに奢らず、謙虚に茶道を学ぶべきで、自制の心で行動しなければならないと説く。

むらたしんぱち【村田新八】 1836.11.3～77.9.24 幕末・維新期の鹿児島藩士。幼時から西郷隆盛と交わる。一八六八年(明治元)戊辰戦争で鹿児島藩隊監軍、翌年鹿児島常備隊砲兵隊長。七一年宮内大丞となり岩倉遣外使節の一員として米欧視察。七四年帰国後、西郷を追って辞職し帰郷、私学校の創設にかかわり砲隊学校を主宰。七七年西南戦争で戦死。

むらたせいみん【村田整珉】 1761.8.13～1837.11.24 江戸後期の鋳物師。肥前国長崎生れ。江戸で多川珉武に師事した。文化・文政期に活躍し、蠟型鋳造による細密な文様表現に巧みで、写実的な亀の置物や唐物写しの仏具などに優品がある。大型の作品では東京新宿の花園神社の銅獅子がある。

むらたそうしゅ【村田宗珠】 生没年不詳。戦国期の茶人。茶道の開祖村田珠光の養嗣子。号は印説斎、または明窓。奈良興福寺尊教院の下部だったという。珠光の茶法を受け継いで、圜悟墨跡・松花茶壺・抛頭巾肩衝などの茶器、また能阿弥から珠光に相伝されたという「君台観左右帳記」などを伝えられた。奈良から京都四条に移り、ここに四畳半の茶室午松庵をかまえた。宗珠の茶は「下京茶湯」といわれ、当時の東山殿(足利義政)の茶に反して、わびたるものであったという。

むらたぞうろく【村田蔵六】 ⇨大村益次郎

むらたつねよし【村田経芳】 1838.6.10～1921.2.9 明治期の小銃設計者。鹿児島藩士として小銃を製造。一八七一年(明治四)陸軍大尉。八〇年初の国産制式小銃一三年式村田銃を開発。さらに改良型の一八年式村田銃と連発銃を開発。これらは日清戦争時の主力小銃となり、その功により男爵・少将・貴族院議員。

むらたはるみ【村田春海】 1746～1811.2.13 江戸中・後期の国学者。本姓は平、通称は平四郎、字は士観、号は織錦斎・琴後翁。江戸の干鰯問屋に生まれ、幕府連歌師の坂昌周の養子となる。のち本家を相続したが身代を傾け、隠居後は風雅を事とした。漢籍を服部白賁に、国典を賀茂真淵に学び、加藤千蔭とともに江戸派歌人の領袖として名を馳せ、松平定信の寵遇をうける。著書は歌文集「琴後集」「和学大概」「竺志船物語」。真淵の「賀茂翁家集」を編纂した。

むらたわかさ【村田若狭】 1812～74 幕末・維新期の肥前国佐賀藩家老・プロテスタント信者。名は政矩。深堀鍋島家の出身で村田家一万三〇〇〇石を継ぐ。蘭学を修めて藩政の革新に尽力。長崎警衛の際にキリスト教に関心をもち、一八五九年(安政六)フルベッキが長崎に渡来すると教えをうけ、六六年(慶応二)洗礼をうけた。明治初期家老となり版籍奉還にも尽くした。

むらなかこうじ【村中孝次】 1903.10.3～37.8.19 昭和前期の軍人。陸軍大尉。北海道出身。陸軍士官学校(三七期)卒。陸士区隊長・歩兵二六連隊付、のち陸軍大学校に入校するが中退。一九三四年(昭和九)十一月事件で拘禁され、翌年「粛軍に関する意見書」を発表して免官。三六年磯部浅一とともに二・二六事件を主導し、翌年銃殺刑。

むらのつねえもん【村野常右衛門】 1859.7.25～1927.7.30 明治・大正期の民権家・政治家。武蔵国多摩郡野津田村の豪農の家に生まれる。民権結社融貫社を石坂昌孝(まさたか)とともに結成。自由党に加盟。一八八五年(明治一八)に文武道場の凌霜館(りょうそうかん)を開設、民権学習を行う。大阪事件にかかわり入獄。出獄後三多摩自由党壮士の事務長を務める。神奈川県会議員から衆議院議員となり、一九一三年(大正二)政友会幹事長。晩年は貴族院勅選議員や大日本国粋会会長などに就任。一九〇九年からの日誌は貴重な記録。

むらまさ【村正】 伊勢国桑名の刀工の名。刀剣書類には初代を南北朝期におくが、遺品で確認できるのは室町中期以降であり、古刀期に三代ほどおり、新刀期まで続く。この一派を千子(せんご)派という。徳川家康は村正の刀で祖父を殺され、父が重傷を負い、子が介錯され、自身も負傷したために村正を嫌悪したという。妖刀とよばれたのはこのためである。

むらまつあいぞう【村松愛蔵】 1857.3.2～1939.4.11 明治期の自由民権家。三河国田原藩家老の家に生まれる。一八八〇～八一年(明治一三～一四)に民権結社の恒心社や三陽自由党を結成、「日本国憲法草案」を起草した。八四年政府転覆を目的とした飯田事件が未然に発覚し、逮捕された。晩年は救世軍に入り、キリスト教の伝道を行った。

むらまつしげきよ【村松茂清】 1608～95 江戸前期の数学者。常陸国生れ。今村知商(ともあき)の弟子の水戸藩士平賀保秀に数学を学ぶ。著書「算俎(さんそ)」(一六六三)は、円周率や玉積率の正値を示したことで知られる。播磨国赤穂藩主浅野長矩に仕えたため、養子秀直とその子高直は吉良家討入りに参加した。

むらやまかいた【村山槐多】 1896.9.15～1919.2.20 大正期の洋画家・詩人。神奈川県出身。従兄の山本鼎(かなえ)に影響され、小杉放庵宅に寄寓、再興日本美術院の研究生となる。二科展・院展洋画部で活躍。二二歳で結核性肺炎で急逝。没後出版された詩集「槐多の歌へる」はベストセラーとなる。作品「尿する僧」「バラと少女」。

むらやまさこん【村山左近】 歌舞伎俳優。❶生没年不詳。慶長期の遊女歌舞伎の和尚(おしょう)(トップスター)の一人。❷生没年不詳。江戸初期の女方。京都芝居の祖とされる村山又八の五男。和泉国堺生れ。寛永期に江戸に下り、兄又三郎が創建した村山座で華やかな女装をして一人舞を演じ、好評を博した。初期歌舞伎の女方舞踊の代表的名手で、村山左近太夫とよばれた。

むらやまでんべえ【村山伝兵衛】 江戸時代の蝦夷地(えぞち)の場所請負人の世襲名。初代伝兵衛(一六八三～一七五七)は能登国羽咋郡の出身で、福山(松前)に渡り阿部屋と号して廻船業を営み、のちに場所請負人となった。同家が巨大化を遂げるのは三代伝兵衛(一七三八～一八一三)のときで、一七五九年(宝暦九)に松前問屋株を取得し、八六年(天明六)には請負場所が新冠(にいかっぷ)など八カ所に及ぶなど経営が急成長した。八九年(寛政元)のアイヌのクナシリ・メナシの蜂起後、罷免された飛驒屋久兵衛の請負場所をもひきうけ、最盛時の場所数は二五カ所に及び、松前城下で最有力の豪商となった。一時没落の憂目にもあったが、幕末期まで存続した。

むらやまとうあん【村山等安】 1561?～1619.10.26 織豊期～江戸初期の長崎代官。洗礼名アントワン(安東)。のち豊臣秀吉から村山の姓と等安の名をうけた。長崎に来住して末次興善のもとで頭角を現し、文禄の役の際には名護屋に赴き長崎外町の代官に任じられた。等安とその一族は熱心なキリシタンで、朱印船貿易家としても活動。一六一六年(元和二)台湾遠征を幕府に願い許可されるが、途中嵐にあい目的を達しなかった。禁教政策が強まるなか、一九年末次平蔵との争論に敗れ処刑された。

むらやまとみいち【村山富市】 1924.3.3～ 昭和後期～平成期の政治家。大分県出身。明治大学専門部卒。社会党に入党し、大分市議・県議などをへて、一九七二年(昭和四七)以来衆議院に七選。九三年(平成五)七月の総選挙後、山花貞夫にかわり社会党委員長となり、九四年六月、三党連立の村山内閣を組閣した。九六年社会党から党名変更した社会民主党の初代党首。

むらやまともよし【村山知義】 1901.1.18～77.3.22 大正・昭和期の劇作家・演出家・小説家。東京都出身。東大哲学科中退。一九二三年(大正一二)前衛芸術団体MAVO(マヴォ)を結成、築地小劇場の舞台装置も担当し、芸術の革命を先導する。のち左傾化しプロレタリア芸術運動の中心的存在になる。第二次大戦後も第二次新協劇団の再建に加わるなど演劇界で活躍。

むらやままたさぶろう【村山又三郎】 1605～52.3.6 江戸村山座の座元。和泉国堺生れ。京都芝居の祖村山又八の次男。江戸に下って一六三四年(寛永一一)村山座を創設。その後身である市村座(市村羽左衛門家)の元祖ともされる。なお一八七二年(明治五)から二年間、六世福地茂兵衛の子が市村座の興行権を継承、二世として村山座名義を再興した。

むらやままたべえ【村山又兵衛】 生没年不詳。承応～延宝期頃の人。京都村山座の祖で名代(なだい)・座本・歌舞伎俳優を兼ねた。京都芝居の元祖村山又八の長男の子。後名平右衛門。不祥事で京都の興行が停止されたとき、身をていして再開を願い許されたため、京都芝居の中興の祖とされる。京坂で顔見世制度を始めたともいわれ、興行面で多くの功績があった。

むらやまりょうへい【村山竜平】 1850.4.3～1933.11.24　明治～昭和前期の新聞経営者。伊勢国生れ。士族の身分をすて、一八七二年(明治五)大阪で洋品雑貨店を開業する。七九年「朝日新聞」創刊に名義上の持主として協力。八一年経営不振の同紙を譲りうけ、上野理一と共同経営にあたる。八八年東京の「めさまし新聞」を買収し「東京朝日新聞」を創刊。上野と交代で社長に就任。一九一八年(大正七)白虹事件で社長を引責辞任するが、翌年再び社長に就任した。

むろうさいせい【室生犀星】 1889.8.1～1962.3.26　大正・昭和期の詩人・小説家。本名照道。石川県出身。私生児に生まれ、寺の子として育つ。上京して貧窮・無頼生活のなかで詩作に励み、萩原朔太郎と強い友情で結ばれた。一九一八年(大正七)直截な新しい表現の「愛の詩集」「抒情小曲集」を刊行。翌年に抒情詩的小説「幼年時代」「性に目覚める頃」などを発表。やがて市井鬼もので下層社会に生きる人々を描く。第二次大戦後の作に自伝的な「杏っ子」、前衛的な「蜜のあはれ」がある。

むろきゅうそう【室鳩巣】 1658.2.26～1734.8.14　江戸中期の儒学者。医師玄樸の子。名は直清、字は師礼・汝玉、通称新助。鳩巣・滄浪と号す。江戸生れ。一六七二年(寛文一二)加賀国金沢藩主前田綱紀に仕え、藩命により京都に遊学して木下順庵に師事。一七一一年(正徳元)同門の新井白石の推挙で幕府の儒官となり、朝鮮通信使の応対や「尚書」などの講釈を行った。また八代将軍徳川吉宗の信任を得て「六諭衍義」の和訳を行い、世子徳川家重の侍講も勤めた。学問は朱子学を基調とし道義を重んじた。「赤穂義人録」の著述はその立場からのもの。「鳩巣先生文集」「兼山麗沢秘策」「献可録」などの著書があり、「駿台雑話」は達意の文章で知られ版を重ねた。

むろまちいん【室町院】 1228～1300.5.3　後堀河天皇の第一皇女。名は暉子。母は持明院家行の女。祖母北白河院に養育され、一二四〇年(仁治元)内親王、四三年(寛元元)院号宣下。四六年出家。伯母の式乾門院から膨大な荘園群を譲与された。没後、遺領室町院領をめぐって大覚寺統と持明院統との間に激しい相論が発生。幕府の申入れによって両統間で中分された。

むろまちけ【室町家】 ⇨四辻家

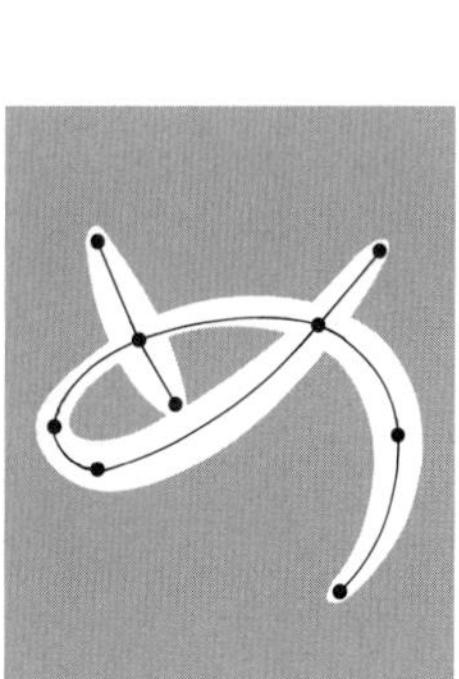

めい【目井】 生没年不詳。平安後期の傀儡。美濃国青墓の出身。乙前の養母で、今様の師。尾張国から帰京の途次にあった監物源清経に連れられて乙前とともに入京し、清経の庇護をうけた。清経の要請により師の四三から相承した今様をすべて乙前に伝授したという。「梁塵秘抄口伝集」巻一〇に詳しい。

めいかく【明覚】 ⇨明覚

めいくう【明空】 ⇨明空

めいざん【明算】 1021～1106.11.11　平安後期の真言宗僧。中院流の祖。俗姓佐藤氏。紀伊国那賀郡神崎生れ。一〇三一年(長元四)定誉に従って高野山で出家、のち中院に住した。頼尋から伝法灌頂をうけ、高野山御影供を創始。ついで随心院で成尋に小野流を学び、帰山して中院流を開いた。以後生地に竜蔵院を創建、九〇年(寛治四)には高野山検校となった。その間、奥院拝殿・大塔の造営など一山の復興につとめた。弟子は良禅・教真・明寂ら。

めいじてんのう【明治天皇】 1852.9.22～1912.7.29　在位1867.1.9～1912.7.30　近代国家形成期の天皇。日本最初の立憲君主。名は睦仁。幼称は祐宮。孝明天皇の第二皇子。母は権大納言中山忠能の女慶子。京都の中山邸で生まれる。一八六〇年(万延元)親王宣下。幕末の倒幕運動の高まりのなかで孝明天皇が急死し、六七年(慶応三)一月践祚して皇位を継承。徳川慶喜の大政奉還後、同年一二月、王政復古により新政府を樹立。六八年九月、明治と改元。翌一〇月、京都から東京に移り江戸城(のち宮城)に入った。近代国家の建設が進むなかでヨーロッパ的君主としての教育をうけた。八九年(明治二二)欽定憲法として発布された大日本帝国憲法により、天皇は国の元首で統治権の総攬者と定められ、文武官の任免、陸海軍の統帥と編制、条約の締結、宣戦・講和など大きな権限を保持し、国務大臣の輔弼と帝国議会の協賛によりこれを行使した。九四～九五年の日清戦争には広島の大本営に起居し国務・統帥にあたった。一九一二年七月二九日死去(宮内省の公式発表は七月三〇日)。九月一三日大葬。

めいしょうてんのう【明正天皇】 1623.11.19～96.11.10 在位1629.11.8～43.10.3 後水尾天皇の第二皇女。名は興子。母は徳川秀忠の女東福門院和子。幼称女一宮。一六二九年(寛永六)一〇月内親王宣下。一一月後水尾天皇のにわかの譲位により践祚。奈良時代の称徳天皇以来の女帝である。当時の後水尾天皇に皇子がいなかったためであるが、円滑を欠いていた朝幕関係の所産ともいえる。院政がしかれ、在位中の政務は父上皇が行った。

めいせん【明暹】 1059～1123.9.23 興福寺の僧で、笛の名手。大学頭藤原明衡の子。三会已講の碩才といわれたが、舞楽にも通じ、多くの楽人が教えを請うたという。大神家の笛の系譜「大家笛血脈」に名を連ね、尾張得業円憲からの相承などと伝える。「明暹横笛譜」を撰し、「仁智要録」などに引用されて残っている。

めがたたねたろう【目賀田種太郎】 1853.7.21～1926.9.10 明治後期の大蔵官僚。幕臣の子として江戸に生まれる。一八七〇年(明治三)渡米、ハーバード大学卒。文部省・代言人・判事をへて、八三年大蔵省入省。九四～一九〇四年主税局長。〇四年から朝鮮政府財政顧問・統監府財政監査長官として朝鮮貨幣整理事業を推進した。貴族院議員・枢密顧問官を歴任。

メスキータ Diogo de Mesquita 1553?～1614.10.3 ポルトガル人イエズス会宣教師。一五七七年(天正五)長崎着。京都・安土で布教。八二年天正遣欧使節の後見役として同行し、使節帰国後の九一年、使節とともに豊臣秀吉に謁見。九八年(慶長三)長崎コレジョ院長。一六一四年禁教令撤回を求めて駿河に赴いたが成功しなかった。追放令による出港直前、肥前国福田港で病没。

メーソン Luther Whiting Mason 1818.4.3～96.7.14 御雇アメリカ人教師。独学で音楽を学び、一八六五年にボストン市の初等学校音楽監督に就任。八〇年(明治一三)伊沢修二の斡旋で文部省音楽取調掛に着任、日本の音楽教育の方針を定め、唱歌の編纂に従事した。八二年に離日、帰国後も音楽教育にたずさわり、メーン州で死去。

メッケル Klemens Wilhelm Jakob Meckel 1842.3.28～1906.7.5 ドイツの軍人。プロイセン陸軍大学校卒。日本陸軍のドイツ・モデル採用決定にともない、一八八四年(明治一七)陸軍卿大山巌が渡独してドイツ士官の招聘を要請、モルトケ参謀総長の推薦により翌年来日。参謀本部顧問・陸軍大学校教官として教育や建策、戦術指導を行い、創設期陸軍に多大な影響を与えた。八八年契約満期により帰国。

めとりのひめみこ【雌鳥皇女】 女鳥王とも。記紀伝承上の人物。応神天皇の皇女。母は日触使主の女宮主宅媛。仁徳天皇が皇女を妃にしようとして隼別皇子を送ったとき、皇子は皇女を姦した。これを仁徳に知られ、皇子と伊勢神宮へ逃れようとしたが、天皇の送った二人の討手により伊勢の蔣代野で殺されたと伝える。

メーニャ Alonso de Meña 1578.2.3～1622.8.5 ドミニコ会宣教師。スペイン生れ。一六〇二年(慶長七)来日。翌年伏見で徳川家康に謁見し、京都に教会建設の許可を得る。島津氏や鍋島氏とスペインとの貿易を仲介。一三年キリシタン弾圧が始まり長崎に追放される。一九年(元和五)捕えられ、三年半の牢獄生活ののち、長崎西坂で火刑により殉教。

めぬきやちょうざぶろう【目貫屋長三郎】 生没年不詳。人形浄瑠璃の起源伝承にみえる浄瑠璃創始者の一人。江戸初期に活躍か。一七一一年(正徳元)刊の「鸚鵡ケ杣」の序で初世竹本義太夫がこの名をあげたために重視されてきた。その存在を確認する資料はないが、同書にみえる滝野・沢住両検校の名が他の起源伝承とも重なるので、なんらかの伝承があったと推定される。

めらうじ【米良氏】 紀伊国熊野那智大社実報院の社僧。尊勝院とともに両執行家として勢力をもち、那智社の御師としても有数の家であった。足利氏との縁が深く、室町時代には将軍家代々の師職とされた。「米良文書」を伝える。

メルメ ⇩カション

メンデス・ピント ⇩ピント

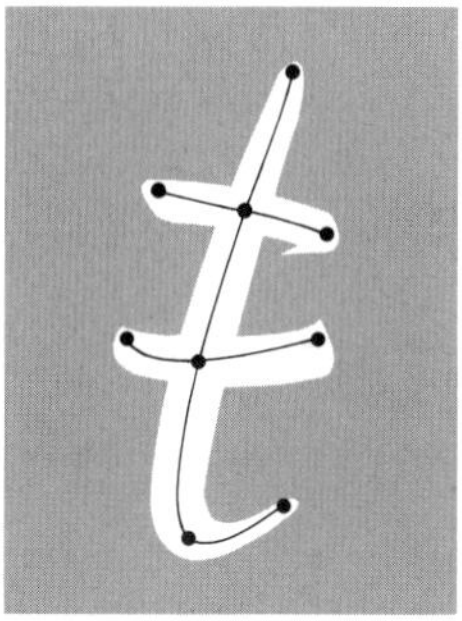

もうし【孟子】 前372?～前289?　中国戦国時代の儒家。名は軻(か)、字は子輿(しよ)。鄒(すう)県(現、山東省)に生まれる。孔子の孫の子思に師事してのち、諸国を回り仁義による王道政治を説くが世にいれられず、晩年は郷里で弟子を育成。『孟子』はその言行録。人間の本性を善とする性善説をとなえ、天や仁義の概念で儒教の倫理・政治学説を体系化した。また易姓革命説では民意を重視して、不徳の君主の改易を主張した。

もうたくとう【毛沢東】 Mao Zedong　1893.12.26～1976.9.9　中国共産党指導者。湖南省湘潭県の中農の家に生まれる。省立第一中学をへて一九一八年同第一師範学校卒。二一年中国共産党創立に参加し、湖南の共産党の中心的な存在となる。三一年瑞金の中華ソビエト共和国臨時政府主席となり、三五年長征途上で抗日民族統一戦線論を軸に共産党の実権を掌握。農民運動と教育に独自の理念をもっていた。四五年から七六年まで一貫して中国共産党中央委員会主席。四九年一〇月中華人民共和国国家主席に就任し、五九年まで在任した。六六～六九年、プロレタリア文化大革命を強行し国内の社会全般にわたって多大な影響を与えた。

もうりおきもと【毛利興元】 1493～1516.8.25　戦国期の武将。安芸国郡山城(現、広島県吉田町)城主。毛利元就(もとなり)の兄。一五〇六年(永正三)大内氏に属し、翌年大内義興(よしおき)が足利義稙(よしたね)を擁して上京すると、これに従った。一一年に帰国すると、翌年尼子氏の勢力が強まるなか安芸の大内方諸氏と一揆契約を結び団結をはかった。一五年武田氏を攻めたのをはじめ、三吉・宍戸両氏など尼子方諸氏と交戦。死後、嫡子幸松丸も早世し、弟元就が家督をついだ。

もうりし【毛利氏】 鎌倉幕府御家人から安芸国の国人、戦国大名をへて、近世の外様大名家。祖は大江広元の四男季光(すえみつ)。大江氏一族は宝治合戦にまきこまれて滅び、越後の季光の四男経光の系流のみが残る。南北朝期に安芸国吉田荘に本拠を移し、室町中期にはいると安芸の国人一揆を主導した。戦国期には、近隣の細川・山名・大内・尼子氏らにはさまれ、去就が定まらなかったが、元就(もとなり)にいたって領国は中国地方六カ国に及ぶ。関ケ原の戦で西軍盟主となり、戦後周防・長門二国の大名に減封された。城地を萩に定め、三六万九〇〇〇石余を領する。近世初期に、岩国吉川領を含む四支藩を創出。宗家は本国持として松平姓を許された。維新後、宗家は公爵、他は子爵。

もうりしげたか【毛利重就】 1725.9.10～89.10.7　はじめ「しげなり」。江戸中期の大名。長門国萩藩主。父は支藩の長府六代藩主毛利匡広(まさひろ)。大膳大夫・式部大輔。長府藩主の兄師就の遺領を相続

●毛利氏略系図

広元—季光—経光—時親—貞親—親衡—元春—広房—光房—熙元—豊元—弘元—興元—幸松丸

元就—隆元—輝元—秀就〔萩藩〕—綱広—吉就=吉広=吉元—宗広=重就—治親—斉房=斉熙=斉元=斉広=敬親〈山口藩〉=元徳(公爵)

輝元—就隆〔徳山藩〕—元賢=元次=元堯=広豊—広寛—就馴—広鎮—元蕃=元功(子爵)

元就—元春〔吉川〕—元長=広家〔岩国領〕……経幹〔岩国藩〕

元就—隆景〔小早川〕

元就—元清—秀元〔長府藩〕—光広—綱元=元朝=元矩=匡広—師就=匡敬(重就)—匡満=匡芳—元義—元運=元周=元敏〈豊浦藩〉(子爵)

秀元—元知〔清末藩〕—元平(匡広)

匡広—政苗〔清末藩〕

するが、一七五一年(宝暦元)本藩を相続。綱紀粛正・質素倹約を奨励。六一年検地を行い、新たに四万石の財源を得た。これにより撫育方を設置し、塩・紙・蠟・漁業など殖産興業を行った。藩創業期の元就・隆元・輝元の遺文から「御家誡」を編集、座右の書とした。

もうりしげよし【毛利重能】 生没年不詳。江戸初期の数学者。もと池田輝政の家臣。京都の二条京極に「天下一割算指南」の額をだして塾を開く。大坂城中にあり、豊臣家滅亡後は牢人して江戸に行ったという説もあるが、京都で弟子を教えたことと矛盾する。「割算書」とよばれる著書が広く読まれ、吉田光由や今村知商ら著名な弟子を育てたことで知られる。

もうりすえみつ【毛利季光】 1202～47.6.5 鎌倉中期の武士。幕府評定衆。父は大江広元。相模国毛利荘(現、神奈川県厚木市)を譲られ、毛利氏を名のって同氏の初代となる。将軍源実朝に親しく仕え、実朝没後は出家して西阿と号した。承久の乱では京都を占領した幕府軍の首脳の一人として活躍し、勲功の賞として安芸国吉田荘(現、広島県吉田町)を得た。妻が三浦義村の女だった関係から宝治合戦では三浦氏方に参加して北条氏と戦い、頼朝墓所の法華堂で自殺した。

もうりたかちか【毛利敬親】 1819.2.10～71.3.28 幕末期の大名。長門国萩藩主。父は一一代斉元。一八三七年(天保八)一二代斉広の養子となり、家督相続。村田清風を登用して、天保改革を推進させたが、のち坪井九右衛門を登用。両派の交替のなかで藩政を運営。六一年(文久元)長井雅楽の航海遠略策を採用。公武合体を推進するが、松下村塾出身者の発言が強まり尊王攘夷論に転換。六三年山口に藩庁を移した。同年八月十八日の政変、禁門の変、四国連合艦隊の下関砲撃、長州戦争などの難局を適切な人材の登用で切り抜け、明治維新に一定の役割をはたす。

もうりたかもと【毛利隆元】 1523～63.8.4 戦国期の武将。安芸国郡山城(現、広島県吉田町)城主。毛利元就の長男。一五四六年(天文一五)家督となったが、以後も元就は一定の役割と独自の家臣をもち、いわば二頭政治の体制をとった。のちには弟吉川元春・小早川隆景の補佐をえた。父・弟とともに、大内氏を倒して安芸・備後・周防・長門・石見を掌握したが、六三年(永禄六)尼子氏攻めのため出雲へむかう途中、安芸国佐々部(現、高宮町)で急死。毛利家臣の和智誠春による毒殺ともいう。

もうりてるもと【毛利輝元】 1553.1.22～1625.4.27 戦国末～近世初期の武将。隆元の長男。安芸国郡山城生れ。一五六三年(永禄六)父の急死により家督相続、祖父元就に後見された。元就没後は叔父吉川元春・小早川隆景の補佐で、東中国の経略につとめた。七六年(天正四)には、前将軍足利義昭を奉じて織田氏と対抗、石山本願寺救援などに戦果をあげるが、八二年備中国高松城で交戦中の豊臣秀吉と和睦。豊臣政権下で四国攻め・九州攻めの先鋒をつとめた。九一年、秀吉から一一二万石の知行目録をうけ、朝鮮出兵に従う。九七年(慶長二)豊臣家の五大老に列し、関ケ原の戦では西軍盟主とみなされ、戦後周防・長門二国に減封。隠居して家督を秀就に譲る。一六〇九年萩に築城して移り、以後も実質的に藩政をつかさどった。

もうりときちか【毛利時親】 ?～1341 鎌倉・南北朝期の武士。毛利経光の子。六波羅評定衆。元弘の乱に際して一族は武家方と宮方に分裂したが、時親は足利尊氏に味方して一三三六年(建武三・延元元)に所領を安堵された。この年、本拠地を越後国佐橋荘南条(現、新潟県柏崎市)から安芸国吉田荘(現、広島県吉田町)に移し、一族の再結集に成功して安芸国の毛利氏の基礎を築いた。

もうりなりひろ【毛利斉熙】 1783.12.9～1836.5.14 江戸後期の大名。長門国萩藩主。父は八代治親。大膳大夫・中務大輔。一八〇九年(文化六)兄斉房の遺領を相続。財政難のなか藩政は沈滞したが、軍学者森重曾門を招き合武三島流の調練を始め、銃陣「神器陣」を編成して西洋銃陣受容の基礎を築いた。二四年(文政七)隠居し家督を弟斉元に譲るが、藩政に意を用い村田清風らを登用。

もうりひでかね【毛利秀包】 ⇨小早川秀包

もうりひでなり【毛利秀就】 1595.10.18～1651.1.5 江戸初期の大名。長門国萩藩初代藩主。輝元の長男。安芸国広島生れ。関ケ原の戦後周防・長門両国の大名となった毛利家の家督を継ぐが、証人として江戸に出仕し、実際の藩政は輝元がみた。その後、財政再建などで支藩長府藩の毛利秀元が藩政に大きく関与、のちに両者は対立する。一六五〇年(慶安三)領内に宰判を設け、地方支配の基礎を築いた。

もうりひでもと【毛利秀元】 1579.11.7～1650.閏10.3 織豊期～江戸初期の武将・大名。萩藩支藩長門国長府藩初代藩主。毛利元就の四男穂田元清の長男。はじめ毛利輝元の養嗣子となり、豊臣政権では毛利氏の後継として扱われた。文禄の役では、病気の輝元にかわり朝鮮出陣。一五九五年(文禄四)輝元に実子秀就が誕生し、のち分家。関ケ原の戦後、長府藩主となるが、萩藩の藩政にも関与。徳川家光の御伽衆でもある。

もうりもとなり【毛利元就】 1497.3.14～1571.6.14 戦国期の武将。安芸国郡山城(現、広島県吉田町)城主。父は弘元。一五二三年(大永三)家督となり、二五年以後大内氏に属した。五〇年(天文一九)までに子元春・隆景をそれぞれ安芸吉川氏・備後小早川氏の継嗣とするなど、両国における勢力の拡大に努めた。同年、不服従のめだつ家臣井上元兼らを討ち、主君としての勢威をみせつけた。五一年陶晴賢が大内氏の実権を握ると、まもなくこれと敵対。五五年厳島の戦で大勝し、晴賢を敗死させた。以後領国拡大を進め、大内義長を倒して周防・長門、さらに石見を掌握。六二年(永禄五)からは尼子氏を攻め、六六年これを滅ぼして出雲をも制圧。内政面では、まとまった法典の制定などはみられなかったが、五人奉行制とよばれる官僚機構を整備。元春・隆景に嫡子隆元・嫡孫輝元を補佐させた「毛利両川体制」は有名。

もうりもとのり【毛利元徳】 1839.9.22～96.12.23 幕末・維新期の萩藩世子。公爵。徳山藩主毛利広鎮の一〇男に生まれ、萩藩主毛利敬親の養子となる。尊王攘夷運動を支持したが、一八六四年(元治元)禁門の変で敗れ官位を剝奪された。六七年(慶応三)一〇月、討幕の密勅をうけた。新政府では議定・参議。敬親の後をうけて山口藩知事。のち第十五銀行頭取・貴族院議員。

もがみし【最上氏】 中世～近世の武家。斯波氏の一流。南北朝期、斯波家兼の次男兼頼が羽州探題となって以来、土着して最上氏を称した。一族の争いが絶えず、伊達氏など在来勢力におされていたが、戦国期、義光の代に急速に勢力を伸ばし、豊臣秀吉に従い所領を安堵された。関ケ原の戦では徳川方につき、戦功によって五十数万石の大大名となった。その後、内紛により近江国一万石に改易され、ついで五〇〇〇石に削減。江戸幕府の高家となった。

もがみとくない【最上徳内】 1755～1836.9.5 近世後期の北方探検家。出羽国村山郡楯岡村の農民の子。名は常矩。江戸で本多利明に天文・地理・測量術・航海術などを学ぶ。一七八五年(天明五)利明の推薦で幕府蝦夷地調査隊に参加。同年国後島まで行き、翌年択捉島・ウルップ島に渡り、ロシア人の動向を調査。九〇年(寛政二)青島俊蔵一件に連坐し入牢したが、無罪となり普請役に抜擢される。九一年ウルップ島、九二年樺太クシュンナイまで至る。九八年近藤重蔵らと択捉島に「大日本恵登呂府」の標柱を建てる。一八〇七年(文化四)箱館奉行支配調役となる。著書「蝦夷草紙」「渡島筆記」。

もがみよしあき【最上義光】 1546～1614.1.18 戦国期～江戸初期の武将。出羽国山形城主。父義守と争うなどして一五八四年(天正一二)までに山形盆地をほぼ制圧。他方庄内地方への進出を狙い、八三年大宝寺義氏、八七年同義興を倒したが、八八年の大敗により目的を達せなかった。一六〇〇年(慶長五)関ケ原の戦に連動した出羽合戦では上杉景勝軍の攻勢に直面したが、甥の伊達政宗軍の救援をえて危機を脱した。戦後の恩賞により現在の山形県のほぼ全域を領有した。

もぎけ【茂木家】 千葉県野田の醬油醸造家一族。先祖は美濃国土岐氏と伝える。本家は茂木七左衛門家で、明和年間から醬油醸造を始めた。分家には佐平治家・七郎右衛門(柏屋)家・勇右衛門家、又分家には房五郎(木白)家・啓三郎(誉)家・中野家など多くの醬油醸造家を輩出した。幕末期には佐平治家が一族中最大の一万石前後、ついで七郎右衛門家が六〇〇〇石余を醸造し、高梨兵左衛門家とともに野田三印として幕府から最上品に認定された。一九一七年(大正六)キッコーマンの前身の野田醬油株式会社を創立した。

もぎそうべえ【茂木惣兵衛】 1827.10.20～94.8.21 明治前期の横浜生糸商人。上野国高崎の質商の長男。開港直後の横浜に出て生糸貿易にたずさわり、最大級の生糸売込商(野沢屋)に成長。一八六八年(明治元)以降呉服店も営む。第七十四国立銀行頭取などを務め、横浜政財界の巨頭として原善三郎と並び称された。

もくあんれいえん【黙庵霊淵】 生没年不詳。鎌倉後期～南北朝期の禅僧・画家。鎌倉末期に元に渡り、中国で了庵清欲・平石如砥・月江正印・楚石梵琦に参じ、一三四五年頃客死という。水墨の道釈人物画を描き、「四睡図」、「布袋図」(月江正印賛)、「白衣観音図」(平石如砥賛)、「布袋図」(了庵清欲賛)が残る。中国で「牧谿の再来」とよばれたが、画風は元画の影響をうけ抽象的な曲線美を特徴とする。

もくじきおうご【木食応其】 1536～1608.10.1 興山上人とも。織豊期の真言宗の僧。字は深覚。近江国生れ。もと武士で三八歳で高野山に遁世、宝性院政遍から受戒。入山の折、十穀を断つ木食の修行を発願。一五八五年(天正一三)豊臣秀吉の高野山攻めに際し、和平の議に臨む。のち秀吉は高野山に金堂・大塔を建立し、応其のために高野山の再興にあたった。応其も秀吉の方広寺造営に協力し、八七年の島津氏との和睦の折衝にも努めた。晩年、近江国飯道寺に隠遁。

もくじきごぎょう【木食五行】 1718～1810 江戸後期の真言宗の僧。甲斐国生れ。俗姓は伊藤氏。二二歳で僧となり行道と称する。のち諸国を歴遊し、一七六二年(宝暦一二)常陸国の木食観海から木食戒をうけ、木食五行を名のった。その信仰は真言に禅・念仏を融合したもので、千体仏の造像を発願して全国を行脚し、特異な作風で知られる多数の仏や菩薩像を彫刻した。

もくじきようあ【木食養阿】 ?～1763.11.21 江戸中期の真言宗の僧。京都生れ。泉涌寺雲竜院慧雄について出家したが、一七一一年(正徳元)高野山に上り木食恵昌に木食行を学んだ。諸国行脚ののち京都で念仏活動を行い、洛北の狸谷不動院や五条坂の安祥院を開創したほか、橋梁・道路などの土木事業も行った。四一年(寛保元)法橋上人位に補任され養阿を名のった。

もくまんち【木満致】 本来は木羅(木刕)姓の百済人。「日本書紀」応神二五年条と同条所引の「百済記」にみえ、木羅斤資が新羅を討ったとき、新羅の女性に生ませた子。父の功績により任那で力をふるい、直支王の没後、幼年の久爾辛王の王母と関係して国政を支配したが、暴政をきいた大和王権によって召還されたという。「三国史記」にも四七五年、文周王を擁して百済を再興した功臣木刕満致の名がある。年代に開きがあるが、同一人物であろう。おそらく、本来の「百済記」は木羅斤資・満致父子の新羅・加耶での活躍を伝えるもので、これを「日本書紀」編者が日本中心の話に改作したものと思われる。

もくらこんし【木羅斤資】 木刕斤資とも。百済の将軍。「日本書紀」神功皇后摂政四九年条にみえ、荒田別らが新羅を討ったとき、大和王権が援軍として派遣した将軍。木満致の父とされる。この話は五世紀に新羅・加耶関係で活躍した木羅斤資を、「日本書紀」編者が日本側の人物に改作したものであろう。

モース Edward Sylvester Morse 1838.6.18～1925.12.20 明治初期に来日したアメリカ人動物学者。メーン州ポートランド生れ。ハーバード大学卒。一八七七年(明治一〇)日本に多い腕足類を研究するため来日し、大森貝塚を発見・調査。翌年再来日し東京大学初代の生物学教師となる。大学の講義ばかりでなく、各地の講演会で進化論を紹介。七九年帰国、セーラムのピーボディ博物館館長となる。八二年再々来日。動物学の研究に多大な貢献をし、自筆の挿絵を多くつけた「日本その日その日」などにより日本文化を紹介した。

もずめたかみ【物集高見】 1847.5.28～1928.6.23 明治・大正期の国語学者・国文学者。豊後国生れ。国学者物集高世の長男。号は鶯谷・埋書居士。玉松操・平田鉄胤らに国学・漢学・洋学を学ぶ。一八七〇年(明治三)神祇官宣教史生。八六年帝国大学教授。著書は多数あるが、とくに「広文庫」「群書索引」などの辞書を家財をなげうって息子の高量とともに編纂したことで知られる。「物集高見全集」全五巻。

もずめたかよ【物集高世】 1817.2.1～83.1.2 幕末～明治前期の国学者。生年には異説がある。豊後国杵築城下の商家の子。通称文右衛門、号は葎屋。藩儒元田竹渓に儒学を、定村直好に国学を学ぶ。一八六八年(明治元)杵築藩の神官教授方兼国学教授となり、士籍となる。維新後は神祇官宣教使・宣教権少博士となり、子の高見とともに大教宣布運動で活躍。「神道本論」など神道関係の著作のほか、国語研究の成果として「辞格考」などを残す。

もずやそうあん【万代屋宗安】 ?～1594.4.24 織豊期の茶人。堺の人。号は竹渓。千利休に茶を学び、利休の女お三を妻とした。宗安の名は利休建立の大徳寺金毛閣棟札にもみえる。豊臣秀吉に仕えて、茶頭八人衆の一人に数えられた。宗安肩衝や牧谿の布袋の絵などを所持。

もちづきぎょくせん【望月玉蟾】 1692～1755.8.3 江戸中期の画家。名は重勝、通称藤兵衛。京都の蒔絵師の家に生まれる。土佐光成・山口雪渓に師事。中国の宋・元画や雪舟・狩野元信の画風に学んで独自の漢画を創始し、望月派を形成した。延享年間に宮中に招かれ、以後御用絵師を勤めた。「八種画譜」所載の「桃源図」を模した遺作がある。

もちづきけいすけ【望月圭介】 1867.2.27～1941.1.1 明治～昭和前期の政党政治家。安芸国生れ。攻玉社・明治英学校中退。海運業のかたわら、一八九八年(明治三一)衆議院議員初当選。立憲政友会に属し、原敬総裁期の幹事長を務めた。一九二七年(昭和二)田中義一内閣の逓信相・内相を務めたが、鈴木喜三郎総裁派に反発し岡田内閣成立時に政友会を除名された。のち同内閣の逓信相となり、三五年昭和会を結成。三九年政友会分裂後の中島派に属した。

もちづきさんえい【望月三英】 1697/98～1769.11.4 江戸中期の医師。名は乗、三英は通称、号は鹿門。父は讃岐国丸亀藩医の望月雷山。江戸生れ。同族の幕府医官望月元椿の養子となり職を継ぐ。一七三七年(元文二)奥医師にすすみ法眼に叙せられた。瘧(マラリア)の治療に長じ、八代将軍徳川吉宗に重用され、幕府所蔵の典籍を自由に読むことを許されて医書の考証に努めた。著書「鹿門随筆」「明医小史」「医官玄稿」「医門多疫」。

もちづきしんこう【望月信亨】 1869.9.24～1948.7.13 明治～昭和期の僧侶・仏教学者。旧姓松原、のち望月家の養子となる。字は望無雲など。福井県出身。浄土宗学本校で学ぶ。大正大学教授・同学長を歴任。一九二四年(大正一三)東京帝国大学から文学博士号授与。四七年(昭和二二)日本学士院会員。

もちづきたざえもん【望月太左衛門】 歌舞伎囃子方。江戸中期から一二世を数える。初世は安永頃活躍。宇野長七の弟子。望月姓の祖。四世(一七八四～一八六一)は前名柏崎林之助。一八一四年(文化一一)に襲名。五五年(安政二)女婿の初世福原百之助に五世を譲り、俳名の二世朴清を名のる。望月派の地位を固めた。七世(一八六二～一九三八)は本名安倍清三久。仙台の囃子方堅田喜三久の長男。三世望月長九郎に師事し、四世長九郎となる。一九〇五年(明治三八)七世太左衛門を襲名。一一年開場の帝国劇場の専属となる。堅田派も再興し囃子界の重鎮として活

躍。一一世(一九三四～　)は七世の孫。九三年(平成五)四世望月朴清を襲名、九八年人間国宝。

もちひとおう【以仁王】 1151～80.5.26　後白河天皇の第三皇子。母は藤原季成の女成子。三条宮・高倉宮と称する。幼くして天台座主最雲の弟子となり、一一六五年(永万元)に元服。八条院の猶子となるが、親王宣下をえられず不遇であった。皇位継承者と目されたが、七九年(治承三)平清盛のクーデタにより父後白河上皇が幽閉され、翌年安徳天皇が即位、皇位の望みを絶たれた。同年源頼政の勧めに従い、最勝親王と自称し平氏追討の令旨を発して挙兵を試みたが、準備の整わないうちに計画が露顕。このため園城寺に逃れ、さらに南都に逃走中、宇治川の戦で敗死。王の令旨は諸国の源氏に伝えられ、源頼朝・同義仲らの挙兵につながった。

もつがいふせん【物外不遷】 1794～1867.11.25　江戸後期の曹洞宗の僧。画の署名のかわりに拳骨を押したので拳骨和尚と通称される。伊予国生れ。備後国伝福寺で出家したのち諸国を行脚し、宇治興聖寺の関浪磨甎に参じて得悟した。一八一九年(文政二)尾道済法寺の住持となった。和歌・俳句・書画に通じる一方、武芸にも長じその方面での奇行も多い。勤王討幕の志士との交流もあり、薩長連合の策を講じて奔走した。

もっけい【牧谿】 生没年不詳。中国の南宋末期に活躍した禅僧・画家。法名は法常。没年は一二七〇年代と推定。蜀(四川省)生れ。無準師範を師とし、西湖六通寺の開山と伝えられ、画は殷済川に学んだという記録がある。牧谿の粗放な用筆の水墨画は、鎌倉時代以来日本で高く評価され、とくに長谷川等伯の水墨画に与えた影響は大きい。代表作「瀟湘八景図巻断簡」「観音猿鶴図」「蜆子和尚図」。

モッセ　Albert Mosse 1846.10.1～1925.5.31　ドイツの法律家。ベルリン大学でグナイストに学び、裁判所判事となる。一八七九年(明治一二)日本公使館顧問。八二年憲法調査に訪れた伊藤博文にドイツ憲法学を講義。八六年内閣・内務省顧問として招聘され、地方自治制度につき助言。市制・町村制の草案を起草。明治憲法起草にも助言を与えた。九〇年帰国。

モット　John Raleigh Mott 1865.5.25～1955.1.31　学生キリスト教運動(SCM)の世界的指導者。一八八六年アメリカのコーネル大学在学中、D・ムーディーの講演に感激して海外宣教学生献身運動に入る。九五年世界学生キリスト教連盟を結成、その総主事に就任して以後国際的に活動。来日一〇回、日本YMCAの発展に尽くした。一九四六年ノーベル平和賞受賞。

もつりんしょうとう【没倫紹等】 ?～1492.5.16　室町中期～戦国期の禅僧。没倫は道号、紹等は法諱。別号に墨斎・拾堕叟。法を大徳寺派の一休宗純から嗣ぎ、一四五六年(康正二)一休に従って酬恩庵の第一世住持となる。一休没後、九一年(延徳三)大徳寺内に創立された一休の塔所真珠庵の第一世となり、翌年没。能筆で絵画にもすぐれ、花卉図や潑墨山水図などの水墨画をよくした。遺作に「山水図」。

もてぎし【茂木氏】 中世下野国の豪族。宇都宮氏の一流。鎌倉時代の有力御家人、八田知家の三男知基が、茂木郷(現、栃木県茂木町)に土着して茂木氏を称したのに始まる。代々茂木荘(保)を本拠に御家人として活躍。南北朝期は足利方に従い、室町中期には鎌倉公方家に仕える国人領主に成長。戦国期、佐竹氏の重臣となり、一六〇二年(慶長七)同氏の移封とともに出羽国横手(現、秋田県横手市)へ移住。以後、秋田藩士となった。「茂木文書」を伝える。

もとおりうちとお【本居内遠】 1792.2.23～1855.10.4　江戸後期の国学者。旧姓浜田。通称は弥四郎、初名は高国、号は木綿垣。名古屋生れ。はじめ狂歌師として活躍するが、のち本居大平に入門、その女婿となる。紀伊徳川家に仕え、藩命により「紀伊続風土記」を選定して献上した。のち江戸古学館の再建のために出府して国学の普及に尽力し、門下に俊秀が輩出した。著書「新撰紀伊国名所歌集」「古学本教大意」。

もとおりおおひら【本居大平】 1756.2.17～1833.9.11　江戸中・後期の国学者。旧姓は稲掛。通称は十介・三四右衛門、名は茂穂、号は藤垣内。伊勢国松坂の人で、本居宣長の高弟となり、のち養子に入る。失明した本居春庭に代わって家督を継ぎ、和歌山に移住して紀伊徳川家に仕え、養父宣長の学問の普及に生涯をささげた。古風歌風「八十浦之玉」編纂に力を注いだ。著作「古学要」「万葉山常百首」「稲葉集」。

もとおりとよかい【本居豊穎】 1834.4.28～1913.2.15　幕末～明治期の国学者。本居内遠の子。通称は中衛・平造、号は秋屋。紀伊国和歌山生れ。一八五五年(安政二)父の後を継いで和歌山藩江戸国学所の教官となる。維新後は宣教使、のち東京神田神社の祠官となり、神道の振興に努める。ついで東京大学古典講習科の講師をへて東宮侍講に任じられ、大正天皇の教育にたずさわった。著書「古今和歌集講義」「本居雑考」。「本居宣長全集」の編集・校訂にあたった。

もとおりのりなが【本居宣長】 1730.5.7～1801.9.29　江戸中・後期の国学者。旧姓は小津。通称は春庵・中衛、号は鈴屋。伊勢国松坂の木綿問屋に生まれるが、家業の不振と商家に不向きな性格のため、母親の勇断で医学修業に京都に遊学する。上京中、堀景山に漢学を学ぶかたわら、景山を通じて契沖の歌学にふれて開眼した。やがて賀茂真淵と出会い、「古事記」研究を託されるとともに正式に入門。文通により「万葉集」や「宣命」についての質疑を続ける。後半生は「古事記伝」の完成に精力を傾注し、一七九八年(寛政一〇)に終業した。著書はほかに「続紀歴朝詔詞解」「大祓詞後釈」「馭戎慨言」「宇比山踏」「排蘆小船」「源氏物語玉の小櫛」「詞玉緒」。

もとおりはるにわ【本居春庭】 1763.2.3～1828.11.7 江戸中・後期の国学者。本居宣長の長男。通称は健亭、号は後鈴屋。父宣長の業を助け、とくに著述の版下筆耕や書物の書写に従事したが、眼病を患い失明。宣長の没後は、家督を継いで和歌山に移住した養子の本居大平に対し、松坂に残り、殿村安守・小津久足らの助力を得て後鈴屋社中を率い、歌詠・学事に専念した。「詞八衢」「詞通路」の両著は、言語の活用研究に画期的な成果をもたらした。

もときしょうざえもん【本木庄左衛門】 1767～1822.3.13 江戸後期のオランダ通詞・蘭学者。父は良永。名は正栄、号は蘭汀。一七七八年(安永七)稽古通詞、一八〇五年(文化二)大通詞見習となり、没年まで勤務。阿蘭陀炮術之書和解、万国地図和解、諳厄利亜国語字引仕立方などの幕命をうける。「砲術備要」「軍艦図解考例」「諳厄利亜語林大成」「和仏蘭対訳語林」などを編集。

もときしょうぞう【本木昌造】 1824.6.9～75.9.3 幕末～明治初期のオランダ通詞、日本の活版印刷業の創始者。本姓は北島。幼名は作之助、名は永久、号は梧窓・点林堂。長崎の乙名の家に生まれ、オランダ通詞本木昌左衛門の養子となり、昌造と称した。小通詞となり、プチャーチンやペリー来航の際に通訳を勤める。一八六〇年(万延元)飽ノ浦製鉄所御用掛となり、蒸気船艦長。明治期以後は新町活版所・築地活版製作所などを創設。活字の製造や体系化を行う。「長崎新聞」も発行した。

もときりょうえい【本木良永】 1735.6.11～94.7.17 「よしなが」とも。江戸中期のオランダ通詞・蘭学者。通称栄之進、のち仁太夫、号は蘭皐。一七四九年(寛延二)稽古通詞、八八年(天明八)大通詞となる。「和蘭地図略説」「天地二球用法」など、天文・地理に関する訳書が多い。九一年(寛政三)御用天地二球用法之書和解の幕命をうけ、九三年「星術本原太陽窮理了解新制天地二球用法記」を完成し呈上した。同書には太陽中心説が詳説されており、地動説紹介の嚆矢となった。

もとしげ【元重】 刀工の名。同名が一〇人ほどいる。鎌倉末～南北朝期の備前長船派の元重は、年紀が正和～貞治期の約六〇年に及ぶ。しかし年紀後半のものは銘振りが異なり、相州伝の作風が強まることから二代の作とする説もある。二代は相州の貞宗門下で貞宗三哲の一人という。初代は太刀二・刀四、二代は脇指一が重文。

もとださくのしん【元田作之進】 1862.2.22～1928.4.16 明治～昭和前期の宗教家。日本聖公会主教。久留米藩士の家に生まれ、師範学校を卒業し教員を務めたのち受洗。アメリカに留学し、哲学博士号をえる。立教専修学校の司祭、立教中学校校長を務め、立教大学学長として一九二二年(大正一一)大学令による大学を実現。翌年日本最初の監督(主教)に選出された。

もとだながざね【元田永孚】 1818.10.1～91.1.22 幕末～明治期の儒学者。熊本藩士の家に生まれる。藩校時習館に学び横井小楠を知る。京都留守居・高瀬町奉行などを勤め、明治維新後は一八七一年(明治四)宮内省に出仕。侍講・宮中顧問官・枢密顧問官などとして明治天皇に近侍した。「幼学綱要」の編纂、「教育勅語」起草への参画などを通じて、儒教主義・国教主義の立場を貫いた。死に臨み特旨によって男爵を授けられた。

もとだはじめ【元田肇】 1858.1.-～1938.10.1 明治～昭和前期の政党政治家。豊後国生れ。東大卒。代言人となり、第一回総選挙から衆議院議員に連続一六回当選。初期議会から吏党系であったが立憲政友会創立に参加。第一次山本内閣の逓信相。原・高橋両内閣の鉄道相。床次竹二郎に従って政友本党に加わるが政友会に復党。のち衆議院議長・枢密顧問官。

もとのもくあみ【元木網】 1724～1811.6.28 江戸後期の狂歌作者。金子氏。通称喜三郎。初号は網破損針金、別号は落栗庵。嵩松の名で絵も描いた。武蔵国比企郡の人で、江戸に出て京橋紺屋町の湯屋大野屋を継ぎ、一七八一年(天明元)剃髪して芝西久保土器町に住んだ。天明狂歌壇の最古参者の一人で、落栗連を率いて狂歌を大衆化した功績は大きく、狂歌作法書「浜のきさご」など著書が多い。女流狂歌の第一人者智恵内子は妻。

もとのもりみち【本野盛亨】 1836.8.15～1909.12.10 明治期の新聞経営者・官僚。号は咬菜園主人。佐賀藩士八田家に生まれ、本野家の養子となる。緒方洪庵・フルベッキに学ぶ。一八六八年(明治元)神奈川県裁判所に勤務。七〇年子安峻と活版印刷業日就社を横浜に創業。のちに東京に移り、七四年「読売新聞」を創刊。のち外務官僚となり駐英公使館一等書記官などを歴任して八七年退官。八九年読売新聞社の社長に就任。

もとやまひこいち【本山彦一】 1853.8.14～1932.12.30 明治・大正期の新聞経営者。肥後国生れ。箕作秋坪や福沢諭吉のもとで学び、官吏となる。一八八二年(明治一五)大阪新報社に入社。翌年「時事新報」をへて、藤田組支配人など実業界で活躍。八九年大阪毎日新聞社の相談役、一九〇三年社長に就任。一一年「東京日日新聞」を買収し、「毎日新聞」の東京進出に成功した。新聞商品論を唱えた。

もとらゆうじろう【元良勇次郎】 1858.11.1～1912.12.13 明治期の心理・倫理学者。旧姓杉田。摂津国三田藩士の家に生まれる。受洗後同志社英学校に学んだ。一八八三年(明治一六)渡米、八八年ジョンズ・ホプキンズ大学で哲学博士号を取得して帰国し、九〇年帝国大学教授。精神物理学の受容、心元論の表明、実験心理学の開拓などの業績があり、私学教育にも尽力した。

モーニケ Otto Gottlieb Johann Mohnike 1814.7.27～87.1.26 ドイツ人医師。幕末期のオランダ商館医。種痘法・聴診器を日本に伝える。ボン大学医学部をへてオランダ東インド陸軍に入り軍医となる。バタビア着任後、一八四八年(嘉永元)六月一五日出島着。その際持参した牛痘(牛の痘瘡)の膿では感染状態までいたらなかったが、翌年六月、とりよせた牛痘のかさぶた部分を楢林宗建によってその子息らに接種し成功、種痘法普及に尽くした。またR・T・H・レンネック創始の木製筒形と同形式の聴診器を持参して紹介し、吉雄種通に寄贈。五一年離日。著書「日本人」。

もののべうじ【物部氏】 饒速日命を祖とする有力氏族。軍事・刑罰を担当する物部の伴造。姓ははじめ連。六八四年(天武一三)朝臣に改姓し、まもなく石上朝臣に改氏。本拠地は河内国渋川郡付近。複姓の同族が多く、八十物部と称された。「日本書紀」では、垂仁朝に物部十千根大連がみえるが、実際には継体天皇を擁立した麁鹿火が大連に就任した最初か。ついで麁鹿火とは別系の尾輿が大連になり、大伴金村を失脚させて勢力を誇ったが、蘇我稲目と対立した。次の大連守屋も蘇我馬子と争い、五八七年(用明二)に滅ぼされた。その後、壬申の乱では物部朴井連(朴井氏)雄君が活躍。天武朝に石上朝臣に改姓した麻呂は左大臣に至り、以後石上氏は八世紀～九世紀初めに多くの高官を輩出した。

●物部氏略系図

饒速日命……十千根……伊莒弗─┬─布都久留─木蓮子─麻佐良─麁鹿火
　　　　　　　　　　　　　　└─目─荒山─尾輿─┬─大市御狩─目─宇麻呂─[石上]麻呂─乙麻呂─宅嗣
　　　　　　　　　　　　　　　　　　　　　　　└─守屋─雄君

もののべのあらかひ【物部麁鹿火】 麤鹿火・荒甲とも。生没年不詳。五世紀末～六世紀前半の廷臣・武将。武烈・継体・安閑・宣化四朝の大連。麻佐良の子。継体天皇の擁立に加わった。継体六年、大伴金村が百済に任那四県割譲を認めた際、宣勅使に任じられたが妻の諫言で辞退。同二一年筑紫国造磐井が新羅と結んで反乱をおこすと、大将軍となってこれを討った。宣化元年、那津官家設置のため、勅をうけて新家屯倉の穀を運ばせた。

もののべのおきみ【物部雄君】 ?～676.6.- 朴井雄君・榎井小君とも。七世紀の官人。壬申の乱の功臣。守屋の子。大海人皇子の舎人だったが、六七二年(天武元)五月私用で美濃に赴いた際、近江朝廷が山陵造営の名目で人夫を集めていることを知り、大海人に報告。六月の大海人の挙兵とともに東国へ随行した。六七六年病で急死すると、天武天皇は大いに驚き、壬申の乱の功により内大紫位を贈り氏上を賜った。

もののべのおこし【物部尾輿】 生没年不詳。六世紀半ばの廷臣。安閑・欽明朝の大連。荒山の子。守屋の父。安閑元年、廬城部枳莒喩の女が尾輿の首飾りを盗み、春日皇后に献じた事件が発覚。事件とのかかわりを恐れた尾輿は、配下の部民を献じた。欽明天皇即位に際し、大連に再任。欽明元年、大伴金村が任那四県を百済に割譲したことを非難し、金村を引退させた。同一三年百済の聖明王から仏像・経論などが献じられたとき、中臣鎌子とともに排仏を主張し、蘇我稲目と対立した。

もののべのとちね【物部十千根】 記紀伝承上の人物。物部連の遠祖。饒速日命の七世の孫という。垂仁天皇から神祇の祭祀をゆだねられた。また五十瓊敷入彦命が老齢を理由に、石上神宮の神宝の管理を妹の大中姫に譲ろうとしたとき、姫から託されてその役をひきうけ、以後それは物部氏の任務となったといわれる。

もののべのひろいずみ【物部広泉】 785～860.10.3 平安初期の医家。左京の人。伊予国風早郡の出身。独学で医術を学び、八二七年(天長四)医博士兼典薬允に任じられ、以後侍医・内薬正を歴任し、正五位下に昇った。八五四年(斉衡元)首姓を改め朝臣を賜っている。著書「摂養要決」二〇巻。

もののべのみにく【物部敏久】 ⇩興原敏久

もののべのもりや【物部守屋】 ?～587.7.- 六世紀の廷臣。敏達・用明朝の大連。尾輿の子。「日本書紀」によると、敏達元年四月「大連とすること故のごとし」とあるが、欽明紀には名がみえない。同一四年三月、疫病流行の原因は蘇我馬子の崇仏にあると奏し、詔により塔・仏像・仏殿を焼いた。同年八月、敏達天皇の殯宮で誄を奏した際、守屋と馬子は互いにそしりあい、怨恨を残したという。用明元年五月には穴穂部皇子が守屋と結んで皇位をうかがい、敏達天皇の寵臣だった三輪逆を殺害。翌年四月用明天皇が没すると、五月守屋らの穴穂部皇子擁立計画が漏洩。六月には皇子が殺され、七月、馬子の勧めにより結成された諸皇子・群臣らの軍と対戦し、射殺された。

ももかわじべえ【百川治兵衛】 1580?～1638.9.24/27 江戸初期の数学者。越中国から佐渡島へ渡り、和算を教授。一六三八年(寛永一五)キリシタンの疑いで捕らえられたが、弟子が証人となり許された。弟子のために著した巻物「諸勘分物」第二巻(一六二二)が伝えられている。第一巻は不明。新潟で没す。百川の名は広く知られ、佐渡では弟子たちが百川流を称した。

ももかわじょえん【桃川如燕】 1832.6.-～98.2.28 幕末～明治期の講釈師。桃川派の祖。江戸生れ。本名杉浦要助。初代伊東燕国の門人で、国栄をへて燕国を襲名。一八七四年(明治七)桃川如燕と改名。「百猫伝」ほかを得意とし庶民の人気を得る一方、明治天皇に御前講演して、講釈界の発展に尽力。二代は門弟の初代若燕が、三代はのちの五代神田伯山が襲名した。

ももぞのてんのう【桃園天皇】 1741.2.29～62.7.12 在位1747.5.2～62.7.12 桜町天皇の第一皇子。名は遐仁。生母は姉小路実武の女開明門院定子。一七四六年(延享三)儲君に定まり親王宣下。四七年立太子、父の譲位により践祚。五七年(宝暦七)垂加流神道説進講をめぐり、宝暦事件が発生。六〇年有栖川宮職仁親王から古今伝授をうける。死去の際、儲君英仁親王(後桃園天皇)は幼く、幕府が皇姉智子内親王(後桜町天皇)の即位を承認するまで喪が秘された。

ももたそうじ【百田宗治】 1893.1.25～1955.12.12 大正・昭和期の詩人。大阪府出身。高等小学校卒。一九一六年(大正五)詩集「一人と全体」刊行、人道主義的傾向を示す。一八年創刊の「民衆」に協力、同年刊の「ぬかるみの街道」は民衆詩派の代表的詩集。のち民衆詩派と決別し、閑寂な俳句的境地やモダニズムの詩風を示す。詩誌「椎の木」を創刊主宰し、後進を育成した。

ももたろう【桃太郎】 流れてきた桃の実から出生したのち、異常成長をとげた小さ子の鬼退治英雄譚。婚姻譚をともなう場合もある本格昔話で、異常出生した小さ子が卓越した働きをする話は桃太郎も含め各地に多い。神が小児の姿をかりて現れるという小さ子信仰の深さがうかがえる。付属する婚姻譚をふまえ通過儀礼の慣習をみる説もある。桃は古来から霊力があるとされ、瓜と同じく依代になった。この点ばかりでなく、桃太郎には瓜子姫に共通する点が多い。

もものいぎはち【桃井儀八】 1803.8.8～64.7.22 幕末期の尊攘派志士。武蔵国榛沢郡阿賀野村の福本守道の次男。江戸に遊学し東条一堂門に入り、清川八郎・那珂梧楼(江幡五郎)とともに一堂門の三傑といわれた。のち備中国庭瀬藩主板倉氏に招かれて二〇年余り仕え、一八六三年(文久三)に帰郷すると、中瀬村に塾を開く一方で関東各地をまわり志士と交わる。同年新田満次郎を擁し赤城山挙兵を画策。事前に露見し自首、福江藩江戸藩邸に幽囚中絶食して没した。

もものいし【桃井氏】 中世の豪族。足利氏の一流。足利義兼の四男義胤が上野国群馬郡桃井郷(現、群馬県榛東村)を支配し、桃井氏を称した。以後、一族が分裂。南北朝期、義胤の子頼氏の曾孫直常の一派は、はじめ足利方として活躍、越中国守護となり北陸に勢力を伸ばした。のち南朝方につき、幕府軍に敗れて衰退。尊氏に従った一族は扇一揆と称し、室町時代、幕府奉公衆として活躍。

もものいただつね【桃井直常】 生没年不詳。南北朝期の武将。貞頼の子。刑部大輔・右馬権頭・播磨守。一三三八年(建武五・延元三)西上した北畠顕家軍を撃破した功で若狭国守護。観応の擾乱では足利直義方に属し、直義死後は足利基氏配下として同直冬や南朝方と結び、再三京都を攻めた。七一年(応安四・建徳二)斯波義将・吉見氏頼らに大敗し、以後消息不明。

もものいなおあき【桃井直詮】 1393/1403～1470/80 室町時代の幸若舞の祖。清和源氏の後胤で、南北朝期の武将桃井播磨守直常の孫。幸若家が江戸幕府から系図の書上げを命じられた際、幸若舞の祖とされた。数種の系図によると、幼名を幸若丸、比叡山で修行中に草子物に節付けをして創始、越前朝倉氏に仕えて三〇〇〇貫を領したという。東京国立博物館に伝土佐光信筆の画像がある。

ももひろゆき【桃裕行】 1910.10.14～86.12.25 昭和期の日本史学者。東京都出身。東大卒。東京大学史料編纂所で「大日本史料」「大日本古記録」編纂に従事。一九六八～七一年(昭和四三～四六)同所所長。七一年立正大学教授。古代教育制度史・古記録学・暦法を専攻し、「上代学制の研究」などの諸業績は「桃裕行著作集」全八巻に所収。

モラエス Wenceslau de Moraes 1854.5.30～1929.7.1 ポルトガルの外交官・文学者。海軍に入りマカオ在勤中、日本への関心を深め、一八九九年(明治三二)来住。初代の神戸・大阪両副領事、のち総領事。一九一三年(大正二)退職。亡妻福本ヨネの郷里徳島に移り、ヨネの姪コハルと同棲。母国には生涯帰らず、雑誌に「日本通信」を寄稿、孤独のうちに死去。「大日本」ほか多くの著書で日本を紹介、ハーン(小泉八雲)と並び称される。

モラレス 西Diego de Morales 1604.10.13～43.2.6 イエズス会宣教師。スペイン生れ。一六四二年(寛永一九)転びバテレン沢野忠庵(フェレイラ)を立ち返らせるために、イタリア人イエズス会士ルビノに率いられ、マニラから薩摩にいたる。直後、捕らえられて長崎に送られ、翌年穴吊しの刑により殉教。

Ⅱ**Francisco de Morales** 1567.10.14～1622.8.5 ドミニコ会宣教師。スペインのマドリード生れ。一六〇二年(慶長七)日本でのドミニコ会布教長として薩摩国甑島に渡来し、同地で布教。〇九年鹿児島藩のキリシタン弾圧が始まり、長崎に移る。宣教師追放後も日本にとどまり、一九年(元和五)捕らえられ、二二年長崎で殉教。

もりありのり【森有礼】 1847.7.13～89.2.12 明治前期の政治家。子爵。鹿児島藩士出身。一八六五年(慶応元)藩命でイギリスに留学、ついでアメリカに渡る。六八年帰国。明治新政府に入り、急進的な改革意見を提出したが、保守派の反発で辞任。のち駐米公使・駐清公使・外務大輔・駐英公使などを歴任。その間、明六社の設立、「明六雑誌」の創刊に尽力し、初代社長として思想啓蒙活動にあたる。参事院議官・文部省御用掛をへて、八五年(明治一八)第一次伊藤内閣の文相。翌年、一連の学校令の制定を進め、知育中心の近代的学校教育制度の確立に努力。欧化主義者とみなされ、伊勢神宮参拝に際し不敬の行動があったとして保守派・国粋派の非難を浴び、憲法発布の日、神道家西野文太郎に襲撃され、翌日死去。

もりありまさ【森有正】 1911.11.30～76.10.18 昭和期の哲学者・フランス文学者。東京都出身。祖父は有礼。東大卒。一九四八年(昭和二三)東京大学助教授。パスカル、デカルトを研究。五〇年フランスに留学、五三年に同大学を辞してパリに定住した。晩年にパリ大学東洋学部教授。著書「近代精神とキリスト教」「バビロンの流れのほとりにて」。

もりいえ【守家】 鎌倉時代の備前の刀工の名。初代は福岡一文字守近の孫で、はじめ備前国長船の隣村畠田に住し、のち長船に移ったためとくに畠田守家という。太刀一〇が重文。初代は建長～正元期頃に、二代は文永～弘安期に活躍した。初代は二字銘が多く、二代は長い銘となるが、異説もある。その後、南北朝～室町時代に五代ほど確認できる。

もりおうがい【森鷗外】 1862.1.19～1922.7.9 明治・大正期の小説家・軍医。本名林太郎。石見国生れ。一八七二年(明治五)上京して西周家に寄寓。八一年東大卒。陸軍に入る。八四年からドイツに留学し、衛生学を学ぶ。九〇年清新な異国趣味と雅文体による「舞姫」などの浪漫的作品で文壇に登場。その後著作から遠ざかるが、一九〇七年に軍医総監・医務局長となり地位が安定したこと、一九〇九年の「スバル」創刊に刺激されて「キタ・セクスアリス」「青年」「雁」などの反自然主義的作品を発表。乃木希典殉死に衝撃をうけ、「興津弥五右衛門の遺書」「阿部一族」などの歴史小説に着手。退任を契機に「渋江抽斎」などの史伝に没頭した。その他評論活動、「即興詩人」などの翻訳活動、作歌活動など多岐にわたって活躍。

もりおかまさずみ【森岡昌純】 1833.12.1～98.3.26 明治期の内務官僚・海運経営者。鹿児島藩士の家に生まれる。地方官を歴任後、一八八五年(明治一八)四月農商務少輔、同月共同運輸の社長となり、三菱会社との合併を実現させ、日本郵船会社の初代社長に就任。社内融和の回復のほか、航路の再編、船質改善を実施し、海外航路の開拓にも着手。九四年、新定款制定を機に社長を辞任。

もりかいなん【森槐南】 1863.11.16～1911.3.7 明治期の漢詩人。名は公泰、通称泰二郎。春濤の子。尾張国生れ。一八歳で太政官に出仕。一九〇四年(明治三七)随鷗吟社を創設し漢詩壇の中心となる。式部官などを歴任。伊藤博文がハルビンで遭難したとき、森も被弾。著書「槐南集」。

もりかつみ【森克己】 1903.9.26～81.4.26 昭和期の歴史学者。長野県出身。東大卒。史料編纂掛勤務ののち、満州国建国大学・九州帝国大学・中央大学などの教授を歴任。一貫して古代・中世の対外関係史研究にたずさわり、中国側の史料を駆使して大きな成果をあげた。著書「日宋貿易の研究」「日宋文化交流の諸問題」。「森克己著作集」全六巻。

もりかわきょりく【森川許六】 ⇨許六

もりかわし【森川氏】 江戸時代の幕臣・大名家。本姓は宇多源氏佐々木支流で、はじめ堀部を称したが宗氏のとき堀場に改めた。その孫氏俊は徳川家康に仕え、命により森川助右衛門の遺跡を継いで森川に改姓。氏俊の長男・次男は旗本・御家人、三男重俊は徳川秀忠に仕え、一六二七年(寛永四)下総・上総・相模三国で一万石を領し、下総国生実藩を創設。翌年西丸年寄となったが、三二年秀忠に殉死。子孫は代々生実一万石を領し明治期に至った。維新後子爵。

もりかわしげとし【森川重俊】 1584～1632.1.24 江戸初期の幕府年寄。下総国生実藩初代藩主。出羽守。一五九七年(慶長二)から徳川秀忠に近侍する。一六一四年大久保忠隣改易に連坐し、上野国高崎の酒井家次に預けられる。大坂夏の陣で戦功をあげ、二七年(寛永四)ゆるされて秀忠に仕え、上総・下総・相模三国で一万石を与えられ、生実を居所とした。翌年西丸年寄となるが、三二年秀忠に殉死。

もりかわちくそう【森川竹窓】 1763～1830.11.2 江戸後期の書家・篆刻家。名は世黄、字は離吉、号は竹窓・良翁。大坂生れ。手本をみながら書く臨書を中心に岳玉淵に書を学ぶ。

篆書・隷書・篆刻を得意とする。日本の古名蹟を模刻して集録した「集古浪華帖」をはじめ、「款叢」「草行集字句選」などの著述を残す。松平定信の「集古十種」編纂にもたずさわった。

もりかわとえん【森川杜園】 1820.6.26～94.7.15 明治期の木彫家。大和国生れ。独学で奈良一刀彫人形を始める。一八五六年(安政三)春日有職奈良人形師となる。明治維新後、内国勧業博覧会で受賞を重ねた。吉野如意輪堂の扇や、正倉院宝物などの模造制作にも従事。狂言師でもあり、狂言に関連する彫像が多い。「牝牡の鹿」など動物彫刻も得意とした。

もりかわばこく【森川馬谷】 1714～91.1.8/2.8 江戸中・後期の講釈師。江戸生れ。本名伝吉。馬場文耕の門人。のちに一派を立てる。講釈の興行形態を整えた人。読物を前中後の三段にわけ、軍書物・御家騒動物・世話物と区別するやり方や看板などの書き方を開発、普及させた。二代は門人の馬童が継いだ。

もりかんさい【森寛斎】 1814.1.1/11～94.6.2 幕末～明治期の日本画家。長門国生れ。旧姓石田、名は公粛、字は子容。大坂に出て森徹山に学び、のち養子となる。幕末には勤王派として奔走。維新後、如雲社に参加。円山派の正系を継ぎ、京都画壇の重鎮として活躍した。京都府画学校に出仕、帝室技芸員。代表作は金刀比羅宮の襖絵「秋野群鹿図」。

もりくにしんのう【守邦親王】 1301.5.12～33.8.16 鎌倉幕府九代将軍(在職一三〇八・八・一〇～一三三三・五・二二)。父は八代将軍久明親王、母は七代将軍惟康親王の女。一三〇八年(延慶元)久明親王が上洛させられたのち、八歳で将軍となる。同年親王の号を許される。一三三三年(元弘三)鎌倉幕府滅亡により将軍職を退き、出家。鎌倉で死去。

もりくぼさくぞう【森久保作蔵】 1855.6.27～1926.11.4 明治・大正期の民権家・政治家。武蔵国多摩郡生れ。「仏国革命史」とあだ名されるほどフランス革命史に精通。自由党員。南多摩自由党結成に尽力。大阪事件で逮捕されるが無罪放免。神奈川県通信所を組織する。日清戦争時、軍夫玉組を組織。衆議院議員。三多摩壮士の指導者でもあり、院外団の活動を展開。

もりこうぞう【森広蔵】 1873.2.24～1944.1.12 明治後期～昭和前期の銀行家。鳥取県出身。一八九七年(明治三〇)高等商業(一橋大学の前身)卒。横浜正金銀行に入り、ロンドン支店副支配人・本店支配人・取締役となる。一九二三年(大正一二)台湾銀行に転じ、副頭取・頭取として整理にあたる。二九年(昭和四)安田保善社理事・安田銀行副頭取となり、東京銀行集会所会長・経済団体連盟副会長・日本経済連盟会常務理事などを務めた。

もりさだしんのう【守貞親王】 ⇨後高倉院

もりし【森氏】 江戸時代の大名家。源義家の子孫とされるが不詳。可成・長可父子が織田信長に仕える。本能寺の変で信長に殉じた蘭丸は長可の弟。長可の跡は末弟忠政が継ぎ、一六〇三年(慶長八)美作国津山一八万六五〇〇石をえる。九七年(元禄一〇)除封されるが、備中国内で再興。二万石。一七〇六年(宝永三)播磨国赤穂に移される。分家は播磨国三日月藩主。維新後ともに子爵。

もりしたひろし【森下博】 1869.11.3～1943.3.20 明治～昭和前期の実業家。広島県出身。大阪に出て商家奉公ののち、売薬店森下南陽堂を開業。一九〇五年(明治三八)懐中薬仁丹を製造・発売し、積極的な広告宣伝により売上げを伸ばし、輸出部を設けて中国・インド・ジャワなどに進出した。三六年(昭和一一)に森下仁丹を設立して社長に就任。

もりしまちゅうりょう【森島中良】 1754?～1810? 江戸中・後期の蘭学者・戯作者・狂歌師。本名森島中良、のち桂川甫斎。字は甫粲・虞臣、号は桂林。戯作号森羅万象。狂歌名竹杖為軽。幕府医官桂川国訓(甫三)の子。兄国瑞(甫周)に蘭学を学び、平賀源内に師事して文学的影響をうける。蘭学者として「紅毛雑話」「万国新話」「琉球談」「蛮語箋」を著し、戯作に「従夫以来記」「田舎芝居」、狂歌に「絵本見立仮譬尽」。

もりしゅんとう【森春濤】 1819.4.2～89.11.21 幕末～明治前期の漢詩人。名は魯直、通称浩甫。尾張国生れ。一八七四年(明治七)東京の下谷に移住し「新文詩」を発行、詩壇の雄となる。著書「春濤詩鈔」。

もりせんぞう【森銑三】 1895.9.11～1985.3.7 近世文人・書誌の研究者。愛知県出身。図書館や東京帝国大学史料編纂所勤務のかたわら独学し、雑誌「伝記」を主宰。「森銑三著作集」全一二巻・別巻一は、近世の人物・典籍研究に欠かせない。

もりそせん【森狙仙】 1747～1821.7.21 江戸後期の画家。森派の祖。名は守象、字は叔牙。号ははじめ祖仙、一八〇七年(文化四)以降は狙仙。別号に霊明庵・如寒斎など。出身地は長崎・大坂・西宮の諸説あるが、活躍地は大坂。父や兄および蝶楊堂幽谷・勝部如春斎らに狩野派の画法を学んだが、円山派の写生画の影響をうけて新画風を確立。猿などの動物画が得意で、代表作は京都広誠院「雪中獣禽図襖」。

モリソン George Ernest Morrison 1862.2.4～1920.5.30 イギリス人新聞記者。オーストラリア生れ。東南アジア・中央アジアを取材旅行し、一八九〇～一九一〇年代には北京でロンドン・タイムズの通信員として活躍。日露戦争にも従軍し、のち中華民国政府の政治顧問となった。

その間、中国・東南アジア関係の書物を収集して大コレクション(モリソン文庫)を築いた。この文庫は一九一七年(大正六)に岩崎久弥に売却され、現在は東洋文庫蔵。

もりたあきお【盛田昭夫】 1921.1.26～99.10.3 昭和後期の実業家、ソニーの創設者。愛知県出身。大阪帝大卒業後、海軍技術中尉。一九四六年(昭和二一)井深大とともに東京通信工業(のちソニー)を設立し取締役。五〇年テープレコーダー、五五年トランジスタラジオなどを開発・発売、ソニーに社名変更後の七一年社長、七六年から一八年間会長を務めた。経団連副会長や日米経済会議会長など財界でも活躍。九八年(平成一〇)米誌「タイム」の「二〇世紀の二〇人」に選ばれた。

もりたかんや【守田勘弥】 江戸森(守)田座の座元、歌舞伎俳優。江戸前期から一四世を数える。初世(?～一六七九?)は道化方初世坂東又九郎の子で、森田座の開祖森田太郎兵衛の養子となる。以後、初世の兄坂東又次郎の家系が名跡を相続。一一世(一八〇二～六三)は四世坂東三津五郎で、三世坂東三津五郎の養子。一八五〇年(嘉永三)森田勘弥を襲名、五六年(安政三)森田座を再興、五八年森田を守田と改めた。生世話の妙手。俳名佳朝・秀朝。一二世(一八四六～九七)は守田座の帳元中村翫左衛門の次男。本名寿作。守田家の養子となり一八七二年(明治五)都心の新富町に進出し、守田座を新富座と改称。劇場設備や上演脚本を改良し高位高官と交わるなど、歌舞伎の近代化、高尚化に努めた。一三世(一八八五～一九三二)は一二世の三男で本名守田好作。俳名是水など。屋号は喜の字屋。二枚目役を得意とする一方、新作脚本や翻訳劇にも大きな足跡を残した。一四世(一九〇七～七五)は一三世の甥で養子となる。本名守田好之。青年歌舞伎で当り役を演じ人気を集めた。新派女優水谷八重子(初世)と結婚し、のち離婚。

もりたごゆう【森田悟由】 1834.1.1～1915.2.9 明治・大正期の宗教家。曹洞宗僧侶。号は大休。性海慈船禅師とよばれた。尾張国生れ。一八八八年(明治二一)曹洞宗法式改正委員長となり、「洞上行持軌範」を完成させる。九一年大本山永平寺第六四世貫主。九四年曹洞宗管長。宗門改革に努め、衰微していた宗門の振興をはかった。

もりたしけん【森田思軒】 1861.7.21～97.11.14 明治期の新聞記者。備中国生れ。本名文蔵。慶応義塾に学び、矢野竜渓に師事。彼の招きで一八八二年(明治一五)「郵便報知新聞」に入社、中国・欧米に記者として派遣される。その後ベルヌ、ユゴー、ディケンズらの小説の翻訳家として活躍しながら、「国会」や「万朝報」にも関係した。

もりたじろべえ【森田治良兵衛】 ?～1744.11.3 江戸中期の機業家。丹後縮緬の創始者のひとり。絹屋佐平治の名で丹後国峰山町で絹機屋を営んでいた。一七一九年(享保四)京都西陣の織屋に奉公して縮緬の仕様を覚えて帰郷したが、絞合ができず、再度糸織屋で西陣の撚糸技法をひそかに学び、翌年完全な縮緬を製造したという。

もりたせっさい【森田節斎】 1811～68.7.26 幕末・維新期の儒学者・志士。父文庵は医者。名は益、字は謙蔵。大和国五条生れ。京都に出て猪飼敬所・頼山陽に学び、江戸で昌平黌に入る。京都で開塾し、吉田松陰ら多数の尊王攘夷派の志士が育った。安政年間に備中・備後・伊予・讃岐の各国を歴遊。晩年、門人が天誅組に参加したため幕吏に追われ、紀伊国那賀郡荒見に隠れ、愚庵と号した。著書「太史公序賛蠡測」。

もりたそうへい【森田草平】 1881.3.19～1949.12.14 明治～昭和期の小説家。岐阜県出身。本名米松。東大卒。一九〇八年(明治四一)平塚らいてうとの塩原心中未遂事件を題材にした自然主義的作品「煤煙」で一躍作家としての名声を得る。夏目漱石の門下生として朝日新聞文芸欄を担当。代表作は自伝的な長編「輪廻」。評論「夏目漱石」「続夏目漱石」。

もりただまさ【森忠政】 1570～1634.7.7 織豊期～江戸初期の大名。可成の六男。美濃国金山生れ。兄長可の跡を継ぎ金山七万石を領した。一五八七年(天正一五)豊臣姓をうけるが、秀吉死後は徳川家康に仕え、一六〇〇年(慶長五)二月、信濃国川中島一三万七五〇〇石に加増。関ヶ原の戦では徳川秀忠に従って真田氏の上田城を攻めた。〇三年、美作一国一八万六五〇〇石余に移封。津山城を築く。駿府城・名古屋城などの普請を手伝う。

もりちかうんぺい【森近運平】 1880.10.23～1911.1.24 明治期の初期社会主義者。岡山県出身。県庁勤務中に週刊「平民新聞」の読書会岡山いろは倶楽部を組織し免官。一九〇五年(明治三八)大阪平民社を結成、翌〇六年日本社会党創立に参画。「平民新聞」廃刊後「大阪平民新聞」を発行。赤旗事件後一時幸徳秋水宅に同居していたため大逆事件に連坐、処刑された。

もりつとむ【森恪】 1882.12.28～1932.12.11 「かく」とも。大正・昭和前期の実業家・政治家。大阪府出身。中国に渡り、三井物産入社。革命派に接近して利権の獲得につとめ、一九一三年(大正二)中国興業設立。二〇年三井物産を退社し、政友会に所属して衆議院議員に当選。二七年(昭和二)田中義一内閣の外務政務次官となり、山東出兵・東方会議を推進。以後政友会幹事長、犬養内閣書記官長を歴任。終始大陸政策の急先鋒であった。

もりてつざん【森徹山】 1775～1841.5.6 江戸後期の画家。森狙仙の兄周峰の子で、狙仙の養子。名は守真、字は子玄、通称は文蔵。大坂に生まれ、のち京都に住む。周峰・狙仙・円山応挙に画を学ぶ。動物画・花鳥画に優れ、狙仙の画風に情趣性を加えた。円山派を大坂に広め、熊本藩細川氏に仕えた。代表作「双牛図屏風」。

もりとたつお【森戸辰男】 1888.12.23～1984.5.28 大正・昭和期の社会政策学者。広島県出身。東大卒。一九一六年(大正五)東京帝国大学助教授。クロポトキンに関する論文が危険思想とみなされ、二〇年に休職処分となり、新聞紙法違反で起訴され禁錮三カ月の判決をうけた(森戸事件)。出獄後大原社会問題研究所所員。第二次大戦後、日本社会党に入党、衆議院議員に当選。片山・芦田両内閣の文相。五〇年(昭和二五)広島大学学長。六六年中央教育審議会会長として「期待される人間像」を発表。著書「クロポトキン」「平和革命の条件」。

もりながしんのう【護良親王】 ⇨護良親王(もりよししんのう)

もりながたいちろう【森永太一郎】 1865.6.17～1937.1.24 大正・昭和前期の実業家。肥前国伊万里生れ。少年時代に行商を経験し、伊万里焼の問屋堀七商店、その後横浜の九谷焼売込商道谷商店に雇われる。一八八八年(明治二一)に渡米してキャンデー工場で働きながら製菓技術を学び、またキリスト教の熱心な信者となる。九九年帰国後、東京赤坂で菓子製造を始め、一九一二年(大正元)森永製菓とし、ベルトライン・ストアと名づけたチェーンストアによって業務を拡大した。

もりながよし【森長可】 1558～84.4.9 織豊期の武将。可成(よしなり)の長男。美濃国生れ。同国金山(かねやま)を領有。織田信長に仕え、伊勢国長島一揆攻めなどに功をあげ、一五八二年(天正一〇)の甲州攻めには織田信忠に従って参加。その功により信濃国更級・高井・水内・埴科四郡を与えられ、旧領とあわせて二〇万七九〇〇石余となる。本能寺の変後は豊臣秀吉に属し、八四年四月、小牧・長久手の戦で奮戦、舅の池田恒興らとともに徳川家康に大敗、戦死。

もりのおおいわ【守大石】 生没年不詳。七世紀後半の官人。六五八年(斉明四)蘇我赤兄(あかえ)にそそのかされた有間(ありま)皇子が謀反を企てた際、皇子らとともに捕らえられ、紀温泉に連行ののち上毛野国へ配流。六六一年百済(くだら)救援軍の後将軍の一人として派遣される。時に大山上。六六五年(天智四)唐へ派遣、時に小錦。その後、帰国した使人のなかに名がみえず、途中で没したか。

もりのぶてる【森矗昶】 1884.10.21～1941.3.1 大正・昭和前期の実業家。千葉県出身。海草からヨードを精製する事業を開始し、一九〇八年(明治四一)に総房水産を設立。東信電気に移り、余剰電力をもとに二六年(昭和元)に日本沃度(ヨード)(三四年に日本電気工業と改称)、二八年に昭和肥料を設立、両社を核に重化学工業に展開、森コンツェルンを形成した。三九年六月に両社が合併してできた昭和電工の初代社長となる。一九二四年(大正一三)以来衆議院議員当選四回。

もりまさおう【守正王】 ⇨梨本宮守正王(なしもとのみやもりまさおう)

もりまつじろう【森松次郎】 1835.12.1～1902.2.26 幕末～明治期の長崎五島地方のカトリック教徒の指導者。肥前国五島生れ。一八六五年(慶応元)の大浦天主堂建立後、宣教師の来島のため自宅を秘密礼拝堂に提供。明治初年の弾圧時は信徒に守られ、プティジャンに従いマニラでキリシタン版刊行を手伝う。解禁後、長崎居留地のフランシスコ館で教会の書記役を務め、また女子教育・孤児院の経営に尽力。その後、平戸・生月(いきつき)などの布教にも尽くした。

もりみつ【盛光】 生没年不詳。室町前期の備前長船(おさふね)派の刀工。その製作年紀から応永備前と称され、康光と双璧をなす。一説に長船師光の弟または子とされる。作品は一三九四年(応永元)に始まり、室町後期まで同名があり、数代に及ぶ。

もりむらいちざえもん【森村市左衛門】 1839.10.28～1919.9.11 明治・大正期の実業家。江戸の商家に生まれた。一八七六年(明治九)に森村組を創設、弟の豊を派遣してアメリカに店を開き、雑貨・骨董品などを直輸出して成功。のち陶器輸出・製造に力をいれ、日本陶器・森村銀行・東洋陶器などを設立して事業を拡大、諸会社の設立にも参加した。

もりもとろくじ【森本六爾】 1903.3.2～36.1.22 昭和期の考古学者。奈良県出身。京都帝国大学・東京高等師範などで考古学を学ぶ。東京考古学会を組織して弥生文化研究をこころざし、青銅器や稲作について集中的に研究するが、パリ遊学中に発病し、帰国後没した。著書「日本青銅器時代地名表」「日本農耕文化の起源」。

もりやましげる【森山茂】 1842.9.-～1919.2.26 明治期の外交官・政治家。大和国生れ。外務省に入り、明治初年朝鮮との国交樹立の交渉を進めた。一八七六年(明治九)黒田清隆全権に随行して、日朝修好条規の締結に尽力。元老院議官・富山県知事・貴族院議員などを歴任。

もりやまたきちろう【森山多吉郎】 1820.6.1～71.3.15 幕末期の通訳官。肥前国長崎のオランダ通詞の家に生まれる。一八四八年(嘉永元)に漂着したアメリカ人マクドナルドに英語を学び、五一年「エゲレス語辞書和解」を仲間と編集しはじめた(計七冊刊)。五三年プチャーチン応接の通訳、翌年(安政元)ペリー応接の首席通訳、六二年(文久二)遣欧使節の通弁御用頭取となる。

もりやまよしへい【森山芳平】 1854.1.23～1915.2.27 明治期の機業家。上野国生れ。日本へのジャカードの導入の功労者。一五歳から父森山芳右衛門について機織を習得したが、一八七七年(明治一〇)内国博覧会に出品されたジャカードを購入して紋織の試作に努め、染色においても改良を行った。また福井・米沢・入間・福島などの羽二重織の勃興に貢献。

もりゆうせつ【森有節】 1808～82.4.- 伊勢国の万古焼の中興の祖。桑名生れ。通称与五左衛門、有節は号。摘山堂とも称した。一八三一年(天保二)に古万古焼を伊勢国小向(現、三重県朝日町小向)の旧跡に再興して釉薬の研究を進め、菊盛り上げ法・腥臙脂薬・黒色釉を発明した。その焼物を有節万古とよぶ。六七年(慶応三)に国産陶器職取締役を命じられた。

もりよししんのう【護良親王】 1308～35.7.23 後醍醐天皇の皇子。母は源親子。「もりなが」とも。一三二三年(元亨三)頃延暦寺梶井門跡の大塔に入室し大塔宮とよばれる。法名尊雲。二七年(嘉暦二)天台座主となり討幕運動を開始。三一年(元弘元)討幕運動発覚後、比叡山をのがれ、翌年還俗して護良と名のる。こののち約一年間、討幕運動の中心として令旨を発給。三三年の討幕後は将軍宮を称し、足利尊氏と対立して信貴山に籠城。後醍醐天皇にさとされ帰京後、征夷大将軍・兵部卿となるが、なお尊氏と対立。尊氏や新待賢門院の讒言にあって三四年(建武元)拘禁され、鎌倉の足利直義のもとへ送られる。三五年中先代の乱に際し、親王が北条氏の手に渡ることを恐れた直義により殺された。

もりよしなり【森可成】 1523～70.9.20 戦国期の武将。近江国宇佐山城(現、大津市)城主。美濃国出身で織田信長に従い各地を転戦。一五七〇年(元亀元)宇佐山城を築き、これに拠った。浅井・朝倉両氏は同年六月信長と戦って敗れるが(姉川の戦)、九月反撃に出て宇佐山城などを攻撃。可成はよく防戦したが敗死。小牧・長久手の戦で豊臣秀吉に属して戦死した森長可、信長の近習として知られる森蘭丸は、可成の子。

もりらんまる【森蘭丸】 1565～82.6.2 織田信長の近習。可成の子。長可の弟。美濃国金山生れ。実名は成利・長定。幼少の頃から織田信長に仕え、その器量を認められ饗応などの奉行、諸大名・諸士出仕の奏者に任じられる。一五八二年(天正一〇)武田勝頼滅亡後の美濃国岩村五万石を領したが、まもなく本能寺の変で、弟の坊丸長隆・力丸長氏らと防戦ののち戦死。

もりりつこ【森律子】 1890.10.30～1961.7.22 明治～昭和期の女優。東京都出身。跡見女学校卒業後、帝国劇場付属技芸学校に入所。一九一一年(明治四四)帝劇「頼朝」で初舞台。帝劇の代表的女優として活躍。益田太郎冠者の喜劇などでも人気を得た。養女の森赫子も新派女優。

モレホン Pedro Morejón 1562～1639.12.11 イエズス会宣教師。スペイン生れ。一五八六年、天正遣欧使節の帰路に加わってリスボンを出帆し、九〇年(天正一八)長崎上陸。大坂・京都で布教。一六一四年(慶長一九)宣教師追放により、高山右近とともにマニラに到着。右近の死に立ち会い、その伝記を著す。著書「日本殉教録」。

モレル Edmund Morel 1841.11.7～71.11.5 明治初年の御雇外国人。鉄道建築師長。イギリス人。ロンドンのキングス・カレッジで土木工学を学び、ニュージーランド、オーストラリア、セイロン島などで鉄道建設に従事。一八七〇年(明治三)三月に来日、明治政府に工部省の設立や技術教育の早期確立を提言した。植民地での鉄道建設の経験を生かし、三フィート六インチゲージ(狭軌)を採用し、国内産の木材を枕木に使用した。新橋―横浜間の鉄道建設の指揮をとり、明治初年の鉄道建設に大きな足跡を残した。

もろくに【諸九尼】 1714～81.9.10 江戸中期の俳人。江戸時代の人名録には「しょきゅうに」として登載。有井氏。筑後国竹野郡の永松氏の三女。名はなみ。父の従兄弟に嫁したが、一七四三年(寛保三)頃湖白と駆落ちして、難波・京都などに移り住む。湖白はもと直方藩士、当時医師で野坡系の俳人。六二年(宝暦一二)湖白病没を機に剃髪、翌年にかけて西国行脚をはたし、追善集「その行脚」を編む。蝶夢・蓼太・大江丸・重厚らとも交流。晩年、養女とともに直方に帰住。句集「諸九尼句集」。

もろはしてつじ【諸橋轍次】 1883.6.4～1982.12.8 明治～昭和期の漢学者。新潟県出身。一九〇八年(明治四一)東京高等師範卒。東京文理大学名誉教授・都留文科大学学長。中国文化の解説、漢学の発展に尽力。戦災に遭うなど艱難の末の「大漢和辞典」完成は特筆される。六五年(昭和四〇)文化勲章受章。

もんがく【文覚】 1139～1203.7.21 荒聖人とも。平安末～鎌倉初期の僧。俗名遠藤盛遠。もとは摂津渡辺党に属する武士。出家して神護寺再興を志し、一一七三年(承安三)後白河上皇に寄付を強訴して伊豆に配流された。同地で源頼朝と親交を結び、平家追討を促したと伝える。平家滅亡前後から源頼朝・後白河上皇の庇護をうけ、空海ゆかりの神護寺・東寺・西寺・高野大塔などを修復。頼朝没後は後鳥羽上皇に忌避され、佐渡ついで対馬に流罪となり、配流途上で客死。

もんかん【文観】 1278～1357.10.9 鎌倉後期～南北朝期の僧。はじめ西大寺流の律僧だったが、一三一六年(正和五)醍醐寺報恩院道順から伝法灌頂をうける。後醍醐天皇の命で討幕の調伏祈禱を行ったため硫黄島に流されたが、建武の新政で帰洛。東寺長者に任じられ、後醍醐天皇の信任を得て権勢をきわめた。高野山衆徒からは破戒無慚の異類として糾弾をうけた。南北朝の分裂後は吉野に下って活動。のち真言立川流の祖とされた。

もんじゅくすけ【文殊九助】 1725～88.1.3 文珠とも。一七八五年(天明五)九月伏見奉行小堀政方の苛政に対しておきた伏見町民一揆の惣代。伏見町の鍛冶屋、隠居後町年寄を勤める。丸屋九兵衛とともに寺社奉行へ駕籠訴し、小堀氏の奉行罷免・改易を勝ちとったが、二年にわたる京都・江戸での吟味のため江戸で病死。丸屋・麹屋伝兵衛・柴屋伊兵衛・焼塩屋権兵衛・伏見屋清兵衛・板屋市右衛門らの惣代とともに伏見義民として顕彰されている。

モンタヌス Arnoldus Montanus 1625?～83 オランダ人で、アムステルダムのラテン学校校長。イエズス会宣教師の書簡や出島のオランダ商館員の報告などによって「オランダ東インド会社日本帝国遣使紀行」を著し、日本を紹介した。一六六九年に出版された同書は数カ国語に翻訳され、日本では一九二五年(大正一四)英訳本からの翻訳「モンタヌス日本誌」が刊行された。

もんちゅうじょし【問注所氏】 鎌倉・室町両幕府の問注所執事を世襲した一族。鎌倉幕府の問注所初代長官に三善康信が任命されて以後、慣例として三善氏が問注所執事となった。のち二代康俊から町野氏が、四代康連からは太田氏がわかれ、両氏の子孫が執事を世襲して問注所を名のった。戦国期、筑後国に土着した町野氏の後裔は、問注所氏を称し大友氏に従って活躍したが、同氏の没落とともに衰退。

もんとくてんのう【文徳天皇】 827.8.-～858.8.27 在位850.3.21～858.8.27 田邑帝とも。仁明天皇の第一皇子。名は道康。母は藤原冬嗣の女順子。八四二年(承和九)恒貞親王(淳和天皇の子)が皇太子を廃され(承和の変)、かわって立太子した。八五〇年(嘉祥三)仁明の死去により践祚。同年誕生の第四皇子(清和天皇)を皇太子に立て、外戚の藤原良房との結びつきを強めた。のちに長子惟喬親王の即位を希望したとも伝えられる。

モンブラン Charles de Montblanc 1833.5.12～93 フランスの伯爵。一八五〇年代末に初来日。六五年(慶応元)滞仏中の鹿児島藩の新納中三や五代才助に接触し、ブリュッセルで貿易商社設立契約を結ぶ。六七年のパリ万国博覧会では幕府に対抗して参加した鹿児島藩を支援し、積極的な宣伝活動を展開。万博終了後、軍事教官一行を伴って来日するが、イギリスの妨害もあって鹿児島藩に冷遇され、商社設立計画も実現しなかった。著書「日本」。

もんむてんのう【文武天皇】 683～707.6.15 在位697.8.1～707.6.15 軽(珂瑠)皇子・天之真宗豊祖父天皇と称する。草壁皇子の子。母は天智天皇の皇女阿閉皇女(元明天皇)。六九七年(文武元)一五歳で皇太子となり、同年藤原宮で即位。七〇一年(大宝元)大宝律令の制定により律令政治の基礎を固めた。七〇七年(慶雲四)重病となり、母に譲位の意思を示して死去した。藤原不比等の女宮子を夫人とし、首皇子(聖武天皇)をもうけた。

や

やえざきけんぎょう【八重崎検校】 1776/85?～1848.9.11 江戸後期の箏曲演奏家・作曲家。京都で活躍し、名は壱岐之一。安村検校門下の浦崎検校の弟子。松浦検校・菊岡検校・光崎検校・石川勾当らが作曲した地歌京風手事物(三弦曲)の大半に替手式箏手付(箏の部分の作曲)を行い、地歌・箏曲の普及に貢献。とくに菊岡検校とは名コンビとうたわれた。弟子に純箏曲復興を図った光崎検校がいる。

やえざきやげんろく【八重崎屋源六】 ?～1749.3.8 江戸中期の富山商人。越中富山の売薬行商の始祖とされる。天和年間、富山藩主前田正甫は備前国岡山から伝えられた反魂丹の製造を城下の松井屋源右衛門に命じたが、その諸国行商を担ったのが当時源右衛門家の手代を勤めていた源六であった。

やおやおしち【八百屋お七】 1666～83.3.29 江戸前期、江戸本郷の八百屋の女。一六八二年(天和二)一二月の大火で檀那寺に避難した際、寺小姓と恋仲になり、翌年再会するために放火未遂をおこして鈴ケ森で火刑となった。火刑の三年後、井原西鶴の「好色五人女」にとりあげられて有名になり、その後、歌祭文・歌舞伎・浄瑠璃などにも登場した。

やぎじゅうきち【八木重吉】 1898.2.9～1927.10.26 大正期の詩人。東京都出身。東京高等師範卒。一九一九年(大正八)受洗、内村鑑三の影響により無教会主義信仰をもつ。英語教師のかたわら詩作に専念。二五年詩集「秋の瞳」刊行、短くひそやかな言葉で自然や家族への愛、神への祈りを歌う。結核のため早世。没後に詩集「貧しき信徒」が刊行された。

やぎひでつぐ【八木秀次】 1886.1.28～1976.1.19 大正・昭和期の電気工学者。大阪府出身。東大卒。東北帝国大学工学部創設にともない、教授内定と同時にヨーロッパに留学。一九二六年(昭和元)八木・宇田アンテナを発明。しかし国内では評価されず、軍事用にイギリスが使用してから注目された。四二年東京工業大学学長、四四年技術院総裁、四六年大阪大学総長。一時公職追放となるが、五三年参議院議員。晩年は八木アンテナ社長。文化勲章受章。

やぎゅうし【柳生氏】 近世の大名家。剣術家。剣術柳生新陰流をもって代々徳川将軍家に仕えた。戦国末期に大和国添上郡柳生の柳生宗厳が剣術新陰流を創始し、子宗矩が徳川家康に仕え、秀忠・家光に新陰流を伝授、柳生に領地を与えられた。一六三六年(寛永一三)一万石。宗矩の長子十兵衛三厳、その弟宗冬も家光・家綱らに剣法を伝授し、以後代々将軍の剣術指南役として仕えた。維新後子爵。なお宗厳の孫利厳の系統は尾張徳川家に仕えた。

やぎゅうじゅうべえ【柳生十兵衛】 1607～50.3.21 江戸初期の剣術家。名は三厳。大和国生れ。祖父宗厳は新陰流の達人で柳生新陰流の創始者として知られ、父宗矩も剣術の才により将軍徳川家康・秀忠・家光に厚遇された。十兵衛は一二歳のときから一二年間幕府への出仕をとめられており、諸国を遍歴した剣客として知られる十兵衛像はこの時期の脚色。一六三七年(寛永一四)父から印可をうけ、翌年赦免されて、父の没後家督を継ぐ。著書「月之抄」。

やぎゅうみつよし【柳生三厳】 ⇨柳生十兵衛

やぎゅうむねのり【柳生宗矩】 1571～1646.3.26 大和国柳生藩主。兵法家。但馬守。同国柳生荘に兵法家柳生宗厳の第八子として生まれる。一五九四年(文禄三)徳川氏に仕え、一六〇〇年(慶長五)関ケ原の戦に従軍。戦後柳生荘二〇〇〇石を与えられた。江戸幕府二代将軍徳川秀忠・三代家光に新陰流を伝授し、「兵法家伝書」の著作がある。三二年(寛永九)大目付に任じられ、三六年には一万石の大名となった。のち加増され一万二五〇〇石。

やぎゅうむねふゆ【柳生宗冬】 1613～75.9.29 大和国柳生藩主。兵法家。柳生宗矩の第四子。一六四六年(正保三)父の遺領のうち四〇〇〇石を分領する。五〇年(慶安三)兄十兵衛三厳の死により家督を継ぐ。徳川家綱・同綱吉に新陰流を伝授し、江戸幕府将軍の剣術指南役となる。しだいに加増され、六八年(寛文八)一万石を領し大名となった。

やぎゅうむねよし【柳生宗厳】 1529～1606.4.19 戦国・織豊期の武将・剣術家。柳生新陰流の祖。家厳の長男。通称は新左衛門。号は石舟斎。大和国柳生生れ。柳生家は柳生の小領主で、宗厳は一族存続のため主を転々とした。一五六三年(永禄六)新陰流の祖上泉信綱に入門し、六五年印可状を、六六年奥秘の伝書影目録三巻をうけた。九四年(文禄三)徳川家康に刀法を披露し、以後子の宗矩とともに家康に仕える。晩年は柳生谷に隠棲。

やくいんぜんそう【施薬院全宗】 ⇨施薬院全宗

やくしじし【薬師寺氏】 ❶中世下野国の豪族。小山長村の子朝村が河内郡薬師寺荘(現、栃木県南河内町)を本拠に、薬師寺氏を称したのに始まる。鎌倉時代を通じ、「吾妻鏡」などに散見する。南北朝期の歌人で、高師直の武蔵国守護代として活躍した公義(公儀)も、一族の子孫と伝えるが、近年、橘姓薬師寺氏とする説もある。

❷中世摂津国の豪族。本姓橘氏。鎌倉後期、輪田荘(現、神戸市)地頭となった薬師寺貞義らが有名。室町中期以降、細川氏の摂津国守護代として活躍した薬師寺一族も、この家系とされる。

やくしん【益信】 827～906.3.7 円成寺僧正・本覚大師とも。平安前期の真言宗僧。俗姓品治氏(紀氏とも)。行教の実弟。備後国生れ。はじめ明詮に法相教学を学び、宗叡に密教をうけ、源仁に灌頂をうける。八八八年(仁和四)権律師、のち僧正まで昇る。東寺長者法務・東大寺別当・石清水八幡宮検校を兼務。八九九年(昌泰二)宇多上皇出家の戒師となり、のち灌頂も授ける。また尚侍藤原淑子の帰依をうけ、その東山山荘を円成寺とした。後世広沢流の祖とされる。

やこうじ【陽胡氏】 陽侯氏・楊胡氏とも。渡来系の氏族。「日本書紀」推古一〇年(六〇二)一〇月条によれば、百済僧観勒が来朝した際に、陽胡史の祖玉陳が選ばれて暦法を習った。姓ははじめ史。七六八年(神護景雲二)三月に人麻呂が忌寸姓を賜った。「新撰姓氏録」左京諸蕃上では隋の煬帝の後裔とし、「日本書紀」の記事と年代に齟齬があるが、百済の楊侯(楊公)氏の後裔とするのが妥当で、のちに煬帝の子孫と称するようになったと考えられる。

やこのまみ【陽胡真身】 「やこのむざね」とも。生没年不詳。奈良時代の官人・学者。令珍・令珪・令璆・人麻呂らの父。七二二年(養老六)養老律令撰定に加わった功で田四町を賜った。七三〇年(天平二)弟子二人に漢語を教授。七三五年四月外従五位下。豊後守・但馬守を歴任し、七四八年外従五位上。東大寺大仏建立に際し献物したため入内して従五位下。「楊氏漢語抄」の著者とされる。

やさきとよのり【矢崎豊宣】 ?～1697 江戸前期の武術家。はじめ屋代甚右衛門、通称隼人。後天流・念流・眼流・神陰流を融合させた四兼流を創始。また吉田豊要に日置流弓術を学ぶ。一六五一年(慶安四)仙台藩に出仕、一時禄を失うが、九三年(元禄六)再び認められて仕官し、以後代々弓道をもって禄を食んだ。

やじまかじこ【矢島楫子】 1833.4.24～1925.6.16 明治・大正期の女子教育家・社会事業家。肥後国生れ。一八七二年(明治五)上京して教員伝習所に学ぶ。七八年長老派教会の経営する新栄女学校の教諭兼舎監、八一年桜井女学校の校長代理、九〇年には両校を合併した女子学院院長に就任。この間七九年に受洗し、八六年東京婦人矯風会の結成に参加。九三年には日本基督教婦人矯風会の会頭となり、社会教育でも女性の地位向上に尽力した。

やしゃ【夜叉】 生没年不詳。南北朝期～室町中期に越前国で活躍した面打師。江戸時代には千秋頼定に比定される。十作の一人とされ、「申楽談儀」や「叢伝抄」などにみえる。能面の実作は少なく、「夜叉五面」の語さえうまれたという。同名に源頼朝の異母妹に仮構される女性もいる。

ヤジロウ ?～1551? アンジロー・弥次郎とも。日本人最初のキリシタン。薩摩国生れ。貿易商だったらしいが、殺人の罪を犯し、ポルトガル商人アルバレスに助けられ出奔。一五四七年マラッカでザビエルに出会い、インドのゴアの聖パウロ学院で学ぶ。四八年五月受洗してパウロ・デ・サンタ・フェと称す。四九年(天文一八)ザビエルとともに鹿児島に上陸し、通訳・案内役を勤め、教理書を翻訳。ザビエルはヤジロウと出会って日本伝道を志したという。のちに再び出奔し、寧波で殺害されたと伝えられる。

やしろひろかた【屋代弘賢】 1758～1841.閏1.18 江戸後期の考証学者・能書家。御家人佳房の子。名は詮虎のち詮賢・弘賢、通称太郎、号は輪池。書を森伊祥に、和歌を冷泉為村に、国学を塙保己一に、儒学を山本北山に学ぶ。一七九二年(寛政四)柴野栗山に従って近畿の社寺調査。翌年幕府右筆となり、家譜など幕府の編修事業に参加、和漢典籍類の収集にも努めた。不忍池畔の屋敷に営んだ不忍文庫という書庫三棟は、没後阿波国徳島藩の蜂須賀家に譲られた。著書「古今要覧稿」。

やしろゆきお【矢代幸雄】 1890.11.5～1975.5.25 大正・昭和期の美術史学者。神奈川県出身。東大卒。東京美術学校教授をへて一九二一年(大正一〇)ヨーロッパに渡り、ベレンソンに師事してボッティチェリを研究。帰国後、美術研究所設立に尽力した。三一年(昭和六)美術研究所主事、三五年所長就任。東洋美術にも研究を広げ、四三年「日本美術の特質」を刊行した。第二次大戦後、文化財保護委員・大和文華館初代館長を務め、六六年朝日文化賞受賞。七〇年文化功労者となる。

やすあきらしんのう【保明親王】 903.11.20～923.3.21 醍醐天皇の第二皇子。はじめ崇象。母は藤原基経の女穏子。朱雀・村上両天皇の同母兄。九〇四年(延喜四)皇太子に立ったが、即位に至らず死去した。諡号を文献彦命という。子の慶頼王(母は藤原時平の女)も立太子したが、夭逝した。

やすいえいじ【安井英二】 1890.9.18～1982.1.9 大正・昭和期の官僚・政治家。東京都出身。東大卒。一九一六年(大正五)内務省に入る。社会局労働部部長、地方行政局局長、岡山県・大阪府各知事などを歴任したのち、第一次近衛内閣に文相、第二次同内閣に内相として入閣。大政翼賛会の成立に取り組んだ。この間、貴族院議員に勅選。第二次大戦後公職追放となったが、解除後国家公安委員を務めた。

やすいくへえ【安井九兵衛】 1582～1664.10.17? 江戸前期の大坂商人。河内国渋川郡九宝村生れ。一六一二年(慶長一七)平野藤次・成安道頓、兄治兵衛とともに南堀(のちの道頓堀)を開削した。大坂の陣後市街の再建に従事し、道頓堀両岸を開発して特権をえた。また渋川郡内の代官のほか、大坂三郷南組惣年寄を三八年間勤めた。

やすいけ【安井家】 江戸幕府から扶持をうけた碁打家の一つ。初世は安井算哲(一五八八～一六五二)。大坂久宝寺の出身で京都祇園社の被官とみられ、初見は一五九八年(慶長三)。算哲の長子が暦学者の渋川春海。算哲の弟子安井家二世算知(一六一七～一七〇三)は、正保～慶安年間には本因坊算悦と碁所の主導権を争い、俗に争い碁といわれる。一六五四年(承応三)頃に江戸に移住し、六二年(寛文二)頃に幕府から家禄二〇石を支給された。六八年碁所名人となる。二世以降名人をだしていない。一〇世安井算英が一九〇三年(明治三六)に没して断絶。

やすいコノ【保井コノ】 1880.2.16～1971.3.24 明治～昭和期の植物学者。香川県出身。女子高等師範卒。同校研究科をへて助教授・教授となる。一九二七年(昭和二)「植物の遺伝研究」「日本産石炭の構造についての研究」で理学博士となり、女性の博士号取得者第一号となる。植物細胞学と遺伝学の研究に生涯をかけ、学術雑誌「キトロギア」を創刊。

やすいさんえい【安井算英】 1847～1903.1.27 囲碁家元の安井家一〇世。九世算知の長男。一八五八年(安政五)家督相続。六〇年(万延元)一四歳で御城碁を勤める。維新後家禄を返上したが門弟たちに支えられ、御城碁経験者として明治期の囲碁界に重きをなした。村瀬秀甫の方円社に参加し、家元と方円社との調停に努めた。九九年(明治三二)七段上手。算英没後、家元としての安井家は絶えた。

やすいさんてつ【安井算哲】 ⇨渋川春海

やすいそうたろう【安井曾太郎】 1888.5.17～1955.12.14 大正・昭和期の洋画家。京都市出身。一九〇四年(明治三七)聖護院洋画研究所に入り、浅井忠・鹿子木孟郎に師事。〇七年渡仏しアカデミー・ジュリアンでジャン・ポール・ローランスに学ぶ。二科会出品ののち、三六年(昭和一一)石井柏亭らと一水会創立。三五年帝国美術院会員。四四年帝室技芸員、東京美術学校教授となる。五二年文化勲章受章。作品「金蓉」、著書「画家の眼」。

やすいそっけん【安井息軒】 1799.1.1～1876.9.23 幕末・維新期の儒学者。儒学者安井滄洲の子。名は衡、字は仲平、別号は半九陳人など。日向国宮崎郡生れ。大坂で篠崎小竹に、江戸で昌平黌に学ぶ。日向国飫肥藩藩校の設立に際し、助教となり総裁の父を助けた。江戸再遊後、一八三九年(天保一〇)江戸で三計塾を開く。ペリー来航に際し「海防私議」を著し、水戸藩主徳川斉昭に認められた。六二年(文久二)昌平黌儒官となる。漢唐の註疏を学び、考証にもすぐれた。著書「論語集説」「管子纂古」。

やすいてつ【安井てつ】 1870.2.23～1945.12.2 明治～昭和前期の女子教育家。東京都出身。女子高等師範卒。イギリスに留学。一九〇〇年(明治三三)帰国後同校教授兼舎監となる。同年受洗。〇四年シャム(現、タイ)のバンコク府皇后女学校教育主任として赴任。〇九年から「新女界」の主筆。東京女子大学の設立に尽力し、二三年(大正一二)学長に就任。

やすいどうとん【安井道頓】 ⇨成安道頓

やすおかまさひろ【安岡正篤】 1898.2.13～1983.12.13 昭和期の漢学者。大阪府出身。東大卒。一九二四年(大正一三)「日本精神の研究」を著し、第二次大戦前は金鶏学院学監として、戦後は全国師友協会会長として、陽明学の立場から政治に影響力をもった。敗戦時の玉音放送や歴代首相の国会演説に朱をいれたことでも知られる。

やすかわけいいちろう【安川敬一郎】 1849.4.17～1934.11.30 明治～昭和期の炭鉱経営者。筑前国生れ。筑豊御三家として著名。一八七四年(明治七)炭鉱経営に着手、七七年安川商店を開業(九九年安川松本商店)して石炭販売に着手、八七年大城炭鉱開坑。一九〇八年明治鉱業を設立し、明治・赤池・豊国などの炭鉱を経営。筑豊で最初に納屋制度を廃止した。明治紡績・黒崎窯業・明治専門学校(現、九州工業大学)を設立。筑豊石炭鉱業組合総長・衆議院議員・貴族院議員を歴任。

やすかわだいごろう【安川第五郎】 1886.6.2～1976.6.25 安川電機の創設者。安川敬一郎の五男。福岡県出身。東大卒。一九一五年(大正四)安川電機製作所を創立し、電動機の有力メーカーに成長させた。電気機械統制会会長・石炭庁長官・日本原子力研究所理事長・東京オリンピック組織委員会会長などを歴任。

やすぎさだとし【八杉貞利】 1876.9.16～1966.2.26 明治～昭和期のロシア語学者。東京都出身。東大卒。東京外国語学校でロシア語を研究。一九〇一年(明治三四)からロシア留学、〇三～三七年(昭和一二)東京外国語学校教授。日本におけるロシア語研究の先駆的存在。著書「露西亜語学階梯」「岩波露和辞典」「岩波ロシヤ語辞典」。

やすだぜんじろう【安田善次郎】 1838.10.9～1921.9.28 明治・大正期の実業家。安田財閥の祖。越中国生れ。江戸に出て両替商に奉公、一八六四年(元治元)他の商売も兼営する両替店安田屋を開業。古貨幣・太政官札・公債などの取引、官公預金などで蓄財した。七六年(明治九)第三銀行の設立に参加、八〇年安田商店をもとに安田銀行を開業した。第百三十銀行など多くの銀行の救済や設立にかかわり、系列銀行として銀行網を形成する一方、生命保険・損害保険業にも進出し安田財閥の基礎を築いた。一九二一年(大正一〇)大磯の別荘で国粋主義団体のメンバー朝日平吾に暗殺された。

やすだとくたろう【安田徳太郎】 1898.1.28～1983.4.22 昭和期の医師・社会運動家。京都市出身。京大卒。在学中産児制限運動に努力。無産階級運動に参加、医局を追われる。岩田義道らの遺体引取りに奔走、ゾルゲらの運動を支援、検挙された。「人間の歴史」などを執筆、「大自然科学史」の新訳で日本翻訳文化賞受賞。

やすだもとひさ【安田元久】 1918.10.19～96.1.23 昭和期の日本史学者。東京都出身。東大卒。北海道大学助教授をへて学習院大学教授・同学長などを歴任。新補地頭の性格をめぐっての規定をはじめ、荘園制・武士団など院政期～鎌倉時代の政治史・社会史の研究に新しい知見を加えた。学習院大学では徳仁親王(現、皇太子)の指導にあたった。

やすだゆきひこ【安田靫彦】 1884.2.16～1978.4.29 大正・昭和期の日本画家。東京都出身。本名新三郎。小堀鞆音に師事し、紫紅会(のち紅児会)を結成。東京美術学校中退。一九一四年(大正三)日本美術院再興に参加、同人となり院展三羽烏として活躍。三四年(昭和九)帝室技芸員、翌年帝国美術院会員、四四年東京美術学校教授。四八年文化勲章受章。法隆寺金堂壁画模写、同再現模写に従事。作品「風神雷神」「飛鳥の春の額田王」。

やすだよしさだ【安田義定】 1134～94.8.19 平安後期～鎌倉前期の武将。甲斐源氏。父は武田義清、兄清光の養子。一一八〇年(治承四)以仁王の令旨を奉じて挙兵し、富士川の戦で源氏方の勝利に貢献。その功労で遠江国守護に任じられる。源義仲に従って入京するが、その後、源範頼とともに義仲を討ち、甲斐守・下総守・遠江守を歴任。九一年(建久二)大内守護となるが、子義資が梶原景時の讒言にあい失脚。義定も謀反の罪で処刑された。

やすだよじゅうろう【保田与重郎】 1910.4.15～81.10.4 昭和期の評論家。奈良県出身。東大在学中「コギト」を創刊、一九三五年(昭和一〇)「日本浪曼派」を創刊し評論に携わる。ロマン的イロニーによる伝統美の発見は、三六年の「日本の橋」などに達成をみる。近代批判・アジア主義の発言は、時局切迫のなかで政治性をおび、影響力をもつこととなった。第二次大戦後は公職追放となるが思想の一貫性を守り、伝統美のなかに生きた。

やすだらいしゅう【安田雷洲】 生没年不詳。江戸後期の洋風画家・幕府与力。名は尚義、字は信甫、別号に文華軒・馬城。一八一四～五八年(文化一一～安政五)の制作期に銅版画を数多く残す。小画面のうちに現実の風景や社会的事件を細密に描き、明治期以降の実用的銅版画への途をひらいた。

やすつな【安綱】 刀工の名。「日本刀銘鑑」によれば同名が十数人いるが、なかでも伯耆の安綱は日本刀工の祖ともいう。活躍期は弘仁・大同説や永延説などがあるが、作風は平安末期である。京三条の宗近とともに現存する在銘最古の作であろう。源氏重代の鬼切の作者といい、伯耆国大原の在住というが、大原の地名は数カ所あって比定しがたい。真守は子または弟子という。名物童子切の太刀一が国宝、ほかに太刀四が重文。

やすとみちあん【安富智安】 生没年不詳。室町中期の細川京兆家の被官。筑後入道。実名は不詳。京兆家の最も重要な地盤である讃岐の東方半国守護代を勤めた。永享初年(一四三〇頃)細川氏庶流の領国備中の国衙領代官となり、東寺領の同国新見荘の請負代官を兼ねたが年貢未納を重ね、一四六一年(寛正二)両職ともに罷免。

やすなりしんのう【泰成親王】 生没年不詳。後村上天皇の皇子。母は嘉喜門院勝子といわれる。後亀山天皇の皇太弟にたてられた。一三九二年(明徳三・元中九)南北朝合一により天皇とともに京都に上り、皇太弟を廃された。翌年後亀山上皇とともに足利義満と対面。

やすはらていしつ【安原貞室】 ⇨貞室

やすひとしんのう【康仁親王】 1320～55.4.29 後二条天皇の皇子邦良親王の子。母は花山院定教の女。一三三一年(元弘元)元弘の乱で光厳天皇が践祚すると親王宣下があり、皇太子となったが、鎌倉幕府滅亡後、隠岐から還幸した後醍醐天皇によって廃された。のち中務卿となる。

やすひとしんのう【雍仁親王】 ⇨秩父宮雍仁親王

やすまつきんえもん【安松金右衛門】 ?～1686.10.27 江戸前期の水利功労者。名は吉実。播磨国生れ。武蔵国川越藩主松平信綱に召し出され、一六五四年(承応三)玉川上水を開削。また前年に開かれた野火止新田への飲料水供給のため、五五年(明暦元)玉川上水から分水する野火止用水を開削。この結果開発された一六〇町歩の畑地はのち西堀村(現、埼玉県新座市)とよばれた。

やすむらけんぎょう【安村検校】 ?～1779.5.23 江戸後期の地歌・箏曲家。名は頼一。京都生れ。三弦を柳川流系統の田中検校、箏曲を生田検校門下の倉橋検校(三橋検校説もある)に学んだ。一七六八～七一年(明和五～八)職検校。一七五五年(宝暦五)「撫箏雅譜集」を校訂・刊行し、その最後に自作の箏組歌「飛燕曲」をのせ、以降組歌の新作を禁じたとも伝えるが、実際にはその後も組歌の新作が行われている。すぐれた門下により、京都をはじめ大坂・名古屋・江戸・中国・九州各方面に生田流が広められた。

やずめのむしまろ【矢集虫麻呂】 「やつめ」とも。氏は箭集、名は虫万呂とも。生没年不詳。八世紀前半の明法家。姓は宿禰。七二一年(養老五)に正六位上で明法の学に優れていることをもって絁・糸・布・鍬を賜り、翌年には養老律令撰定の功により賜田された。のち外従五位下に叙せられ、大判事・大学頭を歴任。功田は七五七年(天平宝字元)に下功田とされたが、八〇六年(大同元)に至り、子がないため収公された。「武智麿伝」には宿儒としてその名がみえる。

やすもとかめはち【安本亀八】 1825.7.～1900.12.8 幕末～明治期に活躍した生人形師。肥後国生れ。兄善蔵も生人形師。「東海道五十三次」「役者似顔」「鹿児島戦争」などの生人形興行が著名。一八九八年(明治三一)亀翁と改名。長男が二代目を継ぐが翌年早世し、その弟が三代目となった。生人形師の松本喜三郎とは同郷で旧知の間柄。

やすよし【安吉】 刀工の名。古刀期の九州地方を中心に同名が多数いる。筑前左文字派の安吉は大左の子といい、南朝年号の正平年紀のものが多く、応永期頃まで続く。一方、ほぼ同時期に長門にも安吉がいて、同人説もあるが同系の別人と思われ、これが後代まで続く。安芸にも同系がいる。

やそむらろつう【八十村路通】 ⇨路通

やだそううん【矢田挿雲】 1882.2.9～1961.12.13 大正・昭和期の小説家・俳人。本名義勝。石川県出身。早大在学中から正岡子規に師事し句作を学ぶ。「九州日報」などの記者をへて一九一五年(大正四)報知新聞社に入社。現地取材を軸にした歴史読物「江戸から東京へ」(一九二〇～四二)や、長編小説「太閤記」(一九二五～三五)がある。

やたのひめみこ【八田皇女】 矢田皇女とも。記紀伝承上の人物。応神天皇の皇女。母は日触使主の女宮主宅媛。皇女の同母兄の菟道稚郎子皇子は、異母兄の大鷦鷯尊(仁徳天皇)と皇位を譲りあい、みずから命を断つが、そのとき皇女を仁徳の妃にするよう遺言した。皇后磐之媛は反対したが、仁徳は皇女を妃とし、磐之媛の死後、皇后に立てたという。

やたべつうじゅ【谷田部通寿】 1697～1768.6.1 江戸中期の常陸国水戸の装剣金工。はじめ功阿弥に学び、のちに江戸で奈良利寿に師事したと伝えられる。その系統から玉川派・打越派・一柳友善派など多くの流派がうまれ、水戸金工の基礎を築いた。

やたべのきんもち【矢田部公望】 生没年不詳。平安中期の学者・官人。姓は宿禰。父は名実か。紀伝道の出身で対策に及第し、式部少録・左少史・権少外記・大外記・阿波介・紀伊権介・山城権守などを歴任。紀伝道在学中の九〇四～九〇六年(延喜四～六)の日本紀講書では尚復、九三六～九四三年(承平六～天慶六)では博士を勤めた。その際の記録として「延喜公望私記」「承平六年私記」を著し、それぞれの竟宴での和歌が「日本紀竟宴和歌」に遺る。九五四年(天暦八)一二月の国忌についての勘申が終見。

やたべりょうきち【矢田部良吉】 1851.9.19～99.8.8 明治期の植物学者・詩人。伊豆国生れ。開成学校教授試補。一八七〇年(明治三)森有礼に随行してアメリカに渡り、コーネル大学で植物学を専攻。帰国後七七年東京大学教授となり、新しい植物学を導入した。日本各地の植物を採集し、植物分類学を体系づけた。東京生物学会・植物学会を創立。教育博物館館長などを歴任。新体詩人としても知られ、共著「新体詩抄」がある。九九年鎌倉で水泳中に溺死。

やちほこのかみ【八千戈神】 ⇨大国主神

やつかみずおみづののみこと【八束水臣津野命】 意美豆努命・淤美豆奴神とも。出雲神話に登場する神名。大水の主の意。記紀の神話では「古事記」にスサノオ四世の孫でオオクニヌシの祖父とするのみだが、「出雲国風土記」では国引き神話の主人公として祖神的地位を占める。巨人伝説や水神信仰との関連が説かれている。

やつぎかずお【矢次一夫】 1899.7.5～1983.3.22 昭和期の労働運動家・政治家。佐賀県出身。小学校卒業後、職業を転々としたのち協調会をへて、一九二五年(大正一四)労働事情調査所を設立、労働争議を調停した。三三年(昭和八)には国策研究会を設立して政界の裏面で活躍。第二次大戦後の追放解除後、国策研究会を再建、岸信介ら歴代首相とも親しく、韓国・台湾外交にも関係。「昭和最大の怪物」とよばれた。

やつのかみ【夜刀神】 「常陸国風土記」行方郡条に登場する蛇身の神。夜刀は低湿地や谷のこと。継体天皇のとき、箭括麻多智が郡家から西の谷の葦原を開発しようとした際、すみかをうばわれる夜刀神が妨害したため、麻多智は子孫の代まで祭ることを約したという。のち孝徳天皇のとき、この地に堤を築こうとした壬生連麿によって駆逐されたという。

やつはしけんぎょう【八橋検校】 1614～85.6.12 近世箏曲の開祖。寛永初年頃、大坂で城秀の名で三味線の名手として活躍。のち江戸にでて法水より筑紫箏を学び、それを改訂・増補し、陰音階の調弦を考案して組歌一三曲を作り、「六段」「八段」「乱」など箏独奏の段物も作曲したという。城秀のあと山住勾当・上永検校城談の名をへて八橋を名のる。寛文頃から京都に移住したと思われ、箏曲を盲人音楽家の専業として確立するとともに、一般への普及にも努めた。

やとうえもしち【矢頭右衛門七】 1686～1703.2.4 一七〇二年(元禄一五)の赤穂事件で、吉良義央邸に討ち入った浪士の一人。名は教兼。父長助はもと赤穂藩中小姓兼勘定方。父とともに討入り計画に参加し、父亡き後討入りに加わったときは一八歳であった。討入り後、岡崎藩上屋敷に預けられ、翌年幕命により自刃。

やどやのめしもり【宿屋飯盛】 ⇨石川雅望

やないはらただお【矢内原忠雄】 1893.1.27～1961.12.25 大正・昭和期の経済学者。愛媛県出身。東大卒。一九二三年(大正一二)東京帝国大学教授。植民政策を担当。内村鑑三の思想的影響を強くうけたキリスト教徒で、人権尊重の立場から日本の植民政策を批判しつづけた。三七年(昭和一二)「中央公論」に発表した論文「国家の理想」や講演での言動が反戦的思想として攻撃され辞職(矢内原事件)。第二次大戦中は個人雑誌「嘉信」で平和と信仰を説き、戦後東京大学に復帰。五一年総長に就任した。「矢内原忠雄全集」全二七巻。

やながわいっちょうさい【柳川一蝶斎】 手品曲芸師の芸名。江戸後期～明治期に三代を数える。初代は文政期から江戸で活躍したといわれ、「うかれの蝶」の曲で有名。このほか竜宮の曲、妖怪人形などの芸が知られる。一八四七年(弘化四)三月の浅草興行で柳川豊後大掾(だいじょう)を名のり、子が二代目を継いだ。三代目は初代の弟子で、九六年(明治二九)に襲名、寄席などで活躍。

やながわけんぎょう【柳川検校】?～1680.7.11　江戸前期の三味線演奏家・作曲家。柳川流の祖。初名は加賀一(かがのいち)、のち応一。山井検校あるいは石村検校の弟子とする説がある。寛永初年頃から大坂で三味線の名手として知られ、組歌の破手組(はでぐみ)を創始。「待つにござれ」「葛の葉」「比良や小松」「長崎」「下総ほそり」「早舟」、秘曲「揺上」を作曲。

やながわこうらん【梁川紅蘭】1804.3.15～79.3.29　幕末期の漢詩人。名は景婉、字は道華、紅蘭は号。美濃国安八郡生れ。一七歳で同郷の従兄梁川星巌(せいがん)と結婚。夫の指導で女流詩人として活躍。勤王の志士とも接触し、安政の大獄では星巌の病没により代わりに幕府に拘禁されたが、屈しなかった。詩集「紅蘭小集」。

やながわしげおき【柳川調興】1603～84.10.1　江戸初期の対馬国府中藩の重臣。智永の子。調信の孫。号は式山。柳川一件後剃髪して素庵。従五位下、玄蕃頭・豊前守。江戸生れ。家督後も駿府・江戸で活動。一六三一年(寛永八)給地と歳遣船の返上を申し出て柳川一件をおこす。三五年幕府の裁決により流罪。配流先の弘前藩では終始客人の待遇を受けた。弘前で没。

やながわしげのぶ【柳川調信】?～1605　織豊期～江戸初期の対馬宗氏の重臣。通称は甚三郎、のち権之助。従五位下、諸大夫。下野守を称した。出自不詳。一五七九年(天正七)朝鮮に渡った。「日本国王使」の中に名が見える。朝鮮貿易経営や中央政権との折衝に才覚を発揮。急速に勢力を拡大して宗氏の重臣となり、豊臣・徳川政権、朝鮮政府からも重んじられた。

やながわしゅんさん【柳河春三】1832.2.25～70.2.20　幕末～明治初期の洋学者。名古屋生れ。はじめ栗本辰助、のち西村良三。一八五六年(安政三)江戸に出て柳河春三と改名。名古屋藩の蘭学者伊藤圭介・上田仲敏に師事。五八年和歌山藩に出仕、六四年(元治元)幕府開成所教授。欧字新聞の翻訳や医学・数学・兵学・写真術など海外知識の導入に貢献し、日本最初の雑誌「西洋雑誌」(一八六七)、最初の新聞「中外新聞」(一八六八)を発行した。著書「洋学指針」「洋算用法」など多数。

やながわしゅんよう【柳川春葉】1877.3.5～1918.1.9　明治期の小説家。名は専之(つらゆき)。東京都出身。尾崎紅葉の門下生となり、「やどり木」などで家庭小説を開拓する。代表作「生(な)さぬ仲」。

やながわせいがん【梁川星巌】1789.6.18～1858.9.2　江戸後期の漢詩人。名は卯、字は伯兎、星巌は号。美濃国安八郡の郷士の子。一八〇七年(文化四)江戸に遊学、山本北山(ほくざん)に漢学と詩文を学んだ。帰郷後、家塾を開き紅蘭と結婚。三四年(天保五)江戸神田に玉池吟社(ぎょくちぎんしゃ)を開き詩人として活躍。藤田東湖・佐久間象山らと交わって時事への関心を強め、四六年(弘化三)上洛、頼三樹三郎・梅田雲浜(うんぴん)ら勤王の志士と接触し、安政の大獄で拘束される直前、コレラで没した。

やながわとしなが【柳川智永】?～1613　織豊期～江戸初期の対馬国府中藩の重臣。調信(しげのぶ)の子。初名景直。五位、諸大夫。玄蕃頭・豊前守を称した。一六〇五年(慶長一〇)家督。同年府中藩への加増二八〇〇石のうち一〇〇〇石は、江戸幕府の指示により智永に与えられた。父と同様幕府との連絡や朝鮮との外交交渉にあたり、国王使の来日実現や己酉(きゆう)約条の成立に尽力。

やながわなおまさ【柳川直政】1692～1757.10.9　江戸中期の装剣金工。江戸神田に住む。横谷宗珉(そうみん)の門に学び、獅子の彫りなど師の作風をよく継承し、柳川派をおこす。幕末期の江戸金工はこの柳川派の流れをくむものが多く、横谷派以上に隆盛した。

やなぎさわきえん【柳沢淇園】1704～58.9.5　江戸中期の画家。父は柳沢吉保の家老曽禰保格(やすただ)。名は貞貴、のち里恭(さとも)。字は公美。淇園は号。はじめ狩野派の画を学ぶが、一二、三歳の頃から吉田秀雪につき、長崎派の細密濃厚な花鳥画の手法に転じた。また指墨による竹の画を得意とし、池大雅に影響を与えるなど南画の先駆者の一人とされる。多才な風流人として知られる。随筆「ひとりね」、画「彩竹図」。

やなぎさわし【柳沢氏】近世の譜代大名家。甲斐国出身でもとは武田氏家臣。武田氏没落後、安忠が徳川氏の麾下に入り、のち館林藩徳川綱吉に仕える。その子吉保は将軍職を継いだ綱吉の下で異例の昇進を遂げて松平姓を与えられ、一七〇四年(宝永元)甲府一五万石余を領した。二四年(享保九)吉里のとき大和国郡山に転封、以後代々郡山藩主。当主はおおむね従五位下、甲斐守または美濃守に叙任。維新後伯爵。分家の越後国黒川藩主一万石、同国三日市藩主一万石は維新後子爵。

やなぎさわやすとし【柳沢保恵】1870.12.16～1936.5.25　明治～昭和前期の統計学者。新潟県出身。学習院卒。一八九四年(明治二七)ベルリン、ウィーンなどに留学、統計学を学ぶ。帰国後は統計局顧問・臨時国勢調査局参与など日本の統計行政の中枢部にあった。一九〇四年貴族院議員。一三年(大正二)柳沢統計研究所を設立、総裁に就任。伯爵。

やなぎさわよしやす【柳沢吉保】1658～1714.11.2　江戸中期の大名、徳川綱吉の側近。初名房安・保明、通称主税・弥太郎。父安忠は館林藩主時代の徳川綱吉に仕え、吉保も小姓として近侍。一六八八年(元禄元)側用人となり、一万二〇〇〇石余。数度の加増と異例の昇進で、老中格・老中上座となり、一七〇一年松平姓と将軍の諱の一字を与えられ、吉保と改名。〇四年(宝永元)には甲府一五万石余を与えられる。荻生徂徠・細井広沢ら学者を重用して元禄期の幕政を主導したが、吉保自身には専制的な側面は薄かったという。〇九年綱吉の死後、家督を吉里に譲って隠居、保山と号した。

やなぎたくにお【柳田国男】 1875.7.31～1962.8.8 日本民俗学の創始者。兵庫県出身。東大卒。青年期には新体詩人として活躍した。農商務省に入り、法制局参事官・貴族院書記官長・朝日新聞社論説顧問などを歴任。一九〇九年(明治四二)「後狩詞記(のちのかりことばのき)」を著したのち、雑誌「郷土研究」の刊行、民間伝承の会の設立、民俗学研究所の開設、日本民俗学会の結成など民俗学研究の発展につくした。著作は人文科学の広範囲にわたる。朝日賞・文化勲章をうける。「定本柳田国男集」全三一巻・別巻五、「柳田国男全集」全三二巻。

やなぎむねよし【柳宗悦】 1889.3.21～1961.5.3 大正・昭和期の思想家、日本民芸運動の創始者。東京都出身。東大卒。一九一〇年(明治四三)「白樺」創刊の頃イギリス人陶芸家リーチと出会い、イギリスの詩人W・ブレークを研究。二四年(大正一三)朝鮮民族美術館をソウルに設立し、三六年(昭和一一)には日本民芸館を開設、館長となる。三一年「工芸」、三九年「民芸」などの月刊雑誌を創刊、民芸の美の普及に努めた。五七年文化功労者、六〇年朝日文化賞受賞。「柳宗悦全集」全二二巻。

やなぎもとかたはる【柳本賢治】 ?～1530.6.29 戦国期の武将。波多野稙通(たねみち)・香西(こうざい)元盛の弟。弾正忠。管領細川高国の将として活躍したが、一五二六年(大永六)高国が細川尹賢(これかた)の讒言によって元盛を暗殺すると、稙通と呼応して丹波に挙兵、細川晴元と結んだ。翌年二月、桂川の戦で高国を破り、将軍足利義晴ともども近江に追った。三〇年(享禄三)六月、別所就治をたすけ出陣した播磨で、高国・浦上村宗と内通した近侍の者により暗殺。

やなぎやこさん【柳家小さん】 1857.8.3～1930.11.29 明治～昭和初期の落語家。江戸生れ。本名豊島銀之助。はじめ初代柳亭燕枝門下で燕花。一時廃業後、四代都々逸坊(どどいつぼう)扇歌に師事したあと、二代小さん(のち禽語楼)門に転じ、柳家小三治。のち三代小さんを襲名。「らくだ」など上方種を得意とし普及させた。夏目漱石に絶賛された。門弟から初代小せんら逸材が輩出。芸名は幕末～現代に五代を数える。

やなぎわらけ【柳原家】「やなぎはら」とも。藤原氏日野家庶流。名家(めいか)。南北朝期、日野俊光の四男資明に始まる。家名は居所柳原殿による。資明は有能な実務官僚で、花園・光厳(こうごん)・光明など持明院統(北朝)の天皇・上皇に仕えた。江戸時代の家禄は二〇二石余。江戸前期の資廉(すけかど)は武家伝奏、中期の光綱は議奏・武家伝奏を歴任。幕末の光愛(みつなる)の女愛子(なるこ)は大正天皇の生母。維新後、前光(さきみつ)のとき伯爵。

やなぎわらさきみつ【柳原前光】 1850.3.23～94.9.2 明治期の官僚・政治家。伯爵。父は公卿柳原光愛(みつなる)。妹愛子(なるこ)は大正天皇の生母。外務省に入り日清修好条規の締結、台湾出兵後の日清交渉にあたる。元老院議官となり刑法・治罪法審議に従事。のち駐露公使・賞勲局総裁・元老院議長・枢密顧問官などを歴任。その間、皇室典範制定に参画した。

やなぎわらすけあき【柳原資明】 1297～1353.7.27 鎌倉後期～南北朝期の公卿。柳原家の祖。父は日野俊光、母は亀山院女房で阿野公寛の女寛子。一三二九年(元徳元)従三位。建武政権下で職をとかれたが、三七年(建武四・延元二)北朝で権中納言に復官。四五年(貞和元・興国六)正二位権大納言に進んだが、翌年辞退。五三年(文和二・正平八)赤痢で没した。

やなぎわらなるこ【柳原愛子】 1859.5.26～1943.10.16 大正天皇の生母。柳原光愛(みつなる)の次女。一八七〇年(明治三)皇太后の小上臈として宮中に入る。翌年掌侍、七二年明治天皇に仕え、翌年権典侍となり、七五年薫子内親王、七七年敬仁親王、七九年嘉仁親王(大正天皇)を生んだ。一九〇二年典侍。一二年(大正元)皇太后宮典侍となる。

やなぎわらびゃくれん【柳原白蓮】 1885.10.15～1967.2.22 明治～昭和期の歌人。本名宮崎燁子(あきこ)。東京都出身。伯爵柳原前光(さきみつ)の次女。東洋英和女学校卒。北小路資武(すけたけ)と離婚後、九州の炭鉱王伊藤伝右衛門と再婚。一九二一年(大正一〇)社会運動家宮崎竜介と恋愛、家を出る。歌は佐佐木信綱に師事、歌集「踏絵」「幻の華」。体験を反映した情熱的な歌風を示す。

やなぎわらもとみつ【柳原紀光】 1746.11.14～1800.1.3 江戸中期の公家・学者。光綱の長男。母は丹波国柏原(かいばら)藩主織田信休の女郁子。一七七五年(安永四)権大納言。八八年(天明八)勅勘をこうむり解官。歴史書「続史愚抄」を編纂し、九八年(寛政一〇)成稿。

やなだし【簗田氏】 ㊀中世の陸奥国黒川(現、福島県会津若松市)の有力商人。戦国期、蘆名(あしな)氏のもとで商人司を勤めた。薩摩国の武士の出身とも伝えるが、簗田村(現、福島県新鶴(にいつる)村)を本拠とする蘆名氏家臣簗田氏一族が商人となり、蘆名氏に取り立てられたとする説が有力。蘆名氏、ついで伊達氏の支配下で、会津での市の開催や諸商人の支配権を握り、領内の商業の統制・管理を行った。一五九〇年(天正一八)蒲生氏郷(うじさと)の入封後は、権限を縮小され衰退。「簗田文書」

を伝える。㊁中世～近世の武家。鎌倉・古河公方足利氏の被官。下野国簗田郡からおこり、桓武平氏を称した。永享の乱で鎌倉公方足利持氏に従って戦死した満助の女は持氏の子成氏を生む。満助の子持助は成氏に仕え、成氏が古河に移ると、下総国関宿(現、千葉県関宿町)に拠ってこれを助けた。その後も古河公方重臣として活躍したが、一五七四年(天正二)後北条氏に関宿城を攻められ、屈伏した。

やなだぜいがん【梁田蛻巌】 1672.1.24～1757.7.17 江戸中期の詩人・学者。通称才右衛門、名は邦美、字は景鸞、蛻巌は号。俳号は亀毛。江戸生れ。幕儒人見鶴山に師事。数家に仕えたが致仕し、道楽や被災などで窮乏する。新井白石・室鳩巣・桂山彩巌らと交友をもつ。一七一九年(享保四)播磨国明石藩儒となる。学は程朱学・禅学・神道などを折衷、軍談を好み覇儒と称された。詩風はたびたび変化し、とくに中国明の袁宏道の影響をうけ、江戸後期の性霊派の詩風の先駆として評価される。著書「蛻巌集」。

やなだもちすけ【簗田持助】 1422～82.4.6 室町中期の武将。満助の子。中務丞・中務少輔・河内守。鎌倉公方足利持氏の近臣で、永享の乱では持氏の子成氏を鎌倉からのがしたという。一四四七年(文安四)成氏の鎌倉帰還後はその申次となる。のち成氏が下総国古河に移ると同国関宿城により、以後子孫は家臣団の中心として古河公方を支えた。

やのじろう【矢野二郎】 1845.1.15～1906.6.17 明治前期の教育家。晩年に次郎を二郎と改名。幕臣の子として江戸に生まれる。一八六三年(文久三)遣欧使節に外国方翻訳官として随行。七六年(明治九)森有礼の創設した商法講習所の所長に就任した。のちに東京商業学校、東京高等商業(現、一橋大学)へと発展した際にも校長として商業教育に尽力。一九〇四年に貴族院議員となる。

やのつねた【矢野恒太】 1865.12.2～1951.9.23 大正・昭和期の実業家。備前国生れ。三高卒。日本生命の診査医をへて、一八九四年(明治二七)共済生命支配人となる。ドイツに留学後、九八年農商務省で保険業法を起草し、一九〇〇年農商務省商工局保険課長。〇二年第一生命保険相互会社を創立。一一年には日本国民新死亡表を完成。昭和期には東京横浜電鉄・田園都市会社・目蒲電鉄の各社長なども務めた。

やのはるみち【矢野玄道】 1823.11.17～87.5.19 幕末～明治前期の国学者。伊予国大洲藩士矢野道正の子。通称茂太郎、号は子清・真弓など。一八四七年(弘化四)に江戸で平田篤胤没後門人となった。幕末期には京都などで祭政一致体制にむけた建言活動を展開し、六七年(慶応三)の「献芹詹語」は維新後の復古思想や神祇官復興に影響を与えた。明治期には平田派の後継とされ、皇学所などで活動。「古史伝」続修などを行ったが晩年は不遇であった。著書「皇典翼」「神典翼」。

やのみちや【矢野道也】 1876.1.30～1946.6.23 明治～昭和期の印刷技術者。宮城県出身。東大卒。内閣印刷局に勤務、印刷部長などを歴任した。在職中に欧米各地を視察して先進的印刷技術を学び、印刷局における紙幣・有価証券・官報の印刷を指導した。また「印刷術」全三巻(一九一三～一六)などを著し、東京高等工芸学校の講義などで技術者の養成に尽くすとともに、印刷学会委員長もつとめた。

やのりゅうけい【矢野竜渓】 1850.12.1～1931.6.18 明治期の政治家・文筆家。豊後国生れ。本名文雄。慶応義塾卒。一八七六年(明治九)「郵便報知新聞」副主筆となる。一時大蔵省書記官に任用され退社したが、明治十四年の政変後に復帰、社長となる。改進党に参加し、八三年政治小説「経国美談」を発表。国会開設後は宮内省式部官や駐清公使となる。一九〇三年「社会主義全集」を公刊。明治末期から大阪毎日新聞社に関係した。

やば【野坡】 1662～1740.1.3 江戸前・中期の俳人。姓は志太。本姓は竹田氏とも。通称弥助。前号は野馬。別号は無名庵野翁・樗子など。越前の人。江戸に出て、越後屋両替店の手代を勤める。はじめ其角に学び、一六九三年(元禄六)芭蕉に入門。翌年、孤屋・利牛とともに「軽み」の代表的撰集「炭俵」を編纂。芭蕉没後はしばしば西国に行脚し、中国・九州地方の俳壇に蕉風を流布させた。「許野消息」や没後刊行の句集「野坡吟草」がある。蕉門十哲の一人。

やはたいちろう【八幡一郎】 1902.4.14～87.10.26 昭和期の考古学者。長野県出身。東大人類学科選科卒。東京国立博物館考古課長・東京大学講師・東京教育大学教授・上智大学教授などを歴任。第二次大戦前は縄文土器の編年や縄文文化の研究を主としたが、登呂遺跡の発掘を契機として弥生文化研究に移行。この間、中国東北部や太平洋諸島の調査にも従事。民俗学・民族誌との関係を重視した独特の考古学を樹立。著書「日本石器時代文化」「石器・土器」。「八幡一郎著作集」全八巻。

やぶきけいき【矢吹慶輝】 1879.2.13～1939.6.10 大正・昭和前期の宗教学者・社会事業家。福島県出身。東大卒。七歳のとき矢吹良慶の門に入り得度。浄土教史の研究に従事し、一九一〇年(明治四三)宗教大学(のちの大正大学)教授。一五年(大正四)欧米に留学、社会事業視察と西域発掘物の調査にあたった。二五年「三階教の研究」で帝国学士院賞恩賜賞。この間、就労児童教育機関の三輪学院を創設、東京市社会局長に就任した。

やぶけ【藪家】 藤原氏南家貞嗣流。平安末期に順徳天皇の外祖父範季が高倉を号したのに始まるが、戦国期に中絶。江戸初期に閑院流の西園寺家庶流の四辻公遠の三男嗣良が高倉を号して再興。一六三七年(寛永一四)藪に改めて、閑院流に属した。江戸時代の家格は羽林家。家禄は一八〇石、のち一五〇石余。神楽・笙の家。八一年(天和元)嗣孝・嗣章父子は小倉事件に連坐して逼塞。維新後、篤麿のとき子爵、のちに高倉姓に復した。

やぶのうちじょうち【藪内紹智】 茶道家元藪内流の代々の称。織豊期から一三世を数える。初世(一五三九～一六二七)は剣仲と号し、茶を武野紹鷗・千利休に学んで一派を立て、藪内流を名のった。二世(一五七七～一六五五)は号を真翁といい、以後西本願寺の保護をうける。聚楽第から燕庵を移築した。五世(一六七八～一七四五)は竹心と号し、遊芸化した茶の湯を批判、茶の湯の倫理を説き、藪内流の名声をあげて中興の祖といわれた。六世(一七二七～一八〇〇)は号を竹陰といい、江戸に藪内流の道場を開いた。八世(一七九二～一八六九)は号を竹猗といい、皇女和宮に茶道を教授した。一〇世(一八四〇～一九一七)は号を竹翠といい、一八七八年(明治一一)北野大茶湯を再興したことで知られる。

やべさだのり【矢部定謙】 1789～1842.7.24 江戸後期の幕臣。父は定令。左近将監・駿河守。堺奉行・大坂西町奉行・勘定奉行などを歴任して一八四一年(天保一二)南町奉行となり、天保の改革初期の市政を担当するが、老中水野忠邦の施策と対立して八カ月で罷免。取調中の音信を理由に桑名藩に永預となり、矢部家は改易。定謙は抗議のため絶食し、翌年餓死。

やべひさかつ【矢部長克】 1878.12.3～1969.6.23 明治～昭和期の地質学者。東京都出身。東大卒。ヨーロッパに留学。東北帝国大学教授。日本の地質構造・古生物学を研究し、一九一八年(大正七)には糸魚川と静岡を結ぶ地質構造線を提唱。五三年(昭和二八)文化勲章受章。

やべりざえもん【矢部理左衛門】 1615～67 江戸前期の土木家。陸奥国耶麻郡真ケ沢村(現、福島県西会津町)生れ。会津藩主保科正之の下で新田開発・用水開削に成果をあげた。郷頭の一人。吉田新田や宮城八郎左衛門とともに開発した三ツ山新田などがある。

やまいりともよし【山入与義】 ?～1422.閏10.13 室町中期の武将。師義の子。上総介。佐竹氏庶流、常陸国の有力国人。佐竹本宗家の相続問題で足利持氏・山内上杉氏と対立し、上杉禅秀の乱に参加。禅秀の敗死後に降伏するが、以後は幕府と結んで京都扶持衆として反持氏の行動を継続。そのため、持氏によって鎌倉比企谷の法華堂で殺された。

やまうちかずとよ【山内一豊】 1545/46～1605.9.20 名は「かつとよ」とも。戦国末～江戸初期の武将。土佐国高知藩初代藩主。父は尾張国黒田城主盛豊。尾張国生れ。岩倉織田氏をへて織田信長に仕える。金崎の戦や姉川の戦などに功をあげ、豊臣秀吉の家臣となって近江・播磨などに領地をえる。近江国長浜城主をへて、一五九〇年(天正一八)遠江国掛川で五万石を与えられ、豊臣秀次の与力。関ケ原の戦後は土佐一国を領する。長宗我部氏遺臣の浦戸一揆を鎮圧し、高知城下町を建設して領国経営に努力した。

やまうちし【山内氏】 江戸時代の大名家。藤原秀郷流を称する。盛豊のとき丹波から尾張に移り、尾張国岩倉城主織田氏の家老となる。その子一豊は織田信長、のち豊臣秀吉に仕え、若狭国高浜、ついで近江国長浜を領した。一五九〇年(天正一八)遠江国掛川五万石に加封され、豊臣秀次の与力となる。関ケ原の戦の功により土佐一国二〇万二六〇〇石を与えられた。実弟康豊の子忠義が跡を継ぎ、以後代々高知藩主。本国持として松平の称を許された。忠義の子から中村・新田両支藩が成立し、忠義の弟一唯の家は旗本となるが、中村藩と旗本家はのち当主が宗家を継いだため消滅。幕末の高知藩主山内豊信は公武合体派として活躍。維新後、豊範のとき侯爵。

やまうちただとよ【山内忠豊】 1609.10.29～69.8.5 江戸前期の大名。土佐国高知藩主。対馬守・土佐守。土佐国生れ。一六五六年(明暦二)父忠義の隠居をうけ襲封。このとき三万石を弟忠直に分知。前代にひき続き野中兼山を用いたが、強硬な施政を不満とし兼山を罷免、領民の負担軽減をはかった。六九年(寛文九)嫡子豊昌に封を譲る。

●● 山内氏略系図

久豊―盛豊┬一豊[高知藩]＝忠義┬忠豊―豊昌＝豊房＝豊隆―豊常＝豊敷―豊雍―豊策―豊興＝豊資―豊熙―豊惇＝豊信(容堂)＝豊範(侯爵)
　　　　　└康豊[土佐中村藩]―政豊　├忠直[土佐中村藩]
　　　　　　　　　　　　　　　　　└一安[麻布山内]＝之豊＝豊清＝豊産[高知新田藩]

やまうちただよし【山内忠義】 1592～1664.11.24 江戸初期の大名。土佐国高知藩主。山内一豊の弟康豊の長男。遠江国掛川生れ。のち一豊の養子となり、一六〇五年(慶長一〇)遺領土佐一国を継ぐ。一〇年松平姓をうけ、従四位下土佐守に叙任。大坂夏の陣には事故のため遅参するが、一七年(元和三)領知朱印をうける。野中兼山を用いて新田開発・土木事業をはじめ殖産興業を推進し、藩財政の確立をはかった。

やまうちとよしげ【山内豊信】 1827.10.9～72.6.21 幕末期の大名。土佐国高知藩主。父は分家南屋敷山内豊著。号は容堂。一八四八年(嘉永元)宗家を襲封。当初は門閥譜代層に実権を握られたが、ペリー来航後中央政界に台頭し、吉田東洋を登用して、海防強化をめざして藩政改革を推進。将軍継嗣問題・条約勅許で井伊直弼に敗れ、五九年(安政六)隠居・謹慎。六二年(文久二)復権し、幕府の文久の改革を支援。その間藩内では土佐勤王党の武市瑞山一派が台頭するが、六三年高知に戻りこれを弾圧。六四年(元治元)参与会議に参加、意見対立に望みを失い高知に引きこもる。六七年(慶応三)後藤象二郎の建議により将軍徳川慶喜に大政奉還を建白。徳川家の保全に努めたが王政復古により失敗。一方、高知藩兵は戊辰戦争で新政府軍の主力として戦った。維新政府で議定・上局議長などを歴任。

やまうちようどう【山内容堂】 ⇨山内豊信

やまうらげんば【山浦玄蕃】 ?～1653.12.2 唯一の公家出身キリシタン。四辻公遠の孫で猪熊家に生まれる。名は光則。京都で受洗、洗礼名不詳。磯野九兵衛と偽称する。一六二五年(寛永二)キリシタン迫害により京都をのがれ、従兄の出羽国米沢藩主上杉定勝の家臣となり、山浦玄蕃を名のる。その後、訴人により米沢隠棲が幕府に知られ、五三年(承応二)米沢極楽寺境内で斬首により殉教。

やまおかげんりん【山岡元隣】 ⇨元隣

やまおかてっしゅう【山岡鉄舟】 1836.6.10～88.7.19 幕末期の幕臣・剣術家、明治初期の侍従。諱は高歩。飛驒郡代小野朝右衛門高福の子。山岡静山の婿養子。千葉周作に入門し、幕府講武所で剣術世話役となる。一八六三年(文久三)幕府の浪士募集に際し取締役。六八年(明治元)精鋭隊歩兵頭格、大目付を兼ねる。東征軍の東下に対し、駿府で西郷隆盛らと会見、勝海舟と協力して江戸無血開城を実現させた。維新後静岡県ほかで参事・県令を勤めたのち、七二年天皇側近となり、八二年宮内少輔を辞任。無刀流の創始者。

やまおようぞう【山尾庸三】 1837.10.8～1917.12.21 明治期の技術官僚。周防国生れ。一八六三年(文久三)から五年間イギリスに留学して工学を学ぶ。工部省の中心人物として工部大学校の設立や近代工業の移植に尽力。八〇年(明治一三)工部卿、翌年参事院議官に転じ、のち同副議長、宮中顧問官兼法制局長官などを歴任。八七年子爵。

やまがそこう【山鹿素行】 1622.8.16～85.9.26 江戸前期の儒学者・兵学者。父は貞以。名は高祐また高興、字は子敬、通称は甚五左衛門、素行は号。陸奥国会津若松生れ。九歳で林羅山に入門、一五歳で甲州流兵学の小幡景憲・北条氏長に入門し、武芸と兵学を学ぶ。さらに広田坦斎から和歌・歌学を、高野山按察院の光宥から神道を学んだ。一六五二年(承応元)播磨国赤穂藩に一〇〇〇石で仕えたが六〇年(万治三)辞し、江戸で教育と学問に専念した。朱子学に疑問を抱き、直接「周公孔子の道」につくことを唱え、六五年(寛文五)「聖教要録」を刊行し、保科正之らの忌諱にふれ旧主赤穂藩に配流。七五年(延宝三)赦され江戸浅草に居住。朱子学の内面主義を批判して日用有用の学を提唱したが、その学統は、儒学説よりも山鹿流兵学として継承されていった。代表作は「四書句読大全」「謫居童問」「中朝事実」「武家事紀」。

やまがたありとも【山県有朋】 1838.閏4.22～1922.2.1 幕末期の萩藩士、明治・大正期の政治家・陸軍軍人。幼名は辰之助・狂介など。松下村塾に学び尊王攘夷運動にたずさわる。奇兵隊軍監として藩内抗争、第二次長州戦争に活躍、戊辰戦争では参謀を務める。維新後陸軍で兵制改革に従事、陸軍卿・参議・参謀本部長を務め、佐賀の乱・西南戦争の征討参軍も務めた。一八八三年(明治一六)参議兼内務卿に転じ町村制の確立に貢献、しだいに活動の中心を内務行政に移す。第一次伊藤・黒田両内閣の内相をへて、八九年一二月～九一年五月首相として第一議会に臨み、第二次伊藤内閣の司法相などをへて、九八年一一月～一九〇〇年一〇月再度首相に就任。日清戦争後、第二次伊藤内閣と自由党との提携に対抗し、政党に批判的な政官界の諸勢力は山県のもとに結集、山県閥(系)とよばれ伊藤系と対峙した。日清戦争では第一軍司令官、日露戦争では参謀総長。伊藤博文の死後は元老の第一人者として首相選定の主導権を握り、政党勢力と緊張関係にあった。元帥・陸軍大将。公爵。

やまがたいさぶろう【山県伊三郎】 1857.12.23～1927.9.24 明治・大正期の官僚・政治家。公爵。山県有朋の甥。萩藩下級武士の家に生まれ、有朋の養嗣子となる。岩倉遣外使節団に随行してドイツに留学。帰国後、外務省をへて内務省に入り、徳島県知事・内務省地方局長・内務次官などを歴任。一九〇六～〇八年(明治三九～四一)第一次西園寺内閣の逓信相。韓国副統監・朝鮮総督府政務総監として植民地行政を推進。晩年は枢密顧問官を務めた。

やまがたし【山県氏】 ㊀中世美濃国の豪族。美濃源氏の一族。平安末期、山県郡に美濃守源頼国の子頼綱系の子孫が土着。頼綱の三男国直から山県氏を称し、郡内東部を本拠に活躍。㊁中世安芸国の豪族。平安末期から山県郡で活躍した凡氏一族の後裔とみられる。「吾妻鏡」に元久年間、安芸国壬生荘地頭山県五郎為忠の名がみえる。

やまがたしゅうなん【山県周南】 1687?~1752.8.12 江戸中期の儒学者。父は萩藩儒良斎。名は孝孺、字は次公、周南は号。周防国生れ。一九歳のとき江戸に出て、荻生徂徠に師事。三年後帰国し古文辞学を唱導。一七一一年(正徳元)朝鮮通信使の応接にあたり、その文才を賞讃された。のち藩主の侍講となり、藩校明倫館の設立に参画し、祭酒となる。著書「為学初問」など。

やまがたたいか【山県太華】 1781~1866.8.- 江戸後期の儒学者。名は禎、字は文祥、太華は号。周防国出身。萩藩儒で徂徠学の普及に功績のあった山県周南の家学を継ぎ、筑前の亀井南冥から徂徠学を学んだが、のち朱子学に転じた。一八三五年(天保六)藩校明倫館学頭。五二年(嘉永五)隠居。吉田松陰の「講孟余話」に対して「評語」を返し、朱子学的合理主義の立場から松陰を批判した。著書「民政要編」「国史纂論」。

やまがただいに【山県大弐】 1725~67.8.22 江戸中期の儒学者。名は昌貞、字は子恒、通称を軍治、のち大弐。甲斐国生れ。甲府与力のとき、弟が殺人逃亡をはかったため改易。江戸で若年寄大岡忠光に仕え、忠光の死後辞去し、江戸八丁堀に家塾を開いて、古文辞学の立場から儒学や兵学を講じた。上野国小幡藩家老吉田玄蕃ら多くの藩士を弟子としたが同藩の内紛に巻き込まれ、一七六六年(明和三)門弟に謀反の企てがあると密告されて捕らえられ、翌年幕府を憚る議論をしたとの理由で処刑された。著書「柳子新論」。

やまがたばんとう【山片蟠桃】 1748~1821.2.28 江戸後期の町人学者。通称升屋小右衛門、字は子蘭。播磨国生れ。一三歳で大坂の升屋別家をつぎ、のち升屋本家の番頭となる。仙台藩の財政立直しに手腕を発揮し名声を博した。学問を好み、懐徳堂の中井竹山・同履軒に師事し、諸葛孔明の異名をとる。また麻田剛立に天文学を学び、広く西洋近代科学の知識を吸収した。著書「夢の代」は広範な知の集大成で、その中の経済論は「大知弁」として松平定信に献上された。懐徳堂朱子学を知的枠組みとする蟠桃は、その合理的認識を徹底させ、「鬼神はない」と断言する積極的無鬼論を展開し、また西洋新知識を受容する基盤を作った。

やまがひでとお【山鹿秀遠】 生没年不詳。平安後期の武士。大宰府府官藤原政則の子孫で、肥後菊池氏の一族。父経遠から筑前国粥田荘を、大伯父経政から同国山鹿荘を継承し、遠賀川流域の有力武士であった。平氏方として活躍。一一八三年(寿永二)大宰府落ちした平氏を山鹿城に迎えてこもり、八五年(文治元)三月の壇ノ浦の戦では、平氏軍の先鋒として源氏軍と対戦。平氏軍は大敗し、秀遠は粥田荘・山鹿荘を没収され、山鹿氏も滅亡。

やまかわきくえ【山川菊栄】 1890.11.3~1980.11.2 大正・昭和期の社会主義女性解放思想の代表的理論家。東京都出身。女子英学塾卒。旧姓青山。夫は山川均。女性解放思想を日本に紹介した。一九二一年(大正一〇)堺(近藤)真柄らと赤瀾会を結成。二五年に無産政党行動綱領に婦人の特殊要求を執筆したほか、日本労働組合評議会に婦人部設置の要求など、無産者運動のなかで女性の解放を実現する役割をはたした。第二次大戦後は労働省婦人少年局初代局長に就任。自伝「おんな二代の記」。

やまかわけんじろう【山川健次郎】 1854.閏7.17~1931.6.26 明治・大正期の物理学者。陸奥国会津郡生れ。政府留学生としてアメリカのイェール大学で土木工学を学ぶ。東京大学初の日本人物理学教授。レントゲンによるX線発見の報に接し、すぐにX線の研究を行ったが、その後は教育行政・科学行政の面で活躍し、日本の科学を自立させることに大きく貢献した。東大・京大・九大などの総長に就任。理化学研究所顧問。一九〇五年(明治三八)貴族院議員。二三年(大正一二)枢密顧問官。「物理学術語字書」を編集。

やまかわちおう【山川智応】 1879.3.16~1956.6.2 明治~昭和期の宗教家・日蓮宗教学者。本名伝之助。大阪府出身。一八九三年(明治二六)に田中智学の立正安国会に入会。日蓮主義運動に献身し、智学の獅子王文庫に入り経営にあたる。一九三四年(昭和九)に「法華思想史上の日蓮聖人」により東京帝国大学から文学博士授与。智学の死後、独立して獅子王学会を設立。四六年には宗教法人本化妙宗連盟を創立し、後進の指導にあたる一方、執筆活動を続けた。

やまかわとみこ【山川登美子】 1879.7.19~1909.4.15 明治期の歌人。福井県出身。本名とみ。大阪梅花女学校卒。幼少の頃から旧派の和歌を学ぶ。一九〇〇年(明治三三)東京新詩社に加盟、鳳(与謝野)晶子と並ぶ「明星」の女性歌人として活躍。師の鉄幹への想いに彩られた浪漫調の歌に特色をみせた。一九〇五年の晶子・増田雅子との合同歌集「恋衣」が知られる。

やまかわひとし【山川均】 1880.12.20~1958.3.23 明治~昭和期の社会運動家。岡山県出身。同志社補習科中退。妻は菊栄。上京し、一九〇〇年(明治三三)守田文治と「青年の福音」を創刊、皇太子の結婚を批判し、不敬罪で入獄。〇六年日本社会党に入党、幸徳秋水の直接行動論を支持、赤旗事件に連坐。一九年(大正八)「社会主義研究」を創刊、ロシア革命を紹介、共産党結成に参加したが、第一次共産党事件後党を離れ、無産政党組織論を展開。二七年(昭和二)「労農」を創刊、左派社会民主主義のイデオローグとして終始し、人民戦線事件で検挙される。第二次大戦後、民主人民戦線運動を提唱したが失敗。「前進」の創刊や社会主義協会の結成など、左派支援を続けた。

やまきかねたか【山木兼隆】 ?～1180.8.17 平安末期の武将。平信兼の子。桓武平氏の流れをくむ。山木判官。一一七九年(治承三)父に勘当され伊豆国山木郷(現、静岡県韮山町)に配流。翌年の以仁王の挙兵後、平時忠が伊豆の知行国主となると、国司平時兼の目代として伊豆国衙を支配。八〇年、源頼朝の襲撃をうけて敗死。

やまぎわかつさぶろう【山極勝三郎】 1863.2.23～1930.3.2 明治・大正期の病理学者。信濃国生れ。東大卒。帝国大学病理学教室助手となり、ドイツに留学、ベルリン大学のフィルヒョー教授に師事した。一八九五年(明治二八)東京帝大病理学教授に就任、一九二三年(大正一二)退職。一九一六年家兎の耳翼にタールを持続的に塗擦し、人工がんを発生させた実験結果を発表し世界を驚かせた。この業績で帝国学士院賞受賞。

やまぎわしちじ【山際七司】 1849.1.2～91.6.9 明治期の自由民権家。越後国の庄屋の家に生まれる。戊辰戦争に幕府軍として従軍。一八八〇年(明治一三)国会開設請願運動を指導する一方、「東洋自由新聞」創刊や自由党結成にも深くかかわった。大同団結運動でも活躍し、九〇年の第一回総選挙で衆議院議員に当選。国民自由党に入党するなど晩年は国権的な動きがみられた。

やまぐちかおる【山口薫】 1907.8.13～68.5.19 昭和期の洋画家。群馬県出身。川端画学校で学び、東京美術学校卒。一九三〇年(昭和五)渡欧。二科会・国画会などに出品し、三七年自由美術家協会を創立したがのち脱会。五〇年モダン・アート協会を創立。六四年東京芸術大学教授。作品「林と動物」。

やまぐちこけん【山口孤剣】 1883.4.19～1920.9.20 明治・大正期の社会主義者。山口県出身。本名義三。東京政治学校在学中、松原岩五郎の「最暗黒の東京」に影響されて社会問題に関心をもち、洗礼をうけたのち平民社に参加。一九〇四年(明治三七)小田頼造と週刊「平民新聞」や社会主義書籍を箱車に積んで社会主義の伝道行商を行う。「直言」「光」などに執筆。日本社会党の評議員。東京市電値上反対事件・筆禍事件で在獄が続いた。赤旗事件は山口の出獄歓迎会が発端。

やまぐちし【山口氏】 江戸時代の譜代大名家。常陸国牛久藩主。周防国守護大内持世の弟持盛を初代とする。のち尾張に移り、重政のとき織田信長の臣佐久間正勝・織田信雄に属する。一五九一年(天正一九)徳川家康に仕え、下総国で五〇〇〇石を与えられる。一六一一年(慶長一六)一万五〇〇〇石となるが、のち家康の勘気をこうむり蟄居。二九年(寛永六)遠江・常陸両国のうちで一万五〇〇〇石余を与えられ大名に復した。子の弘隆のとき五〇〇〇石を弟重恒に分知。六九年(寛文九)居を牛久に定めた。維新後子爵。

やまぐちしげまさ【山口重政】 1564～1635.9.19 織豊期～江戸初期の武将・大名。常陸国牛久藩主。従五位下、但馬守・修理亮。父は織田信秀の臣盛政。佐久間正勝・織田信雄・徳川氏に仕える。一六一三年(慶長一八)徳川家康の勘気をこうむり蟄居するが、大坂の陣で活躍。二八年(寛永五)許され、翌年常陸・遠江両国のうちに一万五〇〇〇石余を領した。

やまぐちせいし【山口誓子】 1901.11.3～94.3.26 昭和期の俳人。本名新比古。京都市出身。東大卒。東大俳句会を再興し、高浜虚子の指導をうける。昭和初期「ホトトギス」で活躍。水原秋桜子・阿波野青畝・高野素十とともに四Sとよばれ、青年俳人に多大な影響を与えた。一九三五年(昭和一〇)秋桜子の「馬酔木」に参加、有季定型の立場をとる。四八年俳句誌「天狼」を創刊。句集「凍港」。

やまぐちせいそん【山口青邨】 1892.5.10～1988.12.15 昭和期の俳人・随筆家。本名吉郎。盛岡市出身。東大卒。東京大学工学部教授。高浜虚子に学び、一九二二年(大正一一)水原秋桜子らと東大俳句会をおこす。三〇年(昭和五)盛岡市で俳誌「夏草」を創刊。また三四年東大ホトトギス会をおこす。

やまぐちせっけい【山口雪渓】 1644/48～1732.9.4 江戸中期の画家。京都の人。雪舟・牧谿に私淑し、雪渓と号した。狩野永納に師事したとする説もあるが、粉本至上主義の狩野派にあきたらず室町時代や桃山時代の絵画を範とした。代表作は妙心寺春浦院障壁画、「桜楓図屏風」(醍醐寺蔵)。

やまぐちそけん【山口素絢】 1759～1818.10.24 江戸後期の画家。通称武次郎。字は伯後、号は山斎。京都の呉服商の家に生まれる。円山応挙に画を学び、美人画とくに和美人に優れ、同門の源琦の唐美人とならび賞された。代表作「草花図襖」、著書に上方町人の日常を描いた「倭人物画譜」。

やまぐちそどう【山口素堂】 ⇨素堂

やまぐちなおよし【山口尚芳】 1839.5.11～94.6.12 「ひさよし」とも。明治期の官僚・政治家。佐賀藩士出身。倒幕運動に参加。藩命により長崎でオランダ語・英語を学ぶ。明治新政府に入り外国事務局御用掛・大蔵大丞・外務少輔などを歴任。

一八七一年(明治四)岩倉遣外使節団の副使として欧米視察。帰国後内治優先派として奔走。のち元老院議官・会計検査院長・貴族院勅選議員を務めた。

やまぐちのおおくちのあたい【山口大口費】 生没年不詳。法隆寺金堂四天王像のうち広目天像光背裏面にその名が刻まれる仏師。他に現存作例はない。「日本書紀」白雉元年(六五〇)一〇月条に「漢山口直大口、詔を奉りて千仏の像を刻む」とみえる人物に相当すると考えられる。応神朝に渡来した阿知使主の子孫と称する東漢氏の一族であった。

やまぐちほうしゅん【山口蓬春】 1893.10.15〜1971.5.31 大正・昭和期の日本画家。北海道出身。本名三郎。東京美術学校の西洋画科から日本画科に転じ、一九二三年(大正一二)卒業。松岡映丘に師事。二四年新興大和絵会に参加、二六年(昭和元)「三熊野の那智の御山」が帝展特選を受賞、注目される。三〇年福田平八郎・木村荘八らと六潮会結成。五〇年日本芸術院会員。六五年文化勲章受章。作品「緑庭」「青沼新秋」。

やまぐちまさひろ【山口正弘】 1545〜1600.8.4 織豊期の武将。甚兵衛・玄蕃頭と称する。豊臣秀吉に仕えたが、のち秀吉の養子小早川秀秋の後見。検地に能力を発揮して各地の検地を行い、玄蕃棹の名を残した。のち加賀国大聖寺に六万石を領有。関ケ原の戦で徳川家康方についた前田利長に城を囲まれ滅ぼされた。

やまぐちもとおみ【山口素臣】 1846.5.15〜1904.8.7 明治期の陸軍軍人。陸軍大将。萩藩士の子。奇兵隊に参加、戊辰戦争に活躍。佐賀の乱・西南戦争に従軍。熊本・東京の鎮台参謀長などを歴任。日清戦争には歩兵第三旅団長として出征、さらに北清事変にも従軍するなど純然たる戦将であったが、日露戦争には出征せず病死した。

やまざきあんさい【山崎闇斎】 1618.12.9〜82.9.16 江戸前期の儒学者・神道家。名は嘉、字は敬義、号は闇斎・垂加。京都生れ。一二歳の頃比叡山に、一九歳のとき土佐国の吸江寺に寓した。南学の祖の谷時中に学び朱子学に開眼、京都に帰って還俗。仏教を排斥し朱子学一尊を唱導した「闢異」を著し、朱子学の立場を宣明した。その後一〇余年間、講席を開いて朱子学を教授するうち、笠間藩主井上正利、大洲藩主加藤泰義らの知遇をうけ、一六六五年(寛文五)会津藩主保科正之の賓師となる。正之との縁で、吉川惟足に学び神道に接近、垂加霊社を名のる。崎門学派の祖として多くの著名な門人を輩出し、また垂加神道を提唱した。著書「文会筆録」。

やまざきいわお【山崎巌】 1894.9.16〜1968.6.26 昭和期の内務官僚・政治家。福岡県出身。東大卒。内務省社会局で社会政策を進めた。土木局長・警保局長・警視総監・内務次官などをへて、一九四五年(昭和二〇)東久邇宮内閣の内相。翌年公職追放、五一年解除。五二年から衆議院議員に連続当選。自由民主党所属。六〇年第一次池田内閣の自治相兼国家公安委員長となったが、浅沼稲次郎暗殺事件で引責辞職。

やまざきかくじろう【山崎覚次郎】 1868.6.15〜1945.6.28 明治〜昭和前期の経済学者。静岡県出身。東大卒。ドイツに留学、東京高等商業教授をへて東京帝国大学教授に就任。貨幣金融論の基礎的理論を紹介して研究領域の基礎を築いたほか、経済評論にも顕著な業績を残した。一九四三年(昭和一八)金融学会が設立されると初代会長に就任。

やまざきがくどう【山崎楽堂】 1885.1.19〜1944.10.29 明治〜昭和前期の能楽研究家・能楽評論家・建築家・俳人。本名は静太郎。和歌山県出身。東大卒。喜多流の謡をたしなみ、地拍子の理論を確立した。著書「地拍子精義」「鼓胴之鑑定」(共著)。梅若家能舞台・細川家能舞台などを設計。高浜虚子の門下で「ホトトギス」同人でもあった。

やまざきけさや【山崎今朝弥】 1877.9.15〜1954.7.29 大正・昭和期の弁護士。長野県出身。明治法律学校卒。留学先のアメリカで幸徳秋水ら社会主義者と知りあう。帰国後、弁護士開業。平民法律所を創設した。日本社会主義同盟・自由法曹団・日本フェビアン協会などの設立に参加し、無産運動にかかわる争議の弁護に尽力した。第二次大戦後、三鷹・松川事件の弁護人として活躍。奇行・奇文の士でもあった。

やまざきし【山崎氏】 近世の旗本・大名家。近江国出身。片家・家盛父子は織田・豊臣両氏に仕え、摂津国三田二万三〇〇〇石を領したが、関ケ原の戦後は徳川氏の麾下に入り、因幡国若桜三万石。のち備中国成羽、肥後国富岡四万石、讃岐国丸亀五万石と転封を重ねるが、一六五七年(明暦三)無嗣断絶。家名は分家の豊治が継承し、備中国成羽で知行五〇〇〇石の交代寄合として存続。一八六八年(明治元)治正のとき一万二七〇〇石余に高直しされて成羽藩を再興。維新後男爵。

やまざきしこう【山崎紫紅】 1875.3.3〜1939.12.25 明治・大正期の詩人・劇作家。本名小三。神奈川県出身。「明星」に詩・評論を発表。一九〇五年(明治三八)に発表した戯曲「上杉謙信」が真砂座の伊井蓉峰によって上演されたのをきっかけに劇作に専念。「底倉の湯」「歌舞伎座物語」「三七信孝」が歌舞伎座など大劇場で上演され、史劇作家としての地位を確立する。関東大震災後は政界・実業界に転進した。

やまざきそうかん【山崎宗鑑】 ⇨宗鑑

やまざきたつのすけ【山崎達之輔】 1880.6.19〜

1948.3.15　大正・昭和期の政治家。福岡県出身。京大卒。一九二四年(大正一三)衆議院議員に初当選。田中義一政友会内閣で文部政務次官、政友会の改革派として活動。三五年(昭和一〇)昭和会を結成するが、三九年政友会中島派に復党。林・東条両内閣で農相を務め、農林行政に通じた。親軍的政党人の一人と目されていた。

やまざきちょううん【山崎朝雲】 1867.2.17～1954.6.4　明治～昭和期の木彫家。筑前国生れ。郷里の仏師に学び、第四回内国勧業博覧会での受賞を機に上京し、高村光雲に師事。伝統的木彫に写実性を導入。一九〇七年(明治四〇)日本彫刻会を結成した。文展審査員・帝国美術院会員・帝室技芸員。第二次大戦後は芸術院会員、五二年(昭和二七)文化功労者。

やまさきなおまさ【山崎直方】 1870.3.10～1929.7.26　明治・大正期の地理学者。高知県出身。東大卒。地理学研究でヨーロッパ留学。東京帝国大学教授となり、地理学科を創設した。日本最初の地形学者。日本アルプスに氷河作用があったと唱え、大地震に際して地塊運動が行われたことを認めた。日本地理学会を創設し、初代会長。

やまざきのぶきち【山崎延吉】 1873.6.26～1954.7.19　明治～昭和期の農村指導者。石川県出身。東大卒業後、一九〇一年(明治三四)愛知県立安城農林学校校長。〇八年に日露戦争後の農村振興策を説く「農村自治の研究」を著し、全国に農村自治・農村発展を説く講演会「興村行脚」を展開、朝鮮・満州(中国東北部)にまで足をのばした。農聖・今尊徳ともよばれ、二八年(昭和三)衆議院議員に当選、三九年には帝国農会副会長を務めた。

やまざきぶはちろう【山崎夫八郎】 1786～1845.10.17　江戸後期の勧農家。出雲国神門(かんど)郡高浜村生れ。一八三七年(天保八)弥山に登った際、路傍にあった苜蓿(うまごやし)の種子を持ち帰って培養し、湿土移植法を考案した。苜蓿は稲作の緑肥として有効であることが判明し、短期間のうちに同郡内で広く栽培されるようになった。

やまさちひこ【山幸彦】 ⇨彦火火出見尊(ひこほほでみのみこと)

やまじあいざん【山路愛山】 1864.12.26～1917.3.15　明治期の史論家・評論家。本名弥吉。江戸生れ。東洋英和学校で学び、キリスト教に入信。「護教」の主筆をへて「国民之友」「国民新聞」記者。経世論的実学を基礎とする明快な史論を展開した。北村透谷との人生相渉(そうしょう)論争は有名。その後「信濃毎日新聞」の主筆、「独立評論」「国民雑誌」の創刊など、ジャーナリストとして活躍。思想的には国家社会主義の立場をとる。著書は「頼襄(らいじょう)を論ず」「明治文学史」「日本英雄伝」など五〇冊に及ぶ。

やまじかいこう【山路諧孝】 1777～1861.5.1　名は「ゆきたか」か。江戸後期の暦算家。幕府天文方山路徳風の子。通称弥左衛門。一八〇九年(文化六)暦作りの手伝いを命じられ、翌年父の死後家督を継いで天文方となる。二九年(文政一二)蛮書和解御用を命じられる。三七年(天保八)寒暖計を、翌年「西暦新書」を成稿して呈上。同年「新修五星法」編集の労を賞せられる。四二年天保改暦にあずかる。五四年(安政元)品川で望遠鏡を試験し、眺望図を呈上。五七年航海暦の編集を命じられる。

やましたかめさぶろう【山下亀三郎】 1867.4.9～1944.12.13　大正・昭和前期の海運経営者。伊予国生れ。一九〇三年(明治三六)に海運業に進出、一一年山下汽船を創設、第一次大戦期には、勝田銀次郎・内田信也とともに三大船成金と称せられる。第一次大戦後には、不定期船主として急成長し、四一年(昭和一六)の最盛期には、日本郵船・大阪商船に次ぐ船主となった。その活動は財界から政界に広がり、大正・昭和期の代表的政商と称された。四三年三月、東条内閣の内閣顧問。

やましたともゆき【山下奉文】 1885.11.8～1946.2.23　昭和期の軍人。陸軍大将。高知県出身。陸軍士官学校(一八期)・陸軍大学校卒。陸軍省軍務局課員・オーストリア大使館付武官などをへて、一九三〇年(昭和五)歩兵第三連隊長、ついで陸軍省軍事課長・同軍事調査部長などを歴任。皇道派系の軍人として、二・二六事件では青年将校寄りの行動をとる。四一年第二五軍司令官となり、太平洋戦争開戦とともにシンガポール攻略を指揮、四四年フィリピン防衛の第一四方面軍司令官。敗戦後マニラで絞首刑。

やましたはんざえもん【山下半左衛門】 1652～1717.1.18　江戸前期の歌舞伎俳優。俳名物応。京都生れ。延宝期から京都で頭角を現し、初世坂田藤十郎と並ぶ、元禄期京坂の代表的な立役となった。愁い事・やつし事・武道事などにすぐれ、「山下がかり」とよばれる一流をなした。一七〇四年(宝永元)山下京右衛門と改名。座本・作者としての功績も大きい。

やましたよしあき【山下義韶】 1865.2.16～1935.10.26　明治期の柔道家。相模国生れ。二松学舎で学び、一八八四年(明治一七)嘉納治五郎の講道館に入門。講道館四天王の一人。警視庁・海軍兵学校などの柔道師範を務め、その後四年間渡米して柔道の普及に努めた。死後、講道館初の最高位の十段を追贈された。

やましなけ【山科家】 藤原氏北家末茂(まつも)流の四条家庶流。羽林(うりん)家。藤原家成の六男で後白河上皇の近臣実教に始まる。実教は四条家の祖隆季の弟で、後白河上皇の勅命により、上皇の寵妃丹後局(高階栄子(たかしなのえいし))の子教成を養子とした。家名は教成が母から譲られた山科の別業(べつぎょう)にちなむが、南北朝期の教行のときから定着する。南北朝期から内蔵頭(くらのかみ)を世襲して天皇の装束の調進を管掌し、御厨子所別当も兼ねて供御人を支配した。江戸時代の家禄は三〇〇石。維新後、言縄のとき伯爵。

やましなときくに【山科言国】 1452〜1503.2.28 室町時代の公卿。父は山科庶流の保宗。一四六二年(寛正三)山科顕言が継嗣のないまま没したため養子となり、本宗家を継ぐ。八四年(文明一六)従三位。九二年(明応元)権中納言。室は高倉永継の女。九四年長子定言を夜盗に殺された。女は加賀国白山神社長吏の澄明法印の妻となる。日記「言国卿記」は戦国期の公家社会・皇室経済研究の重要史料。

やましなときつぐ【山科言継】 1507.4.26〜79.3.2 戦国期の公卿。父は言綱、母は内侍司に属した女嬬。一五三七年(天文六)従三位。衰微をきわめた朝廷経済のため奔走し、五八年(永禄元)後奈良天皇没後の服喪期間終了儀式費用調達のため、伊勢国司北畠具教のもとへ下ったほか、六九年には徳川家康・織田信長に朝廷費用調達を依頼した。同年山科家としてはじめて権大納言に任じられた。日記「言継卿記」は戦国期公家研究の重要史料。

やましなときつね【山科言経】 1543.7.2〜1611.2.27 安土桃山時代の公卿。父は言継、母は葉室頼継の女。一五七〇年(元亀元)従三位。七七年(天正五)権中納言となるが、二年後に辞職。八五年勅勘をこうむり、妻の姉にあたる興正寺佐超の室冷泉氏を頼って一時堺に居住。九八年(慶長三)勅勘をとかれ出仕。一六〇二年正二位に叙された。日記「言経卿記」があり、衣紋の調達や医業で生計をたてていたようすなどが知られる。

やましなときなお【山科言縄】 1835.6.20〜1916.11.6 幕末期の公家。装束の調進を家職とした。また公家として最後の内蔵頭。遷都後も京都御所殿掌として京都に住み、賀茂・石清水・春日の勅祭の再興、帝室制度調査会、大正大礼の装束の監修などに寄与した。一八八四年(明治一七)の華族令で伯爵。九七年正二位。

やましなのみや【山階宮】 伏見宮邦家親王の第一王子晃親王が創立した宮家。親王ははじめ勧修寺に入室して勧修寺宮済範と称し、のち勅勘をうけた。一八六四年(元治元)許されて還俗の勅命により山階宮の称号をうけて晃親王と称した。二代から臣籍に降下するものとされていたが、八一年(明治一四)親王の功績により二代皇族と定められ、八九年には皇室典範により永世皇族とされた。二代菊麿王の後を三代武彦王が継いだが、一九四七年(昭和二二)皇籍を離脱し山階家となった。

やましなのりとき【山科教言】 1328.6.8〜1410.12.15 南北朝期の公卿。父は教行。内蔵頭をへて一三五九年(延文四・正平一四)従三位。八九年(康応元・元中六)権中納言。翌年これを辞し、九五年(応永二)出家、法名常言。日記「教言卿記」。

やまじぬしずみ【山路主住】 1704〜72.12.11 江戸中期の数学者。幕府の天文方。通称弥左衛門、字は君樹、号は連貝軒・聴雨。数学を中根元圭・久留島義太・松永良弼に学ぶ。弟子の藤田貞資は「精要算法」のなかで、山路を沈審潁悟、資性篤実とのべている。循環小数・角術・不定方程式・弧背その他の研究がある。関流の免許制度を整理し、数学の入門書をまとめて「関流算法草術」四五巻を著し、数学指導の指針を与えた。安島直円、有馬頼徸ら著名な数学者を多数育てた。

やましろおう【山背王】 ?〜763.10.17 長屋王の子。七二九年(天平元)の長屋王の変では、母が藤原不比等の女であったことから死を免じられた。七五七年(天平宝字元)橘奈良麻呂の変では、二人の兄が加わっていることを告発、孝謙天皇に賞されて藤原弟貞の姓名を賜り、七六二年、参議に任じられた。

やましろのおおえのおう【山背大兄王】 ?〜643.11.- 山尻王・上宮王・尻大王とも。聖徳太子の長子。母は蘇我馬子の女刀自古郎女。有力な皇位継承候補者であったが、推古天皇は遺詔で田村皇子(舒明天皇)とともに自重を要請。天皇の死後、田村を推す蘇我蝦夷と王を推す境部摩理勢とがきびしく対立、摩理勢は攻め殺された。のち六四三年(皇極二)蘇我入鹿らの軍に斑鳩宮を襲われ、妻子とともに自害した。

やましろやわすけ【山城屋和助】 1836〜72.11.29 明治初年の政商。本名野村三千三。周防国生れ。幼い頃両親を失い僧となったが、のち還俗して山県有朋の部下として奇兵隊に加わった。戊辰戦争で越後口に出征したのち、横浜で商人となり山城屋和助と称した。陸軍省御用商として輸入品代金名目で約六五万円もの前払いをうけたが、生糸相場で失敗。パリで豪遊していることが外務省の通報で問題化し、山県陸軍大輔に呼び戻された。借入公金の返金ができず、陸軍省内で割腹自殺した。

やまだあきよし【山田顕義】 1844.10.9〜92.11.11 明治期の政治家。陸軍中将。伯爵。萩藩士出身。松下村塾に学び尊王攘夷運動に活躍。戊辰・西南両戦争に従軍。この間、岩倉遣外使節団に参加して欧米視察。長州閥の有力者として一八七九年(明治一二)参議兼工部卿、のち内務卿・司法卿を歴任。八五〜九一年第一次伊藤内閣から第一次松方内閣まで司法大臣を務め、司法制度の整備や民法・商法などの編纂に貢献。皇典講究所・日本法律学校(現、日本大学)・国学院の設立にも尽力。

やまだあさえもん【山田浅右衛門】 朝右衛門とも。江戸時代、将軍の佩刀の様斬を勤めた牢人。享保期、二代吉時のときから幕府に用いられ、御様御用を独占し、代々朝右衛門を名のった。町奉行同心に代わって罪人の斬首も行ったので首斬浅右衛門とよばれた。また、広く大名や旗本から依頼され、新刀の切れ味などを試した。七代吉利は安政の大獄で吉田松陰らを斬ったことで有名。

やまだえもさく【山田右衛門作】 生没年不詳。江戸前期の洋風画家。一六五五年(明暦元)長崎で没したともいう。一六三七〜三八年(寛永一四〜一五)の島原の乱にかかわったが生き残り、棄教後キリシタンへのみせしめの意味で、殉教者の姿を西洋画の技法により描いたという。イエズス会画派のニコラオの弟子の一人とも想定されるが、同時代の洋風画家生島三郎左らと同じく、確実な作品は確認されていない。

やまたかしげり【山高しげり】 1899.1.5〜1977.11.13 大正・昭和期の婦人運動家。三重県出身。結婚後の姓は金子(一九三九離婚)。「国民新聞」の記者をへて、一九二四年(大正一三)婦人参政権獲得期成同盟会創立に参加。母子保護法制定運動などに活躍。第二次大戦後、全国未亡人団体連絡協議会を結成、五二年(昭和二七)には全国地域婦人団体連絡協議会(地婦連)を組織して初代会長となる。参議院議員として「母子福祉法」成立にも尽力。著書「母子福祉四十年」。

やまだかんざん【山田寒山】 1856〜1918.12.26 明治期の篆刻家。尾張国生れ。寒山の号は、大阪の寒山寺に滞在の際、寒山寺裏寒山子と自刻した遊印を使用したことによるとされる。篆刻は、はじめ小曾根乾堂に学び、ついで福井端隠について高芙蓉の刻風を修得する。芙蓉派の第一人者。

やまだけんぎょう【山田検校】 1757.4.28〜1817.4.10 江戸後期の山田流箏曲の始祖。名古屋藩宝生流能楽師といわれる三田了任の子。名は斗養一。母方の姓が山田。江戸生れ。安村検校門下で江戸に下った長谷富検校の弟子となり、町医者で「箏曲大意抄」を著した山田松黒に箏を学ぶ。河東節をはじめ三味線音楽を摂取し、独自の箏歌を創始。楽器を改良し、丸爪を考案したとも伝える。二一歳の処女作「江の島曲」、四つ物とされる「小督曲」「長恨歌曲」「熊野」「葵の上」は流祖の作歌として大切にされる。門下から山登・山木・山勢・小名木の各派がうまれた。

やまだこうさく【山田耕筰】 1886.6.9〜1965.12.29 大正・昭和期の作曲家・指揮者。東京都出身。一九〇八年(明治四一)東京音楽学校卒。一〇年ベルリンに留学。一四年(大正三)帰国後、東京フィルハーモニー会に管弦楽部を創設、日本楽劇協会・日本交響楽協会の設立など、日本の洋楽揺籃期にオーケストラやオペラの普及に意欲的な活動を行う。第二次大戦後、戦時中の行動から、「音楽戦犯論争」渦中の人となった。五一年(昭和二六)山田耕筰音楽賞を設立。五六年文化勲章受章。作品は、交響曲「かちどきと平和」、歌劇「夜明け」、歌曲「赤とんぼ」「からたちの花」「この道」。

やまだし【山田氏】 中世〜近世の武家。島津氏の庶流。鎌倉時代、島津忠久の孫忠継を祖とする。薩摩国谷山郡山田村(現、鹿児島市)地頭となったことから、山田氏を称した。鎌倉後期、谷山郡司の谷山氏と所領をめぐって激しい相論を展開。忠尚のとき奥州島津家に仕え、以後は領地が転々とした。近世初期、日向国志布志番士に、久福のとき鹿児島城下士となった。

やまだしげただ【山田重忠】 ?〜1221.6.15 鎌倉前期の武士。重満の子。初名重広。次郎。尾張源氏に属し、八条院領尾張国山田荘を本拠とする。後鳥羽上皇の院中に出仕し、承久の乱では京方に属した。西上する幕府軍を迎撃するため美濃国墨俣に陣を構えたが、味方が敗北して後退。同国杭瀬川や近江国勢多で奮戦するが利なく、京都東寺付近で戦闘ののち洛西嵯峨へのがれて自害。「沙石集」にその人となりに関する説話がみえる。

やまだじょうか【山田常嘉】 生没年不詳。江戸中期の蒔絵師。江戸に住み、印籠を飾る蒔絵の名手として知られた。「蒔絵師・塗師伝」によれば、一六八三年(天和三)江戸幕府お抱えの蒔絵師幸阿弥長房とともに印籠・香箱などの制作にあたったという。現存する印籠には「常嘉」「常嘉斎」の銘が記されたものも多く、数代にわたって常嘉の名がうけつがれたと考えられる。

やまだしょうたろう【山田抄太郎】 1899.3.5〜1970.6.8 昭和期の長唄三味線方・作曲家。東京都出身。三世杵屋六四郎(のち稀音家浄観)に師事。一九四三年(昭和一八)東京音楽学校(現、東京芸大)教授。「橡の木」などを作曲。五七年東音会結成。人間国宝。芸術院会員。

やまだしんりゅうけん【山田真竜軒】 1581〜1634 江戸初期の武術家。肥後国宇土郡山田村生れ。肥後岩倉山で今川家遺臣関口忠親に神陰流剣術と鎖鎌術を学び、生地に道場を開く。荒木又右衛門との決闘によって死亡。

やまだそうへん【山田宗徧】 1627〜1708.4.2 江戸初期の茶人。茶道の宗徧流開祖。号は四方庵・不審庵など。東本願寺派末寺の長徳寺住職明覚の子。小堀遠州・千宗旦の茶道を学ぶ。還俗して、洛西鳴滝村三宝寺の傍らに茶室をつくった。一六五五年(明暦元)三河国吉田藩主小笠原忠知の茶頭となり一〇〇石を知行。晩年は江戸本所に茶室をつくって普及に努めた。自作の竹の花入・茶杓・茶碗などが多く伝来する。著書「茶道便蒙抄」「茶道要録」。

やまだたけとし【山田武甫】 1831.12.～93.2.23 明治期の政治家。熊本藩士の子。熊本県参事・敦賀県令などを歴任。熊本県に共立学舎を創立。九州改進党以来、九州民権派の中核として活動し、九州同志会代表として民党連合を提唱。第一・二回総選挙に当選し、自由党常議員となる。

やまだながまさ【山田長政】 ?～1630 江戸初期、シャムの日本町の頭として活躍した人物。駿河国生れ。通称仁左衛門。一六一二年(慶長一七)頃朱印船に便乗してシャムに渡り、二〇年(元和六)アユタヤ郊外の日本町の頭となる。日本人を率いて国王ソンタムに仕えて功をたて、最高の官位オヤ・セナピモクを賜った。シャムの外交貿易にも活躍し、二一年幕府に書簡を送りシャム使節の来朝を斡旋、またオランダ東インド総督クーンと書簡をとりかわした。二八年(寛永五)国王の死後、王位継承の内乱を収拾し名声を高めたが、王位をねらう王族のオヤ・カラホムに敬遠されてリゴール大守に封じられ、三〇年パタニとの対戦中に負傷し毒殺された。

やまだのしろがね【山田白金】 名は銀とも。生没年不詳。八世紀の明法家。姓は史、のち連を賜る。かつては養老律令撰定者の一人百済人成と同一人物で、のち改姓名したものと考えられていたが、現在は別人とする説が有力。二条大路木簡によれば、七三五～七三六年(天平七～八)頃に兵衛府の少志であった。七五八年(天平宝字二)七月正六位上から外従五位下に叙せられた。律令に通じ、明法博士として七五七年九月に禁中で養老令の講書を行って説を伝え、のちの明法家に大きな影響を与えた。「新令私記」は白金自身の令私記であるとの説がある。主計助・河内介にも任じられた。

やまだびみょう【山田美妙】 1868.7.8～1910.10.24 明治期の小説家・詩人・評論家。東京都出身。本名武太郎。大学予備門在学中に尾崎紅葉・丸岡九華らと硯友社を設立。一八八六年(明治一九)「嘲戒小説天狗」で言文一致小説を試みるかたわら、九華との共著「新体詞選」を刊行するなど、新体詩創作にも力をいれた。八七年新歴史小説「武蔵野」が好評を博す。詩論「日本韻文論」は詩の新律格の理論的追求の書として貴重。アクセントに着目した「日本大辞書」を編纂した。

やまだほうこく【山田方谷】 1805.2.21～77.6.26 幕末・維新期の儒学者・政治家。名は球、字は琳卿。備中国阿賀郡西方村生れ。京都へ出て春日潜庵らの陽明学者と交わり、江戸へ出て佐藤一斎に学ぶ。同国松山藩藩校有終館学頭に抜擢され、一八四九年(嘉永二)藩主板倉勝静のもとで元締兼吟味役として藩政改革にあたる。勝静の老中就任により江戸へ赴き、その政治顧問となり、戊辰戦争では佐幕諸藩の命運を背負った。維新後は旧岡山藩の郷学閑谷学校を再興し講学にあたる。著書「孟子養気章図解」「師門問弁録」。

やまだもりたろう【山田盛太郎】 1897.1.29～1980.12.27 昭和期の経済学者。愛知県出身。東大卒。一九二五年(大正一四)東京帝国大学助教授。三〇年(昭和五)共産党シンパ事件で辞職。「日本資本主義発達史講座」刊行に参画し、三四年の「日本資本主義分析」で講座派の指導的理論家と目される。三六年コム・アカデミー事件で検挙され、起訴猶予後は東亜研究所で中国農業研究に従事。第二次大戦後東京大学に復職し、五七年に退官後は専修大学・竜谷大学教授。「山田盛太郎著作集」全五巻・別巻一。

やまだよしお【山田孝雄】 1873.5.10/75.8.20～1958.11.20 明治～昭和期の国語学者。富山県出身。富山中学中退。独学で教員免許を取得し、奈良・高知などで教員をへて、一九二四年(大正一三)東北帝国大学講師、のち教授。「日本文法論」「日本文法講義」などで独自の文法体系を構築した。貴族院議員・国史編修院長を歴任。第二次大戦中に「大日本国体概論」などで国粋主義を鼓吹し、戦後公職追放となる。五七年(昭和三二)文化勲章受章。著書「奈良朝文法史」「五十音図の歴史」。

やまだわか【山田わか】 1879.12.1～1957.9.6 大正・昭和期の評論家・婦人運動家。神奈川県出身。生家の窮乏のため一八九六年(明治二九)渡米して娼婦となる。一九〇五年社会学者山田嘉吉と結婚。翌年帰国後「青鞜」に参加して評論活動を開始。新聞の身の上相談回答者としても著名になる。母子保護法制定・母子寮設立・売春婦更生事業などにも尽力。著書「私の恋愛」。

やまとげんじ【大和源氏】 中世大和国を本拠とした清和源氏の一流。平安中期、満仲の次男頼親が大和守となり土着したのに始まる。頼親は子頼房とともに大和源氏の基礎を築いた。国守在任中、しばしば興福寺大衆と争いをくり返したが、高市郡を中心に私領を獲得し、勢力を伸ばした。頼房の孫のうち、頼風から竹田・峰田両氏、頼治から宇野氏、頼景から大野氏などの諸氏が出た。頼親三男頼遠の子有光は、陸奥国石川(現、福島県石川町)に移り、石川氏を称した。

やまとたけるのみこと【日本武尊】「古事記」では倭建命、本名は小碓命。記紀伝承上の人物。景行天皇の皇子。母は皇后の播磨稲日大郎姫。大碓尊は双子の兄。景行天皇に命じられて九州南部の熊襲を平定し、さらに東国に派遣されて蝦夷を討ち、帰途病をえて伊勢に没した。その間に草薙剣の霊力や弟橘媛の入水、尊の死後その霊が白鳥と化するなどの話があり、とくに「古事記」には多くの説話がおりこまれる。大和政権による地方の平定を一人の勇者の物語として伝えたものと思われるが、「古事記」の説話が孤独な英雄として描き、人間性・文学性豊かなものであるのに対し、「日本書紀」は天皇の命をうけて征討の任にあたる国家の将軍として描いており、両者にはかなりの相違が認められる。

やまとととひももそひめのみこと【倭迹迹日百襲姫命】 記紀伝承上の人物。孝霊天皇の皇女という。崇神天皇のとき、大物主神が姫によりつき、自分を祭れば災害は収まると告げた。また童女の歌から武埴安彦の謀反を知らせた。その後、大物主神が姫を見初めて妻問いしたが、その正体が蛇であることに姫が驚いたため結婚は破綻し、みずから箸で女陰を突き命を断ったと伝える。墓は奈良県桜井市箸中の箸墓とされる。卑弥呼に比定する説もあるが、根拠に乏しい。

やまとのあごこ【倭吾子籠】 「日本書紀」の仁徳～雄略紀に伝承を残す倭国造家の伝説的祖先の一人。倭直の祖である麻呂の弟。倭屯田・屯倉の帰属の証言(仁徳紀)、謀反の贖罪としての采女の貢上(履中紀)、宍人部の貢上(雄略紀)など国造の役割がうかがえる。さらに大船建造(仁徳紀)、大王の妾を自家に安置する(允恭紀)など、朝廷での活動例もある。

やまとのあやうじ【東漢氏】 倭漢氏とも。応神朝に来朝したと伝える阿知使主を祖とする、渡来系の有力豪族。「続日本紀」延暦四年(七八五)六月条の坂上苅田麻呂の上表では阿知使主を後漢霊帝の曾孫とするが、漢は朝鮮の安邪国(現、慶尚南道咸安地方)に由来するとの説もある。「日本書紀」雄略一六年一〇月条に漢部の伴造となり直姓を賜ったとみえる。大和国高市郡檜前付近を本拠に、多くの渡来系技術者や部民を統轄し、外交・軍事・財政・文筆などの分野で王権に奉仕した。すでに六世紀には文(書)・坂上・民・長など多くの氏に分裂しており、六八二年(天武一一)五月に連、六八五年に忌寸に改姓したのちは東漢という総称はほとんど用いられなくなる。八世紀半ば以降は坂上氏が同族で最も優勢となった。

やまとのあやのこま【東漢駒】 ?～592? 六世紀後半の蘇我氏の側近。磐井の子。「坂上系図」にみえる駒子直と同一人物か否かは不明。崇峻五年一一月、蘇我馬子の指示で崇峻天皇を弑殺した。同月、馬子の女で崇峻天皇の嬪であった河上娘を盗んで妻とし、事が露顕して馬子に殺された。

やまとのあやのつか【東漢掬】 ⇨都加使主

やまとのあやのふくいん【東漢福因】 生没年不詳。七世紀前半の遣隋留学生。六〇八年(推古一六)隋使裴世清の帰国に同行した小野妹子に従って、高向玄理・僧旻・南淵請安らとともに隋に渡った。六二三年新羅大使智洗爾の来日に同行して唐から帰国。同時に帰国した薬師恵日らとともに、唐に滞留の学者らはみな成業しているので召還すべきこと、また法式の整った唐をたたえ、常に通交すべき国であることを奏上した。

やまとのえしうじ【倭画師氏】 古代の画師姓氏族。他の画師姓氏族と同様、絵画制作により朝廷に奉仕したと考えられる。その祖の安貴公は魏の文帝の後裔で、雄略朝に渡来したという。その子竜(辰貴とも)は武烈朝にその画才を認められて首姓を与えられ、五世孫の恵尊は天智朝に同じく画才により倭画師の姓を賜ったとされる。七六九年(神護景雲三)居住地(大和国添上郡大岡郷か)によって大崗忌寸と改姓された。平安初期には左京を本貫としていたことが知られる。

やまとのながおか【大和長岡】 689～769.10.29 八世紀の官人・明法家。五百足の子。名ははじめ小東人であったが改名し、氏名も大和国の表記法の変化にともない、大倭・大養徳・大倭・大和と変遷した。姓ははじめ忌寸、のち宿禰。法学・文章の才に優れ、七一七年(養老元)請益生として入唐、帰国後明法の権威として養老律令や刪定律令の編纂にあたった。刑部少輔・三河守・紫微大忠・左京大夫等を歴任したが、河内守在任中は治政に仁恵なく吏民は憂えたという。正四位上まで昇り、大和国造であった。

やまとのふみうじ【東文氏】 倭書氏・倭漢文(書)氏とも。応神朝に来朝したと伝える阿知使主を祖とする渡来系氏族。東漢氏の同族。姓ははじめ直、六八五年(天武一四)六月に忌寸を賜ったと推定され、七八五年(延暦四)六月には宿禰に改姓。「古語拾遺」は雄略朝に西文氏とともに三蔵の簿を勘録したと伝える。令制でも両文氏は東西史部と並称され、その子弟は大学入学の有資格者となった。

やまとひめのおおきみ【倭姫王】 生没年不詳。天智天皇の皇后。古人大兄皇子(天智の異母兄)の女。六六八年(天智七)天智の即位により皇后にたてられる。六七一年危篤に陥った天智が大海人皇子(天武天皇)を召して後事を託そうとしたとき、大海人は辞退し、倭姫皇后と大友皇子に全権をゆだねるよう答えている。「万葉集」に天智が危篤のときの歌、死去したときの歌、殯のときの歌など四首がある。

やまとひめのみこと【倭姫命】 記紀伝承上の人物。垂仁天皇の皇女。母は日葉酢媛命。天皇から、豊鍬入姫命にかわって天照大神の奉斎を命じられた。鎮座させる場所を求めて近江、美濃をへて伊勢に至ったところ、大神がここに居を定めることを求めたので社を造り、伊勢神宮を創始したと伝える。また五十鈴川のほとりに斎宮を建てて奉仕したことから、初代の伊勢斎王とされる。日本武尊の東征説話では、伊勢神宮に立ち寄った命に草薙剣を与えている。

やまなうじきよ【山名氏清】 1344～91.12.30　南北朝期の武将。丹波・和泉両国ほかの守護。山名時氏の子。一三七八年(永和四・天授四)和泉国守護となり、紀伊国守護となった兄義理とともに南朝勢力の征討に活躍。九〇年(明徳元・元中七)将軍足利義満の命に従い甥で女婿の満幸とともに同族時熙・氏之(幸)を攻めたが、九一年満幸の失脚、時熙らの赦免など、山名一族の勢力削減を狙う義満に翻弄された。このため満幸らと反抗を決意し、同年一二月和泉から京都に進攻したが敗死(明徳の乱)。

やまなかさだお【山中貞雄】 1909.11.7～38.9.17　昭和期の映画監督。京都市出身。一九二七年(昭和二)マキノ・プロへ入社、三二年処女作「抱寝の長脇差」で監督となる。以後リズミカルな映画話術と知的な内容をもりこんだ数々の時代劇をつくって高く評価された。三七年召集され、二九歳の若さで中国で戦病死。代表作に「街の入墨者」「河内山宗俊」「人情紙風船」など。

やまなかし【山中氏】 中世近江国の豪族。橘諸兄の後裔義清を祖とするという。平安末期から甲賀郡山中(現、滋賀県土山町)を本拠とした。鎌倉時代、御家人となり山中地頭職を世襲。伊勢神宮とかかわりの深い鈴鹿関の警固を勤め、南北朝期、神宮領柏木御厨(現、水口町)の保司に任じられた。室町時代には幕府御家人となり、近隣土豪と連合して甲賀郡中惣を形成。守護六角氏に従った。一五八五年(天正一三)豊臣秀吉により改易。近世、名字帯刀を許され郷士となった。「山中文書」を伝える。

やまなかしかのすけ【山中鹿介】 1541?～78.7.17　戦国期～織豊期の武将。尼子氏の重臣。実名幸盛。一五六六年(永禄九)尼子氏が毛利氏に滅ぼされると、京都にあった尼子一族の勝久を擁立。勝久とともに尼子氏再興をめざし、六九年出雲で、七三年(天正元)因幡で活動したが失敗。七七年織田信長・豊臣秀吉の支援をえて播磨国上月城に拠ったが、翌年毛利軍に包囲されて落城。勝久は自殺し、鹿介は捕らえられたのち備中国合の渡(現、岡山県高梁市)で殺害された。

やまなかしんじゅうろう【山中新十郎】 1818.12.～77.9.9　幕末・維新期の出羽国久保田(現、秋田市)の商人。在方商人で、一八四一年(天保一二)城下町久保田に呉服太物商山中屋を開店。その後秋田藩の諸用を勤め、五二年(嘉永五)郡方織物用達となり領内の絹織座を組織。五四年(安政元)領内織物業の保護育成のため織物移入制限を藩に上申、翌年これが採用され、みずからもマニュファクチュア形態の山新縞木綿生産を行った。

やまなかしんてんおう【山中信天翁】 1822.9.2～85.5.25　幕末～明治初期の志士・文人。名は献。信天翁は号。三河国の地主の家に生まれ、尊王攘夷運動に加わる。岩倉具視の知遇を得て、一時、新政府に入り地方官や宮家の家令を務めた。書画・漢詩・和歌に長じ、多くの文人・墨客と交遊。著編書「帖史」「信天翁詩鈔」。

やまなかつとよ【山名勝豊】 ?～1459.4.14　室町時代の武将。因幡国守護。山名持豊(宗全)の実子、同熙貴の養子。因幡国守護熙貴が、一四四一年(嘉吉元)嘉吉の乱で将軍足利義教とともに殺害されたため守護職を継承し、布施郷天神山(現、鳥取市)に拠って布施氏を称したといわれる。五九年(長禄三)京都で死没。

やまなかながとし【山中長俊】 1547～1607.12.24　戦国期～織豊期の武将。山城守。近江国甲賀郡の国人。はじめ六角義賢の家臣。のち織田信長に服し、柴田勝家に属す。その後丹羽氏をへて豊臣秀吉に仕え、右筆や銀山などの代官として活躍。関ケ原の戦で西軍に属して改易されるが、徳川氏に出仕。秀吉の命で「中古日本治乱記」を著す。

やまなかへいくろう【山中平九郎】 1642～1724.5.15　歌舞伎俳優。元禄～享保期の敵役の名優。俳名仙家。前名鈴木平九郎。公家悪・怨霊事を得意とし、江戸実悪の開山とたたえられた。独自の般若の隈取を考案したことでも知られる。芸名は三世まで伝えられる。

やまなかみねたろう【山中峯太郎】 1885.12.15～1966.4.28　昭和期の小説家・児童文学者。大阪府出身。陸軍士官学校卒、陸軍大学中退。中国第二、第三革命に参加。帰国後、「敵中横断三百里」「万国の王城」「亜細亜の曙」などの冒険少年小説で人気を博す。晩年の作に「実録アジアの曙」がある。

やまなかゆきもり【山中幸盛】 ⇨山中鹿介

やまなし【山名氏】 南北朝・室町時代の守護大名家。清和源氏新田氏の一流。新田義重の長男義範を祖とする。上野国山名郷(現、群馬県高崎市)を本拠とし、山名氏を称した。南北朝期、足利方に従って活躍。一一カ国の守護領国をもち、六分一殿(六分一衆)とよばれたが、氏清のとき明徳の乱で勢力を大きく削減された。その後回復して幕府四職家の一つとなり、持豊(宗全)の代に、管領細川勝元と対立。応仁・文明の乱をひきおこし、乱後は急速に没落。近世初めに豊国が徳川家康に仕え、但馬国に六七〇〇石を与えられた。のち村岡(現、兵庫県村岡町)に陣屋をおく。一八六八年(明治元)一万一〇〇〇石とな

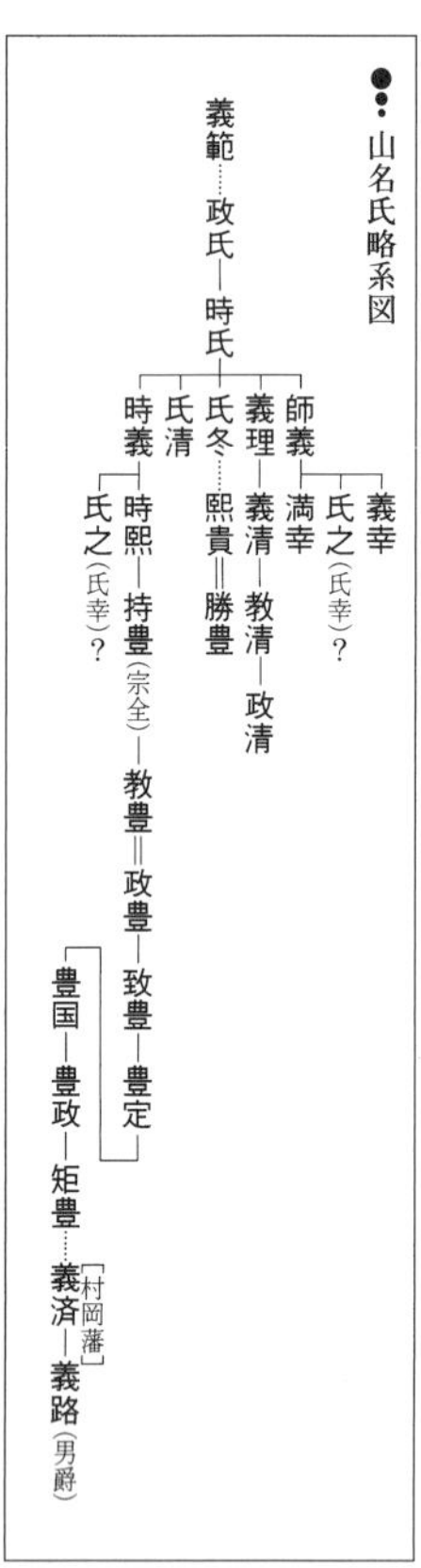

り、村岡藩主。維新後、男爵。

やまなしかつのしん【山梨勝之進】 1877.7.26～1967.12.17 大正・昭和期の軍人。海軍大将。宮城県出身。海軍兵学校(二五期)・海軍大学校卒。海軍内の条約派として知られる。日露戦争に従軍後、海軍省副官・同軍務局第一課長などをへて、ワシントン会議随員となる。一九三〇年(昭和五)のロンドン海軍軍縮会議では海軍次官として調印に尽力するが、その後の大角人事で予備役となる。のち学習院院長として昭和天皇の訓育に関与し、第二次大戦後の天皇の「人間宣言」にも関係した。

やまなしはんぞう【山梨半造】 1864.3.1～1944.7.2 明治中期～昭和前期の陸軍軍人。相模国生れ。陸軍士官学校(旧八期)・陸軍大学校卒。日清・日露戦争に出征、第一次大戦では青島攻略を指揮する。一九二二年(大正一一)には加藤友三郎内閣の陸相として大戦後の軍縮を推進。関東大震災に際し関東戒厳司令官兼東京警備司令官に任じられる。二七年(昭和二)朝鮮総督に就任するが朝鮮総督府疑獄に連坐、無罪となったものの公的生命を絶たれた。

やまなときうじ【山名時氏】 1303?～71.2.28 南北朝期の武将。山陰の有力守護大名。一三三五年(建武二)以後足利尊氏に従い政権樹立に協力、伯耆をはじめ山陰各国の守護職をえた。しかし若狭国の所領をめぐる佐々木高氏(導誉)との対立から南朝方に転じ、五三年(文和二・正平八)・五五年には足利直冬に従って京都を攻めた。六三年(貞治二・正平一八)室町幕府に帰順したが、丹波・丹後・因幡・伯耆・美作各国の守護職を許され、勢力を維持。

やまなときひろ【山名時熙】 1367～1435.7.4 南北朝期～室町中期の武将。但馬・備後両国ほかの守護。将軍足利義満は山名氏の勢力削減を狙い、一三九〇年(明徳元・元中七)時熙・氏之(幸)と同族氏清・満幸をあやつった。時熙らは守護職を没収され、翌年氏清らは義満に反抗したが失敗(明徳の乱)。乱後但馬国守護職を許されてしだいに勢力を回復。管領家につぐ家格の四職家を獲得し、一四二八年(正長元)足利義教の将軍擁立の際は中心人物の一人となった。

やまなときよし【山名時義】 1346～89.5.4 南北朝期の武将。伯耆・但馬両国ほかの守護。山名時氏の子、師義の弟。時氏・師義とともに一時南朝方となったが、一三六三年(貞治二・正平一八)室町幕府に帰順。七一年(応安四・建徳二)時氏の死により伯耆国守護職、七六年(永和二・天授二)師義の死により家督および但馬国守護職を継承。七九年(康暦元・天授五)備後・隠岐両国守護をかね、山名一族は一二カ国の守護職を保有して六分一衆と称された。

やまなとよくに【山名豊国】 1548～1626.10.7 織豊期～江戸初期の武将。因幡国守護豊定の三男。入道後、禅高と称する。はじめ同国岩井城主、ついで但馬国八束に移り、さらに鳥取城に入って因幡国守護。一五七八年(天正六)豊臣秀吉に降伏、その後は因幡・摂津などに住んだ。関ケ原の戦ののち但馬国七味郡で六七〇〇石の領地をえる。のち徳川家康・同秀忠の御伽衆。

やまなまさきよ【山名政清】 生没年不詳。室町時代の武将。美作・石見両国守護。父教清は嘉吉の乱後赤松氏にかわって美作国守護となり、政清は一四六〇年(寛正元)頃までに守護職を継承。六七年(応仁元)応仁・文明の乱が始まると惣領持豊(宗全)に従って西軍に属したが、失地回復を狙う赤松氏に美作を攻められ、七〇年(文明二)頃までにこれを失った。

やまなまさとよ【山名政豊】 1441～99.1.23 室町時代の武将。但馬国守護。山名持豊(宗全)の子。兄教豊・父持豊があいついで死んだため山名氏惣領となり、一四七四年(文明六)細川政元と和睦して応仁・文明の乱を終結。乱中に播磨・備前・美作を赤松氏に奪われたが、八〇年以後各国の回復をはかり、一度は成功した。しかし国衆の支持を失い、八八年(長享二)撤退。この間本国但馬などでも国衆の離反がおこった。

やまなみつゆき【山名満幸】 ?～1395.3.10 南北朝期の武将。丹後・出雲両国ほかの守護。山名氏清の甥でその女婿。一三九〇年(明徳元・元中七)将軍足利義満の命に従い氏清とともに同族時熙・氏之(幸)を攻めたが、九一年出雲国守護を罷免されるなど、山名一族の勢力削減を狙う義満に翻弄された。このため氏清とともに反抗を決意し、同年一二月丹波から京都に進攻したが幕府軍に敗れ逃亡(明徳の乱)。のち京都で討たれた。

やまなもちとよ【山名持豊】 1404～73.3.18　室町時代の武将。但馬・備後などを領有する有力守護大名。入道して宗全。応仁・文明の乱の西軍の主将。一四四一年(嘉吉元)嘉吉の乱では赤松氏討伐の主力となり、乱後播磨など赤松氏旧領を獲得。このため山名氏は最有力の守護大名細川氏に匹敵する勢力となった。以後赤松氏の再興を警戒したが、五八年(長禄二)細川勝元は同氏を再興させて、持豊に敵対する姿勢を示した。両者の対立に斯波氏・畠山氏などの内紛がからみ、持豊・勝元をそれぞれの主将とする二大勢力が成立、六七年(応仁元)応仁・文明の乱が始まった。七三年(文明五)大乱の終結をみることなく京都の陣中で死没。

やまなもろよし【山名師義】 1328～76.3.11　南北朝期の武将。丹後・但馬両国守護。初名師氏。山名時氏の長子。一三五二年(文和元・正平七)佐々木高氏(導誉)との対立から京都を出奔、これをきっかけに時氏とともに南朝方に転じ、足利直冬に従って京都を攻めた。六三年(貞治二・正平一八)室町幕府に帰順するが、師義が上京して時氏は当初上京せず、幕府への警戒を示した。帰順後丹後国守護、ついで但馬国守護となり、七〇年(応安三・建徳元)には時氏から家督をついだ。

やまなよしただ【山名義理】 1337?～?　南北朝期の武将。美作・紀伊両国守護。山名時氏の子、氏清の兄。一三七八年(永和四・天授四)紀伊国守護となり、和泉国守護となった氏清とともに南朝勢力の征討にあたった。九一年(明徳二・元中八)氏清の勧誘に応じ将軍足利義満への反抗に加わったが(明徳の乱)、京都における氏清と幕府軍の合戦には参加できず、氏清の敗死により翌年紀伊国由良に退いて出家したという。

やまのうえそうじ【山上宗二】 1544～90.2.27/4.11　織豊期の茶人。堺の人。屋号は薩摩屋。瓢庵と号した。千利休に茶道を学ぶこと二〇年、利休一の弟子といわれた。織田信長・豊臣秀吉に茶頭として仕え、茶頭八人衆の第四位に数えられた。一五八三年(天正一一)以降は牢人するが、容貌が醜く、無類の毒舌家であったからだと「長闇堂記」は伝える。牢人中は関東に下り、後北条氏の庇護をうけて茶の湯を広めた。その後、秀吉への毒舌か、小田原攻めに反対したためか、秀吉の怒りをかい、耳鼻を刀で削がれ、斬刑に処されたと伝える。著書「山上宗二記」は利休の茶道を伝える最も信憑性の高い史料。

やまのうえのおくら【山上憶良】 660～733?　山於憶良とも。奈良初期の官人・歌人。臣姓。「万葉集」に長歌や短歌・旋頭歌・漢詩・漢文等を載せる。七〇一年(大宝元)に無位で遣唐少録に任じられ、帰国後伯耆守となった。七二一年(養老五)には東宮(聖武天皇)に侍する。この頃「類聚歌林」を編纂したと考えられる。七二六年(神亀三)に筑前守となり大宰帥大伴旅人と邂逅、歌人として大きく飛躍することとなった。漢学の知識や特異な思想性から帰化人であったとの説もあるが、臣姓であることから考えても疑問。

やまのうちうえすぎし【山内上杉氏】 上杉氏宗家。関東管領家。一三六三年(貞治二・正平一八)関東管領となった上杉憲顕を祖とし、管領職を継承。子憲方のとき、鎌倉山ノ内に住み、山内上杉氏と称した。孫の憲基は、上杉禅秀の乱で犬懸上杉氏憲と争い、その跡は越後上杉房方の子憲実が継いだ。以後、足利成氏や扇谷上杉定正らと抗争。後北条氏の進出により衰退した。憲政のとき、長尾景虎(上杉謙信)に関東管領職と上杉の姓を譲った。

やまのうちかずじ【山之内一次】 1866.11.6～1932.12.21　明治～昭和初期の官僚・政治家。鹿児島藩士の家に生まれる。東大卒。内務省に入り、官房文書課長・青森県知事・逓信省鉄道局長・北

山内上杉氏略系図

- 重房―頼重
  - 重顕［扇谷上杉］
  - 憲房
    - 重能［宅間上杉］
    - 憲藤［犬懸上杉］
    - 憲顕［山内上杉］
      - 能憲
      - 憲春
      - 憲方―憲定―憲基＝憲実
        - 憲忠
        - 房顕＝顕定＝憲房―憲政＝輝虎(謙信)［米沢上杉］
      - 憲英［庁鼻上杉］
      - 憲栄［越後上杉］＝房方
        - 朝方―房朝＝房定
          - 顕定
          - 房能＝定実
        - 憲実
        - 清方
  - 清子(足利貞氏室、尊氏・直義母)

海道庁長官などを歴任。一九一三〜一四年（大正二〜三）第一次山本内閣の内閣書記官長。いわゆる薩派の策士として長州派勢力と対抗。二三年第二次山本内閣の鉄道相を務め、虎の門事件に際して山本首相の留任をはかったが失敗し、山本内閣は総辞職。

やまのうちしろうざえもん【山内四郎左衛門】 生没年不詳。江戸前期の勧農家・鹿児島藩士。大隅国国分郷上小川村に居住。長崎に伝えられた煙草の種子を取り寄せて栽培に着手。煙草作りの選種法や施肥法の改良を試み近隣諸村に普及させ、寛文年間に藩の特産物となった国分煙草生産の基礎をつくった。

やまのうちすがお【山内清男】 1902.1.2〜70.8.29 昭和期の考古学者。東京都出身。東大人類学科選科卒。岩手県大洞貝塚や宮城県大木囲貝塚の調査を通じて縄文土器の型式学的研究を行い、縄文土器の編年体系を樹立した。第二次大戦後は「短期編年」を提唱し、縄文文化の起源に関して独自の議論を展開。著書「日本遠古之文化」「日本先史土器図譜」「日本先史土器の縄紋」。

やまのうちすどうし【山内首藤氏】 中世の武家。藤原秀郷流とも藤原師尹流ともいう。波多野経範の兄公清の養子資清が主馬首となり、首藤氏を称した。のち曾孫俊通が相模国山内荘（現、神奈川県鎌倉市）に土着して以来、山内首藤氏を名のった。代々源氏の郎党であったが、その子経俊のとき源頼朝に敵対し、山内荘を没収された。その後、鎌倉御家人となり、鎌倉後期に備後国地毗荘（現、広島県庄原市）へ移住。室町時代は山名・大内・尼子・毛利の諸氏に従った。のち毛利氏の移封とともに長門国へ移った。「山内首藤家文書」を伝える。

やまのうちすどうつねとし【山内首藤経俊】 1137〜1225.6.21 鎌倉前期の武将。俊通の子。滝口三郎。刑部大夫。相模国鎌倉郡山内荘を本領とする。一一八〇年（治承四）源頼朝が挙兵すると、平氏方大庭景親の軍に加わる。敗戦後捕らえられ同荘を没収されるが、母が頼朝の乳母であったため助命された。八五年（文治元）以前から伊勢・伊賀両国の守護を勤めたが、一二〇四年（元久元）平氏残党の襲撃にあって逃亡し、平賀朝雅にかえられた。

やまのうちみちつね【山内道恒】 1719〜97.3.9 江戸中期、陸奥国仙台藩内の養蚕功労者。通称甚兵衛。同国本吉郡入谷村生れ。一七七八年（安永七）に没した父道慶の後を継ぎ、仙台藩の許可を得て、領内に桑の植付けを指導するなど養蚕業の普及に尽力。のちに大番士となり、生糸方御売方吟味役に就任。著書「養蚕記」。

やまのべたけお【山辺丈夫】 1851.12.8〜1920.5.14 明治期の紡績技術者で、大阪紡績・東洋紡績社長。石見国生れ。津和野藩主亀井茲監の養嗣子のイギリス留学に従い渡英し、経済学を専攻するが、渋沢栄一の依頼で紡績技術の習得に転向、キングス・カレッジなどで学んだ。帰国後は大阪紡績設立の技術的指導者となり、昼夜二交代制の採用やリング紡績機の選定などを通じて同社の経営発展に貢献した。一九〇〇年（明治三三）には大日本綿糸紡績同業連合会委員長に就任した。

やまばとらくす【山葉寅楠】 1851.4.20〜1916.8.6 明治期の実業家。和歌山藩士の三男として江戸に生まれた。長崎で時計修理を学び、大阪で医療機械の修理にあたったのち浜松の病院に勤めた。一八八七年（明治二〇）オルガン製造に成功。九二年第四回内国博覧会で進歩賞牌を授与され、九七年日本楽器製造を設立した。九九年渡米ののちピアノ製造に成功。静岡農工銀行・浜松電灯の取締役、浜松市会議員などをも務めた。

やまびこげんしろう【山彦源四郎】 ?〜1756.5.10/20 江戸中期の浄瑠璃河東節三味線方。本名村上源四郎。江戸半太夫座の三味線弾きだったが、一七一七年（享保二）初世十寸見河東の独立から四世河東まで三味線を勤め、多くの作曲を行い、河東節の確立に貢献。姓は三味線の名器「山彦」をえたことにより改めたと伝える。芸名は四世まで。

やまべけんたろう【山辺健太郎】 1905.5.20〜77.4.16 大正末〜昭和期の社会主義運動家・歴史学者。大分県出身。小学校卒業後、丸善大阪支店に勤務し、労働運動に身を投じ、一九二六年（昭和元）浜松の日本楽器争議に参加。その後、四・一六事件などで再三入獄。非転向のまま四五年釈放後、日本共産党統制委員となったがまもなく離党。在野の歴史学者として社会主義運動史・朝鮮近代史の研究にあたる。著書「日本統治下の朝鮮」「日韓併合小史」「社会主義運動半生記」のほか、「現代史資料・社会主義運動」全七巻を編集。

やまべのあかひと【山部赤人】 生没年不詳。奈良時代の歌人。宿禰姓。「万葉集」にのべ五〇首の作品を残す。長歌を中心とした歌人で、とくに巻六には聖武天皇の行幸に従った際の長歌が多く収められている。笠金村とともに聖武朝初年に天武皇統としての意識を強くよびおこす作品群を作った。年次の明らかな作に七二四年（神亀元）の紀伊国行幸から七三六年（天平八）の吉野行幸までの歌がある。「吉野讃歌」「富士の山を望む歌」等が有名。

やまべのひめみこ【山辺皇女】 ?〜686.10.3 天智天皇の皇女。母は蘇我赤兄の女常陸娘。大津皇子の妃。六八六年（朱鳥元）の天武天皇の死後、大津が皇太子草壁皇子に謀反を企てたとして捕らえられ、大和の訳語田で没すると皇女も殉死し、人々に悲しまれたという。

やまむらおう【山村王】 721/722〜767.11.17 用明天皇の皇子久米王の後裔。七四六年(天平一八)従五位下に叙される。七六四年(天平宝字八)恵美押勝の乱にあたり、孝謙上皇の命をうけて中宮院の鈴印を押収。乱後、淳仁天皇廃位の宣命を読みあげた。七六七年(神護景雲元)参議。七八三年(延暦二)近江国に居住する王の孫からの届出には、七二一年(養老五)王が近江国に編付されたとあり、この年の出生か。

やまむらさいすけ【山村才助】 1770〜1807.9.19 江戸後期の世界地理専攻蘭学者。名は昌永、字は子明、才助は通称、夢遊道人と号した。常陸国土浦藩士の子。幼時から地理書を好み、新井白石著「采覧異言」に感銘し、蘭学を志した。大槻玄沢に師事、四天王の一人に数えられる。オランダ語の地理書を続々訳したが、最大の業績は「訂正増訳采覧異言」で、一九世紀初頭の日本で唯一の総合世界地理書であった。西洋史紹介の先駆者で、幕命による「魯西亜国志」訳述もある。

やまむらちょうだゆう【山村長太夫】 江戸山村座の座元。江戸前期に五世を数えるが異説もあり、個々の経歴も不明の点が多い。初世(生没年不詳)は山村小兵衛(岡村長兵衛とも)から山村長太夫と改名し、一六四二年(寛永一九)山村座をおこしたとされる。五世(一六八八〜?)は一七一四年(正徳四)江島・生島事件に連坐、大島に流罪。のちに赦免されたというが没年は不詳。

やまむらともごろう【山村友五郎】 歌舞伎振付師、山村流の家元名。江戸後期〜明治期に三世を数える。初世(一七八一〜一八四四)は三世中村歌右衛門にみいだされて俳優から転向、上方随一の振付師として活躍、勢力・技芸ともに他を圧した。のちに舞扇斎吾斗と名のる。二世(一八一六〜九五)は初世の養子。前名友三郎。大阪の新町に住み「新町の山村」といわれ、在原検校と組んで多くの作品をつくり、山村の舞を大成した。

やまむらぼちょう【山村暮鳥】 1884.1.10〜1924.12.8 大正期の詩人。本名土田八九十。群馬県出身。一九〇八年(明治四一)聖三一神学校卒業、日本聖公会伝道師として各地を転任。一〇年自由詩社同人となり、一三年(大正二)詩集「三人の処女」を自費出版。萩原朔太郎・室生犀星と人魚詩社をおこして一五年「卓上噴水」を創刊。詩集「聖三稜玻璃」刊行。鋭角的で鮮明な前衛的詩風。一八年刊の「風は草木にささやいた」では人道主義的作風に転じ、晩年は東洋的枯淡の境地に沈潜した。

やまむらよすけ【山村与助】 近世大坂の三町人の一人で御用職人頭の当主の通称。先祖は大和国添上郡山村(現、奈良市)の出身で、初代与助正寛が徳川家康の御大工となり、伏見から大坂京橋一丁目に配下の諸職人をつれ移住した(のち釣鐘町に移る)。配下の伏見組御用達や棟梁を通して大工・木挽・屋根葺・桶師・左官を徴発し、大坂の公用の建築・修理を行った。井戸掘・石切・畳刺なども支配下においた。京都中井家支配の大工も、大坂の公用にかぎり山村家の支配をうけた。

やまむろぐんぺい【山室軍平】 1872.7.29/8.20〜1940.3.13 明治〜昭和前期の宗教家。救世軍日本司令官。岡山県の農家に生まれ、上京し活版工のとき路傍伝道を聞き感動し入信。一八八九年(明治二二)新島襄を慕って同志社入学。濃尾地震のとき石井十次の孤児救済活動に協力。九五年創立まもない救世軍に入隊、一九二六年(昭和元)日本司令官に就任。娼妓自由廃業・労働紹介所設置・慈善鍋運動・療養所設置など貧民救済や人権保護に尽力した。

やまもといそろく【山本五十六】 1884.4.4〜1943.4.18 明治末〜昭和前期の軍人。海軍大将・元帥。新潟県出身。海軍兵学校(三二期)・海軍大学校卒。日本海海戦で重傷を負う。駐米大使館付武官・空母赤城艦長・海軍航空本部長などを歴任。一九三六年(昭和一一)海軍次官となり、米内光政海相とともに日独伊三国同盟に反対した。三九年連合艦隊司令長官となり、太平洋戦争開戦時の真珠湾攻撃・ミッドウェー海戦などを指揮したが、四三年四月南方前線を視察中ソロモン諸島上空で米軍の待ちぶせにあい戦死。元帥を追贈され、国葬が行われた。

やまもとかくだゆう【山本角太夫】 ?〜1700? 延宝〜元禄期に、宇治加賀掾と並称された京都の古浄瑠璃太夫。一六七六年(延宝四)頃旗揚げして、翌年末には加賀掾とほぼ同時に相模掾を、さらに土佐掾を重任。高音に秀で、愁嘆表現を得意とした。「うれいぶし」の角太夫ともいわれ、宗教色の濃い作柄がめだつ。家の浄瑠璃に「善光寺」。門下に松本治太夫・都一中らがいる。

やまもとかくま【山本覚馬】 1828.1.11〜92.12.28 明治前期の行政官・教育家。陸奥国会津藩士出身。佐久間象山に学び、会津藩藩校日新館教授となる。藩主上洛に従い、京都で藩砲兵隊を指揮するが、鳥羽・伏見の戦いで捕らえられる。明治維新後の一八六九年(明治二)京都府顧問となり、府政に参画。初代府会議長、商工会議所会頭を務め、新島襄と同志社の設立・運営にも尽力した。

やまもとかけい【山本荷兮】 ⇨荷兮

やまもとかなえ【山本鼎】 1882.10.14〜1946.10.8 明治〜昭和期の洋画家・版画家。愛知県出身。東京美術学校卒。一九〇七年(明治四〇)石井柏亭らと雑誌「方寸」創刊。一二〜一六年(大正元〜五)パリ、モスクワなどに滞在。一八年日本創作版画協会を設立し、創作版画の発展に尽くす。一九年長野県に日本農民美術研究所創立。農民美術運動や児童画教育にも尽力した。二二年春陽会結成に参加。作品「自画像」「ブルトンヌ」(木版画)。

やまもとかんすけ【山本勘介】 ?～1561.9.10? 武田信玄の軍師として知られる。一五四三年(天文一二)三河から甲斐にきて兵法に通じていたため重用され、六一年(永禄四)川中島の戦で戦死したという。実在の人物かどうかは不明。弘治三年(推定、一五五七)六月二三日付の晴信(信玄)書状に晴信の使者として「山本菅助」がみえ、この人物に兵法の大家という人物像が付加され、後世に伝えられたとも考えられる。

やまもとけ【山本家】 藤原氏閑院流の阿野家庶流。羽林家。阿野実顕の末子勝忠を祖とし、元和年間(一六一五～二四)に創立。家禄は一五〇石。三代公尹は議奏を勤めた。維新後、実庸のとき子爵。

やまもとけんきち【山本健吉】 1907.4.26～88.5.7 昭和期の文芸評論家。本名石橋貞吉。父は明治二〇年代に活躍した評論家の石橋忍月。長崎市出身。慶大卒。折口信夫(釈迢空)に師事。「俳句研究」を編集。俳句と古典文学に精通。代表作は「私小説作家論」「古典と現代文学」「芭蕉―その鑑賞と批評」「柿本人麻呂」「十二の肖像画」。

やまもとけんぞう【山本懸蔵】 1895.2.20～1939.3.10 大正・昭和前期の労働運動家。茨城県出身。小学校卒。友愛会に加入、米騒動に参加。一九二二年(大正一一)共産党に入党、日本労働組合評議会執行委員。翌二八年(昭和三)プロフィンテルン大会などに出席、以後在ソ生活。野坂参三と連名の「日本の共産主義者への手紙」が有名。野坂の密告により、スパイ容疑でソ連の官憲に銃殺された。

やまもとごんべえ【山本権兵衛】 1852.10.15～1933.12.8 明治～昭和前期の政治家・海軍軍人。鹿児島藩出身。薩英戦争・戊辰戦争に従軍。維新後海軍で累進、軍務局長などをへて第二次山県内閣～第一次桂内閣の海相。西郷従道のもとで日本海軍の育成に貢献し、薩摩閥の後継者となった。一九〇四年(明治三七)海軍大将。一三年(大正二)大正政変により政友会を与党に第一次山本内閣を組織し、軍部大臣武官制の現役規定を廃止したが、翌年シーメンス事件で退陣。二三年革新倶楽部を与党に第二次山本内閣を組織、関東大震災の復旧にあたったが、虎の門事件で短命政権に終わった。以後は薩派の長老として活動。伯爵。

やまもとさねひこ【山本実彦】 1885.1.5～1952.7.1 大正・昭和期の出版者。号亀城。鹿児島県出身。日本大学卒。一九一九年(大正八)改造社を設立し、社会改革に進歩的な「改造」を創刊。サンガー夫人、タゴール、アインシュタインらを招聘、賀川豊彦「死線を越えて」をベストセラーとしたほか、二六年(昭和元)に「現代日本文学全集」を発刊し、円本ブームのさきがけとなった。太平洋戦争中、軍部に解散を命じられたが、戦後再建した。

やまもとしゅうごろう【山本周五郎】 1903.6.22～67.2.14 昭和期の小説家。本名清水三十六。山梨県出身。小学校卒業後、質屋の山本周五郎商店の丁稚となり主人の庇護をうけ、のち筆名とした。一九二六年(昭和元)「須磨寺付近」で文壇に認められ、以後、封建武士の苦衷や江戸の庶民の哀歓を描いた。封建女性の生き様を描いた「日本婦道記」、伊達騒動の原田甲斐を新しい視点から捉えた「樅ノ木は残った」、浦安での見聞にもとづく「青べか物語」などの作品がある。

やまもとしゅんきょ【山元春挙】 1871.11.24～1933.7.12 明治・大正期の日本画家。滋賀県出身。本名は金右衛門。円山派の野村文挙や森寛斎に師事。一八九六年(明治二九)後素協会結成に参加。一九〇四年渡米。〇九年京都市立絵画専門学校教授。「ロッキー山の雪」など洋風をとりいれた風景画を得意とした。文展審査員・帝室技芸員・帝国美術院会員。

やまもとしゅんしょう【山本春正】 江戸～明治期の蒔絵師の家系。初代春正(一六一〇～八二)は京都に住み、通称は次郎三郎。木下長嘯子に和歌を、伊藤仁斎に漢籍を学ぶなど、いくつかの事績が伝わるが、作品は残らない。その後、春正の名跡は二代景正(一六四一～一七〇七)、三代政幸(一六五四～一七四〇)へとうけつがれ、四代春継(一七〇三～七〇)が写実的な意匠と、洗練された技法を中心とする作風を確立。東京国立博物館蔵の撫子蒔絵硯箱は彼の代表作の一つ。五代正令(一七三四～一八〇三)以降、春正家は名古屋に移り、その後、第一〇代まで棚や棗など茶道具を中心に、多くの蒔絵作品を世に送りだした。

やまもとじょうたろう【山本条太郎】 1867.10.11～1936.3.25 明治後期～昭和前期の実業家・政治家。越前国生れ。三井物産に入社し、上海支店長などをへて一九〇九年(明治四二)常務。辛亥革命では革命派を支援、シーメンス事件で起訴され退社。二〇年(大正九)衆議院議員、以後政友会の総務・幹事長・政務調査会長などを歴任する一方、二七年(昭和二)南満州鉄道会社社長(のち総裁)となる。三五年貴族院議員に勅選された。

やまもとせんじ【山本宣治】 1889.5.28～1929.3.5 大正～昭和前期の生物学者・政治家。京都府出身。カナダに渡航して苦学、東大卒。同志社大学予科講師・京都帝国大学講師となり、サンガー夫人の来日後産児制限運動を推進。京都労働学校校長に就任。京都学連事件に連坐。日本農民組合・政治研究会・労働農民党に参加、第一回普選で労働農民党代議士となる。第五六議会で三・一五事件の拷問の実態を予算委員会で暴露し、右翼の七生義団の刺客に刺殺された。

やまもとたきのすけ【山本滝之助】 1873.11.15～1931.10.26 明治～昭和初期の青年団運動の創始者。広島県出身。小学校卒業後、戸長役場雇・小学校準訓導をつとめつつ、一八九四年(明治二七)千年村少年会を組織。九九年には日本青年会、一九〇三年には千年村青年会を組織。以後広島県・文部省などに青年団体設置を進言し、二五年(大正一四)の大日本連合青年団結成に尽力。二八年(昭和三)大日本連合青年団事務嘱託となる。

やまもとただおき【山本忠興】 1881.6.25～1951.4.21 明治～昭和期の電気工学者。高知県出身。東大卒。芝浦製作所から一九一二年(大正元)早稲田大学教授。欧米に留学し、電気機械設計を研究。久我山電波工業専門学校校長となる。電気学会・照明学会会長。第九回・第一〇回オリンピック大会総監督、また日本日曜学校協会会長。

やまもとたつお【山本達雄】 1856.3.3～1947.11.12 明治～昭和期の銀行家・政治家。豊後国生れ。男爵。慶応義塾などで学び、三菱・日本郵船をへて、一八九〇年(明治二三)に日本銀行に入行し、九八～一九〇三年に第五代総裁に就任。預金銀行主義にもとづく改革を実行。第二次西園寺内閣の蔵相を皮切りに、第一次山本内閣・原内閣の農商相、斎藤内閣の内相を歴任。その間、一三年(大正二)山本内閣入閣の際に政友会に入党したが、二四年の政友本党、二七年(昭和二)の民政党結成に参加した。

やまもとつねとも【山本常朝】 1659.6.11～1719.10.10 江戸前期の肥前国佐賀藩の家臣。重澄の次男。肥前国佐賀生れ。通称神右衛門。号は旭山。藩主鍋島光茂に近侍し、一七〇〇年(元禄一三)光茂の死に際し殉死を願うが、幕府・藩の禁令により出家。和歌の素養があり、学問を石田一鼎、禅を湛然梁重に師事し、その影響下に武士道を説いた。「葉隠」は田代陣基が常朝の談話を筆録したものという。

やまもとていじろう【山本悌二郎】 1870.1.10～1937.12.14 明治～昭和前期の実業家・政治家。新潟県佐渡出身。独逸協会学校卒。ドイツ留学後、日本勧業銀行をへて台湾製糖支配人・同社長を歴任。一九〇四～三六年(明治三七～昭和一一)衆議院議員連続当選。立憲政友会所属。田中義一内閣・犬養内閣の農相。

やまもとばいいつ【山本梅逸】 1783.10.20～1856.1.2 江戸後期の南画家。名は親亮、字は明卿。号は梅逸・玉禅居士など。尾張国名古屋の彫刻師の家に生まれる。中林竹洞と同じく、神谷天遊のもとで中国画の模写をして研鑽をつみ上京。一八五四年(安政元)名古屋に帰り、名古屋藩の御用絵師格となり士分に取り立てられた。画は技術の高い妍麗な花鳥画を得意とした。

やまもとひだのじょう【山本飛騨掾】 生没年不詳。元禄～享保期に大坂出羽座を中心に活躍した人形遣いで、浄瑠璃作者を兼ねた。名人形遣いおやま五郎兵衛の子。初名山本弥三五郎。各種からくりと手妻人形で一世を風靡した。一七〇〇年(元禄一三)飛騨掾、翌年河内掾を重任。一時江戸に下ったが、正徳期半ばから出羽座の座本を勤め、享保初年、再び江戸にでて山本出羽芝居をたてた。執筆作品に「国性爺手柄日記」「傾城勝尾寺開帳」。

やまもとひでてる【山本秀煌】 1857.10.30～1943.11.21 明治～昭和前期の宗教家。日本キリスト教史研究の先駆者。日本基督教会牧師。丹後国生れ。一八七四年(明治七)横浜でJ・H・バラから受洗、東京一致神学校に学び七八年教師試補となり伝道。アメリカ留学後、八六年高知教会に赴任、片岡健吉らに授洗。一九〇七年以降明治学院教授。

やまもとほうすい【山本芳翠】 1850.7.5～1906.11.15 明治期の洋画家。美濃国生れ。京都で南画、横浜で五姓田芳柳に洋画を学び、工部美術学校に入学。退学後の一八七八年(明治一一)渡仏、レオン・ジェロームに学んで帰国。画塾生巧館を創立して後進の指導にあたった。明治美術会を結成、白馬会に参加。代表作「臥裸婦」。

やまもとほくざん【山本北山】 1752～1812.5.18 江戸後期の折衷学派の儒者。名は信有、字は天禧、通称喜六。江戸生れ。はじめ山崎桃渓に「孝経」を学んだあと、独学で四書五経を修めて、折衷学の井上金峨に師事した。経学は「孝経」にもとづき、文は韓退之・柳宗元を宗とし、詩は徂徠流の古文辞を排して清新をむねとした。私塾奚疑塾に門弟多く、秋田藩主や高田藩主に招かれた。寛政異学の禁には反対し、五鬼といわれた一人。著書「孝経集覧」「作文志彀」。

やまもとやすえ【山本安英】 1906.12.29～93.10.20 大正・昭和期の女優。東京都出身。本名千代。二世市川左団次の現代劇女優養成所で女優の道を歩みはじめ、築地小劇場の創設に参加。木下順二が彼女のために書いた「夕鶴」を、一九四九～八四年(昭和二四～五九)に一〇〇〇回上演した。NHK声優の教育を通して、独自のせりふ術・朗唱法を開拓した。

やまもとゆうぞう【山本有三】 1887.7.27～1974.1.11 大正・昭和期の劇作家・小説家。本名は勇造。栃木県出身。東大卒。丁稚奉公の体験をもつ。第三次「新思潮」同人。一九二〇年(大正九)「生命の冠」を発表し、劇作家として認められる。以後「嬰児殺し」「坂崎出羽守」「同志の人々」「海彦山彦」などの戯曲をあいついで発表。二六年(昭和元)の長編小説「生きとし生けるもの」以降は、「波」「女の一生」「真実一路」「路傍の石」などで、不運にめげない意志の強固な努力家の主人公を描いた。第二次大戦後は国語の新表記、国語研究所の創設を推進。六五年文化勲章受章。

やまわきとうよう【山脇東洋】 1705.12.18～62.8.8 江戸中期の古方派の医師。名は尚徳、字は玄飛、東洋は号。京都生れ。実父は丹波国亀山の医師清水立安。山脇玄脩の養子となり、一七二六年(享保一一)家督を継ぐ。法眼に叙され養寿院の院号をうけた。後藤艮山に古医方を学ぶ。中国古典を読み、ヘスリング著の解剖書をみて五臓六腑説に疑問をいだき、人体解剖の機会をうかがっていた。五四年(宝暦四)閏二月七日、官許を得て京都六角獄舎内で男刑死体の解剖(観蔵)を行った。解剖実施をめぐり賛否両論がおきたが、五年後「蔵志」を刊行し、杉田玄白らの蘭学勃興の誘因となった。荻生徂徠とその一門の思想的影響が強い。「養寿院医則」を著し、四六年(延享三)に「外台秘要方」を翻刻した。門人に栗山孝庵・永富独嘯庵がいる。墓所は京都市の真宗院と誓願寺。

やまわきふさこ【山脇房子】 1867.6.4～1935.11.19 明治～昭和前期の女子教育家。出雲国松江藩士の家に生まれ、松江女子師範卒。一九〇三年(明治三六)東京に三年制の山脇女子実修学校を創設、〇八年に本科四年・家事専攻科一年の山脇高等女子学校に改組、校長として家政学的教養を中心とする良妻賢母主義教育を推進した。

やまわきもとよし【山脇元宜】 ?～1659.2.4 「もとのぶ」とも。江戸前期の狂言役者。受領名は和泉守。和泉流宗家七世に数えられるが、事実上の流祖。摂津猿楽の鳥飼座出身で、京都で活動した元光の子。一六一四年(慶長一九)尾張徳川家に召し抱えられたが、京都在住のまま禁裏にも参勤し、他の役者を傘下に収めて流派を確立した。家督を譲った養子の元永の早世により再勤。和泉流最古の台本で二一七曲を収める天理本はその頃のものらしい。

やゆう【也有】 1702.9.4～83.6.16 江戸中期の俳人。横井氏。名古屋藩の名門藩士。名古屋生れ。一七二七年(享保一二)父の隠居後、家督を継ぐ。以後諸役に任じられるが、五四年(宝暦四)致仕、前津(現、名古屋市中区)の知雨亭に隠棲。俳諧は美濃派の巴静門、また同地の宗匠巴雀・木児らにも師事した。隠棲後、指導的立場から「非四論」「くだ見草」など多くの俳論書を刊行。俳諧のほか平家琵琶・謡曲・詩歌・狂歌・書画に優れた才能を発揮した。俳文集「鶉衣」は軽妙自在で俳文の極致を示す。

やらちょうびょう【屋良朝苗】 1902.12.13～97.2.14 第二次大戦後の琉球政府主席・沖縄県初代知事。沖縄県出身。広島高等師範卒。沖縄・台湾の師範学校・中学校で教鞭をとり、戦後沖縄で高等学校校長を務める。沖縄群島政府文教部長として教育の復興にあたり、一九六八年(昭和四三)琉球政府の主席公選制実施で当選。沖縄県の祖国復帰に尽力。復帰後、知事に当選。

ヤンスゾーン Willem Janszoon ?～1636.4.- ヤンセンとも。オランダ東インド会社の遣日特使。アーメルスフォールト生れ。一六一二年東インドに渡り、一四～一七年(慶長一九～元和三)平戸商館に勤務。一時帰国後、一九年バタビアに再来。二〇年英蘭防衛同盟成立後は平戸を本拠とする連合艦隊の副司令官。浜田弥兵衛事件解決のため二九年(寛永六)と三〇年に特使として来日。ヌイツの引渡しで事件解決後の三四年に帰国。

ヤンセン ⇨ヤンスゾーン

ヤン・ヨーステン Jan Joosten van Loodensteijn 1556?～1623 オランダ船の航海士、朱印船貿易家。一五九八年ロッテルダムの貿易会社のリーフデ号に乗り組み、一六〇〇年(慶長五)四月豊後国臼杵湾に漂着。同船の航海長ウィリアム・アダムズとともに徳川家康に外交顧問として厚遇され、江戸に屋敷(八重洲河岸の地名は彼の居住地にちなむ)を賜り日本女性と結婚、耶揚子と称した。〇九年平戸オランダ商館の開設後は、商館と幕府との交渉に協力し、また朱印船貿易に従事し、一二～二一年(慶長一七～元和七)の間朱印状を得てシャム、トンキンなどに派船した。オランダへの帰国交渉のためバタビアに渡航した際、遭難し溺死した。

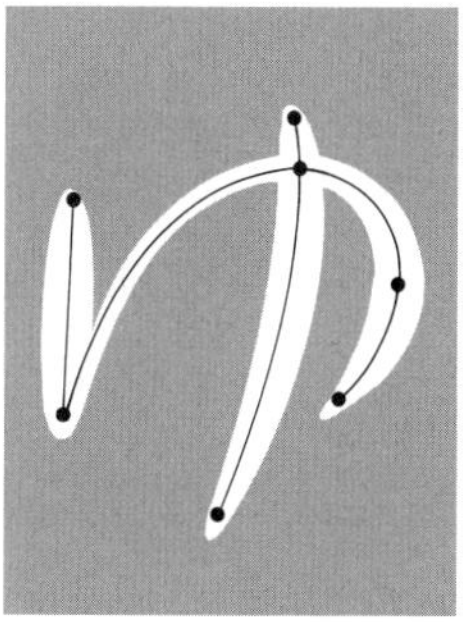

ゆあさいちろう【湯浅一郎】 1868.12.18～1931.2.23 明治・大正期の洋画家。群馬県出身。生巧館画塾・天真道場で洋画を学ぶ。東京美術学校卒。白馬会結成に参加し、「画室」などを出品。一九〇五年(明治三八)渡欧。マドリードでベラスケスの作品を模写するなどして、研究に励んだ。ヨーロッパ各国を巡遊して一〇年帰国。二科会創立に参加、同会の主要作家として活躍した。

ゆあさし【湯浅氏】 中世紀伊国の豪族。本拠は湯浅荘(現、和歌山県湯浅町)。紀伊国造(きのくにのみやつこ)末流、清和源氏、または桓武平氏ともいう。鎌倉時代には藤原姓を称した。平治の乱で平清盛をたすけた宗重(むねしげ)が有名。鎌倉御家人となり湯浅荘を安堵され、以後在田(ありだ)郡を中心に勢力を伸ばした。南北朝期には南朝方についたため、以後衰退。なお広義の湯浅氏は、湯浅荘地頭職を継いだ宗重嫡流惣領家を中心に、庶流や姻戚諸氏で構成された武士団の湯浅党をいうが、狭義の湯浅氏は宗重嫡流をさす。

ゆあさじょうざん【湯浅常山】 1708.3.12～81.1.9 江戸中期の儒学者。備前国岡山藩士。通称新兵衛、名は元禎、字は之祥、常山は号。藩の先輩八田竜渓と古文辞学(こぶんじがく)を研究。一七三二年(享保一七)江戸に出仕。服部南郭に入門、太宰春台とも会い、春台の弟子松崎観海と親交、学談のようすを「文会雑記」に記録した。藩では寺社奉行・町奉行・判形役を歴任。晩年は蟄居を命じられ著述活動に専念。著書に「常山楼文集」、戦国武将の逸話を集めた「常山紀談」。

ゆあさじろう【湯浅治郎】 1850.10.21～1932.6.7 明治・大正期の実業家・政治家。上野国安中(あんなか)の醤油醸造業の出身。横浜に往来して実業にたずさわる。一八七八年(明治一一)安中教会創立の日に新島襄から受洗以来、私財を投じて同教会を維持。群馬県議会議長のとき、八一年全国に先駆けて廃娼を実施。九〇～九二年衆議院議員、その後京都に移り、新島没後の同志社の経営にあたった。

ゆあさはんげつ【湯浅半月】 1858.2.16～1943.2.4 明治～昭和前期の詩人・聖書学者・図書館学者。上野国生れ。本名吉郎(よしお)。同志社大学卒。卒業式に朗読した「十二の石塚」は近代詩史上初の個人詩集。卒業後渡米し、オベリン大学・イェール大学で学ぶ。帰国後、同志社大学教授・京都府立図書館長・牧師などを歴任。詩集「半月集」。

ゆあさむねしげ【湯浅宗重】 生没年不詳。平安末～鎌倉前期の武士。藤原宗良の子。紀伊権守。湯浅党の祖。平治の乱勃発に際し、熊野詣の途上にあった平清盛をたすけて上洛、以後平氏の家人統制にかかわる重要な役割をはたす。平氏没落後重盛の子忠房を庇護したが、文覚(もんがく)の仲介で源頼朝に降った。一一八六年(文治二)旧領を安堵され、以後在京奉公した。宗重の四女は重盛家人平重国に嫁して明恵(みょうえ)を生んだ。

ゆあさむねちか【湯浅宗親】 生没年不詳。鎌倉中期の武士。宗氏の次男。楠本左衛門尉、法名西仏。父から紀伊国阿氏河(あてがわ)荘の地頭を継ぐ。同荘所務をめぐり、領家寂楽寺や高野山と相論をくり広げたが、その結末は不明。この相論過程で地頭宗親の非法を訴えた一二七五年(建治元)一〇月のかたかな書きの阿氏河荘百姓申状(高野山文書)は有名。

ゆあさむねなり【湯浅宗業】 1195～? 鎌倉前期の武士。宗光の次男。次郎左衛門尉。法名智眼。父から紀伊国保田(やすだ)荘の地頭を譲られ、保田氏を名のり、同荘内に星尾寺を創建。在京御家人で、洛中屋地子(やじし)について相論したことが知られる。若年から従兄弟明恵に親しんだ。「十訓抄(じっきんしょう)」の作者六波羅二臈左衛門入道に比定される。

ゆあさむねふじ【湯浅宗藤】 生没年不詳。鎌倉後期～南北朝期の武士。宗国の子。阿氏河(あてがわ)孫六。法名定仏。一三三一年(元弘元)鎌倉幕府の命で楠木正成のこもる河内国赤坂城を落とし、同城に入る。翌年再挙した正成に降って倒幕に参加。のち南朝に属して活躍。六〇年(延文五・正平一五)には居城阿氏河城を攻める北朝方湯川荘司を撃退。

ゆあさむねみつ【湯浅宗光】 生没年不詳。鎌倉前期の武士。宗重の七男。七郎兵衛尉。法名浄心。一一九七年(建久八)文覚(もんがく)から紀伊国阿氏河(あてがわ)荘の下司を譲られる。領家四条隆房が宗光の非法停止を命じたが、幕府から安堵をうけた。一二一九年(承久元)熊野神人(じにん)の訴えで対馬に流されるが地頭職は子宗業(むねなり)に安堵され、二一年に召還後再任された。

ゆいえん【唯円】 1222～89.2.6 鎌倉中・後期の浄土真宗の僧。親鸞の直弟子で河和田(現、茨城県水戸市)の唯円と称される。親鸞の孫唯善(ゆいぜん)の師で、本願寺の覚如(かくにょ)から質問をうけたという。親鸞没後の異義の蔓延をなげき、親鸞の語録を集成して異義を批判した「歎異抄(たんにしょう)」を著したとされる。常陸国河和田の報仏寺は唯円の遺跡という。
㊐生没年不詳。鎌倉中・後期の浄土真宗の僧。親鸞の直弟子二十四輩の一人で、鳥喰(とりばみ)(現、茨城県那珂町)の唯円と称される。俗姓を橋本綱宗と伝え、常陸国太田の西光寺を開創したという。

ゆいしょうせつ【由比正雪】 1605?~51.7.26　由井とも。江戸初期の軍学者。慶安事件の首謀者。駿河国生れ。江戸にでてみずから楠木正成の子孫などと称して軍学を講じ、旗本や大名家中・牢人らを弟子とした。一六五一年(慶安四)七月二三日、江戸で密告者があり、一味の丸橋忠弥の逮捕に端を発した幕府の取調べの結果、駿河国久能山など全国各所で騒動をおこし幕府転覆を企てる一味の首領とされた。同月二六日、旅宿中の駿府において幕府の捕手(とりて)に包囲され自殺(慶安事件)。牢人救済が目的とされるが、事件を企てた真意や背後関係については不明の部分が多い。後世、実録本・浄瑠璃・歌舞伎などの登場人物として広く知られるようになり、さまざまな逸話が付加された。

ゆうあ【由阿】 1291~?　鎌倉後期~南北朝期の時宗の僧、万葉学者。遊行上人二世の他阿真教(しんきょう)の弟子で、相模国清浄光寺に住し「万葉集」の研究に没頭した。一三六五年(貞治四・正平二〇)関白二条良基(よしもと)に招かれ、翌年上洛して「万葉集」を講義し自著「詞林采葉抄(しりんさいようしょう)」を献じた。時に七六歳。「拾遺采葉抄」「青葉丹花抄」などを著し、仙覚の伝統をつぎ実証的研究を進めた。

ゆうかい【有快】 1345~1416.7.17　南北朝~室町中期の真言宗(高野山)の学僧。字は性厳。下総国生れ。父は藤原実光とされるが不詳。一九歳で高野山に上り宝性院信弘について密教を学び、一三七四年(応安七・文中三)師をついで宝性院院主となった。さらに山科安祥寺の興雅(こうが)に安祥寺流をうけ、高野山の学問を盛んにして教学を大成した。その学派は宝門とよばれ、長覚の寿門と高野山の学問を二分し、真言宗内では根来(ねごろ)寺の頼瑜(らいゆ)や東寺の杲宝(ごうほう)と並び称された。

結城氏略系図

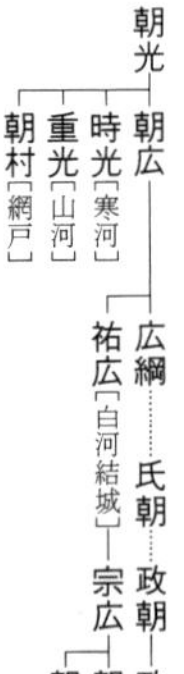

ゆうきあいそうか【結城哀草果】 1893.10.13~1974.6.29　大正・昭和期の歌人。本名光三郎。山形県出身。農耕生活のかたわら歌作にはげむ。一九一四年(大正三)「アララギ」に加入、同郷の斎藤茂吉に師事。二九年(昭和四)歌集「山麓」を刊行、写生を基本とする質実素朴な生活歌が特色。三五年刊の「すだま」では社会詠・自然詠へ発展。第二次大戦後も歌や随筆に土着性を発揮した。

ゆうきうじとも【結城氏朝】 1402~41.4.16　室町中期の下総国の武将。一四四〇年(永享一二)三月永享の乱で敗死した鎌倉公方足利持氏の遺児安王・春王が挙兵すると、氏朝は本拠下総国結城城(現、茨城県結城市)に迎え、下野・常陸などの反幕府・反上杉氏勢力の協力をえた。しかし上杉憲実・同清方らの幕府軍に包囲され、四一年(嘉吉元)四月結城城は落城、氏朝は自殺(結城合戦)。

ゆうきし【結城氏】 中世下総国の豪族。小山(おやま)氏の一流。小山政光の三男朝光(ともみつ)が、源頼朝をたすけた功で下総国結城郡を与えられ、この地を本拠に結城氏を称したのに始まる。鎌倉幕府の有力御家人となり、白河結城・寒河(さむかわ)・大内・網戸(あじと)の諸氏を輩出。南北朝期には足利方に従い、安房・下総両国の守護となり、鎌倉府の重鎮として活躍。一一代氏朝(うじとも)のとき結城合戦で断絶したが、まもなく再興。戦国期には結城城主政勝(まさかつ)の名により「結城氏新法度(はっと)」が制定された。天正年間豊臣秀吉に従い、所領を安堵された。のち徳川家康の子秀康を養子に迎えた。慶長年間越前国北庄(きたのしょう)(現、福井市)へ転封され、松平氏に改姓。白河結城氏は、秀吉の奥羽平定で改易となり、伊達氏家臣となった。

ゆうきそめい【結城素明】 1875.12.10~1957.3.29　明治~昭和期の日本画家。東京都出身。本名貞松。はじめ川端玉章に師事。東京美術学校卒。一九〇〇年(明治三三)平福百穂(ひゃくすい)らと无声(むせい)会を創立。文展・帝展で受賞を重ねた。東京美術学校教授として長く後進の指導にあたり、東京女子高等師範教授を兼任。日本画に洋風写実をとりいれ、三七年(昭和一二)川崎小虎(しょうこ)らと大日美術院を結成。帝国美術院会員・帝室技芸員・芸術院会員。著書「東京美術家墓所誌」。

ゆうきただまさ【結城忠正】 生没年不詳。戦国期~織豊期の畿内のキリシタン武将。松永久秀の家臣で、一五六三年(永禄六)日本人修道士ロレンソからキリスト教の教義をきき、イエズス会宣教師ガスパル・ビレラから受洗し、洗礼名エンリケ。このとき清原枝賢(えだかた)らも受洗し、以後の畿内でのキリシタン発展に大きな影響を与えた。子の左衛門尉や甥の弥平次もキリシタンとなった。ルイス・フロイスによれば、学問・降霊術に通じ、剣術・書道の達人だったという。

ゆうきちかとも【結城親朝】 ?～1347?　南北朝期の陸奥国の武将。結城宗広の嫡子。一三三四年(建武元)北畠顕家の奥州政権で父とともに式評定衆となり、同年白河郡など南奥八郡の検断職をえた。三五年顕家の西上では侍大将となったが、三七年(建武四・延元二)の西上には従わず、以後陸奥にあって南朝方の中心となる。四三年(康永二・興国四)足利尊氏の勧誘に応じ、幕府に降伏。

ゆうきちかみつ【結城親光】 ?～1336.1.11　南北朝期の武将。結城宗広の次子。南朝方に属し後醍醐天皇の側近として知られる。元弘の乱で鎌倉幕府軍として西上するが、天皇方に転じた。一三三四年(建武元)建武政権では恩賞方・雑訴決断所に登用され、楠木正成などとともに「三木一草」と称された。三六年(建武三・延元元)建武政権にそむいた足利尊氏の京都攻略に抵抗したが、尊氏方の大友貞載(さだのり)と戦って敗死。

ゆうきディエゴ【結城ディエゴ】 1574?～1636.1.10　日本人イエズス会宣教師。セミナリヨに入り、イルマン、のち司祭となる。一六一四年(慶長一九)宣教師追放により日本から追放されたが、一六年(元和二)頃日本に潜入。迫害下にあって京坂地方に布教したほか、津軽の流人を慰問し、各地で布教。三六年(寛永一三)大村で捕らえられ、穴吊しの刑により殉教。

ゆうきともみつ【結城朝光】 1167～1254.2.24　鎌倉前・中期の武将。父は小山政光、母は源頼朝の乳母寒河尼。本名は宗朝、七郎と称する。乳母子として幼少から頼朝に近侍し、一一八三年(寿永二)の源義広の乱で下総国結城郡を与えられ、奥州合戦の勲功で陸奥国白河荘をえた。頼朝の死後も宿老の一人として重用され、承久の乱では東山道大将軍を勤めた。一二三五年(嘉禎元)評定衆に就任。

ゆうきとよたろう【結城豊太郎】 1877.5.24～1951.8.1　明治～昭和期の銀行家。山形県出身。東大卒。日銀に入り大阪支店長などを歴任。一九二一年(大正一〇)安田保善社に転じ、同財閥の近代化に尽力。三〇年(昭和五)日本興業銀行総裁に就任して産業合理化に貢献し、財界巨頭となる。三七年林内閣の蔵相となり、池田成彬(せいひん)日銀総裁と軍財抱合体制を樹立。同年日銀総裁となって日本銀行法を軸に軍事金融体制を推進した。

ゆうきとらじゅ【結城寅寿】 1818～56.4.25　幕末期の常陸国水戸藩士。父は晴徳。諱は晴朗、のち朝道。小姓から一八四〇年(天保一一)若年寄、四二年執政となる。この間に若年寄武田耕雲斎・執政戸田忠敞・側用人藤田東湖らの改革派と対立、四四年(弘化元)の幕府による藩主徳川斉昭処罰へと発展した。結城も執政を罷免されたが、なお隠然と政治力をもった。老中阿部正弘の藩政干渉により四七年隠居、斉昭復権後の五三年(嘉永六)永預となった。五五年(安政二)の安政地震後、復権をはかったが逆に結城派弾圧が強まり、翌年刑死。

ゆうきひでやす【結城秀康】 1574.2.8～1607.閏4.8　織豊期～江戸初期の武将。越前国福井藩の藩祖。徳川家康の次男。幼名於義丸(おぎまる)。遠江国生れ。小牧・長久手の戦ののち、豊臣秀吉の養子となって羽柴秀康を名のり、従四位下侍従三河守に叙任。九州攻めに初陣し、一五九〇年(天正一八)下総国結城の結城晴朝の養子となって、一〇万一〇〇〇石を継ぐ。関ケ原の戦では上杉氏の動きを抑え、戦後越前国六八万石を与えられる。その後松平姓に復し、子孫も松平姓を名のる。

ゆうきまさとも【結城政朝】 1479～1545/47.7.13　戦国期の武将。氏広の子、母は小田持家の女。七郎。左衛門尉。父の死により三歳で家督を継承。一四九九年(明応八)幼主のもとで専権をふるう重臣多賀谷和泉守を誅殺、家臣団統制を強めた。次男高朝を小山氏の養子に入れ、芳賀(はが)興綱をたすけて宇都宮忠綱を破るなど勢力拡大を進め、のち結城氏中興の祖と仰がれた。一五二七年(大永七)隠退、家督を子政勝に譲った。

ゆうきみつふじ【結城満藤】 生没年不詳。南北朝期～室町中期の武将。十郎。勘解由左衛門尉・越後守。もと古山氏。丹後の国人。将軍足利義満の恩寵をうけ、一三九二年(明徳三・元中九)摂津国西成・尾張国海東両郡の分郡守護に任じられ、九四年(応永元)には山城国守護となった。破格の抜擢で諸大名の反発を招き、二度にわたり短期的に没落するが、一四〇二年まで同国守護にほぼ在職し続けた。その後の動向は不詳。

ゆうきむねひろ【結城宗広】 ?～1338　南北朝期の陸奥国の武将。一三三三年(元弘三)新田義貞とともに鎌倉を攻め、鎌倉幕府を滅亡させた。同年北畠顕家の陸奥下向に際し陸奥諸郡奉行となり、ついで奥州政権の式評定衆となった。三六年(建武三・延元元)と三七年の両度、顕家に従って畿内に遠征。三八年(暦応元・延元三)顕家敗死ののち奥州政権再建を唱え、北畠親房らとともに伊勢より海路陸奥をめざしたが、遭難して伊勢国吹上浦(現、三重県伊勢市)に戻り、同地で死没。

ゆうぎもんいん【遊義門院】 1270～1307.7.24　後深草天皇の皇女。名は姈子(れいし)。母は西園寺実氏の女東二条院公子。一二七一年(文永八)内親王、八五年(弘安八)皇后宮となる。九一年(正応四)院号宣下。九四年(永仁二)後宇多上皇の宮に入り后となった。「増鏡」には、父後深草上皇と同居していた女院を、後宇多上皇が盗み出したとみえる。後宇多上皇は女院を寵愛、女院の死により出家を遂げた。

ゆうぎり【夕霧】 江戸中期の上方の遊女。抱え主の扇屋四郎兵衛に伴われ京都の島原から大坂の新町に移り、一六七八年(延宝六)に二〇代の若さで没したという。京の吉野太夫、江戸の高尾太夫と並び称される。井原西鶴の「好色一代男」でその美貌が評価され、歌舞伎・人形浄瑠璃では盛んに追善劇が行われ、夕霧伊左衛門物・阿波の鳴門物として現代でも上演される。

ゆうしないしんのうけのきい【祐子内親王家紀伊】 高倉一宮紀伊とも。生没年不詳。院政初期の代表的歌人。祐子内親王(後朱雀天皇皇女)の女房。平経方の女か。母は「岩垣沼の中将」の作者小弁。紀伊守藤原重経(素意)は兄とも夫ともいう。歌合出詠は一〇五六年(天喜四)「皇后宮春秋歌合」以降、一一一三年(永久元)「定通朝臣家歌合」まで確認できる。「高陽院七番歌合」「堀河百首」に入集。小倉百人一首歌は「堀河院艶書合」で詠まれた。「後拾遺集」初出。藤原定家自筆本が伝わる家集の六四首を含む一四三首が残る。

ゆうせい【祐清】 ?～1463.8.25 室町中期の京都東寺の僧。同寺領備中国新見荘は安富智安が代官を勤めていたが、年貢未納で一四六一年(寛正二)罷免。翌年、祐清が東寺の直務代官として派遣され、荘園支配の実効をあげた。しかし水損による年貢減免を認めず、未納として所職をかえたため、名主の不満を招き荘内巡視の途中殺された。

ゆうてん【祐天】 1637.4.8～1718.7.15 明蓮社顕誉愚心とも。江戸中期の浄土宗の僧。陸奥国岩城郡の新妻重政の子。一六四五年(正保二)伯父の池徳院休波について江戸増上寺に修学。のち念仏布教につとめ尊信を集める。将軍徳川綱吉の帰依により、江戸城によばれ法門談義を行う。一七一一年(正徳元)増上寺三六世の住持となる。鎌倉大仏の復興をはじめ、黒本尊を守護して登城したり、将軍家宣を仏道に導く善知識も勤めるなどした。死後、目黒の庵居跡に祐天寺が建立された。

ゆうはん【宥範】 1270～1352.7.1 大弐房のち了賢房、また了源とも。鎌倉後期～南北朝前期の真言宗僧。俗姓岩野氏。讃岐国那珂郡生れ。一二九三年(永仁元)讃岐国無量寿院の道憲から三宝院流実賢方の灌頂をうける。翌々年下野国鶏足寺の頼尊から三宝院流成賢方の灌頂をうけ、同国衣寺の宥祥から「大日経疏」を学ぶ。一三〇六年(徳治元)讃岐に戻り、のち京都を往復して安祥寺流(小野流)をうけ、宥範方の一流を開く。三〇年(元徳二)讃岐国善通寺に入り伽藍を復興、同寺中興の祖とされる。

ゆうひ【熊斐】 1693～1772.12.28 江戸中期の長崎派の画家。姓は神代のち熊代、名は斐、字は淇瞻。号は繡江。長崎の唐通事。はじめ北宗画系の漢画を学んだが、一七三一年(享保一六)に来日した沈南蘋に直接師事して、南蘋画派の先駆となる。画風は弟子の鶴亭・宋紫石らによって全国に広められ、南蘋派形成の母体となった。代表作「花鳥図屏風」。

ゆうりゃくてんのう【雄略天皇】 記紀系譜上の第二一代天皇。五世紀後半頃の在位という。大泊瀬幼武天皇と称する。允恭天皇の第五子。母は忍坂大中姫命。兄の安康天皇が眉輪王に殺されると、兄弟を疑い、同母兄の八釣白彦皇子を斬り、坂合黒彦皇子を眉輪王とともに葛城円大臣の家で焼き殺した。さらに履中天皇の子で、安康天皇が後継者に考えていた市辺押磐皇子を殺し、泊瀬朝倉宮に即位したと伝える。「宋書」倭国伝にみえる倭王武に比定される。武は四七七年、安東大将軍を称して将軍号を授けられ、翌年に大将軍、翌々年には鎮東大将軍に進められた。また埼玉県の稲荷山古墳から出土した鉄剣銘文にみえる「獲加多支鹵大王」にあてられる。

ゆえんさいていりゅう【油煙斎貞柳】 1654～1734.8.15 江戸中期の狂歌作者。大坂南御堂前の禁裏御用の菓子司鯛屋山城掾(俳名貞因)の子。本名永田良因、のち言因、通称善八。別号は珍菓亭・由縁斎など。京都男山八幡宮の豊蔵坊信海に狂歌を学び、浪花ぶり狂歌を唱道して人気を博した。晩年は道歌の復興を提唱、芥川貞佐・栗柯亭木端らから一〇〇〇余の門人を西日本一帯に擁して、狂歌中興の祖と称された。家集に「家づと」「置みやげ」。浄瑠璃作者紀海音は弟。

ゆかわひでき【湯川秀樹】 1907.1.23～81.9.8 昭和期の物理学者。東京都出身。京大卒。一九三四年(昭和九)素粒子論で中間子の存在を予言、三七年アンダーソンがその存在を確証すると、坂田昌一・武谷三男・小林稔らと中間子場理論を展開。三九年京都帝国大学教授。四八年プリンストン高等研究所客員教授に招かれ、翌年コロンビア大学教授。非局所場の理論を提唱した。四九年日本人ではじめてノーベル物理学賞受賞。五三年帰国し、京都大学基礎物理学研究所所長。五五年ラッセル・アインシュタイン宣言の共同署名者となる。パグウォッシュ会議に積極的に参加し、科学者京都会議を主宰。世界連邦世界協会の会長も務めた。学士院賞・文化勲章をうけた。

ゆきひとしんのう【幸仁親王】 ⇨有栖川宮幸仁親王

ゆきやす【行安】 刀工の名。平安最末期の大和古千手院派に行安がおり、愛知県豊田市猿投神社の重文の太刀はその作という。この行安が薩摩に下って波平行安と称し、現存最古の平治元年(一一五九)紀の太刀はその作というが、大和の行安と波平行安は別人とみられる。波平行安には新々刀期に至るまで同名が多数いる。

ゆげうじ【弓削氏】 大化前代の弓削部の伴造の系譜を引く氏族。本拠は河内国若江郡弓削郷

（現、大阪府八尾市）。六八四年（天武一三）一二月連から宿禰に改姓。「新撰姓氏録」は左京・河内神別に高魂命の孫天日鷲翔矢命の後裔とするもの、左京神別に饒速日命の後裔とするもの、水中化生神爾伎都麻の後裔とするものの三系統の弓削宿禰を載せる。

ゆげのきよひと【弓削浄人】 清人とも。生没年不詳。八世紀後半の公卿。河内国若江郡の人。道鏡の弟。七六四年（天平宝字八）恵美押勝の乱に際し、従八位上から従四位下。七六六年（天平神護二）正三位・参議・中納言。七六八年（神護景雲二）大納言。翌年従二位。七七〇年（宝亀元）称徳天皇が没し、道鏡が失脚すると土佐国へ配流。七八一年（天応元）許されて若江郡へ帰還。

ゆげのみこ【弓削皇子】 ?～699.7.21　天武天皇の皇子。母は天智天皇の女大江皇女。誕生順では九番目と推定されるが、「続日本紀」では第六皇子。六九三年（持統七）同母兄の長皇子とともに浄広弐位を授けられた。六九六年、高市皇子没後の皇位継承者の選定会議で、子孫相承を主張した葛野王に続いて発言しようとし、王に制せられたと「懐風藻」葛野王伝にある。「万葉集」に歌を残す。

ゆさし【遊佐氏】 中世の武家。室町幕府管領畠山氏の被官。出羽国飽海郡遊佐郷（現、山形県遊佐町）の出身という。南北朝初期、畠山氏執事としてみえ、以後畠山氏領国の守護代として諸国に進出したが、とくに河内・能登両国が有名。河内国の遊佐氏は嫡流とみられ、代々河内守を世襲、若江城（現、大阪府東大阪市若江南町）を本拠に活躍した。能登では主家畠山氏のもとで上杉謙信と戦い、のち織田方の長氏に滅ぼされた。

ゆさのぶのり【遊佐信教】 ?～1575.4.19　戦国期の武将。長教の子。河内守。畠山高政・同昭高のもとで河内国守護代となる。昭高は一五六八年（永禄一一）織田信長に降って河内南半国と高屋城を安堵された。七三年（天正元）足利義昭が信長に対し挙兵すると、これに応じて昭高を殺害。三好康長や本願寺顕如と結んで信長に抗したが、七五年高屋城落城とともに討死。

ゆさぼくさい【遊佐木斎】 1658.閏12.16～1734.10.16　江戸中期の儒学者。父は陸奥国仙台藩士。名は養順のち好生。通称は清兵衛、木斎は号。仙台生れ。一七歳のとき君命により大島良設に学び、その後京都で米川操軒・中村惕斎に学ぶ。のち山崎闇斎に師事し、儒道と神道とを峻別し、神道の優位性を主張した。天和年間に仙台藩儒員となり、藩主伊達綱村に垂加流の神道を進講。門下から佐久間洞巌・菅原南山・高橋玉斎らの逸材を輩出した。室鳩巣と書簡による論争を行った。著書「皇極内篇発微」。

ゆざわみちお【湯沢三千男】 1888.5.20～1963.2.21　昭和期の内務官僚・政治家。栃木県出身。東大卒。内務省に入り、土木局長・広島県知事・兵庫県知事・内務次官などを歴任し、日中戦争中は中華民国臨時維新政府顧問。一九四一～四三年（昭和一六～一八）東条内閣のもとで内務次官・内相を務めた。第二次大戦後、公職追放。追放解除後の五九年参議院議員に当選、自由民主党に所属。

ゆづきのきみ【弓月君】 秦氏の祖とされる伝説上の人物。「日本書紀」は応神一四年に百済から渡来したとするが、実は新羅系で、その伝承も東漢氏や西文氏に対抗して後代に造作したものとされる。秦氏の成立も、欽明朝頃に山背国を中心に各地の新羅系渡来人を組織したもので、中国史書に辰韓は秦の亡命者とあることから秦氏と称したものであろう。ユヅキも、斎槻の木のことで、古代朝鮮の聖木信仰に由来する語であろう。

ゆはらおう【湯原王】 生没年不詳。八世紀前半の皇族。天智天皇の孫で、施基皇子の子。「万葉集」に短歌一九首がみえ、歌人としての活動が知られる。七七〇年（宝亀元）兄弟にあたる光仁天皇の即位にともない、親王号を与えられた。

ゆもとたけひこ【湯本武比古】 1857.1.1～1925.9.27　明治・大正期の教育家。信濃国生れ。東京高等師範中学師範科卒。一八八四年（明治一七）文部省編輯局御用掛となり、八六年「読書入門」を編纂、同年東宮御用掛に任命された。ドイツ留学、学習院・東京高等師範教授をへて、九六年開発社に入り、「教育時論」の主幹を務めた。

ゆやまやごえもん【湯山弥五右衛門】 1650～1717.11.30　江戸中期の相模国足柄上郡川村山北の名主。父は理右衛門。一七〇三年（元禄一六）相模国大地震や〇七年（宝永四）富士山噴火で居住が不可能になった村の復興のため、〇九年幕府に河川敷の新田化と皆瀬川の流路変更を訴えたが許可されず、弥五右衛門は妻子連坐の覚悟で再願、同年一一月伊勢国津藩の御手伝普請により工事は完成し村は再興された。

ゆらし【由良氏】 戦国期～近世の武家。武蔵七党猪俣党の一族。本姓横瀬氏。上野国新田荘横瀬郷（現、埼玉県深谷市）を本拠に、新田岩松氏に従って活躍。のち岩松氏に代わって新田領を支配し、金山城（現、群馬県太田市）を根拠に東上野一帯に勢力を伸ばした。永禄年間（一五五八～七〇）横瀬泰繁の子成繁のとき、屋敷のあった由良郷（現、太田市）にちなんで由良氏と改称。上杉・後北条・武田の三大勢力のなかにあって、巧みな外交で新田領を維持した。慶長年間には、豊臣秀吉に常陸国牛久（現、茨城県牛久市）を与えられた。江戸時代、幕府の高家となった。

ゆらなりしげ【由良成繁】 1506～78.6.30　戦国

期の武将。上野国金山城(現、群馬県太田市)城主。上野東部に勢力圏を維持した。一五四五年(天文一四)家督をつぐ。六〇年(永禄三)上杉謙信の関東進出に呼応するなど上杉氏に属したが、六六年には後北条氏に属した。永禄末年の上杉・後北条提携(越相同盟)の際は厩橋城主北条高広と並んで両氏の間を斡旋し、河田重親(上杉方)と北条氏邦(後北条方)の仲立ちにたった。六二年横瀬氏から由良氏に改姓。

ゆりきみまさ【由利公正】 1829.11.11～1909.4.28 幕末～明治期の政治家。福井藩士の出身。子爵。維新前の名は三岡八郎。藩札発行と専売制を結合した殖産興業政策で、幕末の福井藩財政を再建した。一八六八年(明治元)参与に任じられ、五カ条の誓文の原案を起草する一方、会計基立金募集・太政官札発行・商法司設置などの由利財政を展開。太政官札の流通難など批判が高まり、六九年に辞職した。以後は東京府知事・元老院議官・貴族院議員などを務めた。

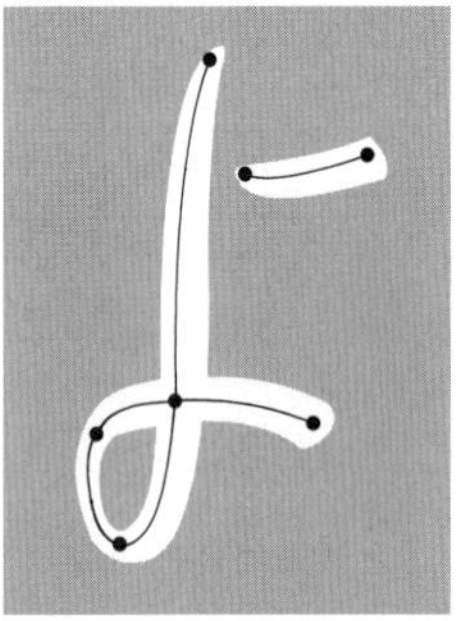

ようあ【養阿】 ⇩木食養阿

ようえい【栄叡】 ?～749 「えいえい」とも。奈良時代の僧。美濃国の人。興福寺に住し法相宗を学ぶ。七三三年(天平五)出家者に正しい戒を授ける伝戒師を招請するため、普照とともに入唐。唐では洛陽大福先寺で具足戒をうけ、道璿に来日を要請した。入唐一〇年目に揚州大明寺の鑑真に謁し、日本への渡航を懇請した。鑑真一行は数次にわたり渡航を企てたが失敗、七四八年の渡航も大風のため海南島に漂着した。この間に栄叡は病を得て端州竜興寺で客死。

ようえん【永縁】 1048～1125.4.5 「えいえん」とも。花林院権僧正・初音僧正とも。平安後期の法相宗僧。大蔵大輔藤原永相の子。興福寺の頼信・真頼・延律に法相教学を学び、三会已講をへて一〇九六年(永長元)権律師、一一二四年(天治元)権僧正まで昇る。この間、元興寺・大安寺などの別当を歴任し、一一二二年(保安三)興福寺別当となる。法相学匠として宮中・摂関家の仏事にたびたび招請される。歌人としても名高く、勅撰集にも多く入集。花林院を創建し、しばしば歌会を開催した。

ようかん【永観】 1033～1111.11.2 「えいかん」とも。平安後期の三論宗僧。文章生源国経の子。石清水八幡宮別当元命の養子。禅林寺の深観に師事、受戒後は東大寺東南院に住して有慶・顕真に三論教学を学び、法相教義にも通じた。この頃から浄土教に帰依して念仏を日課とし、一〇六二年(康平五)山城国光明山寺に隠棲し、のち民間布教のため禅林寺に帰住した。九九年(康和元)権律師に任じられたが辞退。東大寺別当には辞退したが任じられ、正倉院などを修理した。著書「往生講式」「往生拾因」。

ようげん【永厳】 1075～1151.8.14 「ようごん」とも。下野法印・平等房とも。平安後期の真言宗僧。下野守平師季の子。寛助に師事し東寺に入る。一一三二年(長承元)権律師、三五年(保延元)権少僧都に昇る。四五年(久安元)東寺三長者、五〇年法印となる。この間、高野山に平等院を創建。また仁和寺に保寿院を開創し、広沢流の一つ保寿院流の祖とされる。著書は仏像の図像集「永厳抄」「要尊法」。

ようさい【栄西】 ⇩栄西

ようしゅけい【楊守敬】 Yang Shoujing 1839.4.15～1915.1.9 中国の清朝末～民国初期の学者。字は惺吾、号は鄰蘇老人。湖北省出身。一八六二年の挙人。八〇年(明治一三)来日し、「古逸叢書」を編纂。書学・歴史学・地理学の大家。

ようぜいてんのう【陽成天皇】 868.12.16～949.9.29 在位876.11.29～884.2.4 清和天皇の第一皇子。名は貞明。母は藤原長良の女高子。二歳で皇太子に立ち、八七六年(貞観一八)清和の譲位をうけて践祚した。八八三年(元慶七)陽成は殿上で殺人事件をおこし、翌年一七歳で退位に追いこまれた。皇位を失ったのちも、元来は正統の地位にあったとの意識をもち続けたようであり、宇多天皇を「家人」とよんだとも伝えられる。

ようそのじ【陽其二】 1838.6.～1906.9.24 明治

期の活版印刷業の先駆者。肥前国長崎生れ。本木昌造の新街私塾、新町活版所で活版印刷を学んだのち横浜に移り、横浜活版舎を設立。一八七〇年(明治三)一二月、神奈川県令井関盛艮のすすめによって子安峻らと「横浜毎日新聞」を創刊。七三年印刷会社景諦社を設立。翌年東京抄紙会社に譲渡し、みずからは同社の横浜分社支配人に就任。その後も活版印刷の改良に努めた。

ようだい【煬帝】 596～618.3.11 隋第二代の皇帝楊広(在位六〇四～六一八)。野心に富み、黄河と長江を結ぶ大運河を完成させたほか、吐谷渾を討って領土とするなど、外交・外征に積極的で領土を広げた。しかし、六一二～六一四年の三度の高句麗遠征に失敗して隋を滅亡に導き、みずからも江都(揚州)の離宮で側近に殺された。六〇七年小野妹子の持参した国書を無礼と怒ったことは有名。

ようほうきょう【楊方亨】 生没年不詳。豊臣秀吉を日本国王に封じる中国明の冊封使。一五九五年(文禄四)五月正使李宗城が朝鮮の釜山から失踪した跡をうけて正使に昇進。九六年(慶長元)九月一日、大坂城で秀吉に神宗の誥命・金印・冠服を授けた。秀吉は冊封を拒否したが、副使沈惟敬と秀吉の謝恩表を偽作し、九七年二月北京に帰り復命した。

ようほうけんパウロ【養方軒パウロ】 1508?～95 戦国期～織豊期のキリシタン文学者。本名不詳。若狭国生れ。子はビセンテ洞院。一五六〇年(永禄三)京都でイエズス会宣教師ビレラから受洗。島原に赴き日本布教長トレスを助けて布教。八〇年(天正八)イルマンとなり、府内(大分)コレジヨの国語教師となる。諸キリシタン文献の邦訳文の調整や辞典・文典の編纂を助けた。多数の著作があり、そのなかの何冊かは刊行されたと伝えられるが現存しない。

ようほえけい【瑶甫恵瓊】 ⇨安国寺恵瓊

ようめいてんのう【用明天皇】 記紀系譜上の第三一代天皇。六世紀後半の在位という。大兄皇子・橘豊日天皇と称する。欽明天皇の皇子。母は蘇我稲目の女堅塩媛。推古天皇は同母妹。異母妹の穴穂部間人皇女を皇后とし、聖徳太子・来目皇子らをもうけた。磐余に池辺双槻宮を営んだ。即位翌年の新嘗の日から病気になり、仏教に帰依することを群臣に協議させた。蘇我馬子は支持したが、物部守屋と中臣勝海は、異国の神を祭ることに反対し、激しく対立したという。天皇の病状が重くなったとき、司馬達等の子鞍部多須奈が出家を申し出、さらに丈六仏と寺の建立を約束し、これが坂田寺であると伝えられる。

ようめいもんいん【陽明門院】 1013.7.6～94.1.16 後朱雀天皇の皇后。三条天皇の皇女。名は禎子。母は藤原道長の女妍子。「栄花のつぼみ花」と称され、一〇二七年(万寿四)東宮敦良親王(後朱雀天皇)の妃となり、三七年(長暦元)中宮、ついで皇后となった。尊仁親王(後三条天皇)らを生んだが、藤原氏におされて不遇であった。六八年(治暦四)太皇太后。この年後三条天皇が即位すると、翌年(延久元)院号宣下をうけた。

よけい【余慶】 919～991.閏2.18 観音院僧正とも。平安中期の天台宗僧。諡号は智弁。俗姓宇佐氏。筑前国早良郡(日向国とも)生れ。比叡山の明仙に師事、行誉から灌頂をうける。九七九年(天元二)園城寺長吏。翌々年法性寺座主になるが、山門派の反対で辞退。九八九年(永祚元)天台座主に就任するが三カ月で辞退。同年権僧正。

よこいしょうなん【横井小楠】 1809.8.13～69.1.5 幕末・維新期の政治家。肥後国熊本藩士の次男。通称平四郎、小楠は号。藩校時習館で学んだのち江戸に遊学。帰国後私塾を開き、熊本実学党を結成して藩政改革を企図するが失敗、一八五一年(嘉永四)から諸国を遊歴する。五八年(安政五)福井藩に招かれ、松平慶永の政治顧問となる。「国是三論」(一八六〇)を著し、開国通商・殖産興業・富国強兵を主張して藩政改革を主導した。六二年(文久二)慶永のブレーンとして公武合体運動を推進し、雄藩連合を構想するが、六三年失脚し、熊本で閑居。儒学に立脚しつつ、幕末の内政および外交政策をとらえ直し、革新的な思想を唱えて、当時の有識者に大きな思想的影響を与えた。維新後、新政府の徴士・参与となったが、六九年(明治二)一月保守派に京都で暗殺された。

よこいときお【横井時雄】 1857.10.17～1928.9.13 明治期の日本組合基督教会牧師。小楠の子。肥後国生れ。一時伊勢姓を名のる。熊本バンドに参加、同志社英学校(神学科)卒業後、牧師となる。アメリカのイェール大学留学後、同志社社長。一九〇三年衆議院議員に当選したが、〇九年日糖疑獄に連坐して辞任。

よこいときふゆ【横井時冬】 1859.12.14～1906.4.18 明治期の日本史家。名古屋藩士の子。藩校明倫堂・愛知県養成学校をへて東京専門学校を卒業。一八八八年(明治二一)高等商業学校(一橋大学の前身)講師となり、同年卒業論文「大日本不動産法沿革史」を公刊。九五年同校教授。「日本工業史」「日本商業史」(いずれも一八九八刊)は日本経済史の先駆的著作であるが、美術にも造詣が深く、「大日本絵画史」を著した。

よこいときよし【横井時敬】 1860.1.7～1927.11.1 明治・大正期の農業経済学者・教育家。熊本藩士の子。駒場農学校卒。一八八〇年代に塩水選種法の普及に貢献。一八八九年(明治二二)から農商務省で農業政策の立案に参画、また大日本農会の幹事長として系統農会設立運動を指導。九四～一九二二年(大正一一)に母校(のち東京帝国大学農学部)教授、その間一一年から東京農業大学学長を務めた。農業経済学の先駆者として、晩年まで多くの執筆活動を行った。

よこいやゆう【横井也有】 ⇩也有

よこがわかんぺい【横川勘平】 1667～1703.2.4 一七〇二年(元禄一五)の赤穂事件で、吉良義央邸に討ち入った浪士の一人。名は宗利。赤穂藩時代は徒目付。藩主の自刃、藩とりつぶし後は、横井勘兵衛と変名して、吉良周辺を探った。討入り後、岡崎藩上屋敷に預けられ、翌年幕命により自刃。

よこかわしょうぞう【横川省三】 1865.4.4～1904.4.21 明治期の冒険家。陸奥国盛岡生れ。自由民権運動に投じて加波山事件で禁錮半年。新聞記者として一八九三年(明治二六)郡司成忠大尉の千島探検、九五年台湾占領に参加。記者を辞めたのちモンゴルを探検。日露戦争時にロシア軍占領地域に潜入してシベリア鉄道の爆破を図り、捕らわれて銃殺。

よこがわたみすけ【横河民輔】 1864.9.28～1945.6.26 明治～昭和前期の建築家・事業家。播磨国生れ。東大卒。代表作は一九〇二年(明治三五)に竣工してアメリカ流鉄骨構造建築の先駆となった三井本館、〇三年開設した横河工務所の作品としては、帝国劇場や三越百貨店などがある。横河橋梁製作所など横河グループの総帥。

よこせやう【横瀬夜雨】 1878.1.1～1934.2.14 明治～昭和前期の詩人。本名虎寿。茨城県出身。一八八一年(明治一四)佝僂病にかかる。尋常小学校卒業後独学。雑誌「文庫」で活躍。一九〇五年刊の「花守」の万葉調や民謡を生かした郷土色豊かな詩風により、筑波根詩人と称された。「二十八宿」では女性思慕の哀切な抒情を表現。随筆や歴史考証も手がける。

よこたきさぶろう【横田喜三郎】 1896.8.6～1993.2.17 昭和期の国際法学者。愛知県出身。東大卒。一九二四年(大正一三)東京帝国大学助教授、三〇～五七年(昭和五～三二)同教授。第二次大戦前は軍部の行動に批判的見解をとり、戦後は占領政策および日本国憲法を擁護する法理論家として活躍。六〇～六六年最高裁判所長官。八一年文化勲章受章。著書「国際裁判の本質」「自衛権」。

よこたせいねん【横田成年】 1875.5.10～1953.1.11 明治・大正期の造船・航空機技術者。兵庫県出身。東大卒。一八九八年(明治三一)東京帝国大学助教授。一九〇六～〇八年英・米・独に留学。一〇年同大教授。航空機の実用化にともないその研究を進め、〇九年に航空機などを研究する臨時軍用気球研究会委員、一八年(大正七)には新設の航空学科の第一講座担当教授に転じ、同じく新設の東京帝国大学航空研究所所長を兼ねた。

よこたせんのすけ【横田千之助】 1870.8.22～1925.2.4 明治末～大正期の政治家。栃木県出身。星亨の書生となり東京法学院卒。弁護士をへて一九一二年(大正元)から衆議院議員に連続五回当選。一八年原内閣の法制局長官。原没後の立憲政友会を第二次護憲運動の方向に転換させるのに力があり、加藤高明護憲三派内閣では司法大臣となった。

よこたひでお【横田秀雄】 1862.8.19～1938.11.16 明治・大正期の司法官。信濃国生れ。東大卒。一九〇一～二七年(明治三四～昭和二)に大審院判事を務め、二三年(大正一二)大審院長。刑法の条文に存在しない電気を財物と解釈した〇三年の電気窃盗事件や、きわめて軽微な犯罪は処罰を要しないとする一〇年の一厘事件の判決で知られる。

よこぶえ【横笛】 生没年不詳。「平家物語」の登場人物。建礼門院平徳子に仕え、徳子の兄平重盛の家臣で滝口の武士だった斎藤時頼の愛人となった。時頼が横笛との交際を父茂頼に反対され、嵯峨往生院に入って出家(滝口入道)すると、後を追って尼となったとされる。この悲恋を題材に、室町時代に御伽草子「横笛草紙」が成立。

よこみつりいち【横光利一】 1898.3.17～1947.12.30 昭和期の小説家。本名利一。福島県出身。菊池寛の知遇をうけ、一九二三年(大正一二)に発表された「蠅」「日輪」が出世作。「文芸時代」創刊によっておこった新感覚派運動の中心となり、その後も常に第二次大戦前の昭和文学の新しい方向を実作・理論の両面から示し、時代をリードする存在であった。代表作「機械」「旅愁」。

よこやそうみん【横谷宗珉】 1670～1733.8.6 江戸中期の装剣金工。江戸生れ。父宗与は京の後藤殿乗の門で、幕府に抱えられ、宗珉もその後を継いだが、のちに辞したと伝える。しかし享保年間の「武鑑」には彫物役としてあげられており、抱工として生涯を送った可能性が強い。後藤家の家彫に対して、材質・表現法などに新風をうちだして町彫の祖とよばれる。柳川直政・古川元珍・大森英昌をはじめ多くの町彫工を養成、その門流は江戸金工の主流となった。

よこやまエンタツ【横山エンタツ】 1896.4.22～1971.3.21 昭和期の漫才師・俳優。本名石田正見。兵庫県出身。喜劇俳優から漫才へ転じ、一九三〇年(昭和五)花菱アチャコとコンビを組む。漫才の現状脱皮を模索し、三四年の「早慶戦」で新境地を開いた。「あきれた連中」ほかアチャコと共演の映画も多く、ラジオやテレビでも活躍した。

よこやまげんのすけ【横山源之助】 1871.2.21～1915.6.3 明治期の労働問題研究家。富山県出身。天涯茫々生などと号した。中学校中退後上京し、二葉亭四迷らと交流して影響をうける。一八九四年(明治二七)毎日新聞社入社。都市下層社会の探訪記事を発表し、「日本之下層社会」にまとめた。初期社会主義者とも接触して社会労働問題にも関心を寄せ、「内地雑居後之日本」を著し、「職工事情」調査にも参加。後年は移民問題・文学評論に転じた。

よこやまさくじろう【横山作次郎】 1864～1912.9.23 明治期の柔道家。武蔵国練馬生れ。一八八四年(明治一七)柔道家井上敬太郎の道場から嘉納治五郎に誘われて講道館に入門。西郷四郎らとともに講道館四天王とよばれて活躍。警視庁・一高・東大などの柔道師範を務めた。

よこやまたいかん【横山大観】 1868.9.18～1958.2.26 明治～昭和期の日本画家。茨城県出身。旧姓酒井、名は秀麿。のち母方の姓をつぐ。東京美術学校卒。岡倉天心・橋本雅邦(うがほう)らに学ぶ。京都市立美術工芸学校教諭をへて、東京美術学校助教授となる。一八九八年(明治三一)校長天心を排斥する東京美術学校騒動で辞職。日本美術院の創立に参加。菱田春草とともに朦朧(もうろう)体の画法を試みて日本画の改革を行う。一九〇三年インド、〇四～〇五年ヨーロッパ各地を巡遊した。〇六年茨城県五浦(いづら)で研鑽をつみ、初期文展で大胆な意欲作を発表。一四年(大正三)日本美術院を再興し、「生々流転」などを発表、画壇に大きな影響力をもち続けた。帝室技芸員・帝国美術院会員・芸術院会員。三七年(昭和一二)第一回文化勲章受章。

よこやまとしひこ【横山俊彦】 1850～76.12.3 明治初期の士族反乱指導者。萩藩士出身。藩校明倫館や松下村塾に学ぶ。明治新政府に不満を抱き、永岡久茂と挙兵を盟約し、西郷隆盛に呼応することを求めた。一八七六年(明治九)神風連の乱に呼応して前原一誠(いっせい)と萩の乱をおこしたが失敗し、処刑される。

よこやままたじろう【横山又次郎】 1860.4.25～1942.1.20 明治・大正期の地質学者。肥前国長崎生れ。東大卒。ドイツ留学後、帝国大学教授。古生物学・貝化石の研究で知られる。

よこやらんすい【横谷藍水】 1720～78.11.29 江戸中期の漢詩人。江戸の彫工横谷宗珉(そうみん)の孫。名は友信、字は文卿、通称玄圃、藍水は号。六歳で痘瘡により失明。医術を学んで鍼医となった。一七歳のとき、服部南郭の唐詩選の講釈を聴講して詩人を志し、南郭と同門の盲目の詩人高野蘭亭に詩を学んだ。蘭亭の没後、江戸詩壇において服部南郭と併称された。詩集「藍水遺草」。

よさのあきこ【与謝野晶子】 1878.12.7～1942.5.29 明治～昭和前期の歌人・詩人。大阪府出身。旧姓鳳(ほう)。本名しょう。堺女学校卒。独学で日本の古典を学び、旧派和歌を作る。一九〇〇年(明治三三)与謝野寛(ひろし)(鉄幹)の新詩社に参加、「明星(みょうじょう)」の才女として名を馳せる。大恋愛の末に鉄幹と結婚。その経緯を中心とした短歌を集め、〇一年「みだれ髪」を上梓。恋に燃える自我を情熱的に歌い、同時代の青年を魅了した。〇四年には日露戦争に従軍した弟の無事を祈る反戦詩「君死にたまふこと勿れ」を発表。一一年平塚らいてうらの「青鞜」が創刊されると、それに共鳴して作品を寄せる。この時期、婦人問題についての著述も多く、文化学院の学監を務めるなど女子教育にもたずさわった。初の「源氏物語」現代語訳など日本の古典文学に関する作品も多い。

よさのひろし【与謝野寛】 1873.2.26～1935.3.26 明治～昭和前期の歌人・詩人。京都府出身。号鉄幹(てっかん)。真宗寺院に生まれ、宗門の学林で学ぶ。落合直文に師事し、あさ香社で活躍。一八九四年(明治二七)評論「亡国の音」で旧派和歌を批判。以後、雄勁な虎剣調といわれる作をなす。九九年新詩社を設立、「明星」を刊行して浪漫主義文学運動の中心となる。鳳晶子と結婚。「誠之助の死」は大逆事件への憤怒の詩。一九一五年(大正四)には衆議院選挙に出馬し落選。「日本古典全集」を編纂。詩歌集「東西南北」「天地玄黄」「紫」「毒草」。

よさぶそん【与謝蕪村】 ⇨蕪村(ぶそん)

よしいいさむ【吉井勇】 1886.10.8～1960.11.19 明治～昭和期の歌人・劇作家・小説家。東京都出身。鹿児島藩士出身の伯爵家の次男。「明星」で歌人としてデビュー。耽美派の拠点「パンの会」をおこし、「スバル」創刊に参加。一九一〇年(明治四三)「酒(さか)ほがひ」で頽唐的な歌風を確立、翌年には象徴劇的な戯曲集「午後三時」を刊行。代表作は情痴の世界を歌った「祇園歌集」「東京紅灯集」、市井の遊芸人を描いた戯曲集「俳諧亭句楽」。

よしいともざね【吉井友実】 1827.2.26～91.4.22 幕末～明治前期の政治家。伯爵。鹿児島藩士の子として生まれる。西郷隆盛・大久保利通(としみち)らと倒幕運動に加わり戊辰(ぼしん)戦争に従軍。民部少輔・元老院議官・侍補・工部大輔などを歴任。退官して日本鉄道社長となったが、まもなく官界に復帰。宮内大輔(のち次官)として天皇の側近に仕え、枢密顧問官を兼任して憲法草案審議にも参画。

よしえこがん【吉江孤雁】 1880.9.5～1940.3.26 明治～昭和前期の詩人・評論家・仏文学者。本名喬松(たかまつ)。長野県出身。早大卒。国木田独歩とともに「新古文林」を編集。「緑雲」「砂丘」などの自然詩人。一九一六年(大正五)から四年間フランスに留学。帰国後早大仏文科を創設し、教授に就任。多くの仏文学を翻訳した。

よしおかけんぼう【吉岡憲法】 ?～1614.6.22 江戸時代初頭の剣術の達人。憲法は本来個人名ではなく、吉岡氏全体にかかる称号らしい。「本朝武芸小伝」「吉岡伝」などによれば、吉岡氏は京都の住人で代々剣術にすぐれ、江戸時代初頭の当主(直綱・直重兄弟とも)は宮本武蔵と対戦して破ったともいう。その子又三郎(徒弟重堅とも)は、一六一四年(慶長一九)禁中での猿楽興行の際、警衛の役人を斬殺したため、その場で殺害されたという。この人物が吉岡憲法として知られている。

よしおかやよい【吉岡弥生】 1871.3.10～1959.5.22 明治～昭和期の医師。近代女子医学教育の確立者。静岡県出身。父の反対を押し切って上京し済生学舎に入る。一八九三年(明治二六)医術開業免許を得て、東京で開業、結婚。一九〇〇年済生学舎が女子の入学を拒否したので、女子の医学研究の不便を解消するため、飯田町三丁目の自宅に東京女医学校を創設。同校は東京女子医学専門学校をへて、第二次大戦後、東京女子医科大学となった。女性の地位向上など社会活動にも努めた。

よしおこうぎゅう【吉雄耕牛】 1724～1800.8.16 江戸中期のオランダ通詞・蘭方医。名は永章、通称は定次郎・幸左衛門・幸作、耕牛は号。一七三七年(元文二)稽古通詞、四二年(寛保二)小通詞、四八年(寛延元)大通詞となり、九〇年(寛政二)まで勤務。出島のオランダ商館医から医術を学ぶ。「因液発備」などの訳著があり、杉田玄白らとの交流が深く、「解体新書」に序文を寄せる。家塾成秀館には各地から入門者が集まった。吉雄邸二階のオランダ風の座敷は有名。

よしおごんのすけ【吉雄権之助】 1785～1831.5.21 江戸後期のオランダ通詞。吉雄耕牛の庶子。名は永保・尚貞、号は如淵。志筑忠雄(中野柳圃)に師事。商館長ドゥーフからフランス語、ブロンホフから英語、蘭医レッケから外科を学ぶ。一八〇九年(文化六)蛮学世話掛、一一年小通詞末席。シーボルトが鳴滝(なるたき)学舎で診療・教授を行った際に通訳にあたり、諸生にオランダ語を教授した。訳著「重訂属文錦嚢(きんのう)」。

よしかわあきまさ【芳川顕正】 1841.12.10～1920.1.10 明治・大正期の官僚・政治家。伯爵。阿波国の医家に生まれ、長崎で医学・英学を学ぶ。伊藤博文の知遇を得て大蔵省に入り、渡米して金融・貨幣制度を調査。外務少輔・工部少輔・東京府知事・内務大輔などを歴任。一八九〇年(明治二三)第一次山県(やまがた)内閣の文相となり、教育勅語の発布に参画。山県閥の有力者と目された。のち内相・逓信相・枢密顧問官・枢密院副議長を歴任。

よしかわえいじ【吉川英治】 1892.8.11～1962.9.7 大正・昭和期の小説家。本名英次(ひでつぐ)。神奈川県出身。小学校中退後、職を転々としながら川柳・小説を雑誌に投稿。関東大震災後文筆専業となり、一九二六～二七年(昭和元～二)の伝奇的時代小説「鳴門秘帖」で地位を確立。作風はしだいに社会的背景の重視と人間像の追究に傾き、「宮本武蔵」(一九三五～三九)は広く求道の書としても読まれた。以後「新書太閤記」「三国志」「新・平家物語」「私本太平記」などを発表。六〇年文化勲章受章。没後、吉川英治国民文化振興会が設立され、吉川英治賞(文化・文学)が制定された。東京都青梅市の旧居は記念館となっている。

よしかわこうじろう【吉川幸次郎】 1904.3.18～80.4.8 昭和期の中国文学者。神戸市出身。一九二六年(昭和元)京大卒。京都大学名誉教授。中国古典の造詣と清朝考証学の影響をうけた実証的研究で古典語学・文学に業績を残した。厳格な古典解釈と豊かな文学論で中国古典文学の新たな研究方法を確立。漢詩文にもすぐれた才能を発揮した。六九年文化功労者。著書「杜甫私注」。「吉川幸次郎全集」全二七巻・別巻一。

よしかわこれたり【吉川惟足】 1616.2.28～94.11.16 姓は「きっかわ」、名は「これたる」とも。江戸前期の神道家。吉川神道の創始者。初名は元成で惟足・従時(よりとき)と改名、尼崎屋五郎左衛門と称し、号は視吾堂(あれみのや)・相山隠士。武士の家系の出身で、江戸日本橋の商家に養子に入って家業をついだが、業績が芳しくなく鎌倉に隠居。一六五三年(承応二)萩原兼従(かねより)に入門し、唯一神道の口伝(くでん)を伝授されて江戸で一派を開き、将軍徳川家綱や会津藩主保科正之らに講説を行った。著書「神代巻惟足抄」「中臣祓聞書(なかとみのはらえききがき)」。

よしざわあやめ【芳沢あやめ】 1673～1729.7.15 歌舞伎俳優。元禄～享保期の京坂の名女方。俳名春水。屋号は橘屋。一六九八年(元禄一一)に演じた「傾城浅間嶽(けいせいあさまがたけ)」の傾城三浦が出世役となり、享保期には空前の格づけを与えられた。写実的な地芸にすぐれ、女方芸の大成者とされる。芸談集「あやめぐさ」は著名。芸名は文化期の五世まで伝えられる。二世・三世は初世の長男と四男。四世は初世の次男山下又太郎の門弟で二世の養子となった。五世は三世の子。いずれも各時代を代表する女方。

よしざわけんきち【芳沢謙吉】 1874.1.24～1965.1.5 大正・昭和期の外交官。新潟県出身。東大卒。犬養毅(つよし)の女婿。一八九九年(明治三二)外務省入省。一九二五年(大正一四)駐華公使在職中、ソ連カラハン公使との間に日ソ基本条約を締結し、ロシア革命後のソ連との国交正常化を実現した。三〇年(昭和五)駐仏大使兼国際連盟日本代表理事となり、満州事変後の連盟外交を担当した。三二年一月犬養内閣の外相に就任。第二次大戦後公職追放となるが、解除後の五二年初代駐中華民国(台湾)大使。

よしざわけんぎょう【吉沢検校】 地歌・箏曲・胡弓(こきゅう)演奏家・作曲家。江戸時代に二世を数える。初世(?～一八四二)は尾張国の住職の子。名は儀一。二世(一八〇八/〇一～七二)は初世の子。名は審一。尾張盲人支配頭となるが、対立が生じ京都に移ったと伝える。純箏曲復興を図った光崎検校の影響下に、雅楽に想をえて「古今調子」を考案。「千鳥の曲」と「古今和歌集」より歌詞を選んだ新組歌風の「春の曲」「夏の曲」「秋の曲」「冬の曲」(以上四曲はのち松阪春栄が手事および替手を補作)の古今組五曲、古今新組四曲、「蟬の曲」を作曲。

よしざわよしのり【吉沢義則】 1876.8.22～1954.11.5 明治～昭和期の国語学者・国文学者・能書家。旧姓は木村。愛知県出身。東大卒。広島高等師範教授などをへて、一九年(大正八)京都帝国大学教授。のち武庫川大学学長。国語学・国文学の多方面にわたる業績があり、京大の学風を確立する。訓点研究の開拓者としても知られ、ヲコト点の研究をはじめて行った。著書「乎古止点の研究」「対校源氏物語新釈」。

よししげのやすたね【慶滋保胤】 ?～1002.10.21 平安中期の文人・儒者。字は茂能。唐名は定潭。賀茂忠行の子であるが、陰陽道の家学を捨て紀伝道を志し、本姓も読みかえた。文章博士菅原文時に師事して文章生から従五位下大内記に至り、永観改元の詔などを草した。その間、念仏結社である勧学会の設立に尽力し、九八六年(寛和二)出家。法名ははじめ心覚、のち寂心。世に内記入道と称し、諸国遍歴後、洛東の如意輪寺に没した。「本朝文粋」に収められた「池亭記」では、当時の社会批評と文人貴族の風流を展開し、また浄土信仰に傾倒して「日本往生極楽記」を著した。弟子に寂照(大江定基)がおり、藤原道長もみずから白衣弟子と称した。

よじしん【余自信】 余自進とも。生没年不詳。日本に亡命した百済の王族。六六〇年百済が滅亡すると、久麻怒利城に拠って新羅軍を討ち、百済の遺民から官位第一位を冠して佐平自信と称賛された。六六三年百済が完全に滅びると、日本に亡命。六六九年近江国蒲生郡に移され、高野造の祖となったと伝えられる。

よしずみこさぶろう【吉住小三郎】 長唄唄方。江戸中期から六世を数える。初世(一六九九～一七五三)は大坂住吉神社の神官の出と伝える。六世杵屋喜三郎または四世中山小十郎門弟とも。「京鹿子娘道成寺」「相生獅子」などの初演の立唄を勤めた。二世(一七九九～一八五四)は天保期の三名人の一人。三世芳村伊十郎を継ぎ、「勧進帳」の初演で岡安喜代八(喜三郎)とともに立唄を勤める。四世(一八七六～一九七二)は東京都出身、幼名長次郎。三世の義弟でのち養子となる。一九〇二年(明治三五)三世杵屋六四郎と長唄研精会を結成。歌舞伎を離れた純演奏会用の新作を数多く行い、長唄の普及に貢献。晩年に慈恭と改名。三六年(昭和一一)東京音楽学校教授。芸術院会員・人間国宝。五七年文化勲章受章。「鳥羽の恋塚」「紀文大尽」「みやこ風流」を作曲。

よしだいそや【吉田五十八】 1894.12.19～1974.3.24 昭和期の建築家。東京都出身。東京美術学校卒。一九三六年(昭和一一)竣工の吉屋信子邸などの住宅作品において新興数寄屋を創始し、新喜楽などの料亭建築に展開。文人・芸術家の住宅、料亭のほかに、大和文華館・日本芸術院会館・成田山新勝寺などがある。五四年芸術院会員、六四年文化勲章受章。

よしだえいざ【吉田栄三】 1872.4.29～1945.12.9 人形浄瑠璃の人形遣い。大阪府出身。本名柳本栄次郎。吉田光栄を名のり師匠なしのままで初舞台。一八九二年(明治二五)栄三と改め彦六座へ参加。九八年から文楽座に出勤、一九二七年(昭和二)文楽座人形頭取となる。はじめは女方遣いであったが、三世吉田文五郎の入座を機に立役遣いに転向。作品に対する深い解釈にもとづく渋い芸風で知られ、第二次大戦前の代表的立役遣い。

よしだおおくら【吉田大蔵】 1578～1644 江戸前期の弓術家で、吉田流大蔵派の祖。通称は小左近、名は茂氏。金沢藩士吉田業茂の三男として出生。藩主前田利常の射手衆となり、大坂の陣で功をたてた。一六二八年(寛永五)京都三十三間堂の通し矢で名をはせた。

よしだかねとも【吉田兼倶】 1435～1511.2.19 室町中期～戦国期の神道家。唯一神道の創始者。卜部兼名の子。初名は兼敏で、一四六六年(文正元)改名。当初は神祇大副を勤め、卜部家の家職・学問を継承していたが、しだいに家の学問・神道説を整理し、「神明三元五大伝神妙経」を著して唯一神道の基礎を作った。その後も神道説の中心に位置する「日本書紀」神代巻と「中臣祓」の研究を重ね、後土御門天皇に進講したのをはじめ、公卿にも講義を行う。八四年(文明一六)邸内に斎場所として大元宮を建立。唯一神道の入門書であり、根本教典にあたる「唯一神道名法要集」「神道大意」を著し、唯一神道の教化に努めた。死後、吉田社の境内に葬られ、神竜大明神として祭られた。

よしだかねひろ【吉田兼熙】 1348～1402.5.3 南北朝期の神祇官人・吉田神社社務。父は卜部兼豊。一三七五年(永和元・天授元)宿禰を改め朝臣姓を賜る。七八年足利義満が室町第に移ったことから、それまでの家名室町をはばかり、社務を勤める吉田を家名とした。八六年(至徳三・元中三)父祖の例をこえて従三位に叙され、公卿に列する。九二年(明徳三・元中九)南北朝合一の交渉にあたった。吉田卜部氏中興の祖といわれる。日記は、兼敦・兼致・兼右の日記とともに「吉田家日次記」と総称される。

よしだかねみ【吉田兼見】 1535～1610.9.2 織豊期の神道家。従二位・神祇大副・左衛門督。兼右の子。初名は兼和。一五七〇年(元亀元)家督を継承。神祇官八神殿の再興を請願し、九〇年(天正一八)勅定が下されて吉田山上に建立した。豊国神社の創始にもかかわった。日記「兼見卿記」。

よしだかねむね【吉田兼致】 1458～99.7.24 室町時代の神祇官人。父は兼倶。童名彦千代。初名兼枝。一四八九年(延徳元)兼致に改名。同年侍従。九一年神祇権大副。九八年(明応七)左兵衛佐。父兼倶が大成した唯一神道をよく理解し、父の命で乾元本「日本書紀」神代巻を書写し、後土御門天皇に献上したが、父より先に没した。日記「兼致朝臣記」。

よしだかねゆき【吉田兼敬】 1653.10.22～1731.12.17 江戸前・中期の神道家。正二位・神祇権大副・左兵衛督。兼起の子。初名は兼連。神号は妙応霊神。父の早世により五歳で家督をつぎ、吉川惟足から神道伝授をうけた。幕府との関係を密にして吉田家の神道家としての安定をはかり、霊元・東山両天皇に講説を行った。著作「神道大意」「塩釜社縁起」「椋五所大明神由来」のほか、「日本書紀神代巻」「中臣祓御講聞書」などの注釈書も著した。

よしだかんべえ【吉田勘兵衛】 1611～86.7.26 江戸前期の新田開発者。名は良信。摂津国能勢郡倉垣村生れ。一六三四年(寛永一一)江戸に出て木材商を営んだ。屋号は吉田屋。五六年(明暦二)武蔵国久良岐郡大岡川河口の開発に着手、一時中断したが、六七年(寛文七)完成し吉田新田(現、横浜市中区)と称された。

よしだきよなり【吉田清成】 1845.2.14～91.8.3 明治前期の外交官。薩摩国生れ。一八六五年(慶応元)から鹿児島藩留学生として英米に留学し、七〇年(明治三)帰国。大蔵省出仕をへて、七四年駐米公使としてエバーツ国務長官との間に税権回復交渉を進め、七八年七月二五日に日米約書(吉田・エバーツ条約)を締結。しかし、英・独・仏などが応じなかったため実現には至らなかった。翌年グラント米前大統領来日の接遇にあたり琉球帰属問題に尽力。帰国後、外務大輔・農商務次官・元老院議官・枢密顧問官などを歴任。

●● 吉田家(二)略系図

兼熙―兼敦＝兼富―兼名―兼倶―兼致―兼満＝兼右┬兼見……兼敬……良義(子爵)
　　　　　　　　　　　　　　　　　　　　　　└梵舜

よしだくまじ【吉田熊次】 1874.2.27～1964.7.15 明治～昭和期の教育学者。山形県出身。東大卒。ヨーロッパへ留学後、一九〇七年(明治四〇)東京帝国大学助教授、一六～三四年(大正五～昭和九)教育学研究室の主任教授として数多くの教育学者を育成した。国定修身教科書の編集に参与したほか、臨時教育会議・文政審議会の幹事、国民精神文化研究所研究部長、教学刷新評議会委員などとして文教行政の立案にも関与した。

よしだけ【吉田家】 (一)藤原氏勧修寺流。後白河上皇の近臣で、源頼朝と朝廷との間を取り次いだことで知られる藤原経房を祖とする。家名は、経房が洛東の吉田に構えた別業による。実務官僚の家柄で、院中の実務にも深くかかわった。後宇多・後醍醐両天皇の側近で、建武政権時に内大臣にまで昇った定房が、南北朝分裂後、南朝についたため衰退。北朝についた弟の隆長・資房の系統が甘露寺・清閑寺両家となる。●●勧修寺家

(二)卜部氏。吉田神社の神官として古くから活躍し、南北朝期の兼熙のとき吉田を家名として堂上に昇った。室町中期に兼倶が唯一神道を唱道し、神祇伯白川家に対抗しうる存在となった。近世に入り、兼見が吉田社内に神祇官の神殿をおく勅許を得て勢力を拡大。地方の神官に対して葬祭免許を授与する特権をもち、絶大な影響力を行使した。江戸時代の家格は半家。家禄は七六六石余。維新後、良義のとき子爵。

よしだけんこう【吉田兼好】 1283?～1352? 鎌倉後期～南北朝期の歌人。父は卜部兼顕。兄に大僧正慈遍がいる。俗名兼好。堀川家に家司として仕え、また当主具守の女基子の生んだ後二条天皇に六位蔵人として出仕。一三〇八年(延慶元)天皇の死により宮廷から退いた。一三年(正和二)以前に出家、法名兼好。修学院や横川に隠棲。関東に下向したこともある。二条為世の門に入り、浄弁・頓阿・慶運とともに二条派の和歌四天王の一人に数えられる。晩年の四四年(康永三・興国五)足利直義勧進の「金剛三昧院奉納和歌」に参加。家集「兼好法師集」、随筆「徒然草」で名高い。

よしだげんじろう【吉田絃二郎】 1886.11.24～1956.4.21 大正・昭和期の小説家・劇作家。本名源次郎。佐賀県出身。早大卒。「六合雑誌」の編集者をへて、早大講師(英文学)となり、そのかたわら創作活動を続けた。代表作「島の秋」「大地の涯」、随筆集「小鳥の来る日」。

よしだこうとん【吉田篁墩】 1745.4.5～98.9.1 江戸中・後期の儒者・考証学者。はじめ名は坦、字は資坦、のち名は漢官、字は学儒・学生、通称坦蔵。江戸生れ。常陸国水戸藩医の養子となり、一時水戸藩に出仕。折衷学の井上金峨に学んだ。漢唐の注釈を重んじ古抄本の校勘に努め、日本の考証学を開いたとされる。著書「経籍考」「論語集解攷異」。

よしださだふさ【吉田定房】 1274〜1338.1.23 鎌倉末〜南北朝初期の公卿。経長の次男。蔵人・弁官・蔵人頭をへて、一三〇二年(乾元元)参議となる。父とともに大覚寺統に親近し、後宇多上皇の執権・伝奏となった。また乳父として後醍醐天皇に近侍して側近となり、北畠親房・万里小路宣房とともに「後の三房」とよばれた。元弘の乱は、定房が討幕計画を鎌倉幕府に密告したことが発端となったといわれるが、幕府滅亡後の建武政権下では、再び後醍醐天皇に重用され、内大臣に任じられるという破格の昇進を遂げた。南北両朝の分裂時には北朝に仕え、のち南朝に走り、吉野で没した。

よしだしげる【吉田茂】 1878.9.22〜1967.10.20 第二次大戦後の日本を代表する政治家。実父は土佐の自由民権家の竹内綱、養父は横浜の貿易商吉田健三。牧野伸顕の女婿。東大卒。外交官試験に合格。田中義一内閣の東方会議に出席。駐英大使を最後に一九三九年(昭和一四)外交の第一線から退いた。第二次大戦中は反政府活動の嫌疑で憲兵隊に拘置されたこともある。戦後は東久邇・幣原両内閣の外相となる。追放をうけた鳩山一郎の懇請をうけて、四六年五月日本自由党総裁として組閣、占領期から講和・独立期の政治運営にあたる。軽軍備・経済重点の政治・外交指導のスタイルは、のちに吉田ドクトリンと称された。

よしだしょういん【吉田松陰】 1830.8.4〜59.10.27 幕末期の思想家・教育者。長門国萩藩士杉百合之助の次男。名は矩方、通称寅次郎、松陰は号。長門国生れ。山鹿流兵学師範だった叔父の死後、吉田家を相続、兵学師範となる。九州・江戸に遊学。一八五一年(嘉永四)藩の許可なく東北行を敢行して御家人召放となる。五四年(安政元)ペリーが和親条約締結のため再航した折、密航を企て失敗し入獄。一年後、叔父玉木文之進の松下村塾の主宰者となり、高杉晋作・久坂玄瑞・入江杉蔵・野村和作・前原一誠・伊藤博文など、幕末〜明治期に活躍した人材を教育した。五八年日米修好通商条約の調印を批判し、藩に老中要撃の計画を提起したりしたため再下獄。翌年幕府から藩に松陰東送の命が下り江戸に送られ、訊問に際してペリー来航以来の幕府の一連の政策を批判し、処刑された。

よしだせいいち【吉田精一】 1908.11.12〜84.6.9 昭和期の近代文学研究者。東京都出身。東大卒。東京教育大学・東京大学・埼玉大学などで近代文学の教授を歴任。大学卒業の年に結成された明治文学会に参加して以降、日本近代文学研究を重ね、小説・詩歌・評論の各分野にわたる広範な研究を展開し、多くの後進を育成した。著書「近代日本浪漫主義研究」「自然主義の研究」「鑑賞現代詩」。

よしだせいふう【吉田晴風】 1891.8.5〜1950.6.30 昭和期の尺八演奏家。熊本県出身。本名康次。琴古流の鳥井若菜(虚霧洞)に師事。朝鮮で箏曲家宮城道雄を知り、宮城の新日本音楽の活動に尽力、尺八の普及を図った。一九三二年(昭和七)晴風会を組織。門下に出光計風・広門伶風・渡辺浩風らがいた。作品「祈り」「晩歌」。

よしだせっか【吉田雪荷】 1514〜90.11.11 戦国期の弓術家。重賢の孫で重政の四男。実名は重勝・元定。出家後は方(豊)睡、また雪荷と号す。吉田流から雪荷派を興し、子孫は近世、伊勢国津藩の師範となった。一九歳で将軍足利義晴の警固を勤め、豊臣秀次・宇喜多秀家・蒲生氏郷らの師範となり、細川幽斎(藤孝)ゆかりの丹後国田辺で死没。

よしだぜんご【吉田善吾】 1885.2.14〜1966.11.14 明治〜昭和期の海軍軍人。佐賀県出身。一九〇四年(明治三七)海軍兵学校卒。日本海海戦に春日乗組として参加。海軍大学校卒。三七年(昭和一二)連合艦隊司令長官。阿部内閣で海相となり、米内・近衛第二次内閣に留任したが、四〇年九月、三国同盟条約調印直前に病気で辞任。同年大将に進んだ。

よしだそうけい【吉田宗桂】 1512〜72.10.20 戦国期の将軍足利義晴の侍医。宮内卿・法印。徳春四世の孫、宗忠の次男。宗恂と角倉了以の父。号は意庵。宋の本草家陳日華にちなんで日華子ともよばれた。一五三九年(天文八)と四七年、遣明使僧策彦周良に随行して渡明。世宗の病を治し、帰国に際し多くの医書をもたらした。

よしだそうしあん【吉田草紙庵】 1875.8.8〜1946.12.5 大正・昭和期の小唄の作曲家。東京都出身。本名吉田金太郎。草紙庵は茶道の号。長唄・清元をへて大正期から小唄の作曲に専念し、芝居小唄を創作するなど新生面を開き、第二次大戦後に訪れた小唄全盛時代の礎を築いた。

よしだただし【吉田正】 1921.1.20〜98.6.10 昭和期の作曲家。茨城県出身。日立工専卒。独学で音楽に親しんだが、旧満州での軍隊生活とその後のシベリア抑留で中断。その間に作曲した曲が「異国の丘」として日本で大ヒットしていることを復員後に知る。戦後は都会的な作風の曲を書き、「夜霧の第二国道」「有楽町で逢いましょう」「誰よりも君を愛す」「いつでも夢を」などのムード歌謡で大きな足跡を残した。六八年(昭和四三)度芸術選奨文部大臣賞。九八年(平成一〇)国民栄誉賞追贈。

よしだたつごろう【吉田辰五郎】 人形浄瑠璃の人形遣い。江戸後期〜昭和期に五世を数える。二世(?〜一八四四)は初世辰五郎の子。二世吉田文三郎の門に入り、初名は虎蔵。卯造・辰造をへて、一八一七年(文化一四)父の十三回忌追善興行で二世を襲名。文政・天保期の女方遣いの第一人者で、とりわけ道行など曲節を主とした景事や早替りの芸で名人として知られた。

よしだたまぞう【吉田玉造】 1829～1905.10.12 幕末～明治期の人形浄瑠璃の人形遣い。本名吉倉玉造、通称親玉。二世吉田辰五郎の門弟吉田徳造の子。大坂生れ。一八七二年(明治五)人形遣いとしてははじめて文楽座櫓下に名を連ね、明治期を代表する立役遣い。早替り・宙乗りを考案したことでも知られ、「五天竺」の孫悟空で大当りをとる。玉造の名は昭和期まで四世を数える。

よしだつかさけ【吉田司家】 相撲の家元を称する家。当主は代々「追風」を号す。家伝によれば、聖武天皇の頃の志賀清林を祖とし、のち京都五条家の目代を勤めたといい、近世には熊本藩細川家の家臣となった。各地の行司の組織化に努め、一八世紀末頃から江戸相撲会所との結びつきを強めた。力士・年寄・行司らを故実門人とし、横綱免許を発給するなど故実を媒介とする相撲組織の統合を進め、近代に至るまで相撲の家元として重んじられた。

よしだつねとし【吉田経俊】 1214～76.10.18 鎌倉中期の公卿。資経の次男。母は藤原親綱の女。坊城とも勧修寺とも号した。有能な実務官僚で、蔵人・弁官をへて正二位中納言に至る。後嵯峨上皇の伝奏、執権であった兄為経が一二五六年(康元元)に死去すると、経俊が後嵯峨上皇の伝奏となり、評定衆ともなって活躍。日記「経俊卿記」。

よしだつねなが【吉田経長】 1239～1309.6.8 鎌倉中期の公卿。父は中納言為経。蔵人頭・左大弁をへて一二七七年(建治三)参議。八八年(正応元)持明院統の伏見天皇の即位を契機に中納言を辞したが、一三〇一年(正安三)後二条天皇の即位で還任。〇三年(嘉元元)権大納言となり出家(法名証覚)。大覚寺統の亀山・後宇多両天皇に仕え、一三〇一年、後二条天皇の立太子について鎌倉に下向し、幕府と折衝した。日記「吉続記」。

よしだとうご【吉田東伍】 1864.4.14～1918.1.22 明治・大正期の歴史地理学者。日本の歴史地理学の草分け的存在。越後国生れ。独学で郷里の新潟県北蒲原郡安田町の小学校教員になる。のち北海道へわたって鮭漁業に従事したが、その間も独学で研究を続けた。一八九一年(明治二四)北海道からの投稿論文が歴史学界で認められた。その後、読売新聞社をへて、東京専門学校講師、早稲田大学史学科教授を歴任。著書「大日本地名辞書」。

よしだとうよう【吉田東洋】 1816～62.4.8 江戸後期の高知藩士。馬廻格二〇〇石取りの正清の四男。名は正秋。東洋は号。一八四二年(天保一三)船奉行、四四年(弘化元)藩主によるおこぜ組発足にともない郡奉行となるが、翌年病気のため辞職。辞職中建白書「時事五箇条」をまとめ法制整備・人材登用などを提案。新藩主山内豊信により大目付に任じられ、五三年(嘉永六)八月、ペリー来航時の米国国書に対する高知藩の意見書をまとめる。五四年(安政元)免職。この間、土佐国長浜に小林塾を開き、後藤象二郎・岩崎弥太郎らを集める。五七年復職し、安政改革を主導するが、公武合体的な志向から土佐勤王党に殺害される。

よしだとみぞう【吉田富三】 1903.2.10～73.4.27 昭和期の病理学者。福島県出身。東大卒。ドイツに留学。長崎医科大学・東北帝国大学・東京大学各教授。一九三二年(昭和七)佐々木隆興とともにネズミに肝臓癌を発生させる実験に成功。四三年ネズミの腹水癌(吉田肉腫)を発見し、動物の癌実験に用いられる。これらの研究で二度学士院恩賜賞を受賞。癌研究会研究所所長・国語審議会委員・日本ユネスコ国内委員会副会長を歴任。朝日文化賞・文化勲章をうける。

よしだならまる【吉田奈良丸】 浪曲師。明治から五代を数える。初代(?～一九一五)は吉田音丸の門下。二代(一八七九～一九六七)は奈良県出身、本名広橋宏吉。祭文語りをへて初代門人。はじめ小奈良、のち二代を襲名。のち大和之丞。優美な節調で魅了。全盛期は桃中軒雲右衛門と斯界を二分した。三代(一八九七～一九七八)は本名炭田嘉一郎。二代門人で一九二九年(昭和四)に三代を襲名。渋い節回しに定評があった。一九九五年(平成七)吉田若笠が五代を襲名。

よしだはんべえ【吉田半兵衛】 生没年不詳。江戸前期の上方の浮世絵師。名は定吉。京都の人。一説に絵師庄五郎に学んだとされる。往来物・名所記・浄瑠璃本・浮世草子などに挿絵を描き、寛文～宝永期に活躍。江戸の菱川師宣に対して、上方浮世絵の草創期の第一人者。井原西鶴の作品にも挿絵を描いたことで知られる。代表作「好色訓蒙図彙」「好色一代女」「好色五人女」「好色貝合」「女用訓蒙図彙」「山路の露」。

よしだぶんご【吉田文吾】 人形浄瑠璃の人形遣い。江戸中期～昭和期に五世を数える。初世は二世吉田文三郎。三世(一七七三～一八二七)は二世文三郎の門に入り初名菊竹右蔵、吉田右蔵(造)をへて、一八〇四年(文化元)三世文吾を継ぐ。〇八年三世吉田三郎兵衛を襲名するが、翌年文吾に戻る。文化・文政期に活躍した初世吉田新吾と並び称される立役遣い。

よしだぶんごろう【吉田文五郎】 1869.10.20～1962.2.21 明治～昭和期の人形浄瑠璃の人形遣い。大阪府出身。本名河村巳之助。初世吉田玉助の門に入り、初名吉田巳之助(簑助)。一時東京へ行くがやがて帰阪、一九〇五年(明治三八)明楽座に出勤。二世桐竹亀松をへて、〇九年三世文五郎を襲名。一五年(大正四)から文楽座に出勤。五五年(昭和三〇)人間国宝、翌年東久邇宮家より難波掾を受領。大正・昭和期を代表する女方遣い。芸術院会員・文化功労者。

よしだぶんざぶろう【吉田文三郎】 人形浄瑠璃の人形遣い。江戸中・後期に三世を数える。初世(?～一七六〇)は竹本座の人形遣い吉田三郎兵衛の子。大坂生れ。一七一七年(享保二)初舞台。竹本座の人形遣いの中心として、三人遣いをはじめ種々の新演出をうみだす一方、浄瑠璃作者吉田冠子の名で一五作に名を連ねる。五九年(宝暦九)座本の竹田近江と衝突して退座、旗揚げ準備中に病没。二世(一七三二～九〇)は初世の子。大坂生れ。はじめ文吾を名のり、一七六一年(宝暦一一)二世文三郎を襲名。立役・女方ともに器用に遣い、道行など曲節を主とした景事にも優れた。

よしだみつよし【吉田光由】 1598～1672.11.21 江戸前期の数学者。幼名与七、通称七兵衛、号は久菴。京都の豪商角倉の一族で、祖父宗運と角倉了以は従兄弟。はじめ毛利重能に学び、のち了以の子素庵から中国の「算法統宗」を教科書として与えられ、これを研究して「塵劫記」(一六二七)を著した。多くの工夫がされ、同書は江戸時代の出版物に大きな影響を与えた。肥後国熊本藩細川氏に招かれ、九州各地で指導した。晩年は失明、角倉与一に養われた。著書「古暦便覧」「和漢編年合運図」。

よしだむねふさ【吉田宗房】 生没年不詳。南北朝期の南朝の公卿。内大臣定房の子、母は権大納言四条隆顕の女。勧修寺流藤原氏ながら、弁官をへず右少将・右中将に累進。一三三七年(建武四・延元二)父定房とともに南朝に出仕、のち右大臣まで進んだ。その後出家したが、南北両朝の講和に尽力、九二年(明徳三・元中九)に南北朝の合体をはたした。

よしどみかんいち【吉富簡一】 1838.1.-～1914.1.18 幕末～明治期の庄屋・地方政治家。周防国生れ。短い官歴ののち「防長新聞」代表社員、先収会社頭取・山口県協同会社社長など、山口県の士族授産事業や企業経営に従事。山口県議・同議長、郡議・同議長代理も務める。第一回総選挙から衆議院議員に三回当選し、政府系無所属として活動した。

よしなりしんのう【良成親王】 ?～1395? 「ながなり」とも。南北朝期の南朝の皇族。後村上天皇の皇子といわれるが確証はない。後征西将軍宮。正平年間末頃九州へ下り、一三七四年(応安七・文中三)懐良親王から征西将軍職をうけつぐ。以後肥後国菊池を本拠として鎮西探題今川了俊と戦ったがふるわず、八一年(永徳元・弘和元)菊池も陥落。九二年(明徳三・元中九)の南北朝合一後も南朝年号を使用しつづけ、最後まで幕府方に抵抗した。

よしの【吉野】 江戸前期の京都の遊女。島原の代表的な遊女の名前。吉野を名のった太夫は数名いたが、抱え主が六条柳町の林与兵衛で、豪商佐野(灰屋)紹益の妻となった吉野太夫徳子が最も有名。諸芸能に通じた最高級の教養人であったという。遊女史のうえでは大坂の夕霧太夫、江戸の高尾太夫と並び称される。多数の逸話をもつ太夫で、後陽成天皇第四子の近衛信尋との恋などが著名。鷹峰常照寺の吉野門や吉野桜にその名を残している。

よしのげんざぶろう【吉野源三郎】 1899.4.9～1981.5.23 昭和期の編集者・評論家・児童文学者。東京都出身。東大卒。一九三五年(昭和一〇)新潮社の「日本少国民文庫」の編集主任となり、「君たちはどう生きるか」を執筆、少年たちに正しい生き方を説いた。三七年岩波書店に入社。第二次大戦後は雑誌「世界」の編集長として、進歩的ヒューマニズムの立場から平和運動の組織にもあたった。

よしのさくぞう【吉野作造】 1878.1.29～1933.3.18 大正・昭和前期の政治学者・評論家。宮城県出身。東大卒。一九〇九年(明治四二)東京帝国大学助教授となり、翌年欧州留学。一四年(大正三)同教授となり、政治史を担当。同年から二八年(昭和三)まで「中央公論」に時事論文を発表、ことに一六年一月号の「憲政の本義を説いて其有終の美を済すの途を論ず」は有名で、「民本主義」を主張して大正デモクラシーに理論的根拠を与えた。一八年には黎明会を結成。また友愛会など労働運動にも関係し、社会民衆党の結成にも助力した。著書は「支那革命小史」「欧州動乱史論」など多数あり、また「明治文化全集」二四巻の刊行にも尽力。「吉野作造民本主義論集」全八巻。

よしのしんじ【吉野信次】 1888.9.17～1971.5.9 昭和期の商工官僚・政治家。宮城県志田郡古川町(現、古川市)の商人年蔵の三男。作造の弟。一九一三年(大正二)東大卒、農商務省入省。商工省工務局長・次官をへて三七年(昭和一二)商工相となる。第二次大戦後公職追放となったが、五三年参議院議員、五五年運輸相、五六年からは武蔵大学学長を務めた。

よしひさしんのう【能久親王】 ⇨北白川宮能久親王

よしひとしんのう【好仁親王】 ⇨高松宮好仁親王

よしひとしんのう【栄仁親王】 1351～1416.11.20 崇光天皇の第一皇子。母は庭田重資の女資子。一三六八年(応安元・正平二三)親王宣下。七五年(永和元・天授元)元服加冠。父崇光上皇は親王の即位を望んだがかなわず、九八年(応永五)上皇が没すると伏見の大光明寺指月庵に入り落飾、法名通智。没後大通院と追号された。伏見宮家初代。子に後崇光院(貞成親王)がいる。

よしひろ【義弘】 刀工の名。越中国松倉郷(現、富山県魚津市)の住人で、則重の子。正宗門下という。郷・江と通称されたが、理由は不明。正宗十哲の第一にあげられるほど評価されたが、在銘確実なものはほとんどなく、近世、正宗・貞宗と同様に不明な部分が多い。国宝二、重文五があるが、すべて無銘でそれぞれに号がある。

よしぶちのちかなり【善淵愛成】 822～890? 平安前期の学者・官人。八六二年(貞観四)兄永貞らとともに六人部から善淵朝臣に改氏姓、八六七年本貫を美濃国厚見郡から左京職に移した。大外記・助教・図書頭・伊予介・大学博士などを歴任、八七八～八八一年(元慶二～五)の日本紀講書の博士を勤め、宇多天皇にも「周易」を進講した。

よしますとうどう【吉益東洞】 1702.5.-～73.9.25 江戸中期の医師・古方家。父は畠山重宗。名は為則、通称は周助。東洞は号。安芸国広島生れ。古医方を修め、天下の医師を医すとの理想にもえて、一七三八年(元文三)京都に移った。後藤艮山についてさらに古医方を究め、親試実験主義を貫き万病一毒説を唱えた。山脇東洋の推挽により世に認められ、医名は全国にひびいた。門人は中西深斎・前野良沢・和田東郭ら千数百人。著書「類聚方」はベストセラーで、ほかに「方極」「薬徴」「医事或問」「古書医言」。墓所は京都市の荘厳寺。

よしみし【吉見氏】 鎌倉～南北朝期の武蔵国の豪族。清和源氏。源義朝の子範頼を祖とする。範頼は横見郡吉見(現、埼玉県吉見町)を支配し、範頼が殺害されたあとは子範円の子孫が吉見氏を称した。承久の乱では、吉見十郎・小次郎父子が幕府方として活躍。南北朝期、能登国守護頼隆・氏頼父子は足利尊氏に従い、北陸の南朝方と戦った。桃井氏との抗争は激しく、建徳年間(一三七〇～七二)に敗退させたが、以後の動向は不明。

よしみつ【吉光】 刀工の名。古刀期から現代まで同名が多数いる。古刀期の土佐の吉光らのほか、鎌倉後期の京粟田口派の藤四郎吉光があげられる。享保期の名物帳は、正宗・江(義弘)とともに名物三作とする。御物「一期一振」の刀、重文の薙刀直し刀(骨喰)などのほかはすべて短刀か剣で、国宝四、重文九がある。

よしみねうじ【良岑氏】 良峰氏とも。桓武天皇の皇子安世に始まる皇親氏族。安世は七八五年(延暦四)に女孺百済宿禰永継を母として生まれたが、八〇二年一二月に良岑朝臣の氏姓を賜って臣籍降下し、右京に貫付された。八一五年(弘仁六)六月に改めて左京に貫付。正三位・大納言まで昇り、没後に従二位を追贈された。安世の子に宗貞(僧正遍照)・晨直らがおり、晨直の子衆樹は参議、その子義方は左近衛中将まで昇任。「新撰姓氏録」左京皇別上所載。

よしみねのむねさだ【良岑宗貞】 ⇨遍照

よしみねのやすよ【良岑安世】 785～830.7.6 良峰とも。平安初期の公卿。桓武天皇皇子。母は女孺百済永継。藤原冬嗣の同母弟。宗貞(僧正遍照)・晨直らの父。若くして狩猟を好み、多くの伎芸をよくした。八〇二年(延暦二一)良岑朝臣を賜姓されて臣籍降下し、右京に貫付。八〇九年(大同四)従五位下。才により武官を兼ね、書や音楽もよくしたという。右近衛少将・雅楽頭・左少弁などを歴任し、八一一年(弘仁二)蔵人頭。その後左衛門督・右大弁を兼ね、八一五年に左京に貫付。翌年参議。八二一年従三位・中納言。のち按察使・春宮大夫・右近衛大将などを兼任。八二八年(天長五)大納言。「日本後紀」「内裏式」の編纂に従事。「経国集」に多くの漢詩を残す。

よしみまさより【吉見正頼】 1513～88.閏5.22 戦国期～織豊期の武将。石見国津和野の領主。父は頼興。弥七。大蔵大輔・出羽守・三河守。大内義興・同義隆に仕え、義隆の女を妻とした。義隆が陶晴賢の反乱で滅ぶと自立し、陶氏に対抗。毛利元就が陶氏を討ち、防長両国を領国化する過程で協力。以後、その重臣として活躍し、子孫は毛利氏に仕えた。

よしみゆきかず【吉見幸和】 1673.9.15～1761.4.26 江戸中期の神道家。正四位下・左京大夫。名古屋東照宮祠官吉見恒幸の子。幼名は定之助、字は子礼、号は緑山・恭軒・風水翁。一六九六年(元禄九)家督をつぐ。正親町公通に垂加神道を学び、神籬磐境極意伝を授けられたが、のちに伊勢神道や垂加神道を批判。「五部書説弁」「宗廟社稷答問」を著し、「日本書紀」神代巻も国史として扱うことを主張した。

よしみよしよ【吉見義世】 ?～1296.11.20 鎌倉中・後期の武士。頼氏または義春の子。孫太郎。源範頼の子孫で、武蔵国吉見荘を本拠とする御家人。一二九六年(永仁四)謀反の風聞により良基僧正とともに幕府に捕らえられ、良基は配流、義世は相模国竜口で斬首。謀反の詳細は不明。

よしむらいさぶろう【芳村伊三郎】 長唄の唄方・三味線方芳村派の家元名。江戸後期から一一世を数える。二世(一七三五～一八二〇)は唄方。初世の門弟。前名初世伊十郎。一七九四年(寛政六)伊三郎を名のる。すぐれた門弟を輩出。三世(一七五四～一八三三)は唄方。本名は中村屋平蔵。二世の門弟。一八二四年(文政七)襲名。美声で知られ「汐汲」「藤娘」「吾妻八景」などを初演。四世(一八〇〇～四七)は上総国東金生れで、三世の門弟。歌舞伎「切られ与三郎」のモデルといわれる。五世(一八三二～八二)は二世吉住小三郎の門弟。明治初期を代表する唄方。六世(一八二三～一九〇二)は唄方。新富座の囃子頭を勤める。「元禄風花見踊」「紅葉狩」などを初演。

よしむらいじゅうろう【芳村伊十郎】 長唄唄方。江戸後期から八世を数える。六世(一八五八～一九三五)は駿河国生れ、本名鵜沢徳蔵。五世富士田千蔵・五世芳村伊十郎に師事。一八九三年(明治二六)襲名。一九二二年(大正一一)八世伊三郎も襲名し、「八世芳村伊三郎事芳村伊十郎」と名のる。「楠公」「鏡獅子」などを初演。七世(一九〇一～七三)は東京都出身、本名太田重次郎。六世伊十郎門下の七世伊四郎の養子。九世伊四郎をへて一九五〇年(昭和二五)襲名。声量もある美声家として活躍。五六年人間国宝。長唄協会理事長・会長。

よしむらとらたろう【吉村寅太郎】 1837.4.18～63.9.27 虎太郎とも。幕末期の尊攘派志士。土佐国高岡郡津野山郷芳生野村の庄屋吉村太平の長男。一二歳で庄屋となり各地の庄屋を歴任。その間志士と交わり、武市瑞山の土佐勤王党に参加し、一八六二年(文久二)脱藩。寺田屋騒動で捕らえられて土佐へ送還されたが、出獄すると翌年再び上洛し、天誅組総裁の一人となり大和国で挙兵。諸藩軍の追討をうけて苦戦し、吉野の鷲家口で戦死。

よしやのぶこ【吉屋信子】 1896.1.12～1973.7.11 大正・昭和期の小説家。新潟県出身。栃木高女卒。少女小説から出発し「花物語」で人気を博す。代表作「地の果まで」「女の友情」「良人の貞操」「鬼火」、俳人伝「底のぬけた柄杓」。

よしわけたいろ【吉分大魯】 ⇨大魯

よだがっかい【依田学海】 1833.11.24～1909.11.27 明治期の演劇活動家。江戸生れ。名は朝宗、字は百川、学海は号。下総佐倉藩士の子で漢学を修め、明治政府で修史局編輯官、文部省音楽取調掛兼編輯局書記官などを歴任。演劇改良に関心をもち、退官後は政界と劇界の仲介役をつとめた。九世市川団十郎の活歴劇推進のブレーンである求古会や演劇改良会・演劇矯風会などに参加。活歴劇「吉野拾遺名歌誉」などの執筆もした。

よだし【依田氏】 中世信濃国の武家。小県郡依田荘(現、長野県丸子町)を本拠とし、依田氏を名のった。清和源氏源満快の孫為公の後裔という。鎌倉時代には御家人となる。室町時代以降は、蘆田(現、立科町)を本拠とした。戦国期には武田氏に従い、武田氏滅亡後、信蕃の代に徳川家康につき、信濃進出の先鋒として活躍。子康国も家康に従い、功により松平姓を与えられた。その後は弟康真が継ぎ結城秀康に仕えたが、同氏の転封にともない、越前国へ移住。近世以降、子孫は福井藩士となった。

よつつじけ【四辻家】 藤原氏閑院流の西園寺家庶流。羽林家。西園寺公経の末子実藤に始まる。室町を号したが、室町時代、将軍家をはばかって四辻を家号とする。江戸時代の家禄は二〇〇石。神楽・和琴・箏の家。江戸前期、公遠の女が後水尾天皇の皇子女を生み、徳川和子の入内を進める幕府との軋轢の原因となった。維新後、公康のとき室町と改称し伯爵。

よつつじよしなり【四辻善成】 1326～1402.9.3 南北朝期～室町中期の公家・学者。号は清閑寺。順徳天皇の孫尊雅王の子。一三五六年(延文元・正平一一)源姓を与えられる。九五年(応永二)左大臣。親王宣下の望みをはたさず辞任。出家して常勝と称す。歌人・古典学者としても知られ、惟良の筆名で「源氏物語」の注釈書「河海抄」とその秘説書「珊瑚秘抄」などを著した。「源氏千鳥抄」は彼の講義を浪速の連歌師平井相助が筆録したもの。

ヨッフェ Adolf Abramovich Ioffe 1883.10.10～1927.11.17 ソ連の外交官。一九一七年一一月ロシア革命後に外交界に入り、二二年長春会議に参加。翌年(大正一二)二月後藤新平に招かれ来日し、国交回復の下地固めの私的会談を行った。二七年一一月彼の属する政治的派閥の長であったトロツキーが除名されると、同月一七日ピストル自殺。

よどどの【淀殿】 1569?～1615.5.8 淀君とも。豊臣秀吉の側室、秀頼の母。近江国小谷城主浅井長政の女、母は織田信長の妹小谷の方。名は茶々。一五七三年(天正元)小谷落城の際、母妹とともに城を出、織田家の庇護をうける。八二年、柴田勝家と再婚した母に従い、越前国北庄へ移る。八三年の北庄落城の際、妹二人(初はのち京極高次の室常高院、江はのち徳川秀忠の室崇源院)と城を出て秀吉の庇護をうける。のち山城国淀城に移り、秀吉の側室となる。八九年鶴松を生むが夭折、九三年(文禄二)秀頼を生む。秀吉の死後は、秀頼の後見として政治に関与し、徳川家康と対立。大坂の陣で徳川氏に敗れ、一六一五年(元和元)秀頼とともに大坂城で自害。

よどやこあん【淀屋个庵】 1577～1643.12.5 大坂の豪商淀屋の二代目。常安の子。名は三郎右衛門言当。海部堀の開削により靭の塩干魚の市を創設し、京橋南詰の開拓地で青物市を開き、自宅前で蔵元として蔵米を扱ったことから堂島米市の端緒をもつくった。惣年寄であり、大坂商人の糸割符への参加を運動して糸割符年寄を兼任した。物資の集散地として経済的発展をとげる大坂の基礎を築いた。文化人でもあり、茶と連歌をたしなんで小堀遠州や松花堂昭乗と交際があった。

よどやたつごろう【淀屋辰五郎】 ?～1717.12.21 大坂の豪商淀屋の五代目。名は三郎右衛門広当ま。辰五郎は通称。一七〇五年(宝永二)闕所・所払となり、山城国八幡(現、京都府八幡市)に追放され、下村故庵と改名し晩年をすごした。闕所の理由は、驕奢または新町廓での豪遊が原因で印偽造の罪を犯したなど諸説があるが定かでない。後世に流布した闕所時の財産目録は幕府・大名への巨額の貸金と土地の集積を示すが、真偽は不詳。

よないみつまさ【米内光政】 1880.3.2～1948.4.20 大正・昭和期の海軍軍人・政治家。岩手県出身。海軍大学校卒。第一次大戦中ロシアに駐在し、シベリア出兵時にはウラジオストク派遣軍司令部付。一九三六年(昭和一一)連合艦隊司令長官兼第一艦隊司令長官となる。その二カ月後に林内閣の海相に就任。続く第一次近衛・平沼両内閣でも留任し、山本五十六次官、井上成美軍務局長とともに日独防共協定強化交渉に反対し、海上封鎖と爆撃による日中戦争の解決を主張した。四〇年湯浅倉平内大臣の推薦で首相となったが、ナチス・ドイツの戦勝と新体制運動により短命に終わる。日米開戦には重臣として反対。四四年七月小磯内閣のときに現役復帰して海相に就任。鈴木貫太郎内閣でも留任し、戦争終結に尽力した。

よねかわまさお【米川正夫】 1891.11.25～1965.12.29 大正・昭和期のロシア文学者。岡山県出身。東京外国語学校卒。一九一七年(大正六)大蔵省嘱託としてロシアに赴任。第二次大戦前は陸軍大学校ロシア語教官、戦後は早稲田大学教授。ロシア文学の翻訳者として質・量ともに超人的な仕事をこなした。訳書「ドストエフスキー全集」「トルストイ全集」。

よねきつし【米津氏】 近世の譜代大名家。徳川家康に仕えた政信の孫田盛が、一六六六年(寛文六)加増により一万五〇〇〇石の大名となり、八四年(貞享元)子の政武が武蔵国久喜に居所を定めた。一万二〇〇〇石、のち一〇〇〇石分知。一七九八年(寛政一〇)出羽国長瀞に転封。一八六九年(明治二)上総国大網をへて、七一年常陸国竜ケ崎に移り廃藩置県にいたる。維新後子爵。

よねくらし【米倉氏】 近世の譜代大名家。はじめ武田氏に仕えたが、同氏滅亡後、忠継が徳川家康に仕えた。弟信継が家を継ぐが、その子永時(清継)は別家し、一六九九年(元禄一二)永時の孫昌尹が一万五〇〇〇石で下野国皆川に入封。その後、三〇〇〇石を分知し、一七二二年(享保七)武蔵国六浦に転封し、明治にいたる。維新後子爵。

よねざわひこはち【米沢彦八】 落語家。江戸期に四代を数える。初代(?～一七一四)は大阪落語の遠祖。元禄期に大坂の生玉神社境内を中心に活躍。仕方物真似と小咄で人気。現行の大阪落語の萌芽と思われる軽口本「軽口大矢数」など数編を残す。二代は、生没年および初代との関係は不詳。享保期頃京都に現れる。役者物真似に長じ、穏やかな語り口にも定評があった。その活躍ぶりを彷彿とさせる絵姿が一七六八年(明和五)刊の「絵本満都鑑」にみえる。三・四代の事績は不詳。

よねはらうんかい【米原雲海】 1869.8.22～1925.3.25 明治・大正期の彫刻家。島根県出身。本名木山幸太郎。はじめ建築彫刻を学び大工をしていたが、上京して高村光雲に師事。第四・第五回内国勧業博覧会や日本美術協会展での受賞で頭角をあらわす。東京美術学校で教え、一九〇七年(明治四〇)岡倉天心の指導のもと日本彫刻会を創立。同会の中心的存在として木彫の振興に尽力した。文展・帝展で活躍し、審査員も務めた。

よねやまうめきち【米山梅吉】 1868.2.4～1946.4.28 明治～昭和期の銀行家。東京都出身。米山家の養子。苦学の末、一八九七年(明治三〇)に三井銀行に入行、昇進して常務取締役となり、池田成彬とともに三井財閥を支える。三井信託会社創立に努め、一九二四年(大正一三)同社発足とともに社長に就任、初代信託協会会長として信託業界を代表する。金融制度調査会委員・三井報恩会理事長・貴族院議員のほか、青山学院初等部の運営など、社会的活動にも尽くした。

よねやまけんぎょう【米山検校】 ?～1771.12.9 江戸中期の検校。越後国刈羽郡長鳥村(現、新潟県柏崎市)生れ。幼時に江戸の石坂検校の弟子となり、座頭名米山銀一を名のる。一七三九年(元文四)検校に昇進、九老の地位につく。杉山流鍼術をもって諸家に出入りし、高利貸を行い財をなした。五四年(宝暦四)江戸中橋上槙町私宅に、杉山流鍼道指南学校を設立し、無芸貧窮盲人を救済する計画を越後国高田藩に提出するが、京都職屋敷から咎められ中止させられた。

よものあから【四方赤良】 ⇨大田南畝

よよししんのう【世良親王】 ?～1330.9.18 「ときよし」とも。後醍醐天皇の第二皇子。大宰帥。母は西園寺実俊の女の遊義門院一条局。亀山上皇の皇女昭慶門院に養育され、北畠親房が乳父を勤めた。兄尊良親王よりも賢明で父の期待も大きかったが、早世した。死に先立って居所を禅院(のちの臨川寺)とし、昭慶門院から継承した所領を寄進した。

よりひとしんのう【依仁親王】 ⇨東伏見宮依仁親王

よりひとしんのう【職仁親王】 ⇨有栖川宮職仁親王

よろずてつごろう【万鉄五郎】 1885.11.17～1927.5.1 明治・大正期の洋画家。岩手県出身。上京後、白馬会絵画研究所で長原孝太郎に学ぶ。東京美術学校卒。一九一二年(大正元)第一回フュウザン会に出品、院展・二科展などにも出品した。フォービスム、キュービスムなどの影響をうけた個性的な作品を制作。南画も研究。作品「日傘の裸婦」、著書「鉄人独語」。

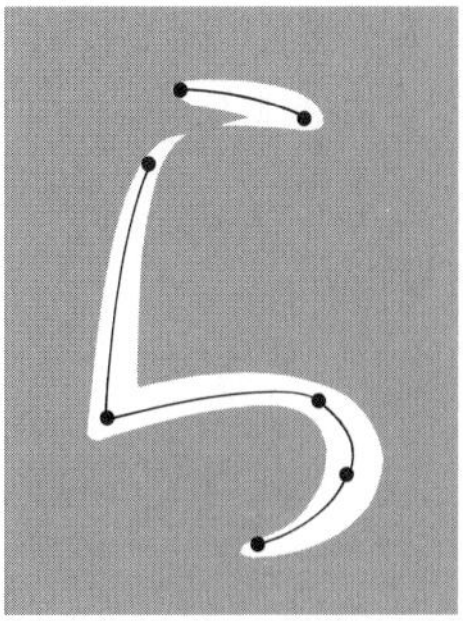

らいきょうへい【頼杏坪】 1756～1834.7.23 江戸後期の儒学者。頼山陽の叔父。名は惟柔、字は千祺・季立、通称は万四郎。杏坪・春草と号す。安芸国生れ。兄春水・春風とともに大坂で学び、一七八五年(天明五)広島藩儒となる。郡方役所詰、備後国三次町奉行を勤めるなかで、儒学思想の社会的実践をはかった。著書に「春草堂詩鈔」「老いの絮言」があり、「芸藩通志」の編纂にも携わる。

らいげん【頼源】 ?～1183.2.24 平安末期の絵仏師。頼助の子。一一四二年(康治元)藤原忠通の発願で葉衣観音を描き、四九年(久安五)延勝寺供養時の勧賞で父の功を譲られて法橋に叙せられ、のち法眼。両界曼荼羅・阿弥陀如来像など多くの画績が伝えられるが遺品はない。

らいごう【頼豪】 1002～84.5/11.4 平安中期の天台宗僧。伊賀守藤原有家の子。園城寺の心誉に師事し行円から受法。実相房に住した。修法の効験をもって知られ、一〇七四年(承保元)白河天皇の皇子誕生を祈願し、敦文親王が誕生したことから園城寺戒壇創設を請うが、延暦寺の反対で成就しなかった。その後怨念を含んでみずから断食死し、怨霊となって鼠に化し、延暦寺の聖経を食い破ったと伝える。

らいざん【来山】 1654～1716.10.3 江戸前期の俳人。姓は小西。通称伊右衛門。初号満平。別号は十万堂・湛翁・湛々翁・未来居士・宗無。大坂の人。父は薬種商。宗因門の由平に師事した後、宗因の直門となる。一八歳で宗匠となり、大坂俳壇で有力な地位を固める。雑俳点者として活躍し、「咲やこの花」など、多くの雑俳書を刊行。編著に「大坂八五十韻」「俳諧三物」、句文集に「今宮草」。摂津国伊丹の鬼貫と親交。

らいさんよう【頼山陽】 1780.12.27～1832.9.23 江戸後期の儒学者・詩人・歴史家。父は春水。母は梅颸。名は襄、字は子賛・子成、通称は久太郎。山陽・三十六峰外史と号す。大坂生れ。広島藩儒の父に従って広島に移る。叔父杏坪に学び、江戸遊学後、一時情緒の安定を欠き、一八〇〇年(寛政一二)脱藩したため座敷牢に幽閉される。のちに菅茶山の廉塾をへて上京。篠崎小竹や梁川星巌などと交わり、歌作の旅での交友も多い。歴史家としても著名で、「日本外史」「日本政記」で展開した史論は、幕末の志士たちの歴史意識・尊王思想の形成に多大な影響を与えた。「新策」「通議」などの政策論や、「日本楽府」「山陽詩鈔」などの著書もある。

ライシャワー **Ⅰ August Karl Reischauer** 1879.9.4～1971.7.10 アメリカ長老派教会宣教師。マコーミック神学校卒業。一九〇五年(明治三八)来日。明治学院・日本神学校で教え、東京女子大学・日本聾話学校の創設に参与、女子学院院長を務めた。四一年(昭和一六)帰国。浄土真宗の研究によりニューヨーク大学で神学博士号を取得。

Ⅱ Edwin Oldfather Reischauer 1910.10.15

～90.9.1　アメリカの歴史学者・日本研究家。駐日大使。宣教師A・K・ライシャワーの子。東京生れ。ハーバード大学で東洋学を学び、第二次大戦中はアメリカ政府の対日政策立案に協力。戦後は同大学教授として日本研究に指導的役割をはたした。広い視野に立った日本近代化の積極的理解は近代化論とよばれ、マルクス主義的研究が主流だった日本の学界にも大きな影響を与えた。屈指の知日派として一九六〇～六六年(昭和三五～四一)駐日大使を務め、日米関係の円滑化に尽力。「Japan—Past and Present」など日本研究に関する著作が数多く、自伝に「My Life between Japan and America」がある。

らいしゅんすい【頼春水】 1746.6.30～1816.2.19　江戸後期の儒学者。安芸国の豪商の子。頼山陽の父。名は惟寛・惟完、字は千秋、通称は弥太郎。春水は号。儒学を平賀晋民に学び、片山北海の混沌詩社で詩名をあげる。大坂江戸堀に開塾。朱子学を奉じ、一七八一年(天明元)広島藩儒となってからは藩学の朱子学での統一をはかり、柴野栗山・西山拙斎らとともに幕府の教学統制(寛政異学の禁)に熱意を示した。著書「春水遺稿」「春水遺響」のほか、「芸備孝義伝」を編纂。

らいじょ【頼助】 1054～1119.6.9　平安後期に活躍した仏師。覚助(かくじょ)の弟子。活動の場を京都から奈良に移し、奈良仏師とよばれる一派の始祖となる。一一〇三年(康和五)に興福寺金堂・講堂の造仏の功で法橋(ほっきょう)となるのが事績の初見。現存作例は知られない。

らいでんためえもん【雷電為右衛門】 1767.1.-～1825.2.11　江戸後期の相撲力士。信濃国生れ。本名関太郎吉。江戸相撲の年寄浦風の門に入り、松江藩松平家の抱え力士として初土俵を踏んだ。一六年間大関の地位にあって無敵をうたわれ、講談の素材にもなり、張り手・鉄砲・閂(かんぬき)を禁じ手とされたという俗説もうまれた。「諸国相撲控帳」(「雷電日記」)と「万御用覚帳」が著作として伝えられる。

ライト ❶**Edde Hannah Wright** 1870.2.13～1950.2.26　イギリスの女性社会福祉事業者。幼いときに両親を失い、一八八九年(明治二二)に来日した伯母ハンナ・リデルが創立した熊本回春堂で、九六年からハンセン病患者救済のために働いた。伯母の死後、第二代院長になった。第二次大戦で国外退去を命じられたが、戦後再び来日し、ハンセン病救済に尽力した。

❷**Edward Wright** 1863～?　初代日本救世軍司令官・救世軍大佐。ロンドンに生まれ、一八九五年(明治二八)一一人の士官を率いて来日。東京新富町に本営をおき、第一小隊(教会の意)を金六町に設立。広範に伝道を展開し、日本救世軍の基礎を築いた。九九年帰国。

❸**Frank Lloyd Wright** 1869.6.8～1959.4.9　アメリカの建築家。ル・コルビュジエやミース・ファン・デル・ローエと並ぶ現代建築の世界的巨匠。一九〇五年(明治三八)初来日。浮世絵の収集家としても著名。建築家として東京日比谷に帝国ホテル(二三年竣工。玄関部分が愛知県犬山市の明治村に移築復元)を建設し、彼自身の代表作を日本に遺す。昭和初期にスクラッチタイル張りライト式建築の流行をもたらす。自由学園明日館(みょうにちかん)(重文)・林愛作邸のほか、兵庫県芦屋市に山邑邸(重文)が現存する。

ライマン　Benjamin Smith Lyman 1835.12.11～1920.8.30　アメリカの地質技師。一八七二年(明治五)北海道開拓使の御雇外国人技師として来日、地質兼鉱山士長として北海道の地質調査などにあたった。七六年以後内務省・工部省に在籍、八一年帰国。この間、石炭・石油などを調査して、「北海道地質総論」(一八七七刊)をはじめ多くの地質図・地質報告書を発表し、日本人地質技師の育成にも尽力した。

らいみきさぶろう【頼三樹三郎】 1825.5.26～59.10.7　幕末期の尊攘派志士。京都生れ。儒者頼山陽の三男。一八四〇年(天保一一)以降大坂・江戸に遊学。さらに蝦夷地(えぞち)を旅行して四九年(嘉永二)に帰京。家塾を開き多くの志士と交わる。五五年(安政二)母の死後尊攘運動に奔走。梁川星巌(やながわせいがん)・梅田雲浜(うんぴん)らと親交、将軍継嗣問題では一橋派にくみして公卿間に入説した。五八年安政の大獄で捕らえられ、翌年江戸に檻送され小塚原で斬刑に処された。

ライン　Johann Justus Rein 1843.9.18～1918.1.23　ドイツの地理学者。ラウンハイム生れ。ボン大学教授。一八七三年(明治六)来日。各地を旅行し、日本の地理・産業の調査と日本産貝類の採集を行い研究した。七五年帰国。「Japan nach Reisen und Studien」(二巻)を出版。

ラウレス　Johannes Laures 1891.11.21～1959.8.3　昭和期のキリシタン史研究家。イエズス会司祭。ドイツ生れ。蘭・米・独の大学で学び、アメリカのコロンビア大学で博士号取得。一九二八年(昭和三)来日、上智大学経済学部教授となる。来日後日本近世のキリスト教史に興味をもち、上智大学にキリシタン文庫を設立。ラテン語史料をも広く収集して、「高山右近の生涯」などを著す。東京で死去。

ラウレル　Jose Paciano Laurel 1891.3.9～1959.11.6　フィリピンの政治家。フィリピン大学・イェール大学で法学を修め、一九二五年上院議員に当選。以後最高裁判所陪席判事などを歴任。太平洋戦争期には日本に協力した。四三年日本占領下でフィリピン共和国大統領に就任し、大東亜会議に出席。第二次大戦後、戦犯とされたが四八年に釈放。四九年の大統領選挙に出馬して落選したが、五一年上院議員にトップ当選。対日賠償交渉団首席全権などを務めた。

ラグーザ Vincenzo Ragusa 1841.7.8～1927.3.13 イタリアの彫刻家。シチリア島パレルモ生れ。パレルモ塑像学校で学ぶ。全イタリア美術展では暖炉装飾彫刻で最高賞を受賞。日本派遣の選抜競技会に首席で合格、日本政府に招かれ一八七六年(明治九)来日し、工部美術学校彫刻科教授となる。約六年間滞日し、アカデミックな写実主義彫刻の技術と理論を教え、日本の洋風彫刻の基礎を築いた。清原玉と結婚。帰国後、パレルモに工芸学校を設立。日本の漆芸を伝えることに尽力した。

ラクスマン Adam Kirillovich Laksman 1766～? ロシアの陸軍将校。フィンランド人。父キリル・ラクスマンはロシアに仕えた博物学者で、イルクーツクで大黒屋光太夫(こうだゆう)ら日本人漂流民と接触、また現地官民の希望をうけて対日通商開始を政府に建言し裁可をえた。アダムは一七九二年(寛政四)その団長として、三人の日本人漂流民を伴い蝦夷地根室に来航。翌年松前で江戸幕府の使節と交渉し、漂流民の送還と長崎入港の信牌(しんぱい)をえることに成功。ただし長崎には回航せず帰国。九六年以降に没。

らくりょうにゅう【楽了入】 ⇨了入(りょうにゅう)

ラゲ Emile Raguet 1854.10.24～1929.11.3 パリ外国宣教会宣教師。ベルギー生れ。一八七九年(明治一二)司祭として来日。長崎で日本語を習得し、平戸・福岡・宮崎・鹿児島で布教。日本語に堪能で仏和辞典の編集、新約聖書の和訳に努めた。一九一五年(大正四)長崎浦上(うらかみ)教会主任司祭のとき天主堂を完成。東京で没した。

らしんぎょく【羅振玉】 Luo Zhenyu 1866～1940.6.19 中国の清代末・民国時代の学者。浙江省出身。辛亥(しんがい)革命のとき日本に亡命したが一九一九年帰国して天津に住み、二五～二九年宣統帝の師傅(しふ)としてその教育にあたり、退任後旅順に移った。満州国の設立とともに参議府参議、監察院院長に就任。敦煌(とんこう)文書、殷墟(いんきょ)出土の甲骨文、内閣大庫の明・清代の文書類(檔案(とうあん))などの資料の収集と保存・整理および研究・出版に努め、散逸を防いだ功績は大きい。

ラーネッド Dwight Whitney Learned 1848.10.12～1943.3.19 アメリカン・ボードの宣教師・同志社教授。一八七五年(明治八)来日、同志社の経営を援助し、また広く諸学科を担当して在任五二年余、一九二八年(昭和三)帰国。経済学・政治学の講義は初期の社会主義・共産主義・無政府主義の批判として注目された。新約聖書の注解書は初期の注解書・文献として貴重。

ラ・ペルーズ Jean François de, Galaup Comte de La Pérouse 1741.8.21～88 フランスの航海者。ルイ一六世の命で一七八七年アジア東北沿岸を探検。日本海をヨーロッパ船として最初に北上しサハリンに至る。間宮海峡までいったが、海峡と確認しないまま南下し、宗谷海峡をラ・ペルーズ海峡と名づけた。その後赤道を越えサンタ・クルーズ島海域で遭難。

ラモン Pedro Ramón 1549～1611 スペイン人イエズス会宣教師。一五七七年(天正五)来日。府内(大分)コレジヨで日本語を学び、八〇年に開設された臼杵の修練院の修練長となる。八六年島津氏の豊後侵入により山口へ避難。八七年バテレン追放令によって平戸・生月(いきつき)へ移り、肥前国各地を転々とした。九五年(文禄四)マカオに渡り、九九年(慶長四)日本へ戻る。一六〇一年から博多の修練院で布教に従事。一〇年長崎に移り、翌年同地で没。文筆の才に優れ、翻訳に従事し、キリシタン文学研究に貢献。

らんけいどうりゅう【蘭渓道隆】 1213～78.7.24 鎌倉中期に来朝した中国南宋の臨済宗の僧。諡号(しごう)は大覚禅師。出自は冉(ぜん)氏。一三歳のとき成都の大慈寺で出家、のち無準(ぶじゅん)師範などに参禅。陽山の無明慧性(むみょうえしょう)のもとで悟りを契り法をつぐ。一二四六年(寛元四)入宋した日本の律僧月翁智鏡(げつおうちきょう)の誘いで来日。以後、筑前国円覚寺、京都泉涌(せんにゅう)寺・来迎院、鎌倉寿福寺に寓居。五三年(建長五)北条時頼に招かれて鎌倉建長寺開山となる。のち京都建仁寺に住んだが、再び建長寺に戻る。義翁・竜江のほか多数の弟子を輩出し、この一派を大覚派という。晩年、讒言(ざんげん)により二度甲斐国に流されたが、そのつど赦されて建長寺に戻った。「大覚禅師語録」三巻がある。

らんこう【闌更】 1726～98.5.3 江戸中・後期の俳人。高桑(たかくわ)氏。加賀国金沢生れ。希因に師事。芭蕉復興を企図し、一七六三年(宝暦一三)に翁塚の碑を建て、「花の故事(ふること)」を編む。六九年(明和六)「有の儘(まま)」、七一年「落葉考」などの俳論書で蕉風の正統を主張。七四年(安永三)江戸で二夜庵を再興、翌年歳旦帖刊行。「三冊子」などの蕉風俳書も復刻。上京後八三年(天明三)三月芭蕉会を主催、以降「花供養」を刊行。九三年(寛政五)二条家から花本(はなのもと)宗匠の称をうけた。京都で没。

ランシング Robert Lansing 1864.10.17～1928.10.30 アメリカの政治家。弁護士から政府の法律顧問に転じ、アラスカ国境問題・北太平洋漁業問題などの国際紛争処理にあたる。ウィルソン大統領のもとで一九一五年に国務長官となる。一七年(大正六)一一月石井菊次郎特派大使との間で、中国に関する共同宣言である石井・ランシング協定を成立させたが、パリ講和会議でウィルソンと対立して辞任した。

らんせつ【嵐雪】 1654～1707.10.13 江戸前期の俳人。本名服部孫之丞・彦兵衛など。江戸生れ。父に従い常陸国麻生(あそう)藩、同笠間藩などに仕官。一六七四年（延宝二）頃、芭蕉に入門、嵐亭治助(らんていはるすけ)と号した。八六年（貞享三）頃、武士をやめ俳諧師となり、八八年（元禄元）処女撰集「若水(わかみず)」ほかを刊行。其角(きかく)とともに蕉門の双璧と称されたが、元禄期になって芭蕉から離れた。句風は平明温雅で、人情味のある作品が多い。句集「玄峰集(げんぼうしゅう)」。蕉門十哲の一人。

らんぱけいし【蘭坡景茝】 1417/19〜1501.2.28 室町中期〜戦国期の臨済宗の僧。近江国生れ。別号は雪樵(せっしょう)。南禅寺に入り大模梵軌(だいもぼんき)の法をつぎ、希世霊彦(きせいれいげん)や瑞巌竜惺(ずいがんりゅうせい)らに漢詩文を学んだ。一四七五年（文明七）臨川寺に住した。その後、相国寺・等持院・常在光寺などを歴住し、南禅寺に仙館軒（のち仙館院）を創建。後土御門天皇に厚遇され、詩などを進講した。駢儷(べんれい)体にすぐれた。詩文集「雪樵独唱集」。

ランバス Walter Russell Lambuth 1854.11.10〜1921.9.26 アメリカの南メソジスト監督教会宣教師。宣教師の子として上海に生まれ、米・英で神学・医学を修め、一八八六年（明治一九）父とともに来日し神戸に居住、日本伝道の責任者となる。パルモア学院・関西学院・広島女学院などを設立。また神戸・大阪・広島・松山・大分などに伝道、九一年帰国後、監督となる。

らんらん【嵐蘭】 1647〜93.8.27 江戸前期の俳人。松倉氏。本名盛教。板倉氏に三〇〇石で仕えた武士。一六九一年（元禄四）頃致仕し、江戸浅草に住む。一六七五年（延宝三）頃芭蕉門に入り、「桃青門弟独吟二十歌仙」には独吟一巻を収録。編著に九二年刊「けし合(あわせ)」がある。芭蕉は「悼嵐蘭詞」（「嵐蘭ノ誄(るい)」）で誠実・清廉な人柄を追悼した。

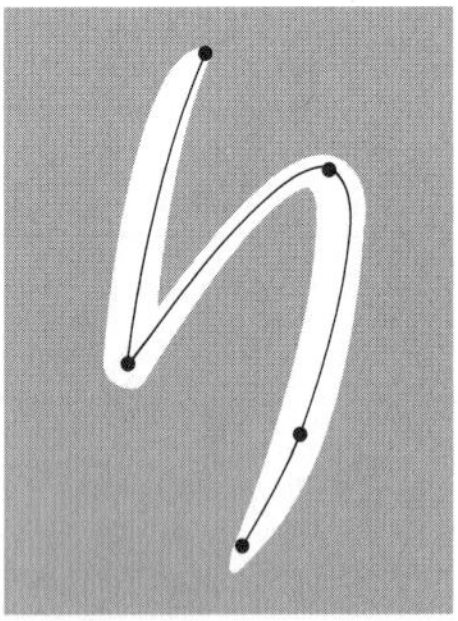

りえんこう【李延孝】 ?〜877 平安前期の唐の商人。在唐の渤海人か。八五三年（仁寿三）七月、円珍一行を乗せて博多を出航、肥前国値嘉(ちか)島、琉球をへて福州に至った。のちに円珍の従者の伯阿古満を乗せて日本に来航、八五六年（斉衡三）には唐に帰って円珍と再会し、八五八年（天安二）円珍らを伴って来航。八六二年（貞観四）にも来航し、八六五年の来航時には真如入道親王の従者らを乗船させた。八七七年（元慶元）に入唐僧円載(えんさい)らを伴って来航する途中、遭難して溺死。

りおうけ【李王家】 朝鮮の王家。李成桂（太祖）が高麗(こうらい)を倒して朝鮮王朝を創始したのに始まる。一九一〇年（明治四三）八月の日韓併合により朝鮮が日本の支配下に入るまでに、二七代約五〇〇年続いた。熙（高宗）は一八九七年皇帝の位につき、国号も大韓と改めたが、一九〇七年ハーグ国際平和会議に密使を送ったため退位させられ、坧(せき)（純宗）が継承、日韓併合により昌徳宮李王と称し、皇族として待遇された。純宗の皇太子だった垠(ぎん)は日韓併合により王世子と称して陸軍に入り、中将にまで累進した。垠妃は梨本宮守正王第一王女の方子(まさこ)。四七年（昭和二二）五月日本国憲法施行により李王家は廃止され、のち韓国に帰国した。

りかんよう【李完用】 I Wan-yong 1858〜1926.2.11 李氏朝鮮末期の政治家。はじめ親露派として活躍したが、一九〇五年（明治三八）第二次日韓協約締結に賛成し、日本とくに伊藤博文の信任をうけ、翌年内閣を組織。自派による政権独占と旧来の両班(ヤンバン)政治の復活をめざしたが、一進会と対立した。一〇年第三代統監寺内正毅(まさたけ)と日韓併合を議し、併合条約調印者となる。併合後日本から伯爵、ついで侯爵をうける。

りきどうざん【力道山】 1924.11.14〜63.12.15 昭和期の力士・プロレスラー。朝鮮出身。本名は金信洛(きんしんらく)、のち養子縁組して百田光浩(ももたみつひろ)を名のる。一九三九年（昭和一四）二所ノ関部屋に入門し、四九年関脇となるが五〇年廃業。プロレスリングに転向、渡米して修業した。五三年日本プロレス協会を設立し、日本のプロレス確立に貢献する一方、五四年初代の日本選手権を獲得。空手チョップで人気を博した。

リギンズ John Liggins 1829.5.11〜1912.1.7 アメリカ聖公会宣教師。イギリス生れ。中国布教中にマラリアにかかり、暴徒に襲われ病状が悪化、療養のため一八五九年（安政六）長崎へ渡来。通商条約実施以前だったが、崇福寺居住を許され、長崎奉行所の役人に英語を教える。開国後アメリカ聖公会派遣の最初の日本宣教師となる。六〇年（万延元）マラリア再発のため日本を去る。長崎滞在中に漢訳聖書をはじめ中国文の学術書を輸入・頒布し、布教の準備をした。

りくにょ【六如】 ⇩慈周(じしゅう)

りこうしょう【李鴻章】 Li Hongzhang 1823.1.5〜1901.11.7 中国清朝末期の政治家。字は少荃(しょうせん)。安徽省出身。一八四七年進士に及第。六一年曾国藩(そうこくはん)の幕僚として淮(わい)軍を編成、翌年江蘇巡撫として太平天国を鎮圧。両江総督・湖広総督をへて、七〇年直隷総督兼北洋通商事務大臣となり、清政府の外交・軍事・経済の全権を掌握。「自強求富」の洋務運動に力を注ぎ、江南製造局・輪船招商局・天津電報局・上海機器織布局などの近代工業を創設。外交では妥協路線を堅持し、壬午・甲申事変の際、日本との衝突をさけ、日清戦争の回避にも努めた。戦後全権として下関で講和条約に調印。対露接近を図り、露清密約にも調印。一九〇一年義和団の乱の処理後、急逝した。

りさんぺい【李参平】 ?～1655　江戸初期の伊万里焼の陶工で、その開祖とされる。日本名は金ケ江三兵衛。朝鮮半島忠清道金江の生れという。文禄・慶長の役の際、佐賀藩の家臣に従って来日し、一六一六年(元和二)有田泉山に白磁鉱が発見されると、上白川で白磁を焼いたと「金ケ江日記」は伝える。西有田町の竜泉寺の過去帳の一六五五年(明暦元)には上白川三兵衛とあり、上白川の墓地からは同年・同名の墓石も発見された。

りしゅんしん【李舜臣】 1545.3.8～98.11.19　朝鮮王朝中期の武将。徳水の人。字は汝諧、諡は忠武。一五七六年武科及第。九二年壬辰倭乱(文禄の役)がおこると、朝鮮半島南岸各所で日本水軍を撃破、沿岸制海権を確保した。功により正二品正憲大夫、忠清・全羅・慶尚三道水軍統制使となる。九七年一月讒言により逮捕投獄されたが、同年七月復職。翌年一一月露梁津の戦闘中に没。日本軍の得意な銃撃・白兵戦を防ぐために考案した亀甲船は有名。

りしょうばん【李承晩】 Rhee Syng-man　1875.3.26～1965.7.19　韓国の政治家。黄海道出身。独立協会幹部として反日・独立運動に従事。一九〇五年渡米。ワシントン大学を卒業後、プリンストン大学で博士号を獲得。一九年上海で大韓民国臨時政府を組織し、国務総理ついで大統領となるが、その後はアメリカで独立運動を継続。日本敗戦後の四五年一〇月帰国し、四八年大韓民国の成立とともに初代大統領。四選するが六〇年四月の学生革命により辞任。亡命先のハワイで死去。

りじょしょう【李如松】 ?～1598　中国明の武将。字は子茂。号は仰城。諡は忠烈。遼東鉄嶺衛(現、遼寧省鉄嶺県)の人。先祖は朝鮮出身。弟八人もすべて軍人。一五九二年朝鮮救援のため軍務提督として五万の兵を率い東征。翌年一月平壌で小西行長らの軍を破る。しかし同月漢城(ソウル)西北の碧蹄館で小早川隆景の軍に敗れると戦意を喪失し、小西行長と沈惟敬の進める講和工作に期待した。同年末帰国。九七年遼東総兵官。九八年遼東で戦死。

リース　Ludwig Riess 1861.12.1～1928.12.27　日本近代歴史学の基を築いたドイツの歴史家。西プロイセン出身。一八八〇年ベルリン大学入学、八四年中世イギリス議会制度史の研究で博士の学位を取得。八七年(明治二〇)帝国大学文科大学に招聘され史学科の創設に参与、一九〇二年に帰国するまでヨーロッパ実証史学の移植と西洋史学専攻者の養成に尽力した。帰国後ベルリン大学講師および教授に就任。著書「歴史学方法論」「近代ヨーロッパの基礎」(ともに独文)。

りせいけい【李成桂】 1335～1408.5.24　太祖とも。李氏朝鮮初代国王(在位一三九二～九八)。諱は成桂。字は仲潔。号は松軒。咸鏡南道永興に生まれ、武将として高麗に仕えて北方では女真勢力を平定、紅巾軍の侵入を防ぎ、南方では倭寇の平定に力を尽くした。一三八八年高麗政府の中心人物崔瑩を退け、辛禑王を廃して辛昌王をたてた。ついでこれをも廃して恭譲王をたてたのち、九二年王位につき、国号を朝鮮と改めた。九八年鄭道伝らの反対により退位。

りたいおう【李太王】 ⇨高宗[二]

りたん【李旦】 ?～1625　江戸初期の中国人商人の首領。福建省泉州の人。はじめルソン(フィリピン)のマニラで勢力を伸ばしたが、平戸に移住し中国人商人の首領となった。台湾、トンキン、コーチ、ルソン方面と盛んに貿易を行い、とくに中国商人・官憲との交渉能力にたけていた。イギリス人からは、シナ・カピタン・アンドレア・ディッティスとよばれた。一六二五年(寛永二)平戸で没し、その勢力基盤は鄭芝竜が継承した。

リーチ　Bernard Leach 1887.1.5～1979.5.6　香港生れのイギリス人。陶工。幼児期を日本で過ごし、のちロンドン美術学校に学んで高村光太郎と出会う。一九〇九年(明治四二)に来日、翌年陶芸を志して六世尾形乾山に入門し、千葉県我孫子の自邸に築窯した。在日中、民芸運動に参加する。彼が紹介したイギリスの民窯スリップウェアは、日本の民芸作家に強い影響を与えた。七四年(昭和四九)国際交流基金賞を受賞、七九年イギリスのセント・アイブスの自宅で死去。

りちゅうてんのう【履中天皇】 記紀系譜上の第一七代天皇。五世紀前半頃の在位という。大兄去来穂別天皇と称する。仁徳天皇の第一子。母は皇后磐之媛。即位前、羽田矢代宿禰の女(葦田宿禰の女ともいう)黒媛をめぐり、同母弟の瑞歯別(反正天皇)に同母弟の住吉仲皇子を殺させた。磐余稚桜宮(現、奈良県桜井市池之内付近)を営み、黒媛との間に市辺押磐皇子らをもうけた。「宋書」倭国伝にみえる讃にあてる説がある。百舌鳥耳原南陵に葬られたとされ、大阪府堺市の石津丘古墳があてられる。

リッジウェー　Matthew Bunker Ridgway 1895.3.3～1994.7.26　アメリカの軍人。バージニア州出身。第二次大戦中の一九四三年七月のアメリカ軍事史上初の本格的な空挺作戦(シチリア作戦)の司令官。朝鮮戦争では中国義勇軍の介入によって不利となった戦況を第八軍司令官として立て直した。五一年(昭和二六)四月、解任されたマッカーサーに代わり在日連合国軍最高司令官に就任。五二年NATO軍総司令官に転出。

りっしょうだいし【立正大師】 ⇨日蓮

リットン Alexander George Robert Lytton 1876.8.9～1947.10.25 イギリスの政治家・外交官。海軍次官・インド国務次官などを歴任。一九三一年国際連盟イギリス代表。翌三二年(昭和七)満州事変に関する現地調査委員会団長として日本・中国を視察。同年一〇月二日報告書(リットン報告書)を公表した。この報告書の勧告が国際連盟での審議の基礎となったが、これに反発した日本は連盟脱退への道を歩むことになる。

リニュール François Alfred Désiré Ligneul 1847.9.1～1922.7.25 パリ外国宣教会宣教師。一八八〇年(明治一三)来日、サン・モール修道会つき司祭、大神学校校長に任命された。八五年月刊「天主之番兵」主幹となり、反キリスト教思想、正教会や新教と論争し、九四年以降カトリック誌「声」の編集長を務めた。知識人への布教に貢献。

リバデネイラ Marcelo de Ribadeneira ?～1606.1.16 フランシスコ会宣教師。スペイン生れ。一五九四年(文禄三)マニラ総督使節として来日。九六年(慶長元)病気のため大坂から長崎へ転地し、日本二十六聖人の殉教を目撃。日本追放後、マカオ、マニラ、マドリード、ローマで殉教の証人として列聖の調査に尽力。

リービット Horace Hall Leavitt 1846.7.8～1920.4.30 アメリカン・ボード宣教師。一八七三年(明治六)来日し大阪で伝道。日本伝道は日本人があたるべきことを説き、七六年沢山保羅を援助して、自給の浪花教会と梅花女学校(のち梅花学園)を設立。自給の主張のために他の宣教師と対立、八三年アメリカに召還された。

りみつえい【李密翳】 生没年不詳。奈良時代に来日したペルシア人。七三六年(天平八)八月、入唐副使中臣名代に従って来日、一一月に授位された。経歴などはいっさい不明。工芸に長じていたのではないかとの説がある。

りゅうあみ【立阿弥】 足利将軍に仕えた立花作家の一系統の人々の称号。その活動は、一五世紀前半～一六世紀初頭に及び、歴代唐物・座敷飾の同朋衆や立花の名手として活躍したことが知られる。とくに将軍足利義政につかえた立阿弥は、たびたび将軍の御前の花瓶に花を立てるなど、立花成立期の名人として著名。

りゅうかん【隆寛】 1148～1227.12.13 平安後期～鎌倉前期の法然門下の念仏僧。長楽寺派の祖。字は皆空(道空)無我。少納言藤原資隆の子。幼くして延暦寺にのぼり、伯父皇円について天台を学ぶ。慈円とも和歌を通じて親交があった。のち法然の門下に入り、一二〇四年(元久元)三月には法然から「選択本願念仏集」を授けられた。嘉禄の法難では専修念仏の張本の一人として奥州へ配流され、その途中、関東の武士を教化し、飯山(現、神奈川県厚木市)で死去。著書「弥陀本願義」。

りゅうけいしょうせん【竜渓性潜】 1602.7.30～70.8.23 「りょうけい」とも。江戸前期の黄檗宗の僧。京都生れ。如常老人と号する。はじめ臨済宗の摂津普門寺で出家し宗琢と称し、伯蒲慧稜に参じて竜渓宗潜と改め印可をうける。一六二七年(寛永四)の紫衣事件では伯蒲の側近として活躍した。のち隠元隆琦に協力して黄檗山万福寺の創建、日本黄檗宗の開立を助けた。六三年(寛文三)隠元の印可をうけ法諱を性潜に改めた。後水尾法皇は性潜の法をつぎ、大宗正統禅師の号を賜った。

りゅうこう【隆光】 1649.2.8～1724.6.7 江戸中期の真言宗新義派の僧。五代将軍徳川綱吉の護持僧。出自は大和国の旧家河辺氏。一六五八年(万治元)仏門に入る。唐招提寺・長谷寺で修学したのち、奈良・醍醐で密教を修行。八六年(貞享三)将軍家祈禱寺の筑波山知足院の住職に命じられたのを機に、急速に綱吉の帰依を得た。九五年(元禄八)真言宗新義派では初の大僧正となる。著書「理趣経解嘲」「筑波山縁起」。日記「隆光僧正日記」。

りゅうじゅ【竜樹】 150～250? 竜猛・竜勝とも。大乗仏教の思想基盤を確立した学匠。南インドのバラモン出身。バラモン教学から小乗仏教に転向、ついで北インドに移って大乗仏教に傾倒して、空の思想を中心とした中観哲学を大成した。主著に空思想の原典「中論」があり、以後の大乗仏教すべてに影響を与えた。中国・日本では八宗(南都六宗と真言・天台両宗)の祖と仰がれ、また浄土真宗でも祖師の一人とされる。

りゅうじんがん【劉仁願】 生没年不詳。初唐の武将。字は士元。六四五年、太宗の高句麗遠征に参加し功績をあげた。つづいて六六〇年の百済遠征に将として参加、百済を滅ぼした。百済にとどまって六六一年、熊津都督となり、以後鬼室福信ら百済の遺民の攻撃から熊津を守り続けた。六六三年、白村江の戦に参戦し日本・百済軍を破った。その後一時帰国したが、六六七年李勣の高句麗遠征に際して期日におくれ、姚州に流罪となる。劉仁願紀功碑が忠清南道扶余に残る。

りゅうじんき【劉仁軌】 602～685.1.22 初唐の武将。汴州(河南省開封)の人。博く文学と歴史に通じた。六六三年白村江に百済と倭の連合軍を破り、百済を平定。六六五年新羅・百済・耽羅・倭の酋長を泰山での封禅の儀式に引率した。六六八年李勣らと高句麗を平定、六七四年新羅を討つ。死後、開府儀同三司幷州大都督を贈られ、乾陵に陪葬された。

りゅうしんたろう【笠信太郎】 1900.12.11～67.12.4　昭和期のジャーナリスト。福岡県出身。東京商科大学卒。一九三六年(昭和一一)東京朝日新聞社入社、のち論説委員となる。昭和研究会の中心メンバー。四〇～四八年ヨーロッパ特派員。六〇年安保で七社共同声明を提案、起草したとされる。著書多数、五〇年刊行の「ものの見方について」はベストセラー。

りゅうぜん【隆禅】 1038～1100.7.10/14/24　平安後期の法相宗僧。左少将藤原政兼(源雅兼とも)の子。興福寺南院の円縁に因明・法相教学を学ぶ。一〇七三年(延久五)維摩会講師、八二年(永保二)律師に任じられ、のち権大僧都まで昇る。八七年(寛治元)興福寺大乗院を創建し、一乗院と並ぶ門跡寺院の基礎を築いた。九六年(永長元)興福寺権別当となり、長谷寺・大安寺の寺務も兼任した。

りゅうぞうじし【竜造寺氏】 中世肥前国の豪族。本姓藤原氏。肥前国在庁官人高木氏の一流。鎌倉時代、高木季家が佐嘉郡小津東郷内竜造寺村(現、佐賀市)地頭に任じられて、以後竜造寺氏を称し、御家人として活躍。南北朝期は足利尊氏に従い、その後は代々少弐氏に属して活躍、有力な国人領主に成長した。戦国期、隆信の代に、少弐時尚を破り、肥前国を平定。大友・島津両氏と並んで九州を三分する勢いを示したが、隆信敗死後は急速に衰えた。その後は重臣鍋島氏に代わられ断絶。

竜造寺氏略系図

季家……胤栄＝隆信―政家┬高房―季明
　　　　　　　　　　　　└安良―氏久＝政辰

りゅうぞうじたかのぶ【竜造寺隆信】 1529.2.～84.3.24　肥前国の戦国大名。幼名長法師丸。円月。胤信。中納言・山城守。父は水ケ江竜造寺氏周家。母は竜造寺胤和の女。宗家胤栄の後を継ぐ。一五五一年(天文二〇)謀反により追放されるが五三年に復帰。五九年(永禄二)少弐氏を滅亡させ、東肥前を制圧。六九年、七〇年(元亀元)の大友宗麟の侵攻を退け、肥前一国を平定し筑前・筑後・肥後・豊前各国にも進出したが、八四年(天正一二)の沖田畷の戦で島津・有馬両氏連合軍に敗れ戦死。

りゅうぞうじまさいえ【竜造寺政家】 1556～1607.10.2　戦国末～江戸初期の武将。肥前国佐賀城主隆信の子。一五八〇年(天正八)隆信から家督を譲られ筑後・肥後を転戦。八四年、隆信戦死後も譜代の重臣鍋島直茂の補佐をうけその地位を保つ。豊臣秀吉の九州平定後は、肥前国七郡三五万石を安堵される。九〇年に隠居、家督を嫡子高房に譲り、五〇〇〇石余の隠居領をうける。

りゅうそうろ【竜草廬】 1714.1.19～92.2.2　江戸中期の漢詩人。名は公美、字は君玉、通称彦二郎、草廬は号。山城国伏見の人。宇野明霞に徂徠学を学んだが破門され、京都で私塾や詩社幽蘭社を開いた。三六歳で彦根藩に出仕、六一歳で致仕。その間も漢詩人として活躍し、「竜草廬先生集」を出版。国学・和歌の素養もあり、賀茂真淵に入門、歌集もある。書家としても知られた。

りゅうそん【隆尊】 706～760.閏4.18　奈良時代の僧。義淵に師事して法相・華厳を学び、元興寺のち興福寺に住した。伝戒の師の日本招請を舎人親王に建議し、七三三年(天平五)栄叡・普照を唐に派遣し、道璿・鑑真らの来朝のきっかけを作ったという。七五一年(天平勝宝三)律師となり、翌年の東大寺開眼供養で華厳講師を勤める。七五五年律師を辞任。

りゅうたつ【隆達】 1527～1611.11.25　織豊期の小歌隆達節の創始者。博多に来日し帰化した漢人の後裔でのち和泉国堺に移り、薬種問屋を営み高三を姓とした。父隆喜の隠居所日蓮宗顕本寺の庵室を引き継ぎ、高三坊・自在庵などと称した。多才で書画や音曲にもすぐれ、とくに当時流行の小歌を集め、みずから作詩・作曲をし「隆達小歌」を大成。

りゅうていたねひこ【柳亭種彦】 1783.5.12～1842.7.19　江戸後期の戯作者。本名は高屋彦四郎知久。旗本の子として江戸に生まれ、家督を相続。唐衣橘洲や烏亭焉馬に師事して戯作の道に入り、「奴の小まん」前編(一八〇七)などの読本を数種発表したのち合巻に重心を移し、「正本製」で合巻作者としての地位を確保。とくに「偐紫田舎源氏」と「邯鄲諸国物語」が好評だったが、前者が天保の改革で筆禍をうけて版木を没収され、まもなく病死。優れた考証随筆もある。

りゅうていりじょう【滝亭鯉丈】 ?～1841.6.10　江戸後期の戯作者。本名は池田八右衛門。旗本に入婿後、櫛屋・縫箔屋などを営んだとも、新内の三味線を得意とした寄席芸人だったともいう。為永春水の兄ともいわれ、彼との合作「明烏後正夢」などの人情本もあるが、主力は滑稽本にあり、十返舎一九の影響をうけた「栗毛後駿足」「箱根草」や、江戸町人の遊戯生活を写実的に描いて滑稽本の一つの典型を示した「八笑人」や「和合人」がある。

りゅうはぜんしゅ【竜派禅珠】 1549～1636.4.20　江戸前期の五山派の禅僧。法諱は禅珠、道号は竜派。寒松とも号す。相模国生れ。出家ののち鎌倉円覚寺で修学し臨済宗仏源派をつぐ。一五七三年

(天正元)足利学校に入学し易学を習得。一六〇二年(慶長七)徳川家康の命で足利学校一〇代庠主に就任。武蔵国芝村長徳寺の住持も勤め、晩年はおもに足利学校と長徳寺を往復。以心崇伝をはじめ幕閣や各地の医師とも交流。著書「寒松日記」。

りゅうほ【立圃】 1595～1669 江戸前期の俳人。姓は野々口。名は親重。庄右衛門・宗左衛門・市兵衛・次郎左衛門とも。別号は松翁・松斎・如入斎。京都の人。雛人形の細工を家業とした。貞徳に師事するが、「犬子集」編集で重頼と対立し、貞徳からも離れ、いわゆる立圃流を開いた。代表作は撰集の「俳諧発句帳」、作法書「はなひ草」、発句集「そらつぶて」、俳論「河舟付徳万歳」。絵にも熟達し、松花堂風の画風は近世俳画の端緒。

りょうあんけいご【了庵桂悟】 1425～1514.9.15 室町中期～戦国期の臨済宗の僧。諱は仏日禅師。山城真如寺の大疑宝信の法をつぎ、伊勢の安養寺をへて、一四七八年(文明一〇)東福寺に住した。三条西実隆の推挙で名を高め、朝廷でしばしば禅を説いた。一五〇六年(永正三)遣明正使となり、一一年入明、貿易品価格の折衝や文人との交流を行った。一三年帰国し、南禅寺・東福寺大慈院に住んだ。著書「壬申入明記」。

りょうかい【梁楷】 生没年不詳。中国の南宋の画家。東平(現、山東省東平県)生れ。一二〇一～〇四年に画院の下級事務官の待詔となる。極度に筆数の少ない描写法である減筆体の人物画と、精妙な山水画がある。室町時代以降、日本の水墨画に大きな影響を及ぼした。代表作「李白吟行図」「潑墨(山水画の描法)仙人」。

りょうかん【良寛】 1758.12.-～1831.1.6 江戸後期の漢詩人・歌人。禅僧。越後国出雲崎の名主山本泰雄の長男。幼名栄蔵。文孝を名のる。良寛は剃髪後の名。通称作左衛門。字は曲。五合庵・大愚と号す。一三歳頃、儒者大森子陽に就学、のち光照寺の玄乗破了に参禅。二二歳のとき備中国玉島円通寺の大忍国仙について同寺に赴き、一七九〇年(寛政二)師から印可の偈をうけた。その後は諸国を行脚し、四七歳で越後国国上山の中腹五合庵に定住した。天性の詩才に恵まれて詩・歌に秀で、書は独自の光彩を放って珍重される。奇行で知られ、二〇〇近い逸話が伝わる。歌集「布留散東」「蓮の露」。

りょうかん【良観】 ⇨忍性

りょうけいちょう【梁啓超】 Liang Qichao 1873.1.26～1929.1.19 中国の清朝末～民国初期の思想家・政治家。字は卓如、号は任公・飲冰室主人。広東省出身。一八八九年の挙人。康有為に師事し、変法維新を主張。戊戌政変後、日本に亡命。「清議報」「新民叢報」で立憲君主制を提唱。一九一二年一一月帰国後、袁世凱政権の司法総長になるが帝政に反対。二〇年に引退し、著述に専念した。

りょうけん【亮賢】 1611～87.3.7 江戸前期の真言宗新義派の僧。江戸護国寺の開山。上野国生れ。郷里の得成寺で出家し大和国長谷寺で修学。のち得成寺や高崎大聖護国寺の住職。卜筮の名声が桂昌院に達し、懐妊を占って徳川綱吉が誕生した功により、一六八一年(天和元)綱吉から桂昌院の祈願寺である護国寺の開山を命じられた。

りょうげん【良源】 912.9.3～985.1.3 元三大師・御廟大師・角大師・慈恵大師とも。平安中期の天台宗僧。俗姓木津氏。近江国浅井郡生れ。比叡山の理仙に師事し、尊意・相応などに学ぶ。九三七年(承平七)興福寺維摩会番論議で頭角を現し、藤原忠平・同師輔の後援を得、九六三年(応和三)応和宗論で名声を確立した。九六六年(康保三)以降、天台座主として堂舎整備や経営基盤の確立に努めて比叡山中興の祖と仰がれた。晩年大僧正。一方で権門子弟の入寺や智証門徒の圧迫を許し、宗内に歪みをもたらした。

りょうしょうし【廖承志】 Liao Chengzhi 1908～83.6.10 中国の政治家。国民党元老廖仲愷の子。別名は何柳華。両親が日本へ亡命中に東京で生まれ、一九一九年帰国。父の暗殺後に再度来日、早稲田大学第一高等学院に入るがのち退校。長征に参加後、三五年中国共産党出版局長となり、四九年以降、統一戦線部副部長などの要職に就き、高碕達之助とLT貿易を実現。中日友好協会会長・第五期全人代副委員長も務めた。

りょうしょうにゅうどうしんのう【良尚入道親王】 1622.12.16～93.7.5 天台宗曼殊院の門跡。八条宮智仁親王の第二王子。母は丹後国宮津藩主京極高知の女常照院。幼称二宮。俗名は勝行・寛恒とも。曼殊院宮付弟となり、一六三二年(寛永九)一月後水尾天皇の猶子となる。三四年八月親王宣下、九月曼殊院において得度。四六年(正保三)三月天台座主に補任。五六年(明暦二)曼殊院を御所近くの旧寺地から洛北一乗寺村へ移し、堂舎を完備した。八七年(貞享四)四月退院して天松院と号した。

りょうせん【霊仙】 霊船・霊宣・霊仙三蔵とも。生没年不詳。平安前期の法相宗僧。近江国生れと伝える。興福寺に学び、八〇四年(延暦二三)入唐。長安で修学し、八一〇年(弘仁元)醴泉寺での「大乗本生心地観経」翻訳の筆受・訳語を勤めた。のち五台山に移り、八二五年(天長二)淳和天皇から渤海僧貞素に託された黄金をうけ、返礼に仏舎利・経典を日本に託送した。その後八二八年までの間に没した。霊境寺浴室院で毒殺されたという。

りょうぜん【良全】 良詮とも。生没年不詳。鎌倉後期～南北朝期の画家。落款に「海西人」と記すことから九州出身とみられるが、外来人との説もある。東福寺に関係の深い絵仏師系の画家と考えられる。「仏涅槃図」(一三二八)、「十六羅漢図」、乾峰士曇賛「騎獅文殊図」などの着色仏画のほか、水墨画では乾峰賛「白衣観音図」、「白鷺図」などがある。

りょうた【蓼太】 1718～87.9.7 江戸中期の俳人。大島氏。信濃国伊那郡大島生れとする説が有力。江戸に住む。一七四〇年(元文五)以前に雪中庵二世吏登の門に入る。四七年(延享四)雪中庵を継承。当時流行の江戸座には五一年(宝暦元)「続五色墨」や「雪颪」で対抗。芭蕉顕彰の念厚く、四二年(寛保二)松島・象潟を行脚、「芭蕉句解」(一七五九)、「俤塚」(一七六三)を刊行。中興俳諧の名家の一人で門人多数を擁し、編著書も多い。

りょうと【涼菟】 1659～1717.4.28 江戸前期の俳人。本名岩田正致。伊勢神宮の下級神職の家に生まれた。はじめ一有に師事して貞門俳諧を学んだが、元禄中頃、芭蕉に入門。芭蕉没後、北越・九州・四国に伊勢派とよばれる一派を形成。細かいことにこだわらない性格が作風に及び、平明で無作為な句を多く作った。編著「山中集」。

りょうにゅう【了入】 1756～1834 江戸後期の陶工。京都楽焼九世。幼名惣次郎、諱は喜全。長入の次男。表千家了々斎宗左から一字を与えられ、了入と称した。三世道入の楽茶碗を基本とした作風で、道入以来の巧者の評をうけた。作域は広く、独創に富み、篦使いを駆使して白泥の文様を楽茶碗に加えた。

りょうにょ【良如】 1612.12.7～62.9.7 江戸前期の僧。西本願寺一三世。諱は光円。一二世准如の次男、母は寿光院准勝。一六二六年(寛永三)得度し、内室の父関白九条幸家の養子となる。三〇年准如の死で門主となり、三八年大僧正。御影堂再建や学寮開設、教祖親鸞の四百回忌法要などを行う。側日記に石川弥右衛門の「石川日記」がある。継室は八条宮智仁親王の女殊光院。

りょうにん【良忍】 1072/73.1.1～1132.2.1 良仁・光静(乗)房・聖応大師とも。平安後期の天台宗僧。融通念仏宗の開祖。尾張国知多郡領主秦道武の子。比叡山の良賀に師事、また禅仁・観勢から円頓戒脈を相承して円頓戒復興に尽力した。二三歳頃京の大原に隠棲、念仏三昧の一方で来迎院・浄蓮華院を創建し、分裂していた天台声明を統一し再興した。一一一七年(永久五)自他の念仏が相即融通しあう融通念仏を創始し、結縁した人の名を記入する名帳をたずさえて広く勧進を行った。

りょうねん【了然】 1646～1711.9.18 元総尼とも。江戸前期の黄檗宗の尼僧。了然は字、諱は元総。京都生れ。二七歳で出家。江戸で黄檗僧白翁道泰に入門を願ったが、美貌のゆえに拒絶されると火のしで顔面を焼き、許可された。一六九三年(元禄六)武蔵国上落合村(現、東京都新宿区)に泰雲寺を開き、白翁を勧請開山に迎え、自身は二世となった。

りょうよ【了誉】 ⇨聖冏

りょうんこう【呂運亨】 Yo Un-hyong 1886～1947.7.19 朝鮮の民族運動の指導者。一九一八年(大正七)上海で新韓青年党を組織し、一九年大韓民国臨時政府に参加。同年末渡日して朝鮮独立を訴えた。その後上海を中心に独立運動を行ったが、二九年(昭和四)逮捕、朝鮮に連行されて懲役三年の刑をうけた。出獄後、朝鮮中央日報社長をへて、四四年建国同盟を結成して解放に備えた。四五年八月一五日には建国準備委員会を結成、九月に朝鮮人民共和国を樹立して副主席となる。左右合作運動に努めたが、四七年七月李承晩派に暗殺された。

リーランド George Adams Leland 1850.9.7～1924.3.17 御雇アメリカ人教師。アマースト大学卒。一八七八年(明治一一)ハーバード大学から医学博士号を授与される。同年新設の体操伝習所(のち東京高等師範体操科)の体操教師として来日、軽体操の指導者を養成し、学校体育の基礎を築いた。八一年に帰国後、ボストンで医院を開業した。

りんあみ【琳阿弥】 生没年不詳。南北朝期の曲舞作者。通称玉林。連歌や和歌に堪能で、三代将軍足利義満に仕え、「東国下りの曲舞」「西国下りの曲舞」などの作詞を手がけた。世阿弥の「申楽談儀」に、義満の機嫌をそこねて東国に下っていたときに作詞した「東国下りの曲舞」に、南阿弥が曲をつけて、少年時代の世阿弥に義満の御前で謡わせたところ、勘気が解けたことが記されている。

りんけ【林家】 「はやしけ」とも。江戸幕府の儒官として文書行政や教育をつかさどった家。初代羅山は徳川家康以下、秀忠・家光・家綱と四代の将軍に仕えて朱子学を講じ、将軍や幕閣からの諮問に答え、武家諸法度、朝鮮使節への国書起草などを行い、弟永喜とともにその地位を高めた。一六三〇年(寛永七)上野忍岡の地に学寮を建設し、幕府学政への参与の道を開き、学者を養成した。二代鵞峰・三代鳳岡によって幕府内での地位が確立。林家の私塾は寛政期に官学昌平黌へと発展した。鳳岡のときに大学頭の官号を得、儒者の剃髪・僧形も終焉させた。その後、代々の林家当主は幕府の諮問をうけ、幕臣の教育にも参与。また諸種の編纂事業も主導した。門弟を多く輩出したが、学問的な発展はみられない。家禄は徐々に加増され、述斎のとき三〇〇〇石余を給された。●● 次頁

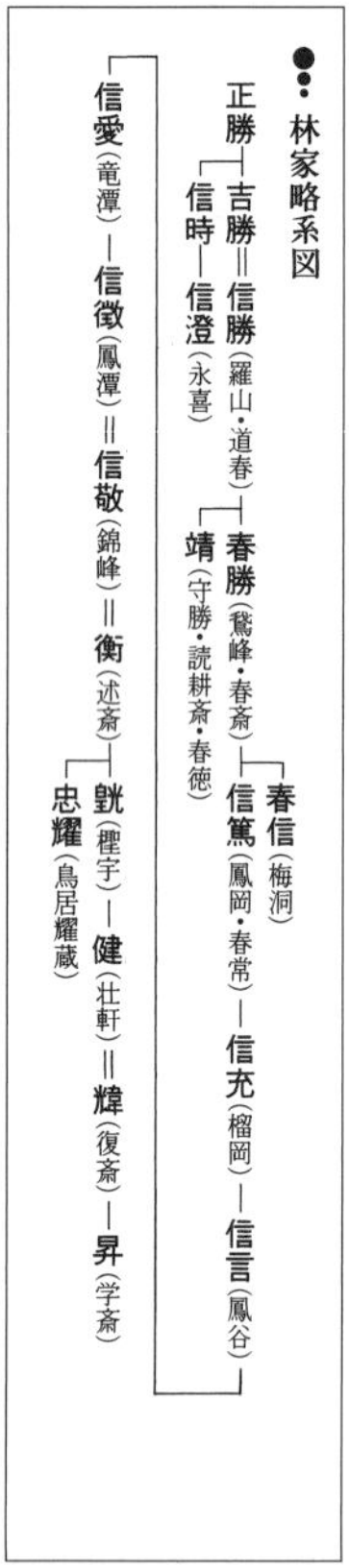

●• 林家略系図

正勝┬吉勝＝信勝(羅山・道春)┬春勝(鵞峰・春斎)┬春信(梅洞)
　　└信時─信澄(永喜)　　　└靖(守勝・読耕斎・春徳)　└信篤(鳳岡・春常)─信充(榴岡)─信言(鳳谷)┐
┌──┘
信愛(竜潭)─信徴(鳳潭)＝信敬(錦峰)＝衡(述斎)┬皝(檉宇)─健(壮軒)＝韑(復斎)─昇(学斎)
　　　　　　　　　　　　　　　　　　　　　　└忠耀(鳥居耀蔵)

りんけんどう【林献堂】 Lin Xiantang 1881～1956.9.- 日本統治下における台湾の抗日民族運動の指導者。名は朝琛、号は灌園、献堂は字。名家霧峰林家の総領として生まれ、梁啓超の影響をうけた。一九一四年台湾同化会に参加、二一年から台湾議会設置請願運動をおこした。台湾文化協会の総理も務め知識人の文化運動を支えたが、二七年左派が主導権をとると消極化。第二次大戦後は台湾省参議会員を務めたが国民党政権とあわず、台湾を離れ、東京で客死。

りんざいぎげん【臨済義玄】 ?～866/867 慧照禅師とも。中国唐末の禅僧で臨済宗の開祖。名は義玄。俗姓邢氏。山東省南華生れ。出家後に黄檗希運のもとで参禅、大悟して法を嗣いだ。のち河北省成徳府の王氏の帰依をうけて、当地の小院(臨済院)に住した。その禅は生身そのままの人間を肯定して、本性に従って自由人であることを提唱するもの。馬祖道一に始まる洪州禅は、ここに新たな活力を得て宋代の主流となる臨済禅に総括された。弟子の三聖慧然の編纂した語録「臨済録」一巻がある。

リンスホーテン Jan Huyghen van Linschoten 1563～1611.2.8 オランダ人旅行家。ハーレム生れ。一五八三年からゴアのポルトガル大司教に書記として仕えるかたわら、インドやポルトガルの東方貿易に関する資料を収集。九二年に帰国後、「東方案内記」「ポルトガル人水路誌」「アフリカ・アメリカ地誌」を出版し、はじめてオランダ人に東洋事情を紹介した。

りんのうじのみや【輪王寺宮】 日光御門主とも。江戸時代、下野国の日光山輪王寺の門跡を勤めた法親王の宮家。幕府の奏請により後水尾天皇第三皇子の守澄入道親王が東下し、日光山の門主として東叡山(寛永寺)に住し、一六五五年(明暦元)後水尾上皇の院宣により輪王寺宮と号したことに始まる。代々東叡山に現住して天台座主を合一し、天台一宗を管轄して比叡・日光・東叡の三山を管領した。最後の門跡である公現入道親王は還俗して能久親王と復名し、北白川宮家を相続した。

る

ルイス・フロイス ⇨フロイス

ルエダ ⇨アンヘレス

ル・ジャンドル Charles William Le Gendre 1830.8.26～99.9.1 李仙得・リゼンドルとも。アメリカの軍人・外交官。フランス生れ。アメリカに移住し帰化。厦門領事として台湾でのアメリカ船員虐殺事件を処理。一八七二年(明治五)副島種臣外務卿に請われ外務省顧問となり、翌年清国に随行。大隈重信にも献策。七四年台湾蕃地事務局出仕。台湾出兵に中立を唱えるアメリカの官憲に厦門で一時逮捕された。九〇年、韓国政府外交顧問となり、ソウルで没した。一五世市村羽左衛門の父と伝えられる。

るすし【留守氏】 中世～近世陸奥国の武家。本姓伊沢氏。一一九〇年(建久元)陸奥国留守職に任じられた伊沢家景を祖とし、職名から留守氏を称した。鎌倉御家人となり、多賀城(現、宮城県多賀城市)・岩切城(現、仙台市)付近を本拠に、余目・村岡・吉田・宮城の諸氏を出した。中世を通じ東北の名門だったが、留守職自体は鎌倉中期以降実態を失った。南北朝期、観応の擾乱に巻きこまれ滅亡したが、のち再興。戦国期には伊達氏に従い、江戸時代は伊達一門に列し、胆沢(いさわ)郡水沢一万石(現、岩手県水沢市)をおさめた。

ルーズベルト ⇩ローズベルト

るすまさかげ【留守政景】 1549〜1607.2.3 戦国期の陸奥国の武将。伊達晴宗の子。留守氏に入り、一五六七年(永禄一〇)家督をついだ。留守氏に入嗣には抵抗もあったが退け、以後伊達氏の重臣として活動。一六〇〇年(慶長五)関ケ原の戦に連動した出羽合戦では伊達軍を率いて最上義光(よしあき)を救援、上杉景勝軍と戦った。

ルセーナ Affonso de Lucena 1551〜1623.6.14 イエズス会宣教師。ポルトガル生れ。一五七八年(天正六)肥前国大村に到着し、以後同地で布教に従事。一六一四年(慶長一九)江戸幕府の宣教師追放によりマカオに渡り日本人を指導。大村滞在中の記録をまとめた回想録を著し、同書は一九七五年(昭和五〇)「アフォンソ・デ・ルセナの回想録」として刊行された。

ルソンすけざえもん【呂宋助左衛門】 ⇩納屋助左衛門(なやすけざえもん)

ルビノ Antonio Rubino 1578〜1643.2.3 イエズス会宣教師。イタリア生れ。マニラで転びバテレン沢野忠庵(ちゅうあん)(フェレイラ)を立ち返らせるために同志を募り、一六四二年(寛永一九)第一隊の長として他の神父四人らとともに薩摩に上陸。捕らえられて長崎に送られ、長崎奉行の訊問をうけた。通訳には忠庵があたった。四三年逆吊しにより殉教。

ルーミス Henry Loomis 1839.3.4〜1920.8.27 アメリカ長老派教会宣教師。一八七二年(明治五)来日、横浜のヘボン塾で教え、横浜第一長老公会(のち指路(しろ)教会)を設立し牧師に就任。賛美歌の和訳、海員伝道にあたる。一度帰国、八一年再来日し、米国聖書会社の支配人として出版事業に尽力。昆虫の収集家としても著名。

ル・メール Maximiliaen Le Maire 生没年不詳。江戸初期の平戸オランダ商館長。一六四〇年(寛永一七)商務員として平戸に勤務、翌四一年商館長となり、同年五月幕府の命令で商館を長崎の出島に移転する。四三〜四四年タイオワン商館(台湾西岸)の長官となり、四五年バタビアから帰国艦隊の司令官としてオランダ本国へ帰る。

ルモアーヌ Clément Lemoine 1869.8.29〜1941.8.10 パリ外国宣教会宣教師。一八九四年(明治二七)来日。九七年上京し、三才社を創立し、月刊「天地人」を創刊、雑誌「声」の編集を継承。また仏文季刊誌を発行し、日仏文化の交流に貢献した。第一次大戦に従軍し再度来日、横浜山手教会主任司祭を務めた。

ルルー Charles Edouard Gabriel Leroux 1851.9.12〜1926.7.4 フランス陸軍の軍楽隊長。パリ音楽院でマルモンテルに師事しピアノを学ぶ。一八八四年(明治一七)九月陸軍軍楽隊教師として来日。八九年一月の離日まで吹奏楽・ピアノ・和声楽などを教授。日本の軍歌・流行歌に大きな影響を与えた「抜刀隊」をはじめ多数の作曲がある。

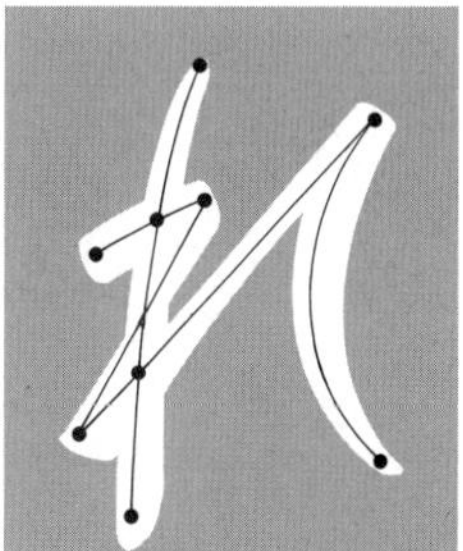

レイ Jean-Pierre Rey 1858.11.3〜1930.5.25 パリ外国宣教会宣教師。一八八二年(明治一五)来日、F・エベラールの助手となり孤児院に勤務し、自立のための技術を教えた。一時帰国し再度来日、静岡にサン・モール修道会を招き、仏英女学校(のち静岡双葉学園)を開校。一九一二年(大正元)東京大司教に任じられた。

れいがん【霊巌】 1554.4.8〜1641.9.1 檀蓮社雄誉とも。江戸前期の浄土宗の僧。字は松風。出自は駿河国沼津氏。一五六四年(永禄七)浄運寺増誉(ぞうよ)に師事して出家し、のち下総国大巌寺貞把(ていは)に従い、大巌寺三世となる。九〇年(天正一八)上洛して諸寺院の建立につとめたが、徳川家康の命で大巌寺に再住。一六〇三年(慶長八)安房国に退いたのち、諸国を遊化(ゆげ)。二四年(寛永元)江戸の霊岸島に一宇を建立し修行中の僧を教育。のち知恩院三二世となる。弟子は三〇〇〇人をこえる。著書「伝法指南」。

れいげんこう【黎元洪】 Li Yuanhong 1864.10.19〜1928.6.3 中国の清朝末〜民国初期の軍人・政治家。字は宋卿。湖北省出身。北洋水師学堂を卒業後、日清戦争に従軍。張之洞(ちょうしどう)の湖北新軍の編成に貢献。軍事視察のため三度来日。一九〇六年四月、第一混成協統領となる。辛亥革命のとき鄂軍大都督に推され、一三年袁世凱のもとで副総統に就任。袁の死後大総統になったが張勲の復辟の際辞任。二二年直隷派に推されて大総統に再任するが、翌年引退。晩年は実業界で活躍。

れいげんてんのう【霊元天皇】 1654.5.25～1732.8.6　在位1663.1.26～87.3.21　後水尾天皇の第一九皇子。名は識仁。生母は園基音の女新広義門院国子。幼称高貴宮。一六五四年(承応三)兄後光明天皇の養子となり儲君に治定。五八年(万治元)親王宣下。六二年(寛文二)一二月元服し、翌年一月践祚。父法皇の没後は直接政務をとったが、側近らと事を謀ることが多く、朝廷内に軋轢が生じた。一方、大嘗会の再興など朝儀の復興に意欲的であった。一七一三年(正徳三)八月落飾、法名素浄。

れいさい【霊彩】 生没年不詳。室町時代の画家。明兆の弟子とみられ、明兆の「破艸鞋印」に似た「脚踏実地」という印章を用いる。一四三五年(永享七)駿河国浄居寺に奉納された「仏涅槃図」を描き、また六三年(寛正四)には使節の一員として朝鮮に渡り、世祖に「白衣観音図」を献上した。仏画・道釈画をよくし、遺作に「寒山図」「文殊図」がある。

れいしないしんのう【令子内親王】 1078.5.18～1144.4.21　白河天皇の第三皇女。母は藤原師実の養女賢子。一〇八九年(寛治三)伊勢神宮の斎院となり、九九年(康和元)退下。一一〇七年(嘉承二)甥の鳥羽天皇の准母として皇后宮、三四年(長承三)太皇太后宮となり二条の大宮とよばれた。その御所は文芸サロンとして繁栄した。

れいぜいけ【冷泉家】 藤原氏御子左流。藤原為家の子為相を祖とする。家名は為相が祖父定家の旧居(二条京極の北、冷泉小路)に住したことにちなむ。為相は父から兄為氏をさしおいて、家相伝の記録・和歌文書などを譲りうけた。孫の為尹以降は羽林家の家格をえた。為尹の子為之の上冷泉家と持為の下冷泉家にわかれる。ともに公武に和歌師範家として認められ、室町～江戸時代を通して和歌史上に大きな功績を残した。江戸時代の家禄は上冷泉家三〇〇石・下冷泉家一五〇石。江戸中期の上冷泉為久は武家伝奏、下冷泉為栄や後期の下冷泉為訓は議奏をそれぞれ勤めた。維新後、上冷泉為紀が伯爵、下冷泉為柔が子爵。京都市上京区にある邸宅は現存唯一の公家屋敷(重文)。冷泉家時雨亭文庫に多くの典籍・古文書を伝える。

●● 冷泉家略系図

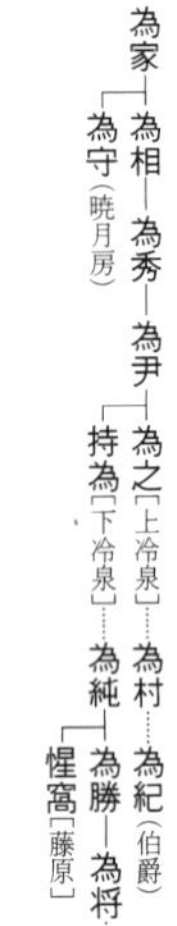

れいぜいためすけ【冷泉為相】 1263～1328.7.17　鎌倉中・後期の歌人。父は藤原為家、母は阿仏尼。冷泉家の祖。為家没後、所領細川荘や文書の相続問題で兄為氏と争う。しばしば鎌倉に下り、歌壇を指導する一方、京都の京極派の歌合、また「文保百首」などに参加。私撰集「拾遺風体集」を撰んだらしい。家集「藤谷和歌集」。「新後撰集」以下の勅撰集に入集。

れいぜいためたか【冷泉為恭】 1823.9.17～64.5.5　江戸後期の復古大和絵派の画家。京都生れ。狩野永泰の子。冷泉三郎と称し、のち岡田家の養子となる。「法然上人絵伝」「春日権現験記」などの古画の臨模を精力的に行い、大和絵の古典の技法を学ぶ。愛知県岡崎市の大樹寺障壁画などの作品がある。宮廷へも接近し、有職故実に通じたが、佐幕派と誤解され、勤王の浪士に斬殺された。

れいぜいためむら【冷泉為村】 1712.1.28～74.7.29　江戸中期の公家・歌人。上冷泉為久の子。冷泉家中興の祖。一七二一年(享保六)霊元上皇から古今伝授をうけた。五八年(宝暦八)正二位、翌年権大納言。七〇年(明和七)落飾。小沢蘆庵・石野広通・萩原宗固ら門人多数。法号止静心院殿寂源澄覚。著書「冷泉為村卿家集」「樵夫問答」。

れいぜいためもり【冷泉為守】 1265～1328.11.8　鎌倉後期の歌人・狂歌作者。法号暁月房。藤原為家の子で為相の弟。母は阿仏尼。侍従正五位下に昇り四〇歳前後で出家。鎌倉にも数度滞在し他阿・夢窓疎石らと交わった。「玉葉集」「風雅集」に入集。のち和歌から狂歌に転じ狂歌の祖とされ、逸話も多い。「狂歌酒百首」、散逸しているが「風歌之百首」を残したとされる。

れいぜいてんのう【冷泉天皇】 950.5.24～1011.10.24　在位967.5.25～969.8.13　村上天皇の第二皇子。名は憲平。母は藤原師輔の女安子。為平親王・円融天皇の同母兄。生後二カ月で皇太子に立てられたが、成長とともに資質の欠陥を現し、父帝を悩ませた。九六七年(康保四)父帝の死去により践祚。円融を皇太弟に立て、二年後に譲位したが、このとき長子(花山天皇)が二歳で立太子した。

れいてい【霊帝】 157～189.4.11　後漢第一二代の

皇帝劉宏(在位一六八～一八九)。在位中は宦官の専横が激しく、一八四年には黄巾の乱も発生し、後漢の衰亡は決定的となった。阿知使主の祖とされる。

レザノフ Nikolai Petrovich Rezanov 1764.3.28～1807.3.1 ロシアの政治家。一七九九年設立されたロシア・アメリカ会社の総支配人。一八〇三年同社の世界周航計画に日本との通商交渉が加えられると、みずから周航隊長兼使節となり、大西洋・太平洋を航海。〇四年(文化元)四人の日本人漂流民を伴い、先にラクスマンに与えられた信牌をもって長崎へ来航。しかし半年も待たされたうえ要求のすべてを拒絶され、待遇も悪かったため、〇六年武力を背景に通商開始を迫ることを決意、いったん配下の海軍士官に対し樺太・蝦夷地の攻撃を指示した。その後曖昧な指令変更を残したまま帰途につき、ペテルブルク(現、サンクトペテルブルク)へ戻る途中病死した。

レースラー Karl Friedrich Hermann Roesler 1834.12.18～94.12.2 ロエスレルとも。ドイツの公法学者。ミュンヘンやチュービンゲンなどの大学で法学・国家学を学び、ローシュトック大学の国家学教授となる。一八七八年(明治一一)外務省顧問として招聘され、のち内閣顧問。明治憲法起草に際し、伊藤博文に助言を与え、草案を示して内容・構成・条文の形態の基礎を作った。九三年帰国。

レビト ⇨リービット

れんきょう［蓮教］ 1451.1.15～92.5.2 戦国期、真宗興正寺派一四世の僧侶。初名経豪。花恩院また謚号願乗院。仏光寺性善の子で、甘露寺親長の猶子となる。妙法院教覚を師として仏光寺を継ぐが、父の没後は本願寺の蓮如に接近。一四八一年(文明一三)仏光寺を出て蓮如のもとに参じ、蓮教の名をえた。蓮如の孫女恵光尼を妻に迎え、山科興正寺を興隆してその基礎を築いた。

れんにょ［蓮如］ 1415.2.25～99.3.25 室町中期～戦国期の浄土真宗の僧。諱は兼寿。父は存如。少年期に本願寺再興を決意し、父に宗学を学び真宗教義への理解を深めた。一四四七～四九年(文安四～宝徳元)東国に赴き親鸞関係の遺跡を巡り、五七年(長禄元)本願寺八世となった。以後、近江門徒の掌握を行ったため比叡山との関係が悪化し、六五年(寛正六)本願寺の破却にあった。三河地方の教化ののち、七一年(文明三)越前国吉崎に坊舎をたてた。吉崎には門前町が形成され大いに栄えたが、富樫氏の攻略にあい退去。京都山科に本願寺を再興し、教団隆盛の基礎を築いた。教えは「御文」としてまとめられた。

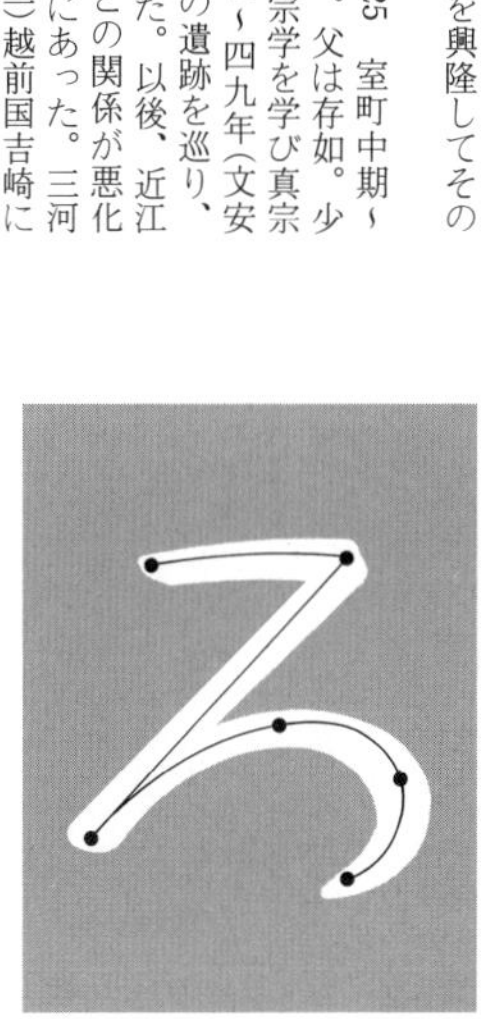

ろうか［浪化］ 1671.12.17～1703.10.9 江戸前期の俳人。本名晴寛。法名常照。京都生れ。東本願寺一四世琢如の末子。七歳で得度、越中国井波の瑞泉寺の住職となるが、京都へ往来する。父や兄は北村季吟門人。一六九一年(元禄四)刊の「卯辰集」にはじめて入集。九四年閏五月嵯峨落柿舎で芭蕉と会い入門。翌年「有磯海・となみ山」を刊行。蕉門俳人と交流し、「浪化日記」を残す。

ろうべん［良弁］ 689～773.閏11.16 奈良時代の僧。相模国の人。俗姓漆部氏。一説に近江国志賀郡の百済氏。義淵に法相を、審祥に華厳を学ぶ。七三三年(天平五)金鐘寺をたて、七四〇年に同寺で審祥を講師に招いて華厳経講説を開始した。七四四年知識華厳別供を設け、翌々年法華会を創始した。七五一年(天平勝宝三)少僧都に任命され、翌年大仏開眼供養ののちに初代東大寺別当に就任したという。七五六年大僧都となり、七六〇年(天平宝字四)僧位制改正を上奏した。石山寺造営にも尽力し、七六四年僧正となる。根本僧正・金鐘菩薩と称され、奈良後期の東大寺や仏教界で隠然たる実力を誇った。

ろうやままさみち【蠟山政道】 1895.11.21～1980.5.15 大正・昭和期の政治学者。群馬県出身。東大卒。一九二八年(昭和三)東京帝国大学教授。現代行政学の導入・確立に努める。三九年平賀粛学に抗議して退官。四二年衆議院議員。第二次大戦後は民主社会党のブレーンやお茶の水女子大学学長などを務めた。著書「行政組織論」「政治学の任務と対象」。

ろうんこう【呂運亨】 ⇨呂運亨

ロエスレル ⇨レースラー

ろくごうし【六郷氏】 近世の外様大名家。鎌倉幕府御家人の二階堂氏を祖とする。出羽国仙北郡六郷に住んだことで、六郷と号したという。豊臣秀吉から所領を安堵。関ケ原の戦で東軍に加わり、一六〇二年(慶長七)政乗が常陸国府中に一万石で入封。二三年(元和九)出羽国本荘へ二万石で転封し、以後本荘藩主として明治にいたる。維新後子爵。

ろくごうしんざぶろう【六合新三郎】 歌舞伎囃子方。姓は六郷とも。江戸中期から八世を数える。初世(生没年不詳)は一八世紀に活躍した宇野長七(長斎)が、隠退後に名のったと伝えられる。「来序」「砧」の手法などを考案したという。二世(一七四二～一八三四)は文化・文政期頃、江戸中村座の頭取となった。四世(?～一八五〇)は小鼓・大鼓の名手といわれ、「勧進帳」の作調者(囃子の作曲者)。前名六郷新右衛門。六世(一八五九～一九二七)は江戸生れ、本名細谷吉太郎。五世の養子。東京音楽学校(現、東京芸大)の邦楽調査掛嘱託となり、「近世邦楽年表」の編集に参加。姓を六郷から六合と改めた。

ろくじょうけ【六条家】 ❶藤原氏北家末茂流。中世の歌道の家。六条藤家。白河上皇の寵臣藤原顕季は、六条烏丸に住んで六条修理大夫とよばれ、三男顕輔の流れが六条を号した。顕季、顕輔、その子清輔、重家以下、代々歌人として知られ、御子左家に対抗する歌の家を築いた。「続古今集」の撰者行家で歌の家は絶えた。 ❷村上源氏久我家支流。久我通光の五男通有に始まる。通有の子で歌人の有房、その子の有忠は大覚寺統の側近。江戸時代の家格は羽林家。家禄は二六五石余。維新後、有熙のとき子爵。

ろくじょうさいいんのせんじ【六条斎院宣旨】 生没年不詳。平安後期の歌人。源頼国の女。藤原高定の妻。六条斎院禖子内親王家の女房。主家の歌合にたびたび参加。一〇五五年(天喜三)の「六条斎院禖子内親王家物語合」によると、散逸物語「玉藻に遊ぶ」の作者。また「狭衣物語」の作者である可能性も高い。「後拾遺集」以下の勅撰集に約四首入集。

ろくじょうてんのう【六条天皇】 1164.11.14～76.7.17 在位1165.6.25～68.2.19 二条天皇の皇子。名は順仁。母は伊岐氏。一一六五年(永万元)二歳で皇太子に立ったその日に、父帝の譲位をうけて践祚した。父帝はその一カ月後に死去。祖父後白河上皇の意志により、六六年(仁安元)後白河の第七皇子(高倉天皇)が立太子し、六八年五歳で高倉に譲位した。

ろくそんのう【六孫王】 ⇨源経基

ろくだい【六代】 ⇨平六代

ローケーニュ Joseph Marie Laucaigne 1838.5.13～85.1.18 パリ外国宣教会宣教師。一八六三年(文久三)来日。横浜・名古屋で布教に従事、ついで長崎でプティジャンを助けて禁教下の浦上・外海地方でキリシタンを指導した。解禁後は配流先から戻った信徒の指導に尽力。七六年(明治九)大阪に移った。

ろげんぼう【盧元坊】 1688～1747.5.10 江戸前・中期の俳人。通称仙石与兵衛。美濃国の人。美濃派道統三世。一七二七年(享保一二)三越路行脚記念集「桃の首途」を編む。四二年(寛保二)京都双林寺で芭蕉五十回忌を営み、「花供養」を刊行。行脚と俳書刊行を通じ、美濃派の地盤を揺るぎないものとした。自筆句集「黄鸝園句集」。

ローシー Giovanni Vittorio Rossi 1876～? 大正期のイタリア人舞踊家・オペラ演出家。一九一二年(大正元)帝国劇場の招きで来日し、バレエの振付やオペラの演出を担当。一六年に赤坂のローヤル館でオペラ運動を行ったが、興行的に失敗し、一八年失意のうちに離日した。洋舞の石井漠や高田雅夫らを育て、またオペラの種をまいた功績は大きい。

ろじん【魯迅】 Lu Xun 1881.9.25～1936.10.19 中国の作家・思想家。本名は周樹人。字は予才。浙江省出身。一九〇二年(明治三五)日本に留学。進化論に関心をもち、仙台医学専門学校に入学。〇六年文学に転じ、東京で文芸雑誌「新生」を計画したが失敗。〇九年帰国。辛亥革命後、南京臨時政府・北京政府教育部部員となる。旧体制下の中国を痛烈に批判した「狂人日記」「阿Q正伝」などの口語体小説は、中国近代文学の黎明を告げる代表作。

ローズベルト ❶**Franklin Delano Roosevelt** 1882.1.30～1945.4.12 アメリカ合衆国三二代大統領(民主党、在職一九三三～四五)。第二次大戦終結目前まで、四期一二年間大統領を務めた。国内ではニューディール政策による大恐慌からの脱出を試み、対外的には第二次大戦に参戦、連合国側を勝利に導く一方で、一連の首脳会談において、国際連合を中心とする戦後世界秩序の確立に努めるなど、国内外ともに強力な指導力をもって対処した。 ❷**Theodore Roosevelt** 1858.10.27～1919.1.6 アメリカ合衆国二六代大統領(共和党、在職一九〇一〜〇九)。カリブ海地域で帝国主義政策を推進する一方、極東地域にも関心を示し、日露戦争の講和仲介を行った。また日米紳士協約(一九〇七〜〇八)で日本政府に移民の自主規制を求め、同時にサンフランシスコ市に日本人生徒への差別を撤廃させた。

ろせん【露沾】 1655.5.1〜1733.9.14 江戸前期の俳人。陸奥国磐城平藩主内藤義泰(風虎)の次男。名ははじめ義英、のち政栄。江戸生れ。嫡子となり、従五位下下野守に任じられたが御家騒動にまきこまれ、一六八二年(天和二)退身。江戸、のち磐城平に住んだ。父の感化で早くから句作したが、退身後は毎月自邸で句会を催し、芭蕉とも親交があった。

ローゼン Roman Romanovich Rosen 1847.2.12〜1922.1.2 ロシアの外交官。一八七七年(明治一〇)から八三年まで駐日臨時代理公使、九七年全権公使となり、翌年西・ローゼン協定を締結、一九〇四年日露開戦で帰国。戦後に全権として日露講和条約の締結にあたった。

ろつう【路通】 1649〜1738.7.14 江戸前・中期の俳人。姓は八十村、または斎部。名は伊紀。出身地不詳。神職の家に生まれ、若い頃近江国三井寺の小姓を勤めたとも伝える。諸国を流浪し、乞食路通といわれた。一六八五年(貞享二)近江国膳所で芭蕉と出会い入門。一応の信任を得て「おくのほそ道」の旅の同伴者に選ばれたが実現せず、のち芭蕉に破門される。実力はあったが奔放な性格・行動が同門間に嫌われ、晩年は大坂で過ごした。

ろっかくさだより【六角定頼】 1495〜1552.1.2 戦国期の武将。高頼の次子。四郎。弾正少弼。はじめ相国寺慈照院に入り吉侍者と称す。のち還俗して、一五一八年(永正一五)兄氏綱の死後家督を継承、守護として南近江を支配。将軍足利義稙・同義晴をたすけ、京都を追われた義晴を二七年(大永七)以後数度にわたり庇護。四六年(天文一五)義晴の子義藤(義輝)の近江国坂本での元服で、本来管領の行う加冠役を勤めた。国人蒲生氏の内紛への介入、北近江の浅井亮政に対する攻略など、領国支配の安定・強化にも尽力。

ろっかくし【六角氏】 中世近江国の豪族。宇多源氏佐々木氏の宗家。佐々木信綱の三男泰綱が京都六角東洞院に住み、六角氏を称した。鎌倉時代、同族の京極氏とともに近江半国守護となり、佐々木氏の主流となった。元弘の乱で鎌倉幕府に従って守護職を失ったが、のち足利尊氏についた。室町時代以降、幕府内で重んじられた京極氏に圧迫され、領内では国人領主層の離反に苦しめられた。定頼の代、将軍足利義晴をたすけて勢力を伸ばしたが、一五六八年(永禄一一)織田信長に敗れ滅亡。●●佐々木氏

ろっかくしすい【六角紫水】 1867〜1950.4.15 大正・昭和期の漆工芸作家。安芸国生れ。旧姓藤岡、幼名忠太郎、本名は注多良。東京美術学校蒔絵科を卒業し、六角家の養子となる。朝鮮楽浪の発掘漆芸を研究し、新技術では白漆・彩漆を開発する。東京美術学校の教授を務め、一九四一年(昭和一六)帝国芸術院会員となった。

ろっかくたかより【六角高頼】 ?〜1520.10.21 室町中期〜戦国期の武将。久頼の子。初名行高。亀寿丸・四郎。大膳大夫。一四五六年(康正二)父の自殺後家督を継承し近江国守護となる。応仁・文明の乱では西軍に属し守護職を剝奪されたが、寺社本所領の押領を進めて南近江支配を強化。七八年(文明一〇)幕府と和睦したが、二度の将軍親征をうけ、甲賀郡や伊勢国にのがれた。足利義稙が上洛すると、前将軍義澄を庇護したが、のち義稙と和す。領国支配では二度の反乱鎮圧で、守護代伊庭氏の排除に成功。

ろっかくよしかた【六角義賢】 1521〜98.3.14 戦国期の武将。定頼の子。四郎。左京大夫。法名承禎。一五四九年(天文一八)三好長慶に追われた足利義晴父子を近江国坂本に庇護、五八年(永禄元)京都白川で長慶と戦い、和議を結んで将軍義輝の京都復帰をはたした。家督を子義治に譲って出家した後も実権を握る。六八年、織田信長上洛に協力しなかったため本城の近江国観音寺城を追われ、甲賀郡で抵抗を続けたが、七〇年(元亀元)降伏。

ろっかくよしはる【六角義治】 1545〜1612.10.22 戦国期〜織豊期の武将。四郎。右衛門尉。法名玄雄。一五五七年(弘治三)父義賢から家督を譲られたが、六三年(永禄六)観音寺騒動をひきおこし、六六年浅井長政に大敗するなど家運衰退を招く。六七年には六角氏式目の制定で家臣から専断行為を規制されるようになった。七三年(天正元)の近江国鯰江城落城後は武田勝頼を頼る。のち弓術で豊臣秀次に仕え、ついで同秀吉の御伽衆、同秀頼の弓術師範となった。

ロッシュ Léon Roches 1809.9.27〜1900.6.23? 幕末期の駐日フランス公使。グルノーブル大学中退後、父親のいるアルジェリアに渡り、アフリカ駐屯軍の通訳官となる。アラブの風俗・習慣・言語に精通し、一時アブデル・カデルの顧問も勤めた。一八四六年その活躍が認められて外交官職に転じ、トリエステ、トリポリ、チュニスの各領事・総領事などを勤めたあと、六四年(元治元)ベルクールの後任として来日。横須賀製鉄所建設、横浜仏語伝習所設立、幕府軍の三兵教練のためフランスから技師や軍人を招聘するのに尽力し、幕府を積極的に支援した。しかし召還命令をうけ、幕府崩壊後の六八年(明治元)六月帰国。

ロティ Pierre Loti 1850.1.14〜1923.6.10 フランスの作家。海軍士官として一八八五年(明治

一八)と九〇年に来日、その印象を「お菊さん」「秋の日本」にまとめた。「江戸の舞踏会」は芥川竜之介「舞踏会」の粉本となった。著書「氷島の漁夫」。

ロドリゲス ❶**Augustin Rodriguez** ?～1613 フランシスコ会宣教師。スペイン生れ。一五九四年(文禄三)豊臣秀吉へのマニラ総督使節として来日。その後長崎で布教。日本二十六聖人の殉教に際しては日本布教の全権をゆだねられる。九七年(慶長二)マニラに追放されたが、一六〇二年再来日。〇四年マニラに戻り、ヨーロッパに渡る。マドリードで没。❷**Jeronimo Rodriguez** 1567～1628.7.5 イエズス会宣教師。ポルトガル生れ。一六〇〇年(慶長五)来日。京都と伏見の教会で布教を行い、北国(金沢)で伝道。一一年長崎コレジヨの院長となる。一四年幕府の宣教師追放に際し潜伏。一五年(元和元)長崎で準管区長になるが、一七年マカオに去り、日本と中国の巡察師となる。マカオで没。❸**João Rodriguez Girão** 1558/59～1629.10.15 イエズス会宣教師。ポルトガル生れ。一五八六年(天正一四)来日。豊後・肥前両国で布教。一六〇〇年(慶長五)関ケ原の戦後、京都で布教。〇三年長崎で準管区長の秘書となる。一四年幕府の宣教師追放によりマカオに追放され、同地で没。長年にわたり「イエズス会日本年報」を執筆。❹**João Rodriguez Tçuzu** 1561/62～1634/33.8.1 イエズス会宣教師。ポルトガル生れ。一五七七年(天正五)来日。日本でイエズス会に入会し、通訳として活躍。豊臣秀吉と親交があり、その死の直前に見舞っている。秀吉の死後、徳川家康の知遇を得たが、一六一〇年(慶長一五)長崎でポルトガル貿易をめぐる紛争にまきこまれ、マカオに追放。一時、中国の明の皇帝に仕え、同地で没。著書は日本語の文法書「日本大文典」「日本小文典」や「日本教会史」。

ロドリゴ・デ・ビベロ ⇩ビベロ

ロヨラ ⇩イグナティウス・デ・ロヨラ

ロレンソ 1526～91.12.20 戦国期～織豊期のイエズス会日本人イルマン。肥前国白石生れ。目が不自由な琵琶法師だったが、一五五一年(天文二〇)山口でザビエルから受洗。以後ザビエルの布教を助け、六〇年(永禄三)ビレラとともに将軍足利義輝に謁見。五畿内で活躍し、高山右近(うこん)らを改宗させた。六九年織田信長に、八六年(天正一四)豊臣秀吉に謁見。翌年のバテレン追放令により平戸・長崎に移り、長崎で没。話術が巧みで初期の布教に貢献。

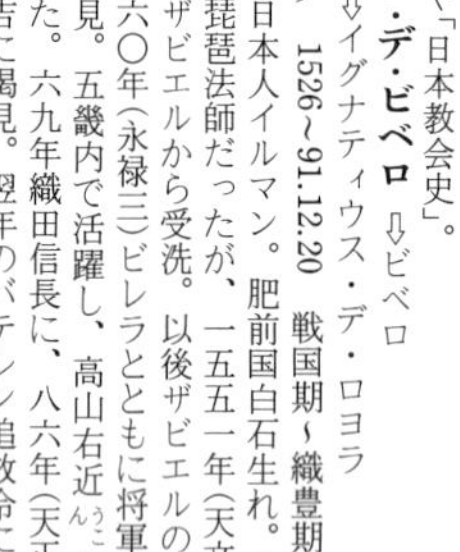

ワイコッフ **Martin Nevius Wyckoff** 1850.4.10～1911.1.27 アメリカのオランダ改革派教会宣教師。理学博士。一八七二年(明治五)文部省の招聘で来日。W・E・グリフィスの後任として福井の中学校に赴任、ついで新潟英語学校・東京大学予備門に勤務、任期満了で帰国。八一年宣教師として再来日し、横浜の先志学校・東京一致神学校・明治学院で教え、社会福祉にも尽力。

わいないさだゆき [和井内貞行] 1858.2.15～1922.5.16 明治・大正期の養魚家。陸奥国鹿角郡生れ。栄養不足のため魚のすまない十和田湖で、コイ・フナ・マスなどを放流するが失敗。苦心の末、一九〇二年(明治三五)支笏(しこつ)湖のヒメマスの卵を人工孵化して稚魚放流に成功。八郎潟の小エビを移植し餌の問題を解決。十和田湖全体の漁業権を認可されたが、第二次大戦後、漁業制度改革によって独占権を失った。功績は昭和一〇年代に「国語読本」に紹介され著名となった。

わかおいっぺい [若尾逸平] 1820.12.6～1913.9.7 明治期の実業家。甲州財閥の巨頭。甲斐国生れ。横浜開港にともない蚕種輸出、砂糖・綿花輸入に従事。御岳山の水晶を集めて外商に売りこみ巨利を得た。「のりもの」と「あかり」が有望とみて、東京馬車鉄道と東京電灯の株を買い占め経営の実権を握った。一八八九年(明治二二)初代の甲府市長。一九〇〇年貴族院議員。

わかさくらべのいおせ【若桜部五百瀬】 ?～696.9.15? 七世紀後半の官人。壬申の乱の功臣。大海人皇子の舎人で、六七二年(天武元)壬申の乱がおこると、草壁皇子・刑部皇子や他の舎人ら二十数人とともに東国へむかう大海人皇子に従い、土師馬手とともに東山道の軍を発する使となった。六九六年(持統一〇)壬申の乱の功により直大壱を追贈され賻物を賜った。七〇一年(大宝元)功封八〇戸を中功とし、四分の一を子に伝えることとされた。

わかさし【若狭氏】 中世若狭国の豪族。島津氏の一流。惟宗姓。島津忠久の弟津々見忠季が一一九六年(建久七)若狭国守護および同国遠敷・三方両郡惣地頭職に任じられ、若狭氏を称したのに始まる。比企氏の乱に連坐し、一時職を解かれたが、のち回復。承久の乱では幕府方について討死。甥の忠時が守護職を継いだが、一二二九年(寛喜元)突然所職を追われた。忠季子孫の庶流は地頭職の一部を継ぎ、季兼の代には悪党化した。

わかさただすえ【若狭忠季】 ?～1221.6.14 津々見忠季とも。鎌倉前期の武将。島津系図では、源頼朝の庶子。島津忠久の弟。次郎兵衛尉。一一九六年(建久七)若狭の有力在庁稲葉時定の失脚により、同国の守護および遠敷・三方両郡の惣地頭に任じられる。一二〇三年(建仁三)比企能員の乱に縁坐して所領を没収、守護もかえられたと思われるが、のち両者ともに回復。承久の乱では幕府方として出陣、宇治川の戦で戦死。

わかすぎいそはち【若杉五十八】 1759～1805.1.17 江戸中期の長崎派の洋風画家。鍼療師左斎の子。西洋絵画からとった図様を鮮麗な彩色をもって描き、長崎派のなかでも最も洗練された作風を示した。ただし、日本の風景・風物をほとんど描いていない。代表作「鷹匠図」。

わかたけとうくろう【若竹東工郎】 生没年不詳。江戸中期の人形浄瑠璃の人形遣い。享保～明和期の大坂豊竹座の番付に名がみえる。はじめ東九郎、一七五〇年(寛延三)から東工郎。初世吉田文三郎につぐ人形遣いの達人とされ、人形の機構を工夫した。「戯財録」によれば、宝暦～寛政期の浄瑠璃作者若竹笛躬と同一人物という。

わかたけるのおおきみ【獲加多支鹵大王】 埼玉県行田市の稲荷山古墳から出土した鉄剣の銘文中にみえる大王。斯鬼宮を営んだ。鉄剣に刻まれた辛亥年が四七一年と想定されること、また雄略天皇の名の大泊瀬幼武と類似することから雄略に比定される。熊本県玉名市の江田船山古墳出土の鉄刀銘文中の大王は、以前は「治天下蝮宮弥都歯大王」と推測され、反正天皇をさすと考えられてきたが、稲荷山鉄剣銘の大王と同一人物とする説が強くなっている。

わかつきれいじろう【若槻礼次郎】 1866.2.5～1949.11.20 大正・昭和期の政治家。出雲国生れ。東大卒。大蔵次官をへて貴族院議員となり、一九一二年(大正元)第三次桂内閣の蔵相。立憲同志会に入党。第二次大隈内閣の蔵相。加藤高明の護憲三派内閣では内相として普通選挙法と治安維持法を成立させた。二六年(昭和元)憲政会内閣を組織するが金融恐慌が発生し、台湾銀行救済緊急勅令案を枢密院に否決されて総辞職。三〇年のロンドン海軍軍縮会議では首席全権として条約に調印。浜口内閣総辞職後、立憲民政党総裁として民政党内閣を引き継いだが、満州事変の対応に苦慮し、安達謙蔵内相による協力内閣運動に揺さぶられて総辞職。太平洋戦争期には穏健派の重臣として活動。

わがつまさかえ【我妻栄】 1897.4.1～1973.10.21 昭和期の民法学者。山形県出身。東大卒。東京帝国大学助教授をへて一九二七年(昭和二)同教授となり、民法講座を担当。講義案でもある「民法講義」は民法解釈学の標準とされた。第二次大戦後の民法改正に指導的役割をはたし、憲法問題研究会に参加して日本国憲法の擁護に努めた。五六年法務省特別顧問、六四年文化勲章受章。著書「近代に於ける債権の優越的地位」「親族法」。

わかぬけふたまたおう【若野毛二俣王】 記紀系譜上の人物。応神天皇の子。「釈日本紀」の引用する「上宮記」では凡牟都和希王(応神天皇)の子で、大郎子(意富々等王)と践坂大中比弥王(忍坂大中姫)の父とする。大郎子の曾孫が継体天皇にあたることから、継体の系譜を応神の系譜に接合して、正当化するために制作されたものと考えられる。

わかばやしきょうさい【若林強斎】 1679.7.8～1732.1.20 江戸中期の儒学者。名は正義、進居、強斎は号。近江国生れ。二四歳の頃、崎門三傑の一人である浅見絅斎に師事し、師の没後学統を継ぐ。のち山崎闇斎門下の玉木正英から神道の講義をうけ、山本主馬から「守中」の霊社号を授かったが、儒学の合理主義を保持した。門下に山口春水・西依成斎・小野鶴山・松岡仲良らの俊才がおり、崎門学派の継承に大きな功績を残した。語録「強斎先生雑話筆記」。

わかまつしずこ【若松賤子】 1864.3.1～96.2.10 明治期の翻訳家。陸奥国会津郡生れ。本名松川甲子。通称島田嘉志。一八七一年(明治四)横浜のキダー塾(現、フェリス女学院)に入り、八二年卒業後に母校の英語教師となる。八九年「女学雑誌」の主筆巌本善治と結婚、その後も創作や英米文学の翻訳・翻案を「女学雑誌」に発表。テニソン「イナック・アーデン」やバーネット「小公子」の翻訳は秀逸。

わかまつわかだゆう【若松若太夫】 説経節の太夫。初世(一八七四～一九四八)は本名松崎大助。薩摩辰太夫に入門、のち若松派を樹立。一九〇八年(明治四一)以降は広く社会的に認められ説経節の向上と普及に努めた。義太夫節などをとりいれたその語りは豪壮にして繊細、作曲も行った。二世(一九一九～九九)は本名松崎寛。初世の父と演奏活動をともにするが、初世没後は説経節の人気が落ちて舞台を離れる。一九八〇年(昭和五五)失明と難聴という障害を乗りこえ、絶えていた説経節を復活、大きな反響をよび、その後も芸術祭賞を受賞するなど活躍した。

わかもりたろう【和歌森太郎】 1915.6.13～77.4.7 昭和期の歴史学者・民俗学者。千葉県出身。東京文理科大学卒。東京教育大学・都留文科大学に勤務。歴史学研究と民俗学研究の結合に努力し、歴史民俗学的立場を提唱。第二次大戦後、約一〇年にわたり民俗総合調査団を組織し、地域社会の歴史と民俗の総合的把握を試みた。また多数の論考を著し研究者の育成に努めた。著書「修験道史研究」「国史における協同体の研究」「新版日本民俗学」。「和歌森太郎著作集」全一五巻・別巻一。

わかやぎじゅどう【若柳寿童】 1845.6.23～1917.7.22 明治・大正期の舞踊家。日本舞踊若柳流創始者。本名若林勇吉。江戸吉原生れ。花柳寿助(のち初世寿輔)の門弟。師の幼名芳松で振付師に名を連ねるが、一八九三年(明治二六)破門となり、柳橋を地盤に若柳吉松を名のり一流を樹立。花柳界を中心に全国に流儀を拡張、発展させた。還暦を機に寿童と改名。一九八八年(昭和六三)宗家三世の若柳寿邦が二世寿童を名のる。

わかやまぎいち【若山儀一】 1840.8.-～91.9.3 「のりかず」とも。明治前期の経済学者・官僚。医者西川宗庵の子として江戸に生まれ、若山家の養子となる。緒方洪庵に学び、一八六八年(明治元)開成所教授。七一年岩倉遣外使節に従い欧米で財政問題を研究。七七年辞官して日本で最初の保険事業を始めるが解散。八一年農商務省に出仕。「保護税説」で保護貿易を主張、「泰西農学」で西洋農学を紹介するなど多くの著書がある。

わかやまぼくすい【若山牧水】 1885.8.24～1928.9.17 明治～昭和前期の歌人。本名繁。宮崎県出身。早大卒。一九〇五年(明治三八)尾上柴舟の車前草社に参加。〇八年歌集「海の声」出版、清新な歌風を示す。一〇年刊の「別離」により、前田夕暮とともに自然主義歌人として注目される。同年「創作」を創刊主宰。二〇年(大正九)沼津に移り田園生活を送る。二六年(昭和元)雑誌「詩歌時代」創刊。中期の暗く思索的な作風をへて、後期は流麗な牧水調に深みをました。旅と酒を愛した歌人として知られる。

わきさかぎどう【脇坂義堂】 ?～1818 江戸中・後期の心学者。京都の町家の生れ。手島堵庵・布施松翁について石門心学を修めた。神儒仏の批判を禁じた社約に違反し、堵庵から破門されたが、江戸に行き中沢道二に助けられ、道二に続き人足寄場の教諭方となった。晩年破門をゆるされる。松翁の系統に属する心学といえる。「民の繁栄」「銀もうかる伝授」「売卜先生安楽伝授」など著書多数。

わきざかし【脇坂氏】 江戸時代の大名家。近江国浅井郡脇坂荘からおこる。浅井氏に仕え、安治のとき織田信長・豊臣秀吉に属する。安治は賤ケ岳の七本槍に数えられ、のち淡路国洲本三万石を領す。関ケ原の戦では東軍に内応し、一六〇九年(慶長一四)伊予国大洲に転封。一七年(元和三)信濃国飯田五万五〇〇〇石、七二年(寛文一二)播磨国竜野に移る。幕末期の安宅は京都所司代・老中。維新後、安斐のとき子爵。

わきざかやすおり【脇坂安宅】 1809.2.15～74.1.10 幕末期の老中。播磨国竜野藩主。父は安董。淡路守。一八四一年(天保一二)遺領相続。奏者番、のち寺社奉行兼帯・京都所司代を勤め、五七年(安政四)老中、外交事務担当。六〇年(万延元)辞任。六二年(文久二)隠居。同年老中に再任されるが病により辞任。桜田門外の変の事後処理の責を問われ謹慎。

わきざかやすただ【脇坂安董】 1768.6.5～1841.閏1.23 江戸後期の老中。播磨国竜野藩主。父は安親。淡路守。一七八四年(天明四)家督相続。九〇年(寛政二)奏者番、翌年寺社奉行兼帯。一八三五年(天保六)仙石騒動を裁定し、「智恵頭」と評された。三六年西丸老中、譜代席となり、翌年本丸老中。在職中に没した。

わきざかやすはる【脇坂安治】 1554～1626.8.6 織豊期～江戸初期の武将・大名。近江国脇坂生れ。一五六九年(永禄一二)豊臣秀吉に属する。賤ケ岳の戦では七本槍に数えられ、山城国で三〇〇〇石の領地をうける。八五年(天正一三)五月摂津国能勢郡一万石、八月大和国高取城二万石、一〇月には淡路国洲本城三万石を領した。朝鮮出兵では、水軍の将として従軍。関ケ原の戦では東軍に寝返り、一六〇九年(慶長一四)伊予国大洲五万三五〇〇石に転封。

わきむらよしたろう【脇村義太郎】 1900.12.6～97.4.17 昭和期の経済学者。和歌山県出身。東大卒。一九二六年(昭和元)東京帝大経済学部助教授。三八年「労農派教授グループ」事件で起訴されたが、四四年無罪。戦後東大教授に復職して経営史や貿易史を担当、持株会社整理委員会など政府関係機関でも活躍。六四年に経営史学会を創設し初代会長を務めた。八八～九四年(平成六)学士院院長、九二年文化功労者。「脇村義太郎著作集」全五巻。

わきやよしすけ【脇屋義助】 1307～42.5?　南北朝期の武将。新田義貞の弟。次郎。右衛門佐・刑部卿。本拠は上野国新田郡脇屋。一三三三年(元弘三)義貞とともに鎌倉を攻め、その功で建武政権の越前国守護になる。三六年(建武三・延元元)義貞とともに越前国金崎城に入り、以後北陸経営に努める。義貞戦死後も越前で斯波高経らと戦うが利なく、美濃・尾張をへて吉野にのがれた。まもなく伊予に赴いて南朝軍の組織化をはかったが、同地で病没。

わきやよしはる【脇屋義治】 1323～?　南北朝期の武将。義助の子。式部大夫・左衛門佐。一三三五年(建武二)以降父と北陸や伊予を転戦し、足利氏と戦う。四二年(康永元・興国三)父が没すると上野に戻り、五二年(文和元・正平七)新田義興とともに足利尊氏を破って鎌倉に攻め入る。しかし敗北し越後へのがれた。六八年(応安元・正平二三)新田義宗とともに越後で上杉憲将と戦って敗れ出羽にのがれたが、以後の消息は不明。

わくいとうしろう【湧井藤四郎】 1721～70.8.25　荘五郎とも。一七六八年(明和五)越後国新潟で発生した湊騒動の頭取。実名英敏。宝永年間に新潟町に移住した新興町人。長岡藩が凶作にもかかわらず御用金を徴収しようとしたことに反対し、九月二六・二七の両日、町役人・米屋を打ちこわした。この一揆によって治安維持能力を失った町奉行にかわり、彼を惣代とした町民による統治が約一カ月間展開した。その後態勢をたて直した藩によって逮捕され、七〇年八月須藤(岩船屋)佐次兵衛とともに死罪に処せられた。

ワーグナー Gottfried Wagner 1831.7.5～92.11.8　ワグネルとも。ドイツの化学者。ハノーファー生れ。ゲッティンゲン大学卒。一八六八年(明治元)御雇外国人として来日。有田で陶磁器の改良を指導。大学南校で物理・化学を講義。七三年ウィーン万国博覧会に御用掛として出席。七八年から京都舎密局で化学・化学工芸を指導。八一年東京大学で製造化学、八四年には東京職工学校で窯業を指導。みずからも窯を築き吾妻(旭)焼を焼く。各地の陶業を視察して改良に尽くし、東京で死去。

ワーグマン Charles Wirgman 1832.8.31～91.2.8　イギリスの画家。ロンドン生れ。一八五七年(安政四)「イラストレーテッド・ロンドン・ニューズ」の特派員として東洋に派遣され、「浪士乱入図」をはじめ幕末激動期の動向を紹介した。六一年(文久元)から横浜に住む。油彩・水彩で日本の風俗を描き、高橋由一・五姓田義松らに洋画技法を教えた。六二年風刺漫画の月刊誌「ジャパン・パンチ」を発行。横浜で死去。

わけうじ【和気氏】 別氏とも。吉備地方の豪族出身の氏族。垂仁天皇の皇子鐸石別命の後裔という。元来、備前国藤野郡(のちの和気郡)付近を本拠とする地方豪族だったが、八世紀半ば頃に広虫・清麻呂姉弟が中央に出仕。氏姓ははじめ磐梨別公。のち藤野別真人・吉備藤野和気真人・輔治能真人・別部・和気公・和気宿禰と次々に改姓し、七七四年(宝亀五)和気朝臣となる。清麻呂の子広世・真綱らは文章生から出身して官途につき、良吏として知られる一方、高雄山寺(のちの神護寺)で法会を開くなど、最澄・空海の外護者として天台・真言両宗の創立に貢献。広世は大学別当となって大学寮を復興し、一族のため弘文院を設立した。「和気氏系図」が伝わる。

わけおう【和気王】 ?～765.8.1　奈良後期の皇親。舎人親王の孫。御原王の子。七五五年(天平勝宝七)六月岡真人の姓を賜って臣籍にくだる。のち皇籍に復して従四位下に叙せられ、内匠頭・節部(大蔵)卿などを歴任。七六四年(天平宝字八)藤原仲麻呂の反乱計画を事前に報じた功により従三位に昇り、参議に任じた。淳仁天皇の廃位にもかかわる。七六五年(天平神護元)皇嗣を望み謀反を企てるが発覚。率川社で捕らえられ、配流途次に山背国相楽郡で絞殺された。

わけのきよまろ【和気清麻呂】 733～799.2.21　八世紀後半の公卿。備前国藤野郡を本拠とする豪族和気氏の出身で、しばしば改氏姓があった。姉の広虫(法均尼)とともに孝謙(重祚して称徳)天皇に重用され、七六四年(天平宝字八)恵美押勝の乱で活躍。七六六年(天平神護二)従五位下。七六九年(神護景雲三)道鏡を皇位にたてるべきとした宇佐八幡宮の神託を偽りと奏したため、別部穢麻呂と改名され大隅国へ配流。翌年称徳天皇が没し召還され、七七一年(宝亀二)本姓・本位に復した。のち摂津大夫・民部大輔・中宮大夫を歴任。この間長岡京造営に功があったが、ひそかに新都造営を上奏し、平安京造営大夫に任じられた。七九九年(延暦一八)没し、正三位を追贈。

わけのひろむし【和気広虫】 730～799.1.20　奈良後期の高級女官。備前国藤野郡生れ。もと藤野別真人。葛木戸主の妻。和気清麻呂の姉。孝謙太上天皇に仕え、その出家に従い法均と称する。恵美押勝の乱後、斬刑者の助命嘆願、捨て子の養育にもつとめる。七六五年(天平神護元)従五位下・勲六等。宇佐八幡宮神託事件に連坐して別部狭虫と改名され、備後国に配流された。光仁天皇即位により許されて復位し、七八五年(延暦四)従四位上に昇る。光仁・桓武両天皇の信任あつく、典蔵・典侍を歴任。贈正三位。

わけのひろよ【和気広世】 生没年不詳。奈良末～平安初期の官人・学者。清麻呂の長男。文章生試をへて文章生となったが、七八五年(延暦四)事に連坐して禁錮。のち許され、七九九年従五位下。同年二月、大学別当のとき、墾田二〇町を勧学料として大学寮に寄進するとともに、大学南辺に弘文院を創設。一二月亡父の遺志を継承し、私墾田一〇〇町をもとに備前国に賑給田の設置を請い許された。八〇六年(大同元)四月正五位下に叙されたが、母に譲った。五月左中弁を兼任。

わけのまつな【和気真綱】 783~846.9.27 平安初期の官人。清麻呂の五男。若くして大学に学び、文章生から内舎人となった。八一三年(弘仁四)蔵人。八一五年従五位下。春宮大進、左・右少弁、左・右近衛中将、内蔵頭、河内・摂津守などを歴任し、八四〇年(承和七)参議。時に従四位上・右大弁。この間、兄の広世とともに仏教に帰依し、天台・真言両宗創立に尽力。八四六年一月、法隆寺僧善愷の事件に連坐して解官、閉門のまま九月に死去。

わけべし【分部氏】 近世の大名家。伊勢国出身。光高・光嘉父子は織田・豊臣両氏に仕え、豊臣秀吉の下で伊勢国内一万石を領した。関ケ原の戦のときから徳川氏の麾下に入り、家康に功を認められて二万石余に加増。一六一九年(元和五)光信のとき近江国に転封となり、大溝藩主。以後代々同藩主。当主は従五位下左京亮、若狭守などに叙任。維新後子爵。

わけべみつよし【分部光嘉】 1552~1601.11.29 織豊期の武将。伊勢の豪族細野藤光の次男。分部光高の養子となる。羽野の合戦のあと家督をつぎ、織田信包に属して伊勢国安芸郡中山、さらに同郡上野城(現、三重県河芸町)に住す。のち豊臣秀次・同秀吉に仕え、伊勢国四郡で四〇〇〇石を領した。その後加増されて一万石となる。関ケ原の戦で東軍に属し、さらに一万石加増された。

わしのおけ【鷲尾家】 藤原氏北家末茂流の四条家庶流。鎌倉後期、四条隆親の三男隆良に始まる。家名は、隆良の東山鷲尾の家にちなむ。鷲尾には祖父隆衡のときから、四条家の山荘があった。二度の中絶をへて、一六〇一年(慶長六)四条家の隆尚が再興。江戸時代の家格は羽林家。家禄は一八〇石。料理を担当する膳羞と華道・楽の家。幕末・維新期の隆聚は戊辰戦争で功があり、維新後、伯爵。

わしのおたかあつ【鷲尾隆聚】 1842.12.25~1912.3.4 「たかつむ」とも。幕末~明治期の公家・華族。伯爵。京都生れ。父は右近衛権中将鷲尾隆賢。尊王攘夷派の急先鋒として活躍。東征大総督府参謀として戊辰戦争に従軍。明治新政府では若松県知事・愛知県令・工部大書記官・元老院議官などを務めた。

わじませいいち【和島誠一】 1909.3.10~71.10.29 昭和期の考古学者。東京都出身。東大人類学科選科卒。岡山大学教授。東京都板橋区小豆沢遺跡や横浜市南堀貝塚の発掘を通じて、日本の集落跡研究の先鞭をつけ、岡山県月の輪古墳の発掘では市民参加の発掘の端緒を作った。史的唯物論にもとづく科学的考古学を提唱し実践するとともに、生涯を通して文化財保護運動に尽力。著書「日本考古学の発達と科学的精神」。

わずい【倭隋】 「宋書」倭国伝にみえる五世紀前半の倭国の人。四三八年、倭王珍によって他の一二人とともに中国南朝の宋に派遣された。このとき珍から仮授された平西将軍号が宋の文帝から認められた。倭を姓とすることから、倭国中央の王族の一人で、九州北部に派遣され、朝鮮半島への海路を管轄する任務を負っていた人物とも考えられる。

わだえい【和田英】 1857.8.21~1929.9.26 英子とも。明治期の製糸工女。信濃国松代藩士横田数馬の次女。一八七三年(明治六)開業まもない官営富岡製糸場に入場、一等工女となる。翌年郷里に戻り、創立された西条村製糸場六工社などで器械製糸技術の指導に尽力した。後年その体験を「富岡日記」とよばれる回想記に残した。

わだえいさく【和田英作】 1874.12.23~1959.1.3 明治~昭和期の洋画家。鹿児島県出身。曾山幸彦・原田直次郎に学び、天真道場に入門。白馬会創立に参加する。一八九七年(明治三〇)東京美術学校に編入。「渡頭の夕暮」などを発表する。九九年渡独、翌年パリに移りラファエル・コランに師事した。東京美術学校教授、のち校長。帝国美術院会員・帝室技芸員・芸術院会員。文化勲章受章。

わだけんしゅう【和田賢秀】 ?~1348.1.5 南北朝期の武将。楠木正季の子。通称新発意。「太平記」には源秀ともみえる。従兄弟の楠木氏惣領の正行に従い、一三四七年(貞和三・正平二)摂津で山名時氏・細川顕氏の軍を破った。翌四八年一月、高師直らと河内国四条畷に戦い、正行敗死ののち、もと味方であった湯浅党の者に殺された。

わだこれまさ【和田惟政】 1530?~71.8.28 戦国期の武将。摂津国高槻城(現、大阪府高槻市)城主。足利義昭・織田信長に仕えた。一五六八年(永禄一一)以後、信長の畿内制圧に従事。六九年京都本圀寺の変では三好勢と戦って功があった。しかし近隣の武将と対立し、七一年(元亀二)摂津国白井河原(現、茨木市)で荒木村重・中川清秀ら池田二十一人衆と戦って敗死。キリスト教に理解を示し、信長とルイス・フロイスとの間を仲介。

わださんぞう【和田三造】 1883.3.3~1967.8.22 明治~昭和期の洋画家。兵庫県出身。白馬会絵画研究所で黒田清輝に師事。東京美術学校卒。一九

〇九年(明治四二)渡欧。二七年(昭和二)帝国美術院会員、三二年東京美術学校図案科教授。工芸美術・色彩研究の分野でも活躍した。五八年文化功労者。作品「南風」。

わだし【和田氏】 ㊀中世相模国の豪族。桓武平氏。三浦氏の一流。三浦義明の孫義盛が三浦郡和田(現、神奈川県三浦市か)に住み、和田氏を称したのに始まる。義盛は源頼朝をたすけ、鎌倉幕府成立後、侍所別当として重んじられた。一族とも繁栄をみたが、一二一三年(建保元)和田合戦でその大半が滅亡。その後、義盛の甥高井重茂の子実茂が跡を継いだが、四七年(宝治元)宝治合戦で滅亡。実茂の弟時茂のみ赦免され、越後国奥山荘(現、新潟県中条町・黒川村)地頭となり、その子孫が三浦和田を称した。室町時代、一族は惣領家中条氏をはじめ、黒川氏などそれぞれの所領の地名を苗字とし、国人領主として勢力をふるった。

㊁中世和泉国の武家。橘氏。鎌倉時代に楠木氏一族が、大鳥郡上神郷和田(現、大阪府堺市)を本拠としたのに始まる。和田七郎と称した楠木正季は、兄正成を助けて鎌倉幕府討滅に功があった。その子賢秀は楠木正行に従い、一三四八年(貞和四・正平三)河内国四条畷(現、大阪府四條畷市)で高師直らと戦ったが敗死。

わだせい【和田清】 1890.11.15~1963.6.22 大正・昭和期の東洋史学者。神奈川県出身。東大卒。東京帝国大学講師・助教授をへて、一九三三年(昭和八)教授となる。満蒙史研究に力を注ぎ、とくに蒙古近世史は生涯の研究テーマ。五一年の定年退官後は明代の蒙古史研究を集大成して「東亜史研究」を刊行した。東洋文庫のために地方誌・族譜の類を収集、研究部長・専務理事として経営にも尽力した。学士院会員。

わだたねなが【和田胤長】 1183~1213.5.9 鎌倉前期の武将。義長の子、義盛の甥。平太。源頼家の遺児を擁立して北条義時打倒をめざした泉親衡の乱に、義盛の子義直らとともに参加。一二一三年(建保元)二月に発覚し、義時の被官金窪行親のもとに幽閉される。翌三月、義直らはゆるされたが、胤長は張本人として陸奥国岩瀬郡鏡沼(現、福島県鏡石町)に流され、その屋敷地は義時に給与された。この措置が和田合戦を誘発し、義盛らは敗北、胤長は配所で殺された。

わだつなしろう【和田維四郎】 1856.3.15~1920.12.20 明治期の鉱物学者・鉱山官僚。若狭国生れ。開成学校で鉱物学を学び、一八八二年(明治一五)地質調査所初代所長に就任、東京大学理学部教授、鉱山局長兼任、官営製鉄所長官などを歴任。鉱業条例制定に尽力し、日本鉱業会・鉱山懇話会のため尽くした。

わたつみのみこと【少童命】 「古事記」では綿津見神。海の神。「古事記」「日本書紀」で黄泉国から逃げ帰ったイザナキの禊の際に底津少童命・中津少童命・表津少童命が化生した。海人集団の安曇氏が祖神として奉斎する。このほか「古事記」ではイザナキ・イザナミの神生みのなかに大綿津見の名がみえる。また山幸彦が赴くのもワタツミの神の宮とされる。式内社にもワタツミを祭る神社は多い。

わたなべかいきょく【渡辺海旭】 1872.1.5~1933.1.26 明治~昭和前期の宗教家。浄土宗の僧侶。号は壺月。東京都出身。一九〇〇年(明治三三)ドイツに留学。日本宗教協会理事長などを歴任。社会事業や学界に尽力した。

わたなべかざん【渡辺崋山】 1793.9.16~1841.10.11 江戸後期の三河国田原藩家老・南画家・蘭学者。名は定静。字は子安。通称登。崋山は号。田原藩士渡辺定通の子。江戸生れ。家計を助けるため画を学び、谷文晁にみいだされて入門。沈南蘋の影響をうけた花鳥画を描いたが、三〇歳頃から西洋画に心酔、西洋画の陰影表現と描線を主とした伝統的な表現を調和させ、独自の肖像画の様式を確立。「鷹見泉石像」「市河米庵像」などを描き、洋画への傾倒や藩の海岸掛に任じられたことから蘭学研究に入り、小関三英・高野長英らと交流しながら海外事情など新知識を摂取。これが幕府儒官林述斎とその一門の反感をかい、捕らえられて在所蟄居を命じられ(蛮社の獄)、二年後自刃。

わたなべかずお【渡辺一夫】 1901.9.25~75.5.10 昭和期のフランス文学者。東京都出身。東大卒。東京帝国大学助教授をへて、一九四八年(昭和二三)東京大学教授。ラブレー研究者として高い評価がある。名訳「ガルガンチュワとパンタグリュエル物語」のほか、著書「ラブレー研究序説」「フランス・ルネサンス文芸思潮序説」。「渡辺一夫著作集」全一四巻。

わたなべくにたけ【渡辺国武】 1846.5.5～1919.5.11 明治期の官僚・政治家。信濃国高島藩士の出身。子爵。一八七〇年(明治三)伊那県出仕。以後高知県令・福岡県令・大蔵次官などをへて、九二～九六年に第二次伊藤内閣の蔵相・逓信相として、日清戦争中の戦時財政と戦後経営にあたった。一九〇〇年に立憲政友会創立に参加したが、第四次伊藤内閣での処遇をめぐり脱党し、同内閣の蔵相に就任、〇一年に公債支弁事業の中止問題で政友会出身官僚と対立、総辞職の原因となった。以後は政界から遠ざかった。

わたなべこうき【渡辺洪基】 1847.12.23～1901.5.24 明治期の官僚。越前国の蘭方医の家に生まれる。順天堂・開成所・慶応義塾で洋学を学ぶ。岩倉遣外使節団に加わり欧米視察。太政官大書記官・元老院議官・東京府知事などをへて、一八八六年(明治一九)帝国大学総長、ついで駐オーストリア公使。衆議院議員に当選、のち貴族院議員に勅選。立憲政友会創立に参画した。

わたなべし【渡辺氏】 近世の譜代大名家。三河国出身。本家は尾張徳川家に仕えたが、分家の吉綱は幕府の旗本として武蔵国内で三五〇〇石を知行。一六六一年(寛文元)河内・和泉国内で一万石を加増されて大名となった(陣屋所在地は河内国大井、一説に武蔵国野本とも)。九八年(元禄一一)武蔵国の領地を近江国内に移され、陣屋も和泉国大庭寺へ移転。ついで同国伯太へ移し、伯太藩主として幕末に至る。維新後子爵。

わたなべしこう【渡辺始興】 1683～1755.7.29 江戸中期の画家。通称求馬。光琳の弟子とされるが師弟関係は不詳。近衛家熙に仕え、家熙の博物学的関心に触発されて写実性に富む花鳥を得意とした。代表作「吉野山図屏風」「燕子花図屏風」「鳥類真写図巻」。

わたなべしゅうせき【渡辺秀石】 1639～1707.1.16 江戸前期の長崎派の画家。黄檗僧の逸然に画法を学んで、長崎に漢画の画系を開いた。一六九七年(元禄一〇)から唐絵目利を勤めたが、その経験が御用絵師の仕事にもいかされた。その職は以後子孫が世襲し、画系の連続性も保たれた。

わたなべじょうたろう【渡辺錠太郎】 1874.4.16～1936.2.26 明治～昭和前期の軍人。陸軍大将。愛知県出身。陸軍士官学校(八期)・陸軍大学校卒。日露戦争に出征。元帥山県有朋付副官を務め、ドイツ駐在。オランダ公使館付武官・参謀本部第四部長・第七師団長・陸軍航空本部長・台湾軍司令官などを歴任。一九三五年(昭和一〇)真崎甚三郎の後をうけ教育総監に就任。天皇機関説を擁護する言動などにより、二・二六事件で反乱部隊の襲撃をうけ殺害された。

わたなべじろうざえもん【渡辺次郎左衛門】 1552?～1606.7.23 織豊期のキリシタン。肥後国八代生れ。一五九九年(慶長四)頃受洗、洗礼名ジョアチン。小西行長に仕えるが、一六〇〇年行長にかわって加藤清正が領主となると、翌年キリシタン弾圧が開始され、八代教会の慈悲役として迫害と闘う。〇四年長崎に赴いた留守中に妻らが捕らわれたため八代に帰り自首、獄死により殉教。

わたなべちあき【渡辺千秋】 1843.5.20～1921.8.27 明治・大正期の官僚・政治家。伯爵。国武の兄。信濃国高島藩士出身。新政府の地方官となり、鹿児島県知事・滋賀県知事・北海道庁長官・内務次官・京都府知事などを歴任。のち宮内次官、一九一〇～一四年(明治四三～大正三)宮内大臣として枢密顧問官を兼ね、天皇の側近に仕えた。

わたなべどうい【渡辺銅意】 生没年不詳。江戸前期の鋳物師。作品は一六三三年(寛永一〇)の埼玉県長光寺梵鐘から六一年(寛文元)の浅草寺花瓶まで約三〇年にわたる。初期の作品には「洛陽住」とあり、おそらく京から江戸に移住したとみられる。五八・五九年(万治元・二)には明暦の大火で被災した江戸城の復興に従事し、城屋上の鯱鉾や擬宝珠などを子の近江大掾正次とともに作っている。正次はのち津軽家に抱えられ、陸奥国弘前で活躍した。

わたなべなんがく【渡辺南岳】 1767～1813.1.4 江戸後期の画家。名は巌、字は維石。通称は猪三郎・小左衛門。京都生れ。円山応挙に画を学び、のちに尾形光琳の作風にならって軽快な花鳥画や美人画を描いた。晩年江戸に出て谷文晁や酒井抱一などと交わり、円山派を伝える。代表作「四季草花図巻」。

わたなべのつな【渡辺綱】 953～1025 平安中期の武士。渡辺党の祖。源宛の子。嵯峨源氏の一流。武蔵国足立郡箕田郷(現、埼玉県鴻巣市)に生まれ、仁明源氏源敦(源満仲の婿)の養子となる。養母の居所摂津国渡辺(現、大阪市中央区)にちなみ、渡辺姓を名のる。源頼光の郎党として知られ、坂田金時・卜部季武・碓井貞光(平貞道)とともに四天王とよばれた。その活躍は、御伽草子「酒呑童子」などで有名。

わたなべまさのすけ【渡辺政之輔】 1899.9.7～1928.10.6 大正・昭和前期の共産党の指導者。千葉県出身。小学校卒。職工となり労働運動に参加、結党まもない共産党に入党、川合義虎と南葛労働会を結成。左翼労働運動の分裂の端緒もつくる。共産党再建運動に従事、二七年テーゼ作成に参加、中央常任委員。一九二八年(昭和三)三・一五事件後の再建活動で上海に渡り、帰途台湾の基隆で警官に襲われ自殺。

わたなべもりつな【渡辺守綱】 1542～1620.4.9

織豊期～江戸初期の徳川家康の部将。のち尾張国名古屋藩重臣の渡辺半蔵家初代。父は高綱。通称は半蔵、のち忠右衛門。一五六二年(永禄五)三河国八幡での今川氏との戦で、槍半蔵の異名をとった。その後も軍功をあげ、三〇〇〇石を知行。慶長年間、家康の命で名古屋藩主徳川義直に付けられ、一万四〇〇〇石。三河国寺部村に陣屋をおく。大坂の陣には義直に従って参陣。

わたなべよすけ【渡辺世祐】 1874.3.13～1957.4.28　明治～昭和前期の歴史学者。山口県出身。東大卒。史料編纂掛に入所し、室町時代の政治史研究に大きな足跡を残した。「室町時代史」など多数の著書があるが、主著「関東中心―足利時代之研究」は、この時期の関東地方の政治史を考える際に今日でも参照される。

わたなべりょうけい【渡辺了慶】 ?～1645.2.15　織豊～江戸初期の画家。狩野光信の門に学ぶ。一六〇六年(慶長一一)光信・狩野興以らとともに高台寺の障壁画制作に参加し、一七年(元和三)に罹災した西本願寺の堂宇復興にあたり、寛永期初頭を中心に数多くの障壁画を描いたとされる。

わだねい【和田寧】 1787～1840.9.18　「やすし」とも。幕末期の数学者。定積分表の完成で知られる。通称豊之進、字は子永、号は算学・円象。日下誠に数学を学ぶ。江戸芝の増上寺の士、京都土御門家の算学棟梁。建部賢弘以降、問題ごとにでてくる関数の無限級数展開およびその定積分について、総まとめをした。彼の円理表によって、各種の曲線や曲面に関する求積が簡単に求められるようになった。図形の変形、極値、整数論その他でもすぐれた研究を残す。

わだひでまつ【和田英松】 1865.9.10～1937.8.20　明治～昭和期の歴史学者。備後国生れ。東大卒。東京帝国大学史料編纂掛(東京大学史料編纂所)で史料編纂官として「大日本史料」などを編纂。皇室制度・官職制度に精通し、文献史料の集成と研究に大きな業績をあげた。著書「官職要解」「皇室御撰之研究」「本朝書籍目録考証」「国書逸文」。

わだひろお【和田博雄】 1903.2.17～67.3.4　昭和期の官僚・政治家。埼玉県出身。東大卒。農林省に入省し、革新官僚として企画院などに出向。一九四一年(昭和一六)企画院事件で検挙された。第二次大戦後、第一次吉田内閣の農相となり、農地改革を推進。四七年参議院議員に当選。片山内閣の経済安定本部総務長官・物価庁長官に就任。四九年社会党入党。同党分裂時には左派に所属。五二年から衆議院に活動の場を移し、社会党国際局長・副委員長などを歴任した。

わだよしもり【和田義盛】 1147～1213.5.3　鎌倉前期の武将。幕府の初代侍所別当。父は三浦義明の子義宗。通称小太郎。本領は相模国三浦郡和田郷。一一八〇年(治承四)源頼朝挙兵時には、三浦義澄とともに頼朝軍に加わった。同年一一月、侍所が設置されると初代別当となって軍政を担当。九五年(建久六)頼朝上洛に際し洛中警固の奉行を勤め、頼朝の推挙で左衛門尉に任官。九九年(正治元)源頼家の親裁を停止する一三宿老合議制がしかれるとその一員となった。梶原氏追討や比企氏討滅に北条氏と同一歩調をとったが、一二一三年(建保元)泉親衡の乱に一族が加わり北条義時と対立、和田合戦をおこして敗死。

わたらいいえゆき【度会家行】 生没年不詳。南北朝期の伊勢豊受大神宮の神官。有行の子。一三〇六年(徳治元)禰宜に補任される。南朝方について、後醍醐天皇の吉野遷幸に尽力し、三六年(建武三・延元元)宗良親王を奉じて伊勢国に下向した北畠親房・顕信父子を援助した。四〇年(暦応三・興国元)一禰宜となるが、四九年(貞和五・正平四)北朝方から違勅の科により禰宜を解任された。伊勢神道の大成者として知られ、「類聚神祇本源」「瑚璉集」「神道簡要」「神祇秘抄」などを著し、親房をはじめ南朝方に大きな思想的影響を与えた。一三五一年(観応二・正平六)九六歳で没したとする説があるが、五六年までその活動が確認され没年未詳。

わたらいうじ【度会氏】 伊勢豊受大神宮(外宮)の祠官として奉仕した氏族。天牟羅雲命を祖とし、神宮鎮座当初から奉仕したとの伝承をもつ。鎌倉時代には行忠・常昌・家行が知られ、内宮と争って外宮の優位性を主張し、伊勢神道を提唱した。近世には延佳・常彰が知られ、一族約三〇家があったが、禰宜に補任される重代家は檜垣・松木・久志本・佐久目・河崎・宮後の六家に限られた。一八七一年(明治四)神宮改革により世襲制が廃止された。

わたらいつねよし【度会常昌】 1263～1339.7.27　南北朝期の伊勢豊受大神宮の神官・神道学者。父は貞尚。初名は常良。家号の檜垣から檜垣長官ともよばれた。一二九二年(正応五)禰宜に任じられ、一三一六年(正和五)一禰宜となる。後醍醐天皇の信任を得、建武の新政に思想的影響を与えた。「大神宮両宮之御事」は後醍醐天皇の中宮阿野廉子の命により著したもので、ほかに「文保服暇令」「元徳奏覧度会系図」などの著作がある。「皇字沙汰文」の編者ともいわれる。

わたらいのぶよし【度会延佳】 1615.4.28～90.1.15　出口延佳とも。江戸前期の神道家で神宮祠官。伊勢神道を再興した度会神道の創始者。延伊の子。初名は延良、与三次郎・信濃・愚太夫と称し、号は直庵・講古堂。度会神主四門の出口家の出身で、豊受大神宮権禰宜についた。一六四八年(慶安元)豊宮崎文庫を創設し、神道研究の機関と位置づけたが、同文庫は七〇年(寛文一〇)焼失。「陽復記」「神宮秘伝問答」などの著作で神宮相伝の神道を主張し、度会神道として再興した。

わたらいゆきただ【度会行忠】 1236～1305.閏12.27 鎌倉後期の伊勢豊受大神宮の神官・神道学者。父は行継。一二五一年(建長三)禰宜に補任。八三年(弘安六)一時三禰宜の職を解かれるが、八五年に関白藤原兼平の命によって著した「二所大神宮神名秘書」が、亀山上皇にも読まれて、八七年に復職。一三〇四年(嘉元二)一禰宜となり、翌年没した。「古老口実伝」「奉仕秘記」「心御柱記」などの著があり、伊勢神道の興隆発展に大きな役割をはたした。

わだりざえもん【和田理左衛門】 ?～1656.10.- 近世初期の海外在留商人。長崎在住中国人の一族ともいう。キリシタン。洗礼名パウロ。長崎の本五島町出身で、ベトナム北部のトンキンに在住。同地の政庁の外交貿易に関与し、オランダ東インド会社の商務員と政庁との連絡や事務折衝にあたる。日本、マカオ、台湾、交趾のフエ、カンボジア、シャムの各地に商船を派遣した。

わつじてつろう【和辻哲郎】 1889.3.1～1960.12.26 大正・昭和期の倫理学者。兵庫県出身。東大卒。一九二七年(昭和二)に渡欧し、翌年帰国して三一年京都帝国大学教授、三四年東京帝国大学教授となる。ニーチェ、キルケゴール研究から出発し、「日本精神史研究」をへて「人間の学としての倫理学」「風土―人間学的考察」に到達したのは、東大転任の前後だった。定年退官の翌五〇年日本倫理学会結成とともに初代会長となり、ほかにも多くの文化活動にたずさわった。構造的把握よりも、豊かな直観力という資質に見合った解釈学において優れていた。

わに【王仁】 西文(河内書)氏の祖とされる伝説上の人物。「古事記」では和邇吉師。「日本書紀」応神一五年に渡来した阿直岐の推薦で、翌年百済から招かれた王仁は、皇子の菟道稚郎子の師となり、諸典籍を講じたという。「古事記」では論語・千字文をもたらしたとする。百済に亡命した楽浪官人の王氏の末裔と思われる。西文氏は河内国古市郡を本拠とし、支族に馬・蔵・高志・栗栖などがあり、東漢氏とともに文筆を業とした。

わにうじ【和珥氏】 丸邇・和邇・丸とも。古代の有力氏族。姓は臣。始祖は天足彦国押人命という。本拠地は大和国添上郡一帯と推定されるが、欽明朝頃、春日氏と改めたと考えられる。応神・反正・雄略・仁賢・継体・欽明・敏達天皇に九人の后妃を入れ、五～六世紀にかけて外戚氏族として勢力を誇った。

わにのたけふるくま【和珥武振熊】 難波根子武振熊とも。和珥臣の祖と伝える伝説上の人物。「日本書紀」によると、武内宿禰とともに数万の群衆を率いて、神功皇后とその皇子(応神天皇)を殺害しようとした忍熊王を討ったとある。また飛驒国の宿儺という、皇命に従わずに人民を掠奪する怪物も誅伐したという。

わにべのおおたまろ【和邇部大田麻呂】 798～865.10.26 平安初期の楽人。笛の名手。大戸清上から笛を学ぶ。天長初年に雅楽百済笛師、ついで唐横笛師・雅楽少属・同大属を歴任。八六一年(貞観三)外従五位下、八六三年宿禰の姓を賜り、翌年権大允に任じられた。「天人楽」「溢金楽」を作曲し、数曲を改作したという。

わにべのきみて【和珥部君手】 生没年不詳。七世紀後半～八世紀初めの官人。壬申の乱の功臣。六七二年(天武元)壬申の乱に際し、美濃国安八磨郡へ派遣され、軍を発して不破道をふさいだ。また近江方面の戦闘で活躍。六九七年(文武元)壬申の乱の功で直広壱。七〇一年(大宝元)功封八〇戸を中功とし、四分の一を子に伝えさせた。七一六年(霊亀二)には直大壱を追贈したことがみえ、子の大石に田を賜った。七五七年(天平宝字元)功田八町を中功とし、子に伝えさせた。

ワリニャーニ ⇩バリニャーノ

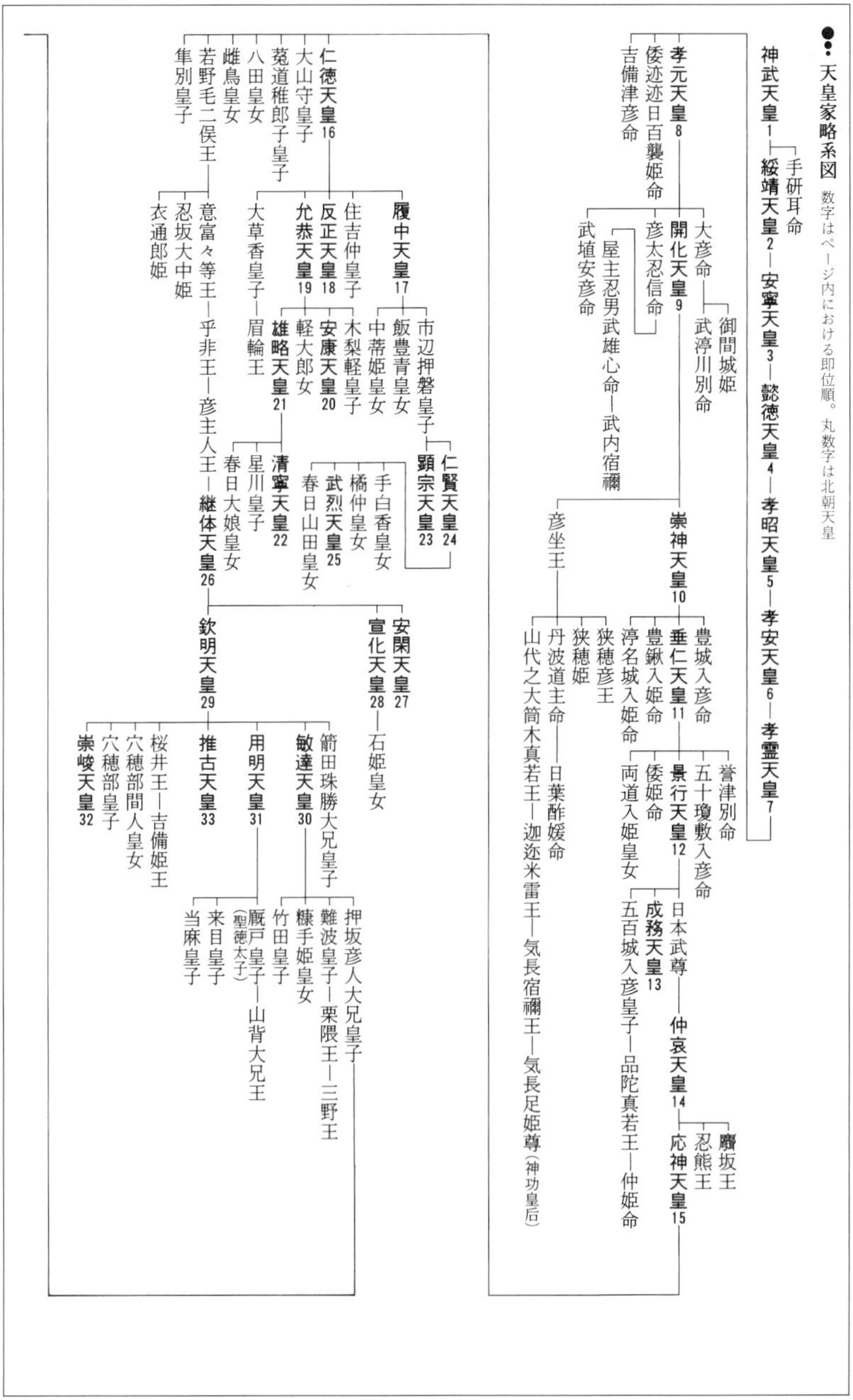

天皇家略系図　数字はページ内における即位順。丸数字は北朝天皇
神武天皇1—手研耳命
綏靖天皇2
安寧天皇3
懿徳天皇4
孝昭天皇5
孝安天皇6
孝霊天皇7
孝元天皇8
倭迹迹日百襲姫命
吉備津彦命
大彦命
御間城姫
武渟川別命
開化天皇9
彦太忍信命
屋主忍男武雄心命—武内宿禰
武埴安彦命
崇神天皇10
彦坐王
豊城入彦命
垂仁天皇11
豊鍬入姫命
渟名城入姫命
狭穂彦王
狭穂姫
丹波道主命—日葉酢媛命
山代之大筒木真若王—迦迩米雷王—気長宿禰王—気長足姫尊(神功皇后)
誉津別命
五十瓊敷入彦命
景行天皇12
倭姫命
両道入姫皇女
日本武尊
成務天皇13
五百城入彦皇子—品陀真若王—仲姫命
仲哀天皇14
麛坂王
忍熊王
応神天皇15
仁徳天皇16
大山守皇子
菟道稚郎子皇子
八田皇女
雌鳥皇女
若野毛二俣王
隼別皇子
履中天皇17
住吉仲皇子
反正天皇18
允恭天皇19
大草香皇子—眉輪王
市辺押磐皇子
飯豊青皇女
中蒂姫皇女
木梨軽皇子
安康天皇20
軽大郎女
雄略天皇21
仁賢天皇24
顕宗天皇23
手白香皇女
橘仲皇女
武烈天皇25
春日山田皇女
清寧天皇22
星川皇子
春日大娘皇女
意富々等王—乎非王—彦主人王—継体天皇26
忍坂大中姫
衣通郎姫
安閑天皇27
宣化天皇28—石姫皇女
欽明天皇29
箭田珠勝大兄皇子
敏達天皇30
用明天皇31
推古天皇33
桜井王—吉備姫王
穴穂部間人皇女
穴穂部皇子
崇峻天皇32
押坂彦人大兄皇子
難波皇子—栗隈王—三野王
糠手姫皇女
竹田皇子
厩戸皇子(聖徳太子)—山背大兄王
来目皇子
当麻皇子

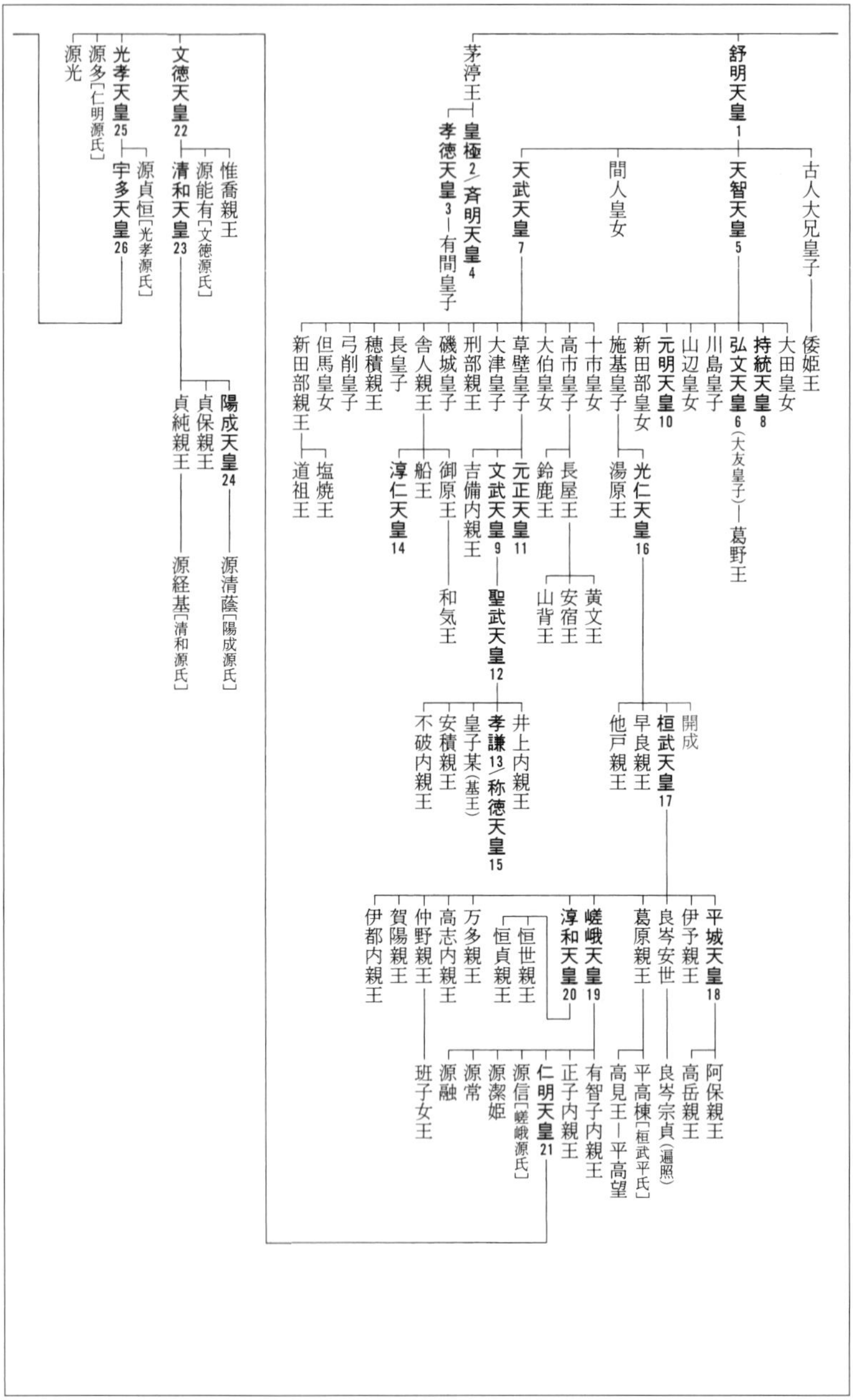

舒明天皇1
茅渟王
皇極2/斉明天皇4
孝徳天皇3
有間皇子
古人大兄皇子
倭姫王
天智天皇5
間人皇女
天武天皇7
大田皇女
持統天皇8
弘文天皇6（大友皇子）
葛野王
川島皇子
山辺皇女
元明天皇10
新田部皇女
施基皇子
光仁天皇16
湯原王
十市皇女
高市皇子
長屋王
鈴鹿王
黄文王
安宿王
山背王
大伯皇女
草壁皇子
元正天皇11
文武天皇9
聖武天皇12
吉備内親王
大津皇子
刑部親王
磯城皇子
御原王
和気王
舎人親王
船王
淳仁天皇14
長皇子
穂積親王
弓削皇子
但馬皇女
新田部親王
塩焼王
道祖王
井上内親王
孝謙13/称徳天皇15
皇子某（基王）
安積親王
不破内親王
開成
桓武天皇17
早良親王
他戸親王
平城天皇18
阿保親王
高岳親王
伊予親王
良岑安世
良岑宗貞（遍照）
葛原親王
平高棟［桓武平氏］
高見王
平高望
嵯峨天皇19
有智子内親王
正子内親王
仁明天皇21
源信［嵯峨源氏］
源潔姫
源常
源融
淳和天皇20
恒世親王
恒貞親王
万多親王
高志内親王
仲野親王
班子女王
賀陽親王
伊都内親王
文徳天皇22
惟喬親王
源能有［文徳源氏］
清和天皇23
陽成天皇24
源清蔭［陽成源氏］
貞保親王
貞純親王
源経基［清和源氏］
光孝天皇25
源貞恒［光孝源氏］
宇多天皇26
源多［仁明源氏］
源光

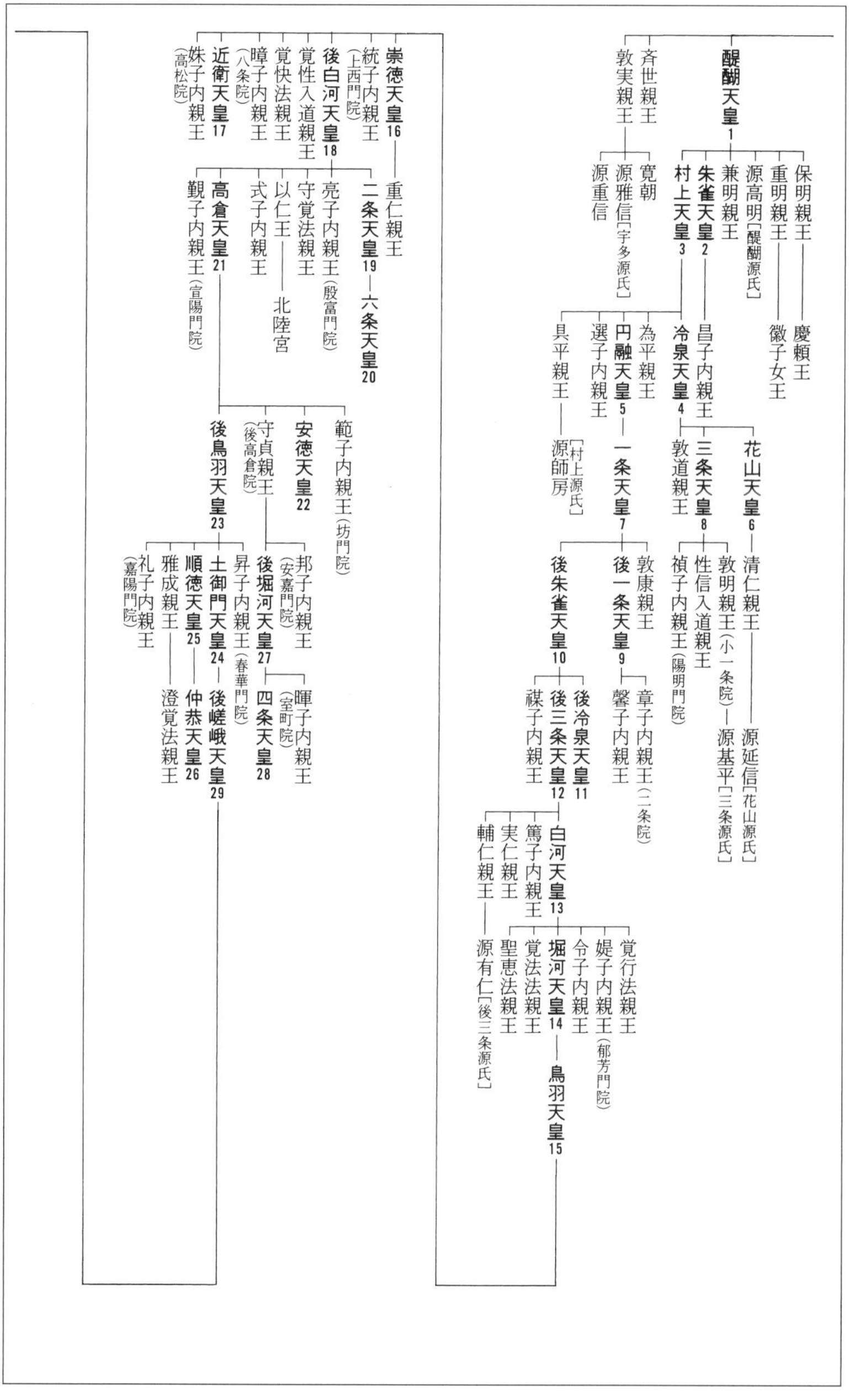
醍醐天皇1
保明親王
慶頼王
重明親王
徽子女王
源高明［醍醐源氏］
兼明親王
朱雀天皇2
昌子内親王
村上天皇3
斉世親王
敦実親王
寛朝
源雅信［宇多源氏］
源重信
冷泉天皇4
為平親王
円融天皇5
選子内親王
具平親王
源師房［村上源氏］
花山天皇6
清仁親王
源延信［花山源氏］
三条天皇8
敦明親王（小一条院）
源基平［三条源氏］
性信入道親王
禎子内親王（陽明門院）
敦道親王
一条天皇7
敦康親王
後一条天皇9
章子内親王（二条院）
馨子内親王
後朱雀天皇10
後冷泉天皇11
後三条天皇12
禖子内親王
白河天皇13
篤子内親王
実仁親王
輔仁親王
源有仁［後三条源氏］
覚行法親王
媞子内親王（郁芳門院）
令子内親王
堀河天皇14
鳥羽天皇15
覚法法親王
聖恵法親王
崇徳天皇16
重仁親王
統子内親王（上西門院）
後白河天皇18
覚性入道親王
覚快法親王
暲子内親王（八条院）
近衛天皇17
姝子内親王（高松院）
二条天皇19
六条天皇20
亮子内親王（殷富門院）
守覚法親王
以仁王
北陸宮
式子内親王
高倉天皇21
覲子内親王（宣陽門院）
範子内親王（坊門院）
安徳天皇22
守貞親王（後高倉院）
後鳥羽天皇23
邦子内親王（安嘉門院）
後堀河天皇27
暉子内親王（室町院）
四条天皇28
昇子内親王（春華門院）
土御門天皇24
後嵯峨天皇29
順徳天皇25
仲恭天皇26
雅成親王
澄覚法親王
礼子内親王（嘉陽門院）

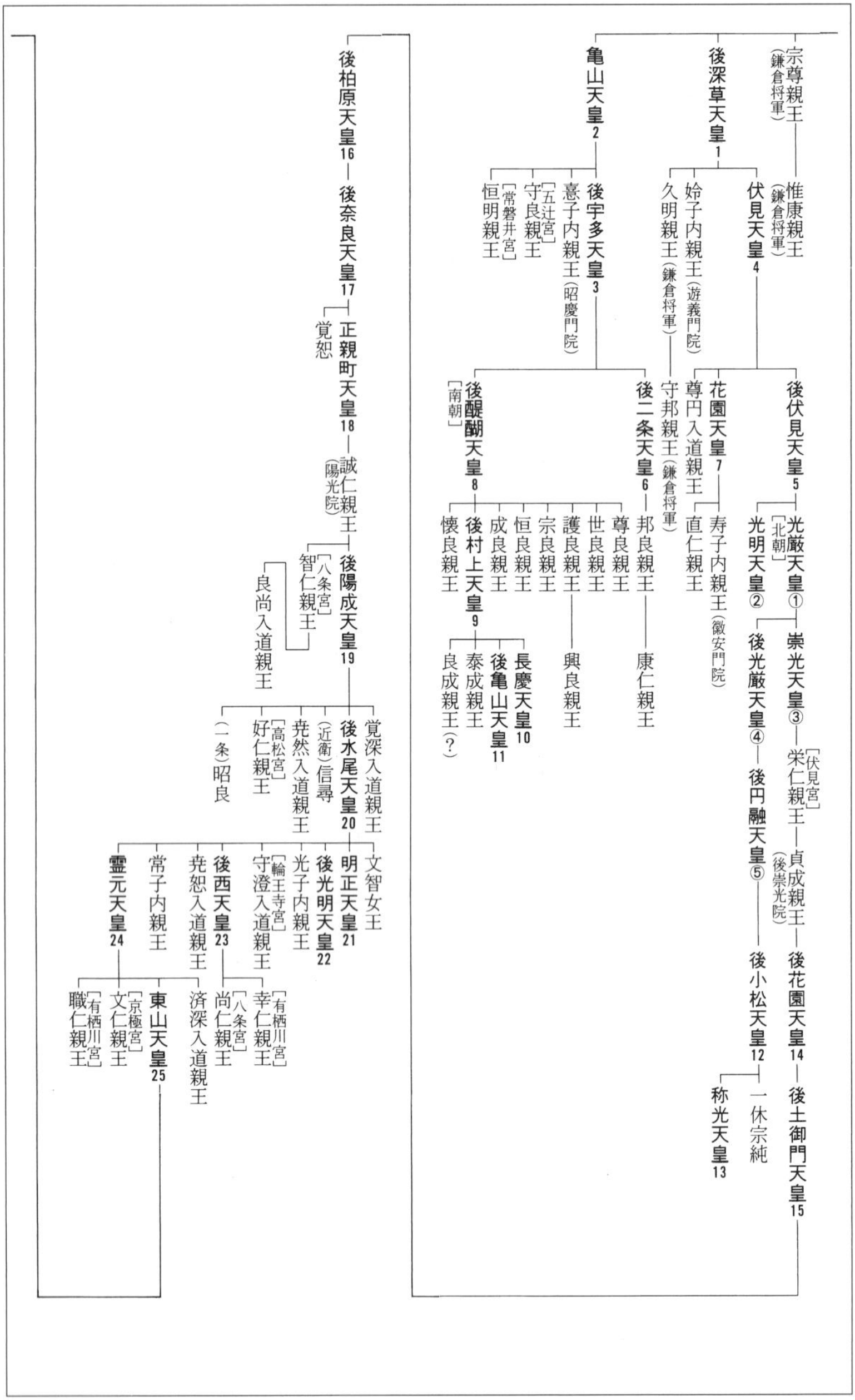
宗尊親王（鎌倉将軍）
惟康親王（鎌倉将軍）
後深草天皇1
伏見天皇4
媖子内親王（遊義門院）
久明親王（鎌倉将軍）
守邦親王（鎌倉将軍）
後伏見天皇5
光厳天皇①［北朝］
光明天皇②
崇光天皇③
［伏見宮］栄仁親王
貞成親王（後崇光院）
後花園天皇14
後土御門天皇15
後光厳天皇④
後円融天皇⑤
後小松天皇12
一休宗純
称光天皇13
花園天皇7
尊円入道親王
寿子内親王（徽安門院）
直仁親王
亀山天皇2
後宇多天皇3
憙子内親王（昭慶門院）
［五辻宮］守良親王
［常磐井宮］恒明親王
後二条天皇6
邦良親王
康仁親王
後醍醐天皇8［南朝］
尊良親王
世良親王
護良親王
興良親王
宗良親王
恒良親王
成良親王
後村上天皇9
長慶天皇10
後亀山天皇11
泰成親王
良成親王（？）
懐良親王
後柏原天皇16
後奈良天皇17
正親町天皇18
覚恕
誠仁親王（陽光院）
後陽成天皇19
［八条宮］智仁親王
良尚入道親王
覚深入道親王
後水尾天皇20
（近衛）信尋
尭然入道親王
［高松宮］好仁親王
（一条）昭良
文智女王
明正天皇21
後光明天皇22
光子内親王
［輪王寺宮］守澄入道親王
後西天皇23
尭恕入道親王
常子内親王
霊元天皇24
［有栖川宮］幸仁親王
［八条宮］尚仁親王
済深入道親王
東山天皇25
［京極宮］文仁親王
［有栖川宮］職仁親王

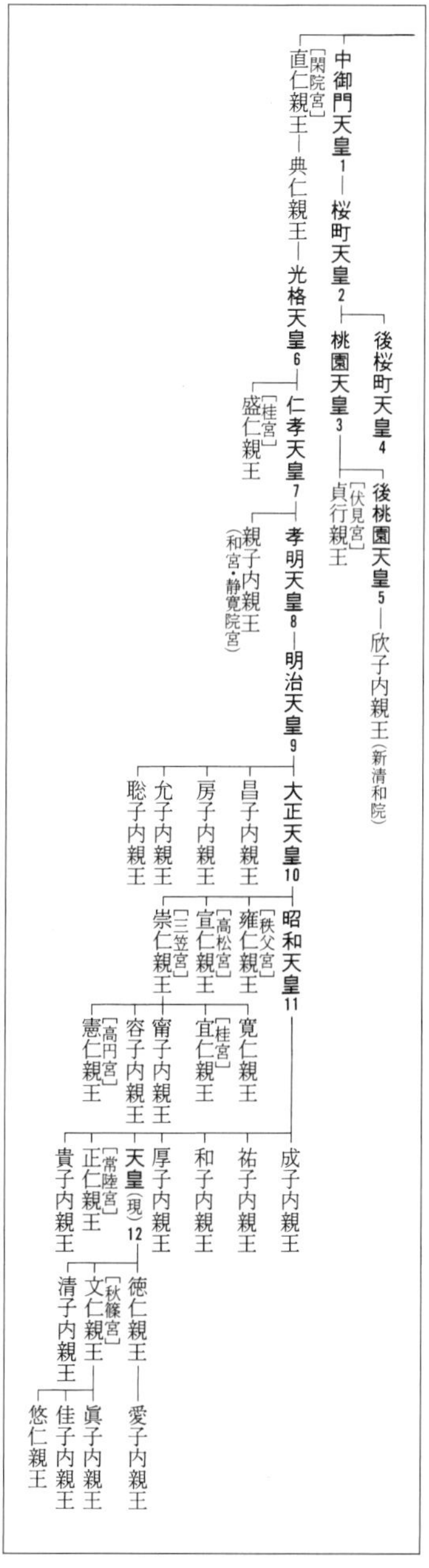
中御門天皇1
桜町天皇2
後桜町天皇4
桃園天皇3
後桃園天皇5
欣子内親王（新清和院）
［伏見宮］貞行親王
［閑院宮］直仁親王
典仁親王
光格天皇6
仁孝天皇7
［桂宮］盛仁親王
孝明天皇8
親子内親王（和宮・静寛院宮）
明治天皇9
大正天皇10
昌子内親王
房子内親王
允子内親王
聡子内親王
昭和天皇11
［秩父宮］雍仁親王
［高松宮］宣仁親王
［三笠宮］崇仁親王
寬仁親王
［桂宮］宜仁親王
甯子内親王
容子内親王
［高円宮］憲仁親王
成子内親王
祐子内親王
和子内親王
厚子内親王
天皇（現）12
［常陸宮］正仁親王
貴子内親王
徳仁親王
［秋篠宮］文仁親王
清子内親王
愛子内親王
眞子内親王
佳子内親王
悠仁親王

付　録

別名・異名索引

◎立項した本見出し項目の異訓・異記のほか，幼名・通称・字・諱・号・法名・屋号・筆名などのうちおもなものを別名・異名としてとりあげた。
◎索引項目と本見出し項目の漢字表記が同じで読みが異なる場合は，本見出し項目の読みを〈　〉で示した。

●い

●う

●く

●け

●こ

●さ

●し

●た

●と

●な

●に

●ぬ

●ね

●の

●は

●ひ

●ふ

●へ

●ま

●み

●ゆ

●よ

難読画引き索引

◎立項した人名項目の最初の漢字の画数順に配列した。２字目以降も画数順に配列した。
◎同一漢字で異なる読みのある姓氏は ／ で区切り併記した。
◎別名などの全送り項目の場合は，本項目を ⇨ で示した。

●1画
一万田尚登 いちまだひさと
一条能保 いちじょうよしやす
丿貫 へちかん
乙竹岩造 おとたけいわぞう
乙前 おとまえ
乙鶴 おとづる

●2画
丁汝昌 ていじょしょう
九条稙通 くじょうたねみち
二条斉敬 にじょうなりゆき
二柳 じりゅう
入来院氏 いりきいんし
八十村路通 やそむらろつう ⇨路通
八千戈神 やちほこのかみ ⇨大国主神 おおくにぬしのかみ
八田皇女 やたのひめみこ
八束水臣津野命 やつかみずおみづののみこと
几董 きとう
十寸見河東 ますみかとう
十市氏 とおちし
十河氏 そごうし
卜部氏 うらべうじ

●3画
下斗米秀之進 しもどまいひでのしん ⇨相馬大作
下毛野氏 しもつけのうじ
下間氏 しもつまし
三上於菟吉 みかみおときち
三千風 みちかぜ
三枝博音 さいぐさひろと
三浦胤義 みうらたねよし
上井覚兼 うわいかっけん
上毛野氏 かみつけのうじ
上司小剣 かみつかさしょうけん
上杉斉定 うえすぎなりさだ
上杉斉憲 うえすぎなりのり
上杉能憲 うえすぎよしのり
上村仁右衛門 かみむらにえもん
上林暁 かんばやしあかつき
上真行 うえさねみち
上道斐太都 かみつみちのひたつ
上遠野富之助 かどのとみのすけ
上総氏 かずさし
万代屋宗安 もずやそうあん
万里小路家 までのこうじけ
万鉄五郎 よろずてつごろう
久布白落実 くぶしろおちみ
久我家 こがけ
久延毘古 くえびこ
久邇宮 くにのみや
兀庵普寧 ごったんふねい
凡河内氏 おおしこうちうじ
千々石ミゲル ちぢわミゲル
千種有功 ちぐさありこと
土方氏 ひじかたし
土生玄碩 はぶげんせき
土岐詮直 ときあきなお
土師氏 はじうじ
土御門家 つちみかどけ
大山祇神 おおやまづみのかみ
大己貴神 おおなむちのかみ
大中臣氏 おおなかとみうじ
大仏氏 おさらぎし
大分恵尺 おおきだのえさか
大分稚見 おおきだのわかみ
大友能直 おおともよしなお
大戸清上 おおべのきよかみ
大日孁貴 おおひるめのむち ⇨天照大神 あまてらすおおみかみ
大宅壮一 おおやそういち
大気都比売神 おおげつひめのかみ
大江以言 おおえのもちとき
大江匡房 おおえのまさふさ
大江匡衡 おおえのまさひら
大江佐国 おおえのすけくに
大江挙周 おおえのたかちか
大江嘉言 おおえのよしとき
大江維時 おおえのこれとき
大江磐代 おおえいわしろ
大弐三位 だいにのさんみ
大伯皇女 おおくのひめみこ
大伴吹負 おおとものふけい
大伴坂上郎女 おおとものさかのうえのいらつめ

大伴咋 おおとものくい
大伴狭手彦 おおとものさでひこ
大伴家持 おおとものやかもち
大伴書持 おおとものふみもち
大伴馬来田 おおとものまくた
大伴御行 おおとものみゆき
大伴磐 おおとものいわ
大伴駿河麻呂 おおとものするがまろ
大来佐武郎 おおきたさぶろう
大角岑生 おおすみみねお
大幸勇吉 おおさかゆうきち
大拙祖能 だいせつそのう
大炊御門家 おおいみかどけ
大直日神 おおなおびのかみ
大海人皇子 おおあまのみこ ⇨天武天皇
大神氏 おおみわうじ
大掾氏 だいじょうし
大給恒 おぎゅうゆずる
大饗正虎 おおあえまさとら ⇨楠長諳 くすのきちょうあん
小大君 こおおぎみ
小子部鉏鉤 ちいさこべのさいち
小子部蜾蠃 ちいさこべのすがる
小山氏 おやまし
小川芋銭 おがわうせん
小川破笠 おがわはりつ
小谷の方 おだにのかた
小林樟雄 こばやしくすお
小泉丹 こいずみまこと
小砂丘忠義 ささおかただよし
小野石根 おののいわね
小野老 おののおゆ
小野岑守 おののみねもり
小野美材 おののよしき
小野梓 おのあずさ
小野篁 おののたかむら
小督局 こごうのつぼね
小碓命 おうすのみこと ⇨日本武尊 やまとたけるのみこと
小槻氏 おづきうじ
山内清男 やまのうちすがお
山本鼎 やまもとかなえ
山辺丈夫 やまのべたけお
山県氏 やまがたし
山背大兄王 やましろのおおえのおう
川上梟帥 かわかみのたける
川田甕江 かわだおうこう
川面凡児 かわつらぼんじ
工楽松右衛門 くらくまつえもん
弓月君 ゆづきのきみ
弓削氏 ゆげうじ

●4画

不知火諾右衛門 しらぬいだくえもん
中上川彦次郎 なかみがわひこじろう
中大兄皇子 なかのおおえのみこ ⇨天智天皇 てんちてんのう
中山愛親 なかやまなるちか
中牟田倉之助 なかむたくらのすけ
中条氏 ちゅうじょうし／なかじょうし
中村芝翫 なかむらしかん
中村粂太郎 なかむらくめたろう
中村惕斎 なかむらてきさい
中村精男 なかむらきよお
中村鴈治郎 なかむらがんじろう
中村彝 なかむらつね
中臣宅守 なかとみのやかもり
中臣烏賊津使主 なかとみのいかつおみ
中臣習宜阿曾麻呂 なかとみのすげのあそまろ
中臣意美麻呂 なかとみのおみまろ
中皇命 なかつすめらみこと
中島三甫右衛門 なかじまみほえもん
中島棕隠 なかじまそういん
中院家 なかのいんけ
中馬庚 ちゅうまかのえ
中務 なかつかさ
中部幾次郎 なかべいくじろう
中御門家 なかみかどけ
中関白家 なかのかんぱくけ
中巌円月 ちゅうがんえんげつ
丹羽氏 にわし
丹波道主命 たにわのみちぬしのみこと
五十猛神 いたけるのかみ
五十瓊敷入彦命 いにしきいりひこのみこと
五辻家 いつつじけ
五姓田芳柳 ごせだほうりゅう
五瀬命 いつせのみこと
今参局 いままいりのつぼね
今城家 いまきけ
仁木氏 にっきし
仁田氏 にったし
允恭天皇 いんぎょうてんのう
元木網 もとのもくあみ
元杲 げんごう
内田魯庵 うちだろあん
内藤耻叟 ないとうちそう
内藤魯一 ないとうろいち
公胤 こういん
六人部是香 むとべよしか
六如 りくにょ ⇨慈周 じしゅう
勾当内侍 こうとうのないし
円仁 えんにん
円爾 えんに
壬生匡遠 みぶただとお
太安麻呂 おおのやすまろ
天太玉命 あめのふとたまのみこと ⇨太玉命
天手力雄神 あめのたぢからおのかみ
天日槍 あめのひぼこ
天羽英二 あもうえいじ
天児屋命 あめのこやねのみこと

天忍日命 あめのおしひのみこと
天忍穂耳尊 あめのおしほみみのみこと
天竺徳兵衛 てんじくとくべえ
天常立尊 あめのとこたちのみこと
天探女 あめのさぐめ
天御中主尊 あめのみなかぬしのみこと
天照大神 あまてらすおおみかみ
天稚彦 あめわかひこ
天鈿女命 あめのうずめのみこと
天穂日命 あめのほひのみこと
孔祥熙 こうしょうき
少弐氏 しょうにし
少彦名命 すくなひこなのみこと
少童命 わたつみのみこと
尹仁甫 いんじんほ
尹始炳 いんしへい
尺振八 せきしんばち
巴人 はじん
引田部赤猪子 ひけたべのあかいこ
戸次氏 べっきし
手白香皇女 たしらかのひめみこ
手研耳命 たぎしみみのみこと
手摩乳 てなづち ⇨脚摩乳・手摩乳 あしなづち・てなづち
支倉常長 はせくらつねなが
文之玄昌 ぶんしげんしょう
文氏 ふみうじ
文武天皇 もんむてんのう
文武王 ぶんぶおう
文室氏 ふんやうじ
文屋康秀 ふんやのやすひで
日什 にちじゅう
日本武尊 やまとたけるのみこと
日向 にこう
日向髪長媛 ひむかのかみながひめ
日柳燕石 くさなぎえんせき
日峰宗舜 にっぽうそうしゅん
日珖 にっこう
日葉酢媛命 ひばすひめのみこと
日置益 ひおきえき
日置弾正 へきだんじょう
月僊 げっせん
月読尊 つくよみのみこと
木下杢太郎 きのしたもくたろう
木村正辞 きむらまさこと
木村芥舟 きむらかいしゅう
木村栄 きむらひさし
木村蒹葭堂 きむらけんかどう
木村毅 きむらき
木花開耶姫 このはなさくやひめ
木食五行 もくじきごぎょう
木食応其 もくじきおうご
木食養阿 もくじきようあ
木満致 もくまんち
木羅斤資 もくらこんし
毛利斉熙 もうりなりひろ
水沼氏 みぬまうじ
水無瀬家 みなせけ
火照命 ほでりのみこと ⇨火闌降命 ほのすそりのみこと
火遠理命 ほおりのみこと ⇨彦火火出見尊 ひこほほでみのみこと
火闌降命 ほのすそりのみこと
犬懸上杉氏 いぬかけうえすぎし
王仁 わに
王羲之 おうぎし

●5画

世良親王 よよししんのう
主馬首一平安代 しゅめのかみいっぺいやすよ
以仁王 もちひとおう
仙厓義梵 せんがいぎぼん
他戸親王 おさべしんのう
兄猾 えうかし
兄磯城 えしき
出羽弁 いでわのべん
出隆 いでたかし
加舎白雄 かやしらお ⇨白雄
包平 かねひら
包永 かねなが
北条高広 きたじょうたかひろ
北玲吉 きたれいきち
北畠具教 きたばたけとものり
半井驢庵 なからいろあん
外村繁 とのむらしげる
外郎氏 ういろうし
可美葦牙彦舅尊 うましあしかびひこじのみこと
古泉千樫 こいずみちかし
古島一雄 こじまかずお
古賀侗庵 こがどうあん
台与 とよ ⇨壹与 いよ
四方赤良 よものあから ⇨大田南畝 おおたなんぽ
四辻家 よつつじけ
巨勢氏 こせうじ
左右田喜一郎 そうだきいちろう
市川松蔦 いちかわしょうちょう
市辺押磐皇子 いちのべのおしはのみこ
市杵島姫命 いちきしまひめのみこと
布田惟暉 ふたこれてる
布袋 ほてい
布袋屋梅之丞 ほていやうめのじょう
平内家 へいのうちけ
平生釟三郎 ひらおはちさぶろう
平城天皇 へいぜいてんのう
平栄 ひょうえい
平秩東作 へずつとうさく
平群氏 へぐりうじ
平敷屋朝敏 へしきやちょうびん
平櫛田中 ひらくしでんちゅう

弁内侍 べんのないし
弁乳母 べんのめのと
弘計王 おけおう ⇨顕宗天皇 けんぞうてんのう
本多忠籌 ほんだただかず
本居豊穎 もとおりとよかい
本阿弥家 ほんあみけ
正親町家 おおぎまちけ
永富独嘯庵 ながとみどくしょうあん
永縁 ようえん
永厳 ようげん
永観 ようかん
玄昉 げんぼう
玄奘 げんじょう
玄慧 げんえ
玄賓 げんびん
玄叡 げんえい
玉乃世履 たまのせいり
玉城朝薫 たまぐすくちょうくん
玉崗瑞璵 ぎょっこうずいよ
玉楮象谷 たまかじぞうこく
玉畹梵芳 ぎょくえんぼんぽう
甘美内宿禰 うましうちのすくね
生江孝之 なまえたかゆき
生江東人 いくえのあずまひと
田口成能 たぐちしげよし
田中多太麻呂 たなかのただまろ
田中萃一郎 たなかすいいちろう
田中訥言 たなかとつげん
田母野秀顕 たものひであき
田辺元 たなべはじめ
田道間守 たじまもり
田螺金魚 たにしきんぎょ
申叔舟 しんしゅくしゅう
由阿 ゆうあ
白山松哉 しらやましょうさい
白猪胆津 しらいのいつ
矢集虫麻呂 やずめのむしまろ
石上氏 いそのかみうじ
石川石足 いしかわのいわたり
石川郎女 いしかわのいらつめ
石井家 いわいけ
石谷貞清 いしがやさだきよ
石屋真梁 せきおくしんりょう
石姫皇女 いしひめのひめみこ
石渡荘太郎 いしわたそうたろう
石渡繁胤 いしわたりしげたね
石凝姥命 いしこりどめのみこと
立入宗継 たてりむねつぐ
立作太郎 たちさくたろう
立林何帠 たてばやしかげい
立阿弥 りゅうあみ
立原杏所 たちはらきょうしょ
立圃 りゅうほ

●6画

百済氏 くだらうじ
百済王氏 くだらのこにきしうじ
伊伎是雄 いきのこれお
伊吉博徳 いきのはかとこ
伊地知正治 いじちまさはる
伊余部馬養 いよべのうまかい
伊孚九 いふきゅう
伊治呰麻呂 いじのあざまろ
伊香色謎命 いかがしこめのみこと
伊奘冉尊 いざなみのみこと ⇨伊奘諾尊・伊奘冉尊 いざなきのみこと・いざなみのみこと
伊奘諾尊 いざなきのみこと
伊達宗城 だてむねなり
伊達稙宗 だてたねむね
伊勢能盛 いせよしもり
伊藤雋吉 いとうとしよし
伊藤熹朔 いとうきさく
仲小路廉 なかしょうじれん
仲尾次政隆 なかおしせいりゅう
仲姫命 なかつひめのみこと
仲猷祖闡 ちゅうゆうそせん
全琫準 ぜんほうじゅん
刑部親王 おさかべしんのう
卍山道白 まんざんどうはく
卍元師蛮 まんげんしばん
吉士長丹 きしのながに
吉川氏 きっかわし
吉分大魯 よしわけたいろ ⇨大魯
吉四六 きっちょむ
吉田宜 きったのよろし
吉田篁墩 よしだこうとん
吉良義央 きらよしなか
吉備氏 きびうじ
吉備津彦命 きびつひこのみこと
吉備姫王 きびつひめのおおきみ
向山周慶 さきやましゅうけい
向山誠斎 むこうやませいさい
向坂逸郎 さきさかいつろう
向象賢 しょうじょうけん ⇨羽地朝秀 はねじちょうしゅう
如宝 にょほう
如儡子 にょらいし
因斯羅我 いしらが
各務支考 かがみしこう ⇨支考
多氏 おおうじ
安良城盛昭 あらきもりあき
安居院庄七 あごいんしょうしち
安保氏 あぼし
安威氏 あいし
安倍季尚 あべすえひさ
安倍能成 あべよししげ
安島直円 あじまなおのぶ
安宿王 あすかべおう
安都雄足 あとのおたり

安慧 あんえ
安曇氏 あずみうじ
安積艮斎 あさかごんさい
安藤野雁 あんどうぬかり
宇野主水 うのもんど
成尋 じょうじん
早田左衛門大郎 そうださえもんたろう
早良親王 さわらしんのう
早速整爾 はやみせいじ
曲直瀬道三 まなせどうさん
会理 えり
朽木氏 くつきし
朱雀天皇 すざくてんのう
朱楽菅江 あけらかんこう
朴市田来津 えちのたくつ
気比氏治 けひうじはる
気長足姫尊 おきながたらしひめのみこと ⇨神功皇后 じんぐうこうごう
江月宗玩 こうげつそうがん
池内信嘉 いけのうちのぶよし
池田成彬 いけだせいひん
池田茂政 いけだもちまさ
池田瑞仙 いけだずいせん
池田慶徳 いけだよしのり
池辺氷田 いけのべのひた
牟田口元学 むたぐちげんがく
瓜生外吉 うりゅうそときち
当麻氏 たいまうじ
竹内家 たけのうちけ
米内光政 よないみつまさ
米良氏 めらうじ
米津氏 よねきつし
羽太正養 はぶとまさやす
羽田八国 はたのやくに
羽田亨 はねだとおる
羽田孜 はたつとむ
有栖川宮 ありすがわのみや
有智子内親王 うちこないしんのう
有賀喜左衛門 あるがきざえもん
行方久兵衛 なめかたきゅうべえ
衣通郎姫 そとおりのいらつめ
西文氏 かわちのふみうじ
西洞院家 にしのとういんけ
西園寺家 さいおんじけ
西漢氏 かわちのあやうじ
西澗子曇 せいかんしどん

●7画

何礼之 がのりゆき
佐々木昂 ささきこう
佐々醒雪 さっさせいせつ
佐双左仲 さそうさちゅう
佐比持神 さいもちのかみ
佐喜真興英 さきまこうえい
佐魯麻都 さろまつ
似我与左衛門 じがよざえもん
住吉仲皇子 すみのえのなかつみこ
佃十成 つくだかずなり
伴氏 ともうじ ⇨大伴氏 おおともうじ
伴林光平 ともばやしみつひら
来目皇子 くめのみこ
来島氏 くるしまし
来栖三郎 くるすさぶろう
冷泉家 れいぜいけ
呉秀三 くれしゅうぞう
呉佩孚 ごはいふ
吾田媛 あだのひめ
呑海 どんかい
呑竜 どんりゅう
呂宋助左衛門 ルソンすけざえもん ⇨納屋助左衛門 なやすけざえもん
呂運亨 りょうんこう
坂上氏 さかのうえうじ
坂西利八郎 ばんざいりはちろう
壱岐氏 いきうじ
寿々木米若 すずきよねわか
宋秉畯 そうへいしゅん
宍戸璣 ししどたまき
宍野半 ししのなかば
宍喰屋次郎右衛門 ししくいやじろうえもん
尾佐竹猛 おさたけたけき
尾崎秀実 おざきほつみ
希世霊彦 きせいれいげん
床次竹二郎 とこなみたけじろう
弟猾 おとうかし ⇨兄猾・弟猾 えうかし・おとうかし
弟橘媛 おとたちばなひめ
弟磯城 おとしき ⇨兄磯城・弟磯城 えしき・おとしき
役小角 えんのおづの
応其 おうご ⇨木食応其 もくじきおうご
忌部氏 いんべうじ
志斐三田次 しひのみたすき
忍坂大中姫 おしさかおおなかつひめ
忍熊王 おしくまおう
忻都 きんと
杉風 さんぷう
杉贋阿弥 すぎがんあみ
村山槐多 むらやまかいた
杜世忠 とせいちゅう
杜国 とこく
李鴻章 りこうしょう
沙至比跪 さちひこ ⇨葛城襲津彦 かずらきのそつひこ
沢瀉久孝 おもだかひさたか
沈南蘋 しんなんぴん
沈惟岳 しんいがく
沈惟敬 しんいけい
没倫紹等 もつりんしょうとう
牡丹花肖柏 ぼたんかしょうはく ⇨肖柏 しょうはく
牡鹿島足 おしかのしまたり ⇨道島島足 みちしまのしま

たり
男大迹王 おおどおう ⇨継体天皇
良弁 ろうべん
良岑氏 よしみねうじ
芥田氏 あくたし
芹沢鴨 せりざわかも
角倉素庵 すみのくらそあん
谷口靄山 たにぐちあいざん
谷干城 たにたてき
谷本富 たにもととめり
谷田忠兵衛 たんだちゅうべえ
谷衛友 たにもりとも
赤松滄洲 あかまつそうしゅう
赤埴源三 あかばねげんぞう
足代弘訓 あじろひろのり
足助重範 あすけしげのり
身狭青 むさのあお
近肖古王 きんしょうこおう
近角常観 ちかずみじょうかん
近景 ちかかげ
近衛前久 このえさきひさ
近衛稙家 このえたねいえ
那波活所 なわかっしょ
那珂通世 なかみちよ
里見弴 さとみとん

●8画

事代主神 ことしろぬしのかみ
竺仙梵僊 じくせんぼんせん
竺雲等連 じくうんとうれん
依仁親王 よりひとしんのう ⇨東伏見宮依仁親王
其角 きかく
具平親王 ともひらしんのう
典仁親王 すけひとしんのう ⇨閑院宮典仁親王
舎人親王 とねりしんのう
周布政之助 すふまさのすけ
周防内侍 すおうのないし
周藤弥兵衛 すとうやへえ
味耜高彦根神 あじすきたかひこねのかみ
味摩之 みまし
和田氏 みきたし
和田維四郎 わだつなしろう
和気氏 わけうじ
和珥氏 わにうじ
和珥部君手 わにべのきみて
和邇部大田麻呂 わにべのおおたまろ
国包 くにかね
国司信濃 くにししなの
国狭槌尊 くにのさづちのみこと
国造雄万 くにのみやつこのおま
国常立尊 くにのとこたちのみこと
尭恕入道親王 ぎょうじょにゅうどうしんのう
尭然入道親王 ぎょうねんにゅうどうしんのう
夜刀神 やつのかみ
奇稲田姫 くしいなだひめ
奈河七五三助 ながわしめすけ
姉小路家 あねがこうじけ
妹尾義郎 せのおぎろう
季瓊真蘂 きけいしんずい
宜秋門院 ぎしゅうもんいん
実仁親王 さねひとしんのう
実成 さねなり
実恵 じちえ
宗氏 そうし
宗砌 そうぜい
宗祇 そうぎ
宗尊親王 むねたかしんのう
宗像氏 むなかたうじ
宝山左衛門 たからさんざえもん
宝生九郎 ほうしょうくろう
岸本由豆流 きしもとゆずる
岸駒 がんく
岡上景能 おかのぼりかげよし
岡本弥 おかもとわたる
岡鹿門 おかろくもん
幸祥光 こうよしみつ
弥永貞三 いやながていぞう
忽那氏 くつなし
怡渓宗悦 いけいそうえつ
性信 しょうしん
於大の方 おだいのかた
旻 みん
明一 みょういつ
明如 みょうにょ ⇨大谷光尊
明空 みょうぐう
明庵栄西 みょうあんえいさい ⇨栄西
明極楚俊 みんきそしゅん
明暹 めいせん
服部之総 はっとりしそう
枉津日神 まがつひのかみ
杲宝 ごうほう
杲隣 ごうりん
松井石根 まついいわね
松木家 まつのきけ
松平斉典 まつだいらなりつね
松平容保 まつだいらかたもり
松平容頌 まつだいらかたのぶ
松本亦太郎 まつもとまたたろう
松本奎堂 まつもとけいどう
松永尺五 まつながせきご
松浦佐用媛 まつらのさよひめ
松浦詮 まつうらあきら
東久邇稔彦 ひがしくになるひこ
東文氏 やまとのふみうじ
東恩納寛惇 ひがしおんなかんじゅん
東常縁 とうつねより
東寔 とうしょく ⇨愚堂東寔
東漢氏 やまとのあやうじ

林家 りんけ
林董 はやしただす
武内宿禰 たけのうちのすくね
武市瑞山 たけちずいざん
武埴安彦命 たけはにやすひこのみこと
武渟川別命 たけぬなかわわけのみこと
武甕槌神 たけみかづちのかみ
河上彦斎 かわかみげんさい
河井荃廬 かわいせんろ
河内山宗春 こうちやまそうしゅん
河鰭家 かわばたけ
沼田小早川氏 ぬたこばやかわし ⇨小早川氏
沼河比売 ぬなかわひめ
沼波弄山 ぬなみろうざん
沼間守一 ぬまもりかず
沾徳 せんとく
波々伯部氏 ははかべし
物外不遷 もつがいふせん
物部十千根 もののべのとちね
物部麁鹿火 もののべのあらかひ
物集高世 もずめたかよ
牧谿 もっけい
狛近真 こまのちかざね
的氏 いくはうじ
直支 とき
直胤 なおたね
知里真志保 ちりましほ
空谷明応 くうこくみょうおう
肥君 ひのきみ ⇨肥氏 ひうじ
肥塚竜 こいづかりゅう
肥富 こいつみ
臥雲辰致 がうんたっち
到津氏 いとうづし
英一蝶 はなぶさいっちょう
范文虎 はんぶんこ
茅上娘子 ちがみのおとめ ⇨狭野茅上娘子 さののちがみのおとめ
茅野蕭々 ちのしょうしょう
茂木氏 もてぎし
虎関師錬 こかんしれん
表筒男命 うわつつのおのみこと
迫水久常 さこみずひさつね
金井之恭 かないゆきやす
金井延 かないのぶる
金允植 きんいんしょく
金田徳光 かなだとくみつ
金地院崇伝 こんちいんすうでん ⇨以心崇伝
金春四郎次郎 こんぱるしろうじろう
金重 かねしげ
金庾信 きんゆしん
金森可重 かなもりよししげ
長田新 おさだあらた
長束正家 なつかまさいえ
長谷川如是閑 はせがわにょぜかん
長谷川時雨 はせがわしぐれ
長宗我部氏 ちょうそかべし
長連竜 ちょうつらたつ
長髄彦 ながすねひこ
阿弖流為 あてるい
阿只抜都 あきばつ
阿直岐 あちき
阿知使主 あちのおみ
阿倍小足媛 あべのおたらしひめ
阿倍宿奈麻呂 あべのすくなまろ
阿倍御主人 あべのみうし
阿麻和利 あまわり
阿塔海 アタハイ
阿新丸 くまわかまる ⇨日野邦光
阿曇比羅夫 あずみのひらふ
阿賢移那斯 あけえなし
雨宮敬次郎 あめのみやけいじろう
雨森芳洲 あめのもりほうしゅう
青山胤通 あおやまたねみち
青木夙夜 あおきしゅくや
青蘿 せいら
斉世親王 ときよしんのう

●9画

俊芿 しゅんじょう
保食神 うけもちのかみ
前田慧雲 まえだえうん
勅使河原氏 てしがわらし
勇山文継 いさやまのふみつぐ
南方熊楠 みなかたくまぐす
南阿弥 なあみ
南浦紹明 なんぽしょうみょう
南淵弘貞 みなぶちのひろさだ
卑弥弓呼 ひみここ
卑弥呼 ひみこ
貞愛親王 さだなるしんのう ⇨伏見宮貞愛親王
厚東氏 ことうし
垣内松三 かいとうまつぞう
城多虎雄 きたとらお
契沖 けいちゅう
威仁親王 たけひとしんのう ⇨有栖川宮威仁親王 ありすがわのみやたけひとしんのう
姜沆 きょうこう
室鳩巣 むろきゅうそう
宥快 ゆうかい
宥範 ゆうはん
帥升 すいしょう
建部氏 たけべし
建御名方神 たけみなかたのかみ
彦火火出見尊 ひこほほでみのみこと
彦主人王 ひこうしおう
後朱雀天皇 ごすざくてんのう
後醍醐天皇 ごだいごてんのう
思兼神 おもいかねのかみ

恒藤恭 つねとうきょう
指原安三 さしはらやすぞう
施基皇子 しきのみこ
施薬院全宗 せやくいんぜんそう
春屋妙葩 しゅんおくみょうは
春澄善縄 はるずみのよしただ
栄仁親王 よしひとしんのう
栄叡 ようえい
柴屋軒宗長 さいおくけんそうちょう ⇨宗長
柄井川柳 からいせんりゅう
柳川智永 やながわとしなが
柳沢淇園 やなぎさわきえん
柳宗悦 やなぎむねよし
栂尾上人 とがのおのしょうにん ⇨明恵 みょうえ
段祺瑞 だんきずい
海上胤平 うながみたねひら
海北友松 かいほうゆうしょう
海後宗臣 かいごときおみ
活玉依媛 いくたまよりひめ
洪茶丘 こうさきゅう
津戸為守 つのとためもり
津打治兵衛 つうちじへえ
津田監物 つだけんもつ
津守氏 つもりうじ
炭太祇 たんたいぎ ⇨太祇
狭野茅上娘子 さののちがみのおとめ
狭穂彦王 さほひこおう
狩野直喜 かのなおき
狩野養信 かのうおさのぶ
相良氏 さがらし
相知蓮賀 おうちれんが
相楽総三 さがらそうぞう
眉輪王 まゆわおう
祇空 ぎくう
神子上典膳 みこがみてんぜん ⇨小野忠明
神戸弥左衛門 かんどやざえもん
神王 みわおう
神功皇后 じんぐうこうごう
神田乃武 かんだないぶ
神田鐳蔵 かんだらいぞう
神尾春央 かんおはるひで
神奈備種松 かんなびのたねまつ
神保氏張 じんぼうじはる
神皇産霊尊 かみむすひのみこと
神漏伎命 かむろきのみこと
神漏弥命 かむろみのみこと ⇨神漏伎命・神漏弥命
神叡 しんえい
神鞭知常 こうむちともつね
紀大人 きのうし
紀女郎 きのいらつめ
紀小弓 きのおゆみ
紀伊国屋文左衛門 きのくにやぶんざえもん
紀阿閉麻呂 きのあへまろ
紀斉名 きのただな
紀益女 きのますめ
県犬養氏 あがたいぬかいうじ
県宗知 あがたそうち
胡宗憲 こそうけん
胡惟庸 こいよう
荒木寛畝 あらきかんぽ
荒田別 あらたわけ
茨田王 まんだおう
草香幡梭皇女 くさかのはたひのひめみこ
荘田平五郎 しょうだへいごろう
荘清次郎 しょうせいじろう
飛鳥井家 あすかいけ
飛鳥田一雄 あすかたいちお
飛鳥部常則 あすかべのつねのり
食行身禄 じきぎょうみろく
香月牛山 かつきぎゅうざん
香西氏 こうざいし
香宗我部氏 こうそかべし

●10画

倭吾子籠 やまとのあごこ
倭画師氏 やまとのえしうじ
倭姫王 やまとひめのおおきみ
倭迹迹日百襲姫命 やまとととひももそひめのみこと
倭隋 わずい
倫光 ともみつ
冢田大峰 つかだたいほう
原田淑人 はらだよしと
哥沢芝金 うたざわしばきん
唐衣橘洲 からころもきっしゅう
唐端藤蔵 からはたとうぞう
埋忠明寿 うめただみょうじゅ
宮崎滔天 みやざきとうてん
宮簀媛 みやすひめ
峨山韶碩 がさんじょうせき
島津以久 しまづもちひさ
島津斉彬 しまづなりあきら
島津斉興 しまづなりおき
帯刀貞代 たてわきさだよ
恵亮 えりょう
恵萼 えがく
恵隠 えおん
恵灌 えかん
敏達天皇 びだつてんのう
桜井秀 さくらいしげる
桓武天皇 かんむてんのう
桓舜 かんしゅん
桂誉重 かつらたかしげ
栖原角兵衛 すはらかくべえ
梅山聞本 ばいざんもんぽん
梅荘顕常 ばいそうけんじょう ⇨大典 だいてん
梅渓家 うめたにけ
梅暮里谷峨 うめぼりこくが
殷元良 いんげんりょう

殷汝耕 いんじょこう
殷富門院 いんぶもんいん
烏丸家 からすまるけ
烏亭焉馬 うていえんば
班子女王 はんしじょおう
畔田翠山 くろだすいざん
真光 さねみつ
真守 さねもり
真恒 さねつね
真葛長造 まくずちょうぞう
真間手児奈 ままのてこな
祥瑞五郎太夫 しょんずいごろうだゆう
秦氏 はたうじ
素戔嗚尊 すさのおのみこと
能久親王 よしひさしんのう ⇨北白川宮能久親王
能見氏 のみし
息長氏 おきながうじ
荷兮 かけい
荷田春満 かだのあずままろ
荻生徂徠 おぎゅうそらい
莅戸太華 のぞきたいか
袁世凱 えんせいがい
袁晋卿 えんしんけい
迹見赤檮 とみのいちい
速玉之男神 はやたまのおのかみ
隼別皇子 はやぶさわけのみこ
高力氏 こうりきし
高木八尺 たかぎやさか
高市黒人 たけちのくろひと
高向氏 たかむこうじ
高坂正顕 こうさかまさあき
高志内親王 こしないしんのう
高芙蓉 こうふよう
高宗 こうそう
高宗武 こうそうぶ
高皇産霊尊 たかみむすひのみこと
高倉下 たかくらじ
高峰顕日 こうほうけんにち
高階氏 たかしなうじ
高陽院 かやのいん
高嵩谷 こうすうこく
高碕達之助 たかさきたつのすけ
高橋箒庵 たかはしそうあん
高麗氏 こまうじ
高龗神 たかおかみのかみ
鬼室集斯 きしつしゅうし
鬼貫 おにつら

●11画
乾峰士曇 けんぽうしどん
副島種臣 そえじまたねおみ
勘解由小路家 かでのこうじけ
商長氏 あきおさうじ
堀杏庵 ほりきょうあん
埴原正直 はにはらまさなお
堆朱楊成 ついしゅようぜい
奝然 ちょうねん
婆羅門僧正 ばらもんそうじょう ⇨菩提僊那 ぼだいせんな
崔時亨 さいじこう
崔益鉉 さいえきげん
崔済愚 さいせいぐ
崇光天皇 すこうてんのう
崇神天皇 すじんてんのう
崇峻天皇 すしゅんてんのう
常陸山谷右衛門 ひたちやまたにえもん
常陸坊海尊 ひたちぼうかいそん
常盤大定 ときわだいじょう
常磐井宮 ときわいのみや ⇨桂宮 かつらのみや
常磐津文字太夫 ときわづもじたゆう
張之洞 ちょうしどう
惟肖得巌 いしょうとくがん
惟良春道 これよしのはるみち
惟宗氏 これむねうじ
惟政 いせい
惟高妙安 いこうみょうあん
惟康親王 これやすしんのう
惟喬親王 これたかしんのう
救済 きゅうぜい
教如 きょうにょ
曹汝霖 そうじょりん
梵灯庵 ぼんとうあん
梵勝 ぼんしょう
梵舜 ぼんしゅん
梁川紅蘭 やながわこうらん
梁田蛻巌 やなだぜいがん
梁啓超 りょうけいちょう
梁楷 りょうかい
淳和天皇 じゅんなてんのう
深溝氏 ふこうずし
清水理兵衛 きよみずりへえ
清水澄 しみずとおる
清拙正澄 せいせつしょうちょう
清原業忠 きよはらのなりただ
済深入道親王 さいじんにゅうどうしんのう
済暹 さいせん
淡海三船 おうみのみふね
淡輪氏 たんなわし
涼菟 りょうと
猪苗代兼載 いなわしろけんさい ⇨兼載
異斯夫 いしふ
斎宮女御 さいぐうのにょうご ⇨徽子女王 きしじょおう
斎部広成 いんべのひろなり
斎藤監物 さいとうけんもつ
斎藤瀏 さいとうりゅう
経津主神 ふつぬしのかみ
細川護立 ほそかわもりたつ
細川護熙 ほそかわもりひろ

細木香以 さいきこうい
脚摩乳 あしなづち
菅原岑嗣 すがわらのみねつぐ
菊池能運 きくちよしかず
菊理媛神 くくりひめのかみ
菟原処女 うないおとめ
菟道稚郎子皇子 うじのわきいらつこのみこ
菩提僊那 ぼだいせんな
蛇足 じゃそく
袈裟御前 けさごぜん
許六 きょりく
許率母 きょそつも
貫名海屋 ぬきなかいおく
逸見氏 へみし
郷古潔 ごうこきよし
都々逸坊扇歌 どどいつぼうせんか
都加使主 つかのおみ
都治無外 つじむがい
都筑馨六 つづきけいろく
都賀庭鐘 つがていしょう
釈迢空 しゃくちょうくう ⇨折口信夫
野口遵 のぐちしたがう
野見宿禰 のみのすくね
野坡 やば
野宮家 ののみやけ
釧雲泉 くしろうんせん
陳元贇 ちんげんぴん
陳和卿 ちんなけい
陶山鈍翁 すやまどんおう
陶氏 すえし
陸奥宗光 むつむねみつ
陸羯南 くがかつなん
雪江宗深 せっこうそうしん
雪村友梅 せっそんゆうばい
魚允中 ぎょいんちゅう
魚屋北渓 ととやほっけい
鳥谷部春汀 とやべしゅんてい
鳥居耀蔵 とりいようぞう
鹿子木孟郎 かのこぎたけしろう
鹿毛甚右衛門 かげじんえもん
鹿持雅澄 かもちまさずみ
麻続王 おみおう
黄允吉 こういんきつ
黄文氏 きぶみうじ
黄遵憲 こうじゅんけん
黒正巌 こくしょういわお
亀井茲矩 かめいこれのり
亀井茲監 かめいこれみ
亀阿弥 きあみ

●12画

寒巌義尹 かんがんぎいん
勤操 ごんぞう
勝田主計 しょうだかずえ
勝諺蔵 かつげんぞう
博恭王 ひろやすおう ⇨伏見宮博恭王
厨川白村 くりやがわはくそん
喜利志多佗孟太 キリシタだもた
喜連川氏 きつれがわし
舒明天皇 じょめいてんのう
善阿 ぜんな
善鸞 ぜんらん
啼沢女命 なきさわめのみこと
堅塩媛 きたしひめ ⇨蘇我堅塩媛 そがのきたしひめ
塚原卜伝 つかはらぼくでん
壹与 いよ
奥田穎川 おくだえいせん
奥保鞏 おくやすかた
媛蹈鞴五十鈴媛命 ひめたたらいすずひめのみこと
富小路家 とみのこうじけ
富木常忍 ときじょうにん
富松正安 とまつまさやす
尊良親王 たかよししんのう
彭城百川 さかきひゃくせん
御子左家 みこひだりけ
御諸別王 みもろわけおう
斯波氏 しばし
暁烏敏 あけがらすはや
景戒 きょうかい
景轍玄蘇 けいてつげんそ
曾我廼家五郎 そがのやごろう
曾我蕭白 そがしょうはく
曾槃 そうはん
曾禰荒助 そねあらすけ
智仁親王 としひとしんのう ⇨八条宮智仁親王
智忠親王 としただしんのう ⇨八条宮智忠親王
智顗 ちぎ
智蘊 ちうん ⇨蜷川親当 にながわちかまさ
智鸞 ちらん
森可成 もりよしなり
森恪 もりつとむ
森槐南 もりかいなん
森矗昶 もりのぶてる
棟方志功 むなかたしこう
椋梨藤太 むくなしとうた
椋部秦久麻 くらべのはたのくま
淵岡山 ふちこうざん
湖出市十郎 こいでいちじゅうろう
滋岳川人 しげおかのかわひと
湛然 たんねん
湛睿 たんえい
湍津姫命 たぎつひめのみこと
渟名城入姫命 ぬなきいりひめのみこと
渡辺崋山 わたなべかざん
然阿良忠 ねんありょうちゅう
無著 むぢゃく
無逸克勤 むいつこくごん
猨田彦大神 さるたひこのおおかみ

稀音家浄観 きねやじょうかん
税所氏 さいしょし
策彦周良 さくげんしゅうりょう
筑土鈴寛 つくどれいかん
筑紫磐井 つくしのいわい
粟田口国頼 あわたぐちくにより
粟田氏 あわたうじ
粟津高明 あわづたかあきら
粟飯原氏 あいはらし
結城氏 ゆうきし
葛山氏 かずらやまし
葛生能久 くずおよしひさ
葛西清貞 かさいきよさだ
葛城氏 かずらきうじ
葛原親王 かずらわらしんのう
葛野王 かどのおう
葛飾北斎 かつしかほくさい
覚仁 かくにん
覚如 かくにょ
覚快法親王 かっかいほっしんのう
覚彦 かくげん
覚哿 かくか
覚恕 かくじょ
覚盛 かくじょう
覚猷 かくゆう
覚鑁 かくばん
賀茂別雷命 かもわけいかずちのみこと
賀茂建角身命 かもたけつのみのみこと
賀屋興宣 かやおきのり
賀集珉平 かしゅうみんぺい
賀陽豊年 かやのとよとし
越前出目家 えちぜんでめけ
軻遇突智命 かぐつちのみこと
軽大郎女 かるのおおいらつめ
運敞 うんしょう
達磨 だるま
道臣命 みちのおみのみこと
道祖王 ふなどおう
道首名 みちのおびとな
道綽 どうしゃく
道璿 どうせん
鄂隠慧奯 がくいんえかつ
開成 かいじょう
間人皇女 はしひとのひめみこ
間部氏 まなべし
閔妃 びんひ
隅田氏 すだし
陽其二 ようそのじ
陽胡氏 やこうじ
雲谷等顔 うんこくとうがん
雲林院氏 うじいし
須勢理毘売命 すせりひめのみこと
飲光 おんこう
飯尾氏 いのおし
飯降伊蔵 いぶりいぞう
飯篠長威斎 いいざさちょういさい
馮玉祥 ふうぎょくしょう

●13画

勧修寺家 かじゅうじけ
勢多章甫 せたのりみ
厩戸皇子 うまやどのみこ ⇨聖徳太子
塙直之 ばんなおゆき
塙保己一 はなわほきいち
嵩山居中 すうざんきょちゅう
幹山伝七 かんざんでんしち
愛沢寧堅 あいざわやすかた
愛宕家 おたぎけ
愛新覚羅 アイシンギョロ
新田部親王 にいたべしんのう
新発田重家 しばたしげいえ
新納氏 にいろし
新渡戸稲造 にとべいなぞう
楫取魚彦 かとりなひこ
楠長諳 くすのきちょうあん
楠瀬喜多 くすのせきた
楳茂都陸平 うめもとりくへい
楢林宗建 ならばやしそうけん
漢氏 あやうじ
源多 みなもとのまさる
源扶義 みなもとのすけよし
源周子 みなもとのちかこ
源翁心昭 げんのうしんしょう
源常 みなもとのときわ
源琦 げんき
源順 みなもとのしたごう
源融 みなもとのとおる
溥儀 ふぎ
滝亭鯉丈 りゅうていりじょう
煬帝 ようだい
獲加多支鹵大王 わかたけるのおおきみ
瑶甫恵瓊 ようほえけい ⇨安国寺恵瓊
碓井貞光 うすいさだみつ
稗田阿礼 ひえだのあれ
筧克彦 かけいかつひこ
継山検校 つぐやまけんぎょう
綏靖天皇 すいぜいてんのう
続守言 しょくしゅげん
置始菟 おきそめのうさぎ
義尹 ぎいん ⇨寒巌義尹
義良親王 のりよししんのう ⇨後村上天皇
義淵 ぎえん
聖守 しょうしゅ
聖冏 しょうげい
蓑正孝 みのまさたか
蓑田胸喜 みのだむねき
蒔田氏 まいたし
蒼虬 そうきゅう

解脱 げだつ ⇨貞慶 じょうけい
誠仁親王 さねひとしんのう
誉津別命 ほむつわけのみこと
豊安 ぶあん
豊宇気毘売神 とようけひめのかみ
豊城入彦命 とよきいりひこのみこと
豊島与志雄 とよしまよしお
豊島氏 としまし
豊御食炊屋姫尊 とよみけかしきやひめのみこと ⇨推古天皇
豊斟渟尊 とよくむぬのみこと
豊楽門院 ぶらくもんいん
豊聡耳皇子 とよとみみのみこ ⇨聖徳太子
豊鍬入姫命 とよすきいりひめのみこと
載仁親王 ことひとしんのう ⇨閑院宮載仁親王
鈴木其一 すずききいつ
鈴木舎定 すずきいえさだ
鈴木朖 すずきあきら
雅慶 がきょう
雍仁親王 やすひとしんのう ⇨秩父宮雍仁親王
頓阿 とんあ
頓宮氏 とんぐうし
鳩摩羅什 くまらじゅう
塩土老翁 しおつちのおじ
塩冶氏 えんやし

●14画

増山氏 ましやまし
増田長盛 ましたながもり
廖承志 りょうしょうし
徳川茂徳 とくがわもちなが
徳川斉昭 とくがわなりあき
榎一雄 えのきかずお
槁根津日子 さおねつひこ ⇨椎根津彦命 しいねつひこのみこと
熙洽 きこう
熊斐 ゆうひ
熊襲梟帥 くまそたける
禖子内親王 ばいしないしんのう
種子島氏 たねがしまし
稲生若水 いのうじゃくすい
窪田空穂 くぼたうつぼ
窪俊満 くぼしゅんまん
箕作阮甫 みつくりげんぽ
箕浦勝人 みのうらかつんど
綾小路家 あやのこうじけ
蔡培火 さいばいか
蔡鐸 さいたく
蔣介石 しょうかいせき
蔣承勲 しょうしょうくん
蔣洲 しょうしゅう
蔦屋重三郎 つたやじゅうざぶろう
蓬萊山人帰橋 ほうらいさんじんききょう
蓼太 りょうた
蜷川氏 にながわし
裴世清 はいせいせい
裴璆 はいきゅう
裴頲 はいてい
趙良弼 ちょうりょうひつ
輔仁親王 すけひとしんのう
関山慧玄 かんざんえげん
関根只誠 せきねしせい
雑賀孫市 さいかまごいち
雌鳥皇女 めとりのひめみこ
鳳朗 ほうろう

●15画

億計王 おけおう ⇨仁賢天皇 にんけんてんのう
劉仁軌 りゅうじんき
劉仁願 りゅうじんがん
幟仁親王 たかひとしんのう ⇨有栖川宮幟仁親王 ありすがわのみやたかひとしんのう
幡崎鼎 はたざきかなえ
幡随院長兵衛 ばんずいいんちょうべえ
幡随意 ばんずいい
幣原坦 しではらひろし
影佐禎昭 かげささだあき
徹翁義亨 てっとうぎこう
慶俊 きょうしゅん
慶祚 けいそ
慶滋保胤 よししげのやすたね
慧猛 えみょう
慧遠 えおん
慧聡 えそう
慧鶴 えかく ⇨白隠慧鶴 はくいんえかく
敷政門院 ふせいもんいん
魯迅 ろじん
横川景三 おうせんけいさん
権田直助 ごんだなおすけ
樗良 ちょら
潘阜 はんふ
瑩山紹瑾 けいざんじょうきん
盤珪永琢 ばんけいえいたく
磔茂左衛門 はりつけもざえもん
磐之媛 いわのひめ
磐長姫 いわながひめ
磐城氏 いわきうじ
磐鹿六鴈命 いわかむつかりのみこと
穂田元清 ほいだもときよ
穂積陳重 ほづみのぶしげ
箸尾氏 はしおし
諸九尼 もろくに
調伊企儺 つきのいきな
調老人 つきのおきな
調所広郷 ずしょひろさと
鄭孝胥 ていこうしょ
鄭芝竜 ていしりゅう
鄭迥 ていどう

鞍作氏 くらつくりうじ
養鸕徹定 うがいてつじょう
黎元洪 れいげんこう

●16画
叡空 えいくう
叡尊 えいぞん
嘯山 しょうざん
懐良親王 かねよししんのう
懐奘 えじょう
暹羅屋勘兵衛 しゃむろやかんべえ
曇徴 どんちょう
曇鸞 どんらん
橘大郎女 たちばなのおおいらつめ
橘古那可智 たちばなのこなかち
橘在列 たちばなのありつら
橘逸勢 たちばなのはやなり
橘瑞超 たちばなずいちょう
橘諸兄 たちばなのもろえ
橘樸 たちばなしらき
橘曙覧 たちばなあけみ
熾仁親王 たるひとしんのう ➪有栖川宮熾仁親王 ありすがわのみやたるひとしんのう
穎玄 えいげん
膳氏 かしわでうじ
輿世王 おきよおう
輿原敏久 おきはらのみにく
薄田泣菫 すすきだきゅうきん
薬師恵日 くすしえにち
賢憬 けんけい
賢璟 けんきょう ➪賢憬 けんけい
頼母木桂吉 たのもぎけいきち
頼杏坪 らいきょうへい
醍醐家 だいごけ
閻錫山 えんしゃくざん
頭山満 とうやまみつる
頭光 つむりのひかる
篤子内親王 とくしないしんのう
鮎川義介 あいかわよしすけ

●17画
彌 み
檜垣嫗 ひがきのおうな
檜隈女王 ひのくまじょおう
濤川惣助 なみかわそうすけ
磯城皇子 しきのみこ
簗田持助 やなだもちすけ
徽子女王 きしじょおう
徽安門院 きあんもんいん
徽宗 きそう
薩弘恪 さつこうかく
鍵谷カナ かぎやカナ
鍬形蕙斎 くわがたけいさい ➪北尾政美
闌更 らんこう
鮭延秀綱 さけのぶひでつな
鴻池家 こうのいけけ
鴻雪爪 おおとりせっそう

●18画
礒田湖竜斎 いそだこりゅうさい
礒村吉徳 いそむらよしのり
翹岐 ぎょうき
翺之慧鳳 こうしえほう
職仁親王 よりひとしんのう ➪有栖川宮職仁親王 ありすがわのみやよりひとしんのう
藪内紹智 やぶのうちじょうち
藪家 やぶけ
藤井斉 ふじいひとし
藤田嗣治 ふじたつぐはる
藤舎芦船 とうしゃろせん
藤原乙牟漏 ふじわらのおとむろ
藤原百川 ふじわらのももかわ
藤原伊尹 ふじわらのこれただ
藤原伊周 ふじわらのこれちか
藤原安宿媛 ふじわらのあすかべひめ ➪光明皇后 こうみょうこうごう
藤原宇合 ふじわらのうまかい
藤原佐世 ふじわらのすけよ
藤原佐理 ふじわらのすけまさ
藤原忯子 ふじわらのしし
藤原刷雄 ふじわらのよしお
藤原武智麻呂 ふじわらのむちまろ
藤原斉信 ふじわらのただのぶ
藤原妍子 ふじわらのけんし
藤原娍子 ふじわらのせいし
藤原惟憲 ふじわらのこれのり
藤原惺窩 ふじわらせいか
藤原葛野麻呂 ふじわらのかどのまろ
藤原愛発 ふじわらのあらち
藤原楓麻呂 ふじわらのかえでまろ
藤原緒嗣 ふじわらのおつぐ
藤原縄麻呂 ふじわらのただまろ
藤原興風 ふじわらのおきかぜ
蟬丸 せみまる
観世身愛 かんぜただちか
観世銕之丞家 かんぜてつのじょうけ
観勒 かんろく
額田王 ぬかたのおおきみ
顔思斉 がんしせい
魏天 ぎてん

●19画
廬元坊 ろげんぼう
櫛田民蔵 くしだたみぞう
櫛笥家 くしげけ
瓊瓊杵尊 ににぎのみこと
礪波志留志 となみのしるし
禰寝氏 ねじめし

蘇我入鹿 そがのいるか
蘇我小姉君 そがのおあねぎみ
蘇我日向 そがのひむか
蘇我果安 そがのはたやす
蘇我法提郎女 そがのほほてのいらつめ
蘇我連子 そがのむらじこ
蘇我堅塩媛 そがのきたしひめ
蘇我遠智娘 そがのおちのいらつめ
蘇我蝦夷 そがのえみし
蘇我韓子 そがのからこ
蘇那曷叱知 そなかしち
蘭坡景茝 らんぱけいし
蘆田伊人 あしだこれと
蘆名氏 あしなし
蘆屋道満 あしやどうまん
鏑木清方 かぶらぎきよかた

●20画

巌本善治 いわもとよしはる
巌谷一六 いわやいちろく
蠣崎氏 かきざきし
護良親王 もりよししんのう
饅頭屋宗二 まんじゅうやそうじ
馨子内親王 けいしないしんのう
麛坂王 かごさかおう

●21画

蠟山政道 ろうやままさみち
鑁阿 ばんな
露沾 ろせん
顧維鈞 こいきん
饒速日命 にぎはやひのみこと
鶴峰戊申 つるみねしげのぶ

●22画

懿徳天皇 いとくてんのう
籠手田安経 こてだやすつね
讃岐典侍 さぬきのすけ
饗庭篁村 あえばこうそん

●23画

鱗形屋孫兵衛 うろこがたやまごべえ
鷲尾家 わしのおけ

●24画

鷹司家 たかつかさけ
鷺仁右衛門 さぎにえもん

●25画

靉光 あいみつ

●27画

鸕鷀草葺不合尊 うがやふきあえずのみこと

外国人欧文索引

◎配列順は，原則として姓のアルファベット順とし，見出し項目を示した。

●D

●E

●F

●G

●X

●Y

●Z

日本史人物辞典

2000年5月25日　第1版第1刷発行
2007年1月25日　第1版第2刷発行

編　者　日本史広辞典編集委員会 ©
発行者　野澤伸平
発行所　株式会社　山川出版社
〒101-0047　東京都千代田区内神田1-13-13
電話　03(3293)8131(営業)
03(3293)8135(編集)
http://www.yamakawa.co.jp/
振替　00120-9-43993
印刷・製本　図書印刷株式会社
装　幀　菊地信義

2000 Printed in Japan　ISBN 978-4-634-62030-8